SVEN BECKERT

KAPITALISMUS

Geschichte einer Weltrevolution

Aus dem Englischen von
Helmut Dierlamm, Werner Roller,
Sigrid Schmid und Thomas Stauder

ROWOHLT

Die englische Originalausgabe erschien 2025 unter dem Titel
«Capitalism. A Global History» bei Penguin Press, New York.

4. Auflage Februar 2026

Deutsche Erstausgabe
Veröffentlicht im Rowohlt Verlag, Kirchenallee 19,
20099 Hamburg, November 2025

Redaktion Karin Schneider, Christof Blome

Satz aus der Adobe Aldine bei Pinkuin Satz und Datentechnik, Berlin
Druck und Bindung Druckerei C. H. Beck, Nördlingen
ISBN 978-3-498-00591-7

Kontaktadresse nach EU-Produktsicherheitsverordnung:
produktsicherheit@rowohlt.de

Für Noah und Pascal

Inhalt

TEIL III

Globale Neuordnung

TEIL IV

Die Zukunft des Kapitalismus?

Vorwort

Die kapitalistische Revolution und ihre Mühen: David Teniers der Jüngere (1610–1690), *Der reiche Mann auf dem Weg in die Hölle.*

Wir leben in einer Welt, die vom Kapitalismus geschaffen wurde. Die unaufhörliche Anhäufung von Kapital formt die Städte, in denen wir leben, bestimmt unsere Arbeitsweise, ermöglicht einer außerordentlich großen Zahl von Menschen ein zuvor nie dagewesenes Konsumniveau, beeinflusst unsere Politik und gestaltet die Landschaften um uns herum. Es ist unmöglich, die Erde zu betrachten und die weltgeschichtliche Bedeutung des Kapitalismus zu übersehen.

Dies gilt sowohl für die größten Strukturen, in denen wir leben, als auch für die intimsten Bereiche unserer Existenz, sowohl für die Geologie der Welt als auch für unser Selbstverständnis. Zunächst einmal erwerben wir fast alle Güter und Dienstleistungen, die wir konsumieren, über Märkte, was für den größten Teil der Menschheitsgeschichte unvorstellbar gewesen wäre. Auch unsere Arbeitskraft verkaufen wir auf Märkten – was in der Vergangenheit ebenso undenkbar erschienen wäre. Einige von uns handeln vielleicht mit Aktien, entweder als Vollzeitbeschäftigung oder zur Absicherung unseres Ruhestandes; die meisten Menschen hätten diese Art von Handel früher für ein Sakrileg gehalten oder vielleicht sogar eher als Zauberei betrachtet denn als legitime Möglichkeit, Reichtum zu erlangen. Neue Technologien und Wirtschaftswachstum sind alltägliche Gewissheiten, und wir sind davon überzeugt, dass unsere Kinder in einer Welt leben werden, die sich von der, in die wir selbst hineingeboren wurden, stark unterscheiden wird – ein Novum. Unser Konsum verbindet uns mit Menschen in den entlegensten Winkeln der Welt, was ebenfalls für die meiste Zeit der Menschheitsgeschichte unvorstellbar war. Das T-Shirt, das Sie vielleicht gerade tragen, könnte in Kambodscha genäht, der dampfende Kaffee vor Ihnen mit in Brasilien angebauten Bohnen zubereitet worden sein, der Fernseher, den Sie ausgeschaltet haben, um dieses Buch zu lesen, wurde möglicherweise in Südkorea zusammengebaut, und das iPhone, das verführerisch neben Ihnen liegt, mag in Kalifornien entworfen und von Frauen in riesigen Fabriken in der südchinesischen Stadt Shenzhen zusammengebaut worden sein. Der Handel ist viel älter als der Kapitalismus – nämlich uralt –, neu daran ist jedoch die Intensität der globalen Verknüpfungen, die der Kapitalismus hervorgebracht hat. Eine Weltwirtschaft.

Die kapitalistische Revolution hat auch Ihre Denkweise beeinflusst: Wenn Sie Nachrichten über Wirtschaftsangelegenheiten hören oder lesen, wird Ihnen darin «die Wirtschaft» als aktives Subjekt präsentiert, das etwas getan hat oder von uns eine bestimmte Mitwirkung verlangt. Seit Jahrtausenden haben Menschen bereits Überlegungen zu Fragen der Produktion, des Konsums und des Handels angestellt, so wie wir es heute tun. Sie hätten es jedoch seltsam gefunden, einer von Menschen geschaffenen Gottheit namens «die Wirtschaft» Opfer darzubringen. Ähnlich fremd war es den Menschen der Vergangenheit, darüber zu sprechen, auf was jemand seine Zeit «verwendet», was jemand «wert» ist oder wie man seine freien Stunden «investiert», so wie wir es heute tun. Oder Sie könnten in einem Universitätsseminar leidenschaftlich über den Kapitalismus streiten: Sie könnten Lobreden auf die enorme Steigerung der menschlichen Produktivität hören, die er ermöglicht hat, Resümees des technischen Fortschritts, den er hervorgebracht hat, und Behauptungen, dass er es so vielen von uns ermöglicht hat, ein längeres, gesünderes und erfüllteres Leben zu führen. Auf der anderen Seite könnte man Ihnen von Ausbeutung erzählen, von Umweltzerstörungen, von gesellschaftlichen Ungleichheiten und dem gravierenden Ungleichgewicht zwischen Weltgegenden, die sagenhaft reich sind, und Regionen des Globus, die erschreckend arm sind. Sie könnten den Kapitalismus als die beste aller möglichen Welten feiern oder ihn für die von ihm verursachten Schäden verantwortlich machen und sein Ende herbeisehnen.

Unabhängig von Ihren Überzeugungen werden Sie mir vermutlich zustimmen, dass man dem Kapitalismus nicht entkommen kann – weder der Debatte über ihn noch seinen Auswirkungen auf unser Leben. Ein Gelehrter hat in einem anderen Zusammenhang über «Hyperobjekte» gesprochen, im Sinne von «Entitäten mit so gewaltigen zeitlichen und räumlichen Dimensionen, dass sie traditionelle Vorstellungen davon, was ein Ding überhaupt ist, zunichtemachen».[1] Der Kapitalismus ist solch ein «Hyperobjekt». Es ist daher nicht überraschend, dass fast jeder schon einmal auf die eine oder andere Weise über den Kapitalismus nachgedacht hat oder eine dezidierte Meinung dazu hat.

Trotz oder vielleicht gerade wegen seiner Allgegenwart wird der Kapitalismus von vielen als selbstverständlich angesehen, nicht wenige halten ihn sogar für einen natürlichen Zustand. Er hat unsere Welt so tiefgreifend geprägt, dass es durchaus möglich ist, ihn kaum zu bemerken. Aber was «natürlich» wirkt, ist noch nicht sehr lange präsent und dazu vollständig von Menschen erschaffen. Wenn Sie in Kairo, Guangzhou oder Florenz leben, dann befinden Sie sich an einem Ort, an dem die Anfänge des Kapitalismus ziemlich weit zurückreichen, womöglich bis zu einem Jahrtausend. Aber solche Orte sind sehr selten. An fast allen anderen Orten ist die kapitalistische Revolution höchstens ein paar Jahrhunderte alt, oft sogar viel jünger. Aus globaler Sicht war der Kapitalismus noch um 1800 auf wenige Inseln in einem riesigen Meer des Wirtschaftslebens beschränkt, das nach anderen Prinzipien organisiert war: Produziert wurde für den Eigenbedarf, es gab Tributpflicht und fast kein Wirtschaftswachstum. Wenn Sie außerhalb der kapitalistischen Kerngebiete wohnen, insbesondere auf dem Land, ist die kapitalistische Revolution bei Ihnen vielleicht erst so jung wie das Jahrtausend, in dem wir gerade leben. Der Kapitalismus ist ein neues Phänomen, und die längste Zeit seiner Logik nur an wenigen Orten auf der Welt anzutreffen.

Vielleicht überraschender ist, dass die kapitalistische Revolution nicht nur in Bezug auf ihre räumliche Ausdehnung, sondern auch hinsichtlich ihrer Durchdringung vieler Bereiche unseres Lebens relativ neu ist. Selbst in den kapitalistischsten Gesellschaften der Welt haben unsere Großeltern und womöglich noch unsere Eltern einen Teil der Lebensmittel, die sie konsumiert haben, selbst angebaut. Sie haben mit ziemlicher Sicherheit selbst gekocht und vielleicht einen Teil ihrer Kleidung selbst hergestellt. Sie haben sich beim Dorftanz verliebt und nicht über eine abonnierte Dating-App. Diese Beispiele erinnern uns daran, dass die kapitalistische Revolution nicht nur neu ist, sondern auch lange Zeit recht schwach war und große Teile des Lebens, sogar des Wirtschaftslebens, unberührt ließ.

Was normal und scheinbar natürlich ist – die Welt, wie sie heute ist –, hat eine Geschichte. Wir können uns fragen, wie und warum sich eine so radikal neue Art des Wirtschaftslebens entwickelt hat. Wie sind wir von einer Welt, in der die Logik des Kapitals auf wenige Bereiche beschränkt war, zu einer Welt gekommen, in der sie fast alles bestimmt? Wie konnten wir jemals etwas, das von uns geschaffen wurde, aber auch außerhalb von uns liegt, mit solchen Superkräften ausstatten? Selbst wenn wir sie für selbstverständlich halten, bleibt diese Explosion des Kapitalismus eines der größten Rätsel der Menschheitsgeschichte. Und wir müssen uns damit auseinandersetzen, nicht nur, um herauszufinden, wie wir dorthin gekommen sind, wo wir jetzt sind, sondern auch, um uns in der Gegenwart besser zurechtzufinden und kreativ über unsere Zukunft nachzudenken. Wie ein chinesisches Sprichwort sagt, müssen wir «die Wahrheit aus den Tatsachen lernen».[2]

Doch manchmal sind die Dinge, die uns am vertrautesten sind, am schwierigsten zu begreifen. Der Kapitalismus ist eines davon. Dieses Buch entstand zum Teil aus meiner festen Überzeugung heraus, dass wir diese fast schon geologische Kraft, die unser Leben formt, verstehen müssen. Aber es entstand auch aus einer tiefen Frustration heraus, dass so viele der Geschichten, die uns über den Kapitalismus dargeboten werden, unvollständig und manchmal schlichtweg falsch sind.

Um zu uns selbst zu finden, müssen wir eine Reise durch die tausendjährige Geschichte des Kapitalismus antreten. Dieser Weg – voller Wendungen, Kurven und Sackgassen – wird uns rund um die Welt führen und uns erkennen lassen, wie wir in unseren heutigen Zustand gelangt sind. Und vielleicht werden wir auf der Reise die Instrumente finden, mit denen wir einen Kurs für unsere Zukunft planen können. Ich habe meine berufliche Laufbahn damit verbracht, den Kapitalismus zu studieren; dieses Buch ist eine Wette darauf, dass seine gesamte Geschichte verständlich, wenngleich nicht in allen Details, zwischen zwei Buchdeckel passt.

Dieses Buch ist eine ernsthafte Erörterung eines ernsten Themas, aber ich habe versucht, es für jeden lesbar zu machen, denn egal, wo Sie leben oder was Sie tun, Sie leben im Kapitalismus. Wenn es mir gelungen ist, sollten Sie eine überraschende Vielfalt von Protagonisten finden – von jemenitischen Händlern, die im 11. Jahrhundert die Weltmeere durchquerten, bis hin zu jungen Frauen, die im Jahr 2023 in kambodschanischen Textilfabriken arbeiten. Sie sollten auf eine Vielzahl von Orten auf der ganzen Welt stoßen – einige, die Sie gut kennen und vielleicht sogar als Heimat bezeichnen, andere, die so weit entfernt sind, dass Sie möglicherweise noch nie von ihnen gehört haben –, die zeigen, dass der Kapitalismus, trotz unserer Neigung, in lokalen oder höchstens nationalen Zusammenhängen zu denken, nur global verstanden werden kann. Und Sie sollten Antworten auf eine Vielzahl von Fragen finden, die diese revolutionäre Neugestaltung des Wirtschaftslebens aufwirft. Wie der Kapitalismus selbst wird es eine schwindelerregende Reise sein.

Kapitalismus

Einleitung

Elisabeth Voigt, *Der Maschinenmann*, 1932.

Im Herbst 1639 fand sich Robert Keayne vor dem *General Court of Massachusetts* wieder, der sowohl legislative Behörde als auch oberstes Berufungsgericht der Kolonie war. Der Angeklagte war erst vor Kurzem in die neu gegründete englische Kolonie eingewandert und handelte mit Waren aus dem Mutterland. Laut den Berichten seiner Zeitgenossen war er ein treuer Puritaner, der «zur Verbreitung des Evangeliums herübergekommen war», aber in jenem schicksalhaften Jahr wurde er der «sehr bösen» und «verwerflichen Praxis» beschuldigt, seine Kunden übervorteilt und den Profit über die Bedürfnisse der Gemeinschaft gestellt zu haben. Er wurde zu einer Geldstrafe von 200 Pfund verurteilt, was dem Lohn eines qualifizierten englischen Arbeiters für 2857 Tage entsprach, und vor die Ältesten der First Church of Boston, der «Old Brick», zitiert. Nur knapp entging er der Exkommunikation. Als John Winthrop, der Gouverneur der Kolonie, sich hinsetzte, um den Fall in seinem Tagebuch festzuhalten, erinnerte er sich daran, dass Keayne «unter Tränen sein habgieriges und verdorbenes Herz eingestand und beklagte».[1] Keayne hatte der Gemeinde gebeichtet, «falsche Grundsätze» angenommen zu haben, darunter diese:

- Dass ein Mann so teuer wie möglich verkaufen und so billig wie möglich kaufen könne.
- Dass ein Mann, wenn er durch einen Schiffbruch o.Ä. einen Teil seiner Waren verliere, den Preis für den Rest der Fracht erhöhen könne.
- Dass er in der Höhe verkaufen könne, zu der er gekauft hat, obwohl er zu viel bezahlt hat und obwohl die Ware im Preis gefallen ist.
- Dass ein Mann, so wie er sich seine eigene Geschicklichkeit oder Fähigkeit zunutze machen kann, auch die Unwissenheit oder Notlage eines anderen ausnutzen könne.[2]

Keayne beschwerte sich später über die «Unfreundlichkeit», mit der er in Neuengland behandelt worden sei, und über die «tiefe und scharfe Kritik, die an mir geübt [...] und mit so viel Bitterkeit und Empörung vorgetragen wurde». Sein Testament nutzte er dazu, eine 158 Seiten lange Rechtfertigung für sein Handeln zu verfassen, in der er argumentierte, dass Gott am besten gedient sei, indem man Reichtümer anhäufe, die später verschenkt werden könnten, um der Gemeinschaft zu dienen. Er bat auch die «Vollstrecker dieses meines Testaments [...] das Gericht zu bewegen [...] dieses Urteil zu widerrufen oder aufzuheben und die von mir gezahlte Geldstrafe zurückzuerstatten», und fügte hinzu, dass «das, was auf diese Weise zurückgegeben wird, dem Harvard College in Cambridge gespendet werden könnte».[3]

DIE TATEN, zu denen sich Keayne bekannt hatte, waren für viele seiner Zeitgenossen auf den ersten Blick verwerflich. Für unsere modernen Ohren wirken sie hingegen einleuchtend. «So teuer wie möglich verkaufen und so billig wie möglich kaufen» – die Logik, die Keaynes Geschäftsgebaren bestimmte – gilt heutzutage nahezu für das gesamte Wirtschaftsleben, das wir kennen. Es erscheint uns normal, ja geradezu natürlich. Doch solche Ideen wurden, wie Keayne schmerzlich erfahren musste, von seinem Umfeld als ein radikaler Bruch wahrgenommen. Er argumentierte, die «habgierige» Anhäufung von Reichtum diene in Wirklichkeit seiner Gemeinschaft – und nahm damit Adam Smith' unsichtbare Hand vorweg. Aus der Sicht seiner puritanischen Zeitgenossen verstieß Keaynes hartnäckiges Streben nach Profit jedoch gegen etablierte Normen, die eine lange Tradition hatten. Es sollte noch zwei

Jahrhunderte dauern, bis die neue Form des Wirtschaftslebens, die Menschen wie Keayne mit auf den Weg brachten, einen Namen erhielt – Kapitalismus. Dann vergingen noch einmal zwei Jahrhunderte, bis sich der Kapitalismus als die weltweit vorherrschende Form der Organisation des Wirtschaftslebens durchsetzte, bis schließlich ein Wirtschaftswissenschaftler den Zustand der Welt im Jahr 2019 als «alleinigen Kapitalismus» beschreiben konnte.[4]

DIESES BUCH lädt Sie dazu ein, diese gewaltige Umwälzung zu erkunden: die Entstehung und Ausbreitung des Kapitalismus. Wie begann die kapitalistische Revolution? Wie konnte sich eine Wirtschaftsform, die mit allem Dagewesenen brach, auf der ganzen Welt und in immer mehr Lebensbereichen ausbreiten? Wie gelangten wir von einer Gesellschaft, in der Märkte in soziale Beziehungen eingebettet waren, zu einer Gesellschaft, in der soziale Beziehungen in Märkte eingebettet sind? Wie und warum hat sich der Kapitalismus im Laufe der Zeit weiterentwickelt und verändert? Und wo stehen wir heute in seiner Geschichte?[5]

Dies sind große und dringende Fragen. Sie werden seit mehreren Jahrhunderten diskutiert und haben nichts von ihrer Relevanz und Vitalität verloren. Erst kürzlich, während der Finanzkrise 2007/2008, waren Diskussionen über den Kapitalismus in vielen Teilen der Welt und in unterschiedlichen politischen Milieus wieder an der Tagesordnung. In der Folge begannen sogar konservative Zeitungen, über die «Zukunft des Kapitalismus» zu debattieren, und Paul Polman, damals Geschäftsführer von Unilever, machte sich in der Zeitschrift *McKinsey Quarterly* Gedanken über die Perspektiven des Kapitalismus, ein Thema, das auch die Reichen und Mächtigen auf dem Weltwirtschaftsforum 2012 in Davos beschäftigte, als sie sich sorgten: «Hat der Kapitalismus eine Zukunft?»[6] Für Papst Franziskus waren die Auswirkungen des Kapitalismus auf die Welt so gravierend, dass er sie zu einem wichtigen Anliegen seines Pontifikats machte. In New York, Berlin und Brüssel wurden dem Kapitalismus Museumsausstellungen gewidmet. Und selbst in den 2020er Jahren, als die Finanzkrise schon eine Weile zurücklag, ging die Debatte weiter: Im Jahr 2020 veröffentlichte der japanische Philosoph Kohei Saito die Streitschrift *Systemsturz. Der Sieg der Natur über den Kapitalismus*, in der er die These vertrat, dass das Wachstum – die grundlegende Dynamik des Kapitalismus – ausgedient habe. Allein in Japan verkaufte er davon eine bemerkenswerte halbe Million Exemplare. Im selben Jahr ergab eine Umfrage, dass nur jeder achte Deutsche glaubte, dass die Wirtschaftsform, unter der er lebte – der Kapitalismus –, ihm zugutekäme, während ganze 55 Prozent der Meinung waren, dass der Kapitalismus insgesamt mehr Schaden als Nutzen bringe. In den USA war der Sozialismus laut Meinungsumfragen bei jüngeren Erwachsenen genauso beliebt wie der Kapitalismus. In einigen Teilen der Welt waren die Regale in den Buchhandlungen befüllt mit Werken, die auf die eine oder andere Weise das bevorstehende Ende des Kapitalismus vorhersagten.[7] Im Frühjahr 2023, fünfzehn Jahre nach der Finanzkrise, sagte Albert Edwards vom französischen Bankengiganten Société Générale sogar folgenden Satz: «Wir stehen möglicherweise vor dem Ende des Kapitalismus.»[8]

Mit entsprechenden Höhen und Tiefen werden solche lebhaften Diskussionen über den Kapitalismus seit mehr als zwei Jahrhunderten geführt. Während nur Spezialisten über unterschiedliche Interpretationen des Feudalismus oder von Jäger- und Sammlergesellschaften streiten, ruft eine Diskussion über den Kapitalismus stets emotionale und oftmals heftige Reaktionen hervor. Unterschiedliche Interpretationen scheinbar unbedeutender Abschnitte seiner Geschichte können die Rhetorik verschärfen und das Gespräch zum Kochen bringen. Diese Leidenschaft zeugt von der Bedeutung des Kapitalismus und dem Umstand, dass zwei diametral entgegengesetzte Geschichten über ihn erzählt werden können. Die eine Geschichte konzentriert sich auf die Steigerung von Wohlstand und Produktion. Im 18. Jahrhundert erlebte die menschliche Produktivität eine Revolution, die ursächlich mit dem Aufstieg des Kapitalismus verbunden war. Der Planet beherbergt heute eine stark gewachsene Bevölkerung von etwa acht Milliarden Menschen – statt einer Milliarde im Jahr 1800 –, die länger leben und einen Lebensstandard genießen, der noch vor einem Jahrhundert unvorstellbar war. Die Menschen sind gesünder, wohlhabender und größer. Armut gibt es zwar immer noch, aber im Vordergrund stehen die Erzeugung eines so unglaublichen Reichtums binnen so kurzer Zeit sowie die Breite seiner Nutznießer.[9]

Die andere Geschichte des Kapitalismus lässt sich ebenso leicht erzählen. Sie konzentriert sich auf Ausbeutung, Gewalt und unermessliches Leid – in ihrem Zentrum stehen verzweifelte Fabrikarbeiter, misshandelte Plantagensklaven, hungernde Bauern in einst sich selbst versorgenden ländlichen Gebieten, enteignete Ureinwohner und alle Opfer von Kolonialismus, Krieg und Vertreibung. Der Vormarsch des Kapitalismus wird dann zu einer Geschichte über teuflische Fabriken, den Transport von Millionen versklavter Afrikanerinnen und Afrikaner nach Amerika, den gigantischen Diebstahl von Land und Rohstoffen während des Kolonialismus und den beispiellosen Angriff eines räuberischen Systems auf unsere natürliche Umwelt. In dieser Geschichte ist der Kapitalismus ein unersättlicher Dämon auf einem den Planeten gefährdenden Weg mit erschütternden sozialen Kosten.

Diese Geschichten machen deutlich, dass der Kapitalismus ein janusköpfiges sozioökonomisches System ist, was zur Folge hat, dass sowohl seine Verherrlichung als auch seine Verurteilung aus verschiedenen politischen Richtungen kommen. Die meisten wissen, dass die Linke ihn verurteilt und die Rechte ihn feiert, aber nur wenige wissen, dass es in seiner langen Geschichte immer wieder auch konservative Kritiker gab oder dass sowohl Karl Marx als auch die Kommunistische Partei Chinas die emanzipatorischen Chancen der wirtschaftlichen Revolution des Kapitalismus begrüßten.[10]

Dieses Buch nimmt die Hitze dieser lebhaften Diskussionen wahr, ist aber letztlich nicht daran interessiert, die Soll- und Habenspalten der gegensätzlichen Geschichten zu füllen. Stattdessen wird in ihm der Kapitalismus aus einer globalen und langfristigen Perspektive untersucht, um seinen Kern zu erfassen: ein radikaler Neuanfang und Bruch im Leben der Menschen. Ich lade Sie, die Leserinnen und Leser, dazu ein, sich dieser Untersuchung mit der Bereitschaft zu nähern, sich zu wundern, zu staunen und sich überraschen zu lassen – nicht weil der Kapitalismus «gut» oder «schlecht» ist, sondern aufgrund seiner die Welt formenden Kraft und weil es für die Gestaltung unserer gemeinsamen Zukunft von entscheidender Bedeutung ist, ihn zu verstehen.

Um uns auf diese Reise zu begeben, sollten wir den Kapitalismus nicht mehr als etwas Natürliches betrachten, sondern als eigentümliches, wenn nicht gar bizarres Phänomen. Der Kapitalismus stellte einen grundlegenden Bruch in der Menschheitsgeschichte dar, nicht nur, weil er die Wirtschaft revolutionierte, sondern auch, weil er die menschlichen Beziehungen auf den Kopf stellte, unsere Politik, unsere Gesellschaften und Kulturen infiltrierte, die natürliche Umgebung umgestaltete und die radikale Veränderung zu einem festen Bestandteil des Wirtschaftslebens machte. Die kapitalistische Revolution ist die einzige Revolution, deren Wesenskern darin besteht, dass sie andauert, dass sie einen Zustand der permanenten Revolution erzeugt.

Der Kapitalismus wird oft für «konservativ» gehalten, aber seine Entstehung und Ausbreitung stellte die folgenreichste Revolution dar, die die Welt je gesehen hat. Die puritanischen Geistlichen in der «Old Brick» von Boston, denen die Aufrechterhaltung der sozialen Ordnung am Herzen lag, waren sicherlich derselben Meinung. Kein anderes Ereignis in der Geschichte hat Gesellschaften – und die Welt – so tiefgreifend beeinflusst wie die Ausbreitung des Kapitalismus. Als Produkt menschlichen Handelns hat die kapitalistische Revolution sich verselbstständigt und ist sowohl zur Dienerin als auch zur treibenden Kraft des Anthropozäns geworden. Sie war so wirkmächtig, dass einige Beobachter die Zeit, in der wir leben, als Kapitalozän bezeichnen. Zum ersten Mal zeigt eine von Menschen geschaffene Ordnung eine ähnliche Stärke wie die geologischen Kräfte, die unsere Erde geformt haben. Viele Revolutionen in der Weltgeschichte wurden begrüßt oder verurteilt und ihre Auswirkungen diskutiert. Der Kapitalismus war die einflussreichste Revolution von allen. Ähnlich bedeutend wie das Aufkommen des Kapitalismus war nur der Beginn der sesshaften Landwirtschaft während der neolithischen Wende vor vielen Jahrtausenden.[11]

Um den Kapitalismus zu begreifen, müssen wir in der Lage sein, ihn genau zu betrachten. Und das ist schwierig. Viele Menschen glauben, dass wir den Kapitalismus anhand unserer eigenen Erfahrungen verstehen können, was nachvollziehbar ist, wenn man bedenkt, wie stark er unser individuelles Leben strukturiert. Doch leider ist unsere eigene Erfahrung in diesem Fall ein schlechter Ratgeber. Wir sehen stets nur einen winzigen Teil des Ganzen, und uns entgeht die zeitlich und räumlich gewaltige Geschichte, in die der Kapitalismus eingebettet ist. Dieses Phänomen aus unserer eigenen Erfahrung heraus zu verstehen, ist so, als würde man auf einem beliebigen Standbild eines Films ein Detail betrachten und dann versuchen, die Handlung des Films aus dieser Einzelheit abzuleiten. Diese Strategie mag zwar zu einigen Erkenntnissen führen, auch zu brauchbaren, aber es ist höchst unwahrscheinlich, dass sie uns dabei hilft, das Ganze zu erkennen. Der Kapitalismus als globales Phänomen ist aus einer biografischen, lokalen oder nationalen Perspektive nicht greifbar.

Ein weiteres Problem ist, dass die meisten von uns in kapitalistischen Gesellschaften leben: Wir schwimmen im Kapitalismus wie die Fische im Wasser, weshalb wir ihn nicht aus der Distanz betrachten können. Wie der französische Soziologe Pierre Bourdieu in einem anderen Zusammenhang feststellte, «wird eine erfolgreiche Institution vergessen».[12] Da der Kapitalismus uns ständig umgibt, entgehen uns oftmals seine Besonderheiten und seine Radikalität. Es fällt uns schwer, zu erkennen, dass der Kapitalismus nicht einfach die Art und Weise ist, wie Wirtschaft zwangsläufig funktioniert, sondern dass er über Jahrhunderte hinweg nur einen sehr kleinen Teil des gesamten Wirtschaftslebens darstellte.[13]

Um den Kapitalismus zu erfassen, müssen wir zunächst festhalten, dass es sich dabei um eine spezielle Wirtschaftsordnung mit einer einzigartigen Logik handelt. Wir werden uns gleich um eine ausführlichere Definition bemühen, aber zunächst ist es wichtig zu konstatieren, dass der Kapitalismus aus vielen Gründen etwas Besonderes ist, unter anderem, weil er darauf beruht, dass wir fast alles, was wir brauchen, auf Märkten erwerben und dabei

Geld verwenden. Nahezu alles, was wir benutzen, was wir an uns nehmen und wieder von uns geben, ist zur Ware geworden, die auf Märkten gekauft und verkauft werden kann. Sogar die Arbeitskraft ist eine Ware, da fast jeder auf diesem Planeten seine Arbeitskraft anbietet und nur eine vergleichsweise geringe Anzahl von Menschen sie kauft. Außerdem wird ein Großteil des produzierten Reichtums sofort wieder eingesetzt, um noch mehr Reichtum zu erzeugen. Charakteristisch für den Kapitalismus sind auch die besonderen Formen sozialer Ungleichheit und die globalen Hierarchien, die er hervorbringt. Und er ist einzigartig, weil er eine enorme Steigerung der menschlichen Produktivität ausgelöst hat, was ihn zur dynamischsten Wirtschaftsordnung in der Geschichte der Menschheit macht. Die durchschnittliche Lebenserwartung ist ein guter Gradmesser für den materiellen Wohlstand. Und diese ist in die Höhe geschossen: Schätzungen zufolge lag die durchschnittliche Lebenserwartung im Jahr 1820 weltweit bei 26 Jahren; im Jahr 2020 lag sie bei 72 Jahren, hauptsächlich aufgrund der deutlich gesunkenen Kindersterblichkeit. Diese Entwicklung ist auf nahezu unfassbare Produktivitätssteigerungen zurückzuführen: Für sein Brot musste ein französischer Arbeiter im Jahr 1830 fünfzehn Stunden pro Woche arbeiten; 1970 reichten dafür eine Stunde und zehn Minuten.[14]

Um den Kapitalismus zu *erkennen*, müssen wir ihn auch in einem angemessenen zeitlichen Rahmen betrachten. Aus einer rein zeitgenössischen Perspektive, in der der Kapitalismus als ein nahezu universeller und sogar natürlicher Zustand der Welt erscheint, wenn auch vielleicht mit verwirrenden Unterschieden zwischen vielen Ländern, lässt sich nur wenig verstehen. Ebenso begrenzt ist der erdgeschichtliche Blickwinkel, der die Geschichte des Kapitalismus wie eine plötzlich auftretende Supernova wirken lässt, die zu einem explosionsartigen Wachstum der Produktivität, der Ressourcennutzung und der menschlichen Bevölkerung führt, die aber letztlich bei diesem Urknall unsichtbar bleibt. Sinnvoller erscheint es, bis zu den Anfängen der modernen Industrie vor etwa 250 Jahren zurückzugehen, allerdings würde ein solcher Ansatz den Kapitalismus mit der Industrie gleichsetzen, eine problematische Entscheidung, die ausblendet, wie Kaufleute die kapitalistische Revolution in Gang gesetzt haben. Stattdessen habe ich einen mittleren Zeitrahmen gewählt und mich auf das vergangene Jahrtausend konzentriert, das Jahrtausend des Kapitalismus. In diesem Zeitraum wird seine Geschichte als die allmähliche Entfaltung einer neuen Wirtschaftslogik erkennbar, begleitet von ständigen Auseinandersetzungen. Wir können seine historische Entwicklung verfolgen: wie Inseln des Kapitals in Städten auf der ganzen Welt entstanden, sich verbanden, ihre Gestalt veränderten, sich ins Hinterland ausdehnten – und schließlich einer kapitalistischen Weltordnung den Weg bereiteten.

Es gibt noch ein weiteres Hindernis, das dem Erfassen des Kapitalismus im Weg steht: die Politik unserer Zeit. Seit mehr als einem Jahrhundert haben sich einige der gravierendsten ideologischen Auseinandersetzungen der Welt um den Kapitalismus gedreht. Diese Debatte war eines der zentralen Schlachtfelder des Kalten Krieges. Während des größten Teils des 20. Jahrhunderts trieben die unerbittliche Verurteilung und die unkritische Verherrlichung des Kapitalismus den Konflikt zwischen der Sowjetunion und den USA an. Dieser Streit war so heftig, dass der sowjetische Historiker Michail Pokrowski, als er 1931 ein Buch veröffentlichte, in dem er argumentierte, dass das Handelskapital – die Kaufleute – für die Entwicklung Russlands von zentraler Bedeutung gewesen sei (eine scheinbar harmlose Aussage), von den Stalinisten gezwungen wurde, seine blasphemische Auffassung zu «widerrufen». Auf der anderen Seite der großen Kluft verfasste Antonio Gramsci, einer der kreativsten Denker des letzten Jahrhunderts zum Thema Kapitalismus, seine *Gefängnishefte*, während er von Mussolini inhaftiert war. Er verwendete eine verschlüsselte Sprache, um die Zensur seiner Bewacher zu überlisten. Bücher wurden aufgrund ihrer Aussagen über den Kapitalismus verboten und sogar verbrannt; Autoren wurden ins Exil geschickt, in Lagern eingesperrt, verschwanden spurlos und wurden hingerichtet. Diese überhitzte Atmosphäre hat unser Verständnis des Kapitalismus stark beeinträchtigt, nicht nur weil dadurch bestimmte Ansichten unterdrückt wurden, sondern auch, weil sie zu einer Lähmung und Unfähigkeit führte, ihn wirklich zu analysieren. Auf der einen Seite wurden Marx' Schriften zu heiligen Texten, mithilfe derer die Tagespolitik interpretiert wurde; auf der anderen Seite lasen Gelehrte die Geschichte des Kapitalismus durch die ebenso sakralisierende Linse der Schriften von Adam Smith. Dieses Buch ist bestrebt, beide Extreme zu vermeiden.[15]

Schließlich gibt es noch eine letzte Hürde, die dem Verständnis des Kapitalismus im Weg steht und die davon abhängt, wo Sie dieses Buch lesen. Das Leben unter Reichen und Mächtigen hat viele Vorteile, aber auch einen entscheidenden Nachteil: Es verzerrt Ihre Sicht auf das Leben auf der Erde und dessen Geschichte. Wenn Sie dieses Buch in Europa oder Nordamerika lesen, werden Sie von vielen der Orte und Menschen, von denen Sie auf den folgenden Seiten erfahren, vielleicht überrascht sein: Kaufleute im Hafen von Aden, Sklaven auf den Zuckerrohrplantagen von Barbados, nationalistische Industrielle im Indien des 20. Jahrhunderts. Auch wenn Sie dies zunächst verwirrend finden mögen, werden Ihnen beim Lesen die Probleme, die durch die eurozentrische Darstellung der Geschichte des Kapitalismus verursacht wurden, nur allzu deutlich werden.

Deshalb nimmt dieses Buch eine dezidiert historische und globale Perspektive ein. In erster Linie ist das Werk bestrebt, den Kapitalismus als Gegenstand für historische Untersuchungen zurückzugewinnen, wobei statische, essenzialisierende, übermäßig abstrakte oder ausschließlich gegenwartsbezogene Ansätze vermieden werden sollen. Es führt uns durch ein Jahrtausend des Wandels und zeigt uns mittelalterliche Kaufmannshäuser, Langstrecken-Daus auf dem Indischen Ozean, tropische Plantagen, Webstuben, Aktienbörsen, Arbeiterwohnungen, Sklavenhütten, Büros und Haushalte kolonialer Bürokraten, Produktionshallen von Industriegiganten des 20. Jahrhunderts, Gewerkschaftstreffen und Versammlungen antikolonialer Kapitaleigner. Ich zeichne nach, wie sich Handel, Landwirtschaft und Produktion veränderten, wie die Produktion intensiviert wurde, wie eine neue Staatsform entstand und sich an der Steuerung des Wirtschaftslebens beteiligte, wie die Schwächsten erfolgreich den Kapitalismus reformierten, wie sich Hierarchien herausbildeten und veränderten, wie sich politische Regime wandelten und wie sich verschiedene Formen der Arbeit entfalteten. Diese Geschichte wird zeigen, dass des Kapitalismus innere Logik das letztendliche Ergebnis mehr als nur ganz ungefähr bestimmt. Ein derartiges Verständnis seiner Vergangenheit eröffnet neue Wege für seine Zukunft und verleiht unserem politischen und wirtschaftlichen Horizont wieder eine Ahnung der uns offenstehenden Möglichkeiten.[16]

Ebenso wichtig ist es, dass ich den Kapitalismus als die globale Wirtschaftsordnung analysiere, die seinem Wesen entspricht und die er schon immer war. Unser Verständnis der Geschichte des Kapitalismus ist in weiten Teilen unvollständig, weil wir Orte isoliert voneinander untersucht haben, um die dort stattgefundene oder eben fehlende Entwicklung anhand ihrer Ressourcen, Politik oder Kultur zu erklären. Doch wie Jawaharlal Nehru bereits 1961 erkannte, ist «die alte Idee, die Geschichte eines einzelnen Landes zu schreiben, zunehmend unzeitgemäß geworden. [...] Es ist heute völlig unmöglich, [...] Geschichte [...] im Hinblick auf eine Nation, ein Land oder ein Gebiet zu betrachten; man muss unweigerlich die Welt als Ganzes ins Auge fassen.»[17] Dem kann ich nur zustimmen. Dieses Buch fasst den Kapitalismus vor allem als eine globale Entwicklung auf, deren lokale Erscheinungsformen ebenfalls nur global verstanden werden können. Die wirtschaftliche Dynamik eines bestimmten Ortes wird unweigerlich durch seine Verbindungen zur Außenwelt bestimmt. Es gibt keinen «französischen Kapitalismus» und keinen «amerikanischen Kapitalismus», sondern es gibt Kapitalismus in Frankreich und in Amerika, der jeweils umkämpfte und komplizierte Beziehungen zum Kapitalismus in anderen Ländern unterhält. Ich pflichte dem brasilianischen Historiker Caio Prado Júnior bei, der bereits 1945 darauf hinwies, dass «es eigentlich keine Wirtschaftsgeschichte dieses oder jenes Landes mehr gibt, sondern nur noch die der gesamten Menschheit».[18]

Da die kapitalistische Revolution an jedem einzelnen Ort immer mit globalen Verbindungen einherging, war das langjährige Bestreben, einen bestimmten Ort als Ursprung des Kapitalismus zu benennen, zum Scheitern verurteilt. Wie dieses Buch zeigen wird, entstand der Kapitalismus nicht an einem einzigen Ort, sondern durch die Verbindungen zwischen verschiedenen Orten. Während Orte und Staaten für seine Geschichte große Bedeutung hatten, war das Kapital zu keinem Zeitpunkt gänzlich auf einen Ort beschränkt oder von staatlichen Grenzen umschlossen. Die treibende Kraft des Kapitalismus war seine Fähigkeit, entfernte Orte miteinander zu verbinden und aus einer vernetzten Vielfalt, die Kontinente und Ozeane umspannte, eine beispiellose Macht zu schöpfen. Ich nehme den Globus in den Blick, weil er der Raum ist, in dem der Kapitalismus entstanden ist und sich entwickelt hat. Wie ich nachweisen werde, ist er die Bedingung seiner Möglichkeit. Im Unterschied zu früheren Formen der Organisation des Wirtschaftslebens, die lokal oder bestenfalls regional waren, war der Kapitalismus immer und von Beginn an eine Weltwirtschaft.

Dies muss ausdrücklich gesagt werden, weil die Erforschung der Geschichte des Kapitalismus leider auch im 21. Jahrhundert noch immer so eurozentrisch ausgerichtet ist wie kaum ein anderer Bereich der Wissenschaft, obwohl eine auch nur oberflächliche Kenntnis des Zustands der Welt jedem die Beschränktheit dieser Perspektive vor Augen führen sollte. Die Art und Weise, wie die Geschichte des Kapitalismus geschrieben wird, folgt allzu oft nahezu passgenau und zweifellos recht bequem der weltweiten Verteilung der Wirtschaftskraft bis in die jüngste Zeit. Diese Art von Narrativ marginalisiert die Mehrheit der Menschheit und dient als ultimative «Geschichte der Sieger», eine Geschichte, in der große Teile der Welt als «Fehlschläge» dargestellt werden, deren Versäumnisse die Errungenschaften Europas noch besser zur Geltung kommen lassen. Tatsächlich stellen sich viele Geschichtsschreibungen des Kapitalismus die Aufgabe, entweder dieses «Versagen» oder den europäischen Erfolg zu erklären, häufig durch kulturelle Bezugnahmen, die bis in die Antike zurückreichen. Das westliche Beispiel wird oft naturalisiert: Der Kapitalismus funktioniert, und der Rest der Welt muss angesichts dieser Tatsache unter verschiedenen Arten von Defiziten leiden. Die vielen Spielarten des Eurozentrismus sind erstaunlich. Einige konzentrieren sich auf

Ideen, andere auf Kulturen, Geografien, Innovationen oder Institutionen. Unabhängig von ihrem Schwerpunkt enden sie immer am selben Punkt: Die Europäer waren (und sind) grundsätzlich anders als alle anderen. Einige dieser Darstellungen sind aggressiv formuliert und stellen nicht westliche Menschen als minderwertig dar, die aus kulturellen, religiösen oder sogar biologischen Gründen nicht in der Lage gewesen wären, mit ihren europäischen Zeitgenossen zu konkurrieren.[19]

Solche eurozentrischen Scheuklappen, die zu einer verengten Erzählung der Geschichte des Kapitalismus führen, sind nicht sehr überraschend, wenn man bedenkt, dass die Fächer, die sich mit dem Wirtschaftsleben befassen, nämlich die Sozialwissenschaften, im 19. und 20. Jahrhundert entstanden sind, als ein Großteil der Welt unter Kolonialherrschaft stand. Dieses Buch greift diese Debatten jedoch in einem neuen historischen Schlüsselmoment auf, an dem es viel weniger sicher ist, dass der Nordatlantik weiterhin die herausragende materielle und politische Position innehaben wird, die er in den letzten zwei Jahrhunderten genossen hat. Die Wege Chinas, Japans, Koreas, Brasiliens, Indiens und Nigerias zum Kapitalismus verdienen heute viel mehr Aufmerksamkeit, als sie in den letzten zweihundert Jahren eurozentrischer Diskurse erhielten.[20]

Europa und seine Abkömmlinge, wie die USA, waren zweifellos wichtige Zentren der Entfaltung des Kapitalismus, der sich nicht überall gleichermaßen entwickelt hat. Dieses Buch möchte diese Unterschiede erklären, auch wenn es die Globalität des Kapitalismus betont. Ein wichtiger Aspekt konzentriert sich darauf, dass der scheinbare Sonderweg Europas weniger intrinsische Gründe hatte als vielmehr durch seine besonderen Verbindungen zu anderen Teilen der Welt bedingt war, sodass Akteure in anderen Weltregionen die europäischen Entwicklungen beeinflussten. Sogenannte Erfolge in einigen Gegenden der Welt waren eng mit sogenannten Misserfolgen in anderen Gegenden verbunden. Das Buch wird zeigen, dass der moderne Kapitalismus, selbst in Momenten größter Hierarchie und Ungleichheit, immer eine globale Koproduktion war und nur als solche verstanden werden kann. Der Kapitalismus ist, wie wir sehen werden, eine Gesamtheit, deren Ursprünge und anhaltende Dynamik auf der globalen Integration von Handel, Produktion und Konsum basieren.[21]

Dieser weltumspannende und langfristige Blick lässt uns viele Dinge erkennen, die sonst unsichtbar bleiben könnten, beispielsweise die Entwicklung des ländlichen Raums. Die Erörterung des Kapitalismus wurde bis in die Gegenwart von der Fokussierung auf Städte und Industrie dominiert, aber dieses Buch wird die entscheidende Bedeutung ländlicher Gebiete als

Quellen von Arbeitskräften sowie Rohstoffen und als Märkte darstellen und Bauern, Pächter und Sklaven neben Handwerkern, Fabrikarbeitern und Industriearbeitern positionieren. Darüber hinaus ermöglicht uns die Aufmerksamkeit für den ländlichen Raum, die ökologischen Dimensionen der kapitalistischen Entwicklung wahrzunehmen. Die unablässige Ausbeutung landwirtschaftlicher und mineralischer Rohstoffe trieb die kapitalistische Revolution voran und schöpfte aus immer neuen Reservoirs natürlicher Ressourcen, die verbraucht, aber nicht bepreist wurden. Auf diesen Seiten werden wir einigen von ihnen begegnen – darunter Zucker, Indigo, Kaffee und Baumwolle –, um zu untersuchen, wie der Kapitalismus eine räuberische Beziehung zur nicht menschlichen Natur entwickelte. Die Auswirkungen seines Raubbaus an den Gaben der Natur sind so dramatisch, dass Wissenschaftler glauben, dies könne das Überleben unserer Spezies bedrohen.[22]

Dieses Buch rückt auch den sogenannten Handelskapitalismus stärker in den Vordergrund, die von Kaufleuten vorangetriebene politische Ökonomie, die die Geschichte des Kapitalismus bis weit ins 19. Jahrhundert hinein beherrschte. Im Gegensatz zu Geschichtsdarstellungen, die Händler von Produktion und Kapitalismus trennen, zeigt das vorliegende Werk, dass die kategorische Unterscheidung zwischen Zirkulation und Produktion nie vollständig aufrechtzuerhalten war, da das Handelskapital von Anfang an in die Sphäre der Produktion eintrat und Kaufleute wichtige Protagonisten der kapitalistischen Revolution waren.[23]

Den Kapitalismus sichtbar zu machen, bedeutet, ihn global und historisch verständlich zu machen. Ich werde darlegen, wie der Kapitalismus entstand, wie er sich räumlich und gesellschaftlich ausbreitete und wie er dabei seine Form veränderte. Es gab nichts Vorherbestimmtes an diesem Verlauf; sein Aufkommen und seine Entwicklung waren immer abhängig von ökologischen, sozialen, politischen und technischen Faktoren. Die politischen Strukturen, in die der Kapitalismus eingebettet war, die verschiedenen Arten der Mobilisierung von Arbeitskräften, die er erforderte, und die großen Unterschiede der territorialen Konfigurationen, in denen er existierte – von Stadtstaaten bis zu Kolonialreichen –, stellen drei wichtige Elemente dar, um nur einige zu nennen. Sie wurden immer wieder neu kombiniert und kamen mit einer Vielzahl von Akteuren in Berührung, die sie zu bestimmten Zeitpunkten und an bestimmten Orten bewusst oder unbewusst beeinflussten. Das Buch wird all diese Zusammenhänge untersuchen und erklären.

Ich werde zeigen, dass der Kapitalismus eine globale Ordnung ist, die sich jedoch nicht durch eine «reibungslose» Zirkulation auszeichnet. Lokale, regionale und nationale Kontexte sowie soziale Bewegungen schufen die fragmentierten und hierarchischen Räume, die die kapitalistische Revolution strukturierten, und sorgten so für eine fantastisch anmutende Vielfalt örtlich beschränkter, aber stets miteinander verbundener Ergebnisse: Auf den folgenden Seiten werden wir zum Beispiel sehen, dass zwar einerseits die Rechte an Privateigentum in Europa gestärkt wurden, andererseits aber die europäische Expansion in die Welt mit massiven Enteignungen einherging. Während versklavte Arbeiter auf Baumwollplantagen in den USA schufteten, spannen und webten Lohnarbeiterinnen und Lohnarbeiter diese Baumwolle in den Textilfabriken Europas. In einigen Regionen des Globus wurden politische und soziale Rechte erweitert, während in weiten Teilen der kolonialen Welt kategorische Hierarchien – zwischen Kolonisatoren und Kolonisierten, Freien und Versklavten, Weißen und Schwarzen – das Leben strukturierten.[24]

Wie wir sehen werden, war die territoriale Organisation des Kapitalismus ebenso dynamisch und variabel: Sie reichte von einer globalen Wirtschaft, die von riesigen Kolonialreichen bestimmt wurde, bis hin zu Stadtstaaten. Es gab Momente, in denen Warenketten in nationalen Räumen eingehegt wurden, und andere, in denen der globale Handel im Vordergrund stand. Großflächige Territorialstaaten wie die USA integrierten Arbeitskräfte, Rohstoffe und Märkte in ihre Nationalgebiete, während kleine Stadtstaaten wie Singapur und Hongkong zu wichtigen Knotenpunkten des globalen Kapitalismus wurden. Wir werden auf eine Vielzahl politischer Herrschaftsformen stoßen: Während Großbritannien im 20. Jahrhundert prinzipiell liberale politische Strukturen prägten, waren es in anderen Ländern autoritäre oder sogar faschistische Regime, die mit Kapitaleignern kooperierten. Im Widerspruch zu einigen Strömungen der Modernisierungstheorie, die davon ausgehen, dass es eine direkte Verbindung zwischen Kapitalismus und liberaler Demokratie gibt, zeigt dieses Buch, dass der Kapitalismus in eine Vielzahl politischer Rahmenbedingungen eingebettet war, darunter auch eine Reihe illiberaler Varianten.[25]

Die Mannigfaltigkeit an Umständen bezüglich der Ausgestaltung von Kapital, Arbeit, Territorium und politischen Systemen, die in verschiedenen Regionen und Zeiten gegeben waren und auf die wir in diesem Buch stoßen werden, ergab sich zum Teil daraus, dass die kapitalistische Revolution auf ältere soziale und kulturelle Systeme sowie Machtverteilungen stieß und sich mit diesen arrangierte. Dazu gehörten geschlechtsspezifische Arbeitsteilungen sowie althergebrachte Ungleichheiten, die durch Tributregime geschaffen worden waren. Folglich ist diese erstaunliche Vielgestaltigkeit nicht nur ein schillernder Aspekt der Geschichte des Kapitalismus, sondern auch einer der Gründe seiner Dynamik – der Kapitalismus lebt nicht von Homogenität und Beständigkeit durch Zeit und Raum, sondern von Veränderungen und Unterschieden. Zu Recht nannte der Historiker Kenneth Lipartito den Kapitalismus «eine vielköpfige Hydra».[26] Im Unterschied zu vielen seiner lautstärksten Verteidiger und Kritiker ist der Kapitalismus undogmatisch. Seine große Diversität zu jedem beliebigen Zeitpunkt lässt sich mit einer Formulierung des deutschen Philosophen Ernst Bloch als «Gleichzeitigkeit des Ungleichzeitigen» bezeichnen und betrifft die Prägung des Kapitalismus zu jedem beliebigen Zeitpunkt durch eine Vielzahl historischer Zeiten. Doch wie dieses Buch zeigen wird, blieb der Kapitalismus trotz dieser Differenzen ein Ganzes; es gab keine «Kapitalismen» im Plural, sondern nur sich verändernde und variierende Gestalten einer einzigen gestaffelten und hierarchischen Struktur.[27]

Während sich der Kapitalismus weltweit ausbreitete, wurzelten seine Strukturen in der Verteilung von Macht an ganz bestimmten Orten. Das vorliegende Buch erzählt die Geschichte des Kapitalismus daher nicht nur aus einer weltumspannenden Perspektive, sondern auch aus einer lokalen Warte. Die Familienbeziehungen in den ländlichen Gebieten Englands tragen bei zur Erklärung der Mobilisierung von Arbeitskräften in den frühen Fabriken, die Sozialstruktur der indischen Landwirtschaft stand im Zusammenhang mit der Ausbreitung der Plantagensklaverei in Amerika, und die Geografie der Insel La Réunion hilft beim Verständnis der Besonderheiten der Arbeitsregime im französischen Kolonialreich nach der Abschaffung der Sklaverei.

Diese weitreichende Perspektive zeigt, dass es beim Kapitalismus nicht nur um die Ausarbeitung ahistorischer ökonomischer Gesetze geht, die abstrakt, sogar mathematisch analysiert werden können. Der Kapitalismus ist stattdessen das Ergebnis einer Vielzahl politischer Entscheidungen und sozialer Konflikte, die auf unzählige Arten von der Gesellschaft und dem Staat beeinflusst werden. Da der Kapitalismus gleichermaßen eine ökologische, kulturelle, soziale und politische Ordnung ist wie eine wirtschaftliche, kann er nur durch eine Analyse verstanden werden, die die Politik, die Natur, die Verteilung der gesellschaftlichen Macht sowie die verschiedenen Kulturen und Institutionen berücksichtigt.[28]

Dieses Buch hebt diese Faktoren hervor. Ich zeige, dass es falsch ist, Kapitalismus als eine ausschließlich marktbasierte Gesellschaft zu betrachten. Zum einen gab es Märkte auch in nicht kapitalistischen Gesellschaften. Zum anderen sind nicht marktwirtschaftliche Kräfte integraler Bestandteil des

Kapitalismus. Den Kapitalismus in erster Linie als Marktgesellschaft zu verstehen wäre vergleichbar damit, den Feudalismus als göttliche Ordnung zu sehen – eine Vorstellung, von deren Richtigkeit die Feudalherren und Kleriker der damaligen Zeit überzeugt waren, mit der sich aber heutzutage nur wenige Historiker zufriedengeben würden. So wie das Feudalsystem zum Teil dadurch aufrechterhalten wurde, dass es seinen Protagonisten gelang, viele Menschen davon zu überzeugen, dass es gottgegeben war, so ist auch die Naturalisierung des Marktes nicht zufällig mit dem Kapitalismus verbunden, sondern eine Voraussetzung für seine Existenz. Doch das erklärt noch nicht alles.

Indem das Buch zeigt, dass das Wirtschaftsleben im Kapitalismus tief verwurzelt ist in nicht marktwirtschaftlichen Strukturen, reiht es sich in eine breitere Tradition der politischen Ökonomie ein, die von Karl Polanyi bis Melinda Cooper reicht, von Joseph Schumpeter bis Nancy Fraser. Die «Requisiten aus außerkapitalistischen Materialien», wie Schumpeter es ausdrückte – darunter Familienverhältnisse, persönliche Überzeugungen, die Verteilung sozialer und politischer Macht, die Natur sowie kategorische, durch Sexismus und Rassismus konstruierte Hierarchien –, werden dabei eine zentrale Rolle spielen.[29]

Keine nicht-ökonomische Institution war wichtiger als der Staat, dieses Ensemble von Institutionen, die auf verschiedenste Weise regieren, besteuern, Kriege führen, die Gesellschaft reglementieren und Konflikte schlichten. Da der Staat Vorschriften und Gesetze festlegte und durchsetzte sowie Ressourcen zuteilte, die zur Schaffung neuartiger politischer Ökonomien beitrugen, von denen er auch selbst geprägt wurde, ist er ein grundlegender Bestandteil meiner Analyse. In diesem Buch wird argumentiert, dass der Kapitalismus eine stark durch den Staat regulierte Form des Wirtschaftslebens ist. Obwohl sich dieser Staat im Laufe der Zeit veränderte, unterschiedliche Institutionen entwickelte, in Umfang, Reichweite und territorialer Ausdehnung wuchs und mehr oder weniger mächtige Positionen innerhalb eines internationalen Staatensystems einnahm, blieb er immer ein wesentlicher Faktor der kapitalistischen Revolution. Es ist unmöglich, den Kapitalismus nur als eine Wirtschaftsordnung zu betrachten – er war schon immer auch eine politische Ökonomie.

Der Kapitalismus ist zweifellos eine mächtige Struktur, die die Interaktion der Menschen mit der Welt begünstigt, aber auch eingeschränkt hat. Wie alles, was eine Geschichte hat, wurde auch der Kapitalismus von Menschen geschaffen. Das Problem vieler Darstellungen der Geschichte des Kapitalismus besteht darin, dass sie mit *dem Kapitalismus* und *der Wirtschaft* beginnen, so als ob diese eigenständige Akteure wären, wodurch die menschliche Handlungsmacht und die Ungewissheit der Geschichte in den Hintergrund gedrängt werden, was unser Verständnis der Welt radikal verarmt. Im Unterschied dazu stellt dieses Buch die Akteure in den Mittelpunkt. Es nutzt die Werkzeuge der Sozialgeschichte und legt den Fokus auf eine Vielzahl von Menschen, die oftmals in Konflikt miteinander standen, um den globalen Kapitalismus als einen Zustand permanenter Auseinandersetzung zu verstehen. Einige dieser Akteure verfügten über Kapital. Ob man sie nun Kapitalisten, Geschäftsleute, Kaufleute, Industrielle oder Unternehmer nennt, sie alle haben – gemeinsam mit ihren Familien, die oftmals die innerfamiliären und sozialen Voraussetzungen für die Gewinnerzielung schufen – die kapitalistische Revolution maßgeblich beeinflusst: der Kaufmann Madmun ben Hasan ben Bundar aus Aden, der Händler Mohammad Chelebi aus Surat, der Augsburger Kaufmann Jakob Fugger, die niederländische Salzhändlerin Maria Jacoba Daemen, der chinesische Kaufmann Wanzhi (王), der Plantagenbesitzer James Drax aus Barbados, der Händler Johann Jakob Bethmann aus Bordeaux, der Baumwollfabrikant Kirkman Finlay aus Glasgow, der Stahlindustrielle Hermann Röchling aus dem Saarland, der Automobilinnovator Giovanni Agnelli aus Turin, der indische Serienunternehmer – und geschickte Politiker – Ardeshir Godrej und der chinesische Internetunternehmer Jack Ma. In sehr unterschiedlichen Welten suchten sie alle nach den profitabelsten Wegen, ihr Kapital zu investieren, und fanden ihre Nischen in spezifischen ökonomischen, sozialen und politischen Konfigurationen.[30]

Aber eine Geschichte des Kapitalismus erfordert viel mehr als eine Geschichte des Kapitals und der Kapitalisten. Andere Akteure, sowohl auf der Ebene der Produktion und des Handels als auch auf der Ebene der lokalen, nationalen und globalen politischen Ökonomien, beeinflussten die Dynamik des Kapitalismus wesentlich und müssen in den Vordergrund gerückt werden. Indigo anbauende Bauern wie Digambar Biswas, versklavte Männer und Frauen auf Zuckerrohrplantagen wie Jumpeter und Carlota Lucumí, Lohnarbeiterinnen in Baumwollspinnereien wie Elizabeth Brown und Eisenbahner wie Souleye N'Dour sowie Frauen, die dynastische Vermögen zusammenhielten, wie Mary Woodbridge Tiffany, spielen in diesem Buch wichtige Rollen, da ihre individuellen und kollektiven Handlungen dazu beitrugen, die Entwicklung des Kapitalismus zu lenken. Die Quellen der sozialen Macht dieser Akteurinnen und Akteure unterschieden sich deutlich von denen der Kapitaleigner. Dennoch beeinflussten sie die kapitalistische Revolution und lenkten sie in oftmals überraschende Richtungen.

Außerdem treten in diesem Buch auch Staatsoberhäupter, Politiker und

Politikerinnen und Intellektuelle auf die Bühne – von Kuroda Kiyotaka bis Margaret Thatcher, von Rosa Luxemburg bis Friedrich von Hayek –, entsprechend der These, dass der Kapitalismus eine staatszentrierte Wirtschaftsordnung ist, die in erster Linie als politische Ökonomie verstanden werden muss.

Nicht zuletzt ermöglicht diese Herangehensweise den Leserinnen und Lesern, die Entwicklung des Kapitalismus als das zu sehen, was sie war: ein schwieriges, oft unwahrscheinliches Unterfangen, das auf enormen Widerstand sowohl der Eliten als auch der einfachen Bevölkerung stieß. Aufgrund dieser langwierigen konfliktreichen Entwicklung war die kapitalistische Revolution in hohem Maß mit Zwang und Gewalt verbunden. Obwohl die Geschichte des Kapitalismus oft als eine Geschichte von Verträgen, Privateigentum und Lohnarbeit erzählt wird, sogar manchmal zur Verwirklichung menschlicher Freiheit stilisiert wird, gibt es eine andere, ebenso wichtige Geschichte über umfangreiche Enteignungen, riesige Mobilisierungen von Zwangsarbeitern, Brutalität in Fabriken und auf Plantagen, heftige Zerstörungen nicht kapitalistischer Volkswirtschaften und massive Rohstoffgewinnung zum privaten Vorteil. Der Kapitalismus basierte, wie wir in den folgenden Kapiteln sehen werden, nicht nur auf Produktivitätssteigerungen, sondern auch auf enormen Aneignungen – in Wirklichkeit Enteignungen –, die von Land über Arbeit bis hin zu Leben und technischem Wissen reichten.[31]

Sobald wir verstanden haben, dass der Kapitalismus ein schwieriges, unwahrscheinliches, aber revolutionäres Projekt war, ergibt sich ein neuer Blick auf ihn. Wir sehen den Kapitalismus nun als einen Prozess, dessen Ursprünge mehrere Jahrhunderte umfassten und der in vielen Teilen der Welt entstand. Wichtig ist dabei die Erkenntnis, dass der Kapitalismus immer noch im Aufbau begriffen ist, sich immer noch entfaltet und mit seiner Logik weiterhin neue Orte und neue Aspekte des menschlichen Lebens infiltriert. Es gibt nicht einen einzigen Übergang zum Kapitalismus, sondern viele, und diese Übergänge finden weiterhin statt. Der Kapitalismus ist nicht eine einzige Sache oder ein einziges Ereignis. Jede monokausale Erklärung, jedes Fragment – eine Institution, eine Technologie, eine Nation – wird nicht viel zu seinem Verständnis beitragen. Wie der britische Historiker Herbert Butterfield so treffend schreibt, ist es «die Gesamtheit der Vergangenheit», die die Gegenwart hervorbringt.[32] Die Wahl eines historischen, globalen und multikausalen Ansatzes hilft uns, etwas zu begreifen, das in mancherlei Hinsicht rätselhaft ist – die Langlebigkeit des Kapitalismus. Und sie lässt uns seine große Stärke erkennen: Flexibilität im globalen Maßstab.[33]

Bevor wir uns nun auf die Reise begeben, sollten wir klären, worüber wir sprechen, wenn wir Kapitalismus sagen. Das Wort selbst ist relativ neu. Es wurde erstmals in den 1830er Jahren verwendet, aber schon früher wurde über das Phänomen gesprochen. Basiert diese neuartige Wirtschaftsordnung, wie Adam Smith 1776 argumentierte, im Innersten auf einer fast natürlichen «Neigung zum Transportieren und Tauschen von Dingen», die vor allem das «Eigeninteresse» der Menschen befriedigt? Oder handelt es sich, wie Karl Marx Mitte des 19. Jahrhunderts behauptete, um eine Form des Wirtschaftslebens, das es dank einer Entwicklung der «Produktivkräfte» – Werkzeuge, Materialien, wissenschaftliche Erkenntnisse und menschliche Arbeit – den Kapitalisten ermöglicht, die Massen des Proletariats auszubeuten und den Mehrwert abzuschöpfen, um so eine Krise und die proletarische Revolution heraufzubeschwören? Oder hatte Max Weber recht, als er von einer rationalen und kalkulierenden Kultur und einem ebensolchen Verhalten sprach, die durch bestimmte religiöse Überzeugungen begünstigt worden seien? Oder ist der Kapitalismus, wie es der Wirtschaftshistoriker Larry Neal, der diese Fragen vor nicht allzu langer Zeit untersuchte, in seiner *Cambridge History of Capitalism* ausdrückt, in erster Linie eine Wirtschaftsordnung, die sich auszeichnet durch «private Eigentumsrechte, von Dritten durchsetzbare Verträge, Märkte mit bedarfsgesteuerten Preisen und unterstützende Regierungen»?[34]

Die enorme Vielfalt an Definitionen ist trotz einiger Überschneidungen verwirrend, weswegen einige Beobachter dafür plädieren, das Wort einfach zu verwerfen.[35] Ich orientiere mich jedoch stattdessen an dem Mediävisten Marc Bloch, der bei dem Versuch, mit den vielen Definitionen des Feudalismus zurechtzukommen, zu dem Schluss gelangte, dass «die bloße Existenz des Wortes die besondere Qualität bezeugt, die die Menschen in der Zeit, die es bezeichnet, instinktiv erkannt haben».[36] Genau wie Bloch es beim Feudalismus tat, können wir «die bloße Existenz des Wortes» als Einladung betrachten, das zu «analysieren und zu erklären», was uns hier beschäftigt: den Kapitalismus.

Wenn wir dies tun, sehen wir, dass er bestimmte Alleinstellungsmerkmale besitzt, vor allem, dass es sich um eine Organisation des Wirtschaftslebens handelt, die sich durch die unaufhörliche Anhäufung von privat kontrolliertem Kapital definiert. Im Kapitalismus wird Kapital produktiv investiert und Reichtum hauptsächlich eingesetzt, um mehr Reichtum zu erzeugen – er wird in Vorhaben investiert, die Arbeit, Maschinen, technisches Wissen und Rohstoffe kombinieren, um weiteres investierbares Kapital zu generieren. Kapital ist also nicht ein beliebiger Anspruch oder irgendeine Ressource – diese gab es schon immer in der Menschheitsgeschichte –, sondern ein Anspruch oder eine Ressource, die in bestimmte soziale Beziehungen eingebettet ist und eine kontinuierliche Akkumulation ermöglicht. Ein wesentlicher Impuls des Kapitalismus ist daher die Reproduktion von Bedingungen, die eine solche Anhäufung erlauben. Die «Zeugungskraft», wie Marx dies so einprägsam ausdrückt, ist nicht nur eines der Merkmale des Kapitalismus, sondern Ausdruck seines eigentlichen Wesens.[37] Die Kapitaleigner organisieren die Produktion von Waren nicht in erster Linie, weil sie diese benötigen oder haben wollen, sondern weil sie hoffen, damit noch mehr Kapital zu generieren. Da eine solche unablässige Akkumulation die grundlegende Triebkraft des Kapitalismus ist, strebt er zudem immer danach, neue geografische Räume und neue Lebensbereiche zu kolonisieren. Auf diese Weise stellt er eine grundlegend andere Form des Wirtschaftslebens dar als beispielsweise der europäische Feudalismus oder die präkolonialen Gesellschaften in Nordamerika. Joseph Schumpeter hat es vielleicht am besten auf den Punkt gebracht, als er feststellte, dass «der Kapitalismus von Natur aus eine Form oder Methode des wirtschaftlichen Wandels ist und niemals stationär ist noch sein kann».[38]

Um diese unaufhörliche Expansion zu ermöglichen, kann sich der Kapitalismus nur in einer Gesellschaft entfalten, in der sowohl Input als auch Output auf Märkten verkauft, d. h. zu Waren gemacht werden, was das zweite definierende Merkmal des Kapitalismus ist. Alles, was benötigt wird, damit das Kapital seine Wirkung entfalten kann – Land, Arbeit, Rohstoffe, technisches Wissen –, muss gekauft werden können, und alles, was hergestellt wird, muss auf Märkten verkäuflich sein. Die «Produktion von Waren durch Waren», wie es der italienische Ökonom Piero Sraffa ausdrückte, ist ein entscheidendes Kennzeichen des Kapitalismus.[39]

Eine der wichtigsten Waren ist die Arbeitskraft: Ohne die Möglichkeit für Kapitaleigner, auf Märkten Arbeitskraft zu kaufen, gibt es keinen Kapitalismus. Über das gesamte ideologische Spektrum hinweg betrachten Wissenschaftler die Lohnarbeit als die grundlegende Form der Kommodifizierung der Arbeitskraft durch den Kapitalismus und halten sie zu Recht für die bedeutendste Art der Mobilisierung von Arbeitskräften im Kapitalismus. Wie dieses Buch zeigt, war der Kapitalismus jedoch durchaus vereinbar mit anderen Formen der Kommodifizierung von Arbeit, wozu in historischen Schlüsselmomenten auch die Sklaverei gehörte. Was den Kapitalismus also definiert, ist die in verschiedenen Varianten auftretende Verwandlung von Arbeit in eine Ware.[40]

Die Akkumulation von privat kontrolliertem Kapital in einer Welt der Waren hängt ihrerseits von der starken Präsenz des Staates im Wirtschaftsleben ab. Da der Kapitalismus ohne den Staat konzeptionell nicht vorstellbar ist – und er gleichzeitig Staaten von zuvor nie dagewesenem Ausmaß und Einfluss hervorbringt –, ist der Staat selbst Teil der engeren Definition, auch wenn sich die genauen Formen, die der Staat annimmt, in den letzten Jahrhunderten dramatisch verändert haben und von Land zu Land verschieden sind.

Wie Maria Mies, Nancy Fraser, Melinda Cooper und andere Wissenschaftlerinnen herausgearbeitet haben, kennzeichnen den Kapitalismus nicht zuletzt auch ständig neu gezogene Grenzen zwischen Lebensbereichen, die als der kapitalistischen Logik unterworfen gelten, und denen, die als außerhalb dieser Logik stehend angesehen werden: Produktion und Reproduktion, Wirtschaft und politisches System, menschliche Aktivität und Natur. Der Kapitalismus subsumiert gleichwohl diese anderen Logiken, zum Beispiel eine zutiefst geschlechtsspezifische Organisation des Wirtschaftslebens, die der Reproduktion dient, profitiert von ihnen und stärkt sie manchmal sogar. Er beruht auf Räumen der Nichtakkumulation und erzeugt diese ständig.[41]

Der Kapitalismus ist also, wie diese Definitionen nahelegen, kein Ding oder Ereignis, das sich genau datieren oder verorten lässt, sondern ein Prozess. Der «Übergang zum Kapitalismus» fand nicht zu einem bestimmten Zeitpunkt statt, sondern vollzog und vollzieht sich täglich und kontinuierlich. Letztendlich lässt sich der Kapitalismus am besten als globaler Prozess definieren, in dem das Wirtschaftsleben hauptsächlich von der unaufhörlichen Anhäufung von privat kontrolliertem Kapital getragen und vom Staat strukturiert wird und seinerseits die ständig wachsende Kommodifizierung von Inputs und Outputs, einschließlich der Arbeit, vorantreibt, wodurch sich die Grenzen zwischen dem Inneren und dem Äußeren des Systems ständig verschieben. Trotz endloser Streitigkeiten über seine genaue Definition würde die «Vermeidung» des Begriffs Kapitalismus, wie der britische Historiker R. H. Tawney einmal sagte, bedeuten, «eine Tatsache» zu ignorieren.[42] Dieses Buch wird dieser «Tatsache» ins Auge blicken und die Geschichte des Kapitalismus nachzeichnen – nicht mit dem Ziel, eine weitere, übertrieben fein ziselierte Definition zu präsentieren, sondern mit der Absicht, dem nachzuspüren, was ich als «Kapitalismus in Aktion» bezeichne. Das Buch möchte den Kapitalismus nicht als das betrachten, was er hätte sein sollen oder können, sondern als das, was er war und ist.

Es versteht sich von selbst, dass jeder Beitrag zum Kapitalismus eine Unzahl an Publikationen berücksichtigen muss. Tatsächlich ist die Analyse des Kapitalismus seit der Entstehung der Sozialwissenschaften im 19. Jahrhundert eines ihrer Schlüsselprojekte, und seitdem streiten sich Gelehrte, Ideologen und Laien darüber, wie er zu interpretieren sei. Allein über diese Debatten könnte ein Buch, vielleicht sogar eine mehrbändige Studie, geschrieben werden. Das ist aber nicht das Ziel des vorliegenden Textes. Ich folge stattdessen Marc Bloch, der seine Studie über den europäischen Feudalismus mit den Worten einleitete: «Hier soll keine Bestandsaufnahme der Papierkriege erfolgen, in die sich die Gelehrten bisweilen verstrickt haben. Worum es mir geht, ist die Geschichte, nicht die Historiker.»[43]

Dennoch verdienen zwei bedeutende Werke des 18. und 19. Jahrhunderts aufgrund ihrer weitreichenden Wirkung besondere Erwähnung: Adam Smiths *An Inquiry into the Nature and Causes of the Wealth of Nations* (1776, *Eine Untersuchung über das Wesen und die Ursachen des Reichtums der Nationen*) und Karl Marx' *Das Kapital. Kritik der politischen Ökonomie* (1867). Max Webers *Die protestantische Ethik und der Geist des Kapitalismus* (1905) folgt mit großem Abstand auf dem dritten Platz. Die anhaltende Relevanz dieser Werke zeugt von ihrer Brillanz, aber sie sind auch Produkte ihrer Zeit. Smith schrieb in einer Epoche, als die Menschen – sogar im stärker entwickelten Großbritannien – Waren noch fast ausschließlich von Hand herstellten und sich in Kutschen oder zu Fuß fortbewegten; Marx schrieb zu einer Zeit, in der Autos, der Wohlfahrtsstaat und Chinas Aufstieg zur Produktionssupermacht noch nicht einmal ferne Träume waren.

Diese Denker stellten Theorien über ein historisches Gebilde auf – den Kapitalismus –, das sich noch in seiner Entstehung befand. Sowohl Smith als auch Marx und natürlich auch Weber verstanden den Kapitalismus sehr hellsichtig als die revolutionäre Kraft, die er ist, aber sie konnten nicht vorhersehen, wohin die Revolution führen würde. Smith naturalisierte das, was er «Tauschhandel» nannte, weil er in einer Gesellschaft lebte, in der die Warenform noch ungewöhnlich war; die Naturalisierung machte es einfacher, politische Unterstützung dafür zu gewinnen. Marx entnaturalisierte die Warenform, um sie zu überwinden; um dies zu erreichen, naturalisierte er den Klassenkonflikt. Trotz ihrer unterschiedlichen Sichtweisen neigten Smith und Marx beide dazu, die europäische Erfahrung zu verallgemeinern. Und beide waren sich sicher über die «Gesetze» dieser seltsamen neuen Form des Wirtschaftslebens, eine Zuversicht, die von diesem Buch nicht geteilt wird.

Dennoch lässt sich *Kapitalismus. Geschichte einer Weltrevolution* von den lebhaften Debatten, die diese Gelehrten angestoßen haben, und der eklektischen Mischung von Autoren und Autorinnen, die zu diesen Diskussionen beigetragen haben, inspirieren. Anregungen lieferten auch die reichhaltigen und oft sehr spezialisierten Studien über das Wirtschaftsleben, die in den vergangenen Jahrzehnten veröffentlicht wurden, viele davon erst vor Kurzem. In den Bücherregalen sind aktuell wieder zahlreiche neue Untersuchungen über Kaufleute und Finanzmärkte, über Sklaverei und «die Große Divergenz» sowie viele andere Themen zu finden.[44] Auf dieser Fülle von Literatur, von Studien über die Aktivitäten jüdischer Händler in der muslimischen Welt des Mittelalters bis hin zum neoliberalen «Denkkollektiv» des 21. Jahrhunderts, baue ich auf, um den globalen Kapitalismus zu verstehen.[45] Meine globale Perspektive wird durch eine dynamische Strömung der jüngeren Geschichtswissenschaft gestärkt: Die Globalgeschichte hat mich in die Lage versetzt, die Geschichte des Kapitalismus neu zu durchdenken, und mich dazu motiviert, diesen Wissenschaftlern bei der Emanzipation der Geschichtsschreibung aus nationaler Beschränktheit zu folgen.[46] Dieses Buch verzichtet auf die im Grunde ahistorischen und naturalisierenden Lesarten des Kapitalismus, die mit dem Aufkommen der neoklassischen Wirtschaftstheorie im 20. Jahrhundert an Bedeutung gewannen und die Fiktion eines perfekten Marktes entwarfen, der die mathematische Präzision der Physik erfordert. Doch habe ich mich von vielen Wirtschaftswissenschaftlern anregen lassen – darunter Thomas Piketty, Ha-Joon Chang, Denis Cogneau, Isabella Weber und Jeffrey D. Sachs –, die die Geschichte neu entdeckt und mit ihren Ideen an einige der angesehensten, aber weitgehend vergessenen Traditionen der Disziplin angeknüpft haben, wie beispielsweise die Deutsche Historische Schule.[47] Sie alle scheinen einem anderen Ökonomen, dem bereits mehrfach erwähnten Joseph Schumpeter, zuzustimmen, der im Rückblick auf seine Karriere die Bedeutung einer historischen Perspektive für die Wirtschaftswissenschaften unterstrich:

> Ich möchte gleich zu Beginn darauf hinweisen, dass ich, wenn ich meine Beschäftigung mit den Wirtschaftswissenschaften noch einmal von vorne beginnen könnte und mir nur einer der drei Teilbereiche [Geschichte, Statistik und Theorie] zur Auswahl stünde, ich mich für die Wirtschaftsgeschichte entscheiden würde. Und das aus drei Gründen. Erstens ist die Thematik der Ökonomie im Grunde ein einziger langer historischer Prozess. Niemand kann hoffen, die wirtschaftlichen Phänomene irgendeiner Epoche, einschließlich der Gegenwart, zu verstehen, wenn er nicht über die nötige Beherrschung historischer *Fakten* und ein angemessenes Maß an historischem *Verständnis* oder

> historischer *Erfahrung* verfügt. Zweitens kann der historische Bericht nicht rein ökonomisch sein, sondern muss zwangsläufig auch «institutionelle» Fakten widerspiegeln, die nicht rein ökonomisch sind: Daher bietet er die beste Methode, um zu verstehen, wie wirtschaftliche und nicht wirtschaftliche Sachverhalte miteinander zusammenhängen und wie die verschiedenen Sozialwissenschaften untereinander in Beziehung gesetzt werden sollten. Drittens glaube ich, dass die meisten schwerwiegenden Fehler, die heutzutage in der Wirtschaftsanalyse begangen werden, häufiger auf einen Mangel an historischer Erfahrung als auf andere Unzulänglichkeiten in den Kenntnissen der Ökonomen zurückzuführen sind.[48]

Wenn ich einen Autor nennen müsste, der mein Denken über die Geschichte des Kapitalismus am meisten beeinflusst hat, wäre dies der französische Historiker Fernand Braudel, dessen monumentales Werk es uns erlaubt hat, den Kapitalismus zu beobachten, indem er seinen radikalen Aufbruch und seine langsame Entfaltung deutlich machte, seine globale Möglichkeitsbedingung verstand und Kaufleute als zentrale Akteure der kapitalistischen Revolution würdigte.[49]

Erwähnenswert ist auch, dass ich mich für meine Analyse stark auf die Bestände von Archiven und Bibliotheken auf der ganzen Welt stütze, von Aufzeichnungen über die Schreibmaschinenproduktion im Archiv der Godrej Company in Mumbai bis hin zu faszinierenden Darstellungen eines Eisenbahnarbeiterstreiks im Nationalarchiv des Senegals, von technischen Berichten, die Fiat-Ingenieure in den 1910er Jahren verfassten und die im Firmenarchiv in Turin aufbewahrt sind, bis hin zum Tagebuch eines anarchistischen Zuckerarbeiters, nunmehr im Besitz der James Cook University in Townsville, Australien. Im Nationalarchiv der USA in Washington, D. C., fand ich Informationen über die Wirtschaftspolitik im Chile der 1970er Jahre. Im Archiv der Universität Glasgow stieß ich auf Arbeitsverträge von Kindern aus dem 18. Jahrhundert, die in Baumwollspinnereien arbeiteten. In Völklingen war ich zu Gast bei einem Stahlunternehmen mit umfangreichen Archiven. In Aix-en-Provence untersuchte ich die Aufzeichnungen französischer Kolonialbeamter, um die Arbeitsorganisation nach der Abschaffung der Sklaverei auf La Réunion zu verstehen. Ich verbrachte auch eine fruchtbare Woche im Nationalarchiv von Barbados, um den Sklavereikomplex des Inselstaates im 17. Jahrhundert besser zu durchschauen, konsultierte Aufzeichnungen in Rio de Janeiro, um einen Einblick in die Kultur der Wirtschaftselite des 19. Jahrhunderts zu gewinnen, besuchte Stätten des mittelalterlichen Handels in

Florenz und Samarkand und befragte Textilarbeiter in Phnom Penh. Die aus diesen und anderen Quellen gewonnenen Erkenntnisse halfen mir, den globalen Kapitalismus zu verstehen.

Das Buch ist in vier Teile gegliedert, die jeweils einen bestimmten Wendepunkt in der Geschichte des Kapitalismus repräsentieren und die Tatsache widerspiegeln, dass er sich nicht linear, sondern als ein Prozess punktueller Veränderungen entfaltet. Nach zwei Eröffnungskapiteln, die in der ersten Hälfte des zweiten Jahrtausends eine Welt von Kapitalisten vor dem Kapitalismus beschreiben, beginnt Teil I um das Jahr 1500, als der Handel weltweit zunahm, und erstreckt sich bis kurz vor den Beginn der Industriellen Revolution im späten 18. Jahrhundert. Er beschreibt die enorme Dynamik des Handelskapitals sowie die neuen Formen des Wirtschaftslebens, die dieses Handelskapital ermöglichte, und zeigt, wie der intensivierte Handel, die transformierte landwirtschaftliche Produktion und das Handwerk unter der Ägide immer mächtigerer europäischer Kapitalisten und Staaten die Ressourcen und Fähigkeiten der Welt neu verteilten und neue globale Hierarchien schufen. Dies war ein Moment in der Geschichte des Kapitalismus, in dem Akkumulation vor allem durch Aneignung ermöglicht wurde.

Der zweite Teil des Buches konzentriert sich auf die Industrielle Revolution und ihre Folgen und beschreibt den Aufstieg des Industriekapitals und die von ihm geschaffenen neuen Gesellschaften, sowohl in den industriellen Kerngebieten als auch auf dem Land, die Spannungen, die gegenüber der alten politischen und wirtschaftlichen Ordnung auftraten, und die Art und Weise, wie diese Konflikte in einer Reihe von Aufständen ihren Höhepunkt fanden.

Der dritte Teil, der dem Jahrhundert nach 1870 gewidmet ist, untersucht die Reorganisation des Kapitalismus nach den Unruhen der Mitte des 19. Jahrhunderts und schildert die schwierige Entstehung eines grundlegend neuen Gefüges wirtschaftlicher, politischer und sozialer Institutionen. Hier begegnen wir den technischen Innovationen der Zweiten Industriellen Revolution, der Umstrukturierung des Kapitals, dem Aufkommen neuer Arbeitsregime, der modernen Arbeiterbewegung, einem neu gestalteten Staat und einer neuartigen Verschmelzung des nationalen Kapitals mit diesem Staat. Teil IV beschreibt die Krise dieses rekonstruierten Kapitalismus nach den 1970er Jahren und untersucht die sich noch herausbildende neue Ordnung, die unsere heutige Zeit charakterisiert.[50]

Ich überlasse die Zukunft zwar lieber anderen, die sich mit solchen Dingen besser auskennen oder mehr Vertrauen in ihre prophetischen Fähigkeiten haben, hoffe aber, dass dieses Buch Ihnen Werkzeuge an die Hand gibt, um über die Möglichkeiten der Zukunft nachzudenken und Ihren Platz und Ihre Rolle darin zu finden. Es zeigt, dass die Geschichte des Kapitalismus von vielen Faktoren abhängig war, und ermutigt Sie daher zu der Annahme, dass uns wie in der Vergangenheit auch in der Zukunft viele Möglichkeiten offenstehen, wenngleich es sich zu jedem Zeitpunkt so anfühlt, als lebten wir unter unüberwindbaren Einschränkungen – in einer Art Käfig. Das vorliegende Buch macht deutlich, dass diese Zukunft auch das sein wird, was wir aus ihr machen. Es präsentiert die erstaunlichen Auswirkungen menschlicher Kreativität – der wissenschaftlichen, technischen, ingenieurwissenschaftlichen und organisatorischen Expertise, die das menschliche Leben auf eine Weise umgestaltet hat, die unseren Vorfahren fantastisch erschienen wäre. Es zeigt auch, dass die scheinbar schwächsten Protagonisten einige der größten Veränderungen bewirkt haben. Wenn versklavte Plantagenarbeiter in Saint-Domingue in den 1790er Jahren die gut finanzierte und verteidigte Institution der Sklaverei stürzen konnten, dann können auch wir Geschichte schreiben.

Trotz seiner oft düsteren Darstellung der menschlichen Angelegenheiten ist dieses Buch optimistisch, weil es offenbart, dass die Welt, einschließlich des Kapitalismus, historisch gewachsen ist, ein Produkt unserer eigenen Politik, unserer Ideen und kollektiven Handlungen. Unsere Fähigkeit, Geschichte zu gestalten, bedeutet, dass wir darüber nachdenken können und sollten, wie wir bessere, gerechtere und nachhaltigere Gesellschaften schaffen können.

Aus der Perspektive einer nahezu unvorstellbar fernen Zukunft könnte sich der Kapitalismus als Supernova herausstellen, die plötzlich am Nachthimmel erschien, hell leuchtend und glühend heiß – und ihre kosmischen Nachbarn heftig traf. Supernovas enden für die beteiligten Sterne nicht gut, aber im Gegensatz zu einer Supernova ist der Kapitalismus von Menschen gemacht. Wir sind nicht nur Beobachter des Kapitalismus, sondern auch seine Erbauer.

Dieses Buch legt historische Spuren frei, die der Kapitalismus hinterlassen hat, um seine Geschichte zu verstehen. Der italienische Schriftsteller Italo Calvino sprach über Städte, aber er hätte auch den Kapitalismus beschreiben können, als er folgende Zeilen verfasste: «Aber die Stadt sagt nicht ihre Vergangenheit, sie enthält sie wie die Linien einer Hand, geschrieben in die

Straßenränder, die Fenstergitter, die Brüstungen der Treppengeländer, die Blitzableiter, die Fahnenmasten, jedes Segment seinerseits schraffiert von Kratzern, Sägspuren, Einkerbungen, Einschlägen.»[51] Auch der Kapitalismus «erzählt nicht seine Vergangenheit, sondern enthält sie wie die Linien einer Hand». Ich lade Sie ein, sich mit mir auf eine Reise zu begeben, um diesen Linien nachzuspüren.

Wir beginnen an einem Ort und zu einer Zeit, die Ihnen womöglich unbekannt sind: im Hafen von Aden im Jahr 1150. Und wir beginnen mit den frühesten Kapitalisten der Welt – den Händlern.

KAPITEL 1

Inseln des Kapitals

Swahili-Kaufleute und arabische Händler auf einer Reise über den Indischen Ozean. Auszug aus den *Al-Maqamat al-Hariri (Die Verwandlungen des Abu Seid von Serug oder die Makamen des Hariri)*, einer Sammlung von fünfzig illuminierten Makamen, unterhaltsamen Erzählungen in Reimprosa, die vom Dichter und Philologen Abu Muhammad al-Qasim ibn 'Ali al-Hariri (1054–1122) verfasst wurden.

Wann und wo der Kapitalismus begann, lässt sich nicht auf den Punkt genau feststellen. Kapitalismus ist ein Prozess, kein klar umrissenes historisches Ereignis mit einem eindeutigen Beginn und Ende, und er fiel auch nicht voll entwickelt an einem bestimmten Ort zu einer bestimmten Zeit vom Himmel. Selbst heute gibt es noch keine Gesellschaft, die rein kapitalistisch organisiert ist, und manche vertreten die Ansicht, eine vollkommen kapitalistische Welt sei eine theoretische Unmöglichkeit. Alle Versuche, einen bestimmten Fleck auf der Landkarte – Florenz, Barbados, Amsterdam, Bagdad oder Manchester – als Ursprungsort des Kapitalismus zu lokalisieren, waren bislang nicht von Erfolg gekrönt. Dies liegt daran, dass die kapitalistische Revolution ihre Energie stets aus einer Vielzahl von Quellen bezog. Rinnsale von überallher flossen zusammen und wuchsen mit der Zeit zu mäandernden und immer mächtigeren Strömen heran. Als sich diese Ströme ihren Weg durch Raum und Zeit bahnten, stießen sie auf eine Welt voller Hindernisse – Rinnsale versickerten, Bäche wurden von Sandbänken gestaut, und selbst die kraftvollsten Ströme trafen auf Gebirgszüge, die ihren Lauf hemmten und sie zwangen, eine andere Richtung einzuschlagen. In immer neuer Gestalt und gegen alle Wahrscheinlichkeit gewann diese neue Logik des wirtschaftlichen Lebens an Macht. Eine Logik, die sich weniger auf den Markt als solchen als auf das Wachstum von Kapital konzentrierte, das heißt auf Geld und Güter, und die der Produktion weiteren Geldes und damit weiteren Kapitals diente.[1]

Angesichts dieses gewundenen Kurses sind die ersten Kapitalisten, also jene Kaufleute, die bei der revolutionären Umgestaltung des Wirtschaftslebens auf der Erde eine tragende Rolle spielten und dem Kapitalismus schon früh eine Gestalt verliehen, ein vernünftiger Ausgangspunkt für eine Darstellung seiner Geschichte. Wir wissen zwar nicht, wann und wo Kaufleute erstmals auftauchten, doch es gab nachweislich schon im 12. Jahrhundert eine ungewöhnlich vitale und frühe Gemeinschaft von Händlern, die ihr Geschäft in der Hafenstadt Aden betrieben. Die bedeutendste Historikerin der Stadt, Roxani Margariti, sah hier das wichtigste Zentrum für den Handel über den Indischen Ozean.[2] Es war nicht so, dass der Kapitalismus 1150 in Aden plötzlich «ausgebrochen» wäre, doch die Stadt war einer von mehreren bedeutenden Orten, die sich miteinander verbanden, um den Bach zu bilden, der später zum Fluss und schließlich zur Flut werden sollte.

Heute ist Aden eine pulsierende jemenitische Stadt mit etwa einer halben Million Einwohnern in einem armen, vom Krieg verwüsteten Land. Doch vor 900 Jahren war es einer der größten Handelsknotenpunkte der Welt, das Zentrum eines Netzes, das drei Kontinente überspannte. Seine Kaufleute entsandten Schiffe auf gefährliche Mission in ferne Häfen jenseits großer Ozeane, die Reichtümer aus Asien, Afrika, Arabien und Europa in die heimischen Lagerhäuser brachten, von wo sie dann in weit entfernte Regionen der bekannten Welt vertrieben wurden. Sie kauften billig ein und verkauften teuer, boten Schiffstransporte an, wechselten Währungen und vergaben Kredite, und manchmal finanzierten und organisierten sie sogar die Produktion von landwirtschaftlichen Erzeugnissen und Fertigwaren.

Die herausragende Bedeutung Adens gründete auf seiner zentralen Rolle im Handel zwischen der arabischen Welt und dem indischen Subkontinent.

Als der nordafrikanische Gelehrte Ibn Battuta die Stadt Anfang des Jahres 1330 besuchte, beobachtete er die Ankunft «großer Schiffe» aus ganz Südasien.[3] Er beschrieb die damals unter der Herrschaft der Rasuliden stehende Stadt als einen Ort, an dem «[d]ie Kaufleute aus Indien leben und das gilt auch für die Kaufleute aus Ägypten», und fügte hinzu, die Bewohner der Stadt besäßen «enormen Reichtum; manchmal kann ein einzelner Mann ein großes Schiff mit seinem gesamten Inhalt besitzen, ohne es mit jemandem zu teilen, weil er über ein so gewaltiges Kapital verfügt und weil es zwischen ihnen in dieser Hinsicht Prahlerei und Rivalität gibt.»[4] Geschützt sowohl durch Felsformationen als auch durch Wälle und Zitadellen sowie «[vom Meer] umschlossen», war Aden buchstäblich ein befestigtes Zentrum des Kapitals, eine Insel der Kaufleute.[5] Es waren solche Inseln, auf denen der Kapitalismus begann.

Aden war über mehrere Jahrhunderte ein florierender Hafen, «das Handelszentrum der Länder der Ta-shï [Araber]», eine Ansicht, die auch weit entfernte Beobachter teilten, so etwa der Hafenbeamte Chau Ju-kua, auch bekannt als Zhao Rukuo aus Guangzhou im 12. Jahrhundert.[6] Aus den spärlichen schriftlichen und archäologischen Informationen, die Wissenschaftlerinnen und Wissenschaftler akribisch zusammengetragen haben, können wir uns eine Vorstellung machen, wie jene Welt von damals gewesen sein muss. Der arabische Geograf al-Muqaddasi hielt Aden «für eine Quelle des Glücks für seine Besucher und eine Quelle des Wohlstands für seine Bewohner». «Es ist der Verbindungsgang nach al-Sīn [China], der Hafen von al-Yaman», schrieb er, «die Kornkammer des Maghreb, ein Umschlaghafen für verschiedene Arten von Gütern, das Lager aller Arten von Handelswaren. Es gibt viele Villen darin.»[7]

Den Puls der Stadt bestimmte der Wind: Schiffe segelten im Spätsommer von Aden nach Indien, kurz bevor andere über das Rote Meer aus Ägypten kamen. Die Rückreise erfolgte von November bis März, wenn sich die Winde drehten. Laut einem Dokument des Rabbinatsgerichts von Aden brachten diese Winde «Schiffe aus allen Meeren», auch «Schiffe aus Indien und seiner Umgebung, Schiffe aus dem Land Zandsch [den Swahili-Städten an der Ostküste Afrikas] und seiner Umgebung, Schiffe aus Berbera [Somalia] und Habash [dem heutigen Äthiopien und Eritrea]» sowie «Schiffe aus al-Ashhar [al-Shihr, Jemen] und al-Qamr [Jemen]».[8] Die Überfahrt von Aden und zurück war gefährlich und oft furchterregend: Der Kaufmann Halfon ha-Levi ben Nethanel schrieb in Bezug auf eine Schiffsreise, die in Aden begann, von «dem Leiden, das ich durchmachte». Und der zentralasiatische Reisende Ibn al-Mujāwir, möglicherweise ebenfalls ein Kaufmann, behauptete: «[Ein]

Mann, der nach einer Fahrt über das Meer landet, ist wie einer, der aus dem Grab zurückkehrt».[9] Aden war eine Weltstadt, die den Mittelmeerraum auf dem See- und Landweg mit dem Indischen Ozean und noch ferneren Regionen verband. Sie war von Menschen erbaut worden, deren alltägliche Arbeit darin bestand, in großem Stil Frachten zusammenzustellen, um Preise zu feilschen, den Schiffsbau zu überwachen, ferne Märkte zu beobachten, Informationen zu sammeln und, nicht zuletzt, Kapital zu beschaffen.[10] Und so unwahrscheinlich es auch erscheinen mag, traten eben genau bei diesen gewöhnlichen, aber intensiv verrichteten Tätigkeiten einige qualitativ neue Fähigkeiten zutage – frühe, verstreute Funken der kommenden Revolution.

Wegen der starken Befestigungen, die Aden selbst und seinen Waren Sicherheit boten, muss es in einer Zeit, in der allzu viele Herrscher und Potentaten von Beutekriegen und Tributzahlungen lebten, für Händler ein attraktiver Ort gewesen sein. Genauso attraktiv jedoch waren die Vielfalt und Dichte der Marktverbindungen der Stadt. Blühender Handel gebar weiteren Handel. Auf dem Höhepunkt der Handelssaison drängten sich die Daus im Hafen der Stadt, schmale, hölzerne Schiffe mit mehreren dreieckigen oder trapezförmigen Segeln, die Güter und bis zu 30 Seeleute an Bord hatten. Am Ufer drängten sich die Kaufleute in ihren typischen arabischen, persischen, swahilischen und indischen Gewändern und feilschten um die Waren.[11]

Adens Hafen war eine gut geölte Maschine. Die Handelsschiffe – in den 1220er Jahren zwischen 70 und 80 pro Jahr – ankerten nach ihrer Ankunft unmittelbar vor der Küste, wo sie von *mubashshirun*, Boten, aufgesucht wurden, die, laut Ibn al-Mujāwir, «ihn [den Kapitän] fragen, wo er herkommt, und [der Kapitän] fragt ihn über die Stadt aus, wer der Gouverneur ist und welche Preise die Güter haben».[12] Der Schreiber des Schiffs übergab dem Boten eine Liste der an Bord befindlichen Menschen und Waren, die dieser zum Gouverneur brachte, um danach andere Kaufleute, aber auch Verwandte der Passagiere über die Ankunft des Schiffes zu informieren.[13] Nachdem sie sorgfältig auf Schmuggelware durchsucht worden waren, konnten die Kaufleute an Land gehen, doch ihre Waren blieben noch etwa drei Tage an Bord, bis man sie in das Zollhaus brachte, wo sie genauestens inspiziert wurden und die Zollhöhe festgelegt wurde.[14]

Der Hafen Adens war ein dicht bebautes kommerzielles Zentrum, passend für eine Stadt, die sich ganz dem Handel verschrieben hatte. Außer dem Dār al-Sa'āda, einem Großhandelsmarkt für importierte Waren, die entweder für den lokalen Gebrauch oder für den Wiederexport verkauft wurden, befanden sich neben dem Zollhaus die Lagerräume und Häuser der Kaufleute, darunter vielstöckige Bauten aus afrikanischem und indischem Holz. Das

Stadtbild beherrschten Märkte, auf denen im Grunde alles, was irgendwie hergestellt oder konsumiert, gekauft oder verkauft werden konnte, als Ware gehandelt wurde, auch Lebensmittel und sogar Wasser.[15]

Die meisten Dokumente, die von den Kaufleuten der Stadt angefertigt wurden, gingen mit der Zeit verloren, doch die erhaltenen Quellen berichten von mehreren Hundert Händlern: Muslimen, Hindus, Juden und möglicherweise auch Christen. So lebte in der ersten Hälfte des 12. Jahrhunderts etwa ein Rāmisht in der Stadt, ein sagenhaft reicher Kaufmann und Schiffseigner vermutlich persischen Ursprungs, dessen Familie mindestens drei große Schiffe besaß, die nach Indien und China fuhren. Auch indische Kaufleute wie Tinbu, Buda und Fatan Swami kamen mit ihren Schiffen nach Aden, genauso wie Ma'sud al-Habashi aus Afrika. Ein gewisser Abu al-Barakat kaufte in Indien unter anderem Farbstoffe wie Färberlack, eine harzige Substanz, die von Insekten produziert wird, und Textilien und verkaufte sie in Aden, oder er verschiffte sie zusammen mit Gütern wie «Brasilholz, Zimt und Rhabarber», die er in Aden kaufte, über das Rote Meer weiter nach Kairo.[16] Sein Kollege Abu al-Hasan 'Ali ibn al-Dahhak al-Kufi betrieb einen Steinbruch außerhalb der Stadt und handelte mit afrikanischen Sklaven. Jüdische Kaufleute aus Kairo, wie Joseph Lebdī, der sich später in Indien niederließ, und Jekuthiel Abū Yaqub al-Hakīm, machten in Aden Geschäfte, etwa durch den Import von Färberlack. Der Adener Schiffseigner Joseph ben Abraham betrieb seinen Handel mit Familienmitgliedern in Indien. Ibn Abī al-Katā'ib und sein Sohn führten ihr Familienunternehmen so, dass der Vater in Aden blieb und der Sohn die Waren in ferne Häfen begleitete. Schließlich gab es noch den mächtigen Madmun ben Hasan ben Bundar, einen Schiffseigner, der nicht nur als Hafenvorsteher und Leiter des Zollhauses arbeitete, sondern auch die Kaufleute der Stadt vertrat und der jüdischen Gemeinde des «Landes Jemen» vorstand.[17] Wie viele Kaufleute in der Stadt trieb auch er Handel mit Indien: Abraham ben Yijū, sein Geschäftspartner an der indischen Malabarküste, schickte ihm Pfeffer, Ingwer, Kardamom und Betelnüsse, die er in Aden verkaufte, und bekam dafür Kupfer, Blei, Goldmünzen, Schreibpapier, Zucker und Datteln. Einige Kaufleute koordinierten ihre Geschäfte von Aden aus, indem sie mit Agenten und Partnern in anderen Häfen zusammenarbeiteten; andere begleiteten ihre Waren selbst. Die Handelsunternehmungen wurden oft als Partnerschaften organisiert, an denen mehrere Kaufleute Anteile besaßen.[18] Bis zum 12. Jahrhundert sprachen und korrespondierten diese ersten Kapitalisten verschiedener Religion und Herkunft vorwiegend auf Arabisch, der Lingua franca ihrer Zeit.[19]

Die Großkaufleute der Stadt engagierten sich primär im Fernhandel. Sie exportierten Pferde nach Indien, aber auch Färberkrapp, einen roten Farbstoff, Metalle, Zucker und insbesondere Goldmünzen. Sie kauften südostasiatischen Pfeffer in Indien und brachten ihn nach Kairo und noch weiter, sie verschifften Elfenbein und Gold aus Ostafrika. Daus, voll beladen mit Stoffen, kamen aus Gujarat. Jeder Kaufmann handelte mit einer gewissen Bandbreite von Gütern. So erwähnt etwa Madmun ben Hasan ben Bundar in einem seiner Briefe Eisen, Kupfer, Blei, Datteln, Felle, Matten und Teppiche.

Soweit wir wissen, konzentrierten sich die Kaufleute auf bestimmte Handelsrouten, einige waren nach Indien ausgerichtet, manche fuhren die Häfen des Roten Meeres an oder das ägyptische Handelszentrum Kairo. Aus diesen Städten verschifften andere Kaufleute wiederum Ware in den Mittelmeerraum. Der Handel im Indischen Ozean mit Aden als Drehscheibe floss in diese beiden großen Kanäle, doch seine Verbindungen reichten viel weiter, nämlich zu den Handelszentren der swahilischen Kaufleute entlang der afrikanischen Ostküste und über Indien hinaus in das Südchinesische Meer. Es ist bemerkenswert, dass einige Kaufleute in Aden auch in die lokale Produktion von Textilien, Glas und insbesondere Schiffen investierten und so eine der wichtigsten Entwicklungen der Evolution des Kapitals um mehrere Jahrhunderte vorwegnahmen.[20]

Die Korrespondenz Adener Kaufleute, die nach Kairo oder Indien schrieben, lässt ihr Tagwerk erkennen. Sie überwachten sorgfältig Angebot und Nachfrage, kümmerten sich um den Transport, machten sich Sorgen um Rechnungen und hofften, dass ihre Investitionen Gewinne abwerfen würden. So bestätigte etwa Madmun ben Hasan ben Bundar am 11. September 1149 seinem Geschäftspartner Abraham ben Yijū an der indischen Malabarküste, dass «alles was du geschickt hast [...] angekommen ist», und er fügt hinzu: «Was Eisen betrifft, so verkaufte es sich dieses Jahr [gut] in Aden – alle Arten von Eisen – und im kommenden Jahr wird es ebenfalls einen guten Markt geben, weil in der Stadt überhaupt keines übrig ist.»[21]

Adens reichste Kaufleute bauten ihre Häuser direkt am Wasser, wodurch ein Hafenviertel mit dynamischer Geschäftstätigkeit und regem gesellschaftlichem Leben entstand. Ihren Handel trieben sie aus ihren Wohnhäusern heraus, was auf einen engen Zusammenhang zwischen Geschäfts- und Sozialleben schließen lässt. Zu Hause wurde mit Geschäftspartnern verhandelt, Handelsvereinbarungen unterschrieben und künftige Investitionen geplant sowie Freunde und Handelspartner aus anderen Teilen der Welt beherbergt. Diese Kaufleute investierten sowohl allein als auch in Partnerschaften. So wissen wir etwa, dass sie Partnerschaften beitraten, um Schiffe nach dem heutigen Sri Lanka zu schicken. Viele dieser Partnerschaften waren informell, doch die islamische Welt bot einen sicheren Rahmen, in dem sich solche Arrangements vertraglich vereinbaren ließen.[22]

In ihrem Streben nach Reichtum und Macht betrieben die Kaufleute von Aden ein dichtes Netzwerk von Institutionen und Beziehungen, die ihnen den Austausch erleichterten. Der Handel war nie eine reine Privatangelegenheit, sondern immer auch öffentlich. Die Institutionen, von denen einige von den Herrschern und andere von den Händlern selbst initiiert worden waren, gehörten zu dem, was die Stadt für sie besonders attraktiv machte.[23] Von Anfang an waren die kapitalistischen Aktivitäten in Aden und anderswo durch eine institutionelle Ordnung geprägt, durch Kanäle, durch die das Kapital am effizientesten floss.

Eine zwar informelle, aber womöglich die resilienteste und einflussreichste dieser Institutionen war das dichte Netzwerk, das die Kaufleute mit ihrer die Ozeane überspannenden Gemeinschaft aufgebaut hatten und das durch Verwandtschaft, Religionszugehörigkeit und den niemals versiegenden Strom von Korrespondenzen aufrechterhalten wurde. Auf diese Weise blieben die Händler miteinander verbunden und hielten sich über die Entwicklung der Märkte auf dem Laufenden. Es gab auch offiziellere Institutionen, die die Kaufleute, manchmal in Verbindung mit dem Staat, selbst gegründet hatten. Die Quellen lassen darauf schließen, dass Repräsentanten der Adener Kaufmannschaft die Interessenvertretung der Gemeinschaft und die Lösung von Konflikten erleichterten. Diese auf Arabisch *wakīl al-tujjār* und auf Hebräisch *peqīd ha-sōharīm* Genannten – was sich grob mit «Treuhänder» oder «Vertreter der Kaufleute» übersetzen lässt – waren Personen, die in einer offiziellen oder halb offiziellen Eigenschaft Kaufleute vertraten. Madmun ben Hasan ben Bundar war einer von ihnen. Er vertrat ausländische Kaufleute als Rechtsvertreter am lokalen Gericht, lagerte und verkaufte ihre Waren und schlichtete Streit. Adener Kaufleute brachten ihre Auseinandersetzungen sowohl vor rabbinische als auch vor islamische Gerichte, die zu einem Regulierungssystem des Marktes gehörten, in dem Kaufmannschaft und Staat auf flexible und informelle Art zusammenarbeiteten.[24]

Trotz seiner äußerst knappen Kapazitäten und seines begrenzten Personals diente der vormoderne Staat als das Flussbett, in dem der Handel, wie improvisiert auch immer, fließen konnte. Für die neue, von den Kaufleuten vorangetriebene wirtschaftliche Logik erwies sich der stets im Wandel begriffene Staat als geradezu konstitutiv. Dies sollte auch für kommende Generationen von Kapitalisten so bleiben. Der Staat bot den Händlern Sicherheit, regulierte den Markt und ermöglichte die Durchsetzung von Verträgen. Um all das zu finanzieren, wurden die Kaufleute durch lokale Herrscher besteuert und mit Zöllen belegt. In Aden waren diese Zahlungen bescheiden, sie lagen vermutlich bei etwa 20 Prozent des Warenwerts. Die Exportsteuern waren noch niedriger, um Kaufleute zum Einkauf in Aden zu ermutigen. Egal wie hoch die Raten auch sein mochten, Zahlungen wurden nur dann fällig, wenn die Waren die Stadt verließen – ein weiterer Grund, warum Aden so attraktiv war.[25]

Die Adener Kaufleute wurden zu wichtigen Akteuren eines «Archipels von Weltstädten», der sich über den Indischen Ozean und darüber hinaus erstreckte.[26] Aus heutiger Sicht war ihr Handel überschaubar und langsam. Die Waren, die eine typische Dau transportierte, passen heute bequem in zwei Container. Zum Vergleich: Die *Ever Ace*, das größte Containerschiff der Welt, transportierte 2022 rund 24 000 solcher Container. Die Rundreise von Kairo über Aden nach Indien nahm etwa zwei Jahre in Anspruch.[27] Dennoch lebten die Adener Kaufleute in einer überraschend modernen Welt, die vielen von uns heute in groben Zügen vertraut ist. Selbst wenn wir nicht handeln, Schiffe an weit entfernte Orte entsenden oder Geld verleihen, ist für uns die Logik des Wirtschaftslebens dieser Kaufleute nachvollziehbar. Dieses Gefühl der Vertrautheit ist von großer Bedeutung für die Geschichte des Kapitalismus.

Wenn wir nun zu unserer Reise durch ein ganzes Jahrtausend Globalgeschichte aufbrechen, sollten wir uns jedoch in Erinnerung rufen, dass die meisten Menschen im 12. Jahrhundert auf dem Land lebten, ihren Lebensunterhalt durch Subsistenzproduktion erwirtschafteten oder sich die gewünschten Ressourcen kraft ihrer gesellschaftlichen Stellung beschafften (z. B. als Feudalherren), nicht selten abgesichert durch Gewalt. Ohne es zu wissen, bildete die Adener Kaufmannschaft die Avantgarde in einer Welt, deren künftige Gestalt für sie noch vollkommen unvorstellbar war: der Welt, in der wir heute leben. Im Laufe der Zeit muteten die mittelalterlichen Kaufleute von Aden überraschenderweise immer weniger anachronistisch an.

In der ersten Hälfte des zweiten Jahrtausends expandierten Kaufmannsgemeinschaften wie jene in Aden in viele Regionen der Welt, von Kairo bis Kilwa und von Genua bis Changzhou. Nun trat eine neue Art von Händlern in den Vordergrund, die nicht mit ihren Waren reisten, sondern an Ort und Stelle blieben und ihren Handel aus der Ferne dirigierten. Diese ortsansässigen Kaufleute wurden die ersten Kapitalisten der Welt.[28] Sie verließen sich wie niemand sonst auf die Investition von Kapital zur Mehrung ihrer Macht und verkörperten die Logik der unaufhörlichen Expansion. Ihr Reichtum und ihre Macht beruhten auf Akkumulation, die sie auf die unterschiedlichsten Bereiche des Lebens und einen immer größeren Teil der Welt ausdehnten. Sie bewiesen, dass man nicht nur durch Systeme gegenseitiger Verpflichtung, Besteuerung oder Gewalt, sondern auch durch die Kontrolle flexiblen, nicht gebundenen Kapitals große Gewinne erzielen und durch marktbasierten Austausch erhebliche Ressourcen erschließen konnte. Kaufleute waren im Gegensatz zu den Eliten der Landeigentümer beweglich: Sie konnten ihre Aktivitäten leicht in eine andere Weltregion verlegen und sich auf neue Tätigkeiten und Waren konzentrieren. Sie waren Pioniere, erschlossen neue Wege zum Reichtum, neue Formen der Macht und eine neue wirtschaftliche Logik. An einigen außergewöhnlichen und anfänglich marginalen Standorten setzten sie eine Transformation von verblüffender Wirkung in Gang.

Als die Kaufleute ihr Kapital einsetzten, um Produzenten und Konsumenten miteinander zu verbinden, und die landwirtschaftliche Produktion und die Fertigung von Waren dank der Investitionen der Kaufleute ebenfalls in vielen Regionen der Welt expandierten, beschleunigte sich der internationale Handel, der Aden reich gemacht hatte.[29] Die Organisatoren dieses Handels sprachen vielerlei Sprachen, waren auffallend gekleidet, gehörten verschiedensten Religionsgemeinschaften an, pflegten vielfältige Beziehungen zu lokalen Herrschern und handelten mit vollkommen unterschiedlichen Waren. Dennoch erkannten sie einander sofort. Was sie verband, war das Ziel der Gewinnmaximierung durch billigen Einkauf und teuren Verkauf, oft fernab der Heimat. Gemeinsam organisierten sie den Transport von Gütern auf Flüssen und auf holprigen Gebirgsstraßen, durch scheinbar unüberwindliche Wüsten und über das Meer. Da solche Transporte teuer und zeitraubend waren, handelten sie oft mit kostbaren Dingen wie Porzellan, Silber, Gold, Farbstoffen, Gewürzen, Textilien und Pelzen. Mit der Zeit jedoch gewann auch Massenware wie Flachs und Weizen an Bedeutung.

Die neuen Kaufleute führten ein von der Wirtschaft dominiertes Leben, das auf einem wahrhaft exotischen Prinzip fußte: Sie setzten Kapital ein, um weiteres Kapital zu erzeugen. Die Kapitalakkumulation war der Dreh- und Angelpunkt ihrer weltweiten Unternehmungen. Im Gegensatz zu fast allen anderen Menschen auf der Welt produzierten sie ihren Lebensunterhalt nicht durch ihrer Hände Arbeit; sie pflügten, fischten oder webten nicht. Sie waren zwar reich, taten aber nicht in erster Linie das, was andere Reiche und Mächtige taten: Sie setzten keine nicht ökonomische Macht ein, um abhängigen Ackerbauern Abgaben abzupressen. Sie waren weder Räuber, noch erhoben sie Tribute. Stattdessen kauften und verkauften sie; sie vergaben Kredite, und einige von ihnen investierten in die Produktion jener Waren, die sie handelten. Diese Kaufleute lebten nach der Logik des Kapitals, einer Logik, die das Wirtschaftsleben der damaligen Welt noch nicht beherrschte. Dennoch geschah etwas Seltsames, als mehr Kapital investiert wurde, um noch mehr Kapital zu erzeugen: Das Kapital entwickelte eine Eigendynamik, eine Macht über jene, die es besaßen, was eine wirklich außerordentliche Selbstmystifizierung nach sich zog, bei der eine menschengemachte soziale Beziehung sich eben jener menschlichen Kontrolle zu entziehen schien und immer mehr Menschen dazu brachte, nach ihrer Logik zu handeln – eine Art wild gewordene künstliche Intelligenz.[30]

Die Geschichte des Kapitalismus beginnt also mit den ersten Kapitalisten der Welt, mit den Fernkaufleuten in der islamischen Welt, in China, im Westen des indischen Subkontinents, in Ostafrika, in Süd- und Nordwesteuropa. Sie errichteten Kapitalinseln, die der italienische Gelehrte Giovanni Botero im 16. Jahrhundert die «Seehäfen in der Mitte der Erde» nannte, Orte, die «Kommunikation ermöglichten».[31] Als die Zahl der Häfen zunahm, entwickelte sich allmählich ein ganzer «kapitalistischer Archipel».[32] Beim Aufbau jeder einzelnen Insel knüpften die Kaufleute Verbindungen zu anderen, oft fern gelegenen Inseln des Kapitals. Im Gegensatz zu anderen Formen, das Wirtschaftsleben zu organisieren, war der Kapitalismus von Beginn an global. Weltweite Vernetzung und die durch sie entstehenden Hierarchien waren das wichtigste Wesensmerkmal dieser seltsamen neuen Welt – und eine Quelle ihrer Dynamik. Die Ursprünge des Kapitalismus können nicht erklärt werden, indem man an einem Ort gräbt und einen Kern findet, aus dem er austrieb. Seine Geschichte ist ein global vernetzter Prozess, der durch die Bildung von Inseln des Kapitals entstand, die gemäß ihrer Natur, ihrer gesamten Raison d'Être, stets aufeinander bezogen und miteinander verbunden waren.[33]

Wer diese vielen «Knospen» des Kapitalismus rund um den Erdball verfolgt, stellt fest, dass die aufstrebenden Kaufleute Revolutionäre waren in einer Welt, die immer noch fast ausschließlich von Ackerbauern, Subsistenzwirtschaft, Systemen der gegenseitigen Verpflichtung, ererbtem sozialem Status und der wirksamen Regulierung des Wirtschaftslebens durch religiöse Überzeugungen dominiert war. Trotz der energischen Anstrengungen der Kaufleute war ihr Einfluss auf das Leben des größten Teils der Weltbevölkerung gering. Außerhalb einiger weniger Gebiete blieben landwirtschaftliche Produktion und Fertigung fast gänzlich in nicht kapitalistische Strukturen eingebettet. Und das Wirtschaftswachstum verlief extrem langsam, ja geradezu unmerklich.[34]

Wann und wo wir unsere Reise in die Geschichte des Kapitalismus beginnen lassen, wird immer umstritten sein. Generationen von Wissenschaftlern haben diese Frage debattiert. Es gibt gute Gründe dafür, einige Zeit vor der Industriellen Revolution zu starten, die um die 1780er Jahre begann, aber es wird nie ein Datum geben, auf das sich alle einigen können.

Wir beginnen nach der ersten Jahrtausendwende, weil sich, wie wir in Aden gesehen haben, damals der Handel intensivierte und die interkontinentalen Verbindungen stärker und dichter wurden. Und wir beginnen in der islamischen Welt, weil der Handel und die Kaufmannsgemeinden dort ungewöhnlich früh aufblühten. Mit dem Jahr 1000 als Ausgangspunkt können wir beobachten, wie in den folgenden 500 Jahren an verschiedenen Orten neue Knotenpunkte entstanden, geografische Räume, die eine ungewöhnlich hohe Konzentration von Kapital und Kapitalisten aufwiesen. An jedem dieser Knotenpunkte entstanden Kaufmannsgemeinschaften, die Institutionen aufbauten und den Handel neu organisierten. Sie blickten anders auf die Rolle des Kapitals als irgendjemand zuvor und entwickelten neuartige Beziehungen zu Herrschern oder wurden sogar selbst welche. Das Wirtschaftsleben an diesen Knotenpunkten zeichnete sich durch eine außerordentliche Vitalität und Komplexität aus.[35] Wenngleich wir uns nur ein paar dieser Gemeinschaften genauer anschauen können und ihre Erforschung unvollständig bleiben muss, können wir an ihren Beispielen erkennen, welche Auswirkungen ihre Entstehung, ihre Blütezeit und ihre Metamorphosen auf den Lauf der Geschichte hatten.

Natürlich hatte es bereits vor dem Jahr 1000 solche Inseln des Kapitals und der Kapitalisten gegeben, und einige der Aktivitäten, die für die Hafenstadt Aden aufgezeichnet wurden, ließen sich andernorts vielleicht schon früher beobachten. Bereits vor Tausenden von Jahren begannen Menschen in manchen Regionen der Welt mehr herzustellen, als sie zum Überleben brauchten, und sich in ihrer Arbeit zu spezialisieren und Güter auszutauschen, teilweise motiviert durch die ökologischen Nischen, in denen sie lebten.[36] Als dieser Austausch zunahm, traten Menschen auf den Plan, die sich auf den Handel spezialisierten. Und als der Handel noch mehr wuchs, wurden einige dieser Händler wohlhabend und spezialisierten sich noch weiter auf eine kleine Nische des Kaufmannsgeschäfts: den Fernhandel. Durch ihn wurden manche Kaufleute reich, und wenn die äußeren Bedingungen es zuließen, bildete sich an manchen Orten eine wohlhabende Schicht, die sich von jenen Klassen unterschied, die ihren Reichtum und ihre Stellung im oberen Teil oder sogar an der Spitze der sozialen Pyramide durch Tributzahlungen erlangt hatten.

Knospen dieses besonderen Handels und dieser Form von Kaufmannsgemeinschaften gab es in vielen Teilen der Welt. Schon im 9. Jahrhundert hatte sich der Austausch zwischen muslimischen und russischen Händlern derart intensiviert, dass heute noch Spuren auf ihn verweisen, etwa größere Mengen islamischer Silbermünzen, die man erst kürzlich auf alten Handelsstraßen in Russland gefunden hat.[37] Handelsstädte erlangten nun Berühmtheit: Um 875 bezeichnete der arabische Geograph al-Ya'qūbī das von den Abbasiden regierte Bagdad, seine Geburtsstadt, als «den Hafen der Welt», und der chinesische Beamte Chau Ju-kua charakterisierte es als «den allgemeinen Markt der Bewohner des Westlichen Himmels, den Ort, wo sich die Kaufleute der *Ta-shï* versammeln».[38] So lebhaft war der Handel in Bagdad, dass der anonyme afghanische Autor des Werkes *Ḥudūd al-'Ālam* («Die Weltregionen») die Stadt «nahe beim Zentrum der Welt» verortete. Bagdad sei «ein Treffpunkt von Kaufleuten» und ein «Ort von großen Reichtümern», ja, «[d]ie reichste Stadt in der Welt (*andar miyān*)». Der Handel in Europa hatte sich um das Jahr 800 ebenfalls beschleunigt, angetrieben durch die wachsende Nachfrage der islamischen Welt nach Pelzen, Bauholz, Kriegsmaterial und insbesondere Sklaven. Muslimische Kaufleute waren schon im 8. Jahrhundert in den Indischen Ozean vorgedrungen, wo sie ihre Geschäfte bis nach China ausweiteten.[39]

Trotz dieser Vorläufer geschah um die Jahrtausendwende etwas Neues, und zwar unter anderem deshalb, weil der Handel selbst Veränderungen verursachte. Je mehr sich neue Pflanzen und neue landwirtschaftliche Methoden ausbreiteten, etwa der Anbau von Zuckerrohr in der islamischen Welt, umso mehr vergrößerte sich die landwirtschaftliche Produktion insgesamt und mit ihr der handelbare Überschuss. Durch die Abholzung von Wäldern und die Bewässerung der Äcker wurde die Urbarmachung des Landes vorangetrieben, ein Effekt, der durch soziale Veränderungen wie die Einführung eines verlässlicheren Eigentumsrechts in der islamischen Welt und die eskalierende Besteuerung der Bauern in Europa verstärkt wurde. Die höhere landwirtschaftliche Produktivität verschaffte der bäuerlichen Bevölkerung außerdem mehr Zeit für die Herstellung von hauswirtschaftlich produzierten Waren, wie z. B. Textilien. Zudem begünstigte ein Klimawandel die Erträge durch eine Wärmeperiode, die bis in das ganze 13. Jahrhundert andauerte. Mit steigender Produktion konnten mehr Güter gehandelt werden, eine Entwicklung, die durch den institutionellen Rahmen und die noch im Werden begriffenen Fernverbindungen zusätzlich gefördert wurde. Asien, Afrika und

Europa waren – nicht zuletzt aufgrund der Konsolidierung des Islam – auf eine völlig neue Art miteinander verbunden.[40] Auf der ganzen Welt blühten neue Handelsgemeinschaften auf.

ENTSTEHUNGSRAUM VON einigen der frühesten, dynamischsten und wirkmächtigsten Knotenpunkte des Kapitals im Archipel des Handels war die islamische Welt. Über mehrere Jahrhunderte lang war sie das Zentrum der Weltwirtschaft, ihr Kernland.[41]

Das Alleinstellungsmerkmal der arabischen Welt fußte auf mehreren Faktoren, insbesondere jedoch auf der Urbanisierungstendenz der islamischen Gesellschaft selbst. Im Gegensatz zu den christlichen Herrschern des feudalen Europa, die sich in der Regel auf dem Land niederließen, sammelten sich die islamischen politischen und wirtschaftlichen Eliten in den Städten, und schon bald erstreckte sich ein Netzwerk von Metropolen von Nordafrika bis nach Westasien. Die Notwendigkeit, diese Städte zu versorgen, förderte den Handel, der wiederum von der religiösen und sprachlichen Einheit der rapide expandierenden islamischen Welt profitierte. Auch die Herrscher der Städte unterstützten den Handel, weil er sich besteuern ließ.[42]

Als der Islam über die arabische Halbinsel hinauswuchs und sich schnell in Westasien, Nordafrika, Zentralasien, Süd- und Südostasien ausbreitete und schließlich in Südeuropa, Teilen von Subsahara-Afrika und China Fuß fasste, entstand eine immer größere «Sphäre der Einheit».[43] Städte verbanden sich über gewaltige Entfernungen, und der Handel wuchs parallel zu den religiösen und politischen Beziehungen. Händler konnten durch diese Gebiete frei reisen und über weite See- und Landwege miteinander kommunizieren. Muslimische Autoren machten sich bereits Gedanken über die Logik und Legitimität von Profit und Kapital. So konstatiert etwa eine Quelle aus dem 10. Jahrhundert «eine Leidenschaft für die Akkumulation von Kapital», eine Wendung, mit der sich heute noch das zentrale Motiv der Wall Street auf den Punkt bringen ließe.[44]

Um den Handel zu erleichtern, garantierten islamische Herrscher in der Regel die Stabilität der Währung und waren bestrebt, Gold- oder Silbermünzen (Dinar und Dirham) von verlässlichem Gewicht und gleichbleibender Reinheit prägen zu lassen. Der rechtliche Rahmen der islamischen Jurisprudenz machte den Austausch auch über große Entfernungen sicherer und vorhersehbarer. Die gleiche stabilisierende Wirkung hatte auch eine Reihe gemeinsamer Institutionen. Der Handel florierte auch dank dieser Integration, weil Kaufleute und andere das Gefühl bekamen, in einem gemeinsamen Raum zu leben, ein Gefühl, das durch familiäre Verbindungen, die sich über große Entfernungen und sogar zwischen Kontinenten erstreckten, noch verstärkt wurde. Aber auch Fremde konnten sich die Vorteile dieser Handelsgemeinschaft zunutze machen. Handel gebar weiteren Handel, nicht nur wegen der zentralen Logik der Selbstexpansion des Kapitals, sondern auch, weil durch den Handel eine institutionelle Landschaft entstand, die weiteren Handel erleichterte.[45]

Die islamischen Kaufleute schufen eine Ökonomie innerhalb der ihnen bekannten Welt, indem sie sich über ein dünnes, aber weitreichendes Netz verbanden, das sich über weite Teile Asiens und Afrikas und über Europa erstreckte. Sie kauften, verkauften und transportierten Porzellan, Seide, Sandelholz, Elfenbein, Pfeffer, Pferde und Metallwaren. Kaufleute in Siraf am Persischen Golf schickten Schiffe bis nach China, Indien und Ostafrika. Händler aus Zentralasien, China, Süd- und Südostasien, Aden und Dschidda lebten gemeinsam in der Stadt Hormus. Als der arabische Chronist Ibn Battuta in der ersten Hälfte des 14. Jahrhunderts durch die damals bekannte Welt reiste, kam er nach China, Süd-, Zentral- und Westasien, nach Ostafrika, nach Spanien und Nordafrika, ans Schwarze Meer und in den Maghreb. Wohin er auch kam, stieß er auf muslimische Kaufleute. Für sie waren das 11. bis 13. Jahrhundert eine Art Goldenes Zeitalter, im Zuge dessen sich ihr Einfluss vom Maghreb im Westen bis China im Osten erstreckte. Der rasch expandierende Archipel des Kapitals war zu jener Zeit, um es mit den Worten des Historikers Kirti N. Chaudhuri auszudrücken, ein «Reich des Islam».[46]

Karawane arabischer Händler. Miniatur aus dem Manuskript *Maqamat* von Al-Hariri, 13. Jahrhundert.

Der dynamische Kern der islamischen Welt, und damit der Weltwirtschaft, war der Handel mit Asien im Allgemeinen und mit den Städten am Indischen Ozean im Besonderen. Die Küsten des Indischen Ozeans säumte ein Ring von Städten, die mit dem Hinterland verbunden waren und ihre natürlichen Ressourcen mobilisieren konnten. Sie standen durch einen mittleren Seeweg über Bagdad, Basra und Hormus, durch einen Landweg im Norden über Samarkand und Buchara und durch einen südlichen Seeweg über Aden in Verbindung zur arabischen Welt.[47]

Der mittlere Seeweg über die Weltstadt Bagdad war der älteste von allen und hatte für einen langen Zeitraum auch die größte Bedeutung. Seine zentralen Stationen am Golf waren etwa Basra, Oman, Hormus und Siraf, wo Schiffe beladen mit den Reichtümern Asiens einliefen. Die Ware wurde von Händlern in Chargen aufgeteilt und dann mit riesigen Kamelkarawanen durch die Wüste in arabische Städte transportiert, von denen viele, wie Tripolis, Aleppo oder Alexandria, an oder nahe der Küste des Mittelmeers lagen. Aleppo im heutigen Syrien war damals einer der größten Märkte der Welt, in den lokalen Suks wurden sämtliche Reichtümer des Ostens feilgeboten, was Kaufleute aus dem ganzen Mittelmeerraum anlockte.[48]

Als in der zweiten Hälfte des 13. Jahrhunderts die Macht der Mongolen wuchs – sie eroberten und verwüsteten beispielsweise Bagdad –, wurde diese Route immer weniger genutzt und eine andere Strecke gewann an Bedeutung, diesmal fast ausschließlich auf dem Landweg. Auf dieser nördlichen Route reisten die Kaufleute durch ein riesiges, zusammenhängendes Gebiet, das sich von China durch das mongolische Kernland und die zentralasiatische Steppe bis Ungarn erstreckte. Die Mongolen ermöglichten in dem von ihnen kontrollierten Gebiet eine relativ sichere Durchreise, sorgten für die grundlegende Infrastruktur wie Straßen, Raststätten und Wasserstellen und hielten den Straßenraub in Grenzen. An wichtigen Knotenpunkten der Route, die viel später (ab 1877) als Seidenstraße berühmt wurde, konnten die Händler Kredite aufnehmen und Geld transferieren oder wechseln. Sie war in den Worten des schwedischen Schriftstellers Sven Hedin «das längste und [...] bedeutungsvollste Verbindungsglied zwischen Völkern und Erdteilen».[49]

Die Händler versammelten sich in Städten wie Buchara, damals nicht nur ein bekanntes Zentrum islamischer Gelehrsamkeit, Schauplatz der islamischen Renaissance und Wohnsitz des Universalgelehrten und Arztes Ibn Sina, auch bekannt als Avicenna, sondern auch ein Ort mit Wasserzugang, Märkten und Möglichkeiten, Darlehen aufzunehmen. Die Stadt erhob sich wie eine Fata Morgana aus dem braunen Boden des heutigen Usbekistan und bot Kaufleuten auf Durchreise Schutz und Handel. Karawansereien (wie die

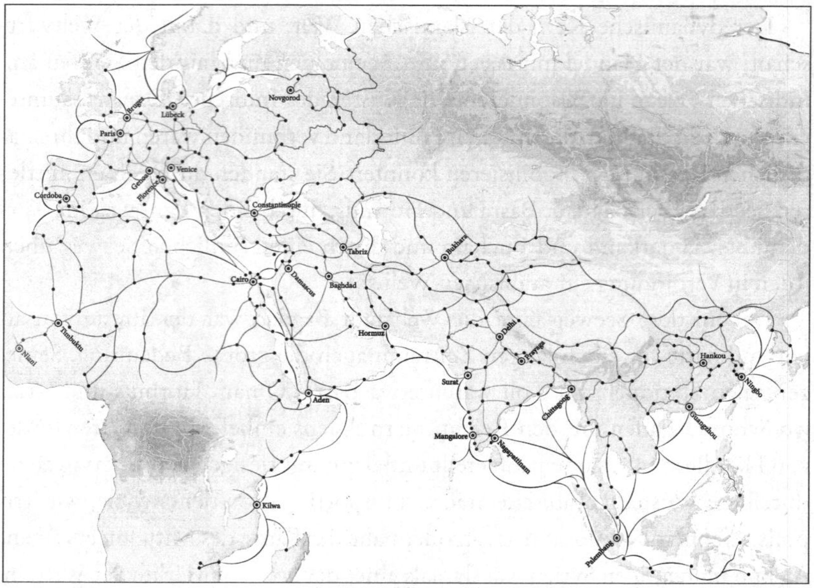

Handelsrouten, 11.–12. Jahrhundert.

von Lyabi-Hauz), Moscheen, Synagogen und Medressen (oft von Kaufleuten finanziert) waren über die Stadt verstreut und zeugten von den riesigen, mitunter mehrere 1000 Kamele starken Karawanen, die hier Station machten. Einige Europäer, darunter der berühmte venezianische Kaufmann Marco Polo, reisten in den 1260er und 1270er Jahren auf dieser Straße durch Buchara – für Polo eine «eine wohlgebaute Stadt [...] die zum Reich Persia gehörte».[50]

Der wichtigste Treffpunkt entlang dieser Route war jedoch die Stadt Samarkand, das «Rom des Ostens», das in den 1390er Jahren innerhalb seiner riesigen Stadtmauer bereits 150 000 Einwohner zählte. Händler, Gläubige und Gelehrte, darunter Ulugh Beg, einer der bedeutendsten Astronomen der Welt, wandelten hier durch die dicht bebaute Stadtlandschaft. Samarkand war ein wichtiges Sammelbecken für Exporte aus China. Karawanen, die Seide, Tee und Baumwollballen transportierten, machten hier Halt, um ihre Waren zu handeln. Als der mongolische Staatsmann Yelü Chucai im Jahr 1218 Samarkand besuchte, war es für ihn die schönste Stadt, die er je gesehen hatte. Der spanische Botschafter Ruy González de Clavijo vertrat 1403 die gleiche Ansicht und beschrieb Samarkand als «etwas größer als [...] Sevilla [...] mit viel Handelsware, die jedes Jahr aus Cathay, Indien, der Tatarei und vielen anderen Orten eintrifft [...]», auch sei sie «gut mit Richtern ausgestattet».[51] Die Stadt stellte außerdem ihre eigenen Seidenstoffe her, ein Beispiel für frühe, von Kaufleuten gegründete Manufakturen.[52]

Knotenpunkte des Kapitals in Zentralasien: eine Karawanserei in Bukhara.

Etwas weiter im Süden florierte eine weitere Handelsstraße, die Kairo über das Rote Meer mit Indien und noch ferneren Ländern verband. Kaufleute, die man als *karimi* bezeichnete, organisierten diesen Handel und verkauften sowohl nach Indien, wo sie viele Agenten hatten, als auch nach China. Dabei operierten sie, wie bereits erwähnt, oft von der Hafenstadt Aden aus. Sie handelten mit vielen verschiedenen Gütern, betrieben Ladengeschäfte und betätigten sich als Bankiers; einige besaßen auch Minen und Produktionsunternehmen.[53]

Im islamischen Archipel des Kapitals stachen einige Städte durch ihre Macht und ihren Reichtum besonders hervor. Bagdad war eine davon, erlebte jedoch im 11. und im 12. Jahrhundert einen rapiden Niedergang. Weiter westlich war mit Fustat (ab 969 Kairo) ein neues Handelszentrum entstanden. Gefördert durch den Aufstieg der Fatimiden in Nordafrika um 900 erlebte die Stadt zur Jahrtausendwende einen Boom. In dem mittelalterlichen geografischen Kompendium *Ḥudūd al-ʾĀlam* wird die Stadt am Nil als die «reichste Stadt der Welt, extrem erfolgreich» porträtiert, Ibn Battuta bezeichnet Kairo noch im 14. Jahrhundert als «Mutter aller Städte».[54] Am überschwänglichsten beschreibt Al-Muqaddasi die Stadt als «eine Metropole im wahrsten Sinne des Wortes». Seiner Ansicht nach hat «es Bagdad ausgelöscht und ist der Ruhm des Islam und das Zentrum des Welthandels [...] Es ist die Schatzkammer des Westens und das Handelszentrum des Ostens.»[55]

Kairo war eine Zeit lang der weltweit wichtigste Knotenpunkt des Kapitals. Es wuchs rasch, und bis 1325 hatte es schätzungsweise 600 000 Einwohner. Damit war es nach Hangzhou in China die zweitgrößte Stadt der Welt.

Der Reichtum der Kairoer Kaufleute und die Reichweite ihrer geschäftlichen Unternehmungen waren legendär. Sie exportierten Edelmetalle, Tuche, Kupfer und Glasperlen nach Süd- und Südostasien und kehrten mit Gewürzen, Porzellan, Indigo und insbesondere Baumwollstoffen zurück. Ihre Verbindungen nach Indien waren so tiefgreifend, dass einige Kaufleute für längere Zeit dort lebten. So ließ sich beispielsweise der Kairoer Kaufmann Joseph Lebdī von 1078 bis 1097 in Indien nieder. Die meisten Kaufleute waren wohlhabend, aber nicht wirklich reich, einige jedoch akkumulierten so große Vermögen, dass sie mit dem Reichtum von Herrschern konkurrieren konnten. Laut Schätzungen aus den 1450er Jahren gab es in Kairo 200 Kaufleute, von denen jeder zwei Millionen Goldstücke besaß.[56]

Einer dieser Kaufleute, Ibn 'Awkal, machte um die Jahrtausendwende von sich reden. Er hatte das Geschäft von seinem Vater geerbt und stammte vermutlich aus Persien. Gemeinsam mit seinen Geschäftspartnern, den Brüdern Tustari, pflegte er enge Beziehungen nach Persien und in den Irak, trieb aber auch Handel in Nordafrika, Spanien und auf Sizilien. Er lebte in Kairo, beschäftigte aber an weit entfernten Standorten Agenten, die ihn über die Preise, über Ankunft und Abreise von Händlern und über die Nachfrage auf den lokalen Märkten informierten. Er machte seine Geschäfte für gewöhnlich allein, aber manchmal schloss er auch kurzfristige Partnerschaften. Er diversifizierte seine Produktpalette immer weiter und handelte mit mindestens 83 unterschiedlichen Gütern. So exportierte er unter anderem Färberkrapp, Indigo, Brasilholz, Lack und Pfeffer (aus dem Osten), aber auch Gewürze, Zucker und eine Vielfalt weiterer Waren, von denen einige in China hergestellt wurden.[57] Die erheblichen Mengen von Flachs, den seine Agenten in Ägypten auf dem Land kauften, ließ er vor Ort weiterverarbeiten, verpacken und für die Verschiffung vorbereiten. In einem Jahr exportierte er die schier unfassbare Menge von 45 Tonnen Flachs.[58]

Zusammengerechnet verkauften die ägyptischen Kaufleute in der zweiten Hälfte des 11. Jahrhunderts gut 5000 Tonnen rohen Flachs aus Alexandria, und sie taten ihr Möglichstes, um die ausschließliche Kontrolle über die lokalen Lieferanten zu erlangen. Bald schon engagierten sie sich auch in der Produktion und spielten finanziell eine wichtige Rolle dabei, Bauern zum Anbau und zur Weiterverarbeitung von Flachs zu ermutigen. Auch in anderen Produktionsbereichen mischten sie mit, investierten etwa in die blühende ägyptische Textilherstellung. Kairoer Kaufleute legten ihr Geld ebenso in der Herstellung von Zucker an, zum Beispiel in den 66 Zuckerraffinerien, die sich bereits Anfang des 14. Jahrhunderts in der Stadt befanden. Auch für Keramik interessierten sie sich: Die Historikerin Maya Shatzmiller konnte in ihrer umfassenden Studie über Keramikproduktion zu jener Zeit 418 unterschiedliche Firmen identifizieren. Zwar konzentrierten sich die Kaufleute in der islamischen Welt, wie auch anderswo, auf den An- und Verkauf von Waren, aber schon früh waren sie auch in die Produktionsabläufe involviert, indem sie Kapital durch Kredite an Produzenten riskierten oder indem sie eigene Unternehmungen finanzierten. Dieses dynamische Wirtschaftsleben regte dazu an, über seine Mechanismen und Wirkweisen nachzudenken. Im Zuge dessen entwickelte Ibn Khaldun, einer der ersten politischen Ökonomen der Welt, seine Theorien über Wirtschaftswachstum und Arbeitsteilung und die – sehr frühe – Version einer Arbeitswerttheorie. Er erkannte schon im 14. Jahrhundert, dass «für jeden Gewinn und jede Kapitalakkumulation menschliche Arbeit notwendig ist».[59]

ALS SICH der Handel intensivierte und Händler aus der islamischen Welt mit ihren Waren in neue Regionen zogen, verbanden sich ihre Inseln des Kapitals mit ebensolchen Inseln an anderen Orten. Kaufleute aus Südostasien kamen mit dem indischen Subkontinent in Kontakt, den die Muslime Al-Hind nannten. Ab dem zweiten Jahrtausend kauften indische Kaufleute Gold, Silber, Elfenbein und Sklaven aus dem Westen, aus der Inselwelt Südostasiens Gewürze wie Pfeffer, insbesondere in den Städten an der Straße von Malakka, und chinesischen Tee und Porzellan aus dem Osten. Sie behielten einen Teil der Güter für den heimischen Konsum und brachten andere auf ferne Märkte, indem sie sie zusammen mit indischen Produkten verschifften.

Eine arabische Quelle aus dem 14. Jahrhundert enthält eine erstaunliche Liste von Gütern aus Gujarat an der Westküste des Subkontinents mit allen oben genannten Waren sowie Diamanten, Teakholz, Textilien, Edelsteinen und Parfümen. Das wichtigste Produkt waren die Stoffe aus Baumwolle, die von indischen Handwerkern in großen Mengen und höchster Qualität gesponnen, gewebt, bemalt und gefärbt wurden. Wenn der Handel ein Ungleichgewicht aufwies (wie etwa mit dem christlichen Europa, Ostafrika und der arabischen Welt), wurde die Differenz mit Kostbarkeiten – Gold und Silber – beglichen. Indische Waren wurden zu arabischen Häfen wie Aden (und schließlich zum gewaltigen Handelszentrum Kairo) verschifft, aber sie gelangten auch noch weiter. Damals konsumierte Europa schon seit mehr als einem Jahrtausend indische Güter. Die Expansion der Muslime trug zwar zu einer Intensivierung des Indienhandels bei, aber indische Schiffe landeten auch in Malakka und den Häfen der ostafrikanischen Küste.[60]

Es ist schwer, die Welt der indischen Kaufleute ganz zu verstehen, weil sie nur sehr wenige Zeugnisse hinterlassen haben. Soweit wir wissen, sind so gut wie keine ihrer zweifellos umfangreichen Unternehmensbilanzen, Briefe und Bücher erhalten. Aus den wenigen vorhandenen Quellen, die größtenteils von arabischen, chinesischen und europäischen Chronisten stammen, wissen wir, dass überall auf dem Subkontinent in Hafenstädten wie Bharuch, Mangalapura und Khambhat, aber auch in Kalikut weiter im Süden an der Malabarküste eine wohlhabende, weltgewandte und mächtige Gemeinschaft von Kaufleuten entstand. Viele indische Kaufmannsfamilien waren über Generationen hinweg berühmt. Niccolò dei Conti, ein venezianischer Kaufmann aus dem 15. Jahrhundert, wusste von diesen Orten und berichtete, dass «die Kaufleute sehr reich [sind], so reich, dass einige ihre Geschäfte mit 40 eigenen Schiffen führen, deren jedes 50 000 Goldstücke wert ist».[61]

Der interkontinentale Handel mit Südasien war jedoch von chinesischen und arabischen Kaufleuten dominiert, weshalb arabische Daus und chinesische Dschunken in den Häfen der Malabarküste gegenüber indischen Segelschiffen stark in der Überzahl waren. Viele Araber, größtenteils Muslime, hatten sich bei der Ausweitung des Handels schon vor dem Jahr 1000 in Indien niedergelassen. Dass es in Bharuch auch eine jüdische Kaufmannsgemeinde gegeben hat, ist aus Dokumenten bekannt, die in der Kairoer Geniza gefunden wurden, einem versteckten Depot nicht mehr benutzbarer Geschäftskorrespondenzen. Der arabische Kaufmann Mithqual von Kalikut besaß angeblich ebenfalls «[g]roße Reichtümer in vielen Schiffen», die nach China, in den Jemen und nach Persien fuhren. Ein weiterer Händler, Abraham Ben Yijū aus dem heutigen Tunesien, operierte 17 Jahre lang in verschiedenen Häfen an der indischen Westküste, darunter auch lange Zeit in Mangaluru. Er schickte Pfeffer, Messing und andere Güter im Austausch für ägyptisches Tuch nach Aden.[62]

Kaufleute aus dem Westen des Subkontinents hatten auch zu anderen Orten solide Verbindungen. Sie bezogen Gold, Sklaven und Elfenbein aus Ostafrika. Der arabische Geograph Ibn al-Wardî berichtete in seiner 1240 verfassten geografischen und naturgeschichtlichen Abhandlung, dass «[d]ie Inder [die Küste von Sofala] besuchen und für große Summen Silber Eisen kaufen».[63] Auch mit Malakka fand ein lebhafter Handel statt. Er war besonders wichtig für indische Kaufleute, und das nicht nur, weil sie dort im Austausch gegen indische Textilien Muskat, Gewürznelken und Muskatblüten erwerben konnten, sondern auch, weil sie mit den dort ansässigen chinesischen Kaufleuten handelten, die Porzellan und Seidenstoffe im Angebot hatten. Im Zuge der jahrelang andauernden Handelsbeziehungen siedelten sich mehr als 1000 Kaufleute aus Gujarat in Malakka an.[64]

Kein anderer Hafen jedoch war so wichtig, so reich und so zentral wie

Khambhat. Die Kaufleute dieses Hafens, der im 10. Jahrhundert bekannt wurde, handelten in der einen Richtung mit Aden und der anderen mit Malakka und brachten es so zu enormem Reichtum. Für Battuta war Khambhat «im Hinblick auf die Exzellenz seiner Anlage und die Architektur seiner Moscheen» etwas Besonderes. «Der Grund besteht darin, dass die Mehrheit seiner Bewohner aus ausländischen Kaufleuten besteht, die stets ihre eigenen feinen Häuser und herrlichen Moscheen bauen und dabei miteinander wetteifern.»[65] Die Kaufleute der Stadt handelten mit indischen Baumwolltextilien, chinesischen Seidenstoffen und Porzellan, südostasiatischen Gewürzen, arabischen Pferden und vielen anderen Dingen und verfügten über eine große Flotte.[66]

Wie viele andere Hafenstädte in Südasien war auch Khambhat eine multiethnische Stadt, in der muslimische, jüdische und hinduistische Kaufleute in bemerkenswerter Harmonie zusammenlebten. Battuta erwähnt in seinem Bericht über den (wahrscheinlich aus Ägypten stammenden) Kaufmann Taj al-Din ibn al-Kawlami aus dem frühen 14. Jahrhundert, dass ihn die Schiffe, die dieser nach Malabar und Ceylon schickte, «enorm reich» gemacht hätten.[67] Wir kennen auch die Namen einiger anderer Kaufleute: Bohra Ibrahim besaß sechs Schiffe. Der jainistische Kaufmann Vastupala war in der ersten Hälfte des 13. Jahrhunderts außerordentlich reich, und Jagadu, ebenfalls ein Jaina, unterhielt Geschäfte in Persien.[68]

Die Intensivierung des Handels in einem Hafen wie Khambhat war durch eine Expansion der heimischen Produktion, und insbesondere der Herstellung von Textilien aus Baumwolle, unterfüttert. Die starke Entwicklung der Produktion wurde durch den Zustrom von Kapital hinduistischer Kaufleute verstärkt, die Spinner und Weber mit den vorwiegend muslimischen Händlern jenseits des Meeres verbanden. Erhaltene historische Dokumente zeugen ebenfalls von Investitionen in die Produktion: Abraham Ben Yijū 1132 besaß in der westindischen Hafenstadt Mangaluru eine Messingmanufaktur, die Lohnarbeiter und Sklaven beschäftigte und für den arabischen Markt produzierte.[69]

ARABISCHE UND indische Kaufleute begegneten sich auch an der Ostküste Afrikas, wo sie auf eine weitere blühende Handelsgemeinschaft stießen: die swahilischen Kaufleute, die sich darauf spezialisiert hatten, Ressourcen aus ihrem eigenen, oft weit entfernten Hinterland zur Küste zu bringen und sie dort gegen die begehrten Textilien und chinesische Keramik einzutauschen.[70]

An der swahilischen Küste Ostafrikas reihten sich Knotenpunkte des Kapitals und der Kapitalisten wie die Perlen einer Kette. Da war Mogadischu, das Ibn Battuta als «eine Stadt von enormer Größe» bezeichnete, bewohnt von «Kaufleuten, die über gewaltige Mittel verfügen». Weiter die somalische Küste hinunter sammelten sich Kaufleute in Merca, Barawe und Kismayo. Im heutigen Kenia bildeten sich Inseln des Handels in Malindi und Mombasa, laut Battuta einem «Ort mit viel Handelsverkehr».[71] Und schließlich gab es noch Kilwa im heutigen Tansania, laut Battuta eine «große Stadt an der Meeresküste, in der die meisten Einwohner Zandsch sind».[72]

In diesen Städten tauschte ein dichtes Netz von Händlern, manche swahilisch, manche arabisch, manche indisch, die Güter des Ostens (insbesondere Gewürze, Textilien und Porzellan) gegen die Reichtümer Afrikas (insbesondere termitenresistentes Mangrovenholz, Gold und Sklaven). Ein portugiesischer Seefahrer, der etwas später, um 1505, in Mombasa eintraf, als es vielleicht 10 000 Einwohner hatte, sah «große Mengen von Baumwollstoffen» aus Khambhat und bemerkte, dass «diese ganze Küste in diese Tücher gekleidet ist und keine anderen besitzt».[73] Tatsächlich berichteten die Portugiesen häufig und mit einer gewissen Verwunderung von der Existenz indischer Güter an jenen Küsten sowie über die indischen Kaufleute und Schiffe in den Häfen und die «großen Gewinne», die diese Händler ansammelten.[74]

Der lebhafte Handel hier und auch sonst im Indischen Ozean beruhte auf den wechselnden Richtungen der Monsunwinde, die die Reise zu so weit südlich gelegenen Häfen wie Sansibar relativ schnell und planbar machten. Und «die Zandsch [Afrikaner] von der ostafrikanischen Küste» hatten, wie al-Idrisi, ein Reisender aus dem 12. Jahrhundert schrieb, zwar «keine Schiffe zum Reisen», benutzten aber «Schiffe aus Oman und anderen Ländern, die zu den Inseln der Zandsch reisen, die von den Indern abhängig sind. Diese Ausländer verkaufen ihre Waren dort und kaufen die Produkte des Landes.»[75]

Die swahilischen Kaufleute, allesamt Muslime, dominierten dagegen den Handel, der die Küstenstädte mit dem ost- und südafrikanischen Landesinneren verband. Als Zwischenhändler beschafften sie Handelswaren bei den Yao, die Gold und Holz aus dem Hinterland in die Handelsstädte an der Küste verkauften. Sie brachten solche Mengen von Elfenbein auf den Markt, dass die Elfenbeinschnitzerei schon im 11. Jahrhundert im ganzen Mittelmeerraum verbreitet war. Außerdem trieben sie einen ertragreichen Sklavenhandel. Schon im 9. Jahrhundert kauften Händler aus Basra (im heutigen Irak) eine große Zahl von Sklaven. Auch die *waungwana,* wie die swahilischen Kaufleute auf Kiswahili hießen, kamen zu beträchtlichem Reichtum und wurden zu einer urbanen herrschenden Elite. Sie vermischten sich in den Hafenstädten mit Kaufleuten aus der arabischen Welt und mit meist muslimischen, aber auch hinduistischen Kaufleuten aus Südasien, von denen

Afrikanisches Elfenbein reist nach Norden: Arabische und europäische Elfenbeinschnitzereien.
Linke Plakette: Ägypten 11.–12. Jahrhundert. Rechte Plakette linker Teil eines Diptychons mit Szenen aus dem Leben Christi, Paris, um 1275–1300.

sich manche in Ostafrika niederließen, um von dem boomenden Handel zu profitieren. Einige Afrikaner fuhren mit ihren Waren auch zu den arabischen Häfen im Norden. Für diese Gemeinschaften und für andere im Dunstkreis der muslimischen Welt war das 10. bis 14. Jahrhundert tatsächlich ein «goldenes Zeitalter».[76]

IN DEN ersten Jahrhunderten des neuen Jahrtausends entstanden auch jenseits des Indischen Ozeans neue Knotenpunkte des Kapitals und der Kapitalisten: Am fernen östlichen Ende des auf die islamische Welt zentrierten Handelssystems operierten Kaufleute in China. In den 1270er Jahren erkannte der venezianische Reisende Marco Polo, wie groß der chinesische Beitrag zum Fernhandel war, und beschrieb die Schiffe und Karawanen, die überall in Asien, Ostafrika, dem Nahen Osten, dem Mittelmeerraum und sogar in Nordwesteuropa chinesische Rohseide, Porzellanwaren, Tee und andere Güter transportierten.[77]

Es war keine Überraschung, dass die «ausgedehnteste, bevölkerungsreichste und technologisch fortgeschrittenste Region», so Janet Abu-Lughod, eine der dynamischsten Kaufmannsgemeinden der Welt beherbergte. Mit zunehmender landwirtschaftlicher Produktivität und dem Anstieg von handelbarem Überschuss entstanden neue Gelegenheiten für Geschäftsleute, die sich darauf spezialisiert hatten, Güter über weite Strecken zu transportieren. In Schlüsselregionen wie dem Süden der Provinz Fujian führte die Verwendung neuer Reissorten und neuer Pflüge, die durch den Zufluss von Kapital ermöglicht wurden, zu besseren Ernten, die wiederum den Handel stimulierten.

Durch die Intensivierung des interregionalen Handels konnten Städte mit

Nahrungsmitteln versorgt und Luxusgüter im ganzen Reich und weit über dessen Grenzen hinaus vertrieben werden. Städte wie Guangzhou, Fuzhou, Wenzhou, Mingzhou und Hangzhou wuchsen. Schon vor mehr als zwei Jahrhunderten erkannte der schottische Philosoph und Aufklärer Adam Smith: «China zählte lange Zeit zu den reichsten Ländern der Erde, überaus fruchtbar, der Boden bestens kultiviert, die Menschen sehr fleißig und zahlreich.» Obwohl er wenig über China wusste und es zu Unrecht als «stationär» bezeichnete, was für ihn unveränderlich hieß, hatte er eine wichtige Tatsache verstanden, die die meisten Europäer des 19. und des 20. Jahrhunderts lieber übersahen:[78] China besaß eine der komplexesten und widerstandsfähigsten Volkswirtschaften der Welt – und sie könnte in der Zeit Adam Smiths sogar die größte gewesen sein.[79]

Der chinesische Handel hatte eine lange Geschichte. Zur Zeit der Tang-Dynastie (618–907) kamen Kaufleute aus Südostasien und aus muslimischen Regionen nach China, die ihre Waren schon überall in der bekannten Welt vertrieben. Unter der Song-Dynastie (960–1279) nahm der Handel dann rapide zu. Bis zum 11. Jahrhundert hatte der Staat den größten Teil des chinesischen Binnenhandels bestritten, nun jedoch übernahmen Privatleute. Im 11. Jahrhundert verbesserte sich die Seetüchtigkeit der chinesischen Schiffe und sie wurden viel größer, arabische Daus wurden als Rückgrat des chinesischen Überseehandels durch heimisch gefertigte Schiffe ersetzt. Der Fernhandel, einschließlich des Seehandels mit Südostasien, dem Subkontinent und der arabischen Welt, begann zu florieren. Als das Handelsvolumen in der ersten Hälfte des Jahrtausends zunahm – Schiffe aus China konnten Frachten im Wert von bis zu einer halben Million Dinar transportieren (in einer Zeit, als eine Tonne Weizen vielleicht 15 Dinar einbrachte) –, entwickelte sich eine Vielfalt von Handelsrouten. Gestützt auf den blühenden regionalen Handel und die immer differenziertere chinesische Volkswirtschaft, entstanden in rascher Folge internationale Häfen in Guangzhou, Quanzhou, Mingzhou, Banqiao und Hangzhou. Städte blühten auf. Hangzhou zählte um 1300 rund eine Million Einwohner und war damals die größte Stadt der Welt, in der auch eine Gruppe wohlhabender Kaufleute lebte. Als die mongolischen Invasionen des 14. Jahrhunderts der wirtschaftlichen Expansion der Song-Dynastie ein Ende setzten, ging der Handel unter der Ming-Dynastie (1368–1644) zurück. Einige Errungenschaften der Song hatten jedoch Bestand, so der infrastrukturelle und technische Fortschritt, der Projekte wie den Großen Kanal ermöglichte – ein System von Wasserwegen, das ab 1415 Städte wie Beijing, Linch'ing, Tsining, Hunan, Kaoyu, Yangzhou und Kuchou miteinander verband.[80]

Wie die indischen Kaufleute hatten auch ihre chinesischen Kollegen eine Vielfalt von Dingen anzubieten, die bei den reichen Konsumenten überall auf der Welt gefragt waren. Chinas Produkte waren qualitativ hochwertig und sehr nützlich, und man war eifrig bemüht, der gewaltigen Nachfrage beizukommen. Ein europäischer Beobachter aus dem frühen 15. Jahrhundert kommentierte die globale Aufregung um Dinge, «made in China», und versicherte, sie seien «von allen die prächtigsten und kostbarsten [...] denn die Handwerker von Cathay haben den Ruf, weit kunstfertiger als die aller anderen Nationen zu sein».[81] Ibn Battuta stimmte dem voll und ganz zu: «Die Chinesen sind von allen Völkern die besten im Handwerk und erreichen die größte Perfektion darin».[82] Eine der wichtigsten chinesischen Waren, das Porzellan, auf das die chinesischen Hersteller ein Monopol hatten, wird bis heute bei archäologischen Ausgrabungen in der ganzen damals bekannten Welt entdeckt – selbst an der Peripherie der damaligen Weltwirtschaft, etwa in nordeuropäischen und afrikanischen Städten und in der Inselwelt Südostasiens. Dank solcher Monopole wurden die Kaufleute reich, wie etwa Shen Wansan aus Zhouzhuang, der 1429 als der «reichste Mann unter dem Himmel» bezeichnet wurde.[83]

Chinesische Kaufleute wie Shen lebten sowohl in Hafenstädten als auch in Städten des Hinterlands, aber am stärksten konzentrierten sie sich in Guangzhou, das im Westen früher unter dem Namen Kanton bekannt war. Die Hafenstadt, die zu Beginn des 21. Jahrhunderts in der höchstindustrialisierten Region der Welt liegen würde, beherbergte bereits im 7. Jahrhundert eine Kaufmannsgemeinde, die sich durch außergewöhnlichen Reichtum und einen bemerkenswerten Wirkungskreis hervorhob. Seidenstoffe, Porzellan und Tee verließen den Hafen in regelmäßigen, verlässlichen Abständen, während Rhinozeroshörner, Perlen, Gewürze, Heilmittel, Parfüme, Räucherwerk und insbesondere Silber dort anlandeten.[84]

Wie Aden, Khambhat und Mombasa war auch Guangzhou eine ausgesprochen kosmopolitische Stadt, die Araber, Inder, Malaien und sogar einige wenige europäische Kaufleute anzog. Die chinesischen Händler fokussierten sich vor allem auf den chinesischen Binnenhandel und die Verschiffung von Waren in die Straße von Malakka, aber ihre Schiffe nahmen auch Kurs auf Indien. Das Buch *Pingzhou ketan,* das im 12. Jahrhundert vom Sohn des Hafenmeisters von Guangzhou verfasst wurde, gibt Auskunft darüber, dass chinesische Kaufleute in die Welt fuhren und andernorts blieben. Das Buch, ein Lehrbuch des Welthandels, beschreibt ferner die Möglichkeiten der Kreditaufnahme für eine Schiffsreise und wie der Hafenmeister diese Kredite vergab. So global waren die Handelsverbindungen Guangzhous bereits zu dieser Zeit, dass Chau Ju-kua, der Aufseher des Außenhandels, im Jahr 1225 in der Lage war, die bis dahin bekannte Welt allein auf der Grundlage von Informationen zu beschreiben, die er von den Seeleuten und Händlern in Guangzhou bekommen hatte. Ihre Schilderungen befähigten ihn, eine erstaunlich detaillierte Beschreibung von Süd- und Südostasien, der arabischen Welt und Ostafrika zu verfassen.[85]

Neben dem enormen Reichtum und der wachsenden Flotte chinesischer Schiffe spielten auch ausländische Kaufleute im Überseehandel der Stadt eine Rolle. Einige dürften sich schon im 7. Jahrhundert dort niedergelassen haben und hatten bis zum 9. Jahrhundert eine substanzielle Gemeinde gebildet. Der Kaufmann Sulayman al-Tajir aus Siraf berichtete von der Moschee in Guangzhou und der Anwesenheit eines Imams und eines Gadi (eines islamischen Richters), die der Stadt ihren Stempel aufdrückten. Indische Kaufleute errichteten Hindu-Tempel. Chau Ju-kua erwähnte das «Fremdenviertel», in dem «all die Leute aus Übersee» lebten, und fügte hinzu, dass «ein ausländischer Vorsteher [ein Muslim] über sie gesetzt und für alle öffentlichen Angelegenheiten, die mit ihnen zusammenhängen, verantwortlich ist».[86] Die Gemeinde muslimischer Händler wuchs, und sie waren es, die in den ersten Jahrhunderten des neuen Jahrtausends die chinesische Volkswirtschaft mit jener in Südasien und der arabischen Welt verbanden. Im Zuge dieses Prozesses wurden sie wohlhabend, sodass ein chinesischer Gelehrter aus dem 17. Jahrhundert im Rückblick auf die Zeit der Song-Dynastie schreibt, die ausländischen Kaufleute hätten «großen Reichtum» besessen und alles «in ihrem persönlichen Schmuck» sei «aus Gold, Perlen und feiner Seide» gewesen.[87]

Ermutigt durch die Nachfrage im In- und Ausland, erlangten die chinesischen Kaufleute auch die Kontrolle über die Produktion. Schon im 11. Jahrhundert investierten sie unter anderem in die Herstellung von Textilien, den Anbau von Tee und den Abbau von Salz. Mit der Folge, dass die Produktion, auch die von Porzellan, zunahm. Kohlebergbau, Metallverarbeitung, Schiffsbau und Papierherstellung wuchsen im 12. und auch im 13. Jahrhundert. Einige chinesische Historiker betrachten diese Entwicklungen als «Knospen des Kapitalismus».[88] Man mag diese Ansicht teilen oder nicht, unstrittig aber ist, dass Kaufleute sowohl in Guangzhou als auch an anderen Orten der Welt ihr Kapital großzügig in die Produktion investierten.

Während die chinesischen Kaufmannsgemeinden wuchsen, Reichtum akkumulierten und der Handel sich intensivierte, entwickelten chinesische Handwerker bedeutende technische Neuerungen. China war auf vielen Gebieten technologisch weltweit führend und konnte mit wichtigen Fortschritten in der Papierherstellung und der Waffenproduktion aufwarten, ebenso beim Schießpulver und der Herstellung von Eisen und Stahl – seine Eisenproduktion lag im Jahr 1000 bei 150 000 Tonnen, was Europa erst im 17. Jahrhundert gelang –, von einzigartigen Produkten wie Seide und Porzellan ganz zu schweigen. Chinesische Kaufleute bauten außerdem die größten Schiffe der Welt. Mit einer maximalen Ladekapazität von mehr als 1000 Tonnen war das typische chinesische Schiff der damaligen Zeit etwa achtmal so groß wie die *Santa Maria*, mit der Kolumbus in die Neue Welt fuhr, und etwa doppelt so groß wie die größten europäischen Schiffe der damaligen Zeit. Zur Navigation benutzten chinesische Kapitäne eine weitere technische Neuerung: den Kompass. Er war seit 1119 im Gebrauch und hatte sie bis zum Kap der Guten Hoffnung gebracht.[89]

Genauso wichtig für die Beschleunigung der Kommerzialisierung des Wirtschaftslebens und die erstarkende Bedeutung der Kaufleute war eine weitere Erfindung: das Papiergeld. Im frühen 11. Jahrhundert wurde auf das Betreiben chinesischer Herrscher mit dem *jiaozi* eine Art Schuldschein eingeführt, 200 Jahre bevor es in Europa zu einer ähnlichen Entwicklung kam, als in Genua, Florenz und Venedig für ähnliche Zwecke Wechsel eingeführt wurden. Die Erfindung des Papiergelds stand in direktem Zusammenhang

Das erste Papiergeld der Welt, der Yuan, 13.–14. Jahrhundert. Die Kette von Münzen in der Mitte des Scheins gibt den Wert an.

mit der Ausweitung des Handels, der Engpässe bei Bronzemünzen zur Folge hatte und so Bedarf an einem alternativen Zahlungsmittel entstand.[90]

Es war schwierig, eine Akzeptanz für die Papierwährung durchzusetzen, denn die Scheine verursachten eine Inflation, die in den kommenden 200 Jahren zu mehreren Währungsreformen führte. Dennoch fußte das chinesische Reich, und das erfolgreich, auf einem auf Papiergeld beruhenden Zahlungssystem, bis dieses in den 1350er Jahren durch Silbermünzen ersetzt wurde. Ibn Battuta vermerkte erstaunt, dass chinesische Kaufleute «mit Papierstücken von Handtellergröße, die mit dem Stempel des Sultans versehen sind, kaufen und verkaufen».[91] Dieses Kaufen und Verkaufen mit «Papierstücken» sollte sich zu einem entscheidenden Merkmal des Kapitalismus entwickeln.

ES IST kein Zufall, dass auch am anderen Ende der islamischen Welt, in Europa, die Kaufmannsgemeinschaften eine Blütezeit erlebten. Vor dem 13. Jahrhundert gaben die Europäer, die weit am westlichen und nördlichen Rand des islamischen Handelsuniversums lebten, was Landwirtschaft und Handwerk betraf, ein wenig eindrucksvolles Bild ab. Die europäischen Händler waren im Vergleich zu ihren Kollegen aus Asien und Afrika Spätentwickler und konnten ihnen hinsichtlich der Kühnheit wirtschaftlicher Unterfangen und der institutionellen Infrastruktur nicht das Wasser reichen. Im Vergleich zu Bagdad, Aden, Kairo, Hangzhou und Khambhat waren die europäischen Städte unbedeutend.

Europa blieb in der Weltwirtschaft lange relativ rückständig. Bis weit ins 12. Jahrhundert hinein machten sich arabische Kaufleute nicht einmal die Mühe, zwischen den verschiedenen Völkern zu unterscheiden, die in den Randgebieten ihrer Welt lebten. Sie bezeichneten sie alle als Rūm, Römer. Die Rūm exportierten Bauholz, Gold, Silber, Sklaven, Leinenstoffe, Pelze, Käse und Honig in Städte wie Damaskus, Tripolis und Kairo. Später fügten sie ihrem Angebot auch noch Wollwaren hinzu, eine Sparte, mit der sie es schließlich zum Weltmarktführer bringen sollten. Die Verhandlungsposition der europäischen Händler war so schlecht, dass sie im Austausch mit ihren Berufskollegen im Osten minderwertige Ware akzeptieren mussten. Selbst als sich die Wirtschaft der Europäer zunehmend kommerzialisierte, schauten sie immer noch mit Ehrfurcht auf die islamische Welt: auf ihre großartigen Städte, ihre Reichtümer und ihre politische Macht.[92]

Nach zwei Jahrhunderten der Urbanisierung und einem schrittweisen Wachstum des lokalen Handels begann sich dies jedoch ab etwa 1200 zu ändern. Zum Teil war diese Veränderung eine Folge der Kreuzzüge. Als die europäischen Kaufleute reicher und mächtiger wurden, drangen sie auf einen besseren Zugang zu den Märkten der islamischen Welt, Indiens und Chinas. Dies war ihrer Ansicht nach nicht nur durch den Einsatz von mehr Handelsschiffen zu erreichen, sondern auch durch physische Präsenz, für die es militärischer Mittel bedurfte. Die Kreuzzüge, die ein Wissenschaftler als den Plünderungsfeldzug schlechthin bezeichnete, spielten dabei eine entscheidende Rolle.[93]

Die acht Kreuzzüge, die, angefangen mit dem ersten im Jahr 1096, mit gemischtem Erfolg bis 1291 fortgesetzt wurden, waren militärische Feldzüge mit dem Ziel, eine christliche Präsenz in der muslimischen Welt zu etablieren. Zwar hatten die Kreuzfahrer religiöse Motive, aber um Erfolg zu haben, brauchten sie die Infrastruktur und das Material, die Schiffe und das Geld der Genuesen, Florentiner und Venezianer. Die Kaufleute münzten ihre Unterstützung des religiösen Eifers um in einen direkteren Zugang zu jenem Konsumwarenhandel, der ihnen, wie sie wussten, großen Reichtum einbringen konnte. Die Kreuzzüge waren ein Wendepunkt, was die Macht der Genuesen und Venezianer im östlichen Mittelmeerraum anbelangte, wo nun auch die Inseln im östlichen Mittelmeer (wie Rhodos), die Levante, das Kaspische Meer und das Schwarze Meer zu den Gebieten gehörten, die sie beherrschten. Bis zum zweiten Viertel des 13. Jahrhunderts wurden zwischen 41 und 71 Prozent des gesamten genuesischen Handels in Kreuzfahrerhäfen wie Tripolis und Akkon abgewickelt – ein Zeugnis der Auswirkungen dieser militärischen Expansion.[94]

Nicht nur aufgrund dieser Expansion, sondern auch wegen einer intensivierten Landwirtschaft und reicheren, wachsenden Kaufmannsgemeinden waren europäische Städte, insbesondere Genua und Venedig, im globalen Maßstab wichtig geworden. Die Kaufleute dieser (und einiger weiterer) Städte fühlten sich von den Reichtümern des Ostens angezogen und reisten nach Alexandria, Konstantinopel, Beirut und Aleppo, wo sie, üblicherweise im Austausch gegen Wollwaren, Güter erwarben. Aus ihren Heimathäfen versandten sie die Waren nach ganz Europa. Alle italienischen Stadtstaaten nutzten solche Verbindungen zum Osten. Sie bauten schließlich ein mehrere Kontinente überspannendes Handelsnetz auf, das sie mit landwirtschaftlichen und handwerklichen Produzenten in so fernen Regionen wie Flandern, England, dem Nahen und dem Fernen Osten sowie Westafrika verband. Sie waren Zwischenhändler, deren Raison d'Être darin bestand, Handelsverbindungen mit der islamischen Welt und dem weiter entfernten Osten zu schaffen. Sogar die von ihnen finanzierten Produzenten verwendeten teilweise Rohmaterial, das aus dem Osten stammte: Baumwolle aus der Levante, Flachs aus Ägypten, Seide aus Persien und Färbemittel aus der ganzen Welt.[95]

Die Kaufleute aus Genua spezialisierten sich beispielsweise auf den Handel im östlichen Mittelmeerraum, machten Geschäfte mit Byzanz und der muslimischen Welt und von dort aus mit Süd- und Ostasien. Im 10. Jahrhundert war die Stadt an der ligurischen Küste noch ein «großes Dorf» gewesen, aber als ihre lokalen Eliten in der Organisation des Fernhandels ihre Nische gefunden hatten, wuchs sie schnell. In den 1090er Jahren hatte Genua etwa 10 000 Einwohner; während des 12. Jahrhunderts bewegte sich die Einwohnerzahl zwischen 20 000 und 40 000, und im 14. Jahrhundert wuchs die Bevölkerung von 50 000 auf 100 000 Menschen. Die Stadt importierte Weizen vom Schwarzen Meer (hauptsächlich um die eigene Bevölkerung zu ernähren), Wolle, Gold, Alaun – einen Stoff, der unter anderem für die Verarbeitung von Wolle gebraucht wurde – und Indigo aus Nordafrika und Gewürze, Seidenstoffe, Baumwolle und Porzellan aus China. Ihr Handelsvolumen hatte einen erheblichen Umfang: Ein Historiker schätzte seinen Wert im Jahr 1293 auf das Dreifache der Steuereinnahmen des Königreichs Frankreich. Um all diese Unternehmungen zu erleichtern, bewegten sich die genuesischen Kaufleute innerhalb eines gewaltigen Archipels von Hafenstädten, der sich über den gesamten Mittelmeerraum und das Schwarze Meer erstreckte.

Genuesische Kaufleute lebten in Alexandria, Valencia und Ceuta und in Städten an der Küste des Schwarzen Meers. So war etwa der genuesische Kaufmann Segurano-Sakrān Salvaygo in Kairo ansässig, und der muslimische König von Mallorca, Abu Muhammad Abd Allah, stellte seinen christlichen Nachbarn aus Norditalien ein ganzes Wohnviertel zur Verfügung. Um 1430 schrieb ein Chronist, es sei «nicht möglich, dass jemand irgendein verstecktes Land oder eine ferne Region aufsucht, ohne dass er, wohin er auch kommt, auf genuesische Kaufleute trifft».[96] Kaufleute aus Genua gründeten Kolonien am Schwarzen Meer (so etwa die Stadt Kaffa an der Küste der Krim), durch die sie sowohl zu einem blühenden Handel mit Weizen und Sklaven Zugang bekamen als auch zu den Gütern aus dem Osten, die über die «Seidenstraßen» des Mongolischen Reiches aus Indien und China transportiert wurden. Ab dem Ende des 13. Jahrhunderts unternahmen sie auch immer öfter die weite Fahrt zur Nordsee, um nach Brügge und London zu gelangen.[97]

Venedig, Genuas größter Rivale, legte den Grundstock für seinen Reichtum durch den Export von Sklaven aus Europa in den Nahen Osten im Tausch gegen Luxuswaren wie Gewürze, Färbemittel und Textilien. In der Folge profitierte es stark von den Handelsprivilegien, die ihm die byzantinischen Kaiser einräumten, und wurde schließlich international bekannt, weil es sich an der Eroberung und Plünderung der byzantinischen Hauptstadt Konstantinopel beteiligte. Als Venedig eine gewisse Position der politischen und ökonomischen Stärke erreicht hatte, investierte es massiv in das heimische Gewerbe und entwickelte Werkstätten für die Herstellung einer großen Bandbreite luxuriöser Güter wie Textilien, Glas, Landkarten, Bücher und Silberschmuck. Andrea Barbarigo (1418–1449), ein ziemlich typischer venezianischer Kaufmann des 15. Jahrhunderts, importierte Gewürze und Rohbaumwolle aus der Levante (wobei ein Teil davon viel weiter aus dem Osten kam), lieferte die Ware nach Brügge und kehrte mit Wollwaren und Silber in den Osten zurück. Ebenfalls immer wichtiger wurden die Importe von Rohbaumwolle aus dem östlichen Mittelmeerraum, da die Europäer damit begannen, die Fasern zu Fäden zu spinnen und daraus Tuch herzustellen – das heißt, sie etablierten eine Produktion zur Importsubstitution.[98]

Die Händler von Florenz, die einen weiteren wichtigen Knotenpunkt des Kapitals in Europa aufbauten, gingen einen anderen Weg: Da sie bis 1406 keinen eigenen Hafen besaßen, arbeiteten sie mit Mittelsmännern in anderen Städten, gewöhnlich in Venedig. Die florentinischen Kaufleute verdienten ihr Geld zunächst im europäischen und arabischen Tuchhandel und später vor allem durch Bankdienstleistungen. Die Familien Bardi und Medici gehörten zu den Dutzenden berühmten Florentinern, die mit ihrem Kapital zu einer beschleunigten Entwicklung der europäischen Wirtschaft beitrugen. Ihr Wirken war ein vielleicht weniger schöner, aber nicht weniger gewichtiger Beitrag zur europäischen Renaissance, die zu dieser Zeit durch die zahlreichen Erzeugnisse in den Künsten ihren Anfang nahm und durch diese Familien mitfinanziert wurde, genau wie muslimische Standesgenossen die Mittel für die islamische Renaissance in Kairo, Buchara und anderswo bereitstellten.[99]

Vom 9. bis zum 11. Jahrhundert gehörte Florenz, «eine kleine Stadt ohne bemerkenswerte Geschichte», zur Markgrafschaft Tuscien. Ein paar Tausend Bürger wohnten in dieser Stadt, «die unauffällig in einem Zustand langsamen, ununterbrochenen Verfalls dahinvegetierte», wie es ein zeitgenössischer Chronist festhielt.[100] Als die Markgrafschaft zerfiel, entstand auf einem Teil ihrer Überreste die Republik Florenz (1115–1494). Anders als bei ihren Vorgängern wuchs die Wirtschaft der kleinen Republik nun schnell und damit auch die Zahl ihrer Einwohner: von etwa 10 000 im Jahr 1175 auf 60 000 im Jahr 1250 und auf 120 000 in den 1320er Jahren. Es entstand ein städtischer Ballungsraum, fast so groß wie das damalige Samarkand. Sein Markt versorgte «die ganze Welt», sagte der Dichter, Glockengießer und Gemeindediener

Antonio Pucci im 14. Jahrhundert, und der florentinische Bankier Giovanni Villani feierte die «vielen wunderschönen Häuser» der Stadt.[101] Die Republik eroberte mehr und mehr benachbarte Territorien und Städte, gewann 1384 Arezzo, 1406 Pisa und 1474 Volterra hinzu.[102] Dennoch blieb Florenz, wie Genua und Venedig, in seiner ganzen Ausrichtung ein Stadtstaat, ähnlich wie Singapur im 21. Jahrhundert.

Das Schicksal der Florentiner hing anfangs von der Wolle und der daraus hergestellten Kleidung ab, mit der die Stadt handelte. Seit Ende des 12. Jahrhunderts brachten seine Kaufleute Rohwolle aus England, Tuch aus Flandern und Färbemittel aus Frankreich und der arabischen Welt nach Florenz. Anfangs erwarben die Kaufleute diese Güter auf großen Messen, die in Städten wie Troyes in der französischen Champagne stattfanden. Dort boten flämische Kaufleute Textilien an, und italienische Händler verkauften Gewürze und andere asiatische Güter. Die Messen waren jährliche Großereignisse und erlebten ihre Blütezeit von etwa 1150 bis 1250 unter den wachsamen Augen lokaler Herrscher, die den Händlern gegen eine Gebühr Schutz gewährten. Die schiere Größe dieser Zusammenkünfte garantierten einen emsigen Handel sowie ein üppiges Warenangebot. Ab 1300 jedoch wurde das Reisen für die flämischen Kaufleute wegen politischer Veränderungen schwieriger, und auch die italienischen Kaufleute wandten sich von den Messen ab und segelten stattdessen auf den Atlantik und dann weiter nach Brügge im Süden der Nordsee.

Bis 1350 war das küstennahe Hinterland der Stadt wegen dieses Seehandels im Begriff, ein vitaler Knotenpunkt im Archipel des Kapitals zu werden. Viele italienische Kaufleute zogen in die Stadt und dominierten allmählich den dortigen Handel. Als der Hafen von Brügge versandete, zogen die Händler in das nahe gelegene Antwerpen um, das schon bald der zentrale Knotenpunkt des nordeuropäischen Handels wurde.[103] Letztlich wurde das Kapital, das florentinische Familien mit diesen Geschäften akkumulierten, in ein Netz von Finanzierungsprojekten und Investitionen eingespeist, das sich von Westasien bis Westeuropa spannte und enorme Gewinne abwarf.[104]

Florentinische Kaufleute trieben Handel mit Europa und Regionen Westasiens. Bezeichnenderweise hatte die Bankiersfamilie Bardi nicht nur in christlichen Städten wie Brügge, Konstantinopel und London, sondern auch in den islamischen Städten Sevilla, Tunis und Jerusalem Repräsentanten. Die in Florenz herrschenden Medici hatten alte Verbindungen zu den Mogulherrschern in Indien. Bis zum Ende des 15. Jahrhunderts ließen sich florentinische Kaufleute auch in Konstantinopel nieder, verkauften florentinisches Tuch und beschafften Rohseide für die florentinische Seidenverarbeitung. So

Florentinisches Bürgertum in Brügge: Maria Portinari (Maria Maddalena Baroncelli, geboren 1456), um 1470.

eng waren ihre Beziehungen zur islamischen Welt, dass sie sogar das berühmte Kunstschaffen der Stadt beeinflussten. Die Verwendung der Perspektive in den Gemälden der Renaissance erregte Aufsehen in Europa, doch die Theorie, die diesen künstlerischen Aufbruch inspirierte, hatte im 11. Jahrhundert der Bagdader Mathematiker Ibn al-Haytham entwickelt.[105]

Entscheidend war jedoch, dass die Florentiner ihre starke Position im Handel mit Wollwaren nutzten, um sich im Finanzgeschäft, dem Handel mit Geld, zu etablieren, etwa in den Bereichen Wechsel, Staatsschulden (Monte Comune), Banken und Versicherungen. Anfangs wickelten sie ihre Geschäfte ab, indem sie sich mit ihren Geschäftspartnern auf eine mitgebrachte Bank setzten – *un banco*, von dem das Wort Bank abgeleitet ist. Als sie durch Handel und Investitionen immer mehr Reichtum erwarben, begannen sie mit der Finanzierung vieler geistlicher und weltlicher Herrscher in ganz Europa, die einander oft den Krieg erklärten.[106] Für die italienischen Kaufleute wurden Geldgeschäfte und Kredite, wenngleich diese immer mit dem Warenhandel verbunden blieben, genauso wichtig wie der Handel mit Gütern. Viele florentinische Familien bauten ihr Vermögen im Bankwesen auf: Im 12. und 13. Jahrhundert dominierten einige wenige Großfirmen, die mit reichen Familien wie den Bardi und den Peruzzi in Verbindung standen, das florentinische Wirtschaftsleben. Später nutzte die 1397 gegründete Medici-Bank ihre internationalen Netzwerke, um den Finanzsektor in Florenz und einem Großteil Europas zu dominieren. Sie organisierte ein System von Partnerbanken, die als semi-unabhängige Filialen oder unabhängige Partner in so fernen Ländern wie Ägypten und Syrien arbeiteten.[107]

Die Expansion des norditalienischen Kapitals verband dieses allmählich auch mit dem eigenständigen Handelsnetz, das in der Nordsee zwischen England, Nordeuropa und Skandinavien existierte. England hatte sich recht schnell von den Zerstörungen durch die normannische Eroberung im 11. Jahrhundert erholt und wurde ein wichtiger Exporteur von Rohwolle, die es im Austausch gegen Samt, Leinen, Gewürze und feines Tuch zur Verarbeitung an flämische und italienische Städte verschickte. Die Company of Merchant Adventurers of London führte den größten Teil ihrer Geschäfte gemäß einer im Jahr 1407 von Heinrich IV. gewährten königlichen Satzung. Außer Wolle exportierte die Tuchhandelskompanie auch landwirtschaftliche Güter sowie Zinn und Blei nach Portugal und Spanien, wo sie im Gegenzug Eisen und Streitrösser bezog, und nach Frankreich, wo sie ihre Waren gegen Wein eintauschte.[108]

Südeuropäer begannen auch den Handel im Mittelmeerraum zu dominieren. Noch im 11. Jahrhundert enthielten viele jüdisch-arabische Geschäftsbriefe aus der Kairoer Geniza Hinweise auf einen von arabischen Kaufleuten kontrollierten Mittelmeerhandel, aber im 12. Jahrhundert verschwanden entsprechende Bemerkungen allmählich aus den Korrespondenzen. Stattdessen wurden nun Schiffe aus Genua und Pisa erwähnt, deren Anblick sich im östlichen Mittelmeerraum immer häufiger darbot. Bis zum 13. Jahrhundert waren europäische Händler in allen Häfen der Levante bemerkenswert gut vertreten. Als sich die Macht im Mittelmeerraum langsam, aber sicher verlagerte, konzentrierten die arabischen Kaufleute ihre Aktivitäten noch stärker auf den Indischen Ozean. Denn dieser wurde für europäische Schiffe erst zugänglich, als Vasco da Gama 1497 das Kap der Guten Hoffnung umsegelte. Zuvor hatten die geografischen Bedingungen und die Macht des Islams den Europäern sehr zu ihrem Verdruss einen direkten Zugang zu den Reichtümern des Ostens verwehrt.[109]

IN DEN südlichen Randbereichen der Sahara entstand ein weiterer Knotenpunkt, an dem sich Kapital konzentrierte. Städte wie Kano und Katsina im heutigen Nigeria entwickelten sich zu Handelszentren, in denen mächtige Kaufleute Kamelkarawanen auf eine lange, beschwerliche Reise durch die Wüste schickten. Im Jahr 1526 berichtete der Besucher al-Hasan ibn Muhammad al-Wazzan al-Fasi (auch bekannt als Leo Africanus), dass «[d]ie Bewohner reiche Kaufleute und sehr [zivilisierte] Menschen sind».[110] Auf wichtigen Handelsrouten in das heutige zentrale und östliche Algerien brachten die

Kaufleute über eine Entfernung von fast 2000 Kilometern Gold, Sklaven, Lederwaren, Elfenbein und Textilien nach Norden und kehrten mit Salz, Waffen aus Stahl, Kupfer, Kettenhemden, Pferden, Textilien, Glasperlen, Seide, Halbedelsteinen und Kaurimuscheln zurück. Die Handelsnetze dieser Kaufleute verbanden Produzenten und Verbraucher in einem riesigen Gebiet Westafrikas miteinander, das sich über die heutigen Staaten Mali, Senegal, Gambia, Guinea, Guinea-Bissau, Elfenbeinküste, Burkina Faso, Ghana, Benin und natürlich Nigeria erstreckte. Sie verbanden Menschen in den Waldgebieten Afrikas im Süden mit Menschen an den Küsten des Mittelmeers im Norden, mit der arabischen Welt im Osten und schließlich mit der gesamten Seidenstraße (also auch mit China). Bei archäologischen Ausgrabungen wurde eine große Vielfalt von Waren aus verschiedenen Regionen gefunden. Ein Teil des Kupfers etwa, das die Sahara durchquerte, war an weit entfernten Orten im heutigen Belgien und Deutschland abgebaut worden. Die Handelsnetze waren so groß, dass ein während der Song-Dynastie in China produziertes Stück Porzellan in der mittelalterlichen Stadt Tadmekka im heutigen Mali ausgegraben wurde.[111]

In gewisser Hinsicht glichen die urbanen Zentren am Rand der Sahara den Hafenstädten, nur dass das Meer, an dem sie lagen, aus Sand bestand. Sie waren im globalen Maßstab große, reiche, dynamische und wichtige urbane Ballungsräume. Auch Tadmekka war ein solches Handels-(und Goldverarbeitungs-)Zentrum. Bis zum 12. Jahrhundert hatte die Stadt vermutlich 100 000 Einwohner, weit mehr als das damalige Florenz. Sie war allen Berichten zufolge ein «kosmopolitisches Zentrum» mit starken Verbindungen zu vielen weit entfernten Orten, selbst im fernen Andalusien.[112] Um 1500

Westafrikanische Handelsnetze: Mansa Kankan Mūsā.
Aus dem katalanischen Atlas von Abraham Cresques (1325–1387).

hatten die Städte Gao, Timbuktu und Djenne, die alle im Saharahandel engagiert waren, jeweils zwischen 15 000 und 80 000 Einwohner. Gao, das Zentrum des Staates, aus dem das mächtige Songhaireich entstehen sollte, soll sogar 100 000 Einwohner gehabt haben.[113]

Zwei Gruppen von Händlern kamen in diesen Städten zusammen: die Wangara aus dem Süden und die Araber aus dem Norden. Die Kaufleute der Wangara waren auf den Fernhandel spezialisiert. Sie brachten (oft von versklavten Arbeitern geschürftes und von geheimen Fundorten weiter im Süden stammendes) Gold zum Rand der Sahara. Historiker schätzen, dass sie jedes Jahr zwischen 340 und 1000 Kilogramm Gold transportierten, die heute umgerechnet zwischen 21 und 62 Millionen Dollar (2024) wert wären.[114] Das Gold hielt den Handel in Gang: Es wurde beispielsweise genutzt, um den Florentiner, die berühmte Münze aus Florenz, zu prägen, und ermöglichte es den Europäern, in Asien höherwertige Güter zu erwerben.[115]

Der Goldhandel erzeugte einen sagenhaften Reichtum: Mansa Musa, der (oben abgebildete) König von Mali, der von etwa 1307 bis etwa 1332 regierte und in der strategischen Position war, den Goldhandel besteuern zu können, wurde als «der reichste Mann [...] der je gelebt hat», bezeichnet. Wir können heute unmöglich wissen, wie reich er genau war, aber sein Vermögen war zweifellos atemberaubend.[116] Auch Kaufleute wurden reich. Als der arabische Schriftsteller Ibn Hawqal nach Sidschilmasa, in die «Stadt des Goldes», kam, einem Endpunkt des Transsaharahandels am nördlichen Ende der Wüste (im heutigen Marokko), war er extrem beeindruckt von dem Ort: «[E]s gibt [...] einen ununterbrochenen Handel mit dem Sudan und anderen Ländern, riesige Gewinne und ein stetes Kommen und Gehen von Karawanen», berichtete er.[117] Er erwähnte einen Kreditbrief zwischen zwei Händlern, der sich angeblich auf beachtliche 40 000 Dinar belief, was Zeitgenossen im fernen Persien als eine «bemerkenswerte Summe» ansahen.[118] Fertigwaren aus der arabischen Welt und Europa und das südlich der Sahara heißbegehrte Salz standen zum Verkauf.[119] Auch ein bedeutender Sklavenmarkt war vorhanden; einige Sklaven mussten im Haus, andere in der Landwirtschaft schuften, und wieder andere wurden in die arabische Welt oder nach Europa verkauft.[120] Die Verarbeitung von Gold war ein substanzielles Handwerk, das sich vor allem mit der Münzprägung befasste.[121] So viel Gold kam aus dem Saharahandel, dass die Handwerker in weit entfernten Städten wie Florenz und Venedig ab dem 13. Jahrhundert mehr Blattgold für ihre Arbeiten verwandten.

Die afrikanischen Kaufleute bauten raffinierte Handelsnetze auf. Ihre Volkswirtschaften waren stark monetarisiert; sie nutzten Gold, Kaurimuscheln und Wertpapiere als Zahlungsmittel. Wie Ibn Battuta 1352 beobachtete, war der Handel in der Regierungszeit Mansa Suleymans generell mit geringen Risiken verbunden: «Es besteht nicht die Notwendigkeit, mit einer Karawane zu reisen, da die Straßen sicher sind.»[122] Battuta war von dem gut strukturierten Handelssystem beeindruckt und schrieb: «Eine ihrer positiven Praktiken ist die Vermeidung von Unrecht; kein Volk hat eine stärkere Abneigung dagegen und ihr Sultan erlaubt niemandem, es in irgendeinem Ausmaß zu verüben.» Er lobte «die universelle Sicherheit in ihrem Land, denn weder der Reisende noch der Ansässige muss Diebe oder Banditen fürchten: Sie mischen sich nicht in den Besitz weißer Männer ein, die in ihrem Land sterben, selbst wenn er sich auf gewaltige Summen beläuft. Sie lassen ihn einfach in den Händen eines vertrauenswürdigen weißen Mannes, der das Recht hat, ihn an sich zu nehmen.»[123] Im Jahr 1324, als König Musa auf einer Pilgerfahrt nach Mekka in Kairo Station machte, kam er mit 60 000 Menschen und 18 Tonnen Gold in die Stadt. Über diese Reise sprach die ganze Welt, und sie verstärkte die Begierde der Europäer, die Quelle des Goldes zu finden.[124]

Die Welt des islamischen Handels erstreckte sich von Kano bis Sevilla, von Fez bis Kairo, von Aden bis Guangzhou und lag in den ersten Jahrhunderten nach der Jahrtausendwende im Zentrum der Weltwirtschaft. Diese Handelsverbindungen umspannten drei Kontinente, und wie wir gesehen haben, beherbergte dieses große Netz Kaufleute aus Afrika, Europa, dem indischen Subkontinent, Südostasien, Zentralasien und China, die für das Gedeihen von Hunderten Knotenpunkten des Kapitals verantwortlich waren. Mit der Zeit stiegen manche Regionen auf und andere stiegen ab, ein Muster, das sich in den kommenden Jahrhunderten wiederholte.

Nur wenige Kaufmannsgemeinschaften hatten, selbst wenn sie ganz an der Peripherie lagen, überhaupt keinen Kontakt mit dieser Weltwirtschaft: Kaufleute der Khmer im heutigen Kambodscha importierten Güter aus China.[125] Händler aus Srivijaya brachten den Nassreis, der auf Java angebaut wurde, in den Handel, um an fernen Märkten teilnehmen zu können. Andere javanische Kaufleute handelten mit den Banda-Inseln, wo sie Muskatnüsse und Muskatblüten gegen Reis und indische Textilien tauschten, eine Geschäftsbeziehung, die die Bewohner der Banda-Inseln dazu motivierte, die Subsistenzlandwirtschaft aufzugeben und sich auf den Handel zu konzentrieren, lange bevor die Europäer an ihren Küsten erschienen.[126] Auch die Händler der malaiischen Halbinsel erweiterten im 12. und 13. Jahrhundert ihre Geschäfte.[127]

Tatsächlich gab es im Archipel des Kapitals nur ein einziges bedeutendes Handelsnetz, das mit dieser Welt nicht verbunden war: der riesige Kontinent der beiden Amerikas. In Südamerika verwalteten staatliche Bürokraten den größten Teil der Produktion und der Tauschgeschäfte des Inkareichs und drängten die Märkte (und damit auch die Kaufleute) an den Rand. Weiter im Norden jedoch tauchten in den Gesellschaften der Maya spezialisierte Händler auf. Die bedeutendsten Kaufmannsgemeinschaften entstanden noch weiter nördlich im Aztekenreich, das Fernhandelsbeziehungen unterhielt, die vom heutigen Mexiko-Stadt bis in das heutige Nicaragua und Honduras und zur Halbinsel Yucatán reichten, also etwa 3200 Kilometer weit, eine bemerkenswerte Entfernung, wenn man in Betracht zieht, dass der größte Teil des Handels über Land erfolgte und die Waren von Menschen getragen wurden.[128]

Tatsächlich etablierten die Azteken einige der größten Märkte der Welt. Quellen aus der Zeit nach der europäischen Eroberung vermitteln einen gewissen Eindruck von ihrer Größe und Reichweite: Im Jahr 1519, als Hernán Cortés den Markt von Tlatelolco besichtigte, nahe der Hauptstadt Tenochtitlán mit ihrer halben Million Einwohner, sah er dort schätzungsweise 60 000 Käufer und Verkäufer, die sich auf einem riesigen Platz versammelt hatten. «Wir waren erstaunt über die große Zahl von Menschen, über die Mengen von Ware und über die Ordnung und die guten Arrangements, die dort herrschten», schrieb Bernal Díaz del Castillo, ein anderer Konquistador, «denn wir hatten so etwas noch nie gesehen.»[129] «Man fand dort alle Waren, die es irgendwo in Neuspanien gibt.»[130] Das Reich der Azteken besaß viele solcher Märkte, von denen einige größere Bedeutung hatten als andere.

Wie an vielen Orten der Welt wurde auch der Handel der Azteken von einer bestimmten Gruppe organisiert, den Pochteca. Diese Händler verkauften Güter und bauten die institutionelle Infrastruktur des Marktes auf, auch Sondergerichte, in denen sie als Richter fungierten und «über alle Fälle verhandelten, die auf dem Markt auftraten und Urteile über Übeltäter [sprachen]».[131] Unter dem Schutz des Gottes Yacatecuhtli und in Gilden organisiert verwalteten sie den Fernhandel mit Baumwollwaren, Edelsteinen und Metallen. Der Dominikanerpater Diego Durán beschrieb die Pochteca: «Kaufend und verkaufend besuchen sie alle Märkte des Landes, tauschen Tuch gegen Juwelen, Juwelen gegen Federn, Federn gegen Steine und Steine gegen Sklaven. Dabei handeln sie immer mit wichtigen, beliebten und wertvollen Dingen. Diese Männer verstärkten ihre soziale Stellung durch ihren Reichtum.»[132] Die Zeichnung eines aztekischen Marktes (siehe unten), die bei dem Bericht Duráns gefunden wurde, zeigt vier Verkäufer und drei Kun-

Ein aztekischer Markt. Der runde Stein in der Mitte ist ein momoztli oder Altar. Mehrere Männer und Frauen treiben Handel, und zwei Sklaven, die hölzerne Kragen tragen, stehen zum Verkauf.

den bei einem Geschäft. Zwei Sklaven stehen zum Verkauf, ein Mann und eine Frau; die Frau spinnt Baumwolle, so als ob sie ihre Fertigkeiten zur Schau stellen wollte.[133]

Die Allgegenwart von Kaufmannsgemeinschaften und Knotenpunkten des Kapitals und deren Vorhandensein in Gebieten der Welt, die mit dem schlagenden Herz der Weltwirtschaft (welches bis weit ins 14. Jahrhundert die islamische Welt blieb) nicht in Verbindung standen, sind ein starker Beweis dafür, dass der «Archipel des Kapitals» in Kräften und Mechanismen wurzelte, die von bestimmten Kulturen, Religionen und Sitten unabhängig waren. Natürlich ging es nicht bei jedem Handel um Akkumulation. Tatsächlich war der größte Teil des Tauschhandels lokal, höchstens regional, und ermöglichte eine relativ schwache Arbeitsteilung, brachte aber keine Kapitalisten hervor.[134] Über dieser Schicht des alltäglichen Austauschs entstand jedoch eine kleine, aber wirkmächtige Gruppe von Kaufmannsgemeinschaften, die tatsächlich vom Motiv der Akkumulation getrieben waren. Sie fanden Wege, landwirtschaftliche Produzenten dazu zu ermutigen oder zu zwingen, größere Überschüsse herzustellen. Die Kaufmannsgemeinschaften erhielten manchmal Unterstützung von Herrschern, die in der Intensivierung des Handels ein geeignetes Mittel sahen, um ihre eigenen Einnahmen zu steigern.

In der ersten Hälfte des zweiten Jahrtausends nahmen diese für den Handel verwendbaren Überschüsse erheblich zu. Wie wir jedoch später sehen werden, stießen diese Veränderungen auf Hindernisse. Der Kapitalismus entstand nicht unvermeidlich aus den Kaufmannsgemeinschaften; und er war damals auch tatsächlich noch nicht entstanden. Doch das wachsende Reservoir an globalem Kapital mit geschickten, erfinderischen, oft skrupellosen Kapitalisten, die bereit waren, die reißenden Ströme des Kapitals zu entfesseln und zu lenken, ließ die für die Entstehung des Kapitalismus notwendigen Grundbedingungen erahnen. Seine globale Reichweite und gesellschaftsverändernde Kraft waren noch embryonisch, doch die Kaufleute hatten, ohne es zu wissen, die Möglichkeit für seine Entstehung geschaffen.

KAPITEL 2

Kapitalisten ohne Kapitalismus

Handel in Asien: Porträt und Biografie eines Kaufmanns aus dem Dorf Tangtou im Bezirk Qimen, Präfektur Huizhou.

Kaufleute wie Shen, die Bardis, Vastupala und Madmun oder die Pochteca trieben Fernhandel. Sie finanzierten Waren, verschifften sie und intensivierten die Verbindungen zwischen Produzenten und Konsumenten über große Distanzen – etwa zwischen einem Weber in Gujarat und einem Swahili-Händler, einem chinesischen Töpfer und einer Hausfrau in Brügge, einem Glasbläser in Murano und einer Braut in Damaskus, einem oaxakanischen Baumwollpflanzer und einem Weber in Tenochtitlán. In einer Zeit, in der die meisten Menschen nie aus ihren Dörfern herauskamen und natürliche Grenzen ihr Wissen über die Welt stark einschränkten, bewegten sich die Händler in einer ganz und gar anderen Sphäre. In der Welt der Händler brachte eine arabische Dau Waren nach Malabar und zur Koromandelküste, wo sie auf Dschunken verladen wurden, die in den östlichen Indischen Ozean und über das Südchinesische Meer nach Guangzhou segelten. In dieser Welt verwahrte ein unbekannter wohlhabender Mensch in der Hafenstadt Bharuch in Gujarat einen Schatz aus fast 2000 Münzen des 13. und 14. Jahrhunderts aus Genua, Venedig, Kairo, Damaskus, Armenien, Persien, Südarabien und dem Sultanat von Delhi in einem Metallgefäß, das er zur Sicherheit im Boden vergrub, wo es zurückblieb.[1]

Diese Netzwerke waren zwar nur dünne Rinnsale aus Kapital und Waren, weit entfernt vom wirtschaftlichen Leben der meisten Weltbewohner, doch sie schwollen mit der Zeit zu großen Nebenflüssen an, die eine radikal neue Welt entstehen ließen. Händler verbanden Produzenten und Konsumenten über große Distanzen hinweg und errichteten so eine Sphäre wirtschaftlichen Lebens, die sich von der Welt um sie herum grundlegend unterschied. Zwar handelten sie Waren aus dieser und in diese Welt, doch folgte der bedeutsame Aufbau von neuartigen Verbindungen einer eigenen Logik und Organisation. Manche Händler sammelten Reichtümer an, wie sie früher nur Herrschern, Tribute eintreibenden Adligen, religiösen Obrigkeiten und anderen vorbehalten gewesen waren, die sich die Ressourcen ihrer Untertanen durch Besteuerung, Verpflichtung, Zwang oder Waffengewalt aneigneten. Die Arbeit der Händler war gefährlich, konnte aber außergewöhnlich profitabel sein und es ihnen ermöglichen, florierende Gemeinschaften und pulsierende Städte aufzubauen, Künstler, Dichter und Gelehrte zu fördern und Herrscher zu beeinflussen, gelegentlich sogar selbst zu werden.

Auf diesen Inseln des Kapitals veränderte sich das wirtschaftliche Leben, und die ersten Anzeichen des Kapitalismus entstanden. Die Händlergemeinschaften konzentrierten sich in aufstrebenden Städten auf der ganzen Welt und begründeten Gemeinschaften, die auffallende Ähnlichkeiten aufwiesen. Trotz riesiger Entfernungen und unterschiedlicher Kulturen hätten Kaufleute aus Guangzhou, Gujarat, Aden oder Genua, von der ostafrikanischen Küste oder aus Buchara einander im Großen und Ganzen erkannt. Überall bildeten diese Händler eine eigene gesellschaftliche Gruppe, und die Art, wie sie ihre Geschäfte führten, wäre ihnen über geografische und kulturelle Grenzen hinaus vertraut erschienen.[2]

Ihre Lebensweise unterschied sich vom Leben derjenigen, die in der gesellschaftlichen Hierarchie über oder unter ihnen standen. Sie wohnten in Städten, nicht auf dem Land, und sie waren mit Menschen verbunden, die weit entfernt lebten. Im Gegensatz zu allen anderen produzierten sie nicht, wie Bauern oder Handwerker es taten, und verdienten ihren Lebensunterhalt auch nicht durch Plünderungen oder Besteuerung wie die meisten Machthaber. Stattdessen investierten sie ihr Geld, um es zu vermehren, und trieben die alte Handelsmaxime, billig zu kaufen und teuer zu verkaufen, weltweit voran. Diese altbewährte und scheinbar banale Methode hatte tiefgreifende Folgen, wenn man sie mit neuen Institutionen und erstarkenden Staaten verband, wie wir später noch sehen werden. All die überraschenden Ähnlichkeiten über gewaltige Distanzen hinweg waren zum Teil darauf zurückzuführen, dass die Händler voneinander lernten, und zum Teil darauf, dass alle Kaufleute mit vergleichbarem Druck und ähnlichen Chancen konfrontiert waren, die in der Regel gleichartige Antworten erforderten.[3]

Die öffentliche Präsenz und zunehmende Stärke der Händler war nicht zuletzt auf ihr Talent zur Selbstorganisation zurückzuführen. Der Fernhandel, wie sie ihn aufbauten, war nicht nur ein Vertragsverhältnis zwischen isolierten wirtschaftlichen Subjekten. Er war in ein expandierendes Netzwerk aus privaten und öffentlichen Institutionen eingebettet, in denen Familie, Religion und Herkunft eine Rolle spielten. Erst diese Netzwerke ermöglichten den Austausch von Waren im globalen Maßstab. Mit ihrer Hilfe sicherten sich die prosperierenden Knotenpunkte des Kapitals letztlich auch die politische Unterstützung, um ihre Logik über die Mauern ihrer Inseln hinaus durchzusetzen.

Kaufleute bildeten aus der geschäftlichen Notwendigkeit heraus enge Gemeinschaften, wo immer sie lebten. Fernhandel war riskant, weil er schwierig, wenn nicht gar unmöglich persönlich zu überwachen war. Handelsbevollmächtigte konnten sich heimlich aus dem Staub machen, Kapitäne Befehle missachten, Schiffe konnten sinken, Waren konnten von Piraten, gierigen Herrschern oder Banditen geraubt werden. Der Handel brauchte Strukturen, die Vertrauen bildeten, das vielleicht wertvollste Gut eines Kaufmanns und eines, das nicht käuflich zu erwerben war. Für chinesische Kaufleute war *xinyong* (Vertrauenswürdigkeit) überlebenswichtig. Indische Händler waren auf ihr *nanayam* (Redlichkeit, Ehrlichkeit, Ehre) angewiesen. Wangara aus Kano wie die Handelsbankiers aus Genua stützten sich auf ein ähnliches System des Vertrauens. Die Historikerin Jessica Goldberg analysierte die Netzwerke zweier jüdischer Kaufleute aus Kairo – Ibn ʿAwkal (aktiv ca. 990 bis 1030) und Nahray ben Nissim (aktiv 1042 bis 1095). Für besonders bedeutend hielt sie die Reputation, die auf Briefkorrespondenz, gemeinsamem Glauben und tiefen Wurzeln in der Gesellschaft beruhte.[4]

Dieses Vertrauen entstand zum Teil durch die regelmäßigen Interaktionen von Kaufleuten über große Entfernungen hinweg. Doch familiäre Verbindungen waren ebenfalls wichtig, und vor allem die Frauen der Händler arbeiteten unermüdlich daran, die wesentlichen und emotionalen Verbindungen aufzubauen, die die Handelsgemeinschaften zusammenhielten: Sie luden Verwandte, Freunde und Fremde zum Essen ein, fanden passende Ehepartnerinnen und -partner für ihre Kinder – und führten die Geschäfte, wenn ihre Männer unterwegs waren. Die Briefe von jüdischen Kaufleuten, die in der Geniza, dem Raum einer Synagoge, in dem nicht mehr benötigte hebräische Schriftstücke aufbewahrt wurden, in Kairo erhalten blieben, weisen auf ein ausgeklügeltes Kreditsystem hin, bei dem das Risiko geteilt wurde und das vor allem auf Verwandtschaftsbeziehungen und persönlicher Reputation beruhte. Um das Jahr 1042 kam Nahray ben Nissim, der Sohn einer jüdischen Familie aus Qayrawān und noch ein Teenager, nach Fustat. Er war von mehreren älteren Händlern, allesamt Verwandte von ihm, mit Geschäften betraut worden. Es war der Beginn einer langen Karriere, in der er die Schlüsselposition in einem dichten Netzwerk aus Familie und Geschäftsbeziehungen einnahm.[5]

In den ersten Anfängen der wirtschaftlichen Revolution in Europa unterschieden auch italienische Händler in der Regel nicht scharf zwischen familiären und geschäftlichen Beziehungen. Die Kaufleute im mittelalterlichen Amalfi sandten meist Verwandte, wenn es um Angelegenheiten im östlichen Mittelmeer ging, die dann in Byzanz und Städten der Levante Handelsstützpunkte gründeten. Die Familie Comitemauroni dominierte den Überseehandel von Amalfi zwischen dem 11. und 13. Jahrhundert. Auf dem Peloponnes erwarben mehrere Brüder aus dieser Familie Land und das Recht, Zölle zu erheben. In Venedig beweisen einige der frühesten Geschäftsaufzeichnungen, dass die Handelsstrukturen bereits stark durch verwandtschaftliche Beziehungen bestimmt waren. Im 12. Jahrhundert übergab der alternde venezianische Kaufmann Romano Mairano einen Großteil seiner Geschäfte an seine Söhne. Jahrhunderte später vertraute Andrea Barbarigo seinen Londoner Handel seinem Schwager an. Auch beim Überseehandel in Genua verließ man sich im Spätmittelalter immer seltener auf nicht verwandte Investoren, und schließlich wurde der Handel von wenigen hochgestellten Familien dominiert. Diese Familien waren durch den Handel gesellschaftlich aufgestiegen und hatten ihren Status durch Heirat und Erbe konsolidiert. Die Florentiner Familienunternehmen der Renaissance hatten es ebenfalls auf diesem Weg nach oben geschafft.[6]

Frauen spielten eine wichtige Rolle in solchen familienzentrierten Firmen. In den Archiven mittelalterlicher Kaufleute wie Francesco Datini haben sich Korrespondenzen erhalten, die dokumentieren, dass Frauen ganz selbstverständlich wichtige administrative oder gesellschaftliche Aufgaben übernahmen, um das Familienunternehmen über Wasser zu halten. Diese Briefe zeigen auch, dass Heirat als wichtiges Mittel eingesetzt wurde, um erfolgreiche Unternehmen zu begründen oder zu erhalten. In der damals niederländischen, heute französischen Douai war es ganz normal, dass Frauen Familienunternehmen führten und Eigentumsübertragungen durchführten. Auch Genueserinnen und Venezianerinnen genossen im gesamten Mittelalter finanzielle Freiheiten und nahmen als Witwen und informell auch als Ehefrauen und Töchter von Kaufleuten am Wirtschaftsleben teil.[7]

Familiäre Beziehung aufrechtzuerhalten war intern wie extern bedeutsam: Die Familien lieferten die Mitarbeiter, um die Geschäfte zu erweitern, und von den Geschäftspartnern wurde genau beobachtet, wie respektabel die Familie eines Händlers war. Der Genueser Händler Giovanni Brignole blieb für die Rolle in Erinnerung, die er beim Aufbau tiefer familiärer Verbindungen und Freundschaften spielte. Wenn eine Verbindung durch Heirat nicht geschaffen werden konnte, gab es noch andere Möglichkeiten, verwandtschaftliche Beziehungen zu knüpfen: In Portugal erweiterte man Verwandtschaftsnetzwerke durch *compadrazgo* – Patenschaft –, während in China Adoptionen zwischen Händlerfamilien üblich waren.[8]

Doch die Handelsnetzwerke wurden größer, und irgendwann reichte die Familie nicht mehr. An allen Orten mit neuen Händlergemeinschaften entstanden auch Netzwerke auf der Grundlage von Herkunftsort, Religion oder Kaste, über die Händler ihre Geschäfte regeln, Konflikte lösen und ihre Position gegenüber Konkurrenten und Herrschern stärken konnten. Als in China der wachsende Fernhandel größeren Kapitaleinsatz und mehr Personal erforderte, bildeten Kaufleute, die aus derselben Region kamen, Händlerallianzen – organisatorisch ein Vorläufer moderner Unternehmen. Durch diese Allianzen entstanden einflussreiche Handelsimperien, zum Beispiel die Seidenhändler von Huizhou. Auch muslimische Kaufleute gründeten in Hafenstädten Süd-, Südost- und Ostasiens solche Gemeinschaften und bauten ganze Stadtviertel, in denen Menschen islamischen Glaubens lebten, wo Arabisch gesprochen wurde und wo es Moscheen und eine islamische Gerichtsbarkeit gab.[9]

Gilden und ähnliche Institutionen wurden wichtig, um den Handel zu regulieren; sie verliehen Händlern eine stärkere Stimme. Chinesische Kaufleute, wie die bereits erwähnten aus Huizhou, organisierten Gilden nach Heimatstädten und präsentierten sich mit aufwendigen Gildehäusern, in denen Kontakte geknüpft und Geschäfte abgeschlossen wurden. Im 13. Jahrhundert gründeten nordeuropäische Kaufleute die Hanse, ein gildeähnliches Netzwerk, das die institutionellen Verbindungen zwischen Kaufleuten nutzte, um den Handel zu regulieren. Verwaltet wurde die Hanse durch den Hansetag, zu dem sich Vertreter der Hansestädte alle drei Jahre in Lübeck versammelten. So ließen sich die Risiken beim Fernhandel verringern und Kosten senken. Venezianische Händler folgten dem Beispiel und schlossen sich im Jahr 1507 zum Handelsverband Cinque Savi alla Mercanzia zusammen, der den Handel der Stadt regulierte. Tamilische Kaufleute gründeten an der Koromandelküste ebenfalls Händlerorganisationen, um ihre lokalen und regionalen Interessen zu schützen. In Florenz und anderen italienischen Städten gab es eine Reihe von Gilden oder *arti*, die sich für verschiedene Gruppen von Kapitaleignern einsetzten, zum Beispiel die Arte di Calimala, die Gilde der Tuchhändler, und die Arte della Lana, die Gilde der Importeure von Rohwolle und der Wollweber. Auch im Osmanischen Reich bildeten Händler ihre Gilden.[10]

Im Ausland ließen sich Händler häufig in Gemeinschaften von Landsleuten nieder, was die Netzwerke stärkte. Hanse-Händler hatten ihr eigenes Wohngebiet in London mit einer Kirche, Kontoren, Lagerhäusern und einem Wiegehaus – eine gemeinsame Grundlage, um den Handel in England auszuweiten. Die Republik Venedig stellte manchen Gemeinschaften ausländischer Händler Raum zur Verfügung, zum Beispiel den Fondaco dei Tedeschi für deutsche Händler und den Fondaco dei Turchi für osmanische Kaufleute. Italienische Händler etablierten sich in Städten wie Brüssel und Konstantinopel in Gilden. Diese organisierten Händler-Diasporas waren fast so etwas wie extraterritoriale Gebiete und hatten oft eine eigene Gerichtsbarkeit. Italienische Stadtstaaten richteten sogenannte Konsulate an Orten ein, wo sich ihre Kaufleute niederließen und handelten. Venedig eröffnete solche Konsulate auch in Alexandria und Aleppo. Muslimische Händler hatten ähnliche Institutionen, die zudem die rechtliche Vertretung an fremden Orten und die Lagerung von Waren übernahmen und bei Konflikten vermittelten. Südasiatische Händler bildeten Netzwerke innerhalb ihrer Kasten, die sich

Wagemutige Revolutionäre: Kaufleute im mittelalterlichen Jemen, in einer italienischen Stadt und in China.

um soziale, rituelle, politische und wirtschaftliche Angelegenheiten kümmerten. Die Händler-Kaste Bania verfügte über kollektive Macht aufgrund ihrer Solidarität untereinander und der Fähigkeit, interne Angelegenheiten zu regeln. Sie stärkte ihre Verbindungen durch den Aufbau von *mahajans*, Händlergilden, die über viele Jahrhunderte den Handel bestimmten. Neben Organisationen, die auf Herkunftsort und Gilde basierten, vermittelte auch der gemeinsame Glaube Vertrauen: Armenische Kaufleute stützten sich auf solche Netzwerke ebenso wie muslimische oder jüdische Händler.[11]

Wer genau hinsah, erkannte die besondere Stellung der Kaufleute in der Gesellschaft – und ihren Gemeinschaftssinn – an ihrem Kleidungsstil. Der portugiesische Reisende Duarte Barbosa erkannte die Ehefrauen von Swahili-Händlern daran, dass «sie viel Schmuck aus feinstem Çofala-Gold tragen, auch üppig Silber, Ohrringe, Halsketten, Armreifen und -kettchen, und sie kleiden sich in gute Seidenstoffe». Kaufleute zeigten ihren Erfolg und ihre Beteiligung an weitreichenden Netzwerken, indem sie unübersehbar importierte Kleidung trugen. Geoffrey Chaucer schreibt über den Kaufmann in seinen Canterbury-Erzählungen, er habe «[d]en Kopf mit einem Biberhut bedeckt/Aus Flandern», und zählt eine ganze Reihe an anderen luxuriösen Kleidungsstücken und Accessoires auf.[12] Das Tragen fremdländischer Kleidung signalisierte nicht nur Weltgewandtheit, sondern konnte auch politische Loyalität anzeigen, wie im Fall der Kaufleute der byzantinischen Spätzeit, die man in den Straßen ihrer Heimatstädte in persischer oder venezianischer Mode antraf. Die modischen Extravaganzen der Kaufleute waren nicht immer unumstritten. In vielen Städten wurden wiederholt Kleidervorschriften erlassen, um das Tragen luxuriöser Gewänder auf die politische Elite und den Adel zu beschränken. Die Vorschriften zielten vor allem auf die Familien der neureichen Kauf- und Geschäftsleute ab, deren verschwenderischer Lebensstil offenbar als Bedrohung für die soziale Ordnung angesehen wurde. Dass diese Vorschriften so häufig erlassen wurden, weist allerdings darauf hin, dass sie ihr Ziel verfehlten: Mehr als 300 Kleidungsvorschriften in der Zeit von 1200 bis 1500 sind allein aus italienischen Städten überliefert. Zu ähnlichen Spannungen kam es in China, wo ab der Song-Dynastie (960 bis 1279) Kaufleuten verschiedene Luxussteuern auferlegt wurden, die mit unterschiedlicher Strenge durchgesetzt, aber nie vollständig aufgehoben wurden. Kaufleute verstießen gegen gesellschaftliche Normen und forderten eine neue, höhere Stellung in der Gesellschaft. Damit machten sie sich für das gemeine Volk und die Eliten oft gleichermaßen verdächtig.[13]

Reiche Händler schufen in der ganzen Welt mächtige Kapitalinseln und intensivierten die Netzwerke, die diese Inseln verbanden. Dabei reproduzierten sie aber nicht einfach immer das Bestehende, sondern legten den Grundstein für eine andere Welt. Diese Anfänge mit ihrer neuartigen ökonomischen Logik waren die Keime der kapitalistischen Revolution.

Der entstehende Archipel des Kapitals verschaffte den führenden Händlern, so viel ist klar, einen beispiellosen Reichtum. Wohlstand allein war allerdings nichts Neues – viele Herrscher oder adlige Landbesitzer hatten weit größere Reichtümer angehäuft. Bedeutsamer waren die Innovationen, zu denen der intensivierte Handel führte – Konventionen, Regeln und Institutionen, die über individuelle Handelsgeschäfte hinaus wirkten. Sie waren bedeutsam, weil der Handel – der Markt selbst – ein komplexes System aus gemeinsam entwickelten Strukturen war, das die Vorstellung Lügen strafte, das Wirtschaftsleben beruhe auf einzelnen Tauschhandelsgeschäften. Der Markt war von Anfang an ein institutionelles Ensemble – gleichermaßen Produkt und Produzent einer kollektiven Politik. Diese Institutionen begründeten den späteren globalen Siegeszug des Kapitalismus, und einige der ältesten und wichtigsten Elemente bildeten sich auf diesen Kapitalinseln in der ersten Hälfte des zweiten Jahrtausends.[14]

Jene Institutionen entstanden fast immer als Reaktion auf unmittelbare Notwendigkeiten, die sich aus Veränderungen der Handelsstruktur und -gelegenheiten ergaben. Gemeinsam lösten die Händler Probleme: Sie fanden Möglichkeiten, wie man Waren über weite Strecken austauschen, die Vertrauenswürdigkeit von Partnern aus der Ferne einschätzen, Vertragsbedingungen durchsetzen, erhebliche Kapitalsummen aufbringen, Waren auf langen Reisen sichern und notwendige Infrastruktur errichten konnte. Handel war zwar zweifellos durch das Profitstreben des einzelnen Händlers motiviert, aber grundsätzlich eine kollektive Unternehmung.

Um sie zu ermöglichen, brauchte es andere institutionelle Lösungen: Zum Beispiel brauchten Händler, die nicht mit ihren Waren reisten, eine Möglichkeit, Geldbeträge an Orte zu übermitteln, die wochen- oder gar monatelange Reisen entfernt lagen. Als der Fernhandel zunahm, erfanden Händler daher überall Systeme, die solche Übermittlungen möglich machten. Japanische Kaufleute trugen Kreditbriefe bei sich – sogenannte *kaezeni, saifu* oder *kawase* –, um das Risiko einer Reise zu begrenzen. Südasiatische Händler verwendeten Hundis, ein Finanzinstrument, durch das sich eine Zahlung von einer bestimmten Person an eine andere durchführen ließ. Sie wurden auch in Ostafrika verwendet und verbanden Handelsnetzwerke vor Ort mit dem indischen Subkontinent und der arabischen Halbinsel. Von und nach Westafrika ließen sich mit solchen Handelspapieren Gelder über den Zentralsudan transferieren. In China nutzten Kaufleute ab spätestens dem 8. Jahrhundert mit *feitsyan* ein ganz ähnliches Finanzinstrument, um Geld über lange Strecken zu übermitteln; zur selben Zeit verbreiteten sich in der islamischen Welt der Hawala, eine Schuldübertragung oder Zahlungsanweisung, und der *suftaja*, ein Kreditbrief, eine Zahlungsaufforderung entsprechend einem Wechsel. Solche Kreditbriefe waren üblich und ermöglichten Händlern, Geschäfte zu tätigen, ohne Bargeld bei sich tragen zu müssen.[15]

Insbesondere die islamische Welt war innovativ beim Aufbau der Grundlagen des Fernhandels – kaum überraschend, spielte sie doch eine zentrale Rolle im globalen Archipel des Kapitals. Als muslimische Herrscher Teile Europas eroberten und arabische Kaufleute nun mit christlichen Kollegen handelten, reisten ihre Innovationen mit ihnen. Im 10. oder 11. Jahrhundert hatten sie bereits die Gepflogenheiten in den italienischen Handelszentren und auf der iberischen Halbinsel beeinflusst, im 14. Jahrhundert auch in England. Norditalienische Kaufleute erfanden die *lettere di cambio*, die bargeldlosen Geldtransfer über weite Strecken und gleichzeitig einen Währungsumtausch ermöglichten. Solche Wechsel bekamen grundlegende Bedeutung für den Fernhandel, weil sie Käufern ermöglichten, Verkäufer «bei Sicht» oder an einem vereinbarten Datum zu bezahlen.[16]

Mit der Expansion des Handels suchten die Händler auch nach Möglichkeiten, wie sie Verluste durch höhere Gewalt, unvermeidbare Katastrophen, verringern konnten. Schiffe voller wertvoller Handelswaren konnten sinken, Händler angegriffen werden und Lagerhäuser konnten abbrennen. Um die Auswirkungen solcher Unglücke zu begrenzen, kollektivierten die Händler die Risiken. Die wichtigste Form der Risikoverteilung bestand darin, einen Transport mit mehreren Händlern gemeinsam durchzuführen und so die Investitionen zu streuen. Chinesische Händler gingen so vor. Indische Kaufleute entwickelten eigene Institutionen, um das Risiko zu begrenzen, bei denen eine religiöse Instanz vermittelte. Auch durch eine Versicherung für den Fernhandel ließ sich das Risiko eingrenzen: Das islamische Handelsrecht kannte seit dem Mittelalter Arrangements, die das Risiko auf mehrere Schultern verteilten. Die Scharia, das religiöse Rechtssystem, beschrieb das *daman* als eine Möglichkeit, eine Haftpflicht auf eine dritte Partei zu übertragen. Aus Genua im Jahr 1347 ist erstmals ein Versicherungsgeschäft belegt, das nichts mit einer speziellen Handelstransaktion zu tun hatte. Diese Form der Versicherung verbreitete sich danach rasch in italienischen und nordeuropäischen Hafenstädten. Derartige Beitragsversicherungen gab es etwas später auch am Indischen Ozean. Karawanen von Surat nach Agra wurden so versichert, und beim Seehandel in Südasien waren solche Versicherungen nahezu Pflicht. Die Bania-Kaufleute aus Gujarat versicherten ihre mit Stoffen und Elfenbein beladenen Schiffe für die Reisen von und nach Ostafrika durch sogenannte Jokhmi Hundis mit einem Prämiensatz zwischen sieben und zehn Prozent des Versicherungswertes. Ebenso ist belegt, dass Händler im Osmanischen Reich seit spätestens dem 15. Jahrhundert Versicherungen abschlossen.[17]

Als der Handel immer komplexer wurde und der Zeithorizont von Transaktionen sich erweiterte, entwickelten Händler auch neue Methoden zur Bestandsaufnahme. Buchhaltung wurde zum wichtigen Werkzeug. Zwar haben sich nur wenige Geschäftsbücher erhalten, trotzdem weiß man, dass jüdische Kaufleute in Kairo im 11. Jahrhundert aufwendige Buchhaltung betrieben. Sie hielten die Einzelheiten jeder Transaktion – Debitoren, Kreditoren, Gewicht der Waren, Zollgebühren, Transportkosten, Lieferanten und so weiter – in einem *daftar al-mu'ayyama* (Tagebuch) fest. Diese Aufzeichnungen wurden dann täglich in ein Hauptbuch (*al-daftar al-kabīr*) übertragen, das aus *awrāq ṭiwāl* (langen Papierbögen) bestand, wie sich Briefen entnehmen lässt. Auch jeder Warenverkauf oder Währungswechsel wurde aufgezeichnet. Muslimische Händler betrieben ebenfalls eine detaillierte Buchführung. Wahrscheinlich wurden in allen Ländern am Indischen Ozean chronologische Konten mit Querverweisen geführt. Der holländische Händler Jan Huyghen van Linschoten schrieb in seinem Reisebericht aus dem 16. Jahrhundert über Südostasien, die Händler dort seien «höchst geschickt und Experten in Buchführung» und hätten sich diese Fähigkeit wohl schon vor langer Zeit angeeignet.[18]

Bereits im Jahr 1211 betrieben italienische Händler, deren Geschäfte immer komplexer wurden, «Buchhaltung», bei der Kreditoren und Debitoren chronologisch aufgelistet wurden. In den folgenden zwei Jahrhunderten feilten Kaufleute in Genua, Florenz, Mailand und Venedig an diesem System, aus dem sich langsam die doppelte Buchführung entwickelte, mit mehreren Kontobüchern, Querverweisen und der Kategorisierung aller Geschäftsvorgänge, bei der jede Transaktion zweimal aufgeführt sein muss – als Soll und Haben. Für die doppelte Buchführung mussten Händler ständig Berechnungen anstellen und gewannen dadurch ein neues Verständnis ihrer Geschäfte. Sie bekamen einen guten Eindruck davon, wie profitabel die einzelnen Unternehmungen waren. Im Jahr 1494 formalisierte der Venezianer Luca Pacioli dieses System in seinem Buch *Summa de arithmetica, geometria, proportioni et proportionalita* (Abhandlung über die Buchhaltung). Die doppelte Buchführung verbreitete sich auch in andere Teile der Welt oder wurde dort unabhängig entwickelt. So ist bekannt, dass der armenische Händler Hovhannes Joughayetsi sie im 17. Jahrhundert in Surat anwendete, und auch chinesische Kaufleute während der Ming-Dynastie arbeiteten mit ihr.[19]

Gleichzeitig erforderten wachsende Handelsvolumina und Distanzen größeren Kapitaleinsatz, und mehr Zeit verging, bis ein Handel abgeschlossen war. Um mehr Kapital mobilisieren zu können, als sie selbst zur Verfügung hatten, schlossen Händler Partnerschaften, eine weitere wichtige neue Institution. Solche Partnerschaften wurden von zahlreichen Vorschriften geregelt und waren in der islamischen Welt schon vor der Jahrtausendwende üblich. Die Fiqh, die islamische Jurisprudenz, beschrieb diese Abkommen detailliert. *Shirka* oder *sharika* bezeichnete einen Vertrag zwischen Partnern, die gemeinsam investierten und die Risiken und Erlöse eines Geschäfts miteinander teilten. Sogar Partnerschaften mit beschränkter Haftung gab es. Um Kapital für ein Vorhaben aufzutreiben, machten muslimische Händler bereits im 8. Jahrhundert Gebrauch von der *Mudaraba*: Investoren stellten das Kapital für eine einzelne Unternehmung wie eine Seereise einem Agenten zur Verfügung, der es dann investierte und mit Gewinn zurückzahlte – ein sehr frühes Beispiel für die Trennung von Eigentum und Management. Investoren konnten so mit beschränkter Haftung vom Handel profitieren, die Agenten erhielten im Gegenzug einen Anteil am Gewinn.[20]

Im 11. Jahrhundert verwendeten Kaufleute in italienischen Handelsstädten immer häufiger die Kommenda, eine vertragliche Risikoverteilung, bei der Elemente der Mudaraba mit römischen, jüdischen und byzantinischen Formen der Risikoverteilung kombiniert wurden, um mehr Kapital zur Verfügung zu haben, als die eigene Familie bereitstellen konnte. Die älteste italienische Kommenda, die überdauert hat, wurde im Jahr 1073 zwischen Giovanni Lissado aus Luprio und Sevasto Orefice aus Venedig geschlossen. Darin wurde festgelegt, wie das *habere* (Kapital) eingesetzt werden sollte – für eine Seereise nach Theben – und wie die Erlöse zwischen den beiden Partnern aufzuteilen waren. In Genueser Archiven finden sich ähnliche Verträge aus dem 12. Jahrhundert, im weiteren nördlichen Mittelmeerraum, etwa in Städten wie Barcelona, ab dem 13. Jahrhundert, als sich diese Kooperationsform durchgesetzt hatte. In Holland war diese Art der Kapitalmobilisierung als *partenrederij* bekannt – eine Teileigentümerschaft eines Handelsschiffes, bei der jeder Eigentümer als Gesellschafter proportional an den Erlösen und Verbindlichkeiten der Reise beteiligt wurde. Unabhängig von der Bezeichnung ermöglichten diese Verträge weitere Innovationen – indem sie es etwa Menschen mit bescheidenen Mitteln ermöglichten, kleine Summen bei einem wohlhabenden Kaufmann zu investieren, der gern jeden finanziellen Beitrag annahm, den er bekommen konnte, um sein Betriebskapital aufzustocken. Partner konnten sich auch an verschiedenen Kommendas gleichzeitig beteiligen, und die Anteile an diesen Verträgen konnten die Besitzer wechseln und dienten als eine Art Währung.[21]

Solche Mudarada-/Kommenda-Arrangements verbreiteten sich auch über den Indischen Ozean bis in seine östlichen Regionen. Malayisch sprechende Händler lernten bei Interaktionen mit ihren muslimischen Kollegen das islamische Handelsrecht kennen – auch die detaillierten und standardisierten Verordnungen für Beteiligungen/Teilhaberschaft. In der ersten Hälfte des 15. Jahrhunderts fanden Kernelemente der Mudaraba und der Kommenda Eingang ins malayische Seerecht, das im Undang-undang Melaka kodifiziert ist.[22]

Auch andere Möglichkeiten, Kapital zu organisieren, entstanden, waren aber weniger verbreitet. Mit der islamischen Mufawada entstanden langfristigere Partnerschaften zwischen Investorengruppen, in deren Rahmen alle Partner unbeschränkt haftbar waren. Die *compagnia* – eine Art Kapitalpool – entstand in europäischen Städten wie Venedig, Florenz und Ravensburg. Die wörtliche Bedeutung «mit Brot» verweist auf den familiären Charakter dieser Partnerschaft, bei der gemeinsam gegessen wurde. Im 14. Jahrhundert tauchte in Florenz eine neue Form der Geschäftsorganisation auf: die Handelsgesellschaft. Dabei kontrollierte eine Person, oder eine kleine Anzahl von Partnern, mehrere rechtlich unabhängige Unternehmen und begrenzte so die jeweilige Haftung, falls eine Unternehmung schiefging. Der erste bekannte Kaufmann, der ein Unternehmen gründete, das einer mittelalterlichen Holding-Gesellschaft entspricht, war der erfolgreiche Händler und Bankier Francesco Datini aus der toskanischen Stadt Prato. Ab dem frühen 15. Jahrhundert gediehen auch in Florenz Partnerschaften mit beschränkter Haftung.[23]

Das Bankwesen stellte eine weitere Anlagemöglichkeit bereit. Das Bankwesen an sich war natürlich alt, Kaufleute agierten schon jahrhundertelang als Finanziers und vergaben Kredite an Händler und Regenten. In der islamischen Welt lässt sich die Kreditvergabe für Geschäfte bis ins 8. Jahrhundert nachweisen. In China hatten Grundherren, Eunuchen und andere, die über Kapital verfügten, aber nicht den Wunsch hatten, sich an riskanten Handelsgeschäften zu beteiligen, schon lange Händlern Kredite gewährt, die durch Gemeinschaftsanleihen und Handelsrecht abgesichert waren. Pfandhäuser mit Verbindungen zu buddhistischen Klöstern taten sich bei solchen Kreditvergaben seit dem 5. Jahrhundert besonders hervor. Irgendwann stellten diese «Banken» auch Darlehen und nahmen Einlagen an. Europäische Kaufleute hatten ebenfalls schon über Jahrhunderte Kredite vergeben, insbesondere in Norditalien – in Florenz zum Beispiel, wo der Bankensektor um das Jahr 1300 explosionsartig expandierte. Im nahen Genua hatte sich eine Institution entwickelt, die in vielerlei Hinsicht die Zukunft vorwegnahm: die Casa di San Giorgio. Diese im Jahr 1407 gegründete Gläubigergemeinschaft sollte ursprünglich die Kriegsanleihen/Anleihen *(compere)* der Republik Genua in einer Hand als Schuldnerin verwalten. Mitte des 15. Jahrhunderts besaß sie bereits fast alle *compere* und unter anderem auch das Recht, Steuern zu erheben und Münzen zu prägen. Besonders zukunftsweisend war, dass die Casa di San Giorgio Hoheitsgewalt erhielt und praktisch alle Kolonien Genuas kontrollierte, auch Korsika und Kaffa auf der Krim – ein frühes Beispiel dafür, wie Staat und Kapital symbiotisch wachsen und wie Kapitaleigentümer Hoheitsrechte erwerben konnten.[24]

In der ersten Hälfte des Jahrtausends entwickelten Händlergemeinschaften auf der ganzen Welt diese Werkzeuge und Strategien, die neuartigen Institutionen florierten in einem globalen Netzwerk, in dessen Zentrum die mittelalterliche islamische Welt stand. Die geschäftlichen Abläufe, die diese Händler gestalteten, und die Art und Weise, wie sie ihr Wirtschaftsleben organisierten, haben über viele Jahrhunderte bis heute weitgehend Bestand. Die Logik, die diese Entwicklungen vorantrieb, wirkt häufig vertraut.

Bisher haben wir uns nur mit einer sehr kleinen Gruppe beschäftigt, einem winzigen Teil der Menschheit: mit jenen, die ihr ökonomisches Streben darauf ausgerichtet hatten, ihr Kapital zu mehren, nicht darauf, Landwirtschaft zu betreiben oder ihren Landbesitz zu erweitern, mehr Vasallen unter ihre Kontrolle zu bringen oder größere Armeen zu befehligen. Die revolutionäre Bedeutung dieser Vorhut wird nur in der Rückschau deutlich. Zu ihrer Zeit besetzten sie eine ambivalente Position. Die Herrscher schätzten ihre Fähigkeit, Güter zu beschaffen und die Produkte ihrer Untertanen zu verkaufen, und manche finanzierten mithilfe der Händler staatliches Wachstum und Unternehmungen, dennoch begegneten das Volk und die Eliten gleichermaßen den frühen Kapitalisten mit Misstrauen, manchmal gar mit Feindseligkeit: Die Idee, das Kapital sich selbst vermehren zu lassen, hielten sie für unethisch und illegitim. Viele Unbeteiligte sahen eine Sünde, Hexerei oder ganz einfach Diebstahl darin, Geld mit Geld zu verdienen und nicht durch die produktive Beschäftigung mit der Erde, die gemeinhin als die angemessene Form des Wirtschaftens galt.

Die Wegbereiter des Handels weltweit waren nur kleine Tropfen im Meer des Wirtschaftslebens, dessen Hauptströmungen einer vollkommen anderen Logik folgten. Wenn man sich mit diesen wenigen und häufig nicht besonders reichen Kaufleuten beschäftigt, sind in manchen Elementen ihres Wirtschaftens schon die Vorboten der kommenden kapitalistischen Revolution erkennbar, und sie erlauben eine Vorstellung des Radikalismus, der in der zweiten Hälfte des Jahrtausends hervorbrach.

Das ökonomische Leben in der ersten Hälfte des Jahrtausends war vielfältig und veränderte sich stark, doch für den Großteil der Menschheit fand es auf dem Land statt. Kaufleute siedelten sich in Städten an, aber im Jahr 1391 lebten noch 90 Prozent der Chinesen auf dem Land, das heißt außerhalb von Zentren mit mehr als 2000 Einwohnern; sogar in der am stärksten urbanisierten Region Chinas, dem Jangtse-Delta, lebten 81 Prozent der Bevölkerung in ländlichen Gebieten. In Europa waren im Jahr 1300 noch 95 Prozent der Menschen auf dem Land ansässig, das hieß hier, außerhalb von Zentren mit mehr als 10 000 Einwohnern. Im späteren Italien, der am stärksten urbanisierten Region des Kontinents, lebten «nur» 85,3 Prozent auf dem Land. In England lag die Zahl bei erstaunlichen 98,8 Prozent. Bis zum Jahr 1500 änderte sich daran nicht viel. Zu der Zeit lebten 94,4 Prozent der Europäer immer noch auf dem Land, auch wenn sich in den Niederlanden bedeutende urbane Zentren entwickelt hatten. Sogar in Westasien und Nordafrika, wo einige der größten Städte der Welt lagen, lebten die meisten Menschen immer noch ländlich. Um das Jahr 1100 waren Schätzungen zufolge nur 8,5 Prozent der Menschen in Europa, Asien und Afrika Stadtbewohner.[25]

Kaufleute erwarben in der Regel alles, was sie benötigten, auf Märkten – was nicht zuletzt daran lag, dass sie in Städten lebten – und verdienten ihren Lebensunterhalt damit, dass sie ihre Dienste auf dem Markt anboten. Sie hatten mit den meisten Leserinnen und Lesern dieses Buches vieles gemeinsam. Fast alle anderen Erdenbewohner ihrer Zeit arbeiteten in erster Linie für die Eigenversorgung und die unmittelbare Gemeinschaft, nicht für den Austausch von Waren. All jene, die nicht in Städten und in der Welt der Kaufleute lebten, gehörten «verbrauchsorientierten Gemeinschaften» an, waren Teil der «riesigen Welt der Selbstversorger», die Fernand Braudel beschrieb. Das ökonomische Leben jener Menschen war völlig anders strukturiert als das der Kaufleute, deren Modus Operandi die Anhäufung von Kapital war.[26]

Für den Eigenbedarf zu produzieren, war die Regel. Jahrtausendelang war das Dasein strukturiert von dem, was Braudel «materielles Leben» nannte – all die Arbeiten wie das Landbestellen, das Hüten der Tiere, das Fischen und die häusliche Herstellung der Dinge für den persönlichen Gebrauch. Manche Waren hatte man schon immer gehandelt, um Ressourcen zu bündeln und um von der ökologischen Vielfalt zu profitieren, aber es handelte sich dabei meist um geringen und lokal begrenzten Warenaustausch. Die Griechen nannten das *oikonomia* – die Hausverwaltung. Vor mehr als 2000 Jahren betonte Aristoteles in seiner *Politik* den Unterschied zwischen der Produktion für den Gebrauch und der Produktion für den Markt, wobei Erstere dominierend und überlegen sei: «Da nun dieses Kapitalerwerbswesen, wie wir dargetan haben, ein Doppeltes ist, einerseits eben das Handelswesen und andererseits die Kunst der Hausverwaltung und da diese notwendig ist und lobenswert, doch der Tauschhandel zu Recht getadelt wird – denn er wickelt sich nicht naturgemäß ab, sondern durch den Austausch untereinander – so ist vollkommen vernünftig die Wucherei verhasst.» Bemühungen, Geld zu maximieren, seien, so Aristoteles, «eine Gefahr für das moralische Wohl des Einzelnen».[27]

Als Beispiel für eine solche *oikonomia* lässt sich der indische Subkontinent heranziehen. Dort fand die Produktion überwiegend innerhalb der traditionellen wirtschaftlichen Strukturen des Dorfes statt, im sogenannten Jajmani-System, und war auf die Bedürfnisse der örtlichen Gemeinschaft ausgerichtet. Tauschgeschäfte wurden durch Traditionen geregelt, nicht durch Märkte: Spezialisierte Arbeiter, etwa Zimmermänner, arbeiteten für das Dorf und bekamen dafür Essen, ein Stück Land, um selbst Feldfrüchte für den Eigenbedarf anzubauen, oder Geld – alles im Rahmen der Gepflogenheiten. Die Organisation des Wirtschaftslebens bot, wie der Politikwissenschaftler Ahrar Ahmad feststellte, keine «Möglichkeiten für Profit, Kapitalanhäufung, technische Innovation oder soziale Mobilität». In Gujarat, wo vor allem Gesellschaften lebten, die sesshafte Landwirtschaft mit Weidewirtschaft und Sammeln verbanden, war der Einfluss der Kaufleute stark begrenzt. Derartige Strukturen, Präferenzen und Widerstände gab es nicht nur dort – sie bestanden auf der ganzen Welt.[28]

Über Jahrhunderte, wenn nicht gar Jahrtausende, war das Wirtschaftsleben in soziale Normen eingebettet und galt keineswegs als eigenständiger Wirkungskreis. Karl Polanyi, einer der aufmerksamsten Beobachter des Kapitalismus im 20. Jahrhundert, schrieb: «[A]lle uns bekannten Wirtschaftssysteme bis zum Ende des Feudalismus in Westeuropa [beruhten] auf den Prinzipien der Reziprozität oder Redistribution oder aber der Haushaltung beziehungsweise einer Kombination dieser drei.» Auch wenn es für die meisten Menschen im 21. Jahrhundert kontraintuitiv klingt, hatte Polanyi recht, als er betonte: «[V]or unserer Zeit hat es noch niemals eine Wirtschaftsform gegeben, die, und sei es auch nur im Prinzip, vom Markt ge-

Tributherrschaft: Gesandte mit Geschenken in Samarkand im 7. Jahrhundert.

lenkt worden wäre.» Marc Bloch, einer der brillantesten Analysten, stimmt ihm zu: «Nichts könnte irreführender sein, als sich ausschließlich mit den wirtschaftlichen Aspekten der Beziehung zwischen einem Feudalherrn und seinen Männern zu beschäftigen, wie wichtig diese auch scheinen mögen.» Das wirtschaftliche Leben sei in aller Regel «völlig in soziale Beziehungen eingebettet» gewesen.[29]

Das wirtschaftliche Leben von Kaufleuten unterschied sich grundlegend – nicht nur von dem der einfachen Menschen, sondern auch von dem der Privilegierten. In der ersten Hälfte des vergangenen Jahrtausends verschafften sich die Reichen und Mächtigen dieser Welt die umfangreichen Ressourcen, die sie kontrollierten, durch Steuern, Tributzahlungen und Plünderungen, nicht durch kapitalistische Akkumulation. Die Aneignung von Reichtum erfolgte fast ausschließlich nicht marktbasiert – das heißt, dass die Herrscher Menschen befehlen konnten, ihnen ihre Arbeitskraft, ihre Waren oder – in monetarisierten Gesellschaften – ihr Geld zu überlassen. Selbst als sich allmählich größere Handelsvolumina auf die Landwirtschaft auswirkten, blieben nicht marktgestützte Formen, die Überschüsse abzuschöpfen, das heißt Tributforderungen, der Hauptantrieb für das Wirtschaftsleben.

Auch Kriegsbeute war ein wichtiger Faktor. Ein außergewöhnliches Beispiel bietet der zentralasiatische Herrscher Timur, auch bekannt als Tamerlan, der seinen Machtbereich im späten 14. Jahrhundert von Zentralasien bis auf die Territorien der heutigen Staaten Iran, Afghanistan und Indien ausdehnte. In diesen Kriegen starben Millionen Menschen, doch die geplünderte Beute machte Timur so reich, dass er prächtige Moscheen und Medressen errichten konnte, die bis zum heutigen Tag in der Sonne von Samarkand glitzern. Wie Timur konnten die Eliten sehr reich sein – aber auf grundlegend andere Art als Kapitaleigner. Der vererbte gesellschaftliche Status und der Wohlstand dieser tributfordernden Eliten waren so manifest, dass viele Kaufleute danach strebten, die Welt des Handels hinter sich zu lassen und stattdessen den Rang eines Land besitzenden und Pacht einziehenden Aristokraten zu erlangen, was diese Hierarchien weiter festigte.[30]

Wirtschaftssysteme, die auf Tributerhebung basieren – Herrscher also Pacht, Abgaben oder Steuern von der Bevölkerung eintreiben –, gab es auf der ganzen Welt. Fast immer wurden die Leistungen, die diese Herrscher reich und mächtig machten, völlig offen eingefordert: Bauern konnten gezwungen werden, ohne Lohn auf den Feldern des Potentaten zu arbeiten, oder der Herrscher bekam einen Teil der Ernte übereignet, die Bauern auf Geheiß der Steuereintreiber angebaut hatten, oder sie mussten kämpfende Armeen versorgen. Es war üblich, dass die Landesherren unbezahlte Arbeit einfordern und die Bauern im Gegenzug Schutz von ihnen erwarten durften. Das System basierte auf gegenseitigen Verpflichtungen, nicht auf einem Markt. Die Strukturen, die diesen Ansprüchen zugrunde lagen, waren nicht ökonomischer Art, sondern in Traditionen oder Gesetzen festgeschrieben. Anders als im Kapitalismus war an dieser Aneignung von Ressourcen nichts verborgen. Der Reichtum dieser Eliten war offen sichtbar. Erst nachdem das Kapital das Wirtschaftsleben beherrschte, wurden die Quellen der Ungleichheit verschleiert.[31]

Das Grundprinzip aller tributgestützten Systeme war über Zeit und Raum hinweg gleich, doch ihre genaue Funktionsweise unterschied sich von Ort zu Ort. Der europäische Feudalismus war eine bedeutende Tributherrschaft unter vielen, und es lohnt sich, einen Augenblick innezuhalten, um seine Dynamiken genauer zu betrachten. So gewinnen wir einen Eindruck, wie radikal der Aufbruch in die wirtschaftliche Realität der Kaufleute – und letztendlich des Kapitalismus – tatsächlich war. Antrieb des feudalen Wirtschaftslebens waren die landbesitzenden Eliten, die alle anderen in persönlicher Abhängigkeit hielten. Auf Märkten gehandelt wurden Land und Arbeitskräfte kaum, denn beide waren durch Recht und Traditionen an den Landbesitzer gebunden. Bauern mussten ihre Abgabe in Form von Steuern, Tributzahlungen, durch Arbeitskraft oder – immer häufiger – Pachtzahlungen leisten. In einem derart organisierten Wirtschaftsleben konnte es durchaus Innovationen, Entwicklungen und bedeutsame städtische und ländliche Kommerzialisierung geben, und es gab sie auch. Händler konnten die Märkte nutzen, die durch den Konsum von Luxusgütern durch die Landesherren entstanden, doch im Kern war die Tributherrschaft eine außerwirtschaftliche Ausbeutung der Bauern durch ihren Herrn. Da die Landbesitzer nicht selbst produzierten, genossen Bauern andererseits erhebliche Autonomie und die Möglichkeit, ihren eigenen Anteil an den Früchten ihrer Mühen zu erhalten und gelegentlich sogar zu erhöhen. Viele Leserinnen und Leser dieses Buches halten es für selbstverständlich, dass Eigentumsrechte auf Märkten ausgehandelt werden, aber in Tributgesellschaften und die längste Zeit der menschlichen Geschichte war das nicht der Fall.[32]

In dieser Welt der Tributherrschaften folgte die Produktion von Waren einer eigenen Logik. Wie die Landwirtschaft fand auch die Herstellung von Dingen überwiegend im heimischen Bereich und für den Eigenbedarf statt. Die Frauen spannen Wolle, die Männer webten; die Frauen stampften Butter und nähten Kleidung. In den Städten, wo sich die Warenproduktion zunehmend konzentrierte, wurde sie üblicherweise von den ansässigen Handwerkern kontrolliert, die in Gilden organisiert waren. Diese Handwerksverbände regulierten die Produktion und legten die Preise fest; sie hatten die Kontrolle über die jeweiligen Gewerke, begrenzten die Anzahl neuer Werkstätten, regelten die Ausbildung und entwickelten Rituale, um die Solidarität ihrer Mitglieder zu stärken. Sie errichteten Monopole, begrenzten die Produktion, gaben Beschaffenheit und Größe der Produktionsstätten vor und beschränkten Investitionen. Ihre Bemühungen waren nicht immer von Erfolg gekrönt, dennoch unterschied sich in ihrer Welt alles von den Produktionsbedingungen in einer Marktwirtschaft.[33]

Diese wirtschaftlichen Strukturen – in Städten und auf dem Land – wurden durch Herrscher, die den Kaufleuten in ihrer Mitte zwiespältig gegenüberstanden, sowohl ermöglicht als auch behindert. Einerseits war die Abhängigkeit der Landbesitzer und Herrscher von den Kaufleuten begrenzt, weil sie ihre Macht und den Großteil ihrer Ressourcen nicht aus der Besteuerung des Handels gewannen, sondern ihr Vermögen vom Land bezogen. In Südindien, zum Beispiel, war der Staat nie auf die Besteuerung des Handels angewiesen, weil die Landwirtschaft als Steuerbasis genug hergab. Auch die byzantinischen Herrscher bezogen fast ihr gesamtes Einkommen von Bauern, was erklärt, warum der Handel und die Kaufleute, die ihn betrieben, keine zentrale Bedeutung für die Funktion des Staates hatten. Infolgedessen fanden sich Kapitaleigentümer in einer politisch untergeordneten Position wieder. In der ersten Hälfte des Jahrtausends lag die Macht in den Händen der Landbesitzer. Die Kaufleute bildeten eigene Machtzentren und generierten Wohlstand parallel zum existierenden System. Sie eröffneten damit unorthodoxe Wege zu Reichtümern und verfolgten andere Interessen. Diese

Kaufleute hätten Herrscher herausfordern können, doch beanspruchten sie, von wenigen Ausnahmen wie den italienischen Stadtstaaten abgesehen, keine politische Macht und stiegen auch nicht selbst zu Herrschern auf.[34]

Gleichzeitig erbrachten Kaufleute aber auch wichtige Dienstleistungen und lieferten Ressourcen an die Herrschenden, was diese wiederum dazu ermutigte, Kaufleute zu unterstützen und ihnen eine institutionelle Basis bereitzustellen. Die Kaufleute waren in das System der Tributherrschaft eingebettet und profitierten davon. Sie vergaben Darlehen, verkauften Überschüsse, lieferten wichtige Materialien für Produktionsbetriebe, und sie bereicherten die Herrscher auch direkt, denn ihr Privatvermögen und ihre Transaktionen und Aktivitäten konnten besteuert werden. Kaufleute konnten auch dazu beitragen, Vermögen vom Land abzuschöpfen, und Kapital in die Produktion fließen lassen; sie konnten den Handel organisieren, der die Expansion der Märkte vorantrieb, und ein Herrschaftsgebiet mit Waren beliefern. Da sie über wichtige Infrastrukturen verfügten, wie Häfen und Schiffe, und auch über Navigationskenntnisse, konnten die Händler außerdem für die Kriegsführung von größter Bedeutung sein: Die arabischen Ayyubiden benötigten zum Beispiel Soldaten, um ihrer Macht Nachdruck zu verleihen. Sie stockten ihre Armeen auf, indem sie von venezianischen und genuesischen Händlern versklavte Soldaten aus Zentralasien und dem Kaukasus kauften – ein gutes Beispiel dafür, wie nützlich Händler sein konnten. Muslimische Herrscher unterstützten Kaufleute bereits im 9. Jahrhundert, weil die Bauern in kommerzialisierten ländlichen Gebieten, insbesondere in wohlhabenden Provinzen wie Ägypten, ihre Steuern in Münzen bezahlen konnten, was den Herrschern zu einer wichtigen Ressource verhalf. Nach der Jahrtausendwende unterstützten die chinesischen Song-Kaiser den Handel ebenfalls, weil die Dynastie einen immer größeren Teil ihrer Steuern durch Handelsaktivitäten einnahm. Zu Beginn des 12. Jahrhunderts betrugen die Steuern aus dem Handel nur 1,7 Prozent der Gesamteinnahmen; dieser Anteil war im Jahr 1128 auf 20 Prozent gestiegen und pendelte sich in der zweiten Hälfte des Jahrhunderts bei etwa 5 Prozent ein. Handelssteuern lieferten den Song-Kaisern eine neue Einkommensquelle, durch die sie die Armeen des Kaiserreichs unterhalten konnten, ohne die Bauern mit immer höheren Abgaben zu belasten. «Menschen aus fernen Ländern sollten dazu ermutigt werden, herzukommen und zu handeln», resümierte der chinesische Kaiser Gaozong (Regierungszeit 1127 bis 1162), weil «die Gewinne aus dem Seehandel einen großen Beitrag zu unserem Staatseinkommen leisten».[35]

Aus diesen und ähnlichen Gründen förderten Tribut eintreibende Eliten den Handel und die aus ihm resultierende Kommerzialisierung der Wirtschaft. Chinesische Herrscher unterstützten den Handel aktiv, wenn es ihren Interessen diente, sie stellten Infrastruktur bereit und begünstigten eine Überschussproduktion in der Landwirtschaft. Sie trieben die Kommerzialisierung der Wirtschaft voran und erschufen so das größte zusammenhängende Kaiserreich. Im Inland sorgte der Staat für Sicherheit, wie Ibn Battuta im 14. Jahrhundert beobachtete: «China ist das sicherste und schönste Land für die Reisenden, denn man kann ganz allein eine Wegstrecke von 7 Monaten durchreisen und dabei beträchtliche Summen Geldes mit sich führen, ohne für sie fürchten zu müssen.»[36] Chinas bedeutende Marine signalisierte außerdem Stärke in Südostasien und unterstützte den chinesischen Handel in der Region, während die gewaltigen Armadas des Admirals Zheng He bis nach Arabien und Ostafrika segelten. In den westafrikanischen Staaten Kano und Katsina war die Expansion des Handels im 15. Jahrhundert ebenfalls mit der Einführung neuer staatlicher Institutionen verbunden. Herrscher wie Sarki Kanajeji (Regierungszeit 1390 bis 1410), Sarki Abdullahi Burja (Regierungszeit 1438 bis 1452) und Sarki Muhammad Rumfa (Regierungszeit 1463 bis 1499) sicherten Handelsrouten und etablierten lokale Märkte sowie Verbindungen zu weit entfernten Orten. Die meisten Herrscher legten auch die Regeln des Handels fest und stellten Instrumente für deren Durchsetzung zur Verfügung. Die Kaufleute agierten im Rahmen der alten Ordnung und waren ein Teil von ihr. Gleichwohl widersprach das Streben der Tributherrscher nach Macht und Reichtum den Interessen der investierenden Kaufleute. Um sich zu befreien, brauchten die Kapitaleigner einen Schock von außen.[37]

Wie nahezu jeder Mensch in der Geschichte lebten die Kaufleute in einer Welt langsamen wirtschaftlichen Wachstums, was für sich genommen schon eine Beschränkung war. Zwischen den Jahren 1000 und 1500 lag die jährliche wirtschaftliche Wachstumsrate pro Kopf in der gesamten Welt bei gerade einmal durchschnittlich 0,05 Prozent, was bedeutet, dass es 1387 Jahre gedauert hätte, um die Wirtschaftsleistung pro Kopf zu verdoppeln. Zum Vergleich: In den Wirtschaftswunderjahren von 1950 bis 1973 lag das globale jährliche Wirtschaftswachstum pro Kopf bei 2,93 Prozent, in den 2000er Jahren erreichte China sogar Wachstumsraten von mehr als 10 Prozent. Diese Zahlen sind grob geschätzt und umstritten, doch die grundlegende Botschaft ist klar. In der ersten Hälfte des zweiten Jahrtausends war das Wirtschaftswachstum kaum wahrnehmbar. In Aden, Khambhat, Guangzhou, Kano und Venedig kam es zu bedeutenden ökonomischen Veränderungen, aber diese Orte waren Exklaven in einer Wirtschaftswelt, die sich nur im Zeitlupentempo wandelte. Es galt, riesige Hürden zu überwinden: Die Märkte waren klein, technische Innovationen wurden eher skeptisch betrachtet, und jeder Staat war ein besonderes Gebilde. Doch als diese Hürden nach und nach verschwanden, war der steile Anstieg der Wachstumsraten eine wesentliche Folge der kapitalistischen Revolution.[38]

In der ersten Hälfte des Jahrtausends arbeiteten Händler, unabhängig davon, wo sie lebten, innerhalb einer politischen, sozialen und wirtschaftlichen Ordnung, die sie nicht selbst gestaltet hatten. Sie suchten sich Nischen und Lücken, die ihnen manchmal zu großen Gewinnen verhalfen, auch weil die Herrscher allerorten sich an sie wendeten, um ihre Tribute aufzustocken. Doch die Händler stießen auch auf Widerstände, zum Teil strukturell bedingt, zum Teil Folgen der aktuellen Politik. Sie wehrten sich dagegen, manchmal erfolgreich, manchmal erlebten sie Rückschläge. Wie stark diese Widerstände waren, machte deutlich, dass die Logik dieser seltsamen Gruppe Menschen, die Reichtum und Autorität beanspruchten, weil sie über Kapital verfügten, keineswegs die natürliche oder notwendige Folge der Arbeitsteilung war. Diese Begrenzung, diese Einhegung von Kapital und Kapitalisten durch die Eliten und die Bevölkerung erklären, wie wir später sehen werden, zumindest teilweise die oft gewaltsame Expansion des Kapitals in den folgenden Jahrhunderten.[39]

Zusätzlich waren die Kapitaleigner mit natürlichen Grenzen konfrontiert: Eine Wirtschaft, die sich fast vollständig auf menschliche und tierische Muskelkraft stützte, konnte kaum mehr als für den Eigenbedarf der Produzenten notwendig produzieren. Wegen dieser Beschränkungen hatte die Kommodifizierung zu wenig Volumen und Kraft, um in neue räumliche oder gesellschaftliche Sphären vorstoßen zu können. Unter den technologischen Bedingungen der ersten Hälfte des zweiten Jahrtausends bildete die Natur selbst einen machtvollen Damm, der verhinderte, dass Kapitaleigner aus ihrem radikal eingeschränkten Wirtschaftsraum ausbrachen.

Auch soziale und politische Restriktionen erschwerten es der Logik des Kapitals, größeren Einfluss auf das Wirtschaftsleben zu gewinnen. Wie wir bereits gesehen haben, produzierten die meisten Menschen in erster Linie für sich selbst und ihre unmittelbare Gemeinschaft, und es war von überwältigender, elementarer Bedeutung, die Existenzgrundlage zu schützen. Bauern auf der ganzen Welt verteidigten die für sie lebenswichtigen Ressourcen – vor allem ihre Arbeitskraft und ihren Zugang zu Land. Kapitaleignern gelang es nicht oft, ihnen die Kontrolle darüber zu entreißen.

Grenzen waren sogar in grundlegenden Marktmechanismen tief verwurzelt: In den Städten des spätmittelalterlichen Englands konnte man vom Handel leben und alles Notwendige auf dem Markt kaufen – doch die Lebensmittelpreise wurden nicht durch Nachfrage und Angebot bestimmt, sondern durch komplexe Verordnungen und einen gemeinsamen Sinn für Moral. Auf den italienischen Märkten dieser Zeit erfuhren die neureichen Kaufleute für ihre Geschäfte immer heftigeren moralischen und theologischen Gegenwind, den die religiösen Gefühle des Volkes ebenso entfachten wie die Institutionen der Kirche. Die Märkte in Japan und China unterlagen in der ersten Hälfte des Jahrtausends strikter sozialer Kontrolle, die mit rechtlichen und informellen Mitteln durchgesetzt wurde. In islamischen Gesellschaften war der Marktinspektor, der *muhtasib*, der Garant für einen moralisch einwandfreien Handel. Tatsächlich wurde die moralische Beurteilung eines Gewinns durch Handel oder Kapitalinvestitionen in vielen Gesellschaften auf vielfältige Weise ausgehandelt, aber allen gemeinsam war die Vorstellung, dass Profitstreben und Gier verwerflich und zu verhindern waren.[40]

Bauern und Handwerker verteidigten die Produktionssphäre gegen das Vordringen des Marktes und setzten dadurch der Sphäre des Kapitals enge Grenzen. Dieser Widerstand, stark geschwächt und gedämpft, hat sich bis heute gehalten. Bauern auf der ganzen Welt produzierten fast alles, was sie konsumierten, selbst, daher war die Reichweite des Marktes extrem begrenzt. Kapitaleigner konnten sich kaum in die Produktion einschalten. Es war nicht unmöglich – manchmal zum Beispiel brachten Kaufleute Webern Vorteile –, aber der Großteil der Produktion ließ sich nicht unter den Schirm des Kapitals bringen. Normalerweise erwarben Händler Waren von unabhängigen Produzenten – darunter waren kleine Bauern genauso wie Feudalherren mit Tausenden Vasallen – und verkauften sie dann anderswo: eine profitable Unternehmung, die aber gleichzeitig die Subsistenzwirtschaft und die Tributherrschaft stärkte.[41]

Überdies widersetzten sich Bauern den landbesitzenden Eliten, die Überschüsse forderten, um sie gegen Waren der Kaufleute einzutauschen, was die Reichweite der Kapitaleigner weiter einschränkte. Im 14. und 15. Jahrhundert wurde Europa von Aufständen überrollt, die zu Bauernkriegen eskalierten. Dabei waren Bauernaufstände auch davor nicht ungewöhnlich gewesen. Die Jacquerie in Frankreich, der Bauernaufstand in England, der flämische Bauernaufstand und viele weitere wurden durch den Widerstand der Bauern gegen Forderungen der Landbesitzer und Regierungen befeuert.[42]

Nicht zuletzt gab es strukturelle Beschränkungen, die den Interessen und der Logik von Kapitaleignern entgegenwirkten. Die Eliten in Tributherrschaften bezogen ihre Überschüsse von Menschen, die sie mit Mitteln dominierten, die keines Marktes bedurften, und sie hatten kein Interesse daran, dass die Logik des Marktes diese Beziehungen aus Unterdrückung und Gegenleistung zu sehr störte. Europäische Feudalherren, chinesische Bürokraten, muslimische Herrscher und religiöse Autoritäten aller Art hatten großes Interesse daran, die kleinen Überschüsse, die Bauern erwirtschaften konnten, zu besteuern, zu beschlagnahmen oder sich anzueignen, und waren nicht geneigt, diesen Überschuss mit Kaufleuten zu teilen.[43]

Gelegentlich unterstützten Herrscher Kaufleute, doch manchmal war auch das Gegenteil der Fall: In den 1370er Jahren hatten die politischen Behörden in China den wichtigen muslimischen Kaufleuten, die viel Handel mit Westasien abwickelten, Beschränkungen auferlegt. Im 15. Jahrhundert limitierte das chinesische Kaiserreich den Überseehandel insgesamt. In Europa erließ die Kirche Verbote gegen den Handel mit Muslimen, den «Ungläubigen». Dieser Schritt war religiös und militärisch motiviert, hatte aber auch wirtschaftliche Auswirkungen. In Japan verfügte das Kamakura-Shogunat, oder Bakufu, im Jahr 1297, dass alle offenen Verbindlichkeiten seiner Vasallen, der Gokenin, erlassen werden sollten. Diese Vasallen konnten sogar einen Teil der Ländereien zurückfordern, die sie verloren hatten, als sie Schulden nicht zurückzahlen konnten. Ab diesem Zeitpunkt lehnten die Gerichte alle Klagen gegen Gefolgsleute der Regierung/des Shogunats ab, bei denen es um unbezahlte Schulden ging. Auf diese Weise wollten die Herrscher die kommerzialisierende Wirtschaft begrenzen, die nicht nur die etablierten Landbesitzer, sondern auch die traditionellen Beziehungen bedrohte, die Grundherren, Krieger und Bakufu durch Loyalität und Geschenke miteinander verbanden. Wegen solcher Widerstände gegen die Logik des Kapitals konnten Kapitalisten auf der ganzen Welt häufig nicht die Unterstützung von Herrschern und Staaten gewinnen. Doch Kapitalismus ohne den Staat war unmöglich, sogar undenkbar.[44]

Diese ökologischen, sozialen und politischen Grenzen bildeten die Hintergrundbedingungen für die Stellung der Kapitaleigner in der Gesellschaft. Sie beschränkten deren Einfluss auf ihre – real wie metaphorisch – oft stark befestigten Inseln. Als die Logik des Kapitals schließlich in weitere Bereiche der Gesellschaft und neue Teile der Welt vordrang, mussten sich Kapitaleigner noch anderen mächtigen Rebellionen stellen. Diese Revolten hatten ihren Ursprung ebenso an der Spitze der sozialen Hierarchie wie an ihrem unteren Ende. Sie zeigten indirekt, dass die Logik des Kapitals weder die Unterstützung noch die Legitimität und auch nicht die politische Durchsetzungskraft hatte, um sich weiter auszudehnen.

Manche Aufstände waren eine Reaktion auf die Bemühungen des städtischen Kapitals, die Produktion zu dominieren. Genauso machten Tribut einfordernde Eliten gegen die Macht der Kaufleute mobil. Arbeiter zettelten Rebellionen an, nachdem florentinische Händler sich in die flandrische Wollproduktion hineingedrängt hatten; es kam zu Aufständen in Valenciennes im Jahr 1225, in Gent in den Jahren 1272 und 1274 und in ganz Flandern im Jahr 1280. In Florenz selbst rebellierte das neue Proletariat, insbesondere die 13 000 Frauen und Männer, die in der Textilindustrie der Stadt arbeiteten, gemeinsam mit kleinen Handwerkern und Ladenbesitzern immer wieder gegen die merkantile städtische Elite. Historiker wissen von 43 Aufständen und Rebellionen zwischen 1343 und 1385, einer besonders rebellischen Zeit. Am folgenreichsten war der berühmte Ciompi-Aufstand, der 1378 begann und die florentinische Gesellschaft in ihren Grundfesten erschütterte, als die Rebellen – überwiegend niederrangige Wollkämmer, sogenannte *ciompi* – die Stadtregierung übernahmen. Erst nach sechs Wochen hatte die kapitalkräftige Elite die politische Kontrolle über die Stadt zurückgewonnen. Auch in Genua gab es ständig Rebellionen, die von Konflikten mit der unteren Gesellschaftsschicht der Stadt bis zu Konfrontationen mit dem Adel reichten. Im Jahr 1197 rebellierten die Marchesen/Markgrafen von Gavi gegen die wachsende Macht der Stadt Genua.[45]

Die Widerstände, die dem Kapital und den Kapitalisten entgegenschlugen, werden am deutlichsten beim Blick auf Ideen und Ideologie, die in der ersten Hälfte des Jahrtausends in der Regel religiös motiviert waren. Alle großen Weltreligionen hegten große Zweifel an Kapitaleignern und der Logik, die sie repräsentierten. Viele religiöse Verfügungen sollten die Reichweite des Kapitals einhegen. Fast überall sah man auf Kaufleute herab; fast nirgendwo schafften sie es an die Spitze der sozialen Pyramide. Sie wurden verachtet, abgelehnt, zu Sündenböcken gemacht, manchmal enteignet, ausgestoßen oder sogar getötet.

Die Geschichte des Kapitalismus als Ergebnis dieser religiösen Verfügungen zu erklären wäre falsch. Max Weber schrieb, religiöser Glaube könne eine unüberwindliche Barriere für die Interessen und Präferenzen der Kapitaleigner sein und die unterschiedlichen historischen Entwicklungen in verschiedenen Weltregionen erklären. Doch wird diese Auffassung fraglich, wenn man sich den blühenden Handel in der islamischen und katholischen Welt vor Augen führt und die unternehmerischen Fähigkeiten der Menschen in Südasien und China. Weltliche und religiöse Autoritäten standen den wirtschaftlichen Aktivitäten und der Logik der Kaufleute immer eher ambivalent gegenüber, weil sie sie brauchten. Die katholische Kirche, um ein Beispiel zu nennen, war im Lauf der Zeit immer stärker auf Darlehen und verschiedene Bankdienste angewiesen, die norditalienische Kaufleute anboten.[46]

In ganz Asien war die gesellschaftliche Stellung der Händlergemeinschaften nie sonderlich hoch, und sie standen in jedem Fall unter Bürokraten, Soldaten und sogar Bauern. In der aztekischen Gesellschaft hatten Kaufleute einen privilegierten Status, standen aber immer unter dem Adel, selbst wenn sie reicher waren. Im Königreich Champa (im heutigen Vietnam) wurden die Kaufleute gefürchtet und «von der Hauptstadt der Cham im Norden ferngehalten». In einer Inschrift aus dem Jahr 875 wurden Kaufleute als Menschen beschrieben, «die sich mit den Schätzen eines Tempels davonstehlen würden»; sie seien «dämonisch», «bösartig» und «dumm».[47] Nur als «eine zeitweilige Erwerbsquelle (*ma'ash*)» galt der Handel in der islamischen Welt, auch dort wurde «das Horten von Reichtümern als Selbstzweck [...] verurteilt». Im Islam war Wucherei (*riba*) laut Koran streng verboten. Die Prinzipien der islamischen Handelsethik waren in dem Werk *Ihya' 'ulum al-din* von al-Ghazali niedergeschrieben, einem der wichtigsten muslimischen Philosophen, Theologen, Juristen und Mystiker des 11. und 12. Jahrhunderts. Al-Ghazali schrieb, beim Handeln müsse der Kaufmann bedenken, dass «Handel eine soziale Aufgabe ist». Händler müssten «Transaktionen im guten Glauben und mit lauteren Absichten» durchführen und dürften «sich nicht von der Erfüllung religiöser Pflichten und Rituale ablenken lassen». Er betrachtete die Akkumulation von Geld als legitim, um das Notwendige zu erwerben, die Familie zu unterhalten, den Armen zu helfen und ein frommes Leben zu führen. Es sei aber unzulässig, wenn der Zweck die Zurschaustellung von Reichtum und übermäßiger Konsum seien. Er zitierte den Propheten Mohammed mit den Worten: «Unselig ist der Sklave des Dirham», des Silbers. Kaufleute handelten «gerecht», wenn sie nach Gewinn strebten, aber sie sollten mit moderaten Profiten zufrieden sein; sie sollten der Gesellschaft dienen, Betrug und Wucher vermeiden, Allah fürchten, sich bei ihren Geschäften als vertrauenswürdig erweisen und von einem Sinn für Gerechtigkeit und Milde leiten lassen. Solche Unterweisungen setzten der Akkumulation von Kapital klare Grenzen. Als der Sultan von Delhi, Muhammad ibn Tughluq (Regierungszeit 1325 bis 1351), Darlehen an Bauern vergab, damit diese Saatgut kaufen konnten, beschuldigte ein muslimischer Theologe ihn der Wucherei.[48]

In China standen die Kaufleute gemäß konfuzianischem Denken auf der niedrigsten Stufe der Gesellschaft, unter den Staatsbeamten, Bauern und

Handwerkern. Ein Händler aus Huizhou wird beschrieben als «habgieriger Pfandleiher, der jeden verklagte, der nicht seiner Meinung war, und riesige Geldsummen für käuflichen Sex ausgab». Die Vorstellungen der chinesischen Eliten über die angemessene Gesellschaftsordnung und der Primat landwirtschaftlicher Arbeit ließen sie den Weg, den Kaufleute zu Wohlstand und gesellschaftlicher Bedeutung einschlugen, missbilligend beäugen. Der Konfuzianismus verurteilt das Streben nach Gewinn und Geld, insbesondere dann, wenn das Geld nicht durch körperliche Arbeit verdient wird. Im 15. Jahrhundert warnte ein chinesischer Kommentator vor «Kerlen, die Profit anstreben». Man war der Meinung, dass wirtschaftliche Aktivitäten und Handel, vor allem der Fernhandel, nicht zum Ideal des ländlichen Lebens – und dessen gesellschaftlicher Ordnung – passten, das vielen Herrschern, Beamten und anderen Eliten vorschwebte.[49]

Im Christentum gab es zahlreiche Verfügungen gegen die Logik des Kapitals und ihre Vertreter. Zinsen zu verlangen galt als Sünde. Im Alten Testament heißt es: «[Wer] gegen Zins gibt und Wucher treibt – soll der am Leben bleiben? Er soll nicht am Leben bleiben.» Profitstreben, insbesondere Geld mit Geld zu verdienen, war grundsätzlich verdächtig. Eine andere bekannte Bibelstelle verdammt Reichtum sogar ganz allgemein: «Leichter geht ein Kamel durch ein Nadelöhr, als dass ein Reicher in das Reich Gottes gelangt.»[50] Im christlichen Denken war Wucherei verboten und verdammt, zu hohe Profite wurden im kanonischen Recht aufgeführt und tauchten immer wieder in Geschichten, Predigten und in Kirchenfresken auf. Ein Mönch beschrieb im 10. Jahrhundert eine Händlergemeinschaft in der Nachbarschaft als «verruchte und gesetzlose Männer, deren Gewohnheit es war, ihre Mittel zusammenzuwerfen, um damit ungezügelte Orgien zu bezahlen». Für den französischen Philosophen William of Auxerre aus dem 13. Jahrhundert war Wucherei eine ungesetzliche Unternehmung und kein «angemessenes Geschäft und kein angemessener Weg, den Lebensunterhalt zu verdienen», weil man etwas verkaufte, das allen gehörte und das nur Gott geben durfte: Zeit.[51] Bis heute ist an der Kathedrale im französischen Reims ein in Stein gehauener Kaufmann zu sehen, der die Heilige Jungfrau um Gnade für seine betrügerischen Handelsmethoden bittet. In den Evangelien des Markus und des Matthäus sowie im Timotheus-Brief steht: «Denn die Wurzel aller Übel ist die Habsucht.» An der Sorbonne wurde gelehrt, dass jener, der Zinsen verlangt, ein «verkappter Räuber» sei. Gleich die erste Geschichte in Giovanni Boccaccios *Dekameron* handelt von zwei Händlern, die einen schlecht beleumundeten Kaufmann aus Prato in ihrem Haus empfangen. Als der Gast krank wird, befürchten sie, er könne sterben und man könne ihm ein kirch-

Bitte um Vergebung: ein «unehrlicher» Stoffhändler kniet vor einer Marienstatue. Nördliches Querschiff der Kathedrale von Reims, 13. Jahrhundert.

liches Begräbnis verweigern, dass man «ihn wie einen Hund in eine Grube werfen» werde. «Wenn aber dieses geschähe, so würden die Leute in dieser Stadt (uns nicht nur wegen unseres Gewerbes, das ihnen verhasst ist, Böses nachreden, sondern auch die größeste Lust haben, uns das Unsrige zu rauben) einen Auflauf erregen [...] und würden uns nicht länger das Brot gönnen; sondern uns das Haus stürmen.»[52]

Die im Entstehen begriffene Logik des Kapitals blieb für viele also unrechtmäßig. Mehrere Medicis, die wohlhabenden Herrscher in Florenz, befürchteten auf ihrem Totenbett, sie hätten sich des Wuchers schuldig gemacht und so eine Sünde begangen. Sie sorgten sich mehr um die theologischen Konsequenzen ihres Tagesgeschäfts als wegen ihrer vielen unehelichen Kinder. Cosimo de' Medici (1389 bis 1464) war so besorgt um sein Leben nach dem Tod, dass er den Wiederaufbau des Klosters San Marco bezahlte, um in einer päpstlichen Bulle von all seinen Sünden freigesprochen zu werden. Diese Bulle hängte er dann gut sichtbar ans Portal der Sakristei der Klosterkirche.[53]

Trotz der religiösen Verfügungen und anderer Widerstände gegen die Logik des Kapitals florierten die Kapitalisten in der ersten Hälfte des Jahrtausends, nicht aber der Kapitalismus. Die Quellen gab es schon, aber die Welt, die Jahrhunderte später aus den kapitalistischen Aktivitäten entstehen sollte, war noch nicht erkennbar. Trotz harter Arbeit und enormer Kreativität blieben die Kaufleute an der Peripherie. Ihre Anzahl war gering und ihre

Bedeutung verblasste im Vergleich mit dem altbewährten Tauschhandel, der auf lokaler und regionaler Ebene stattfand. Noch im 15. Jahrhundert spielte der Handel im Alltagsleben fast aller Menschen auf der Erde nur eine geringe Rolle. Nahezu die gesamte Produktion – wie ein Großteil der Tauschgeschäfte – fand nach wie vor jenseits des Einflussbereichs der Kaufleute statt. Sie hatten keine oder nur eine geringe Kontrolle über die Produzenten der Waren, mit denen sie handelten. Sie verbanden Produzenten und Konsumenten miteinander, ohne viel an den Produktions- oder Konsummustern in der Welt zu ändern. Diese Strategie war sinnvoll, weil die Kaufleute vor allem vom Fernhandel – in der Sphäre des Kapitals – profitierten und weil sie so die lokalen sozialen und politischen Strukturen nicht stören mussten. Gerade der Widerstand gegen ihre Logik trieb die Kaufleute in den einen Bereich, den sie dominieren, gar monopolisieren konnten: den Fernhandel.[54]

Angesichts ideologischer und politischer Widerstände, der Herausforderungen durch Epidemien und der Barrieren in Umwelt, Gesellschaft und Kultur, die sich manchmal zur offenen Rebellion steigerten, überrascht es kaum, dass die Logik des Kapitals und die Stellung ihrer Vertreter – der Kaufleute – in der gesellschaftlichen Ordnung auf fest umrissene, meist marginale Bereiche beschränkt waren. Durch die sich selbst verstärkende Schubkraft des Kapitals expandierte der Handel, und Kaufleute in Aden, Khambhat, Florenz, Guangzhou, Sijilmasa und vielen weiteren Städten sammelten Reichtümer an, doch gleichzeitig prallten das Kapital und seine Besitzer von den scheinbar undurchdringlichen Mauern der bestehenden Ordnung ab. Der gesamte Archipel des Kapitals war im wörtlichen wie im übertragenen Sinn von Mauern umschlossen.

Ein halbes Jahrtausend ist, in Menschenleben gerechnet, sehr lang. In einer Zeit, in der sichtbare historische Veränderungen auf mehreren Ebe-

Als Sühne für Wucherei baut Cosimo de' Medici ein heruntergekommenes Kloster in Florenz wieder auf, San Marco.

nen für die meisten Menschen Teil des normalen Lebens, wenn nicht alltägliche Realität geworden sind, wirkt dieser Zeitraum sogar noch länger. In den 2010er Jahren wurden aus einer Million kambodschanischer Bauern mit einer Geschwindigkeit und in einem Umfang Industriearbeiter, wie es zu Zeiten der Hasans, Bardis, Vastupalas und Shens unvorstellbar gewesen wäre. Selbstverständlich gab es auch in der ersten Hälfte des Jahrtausends Veränderungen – Weltreiche stiegen auf und zerfielen, Krankheiten dezimierten Bevölkerungen, neue Technologien kamen auf, Wissen wurde gesammelt, das Klima veränderte sich, und Gemeinschaften von Kaufleuten kamen und gingen. Doch die primäre, alles verändernde Kraft unseres heutigen Lebens – das Kapital – hinterließ kaum Spuren. Es existierte weiterhin am Rand. Sein revolutionäres Potenzial zeigte sich noch nicht.

Gemeinschaften von Kaufleuten und Kapitalzentren stiegen auf und verschwanden wieder – erst in einem Teil der arabischen Welt, dann in einem anderen, auf dem indischen Subkontinent, in China, in Afrika und Europa. Den Kern des globalen Wirtschaftslebens bildeten weiterhin Landbesitzer, die Bauern zwangen, einen Teil ihrer Produktion abzugeben. Dieses System erwies sich als erstaunlich hartnäckig. Die Bauern behielten den Zugang zum Land und erfreuten sich erheblicher Macht gegenüber den Grundherren, insbesondere nachdem der Schwarze Tod so viele Arbeitskräfte dahingerafft hatte. Die Kommerzialisierung gewann an Schwung und flaute wieder ab, weil die Landbevölkerung doch zur Subsistenzwirtschaft zurückkehrte. Die Logik des Tributsystems blieb auch in der sich kommerzialisierenden Welt dominant und erstaunlich widerstandsfähig.[55]

Die 500-jährige Geschichte des Archipels des Kapitals zeigt, dass die Verbreitung einer kapitalbasierten Wirtschaftsform extrem unwahrscheinlich war. Kaufmannsgemeinschaften hatten manche Institutionen vorweggenommen und sich einer Logik bedient, die für die kapitalistische Revolution wichtig werden sollte, aber es gab keine ungebrochene Linie von Aden, Surat, Florenz oder Kano zum modernen Kapitalismus. Kapitalisten alleine waren nicht in der Lage, den Kapitalismus zu erschaffen. Sie brauchten Verbündete, um die Grenzen zu durchbrechen, die sie einschlossen.[56] Und der mit Abstand machtvollste Verbündete war der Staat.

TEIL I

Den Kapitalismus aufbauen

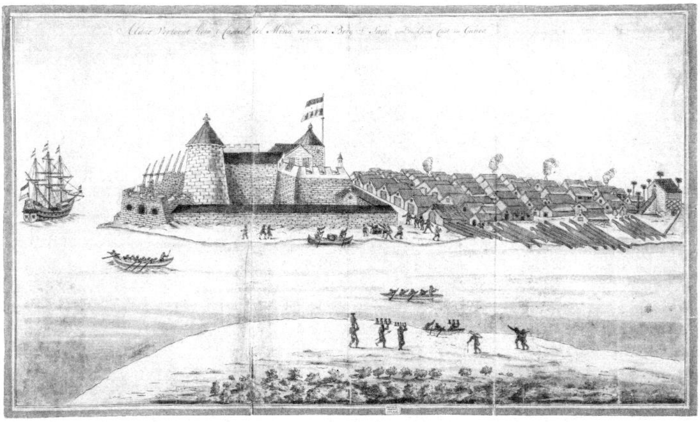

Eine neue Insel erhebt sich im Archipel des Kapitals:
die Festung Elmina im heutigen Ghana.

KAPITEL 3

Die große Vernetzung, 1450 – 1650

Kapital akkumulieren: ein Kaufmann in Khambhat,
gemalt von Ludovico di Varthema im frühen 16. Jahrhundert.

Das heutige Surat an den Ufern des Tapti im Westen Indiens ist eine geschäftige Metropole mit fast fünf Millionen Einwohnern. Bereits im 15. Jahrhundert war es eine bedeutende Handelsstadt, deren Kaufleute ihre Geschäfte dort betrieben, wo die Märkte Asiens, Afrikas, Europas und des eigenen fruchtbaren Hinterlands aufeinandertrafen. Dieser Hauptumschlagplatz des Mogulreiches zählte im Jahr 1663 zu den größten Städten der Welt, 100 000 Menschen lebten dort.[1] Johan Albrecht von Mandelslo, ein deutscher Reisender, der 1658 dorthin gelangte, schwärmte von ihrem «großartigen Schloss», dem weitläufigen Marktplatz, den «außerordentlich schönen Gärten» und den überaus fruchtbaren Böden in der Umgebung. Sie sei, schrieb er, eine der «vornehmsten Handelsstädte in ganz Indien».[2] Der britische Missionar Edward Terry kam etwa zur selben Zeit in die Stadt und hielt fest, dass diese Gegend eine «äußerst wohlhabende Provinz» sei, deren

Kaufleute «bis zum Roten Meer, mit Sumatra und allerlei anderen Orten» Handel trieben.[3]

Surat war eine Stadt der Kaufleute. Händler drängten sich in den schmalen Straßen und Gassen und kauften Textilien von bäuerlichen Herstellern aus nah und fern; sie handelten mit Waren aus Eisen und Kupfer, mit Diamanten und Rubinen; sie verkauften landwirtschaftliche Produkte wie Weizen, Indigo, Tabak, Linsen, Zucker und Opium, kauften Silber auf und entsandten Schiffe nach Mokka (Mocha) und Mombasa, nach Java und zu den Molukken, nach England und Japan. Es hieß, im 17. Jahrhundert seien Jahr für Jahr Dutzende von Schiffen nur zwischen Surat und Mokka im heutigen Jemen unterwegs gewesen. Händler in Gujarat belieferten die arabischen und ostafrikanischen Märkte mit Baumwoll- und Seidenstoffen; Gewürznelken und Pfeffer kamen von den Molukken. Gehandelt wurde außerdem mit persischem Rosenwasser, Gewürzgurken und Runa, einem Farbstoff. Teakholz von der Malabarküste war immer gefragt in Bahrain, wo es für die Erweiterung und Erhaltung der Perlenfischerei-Flotte genutzt wurde. Wenn die Pilger beim alljährlichen Hadsch nach Mekka in Surat haltmachten, tauschten sie enorme Mengen Silber gegen Textilien ein und verschafften so den Händlern eine wichtige Liquiditätsquelle. Die Kaufleute von Surat hatten die Stadt zu einem wichtigen Bindeglied in der Handelskette gemacht, die von Südostasien bis nach Westasien reichte. Und bis zum Jahr 1625 hatte sich Surat zum Zentrum des Handels zwischen Gujarat und Europa entwickelt.[4]

Die Kaufleute in der Stadt kamen aus aller Welt: Auf den Straßen tummelten sich Menschen aus Gujarat und Persien, aus dem Osmanischen Reich, aus Portugal, Armenien, Frankreich, England und Arabien. Parsische Kaufleute wie der Makler und Schiffseigner Rustom Manock bildeten eine weitere wichtige Gruppe. Die Engländer eröffneten 1612 eine Handelsniederlassung, eine «Faktorei», wie man so etwas damals nannte, und bald darauf taten es ihnen die Niederländer und die Franzosen gleich, aber Muslime und Hindus kontrollierten nach wie vor den größten Teil des Handels. Ein Schreiber der East India Company namens Richard Booth beklagte im Jahr 1630, dass «niederträchtige Banian-Makler [eine vor allem aus Kaufleuten bestehende Kaste] und Shroffs [Geldverleiher, Bankiers] [...] die Geschäfte der Kompanien nach Belieben verwalten».[5] Die aufstrebenden europäischen Faktoreien hatten kaum eine andere Wahl, als auf die bereits bestehenden Handelsnetze zurückzugreifen, die sich lange vor ihrer Ankunft entwickelt hatten. Die Kaufleute von Gujarat bestimmten die Regeln, nach denen der Handel abgewickelt wurde.[6]

Vermögen häuften sich an. Der Kaufmann Mulla Abd al-Ghafur in Surat

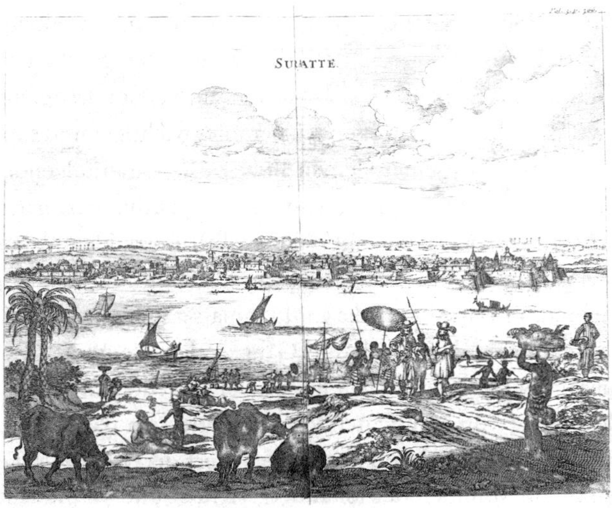

Eine Kapitalinsel: Panorama-Kupferstich von Surat aus dem Jahr 1672 (Philippus Baldaeus, Johan Nieuhof oder auch Jacob Koppmayer zugeschrieben).

besaß nicht weniger als zwanzig Schiffe, die auf dem Indischen Ozean verkehrten. «In Surat gibt es Menschen, die über enorme Reichtümer verfügen», stellte der französische Reisende Jean de Thévenot im Jahr 1666 bei seinem Aufenthalt ebendort fest, «und das Vermögen eines Banians und Freundes von mir namens Vargivora [Virji Vora] soll wohl mindestens acht Millionen [Rupien] betragen.»[7] Im Besitz palastartiger Häuser und vieler Schiffe mussten die reichsten Familien von Surat den Vergleich mit ihresgleichen in Kairo und Genua nicht scheuen. Die Chelebis, osmanische Türken und eine dieser Familien, waren in Surat ansässig, seit der Kaufmann und Gelehrte Sidi Ali Reis Chelebi im Jahr 1553 dort an Land gegangen war. Sie etablierten sich rasch als eine der reichsten Familien der Stadt, als Teil einer großen und einflussreichen Händler-Diaspora, die – neben anderen Waren – immer größere Mengen Zucker und Tabak handelte. Mohammed Chelebi, das Familienoberhaupt im späten 17. Jahrhundert, schloss sich mit anderen osmanischen Kaufleuten zusammen, um nicht nur den Handel, sondern auch das blühende Gemeinwesen in Surat zu dominieren. Bei der Errichtung extravaganter herrschaftlicher Villen in den Randbezirken der Stadt tat sich die Familie durch neu angelegte exquisite Gartenanlagen hervor, mit denen sie ihre Gäste beeindruckte, unter denen auch einflussreiche Beamte des Moguls waren.[8]

Wie bereits gezeigt, hatte es schon jahrhundertelang und über die ganze Welt verteilt Inseln von kapitalstarken Kaufleuten gegeben, was an Orten wie Surat besonders deutlich sichtbar war. Im Verlauf des 16. und 17. Jahrhunderts wurden diese Orte größer, reicher und mächtiger und expandierten in neue Regionen. Nach einer kleinen Eiszeit und darauffolgenden schlechten Ernten sowie einer Pestepidemie, die im 14. Jahrhundert ganz Eurasien heimgesucht hatte, stiegen sowohl die Bevölkerungszahlen als auch die in den Handel gelangenden Ernteüberschüsse wieder an. Kaufleute in Gujarat und in Arabien, in Europa, Afrika und China setzten eine neuerliche weltweite Beschleunigung des Handels in Gang, indem sie immer mehr Waren über immer größere Entfernungen hinweg austauschten. Die sich rasch vergrößernde Schicht von Kaufleuten konzentrierte sich dabei wie zuvor auf den Fernhandel und das Finanzwesen. Der Wert der Waren im Fernhandel war gemessen am Volumen der lokal hergestellten und verbrauchten Güter immer noch gering, doch der Fernhandel ermöglichte Flexibilität sowie konzentrierte, große Investitionen und führte, im Ergebnis, zu einer beispiellosen Akkumulation, die bis dahin weder mit Landwirtschaft noch mit gewerblicher Produktion zu erzielen gewesen war.[9] Sicherlich lebte und arbeitete die große Mehrheit der Menschen weiterhin in ländlichen Gebieten, blieb durch Abhängigkeitsverhältnisse an lokale Grundherren, Oberhäupter und religiöse Autoritäten gebunden oder lebte in sich selbst versorgenden bäuerlichen Gemeinden in Subsistenzwirtschaft. Dennoch standen Kaufleute wie die Chelebis, trotz ihrer geringen Zahl, für eine bemerkenswerte Expansion des Archipels des Kapitals, das im Verlauf der vorangegangenen 500 Jahre geschaffen worden war.

Wohin wir auch schauen, überall stoßen wir auf Belege für eine solche Intensivierung des Handels. Wie schon in früheren Jahrhunderten nutzten muslimische Händler, die mittlerweile oft aus dem Osmanischen Reich kamen, für die Erweiterung ihrer Geschäfte die alten Handelsrouten. Der Kaufmann Abu Taqiyya in Kairo vergrößerte seinen Zuckerhandel mit Konstantinopel, Mekka und Dschidda.

In der iranischen Stadt Esfahan handelten persische, indische und armenische Kaufleute mit neuer Energie. Kaufleute in Damaskus importierten um die Mitte des 16. Jahrhunderts immer größere Mengen Kaffee aus dem Gebiet des heutigen Jemen, die mit Kamelkarawanen in die Stadt gebracht wurden. Das nahe gelegene Aleppo war zu einer wichtigen Drehscheibe für den Handel geworden und verband das Osmanische Reich mit dem indischen Subkontinent. Ein französischer Kaufmann berichtete von Karawanen mit bis zu 15 000 Kamelen, die die Wüste durchquerten, beladen mit den Reichtümern

Den Handel intensivieren: Bagdad am Tigris, 1690.

des Ostens: Gewürzen, Baumwollstoffen und Seide. Arabische Kaufleute im osmanischen Herrschaftsgebiet kamen durch das Organisieren dieses Handels zu Wohlstand, so zählten einige der größten Städte der Welt zu diesem Machtbereich: nicht nur Damaskus und Aleppo, sondern auch Kairo und Bagdad. Einem Londoner Kaufmann, der im Jahr 1583 in Bagdad zu Gast war, fiel der «große Verkehr von Fremden» auf, während der deutsche Arzt und Botaniker Leonhard Rauwolf darüber staunte, «dass dort täglich viele vollbeladene Schiffe einlaufen [...], eine große Ansammlung von Waren, die zu Wasser wie zu Land aus vielen Orten dorthin gelangen, vor allem aus Anatolien, Syrien, Armenien, Konstantinopel, Aleppo und Damaskus, damit sie von dort aus weitergehen nach Persien und Indien, wie auch umgekehrt von dort viele Waren herausgeschickt werden».[10] Rauwolf berichtete, wie «am 2. Dezember 1574 an die fünfundzwanzig Schiffe mit Gewürzen und anderen kostbaren Ladungen hier einliefen, welche über das Meer aus Indien über Hormuz bis nach Balsora transportiert werden. Dort lädt man die Waren in kleinere Schiffe, um sie auf dem Fluss bis nach Bagdad zu befördern, wozu man, wie manche meinen, bis zu vierzig Tage braucht.»[11] Balsora, Balsara oder Basra, von Bagdad aus weit im Süden am Schatt-el-Arab gelegen, war einst ebenfalls eine bedeutende Handelsstadt, und als der französische Kaufmann Jean-Baptiste Tavernier in der Mitte des 17. Jahrhunderts dorthin gelangte, beschrieb er die Stadt auf eine Art, die einem jeden Händler vertraut vorgekommen wäre:

> Der Fürst von Balsara hat mit vielen fremden Völkern Freundschaft gemacht, und ein jeder, er mochte auch herkommen, wo er wollte, ist ihm angenehm. In dieser Stadt hat man die Freiheit, und ist so wohl

> geordnet, dass man die Nacht in höchster Sicherheit hineingehen kann. Die Holländer kommen jährlich dahin und bringen allerhand Spezereien mit sich. Die Engelländer bringen Pfeffer und etwas Nagellein [Gewürznelken]. [...] Die Indianer [= Inder] führen viel Tuch, Endig [Indigo] und andere Waren nach Balsara. Es befinden sich öfters auf eine Zeit allhier Kaufleute von Constantinopel, Smyrna, Alep[po], Damas[kus], Cair[o] und aus vielen anderen Orten der Türckey, die pflegen den Indianern ihre Waren abzukaufen, mit welchen sie hernach die jungen Kamele, welche auch daselbst zu kaufen sind, beladen. Denn die Araber bringen viel solcher Kamele dahin, sie verkaufen und treiben großen Handel mit denselben.[12]

Kamelkarawanen mit bis zu 700 Tieren kamen, beladen mit Gold, Münzgeld, Textilien und Gewürzen, aus Syrien in die Stadt.[13]

Weiter östlich machten Kaufleute ähnlich gute Geschäfte wie ihre Kollegen in Surat. Der schottische Schriftsteller und Geograf John Ogilby stellte 1673 fest, «die heute größten Imperien und Handelsmächte lägen in Asien; selbst die neugefundenen Goldminen Amerikas könnten die Schätze Asiens nicht aufwiegen».[14] Händler aus Südasien erlebten eine bedeutende Erweiterung ihrer Geschäfte, ihres Reichtums und ihrer gesellschaftlichen Stellung. Sie verschickten ihre Manufakturwaren, vor allem Baumwollstoffe, in Richtung Rotes Meer, in den Persischen Golf, nach Südostasien, Ostafrika und Europa.[15]

Auch der chinesische Handel blühte. Landwirtschaft und Manufakturwesen expandierten, und eine immer größere Zahl von Händlern sorgte für

Ma Yueguan, der Anführer der Salzkaufleute aus der Provinz Anhui, die in Yangzhou Geschäfte tätigten. Porträt von Fang Shishu (1692–1751).

den Vertrieb der Produkte – innerhalb des Reiches und darüber hinaus. Einige der chinesischen Kaufleute wurden reich und mächtig. Der Beamte Xie Zhaozhe berichtete im Jahr 1616:

> Müssten wir die anerkanntermaßen reichsten unter allen Familien beim Namen nennen, so müsste man die Huizhou-Kaufleute im Süden anführen, ebenso wie die Shanxi-Kaufleute im Norden. Die großen Kaufleute von Huizhou handeln mit Fisch und Salz, sie häufen Vermögen an, die mit Millionen von Silber-Tael angegeben werden; diejenigen, die über 200 000 bis 300 000 Tael verfügen, könnten nur als Kaufleute mittleren Ranges betrachtet werden. Shanxi-Kaufleute handeln mit Salz und Seide, manche von ihnen begeben sich auf weite Reisen, um ihre Waren anzubieten, während andere große Mengen an Weizen einlagern.[16]

Die Salzkaufleute von Yangzhou entwickelten sich zu den führenden Kapitalisten des Reiches. Ihr Monopol auf Salz wurde in verschiedene Bereiche aufgeteilt, sodass einige von ihnen die Salzbergwerke und die für deren Betrieb notwendigen Arbeitskräfte kontrollierten, andere beherrschten den Salzhandel, und einige weitere kontrollierten beides. Im Osten Zentralchinas gab es etwa 30 Kapitalisten dieser Art. Die ganz großen Akteure wurden sehr reich, einige von ihnen erzielten Jahreseinkommen von 1,5 bis 2 Millionen Tael, den Gegenwert von 555 bis 740 Kilo Silber, der nach dem Kurs des Jahres 2024 bei 430 000 bis 580 000 Dollar liegen würde. Und wie ihre Kollegen in Florenz und Samarkand förderten sie Gelehrte, Dichter und Künstler. Die erhebliche Expansion des Handels und die Kommerzialisierung ließen die Städte und die Zahl und Bedeutung der Kaufleute anwachsen. Auch der Seehandel kam wieder in Schwung, vor allem nach der Wiedereröffnung der Häfen für den Privathandel durch die Qing-Herrscher. Im Zeitraum von 1684 bis 1724 segelten mehr als 1000 chinesische Schiffe allein nach Nagasaki. Kurz gesagt: China war möglicherweise stärker kommerzialisiert als jedes andere Land der Welt.[17]

Im Osten nahmen die japanischen Kaufleute ebenfalls am Wirtschaftswachstum teil. Die Gewinne aus dem Silberbergbau ermöglichten die Konsolidierung einer blühenden Gemeinschaft von Kaufleuten und den Aufbau einer hoch kommerzialisierten Volkswirtschaft. Neue und mächtige Kaufleute wie Mitsui Takatoshi oder die Familien Sumitomo und Konoike traten vor allem im Verlauf der Genroku-Ära (1688–1703) auf den Plan. Die mehrheitlich in Kansai und Edo, dem heutigen Tokio, Ansässigen handelten mit

Reis, Salz, Stoffen und Eisenwaren. Osaka erlebte einen Boom als Marktplatz für Reis. Die Kaufleute der Stadt finanzierten den Handel und gewährten den lokalen Herrschern Kredite.[18]

Auch die afrikanischen Kaufleute intensivierten ihren Handel. Ihre weitgespannten Netzwerke überschnitten sich an den Küsten mit europäischen Repräsentanzen, aber ebenso oft hatten sie mit Europäern überhaupt nichts zu tun. Von Soninke-Frauen mit Indigo gefärbte Baumwollstoffe wurden über die Sahararoute in die atlantische Welt hinein gehandelt.[19] Afrikanische Kaufleute deckten zum einen den Bedarf ihrer lokalen Kundschaft, zum anderen verkauften sie afrikanische Waren auf dem globalen Markt, etwa Gold-Artefakte und versklavte Menschen.

An dieser Stelle ließen sich viele weitere Beispiele für den sich intensivierenden Handel anführen, aber der entscheidende Punkt ist: Die Sphäre des Kapitals und der Kapitalisten blieb global. Als Tomé Pires, der erste europäische Botschafter beim chinesischen Kaiser, im Jahr 1512 ins heutige Indonesien reiste und dort seine *Suma Oriental* schrieb, fand er passende Worte für diesen sich erweiternden Kreislauf des Handels und die Händler, die ihn möglich machten:

> Die Händler aus Kairo bringen die Waren, die aus Italien und Griechenland und Damaskus kommen, nach Aden, zum Beispiel Gold, Silber, Quecksilber, Zinnober, Kupfer, Rosenwasser, Kamelottstoffe, Kermes, gefärbte Wollstoffe, Glasperlen, Waffen und andere Dinge

Detail aus einem Porträt, das den Kaufmann Zheng Chenggong (1624–1662) zeigt, der auch unter dem Namen Koxinga bekannt ist.

> dieser Art. [Die Kaufleute von] Aden bringen die hier aufgeführten Waren und dazu noch Krappfarbstoff, Rosinen, Opium, Rosenwasser, gewisse Mengen von Gold und Silber und Pferde, die [sie] aus Zeila und Berbera und von den Inseln vor Suakin am Roten Meer und aus Arabien erhalten, und sie kommen, um in Cambay Geschäfte zu machen. Auf der Rückreise nehmen sie dann all die Produkte von Malakka mit: Gewürznelken, Muskatnüsse und -blüten, Sandelholz, Brasilholz, Seidenstoffe, Saatperlen, Moschus, Porzellan und allerlei andere Dinge, die unter den Handelswaren aus Malakka zu finden sind, ebenso wie die folgenden Dinge aus dem Land selbst: Reis, Weizen, Seife, Indigo, Butter [und Schmalz], Öle, Karneole, grobe Töpferwaren wie die aus Sevilla und alle Arten von Stoffen, erworben für den Verkauf in Zeila, Berbera, Sokotra, Kilwa, Malindi, Mogadischu und an anderen Orten in Arabien. Und für diesen Handel sorgen Schiffe aus Aden und Schiffe aus Cambay, viele aus der einen und viele aus der anderen Stadt.[20]

Einer der Vektoren, die dieses große Vernetzen vertieften, war die weltweite Mobilität der Kaufleute. Die Händler erweiterten ihre Netzwerke nicht, indem sie einfach nur Handel trieben mit weit entfernten Orten – sie zogen auch selbst dorthin um. Die chinesischen Kaufleute waren besonders mobil, sie schufen kaufmännische Diaspora-Gemeinschaften in ganz Nord-, Ost- und Südostasien – in Manila, Jakarta, Nagasaki, Batavia, Banten, Ayutthaya, Malakka und Makassar. Taiwan wurde für die Kaufleute vom Festland so wichtig, dass die mächtige Familie Zheng ihren Geschäftssitz auf die Insel verlegte und dabei die Niederländer von dort vertrieb. Die Zhengs besaßen viele Schiffe und erwirtschafteten gewaltige Gewinne: In der Mitte des 17. Jahrhunderts betrug ihr jährlicher Profit 85 bis 100 Tonnen Silber, was einem Gegenwert von 67 bis 78 Millionen US-Dollar nach dem Kurs von 2024 entspricht. Von Taiwan aus trieben sie Handel mit Häfen in ganz Ostasien.[21]

Nach 1500 entstanden überall auf der Welt solche Diasporagemeinschaften. Osmanische Händler siedelten nicht nur in Surat, sondern auch auf Diu und in Kalikut, dem heutigen Kozhikode, auf Sumatra und Java, in Florenz und Venedig. Südasiatische Kaufleute expandierten ebenso. Sie hatten bereits seit dem 4. Jahrhundert mit Afrika Handel getrieben, und jetzt ließen sie sich in Mombasa und an der gesamten Küste Ostafrikas nieder, in Iran, im Osmanischen Reich, in Südostasien und am Roten Meer. Sie bedienten sich innovativer Finanzinstrumente – das Spektrum reichte von Hypotheken bis zu

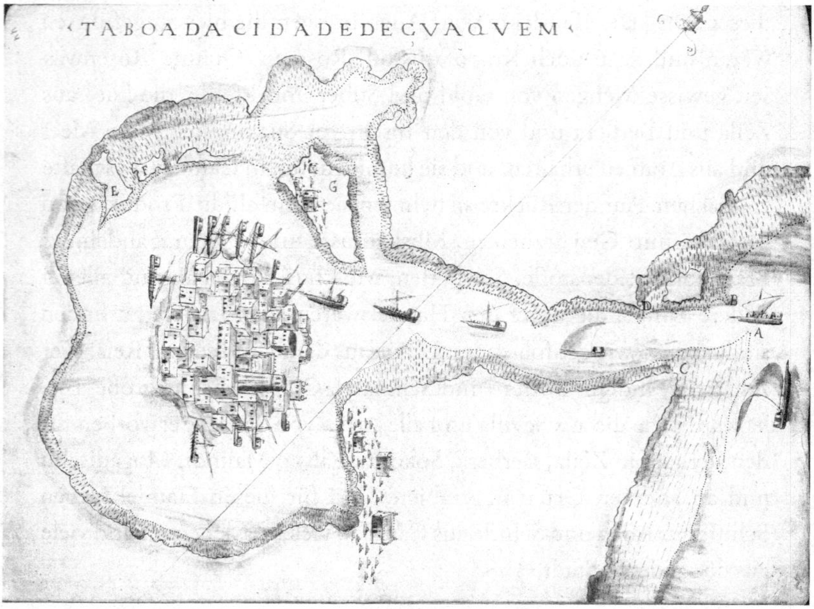

Kapitalinseln in Ostafrika: Suaquem (Suakin) und seine Inseln, wie der portugiesische Seeoffizier und Navigator João de Castro es Anfang des 16. Jahrhunderts sah.

Terminkontrakten –, um Waren wie Reichtümer an weit entfernte Orte zu senden. Später ließen sich Banian-Händler von Diu vor der Küste Gujarats auf der Mosambikinsel nieder, die heute zum gleichnamigen Staat gehört, wo sie einen lebhaften Handel mit indischen Stoffen, Stoßzähnen afrikanischer Elefanten und versklavten Frauen, Männern und Kindern aufbauten. Auch andere Gemeinschaften von Kaufleuten erweiterten ihre Wirkungskreise: Persische Händler bildeten Diasporagemeinden rund um den Indischen Ozean – von Süd- über Südostasien und bis nach Ostafrika hinein. In Westafrika, an Orten wie zum Beispiel Bitu im heutigen Ghana, einem Handelszentrum für das Volk der Abron (Brong), errichteten Dyula-Kaufleute neue Drehscheiben für den Warenverkehr. Mit einem Umfeld, das den Handel stimulierte, lockte Kano ausländische Händler, vor allem Bagauda- und Wangara-Einwanderer aus den Königreichen Borno und Mali.[22]

Auch europäische Kaufmannsgemeinschaften migrierten im Archipel des Kapitals: Venezianische Händler taten sich im östlichen Mittelmeerraum von Konstantinopel bis Alexandria zusammen, englische Kaufleute organisierten 1555 die Muscovy Company und gründeten Gemeinden in Russland. Englische Kaufleute errichteten auch in verschiedenen Regionen Afrikas Handelsgemeinschaften: Die *Company of Merchants Trading to Guinea* errichtete in den 1630er Jahren Handelsniederlassungen in Komenda, Kormantin und Winneba im heutigen Ghana. In Anomabu, Takoradi und Cabo Corso, allesamt Orte, an denen schon seit langer Zeit afrikanische Händlergemeinschaften bestanden, wurden zwischen 1639 und 1650 drei weitere Faktoreien gegründet. Portugiesische Händler hatten ihre Aktivitäten schon in der zweiten Hälfte des 15. Jahrhunderts an der afrikanischen Atlantikküste vorangetrieben und Niederlassungen in Orten wie Axim, Mori und den Volta entlang gegründet. Sie trieben Handel mit örtlichen Kaufleuten und heirateten im Gebiet von Senegambia bis zum heutigen Sierra Leone in die einflussreichsten Händlerfamilien ein. Frauen spielten dort bei der Verbindung von Kaufmannsgemeinschaften über kulturelle Grenzen hinweg eine entscheidende Rolle und ermöglichten im Verlauf dieser Entwicklung den Zugang zu Wasserstraßen, über die eine Verbindung der Küste mit dem Hinterland hergestellt wurde.[23]

Aus diesen Diasporagemeinschaften heraus entstanden überall eng vernetzte internationale Knotenpunkte. Als europäische Kaufleute bis nach Asien vordrangen, trafen sie dort auf Gemeinschaften gleichermaßen expansiver Chinesen, Südasiaten und osmanischer Händler. Portugiesische und chinesische Kaufleute trafen in Malakka aufeinander; Surat war, wie bereits gezeigt, der Ort des Austauschs zwischen Händlern aus Gujarat, Europa und dem Osmanischen Reich, und Mombasa war ein Treffpunkt für Gujarati, Swahili und Europäer.[24]

Ohne diese große Gruppe der Kaufleute, die sich weltweit und seit Jahrhunderten vernetzt hatten, hätte es die Energie, die drauf und dran war, die Welt zu revolutionieren, nicht gegeben.[25] Wie ein aufziehender Wirbelsturm, der über das warme Wasser der Karibik hinwegfegt, generierte das Kapital beim Prozess der großen Vernetzung Energie. Doch zu dieser Zeit reichte sie noch nicht, um aus der alten Ordnung auszubrechen.

Die weltweite Intensivierung des Handels war beeindruckend, ebenso die Mobilität der Kaufmannsgemeinschaften innerhalb dieses Archipels des Kapitals. Doch bleibt das Gefühl eines Déjà-vus. Wodurch unterschied sich das Surat des 16. Jahrhunderts letztlich vom Aden des 12. Jahrhunderts? Natürlich gab es inzwischen mehr Handel und auch mehr Kaufleute. Aber die Struktur des Handels wie die Arbeitsweise der Kaufleute hatten sich seit damals kaum geändert. Auf den ersten Blick lag hier ein quantitativer, aber kein qualitativer Wandel vor. Wäre die Entwicklung weiterhin auf diese

Weise verlaufen, hätte sich der Archipel des Kapitals über einen langen Zeitraum hinweg in den Randbereichen des Wirtschaftslebens vielleicht weiter ausgedehnt und wieder zusammengezogen, es hätte neue Besetzungen und Schauplätze gegeben, ohne dass ein Vorstoß ins Zentrum des wirtschaftlichen Geschehens gelungen wäre. Der Widerstand des Volkes und der Eliten gleichermaßen sowie die verhängnisvolle Kollision mit den wichtigsten Säulen der ideologischen – und das heißt: religiösen – Ordnung festigten den Damm. Die Kaufleute des 16. Jahrhunderts in Surat und Kairo, in Florenz und Guangzhou hatten keinerlei Anlass, anzunehmen, dass das Wirtschaftsleben unmittelbar vor dem dramatischsten Wandel seit dem Beginn der sesshaften Landwirtschaft stand.[26]

Doch genau dies geschah. Eine kleine Gruppe von Kapitalbesitzern brach im 15. Jahrhundert aus den Inselfestungen aus. Sie veränderten den Archipel des Kapitals nicht nur durch verstärkte Aktivität bei unveränderten Rahmenbedingungen, sondern auch durch Vorstöße in radikal neue Richtungen. Dieser Wandel vollzog sich zunächst zwar langsam, über einen Zeitraum von drei Jahrhunderten, doch die Kapitaleigner machten das Kapital zu einem immer wichtigeren Teil des Wirtschaftslebens, bis es eines Tages nicht mehr auf entlegene Inseln beschränkt blieb – es bildete das gesamte Meer.[27]

Im Zentrum dieses Aufbruchs stand eine kleine Gruppe von Kaufleuten in wenigen europäischen Städten. Sie schufen neue Verbindungen von Kapital, die sich dramatisch von allem bislang Dagewesenen unterschieden. Sie verknüpften diese Knotenpunkte des Kapitals untereinander auf eine hierarchische Art und Weise und schufen im Verlauf dieses Prozesses eine Weltwirtschaft. Die große Vernetzung ermöglichte es ihnen, ihr Kapital auch in die Produktion einzuspeisen – sowohl in die Landwirtschaft als auch in die Herstellung von Handelswaren. Bis zum 19. Jahrhundert hatten sie damit die Welt so drastisch verändert, dass für Zeitgenossen, die einen Begriff für diese von Kaufleuten geschaffene Art des Wirtschaftens suchten, «Kapitalismus» die offensichtliche Wahl war. Seine Wurzeln sind jedoch Jahrhunderte älter als das meiste, was wir heute damit verbinden – seinen Namen, den Beginn der modernen Produktion mit Maschinen, die Entstehung gewaltiger Fabriken und die Mobilisierung von Millionen von Lohnarbeiterinnen und -arbeitern.

Der Kapitalismus, den wir kennen, hatte seinen Ursprung in der großen Vernetzung während eines Zeitraums, den die Geschichtswissenschaft als das lange 16. Jahrhundert bezeichnet hat: die Zeit von etwa 1450 bis 1640.

Wir wollen mit dieser großen Vernetzung selbst beginnen, bevor wir uns anschließend der Landwirtschaft und der gewerblichen Produktion zuwenden. Den Kern bei der Entstehung des Kapitalismus bildeten Dutzende oder Hunderte neuer Kapitalinseln, die über die ganze Welt verstreut waren: die Kapverden und Potosí, Santo Domingo und Kalkutta, der ländliche Süden Englands und Salvador, Danzig und Gorée. In geballter Form fanden sie sich in der atlantischen Welt und etwas bescheidenerem Ausmaß in Asien; geschaffen wurden sie von risikobereiten Kapitalbesitzern und von europäischen Staaten, die – zunächst vorsichtig und dann gierig – eine Ausbruchsstrategie verfolgten, um dem Kapital den Zugang zu neuem Hinterland, neuen Spielraum für die Waren- und Rohstoffproduktion und neue Arbeitskräftereservoires zu verschaffen.[28] Diese neuen Kapitalinseln entwickelten sich, wie wir schon bald sehen werden, aus einer besonderen Verschränkung von Kaufleuten, die aus den Inselfestungen ausbrachen, und Staaten, die der Krise der Tribut- oder Feudalherrschaft durch Expansion in neue Weltgegenden zu entkommen suchten – eine Überschneidung von Interessen und Neigungen, die sich zunächst nur in wenigen Teilen der Welt ergab.[29]

Es begann mit der Expansion der am weitesten entwickelten Knotenpunkte des Kapitals in Europa – mit den italienischen Stadtstaaten. Genuesische Kaufleute schufen das Modell, dem weitere folgten: Sie hatten, wie auch andere europäische Kaufleute, ihre Reichtümer im Osten und durch den Handel mit der muslimischen Welt erworben. Doch bereits im 13. Jahrhundert schloss die venezianische Handelsmacht sie von diesem profitablen Bereich aus und zwang sie, sich nach Westen und Süden zu orientieren, wo sie ihre Präsenz auf der iberischen Halbinsel und in Nord- und Westafrika vergrößerten. Zwei genuesische Seefahrer, Ugolino und Vadino Vivaldi, segelten bereits im Jahr 1291 die westafrikanische Küste weit hinunter. Man hörte und sah zwar nie mehr etwas von ihnen, doch im Bemühen, die mächtigen muslimischen Händler in der Sahara zu umgehen, segelten genuesische Händler immer wieder auf den Atlantik hinaus und an der Westküste Afrikas entlang. Die außergewöhnlich reiche Familie Centurione steht beispielhaft für diese Neuorientierung: Sie hatte auf den Inseln Chios und Zypern im östlichen Mittelmeer Geschäfte gemacht, bevor sie einen Teil ihres Kapitals in den afrikanischen Goldhandel investierte. Als die Centuriones und andere genuesische Händler in den Atlantik vorstießen, fassten sie zunächst auf Madeira und den Kanarischen Inseln Fuß. Von diesen Außenposten aus handelten sie mit afrikanischem Gold, mit Zucker, Sklaven und anderen Handelswaren.[30]

Ein Schlüssel für den Erfolg der genuesischen Kaufleute war die Art und Weise, in der sie sich staatlicher Macht bedienten. Sie beherrschten ihren kleinen italienischen Stadtstaat in wichtigen Bereichen. Dazu gehörte nicht nur die direkte Ausübung der Herrschaft über Kolonien, die formell im Besitz der Stadt waren, sondern auch der privilegierte Zugang zu den Staatsämtern, eine Machtstellung, die sich die Kaufmannschaft auf eher informelle Art auch noch über die Verfassungsreformen des Jahres 1528 hinaus sicherte. Als sie von dieser Basis aus allmählich die Vorherrschaft über die europäische Finanzwirtschaft erlangten, schmiedeten sie Bündnisse mit größeren, aber weniger kapitalisierten Territorialstaaten, vor allem mit der portugiesischen Krone. Dieses Bündnis zwischen genuesischem Kapital und portugiesischer Staatsmacht stieß entlang der afrikanischen Westküste nach Süden vor, auf der Suche nach einem leichteren Zugang zu dem Gold, das muslimische Händler seit Jahrhunderten nordwärts durch die Sahara brachten. In den 1470er Jahren erreichten die Schiffe schließlich das Gebiet, das die Europäer als «Goldküste» bezeichnen sollten: das heutige Ghana. Dort errichteten sie einen ständigen Vorposten, Elmina, das erste von 60 Forts, die die Europäer im Verlauf der nächsten drei Jahrhunderte entlang der afrikanischen Küste bauten und in denen sie Textilien und Metalle gegen Gold tauschten. Genuesische Händler erlangten auf diese Weise den Zugriff auf enorme Mengen von Gold, die es ihnen erleichterten, die europäische Wirtschaft zu kommerzialisieren. Portugal prägte 1457 eine neue Goldmünze, den Cruzado, und allein das Geld aus dem Handel in Elmina verdoppelte die Einkünfte der portugiesischen Krone. Der «Goldfluss» strömte ins Land, und Portugal importierte mithilfe niederländischer Zwischenhändler große Mengen Getreide aus den baltischen Staaten. Mit dem neu gewonnenen Reichtum aus dem Goldhandel wurde neben anderen Dingen auch der Schiffbau in Portugal finanziert, der weitere Erkundungsreisen ermöglichte.[31] Das afrikanische Gold erlangte eine solche Bedeutung, dass der portugiesische König João II. (Johann II., 1455–1495; König seit 1481) auch «João, der Afrikaner» genannt wurde.

In rascher Folge ergaben sich weitere Gelegenheiten: Antonio de Noli, ein genuesischer Geschäftsmann, der auf dem Weg zur Westküste Afrikas war, um dort portugiesische Pferde gegen versklavte Arbeiter einzutauschen, entdeckte 1460 eine Inselgruppe, die unter dem Namen Kapverden bekannt wurde. Es war eine schicksalhafte Entdeckung: Da diese Inseln unbewohnt waren, gelang die Inbesitznahme dieses Landes unkompliziert und preiswert. Einige Händler sahen hier sofort einen idealen Ort für den Anbau stark nachgefragter Waren wie Zucker und Baumwolle. Um sich Arbeitskräfte zu beschaffen und die Kredite abzusichern, die das Projekt überhaupt erst ermöglicht hatten, intensivierten die Siedler den Handel mit versklavten Arbeitern von der etwa 600 Kilometer entfernten afrikanischen Westküste, sodass bereits in den 1490er Jahren bis zu 1000 Sklaven jährlich auf die Kapverden gebracht wurden. Eine Plantagenwirtschaft nahm dort eine günstige Entwicklung, weil weder die Kommerzialisierung des Landes noch die der Arbeitskräfte auf den Widerstand einer Bevölkerung oder lokaler Eliten stießen, die sich anderenorts mit Sicherheit gewehrt hätten. Der genuesische Zuckeranbau wurde infolgedessen im Jahr 1485 ausgebaut und auch auf São Tomé, im heutigen Golf von Guinea, etabliert.[32]

Aber dann lockten am Horizont noch größere Reichtümer: Die Genuesen und Portugiesen zogen weiter die afrikanische Küste entlang in Richtung Süden und hofften, eine Route zur Umschiffung des Kontinents und damit einen Seeweg nach Asien zu entdecken, der sie von arabischen Zwischenhändlern unabhängig machen würde. Als sie endlich erfolgreich waren, im Jahr 1498, wurde es «das denkwürdigste Ereignis», so der florentinische Historiker Francesco Guicciardini in seiner *Storia d'Italia*, «das die Welt seit vielen Jahrhunderten erlebt hat».[33]

Die Reichtümer, die von diesem Bündnis zwischen der portugiesischen Krone und wohlhabenden genuesischen Kaufleuten geschaffen wurden, blieben nicht unbemerkt. Die Gründung neuer Kapitalinseln verbreitete sich wie eine Infektion. Spanien, der Konkurrent Portugals auf der iberischen Halbinsel – und, wie etwa in den Jahren von 1580 bis 1640, zeitweiliger Partner –, zog mit der Unterstützung italienischer und süddeutscher Kaufleute rasch nach. Auch die Spanier stießen zur afrikanischen Atlantikküste vor, auch sie wollten den Zugang zum Gold, wollten Zucker anbauen und Menschen versklaven und suchten neue Routen zu den asiatischen Handelshäfen.

Eine portugiesische Flotte verlässt Lissabon mit dem Ziel Indien (1592).

Um Letzteres voranzutreiben, wagte die spanische Krone einen entscheidenden neuen Schritt und schickte ihre Schiffe unter dem Kommando des genuesischen Seefahrers Christoph Kolumbus westwärts. Die kleine Flotte, eine Karacke und zwei Karavellen, verließ Sevilla 1492 auf der Suche nach einem direkten Seeweg zu den reichen asiatischen Handelsplätzen, stieß aber stattdessen auf einen Kontinent, der den Europäern vollkommen unbekannt war. Kolumbus und seine Nachfolger segelten auf der Erfolgswelle einer machtvollen Verbindung aus geballtem Kapital und sich entwickelnder territorialer Staatlichkeit in großem Maßstab, sie nahmen immer mehr Gebiete des amerikanischen Doppelkontinents für die iberischen Monarchen in Besitz, es war der größte Durchbruch, den es je gab. Europas Kontrolle über den Atlantik, diesen «großen Ozean», gab der kapitalistischen Revolution ihren europäischen Stempel und ermöglichte Europas weltweiten Aufstieg.[34] Die iberischen Kronen und die italienischen Kaufleute waren für diesen Aufstieg von zentraler Bedeutung.[35] Es war kein Zufall, dass der Doppelkontinent selbst nach einem italienischen Händler benannt wurde, nach Amerigo Vespucci, der 1497 von Cádiz aus im Auftrag der spanischen Krone nach Südamerika aufbrach.

In Spanien und in Portugal brachte die imperiale Expansion einen immensen Reichtum hervor, der bald die nordeuropäischen Volkswirtschaften stimulierte. Von dort wurden stark nachgefragte Stoffe, Metallwaren und Weizen geliefert, was wiederum jenen Kapitaleignern und Staaten die Errichtung neuer Kapitalinseln ermöglichte.

Liaison dangereuse – Kapital und Staatsmacht verschmelzen: Christoph Kolumbus.

Zuerst kamen die Niederlande: Gegen Ende des 16. Jahrhunderts war diese Provinz des spanischen Weltreichs bereits ungewöhnlich stark verstädtert und verband eine kommerzialisierte einheimische Landwirtschaft sowie eine pulsierende Proto-Industrie mit einem dynamischen Handelssektor. Dank der iberischen Fülle an Gold, Silber und Zucker, die in ihre Häfen gelangte, erzielten die Kaufleute erhebliche Gewinne. Sie tauschten diese Güter gegen baltisches Getreide und Manufakturwaren, die im eigenen Land erzeugt wurden, vor allem gegen Stoffe. Die niederländischen Kaufleute erhoben sich 1566, gestärkt durch den lukrativen Handel, gegen die spanische Herrschaft. Der Krieg dauerte bis ins Jahr 1581, aber die Niederländer schufen letztlich eine kleine, aber mächtige unabhängige Republik, deren hervorstechendes Merkmal die Ausübung der politischen Macht durch Kaufleute war. Das Handelsaufkommen explodierte regelrecht, im Jahr 1600 befuhren bereits 1900 niederländische Schiffe die Weltmeere. Diese globale Präsenz spornte die Kaufleute an und ermöglichte ihnen den Aufbau neuer Knotenpunkte des Kapitals in aller Welt, von der Südspitze Afrikas bis nach Guyana in Südamerika, von der Karibik bis nach Batavia im heutigen Indonesien. Diese Expansion verlief so früh und so eindrucksvoll, dass Karl Marx die Niederländische Republik mit ihrer führenden Stadt Amsterdam als «die kapitalistische Musternation des 17. Jahrhunderts» bezeichnete.[36]

Andere europäische Kaufleute und Staaten taten es ihnen gleich, wenn auch weniger spektakulär. Englische Kaufleute, die bis dahin im Reich des Kapitals eine eher marginale Rolle gespielt hatten, tauchten nach dem Nie-

Neue europäische Kapitalinseln in Asien: eine Faktorei der Niederländischen Ostindien-Kompanie (VOC) in Hooghly (heute: Hugli), Westbengalen, 1665.

dergang Venedigs gegen Ende des 16. Jahrhunderts auf den griechischen Inseln und an der östlichen Mittelmeerküste auf. Die British Levant Company begann 1592 mit dem Ankauf von Rohseide, Baumwoll- und Wollstoffen, Korinthen, Muskatnüssen, Pfeffer, Indigo, Galläpfeln, Kamelott, Maroquinleder und Sodaasche, Waren, die zum großen Teil aus Süd- und Südostasien stammten. Im Gegenzug handelten die Engländer mit Stoffen, Zinn und Zinngefäßen, Blei und später auch mit Koschenillefarbe und amerikanischem Silber. Die englischen Kaufleute lernten vom Erfolg der Niederländer und wandten sich nun auch weiter entfernten Orten zu, den Fernhandel mit Asien hatten sie bereits im späten 16. Jahrhundert aufgenommen. Der Beginn der königlichen Personalunion in Schottland und England im Jahr 1603 sorgte für einen Schub, der England auch in den Atlantik vorstoßen ließ. Die ersten, unter schwierigsten Umständen begonnenen Kolonisationsversuche – für die beispielhaft die auf ungeklärte Weise gescheiterte Kolonie Roanoke steht – waren erfolglos, aber ein dauerhafter Vorposten folgte bereits 1607 mit Jamestown im heutigen Virginia. Weitere Siedlungen entstanden in dem Gebiet, das heute als Neuengland bekannt ist, auf den Bahamas, Barbados und anderen Orten in Nordamerika. Obwohl die englische Expansion im direkten Vergleich zu den iberischen Unternehmungen zunächst marginal ausfiel, wuchs ihre Bedeutung, und in den ersten drei Jahrzehnten des 17. Jahrhunderts siedelten sich rund 50 000 Untertanen in den neuen Vorposten entlang der Ostküste Nordamerikas und in der Karibik an.[37]

Der Kolonialhandel eröffnet den Akteuren der großen Vernetzung neue Chancen. Der Werkstatt um Aelbert Cuyp (1620–1691) zugeschrieben, *Oberkaufmann der VOC mit seiner Ehefrau und einem versklavten Diener*, ca. 1650–1655, Rijksmuseum, Amsterdam. Der dargestellte Kaufmann ist möglicherweise Jakob Martensen.

Der Archipel des Kapitals metastasierte während des gesamten langen 16. Jahrhunderts, eine Insel nach der anderen kam hinzu: Santo Domingo durch Spanien im Jahr 1516, Macau durch Portugal 1557, Batavia durch die Niederländer 1619, Manhattan ebenfalls durch die Niederländer 1624, Barbados durch die Briten 1627, Saint-Louis im Senegal durch die Franzosen 1659 und noch viele, viele weitere.[38] Über die europäische Expansion ließe sich noch sehr viel mehr sagen, aber der wichtigste Punkt ist, dass dieser neue Archipel von anderer Art war – nicht nur aufgrund seiner Größe, sondern weil auf seinen Inseln die Händlergemeinschaften einflussreicher waren als einige jener Kräfte, die noch als Gegengewicht zu ihrer wirtschaftlichen Logik wirkten: die religiösen Autoritäten, die die korrumpierenden Auswirkungen des Handels scharf kritisierten, die Bauern, die ihre Subsistenzwirtschaft und den Zugang zu den Allmenden, dem gemeinschaftlich genutzten Land und seinen Ressourcen, verteidigten, und die Eliten der agrarischen Gesellschaften, die ihre Privilegien schützten, einschließlich der Möglichkeit, Abgaben von ihren Untertanen zu erzwingen. Entscheidend gestärkt durch «die Entdeckung Amerikas und des Seeweges nach Ostindien um das Kap der Guten Hoffnung», die Smith als «die beiden größten und bedeutendsten Ereignisse in der Geschichte der Menschheit» bezeichnete, konnten die europäischen Kaufleute mit ihrem Kapital und ihrer Macht nun immer tiefer in das riesige Hinterland der Subsistenzwirtschaft und der unabhängigen Produzenten.[39] Sie überwanden die Widerstände und einige der natürlichen Einschränkungen, die zuvor das Wirtschaftsleben gehemmt hatten.[40] Und ein kleiner Kreis von Kaufmannsgemeinschaften würde bald Kapitel in bis dahin beispielloser Höhe auf eine Reihe radikaler Unternehmungen konzentrieren, mit denen die Produktion revolutioniert wurde.

Die europäischen Kapitalbesitzer investierten alle verfügbaren Mittel – ihre Vermögen, Schiffe und Netzwerke – in eine sich neu herausbildende Form des Wirtschaftslebens und stürzten damit uralte weltweite Hierarchien. Ihre Fähigkeit, aus den bestehenden Verhältnissen auszubrechen, war nicht das Ergebnis fundamentaler Unterschiede hinsichtlich der Fertigkeiten oder Kenntnisse, Glaubensüberzeugungen, Kapitalvolumen oder des technologischen Könnens. Europa verdankte seine Entwicklung vielmehr einer Reihe staatlich geförderter und sich wechselseitig verstärkender Verbindungen zwischen den Kapitalinseln und dem oft gewaltsam vollzogenen Transfer von Ressourcen, zu denen auch versklavte Menschen zählten, aus vielen Teilen der Welt. Während sie diese neuen Kapitalinseln ausbauten, vervielfachten die Kaufleute ihre Verbindungen und schufen ein Netzwerk des Handels und des Kapitals, wie es die Welt bis dahin noch nicht gesehen hatte. Bei der Herausbildung einer neuartigen Staatsform spielten sie die Schlüsselrolle. Diese Konstellation ermöglichte die Entstehung des Kapitalismus.

Der stürmische Ausbruch des europäischen Kapitals war außergewöhnlich – sowohl aus einer historischen Perspektive als auch im Vergleich zu anderen Regionen der zeitgenössischen Welt. Er kam zudem überraschend. Händlergemeinschaften mit genauso gut funktionierenden Institutionen und vergleichbarer Dynamik – im Kairo des 12. Jahrhunderts oder im Guangzhou des 16. Jahrhunderts – erlebten nichts, was der ökonomischen Revolution gleichkam, die sich jetzt im europäisch dominierten Archipel des Kapitals zu entwickeln begann. Warum geschah dies genau dort und zu diesem Zeitpunkt? Es sind drei Hauptgründe zu nennen, die ihre Wurzeln ausgerechnet in der vorherigen Schwäche der europäischen Knotenpunkte des Kapitals und in der vergleichsweise fragmentierten Landschaft europäischer Staaten haben. Die Europäer erfreuten sich, wie es eine Gruppe von Wissenschaftlern formulierte, des «Privilegs der historischen Rückständigkeit».[41]

Zunächst einmal schufen europäische Kapitaleigner neue Kapitalinseln, weil es dafür starke Anreize gab. Als die Osmanen 1453 den verbliebenen Rest des Byzantinischen Reiches erobert und Konstantinopel zur Hauptstadt ihres eigenen Reiches gemacht hatten, schmälerte das für die italienischen Händler den Zugang zu den lukrativen Handelsrouten nach Indien und China, den dynamischsten Volkswirtschaften der Welt, die zugleich auch die Quelle für einen großen Teil des Reichtums der ersten Generationen europäischer Kapitalisten gewesen waren. Diese Kaufleute suchten deshalb nach neuen Handelswegen in den Osten, auf denen sie die muslimischen Zwischenhändler umgehen konnten. Diesen Schritt empfanden sie als umso dringender, weil ihre Rivalen – vor allem in England und in der Republik der Vereinigten Niederlande – sogenannte Kapitulationen erhielten, die ihnen Handelsprivilegien im osmanischen Einflussbereich verschafften. Die Norditaliener lenkten ihre kaufmännischen Energien jetzt in Richtung Atlantik, um Zugang zu afrikanischem Gold und – perspektivisch – asiatischen Gewürzen und Stoffen zu erlangen. Mit dieser Neuorientierung gaben sie der Einschätzung des englischen Politikers und Ökonomen Charles Davenant (1656–1714) recht, nach der die Kontrolle über den Handel mit Asien bedeute, dass man imstande sei, «der gesamten Handelswelt die Gesetze zu diktieren».[42]

Zweitens unterstanden diese kapitalstarken Kaufleute dem Herrschaftssystem von Staaten, die sich einer scheinbar unlösbaren Krise des Systems der

Tributherrschaft gegenübersahen, das sie im Lauf der vergangenen Jahrhunderte errichtet hatten. Feudalherren, die ihre Gefolgsleute bezahlen und sich an Kriegszügen beteiligen mussten, hatten bereits im 13. Jahrhundert den Druck auf die Bauern erhöht, ein Vorgehen, das Fahnenflucht und Aufstände provozierte. Die verheerenden Folgen der Pestepidemie im 14. Jahrhundert, der etwa ein Drittel der Menschen in Europa zum Opfer gefallen waren, sorgten für einen Arbeitskräftemangel, der den Zerfall der Feudalherrschaft beschleunigte. Die Feudalherren sahen sich gezwungen, Arbeitskräfte zu bezahlen, was ihre althergebrachten Vorrechte untergrub, Ressourcen auf Grundlage des Gewohnheitsrechts zu beziehen, anstatt auf dem Markt auszuhandeln. Höhere Arbeitskosten – die Löhne verdoppelten sich fast –, geringere Einnahmen aus Feudalabgaben, ein verschwenderischer Umgang mit Ressourcen und eine nicht steigerungsfähige Produktivität sorgten für eine Kommerzialisierung der Gesellschaft. Die Produktion für den Markt gewann erheblich an Bedeutung, was die Dynamik dieser uralten Wirtschaftsordnung zusätzlich untergrub. Bestrebungen zur Stabilisierung der alten Ordnung schwächten sie nur noch weiter. Städte – Inseln des Kapitals und der Kapitalisten – förderten die Auflösung des Feudalismus, während der Adel in einem Nachhutgefecht zur Rettung seines Herrschafts- und Ausbeutungssystems auf ihre Unterstützung setzte.[43]

Drittens suchten Europas feudale Eliten dringend nach neuen Ressourcen, mit denen sich die eskalierenden Kosten der zahlreichen Kriege begleichen ließen. Sie sahen die Vorteile des Zugangs zu neuen Einkommensquellen, natürlichen Ressourcen, Arbeitskräften und Edelmetallen aus anderen Teilen der Welt – ein «Dilemma», das sie direkt in die Arme der Kaufleute trieb und jenen neuen wirtschaftlichen, gesellschaftlichen und politischen Einfluss verschaffte. Einige Aristokraten stiegen sogar selbst in den Handel ein, um zu Geld zu kommen: In Spanien und England engagierten sie sich im Wollhandel und entwickelten gemeinsame Interessen mit Kaufmannsgemeinschaften. Da der Arbeitskräftemangel die Herrschaft über die Bauern und das Erzwingen von Abgaben erschwerte, kapitalisierten die feudalen Eliten auch ländliche Gebiete, indem sie zum Beispiel Wälder in Viehweiden umwandelten.[44] Eine weitere Reaktion auf die Krise der Feudalgesellschaft war die imperiale Expansion. Der Handel mit Asien war hierbei besonders wichtig: Ein direkter Zugang zu Indien und China über einen neuen Seeweg würde Europas Herrschern mehr Zugriff auf den Reichtum dieser Länder verschaffen – und so ihr Herrschaftssystem stützen.

Als Konsequenz dieser sich wechselseitig verstärkenden Zwangslagen vereinte der Drang zur Ausbreitung des Archipels von Kapital und Staatsmacht die finanzkräftigen europäischen Kaufleute und die Staaten in einem Bündnis der gegenseitigen Abhängigkeit. Die Expansion der europäischen Staaten in neue Weltgegenden überschnitt sich mit den Interessen der Kapiteleigner, für die eine territoriale Erweiterung nicht nur neue Gelegenheiten zur Akkumulation mit sich brachte, sondern auch eine Möglichkeit, die Widerstände zu umgehen, denen sie so lange Zeit begegnet waren. Die relative Schwäche der europäischen Staaten und Kapitalisten, die sie bislang auf der Weltbühne erfahren hatten, ließ sie näher zusammenrücken und zur Übereinkunft kommen, ihre Macht und ihr Kapital in andere Sphären zu übertragen sowie vollkommen neue Kapitalinseln aufzubauen. Dass der Widerstand, mit dem sie es auf dem amerikanischen Doppelkontinent zu tun bekamen, durch eine Kombination aus überlegener Bewaffnung und eingeschleppten europäischen Krankheitserregern, die verheerende Auswirkungen auf die Bevölkerung hatten, leicht zu überwinden war, erwies sich bei diesem Projekt als hilfreich.

Unter diesen neuen Kapitalinseln, die europäische Kaufleute und Herrscher während der großen Vernetzung aufbauten, waren nur wenige so folgenreich wie Potosí, ein Ort, der keineswegs eine Insel war, sondern ein hochgelegener Berg in der zerklüfteten Gebirgslandschaft der Anden. Potosí, das im heutigen Bolivien liegt, wurde zu einer der weltweit wichtigsten Abbaustätten für Silber. Schon Adam Smith wusste, dass die Silberbergwerke von Potosí die «ergiebigsten Minen in der Welt» waren.[45] Die europäischen Kolonisten wandten sich, nachdem sie das Gold und Silber der Azteken-, Inka- und anderer amerikanischer Herrscher geplündert hatten, dem Bergbau zu. Potosí hatte sich bis zum Jahr 1600 zur größten Stadt in ganz Amerika und zu einer der größten Städte der Welt entwickelt, es hatte mehr Einwohner als London, Mailand oder Sevilla. 160 000 Menschen aus den Anden, aus Afrika und Europa arbeiteten an einem Ort, der als die «erste Stadt des Kapitalismus» bezeichnet worden ist. Sie förderten gewaltige Mengen Silber, die die Stadt so wohlhabend machten, dass dort Kostspieliges wie Zucker, Gewürze und Wein angeboten wurde, trotz der Mühen des Transports auf eine Höhe von 3600 Metern über dem Meer. Potosí erlebte eine Art früher Blüte einer kapitalistischen Gesellschaft, in der alles, was produziert oder konsumiert wurde, auf Märkten zu haben war. Wohlhabende Potosínos konnten ceylonesische Diamanten, neapolitanische Strümpfe, venezianische Kristallwaren und chinesisches Porzellan kaufen, an Gottesdiensten in

Hightech in einer himmelhohen Stadt, Potosí, 1585: Einheimische Bergleute graben nach Silber, das die Räder der Weltwirtschaft antreibt.

prächtig ausgestatteten Kirchen teilnehmen oder sich Vorstellungen in einem prunkvollen Theater ansehen, dem Coliseo de Comedias, das seine große Eröffnung im Jahr 1716 erlebte. Potosí war, laut Kaiser Karl V., die «Schatzkammer der Welt».[46]

Riesige Mengen Silber – der Wert für den Zeitraum von 1556 bis 1783 betrug 151 Millionen Pesos – wurden dem Berg entrissen und wanderten in die Schmelzöfen. Dann brachten lange Packtierkolonnen die schwere, wertvolle Ladung zur peruanischen Hafenstadt Callao oder zu dem Ort, der heute unter dem Namen Buenos Aires bekannt ist, eine Stadt an einem Fluss, der aus gutem Grund Río de la Plata genannt wird – Silberfluss. Auf Potosí entfielen in der zweiten Hälfte des 16. Jahrhunderts möglicherweise bis zu 60 Prozent der weltweiten Silberförderung: In jenem Jahrhundert waren es 17 000 Tonnen (im Gegenwert von 2024 etwa 13 Milliarden US-Dollar), 34 000 Tonnen im 17. Jahrhundert (27 Milliarden US-Dollar), und im 18. Jahrhundert waren es sogar 51 000 Tonnen (40 Milliarden US-Dollar).[47]

Wie auf nahezu all diesen neuen Inseln des Kapitals waren die Arbeitsbedingungen in Potosí außerordentlich brutal: Die Gewinne aus dem Silberabbau wurden buchstäblich durch die Tötung der Bergleute erzielt. Bis zu 25 Prozent der Arbeiter in den Silberminen starben an ihrem Arbeitsplatz. Im entlegenen Hochland der Anden wurden sie durch ein besonderes System der Zwangsarbeit verpflichtet, die Mita, deren Bedingungen einem alten System der Inka zur Besteuerung und Mobilisierung von Arbeitskräften glichen und auf ihm aufbauten. Alljährlich kamen bis zu 50 000 solcher Zwangsarbeiter nach Potosí, um für die Bergwerksunternehmer und für die spanische Krone riesige Gewinne zu erwirtschaften. Die Bergleute schleppten Lasten von fast 50 Kilo Silbererz über frei hängende Strickleitern ans Tageslicht, wobei sie beide Seiten der Leitern gleichzeitig benutzten. Nachdem die Legierung mit Quecksilber – ein chemischer Prozess, durch den das Silber aus dem Gestein gelöst wird – den industriellen Abbau revolutioniert hatte, weil es auch die Verarbeitung minderwertigen Silbererzes ermöglichte, verschlechterten sich die grausamen Arbeitsbedingungen noch mehr. Die 200 Tonnen Quecksilber, die in der Zeit von 1580 bis 1640 jährlich eingesetzt wurden, um das Silber aus dem abgebauten Erz zu gewinnen, vergifteten die Arbeiter, ließen ihnen die Haare und Zähne ausfallen und lösten ein unkontrollierbares Zittern aus. Peruanische Bergarbeiter schleppten in den Quecksilberminen von Huancavelica das Schwermetall durch enge Stollen ohne jede Belüftung, und die Hitze in den Gruben ließ das Quecksilber verdampfen, sodass sie langsam vergiftet wurden. Selbst in den kühleren Bereichen erzeugten die Bergleute einen Dunst aus Quecksilber, Schwefel, Arsen und Kieselerde, wenn sie ihre Hacken/Keilhaue ins Gestein schlugen. Potosí erwarb sich, wenig überraschend, einen Ruf als «der Berg, der Menschen verschlingt», weil Zehn-, vielleicht sogar Hunderttausende von Arbeitern aus den Anden dort starben, während sie zur Finanzierung der neuen, hervorgehobenen Stellung der Europäer im Archipel des Kapitals beitrugen. Der Berg, der Menschen verschlang, lieferte einen der unentbehrlichen Treibstoffe für den Aufstieg des Kapitalismus.[48]

Potosí, die Kapverden, Manila, Santo Domingo, Malakka, Gorée, Batavia, Rio de Janeiro, Mexiko City und Neu-Amsterdam wurden, neben anderen, zu neuen Inseln im sich jetzt rasch vergrößernden Archipel des Kapitals. All diese Orte dienten, jeweils unter der Schirmherrschaft des Handelskapitals und europäischer Staaten, dem Handel und der Produktion, doch sie waren verschieden: Einige konzentrierten sich auf den Bergbau, andere auf die Produktion von landwirtschaftlichen Gütern, wieder andere auf die Beschaffung von Sklaven und einige auf den Handel mit Edelmetallen, Fertigwaren, Feldfrüchten oder Fasern, die sie von einheimischen Händlern kauften. Als Kaufleute und Staaten ihren Archipel erweiterten, stärkten diese Inseln einander gegenseitig, jede einzelne speiste Energie ins Netzwerk ein. So unterschiedlich sie sein mochten und so weit entfernt voneinander, diese ergiebigen Quellen des Profits waren die Vorboten einer grundlegend neuen Wirtschafts- und Gesellschaftsordnung. Ihre große Vielfalt sorgte für die Dynamik, die für die Revolution im Wirtschaftsleben kennzeichnend werden sollte.

Bei einem genaueren Blick auf die Kapverden zeigen sich einige dieser Wechselwirkungen. Die Sklaven für die Arbeit auf den Zuckerplantagen wurden vom nahe gelegenen afrikanischen Festland gebracht. Die ansässigen Kaufleute kamen bald auf die Idee, dass sie diese Arbeitskräfte auch an weit entfernte Orte in Amerika liefern konnten, wo plötzlich ein enormer Bedarf an Arbeitskräften bestand. Die Kolonialbehörden in Santo Domingo forderten bereits im Jahr 1517 eine erste Schiffslieferung von Sklaven an. Unglücklicherweise erwies sich der Sklavenhandel gegenüber der Plantagenwirtschaft schnell als profitabler. In den folgenden Jahren etablierten die Kaufleute einen regelmäßigen Handelsverkehr mit ihren Kollegen in Westafrika, die ihnen Gefangene aus den Reihen der Wolof und Serer lieferten, welche sie nach Neuspanien und Cartagena verschifften. Nach 1540 erhöhte sich das Handelsvolumen deutlich, und im Zeitraum von 1541 bis 1594 verkauften Händler auf den Kapverden 75 000 versklavte Afrikaner nach Amerika, die meisten davon in die noch im Aufbau begriffene Zuckerindustrie.

Der Menschenhandel wurde zu einem spezialisierten Geschäft, das von portugiesischen und spanischen Kaufleuten beherrscht wurde – ein abscheuliches Grenzland des Kapitals, das menschliche Ware lieferte, um andere neue Inseln des Kapitals in Amerika profitabel zu machen. Einige Familien wurden zu Big Playern an dieser Grenze von Arbeit als Ware: Der florentinische Kaufmann Cesare de Barchi zum Beispiel verkaufte Tausende Wolof gegen Ende des 15. Jahrhunderts in die Sklaverei, seine Bevollmächtigten organisierten das Geschäft von Stützpunkten auf den Kapverden aus. Der Kaufmann und Gouverneur der Kapverden, Fernam de Mello, wurde wenige Jahrzehnte später einer der aktivsten und reichsten Sklavenhändler. Die Familie von Bento Rodrigues erhielt im Jahr 1550 ein königliches Privileg für den Einstieg in den Sklavenhandel, ein Vorrecht, das ihr mindestens drei Generationen lang erhalten blieb. Indem Kaufleute die Kapverden in ein «gigantisches Gefangenenlager» verwandelten, trugen sie dazu bei, die neue Dynamik der Warenströme in der atlantischen Welt voranzutreiben. Der Handel mit Arbeitskräften machte die Sklavenhändler reich und bahnte ihnen den Weg zur gesellschaftlichen Elite der Kapverden. In den 1550er Jahren hatte die Inselgruppe bereits eine Schlüsselposition im Transatlantikhandel, entwickelte sich mit am schnellsten unter allen Knotenpunkten im Archipel des Kapitals und behielt diese Stellung bis etwa zum Jahr 1600, als größere

Schiffe die Kapverden nicht mehr anfuhren und die Gefangenen direkt von Afrika nach Amerika brachten.[49]

Aus den inzwischen gesammelten Erfahrungen zogen die Kapitalbesitzer eine neue und folgenreiche Erkenntnis: In Gebieten, aus denen man kaum entkommen konnte und in denen es keine konkurrierenden politischen Mächte gab, war es einer geringen Zahl von Europäern möglich, eine große Zahl von versklavten Afrikanern zu beherrschen. Arbeitskräfte in Gefangenschaft zu halten ermöglichte völlig neue Formen des produktiven Kapitaleinsatzes, losgelöst von weltlichen und religiösen Autoritäten sowie von den unabhängigen bäuerlichen Gemeinschaften auf der ganzen Welt. Und die Sklaverei warf genügend Gewinne ab, um die atlantische Expansion weiter zu ermutigen. Diese schicksalhafte Anwendung elementarer Kaufmannslogik auf Arbeitskräfte sollte zu einem entscheidenden Faktor bei der kapitalistischen Umgestaltung ländlicher Gebiete in aller Welt werden.[50]

Einige weitere, genauso wichtige Begleitumstände kommen ans Licht, wenn man sich das Geschehen in Potosí genauer ansieht. Dieser Bergbau-Komplex war nicht nur hinsichtlich des dort gewonnenen Reichtums wichtig, sondern auch wegen des Schubs, den er für den Handel mit sich brachte. Er war so bedeutsam, dass der gesamte Zeitraum, in dem er diesen Einfluss ausübte, als Ära des «Silberkapitalismus» bezeichnet wurde. Das amerikanische Silber, das sich zu einer Art Verkehrssprache des Kapitalismus entwickelte, beschleunigte den europäischen Handel und hatte seinen Anteil an der Umgestaltung der europäischen Landwirtschaft und ihres produzierenden Gewerbes. Spanien nutzte das Silber Amerikas zum Ankauf von Weizen, Kupfer, Zinn, Holz, Hanf und Leinen sowie von hochwertigen Wollwaren aus Nordeuropa und förderte so Landwirtschaft und Gewerbe. Das amerikanische Silber häufte sich an den Märkten Nordeuropas, zum Beispiel in Antwerpen. Silberzahlungen für Getreidekäufe verbanden osteuropäische Weizenproduzenten mit den Städten Westeuropas.

Überdies war das genuesische Bankwesen bis zum Ende der 1550er Jahre expandiert, weil Genuas Kaufleute einen großen Anteil des aus Südamerika nach Europa fließenden Silbers kontrollierten. Das Silber ermöglichte den europäischen Kaufleuten auch die Intensivierung ihres Handels mit Asien, wo man an den meisten in Europa hergestellten Produkten nur wenig Interesse zeigte. Die spanische Krone wurde wegen ihres immer prunkvolleren Hofes, ihrer kolonialen Abenteuer und nicht zuletzt wegen der Begleichung der Zinsen für Kredite bei italienischen und deutschen Bankiers vollkommen abhängig von dem wertvollen Edelmetall.[51] Kurz: Das Silber ermöglichte Spaniens Handel mit dem übrigen Europa, ganz zu schweigen von den spektakulär intensiven und langwierigen Kriegen mit Frankreich, den niederländischen Provinzen, dem Osmanischen Reich und vielen anderen Kontrahenten.

Die Auswirkungen auf Asien waren genauso bedeutend: Mehr als ein Drittel des gesamten in Südamerika geförderten Silbers landete letztlich in Asien. Der französische Autor Guillaume Thomas François Raynal (1713–1796), bekannt unter seinem Priesternamen Abbé Raynal, schrieb in seiner 1770 erschienenen *Histoire philosophique et politique des établissements et du commerce des Européens dans les deux Indes* («Geschichte beider Indien»): «Aber, schreyen einige finstre Menschen, Indien hat von jeher und zu allen Zeiten die Schätze der ganzen Welt verschlungen. [...] Das Silber nimmt noch heut zu Tage eben den Weg. Es fließt ununterbrochen von Westen bis ans äußerste Ende [des] Orients. [...] Für Indien sind also Perus Bergwerke geöffnet, für die Indier haben sich die Europäer also so vieler Verbrechen in Amerika schuldig gemacht?»[52] Der Verfall der Papiergeldwährung im China der Ming-Dynastie veranlasste Mitte des 15. Jahrhunderts Kaiser Jiajing, Silber zum Zahlungsmittel für den internationalen Handel und für die Entrichtung von Steuern zu bestimmen. Das rasche Bevölkerungswachstum in China sorgte auch für eine riesige Nachfrage nach Silber, dessen Wert sich dort im Vergleich zu anderen Ländern verdoppelte.[53]

Silber, überall: die Custodia del Corpus Christi (Monstranz) in der Kathedrale de la Santa Cruz in Cádiz, Spanien.

In Südasien war die Nachfrage nach Silber, wie Raynal es beschrieb, fast genauso wenig zu stillen. Diese nie dagewesene Verfügbarkeit von Silber führte dort, wie auch in China, zu einer raschen Kommerzialisierung großer Bereiche des Wirtschaftslebens. Silber war für die Expansion des von Gujarat aus betriebenen Handels an der Küste Ostafrikas sogar von zentraler Bedeutung: Baumwollstoff konnte in Afrika für Silber verkauft werden, das auf dem Subkontinent sehr begehrt und deshalb für Kaufleute attraktiv war. Die afrikanischen Händler hatten das Silber als Zahlungsmittel für die Gefangenen erhalten, die sie an portugiesische und andere Sklavenhändler verkauft hatten. Der durch Silber gedeckte spanische Peso, der die Weltwirtschaft in Schwung brachte, wurde zu einer Universalwährung – zum Dollar des 16. Jahrhunderts –, die den zuvor dominierenden arabischen Dinar verdrängte. Silber erleichterte den Handelsverkehr überall. Es bildete die monetäre Basis – den Lebensnerv – für die Beschleunigung des Handels in Europa, Afrika und Asien wie auch zwischen Europa und Asien, vor allem mit den drei Zentren der Weltwirtschaft: der Levante, Indien und China. Die Verfügbarkeit von Silber – und von afrikanischem Gold – ermöglichte es schließlich dem Handelskapital, ländliche Gebiete zu durchdringen und zu erschließen.[54] Diese zahlreichen Komplementaritäten bekunden, dass der Kapitalismus eine Koproduktion zwischen verschiedenen Regionen der Welt war, nicht nur zwischen verschiedenen gesellschaftlichen Gruppen und Staat und Kapital.

Potosí und die Kapverden können – obwohl jeweils folgenreich – den fundamentalen wirtschaftlichen Umbruch, der im langen 16. Jahrhundert sichtbar wurde, nicht allein erklären. Aber in der Summe waren all die neuen Knoten, die in der Zeit der großen Vernetzung entstanden, entscheidend für den Beginn der kapitalistischen Revolution. Das lag nicht zuletzt daran, dass diese neuen Kapitalinseln in der atlantischen Welt – und in einem gewissen Umfang in Asien – auch bereits bestehende Kapitalinseln in Europa erheblich stärkten.

Man denke hierbei nur an Amsterdam, eine Insel inmitten des Amsteldeltas im Nordwesten des europäischen Festlands. Als der Franzose Charles Ogier 1636 die Stadt besuchte, hatte sie etwa 100 000 Einwohner – weniger als Potosí –, aber die «Fülle des Wunderbaren, eine Unmenge von Künstlern und Handwerkern, fremden und einheimischen Kaufleuten, die hier zusammenströmen», ließ ihn staunen.[55] Der Hafen, stellte er fest, war der «verkehrsreichste des ganzen Ozeans», und «überall stößt man auf Merkwürdigkeiten und Schätze aus Indien, die entweder den indischen Völkern abgekauft oder gewaltsam entrissen […] wurden».[56] «In Amsterdam kann man alles kaufen», lautete seine Schlussfolgerung – ein Eindruck, den auch der Tagebuchschreiber David Beck gewann, für den Amsterdam im Jahr 1624 «eine Welt im Kleinen darstellt».[57] Fast der gesamte Reichtum in Amsterdam entstammte dem Handel, und die Kaufleute der Metropole waren nicht nur vermögend, sondern mächtig.[58]

Amsterdam war in vielerlei Hinsicht das europäische Gegenstück zu Surat und betrieb ebenfalls einen weltumspannenden Handel. Die Kaufleute Amsterdams, in der Mitte des 17. Jahrhunderts auf dem Höhepunkt ihrer Blüte, importierten Holz, Eisenerz und Kupfer aus Skandinavien, sie lieferten brasilianischen und karibischen Zucker an die europäischen Häfen und führten Gewürze und Stoffe aus Asien ein. Sie kauften in Osteuropa – und dort vor allem in Polen – einen großen Teil des Weizens auf, der gegen amerikanisches Silber nach Spanien weiterverkauft wurde.[59] Sie gestalteten die niederländische Landwirtschaft neu und errichteten ein dynamisches Manufakturwesen.

Wie ihre Kollegen in aller Welt knüpften die niederländischen Händler Verbindungen zu weit entfernten Herstellern und Verbrauchern über alle gesellschaftlichen Grenzen hinweg. Die Stadt wurde dominiert durch ihr Engagement im Handel, doch die Zahl der Kaufleute an der Spitze der gesellschaftlichen Hierarchie war gering, im Verlauf des 17. Jahrhunderts waren das mutmaßlich nicht mehr als 300 Personen. Diese Kaufleute monopolisierten die lukrativen Handelsverbindungen und nutzten ihre wirtschaftliche und politische Macht für den Aufbau einer Infrastruktur, die dem Handel dienlich war. Am Dam, dem zentralen Platz in der Stadtmitte, errichteten sie ihr Rathaus, in dessen Keller der Tresor der 1609 gegründeten Wisselbank, der ersten Zentralbank der Welt, untergebracht wurde. In unmittelbarer Nachbarschaft befanden sich die Stadsbank van Lening, die Börse von Amsterdam, die Getreidebörse und das Hauptquartier der Marine, allesamt Institutionen, die den Handel förderten. Eine global orientierte Mentalität durchdrang die Stadt. Als die Zimmerermeister Willem Ruysch und Isaac Lieuwens über Namen für ein Ensemble von vier Häusern nachdachten, die sie errichtet hatten, kamen ihnen Afrika, Amerika, Asien und Europa in den Sinn. Die Niederländer hatten Kapitalinseln auf allen ihnen bekannten Kontinenten errichtet, Inseln, die für die Stadt außerordentlich folgenreich waren. Der schnell wachsende Handel mit hochwertigen Waren aus Westafrika, der Karibik und Asien – im Gegensatz zum Handel mit Schütt- und Massenwaren – hatte für die meisten wichtigen Kaufleute zentrale Bedeutung. Die in der Stadt herrschende Religionsfreiheit erhöhte Amsterdams Attraktivität für Händler aus aller Welt; die Bürger von Amsterdam waren, wie ihre Geschäftspartner in Surat oder Aden, eine kosmopolitische Gesellschaft.[60]

Gemeinsam machten sie das europäische Surat zu einer durch und durch kapitalistischen Stadt, die von Kaufleuten regiert wurde, sich dem Handel verschrieben hatte und auf Lohnarbeit setzte. Die Regierungsform, die sie errichteten, orientierte sich an ihren eigenen Interessen. Der Konsum wurde nahezu vollständig über den Markt gedeckt und nicht – wie fast überall sonst in der Welt – durch Produktion für den eigenen Bedarf. Asiatische Produkte wie Gewürze, Stoffe, Porzellan und Möbel spielten bei der Selbstdarstellung der Amsterdamer Oberschicht eine bedeutende Rolle. Die Verwendung von Geld, die anstelle der durch Gewohnheit und Handelsbrauch gesteuerten bargeldlos abgewickelten Geschäfte trat, war keine Ausnahme mehr, sondern weitverbreitet und ein Zeichen dafür, wie gründlich die Kapitaleigner einstmals mächtige Hindernisse überwunden hatten. Uhren wurden allgemein üblich und beförderten einen effizienteren Umgang mit Zeit. Es war kein Zufall, dass das Konzept der Freizeit zusammen mit einer genauer definierten Arbeitszeit aufkam, gleichzeitig entstanden kommerzielle Treffpunkte, an denen man diese Freizeit «verbringen» konnte.[61] Die Kaufleute von Amsterdam hatten, wie ihre Kollegen in Potosí, ihr Leben so weit kommerzialisiert, dass der niederländische Autor Adriaan Koerbagh im Jahr 1668 beklagte, dass «all die Zeit, die nicht mit Geldverdienen verbracht wird, ganz gleich,

Kapitalinseln schaffen: Amsterdamer Kaufleute häuften riesige Vermögen an, hier dargestellt von Rembrandt, 1662.

wie man sie verbringt, von den Leuten (so scheint es) als verlorene Zeit betrachtet wird».[62]

All die Kapitalinseln vervielfachten sich, der Prozess der großen Vernetzung verlief immer schneller, das Kapital beschleunigte sein Tempo und stärkte so massiv die europäischen Knotenpunkte im Archipel des Kapitals. Das hatte enorme Auswirkungen. Teile Europas mit engen Verbindungen zum Atlantikraum und nach Asien wuchsen schneller als Orte, die mit diesen Weltgegenden nicht so gut verbunden waren. Die Rate der Urbanisierung in Europa verdreifachte sich im Zeitraum von 1340 bis 1850 in den mit dem Atlantikraum verbundenen Volkswirtschaften, während sie in anderen Regionen Westeuropas nur mit einem Faktor von 1,7 wuchs. Durch die koloniale Expansion des europäischen Kapitals wurde die Welt tatsächlich eine andere, wie Max Weber vor mehr als einem Jahrhundert feststellte: «Die Kolonialerwerbungen der europäischen Staaten haben bei ihnen allen zu einer riesenhaften Vermögensakkumulation innerhalb Europas geführt.»[63] Aus diesem Durchbruch entwickelte sich der Kapitalismus.[64]

Die Neuordnung des weltweiten Wirtschaftslebens hatte noch eine weitere bedeutende Konsequenz: Sie förderte die Entwicklung neuer Institutionen. Das Zusammenlegen von Kapital, dessen Übermittlung über große Entfernungen und die Regulierung des Handels durch kaufmännische Organisationen waren gängige Praktiken; wie wir im zweiten Kapitel bereits gesehen haben, arbeiteten Kaufleute in aller Welt mit den Hilfsmitteln Hundi und Kommenda. Aber mit der fortschreitenden Entwicklung des Archipels des Kapitals entstanden im Verlauf des 16. Jahrhunderts neue Institutionen, die europäische Kaufleute beim Ausbruch aus ihren Inselfestungen unterstützten und die Grundlagen für eine Politik legten, die ihren Interessen diente.[65]

An dieser Stelle soll eine der folgenreichsten Neuerungen angeführt werden: Kaufleute in einigen wichtigen europäischen Städten entwickelten zu Beginn des 17. Jahrhunderts eine neue Methode der Zusammenlegung von Kapital – die Kapital- oder Aktiengesellschaft. Mit ihrer Expansion nach Afrika, Asien und Amerika schufen sie diese neue Institution als direkte Antwort auf die ungewöhnlichen Geschäftschancen, die sie dort entdeckten. Die ersten Aktiengesellschaften entstanden in den Vereinigten Niederlanden und in England mit dem ausdrücklichen Ziel, den Handel auf den neuen Märkten in Gang zu bringen und zu organisieren. Sie waren so effektiv, dass sie zu einem Instrument wurden, mit dessen Hilfe Händler und Herrscher neue

Inseln des Kapitals schufen. Die Kapitalgesellschaften vermochten eine entscheidende Einschränkung zu beseitigen, die für alle anderen Formen der Absicherung von Kaufmannskapital gegen Risiken galt, denn sie institutionalisierten die Verbindung von Staat und Kapital.[66]

Die englische East India Company (EIC) und die niederländische Vereenigde Oost-Indische Compagnie (VOC) wurden 1600 beziehungsweise 1602 gegründet und operierten auf der Grundlage eines gemeinsamen Handelskapitals. Die Konkurrenten auf dem lukrativen asiatischen Gewürzmarkt übernahmen beide die niederländische Partenrederij-Rechtsform aus dem 16. Jahrhundert für eine Handelsgesellschaft, um Investoren anzulocken und Kapital zu sammeln. Königin Elisabeth I. erließ am 31. Dezember 1600 unter der Bezeichnung «Governor and Company of Merchants of London Trading with the East Indies» eine königliche Charta zugunsten von «George, Earl of Cumberland, sowie von 215 Rittern, Ratsherren und Bürgern», mit der sie der Gesellschaft ein zunächst auf 15 Jahre befristetes Monopol für den Handel mit allen Ländern östlich des Kaps der Guten Hoffnung und westlich der Magellanstraße gewährte. Die EIC folgte den Beispielen der Muscovy (1553) und der Levant Company (1592) und gewann zunächst Investoren, die Gewürzhandel mit der arabischen Welt betrieben, aber ihr Geschäft durch den zunehmenden europäischen Handelsverkehr um das Kap der Guten Hoffnung herum als gefährdet angesehen hatten.

Anfangs legten diese Kaufleute ihre Ressourcen für einzelne Reisen zusammen, weil Machbarkeit und Rentabilität solch riskanter Unternehmungen sich erst erweisen mussten, bevor sie sich zu einem längerfristigen Einsatz ihres Kapitals bewegen ließen. Doch die EIC wuchs schnell, die Gesamtimporte und -exporte stiegen im Zeitraum zwischen 1660 und 1760 jährlich um durchschnittlich 2,2 Prozent. Es begann mit dem Gewürzhandel – mit Pfeffer, Gewürznelken, Muskatblüte und Muskatnuss. Später wurden indische Stoffe immer wichtiger für die Geschäfte der Gesellschaft; sie verkaufte sie in Ostindien, dem heutigen Indonesien, um dort Gewürze zu erwerben, in ganz Afrika und in Europa. Im Jahr 1685 gelangte die EIC auch nach China, wo sie Gewürze gegen Tee eintauschte. Schließlich beherrschte sie fast die Hälfte des gesamten Welthandels und übernahm in Teilen ihres Handelsimperiums auch die Territorialherrschaft; Edmund Burke bezeichnete sie als einen «Staat unter dem Deckmantel eines Händlers».[67] Dieses Modell übernahmen mit der Zeit auch andere Gruppen englischer Kaufleute, unter anderem die Hudson's Bay, die South Sea und die Royal African Company, die ähnliche Kapitalfonds schufen, um mit weiteren Teilen der Welt Handel zu treiben.[68]

Die Amsterdamer Börse, 1634

Die Niederländer taten es ihnen gleich. Nur zwei Jahre nach der Gründung der East India Company stellten die Generalstaaten der Vereinigten Niederlande, das höchste Regierungsorgan der Niederländischen Republik, der VOC eine Charta aus, mit der sie der Handelsgesellschaft ein 21-jähriges Monopol auf den Gewürzhandel zusprachen. Die Gesellschaft erhielt, ebenso wie die EIC, das Recht, Forts zu errichten, Armeen zu unterhalten und Verträge mit asiatischen Herrschern abzuschließen. Die VOC war so erfolgreich, dass sie 1610 «permanent» wurde, ein auf Dauerhaftigkeit ausgerichtetes Unternehmen und Rechtssubjekt; diese Kapitalagglomeration besaß nun ein von natürlichen Personen unabhängiges «Leben», was eine äußerst folgenreiche Innovation war, die bis heute zum Kernbestand des weltweiten Kapitalismus gehört. Die Dividendenzahlungen der VOC enttäuschten die Investoren nicht: 57,7 Prozent waren es 1612, 42,5 Prozent im Jahr danach, und 1618 waren es sogar 62,5 Prozent – ausgezahlt in bar oder in Form von Handelswaren wie Gewürznelken oder Muskatnuss.[69]

Sobald privilegierte Handelsgesellschaften Kapital einsammelten und es in die große Vernetzung investierten, entstanden auch Börsen. Kaufleute hatten sich jahrhundertelang getroffen, um auf Märkten und Messen, etwa in Aleppo, Lyon und Tenochtitlán, Waren zu tauschen, aber jetzt entstand in Amsterdam die weltweit erste Börse, die sich dem Handel mit Finanzinstrumenten widmete. Anteile an der VOC wurden dort erstmals im Jahr 1602 gehandelt, zunächst unter freiem Himmel und ab 1611 in einem Haus, das als Ort für solche Geschäfte geplant worden war und schließlich als Wertpapierbörse bezeichnet werden sollte. Diese Institution konzentrierte sich im ersten Jahrhundert ihres Bestehens auf die Beteiligungen an nur zwei Unternehmen: an der VOC und an der 1621 gegründeten Geoctroyeerde Westindische Compagnie (Niederländische Westindien-Kompanie, WIC). Mit einem registrierten Kapital von mehr als sechs Millionen Gulden, die heute etwa 120 Millionen US-Dollar entsprechen würden, war die VOC das erste Unternehmen der Geschichte, das bei der weltweit ersten öffentlichen Zeichnung Schuldverschreibungen und Aktien ausgab: eine Form des Verkaufs von Wertpapieren, bei der Investoren Anteile direkt vom Unternehmen erwerben.[70]

Im Jahr 1608 kam es in Amsterdam zu einer weiteren bedeutenden finanziellen Innovation: dem Terminverkauf von Aktien, der der uralten Praxis des Terminverkaufs von Getreide nachempfunden war. Diese Termingeschäfte, bei denen ein Käufer und ein Verkäufer sich auf einen Preis für ein Datum in der Zukunft einigen, festigten Amsterdams Stellung als bedeutendster Börsenplatz der Welt und als einziger Ort, an dem nennenswerte Geschäfte mit Derivaten abgeschlossen werden konnten. Dieses Finanzinstrument, das auf zugrunde liegenden Vermögenswerten basiert, lockte – wenig überraschend – kapitalkräftige Händler aus ganz Europa an. Die Londoner Börse erlangte etwa ein Jahrhundert später große Bedeutung, als die 1694 gegründete Bank of England mit der Ausgabe übertragbarer Schuldverschreibungen der Regierung begann und die Zahl der Aktiengesellschaften zunahm. Eine Generation später, 1724, entstand in Paris eine offizielle Börse, die Paris Bourse.[71]

Börsen waren wichtige institutionelle Neuerungen, die es den Kaufleuten ermöglichten, mehr Kapital zu beschaffen. Und sie bewirkten noch mehr: Die Beliebtheit von VOC-Aktien als Ausfallbürgschaften für Kredite führte in Amsterdam zu niedrigeren Zinssätzen, weil die Kredite sicherer wurden.[72] Die Börsen verdeutlichen auch einen qualitativen Unterschied der sich entwickelnden Institutionen des Kapitalismus: Ihr Hauptantrieb war, mehr Kapital zu generieren, und nicht, bestimmte Strömungen des Handels oder der Produktion zu stärken. Die Kapitalisten kappten langsam, aber konsequent ihre traditionellen Bindungen an bestimmte Formen wirtschaftlicher Tätigkeit. Es war ein Schritt, der die Zukunft des Kapitalismus symbolisierte.

In der Literatur, die sich auf die Bedeutung der Institutionen für den Kapitalismus konzentriert, wird sie zwar nur selten erwähnt, aber noch eine weitere Institution wurde für die kapitalistische Revolution zentral: die bürgerliche Familie. Familien unterschieden sich zwar nach ihrer Größe und Reichweite – manche konzentrierten sich ganz auf die Kernfamilie, andere zogen den Kreis weiter –, dennoch wurde die Familie in wirtschaftlicher, gesellschaftlicher und ideologischer Hinsicht konstitutiv für den Kapitalismus. Familien wurden zu wichtigen Instanzen für das Einwerben von Kapital, für die Vertrauensbildung, das Absichern von Risiken, das Bewahren der Kontinuität von Unternehmen, den Aufbau des gesellschaftlichen Ansehens von Handelshäusern und schlicht und einfach für die tägliche Versorgung der Kaufleute. Durch Heirat geschaffene Familienbündnisse waren hilfreich bei der Kapitalbildung und der Vergrößerung von Firmen, Familienerbschaften erleichterten die Kontinuität in der Geschäftswelt: Familien generierten ein ausgeklügeltes und weitverzweigtes System von Wirtschaftsbeziehungen, die nicht in erster Linie über den Markt vermittelt wurden. In Europa hatte die Dominanz der Kernfamilie Wurzeln, die bis ins frühe Mittelalter reichten, und sie wurde durch kirchliche Vorschriften verstärkt: Eheschließungen zwischen Blutsverwandten wurden 1215 in einem vom Vierten Laterankonzil erlassenen Dekret geregelt, das die Heirat verbot, wenn ein Paar in den vier vorhergehenden Generationen einen gemeinsamen direkten Vorfahren hatte, das heißt mindestens einen gemeinsamen Ururgroßelternteil. Die Kirche gebot Monogamie und schränkte die Erbberechtigung auf Kinder aus ehelichen Verbindungen ein. Im Zeitraum vom 11. bis zum 13. Jahrhundert wurde die Primogenitur allmählich zum Standard und ersetzte die zuvor übliche Praxis der Aufteilung des Erbes unter allen Nachkommen, die die Familie als wirtschaftliche Einheit eingeschränkt hatte. Diese strikt eingegrenzte Kernfamilie wurde schließlich in ganz Europa zum vorherrschenden Familienmodell.[73]

Die bürgerliche Kleinfamilie: Abraham van den Tempel (1622–1672), *David Leeuw und Cornelia Hooft mit ihren Kindern*, 1671, Rijksmuseum Amsterdam.

Familien waren schwierige Institutionen, die auf vielerlei Art komplexer waren als die Börse oder eine Aktiengesellschaft. Frauen nahmen, wie wir bereits gesehen haben, bei ihrem Aufbau und ihrer Organisation eine Schlüsselrolle ein, und das nicht nur, indem sie den Haushalt führten und die nächste Generation dazu erzogen, das Familienunternehmen weiterzuführen, sondern auch durch die Pflege herzlicher Beziehungen zu entfernten Verwandten, die Durchsetzung ethischer und religiöser Grundsätze, die Auswahl von Ehepartnern und -partnerinnen für ihre Kinder und nicht zuletzt durch die Mitarbeit im Unternehmen oder sogar dessen Führung. Man denke nur an Maria Jacoba Daemen (1658–1733), die Tochter eines Salzhändlers aus dem Limburgischen, der sich 1640 in Amsterdam niedergelassen hatte. Sie arbeitete eng mit ihrem Vater zusammen, erledigte die Buchhaltung und pflegte Beziehungen, die das Handelsnetzwerk stärkten. Sie korrespondierte mit einem Kommissionär im portugiesischen Setúbal, um ihm die Qualität einer Lieferung zu versichern, intervenierte entschieden in Angelegenheiten ihres Bruders und ihrer Cousins in Köln und meldete sich zu Wort, wenn es darum ging, welche Familienmitglieder das Unternehmen führen sollten und wer wen heiratete. Anders allerdings als in der aristokratisch-höfischen Gesellschaft blieben Frauen im bürgerlichen Milieu aufgrund einer strikten, ideologisch motivierten Trennung von Haushalt und öffentlicher Sphäre von der «Bühne der öffentlichen Macht» ausgeschlossen.[74]

Doch sie hatten eine entscheidende Rolle beim Erhalt der Familie, einer der grundlegenden Institutionen des sich entwickelnden Kapitalismus. Infolgedessen wurden Frauen immer stärker mit Häuslichkeit und dem Bereich des Konsums in Verbindung gebracht, nicht mehr mit der Produktion.

Der Haarlemer Künstler Maarten van Heemskerck schuf eine Serie von Kupferstichen unter dem Titel *Lob der tugendhaften Ehefrau*, um den moralisch verantwortlich geführten Kaufmannshaushalt zu vermitteln (1555).

Der italienische Dichter Torquato Tasso beschrieb dies schließlich im Jahr 1580 so:

> Es wurde weislich etabliert, dass die Pflichten der beiden Geschlechter sich voneinander unterscheiden sollten und dass die Aufgabe des Erwerbs dem Manne und die des Bewahrens der Frau zugewiesen werden sollte. Der Mann führt Krieg, um Besitz zu erlangen, er ist in der Landwirtschaft und im Handel und in der Stadt tätig […]. Aber die Frau bewahrt das Erworbene, weshalb sie anderer Tugenden bedarf […]; und deshalb kommen ihre Talente im Haus zum Einsatz, während die des Mannes sich außerhalb desselben zeigen.[75]

Tassos Einordnung entsprang einer einflussreichen Ideologie, die mithalf, die kapitalistische Revolution viele Jahrhunderte lang anzutreiben. Aber ihm und vielen anderen entging dabei, dass es der gesamte Familienverband war, der «die Aufgabe des Erwerbs» ermöglichte.

Die sich stetig weiterentwickelnden Institutionen entstanden während der Ausbreitung und Integration der Knotenpunkte des Kapitals – zu dem besonderen historischen Zeitpunkt der großen Vernetzung –, und spielten schließlich eine wesentliche Rolle bei der Entwicklung des Kapitalismus; tatsächlich sind sie noch heute wichtig.[76] Doch die folgenreichste Institution, die ihr Haupt erhob, war weder die Aktiengesellschaft noch die Börse oder die bürgerliche Familie, sondern ein neuartiger Staat.

Adam Smith' Behauptungen zum Trotz, der Kapitalismus habe sich selbst erschaffen, indem Einzelpersonen ihren individuellen Nutzen maximierten und so den gesellschaftlichen Wohlstand beförderten, indem sie die Arbeitsteilung forcierten, erwies sich der Staat als die entscheidende Institution in der Geschichte des Kapitalismus. Smith kritisierte zu Recht den korrupten und mächtigen britischen Staat, stellte dann aber die falsche Behauptung auf, dass «der übertriebene Aufwand der Regierung zweifellos die natürliche Entwicklung Englands zu Wohlstand und Fortschritt verzögert [hat]».[77] Sein ausdrücklicher Verweis auf die «Natur des Menschen» als Grundlage des Kapitalismus ließ ihn übersehen, dass der Kapitalismus seiner Zeit wie auch späterer Epochen ohne den Staat unvorstellbar gewesen wäre. Es gab keine «Freiheit» des Handels, die von Regierungen hätte beeinträchtigt werden können: Politische Institutionen kontrollierten jeden einzelnen Aspekt des Wirtschaftslebens.[78] Der «freie Markt», der schließlich im kollektiven Bewusstsein als starkes Motiv auftauchte, war nichts weiter als ein Trugbild der Fantasie von Gelehrten und Ideologen, eine Idealvorstellung, die nichts mit der tatsächlichen Geschichte des Kapitalismus zu tun hatte, aber aufgrund ihres scheinbaren Vermögens, dem Wirtschaftsleben einen Sinn abzugewinnen, und durch das Versprechen einer Verbindung von Freiheit und Wohlstand Attraktivität besaß.

Der Archipel des Kapitals war immer eine Koproduktion von Kaufleuten und Herrschern, von Kapital und Staaten, und die große Vernetzung lässt sich ohne ein Verständnis dieser Verbindung nicht erklären.[79] Der Staat hatte einen entscheidenden Anteil an der Erschaffung dieser neuartigen Organisationsform wirtschaftlicher Tätigkeiten in aller Welt und war zugleich eines ihrer Produkte. Der große Merkantilist Thomas Mun erklärte das im Jahr 1621 so: «[D]er Handel mit Waren ist der entscheidende Prüfstein für den Wohlstand eines Königreiches.»[80] Fernand Braudel sagte dies mehr als drei Jahrhunderte später noch direkter, als er feststellte, dass «der Kapitalismus nur dann [triumphierte], wenn er mit dem Staat identifiziert wurde, wenn er der Staat war».[81]

Die meisten – wenn nicht gar alle – aus der großen Vernetzung entstandenen Organisationen wurden von der Staatsmacht unterstützt – in Europa wie auch anderswo auf der Welt. Die Börse in Amsterdam war ganz und gar auf die behördliche Autorität angewiesen: Die Stadt regulierte sie massiv und schrieb vor, dass alle Händler zu festen Zeiten zusammenkommen und ihre Geschäfte an einem bestimmten Ort tätigen mussten. Versicherungsverträge im Osmanischen Reich stützten sich auf staatliche Vorgaben, verlangten die Aufbewahrung der jeweiligen Versandunterlagen – das Frachtbuch – und sahen rechtliche Sanktionen gegen Personen vor, die ihre Versicherer betrogen. Die Entstehung von Bank- und Finanzinstitutionen war ebenfalls eng mit dem Staat verbunden. Das galt besonders für die Finanzierung der ausufernden Ausgaben für die Kriegführung. Aktiengesellschaften wie die EIC, die VOC und die Royal African Company waren ebenfalls und allesamt Schöpfungen des Staates. Selbst die «privatesten» Institutionen – zum Beispiel Verträge – unterlagen der Prüfung durch öffentliche Behörden, und der Staat war es – in der islamischen Welt ebenso wie in Europa –, der die Gesetze, auf denen ausnahmslos jeder Vertrag beruhte, formulierte und durchsetzte. Private Vertragsschlüsse allein reichten nicht.[82] Die Märkte selbst waren zutiefst rechtlich und politisch verfasste Institutionen, keine spontanen Gebilde. Von den ersten Anfängen des Archipels des Kapitals an war es der Staat, der in aller Welt über den Markt bestimmte.

Märkte schaffen, Handelswege öffnen: niederländische Kriegsschiffe, 1665.

Selbst die Eigentumsrechte waren nichts Naturgegebenes, sondern ein Rechtszustand, den durchweg der Staat festlegte und bei Bedarf neu definierte.[83] Sie waren in einem abstrakten Sinn weder «sicher» noch «unsicher»; sie unterlagen den veränderlichen Interventionen des Staates und waren sehr stark politisch geprägt. Historiker haben selbst für England, das manchen Leuten als Inbegriff «sicherer» Eigentumsrechte galt, eine große Zahl von Enteignungen zugunsten von Infrastrukturmaßnahmen und das Auslaufen Tausender erblicher Gerichtsbarkeiten nachgewiesen.[84]

Mit der Rolle der Staaten im Archipel des Kapitals verband sich nichts charakteristisch Europäisches oder besonders Neues. Wie universell die Bedeutung des Staates war, wird klar, wenn wir uns seine Rolle bei der Errichtung der grundlegenden Infrastruktur für den Handel anschauen: Straßen, Häfen, Kanäle, Postzustellungsnetze und die militärischen Einrichtungen, die für den Schutz des Ganzen sorgen sollten. Die japanischen Herrscher des 16. Jahrhunderts verbesserten die Transportnetze; Investitionen der chinesischen Regierung sorgten für den Bau von Kanälen, Straßen und Postdiensten. Der berittene kaiserliche Kurierdienst I-chan beispielsweise verband schließlich 1936 Relaisstationen miteinander und sorgte dafür, dass Informationen rasch durch das gesamte Reich befördert wurden. Der Mogulherrscher Akbar ließ im 16. Jahrhundert bereits vorhandene ausgeklügelte Bewässerungssysteme in seinem Machtbereich weiter ausbauen. Staaten gestalteten auch die Infrastruktur von Finanzsystemen – und des Geldes. Amsterdam gründete im Jahr 1609, wie bereits erwähnt, eine Art Zentralbank – die Wisselbank –, die eine stabile Währung schuf, indem sie den Gold- und Silbergehalt von Münzen garantierte, und als Abrechnungsstelle für Wechsel diente, was den Kaufleuten eine erhebliche Senkung der Kosten für Transaktionen ermöglichte.[85]

Der Staat war außerdem wichtig, weil er eine der bei Kapitaleignern beliebtesten und für sie wichtigsten Institutionen schuf: das Monopol – das heißt, so formulierte es ein führender Mitarbeiter der VOC, «die Früchte des ihr allein übertragenen Handels unter Ausschluss aller anderen [...] genießen» zu dürfen.[86] Nahezu der gesamte Fernhandel neigte zur Monopolisierung, und Kaufleute in aller Welt strebten ein Marktmonopol an – eine Versuchung, die Kapitaleignern seitdem vertraut ist. Die dauerhaftesten Monopole hingen von politischer Autorität ab, weil der Staat die einzige Institution war, die solche Einschränkungen für den Bereich eines bestimmten Territoriums langfristig durchsetzen konnte. Die Wangara in Kano erfreuten sich zum Beispiel eines Monopols auf den Handelswegen in Westafrika, während die Huizhou im Jahr 1617 ein Salzmonopol besaßen. Auch in Portugal war der Fernhandel mit einem von der Regierung durchgesetzten Monopol verbunden gewesen, seit Vasco da Gama 1497 einen Seeweg nach Indien erschlossen hatte. Die Casa da Índia organisierte und entsandte jährlich Armadas nach Goa und Cochin, dem heutigen Kochi, und war für alle Aspekte dieses Handels verantwortlich. Die spanische Krone hielt es ähnlich und stattete Kaufleute mit Asientos aus, einem besonders profitablen Monopol für den Verkauf von versklavten Menschen in Überseeterritorien.[87]

Der Kapitalismus fand – zu Smith' Verdruss – seine treibende Kraft nicht im Wettbewerb, sondern in dem neuartigen und sagenhaften Reichtum, der durch Monopole ermöglicht wurde, die sich staatlicher Unterstützung verdankten. Und Monopolrechte brachten auf globalen Märkten zwingend den Schutz der Kaufleute einer Nation vor ausländischer Konkurrenz mit sich, wie etwa bei den English Navigation Acts von 1660, die vorschrieben, dass der gesamte Tabak aus den Kolonien nach England gebracht werden musste, oder bei Chinas Beschränkung der Tätigkeit ausländischer Kaufleute in Guangzhou.

Militärische Gewalt, der Inbegriff der Ausübung staatlicher Macht, erwies sich bei der großen Vernetzung ebenfalls als entscheidender Faktor. England, um nur das bekannteste Beispiel zu bemühen, unterhielt im späten 17. Jahrhundert die größte Kriegsmarine der Welt, und seine Streitkräfte eroberten und kontrollierten nicht nur riesige Gebiete in Amerika, Afrika und Asien, sondern schützten auch die Handelsrouten. Bis zum Jahr 1710 konnte die britische Kriegsmarine 180 Schiffe in Dienst stellen, in ihren Reihen dienten 48 072 Seeleute. Ein solches Bekenntnis zur Seemacht war unentbehrlich als Unterstützung der führenden Rolle englischer Kaufleute im Welthandel. Die

Denker der Aufklärung hofften zwar darauf, dass der Handel Frieden bringen würde, doch in Wirklichkeit ging er mit einem nahezu ununterbrochenen Kriegszustand einher: Großbritannien und Frankreich führten im Zeitraum von 1689 bis 1815 insgesamt 64 Jahre lang Krieg.[88] Auch andere Staaten setzten militärische Gewalt ein, um sich wirtschaftliche Vorteile zu verschaffen: Niederländische, französische, chinesische, osmanische und malische Truppen sowie die Streitkräfte des Mogulreiches gaben die Rahmenbedingungen auf lokalen, regionalen und weltweiten Märkten vor. Krieg war, wohin wir schauen, fast so etwas wie der Dauerzustand der großen Vernetzung.

Angesichts dieser Geschichte kann es kaum überraschen, dass manche zeitgenössischen Volkswirtschaftler – Gelehrte, die moderne Historiker als Merkantilisten oder Kameralisten bezeichnet haben – die Verbindungen zwischen dem Archipel des Kapitals und dem Staat so deutlich erkannt haben. Thomas Hobbes bezeichnete sie im Jahr 1651 als die Verflechtung von Reichtum und Macht: «Wohlstand und Reichtum all der einzelnen Glieder» sind für ihn «die Kraft» von «Gemeinwesen oder Staat (lateinisch civitas)».[89] Die westliche Nationalökonomie oder Volkswirtschaft, als Begriff und als Wissenschaft, entstand im 17. Jahrhundert, und ihre größte Obsession war es, zu untersuchen, in welchem Verhältnis Staatsmacht und wirtschaftlicher Reichtum zueinander standen und wie das eine das andere erzeugen konnte. Diese Volkswirtschaftler der frühen Neuzeit, scharfsichtige Beobachter der Welt, in der sie lebten, teilten die Besorgnisse ihrer heutigen Kollegen um angeblich «freie» Märkte nicht; stattdessen versuchten sie zu verstehen, wie Reichtum den Nationen Macht verleihen konnte, und kamen zu dem Ergebnis, dass ein aktiver Staat die Grundvoraussetzung der wirtschaftlichen Entwicklung sei. Der Neapolitaner Gaetano Filangieri (1753–1788) stellte fest: «Der Handel [war] zur Grundlage der Organisation und Existenz politischer Gemeinwesen geworden.»[90] Für David Hume war der Handel eine «Angelegenheit des Staates», denn «die Größe eines Staates und das Glück seiner Untertanen […] gelten in Hinsicht auf Handel im Allgemeinen als untrennbar».[91] Dieser Standpunkt war das nahezu unvermeidliche Ergebnis eines Nachdenkens über das Weltgeschehen, das «die Wirtschaft» noch nicht als eine klar umrissene Sphäre des gesellschaftlichen Lebens ausgemacht hatte.[92] Wenn die Beiträge dieser Generation zur politischen Ökonomie – oder Nationalökonomie oder Volkswirtschaft – von modernen Ökonomen weitgehend vergessen wurden, liegt das nicht daran, dass es ihnen zu Lebzeiten an Einfluss gemangelt hätte, vielmehr widerspricht ihre Theoriebildung so stark der Legende, die der Westen über den eigenen Aufstieg erzählt.

Während die Staaten bei der Ausweitung des Handels eine entscheidende

Rolle spielten, gerieten die Herrscher überall in immer stärkere Abhängigkeit vom Erfolg und den Launen der Kapitalisten, deren Expansion sie ermöglicht hatten. In Japan stützten sie sich beim Ausbau der Städte auf den Reichtum der Kaufleute, auch in Edo, dem heutigen Tokio. Kaufleute und Bankiers finanzierten die territoriale Expansion der europäischen Staaten, und die Staaten besteuerten die dabei anfallenden Gewinne. Der englische Handel mit dem amerikanischen Tabak wurde beispielsweise zu einer wichtigen Einnahmequelle für die Krone, denn 25 Prozent ihrer Zolleinkünfte und fünf Prozent ihrer steuerlichen Gesamteinnahmen gingen in den 1660er Jahren allein auf dieses Produkt zurück. Auch auf dem indischen Subkontinent waren die Verbindungen zwischen Kaufleuten und Herrschern wichtig, sie setzten einen Prozess in Gang, der in der Zeit nach 1500 sowohl mächtigere Staaten als auch mächtigere Kapitalbesitzer hervorbrachte.[93]

Das 16. und das 17. Jahrhundert waren gekennzeichnet vom politischen Aufstieg der Kaufleute. Ihr Machtzuwachs wurde besonders deutlich im Vergleich zur Klasse der Grundbesitzer, die die Weltpolitik so lange beherrscht hatte. In der westafrikanischen Stadt Kano zum Beispiel knüpften Händler und Herrscher ein dichtes Netzwerk; der *Ta:rikh Mandinka de Bijini,* ein Wangara-Text, beschreibt die Händler aus den Reihen der Wangara als «begabte politische Vermittler».[94] In Japan erkannten viele Kaufleute, dass die Vergabe von Krediten an die *daimyo* – Feudalherren – äußerst lukrativ sein konnte, und kamen so zu Macht, obwohl einige Denker, wie etwa Sato Shin'en, der Ansicht waren, dass «Kaufleute angewiesen werden sollten, Märkte aufzubauen, [aber] es sollte ihnen streng verboten werden, auf die Felder zu gehen, Vorschüsse zu zahlen und auf Ernten zu spekulieren».[95] An der afrikanischen Ostküste waren das indische Handelskapital und die Einnahmen, die sich damit erzielen ließen, von entscheidender Bedeutung für das Weiterbestehen der portugiesischen Kolonialherrschaft. Und in der Niederländischen Republik kamen die Kaufleute nach dem Aufstand, der 1648 zu Ende ging, zu bedeutender politischer Macht; sie selbst gründeten den Staat. Herrscher und Kapitaleigner feilschten überall um die Macht. Das Mogulreich war nicht der «orientalische Despotismus», von dem Marx sprach; auch in Südasien gab es, genau wie in Europa, einen politischen Wettbewerb. Der Sultan und seine Berater bildeten nur «eine lose Schicht von Autorität und Macht», die über den örtlichen Behörden stand. Selbst in Spanien, dem Inbegriff eines absolutistischen Staates, bestand die Monarchie in der Praxis aus einer Ansammlung einander überlappender Souveränitätsrechte und verschiedener institutioneller Regime an unterschiedlichen Orten, die alle unentwegt miteinander feilschten. Verborgen hinter Pomp und Zeremoniell überlebten all die sogenannten absolutistischen Staaten nur durch ständiges Verhandeln der verschiedenen Gruppen über Mittel und Material für ihre Kriege.[96]

Während sich die große Vernetzung fortsetzte, verflochten sich die Interessen von Staaten und Kapitaleignern auf der ganzen Welt – von den Mogulherrschern über die Osmanen bis nach Frankreich. Doch die Art, wie sie miteinander verbunden waren, nahm an den verschiedenen Orten jeweils andere Formen an – und das mit drastischen Konsequenzen für die Entwicklung des Kapitalismus.

In China, der möglicherweise größten Volkswirtschaft der Welt, offenbart sich eine Variante dieser Beziehung. Wie überall spielte der Staat auch dort eine entscheidende Rolle bei der Förderung der Handelstätigkeit und der Entwicklung der Kaufmannsgemeinschaften. Der Staat war reich und leistungsfähig. Ein europäischer Beobachter berichtete im Jahr 1683, dass «der Hof in Peking bei der Prachtentfaltung keinem Hof in Europa nachsteht».[97] Chinas territoriale Ausdehnung sorgte für eine sehr viel größere Freihandelszone, als sie europäischen Kaufleuten zur Verfügung stand, und senkte die Transaktionskosten. Deshalb waren die chinesischen Institutionen in ihrem Zusammenspiel den entsprechenden europäischen Organisationen vermutlich überlegen. Der Fernhandel innerhalb des Reiches war jedenfalls in der Zeit von 1500 bis 1800 weiträumiger als in Europa.[98]

Doch grundsätzliche Schwierigkeiten legten den chinesischen Kaufleuten Zügel an und bescherten der Volkswirtschaft des Landes einen ganz anderen Entwicklungsverlauf, als ihn die Europäer erlebten. Der wichtigste Punkt war das Kräfteverhältnis zwischen den Kaufleuten und dem Staat. Die chinesischen Kaufleute bekamen es mit einem reichen, mächtigen, allgegenwärtigen und hoch entwickelten zentralisierten Staat zu tun, der es ihnen erschwerte, Einfluss auszuüben. Weil der chinesische Staat einen großen Teil seiner Einnahmen aus der landwirtschaftlichen Produktion erzielte – nicht aus Krediten von Händlern oder der Besteuerung des Handels –, war er weniger von Kaufleuten abhängig. Das setzte deren Einfluss enge Grenzen. Die Zentralisierung und die relative Stabilität des Staates hatten zur Folge, dass es kaum Bedarf für Verhandlungen mit den Kaufleuten gab.[99]

Die Regierungsführung in China war wegen der Größe des Landes und aufgrund des Mangels an ernsthaften Rivalen sowohl komplex als auch kostengünstig – ganz anders als in Europa. Die chinesische Bürokratie war gut entwickelt und ebenfalls nicht teuer. Die Pax Sinica beruhte, wie anderswo auch, auf militärischer Macht, doch die relative Sicherheit des Reiches machte hohe Ausgaben für Militär und Kriegführung unnötig, sodass geringere Einnahmen des Staates – und damit eine entsprechende Besteuerung – ausreichten. Mit geringem Einfluss mussten die Kaufleute unter einer Macht leben, die sich nicht speziell auf ihre Interessen einstellte. Das fiel im Bereich des Überseehandels besonders auf: Chinesische Herrscher betrachteten ihn für das eigene Reich als unwichtig.

Der Staat forderte die Kaufleute weder zu Investitionen im Ausland auf, noch erleichterte er die Gründung staatlich privilegierter Handelsgesellschaften – europäische Staaten taten all dies. Vielmehr schränkten die Ming-Herrscher sowohl den Umfang als auch die Reichweite von Handelsreisen so stark ein, dass bis zur Mitte des 16. Jahrhunderts nur noch wenig privater Überseehandel stattfand.[100] Als der Händler und Pirat Wanzhi (王) in den 1540er Jahren ein blühendes Überseegeschäft mit Japan und Südostasien aufbaute und dabei Ming-Verbote umging, ließen ihn die Ming-Behörden verhaften. Wanzhi sagte dem Kaiser: «Ich betreibe Geschäfte und Handel zur See in den Provinzen Fuzhou und Zhejiang. Ich verteidige die Landesgrenzen und teile die Erträge mit der einheimischen Bevölkerung. Ich schwöre zum Himmel und zur Erde, zu himmlischen Wesen und der Welt, dass es dabei weder Verrat noch Drangsale gab.»[101] Sein Flehen stieß auf taube Ohren. Er wurde 1560 hingerichtet. Und als im Jahr 1567 der private Handel wieder zugelassen wurde, misstraute der Staat den Kaufleuten nach wie vor und unterstützte ihre Unternehmungen nicht. Chinas Händler waren tatsächlich, wie ein Wissenschaftler es ausdrückte, «Kaufleute ohne Reich».[102]

Andere stark kommerzialisierte Teile Asiens mit dynamischen Kaufmannsgemeinschaften nahmen ähnliche Entwicklungen. Im indischen Mogulreich erzielte die Regierung, genau wie in China, nahezu ihre gesamten Einnahmen durch Steuern auf die landwirtschaftliche Produktion; Zolleinnahmen aus dem Handel entsprachen vor 1700 möglicherweise weniger als einem Prozent aller staatlicher Einnahmen, was der politischen Macht der Kaufleute Grenzen setzte. Selbst in einem so stark kommerzialisierten Teil des Subkontinents wie Gujarat entfielen nur sechs Prozent der Staatseinnahmen auf den Seehandel. Außerdem gelang es den südasiatischen Händlern ebenso wenig wie ihren chinesischen Kollegen, ihre an die Herrscher vergebenen Kredite in marktfähige Schuldverschreibungen umzuwandeln, wie das etwa in England propagiert wurde. Die Folge war, dass die Kaufleute von Gujarat ihre wirtschaftliche Macht nicht in politischen Einfluss ummünzen konnten.[103]

Im Westen Asiens sah es ähnlich aus: Kaufleute gehörten in der gesamten muslimischen Welt nicht der politischen Elite an und übten weder Kontrolle über den Staatsapparat aus noch hatten sie besonderen Einfluss. Händler konnten auf dem riesigen Staatsgebiet des Osmanischen Reiches nicht mit staatlicher Unterstützung ihrer Interessen rechnen, und das lag nicht zuletzt daran, dass der Staat nicht auf sie angewiesen war. Der Sultan besteuerte die Bauern direkt, und seine Abhängigkeit von Tributzahlungen, die aus dem landwirtschaftlichen Bereich stammten, brachte es mit sich, dass er sich gar nicht so viel um die Kaufleute kümmern konnte.[104]

IN EUROPA herrschten völlig andere Verhältnisse: Während der Staat für die Kaufleute so wichtig war wie anderswo, waren dort die Kaufleute für den Staat viel wichtiger. Die europäischen Staaten waren nicht so stabil und hungriger nach Steuereinnahmen aus dem Handel als asiatische Staaten. Ihr ständiger Bedarf an Verbündeten und finanziellen Mitteln hielt sie in Abhängigkeit von den Kaufleuten. Europas zersplitterter Adel kontrollierte weniger Ressourcen als etwa die osmanischen Herrscher. Sultan Suleiman zum Beispiel kam auf Staatseinnahmen, die mehr als doppelt so hoch waren wie die Karls V., des reichsten Herrschers in Europa, was dazu führte, dass der habsburgische Herrscher – anders als seine osmanischen Gegenspieler – auf Kredite von Kaufleuten angewiesen war.[105] In den Archiven der Bethmann Bank in Frankfurt am Main finden sich Belege für viele Kredite, die an lokale wie an weiter entfernte Herrscher vergeben wurden, sogenannte Fürstendarlehen. Die Bank finanzierte nicht nur die Landesherren in der benachbarten Landgrafschaft Hessen-Darmstadt, sondern auch im weit entfernten Schweden.[106] Die Staatsschulden wuchsen ins Unermessliche, doch zugleich boten sie den Kapitalisten einen sicheren Ort für Investitionen, wobei sie ihr eigenes Schicksal mit dem der Staatsmacht verbanden.

Europa war in eine große Zahl von miteinander konkurrierenden Staaten aufgeteilt, deshalb waren die Herrscher ständig um Vorteile bemüht, und an allererster Stelle bedeutete das: militärische Vorteile. Aber der technische Wandel, vor allem die Verbreitung von Schusswaffen, hatte der mittelalterlichen Kriegführung ein Ende gesetzt und Kriege teurer gemacht. Viele Soldaten mussten ausgehoben und ausgerüstet werden; die Größe der europäischen Armeen verzehnfachte sich in der Zeit von 1500 bis 1700. Zugleich wurde der Krieg fast zu einem Dauerzustand in Europa. Im Verlauf des 16. und 17. Jahrhunderts befanden sich europäische Staaten insgesamt über 95 Prozent der Zeit im Kriegszustand miteinander; im 17. Jahrhundert waren es 94 Prozent und im 18. Jahrhundert 78 Prozent.[107]

Die Kriegführung trieb die Herrscher den Kaufleuten in die Arme, weil die Aufrüstung – Schiffe, Kanonen und Soldaten – die Mobilisierung gewaltiger Ressourcen verlangte. Frankreich und Spanien erzielten in der ersten Hälfte des 16. Jahrhunderts jeweils jährliche Staatseinnahmen durch Steuern im Gegenwert von 100 bis 150 Tonnen Silber – dreimal so viel wie England und etwa die gleiche Menge wie das Osmanische Reich. Im Jahr 1700 kamen England und Frankreich auf jeweils 600 bis 900 Tonnen Silber, um die Jahrhundertmitte waren es 800 bis 1000 Tonnen, und in den 1780er Jahren stieg die Menge auf 1600 bis 1900 Tonnen. Fast der gesamte Betrag wurde für die stetig steigenden Kriegskosten verwendet. Großbritannien gab im 18. Jahrhundert 75 bis 85 Prozent seiner Staatseinnahmen für das Militär und mit der Kriegführung verbundene Schulden aus – ein atemberaubender Betrag. Wenig überraschend gelang es der britischen Regierung, im Zeitraum von 1670 bis 1815 die Steuereinnahmen um das 17-Fache zu steigern, obwohl sich das Nationaleinkommen in diesen Jahren nur verdreifachte – wer auch immer den Kapitalismus mit einer niedrigen Besteuerung verbindet, hat sich nicht mit der Geschichte beschäftigt. Die Steuereinnahmen des Osmanischen Reiches blieben in demselben Zeitraum fast unverändert.[108]

Um die nötigen Einnahmen zu erzielen, mussten die europäischen Herrscher ihre Staaten völlig neu gestalten und territoriale Volkswirtschaften schaffen, die sie versorgen konnten. Das schuf ungewollt einen günstigen Nährboden für Kapitalbesitzer, die jetzt aus ihren Festungen ausbrachen und ihre revolutionäre Logik in immer weitere Bereiche der Gesellschaft hineintragen konnten. Diese Entwicklung begünstigte zum Beispiel die Monetarisierung der Wirtschaft, weil die Herrscher Abgaben in Form von Geld statt Waren vorzogen. Und während Regierungen nach neuen Einnahmequellen suchten, errichteten sie eine völlig neue Staatsform, die als «fiskalisch-militärischer Staat» bezeichnet worden ist. Sie dachten sich neue Arten der Besteuerung und bürokratische Strukturen aus, mit denen sich Steuern einziehen und Ausgaben verwalten ließen. Die Herrscher wurden von Kaufleuten und Bankiers abhängig, und die innovativen Verwaltungsmethoden beeinflussten letztlich auch die Geschäftspraktiken.[109]

Ressourcenhungrige Staaten förderten die umfassendere Entwicklung der Finanzinstitutionen und des Geldes selbst. Eine der bedeutendsten Neuerungen in diesem Kontext kam von einem Emporkömmling: England. Die politischen Eliten Englands suchten wegen eines Mangels an Gold und Silber im Land nach Mitteln und Wegen, mit denen sich «das Geld neu organisieren» und die Geldmenge im Land vergrößern ließ. Im Zuge dieser Bemühungen errichteten sie eine Finanzarchitektur, die heute noch gut erkennbar ist. Als bedeutsamste Maßnahme gestattete die Regierung im Jahr 1694 der eben erst konzessionierten privaten Bank of England die Ausgabe von Noten, die sich die Regierung dann lieh und zur Begleichung von Rechnungen verwendete sowie als Zahlungsmittel für Steuerverpflichtungen akzeptierte. Das Geld war alles andere als ein neutrales Tauschmittel; es war eine in hohem Maße politische Konstruktion, war doch das Prägen von Münzen bezeichnenderweise ein Privileg des Souveräns. Die Kreditaufnahme durch den Staat ermöglichte jetzt eine gleichzeitige Zunahme der Geldmenge, die vom stark eingeschränkten Silber- und Goldvorrat getrennt wurde. Diese Kreditaufnahme schuf auch einen Markt für öffentliche Anleihen, der so groß und liquide war, dass er einen umfangreicheren Wertpapiermarkt in Gang brachte. Die Interessen der Kapitaleigner und des Staates wurden auf eine grundsätzlich neue Art und Weise miteinander verbunden – die Krone war abhängig vom Fluss der Einnahmen aus Handel und Produktion, während die Kapitaleigner sich in den von den politischen Autoritäten geschaffenen institutionellen Gewässern tummelten und, besonders wichtig, Zinszahlungen des Staates erhielten.[110]

Der Kapitalismus wurde so zu einer – zugegebenermaßen unvollständigen und mitunter entgegengesetzte Ziele verfolgenden – Koproduktion zwischen Staaten und Kapitalisten und war, wie ein Gelehrter es formulierte, eine «Abfolge von *liaisons dangereuses*».[111]

Während die europäischen Staaten von Kaufleuten abhängig wurden, nahmen die Kaufleute ihrerseits, im Vergleich zum mittelalterlichen Europa und zu ihren asiatischen und afrikanischen Zeitgenossen, neue politische Rollen ein. Natürlich waren sie nicht die ersten Kaufleute, die politische Macht besaßen. In Venedig, Florenz und Genua hatten sich der Staat und die Kaufmannsgemeinschaften bereits zu etwas zusammengetan, das Weber als «politischen Kapitalismus» bezeichnete – als «jenes denkwürdige Bündnis zwischen den staatenbildenden Gewalten und den umworbenen und privilegierten Kapitalmächten». Im Verlauf des 16. und 17. Jahrhunderts entwickelte sich dieses Bündnis weiter, ging über Stadtstaaten hinaus und umfasste auch Territorialstaaten. Diese Staaten waren sicherlich verschieden – die Niederländische Republik mit ihren herrschenden bürgerlichen Notabeln war etwas ganz anderes als die britische konstitutionelle Monarchie, und dennoch statteten sie alle europäischen Kapitalisten mit einem einzigartigen politischen Einfluss aus.

Die Kapitalbesitzer bildeten eine mächtige neue Elite und gestalteten Staaten nach ihren Vorstellungen, dabei konnten sie ihr Kapital mit neuen Formen staatlicher Macht verbinden und diese Macht in neue globale Konfigurationen einbringen, neue afrikanische, asiatische und amerikanische

Nach Westen: Die Medici nehmen die Welt in den Blick. Landkarte der Karibik und Venezuelas, 1563.

Kapitalinseln aufbauen und sie in einen neu entstandenen eurozentrischen Archipel integrieren. In der Folge zeigten die Staaten ein großes Interesse daran, Kapitalisten den Zugang zu weiteren Ressourcen zu ermöglichen und deren Erschließung zu erleichtern, während den Kapitalisten sehr daran gelegen war, dass ihr Land Erfolge erzielte. Die Herrscher glaubten oft, dass die vom Kapital angetriebene Expansion die Feudalherrschaft stärken würde, doch tatsächlich stärkte sie die städtischen Kapitalisten und förderte deren Interessen. All die Anstrengungen, die eigentlich die auf Tributpflichten beruhende Herrschaft stabilisieren sollten, untergruben diese letztlich nur weiter. Noch dazu führte die Schaffung neuer Kapitalinseln zu Konflikten zwischen den europäischen Mächten, welche die Abhängigkeit der Staaten von den Ressourcen der Kaufleute weiter vergrößerte. Die portugiesische Macht auf dem indischen Subkontinent wurde von niederländischen und englischen Kriegsschiffen erfolgreich herausgefordert; Niederländer, Engländer und Franzosen kämpften jahrhundertelang um die Herrschaft über die Inseln der Karibik; und konkurrierende Ansprüche auf den Nordamerika- und den Asienhandel führten ebenso dazu, dass fast ständig Krieg geführt wurde.[112]

Die neuen Kapitalinseln halfen den Staaten beim Stabilisieren, Vermehren und Beschaffen weiterer Geldmittel, während ihre militärische Stärke die

Expansion europäischer Kaufleute nach Asien, Afrika und Amerika unterstützte. Es war ein Vorstoß, der sich gleichermaßen auf Macht und Gewalt wie auch auf die «klassischen» Institutionen stützte, wie sie Ökonomen lieben – auf die Herrschaft des Rechts im Allgemeinen und Eigentumsrechte im Besonderen. Je mächtiger die Eliten der Kapitaleigner wurden, desto stärker setzte der Staat seine Machtmittel ein, um die Interessen der Geschäftsleute zu schützen und auszubauen. Die Expansion verlief von Grund auf gesetzlos, und die beteiligten Staaten gerieten in Konflikte mit rivalisierenden Autoritäten. Sie konzentrierte sich auf Monopole und verursachte gewaltige Enteignungen. Gewalt war allgegenwärtig, von den größten Seeschlachten bis zu den kleineren Grausamkeiten im Grenzland des Handels. Als der Schiffskapitän John Engleduc in den 1750er Jahren an der Küste von Gambia Handel trieb und sein Schiff «von den verdammten Schurken im Land der Cassinka angegriffen» wurde, ließ er Schießpulver auf dem Schiffsdeck verstreuen und gab den «Eingeborenen» durch Gesten zu verstehen, sie sollten «an Bord kommen». Dann gab er einem versklavten Jungen ein Zündholz in die Hand, mit der Anweisung, das Pulver in die Luft zu jagen: «Mehr als 30 der Barbaren starben durch die Explosion.»[113]

Das Ineinandergreifen von Handel und Herrschaft verweist auf einen entscheidenden Aspekt der großen Vernetzung: Sie beruhte zum größten Teil auf Gewalt und Zwang. Der Handel brachte nicht den Frieden mit sich, den Immanuel Kant von seinem Arbeitszimmer in Königsberg aus prophezeit und über den Thomas Paine in Philadelphia sinniert hatte, als er behauptete, dass «der Handel […] ein friedliches System [ist], welches dahin wirkt, das Menschengeschlecht einander vertraut zu machen, indem es sowohl Nationen als Einzelne einander nützlich macht».[114] Solche Gedanken waren bereits Mitte des 18. Jahrhunderts unter den europäischen Denkern der Aufklärung «Allgemeingut»: «Es ist eine nahezu allgemeingültige Regel: überall, wo milde Sitten herrschen, gibt es Handel, und überall, wo es Handel gibt, herrschen milde Sitten», aber Montesquieus und anderer Autoren Vorstellung vom «sanften Handel» («doux commerce») entsprang dem Wunschdenken, nicht der Wirklichkeit.[115]

Der niederländische Handel zum Beispiel bezog seine Stärke sowohl aus den Waren, die er anzubieten hatte, als auch aus der Macht des Staates. Als die VOC die Banda-Inseln im Archipel der Molukken erreichte, um sich Zugang zum dortigen Muskatnussanbau zu verschaffen, gingen Krieg und Handel nicht nur Hand in Hand, sie waren ein und dasselbe. Jan Pieterszoon Coen, zweimaliger Generalgouverneur der VOC in Südostasien, erklärte zu Beginn des 17. Jahrhunderts: «Wir können keinen Handel treiben, ohne

Krieg zu führen, und wir können keinen Krieg führen, ohne Handel zu treiben.»[116] Das war kein Markt nach den Vorstellungen von Adam Smith, wenn die VOC ihre Emissäre in Asien anwies:

> Wir empfehlen Ihnen, an den wichtigsten Orten, an denen Sie Freundschaften und Bündnisse schließen, mit Zustimmung der Inder Festungen zu bauen, um diese Orte zu sichern und sie als unsere Besitztümer zu verteidigen und ihren Handel uns allein zu sichern und die Portugiesen und alle anderen auszuschließen.[117]

Die VOC war zwar ein Privatunternehmen von Kaufleuten, die den Archipel des Kapitals unbedingt erweitern wollten, doch das Unternehmen war zugleich auch eng mit dem Staat verbunden und wurde an vielen Orten selbst zum Staat.[118]

Die besondere Beziehung zwischen europäischen Kapitalisten und Herrschern fand ihren deutlichsten Ausdruck in ihrem Bestreben und ihrer Fähigkeit, neue Inseln des Kapitals zu schaffen, zu denen unter anderem auch die Kapverden und Potosí zählten. Solche Bestrebungen und Fähigkeiten waren nicht gleichmäßig über den gesamten Globus verteilt. Auch asiatische und afrikanische Kaufmannsgemeinschaften expandierten, zeigten dabei aber ein geringeres Tempo und gingen nicht so radikal vor wie ihre europäischen Kollegen. Die Fähigkeit, im Verlauf des langen 16. Jahrhunderts neue Inseln des Kapitals zu schaffen, war weitgehend auf europäische Kaufleute begrenzt, und es war diese Fähigkeit, die es ihnen – mehrere Jahrhunderte lang – ermöglichte, neuartige Verbindungen zu knüpfen, die globale Hierarchien von Grund auf veränderten. Der Staat war einerseits stark genug, um ihre Interessen unterstützen zu können, zugleich aber auch so schwach, dass er auf ihre einzigartig liquiden und schnell anwachsenden Vermögen angewiesen blieb. Diese Zufallsverbindung ermöglichte die Entwicklung einer vernetzten Verschiedenheit von Arbeitsregimen, politischen Institutionen und festgelegten Rechten – das zentrale Merkmal der Dynamik, das den Kapitalismus erklärt.

Nur wenige Familien illustrieren die neue Beziehung zwischen Kapital und Staatsmacht besser als die Fugger, die vom späten 15. Jahrhundert bis zur Mitte des 16. Jahrhunderts so wichtig waren, dass einige Historiker diese Jahre als «Zeitalter der Fugger» bezeichnet haben. Die Familie wurde mit dem Handel reich, doch was sie so bedeutend machte, war ihre Fähigkeit, neue

Kapitalinseln aufzubauen und diese mit staatlicher Macht zu verbinden, was sie zu echten kapitalistischen Wegbereitern machte.[119]

All dies begann im Jahr 1367, als der Weber Hans Fugger aus dem kleinen Ort Graben im Lechfeld in die 20 Kilometer entfernte Stadt Augsburg ging, auf der Suche nach einer besseren Zukunft. Hans Fugger und seine Söhne Andreas und Jakob investierten ihre Gewinne aus dem Weberhandwerk sofort in Immobilien, und die Familie heiratete in die Augsburger Kaufmannselite ein. Sie konzentrierten sich zunehmend auf den Handel, eine Entscheidung, die durch die engen Verbindungen von Augsburg nach Venedig begünstigt wurde. Zunächst widmeten sie sich dem Textilhandel und wechselten dann zu Gewürzen und Bergbau – vor allem zum Silber-, Kupfer- und Quecksilberbergbau, handelten aber auch mit Kupfer, Zinn, Blei und Kohle –, bevor sie sich dem Handel mit Metallwaren, darunter auch Waffen, Luxuswaren und Lebensmitteln sowie Bank- und Kreditdiensten für europäische Herrscher zuwandten. Die Familie brachte es zu großer Prominenz. Hans Fuggers Enkel Jakob II., genannt «der Reiche», könnte der vermögendste Mann gewesen sein, der je gelebt hat, und unter der Verantwortung von Jakobs Neffen Anton (1493–1560) erreichte der Handelsbestand des Unternehmens im Jahr 1546 den beeindruckenden Wert von fünf Millionen Gulden, und das in einer Zeit, in der ein durchschnittlicher Handwerker etwa 100 Gulden im Jahr verdiente.[120]

Die Fugger waren, wie alle expandierenden Handelsunternehmer, in ein familiäres Netzwerk eingebettet, bei dem die Kontrolle über die Geschäfte vollständig in den Händen der Augsburger Familie verblieb. Mit äußerster Sorgfalt wurden die Söhne auf ihre Rollen als Verwalter großer Kapitalakkumulationen vorbereitet. Jakob II. zum Beispiel schickte man 1473 im zarten Alter von 14 Jahren nach Venedig, in die Handelshauptstadt des östlichen Mittelmeerraums, wo er sich umfassende Kenntnisse über das Handels- und Bankgeschäft aneignen sollte. Sein Bruder Markus, der zur selben Zeit als Schreiber in den Päpstlichen Regesten in Rom arbeitete, fädelte 1476 den ersten Geldtransfer der Fugger mit dem Kirchenstaat ein, was zugleich den Einstieg der Familie ins Bankgeschäft bedeutete, das sich zu einer wichtigen Einkommensquelle entwickelte.[121]

Die Fugger hatten zwar ihren Lebensmittelpunkt in Augsburg, doch zur Koordination ihrer Handelstätigkeit errichteten sie ein weitgespanntes Netzwerk von Faktoreien in ganz Europa. Diese Faktoreien – möglicherweise waren es bis zu 75 – waren Orte, an denen Waren gelagert und Handelsgeschäfte getätigt wurden. Antwerpen, Königsberg, Lissabon und Madrid waren Standorte von Fugger-Faktoreien, später auch Goa und möglicherweise

Santo Domingo auf der Karibikinsel Hispaniola. Das Zusammenführen der Informationen aus diesen Faktoreien in der Augsburger Zentrale ermöglichte den Fuggern die Koordination und die Kontrolle über ihre Geschäftstätigkeit.[122]

Während die Fugger ihre Informations- und Handelsnetzwerke über ganz Europa und schließlich bis nach Südasien und Amerika ausbreiteten, knüpften sie auf vielerlei Art Kontakte zu Königen, Kaisern und örtlichen Potentaten – zu Herrschern, die ihrerseits in eine immer größere Abhängigkeit von den Ressourcen des Unternehmens gerieten. Die Fugger heirateten strategisch in Adelsfamilien ein, besonders gern in Familien, die den Habsburgern dienten. Diese gesellschaftliche Prominenz, für die vor allem die Frauen sorgten, half den Fuggern bei ihrem Aufstieg in die Kreise der prominentesten Finanziers zahlreicher europäischer Herrscher, zu denen auch die Päpste zählten. Den Habsburgern standen die Fugger bereits nahe, und sie wurden zu einer «Supermacht des Geldes», als sie die Kriege der Dynastie finanzierten und als Gegenleistung für diese existenziellen Dienste Monopole erhielten. Pachtverträge verschafften ihnen einen exklusiven Zugang zu Bodenschätzen wie Silber, Kupfer und Quecksilber. Ihnen wurden Adelstitel verliehen und privilegierte Zugänge zu Märkten in Übersee zugesprochen, während sie von Steuerzahlungen und Zöllen befreit waren. Zum eindrucksvollsten Beispiel für die Macht der Fugger kam es im Jahr 1519, als sie die Bestechungsgelder bereitstellten, die für die Wahl von Karl V. zum Kaiser des Heiligen Römischen Reiches benötigt wurden, und dafür das Monopol für den Quecksilberabbau in Spanien erhielten. Das Geschäft lohnte sich für beide Seiten: Die Fugger wurden zu den wichtigsten Bankiers der Habsburger, und die Habsburger wurden zur Weltmacht.[123]

Diese Verbindung brachte die Fugger über den Atlantik. Ihr Kapital hatte zunächst die spanischen und portugiesischen Seefahrten mitfinanziert, darunter auch einige der frühesten kolonialen Expeditionen. Die spanische und portugiesische Macht griff jetzt nach Amerika, und die Fugger schlossen sich dem Vorstoß direkt an: Sie lieferten das Quecksilber, das für die Ausbeutung der Silbervorkommen in den spanischen Kolonien Neuspanien und Peru benutzt wurde. Als Gegenleistung erhielten sie Edelmetalle, die dort gewonnen wurden. Zum Abkommen zwischen den Fuggern und Karl V., dem Asiento vom Mai 1552, gehörte zum Beispiel ein enormer Kredit zu einem Zinssatz von zwölf Prozent, der mit Gold- und Silberbeständen aus der Casa de India in Sevilla abgegolten wurde. Ein Bericht des Consejo de Hacienda – der spanischen Hofkammer – vom September 1552 stellte fest, dass von zehn Schiffsladungen Silber im Gesamtwert von 158 000 Dukaten fast 80 000

Dukaten benötigt wurden, um die überfälligen Schulden des Königshauses bei den Fuggern und anderen Kaufleuten zu begleichen. Die Fugger-Faktorei in Sevilla spielte bei diesem Silberhandel eine Schlüsselrolle. Sie war der Ort, an dem die Edelmetalle in Empfang genommen und anschließend nach Antwerpen weitergeleitet wurden. Die Fugger, die einen großen Teil ihrer kaufmännischen Kenntnisse von den venezianischen Händlern im östlichen Mittelmeerraum erworben hatten, waren jetzt mit dabei, als es galt, den atlantischen Raum für die europäische Wirtschaft zu erschließen, auch für ihr eigenes Unternehmen. Der Strom der Ressourcen ermöglichte ihnen die Anhäufung beispielloser Reichtümer, während zugleich das Haus Habsburg gestärkt wurde, das diese Expansion ermöglicht hatte.[124] Es war eine nahezu symbiotische Beziehung.

Die Fugger waren nicht allein, wenn es galt, das Netzwerk zwischen Geld, Staatsmacht und dem expandierenden Archipel des Kapitals weiterzuknüpfen. Die Welser, ihre Augsburger Landsleute und Konkurrenten, taten es ihnen nach. Die Familie, ein seit 1411 bestehendes Unternehmen, stieg 1505 ins Überseegeschäft ein, als sie gemeinsam mit den Fuggern und anderen süddeutschen Kaufmannsfamilien die Siebte Portugiesische Indienflotte finanzierte und ausrüstete. Diese Expedition bedeutete für die Welser den Durchbruch – sie verschaffte ihnen den Zugang zur portugiesischen Insel Madeira und vier Jahre später zu den Zuckerrohrplantagen auf den vom Königreich Kastilien beherrschten Kanarischen Inseln. Bereits ein Jahrzehnt später waren die Welser der zweitgrößte Finanzier bei der Wahl Karls V. zum Kaiser des Heiligen Römischen Reiches. Im Gegenzug wurde ihnen 1525 die Einrichtung einer Faktorei in Sevilla und, 1526, einer Handelsstation in Santo Domingo gestattet. Die Welser investierten im Zeitraum von 1526 bis 1535 in 93 Seereisen von Sevilla nach Santo Domingo, was ihnen einen Anteil von erstaunlichen zehn Prozent am gesamten Handelsaufkommen mit dem amerikanischen Doppelkontinent bescherte. Neben Zucker brachten sie auch Gold, Perlen, Indigo und Arzneimittel wie Balsam nach Europa und verkauften afrikanische Sklaven nach Spanisch-Amerika. Ein Asiento Kaiser Karls V. im Jahr 1528 erlaubte den Welsern den Import von 4000 versklavten Afrikanern als Gegenleistung für die Entrichtung einer Lizenzgebühr.[125]

Die Geschichten der Welser und Fugger zeigen, dass die Entwicklung einer neuartigen Beziehung zwischen Herrschern und Kaufleuten, zwischen Staat und Kapital, ein zentrales Merkmal der großen Vernetzung war. In der radikalsten Variante übernahmen die Händler staatliche Funktionen, und die Grenzen zwischen Staat und Wirtschaft – zwischen «privat» und «öffentlich» – wurden verwischt oder entfielen ganz, auch wenn diese – imaginären – Grenzen später unter ideologischen Gesichtspunkten für das Selbstverständnis des Kapitalismus eine enorme Bedeutung erlangten. Selbst die Kriegführung wurde oft privatisiert. Beispiele gibt es mehr als genug: Die genuesische Bank Casa di San Giorgio wurde 1453 zur Territorialherrscherin auf Korsika. Als Kaiser Karl V. in den 1520er Jahren die Unterwerfung und Kolonisierung von Teilen des heutigen Venezuela anstrebte, setzte er dabei auf private Anstrengungen und Ressourcen; zur selben Zeit suchte das süddeutsche Bankhaus Welser nach einem territorialen Handelsstützpunkt in Kontinentalamerika, um von dort aus natürliche Ressourcen auszubeuten und Handel zu treiben. In ähnlicher Manier verwaltete die niederländische VOC ihre immer größeren Territorien in Südostasien direkt und verfügte dabei über zentrale Souveränitätsrechte: Sie konnte Kriege führen, Verträge aushandeln und Münzen prägen. Auch die englische East India Company herrschte in Überseegebieten unmittelbar, besteuerte die einheimische Bevölkerung und nutzte diese Einnahmen für den Einkauf von Waren wie Opium, um diese in China gegen Tee einzutauschen. Die englische Royal African Company agierte ebenfalls wie eine staatliche Vertretung, sie errichtete schwer bewachte Forts, führte Vertragsverhandlungen und militärische Kampfhandlungen. Ihre Schiffe versorgten die Royal Navy mit Proviant, und die Royal Navy transportierte das Gold der Company. Alle internationalen Handelsrouten des entstehenden Empires waren von diesem privaten Auftragnehmer und seiner Fähigkeit, Kriege zu gewinnen, abhängig. Als der englische König im Jahr 1692 in der Karibik Soldaten anwerben ließ, versprach er den weißen Bürgern von Barbados, die bereit waren, sich seinen Streitkräften anzuschließen, «Beute», wozu auch Sklaven gehörten.[126] Von Frankreich konzessionierte Privatunternehmen – allesamt Monopole – übernahmen ebenfalls staatliche Funktionen. Die Compagnie des Indes erhielt als Stützpunkt für ihre Handelsmissionen Land im nordfranzösischen Lorient zugewiesen, und ihr Nachfolgeunternehmen besaß Gebiete in Übersee, zum Beispiel die Maskarenen mit Mauritius und La Réunion, wo es über Souveränitätsrechte verfügte, die Bevölkerung besteuerte, Verträge schloss und militärische Operationen betrieb. Das kam sehr wohl «der Kolonisierung des Staates durch Wirtschaftseliten» gleich, und diese Vermischung des Öffentlichen mit dem Privaten durchdrang die gesamte Struktur der kapitalistischen Revolution.[127]

Diese bemerkenswerte Beziehung zwischen Staat und Kapital, Herrschern und Kapitalisten wird besonders deutlich, wenn wir uns den expandierenden Archipel des Kapitals ansehen: Diese neuen Inseln waren zwar eindeutig das Ergebnis staatlicher Machtausübung, aber die Kapitaleigner hatten dort nahezu völlige Handlungsfreiheit. Der Staat legte ihnen nicht nur keine Zügel an, oft repräsentierten und verkörperten sie selbst den Staat. Das galt vor allem in den neu gegründeten Kapitalinseln in Afrika, Asien und Amerika. In Barbados dominierte eine kleine Elite von Plantagenbesitzern die Exekutive, die Legislative und die Rechtsprechung der Inselregierung, das heißt: alles. Der Staat auf Barbados war eine Versammlung von Kapitalbesitzern – das ist keine Überraschung, wenn man sich vergegenwärtigt, dass die Insel ein Privatunternehmen war, dessen Besitzer sich mit der passenden Bezeichnung «Lord Proprietors» schmückten.[128] Die europäischen Monarchen waren mit dieser Machtverteilung nicht immer einverstanden. Der englische König beklagte sich im Jahr 1682 bitterlich, dass ihn die Pflanzer auf Barbados nicht über die erzielten Erträge auf dem Laufenden hielten, was er als «unserem Souveränitätsrecht abträglich» empfand und ihm «nicht geeignet» schien, «von uns gestattet zu sein».[129] Die Plantagenbesitzer hielten die Krone dennoch auf Abstand und lieferten London so wenige Informationen wie nur möglich. An anderen Orten im Archipel des Kapitals sah es

Kriegskapitalismus in Aktion: Augsburger Kaufleute erobern amerikanisches Gebiet.

ähnlich aus. In Saint-Domingue zum Beispiel brachten ständige Konflikte in Steuerfragen die Pflanzer und Kaufleute gegen den französischen Staat auf.[130]

Die unklare Abgrenzung zwischen Herrschern und Kapitalisten zeigte sich am deutlichsten, wenn es galt, für den Krieg zu mobilisieren – eine zentrale Aktivität des Staates. In ganz Europa entwickelte sich eine besondere Variante von Dienstleistungen, denn viele militärische Einsätze wurden von privaten Akteuren übernommen – Militärunternehmern. Manche ihrer Operationen waren begrenzt auf Kaperfahrten – Handelsschiffe unter anderer Flagge wurden aufgebracht und geplündert –, andere fielen gigantisch aus: Um das Jahr 1700 hielt die VOC 10 000 bis 15 000 Soldaten unter Waffen und hatte über 200 Schiffe unter ihrem Kommando. Das erste multinationale Unternehmen der Welt wurde so auch zu einer der bedeutendsten Streitmächte, zu einem frühen Vorläufer heutiger Händler der Gewalt wie Blackwater in den USA und Wagner in Russland. Einen großen Teil der militärischen Macht Europas leisteten diese bewaffneten Kaufleute, weil die Staaten nicht über die Fähigkeiten oder Ressourcen verfügten, die für die Entsendung großer Armeen an weit entfernte Orte notwendig waren. Selbst in Amerika, dem Hauptziel der europäischen Eroberungszüge, lag der größte Teil der Militärmacht in den Händen von Privatarmeen und Einzelpersonen – es war die besondere Überschneidung von Staatsmacht und Privatkapital, die den Kern der großen Vernetzung bildete und den europäischen Kapitalbesitzern die außergewöhnliche Stellung innerhalb dieser Strukturen bescherte.[131]

Einige dieser Möglichkeiten lassen sich anhand eines der abgelegensten dieser neuen Knotenpunkte im Archipel des Kapitals darstellen. Auf St. Helena, einer kleinen Insel im Südatlantik, schufen Kapitalisten und Staatsmänner neue Formen der sich überlappenden Souveränitäten, die charakteristisch für die große Vernetzung waren und zu wichtigen Bausteinen der kapitalistischen Revolution wurden. Die Insel wurde seit 1657 von der East India Company beherrscht. In jenem Jahr stellte der englische Staatsmann und Heerführer Oliver Cromwell (1599–1658) der Company einen Freibrief aus, und St. Helena wurde zu einer Pflanzerkolonie an einer Wegkreuzung zwischen Ost und West, in der Bevollmächtigte des Unternehmens den Anbau von Plantagenpflanzen wie Indigo, Baumwolle und Gewürznelken organisierten. Wie auf den Kapverden erlangte die Sklaverei rasch zentrale Bedeutung. Schon im Jahr 1722 waren von den 924 auf St. Helena registrierten Personen etwa 400 versklavte Afrikanerinnen und Afrikaner, die etwa zur Hälfte als Besitz der Company ausgewiesen wurden.[132]

Die Insel wurde jedoch nicht durch ihre Wirtschaftsleistung oder durch die Zahl der versklavten Arbeitskräfte zu einem bemerkenswerten Beispiel, sondern durch ihre ganz besondere Herrschaftsform. St. Helena war ein Unternehmensstaat. Die leitenden Bevollmächtigten der EIC vor Ort waren nicht einfach nur Kaufleute, sondern die Souveräne der Insel. Die Company installierte 1673 für «die gute Verwaltung der genannten Insel» die Ämter des Gouverneurs und des stellvertretenden Gouverneurs, die «unter uns [waren], um den Oberbefehl und die Amtsgewalt in allen Angelegenheiten auf der besagten Insel innezuhaben und auszuüben».[133] Durch Dekrete konnten die Bevollmächtigten des Unternehmens «Gesetze, Anweisungen und Verordnungen für die Verwaltung von St. Hellena erlassen [...] wie sie es für angemessen und geziemend erachten», mit der einzigen Einschränkung, dass diese «der Vernunft entsprechen und mit den Gesetzen Englands weder unvereinbar sind noch ihnen zuwiderlaufen, sondern ihnen so nah wie möglich kommen».[134]

Die Souveränitätsrechte lagen letztlich bei der Krone, aber die Freibriefe und Schutzrechte erlaubten ihr nicht die Aufsicht über die EIC oder die Verwaltungsräte von St. Helena. Diese privatisierte Form politischer Herrschaft ließ auf eine neuartige Verschmelzung von öffentlicher und privater Macht schließen, auf ein Unternehmen als Staat und einen Staat als Unternehmen. Die EIC übertrug diese Herrschaftsform später auf sehr viel größere Orte in ihrem Einflussbereich, zum Beispiel auf Bombay, Madras und Kolkata.[135] Solche Unternehmensstaaten waren tatsächlich «hybride Gebilde», staats-

Der Kriegskapitalismus in Aktion, hier aus westafrikanischer Sicht: Eine Benin-Bronze porträtiert einen portugiesischen Musketenschützen des 16. Jahrhunderts.

ähnliche Unternehmen, die zu Souveränitätsrechten kamen, weil den Staaten die Ressourcen für ihre weltweite Expansion fehlten.[136]

Diese Unternehmen waren für den Frühkapitalismus von derart zentraler Bedeutung, dass sie zu einem Charakteristikum des sich entwickelnden Kapitalismus im langen 16. Jahrhundert wurden. Zugleich waren sie eines von mehreren Merkmalen, die den Kapitalismus, der sich im Verlauf dieser Jahrhunderte herausbildete, von dem vertrauteren Industriekapitalismus abhoben, der 200 Jahre später entstehen sollte. Dieser frühe Kapitalismus war tatsächlich so auffällig, dass seiner Zeit ein eigener Name zusteht: Kriegskapitalismus.

Der Kriegskapitalismus beruhte auf einer spezifischen Struktur staatlicher Macht. Er war, wie bereits gezeigt, errichtet auf imperialer Expansion und bewaffnetem Handel, auf der Gewaltherrschaft über Arbeitskräfte und einer gewaltigen Enteignung kollektiver Ressourcen, die es noch zu erörtern gilt. In diesem System war der Kolonialismus von entscheidender Bedeutung für den Handel. Der Kriegskapitalismus öffnete riesige Territorien, in denen Eigentum – die individuelle Freiheit ebenso wie Grund und Boden und natürliche Ressourcen – zur Beute wurde. Europäer konnten so gut wie immer straflos enteignen; Arbeitskräfte konnten per «Erlass» ihrer Herren ihrer persönlichen Freiheit beraubt werden, und konkurrierende Händler wurden durch staatlich finanzierte Kriegsflotten vertrieben oder versenkt. Adam Smith stellte fest: «Die Kolonie eines zivilisierten Volkes, das ein unerschlossenes Land in Besitz nimmt oder ein Land, das so dünn bevölkert ist, dass die Eingeborenen den neuen Siedlern leicht Platz machen können, entwickelt sich rascher zu Reichtum und Größe als irgendeine andere menschliche Gemeinschaft.»[137]

Der Kapitalismus kam als Kriegskapitalismus in die Welt, eine einzigartige Konfiguration, die etwas Unwahrscheinliches ermöglichte: Wirtschaftswachstum ohne einen bedeutenden technischen Wandel oder eine Steigerung der Produktivität. Das Pro-Kopf-Wirtschaftswachstum lag, soweit das aus den erhaltenen Quellen zu erschließen ist, in den Niederlanden im Zeitraum von 1500 bis 1850 bei möglicherweise 0,41 Prozent pro Jahr, in England waren es in der Zeit von 1600 bis 1750 etwa 0,3 Prozent jährlich. Eine Rekonstruktion von Portugals Wachstum beim Bruttoinlandsprodukt zeigt ebenfalls längere Phasen einer eindrucksvollen Entwicklung: eine Zunahme von jährlich rund 0,44 Prozent in den Jahren von 1630 bis 1755. Im Vergleich zur Welt nach 1800 war das nicht viel, aber in dieser vorindustriellen Epoche waren solche Raten außergewöhnlich. Das sich beschleunigende Wachstum sollte in einer späteren Phase die Grundlage für die enorme Wertschöpfung des Kapitalismus liefern. Gegenwärtig, im langen 16. Jahrhundert, sorgte im Zuge der gewaltsamen Expansion der Knotenpunkte des Kapitals in erster Linie die epochale Umverteilung der Reichtümer der Welt für Vermögen. Der Zugang zu den Ressourcen des neuen Archipels des Kapitals war zu diesem Zeitpunkt nicht zuletzt deshalb besonders wichtig, weil die Weltbevölkerung klein und die Produktionskraft bescheiden war.[138] Doch im Unterschied zu früheren gewaltsamen Expansionen, wie etwa Timurs furchterregenden Feldzügen, landete der gestohlene Reichtum diesmal nicht einfach bei neuen Tributherren, sondern in den Kassen von Kaufleuten, die ihn in ihrer jahrhundertealten Logik verwendeten: Sie investierten und akkumulierten.

Die Kapitalbesitzer erweiterten im Zusammenwirken mit Staaten das Reich des Kapitals, schmiedeten den institutionellen Rahmen des Kriegskapitalismus, verteilten die Reichtümer der Welt neu, verschafften der Logik des Kapitals eine wichtigere Rolle im Wirtschaftsleben, und auch sie selbst wurden jetzt anders wahrgenommen. Die Kaufmannselite wehrte sich immer selbstbewusster gegen die ihnen seit Jahrhunderten auferlegten religiösen und weltlichen Vorschriften und Verbote. Katholische Kaufleute in den italienischen Stadtstaaten schrieben in ihre Hauptbücher Sätze wie: «Im Namen Gottes und des Profits.» Calvinisten in den Niederlanden vertraten die Ansicht, wirtschaftlicher Erfolg sei keineswegs Ausdruck von Sündhaftigkeit, sondern ein Nachweis für Tugendhaftigkeit und Gottes Gunst, und Theologen fanden Mittel und Wege, wie sich die doktrinäre Feindseligkeit des christlichen Glaubens in Sachen Akkumulation umgehen ließ. Pragmatische Konstruktionen wie zum Beispiel die sogenannten Trockenwechsel, bei denen der Kreditzins im Wechselpapier versteckt war, halfen religiös motivierte Verbote von Zinsforderungen zu umgehen.[139]

Besonders aufschlussreich ist allerdings, dass die religiösen Einstellungen selbst sich zu verändern begannen. Die feindselige Haltung zur Kapitalakkumulation wurde gegen aufgeschlossenere Positionen abgewogen, und das nicht zuletzt, weil die religiösen Autoritäten – wie ihre weltlichen Kollegen – auf die Arbeit der Kapitaleigner und die Ressourcen, die sie beschafften, angewiesen waren. In den christlichen Traditionen änderte sich die Haltung zu Zins, Gewinn und Handel. Der italienische Franziskaner Bernhardin von Siena (1380–1444) ließ sich von zwei Männern des 13. Jahrhunderts, Petrus Johannis Olivi, ebenfalls Franziskaner, und dem Dominikaner Thomas von Aquin inspirieren und begann zwischen «fruchtbarem und sterilem» Handel zu unterscheiden, wobei er die fruchtbare Variante für legitim erklärte. Der Theologe Johannes Eck (1486–1543), Professor in Ingolstadt, erklärte im Jahr 1514, Zinsforderungen in Höhe von fünf Prozent oder weniger seien unproblematisch. Diese Aussage erhielt großen Zuspruch – und finanzielle Unterstützung – vonseiten der Fugger. Theologen zogen neue Trennlinien zwischen etwas, was sie als «rechtmäßige Gewinne aus Verkäufen oder der Beschäftigung anderer Personen und die stigmatisierte Kategorie des Wuchers» bezeichneten – mit anderen Worten: zwischen gutem und schlechtem Handel.[140] Manchmal begünstigten die theologische Neuorientierung und das merkantile Interesse einander gegenseitig. Als der päpstliche Gesandte Kardinal Bernardino López de Carvajal 1507 in Augsburg eintraf, wurde er von Jakob dem Reichen angemessen bewirtet. Im Gegenzug erhielt dieser «gnad und ablaß» des Kardinals.[141]

Religiöse Verbote, die sich gegen merkantile Unternehmungen richteten, gab es natürlich auch jetzt noch. Englische Prediger verkündeten nach wie vor die Sündhaftigkeit exzessiver Profite. Der Theologe Thomas Cartwright erinnerte 1562 beispielsweise seine Londoner Gemeinde in der St. Paul's Cathedral erneut daran: «Es ist leichter, dass ein Kamel durch ein Nadelöhr gehe, als dass ein Reicher ins Reich Gottes komme.»[142] Andere Denker kritisierten weiterhin die Gesellschaftsschicht der Kaufleute insgesamt. In Japan zum Beispiel sprach der einflussreiche Philosoph Motoori Norinaga (1730–1801) vom korrumpierenden Einfluss des Geldes und forderte Beschränkungen für den Handel. Luxusgesetze diktierten nach wie vor den Dresscode für wohlhabende Kaufleute, und in ihnen spiegelte sich die Überzeugung, dass eine aufwendige Selbstdarstellung gegen göttliche Gebote verstoße. Angesichts der Radikalität der Veränderungen kann es nicht überraschen, dass es mehrere Jahrhunderte dauerte, bis sich die kapitalistische Revolution in nahezu allen Gesellschaften der Welt durchgesetzt hatte.[143]

Während die große Vernetzung über Jahrhunderte hinweg voranschritt und handelsorientierte europäische Staaten und bewaffnete Händler langsam, aber sicher die Verbindungen zwischen den entlegenen Inseln des Kapitals veränderten und Institutionen entstehen ließen, schufen diese Akteure auch neuartige weltweite Hierarchien. Kleine Unterschiede, die zunächst kaum auffielen, sorgten im 18. Jahrhundert in der Summe für eine folgenschwere Divergenz. Das Bedeutende an der Errichtung neuer Kapitalinseln vor allem in Amerika waren nicht nur die Aneignung natürlicher

Ressourcen und physischer sowie institutioneller Infrastrukturen oder das Erlangen eines bis dahin nicht gekannten Wohlstands – so wichtig all dies auch war –, sondern der Aufbau neuer Formen der Macht durch eine kleine Zahl europäischer Staaten und eine Untergruppe europäischer Kapitaleigner. Diese Gruppe wurde immer stärker und ordnete den Wirtschaftsraum im weltweiten Maßstab neu – zunächst waren dies Staatsmänner und Kapitalbesitzer aus Portugal und Spanien – zusammen mit ihren italienischen Partnern –, dann, etwas später, aus der Niederländischen Republik, England und Frankreich. Aus diesen Veränderungen entstand eine Reihe zutiefst folgenreicher neuer Hierarchien, und sie führten zu einem globalen Transfer von ökologischen, technischen und menschlichen Ressourcen.[144]

Während die große Vernetzung den europäischen Händlern und Staaten die Schaffung neuen Reichtums und neuer institutioneller Kapazitäten ermöglichte, untergruben sie zugleich solche Schritte anderswo. Die Unterschiede des Wohlstands waren in den fortgeschrittenen Teilen Europas und Asiens immer noch gering, doch europäische Händler und Staaten schwächten konkurrierende Knotenpunkte des Kapitals sowie Zentren politischer Macht und schränkten ihren Aktionsradius ein. Vor allem aber destabilisierten sie Verbindungen zwischen nicht europäischen Machtzentren und Kapitalquellen: Das war die zentrale Voraussetzung des europäischen Durchbruchs. Die nun entstandenen globalen Hierarchien waren nicht das Ergebnis eines «Scheiterns» nicht europäischer Kaufleute, sondern einer neuen Form der Integration.[145]

Beispiele für die Schaffung solch unterschiedlicher Hierarchien gibt es mehr als genug. Wenn bewaffnete europäische Händler und kommerziell orientierte Staaten auf Kapitalinseln in Afrika, Asien und Amerika trafen, hatte das oft verheerende Konsequenzen. In Amerika hatten die Kaufleute der Azteken – wohlhabend, in Zünften stark organisiert und mit der staatlichen Macht eng verbunden – die Spanier zutiefst beeindruckt. Doch die überwältigende Gewalt der Konquistadoren und die von ihnen eingeschleppten Krankheiten machten es den Azteken unmöglich, einen nahezu vollständigen Transfer der politischen Autorität und des Reichtums auf die ins Land kommenden Europäer zu verhindern – einen Transfer, der für einen fernen Kontinent ein riesiges Geschenk bedeutete und die Möglichkeit, amerikanische Staatsmacht und amerikanisches Kapital selbst zu verknüpfen, effektiv ausschloss. Anders als in China, auf dem indischen Subkontinent oder in der arabischen Welt brachen die amerikanischen Handelssysteme fast vollständig zusammen, nicht zuletzt, weil die Konquistadoren die Städte zerstörten und damit auch die Möglichkeit, Handelsinfrastrukturen beizubehalten.[146]

In Afrika und Asien erfuhr die europäische Macht stärkere Einschränkungen, und die einheimischen Kaufmannsgemeinschaften blieben dynamisch. Um nur zwei aussagekräftige Beispiele zu nennen: Um 1700 wurden sieben Achtel des Handels in Surat von Kaufleuten aus Gujarat und aus dem osmanischen Machtbereich abgewickelt, während auf Diu an der Südküste Gujarats der lebhaft expandierende Warenverkehr mit der Insel Mosambik fast vollständig von Banian-Kaufleuten beherrscht wurde. In Asien, Afrika und selbst in Amerika gingen kleine lokale Händler weiterhin ihren regionalen Geschäften nach, die Handwerker stellten ihre Waren her, und die Bauern bauten nach wie vor Nahrungspflanzen und Faserstoffe an.[147] Natürlich tauchten revolutionäre, mit Geld und Waffen ausgerüstete Kapitalisten dort ebenfalls auf, aber ihre Bedeutung beschränkte sich fast immer auf die weit verstreuten Kapitalinseln.

Doch selbst dort hatte die Ankunft europäischer Kapitaleigner und ihrer Staaten weitreichende Folgen. Die europäischen Kaufleute in Asien strebten eine Monopolstellung an, ihr Ziel war, die fest verwurzelten und kapitalstarken einheimischen Kaufmannsgemeinschaften zu marginalisieren. Oft waren sie damit erfolgreich: Im späteren indonesischen Archipel, der für indische Kaufleute jahrhundertelang ein wichtiger Handelsstützpunkt gewesen war, versuchten aggressiv auftretende Europäer – zuerst die Portugiesen und dann, in der zweiten Hälfte des 17. Jahrhunderts, englische und niederländische Handelsunternehmen –, die Händler aus Gujarat aus dem gewinnbringenden Markt für indische Textilien zu verdrängen, einem der Kernbereiche des Wirtschaftslebens rund um den Indischen Ozean. Die niederländische VOC hatte für die Banda-Inseln – nur dort wuchs der Muskatnussbaum – im frühen 17. Jahrhundert Befehle ausgegeben, nach denen einheimische Gewürzhändler, die mit «fremden Nationen» Handel trieben, «streng bestraft» werden sollten. Den Niederländern war es mit solchen Methoden gelungen, die Gewürzhändler aus Gujarat bis 1680 aus Südostasien zu verdrängen. Rund 70 Jahre später, um 1750, hatte die Zahl der großen Schiffe in Gujarat um 82 Prozent und der Wert des in Surat abgewickelten Handels um etwa 70 Prozent abgenommen.[148]

Die einst blühende Kaufmannsgemeinschaft in der ostafrikanischen Küstenstadt Mombasa erlitt ein ähnliches Schicksal. Die Portugiesen plünderten Mombasa 1507, 1528 und 1589 und zerstörten die Handelsverbindungen der Stadt. Sie wollten ein Handelsmonopol durchsetzen, indem sie Bestimmungen einführten, nach denen die gesamte Handelsschifffahrt auf dem Indischen Ozean von portugiesischen Schiffen übernommen werden sollte. So wollten sie die Macht der seit Langem auf diesem Markt etablierten Händler aus Gujarat brechen. Diese Machtübernahme scheiterte letztlich, weil eine solche Politik mit den begrenzten militärischen Mitteln unmöglich durchzusetzen war, aber es gelang den Portugiesen, der florierenden Wirtschaft der ostafrikanischen Städte und der Händler, die den Handelsverkehr auf dem Indischen Ozean bestritten, schweren Schaden zuzufügen. Der Kapitän eines englischen Kauffahrers stellte 1667 fest, dass in «Mombasa [...] kein großer Verkehr herrscht, was nach meinem Eindruck die Armut seiner Bewohner beweist. [...] In Mombasa geht nichts Besonderes vor sich, der einzige Handel dort wird von ihren kleinen Schiffen übernommen, die der Gouverneur nach Quilo, Pembah und Zanzebar schickt, oft auch nach Musembeque.»[149] Der Einfluss der Swahili-Kaufmannsgemeinschaften schwand mit dem Eintreffen der Portugiesen im 16. Jahrhundert. Die nicht europäischen Handelsnetzwerke blieben zwar aktiv, ebenso die Banian-Händler auf der Insel Mosambik, doch der große Rahmen, innerhalb dessen sie ihren Handel trieben – die Weltwirtschaft –, wurde zunehmend von Europäern beherrscht.[150]

Die neu entstehende Ordnung der Weltwirtschaft schwächte die Position der nicht europäischen Kaufleute auch an anderen Orten. Die einstmals dynamischen Kaufmannsgemeinschaften der muslimischen Welt, die durch die verheerenden Auswirkungen der Pestepidemie im 14. Jahrhundert ohnehin bereits schwer geschädigt waren, erlebten einen weiteren Niedergang, als sie ihre zentrale Stellung im Ost-West-Handel an die neuen, von Europäern beherrschten Seerouten verloren. Ägyptische Kaufleute, einstmals zentrale Akteure im weltweiten Handel, sahen viele ihrer geschäftlichen Unternehmungen scheitern. Als die Portugiesen Indien erreicht hatten, brach der Gewürzexport nach Europa aus Städten wie Beirut, Kairo und Alexandria zusammen. Nachdem die Portugiesen den Direkthandel aufgenommen hatten, ging die Zahl der von der Westküste Indiens nach Dschidda verkehrenden Schiffe um etwa 60 Prozent zurück. Die arabischen Kaufleute büßten Teile ihres Kerngeschäfts ein, und die Einwohnerzahl ihrer Städte nahm ab. Der Theologe und Historiker Shaykh Zainuddin Makhdum dokumentierte in seinem 1583 verfassten Werk *Tuhfat al-Mujahidin* die Zerstörung der Welt der muslimischen Kaufleute an der Malabarküste durch «die grausamen und heimtückischen portugiesischen Europäer».[151] Er sprach von den «Gräueltaten und Grausamkeiten», die «verarmte, schwache und machtlose» muslimische Gemeinschaften zurückließen.[152] Er protokollierte den Diebstahl ihres Reichtums und berichtete, wie muslimische Händler an der Ausübung ihres Berufes gehindert, wie ihr Eigentum beschlagnahmt, ihre Schiffe überfallen, ihre Unternehmen zerstört wurden:

> «Ihr Handel blühte in diesen Häfen und anderswo, während die muslimischen Händler an diesen Orten gedemütigt und gezwungen wurden, sich den Portugiesen als Sklaven zu unterwerfen. Den muslimischen Händlern war es nicht gestattet, mit allen Gütern zu handeln, sondern nur mit Waren, an denen die Portugiesen kaum ein Interesse hatten. Die Handelsgüter, an denen die Portugiesen interessiert waren, brachten große Gewinne ein. Sie nahmen sich das Recht auf den exklusiven Handel mit solchen Waren. [...] Ihr Monopol begann mit Pfeffer und Ingwer, aber nach und nach kamen Zimt, Gewürznelken und andere Dinge dieser Art hinzu. [...] Eine Seereise war für Muslime nur unter dem Schutz der Portugiesen und mit ihrer Genehmigung möglich.»[153]

Für die muslimischen Kapitaleigner nahmen die Dinge eine ungünstige Wendung, und das nicht wegen irgendeines grundlegenden Merkmals ihrer eigenen Gemeinschaften. Es gab einen einfachen, aber folgenschweren Grund: Die Handelsrouten hatten sich geändert.[154]

Manche Änderungen der Handelsrouten gingen auf die große Bereitschaft der Europäer zum Einsatz militärischer Macht zurück. Adam Smith beobachtete scharfsinnig ein «Übergewicht an Macht», das «so groß [war], dass sie sich jede Art von Ungerechtigkeit in diesen fernen Gebieten erlauben konnten».[155] Als Vasco da Gama 1497 in den Indischen Ozean vorstieß, brachte er einen massiv militarisierten Handel mit. Piraten hatten zwar schon in der voreuropäischen Zeit die Seerouten unsicher gemacht, aber Staaten ließen die Schiffe anderer Staaten im Allgemeinen unbehelligt. Doch die Portugiesen griffen friedfertige Kauffahrer an und beschlagnahmten ihre Schiffe wie auch die Fracht. Da Gamas grausamste Tat war im Jahr 1502 die Plünderung und Versenkung des Pilgerschiffes *Miri* im Roten Meer. Er sah kaltblütig zu, wie Hunderte von Passagieren ertranken. Der Portugiese vernichtete 1509 in Diu die vereinigten Seestreitkräfte von Gujarat und des ägyptischen Mameluckenreiches. In einer Orgie der Gewalt, in deren Verlauf die muslimische Bevölkerung massakriert wurde, entriss der portugiesische Seefahrer Afonso de Albuquerque ein Jahr später seinen muslimischen Herrschern Goa. Im Jahr 1511 griff er mit seinen Soldaten Malakka an, was für die dort lebenden indischen Kaufleute ruinöse Folgen hatte. Die Stadt war so wichtig, dass der portugiesische Reisende Tomé Pires, der sich 1512 bis 1515 dort aufhielt, zu dem Schluss kam: «[W]er auch immer der Herrscher von Malakka ist, der hat seine Hände am Hals von Venedig.»[156] Die Portugiesen blockierten auch den Handel über das Rote Meer, indem sie die ägyptische Flotte, die den Zugang bewachte, mit einem Vorstoß vernichteten, den ein Historiker zutreffend als «Handel mit Plünderung» bezeichnete.[157]

Muslimische, indische und chinesische Kapitaleigner hatten über mehrere Jahrhunderte hinweg für die wichtigen Zuflüsse in den sich entwickelnden Archipel des Kapitals gesorgt. Aber diese Wasserläufe versickerten nun nach und nach und trockneten manchmal sogar ganz aus, weil die europäischen Kapitaleigner, einstmals randständig und schwach, stärker wurden. Obwohl sie Zugang zu Kapital hatten und den eigenen Handel auch intensivieren konnten, gelang es den asiatischen und afrikanischen Kaufleuten nicht, hierarchische, weltweite Verbindungen aufzubauen. Das lag nicht zuletzt daran, dass sie die Unterstützung der eigenen Staaten nicht hatten. Ihre Stärke gewannen die Europäer auch aus den hohen Gewinnen, die sie mit den Ressourcen aus Amerika erzielten. Dabei kam es nicht nur auf die Fähigkeit zur Bildung neuer Kapitalinseln an, sondern auch auf die Fähigkeit, diese Inseln auf eine völlig neue Weise miteinander zu verbinden. Die militärische Macht war zwar – wenn sie auf das Erobern, Halten und Ausbeuten von Territorien abzielte – nach wie vor weltweit ziemlich gleichmäßig verteilt: Die Ming-Kaiser, die Großmogule und die Herrscher des Osmanischen Reiches kontrollierten immer noch viel größere Territorien als jede europäische Macht, und die europäischen Mächte verfügten nach wie vor nicht über die militärischen Mittel für die Eroberung entfernter Territorien im Landesinneren außerhalb Amerikas. Doch die Europäer waren auf den Weltmeeren inzwischen klar im Vorteil, auf einem Konfliktgebiet, das für die riesigen Landreiche Asiens von begrenztem Interesse, für die Europäer aber von entscheidender Bedeutung war, als es um die Herrschaft über die Netzwerke zwischen alten und neuen Kapitalinseln und die Schaffung miteinander verbundener vielfältiger Institutionen ging – mit weitreichenden Konsequenzen.[158]

Europäische Kapitaleigner erweiterten den Archipel des Kapitals, intensivierten den Handel, schufen neue Hierarchien und knüpften neuartige Verbindungen. Gleichzeitig errichteten und gestalteten sie neue Institutionen, vor allem neuartige Staaten. Das Ergebnis ihres Tuns war eine Weltwirtschaft. Alle Kapitalinseln waren ausnahmslos miteinander verbunden, und ihre Dynamik hing von diesen Verbindungen ab – das bedeutete: von der Weltwirtschaft. Der Welthandel wuchs in der ersten Hälfte des 16. Jahrhunderts um erstaunliche 2,4 Prozent pro Jahr. Es war eine Zäsur, dass die Erweiterung des Handels die Märkte, insbesondere die Fernhandelsmärkte, näher an das

Zentrum des Wirtschaftslebens heranbrachte. Und die Erweiterung des weltweiten Archipels des Kapitals befruchtete den Handel, vor allem in Europa. Das war der Boden, dem der Kapitalismus entspross.[159]

Der Kapitalismus war auf diese Weise Produkt und Produzent einer die Kontinente verbindenden Weltwirtschaft; er war global auf eine Art und Weise wie keine andere organisierte wirtschaftliche Tätigkeit je zuvor. Die Existenzbedingung des Kapitalismus war die Weltwirtschaft, ein Möglichkeitsrahmen, der jede einzelne Facette formte und für alle Zeiten die Möglichkeit ausschloss, diese neue Form der wirtschaftlichen Organisation aus einer lokalen, regionalen oder nationalen Perspektive verstehen zu können. Wenn wir Darstellungen des Kapitalismus in einen staatlichen oder imperialen Rahmen pressen und diesen Kapitalismen – manche Wissenschaftler bevorzugen eine Pluralform – im Textbuch des Kapitalismus bestimmte Rollen zuweisen, verpassen wir etwas Entscheidendes: Der Kapitalismus ist eine weltweite Produktion, in der Staaten zwar eine enorm wichtige Rolle spielen, aber er weist in jedem einzelnen Fall über jeden einzelnen Staat hinaus. Kapital war fungibel und seine Loyalität gegenüber bestimmten Herrschern oder Staaten nur schwach ausgeprägt: Kapital, das sich in italienischen Stadtstaaten wie Florenz oder Genua angesammelt hatte, war beispielsweise für die iberischen Erkundungsfahrten entlang der Küste Westafrikas, den frühen Sklavenhandel und den spanischen und portugiesischen Vorstoß nach Amerika von entscheidender Bedeutung. Kapital aus Gujarat war ebenso an der Finanzierung der Expansion portugiesischer Kaufleute beteiligt wie die ostafrikanische Elfenbein-Produktion. Niederländisches Kapital finanzierte die Umgestaltung der Landwirtschaft auf der von England beherrschten Insel Barbados, und die in Augsburg beheimateten Fugger und Welser finanzierten Spaniens und Portugals Expansion nach Amerika. Die Habsburger waren auf Kapital angewiesen, das in Genua (35 Prozent), Augsburg (35 Prozent), Spanien (18 Prozent) und Antwerpen (10 Prozent) beschafft wurde. Die VOC wie die EIC lockten neben nationalen Geldgebern auch preußische, französische, dänische und schwedische Investoren an.[160] Kapitalgeber verschiedener Ostindien-Kompanien waren tief in transnationale Netzwerke eingebettet und finanzierten oft Unternehmen mit mehr als einer Nationalität. Eine Historikerin stellt fest: «Diese Kapitalisten hatten in vielerlei Hinsicht kein Heimatland», obwohl ihr Handel auf der Macht von Staaten beruhte.[161]

Zugleich ist es wichtig, sich zu vergegenwärtigen, dass die Weltwirtschaft immer noch recht schwach entwickelt war, trotz der im langen 16. Jahrhundert erfolgten Ausbreitung der Kapitalinseln und der Intensivierung ihrer Verbindungen. Das zeigt sich anhand der Tatsache, dass die Kapitalinseln tatsächlich oft Inseln waren – Orte, die leichter zu verteidigen und für den Schutz der neuen Logik des Kapitals förderlich waren. Selbst in Amerika, wo die territoriale Kontrolle am stärksten durchgesetzt wurde und das Machtungleichgewicht am größten war, blieb der direkte Zugriff der Kapitaleigner mitunter überraschend begrenzt. Das Vordringen der Kommodifizierung, die Ausweitung und Vertiefung der kapitalistischen Wirtschaftsweise, von der Atlantikküste in den südamerikanischen Regenwald in Brasilien, scheiterte oft am Widerstand der Einheimischen. Und in Nordamerika bewahrten die amerikanischen Pelzhändler die Kontrolle über Ressourcen, politische Macht und, im Umgang mit ihren europäischen Handelspartnern, großen Einfluss beim Handeln. Während die Europäer den bestehenden und wiederhergestellten Gemeinschaften in ganz Amerika mit Erfolg Bodenschätze, landwirtschaftliche Erzeugnisse und Arbeitskraft abpressten, gelang es ihnen niemals, diese Menschen vollkommen zu beherrschen.[162]

Dennoch wiesen diese Inseln eindeutig in die Zukunft, den Einschränkungen und der festungsartigen Anmutung zum Trotz. Der Archipel des Kapitals expandierte, und eine räumliche Erweiterung wurde sichtbar, die der traditionellen Wirtschaftsweise in vielen Teilen der Welt langsam die Grundlagen entziehen sollte. Es war den Kapitalbesitzern über einen langen Zeitraum hinweg schwergefallen, aus den Mauern der befestigten Städte auszubrechen und die räumlichen Begrenzungen von Inseln zu überwinden, aber jetzt, in einer Zeit, in der einige Staaten mehr denn je auf ihre Ressourcen angewiesen waren, erlangten sie den politischen Einfluss, der sie örtliche Widerstände überwinden und aus den Einschränkungen, die sie zurückgehalten hatten, entkommen ließ.[163] Sie fanden sich in großen Entfernungen von ihren Herrschern wieder, als sie sich in Gebieten niederließen, in denen sie mit ihrer Macht potenziellen lokalen Gegenspielern und Widerständen überlegen waren, und sie erkannten, dass sie dort eine Welt nach ihren eigenen Vorstellungen gestalten konnten. Sie errichteten Inseln der Freiheit (fürs Kapital), Orte, an denen sie einige der Hemmnisse und Widerstände, mit denen sie es in Europa zu tun gehabt hatten, überwinden konnten. Und dann erfanden sie die Welt an diesen Orten neu, fingen dabei fast ganz von vorn an. Neben ihrem frisch erworbenen Reichtum und ihrer Macht brachten sie bei der Rückkehr nach Europa einige der Lehren mit, die sie aus diesen Prozessen gezogen hatten, und das ermöglichte es ihnen, mit ihrem revolutionären Vorhaben auch dort Wurzeln zu schlagen.

Die Kapitaleigner schufen eine Welt von großer Vielfalt – einer Vielfalt der Institutionen, Herrschaftsformen und Arbeitsbeziehungen. Diese Vielfalt war oft das Ergebnis ihrer Schwäche, die sie dazu zwang, sich an bestimmte lokale Institutionen, Umweltbedingungen und Machtverhältnisse anzupassen. Doch letztlich war es diese untereinander vernetzte Verschiedenheit – und nicht die Homogenität der Welt, an deren Errichtung sie mitwirkten –, mit der die enorme Dynamik des sich entwickelnden Kapitalismus am besten zu erklären ist. Über manche Eigentumsrechte wurde vor englischen Gerichten verhandelt, doch die Eigentumsrechte der amerikanischen Völker wurden ignoriert. Selbst als manchen Menschen im Umgang mit dem Staat in England bestimmte Schutzrechte zugesprochen wurden, konnten in der Neuen Welt immer noch Millionen versklavt werden. Das Recht mochte jetzt in Teilen Europas die Beziehungen zwischen Bauern und Landbesitzern und zwischen Arbeitern und Arbeitgebern regeln, aber auf den neu geschaffenen Inseln im Archipel des Kapitals herrschte nach wie vor die uneingeschränkte Macht des Plantagenbesitzers über seine Arbeiter. Es ist nicht sinnvoll, nur ein bestimmtes Bündel dieser Institutionen in den Blick zu nehmen, wenn wir über den modernen Kapitalismus nachdenken; stattdessen erklärt die vernetzte Vielfalt sehr viel, wenn es um die Dynamik des Kapitalismus geht – eine Vielfalt, die dennoch zur Hierarchie wurde, wo immer sie Boden unter die Füße bekam.[164]

Die Kapitalbesitzer konnten in diesem vernetzten und hierarchisch verfassten Archipel zum ersten Mal in einer Größenordnung in die Produktion einsteigen, die ganz neue Aussichten für die Möglichkeiten der Akkumulation eröffnete. Die Fugger und die Welser investierten ihr Geld in Bergwerke und Plantagen, ein Beweis für das revolutionäre Potenzial des Kaufmannskapitals.[165] Das genuesische Kapital wurde für die Intensivierung der Produktion auf den Kapverden und auf Sao Tomé eingesetzt. Die Kaufleute vernetzten sich auf neue Art untereinander, sie stießen jetzt auch ins Binnenland vor, engagierten sich in der Landwirtschaft und schließlich in der gewerblichen Produktion, was den Archipel des Kapitals in den Kapitalismus verwandelte. Der möglicherweise folgenreichste Aspekt am Archipel des Kapitals könnte gewesen sein, dass er den Anreiz und die Möglichkeitsbedingungen bot, vielleicht sogar die Notwendigkeit erkennen ließ, die revolutionäre Agenda der städtischen Kapitalisten aufs Meer hinaus zu stoßen – in die riesigen Gebiete außerhalb ihrer oft massiv befestigten Städte und Inseln.

KAPITEL 4

Die Umgestaltung der Landwirtschaft, 1550 – 1750

Die Plantagenmaschine bei der Arbeit: Zuckerrohrherstellung, Jamaika, ca. 1747.

Es gab kein Ereignis, das für die Menschheit im Allgemeinen und für die Völker Europas im Besonderen so bedeutsam war wie die Entdeckung der Neuen Welt und des Seewegs nach Indien über das Kap der Guten Hoffnung. Dies war der Beginn einer Revolution im Handel, in der Macht der Nationen, in den Sitten, der Industrie und der Regierung aller Völker. Es war zu diesem Zeitpunkt, dass die Menschen aus den entferntesten Ländern anfingen, einander zu benötigen: Die Produkte der Klimazonen unterhalb des Äquators wurden in den Klimazonen in der Nähe des Pols konsumiert, die Industrie des Nordens wurde in den Süden transportiert, die Stoffe des Orients kleideten das Abendland und überall tauschten die Menschen ihre Meinungen, Gesetze, Gebräuche, Krankheiten, Tugenden und Laster aus.[1]

Guillaume Thomas François Raynal, 1770

Im Jahr 1646 bestiegen der Londoner Kaufmann Thomas Noell und sein Bruder Stephen ein Schiff, das sie zur Westindischen Insel Barbados bringen sollte, um dort «Übersee-Investitionen [...] zu verwalten».[2] Thomas und seine drei Brüder hatten wichtige Rollen in der Londoner Wirtschaftspolitik gespielt. Den größten Einfluss hatte Martin Noell gehabt, als enger Berater von König Charles I., Mitglied des Handels- und Plantagenrats und des Kronrats. Von diesen Posten aus hatte er zu Strafarbeit verurteilte Häftlinge, insbesondere irische und schottische Kriegsgefangene, gewinnbringend in die Karibik verschifft, und als Anteilseigner der Royal African Company hatte er in Sklavenfahrten investiert.[3] Infolge des Englischen Bürgerkriegs in den 1640er Jahren, in dem die Royalisten und das Parlament zu Gegnern wurden, verschlechterte sich der politische Stand der Brüder, und sie beschlossen, ihr Glück in der Karibik zu suchen: mit dem ehrgeizigen Vorhaben, den ländlichen Raum in diesen Gebieten, die erst seit Kurzem mit der Weltwirtschaft verbunden waren, neu zu gestalten.

Wie viele andere erkannten auch die Noells die Chancen, die sich für kapitalkräftige Kaufleute aus der großen Vernetzung generell und speziell auf den unlängst in Besitz genommenen karibischen Inseln ergaben. Unmittelbar nachdem sie in Bridgetown an Land gegangen waren, begannen die Brüder, Grundstücke zu kaufen, und schon im März 1647, als sie ein Viertel der 110 Hektar umfassenden Spring Plantation von Londoner Kaufleuten erwarben, die ebenfalls zu Plantagenbetreibern geworden waren, zählten sie zu den größten Landbesitzern vor Ort. Kurz darauf erstanden die Noells angrenzende Grundstücke und weitere Plantagen, sodass sie Ende 1647 schon 242 Hektar Land besaßen, eine Investition von fast 10 000 Pfund Sterling. Drei Jahre später kaufte Thomas Noell eine weitere Plantage, Mount Clapham, mit 206 Hektar eine der größten der Insel. Das Land mit all seinem menschlichen, tierischen und materiellen Inventar kostete 380 000 Pfund Muscovadozucker, die Werteinheit in Barbados in den 1650er Jahren.[4] Durch diese Transaktion verfügten die Noells über alles, was sie für ein profitables Unternehmen benötigten: Land, Produktionsmittel und Arbeitskräfte – darunter Jumpeter, Pailnah, Mingo, Sutto, Joyce und Bessey sowie 24 weitere versklavte Frauen und Männer.[5]

Für visionäre Kaufleute in den 1640er Jahren war Zucker – der erste der «planetarischen Rohstoffe» – eine verheißungsvolle Möglichkeit, Gewinne zu erzielen.[6] Die Noells waren bereits vor ihrer Reise nach Barbados reich gewesen, doch nach nur drei Jahren gehörten sie zu den bedeutendsten Pflanzern der Welt. Sie besaßen Dutzende von Sklaven, und ihr Zucker wurde sowohl von den Bauern Neuenglands als auch von britischen Aristokraten konsumiert. Dank ihres Kapitals und der Mühsal ihrer versklavten Arbeitskräfte wurde ganz Barbados zu einer riesigen Zuckerplantage – und einer der Schauplätze grausamster Ausbeutung menschlicher Arbeitskraft weltweit.[7] Als wahre Revolutionäre verbanden die Noells Kapitaleinsatz und staatlich gestützten Zwang, um den ländlichen Raum in Übersee umzustrukturieren, sie vertieften die Verbindungen innerhalb des nunmehr kapitalistischen Archipels und errichteten eine der ersten offenkundig kapitalistischen Gesellschaften.

Diese Entwicklung auf Barbados oder anderswo war keineswegs vorgezeichnet. Als die ersten englischen «Kriegerunternehmer» 1627 ankamen, war die Insel dicht bewaldet und unbewohnt. Einige Pioniere begannen, das Land zu roden, um zunächst Tabak, dann Baumwolle und schließlich Indigo anzubauen, was sich jedoch alles als nicht besonders rentabel erwies. Angesichts dessen beklagte ein zeitgenössischer Beobachter «den Verfall und das Behelfsmäßige auf der Insel».[8]

Der entscheidende Moment in der Geschichte von Barbados – und in der Geschichte des Kapitalismus – kam in den 1640er Jahren, als einige Pflanzer, darunter die Noells, begannen, sich auf Zucker zu konzentrieren. Vor dem Hintergrund des florierenden globalen Marktes für den Süßstoff – und der Gewinne, die die ersten Produzenten auf Madeira und in Brasilien mit dem Anbau von Zuckerrohr und der Extraktion seines süßen Saftes erzielt hatten – wurde diese neue Schar von Abenteurern angesichts der sinkenden Exporte des kriegszerrütteten Brasiliens motiviert, ihre Ressourcen in die Zuckerrohrwirtschaft auf Barbados zu investieren. Als der englische Reisende Richard Ligon 1647 die Insel besuchte, fiel ihm «die massive Zuckerherstellung» auf, «die von den dortigen Einwohnern erst seit Kurzem praktiziert wurde».[9] Er war beeindruckt, «wie sehr der finanzielle Ertrag der Böden seit Beginn der Zuckerproduktion gestiegen ist», und sah voraus, dass Zucker Barbados «zu einem der reichsten Flecken unter der Sonne» machen würde.[10] In den 1650er Jahren war Zucker zur meist angebauten Pflanze geworden – die Exporte beliefen sich auf durchschnittlich 15 000 Tonnen pro Jahr, 65 Prozent der Produktion der gesamten Karibik.[11] Bald bedeckte Zuckerrohr die Hälfte der Inselfläche. In Barbados wurde im 17. Jahrhundert mehr Kapital investiert und mehr Handel betrieben als in «allen anderen englischen Kolonien zusammen», einschließlich Neuengland, New York und Pennsylvania.[12]

Auf dem Barbados der 1650er Jahre wurde die theoretische Möglichkeit, dass Märkte eines Tages alle Aspekte des Wirtschaftslebens strukturieren könnten, zur Wirklichkeit: Land, Arbeitskraft, Zubehör, Lebensmittel und natürlich Zuckerrohr hatten jeweils ihren Preis und konnten gekauft und verkauft werden – eine im Sinne von Adam Smith nahezu perfekt funktionierende Wirtschaft, in der nutzenmaximierende Frauen und Männer eine neue produktive Arbeitsteilung schufen. Im Zentrum dieser schauerlichen Traumwelt stand eine neue Art von Geschäft – die sogenannte «Plantagenmaschine» –, eine «revolutionäre Form sozialer und wirtschaftlicher Organisation».[13] Diese «Maschine» sorgte für enorme Gewinne: Die Zuckerplantagen auf Barbados erwirtschafteten während des Booms in den 1650er Jahren jährlich zwischen 40 und 50 Prozent Rendite auf das in sie investierte Kapital. Sie führte jedoch auch zu großer Armut und machte Barbados zu einem der Orte mit der größten Ungleichheit in der Weltgeschichte.[14]

Mit seinem natürlichen Reichtum, unbesiedelt und aufgrund seiner Lage sicher vor äußeren Bedrohungen, ermöglichte Barbados Händlern und Plantagenbesitzern, die Magie des Kapitals zu nutzen, um eine neue Welt nach ihrem eigenen Bild zu erschaffen. Anders als fast überall sonst gab es dort nichts, was dieses Bild hätte trüben können – keine historisch verfestigten sozialen Strukturen, keine Bräuche, keine feudalen Abhängigkeiten, keine auf die Familie ausgerichtete Subsistenzwirtschaft, keine Systeme gegenseitiger Abhängigkeit, keine festgelegte Nutzung des Bodens und der Arbeitskraft und keine feindseligen Herrscher, die die Autorität über ihre Untertanen beanspruchten. Kapitalbesitzer konnten dort die Welt neu erfinden, und die enorme Rentabilität des Zuckers gab ihnen einen Grund dazu. Barbados, die Speerspitze der kapitalistischen Revolution, zeigte, wie Kapital in einem völlig neuen Maßstab in die Produktion eingebracht werden konnte.[15]

Die Radikalität von Barbados war das Ergebnis der Entschlossenheit von Plantagenbesitzern, die Landwirtschaft neu zu denken, eine industrialisierte Form des Anbaus zu schaffen und – was entscheidend war – alles zu kommerzialisieren. Anstatt europäische Gesellschaften nachzubilden, wie es die puritanischen Einwanderer in Neuengland taten, machten die Pflanzer die Märkte und das Kapital zum Dreh- und Angelpunkt aller sozialen Beziehungen. Ausnahmslos alles hatte einen Preis, konnte vom Höchstbietenden erworben oder an diesen veräußert werden. Kapital und Kapitalisten hatte es schon seit Jahrhunderten gegeben – Madmūn ben Hassan ben Bundār in Aden, die Medici in Florenz, die Chalebis in Surat, die Rumfas in Kano und die Zhengs in Guangzhou, um nur einige zu nennen –, aber jetzt begannen die Kapitaleigner selbst, sich in die Produktion zu vertiefen. Sie nahmen ein weltveränderndes Projekt in Angriff: den Kapitalismus aufzubauen. Entscheidend war dabei, dass sie ihren revolutionären Ansatz in einem Teil der Welt verfolgten, in dem ihre noch neue Macht weitgehend unangefochten blieb.

Wie die Noells auf Barbados drängten auch Geschäftsleute in Amsterdam und Surat, in Kairo und Guangzhou über die Städte und den Handel hinaus, um sich der Produktion zu widmen. Sie begnügten sich nicht mehr damit, die Inseln im Archipel des Kapitals miteinander zu verbinden, sondern strebten immer häufiger danach, den ländlichen Raum zu kolonisieren, ihn mit entfernten Orten zu verbinden und ihn, wann immer machbar, von einer Sphäre des Daseins und der tributären Herrschaft in einen Schauplatz der Marktproduktion zu verwandeln. Angesichts neuer Möglichkeiten, die sich aus dem radikal erweiterten und vertieften Umfang und Ausmaß der neu geknüpften Verbindungen ergaben, und aufgrund des Unvermögens älterer sozialer Strukturen in einigen Teilen der Welt, diesen Eingriff abzuwehren, floss ihr Kapital nach außen – in die Äcker, Weinberge, Reisfelder und Plantagen außerhalb der Stadttore und über die ganze Welt.[16]

Die Kapitalisten kamen aus den Städten, aber der Kapitalismus wurde auf dem Land geboren, wo die überwältigende Mehrzahl der Menschen lebte.[17] Geografische Inseln (darunter Venedig, Kapverden, Surat, Amsterdam, Bagdad, Guangzhou und Mombasa) und soziale Inseln (die kleinen Gruppen kapitalstarker und auf den Handel fokussierter Menschen) begannen eine jahrhundertelange Expansion, indem sie immer mehr von der natürlichen Welt – Anbauflächen, Wälder, Rohstoffe und sogar Arbeitskraft – in Waren verwandelten, die gekauft und verkauft werden konnten. Und das Jahrhunderte bevor das Industriekapital die Produktion kontrollierte. Die Händler wurden zur revolutionären Avantgarde des Kapitalismus.[18]

Der Kapitalismus entstand als Ergebnis dieses epischen Kampfes – der in einigen Teilen der Welt noch immer andauert – zwischen kapitalreichen Eliten, die danach trachteten, die ländlichen Gebiete zu revolutionieren, und weltlichen Herren, Bauern, Sklaven und kirchlichen Autoritäten, die ihre Ressourcen, Autonomien, Freiheiten und Privilegien schützen wollten. Im Bestreben, ihre Güterversorgung zu sichern, Gewinne zu erzielen und die Produktivität zu steigern, nutzten die Händler Kapital, um immer mehr Aspekte der Landwirtschaft zu kontrollieren. In kritischen Phasen fanden sie Verbündete unter sich modernisierenden Grundherren, feudalen Eliten und unternehmerisch denkenden Bauern. Im 16. und 17. Jahrhundert waren die revolutionären Funken aus planetarischer Perspektive so gut wie nicht wahrnehmbar, vor dem Hintergrund einer ganzen Konstellation unterschiedlicher alltäglicher Rituale und Praktiken waren sie kaum zu erkennen. Doch von Barbados bis Burgund, von den Banda-Inseln bis Sussex, von Fujian bis Pommern begannen sich Ansätze einer radikal umstrukturierten Gesellschaftsordnung abzuzeichnen.[19]

Oberflächlich betrachtet verliefen kapitalistische Unternehmungen auf dem Land stets ähnlich: Wenn Kaufleute reich wurden, begannen sie, einen Teil ihres Kapitals im ländlichen Raum zu investieren. Sie kauften immer größere Mengen an Wolle, Weizen, Reis, Baumwolle und anderen Agrargütern und verkauften Waren an ländliche Produzenten. Sie erwarben Landhäuser und Villen, um den überfüllten Städten zu entkommen und Nahrungspflanzen anzubauen, und investierten in die landwirtschaftliche Produktion, indem sie zunächst den Erzeugern Kapital zur Verfügung stellten und sich in der Folge auch selbst an der Herstellung beteiligten.[20] Güter, für die es einen großen Markt gab – Wolle, Zucker, Weizen, Tee und Trauben –, waren besonders attraktiv. Dies war eine globale Entwicklung, die sich jedoch am stärksten bei europäischen Händlern zeigte, die sich, wie Montesquieu 1748 schrieb, von ihrer nahe gelegenen Umgebung lösten: «Sie mussten ihren Lebensunterhalt haben und sie zogen ihn aus der ganzen Welt.»[21] Als die koloniale Expansion Europas ein neues agrarisches Hinterland schuf, trieben diese Kaufleute die Kommodifizierung der Ressourcen in die ländlichen Gebiete der Welt hinein.

Doch sosehr sich ihre Ziele und Werkzeuge auch gleichen mochten, hatten es die Händler weltweit mit sehr unterschiedlichen ländlichen Räumen zu tun. Landbesitzer genossen spezifische Rechte und Ränge innerhalb verschiedenartiger sozialer und politischer Strukturen. Landwirte bauten unterschiedliche Feldfrüchte an und bewirtschafteten das Land auf verschiedenste Art und Weise – als Freisassen, Lohnarbeiter, Sklaven, Leibeigene, Nomaden, Teilpächter oder Vertragsknechte.[22] Fast überall, wo das städtische Kapital intervenierte, passte es sich den lokalen Bedingungen an, und seine Flexibilität war ein Beweis für sein revolutionäres Potenzial, wirtschaftliche Aktivitäten trotz der großen Macht althergebrachter sozialer und wirtschaftlicher Strukturen neu zu organisieren.

Kapitaleigner kamen auf unterschiedliche Weise aufs Land. Manchmal kauften sie einfach Anbauflächen und führten neue Formen der landwirtschaftlichen Produktion ein. In der Toskana hatte die Pest bereits 1363 einen deutlichen Anstieg städtischer Investitionen zur Folge. Weil Grundbesitzern auf den Dörfern das Kapital fehlte, um Landarbeiter zu bezahlen, die ihre verstorbenen abhängigen Erzeuger hätten ersetzen können, waren sie gezwungen, ihre Ländereien an florentinische Kaufleute zu veräußern, die durch Handel und Bankgeschäfte reich geworden waren. Ehemalige Landbesitzer wurden zu *mezzadri*, Halbpächtern, auf dem Land, das zuvor ihnen gehört hatte, und bauten Oliven und Trauben an – um so zu schaffen, was uns heute als die klassische toskanische Landschaft gilt. Die neuen städtischen Landbesitzer erhielten ihrerseits Einkünfte aus ihren Investitionen, oft die Hälfte der Ernte, was einigen von ihnen, den *scioperati*, was so viel heißt wie Nichtstuer, ermöglichte, vollständig von ihren ländlichen Grundstücken zu leben.[23]

In Venedig waren es die Bedürfnisse einer wachsenden Stadt, die Kaufleute dazu veranlassten, aufs Festland zu expandieren und landwirtschaftliche Flächen zu erwerben. Die Expansion begann zwar bereits im frühen 15. Jahrhundert, als die Republik Venedig die umliegenden Gebiete eroberte, doch erst im späten 16. und frühen 17. Jahrhundert bewegte sich das städtische Kapital ins Landesinnere, um dort eine kommerzielle Landwirtschaft aufzubauen. Texte wie die Abhandlung *L'economia del cittadino in villa* («Das Wirtschaften des Stadtbewohners in seinem Landhaus») aus dem Jahr 1651 instruierten die venezianischen Kaufleute, wie sie ländliche Anwesen erwerben und verwalten konnten. Durch massive Investitionen in Bewässerungssysteme wurden Weide- und Ackerland gewonnen, und es entstanden landwirtschaftliche Betriebe, die sich auf die Produktion von Fleisch, Reis, Maulbeeren, Weizen und Hanf spezialisierten. Durch diese kommerzialisierte Agrarwirtschaft verlor die ländliche Bevölkerung oftmals den Zugang zu den Allmenden, den von den Dorfbewohnern gemeinsam genutzten Flächen.[24]

In Neuspanien, auf der anderen Seite des Atlantiks, folgten die Kapitaleigner diesem Beispiel. Im späten 16. Jahrhundert investierten sie in landwirtschaftliche Anwesen und erwarben riesige Landstriche, auf denen sie Tiere weiden ließen oder Getreide und Agaven anbauten. Im Bajío in Zentralmexiko errichteten sie eine der frühesten kapitalistischen Gesellschaften der Welt. Ähnlich wie Barbados gab ihnen dieses dünn besiedelte Land mit schwachen sozialen und politischen Strukturen freie Hand, die Welt neu zu erfinden, während sie gegen die nomadischen Chichimeken kämpften, um sie zur Sesshaftigkeit zu zwingen oder aus dem Gebiet zu vertreiben, das diese einst beherrscht hatten.[25]

Der Erwerb von Boden war einer der Wege, über den städtisches Kapital aufs Land gelangte. In Ostafrika kauften Händler an der Küste vor der Mosambikinsel Landgüter und bauten einen kleinen kommerziellen Agrarsektor auf. Händler aus Mombasa investierten in Felder, um Getreide anzubauen. Ein Teil davon diente der Versorgung der eigenen Stadt, mit dem Rest belieferten sie den Fernhandel. Japanische Händler erwarben Grundstücke für die landwirtschaftliche Produktion, oftmals durch die Finanzierung von Landgewinnungsprojekten; Schätzungen zufolge besaßen diese Händler schließlich fast ein Drittel der landwirtschaftlichen Nutzfläche Japans. Im China der Mitte des 17. Jahrhunderts führten das Bevölkerungswachstum, die Kommerzialisierung der Wirtschaft – dank der größeren Verfügbarkeit von amerikanischem Silber – und die daraus resultierende enorme Nachfrage nach Lebensmitteln und landwirtschaftlichen Rohstoffen dazu, dass das städtische Kapital auch dort im ländlichen Raum investierte. Kaufleute aus Jiangnan erwarben Landgüter, die sie von der Stadt aus mithilfe örtlicher Aufseher verwalteten. Auch Teehändler in Jianyang und Chong'an kauften große Ländereien; in Fujian ermöglichte das städtische Kapital die «Erschließung der Berge» für die kommerzielle Teeproduktion.

Im 16. Jahrhundert trieben Kaufleute den Zuckeranbau bis in den Süden Fujians voran. Chinesische Händler, die sich mit örtlichen Landbesitzern zusammentaten, veränderten die Landwirtschaft auch im Süden von Xinjiang und produzierten dort Baumwolle, Weizen und Vieh für den Fernhandel. Als die Eigentümer der Ländereien diese konsolidierten, wurden die Bauern zu Lohnarbeitern. Überall, wo Kaufleute Land erwarben, setzten sie Pächter, Lohnarbeiter, Sklaven oder Leibeigene ein, um Reis, Weizen, Olivenöl, Hirse und vieles mehr zu produzieren – nicht für den Bedarf des Händlers oder Erzeugers, sondern für den Verkauf.[26]

Eine weitere gängige Methode, die landwirtschaftliche Produktion besser zu kontrollieren, bestand darin, Bauern Kapital zur Verfügung zu stellen, ohne das Land in Besitz zu nehmen. Im Gujarat des 16. Jahrhunderts finanzierten städtische Kaufleute ländliche Händler – Sahukare –, die Kredite an Landwirte vergaben. Die daraus resultierende Verschuldung band diese Erzeuger an die Geldverleiher und verschaffte den Kaufleuten einen sichereren Zugang zu Handelsgütern. Auch der Zustrom älterer Formen von Handelskapital in ländliche Gebiete beschleunigte sich: Als die Moguln ihre Macht festigten, intensivierten sich die Handelsbeziehungen, da einige Kaufleute zu Steuerpächtern wurden, das heißt, sie erwarben die Rechte an den Abgaben bestimmter Bevölkerungskreise als Gegenleistung für die vorherige Bereitstellung von Geldern an die Regierung.

Auch Kairoer Händler verschafften sich zu Beginn des 17. Jahrhunderts Kontrolle über die Erzeugung landwirtschaftlicher Güter, indem sie wie Ismail Abu Taqiyya, al-Ruwi'i und Dschamal al-Din al-Dhahabisie in die aufstrebende Zucker-, Flachs- und Reisproduktion ihrer Region investierten.

Abu Taqiyya gewährte Landbesitzern Darlehen und erhielt von ihnen im Gegenzug privilegierten Zugang zu ihrem Zucker. Dieser Schritt geschah oft in Zusammenarbeit mit örtlichen Steuereintreibern – den Multazim –, die den Bauern Kapital zur Verfügung stellten, damit diese Kanäle graben, Saatgut kaufen und sich auf den Anbau von Cash Crops – Pflanzen, die nur für den Verkauf angebaut werden – konzentrieren konnten. Mindestens ab dem 17. Jahrhundert vergaben japanische Kaufleute ebenfalls solche Vorschüsse an Bauern, um sich deren Ernten zu sichern; Handelsmakler in Osaka – die Ton'ya – investierten in die Ausrüstung von Fischern, um Anrecht auf ihren Fang zu haben, während andere Kaufleute die Baumwollproduktion in der Umgebung der Stadt finanzierten. Auch in der Fischerei von Hokkaido kam städtisches Kapital zum Einsatz, als Händler den Heringsfischern Kredite und Werkzeuge zur Verfügung stellten, um dafür Zugriff auf deren Fang zu erhalten. Und in der nordchinesischen Provinz Henan vergaben Kaufleute Kredite an Baumwollbauern, wodurch eine Kommerzialisierung der lokalen Landwirtschaft ermöglicht wurde, die zur Entstehung von Betrieben mit einer Größe von mehr als 640 Hektar führte.[27]

Überall gelang im Laufe der großen Vernetzung dieser anfangs noch bescheidene, sich aber zusehends entwickelnde Transfer des städtischen Kapitals in ländliche Gebiete. Die dort einfallenden Händler bedienten sich zwar einer Vielzahl von Methoden, doch schwache soziale Strukturen waren fast immer eine notwendige Voraussetzung. Häufig waren die lokalen Gesellschaften zuvor durch Epidemien geschwächt worden. In Amerika führte die rasche Ausbreitung von Krankheiten, die von den europäischen Neuankömmlingen eingeschleppt wurden, zu so vielen Toten unter der einheimischen Bevölkerung, dass ihre komplexen Sozialstrukturen zerstört wurden und ihnen die Kraft fehlte, sich der Kommerzialisierung durch ausländische Händler zu widersetzen. Der Schwarze Tod hatte in der Alten Welt ähnliche Auswirkungen gehabt: Er tötete zwischen einem und zwei Dritteln aller Europäer und beraubte die feudalen Landbesitzer ihrer Arbeitskräfte, wodurch ihre Abhängigkeit von den städtischen Geldeliten wuchs und die Voraussetzungen für die Kommerzialisierung des ländlichen Raums geschaffen waren. Zwei Jahrhunderte später, als Kleinbauern und Dorfgemeinschaften rund um Paris mit Hungersnöten, der Pest und anderen Epidemien, Krieg und Verschuldung konfrontiert waren, mussten viele ihr Land verkaufen, um zu überleben. Dies veranlasste den französischen Juristen Charles Loyseau, in seiner 1610 erschienenen Abhandlung *Traicté du déguerpissement et délaissement par hypothèque* («Abhandlung über die Aufgabe und Abtretung von Eigentum durch Hypotheken») zu bemerken, dass «die Schulden mit den Zinsen der Vergangenheit gestiegen sind, die Gläubiger drängender und die Schuldner ärmer geworden sind».[28] Diese Schulden boten kapitalkräftigen Pariser Bürgern eine Gelegenheit, Land zu kaufen und von Paris aus die Mietzahlungen von Pachtbauern einzutreiben, die ihrerseits lokale Landarbeiter anheuerten, um den ständig wachsenden Nahrungsbedarf der expandierenden Stadt zu decken.[29]

Die Geschichte von Burgund, der französischen Region südlich von Dijon, die heute für ihren Wein bekannt ist, verlief ähnlich: Zunächst führten die Bürgerkriege des späten 16. Jahrhunderts zu einer höheren Steuerlast für die Dörfer. Dann wurden diese Ortschaften im Dreißigjährigen Krieg ab 1634 ein Jahrzehnt lang von schwedischen und anderen Truppen geplündert. Überlebende, die versuchten, ihre Gemeinden wieder aufzubauen, nahmen entweder Kredite von Händlern in Dijon auf oder verkauften Gemeindeland. Bis dahin durften Allmenden nur unter außergewöhnlichen Umständen veräußert werden, doch im Dezember 1604 entschied die Justiz von Dijon, dass Gemeinden in ihrem Zuständigkeitsbereich dieses Land zur Begleichung ihrer Schulden verkaufen durften, und verfügte, dass Gemeindeland «der Gemeinde als juristische Person gehört, und genauso wie das Eigentum einer Person verkauft, verpachtet oder vererbt werden kann, kann auch das Eigentum von Gemeinden veräußert werden».[30]

So verkaufte beispielsweise das Dorf Pasques im Jahr 1614 zur Begleichung seiner Schulden 333 Hektar seines Gemeindewaldes.[31] Und das war keine Ausnahme: Das Dorf Barjon verschuldete sich im letzten Jahrzehnt des 16. Jahrhunderts und nahm mindestens acht Darlehen in Höhe von insgesamt 2190 Livres tournois auf, der damaligen französischen Währung. Als es 1602 Probleme mit der Rückzahlung hatte, trat es Gemeindefelder an einen seiner Hauptgläubiger ab, den Händler Jean Vauthereau aus Dijon. Zwanzig Jahre später versuchte das Dorf, sein Eigentum zurückzufordern, und vor dem Parlament von Dijon warf es den Erben von Vauthereau vor, es sich widerrechtlich angeeignet zu haben. Vauthereaus Sohn wies diesen Vorwurf zurück, bot jedoch an, das Land zurückzugeben, wenn das Dorf das ursprüngliche Darlehen zusammen mit den aufgelaufenen Zinsen zurückzahlen würde. Das Dorf stimmte zu, und im Juli 1623 ordnete das Parlament an, dass Barjon den gesamten Darlehensbetrag zuzüglich 6,125 Prozent Zinsen für zwanzig Jahre zurückzahlen müsse. Die zurückerhaltenen Allmenden wurden mehrfach aufgeteilt, um die Gemeindeschulden zu bedienen. Auf diese Weise entstanden in einigen Teilen Burgunds bis zur Mitte des 17. Jahrhunderts private Eigentumsrechte an Grund und Boden, und ein Großteil der Ländereien rund um Dijon ging in den Besitz der städtischen Wirtschaftselite über.[32]

Auch in den Niederlanden führte die soziale Krise zum Zusammenbruch des Feudalismus und dazu, dass städtische Kaufleute nunmehr eine herausragende Rolle auf dem Land spielten: Bereits im 13. Jahrhundert kam es in einigen Regionen der Niederlande zum Zerfall der feudalen Rittergüter. Der Arbeitskräftemangel zwang die Grundbesitzer, die jahrhundertelang von abhängigen Landarbeitern profitiert hatten, ihre Anwesen an Bauern zu verpachten. Als die Pest die arbeitsfähige Bevölkerung dezimierte, beschleunigte sich die Verpachtung von Land, was Möglichkeiten für städtische Investitionen eröffnete. Wohlhabende Bürger kauften Grundstücke und verpachteten sie. Sobald sich die Landwirtschaft stärker an den Märkten orientierte und reiche Bauern immer größere Anbauflächen pachteten, wurde die Landwirtschaft kapitalintensiver und bot den Kaufleuten eine weitere Gelegenheit zur Verwendung ihrer Handelsgewinne.[33]

Die Investition von Kapital veränderte die Landwirtschaft. In der Region Beaujolais bei Dijon beispielsweise nahm der Weinbau ab dem späten 16. Jahrhundert nur dank der Initiative von Fremdkapital seinen Anfang, wobei drei Viertel der Böden in den Besitz von Nichtansässigen übergingen. Auch in Katalonien nutzten Bauernfamilien und Pächter nunmehr größere Flächen zur Weinerzeugung für entfernte Märkte. In der Republik der Niederlande konzentrierte sich der Landbesitz in weniger Händen, und Pachtbauern begannen, sich auf die kapitalintensive Produktion von Feldfrüchten und Vieh für den Markt zu spezialisieren. In einigen Gebieten, darunter die Umgebung der Gelderschen IJssel sowie die Küsten Frieslands und Flanderns, entwickelte sich eine intensive kommerzielle Landwirtschaft, die von reichen Bauern dominiert wurde, die Lohnarbeiter beschäftigten. Der ländliche Raum der Niederlande wurde zu einem Anhängsel seiner blühenden Städte.[34]

Trotz aller Unterschiede in der Form waren die Auslöser für die Eroberung ländlicher Gebiete durch städtische Kapitalisten stets dieselben: beispiellose Gewinne und das Potenzial für den Fernhandel. Die Märkte für landwirtschaftliche Erzeugnisse wuchsen, weil die Städte sich ausdehnten und weniger Menschen die Nahrungsmittel für den eigenen Lebensunterhalt produzierten. Durch den Handel mit den baltischen Staaten gelangten immer größere Mengen an Getreide in die niederländischen Häfen, sodass sich die lokale Agrarproduktion auf höherwertige Erzeugnisse wie Milchprodukte und Rindfleisch konzentrieren konnte, von denen ein Großteil für die expandierenden Exportmärkte bestimmt war, die von niederländischen Händlern aufgebaut wurden. Die Landwirtschaft war eine so attraktive Investition, dass reiche Amsterdamer Kaufleute in den ersten Jahren des 17. Jahrhunderts fast 1,5 Millionen Gulden (etwa 130 Millionen US-Dollar im Jahr 2024) in ein riesiges Landgewinnungsprojekt investierten und so 7000 Hektar neues Agrarland schufen. Die zehn Millionen Gulden, die zwischen 1590 und 1650 in Entwässerungsprojekte im Noorderkwartier flossen, übertrafen die Kapitalisierung sowohl der Ost- als auch Westindien-Kompanie. Durch die Beschlagnahmung von Kirchenland wurde der städtische Einfluss auf die ländlichen Gebiete der Niederlande noch weiter beschleunigt und vertieft, sodass im 18. Jahrhundert mehr als zwei Drittel der Agrarflächen unter der Kontrolle von Kaufleuten standen. Anwesen von Grundherren mit all ihren Nebenrechten konnten nun wie andere Güter gehandelt werden, und die niederländische Landwirtschaft, die einst feudal gegliedert war und hauptsächlich der Versorgung von Grundherren und ländlichen Produzenten diente, war nun überwiegend auf die Belieferung lokaler und globaler Märkte ausgerichtet.[35]

Das niederländische Beispiel zeigt den engen Zusammenhang zwischen der Ausweitung des Handels und der Umgestaltung der Landwirtschaft. Narrative, die den Vorstoß der Niederlande nach Übersee als unabhängig von der Transformation der heimischen Landwirtschaft darstellen oder die Expansion der niederländischen Wirtschaft als letztes Aufbäumen eines alten merkantilen Systems interpretieren, ignorieren die tiefgreifenden Verbindungen zwischen dem Inneren und dem Äußeren, zwischen dem Handel und der Verwandlung der ländlichen Gebiete sowie, wie wir sehen werden, zwischen verschiedenen Formen der Arbeit im Zentrum der kapitalistischen Revolution. Die Transformation der Agrarproduktion durch Handelskapital legte nicht nur den Grundstein für den Kapitalismus, sondern brachte auch einige seiner zentralen rechtlichen, sozialen und finanziellen Mechanismen hervor.[36]

Mit einem Blick in den ländlichen Raum Englands lässt sich dies vertiefen. Jahrhundertelang wurde die dortige Gesellschaft von Grundherren, die für sich die Kontrolle über die Bauern beanspruchten, geprägt und dominiert. Im 15. und 16. Jahrhundert zwang die wirtschaftliche Not jedoch viele feudale Grundbesitzer dazu, sich von ihrem Eigentum zu trennen oder sich tief zu verschulden, wodurch aufstrebende städtische Kapitaleigner auf dem Land Fuß fassen konnten.[37] Wie in den Niederlanden drängte das städtische Kapital aus einem aufblühenden Handelssektor in die Landwirtschaft. Als das Feudalsystem langsam zerfiel und es den Grundbesitzern nach der Pest nicht gelang, die alten Abhängigkeiten wiederherzustellen, verpachteten sie ihre Ländereien zunehmend an unternehmerisch denkende Bauern, die Arbeitskräfte beschäftigten, wodurch kommerzieller Wettbewerb und Lohnarbeit auf dem Land Einzug hielten, was als «Agrarkapitalismus» bezeichnet wurde.[38]

Zum Teil weil neue landwirtschaftliche Techniken – insbesondere das Norfolk-System der viergliedrigen Fruchtfolge – mehr Kapital erforderten, strömten städtische Investitionen in den ländlichen Raum. Landbesitzer nahmen Hypotheken auf, und Händler begannen, Landgüter zu erwerben. Die Umverteilung bäuerlichen Eigentums war so gravierend, dass in einer Petition an den König aus dem Jahr 1514 Kaufleute und Handwerker für ihre vielen Landkäufe kritisiert wurden. Investitionen in Grund und Boden waren auch durch den Niedergang anderer Wirtschaftszweige motiviert, was beispielsweise für den Textilfabrikanten Thomas Griggs (1701–60) aus Essex galt, der sein Kapital in die Agrarproduktion umleitete. Neue Marktchancen wie die Deckung des Bedarfs wachsender Städte oder die Schafzucht, um den boomenden Wollhandel zu beliefern, waren weitere Beweggründe. Gleichzeitig wurden ehemals feudale Grundbesitzer zu kapitalistischen Unternehmern, indem sie ihr Land an Bauern verpachteten.[39] Laut dem Wirtschaftswissenschaftler Maurice Dobb «musste die neue Gesellschaft aus der Krise und dem Niedergang der alten Ordnung gespeist werden».[40] Das alte System aus Frondienst und dem Zugang der Bauern zu Gemeindeland wich allmählich einem System, dessen wichtigste Neuerungen das Privateigentum an Grund und Boden und die Lohnarbeit waren.

Cotesbach, im Süden von Leicestershire, lag mitten im Gebiet der offenen Felder. Jahrhundertelang hatten achtzehn bis zwanzig Haushalte die 445 Hektar des Lehnguts bewirtschaftet, das keine Grenzmarkierungen hatte und Wiesen und andere Flächen umfasste, die von allen mit gleichen Rechten genutzt wurden. Das änderte sich nur langsam, aber im frühen 16. Jahrhundert umzäunte der Gutsherr ein Fünftel der Flächen. Während dessen Schafe und Rinder begannen, auf den Wiesen zu grasen, die auf den nunmehr brachliegenden Feldern wuchsen, verloren fünf Bauernfamilien mit etwa dreißig Angehörigen den Zugang zu diesen Parzellen. Die drastischste Veränderung kam jedoch etwa hundert Jahre später. 1606 kaufte John Quarles, ein Tuchhändler aus London, das Landgut für 6000 Pfund. Um seinen Profit zu maximieren, ließ er trotz der Proteste der Bauern nun auch noch den Rest der Fläche umzäunen. Als die offenen Felder verschwunden waren und die Bauern ihre Schafe und Kühe nicht mehr auf den Gemeindewiesen weiden lassen konnten, verließ etwa die Hälfte der Bevölkerung das Dorf, während sich die Einkünfte von Quarles fast verdoppelten. Der Zufluss von städtischem Kapital in England als Ganzem führte zu derart dramatischen Umbrüchen, dass 1607 Tausende von Bauern revoltierten.[41]

Als sich das Kapital aus den Städten in die umliegenden ländlichen Gebiete bewegte, waren die zurückgelegten Entfernungen in der Regel bescheiden – von Dijon nach Beaune, von Surat nach Tadkeshwar, von Amsterdam nach Friesland, von Kairo ins Nildelta. Manchmal überwand das städtische Kapital jedoch viel größere Distanzen, um die Kontrolle über die landwirtschaftliche Produktion zu erlangen, wenngleich nur wenige Kapitaleigner zu solchen Ferninvestitionen in der Lage waren. In seltenen Fällen waren nicht europäische Kaufleute an diesem Prozess beteiligt – meist chinesische Händler, die in die Zuckerproduktion in verschiedenen Regionen Asiens investierten. Viel später, im 18. Jahrhundert, brachten Kaufleute aus dem indischen Gujarat Kapital in die ostafrikanische Provinz, was eine Ausweitung der Elefantenjagd ermöglichte; jedes Jahr verschifften die Bania-Kaufleute bis zu 310 Tonnen Elfenbein von der Mosambikinsel nach Gujarat. Noch später sorgte Kapital aus dem Oman für eine Veränderung im ländlichen Sansibar, indem es dort eine florierende Gewürzplantagenwirtschaft aufbaute, die größtenteils auf Sklavenarbeit beruhte.[42]

Die bedeutendsten Kapitalströme, die in weit entfernte landwirtschaftliche Gebiete flossen, stammten jedoch aus Europa, und Händler aus Italien, Spanien, Portugal, den Niederlanden und England spielten eine herausragende Rolle bei der Herstellung von weltweiten Verbindungen und der Umgestaltung des ländlichen Raums. Dabei mit am häufigsten vertreten waren niederländische Kapitalisten, die bereits im 14. Jahrhundert begannen, in den ländlichen Raum Polens vorzustoßen, um von dort Holz und Getreide nach West- und Südeuropa zu transportieren. Das führte dazu, dass im 16. Jahrhundert ein Viertel des gesamten in den Niederlanden verbrauchten Weizens aus Polen stammte, während niederländische Kaufleute auch Geld verdienten, indem sie große Mengen Weizen auf die Iberische Halbinsel weiterleiteten.[43]

Danzig wurde zur Drehscheibe dieser Exporte und bot ein beeindruckendes Schauspiel, das 1636 vom deutschen Reisenden Kurt Schottmüller beschrieben wurde: «Sobald die Polen oder Preußen diese Weizenmassen in die Speicher bringen, sind auch schon die Holländer mit ihren Schiffen da, um den Weizen mit riesigem Eifer in Massen zu verfrachten und über den ganzen Erdkreis zu verteilen.»[44] Im Jahr 1642 liefen nicht weniger als 2052 niederländische Schiffe den Hafen an, was Danzig mit großem Abstand zur wichtigsten Handelsstadt im Baltikum machte.[45] Fast 80 Prozent des Überseehandels von Danzig lag in den Händen niederländischer Kaufleute, die sich dort in immer größerer Zahl niederließen: Zwischen 1558 und 1709 zogen 456 niederländische Kaufleute nach Danzig, oftmals Verwandte niederländischer Händler. So schickte beispielsweise der Amsterdamer Kaufmann Cornelius Pietersz Hooft 1584 zwei seiner Brüder dorthin. Dieser Exportboom war nur möglich aufgrund der Vergrößerung der Anbauflächen für die Weizenproduktion im schnell expandierenden Danziger Hinterland und der dortigen Verschärfung des Arbeitszwangs.[46]

Niederländische Kaufleute, die dank amerikanischem Silber über große Liquidität verfügten, gewährten polnischen Adligen Kredite und erhielten dafür die vertragliche Zusicherung zukünftiger Weizenlieferungen. Ebenso stellten sie Danziger Finanzinstituten Geldmittel bereit, die diese dann in die Landwirtschaft investierten. Manchmal erlangten Danziger Kaufleute die direkte Kontrolle über bäuerliche Anwesen, zum Beispiel als König Kasimir IV. Jagiełło von Polen ihnen 1466 das Recht zum Kauf von Land gewährte.[47] Maximilianus Transsylvanus, der kaiserliche Abgesandte des Gouverneurs der Niederlande in Hamburg, beschrieb dieses System 1534 folgendermaßen:

> Die Holländer kommen ein- oder zweimal im Jahr mit zweihundert bis dreihundert Schiffen nach Danzig, um binnen vierzehn Tagen alles Getreide zu kaufen und einzuholen, das man in der besagten Stadt findet. Denn alle großen Herren von Polen und Preußen haben in den letzten fünfundzwanzig Jahren die Möglichkeit gefunden, ihr gesamtes Getreide über Flüsse nach Danzig zu schicken und es dort … zu verkaufen. Auf diese Weise wurden das Königreich Polen und die großen Herren sehr reich und gewannen viel hinzu. Denn früher wussten sie nicht, was sie mit ihrem Getreide anfangen sollten, weshalb sie ihre Felder brachliegen ließen. Die Stadt Danzig, die damals nicht mehr als ein Dorf war, ist heute die mächtigste und reichste Stadt im gesamten Baltikum.[48]

Diese Investitionen waren so einflussreich, dass die Kornkammern Osteuropas im 17. Jahrhundert praktisch zu einer niederländischen Wirtschaftskolonie geworden waren. Daraus ergaben sich weitere vorteilhafte Verbindungen für niederländische Kaufleute. Sie investierten in die florierende Schiffbauindustrie, um all diesen Weizen zu transportieren, und erwarben, wie wir später im Detail sehen werden, schlesische Leinenstoffe für den atlantischen Handel. Einen Teil ihrer Gewinne steckten sie auch in die Anfänge der Industrialisierung der Niederlande. Überdies verkauften sie Luxusgüter nach Danzig, darunter Kolonialwaren, die bei den genussfreudigen polnischen Adligen sehr beliebt waren. Im Mittelpunkt all ihrer Aktivitäten stand jedoch der Getreideexport.[49]

Kaufleute in Danzig: Detail einer Landkarte des deutschen Kartographen Johann Baptist Homann (1664–1724), Nürnberg, ca. 1720.

DIE UMSCHICHTUNG von niederländischem Kapital in polnisch-litauische Getreidefelder und norwegische Wälder veränderte das wirtschaftliche und soziale Gefüge Europas. Das wirklich revolutionäre Potenzial des städtischen Kapitals lag jedoch woanders – nämlich in den Vorstößen italienischer, portugiesischer, spanischer, niederländischer, englischer, französischer, deutscher, schweizerischer und skandinavischer Kaufleute in die ländlichen Gebiete Amerikas. Aufgrund der riesigen Ressourcen der beherrschten Ureinwohner und ihrer Territorien erzielten sogar bescheidene Investitionen herausragende Gewinne. Durch gewaltsame Enteignung schufen Kaufleute Möglichkeiten zur Kapitalakkumulation und ebneten den Weg für kommerzielle Dominanz.

Bald beschränkten sich die Europäer jedoch nicht mehr auf Plünderung und Tauschhandel, sondern begannen mit der Produktion auf fernen Kontinenten. Tatsächlich waren es diese neuen Inseln des Kapitals in Afrika, Asien und vor allem in Amerika, die das radikale Potenzial des städtischen Kapitals freisetzten, um den ländlichen Raum und damit die Weltwirtschaft tiefgreifend zu verändern.[50]

Ab dem 15. Jahrhundert steckten mehrere genuesische Familien ihr Geld in Zuckerplantagen auf Inseln vor der Küste Afrikas, in den Sklavenhandel und dann in Projekte in Amerika. Die Florentiner waren kaum weniger aktiv, wobei die Medici Geschäfte mit Sklaven machten und die Familie Bardi einen nicht unerheblichen finanziellen Beitrag zur spanischen Eroberung Amerikas leistete. Auch der in Sevilla lebende Florentiner Gianotto Berardi investierte viel in die transatlantische Expansion. Als er 1494 starb, übernahm sein Testamentsvollstrecker Amerigo Vespucci einen Großteil seiner Geschäfte, darunter die Finanzierung von Seefahrten in die Karibik und den damit verbundenen Handel mit versklavten Menschen. Die Neue Welt wurde nach einem Sklavenhändler benannt.[51]

Das erste Produkt, das von diesen Händlern in die atlantische Welt verschoben wurde, war der Zucker, dessen Beschaffung Unmengen von Kapital verschlang. Zucker stammte ursprünglich aus Indien, der arabischen Welt und von Orten wie Zypern, aber im 15. Jahrhundert verlegten italienische Kaufleute den Anbau in den atlantischen Raum: zuerst nach Madeira, auf die Kapverden und nach São Tomé, dann über den Ozean nach Pernambuco und Bahia in Brasilien. An diesen Stätten entstanden die modernen Zuckerrohrplantagen mit ihrem spezifischen Dreiklang aus Monokultur, Sklavenarbeit und der Herrschaft weit entfernter europäischer Kapitalisten. Bereits 1555 arbeiteten allein auf São Tomé 12 000 Sklaven.[52] In den 1640er Jahren erreichte die Zuckerfront Barbados.

Die Karibikinsel wurde unter den Brüdern Noell und einigen anderen Pflanzern zum Prototyp für die kapitalistische Utopie, die Vermehrung von Kapital zum alleinigen Richtmaß menschlicher Angelegenheiten zu machen. Nahezu von Anfang an gelangte das Land auf Barbados in Privatbesitz. Die Kolonialregierung vergab Anbauflächen an Tabak-, Indigo- und Baumwollpflanzer, und diese drängten sofort auf die Rechte des freien Grundbesitzers. Die Zuckerplantagen wuchsen zu riesigen Anwesen, als die Zuckerbarone die Flächen der Kleinbauern aufkauften und die Pächter vertrieben. Die Grundstückswerte stiegen rasant und verzehnfachten sich allein zwischen 1640 und 1646. Ein fieberhafter Markt für Grund und Boden entstand: Zwischen März und Dezember 1647 – die Noells waren noch kein Jahr da – kauften angehende Zuckerpflanzer 4000 Hektar Land, fast zehn Prozent des gesamten kultivierbaren Landes der Insel. Während einige kleinere Baumwoll- und Indigopflanzer erfolgreich auf Zucker umstellten, hatte der Zuckerboom nun ein nie dagewesenes Ausmaß erreicht, das viele Kleinbauern zur Aufgabe ihrer Anwesen zwang, da sie das notwendige Kapital nicht besaßen. Wer nur über bescheidene Mittel verfügte, musste entweder auf größeren Plantagen oder in der Hauptstadt Bridgetown arbeiten oder aber, was noch häufiger vorkam, Barbados verlassen.

Die Zahl der weißen Einwohner sank in den Jahren zwischen 1655 und 1712 um fast die Hälfte: Mindestens 10 000 Menschen verließen die Insel. Eine winzige Elite von nur 74 Plantagenbesitzern beherrschte die neu entstandene Zuckerinsel, wobei jeder von ihnen Pflanzungen zwischen 80 und

400 Hektar sein Eigen nannte. Das Vorrücken der Zuckerfront vernichtete die ursprüngliche Landschaft von Barbados und fast all seine Wälder. Im Jahr 1680 wurden 80 Prozent der Anbauflächen für die Zuckerherstellung genutzt, 90 Prozent der Arbeitskräfte waren im Zuckersektor tätig und 90 Prozent der Exporteinnahmen generierte der Zucker. Die Insel war zu einem Zucker produzierenden Arbeitslager geworden, in dem sich jedes Jahr Tausende Sklaven zu Tode schufteten, um den Appetit der Europäer auf Profit und Süßes zu stillen. Bridgetown war zu einer der wichtigsten Städte in Britisch-Amerika geworden.[53]

Was diese revolutionäre Mobilisierung von Land, Arbeitskraft und Technologie ermöglichte, waren erhebliche Investitionen niederländischen und englischen Kapitals. Als in der ersten Hälfte des 17. Jahrhunderts die Investitionen niederländischer Kaufleute im brasilianischen Pernambuco durch portugiesische Eroberungen bedroht waren, verlagerten sie einen Teil ihres Kapitals, ihres Fachwissens, ihrer Sklaven und ihrer Technologie auf die Insel. Auch die Engländer investierten beträchtliches Kapital: Allein im Jahr 1647 steckten englische Kaufleute 150 000 barbadische Pfund in die Plantagen, was etwa einem Zehntel der gesamten Einkünfte der englischen Regierung entsprach. Zwischen 1640 und 1660 betrug das in Barbados investierte englische Kapital 1,5 Millionen Pfund. Ein Großteil davon war im Handel erwirtschaftet worden – im atlantischen Raum, in Asien, Afrika und im Mittelmeerraum, aber auch im innereuropäischen Wollhandel. Diese Investitionen demonstrieren in aller Deutlichkeit den Zusammenhang zwischen der großen Vernetzung und der Transformation des ländlichen Raums. Die Weltwirtschaft und die Plantagen bedingten einander gegenseitig.[54]

Europäisches Kapital in Kombination mit Sklaverei befeuerte das explosive Wachstum der Zuckerproduktion auf Barbados. Im Jahr 1665 exportierte die Insel 11 529 Tonnen Muscovadozucker, 919 Tonnen raffinierten Zucker, 529 943 Liter Melasse und 567 827 Liter Rum, wovon fast die Hälfte nach Nordamerika und die andere Hälfte nach England ging. In den frühen 1650er Jahren betrug der Wert dieser Erzeugnisse mehr als drei Millionen Pfund und war damit doppelt so hoch wie die jährlichen Einkünfte der englischen Regierung. Der Zucker machte die Insel zum reichsten Ort der Neuen Welt.[55] In den 1660er Jahren waren die Zuckerimporte nach England wertvoller als alle anderen Kolonialimporte zusammen.[56] Laut dem Historiker David Eltis «exportierte Barbados im Verhältnis zu seiner Größe und Bevölkerung wahrscheinlich mehr als jede andere Kolonie oder jeder andere Staat der damaligen Zeit oder sogar in der gesamten Weltgeschichte bis zu jenem Zeitpunkt».[57] Seine Pflanzer waren reicher als irgendjemand sonst im englischen Amerika.[58] Die Zuckerexporte aus Barbados und anderen Teilen Amerikas befeuerten zudem den Welthandel; in den zwei Jahrhunderten nach 1600 übertrafen sie deutlich jeden anderen internationalen Güterhandel an Wert.[59] Der zeitgenössische Beobachter Richard Ligon war beeindruckt von den «gewaltigen Einnahmen, die dieser kleine Fleck Erde produzieren kann», und davon, dass dieser ganze Reichtum «ohne die Hilfe von Magie oder Zauberei» angehäuft worden war.[60] Tatsächlich konnte man beim Anblick der kapitalistischen Revolution auf Barbados den Eindruck gewinnen, es müsse Magie im Spiel sein. Zweifellos hatte es auch anderswo bedeutende Veränderungen gegeben, aber die Geschwindigkeit, mit der der Zauberstab des Kapitals die Karibikinsel umgestaltet hatte, war spektakulär und ließ aufmerksame Beobachter die erwachende Macht des Kapitals und seine offenbar grenzenlosen Möglichkeiten erahnen.[61]

Mit seiner besonderen und neuen Art von Gesellschaft zeigte Barbados, wie durch die Kombination von amerikanischem Land, afrikanischer Arbeitskraft und europäischem Kapital landwirtschaftliche Güter für weit entfernte Verbraucher produziert werden konnten. Es war eines der ersten Male in der Geschichte der Menschheit, dass Kapitalbesitzer die Produktion vollständig kontrollierten und eine ganze Gesellschaft um das offenkundig zielstrebig verfolgte Unternehmen der Produktion und des Konsums von Waren herum aufbauten. Wie wir gesehen haben, waren Elemente dieser neuen Welt auch in den Niederlanden, in Ägypten, in Gujarat, in England und in anderen ländlichen Räumen hervorgetreten, aber langsamer und weniger dramatisch. Bezeichnenderweise hatten die europäischen Kapitaleigner diese neue Gesellschaft nur aufbauen können, indem sie in die Ferne gingen, da derart radikale Schritte zu einem ständigen Kampf mit Feudalherren und der fest verwurzelten ländlichen Bevölkerung geführt hätten; solche Auseinandersetzungen waren in einigen Teilen des Kontinents tatsächlich entbrannt und keineswegs beigelegt worden.[62] Das menschenleere Barbados war zwar weit entfernt, aber die damit verbundenen Herausforderungen waren gering im Vergleich zu den Schwierigkeiten, die eine derartige Transformation in besiedelten ländlichen Gebieten, egal wo auf der Welt, mit sich brachte. Barbados offenbarte die enormen Gewinnmöglichkeiten, die sich aus der Kombination von Handel und Produktion, von Ware gewordenem Grund und Boden und kommodifizierter Arbeitskraft ergaben. Diese Lehre war so bedeutsam, dass sie sich in den nächsten zwei Jahrhunderten auf der ganzen Welt verbreitete, auch in Europa, dessen Schwächen im Welthandel und erstarrte soziale Strukturen seine Abenteurer überhaupt erst in die Weiten des Atlantiks getrieben hatten.

Barbados wurde zu einem Fanal: für die Fähigkeit des Kapitals, die Produktion zu revolutionieren, und, ganz konkret, große Summen Kapital zu investieren, was in der Frühen Neuzeit nicht leicht zu finden war. Zuckerpflanzer kontrollierten einige der größten Unternehmen der damaligen Zeit. Und die Plantage selbst lässt sich aufgrund der straffen Organisation der Arbeitskräfte und der Fokussierung auf Produktivität und Zeitmanagement als erste moderne Industrie bezeichnen, als eine weitere Form des Übergangs zum Agrarkapitalismus.[63]

Viele europäische Migranten kamen in die Karibik: Von den 378 000 Europäern, die zwischen 1630 und 1700 nach Amerika auswanderten, waren es 59 Prozent. Obwohl die Bürger der heutigen USA dazu neigen, Neuengland für den Mittelpunkt der Neuen Welt zu halten, war dieses Gebiet wirtschaftlich weit weniger bedeutend als Barbados. Barbados war das Zentrum, Boston die Peripherie. Damals war Boston vor allem ein wichtiger Lieferant von Lebensmitteln und Produktionsgütern wie Holz, Pferden oder Kerzen, die von den dynamischen karibischen Plantagengesellschaften, darunter Barbados, verbraucht wurden.[64] Aus der Sicht Londons wurde Neuengland zum Hinterland des Hinterlandes.

Einer der größten Trümpfe dieser Plantagenmaschine war, dass sie übertragbar war. Ihre konzeptionelle Radikalität und die Gleichgültigkeit gegenüber lokalen Besonderheiten ermöglichten die Integration von immer mehr Land und Arbeitskräften. In den 1660er Jahren kam die Zuckerrevolution nach Guadeloupe, breitete sich in den 1670er Jahren auf Martinique und weiteren Inseln über dem Winde aus, erreichte in den 1680er Jahren Jamaika und schließlich in den 1690er Jahren Saint-Domingue. Europäische Kaufleute verwandelten eine Insel nach der anderen in Plantagen mit Monokulturen, die wie Fabriken funktionierten und mit Sklavenarbeit betrieben wurden. 1671 gab es auf Martinique 6582 versklavte Arbeitskräfte, 1719 waren es bereits 35 478. 1754 wurden auf Jamaika 20 000 Tonnen Zucker hergestellt, 20 Jahre später hatte sich die Produktion verdoppelt. Die Sklaverei war die treibende Kraft; 1752 arbeiteten 106 592 versklavte Afrikanerinnen und Afrikaner auf der Insel und stellten die überwiegende Mehrheit der Bevölkerung Jamaikas. Zuckerexperten aus Barbados gaben ihr Fachwissen bis nach St. Helena und Sumatra weiter.[65] Adam Smith, der kein Freund der Plantagenbesitzer war, erklärte die Gründe für diesen Boom ganz unverblümt: «Die Zuckerplantagen in unseren westindischen Kolonien werfen allgemein einen viel höheren Gewinn ab als jeder andere Anbau, den wir in Europa oder in Amerika kennen.»[66]

Die gewaltigsten Transformationen fanden auf Saint-Domingue statt, dem heutigen Haiti. Der Zuckeranbau kam dort dank der Compagnie de Saint-Domingue in den 1690er Jahren auf. Unterstützt wurde sie von Frankreichs bedeutendsten Kaufleuten und Bankiers, darunter der königliche Finanzier und Sklavenhändler Samuel Bernard, der Kaufmann und Finanzier Antoine Crozat, der später Louisiana kontrollierte, und der Finanzier Pierre Thomé. Die massiven Investitionen aus Frankreich waren insbesondere nötig, um die Zeit zwischen den anfänglichen Investitionen in die Sklaven und den ersten Zuckererträgen überbrücken zu können. Mithilfe der Kriegsbeute aus Jamaika, zu der neben Anlagen für die Zuckerherstellung auch Tausende von Sklaven zählten, wurde im Jahr 1739 auf 450 Plantagen der Ertrag von 40 000 Tonnen Zucker erzielt. Das war mehr als die Produktion in der gesamten britischen Karibik. Wie immer ging mit der Expansion des Zuckerrohranbaus die Ausweitung der Sklaverei einher: 1715 gab es auf Saint-Domingue 158 Zuckerplantagen, auf denen 38 723 Menschen lebten, von denen 30 651 versklavt waren. Im Jahr 1786 arbeiteten 340 000 Sklaven auf 4820 Plantagen – 910 bauten Zucker an, 3000 Kaffee, 700 Indigo, 60 Kakao und 150 Baumwolle.[67] Und 1789 waren es dann bereits 450 000 Sklaven, neben denen 40 000 Weiße und 28 000 *affranchis* – freigelassene Sklaven – arbeiteten. In den 1780er Jahren beanspruchte die Agrarindustrie der Insel vier von zehn Afrikanern, die über den Atlantik gehandelt wurden – allein im Jahr 1790 wurden nicht weniger als 40 000 versklavte Frauen, Männer und Kinder dorthin verschifft. Die Versklavung nahm gewaltige Ausmaße

Die Finanzierung der Expansion der Sklaverei in Saint-Domingue: Porträt von Samuel Bernard (1651–1739).

an: Nach Saint-Domingue verschleppten die Händler doppelt so viele Afrikaner wie in die gesamten USA und ihre kolonialen Vorläufer.[68] Mittels der Kombination von militärischem Schutz und Zollerleichterungen mit dem, was der erste französische Gouverneur von Saint-Domingue, Jean-Baptiste du Casse, 1698 die «natürliche Neigung zur Wohlstandsvermehrung» aller Menschen nannte, errichtete Frankreich einen der wichtigsten Produktionsstandorte der Welt.[69] Als 1791 der US-amerikanische Kommissionär Samuel Gardner Perkins Saint-Domingue besuchte, bemerkte er, dass «der florierende Handel und der Wohlstand der Einwohner vielleicht weltweit beispiellos sind».[70]

Léogâne, eine Gemeinde westlich von Port-au-Prince, stand an vorderster Front der Plantagenrevolution auf diesem französischen Außenposten und blieb jahrelang unter der direkten hoheitlichen Kontrolle der Compagnie de Saint-Domingue. Im Jahr 1696 gab es in Léogâne mehrere Tabakfarmen, 54 Indigoplantagen und eine Zuckermühle, die von 973 weißen Arbeitern und 675 Afrikanern bewirtschaftet wurden. Im Jahr 1730 war die Landschaft übersät von 59 Zuckermühlen und 31 Indigoplantagen. Während die Zahl der weißen Landarbeiter auf 706 sank, stieg die Zahl der versklavt Tätigen auf 7646 – Léogâne hatte sich zu einem mörderischen, aber äußerst produktiven Strudel entwickelt, der nie dagewesene Mengen an Zucker und Profit in das französische Mutterland spülte.[71]

Die gewinnbringenden Investitionen in die Umgestaltung des ländlichen Raums von Saint-Domingue zogen viele französische Händler und Aristokraten an. Die Chaurands, eine der reichsten Kaufmannsfamilien in Nantes mit einem geschätzten Privatvermögen von drei Millionen Livres tournois, verschoben einen Teil ihres Kapitals in die Karibik. Ihr 1771 von Honoré Chaurand gegründetes Haus war spezialisiert auf Darlehen an westindische Plantagenbesitzer, die diese in der Regel zur Aufstockung ihrer versklavten Arbeitskräfte verwendeten. In den 1780er Jahren stiegen die Chaurands indirekt in den Sklavenhandel ein und finanzierten sieben Reisen nach Afrika zur Beschaffung neuer Sklaven. Zwischen 1771 und 1792 entsandten sie 53 Schiffe nach Saint-Domingue, um Zucker zu holen, da sie sich durch vertragliche Vereinbarungen mit 38 Plantagenbesitzern in Saint-Domingue auf einen konstanten Fluss von Kommissionsgeschäften verlassen konnten. Entgegen der vermeintlich klaren Trennung zwischen Händlern und Plantagenbesitzern kauften die Chaurands auch selbst Zucker- und Kaffeeplantagen und griffen bei Bedarf auf zusätzliches Kapital Pariser Investoren zurück. Obwohl sie Saint-Domingue nie betraten, hing ihr Vermögen von einem feinen Gespür für die Topografie der Insel und die sich dort bietenden Chancen ab.

Ihre Plantagen waren bemerkenswert profitabel; so erwirtschaftete beispielsweise ihr Anwesen Fleurau zwischen 1775 und 1784 jedes Jahr beeindruckende 15 Prozent Rendite.[72]

Angesichts solcher Gewinne war es nicht verwunderlich, dass andere Geschäftsleute es den Chaurands gleichtaten. 1768 investierte der Bankier Jean-Joseph de Laborde seine Einnahmen durch Staatsanleihen aus der Zeit des Siebenjährigen Krieges in Zuckerplantagen auf Saint-Domingue. Jean-Baptiste Hosten, der Sohn eines Zuckerhändlers aus Bordeaux, besaß eine große Zuckerplantage in der Nähe von Port-au-Prince, auf der 216 versklavte Arbeiter tätig waren. Als er sich 1788 nach Paris zurückzog, investierte er massiv in hauptstädtische Immobilien.[73]

So viel Kapital floss nach Saint-Domingue, dass nach der haitianischen Revolution die Händler in Nantes ihre gravierenden Verluste an Eigentum auf 93 Millionen Livres tournois schätzten. Als eine französische Kommission 1828 den wirtschaftlichen Schaden untersuchte, den französische Investoren durch die politische Emanzipation von Saint-Domingue erlitten hatten, stellte sie fest, dass die Insel «so reich gewesen war wie drei oder vier Départements in Frankreich».[74] Zehntausend französische Familien forderten Entschädigungen für ihr verlorenes Hab und Gut und investierten diese in Immobilien und Industrie, während das haitianische Volk seine Freiheit mit Reparationen und Schuldendiensten für Kredite bezahlen musste, die es bis 1947 an Frankreich fesselten.[75] Die staatliche und öffentliche Unterstützung für die Zahlung von Entschädigungen zeigte, wie tief das kapitalstarke Frankreich in die Sklavenwirtschaft verstrickt war, eine Verstrickung, die in ihrer Tiefe und Breite mit der von England und den Niederlanden vergleichbar war.

Plantagen waren von zentraler Bedeutung für den aufkommenden atlantischen Kapitalismus, und Zucker war sein wichtigster Treibstoff.[76] Die Zeitgenossen waren sich der großen Bedeutung der Plantagenrevolution durchaus bewusst, nicht nur wegen ihrer Radikalität, sondern auch wegen ihrer Auswirkungen in vielen anderen Teilen der Welt. Im Jahr 1760 schrieb der britische Kolonialbeamte William Burke aus dem besetzten Guadeloupe: «Nur aufgrund des westindischen Handels ist ein großer Teil Nordamerikas überhaupt erst in der Lage, mit uns Handel zu treiben. [...] In Wirklichkeit muss der Handel dieser nordamerikanischen Provinzen [...] ebenso wie jener Afrikas als abhängiges Glied und untergeordneter Bereich des westindischen Handels gelten; seine Erfolge hängen vom Gedeihen der Westindischen Inseln ab.»[77] Guillaume Thomas François Raynal und Adam Smith waren sich mit ihm einig, dass dieser einzigartig revolutionäre Einsatz von Sklavenarbeit

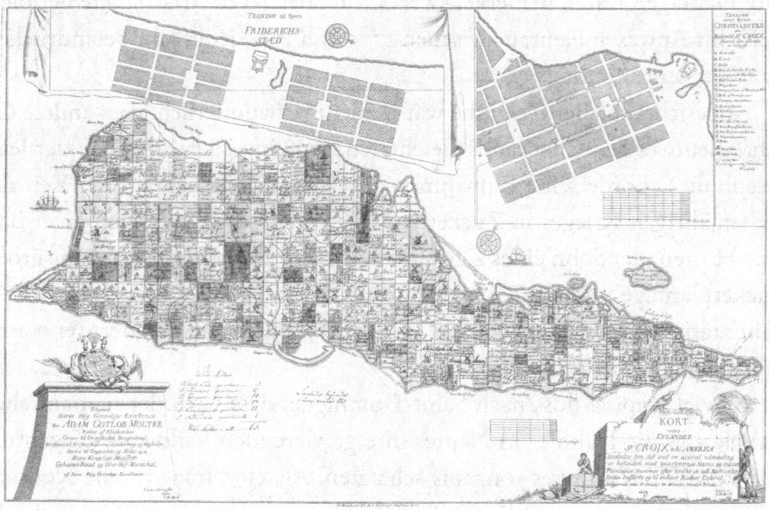

Die Umgestaltung des ländlichen Raums: eine Karte der Plantagen in St. Croix, Dänisch-Westindien, 1766.

für die Zuckerproduktion in der Karibik mehr als alles andere eine weitere Intensivierung der weltweiten großen Vernetzung begünstigte.[78]

Und es war nicht nur Zucker. Versklavte Arbeiter produzierten auch große Mengen anderer Waren: Im niederländisch kontrollierten Suriname des 18. Jahrhunderts finanzierten Kapitaleigner große, mit Sklavenarbeit bewirtschaftete Kaffeeplantagen, die eine wichtige Rolle bei der Etablierung der Handelsmacht der Niederlande in Europa spielten.[79]

In Virginia, auf dem nordamerikanischen Festland, entdeckten englische Siedler mit dem Tabak eine weitere Nutzpflanze, die sich gewinnbringend für die Weltmärkte anbauen ließ. Die Europäer hatten den Tabak in der Neuen Welt zunächst als Medizin und Betäubungsmittel kennengelernt und ihn in verschiedenen Weltgegenden angepflanzt, bevor sie seine Produktion schließlich in den englischen Kolonien in Nordamerika konzentrierten, wo er für die kleine Ansiedlung in Virginia zum wirtschaftlichen Motor wurde. Im Jahr 1616 exportierte Virginia 1250 Pfund der süchtig machenden Substanz, zwölf Jahre später waren es bereits 370 000 Pfund, und 1672 waren es zehneinhalb Millionen Pfund. Virginia erlebte einen Boom und war so stark auf den Tabakanbau ausgerichtet, dass die frühen Tabakbauern oft nicht genügend Lebensmittel für sich selbst produzieren konnten.[80]

Diese radikale Umgestaltung Virginias wurde durch britische Kaufleute ermöglicht, die ihr Kapital in die Neue Welt verlagerten. In den Tabakanbau in Virginia floss insbesondere schottisches Kapital, und im 18. Jahrhundert wurden alle drei großen Banken Glasgows von Tabakbaronen kontrolliert. Glasgower Firmen entsandten Agenten in die Kolonien, wo diese vorab Ladungen für die Schiffe ihrer Arbeitgeber kauften und so die Umschlagsdauer in Chesapeake verkürzten.[81]

Der Erfolg der Kolonie hing nicht vom Erwerb von Land ab – davon gab es mehr als genug –, sondern von der Verfügbarkeit von Arbeitskräften. Tabak ließ sich fast überall anbauen, weshalb sich die Pflanzer beeilten, Arbeitskräfte zu gewinnen. Zunächst konzentrierten sie sich auf vertraglich gebundene Knechte: Arme Europäer leisteten für die Überfahrt in die Neue Welt, Kost und Logis einen mehrjährigen Dienst in der Landwirtschaft. Nach einer Weile aber dominierte wie auf den Zuckerinseln das System der Sklavenarbeit. Das war zum Teil darauf zurückzuführen, dass sich die soziale Struktur rund um eine von Vertragsknechten betriebene Tabakerzeugung als nicht tragfähig erwies. Sobald sich die Überlebensrate der Vertragsknechte in den 1640er Jahren zu stabilisieren begann, stiegen auch deren Erwartungen. Sie hofften, die Dauer ihrer Verpflichtung zu überstehen und sich selbstständig machen zu können, um mit den etablierten Landbesitzereliten zu konkurrieren.[82]

Die Gewinnmöglichkeiten bei Tabak und Zucker führten nicht nur zu einer Umgestaltung der Landwirtschaft, sondern brachten auch wichtige Innovationen hervor, die für die kapitalistische Revolution von entscheidender Bedeutung waren.[83] Die Plantagenbesitzer entwickelten neue Verfahren der Buchführung und der Arbeitsorganisation. So erstellten beispielsweise die Aufseher auf den Plantagen des Marquis de Paroy in Saint-Domingue detaillierte Aufzeichnungen über ihre Ausgaben und Einnahmen, die dem Marquis einen völlig neuen Einblick in die Rentabilität seines Unternehmens boten. Und zu Beginn des 18. Jahrhunderts bewies der Pflanzer Henry Drax aus Barbados sein ausgeprägtes Verständnis für Management in einem selbst verfassten Handbuch, in dem er in allen Einzelheiten beschrieb, wie eine Plantage zu führen sei: von der Bestrafung von Sklaven, um «die anderen abzuschrecken», bis hin zur genauen Dosierung von Düngemitteln für Zuckerrohrsetzlinge – ein früher Versuch, «aus der Ferne zu verwalten».[84] Es ist nicht überraschend, dass solche Innovationen von Plantagen kamen, denn sie gehörten zu den größten Arbeitsstätten der damaligen Welt. In den Bergwerken im Nordosten Englands waren maximal hundert Menschen tätig, und die wenigen bestehenden Manufakturen beschäftigten in der Regel nicht mehr als eine Handvoll Arbeiter. Nur staatliche Unternehmen – wie die Königliche Tafelglasgesellschaft im französischen Tourville mit ihren tausend Arbeitern im Jahr 1750 – waren größer als die Zuckerplantagen.[85]

Plantagen boten auch neue Formen der Kapitalanlage. Sklaven waren die besten Sicherheiten für Darlehen; tatsächlich war die relative Solidität der Eigentumsrechte an versklavten Arbeitern eine notwendige Voraussetzung für die enorme Kapitalzufuhr. Etwa ein Drittel des Kapitalvermögens im britischen Empire im Jahr 1788 bestand aus Sklaven: Umgerechnet auf die Währung von 2024 betrug ihr Wert 3,5 Milliarden Pfund. «Zu Kapital gewordene Gefangene» waren einer der Katalysatoren, die es europäischen Händlern ermöglichten, im aufkommenden globalen Kapitalismus eine zentrale Rolle zu spielen.[86]

Noch wichtiger war, dass die Plantagenwirtschaft den Fernhandel modernisierte und so den Grundstein für eine neue Art von globaler Integration legte, die später andere Handelsströme ermöglichen sollte. Die Umgestaltung der ländlichen Gebiete der Karibik schuf eine Weltwirtschaft: In Amerika bauten versklavte Afrikanerinnen und Afrikaner unter der Aufsicht von Europäern Zucker für die globalen Märkte an. Diese Menschen waren mit indischen Textilien gekauft worden, die mit amerikanischem Silber bezahlt worden waren, das die europäische Herrschaft in Amerika generiert hatte. Nie zuvor waren so viele Kontinente so tief in die Netzwerke des Kapitals eingebunden gewesen wie in der neuen, auf den Atlantik ausgerichteten Weltwirtschaft.

Diese Weltwirtschaft war für die außergewöhnliche neue Dynamik des Kapitalismus von zentraler Bedeutung. Als Sphäre, in der sich das Kapital bewegte, war sie sowohl das Ergebnis seines Aufkommens als auch sein Produkt. Selbst als Staaten stärker wurden und weltumspannende Imperien aufbauten, wurden deren Grenzen vom Kapital immer wieder überschritten. Ein Beispiel dafür sind die niederländischen Kaufleute: Sie waren sowohl auf dem Land in den Niederlanden als auch im niederländischen Kolonialreich aktiv und spielten eine entscheidende Rolle in der Zuckerrevolution auf den Inseln der Karibik, beim weltweiten Handel mit Agrargütern, die von Sklaven produziert wurden, und bei der Finanzierung ihres größten Kontrahenten, des britischen Staates.[87] Im Jahr 1716 besaßen niederländische Investoren 59 Millionen der 143 Millionen Pfund britischer Staatsschulden.[88] Später war das niederländische Kapital auch für die jungen USA von großer Bedeutung. Es wäre falsch, sich das niederländische Kolonialreich als einen abgeschlossenen Wirtschaftsraum vorzustellen: Niederländisches Kapital und niederländischer Handel überschritten dessen Grenzen kontinuierlich. Um ein weiteres aussagekräftiges Beispiel zu nennen: Als der englische Kaufmann und Plantagenbesitzer Gedney Clarke keine weiteren Anbauflächen in Barbados fand, kaufte er mehr als tausend Hektar Plantagenland in der niederländischen

Kolonie Demerara, im heutigen Suriname.[89] Der Kapitalismus hat nur eine einzige, weltweite Geschichte, eine, deren Initialzündung in den Wäldern und den Sümpfen der karibischen Inseln und des amerikanischen Festlands stattfand.

Am wichtigsten war jedoch, dass Plantagen zeigten, wie das Kapital Ländereien und Arbeitskraft dominieren und kontrollieren konnte; das Plantagensystem erwies sich als der Prototyp einer neuen Art von industrieller Produktion. Als Amerika für die Entstehung einer Weltwirtschaft von zentraler Bedeutung wurde, zeigte sich, dass die Schaffung dieser neuen Ordnung – einer Welt, in der Märkte fast alles beherrschen und in der nahezu alles gekauft und verkauft werden kann – große Anstrengungen, Energie, Kreativität und die Ausübung von Zwang erforderte. Märkte hatte es schon seit Jahrtausenden gegeben; die Menschen hatten Schuldenbeziehungen aufgebaut und Handel getrieben, seit es Gemeinschaften gab. Doch nun begann sich etwas völlig Neuartiges abzuzeichnen, als Kapitaleigner neue Formen der Arbeit mit neuen Formen des Landbesitzes und neuen Formen der Produktionsorganisation verbanden, oft über große Entfernungen hinweg. Die Bemühungen um die Erschaffung dieser neuen Welt entfaltete sich auf globaler Ebene, auch wenn sein Widerhall sich von Ort zu Ort unterschied. Auf Barbados, der Speerspitze der neuen Ordnung, beruhte der Kapitalismus auf enormer Gewalt, Appropriation und Zwangsarbeit, die es den Kapitalbesitzern ermöglichten, das Problem der Produktion zu «lösen», indem sie die sozialen Strukturen fast von Grund auf neu schufen. Dies war möglich, weil es keine lästigen Feudalherren, rebellischen Bauern oder obstruktiven Staaten gab und die Kapitaleigner fern ihrer Heimat die etablierte Ordnung verlassen konnten, um beispiellose Gewinne zu erzielen.[90]

In Anbetracht dessen ist es unverständlich, dass für die Karibik in den meisten geschichtswissenschaftlichen Darstellungen über die Entstehung des Kapitalismus nur eine marginale Rolle vorgesehen ist. Die meisten ignorieren entweder die Bedeutung der Karibik oder schreiben darüber, als wäre sie ein vorkapitalistisches, vormodernes Überbleibsel gewesen, das durch eine spontan aufgeflammte, wahrhaft moderne kapitalistische Revolution überwunden werden musste. Adam Smith sah in der immer komplexeren Arbeitsteilung und der Freiheit der Produzenten die entscheidende Triebkraft des Kapitalismus. Karl Marx schrieb, die Sklaverei habe die «Morgenröte der kapitalistischen Produktionsära» ermöglicht – eine Behauptung, die manche Marxisten aufgegriffen haben, um die Sklaverei in die Vorgeschichte des Kapitalismus zurückzuversetzen .[91] Max Weber hielt die religiösen Normen des europäischen Protestantismus für entscheidend. Gewalt, Sklaverei und

Enteignung spielten in den Geschichten, die sich die Europäer über ihren neu gewonnenen Reichtum erzählten, eine untergeordnete Rolle. Nur häufig marginalisierte karibische Intellektuelle wie insbesondere Eric Williams und C. L. R. James sorgten dafür, dass die Bedeutung der Karibik für die moderne Welt und den Aufstieg des Kapitalismus nicht in Vergessenheit geriet.[92]

Die einzigartige Bedeutung der Großkaribik wird deutlicher, wenn wir uns andere Teile der Welt ansehen. In Virginia, Surinam, Saint-Domingue und Barbados, um nur einige Orte zu nennen, verwandelten europäische Kapitalbesitzer in kürzester Zeit riesige Territorien des ländlichen Raums. Dieses Modell ließ sich jedoch nicht ohne Weiteres auf andere Kontinente übertragen. Zwar hatten sich die Europäer im Rahmen der großen Vernetzung auch in Asien und Afrika etabliert. Doch sie handelten in der Regel mit einheimischen Kapitaleignern, die vor Ort einflussreicher waren als sie selbst, trafen Vereinbarungen zum gegenseitigen Nutzen mit den lokalen Herrschern und arbeiteten mit ländlichen Produzenten zusammen, die die Kontrolle über ihre Arbeitskräfte und ihr Land behielten. Eine tiefgreifende Umgestaltung des ländlichen Raums, wie sie in der Karibik zu beobachten war, erlebten diese Regionen erst in der Zukunft.

Unter außergewöhnlichen Umständen konnte das karibische Modell jedoch auch in Asien Fuß fassen, beispielsweise auf den Banda-Inseln im heutigen Indonesien. Als Jacob van Neck dort 1599 aus Amsterdam ankam, sah er eine Gelegenheit, die Kontrolle über den lokalen Handel mit der Muskatnuss zu übernehmen, einem begehrten Gewürz, das nur auf diesen Inseln

Handel ohne Kontrolle der Produktion: ein niederländischer Kaufmann, der Baumwolle an der Koromandelküste erwirbt, Giebelstein, Amsterdam, ca. 1710.

angebaut wurde. Der Handel war bis dahin in der Hand von lokalen Herrschern, den Orang Kaya – «reiche Männer» –, die auf einem wettbewerbsorientierten Markt Muskatnuss an Händler aus Gujarat, China, Bengalen, Persien, Japan und Portugal veräußerten, mit zahlreichen Produzenten und Käufern und begrenzter Regulierung oder Einmischung von außen. Die Niederländer stellten sich den Herausforderungen, aber die Orang Kaya behielten die Kontrolle.[93]

Am freien Wettbewerb des Marktes war die Niederländische Ostindien-Kompanie (VOC) jedoch nicht interessiert. In Europa galt die Muskatnuss als Luxusgut, dem man medizinische Eigenschaften zuschrieb, und der Import war außerordentlich profitabel: Für niederländische Händler konnten die Gewinne bis zu 400 Prozent pro Reise betragen. Folglich strebten sie ein Monopol an. Als die Orang Kaya sich weigerten, den Handel mit anderen Kaufleuten einzustellen, übten die Niederländer immer stärkeren militärischen Druck aus. Nach einer Reihe von Kriegen unterzeichneten die Orang Kaya einen Vertrag, der sie dazu verpflichtete, ihre gesamte Ernte an die Niederländer zu verkaufen, und nicht an «die Engländer, Franzosen, Javaner, Malaien, Makassarer, Butoner und andere europäische und schwarze Nationen».[94]

Da die örtlichen Kaufleute jedoch weiterhin Handel mit nicht niederländischen Händlern trieben, beschloss der Generalgouverneur der VOC, Jan Pieterszoon Coen, 1621 die Gesellschaft der Bandas vollständig zu unterwer-

Umgestaltung des ländlichen Raums durch Völkermord: Jan Pieterszoon Coen entvölkert die Banda-Inseln, um sich ein Monopol auf Muskatnüsse und Macis-Gewürz zu sichern.

Tabula rasa in Asien: Muskatnussplantagen auf Neira, einer der Banda-Inseln.

fen. Er entvölkerte die Inseln, um sie mit versklavten Arbeitern von anderswo neu zu besiedeln. Die VOC nahm die Elite der Inseln gefangen und richtete sie hin; 36 Älteste wurden geköpft und gevierteilt. Von den 15 000 Menschen, die einst auf den Banda-Inseln gelebt hatten, überlebten nur 1800. Sie wurden nach Batavia, das heutige Jakarta, deportiert und versklavt. Dieser Völkermord zerstörte die lokale Gesellschaft. Das Land wurde unter europäischen Siedlern aufgeteilt, die versklavte Arbeiter von anderen Inseln – Seram, Timor, Borneo, Buru, Papua, Bali und Süd-Sulawesi – einsetzten, um Muskatnüsse für den europäischen Markt anzubauen. So kam die karibische Revolution nach Asien, wenn auch zunächst nur in einen kleinen Außenposten.[95]

Doch dieser «karibische Kuckuck in einem asiatischen Nest», wie es der Historiker Vincent C. Loth treffend formulierte, blieb die Ausnahme, die die Regel bestätigte.[96]

Plantagensklaverei und weitreichende europäische Kontrolle wurden im 17. und 18. Jahrhundert in einigen Teilen Asiens etabliert; in der Umgebung von Batavia beispielsweise bauten 1688 etwa 26 000 Sklaven Zucker an, und um 1700 gab es in den von der Vereinigten Ostindien-Kompanie kontrollierten Gebieten etwa 68 000 Sklaven. Zwischen 1500 und 1850 wurden zwischen einer halben und einer dreiviertel Million Sklaven – einige davon Asiaten, aber hauptsächlich Afrikaner – von Europäern nach Asien beziehungsweise innerhalb des Kontinents verschleppt. Dennoch dominierten versklavte Arbeitskräfte dort nie die Produktion. Die sozialen und politischen Strukturen Asiens blieben tief verwurzelt und die Europäer waren weiterhin von lokalen Umständen abhängig. Dies betraf das Kapital, den Zugang zu Arbeitskräften, die gesellschaftlichen Rahmenbedingungen und sogar die militärischen Möglichkeiten. Ein weiterer Beweis für die relative Schwäche der europäischen Händler und Kolonialbürokraten außerhalb Amerikas ist, dass Inseln weiterhin eine wichtige Rolle bei der Sklaverei spielten, wo auch immer diese ihr hässliches Haupt erhob: auf den Banda-Inseln, aber auch auf den Maskarenen, zu denen die Île de France und die Île Bourbon gehörten, heute Mauritius und La Réunion. Erst Jahrhunderte später, in der zweiten Hälfte des 19. Jahrhunderts, dominierten europäische Kapitaleigner die Produktion in größeren Teilen Asiens und Afrikas.[97]

Viele europäische Kaufleute erkannten wie die Noells auf Barbados den Reiz der Reichtum generierenden Maschinerie, die im ländlichen Raum weltweit entstand. Sie trieben die Produktion ihrer Handelswaren – Zucker, Tabak, Gewürze, Arbeitskräfte – auf neuen Territorien voran und integrierten immer mehr Gebiete und Arbeiter in die aufstrebende kapitalistische Weltwirtschaft. So wie der Kapitalismus neue «Grenzen setzte», schufen die vorrückenden Fronten den Kapitalismus, indem sie den Zugang zu Land, Arbeitskräften und Rohstoffen ermöglichten.[98]

Als sich dieses Handelskapital auf den ländlichen Gebieten der Welt ausbreitete, begann es alles zu verändern, mit dem es in Berührung kam. Diese Revolution sah zwar von Ort zu Ort, ob in Burgund oder auf Barbados, auf Saint-Domingue oder in Surat, Polen oder im Nildelta, ganz unterschiedlich aus, aber allen gemeinsam war, dass die Kaufleute an vorderster Front standen. Tatsächlich waren Händler keineswegs die konservative Kraft, als die sie im 19. und 20. Jahrhundert wahrgenommen wurden. Für Marx hatte das Handelskapital eine rein äußerliche Beziehung zur «Produktionsweise», indem es einen Teil der Gewinne aus der landwirtschaftlichen Produktion abschöpfte und eine Reihe verschiedener «sozialer Produktionsverhältnisse» ausnutzte, ohne sie zu verändern.[99]

Der Wirtschaftswissenschaftler Maurice Dobb stimmte dem in den 1930er Jahren zu: Kaufleute seien in erster Linie «Parasiten der alten ökonomischen Ordnung», an die sie sich angepasst und bei der sie sich angebiedert hätten. Sie hätten sich «eher zu einer konservativen als zu einer revolutionären Kraft entwickelt»; ihr Einfluss «sollte die Entwicklung des Kapitalismus als Produktionsweise stärker hemmen als beschleunigen».[100] Der Historiker Robert Brenner sah im «Handelskapitalismus» sogar «einen integralen Bestandteil der feudalen Gesellschaft».[101] Diese Lesart übersieht jedoch die entscheidenden Zusammenhänge zwischen der Intensivierung des Handels und der weniger evidenten, von Händlern vorangetriebenen Transformation des ländlichen Raums.[102] Diese Leerstelle in der Geschichte des Kapitalismus ist zumindest eurozentrisch und lässt die Bedeutung der drastischen Umgestaltung der ländlichen Gebiete Amerikas durch Kaufleute außer Acht.

Die revolutionäre Infusion von Handelskapital in den ländlichen Raum erforderte die Verfügbarkeit von Land und die Mobilisierung von Arbeitskräften – sei es auf Weizenäckern im Osten Europas, auf Baumwollfeldern im Osmanischen Reich oder in Muskatnussgärten auf den Banda-Inseln. Und oft war es Enteignung, die den Kapitaleignern Ansprüche auf beides verschaffte. Die Kolonisierung ländlicher Gebiete durch Kapitaleigner – von Schottland bis Virginia, von den Banda-Inseln bis nach Gujarat – führte zur Zerstörung kommunaler Grundbesitzsysteme, zur Enteignung ländlicher Eliten, zu Zwangsumsiedlungen und zur Beschlagnahmung des bewirtschafteten Landes. Enteignung und Schaffung von Privateigentum gingen Hand in Hand. Die neu gezogenen Frontlinien der Kommodifizierung bildeten Zonen, in denen Enteignung mit Eigentumsbildung einherging und die das ermöglichten, was Adam Smith als «im Voraus angesammelte» und Karl Marx als «primitive» Akkumulation bezeichnete.[103] Der erste große Schritt des Kapitalismus verdankte sich der Beute einer massiven Umverteilung des gesellschaftlichen Reichtums – sowohl zwischen sozialen Gruppen als auch zwischen verschiedenen Regionen der Welt.

Die Wellen der Enteignung in Europa selbst betrafen Eliten und einfache Menschen gleichermaßen. So konfiszierte der englische König Heinrich VIII. (1509–1547) nach der Reformation kirchliches Eigentum – ein Vorgang, den ein Historiker als «unverhohlene Plünderung der Klöster» bezeichnete. Dies lohnte sich durchaus: Im Jahr 1535 erwirtschaftete das englische Kircheneigentum etwa 400 000 Pfund pro Jahr, während die Ländereien der Krone nur 40 000 Pfund einbrachten. Nach 1536 gingen 60 Prozent dieser profitablen Kirchengüter an die Krone über, ein massiver Transfer. 825 Klöster in England und Wales wurden enteignet, wodurch 20 bis 30 Prozent des englischen Grundbesitzes den Besitzer wechselte, oft zugunsten des Adels, aber auch Anwälte, Regierungsbeamte und Kaufleute profitierten davon.[104]

Enteignungen von Eliten gab es auch anderswo. Der niederländische Aufstand gegen die spanische Herrschaft in den 1560er Jahren führte zu einer gewaltsamen Neuordnung des ländlichen Raums in den Niederlanden – einschließlich der Verstaatlichung von Klöstern und ihrem Landbesitz. Als der Staat das Land an Bauern verpachtete, förderte dies eine rasche Kommerzialisierung der Landwirtschaft, die es städtischen Kapitalisten ermöglichte, große Anwesen zu erwerben.[105] Und die Enteignung der Elite war nicht auf Europa beschränkt. Wie die Orang Kaya auf den Banda-Inseln verloren auch die enorm reichen Herrscher und Eliten der Inka- und Aztekenreiche im Verlauf des Völkermords ihr Eigentum.

Aber es waren die einfachen Menschen, die das ganze Gewicht der Enteignungen zu spüren bekamen. Als das städtische Kapital in ländliche Gebiete vordrang, verloren Menschen auf der ganzen Welt ihre Rechte am Land oder wurden vollständig vertrieben. Die gewaltsame Beseitigung der Allmenden entzog ihnen essenzielle Ressourcen; durch Einzäunungen wurden jene vertrieben, die den Boden seit Generationen bestellt hatten; sie verloren Weiderechte und das Recht, Holz und Beeren zu sammeln; Nomaden hatten keinen Zugang mehr zu Weide- und Jagdgründen; von der Chesapeake Bay bis zu den Banda-Inseln wurden die Menschen in erschütternder Geschwindigkeit von ihrem Land vertrieben. Es handelte sich, wie Karl Polanyi treffend feststellte, um «eine Revolution der Reichen gegen die Armen».[106]

Das Tempo und das Ausmaß dieser Enteignungen standen in direktem Verhältnis zu den Möglichkeiten der bäuerlichen Bevölkerung, Widerstand zu leisten. Um 1600 war in Spanien ein Fünftel derjenigen, die das Land bewirtschafteten, landlos. Die größten Enteignungen aller Zeiten fanden jedoch in Amerika statt, wo die Bewohner des Kontinents im Laufe weniger Jahrhunderte fast ihr gesamtes Land, alle ihre natürlichen Ressourcen und oft auch ihr Leben verloren. Auf den karibischen Inseln hatten zwei Millionen Taíno gelebt, doch ein Jahrhundert nach der Ankunft der Europäer waren fast alle tot.[107] Der Dominikanermönch Bartolomé de las Casas wurde Zeuge dieser Entvölkerung Amerikas und drängte die Spanier, «nicht zu vergessen, dass wir die Insel voller Menschen vorgefunden haben, die wir vom Erdboden getilgt und durch Hunde und Bestien ersetzt haben».[108]

Enteignungen spielten auch in Gebieten eine große Rolle, in denen das Gleichgewicht der sozialen Macht weniger unausgewogen war als in der Karibik. Der vielleicht bekannteste Fall dieser Konfiszierungen betraf die Landwirte auf den Britischen Inseln – zunächst in England, dann in der irischen Kolonie und in Schottland. Ab dem frühen 16. Jahrhundert verwandelten englische Landbesitzer Gemeindeland in Privateigentum. Das Machtgleichgewicht verschob sich zugunsten dieser neuen kapitalistischen Landbesitzer, darunter auch Kaufleute. 1550 war fast die Hälfte des gesamten englischen Grund und Bodens eingezäunt, 1760 drei Viertel. Nach Oliver Cromwells

Rückeroberung Irlands Mitte des 17. Jahrhunderts wurde das Land katholischer Rebellen weitestgehend beschlagnahmt, während sich der protestantische Landbesitz verdoppelte.[109]

In Schottland verabschiedete das Parlament zwischen 1661 und 1685 eine Reihe von Gesetzen, die die Einzäunung von Ackerland und die Verbesserung der schottischen Anbaumethoden fördern und erleichtern sollten. Wie viele andere Landbesitzer nutzte Sir David Dunbar of Baldoon 1684 diese neuen Instrumente, um Weideland für 1000 Tiere zu sichern, und vertrieb dafür die ansässigen Pächter.[110] Im Juni 1723 gründeten Landbesitzer die «Ehrwürdige Gesellschaft zur Verbesserung der landwirtschaftlichen Kenntnisse», ihr Ziel kam im Titel einer ihrer Veröffentlichungen zum Ausdruck: «Anleitung zur Bewirtschaftung der verschiedenen Böden zur Erzielung des höchsten Profits».[111] Die «Erzielung des höchsten Profits» erforderte, immer mehr Land einzuzäunen und Pächter zu vertreiben.

Die Umzäunungen hatten dramatische Veränderungen für den ländlichen Raum und die Gesellschaft in England, Irland und Schottland zur Folge. Sie verwandelten Felder in Schafweiden, förderten den Wollhandel und zeigten einmal mehr, wie die Umgestaltung des Landlebens auch die große Vernetzung beschleunigte. Familien, die den Zugang zu Land verloren, mussten ihre Arbeitskraft an den Meistbietenden verkaufen. Auch aufgrund von Gesetzen, die sogenannte Landstreicherei und die Nutzung von Holz aus dem Gemeindeland unter Strafe stellten, sanken die Bevölkerungsdichte des ländlichen Raums und das Einkommen der Menschen. Wer keinen Zugang zu Land mehr hatte, stand nun für andere Tätigkeiten zur Verfügung. Aufgrund der besseren landwirtschaftlichen Techniken der neuen Landwirte stieg die Produktivität, doch der daraus resultierende Wohlstand kam fast ausschließlich den Landbesitzern zugute. Die Ungleichheit verstärkte sich, während die landwirtschaftliche Produktion zwischen 1520 und 1739 eine Verdoppelung erfuhr.[112]

Die gewaltige Welle der Enteignungen, die die Kapitaleigner durch ihr Bestreben, den ländlichen Raum zu kommerzialisieren, verursachten, schuf Gesellschaften, die anders waren als alles, was jemals existiert hatte. Bis dahin hatte es noch nie einen Ort gegeben, der ausschließlich oder hauptsächlich für Märkte produzierte. Ob wir nun die sanften Hügel Englands, die Plantagen von Saint-Domingue, die Landgüter, die *çiftlik*, um Konstantinopel, die riesigen Getreidefelder im Königreich Polen-Litauen, die Teeplantagen in

China oder die Weingärten von Burgund betrachten, überall sehen wir Stätten, die durch die Produktion für Märkte gekennzeichnet waren – und die unvollständige, aber weitreichende Kommodifizierung von Land, Einsatz und Ertrag sowie Arbeit. Und sobald Kaufleute irgendwo ein ländliches Gebiet umgestaltet hatten, zogen sie an einen anderen Ort, um ihr Werk fortzusetzen: Sie bewegten sich von der Kolonie in ihr Heimatland und von ihrem Heimatland in die Kolonie. Zudem waren diese Orte dank der großen Vernetzung alle miteinander verbunden – das heißt mit der Weltwirtschaft. Sie unterschieden sich von allem, was vorher kam, ebenso wichtig aber war, dass sie sich voneinander unterschieden, und diese Heterogenität sollte charakteristisch sein für den Kapitalismus.

Am bemerkenswertesten war vielleicht die Vielfalt der Arbeitssysteme. Manchmal wurde das kommerzialisierte Land von bäuerlichen Erzeugern bewirtschaftet, manchmal von Sklaven. Manchmal wurden Waren für Märkte von Pächtern produziert, manchmal von Lohnarbeitern oder Leibeigenen. Der Grund für diese Vielfalt liegt auf der Hand: Als die Kapitaleigner aufs Land drängten, stießen sie auf unterschiedliche soziale Strukturen, politische Systeme, Rechtsüberlieferungen und Machthierarchien. Durch die Anpassung an diese Diversität erzielten sie unterschiedliche Ergebnisse. Der Pluralismus kennzeichnet den Kapitalismus bis heute, und er hat einen nicht unwesentlichen Anteil an seiner außergewöhnlichen Dynamik. Dogmatisch war der Kapitalismus von Beginn an nur, wenn es um Profite ging.

Der Zugang zu Arbeitskräften war eine der wichtigsten Variablen, da die Umgestaltung des ländlichen Raums von der Mobilisierung einer großen Zahl von Arbeitern abhing. Es war schon immer schwierig gewesen, Menschen davon zu überzeugen, freiwillig zum Nutzen anderer zu arbeiten. Tributpflichtige Gesellschaften lösten dieses Problem, indem die Herrscher ihre Steuern von unabhängigen Erzeugern sowohl in Form von Waren als auch von Arbeitskraft einzogen. In dieser Welt gab es fast keine Überwachung der Produktion, und die Herrscher profitierten von der weitgehend unabhängigen Tätigkeit der von ihnen kontrollierten Bevölkerung. Als jedoch das städtische Kapital in die ländlichen Gebiete strömte, entstanden neue Formen der Mobilisierung und der Kontrolle von Arbeitskräften.

Die Versklavung indigener Völker war eine davon. Nach ihrer Ankunft in der Neuen Welt versklavten die Europäer die dortigen Einwohner, Kolumbus brachte sogar Hunderte von ihnen nach Spanien.[113] «Die Indianer von Hispaniola», sagte er, «waren und sind der größte Reichtum der Insel, denn sie sind es, die graben, ernten, das Brot backen und die Vorräte sammeln, das Gold aus den Minen holen und alle Arbeiten von Menschen und Tieren gleichermaßen verrichten.»[114] Diese Versklavung wurde jedoch immer schwieriger, da die Besiedlung durch Weiße zum Niedergang der amerikanischen Bevölkerung führte. De las Casas berichtete, dass die Europäer «alle diejenigen ums Leben [brachten], von denen sie fürchteten, daß sie nach Freiheit seufzen».[115]

Eine weitere Quelle für Arbeitskräfte bot die Vertragsknechtschaft: Auf Barbados wurde ein Großteil der frühen Produktion von Tabak, Baumwolle und Indigo von solchen auf Zeit verpflichteten Arbeitern verrichtet. Aber auch dieses Arbeitssystem, die Indentur, war nicht unbegrenzt nutzbar. Große Mengen Zucker konnten zuverlässiger mit einer vielköpfigen, stabileren und besser überwachten Schar von Arbeitern produziert werden. Solche Arbeitskräfte waren aber nicht leicht zu bekommen – weder kamen Vertragsknechte in ausreichender Zahl an, noch meldeten sich freiwillig Menschen, die für niedrige Löhne arbeiten wollten.[116]

Die Pflanzer fanden schnell Arbeitskräfte anderer Herkunft: afrikanische Bauern und Handwerker, die auf den neu gegründeten Inseln des Kapitals entlang der afrikanischen Küste in die Laderäume von Schiffen gepfercht und nach Amerika transportiert werden konnten. Auf Barbados dominierten entführte Afrikaner von Anfang an die Arbeit in der Zuckerherstellung. Schon in den Jahren vor dem Zuckerboom waren jährlich tausend versklavte Afrikaner auf die Insel gebracht worden, um auf Tabak-, Baumwoll- und Indigofarmen zu arbeiten. Diese anfangs relativ geringe Zahl etablierte ein Muster der Arbeitskräftemobilisierung, das ohne soziale Verwerfungen erweitert werden konnte. Nach Ansicht politischer Ökonomen war die Sklaverei auch deshalb so vorteilhaft, weil sie den Druck auf das Arbeitskräfteangebot in der Heimat minderte.[117]

Bis in die 1640er Jahre hatten europäische Händler weitere 23 000 Sklaven nach Barbados gebracht, 90 000 waren es zwischen 1664 und 1688. Bis 1700 war die Zahl der versklavten Frauen und Männer, die ständig auf der Insel arbeiteten, auf 50 000 gestiegen, was 75 Prozent der Gesamtbevölkerung entsprach. Diese brutale Mobilisierung von Arbeitskräften setzte sich auch im folgenden Jahrhundert fort: In den 1710er Jahren kamen jedes Jahr durchschnittlich fast 4000 versklavte Arbeiter an. Dieser konstante Zufluss ermöglichte die Produktion von immer mehr Zucker, die durch immer mehr Gewalt gestützt wurde. Der Fleiß, der gemeinhin als ausschlaggebend für den wirtschaftlichen Aufschwung Europas gilt, wurde von den Arbeitern in der Karibik erbracht. Vor 1760 transportierten europäische Sklavenhändler 4,38 Millionen versklavte Afrikaner in die Neue Welt – etwa doppelt so viele wie europäische Migranten, die in jenem Zeitraum in Amerika ankamen.

Der Kapitalismus hätte sich vielleicht auch anders entwickeln können, aber wie die Wirtschaftswissenschaftlerin Barbara Solow schon vor langer Zeit feststellte: Die Realität ist, dass er sich auf der Grundlage der Sklaverei entwickelte.[118]

Die große Vernetzung, die europäische Kaufleute an die Küste Afrikas brachte und sie den Export von Einwohnern des Kontinents betreiben ließ, ermöglichte die Mobilisierung von Arbeitskräften für die Plantagen in Amerika. Als du Casse 1687 an die Küste Westafrikas reiste, schloss er ein Handelsabkommen mit König Anglaba vom Königreich Ardra, das Frankreich den Zugriff auf einen Teil der mehr als 20 000 versklavten Menschen sicherte, die jährlich aus Westafrika verschifft wurden. Um die massive Kommodifizierung der Arbeit einordnen zu können: Im Jahr 1750 arbeiteten auf den Zucker-, Tabak-, Reis-, Indigo- und Baumwollplantagen sowie in den Silberminen Amerikas etwa 1,73 Millionen versklavte Bauern, Handwerker und Bergleute – zu einer Zeit, als in England die gesamte Bevölkerung aus nicht mehr als 5,74 Millionen Menschen bestand und es dort etwa 2,9 Millionen Arbeitskräfte gab. Bis 1800 war die Gesamtzahl der Sklaven in Amerika auf 3,35 Millionen angestiegen.[119]

Aufgrund der zunehmenden Abhängigkeit von versklavten Arbeitern wurde die Sicherung von Arbeitskräften aus Afrika für Kaufleute, die in Amerika investierten, zu einer dringenden Angelegenheit. Ein früher Handelsplatz war auf den Kapverden entstanden, einem der ersten Orte, an denen Europäer Kapital in Afrika konzentrierten. Kapverdische Kaufleute errichteten Handelsstützpunkte in den westafrikanischen Wasserwäldern an der Atlantikküste, und einige von ihnen zogen dorthin. Sie knüpften Kontakte zu afrikanischen Händlern und Autoritäten, um sich Arbeitskräfte zu sichern. Die anhaltenden Kriege zwischen den muslimischen Wolof und den ahnenverehrenden Serern, bei denen ständig Gefangene gemacht wurden und die durch die Nachfrage nach Sklaven angeheizt wurden, erleichterten den Händlern die Beschaffung versklavter Arbeitskräfte. In späteren Jahrzehnten drangen portugiesische und kapverdische Schiffe in einige der an die Region Cacheu im heutigen Guinea-Bissau angrenzenden Flüsse ein und erweiterten den Handel mit menschlicher Fracht.[120]

Händler tauschten Sklaven gegen europäische und südasiatische Textilien, Metalle, Manufakturwaren, Weine, Branntwein, Perlen, Papier, Silber aus Spanisch-Amerika und kapverdische Produkte wie Rohbaumwolle, Baumwolltücher, gesalzenes Ziegenfleisch, Pferde und Rinder – was die Komplementaritäten erkennen lässt, die sich zwischen den Inseln des Kapitals entwickelten.[121]

Dank eines effizienten Handels konnte jeder Bedarf an Arbeitskräften fast sofort gedeckt werden, wenn die nötigen finanziellen Mittel vorhanden waren. Auf Barbados und anderswo ging die Konzentration des Landbesitzes Hand in Hand mit der Konzentration des Besitzes von Arbeitskräften. Im Jahr 1680 besaßen 200 Pflanzer jeweils mehr als 60 versklavte Arbeiter, während weitere 200 Pflanzer je zwischen 20 und 60 Menschen als ihren Besitz zählten. Zuckerplantagen erstreckten sich in der Regel über etwa 80 Hektar Land und wurden von 100 versklavten Landarbeitern bewirtschaftet, viel mehr Arbeitskräften, als auf typischen englischen Anwesen üblich waren. Barbados war zu einem riesigen Arbeitslager geworden, in dem die lebendige Arbeitskraft versklavter Afrikaner in Zucker für die Weltmärkte umgewandelt wurde und eine erschütternd hohe Zahl an Arbeitern ums Leben kam.[122]

Pflanzer konnten Arbeitskräfte nur deshalb erwerben und mörderisch ausbeuten, weil Zucker so außerordentlich profitabel war. Der Kauf eines Sklaven konnte sich schon innerhalb von achtzehn Monaten amortisieren, und danach brachte die Ausnutzung seiner Arbeitskraft nahezu ungeschmälerten Gewinn. Da die Arbeitskräftejagd in Afrika effizienter und der Arbeitskräftehandel zwischen 1627 und 1680 leistungsfähiger wurde, fiel der Preis für Sklaven um etwa 50 Prozent, was zu einer nie dagewesenen Flexibilität des Arbeitskräfteangebots und einem klaren Preisvorteil gegenüber der Vertragsknechtschaft führte. Die Expansion des Zuckers und der Sklaverei waren untrennbar miteinander verbunden. Zwei Drittel aller Afrikaner, die nach Amerika veräußert wurden, landeten in Zuckerkolonien. «Die Plantagenbesitzer kaufen sie direkt vom Schiff, wo sie sie splitternackt vorfinden», berichtete Ligon in den 1640er Jahren über die Usancen dieses dynamischen Arbeitsmarktes. «Sie wählen sie aus wie auf einem Pferdemarkt.»[123] Nirgendwo sonst waren Arbeitskräfte so schnell und so einfach zu haben wie auf Barbados und an ähnlichen Orten in Amerika.[124]

Die Sklaverei hielt eine riesige Maschinerie zur Schaffung von Reichtum in Betrieb, nicht nur in der gesamten Karibik und in Amerika, sondern auch – in geringerem, aber bedeutendem Umfang – in Asien und Afrika. Sie bot Pflanzern und Händlern gleichermaßen Wege zum Wohlstand. Um nur ein Beispiel zu nennen: Der Marquis de Paroy besaß 1755 drei Plantagen in Saint-Domingue – Bellevue, Du Clos und La Grande Place – mit insgesamt 245 versklavten Arbeitern. 28 Jahre später gehörten Paroy 484 Sklaven auf fünf Plantagen, darunter der 55-jährige Alexis, der in der Zuckermühle arbeitete, Antoine, ein 45-jähriger Hausdiener im «Großen Haus», und Milhridatte, der im Alter von 37 Jahren für die Bananengärten zuständig war und wie Antoine vom Kongo kam. Der durch ihre Arbeit erzielte Gewinn diente dazu,

Paroys Anwesen unter anderem mit mehreren Mahagonibetten, reichlich Silberbesteck, achtzehn Gemälden mit goldenen Rahmen, einem Marmortisch und einem «großen» Spiegel auszustatten.

Mit zunehmendem Wohlstand entwickelte sich auch an der Zuckerfront eine neue kapitalistische Mentalität. Wie der Plantagenbesitzer G. Lerond 1769 schrieb: «In der Kolonie gibt es heutzutage alle Moden: Theaterstücke, Konzerte, Bibliotheken, prächtige Feste, bei denen Fröhlichkeit und Witz der lästigen Langeweile entgegentreten [...] Die Piraten sind den Dandys mit bestickten Samtjacken gewichen [...] Die Liebe zur Bildung geht mit der Liebe zum Luxus einher.»[125] Die Zuckerinseln waren der erste Ort auf der Welt, an dem der soziale Status fast ausschließlich vom Reichtum abhing, wo Kapitaleigner sich alter Hierarchien entledigen und ihre Gewinne mit ungebremster Hemmungslosigkeit zur Schau stellen konnten. Nachdem die versklavten Arbeiter von Saint-Domingue eine erfolgreiche Revolution angezettelt und sich befreit hatten, forderte Paroy eine Entschädigung. Er plädierte für eine schnelle Einigung und wandte sich an die Kommission als «Beschützerin der unglücklichen Kolonisten». 1827 erhielt er 292 496 Livres tournois vom französischen Staat, der seinerseits die Republik Haiti dazu zwang, diese Summe zu erstatten. Diese schwindelerregende Summe entsprach den Kosten für den Bau von etwa sechs Spinnereien im Elsass, den modernsten Industrieunternehmen ihrer Zeit.[126]

Die Sklaverei löste nicht nur das Problem, Arbeitskräfte für die neuen Zuckerplantagen zu finden, sondern erlaubte auch neue Formen der Arbeitskontrolle, bei denen der ganze Produktionsprozess direkt unter der Aufsicht der Plantagenbesitzer stand. Eine effektive Kontrolle der Arbeit war für Kapitaleigner bis dahin in der Regel unmöglich gewesen, aber die Voraussetzungen extremer Unterwerfung ermöglichten nun auch das. Die Plantagenbesitzer brauchten einige Zeit, um herauszufinden, wie sie den Arbeitsprozess am besten steuern konnten, aber in den 1680er Jahren war es so weit, dass die Plantagen von Sklaventrupps bewirtschaftet wurden, die unter der strengen Obhut der Aufseher hackten, säten und ernteten, wobei ihre Bemühungen und Bewegungen ständig überwacht wurden. Ein derart kontrollbasiertes Arbeitssystem kam erst weitere zweihundert Jahre später nach Europa. Bei seinem Besuch auf Barbados zeigte Ligon sich auch beeindruckt von den komplexen Aufgaben der Sklavenhalter und ihrer Innovationsfähigkeit.[127] Ein Zuckerrohrpflanzer aus Barbados, bemerkte er, «ernährt täglich zweihundert Menschen und sorgt für Ordnung unter ihnen, damit sie nicht meutern [...] Alle werden entsprechend ihren unterschiedlichen Fähigkeiten eingesetzt, sodass niemand untätig bleibt.»[128]

Sie tragen die Last der venezianischen Zivilisation: Vier barfüßige Afrikaner in Lumpen sind niedergedrückt vom Gewicht des venezianischen Reichtums, Mitte des 17. Jahrhunderts.

Die Verwaltung der Arbeitskräfte wurde systematischer. Auf der Drax-Plantage in Barbados wurden diesbezügliche Aufzeichnungen angelegt, mit Unterscheidung nach Altersgruppen sowie der Arbeitsteilung nach Geschlecht und Aufgabenbereich. Während einige versklavte Arbeiter qualifizierte Berufe wie «Zimmermann» oder «Kesselkocher» ausübten, wurden die meisten als «Feldarbeiter» aufgeführt und bestimmten «Trupps» zugewiesen. Sie wurden als «sehr gut», «gut», «gebrechlich», «abgestumpft» oder «wertlos» eingestuft, und jede jährliche «Zunahme» oder «Abnahme» der Arbeitskräfte wurde genau erfasst.[129] Paroys Plantagen auf Saint-Domingue führten ähnlich detaillierte Register. In dem treffend benannten «Journal d'exploitation de l'habitation Bellevue Paroy» listeten die Verwalter der Plantage für jeden Tag im Oktober 1784 die Temperatur, die genauen Standorte, an denen die einzelnen Sklaven arbeiteten, ihre Produktivität und Bemerkungen zur geleisteten Arbeit auf – eine erstaunlich moderne Form der Arbeitskontrolle.[130] Paroys «Regulations for the Negroes of my plantations», die er 1777 in Paris verfasste, enthielten Regeln für jede denkbare Situation, einschließlich der grausamen Bestimmung, dass eine versklavte Frau, deren Baby «aufgrund des Verschuldens seiner Mutter» stirbt, «gezwungen wird, ihr totes Kind drei Tage lang in den Armen zu tragen, und an zwei aufeinanderfolgenden Tagen jeweils 30 Peitschenhiebe erhält» – ein Hinweis auf eine besonders grausame Form der Kommodifizierung, die Frauen in der Sklaverei ertragen mussten.[131]

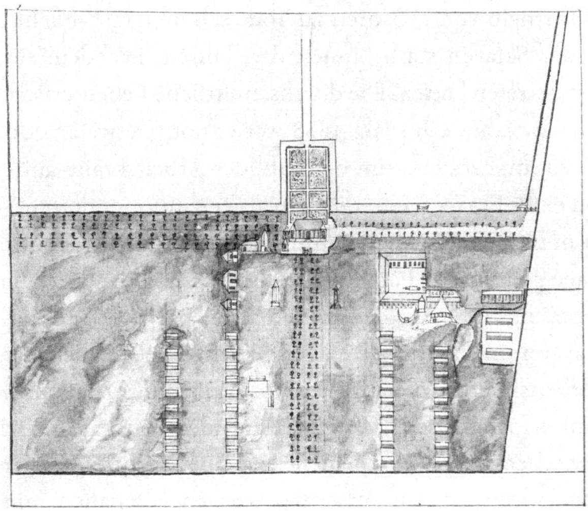

Militärisch organisierte Landwirtschaft: eine der Plantagen des Marquis de Paroy in Saint-Domingue.

Indem die Europäer Millionen von Afrikanern versklavten, wurde Arbeit von einer sozialen Beziehung, die von religiösen und weltlichen Autoritäten vermittelt wurde, zu einer Ware auf einem Markt und fast vollständig kapitalisierbar – was eine enorme Mobilisierung von Arbeitskräften ermöglichte und somit den Einsatz von Kapital – nicht nur im Handel – in viel größerem Umfang.

Diese Berechenbarkeit von Kapitalismus und Sklaverei war spezifisch für diesen Moment in der Geschichte des Kapitalismus und ermöglichte seinen größten Durchbruch. Die Kapitaleigner bevorzugten versklavte Arbeitskräfte unter ganz bestimmten Bedingungen: Anbauflächen mussten billig und reichlich vorhanden sein und Arbeitskräfte auf andere Weise schwer zu bekommen, zudem musste es ein großes Machtgefälle zwischen den Kapitaleignern und allen anderen geben. Einige Zeitgenossen hielten die Sklaverei für notwendig: «Ohne Sklaven ist es unmöglich, in Brasilien etwas zu erreichen», argumentierte Johan Maurits van Nassau-Siegen 1638 in seinem «Kurzen Bericht über den Zustand der vier Befehlsgebiete [...] im Norden Brasiliens».[132] Die Sklaverei half auch, Gebietsansprüche zu begründen, da sie es den europäischen Mächten ermöglichte, ein bestimmtes Gebiet wirtschaftlich rentabel zu machen und die Kommodifizierung schnell in neue ländliche Räume voranzutreiben.[133]

Versklavte Arbeiter wurden in außerordentlichem Maße ausgebeutet. Im späten 17. Jahrhundert sorgten die Pflanzer dafür, dass ihre Arbeiter sich in der Regel innerhalb von 17 Jahren zu Tode schufteten.[134] Nicht weniger als ein Drittel der Sklaven starb binnen drei Jahren, nachdem sie amerikanischen Boden betreten hatten. Die durchschnittliche Lebenserwartung lag bei gerade einmal 23 Jahren. Im Jahr 1688 war es nötig, etwa 20 000 Sklaven in die Karibik zu importieren, um die Zahl der Arbeitskräfte aufrechtzuerhalten, was von einer Praxis zeugt, die man als gewinnorientierten Völkermord bezeichnen muss.[135] Tatsächlich wurde in einem 1792 in Großbritannien in hoher Auflage gedruckten Pamphlet der Konsum von Zucker mit Kannibalismus verglichen.[136]

Die Sklaverei und andere, weniger gewalttätige Formen der Mobilisierung von Arbeitskräften, die aus dem Vordringen des Kapitals in den ländlichen Raum erfolgten, schärften auch die Idee von kategorischen Unterschieden zwischen den Menschen. Streng überwachte Grenzen zwischen verschiedenen Gruppen von Arbeitern wurden geschaffen, um Kontakte über diese Grenzen hinweg zu regeln und einzuschränken. Zu Beginn des 16. Jahrhunderts appellierten Petitionen in Neuspanien an die Regierung, dafür zu sorgen, dass die amerikanische Bevölkerung keine armen Spanier zu Gesicht bekam, um die Illusion aufrechtzuerhalten, dass es allen Spaniern besser ginge, und dadurch den Abstand zu wahren.[137]

Versklavte Arbeiter wurden besonders radikal von anderen Menschen getrennt. Obwohl die Freiheit der weißen Arbeiter beispielsweise durch Vertragsknechtschaft und Arbeitsgesetze stark eingeschränkt war, hatten sie einen höheren Status als die Versklavten. Diese unterschiedlichen Rechte, die zur Führung und Kontrolle der Arbeiter dienten, wurden mit einer Andersartigkeit begründet, aus der später die sogenannte Rassenkunde hervorging. Einflussreiche Denker der europäischen Aufklärung versuchten, die blutigen Ursprünge ihrer aufstrebenden Gesellschaften zu verbergen, indem sie die versklavten Afrikaner entmenschlichten. Für Immanuel Kant hatten Afrikaner «von der Natur kein Gefühl, welches über das Läppische stiege». Voltaire bescheinigte ihnen «Stupidität» und behauptete, sie würden noch lange auf dieser Stufe bleiben. Und für David Hume waren Schwarze «den Weißen von Natur aus unterlegen».[138] Diese Ideen von Andersartigkeit wurden für den Vormarsch des Kapitalismus von entscheidender Bedeutung.

Da die Plantagensklaverei besondere Rahmenbedingungen erforderte, die es – mit wenigen Ausnahmen – nur in Amerika gab, waren Kapitaleigner anderswo nicht in der Lage, die Gesellschaft so radikal oder schnell umzugestalten. Ost- und Mitteleuropa waren Beispiele für Regionen, in denen andere Wege beschritten wurden, um Arbeitskräfte zu mobilisieren. Da niederländische Kaufleute immer mehr Getreide verlangten, um ihre wachsenden Städte zu ernähren und die iberischen Märkte zu beliefern, stellten Landbesitzer in Getreideanbaugebieten wie Livland, Böhmen, Mähren, Pommern, Polen und Ostpreußen die Landwirtschaft auf die Produktion für entfernte Märkte um. Dies war möglich mithilfe von niederländischem Kapital – und weil die Grundbesitzer eine große Menge von Arbeitskräften mobilisierten, indem sie den Druck auf die Ackerbauern erhöhten und deren Arbeit und Zeit stärker kontrollierten. Das Ergebnis dieser Kombination aus Tradition und Druck war die rasche Ausbreitung der Leibeigenschaft, eines Systems, das wie die Sklaverei tiefe historische Wurzeln hatte, nun aber neu definiert und für die große Transformation des ländlichen Raums genutzt wurde.[139]

Diese neue Leibeigenschaft unterschied sich in zweierlei Hinsicht von früheren regionalen Formen der Arbeitsmobilisierung: Zum einen schränkte sie die relative Freiheit ein, die viele Bauern seit der Schwächung des Feudalismus im 14. Jahrhundert genossen hatten. Zum anderen war sie eingebettet in eine völlig andere Art von Wirtschaft. In der feudalen Abhängigkeit waren hauptsächlich die Gutshöfe und die Feudalherren selbst versorgt worden; nun aber war die Produktion erstmals auf entfernte Märkte ausgerichtet.[140] Diese «zweite Leibeigenschaft», wie Braudel sie nannte, bedeutete also keine Rückkehr zum Feudalismus – genauso wie sich die Plantagensklaverei in Amerika von antiken Formen der Sklaverei unterschied.[141]

Polen-Litauen war eines der Gebiete, auf dem sich die Leibeigenschaft ausbreitete. Im Laufe des 16. Jahrhunderts gelangten Ländereien in die Hände von immer weniger Einzelpersonen, wodurch die Position der Eigentümer gestärkt und die der Arbeiter geschwächt wurde. Im Jahr 1569 besaß der Adel etwa 60 Prozent von Grund und Boden der Königlichen Republik, während der Kirche und der Krone die restlichen 25 bzw. 15 Prozent gehörten. Gewinnorientierte Grundbesitzer, die es erstmals mit einem neuen dynamischen Außenmarkt zu tun hatten, hielten Zwang für nötig, um Arbeitskräfte zu mobilisieren. Sie beschnitten rasch die Rechte der bäuerlichen Bevölkerung: 1496 schränkte das polnische Parlament ihre Mobilität ein; 1501 wurden die Menschen verfassungsrechtlich an das Land und den Willen ihrer Herren gebunden; 1518 wurde den Adligen die vollständige rechtliche Kontrolle über sie verliehen; 1520 erhöhte der Sejm, das vom Adel dominierte polnische Parlament, die vorgeschriebene jährliche Arbeitspflicht, den Frondienst, für alle bäuerlichen Pächter von zwölf auf zweiundfünfzig Tage pro Jahr. Die Leibeigenen wurden von ihren Herren gänzlich abhängig – nicht nur rechtlich und wirtschaftlich, sondern auch persönlich, da sie beispielsweise deren Erlaubnis benötigten, um zu heiraten, zur Schule zu gehen oder das Land zu verlassen.

Je stärker sich ein Gebiet auf den Anbau von Getreide für den Export spezialisierte, desto ausufernder wurden die Forderungen der Grundbesitzer nach unbezahlter Arbeit der Leibeigenen. Im 18. Jahrhundert erwarteten die Grundherren von ihren Leibeigenen bis zu sechs Tage unbezahlte Arbeit pro Woche auf dem Gut, wodurch die Ausbeutung zunehmend an die «physiologische Grenze» stieß, wie ein Historiker es nannte. Diese Umgestaltung des ländlichen Raums führte in Osteuropa zu einer «kolonialen Bestimmung», die der in der Karibik zur selben Zeit nicht unähnlich war. Trotz deutlicher regionaler Unterschiede wurden Leibeigenen überall die persönlichen Freiheiten entzogen, sodass sie für ihr Überleben immer stärker vom Gutshof abhängig wurden.[142] Kein Geringerer als Montesquieu schrieb: «Einige Großherren besitzen ganze Provinzen und unterdrücken die Landarbeiter, um eine größere Menge Getreide zu erhalten, das sie den Fremden senden, und um sich die Sachen anzuschaffen, die ihr Luxus verlangt».[143]

Der Folwark – ein herrschaftliches Anwesen, auf dem Leibeigene arbeiteten – wurde weiterentwickelt, um die Getreideproduktion zu maximieren. Dafür wurden traditionelle Streifenfelder in große Domänenfelder umgewandelt und die individuellen Parzellen der Bauern, die ihnen eigentlich den Lebensunterhalt sichern sollten, erheblich verkleinert. Reiche Familien betrieben oft mehrere Gutshöfe: Im Jahr 1739 kontrollierte die Familie Lubomirski 1050 Anwesen, darunter 213 Folwarki, die über den gesamten Süden des polnisch-litauischen Staatsgebiets verstreut waren.[144]

Diese ländliche Wirtschaft war eng verknüpft mit der Zunahme des Handelskapitals in Westeuropa und der europäischen Expansion nach Amerika. Tatsächlich waren sie Teil desselben Prozesses. Der Druck auf die feudalen Einnahmequellen und die neuen Möglichkeiten, die sich aus der voranschreitenden Kommerzialisierung der europäischen Wirtschaft ergaben, veranlassten die adligen Landbesitzer, ihre Arbeiter wieder durch Leibeigenschaft zu immobilisieren und sich neu zu orientieren: Der traditionelle Gutshof wurde auf die Produktion für den Weltmarkt umgestellt. Wie ihre Gegenstücke in der Karibik waren sie eher Pioniere als Gegner der kapitalistischen Revolution. Die Leibeigenschaft war ein Katalysator für stärkere Kommerzialisierung und zwang die Agrarproduzenten, ihre Arbeitskraft auf die Produktion von Waren für den Markt zu konzentrieren.[145] Dieses System, bemerkte Montesquieu treffend, unterwarf die Bauern und «machte [sie zu] Sklaven»; tatsächlich ging es ihnen, wie Forscher herausfanden, schlechter als ihren indischen und japanischen Kollegen.[146]

LETZTENDLICH WAR jedoch eine andere Form der Arbeitsmobilisierung für die Geschichte des Kapitalismus am folgenreichsten: die Lohnarbeit. Wie die Leibeigenschaft und die Sklaverei war die Lohnarbeit eine Reaktion auf die Zwänge und Möglichkeiten, mit denen die Kapitaleigner konfrontiert waren. Lohnarbeit gab es schon seit Jahrhunderten, sogar im antiken Mesopotamien. Sie war jedoch nie eine verbreitete Form der Mobilisierung von Arbeitskräften gewesen und schon gar nicht zentral in der Organisation der produktiven Tätigkeiten ganzer Gesellschaften. Sie war in gewisser Weise fremd geblieben.[147] Im 16. und 17. Jahrhundert wuchs sie jedoch sprunghaft an, zusammen mit der Ausbreitung städtischen Kapitals in das weltweite Hinterland. Sie wurde so wichtig, dass so unterschiedliche Analytiker des Kapitalismus wie Smith und Marx die Vorherrschaft der Lohnarbeit als den eigentlichen Wesenskern der kapitalistischen Revolution betrachteten – sie wurde für sie nahezu zu deren charakteristischstem Aspekt.[148]

Ein ländliches Gebiet, in dem es schon früh zu Lohnarbeit kam, war das Bajío in Neuspanien, im heutigen Zentralmexiko. Durch die Intensivierung des Silberabbaus und die Expansion von Viehzucht und Landwirtschaft entstand ein riesiger Bedarf an Arbeitskräften. Nach der Entdeckung von Silber in Zacatecas im Jahr 1546 versklavten die Europäer indigene Menschen. Als die spanische Krone die Versklavung von indigenen Amerikanern für illegal erklärte, fanden die Kapitaleigner neue Wege, um Arbeitskräfte an die Minen und Agrarbetriebe zu binden, unter anderem durch den Erwerb versklavter Afrikaner auf den Märkten von Veracruz. Um 1640 arbeiteten etwa tausend afrikanische Sklaven in den Minen von Zacatecas, was eine beträchtliche Zahl angesichts der nur 8500 Einwohner der Stadt war.[149]

Aber auf den weiten Flächen des Bajío konnten versklavte Menschen leicht fliehen, sodass diese Region für Zwangsarbeit weniger gut geeignet war. Infolgedessen stellten die Minenbesitzer Arbeiter gegen Lohn ein; im Jahr 1640 arbeiteten etwa zweitausend Ureinwohner gegen Bezahlung in den Minen. Ein weiterer Grund für die Lohnarbeit war, dass Sklavenhalter zögerten, ihr wertvolles menschliches Eigentum für diese hochgefährliche Tätigkeit einzusetzen.[150]

Der Bajío bedeutete noch nicht den endgültigen Sieg der Lohnarbeit als Arbeitsform des Kapitalismus; Zwangsarbeit und freie Arbeit existierten nebeneinander, und Lohnarbeiter gerieten oft in eine Art Zwangsarbeit. Aber die Lohnarbeit war allgegenwärtig; der Bajío mochte in Amerika eine Ausnahme darstellen, weltweit galt das nicht. In der Umgebung von Mexiko-Stadt, wo zunächst autonome Landwirtschaft der Ureinwohner und kommerzielle Landgüter nebeneinander existierten, wurde es für die indigene

Bevölkerung im 18. Jahrhundert aufgrund des Bevölkerungsdrucks immer schwieriger, Subsistenzwirtschaft zu betreiben, und die wirtschaftliche Expansion erforderte mehr Arbeitskräfte auf den kommerziellen Anwesen: Unabhängige Bauern wurden zu Lohnarbeitern.[151]

In England war der vorherrschende Weg zur Kommodifizierung der Arbeit ebenfalls die Lohnarbeit, die nicht nur auf dem Land immer häufiger wurde, sondern sich ebenso in den schnell wachsenden Städten ausbreitete. Dieser Prozess beschleunigte sich bereits 1348, als der durch die Pest verursachte Arbeitskräftemangel der überlebenden Landbevölkerung neue Verhandlungsmacht verschaffte. Die Menschen nutzten diese, um der Leibeigenschaft zu entkommen und ihre Arbeitskraft auf Märkten zu verkaufen, was durch den Bauernaufstand von 1381 begünstigt wurde. Arbeiter waren zwar immer noch außerökonomischen Zwängen unterworfen und Löhne bestritten nur einen Teil des Lebensunterhalts, aber im Laufe der Jahrhunderte wurde die Lohnarbeit immer üblicher. Als sich das Konzept des Vertrags verbreitete, wurden Arbeitgeber und Arbeitnehmer trotz des enormen Machtgefälles rechtlich gleichgestellt. In England entstand ein ländliches Proletariat – allerdings eines, das Subsistenzarbeit, sogar Besitz von etwas Land, mit Lohnarbeit verband.[152]

Auch in der osmanischen und der niederländischen Provinz gewann die Lohnarbeit an Bedeutung. In den Gebieten um Filibe, das heutige bulgarische Plowdiw, beschäftigten die Waqf-Landgüter, die Reis für Fernmärkte produzierten, bereits in den 1490er Jahren Lohnarbeiter. Niederländische Landbesitzer, die Land an Bauern verpachteten, stellten zusätzlich Arbeitskräfte gegen Lohn ein. Dass es gelang, Arbeitskräfte zu mobilisieren, war tatsächlich die Voraussetzung für die Entstehung der kommerziellen Landwirtschaft in den Niederlanden. Hier wie anderswo bedingten sich der Verlust von Landbesitz und die Entstehung von Lohnarbeit gegenseitig – da immer weniger Menschen Subsistenzwirtschaft betreiben konnten, mussten immer mehr ihre Arbeitskraft verkaufen. Eine Untersuchung über das Gebiet der Gelderschen IJssel in den heutigen östlichen Niederlanden ergab, dass im späten 16. und frühen 17. Jahrhundert 55 bis 60 Prozent der gesamten geleisteten Arbeit entlohnt wurde, was der Autor der Studie als «extreme Proletarisierung» bezeichnet.[153]

Die Entlohnung bedeutete jedoch nicht, dass es keine Zwangsmaßnahmen gegeben hätte. Die körperliche Züchtigung von Arbeitern war nach wie vor üblich und ihre Mobilität war oft gesetzlich eingeschränkt. Dennoch wurden die außerökonomischen Zwänge, die den Kern sowohl der feudalen Arbeitsbeziehungen als auch der modernen Leibeigenschaft und der Sklaverei bildeten, in einigen Regionen der Welt zunehmend durch wirtschaftliche Zwänge ersetzt.

Als die Kaufleute Gewinne anhäuften, sich den Zugang zu weiteren Handelsgütern verschafften und versuchten, mehr Einfluss auf die Produktion und Vermarktung dieser Güter zu gewinnen, übertrugen sie die Logik des Kapitals auf den ländlichen Raum, der über Jahrhunderte, sogar Jahrtausende, hinweg ganz anders funktioniert hatte.[154] Die Kaufleute gewährten den Bauern Kredite, verkauften Betriebsmittel, mobilisierten Arbeitskräfte, produzierten Zucker und andere Lebensmittel, brachten sie auf entfernte Märkte und handelten mit Land. Jeder einzelne dieser Schritte machte einen weiteren wahrscheinlicher, da weltweit immer mehr ländliche Gebiete auf soziale Beziehungen ausgerichtet wurden, die die Logik des Kapitals bestimmte, während Input und Output, das Land und die Arbeit zu Handelsgütern wurden. Entscheidend war, dass das wachsende Geschick der Kaufleute, sich zu vernetzen, und ihre fortschreitende Akkumulation von Reichtum und Macht mit nie dagewesener Intensität den Bereich der Produktion beeinflussten. Ohne die Konzentration von Kapital in den Städten hätte es keine Transformation des ländlichen Raums gegeben, aber auch die städtische Wirtschaft war immer mehr angewiesen auf die durch das Kapital vorangetriebene Umwandlung des ländlichen Raums in ein Hinterland. Amsterdam und Surat, London und Kairo waren abhängig von ihrem nahen und fernen Hinterland. Für Amsterdam waren dies die Inseln der Karibik, die Landgüter Osteuropas, die Inseln Südostasiens und die ländlichen Gebiete der Niederlande.

Die daraus resultierende Kolonisierung des ländlichen Raums durch Kapitaleigner war ein langsamer Prozess, der sich über mehrere Jahrhunderte erstreckte und bis heute andauert. In den zwei Jahrhunderten nach 1550 blieb ein Großteil der Welt vom immer stärkeren Einfluss des Archipels des Kapitals unberührt, selbst in Europa.[155] Wie in den meisten Regionen Afrikas und Asiens war es auch in Europa äußerst schwierig – oft sogar unmöglich –, die ländliche Bevölkerung in Lohnarbeiter zu verwandeln oder das Land zur Ware zu machen. Lehnsherren und religiöse Autoritäten sowie Bauern widersetzten sich der revolutionären Agenda der Kapitalisten.

Auch dieser Widerstand erklärt die außerordentliche Gewalt, die Staaten und Kaufleute einsetzten, um die kapitalistische Revolution auf dem Land voranzutreiben. Schließlich trennten sich Bauern, die es in nahezu allen Völkern der Welt gab, in der Regel nicht freiwillig von ihrem Eigentum, ihren Rechten und ihrer Selbstständigkeit. Die Umgestaltung des ländlichen Raums gelang zunächst nur an Orten, an denen Kapitaleigner und Staaten konzentrierte Gewalt ausüben konnten – wie viel davon nötig war, zeigt, wie groß der Bruch mit der Vergangenheit war.

Zwang – ein gemeinsames Merkmal vieler menschlicher Gesellschaften – war auch im Staat selbst zu beobachten, der in vielen Fällen seine militärische Macht einsetzte, um das Eindringen des städtischen Kapitals in dieses oder jenes ländliche Gebiet zu ermöglichen. Und diese Fähigkeit zur Ausübung von Zwang beruhte ihrerseits auf weiterer Gewalt, da das Kommandieren von Soldaten und Matrosen ebenfalls enormen physischen Zwang erforderte, von der Rekrutierung bis zur Bestrafung Ungehorsamer.[156]

Im Staat hatten die Kapitaleigner einen mächtigen, sogar entscheidenden Verbündeten. Was zur Ausbreitung des Kapitalismus führte, war nicht, wie Smith behauptete, das quasi natürliche Wachstum von Netzwerken zwischen nutzenmaximierenden Individuen, sondern beinahe das Gegenteil davon – ein staatlich geförderter Antimarkt.[157]

Die zentrale Rolle des Staates bei der Umgestaltung des ländlichen Raums war ein globales Phänomen. Nehmen wir Südasien: Als das Sultanat von Gujarat im 15. Jahrhundert seine Macht durch die Vergrößerung der Armee, die Verbesserung der Steuererhebung und die Stärkung der Bürokratie festigte, erhielten die Sahukare eine wichtigere Funktion auf dem Land. Die Händler gewährten den Bauern nun nicht allein Kredite, um ihnen den Einstieg in die Produktion zu ermöglichen, sondern auch, damit sie Steuern zahlen konnten. Dieser Prozess beschleunigte sich nach der Machtübernahme der Moguln im Jahr 1573, als die Steuerpacht zur Regel und Kaufleute zu Steuereintreibern wurden.[158]

Wie in Gujarat wurde auch in den Niederlanden die Kommerzialisierung des ländlichen Raums durch die Erhöhung der Steuern für die ländlichen Erzeuger vorangetrieben. Sobald die Bauern ein bestimmtes Einkommen erzielen mussten, um Abgaben leisten zu können, wurde ihre Möglichkeit, Subsistenzwirtschaft zu betreiben, eingeschränkt – damit kündigte sich jene Entwicklung an, die im 19. und 20. Jahrhundert Millionen von Bauern in Asien, Afrika und Amerika in die marktorientierte Landwirtschaft zwingen sollte.[159]

Der osmanische Staat förderte ebenfalls den Kapitalfluss in seine ländlichen Gebiete. Durch rechtliche Änderungen des Status von Grund und Boden wurden Investitionen in die Landwirtschaft vonseiten der Stadtbewohner begünstigt. So gab es beispielsweise islamische Stiftungen, Waqf, die große Teile des Agrarlandes nicht nur im Umkreis von Konstantinopel, Kairo und Damaskus kontrollierten, sondern auch an kleineren Orten wie Filibe, wo im 16. Jahrhundert der durch städtisches Kapital finanzierte Reisanbau für den Markt begann. Der Steuerdruck des Staates auf die Agrarproduzenten regte diese zur kommerziellen Produktion an und bot Kapitaleignern Investitionsmöglichkeiten. Mitte des 16. Jahrhunderts wurden diese Ländereien zunehmend in Steuerpacht betrieben: Das Recht, Steuern einzuziehen, wurde an den Meistbietenden vergeben – in der Regel an Stadtbewohner, von denen einige neuartige, kommerziell ausgerichtete landwirtschaftliche Betriebe namens Çiftlik gründeten. Durch den Zufluss von städtischem Kapital in die ländlichen Gebiete sahen sich die Bauern auch hier einer wachsenden Verschuldung ausgesetzt, und die Nutzung des Landes verlagerte sich auf kommerzielle Projekte. Landbesitzer spezialisierten sich auf Handelsgüter wie Baumwolle, Getreide, Vieh, Obst und Gemüse sowie Wein. Nach ihrer Vertreibung vom Land wurden einige Bauern zu Lohnarbeitern, die von den Behörden als «Junggesellen» bezeichnet wurden und deren rasch wachsende Zahl man zu kontrollieren versuchte, oft jedoch ohne Erfolg. Als auch auf den Territorien der heutigen Staaten Nordmazedonien und Albanien immer mehr Land eingezäunt wurde, wanderten Bauern in weit entfernte Städte wie Konstantinopel aus und bildeten ein Proletariat. Von den kommerziellen Landgütern, die um die Stadt herum entstanden waren, wurden sie als Landarbeiter angeheuert oder in den Häfen der Stadt als Träger und Bootsführer, die dringend benötigt wurden, seit der Handelsverkehr so stark zugenommen hatte.[160]

In Barbados war das Handelskapital ebenso eng mit dem Staat verbunden; tatsächlich war die Grenze zwischen beiden oft nicht klar erkennbar. Zum Beispiel schützte englisches Militär die Plantagenbesitzer der Insel. Manchmal machten Kaufleute und Marine gemeinsame Geschäfte, beispielsweise beim Import von versklavten Arbeitern. Lokale Händler wiederum verkauften sogenannte Prisengüter – von feindlichen Schiffen geraubtes Gut – an die englische Marine. Als 1763 versklavte Arbeiter in Demerara rebellierten, rüsteten die Clarkes, die auch in der niederländischen Kolonie große Pflanzungen besaßen, fünf bewaffnete Schiffe aus und entsandten sie, um den Aufstand zu unterdrücken. An Bord befanden sich sowohl Mitglieder der Miliz von Barbados als auch Marinesoldaten.[161] Der Staat spielte ebenso eine bedeutende Rolle im Sklavenhandel: 1663 lizenzierte das britische Unterhaus in London die Company of Royal Adventurers Trading into Africa und 1672 deren Nachfolgerin, die Royal African Company. 1680 lebten bereits zwei ihrer Abgesandten auf Barbados.[162]

Überall durchdrang die Staatsmacht den ländlichen Raum auf neue Weise. Da die Kriegsführung immer höhere Einnahmen erforderte, suchten die Herrscher nach neuen Wegen, um die Landbevölkerung auszupressen; sie beendeten die traditionelle Zahlung in Naturalien und erhoben Steuern. Das wichtigste Instrument bei all dem war die wachsende militärische Kapazität vieler Staaten. Die Marine spielte eine entscheidende Rolle beim Schutz der Handelsrouten, während Armeen es den Staaten ermöglichten, neues Hinterland zu erobern und zu erschließen, was vor allem die europäische Expansion in Afrika, Asien und Amerika erleichterte.

Sobald Sicherheit gewährleistet war, begann der Staat mit dem Aufbau einer Infrastruktur, um den effizienteren Einsatz von städtischem Kapital auf dem Land zu unterstützen. Der niederländische Staat baute Deiche und Kanäle; die englische Krone legte neue Straßen und Wasserwege an; der chinesische Kaiser errichtete das fortschrittlichste Postsystem der Welt; osmanische Herrscher züchteten Kamele, um den Fernhandel zu fördern, und verbesserten so die Sicherheit auf den wichtigsten Handelsrouten, und die Ägypter investierten in große Bewässerungsprojekte.[163] All dies war noch nicht vergleichbar mit der Infrastruktur im 19. Jahrhundert, aber es brachte Produzenten und Verbraucher einander näher.

Ebenso wichtig wie die physische Infrastruktur war die Rolle, die die Staaten bei der Etablierung von Eigentumsrechten an Land und Arbeitskraft spielten, indem sie festlegten, welche Ansprüche als legitim und durchsetzbar galten. So war beispielsweise das Land in der Karibik, das für den Plantagenanbau genutzt wurde, vom König an Privatpersonen vergeben worden; der König schuf dadurch Privateigentum. In Barbados überließ die Krone das Land einer Gesellschaft von Kaufleuten, und die Pflanzer waren Angestellte dieser Gesellschaft. Dann aber ernannten die Eigentümer Gouverneure, die Siedlern Land zuwiesen und es so in Privateigentum verwandelten.[164] Indem der Staat bestimmte Eigentumsrechte sanktionierte und vor Gericht durchsetzbar machte, was potenzielle Streitigkeiten zwischen Kapitaleignern vermied, brachte er ein Instrument hervor, das umfangreiche Enteignungen ermöglichte. Die Eigentumsrechte entstanden Hand in Hand mit Enteignungen.

Zwar unterstützte der Staat das Kapital überall bei der Expansion in ländliche Gebiete, doch die engste Allianz war in Europa zu finden, gefördert durch den Wettbewerb zwischen den Staaten, der aus ihrer spezifischen politischen Fragmentierung resultierte. Da die Staaten hinsichtlich der Ressourcen auf Kaufleute angewiesen waren, konnten diese im Windschatten der Expansion ihr Kapital in die entlegensten Regionen der Welt verlagern.

Der daraus resultierende Kapitalismus zeigte eine große Diversität. Einerseits stärkte der Staat in Europa die Eigentumsrechte, dämmte die Gewalt zwischen Kapitalisten ein und beseitigte extreme Formen nicht ökonomischer Zwänge in Arbeitsverhältnissen. Andererseits legitimierte derselbe Staat außerhalb Europas Enteignung und Versklavung und setzte Handelsprivilegien gewaltsam durch. Die europäischen Staaten hatten die Voraussetzungen für die Entstehung einer der industrialisierten Landwirtschaft in Amerika geschaffen und den Sklavenhändlern und Plantagenbesitzern, die diese Transformation in Gang setzten, weitreichende Kontrolle, ja sogar Souveränität gewährt.[165]

Der Philosoph John Locke war einer von vielen, die diese Ungleichheit rechtfertigten: Als Investor in der *Royal African Company* und der *Company of Bahamas Adventurers*, als Mitglied des Handelsausschusses, Sekretär des Handels- und Überseeplantagenrats von 1673 bis 1674 und Sekretär der Besitzer von Carolina war Locke ständig beteiligt an Diskussionen über die Aktivierung von Land und Arbeitskräften für die Plantagenwirtschaft.[166] In seiner «Zweiten Abhandlung über die Regierung» argumentierte er, dass «brachliegendes» Land rechtmäßig in Besitz genommen werden könne, und fügte hinzu, dass indigene Völker, die sich der europäischen Besiedlung gewaltsam widersetzten, zu «wilden, ausgehungerten Bestien» würden und somit ihre natürlichen Rechte verlören und rechtmäßig erobert und versklavt werden durften.[167]

Das Disparate der Rechte und Herrschaftsformen war ein wesentliches Merkmal des Kriegskapitalismus, der während der großen Vernetzung entstand. Es war eine direkte Folge des spezifischen Charakters der europäischen Staaten, deren Grenzen seit jeher von sich überschneidenden und konkurrierenden Souveränitäten bestimmt worden waren, und so auch von Disparitäten, die es selbst innerhalb ein und desselben Königreichs gab. Dieses Modell schwach integrierter und heterogener politischer Systeme zeigte sich auch in den neuen Kolonialreichen, vor allem, weil die Fürsten privaten Investoren hoheitliche Befugnisse über weit entfernte Gebiete übertrugen.[168]

Diese Initiativen schufen staatliche Einnahmequellen: Indem Staaten Kapital weltweit ins Hinterland lenkten, machten diese Reichtum produzierenden Regionen die Staaten wiederum mächtiger. So verabschiedete beispielsweise das englische Parlament 1660 ein Gesetz, dass der gesamte Tabak aus den Kolonien nach England zu verschiffen sei, was für substanzielle Zollerträge sorgte: Die Umgestaltung des ländlichen Raums um die Chesapeake Bay hatte dadurch direkte Auswirkungen auf die Stärke des englischen Staates.[169] Die Kommerzialisierung ländlicher Anbauflächen brachte mehr Einnahmen und erleichterte den Extraktionsprozess sowohl am Produktionsstandort als auch durch den Handel. All dies führte dazu, dass der Staat immer mehr in die fortgesetzte Umgestaltung des globalen ländlichen Raums investierte, die von denjenigen abhängig war, die diese Transformation konkret bewirkten – den Kaufleuten.

WIE GROSS der Einfluss staatlicher Macht auf die Umgestaltung des ländlichen Raums sein konnte, wird deutlich, wenn man die Entwicklung zweier Inseln vergleicht: Taiwan und Saint-Domingue. Beide waren hervorragend für den Zuckerrohranbau geeignet, und tatsächlich begannen die Niederländer kurz nach ihrer Ankunft in Taiwan in den 1620er Jahren mit dem Anbau von Zuckerrohr, wie es ihre französischen Kollegen einige Jahrzehnte später in Saint-Domingue taten. Die Zuckerproduktion Taiwans erlebte nach den 1640er Jahren einen beeindruckenden Aufschwung, als der atlantische Zuckermarkt durch die portugiesische Invasion des niederländischen Plantagengürtels in Brasilien erschüttert wurde. Bis zum Jahr 1660 waren die Zuckerexporte aus Taiwan auf mehr als 2,5 Millionen Pfund gestiegen, was dem 15-Fachen der zwei Jahrzehnte zuvor angebauten Menge entsprach.

In dieser Hinsicht hatten Taiwan und Saint-Domingue eine ähnliche Geschichte. Bei näherer Betrachtung verlief die Ausdehnung der Zuckerfront auf Taiwan jedoch radikal anders: Da es den Niederländern weder gelang, die Bevölkerung Taiwans für die Exportlandwirtschaft zu gewinnen, noch, die Bauern zu versklaven, bauten sie ein Netzwerk chinesischer Kleinbauern auf, die sie ab 1624 vom Festland auf die Insel brachten. Der chinesische Pirat, Kaufmann und Beamte Zheng Zhilong (1604–1661) brachte «mehrere Zehntausend» Bauern aus dem von Dürre heimgesuchten Fujian nach Taiwan, denen Steuerbefreiung, drei Tael Silber und die Nutzung eines Ochsen versprochen wurden. Die Einwanderer vom Festland vertrieben die Ureinwohner aus ihren Jagdgründen und wandelten das Land in Zuckerrohrplantagen um. Bis 1650 war Taiwan zu einem der weltweit führenden Zuckerproduzenten geworden.[170]

Doch die Geschichte Taiwans verlief letztendlich anders als die der karibischen Inseln. Nach 1655, als sich der atlantische Zuckermarkt erholte, sank die Nachfrage nach taiwanesischem Zucker auf den europäischen Märkten dramatisch. Drei Jahr später wurde fast die gesamte Ernte nach Japan und Persien verschifft. Außerdem zerstörte das chinesische Kaiserreich die etablierten Handelsbeziehungen. 1662 vertrieb Zheng Chenggong, der Sohn von Zheng Zhilong, mit einer gut geplanten Militäraktion die Niederländer, und 1683 wurde die Insel in das Qing-Reich eingegliedert. Die Zeit der Niederländer auf Taiwan war vorbei. Zunächst stieg die Zuckerproduktion dank der Nachfrage chinesischer Verbraucher weiter an, sodass auf Taiwan in den 1720er Jahren rund 54 240 Tonnen hergestellt wurden, viel mehr als auf jeder Zuckerinsel im Atlantik. In den 1720er und 1730er Jahren begann die Regierung jedoch, die taiwanesischen Zuckerexporte einzuschränken und eine diversifizierte Wirtschaft zu entwickeln, die von kleinen landwirtschaftlichen Betrieben dominiert wurde, welche Reis und Bohnen – auch für den Heeresproviant –, Gemüse und Obst anbauten, Fischfang und Viehzucht betrieben sowie eine Reihe ländlicher Handwerksprodukte herstellten. In der Folgezeit wurde Reis und nicht Zucker zur treibenden Kraft der taiwanesischen Wirtschaft und Taiwan im 18. Jahrhundert zur «Reisschüssel» für das von Nahrungsmittelknappheit betroffene Südostchina, bis im späten 19. Jahrhundert eine andere Kolonialmacht, Japan, Taiwan zu seinen Wurzeln im Zuckersektor zurückführte. Dennoch nahm die Insel eine ganz andere Entwicklung als Saint-Domingue – mit erheblichen langfristigen Folgen, wie ein Vergleich zwischen dem heutigen Taiwan und Haiti nahelegt.[171] Da es keinen staatlichen Druck zur Förderung der exportorientierten Zuckerproduktion gab, blieb Reis die dominierende Kulturpflanze.

Während Welle um Welle der Kommodifizierung und Enteignung über ländliche Gebiete in der ganzen Welt hereinbrachen, verwandelten sich die Gesellschaften gravierend. Für Millionen von Menschen veränderten sich Lebensweise und Existenzgrundlage. Kapitalisten formten die Natur großer Gebiete neu und verbanden weit voneinander entfernte Gesellschaften. Die Welt, die sie über zwei Jahrhunderte hinweg aufbauten, unterschied sich grundlegend von allen vorherigen menschlichen Gemeinwesen. Dies war der Moment, in dem der uns vertraute Rahmen der globalen kapitalistischen Wirtschaft entstand.

Viele Herrscher zogen es gleichwohl weiterhin vor, die Kapitalisten in Schach zu halten, auch wenn sie immer häufiger von ihnen abhängig waren, und die Bauern verteidigten die Allmende und die Subsistenzwirtschaft. Der Widerstand war stark in Gebieten, in denen die alten sozialen und politischen Strukturen noch intakt waren, nicht nur in Europa, sondern auch an der Westküste Afrikas, in fast ganz Asien – in der Tat in einem großen Teil der Welt. Der globale Kapitalismus war weder ein natürlicher Zustand noch ein einfaches Unterfangen – die Umstrukturierung immer größerer Gebiete und ihrer Gesellschaften nach kapitalistischer Logik war in Wirklichkeit äußerst schwierig und benötigte Jahrhunderte, um Gestalt anzunehmen. Noch länger dauerte es, bis ein Zustand erreicht war, in dem diese eigentümliche Form der Organisation des Wirtschaftslebens «natürlich» erschien.

Aus diesem Grund fand die erste bedeutende Kommerzialisierung des ländlichen Raums auf Inseln statt – einige davon metaphorisch, andere real –, an Orten, an denen der soziale und politische Widerstand am schwächsten ausgeprägt war. Es handelte sich um Gebiete, die entweder unbewohnt waren, wie Barbados, oder die von Nomaden bevölkert waren, die kaum Widerstand leisten konnten, wie im Bajío, oder um Gebiete, in denen die sozialen Strukturen stark geschwächt waren, wie im feudalen Europa.[172] Aber selbst an diesen Orten wehrten sich die Menschen gegen ihre Enteignung, Proletarisierung und Versklavung und gegen die Kommodifizierung ihres Lebens.

Die Welt, in der die Kapitaleigner die Interessen von Agrarproduzenten und tributfordernden Herrschern immer öfter ignorierten, war Schauplatz einer globalen sozialen Auseinandersetzung: Der Kapitalismus setzte sich kriegerisch durch. Wie die meisten Revolutionen beruhte der Kapitalismus in einem außerordentlichen Maß auf Zwang, und selbst wenn er erfolgreich war, jagten diejenigen, die er geschaffen hatte, die schnell wachsende Schar besitzloser Arbeiter – versklavt, in Vertragsknechtschaft, in Leibeigenschaft oder in Lohnarbeit –, denjenigen, die ihre Arbeitskraft in Anspruch nahmen, Angst ein.[173] Infolgedessen kam es auf dem Land zu heftigen Kämpfen, bei denen die nunmehr Besitzlosen und die feudalen Eliten sich der revolutionären Agenda der frühen Kapitalisten widersetzten.

Dies galt überall.[174] So strengten beispielsweise die osmanischen Bauern, als ihnen angesichts der neuen Macht des städtischen Kapitals die Kontrolle über ihr Land zu entgleiten drohte, manchmal Gerichtsverfahren an, griffen in anderen Fällen aber auch zu den Waffen oder wurden zu Banditen, um ihre Ansprüche und Rechte geltend zu machen.[175] Die britische Landbevölkerung lehnten sich drei Jahrhunderte lang gegen Einzäunungen auf. Bereits 1548 hatte Robert Crowley in einem mahnenden Traktat mit dem Titel *An Informacion and Peticion Agaynst the Oppressours of the Pore Commons of This Realme* die Befürworter einer Landreform vor den Folgen gewarnt, die es haben würde, wenn man die Bauern ihres Landes berauben würde:

> Wenn die machtlosen Kreaturen aus Mangel an dem Nötigsten zugrunde gehen, seid ihr die Mörder, denn ihr habt ihr Erbe und seid für ihre Betreuung zuständig. Wenn die Robusteren zu Diebstahl, Raub und Rache greifen, dann seid ihr die Verursacher, denn ihr grabt ein, umschließt und entzieht ihnen den Erdboden, aus dessen Bestellung sie ihren Lebensunterhalt bestreiten sollten.[176]

Eine Flut von Aufständen überschwemmte die ländlichen Gebiete Englands. 1549 zerstörten Bauern Hecken und Zäune, was als Kett's Rebellion in die Geschichte einging. Ihr Anführer, Robert Kett, forderte, dass «kein Herr eines Landguts die Allmende betreten soll». Seine Bewegung wurde verfolgt und er wegen Hochverrats gehängt.[177] Jahrzehnte später, im Jahr 1607, verkündete der Aufstand in den Midlands, der mit der Rebellion in Newton seinen Höhepunkt erreichte, dass «wir als Glieder eines Ganzen unter diesen gerissenen Tyrannen leiden, die unser Fleisch auf dem Schleifstein der Armut zermahlen und unsere treuen Herzen ihren Dienst versagen lassen würden, um selbst inmitten ihrer fetten Herden allein leben zu können».[178] Diese Rebellion wurde ebenso gewaltsam niedergeschlagen wie Aufstände in Lincolnshire, Oxfordshire, Bedfordshire, Derbyshire und Worcestershire.[179]

Auch in Schottland kam es zu Bauernaufständen gegen die Kommerzialisierungspläne der Landbesitzer.[180] Im Levellers-Aufstand von 1723 rissen bis zu tausend dieser «Einebner», auch «Dammbrecher» genannt, die Steinmauern ein, die ihre gepachteten Grundstücke umschlossen, und «schlachteten einen Teil des darin befindlichen Viehs» – «Einebner», wie sie spöttisch genannt wurden, weil sie die Stände abschaffen und Gleichheit vor dem Gesetz erringen wollten, machten buchstäblich die Mauern dem Erdboden gleich, die das Vieh auf den neu geschaffenen Weiden hielten, die zuvor ihre Getreidefelder gewesen waren.[181] Auch im April 1724 berichtete *The Caledonian Mercury*, dass «mehrere Hundert bewaffnete Personen Dämme in der Umgebung» zerstörten.[182] In dem Manifest, das die Levellers in verschiedenen Städten an Kirchentüren nagelten, forderten sie ein Ende der «Kette des Elends» und protestierten dagegen, dass Grundbesitzer «Commonty», Land in gemeinschaftlichem Besitz, in Privateigentum umwandelten.[183] Die Levellers veröffentlichten auch ein wegweisendes Manifest, *An Account of the Reasons of Some People in Galloway, Their Meetings Anent Public Grievances Through Inclosures*, in dem auf die wirtschaftlichen und sozialen Folgen der Umzäunung hingewiesen wurde. Sie beklagten, dass die «Entvölkerung der Einhegungen» zu Mieterhöhungen, Handelsstörungen und der Vertreibung von über sechzig Familien aus den Gemeinden in der Region geführt habe, die entweder ausgewandert seien oder Selbstmord begangen hätten. Frauen spielten bei diesen Protesten eine zentrale Rolle; so bewarfen sie beispielsweise einmal lokale Landbesitzer mit Steinen, als diese 1724 versuchten, eine Gruppe von Aufständischen festzunehmen. Und als in jenem Jahr die Wälle von Sir Basil Hamilton eingeebnet wurden, «wirkten daran viele kräftige junge Frauen mit, die noch größere Wunder vollbrachten als die Männer», wie ein Zeitgenosse schrieb.[184]

Die Levellers legten ihre Beweggründe dar und stellten zentrale Grundsätze des aufkommenden kapitalistischen Ethos infrage. Sie protestierten gegen die «außergewöhnlichen Gewinne, die in die Hände einiger weniger Grundbesitzer gelangen», und hatten «eine andere Vorstellung davon, wem die Gewinne der Landnutzung zugutekommen sollten». Sie bestritten die Legitimität «egoistischen Handelns» und waren der Auffassung, dass etwas «nicht getan werden sollte», wenn es «dem Allgemeinwohl einer menschlichen Gesellschaft» zuwiderlief, selbst wenn «es kein spezielles und ausdrückliches menschliches Gesetz dagegen» gab. Sie betrachteten es als «eine Sünde, die Armen daran zu hindern, den Boden zu bewirtschaften». Der Besitz eines Stückes Land gab dem Eigentümer ihrer Ansicht nach nicht das Recht, den Pächter zu vertreiben. «Die Armen um die Gewinne der Erde zu betrügen, die Gott allen gegeben hat», sei gottlos. Sie hegten besonderen Zorn gegen «einige unserer Grundherren, die uns verkaufen», und kamen zu dem Schluss, dass «der Grundsatz, dass man mit seinem Eigentum nach Belieben verfahren und es verändern könne, nicht ohne Einschränkung ausgelegt werden sollte, wie es üblicherweise getan wird; dass nicht alle Einkünfte des Bodens den Grundbesitzern gehören und dass ein Mensch aus seinem Eigentum nicht mehrfach zum Nachteil der Gesellschaft, der er angehört, seinen Nutzen ziehen darf».[185]

Selbst in Nord- und Südamerika, wo die kapitalistische Umgestaltung des ländlichen Raums am schnellsten und radikalsten Erfolg hatte, ging die Entwicklung der Warenproduktion mit anhaltenden Auseinandersetzungen einher. Obwohl unaufhörlich behauptet wurde, sie seien ausgerottet oder im Verschwinden, führten indigene Völker einen kontinuierlichen Kampf gegen ihre Enteignung und Ausbeutung. So leisteten beispielsweise die Kalinago auf den Kleinen Antillen im 17. Jahrhundert Widerstand gegen die englische Besiedlung, was die Engländer zu dem Schluss kommen ließ, die Kalinago seien «eine barbarische und grausame Schar von Wilden, unzugänglich für Vernunft oder Überzeugung, die deshalb eliminiert werden muss».[186] Weiter nördlich, im oberen Teil von Neuspanien, im heutigen US-Bundesstaat New Mexico, plünderten, besteuerten, schikanierten und ermordeten spanische Siedler und Soldaten die sogenannte Pueblo-Bevölkerung fast anderthalb Jahrhunderte lang, bis sie, wie ein spanischer Beobachter berichtete, «von den Indianern so sehr gefürchtet wurden, dass sie, wenn sie uns von Weitem kommen sahen, mit ihren Frauen und Kindern in die Berge flohen und ihre Häuser verließen, sodass wir ihnen nehmen konnten, was wir wollten».[187]

Im Sommer 1680 jedoch rebellierten die Pueblo-Gemeinschaften unter der Führung Popés, dem magische Fähigkeiten zugeschrieben wurden, und vertrieben die Spanier von ihrem Land, wodurch sie sich eine zehnjährige Atempause sicherten – ein seltener Sieg in einem ungleichen Kampf. An der äußersten Südspitze Amerikas, im heutigen Chile, setzten sich die Konflikte mit den einheimischen Mapuche von 1536 bis 1883 in unterschiedlicher Intensität fort. Die Spanier triumphierten zunächst relativ leicht, aber 1598 wendete sich das Blatt, als 300 Mapuche-Krieger 350 Männer unter der Führung des königlichen Gouverneurs Martín García Óñez de Loyola, die damals höchste spanische Autorität in Chile, in einen Hinterhalt lockten und entscheidend besiegten.[188] Der Sieg der Mapuche bei Curalaba löste unter der einheimischen Bevölkerung einen Aufstand auf breiter Front aus, der die Zerstörung aller sieben spanischen Städte in den Mapuche-Gebieten im Süden Chiles zur Folge hatte. Im nun folgenden, Jahrhunderte andauernden Krieg konnten sich die Mapuche dank ihrer Guerillataktik stets siegreich behaupten.

Die Unterwerfung von Arbeitskräften war genauso schwierig wie die Enteignung von Land und stieß auf ähnlichen Widerstand. Vertragsknechte, die ersten Arbeitskräfte in Amerika, gehörten zu den Hauptbeteiligten an den Aufständen auf Barbados Mitte des 17. Jahrhunderts, «die so fahrlässig Feuer legten, dass ganze Landstriche mit Zuckerrohr und Häusern niedergebrannt und vernichtet wurden». Die verängstigten Pflanzer bauten ihre Häuser «als Festungen [aus], mit Verteidigungslinien, Bollwerken und Bastionen, um sich im Falle eines Aufruhrs oder Tumults zu verteidigen». Oder vielmehr sich verteidigen zu lassen: von ihren christlichen Dienern und ihren Sklaven.[189] In Virginia vertrieben Grundbesitzer die tabakanbauenden Vertragsknechte nach Ableistung ihrer Verpflichtung aus den wohlhabenden Tidewater-Regionen in ärmere Gebiete, in denen oft noch die indigenen Einwohner lebten. Die Spannungen entluden sich 1676, als Nathaniel Bacon diese armen weißen Farmer in einem dreimonatigen Aufstand anführte – der «Bacon's Rebellion». Dieser Aufstand verbesserte die Chancen von Weißen, verschärfte aber die Kodifizierung ethnischer Unterschiede und zementierte die Ausbeutung und Segregation der versklavten Arbeiter. Die größere Freiheit der Weißen basierte auf der Unfreiheit der Afroamerikaner.[190]

Zwar war die Sklaverei in Amerika eine Reaktion auf die unzähligen politischen, sozialen und wirtschaftlichen Schwierigkeiten bei der Mobilisierung von Vertragsknechten. Doch die versklavten Arbeiter waren ebenso rebellisch. Sie widersetzten sich ihrer Versklavung, indem sie bei ihrer Arbeit nur das Nötigste taten, wegliefen oder sogar Selbstmord begingen.[191] Manchmal beteiligten sie sich an konzertierten politischen Aktionen, die den Sturz ihrer Besitzer und eine neue Art von Gemeinwesen zum Ziel hatten, womit sie den Plantagenbesitzern und Kaufleuten Furcht einflößten. Der französische König Ludwig XVI. stellte im Jahr 1779 fest: «Eine traurige Erfahrung hat uns schon vor langer Zeit gelehrt, dass nur eine strenge Disziplin die Ordnung in den Kolonien der Neuen Welt aufrechterhalten und die Ruhe und das Leben der Europäer sichern kann. Der Sklave, der immer dazu neigt, sich gegen das ihm auferlegte Joch aufzulehnen, kann nur gezügelt werden, indem man ihm Angst macht und ihn seine Minderwertigkeit spüren lässt.»[192]

Im 17. Jahrhundert kam es auf Barbados immer wieder zu Aufständen Schwarzer Arbeiter oder entsprechenden Versuchen: 1633, Ende der 1640er Jahre, 1675, 1683, 1685, 1692 und 1701 – so häufig, dass von einer ständigen Planung und Durchführung von Aufständen auszugehen ist.[193] Lignon zufolge fürchteten die Plantagenbesitzer am meisten, dass versklavte Arbeiter «ein schreckliches Massaker unter den Christen anrichten und sich dadurch befreien und zu Herren der Insel werden könnten».[194]

Die Aufstände auf Barbados, die meistens von gut ausgebildeten Schwarzen Arbeitern angeführt wurden, hielten die Plantagenbesitzer in Atem. Um ihre Macht zu erhalten, verabschiedeten die Pflanzer ständig neue Gesetze, um ihre Arbeiter zu kontrollieren. Die sogenannten Sklavengesetze von Barbados aus dem Jahr 1661 legten fest, wie die Herren das Leben ihrer Sklaven regeln sollten, aber 1675 kam es wieder zu einem Aufstand. Die Rebellen wurden hingerichtet und «der Rest wurde strenger gehalten».[195] Neue Gesetze, die 1676 verabschiedet wurden, schränkten das Leben der Sklaven noch stärker ein, in der Hoffnung, sie zu hindern, Informationen auszutauschen und sich zu versammeln.[196] 1685 forderte der Rat von Barbados die Sklavenhalter erneut auf, «ihre Waffen besser als bisher zu sichern [...] auf ihren Plantagen seien auch gute Wachen erforderlich», und sie sollten mit allen Mitteln verhindern, dass sich die Sklaven verbünden.[197] Als Reaktion auf einen weiteren Aufstand wurden 1692 wieder neue Gesetze verabschiedet, um Rebellionen «so weit wie möglich zu verhindern «.[198]

Die Pflanzer reagierten jedoch vor allem mit Gewalt und nicht mit dem Gesetz auf befürchtete oder tatsächliche Aufstände.[199] Als auf Barbados eine angebliche «Verschwörung» aufgedeckt wurde, wurden siebzehn mutmaßliche Teilnehmer hingerichtet: Sechs wurden bei lebendigem Leibe verbrannt, die anderen wurden enthauptet, «ihre Leichen [...] durch die Straßen geschleift».[200] Als Antwort auf einen weiteren der gefürchteten Aufstände wurden im Jahr 1683 einige Sklaven «zur Abschreckung anderer kräftig ausgepeitscht».[201] Und als Barbados 1692 von einer Rebellion heimgesucht wurde, die von den versklavten Arbeitern Ben, Sambo und Sampson angeführt wurde, wurden die Rebellen gehängt, verbrannt oder auf dem Schafott hingerichtet.[202]

Der Rat von Barbados entschädigte die Besitzer für den Verlust ihrer exekutierten Sklaven. Aus den Protokollen geht hervor, dass am 12. Mai 1686 neun Eigentümer entschädigt wurden.[203] 1692 baten die Pflanzer König Wilhelm um mehr militärischen Schutz, um «uns zu verstärken gegen die dreisten Versuche unserer zahlreichen Sklaven, deren gegenwärtige Machenschaften und blutige Pläne, uns allen die Kehle durchzuschneiden, wir unlängst aufgedeckt haben».[204] 1694 wurde ein rebellischer Sklave mit «sechzig Peitschenhieben [...] bestraft, die ihm an zehn der schmerzhaftesten Stellen zugefügt wurden [...] und danach brannte man ihm den Buchstaben ‹R› auf die Stirn».[205]

Es war durchaus möglich, von der Plantage zu fliehen und Gemeinschaften in Gebieten zu gründen, die für die Plantagenbesitzer unzugänglich waren, auch wenn dies immer schwieriger wurde, je dichter die Insel besiedelt und je mehr Wälder abgeholzt wurden.[206] Schon 1657 hatte der Rat von Barbados den Gouverneur aufgefordert, «Komitees zu gründen für eine groß angelegte Jagd» auf die zahlreichen Davongelaufenen.[207]

Auch auf anderen karibischen Inseln kam es zu Aufständen.[208] In Santo Domingo schlug der spanische Gouverneur Diego Colón 1522 einen Sklavenaufstand auf seiner eigenen Plantage nieder. Auf Saint-Domingue herrschte ein ständiger Kriegszustand zwischen Herren und Sklaven, der in den 1790er Jahren zu einem Aufstand und schließlich zur Revolution führte. Im Jahr 1688 beschrieb der jamaikanische Plantagenbesitzer John Taylor mit sadistischer Ausführlichkeit, wie ein Pflanzerkollege namens «Collonel Ivey» einen Sklavenaufstand erstickte: Er habe «alle seine Sklaven mit Eisen fesseln und anketten lassen [...] und ließ sie dann heftig auspeitschen und bei lebendigem Leib rösten; andere ließ er von Hunden zerfleischen, wieder anderen schnitt er Ohren, Füße und Hoden ab und zwang sie, diese zu essen; dann legte er ihnen allen Eisenfesseln an und zwang sie mit täglicher schwerer Auspeitschung zur Arbeit, und mit der Zeit wurden sie gehorsam und ruhig».[209] Trotz dieses unsäglichen Terrors kam es immer wieder zu Sklavenaufständen. 1760 erhoben sich die Sklaven zum bedeutendsten Aufstand auf Jamaika, «Tacky's Revolt», was als Gegenreaktion noch mehr grausame Gewalt im Namen der Unterdrückung hervorrief. Einige Rebellen wurden «nach und nach mit schwachem Feuer verbrannt» oder «auf öffentlichen Plätzen aufgehängt und dem Hungertod überlassen».[210] Diese Barbarei war konstitutiv für das, was «Zivilisation» genannt wurde.

Die kapitalistische Umgestaltung ländlicher Gebiete war dort am erfolgreichsten, wo sie gegen den Eingriff mächtiger Konkurrenten verteidigt werden konnte: auf Inseln. Orte mit eingeschränkter Mobilität - von den Kapverden bis Potosí, von den Banda-Inseln bis Barbados - ermöglichten eine viel strengere Kontrolle der Arbeitskräfte. Dennoch waren diese Inseln keine isolierten Universen, sondern mit anderen Orten verbunden. Und als Inseln befanden sie sich in einem Meer vielfältiger sozialer Beziehungen - zu Orten, deren Wirtschaftsleben anderen Logiken folgte, die sich erst viel später, wenn überhaupt, verändern würden. Durch das universelle Lösungsmittel des Austauschs blieb der kapitalistische Archipel mit dem Meer um ihn herum verbunden - und bald sollten beide für ihren Erfolg aufeinander angewiesen sein.[211]

Als Kaufleute und Siedler begannen, den ländlichen Raum der Welt umzugestalten, bedienten sie sich des natürlichen Reichtums der Erde. Um die Minen in Potosí herum rodeten sie Wälder, um ihre Schmelzöfen zu befeuern. Auf Barbados und in anderen Teilen der Karibik wurden die Wälder abgeholzt, um kahle Landschaften für den Anbau von Zuckerrohr zu schaffen. In einigen Teilen der Welt begann Kohle die Verbrennung von Holz aus schwindenden Wäldern zu ersetzen. Kapitaleigner machten sich die in Pflanzen und Mineralien gebundene Energie der Natur zunutze und bauten auf dem auf, was der Soziologe Jason W. Moore als «kostenlose Vorleistungen» bezeichnet hat - das riesige, durch geologische und biologische Prozesse entstandene Energielager. Diese Ressourcen wurden zunehmend an einem einzigen Ort der Welt akkumuliert - in Europa, das seine eigenen natürlichen Engpässe durch den Zugang zu Kalorien und Rohstoffen aus dem Atlantikraum, Afrika und Asien umging.[212]

Händler, die es darauf abgesehen hatten, Kapital aus ländlichen Gebieten zu schlagen, nutzten zudem landwirtschaftliches Wissen anderer Gesellschaften. Tabak war beispielsweise jahrhundertelang von den amerikanischen Ureinwohnern angebaut worden. Innerhalb von fünfzig Jahren nach Kolumbus' erster Reise hatten die Europäer gelernt, wie man die Pflanze anbaut, und bis 1570 kultivierten sie sie in kleinem Umfang auf dem ganzen Kontinent. Drei Jahrzehnte später hatten sie sie bis ans Ende der Welt gebracht, wozu auch Nordamerika zählte. Dorthin gelangte die Pflanze 1614, und den Bewohner von Virginia ging auf, welche Chancen in einer auf der Rentabilität des Tabaks basierenden Kolonie lagen. Die Silberbergleute in Potosí bauten auf dem lokalen Bergbauwissen und den lokalen Technologien auf. Viele der Bergleute, die dorthin kamen, hatten in Porco, dem Bergbauzentrum der Inka, gearbeitet und Erfahrung im Umgang mit den kegelförmigen, windbetriebenen Öfen, den sogenannten Guayras, in denen das Silber aus dem Erz gewonnen wurde. Bis zur Einführung der Quecksilberamalgamierung in den 1570er Jahren verließen sich die Spanier auf diese indianischen Guayras, da ihre eigenen Öfen in Potosí nicht funktionierten.[213]

Diese Inbesitznahme und Umverteilung des traditionellen Wissens und der natürlichen Ressourcen zeigen, dass der Kapitalismus auf einer Vielzahl von Inputs beruhte – und weiterhin beruht –, die nicht auf Märkten produziert oder ausgetauscht werden. Lohnarbeiter, Vertragsknechte und Sklaven erwirtschafteten ihren Lebensunterhalt immer noch außerhalb des Marktes – beispielsweise in kleinen Gemüsegärten oder auf Familienhöfen. Und dort, wo es kaum Lohnarbeit gab, wie in Neuengland, blieb die Produktion von Waren für die Märkte der Karibik bis ins 19. Jahrhundert hinein in eine auf den Haushalt ausgerichtete Subsistenzwirtschaft eingebettet – tatsächlich war das eine für das andere unerlässlich.[214]

Erstaunlicherweise gehörten dazu die Bereitstellung und soziale Reproduktion von Arbeitskräften. Ohne Rückgriff auf nicht kapitalistische Formen der Reproduktion können kapitalistische Gesellschaften Arbeitskräfte bis heute nicht reproduzieren. Wo auch immer wir hinschauen, sehen wir eine Abhängigkeit vom Funktionieren der sozialen Reproduktion außerhalb des Marktes. Die krasseste Form war der Sklavenhandel, eine Form der «Produktion» von Arbeitskräften, die zu Lasten der afrikanischen Gesellschaften ging, deren Kinder wegen ihrer Arbeitskraft geraubt wurden. Bei der Lohnarbeit war diese Abhängigkeit von Arbeit, die außerhalb des Marktes verrichtet wurde, fast genauso groß, da Kinder großgezogen und unterrichtet, Haushaltsarbeiten erledigt und Gemeinschaften gebildet werden mussten. Tatsächlich ist ein beträchtlicher Anteil der Arbeit, die zu Beginn des Kapitalismus geleistet wurde und auch heute noch geleistet wird, nicht in Marktstrukturen eingebettet.

Da manche Arbeiten zur Ware wurden und andere nicht – es entstand eine Trennung zwischen Arbeit und Reproduktion –, führte diese Dichotomie zu einer stark geschlechtsspezifischen Arbeitsteilung. Arbeit im Kapitalismus nahm eine neue Bedeutung an, da einige Tätigkeiten innerhalb des Marktes lagen (und meist von Männern ausgeführt wurden) und andere außerhalb (die meist von Frauen ausgeführt wurden). Die Tätigkeit auf dem Feld des Grundbesitzers war «Arbeit», die Pflege eines Gemüsegartens hinter dem Haus jedoch nicht; die Betreuung der Kinder anderer war «Arbeit», die Versorgung der eigenen Kinder jedoch nicht. Von Anfang an basierte der Kapitalismus auf Ressourcen, die außerhalb seiner Logik produziert wurden. Er existierte nie in einem «reinen» Zustand – seine Geschichte wurde bestimmt von den sich verschiebenden Grenzen zwischen Markt und Nichtmarkt.[215] Noch für das Jahr 1751 wurde geschätzt, dass die Hälfte aller Transaktionen in Neapel «außerhalb des Marktes» stattfand und die ansässigen Bauern nur für etwa ein Zehntel ihrer Transaktionen Bargeld verwendeten.[216] Der Kapitalismus wurde ebenso sehr durch die Grenzen seiner revolutionären Energie wie durch seine transformativen Kräfte definiert, und das gilt auch heute noch.

Dennoch strömten um das Jahr 1750 große Mengen an Waren in die Städte, die von den neuen kapitalistischen Fronten in Europa, Asien, Afrika und Amerika stammten. Leibeigene, Lohnarbeiter, Pächter, Vertragsknechte und Sklaven arbeiteten weltweit im ländlichen Raum, um Weizen, Tee, Silber, Reis, Zucker, Baumwolle und andere Dinge zu produzieren. Sie arbeiteten unter der Leitung von Kapitaleignern und taten dies nicht für ihren eigenen Bedarf oder den ihrer Herren, sondern für weit entfernte Märkte, die sie im Gegenzug mit vielen der Dinge versorgten, die sie zum Leben benötigten. Die Kapitaleigner erlangten Reichtum und Macht nicht nur durch den Handel, sondern auch durch die Herstellung. Als die aus der großen Vernetzung entstandenen Inseln des Kapitals eine Vielzahl von Inseln der Produktion hervorbrachten, akkumulierten die Kapitaleigner Vermögen, etablierten neue Formen der Mobilisierung von Arbeitskräften und bauten neue Institutionen auf. Sie schufen den Kriegskapitalismus, diese neuartige Mischung aus der Verschmelzung der Macht von Kapitaleignern und Staaten, der Übertragung souveräner Befugnisse an Kapitalisten sowie den massiven Enteignungen und Versklavungen, die für die ländlichen Gebiete der Welt charakteristisch waren. Infolgedessen wurde der Archipel des Kapitals umfangreicher, dynamischer und einflussreicher, obwohl er weiterhin nur eine marginale Rolle innerhalb des Wirtschaftslebens spielte.

Dieser Archipel des Kapitals mit chinesischen und europäischen, indischen und afrikanischen Kaufleuten umspannte die Welt. Doch als sich die Verbindungen des Archipels intensivierten und weltweit auf den ländlichen Raum ausdehnten, begannen sich die Hierarchien zu verschärfen – Hierarchien, von denen ein Teil der Welt zunehmend profitierte: Europa. Nur dort vernetzten sich Kapitaleigner über Kontinente und große Unterschiede hinweg – die Sklavenwirtschaften Amerikas, die Lohnwirtschaft des Bajío und die zweite Leibeigenschaft Osteuropas, um nur drei prominente Beispiele zu nennen. Martin Noell, der Plantagenbesitzer aus Barbados, erweiterte seinen Besitz auf der Insel nicht nur um 8000 Hektar jamaikanisches Pflanzland, sondern besaß bei seinem Tod im Jahr 1665 auch landwirtschaftliche Anbauflächen in England und Irland, Schiffe und Anteile an der Royal African Company.[217] Und anders als in Afrika oder Asien ergänzten sich in Europa die Stärkung der Staatsmacht und des Kapitals gegenseitig in einem bis dahin ungekannten Maße. Wie der französische Philosoph der Aufklärung Guillaume Thomas François Raynal einige Jahrzehnte später, im Jahr 1770, so treffend feststellte: «Die Arbeit der Kolonisten, die sich auf diesen lange verachteten Inseln niedergelassen haben, ist die einzige Grundlage des afrikanischen Handels, erweitert die Fischerei und den Anbau in Nordamerika, bietet vorteilhafte Absatzmärkte für die Manufakturen Asiens und verdoppelt oder verdreifacht vielleicht sogar die Aktivität von ganz Europa. Sie kann als Hauptgrund für die rasche Bewegung angesehen werden, die das Universum derzeit in Wallung versetzt.»[218]

Diese «rasche Bewegung» machte nicht bei der Umgestaltung der Landwirtschaft halt. Kapitaleigner auf der ganzen Welt setzten überdies bisherige Arbeitsweisen unter Druck. Das Vorantreiben handwerklicher Produktion und subsistenzorientierter Heimfertigung würde sie erneut aus den Städten in die ländlichen Räume der Welt führen.

KAPITEL 5

Die Intensivierung der industriellen Produktion, 1600–1750

Die Produktion im ländlichen Raum intensiviert sich: indische Weber, frühes 18. Jahrhundert.

Jelenia Góra ist eine kleine Stadt im Südwesten Polens, einige Dutzend Kilometer von der heutigen deutsch-polnischen Grenze entfernt. Die Provinzstadt, die wegen ihres malerischen, von Arkaden gesäumten Marktplatzes und der nahe gelegenen Skipisten ein touristisches Ziel ist, war einst das pulsierende Zentrum der globalen Leinenindustrie – einer von vielen Orten weltweit, an denen sich die handwerkliche Produktion zu intensivieren begann.

Vor 300 Jahren kamen arme Weber aus den Bergdörfern der Umgebung jeden Morgen über schmale Pfade und holprige Straßen mit prallen Rucksäcken voller Leinen herunter in die Stadt. Sie trafen sich auf dem Rathausplatz, wo heute Eis und Modeschmuck verkauft werden, und boten ihr Tuch Kaufleuten an, die unter den Arkaden auf sie warteten. John Quincy Adams, der spätere US-Präsident, war noch Botschafter in Preußen, als er eine solche Szene in einer benachbarten Stadt beobachtete: «[Wir] hatten den ganzen Vormittag einen Haufen Bauern unter unseren Fenstern, die alle mit einem oder zwei Stück Leinen in einer Tasche dastanden und auf einen Käufer warteten. Der Kaufmann bietet seinen Preis an und schreibt ihn, wenn man sich einig ist, auf das Leinen. Dann bringt der Bauer es zum Laden des Käufers, wo er sein Geld bekommt.»[1] Wenn der Kaufmann den Ballen gekauft hatte, schickte er ihn zu einer der 83 Bleichereien am Stadtrand, und danach ging das Tuch an Händler in Hamburg, Amsterdam oder Bordeaux. Sie verschifften es weiter nach Rio de Janeiro, Charleston oder Havanna, um damit Tausende und bald schon Hunderttausende Sklavenarbeiter auf Zuckerrohr-, Reis-, Tabak- und Indigoplantagen einzukleiden. Die Transformation der ländlichen Gebiete des fernen Kontinents zog im Zusammenhang mit der großen Vernetzung regionale Produzenten wie die Weber um Jelenia Góra in den Strudel eines Wandels, der die Welt veränderte.[2]

Um 1750, als die Stadt noch Hirschberg hieß und ihre Einwohner Deutsch sprachen, arbeiteten die Bauern der Umgebung an mehr als 6000 Webstühlen, um die Nachfrage der neuen atlantischen Märkte zu decken. Viele waren schrecklich arm. In Lumpen gekleidet und vom Hunger und der unaufhörlichen Schufterei ausgemergelt, arbeiteten manche bei Tag auf dem Feld und nachts am Webstuhl; andere webten nur – von der Kindheit bis zu ihrem frühen Tod. Händler kauften das Garn von Tausenden Frauen und Kindern, manche erst vier Jahre alt, die es in jeder freien Minute aus dem Flachs spannen, das auf großen Gütern in der Nachbarschaft angebaut wurde. Die meisten Spinnerinnen und die meisten Weber waren unfreie Hörige des lokalen Adels und mussten spinnen und weben, um ihre Arbeitspflicht für den Feudalherrn zu erfüllen und die Pacht für ein karges Stückchen Land zu zahlen.[3]

Hirschbergs malerische Landschaft stand in radikalem Gegensatz zu der immer hektischeren Betriebsamkeit in den Bauernkaten. Ab dem 17. Jahrhundert intensivierten die ansässigen Kaufleute Christian Mentzel (1667–1748), Johann Martin Gottfried (1685–1737) und Daniel von Buchs (1707–1779) die ländliche Produktion. Sie kommerzialisierten die dörfliche Umgebung der Stadt und mobilisierten unfreie Arbeitskräfte, ein Prozess, der als «intensive innere Kolonisation» bezeichnet worden ist. Sie verfrachteten die

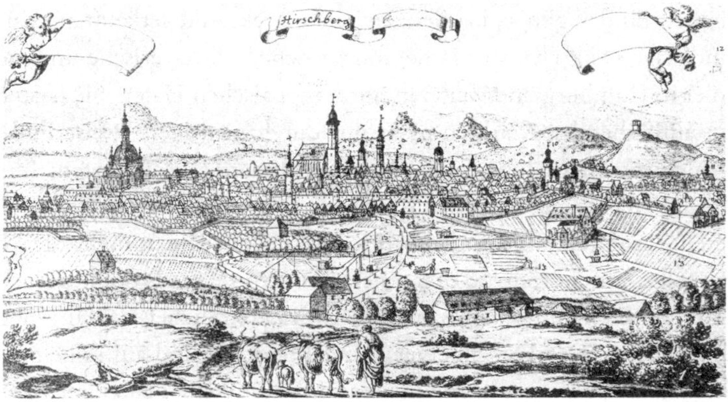

Kleidung für Amerikas versklavte Arbeiter: Hirschberg entwickelt sich zu einem Zentrum intensivierter Produktion, 1752.

Menschen zwar nicht in die Laderäume von Schiffen, aber sie nutzten die Abhängigkeiten des Feudalismus und die papiernen Fesseln städtischer Kredite und städtischen Kapitals.[4] Die Zwangsarbeit in Amerika vertiefte die unfreie Arbeit im ländlichen Raum Europas – die Grenzen der Unfreiheit dehnten sich aus mit den Grenzen des Kapitals.

Die schlesische Leinenindustrie hatte uralte Wurzeln. Seit vielen Jahrhunderten schon hatten die Bauern Garn gesponnen und Tuch gewebt, für den eigenen Bedarf und um lokale Märkte zu beliefern. In Reaktion auf die rapide Expansion des Atlantikhandels im frühen 16. Jahrhundert begannen niederländische und englische Kaufleute auf der Suche nach kostengünstigem Leinen Städte wie Hirschberg aufzusuchen. Anfänglich erweiterten dort die in Zünften organisierten städtischen Handwerker ihre Produktion. Ab etwa 1550 jedoch zwang der grundbesitzende Adel seine unfreien Bauern zum Spinnen und Weben. Englische und niederländische Kaufleute exportierten das schlesische Leinen und verschifften es nach Afrika, wo das Tuch gegen Sklavenarbeiter eingetauscht wurde, oder noch weiter, nach Amerika, wo man es als Kleidung für Sklaven verwendete. Auf diese Weise wurde die schlesische Produktion de facto eine Erweiterung der atlantischen Wirtschaft, sodass der Kaufmann Jean-Daniel Schweighauser aus Nantes seinen Hirschberger Geschäftspartner informieren konnte, dass man Leinen verschifft habe, das «nur für den Sklavenhandel vertrieben wird».[5] In den 14 Jahren zwischen 1593 und 1607 verschifften niederländische Kaufleute allein nach Westafrika 180 000 Meter schlesisches Tuch.[6]

Der Dreißigjährige Krieg zerstörte dieses System, aber als er 1648 vorüber war, ersetzten in Hirschberg ansässige Kaufleute die niederländischen und englischen Eindringlinge, kauften das Tuch direkt und verkauften es an niederländische, englische, spanische, französische, schweizerische und andere Händler in Hamburg und weiteren nordeuropäischen Häfen. Sie fassten auf diesen aufblühenden Märkten nicht nur durch niedrigere Preise Fuß, sondern auch indem sie bestimmte Qualitätsstandards durchsetzten: Im Jahr 1658 gründeten sie die Kaufmannssozietät, eine Gilde, der im Gegensatz zu früheren Berufsverbänden nur noch Kaufleute, aber nicht mehr die Produzenten selbst angehörten. So organisiert konnten sie die Produktion regulieren, Stoffe prüfen und gemeinsam eine Art Markenzeichen für Hirschberger Leinen schaffen. Der Hirschberger Handel boomte, und auf seinem Höhepunkt im Jahr 1724 exportierten mehr als 100 Kaufleute Leinen im Wert von 1,45 Millionen Talern, etwa 18 Millionen heutige US-Dollar. 1748/49 wurden 66 Prozent dieses schlesischen Leinens nach Großbritannien, in die Niederlande, nach Frankreich, Spanien und Portugal und auf die Westindischen Inseln exportiert; bis 1775/76 waren es 86 Prozent. So dynamisch war die lokale Leinenproduktion, dass sie auf einen Schlag Preußens wichtigster Industriezweig wurde, als 1740 Friedrich II. von den Habsburgern den größten Teil Schlesiens übernahm.[7]

Um die wachsende Nachfrage der atlantischen Märkte zu decken, erhöhten die lokalen Kaufleute den Druck auf die bäuerlichen Produzenten, damit sie mehr Leinen herstellten. Als die herkömmlichen Druckmittel nicht mehr ausreichten, verschärfte der Adel, dem das neue Handelssystem stattliche Gewinne verschaffte, die Kontrolle über «seine» Bauern, indem er das neue System der Abhängigkeit so intensivierte, dass es von späteren Beobachtern als «zweite Leibeigenschaft» bezeichnet wurde.[8] Die Hörigen waren schon lange an bestimmte Ländereien und damit an bestimmte Adlige gebunden, die Arbeitszeit für sich beanspruchen konnten. Nun erweiterten die Adligen den Frondienst – die Tage, an denen der Bauer unbezahlt für den Grundherrn arbeiten musste – auf bis zu drei Tage pro Woche.

In den bergigen Regionen, wo die Landwirtschaft mühsamer war, zwang der Adel die Bauern zu spinnen und zu weben. Zusätzlich zu den Frondiensten forderten die Grundherren den Pachtzins in Tuch oder als Zahlung mit Geld aus dem Leinenverkauf. Kaufleute und Adlige erwarben immer mehr Land, um Zugriff auf die wertvollen Frondienste zu erhalten, die mit seinem Besitz verbunden waren. Der Händler Christian von Kluge erwarb sechs Dörfer und auf Christian Mentzels Besitz lebten 2481 Menschen. Dieses System der Mobilisierung von Arbeitskräften war schon alt und hatte den Kern des europäischen Feudalismus gebildet, aber in diesem Ausmaß, der Intensität und mit dem Fokus auf die Verfügungsgewalt über die Arbeitskräfte als

Damit der Besucher die Quelle des Hirschberger Reichtums nicht vergisst: Grabmal des Hirschberger Leinenkaufmanns Christian Menzel, mit einem in Stein gemeißelten Tuch aus Leinen.

wichtigste Quelle der Wertschöpfung im Handel war es eine radikale Neuerung. Hatte der Frondienst zuvor nur die Bedürfnisse des Grundherrn gedeckt, musste er jetzt auch noch die unersättliche Nachfrage des Weltmarkts befriedigen. Die Produktionsverhältnisse auf dem Land bekamen eine neue Qualität, weil die Arbeitskräfte nur für den Markt, und nicht für die Subsistenz produzierten.[9]

Kaufleute und Adlige brachten es dank dieser Zwangsarbeit zu bemerkenswertem Reichtum. Sie bauten luxuriöse Villen mit geschmackvollem Mobiliar und leisteten sich raffinierte Zerstreuungen. Manche Kaufleute ahmten den Adel nach und kauften sich einen Landsitz.[10] Jahrzehnte später beschreibt Gerhart Hauptmann in seinem Drama *Die Weber* das Zimmer eines dieser alten Fabrikanten: «rotüberzogene Polstermöbel aus Mahagoniholz, reich geziert und geschnitzt», zwei Fenster «mit kirschroten Damastgardinen», Bilder mit vergoldetem Rahmen und «ein mit dem gleichen ungemütlichen Prunk überladene[r] Salon».[11] Hauptmann kontrastiert diesen Reichtum mit dem Leiden der Produzenten, die in zerrissenen Kleidern, oft hungrig und verzweifelt, in ihren elenden Behausungen darben: «In einem engen, von der sehr schadhaften Diele bis zur schwarz verräucherten Balkendecke nicht sechs Fuß hohen Raum sitzen: zwei junge Mädchen [...] an Webstühlen [...] Durch zwei kleine, zum Teil mit Papier verklebte und mit Stroh verstopfte Fensterlöcher der linken Wand dringt schwaches, rosafarbenes Licht.»[12] Hauptmann lässt einen alten Webermeister über sein Schicksal klagen: «‹Was hab'n se aus mir gemacht? Hier wird der Mensch langsam gequält› *[Er reckt seine Arme hin.]* ‹Dahier, greift amal an, Haut und Knochen. Ihr Schurken all, ihr Satansbrut!!›»[13] Als John Quincy Adams in den Jahren

1800 und 1801 Schlesien bereiste, berichtete er von der blühenden Textilindustrie der Region, aber auch von der extremen Armut, die er dort vorfand, und über die Bettler, an denen er in seiner Kutsche vorbeifuhr. «Insbesondere geben die Manufakturen des Leinens, die den Kaufleuten, die es von den Städten aus exportieren, ein großes Vermögen einbringen, den Bauern, die den ganzen wertvollen Teil der Arbeit machen, kaum Geld.»[14]

Solche Berichte waren nicht selten und motivierten wohltätige Menschen wie Moritz von Bethmann, einen Bankier aus dem fernen Frankfurt am Main, sich 1844 in einem Hilfsverein für die schlesischen Weber zu engagieren.[15] Womöglich war es kein Zufall, dass sich das Gewerbe damals schon in rapidem Niedergang befand. Auch das Kapital zog weiter.

Aus der Sicht eines Kaufmanns in seinem Salon in Hirschberg hatte die kapitalistische Revolution bis 1700 den neuen Kapitalismus der karibischen Sklaverei mit dem alten Schwungrad der mitteleuropäischen Hörigkeit verbunden. Sie hatte die neuen atlantischen Märkte mit uralten Produktionszentren verbunden und eine beispiellose Geld- und Machtmaschine geschaffen. Städtisches Kapital strömte aufs Land und intensivierte nicht nur in die Produktion marktfähiger Feldfrüchte, sondern transformierte auch das ländliche Gewerbe. Natürlich hatten die Menschen schon seit Jahrtausenden Dinge für den persönlichen Gebrauch und für den Handel hergestellt. Ihre Werkstätten waren immer noch erfolgreich und produzierten auch weiterhin mit uralten Techniken und wenig Bedarf an fremdem Kapital für den lokalen Markt. Bäcker backten, Schneiderinnen nähten, Metzger schlachteten, Schuhmacher machten Schuhe und Schmiede stellten Pflüge her. Die Produktion als solche ging dem Kapitalismus voraus, und kleine Werkstätten gibt es, wenn auch in sehr viel geringerer Zahl, bis heute.[16]

Doch in Regionen, die reich an Arbeitskräften und mit Inseln kaufmännischen Kapitals verbunden waren, intensivierte sich bis zum 16. Jahrhundert die Produktion und versorgte zunehmend auch ferne Märkte – eine Starthilfe für die kapitalistische Transformation des Gewerbes. Fast immer wurde die Erweiterung durch Investitionen von Kaufleuten möglich gemacht, weil aus der Landwirtschaft, dem Sektor, in dem traditionell Vermögen erwirtschaftet wurden, kaum Kapital in die Produktion floss. Die Kaufleute hingegen investierten dort, weil sich durch die große Vernetzung und die Transformation des ländlichen Raums die Märkte für Waren, die weit entfernt produziert wurden, stark vergrößert hatten. Das Gewerbe war zwar immer noch dem Handel untergeordnet, durchlief aber einen kritischen und qualitativen Wandel, bei dem die Kaufleute das Tempo bestimmten.[17] Kaufleute widmeten sich mit wenigen Ausnahmen nie ausschließlich der Herstellung von Produkten, aber dennoch floss so viel Kapital in die Produktion, dass diese in Amsterdam wie in London, in Antwerpen, Genua, Kairo und Aleppo, in Kano wie in Brügge, Nanjing und Surat erheblich expandierte.

Zuerst kamen die Städte an die Reihe, in denen das Gewerbe traditionell verwurzelt war. Genau das war anfangs auch in Hirschberg passiert: Als die Nachfrage der Atlantikmärkte nach Leinen zunahm, wurde zunächst die von Zünften organisierte Produktion in den schlesischen Städten erhöht.[18] Schon zuvor hatten florentinische Kaufleute eine blühende Produktion hochwertiger Wollwaren geschaffen, deren Wurzeln bis ins 13. Jahrhundert zurückreichte. Dieses dynamische und profitable Gewerbe stützte sich auf englisches und spanisches Rohmaterial und belieferte heimische, europäische und osmanische Märkte. Bescheidene Werkstätten waren in der Regel jeweils auf eine Phase der Wollverarbeitung spezialisiert, also auf das Waschen, Kämmen, Spinnen, Weben oder Färben. Jede Werkstatt beschäftigte nur eine relativ kleine Zahl Arbeitskräfte, denen Stücklohn gezahlt wurde. Als die Nachfrage wuchs, engagierten diese Werkstätten auch Frauen aus dem ländlichen Raum, um ihre feine Wolle zu spinnen – ein folgenschwerer Schritt, wie wir später sehen werden.[19]

Auch in Danzig intensivierte sich die Produktion durch Investitionen der Kaufleute. Als der Hafen in der ersten Hälfte des 17. Jahrhunderts wegen der steigenden Exporte von Weizen nach Westeuropa einen Boom erlebte, expandierten die Märkte für Fertigwaren sowohl in der Stadt als auch beim polnischen Adel, der kaum mehr wusste, wohin mit dem Reichtum, den er seinen hörigen Bauern abgepresst hatte. Die neue Nachfrage belebte die handwerkliche Fertigung in Danzig. Sie war von Zünften beherrscht und ein stark reguliertes System: Meister bildeten Lehrlinge aus, die bei ihnen wohnten und an ihrem Tisch aßen und das Handwerk lernten, bevor sie sich schließlich selbst daranmachten, die Meisterprüfung abzulegen. Als sich jedoch Kaufleute in die Produktion einmischten, geriet das Handwerk unter Druck. Die Meister stellten mehr Arbeiter ein, um die Nachfrage zu bewältigen, und aus den Lehrlingen wurden Lohnarbeiter, das heißt Proletarier, die nicht mehr die Chance hatten, Meister zu werden.

Außerdem kamen nun insbesondere aus den Niederlanden Weber, die keiner Zunft angehörten und mit der lokalen handwerklichen Produktion konkurrierten. Große Überseekaufleute hielten sich von diesem Produktionskomplex fern, aber kleinere Kaufleute, die über lokale Kenntnisse, über

Zugang zu Märkten und über Kapitalreserven verfügten, steckten ihr Geld in die Angebotsseite des Marktes. Dies führte zu einem Produktionsboom: Bis 1640 arbeiteten allein im Textilbereich 6000 bis 7000 Frauen und Männer, eine erstaunliche Konzentration proletarischer Arbeitskräfte, durch die Danzig zum polnischen Zentrum der Industrie wurde.[20]

Auch in Handelsstädten des Osmanischen Reichs, wie Kairo, İzmir, Salonika und Aleppo, erlebten sowohl der Handel als auch die Produktion ein signifikantes Wachstum. Unternehmer stellten für den heimischen Konsum und den Export – bis zum 18. Jahrhundert auch in das weit entfernte Frankreich – unter anderem Textilien, Lederwaren, Zucker und Pflanzenöle her. Schon im Jahr 1600 investierten Kairoer Kaufleute so stark in die Produktion, dass das Phänomen als die Geburt eines «handwerklichen Kapitalismus» interpretiert wird.[21]

Die städtische Produktion fasste im gesamten Reich Fuß: Fez-Fabriken in Tunis und Seifenfabriken in Nablus produzierten für die osmanischen Märkte. Die Hersteller von Baumwolltextilien in Aintab, dem heutigen Gaziantep nahe der türkisch-syrischen Grenze, kopierten indische Textilien, die weltweit von den Verbrauchern bevorzugt wurden, für die osmanischen und die europäischen Märkte. Seidenstoffe wurden an vielen Orten hergestellt, doch die wichtigsten Webereien lagen um Bursa, Aleppo und Damaskus. Zwar waren die meisten Unternehmen im Osmanischen Reich und anderswo bescheiden und bestanden in der Regel nur aus einem Meister und ein paar Lehrlingen, doch bis Mitte des 17. Jahrhunderts wurden auch Dutzende größere Unternehmen gegründet, deren Werkzeuge, Arbeitsverhältnisse und Produktionskapazitäten sich unter dem Einfluss des Kaufmannskapitals veränderten. Dank dieser Entwicklung beschäftigten manche Hersteller nun eine größere Zahl von Arbeitern. So konnte sich Bursa einer beträchtlichen Zahl von Weberwerkstätten mit je 30 oder gar 60 Webstühlen rühmen. Als Textilien aus Aleppo in der Gunst der Verbraucher stiegen, waren die Hersteller gezwungen, ausgebildete Weber aus anderen Städten, insbesondere jedoch aus Mardin und Diyarbakır, anzuwerben.[22]

Auch im Chinesischen Reich expandierte die städtische Produktion. Besonders dynamisch und ausbaufähig war die Porzellanherstellung. In der Stadt Jingdezhen produzierten in den 1740er Jahren Betriebe mit 200 bis 300 Brennöfen das berühmte chinesische Porzellan und beschäftigten bis zu 100 000 Lohnarbeiter. Sie fertigten für die herrschende Elite des Reiches und zunehmend auch für chinesische und schließlich globale Märkte. Kaufleute verschafften sich Zugang zu größeren Mengen von Porzellan, indem sie in Brennöfen investierten und Kredite an Hersteller vergaben. Unterstützt durch den Zufluss von Handelskapital und die Expansion der Märkte bauten Arbeiter den Rohstoff ab, bereiteten ihn vor, drehten die Töpferscheiben, bemalten das Porzellan und brannten es. Die Kaufleute verschickten die herrlich dekorierten Stücke quer durch das Reich und verschifften sie schließlich über die Meere. Ihre empfindlichen Waren gehörten bald schon zu den kostbarsten Besitztümern der Eliten in aller Welt, während sie selbst zu Reichtum kamen. Chinesisches Porzellan wurde zu einem nahezu universellen Distinktionsmerkmal reicher Eliten von London bis Rio de Janeiro und von Aleppo bis Surat.[23]

Genau wie ihre chinesischen und osmanischen Kollegen nutzten auch genuesische Kaufleute ihr Kapital und die bestehenden Fernhandelsnetze, um die Produktion auszuweiten. Durch ihre Investitionen versetzten sie die Handwerker ihrer Stadt in die Lage, Seiden-, Samt- und Damaststoffe zu produzieren und aus dem auf Elba geförderten Erz Eisenwaren zu fertigen. Seit dem 17. Jahrhundert wurde in der Stadt auch Papier hergestellt und bis in die Neue Welt exportiert. Die venezianischen Kaufleute auf der anderen Seite der italienischen Halbinsel investierten ebenfalls in die Erweiterung der Produktion; die Glasbläser von Murano wurden im ganzen Mittelmeerraum für die Quantität und Qualität ihrer Produkte berühmt.[24]

Getrieben insbesondere durch Veränderungen im Archipel des Kapitals, erzeugten Knotenpunkte des Handels, die sowohl Märkte als auch Kapital generierten, neue Zentren der industriellen Produktion. Diese hatten ähnliche Merkmale: mächtige Zünfte und gut erreichbare Märkte sowie Kaufleute, die begierig darauf waren, sich Güter für den Handel zu beschaffen.

Am wichtigsten war vielleicht die zentrale Rolle der Zünfte oder vergleichbarer Organisationen. Sie hatten eine lange Tradition: Schon 1260

Chinesische Qualitätsarbeit: aus dem am 13. Juni 1613 vor der Küste von St. Helena gesunkenen VOC-Handelsschiff Witte Leeuw geborgenes Porzellan.

gab es in Paris 101 Zünfte, Kairo hatte bis 1670 offenbar 262, und auch in den städtischen Gesellschaften von Hirschberg, Danzig und Venedig spielten sie eine Rolle. Damaskus und Aleppo hatten im 17. und 18. Jahrhundert jeweils zwischen 160 und 180 Zünfte. Ihre Funktionen waren überall ähnlich: Sie legten Preise fest, setzten Qualitätsstandards durch, bestimmten die Verteilung des Produktionsmaterials und regelten die Arbeitsteilung in den Werkstätten. Dadurch strukturierten sie nicht nur die Produktion, sondern in gewissem Sinne auch die Gesellschaft, und schmiedeten zeitweise eine einzigartige kosmopolitische Identität ihrer Mitglieder. Dies wird überraschend deutlich, wenn man ihre religiöse Vielfalt betrachtet: In vorwiegend muslimischen Städten wie Damaskus hatten viele Zünfte muslimische, christliche und jüdische Mitglieder.[25]

Die Zünfte wirkten nicht nur vermittelnd bei der Expansion des städtischen Handwerks, sondern beschränkten auch deren Tempo und bestimmten die Regeln der neuen Produktionsunternehmen. Sie erließen strenge Vorschriften, wer in ihre Reihen aufgenommen werden konnte; ihre gesamte Raison d'Être bestand darin, die Verfügbarkeit von Arbeitskräften und die Konkurrenz zu begrenzen. Sie verminderten den Ausstoß, indem sie Herstellungsprozesse festlegten, beschränkten die Preiskonkurrenz, monopolisierten den Zugang zum Handwerk, setzten der Ausbeutung von Arbeitskräften Grenzen und vereinbarten in Bezug auf die eingesetzten Werkzeuge und Verfahren strenge Regeln, um die technische Innovation in Grenzen zu halten. All das trieb die Arbeitskosten in die Höhe. Diese waren im Jahr 1698 etwa im französischen Amiens um 50 bis 73 Prozent höher als auf dem Land, wo solche Regeln nicht galten.[26] Durch die Expansion der Produktion entstanden auch Arbeitskonflikte und unbeständige Verhältnisse in den Werkstätten. Streiks, Aufstände oder Demonstrationen konnten den sozialen Frieden einer Stadt gefährden.

Ab 1650 wich das Kapital in Hirschberg und anderswo unter dem Druck dieser Zunftbeschränkungen immer häufiger auf das Land aus und nahm die Produktion mit. Ein Jahrhundert später, im Jahr 1748, lebten nur noch 24 Prozent aller schlesischen Weber in der Stadt. In der Umgebung von Gent stieg die Zahl der Webstühle zwischen 1730 und 1792 von 4976 auf 8868, während sie in der Stadt selbst abnahm. Im französischen Nîmes investierten Kaufleute in dem Bestreben, für ihre blühenden heimischen und kolonialen Märkte mehr hochwertige Seidenstoffe zu bekommen, massiv in die Produktion: Im Jahr 1735 gab es in Nîmes 503 Webstühle, und diese Zahl stieg bis 1754 exponentiell auf 2200. Als jedoch die Löhne in der Stadt stiegen, suchten die produzierenden Kaufleute anderswo nach Arbeitskräften und konzentrierten sich zunehmend auf Häusler in den Dörfern. Auch im nahe gelegenen Uzès beauftragten die Seidenhersteller Weber in der Umgebung der Stadt mit der Produktion, sodass es dort Mitte des 18. Jahrhunderts 60 ländliche Produzenten gab. Die städtischen Handwerker protestierten gegen diese Praxis und beschwerten sich, weitgehend erfolglos, dass sie durch den so entstehenden Konkurrenzdruck zu Stücklohnarbeitern degradiert würden.[27]

Überall sprengte der Druck der großen Vernetzung in Kombination mit dem Drang der Kaufleute, den Nachschub für ihren Handel zu sichern, die Grenzen der städtischen Produktionsstrukturen. Wie schon bei der Agrarproduktion hatte das Kräfteverhältnis zwischen den verschiedenen sozialen Gruppen in der Stadt auch direkte Auswirkungen auf die Strukturen des neu entstehenden Kapitalismus. Die Sozialstruktur in der Stadt und die relative Macht, die die Handwerker dort besaßen, veranlassten die Produktion, just zu dem Zeitpunkt aufs Land zu ziehen, als die Transformation der Landwirtschaft durch das Handelskapital auf den Inseln im Atlantik ihre radikalste Form annahm und diese zu Brutstätten der Sklaverei und des Kriegskapitalismus wurden. Der revolutionäre Impetus der Kapitalbesitzer funktionierte genauso oft von außen nach innen wie umgekehrt. Die Intensivierung der Produktion war in mancher Hinsicht wie eine Welle: Sie rollte in den städtischen Werkstätten an und zog sich wieder aufs Land zurück, nur um, wie wir sehen werden, im 19. Jahrhundert erneut anzurollen und die Konzentration der Industrie in den Städten voranzutreiben.

Als das Handwerk in den Städten wegen der dortigen Sozialstrukturen und Institutionen auf Grenzen stieß, gingen die Kaufleute in ihrem Bestreben, für den wachsenden Handel ein verlässliches Warenangebot zu schaffen, dorthin, wo der größte Teil der Menschheit lebte: aufs Land. Dort gab es ein gewaltiges Arbeitskräftereservoir, das nicht den Beschränkungen durch die Zünfte unterlag: Bauern, Hörige und Sklaven. Und die Kaufleute konnten sich auf einen reichen Erfahrungsschatz stützen: In verschiedenen Teilen der Welt hatte ihresgleichen bereits Kapital in die Landwirtschaft gesteckt; der Schritt, auch in die Produktion von Fertigwaren zu investieren, war klein. Außerdem sahen die Menschen auf dem Land auch eine Chance in der Entwicklung: Viele Bauern hatten die Fertigkeiten und den Willen, ihre landwirtschaftliche Arbeit durch eine handwerkliche zu ergänzen.[28]

Angesichts der gegebenen Chancen und Beschränkungen investierten die Kaufleute in einigen Weltregionen einen immer größeren Teil ihres Kapitals in die ländliche handwerkliche Produktion, ein Vorgang, den Historiker als Protoindustrialisierung bezeichnen. Als die globale Nachfrage nach arbeitsintensiven Fertigwaren wuchs, bot der ländliche Raum oft auch deshalb billige und relativ leicht zu mobilisierende Arbeitskräfte, weil der demografische Druck die Verfügbarkeit von Land begrenzte und die Landlosen und arme Bauern zwang, ein zusätzliches Auskommen zu finden. Die Expansion der handwerklichen Produktion in den ländlichen Raum war nur selten mit neuen Technologien oder einer größeren Konzentration von Arbeitskräften verbunden. Stattdessen verteilte sich die Produktion entlang der von den Kaufleuten organisierten Handels- und Kreditflüsse. Kaufleute vergaben oder verkauften Rohmaterial an Arbeiter auf dem Land, die es dann verarbeiteten und ihnen die Produkte gegen Bezahlung überließen. Entscheidend war, dass die Herstellung in den Haushalten verblieb und von den Kapitalbesitzern nicht überwacht wurde. Die Arbeitskräfte organisierten ihre Arbeit selbst, legten für die verschiedenen Haushaltsmitglieder die Arbeitszeiten fest und fanden unter Verwendung ihrer eigenen Produktionsmittel ihren eigenen Arbeitsrhythmus.[29] Die Protoindustrialisierung machte mit den Produktionsprozessen im 17. Jahrhundert ungefähr das Gleiche, was Uber im 21. Jahrhundert macht: den Arbeitern die Möglichkeit geben, einen Teil ihrer arbeitsfreien Zeit (damals den Winter und heute die Abende und Wochenenden) unter Rückgriff auf ihr eigenes Kapitalvermögen (damals den Webstuhl, heute das Auto) auf dem Arbeitsmarkt anzubieten. Solche Arbeitsformen bleiben heutigen Beobachtern oft verborgen, weil sie mit unseren Vorstellungen von Industrialisierung nicht übereinstimmen.

Getrieben durch eine ähnliche Kombination von Druck und Chancen, fand die ländliche Expansion der Produktion überall in Eurasien, Afrika und Amerika statt. Sie erlebte ihre Blütezeit während des gesamten 17. und 18. Jahrhunderts, als die große Vernetzung und die Transformation des ländlichen Raums neue Märkte eröffneten.[30] Der größte protoindustrielle Komplex entstand zweifellos in Asien, trotz Marx' 1853 geäußerter Behauptung, dass sich Indien «seit seiner fernsten Antike nicht verändert hat».[31] Indische und chinesische Fabrikanten stellten bessere und vielfältigere Produkte in viel größeren Mengen her als sonst jemand auf der Welt.[32]

Dort und anderswo war der größte und für die Entstehung des Industriekapitalismus wichtigste protoindustrielle Bereich die Textilproduktion: Seide, Wollwaren, Leinen und insbesondere Baumwollstoffe. Die Produktion war arbeitsintensiv und die Ware wertvoll, sie hatte große, wachsende Märkte und konnte über weite Entfernungen transportiert werden. Der größte protoindustrielle Sektor der Welt war die Baumwollverarbeitung in Indien. In vielen Regionen des Subkontinents waren Massen von Arbeitskräften in der Baumwollproduktion beschäftigt. Allein das Volumen des indischen Binnenmarkts im Jahr 1800 wurde auf ein Minimum von 700 Millionen Meter Stoff geschätzt, darüber hinaus waren die Exportmöglichkeiten hervorragend. Quantität, Qualität und Vielfalt der Produkte indischer Spinner und Weber waren konkurrenzlos, und sie dominierten auch international die Märkte, von Südostasien bis zum Mittelmeer und von Ostafrika bis Europa. Schon ab 1639 wurden jedes Jahr zwischen 20 000 und 25 000 Kamelladungen indischer Baumwollprodukte allein nach Persien exportiert. So begierig war die Welt auf die südasiatischen Waren, dass ein Fünftel des weltweit produzierten Silbers dort als Bezahlung für Baumwollprodukte landete. Europäische Besucher erstarrten in Ehrfurcht, als sie einen genaueren Eindruck von der Quantität und Qualität der indischen Textilproduktion bekamen, weshalb sie jene Jahrhunderte auch als «Lehrzeit» bezeichneten.[33]

Als die Kaufleute von Surat und anderen südasiatischen Hafenstädten mit immer größeren Volumen von Textilien handelten, hatten sie die Mittel und das Motiv, die Tuchproduktion in ihrem Hinterland neu zu organisieren. Sie investierten einen Teil ihres Kapitals in Orten wie Gandevi, Navsari und Bulsar in der Nähe von Surat. Weiter entfernt versetzten Kaufleute durch ihre Investitionen Weber in die Lage, feine Baumwollstoffe herzustellen, die gefärbt und bedruckt wurden. Als die Kaufleute von Diu ihren Handel mit

Das protoindustrielle Zentrum: Indien produziert die qualitativ hochwertigsten Baumwolltextilien der Welt.

Ostafrika ausbauten, benötigten sie noch größere Mengen an Textilien, um sie gegen Elfenbein und Sklaven einzutauschen, und so finanzierten sie eine blühende Weberindustrie in der Stadt Jambusar. In Gujarat wiederum motivierte die Nachfrage afrikanischer Verbraucher Kaufleute zur Finanzierung einer Textilproduktion.[34]

Im China des 17. und 18. Jahrhunderts floss ebenfalls Handelskapital zur Erweiterung und Kontrolle der Produktion von Seiden- und Baumwollstoffen in den ländlichen Raum, insbesondere in das Jangtse- und das Perlflussdelta. Auf dem Grabstein des Baumwollhändlers Hsi She-jen aus dem späten 17. Jahrhundert heißt es, dass «die Weberei bekannt wurde und auf allen Haupt- und Nebenstraßen anzutreffen war», weil er in die Produktion investiert hatte.[35] Kaufleute förderten die Produktion von Textilien aus Seide, um nicht nur die Exportmärkte, sondern auch einen heimischen Markt zu versorgen, der um das Zehnfache gewachsen war. Ein Autor schätzt, dass sich allein in der Region Jiangnan von der ersten Hälfte des 17. bis zur Mitte des 18. Jahrhunderts die Produktion von Baumwollstoffen auf 100 Millionen Ballen verdoppelte – die Leistung von etwa 3 Millionen, meist im ländlichen Raum ansässigen Arbeitskräften. Am Unterlauf des Jangtse produzierten nahezu alle Haushalte, schätzungsweise eine halbe Million Menschen, Textilien für den Markt, und mit ihrer Quantität wuchs auch die Qualität.[36]

In Japan entwickelte sich spätestens im 17. Jahrhundert eine eigene Protoindustrie, und auch hier standen Textilien im Mittelpunkt. Um an Tuch zu kommen, stellten Kaufleute den Spinnern und Webern das Rohmaterial zur Verfügung und etablierten auf dem Land ein Verlagssystem. Kaufleute kapitalisierten auch die ländliche Produktion von immer größeren Mengen Keramik, Sake, Papier, Eisenwaren, Metallarbeiten und weiterverarbeiteten Agrarprodukten. Auf dem ganzen japanischen Archipel entstanden protoindustrielle Gebiete. Die Entwicklung war teilweise eine Reaktion auf die wirtschaftliche Dominanz Chinas, da Seidenstoffe und Porzellan aus heimischer Produktion chinesische Waren ersetzen sollten – eine Form der Importsubstitution. In Hokkaido wurde die Fischerei ein wichtiger Schauplatz der Protoindustrialisierung, als Kaufleute im 18. Jahrhundert Kapital investierten und Fischer mit der notwendigen Ausrüstung und Krediten versahen, um Dünger aus Fischmehl zu herzustellen, der andernorts in Japan verkauft wurde. Weiter im Süden, in der Region Shimoina in den Japanischen Alpen, entstand Mitte des 18. Jahrhunderts eine Protoindustrie für Papier, Textilien und Lackarbeiten. Unterstützt von lokalen Machthabern, stellten auch hier Kaufleute lokalen Produzenten – einigen ausgebildeten Handwerkern, unterbeschäftigten Bauern und vielen Frauen – Material und Geld zur Verfügung.[37]

Am westlichen Rand Asiens investierten Kaufleute ebenfalls immer mehr Kapital in den Aufbau von Produktionskapazitäten auf dem Land. Das Osmanische Reich besaß insbesondere im Westen Anatoliens und an der ägäischen Küste eine blühende Produktion von Baumwolltüchern, weil Kaufleute seit dem 16. Jahrhundert in das ländliche Handwerk investiert hatten, um sich den Zugriff auf ihre Handelsware zu erleichtern. In der westanatolischen Stadt Denizli kauften Händler ungefärbtes Tuch von Webern, das sie in Tire, bei İzmir, färben ließen; ähnliche Transaktionen fanden auch in Thrakien im Süden des Balkans statt. Dorfbewohnerinnen verarbeiteten Mohairwolle für Kaufleute in Ankara; die Hersteller von Kamelott, einer Gewebeart, verdienten ihren Lebensunterhalt bei Kaufleuten, die ihre Produkte auf venezianischen Märkten verkauften. Ländliche Produzenten in der Umgebung von Uşak knüpften schon im 16. Jahrhundert Teppiche für den Verkauf. Seidenkaufleute aus Bursa versorgten die Weber in der ländlichen Umgebung der Stadt mit Seide, und im Ägypten des 17. Jahrhunderts steckten Kaufleute Kapital in ländliche Gebiete, um die Produktion in allerlei Gewerken zu erhöhen und zu kontrollieren. Im 18. Jahrhundert gab es auf den Dörfern des Balkans, insbesondere jedoch in den Hügeln des heutigen Bulgarien, ein Netz von Verlegern. Kaufleute sorgten dort beispielsweise für die Produktion der *abas*, grobe wollene Umhänge, in Bulgarien und im heutigen Albanien; Metalle und Eisenwaren organisierten sie in Bulgarien und Makedonien und Baumwolltücher sowie Baumwollgarn in Bulgarien, Makedonien und Thessalien. All diese Waren verkauften sie in Städten, auf regionalen Messen und in fernen Häfen, eine Entwicklung, die die Integration von Stadt und Land beschleunigte.

Als im 18. Jahrhundert die Nachfrage nach Produkten der lokalen Handwerker in Mossul zunahm, verlegten einige ihre Werkstätten aufs Land, weil sie, wie anderswo auch, der Versuchung erlagen, sich der Kontrolle der Zünfte zu entziehen, um an billigeres Rohmaterial und billigere Arbeitskräfte zu kommen. Schon Ende des 17. Jahrhunderts hatten die Baumwollzünfte in Mossul geklagt, weil das Spinnereigewerbe nun von Frauen auf dem Land ausgeübt wurde, die nur geringes Ansehen und kaum Verhandlungsmacht besaßen.[38]

Obwohl das Zentrum der Protoindustrialisierung in Asien lag, floss auch in verschiedenen Teilen Europas Kaufmannskapital in die Produktion auf dem Land. Unternehmerische Kaufleute engagierten sich von Katalonien über Norditalien, Schweden, Polen, Frankreich, England bis hin zu den deutschen Staaten nahezu unbemerkt in der industriellen Produktion. Auch bei ihnen standen Textilien im Mittelpunkt. Die Massenproduktion von Leinen für den Fernhandel begann im 17. Jahrhundert, und das nicht nur in Schlesien, sondern auch in Flandern und Irland. Obwohl Stadtstaaten wie Florenz und Genua auf eine lange Tradition handwerklicher Fertigung zurückblicken konnten, hatten ihre Kaufleute, wie etwa der Wollwaren produzierende Francesco de' Medici (1450–1528), bis zum 16. Jahrhundert einen Großteil der Herstellung aufs Land verlagert. In England hatten Textilkaufleute schon im 15. Jahrhundert die Produktion auf dem Land etabliert, und dort war sie – zunächst für Wolle und Leinen, später für Baumwolle – bald deutlich gewachsen.[39]

Im 17. und 18. Jahrhundert schlossen Tuchhändler, lokale Händler, die mit dem Verlagssystem arbeiteten, und städtische Kaufleute aus Barcelona und Madrid Verträge mit Bauern, die Wolle spannen und webten, um expandierende Märkte auf der Iberischen Halbinsel und im größeren atlantischen Raum zu beliefern. Als das Kapital in die kleinen Dörfer floss, konnten die Bauern einen Teil ihrer Arbeitskraft der Produktion widmen, was sie vor der Landflucht bewahrte. Die Netzwerke waren ein großes Geschäft: Um 1745 versorgte der bedeutendste produzierende Kaufmann in der katalanischen Stadt Igualada 500 Menschen mit Aufträgen in der Textilverarbeitung. Am folgenschwersten war die Finanzierung des Spinnens und Webens von Baumwolle unter anderem im Schwarzwald, in der Umgebung von Zürich und im ländlichen Raum Nordenglands.[40]

Eine Expansion der ländlichen Produktion fand auch in Teilen von Subsahara-Afrika statt. Im Jahr 1611 kauften portugiesische Kaufleute mehr als 100 000 Meter Tuch in der Region des östlichen Kongo. Vergleicht man diese erstaunliche Menge mit dem Volumen, das andernorts für den heimischen Markt und den Fernhandel produziert wurde, wird deutlich, dass die Produktion am Kongo dem Ausstoß der großen europäischen Textilzentren, etwa das niederländische Leiden, durchaus gleichkam. So schrieb der französische Regierungsbeamte Claude Boucard 1729 über eine solche afrikanische Stadt: «Die Einwohner bauen dort Baumwolle an und machen daraus sehr schöne Lendenschürze, die sie mit dem Indigo [...] schwarz färben, das im Land natürlich wächst», um sie für Gold zu verkaufen.[41] Kano im heutigen Nigeria war schon im 12. Jahrhundert ein Zentrum solchen Handels und beherbergte Weber und auf Baumwolle sowie Leder- und Eisenwaren spezialisierte Kaufleute. Als der Handel im 15. Jahrhundert expandierte, wurde Kano neben Katsina und Kebbi zu einer der führenden Produktionsstätten, in deren Umgebung Wangara-Kaufleute stark in die Baumwollverarbeitung investierten. Durch diese Finanzspritzen wurde die Produktion optimiert.[42] Laut dem deutschen Reisenden Heinrich Barth, der das Gebiet viel später besuchte, «besteht der größte Vorteil von Kano darin, dass Handel und Produktion Hand in Hand gehen», eine Beobachtung, die damals schon auf große Gebiete der Welt zutraf.[43]

IN BEZUG auf die produzierten Güter, die Organisation der Produktion und die Einbettung der Produktion in die Landwirtschafts- und Handelssysteme war der weltumspannende protoindustrielle Komplex von großer Vielfalt. Auch wie die Kaufleute an ihre Handelswaren kamen, war an jedem Ort anders. Manchmal liehen sie den Produzenten Geld, damit sie das Rohmaterial für die Verarbeitung kaufen konnten – die Weber in Gujarat etwa kauften ihre Baumwolle generell, genau wie die Weber von Hirschberg das Garn für das Leinen, das sie mit ihren eigenen Produktionsmitteln herstellten, um die fertigen Produkte an die Kaufleute zu verkaufen. Die chinesischen Frauen kauften in der Regel die von ihnen verarbeitete Rohbaumwolle ebenso und verkauften das fertige Tuch zum besten Preis. In anderen Fällen stellten die Kaufleute den Produzenten das Rohmaterial und erwarben dadurch einen Anspruch auf die fertigen Produkte. Die ländlichen Gebiete in Nordengland sind ein gutes Beispiel für diese Art von Verlagssystem. Das Machtgefälle zwischen dem englischen und dem indischen System war erheblich: Die indischen Weber konnten ihre Produkte generell an den Meistbietenden verkaufen, wohingegen die englischen an die Kaufleute liefern mussten, die ihnen das Rohmaterial gestellt hatten.[44]

Trotz der Unterschiede profitierten all diese Orte mit intensivierter Produktion von der Initiative, den Dienstleistungen und den Ressourcen städtischer Kapitalbesitzer. Für Kaufleute waren solche Investitionen sehr sinnvoll, und sie waren wichtig, um die Dynamik ihrer Handelsnetze aufrechtzuerhalten: Sie mussten sich ihre Handelsware beschaffen und deshalb deren Produktion ermöglichen. Immer wenn sich ein protoindustrieller Komplex bildete, hatten Kaufleute einen Teil ihrer dank Fernhandel und Transformation des ländlichen Raums akkumulierten Reichtümer in die Produktion gesteckt. Kleinere Kaufleute stellten als Mittelsmänner wiederum die Verbindung zwischen den ländlichen Produzenten und den Großhändlern her. Gleichgültig, wie diese Unternehmungen funktionierten, bei allen beruhte die Dynamik auf der großen Vernetzung, weil sie die expandierenden Märkte geschaffen hatte, die nicht ausschließlich von städtischen Produzenten versorgt werden konnten. Wohin man auch blickt, die Investitionen waren entscheidend, insbesondere was flüssiges Kapital für das Rohmaterial und andere Vorleistungen betraf. In China bemerkte ein Beobachter aus der Stadt Nanxun in den frühen 1600er Jahren, dass «Kaufleute oft in benachbarten Präfekturen

Rohbaumwolle kaufen und bei uns auf dem Land Werkstätten aufmachen. Die Leute nehmen, was sie hergestellt haben, Baumwollgarn oder Baumwolltuch, und gehen damit am frühen Morgen auf den Markt. Sie tauschen es dort gegen Rohbaumwolle ein und nehmen diese mit nach Hause, um wieder zu spinnen und zu weben wie zuvor.»[45] In Jiangnan erwarben Kaufleute aus Huizhou (Provinz Anhui) in ländlichen Haushalten hergestelltes Tuch, ließen es färben und fertig bearbeiten und verkauften es im ganzen Reich – ein Vorgang, der durch die Verfügbarkeit von Silber erleichtert wurde. Sie versorgten die Spinner mit Rohbaumwolle oder mit Krediten, um diese zu kaufen. Sobald die ländlichen Produzenten das Tuch hergestellt hatten, kauften es ihnen die Kaufleute ab. Bis zum späten 17. Jahrhundert hatten sie ihre Kontrolle über die Produktion noch vergrößert und versahen ihre Tuchbündel mit einem Stempel als Qualitätsgarantie.[46]

In Japan tätigten die Ton'ya die Investitionen und lieferten die Werkzeuge, mit denen die ländliche Bevölkerung zu Hause produzieren konnte. Die Baumwollweberei war das wichtigste Beispiel für diese Art Produktion. In Iruma in der Präfektur Saitama kauften lokale Händler die von den Bauern im Nebenerwerb hergestellten Stoffe und verkauften sie in Vertriebszentren an lokale Großhändler, ein ähnliches System wie in der Provinz Izumo. Manchmal wiesen die Kaufleute auch bestimmten Menschen einen bestimmten Teil der Produktion zu, eine beginnende Arbeitsteilung unter der Schirmherrschaft des Kapitals.[47] In Japan und anderswo waren die Kaufleute bemüht, sich den Zugang zu den Waren zu verschaffen, die sie absehbar brauchten, versuchten deren Preise festzuschreiben und die Weber dazu zu bringen, nach den Vorgaben entfernter Märkte zu produzieren. In wesentlicher Hinsicht begannen die Logik des Handels und die Logik des Kapitals, sich auf die Logik der Produktion auszuwirken.

Kaufleute waren oft durch eine Kette von Zwischenhändlern mit den ländlichen Produzenten verbunden. Reiche Exportkaufleute aus Surat erwarben ihre Güter bei lokalen Zwischenhändlern wie niederländische Großhändler ihr Leinen von Hirschberger Kaufleuten. Solche Ketten waren oft durch den gemeinsamen Glauben, durch dieselbe Herkunft, durch Gilden oder durch andere Identitäten wie etwa Kasten stabilisiert, die mit dem Markt nichts zu tun hatten.[48]

Kaufleute stellten nicht nur Kapital und Rohmaterial, sie lieferten auch Informationen über den Markt, arrangierten Transporte und Versicherungen und sorgten insbesondere für den Vertrieb der von weit verstreuten Produzenten hergestellten Güter. Die Intensivierung der Produktion auf dem Land war durch die Entwicklung der Städte verursacht. Städte, als Agglomerationen von Menschen und Kapital, waren ein wichtiges Element der Protoindustrialisierung. Manchmal, wie etwa in Nîmes, waren Stadt und Land in der Produktion integriert.[49] Der Effekt der ländlichen Produktion war so stark, dass in einigen seltenen Fällen aus protoindustriellen Netzwerken sogar neue städtische Knotenpunkte wie Manchester entstanden.

Weit voneinander entfernte Orte wiesen erstaunliche Ähnlichkeiten auf. Insbesondere arbeiteten Handwerker oder ihre Familien weiter in der Landwirtschaft. Handwerkliche Produzenten in Asien kombinierten ihre Herstellung zur Absicherung fast immer mit Subsistenzlandwirtschaft. Auch in England war das Spinnen und Weben – zunächst von Wolle und dann von Baumwolle – tief in landwirtschaftliche Tätigkeiten eingebettet. Als die Baumwolle im 18. Jahrhundert dank der Investitionen Basler Kaufleute in den Schwarzwald gelangte, arbeiteten die Spinner und Weber weiterhin auf dem Feld und weideten ihr Vieh. Und in Katalonien bestellten alle außer den ärmsten Woll- und Baumwollarbeitern weiter die eigenen oder gepachteten Felder. Überall, wo eine Protoindustrie entstand, kombinierten Bauern die Landarbeit mit der Produktion für weit entfernte Märkte. Tatsächlich war die schlechte Bezahlung, die sie für ihre handwerkliche Arbeit erhielten, nur deshalb erträglich, weil sie sich mit vielen Dingen, die sie für ihren Unterhalt brauchten, selbst versorgen konnten.[50]

Protoindustrielle Arbeiter wechselten manchmal je nach Jahreszeit, Marktlage oder den in ihrer Familie verfügbaren Arbeitskräften zwischen handwerklichen und landwirtschaftlichen Tätigkeiten oder teilten die Arbeit ihrer Familie je nach Geschlecht und Alter unterschiedlich auf. Selbst wenn die Verbindungen zwischen Handwerk und Landwirtschaft sehr unterschiedlich sein konnten, war das grundlegende Muster – ein Gleichgewicht zwischen landwirtschaftlicher und handwerklicher Tätigkeit – überall gegeben.[51] Die Voraussetzungen, sich ernähren, ihre Kinder aufziehen und ihre Alten versorgen zu können, beruhten für die protoindustriellen Arbeiter auf Familienarbeit, die nicht für den Markt geleistet wurde. Die Marktproduktion nahm nur einen Teil, ja sogar nur einen kleinen Teil ihrer Arbeitszeit in Anspruch. Wie ein Kuckuck, der seine Eier in die Nester anderer Vögel legt, damit sie von den unfreiwilligen Gasteltern ausgebrütet und seine Jungen aufgezogen werden, nistete sich das Kaufmannskapital in sozialen Welten außerhalb seines urbanen Milieus ein und akkumulierte seine transformierenden Kräfte mittels der wachsenden ländlichen Bevölkerung, deren eigene Reproduktion außerhalb des Marktes organisiert war.

Da die Produktion in den Haushalten stattfand, war die Kapitalintensität der Protoindustrie generell gering und das Kapital im Textilbereich größtenteils in den Spinnrädern und Webstühlen konzentriert. Dennoch wäre es falsch anzunehmen, dass sich die Technologien der Produktion nicht geändert hätten, denn es gab eine langsame, aber bedeutende Innovation. Im chinesischen Textilsektor verbesserten Handwerker die Entkörnungstechnik und die Spinnräder. Technische Innovation gab es auch in Indien, wo die Textilproduktion erhebliche Fortschritte machte. Hochqualifizierte indische Handwerker entwickelten technisches Wissen und gaben es weiter. Auch in Europa war die Protoindustrie eine Quelle langsamer, aber wichtiger technischer Veränderungen. So beschleunigt etwa die Einführung des fliegenden Schiffchens im Jahr 1733 den Webvorgang so stark, dass sich die Produktivität der Weber verdoppelte.[52]

Im Großen und Ganzen jedoch konzentrierten sich die Innovationen weniger auf die Verbesserung der Arbeitsproduktivität als auf eine höhere Qualität und größere Diversifizierung der Produkte, die dem immer komplexeren und vielfältigeren Geschmack der Kundschaft gerecht werden mussten. Der Grund war einfach: Arbeitskräfte waren fast überall im Überfluss vorhanden, also gab es wenig Grund, Arbeit zu sparen. Im indischen Textilsektor bestand ein Trend zu größerer Professionalisierung und Spezialisierung, aber ohne signifikant gesteigerte Produktivität. Gleichwohl verzichteten die Kaufleute fast überall auf Einmischung in den eigentlichen Produktionsprozess: Er wurde weiterhin von den für sie arbeitenden Bauern organisiert.[53] Prinzipiell beruhte die Expansion der Protoindustrie auf der schlichten Dynamik, dass immer mehr Menschen immer ähnlichere Dinge taten, ein Phänomen, das Wissenschaftler als «Industrious Revolution» («Fleißige Revolution») bezeichnet haben.[54]

Gleichzeitig begannen Kaufleute aber auch intensiv in Einrichtungen mit konzentrierter Produktion zu investieren: Minen, Brauereien, Gerbereien, Schmieden und sogar Textilfabriken. Dies war eine signifikante Verlagerung nicht nur in Bezug auf die Quantität des Outputs, die das Kapital ermöglichte, sondern auch in Bezug auf die Organisation der Arbeit. In den neuen Betrieben arbeiteten viel mehr Arbeitskräfte unter einem Dach als in irgendeiner städtischen Werkstatt oder einem protoindustriellen Unternehmen auf dem Land, was bedeutete, dass die Arbeiter direkt von Vertretern des Kapitals überwacht wurden.[55] Die so kapitalisierten Unternehmen waren zwar immer noch die Ausnahme und üblicherweise kleiner als die Plantagen in der Karibik, aber sie wiesen in die Zukunft.

Diese Zukunft wurde teils von privaten Kapitalbesitzern gestaltet, doch auch von Staaten, die häufig konzentrierte Produktionsstätten organisierten und diese fast immer streng regulierten und überwachten. Sie taten dies aus einer Reihe von Gründen: Der offensichtlichste bestand darin, dass die neuen Großbetriebe ihren militärischen Bedarf deckten. Monarchen, politische Eliten und Regenten wollten sicherstellen, dass Schiffe, Musketen und andere wichtige Posten, die einen großen Teil ihrer Etats verschlangen, effizient produziert wurden. Außerdem wollten sie die eigenen luxuriösen Konsumbedürfnisse decken. Die Staaten spielten deshalb bei der Entstehung dieser Protofabriken eine noch wichtigere Rolle als in der städtischen Produktion und der ländlichen Protoindustrialisierung – ein Beweis dafür, dass die Vorläufer der modernen Industrie im Wesentlichen von der Initiative führender Bürokraten und Herrscher abhängig waren, nicht nur seitens der Kapitalisten. Staaten realisierten komplexe Produktionsprojekte, hielten die zahlreichen Arbeiter im Zaum und halfen bei der Geheimhaltung von Produktionsmethoden. Die Bereitschaft, ja der Eifer, mit dem die Staaten bei der Erweiterung der Produktion mit den Kapitalbesitzern kooperierten, war bemerkenswert.[56]

Viele solche Projekte entstanden: Ludwig XIV. gründete 1666 das Arsenal in Lorient mit der Erklärung, dass sein «eitler, unbestimmter und nutzloser» Landbesitz in der Umgebung von Port Louis und Faouédic an die Compagnie des Indes Orientales übertragen werde: Schon bald bewaffneten sich ihre Schiffe in Lorient und entluden auch ihre Waren dort.[57] Im Jahr 1690 eröffnete der französische Marineminister Marquis de Seignelay in Lorient einen königlichen Flottenstützpunkt, um die Einrichtungen der Kompanie zu nutzen. Um 1702 lebten 6000 Menschen in der Stadt; 36 Jahre später hatte sie 14 000 Einwohner, von denen viele in riesigen Werften arbeiteten. Das Arsenal von Venedig war ähnlich beschaffen. Schon 1645 beschäftigte es 2343 Menschen, eine erstaunliche und außergewöhnliche Konzentration proletarischer Arbeitskräfte. Und es baute sowohl Kriegs- als auch Handelsschiffe, ein Beweis für die enge Verbindung zwischen beiden.[58]

China hatte ebenfalls Standorte konzentrierter Produktion, einschließlich des außerordentlich bedeutenden Schiffbaus. Riesige staatliche Fabriken bauten Kriegs- und Frachtschiffe, doch es gab auch boomende Werften in Privatbesitz. Die Werften von Qiantang, Renhe und Banqiao stellten Schiffe für den heimischen Getreidehandel her und die Werften Baochuan und Longjiang in Nanjing bauten vorwiegend hochseetüchtige Schiffe. Als sich der Handel im 17. und 18. Jahrhundert intensivierte, wuchsen die Werften und gehörten zu den größten Arbeitsstätten der Welt. So beschäftigte etwa

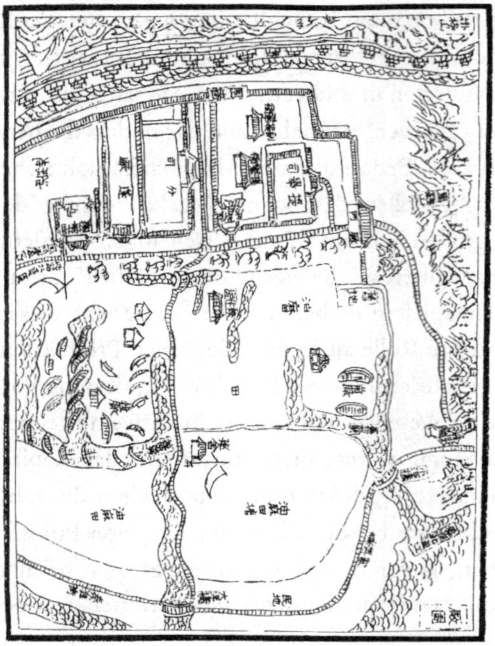

Eine Stätte konzentrierter Produktion: Werft in Longjiang, China, 1553.

die Schiffsfabrik von Longjiang beinahe 2000 Arbeitskräfte, und zwar sowohl «offizielle Arbeiter» oder Handwerker als auch «inoffizielle Arbeiter» oder ungelernte Arbeiter, die auf dem Gelände das Baumaterial bewegten.[59] Die chinesischen Handwerker bauten nicht nur sehr viele, sondern auch viel größere Schiffe als ihre europäischen Zeitgenossen. Außerdem war das Gewerbe auch für das große Können seiner Handwerker bekannt. Sie brachten bedeutende technische Neuerungen wie Schiffe mit extrem geringem Tiefgang und neue Arten von Segeln hervor.[60]

Die neuen konzentrierten Produktionsstätten lieferten nicht nur Militärbedarf; sie dienten auch den oft exzessiven materiellen Bedürfnissen der Regierenden. Die königlichen Fabrikanten im Pariser Stadtviertel Faubourg Saint-Antoine beschäftigten 600 Arbeiter; sie lieferten Spiegel und Tapeten höchster Qualität und weitere Luxusartikel. Zahlreiche Arbeitskräfte waren auch in der staatlichen Manufacture des Gobelins in Paris beschäftigt, wo sie für den Hof und andere Eliten Wandteppiche herstellten.[61] In den Karkhana, den staatlichen Manufakturen, arbeiteten Tausende von «Stickern, Goldschmieden, Malern, Herstellern von Lackarbeiten, Tischlern, Schneidern, Schuhmachern, Waffenschmieden und anderen Handwerkern» für den Hof der indischen Mogulherrscher und stellten ein großes Spektrum von Gütern her.[62]

In einigen wenigen Ausnahmefällen genügte allein das Kapital aus der Stadt als Initialzündung für die Entstehung einer wichtigen Produktionsstätte – fast immer infolge der großen Vernetzung und der Transformation des ländlichen Raums, die in den Jahrhunderten zuvor stattgefunden hatten: Als der Tabak nach Glasgow kam und der Zucker nach Amsterdam, entstanden Verarbeitungsbetriebe, die sehr viele Arbeitskräfte beschäftigten. Und als Großbritannien in den 1750er Jahren von Zucker überschwemmt wurde, leistete sich das Land 120 Zuckerraffinerien. Wegen der Expansion des niederländischen Handels gründete die Nederlandsche Handelmaatschappij eine Weberei, um zu kalkulierbaren Kosten an Tuch zu kommen und die Textilproduktion für ausländische Märkte in und um Twente herum anzukurbeln und zu verbessern. In Newport, Rhode Island, blühte die Produktion wegen des Handels mit der Karibik, und bis 1780 entstanden in der Stadt 22 Brennereien für Rum. Als in Ägypten immer mehr Zuckerrohr geerntet wurde, beschäftigten Kairoer Zuckerraffinerien bis zu 100 Arbeiter.[63]

Angesichts großer Aufträge aus dem In- und Ausland profitierten energieintensive Herstellungsprozesse wie die Papier- und Glasproduktion und der Betrieb von Brennöfen aller Art vom Größenvorteil zentralisierter Produktionsstätten. Um 1780 beschäftigte die französische Metallwarenfabrik Dietrich 1500 Arbeitskräfte und im Zentrum für Eisenherstellung in Le Creusot arbeiteten 500 Arbeiter. Russische Kapitalbesitzer wie die Stroganows steckten Geld in die Metallverarbeitung, und 1750 betrieben sie 71 Eisen- und Kupferwerke, allesamt Stätten mit konzentrierter Produktion und überwachter Arbeit. Die nordamerikanische Eisenindustrie entstand durch die Investitionen zunächst britischer und dann in Amerika geborener Kapitalbesitzer. So legte etwa der Pflanzer John Tayloe aus Virginia einen Teil seiner Gewinne aus dem Tabakanbau in Hochöfen an.[64]

Kapitalbesitzer konzentrierten die Industrie zudem, um die Produktion und die Arbeiter besser überwachen zu können und die Qualität und Beschaffenheit der Güter zu verbessern. Im späten 17. Jahrhundert besaßen die chinesischen Seidenunternehmer, die *zhangfang*, Webstühle und betrieben Fabriken, in denen sie Lohnarbeiter beschäftigten. Auch in Augsburg und Chemnitz beschäftigten Werkstätten, in denen Baumwollstoffe bedruckt wurden, viele Arbeiter unter einem Dach. Solche Betriebe waren oft mit einem großen Netzwerk von dörflichen Heimarbeitern und auf diese Weise mit der Expansion der ländlichen Produktion verbunden. Weil einige Schritte im Produktionsprozess unter den wachsamen Augen der Kapitalbesitzer stattfanden und man gleichzeitig weiterhin auf die billigen ländlichen Arbeitskräfte zurückgriff, gelang es so, größere Mengen von gleichbleibender Qualität zu produzieren.[65] Obwohl die neuen Produktionsstätten vielversprechend waren, blieb ihre Verbreitung gemessen an der handwerklichen Produktion in der Stadt und der ländlichen Protoindustrie gering; laut einer Schätzung von Fernand Braudel gab es um 1700 in allen deutschen Ländern weniger als 1000 solche Fabriken.[66]

Der Bergbau war für Kaufleute ebenso ein attraktives Investitionsobjekt, weshalb sie auch dieses kleine handwerkliche Gewerbe in einen Schauplatz konzentrierter Produktion verwandelten. Ursprünglich war Bergbau nicht besonders kapitalintensiv gewesen, doch dies änderte sich, als die Bergarbeiter weiter unter die Erde vordrangen, um Kohle, Eisenerz, Gold und Silber abzubauen. Als die Wangara-Kaufleute in den Goldhandel in der Sahara investierten, transformierten sie mit ihrem Kapital den Goldbergbau im heutigen Ghana und der südlichen Elfenbeinküste. Auch in Ungarn und Böhmen, im Harz und in den Tiroler Alpen sowie an anderen Orten erhöhten Kaufleute durch ihre Investitionen die Produktion. Die Augsburger Fugger investierten massiv in den Bergbau, steckten das geförderte Gold und Silber in den Welthandel und erzielten dadurch riesige Gewinne. Die Familie erklärte, dass «schier alle unsere Nutzungen» aus dem Bergbau «herfliessen».[67] Sie beschäftigte 1550 in ihren Tiroler Minen in Schwaz und Falkenstein 12 000 Arbeiter und 4000 in ihren Minen in Anzin.[68]

Auf einem Spaziergang am Kloveniersburgwal, einem der zentralen Kanäle Amsterdams, kommt man am Trippenhuis vorbei, einem großen Gebäude aus massivem Bentheimer Sandstein, das heute die Königliche Akademie der Wissenschaften beherbergt. Seine Fassade zeugt von Reichtum und Macht, und genau diesen Eindruck sollte sie nach dem Willen der ersten Besitzer Louis und Hendrick Trip auch vermitteln. Die beiden entstammten einer der reichsten Amsterdamer Familien der 1660er Jahre.[69] Die Ursprünge ihres Reichtums sind leicht erkennbar: Die Kamine auf dem Dach des Gebäudes sind wie große Mörser geformt und der Fries über dem obersten Stockwerk zeigt zwei Kanonen. Wie fast alle reichen Bürger der Stadt waren auch die Trips Kaufleute. Doch sie beschränkten sich nicht auf Investitionen in die VOC oder darauf, der Republik der Niederlande die Waffen zu verkaufen, mit denen sie ihr globales Handelsnetz sicherte, sondern sie investierten auch einen erheblichen Anteil ihres Kapitals in die Waffenproduktion.

Die Familie hatte ursprünglich mit Eisen und Kupfer gehandelt, war aber rasch expandiert und bis 1600 der womöglich wichtigste Metallhändler auf

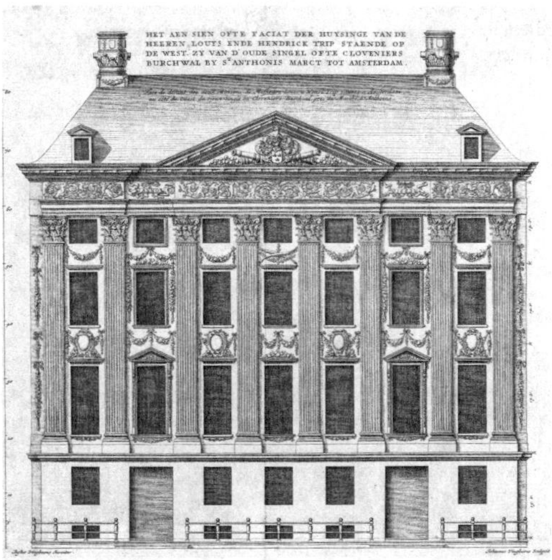

Aus Kriegsgewinnen werden Häuser: Die Repräsentation des Reichtums der Familie Trip spiegelt sich in einem Amsterdamer Kanal.

dem europäischen Kontinent geworden – mit Waren, die alle Winkel Europas, Westafrikas und Brasiliens erreichten. Extrem liquide, aber unzufrieden mit den Qualitätsschwankungen bei ihren Waren, mit dem langsamen technischen Fortschritt und dem heftigen Wettbewerb um knappe Produkte in einer Zeit vieler Kriege, engagierte sich die Familie schon bald in der Produktion und in der Munitionsherstellung. In den späten 1610er Jahren kaufte Elias Trip in der deutschen Grafschaft Waldeck vier Eisenhütten und mehrere in der Nähe liegende Minen.[70]

Als der Dreißigjährige Krieg die Transporte auf dem Rhein erschwerte, nutzte die Familie Trip die Gelegenheit, sich auch im kapitalarmen Schweden zu betätigen. Im Jahr 1618 schloss sie eine Partnerschaft mit Louis de Geer, ebenfalls Eisenhändler, investierte im schwedischen Finspång in eine Eisenkonzession und fasste dadurch in der schwedischen Waffenproduktion Fuß. Sie steckten viel Geld in ihre schwedischen Operationen und erweiterten das Betriebskapital ihrer Firma bis 1626 auf 400 000 Gulden. Als der schwedische König Gustav Adolph ihnen die notwendigen Privilegien für die Konsolidierung ihres Netzwerks von Minen, Fabriken und Häfen verlieh, entsandten sie Verwandte nach Schweden, um ihre Unternehmen zu leiten.[71] Es folgte ein steter Strom von Investitionen, und De Geer schrieb 1627 an die Familie, dass wir, um mehr «Waffen auszuschütten [...] mehr [von Ihren Investitionen] brauchen, als wir sonst brauchen würden».[72]

Die Familie kombinierte aus mehreren Gründen den Handel mit der Produktion: Erstens wollte die Amsterdamer Admiralität als ihr wichtigster Kunde eine sichere Waffenversorgung, die nicht auf risikoreiche Importe

Der Krieg als Gelegenheit zum Geldverdienen: Louis de Geer, frühes 17. Jahrhundert.

angewiesen war, die durch den Süden der Niederlande und Westfalen geschleust wurden. Außerdem war Elias Trip seit 1614 Mitglied der Amsterdamer Kammer der VOC, einer wichtigen Kundin mit einem unstillbaren Appetit auf Waffen und Metalle. Schwedisches Eisen war dank seines geringeren Phosphorgehalts bei ordnungsgemäßer Verhüttung von besserer Qualität als westfälisches oder südniederländisches. Für seine Herstellung beschäftigten De Geer und Trip in Schweden auch wallonische Arbeiter, die in den neuesten Techniken der Eisenverhüttung ausgebildet waren. Außerdem war die schwedische Produktion eine lohnende Investition, weil die Kosten für Holz und Arbeitskräfte niedriger waren als in den deutschen Ländern oder den Niederlanden und sich die Produkte dennoch zum selben Preis verkaufen ließen. In der Folge steigerten sich die schwedischen Kanonenexporte von 185 Stück im Jahr 1622 auf 1319 Stück im Jahr 1631. Allein im Jahr 1630 verkauften De Geer und die Familie Trip aus ihren Fabriken in Finspång und Nyköping Eisen im Wert von 2,5 Millionen Pfund für die Kanonenherstellung, eine Menge, die zwischen 15 und 20 Prozent der gesamten schwedischen Produktion entsprach.

Der Produktionskomplex Holmens Bruk in Norrköping beschäftigte mehr als 400 Arbeitskräfte und bestand aus einer Waffengießerei, einer Kupferhütte, einer Eisenhütte, einem Sägewerk, einer Werft, einer Brauerei und einer Fischverarbeitungsanlage. Als die Brüder Hendrick, Jacob und Louis Trip 1642 einen Anteil an De Geers Geschützgießerei in Nyköping kauften, wurde sie stark erweitert. Später malte sie Allaert van Everdingen in einer idyllischen Landschaft – das Bild lässt von den gefährlichen Arbeitsbedingungen in dem Komplex und der Gewalt und Unterjochung durch die

Produkte der Fabrik nichts ahnen.[73] Die Waffen von Julitabruk halfen den niederländischen Kaufleuten, Inseln in der Karibik, Festungen in Afrika, Außenposten in Südostasien und die Gewürzproduktion auf den Banda-Inseln zu beherrschen – ein blutiges Zeugnis dafür, dass die Intensivierung der Produktion nicht nur ein Produkt der großen Vernetzung war, sondern sie auch ermöglichte.

Weil die Familie Tausende von Arbeitern beschäftigte, lernte sie noch ein weiteres Nebenprodukt der konzentrierten Produktion kennen: den Streik. Gegen Ende des Dreißigjährigen Krieges, im Jahr 1648, kam es aufgrund der wachsenden Konkurrenz im Handel mit Kupfer, Unterbrechungen in der Materialversorgung und der Mechanisierung von Teilen der Produktion in den Gießereien zu Entlassungen. Die Arbeiter reagierten mit Streik. Adriaen Trip wurde herbeigerufen, um die Unruhen zu ersticken. Er beendete den Streik, indem er mit den Arbeitern Kompromisse schloss. Aber der Erfolg der Arbeiter hielt sich sehr in Grenzen, weil die Staatsgewalt in Norrköping

Konzentrierte Produktion und Kriegführung: Allaert van Everdingen, *Hendrik Trips Kanonengießerei in Julitabruk, Schweden*, um 1650–1675.

gleichzeitig mit Repression drohte – ein weiteres Beispiel für die wachsende Nähe zwischen dem Staat und privaten Akteuren.

In Norrköping und anderswo stützte sich die Intensivierung der Produktion auf die Arbeit von Millionen Frauen, Männern und Kindern. Wie in der Landwirtschaft wurden sie auf viele Arten mobilisiert: als Auftragnehmer, Lehrlinge, Hörige, Sklaven oder Lohnarbeiter. Die kapitalistische Revolution war, hier wie anderswo, undogmatisch und hatte keine Hemmungen, sich auf ältere Praktiken zu stützen.

Arbeitssysteme sind seit jeher in den sozialen Kontext eingebettet: Im Ägypten des 17. Jahrhunderts «mieteten» die Produzenten Knaben bei ihren Vätern, und ägyptische Frauen spannen unbezahlt Garn für ihre webenden Ehemänner – zwei Beispiele von vielen, wie die patriarchalische Familie den Arbeitsmarkt strukturierte. An anderen Orten, wie in Querétaro in Neuspanien, arbeiteten Sklavenarbeiter zusammen mit Lohnarbeitern.[74] Tatsächlich war die Kombination verschiedener Arten von Arbeit – Familie und nicht Familie, bezahlt und unbezahlt – im entstehenden Kapitalismus die Norm.

Den meisten Quellen zufolge war die häufigste Arbeitsform das Kleinunternehmertum. Da der größte Teil der Produktion in Privathaushalten und auf dem Land stattfand, verbanden Bauern den Ackerbau mit einem Gewerbe und gingen mit den Kaufleuten und ihren Agenten verschiedenste vertragliche Beziehungen ein. Leinenweber am Bodensee spannen und woben um das 15. Jahrhundert zur Ergänzung des Lebensunterhalts, den sie mit landwirtschaftlicher Arbeit bestritten. In Indien hatten die Bauern ein so geringes Einkommen, dass einige ihre landwirtschaftliche Beschäftigung aufgaben und sich ausschließlich der Weberei widmeten. Das Gleiche galt für Mähren: Um 1600 waren 90 Prozent aller Haushalte unabhängige Bauern und nur ein Prozent sogenannte Häusler – Bauern ohne eigenes Land oder mit so wenig Land, dass es sie nicht ernährte und sie anderswo arbeiten mussten. Hundert Jahre später waren noch nur 35 Prozent der Haushalte unabhängige Bauern und 50 Prozent Häusler.[75]

In den Städten, wo fast immer die Meister kleiner Werkstätten die Fertigung organisierten, war die Arbeit an eine Form der Lehre gebunden, bei der die Meister jungen Lehrlingen als Lohn für ihre Arbeit die Geheimnisse des Handwerks beibrachten. Zwar basierte das Beschäftigungsverhältnis in der Regel auf einer vertraglichen Vereinbarung, doch die Beziehung war paternalistisch und nicht selten mit körperlicher Züchtigung verbunden.

Tatsächlich gingen außerökonomische Zwänge mit der Intensivierung der Produktion einher, allerdings nicht so stark wie in der Landwirtschaft. In Schlesien beruhte die Leinenproduktion, wie wir gesehen haben, zu einem beträchtlichen Teil auf Zwang. Lokale Grundbesitzer zwangen ihre Bauern, zu spinnen und zu weben und ihnen einen Teil des monetären Lohns für ihre Arbeit abzutreten. Anderswo waren Arbeiter schlicht und einfach Sklaven: Yusuf bin Suliman Da'bus, der Mitte des 17. Jahrhunderts in Kairo eine Ölpresse betrieb, ließ einige der Arbeiten, die in seinem komplexen Unternehmen anfielen, von Sklaven ausführen. Tatsächlich war es für die größeren Betriebe in Ägypten anscheinend üblich, Sklaven zu beschäftigen. Das Gleiche galt für Neuspanien, wo in den großen Textilwerkstätten, den *obrajes*, hauptsächlich Sklaven arbeiteten. Auch viele Seidenmanufakturen in Bursa beschäftigten Sklavenarbeiter.[76]

Dennoch war Zwangsarbeit in der Produktion eher die Ausnahme als die Regel. Stattdessen setzte sich allmählich eine bestimmte Arbeitsorganisation durch: die Lohnarbeit. Obwohl diese, wie wir gesehen haben, auch in der Landwirtschaft bereits Fuß gefasst hatte, blieb es dort selten, dass jemand für seine Arbeitszeit bezahlt wurde. Vor der Entstehung des Kapitalismus arbeiteten die meisten Menschen auf der Welt entweder selbstbestimmt für ihr eigenes Auskommen oder sie wurden unter Androhung körperlicher oder materieller Strafen durch weltliche oder kirchliche Machthaber zur Arbeit gezwungen, für die sie keinen Lohn erhielten.

Mit der Intensivierung der Produktion jedoch breitete sich die Lohnarbeit aus. Manchmal entwickelte sie sich aus den Spannungen heraus, die andere Arbeitssysteme verursachten. Wie in Danzig zu beobachten war, konnten die Zünfte durch die wachsende Nachfrage nach handwerklich produzierten Waren unter enormen Druck geraten. In Reaktion darauf beschäftigten die Meister zusätzlich zu ihren Lehrlingen angestellte Arbeiter, die niemals Meister werden sollten. In anderen Fällen erwies sich die Lohnarbeit als effektivste Methode, um eine große Zahl von Arbeitskräften zu rekrutieren, etwa als die Familie Trip die wallonischen Hüttenarbeiter nach Schweden holte. Aus ähnlichen Gründen wurden auch die Arbeiter in den Papiermanufakturen von Ahmedabad entlohnt.[77]

Lohnarbeit entstand in vielen unterschiedlichen Produktionsstätten. In den Kairoer Fabriken des 17. Jahrhunderts scheinen Lohnarbeiter gang und gäbe gewesen zu sein, und das mit einem breiten Spektrum jährlicher Vergütungen. In einer Ölmühle erhielt ein junger Helfer 30 Nisf (die kleinste Silbermünze), ein ausgebildeter Handwerker 800 Nisf. Auf dem Land in Europa konnten sich unabhängige Produzenten, die unter feudalen Verhältnissen arbeiten mussten, in Lohnarbeiter verwandeln. Einige der sehr großen Arbeitsstätten, wie Waffenfabriken, Bergwerke, Schmieden und Brauereien, beschäftigten ebenfalls Lohnarbeiter. Schiffswerften hatten oft mehrere Hundert Arbeiter, von denen einige in das traditionelle Lehrlingssystem integriert waren, die meisten aber einfach für Lohn arbeiteten. Lohnarbeit dieses Umfangs war jedoch noch eine Ausnahme, weshalb solche Betriebe Laboratorien für die Erprobung neuer Wege der Mobilisierung und des Managens von Arbeitskräften waren.[78] Sie waren die Wegbereiter eines Arbeitssystems, das für den heutigen Kapitalismus zentral ist und in dem die Arbeitskraft – aber nicht der Arbeiter – wie alles andere auch auf Märkten gekauft und verkauft wird.

Gleichgültig, ob sich die Produktion in den Städten oder im ländlichen Raum intensivierte, ob sie mit Auftragnehmern, Hörigen, Sklaven oder Lohnarbeitern vorangetrieben wurde, der Staat spielte, wie in allen Sphären der kapitalistischen Expansion, immer eine entscheidende Rolle. Er investierte nämlich nicht nur direkt in wichtige Produktionsstätten, sondern spielte auch als Käufer von Waffen und Luxusgütern und als aktiver Partner – in der Planung, als Investor und als Exekutive – bei der Entwicklung der verschiedenen Branchen eine wichtige Rolle. Der deutsche Ökonom Gustav von Schmoller lag genau richtig, als er im späten 19. Jahrhundert feststellte: «Was seiner Zeit Mailand, Venedig, Florenz und Genua, später Spanien und Portugal, jetzt Holland, Frankreich und England [...] reich und überlegen machte: das war eine staatliche Wirtschaftspolitik.»[79] Die Ausbreitung der Produktion und die Bildung mächtigerer Staatswesen gingen Hand in Hand. Bessere staatliche Möglichkeiten erklären zu einem guten Teil, wie manche weniger entwickelte Weltregionen, insbesondere jedoch Europa, ihre Herstellungskapazitäten vergrößern konnten und die asiatischen Produzenten einzuholen begannen.[80]

Rund um den Erdball engagierten sich Staaten auf verschiedene Arten in der Produktion. In den 1750er Jahren ermutigte Chen Hongmou, der Gouverneur von Shaanxi, Bauern zur Aufzucht von Seidenraupen und bemühte sich, die Kunst der Seidenweberei unter ihnen zu verbreiten. In Kano sicherten die Herrschenden die Handelsstraßen und hießen reisende Kaufleute herzlich willkommen, um die heimische Produktion zu fördern. In einigen Fällen war die Ermutigung sehr direkt: Wie wir gesehen haben, gründeten und kontrollierten Machthaber und hohe Beamte häufig selbst Produktionsunternehmen. Tatsächlich standen sie von England bis zum indischen Subkontinent, von China bis Frankreich hinsichtlich der konzentrierten Produktion, die militärische oder Luxusgüter betraf, an vorderster Front. Auch als Kunde hatte der Staat eine große Bedeutung, bei der Abnahme von Zehntausenden wollener Uniformen bis hin zu den Musketen für die Armee.[81]

Fast alle Staaten strebten außerdem danach, ihre heimischen Hersteller durch Verbote und Zölle vor Konkurrenz zu schützen – auch wegen der Steuereinnahmen und wegen des Wohlstands, die mit der Produktion verbunden waren. So schützten und förderten etwa Regierungsbeamte, Gesetze und Machthaber das schnelle Wachstum des Kohlebergbaus in England. Als sich der Verbrauch von Kohle zwischen 1550 und 1700 verzehnfachte, erhob die Regierung ab 1590 einen Ausfuhrzoll auf alle Kohleexporte aus englischen und walisischen Häfen, legte Kohlevorräte an und regulierte bisweilen auch den Kohlepreis. Die Navigation Acts von 1651 gingen noch weiter: Sie beschränkten den Handel innerhalb des Landes und der Kolonien und später innerhalb des Empires und brachten dadurch mehr Güter in die Laderäume britischer Schiffe, was zu einer Blüte der heimischen Schiffbauindustrie führte. Der englische Staat förderte die heimische Eisenproduktion, indem er Importzölle erhob. Und auch die Textilindustrie profitierte von einer Vielzahl von Schutzmaßnahmen: Im Jahr 1701 verbot England den Import indischer Baumwollstoffe und schützte dadurch die neuen heimischen Produzenten vor dem sehr viel besseren indischen Tuch. Laut dem Wirtschaftswissenschaftler Ha-Joon Chang betrieben die Monarchen des Hauses Tudor «bewusst eine Politik zur Förderung neuer Industrien».[82]

Andernorts waren solche Interventionen ebenfalls üblich: Die deutsche Protoindustrie entwickelte sich im Schutz hoher Zollschranken, während China und Japan ihre heimischen Volkswirtschaften fast gänzlich abschotteten und den Handel scharf begrenzten. Solche Schutzmaßnahmen schränkten auch den heimischen Wettbewerb ein: Nicht wenige Hersteller waren von Privilegien und Monopolen abhängig, um das Überleben ihrer Unternehmen zu sichern, denn die europäischen Staaten förderten durch eine eigene Produktion von Luxusartikeln wie Seide und Porzellan die Importsubstitution.[83]

Auch auf andere Weise war der Staat stark beteiligt. In Hirschberg bestimmte der Stadtrat, wie Dinge hergestellt werden mussten, inspizierte die fertigen Güter, erhob Zölle auf die Ausfuhr von Rohmaterial und auf die Einfuhr konkurrierender Textilien und zwang Bürger zum Spinnen und Weben, um den guten Ruf der Hirschberger Produkte auf dem Markt zu erhalten. Anfang des 18. Jahrhunderts begannen staatlich bestellte Inspektoren das von den Webern abgelieferte Tuch zu begutachten und mit einem Markenzeichen zu versehen. Um die Einheitlichkeit des Garns zu garantieren, überwachten sie außerdem dessen Herstellung und verpflichteten die Spinner zur Verwendung bestimmter Spinnräder. Ab 1724 wurden Spinner und Weber, die gegen diese Regeln verstießen, schwer bestraft, indem sie etwa an den Pranger gestellt wurden. Sie mussten dabei mit einem eisernen Kragen um den Hals während des Sonntagsgottesdienstes auf dem Kirchhof stehen. Das Ziel dieser Regulierung und der drakonischen Strafen bestand darin, standardisierte Waren herzustellen, eine schwierige Aufgabe angesichts der verstreuten Produzenten. Auch in Frankreich und England spielte der Staat bei der Qualitätssicherung eine zentrale Rolle. So erließ etwa der französische Finanzminister Jean-Baptiste Colbert eine ganze Serie von Vorschriften, um die Qualität der nationalen Seidenproduktion zu sichern, außerdem holte er gut ausgebildete ausländische Arbeiter ins Land und gewährte diversen Herstellern besondere Privilegien.[84]

Bei der Sicherung des Zugangs zu Rohstoffen und Märkten spielte der Staat ebenso eine große Rolle. Wie wir gesehen haben, konnten europäische Staaten dank ihrer Flotten ihre militärische Macht auf viele Weltregionen ausdehnen. Mit dieser Macht sorgten sie für zuverlässigen Nachschub an Zucker, Tabak, Baumwolle und anderen Gütern, die in europäischen Häfen landeten und für die dynamischsten protoindustriellen Sektoren des Kontinents sehr wichtig waren.

Das Interesse von Machthabenden und Bürokraten an der Förderung der Produktion führte zu einer starken Intervention des Staates ins Wirtschaftsleben, denn es handelte sich um eine wichtige Quelle ihrer Macht: Die Produktion wurde besteuert, sie erhöhte den Reichtum des Staates und sie lieferte die Mittel für die Kriegführung zu seiner Sicherung. Weil die Produktion für den Staat immer wichtiger wurde, gewann der Rat reicher Kaufleute und Hersteller an Gewicht. Die staatlichen Archive sind voll von Petitionen und Briefen von Kapitalbesitzern, die Investitionen in die Infrastruktur, Schutzmaßnahmen und Truppen zur Kontrolle der Arbeitskräfte verlangen. Die Unterstützung der englischen, niederländischen und französischen Herrscher bei der Intensivierung der Produktion stand tatsächlich in einer wichtigen Beziehung zur wachsenden Macht der Kaufleute in diesen Staaten. Die Kapitalbesitzer nutzten die Tatsache, dass die Herrschenden von ihnen abhängig waren, um die Gesellschaft im kapitalistischen Sinne neu zu formieren.

Die Fugger und Welser sind nur zwei Beispiele von vielen: Als Gegenleistung für die Mittel zur Vergrößerung der Heere verlangten die Familien staatliche Konzessionen, um mehr in den Bergbau, die Zuckerproduktion und den Handel investieren zu können. Diese Politik war entscheidend, um die Intensivierung der Produktion zu befeuern, insbesondere in den Teilen der Welt, die weit hinter den asiatischen Herstellern zurückblieben. Sie war auch dafür verantwortlich, dass sich am Ende die Briten durchsetzten – darauf werden wir in späteren Kapiteln zurückkommen. Hier, im Einflussbereich des Staates, bildeten sich die entscheidenden Unterschiede zwischen den Produzenten in verschiedenen Teilen der Welt heran, Unterschiede, die zu neuen und dauerhaften Hierarchien führten.[85]

Die zentrale Rolle des Staates bei der langsamen Erweiterung der industriellen Produktion zeigt einmal mehr, dass der Kapitalismus ein schwieriges Projekt war. Auch die Opposition, der sich die revolutionäre Umformung des Wirtschaftslebens gegenübersah, rief den Staat auf den Plan. Als 1716 die Arbeiter in der königlichen Tuchfabrik in Abbeville streikten, marschierte ein Truppenkontingent auf, das sie wieder an ihre Arbeitsplätze trieb. In ganz Europa wurde Militär eingesetzt, um die Arbeiter unter Kontrolle zu halten. Bei der handwerklichen Produktion wie in der Landwirtschaft war der Zwang nie fern, nicht zuletzt, weil der «Reichtum der Besitzenden [...] zur Empörung der Besitzlosen [reizt], die häufig, durch Not gezwungen und von Neid getrieben, sich deren Eigentum aneignen», wie Adam Smith in aller Deutlichkeit feststellte.[86] Bei der Entstehung des Kapitalismus ging es nicht um die Überwindung des Staates: Der frühe Kapitalismus war ein Projekt modernisierender, expansionistischer Gruppen in vielen Staaten auf der ganzen Welt. Das große Spiel der Intensivierung der Produktion war auch ein Spiel der Architekten des Staates.[87]

Im Jahr 1700 wiesen die Sphären der handwerklichen Herstellung in der Stadt, der Protoindustrialisierung auf dem Land und der konzentrierten Produktion noch immer erstaunliche Ähnlichkeiten auf. Die protoindustriellen Regionen auf allen Kontinenten produzierten immer größere Mengen von Textilien, Eisenwaren, Keramik und anderen Gütern und brachten diese über immer größere Entfernungen in den Handel, während die große Vernetzung den Zugang zu neuen Märkten eröffnete. Das Herz der globalen Produktion schlug immer noch auf dem indischen Subkontinent und in China, doch die Produzenten in manchen Regionen Europas begannen aufzuholen. Dabei wurden sie vom Staat und dessen Kapital besitzenden Verbündeten unterstützt, die durch einen neuen Archipel des Kapitals, den sie zunehmend beherrschten, beispiellosen Reichtum und beispiellose Macht erworben hatten.

Es ist verführerisch, das Intensivieren protoindustrieller Fertigung als Vorläufer der modernen Industrie zu sehen. Schließlich waren viele Elemente dieser Industrie – sowohl Protofabriken als auch protoindustrielle und auf Heimarbeit beruhende Produktionsstätten – schon in den städtischen Werkstätten erkennbar. Doch der Zusammenhang zwischen der frühen intensivierten Produktion und der Industrialisierung in großem Maßstab ist nicht so direkt, wie er zunächst erscheinen mag. Natürlich gab es oft eine Verbindung: Bei der Baumwollproduktion von Kansai führte die Protoindustrialisierung letztlich zur Industrialisierung des japanischen Baumwollsektors, und das Gleiche geschah auch im Elsass. Die Baumwollproduktion von Lancashire führte im späten 18. Jahrhundert zum Bau von Fabriken, und so geschah es auch in der böhmischen Glasindustrie. Kapitalakkumulation, Unternehmertum, die Schaffung neuer Vertriebsnetze und die Mobilisierung, Disziplinierung und Ausbildung von Arbeitskräften bewirkten tatsächlich manchmal einen reibungslosen Übergang in das Zeitalter der Fabrik. Viele Kaufleute, die ein Verlagssystem betrieben, sollten einige Jahrzehnte später eine Fabrik eröffnen und sich so als Geburtshelfer der modernen Industrie betätigen.[88]

In den meisten Fällen erfolgte die Industrialisierung jedoch nicht am selben Standort. Obwohl etwa Hirschberg als Standort der Protoindustrialisierung eine wichtige Rolle gespielt hatte, baute es nie eine nennenswerte Industrie auf. Seine mächtigen Kaufmannsgilden widersetzten sich erfolgreich den institutionellen und technischen Neuerungen, die dafür nötig gewesen wären. Als im 19. Jahrhundert die Flut andernorts produzierter industrieller Baumwollprodukte einsetzte, verloren die Hirschberger Weber ihre Arbeit, und Schlesien wurde vom meist industrialisierten zum ärmsten Land Preußens.[89] Weder der indische protoindustrielle Sektor noch die Fülle städtischer und ländlicher Gewerbe im Osmanischen Reich führten zur Entstehung von Fabriken. Man hat die Ansicht vertreten, dass die indische Protoindustrie im Grunde eine «evolutionäre Sackgasse» gewesen wäre.[90] Auch in Ostasien folgte keine Industrialisierung auf die weitverbreitete Intensivierung der handwerklichen Produktion. Stattdessen war die dortige, wenig kapital-, aber arbeits-, energie- und materialintensive Produktion so eigentümlich, dass sie einen sogenannten «ostasiatischen Entwicklungspfad» begründete.[91]

Und trotz all der rastlosen Betriebsamkeit in vielen Städten und ländlichen Gebieten des 17. und 18. Jahrhunderts sah kaum jemand einen Durchbruch zu etwas grundsätzlich Neuem voraus. Selbst die Bürger von Hirschberg, Lancashire und Surat hätten sich keine Industriegesellschaft vorstellen können, wie sie nur ein Jahrhundert später entstand.[92]

Wirklich sichtbar war dagegen damals schon das revolutionäre Potenzial des Kapitals, das am besten in seiner beliebigen Verwendbarkeit zum Ausdruck kam. Im Gegensatz zu dem mit bestimmten Orten und bestimmten Formen verbundenen Feudalbesitz konnte sich das Kapital, wie sein Einsatz für die intensivierte Produktion gezeigt hatte, von einer Sache in eine andere verwandeln. Es war eine einzigartig fluide Form von Besitz. Kaufleute straften ihren Ruf Lügen, sich nicht auf die schmutzige Welt der Produktion einzulassen. Sie engagierten sich nicht nur in der intensiven Landwirtschaft, sondern auch im städtischen und ländlichen Gewerbe und lieferten damit den Beweis, dass Karl Marx und viele spätere Gelehrte mit der Aussage unrecht hatten, dass die «selbständige und vorwiegende Entwicklung des Kapitals als Kaufmannskapital [...] gleichbedeutend mit Nichtunterwerfung der Produktion unter das Kapital» sei.[93]

Doch das große revolutionäre Potenzial des Kapitals, das sich zunächst auf Inseln entfaltete, dann in den ländlichen Raum vordrang und schließlich die handwerkliche und protoindustrielle Fertigung intensivierte, war gerade erst sichtbar geworden. Seine größte Transformation lag in der nahen Zukunft. Bis zur Mitte des Jahrhunderts braute sich – in einem bestimmten Teil der Welt und einem bestimmten Gewerbe – ein perfekter Sturm zusammen. Und dieses unwahrscheinliche Zusammentreffen katapultierte die Menschheitsgeschichte auf einen fundamental neuen Kurs – einen Kurs, auf dem die Welt entstand, in der wir heute leben.

KAPITEL 6

Der perfekte Sturm

Ressourcen aus dem neuen Hinterland strömen herein: der Londoner Hafen im 18. Jahrhundert. Gemälde von Thomas Luny (1759–1837).

Gegen Ende des Jahres 1740 bestieg Johann Jakob Bethmann, der 23-jährige Spross einer wohlhabenden Kaufmannsfamilie aus Frankfurt am Main, in Amsterdam ein Schiff nach Bordeaux. Bethmann war in Leipzig zur Schule gegangen und trotz seines jugendlichen Alters bereits mit Märkten bis ins entfernte Batavia vertraut. Die schnell wachsenden französischen Überseegebiete jenseits des Atlantiks und der Ruf von Bordeaux als ihr unternehmerisches Zentrum zogen ihn an.[1] Seine Familie unterstützte das Unternehmen, und so hoffte Bethmann, in der französischen Hafenstadt einen profitablen neuen Außenposten gründen und seinen Teil zum sagenhaften Vermögen der Familie beitragen zu können.

Im frühen 18. Jahrhundert war Bordeaux zu einem wichtigen Knotenpunkt der neuen europäischen Wirtschaft geworden. Die Stadt lag an der Garonne und bot einfachen Zugang zum Atlantik. Die Kaufleute von Bordeaux hatten ihre frühere Abhängigkeit vom Weinhandel überwunden und schickten nun Schiffe nach Afrika, um von dort Sklaven nach Amerika zu bringen, bevor die Schiffe voll beladen mit Zucker, Kaffee, Baumwolle, Indigo und anderen exotischen Waren zurückkehrten. Im Jahr 1750 hatte Bordeaux zwischen 60 000 und 70 000 Einwohner und war damit die viertgrößte Stadt Frankreichs. Fast ein Drittel des gesamten französischen Kolonialhandels wurde über die Stadt abgewickelt, und auch die Hälfte der Importe aus Saint-Domingue und Martinique, den dynamischsten Kolonien Frankreichs, kam über Bordeaux ins Land. An den Docks wurden fast nur Waren aus der Karibik angelandet. In den 1750er Jahren kamen fast drei Viertel aller Importe von dort. In der zweiten Hälfte der 1770er Jahre lag der Anteil bereits bei 81 Prozent, wobei Saint-Domingue Hauptlieferant war. Die meisten Importe wurden fast umgehend in Nordseehäfen weiterverschifft, manche aber auch vor Ort verarbeitet, vor allem Zucker und Tabak. Ein Kaufmann schrieb: «Die Lebensader unseres wunderbaren Hafens sind die engen und zahlreichen Beziehungen zwischen den Händlern von Bordeaux und den Bewohnern von Saint-Domingue.»[2] Im Jahr 1790 erhöhten die Profite, die aus französischen Kolonien abgeschöpft wurden, das Nationaleinkommen Frankreichs um etwa 7 Prozent, die Hälfte davon kam aus Saint-Domingue.

Bordeaux war aber keine reine Zwischenstation, sondern baute seine frühe Führungsposition als Europas größter Umschlaghafen für den Amerikahandel aus. Die Stadt entwickelte sich zu einem hochkomplexen Knotenpunkt für die Distribution von Waren: aus dem expandierenden Hinterland der transatlantischen französischen Gebiete ebenso wie aus dem wachsenden Handel, der Landwirtschaft und den Manufakturen der Republik der Ver-

Atlantische Hafenstädte im Boom: Bordeaux im späten 18. Jahrhundert.
Radierung von Yves-Marie Le Gouaz (1742–1816).

einigten Niederlande, des Habsburgischen Reiches und der deutschen Länder. Diese Möglichkeiten zogen immer mehr britische, portugiesische, skandinavische und niederländische Kaufleute in die Stadt, daneben gab es eine ansehnliche Gemeinde deutscher Händler. Mitte der 1760er Jahre zählte die deutsche Gemeinschaft etwa 80 Kaufleute – unter ihnen Johann Jakob Bethmann.[3]

Bethmann wurde schnell zu einem wichtigen Akteur in diesem trikontinentalen Komplex aus Handel, Landwirtschaft und Warenproduktion. Seine Heirat mit Elisabeth Desclaux, eine strategische Verbindung mit einer der einflussreichsten Kaufmannsfamilien der Stadt, beschleunigte Bethmanns Aufstieg.[4] Seine Verwandten wollten von dieser neuen Bordeaux-Verbindung ebenfalls profitieren und trugen mit Geld und ihrem globalen Netzwerk zu gemeinsamen Unternehmungen bei. Wenn die Frankfurter Bethmanns koloniale Waren benötigten, wandten sie sich an Johann Jakob, der wiederum die Frankfurter Verwandten zu Kommissionären für seine Handelsgeschäfte in Deutschland ernannte.[5]

Zunächst importierte Bethmann Zucker, Indigo, Kaffee, Baumwolle und Kakao aus der Karibik. Er verschiffte diese Waren zu Häfen im Norden und von dort ins zentraleuropäische Hinterland. Er arbeitete überwiegend als Kommissionär, das heißt, er handelte Waren, die ihm nicht gehörten. Doch im Jahr 1748 stieg er selbst ins Transportgeschäft ein, vor allem mit Zucker aus Martinique und Saint-Domingue. In den folgenden 36 Jahren schickte er 57 Schiffe zu den Westindischen Inseln und hielt Anteile an weiteren Schif-

Handel, Finanzwirtschaft, Plantagenlandwirtschaft und Industrie in einer Person: Porträt von Johann Jakob Bethmann.

fen. Er baute seinen Handel rasch aus, was er zum Teil seinen privilegierten Verbindungen zu den zentraleuropäischen Märkten verdankte, die ihm ein Monopol als Zuckerlieferant für die Habsburger Raffinerien in Fiume an der Adriaküste verschafft hatten sowie die Möglichkeit, gemeinsam mit seinen Brüdern in die Raffinerie selbst zu investieren. Ein solcher exklusiver und vertikal integrierter Handel war eine Goldgrube.[6]

Durch die Beteiligung am Kolonialhandel wurde Bethmann, wie andere Kaufleute aus Bordeaux auch, immer stärker in die Plantagenwirtschaft involviert, oft unbeabsichtigt. Plantagenbesitzer waren gierige Konsumenten von Kapital, Fachkenntnissen und Marktzugängen und damit auf die Kaufleute aus den großen Städten angewiesen. Wenn landwirtschaftliche Unternehmen bankrottgingen, kamen sie in den Besitz dieser Kaufleute. Bethmann verwaltete auch Plantagen für Besitzer, die sich anderswo aufhielten, und kaufte Plantagen, wenn sie sich als profitabel erwiesen hatten. Im Jahr 1777 erwarb er gemeinsam mit dem Kaufmann David Gradis eine Plantage auf Saint-Domingue. Und im Jahr 1787 wurde er mit der Verwaltung der Zuckerplantage des Marquis François Jacques René de Fauveau auf Saint-Domingue betraut.[7]

Ab den 1760er Jahren zählte auch der Sklavenhandel zu Bethmanns Interessen – keine Überraschung, wenn man bedenkt, dass Arbeitskraft ein entscheidender Faktor war, um die Produktion zu erhöhen, und damit auch für den Handel wichtig. Schätzungsweise 411 Expeditionen zum Zweck des Sklavenhandels – etwa 12 Prozent aller französischen Sklavenexpeditionen – liefen im 18. Jahrhundert aus Bordeaux aus. Im Vergleich mit den 11 000 Sklaventransporten britischer Kaufleute verblasst diese Zahl, sie stellten dennoch beachtliche Investitionen der Kaufleute dar: Eine Reise konnte mehr als 200 000 Livres kosten, doch im Jahr 1789, als der Kaufmann Jean Dommenget drei Sklavenschiffe ausrüstete, belief sich seine Investition auf insgesamt 1,25 Millionen Livres – eine gewaltige Summe. Als einer der wichtigsten Akteure im Hafen von Bordeaux beteiligte sich auch Bethmann, den die meisten nun als Jean-Jacques Bethmann kannten, am Sklavengeschäft. In den Jahren 1767/68 handelte er mit der Dänisch-Guineischen Kompanie eine Investition von 800 000 Livres in den Sklavenhandel aus, gab das Projekt aber später auf.[8] Zwei Jahrzehnte später stieg Bethmann jedoch tiefer in den Handel ein: Im Jahr 1789 rettete er mit einigen Kaufmannskollegen eine Handelsfirma, die auf Sklavenhandel, Plantagenverwaltung und Handel mit landwirtschaftlichen Produkten aus Saint-Domingue spezialisiert war, vor dem Bankrott: Romberg, Bapst & Cie. Mit 2,2 Millionen Livres von Bethmann und anderen führte einer der Gründer, Georg-Christoph Bapst, das

Unternehmen unter der Aufsicht von fünf Kaufleuten, darunter als größter Investor Bethmann, weiter.[9]

Die Geschichte der Firma Romberg zeigt, wie eng sich Landwirtschaft, Manufakturen und Finanzwirtschaft in Europa mit der Sklaverei in Amerika verflochten hatten. Romberg war 1729 im westfälischen Sundwig geboren worden und hatte seine Firma 1783 in Bordeaux gegründet. Zu der Zeit hatte er bereits eine glänzende Karriere hinter sich: Er hatte Unternehmen in Ostende, Brüssel und Gent gegründet, in den Österreichischen Niederlanden in die Produktion bedruckter Baumwollstoffe – *toiles d'indiennes* – investiert und Schiffsversicherungen angeboten. Er war außerdem ein bedeutender Bankier, der Kredite an den Habsburgerkaiser und für den Bau eines Kanals vergab. Solche Investitionen hatten Romberg vermögend gemacht und ihm ermöglicht, das Symbol aristokratischen Reichtums und von Macht schlechthin zu erwerben – ein Schloss. In Bordeaux hatte Romberg den atlantischen Sklavenhandel seinem Portfolio hinzugefügt sowie die Verwaltung von Indigo-, Zucker-, Baumwoll- und Kaffeeplantagen in der französischen Karibik. Als Unterstützung für diese komplexen Unternehmungen hatte er sich den jungen Bapst ins Boot geholt und die Leitung seinem Sohn Henry übertragen.[10]

Henry Romberg und Bapst hatten sich kühn in ihr Geschäft gestürzt und versucht, ihren Handel mit Sklaven sowie Plantagenerzeugnissen und die landwirtschaftliche Produktion miteinander zu verbinden.[11] Ein Beobachter beschrieb das Geschäft im Jahr 1814 rückblickend:

> Bei der Unternehmung ging es um zahlreiche Kolonisten in Saint-Domingue. Sie sollten ausreichende Mittel erhalten, um ihre Plantagen reparieren und bepflanzen zu können, sowie ein Einkommen, das ihrem Vermögen entsprach. In Saint-Marc wurde eine Zweigniederlassung eingerichtet, die aus dem Mutterhaus in Bordeaux alle Gerätschaften, Nahrungsmittel [...] und Waren erhalten sollte, die notwendig waren, um die Landgüter auf Saint-Domingue zu betreiben und zu reparieren. Alle Produkte dieser Liegenschaften sollten an die örtliche Niederlassung geliefert werden und dann auf den Schiffen des Haupthauses nach Bordeaux verbracht und von dort verkauft werden.[12]

Die Firma machte mit 63 karibischen Zucker-, Kaffee- und Indigoplantagen Geschäfte, 20 davon verwaltete sie direkt. Dem Unternehmen gehörten sechs oder sieben Schiffe. Zwischen 1783 und 1791, auf dem Höhepunkt des Sklavenhandels in Bordeaux, führten Romberg, Bapst & Cie 14 Sklaventransporte von Afrika durch. Im Jahr 1789 entsandte das Unternehmen die *Aimable Nanon* mit 142 Tonnen Ladekapazität zur Küste des heutigen Guinea und verschleppte dort 192 Menschen in die Sklaverei nach Saint-Marc. Der Sklavenhandel war zum profitabelsten Geschäftszweig der Firma geworden.[13] Bapst prahlte: «Unsere Schiffsladungen werden beim Auslaufen schon verkauft, unsere Schiffe sind ständig im Einsatz», und weiter versicherte er, die versklavten Arbeiter seien «immer fest vermittelt und unsere Kommissionen und jene von Saint-Marc bringen sicheren Gewinn ohne Verzögerung.»[14] Als Geschäftspartner, Kreditgeber und aktiver Investor von Romberg, Bapst & Cie füllte Bethmann seine Taschen mit den Gewinnen aus einem der grausamsten Arbeitssysteme, die je erfunden wurden: Im Jahr 1791 machte er einen Profit von 363 000 Livres (etwa 4 Millionen US-Dollar Stand 2024). Zu jener Zeit verdiente ein ausgebildeter Steinmetz in Paris 2,5 Livres pro Tag.[15]

Diese Profite wirkten sich nicht nur auf Bethmann persönlich aus, sondern auch auf die kapitalistische Revolution im Allgemeinen. Durch Bethmanns enge Verbindung zu seinen Brüdern in Frankfurt führten seine Gewinne auch deren Investitionen in die frühen Zentren deutscher Industrialisierung entscheidende Mittel zu – die Kupferminen, die Metallbearbeitung, die Textilproduktion. Auch die erste mechanisierte Baumwollspinnerei in Deutschland, die Textilfabrik Cromford von Johann Gottfried Brügelmann in Ratingen, zehrte von Bethmanns Kapital.[16]

Ein Handelsaußenposten im Zentrum der Territorien der Sklaverei:
Saint-Marc auf Saint-Domingue im 18. Jahrhundert.

Kapitalistische Inseln wie Bordeaux florierten, und durch die multidirektionalen Ambitionen der Kaufleute entstanden neue und bemerkenswerte Rückkopplungsschleifen. Sie bewiesen, dass die beispiellose Dynamik des Kapitalismus kein statisches oder isoliertes Ensemble von Institutionen und Kulturen, von Zwängen und Ausstattung mit Ressourcen, von Klassenkämpfen und geografischen Gegebenheiten war, sondern eine revolutionäre, oft gewaltsame Mischung all dieser Elemente vor dem Hintergrund neuartiger Verbindungen, die sich über die gesamte Welt erstreckten. Der Kapitalismus schuf die Weltwirtschaft und entstand zugleich aus ihr, wie auf einem Möbiusband. Die beispiellose Expansion dieser Weltwirtschaft über den Atlantik war ihr explosiver Kern, der sie von allen bisherigen Organisationsformen des Wirtschaftslebens unterschied, auch von den alten Inseln des Kapitals in der ersten Hälfte des zweiten Jahrtausends.

Was diese neuen Verbindungen einzigartig machte, war nicht ihre geografische Ausdehnung, denn den Fernhandel gab es schon viele Jahrhunderte vor dem Kapitalismus. Diese Verbindungen verdankten ihre transformierende und selbsterhaltende Dynamik der Gleichzeitigkeit der großen Vernetzung, der Transformation des ländlichen Raums und der Intensivierung der handwerklichen und industriellen Produktion, die durch die Expansion staatlicher Macht ermöglicht und weiter vorangetrieben wurden. Dies war mehr als eine multidimensionale Rückkopplungsschleife; es war eine kapitalgetriebene Entfaltung von Zirkulation, Produktion und Konsum; eine vielschichtige und globale gesellschaftliche Veränderung. Es gab zahlreiche Rückkopplungsschleifen, was noch einmal zeigt, dass jede Suche nach einem einfachen Grund oder einem einzelnen Ort, der diesen großen Durchbruch des Kapitalismus erklären würde, zum Scheitern verurteilt ist.

Weltweit profitierten Warenproduzenten in urbanen Werkstätten und im bäuerlichen Heim von den expandierenden Märkten, die durch neue Handelsverbindungen eröffnet wurden. Ägyptische Handwerker erhöhten ihre Produktion an Lederwaren und Textilien, als der Handel im Osmanischen Reich zunahm. Die Seidenindustrie von Lyon expandierte kräftig dank italienischer Investitionen und neuer Zugänge zu spanischen Märkten. Indische Spinner und Weber erhöhten ihre Arbeitsleistung, als europäische Handelsunternehmen sie an europäische, afrikanische und amerikanische Märkte anbanden. Sie entdeckten auch neue Märkte in Ostafrika: Als die Elefantenjagd zunahm – eine Sonderform der Transformation ländlicher Gebiete –, benötigten die Kaufleute aus Gujarat, die Elfenbein aus den ostafrikanischen Häfen verschifften, mehr Textilien, um mehr Elefantenstoßzähne erwerben zu können. Das regte indische Weber dazu an, mit Musterbüchern zu arbeiten, die die Vorlieben ihrer afrikanischen Kunden abbildeten. Das Handelsvolumen war enorm. Um das Jahr 1750 erhielt Sena, eine Stadt im Sambesital, zwischen 120 000 und 160 000 Stoffballen pro Jahr. Auf der Mosambik-Insel trafen wohl 300 000 bis 500 000 Stoffballen aus Gujarat an, und all das unter der Ägide von Bania-Kaufleuten, die auch die Kredite bereitstellten, welche gleichermaßen die Expansion der Textilproduktion in Indien und der Elefantenjagd in Afrika erleichterten.[17] Europäische Leinenproduzenten hatten ihre Produktion für die transatlantischen Märkte ebenfalls bereits stark erhöht, und ihre Marken waren inzwischen in der ganzen Welt bekannt, sodass Kunden in Havanna oder Rio eine genaue Vorstellung davon hatten, was sie erwarten konnten, wenn sie «Braunschweiger», «Hessische» oder «Osnabrücker» Stoffe bestellten.

Die Intensivierung des Handels förderte das Wachstum der Städte und erweiterte so auch die Märkte, weil sie die Kunden zu den Inseln des Kapitals und in ihre Häfen führte. Auch damit trieb die große Vernetzung die kommerzielle Landwirtschaft und die Intensivierung der Warenproduktion voran. Die 70 000 Einwohner von Bordeaux verdienten nicht nur ihren Lebensunterhalt mit Handel – wie auch die Bewohner von Amsterdam und Surat, London und Guangzhou –, sondern sie bezogen Nahrungsmittel und andere Waren aus der ländlichen Umgebung. Die wachsenden indischen Städte wurden ebenfalls zu wichtigen Märkten für produzierte Waren. In Japan vervierfachte sich die Anzahl der Städte mit mehr als 10 000 Einwohnern zwischen den Jahren 1500 und 1800. Im Jahr 1804 lebten 6,4 Prozent der Japaner in solchen Städten. In China verlief die urbane Entwicklung langsamer,

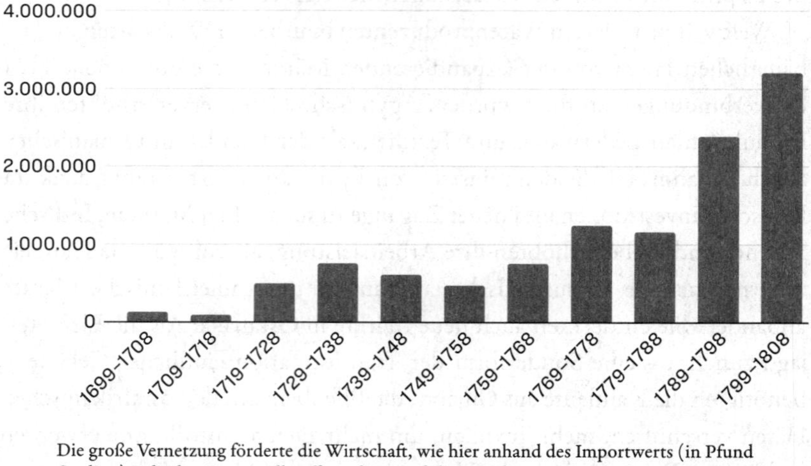

Die große Vernetzung förderte die Wirtschaft, wie hier anhand des Importwerts (in Pfund Sterling) indischer Baumwollstoffe nach Westafrika zwischen 1699 und 1808 gezeigt wird.

etwa ebenso schnell wie die Bevölkerungsentwicklung. Doch diese Bevölkerung wuchs rapide: Im Jahr 1500 lebten zwischen 100 und 125 Millionen Menschen im chinesischen Kaiserreich, 250 Jahre später waren es doppelt so viele.[18] Großstädte entstanden – Nanjing hatte bereits im 17. Jahrhundert um eine Million Einwohner, deutlich mehr als die größten europäischen Städte.

Die Urbanisierung war ein globaler Prozess, aber ihre Dynamik im Europa des 18. Jahrhunderts einzigartig – das unmittelbare Ergebnis der bedeutenden Rolle, die Europa bei der großen Vernetzung spielte, und eine weitere Rückkopplungsschleife. Nirgendwo anders wuchsen die Städte, anteilig an der Gesamtbevölkerung, stärker als in Westeuropa und vervielfachten sich: London hatte im Jahr 1650 etwa 400 000 Einwohner und im Jahr 1740 um 675 000 – eine direkte Folge der imperialen Ambitionen. In Paris nahm die Bevölkerungszahl von 500 000 im Jahr 1700 auf circa 650 000 im Jahr 1790 zu. Im Jahr 1800 lebten 29 Prozent der Briten in Städten und wurden nur von den Niederländern übertroffen, von denen sich 34 Prozent in urbanen Zentren wie Amsterdam, Haarlem oder Utrecht niedergelassen hatten. Die Urbanisierung war ein Nebenprodukt des intensivierten Handels – und sie förderte sowohl die Ausweitung der protoindustriellen Produktion als auch die Kommerzialisierung der Landwirtschaft, was bedeutsam war, weil die meisten Menschen im Großteil der Welt immer noch in ländlichen Ökosystemen verwurzelt waren und nur wenige kauften.[19]

AUCH WEGEN der Expansion des Handels wurden vermehrt Waren produziert. Der intensivierte Handel trieb wiederum die Transformation des ländlichen Raums voran und schuf so eine weitere verstärkende Rückkopplungsschleife. Textilien, Metallwaren und Porzellan wurden in immer größeren Mengen über immer weitere Distanzen hinweg gehandelt und füllten Kassen der Kaufleute. Die Inseln des Kapitals errangen im Umland der Städte und in der Produktion, auch im verarbeitenden Gewerbe, stetig an Einfluss und verstärkten so die Verbindungen zwischen diesen Bereichen.

Grundsätzlich gab es diese Rückkopplungsschleifen zwischen der großen Vernetzung und der Intensivierung der Warenproduktion im 18. Jahrhundert auf der ganzen Welt. Doch am westlichen Rand des europäischen Kontinents bekamen sie eine eigene Dynamik. Hervorgerufen wurde diese nicht durch die Protoindustrie in Europa, denn die Protoindustrialisierung vollzog sich überall, insbesondere in Asien, und führte nicht zwingend zur Industrialisierung. Doch im westlichen Europa interagierten die Merkmale der von Kaufleuten angetriebenen kapitalistischen Revolution – die große Vernetzung, die Transformation des ländlichen Raums, die Intensivierung der protoindustriellen Produktion und die zunehmende staatliche Macht – mit weltverändernder Kraft. Nirgendwo sonst auf der Welt gab es Unternehmer wie die Bethmanns, die sich nicht nur auf die Transformation der karibischen Landwirtschaft stützten, sondern auf Verbindungen zu neuen Inseln des Kapitals an den Küsten Afrikas und Amerikas, den militärischen Schutz dieser Handelsverbindungen durch die Franzosen und die intensivierte protoindustrielle Produktion in Fiume, Ratingen und andernorts. Nur in Europa nahm eine politische Ökonomie Gestalt an, die diese Integration ermöglichte. Mitte des 18. Jahrhunderts war aus den Transformationen der vorangegangenen 250 Jahre ein machtvolles Konglomerat aus sich gegenseitig verstärkenden Entwicklungen geworden, die in Europa konzentriert auftraten.[20]

Besonders deutlich erkennt man das im Epizentrum dieses neuen Kapitalismus – im Vereinigten Königreich, wo die große Vernetzung einzigartige Auswirkungen auf die Warenproduktion hatte. Zwischen 1720 und 1780 wuchs der Handel Großbritanniens mit Afrika, Asien und Amerika ungewöhnlich stark, während die relative Bedeutung des Handels mit Kontinentaleuropa deutlich nachließ. Um 1700 gingen 15 Prozent aller britischen Exporte auf außereuropäische Märkte; 70 Jahre später lag dieser Anteil bei 51 Prozent. Historiker schätzen, dass die Hälfte der zusätzlichen industriellen Produktion zwischen den Jahren 1688 und 1815 exportiert wurde, eine erstaunliche Zahl, die Produzenten noch nie erreichte Märkte und neuartige Anreize verschaffte. Als Folge verdankte nach 1763 jeder zweite Arbeiter in den Manufakturen des Vereinigten Königreichs seinen Job den Exporten. Die Wirtschaftswissenschaftlerin Barbara Solow hat festgestellt, dass Exporte nach Amerika die Expansion der wichtigsten Industrien in Großbritannien unterstützt haben. Dass über die Atlantikhäfen globale Märkte zugänglich waren, war fast der *einzige* Grund für das schnelle Wirtschaftswachstum im Westen Europas verglichen mit Osteuropa.[21]

In Frankreich spielte sich im 18. Jahrhundert Ähnliches ab: Der Außenhandel entwickelte sich schneller als der Inlandsmarkt und stellte so einen wichtigen Absatzmarkt für Manufakturwaren dar. Zwischen 1716 und 1787 nahmen die Importe aus den Kolonien jährlich um 3,33 Prozent zu, Exporte und Reexporte um 3,1 Prozent. Im Jahr 1786 wurde ein Drittel des französischen Außenhandels mit nicht europäischen Regionen abgewickelt, zwei Drittel davon waren Importe aus der Karibik. Eine umfangreiche Studie zur französischen Wirtschaft im 18. Jahrhundert stellte fest, dass der Außenhandel «das Herz des Wachstums» bildete.[22]

Der intensivierte Handel hatte noch einen weiteren nützlichen Effekt: Die Produzenten standen nun, oft zum ersten Mal, mit weit entfernten Kollegen in Konkurrenz. Englische Tuchweber kämpften gegen hochwertige Textilien aus Südasien um Marktanteile. Europäische Töpfer wurden mit feinstem chinesischem Porzellan konfrontiert. Sie reagierten auf den Marktdruck, indem sie die Produktion effizienter gestalteten und die Qualität ihrer Produkte verbesserten. Die englischen Töpfer Sarah und Josiah Wedgwood imitierten erfolgreich den Stil importierter chinesischer Porzellanwaren. Delfter Keramik aus den Niederlanden war ebenfalls eine Imitation von chinesischem Porzellan, die den Wunsch nach Luxuswaren bei der Mittelklasse bedienen sollte.[23] Den Wedgwoods war der Zusammenhang zwischen ihrer eigenen Porzellanproduktion und dem Handel mit chinesischem Porzellan wohl bewusst, wie der Name Wedgwood Bone China erkennen lässt. Im Jahr 1772 schrieben sie an einen Geschäftspartner, den Liverpooler Kaufmann Thomas Bentley: «Die Betuchten haben in ihren Palästen schon so lange Vasen, dass sie auch von Menschen aus der mittleren Klasse gesehen und bewundert werden konnten», die daraufhin selbst zu potenziellen Käufern des Porzellans aus heimischer Produktion wurden.[24] Dieser Wettbewerbsdruck wirkte sich vor allem auf europäische Warenproduzenten aus, denn bis Ende des 19. Jahrhunderts gelangten nur wenige Importwaren auf asiatische Märkte. Danach ließ der Kolonialismus asiatischen Kapitalisten und Staaten nur wenig Möglichkeiten, das zu verhindern.

Die Transformation des ländlichen Raums erweiterte den Markt für handwerklich oder industriell gefertigte Waren: eine weitere Rückkopplungsschleife. Je mehr die Subsistenzwirtschaft zurückging, sich selbst versorgende Landgüter zerfielen und Tributbeziehungen beendet wurden, umso mehr konsumierten auch Bauern Waren, die anderswo produziert worden waren: Stoffe, aber auch Töpfer- und Metallwaren sowie verarbeitete Lebensmittel wie Zucker und Bier. Das galt insbesondere für die Territorien der Sklaverei und für Regionen, in denen die Landwirtschaft vor allem für den Markt produzierte. Das Entstehen stark kommerzialisierter Inseln im Archipel des Kapitals – Barbados und Saint-Domingue, Gorée und Potosí, die Chesapeake-Region und Bahia – vergrößerte die Märkte. Alle Werkzeuge, ein Großteil der Lebensmittel und fast alle der handwerklich oder industriell gefertigten Waren kamen von anderswo, was in einer Welt, in der die meisten Familien ihre eigenen Lebensmittel anbauten und das, was sie benötigten, größtenteils selbst herstellten, ungewöhnlich war. Die Kleidung der Sklavenarbeiter wurde in fernen Orten wie Hirschberg gesponnen und gewoben; die Eisenketten, die sie fesselten, waren in Birmingham und Nantes geschmiedet worden; die Schiffe, die Sklaven, Zucker und andere Bedarfsgüter lieferten, wurden in Werften in Toulon, Boston oder London gebaut. Unterdessen aß eine kleine Elite von Plantagenbesitzern von chinesischen Porzellantellern, war in indische Stoffe gekleidet und konsumierte Luxuswaren aus europäischen Werkstätten. Das Überraschendste ist, dass sogar Lebensmittel weite Strecken zurücklegten. Regionen wie Bordeaux profitierten von ihrem landwirtschaftlichen Hinterland und schickten Getreide und Wein bis in die Karibik. Als sie 1791 von Bordeaux in Richtung Saint-Domingue auslief, hatte die *Triomphant* fast 45 000 Liter Wein an Bord.[25]

Der Plantagenbesitzer Marquis de Paroy, den wir bereits kennengelernt haben, besaß eine ganze Reihe solcher Artikel aus der expandierenden Protoindustrie der Welt: Tische und Stühle, Betten und Spiegel, «Handtücher aus bretonischen Stoffen» und eine «*Indienne* aus der Provence mit roten Blumen», Gewehre und ein Schwert, Keramik- und Glaswaren, eine Uhr und «5 Krüge aus der Provence» sowie weitere Haushaltsgegenstände.[26] Die Plantagenwirtschaft von Saint-Domingue war so mit der Arbeit von Familien, Bauern und Handwerkern verbunden, die niemals von Asien, Afrika oder Europa aus die Meere überqueren und selbst einen Fuß auf die Insel setzen würden. Damit war sie auf unheimliche Art modern und in einem Ausmaß auf den Markt angewiesen, das Europa selbst erst Jahrzehnte oder Jahrhunderte später erreichen sollte. Die beispiellose Nachfrage von Menschen wie dem Marquis de Paroy aus den aufs Engste verbundenen atlantischen Territorien der Sklaverei unterstützte die Expansion der Industrie erheblich. Die langsamen heimischen Märkte reichten dafür nicht aus.[27]

Der Lebensunterhalt von Kaufleuten, Adligen, Webern und Spinnern in Hirschberg und andernorts hing von dieser Transformation des ländlichen Raums in der Ferne ab, weil fast die gesamte Stoffproduktion an weit weg liegende Märkte geliefert wurde. Diese Textilien spielten insbesondere im afrikanischen Sklavenhandel eine entscheidende Rolle – Historiker schätzen, dass im Verlauf von 350 Jahren Textilien mehr als die Hälfte des Werts aller Produkte ausmachten, die in Afrika gegen Sklaven eingetauscht wurden, was zu einer signifikanten Nachfrage in der indischen und europäischen Protoindustrie führte. Bei den Sklavenexpeditionen aus Bordeaux im Jahr 1743 betrugen Textilien – in diesem Fall überwiegend aus Indien – 60 Prozent des Wertes der Ladung. Diese Textilien gelangten in Form von preisgünstiger Kleidung für versklavte Arbeiter im Zucker-, Reis-, Baumwoll- und Indigoanbau auch in den Plantagengürtel.[28]

Diese Märkte waren wichtig für Produzenten in Stadt und Land. England exportierte im 18. Jahrhundert mehr Nägel, Äxte und Feuerwaffen als je zuvor, wobei die Exporte nach Übersee sehr viel schneller anstiegen als die Exporte auf den europäischen Kontinent. Auch die niederländische Textilindustrie florierte im 17. Jahrhundert aufgrund der Nachfrage aus dem Fernhandel. Eisenwaren, von Pflügen über Macheten bis zu Fußfesseln, französische Seide für hochwertige Kleider – all das wurde auf den Märkten der aufblühenden Welt jenseits des Atlantiks immer mehr nachgefragt.[29]

Die eher schrittweise Transformation der ländlichen Gebiete außerhalb der ausgebeuteten Territorien der Sklaverei vergrößerte diese Absatzmärkte ebenfalls.[30] Polnische Adlige konzentrierten sich nur darauf, Weizen für den Weltmarkt zu produzieren. Sie kauften die meisten Handelswaren, die sie konsumierten, in Danzig, und viele dieser Waren wurden aus Westeuropa importiert. Europäische Bauern verloren ihr Land und wurden zu Lohnarbeitern. Auch sie mussten das, was sie brauchten, erwerben, was zu einer weiteren Expansion der heimischen Märkte führte.

Die Transformation des ländlichen Raums hatte damit direkten Einfluss auf die Warenproduktion der Welt, sie war tatsächlich eine Voraussetzung für ihre Expansion. Wie bedeutsam diese Verbindungen waren, erkennt man an einem Teilbereich der frühen europäischen Industrie: der Kupferproduktion. Vor dem Jahr 1650 war die Kupferproduktion in England – die nie besonders wichtig gewesen war – fast vollständig eingestellt. Für die Verarbeitung von Kupfererz brauchte man teure Holzkohle, und der Inlandsmarkt dafür war zu klein und zu unflexibel.[31]

Dann kam es Mitte des 17. Jahrhunderts zur karibischen Zuckerrevolution und damit zu einer Nachfrage nach Kupferkesseln, um das Zuckerrohr auszukochen. Etwa 8 Prozent der Investitionen in eine Zuckerplantage wurden für solche Kupfergerätschaften ausgegeben, was insgesamt zu einer riesigen Nachfrage nach dem Metall führte. Neue Märkte für Kupfer entstanden außerdem im Schiffsbau sowie an der Westküste Afrikas, wo afrikanische Kaufleute Kupfer als Bezahlung für Sklaven akzeptierten. Zwischen 1673 und 1704 betrug Kupfer 10 bis 15 Prozent des Exportwerts der Royal African Company. Die Inlandsnachfrage blieb gering, aber im Jahr 1700 wurde viermal mehr Kupfer exportiert als im Jahr 1670, und mit 90 Prozent ging fast alles davon nach Amerika oder Afrika.[32]

Dieser expandierende Markt veranlasste britische Erfinder und Investoren, nach effizienteren Produktionsverfahren zu forschen. Schmelzhütten arbeiteten daran, teure Holzkohle durch die günstigere Steinkohle zu ersetzen. Als die Nachfrage nach Kupfer sprunghaft anstieg, suchten Mineure im Südwesten Englands nach Möglichkeiten, Wasser aus immer tieferen Minenschächten zu pumpen, um an die Kupfervorkommen zu gelangen. Das veranlasste den jungen Ingenieur Thomas Newcomen zur Erfindung einer leistungsstarken Maschine, mit der es erstmals gelang, einen Kolben in einem Zylinder kontinuierlich durch Wasserdampf zu bewegen. Tatsächlich gebaut wurde das erste Exemplar in den Midlands, doch Newcomen hatte mit seiner Arbeit bei den Kupferminen begonnen. Diese neuen Technologien erforderten allerdings erhebliche Investitionen. Der Atlantikhandel – in erster Linie durch die Sklavenplantagen befeuert – hatte damit direkte Auswirkungen auf die englische Kupferindustrie, die keineswegs nur aus Kesselflickern bestand, sondern koordinierte Strategien und Investitionen durch die kapitalreichen Kaufleute erforderte, die auch die große Vernetzung und die Transformation des ländlichen Raums vorantrieben. Infolge dieses Drucks und der Anreize produzierte England um 1800 mehr Kupfer als jedes andere Land.[33]

Während die Kupferexporte zwischen 1750 und 1770 um 11 Prozent jährlich anstiegen – schneller als bei jedem anderen Metall –, ergaben sich Gelegenheiten, viel Geld zu verdienen. Der Kupferschmied William Forbes zog im Jahr 1771 nach London und gründete mit bescheidenen 500 Pfund ein kupferverarbeitendes Unternehmen. Die Produktion war so profitabel, dass er im Jahr 1783, als er sich aus dem Geschäft zurückzog, für 100 000 Pfund einen Landsitz in Stirlingshire kaufen konnte. Dort friedete er das Land ein und erhöhte die Pacht für die gebliebenen Bauern.[34]

Die Eisenverarbeitung profitierte auf ähnliche Weise von der großen Vernetzung und der Transformation des ländlichen Raums. Der Sklavenhandel hing von Eisenwaren ab, und obwohl seine Nachfrage nicht das größte Volumen ergab, erkannte die Branche die Anreize, die die Versklavung und der Transport von Millionen Afrikanern auslösten, da Eisenbarren in Afrika häufig gegen Sklavenarbeiter eingetauscht wurden. Eisenproduzenten lieferten auch die Hardware des Zwangs. Birmingham wurde zum Produktionszentrum für Fesseln und Ketten. In der Region Nantes stellten die Franzosen sogenannte «fers à nègres» her, Eisenfesseln, in die die versklavten Arbeiter gelegt wurden. Als die *Jeune Reine* im Jahr 1765 aus dem Hafen von Nantes nach Gorée auslief, um danach Guadeloupe anzusteuern, wo die Gefangenen verkauft werden sollten, hatte sie 137 Fesseln, Ketten etc. an Bord. Im Jahr 1784 segelte die *Jeanne Therese* von Nantes zur Goldküste, um dort versklavte Afrikaner zu erwerben. Im Laderaum hatte sie das übliche Arsenal an Eisenfesseln und Brandeisen.[35]

In einer weiteren Rückkopplungsschleife verstärkte die Protoindustrialisierung die Transformation des ländlichen Raums, sogar in traditionellen Branchen wie der englischen Wollindustrie. Die Nachfrage nach immer größeren Mengen Rohwolle verleitete englische Landbesitzer dazu, ihre Felder einzuhegen und Schafe zu züchten. In Schlesien drängten Leinenproduzenten die Landbesitzer, auf ihren Feldern Flachs anzubauen, während afrikanische und indische Bauern Baumwolle für die Tuchherstellung produzierten. Die Transformation des ländlichen Raums lieferte das Rohmaterial für die industrielle Produktion sowie die benötigten Kalorien, um Arbeiter zu ernähren, die die Lebensmittel, die sie brauchten, nicht selbst anbauen konnten.

Insbesondere Amerika lieferte immer größere Mengen an Kalorien, Faserstoffen und Rohmaterial und half so Europa, über die eigenen Ressourcengrenzen hinauszugehen und der malthusianischen Falle zu entkommen, die die wirtschaftliche Entwicklung in der Vergangenheit ausgebremst hatte. Im späten 17. Jahrhundert war Zucker, ausnahmslos importiert, in Großbritannien Teil des täglichen Lebens geworden. Hundert Jahre später kaufte eine sechsköpfige britische Familie auf dem Land bereits zwei Pfund Zucker in der Woche. Rum – ein wichtiges Nebenprodukt der Zuckerproduktion – lieferte ein Viertel der Kalorien, die ein Erwachsener im britischen Teil Nordamerikas aufnahm. Um diese Nachfrage befriedigen zu können, verfünffachte sich die Zuckerproduktion im britischen Amerika im 18. Jahrhundert nahezu: Im Jahr 1805 entsprach die Jahresproduktion – 297 400 Tonnen – dem jährlichen Kalorienbedarf von 1 446 200 englischen Arbeitern. Zu diesem Zeitpunkt lebten in Großbritannien nur 10,5 Millionen Menschen.[36]

Dieser Zucker ernährte die Europäer nicht nur, sondern er machte auch vollkommen neue Industrien möglich, wie die Schokoladenherstellung, die wiederum weitere Transformationen des ländlichen Raums nach sich zog. In Hafenstädten und auch anderswo eröffneten Chocolatiers kleine Werkstätten und stellten dort die immer beliebtere Mischung aus Zucker und Kakao her. Nantes und Bristol waren bekannt für ihre vielen Schokoladenhersteller. In Bristol, einem der wichtigsten Atlantikhäfen Großbritanniens, begann der Quäker und Geschäftsmann Joseph Fry im Jahr 1760 Schokolade herzustellen und legte so den Grundstein für die größte Schokoladenproduktion des Königreichs: Fry's. In der Schweiz verbreitete sich die Schokoladenherstellung im 18. Jahrhundert insbesondere um den Genfer See.[37] Kakao wurde zur wichtigen atlantischen Importware und im 19. Jahrhundert zum Symbol für Schweizer Können in Handel und Produktion.

Andere Plantagenerzeugnisse – Baumwolle, Indigo, Reis, Kaffee und Tabak – strömten ebenfalls in europäische Häfen. Die Auswirkungen waren substanziell: Dank der Plantagen konnten Industriearbeiter in Europa mit Lebensmitteln versorgt werden, ohne dafür vor Ort Land einsetzen zu müssen, und Kapitaleigner profitierten von billigen Arbeitskräften, ohne sozialen Aufruhr befürchten zu müssen. Die Kolonien verschafften der Entwicklung Europas erhebliche Vorteile.[38] Die Ressourcen am anderen Ende der Welt schienen grenzenlos, ihre Reichtümer landeten an den Küsten Europas, als die Kapitaleigner die Rohstofffronten in immer entferntere Gebiete vorantrieben. Europäische Kaufleute waren nun in der einzigartigen Lage, auf riesige sogenannte Geisterfelder zurückgreifen zu können – Landflächen, die nicht zur physischen Realität des «malthusianischen Europa» gehört hatten. Dieser folgenreiche Schritt ermöglichte für kleine Teile eines kleinen Kontinents eine außergewöhnliche Entwicklung. In einer Welt, in der technologiebedingter Produktivitätszuwachs selten war, erwies sich die Neuverteilung der weltweiten Ressourcen als entscheidend für die weitere Entwicklung. Da die Löhne in Europa stagnierten – «In keinem Fall erzielten Arbeiter ein Einkommen, das über mittelalterlichem Niveau lag», schrieb Robert Allen, der führende Experte auf diesem Gebiet –, profitierte nur eine kleine Minderheit von privilegierten europäischen Kapitaleignern von dieser Umverteilung der Ressourcen.[39]

Weil die große Vernetzung, die Transformation des ländlichen Raums und die Intensivierung der Warenproduktion sich selbst verstärkten, erzeugten sie eine positive Rückkopplungsschleife von globalen Ausmaßen, an der Menschen auf der ganzen Welt, bewusst oder unbewusst, beteiligt waren. Indische Handwerker lieferten neue Technologien, afrikanische Herrscher sicherten Arbeitskräfte für Plantagen auf einem fernen Kontinent, versklavte Arbeiter bauten Feldfrüchte an, mitteleuropäische Bauern spannen und webten, und die Kaufleute in Bordeaux und Surat trieben Handel. Die kapitalistische Revolution war ein Gemeinschaftswerk, das auf die Kreativität, die harte Arbeit und die Reichtümer eines großen Teils der Welt zurückgriff, und das mit grausamer Gewalt.

In diesem globalen Maßstab des aufkommenden Kapitalismus wurden Hierarchien in Stein gemeißelt und Ressourcen immer häufiger über Ungleichheiten hinweg umverteilt. Ihr bemerkenswert vernetzter Archipel des Kapitals erlaubte es den europäischen Kaufleuten, eine zunehmend dominante Rolle in den Produktionsnetzwerken einzunehmen. In puncto Qualität und Quantität hinkte die europäische Protoindustrie den asiatischen Produzenten immer noch hinterher. Doch die landwirtschaftlichen und industriellen Netzwerke der europäischen Kaufleute waren global und verbanden Produktion, Handel und staatliche Macht zu einem machtvollen neuen

Amalgam, dank dem europäische Kapitaleigner und Herrscher Ressourcen, Fertigkeiten und Institutionen in ihren Händen und auf ihrem Gebiet für die folgenden drei Jahrhunderte konzentrieren konnten.

Die radikale Transformation des ländlichen Raums in Amerika verschärfte entscheidend die Hierarchien, die später die Weltwirtschaft bilden sollten. Am meisten profitierten die Kaufleute und Verschiffer in den europäischen Hafenstädten von dem rasch expandierenden amerikanischen Komplex – dem schlagenden Herzen des Kriegskapitalismus.[40] Tatsächlich war die radikale Transformation des ländlichen Raums entscheidend für den späteren großen Sprung nach vorn. Das eigentlich Neue dieses Moments in der Geschichte des Kapitalismus war die Schaffung eines institutionellen politisch-wirtschaftlichen Rahmens, der eine massive Umverteilung von Ressourcen auf der ganzen Welt ermöglichte.

Moderne Wissenschaftler haben die Erkenntnisse, die karibische und afroamerikanische Intellektuelle wie Eric Williams, Walter Rodney, C. L. R. James, W. E. B. Du Bois, Aimé Césaire und Anton de Kom schon nahezu ein Jahrhundert zuvor formuliert hatten, bestätigt: Die große Vernetzung und die radikale Transformation des ländlichen Raums in Amerika prägten die gesamte europäische Wirtschaft.[41] Die Verbindung zwischen Sklaverei, Enteignungen, Kolonialismus und dem wirtschaftlichen Aufstieg Europas sorgte bei jenen, die später Kapitalismus und Freiheit quasi gleichgesetzt haben, für Ablehnung, doch zu der Zeit, als diese Entwicklungen stattfanden, waren die Verbindungen für Zeitgenossen aller politischen Richtungen offensichtlich.[42] Im Jahr 1745 beobachtete der britische Ökonom Malachy Postlethwayt, «das oberste Prinzip und die Grundlage von allem anderen, die Triebfeder der Maschine, die alle Räder in Bewegung setzt», sei der Sklavenhandel.[43] Der Kaufmann John Cary aus Bristol hatte diesen Umstand im Jahr 1695 schon genauer ausgeführt:

> Der Afrikahandel [...] ist das vorteilhafteste von allen Handelsgeschäften, die wir für dieses Königreich betreiben, und bringt höchsten Gewinn, für den wir als Einsatz nur kleine Dinge aus eigener Produktion benötigen, für die wir im Gegenzug Gold, Zähne, Wachs und Negroes* erhalten, wobei Letztere sehr viel besser sind als Ersteres, ja

* Die Originalquelle verwendet diesen zeittypischen rassistischen Begriff.

> das beste Handelsgut des Königreichs. […] Diese Hände verbessern unsere Plantagen, und durch ihre Arbeit wachsen große Mengen an Zucker, Tabak, Baumwolle, Ingwer und Indigo, die als sperrige Waren für den Transport hierher eine große Anzahl unserer Schiffe benötigen, und je mehr Schiffe eingesetzt werden, umso mehr Handwerke zu Hause werden beschäftigt, umso mehr von unseren Produkten und Erzeugnissen werden ausgegeben und umso mehr Seeleute gibt es, die von anderer Arbeit erhalten werden.[44]

Auch auf dem Kontinent schätzte man die vorteilhafte Wirkung der Plantagenwirtschaft für die ökonomische Entwicklung Europas. Der deutsche Kammerassessor C. L. P. Hüpeden schrieb im Jahr 1787 über den Stand der örtlichen Leinenherstellung, deren Produkte zu einem Großteil nach Amerika verkauft wurden. Um den tieferen Zusammenhang anzudeuten, sprach er dabei von «dem hessischen Peru und Ostindien» und versicherte, der Leinenhandel sei «der Hauptkanal, durch welchen spanisches Gold und Silber in unsere Cassen fließt».[45] Ohne diesen Handel, so Hüpeden, «steht das Uhrwerk des Staates still».[46] In einem 1830 anonym verfassten Memorandum aus dem Archiv des Bürgermeisters von Amsterdam wird geschätzt, dass die Kolonie im heutigen Suriname durch den Handel mit Baumwolle, Kaffee, Zucker und Kakao zusammen mit der Verarbeitung, Verschiffung und Bevorratung dieser Rohstoffe mehr als 2,2 Millionen Gulden in die städtische Wirtschaft spülte. Der Bericht kommt zu dem Schluss, dass «kein arbeitender Mann in Amsterdam zu finden ist […] der kein Stück Brot durch diese Kolonie verdient».[47]

Die gesamte europäische Wirtschaft war eng mit dem transatlantischen Sklavenkomplex verknüpft. Kaufleute wie Bethmann und Städte wie Bordeaux zeigen, dass französische Kapitaleigner untrennbar in den transatlantischen Sklavenhandel verstrickt waren, manche Branchen hingen sogar fast vollständig von der Sklavenwirtschaft ab. Nantes, Rouen, Le Havre oder Honfleur stützten sich allesamt auf den transatlantischen Handel – nicht nur wegen der Handelstätigkeiten, sondern auch wegen des Zuckers, des Schiffbaus, der Eisen- und Textilindustrie. Die Profite im französischen Außenhandel waren höher als im Binnenhandel und daher wichtig für die Kapitalakkumulation des 18. Jahrhunderts. In Saint-Domingue waren im Jahr 1789 mehr Schiffe angedockt als im Hafen von Marseille. Viele französische Kaufmannsfamilien verdankten ihren Wohlstand dieser Welt: Die Chaurands aus Nantes finanzierten und organisierten zwischen 1782 und 1788 elf Sklaventransporte und machten dabei durchschnittlich 17 Prozent Gewinn.

Doch der Sklavenhandel ist, so profitabel er gewesen sein mag, nur ein kleiner Teil einer größeren Geschichte. Französische Kaufleute, Plantagenbesitzer, Finanziers und andere profitierten von Amerika auch durch Handel, Versicherungen, Bankwesen und den Verkauf von Plantagenerzeugnissen, mit Auswirkungen auf die gesamte französische Wirtschaft. Sogar Paris, weit entfernt vom Atlantik, wurde dadurch geprägt. Die Banken und Aktienmärkte der Stadt spielten eine aktive Rolle im Atlantikhandel. Ein bedeutender Teil des kolonialen Wohlstands sammelte sich in der Großstadt an der Seine, vor allem in Form von Immobilien. Jean-Baptiste Hosten, der Plantagen in Saint-Domingue besaß, investierte seine Gewinne aus der Zuckerproduktion in den Pariser Immobiliensektor. Bei seiner Rückkehr nach Paris im Jahr 1788 kaufte er mehrere hochpreisige Anwesen, und drei Jahre später war er an die Spitze der Pariser Gesellschaft aufgestiegen. Als die Sklavenhalter in Saint-Domingue unter Druck gerieten, hatte er einen Großteil seines Reichtums aus der Sklavenarbeit bereits in Paris in Sicherheit gebracht.[48]

Die Republik der Vereinigten Niederlande mit ihren expandierenden Sklavenplantagen in der Karibik und in Südamerika wurde gleichermaßen reich. Im Jahr 1770 machte die Sklavenwirtschaft etwa 5 Prozent des niederländischen BIP aus und mehr als 10 Prozent des BIP der Provinz Holland.[49] Zum Vergleich: Im Jahr 2018 erwirtschaftete die Automobilindustrie etwa 7,7 Prozent der deutschen Wirtschaftsleistung und in den USA resultierten rund 6,8 Prozent des Bruttowertes der gesamten US-amerikanischen Privatwirtschaft aus «Daten, Information und Technologie», wobei der Software-Sektor es auf 3,6 Prozent brachte.[50]

Die Niederländer verschleppten, bei einer Population von weniger als zwei Millionen Menschen im Jahr 1795, erschütternde 600 000 versklavte Afrikaner über den Atlantik und profitierten von den Waren, die sie produzierten. Im Jahr 1688 hatten schon 60 000 Sklaven in den niederländischen Kolonien Asiens gearbeitet. Der Sklavenhandel verschaffte einigen erhebliche Gewinne, aber die Sklaverei hatte noch viel breitere Auswirkungen, weil sie für zahlreiche niederländische Schlüsselindustrien wichtig war, für Handel, Schiffbau, Nahrungsmittel (Zucker), Textilproduktion, Kommissionen und Versicherungen. Im Jahr 1770 waren 19 Prozent (nach Wert) aller Waren, die in niederländischen Häfen gehandelt wurden, von versklavten Afrikanern produziert worden, mit Produkten im Wert von weiteren 4 bis 5 Prozent wurden Plantagen und Sklavenschiffe ausgerüstet. Nach 1770 konnten 40 Prozent des niederländischen Wirtschaftswachstums auf die Sklaverei zurückgeführt werden. In jenem Jahr waren von allen Arbeitskräften im niederländischen Mutterland und in den Kolonien 13,8 Prozent Sklaven. Im

18. Jahrhundert stiegen in niederländischen Häfen die Importe von Handelswaren, die versklavte Arbeiter in niederländischen und französischen Kolonien produziert hatten, stark an und brachten den niederländischen Handel mit deutschen Ländern in Schwung. Im Jahr 1790 beliefen sich Zucker, Kaffee, Indigo, Tabak und Baumwolle auf zwei Drittel der von Niederländern verschifften Waren auf dem Rhein – allesamt von versklavten Menschen angebaut. Die steigende deutsche Nachfrage nach Zucker befeuerte die Sklaverei noch. Das transatlantische System war wichtig für die niederländische Wirtschaft und die Sklaverei war ein wichtiger Teil des Systems.[51]

Der Einfluss der Sklavenwirtschaft auf die europäische Entwicklung wird offenbar, wenn man scheinbar davon abgeschnittene Orte betrachtet: Mittel- und Osteuropa. Von Beginn an investierten deutsche Kaufleute stark in die transatlantische Wirtschaft. Bereits in den 1420er Jahren hatten Händler aus dem süddeutschen Ravensburg Kapital in Zuckerplantagen auf den Kanarischen Inseln gesteckt, die von Sklaven bewirtschaftet wurden. 1508 erwarben die Welser aus Augsburg eine der größten Zuckerplantagen auf den Kanaren, ein Jahr später eine Plantage auf Madeira. Ab den 1530er Jahren gehörten ihnen auch Anteile an Plantagen auf Hispaniola. Um nicht ins Hintertreffen zu geraten, erwarben die Fugger Textilien, um damit in Afrika Sklaven zu kaufen.[52] In den 1500er Jahren profitierten die Fugger ebenso wie viele andere bereits von der Sklavenwirtschaft in Amerika, auch deshalb, weil die Transformation des ländlichen Raums profitable Einsatzmöglichkeiten für große Kapitalrücklagen bot in einer Zeit, in der bedeutende Anlagen, von der Staats- und Kriegsfinanzierung abgesehen, kaum getätigt werden konnten.

Diese Beteiligungen setzten sich die nächsten 350 Jahre fort. Deutsche Kaufleute investierten in die Niederländische Westindien-Kompanie (WIC) und in die Niederländische Ostindien-Kompanie (VOC): Der Bankier Marx Conrad von Rehlingen besaß Anteile im Wert von 56 000 bzw. 11 000 Gulden. Deutsche Kaufleute ließen sich in Hafenstädten am Atlantik nieder, etwa in Cádiz, Bordeaux oder Lissabon, und beteiligten sich dort an Geschäften, die einen Bezug zur Sklavenwirtschaft hatten. Manche besaßen auch selbst Plantagen und Sklaven. Diese deutschen Investoren stammten häufig aus dem Binnenland, nicht aus Hafenstädten, was zeigt, welche Anziehungskraft die Gewinne aus der transatlantischen Sklavenwirtschaft ausübten. Abraham Korten ging um das Jahr 1740 aus Elberfeld im Rheinland nach London und investierte dort in die East India Company und in die South Sea Company. John und Francis Baring waren aus Bremen nach London gekommen, wo sie zu Sklavenhändlern wurden, nicht zuletzt durch ihre Beteiligung an der Company of Merchants Trading to Africa (Verband der Afrika-Händler).[53]

Neben solchen direkten Beziehungen belebten auch die Handelsverbindungen mit den Territorien der Sklaverei die landwirtschaftliche Produktion, die Warenproduktion und die Kaufmannsgemeinschaften in Mittel- und Osteuropa, wie wir am Beispiel von Hirschberg schon gesehen haben.

Schweizer Kaufleute beteiligten sich ebenso eifrig an der transatlantischen Wirtschaft, auch wenn der Staat selbst keine Kolonien und keinen Zugang zum Meer besaß. Sie bestätigen damit die Aussage, dass «der gesamte Westen eine Plantagengesellschaft» war, nicht nur die Karibik.[54] Schweizer Geld strömte in den Sklavereikomplex von Nantes. 30 Prozent der Sklavenhandelsgesellschaft Compagnie des Indes war in Besitz von Schweizern, die außerdem noch Anteile an der South Sea Company sowie an der Pernambuco- und Paraíba-Kompanie hielten. Schweizer Bürger investierten in Sklaventransporte und Sklavenplantagen. Sie beteiligten sich an Handel und Verarbeitung von landwirtschaftlichen Produkten, die durch Sklavenarbeit hergestellt wurden. Man schätzt, dass Schweizer Kaufleute an der Verschleppung von fast 200 000 Sklavenarbeitern aus Afrika beteiligt waren, was ein kleiner Anteil an der Gesamtzahl ist, aber bemerkenswert für ein Land ohne eigenen Seezugang und mit einer Bevölkerung von nur 1,5 Millionen Menschen im Jahr 1750. Hersteller von Indienne-Stoffen wie die Firma Christoph Burckhardt & Sohn aus Basel produzierten für den Sklavenhandel und investierten auch direkt in Sklaventransporte. Die Basler Kaufmannsfamilie Faesch war erheblich in den transatlantischen Handel involviert, auch in den Handel mit Sklaven, und Isaak Faesch wurde im frühen 18. Jahrhundert sogar Gouverneur von St. Eustache und Curaçao. Eine Datenbank führt 334 Schweizer Bürger und Institutionen auf, die am Sklavenhandel beteiligt waren, ein erheblicher Anteil der Schweizer Oberschicht.[55]

Der Sklavereikomplex von Kolonialreichen wie Spanien oder Portugal – der für die Geschichte dieser Länder im 16. und 17. Jahrhundert entscheidend war – lieferte lange Zeit den Antrieb für weite Teile Europas. Ein Beispiel: Im 18. Jahrhundert landeten zwei Drittel des durch Sklavenarbeit gewonnenen brasilianischen Goldes in Großbritannien, weil damit Importe britischer Waren bezahlt wurden, und befruchteten nicht nur die britische Industrie, sondern stärkten auch den Wert des britischen Pfundes. Das brasilianische Gold bildete die Grundlage für den Goldstandard, der britische Finanzinstitute stützte.[56]

Tatsächlich hatten die große Vernetzung, die Transformation des ländlichen Raums und die Protoindustrialisierung in Großbritannien die drastischsten Auswirkungen. Das Vereinigte Königreich hatte sich intensiv dem Handel als Quelle des Wohlstands verpflichtet. Der transatlantische Sklavereikomplex bildete den Kern des britischen Handels, er eröffnete Märkte für indische und heimisch produzierte Textilien und lieferte wichtige landwirtschaftliche Erzeugnisse für die britische Wirtschaft. Außerdem bot er Einsatzmöglichkeiten für riesige Mengen an Kapital. Man schätzt, dass der atlantische Dreieckshandel, die amerikanische Plantagenwirtschaft und damit verbundene Industrien in Großbritannien im späten 18. Jahrhundert zusammengenommen etwa 11 Prozent des britischen BIP erwirtschafteten.[57]

Die Sklavenwirtschaft brachte Großbritannien allerlei Vorteile: Die britisch kontrollierten Westindischen Inseln generierten zwischen den 1760er und 1770er Jahren etwa 2,5 Millionen Pfund Jahresgewinn. Die Gewinne aus dem Sklavereikomplex beliefen sich auf ein Viertel bis ein Drittel der britischen Bruttoanlageinvestitionen – sie waren höher als in jeder anderen britischen Industriebranche. Im Sklavenhandel waren Gewinne alles andere als sicher, aber die durchschnittliche Rendite war immer noch besser als bei Investitionen in Land oder Staatsanleihen. Auch Investitionen in Plantagen waren profitabel: Für Barbados lag die geschätzte Jahresrendite zur Mitte des 18. Jahrhunderts bei 11,2 Prozent, für Jamaica waren es 14,8 Prozent. Der Kaufmann Joseph Manesty verkündete im Jahr 1747 stolz, die Schiffe, die er «in London für Afrika ausgerüstet [habe], werden voraussichtlich sehr vorteilhafte Reisen unternehmen». Ferner brüstete er sich damit, dass Sklaven, «die in Jamaica 50 bis 55 Pfund kosten, an der afrikanischen Küste für 4 bis 6 Pfund pro Kopf gekauft [werden]».[58] Londoner Kaufleute steckten ihr Kapital in alle Bereiche der transatlantischen Wirtschaft und sie besaßen selbst Plantagen, nicht zuletzt mangels anderer attraktiver Investitionsmöglichkeiten.[59]

Die Sklaverei durchdrang die britische Wirtschaft. Ein Beispiel ist die Drax-Plantage auf Barbados, die von den 1650er Jahren bis zur Abschaffung der Sklaverei im Jahr 1834 die Arbeitskraft versklavter Menschen ausbeutete. Im Jahr 1803 schufteten mehr als 200 Sklaven auf den Feldern und im «Zuckerhaus» der Plantage. Die Familie Drax transferierte ihre Gewinne nach England. Im Jahr 1827 heiratete die Tochter von Richard Erle-Drax-Grosvenor. Die Familie von Jane Frances' Ehemann John Samuel Wanley Sawbridge verdankte ihr Vermögen ebenfalls der Sklavenwirtschaft. Im luxuriösen Heim des jungen Paares wurde «erstaunlich viel Geld ausgegeben». Im Haus gab es eine «große Bildergalerie und Kunstsammlung, venezianische Türme und Gartenornamente sowie einen riesigen Brunnen am Eingang».[60] Wenige Jahre später, im Jahr 1836, bezahlte die britische Regierung dem Paar genau 4293 Pfund, 12 Shilling und 6 Pence – was heute etwa 3 Millionen Pfund entspricht – als Entschädigung für ihre 189 per Gesetz befreiten Sklaven. Die ehemaligen Sklaven erhielten für Generationen unbezahlter Arbeit, die sie geleistet hatten, nie irgendeine Entschädigung. Dieser Reichtum entschied über die Lebenschancen vieler Generationen: Die Plantage gehört heute noch der Familie Drax. Ein Familienmitglied, Richard Drax, 1958 geboren und Großgrundbesitzer in Südengland, vertrat die Grafschaften Dorset und Gloucestershire als Abgeordneter für die Konservativen im britischen Parlament, wie schon sechs seiner Vorfahren. Sklaverei erzeugte nicht nur Reichtum im europäischen Kernland – sie verlieh auch dauerhaft Macht. Sie schuf viele Ungleichheiten im Inland und global, die bis heute bestehen.[61]

DIE TRANSATLANTISCHE Wirtschaft produzierte auf der Basis von Gewalt anhaltenden Wohlstand. Noch bedeutender ist vermutlich jedoch, dass sie der Warenproduktion half, den Widerstand von Eliten und einfachen Menschen zu durchbrechen, sodass sie entscheidend zum Sieg des Kapitalismus über die etablierten gesellschaftlichen Organisationsformen beitrug. Welch zentrale Bedeutung die Sklaverei für das britische Wirtschaftsleben hatte, wurde deutlich, als sie abgeschafft wurde: Im Jahr 1835 nahm die britische Regierung auf dem Kapitalmarkt einen Kredit über 20 Millionen Pfund Sterling (etwa 2,1 Milliarden Pfund im Jahr 2024) auf, was 40 Prozent des Staatsbudgets entsprach. Mit dem Geld wurden Sklavenhalter für die Freilassung ihres menschlichen Besitzes entschädigt. Das Darlehen war so hoch, dass die letzte Rate im Jahr 2015 getätigt wurde, was zu dem bemerkenswerten Umstand führte, dass heutige britische Steuerzahler dafür aufkamen, Sklavenhaltern den Verlust ihres unrechtmäßigen Besitzes an Menschen zu erstatten.[62] Doch nicht einmal diese wirtschaftlichen Fakten konnten die glorifizierenden Narrative von Europas wirtschaftlichem Aufstieg erschüttern, der seiner einzigartigen Freiheitsliebe, der Überlegenheit seiner Kultur, seiner Institutionen und der Aufklärung zugeschrieben wurde, seinem Talent für technologische Innovationen. Großbritannien und andere europäische Länder unterschieden sich jedoch weit stärker und folgenreicher durch ihre Kolonialreiche, die auf Sklavenarbeit beruhten.

Die transatlantische Sklavenwirtschaft erschütterte auch globale Hierarchien und ermöglichte den Europäern, unter anderem, die Dominanz über asiatische Kaufleute zu erlangen, die lange Zeit die Weltwirtschaft beherrscht hatten. In einer aktuellen, sorgfältigen Untersuchung des «Drain of Wealth», des Abflusses von Vermögen, durch die East India Company wird geschätzt, dass die Bodensteuer, die sie verhängt hatte, fast den halben Wert der indischen Agrarproduktion abschöpfte. Die Einnahmen wurden fast vollständig für Militär und Bürokratie der Company ausgegeben, so gut wie nichts wurde investiert, um etwa die Bewässerungssysteme zu verbessern, wie die Mogulherrscher es in früheren Zeiten getan hatten. Anders als in Europa führten Steuereinkünfte hier nicht zu Entwicklung – vielmehr war es so, dass die Entwicklung Europas die Möglichkeit von Entwicklung andernorts unmittelbar behinderte.[63]

Die einzigartige Stellung der europäischen Kapitaleigner und Staaten in der Weltwirtschaft ermöglichte nicht nur die Anhäufung von Reichtümern und eine Vermögenskonzentration in den Händen der Kapitalisten statt etwa der Tributherrscher – sie erlaubte auch institutionelle Innovationen, die Ansammlung von Wissen und die Entwicklung einer besonders machtvollen Staatsform. Außergewöhnliche neue Institutionen gab es gleichwohl in vielen Regionen der Welt, und auch neue wissenschaftliche Ideen, Technologien und Formen der Wissensakkumulation hatten sich auf den verschiedenen Kontinenten entwickelt. Auf dem indischen Subkontinent sind Historiker auf eine dynamische Kultur technischer Innovationen gestoßen sowie auf Beiträge zu weltweiten wissenschaftlichen Erkenntnissen in Medizin, Botanik, Mathematik, Astronomie und Chemie. Die Wissensproduktion wurde staatlich gefördert und es gab umfangreiche Bibliotheken. Experten für chinesische Geschichte haben auf die lebendige Kultur Chinas hingewiesen, auf die Verbreitung von neuem Wissen und Technologien. Im Osmanischen Reich blieben Wissensproduktion, Wissenschaft und technologische Verbesserungen bis ins letzte Drittel des 18. Jahrhunderts auf hohem Niveau.[64]

Auch Europa entwickelte eine vielfältige Wissenschaftskultur in diesen Jahren des wirtschaftlichen Aufstiegs, die häufig von Kapitaleignern und dem Staat gefördert wurde.[65] Das «nützliche Wissen» florierte im 18. Jahrhundert, und diese Entwicklung erreichte mit der «industriellen Aufklärung» nach 1750 ihren Höhepunkt. Ab diesem Zeitpunkt wurde das Wissen katalogisiert, Methoden wurden generalisiert und Verbindungen geknüpft zwischen theoretischer Wissenschaft und Technik in der Praxis.[66] Viele dieser Entwicklungen gab es nicht nur in Europa und viele dieser immer noch schrittweisen Verbesserungen des 18. Jahrhunderts wurzelten weniger in «reiner Wissenschaft» als im Einfallsreichtum von Handwerkern. Nichtsdestoweniger äußerte sich inmitten des Rausches angesichts nie dagewesener Profite auch eine Neugier auf die Welt, neue Zugangswege zu dieser Welt eröffneten sich, und neue Möglichkeiten entstanden, nützliches Wissen weiterzugeben.[67]

Doch dieser Erfindungsreichtum entsprang keiner besonderen natürlichen oder historischen Begabung, sondern war eine Folge der einzigartigen Herausforderungen, vor denen sich europäische Kapitaleigner sahen. Die fortschrittlichsten Regionen des indischen Subkontinents unterlagen diesem Druck nicht und schlugen daher andere Wege ein. Im Gegensatz zu Großbritannien verfügten sie über große Waldgebiete und waren bereits der Weltmarktführer bei Baumwolltextilien. Daher schien es dort weit weniger dringend geboten, auf fossile Energieträger umzusteigen oder neue Spinn- und Webmethoden zu entwickeln. In China waren die Bemühungen um arbeitssparende Methoden nachrangig, weil die manuelle Produktion im ländlichen Raum außerordentlich produktiv und profitabel war.[68]

Europäer hingegen entwickelten technische Innovationen und Erkenntnisfortschritte oft im Bestreben, die gewaltigen Hürden zu überwinden, die ihre spezielle Lage mit sich brachte. Die große Anzahl an Arbeitskräften auf den Plantagen beispielsweise erforderte eine neuartige Arbeitsorganisation. Die Überquerung riesiger Ozeane förderte die Entwicklung neuer Hilfsmittel – von präzisen nautischen Messinstrumenten über Uhren bis zur Kartografie. Auch die Verwaltung der Kolonien erforderte neue Methoden: Oliver Cromwells Berater William Petty erhoffte sich von der ersten Volkszählung und Bestandsaufnahme landwirtschaftlicher Ressourcen, die er zwischen 1656 und 1658 in Irland, der jüngsten Kolonie Englands, durchführen ließ, neuartiges Wissen, das für Kapitaleigner und ihre Partner in der staatlichen Verwaltung schnell unverzichtbar werden sollte: die genaue Benennung des wirtschaftlichen Potenzials einzelner Ressourcen.[69]

Der Kolonialismus vereinfachte außerdem die direkte Aneignung von Wissen anderer Gesellschaften. Die europäische Baumwollindustrie war auf diese Technologietransfers angewiesen. Neue Feldfrüchte aus Amerika, vor allem Kartoffeln und Mais, die über viele Jahrhunderte von indigenen Amerikanern kultiviert worden waren, wurden zu Grundnahrungsmitteln für die wachsende Bevölkerung in Europa. Der Hortus Botanicus, der botanische Garten in Amsterdam, war 1638 gegründet worden. Hier wurde erstmals die Kaffeepflanze angebaut, die aus den südostasiatischen Kolonien eingeführt worden war, um in Amerika angepflanzt zu werden. Die koloniale Expansion ermöglichte ganze Ketten des Wissenstransfers. Im Jahr 1696 brachte die Niederländische Ostindien-Kompanie die Kaffeepflanze aus Arabien zu ihren Besitzungen auf Java und verschiffte im Jahr 1706 Kaffeebohnen von Java nach Amsterdam. Im Jahr 1714 schenkten die Niederländer Ludwig XIV. eine Pflanze. Frankreich ließ im Jahr 1725 Kaffeepflanzen in seine amerikanischen Kolonien überführen, und von dort brachten sie Pflanzer nach Brasilien. Der Hortus Botanicus war also ein entscheidendes Element bei der Verbreitung der Kaffeepflanze, auch wenn die Pflanze selbst das Ergebnis von jahrhundertelanger Kultivierung durch jemenitische Bauern war.[70]

DIE TRANSFORMATION des ländlichen Raums und die Intensivierung der Industrie sind gleichermaßen aus einer wesentlichen institutionellen Innovation hervorgegangen und generierten diese: einen Staat, der sich in der einzigartigen Lage befand, diese Prozesse fördern und ihre produktiven Wechselwirkungen ermöglichen zu können. Die europäischen Staaten waren sehr vielfältig, aber sie hatten manches gemeinsam, insbesondere, wie stark sie auf die Interessen der Kapitaleigner reagierten. Das war nicht überraschend, denn die Staaten führten immer intensivere Kriege, die gewaltige Ressourcen verschlangen. Sie förderten die wirtschaftlichen Aktivitäten also nicht nur, weil es ihnen nutzte, sondern weil es für sie überlebenswichtig war. Diese Staaten bezogen ihre Einkünfte zu einem erheblichen Teil aus der Besteuerung von Handel und Produktion. In den 1760er Jahren bildeten Zölle und Verbrauchsteuern 80 Prozent des gesamten Staatseinkommens von Großbritannien. Für die europäischen Staaten war es also äußerst wichtig, den Handel regulieren, fördern, umlenken und beschränken zu können.[71] Diese Zwänge führten dazu, dass Herrscher und Kapitaleigner einander annäherten und der Adel und die Grundbesitzer, die jahrhundertelang das politische Leben dominiert hatten, an Einfluss verloren. Lange vor den «bürgerlichen Revolutionen» von 1789, 1830 und 1848 waren die europäischen Kapitaleigner zu einem politischen Machtfaktor geworden und in der Lage, eine politische Ökonomie zu schaffen, die zumindest teilweise ihren Interessen diente. Dank dieser politischen Ökonomie konnten sie auch die expandierende Macht ihres Staates nutzen, um Zugriff auf Ressourcen, Märkte, Arbeitskräfte und Rohmaterialien zu bekommen.

Die staatliche Macht war wohl das wichtigste Element in diesem zunehmend komplexen Projekt, Handel, Landwirtschaft und Industrie zu kapitalisieren. Der Kapitalismus verdankte seinen Aufstieg scharfen Brüchen, nicht einem natürlichen Bedürfnis zu handeln, das auf die Urzeit zurückgeht. Daher stieß er bei Eliten wie bei der einfachen Bevölkerung auf erheblichen Widerstand, und seinen Aufstieg beförderten zu einem großen Teil außerwirtschaftliche Zwänge, die oft der Staat durchsetzte. Ein Beispiel hierfür ist das institutionelle Arrangement, das die europäische Expansion im Rest der Welt charakterisierte: der Kriegskapitalismus. Der Kapitalismus war nicht das Ergebnis einer evolutionären Expansion der Märkte, sondern Resultat dessen, was Braudel den Antimarkt nannte: Monopole, Privilegien, Sklaverei und Kolonialismus. Der Kapitalismus war nicht nur ein Prozess der «Zivilisation», wie der deutsch-britische Soziologe Norbert Elias behauptete, sondern oft das Gegenteil – Barbarei.[72]

Das Merkmal des Kriegskapitalismus war seine Kombination von militarisiertem Handel, Versklavung, Enteignungen, Kolonialherrschaft und staatsähnlich agierenden Unternehmen in fernen Gebieten mit Rechtsstaatlichkeit, Verträgen, Lohnarbeit und Privatbesitz in Europa. Letztere Institutionen boten sich für eine wirtschaftliche Entwicklung sicher eher an, aber sie basierten auf grundverschiedenen Arrangements andernorts. Tatsächlich bildeten diese scheinbar gegensätzlichen Welten ein zusammenhängendes Ganzes, wobei die eine Welt die andere ermöglichte. Während der Kriegskapitalismus häufig dort gedieh, wo eine soziale Tabula rasa eine grundlegend neu geformte Gesellschaft ermöglichte, lieferte diese gesetzlose «äußere Welt» die Grundlage für den bemerkenswert liberalen und geordneten Zustand der «inneren Welt» des Kapitalismus. Dieser Kriegskapitalismus und die Durchsetzung unterschiedlicher Institutionen und Regeln waren womöglich die wichtigste institutionelle Innovation dieser Zeit.[73]

Die kriegskapitalistische Expansion, die vom Archipel des Kapitals ausging, erschuf, zum ersten Mal, eine Weltwirtschaft. Sie revolutionierte die Produktion auf dem Land, wo nun Waren für Märkte hergestellt wurden, und überbrückte die Ozeane, die Barbados und England trennten. Unter der Führung der Kaufleute entstand sie aus der Globalität, die sie erzeugte.[74] Die kapitalistische Revolution verlief – zu Anfang – auf Barbados, São Tomé oder Saint-Domingue sehr viel radikaler und folgenreicher als in England, Portugal oder Frankreich, dennoch waren all diese Expansionen Teil der Suche nach profitablen Investitionsmöglichkeiten durch die Kapitaleigner. Die Radikalität der Transformation in Amerika setzte in Europa eine Entwicklung in Gang, wie es sie nirgendwo sonst auf der Welt gab. Die sozialen Beziehungen wurden von außen nach innen umgestaltet. Das Gleiche geschah bei der Warenproduktion, deren Expansion in den ländlichen Raum von Kaufleuten vorangetrieben wurde, die nach Möglichkeiten jenseits der weitaus weniger formbaren Sozialstruktur der Städte suchten. Der Kapitalismus erwuchs in mehrfacher Hinsicht an seiner Peripherie – nicht in seinen mutmaßlichen Zentren.

Während im 18. Jahrhundert am europäischen Horizont ein Sturm heraufzog, rissen dieselben Kräfte an anderen Orten immer öfter die kleinen Sprösslinge des Kapitalismus aus der Erde. Am dramatischsten war die Lage für die einheimischen, Kapital besitzenden Eliten in Amerika. Krankheiten, Kolonialkriege und Plünderungen kombiniert mit dem Radikalismus der europäischen Kolonialisierung löschten die einheimischen Kaufmannsgemeinschaften im Wesentlichen aus und machten lokale Produzenten den Europäern dienstbar. In Afrika profitierten einheimische Kaufleute vom Export versklavter Arbeitskräfte, zumindest kurzfristig, und intensivierten den Handel in den Küstenorten. Langfristig drängte die Verminderung des wertvollen Humankapitals in Gesellschaften, in denen Arbeitskräfte ohnehin knapp waren, zusammen mit den zerstörerischen Kriegen, die daraus resultierten, die afrikanischen Kaufleute und Herrscher ebenfalls an den Rand.

In Asien war es komplizierter. Dort konzentrierte sich die europäische Präsenz lange Zeit auf ein paar wenige Orte und entwickelte sich in Zusammenarbeit mit einheimischen Kapitaleignern und Herrschern. Vor dem 19. Jahrhundert waren das Osmanische Reich und das chinesische Kaiserreich mächtige, große und gut integrierte politische Einheiten. Doch an den Rändern des Kontinents bröckelte die Staatsmacht in dem Moment, als die Fusion von europäischem Kapital und staatlicher Macht durch die globale Expansion ihre gewaltige Kraft entfaltete. Die Niederländer herrschten über immer größere Gebiete in Südostasien, und die Briten dehnten ihre Kontrolle von den südasiatischen Hafenstädten landeinwärts aus. In Bengalen fassten sie im Jahr 1765 erstmals in einem größeren Gebiet Fuß. Kolonialstaaten schafften auch traditionelle Rechte und Schutzmaßnahmen durch eine Mischung aus europäisch kontrollierten Rechts- und marktwirtschaftlichen Institutionen ab, häufig vorangetrieben mit brachialer Gewalt. Mitte des 19. Jahrhunderts beispielsweise waren die Indigobauern im britisch besetzten Indien zunehmend auf Vorauszahlungen angewiesen, das heißt, auf Darlehen von Kaufleuten, die ihnen ermöglichten, ihr Land zu bebauen, und verloren dadurch die Kontrolle über das, was sie anbauten. Weber wurden an neue Verträge gebunden und konnten ihre Waren nicht mehr an den Höchstbietenden verkaufen.[75] Da der Kapitalismus eine Koproduktion von Kapitaleignern und Staaten ist, hatte es tiefgreifende Folgen, dass die staatliche Macht in Ländern auf der ganzen Welt ausgehöhlt wurde. So wurde die Grundlage für die institutionelle Divergenz gelegt.

Infolge der zunehmenden Schieflage von staatlicher Macht und der Projektion des Kriegskapitalismus in immer größere Gebiete durch eine mächtige Allianz von europäischen Kapitaleignern und Staaten unterschied sich Europa im Jahr 1750 bereits stark vom Rest der Welt. Europa dominierte die globalen Netzwerke der neu entstehenden Weltwirtschaft und immer häufiger die Produktion an entfernten Orten. Diese Faktoren bereiteten die Bühne für die welterschütternde Industrielle Revolution.

Nachdem der Kapitalismus aus dem Schatten der traditionellen wirtschaftlichen und sozialen Systeme hervorgetreten war, beschleunigte sich seine Verbreitung. Europäische Kaufleute und Staaten nutzten die Ressourcen aus Amerika, um die Macht ihrer afrikanischen und asiatischen Konkurrenten sowie den europäischen Adel und die produzierenden Massen in ihren Heimatländern zu beschränken. Im 19. Jahrhundert brachten die daraus resultierenden Unterschiede bei der Produktionskapazität grundlegend neue Hierarchien hervor. Die moderne verarbeitende Industrie koppelte sich an die raschen technischen Veränderungen, die Ende des 18. Jahrhunderts begannen, und drängte die Protoindustrie weltweit an den Rand. Bald waren riesige Wohlstandsunterschiede charakteristisch für die neue Welt und wurden zu einem Markenzeichen des globalen Kapitalismus.

Die neuen globalen Hierarchien entstanden zuerst auf den neuen Inseln des Kapitals, die europäische Kaufleute weit von ihrer Heimat entfernt erschaffen hatten, und sie waren dort auch am deutlichsten sichtbar. Ein besonders folgenreiches Beispiel ist die Stadt Boston, Heimat des bereits erwähnten Robert Keayne. Boston war im Jahr 1630 von religiösen Flüchtlingen aus England, sogenannten Puritanern, gegründet worden. Die kleine Gruppe hoffte dort eine theokratische Gesellschaft errichten zu können. Die Siedler betrieben Landwirtschaft zur Selbstversorgung und handelten ein wenig mit den Massachusett und den Wampanoag, die dort lebten. Die Lage der Siedlungen war nicht vorteilhaft, das Klima hart, der Boden nicht besonders fruchtbar, und die einheimische Bevölkerung stand den europäischen Neuankömmlingen zunehmend feindselig gegenüber. Die Situation war so angespannt, dass das große Experiment in den 1640ern bereits zu scheitern drohte, die Siedler verloren immer mehr den Mut. Cromwell beschrieb die Situation in den 1650er Jahren zutreffend, als er sagte, Neuengland sei ein «armer, kalter und nutzloser Ort».[76]

Doch dann geschah etwas Überraschendes. Siedler auf der fernen Insel Barbados begannen, Zucker für den Weltmarkt zu produzieren, und durch die hohen Gewinnmargen entstand eine Wirtschaft der Monokulturplantagen, die alles, was sie brauchte, um ihre Bevölkerung und ihre Industrie zu erhalten, importieren musste: Sklavenarbeiter für die Felder; Fisch, Getreide und Rinder als Nahrungsmittel; Pferde für den Transport; Walöl für die Beleuchtung; Brennholz für die Verdampfkessel; Eis, um Nahrungsmittel haltbar zu machen, und Schiffe, um alles zur Insel und von der Insel weg zu transportieren. Nordamerika allgemein und Neuengland im Besonderen eigneten sich gut, um vieles davon zu liefern.[77] Der Kaufmann und Plantagenbesitzer

Richard Vines schrieb an John Winthrop, den ersten Gouverneur der Massachusetts Bay Colony, die Bewohner von Barbados müssten «handeln, um ihre Bäuche zu füllen», denn auf Barbados «sind die Männer so versessen darauf, Zuckerrohr anzupflanzen, dass sie ihr Essen lieber teuer einkaufen, als es durch eigene Arbeit anzubauen».[78] Fast 100 Schiffe liefen Barbados jährlich von den Niederlanden, England, Neuengland, Virginia und anderswo an. Dennoch klagte Richard Ligon 1647, «auf der gesamten Insel herrscht eine allgemeine Knappheit an Viktualien».[79] Die Nahrungsvorräte waren so knapp, dass die Barbadier «halb verhungert» waren.[80] Der Bau von Wohnhäusern war keine Priorität der Plantagenbesitzer: «Die Plantagenbesitzer reden zwar vom Häuserbauen und wünschen sie sich herbei, doch wenn sie überlegen, dass ihnen die Arbeiter, die für den Bau beschäftigt werden müssten, bei der Zuckerarbeit fehlen, überlegen sie es sich anders.»[81] Im Jahr 1651 erließ die Krone schließlich die Navigation Acts, die vorschrieben, dass die Barbadier alles, was sie zum Leben brauchten, in England oder seinen Kolonien erwerben mussten. Damit drehte sich der politische Wind und eröffnete den Bostoner Kaufleuten neue Gelegenheiten, die sie ergriffen, um ihre Stadt und die Region Neuengland insgesamt zum wichtigsten Lieferanten der Karibik zu machen. Der Aufstieg Bostons begann mit dem Zuckerkomplex, und das bedeutet: mit der Sklaverei.

Um 1680 wurde die Hälfte der Schiffe im Hafen von Boston bereits für den Handel mit den Westindischen Inseln eingesetzt, und die Hälfte aller Schiffe, die auf den Westindischen Inseln anlegten, kam aus Neuengland. Dieser blühende Handel war in enge familiäre Verbindungen eingebettet, viele Kaufmannssöhne aus Boston machten ihr Glück auf den Westindischen Inseln.[82] Nathaniel Maverick, Sohn des Bostoner Kaufmanns Samuel Maverick, ließ sich auf Barbados nieder, während Henry Winthrop, Sohn von John Winthrop, schon drei Jahre lang Tabak auf Barbados angepflanzt hatte, als sein Vater im Jahr 1630 Generalgouverneur der Massachusetts Bay Colony wurde. Sein Bruder Samuel begab sich ebenfalls auf die Westindischen Inseln und berichtete von dort: «Die sichersten Waren, die man hierherbringen kann [...] sind Fisch [...] Stockfisch, Rindfleisch, Schweinefleisch [...] Leinenstoffe.»[83] Gefragt waren zudem Holz, Mais und Walöl. Der Kaufmann John Banister aus Newport schickte im Jahr 1745 Schiffe mit Rindfleisch, Schweinefleisch, Butter und Schinken, Kerzen, Holzdauben und Fässern beladen nach Barbados.[84] Der Handel mit den Westindischen Inseln rettete die Wirtschaft der jungen Bostoner Siedlung. John Winthrop erkannte darin im Jahr 1648 die Hand Gottes: «Es gefiel dem Herrn, uns einen Handel mit Barbados und anderen Inseln in Westindien zu eröffnen.»[85] Der Kaufmann Godney Clarke aus Salem wanderte im Jahr 1733 nach Barbados aus, um dort Handel zu treiben, mit Sklaven zu spekulieren und Ländereien für den Plantagenbau zu erwerben.[86] Der englische Kapitän Thomas Bredon bemerkte im Jahr 1660, Neuengland sei «der Schlüssel zu den Westindischen Inseln, ohne den Jamaica, Barbados & die Karibischen Inseln nicht fortbestehen können.»[87] Kaufleute aus Neuengland belieferten auch die französischen Inseln, wenn man sie ließ: Im Jahr 1784 beantragten Plantagenbesitzer auf Saint-Domingue die Genehmigung, Salzfisch und -fleisch, Reis und Getreide «für die Erhaltung» der versklavten Arbeiter aus den britischen Gebieten in Nordamerika importieren zu dürfen, um so die unzureichenden Vorräte zu ergänzen, die aus den französischen Provinzen geliefert wurden.[88]

Dieser Handel erlaubte wiederum die Intensivierung des produzierenden Gewerbes in Neuengland. Dank der Verbindung in die Karibik war der Markt für handwerklich oder industriell gefertigte Waren deutlich gewachsen. Im Gegenzug für die Vorräte, die sie gen Süden schickten, erhielten die Neuengländer Zucker und Melasse, die zum Großteil in die Rumproduktion floss und eine bedeutende Spirituosenbranche begründete. In Newport gab es ganze 22 Brennereien. Im Jahr 1750 wurden allein in Massachusetts mehr als 15 000 große Fässer Melasse zu Rum destilliert. Und nicht zuletzt unterstützte der Zucker auch die Entwicklung der nordamerikanischen Kolonien, indem er ihnen die wichtige dritte Achse im transatlantischen Dreieckshandel bot, durch die sie Zugang zu britischen Waren bekamen.[89]

Als die Kaufleute aus Neuengland so intensiv am Handel mit den Westindischen Inseln und an der Verarbeitung von westindischem Zucker beteiligt waren, mag es unvermeidlich gewesen sein, dass sie sich schließlich auch in einem besonders profitablen Handelszweig betätigten: dem Menschenhandel. Händler aus Massachusetts etablierten wichtige Handelsrouten zur Westküste Afrikas, wurden aber von ein paar Familien aus Rhode Island übertroffen, zum Beispiel den Browns – den Gründern und Namensgebern der Brown University –, die ein Vermögen mit dem Kauf und Verkauf von versklavten Afrikanern machten, die die karibische Plantagenmaschinerie am Laufen hielten.[90]

Durch die Beteiligung am Sklavenhandel kam erwartungsgemäß die Sklaverei auch nach Neuengland selbst. Die erste Schiffsladung versklavter Afrikaner war schon im Jahr 1638 angelandet. Zwar gab es im Vergleich mit der Karibik nur wenige Sklavenarbeiter in Neuengland, doch die 1500 Afrikaner sowie weitere 1500 versklavte indigene Amerikaner, die in Neuengland schufteten, waren präsent neben den 90 000 Menschen mit englischen Wurzeln, die im Jahr 1700 in diesen Kolonien lebten.[91]

Der kleine Anteil versklavter Arbeitskräfte an der Bevölkerung sollte nicht davon ablenken, dass Neuengland vollkommen auf den Handel mit der Karibik angewiesen war, wo Sklaven die Wirtschaft in Gang hielten. Bostoner Kaufleute profitierten vom Handel mit Sklavenarbeitern über die Zuckerverarbeitung und Investitionen in die Warenproduktion für die Karibik. Manche investierten sogar direkt in die westindischen Plantagen. Darüber hinaus finanzierten sich Institutionen, die für die spätere wirtschaftliche und regionale Entwicklung wichtig wurden, mit Geld, das aus der gewaltsamen Transformation des ländlichen Raums in der Karibik stammte. Die Harvard University, gegründet 1636, profitierte von den Geschenken wohlhabender Bostoner Kaufleute: Die Geldspende von Isaac Royall Jr., die den ersten Lehrstuhl für Jura ermöglichte, stammte aus den Gewinnen der Zuckerplantage seines Vaters in Antigua. Israel Thorndike, ein weiterer Wohltäter Harvards, hatte sein Vermögen durch den Handel mit den Westindischen Inseln gemacht, auch mit Sklavenhandel. Und die Familie Perkins, die ebenfalls Verbindungen zur Universität hatte, handelte in Saint-Domingue mit Sklaven und landwirtschaftlichen Erzeugnissen aus der Sklavenwirtschaft, bevor sie in den China-Handel investierte und, viel später, in amerikanische Eisenbahnen und Warenproduktion.[92] Neuengland stellte sich selbst als «Wiege der Freiheit» dar, doch es verdankte seine Stellung ebenso sehr der Versklavung.[93] Die effizienten Institutionen, die spätere Ökonomen als Erklärung für die wirtschaftliche Überlegenheit Neuenglands und anderer Orte in der Nordatlantikregion hervorhoben, waren auf der gewaltsamen Ausbeutung menschlicher Arbeitskraft anderswo aufgebaut. Und genauso war es beim ursprünglichen Reichtum Bostons.

Die große Vernetzung, die Transformation des ländlichen Raums, die Intensivierung der Produktion und die neu entstehenden Funktionen des Staates verstärkten sich gegenseitig, aber sie führten auch zu Aufständen und neuen Hierarchien. Die folgenreichsten Disruptionen fanden in einem der ältesten produzierenden Gewerbe der Welt statt: der Herstellung von Baumwollstoffen. Dieses Gewerbe gibt es seit mindestens 5000 Jahren, und es war mindestens 800 Jahre lang, von der Landwirtschaft abgesehen, das arbeitsintensivste und wertvollste Gewerbe überhaupt. Menschen auf allen Kontinenten schufen Baumwollstoffe, doch das Produktionszentrum, insbesondere für den Exportmarkt, lag in Südasien.[94]

Lange Zeit hatte dieses Gewerbe in Europa nur eine marginale Bedeutung, was hauptsächlich daran lag, dass die Baumwollpflanze im Großteil des Kontinents unbekannt war. Doch die Textilproduktion war dort langsam expandiert: Baumwollspinner und -weber gab es in italienischen Städten bereits im 12. Jahrhundert und wenige Jahrzehnte später auch in süddeutschen Regionen. Bald wurden diese Arbeiten auch in Frankreich, der niederländischen Republik, in England und anderswo aufgenommen. Im Jahr 1700 spannen und webten Zehntausende Frauen, Kinder und Männer überall im ländlichen Europa Baumwolle, die meisten von ihnen in abgelegenen Bauernhäusern wie jene der Leinenweber von Hirschberg. Sie kauften Rohbaumwolle von Wanderhändlern, spannen und webten sie und verkauften sie mit kleinem Gewinn an die Händler zurück. Die Händler ließen die Stoffe bedrucken und färben und verkauften sie dann an Verbraucher nah und fern. Manche Regionen, wie Nordengland oder der Schwarzwald, spezialisierten sich auf diese protoindustrielle Produktion. In Katalonien stellte die Protowollindustrie allmählich auf Baumwollverarbeitung um und löste so unerwartet die katalanische Industrielle Revolution aus. Im Tal der Wupper arbeitete in den 1770er Jahren jeder Zehnte in der Textilbranche, die meisten in Heimarbeit.[95] Ein rheinischer Autor schrieb über den Boom:

> Wenn dieses Herzogthum einen Greis von 125 Jahren hätte, der dasselbe in seiner Jugend recht gut gekannt und sich auch jetzt recht bewußt wäre, so würd dieser eine lebendige Geschichte des größten Theils der Industrie, Bevölkerung, Verschönerung desselben seyn. [...] er würde wissen, [...] daß vor circa 100 Jahren die Kinder in Elberfeld vor den Thüren die Schnürriemen geklöppelt, daß vor 60 Jahren der Barmen noch ganz anders aussahe, als jetzt, daß da Kühe weideten, wo jetzt Garn weiß gebleicht wird.[96]

Im 18. Jahrhundert war die Baumwollproduktion in Europa zu einem bedeutenden Industriezweig herangewachsen, aber global betrachtet waren Qualität und Quantität der europäischen Baumwollstoffe immer noch zu vernachlässigen.

Doch diese Heimarbeitsproduktion vereinigte die vier großen Prozesse: die große Vernetzung, die Transformation des ländlichen Raums, die Intensivierung der Produktion und die Bildung und Beteiligung von zunehmend machtvollen Staaten. Die Baumwollproduktion war das Auge im Sturm der Industrialisierung – sie war der große Sprung nach vorn.

Die Pfahlwurzel nährte zunächst nur einen winzigen Teil der Welt und einen winzigen Teil des Wirtschaftslebens. Auch wenn das überraschen mag –

Die malerischen Anfänge des Sturms: Baumwollspinnerinnen und ein Weber bei der Heimarbeit im England des 18. Jahrhunderts.

diese Wurzel hätte bei den traditionsreichen und stärkeren Konkurrenten kaum eine Chance gehabt. In gewisser Hinsicht verlangt das Nichtauftreten dieser Revolution andernorts weniger eine Erklärung als die Frage, wie diese neue Form des Wirtschaftslebens überhaupt entstehen konnte und warum sie zu so großen Umwälzungen in diesem kleinen Teil der Welt führte. Wie jeder Sprössling bezog das junge Gesellschaftssystem seine Kraft aus mehreren Entwicklungen, die unabhängig voneinander abliefen. Sie alle waren wichtig, doch kein einzelnes Element erklärt sein unwahrscheinliches und revolutionäres Auftreten hinreichend.

Zuerst beeinflusste der Welthandel die Baumwollindustrie. Kurz gefasst konsumierten nach 1500 immer mehr Menschen Baumwollstoffe, die überall auf der Welt gehandelt wurden. Die große Vernetzung veränderte die globalen Baumwollmärkte radikal: Indische Textilien gelangten in immer größeren Mengen nach Europa, als verschiedene Ostindienkompanien bei dem einträglichen Handel mitmischten. Europäer fanden Gefallen an diesen Stoffen und europäische Händler durch den Sklavenhandel neue Abnehmer – die afrikanischen Sklavenhändler wurden ein wichtiger Absatzmarkt für südasiatische Baumwollstoffe. Die Expansion der kommerzialisierten Landwirtschaft in Amerika vergrößerte den Baumwollmarkt, und Exportmärkte wurden für europäische Baumwollverarbeiter immer wichtiger.[97] Europäer dominierten allmählich den globalen Baumwollhandel, auch wenn die Produktion größtenteils weiterhin in Südasien stattfand.

Fixiert auf die rasch expandierenden Baumwollmärkte in Europa – sowohl für den Binnenkonsum als auch für den Export –, strebten die europäischen Produzenten danach, einen Teil oder Großteil des Marktes zu übernehmen. Sie versuchten herauszufinden, wie die Südasiaten ihre Stoffe herstellten, reisten sogar auf den Subkontinent, um zu beobachten, wie die Produktion ablief, sie schrieben Bücher und Rundbriefe und hielten Vorträge für angehende Produzenten. Insbesondere französische Baumwollverarbeiter gaben sich alle Mühe, die indischen Methoden zu kopieren, indem sie die Produktion genau beobachteten. Im Jahr 1678 schrieb Georges Roques, der für die französische Ostindienkompanie arbeitete, einen Bericht über den indischen Holztafeldruck, der auf seinen Beobachtungen in Ahmedabad basierte und sich schnell als unbezahlbar erwies. 40 Jahre später, im Jahr 1718, machte Père Turpin es ihm nach, und im Jahr 1731 untersuchte Georges de Beaulieu, Unterleutnant auf einem Schiff der französischen Ostindienkompanie, in Pondicherry, wie indische Handwerker Chintz herstellten. Im Jahr 1743 konnten französische Produzenten auch die edelsten indischen Textilien kopieren. Der Wettbewerb mit indischen Produzenten sorgte für enorme Innovationsschübe.[98]

Die große Vernetzung bot generell eine fruchtbare Umgebung für das Wachstum der Textilindustrie. Und nicht nur das: Um mehr Baumwolle verarbeiten zu können, brauchten die Europäer Zugang zu mehr Rohbaumwolle. Zum Glück ergaben sich neue Gelegenheiten, dieser landwirtschaftlichen Ressource habhaft zu werden, um es europäischen Kaufleuten zu ermöglichen, mit Westafrika, dem indischen Subkontinent und der anatolischen Westküste in den Rohbaumwollhandel einzusteigen.

Im 18. Jahrhundert, als die bäuerliche Produktion dem Angebot Grenzen setzte, begann man auch in der Karibik und in Brasilien mit dem Baumwollanbau. Die Plantagenbesitzer hatten aus der Transformation des Zuckeranbaus gelernt: Enteignetes Land und gestohlene Arbeitskraft konnten eine landwirtschaftliche Revolution nie dagewesener Größe auslösen. Bereits im Januar 1698 erhielt die Landwirtschaftskammer von Cap Français auf Saint-Domingue einen Brief aus Versailles, in dem vorgeschlagen wurde, Plantagenbesitzer «sollten auch ihre Baumwollproduktion erhöhen, damit mehr davon im Königreich verkauft werden kann und für einen höheren Preis als die Baumwolle aus der Levante».[99] Die Plantagenbesitzer auf den amerikanischen Territorien der Sklaverei taten genau dies. In kürzester Zeit wurde Saint-Domingue zu einem bedeutenden Baumwollproduzenten – dem wichtigsten Baumwollanbieter für die europäische Industrie. Diese Produktion hatte noch einen weiteren Vorteil: Sie schützte die Branche vor stark steigenden Preisen in der Landwirtschaft, weil man nicht um die begrenzt verfügbaren Flächen und Arbeitskräfte in Europa kämpfen musste.[100]

Die rasch wachsende europäische Baumwollindustrie nutzte auch staatliche Maßnahmen für ihre Expansion. Die Industriepolitik förderte die Produktion. Maßnahmen wie das englische Einfuhrverbot von südasiatischen Baumwollstoffen wurden auch anderswo getroffen: Im Jahr 1676 forderten niederländische Leinenhändler von der VOC, den Import asiatischer Baumwollstoffe einzustellen. Im Jahr 1686 verbot Ludwig XIV. bei dem Versuch, die heimische Produktion von Wollwaren, Leinen und Seidenstoffen zu schützen, nicht nur den Import von indischen Textilien, sondern auch das Kopieren solcher Stoffe, deren Muster und Qualität gefährlich beliebt waren. Der Erlass blieb 73 Jahre lang in Kraft. Ganze zwei königliche Erlasse und 80 Anordnungen des Conseil du Roi, des Königlichen Rates, zielten darauf ab, importierte Baumwollstoffe zu verdrängen, und drohten mit Strafen von Haft bis Tod. Im Jahr 1759 wurde das Verbot aufgehoben und durch Einfuhrzölle auf bedruckte Stoffe in Höhe von 25 Prozent ersetzt. In Katalonien (1717 und 1728) und Preußen (1721) gab es ähnliche Verbote. Die europäischen Staaten beschäftigten sich immer intensiver mit der industriellen Produktion, griffen zu politischen Maßnahmen, um ihre Expansion zu fördern, und verhielten sich protektionistisch.[101]

Mit Unterstützung des Staates und dank des Zugangs zu immer größeren Mengen an Rohbaumwolle suchten europäische Unternehmer nach Möglichkeiten, wie sie gegen die qualitativ besseren und billigeren Textilien des Marktführers Südasien ankommen konnten. Die Experimente mit besseren Spinn- und Webtechniken schlugen ebenso oft fehl, wie sie Erfolg hatten, aber letztendlich führten sie zu Durchbrüchen. James Hargreaves erfand im Jahr 1764 die Spinning Jenny, und Richard Arkwright entwickelte 1768 die Water Frame, eine stark verbesserte Version der Jenny. Aus beschatteten Keimen war eine neue Form des Kapitalismus – der Industriekapitalismus – aus dem Boden gebrochen. Eine tektonische Verschiebung leitete die Geschichte der Menschheit in eine völlig unerwartete Richtung.

Mitte des 18. Jahrhunderts war der heraufziehende Sturm noch weit entfernt und seine revolutionären Folgen für Menschen dieser Zeit nicht vorstellbar. Zwar hatte sich das Wirtschaftswachstum in manchen Teilen Europas beschleunigt, doch bisher gab es nur vereinzelte technische Durchbrüche – und die Produktivität blieb weitgehend unverändert. Die meisten

Europäer lebten – wie fast jeder auf der Erde – immer noch auf dem Land und arbeiteten auch dort. Kapitaleigner hatten sich auf dem immer enger vernetzten Archipel des Kapitals eingerichtet, der viele neue Gelegenheiten bot, Profit zu machen, doch diese Inseln befanden sich in einem Meer unterschiedlicher Gesellschaften. Wenn Wachstum stattfand, dann langsam, auch in England.[102] Es gab immer noch keine industrielle Wirtschaft und immer noch keinen signifikanten technologischen Wandel. Die territoriale Ausbreitung und soziale Intensivierung des Kapitalismus – die Entstehung einer kapitalistischen Gesellschaft mit neuen Verbindungen zu staatlicher Macht – vollzogen sich erst später.

Auch wenn sich die kapitalistische Revolution nur mühsam gegen allerlei Widerstände entfalten konnte, ermöglichte ihr eigentümlicher Doppelcharakter – gleichzeitig sehr privat und sehr öffentlich zu sein – den Durchbruch an vielen Orten gleichzeitig, was sie auch ihrem spärlichen, aber globalen Wurzelsystem verdankte. Alle Knoten des kapitalistischen Archipels unterstützen einander gegenseitig und versorgten einen mächtigen Stamm, der mit der Zeit eine allgemeine Verschiebung im wirtschaftlichen Leben stützte. In manchen Teilen Europas beschleunigte sich das Wirtschaftswachstum, und nicht von ungefähr steckte Bethmann um diese Zeit seine Gewinne aus dem Sklavenhandel in die erste moderne Fabrik Deutschlands. Das Kapital stieß eine dynamische wirtschaftliche Entwicklung an, und seine Logik, bisher nur eine unter vielen, setzte sich in manchen Teilen der Welt immer mehr durch.

Adam Smith beobachtete diesen Moment aufmerksamer als fast jeder andere. Aus seiner Analyse entfernte er, was er für Verunreinigungen hielt – Macht, Gewalt, den Staat und weitere scheinbar überflüssige Nährstoffe –, und konzentrierte sich auf einen fast göttlichen Funken von Individuen, die den Nutzen maximierten und spontan eine produktivere Gesellschaft schufen, indem sie sich auf ihr Eigeninteresse konzentrierten. Den historischen Kern des Kapitalismus, Wurzel, Stamm und Blätter, tat er als Schönheitsfehler ab und erklärte Sklaverei, staatlich geförderte Monopole und Kolonialismus zu hässlichen Randerscheinungen. Und so sicherte sich Smith seinen Platz als Held des triumphalen Selbstbildes des Kapitalismus.

TEIL II

Der große Sprung

Daheim bei Revolutionären: Porträt der Kaufmannsfamilie Jakob, gemalt von August Dankworth, 1852.

KAPITEL 7

Der Aufstieg des Industriekapitalismus, 1760–1850

Frauen machen eine industrielle Revolution.

Die kapitalistische Revolution war jahrhundertelang ein Fluss, der durch eine weite Landschaft mäanderte. Die Knotenpunkte des Kapitals vervielfachten sich und gewannen an Kraft, sie knüpften untereinander neuartige Verbindungen und verbreiteten die Logik der Akkumulation und der Kommodifizierung im geografischen Raum und in der Gesellschaft, in der Landwirtschaft wie auch in der industriellen Produktion.

Die große Vernetzung, die Umgestaltung des ländlichen Raums, die Intensivierung der industriellen Produktion und die Entstehung neuer Staatsformen wirkten in der Zeit von 1760 bis 1830 zusammen wie ein Katalysator, aus dem ein perfekter Sturm hervorging. Der mäandernde Fluss wurde plötzlich zu einem reißenden Strom. Die Industrielle Revolution – wie Wissenschaftler sie später bezeichnen sollten – war das folgenreichste Ergebnis des Kapitalismus, und die mit ihr verbundene Neugestaltung von Herstellungsprozessen war von so weltweiter Bedeutung, dass man rückblickend von einem großen Wendepunkt in der Menschheitsgeschichte sprechen kann. Einfach gesagt: Es gab eine Welt vor der Industriellen Revolution und eine ganz andere Welt danach. Die Beschleunigung des Wandels, den sie auslöste, war nicht nur groß, sondern auch selbsttragend. Und sie setzt sich bis heute fort.

Ihr Ursprung ist unscheinbar, es begann mit einer anfangs maßvollen Intensivierung der industriellen Produktion, die sich an den Flüssen und in den Tälern ländlicher Gebiete in England und Schottland abspielte. Zunächst waren es ein paar Dutzend, dann Hunderte und schließlich Tausende Steingebäude von bescheidener Größe, in denen Frauen, Kinder und Männer mit wassergetriebenen Maschinen Baumwollgarn spannen – eines der ältesten und wichtigsten Gewerbe der Welt. Die «raschen Fortschritte in der Kunst des Spinnens und Webens»[1], die die Industrielle Revolution in den Worten eines Experten aus dem 19. Jahrhundert mit sich brachte, wurden von einem Zeitgenossen wie Adam Smith kaum bemerkt. Selbst ein so scharfsichtiger Historiker wie Fernand Braudel glaubte, sie sei «am Anfang kaum zu spüren» gewesen.[2]

Wie bei allen Revolutionen waren es wenige Einzelpersonen, die erkannten, welche Energien in solchen Ursprungsmomenten einer dauerhaften und weitreichenden Entwicklung lagen, und sie sich zunutze machten. Sie ergriffen die Chancen, die von früheren Kapitalisten und Staatsmännern geschaffen worden waren, und entwickelten neue Vorgehensweisen für hergebrachte Tätigkeiten. Es mag überraschen, aber eine dichte Konzentration solcher Einzelpersönlichkeiten und günstiger Umstände fand sich ungewöhnlich früh in der schottischen Stadt Glasgow und im Westen Schottlands insgesamt. Glasgow war bis zum 18. Jahrhundert eine kleine und unauffällige Stadt mit 12 000 Einwohnern gewesen, bekannt allenfalls für seine Kathedrale und die Universität. Einen gewissen Aufwind bekam sie, als Schottland und England sich im Jahr 1707 durch den Act of Union zum Königreich Großbritannien vereinigten, was den schottischen Herstellern von Leinen und Wolle einen ungehinderten Zugang zum englischen Markt und Kolonialhandel eröffnete. Da der Handel mit der Karibik bereits von englischen Kaufleuten, der Handel mit Asien von der East India Company beherrscht wurde, sahen sich Schotten, die über einen bescheidenen Wohlstand verfügten, anderweitig nach Investitionsmöglichkeiten für ihr Kapital um. Sie fanden sie in den erst vor Kurzem kolonisierten Teilen Nordamerikas, und dort besonders in den Kolonien Virginia und Maryland an der Chesapeake Bay.

Bis zur Jahrhundertmitte entwickelte sich Glasgow durch die schwindelerregenden, dabei nicht absehbaren Gewinne aus diesen Kolonialunternehmungen zwar nicht zum größten, aber immerhin zu einem bedeutenden Knotenpunkt im Reich des Kapitals.[3] Die frisch zu Wohlstand gekommenen schottischen Tabak-Lords errichteten palladianische Villen und Landsitze in einem dem Mittelalter nachempfundenen Stil. Doch als die Amerikaner 1776 ihre Unabhängigkeit vom Vereinigten Königreich erklärten, beanspruchten sie den Tabakhandel für sich selbst, und das Glasgower Geschäftsmodell löste sich in Luft auf. Auf der Suche nach neuen Betätigungsmöglichkeiten verlegten sich einige kapitalkräftige Glasgower auf den Zuckerhandel mit der Karibik (die Zuckerimporte nahmen von 1783 bis 1800 um 400 Prozent zu), während andere im eigenen Land eine experimentelle Form des produzierenden Gewerbes in den Blick nahmen: die Baumwollherstellung. Robert Dunmore zum Beispiel, Tabakhändler in Glasgow und Plantagenbesitzer auf Jamaika, investierte 1780 in den Bau einer Baumwollspinnerei in Balfron, und neun Jahre später gründete er in Partnerschaft mit den Buchanans, einer anderen reichen Kaufmannsfamilie, die Ballindalloch Cotton Works.[4]

In den letzten beiden Jahrzehnten des 18. Jahrhunderts stiegen neben Dunmore und den Buchanans Dutzende von schottischen Unternehmern in diese Branche ein. Der Grundbesitzer und Kaufmann John Clerk eröffnete 1778 in Penicuik, unweit der schottischen Ostküste, die ersten mit Wasserkraft betriebenen Baumwollspinnereien in Schottland – nur sieben Jahre, nachdem die ersten Fabriken dieser Art in England den Betrieb aufgenommen hatten. Kirkman Finlay, der später zum Anführer der «Baumwoll-

Ballindalloch Cotton Works, undatiert.

Magnaten» werden sollte, investierte 1798 in seine erste Baumwollfabrik in Ballindalloch, eine zweite kam 1801 in Catrine, eine dritte 1806 in Deanston dazu. James Coats begann 1802 in Paisley – der Stadt, in der James Clark die Massenproduktion von Nähgarn aufnahm – mit der Herstellung von Kanton-Krepp, einem Stoff, der chinesischen Schals nachempfunden ist.

Diese Unternehmer wollten sich einen Anteil an den exorbitanten Profiten sichern, die zum Greifen nahe waren, und die schottische Baumwollindustrie expandierte mit halsbrecherischem Tempo. Im Jahr 1791 arbeiteten in den 55 schottischen Baumwollfabriken bereits 25 000 Menschen, und die Eigentümer hatten mehr als eine halbe Million Pfund in Gebäude und Maschinen investiert. Entstand die erste Generation von Fabriken noch in ländlicher Umgebung und wurde mit Wasserkraft betrieben, so gab es bereits um die Jahrhundertwende immer mehr Fabriken in der Nähe von Glasgow, und ihre Maschinen wurden von einer flexibleren, mobileren und beständig fließenden Energiequelle angetrieben: von der Dampfmaschine, deren Arbeitsweise vor Kurzem von James Watt, einem weiteren Schotten, erheblich verbessert worden war. Watts Experimente hatte seine im Zuckerhandel aktive Familie finanziert.[5]

Das Wachstum der Branche war so beispiellos wie seine Gewinnmargen: Die New Lanark Mill zum Beispiel, die 1785 von David Dale gegründet worden war und von seinem Schwiegersohn Robert Owen geleitet wurde, erzielte in den Jahren von 1799 bis 1810 eine jährliche Rendite von 15 Prozent auf das angelegte Kapital. In den Boomjahren von 1811 bis 1814 stiegen die jährlichen Ausschüttungen auf 46 Prozent, um dann von 1814 bis 1825 wieder auf 15 Prozent zu sinken. Im Zeitraum von 1799 bis 1828 warf die Fabrik einen Gesamtgewinn von fast 400 000 Pfund ab, das entspricht fast 50 Millionen Dollar nach dem Kurs von 2023. Finlay häufte genauso schnell Reichtümer an, die Bilanzsumme seines Unternehmens wuchs von 1789 bis 1800 um fast das 14-Fache.[6] Als Richard Arkwright, der Erfinder der «Waterframe», eine durch ein Wasserrad betriebene Spinnmaschine mit automatischer Garnzuführung, im Oktober 1784 zu Besuch nach Glasgow kam, bereiteten ihm die Spitzenvertreter der städtischen Wirtschaft einen «triumphalen» Empfang.[7] Für sie war die Baumwollherstellung die Gans, die goldene Eier legte. Sehr viele goldene Eier.

Diese frühe industrielle Blüte wurde möglich, weil die angehenden schottischen Fabrikanten über einen außergewöhnlich günstigen Zugang zu Technologie, Energie, Baumwolle, Kapital, Märkten und Arbeitskräften verfügten und der Staat ihnen Unterstützung gewährte. An die nötige Technologie zu gelangen, war in den 1770er Jahren die niedrigste Hürde, die es zu überwinden galt. Die von englischen Handwerkern erst wenige Jahre zuvor erfundenen Maschinen – die Spinning Jenny, die Waterframe und schließlich die Spinning Mule – fanden mühelos den Weg in den Norden nach Glasgow, zusammen mit den hochqualifizierten Arbeitern, die für ihren Aufbau benötigt wurden. Archibald Buchanan, einer von Dunmores Partnern in den Ballindalloch Cotton Works, «hatte die Praxis der Baumwollspinnerei in Cromford bei Derby gelernt, unter dem allseits bekannten [Erfinder] Arkwright».[8] Energie war ebenfalls weitgehend verfügbar. In Schottland fehlte es nicht an Flüssen, die Wasserräder antreiben konnten, und die Grundherren verpachteten nur zu gern einige ihrer Wasserrechte für die Errichtung von Baumwollfabriken oder investierten gleich selbst in diese Unternehmen.

Auch der Staat war hilfreich: Unter dem Schutz der Royal Navy und den Bestimmungen der Navigation Acts, die den gesamten Kolonialhandel dazu drängten, sich auf Großbritannien zu konzentrieren, florierte der Handel. Durch Prämien wurde die Herstellung von billigen Tuchwaren gefördert, und der Scottish Board of Trustees for Manufactures bot der Baumwollindustrie technische Unterstützung an. Den Herstellern war durchaus bewusst, wie sehr sie auf den Staat angewiesen waren. Um konkurrenzfähiger zu werden, forderten sie zum Beispiel im Jahr 1788 höhere Importzölle auf Produkte aus Indien. Fünfzehn Jahre später dagegen verlangten sie eine Absenkung des Importzolls auf Rohbaumwolle.

Dank ihrer engen Handelsbeziehungen in die Karibik und die Vereinigten Staaten hatten die aufstrebenden Glasgower Industriellen außerdem jederzeit Zugriff auf Rohbaumwolle, obwohl diese über so große Entfernungen hinweg importiert werden musste. Bereits in den 1750er Jahren hatten sie mit den Einfuhren aus der Karibik begonnen und ergänzten diese ab dem Ende des Jahrhunderts durch Baumwolle aus den Vereinigten Staaten. Im Zeitraum von 1783 bis 1801 schossen die Baumwollimporte aus allen verfügbaren Quellen um das 32-Fache in die Höhe – ein sehr guter Gradmesser für das explosive Wachstum der Branche.[9]

Es war ein bunter Haufen von Schotten, der sich all diese Geschäftschancen zunutze machte. Ganz zu Beginn der Industrialisierung genügte zwar eine vergleichsweise bescheidene Kapitalmenge, um eine Baumwollfabrik zu eröffnen, doch die finanziellen Möglichkeiten der allermeisten Menschen überstieg sie immer noch bei Weitem. Aus diesem Grund waren die meisten Baumwollfabrikanten zuvor schon in anderen Wirtschaftszweigen tätig gewesen. Einige von ihnen hatten in großem Stil Handel getrieben, andere wiederum waren eher Kleinunternehmer. Eine Analyse der Testamente von 52 schottischen Baumwollfabrikanten, die in den Jahren von 1787 bis 1912 gestorben waren, kam zu dem Ergebnis, dass diese – wie ihre englischen Pendants – hauptsächlich aus Kaufmanns- und Unternehmerfamilien stammten.[10] Von den 28 Personen, bei denen die Berufe der Eltern bekannt sind, waren 28 Prozent der Väter «Kaufleute», 25 Prozent «Fabrikanten» und 18 Prozent «Landwirte».[11]

Einige dieser frühen Industriellen gewannen Kapital aus der Intensivierung des Herstellungsprozesses im Verlauf des 18. Jahrhunderts, bei dem Kaufleute riesige Netzwerke von Heimspinnern und -webern geknüpft hatten. Clark zum Beispiel hatte seine wirtschaftliche Tätigkeit als Weber und Kleinfabrikant begonnen. Dale, der Gründer der Fabrik in New Lanark, war, wie einst auch Finlay, Leinenhändler gewesen, bevor er in die Baumwollherstellung einstieg.[12]

Andere Baumwollhersteller hatten im Außenhandel unternehmerisches Geschick erworben und Kapital angehäuft. Von den 163 Glasgower Kaufleuten, die in dem halben Jahrhundert von 1740 bis 1790 mit Amerika Handel trieben, investierten etwas mehr als die Hälfte, 85 Personen, irgendwann in die Textilherstellung, in Eisen- und Bergwerke, Glasbläserei und Brauereiwesen. Das bedeutendste Haus im Karibikhandel, Alexander Houston & Co., investierte etwa 20 000 Pfund in die Baumwollindustrie. Die Handelshäuser von Leitch and Smith und Stirling, Gordon & Co. beteiligten sich an Finlays Baumwollfabriken. Im Jahr 1795 waren bei den versicherten Baumwollfabriken (nicht alle waren es) 17 Prozent der Gesamtinvestitionen von Tabakhändlern gekommen, während unter den 76 anno 1800 im Karibikhandel tätigen Glasgower Kaufleuten 21 auch als Partner an Baumwoll-Herstellungsbetrieben beteiligt waren. Das Kapital, das bei der durch Sklavenarbeit vorangetriebenen Umgestaltung des ländlichen Amerikas erwirtschaftet worden war, floss in die Baumwollherstellung.[13]

Die große Vernetzung generierte nicht nur einen Teil des Kapitals, das die Industrie ankurbelte, sie sorgte auch für den Zugang zu Märkten. Der heimische Markt allein reichte nämlich nicht aus (in Schottland lebten 1801 nur 1,6 Millionen Menschen), um die mit enormen Risiken verbundenen Industrieunternehmen, die sich über die ländlichen Gebiete Schottlands ausbreiteten, rentabel zu machen. Von entscheidender Bedeutung waren die Exportmärkte, die rapide wuchsen, nicht zuletzt aufgrund der langen Geschichte, die schottische Kaufleute bei den Leinenverkäufen ins Ausland vorzuweisen hatten. So wuchs der Export von Baumwollwaren in der Zeit von 1785 bis 1835 um verblüffende 900 Prozent; im Jahr 1825 arbeiteten 86 Prozent der in der Branche Beschäftigten für den Export. Ein besonders vielversprechender Markt waren die auf Sklavenarbeit beruhenden Volkswirtschaften in Amerika, und das nicht zuletzt, weil dort mehr aus Afrika verschleppte Menschen und deren Nachfahren schufteten, als Schottland Einwohner zählte. Die Baumwollstoff-Exporte nach Amerika schnellten im letzten Jahrzehnt des 18. Jahrhunderts um den Faktor zehn in die Höhe. Versklavte Menschen ernteten die Baumwolle, die im fernen Schottland verarbeitet wurde, um dann als Stoff zurückzukommen. Im Jahr 1813 waren (dem Wert nach) volle 65 Prozent der schottischen Exporte für die Karibik bestimmt.[14]

Doch die größte Hürde, mit der die Kapitaleigentümer bei ihrem Einstieg in die Industrielle Revolution zu kämpfen hatten, waren die verfügbaren Arbeitskräfte. Wie wir bereits gesehen haben, hatte es bis dahin hauptsächlich zwei Möglichkeiten gegeben, um sich die Arbeitskräfte zu sichern, die bei der Investition von Kapital in die Produktion nötig wurden: Versklavung und die massive Ausweitung der Protoindustrialisierung durch Heimarbeit, bei der die Kapitaleigner vertragliche Beziehungen mit unabhängigen Herstellern aufbauten. Den Interessen der Baumwollhersteller war jedoch keine der beiden Vorgehensweisen dienlich. Denn das Herzstück des verarbeitenden Gewerbes waren Investitionen in Maschinen, und diese konnten weder in Privathaushalten aufgestellt noch von einzelnen Familien bedient werden, sodass sie für Heimarbeit nicht infrage kamen. Deshalb zahlten die schottischen Baumwollhersteller den Arbeitern Löhne, um sie in ihre Fabriken zu locken. Doch auch das war schwierig, wie ein Fabrikleiter aus Blantyre erklärte: «Nur wenige schottische Familien konnten dazu bewogen werden, in eine Baumwollfabrik zu gehen, sie betrachteten es als eine Art von Erniedrigung.»[15]

Zu Hilfe kamen den Fabrikbesitzern drastische Veränderungen in den ländlichen Gebieten Schottlands: In den Lowlands führten neue «Enclosures» («Einhegungen»), mit denen die Rentabilität des Bodens gesteigert werden sollte, dazu, dass die Bewohner ganzer Dörfer gezwungen waren, ihre Wohnstätten zu verlassen und in die expandierenden Industriestädte zu gehen, während bei den sogenannten «Highland Clearances» («Räumungen») landlose Bauern oft zwangsweise und immer gewaltsam aus den ländlichen Gebieten vertrieben wurden, um Platz für Schafweiden zu schaffen.[16] Im Zusammenwirken brachten diese beiden Entwicklungen ein Industrieproletariat hervor, insbesondere deshalb, weil die Fabrikanten sich auf die Mobilisierung zweier Bevölkerungsgruppen konzentrierten, die am wenigsten gegen eine Verdrängung in die Fabrikarbeit geschützt waren: Frauen und Kinder.

Diese günstigen Einflussfaktoren schufen in Schottland ein Treibhausklima, durch das sich die Baumwollindustrie rapide ausbreitete. 1833 gab es im

Land 134 Baumwollfabriken mit rund 1,7 Millionen Spindeln, die Branche dominierte die Wirtschaft. Finlay allein beschäftigte 1844 die erstaunliche Zahl von 2500 Arbeitern in seinen Fabriken. Glasgow hatte sich von einer kleinen Hafenstadt zu einem städtischen Ballungsraum gewandelt, der ganz im Zeichen der verarbeitenden Industrie stand. Aus den 100 000 Einwohnern im Jahr 1811 wurden bis Mitte der 1840er Jahre 300 000, was die Stadt zur viertgrößten in ganz Großbritannien machte.

Es folgten mehrere Wellen eines massiven Baubooms und eine damit einhergehende Immobilienspekulation, die eine neue Art von Ungleichheit offen zutage treten ließen. Einerseits breiteten sich elegante Wohnviertel mit großen Steinhäusern aus, in denen die neue wirtschaftliche Oberschicht der Stadt lebte. Andererseits wuchsen die Arbeiterbezirke Glasgows enorm an – ein «endloses Labyrinth von engen Gassen» mit «hoch aufragenden, schlecht belüfteten und dem Verfall ausgesetzten Häusern ohne Wasserversorgung, die mit Menschen vollgestopft sind», wie die Zeitschrift *The Artizan*, ein Fachblatt für Bauwesen und Maschinenbau, im Oktober 1843 schrieb.[17] Eine Untersuchung der Lebensbedingungen von Webern in Glasgow sprach Ende der 1830er Jahre von «menschlichem Verfall», und der Berichterstatter warf die Frage auf, ob es «an irgendeinem Ort in einem zivilisierten Land eine so große Menge von Schmutz, Verbrechen, Elend und Krankheiten gibt».[18] Häufig kam es zu Typhus- und Cholera-Epidemien.[19] Der Dichter Alexander Smith, der auch Fabrikarbeiter gewesen war, erinnerte sich in einem 1857 entstandenen Gedicht an die trostlosen Verhältnisse:

> We crept into a half-forgotten street
> Of frail and tumbling houses propt by beams. [...]
> With drunken strife, hoarse curses; then the cry
> Of a lost woman by a ruffian felled
> Made the blood stop.[20]

> [Wir schlichen in eine halb vergessene Straße
> Mit baufälligen Häusern, von Balken gestützt.
> Trunkener Streit, heisere Flüche; der Schrei
> Einer verlorenen Frau, von einem Grobian niedergestreckt,
> Ließ das Blut in den Adern gerinnen.]

Die Industrielle Revolution verändert Glasgow, 1831.

Dieser kurze Blick auf die schottische Baumwoll-Industrialisierung zeigt, dass sich etwas radikal Neues bildete: Auf einigen der Inseln mit intensivierter Produktion, die in den vorhergehenden Jahrhunderten entstanden waren, begannen die Industriellen mit der Verlegung der Produktion in Fabriken. Sie beschäftigten Lohnarbeiter für die Bedienung technisch ausgefeilter Maschinen, die zunächst von Wasserkraft, später dann von Dampf angetrieben wurden. In den Fabriken erreichten die Kapitaleigentümer ein Ausmaß von Kontrolle über den Herstellungsprozess, das sie bis dahin allenfalls auf den Plantagen ausgeübt hatten. Nicht mehr Handel und Landwirtschaft waren die Speerspitze der kapitalistischen Revolution, sondern die Industrie. Das löste die Industrielle Revolution aus.

Zuvor war der Kapitalismus, wie wir bereits gesehen haben, ein «riesiges, aber schwaches» System gewesen.[21] Ältere Herstellungsverfahren wurden auch im späten 18. Jahrhundert noch praktiziert und sogar intensiviert; so breitete sich die Protoindustrialisierung in Form von Heimarbeit in Großbritannien und Indien, China und Preußen weiter aus. An einigen verstreut gelegenen Orten entwickelte sich diese Protoindustrialisierung jedoch zur umfassenden Industrialisierung, indem dort die revolutionäre Energie des Kapitals mit neuer Technologie und ihren unendlichen Möglichkeiten zusammengespannt wurde. Im Verlauf dieses Prozesses gewann das Industriekapital eine gewaltige Kraft und durch seine spezifischen Interessen veränderten sich die wirtschaftlichen Machtverhältnisse in der gesamten Welt. Das führte schon bald zu sehr viel ausgeprägteren geografischen Hierarchien, Historiker sprechen von der Großen Divergenz. Damit ist der Augenblick gemeint, in dem ein kleiner, in Europa konzentrierter Teil der Menschheit sehr viel reicher wurde als alle anderen Menschen.[22]

Die Entstehung der Industriellen Revolution lässt sich nicht auf den einen entscheidenden Grund zurückführen. Institutionen, das Klima, die Arbeitskosten, die Form der britischen Küste, der Zugang des Landes zu Kolonien, der Erfindergeist seiner Handwerker:[23] All diese Faktoren haben zwar eine Rolle gespielt, aber eher im Zusammenhang als für sich allein genommen.[24] Unstrittig ist, dass der rasche und anhaltende technische Fortschritt bei den Herstellungsverfahren entscheidend war, um die Industrielle Revolution einzuleiten, die ihrerseits nicht die «Ursache» des Kapitalismus war, sondern seine Folge. Keine frühere Organisationsform wirtschaftlichen Lebens hatte jemals vergleichbar kontinuierliche Innovationen hervorgebracht und zugleich derartige Produktivitätssteigerungen und ein entsprechendes Wirtschaftswachstum. Wie bereits gezeigt, zog die kapitalistische Revolution in den drei Jahrhunderten nach Kolumbus' Ankunft in Amerika lediglich ein bescheidenes Wirtschaftswachstum und unspektakuläre technische Neuerungen nach sich. Aber sobald sich diese Veränderungen wechselseitig zu beeinflussen begannen, ermöglichten sie einen Sprung nach vorn, hinein in eine Welt, die sich grundsätzlich von allem unterschied, was es bis dahin gegeben hatte. Und als die Europäer zunächst zu den führenden Herstellern in Indien und China aufschlossen und anschließend jedes bestehende produzierende Gewerbe entscheidend hinter sich ließen, kam der ganz gewöhnlichen Baumwolle eine Vorreiterfunktion zu.[25] War in früheren Jahrhunderten ein Archipel europäischer Städte zum dominierenden Knotenpunkt des Handelskapitals aufgestiegen, wurden diese Städte jetzt auch noch zum wichtigsten Knotenpunkt des produzierenden Gewerbes.

Auch wenn sich die Industrielle Revolution in einem eindeutig lokalen Rahmen abspielte, entstand sie aus einem weltumspannenden Netzwerk von Prozessen, das einer bestimmten Gruppe von örtlich konzentrierten Knotenpunkten den Durchbruch zu etwas grundlegend Neuem ermöglichte. Dadurch bestätigt sich abermals, dass der Kapitalismus nicht im lokalen, regionalen oder nationalen Rahmen zu verstehen ist, sondern nur, indem man die permanente Verbindung und Neuverbindung seiner Fragmente auf der ganzen Welt in den Blick nimmt. Das niederländische Kapital zum Beispiel spielte bei der Industriellen Revolution eine entscheidende Rolle, auch wenn sich die Niederlande selbst vergleichsweise spät industrialisierten.[26] Der Industriekapitalismus stellte einen radikalen Abschied vom Kriegskapitalismus früherer Jahrhunderte dar, war in seinen Anfängen jedoch vollständig von diesem abhängig.

Es ist oft behauptet worden, die Mikroprozessoren-Revolution des späten 20. Jahrhunderts habe in Garagen und College-Wohnheimen ihren Anfang genommen, dort, wo Steve Jobs Computer zusammenbaute, Bill Gates Betriebssysteme programmierte und der Harvard-Student Mark Zuckerberg sich an frivoler Social-Networking-Software versuchte. Dieses Bild ist zwar weit davon entfernt, vollständig zu sein, kann uns aber helfen, die Industrielle Revolution zu verstehen. Denn deren Anfänge verliefen insofern analog zu den Garageninnovationen, als Tüftler wie James Hargreaves, Richard Arkwright und Samuel Crompton mit ihren Erfindungen eine enorme Produktivitätssteigerung ermöglichten. Alle drei waren geschickte Handwerker, die nur eine geringe formale Bildung vorzuweisen hatten, und suchten nach besseren Methoden für die Baumwollspinnerei, weil sie Probleme lösen wollten, die sich in der Praxis ergeben hatten. Der Weber Hargreaves erfand 1764 seine Spinning Jenny, die anfangs in Privathaushalten verwendet wurde und den Spinner in die Lage versetzte, allein zunächst acht und später 16 Spindeln gleichzeitig zu bedienen.[27] Der Erfinder Arkwright eröffnete 1771 in Cromford die erste Baumwollspinnereifabrik, in der seine neue, von Wasserrädern angetriebene Waterframe-Maschine zum Einsatz kam und die uralte Tätigkeit der Fadenherstellung aus Baumwollfasern radikal beschleunigte. Und 1779 entwickelte Samuel Crompton den ersten Prototyp seiner Spinning Mule, der Maschine, die später die massive Industrialisierung der Baumwollspinnerei ermöglichen sollte.

Man wäre vielleicht nicht unbedingt auf die Idee gekommen, dass von diesem Allerweltsgewerbe (das Spinnen und Weben von Baumwolle) mit seinen Alltagsprodukten (Garn und Stoff) der Zündfunke für die Industrielle Revolution überspringen würde. Zunächst auf einen winzigen Teil des Vereinigten Königreiches konzentriert, breitete sie sich sehr schnell aus; der britische Baumwollfachmann James A. Mann sprach 1860 von der «Plötzlichkeit des Impulses» – der Anteil an der Wertschöpfung, den die Branche der britischen Wirtschaftsleistung hinzufügte, schoss von 2,6 Prozent im Jahr 1770 auf 22,4 Prozent im Jahr 1831.[28] Hatten sich im Jahr 1788 in britischen Baumwollfabriken noch ganze 50 000 Spindeln gedreht, waren es im Jahr 1821 sieben Millionen – 140-mal so viele. (Und 1850 zählte Großbritannien fast 21 Millionen Spindeln.) Schon 1795 arbeiteten in den rund 900 britischen Baumwollfabriken 340 000 Menschen. Aufnahmefähige Märkte, ein unterstützender Staat, überreichlich verfügbares Kapital und ständige technische Neuerungen sorgten für eine Treibhausatmosphäre, in der dieser Industriezweig florierte. Er zog auch Menschen mit einem bescheidenen Kapitalvermögen an, viele der Fabriken waren Kleinbetriebe: Im Jahr 1812 arbeiteten zwei von drei Fabriken mit weniger als 10 000 Spindeln.[29]

An radikal neuen Produktionsverfahren festzuhalten, war jedoch nur dann sinnvoll, wenn das zunehmende Warenangebot aus den neuerdings enorm produktiven Fabriken auf eine entsprechende Nachfrage stieß. Denn im Unterschied zum protoindustriellen Sektor, wo die Arbeiter fungibel waren und ein großer Teil der Kapitalinvestitionen nicht von den Kaufleuten, sondern von den Arbeitern selbst getragen wurde, mussten die Ausgaben für Maschinen, Gebäude und Löhne regelmäßig aufgebracht werden. Und das bedeutete, dass die Waren verlässlich und in immer kürzerer Zeit verkauft werden mussten.

Eine wichtige Nachfragequelle war der Binnenmarkt, nicht zuletzt, weil die Kommerzialisierung der britischen Volkswirtschaft zur Folge hatte, dass die Bevölkerung beim Einkauf von Lebensmitteln und Fertigwaren zunehmend auf Märkte angewiesen war. Aber wenn fortgesetzte Investitionen in neue Maschinen rentabel sein sollten, mussten die Exportmärkte genauso stark expandieren. Tatsächlich erwiesen sie sich als extrem dynamisch, sehr zum Glück für angehende Unternehmer. Und so wurde die Industrialisierung wirtschaftswissenschaftlichen Studien zufolge vom Handel nicht weniger stark vorangetrieben als von all den neuen Maschinen.[30]

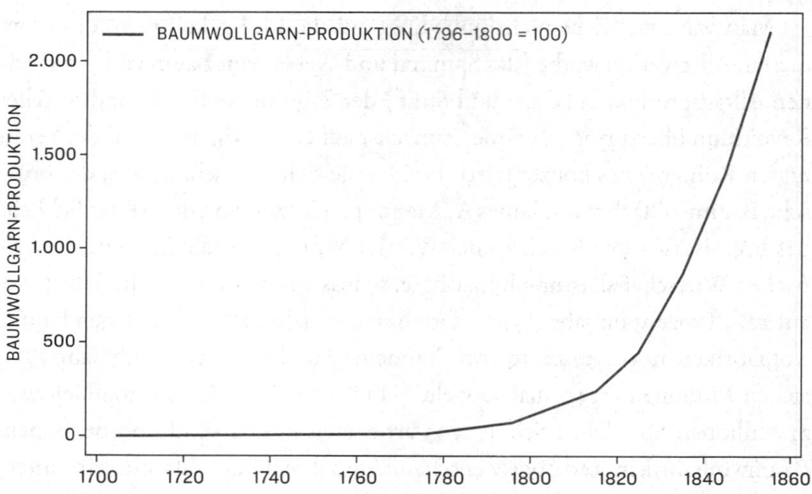

Eine von der Baumwolle angetriebene Industrielle Revolution:
die Produktion von Baumwollgarn im Vereinigten Königreich, 1705–1855.

Befeuert von dynamischen Märkten, neuen Maschinen und einer Flut von Baumwollimporten, die aus Sklavenwirtschaften stammten (vor allem aus den Vereinigten Staaten: Zu Beginn der 1820er Jahre stammten 68 Prozent der Baumwolle von dort, bis zum Ende der 1850er Jahre stieg dieser Anteil sogar auf 70 bis 80 Prozent), wurde diese Branche schließlich zum bestimmenden Faktor für Großbritanniens Stellung in der Welt. Nach den amtlichen Statistiken nahmen die Exporte von Baumwollwaren zwischen 1780 und 1855 um mehr als das Sechsfache zu – in den Anfangsjahren des 19. Jahrhunderts machten Baumwollwaren über 40 Prozent des Gesamtwerts der britischen Exporte aus. Ein Zeitgenosse stellte fest: «[O]hne Maschinen könnten wir keinen Außenhandel betreiben.»[31]

Im Kern war die Expansion der Baumwollbranche ein Beispiel für eine Industrialisierung als Import-Substitution: Britischen Herstellern gelang es erstmals, die indische Konkurrenz auszustechen, zunächst beim Preis und schließlich auch bei der Qualität.[32] Die Preise fielen in dem Maß, in dem die Produktivität bei der Baumwollverarbeitung stieg: Von 1779 bis 1812 gingen die Kosten für Garn um etwa 80 Prozent zurück. Schätzungen zufolge waren britische Musselinstoffe bereits 1787 um 25 bis 33 Prozent billiger als in Indien hergestellte Stoffe vergleichbarer Qualität.[33] Kein Wunder, dass James Mann, als er aus der Perspektive des Jahres 1860 auf die Frühzeit der britischen Industrie zurückschaute, staunend feststellte, «diese wunderbaren

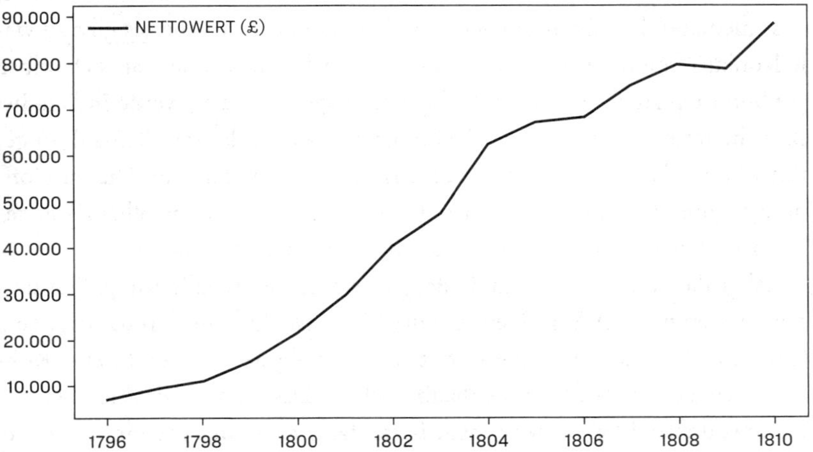

Profite mit «weißem Gold»: der Nettowert (in britischen Pfund) der Baumwollfabrikanten James McConnel und John Kennedy aus Manchester, 1796–1810.

Erfindungen» hätten «unserem Volk die Macht zur nahezu unbeschränkten Produktion» verliehen und «die Welt der Herstellung revolutioniert».[34]

DIE VERBLÜFFENDE Expansion der britischen Baumwollindustrie sorgte für ein bemerkenswertes Wirtschaftswachstum und ordnete die Hierarchien in einem der weltweit größten und ältesten Gewerbe für die Herstellung von Fertigwaren neu. Es geschah jedoch nicht zum ersten Mal, dass sich das Wirtschaftswachstum beschleunigte, dass neue Technologien ersonnen wurden oder dass es zu Verschiebungen in der wirtschaftlichen Hackordnung kam. Die Veränderungen hätten also auch auf die Baumwollherstellung beschränkt bleiben und das Wirtschaftsleben ansonsten größtenteils seinen gewohnten Gang nehmen können, sodass die Revolution allmählich ausgelaufen wäre. Tatsächlich ging aus der Sicht des frühen 19. Jahrhunderts vieles so weiter wie zuvor. Die britische Wirtschaft war so stabil, dass manche Wissenschaftler die Ansicht vertreten haben, es habe überhaupt keine Industrielle Revolution gegeben, vielmehr sei mehr Kontinuität als Wandel festzustellen.[35]

Diese Einschätzung klingt auf den ersten Blick plausibel. Das Wachstum der britischen Baumwollindustrie verlangsamte sich fast so schnell, wie es zuvor an Fahrt aufgenommen hatte. Als sich die Zahl der Baumwollfabriken zunächst in Großbritannien und anschließend auch in anderen Ländern vervielfachte, verschärfte sich die Konkurrenz, und die Gewinne gingen zurück. Ein Mann namens A. E. Speirs von Finlays Baumwollfabriken beklagte sich schon 1834: «Die Baumwollspinnerei ist gegenwärtig keine vorteilhafte Art, sein Kapital einzusetzen.»[36] Einige Fabriken gingen bankrott. Finlays Briefbücher füllten sich Mitte der 1830er Jahre mit Beschwerden: «Wir wissen, dass niemand die Waren billiger herstellen kann als wir, aber es gibt zu viele Konkurrenten, weshalb die Besten nicht mehr tun können, als sich selbst vor Verlusten zu bewahren.»[37] Vielleicht, so spekulierte er, werde Indien die Branche retten, weil der neue Opiumhandel des Landes mit China dazu geführt hatte, dass der Verbrauch von Baumwollwaren zunahm. Diesen Hoffnungen zum Trotz, versuchte er sich aus seinen drei Baumwollfabriken zurückzuziehen und verkaufte 1844 den Betrieb in Ballindalloch.[38]

Aber das war nicht das Ende der britischen Industrialisierung. Stattdessen kam es zu einer Verschiebung, die Neuaufstellung des produzierenden Gewerbes fand nun woanders statt, am auffälligsten in der Eisen-, Kohle-, Eisenbahn- und Maschinenbaubranche.[39] Das Kapital, das sich bei der Baumwollherstellung angesammelt hatte, fand neue und gewinnbringende Verwendungen, von denen sich einige aus den umfassenderen Auswirkungen der Baumwollindustrie ergaben. Schließlich hatte die Baumwolle einen

Markt für Spinning Jennys, Waterframes und Webstühle geschaffen. Und als alle Welt unbedingt Dampfmaschinen haben wollte, «Steam Mill Mad» wurde, wie es der Dampfmaschinen-Hersteller und Geschäftspartner von James Watt, Matthew Boulton, ausdrückte, waren Baumwollspinnereien der wichtigste Markt für die neue Maschine.[40]

Die Kapitaleigner investierten einen Teil ihrer Vermögenswerte in die neuen Industrien. Finlay kann hier abermals als Beispiel dienen. In einem Brief ließ er sich 1835 über die vielfältigen Probleme der Baumwollindustrie aus und berichtete dabei, dass «in diesem Teil des Vereinigten Königreichs die Herstellung von Eisenbarren und Stabeisen gegenwärtig das einträglichste Geschäft ist, und es werden gerade unglaublich viele Produktionsstätten gebaut».[41] Er sagte voraus, dass mit der Eisenherstellung «immense Gewinne» zu erzielen seien, und diversifizierte sein Portfolio radikal:[42] Er stieg bereits 1816 auch in den Indienhandel ein, investierte in Eisenbahnen, Banken, Staatsanleihen, Versicherungsunternehmen und Kanalbauten.[43] Die Diversifizierung umfasste, vielleicht etwas überraschend, auch die Landwirtschaft, insofern er das Landgut Castle Toward erwarb, von dem er bezeichnenderweise als «unsere Plantagen» sprach.[44]

Die Baumwollindustrie war für Finlay wie für die britischen Kapitaleigner im Allgemeinen nur ein Sprungbrett, allerdings ein wichtiges, in eine völlig andere Welt mit einer neuen Art von Kapitalismus – dem Industriekapitalismus. Das rasche Wachstum der Baumwollindustrie war keine temporäre Beschleunigung, nach der alles wieder in den Ausgangszustand zurückkehrte, sondern Vorbote weiteren Wachstums, von Produktivitätszuwächsen, Proletarisierung und Kapitalakkumulation. Großbritannien und eine Handvoll weiterer Länder begaben sich auf einen Weg einer dauerhaften Expansion, die bis zum heutigen Tag anhält. Indem sich die Industrielle Revolution auf Dutzende von Industriezweigen ausweitete, wurde sie zum Dauerzustand.

Die nächste Phase dieser Revolution konzentrierte sich auf Produktionsgüter: auf Waren, die nicht an die Verbraucher, sondern an andere Hersteller verkauft wurden, die sie zur Produktion von etwas anderem benötigten. Kohle war eines dieser Güter. Als man damit begann, sie für den Antrieb von Maschinen und für das Heizen von Häusern zu verwenden, schoss die Nachfrage durch die Decke – so nahm die auf fossilen Brennstoffen beruhende Wirtschaft ihren Anfang, die bis zum heutigen Tag besteht.[45]

Der Kohlebergbau hatte zwar eine sehr lange Geschichte, blieb aber bis zur Mitte des 18. Jahrhunderts weitgehend folgenlos. Die Menschen zögerten damit, Holz durch Kohle zu ersetzen; ihnen missfiel der Rauch oder der Geruch von Kohlefeuern, und der Transport von Kohle war teuer. Die frühen

Kohlebergwerke waren deshalb nur kleine Unternehmungen, und man stellt sie sich am besten so vor, dass Bauern die Kohle ausgruben, die an die Erdoberfläche gedrungen war. Doch mit dem Aufstieg von Industriezweigen wie der Kalksteinverarbeitung, der Glasherstellung und den koksbefeuerten Eisenhütten, die allesamt große Mengen Kohle verbrauchten, wuchs die Nachfrage nach dem «schwarzen Gold». Die Kohlenfördermenge in Großbritannien verdoppelte sich fast in der ersten Hälfte des 18. Jahrhunderts, in der zweiten Hälfte verdreifachte sie sich beinahe, und als in der ersten Hälfte des 19. Jahrhunderts 80 bis 90 Prozent des britischen Energieverbrauchs durch Kohle abgedeckt wurde, vervierfachte sie sich sogar. Die wachsenden Städte, und hier vor allem London, die durch Großbritanniens privilegierte Stellung im Welthandel aufblühten, verlangten nach Kohle, was zum Teil auch daran lag, dass der Verbrauch von herkömmlichen Energiequellen, in erster Linie der von Feuerholz, an seine ökologischen Grenzen stieß.

Im Nordosten Englands, in Schottland, den Midlands und in Wales wurde derart massiv in den Bergbau investiert, dass die britische Kohleförderung in ihrer Intensität konkurrenzlos war. Im Jahr 1831 lag die Fördermenge bei 31,5 Millionen Tonnen, fast dem Fünffachen dessen, was die nächstrangigen Konkurrenten – die Vereinigten Staaten, Frankreich, Deutschland und Belgien – zusammengenommen vorzuweisen hatten. Dieses immense Volumen kam nicht in erster Linie durch neue Fördertechniken zustande, sondern durch den Einsatz von mehr Bergleuten mit mehr Hauen und mehr Schaufeln, mit denen sie die Kohle aus den Flözen lösten, wie sie es schon seit Jahrhunderten getan hatten.[46] Der Kohlefachmann William Fordyce konnte 1860 feststellen: «Kohle ist zweifellos die wahre Quelle von Englands Reichtum.»[47]

Die ersten Kohleunternehmer waren oft weltliche oder kirchliche Landbesitzer, auf deren Grund es Kohlevorkommen gab. Mit dem Aufstieg der kapitalintensiven Eisenverhüttung im großen Stil verloren diese Landgut-Bergwerke rasch ihre Bedeutung, und neue Arten von Kohleunternehmen entstanden. Kaufleute investierten einen Teil ihres Kapitals in den Kohlebergbau. Es wurden auch Aktiengesellschaften gegründet, in denen verschiedene Investoren ihr Kapital zusammenlegten – ein Modell, das besonders beliebt war, als die Bergwerke aufgrund der Investitionen in Dampfmaschinen und umfangreiche Landkäufe zu kapitalintensiveren Unternehmen wurden. Fordyce stellte 1860 rückblickend fest, dass sich das 1829 in Bergwerke im Kohlerevier Tyne und Wear investierte Kapital auf insgesamt 2,2 Millionen Pfund belief und die Gesamtinvestitionssumme bis zum Ende der 1850er Jahre auf 14 Millionen Pfund angewachsen war. Einige einzelne Bergwerke brachten jetzt ein Kapital von einer halben Million Pfund Sterling zusammen.[48]

KOHLE WAR wichtig, aber um aus der Industriellen Revolution eine permanente Revolution werden zu lassen, war kein anderer Industriezweig wichtiger als die Eisenbahn. Dieses auf Rädern und Gleisen beruhende Transportsystem hatte einen langen Vorlauf, bereits im 18. Jahrhundert waren in Großbritanniens Kohlebergwerken von Pferden gezogene Protozüge im Einsatz. Da dort auch Dampfmaschinen intensiv genutzt wurden (um Wasser abzupumpen), war es nur eine Frage der Zeit, bis jemand auf die Gedanken kam, die Dampfmaschine auf Räder zu montieren und zum Ziehen von Waggons zu verwenden. Die Züge der ersten Passagier-Eisenbahnlinie verkehrten ab 1830 mit einer Geschwindigkeit von knapp 30 Stundenkilometern zwischen dem Baumwollhafen Liverpool und dem Stadtzentrum von Manchester, wo die Baumwolle verarbeitet wurde. Natürlich wurde die Eisenbahn schon zu einem frühen Zeitpunkt dazu genutzt, die Entwicklung der führenden Industrie des Landes zu unterstützen. Bereits acht Jahre später waren London, Birmingham, Liverpool und Manchester miteinander verbunden. 1844 umfasste das Schienennetz Großbritanniens 3200 Kilometer, 1850 waren es schon 9600 Kilometer.

Dieses Verkehrsmittel ermöglichte den Transport von Waren und Massengütern, und hier vor allem von Kohle, in einem viel größeren Umfang als zuvor, und die Arbeiter gelangten leichter in die Industriezentren. Es beschleunigte den Kapitalverkehr, brachte Hersteller und Konsumenten näher zueinander. Die Investoren wurden in regelmäßigen Abständen vom Eisenbahnfieber gepackt, Kaufleute, Industrielle, Landbesitzer, Kleriker, Witwen und alle anderen Menschen, die über irgendwelche Mittel verfügten, pumpten Gelder in diesen oder jenen Plan für den Bau dieser oder jener Eisenbahnlinie. Das brachte mitunter beachtliche Gewinne ein, bei anderen Gelegenheiten jedoch allenfalls bescheidene Renditen.[49]

Der von der Eisenbahn bewirkte Wandel war so drastisch, dass der britische Schriftsteller William Makepeace Thackeray im Jahr 1860 schrieb: «Wir, die wir gelebt haben, bevor man Eisenbahnen baute, gehören einer anderen Welt an. [...] Das war erst gestern; aber was für ein großer Unterschied zwischen einst und jetzt!»[50] Sein Gefühl, dass die Zeit rasch voranschritt, war damals noch neu, wurde aber für die Generationen, die nach ihm im Kerngebiet des Industriekapitalismus zur Welt kamen, fast zum Allgemeingut. Es ist ein Gefühl, das allen Leserinnen und Lesern dieses Buches vertraut ist.

Am meisten profitierte vom Ausbau des Eisenbahnnetzes die Eisenindustrie, die zugleich mehr Möglichkeiten für profitable Investitionen bot. Die Eisenherstellung war ein sehr altes Gewerbe und hatte schon jahrhundertelang Investitionen von Kaufleuten angelockt. Im 18. Jahrhundert hatte die Branche expandiert, nicht zuletzt aufgrund der steigenden Nachfrage für ihre Produkte in der amerikanischen Plantagenwirtschaft. Ebenso wie die Baumwollfabriken stützte sich auch die Eisenindustrie auf das durch Handel angehäufte Kapital. Sie wuchs rasch und konnte ab etwa 1804 den einheimischen Markt versorgen; 1815 wurde dann schon ein Drittel der britischen Produktion exportiert. Technische Neuerungen drückten in den frühen 1830er Jahren die Herstellungskosten um zwei Drittel, was zugleich die Produktionsleistung noch weiter ansteigen ließ. Hatte Großbritannien 1785 61 000 Tonnen Roheisen hergestellt, waren es 1850 2,25 Millionen, hinzu kamen noch weitere zwei Millionen Tonnen Eisenbarren. Der Industriezweig verdankte seinen Aufstieg teilweise auch protektionistischen Maßnahmen: Der Einfuhrzoll für Eisenbarren lag in den Jahren von 1782 bis 1795 bei 2,81 Pfund pro Tonne, wurde 1813 jedoch auf 6,49 Pfund angehoben.[51]

Und dann kam die Maschinenbauindustrie. Die mechanisierte Produktion benötigte Maschinen – Spinn-, Bohr- und Dampfmaschinen, Lokomotiven –, und auch deren Produktionszahlen nahmen rasch zu. Aber das Wachstum der Branche vollzog sich auf andere Art als in der Baumwollverarbeitung, der Eisenproduktion oder dem Kohlebergbau. Anfangs, als es noch keine Nachfrage im großen Stil gab, arbeiteten die Maschinenbauer in kleinen Werkstätten, wo qualifizierte Handwerker beschäftigt waren, und nicht in großen Fabriken, wo auf nichtmenschliche Energiequellen zurückgegriffen wurde. Sie produzierten ihre Waren in kleinen Stückzahlen, oft nach sehr genauen Vorgaben und Sonderwünschen. Die Arbeiter behielten die Kontrolle über ihre Arbeitsprozesse und die Herstellungsverfahren, und sie wurden sehr viel besser bezahlt als ihre Kollegen in den Baumwollbetrieben. Deshalb konnten die Hersteller die Produktionsprozesse nicht vollständig neu gestalten, wie sie das in der Baumwollbranche getan hatten.[52]

Besondere Ansammlungen solcher Unternehmen bildeten sich in und nahe der englischen Stadt Birmingham, in der es eine ausgeprägte Konzentration von fachlichem Können und eine lange Tradition in der Waffenproduktion gab. Bereits im 18. Jahrhundert hatte sich dort ein «vom Krieg angetriebener Industriekapitalismus» entwickelt.[53] Allein zwischen 1790 und 1804 steigerte sich die Produktion von Schusswaffen um das Fünffache auf 14 000 Stück pro Woche. Dass in der Stadt so viel fachliches Können zusammenkam, ließ sich auch für die Entwicklung anderer Güter nutzen. Die Fertigung hochpräziser Kanonen zum Beispiel, auf die das *Board of Ordnance* drängte, war bei der Verbesserung von Dampfmaschinen nützlich, weil sich dabei zeigte, wie Zylinder präziser gebohrt werden konnten. Als dann staatliche Großaufträge eingingen, trieben die Hersteller die Arbeitsteilung immer weiter, um die Produktivität zu erhöhen. Große und kleine Unternehmen schlossen untereinander Verträge und bildeten so ein dichtes Netzwerk von Expertise und Arbeitskräften, durch das die Stadt «quasi» zu einer einzigen «Fabrik» wurde.[54]

Die Unternehmen machten sich die «Tüftlertradition» Birminghams zunutze, um schrittweise technische Verbesserungen vorzunehmen. Im Zeitraum von 1760 bis 1850 wurden in der Stadt wesentlich mehr Patente angemeldet als in Manchester.[55] Aber selbst in Birmingham spielte die Wissenschaft bei der frühen Industrialisierung keine bedeutende Rolle. Im Vorwort zu *A Descriptive History of the Steam Engine* (1824) ist mit Bezug auf die Dampfmaschine zu lesen, «dass die Wissenschaft oder die Wissenschaftler mit dieser Sache nie irgendetwas zu tun hatten. […] Es gibt wohl keine Maschine oder keinen Mechanismus, bei der oder dem das wenige, was Theoretiker beigetragen haben, nutzloser ist. […] Sie wurde von arbeitenden Mechanikern gebaut, verbessert und perfektioniert – und ausschließlich von ihnen.»[56] Doch die vielen kleinen, von Handwerkern vorgenommenen Verbesserungen krempelten die industrielle Produktion gründlich um und zogen massive Investitionen in Herstellungsprozesse nach sich, was eine Ausweitung industrieller Tätigkeit beförderte, wie sie die Welt noch nicht gesehen hatte.

Wie durch einen glücklichen Zufall stärkten sich die Industriezweige gegenseitig. Eisenbahnen brauchten Kohle, Eisen und Maschinen; zur Baumwollherstellung benötigte man Dampfkraft, Kohle und Maschinen; und der Bergbau profitierte von der Dampfmaschine wie auch von der Eisenbahn. Der Effekt dieser Synergien: Wer zu Beginn des 19. Jahrhunderts in Großbritannien lebte, hätte das Land um 1850 kaum wiedererkannt, auf ausländische Besucher wirkte es schockierend modern. Die Hälfte aller Briten lebte mittlerweile in Städten und arbeitete in der Industrie. Zwar stellte Großbritannien nur 1,8 Prozent der Weltbevölkerung und umfasste 0,16 Prozent der Landfläche des Planeten, doch es leistete zwei Drittel der weltweiten Kohleförderung und spann und webte die Hälfte aller Baumwollstoffe.[57]

Im Jahr 1814 hatte der schottische Kaufmann und Gelehrte Patrick Colquhoun geschwärmt, die technischen Verbesserungen in Großbritannien ließen sich «kaum in Zahlen fassen».[58] Nach seinem atemlos vorgetragenen Zeugnis war es «unmöglich, über den Fortschritt der Manufakturen […] ohne Verwunderung und Staunen nachzudenken. Ihre Schnelligkeit […]

übertrifft jedes glaubwürdige Maß.»[59] *Chambers's Encyclopedia* pflichtete dem 1849 bei: «Bei der nationalen Industrie steht England im Vergleich zu jedem anderen Land der Welt konkurrenzlos da.»[60]

Während Großbritannien sich weiter industrialisierte, hofften Kapitalisten, Herrscher und Bürokraten und Staatsmänner in aller Welt darauf, seinem Beispiel folgen zu können. Von der Flut immer günstiger angebotener britischer Garnexporte unter Druck gesetzt, ließen sie sich vom Fortschritt im Land inspirieren und konzentrierten sich auf Baumwollprodukte. Zunächst importierten sie maschinell gesponnenes britisches Garn, das zu Stoffen verarbeitet werden sollte. Ein großer Teil dieser Produktion lief weiterhin in ländlichen Gebieten ab, aber in Sachsen und im Rheinland brachten Unternehmer die Weber in großen Werkstätten zusammen, um ihre Arbeit dort besser beaufsichtigen zu können.[61]

Schon bald gingen Unternehmer dazu über, vor Ort selbst Garn herzustellen, und benutzten dafür die neuen, in Großbritannien erfundenen Maschinen. Die Branche breitete sich wie ein Lauffeuer aus. In Frankreich nahmen die ersten modernen Baumwollfabriken 1771 die Arbeit auf, auf späterem deutschem Staatsgebiet 1783, in Katalonien 1785, in den Vereinigten Staaten 1789, in den südlichen Teilen der Niederlande 1792 (ungefähr das heutige Belgien), in Russland 1793, in der Schweiz 1801 und auf dem Territorium des künftigen italienischen Staates 1808. Noch war der Industriezweig überall ziemlich klein und mit dem massiven Baumwollkomplex im Vereinigten Königreich nicht vergleichbar. Aber nach der Jahrhundertwende explodierte er: In Sachsen nahm die Zahl der Spindeln von 3000 im Jahr 1800 bis 1815 auf 284 000 zu, in Preußen von 15 000 im Jahr 1800 auf 150 000 bis 1840. In ganz Deutschland stieg die Zahl der Arbeiter in der Baumwollherstellung von rund 77 000 im Jahr 1820 auf etwa 213 000 im Jahr 1840, und die Zahl der Spindeln verhundertfachte sich fast in der Zeit von 1800 bis 1860. In der Schweiz stieg die Zahl der Spindeln von 1827 bis 1857 um mehr als das Dreifache an, in Frankreich kam es zwischen den 1780er und den 1830er Jahren zu einer Steigerung um den Faktor zehn, in den Vereinigten Staaten entsprach die Zunahme etwa dem Faktor zwanzig. Dort gab es 1810 87 000 mechanisierte Spindeln, 1860 waren es fünf Millionen, und die Baumwollverarbeitung war der wichtigste Industriezweig des Landes.[62]

Diese industriellen Revolutionen der Nachahmer beruhten fast immer auf britischer Technik, britischen Maschinen und qualifizierten britischen

Arbeitskräften. Wer als Kapitaleigentümer oder Regierungsvertreter unbedingt einen Einstieg in die Industrialisierung finden wollte, ging nach Großbritannien, um sich über die Geheimnisse der neuen Industrie zu informieren. Allerdings verbot die britische Politik den Export von Maschinen ebenso wie die Auswanderung von Arbeitern, die mit deren Konstruktion und Gebrauch vertraut waren, deshalb lief ein großer Teil des Technologietransfers in Form von Industriespionage ab, wie man es heutzutage nennen würde. Der belgische Baumwoll-Pionier Lieven Bauwens reiste im letzten Jahrzehnt des 18. Jahrhunderts 32-mal nach England, machte sich mit der neuen Technologie vertraut und warb Facharbeiter für seine Fabrik an.[63] Der Kaufmann Moses Brown aus Providence überredete 1789 Samuel Slater, einen Lehrling in einer Textilfabrik von Arkwright, zur Auswanderung, damit er in den Vereinigten Staaten bei der Gründung der ersten mechanisierten Baumwollfabrik mitwirken konnte.

So entscheidend der Transfer von praktischen Fertigkeiten, Wissen und Maschinen auch war, er reichte nicht aus. Ebenfalls gebraucht wurde Kapital. Anfangs hielten sich die benötigten Kapitalmengen noch in Grenzen, und der Reichtum, den ein Kaufmannsverleger, ja selbst ein qualifizierter Handwerker anhäufen konnte, genügte, um in die Baumwollverarbeitung einzusteigen. Der Schweizer Spinner Heinrich Kunz, um ein außergewöhnliches Beispiel zu nennen, begann seine Tätigkeit in der Branche als Facharbeiter; zum Zeitpunkt seines Todes im Jahr 1859 besaß er acht Spinnereien, in denen 2000 Arbeiter beschäftigt waren. In Russland wurde die Baumwollindustrie zu einem beträchtlichen Teil von leibeigenen Bauern aufgebaut.

Häufiger waren jedoch die Fälle, in denen Fabriken mit Handelskapital gegründet wurden. Es kam oft von kleinen Kaufleuten, die mit Teilbereichen der Branche zu tun gehabt hatten, aber auch von wichtigen Überseekaufleuten wie etwa Francis Cabot Lowell, einem außergewöhnlich reichen Bostoner Händler, der im Jahr 1813 zusammen mit anderen 400 000 Dollar in den Bau einer großen Fabrik in Waltham im Bundesstaat Massachusetts investierte.[64]

WÄRE NUN der Zugriff auf Technologie und Kapital in Verbindung mit Vorerfahrung in Sachen Textilproduktion alles, was es brauchte, um die industrielle Baumwollherstellung in Gang zu bringen, hätte sich dieser Industriezweig auf einen großen Teil der Welt ausgebreitet. Das war aber nicht der Fall. Ob es zu einer frühen Baumwollindustrialisierung kam oder eben nicht, hing davon ab, ob es dafür einen institutionellen Rahmen gab, vor allem einen mächtigen Staat, der ein Interesse an der Gründung einer neuen Form des

Kapitalismus – des Industriekapitalismus – hatte und dazu auch in der Lage war.[65]

Großbritannien war hier abermals wegweisend. Das Vereinigte Königreich war nicht nur die Vorhut der Industriellen Revolution, es war auch die Vorhut bei der Ausbildung eines Staates, der – ohne dass dies den Protagonisten klar gewesen wäre – ungewöhnlich gute Voraussetzungen dafür schuf, dass seine Kapitaleigner einen Weg einschlagen konnten, mit dem sie die Welt veränderten. Großbritanniens herrschende Eliten hatten einen Staat mit einer großen infrastrukturellen, bürokratischen, fiskalischen und militärischen Reichweite geschaffen, einen «aggressiven und intervenierenden Staat», wie ein Wissenschaftler es formuliert hat. Ein Staat mit diesen Eigenschaften unterschied die Orte, an denen es zu einer frühen Baumwollindustrialisierung kam, von solchen, wo dies nicht geschah. Dieser mächtige Staat hatte von Anfang an eine entscheidende Rolle gespielt, nicht zuletzt durch die Protektion für Industriezweige, die noch in den Kinderschuhen steckten, insofern die britischen Märkte für Textilwaren vom europäischen Kontinent und aus Indien im 17. und 18. Jahrhundert weitgehend verschlossen blieben.[66]

Staaten, in denen die Industrialisierung einsetzte, folgten dem britischen Beispiel und boten eine ganze Reihe von Anreizen für einen Einstieg in die Baumwollherstellung, unter anderem Monopole, Begünstigungen und Subventionen. Noch wichtiger war jedoch, dass sie in der Lage waren, die Industrie im eigenen Land vor der Konkurrenz zu schützen, wobei man auch hier dem britischen Beispiel folgte.[67] Zur wichtigsten Runde bei diesem Protektionismus kam es unbeabsichtigt – aber genau im richtigen Augenblick – während der Napoleonischen Kriege, als sich in manchen Teilen der Welt bereits eine moderne Baumwollindustrie entwickelt hatte. Da die Kriegführung den gesamten Kontinent erfasste, kam der Handel zwischen den kriegführenden Parteien zum Erliegen und wurde schließlich verboten, sodass die Baumwollindustrie auf dem europäischen Festland zwischen 1806 und 1814 von der weiter fortgeschrittenen britischen Konkurrenz abgeschottet war.

Das hatte sofort Folgen: Im sächsischen Chemnitz stieg die Zahl der mechanischen Spindeln während der Kriege um das 17-Fache. In Frankreich hatte es 1789 nur sechs mechanisierte Baumwollfabriken gegeben, im Jahr 1812 waren es bereits 272. Da die Investitionen des Textilunternehmers Guillaume Louis Ternaux im industriellen Bereich in dieselbe Richtung liefen wie das nachrevolutionäre Staatsprojekt der kaiserlichen französischen Staatsregierung, verkündete er 1807: «Und ich werde ebenfalls gegen England in den Krieg ziehen!»[68] In den Vereinigten Staaten hatte dieser kriegsbedingte Protektionismus ähnliche Auswirkungen: Als der Handel mit Europa von 1807 bis 1815 stillstand, hob die einheimische Baumwollindustrie ab. Die Zahl der mechanischen Spindeln wuchs von 1808 bis 1811 um das Zehnfache.[69] Ein französischer Präfekt, der aus Belgien berichtete, drückte den Zusammenhang so aus: «Kein industrieller Fortschritt hat jemals schneller stattgefunden.»[70]

Als das Ende der Kriege eine gewaltige Welle britischer Exporte auslöste, hatten die Baumwollhersteller in einigen Ländern bereits genügend politischen Einfluss erlangt, um Schutzzölle verlangen zu können. Die Vereinigten Staaten erhoben sie bereits 1816, Preußen und Österreich folgten 1818, und im Verlauf der nächsten Jahre kamen Russland, Frankreich, Italien, Bayern und Württemberg hinzu. Frankreich verbot 1842 sogar sämtliche Importe von Baumwollwaren. Diese Maßnahmen wurden teilweise durch Argumente ausgelöst, die Ökonomen wie Friedrich List vorbrachten. List betonte, dass «der Wert der Manufakturen mehr als je aus dem politischen Gesichtspunkte beurteilt werden [muss]».[71] Er wandte sich gegen die Freihandelslehre britischer Liberaler und stellte in den 1830er Jahren fest: «Es ist eine gemeine Klugheitsregel, dass man, auf den Gipfel der Größe gelangt, die Leiter, vermittels welcher man ihn erklommen, hinter sich werfe, um anderen die Mittel zu benehmen, uns nachzuklimmen.»[72]

Auf der anderen Seite des Atlantiks war Henry Charles Carey derselben Auffassung. Er setzte sich leidenschaftlich für den Protektionismus ein und glaubte an eine aktive Rolle des Staates bei der Gestaltung einer Volkswirtschaft. In seinem 1851 erschienenen Buch *Harmony of Interests* sprach er sich für Importzölle aus, die seiner Ansicht nach der gesamten amerikanischen Bevölkerung nutzen und für die in seinem Buchtitel angesprochene Harmonie sorgen würden. Seiner Ansicht nach sicherte der Freihandel «dem englischen Volk das Weiterbestehen des Monopols auf Maschinen»; deshalb müssten sich die Vereinigten Staaten schützen, wenn sie sich weiterentwickeln wollten.[73]

Careys Wirtschaftsnationalismus war in der noch jungen Republikanischen Partei einflussreich, und er selbst wurde ein enger Berater von Präsident Abraham Lincoln, nicht zuletzt, weil sie die Überzeugung teilten, dass sie die Industrialisierung im eigenen Land fördern mussten, wenn sie in einem System miteinander konkurrierender Staaten erfolgreich sein wollten. Nur in wenigen Teilen der Welt hatten Staaten so viel Macht, dass sie Maßnahmen, die die Industrialisierung förderten, durchsetzen konnten. Und genau dort verlief die frühe Baumwollindustrialisierung erfolgreich.[74]

In weiten Teilen Europas und der Vereinigten Staaten ging die Baumwollindustrialisierung, wie zuvor in Großbritannien, in eine umfassendere industrielle Revolution über. Die daran beteiligten Industriezweige waren vergleichbar: Kohlebergbau, Eisenherstellung, Eisenbahnen und Maschinenbau. Sie alle profitierten von der Expansion der anderen, sie alle entwickelten sich im Rahmen zunehmend mächtigerer Staaten, die in der Lage waren, institutionelle Strukturen aufzubauen, die dem Industriekapitalismus förderlich waren. In Frankreich gab es 1840 Eisenbahnstrecken mit einer Gesamtlänge von 573 Kilometern, zehn Jahre später waren es bereits 3554 Kilometer; in Preußen wuchs das Netz von 185 auf 2970 Kilometer an und in den Vereinigten Staaten von 4500 auf 14 400 Kilometer.

Die Kohleförderung schnellte genauso rasch in die Höhe. In den Vereinigten Staaten nahm sie von 100 000 Tonnen im Jahr 1800 binnen eines halben Jahrhunderts auf 3,6 Millionen Tonnen zu, bei der höherwertigen Anthrazitkohle aus Pennsylvania von rund 1000 Tonnen im Jahr 1808 auf fast vier Millionen Tonnen im Jahr 1850. Die französische und die deutsche Kohleförderung verfünffachte sich von 1815 bis 1850 nahezu, allerdings lag die Fördermenge in beiden Ländern immer noch unter der von Belgien, das 1850 10,2 Millionen Tonnen Kohle produzierte.

Die Eisenherstellung erzielte nicht weniger eindrucksvolle Wachstumsraten: In den Vereinigten Staaten waren es 1810 noch 54 431 Tonnen Roheisen, 1850 mit 572 434 Tonnen mehr als zehnmal so viel. Frankreich war 1850 mit einer Produktionsmenge von 406 000 Tonnen Roheisen Spitzenreiter auf dem europäischen Festland – eine eindrucksvolle Steigerung im Vergleich zu den 113 000 Tonnen von 1819. Auch in Deutschland wurde die jährlich produzierte Roheisenmenge mehr als verdoppelt, von 85 000 Tonnen im Jahr 1823 auf 210 000 im Jahr 1850.[75]

Überall waren Staaten von entscheidender Bedeutung für die Förderung der Industrialisierung. In Deutschland schuf der seit Januar 1834 bestehende und sukzessive erweiterte Zollverein eine Freihandelszone zwischen den meisten deutschen Staaten und zugleich einen größeren Binnenmarkt, gleichzeitig wurden die Zollschranken gegenüber Außenstehenden vereinheitlicht. Die nachrevolutionäre französische Regierung beschloss wichtige Reformen des Rechtswesens, dazu gehörten das Zunftverbot und die Öffnung des Arbeitsmarkts in den 1790er Jahren ebenso wie die Aufwertung des Privateigentums zu einem «heiligen, unverletzlichen Recht» im Code civil von 1805, dem napoleonischen Zivilgesetzbuch. In zunehmendem Maß investierte er direkt in Infrastrukturen, oder er verringerte die Investitionsrisiken durch einen Garantiezins für Investoren in Eisenbahnunternehmen, wie im Fall eines 1842 verabschiedeten Gesetzes, mit dem eine «demi-concession»-Regelung («Teilkonzession») eingeführt wurde. Außerdem schuf der französische Staat, wie der Deutsche Zollverein, eine integrierte Nationalwirtschaft, indem er die Binnenzölle im eigenen Land strich und zur Unterstützung der Hersteller eine gemeinsame Zollpolitik einführte. Schließlich unterstützte er Bildungsreformen und den Technologietransfer, nicht zuletzt durch die aktive Umgehung britischer Restriktionen. Als Carl von Clausewitz, der große Theoretiker des Krieges, erklären wollte, wie sich der Krieg verändert hatte, verglich er ihn bezeichnenderweise mit dem Handel – ein Gedanke, der europäischen Staatsoberhäuptern des frühen 19. Jahrhunderts unmittelbar eingeleuchtet hätte.[76]

Auf dem europäischen Festland und an der Ostküste Nordamerikas gab es in den 1850er Jahren bereits zahlreiche industrielle Zentren, obwohl die Industrielle Revolution dort mindestens eine Generation später eingesetzt hatte als im Vereinigten Königreich. Im Ruhrgebiet entwickelte sich ein Komplex von Kohlebergwerken, Eisenherstellung und Schwerindustrie. Eine ähnliche Ansammlung von vielfältig miteinander verbundenen Bergwerken und Hochöfen entstand rund um Lüttich sowie im französischen Lothringen. Neuengland, das Elsass, die Normandie, die Lombardei, Sachsen, der Schwarzwald, das Zürcher Oberland – all diese Regionen füllten sich mit Zentren der mechanisierten Baumwollproduktion.

Industriespionage und grenzüberschreitender Reiseverkehr blieben für die Ausbreitung des Industriesystems wichtig. In den 1790er Jahren ging der englische Schmied und Modellbauer William Cockerill nach Frankreich, wo er in Seraing, unweit von Lüttich, ein Hüttenwerk und eine Maschinenwerkstatt eröffnete. Napoleon verlieh ihm 1810 die französische Staatsbürgerschaft, und 1812 beschäftigte Cockerill in seinem Werk bereits 2000 Arbeiter. Er rühmte sich oft seiner Fähigkeit, die Arbeit britischer Betriebe zu kopieren: «Ich habe alle neuen Erfindungen, zehn Tage nachdem sie aus England herauskommen, hier in Lüttich.»[77] Sein Hüttenwerk errichtete 1824 den ersten Eisenhochofen in Belgien, der die britische Technologie kopierte und mit Koks statt mit Holzkohle befeuert wurde.

Der preußische Staat schickte 1819 einen Schlosser mit dem Auftrag nach Großbritannien, sich dort über den Maschinenbau des Landes kundig zu machen; nach seiner Rückkehr baute der Schlosser eine große Fabrik auf. Alfred Krupp reiste 1838 nach Großbritannien, kehrte später ins Rheinland zurück und eröffnete dort eine bedeutende Gießerei und Maschinenfabrik. Im gleichen Jahr unternahm der niederländische Fabrikant Paul van Vlissingen Reisen nach London, Birmingham und Glasgow; seine Maschinenfabrik in Amsterdam, in der er auch ein Team von britischen Metallarbeitern beschäftigte, entwickelte sich zum größten Betrieb dieser Branche in den Nieder-

Früher Kohlebaron: John Cockerill, Belgien.

landen und zählte in den 1850er Jahren bereits 1600 Beschäftigte. Auch der Bremer Kaufmann Ludwig Knoop besuchte England, nach 1843 begann er mit dem Export von Maschinen nach Russland und spielte eine bedeutende Rolle bei der Industrialisierung des Landes.

In Frankreich erlebte der Maschinenbau ebenfalls einen Boom. Der Artillerieoffizier und Metallurg Mathieu Henri Marchand de la Houlière besuchte 1775 in England die Eisenschmelzer William und John Wilkinson und konnte sie dazu überreden, ihm beim Aufbau einer Kanonengießerei in Le Creusot zu helfen. Beim ersten Versuch scheiterte er zwar noch daran, dass die im Loiretal abgebauten Erze eine andere chemische Struktur aufwiesen, aber die Region wurde dennoch zu einem Schwerpunkt für den Maschinenbau in Frankreich. Bereits 1828 gab es dort acht Maschinenbaubetriebe.[78] All diesen Fortschritten andernorts zum Trotz beherrschte Großbritannien die weltweite industrielle Produktion so sehr wie sonst wohl nur die Vereinigten Staaten nach 1945 und China in den ersten Jahrzehnten des 21. Jahrhunderts.[79]

Mit dem Aufkommen der neuen Herstellungsverfahren verschwanden die älteren Formen, wie sie etwa von Zünften oder Kaufmannsverlegern organisiert worden waren, keineswegs, sie intensivierten sich vielmehr. Die

Uhrmacherei im Schwarzwald zum Beispiel breitete sich im 18. Jahrhundert weiter aus, weil Bauernsöhne ohne eigenes Land nach Alternativen für ihren Lebensunterhalt suchten. Aber erst im darauffolgenden Jahrhundert erlebte dieses Handwerk einen wahren Boom: Im Jahr 1800 gab es im Schwarzwald 500 Uhrmacherwerkstätten, ein Jahrhundert später waren es 1400.[80] Eine derartige Intensivierung des Herstellungsprozesses ohne nennenswerte technische oder organisatorische Veränderungen war weit verbreitet, denn die expandierenden Märkte sorgten für den nötigen Anschub.

Solingen – eine Kleinstadt am Rand des Ruhrgebiets, die mit Holzkohle, Kohle und Eisenerz und außerdem mit reichlich Wasserkraft gesegnet war – lieferte ein weiteres Beispiel. Die hochqualifizierten Handwerker der Stadt hatten sich seit dem Mittelalter auf die Herstellung von Waffen spezialisiert, besonders auf Schwerter von hoher Qualität, die immer nachgefragt wurden, fand der ewige Kreislauf der Kriege doch kein Ende. Jahrhundertelang veränderte sich in Solingens Eisen- und Stahlgewerbe nichts: Schmiede, Schleifer und Fertigsteller waren in Zünften organisiert, die alle Aspekte der Produktion regelten und ihre Privilegien von den Herzögen von Berg verliehen bekamen. Kinder erbten ihre berufliche Stellung von ihren Eltern, was für nahezu dynastische Strukturen sorgte. Die Familie Henckels, die seit Mitte des 15. Jahrhunderts in der Branche tätig gewesen war, ließ im Jahr 1731 den Markennamen Zwilling in die Solinger Messermacherrolle eintragen. Er wird von der gleichnamigen Firma heute noch benutzt.[81]

Am Ende des 18. Jahrhunderts gerieten die Dinge jedoch in Bewegung. Die Zünfte bekamen Gegenwind von den immer mächtiger werdenden Kaufleuten, waren der Konkurrenz durch englische Hersteller und Produzenten außerhalb ihrer Gilden ausgesetzt und sahen so ihren Einfluss schwinden. Das Ende kam mit der napoleonischen Herrschaft: Im Jahr 1809 wurden die Zünfte verboten. Die Machtverhältnisse verschoben sich zugunsten der Kaufleute, die bei der Koordination von Fertigungsprozessen in eine Schlüsselposition rückten. Zwar arbeiteten die Schmiede, Schleifer und Fertigsteller immer noch in kleinen Werkstätten oder zu Hause und bedienten sich nach wie vor uralter Techniken und eines hergebrachten Fachwissens. Aber sie arbeiteten jetzt für Kaufleute, die ihnen die Materialien stellten und einen Stücklohn bezahlten.[82]

Im Verlauf der 1820er und 1830er Jahre nahm die Produktion von Waffen, Messern, Scheren (ein neues Produkt, das auf neue, standardisierte Präzisionsarbeit schließen ließ) und Essbesteck rasch zu – ohne in Fabriken verlegt zu werden oder technischen Wandel einzuleiten. Vielmehr arbeitete eine größere Zahl von Menschen auf ähnliche Art wie in früheren Jahrhunderten, jedoch mit einer entscheidenden Neuerung: Die Kapitalbesitzer übten jetzt eine noch nie dagewesene Kontrolle über sie und ihr Gewerbe aus.

Die Firma J.A. Schmidt & Söhne, die Messer und Essbesteck herstellte, wurde 1829 von einem Mann aus armen Verhältnissen gegründet, der eine Lehre als Fertigsteller absolviert hatte. Irgendwann begann er mit der Fertigung seiner eigenen Messer, baute die Produktion aus und wandelte sich vom Hersteller zum Kaufmannsverleger. Er kaufte Stahl und andere Materialien von Händlern in der näheren Umgebung und koordinierte ein sich ständig erweiterndes Netzwerk von Schmieden, Schleifern und Fertigstellern im Umland, die im eigenen Haus und mit ihren eigenen Werkzeugen produzierten. Carl Rau, einer dieser Arbeiter, belieferte Schmidt wöchentlich mit den Erzeugnissen seiner Arbeit – am 12. Juni 1832 beispielsweise lieferte Rau 300 fertige Stücke ab. In diesem Jahr erhielt Schmidt Waren von 23 Schmieden, acht Schleifern und 35 Fertigstellern. Er war ein wichtiger Organisator der Produktion, beschäftigte selbst aber niemanden. Diese Strategie erwies sich als profitabel: Als er 1874 starb, wurde der Wert seines Nachlasses auf 133 000 Taler geschätzt – etwa 2,5 Millionen US-Dollar zum Kurswert von 2024.[83]

Kaufleute wie Schmidt mussten dank des Zunftverbots und des Koalitionsverbots für Arbeiter nicht mehr mit den Produzenten als Gruppe verhandeln und konnten daher die Löhne kürzen. Ein Beobachter des Geschehens stellte hierzu 1832 fest: «Der Arbeitslohn ist nach den verschiedenen Graden der Fertigkeit und Fähigkeit der Handwerker, so wie nach dem Gegenstande der Arbeit sehr verschieden, überhaupt aber verhältnißmäßig gering, theils, weil bei der großen numerischen Concurrenz überall wohlfeile Arbeiter zu haben sind und der Fabrikant solche ohne Rücksicht auf mindere Geschicklichkeit annimmt, indem der Käufer häufig mehr auf wohlfeilen Preis als auf innere Güte zu achten pflegt, […] theils aber auch, weil der Fabrikhandwerker dieser Gegend sich häufig mit einem geringen Lohne wirklich begnügen kann, da er meistens einiges weniges Grundeigenthum besitzt, das ihm seine nächsten Bedürfnisse, Wohnung, Gartenfrüchte, zum Theil Brodkorn u. dgl. sichert.»[84]

Die Arbeiter wurden oft mit Naturalien statt mit Geld entlohnt, es gab also ein Naturallohnsystem (Trucksystem), das zu einem weiteren Einkommensverlust führte. Das Lohnniveau sank so tief, dass die Arbeiter Mühe hatten, ihre einfachsten Grundbedürfnisse zu decken. Einstmals stolze Handwerker waren zu Halbproletariern geworden. Selbst die Solinger Handelskammer stellte 1848 fest, dass die Arbeiter zunehmend verarmten. Zugleich nahm der Arbeitsdruck zu, die Schmiede standen an immer längeren

Arbeitstagen «stundenlang vor dem Feuer», und die Schleifer saßen «den ganzen Tag gebückt vor dem Schleifsteine».

Die Einkünfte der Arbeiter waren so armselig, dass die Familien auf die landwirtschaftliche Tätigkeit von Frauen und Kindern angewiesen waren, vor allem auf die Erträge von Obst- und Gemüsegärten. Viele Arbeiter aßen oft mehrere Monate im Jahr nur Kartoffeln, wie ein Zeitgenosse 1823 festhielt. Wenn im alltäglichen Sprachgebrauch von der «Kuh des Schleifers» die Rede war, war eine Ziege gemeint. Nur wenige Menschen besaßen Matratzen; ganze Familie schliefen in einem einzigen Bett und bewahrten im selben kleinen Raum auch noch ihre Lebensmittel auf.[85]

Die Produktion breitete sich auf die ländlichen Gebiete aus, doch die Technologie stagnierte. Das berufliche Können verblieb weiterhin in den Händen der Arbeiter, und die Stückzahlen schossen in die Höhe. Der Bürgermeister einer benachbarten Stadt berichtete 1836, dass sich die Zahl der Arbeiter in den letzten 20 Jahren verdoppelt und die Produktion verdreifacht habe. Und von 1832 bis 1856 verdreifachte sich die Produktion ein weiteres Mal. Solingen und sein Umland verwandelten sich praktisch in eine riesige Fabrik, die von Kaufmannsverlegern dirigiert wurde und in der in den 1830er Jahren 4000 Arbeiter tätig waren, alle mit ihren eigenen Werkzeugen.[86] Die Herstellungsprozesse wurden intensiviert, aber auf eine grundsätzlich andere Art als im zeitgenössischen Glasgow.

Die dynamische Entwicklung des Industriezweigs erklärt sich durch die expandierenden Märkte. Das Militär blieb ein wichtiger Kunde. Ein wichtiger neuer Absatzmarkt entstand jedoch durch die Umgestaltung der ländlichen Gebiete in Amerika – ein Bericht über den Entwicklungsstand der Branche hob die Bedeutung von «Plantagenmessern, Zuckermessern und Werkzeugen für die Kolonien» hervor.[87] Einheimische Kaufleute reisten deshalb oft nach Frankreich, Portugal und Spanien; ein Unternehmen stationierte sogar einen Bevollmächtigten dauerhaft in Rio de Janeiro. 1821 gründeten Solinger Kaufleute und Kollegen aus benachbarten Städten die Rheinisch-Westindische Kompagnie mit dem Ziel, ihre Produkte in der Karibik und in Amerika zu verkaufen.

Carl Joest und Johann Schimmelbusch, zwei dieser Kaufleute, engagierten sich stark im Handel mit Brasilien. Letztlich brachten sie Zucker als Rückfracht mit und investierten in eine Zuckerraffinerie in Köln, die sich bis 1839 zum größten Betrieb dieser Art in Preußen entwickelte und dazu beitrug, die Stadt Köln zu einem der führenden Orte der Schokoladenherstellung in Europa zu machen. Ein im Wesentlichen lokaler und kleinmaßstäblicher Produktionskomplex war somit fest in die globalen Märkte integriert – und das nicht zuletzt, weil die Arbeiter vor Ort zu Konsumenten von Zucker, Kaffee, Tabak und Schokolade wurden.[88]

In Solingen selbst stieß das intensivierte Fertigungssystem, das von wagemutigen Kaufmannsverlegern aufgebaut worden war, bei einer heftigen Auseinandersetzung mit den Produzenten an seine Grenzen. Der Druck auf die Arbeiter hatte sporadisch Widerstandsaktionen provoziert, besonders im Jahr 1826, als die Solinger Schleifer streikten. Einige Arbeitgeber hatten versucht, die Arbeiter stärker zu kontrollieren, indem sie die Produktion auf Fabriken konzentrierten, wo die Waren hauptsächlich gegossen (und nicht geschmiedet) wurden – doch zumeist vergeblich. Als die Löhne in den 1840er Jahren weiter fielen, begehrten die Arbeiter auf. Sie versammelten sich am 16. März 1848 und forderten ein Ende des Naturallohnsystems, mit dem sie genötigt worden waren, überteuerte lebensnotwendige Güter anstelle von Löhnen zu akzeptieren. Die Aufständischen marschierten über Land, zerstörten die neuen Fabriken und machten damit auch gegenüber den Kaufmannskapitalisten deutlich, dass die sich immer weiter verschärfende Ausbeutung der Arbeiter einen kritischen Punkt erreicht hatte.[89] Die Mobilisierungen von 1848 in Solingen und an anderen Orten sollten bei einer weiteren Neuformierung des Kapitalismus eine wichtige Rolle spielen.

Trotz dieser Gegenbewegungen begannen die Kapitaleigner etwa um die Jahrhundertmitte, die Produktion in Fabriken zu verlagern. Ein entscheidender Impuls für Johann Abraham Henckels war ein Besuch in Sheffield im Jahr 1851, bei dem ihn die dortige Konzentration der Produktion stark beeindruckte. Nach seiner Rückkehr ließ er direkt neben dem Haus seiner Familie eine Fabrik errichten, in der er 1852 die Fertigung aufnahm. Die Schleifsteine wurden jetzt nicht mehr durch Wasserkraft, sondern durch Dampfmaschinen angetrieben. Noch in den 1860er Jahren verpachtete er allerdings Arbeitsplätze an die Schleifer, anstatt sie direkt zu beschäftigen. Mit anderen Worten: Die alten gesellschaftlichen Beziehungen aus der Zeit der Protoindustrialisierung hielten jetzt Einzug in die Fabrik.[90]

DIE INDUSTRIALISIERUNG schuf, unabhängig davon, wie sie konkret ablief, globale Hierarchien, die sehr viel schärfer ausgeprägt waren als alles andere, was es in der Menschheitsgeschichte bis dahin gegeben hatte. Zwischen den wenigen Teilen der Welt, die eine industrielle Revolution erlebt hatten, und dem Rest des Planeten tat sich eine tiefe Kluft auf.

Großbritannien ragte dabei besonders heraus. Im Jahr 1840 war seine riesige Baumwollindustrie, trotz der raschen Expansion der Branche auf dem europäischen Festland und in den Vereinigten Staaten, immer noch etwa dreieinhalbmal so groß wie die Konkurrenz in Frankreich, viermal so groß wie die in den Vereinigten Staaten und 17-mal so groß wie die in Deutschland. Großbritanniens stationäre Dampfmaschinen hatten in jenem Jahr eine Gesamtleistung von rund 200 000 Pferdestärken, was etwa doppelt so viel war wie die Leistung der Maschinen in den Vereinigten Staaten, Preußen, Frankreich und Belgien zusammengenommen.[91]

Von Großbritanniens stets konkurrenzorientierten Nachbarn einmal abgesehen, entstand in weiten Teilen der Welt keine moderne Industrie – weder im Jahr 1800 noch 1850 und auch nicht 1900. Bedenkt man, wie sehr die Industrielle Revolution mit einer radikalen Abkehr vom früheren Wirtschaftsleben verbunden war, sollte uns diese Sonderstellung Europas nicht überraschen. Dennoch entstanden auch außerhalb des industriekapitalistischen Kerngebiets Inseln der modernen Industrie. Ihr Entwicklungspfad gibt uns indirekt Aufschluss über die Voraussetzungen, die für die Entstehung des Industriekapitalismus unabdingbar waren.

Der wichtigste Punkt: Industrie entwickelte sich rund um die Verarbeitung von Rohmaterialien für den Export, zum Beispiel von Zucker. So brachte ein britisch-dänisches Handelsunternehmen im Jahr 1800 eine Dampfmühle nach Java, dazu noch acht britische Ingenieure für den Betrieb, und in den 1850er Jahren verfügten dann viele Fabriken auf der Insel zumindest über eine Dampfmaschine als Reserve, damit auch Energie erzeugt werden konnte, falls der Wasserstand sank. Hunderte von Dampfmaschinen wurden zu den Plantagen in den Tropen verschifft, um dort die Energie für Fabriken zu liefern, in denen Zuckerrohrsaft gewonnen wurde. Die erste mit Dampfkraft arbeitende Zuckerfabrik in Brasilien nahm 1815 den Betrieb auf, im Jahr 1834 gab es bereits 64 davon. In Kuba schoss die durchschnittliche Produktionskapazität von Zuckerfabriken mit dem Übergang von der Ochsen- zur Dampfkraft von 58 Tonnen pro Mahlsaison im Jahr 1790 auf 1176 Tonnen um das Jahr 1860 in die Höhe. Die Eisenbahnstrecken wurden in Kuba wie auf anderen Karibikinseln erweitert, in Kuba von 104 Kilometern Gesamtlänge im Jahr 1840 innerhalb von zehn Jahren auf 437 Kilometer. Das geschah allerdings nicht, um den Aufbau eines integrierten, die ganze Insel umfassenden Marktes zu unterstützen, sondern für den Transport von Exportzucker an die Küste.[92]

Auch in Ägypten machte die mechanisierte Industrie Fortschritte. Muhammad Ali Pascha, der Herrscher des Landes, bezahlte europäische Ingenieure für den Aufbau von Betrieben, unter anderem Zuckerraffinerien, Papier- und Waffenfabriken, weil er die zunehmende Bedeutung der Industrie für die militärische Stärke eines Landes erkannte. Er ließ auch moderne Baumwollfabriken errichten, zunächst eine im Jahr 1818; Mitte der 1830er Jahre waren es dann bereits 30 mit insgesamt 400 000 Spindeln und zwischen 15 000 und 20 000 Beschäftigten. Gemessen an der Bevölkerungszahl war Ägypten die fünftgrößte Baumwollmacht der Welt. Die Fabriken des Landes dominierten zur großen Bestürzung der Briten den einheimischen Markt und exportierten sogar ins ferne Indien.[93]

Andere Länder zogen nach: Der Sultan des Osmanischen Reiches importierte in den 1830er Jahren Maschinen für den Bau von Fabriken, die hauptsächlich den Bedürfnissen des Militärs dienten. In Mexiko, wo der «Silberkapitalismus» vergangener Jahrhunderte gerade seinen endgültigen Niedergang durchlebte, arbeiteten einheimische Kapitaleigner gemeinsam mit einem äußerst aktiven Staat an der Einleitung einer Industrialisierung.[94] Nachdem Mexiko im Jahr 1821 seine Unabhängigkeit erlangt hatte, kam es in der einheimischen Textilbranche zu einer Industrialisierungswelle. Die erste Baumwollfabrik wurde 1832 in Puebla gegründet, ihr folgte 1835 die mit Dampfkraft betriebene Fabrik von Don Pedro Baranda in Valladolid im Herzen der Halbinsel Yucatán. 1843 zählte das Land bereits 59 Baumwollfabriken mit insgesamt 125 362 Spindeln.[95]

Aber die Industrialisierung außerhalb Europas und Nordamerikas führte nicht zu einer industriellen Revolution. In der ersten Hälfte des 19. Jahrhunderts blieben Standorte mit einer intensiven industriellen Produktion eine Seltenheit und, rein quantitativ gesehen, unbedeutend für das weltweite Wirtschaftsleben. Es waren nach wie vor Inseln. Bis etwa 1830 nahm das Bruttoinlandsprodukt pro Kopf selbst im Vereinigten Königreich nur langsam zu. Der Produktivitätszuwachs konzentrierte sich auf wenige Bereiche: Baumwolle, Wollstoffe, Eisen, Kanalbau, Schiffe und Eisenbahnen brachten von 1780 bis 1860 zusammengenommen ein jährliches Wachstum bei der totalen Faktorproduktivität von 0,34 Prozent zustande. Andere Wirtschaftsbereiche steuerten lediglich 0,08 Prozent bei.[96]

Aber dieser Strukturwandel war, allen Einschränkungen zum Trotz, der Auslöser für die Industrielle Revolution. Wie so vieles im Verlauf der kapitalistischen Revolution, entfaltete sich dieser Wandel zunächst in bestimmten, eng begrenzten Regionen und blieb für die gesamtgesellschaftliche Statistik kaum wahrnehmbar. Doch in Schlüsselindustrien wie der Textilbranche entwickelte sich eine grundsätzlich neue – in ihrer Radikalität mit dem Übergang zu Ackerbau und Viehzucht vergleichbare – Dynamik der Herstellungsprozesse. Sie schuf eine neue Art von Kapitalismus, die bis heute unsere Welt prägt.[97]

In der langen Geschichte des Kapitalismus war die Industrielle Revolution ein Augenblick, in dem sich die Herstellungsprozesse intensivierten und eine geringe Zahl von neuen Knotenpunkten des Kapitals entstand, die im Zeichen der industriellen Produktion standen. Wir haben gesehen, wie andere Knoten dieser Art Gestalt annahmen – im Leinenproduktionszentrum von Jelenia Góra, im Westen Indiens und in der Nachbarschaft der lehmreichen Böden Chinas. Diese Orte brachten Leinen- und Baumwollstoffe und Porzellan in immer größeren Mengen hervor, und alle Waren wurden unter der Ägide des Kapitals hergestellt.

Diesen scheinbaren Kontinuitäten zum Trotz zeichnete sich die Intensivierung der Herstellungsprozesse – zuerst im Vereinigten Königreich in der Zeit von 1780 bis 1830 – durch vier entscheidende Innovationen aus: durch die Verlegung der Fertigung in Fabriken, die Einstellung von Millionen von Lohnarbeitern für den Betrieb dieser Fabriken, die immer intensivere Verwendung fossiler Brennstoffe und schließlich die historisch beispiellosen Produktivitätszuwächse, die nicht nur zu einem schnellen, sondern auch zu einem kontinuierlichen Wirtschaftswachstum führten.

Keine dieser Entwicklungen war für sich genommen bahnbrechend: Fabriken gab es schon viel früher (Beispiele sind das Arsenal von Venedig oder die Zuckerplantagen auf Barbados). Die Geschichte der Lohnarbeit reicht mindestens drei Jahrtausende zurück.[98] Auch fossile Brennstoffe sind schon früher verbrannt worden (zum Beispiel bei der Eisenherstellung), und in verschiedenen Gesellschaften hatte es zu unterschiedlichen Zeitpunkten auch bereits Phasen des wirtschaftlichen Wachstums gegeben. Das Neue bestand darin, dass all diese Entwicklungen an verschiedenen Orten gleichzeitig zusammenkamen.

Ein Beispiel sind die Fabriken: In früheren Jahrhunderten waren die Herstellungsprozesse weit über Haushalte in ländlichen Gebieten verstreut oder auf kleine handwerkliche Werkstätten in den Städten begrenzt gewesen. Das änderte sich mit der Entstehung der modernen Baumwollfabriken. Große Maschinen konnte man nicht einfach in Wohnhäusern aufstellen, und das komplizierte Zusammenwirken bei den Produktionsverfahren ließ sich auch nicht mehr von Kaufmannsverlegern organisieren, die die Tätigkeiten von kleinen und weit entfernten Herstellern zusammenführten. Stattdessen errichteten die Kapitaleigentümer Gebäude, in denen eine große Zahl von Maschinen aufgestellt und Arbeiter zu ihrer Bedienung beschäftigt werden konnten.

In diesen Fabriken veränderte sich die Beziehung zwischen Kapitaleignern und Arbeitern maßgeblich. Industrielle übernahmen eine weitaus entscheidendere Rolle bei der Aufsicht und Koordination der Arbeitsprozesse – eine Funktion, die bei früheren Herstellungssystemen unnötig oder unmöglich gewesen war. Außerdem war die Produktion jetzt deutlich kapitalintensiver geworden. Hatten Verleger in der Vergangenheit Formen zirkulierenden Kapitals bereitgestellt (zum Beispiel Rohbaumwolle), wurde jetzt das Anlagekapital (Maschinen, Gebäude) zu einer großen Ausgabe, und es war in einer Weise an einen bestimmten Ort gebunden, die neu war in der Welt des Kapitals, die zuvor jahrhundertelang von außerordentlich mobilen Investitionen von Kaufleuten dominiert worden war.

In früheren Zeiten konnte eine Kaufmannsfamilie in Surat, London oder Kairo ihre Investitionen leicht hin und her schieben und eine Handelsroute, Ware oder Handelspartnerschaft einfach durch eine andere ersetzen. Für die Hersteller in diesem neuartigen System galt das nicht mehr; sie investierten ihr Kapital langfristig und bekamen es mit Problemen zu tun, denen frühere Kaufleute oft aus dem Weg gehen konnten: die Gewährleistung eines beständigen Eingangs von Rohmaterialien in der Fabrik, die Verfügbarkeit von billigen, fügsamen und ausreichend qualifizierten Arbeitskräften und die Sicherung von Absatzmärkten für den zunehmenden Warenausstoß aus der maschinellen Produktion. Fabriken waren Schauplätze einer intensivierten Produktion, und sobald sie sich an bestimmten Orten häuften – in Manchester und Lowell, in Chemnitz und Lille –, bildeten sie Knotenpunkte einer neuen Form des Kapitalismus, des Industriekapitalismus.

EIN ENTSCHEIDENDER Aspekt war, dass die Fabrik mit neuen Formen der Mobilisierung von Arbeitskräften einherging. Investitionen in neue Herstellungstechniken hingen davon ab, dass man in der Lage war, Arbeiter für die Bedienung der Maschinen zu gewinnen. Schon früher hatten Kapitaleigentümer sehr große Gruppen von Arbeitern mobilisiert (ein wichtiges Beispiel hierfür sind die Zuckerrohrplantagen in der Karibik mit ihren Hunderttausenden von Arbeitskräften). Doch dies war in einer Form geschehen – der Sklaverei –, die im entstehenden Kernland der Industrialisierung weiterhin nur eine marginale Rolle spielte. Religiöse Empfindlichkeiten, das Gedankengut der Aufklärung, die Fähigkeit der Europäer, sich der Versklavung zu widersetzen, und die großen Risiken, die man einging, wenn man teure Maschinen Arbeitern anvertraute, die nichts zu verlieren hatten, sorgten dafür, dass Sklavenarbeit bei der industriellen Produktion weltweit auf wenige Regionen beschränkt blieb, hauptsächlich auf den Süden der Vereinigten Staaten und auf

Brasilien, wo eine kleine Zahl versklavter Arbeiter in Fabriken schuftete. In den Regionen der Welt, wo die mit Sklavenarbeit betriebene Plantagenwirtschaft dominierte (etwa in den südlichen Staaten der USA), kam es zu keiner industriellen Revolution, und bei der Mobilisierung von Arbeitskräften für die Industrie spielte die Sklaverei zu keinem Zeitpunkt eine wichtige Rolle.

Stattdessen griffen die Industriellen auf eine andere uralte Methode der Mobilisierung von Arbeitskräften zurück – den Einkauf von Arbeitszeit durch Lohnzahlungen. Heute ist dies in einem großen Teil der kapitalistischen Welt die vorherrschende Form der Anwerbung von Arbeitskräften – sie ist so dominant, dass sie irrtümlicherweise für deren einzige Form gehalten worden ist. Lohnarbeit ist so alltäglich und selbstverständlich geworden, dass die meisten von uns kaum noch nachvollziehen können, dass die Anwerbung von Millionen Arbeitskräften für die Fabrikarbeit, indem man ihnen Löhne zahlte, einen radikalen Einschnitt in der Menschheitsgeschichte darstellt. Sie war niemals einfach oder «selbstverständlich». Aber sie wurde zum zweiten bestimmenden Merkmal der Industriellen Revolution. In Europa gab es 1850 rund 873 000 Arbeiter in der Baumwollverarbeitung und 270 000 Bergleute in den Kohlengruben, und sie alle verrichteten Lohnarbeit.[99]

Lohnarbeit musste, wie jede andere Ware auch, beschafft werden, was eine außerordentlich schwierige Tätigkeit war, weil, wie wir am Beispiel Schottland gesehen haben, nur wenige Menschen in die Fabrik gingen, solange es andere Möglichkeiten gab, seinen Lebensunterhalt zu bestreiten. Ein Beobachter stellte 1825 rückblickend über die Anfangsjahre von Finlays Baumwollfabriken in Schottland fest, dass es «schwierig war, eine ausreichende Zahl von Menschen mit Geschick und Erfahrung zu finden, die die Arbeit erledigten. […] Der angesehenere Teil der Bewohnerschaft in der Umgebung neigte zunächst nicht dazu, Arbeit in der Fabrik zu suchen, weil sie es als unangenehm empfanden, an einem Ort beschäftigt zu sein, der als öffentlicher Arbeitsplatz bezeichnet wurde.»[100] Sie bevorzugten die Unabhängigkeit eines häuslichen Arbeitsplatzes, wo sie die Kontrolle über ihre Arbeit und ihre Zeit behielten, so dürftig die Existenz auch sein mochte, die sie fristeten.[101]

John Orr, Betreiber einer Spinnerei, erklärte 1810: «[D]ie einheimische Bevölkerung hatte eine Abneigung gegen die Arbeit in Baumwollfabriken, und andere Arbeit gab es so reichlich, dass sie die Fabrikarbeit nicht brauchten.»[102] In der Deanston-Fabrik sah es ähnlich aus. Nach der Einschätzung eines Chronisten hegten die Menschen ein «Misstrauen gegen die Fabrik, vor allem die Leute aus den Highlands betrachteten sie als eine Art Gefängnis, die Geräusche dort und der Anblick der arbeitenden Maschinen wirkten zu einem gewissen Grad einschüchternd auf sie.»[103] Die Lohnarbeit traf deshalb auf so tief sitzenden Widerstand, weil die Menschen sie mit unfreier Arbeit in Verbindung brachten – mit gefängnisartigen Strukturen, militärischer Disziplin, Gewalt am Arbeitsplatz und intensiven, nicht nachlassenden Arbeitsanforderungen, und das unabhängig von der Jahreszeit und von gemeinschaftlichen Bedürfnissen.

Die Fabrikarbeit war tatsächlich hart und konnte gefährlich sein. Janet Henderson, die in einer von Finlays Fabriken arbeitete, war 48 Jahre alt, als sie von einer Untersuchungskommission befragt wurde. Zu diesem Zeitpunkt war sie seit 23 Jahren dort beschäftigt. Henderson berichtete, dass die Temperatur in der Fabrik sich zwischen 27 und 29,5 Grad Celsius bewegte und dass es dort nach saurem Klebstoff roch. Die Dämpfe, glaubte sie, hätten ihr «die Farbe aus dem Gesicht genommen» und ihren Fuß anschwellen lassen. Vermutlich hatte sie recht: Die neuere osteologische Forschung (die den Aufbau und das Wachstum von Knochen untersucht) hat gezeigt, dass die Industrielle Revolution die Arbeitsbelastung von Frauen in einem solchen Ausmaß verstärkte, dass die körperlichen Folgen heute noch anhand der Knochen von exhumierten sterblichen Überresten nachweisbar sind.

Die Bedingungen in den Fabriken waren also schwierig, daher blieben die Arbeiterinnen und Arbeiter meist nicht lange. Die Fluktuation bei den Belegschaften war hoch, mehr als die Hälfte der Arbeiterinnen blieb weniger als ein Jahr. Als die Direktoren der Catrine-Unternehmen 1833 die zwei Jahrzehnte alten Personallisten durchgingen, stellten sie fest, dass nur 189 der 867 Mitarbeiter von damals nach wie vor in der Fabrik arbeiteten.[104] Alle anderen waren gegangen.

Da es der einheimischen Bevölkerung widerstrebte, Teil des Fabrikproletariats zu werden, rekrutierte sich dessen erste Generation aus den besonders machtlosen gesellschaftlichen Gruppen. In Schottland waren das Arbeitsmigranten aus den ländlichen Gebieten, und hier besonders die Frauen und Kinder.[105] Tatsächlich war die Verpflichtung weiblicher Arbeitskräfte und die Intensivierung ihrer Arbeitsleistung eine der Möglichkeitsbedingungen der Industriellen Revolution. Eltern oder Ehemänner schickten junge Frauen in die Fabriken, um das Familieneinkommen aufzustocken – und um der Familie den Verbleib auf dem Land zu ermöglichen. Dieses Muster sollte sich in aller Welt wiederholen und hat bis zum heutigen Tag Bestand.

Als die Ländereien jedoch kommerzialisiert und eingehegt wurden, wurden die Pächter von ihrem Land vertrieben, sodass manchen Familien keine andere Wahl mehr blieb, als in Fabriken anzuheuern. Einmal bot ein Landbesitzer den Familien einen Umzug in eine Fabrikstadt an, verband dies allerdings mit der Warnung, dass diejenigen, die sein Angebot ausschlugen, «gut daran tun, sich anderswo nach Eigentum umzusehen, denn der Herzog ist fest entschlossen, sein Land nicht mehr an solche Kleinbauern zu verpachten».[106] Ein anderer Landbesitzer bezeichnete Fabrikdörfer als «passende Zuflucht» für diejenigen, «die von ihren Höfen vertrieben worden sind».[107] Ein Blick in die Personalakten der Catrine Mills von 1813 zeigt, dass dort viele Einzelpersonen arbeiteten, aber man stößt auch auf große Familiengruppen, etwa auf sechs Mitglieder der Familie Cummings, fünf Cooks, sechs Hoods, fünf Millikens, fünf McClintocks und sieben Orrs. Lohnarbeit war nicht Vorbedingung, sondern die Folge der Entwicklung des Kapitalismus.[108]

Es waren die dramatischen Veränderungen auf dem Land, die die bäuerliche Bevölkerung in die Fabriken trieben. Der Baumwollfabrikant James Smith stellte in Deanston in der Grafschaft Perthshire im späten 18. Jahrhundert fest: «Der erste Schub kam hauptsächlich aus den Highlands, wo die Farmer und Kleinhäusler mit der Einführung der Schafwirtschaft von ihrem Land vertrieben wurden und sich Arbeit in solchen Betrieben suchen mussten.»[109] David Dale, Besitzer der New Lanark Mill, stellte im Jahr 1792, «einem Jahr, in dem Schafweiden eingerichtet wurden», 200 Arbeitskräfte aus den Highlands ein.[110] Ein Geistlicher beschrieb 1791, wie «[w]enige oder gar niemand aus diesem Sprengel ausgewandert sind, aber ganze Trupps von Jungen und Mädchen gehen Jahr für Jahr in die Lowlands in ein Dienstverhältnis oder neuerdings in die Baumwollfabriken, und viele lassen sich dort nieder».[111] Wir wissen von schottischen Inseln, von denen alle Bewohner in die neuen Industriezentren umgezogen sind, um dort in den Fabriken zu arbeiten.[112]

In den schottischen Lowlands verlief der Wandel genauso folgenreich, aber langsamer: Mit dem Niedergang des Feudalismus hatten die Grundherren eine geschäftsmäßigere Einstellung zu ihrem Land entwickelt, nicht zuletzt, weil sie sich am zunehmenden Konsum beteiligten und so ihre Ausgaben stiegen. Im 17. Jahrhundert hatten sich die meisten Güter noch auf die Produktion für den eigenen Lebensunterhalt konzentriert und sich von den Märkten ferngehalten; im 18. Jahrhundert orientierten sich die ländlichen Gebiete stärker am Marktgeschehen, und die Beziehung zwischen Landbesitzern und Pächtern wurde vollständig kommerzialisiert. Bis zum Jahr 1700 hatten die Landbesitzer die einst in Naturalien entrichtete Landpacht ganz auf Geldzahlungen umgestellt. Dieser Wandel beschleunigte sich in der zweiten Jahrhunderthälfte: Infolge der Expansion von Handel und Industrie wuchsen die Städte, und die Kaufmannskapitalisten kommerzialisierten auch die ländlichen Gebiete. In den 1760er und 1770er Jahren investierten die Grundbesitzer in die Modernisierung der Landwirtschaft und nahmen umfangreiche Einhegungen vor, das Land wurde zu einer Handelsware unter vielen anderen.[113]

Manchmal war die Kommerzialisierung des Landes auch das unmittelbare Ergebnis der Investitionen von Kaufleuten. Wenn Händler direkt nach der Rückkehr von ihren amerikanischen Unternehmungen Landgüter kauften, änderten sie die Art und Weise der Bewirtschaftung. Der schottische Kaufmann Richard Oswald zum Beispiel erwarb 1765 ein Landgut und investierte einen Teil seiner Gewinne in Maßnahmen zur Bodenverbesserung.[114]

Als Großbritannien seine Herrschaft über Irland konsolidierte und mit der Einhegung der irischen Landschaft begann, flüchteten auch irische Landbewohner in die neu errichteten Fabriken und wurden dort zu Niedriglohn-Konkurrenten von Arbeitern, die aus den ländlichen Gebieten Schottlands und Englands verdrängt worden waren. Ein großer Teil der Proletarisierung in Europa spielte sich zunächst auf dem Land ab, wenn die dortigen Bauern, die von ihrem Land vertrieben worden waren, zu Landarbeitern oder zu protoindustriellen Arbeitern gemacht wurden, bevor sie in die Fabriken wechselten. Sobald sie dann im 19. Jahrhundert in die urbanen Zentren umzogen, wurden die ländlichen Regionen ironischerweise noch ländlicher und noch stärker von Bauern dominiert als zuvor.[115]

Die Industrialisierung der britischen Baumwollherstellung vollzog sich normalerweise in Gebieten, in denen die Löhne besonders niedrig waren. Richard Arkwright zum Beispiel verlegte die Produktion nach Cromford in Derbyshire, weil er wusste, dass die Eltern dort unter großer wirtschaftlicher Not litten und ein starkes Interesse daran haben würden, Arbeit für ihre Kinder zu finden. Einige Wirtschaftshistoriker haben die Ansicht vertreten, die frühe Blüte der Industrialisierung in Großbritannien sei eine Folge des Bestrebens gewesen, ungewöhnlich gut entlohnte Arbeiter durch Maschinen zu ersetzen, andere haben hingegen argumentiert, es habe ein flexibles Angebot an billigen Arbeitskräften gegeben, weil vor allem Frauen, Kinder und Iren in die Industriearbeit eintraten.[116]

Kinder machten einen großen Teil des frühen Proletariats in den Fabriken aus. Eine Analyse der Belegschaften von drei schottischen Baumwollfabriken in den 1790er Jahren hat ergeben, dass von den dort beschäftigten 1818 Arbeiterinnen und Arbeitern 1177 (65 Prozent) jünger als 15 Jahre waren. Ein Untersuchungsausschuss des britischen Parlaments, der 1833 die Verhältnisse bei der Kinderarbeit unter die Lupe nahm, stieß auf eine große Zahl von Missständen: Elizabeth Brown aus Glasgow, zum Zeitpunkt der Befragung 19 Jahre alt, hatte zuvor ein Jahr lang in der Fabrik von Bartholomew & Co. und fünf weitere Jahre in anderen Fabriken gearbeitet. Sie gab zu Protokoll, dass ihr manchmal wegen der Hitze, die von den Maschinen ausging, bei der Arbeit schlecht geworden sei und sie sich erbrochen habe. Sie und viele ihrer Kolleginnen und Kollegen kämen täglich aus Rutherglen zur Arbeit, einer Kleinstadt fünf Kilometer südöstlich von Glasgow, und oft sei ihnen vor Erschöpfung übel geworden. Sie verdiente siebeneinhalb Schillinge pro Woche, was im Jahr 2024 31 britischen Pfund oder 41 US-Dollars entsprach, das heißt: 60 Cents pro Stunde. Ein Vier-Pfund-Brotlaib kostete damals (in London) achteinhalb Pence, das heißt: Elizabeth Brown musste mehr als sechs Stunden lang Baumwolle verspinnen, um sich einen Laib Brot kaufen zu können.[117]

Man kann durchaus die Ansicht vertreten, dass die Industrielle Revolution von Kindern gemacht wurde. In den Kohlengruben begannen die Arbeiter im jungen Alter, meist mit sechs bis acht Jahren. Einige Kinder in den Fabriken kamen aus Waisen- und Armenhäusern, wo sie zur Arbeit verpflichtet worden waren. Diese als «barracks children» bezeichneten Kinderarbeiter waren vertraglich für einen Zeitraum von vier bis sieben Jahren an die Fabriken gebunden und erhielten Nahrung und Unterkunft, aber keine Bezahlung.[118] Als die Royal Commission zur Beschäftigung von Kindern in Fabriken nach dem Alter des jüngsten Arbeiters in Finlays Catrine Mills fragte, antwortete ein Manager der Fabrik, der Jüngste sei «neun Jahre alt», und behauptete, dass Arbeit im zarten Kindesalter für Kinder und Eltern nützlich sei.[119]

Die Kinder schufteten, wie all die anderen «hands» (so redete man be-

Kinderarbeit im Kohlebergbau, Vereinigtes Königreich, 1840.

zeichnenderweise von Arbeitern), von Montag bis Freitag täglich zwölf Stunden und an Samstagen neun Stunden lang. Der Manager erklärte, warum diese unmenschlichen Arbeitszeiten nötig seien: «Der Anreiz, den ein Hersteller mit langen Arbeitszeiten verbindet, liegt offensichtlich darin, für ein gegebenes bereits investiertes Kapital einen größeren Ertrag zu erhalten.»[120] Es gebe keinen Grund für Reformen, sagte er, weil «[w]ir nichts vorschlagen können, was über das Eigeninteresse der Parteien hinausgeht, das, wenn es wohl überlegt wird, in allen Fällen genügen sollte».[121]

Um ihre Anliegen zu vertreten, machten die Glasgower Baumwollhersteller mobil: Im April 1816 kamen sie zusammen, um sich gegen jeden Eingriff des Parlaments beim Thema Kinderarbeit auszusprechen, und erklärten, «[d]ass die Einmischung des Gesetzgebers in den Umgang zwischen Eltern und Kindern und dem Brotherrn und dem freien Arbeiter in allen Fällen unangebracht zu sein scheint».[122] Sie sprachen sich auch gegen Schulunterricht aus, weil eine solche Ausbildung es mit sich bringen würde, dass «Fremde» in die familiären Beziehungen zwischen Eltern und ihren Kindern eingreifen.[123] Die Arbeit sei gut für die Kinder, behaupteten sie, je mehr Stunden, desto besser – eine bequeme Auffassung, wussten sie doch, dass sie die schwächsten Mitglieder der Gesellschaft brauchten, um Arbeiter für ihre Fabriken zu bekommen und die Menschen zu Fabrikproletariern zu machen.

Wie diese Beispiele zeigen, war die frühe Lohnarbeit mit bemerkenswertem Zwang verbunden. Finlay zum Beispiel schloss 1791 Verträge mit 155 Arbeiterinnen und Arbeitern, die diese für einen Zeitraum von drei Jahren an die Fabrik banden. Mary Black, die jüngste Arbeiterin, war acht Jahre alt, Mary Paul, die Älteste, war sechzehn. «Die Gehilfen» («servants», wie die Kinder genannt wurden) konnten zwar nicht lesen und schreiben, unterzeichneten den Vertrag aber «freiwillig» und erhielten eine wöchentliche Zahlung für «Nahrung und Lebensunterhalt». Sie erklärten ihr Einverständnis, «sich für drei Jahre zu verpflichten und treu zu dienen und die Anweisungen der Claud Alexander Company zu befolgen. [...] Bei Krankheit und Abwesenheit wird kein Lohn bezahlt.» Arbeiter, die «ohne Erlaubnis» zu Hause blieben, «sollen dem Dienstherrn für jeden Tag der Abwesenheit einen Betrag von sechs Pence Sterl. bezahlen».[124] Das vom schottischen Parlament im Jahr 1606 verabschiedete Gesetz «Anent Coalyers and Salters» («Bezüglich Kohlenträgern und Salzsiedern»), das Bergleute rechtlich an ihre Dienstherren band, lief zwar 1799 aus, aber Bergleute, die Lohnzahlungen erhielten, waren bisweilen nach wie vor durch langfristige Verträge gebunden, was die Möglichkeit zum Arbeitsplatzwechsel einschränkte.[125]

Solche Arbeitsverträge sowohl in Europa als auch auf den amerikanischen Plantagen waren eine Form des vertraglichen Zwangs, die große Ähnlichkeiten zu früheren Formen unfreier Dienste in der Landwirtschaft aufwies. Tatsächlich hielten viele Spielarten unfreier Arbeitsbeziehungen aus der Landwirtschaft in der Fabrik Einzug. Wie Gutsherren oder Plantagenbesitzer überwachten die Fabrikanten jeden Aspekt des Alltagslebens ihrer Arbeiter. Auch stellten die Arbeitgeber ihren Arbeitern häufig eine (sehr schlichte Art von) Unterkunft zur Verfügung oder gestatteten ihnen, wie bei Finlay, ein kleines Stück Land für die Selbstversorgung zu bewirtschaften. Die Arbeitsmärkte waren nach wie vor ein fester Bestandteil paternalistischer Strukturen, die jahrhundertelang die gesellschaftlichen Abhängigkeitsverhältnisse geprägt hatten.[126]

Lohnarbeit wird oft mit «freier Arbeit» verwechselt – ein im 19. Jahrhundert aufgekommener Begriff, mit dem die proletarische Arbeit im industriellen Kernland von der Sklavenarbeit anderswo unterschieden werden sollte –, doch das verschleiert die große Bedeutung, die dem Zwang zukam. Lohnarbeit wurde durch Zwangsmittel ermöglicht, die Menschen wurden dazu genötigt, in die Fabriken zu gehen, und nichtökonomischer Zwang wurde ausgeübt, um sie dort festzuhalten.[127]

Bei der Schaffung der entsprechenden Bedingungen spielte der Staat eine wesentliche Rolle. In den Schiffswerften der Marine, die zu den großen Arbeitgebern zählten, blieb die Zwangsarbeit nach wie vor wichtig, für den Betrieb der englischen Docks in Chatham war Sträflingsarbeit sogar von entscheidender Bedeutung. Eine ganze Reihe von Gesetzen nötigte die Menschen zur Lohnarbeit und zwang sie dann, für einen bestimmten Zeitraum bei ihren Arbeitgebern zu bleiben. Der British Vagrancy Act (das «Landstreicherei-Gesetz») von 1714 nahm die «faulen und unordentlichen Armen» ins Visier, «ob nun in ihren eigenen Gemeinden oder außerhalb umherziehend». Diese «Gauner und Vagabunden», einschließlich der «Personen, die umherziehen und betteln», sollten festgenommen, zwangsweise zu ihrem «Herkunftsort» zurückgebracht und eventuell mit einer öffentlichen Auspeitschung oder mit einer Verbringung «ins Gefängnis zu harter Arbeit» bestraft werden.[128] Die 1824 verabschiedete Neufassung des Vagrancy Act fasste diese Bestimmungen neu und enthielt eine Klausel, nach der ein jeder Mensch, der «bettelnd oder unter freiem Himmel schlafend» angetroffen wurde und «keine gute Rechenschaft» zum eigenen Verhalten ablegen konnte, festgenommen und strafrechtlich verfolgt werden konnte.[129]

Der Master and Servant Act von 1823 band die Arbeiter auf verschiedene Arten an einen Arbeitgeber, schränkte zum Beispiel ihre Möglichkeiten ein, eine Arbeit aufzugeben, und machte es strafrechtlich belangbar, wenn sie ihren Arbeitgeber vor dem vertragsgemäßen Ende der Beschäftigung verließen. Tausende von Arbeitern wurden nach den Bestimmungen dieses Gesetzes angeklagt und viele von ihnen wegen «Vertragsbruchs» zu einer Haftstrafe verurteilt.[130] Dieses drakonische Gesetz wurde erst 1867 aufgehoben.

Mit diesem Vorgehen war Großbritannien kein Einzelfall. Amerikanische Arbeiter, die sich von ihrem Arbeitsplatz entfernten, wurden zu Geldstrafen verurteilt, während in Preußen nach den Bestimmungen der «Allgemeinen Gewerbe-Ordnung vom 17. Januar 1845» folgende Regelung galt: «§ 184: Gesellen, Gehülfen und Fabrikarbeiter, welche ohne gesetzliche Gründe eigenmächtig die Arbeit verlassen oder ihren Verrichtungen sich entziehen oder sich groben Ungehorsams oder beharrlicher Widerspenstigkeit schuldig machen, sind mit Geldbuße bis zu zwanzig Thalern oder Gefängnis bis zu vierzehn Tagen zu bestrafen.»[131]

Die Ausweitung der Lohnarbeit ging darüber hinaus Hand in Hand mit neuen Formen der Arbeitsdisziplin. Zuvor hatten die Kapitalbesitzer außerhalb der Plantagenwirtschaft in Amerika und einiger großer, seit Langem bestehender Produktionsstätten (zum Beispiel Schiffswerften oder Klöster) wenig direkte Kontrolle über die Arbeitsweise der Menschen gehabt. Die Fabrik ermöglichte eine völlig neue Form der Beaufsichtigung. Das war einer der Gründe gewesen, warum die Kapitalbesitzer überhaupt auf das Fabrikwesen setzten. In Fabriken mussten die Arbeiterinnen und Arbeiter pünktlich erscheinen, ihre Maschinen pflegen und ihre Arbeit so verrichten, dass sie auf die Tätigkeiten der übrigen Belegschaft und die Wünsche der Betriebsleitung abgestimmt war. Zum ersten Mal wurden die Arbeiterinnen und Arbeiter zu einem Teil der Maschine, die die Fabrik war. Der Solinger Scherenfabrikant Daniel Peres betonte in einer Rede an seine Beschäftigten im Jahr 1804, eine Fabrik sei wie ein «Uhrwerk» und brauche für ihren Betrieb «Ordnung und Harmonie».[132]

Aber wie war diese «Ordnung und Harmonie» herbeizuführen? Überall verlief die Umwandlung von ehemaligen Bauern oder Heimarbeitern in Proletarier schleppend. Die neue Industriearbeiterschaft war schwer zu disziplinieren. Die Arbeiter verließen die Fabriken schon nach sehr kurzen Beschäftigungszeiten, sie tranken exzessiv und ordneten sich den Vorarbeitern nicht gerne unter. Mit ihren Arbeitgebern zankten sie sich nahezu pausenlos: Qualifizierte, meist männliche Arbeiter in einer schottischen Baumwollfabrik stritten um, so wurde es überliefert, die Bereitstellung von «gesundem» Trinkwasser, angemessene Pausen und die Entlassung von Aufsehern, die ihre Stellung missbrauchten. Ein Arbeiter verlangte, dass «Robert Craig [ein Aufseher] keinerlei Macht über ihn haben sollte», eine Forderung, die sein

Arbeitgeber als eine «gefährliche Behinderung von [...] Vorgesetzten» empfand.[133]

Ansprüche dieser Art veranlassten Glasgows Arbeitgeber im Jahr 1810 zur Gründung einer Master Cotton Spinners' Association, die den Bestrebungen der Baumwollspinner entgegentreten sollte, «die Preise für Arbeitskräfte zu erhöhen». Dieser Arbeitgeberverband widmete sich schwerpunktmäßig dem «Schutz der wohlbegründeten Rechte der Eigentümer», einschließlich ihres Rechts auf «Einstellung und Entlassung ihrer Arbeiter».[134]

Die Arbeiter griffen mitunter zum Mittel des offenen Aufstands, wie etwa die Maschinenstürmer, die durch die sich industrialisierenden Gebiete Großbritanniens zogen und Maschinen zerstörten. Der Staat bot Tausende von Soldaten auf, um diese «Ludditen» (Anhänger des Arbeiters Ned Ludd), wie sie sich selbst nannten, niederzuhalten. Die Auseinandersetzung um die Schaffung eines Fabrikproletariats war schier endlos, und die Arbeiter verfügten dabei über eine gewisse Macht. Dieses bisschen Macht wiederum brachte nicht-marktbasierte Zwänge – einschließlich eines immer mächtiger werdenden Staates – in die Arbeitsbeziehungen hinein.[135]

Die «Fabrikdisziplin» stützte sich auf Vorläufer – auf die sogenannte disziplinarische Revolution in europäischen Klöstern drei Jahrhunderte zuvor und auf die militärische Revolution im 17. Jahrhundert – und speiste sich aus Ideen darüber, wie die Arbeit anderer Menschen zu kontrollieren sei. Zwischen den von Zwang geprägten Arbeitsbeziehungen und Innovationen bei der Arbeitsverwaltung gab es einen Zusammenhang, wobei ein Vektor der Innovation das Vorbild der mit Sklavenarbeit betriebenen Plantagen in der Karibik war, deren Besitzer enge Verbindungen zu den entstehenden Industrielleneliten unterhielten. Ein anderer Vektor kam aus Australien und war ein früher Vorläufer des wissenschaftlichen Managements. Lachlan Macquarie, der Gouverneur von New South Wales, hatte sich vorgenommen, die aufsässigen Sträflings-Arbeiter von Sydney zu disziplinieren, und erstellte in diesem Zusammenhang die möglicherweise weltweit ersten detaillierten Arbeitsplatzbeschreibungen. Von seinen Erfahrungen im Militär ausgehend verfasste er 1810 präzise Beschreibungen der Tätigkeiten, die vom Marktleiter und seinen Gehilfen erledigt werden sollten. Im Jahr darauf skizzierte Macquarie die Organisationsstruktur der Polizei von Sydney und legte genau fest, wofür jeder einzelne Mitarbeiter verantwortlich war und wie die jeweilige Tätigkeit erledigt werden sollte.[136]

Aus Macquaries Sicht entwickelte sich sein Projekt unter idealen Bedingungen, da alle seine Mitarbeiter Sträflinge waren, auch die Polizisten selbst. Für Wissenschaftler belegt dieses Beispiel, welche außerordentlichen Anstrengungen unternommen wurden, um die Arbeitskraft anderer Menschen zu kontrollieren, damit diese einerseits dazu gebracht wurden, sie verlässlich zur Verfügung stellten, und andererseits sichergestellt war, dass die Arbeitskraft so eingesetzt wurde, wie es den Zielen des Arbeitgebers dienlich war. Dennoch neigen wir dazu, diese Zwänge zu vergessen, die zur Entstehung des Konstrukts «freier Arbeit» beitrugen. Als die Forderung nach Abschaffung der Sklaverei bei den Eliten Verbreitung fand, wurde die Lohnarbeit zunehmend als Inbegriff der freien Arbeit präsentiert – die Sklaverei als etwas Unnatürliches hinzustellen, erleichterte es, Lohnarbeit als natürlich darzustellen.[137] Dieses Konstrukt war, in materieller wie in ideologischer Hinsicht, ein Kernprojekt der Kapitalbesitzer, und es sollte schließlich die Industrielle Revolution wesentlich charakterisieren.

ALS DIE Lohnarbeit in den Fabriken entscheidend für den Herstellungsprozess wurde, kam ein drittes prägendes Merkmal der Industriellen Revolution hinzu: die Verwendung von fossilen Brennstoffen. Alle früheren Herstellungsprozesse in der Menschheitsgeschichte hatten die benötigte Energie entweder durch Muskelkraft oder durch Wasser, Wind und die Verbrennung organischen Materials wie etwa Holz erhalten. Dies ist als «organische Energiewirtschaft» bezeichnet worden – und war erstaunlich flexibel und effektiv genug, um fast alle Baumwollfabriken anzutreiben, die im 18. und frühen 19. Jahrhundert errichtet wurden.[138]

Das alles änderte sich vollständig mit dem Aufstieg der Dampfmaschine und des Energieträgers, der sie antrieb – Kohle. Nachdem Thomas Newcomen die Dampfmaschine im Jahr 1712 auf den Markt gebracht hatte, wurde sie hauptsächlich für das Abpumpen von Wasser aus Bergwerken verwendet. Erst in den 1780er Jahren koppelte man sie mit Maschinen. Als James Watt Newcomens unhandlichen und ineffizienten Apparat verbesserte, indem er einen separaten Kondensator hinzufügte und die Kolbenbewegung mit einem Rad verband, sodass daraus eine Kreisbewegung wurde, machte er das Dampfprinzip so effizient, dass damit potenziell alle Arten von Maschinen angetrieben werden konnten. Die ersten Dampfmaschinen fanden sehr schnell ihren Weg in die Zuckerrohrplantagen der Karibik und 1786 wurde die erste Baumwollfabrik an die Dampfkraft angeschlossen. Die Firma Boulton & Watt, der weltweit führende Hersteller, verkaufte im letzten Viertel des 18. Jahrhunderts 289 Dampfmaschinen, 84 davon wurden in Baumwollfabriken aufgestellt, dem größten Marktsegment des Unternehmens.[139]

Die meisten Hersteller betrieben ihre Fabriken bis weit ins 19. Jahrhundert hinein nach wie vor mit Wasserkraft, waren doch die Vorzüge der

Dampfkraft ihr gegenüber kurzfristig nicht klar ersichtlich. In den 1000 Textilfabriken, die bis zur Jahrhundertwende in Großbritannien errichtet worden waren, dominierte die Wasserkraft, wobei Finlay die größte mit Wasserkraft arbeitende Fabrik betrieb. Aber die Wasserkraft hatte ihre Grenzen – nicht nur, weil sie manchmal nicht ausreichte und weil es saisonale Schwankungen gab, sondern auch, weil sie die Möglichkeiten für Fabrikstandorte begrenzte. Fabrikanten wollten die Produktion in Städten ansiedeln, und dafür benötigten sie die Dampfkraft. In den Städten lebten Proletarier, die an Lohnarbeit gewöhnt waren und ihre eigene gesellschaftliche Reproduktion selbst übernahmen (im Unterschied etwa zu Waisenkindern). Nach 1825 gab es tatsächlich eine «Überfülle» von Arbeitern in den Städten, eine verlockende Aussicht für Kapitalbesitzer auf der Suche nach Arbeitskräften.[140]

Ein weiterer Grund war, dass es nur eine begrenzte Zahl von nutzbaren Fließgewässern gab, und dasselbe galt für Wälder, die man abholzen konnte. Als der Energiebedarf für die Produktion stieg, wurde ein Umstieg auf fossile Brennstoffe also immer dringender. In England herrschte gegen Ende des 18. Jahrhunderts bereits ein Mangel an Nutzholz und Holzkohle, was den Fabrikanten einen Wechsel zur Kohle nahelegte. Die wiederum war durch das verbesserte Transportsystem über Kanäle billiger geworden. Im Verlauf dieser Entwicklung ging England zu einer «unorganischen Energiewirtschaft» über – zur Verwendung von in Kohlenwasserstoffen gespeicherter Energie. Im Jahr 1800 hätte der englische Kohleverbrauch, in den Brennwert von Holz (Holzäquivalente) umgerechnet, die Rodung eines Baumbestandes von 44 000 Quadratkilometern erfordert, was etwa einem Drittel der Gesamtfläche Englands entspricht. Die Kohleförderung in Großbritannien rettete 1815 20 000 Quadratkilometer Land für die Holzproduktion – oder 88 Prozent der landwirtschaftlich nutzbaren Fläche. Und im Jahr 1913 förderte Großbritannien so viel Kohle, dass für die darin enthaltene Energie Nutzholz auf einer Fläche hätte wachsen müssen, die fünfeinhalbmal so groß wäre wie die britischen Inseln. Als Großbritannien das Zeitalter der fossilen Brennstoffe einläutete, sorgte es für eine enorme ökologische Entlastung.[141]

Aber die fossilen Brennstoffe hatten drastische Folgen für die Umwelt: Ihre Verwendung markiert den Beginn der vom Menschen verursachten globalen Erwärmung. Und sie hatten auch noch direktere Auswirkungen: London war für seinen Smog berüchtigt, aber die Luftverschmutzung nahm dann im 19. Jahrhundert so stark zu, dass die Stadt in einen dichten Kohledunst eingehüllt war. Der Smoke Nuisance Abatement Act («Gesetz zur Verringerung der Rauchbelastung») von 1821 änderte nichts daran, dass die

Luftverschmutzung mit jedem Jahrzehnt anstieg und zum Ende des Jahrhunderts einen Höchststand erreichte. Sie hemmte die Verstädterung und das industrielle Wachstum, insofern sie sich negativ auf die Produktivität auswirkte und die Großstädte weniger attraktiv für die Gründung neuer Unternehmen machte.[142]

ALS DIE Kapitalbesitzer fossile Brennstoffe mit Lohnarbeit und Fabrikproduktion kombinierten, lösten sie in einigen Teilen der Welt ein beschleunigtes und nahezu kontinuierliches Wirtschaftswachstum aus – das vierte Charakteristikum der Industriellen Revolution. Technische Verbesserungen steigerten die Produktivität der menschlichen Arbeitskraft, und das oftmals drastisch, die Menschen arbeiteten länger und härter, und alles zusammen sorgte für eine größere Menge an Produkten und Dienstleistungen – für immer noch mehr Baumwollstoffe, Eisenträger, Eisenbahnreisen sowie Häuser und Wohnungen. Dieses Wirtschaftswachstum hat, abgesehen von ein paar vorübergehenden Unterbrechungen, bis zum heutigen Tag angehalten.

Aus der Perspektive Deutschlands in den 1890er Jahren, den Vereinigten Staaten in den 1960er oder Chinas in den 2010er Jahren war das Wachstum bei der Industrieproduktion in der Zeit von 1760 bis 1830 bescheiden. Aber aus der Perspektive des Wirtschaftslebens der Jahrtausende zuvor war es verblüffend. Die Zahlenangaben schwanken, aber einer Schätzung zufolge betrug das Wachstum der britischen Produktion in der Zeit von 1760 bis 1801

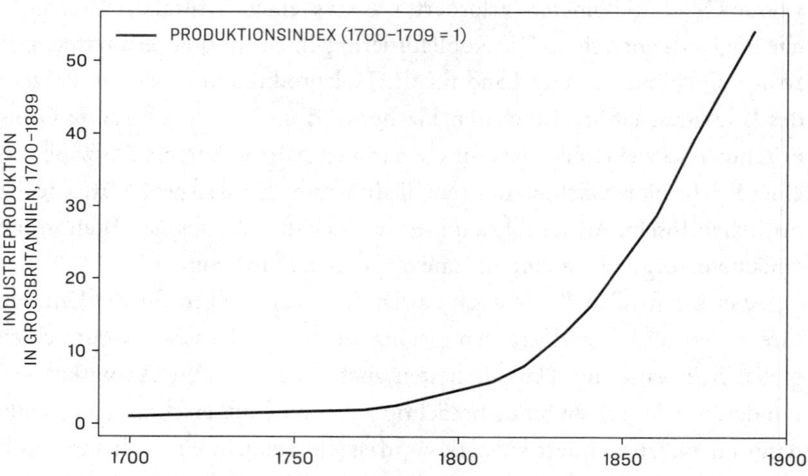

Die Industrielle Revolution, in einem Diagramm zusammengefasst: statistisch erfasster Umfang der Industrieproduktion im Vereinigten Königreich, ohne Bauwirtschaft, 1700–1900.

1,2 Prozent pro Jahr, und von 1801 bis 1831 legte es dann auf durchschnittlich 1,7 Prozent zu. Den bescheidenen Produktivitätszuwächsen von jährlich 0,3 Prozent zwischen 1760 bis 1831 folgte eine Phase mit jährlich 1,1 Prozent zwischen 1831 bis 1873.[143] Das war eine deutliche Beschleunigung nach vielen Jahrhunderten mit nur geringfügigem oder gar keinem Wachstum.

Das Wirtschaftswachstum wurde nicht nur von mehr Menschen angetrieben, die derselben Tätigkeit nachgingen, sondern vor allem von neuen Produktionsweisen. Anfangs war der Beitrag der Produktivitätszuwächse zum Gesamtwachstum allerdings überschaubar. Nach Schätzungen stammte in Großbritannien nur ein Fünftel des Wachstums aus totalen Faktorproduktivitätszuwächsen, der gesamte Rest rührt daher, dass mehr Menschen dieselbe Arbeit länger verrichteten. Der Wirtschaftshistoriker Nicholas Crafts, der für seine Abwärtskorrektur der Schätzungen zum Produktivitätszuwachs während der Industriellen Revolution berühmt ist, hat errechnet, dass die totale Faktorproduktivität in Großbritannien von 1780 bis 1830 um 0,3 Prozent jährlich stieg, von 1831 bis 1873 dann um 0,75 Prozent. In einigen besonderen Industriezweigen verliefen die Produktivitätszuwächse jedoch rascher, und es waren diese Branchen, die den Weg in die Zukunft wiesen. Es wurde zum Beispiel berechnet, dass die totale Faktorproduktivität in der Roheisenindustrie sich von 1800 bis 1850 um rund 50 Prozent verbesserte, und selbst frühe Modelle der Spinning Jenny ermöglichten eine Verdreifachung der Produktionsmenge pro Spinnereiarbeiter.[144]

Fabriken, massive Proletarisierung und von fossilen Brennstoffen angetriebene Maschinen breiteten sich von den Tälern Englands und Schottlands zunächst auf die britischen Städte und dann auf andere Gebiete auf dem europäischen Festland und in den Vereinigten Staaten aus. Die Baumwolle machte Platz für Eisen, Eisenbahnen und Maschinen, die Industrieanlagen verwandelten sich von kleinen, fast malerisch anmutenden Arbeitsstätten an Flüssen mit starker Strömung in geschäftige, von Lärm, Rauch und Menschenmassen geprägte Kolosse – der Industriekapitalismus war geboren. Auf seine Protagonisten wirkte der Wandel genauso schockierend wie auf die gesellschaftlichen Eliten und die einfachen Bürger, die seine revolutionäre Wirkung fürchteten. Der Plantagenbesitzer Thomas Jefferson in Virginia warnte vor den korrumpierenden Einflüssen des produzierenden Gewerbes und erklärte: «Solange wir also Land zu bestellen haben, wollen wir niemals wünschen, dass unsere Bürger an einer Werkbank beschäftigt sind oder einen

Spinnrocken drehen.» Er wollte, dass «unsere Werkstätten in Europa bleiben».[145]

Mitte des 19. Jahrhunderts wurde deutlich, dass die Welt – aus der Perspektive des industriellen Kerngebiets betrachtet – sich so sehr verändert hatte, dass sie nicht mehr wiederzuerkennen war. Industrielle feierten die neuen Produktivkräfte, bei deren Entfesselung sie mitgewirkt hatten, als ersten Schritt auf dem Weg zu einem permanenten Zustand des Überflusses. Thomas Bazley – ein britischer Baumwollfabrikant, Parlamentsabgeordneter und Präsident der Handelskammer von Manchester – hielt 1851 bei der ersten Weltausstellung in London eine Rede, bei der er schwärmte, dass

> angesichts der reichlich vorhandenen Rohstoffe – des technischen und moralischen Fortschritts – und in Verbindung mit Intelligenz, Geschick, Fleiß und Redlichkeit, jenen hohen Qualifikationen, die unser meerumspültes Land so dezent lenken, frei und ungehindert, künftige Zeitalter die Würde ehrlicher Arbeit erleben werden; und der zukünftige Historiker mag festhalten, dass sogar noch mehr geleistet worden ist, «als unsre Schulweisheit sich träumt», und immer noch bleiben unerforschte Gebiete für Wissenschaft, Kunst und Industrie, die zum Nutzen der menschlichen Rasse zu erschließen sind![146]

Kritiker sahen die neue Welt auf eine andere Art auch als ein Ende der Geschichte: Für Karl Marx hatte die Industrielle Revolution die Welt für eine proletarische Revolution vorbereitet, die eine klassenlose kommunistische Gesellschaft aufbauen würde. Kritiker und Befürworter waren sich nicht bei allzu vielen Dingen einig, aber dass diese neue Gesellschaft ein Jahrtausendereignis war, das bestätigten alle.

Solch radikale Veränderungen riefen, kaum überraschend, massiven Widerstand an beiden Enden des sozialen Spektrums hervor. Die landbesitzende Elite, die ihren Reichtum aus dem Landbesitz bezog, blieb nahezu überall an der politischen Macht und verteidigte ihre soziale und politische Stellung in der Gesellschaft gegen die Fabrikanten, die man für Emporkömmlinge hielt. Und die rasch anwachsende Arbeiterklasse, diejenigen, die nichts anderes besaßen als ihre Arbeitskraft, organisierten sich, um höhere Löhne und bessere Arbeitsbedingungen zu fordern. Ihr nahezu ununterbrochener Widerstand und ihre Aufstände wurden zu einem festen Bestandteil des Industriekapitalismus. Die neu gegründete Association of Operative Cotton Spinners of Glasgow hatte im Jahr 1810 ein Motto, das aktuell klingt: «United We Stand, Divided We Fall.»[147] Zwei Jahre später traten in Glasgow 40 000

Weber in den Streik, und 1837 legten 32 000 Baumwollspinner die Arbeit nieder.[148] Die Arbeiter wandten sich auch gegen das gesamte neue Gefüge des Industriekapitalismus, das sie als zutiefst illegitim empfanden, und lehnten, wie Bauern in aller Welt, ein Leben ab, das auf Gedeih und Verderb den unbarmherzigen Kräften des Marktes ausgeliefert war.

Der Industriekapitalismus schuf neue soziale Ungleichheiten in den Kernländern der Industriellen Revolution und neue Hierarchien weltweit. Die uralten Zentren des produzierenden Gewerbes – China und Indien – erlebten so gut wie keine Industrialisierung der Art, wie sie für die führenden Volkswirtschaften der Nordatlantikregion charakteristisch war, trotz ihrer eindrucksvollen Vorgeschichte im produzierenden Gewerbe, ihren ausgedehnten protoindustriellen Bereichen und den beträchtlichen Kapitalanhäufungen. Weder China noch Indien hatten Handelsnetze aufgebaut, die auch nur entfernt mit denen einiger europäischer Mächte vergleichbar gewesen wären; in ihren ländlichen Gebieten lebte man weiterhin zutiefst traditionell; und, das war vielleicht entscheidend, ihre Staaten waren nicht gewillt – oder nicht dazu imstande –, einen drastischen Neubeginn im Wirtschaftsleben zu fördern.

In Indien untergrub natürlich die britische Präsenz die Industrialisierung, weil das Land für bestimmte Schlüsselindustrien, etwa für Textilien, zu Großbritanniens wichtigstem Markt wurde. Das koloniale Projekt schwächte die einheimischen politischen Autoritäten entscheidend, die ansonsten industrielle Aktivitäten einleiten und wichtige Märkte für Handelswaren hätten schaffen können – von Textilien bis zur Waffen- und Rüstungsproduktion. Doch eine Industrialisierung war ohne die aktive Beteiligung des Staates unmöglich, und unter den Bedingungen des Kolonialismus fehlte ein Nationalstaat, der gezielt auf die wirtschaftliche Entwicklung des eigenen Landes hinarbeitete.[149]

Während Teile der Welt sich industrialisierten, wurden andere Teile deindustrialisiert. In Irland zum Beispiel, einer britischen Kolonie, erlebte das Heimgewerbe einen raschen Niedergang, als billigere Waren aus industrieller Produktion den Markt fluteten. Zehntausende Frauen wurden arbeitslos. Bei einer Volkszählung von 1821 nannten 41 Prozent der Befragten, die einen Beruf angaben, «Handel, produzierendes Gewerbe oder Handwerk» als Tätigkeitsfeld; beim Zensus von 1841 waren drei Viertel aller Familien «hauptsächlich in der Landwirtschaft beschäftigt». Die Industrialisierung in England und Schottland bewirkte in Irland eine Umstellung auf das Landleben, ein Muster, das sich auch andernorts wiederholte, zunächst in Europa und dann nahezu überall auf der Welt, wo die alten Zentren der Protoindustrie einen Niedergang erlebten. Im Osmanischen Reich überschwemmte Großbritannien nach dem Inkrafttreten eines Freihandelsvertrags im Jahr 1838 den Markt in Ägypten und im gesamten übrigen Machtbereich der Hohen Pforte mit billigen, qualitativ hochwertigen Importtextilien. Die Preise für Baumwolltextilien gaben in der ersten Hälfte des 19. Jahrhunderts um bis zu 80 Prozent nach und stürzten die einheimische ländliche Textilproduktion in eine Absatzkrise.[150] Die kumulative Wirkung solcher Ungleichgewichte fiel drastisch aus: Erstmals in der Geschichte waren die Produktionsstätten der Welt in einem winzigen Teil des Globus konzentriert.

Doch die größte Auswirkung der Industriellen Revolution war die Schaffung einer vollkommen neuen Form des Kapitalismus – des Industriekapitalismus mit seinen neuen Anforderungen an den Staat, mit der Neuorganisation von Kapital und Arbeit, neuen Formen des Wirtschaftswachstums, neuen Mustern der Ungleichheit und mit der neuen Logik einer sich immer weiter intensivierenden Produktion. Die Industrielle Revolution veränderte die Bedingungen für das Kapital grundlegend und weltweit. Das Anlagekapital – Maschinen, Gebäude und andere Vermögenswerte – wurde wichtiger. Investitionen in solche Sachanlagen erhöhten im Gegenzug den Druck, sich Arbeitskräfte, Rohstoffe und Märkte zu sichern. Die Logik der Märkte durchdrang jetzt alles, wie Karl Polanyi festgestellt hat: «[I]n dem Augen-

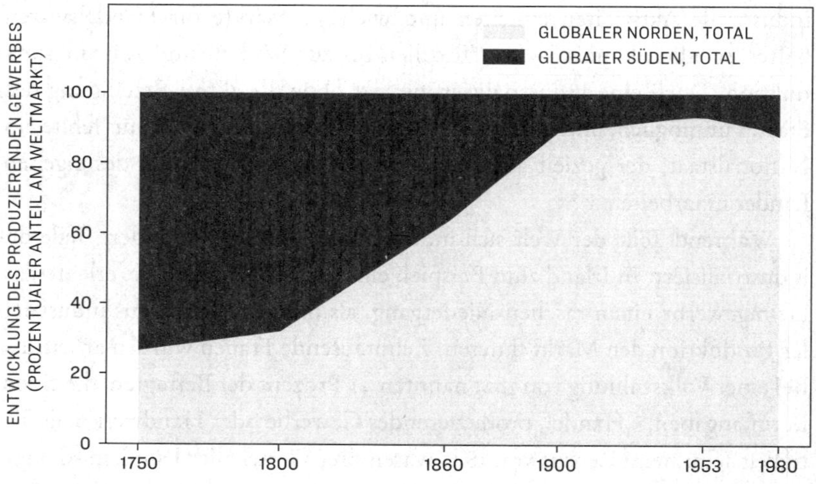

Die Industrielle Revolution schafft neue weltweite Hierarchien, 1750–1980: Zum Globalen Norden zählen unter anderem Österreich-Ungarn, Belgien, Frankreich, Deutschland, Italien, Russland, Spanien, Schweden, die Schweiz, Kanada, Japan, das Vereinigte Königreich und die Vereinigten Staaten. Der Globale Süden umfasst China, Britisch-Indien, Brasilien, Mexiko und weitere Länder.

blick, in dem komplizierte Maschinen und Produktionsstätten im Rahmen einer kommerziellen Gesellschaft eingesetzt wurden, [musste] zwangsläufig die Idee von einem selbstregulierenden Markt entstehen.»[151]

Zudem entstand eine vollkommen neue Klassenstruktur, denn eine neue Elite – die Industriellen – betraten die Bühne. Im Unterschied zu den Kaufleuten früherer Jahrhunderte verdienten die Industriellen Geld zuallererst durch das Organisieren der Produktion. Für sie war Zugang zu Märkten und Rohstoffen überlebenswichtig. Durch neue Technologien wie Eisenbahnen, Dampfschiffe und Telegrafen verbanden sie die Welt auf eine neue Art, was den Druck auf gesellschaftliche Strukturen und die Natur weiter erhöhte.

Gleichzeitig erreichten ein paar wenige Staaten durch die von der industriellen Produktion zur Verfügung gestellten Ressourcen eine bis dahin ungekannte Leistungsfähigkeit, und neue Konfigurationen von Klassenkräften machten den Staat zu einer sehr viel wichtigeren und wirkmächtigen Institution innerhalb der Gesellschaft. Der Industriekapitalismus wirkte bei der Schaffung einer neuen Staatsform mit.[152] Charles Tilly, der führende Beobachter der Staatsentwicklung, stellte hierzu fest: «[S]taatliche Strukturen expandierten, wurden zentralisiert und entwickelten sich zu den dominierenden Organisationen innerhalb ihrer eigenen Territorien.»[153]

Der Industriekapitalismus geriet im Verlauf seiner Entwicklung in zunehmende Konflikte mit dem Kapitalismus früherer Machart – älteren gesellschaftlichen und politischen Strukturen, herkömmlichen Aufteilungen von Macht und älteren Vorstellungen und Mentalitäten, die von der Sklaverei als einer Form der Mobilisierung von Arbeitskräften bis zu der überwältigenden politischen Macht reichten, über die die Aristokratie in großen Teilen der Welt immer noch verfügte. Das Ancien Régime hatte die Bedingungen für die Entstehung des Industriekapitalismus geschaffen, aber es wurde in einem jahrzehntelangen Entwicklungsprozess von dem neuen Regime verschlungen, das es hervorgebracht hatte.[154] Der Industriekapitalismus wurde zu einer neuen Totalität.

Einer der Bereiche, in denen die Auswirkungen des Industriekapitalismus am stärksten zu spüren waren und wo er die Lebensläufe der größten Anzahl von Menschen veränderte, waren, das mag überraschen, die ländlichen Gebiete der Welt. Der Industriekapitalismus war ja dem Land entsprungen, und im Gegenzug gestaltete er es völlig um.

KAPITEL 8

Die Eroberung des Hinterlandes, 1780–1860

Die Energie versklavter Arbeiter an der Kaffeefront: Abfahrt zur Ernte mit dem Ochsenkarren, Vale do Paraíba, Brasilien, ca. 1885.

Das stark befestigte Château de Joux thront über dem Tal des Doubs, eines Flusses, der über weite Strecken seines gewundenen Verlaufs die Grenze zwischen Frankreich und dem Schweizer Kanton Jura markiert. Vor mehr als zwei Jahrhunderten endete hier das Leben von Toussaint Louverture, eines berühmten Revolutionärs, Generals und Staatsmannes. Am 25. August 1802 kam Louverture als Militärgefangener aus Haiti an. Ein paar harte Wintermonate später starb er, ein trostloses Ende für einen außergewöhnlichen Lebensweg: Er hatte erfolgreich gegen eine der mächtigsten Nationen der Welt, Frankreich, und eines der etabliertesten Systeme der Ausbeutung von Arbeitskräften, die Plantagensklaverei, aufbegehrt und hatte auf den Trümmern die zweite Republik auf amerikanischem Boden gegründet – die Republik Haiti. Als er aus seiner geliebten Heimat verschleppt wurde, warnte er seine Entführer: «Indem ihr mich stürzt, habt ihr in Saint-Domingue nur den Stamm des Baumes der Freiheit gefällt. Er wird aus den Wurzeln wieder emporsprießen, denn sie sind zahlreich und tief.»[1]

Infolge der Industriellen Revolution hatten die Produzenten auf dem Land weltweit Mühe, die gestiegene Nachfrage zu decken. Genau zu diesem Zeitpunkt erhoben sich die größtenteils analphabetischen und besitzlosen

Aufständischen von Saint-Domingue gegen ihre Herren und setzten nicht nur, wie Louverture vorhergesagt hatte, ein Jahrhundert politischer Umwälzungen in Gang, sondern auch – was weniger offensichtlich, aber ebenso folgenschwer war – die Transformation des globalen Kapitalismus. Indem eine halbe Million versklavter Arbeiter zusammen mit einer Elite freier Schwarzer *Gens de couleur* die Produktion von Zucker, Baumwolle, Indigo und Kaffee in Saint-Domingue beendete, in der sie weltweit führend gewesen waren, lösten sie einen hundertjährigen Kampf gegen die Sklaverei aus, sorgten für die Verlagerung der Produktion landwirtschaftlicher Güter weg von den lange Zeit dominierenden karibischen Inseln und legten den Grundstein für neue Arbeitssysteme. Haiti verursachte einen Wandel nicht nur in der näheren Umgebung (die Ausweitung der Baumwollproduktion in den Vereinigten Staaten, der Zuckerproduktion in Kuba und des Kaffeeanbaus in Brasilien), sondern auch auf einem weit entfernten Kontinent (die Indigoernte in Indien). Diese kurzfristigen Verschiebungen der Produktion in neue Regionen betrafen Gebiete und Völker auf der ganzen Welt; langfristig versetzten sie dem System der Sklaverei, das das Vordringen des Kapitalismus in weite Teile des ländlichen Raums ermöglicht hatte, einen massiven Schlag.

Insgesamt zeigt dies, dass die folgenreichsten Veränderungen in der Geschichte des Kapitalismus ihren Ursprung nicht nur in Handelshäusern oder an den Börsen hatten, sondern bei den machtlosesten Menschen der Welt. Die massiven Befestigungen des Châteaux de Joux, wo Louverture seine letzten Stunden verbrachte, zeugen davon, welch große Bedrohung die Staaten und Kapitaleigner in der wirtschaftlichen, sozialen und politischen Befreiung der versklavten Arbeiter der Welt sahen.

Bevor Louverture 1791 in Erscheinung trat, war Saint-Domingue die produktivste Kolonie in der Karibik gewesen. Auf den überall verstreuten Plantagen arbeiteten über eine halbe Million versklavte Menschen – in 3000 Indigo-, 2500 Kaffee-, 800 Zucker-, 800 Baumwoll- und 50 Kakao-Plantagen. Wie auch anderswo in Nord- und Südamerika verbanden europäische Unternehmer eine nie dagewesene Kontrolle über das Land mit einer nie dagewesenen Kontrolle über die Arbeitskraft der afrikanischen Menschen, die sie gewaltsam verschleppt und versklavt hatten, damit sie in brutaler Plackerei rodeten, säten, kultivierten und am Ende riesige Mengen an Feldfrüchten ernteten, die für weit entfernte Märkte gedacht waren.[2]

Obwohl nahezu alle Menschen auf Saint-Domingue versklavt waren, gab es auch eine kleine, aber wachsende Gruppe freier *People of Colour*. Im Jahr 1790 waren sie zahlenmäßig der weißen Bevölkerung ebenbürtig. Einige von ihnen waren selbst zu wohlhabenden Plantagenbesitzern geworden, obwohl sie rechtlich noch immer nicht gleichgestellt waren. Inspiriert von den Idealen der Französischen Revolution – «Freiheit, Gleichheit, Brüderlichkeit» –, erhoben sich diese *Gens de couleur* unter der Führung von Vincent Ogé, einem wohlhabenden freien Mann gemischter Abstammung, um ihre Rechte einzufordern. Die Rebellion wurde niedergeschlagen. 1791 begannen unter den Versklavten Gerüchte zu kursieren, der König von Frankreich habe ihnen drei freie Tage pro Woche versprochen, damit sie die Parzellen bestellen konnten, die ihnen für den Eigenbedarf zur Verfügung standen. Ein neuer Aufstand brach aus.[3]

Im August jenes Jahres rebellierten in der fruchtbaren nördlichen Zuckerebene versklavte und freie Schwarze auf dem Anwesen des Marquis de Galliffet, das berüchtigt war für seine grausame Ausbeutung der Arbeiterinnen und Arbeiter und deren niedrige Lebenserwartung: Nur wenige der Versklavten des Marquis waren älter als vierzig, und fast keiner von ihnen wurde sechzig Jahre alt. Von den siebenundfünfzig afrikanischen Verschleppten, die im Februar 1789 dort angekommen waren, waren zwölf bereits im ersten Jahr gestorben. Am 21. August 1791 weckten versklavte Arbeiter den Verwalter Pierre Mossut, «um mit ihm zu sprechen».[4] Ihr Aufstand breitete sich rasch auf benachbarte Plantagen aus, wo die Menschen ihre Aufseher angriffen und Gerätschaften und Häuser niederbrannten. Ein Plantagenbesitzer berichtete einem anderen, der nicht vor Ort auf seinem nahe gelegenen Anwesen war: «Ihre Häuser, Monsieur le Marquis, sind nur noch Asche, Ihr Hab und Gut ist verschwunden, Ihr Verwalter ist tot. Der Aufstand hat Verwüstung und Blutvergießen auf Ihre Besitzungen gebracht.»[5]

Auf der anderen Seite des Ozeans, unter den Händlern von Bordeaux, war die Panik über «diese Gräueltaten» ebenso spürbar.[6] Der Kaufmann Georg-Christoph Bapst, dem wir bereits begegnet sind, versicherte 1791: «Wie Sie wissen, ist niemand mehr an Frieden und Ruhe in den Kolonien interessiert als wir.»[7] Ironischerweise hatte der Aufstand für ihn und andere Händler aus Bordeaux zunächst einige kurzlebige, aber äußerst positive Nebeneffekte. So stiegen die Preise für Zucker, Kaffee, Baumwolle und Indigo in «schwindelerregende» Höhen.[8] Da der Teil von Saint-Domingue, in dem Bapst Handel trieb, von den Unruhen weniger betroffen war, hegte er große Hoffnungen, dass die Pflanzer endlich ihre Schulden begleichen würden: «Zum Glück für uns hat der Bezirk Saint-Marc die Auswirkungen des Aufruhrs überhaupt nicht zu spüren bekommen», was zu einem «hohen Preis für die Waren» geführt habe.[9]

Doch 1792 erhielt Bapst beunruhigendere Nachrichten aus Saint-Domingue: Madame d'Abnour war aus ihrer Plantage in Petite Rivière geflüchtet,

Versklavte Arbeiter rebellieren: Revolution in Saint-Domingue, Kupferstich von 1797.

der Pflanzer Lefèvre de la Paquerie befand sich in einer «bedauernswerten» Lage, und die Häuser und Felder anderer Plantagenbesitzer waren niedergebrannt, geplündert und zerstört worden, manchmal mit «unerhörter Grausamkeit», wie ein französischer Zeitzeuge berichtete.[10] Zum Entsetzen von Händlern wie Bapst und von Sklavenhaltern überall auf der Welt hatten die Arbeiter von Saint-Domingue gezeigt, dass sie sich gegen die intensive Unterdrückung, mit der sie seit Generationen terrorisiert worden waren, wehren konnten. Bapst warnte, «dass der Handel von Bordeaux nicht vergessen darf, dass auf seinen Verbindungen nach Amerika seine Existenz beruht», aber der französischen Regierung gelang es nicht, die Revolution niederzuschlagen.[11] Da es keine wirksamen Gegenmaßnahmen von französischer Seite gab, berichtete Pierre Alexandre de Saint-Martin, einer der Miteigentümer von Bapsts Unternehmen, dem Investor Peter Heinrich von Bethmann in Frankfurt: «Die Nachrichten sind weiterhin sehr betrüblich.»[12]

Bis zum Frühjahr 1792 hatten aufständische Arbeiter in der nördlichen Ebene eine autonome Zone aus Hunderten ehemaliger Plantagen geschaffen, gerade als das revolutionäre Frankreich gegen die Preußen und die Habsburger in den Krieg zog. Toussaint Louverture, der Anführer des Aufstands, kannte sich in der europäischen Geopolitik aus und verbündete sich mit Spanien, um Waffen zu erhalten, die für die Fortführung der Revolte unerlässlich waren. Territoriale Verluste und die drohende Gefahr einer spanischen Einmischung zwangen die französische Kolonialregierung zu Zugeständnissen, denn allen war klar, dass «die Verteidigung der Kolonie vollständig davon abhing, die militärische Unterstützung der Sklaven zugunsten des revolutionären Frankreichs zu sichern».[13] Im Laufe der folgenden zwei Jahre wurde die Sklaverei durch eine Reihe von Dekreten abgeschafft, zunächst nur für diejenigen, die im Norden für die Republik kämpften, und schließlich für alle. Louverture beendete sein Bündnis mit den Spaniern, führte aber in den 1790er Jahren weiterhin einen Bürgerkrieg gegen Reste der alten Ordnung, gegen einfallende britische Truppen und konkurrierende Anführer unter den *Gens de couleur*. Im März 1800 stand Louverture als eindeutiger Sieger fest.

Da er Frankreichs Engagement für die Emanzipation nicht traute, entwarf er 1801 eine neue Verfassung. Im darauffolgenden Jahr ordnete Napoleon eine Invasion an, um die Sklaverei wieder einzuführen und Louverture zu verhaften. Louverture wurde tatsächlich gefangen genommen, doch es war ein Pyrrhussieg: Mit Unterstützung eines Volksaufstands im Süden schlug Louvertures Nachfolger Jean-Jacques Dessalines die französische Invasion zurück, und 1804 erklärte die Republik Haiti offiziell ihre vollständige Unabhängigkeit.[14] Die Haitianer hatten sich die Ideale der Französischen Revolution zu eigen gemacht und, wie so oft bei Kolonialaufständen, die Unterstützung der europäischen Rivalen der Kolonialherren erhalten, um unter enormen menschlichen Verlusten die Sklaverei zu beenden und sie durch Selbstverwaltung zu ersetzen.

Die Revolution auf der Insel hatte international massive Auswirkungen. Gerade als die Fabriken mehr Baumwolle, die Arbeiter mehr Kalorien aus Zucker und die emsigen Kapitaleigner mehr Kaffee zum Wachbleiben benötigten, stellte der weltweit wichtigste Produzent die Herstellung ein. Die Zuckerproduktion auf Haiti fiel von 75 000 Tonnen im Jahr 1790 auf nur 900 Tonnen im Jahr 1795. Die Kaffeeexporte brachen von 35 000 Tonnen im Jahr 1790 auf bloß noch 980 Tonnen im Jahr 1795 ein. Die Indigo-Herstellung kam völlig zum Erliegen.[15] Der wichtigste Produzent einer Reihe unverzichtbarer Güter war ausgefallen, was sich mit der hypothetischen Situation vergleichen lässt, das moderne Saudi-Arabien hätte seine Ölexporte genau in dem Moment eingestellt, als die Nachfrage nach seinen Produkten rapide anstieg. Es folgte eine hektische und weltweite Suche nach neuen Lieferanten, was zur Umgestaltung des ländlichen Raums in weiten Teilen der Erde führte.

Viele weiße Plantagenbesitzer waren getötet worden, andere in benachbarte Sklavenhalterstaaten wie Kuba oder die Vereinigten Staaten geflohen. John Montalet verließ seine Baumwollplantage in der Karibik und zog nach Georgia, wo er sofort eine Reis- in eine Baumwollplantage umwandelte. Haitis verlassene Anwesen eigneten sich ehemalige Versklavte an, sie plünderten den Reichtum ihrer ehemaligen Unterdrücker und hatten ganz andere Vorstellungen von der bestmöglichen Nutzung des fruchtbaren Landes. Fast überall erweiterten sie schnell ihre Gartenparzellen und produzierten angesichts der Kriegswirren für sich selbst oder für die lokalen Märkte. Die Bewirtschaftung ihrer eigenen kleinen Gärten war für sie das ultimative Zeichen ihrer Freiheit.[16]

Die Kaufleute in Bordeaux zahlten einen hohen Preis: Als der Händler Jean Jacques Bethmann im April 1793 an seinen Geschäftspartner Pierre Desclaux schrieb, bemerkte er, der Aufstand habe dem Handel großen Schaden zugefügt: «Wir haben gerade unsere Bücher geprüft und das Ergebnis ist nicht sehr zufriedenstellend.»[17] Diese Revolution führte 1793 auch zum Bankrott von Romberg, Bapst & Cie – was nicht überraschend war, wenn man bedenkt, dass 93 Prozent ihrer Geschäfte in Saint-Domingue abgewickelt wurden. Als die Konten des Unternehmens 1807 ausgeglichen wurden, waren unglaubliche 34 Millionen Livres tournois (etwa 122 Millionen US-Dollar im Jahr 2024) verloren gegangen.[18]

Die Entfaltung der Industriellen Revolution in Europa und Nordamerika – die durch frühere Wellen der Großen Vernetzung, die Intensivierung der Produktion und die Umgestaltung des ländlichen Raums ermöglicht worden war – erhöhte einerseits den Druck auf die Agrarerzeuger exponentiell, da immer hungrigere Verbraucher und Maschinen eine größere Nachfrage nach Lebensmitteln und Fasern verursachten; andererseits wurde es dringend notwendig, Märkte für die stetig wachsende Produktion zu finden. Damit Investitionen in Sachanlagen wie Fabriken rentabel waren, benötigten die Kapitaleigner einen vorhersehbaren Zustrom kostengünstiger Rohstoffe. Gleichzeitig verlangte die massiv wachsende industrielle Arbeiterklasse nach Nahrungs- und Genussmitteln – im Jahr 1800 stammten etwa 9 Prozent der im Vereinigten Königreich konsumierten Kalorien aus dem Ausland, 1850 waren es bereits 22 Prozent. Kaufleute erkundeten die Welt auf der Suche nach dringend benötigten Gütern wie Baumwolle, Zucker, Kaffee, Tee und Weizen und etablierten neue Produktionsstätten – Orte mit frisch kommodifiziertem Land und Arbeitskräften.[19]

Dank ihrer Bemühungen konnten die Exporte aus Saint-Domingue bis 1800 durch die Erzeugnisse anderer Länder ersetzt werden. 500 Millionen Pfund Zucker, 84 Millionen Pfund Baumwolle, 125 Millionen Pfund Tabak, 120 Millionen Pfund Kaffee und 40 Millionen Pfund Tee strömten nach Europa – der Warenverkehr über die Ozeane hatte sich radikal beschleunigt.[20] Der enorme Rohstoffhunger des Industriekapitalismus in Europa und Nordamerika drängte das Kapital weiter und schneller ins Hinterland, als es das Handelskapital je getan hatte. Während der Rhythmus der maschinellen Produktion nun die ländlichen Gebiete der Welt durchdrang, ersetzte der Handel mit Massengütern den bescheideneren transozeanischen Handel früherer Jahrhunderte.

Wie wir gesehen haben, war das Industriekapital in den ersten Jahrzehnten des 19. Jahrhunderts zur treibenden Kraft der kapitalistischen Revolution geworden. Diese Revolution hing jedoch von weiteren Veränderungen im ländlichen Raum ab, denn die Fabriken benötigten Arbeitskräfte, Rohstoffe, Märkte und Energie. Und all das kam von dort, wo die überwiegende Mehrheit der Menschheit (tatsächlich fast jeder) damals noch lebte – auf dem Land. Um niedrige Löhne zahlen zu können, musste man den Arbeitern billige Lebensmittel zur Verfügung stellen. Der ländliche Raum war ebenso Schauplatz der massiven Expansion des städtischen Kapitals wie die Fabriken, die wir eher damit assoziieren. Während sich die Produktion durch neue Fabriken, Energiequellen und Maschinen aus den ländlichen Gebieten in die Städte verlagerte, veränderte eine gegenläufige Reihe von Motiven, Werkzeugen, Kapital und institutioneller Macht das Leben auf dem Land.

Diese Transformation war das Werk von Millionen von Arbeitern – viel mehr, als in den aufstrebenden Industrien der ersten Hälfte des 19. Jahrhunderts beschäftigt waren. Der Rhythmus der Industrie begann nun zum ersten Mal, den Lebensrhythmus auf dem Land zu bestimmen, nicht zuletzt, weil die größere Bedeutung des Anlagevermögens von der Umlaufgeschwindigkeit des Kapitals abhing. Zudem wurden im Laufe der Expansion der Industrie die neuen Fronten der Rohmaterialproduktion auch zu wichtigen Industriemärkten: So war beispielsweise Indien Mitte der 1840er Jahre zum wichtigsten Exportmarkt des Vereinigten Königreichs für Fertigwaren geworden, die mit indischen Baumwoll-, Indigo- und Opiumexporten bezahlt wurden.[21]

Der Industriekapitalismus zog die Sonne, das Wasser und die Nährstoffe aus den ländlichen Gebieten der Welt in die Städte, ebenso wie die geistigen und körperlichen Energien der Landarbeiter. Er nutzte die Natur rücksichtslos aus, indem er auf ökologische Ressourcen zurückgriff, ohne für sie einen Marktpreis zu bezahlen – nämlich gar nichts, und hinterließ oftmals ökologische Verwüstungen. Die Pflanzer holzten Wälder ab, um Zuckerverdampfer zu befeuern, leiteten Wasser um, damit Baumwolle gedeihen konnte, und entzogen dem Boden Nährstoffe, um Kaffeesträucher zu versorgen, bis er schließlich ausgelaugt war. Die Rohstoffproduktion wurde immer weiter vorangetrieben, indem man auf ökologische Reserven zurückgriff, die bis dahin noch nicht ausgebeutet und erschöpft worden waren, nach immer mehr Erträgen aus der Natur suchte, sodass nicht nur die Arbeitskraft der Welt, sondern auch ihre natürlichen Ressourcen in die entstehenden industriellen Kerngebiete gelenkt und dort konzentriert wurden.

Der durch den Industriekapitalismus neu entstandene Druck auf die ländlichen Räume der Welt führte nach 1780 zum letzten Aufblühen des Kriegskapitalismus – des sagenhaft effektiven Systems zur Umverteilung der weltweiten Ressourcen durch die Inbesitznahme von Land, die Versklavung von Arbeitern und die anhaltende Ausbeutung durch Kapitaleigner, die in fernen Ländern oft über souveräne Macht verfügten. Obwohl der Industriekapitalismus in mancherlei Hinsicht neue Wege einschlug, fanden große Teile der Produktion des ländlichen Raums weiterhin innerhalb der Grenzen der alten Ordnung statt. 1770 arbeiteten in Kuba, Brasilien und den Vereinigten Staaten eine Million versklavte Menschen; 1860 waren es bereits nahezu sechs Millionen Versklavte, die in diesen drei Ländern etwa die Hälfte des weltweiten Kaffees, drei Viertel der weltweiten Baumwolle und ein Drittel des weltweiten Zuckers produzierten.[22]

Die Besitzergreifung von Land nahm nunmehr wahrhaft kontinentale Ausmaße an. Die indigenen Völker verloren im Zuge der industriellen Revolution mehr Land als in den drei Jahrhunderten vor 1800 zusammen – vielleicht ging dieser Vorgang nirgendwo so radikal vonstatten wie in den Vereinigten Staaten. Gleichzeitig dehnte sich die Herrschaft von Unternehmen über Territorien aus: Die Ostindien-Kompanie erweiterte ihre Besitztümer ebenso wie französische, englische und dänische Firmen – ein Beleg für die anhaltende Rolle privater Kapitalisten bei der Beherrschung der landwirtschaftlichen Produzenten. Wie in den Jahrhunderten zuvor beruhte die politische Ökonomie des Kriegskapitalismus ebenso sehr auf physischem Zwang wie auf Marktkräften.

Bezeichnenderweise erlebte Indien in den 1830er Jahren eine «intensive Militarisierung»: Von 42 108 dort lebenden Europäern waren nicht weniger als 36 000 Militärangehörige. Im selben Jahrzehnt verstärkten britische Plantagenbesitzer aus Sorge vor den rebellischen Sklaven auf der zuckerproduzierenden Insel Mauritius im Indischen Ozean ihre militärischen Einrichtungen und hielten ihre Truppen in ständiger Alarmbereitschaft.[23] Im Zuge der globalen Umwandlung weiter Teile des ländlichen Raums in ein Hinterland der entstehenden Zentren der Industrieproduktion, breitete sich der überkommene Kriegskapitalismus aus und radikalisierte sich. Gleichzeitig rief er Widerstände hervor, wie in den 1790er Jahren in Saint-Domingue, und schuf letztendlich auch die Voraussetzungen für seine eigene Überwindung.

Im Zentrum der Industriellen Revolution standen Textilien, und die Bedürfnisse dieser schnell wachsenden Industrie hatten die dramatischsten Auswirkungen auf den ländlichen Raum überall in der Welt – hier ergab sich die engste Verbindung zwischen Industrie- und Kriegskapitalismus. Kein Rohstoff wurde dringender benötigt als Baumwolle, nicht zuletzt, weil immer weniger Menschen ihre Kleidungsstoffe zu Hause herstellten. Zwischen 1789 und 1815 verdreifachten sich die Baumwollimporte in das Vereinigte Königreich nahezu, was auf den Bedarf der Maschinenproduktion zurückzuführen ist.[24]

Vor 1750 hatten die europäischen Hersteller Baumwolle aus Regionen wie Westanatolien, Westafrika und Indien bezogen, wo die Bauern kleine Mengen für die eigene Produktion ernteten und den Überschuss an lokale Händler verkauften, die die Baumwolle in Hafenstädte brachten, von wo aus sie zu weit entfernten Herstellungsorten verschifft wurde. Mitte des 18. Jahrhunderts konnten diese Quellen die steigende europäische Nachfrage nicht mehr decken. Pflanzer in Südamerika und der Karibik begannen, Baumwolle für die europäischen Märkte anzubauen, und zwar mit den bewährten Methoden des Kriegskapitalismus: Sie eigneten sich die Ländereien der indigenen Bevölkerung an und importierten versklavte Arbeiter. Diese intensive neue Form des Baumwollanbaus setzte sich in Teilen Brasiliens und auf fast allen karibischen Inseln durch, nirgendwo erfolgreicher als auf Saint-Domingue.

Als die Revolution dort die Baumwollproduktion zum Erliegen brachte, sprangen die Vereinigten Staaten in die Lücke; wenig später konnten sie ihr Territorium durch den Erwerb eines weiteren ehemals französischen Besitzes vergrößern: Louisiana. Mit europäischem Kapital, versklavten Arbeitskräften von den im Niedergang begriffenen Tabakplantagen der Oberen Südstaaten, dem Land der indigenen Völker und einer neuartigen Maschine – Eli Whitneys Baumwollentkörnungsgerät – wurden die Vereinigten Staaten schnell zum Herzen der weltweiten Baumwollwirtschaft. Drei Jahre vor Whitneys Erfindung hatten die landwirtschaftlichen Erzeuger in den Staaten gerade einmal 1,5 Millionen Pfund Baumwolle produziert, während Saint-Domingue auf seinem Höhepunkt 1789 6,3 Millionen Pfund exportierte. Im Jahr 1800 beliefen sich die US-Baumwollausfuhren schon auf 36,5 Millionen Pfund, im Jahr 1820 auf 167,5 Millionen Pfund. Allein die Ausfuhren nach Großbritannien stiegen in den 1790er Jahren um das Dreiundneunzigfache und erhöhten sich bis 1820 dann noch einmal um das Siebenfache. 1802 waren die Vereinigten Staaten der größte Baumwolllieferant für Großbritannien, und 1860 stammten drei Viertel der in europäischen Fabriken verarbeiteten Baumwolle aus den Vereinigten Staaten, geerntet worden waren sie von etwa einer Million versklavter Arbeiter.

Zwar kam ein Teil der Baumwolle immer noch aus dem Osmanischen Reich, insbesondere Ägypten produzierte erhebliche Mengen für die Weltmärkte, und Händler von Palästina bis zum Nildelta investierten in die Ausweitung der Produktion.[25] Doch die erwiesenermaßen wirkungsvolle Kombination aus versklavten Arbeitskräften und riesigen neuen Flächen enteigneten Landes ermöglichte es den Vereinigten Staaten, schnell die internationalen Baumwollmärkte zu dominieren. «Die immensen Fortschritte beim Baumwollanbau in den Vereinigten Staaten und die vergleichsweise günstigen Kosten [...] verleihen ihnen eine weltweit einzigartige Bedeutung», bemerkte der britische Baumwollexperte James A. Mann im Jahr 1860.[26]

Die amerikanischen Pflanzer waren sich der entscheidenden Rolle, die Sklaverei für ihren Aufstieg spielte, nur allzu bewusst. In dem Vierteljahrhundert vor dem Verbot des internationalen Sklavenhandels in den USA im Jahr 1808 (wie in der US-Verfassung festgelegt) beeilten sich die Händler, noch rasch 170 000 versklavte Frauen, Männer und Kinder zu importieren. Nach Inkrafttreten des Verbots schafften sie eine Million versklavte Arbeiter aus den Oberen in die Unteren Südstaaten, hauptsächlich für den Baumwollanbau, was die Institution der Sklaverei wieder aufleben ließ, von der einige

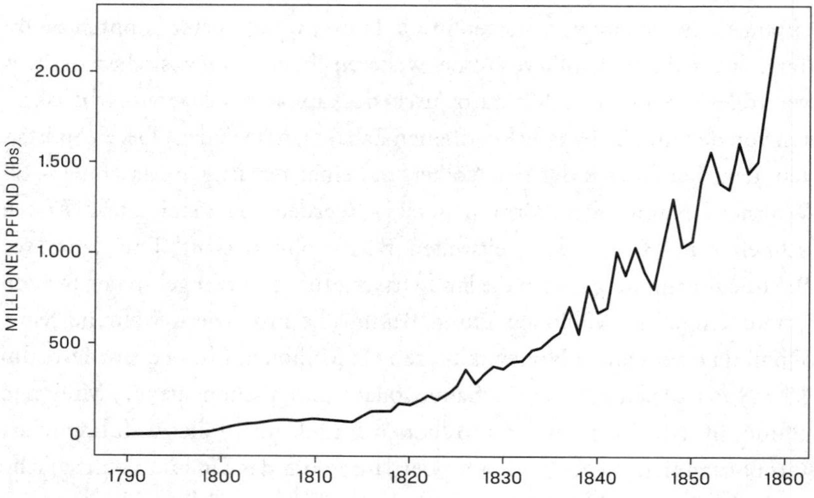

Die industrielle Produktion verändert weltweit den ländlichen Raum:
Baumwollproduktion in den Vereinigten Staaten, in Pfund (Gewicht), 1790–1859.

ihrer Gegner vorübergehend gehofft hatten, sie würde im Zuge des Niedergangs des Tabakanbaus aussterben. Weiße Farmerfamilien bauten zwar ebenfalls Baumwolle an, aber ihr Anteil an der Gesamtproduktion war gering.

Der Wert der unbezahlten Arbeitszeit, die von versklavten Arbeitern erzwungen wurde, war sehr hoch: Schätzungen zufolge beliefen sich die Löhne, auf die die versklavten Arbeiter in den Vereinigten Staaten zwischen 1776 und 1860 unfreiwillig verzichten mussten, auf 5,9 bis 14,2 Billionen US-Dollar gemäß dem Wert des Jahres 2021, wobei von einer bescheidenen jährlichen Verzinsung von 3 Prozent der nicht ausgezahlten Gelder ausgegangen wird – ein enormer finanzieller Beitrag der Versklavten zur Industriellen Revolution im nordatlantischen Raum.[27]

Je mehr Sklaven zur Arbeit eingesetzt wurden, desto höher wurde das Arbeitstempo und desto intensiver die Arbeitsorganisation. Der amerikanische Landschaftsarchitekt und Gesellschaftskritiker Frederick Law Olmsted stellte 1861 fest, wie sich die Art der Arbeit unter der Sklaverei auf die Ergebnisse auswirkte: Auf einer Reise durch den amerikanischen Süden beobachtete er die «maschinengleiche Tätigkeit», zu der die Afroamerikaner gezwungen wurden.[28] Zwischen 1800 und 1860 wuchs ihre Produktivität um nicht weniger als 400 Prozent. Es herrscht Uneinigkeit darüber, wie diese Produktivitätssteigerung erreicht wurde. Einige Wissenschaftler argumentieren, sie sei die Folge besserer Baumwollsorten oder «biologischer Innovation» gewesen, während andere behaupten, sie sei auf die massive Ausbeutung der Arbeitskräfte zurückzuführen – entweder durch neue Formen der Gewalt oder durch strengere Überwachung.[29] Höchstwahrscheinlich spielte beides eine Rolle. Ähnlich wie beim Sklavensystem auf den Zuckerrohrplantagen der Karibik steigerten auch die amerikanischen Baumwollplantagen ihre Effizienz, indem sie industrielle Methoden auf die Landwirtschaft übertrugen. So ermöglichte beispielsweise die Dampfmaschine dem amerikanischen Plantagenkomplex, in neue Gebiete vorzustoßen, weil Dampfschiffe die Baumwollballen auf Flüssen transportieren und Eisenbahnen sie später zu den Häfen bringen konnten.

Das Mississippi-Delta war das Zentrum der amerikanischen Baumwollindustrie.[30] Es liegt im Nordwesten des Bundesstaats Mississippi und erstreckt sich über eine Breite von etwa 110 Kilometern und eine Länge von fast 320 Kilometern von Vicksburg im Süden bis Memphis im Norden, begrenzt durch den gleichnamigen Fluss im Westen und den Yazoo River im Osten. Als Mississippi 1817 als 20. Staat in die Union aufgenommen wurde, war das Delta von Chickasaw und Choctaw besiedelt, die verteilt über fünfzig Dörfer lebten. Zwei Autoren aus dem Jahr 1891 beschrieben sie als «einen großen und mächtigen Stamm [...] im Besitz eines riesigen Territoriums [...] das den fruchtbarsten und produktivsten Boden der Welt umfasst».[31]

Die Berichte über die erstaunlich nährstoffreichen Böden des Deltas zogen Zehntausende Siedler an. Der aus North Carolina stammende Daniel Jordan machte sich Anfang der 1830er Jahre auf den Weg nach Mississippi und drückte in einem Brief an seine Frau voller Begeisterung seine Hoffnung auf schnellen Wohlstand aus: «Hier kann ich zu Geld kommen [...] [ich glaube,] ich kann in diesem Staat in fünf Jahren so viel Geld verdienen, wie man sich nur wünschen kann, und dann kann ich zufrieden zu meinen Freunden nach Hause zurückkehren.»[32] Die jährliche Baumwollproduktion in Mississippi stieg zwischen 1811 und 1838 sage und schreibe um das 146-Fache an – von 884 000 Pfund auf fast 129 Millionen Pfund.[33] Als der französische Ingenieur Michel Chevalier Mitte der 1830er Jahre die Vereinigten Staaten besuchte, staunte er, wie Experimentierfreudigkeit und die Fruchtbarkeit des Bodens für ein Maß an Dynamik und Veränderung sorgten, das er noch nie zuvor gesehen hatte:

> Wenn Bewegung und die schnelle Abfolge von Empfindungen und Ideen das Leben ausmachen, dann lebt man hier hundertmal mehr als anderswo; hier ist alles Zirkulation, Dynamik und brodelnde Geschäftigkeit. Ein Experiment folgt auf das andere, ein Unternehmen auf das andere. Reichtum und Armut lösen einander ab und beide Zustände nehmen abwechselnd den Platz des anderen ein. [...] Eine unaufhaltsame Strömung reißt alles mit sich, zermalmt alles zu Staub und lagert es in neuer Form wieder ab. Menschen wechseln ihre Häuser, ihren Himmelsstrich, ihren Beruf, ihre Verhältnisse, ihre Partei, ihre Glaubensrichtung; Staaten wechseln ihre Gesetze, ihre Beamten, ihre Verfassungen aus. Der Boden selbst, oder zumindest die Häuser, sind Teil der universellen Instabilität.[34]

Was diese enorme Dynamik ermöglichte, waren Enteignung, Sklaverei, Kapital und politische Macht.

Zunächst das Land: Der aus South Carolina stammende Staatsmann John C. Calhoun tönte 1817 im Kongress: «Lasst uns Raum erobern.»[35] Plantagenbesitzer wie er, die Kapital besaßen, setzten sich unablässig für die Enteignung und Vertreibung der indigenen Bevölkerung des Deltas ein. Zwischen 1820 und 1832 schloss die Regierung der Vereinigten Staaten drei Verträge, die sie mit militärischer Gewalt durchsetzte und die, man kann es nicht anders sagen, zu einer Art ethnischer Säuberung führten: Choctaw, Chickasaw,

Creek, Cherokee und Seminole wurden aus ihren angestammten Gebieten vertrieben und in trockene, weniger fruchtbare Landstriche Hunderte Kilometer weiter westlich deportiert.[36] Als sich die Baumwollmagnaten Mississippis im Parker's Hotel in Natchez versammelten, um zu feiern, stießen sie auf Präsident Andrew Jackson an: «Er fand eine Hälfte unseres Territoriums von einigen umherziehenden Indianern besetzt vor. Nun wird er es Tausenden von dankbaren freien Männern zur Bewirtschaftung überlassen» – und natürlich ihren Sklaven.[37]

Die Zwangsumsiedlung der indigenen Bevölkerung ermöglichte es der Regierung der Vereinigten Staaten, deren Land zu vermessen und zu verkaufen, was eine Flut weißer Siedler auslöste. Im Jahr 1833 verkauften die USA in Mississippi über 400 000 Hektar Boden, doppelt so viel wie in jedem anderen Bundesstaat. Der Großteil dieser Ländereien wurde nicht von «Tausenden von dankbaren freien Männern», sondern von Grundstücksgesellschaften erworben, die von Kapitaleigentümern aus New York, Boston oder Europa finanziert wurden. So gründeten beispielsweise die New Yorker Kaufleute und Bankiers Joseph D. Beers, Benjamin L. Curtis und Morris Ketchum 1835 die New York and Mississippi Land Company. Sie warben für «zum Verkauf stehende Baumwollböden» und tätigten kurzfristige Investitionen, die schnelle Renditen und enorme Gewinne versprachen. Sie veräußerten das Land so schnell, wie sie es erworben hatten, und verdoppelten dabei den Preis. Andere Unternehmen folgten diesem Beispiel, darunter die Boston and New York Chickasaw Land Company und die New York, Mississippi, and Arkansas Land Company. Ein Unternehmen nannte als sein Ziel, «auf Kosten der armen Ureinwohner» die Kontrolle über das Land zu ergreifen.[38]

Den Schätzungen eines Historikers zufolge verdoppelten oder verdreifachten diese Spekulanten ihr Kapital, indem sie mithilfe von Investoren aus den USA und Europa Ländereien erwarben und die ursprünglichen Bewohner von dort vertrieben.[39] Für Peggy Scott Vann Crutchfield, eine Cherokee-Beobachterin dieses Prozesses, war das letztendliche Ziel klar zu erkennen: «Unsere weißen Nachbarn scheinen auf unsere Vernichtung aus zu sein», schrieb sie 1818 in einem Appell an die Regierung, die Vertreibungen zu stoppen.[40]

Auch auf anderen Wegen floss Kapital in das Delta. Der Einstieg in die Baumwollproduktion war kapitalintensiv: Ein Historiker hat die Kosten für den Erwerb von 640 Hektar Land, dessen Rodung und den Kauf der Arbeitskräfte für den Plantagenbetrieb mit damals etwa 150 000 US-Dollar veranschlagt – mehr als 4 Millionen US-Dollar des Jahres 2024. Das Kapital wurde zwar von örtlichen Kaufleuten und Bankiers bereitgestellt und durch Grundstückshypotheken abgesichert, aber sie zapften dabei die Ressourcen der globalen Finanzzentren an. Als der Bundesstaat Alabama Anleihen zur Kapitalbeschaffung für seine Banken ausgab, verkaufte er diese in New York, Boston, Paris und London. Im Jahr 1838 kapitalisierte Mississippi seine Union Bank durch die Ausgabe von Staatsanleihen im Wert von 15,5 Millionen US-Dollar, von denen etwa ein Drittel in England verkauft wurden. Diese scheinbar neutralen, legalen und tief im weltumspannenden Kreditsystem verwurzelten Finanzinstrumente waren maßgeblich an der Enteignung der Ureinwohner beteiligt.[41] Nur mit Kapital konnten die Ländereien in produktive Plantagen verwandelt werden und nur damit konnten sich deren Besitzer den Kauf von ganzen Armeen versklavter Arbeiter leisten.

Der Baumwollanbau war in der Tat arbeitsintensiv, und im Delta wurde fast all diese Arbeit von Sklaven verrichtet. Laut dem zeitgenössischen Autor Joseph Holt Ingraham verkauften Pflanzer Baumwolle, um Sklaven kaufen zu können, um dann noch mehr Baumwolle produzieren zu können, um dann wiederum noch mehr Sklaven kaufen zu können – ein Vorgang, der sich «ad infinitum» fortsetzen lasse:

> Das ist das Ziel und die unmittelbare Absicht aller Aktivitäten des tatkräftigen Baumwollpflanzers, dessen Denken ganz darum kreist. [...] Ohne Sklaven gäbe es keine Pflanzer. [...] Ohne Pflanzer gäbe es keine Baumwolle, ohne Baumwolle gäbe es keinen Reichtum. Ohne sie [die Pflanzer] wäre Mississippi eine Wildnis und würde an die Ureinwohner zurückfallen. Würde man sie morgen auslöschen, könnte man diesen Staat und jeden anderen Staat im Süden für ein Butterbrot kaufen.[42]

Es ist daher nicht überraschend, dass die Zahl der versklavten Menschen in Mississippi von 1830 bis 1840 auf 194 000 stieg und sich somit mehr als verdreifachte. Im Mississippi-Delta erhöhte sich die Zahl der Sklaven sogar um fast das Sechsfache. Im Jahr 1830 lebten im Washington County 1976 Menschen, von denen 1184 versklavt waren – eine Konzentration, die an die Plantagenwirtschaft in der Karibik in den Jahrhunderten zuvor erinnert. Zehn Jahre später kamen auf jede freie Person mehr als zehn Sklaven. Der Pflanzer Andrew Turnbull besaß 1830 26 Sklaven; fünf Jahre später kontrollierte er bereits die Arbeitskraft und das Leben von 96 Menschen. Jede der Pflanzerfamilien im Delta hielt 1850 im Durchschnitt 82 versklavte Arbeiter.[43]

Fremdkapital ermöglichte massive Versklavungen, umgekehrt ermöglichte die Sklaverei als eine Form von Privateigentum Investitionen von außen, waren Sklaven doch die ultimative Absicherung gegen die volatilen globalen Rohstoffmärkte. Baumwollkommissionäre, Sklavenhändler und Bankiers sicherten ihr Geschäft in erster Linie durch die Baumwolle, die von versklavten Arbeitern angebaut wurde. Wenn ihr Wert sank oder die Ernte ausblieb, dienten versklavte Arbeiter als Sicherheit, die angesichts der enormen Nachfrage nach Sklaven auf dem noch legalen Binnenmarkt jederzeit zu Geld gemacht werden konnte.

1827 erhöhte der Pflanzerverband von Louisiana (CAPL) durch die Verbriefung von Sklaven deren Verwertbarkeit noch weiter, denn nun war es den Aktionären gestattet, die Hälfte ihres Wertes zu beanspruchen, wenn sie sie verpfändeten. Im Jahr 1828 kaufte die britische Handelsbank Baring Brothers CAPL-Anleihen im Wert von 1,67 Millionen US-Dollar, um sie auf den europäischen Wertpapiermärkten weiterzuverkaufen. Dies geschah in Einheiten von 500 und 1000 US-Dollar – nicht zufällig der ungefähre Durchschnittspreis für einen jungen Sklaven zu jener Zeit. Die Anleihen brachten fünf Prozent Jahreszins und waren nach zehn bis fünfzehn Jahren fällig. Sie generierten Einnahmen für Investoren auf der ganzen Welt, die auf der Rückzahlung von Hypotheken durch die Pflanzer basierten, die diese auf ihre Sklaven aufgenommen hatten. Für 500 Dollar konnten die Investoren also winzige Anteile an den Gewinnen erwerben, die durch die unbezahlte Arbeit Tausender versklavter Arbeiter erzielt wurden. Die Mischung aus Kapital, Sklavenarbeit und enteignetem Land war so wirkungsvoll, dass sogar weit entfernte Investoren, die nie persönlich einen Sklaven besessen hatten und in Ländern lebten, in denen die Sklaverei abgeschafft worden war, vom System der Sklaverei profitieren konnten.[44]

Nach 1800 wurde auch die Produktion von Zucker massiv vorangetrieben, im Zuge dessen wurden immer mehr Land und versklavte Arbeiter verschlungen, da Zucker sich von einem Luxusgut zu einem Grundnahrungsmittel für die wachsende Zahl von Industriearbeitern entwickelte, die Kalorien benötigten, aber selbst keine Lebensmittel anbauten. Im späten 18. Jahrhundert war der Zucker für die europäischen Märkte hauptsächlich in Jamaika, Martinique und vor allem Saint-Domingue angebaut worden. Als die letztgenannte Insel in die Hände ihrer ehemaligen Sklaven fiel und als 1834 die Sklaverei auch auf den britischen Zuckerinseln abgeschafft wurde, brach die Produktion in einigen der alten Zuckerkolonien wie Jamaika ein:

Zwischen 1815 und 1819 hatten die britischen Kolonien noch 50 Prozent des weltweiten Zuckers produziert, zwischen 1838 und 1842 waren es nur 25 Prozent.[45] Auch die Zuckerherstellung in der französischen Karibik ging zurück.

Von diesen Verlusten erschüttert, wandten sich Pflanzer und Händler den bis dahin nur wenig ausgebeuteten ländlichen Gebieten Kubas zu und machten die Kolonie schnell zum weltweit wichtigsten Hersteller von Rohrzucker, mit einer Produktion, die zehnmal höher war als die von Saint-Domingue zu seiner besten Zeit. Das von Spanien regierte Kuba hatte schon lange Zucker produziert, aber noch 1792 belief sich der Ertrag seiner kleinen Zuckerplantagen auf relativ bescheidene 14 455 Tonnen. Nach der Revolution auf Haiti verschob sich die Zuckerproduktion jedoch ins Hinterland von Havanna und dann in neue Gebiete wie die etwa hundert Kilometer östlich gelegene Provinz Matanzas.[46] Ein Zeitzeuge schrieb 1837:

> Auf dem Weg nach Macurijes kommt man auf der Straße an langen Waldabschnitten und Rodungen vorbei, die deutliche Zeichen einer beginnenden Bewirtschaftung sind, wie sie sich in dieser Wildnis ausbreitet. Hier gibt es keine Täler mehr; meist erstreckt sich ein flacher Boden, der stellenweise leicht gewellt ist, so weit das Auge reicht; neben einem bereits in Betrieb befindlichen Hof kann man die Rodung von Wäldern beobachten; dahinter verzehrt das Feuer eine Lichtung, die in ein ausgedehntes Zuckerrohrfeld umgewandelt werden soll, und in der Tat ist hier alles eine Schöpfung des Menschen und eine Verbesserung der Natur.[47]

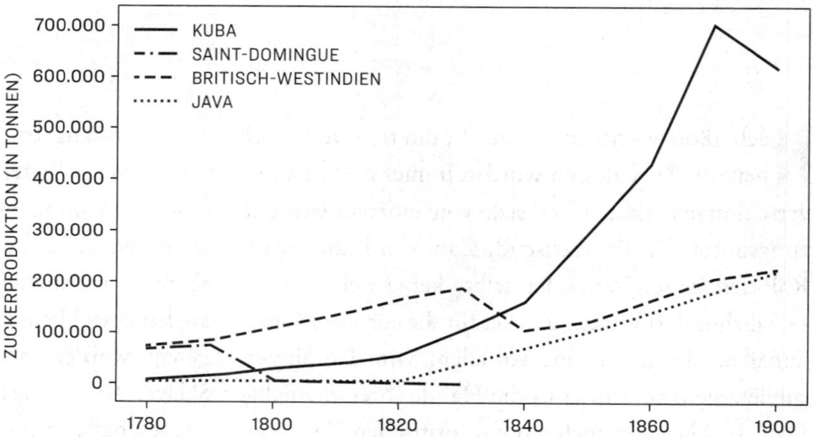

Die kubanische Zuckerrevolution: Zuckerproduktion in Tonnen.

Nach zwei Jahrzehnten der rasanten Urbarmachung und Ausweitung der Anbauflächen hatte sich die Zuckerproduktion bis 1820 fast vervierfacht, auf 54 906 Tonnen. Eine 1827 durchgeführte Zählung der kubanischen Zuckermühlen kam zu dem Ergebnis, dass es nicht weniger als 1000 davon gab und sie 76 669 Tonnen Zucker herstellten. Diese Mühlen waren auch größer und produktiver als früher, der durchschnittliche Ausstoß war sechsmal so hoch wie 1775. Wie bei der Baumwolle bestimmten auch auf den kubanischen Zuckerfeldern der Rhythmus, die Technik und die Dynamik der Industriellen Revolution zunehmend das Tempo und steigerten die Produktion auf 295 000 Tonnen im Jahr 1850 (ein Viertel der weltweiten Ausbeute) sowie 720 250 Tonnen im Jahr 1868.[48] Dieser Anstieg trug dazu bei, Zucker für Europäer und Nordamerikaner zu einem erschwinglichen Gut werden zu lassen.

Die spektakulären Produktionszuwächse waren in erster Linie darauf zurückzuführen, dass zwischen 1791 und 1867 780 000 versklavte Arbeiter aus Afrika nach Kuba verbracht wurden.[49] Ihre in industriellem Maßstab eingesetzte Arbeitskraft löste einen regelrechten Wirtschaftsboom aus.

Neben der Sklaverei trugen auch andere Faktoren zur Ausweitung der Produktion bei. Durch Gesetzesänderungen im Jahr 1815 wurde es den Pflanzern erlaubt, Kubas Wälder abzuholzen, sodass unberührte Gebiete und Böden für das nährstoffhungrige Zuckerrohr erschlossen werden konnten. In den 1830er Jahren verschlang die Verschiebung der Zuckerfront jährlich bis zu 21 000 Hektar. Die damit einhergehende Entwaldung, so ein Zeitgenosse, führte zur «Zerstörung unserer prächtigen Berglandschaften» und unvermeidlich auch zu einem drastischen Rückgang der Artenvielfalt.[50] Drei Jahre, nachdem die kubanischen Wälder zur Abholzung freigegeben worden waren, versuchte die spanische Kolonialregierung, die verärgerte Elite Kubas zu besänftigen, indem sie es ihr erlaubte, ihren Zucker frei zu handeln und nicht mehr nur mit der spanischen Kolonialmacht. Infolgedessen wurden die Vereinigten Staaten zum Hauptmarkt für kubanischen Zucker, und amerikanisches Kapital floss in die Modernisierung der kubanischen Industrie.[51]

Wieder ein Jahr später, 1819, brach die Kolonialregierung mit der jahrhundertealten Kolonialpolitik und bot den bisherigen Landpächtern klare Eigentumsrechte an, wodurch Land in Privatbesitz überging. Dahinter steckte nicht zuletzt die Absicht, die Kolonialeliten fester an das Mutterland zu binden. Da die Investoren bestrebt waren, ihre Bodenerschließungen zu dokumentieren und ihre Rechte an den Grundstücken auf Dauer zu sichern, waren Mitte des Jahrhunderts auf Kuba nicht weniger als einhundert Landvermesser tätig.[52]

Die massenhafte Einfuhr von Sklaven, die Abholzung der Wälder und die

William Clark, *Zehn Ansichten auf die Insel Antigua*, 1823.

Änderungen im Eigentumsrecht begünstigten den Einsatz neuer Technologien, was wiederum die Auswirkungen aller drei Faktoren verstärkte. Vakuumverdampfer – ein Verfahren, das auf kubanischen Plantagen perfektioniert worden war – und Zentrifugen verbesserten die Verarbeitung des Zuckerrohrsaftes. Auch die Nutzung der Dampfkraft war in Kuba besonders weit verbreitet. Ein zeitgenössischer Beobachter beschrieb die «magischen Pressen, die Apparate und Züge, die einfach zu bedienen und leicht zu steuern sind und den Verbrauch der Maschinen durch eine erstaunliche Brennstoffeffizienz ausgleichen. Überall sind umfangreiche Verbesserungen zu sehen. [...] Die in der Mühle tätigen Sklaven sind zwar teuer, aber die von ihnen nötige Anzahl hat sich in erheblichem Maße verringert.»[53] Kein Wunder, dass die Produktivität in die Höhe schoss.[54]

Die Dampfkraft ermöglichte auch eine neue Transportwirtschaft: Die erste kubanische Eisenbahn wurde 1837 eröffnet und machte Kuba zum zweiten Land Amerikas mit dieser Technologie, zehn Jahre vor seiner Kolonialmacht Spanien. Die Eisenbahn erlaubte den kostengünstigen Transport von Zucker zu kubanischen Häfen und hauchte «allem neues Leben ein wie ein Fluss».[55]

Die Radikalität der kubanischen Zuckerrevolution wird deutlich, wenn wir uns den Weiler Banagüises ansehen, der etwa 200 Kilometer östlich von Havanna in der Nähe der Stadt Colón lag, einem damals neu entstehenden Zentrum der kubanischen Zuckerindustrie. Die Júcaro-Eisenbahn verband sie bereits 1847 mit dem etwa 67 Kilometer entfernten Hafen von Cárdenas, und bald darauf führten 270 Kilometer Eisenbahnschienen von den örtlichen Zuckerfabriken zu diesem Hafen. Der Zufluss von Kapital und Arbeitskräften veränderte die gesamte Region Colón: 1859 wurden 46,4 Prozent der Fläche für den Zuckerrohranbau genutzt, 1876 betrug der Anteil des Zuckerrohrs bereits 71 Prozent. Auf einer durchschnittlichen Plantage rund um Colón wurden fast 400 Hektar Zuckerrohr angebaut.[56] Die zeitgenössischen Beobachter waren beeindruckt: 1857 konnte «niemand, der sich mit landwirtschaftlichen Fragen der Insel befasst, die außergewöhnliche Entwicklung ignorieren, die in der Ebene von Banagüises stattgefunden hat, und die vielen schönen Zuckermühlen übersehen, die wie durch Zauberhand auf dem fruchtbaren Land entstanden sind».[57]

In Banagüises wurden einige der modernsten Zuckermühlen der Welt errichtet. So wurden beispielsweise auf der Alava-Plantage von Julián de Zulueta die reichhaltigen Erzeugnisse ihres ebenen und fruchtbaren schwarzen Bodens mit einer 15-PS-Dampfmaschine verarbeitet und über ein privates Schienennetz befördert, das von den Feldern bis zur Mühle reichte und anschließend auf öffentliche Schienen traf, die zum Hafen von Cárdenas führten. Die erste Ernte erfolgte 1847, und im Jahr 1853 produzierte die Plantage bereits 7,35 Millionen Pfund Zucker. Ein Zeitgenosse beschrieb Zulueta als «sehr aufgeschlossen für Fortschritte bei den Herstellungsmethoden, [er] war der erste, der unter großen Opfern und nach einem Test den Dreifacheffektapparat mit vertikalen Rohren, das Derosne-System, einführte».[58] Alava war nur eine von mehreren Plantagen, die Zulueta besaß, eine Form der horizontalen Integration, die es ihm 1866 ermöglichte, die Produktivität seiner Arbeiter zu maximieren, indem er sie zwischen den Plantagen wechseln ließ.[59]

Alava war von anderen großen Zuckerrohrplantagen (Ingenios) umgeben: Ponina, Conchita, San Nicolás, Santa Gertrudis und Narciso. Die nahe gelegene Produktionsstätte des Marqués de Arcos, das Ingenio «El Progreso», war wie eine Fabrik angelegt und sollte einen möglichst effizienten Arbeitsablauf gewährleisten, um den größten Mehrwert aus den 550 versklavten Menschen afrikanischer Herkunft und den 40 chinesischen Schuldknechten zu ziehen. Das Ingenio «La Ponina» verfügte über eine 40 PS starke Dampfmaschine, die von der New Yorker West Point Gießerei hergestellt worden war.[60] Ein Beobachter sprach von der «großen Intelligenz und dem umfangreichen, sowohl theoretischen als auch praktischen Wissen seines Besitzers, der zum Verwalter seines Eigentums geworden ist».[61] Das Ingenio «Purísima Concepción», ebenfalls in Banagüises gelegen, nutzte sogar die Arbeitskraft von 989 versklavten Arbeitern.[62]

Banagüises war, wie der Rest der kubanischen Zuckerindustrie, auffallend modern. Ein Autor, der die Ortschaft im Jahr 1857 besichtigte, war beeindruckt von der «Regelmäßigkeit und Symmetrie» der «zahlreichen Fa-

Die industrielle Revolution in den ländlichen Gebieten der Welt:
Dampfmaschinen in der Narcisco-Plantage von Banagüises, Kuba, 1857.

briken [...] [die] dem Reisenden aus einer gewissen Entfernung den Anblick einer dieser schönen europäischen Industriestädte bieten», und behauptete, ein Besucher werde überrascht sein, die Fabriken «in den Tropen» vorzufinden, statt dort, wo man sie erwarten würde – in der Alten Welt, die sich bekanntlich durch «Ordnung und Betriebsamkeit» auszeichne.[63]

Nach kubanischem Muster, modernste Technologie mit einem der ältesten und brutalsten Arbeitssysteme zu verbinden, entstand auch anderswo eine moderne Zuckerindustrie, wenngleich in kleinerem Maßstab. Zwischen 1803 und 1820 verkaufte der britische Dampfmaschinenhersteller Boulton & Watt, ein Technologieführer des frühen 19. Jahrhunderts, 114 Dampfmaschinen an das spätere Britisch-Guayana (heute Guyana). Hohe Investitionen britischer Kaufleute finanzierten dort die Ausbreitung der Sklaverei: Die Hälfte aller Plantagen beutete mehr als zweihundert versklavte Frauen, Männer und Kinder aus, und fast alle – 94 Prozent – mindestens hundert. Produktionsmenge und Gewinne stiegen rapide an, und die Investoren steckten immer mehr Geld in immer mehr Sklaven. Einige dieser Plantagen waren gigantisch: Im Jahr 1833 beutete John Gladstone, der Vater des späteren britischen Premierministers William Ewart Gladstone, 2508 versklavte Afrikaner aus. Indessen hatte sich der Ertrag pro versklavtem Arbeiter zwischen 1810 und 1834 verdreifacht.[64]

Britisch-Guayana und Kuba zeigen, wie die Kombination aus moderner Technologie und Versklavung die landwirtschaftliche Produktion enorm steigern und verbilligen konnte. Die in diesen kriegskapitalistischen Zonen verfeinerten rechtlichen und technischen Fertigkeiten waren auch dort von Nutzen, wo Sklaverei nicht die wichtigste Form der Arbeitskräftemobilisie-

Sklaverei und Dampfkraft in der Karibik: Ingenio Alava, Kuba, 1857.

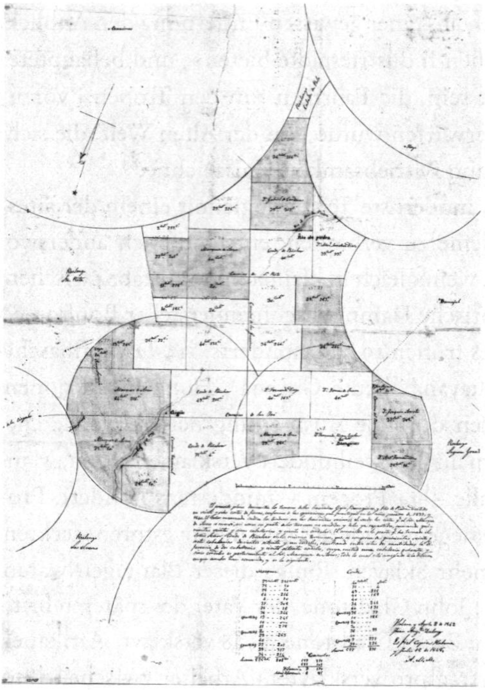

Die Vereinfachung der Natur: Plantagenland an der Zuckerfont in Banagüises, Kuba, 1837.

rung war, beispielsweise in Asien, wo aus der althergebrachten Zuckerherstellung allmählich ein exportorientierter Zuckerzweig entstand. Im Jahr 1800 produzierte Asien immer noch 70 Prozent des weltweiten Zuckers, doch sein Anteil an den internationalen Exporten betrug nur 6 Prozent, eine Zahl, die bis 1900 langsam auf 29 Prozent anstieg.[65] Das war zum Teil das Ergebnis einer konzertierten Anstrengung zum Technologietransfer von der Karibik nach Asien: Viele westindische Plantagenbesitzer bereiteten sich auf die Freilassung ihrer Arbeiter vor, indem sie ihre Aktivitäten innerhalb des für sie zugänglichen Kolonialreichs diversifizierten.

In Indien führten die britischen Kolonialbehörden nichts so Kühnes wie das kubanische System ein, sondern knüpften stattdessen an vorkoloniale Methoden der Zuckerproduktion an, bei denen Zucker von lokalen Erzeugern gesammelt wurde, ohne die eigentliche Produktion zu kontrollieren. Die seit Langem bestehenden Formen des Landbesitzes prägten weiterhin riesige Landstriche, was eine grundlegende Umgestaltung der Anbauformen erschwerte. Immerhin wuchsen die Exporte, die zwischen 1790 und 1813 nur etwa 11 000 Tonnen pro Jahr betragen hatten, bis 1847 auf 60 000 Tonnen an – ein Zehntel der kubanischen Kapazität.[66]

Die Niederländer auf Java folgten diesem Beispiel, jedoch mit einer an-

Ein Profiteur der Sklaverei: Sir John Gladstone, der 1833 in Britisch-Guayana mehr als zweitausend versklavte Zuckerarbeiter besaß; er war der Vater des späteren liberalen britischen Premierministers William Gladstone.

deren Strategie. Die dortige Zuckerproduktion, die von chinesischen Händlern dominiert wurde, hatte zwar eine lange Geschichte, aber um 1800 ging ihr buchstäblich die Luft aus – die Wälder, die zum Heizen der Kessel benötigt wurden, waren abgeholzt und der Boden erschöpft. Die Niederländer versuchten zunächst, diese Probleme zu lösen, indem sie kohlebetriebene Dampfmaschinen in die ländlichen Gebiete Javas brachten. Damit war zwar das Brennstoffproblem gelöst, aber die teuren Maschinen waren nur dann rentabel, wenn ständig Zuckerrohr zur Verfügung stand. Deshalb startete die niederländische Kolonialverwaltung bald darauf eine abgestimmte Kampagne, um die Bauern zur Produktion von mehr Zuckerrohr zu motivieren.[67]

Nach 1830 nahm die Zuckerproduktion auf Java richtig Fahrt auf, als Generalgouverneur Johannes van den Bosch das sogenannte *Cultuurstelsel* (Anbausystem) einführte, das bis 1870 Bestand hatte und einen stetigen Zufluss von preiswertem Zuckerrohr in die modernen Fabriken garantierte. Die Umgestaltung des ländlichen Raums war so etwas wie ein Steckenpferd von Van den Bosch: Vor seiner Reise nach Ostindien hatte er in den nördlichen Niederlanden Arbeitslager für Landstreicher eingerichtet und Gemeinschaftsweiden eingezäunt. Die Lehren, die er daraus gezogen hatte, wandte er auf Java an und behauptete, dass Agrargesellschaften «nicht auf externe [wirtschaftliche] Reize reagieren» und daher energische Maßnahmen ergriffen werden müssten, damit sie sich auf den Anbau für den Markt umstellten. Dies war ein weitverbreiteter Mythos unter den Kolonisten des 19. Jahrhunderts, die nach Erklärungen dafür suchten, warum die angeblich natürlichen Gesetze des Marktes bei den Kolonialvölkern nicht die erwartete Wirkung zeigten.[68] Van den Bosch erklärte König Wilhelm I. im Jahr 1827, dass Java nur durch Zwangsarbeit auf dem Weltmarkt konkurrenzfähig werden könne:[69]

> Angesichts der von mir dargelegten Umstände und aufgrund der Tatsache, dass wie erwähnt Amerika eine vorteilhaftere Lage und daraus resultierend günstigere Transportkosten, einen fruchtbareren Boden und niedrigere Lohnkosten aufweist als Java, kann ich meines Erachtens mit Sicherheit davon ausgehen, dass die für Java vorgesehenen Produkte, nämlich Zucker, Kaffee und Baumwolle, nicht von Lohnarbeitern angebaut werden können.[70]

Wie so viele politische Ökonomen des frühen 19. Jahrhunderts hatte er keine ethischen Bedenken hinsichtlich des von ihm vorgeschlagenen Systems der Zwangsarbeit, das er mit der Behauptung verteidigte, dass selbst «freie» Arbeit Zwangsmaßnahmen erfordere:

> Ich halte es für angebracht, davon auszugehen, dass die Grundlage der Arbeit, die über die direkte Befriedigung unserer animalischen Bedürfnisse hinausgeht, die Folge von Zwang ist; dass dieser Zwang oft am stärksten auf die Existenz des Arbeiters einwirkt, wenn er am freiesten zu sein scheint, und dass der Mensch, wenn ein solcher Zwang nicht vorhanden ist oder nicht wirksam werden kann, nicht mehr arbeiten wird, als zur Befriedigung seiner elementarsten animalischen Bedürfnisse notwendig ist.[71]

Die Ausbeutung der Rohstoffe stützte sich bereits auf militärische Macht, Enteignung, die Zerstörung lokaler politischer Strukturen und die erzwungene Bereitstellung von Arbeitskräften – alles Kernmerkmale des Kriegskapitalismus. Van den Bosch konzentrierte sich nun darauf, den Mühlen Zuckerrohr zu beschaffen, indem er die Landwirte zum Anbau zwang. Dabei verlangte er von ihnen, in die modernsten Produktionssysteme zu investieren – was möglich war, weil er ihnen einen Markt garantierte. Der gesamte erzeugte Zucker wurde automatisch von der halbstaatlichen Niederländischen Handelsgesellschaft (Nederlandsche Handel-Maatschappij) für den Export erworben. Die NHM bestand seit 1824 und war ein monopolähnliches Unternehmen, in dem König Wilhelm I. der größte Investor war.[72]

Das wichtigste Merkmal von Van den Boschs Plan bestand darin, dass jedem Dorf eine Nutzpflanze zugewiesen wurde, die zu festen und niedrigen «Pflanzenlöhnen» an die Fabriken geliefert werden sollte. Die Fabriken besaßen das Land zwar nicht, erhielten jedoch die Exklusivrechte für das in bestimmten Gebieten geerntete Zuckerrohr. Die Dörfer waren verpflichtet, etwa ein Fünftel ihrer Anbaufläche für die Produktion von Handelsware für die Niederländer zu reservieren. Auch konnten die Agrarproduzenten dazu gezwungen werden, Fronarbeit in Fabriken, bei Infrastrukturprojekten oder im Transportwesen zu leisten.[73] Dieses Netz aus rechtlichen Verpflichtungen machte sich der javanische Adel zunutze, um die Bauern zur Lieferung von Zuckerrohr zu nötigen, und hatte dabei die Zwangsgewalt des Staates an seiner Seite. Die NHM und die sogenannten Pflanzbanken gewährten den Agrarproduzenten auch Vorschüsse für den Anbau von Zuckerrohr und sicherten sich so die Lieferung, weil andernfalls die Frist für die Rückzahlung nicht eingehalten werden konnte. Auf diese Weise erlangten sowohl staatliche als auch nichtstaatliche Akteure wie andernorts in den ländlichen Räumen der Welt neue Einflussmöglichkeiten.

Infolgedessen stieg die Zuckerproduktion in Java von 6000 Tonnen im Jahr 1820 auf 102 000 Tonnen im Jahr 1850 (also um ein Vielfaches schneller als in Indien) und wuchs über Jahrzehnte weiter an. Im Jahr 1820 machte der javanische Zucker nur ein halbes Prozent des Weltmarktes aus, 1850 betrug sein Anteil 4,7 Prozent, und das bei einem viel größeren Markt. Die Festpreis-Käufe von *cash crops* (für den Markt produzierte landwirtschaftliche Erzeugnisse) bei den Fabrikationsstätten durch die NHM – ein Glücksfall für die niederländische Staatskasse – zahlten sich aus. Zwischen 1850 und 1854 beliefen sich die Gewinne aus dem Anbausystem auf 3,4 Millionen Gulden; zwischen 1855 und 1859 waren sie auf 33,7 Millionen Gulden angewachsen. Zu diesem Zeitpunkt stammten die Einnahmen der niederländischen Regierung zu fast einem Drittel aus den Gewinnen in Ostindien.[74] Der Lohn des Kriegskapitalismus floss nicht nur in die Taschen von privaten Abenteurern, sondern kam auch dem Staat zugute.

Noch bevor das System seine ersten direkten Profite erzielte, hatte es einen anderen Effekt: die Schaffung eines Verbrauchermarktes für Waren, die von den neuen Industrien in den Niederlanden produziert wurden, insbesondere von den Textilfabriken, die nach der Belgischen Revolution, die 1830 ausgebrochen war und 1831 mit der Unabhängigkeit geendet hatte, in die Stadt Twente im Osten der Niederlande gelockt worden waren. Van den Bosch schlug damals vor, britische Ingenieure in die Niederlande zu holen, um beim Aufbau der Fabriken zu helfen, damit die Schiffe der Niederländischen Handelsgesellschaft nicht mehr leer nach Südostasien zurückfahren mussten. Die Zuckerimporte förderten auch die Mechanisierung der Zuckerraffinerien in Amsterdam und Antwerpen – eines der offensichtlicheren Beispiele dafür, wie die Transformation des ländlichen Raums die Industrialisierung der Metropolen vorantrieb.[75]

Ein Teil des Zuckers landete im Kaffee, der zu diesem Zeitpunkt am intensivsten in Brasilien angebaut wurde. Die lange Geschichte der Produktion und des Konsums von Kaffee begann in der arabischen Welt, insbesondere im Jemen, wo in den zwei Jahrhunderten vor 1720 das Monopol auf die Kaffeeproduktion bei Kleinbauern lag. Ihre Erträge waren bescheiden, und noch in den 1780er Jahren war Kaffee sogar im Nahen Osten ein Luxusgut. Doch im Laufe des 19. Jahrhunderts wuchsen die Märkte in Nordeuropa und den Vereinigten Staaten, da die anregenden Eigenschaften des Kaffees perfekt zu den sich intensivierenden Arbeitsbedingungen einer zunehmend industrialisierten Welt passten. In den Vereinigten Staaten stieg der Pro-Kopf-Kaffeekonsum in den hundert Jahren nach 1783 um mehr als das 162-Fache, was zu einem Anstieg aller Kaffeeimporte um 2400 Prozent führte. 1859 verbrauchten die Amerikaner bereits nahezu ein Drittel der weltweiten Kaffeeernte.[76]

Dank der Bemühungen europäischer Staaten und Kaufleute, die Kaffeepflanze in anderen Regionen der Welt heimisch zu machen – ein früher Fall von Biopiraterie –, hatten sich die kommerziellen Anbaugebiete dieser Kulturpflanze in den 1780er Jahren global ausgebreitet. Innerhalb dieser Gebiete wurden sowohl Bauern in Java zum Zwangsanbau unter dem Monopol der

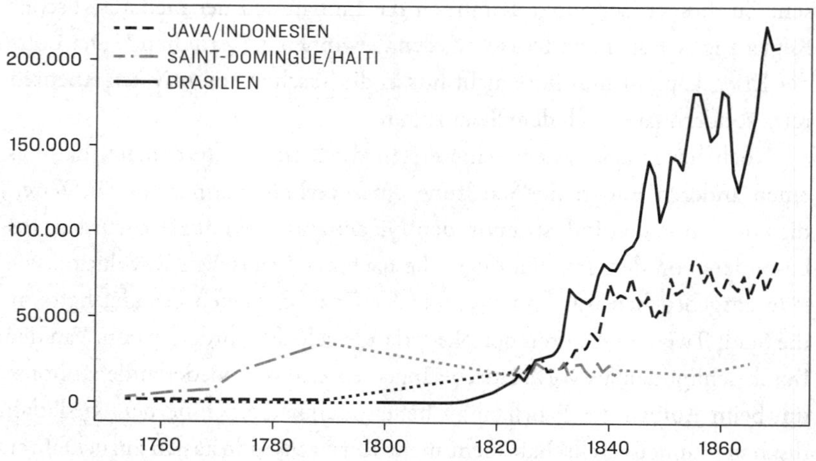

Kaffeeexporte nach Ländern (in Tonnen), 1752–1870.

Niederländischen Ostindien-Kompanie aufgeboten als auch versklavte Arbeiter auf Plantagen in Saint-Domingue und Surinam. Wie bei anderen Naturprodukten übertraf Saint-Domingue schnell alle anderen Erzeuger und verdrängte sogar den jemenitischen Kaffee vom Markt in Kairo. In dieser französischen Kolonie waren die Kosten der Produktion einzigartig niedrig und die Möglichkeiten der Expansion der Produktion nahezu unbeschränkt. Obwohl Saint-Domingue 1755 nur 12 Prozent der weltweiten Kaffeeernte produziert hatte (im Vergleich zu 45 Prozent im Jemen im selben Jahr), sorgten die 158 000 versklavten Arbeiter 1790 bereits für 50 Prozent der internationalen Erträge (im Vergleich zu nunmehr nur 17 Prozent im Jemen). Dies war nicht zuletzt auf die enorme Ausweitung des niederländischen Kaffeehandels auf neue deutsche Märkte entlang des Rheins zurückzuführen. Die Pflanzer von Saint-Domingue steigerten die Kaffeeproduktion von 5 Millionen Pfund im Jahr 1770 auf 76 Millionen Pfund im Jahr 1786, während die Produktion im Jemen mit 24 Millionen Pfund unverändert blieb, was zeigt, dass die bäuerliche Landwirtschaft nicht mit den Sklavereigebieten der Welt konkurrieren konnte.[77]

Nach der Haitianischen Revolution verlagerte sich die arbeitsintensive Kaffeeproduktion erneut: In den 1790er Jahren erlebte der Kaffeeexport nicht nur in Jamaika einen Aufschwung, sondern auch in Kuba, wo der Onkel des Schweizer Industriepioniers Alfred Escher auf einer Sklavenplantage Kaffee anbaute. Alfred Escher gehörte zu den Gründern der Schweizerischen Freisinnig-Demokratischen Partei, der Bank Credit Suisse, der Versicherungsgesellschaft Swiss Life und der renommiertesten Universität der Schweiz, der ETH Zürich. Sein Vater Heinrich erbte und veräußerte die Plantage des Onkels später. Diese oft wiederholte Geschichte offenbart die symbiotischen Verbindungen zwischen den Sklavereigebieten der Welt und ihrem zunehmend industrialisierten Kernland, zwischen der Sklaverei und späteren Nationalhelden. Trotz der Anstrengungen kubanischer und jamaikanischer Plantagenbesitzer wuchs die weltweite Kaffeeproduktion vor 1825 im Vergleich zu anderen gefragten Waren jedoch relativ langsam.

Aber dann explodierte sie. Zunächst expandierten niederländische Interessen den Kaffeeanbau auf Java immer weiter, und das Anbausystem sorgte dafür, dass dabei immer mehr Kaffee erzeugt wurde: 1790 hatte die Insel nur 1678 Tonnen hergestellt, 1840 lag die Produktion bei 70 000 Tonnen.[78] Dann griffen die brasilianischen Pflanzer auf die für den Kriegskapitalismus typische massive Landnahme und Versklavung zurück, um schwerpunktmäßig Kaffeeanbau zu betreiben. Zwischen 1815 und 1830 stieg die brasilianische Kaffeeproduktion jährlich um erstaunliche 22 Prozent. Hatte Brasilien von

1807 bis 1811 im Durchschnitt nur kümmerliche 374 Tonnen pro Jahr exportiert, war es bis 1820 das Sechzehnfache. Im Jahr 1830 erreichten die Exporte 28 800 Tonnen und 1840 übertrafen sie mit 78 660 Tonnen die Ausfuhr von Java. Die javanische Produktion blieb danach unverändert, während die brasilianische bis 1860 auf 182 850 Tonnen emporschoss. In jenem Jahr wurden 55 Prozent des weltweiten Kaffees in Brasilien angebaut.[79]

Brasilien wurde aus denselben Gründen zum Zentrum der weltweiten Kaffeeindustrie, wie Kuba dies für Zucker geworden war und die USA für Baumwolle: Es war eine Kombination aus reichlich geeignetem Land und Pflanzern, die eine große Anzahl versklavter Arbeiter auf die Kaffeefelder trieb. Der transatlantische Sklavenhandel mit Brasilien war der intensivste in der gesamten Geschichte der Sklaverei: In der ersten Hälfte des 19. Jahrhunderts kamen 1,2 Millionen versklavte Afrikaner in Brasilien an, fast alle, um auf Kaffeeplantagen zu arbeiten. Zusätzlich kauften die Kaffeepflanzer zwischen 1850 und 1881 220 000 versklavte Arbeiter aus anderen Teilen Brasiliens. Die hohe Fruchtbarkeit des unberührten Regenwaldbodens, die Leichtigkeit, mit der die Pflanzer die indigene Bevölkerung, die nicht in der Lage war, nennenswerten militärischen Widerstand zu leisten, von diesem Boden vertreiben konnten, und der Zugang zu einem unerschöpflich wirkenden Nachschub an versklavten Arbeitskräften ermöglichten es den Plantagenbesitzern, den traditionellen Feind der landwirtschaftlichen Produktivität zu überleben: die sinkenden Preise.[80]

Kriegskapitalismus als Fantasie: Kaffeeernte in Brasilien, 1830er Jahre.

In den 1820er Jahren rückte der Kaffeeanbau in das westlich von Rio de Janeiro gelegene Paraíba-Tal vor, die indigenen Völker der Coroado und Goitacá wurden von dort vertrieben. Kaffeepflanzer verwandelten riesige Gebiete in Kaffeeplantagen. Ein holländischer Reisender bemerkte, man könne «stundenlang durch Kaffeeplantagen reiten».[81] Im Zuge der Ausweitung der Kaffeeproduktion brachten die angehenden Kaffeepflanzer immer mehr Sklaven in diese Regionen. Im Jahr 1828 zählte die Stadt Nova Friburgo 2887 Einwohner, von denen 1272 versklavt waren. Bis 1872 stieg die Einwohnerzahl auf 25 546, von denen 11 574 versklavt waren. Dort ebenso wie andernorts konzentrierte sich der Sklavenbesitz zunehmend auf wenige Eigentümer; in den 1870er Jahren arbeiteten 60 Prozent aller versklavten Arbeiter für die 5 Prozent der Pflanzer, die mehr als 100 Sklaven besaßen.[82]

Mithilfe versklavter Arbeitskräfte, britischen und vor allem amerikanischen Kapitals und staatlich geförderter Infrastrukturverbesserungen wie dem Eisenbahnbau wurde der Kaffeeanbau innerhalb des Paraíba-Tals weiter nach Westen und dann nach westlich von São Paulo ausgedehnt, sodass es über Jahrzehnte gelang, der rapide voranschreitenden Bodenerschöpfung zu entkommen, die eine Folge der kurzsichtigen Fokussierung auf rasche Gewinne war. Nach der Ankunft der portugiesischen Königsfamilie im Jahr 1808 (sie war vor den vorrückenden französischen Truppen geflohen) und der Unabhängigkeit im Jahr 1822 konnte Brasilien freien Handel treiben, den riesigen US-Markt erschließen und mehr versklavte Arbeiter importieren. In den 1850er Jahren transportierten die D.-Pedro-II- und die São-Paulo-Eisenbahn, die größtenteils mit britischem Kapital gebaut worden waren, den Kaffee effizient zu den Häfen. Wie bei der Baumwolle in den Vereinigten Staaten war auch bei der Ausweitung des Kaffeeanbaus die fehlende Deckungsgleichheit von wirtschaftlichen und politischen Räumen entscheidend: Britisches Kapital konnte in den Sklavereikomplex investiert werden, obwohl die Sklaverei zu diesem Zeitpunkt im britischen Empire bereits verboten war; die amerikanischen Kaffeemärkte konnten dank der unbezahlten Arbeit von neu versklavten Arbeitern aus Afrika beliefert werden, obwohl es für Bürger der USA inzwischen illegal war, sich am internationalen Sklavenhandel zu beteiligen.[83]

Die brasilianischen Kaffeepflanzer gewannen, wie ihre Kollegen aus der kubanischen Zuckerindustrie und die Baumwollbarone in den Vereinigten Staaten, politischen Einfluss und setzten diesen dafür ein, um die Sklaverei und das internationale Handelssystem, das sie ermöglichte, zu schützen.[84] Ihr enormer Reichtum spiegelte sich oft in prächtigen, eleganten Häusern und

Reisen in die Hauptstädte bürgerlicher Prachtentfaltung wie Paris wider. Sie bildeten auch die Wählerbasis der Konservativen Partei, der wichtigsten für die Sklaverei eintretenden politischen Kraft in Brasilien.

Bei der Herstellung der lebenswichtigen Güter, die die Industrielle Revolution entfachten, gab es einige Gemeinsamkeiten: Sie alle verzeichneten einen außerordentlich schnellen Produktionsanstieg, rapide fallende Preise und den Zufluss von europäischem und später US-amerikanischem Kapital. Der Einsatz von versklavten Arbeitern und Maschinen bewirkte, dass die Stückkosten oft, aber nicht immer, schneller sanken als die Preise. Und Sklavenarbeit war der bäuerlichen Produktion in der Regel überlegen: Zwang drückte die Preise.[85]

Als die Sklavenbefreiung nach 1834 in Teilen der atlantischen Welt um sich griff, schienen sich die Befürchtungen des britischen Politikers Lord George Bentinck hinsichtlich der Konsequenzen zu bestätigen. Angesichts des Niedergangs der jamaikanischen Landwirtschaft in den 1840er Jahren bezweifelte er, dass «freie Arbeitskräfte mit Sklavenarbeit konkurrieren können».[86] Die Redaktion der britischen Zeitschrift *The Economist* machte sich 1848 ähnliche Sorgen:

> Es ist keine Illusion, wenn wir begeistert sind über den Erfindungsreichtum der Fertigung in Birmingham, Manchester und Leeds, oder wenn wir, ohne zu jubilieren, die verwandten Produkte aus Elberfeld, Schlesien, Verviers und Lüttich bewundern, oder wenn wir dankbar sind für die reichen Ernten der Weinberge der Garonne – Gefühle, die wir nur auf die Pflanzer Brasiliens und Kubas ausdehnen, für die wir Begeisterung, Bewunderung und Dankbarkeit empfinden wegen ihrer Aktionen zur Belebung des Sklavenhandels, den wir sonst mit so viel Mühe und Kosten zu unterdrücken versuchen.[87]

Die Rolle der Sklaverei bei der Umgestaltung des ländlichen Raums in aller Welt im Gefolge der Industriellen Revolution lässt sich kaum überschätzen. Zwangsarbeiter produzierten im 19. Jahrhundert viele der wichtigsten Güter der Weltwirtschaft. Im Jahr 1851 beschäftigte die Textilindustrie der «Baumwollstadt» Manchester 17 771 Lohnarbeiter, eine Konzentration menschlicher Arbeitskraft, die bei den Hütern der europäischen Kultur, Ideen und Sitten sowohl Anerkennung als auch Bestürzung hervorrief. Weniger beachtet, aber für die Entwicklung des industriellen Kapitalismus wohl ebenso wichtig, wurden die 76 337 versklavten Arbeiter im Mississippi-Delta, die die Baumwolle für diese Spinnereien anbauten. Weltweit waren Mitte des Jahrhunderts etwa 2,5 Millionen versklavte Arbeiter direkt an der Produktion von Kaffee, Zucker und Baumwolle beteiligt, was den Sklavereikomplex zu einem der größten Industriezweige seiner Zeit machte. Eine weitere Million Menschen bauten, wie wir sehen werden, Indigo unter Bedingungen der Schuldknechtschaft an, die nicht weit von der Versklavung entfernt waren. Dem standen etwa 873 000 Arbeiter in Europas führender mechanisierter Fertigungsindustrie – der Baumwolltextilienbranche – und etwa 270 000 Bergleute gegenüber.[88] Selbst während der Industriellen Revolution verliefen einige Fronten der kapitalistischen Umwälzung noch in den Sklavereigebieten der Welt.

Viele Zeitgenossen waren sich der wichtigen Rolle der Sklaverei bewusst. Der deutsche Naturforscher Moritz Wagner hatte 1856 keine Zweifel an der «wirtschaftlichen Bedeutung» der Sklavenarbeit für «unsere täglichen Freuden und Bedürfnisse».[89] Herman Merivale, ein britischer Kolonialverwalter und Professor für politische Ökonomie, räumte ein, dass

> [n]ahezu unser gesamter Zucker und der größte Teil unserer Baumwolle, unseres Tabaks und unseres Kaffees, ganz zu schweigen von anderen und weniger wichtigen Gütern, der Arbeit von Negroes zu verdanken sind, von denen neun Zehntel Sklaven sind. Etwa ein Drittel unseres Exporthandels wird derzeit mit Sklavenländern abgewickelt, und die Produkte, die wir im Austausch für die Waren erhalten, die wir dorthin senden, werden von Sklaven hergestellt. [...] Wir sprechen vom blutgetränkten Gewebe des Wohlstands von New Orleans oder Havanna – aber blicken wir doch einmal in unsere eigene Heimat. Was hat Liverpool und Manchester von provinziellen Ortschaften zu gigantischen Städten gemacht? Was hält heute ihre ständig aktive Industrie und ihre rasche Anhäufung von Reichtum aufrecht? Der Austausch ihrer Erzeugnisse mit denen, die von amerikanischen Sklaven erwirtschaftet wurden.[90]

Der niederländische Kolonialbeamte C. F. van Delden Laërne, der ins Paraíba-Tal reiste, um die brasilianischen Methoden des Kaffeeanbaus zu studieren und dabei Erkenntnisse zu gewinnen, die er nach Java zurückbringen konnte, hatte eine ähnliche Einstellung zur Sklaverei. Denn er war pessimistisch, was die Möglichkeit eines Kaffeeanbaus ohne Sklaven anbelangte: «Wenn man die Grundlage beseitigt, auf der alles beruht, nämlich die Sklavenarbeit, durch die der Boden gerodet und bepflanzt wird, dann bricht alles sofort zusammen.»[91] Lohnarbeiter, erklärte er, seien nämlich nur ungern dazu bereit, auf Kaffeeplantagen zu arbeiten, und wenn, dann nur für seines Erachtens untragbar hohe Löhne.[92]

Für *The Economist* waren Produkte aus Sklavenarbeit ein vielleicht nicht zu begrüßender, aber notwendiger Bestandteil der Weltwirtschaft: Als in den 1840er Jahren einige Stimmen ein Embargo brasilianischer Kaffeeimporte forderten, wies die Zeitschrift darauf hin, dass, «wenn diese Maßnahme ergriffen werden soll, sie dann grundsätzlich auf den Ausschluss aller Artikel ausgedehnt werden muss, die in welchem Land auch immer von Sklaven hergestellt werden», einschließlich «Baumwolle, Reis, Indigo, Koschenille und Tabak aus den Südstaaten Amerikas».[93] Das war natürlich unvorstellbar, nicht zuletzt, weil es, wie *The Economist* betonte, «eine empfindliche Strafe für Millionen hart arbeitender, unterernährter Verbraucher bedeuten würde».[94] «Zucker aus Sklavenarbeit abzulehnen, um den Sklavenhandel zu unterbinden», argumentierte A. Oswald im britischen Unterhaus, «und dann Baumwolle und Zucker aus Sklavenarbeit zu akzeptieren, wäre, wie wenn man eine Mücke aussieben und ein Kamel schlucken würde.»[95]

Das goldene Zeitalter der Industriellen Revolution war somit auch ein goldenes Zeitalter der Sklaverei, der sogenannten «zweiten Sklaverei». Es war dadurch gekennzeichnet, dass der Akzent bei der Sklavenwirtschaft nunmehr auf industriellen Rhythmen und Produktivitätsmanagement lag, auf den Feldern einige der weltweit fortschrittlichsten Technologien eingeführt wurden und es zu einer symbiotischen Beziehung mit den neuen, oftmals liberalen staatlichen Institutionen kam. Und seine Bedeutung beschränkte sich nicht auf die Mobilisierung von Arbeitskräften, sondern umfasste auch die Rolle der Sklaven als Sicherheit für Kredite, was eine beispiellose Kapitalmobilisierung ermöglichte.[96]

WIE WICHTIG die Sklaverei für die Bereitstellung von landwirtschaftlichen Arbeitskräften war, die wie am Fließband die für die Industrialisierung erforderlichen Lebensmittel und Rohstoffe herstellten, wird am deutlichsten, wenn wir uns die vielen vergeblichen Versuche ansehen, die entsprechenden Feldfrüchte unter anderen Arbeitssystemen zu erzeugen. Dass diese Experimente nahezu durchgängig scheiterten, zeugt indirekt vom enormen Widerstand des Bestehenden gegen die revolutionäre Ausbreitung des Kapitalismus und dessen Versuche, Menschen in unzähligen traditionellen Rollen davon zu überzeugen, vor allem Waren für entfernte Märkte zu produzieren.

So hoffte beispielsweise die französische Kolonialverwaltung ab 1817, an der Westküste Afrikas exportfähige Baumwolle und Indigo anbauen zu können. Da man sich um die Stabilität und Zuverlässigkeit der Sklavenarbeit sorgte und bestrebt war, die verlorene Produktion in der Karibik auszugleichen – Haiti spielte damals in der kollektiven Vorstellung der Weißen eine große Rolle –, legten die Kolonialverwalter entlang des Senegal-Flusses Plantagen an, und zwar in der Nähe der Stadt Richard Toll (benannt nach dem französischen Gouverneur und dem Wolof-Wort für «Garten», *toll*). Das erforderliche Land hatten sie vom König von Waalo, Brak Amar Fatim Mborso, flussaufwärts der jahrhundertealten Handelsstadt Saint-Louis gepachtet. Sie heuerten Lohnarbeiter aus den umliegenden Gebieten an und brachten in einer höchst ausgefallenen Aktion auch mehr als zweihundert Arbeiter aus Martinique auf die afrikanischen Plantagen, damit sie dort schufteten. Die Lohnarbeit von Afrikanern in ihrer Heimat sollte einen Ausgleich dafür schaffen, dass die Arbeitskraft versklavter Afrikaner in Amerika verloren gegangen war.[97]

Zunächst sah es gut aus für die Pläne von Gouverneur Julien-Désiré Schmaltz: Er errichtete Militärposten in Dagana, um die landwirtschaftlichen Siedlungen zu schützen, Landbesitzer aus Futa ermöglichten den Zugang zu Land, und das Oberhaupt von Dimat erklärte sich bereit, die erforderlichen Arbeitskräfte bereitzustellen. Schmaltz verhandelte mit dem König von Waalo, und bereits am 27. Januar 1817 wurde ein erster Vertrag unterzeichnet, der die landwirtschaftliche Kolonisierung gestattete.[98]

Wie man jedoch bald feststellen sollte, unterschieden sich die Bedingungen entlang des Senegal-Flusses erheblich von denen im Mississippi-Delta, in den Colón-Ebenen auf Kuba oder im Paraíba-Tal in Brasilien. Vor allem konnten die Franzosen ihren Willen nicht einseitig durchsetzen – sie mussten mit lokalen Herrschern, Kaufleuten und Adeligen verhandeln, von denen viele landwirtschaftlichen Projekten feindlich gegenüberstanden, die ihnen Land und Arbeitskräfte für ihren eigenen Anbau wegnahmen. Diese kolonialen Bestrebungen waren sogar so umstritten, dass es im März 1820 zu einer militärischen Auseinandersetzung kam, bei der fünfzig Waalo-Waalo-Krieger starben und hundert gefangen genommen wurden – ein schrecklicher Blutzoll für die Waalo-Waalo, aber keineswegs ein vernichtender Schlag für ihre militärische, politische und wirtschaftliche Macht, die fortbestehen sollte.[99]

Schmaltz' Bemühungen zerschellten an den Klippen des aktiven Widerstands und der Weigerung der örtlichen Bauern, ihr Land und ihre Arbeitskraft zur Verfügung zu stellen. Aber die Franzosen gaben nicht auf: 1822 unternahm der neue Gouverneur Jacques-François Roger einen weiteren entschlossenen Versuch, eine Plantagenwirtschaft aufzubauen, die die Abhängigkeit von der amerikanischen Sklaverei überwinden sollte. In jenem Jahr erhielten die französischen Behörden einen langen Bericht über das Potenzial einer für den Export produzierenden Landwirtschaft im Tal des Senegal-Flusses. Der Autor beschrieb die Region zwar als «heiße, trockene, unangenehme und unwirtliche Sandlandschaft», erwähnte aber auch die Kühe und Ziegen, die von den Bauern dort gehalten wurden, und das fruchtbare Land am Fluss, das seiner Meinung nach für den Anbau von Zuckerrohr, Baumwolle, Indigo und Kakao geeignet war. Er stellte fest, dass es reichlich Nahrung gab, die Menschen vor Ort friedlich waren und das Gebiet in Kriegszeiten leicht zu verteidigen wäre. Das Problem, so wie er es sah, waren die Arbeitskräfte: Die örtlichen Landwirte, behauptete er, arbeiteten nur so viel, wie nötig war, um ihre eigenen Bedürfnisse zu befriedigen, und waren in erster Linie an Vergnügen und Ruhe interessiert – in seinen Augen keine vielversprechende Ausgangslage.[100]

Trotz dieser Bedenken wurde Baumwolle angepflanzt, teils von französischen Kolonisten, teils von einheimischen Händlern aus Saint-Louis. Da die Plantagenrevolution dort und anderswo spezielle Kenntnisse erforderte, standen Geologen, Agronomen, Soldaten, Anwälte und andere Experten bei der Umgestaltung des Landes beratend zur Seite. Obwohl es darum ging, Rohstoffe für französische Spinnereien zu sichern, dümpelte die entstehende Baumwollbranche zunächst vor sich hin und erlebte erst 1825 einen bescheidenen Aufschwung, als die Samenkapseln von fast einer Million Baumwollpflanzen aus den vierunddreißig kleinen Baumwollplantagen der Region verarbeitet werden konnten.[101]

Im selben Jahr begann auch der Indigo-Anbau mit Saatgut, das die Kolonialregierung von Bengalen in den Senegal verschifft hatte, um Plantagen anzulegen, die sowohl von der Kolonialverwaltung selbst als auch von französischen Pflanzern bewirtschaftet wurden. Die Pflanzer hatten Schwierigkeiten zu verstehen, wie Indigo angebaut werden sollte, und forderten daher häufig ausführliche Ratschläge von indischen Experten an, die sie in schriftlicher Form erhielten. Dennoch blieb die Indigo-Produktion äußerst bescheiden und belief sich im Jahr 1827 auf lediglich 763 Kilogramm. 1828 waren anscheinend nur noch sechs Indigo-Plantagen übrig geblieben; die französische Kolonialverwaltung berichtete von geringeren Baumwoll- und Indigo-Ernten. Trotz der immer intensiveren und häufigeren Erstellung von Berichten und Statistiken waren die französischen Bemühungen bis 1830 im Wesentlichen gescheitert.[102]

Die Ursache für den Misserfolg der Franzosen lag in den tief verwurzelten und mächtigen sozialen, politischen und wirtschaftlichen Strukturen des Senegal, die es der lokalen Bevölkerung ermöglichten, wirksam Widerstand zu leisten. Die Pflanzer äußerten häufig ihre Besorgnis über die militärische Macht der Waalo-Waalo, und die Regierung war dringend darum bemüht, «diese Bedrohung durch grundsätzlich feindliche Gruppen zu beseitigen».[103] Ein französischer Kolonialbeamter drückte es so aus: «Unser Bestreben muss es sein, diese grimmigen Nachbarn, mit denen wir niemals auf eine dauerhafte Einigung hoffen können, zu dezimieren, wenn möglich zu vernichten oder zumindest von unseren Einrichtungen fernzuhalten.»[104]

Selbst wenn die örtlichen Herrscher zur Zusammenarbeit bereit waren, war es für sie aufgrund ihrer prekären Machtposition nicht einfach, das von den Franzosen benötigte Land und die Arbeitskräfte bereitzustellen. Überdies waren die afrikanischen Kaufleute in Saint-Louis, von denen die Franzosen hofften, dass sie in landwirtschaftliche Unternehmen investieren würden, alles andere als begeistert, da ihre Handelsaktivitäten viel profitabler waren als Agrarinvestitionen. Den örtlichen Herrschern bereitete außerdem die Ausbreitung der Lohnarbeit Sorgen, da sie fürchteten, dass dies ihren Zugriff auf die Arbeiter schwächen würde, die an die Erbknechtschaft gebunden waren.

Die örtlichen Bauern weigerten sich derweil, für die Plantagenbesitzer zu arbeiten: Sie hielten Lohnarbeit für erniedrigend, was sogar dazu führte, dass sie Arbeiter angriffen, die in eine solche Beschäftigung eingewilligt hatten. Und wenn die Franzosen trotz allem Arbeiter anheuern konnten, waren deren Löhne zu hoch, um die Projekte rentabel zu machen.[105] Roger beobachtete «eine gewisse Unzufriedenheit unter den Einheimischen, oder vielmehr eine vage Besorgnis darüber, dass wir landwirtschaftliche Betriebe im Inneren Afrikas aufbauen».[106]

In solch einer festgefügten Gesellschaftsordnung erwies sich die Anwerbung von Arbeitskräften als unüberwindbare Herausforderung. Das Kolonialarchiv ist voll von Beschwerden der Plantagenbesitzer über versprochene Arbeiter, die nie bei ihnen ankamen. Im Mai 1827 beklagte die Kolonialverwaltung beispielsweise, dass die Produktion von Indigo immer noch nicht beginnen könne, «weil [einem Plantagenbesitzer] die Arbeiter fehlten», obwohl «nichts dringender im Interesse der Kolonie ist», als diese Projekte in Gang zu bringen.[107] Auch noch im Jahr 1828 wurde dringend darum gebeten, verzweifelt benötigte Arbeitskräfte in die Indigofabriken zu schicken. Und selbst als die Franzosen für eine «bäuerliche Landwirtschaft» eintraten, um auf diesem Weg die Baumwollversorgung zu sichern, weigerten sich die Landwirte, entsprechende Ernten abzuliefern. 1824 exportierte der Senegal noch 14 386 Kilogramm Baumwolle, zehn Jahre später war diese Zahl auf 3047 Kilogramm gesunken.[108] Die unterschiedlichen Werte und Interessen der lokalen Machthaber und der französischen Kolonisten führten letztendlich zum vollständigen Debakel des Plantagenprojekts.

Im Unterschied dazu ging eine erfolgreiche Transformation des ländlichen Raums in der Regel mit einer fast vollständigen Kontrolle über Land, Arbeit und politische Macht einher, eine Kontrolle, die zu diesem Zeitpunkt auf dem afrikanischen Kontinent in keinem der drei Bereiche möglich war. Nachdem die Briten einige Jahre lang das Gebiet um Saint-Louis am Senegal-Fluss beherrscht hatten, berichtete der damalige Gouverneur der Kolonie, Generalleutnant Charles William Maxwell, 1811 von ähnlichen Frustrationen:

> Tatsächlich wird sowohl in der Siedlung als auch in den Dörfern der Einheimischen eine beträchtliche Menge an Baumwolle für die Herstellung von Stoffen gesammelt und ist zu einem sehr günstigen Preis erhältlich. Die Einheimischen sind ihrem Wesen nach zu träge, als dass wir die Hoffnung hegen könnten, dass sie jemals Baumwolle für den Export anbauen werden.[109]

Erst nach 1855, als das französische Militär das Gebiet besser unter Kontrolle hatte, konnte der Landbau in Waalo zumindest teilweise auf die Weltmärkte ausgerichtet werden, während sich der Schwerpunkt der französischen Bemühungen zunehmend weiter nach Süden in Richtung des Zentrums der Kolonie und auf die Erdnussproduktion verlagerte.[110]

AUS DER Sicht europäischer Beamter und Kapitaleigner war der Senegal nur ein Misserfolg unter vielen. Angesichts der Bedeutung der Baumwolle für die britische Wirtschaft und der unübersehbaren Instabilität der Sklaverei war es kaum überraschend, dass die Briten auch versuchten, Baumwolle anderswo ohne Sklaverei zu produzieren. Die bedeutendsten dieser Bemühungen konzentrierten sich in den 1840er Jahren auf Indien; damals half die East India Company bei der Gründung von Versuchsfarmen, die von in den USA geborenen Baumwollpflanzern betrieben wurden. Der amerikanische Baumwollpflanzer W. W. Wood hatte «schon seit einiger Zeit mit dem Gedanken gespielt, nach Indien zu gehen, um dort auf eigene Rechnung Baumwolle anzubauen», und mit Unterstützung der East India Company machte er sich 1842 zusammen mit anderen Pflanzern, Saatgut, Entkörnungsmaschinen und weiteren Geräten auf den Weg.[111] Da die East India Company keine

Arbeiter versklaven konnte, wie es in Amerika möglich war, stellte sie diese gegen Lohn ein oder schloss Verträge mit örtlichen Landwirten über einen Anteil an deren Baumwollernte ab.[112]

Doch trotz des «Eifers und Fleißes» der Pflanzer scheiterte das Projekt. Eine schlecht entwickelte Infrastruktur und die Diskrepanz zwischen den amerikanischen Methoden des Baumwollanbaus und den Anforderungen der indischen Landwirtschaft waren zwei der Gründe, aber noch wichtiger war, dass das Projekt auf enormen Widerstand bei den Landwirten stieß: Als die amerikanischen Pflanzer sogenannte Brachflächen für den Baumwollanbau nutzen wollten, lehnten die örtlichen Agrarproduzenten diesen Schritt ab, da «sie ihr Vieh ohne Kosten auf den Brachflächen weiden lassen konnten». Den Amerikanern zufolge arbeiteten diese Produzenten auf den Feldern der Pflanzer auch weniger sorgfältig als auf ihren eigenen. Zudem gab es offenen Widerstand: «Mr. Mercer [einem der US-Farmer] wurde sein Bungalow vor wenigen Wochen niedergebrannt und Anwesen und Anlagen mit seinem ganzen Besitz zerstört, bis auf die Kleider, die er am Leibe trug».[113]

Enttäuscht darüber, dass sie «gezwungen waren, den Vorurteilen [ihrer Arbeiter] nachzugeben», beklagten sich die Pflanzer endlos über die «Faulheit» ihrer Arbeiter, den Diebstahl von Baumwolle, die Streiks und ihre generelle Unfähigkeit, «erfolgreich Arbeitskräfte anzuwerben». Sie kamen zu dem Schluss, dass «Baumwollanbau durch Lohnarbeiter in diesem Teil des Landes unter keinen Umständen profitabel möglich» war, nicht zuletzt, weil es «ziemlich ausgeschlossen ist, Arbeiter an sich zu binden; die wenigen, mit deren Hilfe er [einer der amerikanischen Plantagenbesitzer] ein kleines Stück Land bestellt hatte, [...] wurden nur durch vorübergehende Notwendigkeit dazu getrieben, für ihn zu arbeiten, und sollten ihn bald wieder verlassen».[114]

Die amerikanischen Farmer und die britischen Kolonialbeamten waren mit ihren indischen Arbeitern derart unzufrieden, dass sie sich für «ein wenig sanften Zwang» aussprachen, wie sie es nannten. Waisen waren eine mögliche Quelle von Arbeitskräften, Sträflinge eine andere. Da auch die dahingehenden Bemühungen scheiterten, waren die von Europäern geführten Baumwollplantagen nicht mehr zu retten. Anders als in den Vereinigten Staaten mussten sich die Pflanzer, die in den 1830er Jahren in Indien ein exponentielles Wachstum anstrebten, «mit lokalen Herrschern, Machtstrukturen, Eigentumsverhältnissen und Produktionsweisen» auseinandersetzen, die eine Umgestaltung des ländlichen Raums außerordentlich erschwerten.[115]

Tatsächlich löste die kapitalgetriebene Transformation des ländlichen Raums fast überall Widerstand aus. In Irland wehrten sich enteignete Landwirte heftig gegen ihre Enteigner. Als ein britischer Kolonialsiedler Ende der 1830er Jahre versuchte, einer irischen Bäuerin ihr Land zu nehmen, übte die Frau Rache: «Offenbar wurde sein Schädel mit einer Axt gespalten, überall lagen Spritzer seines Gehirns herum.»[116] Auf der Insel Java scheiterten in den 1820er Jahren die Bemühungen der Niederländer, die Kaffeeproduktion zu steigern, ebenso deutlich, da sich die Bauern weigerten, Lohnarbeit zu leisten, und die javanische Elite sich widersetzte.

In Zentralmexiko führten die Agrarproduzenten einen fast ständigen Kampf gegen die Kommerzialisierungsbestrebungen von Kapitalisten und waren dabei größtenteils erfolgreich. Die Gutsbesitzer benötigten Arbeitskräfte, um ihre Ländereien zu bewirtschaften, aber die Arbeiter kümmerten sich zuerst um ihre eigenen Felder, bevor sie sich anderswo sehen ließen.[117] Als in den 1840er Jahren Pflanzer versuchten, das gemeinschaftlich genutzte Land der indigenen Bevölkerung zu privatisieren, um rund um die Stadt Chalco südöstlich von Mexiko-Stadt kommerziellen Zuckerrohranbau zu ermöglichen, stießen sie auf hartnäckigen Widerstand und lieferten sich jahrelange, oftmals gewalttätige Auseinandersetzungen, bei denen sich die Agrarproduzenten, wie ein Gutsverwalter bemerkte, für ihre Protestmärsche «mit Steinen und Stöcken bewaffneten».[118] Nach erfolglosem Einschreiten von Soldaten und bewaffneten Wachen behauptete der Gutsverwalter: «Der Angriff machte die Indios zu den Herren der Felder und ließ die Obrigkeit, die ihnen eigentlich Respekt einflößen sollte, in einem beklagenswerten Zustand zurück.»[119]

In weiten Teilen der Welt waren die Menschen auf dem Land also immer noch in der Lage, über ihre wirtschaftliche und oft auch politische Existenz zu einem beträchtlichen Teil selbst zu bestimmen. Deshalb verlagerte sich die Rohstoffgewinnung in jene Teile der Welt, in denen die Macht der landwirtschaftlichen Produzenten gebrochen war oder werden konnte. Zudem floss nun Kapital auch in andere institutionelle Strukturen, die über die bewährten Formen des Kriegskapitalismus hinausgingen. Obwohl diese neuartigen und vielfältigen Strukturen oft noch von einem gewissen Maß an außerökonomischem Zwang abhingen – und meist nicht verbergen konnten, dass der Kriegskapitalismus bei ihnen Pate gestanden hatte –, zeigten sie, dass die Kommodifizierung der Arbeitskraft sich auf mehr als nur Sklaverei stützen konnte: Lohnarbeit, Vertragsknechtschaft, Teilpacht, Pachtwirtschaft und Familienarbeit waren allesamt möglich.[120] Sie wiesen voraus auf eine Zukunft jenseits der Sklavereigebiete, eine Zukunft, die von den Händlern in der Jahrhundertmitte auf ihrer nie endenden Suche nach billigen Lieferungen nur vage erahnt wurde, ebenso von einer kleinen Gruppe Industrieller, deren Erfahrungen mit der Mobilisierung von Arbeitskräften durch Lohnzahlungen darauf hindeuteten, dass die Arbeitsregime des industriellen Kapitalismus vielleicht auch im ländlichen Raum der Welt zum Einsatz kommen konnten. Unter den richtigen Rahmenbedingungen würde der Vertrag an die Stelle des Zwangs treten können.

Trotz der Misserfolge im Senegal und in Westindien ebneten Afrika und Asien den Weg. Als die Sklaverei in Amerika nach der Haitianischen Revolution und ihrer Abschaffung im britischen Empire unter neuen Druck geriet, wandten sich europäische und amerikanische Kaufleute, die mit Waren handelten, diesen Kontinenten zu, um Versorgungslücken zu schließen – obwohl sie es dort mit reichen und mächtigen lokalen Kapitaleignern und sozialen Strukturen zu tun hatten, die sich keineswegs so einfach verdrängen ließen.

Eine Möglichkeit, hier zum Erfolg zu gelangen, bestand darin, die von den reichen Händlergemeinschaften Chinas und Indiens organisierte und finanzierte Kommodifizierung landwirtschaftlicher Erzeugnisse für sich zu nutzen. Ein herausragendes Beispiel hierfür war Tee. Um die Nachfrage sowohl auf dem heimischen als auch auf dem internationalen Markt decken zu können, drängten chinesische Händler den Teeanbau immer weiter in den ländlichen Raum; sie gingen dabei jedoch auf eine Weise vor, die sich grundlegend von der beim verwandten Kaffeeanbau unterschied. Auf einer mehr als tausendjährigen Geschichte der Produktion von Tee als Handelsware aufbauend, erwarben umherziehende Kaufleute (von den Chinesen «Gasthändler» genannt) Tee von unabhängigen Erzeugern. Einige dieser Kaufleute – die Hongs – besaßen selbst Teefelder, aber die meisten waren nur Makler oder Vertragspartner. Sie zahlten zwei Drittel des Warenwertes als Vorschuss an die Erzeuger und beglichen den von ihnen geschuldeten Rest, sobald das Endprodukt geliefert wurde.[121]

Im Effekt war Tee im Jahr 1840 nach Getreide, Baumwolltuch und Salz das viertwertvollste in China produzierte Gut. Mit einem Exportanteil zwischen 23 und 41 Prozent der Ernte (etwa 81 Millionen Pfund) war Tee auch Chinas wichtigste Exportware; über ihn erhielt das Land im 19. Jahrhundert Zugang zur Weltwirtschaft. Zwischen 1719 und 1833 bestanden 70 bis 90 Prozent aller Exporte aus Guangzhou, dem Handelszentrum Chinas, aus Tee. Aufgrund von energischen militärischen und steuerlichen Maßnahmen wurde ein Großteil des aus China ausgeführten Tees von der britischen East India Company gehandelt. Zwischen 1792 und 1828, als sich die Exporte un-

Herstellung günstiger Bedingungen für Drogenhändler: Britische Truppen erstürmen am 5. Juli 1840 Chusan (die größte Insel des gleichnamigen Archipels).

gefähr verdoppelten, stammte ein Viertel aller Gewinne der East India Company allein aus diesem Handel mit chinesischem Tee.

Am Ende des 19. Jahrhunderts gaben britische Arbeiter beachtliche 10 Prozent des Geldes, das ihnen für Lebensmittel zur Verfügung stand, für Tee aus. Auch in den USA stieg der Verbrauch. Es wird berichtet, dass im Jahr 1860 jede Woche ein Schiff aus China im Hafen von New York ankam, das hauptsächlich mit Tee beladen war. Dieses Geschäft veranlasste den jungen amerikanischen Unternehmer George Gilman dazu, die weltweit größte Handelsgesellschaft für Lebensmittel zu gründen, die Great Atlantic & Pacific Tea Company, später bekannt als A&P.[122]

Als die Nachfrage nach Tee in die Höhe schoss, verfolgte die East India Company noch entschiedener ihre Strategie, chinesischen Tee gegen in Indien angebautes Opium einzutauschen, und wurde so zum weltweit größten Drogenhändler, mit einer zuverlässigen – nämlich süchtigen – und wachsenden Verbraucherbasis in China. Im Jahr 1828 exportierte Indien Opium im Wert von 15 Millionen US-Dollar nach China (was 2024 etwa 476 Millionen US-Dollar gewesen wären), eine beträchtliche Summe sogar im Vergleich zu den US-Baumwollexporten von 22 Millionen US-Dollar im selben Jahr (was 640 Millionen US-Dollar im Jahr 2024 entsprochen hätte).[123] Einige Jahre später «öffneten» die britischen Streitkräfte den chinesischen Markt, u. a. auch für Opium, im treffend so benannten Ersten Opiumkrieg von 1839 bis 1842. Der Zweite Opiumkrieg in den 1850er Jahren erzwang die Legalisierung der Droge in China.

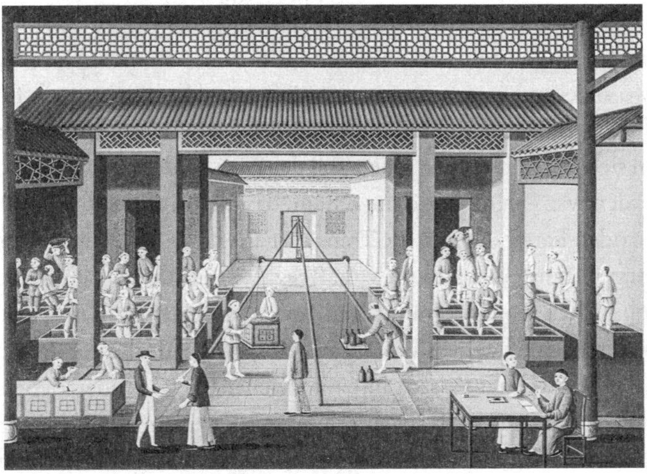

Chinesisches Teelager in Kanton. Chinesischer Künstler, um 1800.

Diese militärische Marktöffnung hatte zur Folge, dass die Teeexporte explodierten, was zu einer Ausweitung der Produktion führte. Die Händler drängten den Teeanbau noch tiefer in den ländlichen Raum. Unkultiviertes Gelände in höheren Lagen wurde dafür neu erschlossen. Buddhistische und taoistische Tempel verloren die Verfügungsgewalt über einen Teil ihrer Ländereien an Kapitaleigner in den Tälern, während Kleinerzeuger zu Pächtern und Migranten zu Lohnarbeitern wurden.[124]

Um die Produktionssteigerungen zu ermöglichen, drängten die chinesischen Händler ebenfalls auf eine stärkere Kontrolle der Herstellung, insbesondere bei der Verarbeitung der Teeblätter. Die in der Verarbeitungssaison eingesetzten Arbeiter – zwischen 100 und 1000 pro Teeverarbeitungsbetrieb – wurden von Eigentümern wie Jiang Yaohua aus Huizhou zunehmend überwacht, reguliert und zu rascherer Tätigkeit angehalten. In seinem Handbuch der Teeherstellung konzentrierte er sich bei der Beschreibung des Verfahrens auf die Produktivität der Arbeiter. Ein Weg, deren Leistung zu messen und zu steigern, bestand darin, Räucherstäbchen zu verbrennen, um die Zeit zu messen, und von den Arbeitern zu erwarten, dass sie bestimmte Aufgaben innerhalb der so vorgegebenen Zeiteinheiten erledigten – ein System, das sich mit dem sehr viel bekannteren von Frederick Winslow Taylor zur Steigerung der industriellen Effizienz im späten 19. Jahrhundert vergleichen lässt. Die Produktivität konnte also auch ohne die Einführung neuer Maschinen erhöht werden – eine Erkenntnis, die sich auf die ganze Welt übertragen ließ.[125]

Als die Ausweitung des kommerziellen Teeanbaus einen Teil des ländlichen Raums in China veränderte, strebten auch britische Kapitaleigner danach, die Teeproduktion stärker in den Griff zu bekommen. Da sie in China selbst, wo sie es mit einem zwar geschwächten, aber immer noch funktionsfähigen Staat zu tun hatten, keine entsprechende Macht erlangen konnten, brachten sie die Teepflanze in einen Teil der Welt, in dem sie zuvor nicht angebaut worden war – in das indische Assam, das die Briten 1833 in ein Protektorat verwandelt hatten. Durch die Transformation von Waldflächen zu großen Teeplantagen wurde der Traum vom Teegarten unter der Schirmherrschaft des europäischen Kapitals wahr. Damit war ein derartiges Kunststück gelungen, dass die Mitglieder des Teeausschusses, der im Auftrag der britischen Regierung Teeplantagen in Assam aufbaute, vielleicht etwas übertriebenerweise behaupteten, es handle sich dabei um «die bei weitem wichtigste und wertvollste [Entdeckung], die jemals hinsichtlich der landwirtschaftlichen und kommerziellen Ressourcen dieses Kolonialreichs gemacht worden ist».[126]

Kirkman Finlay, den wir bereits als schottischen Baumwollindustriellen kennengelernt haben, investierte einen Teil seines Kapitals in genau solche Plantagen und zeigte damit, dass sich Industriekapital ebenso in Agrarkapital verwandeln konnte wie umgekehrt. Wenn Arbeiter vor Ort die Gelegenheit hatten, außerhalb der Kontrolle des Kapitals ihren Lebensunterhalt zu bestreiten, und die Plantagen daher absehbarerweise verließen oder rebellierten, hielten importierte Vertragsarbeiter aus entfernteren Gebieten den neu entstandenen Teeanbaukomplex am Laufen.[127]

Indien sollte – unter Einsatz von Vertragsarbeit statt Sklavenarbeit – auch einen weiteren wichtigen Rohstoff liefern, als nämlich Bengalen zum international führenden Hersteller des blauen Farbstoffs Indigo wurde. Seit 1757 von der East India Company verwaltet, war die Region Bengalen jahrhundertelang Herkunftsort der feinsten Baumwollstoffe der Welt gewesen, die manchmal mit dem leuchtenden Blau der Indigopflanze gefärbt wurden. Diese Blätterpflanze wurde dort seit Menschengedenken angebaut und seit mindestens dem 13. Jahrhundert auch in kleinen Mengen exportiert, sogar bis nach Europa.

Lange Zeit stand Indigo im Wettbewerb mit dem europäischen Waid, einer Pflanze, die ebenfalls einen blauen Farbstoff produzierte. Obwohl der französische König Heinrich IV. jedem mit der Todesstrafe drohte, der in Asien angebauten Indigo verwendete, gelang es ihm nicht, die Waidbauern im Languedoc zu schützen. Bis 1750 wurden die Verbote aufgehoben, und der Indigo, der die europäischen Märkte dominierte, stammte nun nicht mehr nur aus Asien, sondern auch aus den Sklavenplantagen in Amerika, wobei das französische Saint-Domingue der größte Erzeuger war.[128] Kaum waren die verarbeitenden Betriebe in Europa jedoch von dieser Quelle abhängig geworden, geriet sie durch die Revolution von Toussaint Louverture in Turbulenzen.

Da die Textilproduzenten Schwierigkeiten hatten, sich Indigo von anderswo zu beschaffen, erschien ihnen Bengalen als die beste Lösung, da es sich gut für die Indigo-Produktion eignete und bereits im Einflussbereich der East India Company lag. Unter deren Aufsicht stiegen die bengalischen Indigo-Exporte nach Großbritannien in den letzten zwei Jahrzehnten des 18. Jahrhunderts um etwa das Vierzigfache. Bis 1815 wurde Bengalen nahezu zum Exklusivlieferanten der Textilhersteller auf der ganzen Welt.[129] Die Produktion erreichte 1842 ihren Höhepunkt und machte 46 Prozent des Wertes aller Exporte aus Kalkutta aus. Von den Indigofabriken «hing das Wohlergehen von Millionen von Menschen ab».[130] Diese plötzliche Verlagerung zeugte davon, welche Dynamik und welche Wirkmacht die Kräfte besaßen, die durch die industrielle Fertigung und ihre überhitzten Rohstoff- und Warenmärkte entfesselt wurden.

Derartige Verlagerungen wurden nicht ausschließlich und nicht einmal in erster Linie durch Marktmechanismen verursacht. Dass Indigo nach Bengalen kam, lag vor allem an einer konzertierten Aktion der East India Company.

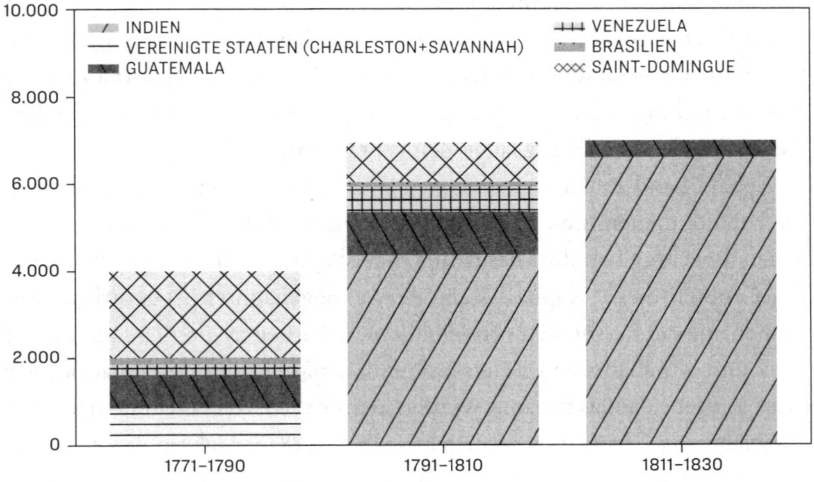

Ausweitung der Indigo-Produktion, 1770–1860: jährliche Durchschnittswerte in Tonnen.

Da sie die Aufgabe hatte, «die Rohstoffe Britisch-Indiens so zu verbessern, dass sie für die allgemeine Verwendung der Hersteller Großbritanniens geeignet waren», außerdem ihre territoriale Kontrolle über Bengalen festigen wollte und durch die Migration karibischer Pflanzer gestärkt wurde, weitete sie die Indigo-Produktion rasch aus.[131] Nur sie allein verfügte über ausreichende politische und wirtschaftliche Macht, um Land, Arbeitskräfte und Kapital in ausreichendem Umfang auf die Märkte zu bringen.[132]

Um die bengalischen Bauern dazu zu bringen, Indigo für die Weltmärkte zu produzieren, musste die East India Company die früheren sozialen und politischen Strukturen der Region auflösen – ein Vorhaben, das im Gegensatz zu den französischen Bemühungen an den Ufern des Senegal-Flusses erfolgreich war. Eine der in diesem Zusammenhang wichtigsten Maßnahmen war die Änderung der Steuerpolitik. In den Jahrzehnten zuvor hatten die bengalischen Weber Exportmärkte für ihre Baumwolle verloren, was zu einer weitverbreiteten Verarmung führte; eine Hungersnot im Jahr 1770, bei der nicht weniger als zehn Millionen Menschen starben, verschärfte die Krise noch erheblich. Die notleidenden Bauern verließen ihre Heimatdörfer, um Steuerzahlungen zu vermeiden, was sich negativ auf die Einnahmen der East India Company auswirkte.

Im Jahr 1793 reagierte sie mit der Einführung des «Permanent Settlement Act», der eine Besteuerung der Zamindars – die Landbesitzer – und nicht der Landwirte vorsah. Das Gesetz sollte die Eintreibung der Gelder vereinfachen und die Landbesitzer dazu motivieren, ihr neu vermessenes und bewertetes Land zu optimieren. Es baute auf vorkolonialen Plänen zur besseren Nutzung der Ressourcen des ländlichen Raums auf, verlieh den Landbesitzern aber zugleich Eigentumsrechte, die denen der Europäer ähnelten. Durch die Umwandlung von Land in Privateigentum wurden traditionelle soziale Bindungen und Systeme gegenseitiger Verpflichtungen untergraben, die den lokalen Landbesitz lange Zeit geprägt hatten.[133]

Sobald Land zu einer handelbaren Ware wurde, konnte es als Sicherheit für Kredite dienen, und in den Jahrzehnten nach der Verabschiedung des neuen Steuergesetzes floss deshalb Handelskapital in die Indigoproduktion. Ein Großteil dieses Kapitals stammte von sogenannten Agenturhäusern – Firmen, die die Ressourcen von Händlern, Mitarbeitern der East India Company und wohlhabenden Bengalen bündelten. Die erste Indigofabrik, wie diese Betriebe damals genannt wurden, wurde 1777 von einem Franzosen in der Nähe von Chandannagar errichtet. In den 1830er Jahren gab es bereits 829 Indigofirmen – einige sehr klein, andere große Konzerne –, solche wie die britische Earskin & Co., die zwanzig Fabriken besaß, oder das bengali-

Die Umgestaltung des ländlichen Raums der Welt: bengalische Indigo-Fabrik, 1857.

sche Unternehmen von Joy Chand Palchowdhuri, das zweiunddreißig Fabriken sein Eigen nannte.[134]

Wie Baumwolle, Kaffee und Zucker war auch Indigo eine arbeitsintensive Kulturpflanze, deshalb kam es entscheidend darauf an, eine ausreichende Anzahl von Arbeitskräften mobilisieren zu können. Bereits in den 1820er Jahren widmeten sich in Bengalen mehr als eine Million Menschen ihrem Anbau und ihrer Verarbeitung. Einige Unternehmen waren gigantisch. Allein in der Fabrik in Mathurapur arbeiteten fast 8000 Menschen; in der Fabrik in Kaliachak sollen mehr als 11 000 Personen beschäftigt gewesen sein, einige als Produktionsarbeiter, andere als Fuhrleute, Spediteure oder Arbeiter in «indirekter Beschäftigung», die vertraglich verpflichtet waren, bestimmte Mengen Indigo zu einem festgelegten Preis an die Fabrik zu liefern.[135] Die Arbeit war widerlich, da der gegorene Urin, der zur Extraktion des blauen Farbstoffs aus den Blättern der Pflanze verwendet wurde, einen beißenden Gestank verbreitete. Trotz dieser Bedingungen war es laut der Einschätzung eines Kolonialbeamten im Jahr 1785 «die Billigkeit der Arbeitskräfte in Bengalen», die diesen Teil der Welt perfekt für die Indigo-Produktion geeignet sein ließ.[136]

In Amerika war Indigo durch Sklavenarbeit hergestellt worden. In Bengalen bildete sich eine Vielzahl von Arbeitsregimen heraus. Der Rohindigo wurde meist von Lohnarbeitern verarbeitet, die auf dem Fabrikgelände lebten. Die meisten Menschen, die in der Indigoindustrie arbeiteten, waren jedoch nicht in den Fabriken im Einsatz, sondern auf den Feldern. Dabei entstanden zwei verschiedene Arbeitsregime: Im Rahmen des Nij-Systems pachteten oder kauften Indigo-Pflanzer große Flächen Land von Zamindars und beauftragten dann Bauern, diese zu bewirtschaften. Dieses System blieb jedoch marginal, da die fruchtbarsten Gebiete dicht besiedelt waren, was den Erwerb zusammenhängender Landstücke erschwerte. Weitaus verbreiteter war das Ryoti-System. Dabei pachteten Agrarproduzenten, sogenannte Ryots, Land von Zamindars an und schlossen dann Verträge mit Indigo-Pflanzern ab. Diese Pflanzer gewährten den Bauern Barvorschüsse, die sie beispielsweise zur Zahlung an die Zamindars verwenden konnten, und verpflichteten die Ryots im Gegenzug, auf mindestens einem Viertel ihres Landes Indigo anzubauen.[137]

In beiden Systemen war die Beziehung zwischen den Bauern und der Indigo-Gesellschaft vertraglich geregelt.[138] Anfangs waren die Verträge attraktiv, weil sie die Möglichkeit boten, an Bargeld zu gelangen. Als nach 1825 jedoch die Indigo-Preise fielen, lohnte sich der Anbau nicht mehr – die Ryots waren nun gezwungen, ihr Land «mit Verlust zu bewirtschaften», wie ein britischer Beobachter 1861 feststellte, weil sie durch ein System von Vorschüssen, das sie an die Fabrik band, «dazu gezwungen waren, diesen Anbau fortzusetzen».[139] Laut dem Sonderbeauftragten des Sekretärs der Regierung von Bengalen, der sich mit den Protesten befasste, «hat der Bericht der Indigo-Kommissare hinreichend bewiesen, dass die Kultivierung von Indigo unrentabel ist und dass es sich um einen Zwangsanbau handelt».[140] Ein britischer Kolonialbeamter stellte fest, Indigo könne «nicht zu dem angegebenen Preis angebaut werden, außer unter der Ausübung starken Druckes».[141]

Die Indigo-Verarbeiter und -Pflanzer versklavten die Bauern nicht, aber sie zwangen sie, die Pflanze anzubauen – es handelte sich, wie ein britischer Kolonialbeamter bemerkte, um ein «System von Pressionen».[142] Sie drohten, die Pacht zu erhöhen, und vertrieben widerspenstige Pächter nach Belieben. Für die Vorschüsse, die sie den Pächtern gewährten, fielen bei sinkenden Marktpreisen so hohe Zinsen an, dass die Bauern in die Schuldknechtschaft gerieten.[143] Wie im ländlichen Raum anderswo auf der Welt übernahmen auch hier Geldverleiher die Kontrolle über die Agrarproduktion.

Zum vertraglichen Druck kam noch hinzu, dass die Arbeitsbedingungen auf den Indigo-Plantagen hart waren und oftmals körperliche Nötigung umfassten. Wenn man bedenkt, dass viele Pflanzer auf karibischen Sklavenplantagen angefangen hatten, ist das nicht überraschend. Es gab jedoch einen tieferen Grund: Viele landwirtschaftliche Produzenten weigerten sich verständlicherweise, die vertraglich festgelegte Menge Indigo anzubauen und zu liefern, als dies unrentabel geworden war. Angesichts dessen zwangen die Pflanzer ihre Bauern auf so repressive und gewalttätige Weise, den Indigo doch zu produzieren, dass der spätere britische Kriegsminister Thomas Babington Macaulay die Zustände «als nicht weit entfernt von einer teilweisen Sklaverei» bezeichnete.[144] Thomas Machell, Leiter einer Indigofabrik, redete in Briefen an seinen Vater von der «gewalttätigen Natur» des Indigoanbaus; er berichtete von «der Not, der Armut, dem völligen Ruin der Arbeiter» und davon, wie viele «aus ihren elenden Häusern vertrieben werden, um im ganzen Land zu Bettlern und Räubern zu werden».[145] Ein englischer Autor schilderte 1861 «die Unterdrückung, die die Ryots unter dem System der Indigo-Pflanzer tatsächlich erdulden mussten»: Sie hätten gearbeitet «wie Sklaven, ohne Bezahlung für ihre Mühen», dazu gebracht worden seien sie «durch Zwangsmaßnahmen wie Inhaftierung, Auspeitschen, Abreißen oder Abbrennen ihrer Häuser, Unterpflügen ihrer Ernte, Rodung ihrer Dattelpalmen und Gärten, Beschlagnahme ihres Viehs, manche wurden sogar totgeprügelt oder mit Speeren aufgespießt – kurz gesagt, durch ein organisiertes System der Knechtung».[146]

Für viele britische Kolonisten war dieses System jedoch legitim, da es vertraglich geregelt war: Die Bemühungen zur Abschaffung der Sklaverei hatten die Voraussetzungen dafür geschaffen, die Sklaverei kategorisch von allen anderen Formen der Arbeitsausbeutung zu trennen, einschließlich jener der nominell freien Ryots in Bengalen. Dennoch war das System so unterdrückerisch, dass die Landwirte in den 1860er Jahren einen groß angelegten Aufstand starteten, der, wie wir sehen werden, zum Zusammenbruch dieser Strukturen führte.[147]

Millionen von Arbeitern schufteten weltweit auf dem Land, um Waren für die europäische Industrie zu produzieren, hier bei der Indigoernte in Indien.

Während beim Indigoanbau Verträge mit Zwang verbunden wurden, ging man beim Weizen von Zwang zu Verträgen über. Der Weizenanbau wurde auf zwei verschiedenen Wegen ausgeweitet. Zum einen intensivierte man die Produktion in Gebieten, in denen schon seit jeher Weizen angebaut worden war. In England stieg der Ertrag von 703 000 Tonnen im Jahr 1800 auf 2,9 Millionen Tonnen im Jahr 1850, in Frankreich erhöhte er sich von 3 Millionen Tonnen im Jahr 1815 auf 6,6 Millionen Tonnen im Jahr 1850. Dies geschah, obwohl die Anbaufläche nur geringfügig vergrößert wurde.[148] Zwar fielen durch die fortgesetzten Einhegungen die gemeinschaftlichen Weiderechte für «Öd-» und Brachland weg, aber der Hauptanteil der Produktionssteigerung war auf verbesserte Techniken wie die Fruchtfolge und später auf importierte Düngemittel zurückzuführen, zunächst Walspeck und gemahlene Knochen, dann Dung und Guano. Durch die Feldgraswirtschaft konnte mehr Land bewirtschaftet werden, da nitrifizierende Pflanzen und Dung den Bedarf an Brachland reduzierten. In Großbritannien hielt die Ausweitung der Weizenproduktion bis zur Aufhebung der Getreidegesetze im Jahr 1846 an. Danach sanken die Preise durch billige Importe aus Russland, was zur Verdrängung der einheimischen Produzenten führte. In Frankreich kam es in der zweiten Hälfte des 18. Jahrhunderts ebenfalls zu einer Konzentration von Land durch Einhegungen, und neue Bewirtschaftungsformen mit «englischen Methoden» setzten sich im frühen 19. Jahrhundert durch.[149]

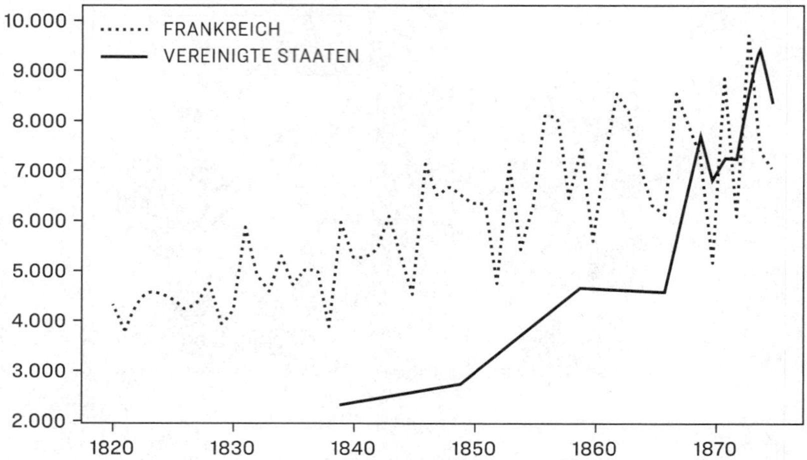

Jährliche Weizenproduktion (in Tausend Tonnen).

Auch in den deutschen und italienischen Territorien sowie in China und Japan wurde die Getreideproduktion intensiviert, aber eine viel radikalere Ausweitung fand dort statt, wo reichlich fruchtbares Land verfügbar wurde: in Russland und den Vereinigten Staaten. Dem lag in beiden Fällen eine territoriale Expansion zugrunde. In Russland, wo die Produktivität im Vergleich zu Westeuropa auf einem niedrigen Niveau blieb, stiegen die Getreideexporte zwischen 1800 und 1860 um mehr als das Dreifache auf 1,1 Millionen Tonnen. Jahrzehntelang hatte das Kaiserreich Kolonisten ermuntert, in die südlichen Randgebiete Russlands zu ziehen, eine Grenzregion, die sich durch den Zugewinn neuer Gebiete verlagerte: Noworossija von den Saporoger Kosaken im Jahr 1775, Wolhynien von der polnisch-litauischen Adelsrepublik in den Jahren 1793 und 1795 und Bessarabien von den Osmanen im Jahr 1812.

Bereits 1763 hatte Katharina II. ein Manifest veröffentlicht, in dem sie erklärte, dass in Russland «noch sehr viele [...] für die Ansiedlung und als Wohnstätte von Menschen geeignete Örtlichkeiten [...] nicht kultiviert sind».[150] Das Manifest bot Anreize, sich in diesen neuen Gebieten niederzulassen, insofern die Reisekosten ausländischer Migranten übernommen wurden, ausländischen Landbesitzern erlaubt war, russische Leibeigene zu kaufen, und ausländische Bauern die Garantie erhielten, nicht in die Leibeigenschaft zu geraten. Diese Kolonisierungsbemühungen wurden in den 1780er Jahren intensiviert, als Fürst Grigori Potjomkin die Aufgabe übertragen wurde, die neu eroberten Gebiete im Süden zu sichern. Das Reich vergab 1600 Hektar große Grundstücke, zumeist an Mitglieder der aristokratischen Elite, von denen erwartet wurde, dass sie dort viele Menschen ansiedelten.

Polen, mennonitische Deutsche, Bulgaren, Griechen und Moldauer ließen sich auf Staatsland nieder, neben Leibeigenen, Flüchtlingen und religiös Verfolgten aus anderen Teilen des Reiches sowie ehemals nomadischen Kosaken, die man gezwungen hatte, auf Landgütern sesshaft zu werden. Die Bevölkerung von Noworossija stieg von 600 000 in den frühen 1780er Jahren auf 2,4 Millionen im Jahr 1850 an, wobei viele der Einwohner Weizen anbauten. Das geschah auf Anwesen in diesem Grenzgebiet, oft riesige Betriebe mit einer Anbaufläche von bis zu 400 Hektar, die wesentlich zur Steigerung der russischen Produktion beitrugen, und Ende der 1850er Jahre bestand mehr als ein Drittel der russischen Exporte aus Weizen. Zu diesem Zeitpunkt gelangten 700 000 Wagen voller Getreide zu den Häfen am Schwarzen Meer.[151]

Die Arbeiter an der russischen Weizenfront waren zwar nicht wirklich versklavt, aber Zwang war dennoch allgegenwärtig: Viele Leibeigene waren im Rahmen ihrer Frondienste auf Weizenfeldern im Einsatz. Sie arbeiteten zusammen mit Lohnarbeitern und einer Klasse von rechtlich freien Bauern, die auf den Gütern der Grundbesitzer lebten, aber bewegliches Eigentum besaßen, sich ihre Ehepartner selbst aussuchen und sich anderswo niederlassen konnten. Sogar leibeigene Bauern erhielten anfangs großzügigere Bedingungen von den Landbesitzern im Grenzgebiet, die ihnen manchmal erlaubten, sich freizukaufen, oder ihre Barschina-Verpflichtungen (Frondienste) auf zwei Tage pro Woche beschränkten. Die Grundbesitzer konnten ihrerseits einen kurzfristigen Arbeitskräftemangel beheben, indem sie auf Strafgefangene aus anderen Regionen Russlands zurückgriffen.

Doch aufgrund des Bevölkerungswachstums in den Gebieten mit kommerziellem Weizenanbau und des Verfalls der Weltmarktpreise für Weizen im dritten Jahrzehnt des 19. Jahrhunderts wurden die Bedingungen für die Arbeiter immer ungünstiger. Viele Grundbesitzer schafften die Bewegungsfreiheit der Bauern und ihr Recht, sich freizukaufen, ab. Im Laufe der Zeit wurden die Barschina-Verpflichtungen stetig erhöht, manchmal auf bis zu sechs Tage pro Woche. Die Lage der Leibeigenen ähnelten immer mehr derjenigen der amerikanischen Sklaven, während die Eigentumsrechte der Grundbesitzer an Land und Arbeitskräften neuerlich gestärkt wurden. Zwang blieb weiterhin von zentraler Bedeutung.[152]

Fast zeitgleich mit der Expansion des Weizenanbaus in Noworossija nach Süden rückte die Weizenfront in den Vereinigten Staaten nach Westen vor. Der Bodenvergabeerlass von 1785 hatte ein Verfahren zur Vermessung und zum Verkauf riesiger Landstriche westlich der Appalachen eingeführt. Durch den Erwerb von Louisiana im Jahr 1803, die Eroberung von Gebieten der indigenen Bevölkerung und schließlich den Mexikanisch-Amerikanischen Krieg von 1846 bis 1848 kam weiteres Land hinzu. Einen Großteil davon verkaufte die Bundesregierung auf öffentlichen Auktionen, zunächst mit einer hohen Mindestfläche und zu einem hohen Preis. Bis 1832 waren die Preise und die Mindestfläche bei den Versteigerungen so weit gesunken, dass eine Farm mit 16 Hektar Land für nur noch fünfzig Dollar zu haben war. Veteranen des Revolutionskriegs, des Kriegs von 1812 oder des Mexikanisch-Amerikanischen Kriegs erhielten sogar kostenloses Land.[153]

Die indigenen Gemeinschaften in den meisten Teilen der Vereinigten Staaten konnten ihre Autonomie nicht auf Dauer behaupten. Durch einen kleinen, aber entschlossenen Staat, der sich mit dem Privatkapital verbündete, ebnete die Enteignung indigener Ländereien den Weg für die Ausbreitung des Weizenanbaus im Mittleren Westen der USA, so wie es beim Baumwollanbau im Süden der Fall gewesen war. Der Ausbau der Infrastruktur – zunächst Kanäle und Straßen, dann Eisenbahngleise – untergrub die

Einflussmöglichkeiten der indigenen Völker und eröffnete den Farmern, die kommerzielle Landwirtschaft betrieben, neue Märkte.[154]

Als die Weizenfront immer weiter nach Westen verschoben wurde, war auf den neuen Farmen intensiver Arbeitseinsatz erforderlich, um das Land zu roden und den Präriebođen zu lockern. Die Farmer verließen sich in der Regel auf die Arbeitskraft ihrer Familien und stellten bei Bedarf zusätzliche bezahlte Helfer ein. Zwar wurden die Farmen weiterhin von den Eigentümern bewirtschaftet, aber die steigenden Betriebsmittelkosten führten im Laufe des 19. Jahrhunderts dazu, dass sich ein beachtlicher Teil von ihnen verschuldete und ihr Land von größeren Grundbesitzern pachtete. Im Jahr 1880 bewirtschafteten in der Region der Großen Seen zwischen 9 und 31 Prozent der Farmer Pachtland – eine beträchtliche Zahl, obwohl die Mehrheit der Weizenanbauflächen immer noch den Farmern selbst gehörte und von ihnen bearbeitet wurde.[155]

Das Gebiet mit kommerziellem Weizenanbau verlief durch Ohio und in das Mississippi-Tal hinein, insbesondere in die Anrainerstaaten der Großen Seen. Im Jahr 1800 hatten die Vereinigten Staaten etwa 660 000 Tonnen Weizen produziert, von denen sie magere 10 000 bis 15 000 Tonnen exportierten. 1850 war die Produktion auf 5,2 Millionen Tonnen hochgeschnellt, von denen sie etwa 90 000 Tonnen exportierten. Der Anstieg war eng mit den Rhythmen des internationalen Marktes verbunden: In den 1850er Jahren begann amerikanischer Weizen, ein immer städtischeres und bevölkerungsreicheres Europa zu ernähren, und die Staaten des Mittleren Westens der USA wurden zunächst die Kornkammer der Nation und dann zusammen mit Russland die der ganzen Welt.[156]

Als die Landwirtschaft in vielen Regionen der Welt intensiviert und kommerzialisiert wurde, suchten landwirtschaftliche Produzenten und Grundbesitzer nach Möglichkeiten, die Bodenfruchtbarkeit zu erhalten. Traditionelle Methoden der Düngung durch Stickstofffixierer wie Knochen und Dung verbreiteten sich. Um die Jahrhundertmitte erlangte ein weiterer Dünger große Bedeutung, was zur Kommodifizierung eines neuen Rohstoffs führte: der des Guanos.

Schon zu vorkolonialen Zeiten hatten die Inkas den Guano, der auf den Chincha-Inseln vor der Küste des heutigen Peru gesammelt wurde, zur Düngung ihrer Felder verwendet. Tölpel und Kormorane ernährten sich von Sardellenschwärmen und nutzten den dabei anfallenden Guano zum Nestbau. Da es kaum regnete, blieb das weiße Pulver, das sich über viele Jahrtausende angesammelt hatte, leicht zugänglich an der Oberfläche. Alexander von Humboldt nahm auf seinen Reisen durch Südamerika eine Probe des Guanos mit; der deutsche Chemiker Martin Heinrich Klaproth sowie sein französischer Kollege Antoine-François de Fourcroy wiesen die Eignung des Guanos für die europäische Landwirtschaft nach und brachten so das Wissen der Inkas in den wissenschaftlichen Diskurs Europas ein.[157]

Im Jahr 1841 vergab der hoch verschuldete peruanische Staat den Auftrag zur «Sammlung, Verschiffung, Vermarktung und dem Verkauf» von Guano an ein Konsortium von Handelshäusern unter der Leitung von W. J. Meyers aus Liverpool und Antony Gibbs & Sons aus London, was Spötter zu der Bemerkung veranlasste, das Haus Gibbs habe «Geld gemacht mit dem Verkauf der Scheißhaufen ausländischer Vögel».[158] Die Händler zahlten Gebühren an die peruanische Regierung, was dazu führte, dass 1869 80 Prozent der gesamten peruanischen Staatseinnahmen diesem Vertrag zu verdanken waren. Riesige Mengen an Guano wurden exportiert: 1850 wurden jährlich 95 000 Tonnen nach Großbritannien verschifft, in den 1860er Jahren waren es bereits bis zu 575 000 Tonnen.[159]

Als die Guano-Vorkommen auf den Chinchas zur Neige gingen, war der Stoff so wichtig geworden, dass eine fieberhafte Suche nach weiteren Lagerstätten einsetzte: In den 1840er Jahren gab es einen kleinen Guano-Rausch auf der Itschabo-Insel vor der namibischen Küste. Als auch diese Quelle erschöpft war, verlagerte sich der Abbau auf die Malgas-Insel vor der Kapkolonie. Im Jahr 1854, auf dem Höhepunkt der Guano-Manie, erhob eine Gruppe von Amerikanern Anspruch auf die Aves-Insel vor der venezolanischen Küste. Sie brachen von dort auf, um ihre Ausrüstung zum Einsammeln des Guanos zu holen, und mussten bei ihrer Rückkehr feststellen, dass die Insel in ihrer Abwesenheit von einer britischen Firma beansprucht worden war.

Als Reaktion darauf verabschiedeten die Vereinigten Staaten den «Guano Islands Act» von 1856, der es Investoren erlaubte, von Guano-Inseln im Namen der Vereinigten Staaten Besitz zu ergreifen – eine Form von Landnahme, die ein Kernelement des Kriegskapitalismus darstellte. Auf der Grundlage dieses Gesetzes beanspruchte eine US-Firma 1859 die unbewohnte Navassa-Insel vor der Küste Haitis, «trotz heftiger Einwände Haitis».[160] In den darauffolgenden dreißig Jahren wurden mindestens siebzig Inseln im Pazifik (einschließlich des Midway-Atolls) und in der Karibik von US-Unternehmern zur Guano-Gewinnung in Beschlag genommen.[161]

Wie bei allen Rohstofffronten waren auch hier die Arbeitskräfte entscheidend. Anfangs hatten sich die Betreiber der Guano-Minen auf eine Kombination aus Lohnarbeitern und versklavten Afrikanern gestützt.[162] Als die Sklaverei 1854 in Peru abgeschafft wurde, suchten die Unternehmer nach neuen Quellen für Arbeitskräfte, denn Lohnarbeiter waren schwer zu finden und oft nicht bereit, auf den Guano-Inseln zu bleiben. Ein Verwalter schrieb 1863 an den Kriegsminister: «Die Erfahrung hat gezeigt [...] dass es nicht leicht ist, auf dem Kontinent Arbeiter zu finden.» Dies deckte sich mit der Einschätzung von Nicolás de Piérola, 1853 Inspektor der Chinchas und später peruanischer Finanzminister, dass «die freien Arbeiter sehr unzuverlässig sind [;] wie wir auf der Insel immer wieder sehen, wollen sie nicht arbeiten. Mit den freien Arbeitern wird die Regierung nicht in der Lage sein, ihren Verpflichtungen nachzukommen. [...] Wenn die Regierung das Unternehmen übernehmen würde, könnte sie ohne den Einsatz von Gefangenen die Versorgung mit Arbeitern nicht sicherstellen.»[163]

Gefangene und Vagabunden vom Festland wurden tatsächlich eingesetzt, aber weitaus bedeutender waren die Tausenden von chinesischen Vertragsarbeitern, abfällig «Kulis» genannt, die den weit überwiegenden Teil der Arbeitskräfte in den Guano-Minen stellten – was ein Vorgeschmack auf ein System gab, das in der zweiten Hälfte des 19. Jahrhunderts immer wichtiger werden sollte. Domingo Elías, Miteigentümer der ersten Konzession für den Abbau der Guano-Vorkommen auf den Chincha-Inseln, gründete in Macau ein Unternehmen, das chinesische Arbeiter nach Peru brachte; dieser Menschenhandel wurde 1849 durch das peruanische «Chinesengesetz» formell geregelt. Im darauffolgenden Vierteljahrhundert kamen 90 000 chinesische Arbeitskräfte in das Land. Sie unterzeichneten Achtjahresverträge, die ihnen Essen, ein Dach über dem Kopf und einen mickrigen Lohn versprachen. Dann wurden die Vertragsarbeiter auf Schiffe verladen, oft ohne das Ziel zu kennen, und zu den Chinchas gebracht. Die Reise führte durch kalte und heiße Breitengrade – und konnte bis zu 120 Tage dauern; von den eng zusammengepferchten Passagieren starb einer von zehn unterwegs.[164] Aufgrund ihrer langen Verträge und der Gefangenschaft auf den Inseln wurden diese Arbeiter als Anlagekapital behandelt, ihr Tod als buchhalterischer «Verlust» verbucht.[165]

Der Guanoabbau war extrem anstrengend, und die Arbeiter starben in großer Zahl. Sie wurden um 5:00 Uhr morgens geweckt, bekamen ein bisschen Reis und Fleisch für den Tag und wurden dann zur Arbeit geschickt. Der Guano musste mit Spitzhacken und Schießpulver aufgebrochen, von Hand in Säcke gepackt und entweder auf Maultierkarren geladen oder eigenhändig getragen werden – achtzig volle Säcke transportierten die Arbeiter pro Tag, was vier Tonnen Guano entsprach. Die Säcke wurden zu hölzernen

Arbeiter, die die letzten Reste von Guano auf den Chincha-Inseln abbauen, um 1870.

Silos an der Küste gebracht, die bis zu tausend Tonnen fassen konnten. Das Guanopulver mit seinem intensiven Geruch bedeckte alles, drang in Augen und Nasenlöcher ein.

Der US-Kongressabgeordnete George Washington Peck, der von Australien über Peru nach Hause segelte, schrieb 1853: «Die Kulis sind gezwungen, dicke Bandagen über ihren Mündern zu tragen. Sie schieben den Guano hinunter zu den unteren Enden der Mangueras [Schläuche], wo sich Öffnungen befinden, die mit ‹Rutschen› oder langen Segeltuchrohren vom Umfang eines Fasses verbunden sind, die hinunter zu den Füßen der Klippen führen. Durch diese wird der Guano in Barkassen oder direkt in die Laderäume der Schiffe geleitet.»[166] Unfälle waren an der Tagesordnung: Die Arbeiter konnten in die Rutschen gesaugt oder vom Guano erdrückt werden, außerdem wurden sie von «Korporalen» beaufsichtigt, die bei «Trägheit» und «Ungehorsam» Stockhiebe verteilten. Die Unternehmer verkauften Opium an ihre Arbeiter, um sie zu «beruhigen» und ihre Schmerzen zu betäuben; fast jede Woche kam es zu Selbstmorden.[167]

Es war beeindruckend, wie viele landwirtschaftliche Erzeugnisse nunmehr in den ländlichen Räumen der Welt kommerziell angebaut wurden, und dieser Befund sollte im Mittelpunkt stehen, wenn wir über den Moment nachdenken, an dem der Kapitalismus in seine industrielle Phase eintrat. Dieser kommerzielle Anbau war ein wichtiger Bestandteil einer neuen kapitalistischen Zivilisation. Wir haben einen Blick auf Guano, Weizen, Indigo, Tee, Kaffee, Zucker und Baumwolle geworfen, aber es gab noch viele weitere. Kaufleute aus Gujarat bemühten sich ständig um mehr Elfenbein aus dem östlichen Afrika, tauschten von einem Handelsstützpunkt auf der Mosambikinsel aus indische Textilien gegen Elefantenzähne und vergaben Kredite an Karawanenhändler wie Jairam Shivji und Ladha Damji, die mit ihren Karawanen das afrikanische Hinterland bis in den Kongo bereisten, um Elfenbein zu erwerben.

Zur selben Zeit intensivierten und erweiterten chinesische und japanische Bauern den Reisanbau, sodass sie erfolgreich mit der wachsenden Bevölkerung Schritt halten konnten und ihre Länder unabhängig von Lebensmittelimporten machten; sie produzierten sogar so viel, dass den chinesischen Bauern mehr Kalorien zur Verfügung standen als ihren englischen Kollegen. In China stieß auch der Sojaanbau in neue Gebiete vor, da mandschurische Bauern den Dünger produzierten, auf dem die Intensivierung der Landwirtschaft in Jiangnan zunehmend beruhte. Der Sultan von Oman weitete den Gewürzanbau in neue Gebiete aus, indem er Sansibar in Zusammenarbeit mit einem abenteuerlustigen Kaufmann aus Boston zu einer wichtigen Gewürzinsel machte. Das hatte zur Folge, dass im Jahr 1860 etwa 20 000 Sklaven auf der Insel arbeiteten. Die Abschaffung der Sklaverei in Großbritannien führte dazu, dass in Westafrika Palmöl, Farbstoffe und Erdnussöl für den Export produziert wurden.[168]

Trotz aller Unterschiede hatten die neuen rohstoffproduzierenden Gebiete eines gemeinsam: Dem ländlichen Raum in aller Welt wurden immer mehr Agrargüter und Mineralien entnommen, wodurch ein Fluss natürlicher Ressourcen in die Zentren der Produktion entstand, die sich zum ersten Mal in der Geschichte der Weltwirtschaft fast ausschließlich in einem sehr kleinen Teil der Welt befanden.

Einer der bedeutendsten Ströme bestand jedoch weder aus Indigo noch aus Baumwolle, weder aus Zucker noch aus Kaffee, sondern aus den Menschen, die vom Land in die Städte zogen, um dort in der Industrie zu arbeiten, oder die von der Subsistenzlandwirtschaft auf die Plantagenarbeit umstiegen. Millionen waren unterwegs, und mit der Konzentration der Produktion ging auch eine Konzentration der Arbeitskräfte einher. Einige zogen nicht weiter als die Hügel hinunter und in die Täler: die Baumwoll-Heimarbeiter aus Lancashire zum Beispiel, die nach Manchester kamen, Bauern aus den Vogesen, die in die weiter unten liegenden Spinnereistädte im Tal der Thur strömten, und die Farmmädchen aus Neuengland, die ihre elterlichen Gehöfte verließen, um nach Lowell, Massachusetts, zu ziehen. Viele dieser Migrationen waren nur vorübergehend und überbrückten keine großen Entfernungen, aber der aufstrebende Industriekapitalismus war auf immer mehr Bevölkerungsverschiebungen angewiesen, um sich weltweit genügend Arbeitskräfte sowohl in den Städten als auch auf dem Land zu sichern. Diese weitverbreitete Kommodifizierung der Arbeitskraft, die Tatsache, dass Kapitaleigner sie in verschiedenen Formen auf Märkten erwerben konnten, war ein Alleinstellungsmerkmal des Kapitalismus – und definierte ihn nahezu.[169]

An einigen Orten hatte die Kommodifizierung von Arbeit besonders schwerwiegende Konsequenzen. Sie führte zu dauerhafteren Ortsveränderungen, die sich über viel größere Entfernungen erstreckten. So war es in Irland der Fall. In der ersten Hälfte des 19. Jahrhunderts verließen Millionen von Menschen die britische Kolonie und hielten mit ihrem Verstand und ihren Muskeln die industriellen Mammutunternehmen am Laufen, die im Osten jenseits der Irischen See und im Westen auf der anderen Seite des Atlantiks entstanden. In den dreißig Jahren nach 1815 emigrierten bis zu einer Million irische Bauern, hauptsächlich in das Vereinigte Königreich und nach Nordamerika. Während der Großen Hungersnot in den 1840er Jahren (die zu einer «Übersterblichkeit» von 1,4 bis 1,5 Millionen Menschen führte) wanderten weitere 2,1 Millionen aus.[170]

Irische Migranten waren überproportional häufig im urbanen Raum zu

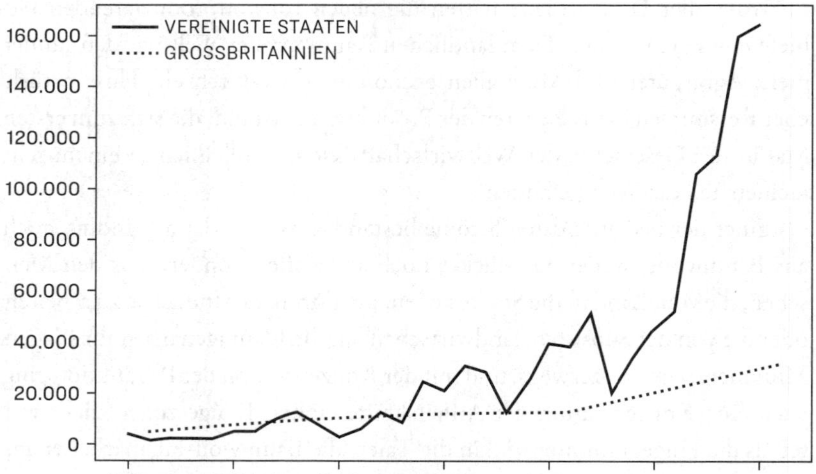

Anzahl der irischen Einwanderer in England und den Vereinigten Staaten.

finden, da sie vom Land in die Städte zogen. So wurde beispielsweise Liverpool, wo 1851 fast ein Viertel der Einwohner aus Irland stammte, als «Hauptstadt Irlands [...] in England» bekannt und zog die ärmsten irischen Bauern an.[171] Diejenigen, die etwas mehr Geld hatten, reisten weiter nach Kanada und in die Vereinigten Staaten, vor allem nach New York, wo am Ende 13 Prozent aller in Irland geborenen Amerikaner lebten.[172]

Wo auch immer die irischen Einwanderer hinzogen, kamen sie in der Regel mittellos an. Fast die Hälfte von ihnen waren vor der Auswanderung landlose Arbeiter gewesen, ein Drittel Bauern. Von manchen Jobs wurden sie mit Aushängen wie «No Irish Need Apply» (Bewerbungen von Iren nicht erwünscht) explizit ausgeschlossen, sodass für sie nur Tätigkeiten am unteren Ende des Arbeitsmarktes blieben. In Manchester zog es sie in die expandierende Baumwollindustrie. John Doherty, der später einer der ersten englischen Gewerkschaftsführer werden sollte, begann 1808 noch als Kind in einer Baumwollspinnerei in der Grafschaft Donegal zu arbeiten, bevor er nach Belfast zog. Anschließend wanderte er nach Manchester aus, wo die Spinnereibesitzer sehr gerne erfahrene irische Arbeiter einstellten.[173]

In Liverpool schufteten irische Einwanderer auf Baustellen und in Zuckerraffinerien. In den frühen 1830er Jahren arbeitete jeder Zweite von ihnen am Hafen als Schauermann und schleppte die Baumwolle, die von versklavten amerikanischen Arbeitern angebaut worden war. Auch in ausbeuterischen Betrieben arbeiteten irische Einwanderer und stellten in der Billigtextilbranche minderwertige Kleidungsstücke aus Lumpen her. In den Vereinigten Staaten übten die Iren ähnlich niedere Tätigkeiten aus. Frauen arbeiteten als Hausangestellte und in der Bekleidungsindustrie – 1855 waren drei Viertel aller Haushaltshilfen in New York irischer Herkunft. Männer verdingten sich als Bauarbeiter, gruben Kanäle, transportierten Güter und verkauften Waren auf der Straße. Irische Frauen arbeiteten auch in den Baumwollspinnereien Neuenglands, wo sie die einheimischen Frauen ersetzten, aus denen die erste Generation von Proletarierinnen bestanden hatte und deren Aufsässigkeit die Arbeitgeber dazu veranlasste, nach billigeren und gefügigeren Arbeitskräften Ausschau zu halten.[174]

Die Iren in den Vereinigten Staaten arbeiteten oft in Infrastrukturprojekten, im Süden ersetzten sie etwa Sklaven bei gefährlichen Bauvorhaben wie dem Errichten von Deichen. Ein Plantagenbesitzer aus Virginia drückte es so aus: «Das Leben eines Negro ist zu wertvoll, um es zu riskieren.»[175] Irische Einwanderer bauten auch Kanäle, die Kohlefelder mit der Industrie und die Industrie mit den Märkten verbanden. In den 1820er Jahren hoben sie die Wasserstraßen aus, über die die Kohle aus Pennsylvania abtransportiert werden konnte. Sie halfen auch beim Bau des Erie-Kanals in New York, des Blackstone-Kanals nach Worcester und des Farmington-Kanals nach New Haven. Die erste Fernbahnstrecke des Landes, die Baltimore mit dem Ohio River verband, wurde von einem großen Kontingent Iren fertiggestellt, die erst vor Kurzem eingewandert waren. Wo immer sie hinkamen, waren Iren die mittellosesten und am meisten ausgebeuteten weißen Arbeiter. Im Jahr 1850 lebten in den Kellern einiger der ärmsten Viertel New Yorks 30 000 irische Immigranten.[176]

Es verließen nur deshalb so viele Iren ihre Heimat und landeten in der Industriearbeit, weil der ländliche Raum in Irland wie andernorts auf der Welt einer Transformation unterzogen wurde. Als im 18. und 19. Jahrhundert britisches Kapital ins Land kam und die irische Landwirtschaft zunehmend darauf ausgerichtet wurde, den Nahrungsbedarf des Vereinigten Königreichs zu decken, veränderte sich die Struktur der irischen Gesellschaft. Wie ein Ire 1836 berichtete, bedeutete dies, dass er «von einem Pächter, der von seinem Land lebt, zu einem Arbeiter wurde, der von seinem Lohn lebt».[177]

Während der Napoleonischen Kriege boomten die irischen Agrarexporte nach Großbritannien, insbesondere die Getreide- und Kartoffelausfuhren verdoppelten sich. Ein ständig wachsendes Straßennetz verband die irischen Erzeuger mit den britischen Märkten, die nun durch den Krieg vom Kontinent abgeschnitten waren. Infolgedessen stammten in den 1820er Jahren drei Viertel der Lebensmittelimporte in Liverpool, darunter Rindfleisch, Hafer und Butter, aus Irland. Arbeitskräfte gab es dort aufgrund des kontinuierlichen Bevölkerungswachstums (1800 lebten etwa 5 Millionen Menschen in Irland, 1845 waren es 8,5 Millionen) mehr als genug.[178]

Um diesen Exportboom am Laufen zu halten, warben Grundbesitzer und Großbauern Feldarbeiter an, denen sie immer für ein Jahr kleine Parzellen zum Kartoffelanbau verpachteten, sogenannte Conacres, wobei die Pacht in Form von Arbeit entrichtet werden musste. Während dies für die Grundbesitzer von Vorteil war, da die Kartoffeln den Boden reinigten, ohne ihm Stickstoff zu entziehen, und somit eine wichtige Rolle bei der Fruchtfolge spielten, war es für die Feldarbeiter eine höchst prekäre Form des Einkommens. Da alle Risiken einer schlechten Ernte auf ihren Schultern lasteten, unterlagen sie im Grunde der Schuldknechtschaft. In Jahren mit guten Ernten waren sie immer noch arm, aber der Zugang zu Torf und sehr nahrhaften Kartoffeläckern ermöglichte es ihnen, bei relativ guter Gesundheit zu bleiben, was der weiteren Bevölkerungszunahme förderlich war.[179] Jahre mit schlechten Ernten setzten das System jedoch unter enormen Druck, wie die Große Hungersnot in den späten 1840er Jahren zeigte.

Die Mobilisierung von Arbeitskräften in den ländlichen Gebieten Irlands: Eine Bauernfamilie wird vertrieben, 1848.

Darüber hinaus stürzten nach dem Ende der Napoleonischen Kriege die Exportpreise für Agrarprodukte ab, was die Grundbesitzer, die häufig gar nicht vor Ort waren, dazu veranlasste, auf Viehzucht umzusteigen. Um sich einen größeren Anteil am Ertrag zu sichern, bewirtschafteten sie ihre Ländereien zunehmend selbst und beseitigten die Ebenen der Pacht und Unterpacht. Sie weiteten den Anbau für den Markt und die Viehzucht aus, indem sie den Anbau für den Eigenbedarf verdrängten. Das ging häufig mit Vertreibungen von den Conacre-Parzellen einher, wodurch die Zahl der landlosen Arbeiter anstieg. Im Westen Irlands war damit zusätzlich die Einhegung von gemeinsam genutztem Weideland verbunden.

Auf der Mullet-Halbinsel (An Muirthead) in der Grafschaft Mayo begannen die Grundbesitzer Denis Bingham und William Carter Anfang des 19. Jahrhunderts eine groß angelegte Aktion zur Steigerung der Erträge auf ihren Ländereien. Sie beauftragten einen Ingenieur mit dem Bau einer Straße und fingen an, «ungenutztes» Land auf ihren Anwesen in Conacres aufzuteilen, indem sie landwirtschaftliche Produzenten von gemeinsam genutztem Weideland vertrieben. Infolgedessen stieg die Hafer- und Gerstenproduktion von 80 Tonnen im Jahr 1822 auf 1800 Tonnen im Jahr 1835. Auch die Zwangsräumungen nahmen zu: Auf Mullet verschwanden etwa tausend Behausungen, die wahrscheinlich vom Sheriff auf Befehl der Grundbesitzer niedergebrannt wurden.[180]

In ganz Irland wurden eine halbe Million Bauern vertrieben. Der irische Tagebuchschreiber Amhlaoibh Ó Súilleabháin beschrieb eine dieser vertriebenen Bäuerinnen im Jahr 1828 als «arme, barfüßige, große, sehr dünne, zerlumpte Frau, mit schwarzen Haaren, trüben Augen, struppigem Haar, ohne Hut oder Haarband, mit nichts als schmutzigen, rußfarbenen Lumpen am Leib [...] bitterlich weinend».[181]

Die oftmals gewaltsame Kolonisierung des ländlichen Raums in Irland durch Großbritannien und die massive Vertreibung armer irischer Bauern in die aufstrebenden Industriestädte auf der anderen Seite der Irischen See und des Atlantiks gingen häufig mit demselben rassistischen Denken einher, das die Versklavung der Afrikaner legitimiert hatte. Die Iren wurden als koloniale Untertanen betrachtet und als «afroid» beschrieben. Tatsächlich ordnete der britische Anthropologe John Beddoe sie auf einer nach «Nigreszenz», wie er es nannte, geordneten Skala ein.[182] Als «rassische» Eigenschaften der Iren wurde aufgelistet, sie seien primitiv, faul, abergläubisch und unehrlich.[183] Diese Haltung gegenüber den Iren fand sich sogar in den Werken kritischer Denker wie Friedrich Engels, der in *Die Lage der arbeitenden Klasse in England* (1845) behauptete, in den «schlechtesten Vierteln aller großen Städte» seien «diese keltischen Gesichter anzutreffen, die man auf den ersten Blick von den sächsischen Physiognomien der Eingebornen unterscheidet».[184]

WÄHRENDDESSEN KAMEN auch weiterhin versklavte Afrikaner, mit denen die Iren oft verglichen wurden, in Amerika an, da sich die Kommodifizierung von Sklaverei intensivierte und verlagerte. Es ist eine erstaunliche Tatsache, dass zwischen 1770 und 1860 mehr afrikanische Sklaven auf Boote in Richtung Amerika gezwungen wurden als in den vorangegangenen 270 Jahren zusammen. In einem Brief aus dem Jahr 1846 schrieb Marx: «Die direkte Sklaverei ist die Achse unseres gegenwärtigen Industrialismus».[185] Und tatsächlich erreichte der Sklavenhandel im Zuge der Industriellen Revolution neue Dimensionen: In den 1780er Jahren wurden 868 000 Afrikaner über den Atlantik verschleppt, in den 1790er Jahren 848 000, in den 1800er Jahren 824 000, in den 1810er Jahren 686 000 und in den 1820er Jahren 856 000. Die Industrialisierung Europas und Nordamerikas führte nicht zu einem Rückgang der Sklaverei, sondern zu ihrer Intensivierung.[186]

Der Sklavenhandel schuf neue Handelsnetzwerke, beispielsweise in Ostafrika, einer Region, die eine lange Geschichte der Versklavung in die arabische Welt hatte, aber vor den 1780er Jahren nicht stark vom atlantischen Sklavenhandel betroffen war. Nach 1780 wurden jedoch etwa eine halbe Million Ostafrikaner auf dem Seeweg nach Amerika verschleppt, beispielsweise in dem Fünftonner Guteman d'Altona, der von dem deutschen Kaufmann Jean-Charles Schultz gechartert worden war und 1802 von Bordeaux aus in See stach, um in Mosambik Sklaven für Rio de Janeiro zu erwerben. Viele dieser neu gefangenen Ostafrikaner wurden zum Kaffeeanbau nach Brasilien geschickt – allein in den zwanzig Jahren nach 1811 kamen fast 150 000 von dort in Rio an. Außerdem wurden Arbeitskräfte aus Ostafrika zu den Zuckerinseln La Réunion und Mauritius im Indischen Ozean verschifft, zwischen 1770 und 1810 waren es etwa 100 000.[187] Die Sklaverei wurde in den Worten eines Historikers zur «Hauptstütze der Exportwirtschaft im Norden Mosambiks».[188]

Die Jagd nach Arbeitskräften wurde immer effizienter, intensiver und brutaler. Die Sklavenhändler setzten größere und schnellere Schiffe ein sowie wirkungsvollere Techniken zur Gefangennahme, die zum Teil durch neue europäische Waffen ermöglicht wurden.[189] Die «Produktion von Sklaven» in Afrika wurde rationalisiert – eine weitere nachgelagerte Auswirkung der globalen Expansion eines Welthandels, der mit der Sklaverei am Laufen gehalten wurde.[190]

Bei der Ausweitung der Kommodifizierung von Arbeit in Ostafrika spielten Banian-Händler aus Gujarat eine wichtige Rolle, sie stellten die Verbindung zu den arabischen Kaufleuten im Hinterland her, denen sie Kredite gaben. Diese Mussambazes wickelten ihre Geschäfte abseits der Küste ab: in den von den Yao und Makua kontrollierten Gebieten, im südlichen Lunda-Königreich Kazembe, im Rozvi-Königreich Changamira und nördlich des Sambesi-Flusses. Das Geschäft bestand darin, Gefangene gegen Baumwolltücher aus Indien einzutauschen. Mit diesem Stoff beladen, zogen die Mussambazes mit ihren Karawanen im Landesinneren von Stadt zu Stadt und errichteten Sklavenmärkte, wann immer sie auf einen örtlichen Herrscher trafen, der dies erlaubte. Der bekannteste dieser Händler war Hamed bin Mohammed al-Marjebi aus Maskat, der dank beträchtlicher Kredite von der Handelsgemeinschaft seiner Heimatstadt die Waren erwerben konnte, die im afrikanischen Hinterland gefragt waren, insbesondere Stoffe, und dann mit Sklaven handelte.

Die Karawanen schreckten nicht davor zurück, selbst Sklaven zu fangen, wenn sie auf einzelne Reisende stießen, aber in der Regel verließen sie sich auf die Versklavungen im Zusammenhang mit Kriegen, die infolge von Bevölkerungsumsiedlungen nach den großen Dürren in den 1760er, 1790er und 1820er Jahren von lokalen Herrschern geführt wurden.[191] Der portugiesische Generalgouverneur Joaquim Pereira Marinho beschrieb diesen Handel im Jahr 1840:

> Die wichtigsten Arbeitgeber erkundigen sich bei den Banianen [die muslimischen Sklavenhändler], welche Menge an Stoffen und Klei-

> dung sie benötigen, um sie im Busch gegen Sklaven eintauschen zu können. [...] Im Allgemeinen nahmen die Damen des Hauses diese Waren entgegen und gaben sie an verschiedene Schwarze weiter, die sich im Busch auskannten, so dass sie ins Landesinnere gehen und sie gegen Sklaven eintauschen konnten. [...] Sobald die Sklavenlieferung aus dem Busch eintraf, brachte jeder der Auftragnehmer seine Sklaven in den Hinterhof, wo sie mit Mais und Wasser versorgt und ohne jeglichen Komfort in halbwegs gutem Zustand gehalten wurden, bis die Schiffe aus Brasilien und Havanna eintrafen.[192]

Sobald die versklavten Frauen, Männer und Kinder in der Hafenstadt ankamen, wurden sie von einem transozeanischen Handelssog absorbiert. Händler wie Laxmichand Motichand und Shobhachand Sowchand besaßen eigene Schiffe und sammelten Sklaven, um sie an portugiesische Kaufleute wie José Henriques da Cruz Freitas, den führenden Sklavenhändler in Mosambik, zu veräußern. Dieser Handel war sowohl mit hohem Risiko als auch mit hohen Gewinnen verbunden – Profite von über 100 Prozent waren keine Seltenheit –, der Einsatz der Arbeiter wiederum brachte den brasilianischen Kaffeepflanzer und den kubanischen Zuckerbaronen Gewinne ein, außerdem den europäischen und amerikanischen Händlern und Herstellern, die die entsprechenden Waren weiterverarbeiteten und vertrieben.[193] Ein Hemd, das in Manchester hergestellt wurde, konnte auf diese Weise ihren Ursprung in der Versklavung afrikanischer Bauern in Mosambik haben.

Immer mehr Arbeitskräfte, Baumwolle, Kaffee, Weizen und andere Waren strömten vom ländlichen Raum in die Städte, um immer produktivere Maschinen und eine wachsende Zahl von Verbrauchern zu versorgen, die ihre Lebensmittel nicht mehr selbst anbauten und ihre Kleidung nicht mehr selbst herstellten. Bei all diesen Austauschprozessen spielte Fremdkapital eine entscheidende Rolle, insofern städtische Kaufleute die Dynamik der intensivierten Produktion ins Hinterland weitergaben. Einige Gruppen von Kaufleuten spezialisierten sich auf solche Stadt-Land-Verbindungen, eine wesentliche Aufgabe zu einer Zeit, als noch kein Industrieunternehmen eine vertikale Integration betrieb, wie sie in der zweiten Hälfte des 19. Jahrhunderts üblich werden sollte. Auch nach dem Beginn der Industrialisierung blieben Händler daher für die kapitalistische Revolution von entscheidender Bedeutung, indem sie eine Vielzahl von Produzenten in den ländlichen Gebieten der Welt mit einer ebenso breiten Palette von Rohstoffverbrauchern in den aufstrebenden Industriestädten verbanden.

Diese Händler kamen aus allen Teilen der Welt – auch aus Asien und Afrika. Und sie bildeten eng verbundene Gemeinschaften. Ein typisches Beispiel hierfür waren die griechischen Kaufleute, die den Handel im östlichen Mittelmeerraum organisierten und die Region mit den aufstrebenden Volkswirtschaften Nordwesteuropas verknüpften. Die Rallis, eine griechische Kaufmannsfamilie von der Insel Chios, spielten eine wichtige Rolle im Baumwollhandel, ebenso wie die Volkarts aus Winterthur in der Schweiz. Kaufleute aus Beirut investierten in die palästinensische Landwirtschaft, einige Händler spezialisierten sich auf den Handel mit Orten wie Havanna, Mosambik, Charleston, Rio und Guangzhou.

Darüber hinaus entstanden in Städten wie Memphis, Bombay und Rio kapitalkräftige Handelsgemeinschaften, die Kapital in die umliegenden ländlichen Gebiete pumpten und neue Kapitalinseln im kontinentalen Hinterland schufen. Eine weitere Gruppe von Kaufleuten vertrieb Waren an Verbraucher in Industrie und Privathaushalten. Der brasilianische Kaffeehandel brachte eine große Anzahl sehr spezialisierter Händler zusammen, darunter lokale Kommissionäre in der Nähe der Felder, die den Kaffee an Kaufleute in Rio weiterleiteten, sogenannte Faktoren, die den Pflanzern Kredite und Produktionsmittel zur Verfügung stellten und den Kaffee an sogenannte Säcker verkauften, die verschiedene Bohnensorten mischten und sie dann an Exporthändler weiterverkauften, meist Ausländer, die von einer anderen Gruppe von Maklern vermittelt wurden.[194]

Während Güter vom ländlichen Raum in die Industriezentren strömten, floss das Kapital in die umgekehrte Richtung. Die Kaffeeexporteure in Rio waren auf Kredite von europäischen Banken angewiesen, und solche Kredite landeten auch bei den Pflanzern selbst. Die Bankiers stellten die Mittel bereit, mit denen die Pflanzer in Bengalen, Mississippi, São Paulo, Kuba und anderswo Bäume fällen, Sümpfe trockenlegen sowie Arbeitskräfte erwerben konnten und die es ihnen erlaubten, ihre Energie auf die Produktion von Waren für weit entfernte Märkte zu verwenden. Einige Investitionen waren gering, beispielsweise die Hypothek in Höhe von 1893,21 US-Dollar, die das niederländische Bankhaus Staphorst & Hubbard im Jahr 1796 Thomas Jefferson gewährte und die durch dessen versklavte Arbeiter abgesichert war. Andere waren riesig, zum Beispiel als die junge US-Regierung über Staatsanleihen 12 Millionen Dollar aufbringen musste, um Louisiana von Frankreich zu erwerben, und niederländische Bankhäuser Anleihen im Wert von fünf Millionen Dollar kauften.

In Bengalen bündelten sogenannte Agentenhäuser in den 1790er Jahren das Kapital britischer und indischer Investoren und nutzten es, um Fabrikbetreibern Kredite zu gewähren und die hergestellten Waren zu handeln, was der Produktion von Agrarrohstoffen wie Indigo, Zucker, Opium und Baumwolle zugutekam. In den 1790er Jahren gab es in Kalkutta fünfzehn solcher Agentenhäuser, von denen keines bekannter war als Palmer & Co., das die Indigo-Produktion und den Indigo-Handel dominierte.[195] Die Rohstofffront war immer auch eine Front des Kapitals.

Von so entscheidender Bedeutung das europäische Kapital auch war, blieb das lokale Kapital doch für die Warenproduktion wichtig, da unter anderem indische, chinesische, afrikanische und japanische Kapitaleigner Profite machten, indem sie die sich neu darbietenden Anlagemöglichkeiten nutzten und ihre reichlich vorhandenen Mittel dort investierten. In Bengalen waren alle Indigo-Häuser auf das Kapital indischer Kaufleute angewiesen.[196] Das Kapital aus Maskat beflügelte den ostafrikanischen Sklavenhandel, das Kapital aus Gujarat den Elfenbeinhandel und das Kapital aus Guangzhou den Teeboom.

Im Laufe des Jahrhunderts wurden nichteuropäische Kapitaleigner zwar von den europäischen Kolonialstaaten und Kapitaleignern bei politischen Entscheidungsprozessen allmählich marginalisiert, aber ihr Kapital blieb für die Umgestaltung des ländlichen Raums weiterhin von Bedeutung. Dabei wurden Institutionen, Netzwerke, Wissen und zusätzliches Kapital geschaffen, und all das erwies sich im 20. Jahrhundert als äußerst wichtig für die wirtschaftliche Entwicklung in diesen Teilen der Welt.

Mit dem Vordringen der Rohstofffronten in den ländlichen Raum verschärften sich die Hierarchien zwischen den verschiedenen Regionen des Globus. Immer weitere Landstriche dienten nun dazu, die zunehmend industrialisierten Zentren der Welt mit Nahrungsmitteln, Fasern, Mineralien und Arbeitskräften zu versorgen, was in den betreffenden Regionen dazu führte, dass die Diversifizierung der Wirtschaft geringer ausfiel, ihre Produktionskapazitäten schwächer waren und kapitalkräftige lokale Unternehmer und einheimische politische Strukturen zunehmend an den Rand gedrängt wurden. Die Netzwerke wurden immer hierarchischer, die Ressourcen in einem sich rasch beschleunigenden Prozess umverteilt, wodurch sich der Reichtum der Welt in einigen wenigen – hauptsächlich europäischen – Gebieten konzentrierte. Die Anhäufung von Kapital beruhte nicht nur auf der

Ausbeutung von Arbeitskräften, sondern auch auf der Entnahme von Ressourcen aus den Kolonialgebieten und der Umverteilung dieses Reichtums auf die Kolonisatoren. Im Kapitalismus der Mitte des 19. Jahrhunderts ging es immer noch ebenso sehr um Umverteilung wie um Produktivitätssteigerungen.

Der ländliche Raum der Welt war ein riesiges Reservoir an Reichtümern, die auf Märkten weder getauscht noch produziert wurden – von der Fruchtbarkeit des Bodens über die Mineralien, die unter der Erde lagerten, bis hin zur Arbeitskraft seiner Selbstversorgergemeinschaften. Agrarrohstoffe, Mineralien und Arbeitskräfte waren billig, weil ihre Kosten nicht auf den Märkten nicht ermittelt wurden; diese nicht verbuchten Ressourcen und Arbeitskräfte waren jedoch entscheidend, um die aufstrebenden Zentren der globalen Kapitalakkumulation anzutreiben.

Nicht nur Kapital, sondern auch institutionelle Kapazitäten wurden in dieser kleinen Zahl von Orten angehäuft. So wurden beispielsweise die Eigentumsrechte in einigen Regionen gestärkt, während in den meisten anderen Teilen der Welt massive Enteignungen stattfanden. Das Eigentum an der eigenen Person wurde in Westeuropa und einigen anderen Weltgegenden zur Norm, während in Amerika weiterhin massive Versklavung vorherrschte. Am einflussreichsten war jedoch, dass die Leistungsfähigkeit der wichtigsten aller Institutionen – des Staates – in einigen Teilen der Welt zunahm, während sie in anderen Teilen ebenso gründlich untergraben wurde. Die staatliche Macht war nun ungleicher verteilt als je zuvor in der Geschichte der Menschheit. Und während sie in Europa darauf ausgerichtet war, vor Ort Reichtum und Macht anzuhäufen, konzentrierte sich die imperiale Staatsmacht in Ländern wie Indien darauf, dem Kolonisator und nicht dem Kolonisierten zugutezukommen.[197]

Der Aufbau solcher Kapazitäten und die Lehren aus der Kommodifizierung von Weizen, Tee und Guano, dazu die Energie, der Reichtum und die institutionellen Innovationen, die aus den ländlichen Gebieten der Welt bezogen wurden: All das ermöglichte den Kapitalbesitzern im letzten Drittel des 19. Jahrhunderts letztendlich auch, die Produktion von Baumwolle, Zucker und Kaffee neu zu konzipieren. Aber das ist Stoff für ein späteres Kapitel.

Vorerst bezog der aufstrebende Industriekapitalismus seine neu entdeckte Dynamik aus den sich verschärfenden Hierarchien und den ungleichen institutionellen Formen. Tatsächlich brachte die Weltwirtschaft diese Ungleichheiten hervor und war gleichzeitig von ihnen abhängig. Euphemistischerweise als nicht inklusiv bezeichnete extraktive Institutionen waren die entscheidenden Wegbereiter für die inklusiven Institutionen, die von vielen gepriesen wurden.[198] Die «gute» Institution der sicheren Eigentumsrechte wurde auf der «schlechten» Institution der Enteignung aufgebaut, die «gute» Institution der Lohnarbeit auf der «schlechten» Institution der Sklaverei.

Eine solche vernetzte Verschiedenheit, die sich am besten mit den neuen Interaktionen zwischen den sich industrialisierenden städtischen Zentren und einem revolutionierten ländlichen Raum illustrieren lässt, verwandelte den Archipel des Kapitals. Der Kapitalismus verließ seine Inselfestungen und breitete sich in neuen sozialen und geografischen Räumen aus; dadurch entstand eine aufstrebende kapitalistische Zivilisation, in der sich die Rhythmen des städtischen und des ländlichen Lebens, der Industrie und der Landwirtschaft, des Kernlandes und der Kolonie zunehmend gegenseitig beeinflussten und immer mehr Lebensbereiche von immer mehr Menschen in die Kreisläufe der Warenproduktion einbezogen wurden. Die älteren Herstellungsformen und Handelsnetzwerke blieben natürlich bestehen, aber Mitte des 19. Jahrhunderts herrschte die kapitalistische Zivilisation, die kein bloßes Archipel mehr war, als dynamischer Kern über die Weltwirtschaft.

KAPITEL 9

Eine kapitalistische Zivilisation, 1830–1880

Die Bürde des Schwarzen Mannes I: *Dame in der Sänfte mit zwei versklavten Männern*, Bahia, Brasilien, ca. 1860.

Ende März 1880 feierte die wirtschaftliche Elite New Yorks im Central Park die Einweihung einer neuen Ausstellungsstätte für eine zehn Jahre alte und ständig erweiterte Kunstsammlung: das Metropolitan Museum of Art. 1500 der vornehmsten Bürger der Stadt nahmen an der Veranstaltung teil, und im neuen Museum «drängten sich» gut gekleidete Damen und Herren, «modisch gewandet in fröhliche Farben».[1] Eine Kapelle spielte «Hail to the Chief!», als der Präsident der Vereinigten Staaten, Rutherford B. Hayes, eintrat, flankiert vom «Eisenbahn-Mann» John Taylor Johnston, dem Vorsitzenden des Verwaltungsrats des Museums.

Mit ihnen auf dem Podium standen bekannte und mächtige Männer, wie der Außenminister William M. Evarts, der Stahlproduzent Peter Cooper, der Eisenbahnunternehmer Cornelius Vanderbilt, der Geschäftsmann William E. Dodge Jr., der Immobilienmagnat William Waldorf Astor und der Druckpressenhersteller Robert Hoe Jr.[2] Im Publikum war außerdem, neben anderen wohlhabenden New Yorkern, May Suydam Palmer, die ihren Wohlstand der Eisenbahn verdankte. Anne Morgan, J. Pierpont Morgan, Russell Sage und Jesse Seligman repräsentierten den dynamischen Bankensektor der Stadt, Mary Woodbridge Tiffany und Lewis Comfort Tiffany vertraten die Schmuckbranche. Ihr Reichtum wetteiferten mit der Sammlung von «griechisch-phönizischen Antiquitäten, [...] europäischer Keramik, [...] holländischen und flämischen Gemälden [...] und anderen Gegenständen von echtem künstlerischem Wert» um die Aufmerksamkeit der Zuschauer.[3]

Die Gründung des Metropolitan Museum of Art war ein mutiger Schritt in einer Stadt, die lange Zeit als eher provinziell gegolten hatte. Erstmals aufgekommen war die Idee zehn Jahre zuvor in Paris bei einem Abendessen anlässlich des Unabhängigkeitstages, zu dem US-Amerikaner geladen hatten. Mit Unterstützung des elitären Union League Clubs wurde im Jahr 1870 ein Verwaltungsrat gebildet.[4] Zunächst fanden sich nur schwer Förderer – der US-amerikanische Zeitungsredakteur und Kunstsammler James Jackson Jarves schrieb einigermaßen entmutigt aus Florenz, in den Vereinigten Staaten gelte «materieller Wohlstand als das Wertvollste im Leben», nicht die Kunst.[5] Doch irgendwann fand das Vorhaben des Verwaltungsrats, die «Macht und den Einfluss der Institution zu erhöhen», Gehör bei der wirtschaftlichen Elite New Yorks und vor allem auch bei der Stadtverwaltung, die sich bereit erklärte, das Grundstück und das Gebäude beizusteuern.[6] In einer Zeit, in der New York zu einem Motor der Weltwirtschaft aufstieg, stand das Museum für den Wohlstand der städtischen Elite und den Anspruch der Stadt auf eine kulturelle Führungsrolle. Viele in der Oberschicht New Yorks sahen das Met als «ein unverzichtbares Element einer hochentwickelten Zivilisation», einer Zivilisation, die sie dominieren wollten.[7]

An jenem Märztag 1880 feierten sie das Erreichte. Der Anwalt und Harvard-Absolvent Joseph Hodges Choate gab in seiner Ansprache den Ton vor: Er verwies auf ältere Museen, wie den Louvre in Paris oder das British Museum in London, und verkündete, «dass die Verbreitung von Wissen über die Schönheit höherer Kunst ein praktisches und arbeitsames Volk gesittet mache, es bilde und verfeinere.»[8] Das Museum sei nicht nur das Projekt einer gesellschaftlichen Schicht, sondern des ganzen Landes, und Choate hoffe, es werde die Vereinigten Staaten aus der kulturellen Abhängigkeit von Europa befreien. Er lobte den «bestechenden Erfindergeist Amerikas» und forderte seine wohlhabenden Landsleute auf zu bedenken, welche Möglichkeiten in der Kunst steckten:

> Lasst es euch durch den Kopf gehen, ihr Millionäre vieler Märkte, welcher Ruhm der eure sein könnte […] wenn ihr Schweinefleisch in Porzellan, Getreide und Obst in unbezahlbare Töpferwaren, die groben Erze des Handels in Marmorstatuen und Eisenbahn- oder Bergbauaktien – alles Dinge, die vergehen, wenn man sie nicht gebraucht, und die bei der nächsten Finanzpanik wie verbranntes Pergament verschrumpeln werden – in die herrlichen Leinwände der großen Meister verwandeltet, die diese Wände auf Jahrhunderte hinaus schmücken werden.[9]

Es gab aber auch Kritik am Museum, die sich unter anderem daran entzündete, dass das Haus sonntags geschlossen sein sollte und somit die Arbeiterklasse der Stadt zu einem großen Teil ausgeschlossen war. Die *New York Tribune* wies darauf hin, dass das Verhalten der Besucher von den Museumswärtern streng überwacht werde, und bemängelte, das Museum sei «ein exklusives gesellschaftliches Spielzeug» für die Familien der städtischen Oberschicht.[10] Das mag alles zugetroffen haben, dennoch besaß das Museum eine Bedeutung. Seine Eröffnung zeigte, dass in New York City eine reiche, mächtige, gut organisierte und selbstbewusste wirtschaftliche Oberschicht entstanden war.

Diese Oberschicht hatte enorme Reichtümer mit der Transformation des ländlichen Raums erworben – zunächst in den Sklavereigebieten der US-Südstaaten, dann in den rasch expandierenden Weizenanbaugebieten im US-amerikanischen Westen. Gelder aus Kohle-, Kupfer- und Goldminen flossen ebenso in ihre Kassen wie die Gewinne aus Investitionen in kubanische Zuckerfelder und peruanische Guano-Ablagerungen. Auch die Industrie wurde für sie immer wichtiger, zunächst in der Stadt selbst (zum Beispiel die große Zuckerraffinerie von William Havemeyer und die Metallwerke von John Roach & Sons) und dann anderswo (in den Stahlwerken von Pittsburgh und den Eisenbahnen von Chicago) – eigentlich überall, wo Märkte, Material, Arbeitskräfte und Transportmittel sich profitabel miteinander verbinden ließen.

Nach dem Bürgerkrieg war New York zur Zentrale der US-amerikanischen Wirtschaft geworden, und neben den Kaufleuten und Industriellen hatte sich hier viele Bankiers und Kapitalgeber mit kontinentalen oder gar globalen Visionen niedergelassen. Auch Funktionäre des Kapitals, die inzwischen selbst über erheblichen Wohlstand verfügten, wie Manager oder Anwälte, wurden ebenfalls Teil dieser aufnahmefähigen neuen Klasse.

Deren Vertreter waren auf vielfältige Weise miteinander verknüpft. Sie

Kulturelle Unternehmer: die große Eröffnungsfeier des neuen Gebäudes der Metropolitan Museum of Art im New Yorker Central Park, 1880.

handelten nicht nur miteinander, sondern zogen auch zunehmend in dieselben exklusiven Viertel, wo ihre Architekten und Innenausstatter Häuser errichteten, die einander sehr ähnelten, sich aber sehr davon unterschieden, «wie die andere Hälfte lebt», so der Titel eines damals bekannten Buches.[11] Sie besuchten opulente Partys, aßen teure Speisen und kleideten sich so, dass sie füreinander erkennbar waren. Sie heirateten auch untereinander, trafen sich auf Reisen nach Paris, Florenz oder London und passten ihr Leben und ihre Vorstellungen aneinander an. Falls notwendig, machten sie politisch mobil und verschafften sich in der turbulenten Politik auf städtischer und nationaler Ebene Gehör. Außerdem arbeiteten sie daran, die Hochkultur institutionell und ästhetisch von der Populärkultur abzugrenzen, dabei sakralisierten sie die Kunst, indem sie sie dem Markt entzogen. Ein entsprechendes Projekt war nicht nur das Metropolitan Museum of Art, sondern auch die New Yorker Philharmonie und die neu gebaute Metropolitan Opera.

Frauen waren zwar von vielen beruflichen Möglichkeiten ausgeschlossen, die ihren Männern offenstanden, spielten aber eine besonders wichtige Rolle bei der Herausbildung dieser Klasse: Sie managten das Hauspersonal, erzogen die nächste Generation, knüpften affektive Netzwerke, stellten soziale Bindungen her und setzten ein rigoroses gesellschaftliches Überwachungsprotokoll durch, indem sie Vorlieben und Gepflogenheiten durchsetzten, die sie für angemessen hielten. Dadurch erschufen sie ihre Klasse.[12]

Als die Männer und Frauen dieser wirtschaftlichen Elite an jenem Frühlingstag 1880 im neu errichteten Museum zusammentrafen, muss die dynamische Kraft ihrer engen Verbindungen untereinander für eine knisternde Atmosphäre gesorgt haben. Am folgenreichsten war wohl, dass diese Klasse sich zunehmend ihrer Macht und ihrer Tugendhaftigkeit gewiss fühlte und daher ein ideologisches Projekt angehen konnte, mit dem sie die Welt nach ihrem eigenen Ebenbild neu erschaffen wollte. Dabei bestand ein entscheidender Schachzug darin, die Welt in einzelne Bereiche aufzuspalten und es so darzustellen, als hätten die Gewalt gegen die versklavten Zuckerarbeiter auf Kuba, die mörderischen Arbeitsbedingungen in den Stahlwerken von Pittsburgh und die langen Arbeitstage und die niedrige Entlohnung der Näherinnen, die in den Kellern der Mietshäuser in New York für die Brooks Brothers Kleidung nähten, nichts miteinander zu tun. Doch all das trug, neben der Knochenarbeit weiterer Menschen, entscheidend dazu bei, der Oberschicht das Leben auf großem Fuß und die Verfeinerung zu ermöglichen, für die auch das Museum stand.[13]

Die kapitalistische Zivilisation, diese Lebensform, die vor allem auf der Neuorganisation des Wirtschaftslebens gründete, bestand für diese Oberschicht in höflicher Konversation im Salon, nicht in gebrüllten Befehlen auf Plantagen und in Fabriken, in der Geselligkeit der Clubs, nicht in der knallharten Konkurrenz um Arbeitsplätze und in den Vorlieben und Gepflogenheiten, wie sie nur in einem bürgerlichen Haushalt angenommen werden konnten, nicht auf Märkten. Das unterschied sich auf bemerkenswerte Weise von jenen Seiten der kapitalistischen Zivilisation, die wir bei der Entstehung des ländlichen Hinterlandes der industriellen Welt kennengelernt haben, beruhte aber gleichzeitig auf ihnen.

Bei der Eröffnung des Metropolitan Museum of Art im Jahr 1880 hatten die Kapitaleigner in New York City und anderswo ihren Machtbereich bereits weit über die häufig schwer befestigten Umschlaghäfen und Handelsinseln der kaufmännischen Unternehmungen früherer Jahrhunderte hinaus ausgedehnt. Die kapitalistische Organisation wirtschaftlicher Aktivitäten hatte sich in immer größere Räume ausgedehnt und zugleich die gesellschaftliche Ordnung immer tiefer durchdrungen, sodass sie mittlerweile in einem erheblichen Teil der Welt vorherrschend war. Die langfristigen Bemühungen, die Inseln des Kapitals miteinander zu verbinden, hatten sich so verstärkt, dass aus Inseln inzwischen Kontinente geworden waren, riesige geografische Flächen, deren Wirtschaft primär um kapitalistische gesellschaftliche Beziehungen herum organisiert war. So war eine kapitalistische Zivilisation, ein

Imperium des Kapitals, entstanden, die sich durch endlose Kapitalansammlungen, Kommerzialisierung und ein stark beschleunigtes Wirtschaftswachstum auszeichnete. Sie strukturierte das Wirtschaftsleben in kleinen Städten wie Saint-Étienne, Lagos, Bochum, Ahmedabad, Birmingham, Mérida und Turin ebenso wie in Großstädten wie Chicago, Buenos Aires, Paris, Kalkutta, Rio de Janeiro und Hongkong. Die kapitalistische Logik hatte nicht nur die weiten Ebenen des Mittleren Westens der Vereinigten Staaten und der argentinischen Pampa erobert, sondern auch die Kaffeeplantagen auf Java und die Weizenfelder im Süden Russlands.

Diese neue kapitalistische Zivilisation hatte sich auf der ganzen Welt ausgebreitet, war dabei stets über große Entfernungen hinweg vernetzt und wiedererkennbar, doch immer in Hierarchien eingebunden. Es erscheint paradox: Je vernetzter und einheitlicher die Welt wurde, umso größer wurden auch die Unterschiede. Eben diese vernetzte Verschiedenheit trieb den Vormarsch des Kapitalismus voran. Diese nicht zu sehen, wurde ein weiteres und bezeichnendes Merkmal der kapitalistischen Zivilisation.

Die wichtigste Triebkraft der kapitalistischen Zivilisation war, dass das Kapital wie nie zuvor in die Produktion floss und es in der Lage war, Landwirtschaft und Industrie, Raum und Gesellschaft auf eine bis dahin ungekannte Weise seinen Stempel aufzudrücken, sofern es entschlossen und unerbittlich eingesetzt wurde. Größere Teile der wirtschaftlichen Elite konzentrierten ihre Aktivitäten nun primär auf Produktion – statt wie früher auf Handel und Finanzen. Typische Unternehmer des 17. Jahrhunderts waren Mohammed Chelebi in Surat, Isaac Le Maire in Amsterdam und der Chinese

Eine bürgerliche Welt: eine chinesische Kaufmannsfamilie, Guangzhou, 1860er Jahre.

Zheng Chenggong – allesamt Kaufleute. Zu den typischen Kapitalisten zur Mitte des 19. Jahrhunderts in New York gehörten der Stahlproduzent Andrew Carnegie, der Zuckerproduzent William Havemeyer und der Bankier James Brown. Die Kapitaleigner in Surat um 1650 bewegten sich in einer Welt, die im Großen und Ganzen nicht entsprechend der kapitalistischen Logik organisiert war, und konzentrierten sich darin auf den Handel. Zwei Jahrhunderte später standen die bürgerlichen Eliten New Yorks an der Spitze einer durch und durch kapitalistischen Volkswirtschaft. Als die Kaufleute in Jelenia Góra um 1750 ihr Kapital in die industrielle Produktion steckten, traten sie den Produzenten als Händler gegenüber, nicht als Arbeitgeber, ganz im Gegensatz zu den Kapitaleignern im New York der Mitte des 19. Jahrhunderts, die Tausende von Arbeitern, die in ihre Fabriken strömten, für sich arbeiten ließen.

Zur Mitte des 19. Jahrhunderts war eindeutig klar, dass der Kapitalismus ein imperiales Projekt war, das Stillstand verabscheute. Der Kapitalismus war nie konservativ, er kann es gar nicht sein. Er bedeutete immer schon einen Zustand permanenter Revolution. Sein Expansionsdrang war eine Folge seiner inneren Logik – dem ständigen Drang, mehr Kapital zu generieren. Dass mehr und bessere Dinge und Dienstleistungen angeboten wurden, war ein wichtiges und folgenreiches Ergebnis dieses Impulses, aber in mancher Hinsicht nur ein Nebeneffekt. Damit sich Kapital vermehrt, muss es produktiv investiert, also mit Arbeitskraft verbunden werden. Das mag abstrakt klingen, war aber sehr konkret: Wer über Kapital verfügte, musste dafür eine Verwendung finden, neue Investitionsmöglichkeiten, die ihn oder sie in die Lage versetzten, Vermögen wachsen zu lassen. Mit zunehmender Kapitalakkumulation beschleunigte sich dieser Prozess und bezog immer mehr Menschen, Gebiete und Bereiche des menschlichen Lebens in die Kreisläufe von Produktion und Konsum ein. Er wurde sowohl intensiver als auch extensiver: Im 19. Jahrhundert erhöhte sich der Welthandel um das 29-Fache.[14]

Als das Kapital immer mehr Lebensbereiche durchdrang, schien es allmählich jenseits menschlichen Handelns zu stehen. Das Zentralorgan des Wirtschaftsliberalismus im 19. Jahrhundert – der britische *Economist* – berief sich immer wieder auf die «Naturgesetze» oder sogar die «großen Naturgesetze», nach denen sich die kapitalistische Wirtschaft angeblich organisierte. Für *The Economist* war Kapital eine uranfängliche und entkörperte historische Kraft, und ihr fortwährender Bedarf nach immer mehr Akkumulierung, immer mehr räumlicher und gesellschaftlicher Ausdehnung wurde durch eine immer höhere Effizienz befeuert. Eine bestimmte Konfiguration menschlicher Institutionen, Werte und sozialer Beziehungen, die einst als fremd und disruptiv betrachtet worden war – das Kapital –, schien nicht nur nach Ansicht der Kapitaleigner, sondern auch ihrer Kritiker die Herrschaft über die Menschen übernommen zu haben. Die «Wirtschaft» schien sich von der menschlichen Gemeinschaft, die sie begründet hatte und sie am Laufen hielt, abgetrennt und jenseits dieser Gemeinschaft ein Eigenleben entwickelt zu haben. Die Märkte erhielten übernatürliche Kräfte und fungierten als Schiedsrichter für fast alles.[15]

Die neu entstehende kapitalistische Zivilisation übte eine beispiellose Verfügungsgewalt über die Natur aus und setzte eine globale Emanzipation von jahrhundertealten sozialen Ordnungen in Gang, die ebenso als göttlich gegeben betrachtet worden waren. Kritiker der neuen Ordnung – allen voran die neue Arbeiterklasse – befürchteten, sie könne zu Ausbeutung, Elend und einem Zerfall der Gesellschaft führen. Und das tat sie auch. Genauso wichtig, wenn auch schwerer zu fassen, war aber, dass diese revolutionäre Zivilisation die Menschen – und zwar alle, unabhängig davon, wie viel Geld sie hatten – zu Dienern eines neuen Gottes gemacht hatte: dem Kapital. Die treibende Kraft, die unsichtbare Hand hinter Natur und Menschheitsgeschichte war vielleicht nicht göttlich, aber deshalb nicht weniger mächtig. Menschengemachte Beziehungen hatten Macht über Menschen gewonnen, und für manche Beobachter stand diese neue Ordnung außerhalb der Geschichte, war *naturgegeben.*

Niemanden beeindruckte diese außergewöhnlich dynamische Zivilisation wohl mehr als die beiden deutschen Philosophen Karl Marx und Friedrich Engels, denen klar war: «Das Bedürfnis nach einem stets ausgedehnteren Absatz für ihre Produkte jagt die Bourgeoisie über die ganze Erdkugel.» Sie stellten fest: «Überall muss sie sich einnisten, überall anbauen, überall Verbindungen herstellen.»[16] Im Jahr 1853 verglich Marx die Auswirkungen von «Handel und Industrie» mit «geologischen Revolutionen [die] die Oberfläche der Erde erschaffen haben.»[17] Er und Engels erkannten, dass das Kapital sich nicht nur horizontal ausweitete und das Hinterland kolonisierte, sondern sich auch immer tiefer in das Leben der Menschen eingrub.

Über Jahrhunderte hatten wohlhabende Eliten Rohmaterial und Arbeitskräfte ohne Markttransaktionen erworben; nun kauften Kapitaleigner alles Nötige für die Produktion auf Märkten und verkauften dann alle ihre Produkte ebenfalls auf Märkten. Gleichzeitig waren sehr viel mehr Menschen als früher für alle Aspekte ihrer Lebenshaltung auf Märkte angewiesen – für das Essen, die Kleidung, die Wohnung und sogar die Unterhaltung. War die kapitalistische Logik einst auf relativ kleine Gebiete beschränkt gewesen, etablierte sie sich nun in den Zentren der entstehenden wirtschaftlichen Hierarchien, drang in immer größere Gebiete vor und breitete sich in der Gesellschaft aus.

Der «Cash Nexus» wurde zum verräterischen Zeichen dafür, dass die kapitalistische Zivilisation die menschlichen Beziehungen zunehmend dominierte. Worum es dabei geht, lässt sich an der englischen Stadt Manchester gut zeigen. Im Jahr 1850 wurden dort, im Herz der globalen Baumwollindustrie, fast die gesamte Produktion, der komplette Konsum und alle Arbeitskräfte über Märkte vermittelt. Die Arbeiter verkauften ihre Arbeitskraft, auch die der jüngsten Familienmitglieder, gegen Lohn an die Arbeitgeber. Riesige Spinn- und Webfabriken produzierten Baumwollstoffe für ferne Märkte, und nicht, um die Bedürfnisse der Eigner oder Arbeiter an Kleidung zu decken. Reiche und arme Frauen, die den Haushalt führten, erwarben Lebensmittel von Erzeugern aus der Region oder aus der Ferne, Selbstversorgung war inzwischen unmöglich und schien auch nicht mehr notwendig zu sein. Kleidung, Wohnung, Möbel und fast alles andere wurde auf Märkten besorgt. Diese Ausweitung der Marktbeziehungen ermöglichte eine sehr viel differenziertere Arbeitsteilung und eine deutlich produktivere Arbeitsorganisation, sodass eine immer größere Palette an Waren produziert werden konnte.

Anhand der Familie eines Textilarbeiters in Wien zur Mitte des 19. Jahrhunderts lässt sich gut zeigen, wie diese neue Kommerzialisierung das Leben prägte. Beide Eltern waren berufstätig, das Familieneinkommen betrug 75 Kreuzer am Tag. Damit lagen sie am Existenzminimum. Von ihrem Einkommen mussten sie mindestens 67 Prozent für Lebensmittel aufwenden, 12 Prozent für Miete, 8 Prozent für Kleidung und den Rest für Heizung, Steuern, Schulgebühren und verschiedene andere Ausgaben. Wurde ein Elternteil krank oder die Mutter schwanger, sank das Familieneinkommen unter das Existenzminimum – eine Existenz, für die alles Notwendige auf Märkten erworben werden musste.

Auch die Arbeiter im preußischen Rheinland waren zum Überleben auf Märkte angewiesen. Zeitgenossen schätzten, dass ein Fabrikarbeiter 1845 im Jahr 120 Taler verdiente. Mehr als die Hälfte dieses Einkommens, nämlich 73 Taler, wurde für Brot ausgegeben, 26 Taler für Kartoffeln. Selbst wenn man keine Miete einkalkuliert, kein Fleisch, Gemüse oder Bier – und Krankheitsfälle oder außergewöhnliche Belastungen, etwa durch eine Taufe oder Beerdigung, außer Acht lässt –, brauchte der Arbeiter ein Drittel mehr, als er verdiente, um seinen Lebensunterhalt bestreiten zu können. Die Differenz wurde wahrscheinlich durch bezahlte und unbezahlte Arbeit anderer Familienmitglieder ausgeglichen.

Die Lohnarbeiter bemühten sich, ihre Abhängigkeit von Märkten wo immer möglich zu reduzieren – indem sie zum Beispiel auf kleinen Gartenparzellen Gemüse anbauten oder zum Verzehr bestimmte Kaninchen hielten –, doch ihre Möglichkeiten waren begrenzt. Bürgerliche Familien waren ebenso stark in Märkte eingebunden, auch wenn ihr Konsumniveau höher war und die Frauen nur selten einer bezahlten Arbeit nachgingen.[18] Eine so starke Marktabhängigkeit hatte es noch nie zuvor gegeben, auch wenn wichtige Lebensbereiche – Kochen, Putzen und Kindererziehung etwa – dem Markt immer noch entzogen waren, denn die Haus- und Care-Arbeit außerhalb wohlhabender bürgerlichen Familien war nach wie vor die unbezahlte Domäne der Frauen.

Dieser Trend beschleunigte sich, je mehr Menschen in die Städte zogen. Dort waren sie auf die Versorgung von anderswo angewiesen, und um diese Versorgungsgüter erwerben zu können, mussten die meisten Stadtbewohner ihre Arbeitskraft verkaufen. Bis zur Mitte des 19. Jahrhunderts waren einige Teile der Welt bereits stark urbanisiert. Ein extremes Beispiel ist das Vereinigte Königreich: Im Jahr 1880 lebten dort 56 Prozent der Bevölkerung in Städten mit mindestens 5000 Einwohnern, um 1800 waren es nur 19 Prozent gewesen. In Frankreich und den Vereinigten Staaten verlief die Entwicklung langsamer, war aber immer noch deutlich sichtbar. Um 1880 lebte in diesen Ländern jeder Vierte bereits in einer Stadt. In Europa insgesamt hatte sich die Urbanisierung zwischen 1810 und 1880 verdoppelt.

Manche Städte wuchsen rasant: Um 1880 hatte London fast fünf Millionen Einwohner und damit viermal so viele wie im Jahr 1800. Die Einwohnerzahl von Berlin hatte sich in dieser Zeit auf 1,1 Millionen versechsfacht, die von Paris auf 2,3 Millionen vervierfacht. In New York lebten mit zwei Millionen um 1880 32-mal so viele Menschen wie zu Beginn des Jahrhunderts. Chicago war um 1800 eine kleine Siedlung mit ein paar Hundert Angehörigen der indigenen Bevölkerung und europäischen Händlern gewesen. Am Ende des Jahrhunderts lebten mehr als eine halbe Million Menschen dort.[19] Jenseits der Nordatlantikregion verlief die Urbanisierung deutlich langsamer. Dennoch waren etwa Hongkong, Bombay, Rio de Janeiro und Lima auf dem besten Weg, stark kapitalisierte urbane Räume zu werden.

Je kommerzialisierter die Welt wurde, umso tiefer drang die kapitalistische Logik in die Gesellschaft vor. Kapitaleigner zerlegten vorindustrielle Arbeitsabläufe in ihre Einzelteile, um sie standardisieren, organisieren und maximal effizient gestalten zu können. Erste Ansätze in diese Richtung auf karibischen Plantagen und in chinesischen Teefabriken verbreiteten sich auch in anderen Produktionsbereichen. In Brasilien verkündeten Printmedien und Unternehmer das «Evangelium der Arbeit». Industrieverbände forderten, die Arbeiter sollten «einer strengen Disziplin unterworfen werden, die ihnen schrittweise Ordnungsvorstellungen sowie Gehorsam und Respekt gegenüber ihren Vorgesetzten einimpft».[20] Sogar für indische Sänftenträger, deren Arbeit schwer zu überwachen und in Begriffen der kapitalistischen Logik zu fassen war, wurden neue Vorschriften eingeführt: Wer gegen sie verstieß, dem drohten Gefängnisstrafe oder Auspeitschung.[21]

Geradezu mustergültig kam das Bemühen, die Arbeit zu überwachen, auf Plantagen und in Fabriken zum Ausdruck. An diesen Orten zogen die Arbeitgeber unter anderem deshalb Arbeitskräfte zusammen, besonders gern Kinder und Frauen, weil sie dort einfacher zu kontrollieren und zu disziplinieren waren und weil es hieß, Frauen und Kinder seien dafür besonders empfänglich.[22] Die Arbeitgeber setzten Glocken, eine strenge Zeitmessung und minutengenau vorgeschriebene Arbeitsabläufe ein, um die Handgriffe der Arbeiter aufeinander abzustimmen – mit unterschiedlichem Erfolg. Ein britisches Gesetz aus dem Jahr 1825 (der «British Act to Make Further Provisions for the Regulation of Cotton Mills and Factories, and for the better Preservation of the Health of Young Persons Employed Therein») erlaubte den Arbeitern in einer Baumwollfabrik eine halbstündige Frühstückspause zwischen halb sieben und zehn Uhr morgens und eine Stunde Mittagspause zwischen 11 und 14 Uhr. Die Fabrikglocke spielte in den Lebenserinnerungen von Webern aus jener Zeit eine große Rolle. Wer gegen diese Zeitvorgaben oder eine andere Vorschrift verstieß, etwa bei der Arbeit pfiff oder sang oder sich von seinem Arbeitsplatz entfernte, wurde bestraft. Weitere Regeln sollten dafür sorgen, dass die Arbeiter nüchtern und aufmerksam waren; Herumalbern, Trunkenheit, aus dem Fenster zu sehen und sich mit Kollegen zu unterhalten waren verboten.[23]

In ihren Kontrollbemühungen wandten die Kapitaleigner immer ausgefeiltere Methoden an, um die Zeit zu erfassen und zu nutzen. Die Zeit selbst bekam in der kapitalistischen Zivilisation einen neuen Stellenwert. Bis dahin hatten die Menschen ihre Tage, Wochen und Jahre nach Aufgaben eingeteilt – Reisernte, Kühe melken oder Kleidung nähen zum Beispiel. Wie lange es dauerte, eine Aufgabe zu erledigen, oder wie viel Mühe sie erforderte, wurde durch die Art der Arbeit und die natürlichen Bedingungen bestimmt. Die Menschen arbeiteten zeitweise sehr hart, hatten dafür aber in anderen Zeiten wenig zu tun – schließlich ergab es keinen Sinn, mitten im Winter Pflanzen auszusäen.

Der Kapitalismus setzte diesem zyklischen und flexiblen Zeitbegriff ein Ende. Da die Arbeitgeber für die Arbeitszeit bezahlten, wollten sie diese präzise messen und die Produktivität pro Zeiteinheit erhöhen, was einfacher wurde, als sich erst Uhren und dann Armbanduhren verbreiteten. Metallfabrikanten stellten große Uhrtürme neben ihre Schmiedeöfen. Mit dem zunehmenden Einsatz von teuren Maschinen in der Produktion waren die Arbeitgeber besonders darauf aus, dieses Kapital ständig in Betrieb zu haben und sicherzustellen, dass ihre Arbeiter planbar und diszipliniert Leistung erbrachten. Die damals neuen Aufputschmittel Kaffee und Tee halfen den Industriearbeitern, «Gefahren und harte Arbeit zu ertragen», wie es ein Prospekt der Werbeagentur N. W. Ayer Advertising Agency im Jahr 1920 ausdrückte – ein weiteres Merkmal der kapitalistischen Zivilisation.[24] Zwischen Arbeit und allen Aktivitäten wurde nun scharf getrennt.[25]

Die kapitalistische Zivilisation veränderte die Menschen auch innerlich. Nun versuchten sie, für sich selbst einen möglichst hohen Wert auf dem Markt zu erzielen. Bis dato war das Selbst kein großes Thema für die Menschen gewesen. Sie waren in Hierarchien eingebettet, die ihre Beziehung zu Eltern und Kindern, zur Arbeit und zu ihrer größeren Gemeinschaft bestimmten – und nichts davon war über Märkte vermittelt. Die Kinder traten in die Fußstapfen ihrer Eltern, bearbeiteten ihr Land oder stellten die gleichen Dinge her wie sie. Traditionen oder die Obrigkeit bestimmten, welche Kleidung getragen wurde. Im Kapitalismus hingegen mussten die Menschen

Herrschaft über die Zeit: ein Uhrenturm bei der Eisengießerei in Forsmark, Uppland, Schweden, erbaut 1813 und fotografiert im Juli 1915. Gegründet wurde die Eisengießerei von Louis de Geer, der in Kapitel 5 auftaucht.

Fähigkeiten erwerben, die sich verkaufen ließen, die «zum eigenen Vorteil eingesetzt werden konnten», wie der US-amerikanische Autor T. S. Arthur es in seinem Buch *Advice to Young Men on Their Duties and Conduct in Life* im Jahr 1860 ausdrückte.[26]

Die wachsende Gruppe der Büroangestellten, zum Beispiel, musste sich selbst marktfähig machen, um ihre Arbeitskraft verkaufen zu können. Der englische Essayist William Hazlitt schrieb im Jahr 1821, wer als Büroangestellter «das Erscheinungsbild eines Gentlemans» annehmen wolle, solle «gewohnheitsmäßig Selbstbeherrschung» an den Tag legen: «Er sollte vollständige Kontrolle nicht nur über sein Antlitz haben, sondern auch über seine Glieder und Bewegungen. Mit anderen Worten, er sollte durch Auftreten und Manieren eine willentliche Macht über seinen gesamten Körper beweisen, der in jeder Wendung unter der Kontrolle dieses Willens stehen sollte.»[27] Als sich die kapitalistische Zivilisation nach innen wandte, gebot sie den Menschen, sich selbst zu kontrollieren und an sich selbst zu arbeiten, um ihre Arbeitskraft besser vermarkten zu können.[28]

Ein besonderes Charakteristikum der kapitalistischen Zivilisation waren auch neue Formen der Ungleichheit. Soweit man weiß, hat es Ungleichheit in allen menschlichen Gesellschaften gegeben: Im chinesischen Kaiserreich, im Afrika des 16. Jahrhunderts, im feudalen Europa und an anderen Orten bestand eine erhebliche wirtschaftliche, gesellschaftliche und politische Ungleichheit. Der Kapitalismus hat Ungleichheit also nicht erfunden, sondern nur ihre Muster verändert. Es entstand das, was Thomas Piketty als «neues Ungleichheitsregime» bezeichnet hat.[29] Der Status einer Person wurde nun nicht mehr aufgrund von Geburt, Privilegien oder Erbe festgelegt – wie es einer geordneten und statischen Vorstellung von Gesellschaft entsprach, die lange Zeit vorherrschend gewesen war –, sondern durch ihre Stellung in den Gesellschaftsschichten, die der Kapitalismus herausbildete. Wichtig war dabei vor allem die Unterscheidung zwischen jenen, die Kapital investierten und anhäuften, und jenen, die ihr einziges Gut verkauften: ihre Arbeitskraft.

Selbstverständlich machte der Wohlstandstransfer von einer Generation zur nächsten – und damit die Herkunft – immer noch viel aus, ebenso wie Geschlecht und Hautfarbe. Manche Menschen schafften den Sprung über die soziale Kluft, andere nahmen eine gesellschaftliche Zwischenposition ein, beispielsweise Ladenbesitzer, Handwerker, Ärzte und Anwälte. Doch die entstehende kapitalistische Zivilisation zeichnete sich zunehmend durch gesellschaftliche Gruppen aus, die eindeutig modern waren – das, was viele Beobachter im 19. Jahrhundert als «Klassen» bezeichneten. Die Stellung einer Person innerhalb dieser Ungleichheiten bestimmte ihr Leben, und jede Klasse hatte ihre eigene Kultur und sogar eine eigene Politik.[30] Mitte des 19. Jahrhunderts war diese Entwicklung deutlich erkennbar. Der *Economist* schrieb im Jahr 1875 fast programmatisch: «Jede Klasse hat ihre Aufgabe, und jede sollte ihre eigene typische Kultur haben.»[31]

Zu den Menschen, die ihren gesellschaftlichen Platz inmitten dieser neuen Ungleichheiten fanden, gehörte auch Antonio Clemente Pinto. Er wurde in Portugal geboren und kam im Jahr 1821 in die damalige brasilianische Hauptstadt Rio de Janeiro. Zunächst arbeitete er für verschiedene Handelshäuser als *caixeiro*, kleiner Angestellter, bevor er sich als Sklavenhändler selbstständig machte. Zwischen 1827 und 1830 verkaufte er 3647 Versklavte, er wurde zu einem der bekanntesten Vertreter seines Gewerbes in der Stadt. Zu Wohlstand gekommen, investierte Pinto einen Teil seines Gewinns im Paraíba-Tal und erwarb rund um den Ort Nova Friburgo, etwa 130 Kilometer von Rio entfernt, riesige Kaffeeplantagen oder legte neue an. Am Ende besaß er 16 Plantagen mit fast sechs Milliarden Kaffeepflanzen, die von 2180 versklavten Frauen, Männern und Kindern bearbeitet wurden. Er hatte die neue soziale Mobilität, die durch die Ausweitung des Kapitalismus möglich geworden war, am eigenen Leib erfahren und war zum «Kaffeekönig» aufgestiegen.

In den folgenden Jahrzehnten steckten 63 Prozent seines Vermögens in Grund und Sklaven, doch 18 Prozent legte er in Immobilien an – darunter den Palácio do Catete, einen neoklassizistischen Palast, in dem später der brasilianische Präsident residierte. Er investierte auch in die Eisenbahn und die Finanzwirtschaft. Bei seinem Tod hatte sein Besitz einen Wert von 751 000 britischen Pfund (was im Jahr 2024 etwa 89 000 000 Euro entspricht).[32]

Die Schicht der Kaufleute, Industriellen, Plantagenbesitzer, Bankiers und anderen kapitalreichen Familien – die Schicht, der Pinto angehörte – wuchs weltweit. Diese «Kapitalisten», wie sie sich häufig selbst nannten, hatten eine jahrhundertealte Geschichte. Ihre Anzahl und ihr Reichtum nahmen jedoch zu, sie eroberten immer bedeutendere Positionen in der Gesellschaft, und ihre Ansprüche auf eine wirtschaftliche, soziale, kulturelle und politische Führungsrolle vervielfachten sich. Von den Rändern der Gesellschaft bewegten sie sich vielerorts auf ihr Zentrum zu.

In Rio de Janeiro, der größten Stadt Brasiliens, waren laut einer Volkszählung von 1870 unter den 250 000 Einwohnern 245 «Kapitalisten» und weitere 1572 Grundbesitzer.[33] Diese kleine, aber mächtige Gruppe der Kaf-

Laura Clementina da Silva Pinto posiert neben ihrem Mann, Antonio Clemento Pinto, der einen entrollten Plan der Cantagallo Eisenbahn hält. Im Hintergrund ist ein Modell des Palácio do Catete zu sehen. Gemalt 1867.

feeplantagenbesitzer und Händler (die den Kaffee exportierten) dominierte die brasilianische Wirtschaft und zunehmend auch die brasilianische Gesellschaft und Politik.[34] Wie ihre Pendants überall auf der Welt war auch bei ihnen eine «Sucht nach Geld» zu beobachten, wie die österreichische Kaufmannstochter Ida Pfeiffer so zutreffend schrieb.[35]

Eine ähnliche Konzentration von Reichtum und Ungleichheit gab es auch in vielen weiteren Städten. In Lima verdienten bürgerliche Peruaner ihr Geld nicht mit Kaffee, sondern mit Guano. Heinrich Witt, der 1799 im damals dänischen Altona (bei Hamburg) in eine Kaufmannsfamilie hineingeboren wurde, ging in seiner Heimatstadt und in London zur Schule. Ab 1823 arbeitete er als Buchhalter für Antony Gibbs & Sons, eine große Londoner Handelsfirma. Der Haupteigentümer schickte ihn im folgenden Jahr in die peruanische Niederlassung der Firma nach Arequipa. Durch die Hochzeit mit der wohlhabenden María Teodora del Patrocinio de Sierra y Velarde wurde Witt selbst ein wichtiger Händler und Teil der eng vernetzten Wirtschaftselite von Lima. Das Paar kaufte ein Haus am Plaza Mayor und gründete eine Handelsfirma, über die sie zunächst wertvolle Metalle und Wolle exportierten, dann Guano, von dem Witt so besessen war, dass er die guanoreichen Chincha-Inseln in seinen Tagebüchern ganze 61-mal erwähnt.

Wie viele andere Händler investierte Witt später auch noch in Eisenbahnunternehmen, Banken, die Versorgungswirtschaft, Versicherungen und den Warenimport aus Europa. Schließlich hatte die Familie genug Geld, um fünf Diener zu beschäftigen.[36] Im Jahr 1848 beschrieb Witt, was seine verschiedenen wirtschaftlichen Aktivitäten gemeinsam hatten: «Geld einzutreiben und

Weltgewandte Bürger: María Teodora del Patrocinio Sierra y Velarde und Heinrich Witt, geboren im damals dänischen Altona, in ihrem Haus im peruanischen Lima, um 1860.

es so schnell wie möglich wieder zu verleihen, um nicht Zinsen am selben zu verlieren, war mein einziges kaufmännisches Tun.»[37] Und so hielten es Kapitaleigner auf der ganzen Welt.

Mit der Ausbreitung der kapitalistischen Zivilisation bildeten Kapitalbesitzer sich überall als erkennbare Gruppe heraus, der sie sich auch zugehörig fühlten. In New York gab es Mitte des 19. Jahrhunderts eine große und mächtige Wirtschaftselite. Aus London und Paris wurden grundlegend bürgerliche Städte, auch von Kapitaleignern dominiert, die vor allem in Handel und Finanzwesen, aber auch in der städtischen Produktion tätig waren. Fabrikanten bildeten wiederum den Kern der Wirtschaftselite von Industriestädten wie Saint-Étienne, Bochum, Pittsburgh und Birmingham, während in Städten wie Bremen und Le Havre, Liverpool und Genua Rohstoffhändler eine hervorgehobene Stellung einnahmen.

Auch in chinesischen Küstenstädten wie Shanghai, Guangzhou, Tianjin, Hankou und Xiamen entstand in dieser Zeit ein Bürgertum. In Japan tauchte nach der Meiji-Restauration von 1868 eine neue Wirtschaftselite auf, zu der auch der Unternehmer Shinohara Chuemon aus Yokohama gehörte. Sie umfasste die ältere Elite aus Händlern und Proto-Industriellen, aber auch zunehmend moderne Industrielle. In Indien war nach wie vor der Handel die Triebkraft dieser neuen Gesellschaftsschicht. Reiche Kaufleute wie Ramgopal Ghosh, Mutty Lall Seal, Dwarkanath Tagore und Ashutosh Day gaben in Kalkutta den Ton an. In Bombay und Ahmedabad wurden erste Schritte hin zu einer Industrialisierung unternommen, eine indische Fabrikantenelite

Das Bürgertum in Bombay: der Baumwollfabrikant Jamsetji Nusserwanji Tata, spätes 19. Jahrhundert.

nahm Gestalt an: Im Jahr 1856 eröffnete der Kaufmann Cowasjee Nanabhoy Davar in Bombay die erste mechanisierte Baumwollfabrik, kurz darauf zog Ranchhodlal Chhotalal in Ahmedabad nach.[38]

Doch nicht nur die gemeinsame wirtschaftliche Stellung dieser Leute machte deutlich, dass hier eine neue Gesellschaftsschicht entstand. Hinzu kam ihre Fähigkeit, dichte soziale Netze zu knüpfen, gemeinschaftliche Institutionen und eine gemeinsame Kultur zu entwickeln – und all das half ihnen, auch politisch aktiv zu werden. Die spezifische Art und Weise, wie die Kapitaleigner sich zu einer Klasse zusammenfanden, war über weite Distanzen hinweg auffallend ähnlich. Aus den jahrhundertealten Pfaden des kaufmännischen Archipels wurden gepflasterte Straßen – Schnellstraßen –, die die Entstehung eines «globalen Bürgertums» ermöglichten.[39]

Dessen typische Kultur verbreitete sich rasant, denn seine Angehörigen knüpften neue wirtschaftliche Verbindungen, die sich zu einem dichten Netz zusammenfügten, das den gesamten Globus umfasste. Diese Gesellschaftsschicht war selbst ein Produkt des Globalen. Man ist versucht, in der kapitalistischen Zivilisation eine Kraft zu sehen, die von Europa ausging, doch man darf nicht vergessen, dass viele ihrer kulturellen und gesellschaftlichen Merkmale von globalen Beziehungen und Erfahrungen geprägt wurden.[40] Man denke nur daran, wie wichtig Kaffee und Tee bei bürgerlichen sozialen Anlässen waren, welcher Beliebtheit sich indische Stoffe, und dass die Chinoiserie auf der ganzen Welt das bürgerliche Heim verschönerte.

Im Zentrum der gemeinsamen Kultur, die die Kapitaleigner schufen, stand die Familie. Das galt in Kalkutta ebenso wie in Rio, New York oder Paris. Die Kapitaleigner unternahmen enorme Anstrengungen, um verwandtschaftliche Netzwerke aufzubauen und zu pflegen, die sowohl die Kern- als auch die erweiterte Familie umfassten. Der Grund liegt auf der Hand: Familien schufen ein Umfeld des Vertrauens, von dem weit verstreute Unternehmungen nur profitieren konnten. Sie brachten verschiedene wirtschaftliche Sektoren zusammen, und vor allem garantierten sie durch die Erbfolge die langfristige Stabilität eines Unternehmens. Verwandte konnten für die Gründung neuer Niederlassungen wichtig sein oder für die Arbeitsteilung in der Firmenleitung. Und sie stellten sicher, dass ein Unternehmen über die Lebenszeit eines Menschen hinaus weitergeführt werden konnte.

Solche familiären Netzwerke am Leben zu halten, war sehr arbeitsintensiv: Man musste Briefe schreiben, Abendgesellschaften planen, Hochzeiten organisieren. Das war überwiegend die Aufgabe der Frauen, die dadurch nicht nur wichtig für die Entstehung des Bürgertums waren, sondern auch für die Unternehmen selbst, die häufig auf solchen verwandtschaftlichen Beziehungen gründeten. Frauen stellten den Wohlstand der Familie bei Abendessen und in Salons zur Schau, bewiesen, dass sie in der gemeinsamen Kultur bewandert waren (indem sie beispielsweise Klavier spielten), und organisierten die Kindererziehung, die entscheidend war, damit das kulturelle und finanzielle Kapital an die nächste Generation weitergegeben werden konnte. Durch sie wurde die Familie zum Rückzugsort vor dem unablässigen Druck des Marktes – was nicht weniger Einsatz erforderte als andere Aufgaben und prägend war für das Selbstbild von Kapitaleignern weltweit. Durch diese neue «eigene Sphäre» für die bürgerlichen Frauen wurden die Geschlechterrollen schärfer voneinander abgegrenzt – ein entscheidendes Merkmal der kapitalistischen Kultur.[41]

Als Folge wurde der Heiratsmarkt zum vielleicht wichtigsten Markt von allen. Wie in zahllosen Romanen beschrieben, verwandten bürgerliche Frauen viel Zeit auf die Eheanbahnung, bei der sie eine «familiär vorteilhafte Verbindung» anstrebten.[42] «Nur Reichtum und politische Macht verliehen Gewicht», schrieb ein Historiker über den Heiratsmarkt der Oberschicht von Rio de Janeiro.[43] Um sich Zugang zu verschiedenen Machtbereichen zu verschaffen, ließen die Wirtschaftseliten dort und anderswo ihre Nachkommen in Familien einheiraten, die Plantagen besaßen, in Handel, Politik oder Industrie aktiv waren.

Ehen wurden sorgfältig geplant. Bei der Hochzeit des Baumwollfabrikanten Thomas Mitchell mit Ellen Maria Poyser, der Tochter von Samuel Poyser aus Derbyshire, deckte der 29 Seiten lange Ehevertrag alle Eventualitäten ab. Mit penibler Genauigkeit wurde dort festgelegt, wie das Geld, das Ellen Maria in die Ehe mitbrachte, investiert und verwendet werden sollte. Außerdem wurde präzise beschrieben, wie die noch ungeborenen Kinder ausgebildet und versorgt werden sollten. Oft brachten Frauen frisches Kapital und neue Geschäftsverbindungen in die Familie, wie Johanne Maria Rauh, die Tochter eines Besteckhändlers aus Solingen, als sie den Besteckfabrikanten Johann Abraham Schmidt heiratete.[44]

Zunehmend konzentrierten sich die Netzwerke der Wirtschaftselite auch in eigenen Stadtvierteln. Jahrhundertelang hatten Kaufleute, Industrielle und Bankiers in der Nähe ihrer Geschäftsräume gelebt und häufig auch weniger betuchte Nachbarn gehabt. Ihre Mitarbeiter ließen die Händler oft bei sich im Haus oder sogar im Haushalt wohnen, und Industrielle lebten normalerweise auf dem Betriebsgelände. All das veränderte sich ab der Mitte des 19. Jahrhunderts. Bürgerliche Familien zogen sich in sozial homogene Wohngegenden zurück. In Rio de Janeiro hatten Arm und Reich jahrzehntelang nebeneinander gelebt, doch ab den 1820er Jahren zogen die Wohlhabenden von ihren Warenhäusern weg in die gerade entstandenen *bairros* am Stadtrand und bezogen dort neu gebaute neoklassizistische Häuser. Entsprechend beschränkte sich ihr Aktivitätsradius immer mehr auf einen sehr kleinen Teil von Rio.

In New York führte ein ähnlicher Prozess dazu, dass Angehörige des Bürgertums sich in wechselnde Gegenden von Manhattan ansiedelten, in der Mitte des 19. Jahrhunderts wohnten die allermeisten von ihnen in einem kleinen Gebiet um den Washington Square. Auch im Sommer blieben sie unter sich, wenn sich ein Großteil der US-amerikanischen Wirtschaftselite im Seebad Newport, Rhode Island, oder anderen schicken Orten traf, wie eine Übersicht der «Sommergäste» in Newport aus dem Jahr 1895 zeigt, in der unter 517 Namen aus New York, Boston, Providence, Chicago, Philadelphia und Baltimore auch Mitglieder der Familien Astor, Belmont, Brown, Harriman, Morgen und Vanderbilt aufgeführt werden.[45]

Bei der Stabilisierung dieser Netzwerke spielten Bildungseinrichtungen eine wichtige Rolle. Die Söhne und vor allem die Töchter von Kaufleuten, Fabrikanten und Finanziers wurden häufig von Hauslehrern unterrichtet. Eine höhere Bildung galt als entbehrlich für ihre zukünftigen Aufgaben, die in der Führung von Haushalt, Kontor, Plantage oder Fabrik bestanden. Dennoch wurden Eliteschulen und Universitäten gegründet und schufen eine weitere Ebene, auf der die Wirtschaftselite zusammenhielt. In Rio de Janeiro wurden die Söhne der Oberschicht ab 1837 im Colégio Pedro II nach einem Lehrplan ausgebildet, der sich an der klassischen französischen Bildung orientierte. An der Bostoner Harvard University, einst primär eine Ausbildungsstätte für Geistliche, wurden nun die Söhne der Kaufleute und Fabrikanten der Stadt unterrichtet.[46] Bald fand sich in fast jeder größeren Stadt eine solche Elitebildungseinrichtung, damit war der Grundstein für eine wichtige Säule der kapitalistischen Zivilisation bis heute gelegt.

Anfangs spielten jedoch auch kleinere, intimere Institutionen eine zentrale Rolle bei der Ausbildung bürgerlicher Netzwerke: Verbände, Vereine und Clubs, die sich in Städten weltweit vervielfachten und Eliten mit ganz verschiedenen wirtschaftlichen Interessen zusammenbrachten. In New York City gehörten der New York Club, der New York Yacht Club, der Union League Club und der Century Club dazu. Im Jahr 1875 gab es in Saint-Étienne, einem Zentrum der Kohleförderung und Metallverarbeitung nahe von Lyon, 21 bürgerliche Zusammenschlüsse wie den Cercle des Tisseurs und den Cercle de l'Union. In Kalkutta wurde die Bengal Chamber of Commerce zu einem wichtigen Treffpunkt der städtischen Wirtschaftselite. In Hongkong und Shanghai kamen chinesische Kapitaleigner beispielsweise zu wohltätigen Zwecken zusammen. In Rio fand sich die Wirtschaftselite der Stadt im prächtigen Bau des 1845 gegründeten Casino Fluminense ein. Hier mischten sich Plantagenbesitzer und Kaufleute, erfolgreiche Geschäftsmänner und Politiker. Der örtliche Jockey Club war ein weiterer Treffpunkt, an dem – beim Pferderennen – Networking betrieben wurde.

In Frankfurt am Main florierte zur selben Zeit das institutionelle und kulturelle Leben des Bürgertums und war nahe dran, zum definierenden Merkmal der Kapitaleignerklasse zu werden. Die Bethmanns – die im Karibikhandel, bei den deutschen Staatsfinanzen und der Industrialisierung eine Rolle spielten – engagierten sich im Frankfurter Kunstverein, in der Senckenberg Gesellschaft für Naturforschung, dem Pariser Zoo, der Volksbibliothek, dem Theater, dem Palmengarten (einem der drei botanischen Gärten der Stadt), dem Städel Museum, der Volksküche, dem Verein für Blinde und dem Verein gegen Tierquälerei. In Hamburg erfüllten die Kunsthalle und die Musikhalle ähnliche Funktionen. Auch die wirtschaftliche Elite Manchesters strömte eifrig in die Musikvereine, die Geological Society, die Medical Society, das Victoria Institute, die Natural History Society, die Phrenological Society, die Botanical and Horticultural Society und viele weitere.

Über eine lebendige Zivilgesellschaft übte das Bürgertum Einfluss und Macht aus – Zeitungen, Museen, Zoos und andere Begegnungsorte wurden stilprägend und förderten das Networking. Zunächst waren solche Zusammenschlüsse lokal begrenzt. In ihrer institutionellen Betätigung blieb die Bourgeoisie der Jahrhundertmitte trotz ihrer landesweiten und sogar weltweiten Verbindungen überwiegend provinziell. Das Gesellschaftsleben stärkte den immer noch neuen Führungsanspruch auch mit seinen vorhersagbaren Abläufen. Der brasilianische Ingenieur André Pinto Rebouças beschrieb in seinem Tagebuch eine endlose Abfolge von Briefeschreiben, Geschäftstreffen, Mittagessen in verschiedenen Clubs, Abenden in der Oper und Dinners mit den immer gleichen Menschen.[47]

Bei der Etablierung der sozialen Netzwerke entwickelten Kaufleute, Fabrikanten, Plantagenbesitzer und Bankiers auch eine gemeinsame Klassenkultur. Der brasilianische Autor Joaquim Maria Machado de Assis zeichnete im Jahr 1880 von der wirtschaftlichen Elite Rio de Janeiros das Bild einer selbstbewussten Klasse, deren Mitglieder aus Sklaverei und Kaffeehandel Kapital schlugen und miteinander über familiäre Netzwerke, Institutionen, eigene Wohnviertel und gemeinsame Umgangsformen und Gepflogenheiten eng verbunden waren.[48] Sein Text erzählt die Lebensgeschichte des fiktiven Rentiers Brás Cubas, darin beschrieb der Autor Menschen in Gehrock und Reithose, die an der Portugiesischen Universität von Coimbra studiert hatten. In ihren Häusern gab es «Tischtücher aus Flandern [und] große Wasserkrüge aus Indien» sowie Sklavinnen, die ihre «kleinen Herren» großzogen. Im Rio von Machado dinierte die Bourgeoisie im luxuriösen Hotel Pharaoux (mit einem Chefkoch aus Paris), besuchte Bälle und Theateraufführungen («er liebte das Theater») und führte ein bemerkenswert «elegantes und glanzvolles Leben». In dieser Welt war die «öffentliche Meinung» überaus bedeutsam, und man musste sie «fürchten», denn sie konnte Karrieren fördern oder beenden.[49]

Für das Verhalten in der Öffentlichkeit galten strenge Regeln, so auch in der bürgerlichsten aller Straßen in Rio de Janeiro, der Rua do Ouvidor, in der es stilvolle Cafés gab und Geschäfte Waren aus Paris feilboten. Dorthin

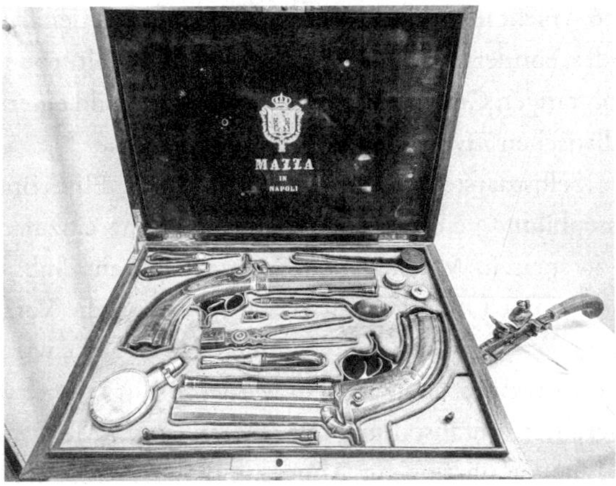

Die bürgerliche Ehre wird verteidigt: Duellpistolen, Italien, um 1850.

strömte die gesamte «elegante Welt», zeigte sich in ihrem Sonntagsstaat, trank Kaffee und hoffte, gesehen zu werden. Die Straße besaß für die Wirtschaftselite von Rio eine so große Bedeutung, dass der Autor Joaquim Manuel de Macedo im Jahr 1878 eine Chronik über sie verfasste, die *Memórias da Rua do Ouvidor*, in der er sie wegen der bedeutenden kulturellen Angebote als ein «Terrain der Leidenschaft» beschrieb.[50]

Die Kapitaleigner von Rio erschufen, wie Kapitaleigner überall, eine *alto mundo* – eine High Society.[51] Als ein Autor im Jahr 1911 nostalgisch auf die 1870er Jahre zurückblickte, malte er sich diese bessere Gesellschaft als «überaus vornehm und grazil» aus, «mit den Gepflogenheiten verfeinerter Geselligkeit».[52] Plantagenbesitzer, Händler, Investoren und Politiker trafen sich bei sich zu Hause, in Clubs oder Theatern. Ihre kulturelle Sensibilität war geprägt von der Welthauptstadt des Bürgerlichen: Paris.[53] Der Erwerb von Französischkenntnissen war für die Eliten zentral, französische Gouvernanten, französische Möbel und französische Architektur waren der letzte Schrei – sogar die Stadtplanung wurde grundlegend «französisiert».[54] Champagner war in Rio de Janeiro und anderswo das angesagte Getränk, und die Luxusprodukte aus französischer Herstellung waren in so vielen bürgerlichen Haushalten zu finden, dass der französische Kapitalismus auch «Champagner-Kapitalismus» genannt wurde – der Export von Luxuswaren an die Eliten auf der ganzen Welt, die damit ihre Zugehörigkeit zur Oberschicht bewiesen, war in gewisser Weise ein Schwerpunkt der französischen Wirtschaft.[55]

Die bürgerliche Kultur wurde zu einem Kennzeichen der kapitalistischen Zivilisation. Brasiliens wirtschaftliche Elite betonte bei den Auftritten des Landes auf den Weltausstellungen – in Paris 1869, in Wien 1873 und in Philadelphia 1876 – nicht nur den Ressourcenüberfluss und den fruchtbaren Boden des Landes, sondern auch seine «intellektuelle Kultur»: seine Theater und seine wohltätigen Gesellschaften. Es bot also das Bild einer voll ausgebildeten kapitalistischen Zivilisation.[56]

Wie diese Selbstdarstellung der wirtschaftlichen Elite Brasiliens zeigt, war die Klassenbildung ein bewusster Vorgang. Gäste einzuladen, in edlen Restaurants zu speisen, Mitgliedschaften in exklusiven Clubs und eine gewisse Art, sich in der Öffentlichkeit zu geben, waren die Voraussetzungen, um als Mitglied der «boa sociedade» (guten Gesellschaft), wie sie das *Jornal das Senhoras* 1854 nannte, anerkannt zu werden.[57] Ein Dinner war eine sorgfältig choreografierte Veranstaltung mit Speisen, deren Menge und Auswahl obszön war. Eine Faszination für Ahnenkunde war verbreitet: Die brasilianische Familie Werneck, die ihren Reichtum Investitionen in Plantagen verdankte, ließ detaillierte Stammbäume erstellen, die ihre vornehme Herkunft zeigten.[58]

Wären Händler, Bankiers und Fabrikanten aus anderen Teilen der Welt zu Besuch gekommen, hätten sie sich in diesen Gepflogenheiten und Umgangsformen wiedererkannt. Tatsächlich war die entstehende bürgerliche Kultur so überraschend vorhersagbar, weil sie überall Lösungen für dieselben Probleme bot: Wie ließ sich Vertrauen bilden, eine Grundlage für kollektives Handeln schaffen, die Lücke zwischen körperlosem Kapital und dem vergänglichen Menschen schließen und die Familie so aufstellen, dass das Kapital reibungsloss floss und es unsterblich wurde?

Das Verhalten unterlag in Rio de Janeiro wie anderswo einem strengen Regelwerk. Es gab Benimmbücher wie das *Elementos da civilidade,* das insgesamt 159 Regeln enthielt, die vorschrieben, wie man sich angemessen kleidete, wie man sich bei einem Besuch zu benehmen habe, wie man «bei Tisch» Konversation betrieb, wie man Briefe zu schreiben hatte. Diese Bücher ermahnten die Leser, sich im Umgang mit anderen Mitgliedern der «Gesellschaft» höflich zu zeigen.[59] So schien es einen Widerspruch im Kern der kapitalistischen Zivilisation zu geben: Einerseits strebte das Bürgertum durchgängig eine Welt an, die von Märkten beherrscht wurde, andererseits

MENU

Le 18 Novembre 1879

BUVETTE.

Orangeade.	Groseille framboisée.
Lait d'amandes vanillé.	Cognac fine Champagne.
Punch au Rhum.	Liqueurs fines très variées.

Biscuits assortis. — Petits fours variés. — Gâteau à l'Anglaise.
Gâteau D. Amelia.

Bière: Bass.	Gâteau de Manioc.	Bière: Noire.
Carlsberg.	Gâteau à la Victoria.	Christiana.
Tivoli.	Biscuits nouveautés.	Lager-Bier.

SERVICE AU SALON.

1.°

Thé vert, Thé noir et Thé perlé au lait.

Plateaux de biscuits variés.	Pain de Venise.
Pain grillé.	Pain de Petropolis.
Pain de Chine.	Gâteau de Savoie.

2.°

Glaces moulées crème et fruits. — Matonellas à la Napolitaine.
Sorbets assortis. — Gaufres à la Vanille.

3.°

Sorbets, Matonelles, Glaces moulées. — Meringues variées à l'Italienne.
Croquembouche d'amandes.

4.°

Punch à la Romaine. – Punch au Champagne vanillé.

5.°

Sandwichs: au jambon, fromage, anchois, langue. — Petits pâtés palmito et camaron.
Petits vol-au-vents d'huitres à la Béchamel.

Casadinhas de crevettes.	Côtelettes de homard.
Jambonneau de volaille à la Villeroy	Bouchées de Sinhá à l'Impératrice.
Croquettes de lapereau.	Cramousky de volaille à la Polonaise.
Rissolles à la Turenne.	Petits verres de gelée aux fruits.

VINS.

Madère, Xérès, Haut-Sauterne,
Rhin, Château-Yquem, St. Julien, Château Coufran,
Nuits, Château Laffite,
Champagne Cliquot à la glace, Porto vieux, Chambertin,
Champagne Piper frappé, Muscatel de Sétubal,
Constance, Tockay.

Essen als Merkmal einer Klasse: Auszug aus einer Menükarte in Rio de Janeiro, Brasilien, 1877.

definierte sie sich selbst über Netzwerke, Rituale, Gewohnheiten und Verhaltensweisen, die nicht auf Märkten gehandelt wurden.

Rio de Janeiro war keine Ausnahme. Auch anderswo bildete sich ein Bürgertum heraus, das gern zeigte, was es hatte. Die Häuser der New Yorker Oberschicht waren vornehm eingerichtet und mit erlesenen Möbeln vollgestellt; an den Wänden hingen Portraitgemälde von Familienmitgliedern und überall standen Kristallwaren, Skulpturen und Reiseandenken aus aller Welt. In Glasgow wurde nach dem Tod eines Mitglieds der Oberschicht im Jahr 1850 ein sieben Seiten langes Inventar aller Haushaltsgegenstände und Möbel erstellt, und das zu einer Zeit, in der Industriearbeiter und Bauern fast nichts besaßen.[60]

Die bürgerliche Kultur nahm planetare Ausmaße an. Ihre Struktur, Artefakte und Manieren in indischen Städten wären Besuchern aus New York, Glasgow oder Rio de Janeiro grob vertraut vorgekommen. In Kalkutta wurden opulente Kleidung, aufwendige gesellschaftliche Ereignisse und protziger Konsum ebenso Merkmale der lokalen Wirtschaftselite wie anderswo auch. Sie traf sich in Restaurants und Theatern, Kutschen fuhren elegante Straßen entlang, damit ihre Passagiere kostbaren Schmuck und Kleidung zur Schau stellen konnten. Der Biograf des wichtigen Importeurs John Palmer in Kalkutta schrieb, Palmers «Privatleben [ist] so untrennbar mit seiner geschäftlichen Karriere verknüpft, dass man oft nur schwer feststellen kann, ob er sich bei seinen Entscheidungen von persönlichen oder kommerziellen Überlegungen leiten lässt».[61]

Den Kern von Palmers Privatleben bildete seine Verwandtschaft. Er und seine Frau Mary schickten die Töchter in England zur Schule, um sie auf eine standesgemäße Ehe vorzubereiten. Ein Leben in dieser Welt war teuer, aber notwendig, um seinen geschäftlichen Erfolg und damit seine Kreditwürdigkeit zu beweisen. Geschmack war eine Frage von Klasse. Auch wohlhabende Bengalen waren Teil dieser Welt, und Palmer pflegte, in angemessenem Rahmen, Kontakte zu indischen Kaufleuten wie Ramchunder Mitter, denn er war auf ihr Kapital, ihre institutionelle Unterstützung und ihr Wissen angewiesen. Die bengalische Elite schmückte sich mit Insignien der europäischen bürgerlichen Kultur, und umgekehrt ließen sich auch die Europäer von der lokalen Kultur beeinflussen: Die Einrichtung des Palmerschen Haushalts war von der Ästhetik der Moguln geprägt, die Hausangestellten bereiteten eine Mischung aus britischen Speisen und lokalen Zutaten zu.[62]

Tausende solcher Geschichten könnte man über Kapitaleigner in der ganzen Welt erzählen. Die bürgerliche Kultur etablierte sich in osmanischen Städten wie Aleppo, Damaskus, Beirut, Haifa, Kairo und Izmir. Kapitaleigner kleideten sich nach westlicher Mode (der ein Fez hinzugefügt wurde), lebten in kleineren Einheiten als andere Familien und legten ein großes Interesse an Wissenschaft, westlicher Literatur und Kunst an den Tag. Sie organisierten Vereine und wohltätige Gesellschaften, auch Bälle und Theateraufführungen spielten eine wichtige Rolle in ihrem Sozialleben.[63]

Auch in ländlichen Regionen Ägyptens, wo Baumwolle angepflanzt wurde, bildete sich eine Klasse kapitalistischer Landbesitzer heraus, die mit ihrem Privatvermögen Insignien der bürgerlichen Kultur erwarben. In kleinen Dörfern entstanden kostbar eingerichtete Herrenhäuser, in Stadthäusern erfüllten Diener jeden Wunsch der Neureichen, und es wurde üblich, in die Zentren der europäischen bürgerlichen Kultur zu reisen. Die Familie des Baumwollproduzenten Hassan Fudda war eine von vielen, die in der zweiten Hälfte des 19. Jahrhunderts durch den Baumwollboom zu Wohlstand gelangte, mehrere Herrenhäuser erwarb, europäische Hauslehrer für die Kinder beschäftigte und verschwenderische Partys veranstaltete.[64]

Auch in Lima folgte das bürgerliche Leben grundsätzlich den Sitten und Gebräuchen dieser Klasse in anderen Teilen der Welt. Das umfangreiche Tagebuch des Kaufmanns Heinrich Witt offenbart eine Obsession mit der «Reputation», dem materiellen und moralischen Wert, der einem Vertreter der städtischen Wirtschaftselite beigemessen wurde, und mit der Weitergabe von Eigentum durch Vererbung. Aufschlussreich ist, dass Witt die Heirat eines Bekannten mit einer «unbekannten Frau» verurteilte und es für gut befand,

Ein Bourgeois auf dem Land:
Hassan Fudda, Baumwollproduzent,
Ägypten, spätes 19. Jahrhundert.

dass die Mutter des jungen Mannes das Haus, in dem sie mit ihrem Sohn gelebt hatte, umgehend verließ. Er schrieb über Menschen von einem «moralischen Standpunkt» aus und beteiligte sich intensiv an kulturellen Aktivitäten.[65] Witt war gebildet, sprach sieben Sprachen, verschlang literarische und historische Bücher und verfolgte die politischen und wirtschaftlichen Nachrichten aus Kontinenten. In der bürgerlichen Kulturwelt war er bestens vernetzt, besuchte regelmäßig die Oper. Er ging spazieren, machte Ausritte und reiste ans Meer, was häufig eine Mischung aus Geschäft und Vergnügen bedeutete. In seiner Welt herrschte eine auffallende Geschlechtertrennung, auch zu Hause. Nach dem Abendessen zogen sich die Männer in einen eigenen Raum zurück, um dort zu trinken und zu rauchen.[66]

Kontakte zu knüpfen, war ein wichtiger Teil von Witts Geschäft. Er besuchte Leute, schrieb Briefe und baute sich so ein Netzwerk auf. Am Weihnachtstag hatte er es sich zur Gewohnheit gemacht, durch Lima zu fahren, wichtige Kontakte zu besuchen und dort seine Visitenkarte zu hinterlassen. Um dieses Netzwerk zu festigen, besuchten oder veranstalteten Witt und seine Frau, María Teodora del Patrocinio de Sierra y Velarde, häufig Partys und Abendessen, bei denen sich auch Politiker unter die Geschäftsleute mischten. Im Oktober 1848 organisierten die Witts ein großes Fest mit 161 Gästen, darunter viele Geschäftsleute und Politiker, sogar der Präsident von Peru. Bis Tagesanbruch aßen sie reichlich und tranken Champagner.[67]

Wie andere in der Oberschicht war auch Witt klar, dass die Familie sein wichtigstes Netzwerk war, und er achtete sehr darauf, wer wen heiratete. Einen jungen Mann aus Altona, der um die Hand seiner Tochter Enriqueta anhielt, wies er ab und schrieb an dessen Mutter: «Der völlige Mangel an Kapital, um ein Geschäft zu beginnen, war ein gewichtiger Grund für mich, seiner Heirat mit meiner Tochter meinen Segen zu verweigern. Liebe ist eine schöne Sache, aber Liebe ohne Brot füllt nicht den Magen.»[68] Wenige Monate später, im Mai 1848, heiratete Enriqueta mit Gerald Garland einen Mann, den ihr Vater für eine bessere Partie hielt: «Herr Garland war unser ständiger Gast beim Abendessen. Er und meine Tochter waren natürlich beste Freunde, aber für Verliebte waren sie still und wortkarg.»[69] Dennoch hielt Witt Garland für einen «ausgezeichneten Kontormann», und trotz seiner berechnenden Einstellung war er bei der Hochzeit zu Tränen gerührt.[70]

Manches, das bürgerliche Kulturen über weite Entfernungen miteinander verband, war das Ergebnis des Kosmopolitismus der Wirtschaftselite und ihrer zunehmenden Freude am Reisen. Witt war ein begeisterter Reisender und besuchte die Schweiz, Paris, Prag, Berlin, München, Neapel, Algiers, Norwegen, Dänemark, Brüssel, London, Liverpool, Manchester und weitere

Orte. Die Grand Tour wurde zu einem Initiationsritus für eine neue Klasse junger Wirtschaftsbürger, und eine ganze Generation von Kapitaleignern aus aller Welt traf sich in den Arkaden von Paris, den Schneidereien von London, den antiken Ruinen Roms und den Uffizien in Florenz.

Der Bankier Moritz von Bethmann reiste mit seiner Familie im Jahr 1864 sechs Monate lang durch Italien. Sie besuchten Venedig und Rom, Florenz, Bologna, Mailand und Genua. Dabei dokumentierten sie die Kunstwerke, die sie sahen, mithilfe einer neuen Technologie: der Fotografie. Sie sammelten auch emsig Visitenkarten von Bekleidungsgeschäften, Juwelieren und Möbelhändlern und genossen den neuen Luxus, Kunden bei den angesehensten Vertretern der hochwertigen Handwerkskunst zu sein – ein nostalgischer Rückgriff auf das kulturelle Repertoire der herrschenden Klasse der Vergangenheit.[71] Wenn sie sich auf der Tour bei gemeinsamen eleganten Mahlzeiten zeigten, stellten sie ihren Kosmopolitismus und ihre Verbundenheit mit einer weltumspannenden Gemeinschaft zur Schau.

Die Verbreitung der bürgerlichen Kultur kann man am besten anhand von italienischen Opernhäusern nachvollziehen, die nun aus dem Boden sprossen – eine typisch bürgerliche Kulturform. Das erste Opernhaus dieser Art wurde 1637 in Venedig eröffnet. Ihm folgten weitere in Italien und anderen europäischen Städten (und in Le Cap in Saint-Domingue im Jahr 1780). Mitte des 19. Jahrhunderts setzte ein globaler Opernboom ein. In den 1840er Jahren öffnete die Dresdner Semperoper ihre Türen, kurz darauf das Gran Teatre del Liceu in Barcelona. Im folgenden Jahrzehnt wurde die Kaiserliche Oper Tiflis eingeweiht, die Staatsoper in Hannover, das Teatro de la Zarzuela in Madrid (das der Scala in Mailand nachempfunden war), das Teatro Solís

Eine Rundreise durch die bürgerliche Welt: Familie Bethmann fotografiert die historischen Wunder von Venedig.

in Montevideo, die Academy of Music in Philadelphia (mit einer Aufführung von Verdis *Il Trovatore*) und das Teatro Colón in Buenos Aires.

In den 1860ern folgten weitere: das Mariinski-Theater in St. Petersburg, das Théâtre du Châtelet in Paris (mit 2200 Sitzplätzen), das Sauto-Theater im kubanischen Matanzas, das Apollo-Theater auf der kleinen griechischen Insel Syros, das Teatro Degollado in Guadalajara, das Royal Colosseum and Opera House in Glasgow, die Wiener Hofoper an der neu gebauten Ringstraße (das Zentrum der Habsburger Bourgeoisie) und das Khedivial-Opernhaus in Kairo (entworfen von den italienischen Architekten Avoscani und Rossi) mit einer Aufführung von Verdis *Rigoletto*.

Der Opernboom ging in den 1870er Jahren mit der Eröffnung vieler Spitzenhäuser weiter: dem Kroatischen Nationaltheater in Zagreb, dem Athenaeum im irischen Cork, dem Festspielhaus in Bayreuth und dem Theatro Lyrico Fluminense in Rio de Janeiro (das «sich einer außergewöhnlichen gesellschaftlichen Bedeutung erfreut», auch bei Antonio Clemente Pinto, der dort ebenso wie beim Jockey Club regelmäßig Besucher war und zudem an einer endlosen Reihe von Bällen und Partys teilnahm).[72] Die ungarische Staatsoper in Budapest nahm 1884 den Betrieb auf. Und im Jahr 1897 eröffneten die Kautschukbarone Brasiliens tief im Herzen des Amazonas-Regenwaldes in einer Stadt, die nur per Schiff erreichbar war, ihr eigenes Opernhaus – das Teatro Amazonas of Manaus – mit einer Aufführung von Amilcare Ponchiellis *La Gioconda*.[73]

Die bürgerliche Kultur wird flügge: Das Teatro Amazonas, ein Opernhaus, wird im brasilianischen Manaus 1897 eröffnet.

Die Kapitaleigner entwickelten eigene Vorstellungen von der Gesellschaft, bei deren Erschaffung sie eine so entscheidende Rolle spielten, und ihrer Rolle darin. Die kapitalistische Zivilisation wurde zum ideologischen Projekt, bei dem es um Legitimität und Geschlossenheit ging. Einig waren sich die wirtschaftlichen Eliten weltweit in dem Glauben, Teil des historischen Fortschritts zu sein. Sie waren überzeugt, eine stagnierende, oftmals durch Willkürherrschaft geprägte Welt hinter sich zu lassen, eine Welt, die in ihren Augen weltlichen und religiösen Überzeugungen anhing, die Ausfluss von Aberglauben und aristokratischen Privilegien waren. Ihre Zukunftshoffnungen wurden von den technischen Innovationen der Zeit befeuert: Dampfmaschinen, Eisenbahnen und andere Erfindungen versprachen eine nunmehr entfesselte Welt, ein Morgen, an dem menschliche Energie, Intelligenz und Entschlossenheit die materiellen Grenzen früherer Zeitalter überwinden würden. Der Optimismus war grenzenlos, und man feierte die erheblichen Fortschritte, die sich überall vollzogen. Sie sahen ein neues Zeitalter heraufziehen, das sie lockte und das anzuführen sie sich berufen fühlten.[74]

Ihre Zuversicht wurzelte in der Universalität ihrer Werte. Dabei ignorierten sie bequemerweise die Rolle, die der Nichtmarkt, die Ausbeutung, Sklaverei und Enteignung für ihren Aufstieg gespielt hatten. Ihren Wohlstand führten sie nicht auf Geburt, Erbe, Glück oder Abstammung zurück, sondern stellten es als das Ergebnis von harter Arbeit, Umsicht, Intelligenz und der Bereitschaft dar, auf Belohnungen in der Gegenwart zugunsten zukünftigen Wohlergehens zu verzichten. Das *Hunt's Merchants' Magazine and Commercial Review* schrieb in den 1850er Jahren in New York, «Ehrlichkeit», «gegenseitiges Vertrauen», «Ehre», «Aufrichtigkeit», «Integrität», «strenge moralische Grundsätze» und «Durchhaltevermögen» seien überaus wichtige Tugenden.[75]

Zur Identität eines Kapitaleigners gehörte, die schiere Existenz von «Klassen» abzulehnen, während es etwa im europäischen Adel weitverbreitet war, Hierarchien ungeniert zum Fetisch zu erheben.[76] «Erfolg entsteht nicht durch Geburt oder Zufall», erklärte das *Hunt's Merchants' Magazine and Commercial Review*.[77] Die elitäre Association for Improving the Condition of the Poor (AICP) wies 1858 darauf hin: «Kein Mann verfügt über Rechte, die nicht alle haben.»[78] Dieser Glaube an die allgemeine Gültigkeit der Werte ihrer eigenen Klasse eignete sich nur allzu gut dafür, die Welt, die sie gerade erschufen, als naturgegeben darzustellen. Ähnlich haben Eliten zu allen Zeiten argumentiert, um ihren Status zu verteidigen.[79]

Trotz der offensichtlichen Widersprüche brachte diese aufkommende

Weltsicht das intellektuelle Rüstzeug und die politische Energie hervor, um sich Abhängigkeiten und Hierarchien zu widersetzen, die menschliche Gesellschaften über Jahrhunderte geprägt hatten – von religiös begründeter Herrschaft bis zur Unterordnung von Frauen, von klassenspezifischen Vorrechten bis zur Sklaverei. So gab es Mitte des 19. Jahrhunderts auch wohlhabende Kapitaleigner in der Anti-Sklaverei-Bewegung, die ansonsten überwiegend aus Afro-Amerikanern und weniger betuchten Weißen bestand. Das zeigt den emanzipatorischen Impetus in der entstehenden bürgerlichen Weltsicht.[80]

Die Brüder Arthur und Lewis Tappan, beide Geschäftsmänner in New York, gründeten die American Anti-Slavery Society und machten New York damit zum Zentrum der Anti-Sklaverei-Bewegung. Der Textilfabrikant George Opdyke beschrieb in *A Treatise on Political Economy* 1851, die Sklaverei «steht offensichtlich im Widerspruch zu den Prinzipien von Gerechtigkeit und politischer Gleichberechtigung». Darüber hinaus, so Opdyke weiter, könne das in Menschen gebundene Kapital nicht anderweitig genutzt werden; und bei den Sklaven fehle die treibende Kraft für wirtschaftliche Entwicklung – die Motivation, hart zu arbeiten –, weil bei ihnen «die Hoffnung auf Gewinn und die Angst vor Not beide durch den Entzug der Freiheit ausgelöscht wurden».[81]

Solche aufgeklärten Überzeugungen wirkten sich auch darauf aus, welche politische Ordnung der wirtschaftlichen Elite vorschwebte. Aus einer Welt der Tributherrschaft und der Adelsprivilegien kommend – in der sie auch immer noch lebten –, strebten die Kapitaleigner politische Mitspracherechte an, die ihrer wirtschaftlichen Stellung entsprachen. Sie verlangten, die Macht des Adels zu beschneiden, und traten daher für den Rechtsstaat ein (als Gegengewicht zu den personalistischen Entscheidungsbefugnissen der Aristokratie), für Pressefreiheit, Meinungsfreiheit und eine Gewaltenteilung, die die Macht der überkommenen Tributherrscher weltweit begrenzen sollte. Diese liberale Weltsicht, so eingeschränkt sie in vielerlei Hinsicht auch war, bildete einen Grundpfeiler der kapitalistischen Zivilisation.

Doch sosehr dieser fundamental liberale Universalismus auch von dem Glauben der wirtschaftlichen Elite getragen war, dass die Welt immer moderner und fortschrittlicher werde, wurde er stets von einer Angst vor der Instabilität der Zivilisation gedämpft, die diese Elite selbst erschaffen hatte: die Krisen, sozialen Umbrüche und Rebellionen der entwurzelten und verarmten «Massen», die im ganzen Imperium des Kapitals verbreitet waren. Sogar die tendenziell ablehnende Haltung vieler Kapitaleigner gegenüber der Sklaverei konnte durch die Befürchtung ins Wanken geraten, wenn man dieses spezielle Eigentumsrecht infrage stellte, würden die Eigentumsrechte insgesamt in die Diskussion geraten. Manchmal ließ sich der «Antagonismus zwischen Kapital und Arbeit» nur begründen, wenn man auf den Darwinismus zurückgriff, wie es *The Economist* 1867 tat, als er verkündete, die sozialen Unterschiede seien das Ergebnis «einer natürlichen Auslese, die so gewiss und unerbittlich ist, wie jeder andere Mechanismus der Welt».[82]

Neben den Ängsten gab es auch handfeste Widersprüche. Das emanzipatorische Element in der bürgerlichen Weltsicht fand ein Gegengewicht in der Hierarchie der kapitalistischen Zivilisation, die auf einer Ungleichheit der Geschlechter sowie rassistischer und kolonialer Dominanz gründete. Geschlechterunterschiede wurden strikt durchgesetzt und waren tief in Sitten und Gesetz verwurzelt. Die bürgerliche Welt wurde außerdem von Imperialismus und Sklaverei ebenso geprägt wie von einem unerschütterlichen Glauben an rassistische und zivilisatorische Hierarchien. Rassistisches Denken – manchmal offen, manchmal unterschwellig – fand sich praktisch überall. Die anerkannte Zeitschrift *The Manufacturer and Builder*, die für sich als «praktische Zeitschrift des industriellen Fortschritts» warb, schrieb einmal: «Der Unterschied zwischen Kaukasiern und den niedrigsten (eingeborenen) Australiern ist größer als der zwischen einem Australier und der hochentwickeltsten Affenart.»[83] *The Economist* sprach von «arbeitsscheuen und halbwilden Malaien».[84] Heinrich Witt in Lima hielt Menschen afrikanischer Herkunft für von Natur aus faul.[85] Die österreichische Reisende Ida Pfeiffer fand die Menschen afrikanischer Herkunft in Rio «wahrhaft abschreckend».[86] Und auch John Palmers Sicht war rassistisch gefärbt, obwohl er mit seinen indischen Geschäftspartnern eng zusammenarbeitete: Malaien waren für ihn «habgierige Wilde».[87] Der radikalste Ausdruck dieser Tendenzen war die entstehende «Rassenkunde».[88] Der Harvard-Professor für Zoologie und Geologie, Louis Agassiz, stellte eine Theorie auf – den Polygenismus –, nach der verschiedene Völker unterschiedliche Ursprünge haben, und er behauptete, jede «Menschenrasse» sei eine eigene Spezies.[89]

Rassistisches Denken kennzeichnete ganz wesentlich, wie die wirtschaftlichen Eliten die globalen Hierarchien in der neuen kapitalistischen Zivilisation verstanden. Auch ihre Sicht auf die häuslichen und die regionalen wirtschaftlichen Hierarchien war davon durchtränkt – ein eklatanter Widerspruch zu der universalistischen Weltsicht, die das Bürgertum weltweit für sich reklamierte. Wenn Unternehmer, Fabrikanten und Bankiers Mitte des 19. Jahrhunderts über Sozialprobleme in den Städten sprachen, bedienten sie sich zunehmend der Begrifflichkeiten, die in den Kolonien gängig waren – die «barbarischen Unterschichten» und die von ihnen ausgehenden

Rassistische Hierarchien waren zentral für die bürgerliche Klassenbildung: ein weißer Unternehmer und seine versklavten Arbeiter, Brasilien, 1870.

Gefahren waren ständig Thema im Diskurs der Elite, das Bürgertum zog Parallelen zwischen den kolonialen Untertanen und den europäischen Unterschichten.

Die Angst vor den Arbeitern verstärkte sich exponentiell, als diese in Fabriken und Stadtviertel einzogen, die weit von den «Oberen» entfernt lagen. So wurden die Arbeiter zum unbekannten «Anderen», und es entstand ein Markt für Journalisten und Autoren, die ihren Lesern in der Oberschicht über das seltsame Leben in den Städten berichteten, die sie ansonsten als Leuchttürme der kapitalistischen Zivilisation darstellten.[90] Im Jahr 1871 schrieb die *New York Times:* «Wenn man als Journalist die Lebensbedingungen und Gefühle der arbeitenden Klasse auf der ganzen Welt kennt, ist es sehr schwierig, den Lesern der wohlhabenden Klasse verständlich zu machen, wie diese Leute ihre Beziehung zu den Kapitalisten und der Gesellschaft insgesamt sehen.»[91] Das Wohnen in getrennten Vierteln führte dazu, dass zum Beispiel große Teile von Manchester für «die bessere Gesellschaft» unbekanntes Land waren.[92] Charles Dickens beschreibt in seinen Werken immer wieder die Armen Englands – für die oberen Zehntausend eine exotische Welt.[93]

Die Arbeiter wurden Fremde und Gegenstand verschiedener Reformbewegungen. In New York gingen Missionare der «Home Missionary Movement» in die Arbeiterviertel und warben dabei für Abstinenz, während die Association for Improving the Condition of the Poor wohltätig arbeitete. Ein «moralischer Imperialismus» etablierte sich auch in Manchester, wo die Manchester and Salford Town Mission die Gewohnheiten und Freizeitbeschäftigungen der Arbeiter reformieren wollte.[94] Sie richtete Büchereien ein, baute Parks und gründete Abstinenzvereine, um jene Menschen zu «bessern», die sie zunehmend als «gefährliche Klassen» wahrnahm.[95]

Christliche Wirtschaftseliten beschäftigten sich damit, die ungebührliche Arbeiterklasse zu läutern, und zogen dabei explizit eine Verbindung zu ähnlichen «Zivilisierungsbemühungen» in den Kolonien. William Booth, der Gründer der Heilsarmee, bezeichnete sein Heimatland Ende des 19. Jahrhunderts in dem Buch *In Darkest England and the Way Out* als «dunkelstes England», in Anlehnung an das «dunkelste Afrika», das Henry Morton Stanley kurz zuvor so lebendig geschildert hatte.[96] Booth schrieb: «Im dunkelsten England grassiert die Malaria wie im dunkelsten Afrika. Der faule und übelriechende Atem der Slums ist fast ebenso giftig wie der afrikanischer Sümpfe.»[97] Er versicherte, man könne «einen Steinwurf von unseren Kathedralen und Palästen entfernt ähnliche Schrecken finden wie jene, denen Stanley im Urwald am Äquator begegnet ist».[98]

Die bürgerlichen Aktivisten betrachteten die Kolonien und das Heimatland als «zwei Fronten desselben Krieges gegen die Barbarei, obschon sie geografisch getrennt sind».[99] Der deutsche Reformer Friedrich von Bodelschwingh schrieb: «Die Grenzen zwischen der Heimat und der Welt der Heiden verschwammen» und «die deutschen Protektorate [in Afrika] wurden mit dem deutschen Hinterland auf eine Stufe gestellt».[100] Kolonisierte wirtschaftliche Eliten konnten ebenfalls in diesen Diskurs einbezogen werden – wie es beispielsweise geschah, als die indische Abteilung der Heilsarmee einen der führenden Unternehmer Indiens als Unterstützer gewinnen konnte, die Familie Tata.

Die bürgerliche Weltsicht wurde also durch die Begegnungen mit der globalen Arbeiterklasse geprägt, ob die Arbeiter nun weiß oder Schwarz waren, im Heimatland oder im Ausland lebten. Doch der moralische Imperialismus des Bürgertums war, trotz aller Energie, die zu Hause und im Ausland hineingesteckt wurde, ein fast vollständiger Fehlschlag. Die Macht der Kapitaleigner auf dem Fabrikgelände bedeutete nicht, dass sie auch das Innenleben und die Lebensweise der Arbeiter effektiv kontrollieren konnten.[101]

Die kapitalistische Zivilisation, wie sie in den Hallen des Metropolitan Museum of Art und überall in den Salons erdacht wurde, wurde noch von einem weiteren Produkt der wirtschaftlichen Transformationen bestimmt, die die Kapitaleigner angestoßen hatten: der Arbeiterklasse. Zwischen den häufig rassifizierten «ungewaschenen Massen» und der Ideologie und den Interessen des aufstrebenden Bürgertums gab es häufig Spannungen. Wie die Kapitaleigner dieser Zeit bauten auch Fabrik-, Hafen- und Minenarbeiter sowie andere hart arbeitende Menschen Netzwerke auf, entwickelten gemeinsame Umgangsformen, eine gemeinsame Identität. Manchmal mobilisierten sie auch in kollektiven Aktionen und versuchten so, die Politik zu beeinflussen, in der Hoffnung, die Welt nach ihren Vorstellungen neu zu gestalten.

Die Klasse der ländlichen Produzenten gab es seit Jahrhunderten, doch die Herausbildung einer Industriearbeiterklasse als erkennbare gesellschaftliche Gruppe war etwas Neues. Die Zahl ihrer Angehörigen nahm stetig zu, im Jahr 1881 arbeiteten im Vereinigten Königreich 4,5 Millionen Menschen in den Fabriken, den Minen und auf dem Bau. Sie bildeten die erste Welle eines rasch wachsenden Industrieproletariats. In Frankreich lag die Zahl (im Jahr 1876) bei 3 Millionen, in den Vereinigten Staaten bei 4,3 Millionen. Innerhalb von vier Jahrzehnten hatte sich die Zahl der Industriearbeiter im Vereinigten Königreich fast verdoppelt und in den Vereinigten Staaten fast vervierfacht. Forscher schätzen, dass weitere 20 Jahre später mehr als jeder zweiten Familie auf dem europäischen Kontinent ein Lohnarbeiter vorstand. Diese radikale Veränderung der Gesellschaft wurde zu einem weiteren definierenden Merkmal der kapitalistischen Zivilisation.[102] Das rasche Wachstum der Arbeiterklasse machte deutlich, wie bedeutend Ungleichheit in der Zukunft werden würde. Darüber hinaus prägte diese neue Form des Handelns der Arbeiter – am Arbeitsplatz, in den Gemeinden und in der Politik – die kapitalistische Zivilisation im 20. Jahrhundert.

Besonders viele Fabrikarbeiter gab es in den Textilregionen Nordenglands. Zehntausende Arbeiter strömten in die klobigen Fabriken Manchesters, dieser «großen Welthauptstadt der Weber und Spinner», deren Produkte «die Kleidung und Haushaltstextilien der Hälfte aller Länder im Osten und Süden stellen werden». Im Jahr 1841 produzierten 40 000 Menschen allein in der Baumwollherstellung früher unvorstellbare Mengen an Garn und Stoffen, die an Märkte auf der ganzen Welt ausgeliefert wurden.[103] Zehn Jahre später war Manchester auf 250 000 Einwohner angewachsen, von denen 57 000 in dieser Branche arbeiteten. Weitere 14 000 Männer und Frauen arbeiteten in der Metall- und Maschinenbauindustrie, die vor allem für die Textilbranche produzierte. 22 000 Menschen stellten Bekleidung her, 9520 Menschen arbeiteten in Textillagern und 20 000 waren in einem Haushalt angestellt.[104] Aus gutem Grund nannte der spätere britische Premierminister Benjamin Disraeli die Stadt «eine ebenso große Errungenschaft der Menschheit wie Athen».[105] Hier zeigten sich Entwicklungen, die anderswo unauffälliger abliefen, besonders deutlich.

Manchester zog Besucher aus der ganzen Welt an, die sehen wollten, wie diese neu entstehende kapitalistische Zivilisation aussah, wenn sie voll ausgebildet war. Was sie in der «Schockstadt» der Industriellen Revolution zu Gesicht bekamen, gab ihnen zu denken.[106] Der britische Journalist George Jacob Holyoake erblickte bei einem Besuch «eine Stadt von dichten Rauchwolken verhangen, furchteinflößender als das Tor zu Dantes Inferno.»[107] Die Industrie verbrauchte haufenweise Kohle – in den 1860er Jahren wurden in Manchester etwa sechs Tonnen Kohle pro Person im Jahr verbrannt –, sodass die Menschen den Rauch «sahen, schmeckten und fühlten», wie Reverend John Molesworth schrieb.[108] Auch nach der Gründung der Manchester Association for the Prevention of Smoke 1842 verglich der französische Ökonom Léon Faucher die Stadt mit einem aktiven Vulkan, und der britische General Sir Charles James Napier sah in Manchester «den Kaminschlot der Welt [...] der Eingang zur Hölle».[109]

Doch es waren nicht nur die Sorge vor den negativen Auswirkungen der Industrie auf die Umwelt und der Anblick einer ehemals idyllischen Stadtlandschaft, die nun von Fabriken und Lagerhäusern dominiert wurde, die zeitgenössische Beobachter beschäftigte, sondern auch die große Anzahl der Arbeiter, die diese Fabriken am Laufen hielten und die Straßen füllten. Zwischen 1851 und 1871 bekam Manchester 150 000 neue Einwohner, die meisten davon Arbeiter.[110] Der französische Reisende Alexis de Tocqueville beschrieb eine Stadt, die von «ein paar wenigen großen Kapitalisten, Tausenden armen Arbeitern und einer kleinen Mittelschicht» bewohnt wurde, und fürchtete die gesellschaftlichen Konsequenzen dieser neuen Sozialstruktur.[111] Er schrieb: «Hier erreicht die Menschheit ihre höchste und brutalste Entwicklungsstufe; hier wirkt die Zivilisation ihre Wunder, und der zivilisierte Mensch wird fast wieder zum Wilden.»[112] Viele Beobachter aus der Oberschicht fürchteten sich vor den Auswirkungen dieser Ungleichheit. Ein Priester fragte, was geschehen würde, wenn «die moralische Kloake der Gesellschaft – ein Sammelbecken für den Abschaum und die Ausgestoßenen» – alle anderen zahlenmäßig weit übertreffen würde.[113]

Die Arbeiterklasse in Manchester, über die so viel geschrieben wurde, war, wie anderswo auch, recht heterogen. Doch ein paar Dinge hatten die Arbeiter gemeinsam. Um ihren Lohn zu verdienen, arbeiteten sie bis zu 16 Stunden am Tag für andere. Sie waren arm. Und sie waren mit einer scharfen sozialen Spaltung konfrontiert, ohne realistische Hoffnung, je aufsteigen zu können.[114]

Das Leben der Arbeiter in den immer zahlreicheren Industriestädten war prekär, unabhängig von Branche oder Qualifikation. Von einem Moment auf den anderen konnte es passieren, dass man den Arbeitsplatz verlor oder ein Familienmitglied krank wurde und das Einkommen unter das Lebensnotwendige sank. Außerdem war es jederzeit möglich, dass man als Arbeiter aus der ärmlichen Wohnung geworfen wurde. Die Erfahrung, dass das Leben unvermittelt eine schlechte Wendung nehmen konnte, dass man auch in den besten Zeiten ohne Vorwarnung in Hunger, Kälte, Wohnungslosigkeit und allgemeiner Not landen konnte, war wohl die große Gemeinsamkeit des entstehenden Proletariats. In England drohte immer auch das Armenhaus: Hier herrschte im Kernland der Industrie ein Arbeitsregime, das dem der Plantagen erschreckend nahekam. Verarmte Arbeiter wurden dort einer strengen Disziplin unterworfen, ständig überwacht und mussten zermürbende Arbeit leisten (etwa Steine klopfen oder Knochen zermahlen). Nachts wurden sie getrennt von ihrer Familie in winzige Zellen eingesperrt.[115]

Eine weitere Gemeinsamkeit der Arbeiter bestand in der Erkenntnis, dass ihr Wohlergehen sich nicht im selben Maß erhöhte wie die Gewinne und das Privatvermögen ihrer Arbeitgeber, obwohl sie hart arbeiteten, und zum Teil auch, weil sie es taten. Sie waren arm in einer Welt des Überflusses. Bis zu den 1850er Jahren stagnierten im Vereinigten Königreich die Reallöhne, und der Lebensstandard der Arbeiterklasse verbesserte sich nicht, trotz all der neuen Maschinen, die die menschliche Arbeitskraft um so vieles produktiver machten.

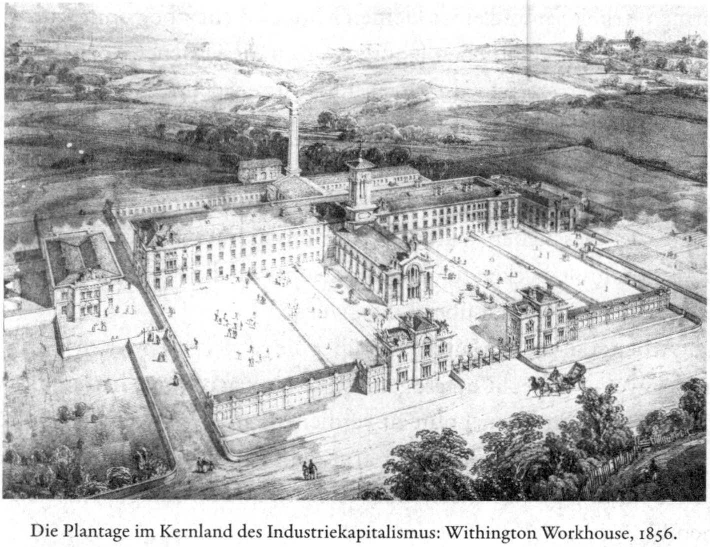

Die Plantage im Kernland des Industriekapitalismus: Withington Workhouse, 1856.

Biometrische Daten zeigen, dass vom Ende des 18. Jahrhunderts bis 1860 die durchschnittliche Körpergröße bei den Rekruten für die britische Armee, die überwiegend aus den unteren Schichten des Landes kamen, um etwa zwei Zentimeter gesunken war, was für den schlechten Ernährungszustand der Menschen spricht. Die hohe Mortalitätsrate, die für eine Stadt wie Manchester typisch war, sank bis in die 1860er Jahre nicht, die durchschnittliche Lebenserwartung stagnierte. Im Jahr 1870 fiel dem Ökonomen Gustav von Schmoller auf, dass die Industrialisierung bei der Mortalität keinerlei Verbesserung bewirkt hatte. Diese Feststellung wurde durch jüngere Forschungen bestätigt, die zeigen, dass die Lebenserwartung der Industriearbeiter im Jahr 1870 in Manchester auf gerade einmal 25,3 Jahre gesunken war.[116] Ein Arbeiter schrieb in einem Aushang, der sich an die «Arbeitgeber und Arbeiter von Mossley» richtete, es herrsche ein «Leben zerstörendes und das Denken verkrüppelndes System langer Arbeitszeiten».[117]

Aus solchen Erfahrungen heraus entstanden in der Arbeiterklasse soziale Zusammenhänge, Identitäten und eine gemeinsame Politik. Auch bildete sich all das in den Vierteln heraus, in denen viele Arbeiter wohnten und die der Journalist Angus Bethune Reach bei einer genauen Recherche zum Leben der Arbeiterklasse in Manchester düster beschrieb: «Eine schwarze, schäbige Straße mit einer schwarzen, schmucklosen Fabrik, die sich über die Häuser erhebt, und einem schwarzen Kamin, der schwarzen Rauch über alles bläst.»[118] Beobachter aus der Mittelschicht wie er gingen in diese Arbeiterviertel, weil ihre Leser sie exotisch und geheimnisvoll fanden. Die Arbeiter lebten in armen und heruntergekommenen Stadtteilen, fern von den wohlhabenden Vierteln. Die Häuser waren mehr als überfüllt. Manchmal lebten

Arbeitersiedlung bei einer Fabrik in Manchester, James Street, 1895.

in gerade einmal 13 Quadratmeter großen Kellerräumen elf Menschen mit Schweinen oder sogar Eseln zusammen.

Friedrich Engels, der Sohn eines deutschen Textilfabrikanten, gehörte in den frühen 1840ern zu den Angehörigen der Mittelklasse, die diese Viertel aufsuchten, und berichtete vom «unerträglichen Gestank», der dort herrschte, weil es in den Häusern so gut wie keine Sanitäranlagen gab.[119] Es sei unmöglich, so Engels, in der Gegend umherzugehen, «ohne bei jedem Schritt bis über die Knöchel [im Dreck] zu versinken.»[120]

Die Liste der Missstände, die zeitgenössische Beobachter beschrieben, war lang. Reach schrieb: «Manchester verfügt, wie die meisten großen Industrie- und Handelsstädte, nur über eine spärliche Wasserversorgung, und das Wasser, das man bekommt, ist keineswegs immer klar und geschmacklos.»[121] Der Zucker im Tee mache «einen Großteil der Ernährung» bei den Arbeitern aus, die so ihre Kraft aus billigen Kalorien bezogen, die Sklaven in der Karibik produziert hatten.[122] Am befremdlichsten für Reachs Mittelklasseleser dürfte dessen Beobachtung gewesen sein, dass die Arbeitsanforderungen so extrem waren, dass die Kindererziehung in den Familien fast unmöglich wurde. Um ihre Kinder ruhigzustellen «und eine ungestörte Nachtruhe zu bekommen», griffen die Arbeiter auf Drogen zurück: Opiumderivate mit sprechenden Namen wie «Mother's Quietness», «Soothing Syrup» und «Baby's Mixture».[123]

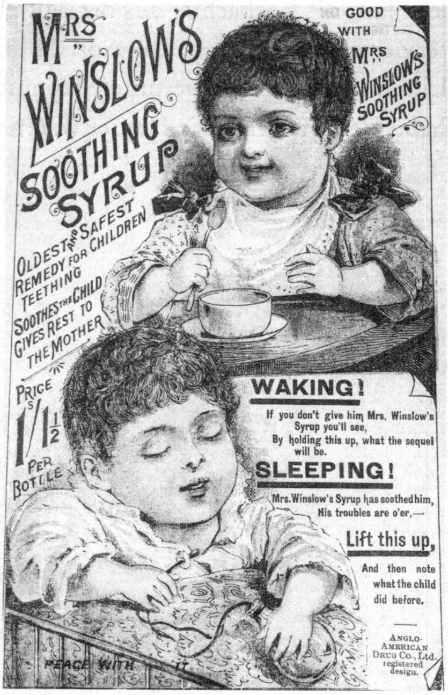

Werbung eines anglo-amerikanischen Arzneimittelherstellers für einen Opiumsirup, der Kinder einschlafen ließ, 1892.

Die Opiumbauern in Indien trugen so also dazu bei, dass sich Manchesters Arbeiterklasse reproduzieren konnte, und die East India Company profitierte von diesem Handel.

Angesichts der beengten Wohnverhältnisse wurde die Straße zum Mittelpunkt des Arbeiterlebens. Die Menschen unterhielten sich dort, sahen Straßenkünstlern zu, kauften bei Händlern ein und lauschten Straßenmusikern. In Reachs Schilderung: «Wanderkapellen trommeln und blasen so laut sie können, Orgelspieler kurbeln monoton, Bänkelsänger oder Verkäufer von Groschenromanen bieten lautstark ihre sensationellen Geschichten an. Die Straße war ein summendes Menschengewimmel. Junge Männer und Frauen rufen und lachen und verschwinden zusammen in Tavernen.»[124]

Frauen spielten eine wichtige Rolle für das Straßenleben und konnten sich mit der Zeit eine erhebliche Autorität aufbauen, wobei ihnen ihre engen sozialen Beziehungen halfen. Klatsch und Tratsch war eine wichtige kollektive Beschäftigung für Männer und Frauen, um die Isolation zu überwinden und einen Gemeinschaftssinn zu entwickeln. Zeitungsverkäufer und Buchhändler eröffneten Läden in diesen Vierteln. Sie fungierten als eine Art Bücherei und verliehen Bücher gegen eine kleine Gebühr an die wenigen Arbeiter, die gut genug lesen konnten.[125]

Die Arbeiterkultur hatte ihre Wurzeln auch in formalen, häufig kommerziellen Institutionen, von denen der Pub wohl die wichtigste war. Diese Kneipen waren das lautstarke, manchmal gewalttätige Zentrum des öffentlichen Lebens, und in Manchester wuchs die Anzahl der Pubs mit der Anzahl der Arbeiter. Trotz aller Versuche, die Alkoholabstinenz voranzutreiben, war es üblich, viel zu trinken. Neben Bier boten die Pubs auch Unterhaltung, wie Rattenbeißen oder Hahnenkämpfe, und es gab viele Gelegenheiten fürs Glücksspiel; Pferderennen und -wetten wurden wichtiger Bestandteil der männlichen Arbeiterkultur.[126]

Eine weitere wichtige Institution der Arbeiterklasse waren die Bestattungsvereine, die aufwendige und festliche Totenwachen organisierten, sehr zum Missfallen der wirtschaftlichen Oberschicht. Außerdem gab es Spar- und Nachbarschaftshilfevereine, die häufig mit den entstehenden Gewerkschaften zusammenhingen. Später entwickelte sich Fußball zu einer wichtigen Beschäftigung der Arbeiter. Der Vorläuferverein von Manchester United wurde 1878 von Arbeitern eines lokalen Eisenbahnunternehmens in Newton Heath gegründet.[127]

All das gab es nicht nur in Manchester oder im Vereinigten Königreich. Armut und harte Arbeitsbedingungen waren an allen Industriestandorten üblich. Im französischen Mulhouse starb zwischen 1823 und 1834 jedes zweite Arbeiterkind vor dem zweiten Geburtstag. Émile Zola hielt sich in den 1860er Jahren eine Zeit lang in der französischen Kohleregion Anzin auf und verarbeitete seine Erlebnisse in dem Roman *Germinal*, einem literarischen Denkmal für die unmenschlichen Lebensbedingungen der Minenarbeiter und ihren verzweifelten, aber gewaltsam niedergeschlagenen Streik. Auch die Arbeiter in Osaka lebten gedrängt in verarmten Stadtteilen, in denen die Cholera wütete (wie in Arbeitervierteln weltweit). In den 20 Jahren nach 1850 strömten 20 000 Arbeiter ins Industriezentrum Bochum im Ruhrgebiet. Viele wurden in Arbeiterheimen untergebracht, wo bis zu zwölf alleinstehende Männer in einem Raum schliefen.[128]

Auch in Bochum entwickelte sich eine lebendige Arbeiterkultur. Dort verbrachten Arbeiter ihre wenige Freizeit in einer der zahlreichen Kneipen und gründeten Vereine. Wie im Bürgertum heiratete man unter sich. In Osaka entwickelten die Arbeiter ebenfalls ein wildes Kulturleben, das sich der Kontrolle durch die Oberschicht entzog. Die vielen Feiertage, die sie genossen und verteidigten, beliefen sich auf insgesamt fast drei Monate im Jahr. Im schnell wachsenden Philadelphia sah es ähnlich aus: Überfüllte Wohnhäuser, getrennte Wohnviertel und entsetzliche Armut unter den ungelernten Arbeitern, aber auch eine lebendige Trinkkultur und ein eigenes Vereinsleben.[129]

TROTZ DIESER gemeinsamen Erfahrungen war das Arbeiterleben in Manchester und anderswo kaum einheitlich. Facharbeitern erging es ganz anders als ungelernten Arbeitern, Männern anders als Frauen und Einheimischen anders als Immigranten. Facharbeiter konnten ein gewisses Ansehen erreichen (dauerhafte Sicherheit erreichten aber auch sie nicht), während ungelernte Arbeiterinnen auf der niedrigsten Stufe standen und schnell in größte Not abrutschen konnten.[130]

Die Geschlechtertrennung war für die interne Struktur der Arbeiterklasse genauso wichtig wie für die Familien der Wirtschaftselite. Im Gegensatz zu wohlhabenden Frauen gingen fast alle Arbeiterfrauen einer Lohnarbeit nach. Allerdings verdienten sie weniger als ihre männlichen Kollegen, und sie mussten sich zusätzlich um die Kinder und den Haushalt kümmern. In Manchester arbeiteten viele Frauen in der Textilindustrie. Im Jahr 1861 waren 75 Prozent der Textilarbeiter Frauen, zehn Jahre später waren es 93 Prozent.[131] Ihre Arbeitsbedingungen waren oft miserabel.

Divers war die Arbeiterklasse auch in ethnischer Hinsicht, in Manchester bestand sie zu einem erheblichen Teil aus irischen Immigranten. Im Jahr 1851 waren 13 Prozent der Einwohner von Manchester in Irland geboren worden. Viele von ihnen arbeiteten in den Textilfabriken der Stadt, meist in den am schlechtesten bezahlten Jobs. Oft waren sie extrem arm. Die Poor Law Guardians, eine Art Sozialdienst, den Wohlhabende leiteten, berichteten, «in den Straßen von Manchester stehen jede Menge Iren [...] an den Ecken und betteln».[132]

Viele irische Immigranten lebten in Angel Meadow, dem am dichtesten besiedelten Stadtviertel, wo baufällige Mietshäuser neben Brauereien, Färbereien, chemischen Fabriken und Lagerhallen standen. Die Lebensbedingungen waren katastrophal: Die siebenköpfige Familie Egans aus Irland teilte sich eine Kellerwohnung mit einer weiteren, achtköpfigen Familie. In einer anderen Kellerwohnung sollen 26 Menschen gelebt haben.[133] In einem Bericht über die Ursachen eines Cholera-Ausbruchs in Manchester schrieb ein Arzt über die Familie Sharple, die aus vier Erwachsenen und drei Kindern bestand und in der Back Irk Street 52 lebte, sie seien «halb verhungert und halb nackt und schlafen alle auf dem Boden».[134]

Bei den Toten herrschte eine ebensolche Enge wie bei den Lebenden: Auf dem kleinen Gemeindefriedhof St. Michael's dürften sich annähernd 40 000 Gräber befunden haben, was knapp 0,2 Quadratmeter pro Grab bedeutete. Laut einem Inspekteur gab es dort «ständig Glücksspiel und Kämpfe, vor allem am Tag des Herrn».[135]

Die Iren hatten einen besonders schlechten Stand auf dem Arbeitsmarkt und erfuhren häufig Diskriminierung. In dem weltweit greifenden Klassifizierungssystem, das die Arbeiterklasse entlang ethnischer und religiöser Grenzen spaltete, wurden sie rassifiziert.[136] Im Jahr 1847 qualifizierte ein Journalist, der zu Besuch war, die irischen Arbeiter als einen Typ Mensch ab, der «hemmungslos und mit lauter Stimme lügt».[137] Ethnische und religiöse Diversität gab es zwar auch bei der wirtschaftlichen Elite überall auf der Welt, doch die Trennungslinien waren nie so scharf gezogen oder so folgenreich wie bei den Arbeitern, was zum Teil daran lag, dass die Macht der Wirtschaftselite auf der Kontrolle über das Kapital basiert, die Macht der Arbeiter jedoch auf einer schwer zu erreichenden Solidarität.

Doch Migration konnte auch Solidarität befördern. Die Iren in Manchester waren gut vernetzt, weil sie häufig aus derselben Gegend stammten und miteinander verwandt waren. Ganze Netzwerke migrierten, nicht nur einzelne Menschen. Die Solidarität untereinander ermöglichte kollektives Handeln. Joseph Sadler Thomas, stellvertretender Polizeipräsident von Manchester zwischen 1833 und 1839, berichtete von einem Einsatz, bei dem ein Haftbefehl in Angel Meadow vollstreckt werden sollte: «Die Iren lassen sich schnell zum gewaltsamen Widerstand zusammenrufen, selbst von nur einem Landsmann, und von einem Moment auf den anderen: In fünf Minuten sind tausend Menschen zur Stelle.»[138] Die Feiern zum St. Patrick's Day waren in Manchester zur Mitte des 19. Jahrhunderts eine wilde Angelegenheit, weil sie mit irischem Nationalismus verbunden wurden und die Kontrolle der Behörden über den städtischen Raum auf die Probe stellten.[139]

In Manchesters Oberschicht mochten viele diese Arbeiterklasse nicht, die sie selbst erschaffen hatten, fürchteten sie gar, ebenso wie die Plantagenbesitzer sich vor den Sklaven fürchteten. Von Zeit zu Zeit versuchten sie, sie zu reformieren, jedoch mit bescheidenem Erfolg. Kampagnen aus dem Bürgertum für Alkoholabstinenz oder gegen beliebte Hobbys wie Taubenzucht schlugen meist fehl. Stattdessen zogen die Arbeiter aus solchen Bemühungen, sie zu läutern, jeden sich bietenden Vorteil: Als die wohlhabenden Reformer in den armen Stadtvierteln Manchesters Parks anlegen ließen, nahmen die Arbeiter diese in Beschlag und nutzten sie, wie es ihnen gefiel, was häufig nicht den Vorstellungen der Park-Sponsoren entsprach.[140]

Ebenso wie das Verhalten der Arbeiter ließen sich auch deren Auffassungen und Ideen nur bedingt durch die wirtschaftliche Elite kontrollieren. Vielmehr bildete die Arbeiterklasse eine eigene Weltsicht aus, die zu den hervorstechenden Merkmalen der kapitalistischen Zivilisation gehören sollte und ihre dauerhaftesten und markantesten Verwerfungslinien noch verschärfte. In der Geschichtswissenschaft wird seit Langem diskutiert, ob die Fabrikarbeiter in der Mitte des 19. Jahrhunderts erste Anzeichen eines Klassenbewusstseins aufwiesen, wie es beim Bürgertum der Fall war. Unzweifelhaft ist, dass viele von ihnen die Legitimität der neuen Ordnung infrage stellten.[141] Dies zeigte sich in erster Linie daran, dass Arbeiter den liberalen Individualismus ablehnten: «Der Wettbewerb [...] untergräbt durch seinen Egoismus die Moral der Menschen.», argumentierte ein Weber aus dem englischen Middleton.[142] Laut Aussage eines Chartisten aus dem südlichen Lancashire im Jahr 1841 waren viele Industriearbeiter der Meinung, die Arbeitgeber seien «habgierige Schinder» und dass die Reichen «Verpflichtungen» gegenüber den Armen hätten, die sie in aller Regel nicht erfüllten.[143] Wenn Steinmetze in Bordeaux in den 1830er und 1840er Jahren über ihre Arbeitgeber sprachen, bezeichneten sie diese meist als «Tyrannen» und «Despoten».[144] Als in Manchester in den Jahren 1837/38 die Maurer streikten, beschrieben sie ihre Arbeitgeber ähnlich als «Despoten [...] die ungestraft jene, die für ihren Wohlstand sorgen, barbarisch behandeln können». Ihre Kollegen in Weedon und Coventry sprachen über die Streikenden als «Männer, die lange für das Luxusleben der faulen und unverschämten Plünderer geschuftet und geblutet haben und nun ihre letzten Jahre meist in irgendeiner verfluchten Bastille, in Dunkelheit, Hunger und Elend verbringen müssen!»[145] Für den französischen Schlosser Achille François trugen Arbeiter wie er selbst Ketten.[146] Ein 19-jähriger Textilarbeiter in Aachen, Johann Vandenhirz, warf «den Reichen» wiederum vor, die Armen zu «unterdrücken»: «Wenn ich hundert Gewehre hätte, so würde ich mit jedem einen Reichen totschießen.»[147]

Diese Weltsicht bildete häufig die Grundlage für kollektives Handeln – Aufstände, Streiks und die leidenschaftliche Unterstützung der Gewerkschaften. All das führte zu den Rebellionen, die die kapitalistische Zivilisation des 19. Jahrhunderts in eine tiefe Krise stürzten.

Solche Haltungen gegenüber dem Kapitalismus und den neuen Ungleichheiten, die er hervorbrachte, zeigten, dass die Arbeiter, wie das Bürgertum auch, nicht nur für kurzfristige wirtschaftliche Interessen kämpften – eine Lohnerhöhung hier, kürzere Arbeitszeiten da –, sondern eine in ihren Augen gerechte Gesellschaft aufbauen wollten. Aus der Arbeiterklasse – und auch von Intellektuellen, die ihr zwar nicht angehörten, sich ihr aber politisch und in den Grundauffassungen zuordneten – kam eine umfassende Kritik der kapitalistischen Zivilisation, die auch vor deren Grundpfeilern nicht haltmachte: Profite, Privateigentum, Klasse, Ungleichheit und Akkumulation. Diese Kritik machte die neue kapitalistische Zivilisation zugleich aus. So verschieden die Gegenwartsanalysen und Zukunftsvisionen sowie die Vorstellungen über den Weg dorthin auch waren, betrachteten die Kritiker den Kapitalismus doch alle, wie es sich im 19. Jahrhundert darstellte, also aus der sehr speziellen Sicht der Industrie, der Städte und Europas. Diese Perspektive sollte die Grundfesten des antikapitalistischen Denkens tiefgreifend und dauerhaft beeinflussen.

Bei allen Unterschieden war diesen Denkern gemeinsam, dass sie an der neuen Gesellschaftsordnung die massive Ungleichheit beklagten, die extreme Armut, die erbärmlichen Lebensbedingungen, die Kinderarbeit in Minen und Fabriken und die niedrige Lebenserwartung. Sie alle stellten die Legitimität der neu entstandenen kapitalistischen Zivilisation infrage und fanden, sie widerspreche der natürlichen, menschlichen oder religiösen Ordnung. Diese Auffassung war auch unter normalen Arbeitern auf der ganzen Welt verbreitet, sie galt als geradezu selbstverständlich. Die Kritiker stellten überdies das Privateigentum an sich infrage – die Ungleichheiten, die es erzeugte, die zunehmende Armut, während gleichzeitig Privateigentum in noch nie dagewesenem Umfang angehäuft wurde, und die enorme Macht, die der Kapitalbesitz einer kleinen Minderheit über die große Mehrheit der Menschen verlieh. Doch waren sie sich uneins, was die interne Funktionsweise dieser neuen Weltordnung ausmachte, wie man sie verändern und wie eine alternative Wirtschaftsordnung aussehen könnte.

Die erste Generation von Kapitalismuskritikern befürwortete eine Kooperation zwischen Produzenten, bei der die Ressourcen kollektiv verwaltet, besessen und zum Wohl aller verwendet werden sollten. Besonders einflussreich war Robert Owen, ein kaum gebildeter, aber geschickter Tuchhändler aus Wales, der sich Ende des 18. Jahrhunderts im schottischen New Lanark erst zum Fabrikleiter und dann zum Fabrikeigentümer hocharbeitete. Auf dem Papier war diese Karriere ein Musterbeispiel für die neuen Chancen, die die kapitalistische Zivilisation eröffnete, doch Owen tanzte aus der Reihe und kritisierte die Idee des Privateigentums, diesen Grundpfeiler des Kapitalismus. Stattdessen stellte er sich eine Gesellschaft vor, bei der die Industrie genossenschaftlich organisiert war und die Selbstverwaltung der Arbeiter im Zentrum stand.[148]

Eine ähnliche Kritik der neuen kapitalistischen Zivilisation entwickelten der französische Sozialreformer Henri de Saint-Simon und seine Anhänger, häufig Facharbeiter. Sie traten für eine «wissenschaftliche» Organisation der Gesellschaft ein, die durch ein rationales neues Christentum zusammengehalten werden sollte. Entscheidungen sollten Experten in drei «natürlichen» gesellschaftlichen Klassen fällen: die «industriels» (die produktiv Arbeitenden), die Wissenschaftler und die Künstler. Indem die «Regierung von Menschen» durch «die Verwaltung der Dinge» ersetzt wurde, würden die Produktionskapazitäten der Gesellschaft den Ärmsten zugutekommen.[149]

Wenige Jahrzehnte später, im Jahr 1829, veröffentlichte Charles Fourier aus dem französischen Besançon den Text *Le nouveau monde industriel et sociétaire,* in dem er eine Kritik der «Zivilisation» formulierte und eine utopische Alternative vorschlug. Fourier war der Ansicht, dass die kapitalistische Zivilisation zu Disharmonie und zur Unterdrückung der natürlichen Leidenschaften geführt habe. Die Industrie bedrohe die «natürliche Ordnung», indem sie überflüssige Arbeit unter schrecklichen Bedingungen schaffe. Seine utopische Gesellschaft war stattdessen in Kommunen organisiert, die «die menschliche Rasse zu Fülle, sinnlichen Freuden und globaler Einheit leiten» sollten.[150] Der Stadt-Land-Gegensatz werde verschwinden, und die Frauen würden von den Beschränkungen der Ehe befreit.[151] Unter dem Einfluss von Fourier und Saint-Simon gründeten Arbeiter in den 1830er und 1840er Jahren Kommunen und Kooperativen.

Ein weiterer utopischer Sozialist aus Frankreich, der sich insbesondere bei Handwerkern großer Beliebtheit erfreute, war Étienne Cabet, Sohn eines Böttchers aus dem burgundischen Dijon. Im Jahr 1839 veröffentlichte er den utopischen Roman *Reise nach Ikarien*, in dem er eine Gesellschaft entwarf, wo eine (ausschließlich von Männern) gewählte Regierung alle Entscheidungen zu Produktion und Verteilung trifft. Rauchende Fabriken sind darin jenseits der Stadtgrenzen verbannt, Bildung ist für alle kostenlos und es gibt Paläste für die öffentliche Unterhaltung. Zusammengehalten wird diese Gesellschaft durch eine Zivilreligion mit strengen Geschlechterrollen. Im Jahrzehnt nach der Veröffentlichung des Romans fand die sogenannte Ikarische Bewegung viele Anhänger – nach Cabets eigenen Angaben sollen es im Jahr 1845 über 100 000 gewesen sein, die meisten von ihnen männliche Handwerker.[152]

Unterdessen veröffentlichte der deutsche Schneidergeselle Wilhelm Weitling, der in Paris arbeitete, im Jahr 1838 das Traktat *Die Menschheit, wie sie ist und wie sie sein sollte*, in dem er die Vergesellschaftung von Eigentum forderte, die Schaffung einer egalitären Ordnung und eine demokratische Regierung. All das sollte durch einen Arbeiteraufstand ins Werk gesetzt werden. Unter dem Einfluss von Fourier, Saint-Simon und Cabet gründete er mit anderen Emigranten, meist gut ausgebildete Handwerker wie er selbst, den Bund der Gerechten. Im Jahr darauf schloss dieser sich dem Aufstand gegen die Julimonarchie an, nach dessen Scheitern Weitling in die Schweiz fliehen musste. Dort gründete er christlich-kommunistische Organisationen, die bald mindestens 1300 Mitglieder zählten.[153]

Eine neue Gesellschaft:
die utopische Sozialistin Flora Tristan.

Dem fruchtbaren intellektuellen Boden des französischen Frühsozialismus entwuchs auch die Franco-Peruanerin Flora Tristan, die im Jahr 1843 ihr Buch *Arbeiterunion* veröffentlichte. Sie betrachtete den Kapitalismus als organisatorisches Ungleichgewicht zwischen Arbeitern und Kapitalisten und forderte die Gründung einer internationalen Arbeitergewerkschaft. Für Tristan mussten die Emanzipation der Arbeiter und die Emanzipation der Frauen Hand in Hand gehen. Im Jahr 1849 schloss sich ihr die sozialistische Feministin Jeanne Deroin an und entwarf eine Satzung für die von Tristan geforderte «Union der Gewerkschaften».[154]

Zu diesem vielstimmigen Chor gesellte sich auch Pierre-Joseph Proudhon, der in seiner Heimatstadt Besançon das Druckerhandwerk gelernt hatte. Mit der Veröffentlichung seiner Schrift *Was ist das Eigentum?* im Jahr 1840 begründete er den modernen Anarchismus. Darin formulierte er den berühmten Ausspruch: «Eigentum ist Diebstahl.» Er verurteilte jedes Einkommen, das nicht durch Arbeit erwirtschaftet wurde, wie Mieten oder Zinsen.[155] Die Arbeiter rief er auf, «mutualistische» Genossenschaften zu gründen, bei denen sie nach Arbeitszeit bezahlt würden. Danach könnten sie die Früchte ihrer Arbeit unter Verwendung von Gutscheinen unmittelbar untereinander tauschen. Proudhon glaubte nicht, dass der Staat solche mutualistischen Vereinigungen gründen könnte, und forderte die Bezeichnung «Anarchist» für sich ein. Im Winter 1844 zog er nach Paris und kam dort mit revolutionären Exilanten wie Karl Marx, Michail Bakunin und Alexander Herzen in Kontakt. Hier arbeitete er an seinem nächsten Buch *System der ökonomischen Widersprüche oder: Philosophie des Elends*, das 1846 veröffentlicht wurde. Während der Revolution von 1848 sprach er öffentlich in beliebten Pariser Clubs, gründete eine Zeitung mit einer Auflage von 40 000 Stück und ließ sich in die Nationalversammlung wählen.[156]

Als das politische Klima in Europa repressiver wurde, wanderten viele dieser utopischen Sozialisten in die Vereinigten Staaten aus und gründeten dort sektiererische Gemeinschaften. Im Jahr 1847 schloss sich Weitling der New York Social Reform Association deutscher Migranten an und wurde Mitgründer der League of Emancipation und des Arbeitervereins Philadelphia.[157] Viele Anhänger von Saint-Simon taten es ihm gleich. Nachdem die Ikaristenbewegung von der Polizei weitgehend zerschlagen worden war, gründete Cabet in Texas eine Kolonie, in der er seine Ideale in die Praxis umsetzen wollte. Weitling und ihm ging es immer weniger darum, die kapitalistische Zivilisation von innen heraus zu verändern, sondern vielmehr darum, sich von ihr loszusagen – und nur in den Vereinigten Staaten sahen sie eine Chance, solche Inseln des Postkapitalismus zu erschaffen.

Eine zukünftige Welt der Kooperation statt des marktbasierten Wettbewerbs gehörte zu den Kernthemen der frühen Kritiker der kapitalistischen Zivilisation, die zweifellos von christlichen Gemeinschaftsidealen beeinflusst waren. Doch eine andere Kritik richtete sich direkt gegen den Staat. Zu ihren bekannten Vertretern zählten die Chartisten im Vereinigten Königreich. Sie kombinierten ihre Kapitalismuskritik mit Forderungen nach einer stärkeren politischen Repräsentation der Arbeiterklasse in den bestehenden staatlichen Institutionen.[158] Der selbsterklärte französische Sozialist Louis Blanc hob ebenfalls die zentrale Rolle des Staates hervor. In seinem Buch *Organisation der Arbeit* griff er das System des «unbeschränkten Wettbewerbs» an, das zur «Zerstörung der Familie», dem Verfall der Moral und der Verdrängung von Handwerkern geführt habe.[159] Stattdessen forderte er, die Regierung solle zum «Bankier der Armen» werden, indem sie den Arbeitern Mitteln zur Gründung von Genossenschaften zur Verfügung stellte, die sich mit der Zeit selbst regulieren würden.

Auch der deutsche Philosoph und Politiker Ferdinand Lassalle vertrat eine Sichtweise, bei der der Staat im Mittelpunkt stand. Im Jahr 1861 forderte er in *Das System der erworbenen Rechte* die politische Teilhabe der Arbeiterklasse. Beeinflusst von den Werken ricardianischer Sozialisten prägte Lassalle den Begriff des «ehernen Lohngesetzes», um zu beschreiben, wie die Löhne unvermeidlich auf das Existenzminimum sinken – nur der Staat könne das verhindern.[160] Lassalle griff Blancs Vision auf, mit staatlicher Unterstützung Arbeiterkooperativen zu bilden. Im Jahr 1864 gründete er, auch angeregt durch die Chartisten, gemeinsam mit anderen den Allgemeinen Deutschen Arbeiterverein (ADAV), die erste Sozialdemokratische Volkspartei der Welt, die ein allgemeines Wahlrecht und soziale Verbesserungen für Arbeiter forderte.[161]

Aus dieser Vielzahl an Ideen, die sich mit dem Industriekapitalismus und einer möglichen postkapitalistischen Zukunft auseinandersetzten, ging das wichtigste Gedankengebäude zur kapitalistischen Zivilisation hervor, und es wurde von zwei deutschen Radikalen errichtet: Karl Marx und Friedrich Engels. Sie stuften Owen, Saint-Simon, Fourier und Cabet als «utopische Sozialisten» ein, die eine gerechtere Zukunft anstrebten, ohne dass ihre Analysen auf der materiellen Realität der Welt und dem gründeten, was Marx und Engels für den objektiven Entwicklungsverlauf existierender Gesellschaften hielten. Zwar sympathisierten sie mit manchen Zielen der Frühsozialisten, taten sie jedoch als Idealisten ab, die nicht verstünden, nach welchen Gesetzen kapitalistische Gesellschaften funktionieren, und die sich politischen Strategien verschrieben, die gleichermaßen fehlgeleitet waren.

Er feierte den Kapitalismus und malte sich zugleich seine Überwindung aus: Karl Marx, 1875.

Die Mitte des 19. Jahrhunderts war die produktivste Zeit der beiden Männer. Sie verbanden deutsche Philosophie (insbesondere von Georg Wilhelm Friedrich Hegel) und englische Wirtschaftslehre (insbesondere von Adam Smith und David Ricardo) mit französischer Politik (der utopischen Sozialisten). Sie rangen mit der Logik des Kapitalismus, stellten ihn in den langen Strom der Menschheitsgeschichte und glaubten erkannt zu haben, unter welchen Bedingungen eine postkapitalistische Zukunft vorstellbar war. Ihr Denken bildete sich exakt in dem Moment heraus, als die kapitalistische Zivilisation geboren wurde, und von dieser Entstehungszeit blieb ihr Werk (das langlebig und einflussreich war wie keine andere Analyse des Kapitalismus seit Adam Smith) unauslöschlich geprägt.[162]

Karl Marx und Friedrich Engels feierten den Kapitalismus, sahen ihn aber gleichzeitig als letztes großes Hindernis für die Entfaltung der Freiheit der Menschen. Engels, Sohn eines bekannten Barmer Textilfabrikanten, war mit der politischen Ökonomie Robert Owens und den kommunistischen Gedanken deutscher Auswanderer in Kontakt gekommen. Im Jahr 1843 wetterte er in seinem Aufsatz «Umrisse zu einer Kritik der Politischen Ökonomie» gegen Privatbesitz und Wettbewerb, und er überzeugte Marx von der Bedeutung der Nationalökonomie. Einige Jahre danach verfassten Marx und Engels eine Aufsatzsammlung, die später unter dem Titel *Die deutsche Ideologie* veröffentlicht wurde und in der sie Feuerbachs linkshegelianische Religionskritik auf die politische Ökonomie anwendeten. Für sie war nicht nur Gott, sondern auch der Staat und das Eigentum externalisierte Projektionen der kreativen gesellschaftlichen Prozesse der Menschen.[163]

Die Arbeiten von Marx und Engels zeigten auf, wie der Kapitalismus die beispiellose Entfaltung der «Produktivkräfte» ermöglicht hatte, was für einen sprunghaften Anstieg der menschlichen Produktivität sorgte und für einen Wohlstand, der für frühere Generationen undenkbar gewesen wäre. Für die beiden gründete der Kapitalismus – wie andere Produktionsweisen – auf einer bestimmten Klassenstruktur, bei der Bourgeoisie und Arbeiterklasse die Hauptakteure im «Klassenkampf» waren. Oberflächlich unterschied sich diese Analyse nicht sehr von derjenigen, die im *Journal des Débats* veröffentlicht worden war, um den Aufstand der Seidenwirker in Lyon im Jahr 1831 zu erklären. Davon wird noch die Rede sein. Für Marx und Engels waren Klasse und Klassenkampf mit Blick auf die Geschichte allerdings nicht nur zwei zusammenhängende Faktoren unter vielen. Sie waren ihr eigentlicher Motor, dabei jedoch tief in die Entwicklung der Produktivkräfte eingebettet, also der Maschinen und des technischen Wissens, die das produktive Potenzial von Gesellschaften in der ganzen Geschichte begrenzt hatten und folgerichtig auch ihre Klassenstruktur definierten. Der Kapitalismus sei eine grundlegend neue und außergewöhnlich dynamische Gesellschaftsordnung, die jedoch, wie alle anderen vor ihr, eigene Widersprüche mit sich brachte, ihre eigene Antithese und so auch ihren eigenen Totengräber. Diese Antithese war der noch vage imaginierte «Kommunismus», und der Totengräber war das Proletariat.

Weil Marx und Engels die Arbeiterklasse als welthistorisch entscheidende Kraft betrachteten – sie verkörperte die Antithese des Kapitalismus –, investierten sie ihre politische Energie in die entstehende Arbeiterbewegung. Im Jahr 1846 wurden die beiden Sozialtheoretiker, die damals in Brüssel lebten, Gründungsmitglieder des Kommunistischen Korrespondenz-Komitees. Im Jahr darauf bildete das Komitee gemeinsam mit Wilhelm Weitlings Bund der Gerechten den Bund der Kommunisten. Als Gründungsdokument diente *Das Kommunistische Manifest*, das Marx und Engels m Jahr 1848 innerhalb weniger Wochen verfasst und in mehreren europäischen Sprachen veröffentlicht hatten. Im Manifest wurde die kapitalistische Revolution der vorangegangenen Jahrzehnte grob umrissen. Der Kampf zwischen der Bourgeoisie und dem Proletariat wurde darin zur jüngsten Runde in der langen Geschichte des Klassenkampfes erklärt und die Arbeiter dazu aufgerufen, sich zu organisieren und die kapitalistische Zivilisation zu ersetzen.[164]

Im Jahr 1867 begann Marx, sein Opus magnum *Das Kapital* zu veröffentlichen. Darin entwickelte er seine Kritik der Nationalökonomie weiter. Im Gegensatz zu Proudhon und den Ricardianern war er nicht der Ansicht, dass die kapitalistische Ausbeutung aus «dem ungleichen Austausch zwischen

Arbeiter und Arbeitgeber» entsteht, denn die Arbeiter verkauften nie eine spezifische Arbeitsleistung.[165] Vielmehr verkauften sie im Kapitalismus ihre potenzielle Arbeitskraft, daher war die Ausbeutung keine Funktion einer unvollständigen Entlohnung und konnte somit auch nicht durch Arbeitsgutscheine behoben werden. Für Marx ergab sich die Ausbeutung vielmehr durch den Produktionsvorgang selbst, bei dem die Kapitalisten Arbeitskraft, Rohmaterial und Maschinen zusammenbrachten, um durch ihre Arbeiter einen «Mehrwert» zu erzielen. Eine mögliche Lösung wird in *Das Kapital* nicht im Detail ausgearbeitet, aber die Analyse legt nahe, dass die Vergesellschaftung der Produktionsmittel ausreichen würde. Im Gegensatz zum französischen und britischen Sozialismus, der in aller Regel darauf abzielte, die Arbeiter zu demokratischen Vollbürgern aufzuwerten, berief sich Marx bei seinem Appell an die Arbeiter nicht auf die Demokratie (auch wenn er das Wahlrecht für einen wichtigen Schritt zur Macht der Arbeiter sah).

Die Erstauflage des Buches war bescheiden, in den ersten fünf Jahren wurden nur 1000 Stück verkauft. Doch in den 1870er Jahren wurde der Text auf Russisch und Französisch neu aufgelegt. Ab den 1880ern warben verschiedene Sozialdemokratische Parteien, die nach dem Vorbild der Sozialdemokratischen Partei Deutschlands neu entstanden waren, für das Buch und machten es populär. Zu ihnen zählten die französische Parti Ouvrier, die englische Social Democratic Federation, die Russische Gruppe Befreiung der Arbeit, die belgische Parti Ouvrier, die Sozialdemokratischen Parteien der Schweiz und Österreichs und die italienische Partito Socialista. Die Schriften von Marx und Engels wurden zu den größten Bestsellern aller Zeiten – das Kommunistische Manifest verkaufte sich geschätzte 500 Millionen Mal – und stehen damit in einer Reihe mit der Bibel, dem Koran oder dem Ikea-Katalog.[166]

So, wie Marx und Engels in der Arbeiterklasse die entscheidende historische Kraft sahen, die dem Kapitalismus ein Ende setzen würde, sahen Millionen Arbeiter später in Marx und Engels die prägnantesten, relevantesten Analytiker dieses neuen Systems, das ihr Leben im Klammergriff hielt. Marx und Engels waren auch deswegen so attraktiv, weil sie eine scharfsinnige Kritik der sozialen Ungleichheit, die der Kapitalismus hervorbrachte, mit einem zutiefst optimistischen Ausblick auf die Zukunft und auf die Rolle der Arbeiter bei deren Realisierung verbanden. Als im Jahr 1864 Arbeiter und Intellektuelle aus mehreren europäischen Ländern die International Working Men's Association ins Leben riefen, beauftragten sie nicht zufällig Marx damit, das Grundsatzprogramm zu verfassen. In seiner Rede bei der Gründungsversammlung verurteilte er die anhaltende Armut, die inmitten einer Gesellschaft existierte, die «bei der Entwicklung ihrer Industrie und dem Wachstum ihres Handels einzigartig ist.» Er rief die Arbeiter auf, sich zu organisieren, und schloss mit dem zukünftigen Kampfruf der Bewegung, die den globalen Kapitalismus in den folgenden anderthalb Jahrhunderten infrage stellen und umformen sollte: «Proletarier aller Länder, vereinigt euch!»[167]

Kritiker dieser Art sollten ebenso zu einem definierenden Merkmal für das Imperium des Kapitals werden wie die neue soziale Ungleichheit und die neue Kommerzialisierung des Lebens. Definiert wurde die kapitalistische Zivilisation jedoch auch durch eine neuartige globale Synchronität, die darin bestand, dass bestimmte Muster der wirtschaftlichen Entwicklung, insbesondere Booms und Krisen, sich als ansteckend erwiesen und die ganze Welt erfassten. Der US-amerikanische Dichter Walt Whitman fragte, ob es nun «nur ein Herz für den Globus» gäbe.[168] Jahrtausendelang war das Wirtschaftsleben einem lokalen oder regionalen Rhythmus gefolgt. Globale Trends, wenn es sie überhaupt gab, standen meistens in Verbindung mit langsamen Veränderungen des Erdklimas. Doch nun pulsierte das Wirtschaftsleben in einem neuen Rhythmus. Wie es zu dieser seltsamen Regelmäßigkeit kam und warum sie sich erstaunlicherweise über den Erdball verbreitete, darüber war man sich nicht einig, doch manch einer suchte in der neuen kapitalistischen Zivilisation selbst nach Antworten.

Die vielleicht am wenigsten mysteriöse Synchronisierung war die Konvergenz der Preise. In früheren Jahrhunderten hatten Waren weltweit sehr unterschiedlich viel gekostet, weil die Produzenten ihren Kunden nur anbieten konnten, was Kommunikation und Transport ermöglichten. Der Getreidepreis in Tenochtitlán hatte beispielsweise nicht das Geringste mit dem Getreidepreis in Rom zu tun, die Kupferpreise in Edo standen in keinem Zusammenhang zu den Kupferpreisen in Timbuktu. Ab etwa dem Jahr 1800 veränderte sich das langsam, weil die Märkte global zusammenwuchsen.[169] Der Preis für Zucker – oder Baumwolle oder Textilien – bewegte sich in Buenos Aires in dieselbe Richtung wie in New York, Paris oder Bombay. Nur die Preise für Arbeitskraft näherten sich nicht an, was eine französische Zeitschrift nach einem Streik der Seidenweber von Lyon zu einer Drohung gegen die Streikenden verleitete, die sehr aktuell klingt: «Fünfhundert Meilen von euch entfernt, in Russland, in Österreich, wo Arbeitskräfte günstig zu haben sind, wurde gerade eine Fabrik wie die eure eröffnet, die Waren günstiger anbieten kann als ihr. Wie könnt ihr da mithalten? Indem ihr einen niedrigeren Tageslohn nehmt?»[170]

Geheimnisvoller war da schon eine andere Form der Synchronität: die neuen Rhythmen von globalen Booms und Krisen. Ein für die weltweiten Abhängigkeiten exemplarischer Vorfall ereignete sich im Jahr 1837. Die neue industrielle Welt war stark auf die Baumwollexporte aus den Vereinigten Staaten angewiesen, und die amerikanischen Baumwollfarmer benötigten europäische Kredite. Als Folge dieses stark kreditgestützten Arrangements schlugen Störungen auf den Märkten für das «weiße Gold» Wellen in der gesamten Weltwirtschaft. Die ersten Anzeichen einer beispiellosen globalen Krise traten bereits 1835 auf, als der Baumwollkommissionär, Bankier und Zuckerverarbeiter Edmond Jean Forstall nach London reiste, um die Finanzierung seiner Louisiana-Bankanleihen sicherzustellen. Er «stellte schockiert fest», dass die Bank der Baring Brothers den notwendigen Kredit nicht gewähren wollte, weil sie die Investition angesichts der stagnierenden Baumwollpreise für zu riskant hielt.[171] Im folgenden Jahr verknappte die Bank of England die Kredite, um ihren Goldvorrat im Vereinigten Königreich zu halten. Die Baumwollpreise sanken weiter, und Anfang 1837 gerieten erste Baumwollkommissionäre, Händler und Banken in London und Liverpool in Zahlungsverzug.[172]

Die Nachrichten erreichten New York am 17. März und führten zu weiteren Konkursen. *The Herald* berichtete: «Eine Menschenmenge versammelte sich in der Wall Street – und den ganzen Tag über sah man in der geschäftigen Straße jede Menge angespannte Gesichter.»[173] Als die Preise fielen und die Kreditquellen versiegten, gingen Baumwollpflanzer bankrott und mit ihnen viele Mittelsmänner, die für den Fluss von Baumwolle und Kapital über den Atlantik sorgten. Die Preise für Land in den Baumwollstaaten im Süden der USA kollabierten. Nach einer Fahrt auf dem Mississippi berichtete ein Reisender aus North Carolina: «Man könnte wohl sagen, dass nicht einmal jeder fünfzigste Mann zahlungsfähig ist, wahrscheinlich weniger.»[174] In Vicksburg an der südlichen Grenze zum Mississippidelta breitete sich das Elend «wie ein Leichentuch über die junge Stadt. […] Ihr Wohlstand hatte Flügel bekommen wie ein Adler und war entflohen.»[175] Der New Yorker Anwalt George Templeton Strong schrieb 1840 in sein Tagebuch: «Die letzten drei Jahre lassen sich nur mit der Explosion einer Packung Feuerwerkskörper vergleichen – Peng – Peng – Peng – eins nach dem anderen geht los und löst sich in Rauch auf.»[176]

So weit, so schlecht. Doch dann breitete sich die Krise weiter aus. Am 5. Juni 1837 stellte *The Times* in London nach dem Konkurs des Handelshauses Wilson & Co. fest: «Nach und nach muss jeder Teil des Globus von den Auswirkungen [dieser Krise] heimgesucht werden.»[177] Kurz darauf bekamen die Seidenweber in Lyon den Zusammenbruch der Märkte in Nordamerika zu spüren. In Guangzhou und Bombay versetzte die Krise der Wirtschaft einen Dämpfer. In Kanada setzten die Banken die Zahlungen aus. Ende Juni 1837 wurden Pariser Banken gestürmt. Die Banque de Belgique und die Hamburger Banken stellten die Bargeldauszahlungen ein. In Indien brach die Indigoproduktion ein. Am 19. Oktober 1837 berichtete ein Partner des britischen Handelshauses Jardine, Matheson & Co. aus Guangzhou: «Da die Chinesen angesichts der Flaute auf dem Heimatmarkt viel zu hohe Preise fordern, steht alles derzeit still.»[178]

In Indien führten der spärliche Kapitalfluss und eine Dürre zu einer Hungersnot. Leidende Bauern stürmten manchmal zu Tausenden die Märkte, um Lebensmittel zu ergattern. Auf Java spürte man den finanziellen Abschwung und die damit einhergehenden Preiseinbrüche ebenso. Am 13. November berichtete eine Zeitung in Amsterdam, die größte Bank in Batavia, die Bank of Java, habe die Bargeldzahlungen ausgesetzt. Durch die grassierende Panik wurden Lebensmittel noch knapper. In den Vereinigten Staaten war die Generation, die nach der Krise geboren wurde, im Durchschnitt fünf Zentimeter kleiner als die Generationen zuvor.[179] Der amerikanische Autor Ralph Waldo Emerson schrieb in sein Tagebuch: «Das Land stinkt vor Selbstmorden.»[180]

Die Panik von 1837 zeigte, dass sich das Wirtschaftsleben nicht mehr isoliert abspielen konnte, es folgte nun globalen Rhythmen. 20 Jahre später, im Jahr 1857, wurde die Welt von einer ähnlichen Krise heimgesucht, die viele Gewinne aus der wirtschaftlichen Expansion in der zweiten Hälfte der 1840er Jahre wieder zunichtemachte. Ausgelöst zum Teil durch eine Unterbrechung wichtiger Handelsströme, insbesondere des Silberhandels – eine Folge des Aufstands von 1857 in Indien und der Opiumkriege in China –, brach eine Konkurswelle in Frankreich aus, dann kam es in Paris, Berlin und Wien zu Börsencrashs. In den Vereinigten Staaten fielen im Sommer 1857 die Preise für Land und Eisenbahnaktien; am 24. August stellte die Ohio Life Insurance and Trust Company, die sich stark an der Spekulation mit Eisenbahnaktien beteiligt hatte, die Zahlungen ein. Die Aktienkurse an der New Yorker Börse stürzten ins Bodenlose. Ein paar Wochen später brach die Bank of Pennsylvania ihr Versprechen, Banknoten gegen Gold einzulösen, und trat damit einen landesweiten Ansturm auf die Banken los, der Anfang Oktober noch stärker wurde. Am 12. Oktober hatten bis auf eine alle «63 Handelsbanken in New York die Zahlungen ausgesetzt».[181] Innerhalb weniger Wochen griff die Panik von der Finanzwelt auf Handel und Produktion über, die ebenfalls schrumpften.[182]

Am 18. Oktober 1857 kommentierte *Der Aktionär*, eine Wochenzeitung für die Finanzbranche, die von deutschen Bankiers gelesen wurde:

> Die Krise ist mehr als eine europäische, sie ist eine Weltfrage geworden. [...] Der Welthandel wird von den Wechselwirkungen regiert; wenn die Elemente ihrer Ausgleichung fehlen, dann tritt eine Stockung ein, die sich von Platz zu Platz, von Land zu Land, von Weltteil zu Weltteil verpflanzt und den ganzen Organismus des Verkehrs erfasst.[183]

Handelshäuser in Liverpool und Glasgow bekamen die Schwierigkeiten in New York sofort zu spüren. Die zunehmende Zahl der Konkurse zog die Banken dort in Mitleidenschaft, und am 27. Oktober meldete die Borough Bank of Liverpool Insolvenz an. Am 9. November setzte die Western Bank of Scotland die Zahlungen aus. Händler in London und Hamburg gingen bankrott. Die Auswirkungen der Krise waren global: Anfang 1858 hatten sich die Rohstoffpreise in Südamerika schon halbiert, und überall, von Buenos Aires bis Batavia, ging den Handelshäusern das Geld aus. Im Vereinigten Königreich brachen die Löhne ein; in den Vereinigten Staaten erreichte die Arbeitslosigkeit neue Höhen. Zwischen Oktober 1857 und März 1858 schlossen in Pennsylvania ein Drittel bis die Hälfte der Gießereien.[184] Im November besetzten arbeitslose Arbeiter den Tompkins Square in New York. Ihr Sprecher George Campbell erklärte: «Wir dürfen nicht um Arbeit betteln, sondern müssen sie *verlangen*; und wenn wir keine bekommen, *können wir tun, was uns gefällt.*»[185] Die *Preußischen Jahrbücher* beklagten: «Alle Verhältnisse schienen auf den Kopf gestellt».[186]

Bald verstand man, dass es sich bei diesem neuen Muster von Booms und Krisen um ein Merkmal der neuen kapitalistischen Zivilisation handelte, und fürchtete sich davor.

Mitte des 19. Jahrhunderts wurde ein weiteres maßgebliches und zugleich das letzte Anzeichen dafür sichtbar, dass das Archipel des Kapitals sich zu einer eigenen Zivilisation transformiert hatte. Sie erhielt einen Namen: Kapitalismus. Im Zuge der Auseinandersetzung mit den radikalen Umbrüchen, die sie erlebten, stellten die Zeitgenossen einige «besondere Qualitäten» fest und gaben der komplexen Realität einen Namen.[187]

Kapitaleigner hatten sich selbst seit dem frühen 16. Jahrhundert als «Kapitalisten» bezeichnet und waren auch von anderen so gesehen worden, und im 17. Jahrhundert wurde der Begriff «Kapitalist» – eine Person, die über Kapital verfügt – in verschiedenen Sprachen gebräuchlich.[188] In der Niederländischen Republik hatte er sogar rechtliche Bedeutung, weil auf «Voll- oder Halbkapitalisten» bestimmte Steuern erhoben wurden. In Rio de Janeiro wiederum beschrieb man mit «Kapitalist» die genaue soziale Stellung einer Person.[189] Im Jahr 1807 schrieb das *Journal de Genève* von «messieurs les capitalistes» und meinte damit Menschen, die ein Interesse daran hatten, Staatsanleihen zu erwerben, und dazu auch in der Lage waren. Eine Veröffentlichung in Havana stellte 1834 hingegen fest, dass «Kapitalist und Schriftsteller traditionell inkompatibel» seien.[190]

Wenn Beobachter aber über mehr als einen einzelnen Kapitaleigner sprechen wollten, wenn sie mit dem System rangen, in dem kommerzielle Aktivitäten eine übergroße Rolle spielen, kamen sie ins Stocken. Etwas Neues war entstanden, aber wie sollte man es nennen? Eine mögliche Antwort griff auf das 18. Jahrhundert und Adam Smith zurück, der in seinem Buch *Theorie der ethischen Gefühle* aus dem Jahr 1759 «Hirtenvölker» und «handeltreibende Länder» («commercial countries») gegenüberstellte. Zu Letzteren zählte er Großbritannien.[191] In der englischsprachigen Welt war die Rede von «commercial societies», «commercial nations» und «commercial states», andere sprachen von «political economy» (Politische Ökonomie), was die politischen Voraussetzungen für den Kapitalismus einbezieht – und in den 1820er Jahren in den allgemeinen Sprachgebrauch aufgenommen wurde.[192] Selbst in den 1870er Jahren bezeichnete der Herausgeber von *The Economist*, Walter Bagehot, das System, das das Wirtschaftsleben strukturierte, als «political economy».[193] Er beschrieb England als «Gesellschaft von erwachsenem, wettbewerbsorientiertem Handel» und behauptete, «für sehr weite Bereiche unseres gegenwärtigen englischen Lebens trifft Political Economy genau zu».[194] Karl Marx gab seinem Opus magnum zwar den Titel *Das Kapital*, doch verwendete er, wie damals üblich, den Begriff «Politische Ökonomie» für die neue Zivilisation, die er analysierte.

In den frühen 1840er Jahren nahm die Kritik an dieser neuen Welt erkennbare Form an, und eine Variation des Wortes *Kapitalist* kam in Gebrauch: *Kapitalismus*. Sie baute auf zwei älteren Konzepten auf – Kapital und Kapitalisten, beides wichtige Facetten der neuen Ordnung – und brachte eine eigene, ältere Bedeutung mit, nach der Kapitalismus ein zentralisiertes (Hauptstadt-zentriertes) Gemeinwesen war.[195] Der neue Name verbreitete sich rasend schnell und spiegelte eine kollektive Erkenntnis wider – die zweifellos durch die Krise von 1837 und nachfolgende beschleunigt worden war –, dass nämlich Kapital entscheidend war, wenn man diese neue Gesellschaft verstehen wollte, und dass die Kapitaleigner (Kapitalisten) darin eine wichtige Rolle spielten. Von *Kapital* und *Kapitalist* zu *Kapitalismus* war es ein kleiner Schritt, war man sich doch allgemein bewusst darüber, dass etwas grundlegend Neues entstanden war.

Als Erstes verbreitete sich der Begriff in Frankreich, wo der Marquis de Villeneuve im Jahr 1839 den «capitalisme» als «einschmeichelnde und gefährliche Schlange» bezeichnete.[196] Die erste Wörterbuchdefinition von *Kapitalismus* weltweit gab es in einem französischen Buch aus dem Jahr 1842 mit «neuen Wörter». Dort hieß es wenig hilfreich, *Kapitalismus* sei ein «System der Kapitalisierung».[197] Vier Jahre später stufte die Académie Royale de Lyon es abermals als «neues Wort» ein.[198] Der Erste, der es verwendete, um ein Gesellschaftssystem zu beschreiben, war wahrscheinlich der Saint-Simonianer Pierre Leroux. Im Jahr 1848 schrieb er über «gefesselte Nationen, die unter dem Joch des Kapitalismus schuften».[199] Im Jahr 1850 kritisierte Louis Blanc die «Verwechslung von [...] *Kapital* und dem, was ich als *Kapitalismus* bezeichne, also der Aneignung von Kapital durch die Einen unter Ausschluss der Anderen».[200] Ein Jahr später nannte Pierre-Joseph Proudhon «das Land [...] die Festung des modernen Kapitalismus» und beklagte die Ungleichheiten, die ein «zentralisierender Kapitalismus» hervorbrachte.[201] Und schließlich definierte im Jahr 1867 das *Grand dictionnaire universel du XIXe siècle* Kapitalismus als die «Macht des Kapitals und der Kapitalisten.»[202] In den 1870er Jahren war *Kapitalismus* in den allgemeinen Sprachgebrauch übergegangen und wurde vor allem dazu verwendet, die neue Wirtschaftsordnung sowohl von der Vergangenheit als auch von ihren möglichen Alternativen in der Zukunft abzugrenzen.[203]

Mitte der 1850er Jahre hatte es *Kapitalismus* auch über den Ärmelkanal nach Großbritannien geschafft, wo das Wort zunächst in sozialistischen Kreisen verwendet wurde. Ab den 1880er Jahren hatte es Wurzeln in der Gesellschaft geschlagen und wurde beispielsweise auch von den sozialreformerischen Fabianern verwendet. Im Jahr 1894 veröffentlichte der sozialliberale John A. Hobson dann *The Evolution of Modern Capitalism* und zeichnete darin die Entstehung der Industriegesellschaft nach.

In den Vereinigten Staaten tauchte das Wort ebenfalls zunächst in sozialistischen Kreisen auf. In den 1880ern verwendete es aber beispielsweise auch die American Economic Association, deren Vorsitzender Edwin R.A. Seligman die amerikanische Gesellschaft im Jahr 1900 «als die Gesellschaft des wettbewerbsorientierten Kapitalismus» definierte.[204] Thorstein Veblen schrieb 1914 in seinem Buch *Instinct of Workmanship and the State of the Indus-*

trial Arts über den Kapitalismus. Im amerikanischen Diskurs, und zwar über das gesamte politische Spektrum hinweg, wurde das Wort *Kapitalismus* wohl mehr zum Mainstream als irgendwo sonst. Mit dem Begriff ließ sich das, was zunehmend als wichtiges Definitionsmerkmal der US-amerikanischen Gesellschaft betrachtet wurde, ebenso preisen wie kritisieren.[205]

Der einflussreichste Analytiker des Systems und sein stärkster Kritiker, Karl Marx, verwendete das Wort nur selten, daher überrascht es nicht, dass ein Reporter von *The Herald* es noch 1871 für ihn definierte: «Kapitalismus, oder wie Sie [Marx] es nennen würden, Monopol.»[206] Auf Deutsch verwendete den Begriff *Kapitalismus* wohl erstmals der Breslauer Kaufmann F. A. Stilch, der diese neue Organisationsform wirtschaftlicher Aktivität in einem Vortrag 1848 im Demokratischen Verein zu Breslau verurteilte.[207] Auch konservative deutsche Ökonomen wie Johann Karl Rodbertus griffen den Begriff auf. Rodbertus schrieb 1869: «Der Kapitalismus ist ein soziales System geworden.» Er erkannte die historische Bedeutung dieser Form des Wirtschaftslebens und war der Meinung, «der Kapitalismus sei nur eine Phase in einer langfristigen wirtschaftlichen Entwicklung.» Im Jahr darauf veröffentlichte der liberal-konservative Professor für Nationalökonomie Albert Schäffle sein Buch *Kapitalismus und Sozialismus* und stellte darin fest, «die gegenwärtige Wirtschaft ist gekennzeichnet durch die kapitalistische Produktionsweise».[208] Ab den 1870er Jahren betrachteten vor allem Soziologen das wirtschaftliche Leben aus historischer Perspektive. Mit dem Begriff Kapitalismus bezeichneten sie die jüngste Epoche und beeinflussten damit unter anderem Max Webers eindrucksvolle Untersuchung von 1904 *Die protestantische Ethik und der Geist des Kapitalismus.*[209]

Von Deutschland aus wanderte der Begriff gen Süden: In Italien wurde das Wort *capitalismo* erstmals in den 1880ern erwähnt, und zwar in Gerolamo Boccardos Übersetzung von Albert Schäffles *Kapitalismus und Sozialismus.*[210] Kurz darauf verglichen zwei politische Ökonomen, die sich mit der «sozialen Frage» beschäftigten, Sozialismus und Kapitalismus als historische Wirtschaftssysteme: Achille Lora veröffentlichte im Jahr 1886 *Le basi economiche della costituzione sociale* und Salvatore Cognetti de Martiis im Jahr 1889 *Socialismo antico.* Beide beschrieben den *Kapitalismus* als historisches System.[211]

Mit der Zeit verbreitete sich der Begriff auch in anderen Sprachen. Im Niederländischen wurde *kapitalisme* erstmals von Kritikern der neuen Ordnung verwendet, bevor das Wort in den allgemeinen Sprachgebrauch überging. Ein nicht namentlich unterzeichneter Artikel über die Arbeiterbewegung verwendete den Begriff sogar schon 1874.[212]

Von Europa aus verbreitete sich der Begriff auf der ganzen Welt. In Japan war 1902 in einem Artikel in *The Asahi Shimbun* von «der Geschichte des Kapitalismus» die Rede.[213] Das Wort fand Eingang in den akademischen Diskurs, so tauchte der *Kapitalismus* (oder *shihonshugi*, 資本主) im Jahr 1909 in einem Manuskript mit Fachbegriffen der Soziologie auf.[214] Ein Jahr darauf erschien in der Zeitschrift *Mita Journal of Economics* der Universität Keo der Artikel «Das Zeitalter von Reformation und Kapitalismus» (*Shūkyō kaikaku jidai to shihonshugi*) von Abe Hidesuke.[215] In China wurde das Wort Kapitalismus – 经济学要览 – 1914 in einem Wirtschaftslehrbuch erwähnt und als «Ära» mit bestimmten Merkmalen beschrieben.[216] Mit ihrer Benennung war die kapitalistische Zivilisation endgültig angekommen.

Doch auch nachdem diese neue Zivilisation einen Namen bekommen hatte, nachdem sie die Bedeutung der Märkte erhöht, neue Ungleichheiten und neue Rhythmen des wirtschaftlichen Lebens gebracht und einer ganzen Reihe von Kritikern Prominenz verschafft hatte, funktionierte die Welt immer noch auch nach nichtkapitalistischen Prinzipien. Die Grenzen der Kommerzialisierung hatten nach wie vor Bestand, auch in den Kernländern des Kapitalismus. Zwar kommodifizierten die bürgerlichen Eliten Teile der Haus- und Care-Arbeit, indem sie Hausangestellte beschäftigten, und bei versklavten Frauen wurde der Körper selbst insofern kommodifiziert, als er die nächste Generation versklavter Arbeiter hervorbringen sollte, dennoch blieben Kochen, Putzen und Kindererziehung weitgehend außerhalb der Marktlogik. So schnell die Marktintegration auch voranschritt, sie hatte Grenzen. Die Bauern produzierten einen Großteil ihrer Kleidung und Lebensmittel immer noch selbst, und sogar Industriearbeiter bauten Obst und Gemüse an oder stellten Dinge für den Eigenbedarf her. Der Haushalt eines Uhrmachers in Neukirch im Schwarzwald besaß um 1800 ein kleines Stück Land, mit dem die Familie etwa 400 Kilogramm Kartoffeln, 300 Kilogramm Fleisch, 1500 Liter Milch, 480 Eier und 50 Kilogramm Butter produzierte. Das reichte nicht zum Leben, aber diese Ackerparzelle war eine wichtige Ergänzung zum Einkommen aus der Uhrmacherei, von dem die Familie gerade einmal Milch, Schnaps, Kaffee, Zucker, Seife, Gewürze, Speiseöl, Holz und neun Laib Brot in der Woche kaufen konnte. Nur 43 Prozent ihres Bedarfs erwarb die Familie auf Märkten, der Rest wurde zu Hause produziert.[217]

Neben den materiellen Grenzen des Kapitalismus gab es auch eine ideologische: Viele hielten diese neue Zivilisation für illegitim. Die Wende weg von den vorherigen Mustern des Wirtschaftslebens war zu radikal, um gemeinhin akzeptiert zu werden, und trotz aller Anstrengungen der Kapitaleigner, die von den «Gesetzen» der Nationalökonomie schwadronierten, war sie weit davon entfernt, als naturgegeben akzeptiert zu werden. Industriearbeiter in Manchester leisteten ebenso ideologischen Widerstand wie Landarbeiter in Bengalen. In Bengalen verbreiteten sich im 19. Jahrhundert religiöse Bewegungen wie die Baul, die Sahebdhani oder die Kartabhaja, die sich in ihren Liedern und Schriften der Sprache des Marktes bedienten und darin Figuren wie die Banianer (lokale Händler), Makler und Mitarbeiter der East India Company auftreten ließen. Doch das Ziel war Kritik, nicht Akzeptanz, sie drückte die Hoffnung auf eine gerechtere Gesellschaft aus.[218] Die Baul machten sich über die bengalische und englische Wirtschaftselite lustig und brachten die «Sorgen ihrer Existenz als Arbeiter» zum Ausdruck.[219] Ein Sahebdhani-Lied klagt, «die Eisenbahn hat die Bengalen erobert, das Land geplündert und allen Reichtum gestohlen!»[220]

Auch wenn sich die kapitalistische Zivilisation noch nicht auf ganzer Linie durchgesetzt hatte, erwies sie sich doch als allgegenwärtig und dominant genug, um in vielen Regionen der Erde erhebliche Brüche auszulösen und sichtbar zu machen. Während sich die kapitalistischen Sozialbeziehungen ausbreiteten und vertieften, verwandelte sich das Archipel des Kapitals in einen Kontinent, dessen Konflikte seine neuen Grenzen, politisch wie gesellschaftlich, unter Druck setzten. Eine frappierend globale Krise nach der anderen schlug wie Wellen gegen die bestehenden Strukturen von Konkurrenz in der Industrie, Sklaverei, ländlichem Raum, Klassenbeziehungen, Staat und den Beziehungen zwischen europäischen und nicht-europäischen Kapitalisten. Die entstehende kapitalistische Zivilisation erwies sich als sozial, wirtschaftlich und politisch instabil – nicht nur wegen der Boom-und-Krise-Zyklen und der täglichen Verteilungskonflikte, sondern auch, weil sie mit immer stärkerer Kraft gegen die immer noch machtvollen Strukturen stieß, die ihr die Macht für den Durchbruch überhaupt erst verliehen hatten: eine zutiefst ausgebeutete Arbeiterklasse, Sklaverei und ein vom Adel dominierter Staat. Das revolutionäre Imperium des Kapitals war immer noch in eine alte Ordnung eingebettet. Entsprechend schlitterte diese vor Selbstbewusstsein strotzende Zivilisation, die von einer selbstbewussten Wirtschaftselite vorangetrieben und von einer universalistischen und welthistorischen Gesinnung belebt wurde, in eine Krise, die an ihrer Peripherie begonnen hatte – den Sklavenplantagen des amerikanischen Kontinents. Enden würde sie mit einer globalen Neuordnung des Kapitalismus am Ausgang des Jahrhunderts.

KAPITEL 10

Aufstände: die Krise des Kapitalismus alter Ordnung, 1830–1870

Revolution in den Sklavereigebieten der Welt: *Die Schlacht von Crête-à-Pierrot* (4. bis 24. März 1802). Originalillustration von Auguste Raffet, Kupferstich von Ernst Hébert.

Dadurch, dass sich das Reich des Kapitals in Raum und Gesellschaft ausdehnte, entstand bis zur Mitte des 19. Jahrhunderts zum ersten Mal eine erkennbar kapitalistische Zivilisation, die nicht auf Kapitalinseln beschränkt war, sondern ganze Gesellschaften erfasste. Neue Ungleichheitsstrukturen, die durch den Markt vermittelt waren und nicht auf dem ererbten Stand beruhten, waren unübersehbar. Die ökonomischen Rhythmen des neuen Systems glichen sich auf der ganzen Welt an. In Manchester wie New York flanierten Industrielle durch die Straßen und waren davon überzeugt, dass sie hinter das Geheimnis rasch expandierender Produktion gekommen waren. Das Wirtschaftswachstum beschleunigte sich. In London, Frankfurt und Kalkutta wägten Kapitaleigner ab, welche Vor- und Nachteile Investitionen in eine neue Bahnlinie zwischen São Paulo und Santos, eine Kohlenmine im Ruhrgebiet, eine Teeplantage in Assam oder in Staatsanleihen des amerikanischen Bundesstaats Louisiana jeweils boten. In das neue industrielle Kernland ergoss sich ein wachsender Strom von Agrarprodukten, der durch die scheinbar nie endende Ausweitung der Sklaverei in einigen Teilen der Welt und die freie landwirtschaftliche Arbeit in anderen gespeist wurde. Tag für Tag gingen Millionen Land- und Industriearbeiter auf das Feld oder in die Fabrik und arbeiteten nicht mehr unter der Herrschaft eines Herrn oder nach den Maßgaben einer selbstbestimmten, am Eigenbedarf ausgerichteten Tätigkeit, sondern unter der Ägide des Kapitals.

Bisweilen wurden die Kapitaleigner von kollektiver Begeisterung ergriffen, so im Dezember 1851, als der Aktienmarkt auf die Machtergreifung Napoleons III. positiv reagierte und ein Pariser Börsenmakler darin «die atemberaubendste Markterholung, die vielleicht je stattgefunden hat», sah.[1] Die Kapitalbesitzer übernahmen von den alten grundbesitzenden Eliten den kulturellen Führungsanspruch, bauten Opernhäuser, trafen sich in Clubs und verkündeten selbstbewusst, dass die von ihnen geschaffene Zivilisation für die gesamte Menschheit eine Wohltat sei. Diese Zivilisation zeichnete sich ebenso durch laute, schmutzige und oft riesige Maschinen aus wie durch großartige Theater, durch die überbelegten Mietskasernen, in die die Industriearbeiter gepfercht wurden, wie durch hochkultivierte Gespräche in reich möblierten Salons. Sie wurde durch die Knute nicht weniger vorangetrieben als durch Verträge. Sie war so neu und verwirrend, dass einen schwindeln konnte.

Trotz ihrer enormen Dynamik, oder vielleicht gerade deshalb, wurde die kapitalistische Zivilisation von starken Spannungen und einem steten Schwall zusammenhängender, weltumspannender, sich gegenseitig verstärkender Revolten erschüttert, die von verschiedenen Protagonisten mit je eigenen und manchmal widersprüchlichen Zielen angeführt wurden. Das politisch ehrgeizige deutsche Bürgertum wollte einen größeren Anteil an der politischen Macht, die versklavten Arbeiter in den Vereinigten Staaten wollten ihre Freiheit, die kolonisierten wirtschaftlichen Eliten in Bengalen wollten ein Mitspracherecht im Staat und die frisch proletarisierten Arbeiter in Birmingham forderten Respekt, Sicherheit und genug Lohn, um davon leben zu können. Einige Rebellen wollten den vorkapitalistischen Zustand wiederherstellen. Andere strebten etwas Neues an, eine postkapitalistische Zukunft, von der sie nur vage Vorstellungen hatten, in der aber das Produktivitätswunder des Kapitalismus einer gerechteren, weniger gespaltenen Gesellschaft zugutekommen sollte. Wieder andere wollten eine neue Art von Kapitalismus schaffen und die alte Ordnung überwinden, denn jenes Gefüge aus politischen Strukturen, staatlicher Macht und der Mobilisierung von Arbeitskräften, das den Aufstieg des Kapitalismus ermöglicht hatte, schien zu der neuen Welt nicht mehr zu passen.

All seiner Neuheit zum Trotz war das Imperium des Kapitals um die Jahrhundertmitte noch immer weitgehend in die Regeln, die Politik, die staatlichen Strukturen, die Unternehmensorganisation, die Arbeitsbeziehungen und Machtstrukturen eingebettet, die sich in den Jahrhunderten zuvor entwickelt hatten. Und auf diesen präindustriellen Fundamenten geriet die neue industriekapitalistische Zivilisation trotz ihrer beispiellosen globalen Dynamik ins Straucheln. Sie glich einem Kuckucksei, das von einer Welt ausgebrütet wird, die ganz anders ist als es selbst.[2] Diese ältere Welt bestimmte den Kapitalismus auch in seiner neuesten, industriellen Erscheinungsform: Die Kapital besitzenden Eliten mussten sich die Macht mit anderen teilen, deren Stellung gewöhnlich auf Herkunft und Grundbesitz beruhte, und sie lebten in einem Staat, der in einem überraschenden Maße auf die Interessen dieser anderen, viel älteren Eliten ausgerichtet war.

In einem Großteil der Welt kontrollierten die Plantagenbesitzer die Arbeitskräfte in der Landwirtschaft immer noch durch außerökonomischen Zwang. Viele Unternehmen waren nach wie vor staatsnah wie die East India Company und verfügten über ein Monopol. Die meisten aber waren klein, inhabergeführt, ohne nennenswerte Verwaltung und mussten sich gegen harte Konkurrenz behaupten. Außerhalb der Plantagen und Baumwollfabriken kontrollierten die Kapitalbesitzer den Arbeitsprozess in fast allen Industriezweigen nur oberflächlich, und das wesentliche Know-how für die Produktion befand sich immer noch «unter der Mütze des Arbeiters».[3]

Tatsächlich beruhten die Beziehungen zwischen Arbeitgebern und Arbeitnehmern weiterhin auf vorindustriellen Strukturen und Gesetzen, wie etwa dem britischen Master and Servant Act, der die Lohnarbeit um eine ordentliche Portion außerökonomischen Zwang ergänzt hatte. Und auch die Arbeiter selbst bedienten sich Strategien und Formen kollektiven Handelns, die, vom Aufruhr bis zur disziplinierten Zunft, in diesem vorindustriellen Universum verwurzelt waren. Der Kapitalismus des Ancien Régime hatte bis weit in das 19. Jahrhundert hinein Bestand. Die kapitalistische Revolution, die sich immer mehr beschleunigte, raste auf einem verrotteten Schienenstrang dahin.

Auf der ganzen Welt kam es zu Spannungen und Konflikten, und manche waren so einschneidend, dass man sie als Krieg bezeichnete: Der *Economist* sprach von einem «Krieg zwischen Kapital und Arbeit». Der britische Special Commissioner für Jessore G. G. Morris alarmierte seine Vorgesetzten in Kalkutta, in Bengalen herrsche ein «permanenter Kriegszustand» in den vom Indigoanbau geprägten ländlichen Gebieten. In Louisiana konstatierte der Plantagenbesitzer James Pitot, dass er sich «mit seinen Sklaven im Kriegszustand» befinde. Der deutsche Jurist Franz Hermann Schulze-Delitzsch erklärte angesichts kriegsähnlicher Konflikte zwischen den kapitalistischen Eliten und den adeligen Junkern, dass «die Zukunft [der Junker] das Grab» sei, und der französische Sozialist Victor Meunier sprach von einem «industriellen Krieg» des Industriekapitals gegen die «benachteiligten Massen».[4]

Diese weltumspannenden «Kriege» wurden in den mittleren Jahrzehnten des 19. Jahrhunderts immer intensiver, erschütterten wichtige Stützen der alten Ordnung und brachen dort aus, wo die kapitalistische Zivilisation ihren größten Einfluss und ihre größte Tiefe erreicht hatte: in den ländlichen Gebieten, die der kapitalistischen Transformation unterworfen waren, und in den aufstrebenden Städten, wo die neuen Kapital besitzenden Eliten lebten.[5] Industriearbeiter rebellierten gegen ihre Arbeitgeber, Sklaven erhoben sich gegen ihre Herren, Kapitaleigner wollten sowohl ein größeres Mitspracherecht im Vergleich zu den höhergestellten Aristokraten als auch eine neue Art von Staat, und die einheimischen Eliten in den kolonisierten Teilen der Welt begannen, sich, wenn auch zunächst nur zaghaft, gegen ihre europäischen Oberherren zu wehren.

Einige dieser Konflikte erregten großes Aufsehen, wie die europäischen Revolutionen von 1848, die Aufstände im ländlichen Raum Bengalens im Jahr 1860 und der Amerikanische Bürgerkrieg zwischen 1861 und 1865, andere sorgten für weniger Aufmerksamkeit und blieben stärker lokal begrenzt, waren aber dennoch folgenschwer. Dies galt etwa für die Erhebung der Sklavenarbeiter auf Kuba im Jahr 1843, den Schlesischen Weberaufstand 1844 und die wiederholten Bauernrevolten auf Java Mitte des 19. Jahrhunderts, um nur ein paar Beispiele zu nennen. Diese Revolten, die oft von den marginalisiertesten Menschen der Welt getragen wurden, speisten sich gegenseitig, sodass ein Feuer das nächste entzündete.

Die Rebellionen ereigneten sich in weit verstreuten Teilen der Welt, und die Akteure waren ganz unterschiedlich, was die – oft regionalen Perspektiven verhaftete – Wissenschaft dazu verleitet hat, sie als voneinander unabhängig zu betrachten. Schließlich war die Welt der deutschen Revolution von 1848/49 eine ganz andere als die protestierender bengalischer Bauern. Aus einer globalen Perspektive jedoch werden die Verbindungslinien deutlicher und lassen die massiven Veränderungen erkennen, die das Reich des Kapitals erschütterten. Es handelte sich, wie es der italienische Schriftsteller Andrea Giovene formuliert hat, um «die Scheidelinie zwischen zwei Epochen, ... das gesamte Mittelalter (das zuerst an Kraft verlor, als der Ruf der *Marseillaise* erklang) ging zu Ende, und es begann ... eine Weltgeschichte, die in noch nie dagewesenem Maße eine gemeinsame war.»[6]

Am 3. Juni 1844 zogen in der schlesischen Stadt Pieszyce, damals Peterswaldau, etwa 20 Weber zum Haus der Kaufmannsbrüder Ernst Friedrich und August Zwanziger, um gegen eine Lohnkürzung zu protestieren. Die Stadt, heute etwa eine Stunde Fahrt von Jelenia Góra entfernt, lebte hauptsächlich von der Spinnerei und Weberei, und die Brüder Zwanziger beschäftigten in der Umgebung Heimarbeiter, die die Stoffe produzierten, mit denen sie handelten. Als die Arbeiter beim Haus ihres Arbeitgebers ankamen und eine würdige Behandlung und einen gerechten Lohn forderten, trieben Zwanzigers Diener die Menge mit Stöcken auseinander und riefen die Polizei, die einen Mann namens Wilhelm Mäder verhaftete, den sie für den Anführer hielt.[7]

Die kleine Demonstration löste den Weberaufstand von 1844 aus, den Schriftsteller, Dramatiker und Bildende Künstler als Symbol für die extreme Armut und Verzweiflung der Arbeiter um die Jahrhundertmitte behandelt

Schlesische Weber vor dem Haus eines schlesischen Fabrikbesitzers, wie es sich Käthe Kollwitz 1897 vorstellte.

haben. Einen Tag nach der ersten Konfrontation kehrten die Weber zurück, diesmal unter Begleitung fast aller anderen Heimarbeiter aus der Gegend: Sie fanden Zwanzigers Haus verlassen, brachen ein und zerstörten das gesamte Mobiliar. Dann zogen sie weiter zu den Häusern anderer Fabrikanten, die sie nur dann nicht zerstörten, wenn sie Geld oder Waren erhielten. Als sie bei der Fabrik von Christian Gottlob Dierig im benachbarten Bielawa (damals Langenbielau) ankamen, zerbrachen sie einen mechanischen Webstuhl, den sie als «Brotdiebesmaschine» bezeichneten. In Berlin berichtete die *Vossische Zeitung* besorgt und entsetzt, es sei wohl darum gegangen, «den Haß, die Rache und Wut in Zerstörung und Verwüstung auszulassen [...] Jenes Rachewerk wurde vollständig ausgeführt, zertrümmert, zerschnitten, zerfetzt, was vorhanden war.»[8] Die Soldaten, die zur Niederschlagung des Aufstands eingesetzt wurden, töteten elf Männer, Frauen und Kinder und verletzten 24 Arbeiter schwer.[9] Der Dichter Heinrich Heine brachte in «Die armen Weber» seinen Zorn über das Ereignis deutlich zum Ausdruck:

> Ein Fluch dem König', dem König' der Reichen,
> Den unser Elend nicht konnte erweichen,
> Der uns den letzten Groschen erpreßt,
> Und uns wie Hunde erschießen läßt![10]

Solche, in der Regel kleine, aber oft gewalttätige Arbeiteraufstände kamen um die Jahrhundertmitte häufig vor, und die Arbeiter wie der in Gerhart Hauptmanns Theaterstück *Die Weber* fragten nicht ohne Grund: «Solln mir Pulver und Blei fressen statts Brot?»[11] Rebellionen, Meutereien, Aufstände, Maschinenstürmerei, Gewalt gegen Fabrikanten und Kaufleute, öffentlicher Spott über Unternehmer, die Verwüstung ihrer Häuser – all das war gang und gäbe, wobei der genaue Zeitpunkt jeweils vom Stadium der wirtschaftlichen Entwicklung abhing. In Großbritannien ereigneten sich die Aufstände früher (in den 1810er Jahren), in Deutschland später (in den 1840ern).[12] Sie hatten im Wesentlichen drei Gründe: Erstens waren die alten Systeme gegenseitiger Verpflichtung und Versorgung, so unzureichend sie auch sein mochten, nach und nach zusammengebrochen, je weiter sich das Imperium des Kapitals ausdehnte, und auch der Zugang zu kollektiv genutzten Ressourcen wie etwa dem Wald war zunehmend versperrt. Zweitens herrschte in der neu entstehenden Welt der Industrie ein schockierendes Maß an Ausbeutung. Und drittens waren die Arbeiter immer noch außerwirtschaftlichen Zwängen unterworfen.

Ihre Reaktion reichte noch nicht an die großen kollektiven Aktionen der Arbeiterklasse des späten 19. Jahrhunderts heran – noch gab es nicht die massiven Streiks, die gigantischen, bürokratisierten Gewerkschaften oder die straff organisierten und disziplinierten sozialistischen Parteien, die unsere Vorstellung von der Arbeiterbewegung des 19. Jahrhunderts geprägt haben. Die kollektiven Aktionen der Arbeiter um die Jahrhundertmitte waren lokal, oft spontan, fast gänzlich unorganisiert und richteten sich in der Regel direkt gegen die Personen, die für ein bestimmtes Problem oder eine Notlage verantwortlich gemacht wurden. Die schlesischen Weber sind dafür ein gutes Beispiel: Sie stellten keine Streikposten auf, aber sie sangen beleidigende Lieder vor den Häusern der Kaufleute; sie beriefen keine Versammlungen ein, aber sie verwüsteten die Geschäfte ihrer Arbeitgeber. Die Vorstellung vom «gerechten» Lohn war weiter verbreitet als wirtschaftspolitisch begründete Theorien über Ausbeutung. Die Arbeiter protestierten gegen schlechte Bezahlung, hohe Preise und ausbeuterische Arbeitsbedingungen und forderten, dass ihre gewohnten Rechte und ein Mindestmaß an Wohlstand unabhängig von den Marktverhältnissen erhalten blieben.[13]

Zu Protesten kam es nicht nur in den Produktionsstätten, sondern auch an Orten, an denen Konsumbedürfnisse nicht befriedigt wurden, etwa wenn in Zeiten des Mangels Getreide exportiert wurde oder durch eine Inflation die Nahrungsmittelpreise stiegen. Insbesondere Frauen wurden aktiv, um die Händler vor Ort zu Preissenkungen zu zwingen, manchmal zettelten sie dafür Marktaufstände an. In Berlin und Wien plünderten sie Bäckereien, die das Brot ihrer Ansicht nach zu überhöhten Preisen verkauften.[14] In den Augen dieser Frauen war das Grundprinzip des Kapitalismus falsch, dass die Märkte die Preise bestimmen.

Im Imperium des Kapitals fanden solche Rebellionen in allen Zentren der Industrialisierung statt. Die Arbeiter, die die Kanäle gruben, die in ganz Nordamerika die Warenzirkulation erleichterten, rebellierten regelmäßig. Wir wissen von 51 solcher Unruhen allein in den 1840er Jahren. Die Arbeiter drohten, Tunnel und Schleusen zu sprengen, sie streikten, steckten Maschinen in Brand, terrorisierten die Bauunternehmer, weil sie ausstehende Löhne nicht zahlten, und kämpften gegen konkurrierende Arbeiter. Im französischen Bergbaurevier Montrelais lieferten sich die Arbeiter beinahe permanent oftmals gewaltsame Schlachten mit den Minenbesitzern und trotzten dabei deren anscheinender Übermacht. In Paterson, New Jersey, zündeten streikende Baumwollarbeiter eine Fabrik an und drangen in eine andere ein, wo sie die Kettfäden durchschnitten. Im Jahr 1845 streikten Textilarbeiter in Pittsburgh für einen Zehnstundentag, und als ihr Arbeitgeber drohte, sie durch Streikbrecher zu ersetzen, warfen die Streikenden, größtenteils Frauen, mit Dreck und machten sich daran, den Zaun der Fabrik mit Äxten niederzureißen – die damals jüngste Schlacht in dem vom Lokalblatt *Pittsburgh Daily Gazette and Advertiser* so bezeichneten «permanenten Krieg zwischen Arbeitgebern und Arbeitnehmern».[15] In den Vereinigten Staaten kam es in der Zeit von 1850 bis 1870 schätzungsweise 735-mal zu Ausschreitungen.[16]

Oft waren Maschinen das Ziel von Arbeiteraufständen. Diese wurden oft von Heimarbeitern angeführt, die noch mit Spinnrädern und Handwebstühlen arbeiteten und deren Existenz durch die arbeitssparenden Maschinen bedroht war. Der Inbegriff der Maschinenstürmerei war der bereits erwähnte Aufstand der Ludditen in Nordengland. Diese Handweber verbrannten und zertrümmerten in den 1810er Jahren Maschinen, ein Aufstand, der 1812 zu einem Gesetz führte, das Maschinenstürmerei zu einem Kapitalverbrechen erklärte, was tatsächlich Hinrichtungen von Aufständischen oder ihre Verbannung in verschiedene Kolonien zur Folge hatte. Ähnliche Bewegungen waren für alle Gebiete mit beginnender Fabrikproduktion charakteristisch. In den frühen 1840er Jahren zerstörten Arbeiter in Prag und Böhmen Textilmaschinen, die ihre Arbeitsplätze bedrohten. Auch im Osmanischen Reich war Maschinenstürmerei ein wichtiges Mittel der Arbeiter, um sich Gehör zu verschaffen. So etwa 1839, als Frauen in der Fabrik Dobri Scheljaskows in der rumelischen Stadt Sliwen Maschinen zerstörten. Im Jahr 1851 versuchten Frauen in einer Textilfabrik in Samokow, mechanische Webstühle zu zertrümmern, und 1861 steckten Arbeiter in Bursa eine ganze Fabrik in Brand.[17]

Einer der spektakulärsten Aufstände brach 1831 in Lyon aus, als Tausende Seidenarbeiter gegen ihre miserablen Arbeits- und Lebensbedingungen protestierten und den reichen Seidenkaufleuten die Stirn boten. Obwohl auf die Arbeiter geschossen wurde, setzten sie sich durch und errangen die Herrschaft über die Stadt, bis diese mit überlegener militärischer Macht zurückerobert wurde. Hunderte von Menschen kamen dabei ums Leben, und die bürgerliche Öffentlichkeit war schockiert, welche sozialen Konflikte die neue kapitalistische Zivilisation hervorgebracht hatte. Das liberale Pariser *Journal des Débats* suchte nach dem «Geheimnis» hinter dem «Aufruhr» und fand es in einer Gesellschaft, die «in eine Klasse der Besitzenden und eine der Besitzlosen» gespalten war.[18] Die Lage sei beängstigend, hieß es am Schluss des Artikels, denn «[jeder der] Fabrikanten lebt in seiner Fabrik, wie ein Pflanzer inmitten seiner Sklaven, als einer von hundert, und der Aufstand von Lyon ist ganz ähnlich wie der von Saint-Domingue.»[19]

Es ist bezeichnend, dass sich die französischen Wirtschaftseliten 1831 immer noch lebhaft an den Aufstand auf Saint-Domingue erinnerten, und es spricht für die Relevanz, die diese Revolution für die umfassendere Rebellion gegen den Kapitalismus alter Ordnung hatte. Tatsächlich war die neue Welt der Industrie für das *Journal des Débats* und viele andere von nahezu permanenten Konflikten, Produktionsstörungen und Gewaltausbrüchen geprägt. Die Industrie hatte die Welt unwiederbringlich verändert, doch es war noch nicht klar, ob die Gesellschaft den Stress aushalten würde, den das für sie bedeutete. Mitte des Jahrhunderts waren die Kapitalbesitzer eindeutig in der stärkeren Position: Die Arbeiter mussten essen, und damit sie dies konnten, mussten sie sich Arbeit in einer Fabrik suchen. Dennoch kämpften die Arbeiter überall mit ihren Arbeitgebern und stellten damit die Legitimität der neuen kapitalistischen Zivilisation infrage.

EINE WICHTIGE Variante dieser allgemeinen Entwicklung war die Unabhängigkeit und privilegierte Stellung, die hochqualifizierte Handwerker wie Drucker, Eisenpuddler, gut ausgebildete Bergleute, Maschinisten, Webstuhlreparateure und andere Fachkräfte gegenüber ihren Arbeitgebern behielten. Auch sie organisierten sich gegen die Logik des Marktes, aber anders als bei ihren ungelernten Kollegen waren die Fabrikanten auf ihre besonderen Fähigkeiten und ihr fundiertes Wissen über den Herstellungsprozess angewiesen. Aufgrund dieser Tatsache war es ihnen möglich, sich formeller zu organisieren und sich durch diszipliniertes Handeln und mehr und mehr auch durch eigene Institutionen kollektiv zu behaupten: Im britischen Bergbau erlangten die Facharbeiter eine solche Kontrolle über den Arbeitsprozess, dass sie ihre eigenen ungelernten Untergebenen einstellten und sie von ihrem eigenen Gehalt bezahlten. Der Minenbesitzer bezahlte sie und ihre ungelernten Mitarbeiter für die Fördermenge und nicht für die Zeit, die sie für die Arbeit benötigten.[20] Die Facharbeiter in anderen Branchen wie der Baumwollverarbeitung oder Eisenherstellung hatten ähnlich machtvolle Positionen.

Angesichts der spezifischen Druckmittel dieser Arbeiter ist es logisch, dass sie weltweit die ersten Gewerkschaften gründeten und die ersten modernen Streiks durchführten. Dabei stützten sie sich auf ihre starke berufliche Solidarität und ihre lange Tradition der Selbstorganisation in Zünften oder in Versicherungsvereinen auf Gegenseitigkeit. In Frankreich werden die Jahre zwischen 1800 und 1880 als die «handwerkliche» Periode der Arbeiterbewegung im Land bezeichnet. Da die Facharbeiter im Arbeitsprozess große Kontrolle und Autonomie behielten, ging es bei ihren Streiks meistens um den Lohn. Volle 80 Prozent der französischen Streiks in den 1830er Jahren hatten Lohnerhöhungen als Hauptforderung. Aber selbst in diesem eher formellen Bereich der Arbeitskämpfe verliefen die Aktionen der Arbeiter normalerwei-

Facharbeiter organisieren sich: Baumwollspinner in Glasgow, ein Tablett der *Friendly Association of Cotton Spinners*, 1825.

se isoliert voneinander; sie beruhten auf eng verbundenen Gemeinschaften in bestimmten Städten und stützten sich auf die Solidarität der Gewerke.[21]

Aber trotz ihrer Abhängigkeit von lokalen Umständen gab es bei den Arbeitskämpfen der Facharbeiter verbindende Momente. In Großbritannien gründeten sich die ersten regionalen Bergarbeitergewerkschaften unmittelbar, nachdem sie 1824 für legal erklärt worden waren. Als der Bergbau überall im Imperium des Kapitals rasch expandierte, wurde es gängig, dass die Arbeiter sich gewerkschaftlich organisierten und streikten, wobei die Facharbeiter in der Regel als Streikführer fungierten. Außerdem bauten die britischen Handwerker in den 1830er Jahren eine machtvolle soziale Bewegung auf: den Chartismus, der das allgemeine Wahlrecht für Männer forderte, um ein Gegengewicht zum beherrschenden Einfluss der Arbeitgeber in den Institutionen des Staates zu schaffen.[22] In New York organisierten Druckergesellen schon 1831 die Typographical Association, und 1833 gründeten Facharbeiter aus neun verschiedenen Gewerken in New York die General Trades' Union der Stadt. Diese Gewerkschaften wuchsen schnell und hatten bis zur Mitte des Jahrzehnts einen beträchtlichen Anteil aller New Yorker Handwerker und Facharbeiter organisiert. In Deutschland wurden die ersten Streiks ebenfalls von Facharbeitern initiiert, so der Streik von 1857 in Elberfeld, der Druckerstreik von 1865 in Leipzig, kurz darauf der Streik der Bauarbeiter in Berlin oder der Bergarbeiterstreik von 1870 in Schlesien.

Auch im Osmanischen Reich entwickelten bestimmte Facharbeitergruppen eine dauerhafte Kultur des Widerstands, obwohl das Polizeigesetz von 1845 dort Streiks und Gewerkschaften verbot. Die Istanbuler Waffenindustrie wurde ein Nährboden für die Arbeiterorganisation: Die Werftarbeiter des Marinearsenals in Istanbul streikten zwischen 1873 und 1879 viermal. Auch in aufblühenden Branchen wie dem Bergbau, der Eisenbahn und der Telegrafie legten die osmanischen Arbeiter ihre Werkzeuge nieder und schlossen sich der Rebellion der Facharbeiter gegen die Bürden an, die ihnen die kapitalistische Zivilisation auferlegte.[23]

Während die Industriearbeiter nach Wegen suchten, ihre häufig verzweifelte Lage zu verbessern, und die Unternehmer darum kämpften, die renitente Arbeiterklasse unter Kontrolle zu bringen, starteten die landwirtschaftlichen Produzenten ihre eigenen Aufstände. Nur wenige Jahre, nachdem die Weber protestierend vor Danzigers Haus erschienen waren, revoltierten mehr als 6000 Kilometer weiter östlich, in Bengalen, die Landarbeiter gegen den extremen Druck der Plantagenbesitzer, mehr von der Indigo-Pflanze anzubauen, die bei der Expansion der europäischen Textilindustrie eine so wichtige Rolle spielte.

Der Aufstand begann 1856, als bis zu 1000 Bauern «mehrere große Farmen plünderten und eine Indigofabrik niederbrannten».[24] Danach verlangten die Pflanzer von der «bengalischen Regierung, die sofortige Stationierung […] einer ausreichenden militärischen Streitmacht, um den kürzlich erfolgten Aufstand zu unterdrücken […] und seine Ausbreitung zu verhindern».[25] Dennoch schlossen sich weitere Indigobauern dem Aufstand an und protestierten gegen das Unrecht, das man ihnen angetan hatte, etwa dagegen,

3. dass man ein Haus niedergebrannt hatte, um auf dem Grundstück Indigo anzupflanzen.
4. dass man den Ryoten [englische Bezeichnung für die betroffenen bengalischen Bauern, Anm. d. Ü.] die Ochsen wegnahm, um sie zur Aussaat von Indigo und zur Vertragserfüllung zu zwingen
5. dass man die Ryoten mit Gewalt zur Erfüllung von Verträgen zwang.
6. dass es Fälle von Angriffen und Gewaltmaßnahmen gegen Ryots gegeben hatte, um sie zu zwingen, Land für den Indigoanbau zur Verfügung zu stellen oder Verträge zu erfüllen […]
10. dass man die Ryoten zwang, Blankopapiere zu unterzeichnen.[26]

Besonders empörte die Bauern, dass die Pflanzer sie zwangen, verlustbringende Verträge über den Anbau von Indigo zu erfüllen. Selbst Kolonialbeamte fanden, dass die Ryoten für ihre «generelle Abneigung, zu den angebotenen Bedingungen Indigo anzubauen», gute Gründe hatten. Sie berichteten, dass drei Viertel der Bauern Verträge mit zehnjähriger Laufzeit und festen Preisen für den Indigo unterzeichnet und dafür einen Vorschuss bekommen hatten, «der sich als unwirtschaftlich erwiesen hat».[27] Schlimmer noch, man hatte die Bauern gezwungen, Verträge zu unterzeichnen, die nicht nur für sie, sondern für ihre Nachkommen bindend waren.[28]

Da die Pflanzer den Abschluss ruinöser Verträge erzwangen, weigerten sich immer mehr Bauern, diese zu erfüllen. Im Jahr 1860 kam es im Distrikt Barasat, nur 32 Kilometer von Kalkutta entfernt, zu Protesten. Von dort breiteten sie sich schnell aus. Schon wenige Tage später weigerten sich in Nadia, unmittelbar nördlich von Barasat, die Bauern Digambar Biswas und Bishnu Biswas, Indigo anzubauen, obwohl die Pflanzer sie mit ihren *lathiyals* (privaten Sicherheitsleuten) unter Druck setzten und dabei von der Polizei und den Gerichten unterstützt wurden. Dann, am 23. Februar, marschierten 3000 Ryoten unter Führung von Morad Biswas, Sauhaus Biswas und Lallchand Saha zur lokalen Indigofabrik in Aurangabad, um insbesondere gegen die Überwachung ihrer Äcker zu protestieren. Am folgenden Tag kehrten sie zurück und zwangen «Mrs. Rice und ihre Töchter [die Angehörigen des Pflanzers], im Indigo Unkraut zu jäten».[29]

Auch als dieser Streit geschlichtet war, protestierten die Ryoten weiter dagegen, wie viel Indigo sie anpflanzen sollten, und weigerten sich schließlich, die Pflanze überhaupt noch auszusäen. Der Sonderermittler Browne Wood berichtete dem Lieutenant Governor, dass «sich nun ein regelrechtes Bündnis gegen den Anbau von Indigo bildete; Hindus und Moslems hatten Eide unterzeichnet, und die Ryoten eines Dorfes wurden durch Trommelschläge alarmiert, wenn die eines anderen ihre Hilfe brauchten [...] Die Polizei bekam es mit der Angst zu tun und war von den Ryoten auf ihre Seite gebracht worden.»[30]

Es zeugt von dem zunehmend gewalttätigen Charakter des Konflikts, dass einige Ryoten sich mit Schwertern und Speeren bewaffneten. Die Pflanzer wiederum nahmen Dorfvorsteher, die den Aufstand unterstützten, als Geiseln. Im September 1859 griffen Bauern die Indigofabrik von John White in Nadia an, und White verteidigte sich mit mehr als 100 Lathiyalen, von denen einige Elefanten ritten. An den Unruhen waren viele Menschen beteiligt. Im naheliegenden Distrikt Bilaspur weigerten sich die Bauern, für die Fabrik in Ratnapur Indigo anzupflanzen, und als der Besitzer versuchte, sie zur Annahme von Vorschüssen zu zwingen und Verträge zu schließen, stieß er auf «unerwarteten Widerstand» – man griff ihn mit Pfeilen und Speeren an und warf sogar Teller nach ihm.[31] Die geradezu militärische Mobilisierung von Männern *und* Frauen brach die Macht des Fabrikbesitzers, und es wurde kein Indigo ausgesät.[32] Der ganze ländliche Raum Bengalens versank in Aufruhr.

In Reaktion auf die Aufstände forderten die Pflanzer von der Kolonialregierung ein Gesetz, das Vertragsbruch zu einem Verbrechen erklärte. Der daraufhin erlassene Indigo Act sollte die Erfüllung der Indigoverträge garantieren und verschärfte den Konflikt erheblich: Polizei wurde in die Indigodistrikte geschickt, um das neue Gesetz durchzusetzen, das die Verhaftung von Bauern erlaubte, die sich weigerten, die Nutzpflanze auszusäen. Tausende von Ermittlungsverfahren wurden eröffnet. Bis zum 25. April 1860, nur zwei Wochen, nachdem das Gesetz in Kraft getreten war, hatten die Behörden allein in Nadia 279 Ryoten festgenommen.[33]

Doch das Gesetz brach den Aufstand nicht, sondern führte sogar zu weiterem Aufruhr. Behörden versuchten, die Bauern zum Anbau von Indigo zu zwingen, indem sie sie ins Gefängnis werfen und manchmal brutal misshandeln ließen, doch die Ryoten gewannen Verbündete unter den Gebildeten und lernten, juristische Mittel zum Schutz ihrer Rechte zu nutzen, und wenn das nicht ausreichte, weigerten sie sich weiterhin, Indigo zu pflanzen.[34] Wie ein Beamter berichtete, empfingen «ihn die Ryoten mit Gelächter», als er eine Anordnung der Pflanzer zum Indigoanbau verkündete, und erklärten, «sie würden eine solche Anordnung nicht befolgen».[35]

Als John Grant, Lieutenant Governor von Bengalen, Ende August 1860 eine Rundreise durch die Indigodistrikte machte, um die Hintergründe des Aufstands besser zu verstehen, traf er auf tausendköpfige Menschenmengen, die «nach Gerechtigkeit verlangten». Ein Pflanzer beschwerte sich, dass «die Ryoten in eklatanter Missachtung der Gesetze [...] alles Land besetzen.»[36] Bauern trieben ihr Vieh auf die Indigofelder.[37] Wagenfahrer verweigerten den Dienst. «[D]as Bündnis, das sich in dieser Sache gebildet hat, ist offensichtlich fest entschlossen, alles zu tun, um mich an der Produktion zu hindern», schrieb ein Indigofabrikant.[38] Die Ryoten setzten eine Art moralische Ökonomie des Widerstands durch: In dem Dorf Sahibinuggur wurde das Haus eines Ryoten, der sich bereit erklärt hatte, Indigo zu pflanzen, «von Mitgliedern des Bündnisses gegen den Anbau von Indigo [...] niedergebrannt und geplündert».[39]

Die Pflanzer waren entsetzt über die Aufstände. Im Juni 1861 schüttete einer von ihnen, T. R. Kenny, in einem ausführlichen Brief sein Herz aus. Rebellische Ryoten, schrieb er, «vertreiben mich von meinen Indigoländereien» und schmiedeten «ein Bündnis gegen meine Interessen».[40] Sie hätten sich geweigert, Indigo auszusäen und ausreichende Mengen davon zu liefern, und hätten seine «Bediensteten» (Personen, die er in der Fabrik gegen Lohn beschäftigte) angegriffen, ausgeplündert und sogar totgeschlagen.[41] Dem Brief hatte er eine eindrucksvolle Liste von 36 solcher Angriffe beigefügt, die angeblich innerhalb des vergangenen Jahrs stattgefunden hatten – ein Beweis für den Kriegszustand auf dem Land, wo die Ryoten unter anderem «Bäume, die mir gehören, fällten und mitnahmen», in den Seen und Stauseen fischten, sowie bei zahlreichen Gelegenheiten seine Angestellten angriffen, «weil sie für die Fabrik arbeiteten», und «mein Indigo vernichteten».[42] Indem die Bauern ein «beeindruckendes Bündnis auf die Beine stellten», so schrieb ein Kolonialbeamter, bewiesen sie eine «Kraft der Solidarität».[43] Er stellte fest, dass die Protestaktionen mit «erschreckender Plötzlichkeit» aufflammten und «schnell zu einer Epidemie» wurden, einer «Volksbewegung», die einen «chronischen Kriegszustand» herbeiführte.[44]

Charles Canning, der indische Generalgouverneur, gab zu, dass diese Mobilisierungen «mir mehr Angst verursachten, als ich seit den Tagen von Delhi [dem Aufstand von 1857] jemals gehabt habe [...] Ein Volk, das dazu in der Lage ist, und dabei auch noch ruhigen Blutes und intelligent vorgeht, mag vielleicht individuell schwach sein und keinen Widerstand leisten, aber als Masse kann man es nicht vorsichtig genug behandeln.»[45] Aus diesem Grund, warnte ein anderer Beamter streng, dürfe die Regierung keine Kompromisse machen: «[W]elche Sicherheit kann es in einem Land für das Eigentum noch geben, wenn die Bauernschaft sich zu mörderischen Angriffen auf die Bediensteten ihrer Gutsherren zusammenrottet, nur weil dieser seine Eigentumsrechte ausübt, und die Regierung daraufhin vorschlägt, das Nießbrauchsrecht von den Gutsherren auf die Pächter zu übertragen? Was würden in Irland jetzt für Verhältnisse herrschen, wenn die Regierung bei jeder Ausschreitung auf dem Land vorgeschlagen hätte, den Pächtern auf Kosten der Eigentumsrechte der Gutsherrn das Pachtrecht zuzugestehen?»[46]

Die Regierung ernannte eine Indigokommission, die das Problem untersuchen sollte, und auf der Grundlage von deren Empfehlungen erklärte sie im November 1860, dass die Ryoten de facto nicht gezwungen werden könnten, Indigo anzubauen, und alle Konflikte rechtlich geklärt werden müssten. Es war ein Sieg für die Ryoten. Die meisten hörten einfach auf, Indigo anzubauen; der Rest wurde für den Anbau sehr viel besser bezahlt als zuvor. Der Indigoanbau in Bengalen verschwand praktisch von der Bildfläche.[47] Wo immer er noch fortgesetzt wurde, war er weiterhin von Aufständen begleitet: Noch im Jahr 1864 wurde in Nadia der «Fabrikbedienstete» Rammohun

Banerjee getötet, als er versuchte, eine Gruppe von Lohnarbeitern dazu zu überreden, gegen den Willen einer Gruppe von Bauern Indigo anzubauen.[48] «Die Ryoten des Dorfes griffen die Kulis als Gruppe an und schlugen sie mit Lathies [Holzstöcken]», berichtete ein Kolonialbeamter.[49]

DER LÄNDLICHE Raum Bengalens hatte dem Weltmarkt nahezu ein Jahrhundert lang beispiellose Mengen Indigo geliefert, nun jedoch war eine Schattenseite dieses Phänomens ans Licht gekommen, und die war alarmierend. Der Aufstand der Indigobauern war nur eine von Hunderten Rebellionen, die den Kapitalismus alter Ordnung weltweit in den Grundfesten erschütterten. Was die Zahl der Beteiligten angeht, gab es nirgends bedeutsamere Aufstände als in den ländlichen Regionen der Welt. Das war keine Überraschung angesichts der Tatsache, dass dort nach wie vor die meisten Menschen lebten und einige der drastischsten Auswirkungen der kapitalistischen Revolution zu spüren waren.

Der nachhaltigste, gewaltsamste und letztlich erfolgreichste Aufstand fand in den Sklavereigebieten der Welt statt, wo einer der wichtigsten Stützpfeiler des Kapitalismus alter Ordnung, die Plantagensklaverei, endgültig zusammenbrach. Dieser Aufstand war ein Abnutzungskrieg, der sich über Jahrzehnte erstreckte. Doch bereits die Revolution in Saint-Domingue in den 1790ern hatte gezeigt, dass ein Sieg möglich war. Die Erfolgsnachricht hatte selbst die isoliertesten Feldarbeiter in den amerikanischen Sklavereigebieten erreicht. Bei den Pflanzern, Kaufleuten und Industriellen, die auf die Produkte der Sklavereiwirtschaft angewiesen waren, verbreitete sie Angst und Schrecken, für die Versklavten hingegen bedeutete sie einen Hoffnungsschimmer. Ermutigt durch die haitianische Revolution, erhoben sich allein im Jahr 1795 versklavte Landarbeiter auf Kuba und den Bahamas, in Puerto Príncipe und Niederländisch-Demerara sowie in Pointe Coupée in Französisch-Louisiana. Auch auf Curaçao begehrten beinahe 2000 Sklaven auf. Andere rebellierten auf Saint Lucia und in Richmond, Virginia, wo die Sklavenhalter wegen der «Verschwörung» Gabriel Prossers im Jahr 1800 27 Sklaven hinrichteten.[50]

Der stete Trommelschlag der Revolten, die nun folgten, brachte zwar die Sklaverei nicht zu Fall, doch der mitreißende Marsch des Widerstands schwächte ihre Grundlagen. Im September 1800 fand auf Curaçao eine große Revolte statt. Hunderte von Versklavten rebellierten im Dezember 1808 im brasilianischen Bahia, und nur wenige Wochen darauf erhoben sich 400 Versklavte im ebenfalls brasilianischen Salvador. Der größte Sklavenaufstand in den Vereinigten Staaten mit 400 bis 500 Beteiligten begann im Januar 1811 in Louisiana in der Region German Coast. Im selben Jahr revoltierten versklavte Arbeiter auch auf Martinique, und von 1811 bis 1813 wurde Venezuela vielerorts durch Sklavenaufstände erschüttert. Im Jahr 1812 brach auf Kuba die sogenannte Aponte-Rebellion aus und fast gleichzeitig eine große Revolte auf Puerto Rico. Ein weiterer großer Aufstand, bei dem 56 Sklaven und 13 Weiße getötet wurden, erschütterte Salvador. In der Folge schrieb eine Gruppe von Pflanzern an den portugiesischen König, «der Geist der Aufsässigkeit» sei durch «die Ideen der Freiheit» in die Stadt gekommen, «die schwarze Seeleute, die aus Saint-Domingue kamen, verbreitet» hätten.[51]

Im April 1816 beteiligten sich mehr als 4000 versklavte Menschen an Bussas Aufstand auf Barbados; mindestens 120 davon ließen die Pflanzer während der Kämpfe töten und 144 nach dem Aufstand hinrichten. Zwei volle Tage brauchten die Pflanzer, um die Kontrolle über die Insel wiederzugewinnen – «ein böser Schock für das ganze System der britischen Kolonisation der Westindischen Inseln», wie es in einem zeitgenössischen Bericht hieß.[52] Im folgenden Jahr gab es «einen großen Aufstand» der jamaikanischen Sklaven.[53] Die spanische Königsfamilie, deren Kolonien von Rebellionen heimgesucht wurde und die um die Solidarität anderer europäischer Sklavenhalterstaaten warb, betonte «die Wichtigkeit und Notwendigkeit einer Verstärkung der militärischen Mittel in der Karibik, um [...] gegen die Aufstände im Norden und Süden Amerikas vorzugehen».[54] Im Oktober 1822 wurde Denmark Vesey, ein Zimmermann und ehemaliger Versklavter, beschuldigt, in Charleston, South Carolina, einen Aufstand geplant zu haben, was zur Hinrichtung von 35 angeblichen Mitverschwörern führte.[55] Ein Jahr darauf, im August 1823, fand in Demerqara auf etwa 60 Plantagen eine Erhebung von 9000 bis 12 000 versklavten Arbeitern statt. Das Ereignis war so bemerkenswert, dass französische Kolonialbeamte den «schweren Aufstand» zwei Jahrzehnte später als wichtigen Meilenstein auf dem Weg zur Sklavenbefreiung im Britischen Weltreich bezeichneten.[56]

Überall leisteten frisch versklavte Afrikaner und ihre versklavten Nachkommen Widerstand. Im Sommer 1825 verbreitete sich die Nachricht, dass in den Kaffee- und Zuckerrohrplantagen um Matanzas ein Aufstand ausgebrochen sei, an dem sich 500 versklavte Arbeiter beteiligten und von dem 20 Landgüter betroffen seien. Die kubanischen Pflanzer und die Kolonialbeamten zitterten vor Furcht. «Womöglich werden sich unsere Sklaven erheben», warnte der spanische Amtsträger Claudio Martínez de Pinillos ahnungsvoll. Und tatsächlich versammelten sich am 14. Juni 1825 der Kutschenfahrer Pablo Gangá und mehrere andere versklavte Arbeiter auf El Solitario, einer Kaffeeplantage, zogen von einer Plantage zur anderen und brachten Skla-

"ON TO ORLEANS": THE NEGRO INSURRECTION.

Der Aufstand an der German Coast von 1811 (auch Andry's Rebellion), wie man sich im späten 19. Jahrhundert an ihn erinnerte.

venhalter, ihre Familien und weiße Aufseher um. Auf ihrem Marsch durch die Felder erbeuteten die Aufständischen Macheten und Gewehre, schlugen Trommeln und begannen, Uniformen zu tragen. Das Heer aus etwa 180 zusammengewürfelten Rebellen plünderte mehrere Plantagen und brannte sie nieder. Seiner Organisations-, Mobilisierungs- und Kampffähigkeit kam die Tatsache zugute, dass die Anführer, Pablo Gangá, Lorenzo Lucumí und Federico Carabalí, in Afrika Soldaten gewesen waren.

Die Rebellion dauerte etwa 12 Stunden und konnte nur mit massiver Gewalt niedergeschlagen werden. Die Pflanzer übten mit Hinrichtungen und Massakern schwere Vergeltung, einige Aufständische flohen daraufhin in die Berge. Überall in den Sklavereigebieten erließen besorgte Regierungsvertreter und Pflanzer neue Sklavengesetze, die die Mobilität der Versklavten einschränkten, und errichteten gefängnisartige Unterkünfte, um die Arbeiter nachts unter Kontrolle zu halten.[57]

Die Nachrichten aus Kuba verbreiteten sich schnell auf der ganzen Welt. Im August hatte der *Liverpool Mercury* bereits von dem Aufstand berichtet und seinem Kaufmannspublikum die Instabilität der auf Sklavenhaltung beruhenden Produktion klargemacht.[58] Unterdessen bekamen die Versklavten, die ihre Informationen aus weniger offiziellen Kanälen bezogen, eine Ahnung von ihrer Macht: Maria Dolores, eine 15-jährige versklavte Arbeiterin auf Kuba, sagte zu ihrer Herrin, als die sie für ihre Aufsässigkeit hatte bestrafen lassen, «dass es auch Schwarze gibt, die Weiße töten».[59]

Trotz der asymmetrischen Verteilung der Macht und der Brutalität der

Unterdrückung hörten die versklavten Frauen und Männer nicht auf, sich zu wehren. Einige liefen davon. Dabei entstanden manchmal dauerhafte Gemeinden von Maroons, geflüchteten Schwarzen Sklaven. Andere sahen keinen anderen Ausweg, als sich der Zwangsarbeit durch Selbstmord zu entziehen. Wieder andere begehrten weiterhin auf. Im Februar 1827 ging in einem halben Dutzend Plantagen im Bundesstaat Maranhão im Nordosten Brasiliens die Angst vor einem Aufstand um. Im August 1831 töteten Aufständische unter Führung von Nat Turner 65 weiße Bewohner Virginias, woraufhin bei den Pflanzern der Region Panik ausbrach. Im selben Jahr kam es auf Martinique, Antigua, Guadeloupe und Tortola zu Sklavenaufständen. Drei Monate darauf töteten britische Soldaten im jamaikanischen Montego Bay 500 aufständische Versklavte.

Im folgenden Jahr alarmierte ein weiterer Aufruhr die Kolonialbehörden in der gesamten Karibik: Die spanische Regierung warnte vor einem Plan, «durch einen Aufstand die Sklaverei zu beenden».[60] Im Jahr 1833 brachte der Aufstand von Carrancas in Brasilien die Eliten dieses Landes noch mehr aus dem Gleichgewicht. Am 24. März führte eine «ausgewachsener Revolte» auf Antigua zur Verhängung des Kriegsrechts, und alle weißen Einwohner der Insel wurden zu den Waffen gerufen. Auf Guadeloupe vergifteten versklavte Menschen Pflanzer mitsamt ihren Familien, «was auf die weiße Bevölkerung verheerend wirkte».[61] Im Juni 1835 beteiligten sich 300 Versklavte und Freigelassene an einem großen Aufstand in Salvador.[62] Im Sommer 1835 kam es in den kubanischen Städten Matanzas und Aguacate erneut zu einer Revolte von Versklavten, an der sich 130 Menschen beteiligten und die vier Plantagen betraf. Im Januar 1839 ereignete sich ein Aufstand auf dem Sklavenschiff *La Amistad*.[63] Und im Jahr 1841 fand an der Südküste von Puerto Rico ein weiterer Aufstand statt, bei dem sich die Verschwörer Unterstützung aus Haiti und von den Abolitionisten erhofften; im selben Jahr stellte die Kolonialregierung auf Kuba bei den freien Schwarzen «einen großen Hass auf Weiße» fest.[64]

Die Sklaven machten offenbar keine Anstalten, sich mit ihrem Schicksal abzufinden. Und obwohl die Pflanzer und ihre staatlichen Helfer die wichtigsten Schlachten gewannen, beweist unsere unvollständige Liste, dass sich die Sklavereigebiete überall auf der Welt in ständigem Kriegszustand befanden. Niemand zweifelte daran, dass jeder einzelne Krieg ein Wendepunkt sein konnte. Als am frühen Morgen des 15. Januar 1843 in Puerto Rico ein Feuer die Hacienda des Pflanzers Guillermo Bedlow zerstörte, nahmen die Behörden an, dass es sich um Brandstiftung durch aufständische Sklaven gehandelt habe. Die weiße Oberschicht des Ortes griff sofort zu den Waffen, «um die Rebellion [...] niederzuschlagen». Ein Kolonialbeamter schrieb: «Es war notwendig, sofort zu handeln, sowohl um die Täter zu bestrafen als auch [...] um die Ursachen und die wahren Anstifter dieser Unruhen unter den Sklaven zu finden».[65]

UM DIE Dynamik der Aufstände besser zu verstehen, wollen wir uns Kuba im Jahr 1843 ansehen. Am 26. März erhoben sich dort versklavte Arbeiter auf der Plantage La Alancía, brannten Farmgebäude nieder und töteten die Schwarzen Aufseher und die weißen Herren (einschließlich eines amerikanischen Maschinisten). Dann marschierten sie «ihre Trommeln schlagend» zu der nahen Plantage Trinidad, wo sie das Haupthaus stürmten, das Mobiliar zertrümmerten und Wertsachen mitnahmen.[66] In der Folge brodelte die Gegend um Matanzas von revolutionärer Energie.[67] Zwar wurde der Aufstand sofort unterdrückt, doch die Unruhen setzten sich auf geringerem Niveau den ganzen Sommer über fort, bis schließlich am 5. November, unmittelbar vor Beginn der extrem strapaziösen Zuckerernte, ein offener Aufstand ausbrach.[68] Cristóbal, Santiago und Eduardo, die Rebellen aus der Fabrik, zogen gemeinsam mit Manuel Gangá, Fermina, Carlota, Adán, Narciso, Zoilo, Cirilo, Agustín Carabalí und Nicolás Gangá, die auf anderen *ingenios* (Zuckermühlen) arbeiteten, weiter nach Concepción, San Miguel und San Lorenzo, wo noch mehr versklavte Arbeiter zu ihnen stießen. Bewaffnet mit Macheten und Brandfackeln, zerstörten sie Gebäude und Maschinen und griffen die dort wohnenden Herren an.[69] Kolonialbeamte entdeckten «neue Seitenstränge des Aufstands» und schimpften über «die Unmasse von Menschen, die an der Verschwörung beteiligt waren». Etwa 300 hatten zu den Waffen gegriffen, aber viel mehr hatten die Revolte unterstützt, indem sie die Rebellen mit Nahrung, Unterkunft und Informationen versorgt hatten.[70]

Wie bei den meisten Sklavenaufständen war auch bei diesem die Führung diffus. Es traten viele lokale Organisatoren in Erscheinung, meistens handelte es sich dabei um eher privilegierte und ausgebildete Versklavte. Transportarbeiter, wie der versklavte Kutscher Antonio Abad, die den Kontakt zwischen den Pflanzungen und zu großen und kleinen Städten hielten, spielten eine besonders wichtige Rolle. Auch freie Afrokubaner fungierten für die Rebellen als Ideengeber und halfen ihnen dabei, die Verbindung zwischen den Plantagen herzustellen. So konnte sich etwa José María Mondejar frei von einer Plantage zur nächsten bewegen, wo er jeweils verschiedene Arbeiten erledigte, und gleichzeitig das Kommunikationsnetz für einen Aufstand aufbauen. Ähnlich wichtig war der freie afrokubanische Dichter Diego Gabriel de la Concepción Valdés, genannt Plácido, was die Organisation eines inneren Zirkels der Beteiligten betraf. Auf den Plantagen selbst spielten versklavte Frauen eine Schlüsselrolle, so insbesondere Fermina und Carlota. Fermina, eine 24 Jahre alte Arbeiterin auf der Zuckerplantage Ácana, war eine «Unruhestifterin», die man «ausgepeitscht» und bis kurz vor dem Aufstand «fünf Monate in eiserne Fußfesseln gelegt» hatte. Sie war aus der Bucht von Benin entführt worden.[71] Carlota wiederum griff zu Beginn der Revolte die Tochter ihres Sklavenhalters mit einer Machete an. Der Aufstand wurde außerdem durch neu aus Afrika gekommene Arbeiter verstärkt, die militärische Erfahrung und militärische Fertigkeiten besaßen.[72]

Wie so viele andere brach freilich auch dieser Aufstand unter der kolonialen Gewalt in sich zusammen. Als das mehr als 100 Mann starke Heer der Rebellen am Morgen des 6. November San Rafael erreichte, wurde es von der spanischen Kavallerie empfangen. Etwa 50 Afrokubaner starben bei dem Zusammenstoß, 77 wurden gefangengenommen; andere flohen in die Berge, wo viele später noch gefangen und getötet wurden. Carlota wurde nach dem Aufstand tot aufgefunden, Fermina hingerichtet.[73] «Die öffentliche Ordnung war wiederhergestellt», wie der Generalkapitän von Kuba, Leopoldo O'Donnell, mit offensichtlicher Befriedigung feststellte.[74]

Dennoch machte den Kolonialbeamten das Ausmaß des Aufstands Sorgen. O'Donnell stellte später mit Unbehagen fest, dass es sich um eine «weitverzweigte» Revolte gehandelt habe, da «die Aufstände weder isoliert noch partiell waren» und eine «riesige Zahl von Plantagen» betroffen gewesen sei. Er stellte sich ein Kuba vor, in dem die Aufständischen gesiegt hätten, und fand diese Perspektive «entsetzlich».[75]

Je größer die Ängste vor Ort und bei der Kolonialmacht wurden, umso brutaler die Unterdrückungsmaßnahmen. Nach dem Aufstand von 1843 hatten die spanischen Behörden entsetzt festgestellt, dass es eine besonders starke Verbindung zwischen dem ländlichen Raum von Matanzas und den nach Unabhängigkeit strebenden städtischen Abolitionisten gab. Wie die Indigorebellion in Bengalen konnten auch die Sklavenaufstände zu einem größeren Problem für die Kolonialherrschaft werden, wenn sie bei konkurrierenden imperialistischen Ländern oder aufsässigen Helfern in den Städten Unterstützung fanden. Der spanische Gouverneur Kubas räumte ein, «dass der Aufstand der schwarzen Rasse von einigen Weißen [...] auf dieser Insel geschürt, von englischen Agenten gefördert und durch abolitionistische Gesellschaften angeheizt wurde».[76] Tatsächlich hatten die Aufständischen mit einer neuen antikolonialen Strömung in einer kleinen Gruppe weißer Kreolen und freier Afrokubaner Verbindung aufgenommen, und zudem mit dem britischen Botschafter auf Kuba, dem Abolitionisten David Turnbull.[77]

Von solchen Ängsten getrieben, entfesselten die Kolonialbeamten eine Welle des Terrors, die sich über die Versklavten auf Kuba und ihre städtischen Verbündeten legte. Ein Militärgericht verurteilte 14 Aufständische zum Tod und sechs zu Gefängnis. Die Hinrichtungen fanden sofort statt, Schwarze wurden zum Zuschauen gezwungen. Die Rebellen «werden an den Orten hingerichtet, wo das Verbrechen begangen wurde», schrieb der Gouverneur an seine Vorgesetzten in Madrid und versicherte ihnen, dass er fest entschlossen sei, alle weiteren Erhebungen im Keim zu ersticken.[78] Dionisio Carabalí, der an dem Aufstand teilgenommen hatte, wurde erschossen, und «danach wurde sein Kopf verstümmelt».[79] Schreckliche Folter war normal: Die Angeklagten «wurden mit dem Gesicht nach unten auf eine Leiter gebunden und geschlagen», um «Furcht und Schrecken zu vverbreiten.»[80] Schätzungen zufolge wurden mehr als 1800 Menschen gefoltert, hingerichtet oder verschleppt, und die Regierung war zuversichtlich, dass sie jede weitere Rebellion vereitelt hatte.[81]

TROTZ DIESER grausamen Unterdrückungsmaßnahmen verbreiteten sich Geschichten von Widerstand und Rache über große Entfernungen. Überall in den Sklavereigebieten kam es weiterhin zu Rebellionen, und sie intensivierten sich Mitte des Jahrhunderts sogar noch: Von Mai bis Juli 1848 beschleunigten Aufstände auf Martinique und Saint Croix die Sklavenbefreiung in den französischen und dänischen Kolonien. Im Jahr 1857 traten freigelassene Afrikaner in Bahia in den Streik. Im Frühjahr 1861 führte eine Verschärfung der Spannungen wegen der Sklaverei zum Amerikanischen Bürgerkrieg und dem, was W. E. B. Du Bois als «den Generalstreik» bezeichnet hat.[82] Als die Truppen der Konföderierten die Sklavenhalterrepublik im Süden der Vereinigten Staaten verteidigten, verließen versklavte Arbeiter massenweise ihre Plantagen und versuchten, sich hinter die Linien der Union durchzuschlagen; häufig schlossen sie sich den Streitkräften des Nordens an, um das Sklavenhalterregime zu stürzen.

Gleichzeitig fanden, teilweise inspiriert durch den Befreiungskrieg in den Vereinigten Staaten, in Brasilien insgesamt 63 Sklavenaufstände statt, die das Unterdrückungspotenzial der brasilianischen Staatsgewalt aufs Äußerste beanspruchten. Im Jahr 1864 war die Situation so eskaliert, dass José Maria Brandão, der Polizeichef von Bahia, fürchtete, es werde bald zu einem «allgemeinen Aufstand» kommen.[83] Im Jahr 1864 gab es im kubanischen Matanzas erneut eine «Sklavenverschwörung».[84] Im April 1865 war die Sklavenhalterrepublik im Süden der Vereinigten Staaten geschlagen, was mehr als 600 000 Menschenleben gekostet hatte, und vier Millionen versklavte Frauen, Männer und Kinder bekamen ihre Freiheit – «eines der außerordentlichsten Schauspiele», wie der brasilianische Gesandte in den USA befand.

In den Jahren 1864 und 1865 zirkulierte auf Kuba und Jamaika das Gerücht, dass es einen Weihnachtsaufstand geben werde, und die zu dessen Niederschlagung entsandten britischen Soldaten töteten 300 Afro-Jamaikaner. Beflügelt durch die Sklavenbefreiung in den USA, erhoben sich in den Jahren 1865 und 1866 Versklavte in den brasilianischen Provinzen Pará und Maranhão – ein neuer Härtetest für das Militär des Landes. Im August 1879 begannen Schwarze Soldaten unter dem afrokubanischen General Antonio Maceo auf Kuba einen Aufstand. Schließlich beschleunigten zwischen September 1887 und Mai 1888 Massenaufstände und die Flucht von Sklaven im Südosten Brasiliens die endgültige Abschaffung der Sklaverei.[85] Angesichts der Widerstandsaktionen ihrer Arbeiter zitterten die Plantagenbesitzer in den Sklavereigebieten vor Furcht bis zu dem Tag, als die Plantagensklaverei im Jahr 1888 auch in Südamerika abgeschafft wurde. Ein zentraler Stützpfeiler des Kapitalismus alter Ordnung war zusammengebrochen.

WIE WIR in Bengalen gesehen haben, waren die Aufstände in den ländlichen Gebieten der Welt nicht auf die Sklavereigebiete beschränkt. Auch die Provinz Banten an der Westspitze der Insel Java erlebte soziale Unruhen. In dem asiatischen Außenposten des niederländischen Kolonialreichs kämpften die Bauern gegen die Anwesenheit kolonialer Verwaltungsbeamter und Steuereintreiber und gegen die Zwangsarbeit, die das mit sich brachte. Die Kolonialverwaltung hatte das Bodenrecht geändert und die Verpachtung und Verpfändung von Land ermöglicht. In der frisch monetarisierten Volkswirtschaft konnte man sich nun verschulden, was zu einer Konzentration des Landbesitzes und zur Entstehung einer Gruppe landloser Bauern führte. Neue rechtliche, politische und militärische Strukturen kollidierten mit den traditionellen wirtschaftlichen und politischen Verhältnissen, was regelmäßig zu Konflikten führte.

Insbesondere die Bauern wehrten sich gegen den Aspekt der neuen Ordnung, der mit den maßlosen Anforderungen des Industriekapitalismus und der Weltmärkte am engsten verknüpft war: die Zwangsarbeit. Die Niederländer verlangten von den Bauern, einen Tag in der Woche öffentliche Arbeiten zu verrichten, eine Last, die ungleich verteilt und oft willkürlich erweitert wurde. Die Bauern waren ohnehin schon über die ihrer Ansicht nach zu hohe Besteuerung empört und erhoben sich. Dass sich die Aufstände über mehrere Jahrzehnte erstreckten und ihre schiere Zahl lassen darauf schließen, welche enormen kollektiven Ressourcen die Bauern zum Einsatz brachten: Sie erhoben sich mindestens viermal in den 1820er Jahren, viermal in den 1830ern, einmal in den 1840ern, zweimal in den 1850ern und dreimal in den 1860er Jahren. Manche Aufstände waren militärische Konflikte und gegen die Anwesenheit der Europäer gerichtet, andere hatten mit religiösen Erweckungsbewegungen zu tun. Auch sozial motiviertes Banditentum, eine weitere Form des Widerstands, war in Banten ein häufiges Phänomen.[86]

Die Aufstände erreichten 1888 ihren Höhepunkt, als Bauern unter der Führung des «großen Lehrers und Volksheiligen» Hadji Abdul Karim mehrere Dörfer einnahmen und auf die Provinzhauptstadt zumarschierten. Die gut bewaffneten Rebellen wehrten sich gegen die Anwesenheit der Europäer, insbesondere der Steuereintreiber. Nach ihrem Marsch über Land wurden die Aufständischen in der Stadt Cilegon von niederländischen Truppen empfangen. Deren Maschinengewehre – ein neues Werkzeug kolonialer Unterdrückung – bedeuteten für sie den Untergang und erstickten, zunächst einmal, den Widerstand gegen die niederländischen Ausbeuter.[87]

Elftausend Kilometer weiter westlich gingen in den galizischen Provinzen Österreich-Ungarns ebenfalls die Bauern auf die Barrikaden. Der Aufstand, der unter dem Namen «Galizisches Gemetzel» in die Geschichte einging, begann im Winter 1846 mit einer Revolte polnischer Adliger gegen ihre habsburgischen Oberherrn. Nahezu augenblicklich nutzten Bauern den Konflikt, um gegen den verhassten Adel loszuschlagen. Möglicherweise waren sie von Habsburger Verwaltungsbeamten zum Aufstand ermuntert worden, doch ihre Abneigung gegen den Adel hatte tiefere Wurzeln, war sie doch durch einen jahrzehntelangen Prozess immer schärferer Zwangsmaßnahmen begründet. Die verarmten adeligen Grundbesitzer hatten ihre letzte Hoffnung auf die rasant wachsenden Exportmärkte für Weizen gesetzt und immer größeren Druck auf ihre Bauern ausgeübt, sich auf diese Feldfrucht zu konzentrieren und einen immer größeren Anteil ihrer Arbeitszeit auf den Feldern ihrer Herren zu verbringen. Wie üblich wurden die Bauern durch die großen Monokulturen in die Geld-

Der aufständische Bauer Jakub Szela, 1848.

wirtschaft gezwungen, da sie anders nicht mehr an Nahrungsmittel gelangt wären. Da viele landlose Bauern ohnehin in entsetzlicher Armut lebten, hatte eine schwierige Ernte in der Region die Spannungen zwischen ihnen und ihren Grundherren noch zusätzlich verschärft.[88]

Die galizischen Bauern brachten den Hass auf ihre Grundherren durch eine Orgie der Gewalt zum Ausdruck, die den spektakulärsten Sklavenaufständen in nichts nachstand. Unter der Führung von Jakub Szela zogen sie von einem Herrensitz zum anderen, legten mehr als 500 Anwesen in Schutt und Asche und brachten mindestens 1000 polnische Adlige um – eine «soziale Explosion» sah darin der österreichische Schriftsteller Leopold von Sacher-Masoch, der während des Aufstands noch ein Kind gewesen war und ihm in seinem Roman *Eine galizische Geschichte* 1864 ein Denkmal setzte.[89] «Wie ein Lauffeuer ging es von einem zu dem anderen, von Dorf zu Dorf», schrieb er, und «das ganze Land schien jetzt nur ein großes Heerlager der Bauern».[90] Für Sacher-Masoch war Szela der «galizische Spartakus»: «Szelas klare Augen ließen große Intelligenz und Energie erkennen.»[91] Sein Ruhm verbreitete sich in ganz Europa; die *Kemptner Zeitung* im fernen Bayern bezeichnete ihn als den «Bauernkönig».[92] Am 19. Februar 1846 versammelten sich die Bauern mit den Leichen der verhassten Adligen in der Stadt Tarnów, dem Epizentrum des Aufstands.[93] «Banden von Bauern», berichtete der Wiener *Österreichische Beobachter,* zogen «mehrere Wagen voller Leichen [...] Landbesitzer, Angestellte und Gutsverwalter» durch die Straßen.[94]

Auch anderswo kam es zu Bauernaufständen. Als in Sri Lanka (damals Ceylon) im Jahr 1866 die Preise für Reis massiv stiegen, brachen Arbeiter auf den Kaffeeplantagen in Reislager ein und griffen Aufseher und Pflanzer an oder ermordeten sie. Im Gefolge des ägyptisch-osmanischen Krieges brach der syrische Bauernaufstand von 1834/35 aus. Er war eine Reaktion auf Maßnahmen von Muhammad Ali Pascha, nominell der osmanische Gouverneur von Ägypten, aber tatsächlich selbst ein imposanter Herrscher, der nach neuen Einkommensquellen suchte. Er hatte sein Herrschaftsgebiet Richtung Syrien erweitert, wo er ein neues und zentralisiertes Steuersystem nach ägyptischem Vorbild einführte. Landarbeiter und nomadische Beduinen reagierten darauf mit einer Revolte, bei der sie Teile von Galiläa eroberten, insbesondere in der Nähe der Stadt Safed. Im nahe gelegenen Libanongebirge verursachte der Kommerzialisierungsdruck, der durch die Nachfrage der Lyoner Seidenindustrie nach Seide aus der Region entstanden war, tiefe Risse in der Struktur der ländlichen Gesellschaft und führte bis zum Ende der 1850er Jahre zu großen Bauernaufständen. In dem japanischen Dorf Shinano erhoben sich 1869 mehr als 1000 Bauern. In Irland begann die Landbevölkerung nach der Hungersnot einen jahrzehntelangen Kampf für eine Senkung der Pachten und für sicherere Pachtverhältnisse – ein Kampf, der in der Tenant Right League der 1850er Jahre und 20 Jahre später in der Irish Land League seinen organisatorischen Ausdruck fand. In Mexiko zogen die Bauern in den 1840er Jahren gegen die kommerzialisierte Landwirtschaft zu Felde.

Auf den peruanischen Guano-Inseln fanden viele Arbeiter, darunter zahlreiche Strafgefangene vom Festland, trotz repressiver Zustände Mittel und Wege, um zu rebellieren und zu fliehen: Sie verbrüderten sich auf nächtlichen Treffen mit ihren Aufsehern und schafften es letztlich, sich den Rückweg aufs Festland zu erkaufen. Chinesische Arbeiter, die auf den Inseln in denselben Fabriken arbeiteten, aber an den nächtlichen Festen nicht teilnehmen durften, begehrten ebenfalls gegen die schlechte Behandlung auf. Sie töteten am 25. Januar 1866 vier Aufseher, aber ihr Aufstand wurde von Truppen niedergeschlagen, die eine unbekannte Zahl von Arbeitern ermordeten. Ein ähnlicher Aufstand hatte sich schon 1844 ereignet.[95]

Auch Indien wurde von Aufruhr erschüttert, wie wir beim Indigoanbau im ländlichen Raum Bengalens gesehen haben. Ein Wissenschaftler hat dort mehr als 100 Aufstände zwischen 1783 und 1900 ermittelt.[96] Im Gegensatz zu zahlreichen schwelenden Unruhen auf dem Land lässt sich der Anfang des indischen Aufstands von 1857 genau bestimmen: Es war am 10. Mai. Er begann als Meuterei indischer Soldaten oder Sepoys in der Nähe von Delhi und

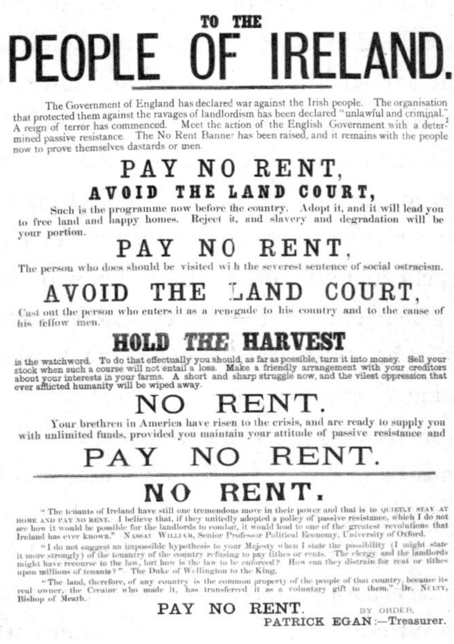

TO THE

PEOPLE OF IRELAND.

The Government of England has declared war against the Irish people. The organisation that protected them against the ravages of landlordism has been declared "unlawful and criminal." A reign of terror has commenced. Meet the action of the English Government with a determined passive resistance. The No Rent Banner has been raised, and it remains with the people now to prove themselves dastards or men.

PAY NO RENT,

AVOID THE LAND COURT,

Such is the programme now before the country. Adopt it, and it will lead you to free land and happy homes. Reject it, and slavery and degradation will be your portion.

PAY NO RENT,

The person who does should be visited wi h the severest sentence of social ostracism.

AVOID THE LAND COURT,

Cast out the person who enters it as a renegade to his country and to the cause of his feffow men.

HOLD THE HARVEST

is the watchword. To do that effectually you should, as far as possible, turn it into money. Sell your stock when such a course will not entail a loss. Make a friendly arrangement with your creditors about your interests in your farms. A short and sharp struggle now, and the vilest oppression that ever afflicted humanity will be wiped away.

NO RENT.

Your brethren in America have risen to the crisis, and are ready to supply you with unlimited funds, provided you maintain your attitude of passive resistance and

PAY NO RENT.

NO RENT.

"The tenants of Ireland have still one tremendous move in their power and that is to QUIETLY STAY AT HOME AND PAY NO RENT. I believe that, if they unitedly adopted a policy of passive resistance, which I do not see how it would be possible for the landlords to combat, it would lead to one of the greatest revolutions that Ireland has ever known." NASSAU WILLIAM, Senior Professor Political Economy, University of Oxford.

"I do not suggest an impossible hypothesis to your Majesty when I state the possibility (I might state it more strongly) of the tenantry of the country refusing to pay tithes or rents. The clergy and the landlords might have recourse to the law, but how is the law to be enforced? How can they distrain for rent or tithes upon millions of tenants?" The Duke of Wellington to the King.

"The land, therefore, of any country is the common property of the people of that country, because its real owner, the Creator who made it, has transferred it as a voluntary gift to them." Dr. NULTY, Bishop of Meath.

PAY NO RENT. BY ORDER,

PATRICK EGAN :—Treasurer.

Revolte auf dem Land:
der irische Krieg um Land, 1881.

breitete sich dann schnell in den ländlichen Regionen im Norden Indiens aus. Sein zwölfmonatiger Verlauf bestätigt, was der konservative britische Abgeordnete George Chesney 1871 später feststellen sollte: «Indien wird derzeit mit dem Schwert gehalten.»[97]

Die Meuterei verdankte ihre Stärke und lange Dauer der Mobilisierung von Hunderttausenden kleiner Bauern. Sie waren empört darüber, dass die Briten ihre Herrschaft immer direkter ausübten, und über die materiellen Einbußen, die sie durch deren Landreform und Besteuerung erlitten. Zentrum des Aufstands wurde Awadh im heutigen Bundesstaat Uttar Pradesh, wo die Bauern den Rebellen ihre uneingeschränkte Unterstützung anboten. Soldaten wie Bauern war die Kommerzialisierung des ländlichen Raums verhasst, weil sie sie als schweren Angriff auf die moralische Ökonomie empfanden, die das Landleben generationenlang strukturiert hatte. Außerdem wandten sie sich, wie gesagt, gegen die neue Art der Besteuerung, insbesondere, wenn diese mit Steuererhöhungen verbunden war und sie dadurch Gefahr liefen, die für ihren Lebensunterhalt nötigen Lebensmittel nicht mehr anbauen zu können. Häufig erhielten sie Unterstützung von den Landbesitzern, denen es ebenfalls nicht gefiel, dass Marktbeziehungen ältere Abhängigkeiten ersetzten.[98] Da die Briten zu Recht für die rapide Veränderung des ländlichen Raums verantwortlich gemacht wurden, richtete sich der Aufstand immer mehr gegen den britischen Kolonialismus. Eine Proklamation der Aufständischen brachte das sehr klar zum Ausdruck: «Tod den Engländern!»[99]

Während diese offenen Aufstände (von denen es noch viel mehr gab) ihren Weg in die Zeitungen und die Geschichtsschreibung fanden, war die vielleicht wichtigste Form des Aufstands im ländlichen Raum die womöglich am wenigsten sichtbare: die massenhafte Weigerung von Millionen Kleinbauern, ihre vielfältige, subsistenzorientierte Landwirtschaft aufzugeben und sich auf die Produktion für den Weltmarkt zu konzentrieren. Dieser «stille» Aufstand war der häufigste, weil die Bauern in der Regel nur versuchten, die Regeln zu unterlaufen, anstatt den risikoreicheren Weg offenen Widerstands zu gehen. Auf Spuren davon sind wir gestoßen, als wir uns mit den Verhältnissen befassten, die Anfang des 19. Jahrhunderts im Tal des Senegal-Flusses und in Westindien herrschten.

In weitaus größeren Gebieten der Welt stockte die Durchdringung der Produktion durch das Kapital immer noch. In Assam, wo die Briten in den 1830ern begonnen hatten, den ländlichen Raum mit Teeplantagen zu pflastern, weigerten sich die einheimischen Kleinbauern, dem Diktat des Kolonialstaats zu folgen. Sie hatten immerhin so viel Erfolg, dass die Kolonialmacht in weit entfernten Gebieten des indischen Subkontinents Arbeitskräfte rekrutieren musste. In Mexiko konnten die indigenen Kleinbauern ihre Autonomie erfolgreich verteidigen. In den deutschen Ländern starteten Kleinbauern kollektive Aktionen und missachteten das Gesetz, indem sie weiterhin die Ressourcen aus den inzwischen privatisierten Wäldern nutzten.[100]

Insgesamt rebellierte eine erstaunliche Zahl von landwirtschaftlichen Produzenten gegen die kapitalistische Transformation des ländlichen Raums. Sie waren durchaus nicht der «Sack von Kartoffeln», als den Marx sie bezeichnete.[101] Ganz im Gegenteil: Selbst als der Kapitalismus alter Ordnung immer weiter in den ländlichen Raum vordrang, destabilisierten sie ihn. Sie brachten ihre Vorstellungen über die Wichtigkeit der Subsistenzwirtschaft, über die Sicherung der ökonomischen Unabhängigkeit ihrer Familien klar zum Ausdruck, und sie forderten ebenso mit banalen wie mit mörderischen Mitteln ihre Freiheit gegenüber überheblichen Grundherrn oder Staaten ein. Ihre Erfahrungen mit der kapitalistischen Revolution – deren Kolonialismus, physischer Gewalt, steter Verschärfung globaler Ungleichheiten, Mangel an Freiheitsrechten, zunehmenden Rassismus – flossen in die Aufstände ein und untergruben einen weiteren unentbehrlichen Stützpfeiler des Kapitalismus alter Ordnung.

In den mittleren Jahrzehnten des 19. Jahrhunderts drohten Rebellionen nicht nur von Seiten der ärmsten und am meisten marginalisierten Menschen der Welt, sondern auch von den neuen Eliten, die in den Zentren der kapitalistischen Zivilisation, den Großstädten, lebten. Angesichts der Tatsache, dass Kaufleute, Bankiers und Fabrikanten bei der Entstehung der kapitalistischen Zivilisation weltweit die treibende Kraft und oft ihre größten Nutznießer waren, war die Rebellion der Kapitalbesitzer in vieler Hinsicht überraschend und erstaunlich. Als jedoch ihre Aktivitäten in Ausmaß und Reichweite zunahmen und sie in der Gesellschaft immer mehr und immer tiefere Wurzeln schlugen, stießen sich einige Mitglieder der neuen Oberschicht an bestimmten Merkmalen der alten Ordnung, wie den politisch fest etablierten Grundbesitzereliten, der Macht staatsferner Kapitalisten an der landwirtschaftlichen Peripherie (wie der East India Company), der Sklaverei, den persönlichen Abhängigkeitsbeziehungen in der Arbeitswelt und den staatlich durchgesetzten Monopolen. Sie waren zu der Überzeugung gelangt, dass die alte Ordnung der weiteren Entwicklung ihres revolutionären Programms im Weg stand und ihre Möglichkeiten beschränkte, auf die Aufstände im ländlichen Raum und in den Fabriken zu reagieren.

Als diese unwahrscheinlichen Revolutionäre den Eindruck bekamen, dass ihre schnell wachsende wirtschaftliche Macht in einem krassen Missverhältnis zu ihrem politischen Einfluss stand, begehrten sie auf ihre eigene Art in Paris und New York auf, in Kalkutta und Rio, Osaka und Frankfurt. Manchmal ging ihre revolutionäre Avantgarde sogar mit auf die Barrikaden. Öfter jedoch führten sie ihre politischen Kämpfe auf friedlichere, aber immer noch machtvolle Weise, nämlich mit Komitees, Resolutionen und Zeitungsartikeln, wie in Rio, wo die vornehme, von Geschäftsleuten geführte Associação Comercial ihre Forderungen in dem elitären *Jornal do Comércio* veröffentlichte.

Obwohl diese Gruppe aufsässiger Kapitalbesitzer über ein nuancenreicheres Repertoire an kollektiven Aktionen verfügte als Kleinbauern oder Fabrikarbeiter, bekämpfte sie die alte Ordnung genauso leidenschaftlich und in dem Glauben, eine progressive Kraft zu sein und die Geschichte auf ihrer Seite zu haben.[102] In diesem Sinne sagte der in England geborene deutsche Politiker und leidenschaftliche Anhänger der Freihandelsbewegung John Prince Smith (der in der wirtschaftlichen Elite des Landes tief verankert war) auf einem Kongress von Ökonomen 1861:

> Aus jener Zeit der wirthschaftlichen Vereinzelung und Schwäche stammen nun noch unsere Staatseinrichtungen und staatlichen Anschauungen, – nämlich aus der Zeit vor der Einführung der Dampfmaschine, der Eisenbahnen, der Dampfschiffe, der electrischen Telegraphen, – vor der allgemeinen Anwendung der Maschinerie und dem Fabrikwesen im Großen; sie passen nicht mehr zu dem neu entstandenen Wirthschaftsleben, zu der lawinenartig wachsenden Güterbewegung; sie werden in ihrer Praxis an allen Ecken zurückgedrängt, müssen täglich Concessionen dem unabweisbaren Bedürfniß wirthschaftlicher Befreiung machen. Die Länder absperrenden Tarife werden durchlöchert, die Zunftschranken fallen, das Concessionswesen wird abgeworfen, die Freizügigkeit verbreitet. Allenthalben wächst die wirthschaftliche Saat durch den Boden des alten Staats durch; die alten eingefleischten Anschauungen werden gedrängt in neue Einrichtungen. Der ererbte nationale Antagonismus schlägt in den Drang nach nationaler Einigung um.[103]

Dies war ein revolutionäres Programm. Da die «Staatseinrichtungen [...] nicht mehr zu dem neu entstandenen Wirthschaftsleben» passten, brach sich überall im Reich des Kapitals die bürgerliche Selbstbehauptung Bahn. Die deutschen Staaten wurden von Erhebungen heimgesucht, bei denen sowohl die nationale Einheit als auch ein Ende der feudalen Herrschaft gefordert wurden. In Kalkutta und Havanna begannen die lokalen wirtschaftlichen Eliten ihre kolonialen Oberherren infrage zu stellen. Als der revolutionäre Elan Paris ergriff und es zu Volksaufständen gegen die Monarchie kam, eilte die Pariser Bourgeoisie dem Monarchen nicht zu Hilfe. In London und New York stellten die bürgerlichen Eliten die Mechanismen infrage, die dem Kapitalismus alter Ordnung zugrunde lagen, und zogen Strippen, um sie zu ändern.

Die bürgerlichen Revolten hatten viel gemeinsam: Sie fanden in Städten statt und nicht auf dem Land, denn die Knotenpunkte des Kapitals wurden auch zu Knotenpunkten bürgerlicher Politik.[104] Ihre Träger arbeiteten mit anderen sozialen Gruppen zusammen – in der Regel mit dem Klein- und Bildungsbürgertum, aber manchmal auch mit Facharbeitern und sogar mit Bauern auf dem Land. Nicht zufällig entwickelten sie eine universalistische Sprache und unterstützten eine Politik mit universalistischer Stoßrichtung: «Wer das Schwert erhebt gegen das Volk, der wird durch das Schwert des Volkes umkommen», verkündete der Arzt, Dichter und Rebell Georg Büchner zusammen mit Friedrich Ludwig Weidig 1834 im *Hessischen Landboten.* «Ihr wühltet ein langes Leben die Erde auf, dann wühlt ihr euren Tyrannen ein Grab. Ihr baut die Zwingburgen, dann stürzt ihr sie, und bauet der Freiheit Haus.»[105] Die Rebellen verlangten eine neue Art von Staat, der ihre Interessen berücksichtigte. Oder wie es der Berater des deutschen preußischen Kronprinzen Max Duncker 1863 formulierte: «Man verkennt von allen Seiten den Charakter der Situation; es ist nicht mehr ein Kämpfen um einzelne Artikel der Verfassung – es ist ein Kampf um Prinzipien – es ist ein Ständekampf daraus geworden – ein Kampf des Bürgertums gegen das Junkertum.»[106]

In diesem Moment politischer Selbstbehauptung Mitte des Jahrhunderts stellten die kapitalbesitzenden Eliten die politischen Grundlagen des Kapitalismus alter Ordnung zunehmend infrage. Sie strebten nach neuen Formen politischen Einflusses, artikulierten ein neues Bedürfnis zu regieren und erlangten dank ihrer Durchsetzungsfähigkeit tatsächlich erhebliche neue Macht über die staatlichen Institutionen. Dabei verfolgten sie bestimmte politische Ziele, deren wichtigstes die Schaffung einer später so genannten liberalen Ordnung war. Sie traten für Rechtsstaatlichkeit ein und wollten der Willkür des monarchischen Staates enge Grenzen setzen. Angesichts der rapiden Expansion eines marktbasierten Wirtschaftssystems empfanden sie die herkömmlichen Formen persönlicher Herrschaft, die Hierarchien und die Systeme gegenseitiger Verpflichtung, die die sozialen Beziehungen in vielen

Teilen der Welt jahrhundertelang strukturiert hatten, als anachronistisch. Es war kein Zufall, dass die alte Ordnung sie außerdem benachteiligte und den grundbesitzenden Landadel hemmungslos begünstigte.

In der Vergangenheit war in Politik, Recht und Gesellschaft der erbliche Stand ausschlaggebender gewesen als die Leistungen des Einzelnen, ein Zustand, der mit der kapitalistischen Logik zunehmend in Konflikt geriet. Der lombardische Jurist und Nationalökonom Carlo Cattaneo kritisierte das Ancien Régime und sah ein großes Potenzial in ihrer Überwindung: ein Ende des Zunftzwangs, technischer Fortschritt, eine immer ausgeprägtere Arbeitsteilung und eine Zunahme des Welthandels. In einer Eingabe, die eine Gruppe deutscher Bergbauunternehmer bei der Regierung machte, war eine der zentralen Forderungen ein Ende der noch bestehenden feudalen Traditionen, die die Gruppe als «eine kränkende Verletzung des National-Gefühls» bezeichnete.[107] Als Gegner der Myriaden von Zollgrenzen, die die italienische Halbinsel durchzogen – Grenzen, die durch die Zersplitterung aristokratischer Herrschaftsbereiche entstanden waren –, war Cattaneo wie die meisten Liberalen der Ansicht, dass «die Industrie umso größer, vielfältiger, mächtiger und ehrgeiziger sein wird, je größer das Feld und der Markt für die Produktion sind».[108] Das Kapital, betonte er, müsse absolut frei sein und die Ketten des Ancien Régime gesprengt haben, um blühende Gesellschaften hervorzubringen.[109]

Im Rheinland (zum Beispiel in Solingen) kritisierte die bürgerliche Elite ebenfalls die bestehende Politik der alten Ordnung, wie etwa die Pressezensur und das eingeschränkte Wahlrecht. Sie beschwerte sich über die hohe Steuerlast, die dadurch noch höher wurde, dass die preußischen Junker überhaupt nicht besteuert wurden. Zu ihren Forderungen gehörten außerdem die Aufstellung von Volksmilizen (statt einer staatlichen Armee), Wahlrecht für alle Männer, freie Berufswahl, ein Ende der Zunftprivilegien, niedrigere Steuern und eine Begrenzung der Macht der Monarchie oder gar, am radikalsten, ihre gänzliche Abschaffung.[110]

Diese Forderungen waren im gesamten Reich des Kapitals üblich. In den deutschen Ländern beanspruchten die Kapitalbesitzer «industrielle Freiheit», wie sie es nannten; gemeint war damit insbesondere die Abschaffung der Tausenden von Vorschriften des Staates und der Zünfte, nach denen sie ihre Unternehmen zu führen hatten.[111] Sie verlangten unbegrenzte Freizügigkeit für Arbeit und Kapital innerhalb des Deutschen Zollvereins, der sich in den Jahrzehnten zuvor stetig ausgedehnt und die Handelszölle innerhalb seiner Grenzen bereits beseitigt hatte. Die Aachener Handelskammer rief dazu auf, dass es jedem Preußen überall auf dem Gebiet des Zollvereins erlaubt sein müsse, seine Intelligenz und Arbeitskraft frei einzusetzen, und forderte außerdem die Schaffung einer zentralen politischen Behörde mit einheitlichen Gesetzen und Vorschriften, eine Forderung, die von den neu eingerichteten Handelskammern häufig erhoben wurde.[112]

Die Liberalen in den konstitutionellen Monarchien Südwestdeutschlands erweiterten diese Forderungen noch: Als sich am 12. September 1847 Linksliberale in Offenburg versammelten, forderten sie Pressefreiheit und ein Ende der Zensur, eine progressive Einkommenssteuer und die Abschaffung aller Privilegien. Außerdem verlangten sie die Bildung eines gesamtdeutschen Parlaments, das dem Zollverein legislative Vollmachten verleihen sollte.[113] Einen Monat darauf trafen sich eher gemäßigte Liberale in Heppenheim und forderten nicht nur die Gründung eines deutschen Nationalstaates und die Abschaffung der feudalen Rechte und Pflichten, sondern auch die Unabhängigkeit der Justiz. Auch sie schlugen vor, den Zollverein in ein politisches Organ umzuwandeln, und kämpften für neue Herrschaftsformen, insbesondere für ein parlamentarisches System, das die Monarchie kontrollieren oder sogar ersetzen sollte.

Wann immer und wo immer Kapitalbesitzer aufbegehrten, wollten sie mehr Kontrolle über den Staat. Sie wollten, dass ihre politische Macht ihrer wirtschaftlichen Macht entsprach, was zunächst einmal die Minimierung des Einflusses alter, in der Regel grundbesitzender Eliten und die Entwicklung eines Programms zum Aufbau eines starken Staates bedeutete.[114] Voller Zuversicht blickten diese Kapitalbesitzer in die Zukunft, was nur durch die Erkenntnis ihrer Abhängigkeit vom Staat gedämpft wurde.

All diese bürgerlichen Rebellen sahen ihr politisches Projekt nicht als das einer Klasse an, das nur deren eigenen engen Interessen zugutekam, sondern als ein auf die Ideen der Aufklärung gestütztes Unternehmen, das durch die Durchsetzung wirtschaftlicher, wissenschaftlicher, kultureller, moralischer und politischer Verbesserungen dem Wohl der gesamten Menschheit diente.[115] In einer Publikation aus dem Jahr 1867 bezeichnete der Präsident der Associação Comercial von Rio de Janeiro die Gemeinschaft der Kaufleute als den «hingebungsvollsten und eifrigsten Beschützer des einfachen Volkes».[116] Im September 1848 erklärte der französische Parlamentsabgeordnete Gaulthier de Rumilly: «Also versuchen wir nicht mehr die verstreuten Mitglieder ein und derselben Familie zu spalten, die man als Arbeiter und Bürger bezeichnet. Das Volk sind alle, es ist die Universalität der gleichen Bürger, Brüder, die mit denselben Rechten ausgestattet sind und dieselben Pflichten haben.»[117] Die neue Strategie war zum Teil dadurch motiviert, dass gegen die stark verfestigte Macht der älteren Eliten Bündnisse geschlossen werden mussten. Doch sie wurde auch von allen vergangenen wirtschaftlichen und politischen Eliten angewandt und war ein zentrales Element des Machtanspruchs der kapitalistischen Eliten.

Liberale Clubs, eine beliebte Form des bürgerlichen politischen Aktivismus, breiteten sich in vielen Städten aus und organisierten wöchentliche oder monatliche Zusammenkünfte, bei denen die prominentesten und gebildetsten Mitglieder für die Masse der Anhänger aktuelle Geschehnisse kommentierten. Die Clubs formulierten politische Forderungen, auch von Gruppen, die weder der Elite angehörten noch städtisch waren, und machten politische Programme daraus. Die Handelskammern wurden ebenfalls als politisches Instrument genutzt, indem man ihre traditionell biederen Bankette als Plattformen für politischen Protest nutzte. Die Redner sprachen zunächst Trinksprüche mit politischem Gehalt aus und schlossen daran Forderungen an, etwa die Entlassung konservativer Minister, Versammlungsfreiheit, eine Lockerung der Vermögensanforderungen beim Zensuswahlrecht oder, wenn sie ganz radikal waren, die Gründung einer Republik.

Die Rebellionen der Kapitalbesitzer stützten sich auf die sozialen und kulturellen Netzwerke, die sie über Jahrzehnte aufgebaut hatten. Auf dem fruchtbaren Nährboden des bürgerlichen Vereinslebens gediehen neue Foren, die stärker politisch mobilisierten. Im deutschen Teil des Rheinlands gab es beispielsweise 1848 fast 400 demokratische Clubs, in deren Führung Kaufleute, Rentiers und Fabrikant stark vertreten waren.[118] Auf der anderen Seite des Rheins in Frankreich verbot der konservative Minister François Guizot ein großes Bankett, das liberale Clubs organisiert hatten, um ein zuvor ergangenes Verbot politischer Mobilisierung zu unterlaufen – ein Auslöser für die Februarrevolution von 1848.

Ein zentrales Merkmal dieser bürgerlichen Revolten war ein neuer und glühender Nationalismus, der dem Bedürfnis entsprang, die staatliche Zersplitterung zu überwinden. Sie forderten eine Neugründung des Staats als Nation. Auf der ganzen Welt traten Kapitalbesitzer für den Aufbau starker Nationalstaaten ein, damit Märkte integriert sowie einheitliche Gesetze und Vorschriften erlassen wurden und sich eine nationale Identität ausprägte, die zur Einhegung von Klassenkonflikten beitragen und eine Nation darauf einstimmen konnte, weltweit Macht auszuüben.[119] Insofern waren ihre Revolten mit dem Wunsch verbunden und teilweise sogar davon motiviert, die Revolten von Industriearbeitern und Bauern im Zaum zu halten. Sie hatten begriffen, dass die fragmentierten und regionalen politischen Bündnisse, die vor allem einer Form des Eigentums den Vorzug gaben, nämlich dem Landbesitz, die Fähigkeit des Staates, eine neue ökonomische Zivilisation zu fördern, ernsthaft beeinträchtigten. Obwohl diese Institutionen dem Kapitalismus alter Ordnung einschließlich seiner gewaltsamen Expansion gut gedient hatten, glaubten die Kapitalbesitzer nicht, dass sie der neu entstehenden Welt des Industriekapitalismus noch genügten. Die Voraussetzungen zur Akkumulation fanden sich zunehmend auf nationaler Ebene, erforderlich war ein Staat, der national, ja global agierte und in der Lage war, ein (Kolonial-) Imperium aufzubauen.

Um die Jahrhundertmitte wurde die Wirtschaftselite immer geschickter darin, sich der Sprache des Nationalismus zu bedienen. Beim Ausbruch des Krieges mit Paraguay im Jahr 1864 taten Mitglieder der brasilianischen Wirtschaftsverbände bei Versammlungen und religiösen Festen lautstark ihren Patriotismus kund. Obwohl ein unverhältnismäßig großer Anteil der brasilianischen Fabrikanten im Ausland geboren war, starteten sie eine Kampagne gegen «ausländische Machenschaften», um in den Genuss von Handelsschutzmaßnahmen zu gelangen.[120] Im fernen Italien pries Cattaneo die Wichtigkeit von «Nationalstaaten», weil sie größere rechtliche, sprachliche, politische und verteidigungspolitische Einheiten schufen.[121] Er feierte «die glorreichen Tage [des später so bezeichneten Fünf-Tage-Aufstands von Mailand] im März und April 1848» nicht zuletzt deshalb, weil «sie die Menschen den Menschen und Italien Italien offenbart» hatten.[122] Bei der deutschen Revolution von 1848/49 stand die nationale Einigung auf der Agenda der Revolutionäre ganz oben.[123]

Der bürgerliche Nationalismus hatte einen gegen den Adel gerichteten, liberalen und oft auch demokratischen Impetus und übte vernichtende Kritik am Ancien Régime, aber was die Regelung von Territorialansprüchen betraf, legte er die Grundlage für einige der verheerendsten Konflikte des 20. Jahrhunderts. In den 1860er Jahren jedoch hatte der Nationalismus noch eine unschuldigere, progressivere Färbung, weil er mit nationaler Befreiung und Freiheitsrechten verbunden war. Dies galt auch für die Vereinigten Staaten, wo er in den 1860er Jahren unter den ökonomischen Eliten einen Höhepunkt erreichte: Angesichts der Sezession – dem Machtkampf mit den Sklavenhaltereliten des Südens, die nach Ansicht vieler die junge Nation seit ihrer Gründung gelähmt hatten – stellten sich die Kapitalbesitzer des Nordens politisch hinter die Bemühungen um die Wiederherstellung der amerikanischen Union, und die Republikanische Partei wurde ein wichtiges Instrument im Kampf gegen die alte Ordnung mit dem dominanten Einfluss der Sklavenhalter. Im Jahr 1863 sprachen sich die Gründungsmitglieder des New Yorker Union League Club, die allesamt zur wirtschaftlichen Elite gehörten, entschieden für die gewaltsame Vereinigung der Nation, für die Sklavenbefreiung und für die Stärkung des Nationalstaats aus. Ein internes Rundschreiben verkündete die Gründungsideale des Clubs, die unter anderem darin bestanden, «eine innige Hingabe an die Nation zu pflegen [...] den Respekt vor der Union und die Liebe zu ihr zu stärken [...] den Glauben des Volkes an die republikanische Regierungsform zu fördern und zu erhalten [sowie ...] ein Gefühl für die heilige Pflicht zu wecken, die mit der Staatsbürgerschaft verbunden ist».[124]

Das aufsässige städtische Bürgertum war klein (im Gebiet des Deutschen Zollvereins machten Industrielle, Kaufleute und Finanziers höchstens ein bis zwei Prozent der Bevölkerung aus), aber indem sie dem liberalen Nationalismus zuneigten, gegen die Macht des Adels opponierten und einer durch ererbte Hierarchien strukturierte Gesellschaft ablehnten, schmiedeten sie eine Bewegung, die «[z]usammengenommen [...] die an Teilnehmern zahlreichste, geographisch ausgedehnteste und gewaltsamste politische Bewegung im Europa des 19. Jahrhunderts» war, wie es der Historiker Jürgen Osterhammel formuliert hat.[125] Die offenherzigsten Führer der Bewegung beriefen sich ungeniert auf die Ideale der Französischen Revolution von 1789 (die für die bürgerlichen Rebellen dieselbe Bedeutung hatte wie die haitianische Revolution für die Sklaven), insbesondere auf deren Kerngedanken der staatsbürgerlichen Gleichheit, und sie wollten an die Schalthebel der Macht, um den Staat so zu gestalten, wie es ihren Interessen entsprach.[126]

Der dramatischste Moment dieser Rebellionen, die sich wie auch die Aufstände in den Fabriken und auf dem Land mit unterschiedlicher Intensität über Jahrzehnte erstreckten, war das Jahr 1848. In jenem Jahr kam es in Frankreich, Irland, Dänemark, Schweden (einschließlich seiner norwegischen Besitzungen), Brasilien, Chile, Peru und Costa Rica, in den Niederlanden, im Deutschen Bund, im Habsburgerreich, in verschiedenen italienischen Staaten und in einigen Territorien des Osmanischen Reichs auf dem Balkan zu Revolutionen und Aufständen und zur Einführung neuer Verfassungen. Innerhalb weniger Wochen brachen in großen Teilen Europas die alten Ordnungen zusammen. In Paris endete im Februar mit der Abdankung von König Louis Philippe die Julimonarchie; vorangegangen war eine Revolte französischer Republikaner, in deren Verlauf Amable de Courtais, Kommandeur der Nationalgarde von Paris, versichert hatte, «dass es keine Männer der Elite geben sollte, nur Männer, die von allen gewählt sind».[127] Die provisorische Revolutionsregierung führte mehrere Reformen durch, darunter eine massive Erweiterung des Wahlrechts auf alle erwachsenen Männer, die Absetzung der Präfekten des alten Regimes und die Abschaffung der Sklaverei.

In Berlin brachen am 18. März überall Aufstände aus. Revolutionäre errichteten Barrikaden auf den Straßen und forderten politische Reformen einschließlich der Pressefreiheit. Am 18. Mai 1848 trat in der Frankfurter Paulskirche die Nationalversammlung zusammen und begann, eine Verfassung zu erarbeiten, die vorsah, die Privilegien des Adels und die Todesstrafe abzuschaffen, Freizügigkeit zu garantieren und für ganz Deutschland eine Zollunion einzuführen, indem alle noch geltenden Binnenzölle abgeschafft wurden.

In Mailand schüttelten liberale nationalistische Kräfte im März 1848 die habsburgische Herrschaft ab. Cattaneo, der in den «fünf Tagen von Mailand» eine zentrale Rolle spielte, notierte, wie durch eine «unsichtbare übermenschliche Kraft» hätten sie «alle Völker Italiens vorangetrieben».[128] In der Schweiz kam es zu einem kurzen Bürgerkrieg zwischen Kräften, die für eine lose Föderation weitgehend unabhängiger Territorien eintraten, und solchen, die einen modernen Nationalstaat wollten – die Nationalstaatsbefürworter gewannen. «Unterstützt von einer liberalen Elite von Industriellen, Bankiers und Kaufleuten», bauten sie einen integrierten Markt auf, der durch die Verfassung garantiert wurde.

In Ungarn marschierte am 15. März 1848 eine Massendemonstration, die im Café Pilvax (einem typisch bürgerlichen sozialen Ort) organisiert worden war, zum kaiserlichen Gouverneur, um ihm zwölf Forderungen vorzulegen, durch die Ungarn in eine konstitutionelle Monarchie unter einem Habsburger König umgewandelt werden sollte. Man verlangte die Abschaffung der Pressezensur, die Einrichtung eines ungarischen Parlaments mit Sitz in «Buda-Pest» statt in Preßburg, Gleichheit vor dem Gesetz, Geschworenenprozesse, die Gründung einer Nationalbank und die Freilassung politischer Gefangener.[129]

Die Nachricht von diesen Aufständen verbreitete sich rund um den Erdball. So schrieb etwa der Kaufmann Heinrich Witt 1848 in Lima in sein Tagebuch, dass «der Jurist Tirado [...] in einer langen Rede von den wunderbaren Vorteilen schwärmte, die nicht nur Frankreich, sondern alle Nationen der Erde aus der jüngsten Revolution in Frankreich ziehen werden, die die Monarchie gestürzt und eine Republik errichtet hatte».[130]

Die Rebellionen des Jahres 1848 waren weder schlicht und einfach eine Klassenbewegung noch eine «bürgerliche Revolution», wie es in der karikierenden Prägung durch die Modernisierungstheorien und einigen Spielarten des Marxismus lautet, denen zufolge die politisch mobilisierte Bourgeoisie nach der Staatsmacht griff, die konkurrierenden Eliten beiseiteschob und einen eindeutig liberalen und demokratischen Staat aufbaute. Doch die

Aufstände gegen die alte Ordnung: Frankfurt, 18. September 1848.

Erhebungen mobilisierten tatsächlich Kapitalbesitzer, die die Grenzen der etablierten Politik zu erweitern suchten und den bestimmenden Einfluss der grundbesitzenden Eliten auf die Staatsmacht zu brechen.[131] Mit ihren Forderungen, die durch ihren Status als Newcomer und sowohl durch ihre Schwächen als auch durch ihre Stärken strukturiert waren, wiesen sie auf die liberalen politischen Systeme voraus, die ein wesentliches Element des neu gestalteten Kapitalismus werden sollten und – wie die Sklavenbefreiungsbewegung und die Arbeiterbewegung – ein wichtiges Erbe des 19. Jahrhunderts sind.

Kaufleute, Bankiers, Industrielle und Bildungsbürger spielten bei diesen Revolutionen eine wichtige Rolle. So schufen etwa die Kapitalgeber ein Einfallstor für revolutionäre Leidenschaften, als sie die preußische Monarchie 1846/47 dazu zwangen, ein gesamtpreußisches Parlament einzuberufen, das die verschiedenen Provinzialstände erstmals zusammenbrachte. An diese Bedingung hatten sie ihre Bereitschaft geknüpft, dem Land einen Kredit für den Eisenbahnbau in Ostpreußen zu geben. Als der so entstandene Vereinigte Landtag von 1847 auf seinem Recht beharrte, den Haushalt des Monarchen zu bewilligen, löste ihn Friedrich Wilhelm IV. auf und rief damit die Empörung hervor, die zur Märzrevolution von 1848 führte.

Im Rheinland waren Mitglieder der wirtschaftlichen Elite wie der Eisenbahnunternehmer und Bankier David Hansemann, der Bankier Ludolf Camphausen und der Industrielle Gustav von Mevissen leidenschaftliche Unterstützer der liberalen Sache und beteiligten sich aktiv an der revolutionären Politik. Von den gewählten Abgeordneten, die in der Frankfurter Paulskirche über eine neue Verfassung für Deutschland berieten, war jeder Zehnte Unternehmer, jeder Dritte kam aus dem Bildungsbürgertum und viele andere waren Beamte. Bürgerliche Aktivisten führten diese Rebellionen nicht nur an, sie waren zusammen mit ihren gebildeten Nachkommen, die akademische Berufe ergriffen hatten, auch wichtige Teilnehmer. Sie wollten eine Welt schaffen, in der die politischen Strukturen stärker der grundsätzlichen Gleichheit der Menschen am Markt entsprachen.[132]

Die politische Selbstbehauptung des Bürgertums war nicht auf Europa beschränkt. Zwei Jahrzehnte nach 1848 strebten die ökonomischen Eliten in Japan ebenfalls nach mehr politischem Einfluss und mehr Macht. Die kleine, aber wachsende Gruppe von Kaufleuten und Industriellen war von der zuvor herrschenden Koalition von Samurai – lokalen Adligen, deren Vermögen größtenteils auf Abgaben der Landbevölkerung beruhte – an den Rand gedrängt worden. Nach der Meiji-Restauration von 1868 forderte sie ein politisches Mitspracherecht ein und baute eine bürgerliche Zivilgesellschaft auf mit den dazugehörigen Zeitungen, politischen Clubs und Verbänden.

Am bekanntesten war der Unternehmer Shibusawa Eiichi (1840–1931), dessen Beteiligung an bis zu 500 Banken, Textilfabriken, Eisenbahn- und Schiffsfirmen ihm die Bezeichnung «Vater des japanischen Kapitalismus» einbrachte. Er pflegte eine intensive Abneigung gegen die alten Eliten, die «die Amtspersonen verehren und das Volk verachten.»[133] Seiner Auffassung nach war «es nur richtig […] dass eine Person, die volle Verfügungsgewalt über ihr Vermögen haben soll und nach ihrer Intelligenz und ihrer Fähig-

Ein Rebell: der Eisenbahnmagnat und Bankier David Hansemann kämpft 1848 für die liberale Sache.

keit, mit ihren Mitmenschen umzugehen, beurteilt wird» – nicht nach ihrem Stammbaum.[134] Er wollte den japanischen Kapitalismus von der alten Ordnung befreien; unmittelbar nach der Restauration übernahm er ein offizielles Amt im Finanzministerium und machte sich daran, die Wirtschaftspolitik des neuen Japan zu gestalten. Im Jahr 1878 gründete er die Tokioter Handelskammer, die die Interessen der Geschäftsleute vertreten sollte, und er befürwortete die Aktiengesellschaft als liberale Form der Unternehmensorganisation.

Die Meiji-Restauration war zwar nicht gerade eine «bürgerliche Revolution», gründete aber im Machtstreben der neuen wirtschaftlichen Eliten und verschaffte ihnen einen spürbaren Einfluss auf die japanische Politik nach 1868.[135] Die Kapitalbesitzer erhoben liberale Forderungen nach Grundrechten wie der Meinungsfreiheit und traten für eine Marktwirtschaft ein. Einige dieser Forderungen wurden nach der Meiji-Restauration erfüllt: Sie ermöglichten die freie Berufswahl, schaffte die autonomen feudalen Herrscher (*daimyo*) ab, ermöglichten den Privatbesitz von Land (statt feudalen Lehen), die Gründung von Banken, Aktiengesellschaften, Zeitungen, Schulen und Universitäten und schließlich auch die Wahl eines Parlaments.[136] Die wirtschaftlichen und politischen Bestrebungen des Bürgertums gingen in Japan und anderswo mit der Staatsbildung Hand in Hand.

Und obwohl viele dieser Rebellionen scheiterten, wuchs der Ehrgeiz der Kapitalbesitzer immer weiter und sie erreichten in den folgenden Jahrzehnten viele ihrer Ziele. Das deutsche Bürgertum begehrte auch nach seiner Niederlage in der Revolution von 1848 weiter gegen den Kapitalismus alter Ordnung auf, in einer «passiven Revolution», um einen Begriff des italienischen politischen Philosophen Antonio Gramsci aufzugreifen.[137] Trotz aller Rückschläge gewann es kontinuierlich mehr Macht im Staatsapparat, mit dem Ergebnis, dass es zu einer «Verbürgerlichung der deutschen Gesellschaft» kam.[138] Das Bürgertum setzte sich auf zahlreichen Ebenen für seine Forderungen ein und strebte wirtschaftliche und politische Reformen an. Zunehmend organisierte es sich auch in Parteien und setzte sie zur Mobilisierung ein, so wurde 1867 die Nationalliberale Partei gegründet, die ein wichtiges Instrument zur Durchsetzung bürgerlicher Politik werden sollte.

Statt sich mit einer hierarchischen Agrargesellschaft abzufinden, trat das Bürgertum auch weiterhin für eine politische und rechtliche Ordnung ein, die eine weitere Expansion des Industriekapitalismus förderte, das Privateigentum schützte und die von der Stellung in der Gesellschaft unabhängige Gleichheit vor dem Gesetz einführte. Das kapitalistische Denken schlug in der Gesellschaft so starke Wurzeln, dass sogar die Junker begannen, ihre Güter nach entsprechenden Kriterien zu führen. Überbleibsel des feudalen Systems gegenseitiger Verpflichtung und Unfreiheit verschwanden sowohl auf den Gütern als auch in den Zünften, Rechtsstaatlichkeit wurde hergestellt, selbst die berühmte deutsche Bürokratie wurde gesetzlich rechenschaftspflichtig, und es wurden Gesetze erlassen, die Einzelpersonen das Recht auf Eigentum garantierten. Als der Ökonom Viktor Böhmert im Jahr 1900 auf diese Entwicklung zurückblickte, kommentierte er sie wie folgt: «Der ganze Zug der Zeit [...] drängte die deutsche Volkswirtschaft zu Fortschritten in der Richtung der Gewerbefreiheit und Handelsfreiheit.»[139]

Die neue Rechtsordnung war auf formelle Gleichheit ausgelegt und stand früheren merkantilistischen Methoden zur Regulierung der Wirtschaft ablehnend gegenüber. Im Grunde stellte sie die bisherige Ordnung auf den Kopf, indem sie die uralten Systeme gegenseitiger Verpflichtung innerhalb strikter Hierarchien untergrub und sie durch die Interessen des selbstbestimmten Individuums ersetzte. Das waren die Erfolge der «passiven» Revolution.[140]

Die liberalen Ansprüche waren immer mit dem Streben nach Macht verbunden. Und sie kamen nicht nur in Rebellionen und kollektiven Aktionen, sondern auch in eher symbolischen Handlungen zum Ausdruck, etwa als wohlhabende New Yorker in den 1840er Jahren damit begannen, ihre Häuser «im Stil von Ludwig [XIV]» einzurichten, und sich so die Kultur früherer herrschender Klassen aneigneten.[141] Ihren womöglich seltsamsten Ausdruck fanden die Ansprüche dieser rebellischen Klasse und ihre Herrschaftsambitionen in der neu entdeckten Begeisterung für die größte Kreatur, die je auf Erden wandelte: den Dinosaurier.

Der amerikanische Stahlmagnat Andrew Carnegie, der einer Familie von schottischen Handwebern entstammte, war ein leidenschaftlicher Sammler von Saurierknochen und ließ schließlich in Pittsburgh ein Museum bauen, um sie zu beherbergen. Als er ein besonders großes Exemplar erwarb, sorgte er dafür, dass das alte Skelett seinen Namen bekam, und spendete Gipsabdrücke der Knochen von *Diplodocus carnegii* an Museen in London, Paris, Berlin und anderen Städten. Damit brachte er auf wenig subtile Weise den Ehrgeiz zum Ausdruck – den er mit anderen Industriellen teilte –, als Herrscher über die Natur anerkannt zu werden.[142] Herrschaft auszuüben, wurde für das Selbstverständnis der Kapitalbesitzer grundlegend.

INDEM SICH die Aufstände des Bürgertums um die Jahrhundertmitte immer mehr ausbreiteten, leisteten sie einen Beitrag zur allmählichen Entstehung einer weiteren folgenschweren Revolte: des Antikolonialismus. War der Kolonialismus eine wichtige Komponente des Kapitalismus alter Ordnung gewesen, so sollte der Antikolonialismus einer der prägenden Faktoren für die Geschichte des Kapitalismus im 20. Jahrhundert werden. Diese Geschichte begann, wenn auch zaghaft, schon im späten 18. Jahrhundert. Die Amerikanische Revolution war 1783 erfolgreich gewesen, die Haitianische 1804 und die meisten Revolutionen in Lateinamerika in den ersten Jahrzehnten des 19. Jahrhunderts, und sie wurden in erheblichem Maße von nationalistischen wirtschaftlichen Eliten getragen. Um die Jahrhundertmitte sprossen auch andernorts die ersten zarten Triebe einer antikolonialen Rebellion, dabei ging es primär darum, einen Staat zu schaffen, der den lokalen Bedürfnissen Rechnung trug und nicht denen einer fernen Kolonialmacht.

In Südasien gehörte Dadabhai Naoroji zu den Vertretern dieser Rebellion. Der 1825 im indischen Born Navsari in einer Familie von Parsen geborene Naoroji war Gelehrter, Baumwollhändler und Politiker (der erste Inder, der in das britische Parlament gewählt wurde) und einer der Gründer der Kongresspartei. Er entwickelte schon ab den 1860er Jahren eine ökonomische Kritik des britischen Kolonialismus, die später so genannte «drain of wealth theory».[143] Demnach waren die Armut Indiens und auch die schrecklichen Hungersnöte auf die Herrschaft des britischen Weltreichs zurückzuführen. Anfangs glaubte Naoroji, die Wurzel des Übels seien die britischen Beamten, die in Indien auf Kosten des indischen Steuerzahlers beschäftigt wurden. Später erweiterte er seine Analyse jedoch und vertrat 1876 in der Streitschrift *Poverty of India* die Ansicht, dass Großbritannien riesigen Reichtum aus Indien abgezogen habe und Indien deshalb «unter dem gegenwärtigen Regierungssystem in vielerlei Hinsicht schwer leidet und in Armut versinkt.»[144] Er kritisierte die herrschende britische Wirtschaftstheorie, die «ökonomische Gesetze» und nicht die imperiale Politik des Vereinigten Königreichs für die indische Armut verantwortlich machte, und bekam dafür eine gewisse, wenn auch bescheidene Unterstützung von indischen Industriellen, Kaufleuten und Freiberuflern.[145]

Auch anderswo wurden antiimperiale Stimmen laut. Nach den Opiumkriegen und dem Schock über die Niederlage, die man gegen eine ferne Macht erlitten hatte, wurden in China von nationalistischer und antiimperialistischer Seite antikoloniale Themen in die öffentliche Debatte eingeführt. Lin Zexu, ein führender Beamter der Zentralregierung, vertrat gegenüber den Briten die Ansicht, es sei «falsch [...] mit etwas Gewinne zu machen, das anderen schadet, also Opium (das ihr in eurem eigenen Land nicht raucht) in unser Land zu bringen, die Leute um ihr Geld zu betrügen und ihr Leben zu gefährden. Ihr tut das schon seit zwanzig oder dreißig Jahren, macht damit eine Unmenge unrechten Gewinn und zieht den Hass aller Menschen und die sichere Vergeltung des Himmels auf euch.»[146]

Auch afrikanische Eliten begannen eine Kritik des europäischen Imperialismus zu formulieren, die sich in Westafrika mit einem aufkommenden Nationalismus überschnitt. James Africanus Beale Horton (1835–1883) brachte in einflussreichen Schriften wie *Political Economy of British Western Africa, with the Requirements of the Several Colonies and Settlements: The African View of the Negro's Place in Nature* (1865); *West African Countries and Peoples, British and Native. And a Vindication of the African Race* (1868) und *Letters on the Political Condition of the Gold Coast* (1870) überzeugende Argumente gegen das Konzept durch Ethnie und Hautfarbe begründeter Hierarchien vor, trat für den Panafrikanismus ein, malte sich die politische Unabhängigkeit aus und versuchte, «die notwendigen Voraussetzungen für die Schaffung dieser Selbstregierung» zu bestimmen.[147] Edward Wilmot Blyden (1832–1912), der auf Saint Thomas geboren war, aber in Liberia lebte, forderte in seinen Büchern «Afrika den Afrikanern» und pries eine Entwicklung, die er als den noch jungen Nationalismus der Mande und Fulbe betrachtete.[148]

Zwar blieben diese antikolonialen Strömungen außerhalb des amerikanischen Kontinents marginal, aber die größeren Rebellionen der Jahrhundertmitte, zu denen sie gehörten, erwiesen sich als ein Wendepunkt, an dem die Herrschaftsformen des Kapitalismus alter Ordnung in eine finale Krise gerieten. Genau wie die Aufstände der versklavten Landarbeiter zur Abschaffung der Sklaverei geführt und damit einen der wichtigsten Stützpfeiler des Kapitalismus alter Ordnung zerbrochen hatten, nahmen die bürgerlichen Rebellionen dem angeborenen Status viel von seiner ehemals zentralen Bedeutung. Die Kapitaleigner brachten zwar nicht unbedingt den Staat unter ihre Kontrolle, vielmehr wurden ihre kühnsten Machtübernahmen auf niederschmetternde Weise rückgängig gemacht (wie 1849 in Deutschland), aber ihre politische Agenda gewann immer mehr Einfluss. Die Staaten wurden in vielerlei Hinsicht liberal, setzten also Forderungen bürgerlicher Aktivisten um, und die Macht der alten Eliten, wie des Adels und der Landbesitzer, schwand. Das Gewicht des ererbten Standes wurde geringer, zunftartige Beschränkungen der wirtschaftlichen Freiheit wurden überall abgebaut und neue Staaten entstanden: Deutschland, Japan und Italien schlossen sich in den 1870er Jahren jeweils zu Nationalstaaten zusammen, und die Vereinigten Staaten vereinten ihren Staat durch den Bürgerkrieg wieder und machten ihn erheblich stärker.

Die Rebellionen von Industriearbeitern, landwirtschaftlichen Produzenten und Kapitalbesitzern destabilisierten landwirtschaftliche und industrielle Produktionsweisen sowie politische Herrschaftsformen, die fast 300 Jahre die Dynamik des Kapitalismus ganz wesentlich ausgemacht hatten. Bisweilen kämpften die Rebellen gegeneinander, aber genauso oft schlossen sie auch Bündnisse, die auf ihrer gemeinsamen Abneigung gegen die Beschränkungen der alten Ordnung beruhten. Die Besonderheiten dieser Interaktionen spielten eine zentrale Rolle dafür, welche Gestalt das Reich des Kapitals in Zukunft annehmen sollte.

Die Aufstände waren dann am erfolgreichsten, wenn sie sich vorteilhaft überschnitten. Auf bemerkenswerteste Weise war dies vielleicht beim Kampf gegen die Sklaverei der Fall. Es gibt kein besseres Beispiel für eine solche Überschneidung als die Insel Martinique. In den 1840er Jahren unterstützten sich die versklavten Arbeiter auf Martinique und die bürgerlichen Revolutionäre in Frankreich bei ihren Rebellionen gegenseitig, und diese Verbindung führte 1848 zur Abschaffung der Sklaverei. Am 100. Gedenktag an diese Revolution im Jahr 1948 erinnerte der französische Schriftsteller Aimé Césaire, der als Delegierter der Insel vor der Nationalversammlung sprach, seine Zuhörer daran, dass die Revolutionsregierung neben vielen anderen verdienstvollen Maßnahmen auch im ganzen französischen Kolonialreich die Sklaverei abgeschafft hatte. Und er fügte hinzu, dass dies unter dem Druck der versklavten Arbeiter geschehen sei.[149]

Obwohl viele Mitglieder der Provisorischen Regierung Frankreichs, die durch die städtischen Revolten im Februar 1848 an die Macht gekommen war, Abolitionisten waren, hatte die koloniale Lobby immer noch eine starke Position innegehabt und konnte in der Frage der Sklaverei anfänglich auf die Regierung zählen. Dies änderte sich am 3. März, als der bekannte abolitionistische Aktivist Victor Schœlcher den Kriegs- und Marineminister François Arago besuchte. Schœlcher vertrat die Ansicht, jede Verzögerung bei der Abschaffung der Sklaverei werde dazu führen, «dass ungeduldige Sklaven einen Aufstand anzetteln» – eine furchterregende Vorstellung für die französischen Kolonialbeamten.[150]

Schœlchers Warnung wurde schon bald durch die Ereignisse auf Martinique bestätigt: Als die Nachricht von der Revolution in Paris auf der Insel eintraf, erhoben sich die versklavten Arbeiter. Bis Ende Mai hatten Demonstrationen in verschiedenen Teilen der Insel zu gewaltsamen Zusammenstößen mit mehreren Todesopfern geführt. Aus Sorge, dass es zu einem Aufstand wie auf Saint-Domingue kommen könnte, erklärte der Interimsgouverneur General Rostolan eine allgemeine Sklavenbefreiung. Die Nachricht erreichte das nahe gelegene Guadeloupe, wo der Kolonialgouverneur am 27. Mai ebenfalls das Ende der Sklaverei verkündete – beinahe zwei Wochen bevor auf den Inseln der Sklavenbefreiungserlass bekannt wurde, der in Paris am 27. April unterzeichnet worden war.

Die Aufstände der Versklavten überkreuzten sich also mit denen der ökonomischen Eliten und führten zur Abschaffung der Sklaverei. Die revolutionären Ideen von 1789, die auch das Jahr 1848 mitgeprägt hatten, beeinflussten in der ganzen Welt die Politik für die Abschaffung der Sklaverei.[151] Als die *Gazette de la Guadeloupe*, das Organ der Plantagenbesitzer der Insel, die Freilassung der Sklaven wütend als «eine Invasion des Kommunismus» bezeichnete, fand ihre Position in der französischen Hauptstadt kaum Unterstützung.[152]

Auch die Aufstände der Industriearbeiter erhöhten den Druck auf die Sklavenhalter. Manchmal bestanden direkte Beziehungen: Aktivisten der Arbeiterklasse waren sich oft darüber im Klaren, dass ihre Emanzipation etwas mit der Sklavenbefreiung zu tun hatte, oder wie Marx sagte: «Die Arbeit in weißer Haut kann sich nicht dort emanzipieren, wo sie in schwarzer Haut gebrandmarkt wird.»[153] Zuweilen übte die Arbeiterklasse eher indirekten Druck auf die Sklavenhalter aus: Eine Intensivierung der sozialen Konflikte in Großbritannien (besonders bekannt ist der von den Chartisten vorangetriebene) vermittelte den ökonomischen Eliten, und insbesondere den Fabrikbesitzern in Manchester, die Erkenntnis, dass die Lebenshaltungskosten der britischen Arbeiter dringend gesenkt und die Lebensmittelmärkte geöffnet werden mussten, was 1846 zu einer Aufhebung der Corn Laws und des Sugar Act und einer effektiven Öffnung des britischen Marktes für brasilianische und kubanische Zuckerhersteller führte. Dies löste auf den britischen West Indies eine Krise aus, denn die dortigen Pflanzer konnten mit den Arbeitskosten in Brasilien und Kuba nicht konkurrieren, da die Sklaverei im britischen Herrschaftsbereich seit 1834 abgeschafft war. Daher übten sie enormen politischen Druck auf die britische Regierung aus, den Sklavenhandel und die Sklaverei selbst auf der ganzen Welt einzudämmen. Das heißt, sie verpflichteten den Staat zu einer Politik gegen die Sklaverei. Als erste Maßnahme kaperte die Royal Navy im März 1848 vor der Küste der Stadt Salvador ein brasilianisches Schiff mit Versklavten. Die Mobilisierung der Arbeiterklasse stand also in mittelbarer Wechselwirkung mit den Aufständen kubanischer und brasilianischer Versklavter und mit der Bereitschaft des britischen Staates, auf der ganzen Welt Maßnahmen gegen die Sklaverei durchzusetzen.[154]

Auch in den Vereinigten Staaten wurde die Sklaverei im Jahr 1865 durch das Zusammenwirken von Sklavenaufständen, politisch mobilisierten Lohnarbeitern und einer mächtiger werdenden industriellen Elite beendet, die mit der politischen Ökonomie des Atlantikhandels, der von den Pflanzern der amerikanischen Südstaaten dominiert wurde, brechen wollte. Dass sich diese Rebellionen überschnitten, trat schon in den 1850er Jahren deutlich zu Tage, als ein Konflikt innerhalb der ökonomischen Eliten über die weitere politische und wirtschaftliche Entwicklung der jungen Nation die Grundfesten der Sklaverei erschütterte. Während die Sklavenhalter in den Südstaaten ihre Interessen in der Republik immer schlechter vertreten sahen, zerrten die versklavten Amerikanerinnen und Amerikaner an ihren Ketten und machten ihre Besitzer dadurch immer abhängiger vom Staat, der die Sklaverei verteidigen sollte. Ein wachsender Teil der ökonomischen Elite distanzierte sich von der Sklaverei oder war wenigstens gegen ihre weitere Ausdehnung auf die Territorien des amerikanischen Westens. Dann, nach dem Ausbruch des Bürgerkriegs im April 1861, flohen die Versklavten scharenweise von den Plantagen und kämpften als Soldaten in der Armee der Nordstaaten, um das Sklavenhalterregime militärisch zu besiegen.

Diese Verknüpfung der Rebellionen von Arbeitern, Kapitalbesitzern des Nordens und Versklavten entwickelte eine enorme transformatorische Kraft. Ihre revolutionären Folgen waren genauso groß wie die von Saint-Domingue ein paar Generationen zuvor. Das lag nicht zuletzt daran, dass sie einen enormen Druck auf die Sklaverei auf Kuba und in Brasilien ausübten, was letztlich zur Verabschiedung eines Gesetzes mit der gruseligen Bezeichnung «Gesetz der freien Gebärmutter» führte, das vorschrieb, dass Kinder, die in Brasilien von einer Versklavten geboren wurden, frei wären – der Anfang vom Ende der Sklaverei in diesem Land.[155] Obwohl der Kapitalismus alter Ordnung stark mit der Sklaverei verknüpft war, brachte seine Weiterentwicklung eine überraschend vielfältige Gruppe von Rebellen hervor, die letztlich deren Abschaffung erreichten.

Die Rebellionen verstärkten sich überall gegenseitig: Auf Kuba überschnitt sich die Rebellion der Sklaven manchmal mit der der antikolonialen städtischen Eliten, und in Bengalen erhielten aufständische Indigobauern Unterstützung von den antikolonialen Eliten in Kalkutta. Dort und anderswo erschütterte dieses Zusammenwirken den Kapitalismus alter Ordnung, und durch die so entstehenden Risse ließen sich flüchtige Blicke auf einen neu gestalteten Kapitalismus erhaschen, der Mitte des 19. Jahrhunderts noch fast gänzlich unvorstellbar war.[156]

Und dann gab es auch noch eine Verbindung zwischen den Aufständen der Arbeiterklasse und dem antikolonialen Nationalismus. So fand die Rebellion gegen den englischen Kolonialismus in Irland eifrige Verbündete unter den irischen Arbeitern in Manchester. Als dort der bekannte irische Nationalist Thomas J. Kelly 1867 verhaftet wurde, befreiten ihn etwa 30 Arbeiter auf dem Weg vom Gericht zum Gefängnis. Dabei kam ein Polizist ums Leben. Drei Teilnehmer an der Befreiungsaktion wurden dafür hingerichtet. Sie gingen als «Manchester-Märtyrer» in die Geschichte ein und wurden jedes Jahr von Manchesters Arbeiterklasse gefeiert. Irisch-amerikanische Arbeiter unterstützten sowohl den Kampf von irischen Kleinbauern als auch den von irischen Nationalisten: Patrick Ford, der Herausgeber der US-amerikanischen *Irish World*, vertrat die Ansicht, dass «[d]ie Sache der Armen in Donegal auch die Sache der Fabriksklaven in Fall River ist».[157]

Einige Jahrzehnte später wurden britische Arbeiter die wichtigsten Unterstützer für die erfolgreiche Kandidatur des indischen Nationalisten Dadabhai Naoroji für einen Sitz im britischen Parlament. Sie und andere bewiesen, dass auch nachdem sich der Nebel des «wissenschaftlichen» Rassismus auf die Welt herabgesenkt hatte, ein Internationalismus der unteren Klassen immer noch möglich war.[158]

Trotz der vielen Momente jedoch, in denen sich die Rebellionen der Jahrhundertmitte gegenseitig verstärkten, nahmen sie sich manchmal auch gegenseitig ins Visier. Diese Zusammenstöße sollten den neu gestalteten Ka-

Sich überschneidende Aufstände: die Manchester-Märtyrer, 1867.

pitalismus stark prägen, der Ende des Jahrhunderts aus den Trümmern der alten Ordnung erstand. Der vielleicht folgenschwerste Zusammenstoß war der zwischen den Revolten von Bürgertum und städtischer Arbeiterklasse.[159] Gerade, als die bürgerliche Rebellion beträchtlichen Erfolg hatte, wurden ihre Anstifter zunehmend unsicher, was einige ihrer wichtigsten Überzeugungen und insbesondere ihren universalistischen Impetus betraf. Obwohl die politischen Projekte der Kapitalbesitzer von den politischen Aktivitäten und kollektiven Aktionen anderer sozialer Gruppen stark profitierten – ob es sich nun um Landarbeiter oder Industriearbeiter handelte –, begannen die Kapitalbesitzer, sie immer mehr zu fürchten. Als sich die Revolution in Paris 1848 unter dem Druck der mobilisierten Arbeiter radikalisierte, taten sich die Kapitalbesitzer zusammen, um ihr Eigentum und die neue Republik gegen den Aufstand zu verteidigen.[160]

Heinrich Witt brachte ihre Sorgen in seinen Überlegungen zur Revolution von 1848 am prägnantesten zum Ausdruck. Am 8. Juli 1848 schrieb er an seinem weit entfernten Standort in Lima, dass «die politischen Ereignisse in Europa [...] so ungemein wichtig waren, dass ich kaum an etwas anderes denken konnte».[161] Er war besorgt über die Auswirkungen, die die Unruhen auf das Wirtschaftsleben haben konnten: Im Juni 1848 berichtete er, dass es «für die Belange des Handels in Frankreich extrem düster aussah [...] Schwere Ausfälle hatte es sowohl in Frankfurt, Berlin und Köln als auch in anderen deutschen Handelszentren gegeben».[162] Tatsächlich sehe es in Deutschland «sehr bedrohlich aus.»[163] Witt freute sich, dass in London, wo die Chartisten aus der Arbeiterklasse mobil gemacht hatten, «die Polizeikräfte mehr als ausreichten, um den Mob zu überwältigen», und er war erleichtert, «dass die Menschen in Deutschland keine Republik wollten; sie hatten ihre legitimen Forderungen erhoben, diese waren ihnen erfüllt worden, und ich hatte Hoffnung, dass der Frieden bewahrt werden würde».[164]

Ein Jahr später, im September 1849, berichtete er zustimmend, dass «die Demokraten, Republikaner und Sozialisten entschieden an Boden verloren, wohingegen die meisten Regierungen in Europa, deren Stabilität durch die Ereignisse von 48 erschüttert worden war, allmählich ihre legitime Vormachtstellung wiedergewinnen».[165] Glücklicherweise, schloss er, «waren all diese Tagträume der Patrioten [von einer radikalen Veränderung] wie Seifenblasen in der Luft verschwunden».[166]

Solche Sorgen trieben viele Kapitalbesitzer just in dem Moment, wo sie gegen das Ancien Régime aufstanden, zurück in die Arme der alten Eliten. Angesichts des Ausmaßes der Arbeiterunruhen war es nicht verwunderlich, dass viele Kapitalbesitzer zu deren Eindämmung auf die Staatsmacht bauten und dass diese Abhängigkeit von der bereitwillig geleisteten Unterstützung des Staates ihre eigene Aufsässigkeit häufig zügelte.[167] Der Erfolg der Kapitalbesitzer im wirtschaftlichen Bereich und ihre Furcht vor sozialen Konflikten führten dazu, dass ihnen die «bürgerliche Revolution», die ihnen sofort die politische Vorherrschaft bringen sollte, weniger wichtig wurde – insbesondere, wenn sie mit sozialen Realitäten konfrontiert wurden, die ihnen Angst machten.[168]

Die Pariser Kommune von 1871 schürte ihre schlimmsten Ängste und machte die Spannungen zwischen der Revolte des Bürgertums und der der Arbeiterklasse unübersehbar. Nach der Belagerung von Paris während des Deutsch-Französischen Krieges übernahmen Arbeiter und Soldaten die Stadt, und am 18. März besetzten bewaffnete Arbeiter das Rathaus und riefen Kommunalwahlen mit allgemeinem Wahlrecht aus.[169] Dass die «roten Republikaner» in Paris die Kontrolle übernahmen, bereitete Witt wiederum Sorge.[170] All seine Tagebucheinträge über die Kommune, die er als «ein System des Terrors» bezeichnete, «das dem von 1793 in nichts nachsteht», sind repräsentativ für das weitverbreitete Unbehagen des Bürgertums.[171] Er war erleichtert, als «die Kommune endlich geschlagen und Paris wieder in den Händen der Regierung war».[172]

Witts Ängste waren weitverbreitet. Die Brüder Goncourt, zwei unzertrennliche konservative Autoren, schrieben in ihrem gemeinsamen Tagebuch, dass «Arbeiter das sind, was in antiken Gesellschaften die Barbaren waren, krampfhafte Agenten der Zerstörung und Auflösung».[173] Der Amsterdamer Kaufmann Gideon Jeremie Boissevain, Patriarch einer reichen Hugenottenfamilie, die im 17. Jahrhundert aus Frankreich geflohen war, verfolgte die Ereignisse in Paris genau. Am 25. Mai notierte er in seinem Tagebuch mit Erleichterung, die «rebellische Kommune» sei «von den Versailler Truppen geschlagen» worden, «aber erst, nachdem die Schurken, die die Kommune anführten, Paris in Brand gesteckt und viele Grausamkeiten begangen hatten».[174]

Tatsächlich zogen nach der blutigen Niederschlagung der Kommune im Juni zahlreiche Kommentatoren allerorten in der bürgerlichen Welt ähnliche Schlüsse. In New York berichtete *Harper's Weekly* über die angebliche «Unwissenheit und das Leiden großer Teile der Pariser Bevölkerung», die es ermöglicht hätten, dass sie «von Männern beeinflusst wurden, deren politische und soziale Theorien mit denen unserer Zivilisation nicht vereinbar sind.»[175] In London hieß es in einem Rückblick der *Times*, dass «es keine Ursache für die Annahme gab, dass die Pariser Arbeiter überhaupt litten, außer insofern, als es für jede Klasse ein Kummer ist, wenn sie weniger glücklich ist als eine andere […] Kurz gesagt, die herrschende Leidenschaft war nun der Neid».[176]

Im folgenden Jahrzehnt blieb die Kommune eine nützliche Metapher für alle, die mobilisierte Arbeiter dämonisieren wollten. Im Jahr 1877 erklärte Allan Pinkerton, der Gründer der berüchtigten Pinkerton Detective Agency, die bei der Unterdrückung der jungen US-amerikanischen Arbeiterbewegung eine wichtige Rolle spielte, dass die Lehren aus der Kommune

> nicht nur für Paris und nicht nur für Frankreich gelten. Sie gelten für die ganze zivilisierte Welt […] Derselbe unüberwindliche Hass auf die Gesellschaft zeigte sich auch im Geist und den Aktionen der amerikanischen Kommunisten. Plünderung, Brandschatzung und Mord waren ihr Sinn und Zweck. Wenn sie die Arbeiter dieses Landes rekrutieren, wollen sie sich immer nur Werkzeuge sichern. Dass sie kontinuierlich deren niederste Instinkte gegen Recht, Ordnung und Gesellschaft wecken, hat nur den einen Zweck, sie in der Hand zu haben, sie für die eigenen Ziele bluten zu lassen und sie in Zeiten großer öffentlicher Erregung für die eigenen aussichtslosen Ziele zu benutzen.[177]

Unter Kapitaleignern war die Furcht vor der Unordnung weitverbreitet, die eine Rebellion, jede Rebellion, verursachen konnte. Deshalb sahen sie Gefahren in dem liberalen Projekt, das viele von ihnen eigentlich verfochten. In Brasilien vertrat Bernardo Pereira de Vasconcelos, der Chefideologe der treffenderweise so genannten Partei der Ordnung, die Ansicht, wegen des «relativen Mangels an einer liberalen politischen Kultur und einer liberalen Bürgerschaft sowie an einer gebildeten Gesellschaft» in Brasilien könnten nicht pauschal die liberalen Institutionen der anglo-amerikanischen Welt eingeführt werden.[178] Seiner Ansicht nach bedurfte es eines starken Staates mit einem Kaiser und einem Parlament, das aus den gesellschaftlichen Eliten bestand, damit das Land nicht ins Chaos abglitt. Aus ähnlichen Gründen mobilisierten auch New Yorker Bürger gegen das Vorhaben, ihren armen Nachbarn das kommunale Wahlrecht zu gewähren. Ihre Haltung gegenüber der Demokratie und manchmal auch gegenüber der liberalen Gesellschaft im Allgemeinen war ambivalent.[179]

Während die Aufstände besitzloser Arbeiter und Landarbeiter so manchen Bürger daran zweifeln ließen, ob seine begeisterte Unterstützung für das liberale Projekt klug und richtig gewesen war, blickten die europäischen Eliten und die Eliten europäischen Ursprungs anderswo mit Argwohn auf die verbliebene Macht der einheimischen wirtschaftlichen Oberschicht in Afrika und Asien und arbeiteten daran, sie zu marginalisieren. Die Konkurrenz zwischen den europäischen Eliten und ihren außereuropäischen Rivalen und der Konflikt zwischen Kapitalbesitzern und Arbeitern verliehen einer immer stärker rassifizierten Weltsicht Auftrieb. Der Glaube an «Rassenunterschiede» bot den Kapitalbesitzern die willkommene Möglichkeit, den Widerspruch aufzulösen, der zwischen ihrem Glauben an universale Werte und universale Rechte einerseits und der weltweiten Etablierung neuer Hierarchien und Ungleichheiten andererseits bestand. Wenn irische Arbeiter tatsächlich einer minderwertigen «Rasse» angehörten oder indische Bauern aufgrund ihrer «Rasse» weniger zivilisiert waren, dann konnte man die Tatsache rechtfertigen, dass sie entrechtet und wirtschaftlich und sozial ausgebeutet wurden. Auf diese Weise wurde der Rassismus, obwohl er den Grundüberzeugungen der liberalen Weltsicht direkt widersprach, für die liberale Ordnung konstitutiv.

Um die Jahrhundertmitte war der Kapitalismus alter Ordnung zwar geschwächt, aber nicht zusammengebrochen. Dann kam es 1873 zu einer Wirtschaftskrise, die so schwer war, dass sie seine Reste größtenteils hinwegfegte. Die Krise führte zu einem massiven, langanhaltenden wirtschaftlichen Abschwung, zu einer Deflation, zu sozialen Konflikten und zahlreichen Insolvenzen. Massive Arbeiterunruhen erschütterten die Städte des Kapitals. In Ägypten, Brasilien, Indien, den Vereinigten Staaten und anderswo erhoben sich landlose Bauern. Nicht-europäische wirtschaftliche Eliten waren genauso stark betroffen und verloren oft ihren Einfluss. Die Elfenbeinhändler in Mombasa etwa mussten erleben, dass ihre Exporte von etwa 50 000 Pfund im Jahr 1872 binnen eines Jahres um mehr als die Hälfte sanken, und als die Regierungen von Maskat und Sansibar nicht durchsetzen konnten, dass die Zahlungsansprüche zahlloser indischer Kaufleute beglichen wurden, verbündeten sich viele von diesen mit den Briten.[180]

Die Krise wurde zuerst in Wien spürbar, wo die Aktienkurse am 9. Mai so stark fielen, dass die Börse schloss. Als sie nach drei Tagen wieder öffnete, hatte sich die Panik zwar gelegt, doch die Industrieinvestitionen in Österreich-Ungarn brachen ein, und dasselbe galt auch für die europäischen Investitionen in amerikanische Eisenbahnaktien, die die wichtigste Kapitalquelle für den Eisenbahnboom des Jahrzehnts zuvor gewesen waren. Bis zum Herbst wirkten sich die verschärften Bedingungen für die Kreditaufnahme in den Vereinigten Staaten auf das Bankensystem aus: Am 18. September brach Jay Cooke & Company zusammen, eine Bank, die den Bau der Northern Pacific Railroad finanzierte, was wiederum zum Zusammenbruch weiterer New Yorker Finanzierungsgesellschaften führte. Am 20. September schloss die New Yorker Börse, um einer Panik vorzubeugen. Sie nahm erst nach zehn Tagen ihren Betrieb wieder auf.[181]

Die Weltwirtschaft trat in eine langwierige Depression ein, von der sie sich erst in den 1890er Jahren wieder richtig erholte. Im Jahr 1889 schrieb der amerikanische Ökonom D. A. Wells, die eineinhalb Jahrzehnte zuvor seien durch eine «beispiellose Störung und Depression des Handels» gekennzeichnet gewesen, und stellte erstaunt fest, dass ihre «auffälligste Besonderheit [...] ihre Universalität» gewesen sei.[182] Zwischen 1872 und 1876 ging die US-amerikanische Stahlproduktion um 45 Prozent zurück, ein Trend, der sich in allen Stahl produzierenden Ländern zeigte, weshalb dort fast die Hälfte aller Gießereien die Arbeit einstellte. Bis 1877 hatten die deutschen Aktien rund 60 Prozent ihres Werts verloren, und das Osmanische Reich erlebte eine Schuldenkrise, weil seine Einnahmen gesunken waren und die europäischen Banken fast keine Kredite mehr vergaben.[183]

Wie schon bei früheren Paniken löste der Rückgang der Industriearbeitsplätze bei den Arbeitern einen Kampf ums Überleben aus. In Quebec berichtete eine Zeitung: «Alle sagen voraus, dass sich die Finanzkrise, die das Land gegenwärtig heimsucht, noch verschlimmern wird [...] Überall nimmt das Unglück immer größere Ausmaße an; Arbeiter kommen und beschweren sich, dass sie in einem ganzen Monat keinen einzigen Tag Arbeit hatten».[184]

Die zunehmende Arbeitslosigkeit unter den Handwerkern von Buenos Aires löste soziale Spannungen aus. Im Jahr 1875 begann der argentinische Staat einen Krieg gegen die indigenen Völker, die im Landesinneren lebten, um Land für die Weizenproduktion freizumachen und dadurch die Spannungen in seinen Ballungsgebieten zu mildern. In Indien fiel die globale Rezession mit einer Dürre zusammen, die eine tödliche Hungersnot zur Folge hatte. Die Verknappung von Kreditmöglichkeiten und die gleichzeitige Ausweitung der russischen und der argentinischen Getreideproduktion führten zu einem Zusammenbruch der Agrarpreise und trieben Kleinbauern von den USA bis Deutschland in den Ruin. Ein Teil der Arbeiter erhob sich gegen die Verschlechterung der Lebensbedingungen. Der große Eisenbahnerstreik in den Vereinigten Staaten, der sich 1877 von den Bahnbetriebswerken in Pittsburgh auf viele andere Werkstätten ausdehnte, wurde von einer durch die Depression bedingten Lohnkürzung ausgelöst.[185]

Angesichts einer verheerenden Wirtschaftskrise mit fallenden Produktpreisen rebellierten 1874 in Nordostbrasilien die Kleinbauern, von denen viele Baumwolle anbauten, gegen die Besteuerung durch den Staat und die Ausbeutung durch die Händler. Dem Aufstand, dem brasilianische Regierungsbeamte den Namen Quebra-Quilos («zerschmettert die Kilos») verpassten, schlossen sich Hunderte von Bauern an, sie attackierten Steuereintreiber und vernichteten wichtige Werkzeuge des Kapitalismus wie Steuerunterlagen und Marktgewichte (daher der Name des Aufstands). Im Jahr 1884 wurde Japan vom Chichibu-Zwischenfall, einer ganzen Welle von Bauernaufständen, erschüttert. Sie kulminierten im Oktober in der Präfektur Saitama, einer bergigen Region nahe Tokio, wo Bauern, die in der Bewegung für Freiheit und Bürgerrechte organisiert waren, ein lokales Steuerbüro angriffen und versuchten, die Steuerunterlagen zu vernichten. Die unmittelbaren Ursachen des Aufstands waren offenbar fallende Preise für Reis, eine Finanzreform und die Deflation.[186]

In den 1870er Jahren wurde offensichtlich, dass der Kapitalismus alter Ordnung nicht mehr aufrechtzuerhalten war. Seine wichtigsten Stützen, einschließlich des Kriegskapitalismus, zerbröckelten. In der Folge wurde das letzte Drittel des Jahrhunderts der womöglich monumentalste Wendepunkt in der Globalgeschichte des Kapitalismus. Wie sich herausstellte, waren die Fundamente des alten Systems durch den Industriekapitalismus porös geworden, und als die verschiedenen Rebellionen sie weiter untergruben, entstand dadurch die Grundlage für eine lange globale Neugestaltung. In den Trümmern der alten Ordnung fanden sich neue Technologien, Ideologien und staatliche Kapazitäten, die die enorme Last des neuen Kapitalismus tragen konnten. Wie wir sehen werden, hätte die Generation Mitte des 19. Jahrhunderts den Kapitalismus des Jahres 1900 nicht mehr wiedererkannt, uns heute jedoch käme er im Großen und Ganzen vertraut vor. Mehr noch als die industrielle Revolution selbst waren die 1870er Jahre ein fundamentaler Bruch in der mehr als 500-jährigen Geschichte des Kapitalismus, eine Zäsur.

Die Rebellionen gegen den Kapitalismus alter Ordnung waren der Keil, der die vorhandenen Spalte so verbreiterte, dass all die weitreichenderen Veränderungen eindringen konnten. Natürlich war schon die Geburt des früheren Kapitalismus von Aufständen begleitet gewesen, wie auch die anderer ökonomischer Ordnungen ebenfalls – der Kapitalismus ist sogar nicht weniger das Produkt von Aufständen wie das Produkt der Logik des Kapitals selbst. Doch in den mittleren Jahrzehnten des 19. Jahrhunderts nahmen die Aufstände eine beispiellose Intensität, ein beispielloses Ausmaß und eine beispiellose Dynamik an. Die hellsichtigsten Zeitgenossen begriffen, dass es sich um eine radikale Transformation handelte: «Welche historischen Auflösungen sind es, denen wir uns so schnell nähern?», fragte Walt Whitman 1855.

> Jahre der Moderne! Jahre des Unverrichteten!
> Euer Horizont steigt, ich sehe ihn dahinscheiden für hehrere
> Dramen.[187]

Die «hehreren Dramen» brachten einen neuen Kapitalismus hervor. Er wurde keineswegs fertig geboren, sondern bildete sich in einem schmerzhaften jahrzehntelangen Prozess des Experimentierens, der Kämpfe und Zufälle heraus. Diese Neugestaltung spielte sich global ab, sie schuf einen anderen Kapitalismus und zugleich die Welt des 20. Jahrhunderts.

TEIL III

Globale Neuordnung

Neuordnung des Kapitals: Andrew Carnegie,
Stahlmagnat, Vereinigte Staaten, 1878.

KAPITEL 11

Die Neuordnung des Kapitals, 1870–1914

Maschinen zur Herstellung von Maschinen: Dampfmaschine auf der Weltausstellung in Philadelphia, 1876.

Für Carl Röchling zählte Größe: gewaltige Maschinen, lärmende Walzwerke und Hochöfen, in denen das Feuer nie erlosch. Er mochte keine Konkurrenz und ließ sich ebenso vom preußischen Militär wie von britischen Industriellen inspirieren. Er schätzte Armeen hochdisziplinierter Arbeiter, klare Hierarchien mit einer militärisch anmutenden Unterordnung und die Sicherheit, den Reichtum und die Autorität, die mit dem Besitz von Eisenerz- und Kohlebergwerken, Stahlwerken und einem Netzwerk von Handelsunternehmen einhergingen. Carl Röchling war 1827 in eine Familie von Kohlehändlern geboren worden und entwickelte sich zu einem der größten Stahlindustriellen Deutschlands. Seine Familie wurde zu einer Stütze der imperialen Aggressionen seiner Nation im 20. Jahrhundert.

Sein größter Glücksgriff ereignete sich 1881, als er eine angeschlagene Eisenhütte in Völklingen erwarb, nur wenige Kilometer flussabwärts von seiner Heimatstadt Saarbrücken entfernt. Mutig und kreativ verwandelte er sie in ein riesiges Stahlwerk, das Zentrum eines international tätigen Unternehmens, das noch immer großen Wohlstand generiert. Heute ist der Komplex ein Museum und UNESCO-Weltkulturerbe. Das Werk erreichte den Höhepunkt seiner Bedeutung während der dunkelsten Kapitel der deutschen Geschichte, nachdem Carls Sohn Hermann Pläne umgesetzt hatte, die ihn zweimal wegen Kriegsverbrechen vor französische Gerichte brachten. Die Gewinne, die das Unternehmen erwirtschaftete, landeten auf Röchlings Konten, und es wurden damit Fusionen und Übernahmen nah und fern finanziert, darunter der Erwerb eines weiteren deutschen Waffenherstellers, Rheinmetall, der unter anderem für seine Beiträge zum Kampfpanzer Leopard bekannt ist und auf den Rüstungsmärkten des späten 20. Jahrhunderts eine wichtige Rolle spielte. Nachts durch die Feuer eines nahe gelegenen Stahlwerks beleuchtet, ist der Standort in seiner wuchtigen Präsenz ein Denkmal für die transformativen Kräfte des industriellen Kapitalismus. Die Familie Röchling und ihr Werk symbolisierten einen entscheidenden Aspekt des neu organisierten Kapitalismus, der in den letzten Jahrzehnten des 19. Jahrhunderts in Erscheinung trat – die Neuordnung des Kapitals.

Die Wurzeln des Röchling-Imperiums reichen zurück bis ins 18. Jahrhundert. Carl Röchlings Urgroßvater, Johann Gottfried, hatte Verwaltungsarbeiten für den örtlichen Adel verrichtet und war 1764 zum Betriebsleiter einer kleinen Eisenhütte aufgestiegen, die dem Herzog von Pfalz-Zweibrücken gehörte. Röchling war ein Innovator und unter den Ersten gewesen, die zum Schmelzen von Eisenerz Kohle anstelle der traditionellen Holzkohle verwendeten. Er hatte auch begonnen, in den Handel mit Kohle und Roheisen zu investieren, alles Schritte, die seinem Enkel Friedrich Ludwig Röchling in den 1820er Jahren dabei halfen, ein bedeutendes Vermögen aufzubauen. Als Friedrich Ludwig 1836 kinderlos starb, erbten vier Neffen das Unternehmen, darunter der neunjährige Carl.[1]

Unter der Leitung der Brüder expandierte die Handelsfirma rasch: 1849, als sich die Lage nach dem Aufflammen der Deutschen Revolution beruhigt hatte, liefen die Geschäfte so gut, dass eine Zweigstelle in Ludwigshafen, etwa 110 Kilometer östlich am Rhein, eröffnet werden konnte. In den folgenden Jahren gründeten die Brüder Niederlassungen in Rotterdam, Nancy,

Mulhouse, Duisburg, Basel, Mailand, Middlesbrough und Antwerpen. 1872 kauften sie zwei Flussdampfer und dann noch ein weiteres Dampfboot für die Überquerung des Ärmelkanals.[2]

Als ihr Handel mit Kohle und Eisen zusammen mit der europäischen Wirtschaft wuchs, erkannten die Brüder eine entscheidende Tatsache: Die Wettbewerbsfähigkeit ihres Unternehmens beruhte auf einem zuverlässigen Zugang zu Eisen und Kohle. Um sich diesen zu sichern, investierten sie 1855 in eine Kokerei im nahe gelegenen Altenwald. Zwei Jahre später vermählte sich Carl mit Alwine Vopelius, die beträchtliche Anteile an Kohlebergwerken in die Ehe einbrachte.[3]

Mit dem Zugriff auf Kohle nahmen die Röchlings den Hauptabnehmer dieses Brennstoffs ins Visier: die Eisenherstellung. Bereits als junger Erwachsener hatte sich Carl bei einem Besuch von Eisenhütten im französischen Metz für die Eisenproduktion begeistern lassen. Nun reiste er nach Großbritannien, um sich über neue Technologien der Verarbeitung zu informieren. 1862 erwarb er Anteile an einer französischen Eisenhütte. Allerdings erschöpfte bereits diese zaghafte erste industrielle Investition schnell die Rohstoffquellen der Röchlings. Als Deutschland nach dem Sieg über Frankreich 1871 neue eisen- und kohlereiche Gebiete hinzugewann, schlugen die Röchlings zu. Sie erwarben große Kohle- und Eisenerzvorkommen in Lothringen. Diese Kriegsbeute und die Expansion von Staatsmacht und Kapital in Verbindung mit einem Ausbau der Gießereien erwiesen sich als Grundlage für den industriellen Erfolg der Familie.[4]

Die Geschäftsstrategie der Röchlings – der Übergang vom Handel zur Produktion – war nicht neu. Bereits karibische Zuckerpflanzer, chinesische Teehändler und schlesische Leinenhändler hatten sie vollzogen: Diese Praxis charakterisiert die langsame Ausbreitung des Kapitalismus über mehrere Jahrhunderte hinweg. Doch die Röchlings – wie Andrew Carnegie in den USA, Friedrich Alfred Krupp im Ruhrgebiet, Robert de Wendel in Frankreich, Arthur Dorman in England und Sakichi Toyoda im japanischen Nagoya – gaben ihr Ende des Jahrhunderts eine neue Wendung: Sie bauten integrierte Unternehmensimperien auf, um die industrielle Produktion vom Rohstoff bis hin zum Erzeugnis zu kontrollieren. Dem Schriftsteller Robert Musil zufolge hatten diese «Herren Präsidenten, Aufsichtsräte, Generaldirektoren und Direktoren der Banken, Hütten, Konzerne, Bergwerke und Schiffahrtsgesellschaften» eines gemeinsam: «Abgesehen von ihrem sehr entwickelten Familiensinn, ist die innere Vernunft ihres Lebens die des Geldes, und das ist eine Vernunft mit sehr gesunden Zähnen und schlichtem Magen.»[5]

Im Unterschied nicht nur zu den Manufakturbesitzern, Pflanzern und

Händlern des 18. Jahrhunderts, sondern auch zu praktisch allen frühen Fabrikanten der ersten Hälfte des 19. Jahrhunderts strebten diese neuen Industriellen danach, Adam Smith' unsichtbare Hand des Marktes durch das zu ersetzen, was als «sichtbare Hand» des Unternehmertums bezeichnet wurde. Sie kontrollierten den Fluss der Rohstoffe während des gesamten Prozesses, von der Quelle durch die Fabriken bis hin zum Verbraucher. Ihr Ziel war es bereits zu diesem frühen Zeitpunkt, das zu erreichen, was ein Chronist der Familie Röchling als «Unabhängigkeit von den Marktkräften» bezeichnet hat – der treibende Vektor ihres Lebenswerks und die für die erstaunliche Neuordnung des Kapitalismus im späten 19. Jahrhundert entscheidende Innovation.[6]

Als Carl Röchling 1881 beschloss, die Völklinger Hütte, ein fast neues, aber bereits in Schwierigkeiten geratenes Werk, zum sehr günstigen Preis von 270 000 Mark zu kaufen, war dies für ihn ein großer Schritt, der jedoch nicht von ungefähr kam. Seit Jahren hatte die Familie die Absicht gehabt, ihre Beteiligung an der Eisen- und Stahlproduktion zu erhöhen; nun bot sich diese Gelegenheit. Dank den Einnahmen aus den Handelsgeschäften konnten sie ihre Kapitalreserven und ihre Erfahrungen auf dem Warenmarkt sinnvoll einsetzen: Sie erweiterten die Kapazität des Werks erheblich, modernisierten die Technologie und änderten die Produktpalette. Da sie 1882 mit der eigenen Produktion von Roheisen begonnen hatten, mussten sie diesen wichtigen Rohstoff nicht mehr auf dem Markt erwerben. Dann vergrößerten sie die Puddel- und Walzwerke, die einen zur Herstellung von Stahl aus Roheisen, die anderen zur Formung des Stahls. Bis 1891 hatten sie vier neue

Die Neugestaltung des Kapitalismus und der Aufbau eines Imperiums: Carl Röchling, Eisen- und Stahlmagnat.

Hochöfen bauen lassen und im selben Jahr trafen sie ihre folgenreichste Entscheidung: Sie begannen mit der Produktion von «Thomas-Stahl». Dieses Verfahren, das Sidney Thomas und Percy Gilchrist 1878 in England erfunden hatten, ermöglichte die Verarbeitung des stark phosphorhaltigen Eisenerzes, das in der Region weitverbreitet war. Weitere Expansionen schlossen sich an: 1897 begannen sie mit der Koksproduktion in Völklingen; 1915 führten sie das noch fortschrittlichere Siemens-Martin-Stahlproduktionsverfahren ein. Aus einem Standort mit konzentrierten Kapitalinvestitionen und integrierter Produktion war nun auch eine Stätte bedeutender technischer Innovationen geworden. Und die Familie orientierte sich nicht mehr an Großbritannien, wo frühere Generationen von Röchlings ihre technischen Kenntnisse erweitert hatten, sondern an den USA, wohin der junge Hermann Röchling 1898 reiste, um neue Stahlherstellungstechnologien zu erkunden.[7]

Zwischen 1881 und 1906 investierten die Röchlings 60 Millionen Mark und die Produktion in Völklingen wuchs rasant. Die Herstellung von Eisenträgern, unverzichtbar für die boomende Bauindustrie, und von Schienen schnellte in die Höhe. 1890 war die Völklinger Hütte zum größten Eisenträgerproduzenten im Deutschen Reich geworden. Die Stahlerzeugung verzehnfachte sich zwischen 1881 und 1908, und im Jahr 1900 produzierte die Fabrik mehr als 45 000 Tonnen pro Monat.[8]

Auch die Zahl der Arbeitskräfte stieg: 1906 waren 4500 Arbeiter in den Werken tätig und 1913 beschäftigten die verschiedenen Unternehmen der Röchlings bereits 8500 Männer und Frauen. Es hatte Jahrhunderte gedauert,

Eine Zivilisation fossiler Brennstoffe: Hochöfen in Völklingen, 1905.

bis die Produktionsstätten der Industrie die Zahl der Arbeiter auf den Plantagen in der Karibik erreichten und ebenso die Produktivität, die mit einer solch gewaltigen Orchestrierung menschlicher Arbeitskraft einherging. Nun war es so weit.[9]

Die enormen Investitionen der Röchlings in die Stahlproduktion wirkten sich auf ihr gesamtes Geschäft aus. Bis in die 1870er Jahre war der Handel der finanzielle Kern des Unternehmens gewesen, doch das Werk in Völklingen stellte seine ursprünglichen Kapitalquellen schnell in den Schatten, da die Investitionen der Familie überwiegend in die Modernisierung und Erweiterung der Produktion flossen. Der Betrieb in Völklingen wurde zum Zentrum aller Aktivitäten der Röchlings – vom Kohle- und Eisenerzabbau über die Herstellung von Koks, Roheisen, Schmiedeeisen und Stahl bis hin zum Verkauf. Diese Integration brachte enorme Vorteile mit sich: Der Koks, den ihre Arbeiter in Altenwald produzierten, hatte immer einen Abnehmer in ihrem Werk in Völklingen, und die Träger, die aus ihrem Werk in Völklingen kamen, konnten über ihre Handelshäuser verkauft werden. Sogar die Bank der Röchlings, die früher hauptsächlich für Handelsaktivitäten gebraucht wurde, konzentrierte sich nun auf die Finanzierung der Produktion und wurde später zu einer Universalbank.[10] Das Industriekapital war endgültig über seine Anfänge im Handel hinausgewachsen und zur treibenden Kraft der Kapitalakkumulation geworden.

Mit den Investitionen der Röchlings in Völklingen wuchs auch ihr Bedarf an Rohstoffen. Es mussten weitere Bergwerke erworben werden, und dank der deutschen Gebietserweiterung waren die Aussichten gut. Bereits 1881, nur wenige Tage nachdem die Familie das Werk in Völklingen gekauft hatte, sagte Theodor Röchling zu seinem Bruder Carl, sie sollten «nach Hochofenerzen suchen, um uns von den Roheisenleuten zu befreien und uns nicht von ihnen erpressen zu lassen». Ein Jahr später erwarben die Brüder schätzungsweise 120 Millionen Tonnen Eisenerzvorkommen in der Nähe, 1886 kauften sie weitere Eisenerz-Abbaukonzessionen in den französischen Teilen Lothringens. Bis 1897 hatten sie in Thionville, damals Diedenhofen, in der Nähe ihrer Bergwerke einen eigenen Hochofen fertiggestellt, um Roheisen für Völklingen zu produzieren. Sie kauften auch Lagerstätten von Kalkstein, einem weiteren wichtigen Rohstoff für die Stahlproduktion, und investierten in den Kohlebergbau in Frankreich und im Ruhrgebiet. Mit der Steigerung der Produktion erweiterten sie ihr Handelsnetz und gründeten Zweigstellen in Turin, Genua, Venedig, Glasgow, München, Wien und Hamburg, von wo aus sie ihre Waren in alle Welt exportierten, unter anderem nach Mombasa, Bombay und Daressalam.[11]

Aufgrund ihrer starken Abneigung gegen den marktwirtschaftlichen Wettbewerb begnügten sich die Röchlings nicht mit der vertikalen Integration. Sie versuchten auch, sich vor der Konkurrenz anderer Stahlhersteller zu schützen. Durch den Erwerb rivalisierender Werke wurden sie zur einzigen deutschen Familie, die Eisen und Stahl sowohl an der Saar als auch an der Ruhr und der Mosel produzierte. Ferner schlossen sie sich verschiedenen Kartellen an und waren in den 1910er Jahren Mitglied der Stahl-, Kohle- und Kalksteinsyndikate, die bestrebt waren, die Märkte zu kontrollieren und den Wettbewerb durch Absprachen über Preise und Produktionsquoten einzuschränken. Das Rheinisch-Westfälische Kohlen-Syndikat wurde 1893 gegründet und hatte im Jahr 1904 nicht weniger als 98 Mitgliedsunternehmen, die 98 Prozent der gesamten Ruhrproduktion beherrschten.[12]

Als Carl 1910 starb, hatten er, seine Familie und seine Arbeiter ein Wunderwerk der modernen Technik geschaffen, einen industriellen Koloss, der gewaltige Mengen von Kohle und Eisenerz in scheinbar unendliche Mengen von Stahl verwandelte. Jeden Morgen strömten Tausende von Arbeitern durch die Tore seiner riesigen Fabrik und arbeiteten unter der persönlichen Aufsicht des Patriarchen. Hinsichtlich der Technik sowie seiner Größe und Struktur war das Unternehmen mit nichts Dagewesenem vergleichbar.[13]

Dank ihrer Einkünfte gelangte die Familie auch gesellschaftlich und politisch zu großem Ansehen. Carls Bruder Fritz erwarb sogar das symbolträchtigste Zeichen aristokratischer Macht – ein Rittergut in Pommern. Gemeinsam bauten die Röchlings ein Unternehmen auf, das sowohl maßgeblich zum Aufstieg des deutschen Staates beitrug als auch von diesem Staat abhängig war, da er die beispiellose Autorität des Unternehmens über Arbeiter und ihre Familien sowie Zugang zu Materialien und Gebieten unterstützte.[14]

Im letzten Drittel des 19. Jahrhunderts und in den ersten Jahren des 20. Jahrhunderts bauten Kapitaleigner wie die Röchlings, aber auch Staatsmänner, Arbeiter und Bauern, den globalen Kapitalismus neu auf. Am Ende dieser Transformation hatten sich Kapital, Arbeit und Staat und ebenso die globalen Hierarchien grundlegend gewandelt. Auch wenn der Einfluss der Kapitaleigner die kumulative Wirkung von Millionen einzelner Handlungen in Fabrikhallen und auf Feldern zu überschatten scheint, entstand die Neuordnung des Kapitalismus aus einem jahrzehntelangen Kampf zwischen seinen Akteuren in Sitzungssälen und Wohnstuben, in Gerichtssälen und Gewerkschaftshäusern und in den Machtzentren von Washington, London und Rio. Sie wurde entscheidend gestaltet durch die Unmöglichkeit, so weiterzumachen wie bisher. Aufstände hatten das Imperium von Matanzas bis Mailand ins Wanken gebracht. Während die Kapitaleigner versucht hatten, die Beschränkungen ihres politischen Einflusses zu überwinden und eine politische Ökonomie aufzubauen, die ihren Interessen entsprach, hatten sich die Industriearbeiter gegen das harte Regime in den Fabriken aufgelehnt. Sklaven, Leibeigene und Landarbeiter hatten gegen die ihnen auferlegten Zwänge rebelliert. Außerdem erschütterten zwischen 1873 und 1896 periodisch auftretende schwere Wirtschaftskrisen die kapitalistische Welt, was die Turbulenzen verstärkte und deutlich machte, dass das alte System in eine Sackgasse geraten war.

Weniger offensichtlich für die Zeitgenossen waren jedoch die neuartigen Bedingungen, die, wenn man sie nähren würde, es dem Kapitalismus letztendlich ermöglichen konnten, einen Ausweg aus der festgefahrenen Situation zu finden. Wobei allerdings viele Kernmerkmale der alten Ordnung auf der Strecke bleiben würden. Neue Industrien und neue Technologien – von einigen Historikern als Zweite Industrielle Revolution bezeichnet – sowie erweiterte administrative und militärische Kapazitäten dienten nicht nur der Ablösung von alten Vorgehensweisen, sondern wirkten auch als dynamische Katalysatoren für wirtschaftliche, soziale und politische Macht, die es Protagonisten auf allen Stufen der sozialen Hierarchie ermöglichten, einen Bruch mit der Vergangenheit zu erwägen. Als diese Generation von Kapitaleignern, Arbeitern, Bauern und Amtsträgern mit neuen Interessen, Machtquellen sowie technischen, wirtschaftlichen, bürokratischen und militärischen Möglichkeiten in Erscheinung trat, schuf sie eine neue politische Ökonomie. Wissenschaftler haben diese Veränderungen in der Regel als separate Ereignisse untersucht, doch ihre wesentlichen Merkmale und Auswirkungen ergaben sich nicht nur aus ihren intrinsischen Eigenschaften, sondern auch aus der Art und Weise, wie sie sich über Grenzen, Wirtschaftszweige und Klassen hinweg miteinander verbanden und gegenseitig verstärkten. Es handelte sich um einen echten Neubeginn, um Elemente einer neuen Form des Kapitalismus. Einer seiner wichtigsten Aspekte – die Neuordnung des Kapitals – war tatsächlich so weitreichend, dass er als «Metamorphose des Eigentums» bezeichnet wurde. Das Aufkommen dieser neuen Ordnung bestätigt einmal mehr Fernand Braudels Erkenntnis, dass der Kapitalismus keine feste Gestalt hat, sondern dass «der Prozeß der kreativen Zerstörung», wie Joseph Schumpeter ihn nannte, der Herzschlag des Kapitalismus ist.[15]

Als sich der Staub dieses langwierigen Neuaufbaus gelegt hatte, war die Schwerindustrie zum neuen Motor des globalen Kapitalismus geworden; der Schwerpunkt hatte sich von Handel, Landwirtschaft und Leichtindustrie auf

Stahl, Eisenbahn, Kohle, Elektrizität und Chemie verlagert. Das Industriekapital, das über Familienbande und juristische Rahmenbedingungen zunehmend mit dem Finanzkapital verflochten war, dominierte nun die Volkswirtschaften in den Kernländern der Industriekapitalisierung, die bis dahin von Kaufleuten beherrscht worden waren. Dies führte unter anderem zu einer neuen institutionellen Ordnung, die zwar den alten Kriegskapitalismus mit einbezog, sich von diesem aber auch deutlich unterschied. Neue Firmen, die im Besitz von Aktionären waren und von einer neuen Gruppe von Fachleuten geführt wurden, integrierten sich sowohl vertikal als auch horizontal. Verhängnisvollerweise begannen fossile Brennstoffe, organische Energiequellen zu verdrängen, was zu einer Energieintensität des Wirtschaftslebens führte, die das Aufkommen des Anthropozäns oder Kapitalozäns und des Menschen als «geologische Kraft» beschleunigte. Zwar waren Natur und Arbeitskraft schon immer von zentraler Bedeutung für die Expansion des Kapitals gewesen, doch nun ging die lange Periode, die hauptsächlich durch erzwungene, wenig kapitalintensive Ausbeutung von immer mehr Arbeitern gekennzeichnet gewesen war, in einen staatszentrierten, hoch kapitalintensiven Kapitalismus über, der in besonderem Maße auf der Ausbeutung der Natur, vor allem fossiler Brennstoffe, beruhte. Im Zuge dessen kam es zu einer massiven Ausweitung der Lohnarbeit, und das schnell wachsende und fest beschäftigte Industrieproletariat begann, sich sozialistischen Ideologien zuzuwenden und sich in riesigen Institutionen zu organisieren, die national strukturiert waren, um die Kapitaleigner auf neue Weise herauszufordern. Es entstand auch eine neuartige, vom Industriekapital angetriebene Globalisierung, mit starken Handels-, Kapital- und Migrationsströmen, die weit voneinander entfernte Regionen der Welt mit bisher ungekannter Intensität verbanden. Dies wurde durch neue Infrastrukturen – insbesondere Eisenbahnen und den Telegrafen – erleichtert, die eine nie dagewesene Integration von Märkten ermöglichten. All diese Entwicklungen waren außerordentlich eurozentrisch, da europäisches Kapital und europäische Staatsmacht große Teile der Welt kolonisierten und die politischen und wirtschaftlichen Eliten Europas nahezu ausnahmslos ihre asiatischen und afrikanischen Pendants unterwarfen. Der globale Süden wurde dazu degradiert, das industrielle Kernland mit Rohstoffen zu versorgen, was die weltweiten Ungleichheiten verschärfte, während der postkoloniale Sonderfall in Amerika – die Vereinigten Staaten – einen Weg einschlug, der im darauffolgenden Jahrhundert zur Zweiten Großen Divergenz und zum Ende der britischen Hegemonie führen sollte. Der Staat begann, eine wesentlich wichtigere Rolle im Wirtschaftsleben zu spielen. Auf dem Land sollten bald neue Arbeitsformen, unter anderem Teilpacht, Vertragsknechtschaft und Lohnarbeit, dominieren. Auch die Gesellschaften veränderten sich: Die Geschlechterrollen, Familienstrukturen, Geselligkeitsformen und die Kultur der 1920er Jahre wären für jemanden aus den 1870er Jahren kaum wiederzuerkennen gewesen.[16]

Im letzten Drittel des 19. Jahrhunderts waren diese Veränderungen so allgegenwärtig, dass Menschen sehr unterschiedlichen Standes weltweit gleichermaßen den Eindruck hatten, in ein neues, noch nicht genau benennbares Zeitalter einzutreten. Sie waren voller Ehrfurcht: Die Protagonisten des amerikanischen Schriftstellers William Dean Howells beobachteten das «großartige Schauspiel» der New Yorker Grand Central Station, die voller «sagenhafter Monster» war, die «bald durch die Nacht nach Norden, Osten und Westen schnellen würden». Einer seiner französischen Zeitgenossen, Émile Zola, widmete dieser seltsamen Kraft, die das Leben mit erstaunlicher Geschwindigkeit veränderte – dem Geld –, einen ganzen Roman, *L'argent*. Zolas Figuren waren besessen von Landstrichen, die von einer Dampfschifffahrtsgesellschaft «erobert» werden sollten, mit der Möglichkeit, durch Bergbauinvestitionen «im Vorübergehen [...] einige Millionen zu gewinnen». Sie waren begeistert von dem Silber, das man «in der Erde findet und nur aufzuschaufeln braucht», und von gleich Gold zu schätzender Kohle, «wenn das Land sich erst mit Fabriken bedeckte». Aber Zola sah auch die zunehmende Ungleichheit, die «namenlose[n] Höhlen, [...] in Trümmern liegende[n] Hütten», in denen «Männer, Weiber und Kinder zuhauf, einander ansteckend wie die verdorbenen Früchte» hausten, und die Aufstände der Armen. Zwischen 1880 und 1914 kontrollierte das oberste Zehntel der französischen, britischen und schwedischen Bürger 80 bis 90 Prozent des gesamten Eigentums in ihren jeweiligen Ländern, wobei ein Prozent allein zwischen 60 und 70 Prozent besaß.[17]

Die Rekonstruktion des Kapitalismus ging Hand in Hand mit einer enormen Produktionssteigerung, da Männer, Frauen und Kinder bis dahin unvorstellbare Mengen an landwirtschaftlichen und industriellen Waren herstellten. Das globale BIP wuchs zwischen 1870 und 1913 um erstaunliche 145 Prozent und machte die einst fantastisch anmutenden Vorhersagen von Ökonomen wie Adam Smith und Karl Marx zur überraschenden Realität. Der Kapitalismus schien die Fesseln der menschlichen Produktivität gesprengt zu haben. Die weltweite Kohleförderung, ein hervorragender Indikator im Zeitalter der Schwerindustrie, stieg zwischen 1850 und 1913 um das 16-Fache. Die ebenso emblematischen Eisenbahnstrecken überzogen die Oberfläche des Planeten und wuchsen weltweit von 70 000 Kilometern im Jahr 1860 auf 245 000 Kilometer im Jahr 1890. Die weltweite Eisenproduktion stieg zwischen 1870 und 1910 um 447 Prozent, die weltweite Stahlproduktion um umwerfende 11 122 Prozent. In Großbritannien verdoppelte sich die Roheisenproduktion nahezu, in Frankreich stieg sie um das Dreieinhalbfache, in Russland um das Achteinhalbfache und in den USA um mehr als das 16-Fache. In Deutschland stieg sie insgesamt um mehr als das Zehnfache, während sie in der Saarregion, der Heimat der Röchlings, zwischen 1850 und 1913 um mehr als das 200-Fache nach oben schnellte. Sogar ältere Industriezweige expandierten weiterhin: 1870 gab es weltweit etwa 55 Millionen mechanisierte Baumwollspindeln, 1913 bereits 143 Millionen. Die Erzeugung landwirtschaftlicher Güter stieg ebenfalls sprunghaft an, wobei die globale Weizenproduktion zwischen 1885 und 1914 um 56 Prozent zunahm. 1870 wurden weltweit 6,2 Millionen Baumwollballen gehandelt; 1913 waren es 16 Millionen. Die Kaffeeernte verdreifachte sich nahezu in diesem Zeitraum. Sogar Zucker, mittlerweile ein altes Plantagenerzeugnis, wurde immer mehr hergestellt: Nach 1880 verdoppelte sich die Produktion innerhalb von nur dreißig Jahren. Nie zuvor hatte es ein derart explosives Wachstum in der Produktion und in der Produktivität gegeben, was den serbischen Schriftsteller Ivo Andrić dazu veranlasste, es in seiner Beschreibung der bosnischen Stadt Višegrad in *Na Drini ćuprija* (*Die Brücke über die Drina*) nicht nur als «relativen Wohlstand», sondern als eine «Fata Morgana des Komforts, der Sicherheit und des Glücks» zu bezeichnen.[18]

Die gesamte Produktion war eng verknüpft mit einer Vervierfachung des Welthandels zwischen 1870 und 1913. Der Handel mit Stahl- und Eisenwaren wuchs um 358 Prozent.

Auch der Umschlag von Agrarprodukten nahm rapide zu und machte etwa die Hälfte des gesamten Handels aus, wobei die Bauern vom italienischen Venetien bis zum brasilianischen Paraíba-Tal Vor- und Nachteile zu spüren bekamen. Der Welthandel mit Getreide stieg zwischen 1860 und dem Ende des Jahrhunderts um mehr als das Dreifache an. Zwischen 1870 und 1910 vervierfachten sich die Reisexporte aus Indochina, Siam (heute Thailand) und Britisch-Indien (hauptsächlich Bengalen und Burma). Die neue Intensität des wirtschaftlichen Austauschs wurde durch die 406 300 Kilometer unterseeischer Telegrafenleitungen ermöglicht und symbolisiert, die 1903 die Meeresböden der Welt durchzogen – fast hundertmal so viele wie 1865. Die Leitungen verbanden weit voneinander entfernte Märkte fast augenblicklich: Im Jahr 1900 kam eine Nachricht von London nach New York in

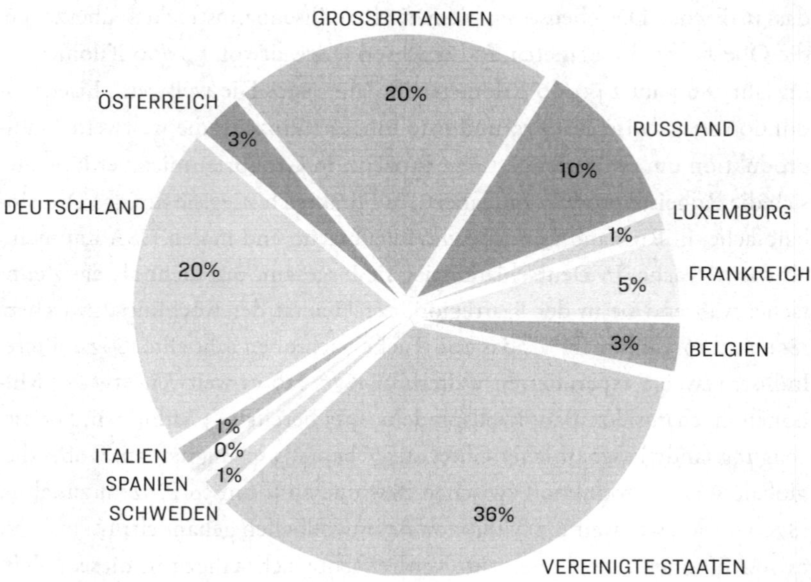

Weltweite Stahlproduktion, 1910.

nur drei Minuten an, eine nach Bombay in fünfunddreißig Minuten und eine nach Hongkong in achtzig Minuten. 1902 verschickten die Briten neunzig Millionen Telegramme.[19]

Ein Großteil dieses atemberaubenden Wachstums in Handel und Produktion konzentrierte sich jedoch auf wenige Regionen. 1870 befanden sich 80 Prozent der weltweiten Industriekapazität in Großbritannien, in den USA, in Deutschland und Frankreich; 1913 kontrollierten diese Länder immer noch 72 Prozent einer stark gestiegenen Produktion. Dies war eine radikale Abkehr von früheren Jahrhunderten, in denen die wirtschaftliche Vitalität sich weltweit in der Balance gehalten hatte und in Asien verankert gewesen war. Es war ein Moment überwältigender wirtschaftlicher Dominanz des Nordatlantikraums, die etwa ein Jahrhundert lang anhalten sollte, aber mittlerweile zu Ende gegangen ist.[20]

Diese Expansion von Produktion und Handel war umso beeindruckender, wenn man sie vor dem Hintergrund der Jahre zwischen 1873 und 1896 betrachtet, die häufig als «Lange Depression» bezeichnet werden und in denen aufeinanderfolgende schwere Wirtschaftskrisen nicht auf eine Wiedergeburt des Kapitalismus, sondern auf seine zunehmende Instabilität hinzudeuten schienen. In den Jahren 1873, 1882 und 1893 bedrohte Massenarbeitslosigkeit die soziale Stabilität der Industriegesellschaften, und Schuldenkrisen verwüsteten die ländlichen Gebiete der Welt, was zu politischen und sozialen Unruhen führte. Doch war die Lange Depression weniger eine Krise des Kapitalismus als vielmehr eine Häutung der alten Ordnung. Es war keine Krise der Produktion, sondern eine Krise der schwindenden Gewinne, da die harte Konkurrenz und die instabilen Gesellschaftsverhältnisse den Bankrott der alten kapitalistischen Normen und Marktbeziehungen offenbarten. Nach 1896 entstand aus der Zerstörung des Alten der vielerorts zu beobachtende wirtschaftliche Aufschwung der Belle Époque.[21]

Die Lange Depression führte zwar nicht zum Ende der alten Ordnung, aber zusammen mit den erwähnten Aufständen verursachte sie einige der größten Herausforderungen – insbesondere die schwere, lang anhaltende Deflation – und bereitete so den Boden für die Neuordnung des globalen Kapitalismus. In Großbritannien sanken die Preise zwischen 1873 und 1896 um 40 Prozent. In Deutschland fiel der Preis für Roheisen von 145,5 Mark pro Tonne im Jahr 1873 auf 45,7 Mark im Jahr 1887, also um fast 70 Prozent. Die Landwirtschaft litt überall am meisten, was die Agrareliten und mit ihnen den Kapitalismus der alten Ordnung entscheidend schwächte. 1894 war Weizen in Großbritannien zwei Drittel billiger als ein Vierteljahrhundert zuvor,

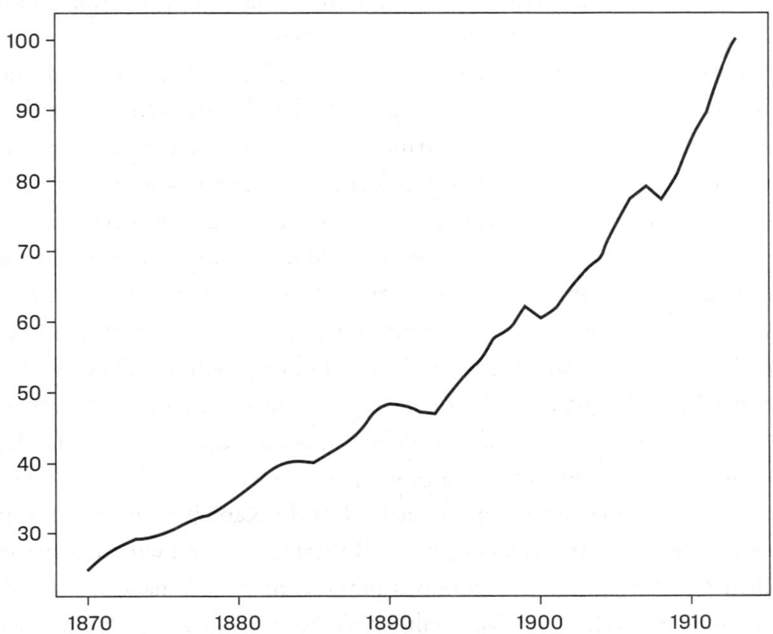

Wert der weltweiten Exporte in konstanten Preisen, 1913 = 100.

was vor allem auf die enorme Ausdehnung der Landwirtschaft in die Prärien der USA und die Steppen Russlands zurückzuführen war. Innerhalb von nur fünf Jahren, zwischen 1881 und 1886, sanken die Weizenpreise in Deutschland um 31 Prozent. Diese deflationäre Entwicklung setzte die Kapitaleigner unter enormen Druck, die Produktivkräfte der Industrie und Landwirtschaft zu steigern, was Marx auf dem Scheitelpunkt dieser Epoche von der neuen «fieberhaften Geschwindigkeit» und den «zyklopischen Maschinen» der Großindustrie sprechen ließ.[22]

Die globale Neukonstruktion des Kapitalismus war im Grunde eine Reorganisation des westeuropäischen und nordamerikanischen Kapitals. Im Nordatlantikraum war dies unübersehbar; tatsächlich war das Ausmaß des Wandels für die Zeitgenossen so offensichtlich, dass sie über die Größe der Maschinen und Fabriken, die wimmelnden Massen von Arbeitern und die verschmutzte Luft staunten. Die angehäuften Reichtümer und die Auswirkungen der Innovationen sind bis heute im Stadtbild von Pittsburgh und Dortmund, von Lüttich und Cardiff fixiert. Die riesigen Fabriken, die hohen Schornsteine, die prächtigen Villen und die Mietskasernen der Arbeiterviertel des späten 19. Jahrhunderts haben ein archäologisches Erbe hinterlassen, das imposanter ist als das des Römischen Reiches.

In den Jahrhunderten zuvor hatte sich das Kapital über die Inseln des Handels hinaus ausgebreitet und kapitalistische Gesellschaften entwickelt. Nun passte sich das Kapital den Chancen und Gefahren an allen Fronten an, indem es sich entschieden auf die industrielle Produktion konzentrierte, die immer komplexere und gigantischere Maschinen aufbot, neuartige Managementstrategien und Rechtskonstruktionen, immer mehr Arbeiter und einen beschleunigten Materialdurchsatz. Kapitalintensive Stätten der industriellen Produktion, die alle bisherigen Investitionen in den Schatten stellten, nahmen Gestalt an und waren fest an einen Standort gebunden. Dies war eine radikale Veränderung gegenüber der Vergangenheit, als erhebliche Mengen von Kapital nur auf den höchsten Ebenen des interkontinentalen Handels und der staatlichen Finanzierung gebunden gewesen waren. Ein Stahlunternehmen verschlang einfach unvergleichlich mehr Kapital als Baumwollspinnereien oder Zuckerrohrplantagen. Als Robert Owen und seine Partner im frühen 19. Jahrhundert die Baumwollspinnerei in New Lanark kauften, damals eine der größten der Welt, zahlten sie 60 000 Pfund; ein Jahrhundert später investierten die Röchlings mehr als 60 Millionen Mark – fast 56-mal so viel – in ihr Stahlwerk in Völklingen. Ältere Unternehmensformen und Kapitalorganisationen verschwanden deshalb aber nicht. Wie immer in der langen Geschichte des Kapitalismus blieben frühere Muster – die Werkstatt, die Sklavenplantage, die familiengeführte Manufaktur, das Handelshaus – bestehen, doch die Dynamik des Kapitalismus hatte sich von diesen Relikten der alten Ordnung zu den Hochöfen einer neuen Form schöpferischer Zerstörung verschoben.[23]

Unablässiger Wettbewerb, expandierende Märkte, der Widerstand der Arbeitermassen und wissenschaftliche Durchbrüche trieben die technischen Innovationen voran, die für die Rekonstruktion des Kapitals im späten 19. Jahrhundert von entscheidender Bedeutung wurden. Es entstanden völlig neue Industriezweige; ältere Branchen wie die Eisen- und Stahlproduktion wurden oftmals umgestaltet. Eisen war bereits seit Jahrhunderten hergestellt worden, wie wir bei dem niederländischen Händler Louis de Geer im schwedischen Finspång im 17. Jahrhundert sehen konnten, jedoch beschäftigten die damaligen Werkstätten in der Regel nur einige Dutzend Arbeiter, verwendeten lokal abgebautes Eisenerz und Holzkohle und produzierten vergleichsweise geringe Mengen. 250 Jahre später schoss die Eisen- und dann die Stahlproduktion in die Höhe. Es wurde zudem auf ganz andere Weise produziert: Die gigantischen Fabriken in Völklingen zeichneten sich durch eine neue Komplexität der Arbeitsprozesse aus und nutzten neue Technologien, die nur von gut ausgebildeten Mitarbeitern gesteuert werden konnten. Die Eisenbahn, die signifikante Mengen von Eisen und Stahl abnahm, war bereits einige Jahrzehnte zuvor entstanden, aber im letzten Drittel des Jahrhunderts wuchsen sowohl ihr Netz als auch die Dichte ihres Verkehrs exponentiell an, was immer größere Kapitalinvestitionen und neue Formen des Managements erforderte.[24]

Andere Branchen, die diese Epoche definierten, waren völlig neu. Die Ölförderung nahm Fahrt auf. 1859 war im Nordwesten von Pennsylvania ein ehemaliger Zugschaffner namens Edwin Drake der Erste, der in Amerika erfolgreich Öl förderte. Andere Unternehmer folgten ihm, bohrten nach Öl und errichteten kleine Raffinerien, in denen das Öl zu Petroleum destilliert wurde. «Es wird so viel Öl gefördert», berichtete ein Beobachter aus Pennsylvania im Jahr 1861, «dass es unmöglich ist, alles zu verarbeiten, und Tausende von Barrels fließen in den Flussarm; die Oberfläche des Flusses ist meilenweit mit Öl bedeckt.» Auch im damals habsburgischen Galizien riefen Funde einen Ölrausch unter Landbesitzern, Prospektoren und sogar Bauern hervor. Zunächst gruben sie hauptsächlich Löcher in den Boden, später führten sie Bohrungen durch, wodurch die Provinz zu Beginn des 20. Jahrhunderts zum drittgrößten Ölproduzenten der Welt wurde. Wie in Pennsylvania erlebten auch die galizischen Ölstädte einen Boom: Im heute ukrainischen Borysław beispielsweise wuchs die Bevölkerung in den vier Jahrzehnten nach 1860 um das 24-Fache. Zunächst ein verstreutes und kleinteiliges Unterfangen, begann sich die Ölindustrie in den 1880er Jahren zu konsolidieren und einige der charakteristischen Formen des neu strukturierten Kapitals anzunehmen: So beschafften beispielsweise der polnische Unternehmer Stanisław Szczepanowski und der kanadische Ölprospektor William Henry McGarvey ein größeres Kapital und integrierten ihre galizische Produktion vertikal, das heißt, sie verbanden die Ölförderung mit der Raffination und der Herstellung der dafür erforderlichen Ausrüstung. 1895 gründeten sie die Galizische Karpaten-Petroleum Actien-Gesellschaft. Die US-amerikanische Ölindustrie folgte diesem Vorbild der Integration wenig später.[25]

Auch auf die neu entstehende Elektroindustrie entfiel jene massive Konzentration von Kapital, die das Zeitalter charakterisierte, aber da sie auf größerem Wissen basierte, entwickelte sie sich weniger chaotisch. Im Januar 1882 eröffnete Thomas Edison in London das erste dampfbetriebene Elektrizitätswerk der Welt; später, im selben Jahr, eröffnete er ein weiteres in New York. Edison produzierte auch Dynamos, große Elektromotoren und andere Komponenten, die für die Elektrifizierung benötigt wurden. 1886 verlegte er sein Unternehmen ins Hinterland des Bundesstaates New York, nach Schenectady, wo er 450 Mitarbeiter beschäftigte. Nur drei Jahre später spielte der Bankier J. P. Morgan eine zentrale Rolle bei der Fusion von Edisons verschiedenen Elektrizitätsunternehmen zu Edison General Electric, das bald einen Großteil des US-Marktes für elektrische Beleuchtung kontrollierte. Edison

Der Ölboom in Galizien.

General Electric stellte nun auch Batterien, elektrische Lampen, Steckdosen und Beleuchtungsanlagen her. Wie es für diese neuen Branchen typisch war, wuchs das Unternehmen schnell. 1892 beschäftigte das Werk in Schenectady 3800 Mitarbeiter; 1913 hatte General Electric bereits 70 000 Mitarbeiter auf seiner Gehaltsliste.[26]

In anderen Ländern war die Elektroindustrie stärker fragmentiert, aber ebenso dynamisch. 1883, ein Jahr nachdem Edison seine ersten Kraftwerke eröffnet hatte, gründete Emil Rathenau, der aus einer wohlhabenden Berliner Kaufmannsfamilie stammte, die Deutsche Edison Gesellschaft, die sich später umbenannte in Allgemeine Elektricitäts-Gesellschaft (AEG). Das Unternehmen produzierte zunächst Generatoren, Glühbirnen und Motoren und entwickelte sich schnell zu einem Global Player beim Bau von Stromübertragungssystemen, sodass es im Jahr 1907 schon 30 667 Mitarbeiter hatte. Sein Hauptkonkurrent in Deutschland und weltweit war Siemens, eine Firma, die Werner von Siemens und Johann Georg Halske im Oktober 1847 ursprünglich zur Herstellung elektrischer Telegrafen in Berlin gegründet hatten. Im Jahr 1848 baute Siemens zwischen Berlin und Frankfurt am Main eine der ersten kontinentaleuropäischen Telegrafenleitungen. Das Unternehmen eröffnete Kabelproduktionsstätten in Woolwich bei London und in Sankt Petersburg und wuchs weiter, als Werner von Siemens 1867 einen elektrischen Generator patentieren ließ. Am bekanntesten ist vielleicht, dass Siemens Ende der 1860er Jahre einen Teil der 11 000 Kilometer langen Telegrafenleitung baute, die Großbritannien mit Indien verband. 1897 wurde Siemens & Halske gegründet und beschäftigte 1907 schon 34 324 Mitarbeiter, nur fünf deutsche Unternehmen hatten eine noch größere Belegschaft.[27]

Die chemische Industrie folgte diesen Beispielen und bildete stärker integrierte, kapitalintensive und marktbeherrschende Akkumulationen von Produktionskapital. Zwei Bereiche hatten besondere Bedeutung: die Produktion von militärischem Material – hauptsächlich Sprengstoffen – und von Farbstoffen für Textilien. Das US-amerikanische Unternehmen DuPont engagierte sich im erstgenannten Sektor. Während des US-Bürgerkriegs kaufte die Unionsarmee zwischen einem Drittel und der Hälfte ihres Schießpulvers von diesem Unternehmen. Zu Beginn des 20. Jahrhunderts hatte die Firma ihre Produktion diversifiziert und neue Märkte erschlossen, mit einer starken Präsenz in den Bereichen Farben, Kunststoffe und Insektizide. Dabei bemühte man sich um überraschende Synergien: Eine Broschüre aus dem Jahr 1910 trug den alarmierenden Titel «Landwirtschaft mit Dynamit: Einige Tipps für Landwirte».[28]

Weitere Unternehmen stiegen in das Chemiegeschäft ein, um die Tex-

Einer der Ausgangspunkte der chemischen Industrie weltweit: Sprengstoffe.

tilmärkte zu versorgen. Die britische United Alkali Company wurde 1890 durch den Zusammenschluss von 48 britischen Chemiefirmen gebildet. 1926 schloss sie sich mit einigen ihrer verbliebenen Konkurrenten zusammen, um den Chemiegiganten ICI zu gründen, der zum größten britischen Produktionsunternehmen wurde und in jenem Jahr 33 000 Mitarbeiter beschäftigte.[29]

Die Schweizer Chemie- und Pharmaindustrie nahm ihren Anfang ebenfalls im Geschäft mit Textilfarben, und zwar in Basel, dem Zentrum eines Textilindustrie-Netzwerks, das im 18. Jahrhundert entstanden war und sich von den Tälern des Schwarzwalds bis zu den Vogesen erstreckte und auch Mulhouse, eine der wichtigsten Baumwolldruckstädte Europas, einschloss. Ciba-Geigy machte seine ersten Schritte in den 1850er Jahren mit der Entwicklung von Farbstoffen für diese Branche. Bis 1900 war es zum größten Chemieunternehmen der Schweiz geworden und expandierte in den Pharmabereich. Sein damaliger Konkurrent Sandoz, 1886 von Alfred Kern und Edouard Sandoz gegründet, begann ebenfalls mit der Produktion von Farbstoffen für die Textilherstellung, bevor die Firma ab 1895 einen Teil ihres Wissens auf den Pharmasektor übertrug. Ein Jahrhundert später, im Jahr 1996, fusionierten die beiden einstigen Rivalen und gründeten den Pharmariesen Novartis.

Die führenden Chemieunternehmen Deutschlands entstanden ebenfalls, um die Textilindustrie zu versorgen. Im Jahr 1863 eröffneten Friedrich Bayer und Johann Friedrich Weskott in Barmen eine Fabrik zur Herstellung von

Farbstoffen, in derselben Stadt, in der Friedrich Engels' Vater eine Textilfabrik betrieben hatte. Die wichtigsten Produkte des Unternehmens waren anfangs Fuchsin, ein synthetisches Magenta, und ein chemisches Äquivalent zu Indigo, dem blauen Farbstoff, dessen Produktion in Saint-Domingue und Bengalen zu grausamer Ausbeutung (und Aufständen) geführt hatte. Nach Bayers Tod im Jahr 1880 wurde das Unternehmen mit einer Belegschaft von mehr als 300 Mitarbeitern in eine Aktiengesellschaft umgewandelt, die Farbenfabriken vorm. Friedr. Bayer & Co. Wie Ciba-Geigy und Sandoz expandierte Bayer in den Pharmabereich und entwickelte zwischen 1897 und 1899 das wahrscheinlich meistverkaufte Medikament der Welt: Aspirin. Von 1898 bis 1910 verkaufte das Unternehmen auch Heroin, das es als Hustenmittel und rezeptfreie Behandlung für allerlei Alltagsbeschwerden patentieren ließ. Während des Ersten Weltkriegs entwickelte und produzierte Bayer chemische Waffen.[30]

Bayers Hauptkonkurrent, die Badische Anilin- und Soda-Fabrik (BASF), befand sich einige Hundert Kilometer rheinaufwärts in der Stadt Ludwigshafen. Die BASF stellte ab 1865 synthetische Farbstoffe auf Anilinbasis her, bis 1901 machten Farbstoffe 80 Prozent ihrer Produktion aus. Später stieg die BASF in die Düngemittelherstellung ein und wurde 1925 Teil der IG Farben, einer Körperschaft, die die sechs größten Akteure der deutschen Chemieindustrie, darunter Bayer, vereinte.

Die Interessen und Ansprüche dieser neuen Unternehmen, die vor dem Hintergrund der Aufstände in der Mitte des Jahrhunderts gegründet und während der schweren Zeit der Langen Depression auf eine harte Probe gestellt worden waren, unterschieden sich grundlegend von denen früherer Industrieller und Handelshäuser. Das betraf sowohl die Menge und Organisation ihres Kapitals als auch das Verhältnis zu ihrer Arbeiterschaft und ihre Verbindungen zum Staat. Das neu organisierte Kapital war in einer grundlegend anderen politischen Ökonomie verwurzelt und wurde von dieser getragen.

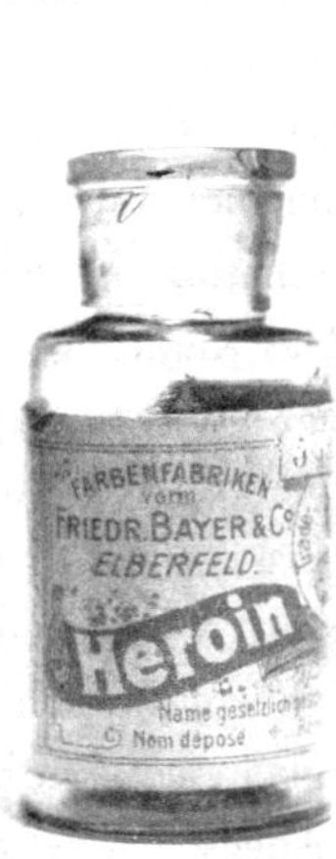

Von Chemikalien zu Arzneimitteln: Bayers starker Hustensaft, Anfang des 20. Jahrhunderts.

Von Textilfarbstoffen zu Chemikalien: BASF, Ludwigshafen, 1881.

Vor allem anderen erforderte und ermöglichte diese neue Version des Kapitals neue Marktstrukturen. Durch die wachsende Integration der Märkte konnten Waren über größere Entfernungen verkauft werden, wodurch die Massenproduktion rentabel wurde. Um nur ein Beispiel zu nennen: Die Fleischverarbeitungsindustrie in Chicago basierte zunächst, wie in Buenos Aires, auf einem nationalen Markt, mit dem sie durch Kühlwaggons der Eisenbahn verbunden war. Schließlich ermöglichten Hochseeschiffe mit Kühlcontainern aber auch die Entstehung eines globalen Fleischmarktes. Solche neuen Marktstrukturen beschleunigten den Zusammenbruch der Subsistenzwirtschaft in vielen Teilen der Welt, da sie den Absatz von Waren, die in weit entfernten Fabriken hergestellt wurden, erweiterten. Diese Art von Marktintegration ging in einigen Regionen Hand in Hand mit neuen Vertriebsformen: Kaufhäuser, Supermärkte und der Versandhandel etablierten sich, besonders in den USA, und schufen die Infrastruktur für den Massenkonsum und damit für die Massenproduktion. Die Marktintegration ermöglichte Größenvorteile, die zu Lasten der Produktion in kleinerem Umfang gingen und die Konzentration der Wirtschaftskraft in den industriellen Kerngebieten der Welt verstärkten – sowohl innerhalb der nationalen Volkswirtschaften als auch weltweit.[31]

Das Kapital gewann zudem an Wissensintensität. Da die Unternehmen immer größere Kapitalansammlungen repräsentierten, konzentrierten sie beispiellose Ressourcen auf technische Experimente und Produktivitätssteigerungen. In früheren Generationen waren viele, wenn nicht sogar die meisten technischen Innovationen in der Fertigung erfahrenen Arbeitern zu verdanken, die sich nicht auf theoretische Kenntnisse stützten, sondern auf Fähigkeiten, die sie bei der Arbeit erlernt und im Laufe der Zeit verfeinert hatten. Angesichts der gewaltigen neuen Unterfangen der Zweiten Industriellen

Revolution verlor der einzelne Arbeiter, auch der hochqualifizierte, jedoch die Fähigkeit, die Produktionsprozesse, an denen er beteiligt war, zu kontrollieren oder gar zu ihrer tatsächlichen Veränderung beizutragen. Hatten sich die Universitäten früher hauptsächlich auf Theologie und die klassische Bildung konzentriert, wurde die universitäre Wissenschaft nun zu einem bedeutenden Partner der industriellen Produktion. Bezeichnenderweise wurde 1861 das Massachusetts Institute of Technology gegründet. Louis Röchling, Hermanns Bruder, studierte Chemie in Heidelberg, während andere Familienmitglieder sich an technischen Instituten und Bergbauschulen in Berlin einschrieben. Sie strebten nach Sicherheit, Kontrolle und Geschwindigkeit, holten die Wissenschaft in ihr Unternehmen, stellten studierte Chemiker an und richteten in Völklingen ein Labor ein, das im Jahr 1900 drei Chemiker beschäftigte. Fast alle neuen Industrieunternehmen schufen solche Forschungslabore: BASF im Jahr 1868, Edison im Jahr 1876, Eastman Kodak im Jahr 1893, der Reifenhersteller B. F. Goodrich (heute BFGoodrich) im Jahr 1895 und General Electric im Jahr 1900. Auch DuPont investierte kräftig in Forschung und Entwicklung und gründete 1903 die DuPont Experimental Station in Wilmington, Delaware.[32]

Darüber hinaus war das neu geordnete Kapital viel energieintensiver. Die meiste Zeit der Menschheitsgeschichte wurde die Produktion von menschlicher und tierischer Energie angetrieben – mit guter alter Muskelkraft – oder waren aus Wind und Wasser gewonnen worden, aber jetzt wurden fossile Brennstoffe, fast ausschließlich Kohle, von ausschlaggebender Bedeutung;

Eine von fossilen Brennstoffen abhängige Zivilisation:
Vincent van Gogh, *Frauen tragen Kohlesäcke im Schnee*, 1882.

noch 1910 bestanden 92 Prozent der weltweit genutzten fossilen Brennstoffe aus Kohle. Da Maschinen idealerweise ohne Unterbrechung laufen mussten, um ihre immensen Kapitalkosten zu amortisieren, entstand eine auf fossilen Brennstoffen basierende Fertigungskultur. Ohne fossile Brennstoffe hätte es keine Neuorganisation des Kapitals gegeben. «Unsere Zivilisation», bemerkte George Orwell einige Jahre später, «beruht auf Kohle.» Er fügte hinzu: «Im Stoffwechsel der westlichen Welt ist nur der Mann, der den Boden pflügt, noch wichtiger als der Bergarbeiter.» Der Verbrauch fossiler Brennstoffe stieg zwischen 1870 und 1920 um fast das Siebenfache. Dieses vermeintliche Geschenk der Natur, dessen Nutzen größtenteils einem kleinen Teil der Welt zugutekam, verschärfte die globalen Ungleichheiten in einem entscheidenden Moment der Geschichte des Kapitalismus. Die neue Abhängigkeit von fossilen Brennstoffen war so groß, dass der schwedische Wissenschaftler Svante Arrhenius bereits 1896 zu dem Schluss kam, dass die Menge an Kohlendioxid in der Atmosphäre das Klima der Erde verändern würde. Die Gabe der Natur war natürlich nicht kostenlos gewesen, aber als die Rechnung ein Jahrhundert später fällig wurde, ging sie größtenteils an jene, die das Geschenk nie erhalten hatten.[33]

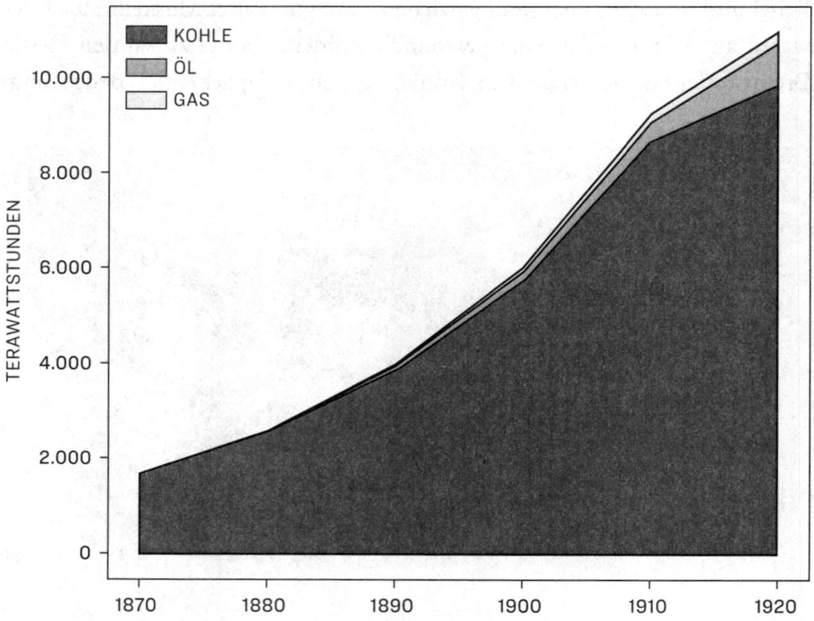

Eine von fossilen Brennstoffen abhängige Zivilisation:
weltweiter Verbrauch fossiler Brennstoffe, 1870–1920, in Terawattstunden.

Hinzu kam auch, dass immer größere und konzentriertere Kapitalagglomerationen entstanden, die eine andere Art von Kapital erforderten. Der Bau eines Stahlwerks unterschied sich grundlegend von der Errichtung einer Spinnerei. Der Betrieb eines Eisenbahnnetzes war eine ganz andere Herausforderung als die Koordination einer Gruppe von Leinenwebern im ländlichen Schlesien. Die Entwicklung neuer Produkte für die aufstrebende Basler Chemieindustrie benötigte deutlich mehr Kapital als die Erstellung eines Druckmusters für die Baumwollhersteller in Mulhouse. Der Kapitalbetrag, der für die Inbetriebnahme eines Stahlwerks oder einer Eisenbahn erforderlich war, überstieg das Kapital um ein Vielfaches, das für das Spinnen von Baumwolle, das Betreiben einer Plantage oder die Verarbeitung von Tee benötigt wurde. Solche Kapitalkonzentrationen waren zum Teil die Folge der neuen technischen Anforderungen an die Produktion und zum Teil eine Reaktion auf die Krise von 1873, deren anschließende Deflationsspirale eine Generation von Wirtschaftsführern dazu zwang, sich den Gefahren eines, wie sie es nannten, «exzessiven Wettbewerbs» zu stellen.[34]

Kapitaleigner hatten im Gegensatz zu Ökonomen schon immer eine Abneigung gegen Wettbewerb und bevorzugten Monopole. Doch nun ging es über leere Worte hinaus und es entwickelte sich ein «wettbewerbsfeindlicher Konsens». Wie Carl Duisberg, der Gründer des deutschen Chemiekartells IG Farben, bemerkte, war Konzentration notwendig, um «die höchstmöglichen Gewinne durch die Beseitigung ruinösen Wettbewerbs zu erzielen». John D. Rockefeller stimmte dem zu: «Die Zeit der Fusion ist gekommen, um zu bleiben. Der Individualismus ist vorbei und wird nie wiederkehren.» Der spätere US-Präsident Woodrow Wilson feierte 1897 «die Triumphe der Zusammenarbeit», seines Erachtens Ausdruck von «Selbstbeherrschung und ruhiger Entscheidungen der Reife». Auch späteren Wissenschaftlern fiel dieser wettbewerbsfeindliche Trend auf. Sie bezeichneten diesen Moment in der Geschichte des Kapitalismus als «organisierten Kapitalismus» oder sogar «Monopolkapitalismus» und sahen die wichtigste Regulierungsmacht nicht in den Märkten, sondern in der «sichtbaren Hand» des Managements. Zwar waren Monopole selten und Kapitalkonzentrationen nicht unangreifbar, doch es steht außer Frage, dass damals große Kapitalagglomerationen entstanden, die den Wettbewerb in vielen Branchen einschränkten. Die Stahl-, Öl-, Elektro- und Chemieindustrie sahen ganz anders aus als die Baumwollindustrie ein Jahrhundert zuvor. Um die Rentabilität ihrer massiven und unbeweglichen Investitionen zu sichern, arbeiteten die Kapitaleigner in diesen und anderen Branchen daran, den Wettbewerb einzuschränken, einige über Unternehmensorganisationen, andere über gemeinsame Maßnahmen und wieder andere über die Politik – alle Optionen waren grundlegend beeinflusst durch die Aufstände in der Mitte des Jahrhunderts, die den Kapitaleignern, insbesondere den Eigentümern von Industriekapital, eine neue Vorrangstellung in der politischen Ökonomie des Nordatlantikraums verschafft hatten.[35]

Im Bereich der Geschäftsstrategie konzentrierten sich einige Industrielle darauf, ganze Warenketten zu kontrollieren. Vor allem Eisen- und Stahlhersteller wie die Röchlings kauften Anteile an Kohle- und Eisenerzminen sowie Kalksteinvorkommen, entwickelten eine private Transportinfrastruktur und suchten nach Absatzmöglichkeiten für ihre Produkte – alles mit dem Ziel, ihre massiven Investitionen in einen immobilen Vermögenswert, das Stahlwerk, rentabel zu machen.[36]

Andrew Carnegies Stahlimperium in den USA ähnelte dem der Röchlings. Aufgrund seiner Erfahrungen im Eisenbahnwesen verstand Carnegie die Bedeutung von Marktmacht und sah die Möglichkeiten, die sich aus der Internalisierung von Märkten und durch eine «sichtbare Hand» des Managements ergaben. Auch er strebte danach, die Stahlproduktion von den Bergwerken über die Hochöfen bis hin zum Marketing zu kontrollieren: 1881 schloss er sich mit Henry Clay Frick zusammen, um Zugang zu Kohle und Koks zu erhalten, kaufte Eisenerzminen in Minnesota und begann mit der Vermarktung seiner Produkte. Carnegie Steel erlangte die Kontrolle über die gesamte Stahlproduktionskette von der Mine bis zum Verbraucher und wurde zu einem der größten Industrieunternehmen der Welt; im Jahr 1900 beschäftigte es 20 000 Mitarbeiter.[37]

Andere Branchen folgten diesem Beispiel: Henry Osborne Havemeyer baute in der US-amerikanischen Zuckerindustrie ein Quasimonopol auf und kaufte 1892 Zuckerverarbeiter auf Kuba, um einen zuverlässigen Nachschub des Rohstoffs für seine riesige Raffinerie in New York sicherzustellen. Die Metallgesellschaft, ein deutsches Metallhandelsunternehmen, erwarb Schmelz- und Raffineriekapazitäten, um die Herstellung ihrer Produkte kontrollieren zu können. Sogar die Baumwollindustrie, seit jeher stark zersplittert, unternahm einige Anstrengungen zur vertikalen Integration durch Investitionen in Baumwollplantagen. Die sächsischen Ottos, eine Familie von Baumwollfabrikanten, investierten in Plantagen in Deutsch-Ostafrika, und die britische Fine Cotton Spinners' and Doublers' Association kaufte die Delta and Pine Land Company in Scott, Mississippi, um auf Tausenden von Hektar Land Baumwolle anzubauen. Andere Industrieunternehmen strebten eine ähnlich direkte Kontrolle über Rohstoffe an: Der britische Seifenhersteller Lever Brothers erwarb Palmölplantagen in Belgisch-Kongo; der US-

Reifenhersteller Goodyear gründete 1908 die Goodyear Orient Company in Singapur, um malaysischen und niederländisch-ostindischen Kautschuk zu kaufen; und Firestone erwarb riesige Kautschukplantagen in Liberia, im heutigen Malaysia und an anderen Orten – eine Strategie, die die Ford Motor Company später im brasilianischen Amazonasgebiet verfolgte. Auch die europäischen Kaufleute rückten näher an die Produzenten heran; in Indien expandierten sie von ihren alten Stützpunkten in den Hafenstädten und verlegten ihr Kapital und ihre Handelsaktivitäten ins Hinterland – so errichteten beispielsweise die Schweizer Baumwollhändler Gebrüder Volkart Zweigstellen in der Baumwollanbauregion Berar.[38]

Die Geschäfte um fast jeden Preis anzukurbeln war zwar sinnvoll, aber es entstand dabei auch ein Wettbewerbsumfeld, das sich für viele Unternehmen als ruinös erwies. Um den Wettbewerb einzuschränken und die Gewinne zu stabilisieren, kombinierten Unternehmer diese vertikalen Konsolidierungen mit horizontalen und strebten eine Geschäftspraxis an, die einem Monopol möglichst nahe kam. Zu den Unternehmen, die sich zusammenschlossen, gehörten etwa Eisenbahn- und Telegrafenunternehmen. Beide erforderten hohe Investitionen und waren kostspielig, unabhängig davon, wie ihre Auslastung war.[39]

Ein besonders drastisches Beispiel für eine horizontale Kombination war John D. Rockefellers Standard Oil. Seit Beginn seiner Geschäftskarriere als Getreidehändler während des Bürgerkriegs hatte Rockefeller keine Konkurrenz gemocht. Nachdem er 1863 in das notorisch fragmentierte Ölgeschäft eingestiegen war, kaufte er so viele konkurrierende Firmen auf, wie er konnte; in den 1870er Jahren kontrollierte er viele seiner ehemaligen Rivalen in der Umgebung von Cleveland, Pittsburgh und anderen Städten.[40] Als er Präsident der neu gegründeten National Refiners Association wurde, versuchte er, die Produktion und die Preise unter den Mitgliedern festzusetzen. Doch er musste schnell erkennen, dass sich freiwillige Vereinbarungen kaum durchsetzen ließen; sie waren, wie er es ausdrückte, «Sand in den Augen». Rockefeller lernte aus dieser Erfahrung und schloss geheime Vereinbarungen mit Eisenbahnunternehmen, denen er versprach, sie regelmäßig für den Transport von Öl zu nutzen, um im Gegenzug niedrigere Transportkosten zu erhalten. Rockefeller bot dann an, diese Abmachung mit anderen Raffinerien zu teilen, wenn diese sich an seine Preise halten würden. Zunehmend lud er konkurrierende Raffinerien ein, sich Standard Oil anzuschließen und im Gegenzug Anteile zu bekommen, was dazu führte, dass er 1880 vierzig Ölproduzenten unter seiner Kontrolle hatte. Im Januar 1882 gründeten diese Unternehmen den Standard Oil Trust, der fast 90 Prozent der Raffineriekapazität der USA beherrschte. Ein Senatsausschuss für Handel zwischen den Bundesstaaten kam 1886 zu dem Schluss, dass «die Standard Oil Company keine Konkurrenz duldet; [...] ihre etablierte Strategie und fester Entschluss bestehen darin, alle zu vernichten, die unbesonnen genug sind, in diesem Sektor gegen sie anzutreten; [...] sie schreckt vor nichts zurück, um dieses Ziel zu erreichen.» Es überrascht nicht, dass ein Wissenschaftler Rockefeller als einen «Napoleon des Marktes» bezeichnete.[41]

Weitere «Napoleons» tauchten im gesamten nordatlantischen Raum auf. Im Ruhrgebiet baute Friedrich Alfred Krupp, der 1887 das Stahlunternehmen seiner Familie mit mehr als 20 000 Mitarbeitern übernahm, die Firma durch eine Reihe von Fusionen und Übernahmen aus. Er erwarb Erzvorkommen im damals Deutschland unterstellten Lothringen sowie Kohlegruben an der Ruhr und an der Lahn und investierte in einen langjährigen Konkurrenten, die Gruson-Eisenhütte in Magdeburg. 1896 kaufte Krupp die Schiff- und Maschinenbau-Actiengesellschaft Germania, eine Werft in Kiel. Dadurch erlangte er Zugriff auf die Schiffsherstellung und einen idealen Abnehmer für seinen Stahl. Bis 1907 war die Belegschaft von Krupp auf 64 354 Mitarbeiter angewachsen.[42]

Die spezifische Form dieser Zusammenschlüsse hing vom politischen Kontext ab, was einmal mehr zeigt, dass das Privateigentum – diese so wichtige Institution des Kapitalismus – eine zutiefst politische Schöpfung war. Wie das Beispiel der Röchlings zeigt, ermöglichte in Deutschland in der Regel die Bildung von Kartellen die Absprache zwischen formal eigenständigen Unternehmen, sodass diese rechtlich unabhängig bleiben, aber sich dennoch über Produktion und Preise einigen konnten. Diese Abstimmung wurde erleichtert durch die wachsende Bedeutung der Banken, die bei der Finanzierung großer Industrieunternehmen und der Koordinierung ihrer Aktivitäten eine zentrale Rolle spielten. Infolgedessen gab es 1905 in Deutschland 350 solcher Kartelle. In den USA hingegen wurden derartige Absprachen durch den Sherman Antitrust Act für illegal erklärt; 1890 rieten US-Anwälte Unternehmen davon ab, Kartelle zu bilden. Deshalb gab es dort häufiger Unternehmenszusammenschlüsse unter dem Dach einer Holding.[43]

Das neu strukturierte Kapital verfügte über neuartige Rechtsformen, und das Recht – und damit der Staat – spielte eine entscheidende Rolle bei seinem Erstarken. Am folgenreichsten war vielleicht die ziemlich plötzliche Neuorganisation von Industriekapital in Aktiengesellschaften – Unternehmensformen, die auf einer Trennung des Managements vom Eigentum beruhen und an denen die Eigentümer jeweils Anteile besitzen. Dieser Aspekt war so wichtig, dass ein Historiker vom Zeitalter der «Neuordnung der Unternehmen» sprach. Kapitalgesellschaften erhielten wichtige Privilegien: Sie wurden als juristische Personen anerkannt, existierten auf unbestimmte Zeit, konnten das Eigentum leicht aufteilen, trennten Management und Eigentum und erhielten eine beschränkte Haftung, wodurch die Risiken für Investoren verringert wurden. Natürlich gab es Kapitalgesellschaften schon lange – man denke nur an die East India Company –, aber sie waren selten gewesen und als äußerst problematisch betrachtet worden. Adam Smith machte sich 1776 folgende Sorgen: «Von den Direktoren einer solchen Gesellschaft, die ja bei Weitem eher das Geld anderer Leute als ihr eigenes verwalten, kann man daher nicht gut erwarten, dass sie es mit der gleichen Sorgfalt überwachen würden, wie es die Partner in einer privaten Handelsgesellschaft mit dem eigenen zu tun pflegen».[44] Zu Beginn des 19. Jahrhunderts hatten US-Gesellschaften in der Regel die Inkorporation und die damit einhergehenden Privilegien von den Regierungen der Bundesstaaten erhalten: Sie dienten einem öffentlichen Zweck und mussten von den gesetzgebenden Körperschaften ausdrücklich genehmigt werden.

Gegen Mitte des 19. Jahrhunderts hatte sich in den USA jedoch ein allgemeines Gesellschaftsrecht verbreitet, wodurch die Gründung von Kapitalgesellschaften zu einem einfachen bürokratischen Verfahren wurde. Zunächst nutzten vor allem kapitalintensive Eisenbahnunternehmen diese neue Form des Eigentums, doch dann schlossen sich in den 1890er Jahren plötzlich Hunderte von ehemals in Privatbesitz befindlichen Industrieunternehmen zu Gesellschaften zusammen. 1890 hatte es weniger als zehn Industriegesellschaften gegeben; im Jahrzehnt nach 1895 bildeten jedoch 1800 Industrielle 157 Gesellschaften, darunter General Electric, American Tobacco und American Sugar Refining. Einige dieser Firmen waren gigantisch: 1901 wurde US Steel zur ersten Milliarden-Dollar-Gesellschaft der Welt. Als New Jersey 1896 den Besitz von Gesellschaften durch Gesellschaften – also Holdings – erlaubte, kam es zu weiteren Fusionen. Dieser Konsolidierungsprozess baute auf einer bestehenden Infrastruktur von Investmentbanken und Börsen auf, was Finanziers wie August Belmont, Jay Gould und J. P. Morgan zu Prominenz verhalf. 1890 hatte der Gesamtwert der US-Industrieanleihen und -aktien 33 Millionen Dollar betragen. 1903 waren es bereits 7 Milliarden Dollar.[45]

Kapitalbeteiligungen, die Streuung von Eigentum auf verschiedene Gesellschaften, setzte sich auch andernorts durch. In Großbritannien ebnete der Joint-Stock Companies Act von 1844 hierfür den Weg und 1855 reduzierte der Limited Liability Act die Haftung der Investoren. Ähnliche Regelungen wurden bald darauf in weiteren Ländern eingeführt: Allgemeine Gesetze zur Gründung von Kapitalgesellschaften wurden Mitte der 1860er Jahre in

Frankreich, 1870 in Deutschland und 1899 in Japan verabschiedet. Sie zeigten Wirkung: In Deutschland erlebte die Gründung von Aktiengesellschaften einen Boom, allein zwischen 1871 und 1873 wurden 843 solcher Unternehmen ins Leben gerufen.[46]

Auch in China gab es ein neues Gesellschaftsrecht. Das 1904 verfasste erste Gesetz dieser Art orientierte sich bewusst an westlichen Beispielen, um eine juristische Infrastruktur für die Entwicklung zu schaffen. Kapitalgesellschaften waren in China nicht völlig fremd – bereits früher hatte es Unternehmensstrukturen gegeben, die auf Gilden oder familiären Verbindungen beruhten und komplexe Organisationen mit großem Kapitalbedarf stützten. 1914 wurde ein detaillierteres Gesellschaftsrecht, die Verordnung über Handelsverbände, verabschiedet, die 251 Artikel umfasste und sich am deutschen Handelsrecht orientierte. Aber der Staat war zu schwach, um die neuen Gesetze durchzusetzen, und chinesische Firmen behielten größtenteils frühere Formen der Organisation bei, in denen Familien und regionale Zusammenschlüsse im Mittelpunkt standen – eine Tradition, die sich als äußerst anpassungsfähig erweisen sollte. Chinesische Unternehmen behielten somit nationale Merkmale bei, genauso wie die Neuordnung des Kapitals in Deutschland anders aussah als in den USA.[47]

Ein Großteil der Neuorganisation des Kapitals fand zwar in der Industrie statt, aber auch das Kapital auf dem Land wurde konsolidiert und neu organisiert: In der portugiesischen Kolonie São Tomé gingen in den späten 1870er Jahren aufgrund sinkender Weltmarktpreise immer mehr kleine Kaffeebauern in Konkurs. An ihre Stelle traten Investoren aus Lissabon – darunter Banken und Aktiengesellschaften –, die große Kakaoplantagen anlegten. In den USA verlagerte sich der Baumwollhandel von kleinen Faktoren, Exporteuren, Importeuren und Maklern auf beiden Seiten des Atlantiks hin zu riesigen integrierten europäischen und amerikanischen Handelsunternehmen. Großhändler wurden auch für den Vertrieb von agrarischen Rohstoffen wichtig: Cargill, ein 1865 gegründetes Unternehmen mit Sitz in Minnesota, wurde zu einem bedeutenden Akteur zunächst auf amerikanischen und dann globalen Märkten für Agrarerzeugnisse. Der elsässische Geschäftsmann Léopold Louis-Dreyfus baute ein europäisches Getreidehandelskonglomerat auf, das im Jahr 1900 das größte Unternehmen seiner Art weltweit war. Sogar Plantagen wurden in große Firmen eingegliedert. 1928 beschäftigte der französische Reifenhersteller Michelin auf seiner Kautschukplantage in Dâu Tiêng nicht weniger als 4800 Arbeiter. In Kuba drängten sich US-amerikanische Investoren in die Zuckerwirtschaft und bauten riesige Zentralen, in denen die Ernten mehrerer Plantagen verarbeitet wurden; außerdem kauften sie Land, sodass im Jahr 1901 die United Fruit Company 75 000 Hektar und die Cuba Company 40 000 Hektar kontrollierte. Die Investitionen waren beträchtlich; britische Anleger steckten fast dreimal mehr Geld in die Kautschukplantagen Südostasiens als in US-amerikanische Eisenbahnen. Die unternehmerische Neuordnung des Agrarkapitalismus hatte viele Ähnlichkeiten mit der Neuorganisation der Industrie.[48]

Während sie sich konsolidierten und wuchsen, veränderten die Kapitaleigner die Geografie des Kapitals. Nachdem beispielsweise die Wirtschaftselite von Boston über Generationen hinweg ihre Gewinne aus dem Handel im atlantischen Raum und in der Karibik sowie später aus ihren umfangreichen Investitionen in die Industrielle Revolution in den USA und deren hochmodernen Baumwollverarbeitungssektor erzielt hatte, gab sie ihrem Kapital eine neue Ausrichtung. Sie sah neue Möglichkeiten auf heimischem Territorium: Kupferminen in Michigan, Silbervorkommen in Colorado, Fleischverarbeitung in Chicago und Kansas und vor allem Eisenbahnen, die für die Verbindungen innerhalb dieses neuen Imperiums des Kapitals sorgen würden. Diese Konzentration auf die kontinentale Industrialisierung schuf eine «neue Geografie des Kapitals»: Eine kontinental integrierte Wirtschaft ersetzte den früheren Archipel. 1868 hatte der Bostoner Thomas Jefferson Coolidge 45 Prozent seines Kapitals in Neuengland und 26 Prozent im Westen des Landes investiert. Nur fünfzehn Jahre später waren die Investitionen im Westen auf 60 Prozent seines Portfolios gestiegen.[49]

Während die Unternehmer ihr Kapital umstrukturierten, entwickelten sie neue Arten sozialer Netzwerke, Umgangsformen, Gewohnheiten und Institutionen – ein weiteres Schlüsselelement bei der Neuorganisation des Kapitals. Die bedeutendste Veränderung bestand darin, dass sie, sobald die Reichweite ihrer Geschäfte die städtische oder regionale Wirtschaft überstieg, die lokale Beschränkung ihrer kulturellen, sozialen und politischen Orientierung hinter sich ließen, um stattdessen nationale Visionen und Netzwerke zu entwickeln. Gleichzeitig wurden die einst kosmopolitischen Handelsgemeinschaften, die ihre Standorte in den Hafenstädten des Archipels des Kapitals hatten, provinzieller, indem sie ihr jeweiliges Hinterland entdeckten, und fassten stärker Fuß in nationalen Gemeinschaften, wie die stolzen Hamburger und Bremer Kaufleute beispielsweise, die sich 1871 mit ihren bis dahin unabhängigen Stadtstaaten dem Deutschen Reich anschlossen. In jeder Hinsicht verstärkte sich die nationale und imperiale Orientierung der Kapitaleigner, oftmals auch ihr Nationalismus. Diese neue Ausrichtung war das Ergebnis grundlegender wirtschaftlicher Veränderungen: Nun organisierten sogar die Eigentümer einzelner Firmen ihre Produktion an mehreren Standorten, kauften Materialien an weit entfernten Orten und verkauften sowohl auf nationalen Märkten als auch in den Kolonien. Gleichzeitig führten die unternehmerische Organisation in Gesellschaften und die damit einhergehende Streuung des Kapitals dazu, dass Firmen begannen, Kapital von Investoren aus dem ganzen Land zu akquirieren. Vor allem wurde das Kapital zunehmend in unbewegliche Vermögenswerte investiert und damit räumlich festgelegt, anders als die mobilen Handelsinvestitionen früherer Zeit.

Der Nationalstaat gewann so für die Kapitaleigner an Bedeutung, was die nationale Perspektive dieser Klasse weiter verstärkte. Rio de Janeiro zog Wirtschaftseliten aus allen Provinzen Brasiliens an. Einem Historiker zufolge funktionierte die Stadt «wie ein großes Schleusentor, das externe Ströme umleitete und Regionalismen in einem breiteren, erstmals wirklich nationalen Rahmen vereinte». Ob Stahlmagnaten aus Pittsburgh, Ölraffineriebesitzer aus Cleveland oder die Führung der Eisenbahnen in den Südstaaten, alle kamen nach New York, das zum Hauptquartier einer neuen nationalen Wirtschaftselite wurde. Der US-amerikanische Seidenfabrikant Milo Merrick Belding leitete seine Fabriken in Massachusetts, Michigan, Connecticut, Kalifornien und Kanada nunmehr von Manhattan aus. Dorthin zogen auch der Fleischverarbeiter Philip Danforth Armour aus Chicago, der kalifornische Eisenbahnmagnat Collis Potter Huntington, der Stahlindustrielle Andrew Carnegie aus Pittsburgh, der Ölunternehmer John D. Rockefeller aus Pennsylvania und der Minenbetreiber Meyer Guggenheim aus Colorado.[50]

Die sozialen Netzwerke und kulturellen Einrichtungen dieser Wirtschaftselite richteten sich ebenfalls immer deutlicher national aus. In den USA wurden Privatschulen wie die Phillips Exeter oder die Andover Academies in Neuengland von einer nationalen Elite besucht. Die Universitäten Harvard, Yale und Princeton zogen Söhne reicher Eltern aus dem ganzen Land an, sodass ein Harvard-Absolvent 1882 seine Alma Mater als «eine große und nationale Universität» bezeichnete, deren «nationale Merkmale und Beziehungen jetzt ihre markantesten und attraktivsten» seien. Diese Institutionen ermöglichten es den wirtschaftlichen Eliten, ihren althergebrachten Lokalpatriotismus hinter sich zu lassen, die Sektorengrenzen ihrer wirtschaftlichen Interessen zu überwinden und Verbindungen zu den Managern, Ingenieuren und Anwälten aufzubauen, die für einen Großteil des Tagesgeschäfts ihrer Investitionen verantwortlich sein würden.[51]

Dieses Bürgertum erweiterte sich entsprechend, sodass nicht mehr nur die Kapitaleigner, sondern auch die sogenannten Funktionäre des Kapitals ihm angehörten – Anwälte, Ingenieure und besonders Manager. Diese Erweiterung war in erster Linie das Ergebnis wirtschaftlicher Veränderungen:

Bis zu diesem Zeitpunkt hatten die Kapitaleigner ihre Firmen selbst geleitet. Im späten 19. Jahrhundert jedoch schwand die Tradition der Kaufleute, die über ihren Kontoren wohnten, und der Fabrikanten, die auf dem Fabrikgelände lebten. Stattdessen begann eine Gruppe von Fachleuten, eine «neue Unterart des Wirtschaftsmenschen», dieses neu organisierte Kapital zu verwalten. Ihr Aufkommen machte vielleicht am deutlichsten die Gründung der Harvard Business School im Jahr 1908 erkennbar, die sich der Ausbildung dieser Fachkräfte widmete. Wie eine moderne Form des Priesterseminars, der Jeschiwa oder der Medresse vermittelte sie sowohl die Glaubenslehre als auch die Praktiken des Kapitalismus. Manager wurden nun wie Ärzte oder Anwälte ausgebildet, eine Vorstellung, die für einen Londoner Kaufmann des 18. Jahrhunderts oder einen Verleger in Surat nachgerade surreal angemutet hätte.[52]

Als diese Funktionäre an Bedeutung gewannen, verfeinerten sie die Instrumente zur Bewirtschaftung des von ihnen kontrollierten Kapitals: Statistik, Buchhaltung und zunehmend auch Planung. Diese Werkzeuge machten den neu organisierten Kapitalismus und sein gewaltiges Ausmaß neu lesbar, analysierbar und abstrakt. Bis weit ins 19. Jahrhundert hinein waren Wirtschaftsstatistiken weitgehend «moralisch» gewesen und hatten Veränderungen hinsichtlich der Alphabetisierung, der Trunkenheit und der Kriminalität sowie weitere Indikatoren aufgelistet, um den Fortschritt eines Gemeinwesens zu erfassen. Gegen Ende des Jahrhunderts erforderte der Umbau des Kapitalismus jedoch eine neue Form der Wirtschaftsstatistik, die Menschen, Orte, Institutionen, Land und natürliche Ressourcen in den Blick nahm, um ihr Potenzial zur Generierung von Einkünften zu beurteilen. Dass monetäre Kennzahlen und künftige Verdienstmöglichkeiten zu den wichtigsten Indikatoren für den Fortschritt wurden, machte verschiedene Branchen und Interessen untereinander vergleichbar. Diese Quantifizierung des Wachstums veranlasste den Wirtschaftswissenschaftler Simon Kuznets 1934 dazu, einen einflussreichen Index des wirtschaftlichen Fortschritts zu erstellen – das BIP.[53]

In fast allen Firmen kamen nunmehr statistische Messungen und Methoden zur Anwendung. Bis weit ins 19. Jahrhundert hinein hatten Unternehmer nur wenig Ahnung von den Kosten- und Gewinnstrukturen ihrer Unternehmen gehabt; über solche wirtschaftlichen Abläufe zerbrach man sich in einer Welt, in der Produktivität für die meisten Unternehmer noch keine große Rolle spielte, nicht den Kopf. Gegen Ende des 19. Jahrhunderts jedoch, unter dem Druck des Wettbewerbs, wurde die Produktivität zur Obsession. Immer komplexere Buchhaltungssysteme ermöglichten es Managern und anderen Verantwortlichen, genau zu verfolgen, was in ihren Unternehmen vor sich ging. Die Zahl der Spezialisten, die das bis dahin unsichtbare Innenleben des Kapitals sichtbar machten, wuchs so schnell, dass sie begannen, sich in Berufsverbänden zu organisieren. Den ersten Verband dieser Art, die Incorporated Society of Liverpool Accountants, gründeten 1870 die ansässigen Buchhalter, gefolgt von ähnlichen Zusammenschlüssen in anderen britischen Städten, bis 1880 das Institute of Chartered Accountants in England and Wales entstand. 1881 begann die Société Académique de Comptabilité in Frankreich mit der Definition von Standard-Buchhaltungspraktiken. Auf der anderen Seite des Atlantiks nahm 1882 das Institute of Accountants and Bookkeepers of New York seine Tätigkeit auf, um Buchhalter zu zertifizieren. 1886 wurde die American Association of Public Accountants gegründet. Zehn Jahre später erkannte der Staat New York Wirtschaftsprüfer rechtlich an, und deutsche Wirtschaftsprüfer gründeten den Verband Deutscher Bücherrevisoren.[54]

Mithilfe ihrer neumodischen Statistiken und Bilanzen ermöglichten diese Buchhalter und Manager eine neue Gestaltung der Unternehmensplanung. Auch wenn «Industriekapitäne» wie Rockefeller, Röchling und Toyoda bekannt waren für ihre Fähigkeiten in Führung und Kontrolle, war es ihre Bereitschaft, die Überwachung an bürokratische Strukturen zu delegieren, die Autokraten als Auslaufmodell erscheinen ließ. Die Industrien der Zweiten Industriellen Revolution produzierten Unmengen von Unterlagen, die immer mehr Büroangestellte zur Bewältigung erforderten, da Unternehmen, wie Werner Sombart es treffend formulierte, allmählich die Strukturen von «Verwaltungen» annahmen.[55]

1851 gab es in Großbritannien 91 000 Menschen in «kaufmännischer Beschäftigung», im Jahr 1911 betrug ihre Zahl bereits 900 000, darunter waren 17 Prozent Frauen. 12 500 Büroangestellte standen 1912 allein auf der Gehaltsliste von Siemens. Neben diesen gab es weitere Angehörige einer sich rasch herausbildenden unteren Mittelschicht: Hunderttausende Lehrer, die den Kindern von Proletariern und Bauern elementare Schreib- und Rechenkenntnisse beibrachten, Sozialarbeiter, die sich um die Stabilisierung der so wichtigen Arbeiterklasse bemühten, und Ingenieure, die nun das technische Fachwissen monopolisierten, das bis kurz zuvor größtenteils die Domäne der Facharbeiter gewesen war. Angestellte, Lehrer und Sozialarbeiter wurden zu den Kennzeichen des neu strukturierten Kapitals.[56]

Dank der besseren Einsicht in Vermögenswerte und einer größeren Kontrolle über das restrukturierte Kapital erlangte ein Geschäftsbereich eine neue und herausragende Bedeutung: das Finanzwesen. Dies war zum Teil

Die Papierverwaltung hält Einzug in die Industrie:
Schreibkräfte in den USA, um 1900.

auf die Kapitalintensität der industriellen Produktion zurückzuführen. Der Investitionsbedarf war so groß, dass er die Kapazitäten sogar der reichsten Privatpersonen überstieg. Auch wenn Handelsunternehmen wie die Ostindien-Kompanie bereits zuvor mit fremdem Geld gearbeitet hatten, beschafften sich Industrieunternehmen erst jetzt, zum ersten Mal in der Geschichte, Gelder auf Kapitalmärkten. Durch diese Verlagerung erhielt eine neue Art von Experten Macht und Sichtbarkeit, die sich auf die Bereitstellung von Mitteln spezialisierten und sowohl horizontale als auch vertikale Integrationen finanzierten. In den USA reorganisierte J. P. Morgan beispielsweise die Stahlindustrie und überzeugte Andrew Carnegie, sich von seinem Unternehmen Carnegie Steel zu trennen, um es mit Morgans Federal Steel zu US Steel zu fusionieren, einem wahren Koloss, der 60 Prozent des Marktes kontrollierte.[57]

In Deutschland übernahmen viele der großen Banken – darunter die Deutsche Bank, die Dresdner Bank und die Commerzbank – ähnliche Aufgaben und wurden zu wichtigen Kapitalquellen für industrielle Vorhaben. Die Deutsche Bank, die bekannteste unter ihnen, wurde 1870 gegründet. Zunächst wollten ihre Aktionäre eine Institution schaffen, die den wachsenden deutschen Außenhandel unterstützen sollte. Unter der Leitung von Georg von Siemens, einem Verwandten von Werner von Siemens, und Hermann Wallich waren diese Bemühungen nicht besonders erfolgreich, und die Bankiers fokussierten sich bald auf die heimische Produktion, vor allem auf die Schwerindustrie. Sie begannen, Kontokorrentkonten für Industrieunternehmen zu führen, die mit einer revolvierenden Kreditvergabe verbunden waren, und nach der Krise von 1873 kauften sie angeschlagene Konkurrenzbanken auf, sodass sie 1876 nach Vermögenswerten zur größten Bank Deutschlands wurden. Mitte der 1870er Jahre expandierte die Deutsche Bank ins Investmentbanking. 1879 brachte sie Krupp-Anleihen im Wert von 22,5 Millionen Mark auf den Markt und zeichnete Anleihen und Aktien für BASF, AEG, Bayer und Siemens sowie für Regierungen und Eisenbahngesellschaften. In diesem Prozess bauten deutsche Banken enge Beziehungen zu Industrieunternehmen auf, die durch die verbreitete Nutzung von Stimmrechtsvollmachten und die zahlreichen Sitze der Banken in Aufsichtsräten – 221 im Jahr 1903 – gefestigt wurden. Sie wurden praktisch zu «Hausbanken» für viele der großen deutschen Industrieunternehmen und zu einer koordinierenden Institution für beträchtliche Teile der deutschen Wirtschaft. Die Deutsche Bank verfügte im Jahr 1913 über 10,8 Prozent des privaten Bankvermögens in Deutschland und hatte zweifellos eine Spitzenstellung im nationalen Geschäftsleben erreicht.[58]

Die weitreichenden Auswirkungen dieses Aufstiegs des Finanzkapitals sind bis heute spürbar: Der Horizont der Kapitaleigner erweiterte sich über eine bestimmte Branche hinaus bis hin zum Prozess der allgemeinen Kapitalakkumulation. Im Rahmen seiner Erörterung des Aufkommens «größerer Geschäftsleute» stellte Thorstein Veblen fest, dass deren «Vermögen nicht dauerhaft an das reibungslose Funktionieren eines bestimmten Teilprozesses im Industriesystem gebunden ist. Ihr Vermögen ist vielmehr verknüpft mit den größeren Konjunkturen des industriellen Systems in seiner Gesamtheit.» Ihre Perspektiven erweiterten sich und nahmen nationale und oft koloniale Handlungsräume in den Blick, im Gegensatz zu früheren Generationen von Industriellen, die meistens in lokalen Macht- und Politiksystemen verwurzelt waren.[59]

Nirgendwo war diese Neuordnung radikaler als in den USA. Die Gründe dafür waren teils struktureller, teils politischer Natur: Das Land erstreckte sich über ein riesiges Gebiet, das den Aufbau vieler vertikal integrierter Unternehmen ermöglichte; sein Ressourcenreichtum eignete sich für eine energie- und materialintensive Massenproduktion, und die kontinentale Größenordnung schuf den größten integrierten Markt der Welt, was eine frühzeitige Verbindung von Massenproduktion und Massenkonsum erlaubte. 1910 fanden 43 Prozent der weltweiten Eisen- und Stahlproduktion in den USA statt, mehr als das Dreifache des Ausstoßes der Werke in Großbritannien. Aber eine Rolle spielte auch die einzigartige Politik der USA, die eine unmittelbare Folge der Rebellionen in der Mitte des Jahrhunderts war. Das nationale politische System des Landes war darauf ausgerichtet, die kontinentale Industrialisierung und die Landwirtschaft in der Prärie zu fördern und einen Staat zu schaffen, dessen Maßnahmen keine Rücksicht auf die politischen Interessen aristokratischer – oder allgemeiner gesagt: landbesitzender – Eliten nehmen mussten. Der Soziologe Barrington Moore Jr. bezeichnete den amerikanischen Bürgerkrieg als die letzte bürgerliche Revolution und unterstrich seine Bedeutung als Wegbereiter für einen radikal umgestalteten Kapitalismus in den USA und eine bis dahin unvorstellbare Expansion der nationalen Wirtschaft, die zum globalen Aufstieg des Landes und zu den Anfängen der Zweiten Großen Divergenz führen sollte.[60]

Einer der bemerkenswertesten Aspekte dieser Restrukturierung des Kapitals war tatsächlich die grundlegende Bedeutung der Politik. Natürlich hatte der Staat schon immer Einfluss auf die Entfaltung des Kapitalismus gehabt, und eine der zentralen Thesen dieses Buches ist, dass der Kapitalismus ein staatlich konstituiertes Projekt war und ist. Doch im späten 19. Jahrhundert, als die Investitionen zunahmen und die Kapitaleigner nach der Kontrolle über die stark angewachsene Arbeiterklasse – und später auch über die Konsumenten – strebten, engagierten sie sich mit neuer Entschlossenheit in der Politik – und sicherten sich die Früchte ihrer Kämpfe in der Mitte des Jahrhunderts. Im *Mann ohne Eigenschaften* porträtierte Musil die Industriekapitäne und erinnerte die Leser daran, dass sie sich trotz all ihres Geredes von liberaler Wirtschaft «bekanntlich die Vorteile, die bewaffnete Zollverhandlungen oder gegen Streikende eingesetztes Militär dem öffentlichen Wohl bieten, kräftig zunutze» machten. In der Tat spielte der Staat – und damit die Politik – eine zentrale Rolle bei der Restrukturierung des Kapitals, angefangen vom Schutz der Handelsrouten durch die Marine über die militärische Bedrohung von Ländern, die sich nicht dem Welthandel öffneten, oder Angriffe auf diese bis hin zur Mobilisierung und Kontrolle der Arbeiter und zu Gesetzesreformen, die neue Kapitalstrukturen ermöglichten.[61]

Diese zentrale Bedeutung der Politik für die Wirtschaft erkennen wir, wenn wir uns noch einmal die Röchlings ansehen. In ihrem geschäftlichen Alltag war die Politik allgegenwärtig, sie war gleichermaßen wichtig für ihre Transaktionen wie für die Organisation der Produktion oder das Management der Arbeitskräfte. Folglich war ihr politisches Wirken breit gefächert und tiefgehend: Auf informeller Ebene pflegten sie Umgang mit gleichgesinnten Eliten. In den Jahrzehnten vor dem Ersten Weltkrieg brachte die Saarbrücker Casino-Gesellschaft, ein Gesellschaftsclub, die Wirtschaftselite des Saarlands, darunter die Röchlings, mit Offizieren zusammen und schuf

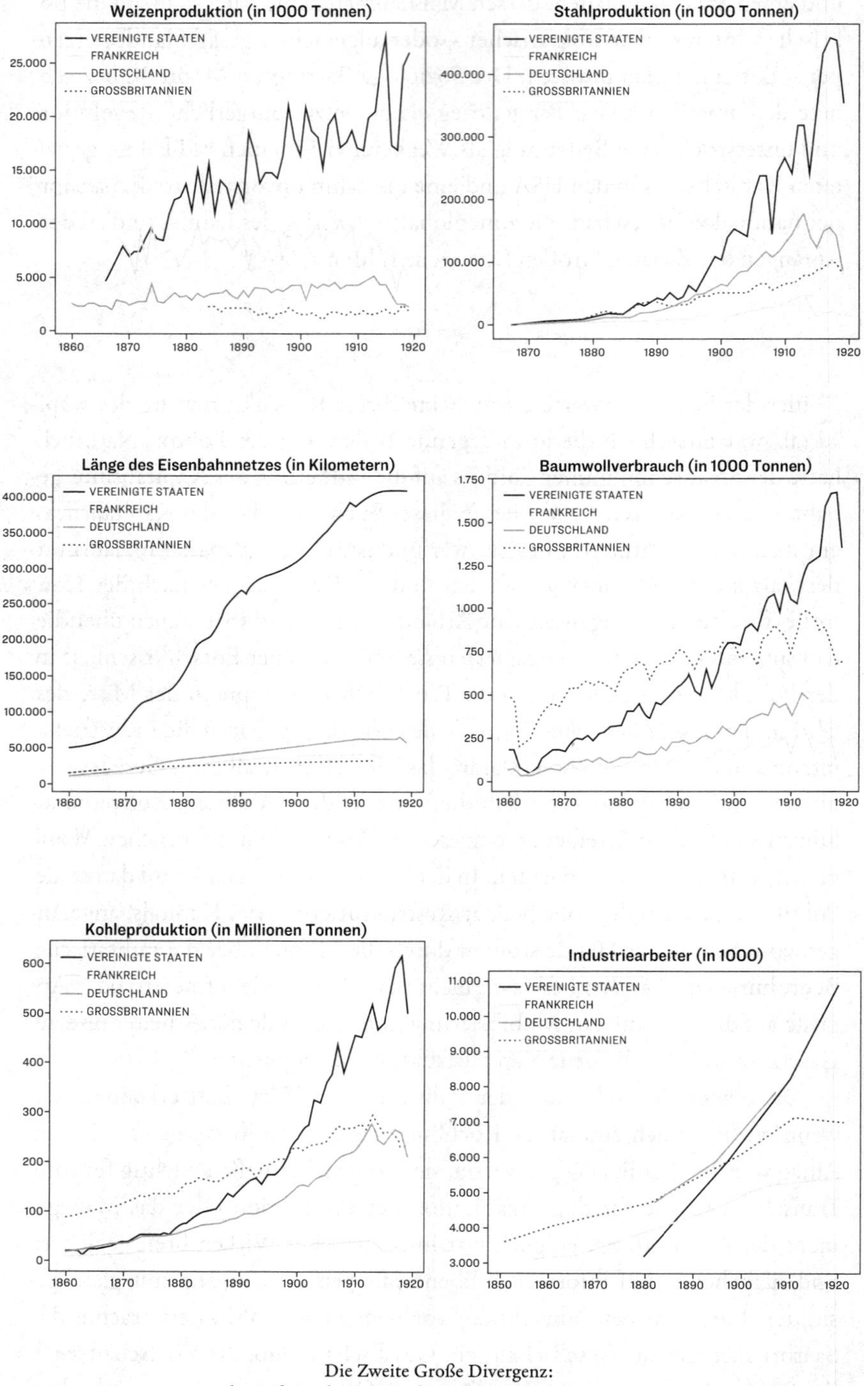

Die Zweite Große Divergenz:
der Aufstieg der USA in der Weltwirtschaft, 1870–1920.

so enge Verbindungen innerhalb und zwischen der ökonomischen Elite und der militärischen Führung. Mehrere Frauen der Familie Röchling heirateten ins Militär ein und knüpften damit die engen Verbindungen zwischen Schwerindustrie und industrialisierter Kriegsführung, die im 20. Jahrhundert auf so tragische Weise in Erscheinung traten.[62]

Auf einer offizielleren, aber immer noch lokalen Ebene versuchten die Röchlings sich eine Dominanz in kommunalen Angelegenheiten zu verschaffen. In Völklingen engagierten sie sich stark in der örtlichen Presse, um die öffentliche Meinung zu beeinflussen. Sie finanzierten maßgeblich den Bau einer neuen Kirche in der Stadt und sorgten dafür, dass auf dem Deckenfresko neben Jesus am Kreuz auch Mitglieder der Familie und ihr Kronjuwel – das Stahlwerk – abgebildet wurden. Sie standen in engem Kontakt mit dem Bürgermeister, der Stadtverwaltung und dem Stadtrat und mischten sich in große und kleine Entscheidungen ein. Auch auf regionaler Ebene – im Saarland, wo sich die meisten ihrer Betriebe befanden – zeigten sie sich an der staatlichen Überwachung der politischen Einstellung ihrer Arbeiter ebenso interessiert wie an infrastrukturellen Verbesserungen.[63]

Der wichtigste Teil ihres politischen Engagements fand allerdings auf nationaler Ebene statt. Die Reichspolitik war für ihr Geschäft lebenswichtig, da der Staat Rohstoffe und Märkte zugänglich machte, dabei half, die Unzufriedenheit der Arbeiterklasse in Zaum zu halten, für die grundlegende Infrastruktur sorgte und die Wirtschaftsgeografie Europas neu gestaltete – dies alles war für die Geschäftsstrategie des Unternehmens von entscheidender Bedeutung. Carls 1872 geborener Sohn Hermann war politisch stark involviert. Bei den Reichstagswahlen im Jahr 1912 nahm er aktiv am Wahlkampf teil und setzte sich auf überfüllten Kundgebungen für die Beibehaltung der Schutzzölle für seine Branche ein, mit der Begründung, diese ermöglichten die Sozialleistungen der Firma. Wenn es darum ging, seine Arbeiter davon zu überzeugen, richtig zu wählen, war er nicht zimperlich: Arbeiter, die das Zentrum, eine katholische Partei der Mitte, unterstützten, verloren angeblich ihre Rentenzahlungen. Und die Röchlings waren hierbei keine Ausnahme. Überall mischten sich vor allem die Eigentümer der Schwerindustrie intensiv in die Politik ein: Emil Kirdorf, Geschäftsführer des größten Kohleunternehmens im Ruhrgebiet und führende Persönlichkeit des Rheinisch-Westfälischen Kohlen-Syndikats, wurde Gründungsmitglied mehrerer nationalistischer, militaristischer und prokolonialer Organisationen, darunter der Alldeutsche Verband, der Kolonialverein und der Flottenverein. Er wurde später auch zu einem der ersten Unterstützer eines aufstrebenden rechtsextremen Politikers, Adolf Hitler, dem er half, eine zentrale Stellung in der nationalistischen, militaristischen, expansionistischen und antisemitischen deutschen Rechten zu erlangen.[64]

Diese Art von politischem Aktivismus verschaffte Industriellen und Finanziers neuen Einfluss auf den Staat. In den USA hatte nach dem Bürgerkrieg die politische Mobilisierung von Fabrikanten gemeinsam mit Arbeitern und Farmern aus dem Westen in der Republikanischen Partei eine politische Ökonomie hervorgebracht, die sich von der Freihandels-, Sklaverei- und Atlantik-Agenda abwandte, die die Plantagenbesitzer im Süden und die Kaufleute im Norden in den Jahrzehnten vor dem Krieg verbunden hatte. Die Republikanische Partei kämpfte nicht nur für die nationale Einigung – und letztendlich gegen die Sklaverei –, sondern führte auch Zölle zum Schutz der Industrie ein, baute eine Infrastruktur auf, die die Entwicklung einer kontinentalen Industriewirtschaft begünstigte, förderte die Kommerzialisierung der Landwirtschaft im Westen – ein riesiger Markt für Industriegüter – und unterstützte die Einwanderung, um Arbeitskräfte für die expandierende Industrie zu gewinnen. Diese neue politische Ökonomie der kontinentalen Industrialisierung bildete den Kern der Neuordnung des US-amerikanischen Kapitalismus.[65]

Der Protektionismus wurde in den USA und anderswo zu einem Markenzeichen dieser neuen Volkswirtschaften: Überall forderten die Eisen- und Stahlindustriellen Zölle, wie auch die in die Enge getriebenen Adeligen Europas, deren Reichtum aus ihrer nicht wettbewerbsfähigen Getreideproduktion stammte. Auf Betreiben solcher Unternehmer breitete sich der Protektionismus aus: Der McKinley-Tarif von 1890 in den USA, der Méline-Tarif von 1892 in Frankreich und eine ganze Reihe von Zollgesetzen in Deutschland und Italien zielten darauf ab, die heimische Industrie und Landwirtschaft zu unterstützen. Nur Großbritannien, damals noch im Zentrum der Weltwirtschaft, setzte in Abkehr von seinen protektionistischen Wurzeln auf Freihandel, obwohl sogar dort einige Stimmen den Schutz der heimischen Industrie forderten.[66]

Genauso wie die Kapitaleigner in eine tiefe Abhängigkeit vom Staat gerieten und bestrebt waren, seine Politik zu beeinflussen, befand sich auch der Staat in einer tiefen Abhängigkeit vom restrukturierten Kapitalismus. Kohle, Stahl, Eisenbahnen, Chemikalien, Elektrizität und Maschinen sorgten nicht nur für eine enorme Produktionssteigerung, die besteuert werden konnte, um den expandierenden Staat zu finanzieren; sie lieferten auch wichtige Werkzeuge für die moderne Kriegsführung, die die Staaten, zu Recht oder zu Unrecht, als unverzichtbar für ihr Überleben beurteilten. Wie wir später sehen werden, war die Neuorganisation des Kapitals ein Projekt nicht nur der Wirtschaftseliten, sondern auch der Regierungsbeamten, die eifrig jene Rahmenbedingungen schufen, die Marktintegration, Marktbeherrschung, technische Innovation, Kapitalkonzentration und Zugang zu fossilen Brennstoffen und Arbeitskräften ermöglichten.

Diese Restrukturierung des Kapitals hatte auch erhebliche Auswirkungen auf die globalen Wirtschaftshierarchien. Neue Zentren wirtschaftlicher Macht entstanden – vor allem die USA und Deutschland –, die zunächst mit Großbritannien konkurrierten und es dann überholten. Auch Japan begann, in diese industrialisierte Welt hineinzuwachsen, und in einem Schritt, der ein Jahrhundert später enorme Auswirkungen auf den globalen Kapitalismus haben sollte, begannen kapitalstarke Kaufleute in China und Mexiko, Indien und Brasilien industrielle Ableger zu entwickeln. 1899 nahm in Nantong die moderne Dasheng-Baumwollspinnerei die Produktion auf. 1903 begann das erste integrierte Stahlwerk Mexikos mit der Fertigung. Vier Jahre später folgte Tata Steel in Indien diesem Beispiel. Argentinien und Brasilien verzeichneten in den ersten Jahrzehnten des 20. Jahrhunderts ein beeindruckendes industrielles Wachstum; in Brasilien wuchs die Industrie zwischen 1910 und 1920 um durchschnittlich 14 Prozent pro Jahr. Im globalen Maßstab waren diese Entwicklungen jedoch noch eher unbedeutend. 1913 kontrollierten Europa, hauptsächlich Frankreich, Deutschland und Großbritannien, sowie Nordamerika fast drei Viertel der weltweiten Industrie – ein eklatant höherer Anteil als ein Jahrhundert zuvor oder ein Jahrhundert später. Im selben Jahr wurden mehr als 50 Prozent der weltweit verbrauchten fossilen Treibstoffe in Europa verbrannt und 45 Prozent in Amerika, während weniger als 5 Prozent des internationalen Verbrauchs in Afrika und Asien anfielen – aussagekräftige Zahlen in diesem Zeitalter der von fossilen Brennstoffen befeuerten Industrialisierung. Und obwohl Großbritannien seine einst überwältigende Führungsposition in der Weltwirtschaft eingebüßt hatte, hatte es immer noch unzählige versteckte und sichtbare Vorteile: Im Jahr 1900 befanden sich beispielsweise 72 Prozent aller Telegrafenkabel der Welt in britischem Besitz. Dies war auch der Zeitpunkt, an dem eine bis dahin nie dagewesene Form der wirtschaftlichen Spezialisierung entstand. Die überwiegende Mehrheit der Weltbevölkerung produzierte Rohstoffe, die, wenn sie exportiert wurden, in die industriellen Kernländer der Welt gelangten, während Fertigwaren fast ausschließlich aus diesen industriellen Kernländern bezogen wurden. Die wirtschaftlichen und politischen Hierarchien zwischen dem sogenannten Kern und der sogenannten Peripherie hatten sich auf eine Weise verschärft, die ein Jahrhundert zuvor noch unvorstellbar gewesen wäre.[67]

Tatsächlich war der Eurozentrismus zu keinem Zeitpunkt in der Geschichte des Kapitalismus größer. Aus der Perspektive seiner langfristigen Entwicklung war diese Phase zwar nur von kurzer Dauer, doch während des Dreivierteljahrhunderts nach 1870 wurden Kapitaleigner und politische Eliten in anderen Teilen der Welt an den Rand gedrängt. Die Auswirkungen der konzentrierten mechanisierten Produktion in den Städten des nordatlantischen Raums erforderten und ermöglichten neue Formen der Integration des Hinterlands, um den Bedarf der imperialen Metropolen zu decken. Neue Schritte der großen Vernetzung – die Dampfschiffe, Eisenbahnen und der Telegraf ermöglichten – hatten weltweit verheerende Auswirkungen auf die protoindustrielle Fertigung. Auch das außereuropäische Handelskapital wurde marginalisiert: Im nunmehrigen Britisch-Indien hatten lokale Kaufleute 1861 noch 67 Prozent aller Baumwollexporte aus Bombay kontrolliert; bis 1875 war ihr Anteil auf nur noch 28 Prozent gesunken und ging weiter zurück. Am folgenreichsten war jedoch vielleicht die durch das neu strukturierte Kapital ermöglichte Neuverteilung der militärischen Macht, die es einigen wenigen Staaten erlaubte, einen Großteil des Hinterlandes der Welt – sogar ganze Kontinente – militärisch zu dominieren. Während die Staaten im Nordatlantikraum erstarkten, wurden andere Nationen zugrunde gerichtet und oft in einer weiteren Runde kolonialer und halb kolonialer Besitzergreifung zerstört. Die Staaten, denen es gelang, die industrielle Produktion – insbesondere die Schwerindustrie – mit erheblich erweiterten staatlichen Fähigkeiten zu verbinden, blieben viele Jahrzehnte lang konkurrenzlos.[68]

Dieser radikal eurozentrische Augenblick des neu strukturierten Kapitals entstand genau zu dem Zeitpunkt, als das Schreiben von Geschichte institutionalisiert und professionalisiert wurde; er formte somit die Weltanschauung von Generationen, einschließlich ihrer Wahrnehmung des Kapitalismus. Materielle Macht gab der Welt ihre Form, und gleich einer tektonischen Gewalt gestalteten deren Konzepte das Selbstverständnis der Welt. Als das neue Imperium des Kapitals in radikal erweiterte geografische und soziale Räume eindrang, wurden die Narrative über diesen Prozess ebenso radikal eurozentrisch und reduzierten den Großteil der Menschheit auf bloße Statisten im Drama der Geschichte des Kapitalismus. Das galt für das gesamte politische Spektrum, von den Sozialisten bis zur nationalistischen Rechten, und diese Mythologisierung hat sich hartnäckig gehalten. Sie trieb sogar noch Blüten, als die Welt, die sie angeblich beschrieb, längst nicht mehr existierte.[69]

Doch trotz ihres engstirnigen, begrenzten und häufig rassistischen Selbstverständnisses – und der damit einhergehenden oftmals nationalistischen Rhetorik und protektionistischen Politik – behielten die Kathedralen des

Kapitals im nordatlantischen Raum ihre grundsätzlich globale Ausstrahlung bei, wie aufmerksame Zeitgenossen im Trubel der periodischen Auf- und Abschwünge einräumten. So äußerte der Frankfurter Bankier Baron Carl Mayer von Rothschild, dass «die ganze Welt zu einer Stadt geworden ist». Bezeichnenderweise wurde die Weltwirtschaft nicht lange nach der Krise der 1870er Jahre selbst zum Gegenstand gezielter Beobachtung, als der Ökonom Franz Xaver von Neumann-Spallart 1885 seine *Übersichten der Weltwirtschaft* veröffentlichte. Gelehrte der deutschen Historischen Schule der Nationalökonomie zeichneten Karten, erstellten Statistiken und verfassten Berichte über wirtschaftliche Entwicklungen in vielen Teilen der Welt und trugen auf diese Weise zur Verbreitung der Auffassung bei, dass das Wirtschaftsleben im Wesentlichen global war. Vier Jahre später sprach von Neumann-Spallarts US-amerikanischer Kollege, Richard T. Ely, von der «Weltwirtschaft», und 1895 analysierte die französische *Revue mensuelle de la science économique* das, was sie «économie mondiale» nannte. 1914 war es so weit, dass dieses Verständnis in Deutschland in der Gründung des Königlichen Instituts für Seeverkehr und Weltwirtschaft in Kiel einen organisierten Ausdruck fand. Während die frühere globale Integration hauptsächlich durch die von Händlern organisierte räumliche Verteilung von Produktion, Beschaffung und Verbrauch vorangetrieben worden war, wurde sie nun durch die Industrialisierung des Kernlandes beflügelt.[70]

Als die Nationalstaaten in den Vordergrund rückten, spielte die globale Realität des Kapitalismus sie ständig gegeneinander aus, und sie kämpften um die Vorherrschaft. Tatsächlich verschlang und erzeugte der Kapitalismus im Zuge seiner Expansion nicht nur immer mehr Kapital, sondern beanspruchte auch mehr Land, mehr Rohstoffe und viel mehr Arbeitskräfte, sowohl in den ländlichen Gebieten der Welt als auch in den sich vergrößernden Industriezentren. Als die Aufstände in der Mitte des Jahrhunderts die Sklaverei, die Leibeigenschaft und die Mobilisierung eines weitgehend vorindustriellen Proletariats infrage stellten und als Staaten und Kapitalisten neue Fähigkeiten erlangten, entstanden auch neue Formen der Arbeit. Millionen von Männern, Frauen und Kindern schufteten nun zusätzlich in der Landwirtschaft, im Bergbau und in der Industrie, um Güter für die Weltmärkte zu produzieren. Doch die Wege ihrer Mobilisierung, die Art ihrer Arbeit und die Organisation ihres Lebens änderten sich radikal. Die globale Neustrukturierung der Arbeit gehörte zu den folgenreichsten Neuordnungen des Kapitalismus im späten 19. Jahrhundert.

KAPITEL 12

Neuordnung der Arbeit, 1870–1920

Stahlarbeiter, Völklinger Hütte, Völklingen, 1890.

Als sich in der zweiten Hälfte des 19. Jahrhunderts die Gestalt des globalen Kapitalismus fundamental veränderte, rückte auch die Neustrukturierung der Arbeit in den Mittelpunkt. Mit immer größerer Geschwindigkeit investierten die Kapitaleigner in die ländliche und städtische Produktion und beschäftigten eine stetig wachsende Zahl von Männern, Frauen und Kindern, die Felder bestellten, Getreide ernteten, Schiffe beluden, Kohle abbauten, Briefe tippten und gigantische Maschinen bedienten. Bis zur Mitte des Jahrhunderts hatten sie, teils aus freien Stücken und teils aus Notwendigkeit, diese Expansion noch auf konservative Weise vorangetrieben, indem sie ältere Arbeitsregime intensivierten: Die Arbeitsweisen der Werkstätten hatten Eingang in die Fabriken gefunden, die Plantagensklaverei war expandiert und die Heimarbeit hatte in immer mehr Haushalten Einzug gehalten. Dies war eine erstaunliche Leistung, doch die Aufstände in der Mitte des Jahrhunderts – in Fabriken, auf Dörfern und Plantagen – hatten allen klargemacht, dass die alten Methoden an ihre Grenzen gekommen waren.

Infolgedessen suchten Kapitaleigner auf der ganzen Welt nach neuen Wegen, um die Massen von Menschen zu rekrutieren und zu kontrollieren, die benötigt wurden, um das Kapital weiter wachsen zu lassen. Die Kapitaleigner erkannten, dass es ohne eine Neuordnung der Arbeit – mit neuen Methoden der Rekrutierung, Überwachung und Bindung von Arbeitskräften – keine Neuordnung des Kapitalismus geben konnte. Wie vorherzusehen war, stießen sie bei diesem Vorhaben jedoch auf stark mobilisierte Arbeiter, die für Autonomie, Würde und einen größeren Anteil an den Früchten ihrer Arbeit kämpften – Forderungen, die durch neue Denkweisen über den Kapitalismus und neue Formen der kollektiven Organisation weiteren Auftrieb erhielten.

Es kam daher zu einem weltweiten sozialen Konflikt, der eine grundlegend veränderte globale Arbeitswelt hervorbrachte. Dass eine Vielzahl ganz verschiedener Arbeitsregime daraus hervorging, zeugte von sozialen, wirtschaftlichen, kulturellen und politischen Unterschieden zwischen den Regionen der Welt. Während diese Restrukturierungen sich gegenseitig beeinflussten – Arbeiter, Regierungen und Kapitaleigner lernten aus den Bemühungen der anderen und beobachteten auch ferne Regionen der Welt aufmerksam –, generierten sie weiterhin eine Vielzahl an unterschiedlichen Arbeitsregimen, eine Heterogenität, die den Kapitalismus an sich kennzeichnete.

Dieser globale gesellschaftliche Konflikt kann an vielen Orten beobachtet werden. La Réunion ist einer davon. Die Insel – entstanden durch den Aufstieg eines Vulkans vom Boden des Indischen Ozeans – liegt etwa 2000 Kilometer vor der Ostküste Mosambiks. Frankreich ergriff Mitte des 17. Jahrhunderts Besitz von diesem weitgehend unbewohnten Territorium, so wie England kurz zuvor von Barbados. In der zweiten Hälfte des 18. Jahrhunderts bereicherten die Zuckerrohrfelder der Insel nur eine kleine Gemeinschaft weißer Plantagenbesitzer; noch im Jahr 1848 zählte sie weniger als 2000 Menschen. Diese französische Vorhut lenkte die unbezahlte Arbeit von 50 000 versklavten Arbeitern, die überwiegend aus Ost- und Zentralafrika stammten. Da die meisten dieser Arbeiter jung und kinderlos starben, benötigten die Kapitaleigner von La Réunion einen konstanten Zufluss neuer versklavter Landarbeiter: Allein zwischen 1769 und 1794 waren es 80 000 und zwischen 1817 und 1835 weitere 45 000. Der Zucker fraß die Menschen. Wie ein französischer Kolonialbeamter zu Beginn des 20. Jahrhunderts vorbehaltlos und ohne Furcht vor Widerspruch feststellte, war es «die Sklaverei, die den Wohlstand der Insel begründet hat».[1]

Im frühen 19. Jahrhundert war das Sklavenregime von La Réunion ähn-

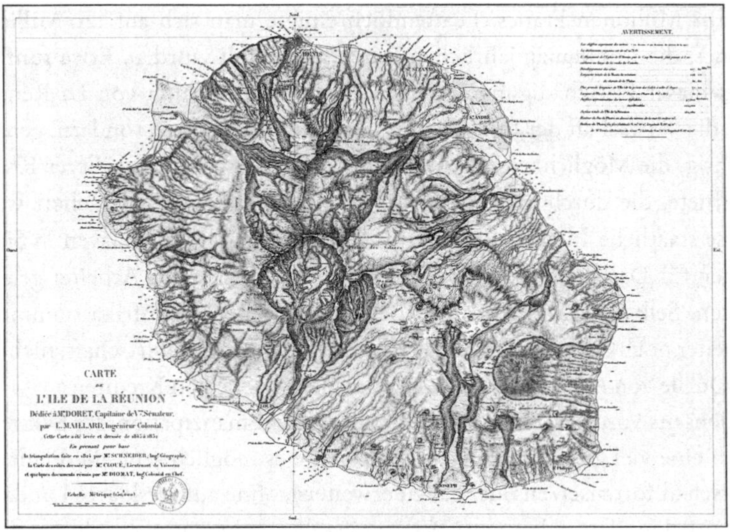

Neuordnung der Zuckerproduktion: La Réunion im Jahr 1852.

lich wie andernorts zwar profitabel, aber instabil. Für den Zucker gab es weiterhin Absatzmärkte, aber die Arbeiter wehrten sich gegen ihre Versklavung, und einige von ihnen flohen ins bergige Landesinnere, um Siedlungen außerhalb der Reichweite der Plantagenbesitzer in sogenannten Marron-Gemeinschaften zu gründen. Angesichts neuer britischer und späterer französischer Verbote des Sklavenhandels wurde den Plantagenbesitzern überdies allmählich klar, dass die Sklaverei nicht für immer ihren Arbeitskräftebedarf sichern würde. Aufgrund von Freilassungen, hoher Sterblichkeit, Selbstbefreiung der Sklaven und dem Wunsch zur Ausweitung des Anbaus schien La Réunion als profitabler Außenposten des europäischen Kapitals zunehmend instabil zu werden.[2]

Im Jahr 1848 schließlich führten die Aufstände auf Martinique und in Paris zur Abschaffung der Sklaverei im gesamten französischen Herrschaftsbereich: Die lang gehegten Befürchtungen der Plantagenbesitzer wurden auf einen Schlag zur Realität. Wie ihre britischen Kollegen vierzehn Jahre zuvor forderten Sklavenbesitzer und Investoren im gesamten französischen Kolonialreich eine Entschädigung für das, was sie als Enteignung ihres wertvollsten Eigentums betrachteten. Ihnen Ausgleichszahlungen zu verwehren, argumentierten sie, würde bedeuten, «gemeinsame Sache mit den Sekten zu machen, die sich jetzt vereinen, um durch die Behauptung, Eigentum sei Diebstahl, die Gesellschaft zu zerstören» – gemeint waren Anarchisten und Sozialisten.[3] Die Gesamtsumme der Kompensation war umstritten, einige forderten bis zu 288 Millionen Francs. Letztendlich einigte man sich auf 120 Millionen Francs, die in zwanzig jährlichen Raten ausgezahlt wurden. Etwa fünf Prozent dieser Entschädigungen gingen an die Sklavenhalter von La Réunion, was die Wirtschaft der Insel nicht nur unmittelbar stärkte, sondern, genauso wichtig, die Möglichkeit zur Aufnahme um ein Vielfaches größerer Kredite eröffnete, die durch künftige Entschädigungszahlungen abgesichert waren. Diese staatliche Intervention verwandelte den Besitz von Sklaven in Sicherheiten für Darlehen, die zuvor die Körper der versklavten Arbeiter geleistet hatten. Selbst im Moment ihrer Befreiung spielten aus Afrika stammende Arbeiter noch eine entscheidende Rolle in der Plantagenwirtschaft, nicht nur als Quelle von Arbeitskraft, sondern auch als Quelle von Krediten.[4]

Jenseits von Kapital und Krediten warf die Emanzipation der Sklaven jedoch eine viel größere Frage auf: Wie sollte es möglich sein, die Plantagenwirtschaft fortzusetzen oder gar zu erweitern, ohne auf versklavte Landarbeiter zurückgreifen zu können? Wie wir gesehen haben, war die Sklaverei eine wesentliche Bedingung für die Expansion des Kapitals in die ländlichen Gebiete der Welt gewesen. Wie sollte nun, da die Sklaverei verboten war, Kaffee angepflanzt, Zuckerrohr gesät und Baumwolle geerntet werden? Nach den Aufständen in der Mitte des Jahrhunderts beschäftigte diese Frage Pflan-

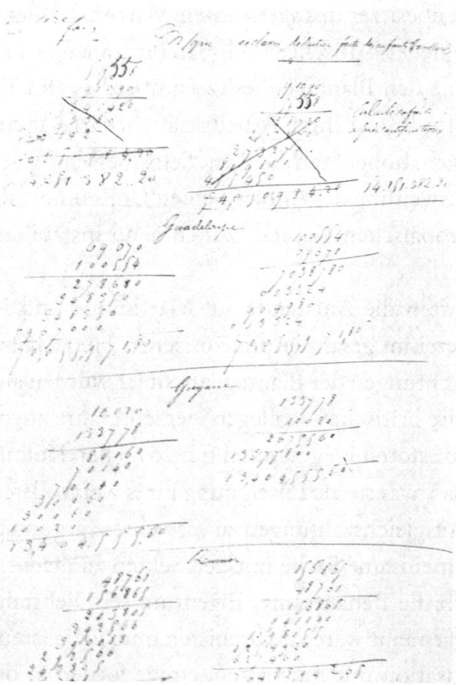

Berechnung des Preises der Versklavten und der zu zahlenden Entschädigungen: Dies sind grobe Berechnungen eines französischen Kolonialbeamten in den Jahren 1848/49. Zu diesem Zeitpunkt gab es auf La Réunion 48 761 versklavte Männer, Frauen und Kinder. Er schätzte ihren Wert auf 76 488 942,68 Francs.

zer und Kolonialbeamte auf der ganzen Welt. Die Plantagenbesitzer auf La Réunion gingen den nächstliegenden Weg: Sie zwangen die Freigelassenen, Arbeitsverträge mit einer Laufzeit von ein oder zwei Jahren zu unterzeichnen. Als diese Verträge ausliefen, verließen die Befreiten jedoch in Scharen die Plantagen. 1848 hatten noch fast 50 000 versklavte Frauen, Männer und Kinder auf der Insel gearbeitet; vier Jahre später, 1852, arbeiteten nur noch 15 843 der nun freigelassenen Arbeiter gegen Bezahlung auf den Plantagen. Diese Abgänge bestätigten die größte Furcht der Pflanzerelite: «Da sie kaum Bedürfnisse haben und mit dem Lohn von drei Arbeitstagen den Unterhalt einer ganzen Woche für sich und ihre Familie bestreiten können», «verabscheuen» die Freigelassenen «regelmäßige Arbeit».[5] In «warmen Ländern» wie La Réunion, schlussfolgerten die Pflanzer, begnüge sich ein ehemals versklavter Arbeiter mit seinem geringen Einkommen und «kehrt in sein Haus zurück, raucht und ruht sich aus oder geht fischen».[6] Laut dem Anwalt und Kolonialbeamten Delabarre de Nanteuil, der sich in solchen Angelegenheiten auskannte, da er inmitten der revolutionären Unruhen in Saint-Domingue geboren worden war, «haben die Freigelassenen die Plantagen verlassen. Die meisten ließen sich in den Städten nieder, andere zogen sich in die entlegenen Winkel der Hochebenen der Insel zurück. [...] Die Freigelassenen sind nicht zur Arbeit zurückgekehrt.»[7] Stattdessen bauten sie zusammen mit einer Gruppe verarmter weißer Siedler eine auf den Eigenbedarf ausgerichtete Landwirtschaft jenseits des Plantagenkomplexes auf den Hochebenen der Insel auf, die für den Zuckerrohranbau ungeeignet und daher noch weitgehend unbesiedelt waren.[8]

Als die ehemaligen Sklaven sich von der Plantagenarbeit zurückzogen und auch mit Kurzzeitverträgen nicht mehr zu halten waren, verdoppelten die Pflanzer und Kolonialbeamten ihre Anstrengungen, um sich Arbeitskräfte zu sichern. Der Blick auf die Folgen des Endes der Sklaverei in anderen Gegenden alarmierte sie, da diese, beispielsweise auf den britischen Westindischen Inseln, oftmals mit einem Rückgang der Zuckerproduktion einhergingen. «Um den Wert von Grund und Boden zu erhalten», war es, wie ein französischer Kolonialbeamter feststellte, angesichts der Tatsache, dass «die Schwarzen in großer Zahl die Anwesen, zu denen sie gehörten, verlassen haben, nötig, sich darum zu kümmern, eine bestimmte Anzahl von Arbeitern von außerhalb herbeizuschaffen und besondere Regelungen für diejenigen befreiten Sklaven zu treffen, die bereit wären, befristete Verträge mit den Eigentümern ländlicher Anwesen abzuschließen.»[9] Damit sie die gerade erst freigelassenen Arbeiter besser kontrollieren konnten, forderten die Plantagenbesitzer von La Réunion die Kolonialregierung auf, die Mobilität der

Arbeiter einzuschränken und sie zum Verkauf ihrer Arbeitskraft zu zwingen. Im Jahr 1852 führte die Administration ein «Arbeitsbuch» ein, das Arbeiter, die keine Jahresverträge unterzeichnet hatten, mit sich führen mussten. Im Jahr 1855 wurde ein Gesetz gegen «Desertion» verabschiedet: Jeder, der keinen Arbeitsvertrag unterzeichnet hatte, galt als «Vagabund» und wurde strafrechtlich verfolgt.[10]

Aber die Freigelassenen waren weiterhin nicht bereit, ihre Arbeitskraft zur Verfügung zu stellen. Als Reaktion darauf setzten die Plantagenbesitzer die Kolonialregierung unter Druck, die langfristige Zwangsarbeit wieder einzuführen. Sie baten um die Erlaubnis, Arbeiter an der Ostküste Afrikas zu rekrutieren, indem sie versklavte Afrikaner von örtlichen Händlern kauften, sie «befreiten» und sie dann zwangen, Verträge zu unterzeichnen, die sie zu jahrelanger Arbeit auf La Réunion verpflichteten. Zwischen 1848 und 1860 brachten Plantagenbesitzer mit diesem Manöver mehr als 34 000 Afrikaner nach La Réunion, wodurch sich die Zuckerproduktion innerhalb von nur elf Jahren verdreifachte.[11] Nur vier Jahre nach dem Ende der Sklaverei schufteten mehr Vertragsknechte auf den Plantagen als Freigelassene.

Proteste aus dem Mutterland gegen dieses neue System, das der Sklaverei sehr nahekam, führten 1860 zu seinem Ende, und Arbeitskräfte wurden wieder knapp. Die Plantagenbesitzer blickten nun nach Osten. Seit den 1820er Jahren hatten die Pflanzer eine kleine Anzahl von Indern aus der französischen Kolonie Pondicherry beschäftigt, Männer wie Caddy Poulicadow, Gong Patow Palalow und Chinom Abigadow, die Dreijahresverträge unterzeichnet hatten. Aus Sicht der Plantagenbesitzer waren die Erfahrungen mit Indern durchwachsen, nicht zuletzt, weil die Arbeiter sich gegen die oftmals schrecklichen Arbeitsbedingungen wehrten: Die Zeitung *Le Glaneur* aus La Réunion hatte bereits 1833 berichtet, dass Vertragsknechte als «Vagabunden» durch die Landschaft streiften.[12] Darüber hinaus weigerten sich die Inder oft, Befehlen zu folgen, «verursachten alle möglichen Unruhen» – die Suche nach besseren Arbeitsbedingungen anderswo eingeschlossen – und gründeten sogar eine Gewerkschaft.[13]

Angesichts der öffentlichen Empörung in Frankreich über die erzwungene Arbeit von Afrikanern beschlossen die Plantagenbesitzer dennoch, verstärkt indische Vertragsknechte anzuwerben. Sie drängten die französische Regierung, mit Großbritannien einen Vertrag über Zehntausende solcher Kräfte abzuschließen, die ab 1862 mit einer Verpflichtung für jeweils fünf Jahre ins Land kamen. Die Inder erhielten ein Gehalt, Lebensmittelrationen und etwas Kleidung – «kaum mehr als Säcke», wie ein Reporter berichtete.[14] Obwohl sie formal frei waren und das System stark reguliert wurde, war die Behandlung der Arbeiter von einer solch «extremen Brutalität», dass ein französischer Kolonialbeamter von einer Form der «verdeckten Sklaverei» sprach.[15] Die Sterblichkeitsrate war fast so hoch wie während der echten Sklaverei, und einige Arbeiter wurden gezwungen, ihre Arbeitsverträge über die ursprünglich vereinbarte Anzahl von Jahren hinaus zu verlängern.[16] Großbritannien forderte zunächst eine stärkere Kontrolle der Arbeitsbedingungen und kündigte schließlich 1882 den Vertrag.[17]

Als keine Inder mehr kamen, unternahmen die Plantagenbesitzer einen erneuten Versuch, das zu lösen, was sie die «Frage der Muskelkraft» nannten.[18] Einmal mehr «richteten sie ihre Augen auf Afrika», um «fügsame und robuste» Arbeitskräfte zu finden, und forderten die französische Obrigkeit auf, mit Portugal über Importe von Arbeitskräften aus dessen Kolonie Mosambik zu verhandeln.[19] Diese Rekrutierung, argumentierten sie, sei Teil ihres «zivilisatorischen Wirkens, ein Akt der Philanthropie» – und im April 1888 trafen tatsächlich wieder afrikanische Arbeitskräfte auf La Réunion ein.[20]

Die Pflanzer blickten auch auf das nahe gelegene Madagaskar. 1884 hatten die Kolonialbehörden von La Réunion ein Abkommen ausgehandelt, um sich Arbeitskräfte von dort zu sichern, und als Frankreich die Insel 1896 nach einem blutigen Krieg gegen Königin Ranavalona III. zum Protektorat machte, kamen immer mehr Frauen und Männer aus Madagaskar zum Arbeiten nach La Réunion. Sie erlebten erheblichen Zwang und Gewalt und litten unter unzureichender Versorgung mit Lebensmitteln und Kleidung sowie nicht ausgezahltem Gehalt.[21] Ein französischer Kolonialbeamter berichtete 1924, viele von ihnen «beklagten, unterernährt zu sein».[22] Ein Untersuchungsbericht sprach von «schlecht belüfteten Unterkünften ohne Betten», «unrechtmäßiger Vorenthaltung des Lohns, Schlägen [...] mangelhafter Ernährung», «Brutalität» und «körperlicher Misshandlung».[23] Ein Arbeiter aus Madagaskar beschwerte sich über den Mangel an Respekt: «Sie beleidigen uns.»[24] Ein französischer Bürokrat kam zu dem Schluss, dass «die Art und Weise, wie madagassische Arbeiter auf La Réunion üblicherweise behandelt werden, im Grunde eine Form der Sklaverei ist».[25]

Insgesamt kamen in der zweiten Hälfte des 19. Jahrhunderts 50 000 Vertragsarbeiter aus Ostafrika und Madagaskar auf die Insel, aber die Plantagenbesitzer klagten immer noch über Arbeitskräftemangel. Einige investierten in arbeitsparende Technologien und hofften, «durch rationelle Fertigung den gesamten im Zuckerrohr enthaltenen Reichtum zu gewinnen».[26] Dank ihrer Bemühungen stieg die Produktivität: 1880 erzeugten die Pflanzer von La Réunion 23,5 Tonnen Zucker pro Hektar; 1895 hatte sich diese Zahl mehr als verdoppelt und erreichte 60 Tonnen. Andere Plantagenbesitzer setzten auf Teilpacht und bezahlten Landarbeiter mit einem festen Anteil der Ernte.[27] Ihre vielfältigen Anstrengungen bei der Suche nach Arbeitskräften zeugen indirekt davon, dass sie sich mit der Macht ihrer Arbeiter auseinanderzusetzen hatten, wie bescheiden diese auch sein mochte.

Aber die Verpachtung und landwirtschaftliche Innovationen reichten nicht aus, um die Marktchancen für Zucker und das verfügbare Kapital, das bereitstand, um diese zu nutzen, voll auszuschöpfen. Pflanzer und Kolonialbeamte verstärkten ihre Jagd nach Arbeitskräften ein weiteres Mal, von der Küste Afrikas bis nach China, von Madagaskar bis Somalia, von den Komoren bis nach Vietnam. Mitte der 1890er Jahre forderte das Syndicat Central Agricole – ein Zusammenschluss von Pflanzern – eine erneute Öffnung für indische Migranten. Ohne diese Arbeitskräfte, argumentierten sie, wäre La Réunion «dem Niedergang geweiht». Da angeblich 50 Prozent der Anbauflächen für Zuckerrohr nicht kultiviert wurden und die Zuckererzeugung trotz Produktivitätssteigerungen zurückging, appellierten sie an den Staat, sich ihrer «schweren Notlage» anzunehmen.[28] Im Jahr 1921 versuchten sie, Arbeiter in Ägypten und Syrien zu rekrutieren. Im Januar 1924 sandte der Gouverneur von La Réunion, Maurice Pierre Lapalud, ein Telegramm an das Kolonialministerium in Paris, in dem er dringend um die Beschaffung von mehr Arbeitern aus Madagaskar bat und die Tendenz der Kreolen beklagte, Kleinbauern und Handwerker zu werden. 1925 forderte sein Nachfolger Arbeiter aus Java an, und 1927 versuchte die Kolonialregierung, japanische Arbeiter anzuwerben.[29]

La Réunion war ein Mikrokosmos der sich weltweit abspielenden Auseinandersetzung. Jahrhundertelang hatte die Sklaverei eine spektakulär erfolgreiche Belieferung der Märkte im nordatlantischen Raum mit Agrarrohstoffen ermöglicht. Bei ihrer Abschaffung standen Pflanzer, Händler und industrielle Abnehmer von Erzeugnissen der Sklavenarbeit vor der Frage, wie fortan die Verfügbarkeit von Arbeitskraft gesichert werden sollte. La Réunion war nicht der einzige Ort, an dem sich Plantagenbesitzer mit diesem Problem befassen mussten; auch andernorts wurde befürchtet, dass sich die Freigelassenen auf eine reine Subsistenzlandwirtschaft zurückziehen würden. So schrieb 1883 ein Journalist der kubanischen Zeitung *La Tribuna*, dass «sich die Szenen der Massenflucht von Arbeitskräften, die sich in Jamaika zugetragen haben, wiederholen werden, weil es auch bei uns so viele unkultivierte Flächen gibt, auf denen sich die Schwarzen vorzugsweise selbstständig niederlassen, um ausschließlich für die Befriedigung ihrer begrenzten Bedürfnisse zu arbeiten».[30] Für Charles Victor Frébault, Gouverneur von Guadeloupe von 1859 bis 1863, waren «Wildfrüchte» die Ursache, weil Freigelassene diese ernten und somit überleben konnten, ohne für andere zu arbeiten.[31] Die Londoner *Times* kam zu demselben Schluss: Da Freigelassene «wenig Behausung, noch weniger Kleidung und kaum mehr Nahrung benötigten, als über ihrem Kopf oder zu ihren Füßen zu finden war», würden sie nicht für niedrige Löhne auf Plantagen arbeiten.[32] Als der niederländische Kolonialbeamte Karel Frederik van Delden Laërne 1883 nach Brasilien reiste, um sich anzusehen, wie die Kaffeeproduktion in diesem führenden Erzeugerland organisiert war, rechnete er damit, dass die Herstellung angesichts des bevorstehenden Endes der Sklaverei zurückgehen würde, genau wie dies auf Jamaika der Fall gewesen war.[33] Und tatsächlich: «Aller Fortschritt kommt jetzt durch einen Mangel an Arbeitskräften zum Stillstand.»[34]

Diese Ängste waren durchaus begründet. Wie auf La Réunion verließen überall freigelassene Sklaven die Plantagen. Jamaika war das beängstigende Beispiel, das alle Plantagenbesitzer vor Augen hatten: Obwohl der von den Pflanzern dominierte lokale Kolonialrat alles in seiner Macht Stehende getan hatte, um die Freigelassenen durch sogenannte Lehrverträge an die Plantagen zu binden, hatten die befreiten Sklaven diese Arbeit einfach verweigert und mit der Subsistenzproduktion ihre eigenen Versorgungsgrundlagen geschaffen. Etwa sieben Jahre nach der vollständigen Emanzipation der Sklaven waren mehr als 21 Prozent der «Lehrlinge» auf bäuerlichem Grundbesitz ansässig geworden, wo sie Subsistenzwirtschaft mit dem Anbau von Feldfrüchten für den Verkauf auf dem Markt und Lohnarbeit verbinden konnten. Die Bemühungen der Freigelassenen, sich eine unabhängige Existenz aufzubauen, beunruhigten die britischen Entscheidungsträger so sehr, dass sie das Leben außerhalb der Ägide des Kapitals generell als eine Form von «Barbarei» verunglimpften.[35] Insbesondere die postrevolutionäre historische Entwicklung Haitis wurde als «allmählicher Rückfall von einer relativen Zivilisiertheit in die Barbarei» bezeichnet, und die Gemeinschaften der ehemaligen Sklaven, die sich befreit hatten, wurden schlechtgemacht als in Regression versunkene «kleine Landbesetzer, die in barbarischer Trägheit auf ihrem fruchtbaren Boden vegetieren».[36]

Solche Rückzüge aus der Plantagenwirtschaft ereigneten sich in allen ehemaligen Sklavengebieten der Welt. Im Westen Kolumbiens verließen die Freigelassenen ihre ehemaligen Besitzer und widmeten sich dem unabhängigen Goldschürfen und der bäuerlichen Landwirtschaft – sie wurden zu «Regenwaldbauern».[37] Der Sonderausschuss für Zucker- und Kaffeeanbau des britischen Unterhauses beklagte die neuen Realitäten:

> «Dass aufgrund des nunmehr unabhängigen Zustands der Masse des Volkes die Verfügbarkeit von Arbeitskraft äußerst unsicher geworden ist und oftmals überhaupt nicht gegeben ist, wenn sie am meisten gebraucht wird; dass die Menschen in den meisten Fällen nicht mehr als fünf Tage in der Woche auf den Landgütern arbeiten wollen; dass sie sich in mehreren Bezirken sogar weigern, mehr als vier Tage in der Woche zu arbeiten; dass die durchschnittliche Arbeitszeit auf dem Feld fünf bis sechs Stunden pro Tag beträgt; dass die für den Lohn geleistete Arbeit nicht nur quantitativ unzureichend ist, sondern in der Regel auch schlecht ausgeführt wird; dass am Jahrestag der Befreiung und zu Weihnachten die gesamte landwirtschaftliche Bevölkerung ein bis zwei Wochen untätig ist; dass dies in einigen Bezirken auch zu Ostern der Fall ist; dass in all diesen Zeiträumen, selbst wenn das Zuckerrohr auf dem Boden verrottet und der Kaffee von den Bäumen fällt, kein noch so hoher Lohn die Menschen zur Arbeit bewegen wird; und dass die Arbeitskräfte von Jahr zu Jahr knapper werden, weil die Menschen sich von den Plantagen zurückziehen.»[38]

Ein französischer Pflanzer war der gleichen Auffassung: Die Welt sei auf den Kopf gestellt worden. Ein madagassischer Arbeiter, so klagte er, «gibt seine Tätigkeit auf, wenn man ihn sie nicht vollständig so machen lässt, wie er es möchte».[39]

Als Reaktion darauf machten sich die Plantagenbesitzer und ihre Verbündeten daran, die Arbeit in der globalen Landwirtschaft zu restrukturieren. Die Agitation gegen die Sklaverei hatte sich teils auf das Argument der «freien Arbeit» gestützt: die Vorstellung, dass Märkte Anreize für Arbeitnehmer und Arbeitgeber schaffen würden, einen Handel abzuschließen. Angesichts der schieren Größe der Herausforderung, die die Freilassung der Sklaven darstellte, kamen jedoch fast alle Pflanzer und Kolonialbeamten zu dem Schluss, dass die Märkte nicht ausreichen würden, um all die Arbeitskräfte zu sichern, die für die kontinuierliche Produktion von billigen Rohstoffen und Agrarprodukten nötig sein würden, insbesondere zu einem Zeitpunkt, an dem die Zweite Industrielle Revolution mit ihren neuen Anforderungen die ländlichen Gebiete der Welt unter Druck setzte. Doch nun griffen die Kapitaleigner und ihre staatlichen Verbündeten ein. Es handelte sich um ein Projekt von planetarischem Ausmaß. «Europa hat definitiv die Regierung der Welt übernommen», erklärte ein Journalist der französischen Tageszeitung *Le Temps* im Jahr 1899, um «eine bessere Verteilung der Menschen auf der bewohnbaren Oberfläche» der Erde zu gewährleisten: «Einige Länder sind überbevölkert, während andere leer sind; im Sinne einer guten Verwaltung unseres Planeten kann für jedes von ihnen nichts vorteilhafter sein, als die überschüssige Bevölkerung einiger Länder in jene Länder zu bringen, die nicht genug Einwohner haben. In Regionen mit gemäßigtem Klima kolonisiert die weiße Rasse selbst; in warmen Regionen benötigt sie die Hilfe von Rassen, die für dieses Klima geschaffen sind und deren Migration sie veranlassen muss.»[40] Es musste ein weltweiter Arbeitsmarkt geschaffen werden – wenn nötig, mit Gewalt. Die französische Kommission für Arbeitsregime in den Kolonien hatte sich dieser Auffassung schon 1873 angeschlossen, wobei eines ihrer Mitglieder, Michel-Félix Rivet, den Standpunkt vertrat, dass ehemalige Sklaven zur Arbeit gezwungen werden müssten, während ein anderes Mitglied, Pierre Cuinier, zu dem Zeitpunkt Gouverneur von La Réunion, strafrechtliche Sanktionen für diejenigen befürwortete, die ihre Arbeitsverträge nicht erfüllten.[41] Nach Abschaffung der Sklaverei, so die weitverbreitete Überzeugung, müsse die Arbeit weiterhin Zwang und sogar Gewalt unterliegen. Wer auf die «unsichtbare Hand» des Marktes vertraue, riskiere eine Katastrophe.

Sogar Toussaint Louverture und Jean-Jacques Dessalines, die Herrscher von Saint-Domingue nach der Haitianischen Revolution, hatten versucht, die ehemaligen Sklaven zurück auf die Plantagen zu zwingen, um die Exportwirtschaft wiederzubeleben. Louverture führte interne Pässe und militärische Disziplin auf den Plantagen ein; er beklagte sich darüber, dass junge Arbeiter, die nie die Sklaverei erlebt hatten, «sich nicht der Landwirtschaft [auf den Plantagen] widmen wollen, weil sie, wie sie sagen, frei sind und ihre Tage damit verbringen, sich herumzutreiben, was ein schlechtes Beispiel für die anderen Arbeiter darstellt».[42] Zum Leidwesen der revolutionären Eliten gelang es vielen ehemaligen Sklaven, die Beschränkungen zu umgehen und ihren Traum von einem kleinen Stück Land in den haitianischen Bergen zu verwirklichen.[43] Dort war das Leben nicht leicht, aber immer noch viel besser als der Anbau von Zuckerrohr.

Die pausenlose Suche nach Arbeitskräften und das Aufkommen neuer Formen der Arbeitskontrolle im ländlichen Raum waren das Ergebnis des Drucks, der durch das Verbot der Sklaverei und die Schwierigkeit, die wachsende Nachfrage der globalen Märkte zu befriedigen, entstand. Überall verlangten private Verbraucher und die Industrie nach Kaffee, Baumwolle, Tee, Zucker, Weizen und anderen derartigen Gütern. Da Industriearbeiter und alle anderen Städter Kalorien benötigten – sowie Kaffee und Tee als Drogen, um produktiv zu bleiben – und kapitalintensive Maschinen ständig in Betrieb gehalten werden mussten, um Gewinne zu erzielen, trieben die Kapitaleigner die Fronten der Kommodifizierung immer tiefer in die ländlichen Gebiete der Welt.[44]

Für Pflanzer, Händler und Industrielle war die Restrukturierung der Arbeit daher nicht nur eine Frage der Mobilisierung und Kontrolle von Arbeitskräften auf Ländereien, die zuvor von versklavten Frauen, Männern und Kindern bewirtschaftet worden waren, sondern auch eine Frage der Rekrutierung von Landarbeitern in Gebieten der Welt, in denen die Sklaverei keine große Rolle gespielt hatte. Die Krise, die die Territorien der Sklaverei aus ihrer Perspektive ereilt hatte, führte dazu, dass der Plantagenkomplex auf neue Regionen ausgedehnt wurde, insbesondere rund um den Indischen Ozean und in den pazifischen Raum. Eine beispiellose Zahl karibischer Pflanzer zog auf der Suche nach neuen Arbeitskräften und Anbauflächen in entfernte Gebiete. Einige US-amerikanische Pflanzer siedelten in Indien und später auch in Brasilien, wo Tausende von ehemaligen Konföderierten hofften, ihr von Sklaven betriebenes Baumwollkönigreich wieder aufbauen zu können.[45]

Die Kapitaleigner drängten die Produktion von immer mehr Rohstoffen in die ländlichen Gebiete der Welt. Sie trieben den Anbau von Tee in Assam und dann auf Ceylon voran, wodurch britische Kapitaleigner endlich die Beschränkungen der Qing-Regierung für den Teehandel umgehen konnten und der Umstand, dass sie nicht tief in das Tee produzierende Hinterland Chinas vordringen konnten, an Bedeutung verlor, weil sie nun den Tee in ihren Kolonialgebieten anbauten. Auch der Baumwollanbau rückte weiter vor, über die Grenzen der USA hinaus. Ägypten wurde zu einem wichtigen Baumwollproduzenten für die europäischen Märkte: 1870 wurden dort 89 000 Tonnen hergestellt, 1913 waren es bereits 344 000 Tonnen. Kongo, das spätere Malaysia und das niederländische Südostasien begannen mit der Produktion von Kautschuk für die Weltmärkte: Allein in Deutschland verzehnfachte sich die Einfuhr von Kautschuk zwischen 1880 und 1910 nahezu. Auch der Zucker kam in Bewegung: Fidschi, das 1860 noch überhaupt keinen Zucker produzierte, stellte 1913 bereits 100 000 Tonnen her. Im Jahr 1875 arbeiteten 3260 Menschen auf hawaiianischen Zuckerrohrplantagen; 25 Jahre später waren es 37 760. In der Mandschurei sorgte japanisches Kapital für eine massive Expansion des Sojaanbaus. Wie zuvor erforderte dieses Vorantreiben der Rohstoffproduktion die Nutzung von Land, aber es beruhte auch auf militäri-

Im Kernland des Tees, China, 1908.

schen Kapazitäten, der Bereitstellung von Infrastruktur und einer neuartigen Nutzung der rechtlichen und administrativen Befugnisse des Staates.[46] Diese Vorstöße der Kommodifizierung waren ein wesentlicher Bestandteil der globalen Restrukturierung des Kapitalismus.

Unabhängig davon, ob neue Anbaugebiete aufgrund höherer Nachfrage geschaffen wurden oder ob bestehende Anbaugebiete den sozialen und ökologischen Belastungen nicht mehr standhalten konnten – die Rekrutierung von Arbeitskräften blieb von zentraler Bedeutung. Tatsächlich wurde die sogenannte Arbeitsfrage zu einer Obsession der Kapitaleigner auf der ganzen Welt. Als die französische Zeitung *La Dépêche* 1926 das wirtschaftliche Potenzial Madagaskars erörterte, beschrieb sie die Zukunft der Insel in glänzenden Farben, wobei die einzige Sorge «die Arbeitsfrage» war.[47] Millionen zusätzlicher Arbeiter wurden benötigt, um die europäischen und nordamerikanischen Märkte mit landwirtschaftlichen Rohstoffen und Mineralien zu beliefern. Die Nachfrage war so groß, dass Regionen miteinander um Arbeitskräfte konkurrierten. Als beispielsweise die Plantagenbesitzer von La Réunion Arbeiter in Madagaskar anwarben, protestierten die dortigen Pflanzer gegen deren Export. Der französische Gouverneur von Indochina schimpfte umgekehrt über den Export von Arbeitskräften nach Madagaskar und erklärte, er könne sie nicht entbehren. Billige Arbeiter waren eine nationale Ressource, und der Zugang zu ihnen motivierte viele koloniale Unternehmungen, da die Erschließung von Gebieten mit kostengünstigen Arbeitskräften die geografische Expansion des Kapitalismus weiter vorantrieb. Der Kolonialismus war auch eine Form der Mobilisierung von Arbeitskräften.[48]

Niedrige Kosten und Kontrolle waren für viele Plantagenbesitzer weltweit von entscheidender Bedeutung, da sie die Arbeitsverhältnisse so weit wie möglich der Sklaverei angleichen wollten. Die Sklavenhalter im Süden der USA hatten genau diese Vorstellung. Als sie 1865 den Krieg verloren hatten, verabschiedeten die von den Plantagenbesitzern kontrollierten Parlamente der südlichen Bundesstaaten umgehend sogenannte Schwarzenkodizes, um Schwarze Arbeiter an ihren Aufenthaltsort zu binden und sie zum Verbleib auf den Plantagen zu zwingen; Gesetze gegen Landstreicherei ermöglichten eine einfache Verurteilung zu Zwangsarbeit. Alles in allem scheiterten diese Versuche der erneuten Versklavung jedoch – Arbeitsbedingungen, die der Sklaverei ähnelten, konnten entweder nur vorübergehend aufrechterhalten werden – wie das Lehrlingssystem auf Jamaika – oder stießen auf so entschiedenen Widerstand der ehemals Versklavten, dass sie schnell wieder aufgegeben wurden, wie beispielsweise in den USA. Versklavung benötigte den Rückhalt des Staates, und da diese Unterstützung nunmehr ungewiss war, gelang es den Plantagenbesitzern nicht, sie wieder einzuführen.[49] Die Aufstände der Versklavten hatten diese grausame Möglichkeit für immer zerstört.

Stattdessen etablierte sich eine Vielzahl unterschiedlicher Arbeitsregime. Das Auffällige an der Restrukturierung der Arbeitswelt war ihre enorme Vielfalt, die sich manchmal sogar an ein und demselben Ort zeigte. In Peru beispielsweise, wo die Sklaverei 1854 abgeschafft worden war, bedienten sich die Kapitaleigner der Schuldknechtschaft, der Lohnarbeit, der Yanacona – indigener Arbeitskräfte – und chinesischer Vertragsknechte.. In der Mandschurei betrieben mehrere Millionen chinesische Einwanderer als Pächter, Kleinbauern und Lohnarbeiter den Anbau von Soja.[50] Die gleiche Vielfalt lässt sich auch beobachten, wenn wir uns bestimmte Produkte ansehen. Nach der Befreiung der Sklaven wurden Zucker, Kaffee und Baumwolle in verschiedenen Regionen der Welt von Arbeitern in unterschiedlichen Beschäftigungsverhältnissen produziert: an einigen Orten von Teil- oder Vollpächtern, an anderen von Bauern, an wieder anderen von Zwangsarbeitern oder von Lohnarbeitern.

Diese erstaunliche Diversität war die Folge lokaler Rahmenbedingungen, insbesondere der ungleichen politischen und wirtschaftlichen Macht von Kapitaleignern, Landwirten und Bürokraten in den ländlichen Gebieten der Welt. Die Bedeutung dieser lokalen Machtverhältnisse für die globale Geschichte der Neuordnung des Kapitalismus wird besonders deutlich, wenn wir uns eine Art natürliches Experiment ansehen, das sich zu Beginn des 20. Jahrhunderts an den Ufern des zentralafrikanischen Kivu-Sees abspielte. Am Westufer des Sees lag Belgisch-Kongo, am Ostufer liegen Ruanda und Burundi, die damals von Deutsch-Ostafrika vereinnahmt worden waren und später von Belgien verwaltet wurden. Auf beiden Seiten versuchten Plantagenbesitzer und Kolonialverwalter die Kaffeeproduktion zu steigern. Beide waren erfolgreich, jedoch auf sehr unterschiedliche Weise: Auf der einen Seite entstanden große Kaffeeplantagen, während es auf der anderen Seite Kleinbauern waren, die Kaffeebohnen für die Weltmärkte produzierten. Die verschiedenen Gesellschaftsformen, die vor der Ankunft der Europäer rund um den See existiert hatten, beeinflussten die unterschiedlichen Entwicklungen: Am Ostufer, in Ruanda und Burundi, war aufgrund der hohen Bevölkerungsdichte kaum Land unbestellt, und ein Großteil davon wurde von kleinen unabhängigen Bauern bewirtschaftet. Am Westufer, auf der kongolesischen Seite, siedelten die Menschen weniger dicht, und die Eigentumsansprüche der indigenen Bevölkerung waren weniger klar. Infolgedessen errichteten der belgische Kolonialstaat und seine Investoren große Plantagen, für die sie mehr als 20 000 Arbeiter zwangsrekrutierten. Am östlichen Ufer zwangen deutsche Kolonialbeamte die unabhängigen Kleinbauern, größere Mengen von Kaffee für den Export zu produzieren. Beide Arbeitssysteme waren mit erheblicher Gewaltausübung verbunden, sahen jedoch völlig unterschiedlich aus.[51] Dieses Beispiel zeigt, dass die globale Geschichte des Kapitalismus immer auch lokal determiniert war.

Solche lokalen Episoden waren dennoch eng miteinander verknüpft und Teil einer globalen Debatte über die Arbeit nach der Abschaffung der Sklaverei. Die Kolonialarchive dieser Zeit sind zum Bersten gefüllt mit Schriften zur «Arbeitsfrage». Spanische Kolonialbeamte versuchten, von den Erfahrungen französischer Bürokraten zu lernen, die diese nach dem Ende der Sklaverei gemacht hatten. Die Franzosen hofften ihrerseits, Lehren aus den Erfahrungen der USA ziehen zu können, während sie gleichzeitig die britischen Bemühungen in Indien im Auge behielten, um für alle Fälle gewappnet zu sein. Im Jahr 1905 untersuchte das französische Außenministerium sowohl die Ausweitung des Baumwollanbaus in der Präsidentschaft Bombay als auch in den deutschen Kolonien in Afrika. Im Zuge der Erweiterung des Kaffeeanbaus auf São Tomé studierten portugiesische Kolonialbeamte die brasilianischen Bemühungen zur Rekrutierung und Kontrolle von Arbeitskräften.[52] Diese globalen Diskurse beeinflussten die lokalen Strategien, ohne jedoch die außerordentliche Vielfalt der Umsetzungen zu beschränken.

Als die Arbeit in den neu strukturierten ländlichen Gebieten eine Vielzahl unterschiedlicher Formen annahm, war die Vertragsknechtschaft eine wichtige, der Sklaverei am nächsten kommende Variante. Im Laufe des 19. Jahrhunderts verließen Millionen von Arbeitern ihre Heimat, um gemäß vertraglichen Vereinbarungen in oftmals weit entfernten Teilen der Welt auf Plantagen zu arbeiten, die Rohstoffe für den Weltmarkt produzierten. Sie kamen vom indischen Subkontinent, aus China, Teilen Afrikas, Japan, Melanesien und Südostasien und hatten Verträge mit Arbeitsvermittlern unterzeichnet, die ihnen Transport, Unterhalt und Lohn als Gegenleistung für eine bestimmte Anzahl von Arbeitsjahren garantierten. Diese Arbeiter lebten in der Regel in Baracken, die karibischen Sklavenunterkünften ähnelten, und physischer Zwang – wie Tritte, Peitschenhiebe und Schläge – gehörte zu ihrem Alltag. Historiker schätzen, dass zwischen Mitte der 1830er und den 1920er Jahren die europäischen Kolonialmächte 2,2 Millionen solcher Arbeiter in alle Welt transportierten. Auf die karibischen Inseln kamen 259 700 indische Arbeiter, nach Mauritius 452 652, andere verschlug es nach La Réunion, Fidschi sowie in den Osten und Süden Afrikas. Anwerber von Arbeitskräften brachten 500 000 chinesische Arbeiter in die Karibik und nach Südamerika – allein 120 000 nach Kuba –, während etwa 14 000 Vertragsknechte aus Melanesien, Mikronesien und China auf samoanischen Kokosnussplantagen schufteten. Dieses streng regulierte europäische System verblasste jedoch im Vergleich zu den 27 Millionen südasiatischen Arbeitern, die von indischen Arbeitsvermittlern nach Burma, Ceylon und ins spätere Malaysia geschickt wurden, um dort die schnell wachsenden Reis-, Tee- und Kautschukplantagen zu bewirtschaften.[53] Die Zahl der auf diese Weise transferierten Menschen war größer als die Zahl der im atlantischen Sklavenhandel gehandelten Afrikaner, was die anhaltende, die Welt formende Dynamik und Bedeutung des Plantagensektors während der Zweiten Industriellen Revolution belegt.

Vertragsknechte kamen unter zwei unterschiedlichen Umständen in die ländlichen Gebiete der Welt. Vor allem ersetzten sie die versklavten Arbeiter; tatsächlich war es in erster Linie der politische Druck der Zuckerrohrpflanzer in der Karibik, der den Rückgriff auf die Vertragsknechtschaft überhaupt erst motivierte. Wie wir gesehen haben, waren es auf La Réunion nur wenige Jahre nach der Abschaffung der Sklaverei die Vertragsknechte, die den Plantagenbetrieb in Gang hielten. Das Gleiche galt für Britisch-Guayana: Der Plantagenbesitzer John Gladstone beispielsweise verwendete die Entschädigung, die er für die Freilassung seiner mehr als 2000 versklavten Arbeiter erhalten hatte, um indische Vertragsarbeiter auf seine Plantagen zu holen. Nachdem 1863 die Sklaverei im benachbarten Niederländisch-Guyana abgeschafft worden war und die Freigelassenen nach Ablauf einer Zeit erzwungener Vertragsknechtschaft die Plantagen verließen, um Subsistenzanbau zu betreiben, unterzeichneten auch die Niederländer 1870 einen Vertrag mit Großbritannien über die Einfuhr indischer Arbeiter. Etwa 35 000 kamen zwischen 1873 und 1916 an und weitere 31 000 Arbeiter aus dem niederländisch kontrollierten Java.[54]

Das Wiederaufkommen der Vertragsknechtschaft lag in erster Linie daran, dass es den Plantagenbesitzern nicht gelang, die befreiten Sklaven kurzfristig in Lohnarbeiter zu verwandeln. Aber Vertragsknechte wurden auch in Regionen der Welt geholt, in denen Kapitaleigner, oft mit Gewalt, zwar Land in Besitz nehmen konnten, aber keinen Erfolg dabei hatten, die lokalen Bauern zu Lohnarbeitern zu machen. Als die Insel Ceylon unter britische Herrschaft fiel, nutzten die Pflanzer Kredite von vermögenden Kaufleuten und Bankhäusern, um Ländereien zunächst in Kaffeeplantagen und nach 1880 in Teeplantagen umzuwandeln, auf denen sie ein «westindisches Produktionssystem» etablierten.[55] Die Finlays aus Glasgow, die wir im Kontext ihrer großen Investitionen in die Baumwollindustrie schon ein Jahrhundert zuvor kennengelernt haben, steckten nun einen erheblichen Teil ihres Kapitals in solche Teeplantagen – 1896 kontrollierten sie mehr als 12 000 Hektar, genug, um jährlich zehn Millionen Pfund Tee zu produzieren. Sie beklagten sich über den «Wettbewerb um einheimische Arbeitskräfte», und wie viele andere scheiterten sie daran, vor Ort Arbeitskräfte zu finden. Ihre Plantagen waren kaum mehr als isolierte kapitalistische Inseln in Regionen, in denen immer noch die bäuerliche Landwirtschaft dominierte.[56] Die Pflanzer suchten daher anderswo nach Arbeitskräften: bei den hoch verschuldeten Bauern aus den tamilischen Distrikten der Präsidentschaft Madras. Die Mobilisierung dieser Arbeitsimmigranten hatte den Vorteil, dass die sozialen Verhältnisse in den ländlichen Gebieten Ceylons nicht gestört wurden, deren Kontrolle ein Vorhaben war, das die britischen Plantagenbesitzer und Kolonialbeamten noch nicht verwirklichen konnten. In den neuen Teeanbaugebieten von Assam war die Lage weitestgehend ähnlich: Als es sich als unmöglich erwies, die lokalen Bauern zur Arbeit auf den Plantagen zu bewegen, holten die Grundbesitzer Vertragsarbeiter aus anderen Teilen Indiens. In Burma wurde die boomende Reiswirtschaft von bis zu 15 Millionen auf diese Weise gebundenen Indern in Gang gehalten, die von Arbeitsvermittlern, sogenannten Chettis, ins Land geschafft wurden. Und auf Samoa, wo die Kokosnussplantagen Ende des 19. Jahrhunderts mit der Produktion von Kopra für die Märkte der Kolonialmächte begonnen hatten, beruhte die anhaltende Stärke der dortigen Wirtschaft und des samoanischen Gemeinwesens darauf, dass fast alle Arbeiten von Vertragsknechten aus anderen Regionen verrichtet wurden.[57]

Plantagen nach Abschaffung der Sklaverei:
Teegärten auf Ceylon (heute Sri Lanka), kurz nach 1900.

Als Millionen von Vertragsknechten die Ozeane überquerten, um immer mehr landwirtschaftliche Rohstoffe für den globalen Markt zu produzieren, ersetzten vertragliche Arbeitsverhältnisse die Sklaverei. Dennoch blieben die Rahmenbedingungen der Arbeit von Zwang bestimmt: Die Arbeiter mussten nicht nur mit strafrechtlichen Sanktionen rechnen, wenn sie ihren Verpflichtungen nicht nachkamen, sondern auch mit Freiheitsentzug, körperlicher und verbaler Gewalt und bisweilen mit einer ihnen aufgezwungenen Verlängerung ihrer Verträge. Da die Vertragsknechtschaft die «Arbeiter nur mobilisierte, um anschließend zu immobilisieren», wie es ein Historiker formulierte, führte die Ausbreitung des Kapitalismus auf dem Land weiterhin zu Unfreiheit.[58] In Niederländisch-Guyana wurden die Arbeiter, sobald sie ihre Verträge unterzeichnet hatten, in gefängnisartigen Gebäuden interniert, während ihr Transport zu den Plantagen organisiert wurde. Dort angekommen, hatten sie einen minderen Rechtsstatus, liefen Gefahr strafrechtlicher Sanktionen und arbeiteten unter so viel Zwang, dass der britische Konsul 1911 die Vertragsknechtschaft als «verhüllte Sklaverei» bezeichnete.[59] Als ein indischer Schuldknecht 1873 auf La Réunion Rechtshilfe suchte, traf er in einem eisernen Halsband und Ketten ein, die ihm von seinem Arbeitgeber angelegt worden waren. In Assam wurden Arbeiter auf eine Weise körperlich bestraft, die an die Sklaverei in der Karibik erinnerte, wobei Plantagenbesitzer «private Verhaftungen» vornehmen durften. In den Herkunftsgemeinden der Teepflücker kursierten Gerüchte, dass Arbeiter von europäischen Kolonialisten lebendig verbrannt und verspeist worden seien. Das neue Regime war eine düstere Mischung aus Sklaverei und Lohnarbeit.[60]

Frühe indische Nationalisten erhoben ihre Stimme, um zu protestieren – dies war sogar einer der Gründe, warum sie sich radikalisierten.[61] Wie Mahatma Gandhi feststellte: «Ein Inder, der unter Armut leidet, [...] kann kaum als freier Akteur bezeichnet werden, wenn er sich zur Vertragsknechtschaft verpflichtet. Es ist bekannt, dass Menschen bereit sind, weitaus Schlimmeres zu tun, um sich aus drängenden Notlagen zu befreien.»[62] Gandhi verurteilte «die Übel des Vertragsknechtsystems», das er mit einem «Zustand der Sklaverei» verglich.[63]

IN GEBIETEN, in denen es für Freigelassene schwieriger war, aus der Welt der Plantagen, in der sie einst versklavt waren, zu entkommen, und in denen sie keinen Zugang zu eigenem Land erhielten, verbreitete sich mit verschiedenen Formen der Pachtwirtschaft ein anderes System der Arbeit. Die Plantagenbesitzer blieben Eigentümer des Landes, verpachteten es jedoch gegen einen Anteil an der Ernte oder eine Geldzahlung an Bauern. Dies war eine Art sozialer Kompromiss: Landbesitzer verfügten über genügend politische Macht, um die Bewegungsfreiheit und den Landerwerb ihrer Arbeiter stark einzuschränken, während diese Arbeiter ihrerseits genug Macht hatten, um sich nicht zu regulären Lohnarbeitern machen zu lassen.[64]

Diese Form der landwirtschaftlichen Arbeit war vor allem im Süden der USA verbreitet. Als ehemals versklavte Arbeiter 1865 ihre Freiheit erlangten und die Bemühungen der Plantagenbesitzer, Afroamerikaner zu Lohnarbeitern zu machen, weitgehend scheiterten, verbreitete sich die Pachtwirtschaft in den Baumwollanbaugebieten. Ehemalige Sklaven bestellten das Land mithilfe ihrer Familien; sie bezogen ihre Arbeits- und Lebensmittel von lokalen Geschäften, die ihnen zu oftmals exorbitanten Zinsen Kredite gewährten, und zahlten ihre Pacht am Ende der Erntezeit in Naturalien oder Geld. Auch auf Kuba wurde die Pachtwirtschaft zu einer wichtigen Quelle für Arbeitskräfte im Zuckerrohranbau, insbesondere als die Bemühungen der Landbesitzer, chinesische Schuldknechte zu importieren, 1873 eingestellt wurden. Die kubanischen Zuckerproduzenten schufen das sogenannte Colonato-System, in dem Kleinbauern und Pächter, Colonos, sowie Teilpächter, Subcolonos, Zuckerrohr anbauten und an die nächstgelegene Zuckermühle verkauften. Ähnliche Systeme entstanden in vielen Teilen der Welt, unter anderem in Japan, im östlichen Mittelmeerraum, auf Martinique und Barbados.[65]

VERSCHIEDENE PACHTFORMEN sowie die Vertragsknechtschaft dominierten einen Großteil der neu strukturierten ländlichen Gebiete. In einigen Regionen der Welt kam auch die landwirtschaftliche Lohnarbeit auf. Während die meisten Landbesitzer bei der Restrukturierung der Arbeitsverhältnisse auf Zwang zurückgriffen, gaben einige wenige die Hoffnung nicht auf, Landarbeiter in Proletarier verwandeln zu können und ein System der freien Arbeit zu schaffen, in dem die Arbeiter ihre Arbeitskraft freiwillig gegen eine vertraglich vereinbarte Zahlung in Geld oder Naturalien verkaufen würden. Die Industrie war ein leuchtendes Beispiel für diese Form der Arbeit. In den USA hatten Fabrikanten aus Neuengland und New York bereits vor dem Sieg der Union im Bürgerkrieg Artikel und Bücher veröffentlicht, in denen sie das produktive Potenzial und die emanzipatorischen Möglichkeiten der Lohnarbeit und deren angeblich harmonische Verbindung mit der menschlichen Natur priesen.[66]

In ihrem Bestreben, die Arbeit der Proletarier mit der natürlichen Ordnung der Dinge in Verbindung zu bringen, war es diesen kapitalistischen Revolutionären kaum bewusst, was für einen drastischen Neuanfang ihre Agenda tatsächlich bedeutete.[67] Schließlich waren die ländlichen Gebiete der Welt seit Jahrtausenden von radikal anderen Arbeitssystemen dominiert worden: Auf der einen Seite standen unabhängige Produzenten, deren selbstbestimmte Arbeit sich auf die Existenzsicherung für ihre Familien und unmittelbaren Gemeinschaften konzentrierte. Diese bäuerlichen Erzeuger waren überall zu finden – in den Appalachen, in den tropischen Regenwäldern Zentralafrikas und auf abgelegenen griechischen Inseln. Auf der anderen Seite waren Millionen von Bauern in ländlichen Gebieten tief verstrickt in Systeme persönlicher Abhängigkeit von weltlichen oder kirchlichen Autoritäten. Die proletarische Arbeit war eine so radikale Neuerung, dass sie nur in Regionen durchgesetzt werden konnte, in denen Kapitaleigner und Staaten eine ungewöhnliche und fast grenzenlose Macht ausübten. Selbst an solchen Orten waren oft jahrzehntelange Anstrengungen zu ihrer Durchsetzung erforderlich.

Lohnarbeit auf dem Land war natürlich nicht völlig neu. Seit mehreren Jahrhunderten waren viele britische und niederländische Felder von Lohnarbeitern bestellt worden. Doch nun, angesichts der Emanzipation von Sklaven und Leibeigenen und der Ausbreitung einer stark kapitalisierten kommerziellen Landwirtschaft, wurde diese Praxis immer häufiger. Cowboys, die riesige Viehherden hüteten, waren typische Agrarproletarier, die für ihre Arbeit Lohn erhielten, ebenso wie die Menschen, die Weizenfelder in Südrussland und Roggenfelder in Galizien bestellten. Wo ehedem Leibeigene den Großteil der landwirtschaftlichen Arbeit verrichtet hatten, wie in Ostpreußen, Polen und Russland, machte ihre Emanzipation sie größtenteils zu Lohnarbeitern. Da sie weder über die politische Macht verfügten, um Landreformen durchzusetzen, noch die Möglichkeit hatten, in unbesiedelte Gebiete außerhalb der Reichweite des Staates zu fliehen, blieben sie vor Ort und arbeiteten für Lohn. In Galizien beispielsweise verloren die befreiten Leibeigenen den Zugang zu gemeinschaftlichen Weideflächen und Wäldern und mussten Steuern zahlen, was sie zwang, auf denselben Gütern, die sie wenige Jahre zuvor in Leibeigenschaft gehalten hatten, nun für Lohn zu arbeiten.[68]

Dieser Übergang zur Lohnarbeit beruhte auf einer ungleichen Verteilung der sozialen, wirtschaftlichen und politischen Macht. Die Menschen entschieden sich nicht freiwillig für die Lohnarbeit, sondern wurden anderer Möglichkeiten, ihren Lebensunterhalt zu bestreiten, beraubt. Dies galt für Java ebenso wie auf den Landgütern Osteuropas. In Südafrika führten Änderungen der Landbesitzgesetze nach 1894 dazu, dass viele Menschen ihren Zugang zu Land verloren und daher ihre Arbeitskraft verkaufen mussten. In El Salvador kam es zu ähnlichen Entwicklungen: Als europäische Siedler das enorme Potenzial des vulkanischen Bodens dieses kleinen mittelamerikanischen Landes entdeckten, begannen sie, sich seiner zu bemächtigen. 1882 wurde durch ein Gesetz der kommunale Landbesitz abgeschafft und Ländereien, die zuvor indigenen Einwohnern gehört hatten, privatisiert. Dann ersetzten neu angekommene europäische Siedler, ermutigt durch die finale Krise des Kaffeeanbaus in Brasilien nach Beendigung der Sklaverei, die reichlich vorhandenen Nahrungspflanzen, die die Bevölkerung El Salvadors seit Generationen ernährt hatten, durch Kaffeebäume. Die neuen Herren des Kaffees erklärten es in der Folge für strafbar, sich auf dem nun in Privatbesitz befindlichen Land niederzulassen. Die Kaffeeplantagen vergrößerten sich sprunghaft: Während sie 1860 erst magere 850 Hektar bedeckt hatten, wuchs Kaffee im Jahr 1890 bereits auf 44 500 Hektar Land. Aus Sicht der Pflanzer verschaffte ihnen die Privatisierung von Land nicht nur geeignete Flächen für den Kaffeeanbau, sondern auch die notwendigen Arbeitskräfte für die Bestellung der Felder. Der Boden in El Salvador war so fruchtbar, dass es bis dahin schwierig gewesen war, Lohnarbeiter für die Plantagen zu rekrutieren. Doch nachdem deren Besitzer die Bauern systematisch ihrer Lebensgrundlage beraubt hatten – indem sie Obstbäume fällten, Tomaten- und Bohnenfelder zerstörten und ihre neu erworbenen Eigentumsrechte mit Gewalt durchsetzten – in einem Fall wurde ein zehnjähriger Junge zu Tode geprügelt, weil er eine Mango von einem Baum gepflückt hatte –, änderte sich das schnell. In den späten 1920er Jahren berichtete der salvadorianische Journalist Alberto Masferrer: «In El Salvador gibt es keine wilden Früchte und Gemüse mehr, die früher jeder ernten konnte, und auch keine angebauten Früchte, die früher günstig waren. Heute gibt es nur noch Kaffeeplantagen, auf denen ausschließlich Kaffee angebaut wird.»[69] Bereits in den 1880er Jahren hatten die

Menschen dort die Möglichkeit verloren, ihren Lebensunterhalt zu sichern, und waren gezwungen, ihre Arbeitskraft den Herren des Kaffees zur Verfügung zu stellen – den 134 Familien, die nun fast den gesamten Grund und Boden El Salvadors besaßen und die Wirtschaft und Politik des Landes dominierten.[70]

Die Tatsache, dass sie nicht von der Landwirtschaft leben konnten, führte auch dazu, dass Lohnarbeiter auf die Kaffeeplantagen Brasiliens kamen. Ab den 1870er Jahren, als das Ende der Sklaverei absehbar war, schufen die Plantagenbesitzer in den schnell expandierenden Kaffeeanbaugebieten im Westen von São Paulo ein neues Arbeitssystem: Sie stellten Lohnarbeiter ein, um die Kaffeefelder zu bewirtschaften. Die Arbeitskräfte für dieses «Colonato»-System kamen überraschenderweise aus Italien. Als der Weltmarktpreis für Weizen infolge der Expansion des Weizenanbaus in den USA nach dem Bürgerkrieg fiel, verloren die Bauern in Venetien zusehends ihre Existenzgrundlage.[71] Das war für die brasilianischen Kaffeemagnaten eine passende Gelegenheit: Sie reisten nach Europa, um diese verzweifelten Bauern anzuwerben, und «berichteten nach Hause, [...] die zunehmende Armut in Norditalien eröffne vielversprechende Perspektiven».[72] Im Jahr 1888 gründeten die Kaffeeplantagenbesitzer die Sociedade Promotora da Imigração, um die Regierung zu Subventionen für die Anwerbung italienischer Arbeitskräfte zu bewegen. Damit hatten sie nicht zuletzt deshalb Erfolg, weil sie großen Einfluss auf ihre Regierung ausübten. Infolgedessen wanderten zwischen 1886 und 1896 mehr Italiener nach São Paulo aus als in irgendeine andere Region Amerikas. Die etwa 200 000 Migranten sorgten als Arbeitskräfte für eine neue Dynamik in den brasilianischen Kaffeeanbaugebieten: Nachdem die Pflanzung von Kaffeebäumen Ende der 1880er Jahre fast vollständig zum Erliegen gekommen war, wurden in den 1890er Jahren 350 Millionen Bäume gesetzt.[73] Der venezianische Dialekt wird in Brasilien noch heute gesprochen.

Unabhängig davon, ob sie als Lohnarbeiter, Pächter, Teilpächter oder Vertragsknechte arbeiteten, gerieten die Bauern zunehmend in Arbeitsverhältnisse, die denen in der Industrie und in den Städten immer ähnlicher wurden und die auf Verträgen basierten. Diese Systeme der Arbeit gingen ineinander über.[74]

Nachdem Ketten und Peitschen als Symbole der Macht der Kapitaleigner verblasst waren, rückte die Verschuldung in den Vordergrund, ein Vertragsverhältnis, das neue Formen der Abhängigkeit und des Zwangs mit sich

Unterkünfte für Arbeiter nach dem Ende der Sklaverei, Brasilien, 1910.

brachte. Um die Arbeiter an ihre Arbeitgeber zu binden und ihre Arbeitskraft kostengünstig und dauerhaft auszubeuten, sorgte die Neustrukturierung der landwirtschaftlichen Arbeit für ländliche Räume voller Arbeiter, die in erster Linie dafür schufteten, ihre Schulden abzubezahlen. Als die Freigelassenen der Drax-Hall-Plantage auf Barbados ihre Jahresabrechnungen erhielten, waren fast alle von ihnen trotz des gerade hinter sich gebrachten Arbeitsjahres in den roten Zahlen. Da sie nun durch Schulden an die Familie Drax gebunden waren, blieb ihnen keine andere Wahl, als weiterhin in Drax Hall zu arbeiten.[75] Obwohl sie in formaler Hinsicht frei waren und freiwillig abgeschlossene Verträge hatten, führten die von den Draxes strategisch herbeigeführten permanenten Ungleichgewichte zwischen Kosten und Einkommen dazu, dass sie in eine besondere Form der Abhängigkeit, ja sogar in Schuldknechtschaft gerieten. Da sie ihre Schulden nicht zurückzahlen konnten, waren sie dazu gezwungen, weiter für die Familie zu arbeiten, wodurch sie fast ebenso unfrei waren wie zu Zeiten der Sklaverei.

Die Millionen von Schuldknechten, die den Plantagengürtel der Welt seit Kurzem bevölkerten, begannen ihre Arbeit ebenfalls verschuldet, da ihre (oftmals langen) Anreisen zu ihren Arbeitsstätten sowie ihre Versorgung bei der Ankunft bezahlt werden mussten. Diese Arbeiter waren, wie ein Beobachter feststellte, «in Schulden geboren, lebten in Schulden und starben in Schulden» – Schulden, die sogar an die nächste Generation weitergegeben werden konnten.[76] Überall nutzten Arbeitgeber die Schulden, um die Arbeiter an ihren Arbeitsplatz zu binden. Auf Ceylon machte die Verordnung Nr. 11 von 1865 es zu einem Verbrechen, wenn Arbeiter ihren Arbeitgeber verließen, ohne zuvor ihre Schulden beglichen zu haben. Letzteres war ihnen jedoch häufig nicht möglich, und die Arbeitgeber sorgten dafür, dass dies auch so blieb. Die Läden auf den Plantagen verlangten überhöhte Preise und hohe Zinsen, sodass die Löhne der Arbeiter nicht ausreichten, um ihren Lebensunterhalt zu bestreiten. An einigen Orten wurden die Löhne nur vier- oder vielleicht sechsmal im Jahr ausgezahlt, sodass die Landarbeiter gezwungen waren, ihren Lebensunterhalt auf Kredit zu finanzieren. Da viele Arbeiter zudem nicht lesen und schreiben konnten, war es für die Arbeitgeber ein Leichtes, sie um ihren mageren Verdienst zu betrügen. Nach Ablauf ihrer ursprünglichen Arbeitsverträge waren sie oft hoch verschuldet und durch Gesetze gegen Landstreicherei in ihrer Bewegungsfreiheit eingeschränkt. In Burma wie auch anderswo versanken diese Migranten in Schulden, aus denen sie sich aufgrund ihrer niedrigen Löhne, egal wie hart sie arbeiteten, nicht befreien konnten.[77]

Auch Teilpächter und Pachtbauern konnten in diesen Albtraum der Schuldknechtschaft geraten. Ann Ulrich Evans, eine ehemalige Sklavin aus Missouri, blickte aus der Perspektive der 1930er Jahre auf diese Zeit zurück und erinnerte sich: «Wir sind nie aus den Schulden herausgekommen. Wir haben immer gute Ernten eingefahren und waren den Weißen am Ende mehr schuldig als zu Beginn der Ernte, und wir mussten bleiben, um unsere Schulden abzubezahlen.»[78] Um Vorräte, Saatgut und Werkzeuge erwerben zu können, musste Evans, wie Millionen andere Kleinpächter, Kredite bei lokalen Geschäften und Händlern aufnehmen. Wenn sie und andere Pächter zur Erntezeit ihre Rechnungen beglichen, waren sie oft genauso verschuldet wie zu Beginn der Saison.[79] Infolgedessen blieben sie laut der US-amerikanischen Landwirtschaftszeitschrift *The Progressive Farmer* «immer nur 12 Monate von der Freiheit entfernt».[80]

Auch die Lohnarbeit bot keinen Schutz vor der Schuldknechtschaft. Im südmexikanischen Bundesstaat Chiapas führte im späten 19. Jahrhundert die Umstellung der Landwirtschaft auf die Produktion von Kaffee, Kakao, Kautschuk und tropischen Harthölzern zu einer massiven Enteignung der indigenen Bevölkerung und ihrer Transformation in Lohnarbeiter. Da das Land von Auswärtigen übernommen wurde, kamen die Kleinproduktion und die Märkte für Grundstücke, Güter und Arbeit zusehends zum Erliegen. Ansprüche auf Gemeindeland wurden aufgehoben und Kirchenbesitz privatisiert. Indigene Bauern hatten kaum eine andere Wahl, als nunmehr auf Plantagen zu arbeiten. Wie anderswo reichten die mageren Löhne nicht aus, um die Schulden abzubezahlen; einige Landarbeiter erbten sogar die Schulden ihrer Eltern. Im Jahr 1900 waren 40 Prozent der Bevölkerung von Chiapas bei Grundbesitzern verschuldet und somit an sie gebunden.[81] Physische Gewalt wich wirtschaftlicher Nötigung, um die Landarbeiter weltweit zu mobilisieren und zu disziplinieren.

Lohnarbeit, Teilpacht, Pachtwirtschaft und Schuldknechtschaft waren allesamt Formen von proletarischer Arbeit. In weiten Teilen der ländlichen Gebiete der Welt fand dieser Wandel zu vertraglichen Arbeitsformen, bei denen die Landarbeiter ihre Arbeitskraft gegen Geld oder Sachleistungen verkauften, jedoch nicht statt. Trotz der beachtlichen Fortschritte in Bezug auf Wohlstand, Technologie, militärische Fähigkeiten und institutionelle Stärke stießen die revolutionären Kapitaleigner und Amtsträger auf viele findige Bauern, die sich erfolgreich gegen ihre Proletarisierung wehrten. Sie behielten den Zugang zu Anbauflächen, mobilisierten politische Macht, um ihre Unabhängigkeit zu verteidigen, und produzierten genügend Güter, um den Lebensunterhalt ihrer Familien und Gemeinschaften zu sichern. Sie waren zwar auf Märkten tätig und verkauften ihre überschüssigen Erzeugnisse, um anderswo angebaute oder hergestellte Produkte zu erwerben, doch lag der Schwerpunkt ihrer Arbeit nach wie vor auf der Sicherung des Lebensunterhalts ihrer Familien und ihrer unmittelbaren Gemeinschaften. Diese Selbstversorgung war oft so stark verwurzelt, dass die Pflanzer Arbeitskräfte von anderswo herbeiholen mussten, wie wir bei den Teegärten in Assam, den Kopraproduzenten auf Samoa und den Teeplantagen auf Ceylon gesehen haben.

Doch sogar in diesen von bäuerlicher Landwirtschaft dominierten Gebieten kam es in der zweiten Hälfte des 19. Jahrhunderts zu einer starken Erweiterung der Marktproduktion. Dies war zum Teil darauf zurückzuführen, dass die Bauern die neuen Möglichkeiten einer stärker integrierten Weltwirtschaft nutzten. Die Kakaobauern der Goldküste exportierten 1890 keinen Kakao; bis 1923 war diese Zahl auf nahezu unglaubliche 200 000 Tonnen in die Höhe geschnellt, wodurch sie zu den weltweit größten Produzenten wurden. Die Erdnussbauern im Senegal bauten 1850 fünf Tonnen der Hülsenfrucht an, 1898 waren es bereits 95 000 Tonnen. Erweiterte Märkte konnten für ländliche Erzeuger tatsächlich von Vorteil sein: Ein besonderer Fall ist der der westindischen Bauern, die während des amerikanischen Bürgerkriegs beträchtlichen Wohlstand erlangten, indem sie die Unterbrechung des Baumwollhandels der USA nutzten, um weitaus mehr Baumwolle für europäische Märkte zu höheren Preisen zu produzieren. Im Oberen Galiläa bauten palästinensische Bauern in den 1870er Jahren ihre Tabakproduktion aus, beflügelt von der Nachfrage nach modernen, bald darauf maschinell hergestellten Zigaretten. Sie pflanzten Tabak neben Nahrungspflanzen als zusätzliche Einnahmequelle, um ihre Subsistenzwirtschaft damit aufzubessern. Im Mittleren Westen der USA verwandelten Flüchtlinge aus den ländlichen Gebieten Europas Prärien in Weizen- und Maisfelder. In Bengalen, wo große Aufstände ein repressives Indigo-Anbau-Regime gestürzt hatten, bauten ländliche Erzeuger Ende des 19. Jahrhunderts aufgrund steigender Preise, neuer Nachfrage, der Verfügbarkeit von Land und der günstigen ökologischen Bedingungen im bengalischen Delta vermehrt Jute an, eine Faser, die zur Herstellung von Verpackungsmaterialien verwendet wird. Diese Bauern widmeten schließlich 20 Prozent der landwirtschaftlichen Nutzfläche im Delta dem Juteanbau und kombinierten unter Mithilfe ihrer Familienmitglieder und etwas Lohnarbeit während der Erntezeit Subsistenzwirtschaft und Marktproduktion. Da sie ihre Ernten gewinnbringend verkaufen konnten, verlagerten sie ihre Arbeit zunehmend weg vom Anbau von Nahrungsmitteln, insbesondere Reis, und begannen, Güter aus anderen Regionen zu konsumieren, wobei sie neue Kreditnetzwerke nutzten. Im Jahr 1829 wurden aus Kalkutta nur magere 18 Tonnen Jute verschifft, 1910 waren es bereits 13 Millionen Tonnen, wobei ein Großteil dieses Wachstums in den letzten Jahrzehnten des Jahrhunderts stattgefunden hatte. Da die Landwirte kreativ auf die sich ihnen bietenden neuen Möglichkeiten reagierten, gelang es ihnen, einen bescheidenen Wohlstand zu erlangen.[82]

Das städtische Kapital begünstigte häufig diese expandierende Marktproduktion. Händler an der Goldküste investierten in Kakao, senegalesische Kaufleute in Erdnüsse, Marwari-Makler aus Assam in Kautschuk und Kaufleute aus Bombay in Baumwolle. Gemeinsam schufen sie einen dynamischen «indigenen Kapitalismus», der mit dem europäischen Kolonialismus verbunden, aber auch unabhängig von ihm war.[83] Auch in solche neu strukturierten ländlichen Gebiete floss überdies Kapital aus fernen Orten – aus Knotenpunkten wie London, Istanbul, Winterthur oder Nantes.

Diese Investitionen ermöglichten eine Ausweitung der Produktion, bargen jedoch auch neue Risiken, da die Bauern nun Marktfluktuationen ausgesetzt waren, auf die sie kaum oder gar keinen Einfluss hatten. Als die Rohstoffpreise nach der Krise von 1873 fielen, war eine ganze Generation hoffnungslos verschuldet und verlor infolgedessen häufig die Kontrolle über ihre Anbauflächen und ihre Lebensgrundlage. Im Süden der USA profitierten zunächst die ursprünglich Subsistenzwirtschaft betreibenden Kleinbauern, indem sie Baumwolle für den Weltmarkt anbauten. Als jedoch die

Baumwollpreise einbrachen, verloren diejenigen, die hohe Kredite aufgenommen hatten, ihr Land an lokale Kaufleute. In Bengalen spielte sich eine ähnliche Geschichte ab: Bauern, die den Anbau von Nahrungspflanzen zugunsten von Jute eingeschränkt hatten, wurden von den Märkten abhängig. Wenn die Preise für Jute fielen, was regelmäßig geschah, war es schwierig, die Einkommensverluste auszugleichen. In den Jahren nach 1900 war «saisonaler Hunger» ein typisches Phänomen des ländlichen Bengalen. Und als der Jutepreis nach dem Ersten Weltkrieg einbrach, kam es zu einer dramatischen Verschuldung und Verarmung.[84]

Angesichts der starken Nachfrage nach Jute, Tabak, Baumwolle, Mais, Reis, Erdnüssen, Kakao und vielen anderen Rohstoffen bemühten sich Kaufleute, Beamte und Industrielle um den Ausbau von deren Produktion. In Bengalen, im Oberen Galiläa, in Westindien und im Mittleren Westen der USA waren die Bauern selbst die treibende Kraft hinter der Produktion für den Export, während anderswo Kolonialbeamte und europäische Kapitaleigner die landbesitzenden Bauern dazu drängten oder sogar zwangen, ihre Erzeugung mehr auf den Export auszurichten. Im Unterschied zu früheren Versuchen in jenem Jahrhundert, die oft gescheitert waren – wie wir beispielsweise im Senegal-Tal in den 1810er und 1820er Jahren gesehen haben –, begann sich Ende des 19. Jahrhunderts das Kräfteverhältnis zu verschieben. Politische, wirtschaftliche, technologische und soziale Veränderungen hatten dazu geführt, dass Kapitaleigner bessere Möglichkeiten hatten, Zugriff auf die von Bauern dominierten ländlichen Gebiete zu erlangen.

So waren beispielsweise französische Kolonisten wie ihre britischen, belgischen, japanischen, deutschen und portugiesischen Kollegen Ende des 19. Jahrhunderts endlich dazu in der Lage, die bäuerliche Baumwollproduktion effektiv für die Industrie umzugestalten. Besorgt aufgrund ihrer anhaltenden Abhängigkeit von den USA bei diesem wichtigen Rohstoff, gründeten französische Baumwollfabrikanten 1903 die Association Cotonnière Coloniale, um die Kolonialverwaltungen dazu zu bewegen, ihre Energien auf die Umgestaltung des ländlichen Raums in den Kolonien zu konzentrieren. Die diplomatischen Archive Frankreichs enthalten Tausende von Seiten mit Berichten über das Potenzial verschiedener Regionen der Welt für den Baumwollanbau und die wiederholte Feststellung, dass «die Baumwollfrage im Vordergrund wirtschaftlicher Debatten steht und wir dieser Entwicklung nicht gleichgültig gegenüberstehen können».[85] Russische, japanische, deutsche und britische Kolonialverwalter waren sich einig, dass die Förderung der Baumwollproduktion durch selbstständige Bauern den größten Erfolg versprach. Schließlich hatten Bauern weltweit seit Jahrhunderten Baumwolle angebaut, und es wurden noch immer bedeutende Mengen des weißen Goldes für die häusliche Fertigung produziert, neben Nahrungsmitteln wie Mais und Hirse.[86]

Kolonialbeamte, Industrielle aus den Mutterländern und Kaufleute waren bestrebt, diese heimische Produktion von Baumwolle nun auf den Weltmarkt auszurichten. In Französisch-Westafrika trafen sich Kolonialverwalter mit lokalen Herrschern, um ihnen ihr Interesse an der Förderung des Baumwollanbaus zu bekunden. Sie bemühten sich um mehr Homogenität der lokalen Baumwolle, damit sie für die europäische Maschinenproduktion besser geeignet war, und führten exotische Samen, insbesondere von Sorten aus den USA, ein. Sie setzten sich für den Anbau von Baumwolle in Monokulturen ein. Außerdem versuchten sie, den lokalen Markt zu regulieren, indem sie beispielsweise von den Bauern verlangten, ihre Baumwolle an europäische Exporteure statt an lokale Spinner und Weber zu verkaufen. Sie bauten Lagerhäuser für die Baumwolle, errichteten eine Infrastruktur für deren Transport und finanzierten militärische Kampagnen, um die Baumwollanbaugebiete zu kontrollieren.[87] Einem französischen Beobachter zufolge war «die Formel von groß angelegter Kolonisierung, weißer Führung, Monokultur und schwarzen Arbeitskräfte aktuell die einzige mit sofortiger Anwendbarkeit», um die Baumwollproduktion zu steigern.[88]

Entscheidend war, dass diese Kolonialbeamten bestrebt waren, die Marktmacht der lokalen Bauern zu untergraben, da sie die lokalen Baumwollpreise für zu hoch hielten, um den europäischen Handelsgesellschaften ausreichende Gewinne zu ermöglichen. «Woher kommt der hohe Preis für Baumwolle?», fragte ein Kolonialverwalter im Jahr 1910 und behauptete, dies liege daran, dass

> «der faule und sorglose afrikanische Bauer nur für sich selbst anbaut, und da er nur eine geringe Produktion für eine relativ starke Nachfrage hat, kann er die Preise nach Belieben hoch halten. Um den Marktwert der Baumwolle zu senken, ist es daher unbedingt erforderlich, eine Überproduktion zu provozieren, indem man die Schwarzen dazu bringt, nicht nur für ihren eigenen Bedarf, sondern auch für den Export zu arbeiten.»[89]

Das Problem bestand aus Sicht der Franzosen darin, dass die lokalen Bauern die Baumwollproduktion «der Entwicklung des Mais- und Rothirseanbaus unterordneten und eine Steigerung der Baumwollproduktion über bestimmte Grenzen hinaus mit einer gleichzeitigen Reduzierung anderer Nahrungs-

Da sie nicht mit den lokalen Herstellern konkurrieren konnten, zwangen die französischen Kolonialbeamten den westafrikanischen Baumwollbauern niedrigere Preise auf. Der Markt von Siguiri, 1899.

mittelkulturen gleichsetzten».[90] Die Kolonialverwalter zwangen die Bauern daher, niedrigere Preise zu akzeptieren, und rechtfertigten diese Marktverzerrung mit dem Argument, dass «ohne diesen paternalistischen Druck der Verwaltung [auf die Bauern] der Baumwollverband nur sehr geringe Mengen Baumwolle kaufen würde».[91]

Diese Bemühungen zeigten einige Ergebnisse: Ein Kolonialbeamter beobachtete zwischen 1909 und 1910 in einem Gebiet eine Verdreifachung der Baumwolllieferungen. Das reichte jedoch nicht aus. Was erforderlich sei, argumentierten die Kolonialbeamten, sei eine «tiefgreifende Veränderung der Mentalität».[92] Die Bauern hielten zu sehr an ihren alten Gewohnheiten fest und seien nicht ausreichend durch Gewinnstreben motiviert.[93] Der «Noir Soudanais», so ein französischer Beamter, sei streng genommen kein «Produzent», da er «nur arbeitet, um die wenigen und unbedeutenden Bedürfnisse seines Haushalts zu befriedigen, eine Lebensweise, von der Reste noch in bestimmten Teilen Frankreichs existieren, beispielsweise bei den Leinenproduzenten im Limousin».[94] Da die Interessen des Mutterlandes nicht darauf warten konnten, dass sich die afrikanischen Bauern «auf natürliche Weise weiterentwickeln», musste man die Dinge beschleunigen.[95] Kurzum, die von den Franzosen bevorzugte Form von Marktrationalität musste erzwungen werden.

Die Händler und Kolonialbeamten erkannten überall, dass der Bau von Handelsstationen und Transportinfrastruktur zwar wichtig, aber nicht ausreichend war. Es bedurfte auch des Drucks durch den Staat, was ein Autor als «präzise Planung durch den überlegten und methodischen Einsatz von Zwang» bezeichnete.[96] Eine gängige Form dieses «Einsatzes von Zwang»

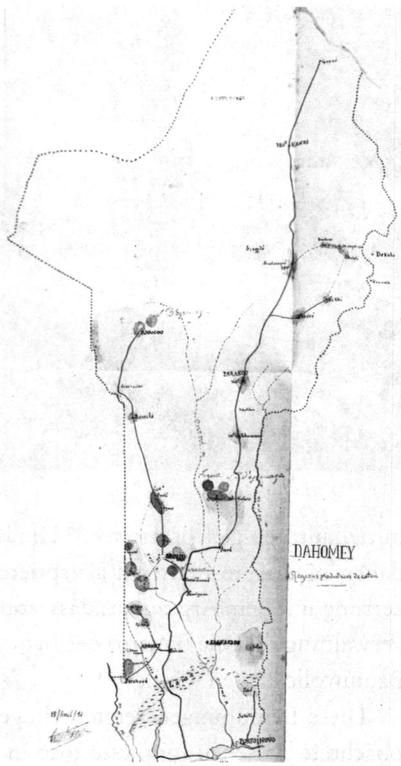

Die Erschließung des ländlichen Raums: eine Karte von Dahomey, dem heutigen Benin, mit einer Eisenbahnlinie und potenziellen Baumwollanbaugebieten, 1905.

war die Erhebung von Bargeldsteuern, die die Bauern zwangen, einen Teil ihrer Erzeugnisse auf Märkten zu verkaufen. Auf Deutsch-Samoa sollten Steuern, die zu Beginn des 20. Jahrhunderts von den kolonisierten Untertanen gezahlt werden mussten, diese zur Lohnarbeit zwingen. In Südafrika verlangten die Kolonialbehörden von den indigenen Menschen hohe Steuern, die sie nur schwer aufbringen konnten, und zwangen sie so auf den Arbeitsmarkt.[97] Ein britischer Premierminister argumentierte bei der Einführung dieser Steuergesetzgebung, dass sie «den Einheimischen helfen würde, ihre Untätigkeit zu überwinden, ihnen den Wert der Arbeit beibringen und ihnen die Möglichkeit geben würde, etwas als Gegenleistung für die weise Herrschaft der Europäer zu tun».[98]

Darüber hinaus wurde auch mehr unmittelbarer Zwang gefordert, so ein Kolonialbeamter: «Zu Recht beeindruckt von den Schrecken der Sklaverei, vergessen wir leicht, dass diese gnadenlose Versklavung die primitiven Völker, die darunter litten, innerhalb weniger Jahrzehnte auf das Niveau der zivilisiertesten Völker erhoben hat. [...] Heute üben die Deutschen in Kamerun, die Belgier im Kongo und die Engländer in den meisten ihrer afrikanischen Besitzungen Zwangsmaßnahmen gegenüber ihren Untertanen aus, die mehr oder weniger offen die Verpflichtung zum Anbau oder zur Arbeit beinhalten.»[99] Afrikaner, behauptete dieser Beamte, strebten «nicht nach Reichtum, [da dieser Wunsch] eine moralische Schöpfung der arischen Zivilisationen» sei.[100] Um die bäuerliche Landwirtschaft umzugestalten und auf entfernte Märkte auszurichten, war es für die Kolonialbeamten erforderlich, die Zwangsgewalt des Staates einzusetzen. Das Ausmaß an Druck und Gewalt, das notwendig war, um die landwirtschaftliche Arbeit global neu zu ordnen, offenbart die relative Schwäche der Kapitaleigner in vielen Regionen der Welt – und die Bedeutung staatlicher Unterstützung. Tatsächlich ging die Plünderung der Arbeitskraft oftmals ihrer Proletarisierung voraus.

DIESES AUSMASS an erzwungener Arbeit wurde auch durch Rassismus begünstigt, der es Kapitaleignern ermöglichte, sehr unterschiedliche Rechte und Vergütungen für verschiedene Gruppen von Arbeitern zu rechtfertigen. Die Arbeit im Kapitalismus wurde separiert, oftmals entlang ethnischer Grenzen, eingehegt durch gesetzliche Tropen, internationale Grenzen und staatlich durchgesetzte kategorische Ungleichheiten, was eine radikal ungleiche Behandlung der Arbeiter in der gesamten kapitalistischen Welt erlaubte.[101] Richard Adams' 1921 erschienenes Werk *Farm Management: A Text-Book for Student, Investigator, and Investor* bot eine «hilfreiche» Unterscheidung zwischen verschiedenen «Klassen von Landarbeitern»: Weiße Arbeiter seien «beständig, zuverlässig und gut zu Tieren», Italiener seien «bereits damit zufrieden, am Leben und an der frischen Luft zu sein», und Mexikaner seien «etwas kindisch, ziemlich faul und ohne Ehrgeiz».[102] Kenntnisse über «rassische Merkmale» waren laut Adams entscheidend für die erfolgreiche Führung eines landwirtschaftlichen Betriebs.[103] In ähnlicher Weise erklärte der japanische Schriftsteller Adachi Kinnosuké die bittere Armut der miserabel bezahlten chinesischen Arbeiter an der Soja-Front in der Mandschurei als Folge der angeblichen Vorliebe dieser Arbeiter für ein karges Leben. Er behauptete, dass sie für ihre harte Arbeit nichts weiter wollten als «billige, grobe Nahrung – solche Nahrung, wie sie in anderen Ländern an Vieh verfüttert wird».[104] Auch in El Salvador wurde die extreme Ausbeutung indigener Kaffeearbeiter mit ethnischen Unterschieden begründet. Ebenso wurde in Britisch-Indien die schlechte Behandlung einheimischer Arbeiter rassistisch erklärt. Nicht die «Gesetze von Angebot und Nachfrage», sondern angebliche ethnische Unterschiede bestimmten, wie Menschen auf dem Arbeitsmarkt eingesetzt wurden. Französische Kolonialbeamte betrachteten Baumwolle als eine Pflanze, die von der «schwarzen Rasse» angebaut werden sollte: «Es ist eine Tatsache», schrieben sie, «dass die amerikanischen Baumwollfelder eine Schöpfung der afrikanischen Arbeitskräfte unter der Führung der Europäer sind.»[105]

Die Stimme des britischen Liberalismus, *The Economist*, schloss sich dieser Meinung begeistert an: Mit Zwang verbundene Eingriffe auf dem afrikanischen Arbeitsmarkt seien gerechtfertigt, da dieser Kontinent «bislang jeden Versuch, ihn zu zivilisieren oder zu verbessern, vereitelt» habe und sich in einem «verkommenen Zustand» befinde.[106] Aus diesem Grund schienen gesonderte Rechtssysteme für die Kolonien angemessen; Vorstellungen von ethnischen Unterschieden dienten zur Rechtfertigung der Gestaltung des Marktes. Die französische Kommission für koloniale Arbeitsordnungen verfestigte diese Konzepte durch die Schaffung spezieller Arbeitsgesetze, die nur für die Kolonien galten. Zur gleichen Zeit bestimmte in den USA institutioneller Rassismus jeden Aspekt des Arbeitsmarktes und trug zu einem immer ausgefeilteren System der politischen und rechtlichen Diskriminierung von Afroamerikanern bei. Als das restrukturierte Kapital in neue Gebiete und Lebensbereiche vordrang und zu einem tiefgreifenden Umbau der Arbeit führte, wurden überall fein strukturierte Hierarchien geschaffen. Sogar Friedrich List, der Verfechter einer staatlich geförderten Entwicklung, war der Ansicht, dass einige Völker der Welt, wie beispielsweise die Osmanen, nicht zum Übertritt in die moderne Ära bereit seien, da sie seiner Meinung nach durch ihre «barbarischen und nur halb zivilisierten» Verhältnisse daran gehindert würden.[107]

Der Rückgriff auf die «Rasse» trug dazu bei, einen zentralen Widerspruch zu entkräften, der im Zuge der kapitalistischen Revolution auf dem Land zutage trat: einerseits ihr universalistischer, voluntaristischer und kontraktueller Charakter und andererseits ihre Abhängigkeit von Zwang und Gewalt. Wie wir gesehen haben, bezog der Kapitalismus seine Dynamik zu einem erheblichen Teil aus seiner vernetzten Verschiedenheit – und diese Verschiedenheit zeigte sich auch im Prozess der Konstruktion ethnischer Hierarchien.

Der Rassismus erleichterte auch den Einsatz von Zwangsarbeit bei der Ausweitung der Warenproduktion – nicht nur in Nord- und Südamerika, sondern auch in Afrika, Australien und Asien. Im Süden der USA wurden Tausende von freigelassenen Sklaven und ihre Nachkommen unter in der Regel fadenscheinigen Vorwänden in einem riesigen Gefängnisarchipelago inhaftiert und dann als Arbeitskräfte an lokale Plantagenbesitzer und auf-

Undatiertes Foto von Kolonialbeamten, die in Korea Arbeiter anwerben.

strebende Industrielle vermietet, ohne dass sie dafür entlohnt worden wären. Allein im US-Bundesstaat Georgia gab es zwischen 1873 und 1908 fast 50 000 solcher vermieteter Sträflinge, von denen 90 Prozent Afroamerikaner waren. Auch Japan setzte Strafgefangene als Arbeitskräfte ein. Die Meiji-Regierung zwang Häftlinge zur Arbeit in der bedeutenden Miike-Kohlemine. Als die Mine 1889 privatisiert und von der mächtigen Familie Mitsui übernommen wurde, die kurz darauf einen riesigen Zaibatsu, einen Unternehmensverbund, gründete, setzte diese weiterhin Zwangsarbeiter ein. Rassismus führte auch hier zu Lohnunterschieden: Koreanische Arbeiter erhielten nur halb so viel Lohn wie ihre japanischen Kollegen.[108]

In Lateinamerika war Zwangsarbeit, vor allem von indigenen Völkern, allgegenwärtig. Im Jahr 1900 waren 80 Prozent der von Ureinwohnern abstammenden Landarbeiter in Mexiko «Schuldsklaven», vor allem auf Tabak- und Agavenplantagen, wo sie Schulden abarbeiteten, die, wie wir gesehen haben, ein Mittel waren, um sie lebenslang an ihre Arbeitgeber zu ketten. Weiter südlich beutete die britische Peruvian Amazon Company eine große Zahl indigener Menschen aus. Das Unternehmen entführte sie buchstäblich, um sie zur Gewinnung von Kautschuk einzusetzen, den sie dann zu Fuß über sehr lange Strecken transportieren mussten. Durch solche Zwangsarbeit konnte Peru seine Kautschukexporte von etwa 16 Tonnen im Jahr 1900 auf 6450 Tonnen nur sechs Jahre später steigern.[109]

Nirgendwo war Zwangsarbeit so verbreitet wie in Afrika, nicht zuletzt, weil die Durchdringung des Kontinents mit Kapital nach wie vor schwach war. Da die Menschen wenig Neigung zeigten, ihre Höfe, Fischerdörfer und Wälder zu verlassen, um Lohnarbeiter, Pächter, Vertragsknechte oder für den Weltmarkt produzierende Kleinbauern zu werden, wurde es üblich, sie zur

Eine weltweite Jagd nach Arbeitskräften I: die Kautschukfront.

Rohstoffproduktion zu zwingen. Als die Franzosen 1896 die Kontrolle über die Insel Madagaskar übernahmen, schafften sie zwar die offizielle Sklaverei ab, errichteten jedoch umgehend ein System der Zwangsarbeit, das alle körperlich gesunden Männer zur Arbeit verpflichtete. Wer sich weigerte, einen entsprechenden Vertrag zu unterzeichnen, wurde als Landstreicher betrachtet und zu sechs Monaten Haft verurteilt, die meist mit schwerer Arbeit verbüßt wurde. Im portugiesisch kontrollierten Mosambik basierte die massive Ausbreitung des Baumwollanbaus im 20. Jahrhundert auf der Zwangsarbeit von Hunderttausenden von Bauern, die ihre ursprünglichen Nahrungspflanzen nicht mehr kultivieren durften, um den Appetit der Kolonialmächte nach bestimmten Rohstoffen zu befriedigen, was oft verheerende Folgen für ihre Gemeinschaften hatte.[110]

Belgisch-Kongo war der Brennpunkt dieser Zwangsarbeit um die Jahrhundertwende, die ein Autor zu Recht als «eines der schrecklichsten Kapitel in der Geschichte der Begegnung zwischen Weißen und Dunkelhäutigen» bezeichnet hat.[111] Zunächst konzentrierte sich der belgische König Leopold II., der 1885 als Leiter eines privaten Unternehmens die Kontrolle über das Gebiet übernommen hatte, auf die Ausbeutung der natürlichen Vorkommen von Kautschuk, der in der boomenden Reifenindustrie stark nachgefragt war, und Elfenbein, das unter anderem das prosperierende Bürgertum für ihre Klaviere und Billardtische benötigte. Da die Preise für Kautschuk rasch stiegen, ließen sich 65 Handelsunternehmen in Belgisch-Kongo nieder, um den Rohstoff zunächst von lokalen Zwischenhändlern zu erwerben und später von Zwangsarbeitern gewinnen zu lassen. In einer Neuauflage des Kriegskapitalismus früherer Jahrhunderte erhoben private Unternehmensvertreter

Eine weltweite Jagd nach Arbeitskräften II:
verschleppte Arbeiter im damaligen Belgisch-Kongo, 1905.

Steuern von den Einheimischen, um sie zur Arbeit zu zwingen, und überfielen Dörfer, um der erforderlichen Arbeitskräfte mit Gewalt habhaft zu werden.[112]

So heftig war die Gewalt in Kongo unter König Leopold, dass internationale Proteste schließlich den belgischen Staat dazu veranlassten, die Privatkolonie seines Königs zu übernehmen. Im Jahr 1908 begannen die neuen Kolonialbehörden, die Arbeit in einer Kolonialcharta zu regeln, die den Einsatz von Zwangsarbeit durch private Arbeitgeber verbot. Dennoch hielt sie sich hartnäckig: Während König Leopold den Menschen die Arbeitspflicht als direkte Form der Besteuerung auferlegt hatte, wurden die Arbeitssteuern nun durch Geldsteuern ersetzt, wobei diejenigen, die nicht zahlen konnten, inhaftiert und zu schwerer Zwangsarbeit verurteilt wurden – ein weit verbreitetes System, das die Europäer in den Teilen Afrikas propagierten, die sie beherrschten. Da «Menschenjagden durchgeführt wurden», um diese Steuern einzutreiben, hatten die Einheimischen keine andere Wahl, als eine Arbeit anzunehmen.[113] Menschen zur Lohnarbeit zu nötigen, diente als fadenscheiniges juristisches Deckmäntelchen, um die fortgesetzte Ausübung von Zwang zu verbergen.

Ab 1911 erwarb William Lever von der britischen Lever Company nach und nach umfangreiche Konzessionen für Palmölplantagen in Belgisch-Kongo und nutzte seine privaten Milizen – mehrere Hundert sogenannte Capita –, um sich Arbeitskräfte zu sichern. Was folgte, war eine regelrechte Treibjagd: Einheimische Bauern wurden aufgegriffen, in Ketten gelegt und zu den Arbeitsstätten verschleppt. Darüber hinaus führten die belgischen Kolonialverwalter einen Arbeitsdienst ein; ein anderer Weg, um Zehntausende von Einheimischen zur Zwangsarbeit bei öffentlichen Bauprojekten zu verpflichten, insbesondere beim Bau von Eisenbahnen, die den Transport der Bodenschätze aus Belgisch-Kongo zu den Märkten des Nordatlantiks ermöglichen sollten.[114]

Darüber hinaus führte die Kolonialregierung 1917 ein System des Zwangsanbaus ein, die «cultures obligatoires», welche die Bauern dazu verpflichteten, bestimmte Mengen Reis oder Baumwolle zu produzieren und an ihre Kolonialherren abzugeben. Auch als in der Provinz Katanga der Kupferabbau begann, kam Zwangsarbeit zum Einsatz, und Zehntausende von Bauern wurden in die Minen verschleppt, um den für die europäische Industrie dringend benötigten Rohstoff abzubauen. Sie machten Katanga zum drittgrößten Kupferlieferanten der Welt. Mit offenem Rassismus wurde grausamste Gewalt gerechtfertigt: Wie König Leopold einem US-Journalisten erklärte, sei Zwang notwendig, weil «man bei einem Volk, das seit Jahrtausenden aus Kannibalen besteht, zu den Mitteln greifen muss, die am besten geeignet sind, es aus seiner Trägheit zu reißen und ihm die Heiligkeit der Arbeit bewusst zu machen».[115] Die Zahl der Menschen, die in König Leopolds Kongo zur Zwangsarbeit gezwungen wurden, war erschütternd, und Historiker schätzen, dass zwischen fünf und zehn Millionen Kongolesen dabei starben.[116]

Kongo war ein extremer Fall, aber keineswegs einzigartig. Zwangsarbeit war an fast allen vorrückenden Rohstofffronten anzutreffen. In Liberia, einem Land, das politisch und wirtschaftlich von 15 000 Afroamerikanern aus den USA dominiert wurde, setzte die herrschende Elite das Militär ein, um die einheimischen Herrscher zu zwingen, Arbeiter für Infrastrukturprojekte wie den Straßenbau und die Plantagenarbeit zur Verfügung zu stellen. Als 1916 eine Hüttensteuer eingeführt wurde, nötigten sie Familien, die diese nicht bezahlen konnten, zu Lohnarbeit oder zur Verpfändung ihrer Kinder. Sie exportierten einige dieser Arbeiter auch in europäische Kolonien – beispielsweise auf die Kakaoplantagen der spanischen Insel Fernando Póo, wo sie einem System faktischer Sklaverei ausgesetzt waren. Als der US-amerikanische Reifenhersteller Firestone 1926 in Harbel die größte Kautschukplantage der Welt errichtete – ein Standort, an dem später Tausende von Arbeitern beschäftigt waren –, griff er auf diese gewaltigen staatlichen Mobilisierungen von Arbeitskräften zurück: Die liberianische Regierung versorgte Firestone mit Arbeitern. Dieses System ging mit so viel Zwang einher, dass der Völkerbund Liberia wenige Jahre später vorwarf, die Sklaverei wieder eingeführt zu haben.[117]

In Portugiesisch-Afrika wurde die Zwangsarbeit ebenfalls fortgesetzt. Nach der Abschaffung der Sklaverei auf São Tomé im Jahr 1875 mussten die Freigelassenen Arbeitsverträge unterzeichnen; wenn sie sich weigerten, wurden sie zu Zwangsarbeit als Strafe für «Landstreicherei» verurteilt. Die Sklaverei ging somit in erzwungene Arbeit über. Als Kolonisten São Tomé in eine riesige Kakaoplantage umwandelten – 1905 wurden 25 000 Tonnen produziert –, mussten die Arbeiter Fünfjahresverträge unterzeichnen, um ihrer gesetzlichen Arbeitspflicht nachzukommen. Als dann die lokalen Reserven an Arbeitskräften nicht mehr ausreichten, holte die Verwaltung Vertragsknechte aus Angola herbei, einer weiteren portugiesischen Kolonie, und brachte sie in gefängnisähnlichen Behausungen unter. Sie lebten und arbeiteten unter dem Joch quälend genauer Vorschriften, die sich kaum von denen der Plantagenbesitzer unterschieden, die im 17. Jahrhundert in Barbados die Arbeiter brutal versklavt hatten.[118]

Der Kakaoanbau auf São Tomé war so erfolgreich, dass Kolonialbeamte aus Deutschland und Belgien die Insel besuchten, um ihn zu studieren, insbesondere die Methoden der lokalen Pflanzer, Zugriff auf Arbeitskräfte zu erhalten und diese dann zu kontrollieren, interessierten sie. Die deutsche Kolonie Kamerun setzte diese Erkenntnisse um, und die Westafrikanische Pflanzungsgesellschaft Victoria errichtete die größte Kakaoplantage der Welt – 10 000 Hektar enteignetes Land, das in Zwangsarbeit bewirtschaftet wurde. Deutschlands größter Schokoladenhersteller hatte seinen Sitz in Hamburg, der Heimat des Hauptinvestors der Plantage, Adolph Woermann.[119] Dass Belgien bis heute einige der besten Schokoladen der Welt produziert, verdankt es ebenso sehr der gewaltsamen Ausbeutung der kongolesischen Kakaoarbeiter wie seinem Talent in der Süßwarenherstellung.

Die Jagd nach Arbeitskräften fand auch in Australien statt, insbesondere in seinem tropischen Norden, wo im letzten Drittel des 19. Jahrhunderts neue Baumwoll- und Zuckerplantagen nach billigen Werktätigen verlangten. Während der chaotischen Jahre des amerikanischen Bürgerkriegs erkannte der Sydneyer Kaufmann Robert Towns eine Chance, in den Baumwollmarkt einzusteigen. Er kaufte eine 1600 Hektar große Plantage nördlich von Brisbane und stellte einen Arbeitskräftebeschaffer ein. Dieser und seinesgleichen durchkämmten die Inseln des Pazifiks auf einer Expedition, die der Sydneyer *Daily Telegraph* 1882 als «Jagd nach Wilden» bezeichnete.[120] Der Arbeitskräftevermittler Henry Ross Levin warb mit Arbeitern zu einem Preis von sieben Pfund pro Kopf und erklärte, er würde «gerne Aufträge für die Einfuhr von Südsee-Eingeborenen zur Arbeit auf den Baumwoll- und Zuckerplantagen entgegennehmen, die derzeit in dieser Kolonie rasch entstehen», und dass «Mandanten, die sich für die Beauftragung von H. R. L. entscheiden, sich darauf verlassen können, die besten und brauchbarsten Eingeborenen zu erhalten, die auf den Inseln zu finden sind».[121] Als Ende des Jahres 1870 W. G. Farquhar ein Schiff befehligte, um «Arbeiter für uns und die anderen Farmer am Fluss zu beschaffen», reiste er zwischen verschiedenen Südseeinseln hin und her und bestach lokale Herrscher mit Musketen, Kühen und Geld, damit sie junge Arbeiter mit ihm nach Australien schickten.[122] Auf einer Insel sagte er dem Herrscher, er «würde ihm eine Muskete geben, wenn er ihm fünf Männer besorge, was dieser auch tat».[123] 1882 beobachtete ein Medizinstudent, der einen Arbeiterhändler begleitete, dass man ihnen oftmals mit Feindseligkeit und Misstrauen begegnete – sogar auf sie schoss –, was nicht verwunderlich war in Anbetracht der Geschichten, die dem Studenten zu Ohren kamen, über Arbeiter, die entführt worden waren und aus Queensland «schockierend schmutzig und krank» zurückkehrten.[124] Die Zeitungen berichteten über die Misshandlung der Inselbewohner während des Rekrutierungsprozesses, über Schießereien, Entführungen, Auspeitschungen, die Zerstörung von Ernten und das Niederbrennen von Dörfern durch die Anwerber. Diese Praxis wurde als «Blackbirding» bezeichnet, und obwohl es sich formal gesehen um den Abschluss von Arbeitsverträgen handelte, wurden die Arbeiter in Wirklichkeit durch Täuschung oder Entführung «rekrutiert».[125]

Zwischen 1863 und 1908 brachte dieses «Blackbirding» etwa 60 000 Arbeiter nach Australien, die dort mit Dreijahresverträgen unter entsetzlichen Bedingungen schuften mussten und mit ihrer Arbeit die Expansion der Zuckerindustrie in Queensland vorantrieben. Mehrere kleinere Inseln, darunter Nukulaelae, das zu Tuvalu gehört, einem Staat mit neun Inseln, verloren mehr als die Hälfte ihrer Bevölkerung. Der *Brisbane Courier* bezeichnete die Neuankömmlinge als «in ihrem Geburtsland vergleichsweise nutzlos, weil sie dort keine Industrie haben und nur genug Nahrung für ihren eigenen Bedarf anbauen».[126]

Die Bewohner der Pazifikinseln leisteten nach besten Kräften Widerstand gegen «die weißen Männer, [...] die ihre Landsleute verschleppten».[127] Aber bereits 1867 berichteten Missionare, einige Inseln seien «fast vollständig ihrer männlichen Bevölkerung beraubt» worden.[128] Einige von ihnen wurden bis nach La Réunion verschifft. Der australische Staat engagierte sich immer stärker in der Regulierung dieses Handels, beginnend 1868 mit dem Polynesian Labourers Act und endend mit dem Pacific Islands Labourers Act von 1901, wobei er umfangreiche dokumentarische Spuren hinterließ. Obwohl diese Gesetze den Handel mit Arbeitskräften reglementierten, dauerten die Missbräuche bis ins 20. Jahrhundert an.[129]

In ihrem 1960 erschienenen Buch *Involuntary Labour Since the Abolition of Slavery* (Unfreiwillige Arbeit seit der Abschaffung der Sklaverei) beschrieb die niederländische Wissenschaftlerin Willemina Kloosterboer die anhalten-

Eine weltweite Jagd nach Arbeitskräften III: «Blackbirding» auf den Neuen Hebriden, um 1890.

de Rolle von Zwang bei der Mobilisierung von Arbeitskräften in ländlichen Gebieten und zeigte, dass der Grund für dessen weit verbreitete Akzeptanz seine relativ hohe Wirksamkeit bei der Sicherung billiger und zuverlässiger Arbeitskräfte war. Ökonomen haben die jahrzehntealten Erkenntnisse von Kloosterboer kürzlich bestätigt und weiter ausgebaut, obwohl sie dem, was Kolonialbeamte, Plantagenbesitzer und Landwirte bereits vor einem Jahrhundert wussten, nur wenig hinzuzufügen hatten: Außerökonomischer Zwang veranlasste die Menschen zur Arbeit in der kommerziellen Landwirtschaft und senkte gleichzeitig die Kosten für ihre Mobilisierung, indem ihre Möglichkeiten, sich dieser zu entziehen, eingeschränkt wurden.[130] Mit dieser neuartigen Kombination aus «Pistole und Unterschrift» wurden Bauern in die Rohstoffproduktion gedrängt, wurden Arbeitskräfte mobilisiert, um sie anschließend immobil zu machen, indem man ihnen mit einem Geflecht aus Schulden, Verträgen, Gesetzen und Steuern den Fluchtweg versperrte – ausgerechnet zu einer Zeit, als weltweite Aufstände die Sklaverei auf den Plantagen gerade beendet hatten.[131]

Die neuen Arbeitsregime verschmolzen nun miteinander, und die Arbeiter kombinierten verschiedene Strategien, um ihren Lebensunterhalt zu bestreiten. Lohnarbeit konnte erzwungen werden und Zwangsarbeiter konnten Löhne erhalten. Tatsächlich verschleiert eine zu starke Betonung der Vielfalt der Arbeitsregime auf dem Land deren Gemeinsamkeiten – nämlich die Umwandlung von Arbeit in eine Ware im Besitz der Arbeiter, die im Rahmen vertraglicher Vereinbarungen vermarktet werden konnte. «Kapitalistische Sozialbeziehungen», bemerkte die Historikerin Barbara Fields, «waren weltweit auf dem Vormarsch» und führten zu dem, was Rosa Luxemburg als den «hartnäckigen Krieg des Kapitals gegen die sozialen und ökonomischen Zusammenhänge der Eingeborenen» bezeichnete.[132]

Trotz Zwang und Gewalt unterschied sich diese Arbeitswelt erheblich von derjenigen, die für die frühere Phase des Kriegskapitalismus charakteristisch gewesen war, nicht zuletzt, weil sie in nie dagewesenem Umfang auf den Befugnissen, Strukturen und Interventionen des Staates beruhte. Zwar stützte sich auch die Sklaverei auf die Macht des Staates, doch lag ihr Kernverhältnis – das zwischen Sklavenhalter und Sklave – weitgehend außerhalb seines Einflussbereichs. Im neu organisierten Kapitalismus des späten 19. Jahrhunderts hingegen war der Staat – mal kolonial, mal national – allgegenwärtig. Wie wir gesehen haben, spielte die Kolonialregierung auf La Réunion eine zentrale Rolle bei der Sicherung und Regulierung von Arbeitskräften. Gleichzeitig überwachte ein anderer Staat, nämlich Großbritannien, die Behandlung der indischen Arbeiter auf dieser Insel. Bei Misshandlungen konnten sich die Einwanderer an den staatlichen «Protecteur des immigrants» in Saint-Denis, der Hauptstadt von La Réunion, wenden, auch wenn dessen Möglichkeiten begrenzt und unzureichend waren.[133]

Tatsächlich kamen der Staat und seine Beamten aufs Land und übernahmen viele der Funktionen, die traditionell von Sklavenhaltern und Feudalherren ausgeübt worden waren. Ähnlich wie auf La Réunion regelte in Niederländisch-Ostindien eine sogenannte Kuli-Verordnung die Arbeitsverhältnisse der Vertragsknechte. Auch Portugal verabschiedete 1878, nur neun Jahre nach der Abschaffung der Sklaverei, ein spezielles Arbeitsgesetz für seine Kolonien. Als der Kakaopflanzer Richard Deeken 1904 auf Samoa Ah Tsung, den Aufseher seiner chinesischen Vertragsknechte, verprügelte, verurteilte ein deutsches Reichsgericht ihn zu vier Monaten Gefängnis – ein Szenario, das während der Sklaverei undenkbar gewesen wäre. Ceylon schuf 1858 eine Kommission für eingewanderte Arbeitskräfte. Ab 1869 ermöglichte in Burma das Gesetz über Vertragsbruch durch Arbeiter den Arbeitsvermittlern, die staatliche Durchsetzung der abgeschlossenen Verträge zu verlangen. Überall gewann das Gesetz größeren Einfluss, manchmal konnte es sogar zum Schutz von Vertragsknechten herangezogen werden: 1908 entsandte China einen Sonderbeauftragten, Lin Shu Fen, nach Deutsch-Samoa, um Vorwürfe wegen Misshandlung von Vertragsknechten zu untersuchen.[134]

Der Staat war vor allem von entscheidender Bedeutung, um die Landarbeiter vor Ort zu binden. In der französischen Karibik zwang eine neu eingeführte Kopfsteuer die freigelassenen Sklaven, ein Einkommen in bar zu erzielen; «Inlandspässe» trugen nach 1850 dazu bei, die Bewegungen der Arbeiter zu kontrollieren, und ein weiteres Gesetz bestrafte Arbeiter, die keinen Jahresvertrag unterzeichneten. Im Jahr 1918 sandte der Vizegouverneur von Dahomey, dem heutigen Benin, dem Generalgouverneur von Französisch-Westafrika den Entwurf eines Dekrets zur Regulierung der «einheimischen Arbeitskräfte».[135] In Südafrika mussten die Arbeiter gemäß dem Native Labour Regulation Act von 1911 bei Verlassen ihres Arbeitsplatzes einen Pass mit sich führen; ein Bruch ihres Arbeitsvertrags galt als Straftat. In den Kaffeeanbaugebieten El Salvadors waren Gesetze notwendig, um den Menschen erst ihr Land wegzunehmen, sie dann als Arbeitskräfte zu mobilisieren und schließlich an ihre Arbeitgeber zu fesseln. Auch das Militär, eine weitere staatliche Institution, spielte bei der Kontrolle der Arbeitskräfte eine Rolle. Als El Salvador 1912 eine Nationalgarde aufstellte, war diese hauptsächlich auf den Kaffeeplantagen stationiert und mit der Beaufsichtigung der Arbeitskräfte beauftragt. In Britisch-Indien regulierte die Kolonialverwaltung des Empires sowohl den Handel mit «Kulis» als auch deren Arbeits- und Lebensbedingungen an ihren Bestimmungsorten, einschließlich der ihnen zur Verfügung gestellten Verpflegung. Strafrechtliche Sanktionen bei Vertragsbruch vonseiten der Arbeiter waren weiterhin üblich. Auf Mauritius führten das Verlassen des Arbeitsplatzes oder ein Verhalten, mit dem der Plantagenbesitzer nicht zufrieden war, zu einer Gefängnisstrafe. «Desertion» von der Arbeit war ein Verbrechen, das mit bis zu drei Monaten Haft – abzuleisten als Zwangsarbeiter – bestraft werden konnte.[136] Die Staatsmacht zäunte nun die Arbeit genauso ein, wie sie das Land eingezäunt hatte.

Stärker als durch jede andere staatliche Maßnahme wurden Arbeitskräfte durch Gesetze gegen Landstreicherei mobilisiert und kontrolliert. Während Menschen weltweit die Möglichkeit, sich ungehindert zu bewegen, als Zeichen ihrer Freiheit betrachteten, wurde diese Freiheit durch politische Instanzen zunehmend eingeschränkt und sogar für illegal erklärt, um Menschen auf den Arbeitsmarkt zu zwingen. Auf Jamaika wurde diese Einschließung von Arbeitskräften – in Form von Gesetzen gegen Landstreicherei – bereits 1840 offiziell festgeschrieben. Jeder, der ohne Pass durch die Lande zog, konnte verhaftet und ins Gefängnis gesteckt werden; «in der Realität», so Kloosterboer, sah dies so aus, dass Arbeiter «gejagt und zur Strecke gebracht» wurden.[137] In Mauritius, Südafrika, in den USA und den portugiesischen Kolonien dienten Landstreichereigesetze ähnlichen Zwecken. Als französische

Kolonisten versuchten, die Menschen auf Madagaskar zu Lohnarbeitern zu machen, griffen sie auf dieses Gesetz zurück: Die halb nomadischen Antandroy waren laut französischen Beobachtern stolz auf ihre Unabhängigkeit und zunächst nicht bereit, für andere zu arbeiten. Doch in den 1920er Jahren waren viele von ihnen in die Lohnarbeit gezwungen worden, besiegt durch Landstreichereigesetze, die ihre traditionelle Lebensweise für illegal erklärt hatten.[138] Die französischen Kolonialverwalter entwarfen eine präzise Strategie, die unter anderem die Unterdrückung der «Vagabondage» vorsah, indem sie drei- bis zwölfmonatige Haftstrafen für diejenigen verhängten, die nun unter diese Kategorie fielen, und den Einheimischen verboten, in den Bergen Reisfelder anzulegen, was aus Sicht der Verwalter Familien ermöglichte, «sich an schwer zugänglichen und abgelegenen Orten niederzulassen, wo sie in schrecklicher Trägheit leben und sich allen steuerlichen Verpflichtungen entziehen».[139] Die Kolonialbeamten waren überall von der Notwendigkeit überzeugt, die lokale Bevölkerung dazu zu bewegen, «die Pflicht der Arbeit, die in unserer Zeit die Organisation zivilisierter Völker beherrscht», zu akzeptieren.[140] Die Kriminalisierung von «Landstreichern» wurde zu einem Mittel, um die Menschen zur Veräußerung ihrer Arbeitskraft zu zwingen, was einmal mehr zeigte, wie schwierig die Verwirklichung des kapitalistischen Projekts tatsächlich war und wie groß der Widerstand dagegen. Der Arbeitsmarkt war keineswegs frei oder natürlich entstanden, sondern eine Schöpfung staatlicher Zwangsgewalt. Einigen Kapitaleignern galt die Nötigung zur Arbeit unter der Ägide des Kapitals als wesentlicher Bestandteil der zivilisatorischen Mission, die sie ihrer Meinung nach erfüllten.

Angesichts der zentralen Rolle des Staates ist es nicht überraschend, dass die je nach Örtlichkeit unterschiedliche Verteilung der sozialen, wirtschaftlichen und politischen Macht die Vielfalt der Arbeitsverhältnisse bedingte.[141] Viele afrikanische Bauern waren noch tief in einer vorkolonialen, vorkapitalistischen politischen Ökonomie verwurzelt und konnten sich daher erfolgreich gegen die Veränderung ihrer Lebensumstände wehren. Die freigelassenen Sklaven in den USA verfügten über genügend kollektive Kraft, um ihren ehemaligen Besitzern einen Kompromiss abzunötigen, der dazu führte, dass sich neben der Lohnarbeit verschiedene Formen der Pachtwirtschaft etablierten. Enteignete salvadorianische Bauern hingegen, die keine politischen Verbündeten hatten und der rechtlichen, administrativen, wirtschaftlichen und militärischen Gewalt eines Staates unter dem Einfluss einer kleinen Pflanzerelite ausgesetzt waren, hatten kaum eine andere Wahl, als Lohnarbeit auf Kaffeeplantagen aufzunehmen.

TROTZ DER überwältigenden Macht der Staaten und Kapitaleigner setzten sich die Landarbeiter weiterhin gegen die Umgestaltung des ländlichen Raums zur Wehr. Wie schon während der Sklaverei äußerte sich dieser Widerstand vor allem im alltäglichen Umgang der Landarbeiter mit ihren Arbeitgebern. Sie scheuten oftmals die offene Rebellion und versuchten stattdessen, die Regeln so gut wie möglich zu umgehen.[142] Eine Liste der Verurteilungen von Arbeitern nach den Gesetzen für Vertragsknechte auf La Réunion gibt einen Einblick in diesen Widerstand. Am 10. Januar 1923 wurden 39 Arbeiter von La Bagatelle, einer Zuckerplantage im Gebiet Sainte-Suzanne, wegen «Unruhen auf dem Gelände» verurteilt. Andere wurden wegen «Abwesenheit», «Desertion», «Arbeitsverweigerung» und «schlechter Arbeitsleistung» verurteilt. Am 11. Juli 1923 verweigerten 13 Arbeiter von La Convenance die Arbeit.[143] In jenem Jahr wurden insgesamt 161 Arbeiter wegen «Verbrechen» wie «Flucht», «Diebstahl der Ernte» und dem altbekannten «Vagabundieren» verurteilt.[144]

Arbeiter verfügten tatsächlich über eine beträchtliche Fähigkeit, sich zu organisieren und Widerstand zu leisten. In Französisch-Indochina beteiligten sich Plantagenarbeiter sowohl einzeln als auch kollektiv an einer Vielzahl von Aufständen. Auf der weitläufigen Kautschukplantage von Michelin in Dâu Tiêng – 1928 waren dort 4800 Menschen beschäftigt – verlangsamten sie ihre Tätigkeit, weigerten sich, ihre Verträge zu verlängern, betrieben Sabotage und verschwanden. Zwischen 20 und 30 Prozent von ihnen verließen jedes Jahr ihren Arbeitsplatz. Manchmal töteten sie besonders grausame und gewalttätige Verwalter oder Aufseher. Auch auf Ceylon desertierten Arbeiter von Plantagen, verübten Sabotageakte und Diebstähle und begingen Selbstmord – alles, um dem enormen Druck zu entkommen, unter dem sie standen. Auf den Teeplantagen von Assam, die viele Arbeiter gar nicht erst erreichten, weil sie schon auf dem Weg dorthin ums Leben kamen, leisteten die Vertragsarbeiter auf vielfältige Weise Widerstand, unter anderem durch Flucht und den Aufbau eines kulturellen Lebens außerhalb des Einflussbereichs von Verwaltern. Auch die Arbeiter im portugiesischen São Tomé rebellierten. Auf Mauritius beklagten sich die Plantagenbesitzer ständig über «Fehlzeiten» und Landstreicherei und reichten zwischen 1860 und 1870 rund 70 000 Klagen gegen ihre Arbeiter ein, wobei 80 Prozent dieser Beschwerden sich auf «Desertion» bezogen. Kolonialbeamte beschrieben die Arbeiter in Madagaskar als «zur Trägheit neigend».[145] Entlaufene Arbeiter waren bis weit ins 20. Jahrhundert hinein ein charakteristisches Merkmal der kapitalistischen Arbeitswelt, während das Entkommen aus der Herrschaft des Kapitals strafrechtlich verfolgt wurde. In einer Gesellschaft, in der die Kontrolle der

Arbeitszeit gleichbedeutend mit der Kontrolle der Menschen war, war die Flucht aus dem Arbeitsverhältnis eine Form des Ausstiegs.[146]

Als der Druck auf die Landarbeiter zunahm und sich verschärfte, rebellierten sie auch gemeinsam. Im Jahr 1865 erhoben sich unter der Führung von Ahmed al-Shaqi die Landarbeiter in Ägypten gegen den enormen Druck, den eine kommerzialisierte Baumwollwirtschaft in ihr Leben brachte. Im Jahr 1875 griffen indische Baumwollbauern während der Deccan-Unruhen Geldverleiher an. Im Februar 1907 kam es in Rumänien zu gewaltsamen Aufständen von Pachtbauern gegen die Bemühungen großer Grundherren, in den exportorientierten Weizenanbaugebieten mehr Arbeitsleistungen herauszupressen. Sechs Wochen später, als sich der Aufstand auf das ganze Land ausgebreitet hatte, schlug die Armee ihn mit schwerer Artillerie nieder und tötete Tausende von Bauern. In den USA erfasste in den letzten Jahrzehnten des 19. Jahrhunderts eine Welle der Unzufriedenheit die ländlichen Gebiete, wobei die landwirtschaftlichen Produzenten unter anderem Schutz vor Gläubigern und Maßnahmen zur Preisstabilisierung forderten. Um die Jahrhundertwende wurden südlich des Rio Grande in Mexiko Baumwollarbeiter zu Banditen und Dieben, um gegen ihre Ausbeutung durch die Baumwollpflanzer zu protestieren, wurden jedoch von privaten Milizen, unterstützt von Bundestruppen, brutal unterdrückt. Die neu proletarisierten Kaffeearbeiter von El Salvador erhoben sich 1932 in einer offenen Rebellion und wurden mit unvorstellbarer staatlicher Gewalt konfrontiert. Ein Historiker berichtete später: «Maschinengewehre machten die Niederschlagung des Aufstands so effizient, dass die Revolution unter dem Namen ihrer Unterdrückung in die Geschichte eingegangen ist: La Matanza, das Massaker.»[147] Der Staat und die Kaffeebarone, die ein Land kontrollierten, das zu einer einzigen großen Plantage geworden war, ermordeten nicht weniger als 12 000 salvadorianische Campesinos. Die Strategien der Landarbeiter waren unterschiedlich, ebenso die staatlichen Reaktionen, aber sie alle zeugen von den gewaltigen Belastungen, denen diese Menschen ausgesetzt waren, als ihre Arbeitskraft mobilisiert wurde, um den ländlichen Raum der Welt umzugestalten, bis er – wie ihre Leben – nicht mehr wiederzuerkennen war.[148]

Die Neuordnung der Arbeit, die in den ländlichen Gebieten der Welt so deutlich zu beobachten war, griff auch auf die Industrie über, wobei beide Bereiche einander beeinflussten und befruchteten. Im letzten Drittel des 19. Jahrhunderts, als neue Industrien entstanden und die Industrialisierung voranschritt, stieg die Zahl der Industriearbeiter rapide an: In den USA hatte es 1870 erst 3,5 Millionen Industriearbeiter gegeben; 1910 waren es bereits 14,2 Millionen, was einem Wachstum entsprach, das doppelt so hoch war wie das der Gesamtbevölkerung der USA. Die Zahl dieses riesigen Proletariats erhöht sich signifikant, wenn wir die 1,5 Millionen überwiegend weiblichen Hausangestellten und die 1,7 Millionen Büroangestellten hinzurechnen. Im Jahr 1910 arbeiteten 1,7 Millionen Amerikaner in der Metallverarbeitung, 1,2 Millionen in der Bekleidungsindustrie, 917 000 im Bergbau, 800 000 in der Textilindustrie und 326 000 in der Eisen- und Stahlindustrie. Einige Branchen verzeichneten ein explosives Wachstum: In der amerikanischen Chemie-, Öl- und Gummiindustrie stieg die Zahl der Beschäftigten zwischen 1870 und 1910 um fast 2000 Prozent, in der Eisen- und Stahlindustrie um 1204 Prozent und im Eisenbahnwesen um 638 Prozent. Es gab natürlich viel mehr Unternehmen als zuvor, aber auch die bestehenden Firmen wuchsen zu einer bis dahin unvorstellbaren Größe heran. Im Jahr 1900 beschäftigten vier Fabriken in den USA jeweils mehr als 8000 Arbeiter, und drei dieser Werke waren Stahlwerke – Cambria, Homestead und Jones and Laughlin. In Frankreich stieg die Zahl der Beschäftigten im verarbeitenden Gewerbe, einschließlich des Baugewerbes, zwischen 1866 und 1911 um 64 Prozent, in Deutschland zwischen 1882 und 1907 um 72 Prozent, in Italien zwischen 1880 und 1918 um ca. 29 Prozent und in Großbritannien zwischen 1871 und 1911 um 63 Prozent. In Deutschland arbeiteten 1907 fast 8 Millionen Menschen in der Industrie, 3 Millionen mehr als 1882; Anfang der 1920er Jahre hatte Deutschland allein mehr als eine Million Bergleute. Insgesamt war das Wachstum so rasant, dass 1910 mehr als 40 Prozent der britischen und belgischen Arbeitskräfte in der Industrie arbeiteten, mehr als 30 Prozent der deutschen und niederländischen Erwerbstätigen und mehr als 20 Prozent der österreichischen, dänischen, französischen, italienischen, norwegischen und schwedischen Erwerbsbevölkerung. Schätzungen zufolge arbeiteten um 1900 weltweit 81 Millionen Menschen in der Fertigung, eine enorme Zahl im Vergleich zur Mitte des 19. Jahrhunderts, aber immer noch deutlich weniger als die geschätzten 541 Millionen Beschäftigten in der Landwirtschaft.[149]

Damit dieses Massenproletariat entstehen konnte, mussten viele Millionen von Menschen Manufakturen, Handwerksbetriebe und vor allem den ländlichen Raum verlassen – eine Entwicklung, die in Umfang und Ausmaß weit über das hinausging, was während der ursprünglichen Industriellen Revolution geschehen war. Tatsächlich waren die vier Jahrzehnte nach 1870 vielleicht die bemerkenswertesten in der Geschichte der Proletarisierung, bis die Industrialisierung Chinas zu Beginn des 21. Jahrhunderts Fahrt aufnahm.

Woher kamen diese Arbeiter? Im Saarland waren es vor allem Bauern, die in die Bergwerke und die schnell wachsenden Eisen- und Stahlwerke strömten. Im Jahr 1850 hatten nur etwa 1400 Männer, Frauen und Kinder in der Eisen- und Stahlindustrie gearbeitet; 1913 gab es bereits mehr als 31 000 Arbeiter in diesen Werken, davon 6000 allein in der Völklinger Fabrik der Familie Röchling. Daneben gab es etwa 55 000 Bergleute. Die Industriestädte wuchsen rasant: Völklingen hatte 1871 nur 3123 Einwohner gezählt, vierzig Jahre später waren es bereits 18 000. Wie anderswo stammten diese neuen Proletarier fast ausschließlich aus dem nahen Umland; familiäre und dörfliche Netzwerke verbanden die ländlichen Gebiete mit den aufstrebenden Fabrikstädten. Erst als in den umliegenden Dörfern die Arbeitskräfte knapp wurden, begannen die saarländischen Unternehmer Beschäftigte auf Bauernhöfen im benachbarten Frankreich und im fernen Bayern anzuwerben.[150]

In Völklingen wie im gesamten Saarland und im nordatlantischen Raum stammten diese Arbeiter aus der europäischen Bauernschaft – tatsächlich wurde diese sich herausbildende Arbeiterklasse als Arbeiterbauernschaft bezeichnet. Zwischen 1850 und 1914 verlor der ländliche Raum in Europa zwischen 120 und 150 Millionen Menschen, von denen viele in die Industrie wechselten. Sogar in den fernen USA stammte die neue Arbeiterklasse meist von europäischen Bauernhöfen, da Wirtschaftsflüchtlinge aus Deutschland, Italien und Osteuropa ihr Glück in der amerikanischen Industrie suchten. Aufgrund des Bevölkerungsdrucks und der Veränderungen des ländlichen Raums wurde die bäuerliche Landwirtschaft in einigen Teilen der Welt zunehmend unrentabel, sodass ländliche Gebiete nicht nur landwirtschaftliche Rohstoffe, sondern auch ein städtisches Proletariat hervorbrachten. Die Verbindungen waren so eng, dass Industriearbeiter häufig auch nach ihrem Eintritt in die Fabriken in der bäuerlichen Welt verwurzelt blieben. Sie hielten nicht nur die Verbindung zu den heimischen Höfen, sondern betrieben oft auch weiterhin Landwirtschaft. Als die Röchlings für einige Arbeiter Firmenwohnungen bauten, stellten sie ihnen bezeichnenderweise kleine Gärten und sogar Ställe zur Verfügung. Es hielten so viele Röchling-Arbeiter Tiere, dass das Unternehmen 1913 eine Statistik über die Tierhaltung seiner Arbeiter erstellte, in der Schweine, Ziegen, Hühner und Kaninchen aufgeführt wurden. Solche fortbestehenden Verbindungen zum Landleben waren überall zu finden; so ergänzten beispielsweise die Arbeiter der senegalesischen Eisenbahnlinie Dakar–Saint-Louis ihr Einkommen durch Landwirtschaft und Fischerei.[151]

Im Zuge des weltweiten Wachstums der Industriearbeiter veränderte sich auch die Art ihrer Arbeit. Wie wir gesehen haben, hatten die Kapitaleigner außerhalb der amerikanischen Plantagenwirtschaft für die längste Zeit nur wenig Kontrolle darüber gehabt, wie die Arbeit ausgeführt wurde. Viele Arbeiter wurden nicht als Einzelpersonen, sondern als Gruppen unter Vertrag genommen, organisierten selbstständig die Arbeitsabläufe und teilten den Erlös unter sich auf.[152] In Eisenhütten stellten Facharbeiter ihre eigenen Hilfskräfte ein und Arbeitsplätze wurden vom Vater an den Sohn weitergegeben; sie genossen eine erhebliche Kontrolle über ihre Arbeit.

Dies änderte sich Ende des 19. Jahrhunderts. Als die Eigentümer ein besseres Verständnis dafür entwickelten, was tatsächlich in den Betrieben vor sich ging, übernahmen sie mehr Kontrolle, nicht zuletzt durch eine präzisere Aufteilung der Arbeit.[153] Dies war der Moment, in dem die sogenannte wissenschaftliche Betriebsführung aufkam, das am engsten mit dem US-amerikanischen Ingenieur Frederick Winslow Taylor verbunden ist. Der moderne Verwaltungswissenschaftler Peter Drucker übertrieb nur leicht, als er das wissenschaftliche Management als «den nachhaltigsten Beitrag Amerikas zum westlichen Denken seit den Federalist Papers» bezeichnete.[154]

Taylor und seine Anhänger forderten die Manager dazu auf, sich die Arbeitsprozesse genau anzusehen, sie in Abschnitte zu unterteilen und sicherzustellen, dass die Arbeiter ihre Aufgaben genau so ausführten, wie es ihnen vorgegeben wurde. Dadurch sollte die Arbeit effizienter und weniger qualifikationsintensiv werden; die Arbeiter verloren jegliche Entscheidungsfreiheit darüber, wie sie ihre jeweiligen Aufgaben ausführten. Taylor fasste sein Projekt prägnant zusammen: In einem ersten Schritt, so sagte er, «nehmen die Manager [...] die Mühe auf sich, das gesamte traditionelle Wissen, das in der Vergangenheit bei den Arbeitern vorhanden war, zu sammeln und diese Kenntnisse von Regeln, Gesetzen und Formeln zu klassifizieren, zu tabellieren und zu reduzieren».[155] In einem zweiten Schritt sollten «alle anfallenden geistigen Tätigkeiten aus der Werkstatt entfernt und in der Planungs- oder Entwurfsabteilung konzentriert werden».[156] Die Konzeption sollte von der Ausführung getrennt werden, der Kopf von der Hand. Als einflussreiche Vereinigungen wie die American Society of Mechanical Engineers diese Methoden populär machten, hielt das wissenschaftliche Management Einzug in die Industrie.[157] Es wurde zu einem wichtigen Bestandteil des Lehrplans der Harvard Business School, die um diese Zeit gegründet wurde. Walter Bagehot, der Chefredakteur von *The Economist*, bemerkte, als Folge der Tatsache, dass die «industriellen Verrichtungen der Menschheit [...] jeden Tag monotoner werden», würde es für die Arbeiter immer schwieriger, «ihre Leidenschaften durch Disziplin zu zügeln».[158]

Taylor betonte, diese Disziplinierung erfordere lange und zähe Anstrengungen, und seine eigenen Bemühungen im Namen seiner Auftraggeber bezeichnete er als «Kampf».[159] Dieser Kampf musste nicht nur mit einzelnen Arbeitern ausgefochten werden, die sich gegen Maßnahmen wehrten, die sie entmachteten, sondern auch mit ihren Organisationen: Als US-amerikanische Unternehmen nach Taylor'schen Grundsätzen umstrukturiert wurden, kam es wenig überraschend zu Konflikten mit ihren hoch qualifizierten und gut organisierten Arbeitern. Am deutlichsten wurde dies 1892, als Andrew Carnegie in seinem Stahlwerk in Homestead den Widerstand der Gewerkschaft mithilfe einer bewaffneten Privatpolizei – den Pinkertons – brach, um seine alleinige Kontrolle über die Arbeitsprozesse durchzusetzen.[160]

Die Bestrebungen, das Industrieproletariat in den Fabriken einer neuartigen Kontrolle zu unterwerfen, verbreiteten sich: In den Teppichfabriken des Osmanischen Reiches wurde die Überwachung der Arbeiter verschärft. Die Tatas in Indien setzten bereits in den 1920er Jahren wissenschaftliche Managementmethoden in ihren Stahlwerken ein. In Deutschland wurde «Rationalisierung» zum Schlagwort. Der Stahlindustrielle Carl Ferdinand von Stumm-Halberg war der Ansicht, dass «ein Industrieunternehmen, um erfolgreich zu sein, nach militärischen Prinzipien organisiert werden muss».[161] Die Röchlings schlossen sich dieser Auffassung an und setzten ihre Autorität und Kontrolle über die vielen Produktionsstufen in ihrer immer komplexer werdenden Fabrik durch. Als Hermann Röchling, der nun das Familienunternehmen leitete, 1904 neue «Arbeitsvorschriften» erließ, umfassten diese nicht weniger als 51 Artikel, die darauf abzielten, die Bewegungen und das Verhalten der Arbeiter bis ins kleinste Detail zu bestimmen. Die Disziplinierung der Arbeiter ging Hand in Hand mit der Umstrukturierung des Produktionsprozesses. Im Walzwerk der Röchlings hatten die Arbeiter traditionell Stahl in Chargen gewalzt, wobei hoch qualifizierte Arbeiter von einem ihnen persönlich unterstellten Team ungelernter Arbeiter unterstützt worden waren. Als 1891 das neue Thomas-Gilchrist-Stahlverfahren eingeführt worden war, hatte das Walzwerk auf kontinuierliches Walzen umgestellt, bei dem viele der zuvor von den Arbeitern ausgeführten Formungsarbeiten von der Maschine übernommen wurden. Eine weitere Arbeitsteilung ermöglichte es nun ungelernten Arbeitern, einen Großteil der Aufgaben zu erledigen, wodurch die zuvor dominierenden handwerklich hoch qualifizierten Arbeiter an Einfluss verloren. Diese leisteten Widerstand – sie warfen Materialien zu Boden, verweigerten die Arbeit und drohten sogar, Hermann Röchling zu töten, der jedoch die «Unruhestifter» entließ und seine Kontrolle erfolgreich durchsetzte.[162] Die zuvor zentrale Rolle der hoch qualifizierten Arbeiter und ihre Autorität über ihre Untergebenen waren entscheidend untergraben worden – und damit auch eine wichtige Achse der Rebellionen der Jahrhundertmitte.

Mit der Neustrukturierung der Arbeit wurde der Fertigung eine neue Intensität zuteil: Die Arbeiter verbrachten den größten Teil ihrer Wachzeit in der Fabrik. Bis 1918 dauerte der normale Arbeitstag in Deutschland – und anderswo – zwölf Stunden. Und selbst das war nicht immer genug. In der Eisen- und Maschinenfabrik Eduard Laeis & Cie mussten «die Arbeiter in dringenden Fällen auch nach Schichtende weiterarbeiten».[163] Arbeitgeber wie die Röchlings verlangten von ihren Arbeitern auch, mehr als eine Schicht hintereinander zu arbeiten, und gelegentlich mussten die Arbeiter sogar 36 Stunden am Stück arbeiten. Ein Historiker bezeichnete diese Arbeitszeiten als «barbarisch».[164] Unter dieser Arbeitsintensität litten ganze Arbeiterfamilien: Obwohl es illegal war, beschäftigten die Röchlings Zwölfjährige, während 15- oder 16-Jährige oft weit mehr Stunden arbeiteten, als gesetzlich erlaubt war.[165] Jahrzehntelange Auseinandersetzungen sollten nötig sein, bis die Arbeiter einen Teil ihrer Zeit von den Arbeitgebern zurückerobern konnten.

Die Arbeit war anstrengend. Die Eisen- und Stahlpuddler waren großer Hitze und extrem hellem Licht ausgesetzt, was die Arbeit physisch zermürbend machte, sodass die meisten von ihnen, auch ohne Unfälle oder Krankheiten, im Alter von etwa 40 Jahren körperlich am Ende waren. In den Werken der Röchlings waren die Maschinen laut, die Temperaturen kaum zu ertragen, und die Arbeit war gefährlich. Am 30. Dezember 1889 fiel eine Stahlplatte auf den Kopf des 19-jährigen Karl Jakob Klein und tötete ihn auf der Stelle. Christian Dries, 25 Jahre alt, wurde am 4. März 1884 zwischen zwei Eisenbahnwaggons zerquetscht. Der 35-jährige Nikolaus Schweitzer erstickte am 10. Mai 1888 durch das Einatmen von «Hochofengas». Am 12. Dezember 1888 kam der 16-jährige Paul Bach auf ähnliche Weise ums Leben. In den zwei Jahrzehnten nach 1892 starben jährlich im Schnitt eineinhalb von tausend Arbeitern bei Arbeitsunfällen im Röchlingswerk. Viele weitere wurden verstümmelt. Aus gutem Grund fürchteten die Arbeiter, einen Unfall zu erleiden, der sie arbeitsunfähig machen und in bittere Armut stürzen würde.[166]

Die Lebensbedingungen außerhalb der Fabriktore waren ebenso schwierig, die Wohnverhältnisse beengt: Noch 1923 berichtete ein Röchling-Arbeiter, dass er und seine Frau mit sieben Kindern in einer Zweizimmerwohnung lebten. Im selben Jahr gab ein anderer Arbeiter an, dass sie zu viert in einem einzigen Zimmer untergebracht waren, und der Arbeiter Johan Bayer berichtete, dass sein täglicher Fußweg zur Bahnstation, um mit dem Zug nach Völklingen zu gelangen, 45 Minuten in Anspruch nahm. Viele Arbeiter wohnten bei ihren Eltern, da sie sich keine eigene Wohnung leisten konnten oder keine fanden. Diese Bedingungen führten zu einer hohen Fluktuation in der Fabrik. Ein Historiker fand heraus, dass 1891 in einem luxemburgischen Stahlwerk in Dudelange bei Völklingen 45 Prozent aller Arbeiter weniger als drei Monate auf der Lohnliste standen und nur 3,1 Prozent länger als fünf Jahre beschäftigt waren.[167]

Diese Instabilität betraf alle Aspekte des Lebens der Arbeiterklasse. Aufzeichnungen der Stadtverwaltung von Völklingen aus der Mitte des Jahrhunderts berichten von «vernachlässigten Kindern», kriminellen Jugendlichen und gewalttätigen Übergriffen auf Arbeiterinnen. Ein halbes Jahrhundert später versuchte die Stadt zusammen mit der Firma Röchling immer noch, den Arbeiternachwuchs im Zaum zu halten: Kinder, die Obst von den Bäumen stahlen – was auch den Plantagenarbeitern in El Salvador vorgeworfen worden war –, oder Scharen von Jugendlichen, die «im Wald herumstreunten» und sich kleine nächtliche Sachbeschädigungen zuschulden kommen ließen. All dies galt als Beweis, dass sich die Arbeiter der Disziplin widersetzten. Ganz zu schweigen davon, dass sich in den Familien oft Spannungen, Streit und körperliche Gewalt entluden.[168] Vor allem Feiertage waren Anlass für exzessiven Alkoholkonsum und Ausschreitungen; es überrascht daher nicht, dass die Röchlings «Feiertage nicht besonders mochten».[169]

Arbeitgeber wie die Röchlings versuchten, diese neue Arbeiterklasse zu kontrollieren, zu befrieden und zu stabilisieren, um die Massenproduktion in kapitalintensiven Betrieben zu sichern und möglichst wenig Raum für politische Mobilisierungen und die Entstehung von Gewerkschaften zu lassen.[170] Ihr Verlangen nach Kontrolle ging über die Fabrikhallen hinaus und richtete sich gleichermaßen auf die Haushalte, Beziehungen und Verhaltensweisen ihrer Arbeiter. Es galt, das Industrieproletariat so zu formen, dass auch sein intimstes Leben den neuen Anforderungen der Produktion entsprach. In dem unbeständigen Strudel aus massiven Anhäufungen von Kapital, Arbeitern, Maschinen und fossilen Brennstoffen war es ungewiss, ob sie damit Erfolg haben würden.

Aber sie versuchten es. Ein Weg dahin war die Stabilisierung des Lebens der Arbeiter, nicht zuletzt der Versuch, sie fest an die Fabrik zu binden. In den letzten Jahrzehnten des 19. Jahrhunderts entstanden erste betriebliche Sozialleistungen, die sich in der Regel auf Gesundheit, Wohnen, Bildung, Einkommenssicherheit bei Krankheit und im Alter sowie gelegentliche kulturelle Aktivitäten konzentrierten.[171] Die Röchlings und andere Unternehmer begannen mit dem Aufbau eines ersten Sozialsystems, das spätestens Mitte des 20. Jahrhunderts in allen Industrienationen mehr oder weniger übernommen worden war und ein wesentliches Element der Neuorganisation des Kapitalismus werden sollte – insbesondere als die Sozialpolitik von den staatlichen Institutionen übernommen wurde. Die Röchlings gründeten eine Krankenkasse für ihre Arbeiter, die 1883 durch die Einführung der staatlichen Krankenversicherung in Deutschland überflüssig wurde, bauten ein Krankenhaus und gewährten einigen ihrer Arbeiter im Alter finanzielle Unterstützung. Darüber hinaus begannen die Röchlings, Wohnungen zur Verfügung zu stellen, um Arbeiter nach Völklingen zu locken, da sie der Meinung waren, dass «die Lösung darauf abzielen muss, dem Arbeiter ein moralisch und sozial akzeptables und gesundes Zuhause zu ermöglichen».[172] Die Wohnungen waren etwa 45 Quadratmeter klein und befanden sich in Mehrfamilienhäusern, deren Bewohner sich eine Außentoilette teilen mussten. Der Zugang zu solchen Wohnungen war ein Privileg, das nur bestimmten Gruppen von Arbeitern gewährt wurde, in der Regel besonders wertvollen und hoch qualifizierten oder gefügigen Arbeitern, und ihnen und ihren Familien konnte der Verlust der Wohnung drohen, wenn sie gegen die politischen oder kulturellen Einstellungen des Unternehmens verstießen.[173]

Die Röchlings wollten nicht nur die materiellen Lebensbedingungen einiger ihrer Arbeiter verbessern, sondern auch die Kultur der Arbeiterklasse beeinflussen, um deren Loyalität zu gewinnen. Im Jahr 1912 gründete das Unternehmen einen Hüttenarbeiter-Verein mit 1200 Mitgliedern, der kulturelle Veranstaltungen wie Musikumzüge und Turnwettkämpfe organisierte. Das Unternehmen errichtete außerdem ein öffentliches Schwimmbad, versorgte die örtlichen Schulkinder mit Milch und ermutigte die Schüler, schon während ihrer Schulzeit mit dem Sparen zu beginnen. Die Bemühungen der Kapitaleigner – und der staatlichen Stellen – zur Disziplinierung der Arbeiter waren allumfassend: So wurden beispielsweise im Bildungswesen Fürsorge und Zwang eng miteinander verknüpft. Als in Völklingen eine Schule für die Arbeiterkinder eröffnet wurde, erhielten die Schüler zwar Zugang zu Bildung, waren jedoch zeitweise auch erschütternder Gewalt ausgesetzt. Ein Kind wurde von einem Lehrer so heftig geschlagen, dass es am Kopf blutete, ein anderes Kind wurde von einem Lehrer so schwer verletzt, dass es nicht mehr sitzen konnte.[174]

Was den Röchlings und vielen anderen Arbeitgebern in der Industrie besondere Sorgen bereitete, war der Alkohol. In der ganzen Welt tranken Arbeiter Bier, Wein und Schnaps. In Völklingen gab es statistisch gesehen für 179 Einwohner jeweils eine Kneipe, und die Arbeiter verbrachten einen Großteil ihrer Freizeit in diesen Lokalen. Wenn sie nach Hause kamen, neigten die, die viel getrunken hatten, eher zu häuslicher Gewalt. Hermann Röchling fürchtete die negativen Auswirkungen des Alkohols nicht nur wegen der Gewalttätigkeit, sondern weil er davon überzeugt war, dass Alkohol die Produktivität der Arbeiter minderte und zu Arbeitsunfällen beitrug.[175] Er glaubte an eine «Steigerung der Arbeitskraft durch völlige Abstinenz».[176] Jahrzehntelang führte er einen unermüdlichen Kampf gegen den Alkoholkonsum seiner Arbeiter, und zu Beginn des 20. Jahrhunderts begann er, diejenigen, die versprachen, nüchtern zu bleiben, mit sogenannten Abstinenzprämien zu belohnen. Nicht viele nahmen sein Angebot an: Im Jahr 1907 erhielten nur elf von etwa 6000 Arbeitern die Prämie. Paradoxerweise verbot Röchling zwar den Alkoholkonsum auf dem Fabrikgelände, machte jedoch eine Ausnahme, die von einer fortdauernden Schwäche in seiner Position als Arbeitgeber zeugte: «Bier darf während der festgelegten Pausen getrunken werden. Das Bier wird vom Unternehmen ausgeschenkt.»[177]

Während die Bedingungen für Arbeiter weiterhin schwierig blieben, kam es in den Jahrzehnten nach 1870, anders als während der ersten Industriellen Revolution und anders als im ländlichen Raum in vielen Teilen der Welt, zu einer deutlichen Verbesserung ihres Lebensstandards. Zwischen 1870 und 1913 stiegen die Reallöhne der ungelernten Arbeiter in Großbritannien und in den USA um 47 Prozent, in Belgien um 57 Prozent, in Frankreich um 32 Prozent und in Deutschland um 58 Prozent. Auch die Alphabetisierungsrate, die Lebenserwartung und die arbeitsfreie Zeit nahmen deutlich

Die Arbeiter werden kontrolliert: Röchling drängt zur Abstinenz mit dem Versprechen höherer Bezüge.

zu. In den 1880er Jahren begann überdies der ein Jahrhundert in Anspruch nehmende Aufbau des Sozialstaates, zunächst in Australien, Neuseeland und den skandinavischen Ländern, dann in Deutschland. Renten, Armenhilfe, Wohngeld, Ausgaben für das Gesundheitswesen sowie Unfall- und Arbeitslosenversicherung wurden nun zwar langsam, aber stetig erhöht. Infolgedessen stieg die Kaufkraft der Arbeiter, was nach einiger Zeit die Arbeiterklasse selbst zu einem bedeutenden Absatzmarkt für die industrielle Massenproduktion machte.[178] Der Lebensstandard der Industriearbeiter in einigen wenigen Regionen der Welt verzeichnete nun erstmals eine deutliche Verbesserung. Das Steigen ihres Lebensstandards verdankte sich auch sinkenden Preisen, insbesondere für Waren wie Weizen, Kaffee, Seife, Kakao, Tee und Zucker, die in nie dagewesenen Mengen auf den Markt kamen und in der Regel von schlecht bezahlten Arbeitern in den ländlichen Gebieten der Welt produziert wurden. Die globale Neustrukturierung des ländlichen Raums beeinflusste somit die Bedingungen für die Neuordnung der Arbeit in den industriellen Kernländern; sie waren sogar untrennbar miteinander verbunden.

Dieses Zusammenspiel politischer und wirtschaftlicher Kräfte ermöglichte es einem kleinen Teil der weltweiten Arbeiterklasse, seine Lebensbedingungen zu verbessern und sich von der großen Mehrheit der weltweiten Arbeiterschaft abzuheben. Mit zunehmender Vernetzung der Welt gerieten diese Arbeiter jedoch auch in direkten Wettbewerb mit ihren schlechter bezahlten Kollegen anderswo – entweder weil Letztere die gleichen Produkte an anderen Orten billiger herstellten oder weil sie in die industriellen Zentren einwanderten. Afroamerikaner zogen aus den Südstaaten in den Norden, Mexikaner kamen in die USA, Süditaliener ließen sich in den Industriestädten Norditaliens nieder, polnische Arbeiter wanderten ins Ruhrgebiet aus und chinesische Arbeiter waren auf der ganzen Welt anzutreffen. Dieser neue Wettbewerb auf dem Arbeitsmarkt führte häufig zu rassistischen Reaktionen.[179] Als Clements Kadalie, der Generalsekretär der Industrial and Commercial Workers' Union of Africa, 1928 einen Brief an seinen indischen Gewerkschaftskollegen Narayan Malhar Joshi verfasste, ging er auf diesen Rassismus ein:

> Ihren Schreiben entnehme ich, dass Sie in der Arbeiterbewegung Indiens keinen Unterschied zwischen Arbeitern verschiedener Rasse, Glaubensrichtung oder Hautfarbe machen und dass Sie sich zweifellos wünschen, dass die indischen Arbeiter in Südafrika gut mit uns zusammenarbeiten. Die indischen Arbeiter haben uns bisher jedoch nur sehr wenig Sympathie entgegengebracht, und wir wären Ihnen äu-

ßerst dankbar, wenn Sie ihnen klar machen könnten, dass wir, die wir alle Arbeiter sind, einen einzigen gemeinsamen Feind haben, nämlich den kolonialen Kapitalismus.[180]

Auch wenn sich der Lebensstandard für einen kleinen Teil der Arbeiter weltweit verbessert hatte, war das Leben der Arbeiterklasse nach wie vor äußerst bescheiden: 1887 betrug der durchschnittliche Jahreslohn im Völklinger Eisen- und Stahlwerk der Röchlings 753,13 Mark. Eine durchschnittliche Familie mit drei bis vier Mitgliedern musste 478,80 Mark für Lebensmittel aufbringen. Somit blieben nur magere 300 Mark für Unterkunft, Heizung, Kleidung und alle anderen Ausgaben. Das entbehrungsreiche Dasein zeigte sich bei Jugendlichen vor allem in ihrem unterdurchschnittlichen Wachstum, das sie für den Militärdienst untauglich machte.[181]

WÄHREND DER Umbau der industriellen Arbeit weitgehend auf vertraglicher Lohnarbeit beruhte, die von so vielen liberalen und marxistischen Denkern als typisch für den Kapitalismus bezeichnet wurde, hielten einige der repressiven Methoden, die charakteristisch waren für die Neustrukturierung des ländlichen Raums, auch Einzug in die Industrie: Die Fabrikbesitzer in Bombay bezahlten ihre Arbeiter mit großer Verspätung, sodass diese sich an Geldverleiher wenden mussten, um ihren Lebensunterhalt zu sichern, und auf diese Weise in eine lebenslange Verschuldung gerieten. Die Fabrikbesitzer dort waren, ähnlich wie die Röchlings im Saarland, oft autokratische Persönlichkeiten, die durch stark verankerte Hierarchien, Kontrolle und Zwang herrschten. Japanische Baumwollindustrielle gingen sogar so weit, ihre Arbeiterinnen in Schlafsälen einzusperren, um sie an der Flucht zu hindern.[182]

Doch vor allem dank des größeren Arbeitskräfteangebots, welches das Bevölkerungswachstum mit sich brachte, und dank der Geschlossenheit in der Mobilisierung der Arbeiter gegen die Überreste der alten Arbeitsregime verloren die außerwirtschaftlichen Zwangsmittel, die früher im 19. Jahrhundert sogar noch die Industriearbeit in deren Zentren gekennzeichnet hatten, an Bedeutung. Strafrechtliche Sanktionen für das Verlassen eines Arbeitsverhältnisses wurden in Frankreich, Deutschland, den USA und vor allem in Großbritannien, wo der Master and Servant Act 1875 aufgehoben wurde, nach und nach abgeschafft. Mit der Abschaffung dieser Strafen blieben wirtschaftliche Zwänge die einzige Triebkraft hinter der Lohnarbeit, Zwänge, die oftmals ihrerseits durch den ausgeklügelten Rechtsapparat des Staates geschaffen wurden.[183]

DER AKTIVISMUS der neuen Arbeiterklasse hatte ebenso Einfluss auf die Neuordnung der Arbeit. Mit dem Anwachsen des Proletariats traten neue Formen des kollektiven Handelns, der Organisation und der Politik in den Vordergrund – und sorgten für entscheidende Veränderungen an der Gestalt des globalen Kapitalismus. Verbesserungen der Arbeitsbedingungen waren nicht der Großzügigkeit der Arbeitgeber zu verdanken, sondern dem individuellen und kollektiven Einsatz der Arbeiter.

Die Arbeiter waren nicht mehr die «Sozialrebellen» früherer Jahrzehnte; wie ihre Arbeit wurde auch ihr Widerstand institutionalisierter und bürokratisierter. Zu Beginn des Jahrhunderts hatte das kollektive Handeln der Arbeiterklasse üblicherweise darin bestanden, dass sich Menschenmengen vor dem Haus eines Fabrikbesitzers versammelten, dieses mit Steinen bewarfen, den Besitzer beschimpften und die Möbel seiner Familie wegschleppten. Nun schlossen sich die Arbeiter hoch formalisierten Organisationen an, die sich bei der Entscheidung über Streiks oder Wahlkampagnen an parlamentarische Verfahren hielten. Die Arbeiter streikten, organisierten sich in Gewerkschaften und politischen Parteien und schufen allmählich eine klassenbasierte und institutionalisierte Kultur, die weit entfernt war von jener des Bürgertums. Dabei entwickelten sie Ideen, die die Autorität der Kapitaleigner infrage stellten – nicht nur in der Fabrik, sondern auch in der Gesellschaft und in der Politik. Autodidaktische Intellektuelle aus der Arbeiterklasse gab es nun immer häufiger; Arbeiter, die trotz ihrer oft minimalen Schulbildung die aufkeimende linke Presse verfolgten, viel lasen – einschließlich der komplexen Abhandlungen der sozialistischen Vordenker – und sich sogar selbst am Verfassen von Traktaten und Romanen versuchten. Salvador Torrents – 1885 in der spanischen Stadt Mataró als Sohn eines Arbeiters geboren und selbst ab dem Alter von zehn Jahren in der Fabrik tätig – kam mit anarchistischen Ideen in Berührung, begann eifrig zu lesen, beteiligte sich an den politischen Auseinandersetzungen in Spanien und wurde schließlich ins Exil getrieben, zunächst nach Frankreich und 1914 nach Australien. Während seines langen Lebens an der Zuckerfront von Queensland war er trotz harter körperlicher Arbeit intellektuell aktiv: Er abonnierte linke Zeitschriften aus aller Welt, engagierte sich in globalen und lokalen Kämpfen und hinterließ zahlreiche Schriften, in denen er die Lage der Welt analysierte und seine politischen Ansichten darlegte.[184] In seinen Überlegungen ging es um Anarchismus, die Torheiten des Bürgertums, Krieg, Rassismus und die Emanzipation der Frau – er war ein Philosoph der Arbeiterklasse.

Für Aktivisten wie Torrents wurden Streiks zur archetypischen Waffe der Arbeiter. Wo sie zuvor illegal gewesen waren, waren sie nun erlaubt – bei-

Ein Intellektueller aus der Arbeiterklasse: Salvador Torrents, auf einem Passfoto von 1915.

spielsweise ab 1864 in Frankreich und Belgien, dank politischer Eliten, die sich dadurch Zustimmung in der Bevölkerung erhofften – und wurden überall für ähnliche Ziele eingesetzt: bessere Bezahlung, kürzere Arbeitszeiten und sicherere Arbeitsbedingungen. Zwischen 1880 und 1884 organisierten die französischen Arbeiter trotz erheblicher staatlicher Repressionen durchschnittlich 121 Streiks pro Jahr; zwischen 1890 und 1894 stieg diese Zahl auf 400 und zwischen 1910 und 1914 auf 1188 jährliche Streiks. Bergleute stellten eine der aktivsten Gruppen der organisierten Arbeiterschaft dar: Jeder fünfte französische Streikende zwischen 1880 und 1914 war Bergmann. Im Ruhrgebiet kam es ebenfalls zu großen Streiks in der Kohle- und Stahlindustrie: 1872 streikten 20 000 Bergleute sechs Wochen lang in Essen, dann erneut 1889, 1905 und 1912. Im schlesischen Revier gab es zwischen 1889 und 1905 insgesamt 64 Streiks. In ganz Deutschland stieg die Zahl der Streiks von 79 im Jahr 1870 auf 806 im Jahr 1900 und erreichte einen Höhepunkt im Jahr 1912 mit 2469 Streiks, an denen 397 000 Arbeiter beteiligt waren. 1890 nahmen in Großbritannien 393 000 Arbeiter an 1040 Streiks teil. Es gab nicht nur mehr Streiks, sondern sie waren auch wesentlich besser organisiert und manchmal sogar auf nationaler Ebene koordiniert.[185] In den USA kam es zu massiven Streikwellen im ganzen Land, darunter ein Eisenbahnstreik im Jahr 1877 und eine große Arbeitsniederlegung von 350 000 Arbeitern im Mai 1886, zu deren wichtigsten Forderungen die Einführung des Achtstundentags gehörte. Kein Wunder, dass der britische Statistiker George Phillips Bevan 1880 beklagte, dass «Streiks zu einer Krankheit geworden sind, zu einer sehr schweren Krankheit im sozialen Gefüge, […] die keinerlei Anzeichen dafür aufweist, dass sie vorbei sein könnte».[186]

Die Gewerkschaften spielten bei diesen Streiks eine entscheidende Rolle, anders als zu Beginn des Jahrhunderts, als die Arbeiter unorganisierte und spontane Aufstände, darunter auch Arbeitsniederlegungen, durchführten. In Großbritannien hatten sich bereits 1824 regionale Bergarbeitergewerkschaften gebildet, doch erst 1888 gründeten die Arbeiter eine nationale Organisation, die Miners' Federation of Great Britain. In den 1880er Jahren wurden die traditionellen alten britischen Facharbeiterorganisationen durch Zusammenschlüsse ungelernter Arbeiter verstärkt. Im Jahr 1868 hatten die Arbeiter eine nationale Dachorganisation der Gewerkschaften gegründet – den Trades Union Congress (TUC) –, der zwei Jahre später 250 000 Mitglieder zählte, 1890 waren es 1 470 000. In den USA entwickelten sich die Knights of Labor zu einer mächtigen kollektiven Stimme der Arbeiterklasse mit rund 700 000 Mitgliedern im Jahr 1886. Die American Federation of Labor (AFL), gegründet 1886 unter der Führung des Zigarrendrehers Samuel Gompers, vervierfachte ihre Mitgliederzahl zwischen 1897 und 1910 auf 2,1 Millionen organisierte Arbeiter. In Frankreich hatten sich bis 1870 zwischen 250 000 und 300 000 Arbeiter in Gewerkschaften zusammengeschlossen, die der Ersten Internationale angehörten. Im Jahr 1900 gab es 500 000 französische Gewerkschafter. Bis 1890 hatten sich in Deutschland 300 000 Arbeiter den freien Gewerkschaften angeschlossen; 1913 war diese Zahl auf 2,5 Millionen angestiegen. Auch in Belgien bildeten die Arbeiter Gewerkschaften, die sich auf nationaler Ebene in bestimmten Branchen zusammenschlossen: Metall-

Militärische Gewalt gegen Industriearbeiter: eine lokale Miliz schießt 1877 in Scranton, Pennsylvania, auf streikende Arbeiter.

arbeiter 1886, Zigarrendreher 1887, Bergleute und Steinbrucharbeiter 1889, Textilarbeiter 1898 und Tabakarbeiter 1900. Sie erreichten wichtige Zugeständnisse, sowohl am Arbeitsplatz als auch bei den staatlichen Sozialleistungen. Nationale Gewerkschaftsverbände entstanden 1888 in Spanien, 1890 in Deutschland, 1893 in Österreich, 1895 in Frankreich, 1898 in Schweden und 1906 in Italien. Stets übernahmen Facharbeiter die Führung beim Aufbau von Organisationen; so machten beispielsweise die hoch qualifizierten Arbeiter von Solingen, denen wir bereits begegnet sind, diese Stadt zu einem Zentrum des deutschen Sozialismus.[187]

Da diese Arbeiterorganisationen von gut ausgebildeten Männern – sogenannten «respektablen» Arbeitern – dominiert wurden, schaute man dort immer öfter auf den «Pöbel [...] als minderwertige Masse» herab, wie es der deutsche Arbeiteraktivist Stephan Born 1848 formulierte.[188] Die Gewerkschaftsführer distanzierten sich meistens von den spontanen, unkoordinierten und oftmals gewalttätigen Aktionen ihrer weniger qualifizierten Kollegen – darunter viele Frauen und Kinder –, wie wir sie beispielsweise bei den schlesischen Webern beobachten konnten. Karl Marx und Friedrich Engels standen in vielerlei Hinsicht in der ersten Reihe, wenn es um die Trennung einer «respektablen» Arbeiterbewegung – und «respektabler» Arbeiter – von jener Schicht ging, die sie als Lumpenproletariat diffamierten. Als der deutsche Sozialist Ferdinand Lassalle 1866 den Allgemeinen Deutschen Arbeiterverein (ADAV) gründete und sich dabei auf einige frühere Traditionen des Aufstands bezog, wurde er sofort von Engels angegriffen. Lassalle selbst zog jedoch eine klare Grenze zwischen den neuen Formen des Protests, die respektabel und legal sein sollten, und dem, was gewesen war – der Spontaneität und Gesetzlosigkeit früherer Rebellionen.[189] Auf der Basis ähnlicher Kosten- und Nutzenrechnungen orientierten sich die meisten Strömungen der europäischen und amerikanischen Arbeiterbewegungen stark an der bürgerlichen Moral. Diese Ausrichtung am vorherrschenden Wertesystem, die Erfindung des «respektablen Arbeiters», war eine Quelle enormer Macht, führte jedoch auch zur Marginalisierung von Frauen, von Menschen, die beispielsweise wegen ihrer Hautfarbe als «anders» wahrgenommen wurden, und von zahllosen Arbeitern, die keine höheren Qualifikationen besaßen, auf dem Land oder außerhalb der industrialisierten Kernländer tätig waren. Diese Kluft sollte die Gewerkschaftspolitik der nächsten 150 Jahre bestimmen.

Die Mehrheit der Industriearbeiter blieb unorganisiert, und die Arbeitskämpfe in den verschiedenen Regionen der Welt unterschieden sich erheblich. Bemerkenswert ist jedoch, dass sich der Streik als Mittel der kollektiven Politik und die Gewerkschaft als vorherrschende Organisationsform der Arbeiterklasse überall dort verbreiteten, wo sich die Industrie etablierte. Ein Arbeiter aus Lyon hätte sich in den sozialen Konflikten von Pittsburgh zu Hause gefühlt; ein Arbeiter aus Mailand hätte die Politik der Arbeiterklasse von Manchester verstanden. Strategien und institutionelle Formen waren zwar manchmal das Ergebnis einer vernetzten Internationale, entstanden aber auch spontan aus lokalen Situationen heraus. In einer Welt, in der die Arbeiter kaum mehr als ihre Arbeitskraft besaßen, war die Verweigerung dieser Arbeit ihre wirksamste – und meist einzige – Waffe. Und um wirksam zu sein, musste sie von einer großen Zahl von Arbeitern gleichzeitig eingesetzt werden.

Die Arbeitskämpfe und die Organisationen von Industriearbeitern waren nicht auf die Zentren der Schwerindustrie in Europa und Nordamerika beschränkt. Die fast 80 000 Arbeiter in den riesigen Textilfabriken von Bombay – viele davon in indischem Besitz – schlossen sich erstmals 1890 in der Bombay Mill Hands Association zusammen; in den folgenden Jahrzehnten streikten Zehntausende dieser Arbeiter. Da die Arbeit in den Fabriken informell strukturiert war und die Arbeitszeiten von den Unternehmensleitungen absichtlich nicht genau festgelegt wurden, konzentrierten die Arbeiter ihre Bemühungen auf eine bessere Kontrolle über ihre Arbeitszeit, einschließlich der Einführung von Arbeitszeiten, die nicht nach dem Gutdünken der Unternehmensleitung, sondern anhand einer für alle sichtbaren Uhr bestimmt wurden.

Aktivistinnen in Istanbul: Frauen bei der Arbeit in der Tabak- und Zigarettenfabrik Cibali.

Im Osmanischen Reich fanden zwischen 1891 und 1911 schätzungsweise 260 Streiks statt. So waren beispielsweise die 2000 muslimischen, jüdischen und christlichen Arbeiterinnen und Arbeiter der Tabak- und Zigarettenfabrik Cibali in Istanbul kontinuierlich in Aktivismus involviert, der 1911 in einem großen Streik gipfelte. Trotz der schweren Repressionen unter Sultan Abdülhamid II. entstanden im Osmanischen Reich Gewerkschaften, und 1894 gründeten einige der 4000 Arbeiter der Munitionsfabrik des Kriegsministeriums im Istanbuler Stadtteil Tophane heimlich die erste osmanische Arbeiterorganisation, die Osmanlı Amele Cemiyeti.[190] Angesichts all dieser Streiks ist es nicht verwunderlich, dass auch eine Regierungskommission in New South Wales (Australien), die 1890 die Beziehungen zwischen Kapital und Arbeit untersuchte, zu dem Schluss kam, Streiks seien «unbestreitbar das große soziale Problem unserer Zeit».[191]

Auch in Argentinien bildete sich in den letzten Jahrzehnten des 19. Jahrhunderts eine starke Arbeiterbewegung. Angetrieben wurde sie von einer Arbeiterklasse, die nach der sogenannten Eroberung der Wüste entstanden war, der genozidalen Umwandlung der patagonischen Steppe, eines von Indigenen besiedelten Gebiets, in eine Region, die Weizen und Rindfleisch für den Weltmarkt produzierte. Als zwischen 1880 und 1890 fast zwei Millionen Europäer nach Argentinien, insbesondere nach Buenos Aires, einwanderten, um dieses Fleisch zu verarbeiten und zu verladen, entwickelte sich eine dynamische Arbeiterschaft, mit Schlachtern, Hafenarbeitern, Gerbern und Eisenbahnschlossern. Als diese im Ausland geborenen Arbeiter sich organisierten, stießen sie auf Hilfsvereine, die Jahrzehnte zuvor von Handwerkern gegründet worden waren, darunter Zusammenschlüsse von Schuhmachern, Bauarbeitern, Maurern, Bäckern, Schneidern und Tischlern. Ab 1888 unternahmen sie zahlreiche Versuche, diese Gewerkschaften in größeren Organisationen zu vereinen. In jenem Jahr trafen sich Anarchisten und Sozialisten im deutschen Einwandererclub Vorwärts, um einen Gewerkschaftsverband zu gründen, aus dem schließlich 1891 die kurzlebige Federación de Trabajadores de la Región Argentina hervorging. Zwischen 1880 und 1890 entstanden 19 Gewerkschaften, darunter als bedeutendste die Confederación de Ferrocarriles, die Eisenbahnergewerkschaft, deren hochmobile Mitglieder verschiedene Industriestädte miteinander verbanden und wichtige logistische Knotenpunkte der Exportwirtschaft kontrollierten. Im Jahr 1907 besaß diese Gewerkschaft 15 000 Mitglieder. Mit der Federación Obrera Regional entstand 1901 auch eine branchenübergreifende Organisation. Sie strich Argentinien aus ihrem Namen, um ihre grundsätzliche Ablehnung jeglicher Form von Nationalismus zu signalisieren. In jenem Jahr waren in ihren

Mitgliedsgewerkschaften 11 000 Arbeiter organisiert, gegenüber 7500 in der sozialistischen Unión General de Trabajadores. 1919 besaß die umbenannte FORA – jetzt mit einem A für Argentinien am Ende ihres Akronyms – mehr als 100 000 Mitglieder, von denen 60 000 allein zu den Verbänden der Eisenbahnarbeiter und Seeleute gehörten.[192]

Diese dynamische argentinische Arbeiterklasse gründete nicht nur Gewerkschaften, sondern organisierte auch Streiks. Während zwischen 1881 und 1887 nur zwölf Streiks zu verzeichnen waren, kam es in den folgenden drei Jahren zu 36 Streiks. Zwischen 1903 und 1904 waren es 113 und zwischen 1906 und 1909 sogar 775, an denen 204 000 Arbeiter teilnahmen. Manchmal eskalierten sie zu Generalstreiks. Als sich 1902 die Hafenarbeiter von Buenos Aires weigerten, Säcke mit einem Gewicht von mehr als hundert Kilo zu tragen, schloss sich ihnen der nationale Verband der Hafenarbeitergewerkschaften an, wodurch sich der Streik auf andere Städte ausweitete. Als Streikende am 4. November zu einem Lagerhaus marschierten, um dessen Arbeiter für den Streik zu gewinnen, griff die Polizei ein; daraufhin riefen zahlreiche andere Gewerkschaften zum Streik auf, und die FORA mobilisierte ihre Mitglieder für einen Generalstreik am 22. November. Zu ähnlichen Eskalationen kam es in den von den Protagonisten als «Tragische Woche» bezeichneten Ereignissen von 1919, die Hunderte von Arbeitern das Leben kosteten und Tausende Verletzte zurückließen.[193]

Proteste breiteten sich auch über den Arbeitsplatz hinaus aus. Im Jahr 1915 kämpften Arbeiterinnen in Glasgow gegen Mieterhöhungen. In Buenos Aires lebten Arbeiter in überfüllten Siedlungen mit durchschnittlich elfeinhalb Personen pro Wohnung. Als 1907 eine neue städtische Steuer eingeführt wur-

Demonstration in Buenos Aires: der Marsch der Besenstiele, 1907.

de und die FORA zu einem Mietstreik aufrief, erwiesen sich diese Siedlungen als fruchtbarer Boden für Aktionen. Frauen spielten eine herausragende Rolle im folgenden Streik, organisierten einen Marsch mit Besenstielen und versprachen, «die Slumlords wegzufegen». *La Protesta* berichtete genüsslich, dass Vermieter, wenn sie die Mietshäuser betreten wollten, von Frauen empfangen wurden, die sie aus den Fenstern mit kaltem Wasser übergossen.[194]

DIESES PROLETARIAT gründete auch politische Parteien, dicht auf den Fersen der bürgerlichen «Bessergestellten», die seit mindestens 1848 eine ausgeprägte Klassenpolitik betrieben hatten. Arbeiter gründeten sozialistische Parteien in Deutschland (1869), in Dänemark (1876), in Frankreich und Spanien (1879), in Belgien (1885), in Norwegen (1887), in Schweden und Österreich (1889), in Italien (1892), in den Niederlanden (1894), in Argentinien (1896), in Finnland (1899), in den USA (1901) und in Großbritannien (1900–1906). Japans erste sozialistische Partei, die Shakai Minshuto, entstand 1901, die Social Democratic Federation in Kapstadt 1904 und die Indies Social Democratic Association in Indonesien 1914.[195]

Diese Parteien waren uneinig und oftmals sektiererisch, aber ihre Entstehung zeugte von einem grundlegenden Wandel des Arbeitskampfes und einer Neuordnung des Kapitalismus. Unabhängig von ihrer spezifischen politischen Ausrichtung rekrutierten sich all diese Parteien aus der Arbeiterklasse ihres jeweiligen Landes, führten abstrakte Diskussionen über Kapitalismus, Revolution und Postkapitalismus, erstellten Programme, in denen sie ihre politischen Forderungen zusammenfassten, hielten Versammlungen ab, um über politische Maßnahmen und Strategien zu beraten und abzustimmen, organisierten sich hierarchisch und richteten ihre reformistischen oder revolutionären Pläne über den Bereich der Arbeit hinaus aus, mit dem Ziel, die nationale Politik zu verändern und den Kapitalismus zu reformieren, wenn nicht gar abzuschaffen. Diese restrukturierte Politik der Arbeiterklasse, die weit entfernt war von den lärmenden Massen zu Beginn des Jahrhunderts, schuf eine der politischen Bruchlinien, die das 20. Jahrhundert bestimmen sollten.

Im späten 19. und frühen 20. Jahrhundert entwickelte sich die Politik der Arbeiter aus den eklatanten Ungleichheiten der damaligen Zeit, den gewaltsamen Umbrüchen im Leben von Millionen von Menschen und deren häufigen Erfahrungen großer Armut, Not und Ausbeutung. Weniger offensichtlich ist, dass sie auch aus dem Optimismus hervorging, den die kapitalistische Revolution selbst hervorbrachte: Die großen Maschinen, die neuartigen industriellen Prozesse und die enormen Produktivitätssteigerungen brachten zwar Unterdrückung mit sich, machten aber auch neue Formen der menschlichen Emanzipation denkbar. Die Politik der Arbeiterklasse behielt diesen paradoxen Optimismus von ihren Anfängen bis weit in die 1970er Jahre bei, als die Aussicht auf eine Emanzipation der Menschheit durch die auf fossilen Brennstoffen basierende Massenproduktion schwand. Die moderne Arbeiterbewegung mit all ihren Verheißungen und Beschränkungen war ebenso wie die vertikal und horizontal integrierten Produktionsunternehmen ein Kind der Zweiten Industriellen Revolution.

In dieser Zeit gewannen Arbeiterorganisationen fast überall großen Einfluss auf die nationale Politik, wobei ihr Einfluss oft sogar größer war als ihre (sehr beträchtlichen) Mitgliederzahlen: So hatte die französische Sektion der «Internationale» 1914 beispielsweise 76 000 Mitglieder, erhielt aber 1,4 Millionen Stimmen. Die Sozialdemokratische Partei Deutschlands (SPD) erzielte bei den Reichstagswahlen 1890 ebenfalls 1,4 Millionen Stimmen; 1912 hatte sie schon mehr als eine Million Mitglieder und gewann mehr als ein Drittel aller abgegebenen Stimmen. Bei den Präsidentschaftswahlen in den USA erhielt Eugene V. Debs von der Socialist Party of America 1912 fast eine Million Stimmen und damit 6 Prozent des Gesamtvotums. In ganz Europa stieg die Zahl der Stimmen für Parteien, die für sich in Anspruch nahmen, die Arbeiter zu vertreten, von 431 000 zwischen 1881 und 1885 auf 3 513 000 zwischen 1901 und 1905 und auf 8 399 000 zwischen 1911 und 1915. Zu Beginn des 20. Jahrhunderts erhielten die Sozialisten mehr als 40 Prozent der Stimmen in Finnland, mehr als 30 Prozent in Belgien, Deutschland und Schweden und mehr als 20 Prozent in Österreich, Dänemark und Italien.[196] Wie diese Zahlen nahelegen, beeinflusste die Politik der Arbeiterklasse schließlich auch den Staat. Tatsächlich war der Kapitalismus des 20. Jahrhunderts in erheblichem Maße das Ergebnis der erstaunlich wirkungsvollen politischen Mobilisierungen der Arbeiter, die während der globalen Neuordnung des Kapitalismus im späten 19. Jahrhundert begonnen hatten.

Während viele Aktivisten die Fortschritte als langsam empfanden, ist es aus der Perspektive der 500-jährigen Geschichte des Kapitalismus bemerkenswert, wie schnell diese Parteien beträchtliche politische Macht erlangten. Inspiriert vom Erfolg der SPD versuchten die belgischen Sozialisten, die unterschiedlichen Arbeiterkämpfe auf nationaler Ebene zu koordinieren, und gründeten 1885 die Belgische Werkliedenpartij (Belgische Arbeiterpartei). Diese Partei, die 59 lokale Genossenschaften, Gewerkschaften und Hilfsvereine zusammenführte, forderte das allgemeine Wahlrecht für Männer, die Abschaffung der Kinderarbeit, die Aufhebung von Zöllen sowie eine kostenlose und obligatorische säkulare Bildung. Die britische Workers Party

(BWP), die 1894 erstmals ins Parlament einzog, hatte 276 000 Mitglieder im Jahr 1916 und war Teil der Regierung, nachdem sie sich einer Kriegskoalition aus Konservativen und Liberalen angeschlossen hatte.[197] Im Jahr 1919 waren Sozialisten aller Couleur an den Regierungen Deutschlands, Russlands, Schwedens, Dänemarks, Ungarns, Italiens, Australiens sowie des Königreichs der Serben, Kroaten und Slowenen beteiligt.

Die Politik der Arbeiter verbreitete sich rasch auch in weniger industrialisierten Gebieten und sprach Menschen außerhalb des industriellen Proletariats an. Armenische Emigranten gründeten 1887 in Genf die sozialdemokratische Revolutionäre Huntschak-Partei. Dimitar Blagoew gründete 1891 die Bulgarische Sozialdemokratische Arbeiterpartei und zwei Jahre später wurde die Rumänische Sozialdemokratische Partei ins Leben gerufen. Bulgarische und mazedonische Revolutionäre – darunter auch Muslime –, die in der Schweiz mit Michail Bakunin in Kontakt standen, setzten sich für eine breitere Befreiungsbewegung gegen den osmanischen Sultan ein und gründeten 1895 das Mazedonische Geheime Revolutionäre Komitee. Die Sozialistische Partei Argentiniens wurde 1896 gegründet; sie konzentrierte sich zunächst auf die Erweiterung des Wahlrechts und die Verabschiedung parlamentarischer Reformen. 1904 wurde aus ihr der erste sozialistische Abgeordnete in das Parlament gewählt.[198]

Natürlich organisierten sich große Teile der Arbeiterklasse nicht in Gewerkschaften und traten auch nicht in sozialistische Parteien ein. Dies galt beispielsweise für die Arbeiter in Völklingen. Angesichts von Meinungsverschiedenheiten über Löhne und Sozialleistungen untereinander sowie der entschlossenen Opposition ihres Arbeitgebers fiel es den Arbeitern schwer, sich zu organisieren: Bis weit ins 20. Jahrhundert hinein gab es in Völklingen fast keine Gewerkschaften oder sozialistischen Organisationen.[199] Die SPD war dort so schwach, dass ihr Vorsitzender August Bebel 1891 zugab: «Dies Gebiet ist bis jetzt noch eine vollständige terra incognita».[200]

Doch sogar in Völklingen gab es Unzufriedenheit und Widerstand in den Werkshallen – was ein Historiker als «Mikropolitik» bezeichnet hat.[201] Bei einer Versammlung in Völklingen im Jahr 1892 behauptete der Bergmann Thomas Altenwald, die «Uneinigkeit und Feigheit» der Arbeiter seien schuld am Sinken der Löhne, und ein anderer Arbeiter erklärte, «dass nur festes Zusammengehen zum Ziele führe».[202] Im März 1890 berichtete das *Saarbrücker Gewerbeblatt* über «neue Friedensstörer» und Agitatoren, die «die Brandfackel des sozialen Krieges in die Arbeitermassen zu schleudern suchten».[203]

Doch sogar in Völklingen konnte Verdrossenheit zum Arbeitskampf führen. Im Jahr 1906 legten 700 Arbeiter eines nahe gelegenen Eisen- und

Stahlwerks, der Burbacher Hütte, auf Initiative des Christlichen Metallarbeiterverbandes die Arbeit nieder. Auch in den umliegenden Kohlebergwerken kam es zu Streiks. Der erste Streik in Völklingen selbst, ein Streik gegen Lohnkürzungen, fand 1908 statt.[204] Im Jahr 1912 versammelten sich etwa hundert Gewerkschaftsaktivisten in der Kneipe Zum Karlsberg, um einem christlichen Gewerkschafter zuzuhören, der betonte: «Wenn jetzt nicht die Saar-Arbeiterschaft sich bemannt und die Sklavenketten abstreift, sie wird weiter ... unter traurigen Umständen darben müssen ...» Für die Arbeiter sei «die Zeit gekommen», fuhr er fort, «um vorwärts zu kommen, um sich wirtschaftlich und auch auf anderen Gebieten frei zu machen und abzuwälzen den Druck, der bis heute auf ihnen ruht. Ohne Organisation ist dies nicht möglich.»[205]

Überall stießen die Arbeiter auf enormen Widerstand seitens der Arbeitgeber und des Staates, wenn sie versuchten, ihre Lage zu verbessern. Bereits 1877 trafen sich saarländische Industrielle und Bergwerksbesitzer, um zu beraten, wie sie ihre Arbeiter daran hindern konnten, sich zu organisieren. Sie beschlossen, dass keiner von ihnen Mitglieder der SPD einstellen würde, und gründeten den Arbeitgeberausschuss zur Bekämpfung der Sozialdemokratie.[206] Sie waren so nervös, dass sie alle bekannten SPD-Mitglieder genau im Auge behielten und sich vom Völklinger Bürgermeister regelmäßig über «Bewegungen auf dem Gebiet der Lohnarbeit» berichten ließen.[207] Die Polizei überwachte alle Aktivitäten der Arbeiter, einschließlich aller Versammlungen von Arbeitervereinen, und berichtete ihren Vorgesetzten, was ihnen zu Ohren kam. Die Beamten achteten besonders auf alles, was mit der SPD zu tun hatte. Obwohl Streiks legal waren, spielte der Staat eine wichtige Rolle bei der Unterdrückung von Arbeitskämpfen und zeigte den Kapitaleignern, dass sie auf den Staat angewiesen waren, um die Ordnung aufrechtzuerhalten. Viele Industrielle wandten sich nun von den emanzipatorischen und liberalen Ideen ab, die sie 1848 noch vertreten hatten.[208]

Es blieb nicht bei Überwachung und Gesprächen. In den Fabriken der Röchlings wurden Arbeiter, die mit den Gewerkschaften oder der SPD sympathisierten, als «Hetzer» bezeichnet und entlassen. Im Jahr 1899 empfahl das Berliner Innenministerium, die Polizeikräfte in Bergbau- und Industriegebieten zu verstärken, um «Aufrechterhaltung der Ruhe und Ordnung» zu gewährleisten.[209] Als die Arbeiter in der Burbacher Hütte streikten, beantragte das Unternehmen Polizeischutz für Streikbrecher und erhielt diesen auch. Im Ruhrgebiet gingen Unternehmer 1890 noch einen Schritt weiter und gründeten einen Ausstands-Versicherungs-Verband, eine Art Versicherung gegen Streiks.

Für aktivistische Arbeiter war die Atmosphäre in Völklingen so repressiv, dass sie ein neues Wort erfanden, um ihre Heimatregion zu beschreiben: Saarabien, eine Kombination aus Saar und Arabien, wobei die arabische Welt für autokratische Herrschaft und Unterdrückung stehen sollte. Hermann Röchling war so beunruhigt über drohende Arbeitskämpfe, dass sogar sein Kreuzzug gegen den Alkohol zurückstehen musste. Als 1907 eine sozialdemokratische Abstinenzorganisation, der Deutsche Abstinente Arbeiterbund, Röchling vorschlug, seinen Abstinenzbonus ihren Mitgliedern zukommen zu lassen, antwortete Röchling, dass «wir nicht die geringste Absicht haben, irgendwelche sozialdemokratische Bestrebungen bei uns zu fördern».[210] Doch trotz all dieser Repressionen – oder vielleicht gerade deswegen – gewannen Gewerkschaften und sozialistische Parteien auch im Saarland und sogar in Völklingen nach und nach an Einfluss. 1922 gingen 23,9 Prozent aller Stimmen im Saarland an sozialistische Kandidaten.[211]

Außerdem entstanden in Industriezentren Inseln des Postkapitalismus – Orte und Institutionen, die sich einer anderen Wirtschaftslogik verschrieben hatten –, ähnlich wie zuvor bei den Bauern in ländlichen Gebieten wie La Réunion, Suriname und Jamaika. Der deutsche Ökonom Werner Sombart beobachtete 1928 solche vor- beziehungsweise postkapitalistischen Wirtschaftsformen. Manche Arbeiter strebten an, was wir Entkommodifizierung nennen könnten – Versuche, Bereiche des Lebens vom Markt zu trennen. Ähnliche Bestrebungen sahen wir bereits früher, als wir uns mit der Verbreitung utopischer Gemeinschaften Mitte des Jahrhunderts, vor allem in den USA, und mit den Aufständen auf dem Land beschäftigt haben. Später im 19. Jahrhundert wurden auch genossenschaftliche Nahrungsmittelversorgung, genossenschaftlicher Wohnungsbau und sogar genossenschaftliche Produktion und genossenschaftliches Bankwesen populär. In Belgien setzte sich der Arbeiterführer César De Paepe für Banken, Land und Transportmittel in Gemeinschaftsbesitz ein. Die Begeisterung für Genossenschaften war unter den belgischen Arbeitern groß: 1873 gründeten Bäcker in Gent eine Bäckereigenossenschaft namens De Vrije Bakkers (Die freien Bäcker). Die Genossenschaft wuchs rasch, buk 1879 bereits 245 000 Brote und erwarb schließlich eine der ersten Brotbackmaschinen mit Dampfantrieb in Belgien. Im Jahr 1880 schlossen sich die Bäcker zu einer größeren Genossenschaft namens Vooruit (Vorwärts) zusammen, und zwischen 1880 und 1900 verzehnfachte sich ihr Umsatz. Gegen eine Aufnahmegebühr von 25 Centimes konnten die Arbeiter Kleidung, Lebensmittel und «Kolonialwaren» – beispielsweise Kaffee – günstig erwerben und erhielten alle drei Monate einen Anteil am Gewinn der Genossenschaft. Genossenschaften entstanden überall

Inseln des Postkapitalismus: Werbung für die Genossenschaft Au Progrès in Jolimont (Belgien), die ihre Bäckerei, ihre dampfbetriebene Brauerei, ihre Apotheke, ihren Gemischtwarenladen, ihren Hilfsfonds und ihr Altersrentensystem präsentiert, um 1900.

in Belgien, vom Maison du Peuple (Haus des Volkes) in Brüssel bis zur wallonischen Au Progrès (Zum Fortschritt) in Jolimont. Sie unterhielten große Gebäude, die sie «Festungen des Sozialismus» nannten und die Knotenpunkte des sozialen Lebens waren. Dort befanden sich nicht nur Bäckereien, sondern auch Versammlungsräume, Festsäle, Druckereien, Theater und Sportanlagen.[212]

Derartige Bestrebungen gab es auch außerhalb Belgiens: In Deutschland wurde 1899 der Allgemeine Konsumverein Kiel gegründet, in der Schweiz fanden Verbrauchergenossenschaften im späten 19. Jahrhundert rasche Verbreitung. Niederländische Arbeiterorganisationen gründeten genossenschaftliche Unternehmen, unter anderem im Lebensmitteleinzelhandel. Arbeiter in Russland und im Habsburgerreich schufen gegen Ende des Jahrhunderts ebenfalls Verbrauchergenossenschaften, Arbeiter in Kapstadt kurz vor dem Ersten Weltkrieg, und in den 1920er Jahren hatte sich das Konzept auch in Korea verbreitet.[213] Es entstanden Inseln des Postkapitalismus, die ein wenig an die Inseln des Kapitalismus erinnerten, die viele Jahrhunderte zuvor in einer weitgehend nicht kapitalistischen, oft tributpflichtigen Gesellschaft entstanden waren.

Eine Welt jenseits des Imperiums des Kapitals entstand auch in Form eines Archipels von kulturellen Aktivitäten und Institutionen der Arbeiterklasse. Die Arbeiter entwickelten ein reichhaltiges kulturelles Leben außerhalb des Marktes, das oft die Grundlage kollektiver Aktivitäten bildete. Im Jahr 1914 zählte der Deutsche Arbeiter-Sängerbund 200 000 Mitglieder. Wiener Sozialisten gründeten 1895 den Arbeiter-Wanderverband. Der im selben Jahr von britischen Aktivisten gegründete National Clarion Cycling Club hatte 1909 über 6000 Mitglieder in 230 Ortsgruppen. De Stem des Volks (Die Stimme des Volkes) war ein sozialistischer Chor, der 1898 in Amsterdam gegründet worden war; 1902 schloss er sich mit ähnlichen Vereinen zum niederländischen Bond van Arbeiders Zangverenigingen zusammen. 1913 brachte die Internationale der Sozialistischen Körperkultur Arbeiter aus fünf europäischen Ländern zu einer Art olympischer Spiele für die Arbeiterklasse zusammen. Organisiert hatte sie der belgische Sozialist Gaston Bridoux. Die Arbeiter forderten sogar die kulturelle Macht der wirtschaftlichen Eliten auf deren eigenem Terrain heraus, wie beispielsweise 1886, als 120 Gewerkschaften vom Staat New York die Öffnung des Metropolitan Museum of Art an Sonntagen verlangten, damit Arbeiter es besuchen konnten. Diese Forderung führte zu einem langwierigen Kampf, den die Gewerkschaften schließlich 1891 gewannen – gegen den starken Widerstand der elitären Leitung des Museums.[214]

Zu Beginn des 20. Jahrhunderts hatte sich aus den Trümmern der alten Ordnung eine neue Form des Kapitalismus herausgebildet. Diese globalen Neustrukturierungen waren nicht nur eine Reaktion auf die Aufstände der Industriearbeiter, Landarbeiter und Kapitaleigner, sondern auch auf die Wirtschaftskrisen und die neuen technischen und administrativen Möglichkeiten. Sie eröffneten völlig neue Perspektiven für die Organisation des Kapitals, der Arbeit und – wie wir im nächsten Kapitel sehen werden – auch des Staates.

Bis zum Jahr 1900 hatten diese weltweiten Umstrukturierungen einen Kapitalismus hervorgebracht, der für Beobachter der Mitte des 19. Jahrhunderts kaum wiederzuerkennen gewesen wäre: mit neuen Industriezweigen, hohen Investitionen in immobile Vermögenswerte, der Entstehung vertikal und horizontal konsolidierter Unternehmen und der Marginalisierung der ehemals mächtigen Gruppe der Kaufleute. Die Arbeitswelt war ihrerseits gekennzeichnet vom Rückgang nicht wirtschaftlicher Formen des Zwangs, dem Aufkommen vertraglicher Arbeitsverhältnisse und der Stärkung einer organisierten Arbeitnehmerschaft, was gleichzeitig zu einer intensivierten Beherrschung und Kontrolle durch das Kapital führte, insbesondere auf Plantagen und in Fabriken. Die Kapitaleigner waren nun eine einflussreiche politische Kraft, die den Kurs der politischen Ökonomie entscheidend beeinflusste. In ihren Reihen gewann eine neue Gruppe an Bedeutung: die Finanziers, die nicht in eine bestimmte Form von Kapital investierten, sondern in Kapitalakkumulation an sich. Die Neuordnung des Kapitalismus erhöhte auch den Druck auf den Globalen Süden – seine Bauern, Herrscher und Kapitalisten. In dieser Neukonfiguration erlangten die Kapitaleigner enorme Macht, nicht zuletzt aufgrund ihrer engen Verbindungen zu den Nationalstaaten. In der Beziehung zwischen nationalem Kapital und Nationalstaaten kam es zu einer wegweisenden neuen Verschmelzung, da beide voneinander abhängig waren, um zu überleben. Es war diese Welt, die Hermann Röchling zum Kriegsverbrecher machen sollte – nicht nur einmal, sondern zweimal.

KAPITEL 13

Einhegungen

Der Bau einer neuen Fernstraße in Hokkaido.
Die Ainu unter den Arbeitern sind mit Bärten und geometrisch gemusterter gelber Kleidung dargestellt.

Der Staat wandelte sich ebenso wie das Kapital und die Arbeit. Die Neuordnung des Kapitalismus im 19. Jahrhundert konzentrierte sich in einem erstaunlichen Ausmaß auf den Staat, die wichtigste unter allen Institutionen. Aus unserer heutigen Perspektive klingt das nicht überraschend, aber aus der Perspektive der 1850er Jahre kam es unerwartet: Im Kapitalismus früherer Jahrhunderte hatte das Kapital schließlich versucht, den Städten mit ihren strikten Regulierungen zu entfliehen. Die Kaufleute, die ihn beherrschten, hatten ihr Kapital in die Landwirtschaft und das produzierende Gewerbe investiert. Es war ein imperialer Kosmopolitismus, der umgekehrt den Archipel des Kapitals zu einer kapitalistischen Zivilisation ausformte. Dass es die Kapitaleigner in den Handel, den Anbau von Nutzpflanzen und die Fabrikation zog, ging Hand in Hand mit einer zunehmenden Dominanz von Zukunftsvorstellungen, in denen die Welt durch die «unsichtbare Hand» des Marktes gestaltet wurde und die angeblich natürliche Neigung der Menschen zum Tausch- und Naturalienhandel sowohl den privaten Wohlstand als auch das Wirtschaftswachstum mehrte. Das Wirtschaftsleben sollte nicht von der Obrigkeit, sondern von der Logik des Kapitals bestimmt werden, und dafür musste diese als etwas Naturgegebenes und Unausweichliches erscheinen.

Doch das genaue Gegenteil trat ein. Im Verlauf der Neuordnung des Kapitalismus zur Zeit der Jahrhundertwende wurde der Staat in den industriellen Kernländern mächtiger und entwickelte neuartige Ambitionen – er durchdrang die Gesellschaft auf eine neue Art und sicherte die Rahmenbedingungen für die weltweite Akkumulation –, und er verfügte über mehr Ressourcen als alle bisherigen Institutionen der Weltgeschichte. In einem jahrhundertelangen Prozess hatten sich seine Größe und seine Reichweite entwickelt, zunächst langsam und schließlich explosiv. Gleichzeitig verschärften sich auch die Ungleichheiten zwischen den Staaten, mit einigen wenigen Staaten, die außergewöhnlich viel Macht erwarben, während sie gleichzeitig staatliche Macht anderswo untergruben. Die historische Distanz zwischen dem englischen Staat von 1600 und den Vereinigten Staaten im Jahr 1900 war so groß wie jene zwischen dem schwedischen Eisenproduzenten in Finspång im Jahr 1600 und dem Eisen- und Stahlwerk der Röchlings 300 Jahre später. Der Staat durchlief, wie auch das Kapital, derart dramatische Veränderungen, dass ein Historiker ihn als «Leviathan 2.0» bezeichnete.[1] Der französische Soziologe Pierre Bourdieu fasste den Entwicklungsweg seiner Studien zur Welt der Moderne so zusammen: «Ich hatte anfangs nicht vor, den Staat zu untersuchen. Er hat sich mir aufgedrängt.» Der Staat drängt sich jedem Menschen auf, der die Geschichte des Kapitalismus untersucht, und niemals traf das stärker zu als während des späten 19. Jahrhunderts, als neu geordnete Staaten, neu geordnetes Kapital und neu geordnete Arbeitskraft sich gegenseitig konstituierten. All diese Neuordnungen entstanden in ihrem Kern aus dem Brodeln der Aufstände von Kapitalbesitzern, Bauern und Proletariern um die Jahrhundertmitte, und das bedeutet: aus der Krise der alten Ordnung.[2]

Das Kapital hatte die Neigung, aus seinen Inseln auszubrechen, in alle Ecken und Winkel der Gesellschaft vorzudringen und so für ein beispielloses Wirtschaftswachstum und für gesellschaftliche, wirtschaftliche, ökologische und politische Turbulenzen zu sorgen. Was wir bei der Neuordnung im späten 19. Jahrhundert zu sehen bekommen, wirkt wie das genaue Gegenteil: Die Einhegungen durch den Staat beschleunigten die Expansion des Kapitals. Die Stärkung, Vertiefung und Erweiterung der Staatsmacht auf einem bestimmten Territorium ermöglichten neuen Formen von Kapital und Arbeit, sich zu entwickeln und auszubreiten – tatsächlich war eines der wesentlichen Merkmale dieses Augenblicks, dass diese Einhegungen sich globalisierten wie nie zuvor.[3] Sie waren von ganz unterschiedlicher Art. Viele waren wortwörtlich zu verstehen und althergebracht: Kapitaleigner errichteten Zäune, um ihren vergrößerten Besitz abzugrenzen, sie lösten die Allmenden auf und sorgten für die juristischen Definitionen neuer Formen von Eigentumsrechten. Aber manche Einhegungen waren neu: Das Kapital wurde in schärfer definierte Wirtschaftsräume eingehegt – manche national, manche imperial –; die Rechte neuer gesellschaftlicher Gruppen wurden innerhalb dieser Räume definiert (insbesondere die der Arbeiterklasse). Verschiedene Rechtssysteme wurden zu einem strengeren und genau definierten nationalen Gesetzeskodex zusammengefasst; die Wirtschaftswissenschaft wurde auf dem Höhepunkt ihrer Politisierung von ihrem Kontext, der Geschichte, Klasse und Gesellschaft einbezog, isoliert; und dann war da noch die drastischste aller Einhegungen – die gewaltige Erweiterung des Teiles der Welt, der kolonialer Herrschaft unterstand.

Kurz: Die staatlich ermöglichten Einhegungen markierten und überwachten die veränderlichen Grenzen des Imperiums des Kapitals aufs Neue. Gegen Ende des Jahrhunderts standen sie auch für eine neue Fähigkeit des Staates und dessen neue Rolle. Er vergrößerte sich und beanspruchte einen rasch zunehmenden Anteil am Volksvermögen. Er vergrößerte auch seine Reichweite und drang mit seinen Tentakeln immer tiefer in die Gesellschaft ein – von der Ermöglichung und Regulierung neuer Formen des Kapitals bis zur Intervention in die Beziehungen zwischen Arbeitgebern und Beschäftigten. Auch seine Zusammensetzung änderte sich. Die Landbesitzereliten, die jahrhundertelang die Staatsmacht für sich beansprucht hatten, waren auf dem Rückzug, während die Kapitalbesitzer im Allgemeinen und die Industriellen im Besonderen ihre Ansprüche geltend machten und an Einfluss gewannen. Auch andere gesellschaftliche Gruppen beeinflussten die staatlichen Entscheidungsgremien zunehmend – und keine von ihnen so sehr wie das stark gewachsene und politisch mobilisierte Proletariat. Als generelle Tendenz galt dies für das gesamte industrielle Kerngebiet, allerdings auf unterschiedliche Art und Weise. Einem zentralisierten Staat wie Frankreich stand ein dezentralisierter Staat wie Großbritannien gegenüber. Die gesellschaftliche Basis der Staatsmacht expandierte überall, doch einige Staaten blieben fest in autokratischen Formen der Politik verwurzelt, zum Beispiel Deutschland. Andere, wie etwa Großbritannien und die USA, gingen einen liberaleren, ja sogar demokratischen Weg. Überall spielten Kriege eine entscheidende Rolle bei der Staatsbildung, das galt für den Amerikanischen Bürgerkrieg ebenso wie für die italienischen und deutschen Einigungskriege. Einige der bekanntesten Protagonisten dieses historischen Zeitraums waren Staatsmänner – Abraham Lincoln, Benito Juárez, Otto von Bismarck und Itō Hirobumi.[4]

Die Tatsache, dass der reorganisierte Staat eine entscheidende Bedingung für die Lebensfähigkeit des Kapitalismus blieb, hatte unmittelbar mit dem veränderten Wesen des Kapitals zu tun. Gewaltige Investitionen waren in unbewegliches Vermögen geflossen, etwa in Kohlegruben und Hochöfen, und nicht mehr wie zuvor in hoch bewegliche Vermögenswerte wie Handelswaren und Schiffe. Die Fähigkeit eines Staates, in der internationalen Ordnung Macht auszuüben oder seine auf eine neue Art mobilisierten und politisch gestärkten Bürger und Untertanen zu befrieden, hing jetzt nahezu vollständig von diesen innovativen Produktionsstätten ab. Das Kapital wiederum benötigte staatliche Unterstützung, um die Arbeitermassen kontrollieren zu können und Zugang zu Rohstoffen und Märkten zu erhalten. Das Kapital wurde so auf neue Art an den Nationalstaat gebunden, ebenso wie der Nationalstaat an das Kapital.[5] Und weil die Staaten miteinander konkurrierten, war dieser Prozess ansteckend.[6] Im 16. und 17. Jahrhundert war der Staat mächtig, aber den Räumen, in die das Kapital vorgestoßen war, fern gewesen. Jetzt war er überall.

Die Rolle eines sich rasch entwickelnden Nationalstaats bei der Neuordnung des Kapitalismus lässt sich an vielen verschiedenen Orten im gesamten Imperium des Kapitals beobachten. Ezo – das «Land der Barbaren», später in Hokkaido umbenannt – war einer davon.[7] Die Insel, etwa 25 Kilometer nördlich der japanischen Hauptinsel Honshu gelegen und etwa so groß wie Irland, wurde zum Übungsgelände für den japanischen Kolonialismus, zu einer riesigen, staatlich betriebenen Einhegung. Den indigenen Einwohnern wurden ihr Land und ihre Fischgründe weggenommen, während neue Eigentumsrechte eingeführt wurden. Man brachte Siedler und Zwangsarbeiter auf die Baustellen, in die landwirtschaftlichen Betriebe und Bergwerke der Insel, machte diese zu Japans Rohstofffront und schließlich zu einer seiner bedeutendsten Regionen für Landwirtschaft, Fischerei, Holzwirtschaft und Bergbau.[8]

Ezo war jahrhundertelang nur schwach ins Tokugawa-Shogunat integriert gewesen. Die Herrschaft des lokalen Adels, der Matsumae, beschränkte sich auf ein paar befestigte Küstengebiete, von denen aus sie mit der einheimischen Bevölkerung Handel trieben, den etwa 15 000 Jägern und Sammlern der Ainu, die weitgehend über die reichen Ressourcen der Insel verfügten. Als später die Matsumae eine über den Handel hinausgehende Ausbeutung dieser Ressourcen anstrebten, untergruben sie die Subsistenzwirtschaft der Ainu, machten viele von ihnen zu schlecht bezahlten Arbeitern in der Fischereiwirtschaft oder trieben diejenigen, die sich verweigerten, weiter ins Innere der Insel. Dennoch beschränkte sich der Erfolg ihrer Aktivitäten jahrzehntelang auf die Küstengebiete der Insel.[9]

Im Gefolge der Meiji-Restauration von 1868 änderte sich der Blick der maßgeblichen japanischen Politiker auf Hokkaido jedoch radikal. Die Regierung begann mit der Integration der Insel in die japanische Wirtschaft und politische Ordnung und machte sie zu Japans erster Kolonie. Hokkaido wurde in die Nation eingegliedert, was auch die rechtliche Eingliederung der reichen natürlichen Ressourcen und des Grund und Bodens als Privateigentum ermöglichte. Dieses Projekt spielte eine maßgebliche Rolle bei der Bildung des japanischen Nationalstaats.[10] Sein wichtigstes Werkzeug war die Kaitakushi – die mit der «Öffnung» und Entwicklung Hokkaidos beauftragte Kommission, die im Jahr 1869 vom damals 29-jährigen Kuroda Kiyotaka geleitet wurde.

Die Welt neu gestalten:
Kuroda Kiyotaka.

Die Mitglieder der Kaitakushi waren stark vom angloamerikanischen Siedlerkolonialismus inspiriert. Tsuda Sen verglich Hokkaido ausdrücklich mit Kalifornien, einem Ort, dessen «Bevölkerung und materielle Produkte» nach seiner Darstellung dank der kolonialen Besiedlung «exponentiell zunahmen».[11] Für Hokkaido stellte er sich eine ähnliche Entwicklung vor. Das Vertrauen, das japanische Politiker zu amerikanischer Expertise hinsichtlich kolonialer Transformationsprozesse hatten, führte dazu, dass sie eine Gruppe amerikanischer Berater nach Hokkaido holten, die dort Empfehlungen zur «Erschließung eines neuen Landes und zum Zurückdrängen der Frontier», des Grenzlandes, geben sollten.[12] Kuroda stellte fest: «Wir müssen die besten Kräfte anwerben, die in der Entwicklung eines solchen Grenzlandes Erfahrung haben.»[13] Er reiste 1871 in die USA, in diese «aufsteigende Macht der Zukunft», und wurde dort von Präsident Ulysses S. Grant und dem Commissioner of Agriculture Horace Capron, dem Landwirtschaftsminister ohne Kabinettsrang, empfangen.[14] Kuroda engagierte Capron vom Fleck weg als Sonderberater der japanischen Regierung.[15]

Kuroda und seine Berater wollten Hokkaido von Grund auf neu gestalten, und zwar durch Landvermessung, Straßenbau, das Anwerben japanischer Siedler, die Einführung neuer Eigentumsrechte, Erkundung und Abbau von Bodenschätzen, Holzeinschlag, das Heranschaffen moderner Maschinen, den Aufbau von Bildungseinrichtungen, die Einführung von Viehzucht, das Pflanzen von Obstbäumen, die Erweiterung der Fischereiwirtschaft und den Bau von Telegrafenleitungen. Capron und andere amerikanische Berater spielten dabei eine Schlüsselrolle.

Der im August 1804 geborene Capron hatte die von Siedlern ausgehende Umgestaltung weiter Teile Nordamerikas aus eigener Anschauung miterlebt. In seiner facettenreichen Laufbahn leitete er unter anderem eine Textilfabrik, vermittelte bei gewalttätigen Arbeitskämpfen, führte große, marktorientierte landwirtschaftliche Betriebe und kämpfte im Amerikanischen Bürgerkrieg. Die auffälligste Zeile in seinem Lebenslauf war jedoch die von Präsident Millard Fillmore ausgesprochene Ernennung zum Special Agent für indianische Angelegenheiten – das bedeutete die gewaltsame Vertreibung von Völkern, die Capron als «Wilde» bezeichnete, «wilde Stämme, die dieses Land [den amerikanischen Westen] durchstreiften».[16] Und dann, im Jahr 1868, ernannte ihn Präsident Andrew Johnson zum Commissioner of Agriculture, brachte ihn in das Amt, das er innehatte, bis er sich 1871 mit dem Ziel Yokohama einschiffte.[17]

Caprons bisherige Erfahrungen beeinflussten seine Arbeit auf Hokkaido maßgeblich: «Die große Flutwelle der Zivilisation, die über den amerikanischen Kontinent hinwegrollte, scheint an der Westküste nur innegehalten zu haben, um Kraft für die Passage über den weiten Pazifik zu sammeln, in ihrem westwärts orientierten Vorankommen rund um die Welt.»[18] Sein Auftrag war die «Untersuchung der Insel hinsichtlich der Geologie, des Pflanzenbestands und der Bodenschätze mit der Absicht, zu entscheiden, wo die Straßen und Kanäle [...] gebaut werden sollten», und er hoffte, einen Beitrag zur «Erschließung» Hokkaidos zu leisten.[19] Capron und seine japanischen Projektpartner hatten sich als Ziel gesetzt, die Insel zu einer «Frontier» der japanischen Staatsmacht und der Kapitalakkumulation umzugestalten. Die Herausforderung, der sie sich gegenüber sahen, bestand darin, herauszufinden, wie eine kapitalistische Wirtschaft von Grund auf einzurichten war. Es war ein Projekt, das Capron an die USA erinnerte.[20]

Zuallererst versuchten Capron und seine Mitarbeiter die Beschaffenheit des Gebietes zu ermitteln, sie nahmen eine «mineralogische und topografische Untersuchung des Landes» vor, die «so genau und sorgfältig wie möglich» ausfallen sollte.[21] Von Ainu geführt, waren sie oft auf Pferden unterwegs, katalogisierten den neuen Besitz, erkundeten die Bodenschätze, hielten Ausschau nach geeigneten Orten und Nutzpflanzen für landwirtschaftliche Siedlungen und machten sich Notizen zu reichen Fischgründen. Nach einigen Monaten der Erkundung kam Capron zu folgendem Ergebnis: «Es ist eine herrliche Insel; ihr wahrer Wert wird nicht richtig verstanden oder anerkannt. Sie ist reich an Bodenschätzen. Die Fischgründe sind grenzenlos, die Holzvorkommen überreichlich und von hervorragender Qualität, die landwirtschaftlichen Kapazitäten groß.»[22] Investitionen «werden sich reichlich bezahlt machen», lautete seine Schlussfolgerung.[23] Der japanische Staat schätzte Caprons Dienste so sehr, dass ihn der Kaiser persönlich willkommen hieß, eine seltene Ehre für einen Vertreter des Westens.[24]

Das offensichtlichste Hindernis für die Erschließung der Reichtümer der Insel war die Infrastruktur. «Die Straße ist ein für Entwicklung und Fortschritt so notwendiges Mittel», erklärten die amerikanischen Berater, «dass ihr in jeder neuen Kolonie einer der ersten Gedanken gilt.»[25] Der Staat förderte in der Tat nicht nur den Straßenbau, sondern auch den Bau von Kanälen, Brücken, Eisenbahnen, Ortschaften und Häfen und die Einrichtung von neuen Dampfschiffverbindungen. Versuchsfarmen wurden eingerichtet, was auf Überlegungen verweist, die Landschaft nach nordamerikanischem Vorbild zu gestalten. Die Kaitakushi-Kommisson half der Zirkulation von biologischem Material nach und kaufte in den USA und in Europa Baumsetzlinge, Saatgut und sogar Tiere. Im Stadtzentrum von Sapporo wurden Tausende von Obstbäumen gepflanzt. Die Zuckerfabrik Sapporo begann im Jahr 1890 mit der Verarbeitung von Rüben zu Zucker, was Hokkaido zum japanischen Zentrum dieser Industrie werden ließ und ein weiteres Beispiel für Innovationen in der Landwirtschaft lieferte.[26] Japanische Bürokraten errichteten neue Institutionen, unter anderem die 1876 gegründete Landwirtschaftliche Hochschule von Sapporo.

Der nächste Schritt waren Gesetzesänderungen. Die private Verfügung über Land, Infrastruktur und Bergbauprojekte sei von grundlegender Bedeutung, betonte Capron, auch wenn dies nicht mit den Vorstellungen der Ainu von Land und Eigentum vereinbar sei. Eine Bodenreform, die sich auf die Doktrin der «Terra nullius» («Niemandsland») berief, machte Hokkaido zu einem «herrenlosen Land».[27] Die Verordnung zur Landverteilung von 1872 brachte private Besitzrechte für Land nach Hokkaido, was nicht zuletzt deshalb wichtig war, weil sie die Erhebung von Grundsteuern für Landbesitz ermöglichte und einen günstigen Kreislauf in Gang setzte, der die Staatseinnahmen erhöhte, um die Ausgaben für die Infrastruktur auszugleichen. Die Kaitakushi-Kommission drängte auch auf private Besitzrechte für Land an der Küste, wo Fische sortiert, getrocknet und verpackt werden konnten, während die Ainu gezwungen wurden, ihre gemeinwirtschaftliche Tradition aufzugeben, den Fang kollektiv anzulanden und zu verarbeiten. Außerdem unterband die Kommission fortan, dass Händler direkt mit selbstständigen indigenen Fischern Verträge abschlossen, was ein besitzloses Proletariat in der Fischerei hervorbrachte.[28]

Nach diesen Innovationen war wie immer die Mobilisierung von Arbeitskräften von entscheidender Bedeutung für die Transformation ländlicher Gebiete. Die Kaitakushi warb sehr unterschiedliche Menschen an. Migranten von Japans Hauptinsel Honshu gehörten dazu. Dort vollzog sich eine gesellschaftliche Spaltung, als die Bauern dazu gedrängt wurden, ihre Steuern mit Bargeld zu bezahlen, und viele daraufhin ihren Zugang zum bewirtschafteten Land verloren. Die Regierung bot diesen Bauern Unterstützung an, damit sie sich auf Hokkaido niederließen. Sie erwarben und rodeten Land, brachten Werkzeuge, Vorräte und Saatgut mit und machten sich an die Erschließung des Landes. Manche von ihnen wurden auch Lohnarbeiter auf größeren Gütern, wo sie auf frühere, inzwischen verarmte Samurai trafen, vor allem die Verlierer der Meiji-Restauration. Bis zum Jahr 1899 waren 7337 Haushalte mit insgesamt rund 40 000 Personen umgesiedelt worden. Jeder dieser Haushalte erhielt etwa sechseinhalb Hektar Land und die Option, weitere 32 Hektar zu einem günstigen Preis zu erwerben. Im Jahr 1909 lebten bereits 1,5 Millionen japanische Siedler auf Hokkaido. Jene Ainu, die das Vordringen der japanischen Besiedlung in das einstmals sichere Landesinnere

Sträflinge beim Kohleabbau in Hokkaido: Detail aus einer acht Meter langen Bilderrolle, die als *Shūjin rōdō emaki* bekannt ist und zwischen 1881 und 1889 im Gefängnis von Sorachi von einem unbekannten Häftling geschaffen wurde.

überlebten, verdingten sich bei ihren neuen Nachbarn als schlecht bezahlte, zutiefst ausgebeutete Lohnarbeiter in Kohlebergwerken und in der Fischereiwirtschaft.[29]

Zwangsarbeit war darüber hinaus für den Bergbau und für Infrastrukturmaßnahmen von entscheidender Bedeutung. Die Aufstände infolge der Meiji-Restauration hatten zu einer großen Zahl von politischen Gefangenen geführt, von denen ein Teil jetzt in eigens auf Hokkaido errichtete Gefängnisse verlegt wurde. Viele von ihnen wurden im Straßenbau eingesetzt. 5000 Männer, an deren Fußgelenken Eisenkugeln befestigt waren, schufteten auf einer hundert Kilometer langen Verbindungsstraße zwischen Date und Satsuporo, und Hunderte von ihnen starben auf einer Baustelle, die später als die «Todesstraße des Gefangenen» bezeichnet werden sollte. Andere Gefangene arbeiteten in Kohlebergwerken. Nach Ansicht des Regierungsbeamten Kaneko Kentarō – eines Absolventen der Harvard Law School – konnten diese Häftlingsarbeiter geopfert werden, weil sie «geborene grobe Banditen» wären, und «wenn sie [die Arbeit] nicht aushalten und zugrunde gehen, dann ist die Verringerung der Zahl dieser Personen, angesichts der heutigen Situation, in der Berichte über die außerordentlichen Schwierigkeiten verfasst werden, die mit der Finanzierung von Gefängnissen verbunden sind, als unvermeidliche Strategie zu betrachten».[30]

Der japanische Staat beendete 1894 aus politischen und ethischen Gründen die Praxis, Häftlingsarbeiter im Straßenbau einzusetzen, und rekrutierte Vertragsknechte. Sie wurden unter den Armen von Honshu angeworben und in Arbeiterlagern in unmittelbarer Nähe von Baustellen und Bergwerken untergebracht. Während des Ersten Weltkriegs kamen noch mehrere Tausend koreanische Zwangsarbeiter hinzu, die noch schlechter bezahlt wurden und noch schlimmeren Arbeitsbedingungen sowie rassistischer Diskriminierung ausgesetzt waren.[31]

Besiedlung, Industrie und Einhegungen erreichten jeden Winkel der Insel, und die Folgen für die Ainu waren katastrophal. Der japanische Staat enteignete sie, schränkte ihre Bewegungsfreiheit ein und untergrub ihre Möglichkeiten, Familienverbände und Gemeinschaften zu erhalten. Die Angriffe auf die Lebensgrundlagen der Ainu kamen von allen Seiten: Japanische Jäger töteten innerhalb von nur fünf Jahren, von 1873 bis 1878, mehr als eine halbe Million Hirsche, die für die Existenzsicherung und die Kultur der Ainu besonders wichtig waren – eine Auslöschung von Wildtieren, wie sie im amerikanischen Westen bei den Bisons stattgefunden hatte. Die japanische Regierung untergrub die Ainu-Selbstversorgerwirtschaft zudem durch ein Verbot der Verwendung von Giftpfeilen für die Jagd und, 1878 daran anschließend, der traditionellen Ainu-Praxis des Fischens bei Nacht. Japan übernahm weitestgehend das US-Modell der Zwangsumsiedlung von indigenen Amerikanern in Reservate, wo ihnen kleine Parzellen zugewiesen wurden, und verabschiedete 1899 ein Gesetz, mit dem die Ainu angeblich geschützt werden sollten, indem man sie auf eigens ausgewiesenen kleinen Arealen ansiedelte. Bis zum Jahr 1901 war die Ainu-Bevölkerung kollabiert.[32]

Diese Vorstöße wurden durch eine aggressiv rassistische Ideologie erleichtert, die auch extreme politische Maßnahmen zu rechtfertigen schien. Vielen Japanern galten die «Ainu als nicht menschlich und als minderwertige Abkömmlinge von Hunden».[33] Sie beschrieben die Ainu als «haarige Männer», die jagen und fischen, «offensichtlich sehr fügsam und sanft», aber auch «grob, ungebildet und minderwertig» sind.[34] Chiri Yukie, eine Schriftstellerin und Ainu, stellte 1922 bei einem Rückblick auf die Verheerungen der frühen Kolonialzeit fest: «Dieses Land hat einen raschen Wandel durchgemacht, [...] nach und nach wurden Berge und Felder zu Dörfern, Dörfer zu

Ainu bei der Weltausstellung in St. Louis, 1904.

Städten», und im Verlauf dieses Wandels wurde die Lebensweise der Ainu zerstört.[35] Die Niederlage der Ainu war so vernichtend und ging so weit, dass sieben Ainu, Frauen, Männer und Kinder, bei der Weltausstellung 1904 in St. Louis in einem zooähnlichen Arrangement gemeinsam mit Angehörigen indigener Völker aus Amerika und von den Philippinen ausgestellt wurden. Es war die denkbar radikalste Form einer Einhegung.[36]

In den letzten Jahrzehnten des 19. Jahrhunderts bildeten sich unter der Ägide mächtiger Staaten rund um den Globus neue koloniale Einhegungen, die zu einem charakteristischen Merkmal des neu strukturierten Kapitalismus wurden. Diese Einhegungen nahmen zwei Formen an. Wie schon in früheren Zeiten gehörte die Privatisierung der Allmenden dazu – des gemeinschaftlich genutzten Landes, das zum Eigentum von Einzelpersonen umgewidmet wurde.[37] Nun aber verfolgten diese Staaten außerdem das Ziel, das neu organisierte Kapital zu aktivieren, indem sie nationale und koloniale Räume schufen, die Produktionsketten, Märkte und Arbeitskräftereservoire umfassten und einhegten. Die – räumliche und gesellschaftliche – Zielstrebigkeit des Kapitals war ein gleichbleibendes Merkmal, aber im späten 19. Jahrhundert nahm sie eine besondere Form an, die auf die Macht und die Bedürfnisse der am stärksten gerüsteten Nationalstaaten und die neuen Forderungen der Kapitalbesitzer zurückging, die mittlerweile massiv in nicht bewegliche Vermögenswerte investiert hatten.

Die USA dienten den europäischen und japanischen Kapitalbesitzern und Regierungsvertretern als Vorbild, das zeigte, wie die Einbindung des Kapitals in Nationalstaaten eine neue räumliche Ordnung hervorbrachte, die sie gleichermaßen bewunderten wie fürchteten. Viele Menschen in den westlichen Ländern des frühen 21. Jahrhunderts sorgten sich wegen der «chinesischen Gefahr», wie sie es nannten – und versuchten zu bremsen, vom chinesischen Beispiel zu lernen oder ihm im Gegenzug nachzueifern –, und genauso sorgten sich Kapitalbesitzer und Regierungsvertreter im späten 19. Jahrhundert wegen der «amerikanischen Gefahr».

Dieser Neid auf die USA bestimmte gegen Ende des 19. und zu Beginn des 20. Jahrhunderts die Debatten in Europa und Japan, wo Industrielle, Regierungsvertreter, Ökonomen und Journalisten warnten, dass die «riesigen zusammenhängenden Wirtschaftsgebiete», der außerordentlich fruchtbare Boden und die reichen Rohstoffvorkommen der USA die europäische Wettbewerbsfähigkeit untergraben könnten.[38] Der französische Ökonom Louis

Bosc vertrat die Ansicht, die USA würden schon bald «das Universum» beherrschen; die einst jugendliche Nation sei zu einer «ernsten Bedrohung» herangereift.[39]

Europäische und japanische Beobachter erkannten im späten 19. Jahrhundert die USA als Wegbereiter für eine neue Form der Integration. Sie hatten ein über den Kontinent reichendes Staatsgebiet geschaffen, mit Eisenbahnen, Telegrafenleitungen, Gerichten, Kapital und Soldaten, die mit ihrem Zusammenwirken den Zugang zu Bodenschätzen, Arbeitskräften, landwirtschaftlichen Produkten und Märkten sicherten. Die daraus resultierende, in nationale Produktionsketten eingegliederte Überfülle an Ressourcen war eine der Hauptantriebskräfte der erstaunlichen US-amerikanischen Wirtschaftsleistung um 1900, in der Ära, in der Bergbau, landwirtschaftliche Produktion und Industrie einander wechselseitig stärkten. In den Jahren nach dem Bürgerkrieg erreichten die Stahlproduktion, die Weizenernten, der Eisenbahnbau und die Textilproduktion der USA die Spitzenplätze der Weltwirtschaft. Das war die Zweite Große Divergenz, die Präambel nicht nur für das «Amerikanische Jahrhundert», sondern auch für das «koloniale Zeitalter», in dem Europa darum kämpfte, seine weltweite Dominanz zu wahren. Schockiert von dem Bruch, für den der Aufstieg der USA stand, versuchten europäische und japanische Beobachter, diesem Beispiel nachzueifern, so wie ihre Vorgänger ein Jahrhundert zuvor während der ursprünglichen Großen Divergenz versucht hatten, es Großbritannien nachzutun. Sie verstanden, dass diese neue Form der Integration ein zutiefst politisches Unterfangen war, das einen mächtigen Staat erforderte, und nahmen sich ähnliche Projekte vor. Die Gründer des japanischen Imperiums erkannten, dass die Fähigkeit der USA, sich Rohstoffe, Arbeitskräfte und Märkte auf dem eigenen ausgedehnten Staatsgebiet zu sichern – das selbst eine Form der Einhegung darstellte –, für den raschen wirtschaftlichen Aufstieg des Landes maßgeblich war.[40] Walther Rathenau, Vorstandsmitglied, später Aufsichtsratsvorsitzender des Elektrokonzerns AEG, traf eine aufschlussreiche Einschätzung dieses Sachverhalts: «Nordamerika ist im Sinne der Materialbeschaffung heute das glücklichste Land, denn es findet fast alle Rohstoffe in seinem Schoße; Deutschland ist im Verhältnis zur Ausdehnung seiner Industrie das unglücklichste. Je mehr die Industrie zur Weltwirtschaft neigt, je mehr die fernsten Küsten zum Markt der Rohstoffe beitragen müssen, desto gefährlicher wird die Geringfügigkeit unseres Anteils am Landbesitz der Welt.»[41]

Die territoriale Expansion war über eine lange Zeit hinweg ein Schlüssel für die US-amerikanische Wirtschaft gewesen. Im Jahr 1900 produzierten die erst in neuerer Zeit zur Union gestoßenen Staaten westlich des Mississippi

65 Prozent des Weizens der Nation, 44 Prozent der Baumwolle, 51 Prozent der Maisernte, 75 Prozent des Kupfers, 17 Prozent der Kohle, 38 Prozent des Eisenerzes und 9 Prozent des Petroleums. Zum Vergleich: Die 13 Gründerstaaten produzierten zu diesem Zeitpunkt nur 9 Prozent des Weizens, 28 Prozent der Baumwolle, 9 Prozent des Maises, 1 Prozent des Kupfers, 0,04 Prozent des Zuckerrohrs, 43 Prozent des Tabaks, 13 Prozent des Viehbestands, 11 Prozent des Eisenerzes, 37 Prozent der Kohle und 23 Prozent des Petroleums. Die USA hatten, indem sie die Fläche ihres Staatsgebiets in der ersten Hälfte des 19. Jahrhunderts mehr als verdreifachten, Zugang zu einem außergewöhnlichen Reichtum an landwirtschaftlichen Ressourcen und Rohstoffen gewonnen. Im Jahr 1913 produzierten die USA 39 Prozent der weltweit abgebauten Kohle, 56 Prozent des Kupfers, 65 Prozent des Petroleums und 36 Prozent des Eisenerzes.[42] Die Produktionsketten verbreiterten und vertieften sich und die junge kontinentale Volkswirtschaft ermöglichte den amerikanischen Unternehmern ihre Kontrolle mit nicht nachlassender Effizienz.

Die aufsteigenden amerikanischen Industrien – Textilproduktion, Stahlherstellung, Ölraffinerien, chemische Produktion, Nahrungsmittelverarbeitung, Telegraf und Telefonie und die neue Automobilindustrie – wurden um Produktionsketten herum errichtet, die nahezu vollständig auf das Territorium der USA beschränkt waren. Das bildete einen scharfen Kontrast zu früheren Zeiten, in denen Kaufleute an den Küsten die Verbindung amerikanischer Plantagen, die mit Sklavenarbeit betrieben wurden, zu britischen Fabriken hergestellt hatten. Ende des 19. Jahrhunderts verbanden amerika-

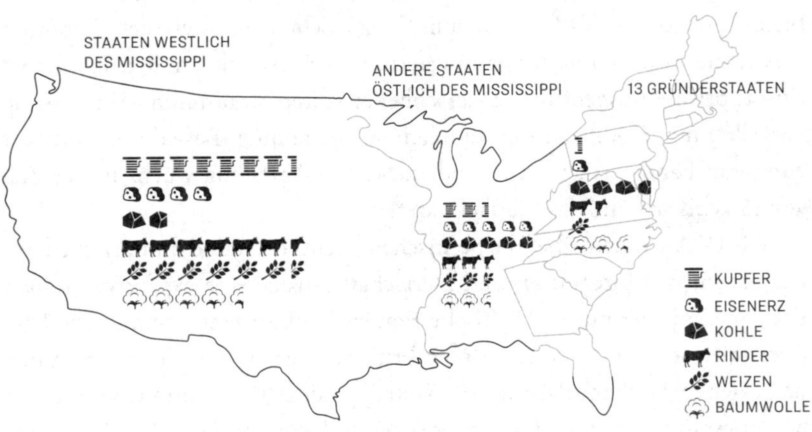

Der Lohn der territorialen Expansion: geografische Verteilung der Warenproduktion in den USA (1900), nach drei Regionen gegliedert – in den 13 Gründerstaaten, in anderen Staaten und Territorien östlich des Mississippi und in Staaten und Territorien westlich des Mississippi.

nische Kaufleute und Finanziers ihre Interessen immer stärker mit der einheimischen Industrialisierung, und das neu integrierte eigene Staatsgebiet gewann auch für sie an Bedeutung. Das Markenzeichen dieses expansiven Kapitalismus war die intensive Beziehung zwischen Nationalstaaten und nationalem Kapital, eine Beziehung, für die es einen Staat mit Fähigkeiten brauchte, die den neuartigen Ansprüchen der auf dem eigenen Territorium verankerten Kapitalisten gerecht werden konnten. In den USA schlossen sich diese beiden Faktoren zusammen, schützten eine Volkswirtschaft, die sich über ein riesiges Territorium erstreckte, und schufen so eine bis dahin beispiellose kontinentale Wirtschaftszone, die vom Rest der Welt weitgehend unabhängig war. Der Welthandel hatte für das Amerika des Fin de Siècle nur geringe Bedeutung; der Gesamtwert der Exporte machte zwischen 1890 und 1914 im Jahresdurchschnitt nur 7,3 Prozent des Bruttosozialprodukts aus und die Importe erreichten einen Anteil von 6,6 Prozent.[43]

Die nationale Integration des sich so rasch erweiternden Territoriums wurde, wie auf Hokkaido, durch die extrem ungleiche Verteilung militärischer Macht zwischen den Siedlern und den indigenen Bewohnern des Kontinents gefördert. Genauso wichtig war hierbei die Tatsache, dass die territoriale Integration schon seit der Gründerzeit zu den Kernaufträgen des US-amerikanischen Staates gehörte. Die Regierung konzentrierte ihre wachsenden militärischen Ressourcen auf die territoriale Expansion und sorgte dann für eine effektive administrative, wissenschaftliche und bürokratische Integration. Es war ein Projekt, das bereits in der Verfassung der USA dargelegt worden war. Ein wichtiger Treiber war hierbei das Innenministerium, das im Jahr 1849 eingerichtet wurde: als amerikanisches Gegenstück zum britischen Colonial Office und zum französischen Ministère des Colonies.[44] Das schnell wachsende Innenministerium war angewiesen, den Kontinent für die private Ausbeutung zu «erschließen», und zwar durch «Vermessung, Parzellierung, Kodifizierung, Enteignung, Verteilung, Besiedlung und Nutzung von Land». Allein seine Indian-Service-Abteilung wuchs in der Zeit von 1865 bis 1885 auf das Vierfache an.[45]

Die USA schufen, über die politischen, rechtlichen und militärischen Mechanismen von Integration und Herrschaft hinaus, eine expansive Freihandelszone, mit der nur das Britische Empire konkurrieren konnte. Die USA übertrafen jedoch die hoch gelobte britische Marine mit ihrer Integration der eigenen Freihandelszone bei Weitem, indem sie Kontinuität und Vernetzungsmöglichkeit durch eine flächendeckende Infrastruktur sicherten, die sowohl von der Regierung als auch von den einzelnen Bundesstaaten unerbittlich vorangetrieben wurde. Privates Kapital war reichlich vorhanden, und es war zum großen Teil europäischer und indigener Herkunft. Indigene Amerikaner erhielten zwar für die Enteignung ihres Landes nominelle Entschädigungszahlungen, doch die Bundesregierung verwaltete diese Mittel treuhänderisch und investierte sie in die weitere territoriale Expansion. Kanäle, Überlandstraßen und Eisenbahnen – zunächst lokal, dann transkontinental verkehrend – ermöglichten den Transport von Waren und Menschen bis in die entlegensten Ecken des Territoriums und gewährleisteten die Beförderung von landwirtschaftlichen Erzeugnissen und Rohstoffen zu den industriellen Enklaven und an die Küsten. Diese Errungenschaft war von zentraler Bedeutung für das nationale Selbstverständnis, wie sich an der gegen Ende des Jahrhunderts aufkommenden amerikanischen Besorgnis ob der vollendeten Erschließung der Frontier, des Grenzlandes, zeigt. Im Jahr 1898 überschritten die USA ihre kontinentalen Grenzen und nahmen Hawaii, Puerto Rico und – vorübergehend – Kuba und die Philippinen in ihr Imperium auf.[46]

Keine andere in der Neuzeit kolonisierte Region ist so gründlich in die nationale und in die Weltwirtschaft integriert worden wie das Gebiet der USA. Es gab noch andere territorial expansive Nationen, Russland beispielsweise, und dynamische Imperien, insbesondere Großbritannien, aber keine andere Nation reichte an die wirtschaftliche Dynamik der USA heran. «Die Superiorität Amerikas ist eine Gegenwartstatsache», erklärte der deutsche Ökonom Julius Wolf, «die Superiorität Englands Vergangenheitstatsache.»[47] Die Territorialisierung der Produktionsketten, nicht der Freihandel, schien der Weg in die Zukunft zu sein. Und als Großbritanniens einstmals herausragende Rolle in der Weltwirtschaft zu schwinden begann, wich sein vormaliger Freihandelsimperialismus weiteren kolonialen Einhegungen, die dem «territorialen» Modell einer volkswirtschaftlichen Entwicklung weiteren Auftrieb verschafften. Selbst in Großbritannien begann das Empire den Handel zu übertrumpfen.[48]

DIE NEUARTIGE Aufgeschlossenheit für die räumlichen Erfordernisse moderner Volkswirtschaften und das Bestreben, der US-amerikanischen Macht etwas entgegenzusetzen, brachte einflussreiche Kapitaleigner, Staatsmänner und Intellektuelle in verschiedenen Ländern dazu, ihre nationalen Wirtschaftsstrategien zu überdenken. Sie waren jetzt der Ansicht, dass ein billiger und verlässlicher Zugang zu Rohstoffen, einem großen Arbeitskräftereservoir und expandierenden Märkten für die Volkswirtschaften Europas und Japans entscheidend sei, wenn sie in einer neuartig industrialisierten Welt mit großen Kapitalinvestitionen in Anlagevermögen gedeihen wollten. Diese Voraussetzungen für eine industrielle Hochkonjunktur auf globalen Märkten aufs

Spiel zu setzen war nicht akzeptabel, und das nicht zuletzt, weil Denker und Strategen die Weltwirtschaft zunehmend als ein Gefechtsfeld konkurrierender nationaler Einheiten betrachteten. Der US-Konteradmiral Alfred Thayer Mahan vertrat in seinem 1890 erschienenen Werk *Der Einfluss der Seemacht auf die Geschichte* selbstbewusst die Ansicht, ein Land müsse Handel treiben, um reich zu sein; für den Handel brauche es Kolonien, und für die Sicherung dieser Kolonien brauche es eine starke Marine.[49]

Die europäischen Nationen, die – wie Japan durch Hokkaido – mit den Herausforderungen der Kolonialverwaltung durchaus vertraut waren, widmeten sich nun nach amerikanischem Vorbild der territorialen Kontrolle über Bodenschätze, landwirtschaftliche Erzeugnisse, Arbeitskräfte und Märkte über größere Entfernungen hinweg. Die Europäer eroberten in den beiden letzten Jahrzehnten des 19. Jahrhunderts Landflächen auf anderen Kontinenten, die zusammen etwa der achtfachen Fläche Europas entsprachen. Dieser neue Imperialismus war tatsächlich global. Noch im Jahr 1870 standen nur zehn Prozent des afrikanischen Territoriums unter europäischer Herrschaft. Dreißig Jahre später waren 90 Prozent des Kontinents kolonisiert, nur Liberia und Äthiopien waren immer noch unabhängig. Russland stieß in hohem Tempo nach Zentralasien vor, eroberte 1866 Usbekistan, 1873 den Norden Turkmenistans, 1876 Kirgisistan und den Westen Tadschikistans, 1885 den Süden Turkmenistans und 1893 den Osten Tadschikistans.[50] Europäische Mächte, Japan und die USA verschafften sich bedeutende Einflussbereiche in China, auch wenn sie den größten Teil davon nicht offiziell kolonisierten. Frankreich kolonisierte Vietnam, Laos und Kambodscha. Dieser neue Kolonialismus unterschied sich erheblich von den konzessionierten Kompagnien und Handelsstationen früherer Zeitalter, und das lag im Wesentlichen daran, dass er hauptsächlich vom Staat und nicht von Kaufleuten oder Abenteurern betrieben wurde.

Die Europäer waren bestrebt, sich Afrika als das Kernstück des territorialen Umbaus ihrer Volkswirtschaften einzuverleiben, so wie Japan und die USA daran gearbeitet hatten, Hokkaido beziehungsweise die riesigen Territorien im Westen in ihre Volkswirtschaften und politischen Ordnungen zu integrieren. Einflussreiche europäische Eliten redeten sich ein, das benachbarte Afrika könnte zum Ouest, Westen oder Occidente ihres eigenen Kontinents werden. Ein französischer Kolonialbeamter schrieb in Dakar: «Wir wenden uns unseren Kolonien zu, um unsere Industrien vom gefährlichen Joch von Fremden zu befreien.»[51] Die Kolonisierung Afrikas schien eine «kräftige Förderung der wirtschaftlichen Unabhängigkeit und des Wohlstandes» zu versprechen – Arbeitskräfte, Land, Rohstoffe, landwirtschaftliche Erzeugnisse und Märkte, die gebraucht wurden, um mit den USA konkurrieren zu können.[52] «Die richtige Sicht auf Afrika ist, es als ein weiteres Amerika zu betrachten, das brachliegt und imstande ist, reiche Ernten hervorzubringen», hieß es 1905 in einem Leitartikel der britischen Zeitschrift *African World*.[53] *La Dépêche* in Frankreich schlug ähnliche Töne an: Afrika sei ein «Amerika vor unserer Haustür», hieß es dort.[54] Der Abgeordnete der Nationalversammlung und zeitweilige Ministerpräsident Jules Ferry formulierte es 1890 so: «Die Kolonialpolitik ist die Tochter der Industriepolitik.»[55]

Ferry war kein Außenseiter. Ein Historiker hat festgestellt, dass diese Ansichten «in Frankreich praktisch ungeteilten Beifall [fanden]».[56] Der Ökonom Paul Leroy-Beaulieu hatte sich in der ersten Auflage seines Buches *De la colonisation chez les peuples modernes,* die 1874 erschienen war, für eine Art Freihandelsimperialismus ausgesprochen; in der zweiten, 1882 erschienenen Auflage betonte er die Notwendigkeit einer territorialen Expansion und warnte dabei ausdrücklich vor der «amerikanischen Gefahr».[57] Der Nationalökonom Charles Gide, Professor an der Sorbonne, betonte ebenfalls die Verbindungen zwischen industrieller Blüte und Exportmärkten und beklagte, dass Länder mit einem sehr großen Territorium gewaltige wirtschaftliche und militärische Vorteile gegenüber kleinen Ländern wie Frankreich hätten. Frankreich müsse sein Staatsgebiet erweitern, und weil das innerhalb Europas nicht möglich sei, sei Afrika die nächstbeste Option. Diese Sichtweise hatte nach der demütigenden Niederlage Frankreichs im Deutsch-Französischen Krieg von 1870/71 deutlichen Aufwind erfahren.[58]

Der Franzose Eugène Étienne war ein besonders wortgewandter Befürworter der Kolonisierung Afrikas. Der 1844 in Oran, im von Frankreich beherrschten Teil Algeriens, geborene Étienne war Offizier und von 1881

Moderne Industrieprodukte im Kolonialkrieg:
Fiat-Automobile in Libyen, 1912.

Italienische Bauern erobern Land in Afrika: ein Plakat zur Ehrung der Kolonialsoldaten.

bis 1919 Abgeordneter der Nationalversammlung. Im Jahr 1887 wurde er Unterstaatssekretär für die Kolonien, als der er, auf den Spuren Ferrys und anderer Wortführer, unermüdlich auf die wirtschaftliche Bedeutung der Kolonien hinwies.[59] Die schnell expandierende Industrie brauchte Rohstoffe, Arbeitskräfte und Märkte, doch der Zugang zu diesen essenziellen Grundlagen wurde zunehmend erschwert, weil die Welt in eine Phase eingetreten war, in der die letzten noch verbliebenen Märkte in den Machtbereich von Rivalen fielen. Vorangetrieben von Étienne erlangte die Parole «Entwicklung der Kolonien» in jenen Jahren eine zentrale Bedeutung im französischen Regierungsapparat.[60] Ende November 1889 fasste Étienne als Reaktion auf das protektionistische Zollgesetz des US-amerikanischen Präsidenten William McKinley, dessen Verabschiedung durch den Kongress unmittelbar bevorstand, diese immer populärer werdende Position so zusammen:

> Es gibt da einige Tatsachen, die das alte Europa nicht ignorieren kann, weil sie so offensichtlich sind: dass Amerika, nachdem es seine Industrie hinter sorgsam geschlossenen Türen aufgebaut hat, von der Schaffung eines ausschließlich amerikanischen Produkten vorbehaltenen Zollvereins träumt. Heute muss sich Frankreich deshalb um die Einrichtung eines eigenen Marktes kümmern, auf dem eigenen Territorium, in den eigenen Kolonien. [...] Angesichts der immer schneller und schneller werdenden maschinellen Produktion muss der Konsum erhöht werden. Also muss Frankreich über die eigenen Grenzen hinausgehen. Es muss nach Afrika und nach Indien gehen.[61]

Die französischen Hoffnungen auf die Schaffung eines «neuen Amerika» in Afrika fanden weite Verbreitung. Der Schriftsteller Jean-Gabriel Capot de Feuillide verglich Algerien mit dem amerikanischen Westen – *l'Ouest africain* –, und der Historiker Augustin Bernard bezeichnete Algerien als das «Amerika Frankreichs».[62] «Vereinigt Euch! Geht in den Süden!», proklamierte Victor Hugo, der Autor des Romans *Les miserables,* im Jahr 1879 als Echo des amerikanischen Aufrufs «Go West».[63]

Diese Meinungen vermitteln, wie das integrierte, weiträumige Staatsgebiet der USA den europäischen Imperialisten als Vorbild für das neue koloniale Projekt diente, dem sich immer mehr verschrieben. Für den Fiat-Ingenieur Bernardino Maraini waren die «großartige Entwicklung und die enorme Produktion» der USA «grundsätzlich das Ergebnis des großen Aufnahmepotenzials des Landes aufgrund der Ausdehnung seines Staatsgebiets, der Reichhaltigkeit der natürlichen Ressourcen und der raschen Zunahme seiner Bevölkerung».[64] Und obwohl die Beobachter oft «Europa» gegen die USA in Stellung brachten, war die Politik in den 1880er und 1890er Jahren wie auch in den Anfangsjahren des 19. Jahrhunderts größtenteils nationalistisch orientiert – in Ländern, die darauf hofften, auf Kosten ihrer Rivalen expandieren zu können.

Für die Europäer war Afrika eine potenzielle Quelle von Rohstoffen, und die Kontrolle über diese Rohstoffe, das glaubten viele, würde bei einer Art Endabrechnung die «großen Mächte» von den weniger bedeutenden Akteuren unterscheiden. In dem für so viele europäische Futuristen typischen melodramatischen Stil vertrat der National-soziale Verein des liberalen Politikers Friedrich Naumann 1897 die Ansicht, dass Deutschland territorial ex-

Afrika wird aufgeteilt: auf der Berliner Kongo-Konferenz, 1884.

pandieren müsse, weil seine Bewohner, «wenn wir leben wollen», «immer mehr Getreide, Petroleum, Baumwolle und andere Lebensbedürfnisse vom Ausland beziehen müssen».[65] Herzog Johann Albrecht von Mecklenburg, der Präsident der Deutschen Kolonialgesellschaft, hoffte auf Bodenschätze, Baumwolle und Kakao aus Deutschlands afrikanischen Besitzungen.[66] Führende Vertreter der Wirtschaft waren ganz seiner Meinung, auch das AEG-Vorstandsmitglied Walther Rathenau:

> Bald werden wir erkennen, dass jedes Stück der Erde als Substanz wertvoll ist; denn auch das geringste besitzt oder erzeugt irgendein Rohmaterial [...]. Die letzten hundert Jahre bedeuteten die Aufteilung der Welt. Wehe uns, dass wir so gut wie nichts genommen und bekommen haben! [...] Die Zeit naht eilends heran, in der die natürlichen Stoffe nicht mehr wie heute willige Marktprodukte, sondern heiß umstrittene Vorzugsgüter bedeuten; Erzlager werden eines Tages mehr gelten als Panzerkreuzer, die aus ihren Gängen geschmiedet werden.[67]

Nach der Ansicht von Rathenau und anderen sollten Produktionsketten staatlich eingehegt und, eine unheilvolle Vorstellung, militarisiert werden – ein direktes Ergebnis der engen Verbindung zwischen neu organisiertem Kapital und neu organisierten Staaten.

Die Befürworter der kolonialen Expansion sprachen immer wieder von Rohstoffen. Die französischen Baumwollhersteller gründeten 1903 die Association Cotonnière Coloniale und positionierten sie als die Lösung für das Problem der weltweiten US-Dominanz auf den Baumwollmärkten.[68] Ähnliche Verbände entstanden in Belgien, Italien und Deutschland, wo sich das Kolonialwirtschaftliche Komitee, unterstützt von der deutschen Baumwollindustrie und der kaiserlichen Regierung, für die Baumwollproduktion in den Kolonien einsetzte.[69] Die Antwort auf die «amerikanische Gefahr» sei die Kolonisierung Afrikas, erklärte der belgische Journalist Prosper de Haulleville: «Wir können schon bald mit einem wirtschaftlichen Bruch zwischen Europa und Amerika rechnen, mit einer unerträglichen Unterdrückung der Alten durch die Neue Welt», aber «Europa hat glücklicherweise in Afrika sein Terrain für die Verteidigung gefunden».[70]

Auch das Potenzial Afrikas als Konsumgütermarkt war wichtig. Afrikaner und europäische Siedler würden einen abhängigen und wachsenden Kundenkreis für in Europa hergestellte Waren abgeben, und im Unterschied zu den ehemaligen europäischen Kolonien in Nordamerika würde Afrika für die immer produktiver arbeitenden europäischen Industrien ein abhängiger Markt bleiben. In den 1880er Jahren war diese Denkweise die herrschende Meinung.[71] König Leopold glaubte, dass Belgien «von seiner Fähigkeit, die Überseemärkte und -ressourcen auszubeuten», abhängig sei.[72] Naumann trieb die Sorge um, dass die Deutschen ohne Kolonialmärkte ihre »Großindustrie [verlieren]» würden.[73] Afrika war im Denken vieler europäischer Kapitalbesitzer und Staatsmänner eine neue «Frontier», ein Territorium, das es zu kommodifizieren galt, eine Region mit Land und Arbeitskräften, die noch nicht zur Handelsware geworden waren, und die auf Pioniere und ihre Integration in ein neues Stadium des europäischen Kapitalismus wartete.[74] Afrika würde eine neue «Neue Welt» sein, die europäische Antwort auf das machtvolle Auftreten der alten «Neuen Welt».

Diese Interessen spielten bei den Bestrebungen, afrikanisches Gebiet zu erobern, eine wichtige Rolle. Die Europäer hatten sich in Afrika jahrhundertelang – von wenigen Ausnahmen abgesehen – mit ein paar Ansiedlungen an den Küsten begnügen müssen. «Sie gingen nicht ins Binnenland», stellte das aufschlussreich betitelte *Journal of Race Development* bei einem Rückblick auf das gesamte 19. Jahrhundert fest.[75] Aber mit der Aufteilung Afrikas durch die europäischen Mächte auf der Berliner Konferenz von 1884, an der auch die USA teilnahmen, begann sich das zu ändern. Das erklärte Ziel bestand darin, «den Anschluss an die Zivilisation zu ermöglichen, indem das Innere dieses Kontinents für den Handel erschlossen wird».[76] Um dieses Binnenland und seine Einwohner beherrschen zu können, mussten staatliche Strukturen geschaffen werden – unter anderem militärische Stützpunkte und Verwaltungsapparate –, und dafür musste das Territorium auf eine Art «verstaatlicht» werden, die der Einverleibung Nordamerikas glich, wo die territoriale Kontrolle an die Stelle der inoffiziellen Handelsnetzwerke mit den indigenen Amerikanern getreten war. Der Handelsverkehr mit afrikanischen Kaufleuten zum Erwerb der Produkte afrikanischer Landwirtschaft genügte nicht mehr; die Produktion sollte jetzt von europäischen Kapitalbesitzern kontrolliert werden.[77] Eine Zeitung in Lagos schrieb im Jahr 1891 aus der Perspektive des bedeutenden afrikanischen Handels-Establishments in dieser Stadt: «Eine gewaltsame Inbesitznahme unseres Landes ist an die Stelle der gewaltsamen Inbesitznahme unserer Person getreten.»[78]

In Französisch-Westafrika, um ein prominentes Beispiel zu zitieren, wurde die territoriale Einhegung zum Ziel der Kolonialherrschaft. In der heutigen Elfenbeinküste setzten sich die Franzosen nur 50 Jahre, nachdem sie die Kontrolle über die Hafenstadt Grand-Bassam übernommen hatten, zum Ziel, ein riesiges Hinterland in diesen Besitz zu integrieren.[79] Als der frisch ernannte Gouverneur Louis-Gustave Binger 1893 ins Land kam, genügte eine altmodische Handelsniederlassung den Ansprüchen der Entsender nicht mehr: Das Kolonialministerium in Paris hatte ihn vertraulich mit der «methodischen Durchdringung der Gebiete [...] unter unserer Herrschaft» beauftragt.[80] Im nahen Senegal war ebenfalls «Durchdringung» das Ziel. Louis Léon César Faidherbe, der französische Gouverneur des Senegal in den 1850er und 1860er Jahren, behauptete 1889 beim Rückblick auf seine Karriere, er sei seiner Zeit voraus gewesen, und schrieb: «Ich bewies mir selbst, dass ich ein Partisan der Durchdringung war.» Diese Selbsteinschätzung bestätigte ein anderer Kolonialbürokrat, der sich an Faidherbes «Hartnäckigkeit» ebenso erinnerte wie an die «große Begeisterung, die er mitbrachte, um all diejenigen, die zur Entwicklung des Wohlstandes im Senegal beitragen konnten, zu unterstützen, zu ermutigen und zu belohnen».[81] Faidherbe verwandelte eine französische Kolonialunternehmung, die auf den Handel fokussiert war, in eine, die auf territoriale Kontrolle abzielte und unter anderem zu einer gewaltigen Vergrößerung der Erdnussproduktion für den Export führte.[82]

Die militärische Kontrolle, die Entwicklung der Infrastruktur sowie die administrative und bürokratische Ausbreitung der Kolonialmacht verfolgten allesamt das Ziel, den Einsatz von Kapital in den verschiedenen Binnenregionen zu erleichtern – und mit der Zeit die landwirtschaftlichen Anbaugebiete und Bergwerke so in Schwung zu bringen, dass sie die Märkte in den Mutterländern mit Waren versorgten. Diese Vorgehensweise wurde teilweise durch die als gescheitert wahrgenommene kommerzielle Strategie früherer

Die Bürde der Schwarzen Mannes II: ein Hinterland schaffen, Westafrika, 1898.

Jahrzehnte motiviert. Unter den französischen Imperialisten herrschte die weitverbreitete Wahrnehmung, dass die französische Macht in Westafrika durch den fortdauernden Einfluss lokaler Herrscher und Händler zu stark beeinträchtigt worden wäre. Baron Rodolphe Darricau stellte 1850 in einem Buch, das für die direkte Herrschaft plädierte, die pointierte Frage: «Wird der Senegal eine Kolonie oder nur eine schlichte Handelsniederlassung sein?»[83] Émile Pinet-Laprade, der 1864 Kommandeur auf der ehemals dem Sklavenhandel gewidmeten Insel Gorée war und auch zweimal als Gouverneur des Senegal diente, beklagte, dass französische Kaufleute «durch einheimische Herrscher Demütigungen, gewalttätige Übergriffe und Misshandlungen aller Art zu erdulden hatten».[84] Militärische Macht würde den französischen Kaufleuten helfen, ihren Handel abzusichern, indem sie die Macht der einheimischen Anführer begrenzte. Pinet-Laprade feierte 1861 nach dem erfolgreichen Abschluss eines militärischen Feldzugs im Binnenland des Senegal den französischen Triumph: «Die arroganten Volksstämme, die es wagten, uns zum Kampf herauszufordern, zittern heute zu unseren Füßen; sie bitten um Frieden und den Schutz Frankreichs.»[85] Die Waalo-Waalo, die sich noch in den 1820er Jahren den Plantagenexperimenten erfolgreich widersetzt hatten, wurden jetzt von den Franzosen direkt beherrscht.[86]

Militärische Macht, das Resultat der neuen Ungleichheit bei den Voraussetzungen für die Kriegführung zu Lande – etwa durch Schnellfeuerwaffen wie das Gatling-Maschinengewehr –, war wichtig für die neu entdeckte Möglichkeit, das Binnenland zu beherrschen. Genauso wichtig war allerdings eine größere Leistungsfähigkeit von Verwaltung und Bürokratie. Wie auf Hokkaido stand auch hier die Anhäufung von Wissen an erster Stelle: Das Land und seine Menschen mussten kartiert und vermessen werden, denn der Kolonialstaat konzentrierte sich auf das Verstehen und die Erweiterung des Produktionspotenzials seiner Kolonien. Die Kolonialstaaten entwickelten auch neue administrative Strukturen der Regierungsführung, sie bauten Verwaltungsapparate auf, die denen der vertikal und horizontal integrierten Unternehmen glichen, die anderswo entstanden. Die französische Kolonialverwaltung für Westafrika behauptete, eine derartige Innovation sei notwendig, um «die einheitliche Befehlsgewalt, das Zusammenführen der Interessen und den Geist von Ordnung, Geschwindigkeit und Unternehmertum aufrechtzuerhalten».[87] Zu den ersten Interventionen gehörten üblicherweise neue Systeme der Besteuerung: Tributzahlungen, mit denen einheimische Herrscher implizit als unabhängige Machtzentren anerkannt worden waren, ersetzte man durch den Untertanen direkt auferlegte Steuern, die in bar oder durch Arbeitsleistung zu entrichten waren.[88] Eine neue Infrastruktur war für dieses Projekt ebenfalls wichtig. Dazu zählte nicht nur der Ausbau des Hafens von Saint-Louis im Norden, sondern auch der Bau einer Eisenbahn von Saint-Louis nach Dakar, ein Unterfangen, das nach Faidherbes Ansicht schon lange überfällig war. Bereits 1853 hatte er beklagt, dass «die Amerikaner hier schon längst eine Eisenbahn gebaut hätten».[89] Diese neue Phase der Kolonialherrschaft wurde zwar erst in den 1880er Jahren eingeläutet, aber man feierte Faidherbe als einen Propheten des neuen Zeitalters: «Sie haben die Schranken durchbrochen, die die Barbarei der Zivilisation entgegensetzte», schrieb ein Pariser Journalist voller Bewunderung.[90]

Während die Europäer ihre kolonialen Einhegungsprojekte auf Afrika konzentrierten, legte Japan den Schwerpunkt für den territorialen Umbau seiner Volkswirtschaft auf Ostasien. Hokkaido und Okinawa waren die ersten Schritte, doch weitere folgten: Japan startete 1874 eine «Strafexpedition» gegen Taiwan und schickte 1876 Kanonenboote nach Korea, um dort die Unterzeichnung des Vertrags von Kanghwa zu erzwingen.[91] Im Anschluss an den Chinesisch-Japanischen Krieg von 1894/95 errichtete Japan eine Kolonialherrschaft über Taiwan, und nach dem Russisch-Japanischen Krieg von 1904/05 wurde Korea zunächst ein japanisches Protektorat und 1910 dann eine Kolonie. Japan übernahm auch die Kontrolle über das Pachtgebiet Kwantung und die Südmandschurische Eisenbahn in China.

Diese kolonialen Einhegungen waren, wie andernorts auch, das Ergebnis gezielter Planungen. Japanische Staatsmänner waren der Ansicht, zum Status einer angemessen modernen Industrienation gehöre es auch, dem amerikanischen und europäischen Vorbild zu folgen und Einhegungen kontinentalen Ausmaßes vorzunehmen, um den eigenen Zugang zu Rohstoffen und Märkten zu sichern. Der Spitzenpolitiker und -militär Kodama Gentarō sah die Kolonialpolitik als eine Form der wirtschaftlichen Kriegführung, mit der für die Kriegführung erforderliche Ressourcen beschafft wurden: «Taiwan kann das Problem der wirtschaftlichen Kriegführung nicht ignorieren, den Trend, der in der heutigen Welt so weit verbreitet ist», erklärte er.[92] Die Wirtschaftszeitschrift *Ekonomisuto* bestätigte in einem 1938 erschienenen Rückblick die Bedeutung dieser Vorgehensweise: «Japan hat seit den 1870er Jahren für das Überleben wie auch für die Entwicklung des japanischen Kapitalismus auf eine kontinentale Politik gesetzt.»[93] Der neu strukturierte Kapitalismus erfordere neue Formen der Territorialität, verkündeten diese und weitere Zeitschriften. Der japanische Außenminister Inoue Kaoru behauptete 1887:

> Alle Länder Europas setzen ihre Macht zunehmend für die Kolonisierung und Entwicklung von Überseegebieten ein. [...] In Indien, Kambodscha, Cochinchina und anderswo werden die Schwachen zur Beute der Starken. [...] In den letzten drei oder vier Jahren haben die Länder Europas ihre Macht stärker als je zuvor nach Asien und Afrika hinein ausgeweitet, und sie zeigen ihre Macht auch im Fernen Osten ganz offen.[94]

Wie die Europäer und die US-Amerikaner führten die Japaner rhetorisch einen «Zivilisationsauftrag» ins Feld, an den sie in gewisser Weise durchaus ernsthaft glaubten, der aber letztlich doch nur eine dürftige Beschönigung war, hinter der sich der schlichte Eigennutz verbarg.[95] Japanische Wirtschaftsexperten glaubten, die territoriale Expansion – und hier vor allem die Schaffung eines integrierten Wirtschaftsblocks, der Japan, die Mandschurei, Taiwan, Korea und Teile Chinas umfasste – sei für Japan überlebenswichtig. Als Ergebnis wurde Hokkaido zu einem wichtigen Lieferanten für Dünger, mit dem die landwirtschaftliche Produktivität in Honshu gesteigert wurde, was wiederum die Industrialisierung Japans förderte. Märkte für die besonders wichtige Textilindustrie wurden im kolonialen Umfeld gesucht und gefunden. Die finanzielle Durchdringung folgte unmittelbar: Die Kolonialbank von Hokkaido, die Bank von Korea und die Bank von Taiwan leiteten Kapital aus dem Mutterland in die Kolonien, was zuweilen bedeutende Gewinne einbrachte. In der Mandschurei floss Kapital, mit dem die Japaner die Kommerzialisierung der Landwirtschaft vorantreiben wollten, in die Südmandschurische Eisenbahn, die Rispen- und Sorghumhirse, Kohle und vor allem Sojabohnen für den Export nach Japan und Europa transportierte. Das erste Vierteljahrhundert dieses Unternehmens war so profitabel, dass die jährliche Rendite sich im Bereich zwischen 20 und 30 Prozent bewegte.[96] Die Einnahmen der Eisenbahnlinie entsprachen in den 1920er Jahren einem Viertel der Steuereinnahmen des japanischen Staates, was diese wie auch andere koloniale Firmen zu den größten und profitabelsten Unternehmen ganz Japans zählen ließ.[97]

Taiwans Zuckerindustrie war ein weiteres Beispiel für das wirtschaftliche Wachstum. Die Japaner wussten um Taiwans jahrhundertealte Tradition des Zuckeranbaus, die mindestens bis zum Beginn der niederländischen Herrschaft im Jahr 1624 zurückreichte, und verwandelten ihre Inselkolonie in der Hoffnung, auf diesem Weg auch den Importbedarf für Zucker zu beseitigen, in einen Lieferanten für landwirtschaftliche Waren. Als Japan 1895 Taiwan eroberte, kam es zu einem raschen Wachstum der Zuckerproduktion. Die

Gesamtmenge der Zuckerexporte hatte im Jahr 1870, unter der Qing-Herrschaft, noch bei etwa 18 500 Tonnen gelegen. Nur 70 Jahre später schlug sie mit 1,4 Millionen Tonnen zu Buche, der 76-fachen Menge. Ein Fünftel der landwirtschaftlich nutzbaren Flächen Taiwans war für den Zuckerrohranbau verwendet worden. Japan baute nun in seinem Reich genug Zucker an, um wie die europäische Vorhut einen signifikanten Anstieg beim Zuckerverbrauch – wenn auch noch weit unter dem europäischen Niveau – und ein florierendes Exportgeschäft auslösen zu können.[98]

Die japanische Regierung hatte, wie im neu geordneten Kapitalismus üblich, mit privaten Investoren zusammengearbeitet, aber beim Aufbau der Zuckerindustrie die Führungsrolle übernommen. Unter der Leitung des Agrarökonomen Inazō Nitobe, der auch in den USA und in Deutschland studiert hatte, errichtete Japan landwirtschaftliche Forschungslabore und Versuchsbetriebe und investierte in Straßen, Hafenanlagen und Eisenbahnen. Die nächsten Schritte waren Subventionen, Kredite, Steuervergünstigungen und Schutzzölle zur Förderung japanischer Investitionen in die Zuckerindustrie.[99]

Die Kolonialverwaltung begann ihre Arbeit in typischer Manier mit der Schaffung klar umrissener privater Eigentumsrechte für den Landbesitz. Die Eigentumsrechte in Taiwan waren unklar geregelt gewesen, es gab sogar Überlappungen. Für Inazō war das ein klares Anzeichen dafür, dass es sich bei einem großen Teil der einheimischen Bewohner um «Wilde» handelte.[100] Die Japaner vermaßen das Land, und wenn ein Bauer seine Eigentümerschaft für ein bestimmtes Areal nicht nachweisen konnte, wurde es beschlagnahmt und versteigert. Das Ergebnis dieser Vorgehensweise war, dass japanische Großinvestoren auf Taiwan schon bald 100 000 Hektar Zuckerrohranbaufläche besaßen, zehn Prozent der landwirtschaftlichen Flächen der Insel. Es folgten weitere Großinvestitionen, mit denen die Taiwanesische Zucker-Gesellschaft, die Familie Mitsui und andere die einheimischen chinesischen Kapitaleigner ausstachen, um anschließend den Zuckerindustriekomplex der Insel zu beherrschen.[101]

Die japanische Regierung hatte bis 1902 ein ausgeklügeltes Kontrollsystem entwickelt, mit dem sie das Land in «Zuckerrohr-Lieferregionen» aufteilte. Sie räumte jedem Unternehmen in einer bestimmten Region Monopolrechte am dort produzierten Zucker ein, um die Konkurrenz zwischen den Zuckerherstellern zu minimieren. Die Bauern durften ihr Zuckerrohr nur an das für ihr Gebiet autorisierte Unternehmen liefern, was einen tendenziell den Bauern zugutekommenden Wettbewerb verhinderte. Es gab keinen Markt mehr: Die Unternehmen legten stattdessen zu Beginn einer jeden Wachstumsperiode einen garantierten, gleichwohl niedrigen Ankaufspreis für

Zuckerrohr wird in die Fabrik gebracht: japanischer Zucker-Kolonialismus in Taiwan.

Zuckerrohr fest. Auch wenn die Bauern sich gegen den Anbau von Zuckerrohr entscheiden konnten, blieb ihnen kaum etwas anderes übrig, denn nur Bauern, die für die Zuckerfabriken produzierten, erhielten Zugang zu Wasser für die Bewässerung ihrer Felder. Für die japanischen Unternehmen war dieses System hochprofitabel, für die Bauern dagegen weniger. Nach Schätzungen von Experten warf ein Hektar Zuckerrohr für den Zuckerhersteller einen Gewinn von rund 722 Yen ab, dem Bauern blieben dagegen nur 124 Yen. Im Jahr 1909 koordinierte der von der japanischen Regierung unterstützte Verband der Zuckerindustrie von Taiwan diesen Industriezweig. Die Zuckerproduktion für den Export wurde so, 250 Jahre nach dem Ende der niederländischen Herrschaft, wieder zur Hauptstütze der taiwanesischen Wirtschaft. Das Projekt hatte sich als so erfolgreich erwiesen, dass es zum Vorbild für weitere koloniale Umgestaltungsprozesse in der Mandschurei und in Korea wurde, wo 1916 die Südmandschurische Zuckerproduktionsgesellschaft (Minami Manshū Seitō Kabushiki Kaisha) und zwei Jahre später die Zuckerproduktionsgesellschaft von Korea (Chōsen Seitō Kabushiki Kaisha) gegründet wurden. Koloniale Einhegungen – mit ihrer Kontrolle über neue Territorien, ihrer Einschließung von Märkten und gesellschaftlichen Gruppen und ihrer Privatisierung vormals gemeinschaftlich genutzten Landes – wurden zu einer wichtigen Form des reorganisierten Kapitalismus.[102] Inazō, der die Verwaltung von Taiwans Zuckerindustrie geleitet hatte, lobte voller Stolz in einem 1912 im *Journal of Race Development* veröffentlichten Beitrag das große Geschick, mit dem die Japaner Taiwan in einen Hersteller von Exportwaren verwandelt hatten, und kam zu dem Schluss, dass die Insel mittlerweile «für uns eine Notwendigkeit ist».[103]

Eine kleine Gruppe von Staaten hatte bis zu den 1880er Jahren die Weltwirtschaft auf eine neue und zutiefst hierarchische Art und Weise geformt, und das mit dem Vorsatz, eingehegte, typischerweise koloniale Wirtschaftsräume einzurichten, über unterschiedliche staatliche Strukturen, Rechtssysteme und Arbeitsregime hinweg. Ungeachtet oberflächlicher Ähnlichkeiten unterschieden sich diese Anstrengungen grundsätzlich von früheren kolonialen Unternehmungen. Der wichtigste Unterschied war, wie der Ökonom und Soziologe Werner Sombart ausführte, dass der Imperialismus «dem Kapitalismus die Hilfsmittel einer starken Staatsgewalt zur Verfügung gestellt [hat]», «und erst durch sie ist er zu der formidablen Größe erwachsen, die er heute erreicht hat».[104]

Ein gutes Beispiel für diesen Wandel ist Nigeria, das die 1886 konzessionierte (British) Royal Niger Company zuerst für sich beanspruchte. Dieses Unternehmen verfügte, darin der East India Company und anderen früheren öffentlich-privaten Partnerschaften sehr ähnlich, über das Recht, Verträge abzuschließen und in den von ihm beherrschten Gebieten staatsähnliche Funktionen zu übernehmen. Um zu signalisieren, dass eine Rückkehr zu früheren Verhältnissen unmöglich geworden war, übernahm jedoch bereits 1895 der britische Staat die Souveränitätsrechte des Unternehmens. Die Royal Niger Company – auf den Status eines regulären Wirtschaftsunternehmens zurückgestuft – wurde zur Niger Company. Die Gebrüder Lever kauften sie 1920 und benannten sie 1929 in United Africa Company um; schließlich wurde sie ein Teil von Unilever, einem bis heute bestehenden multinationa-

«König Seife» verwaltet kongolesische Plantagen, 1913.

len Konzern.[105] Der Staat, der die Macht über Territorien und Menschen ausübte, ließ keine private territoriale Souveränität mehr zu.

König Leopold von Belgiens Ansprüche auf Kongo erinnerten anfangs, wie bereits erörtert, an den früheren Kriegskapitalismus, in dem noch Privatpersonen ferne Gebiete und Völker beherrschten. Leopolds Association Internationale du Congo rief 1882 ihre Herrschaft über ein riesiges Territorium und dessen verschiedene Völker aus; ein privates, unter anderem von Schweizer Banken finanziertes Wirtschaftsunternehmen übernahm die Arbeit der Kolonisierung, einschließlich der Beanspruchung von Souveränitätsrechten. Zeitgenössische Fachjuristen hatten ihre Mühe, mit diesem scheinbar altmodischen Arrangement zurechtzukommen. Der Senat der USA zitierte 1884 zur Unterstützung von Leopolds Griff nach der Macht die mehrere Jahrhunderte zurückliegenden Ansprüche europäischer Siedler auf Souveränität in Nordamerika, als er mit der Frage rang, «ob der Bevollmächtigte einer Gesellschaft, die nicht die politischen Eigenschaften eines Staates hatte, durch eine Abtretungserklärung des gegenwärtigen Souveräns eines Landes die Souveränität über ein außerhalb Europas liegendes Territorium erwerben und ausüben konnte».[106] Der englische Jurist Sir Travers Twiss und sein belgischer Kollege Egide Arntz, der bestätigte, dass «eine Abtretung an einen Privatmann erfolgen [kann]», ermutigten die Senatoren in ihrer Entscheidung.[107] «Warum sollte es einem Stammeshäuptling verboten sein, sein Territorium an ein internationales europäisches Unternehmen abzutreten, das nach dem Völkerrecht ohne Einschränkung in der Lage ist, eine solche Souveränität anzunehmen und auszuüben?»[108] Dennoch brach König Leopolds Wiederbelebung des Kriegskapitalismus schnell zusammen, tötete oder verstümmelte zuvor allerdings Millionen Kongolesen. Ab 1908 kontrollierte der belgische Staat offiziell dieses Gebiet. Private Ansprüche auf Souveränität wurden zunehmend als rechtswidrig eingestuft. Die Unternehmen mussten auf Souveränitätsrechte verzichten und wurden staatlicher Ordnung unterstellt. Im reorganisierten Kapitalismus konstituierten Unternehmen und Staaten einander gegenseitig, sie waren eigenständige, aber wechselseitig voneinander abhängige Entitäten und jeweils im Rahmen eines eigenen, genau abgegrenzten Bereichs tätig.[109]

Tatsächlich war es der Staat, der die entscheidende Rolle bei der Einhegung spielte. Er bediente sich dabei eines völlig neuen Arsenals von Machtmitteln, über die noch ein Jahrhundert zuvor nicht einmal die mächtigsten Staaten oder Unternehmen verfügt hatten. Für diese neuartige Präsenz und Macht gibt es viele Beispiele: Die Kolonialverwaltung auf Ceylon errichtete eine exportorientierte Infrastruktur, um erst Kaffee, dann Tee zur

Küste transportieren zu können. Europäische Siedler in British Columbia nutzten die geltenden Gesetze und bedienten sich brutaler militärischer Gewalt, um indigene Völker von ihrem Land zu vertreiben und sich ihrer Arbeitskraft zu bemächtigen. Der Diebstahl war schamlos. Als der britische Gouverneur der Kolonie Vancouver Island mit verschiedenen Gruppen indigener Völker Verträge zur Abtretung ihres Landes schloss, stimmten diese unter anderem auch der folgenden Klausel zu: «Es gilt jedoch als vereinbart, dass das Land selbst, mit diesen kleinen Ausnahmen, für immer zum vollständigen Eigentum des weißen Volkes wird.»[110] Auf La Réunion vergab die vom Staat konzessionierte Pariser Bank Crédit Foncier Colonial langfristige Kredite an Pflanzer und nahm damit spätere japanische Anstrengungen in Taiwan und Korea vorweg, mit denen die kommerzielle Landwirtschaft gestärkt und erweitert werden sollte. Im Punjab bauten die Briten Kanäle mit einer Gesamtlänge von 27 000 Kilometern, um Wasser für den Anbau von Baumwolle und Weizen in die Region zu leiten, und vergrößerten damit zwischen 1878 und 1918 die bewässerten landwirtschaftlichen Flächen um rund das Sechsfache. Kolonisatoren drangen auch mit statistischem Wissen in das neu eroberte Territorium vor: Die Briten wollten die Bauern des Punjab zu Steuern entrichtenden Untertanen machen, deshalb vermaßen sie das Land, ermittelten in sorgfältiger Detailarbeit seine Produktivität, bestimmten das landwirtschaftliche Können verschiedener Bevölkerungsgruppen und bewerteten die Bewässerungssysteme – sie taten all dies, um Steuern festlegen zu können, die nur noch mit Geld und nicht mehr wie zuvor in Naturalien zu entrichten waren. Auf den Fidschi-Inseln konzentrierte sich die britische Kolonialregierung auf die Legitimierung und Formalisierung von Ansprüchen auf Grundbesitz. Siedler hatten bereits in den 1840er Jahren erste Ansprüche auf den Besitz von Grundstücken auf Fidschi erhoben, zunächst waren das kleine Parzellen auf vorgelagerten Inseln, die als Lagerplätze für den Handel genutzt wurden. Während des Baumwollbooms Anfang der 1860er Jahre erwarben britische Baumwollpflanzer Grundstücke an der Küste von indigenen Herrschern, die dringend Geld für den Kauf von Waffen für ihre Kämpfe untereinander brauchten und oft das Land ihrer Feinde «verkauften». Als Großbritannien 1874 dann offiziell die Kontrolle über die Insel übernahm, untersuchte eine Landbesitzkommission die Besitzansprüche und verlieh ihnen dauerhaften Status. In Patagonien im Süden Chiles zäunten in den 1890er Jahren Schafe züchtende Kapitaleigner mit staatlicher Unterstützung das Land ein und nahmen so den Selk'nam und Haush die Möglichkeit, ihren Lebensunterhalt durch die Jagd auf die wild lebenden Guanakos zu sichern. Als die Indigenen sich wehrten, erachtete der von

Siedlern finanzierte Verband für Viehwirtschaft, die Sociedad Explotadora de Tierra del Fuego (Gesellschaft zur Erkundung Feuerlands), sie als «unzivilisiert» und begann sie zu töten. Im fernen Siam beanspruchten britische Holzwirtschaftsunternehmen, unterstützt von diplomatischen Interventionen ihrer Regierung, mit Erfolg neue Rechte für das Fällen von Teakbäumen in den Wäldern rund um Chiang Mai und verdrängten chinesische Kaufleute und einheimische Fürsten aus dem Geschäft. In den Jahren von 1873 bis 1876 exportierten sie über Bangkok 5600 Kubikmeter Teakholz; zwischen 1905 und 1909 erreichten die Exporte einen Spitzenwert von 122 000 Kubikmetern.[111] Der Boom führte zu einem enormen Druck auf die Waldbestände, die bereits ab den 1890er Jahren erste Anzeichen für einen Raubbau erkennen ließen.

Die neuerdings energisch und machtbewusst auftretenden Kolonialstaaten hegten nicht nur Menschen und Land, sondern auch Tiere ein. Im Punjab entfernte ein entschlossen agierender Staat in einem jahrzehntelangen und umstrittenen Prozess Tiere von offenen Weiden und Straßen und sorgte dafür, dass sie auf eingezäuntem Land, in Ställen und Gebäuden untergebracht wurden. Vor diesen kolonialen Einhegungen waren Rinder dort Gemeinschaftseigentum, die Eigentumsrechte nicht festgelegt gewesen. Als die Briten 1849 in den Punjab kamen, hielten sie sich zunächst an diese Traditionen, aber es dauerte nicht lange, bis sie Rinder zum Privateigentum erklärten und dieses Eigentum durch neue Gesetze schützten. Das indische Strafgesetzbuch von 1862 machte den ViehdiebstahI zu einem Eigentumsdelikt. Im Jahr 1870 erklärte die Kolonialverwaltung indische Ansprüche auf Gemeinschaftseigentum für rechtswidrig. Der Evidence Act von 1872 enthielt Verfahrensvorschriften für die Ermittlungen bei Viehdiebstahl durch die Polizei und die Gerichte.[112] Und bis zu den 1890er Jahren hatten die Kolonialbeamten Millionen von Tieren mit Brandzeichen versehen, weil sie auf die «absolute Vorstellung von Eigentum» zielten.[113]

Eine scheinbar geringfügige technische Neuerung hatte gewaltige Auswirkungen auf dieses radikale Projekt der Einhegung. John Grinning, ein Arbeiter in einer Eisengießerei in Austin, Texas, war 1857 der Erste, der Stacheldraht zum Bestandteil eines Zauns machte, indem er spitze Metallstücke mit Draht verband. Andere verbesserten seine Idee, ließen sie patentieren und verbreiteten sie über die ganze Welt. Diese Erfindung erleichterte das preisgünstige Einzäunen großer Weideflächen mit dem Ziel, das Vieh drinnen und andere Tiere draußen zu halten. Bereits im Jahr 1877 produzierten die Washburn & Moen Manufacturing Company und andere US-Hersteller fast 5900 Tonnen Stacheldraht. Die Branche fand schnell globale Verbreitung, Stacheldrahtzäune wurden 1877 in Rio de Janeiro und 1880 in ganz Australien hergestellt.[114]

Stacheldraht ermöglichte die Einhegung riesiger Landstriche und Viehherden und bedrohte die Lebensgrundlagen von Hirten in aller Welt. An der Südspitze Afrikas, in dem von den Briten dominierten Hinterland der Kapkolonie, führte dieser Wandel auch zur Trennung der Kühe von ihrem Weideland, wodurch das Land wie die Tiere zu getrennt vermarktbaren Waren gemacht wurden. Bei den Pedi im Osten von Transvaal waren Rinder über einen langen Zeitraum hinweg eine wichtige Quelle des Reichtums gewesen, ein Prestigesymbol und ein politisches Werkzeug, aber unter der Kolonialherrschaft wurde die verehrte Kuh auf ein privates Eigentum reduziert. Die Einhegung der Rinder und ihres Weidelands hatte unter der Herrschaft der Buren begonnen, als die Eigentümerschaft bei Kühen über Kaufverträge, Registrierungen von Versteigerern und grobe Markierungen nachvollzogen wurde, die man in die Kuhhäute schnitt. Als die Buren das Weideland der Pedi für sich beanspruchten und von deren Dörfern Mieten und Pacht verlangten, brachten sie die Rinder gewaltsam unter ihre rechtliche Zuständigkeit. Staatsanleihen arbeiteten ebenfalls für die Einhegung von Weideland: Die South African Republic der Buren gab in den 1860er und 1870er Jahren Staatsanleihen aus, die durch Zusagen von Landtiteln gedeckt wurden. Dadurch wurden Landnutzer mit dem Ziel unter Druck gesetzt, ihre Ansprüche auf Grund und Boden offiziell zu regeln. Schwarze Afrikaner wurden jedoch per Gesetz von jeglichem Landbesitz ausgeschlossen, und die Regierung legte 1870 ein Gesetz gegen Landbesetzungen vor.[115]

Am Ende des Jahrhunderts setzten neue Eigentumsgesetze, Viren und ein Krieg dem Gemeinschaftseigentum an Kühen ein Ende. Die Rinderpest tötete nahezu 90 Prozent des Viehbestands in der Kapkolonie, löschte innerhalb einer Generation das gemeinschaftliche Kapital von Kleinbauern aus und zwang viele Dorfbewohner, ihren gemeinschaftlichen Besitz aufzugeben und sich nach einer Lohnarbeit umzusehen. 1899 erklärten die Burenrepubliken dem Britischen Empire den Krieg, was eine neue Welle von Enteignungen auslöste. Buren und Schwarze Pachtbauern nutzten den Konflikt, um ihre unterschiedlichen Vorstellungen vom Eigentum an Rindern zu bekräftigen, es kam zu Überfällen, bei denen das wenige, was vom Viehbestand in Transvaal noch übrig geblieben war, als Eigentum beansprucht wurde. Die indigene Bevölkerung zerstörte systematisch die Grenzsteine, mit denen Eigentumsgrenzen markiert worden waren.[116]

Der letztlich geschlossene Friedensvertrag beließ die weißen Farmer in einer privilegierten Stellung, weil die Briten das Eigentumsrecht beim Weideland weiter formalisierten. Die Brands Ordinance (Brandzeichenverordnung) von 1904, mit der Viehdiebstähle besser nachgewiesen werden sollten, führte ein Register der Brandzeichen ein, die den Tieren in die Haut gebrannt wurden. Die Praxis des jahreszeitlichen Wechsels der Weideflächen, die bereits vor dem Krieg teilweise durch festere Bewirtschaftungskonzepte ersetzt worden war, wurde ganz aufgegeben. Die Briten richteten eine Veterinärbehörde ein, um weiteren Epidemien vorzubeugen, indem man Rinderimporte nachverfolgte und Herden trennte. Sie subventionierten außerdem die Transportkosten für Zaunbaumaterial mit der Eisenbahn und erließen ein Gesetz, das für das Durchschneiden von Drahtzäunen eine Haftstrafe von sechs Monaten vorsah. Von 1905 bis 1906 wurden Zäune mit einer Gesamtlänge von über 2400 Kilometern errichtet, und die Schwarzafrikaner verloren die Kontrolle über ihr Land und ihre Rinder. Die Enteignungen gingen noch weiter, aber im Jahr 1910 war der Kollaps des Gemeinschaftseigentums bereits irreversibel.[117]

Bei all diesen Einhegungen spielte das Recht eine entscheidende Rolle: Es definierte neue Formen von Eigentum, unterstützte die Ansprüche der einen gegenüber den anderen und mobilisierte Ressourcen für unternehmerische Aktivitäten aller Art. Das Landrecht sicherte Eigentumsansprüche auf den Fidschi-Inseln; das Vertragsrecht ermöglichte den Einsatz von Kapital in den ländlichen Baumwollanbaugebieten Indiens; und neue Steuergesetze zwangen die Bauern in aller Welt zur Produktion für den Markt.

Diese Gesetze wurden natürlich von den Kolonisatoren geschrieben und durchgesetzt, sie marginalisierten die einheimischen Rechtstraditionen und Bräuche. Mit dem Ende des Opiumkriegs setzte Großbritannien neue rechtliche Verfahrensweisen für Handelsgeschäfte mit China durch und brachte die Logik des Kapitals anstelle der Logik der Staatskunst auch in die ländlichen Gebiete Chinas.[118] Als Großbritannien Burma zum führenden Reisexporteur umgestaltete, galt einer der ersten Vorstöße der Durchsetzung einer neuen Rechtsordnung. Burmas vormaliges, gut entwickeltes Rechtssystem hatte aus Sitten und Gebräuchen und religiösen Überzeugungen geschöpft und über Gerichte und professionelle Juristen verfügt. Die Briten zerschlugen dieses System und ersetzten es mit Gesetzen, die sie im Verlauf der Kolonisierung Indiens entwickelt hatten und die sich auf durchsetzbare Eigentumsrechte und Verträge konzentrierten. Das britische Rechtssystem übernahm nach 1891 nahezu alle Fälle von Konfliktlösungen in Burma, es entmachtete die Dorfvorsteher und die traditionellen Vertreter der Rechtsprechung. Es war ein dramatischer Wandel: Nach burmesischem Recht konnte ein Eigentümer, der sich gezwungen sah, Land zu verkaufen, dieses zurückerwerben, sobald er die Mittel dafür hatte, weil der Käufer dieses Land nicht ohne die Zustimmung des ursprünglichen Eigentümers an eine dritte Partei weiterveräußern durfte. Nach traditionellem Recht mussten Verträge nicht nur rechtlich bindend, sondern auch «gerecht» sein. Die Änderungen des Rechts durch die Briten hatten negative Auswirkungen auf die Bauern, die sich immer häufiger verschuldeten und der Gefahr von Zwangsvollstreckungen ausgesetzt waren.[119] Das Gesetz wurde zu einem machtvollen Instrument für Enteignungen und Entmachtung.

DIESE EINHEGUNGEN riefen massiven Widerstand hervor. All der eindrucksvollen Fortschritte zum Trotz, die das Imperium des Kapitals und seine Staaten erreicht hatten, lebten bis gegen Ende des 19. Jahrhunderts viele Völker der Welt immer noch außerhalb seiner Reichweite. Diese Menschen hatten andere Vorstellungen von Eigentum und lebten im Rahmen ihrer eigenen politischen Strukturen. Häufig kam es zu Konflikten zwischen ihnen und den Siedlern – im Westen der USA und in Südafrika, in British Columbia und in Marokko, in Burma und auf Hokkaido.[120]

Ihr Widerstand erinnert uns daran, dass das Einsickern des Kapitalismus noch in die entferntesten Winkel und Ecken vieler Gesellschaften weltweit nicht das Ergebnis einer «natürlichen» Expansion sich selbst verbreitender Märkte war, wie in vielen zeitgenössischen Mythen behauptet wird. Vielmehr steuerte der Staat zahlreiche Formen der Einhegung und Einschließung, mit denen die Verbreitung des Kapitalismus angetrieben wurde, und oft betrieb er eine Politik mit einer ausgeprägt antimarktwirtschaftlichen Tendenz. Alternative Formen der Organisation des politischen und wirtschaftlichen Lebens zeigten sich der Ausbreitung des Kapitalismus nicht gewachsen und eine einstmals multipolare Welt wurde brutal hierarchisiert. Die vielleicht folgenreichste Konsequenz war, dass koloniale Einhegungen in weiten Teilen der Erde die lokale Staatsmacht schwächten, was die Hierarchie weiter verstärkte. Die staatliche Macht intensivierte sich nicht einfach, sie konzentrierte sich.

Diese Ungleichheiten ermöglichten kleinen Teilen der Welt die weitere Anhäufung von Reichtum, staatlicher Macht und Technologien, was immer weitere Ungleichheiten erzeugte. Durch den Kolonialismus geschaffene wirtschaftliche Hierarchien wurden zu Kapitalquellen und ermöglichten die Akkumulation von immer mehr Reichtum in Europa, Japan und den USA. Wie bereits gezeigt, hatte Großbritannien über einen langen Zeitraum aus seinen Besitzungen auf dem indischen Subkontinent erheblichen Reichtum bezogen und tat das auch weiterhin. Nach Schätzungen wurden im Zeitraum von

1871 bis 1916 allein 3,2 Milliarden Pfund von Indien nach Großbritannien transferiert. Die Wirtschaftswissenschaftlerin Utsa Patnaik schätzte die Gesamtsumme dieses Abflusses im Zeitraum von 1765 bis 1938 auf 9,2 Billionen Pfund. Frankreich bezog in den Jahren von 1900 bis 1914 etwa fünf Prozent seines Bruttoinlandsprodukts aus ausländischen Besitzungen, was zwar wenig scheint, aber dem Beitrag aller Industriezweige in Nord- und Ostfrankreich entspricht. Zu Beginn des 20. Jahrhunderts befand sich ein Fünftel bis ein Viertel der gesamten Vermögenswerte französischer Staatsbürger und Unternehmen im Ausland; im Jahr 1912 wurde zwischen einem Viertel und einem Drittel aller Investitionen von Pariser Bürgern in den französischen Kolonien getätigt. In den Niederlanden stammte in den 1870er Jahren ein Drittel der gesamten Staatseinnahmen aus Java. Investitionen erzeugten Einkommen: In den Jahren von 1905 bis 1939 trugen britische Investitionen in Übersee fünf bis zehn Prozent zum Nationaleinkommen bei. Britische Investitionen in Afrika sorgten – zumindest kurzfristig – für bedeutende Profite. Die Kapitalrendite (zum Realwert) von rund 700 britischen Unternehmen, die in Afrika investierten, lag in den 1870er Jahren bei etwas über zehn Prozent und im darauffolgenden Jahrzehnt sogar bei 15 Prozent, bis sie in den 1890er Jahren auf etwa sechs Prozent fiel. Das waren nicht die enormen Gewinne, die als Löhne des Kapitalismus bezeichnet worden sind, doch bestimmte Investitionen – die Diamantenminen in Südafrika, der Suezkanal, Kupferbergwerke – waren erheblich profitabler als die meisten Investitionen im Inland. Und afrikanische Bergbauunternehmen waren profitabler als alle anderen Bergbauunternehmen weltweit.[121]

Die Industriestaaten brachten immer noch weitere Gebiete unter ihre Kontrolle und bewirkten damit eine radikal ungleiche Verteilung staatlicher Macht in aller Welt – genau jener staatlichen Macht, die mittlerweile für die Aufrechterhaltung einer wettbewerbsfähigen produktiven Wirtschaft unentbehrlich war. Der Imperialismus verschlang kleinere Machtzentren; seine Zerstörung von Staaten war so bedeutsam wie die Eroberung von Märkten und Ressourcen. Noch in der zweiten Hälfte des 18. Jahrhunderts hatte der Globale Süden 70 Prozent der weltweiten gewerblichen Produktion beigesteuert; im Jahr 1950, am Tiefpunkt einer langen Zeit des Niedergangs, waren es nur noch zehn Prozent. China und Indien hatten 1820 immer noch etwa die Hälfte des weltweiten Bruttoinlandsprodukts erzielt, während Europa und die USA etwa ein Viertel beigetragen hatten. 1913 entfielen auf Europa und die USA rund 57 Prozent der Weltproduktion; Indien und China zusammengenommen kamen nur noch auf 16 Prozent.[122] Die Neuordnung des Kapitalismus leitete für den Globalen Süden ein Zeitalter der Katastrophen ein. Er blieb auf den Export von Rohstoffen beschränkt, während die Handelsbedingungen sich verschlechterten. Frantz Fanon zog in seinem 1961 veröffentlichten Essay *Die Verdammten dieser Erde* eine Bilanz dieser Verheerungen und kam zu dem Schluss, dass «Europa buchstäblich das Werk der Dritten Welt [ist]» und die «Reichtümer, an denen es erstickt, den unterentwickelten Völkern gestohlen worden sind».[123]

Koloniale Untertanen konzentrierten sich bei ihrer Kritik des Imperialismus auf diese gewaltigen Enteignungen und verschärften Hierarchien. Der in Bombay geborene und aufgewachsene Dadabhai Naoroji (1825–1917) – ein Lehrer, Autor, zeitweiliger Kaufmann und schließlich das erste Mitglied des britischen Parlaments, das asiatischer Herkunft war – gehörte zu den frühesten Kritikern, er formulierte die «Abflusstheorie» («drain theory»), die die Mechanismen skizzierte, die Indiens Reichtum nach Großbritannien schafften. W. E. B. Du Bois (1868–1963), in vielerlei Hinsicht das amerikanische Pendant zu Naoroji, legte dar, wie die Konstruktion von «Rassen» und ihren Hierarchien in den USA und andernorts den Transfer von Ressourcen und Macht in einem spektakulären Umfang ermöglicht hatte. Du Bois und Naoroji waren nur zwei Stimmen in einem zunehmend sich globalisierenden politischen Leben, das Aktivisten und Intellektuelle von allen Kontinenten einbezog, beide waren wortmächtige Kritiker von Ausbeutung und Rassismus, egal, wo und wer davon betroffen war. Naoroji stand, neben vielen anderen, im Kontakt mit der US-amerikanischen Aktivistin Ida B. Wells (1862–1931) und mit dem Rechtsanwalt, Aktivisten und Autor Henry Sylvester Williams (1867–1911) aus Trinidad. Nachdem Naoroji beim Parteitag des Indischen Nationalkongresses (INC) in Kalkutta 1906 eine Rede gehalten hatte, druckte Du Bois den Text in seiner in Washington, D. C., erscheinenden Zeitschrift *The Horizon* nach.[124] Diese Politik und die damit verbundene Solidarität sollten, Jahrzehnte später, schließlich den weltweiten Kapitalismus radikal umgestalten.

Jene Staaten, die viele Territorien und Völker der Welt einhegten, spielten auch eine entscheidende Rolle bei der Reorganisation des Kapitalismus in den industriellen Kerngebieten. Die Reorganisationsprozesse von Kapital und Arbeit in der Zeit um die Jahrhundertwende gingen auf Staaten zurück, die einen sehr viel größeren Handlungsrahmen anstrebten und auch die dafür notwendigen Technologien entwickelten. Diese Staaten durchdrangen ihre Territorien und hegten sie auf eine bisher ungekannte Art ein. Auch in den USA, denen oft eine schwache Bundesregierung nachgesagt wird, war die Schwäche des Staates ein Mythos.[125]

Die koloniale Expansion führte oft zu einer Stärkung der Staatsmacht. In den USA erhöhte die Eroberung der riesigen Territorien im Westen die Leistungsfähigkeit des Staates. All die Landvermessungen und Kartierungen, die Kämpfe, der Aufbau einer Infrastruktur, die Rechtsprechung und das Einhegen von Land in Gebieten, die von den industriellen Kernbereichen weit entfernt waren, schufen Fähigkeiten, Ressourcen und Handlungsmuster, die tiefe Spuren im Staatsapparat hinterließen. Auch Großbritannien, Frankreich, Belgien, die Niederlande, Deutschland und Italien bezogen Stärke aus ihrer kolonialen Expansion, selbst wenn die genauen Abläufe in jedem Land unterschiedlich waren. Die Rückkopplungsschleifen zwischen der kolonialen Integration eines Hinterlands und der Entwicklung des Staates im Kerngebiet existierten auch in Japan: Als Japan und China nach ihrem Krieg von 1895 den Vertrag von Shimonoseki schlossen, verlangte Japan eine Entschädigungssumme von 360 Millionen Yen, das Viereinhalbfache seines Regierungsetats von 1893.[126] Dieser hohe Kriegsgewinn ermöglichte bedeutende Investitionen in die Infrastruktur und in Textilfabriken, die für Japans Start in das Industriezeitalter von entscheidender Bedeutung waren.

Der Historiker Charles S. Maier bezeichnete «den modernen Nationalstaat» als «die effizienteste Expansions- und Regierungsmaschinerie, welche die Welt seit Jahrhunderten erlebt hatte». Neue Technologien, vor allem die Eisenbahn und der Telegraf, neue bürokratische und administrative Fähigkeiten – wie Polizeiarbeit, Besteuerung, Statistik und das Bildungswesen, um nur einige zu nennen – ermöglichten dem gestärkten Staat im späten 19. Jahrhundert, alle Bereiche im Kernland des Kapitalismus zu durchdringen.[127]

Einen guten Indikator für das Wachstum des Staates und seine Rolle bei der Neugestaltung des Kapitalismus geben die Steuereinnahmen ab. Sie erhöhten sich in den USA in dem halben Jahrhundert von 1860 bis 1910 um das 19-Fache, ein Wert, der die Bundes- und die einzelstaatlichen Steuern berücksichtigt; in Preußen beziehungsweise Deutschland stiegen sie um den Faktor 13; in Großbritannien um den Faktor 3 und in Frankreich – zwischen 1870 und 1910 – um den Faktor 1,8. Auch die Staatsausgaben nahmen zu: Ihr Anteil am Volkseinkommen betrug im Jahr 1910 in Deutschland 16 Prozent, in Frankreich 15, in Großbritannien 12 Prozent, in Japan 7 bis 11 Prozent und in den USA 8,2 Prozent.[128] Die Pro-Kopf-Staatsausgaben bei konstanten Preisen verdoppelten sich von 1860 bis 1910 in Frankreich, Deutschland und in Großbritannien; in den USA verfünffachten sie sich. Im Jahr 1910 waren all diese Staaten zudem wichtige Arbeitgeber. Auch ohne Berücksichtigung der bedeutenden Streitkräfte beschäftigte der französische Staat 2,14 Prozent seiner Bürger; beim britischen Staat waren es 2,6 Prozent, in Deutschland 1,57 Prozent und in den USA 1,68 Prozent. Keine andere Entität verband in einem auch nur annähernd vergleichbaren Umfang Personal und Ressourcen. Gleichzeitig gelangten neue Gruppen – Kapitaleigner wie auch Vertreter der Arbeiterklasse – in politische Ämter und in die Verwaltung, wo sie Seite an Seite mit älteren, stärker etablierten Vertretern der Oberschicht, vor allem der Aristokratie, dem Staat dienten.[129]

Staatliche Macht drang bis in einstmals isolierte Winkel der Gesellschaft vor, oftmals in Form von Bemühungen, immer komplexer werdende Gesellschaften zu verstehen. Staaten kartierten ihre Territorien, zählten ihre Bevölkerung und bewerteten das produktive Potenzial des Landes. Volkszählungen, geografische Vermessungen und Kataster ermöglichten es den Verwaltungsbeamten, ihr Staatsgebiet und dessen Bewohner einzuschätzen und entsprechend zu regieren, Ressourcen zu mobilisieren und zu besteuern, zu kontrollieren und zu koordinieren.[130] Staatliche Macht änderte sogar den Zeitbegriff selbst: Die Internationale Meridiankonferenz kam im Oktober 1884 unter der Schirmherrschaft des amerikanischen Präsidenten Chester A. Arthur in Washington, D. C., zusammen, um den Ort für einen Nullmeridian festzulegen – die Entscheidung fiel schließlich zugunsten von Greenwich in England –, was die weltweite Standardisierung von Zeitzonen ermöglichte.[131] Millionen von Menschen maßen jetzt die Zeit nicht mehr nach dem Sonnenstand, sondern nach einer Anordnung des Staates – ein Symbol für dessen eindrucksvolle Macht.

Japan ist ein gutes Beispiel für diesen reorganisierten Nationalstaat und seine neue Beziehung zum Kapital. Der Inselstaat war vor 1868 eine im Wesentlichen auf Tributleistungen beruhende Feudalgesellschaft gewesen, in der mächtige Adelige über einzelne Ländereien herrschten, die in einem losen Bündnis unter dem Tokugawa-Shōgun zusammengeschlossen waren. Trotz zaghafter Vorstöße zu einer industriellen Entwicklung und nach einer längeren Vorgeschichte der Protoindustrialisierung und Kommerzialisierung war Japan bis dahin immer noch eine Gesellschaft gewesen, in der der Kapitalismus nicht sehr weit über seine Inselfestungen hinausgekommen war.

Durch die Meiji-Restauration, die eigentlich eine Revolution war, wurde der japanische Staat von Grund auf neu gestaltet. Die neuen Herrscher zentralisierten die Macht auf eine Art, die sich grundsätzlich von der Herrschaft der feudalen Lehensherren unterschied. Sie entwickelten neue Post- und Polizeisysteme; sie investierten gezielt in die wirtschaftliche Entwicklung, und sie bauten eine Infrastruktur in ganz Japan auf, einschließlich eines Eisenbahnnetzes. Mit dem Nationalen Bankengesetz von 1872 verschafften sie einem neuen Bankensystem einen Blitzstart und eröffneten neue Banken, darunter die von der Regierung kontrollierte Bank von Japan und die Industriebank von Japan, um die wirtschaftliche Entwicklung zu steuern. Es folgten bedeutende Investitionen im Industriebereich, die 30 bis 40 Prozent aller Kapitalinvestitionen betrugen. Besondere Aufmerksamkeit widmete die Regierung dem Telegrafensystem, der Stahlproduktion, wie sich 1901 am deutlichsten durch die Eröffnung der Yawata Eisen- und Stahlwerke in Staatsbesitz zeigte, und der Schiffs- und Baumwollindustrie. Die Neuorientierung des Staates an den Interessen der kapitalistischen Eliten wurde ergänzt durch das Schmieden von Bündnissen zwischen den neuen Wirtschaftsführern und jenen älteren Aristokraten, die den Kapitalbesitzern einen Zugang zu politischer Macht verschafften. Es war keine Überraschung, dass japanische Politiker Wirtschaftsnationalisten wie den deutschen Ökonomen Friedrich List zu ihren Leitsternen erkoren. Und ihre Modelle funktionierten: Japans Bruttoinlandsprodukt wuchs in der Zeit von 1885 bis 1920 um einen Faktor von 2,8.[132]

Die staatliche Machtausübung in Japan und andernorts intensivierte sich, wurde nationalistischer und konzentrierte sich auf die Integration des jeweiligen Staatsgebiets und die Schaffung nationaler Märkte. Die Infrastruktur war für dieses Projekt entscheidend, vor allem die Eisenbahnen, die wirtschaftliche und politische Räume miteinander verbanden und die staatliche Macht über das gesamte Staatsgebiet verbreiteten. In den USA, einem extremen Beispiel für diese Entwicklung, entsprachen die Landgeschenke an die Eisenbahngesellschaften der Gesamtfläche der Bundesstaaten Texas und Kalifornien, aber auch andernorts gründeten dem Aufbau eines Staatswesens dienende Infrastrukturmaßnahmen auf staatlicher Unterstützung.[133]

Große Infrastrukturprojekte öffneten dem Reich des Kapitals nicht einfach nur Zugang zu einem nationalen Imperium; sie umschlossen dieses Territorium zugleich mit befestigten Abgrenzungen, die wirtschaftliche und politische Räume definierten. Zölle, die Regulierung von Wirtschaftsunternehmen und die Definition gänzlich neuer Eigentumsformen zogen solche Grenzen schärfer. Diese Nationalisierung von Wirtschaftsräumen machte sich ebenso in Bezug auf das Sammeln von Informationen bemerkbar: Die Wirtschaftsstatistik beschrieb und konstruierte zugleich die Vorstellung von einer «nationalen» Wirtschaft, was Ökonomen wie auch Wirtschaftshistoriker einer späteren Zeit, die sich auf diese Daten stützten, dazu ermutigte, die Wirtschaft und den Kapitalismus vorwiegend im nationalen Kontext zu analysieren.[134] Unsere heutige Sicht auf den Kapitalismus beeinflussten genau jene Prozesse, die in diesem Kapitel beschrieben werden.

Das Recht spielte eine immer bedeutendere Rolle, während der Kapitalismus zu einer rechtlich fundierten Gesellschaftsordnung wurde. Der englische Historiker John Robert Seeley erklärte 1883: «Eigentum gibt es nur unter dem Schutz des Staates.» Und unter dem Schutz des Staates brachten neue Formen des Unternehmensrechts neue Eigentumsformen hervor und lieferten die Rechtsgrundlage für die Neuordnung des Kapitals. In den amerikanischen Südstaaten vor dem Bürgerkrieg gaben neue Pfandrechtsbestimmungen für Ernten den Kaufleuten als Gegenleistung für Vorschüsse eine neuartige Möglichkeit der Kontrolle über die Erzeugnisse von Farmern, vor allem über ihre Baumwolle – ein Mechanismus, der die Produktion für den Markt enorm erweiterte. Zur gleichen Zeit begrenzten neue Gesetze für die Viehhaltung die traditionellen Weiderechte außerhalb eingezäunter Flächen – ein weiteres Instrument, das das Leben außerhalb des Marktes erschwerte. Neue Einschränkungen bei den Jagd- und Fischereirechten, wie etwa im neuen Jagdrecht für Georgia von 1872, begrenzten den Zugang zu nicht eingehegtem Land.[135]

Das Recht spielte auch bei nationalen – nicht nur bei kolonialen – Einhegungen eine wichtige Rolle. Als das New Yorker Unternehmen Phelps, Dodge & Co. gegen Ende des 19. Jahrhunderts in Nadelwälder im Süden und in Bergbaugebiete im Westen investierte, geriet es dabei in Konflikte wegen unterschiedlicher Eigentumsrechte, unter anderem mit selbstständigen Kleinfarmern, die auf ein gemeinschaftliches Recht an der Allmende verwiesen, und mit unabhängigen Bergleuten, die die Rechte an den Bodenschätzen für sich beanspruchten. Als Reaktion darauf klagte Phelps, Dodge & Co. mit Erfolg auf gesetzliche Einhegungen. Im Süden untergrub die im Besitz von Dodge befindliche Georgia Land & Lumber Company den privilegierten Zugang der Kleinfarmer zu den Mitteln für eine Subsistenzwirtschaft sowie ein System, in dem «das Eigentum eines Haushalts oft durch Ortskenntnis festgelegt wurde», und betrieb einen enormen Aufwand, um Land mit unklarem Eigentumsrecht für sich zu beanspruchen.[136] Die Bundesregierung ermöglichte die Enteignung von indigenen Amerikanern im Westen, um Siedlern Schürfrechte zu verschaffen, und die 1872 verabschiedeten Bergbaugesetze begünstigten die Eigentumsansprüche kapitalkräftiger Bergbauunternehmen gegenüber den kleinen handwerklichen Betrieben.[137]

Das Einzäunen von Land, die Festlegung von Grenzen und das Ausstellen eindeutiger Besitztitel – allesamt Elemente des Einhegungsprozesses – schränkten den Zugang zu den Allmenden ebenso ein wie die Möglichkeiten, dem expandierenden Imperium des Kapitals auszuweichen. Das Rahmenwerk dieser Einhegungen bot damals wie heute ein Diskurs über Fortschritt, Rationalität und Zivilisation. Der italienische Ökonom Achille Loria erörterte in seinen umfangreichen Schriften diese Beziehung zwischen Einhegungen und Kapitalismus und kam zu folgendem Schluss: «Wenn freies Land existiert, wenn jeder Mensch jederzeit ein Gelände für sich in Anspruch nehmen und dort auf eigene Rechnung seine Arbeitskraft einsetzen kann, ist kapitalistisches Eigentum unmöglich.»[138] Der neu organisierte Staat in den Kernländern des Kapitalismus spielte eine Schlüsselrolle bei der fortschreitenden Erschwerung, auszuweichen.

Diese juristischen Änderungen sorgten insgesamt für eine Vereinfachung des Eigentumsrechts. Weltweit wurden Rechtssysteme, die vielfältige Nutzungen von Grund und Boden und unterschiedliche Ansprüche auf dasselbe Stück Land zuließen, in aggressiver Weise ausgesetzt. In Deutschland wurde im Mai 1872 die Grundbuchordnung eingeführt, mit der der Erwerb von Grundbesitz und Liegenschaften und die formelle Registrierung sämtlicher unbeweglicher Vermögenswerte durch den Staat geregelt wurden. Das verschaffte Darlehensgebern eine rechtlich durchsetzbare Sicherheit und erleichterte die Belastung von Land mit Hypotheken. In Frankreich erfüllte das Livre Foncier dieselbe Funktion und machte den Staat zum Beteiligten an allen Transaktionen von Immobilien. Land wurde in Frankreich und anderswo zu Landbesitz, und weil dieser territorialer Natur war, konnte er, im Unterschied zum Handelskapital, fest mit dem Nationalstaat verbunden werden.[139]

Bei den Einhegungen in den Kernländern des Kapitalismus ging es nicht nur um den physischen Raum; sie betrafen auch den gesellschaftlichen Raum. Als die Staaten eine neue Beziehung zum Kapitel entwickelten, schlossen sie ihre Arbeiter in die Nation ein, stellten entsprechende Anforderungen an ihre Arbeitskraft, Loyalität und Bereitschaft, in den Streitkräften zu dienen, und verschafften ihnen gleichzeitig Zugang zu einem expandierenden Universum von Rechten, Machtbefugnissen und Ansprüchen auf materielle Unterstützung. Der Staat hegte die Arbeit auf zwei entscheidende Arten ein. Erstens durch die Erleichterung der Proletarisierung von Arbeitern, mit der die Umwandlung der Arbeitskraft in eine Ware gefördert wurde, genau so, wie er es zuvor bereits mit dem Land gemacht hatte. Diese Einhegungen von Menschen als Proletarier trennten die Kapitalbesitzer von den Arbeitern.[140] Zweitens verband ein Bündel von Reformen die Arbeiter durch das Bildungssystem, das Arbeitsrecht, die Sozialpolitik und die Regulierung des häuslichen Lebens direkt mit dem Staat.

Mit einer scharfen Abkehr von der direkten Beherrschung der Arbeiter durch Sklavenhalter, die den Kern des Kriegskapitalismus gebildet hatte, schaltete der Staat sich jetzt nach und nach auf eine neue Art in die Beziehungen zwischen Arbeitern und Arbeitgebern ein. Die Regulierung des Arbeitsmarktes wurde zunehmend zu einem staatlich betriebenen nationalen Projekt. Ungeachtet ihrer oftmals internationalistischen Rhetorik begünstigte die Arbeiterbewegung eher unerwartet diese nationale Einhegung, indem sie die Arbeiter in nationalen Organisationen zusammenbrachte. Die nationalen Arbeiterbewegungen schufen, gemeinsam mit Arbeitgebern und Staat, eine «nationale» Arbeiterklasse: Das kollektive Handeln der Arbeiterschaft wurde national.[141]

Während die Befürworter der Sozialpolitik sich weltweit austauschten, sorgte der sich herausbildende Wohlfahrtsstaat letztlich für eine engere Bindung der Arbeiterschaft an die Nation. In den USA, die in solchen Dingen üblicherweise als Nachzügler gelten, wurde im späten 19. Jahrhundert ein umfangreiches System von Sozialleistungen geschaffen, das sich anfangs auf verarmte Mütter und Veteranen des Bürgerkriegs konzentrierte. Die partikularen politischen und staatlichen Strukturen in den USA brachten, möglicherweise nicht überraschend, einen partikularen Wohlfahrtsstaat hervor. Der europäische Wohlfahrtsstaat sah anders aus: Die allgemeine Krankenversicherung zum Beispiel wurde in Deutschland 1883, in Großbritannien 1911 eingeführt – ein halbes Jahrhundert, bevor eine entsprechende US-amerikanische Institution als Flickwerk entstand. Die Rentenversicherung folgte in Deutschland 1889, in Neuseeland 1898 und in Großbritannien und Australien 1908.[142] In den USA kam sie drei Jahrzehnte später auf, im Zuge des Bebens, das die Große Depression ausgelöst hatte. Die Sozialfürsorge war in Europa außerdem stärker zentralisiert als in den USA. Die unterschiedlichen Systeme hatten jedoch eines gemeinsam: Die Sozialfürsorge war immer national organisiert, was die Arbeiterbewegung in ihrer Konzentration auf nationale Strategien für Sicherheit und Emanzipation bestärkte.

Eine weitere folgerichtige Entwicklung begleitete die Einhegungen von Land, Arbeit, Kapital und Staatsmacht – die Einhegung der Vorstellungen zum Wirtschaftsleben. Gegen Ende des 19. Jahrhunderts kam in Europa und in den USA eine neue Denkweise zum Wirtschaftsleben auf. Ihre grundlegenden Lehrsätze sollten für das akademische Fach, das wir als Wirtschaftswissenschaft kennen, axiomatisch werden. Die Hegemonie dieser Ideen besteht bis zum heutigen Tag, sie beruht auf einem revolutionären Bestand von Schriften, die für den modernen Kapitalismus ebenso wichtig sind wie die Werke von Adam Smith und Karl Marx und ihren Schülern. Diese Ideen reflektierten die kapitalistische Revolution nicht nur, sondern waren auch an ihr beteiligt.[143]

Der Kern dieser sich herausbildenden Sicht auf das Wirtschaftsleben war die Entscheidung, einen Bereich des gesellschaftlichen Lebens – der schon bald als «Volkswirtschaftslehre» oder «Nationalökonomie» bezeichnet werden sollte – abzugrenzen, indem man ihn einer eigenständigen Analyse unterzog. Das war ein wahrhaft radikaler Schritt: Frühere wirtschaftliche Theoriebildung, die mit Aristoteles begonnen hatte, war tief in Moralphilosophie, Theologie, Geschichte und Politik eingebettet. Die wirtschaftlichen Denker im Italien der Renaissance, die französischen Physiokraten, die englischen Nationalökonomen und die Marxisten des 19. Jahrhunderts waren sich, bei allen sonstigen Meinungsverschiedenheiten, zumindest darin einig, dass eine Analyse des Wirtschaftslebens in umfassenderen Überlegungen zur Geschichte, Soziologie, Politik und Moral verwurzelt sein musste. Es gab gewaltige Gegensätze zwischen Antonio Serras *Breve trattato* (1613) und François Quesnays *Tableau économique* (1758), zwischen David Ricardo und Pierre-Joseph Proudhon, Adam Smith und Karl Marx, aber sie teilten sich ein intellektuelles Universum, das sich deutlich von dem unterschied, das zum Ende des 19. Jahrhunderts entstand. Zu diesem Umbruch zählten die Naturalisierung der kapitalistischen Wirtschaftsweise, ihre Enthistorisierung und das, was man als ihre Mikrofizierung bezeichnen könnte – das bedeutet: die intensive Konzentration auf Einzelpersonen und ihre Präferenzen, was der Ökonom Joseph Schumpeter als «methodologischen Individualismus» bezeichnete.[144]

Diese inhaltlichen Veränderungen waren so radikal, dass sie als Revolution gelten – als die «marginalistische Revolution». Die Denker, die unverfälschte Märkte, auf denen rational handelnde Akteure ihren Nutzen mehrten, zum Kern ihrer Modelle machten, leisteten die Grundlagenarbeit für das, was sie dann als «Mikroökonomie» und «neoklassische Ökonomie» bezeichneten. Ihre Vorstöße eröffneten neue Denkweisen über das Wirtschaftsleben im Zeichen des Kapitalismus, allerdings um den Preis einer Verflachung der reichen Vielfalt des ökonomischen Lebens zu einer homogenen, ahistorischen Wüste. Und diese Verflachung ermöglichte weitere konsequente Vorstöße – die Quantifizierung und Mathematisierung –, mittels derer die Ökonomen ihre Arbeit mit der Autorität wissenschaftlicher Methoden bemäntelten.

Diese Neuorientierung zeigte sich in verschiedenen Teilen der Welt nahezu gleichzeitig. Die Anfänge lassen sich am ergiebigsten in England und mit William Stanley Jevons *Theory of Political Economy* (1871) nachweisen, in Österreich mit Carl Mengers *Grundsätzen der Volkswirtschaftslehre* (1871) und in Frankreich mit Léon Walras' *Élements d'économie politique pure* (1874). Der Amerikaner John Bates Clark legte 1886 seine *Philosophy of Wealth: Economic Principles Newly Formulated* vor, gefolgt von Alfred Marshalls *Principles of Economics* (1890), die Nachfrage und Angebot besonders betonten, und schließlich von Irving Fisher mit seiner 1892 in Yale eingereichten Dissertation *Mathematical Investigations in the Theory of Value and Prices.*

Der Marginalismus reagierte auf zwei Veränderungen, die bestehende Theorien infrage stellten. Zunächst einmal braute sich auf dem Gebiet der Volkswirtschaftslehre eine theoretische Krise zusammen. Die an Ricardo und Malthus orientierte Doktrin vom «natürlichen Lohn», die behauptete, Löhne würden durch den demografischen Druck unweigerlich auf das Subsistenzniveau heruntergedrückt, war durch die Entwicklungen im letzten Teil des Jahrhunderts widerlegt worden. Die Bevölkerungszahlen wuchsen, aber die Löhne auch. Außerdem war mittlerweile eine «historische Schule» der Volkswirtschaft auf den Plan getreten, die sich zum Ziel gesetzt hatte, die im Lauf der Zeit zu beobachtenden Unterschiede zwischen den Wirtschaftssystemen zu analysieren – in deutlicher Abgrenzung von Smith' und Ricardos eher axiomatischem Ansatz. Vor allem die deutsche Historische Schule, zu der Größen wie Max Weber und Gustav von Schmoller zählten, brachte eine institutionalistische, komparative und historische Analyse des Kapitalismus hervor. Die frühen Marginalisten wandten sich jedoch vehement gegen das, was sie als die ungenaue Methodik der deutschen Historischen Schule bezeichneten, und beharrten auf der Notwendigkeit, sich bei der Ausarbeitung von Wirtschaftsmodellen an den Naturwissenschaften zu orientieren.[145]

Zweitens waren die gesellschaftlichen Konflikte durch die Wirtschaftskrise der frühen 1870er Jahre eskaliert, eine Krise, die gleichzeitig zu steigenden Staatsausgaben führte, gesetzlichen Vorgaben für die Gewerkschaften und zu einer Erweiterung des Wahlrechts. Der Marginalismus, die Lehre vom Grenznutzen, lieferte Werkzeuge für die Bewertung der staatlichen Ausgaben- und Regulierungspolitik, ohne dabei Fragen der spezifischen Klasseninteressen lösen zu müssen. Sein rigider, eher quantitativ orientierter und ahistorischer Ansatz war ein Versuch, die Wirtschaftspolitik von umstrittenen politischen Interessen und Werten abzuschotten.[146]

Die daraus resultierende «marginalistische Revolution» vollzog sich in zwei Phasen.[147] Während der ersten, die von etwa 1865 bis 1885 dauerte, forderten einige Ökonomen ausdrücklich die klassische Orthodoxie heraus. Jevons, Walras und Menger äußerten subjektivistische Vorstellungen von wirtschaftlichem Wert – es war ein Bruch mit der dominierenden Arbeitswertlehre von Smith, Ricardo und Marx. Die Marginalisten postulierten, dass Waren ihren Wert durch ihre subjektive Nützlichkeit für Konsumenten erhielten, und stellten sich damit gegen die klassische Volkswirtschaftslehre, die den Warenwert als objektive Tatsache betrachtete, die sich aus dem Aufwand für die Herstellung oder aus der für die Herstellung benötigten Arbeitszeit ergab. Nach Jevons war der wichtigste Faktor für die Festlegung eines Preises für ein Produkt die Frage, wie viel zusätzlicher Nutzen – oder «Grenznutzen», daher die Bezeichnung – einem Verbraucher durch die Nutzung einer zusätzlichen Einheit der Ware zuteilwird. Individuelle Käufer würden dem Verkäufer den Grenznutzen durch den Preis anzeigen, den zu zahlen sie bereit seien, lautete sein Argument.[148] Waren, davon gingen sie aus, hatten einen abnehmenden Grenznutzen; das heißt: Bei jeder zusätzlich verbrauchten Einheit fiel die Zufriedenheit etwas geringer aus als bei der vorherigen, und das bedeutete, dass bei zunehmender Menge der Preis, den die Verbraucher dann auch zahlten, abnahm.

Die Marginalisten behaupteten, sie könnten den Nutzen quantifizieren, die Waren den Verbrauchern bereiteten, und deshalb den Nutzen auf eine universell gültige und ahistorische Art untersuchen. Sie verschoben die wichtigste volkswirtschaftliche Frage vom klassischen Problem Smith' – dem Problem, wie ein System der Akkumulation mit einer Arbeitsteilung dauerhaft expandieren konnte – zu dem Problem, wie knappe Ressourcen eingesetzt werden sollten; sie wechselten die Analyseeinheit, entfernten sich von Klassen, die im Rahmen einer Gesellschaft agieren, und ersetzten sie durch wirtschaftliche Einzelakteure wie etwa Firmen oder Konsumenten. Der italienische Ökonom Piero Sraffa beschrieb den Marginalismus treffend als eine Wirtschaftstheorie, die vom Problem der Produktion zu dem der Konsumtion wechselte. Ihre zentrale theoretische Innovation sei gewesen, die Bewertung des Nutzens einer Ware durch den Verbraucher – und nicht durch die für die Herstellung aufgewendete Arbeitszeit – als preisbestimmend zu bewerten.[149]

Zunächst stießen diese Gedanken auf Skepsis. Der «Nutzen», von dem die Marginalisten ausgingen, war unmöglich zu messen, wie die Ausgabe der *Encyclopedia Britannica* von 1885 feststellte, und solche «Forschungen [...] werden niemals mehr sein als akademische Spielzeuge».[150] In der zweiten Phase der marginalistischen Revolution gelang jedoch die Institutionalisierung dieser zuvor heterodoxen Theorie, und in den letzten Jahren des 19. Jahrhunderts etablierte sich eine neoklassische Orthodoxie. Die Schlüsselfigur bei diesem grundsätzlichen Wandel war Alfred Marshall an der Universität Cambridge. Marshall versöhnte den subjektivistischen Ansatz der frühen Marginalisten mit einigen Größen der klassischen politischen Ökonomie, indem er das entwickelte, was heute als «Mikroökonomie» bezeichnet wird. Sein Konzept des «partiellen Gleichgewichts» zeigte, wie das Angebot einer Ware sich mit ihrem Grenznutzen für die Verbraucher ausglich.[151] Das gelang ihm, indem er die Wirtschaft in unabhängige «Industriezweige» aufteilte, innerhalb derer die Unternehmen vergleichbare Waren herstellten und deshalb miteinander konkurrierten. Kurven zu Angebot und Nachfrage konnten für jeden einzelnen Industriezweig die Preise festhalten, die Verbraucher für verschiedene Mengen einer Ware zahlten, ebenso wie die Bereitschaft einer hypothetischen «repräsentativen Firma», die Ware zu verschiedenen Preisen zu liefern.[152] Den Preis dort festzulegen, wo sich die beiden Linien des Graphen schnitten, maximierte den zusätzlichen Nutzen für Verbraucher wie auch für Hersteller: Es würde eine «Konsumentenrente» des Nutzens geben, wenn die Verbraucher die Ware zu einem niedrigeren Preis als dem Maximum kaufen würden, das sie hypothetisch zu zahlen bereit wären, ebenso eine «Produzentenrente», wenn die Produzenten die Ware zu einem höheren Preis verkaufen würden als zu ihrem erklärten Minimum.[153] Während die klassische politische Ökonomie sich auf die Dynamik der Akkumulation in der Gesamtwirtschaft konzentriert hatte, gelang es Marshall über seine Segmentierung der Wirtschaft, einen Gleichgewichtspunkt innerhalb bestimmter Industriezweige zu postulieren, der Hersteller- und Verbraucherzufriedenheit optimierte.

Marshalls Neuinterpretation der klassischen politischen Ökonomen machte den Marginalismus einer größeren Gruppe klassisch ausgebildeter Wirtschaftswissenschaftler schmackhaft. Zusätzliche Wirkung erzielte sie unter dem Einfluss von Irving Fisher, einem jungen amerikanischen Ökonomen, der behauptete, der Nutzen könne über den Preis gemessen werden – den Preis, der effektiv den Grenznutzen wiedergab. Das bedeute, dass das Wirtschaftsleben durch mathematische Modelle dargestellt werden könne.[154] Volkswirte hatten sich auf soziale Beziehungen konzentriert, doch Fisher beschrieb Einzelpersonen als «vollständig individuelle, autonome, atomisierte und existierende Wesen mit einem bestimmten Bestand von Wünschen und Begierden, die einfach als natürliche Gegebenheiten hingenommen werden sollten».[155]

Die marginalistische Revolution schied die Wirtschaftswissenschaft von anderen sozialwissenschaftlichen Disziplinen; an den Universitäten wurde die «Wirtschaftswissenschaft» mehr und mehr zu einem eigenständigen akademischen Arbeitsgebiet. An der Universität von Kalifornien in Berkeley wurde die Volkswirtschaftslehre, die politische Ökonomie, die ein Teil der Fakultät für Politikwissenschaft gewesen war, im Jahr 1903 eigenständig und folgte damit dem frühen Vorstoß der Harvard-Universität, die bereits 1897 eine wirtschaftswissenschaftliche Fakultät eingerichtet hatte. Marshall wirkte bei der Erschaffung eines institutionellen Komplexes mit, der die neue Orthodoxie propagierte: Im Jahr 1890 wurde er zum Mitgründer der British Economics Association und deren einflussreicher Zeitschrift *The Economic Journal.* Im Jahr 1903 schuf er dann an der Universität Cambridge die Fakultät für Wirtschaftswissenschaft mit ihren eigenen Lehrstühlen und trennte sich und sein Arbeitsgebiet vom «Moral Sciences»-Programm, in dessen Rahmen bis zu diesem Zeitpunkt politische Ökonomie gelehrt worden war.[156] Dass das Studium der «Wirtschaftswissenschaft» zu einem eigenständigen akademischen Arbeitsgebiet wurde und sich weitgehend erfolgreich als eine Wissenschaft etablierte, die beispielsweise der Physik eher zugeordnet wurde als der Geschichte oder der Philosophie, legte Zeugnis ab von den Prozessen, die sie vermeintlich analysierte: vom Einsickern des Imperiums des Kapitals

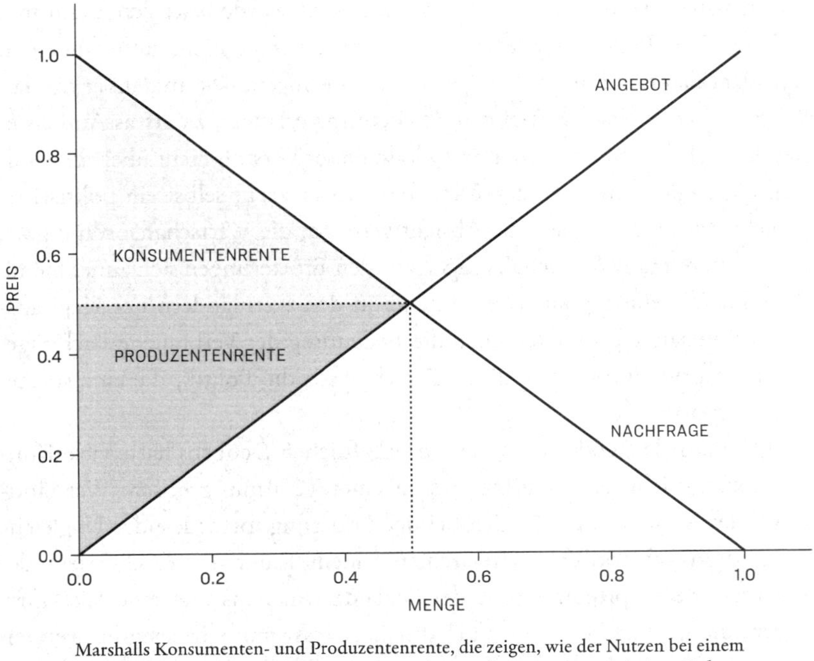

Marshalls Konsumenten- und Produzentenrente, die zeigen, wie der Nutzen bei einem Gleichgewichtspreis innerhalb eines einzelnen Industriezweigs maximiert wird.

in alle Bereiche der Gesellschaft. Die Entfernung von Geschichte, Gesellschaft, Klassen und Macht aus dem Nachdenken über das Wirtschaftsleben war kein Versehen; sie gehörte zum Plan.

Der Marginalismus trennte die Wirtschaftswissenschaft nicht nur von Überlegungen zu gesellschaftlichen Konflikten der Art, der Marx und Weber entscheidende Bedeutung beigemessen hatten, sondern auch von der bloßen Vorstellung vom Wirtschaftsleben als einem politischen Projekt. Das erreichte er durch die Naturalisierung und Atomisierung der Wirtschaftswissenschaft – indem er seine Analyse auf der Entdeckung von «Gesetzen» aufbaute, die unabhängig von politischen, gesellschaftlichen oder kulturellen Begleitumständen gälten und quantitativ messbar wären. Die Marginalisten fokussierten sich auf Details und Individuen. Auf diese Art spiegelten sie einen breiteren Trend in anderen wissenschaftlichen Disziplinen, so entwickelten etwa die zeitgenössischen Biologen gerade ein Verständnis von Organismen von der zellulären Ebene an, und Chemiker analysierten Materie mehr und mehr auf einer molekularen Ebene.[157]

Das Beharren des Marginalismus darauf, Geschichte, Macht, Kultur und sogar Ethik zu ignorieren, war schwer nachzuvollziehen, weil die Welt, in der diese Denkrichtung sich entwickelte, von immer stärker wirkenden grundsätzlichen Ungleichheiten, einem gewaltigen Ungleichgewicht von Macht und massiver Ausübung von Zwang beherrscht wurde, was sich kaum mit individuellen Präferenzen erklären ließ. Es leuchtet nicht unbedingt ein, dass der Staat und seine Politik genau in dem Augenblick, in dem er für das Wirtschaftsgeschehen so viel mehr Bedeutung erlangte, zu etwas Außenstehendem erklärt wurde. Andererseits kam dieser Vorstoß nicht überraschend, weil die Neuorientierung der Wirtschaftswissenschaft selbst ein politisches Projekt war, mit dem sich die Absicht verband, die Wirtschaftsordnung zu naturalisieren und Wirtschaftsfragen aus den Erörterungen sich zunehmend demokratisierender politischer Systeme in den Kernländern des Kapitalismus zu verbannen. Indem jedoch die Bedeutung der Verbrauchernachfrage betont wurde, unterstützte dieses Projekt auch die Politik, die eine solche Nachfrage förderte.

Die radikale Reduzierung des wirtschaftlichen Denkens hatte viele Konsequenzen, nicht zuletzt führte sie zu einer Verarmung unseres Verständnisses des Kapitalismus. Sie ließ bei der Erklärung fortdauernder Ungleichheiten und kategorischer Hierarchien zudem Raum für konkurrierende Theorien, deren prominenteste der Sozialdarwinismus und eine Richtung waren, die letztlich als «wissenschaftlicher Rassismus» bezeichnet werden sollte. Während einerseits den eigenen Nutzen maximierende Einzelpersonen und Firmen ins Zentrum des Nachdenkens über das Wirtschaftsleben rückten, gerieten kategorische Ungleichheiten aus dem Blick. Der Marginalismus selbst war zwar weder rassistisch noch imperialistisch – sein axiomatischer Ausgangspunkt war vielmehr die absolute Gleichheit aller Individuen –, doch weil er die massiven Ungleichheiten nicht erklären konnte, zu denen es innerhalb eines Landes wie auch zwischen den Nationen kam, beförderte er einen Rückgriff auf ein Gedankengut, das zur Ideologie des späten 19. Jahrhunderts wurde: Rasse.[158] Ein erstaunlich breites Spektrum von Personen und Institutionen propagierte einen korrumpierten Darwinismus, der als Erklärung für jede bedrückende Ungleichheit einen «wissenschaftlichen Rassismus», Ideen von Eugenik, einer «angelsächsischen Rasse» und dem «Survival of the fittest» predigte. Louis Agassiz, Professor für Zoologie in Harvard, und seine Anhänger stellten sogar das gemeinsame Menschsein aller Völker der Welt infrage. Die große ideologische Bedeutung einer gänzlich fiktiven Kategorie – Rasse – befeuerte einen nur allzu realen Rassismus, der unter anderem auch die Aufhebung ansonsten sakrosankter Eigentumsrechte legitimierte, massive, mit der Anwendung von Zwangsmitteln verbundene staatliche Interventionen guthieß und den Rechtsstaat untergrub, indem er verschiedene Gruppen von Menschen sehr verschiedenen Rechtssystemen unterwarf.[159] Während die Expansion des Kapitalismus weiterhin von kategorischen Ungleichheiten angetrieben wurde, ermöglichten es die Vorstellungen von «Rasse» dem neu strukturierten Kapitalismus, sich selbst auf einen massiven Widerspruch zu stützen: Hierarchien dort, abstrakte, den (ihren) Nutzen maximierende Individuen und eine Politik der bürgerlichen Gleichheit hier.

Die explosiven Eigenschaften dieses neu strukturierten Kapitalismus wurden 1914 sehr offensichtlich. Die bürgerliche Zivilisation, die so oft die friedenstiftenden Eigenschaften ihres auf Handel, nicht auf Krieg beruhenden Imperiums des Kapitals betont hatte, stürzte sich in die Katastrophe, die später als Erster Weltkrieg bezeichnet werden sollte. Die Neuorganisation des Kapitalismus im Verlauf der vorhergehenden vier Jahrzehnte hatte – zur Überraschung vieler – nicht nur die Grundlagen für das Gedeihen von Industrie, Technologie und Handel, sondern auch für einen der tödlichsten militärischen Konflikte der Menschheitsgeschichte gelegt. Der Krieg radikalisierte das Projekt der Einhegungen, indem er sich sämtlicher produktiver Fähigkeiten des restrukturierten Kapitals, der Arbeit und des Staates bediente. Neu organisierte Industriezweige stellten pausenlos beispiellose Mengen von militärischem Gerät für den Einsatz auf dem Schlachtfeld her und stärkten die Verbindung zwischen den Kapitaleignern und dem Staat. Das Überleben vieler neuer Formen von Kapital schien von einem Nationalstaat abzuhängen, der den Zugang zu Rohstoffen, landwirtschaftlichen Erzeugnissen, Arbeitskräften und Märkten garantieren konnte. Zugleich schien das Überleben des Nationalstaats von der Weiterentwicklung des nationalen Kapitals, und hier besonders des Industriekapitals, abzuhängen. Und weil die neue Art der Kriegführung, anders als bei früheren Kriegen, von der Mobilisierung der ganzen Gesellschaft abhing, integrierte sie das enorm angewachsene Industrieproletariat noch weiter, auch die Anerkennung neuer gesellschaftlicher und politischer Rechte und trug auf diese Weise bei zur schnellen Vergrößerung der Kluft zwischen dem materiellen Wohlergehen und den Rechten von Arbeitern in den industriellen Kerngebieten des Globalen Nordens und den Arbeitern im Globalen Süden. Die kapitalistische Zivilisation, die sich bereits zu so frühen Zeitpunkten wie der Französischen Revolution (1789–1799) und den kurzlebigen Aufständen von 1848 als ein utopisches Projekt präsentiert hatte, das über Produktivitätssteigerungen und Kapitalakkumulation hinausging, versank in einer dystopischen Orgie der Gewalt. Eine Generation europäischer und US-amerikanischer, aber auch afrikanischer und asiatischer Männer und Frauen verlor ihr Leben in dem industrialisierten Konflikt. Regierungen schickten sie mit Dampfschiffen und Zügen an die Front und koordinierten ihre Bewegungen mithilfe von Telegrafenleitungen; sie attackierten einander mit neuen machtvollen Waffen aus Stahl und Giftgasen aus modernen chemischen Fabriken; Automobile und Flugzeuge veränderten die Geschwindigkeit und den Blickwinkel, unter dem die Grausamkeiten beurteilt wurden.[160]

Kein anderer Industriezweig verkörperte so beispielhaft die Möglichkeiten und Abgründe dieses neu strukturierten Kapitalismus wie der Inbegriff der Zweiten Industriellen Revolution: die Eisen- und Stahlindustrie, die die moderne Kriegführung antrieb und zu der Dynamik beitrug, die hinter imperialen Unternehmungen steckte. Die Familie Röchling war tief verstrickt in die Kriegführung, die territoriale Neuordnung und die Stärkung des Staates. Mit Begeisterung machte sie sich den militanten Nationalismus zu eigen, der die Grundlage für eine Massenmobilisierung legte, die dem Ersten Weltkrieg die Soldaten zuführte, und genauso enthusiastisch produzierte sie die Granaten, Maschinengewehrteile, Flugzeugpanzerungen, den Stahl für Helme – das Unternehmen stellte mehr als 80 Prozent davon her –, Kanonen und verschiedene andere Waffen, die für den Grabenkrieg gebraucht wurden.

Die Schattenseiten des restrukturierten Kapitalismus:
Röchling-Stahlhelme im Ersten Weltkrieg.

Röchling-Arbeiter standen an den Hochöfen und arbeiteten in den Walzwerken für die Produktion des Kriegsmaterials, aber sie kämpften auch an der Front, wo 461 von ihnen starben.[161]

Für die Röchlings ging es im Krieg jedoch nicht nur – nicht einmal in erster Linie – um den Verkauf von Kriegsmaterial oder die Entsendung ihrer Arbeiter in den Kampf. Ihr Fokus galt der Sicherung einer territorialen Expansion Deutschlands, insbesondere der Eisenerz- und Kohlevorkommen in den Nachbarländern. Gemeinsam mit ihren bekannteren Kollegen im Ruhrgebiet, den Krupps zum Beispiel, widmeten sie sich engagiert einer Tätigkeit, die in leichter Abwandlung einer These des Wirtschaftshistorikers Alfred D. Chandler jr. als horizontale und vertikale Integration ihrer Unternehmen mithilfe militärischer Mittel bezeichnet werden kann. Sie hofften, dass der Krieg Deutschland den Zugang zu jenen Rohstoffen, landwirtschaftlichen Produkten, Arbeitskräften und Märkten verschaffen würde, die es ihnen erlauben würden, die Weltwirtschaft zu beherrschen, der «amerikanischen Gefahr» zu begegnen. Sie waren zwar tiefer in den Krieg involviert als andere, aber der Grundgedanke war verbreitet. Schließlich waren auch die Produktionsketten in den USA durch die ständigen Kriege gegen die indigenen Völker des Kontinents integriert worden, während britische, französische, belgische, italienische und japanische Truppen aus ähnlichen Gründen Länder erobert hatten, um sie zu Kolonien zu machen.

Die Röchlings hatten im Jahr 1914 die französischen Teile des benachbarten Lothringen ins Visier genommen, das Kernland einer Region, auf die 45 Prozent der gesamten europäischen Eisenerzförderung entfielen.[162] Aus

Das Grauen der industriellen Kriegführung: *Sturmtruppe geht unter Gas vor*, Otto Dix, 1924.

dem Deutsch-Französischen Krieg von 1870/71 hatten sie gelernt, dass territoriale Expansion ihrem Unternehmen nützte, und ihr Ziel war die Eroberung eines Territoriums, dessen bestehende politische Grenzen die Schaffung eines integrierten Produktionsprozesses erschwerten.

Hermann Röchling, der 42 Jahre alte aufstrebende Patriarch des Unternehmens, ein leidenschaftlicher Nationalist, nahm als Kavallerieoffizier an Kämpfen an der Westfront teil. Am 31. August 1914, knapp einen Monat nach der Kriegserklärung Deutschlands an Frankreich, lagerte er mit seinem Regiment beim lothringischen Kurort Lunéville. Berauscht von den Möglichkeiten, die der Konflikt eröffnete, schrieb er von dort an Johann von Dallwitz, den kaiserlichen Statthalter im «Reichsland Elsass-Lothringen», und unterbreitete ihm seine Vorstellungen für eine Neustrukturierung der lothringischen Eisen- und Stahlindustrie nach dem Krieg. Er schlug vor, die Grenze zwischen Frankreich und Deutschland neu zu ziehen und dabei die französischen Eisenerzgebiete in das Deutsche Reich einzugliedern.[163] Etwa zur gleichen Zeit teilte er seine Fantasien ebenfalls brieflich dem Innenministerium in Berlin mit. Seine Vorstellungen zur Notwendigkeit einer «Grenzverschiebung nördlich Metz» enthielten präzise Angaben zum neuen Grenzverlauf zwischen Deutschland und Frankreich, der sich an seinem Ziel orientierte, weitere französische Eisenerzvorkommen ins deutsche Staatsgebiet einzugliedern.[164]

Die ersten Kriegsmonate versetzten die deutschen Stahlindustriellen in einen Begeisterungstaumel angesichts der verlockenden Kriegsbeute, die auf sie zukam. Röchling schrieb im Februar 1915 gemeinsam mit Karl Freiherr von Gemmingen-Hornberg, dem deutschen Bezirkspräsidenten von Lothringen, und dem Stahlindustriellen August Thyssen abermals an das Innenministerium in Berlin und ging dabei auf die Notwendigkeit ein, die französischen Eisenerzvorkommen für Deutschland zu beanspruchen. Zugleich jubelte Thyssen, an die Adresse der politischen Autoritäten in Berlin gerichtet: «Unsere Armee ist geradezu großartig», und trug begeistert seine «Ansichten über die zukünftige Gestaltung Europas» vor, einschließlich seiner Erwartung, dass große Teile Frankreichs und Belgiens, des Kaukasus, Belgisch-Kongos und Marokkos in das Deutsche Reich der Nachkriegszeit eingegliedert werden würden. Dieses neue Deutschland stellte er sich als Teil einer gigantischen Zollunion mit formal unabhängigen Staaten vor, eine Konstruktion, die, wie er selbst einräumte, nur durch «Zwang» errichtet werden könne.[165] Der AEG-Mann Walther Rathenau schlug eine Zollunion vor, die man Frankreich aufnötigen müsse; der Chemieindustrielle Carl Duisberg, Generaldirektor der Farbenfabriken Bayer, erhob Anspruch auf belgische Kohlevorkommen. Der Stahl- und Kohleindustrielle Hugo Stinnes hatte riesige Gebiete in Europa, Marokko und Belgisch-Kongo sowie Territorien im Auge, die an die bereits bestehende deutsche Kolonie Togo angrenzten. Eine Expansion in Richtung Balkan und Osmanisches Reich fand ebenso Befürworter. Verbunden war damit unter anderem die Hoffnung, Baumwolle in Mesopotamien und Ägypten produzieren zu können, die schon als Teil eines neuen deutschen Reiches visioniert wurden. In Japan beobachtete man diese Bemühungen um eine Nationalisierung von Produktionsketten und zog daraus den Schluss, dass eine nationale Autarkie bei Produktionsmitteln und Märkten die Voraussetzung für den Sieg in einem modernen Krieg sei.[166] Krieg sorgte für freie Hand bei der Einhegung, Umfassung und Einschließung.

Diese Träume wurden von einem pragmatischen und unmittelbaren Handeln begleitet. Louis Röchling, Hermanns Bruder, gehörte dem Beirat des Reichskommissars für die Übergangswirtschaft für Eisen- und Manganerze an, der die Kriegsproduktion für das gesamte Deutsche Reich und die besetzten Gebiete koordinierte – eine politisch einflussreiche Position, in der Kapital- und Staatsmacht nahezu vollständig miteinander verschmolzen. Er setzte auch auf Zwangsarbeit, allein nach Völklingen brachte man 1916 zu diesem Zweck 600 russische Kriegsgefangene und holte damit dieses Zwangsmittel aus dem Globalen Süden in ein Kernland des Industriekapitalismus. Mitglieder der Familie Röchling sorgten dafür, dass sie die Verwaltung der in Ostfrankreich eroberten Eisen- und Stahlwerke übertragen bekamen, überwachten persönlich die Demontage verschiedener französischer

Industrie trifft auf Nationalismus trifft auf Krieg:
Der deutsche Elektrokonzern AEG produziert Bomber.

Fabriken und, in einem dreisten Akt des Diebstahls, den Abtransport der Maschinen nach Völklingen. Gestohlene französische Maschinen wurden für die Herstellung von Kriegsgerät verwendet, das gegen französische Soldaten eingesetzt wurde.[167]

Die Röchlings zeigten bei ihren Vorstellungen zu einer Neugestaltung der Produktionsketten möglicherweise eine einzigartige Aggressivität, doch die Verbindungen zwischen dem Industriekapital und dem reorganisierten Staat charakterisierten diesen Augenblick in der Geschichte des Kapitalismus in einem umfassenderen Sinn. Die Logik, die dieser neuen politischen Ökonomie zugrunde lag, war offensichtlich. Röchling hatte bereits 1898 mit deutlicher Sympathie für die koloniale Expansion in Amerika an seinen Freund James W. Miller in Pittsburgh geschrieben: «Jetzt habt Ihr Euren Krieg mit Spanien. [...] Das wird sehr große Auswirkungen auf Euren Wohlstand haben, [...] das bedeutet: für den Besitz der kubanischen Erze und Zuckerrohrfelder.»[168] Noch im Dezember 1913, ein gutes halbes Jahr vor Kriegsbeginn, tauschte Hermann Röchling mit dem französischen Metallproduzenten und Ingenieur Paul Girod Informationen zur Herstellung von Munition für die Kriegsmarine aus. Beide Männer betrachteten die Streitkräfte als bedeutenden Kunden, auch wenn ihre Waffen nur wenige Monate später aufeinander gerichtet werden sollten.[169]

Doch aus den Träumen der Röchlings wurde nichts. Nicht nur, dass es kein neu erobertes Land gab, der Verlust der von Deutschland 1871 besetzten Gebiete sollte die Röchlings auch einige Fabriken und Bergwerke kosten. Noch dazu stellten die Franzosen sie nach Kriegsende 1918 vor Gericht. Ro-

Maschinen und Männer: der FT-Panzer von Renault mit Girod-Turm.

bert und Hermann Röchling wurden zu jeweils zehn Jahren Gefängnis und, wegen des Diebstahls von Betriebsanlagen für die Stahlherstellung aus französischen Fabriken, zu einer enormen Geldstrafe verurteilt. Robert verbüßte seine Haftstrafe, doch sein Bruder Hermann floh. Erst das Vichy-Regime von Philippe Pétain hob dieses Urteil im Jahr 1942 auf – unter dem Druck eines neuen Kontingents deutscher Besatzer in Frankreich.[170]

Die Welt schaute 1918 mit Entsetzen auf die Verwüstungen dieses Krieges. Viele Menschen fragten sich, ob die enorme menschliche Kreativität, die gewaltige Fabriken, miteinander verbundene Eisenbahnnetze und chemische Wunder hervorgebracht hatte, nicht auch einen tödlichen Geist auf die Welt losgelassen hatte, der sich nicht mehr in seine glänzende Stahlflasche einsperren ließ. Der deutsche Anarchist und Schriftsteller Erich Mühsam, der 1934 im Konzentrationslager Oranienburg ermordet wurde, hatte dieses weitverbreitete Gefühl in einem Gedicht mit dem Titel «Barbaren» festgehalten.

> Sie streiten, wer Barbar sei unter ihnen,
> und zum Beweise, daß stets nur die andern
> vor aller Nachwelt solchen Ruf verdienen,
> verwüsten sie mit schrecklichen Maschinen
> Gallipoli, Galizien, Serbien, Flandern,
> Wolhynien und das Land der Beduinen.[171]

Die grundlegenden Spannungen, die den Konflikt befeuerten, hatten sich aus dem reorganisierten Kapitalismus entwickelt, und sie bestanden fort. Drei davon waren entscheidend: erstens die «nationale Frage» für die sich verschärfenden internationalen Konflikte, die durch territorialisiertes Kapital und massiv kapitalisierte Staaten erzeugt wurden; zweitens die «soziale Frage» der radikalen Ungleichheit, die von einer kastenartigen Erstarrung gesellschaftlicher Spaltungen innerhalb der zunehmend dominanten Strukturen kapitalistischer Gesellschaften verursacht wurde; und drittens die «koloniale Frage» der nahezu unergründlich tiefen und trennenden globalen Hierarchien, die von einer sich zur Orthodoxie entwickelnden Pseudowissenschaft der rassischen Hierarchien gestützt wurden. Diese vom Inferno des Weltkriegs aufgewirbelten Fragen setzten der Menschheit in den kommenden Jahrzehnten weiterhin zu, in einem Zeitraum, in dem, wie der italienische Politiker und Philosoph Antonio Gramsci schrieb, «das Alte stirbt und das Neue nicht zur Welt kommen kann. In diesem Interregnum kommt es zu den unterschiedlichsten Krankheitserscheinungen.»[172]

Im November 1918 stiegen die überlebenden Soldaten aus den Schützengräben auf den Höhen der Vogesen und ließen die Felder Belgiens hinter sich, deren wunderschöne, leuchtend rote Mohnblumen künftig im gesamten britischen Empire zum Symbol des Krieges werden sollten. Sie kehrten in die Fabriken und auf die Felder von Europa, Amerika, Asien, Afrika und Australien zurück, wo sie sich sofort den drei Problemen des anhaltenden Nationalismus, der starken Ungleichheit und der kolonialen Herrschaft gegenüber sahen, die das Imperium des Kapitals unter Druck setzten wie nie zuvor. Diese Spannungen explodierten, noch bevor der Krieg offiziell beendet worden war. Einer der Orte, an denen dies geschah, lag an der Eisenbahnstrecke, die Dakar und Saint-Louis in Westafrika miteinander verband.

KAPITEL 14

Zeit der Monster: der Industriekapitalismus, 1918–1945

Neue Dystopien: Fiat produziert Transportmittel für «Terra Mare Cielo» (Boden, Wasser, Luft) entwickeln und verknüpft so Fantasien der Massenproduktion mit dem Nationalismus. Fiat, Turin, Italien.

Am 8. April 1919 erhielt Gabriel Louis Angoulvant, der neu ernannte französische Gouverneur des Senegal, eine höchst unwillkommene Nachricht. Ein Telegramm war eingegangen, Absender war eine Gruppe von Arbeitern, die bei einem Juwel des französischen Kolonialismus in Westafrika arbeiteten: der 264 Kilometer langen Eisenbahn zwischen Dakar und Saint-Louis, die in den frühen 1880er Jahren erbaut worden war. Die

Arbeiter verlangten eine massive Lohnerhöhung und großzügigere Sozialleistungen.[1] Sie setzten Angoulvant eine Frist von fünf Tagen, um ihre Forderungen zu erfüllen, andernfalls drohten sie mit Streik.[2]

Wegen des schockierenden Preisanstiegs nach dem Ersten Weltkrieg sahen sich die senegalesischen Eisenbahner gezwungen, eine Anpassung der Löhne an ihre Lebenshaltungskosten, eine generelle Lohnerhöhung, großzügigere Urlaubsregelung und Krankengeld zu verlangen. Zusätzliche Anstöße für ihr Vorgehen waren, dass die während des Krieges geltende Aufhebung der Bürgerrechte abgeschwächt worden war und dass die Regenzeit unmittelbar bevorstand. Für die französischen Geschäftsleute hatte ein rechtzeitiger Transport der Erdnüsse eine hohe Priorität, was der Drohung, die einzige Eisenbahnverbindung der Kolonie lahmzulegen, eine erhöhte Wirksamkeit verlieh. Besonders bestimmt traten Arbeiter auf, die gerade erst von den Schlachtfeldern des Ersten Weltkriegs zurückgekehrt waren.[3]

Die französischen Angestellten der Bahngesellschaft, die die qualifizierten Stellen im Unternehmen einnahmen, kämpften schon seit mehreren Jahren für höhere Löhne und für Sozialleistungen, die den französischen entsprachen, wie etwa eine betriebliche Altersversorgung. Die senegalesischen Arbeiter, die etwa 95 Prozent der Arbeitskräfte stellten, machten die Knochenarbeit, be- und entluden Güterzüge, hielten die Gleise instand und schleppten in der Reparaturwerkstatt die Maschinen. Mit der Zeit waren sie aber auch in qualifizierte Stellen gelangt, etwa als Vorarbeiter der Lokomo-

Mit der modernen Industrie kommen auch neuartige soziale Konflikte nach Westafrika: der Bahnhof von Saint-Louis im Jahr 1905.

tivführer und Gleisarbeiter. Diese besser qualifizierten Arbeiter spielten bei der Organisation des möglichen Streiks eine besonders wichtige Rolle. Aber auch von den einfachen Arbeitern hatten viele den Übergang vom saisonalen Wanderarbeiter (aus einer anderen Region des Senegal) zum festangestellten Arbeiter mit festem Wohnsitz in einer der städtischen Siedlungen an der Bahnlinie vollzogen. Alle zusammen bildeten sie ein Proletariat, das sehr viel stabiler war als früher und sehr viel eher bereit, sich in einem kollektiven Arbeitskampf zu engagieren.[4]

Die Bahngesellschaft und die Kolonialverwaltung reagierten zunächst hart auf die Streikdrohung.[5] Der Generalinspekteur für öffentliche Arbeiten M. Léopold Mouneyres erklärte, wenn die Forderungen auf die «übliche Art» gestellt worden wären, hätten die meisten davon ohne Streik erfüllt werden können. Tatsächlich jedoch hatten die Arbeiter die Sozialleistungen schon 1914 gefordert – ohne Erfolg.[6] Das Bahnmanagement und die Kolonialregierung machten keine Anstalten, auf die Forderungen einzugehen, sondern unterzeichneten einen Erlass, der die Bahnlinie unter militärische Verwaltung stellte.[7] Am 12. April, dem Vorabend des angedrohten Streiks, berief Angoulvant einen «Krisenrat» ein. Und da er die Führer der rebellierenden Arbeiter nicht identifizieren konnte, stellte er die Bahn unter «totale Beschlagnahme».[8] Damit war das Bahnpersonal militärischen Gesetzen und militärischer Disziplin unterworfen.

Das hielt die Arbeiter jedoch nicht davon ab, die Arbeit niederzulegen. Am nächsten Tag traten 585 von ihnen in den Streik, darunter auch der Monteur Souleye N'Dour aus der Eisenwerkstatt der Bahn, Doudou Diagne, ein Lehrling im Betriebswerk, und Mamadou Diop, ein Mechaniker. Ein französischer Kolonialbeamter verschickte daraufhin ein Telegramm, das lapidar feststellte: «Planmäßiger Zug hat Saint-Louis heute nicht verlassen (stop) trotz schriftlichen Befehls der Militärverwaltung».[9] Die Auswirkungen des Streiks waren fast sofort zu spüren. Der Präsident der Handelskammer von Rufisque, Giraud, formulierte es so: «Handel durch Streik stark beeinträchtigt [...] lähmt das Wirtschaftsleben und verzögert Getreidetransporte». Er bat den Gouverneur, «in dem Konflikt [...] zu vermitteln, damit er im Interesse aller eine schnelle Lösung findet».[10]

An der Bahnlinie, die in das Hinterland mit seinem Erdnussanbau führte, baute sich wachsender Druck auf. Giraud empfahl dringend, «das eingeborene Personal sofort zufriedenzustellen», damit die Züge wieder fuhren. Die Vertreter der drei senegalesischen Handelskammern sahen ihre Interessen bedroht und forderten ebenfalls eine schnelle Einigung. Doch das war leichter gesagt als getan. Gouverneur Angoulvant schrieb frustriert, er sei nicht einmal in der Lage, einen Vertreter der Arbeiter aufzutreiben, da die gesamte Korrespondenz anonym gewesen sei.[11]

Die Bahngesellschaft und die Kolonialverwaltung versuchten, die militärische Disziplin durchzusetzen: Als sich am 13. April mehrere Streikende in der Nähe des Bahnhofs von Dakar aufhielten, nahmen die Behörden drei von ihnen fest. In Saint-Louis wurden vier Mechaniker inhaftiert, die sich geweigert hatten, einen Zug in Gang zu setzen.[12] Unter dem Druck des Gouverneurs gelang es den *chefs de service* der Bahn in Dakar schließlich, einen kurzen Zug loszuschicken. Er fuhr ein paar Kilometer bis Rufisque, dem wichtigsten Erdnusshafen der Kolonie. Dort stoppten ihn die Arbeiter, und die Polizei nahm zwei afrikanische Mechaniker fest, weil «sie ihren Posten verlassen hatten».[13]

Die Züge blieben stehen, und am folgenden Tag marschierten die europäischen Arbeiter mutig zum Bahnhof von Dakar. Ihre senegalesischen Kollegen blieben aus verständlicher Furcht vor einer Verhaftung fern, was den Vorwurf nach sich zog, sie seien «übergelaufen». Der Oberstleutnant, der nun für die unter Militärverwaltung gestellte Bahn verantwortlich war, machte sich die Anwesenheit der Arbeiter sofort zunutze und befahl einem von ihnen, einen Zug startklar zu machen. Dieser weigerte sich, auch nachdem man ihm die entsprechenden Paragraphen aus dem Militärstrafgesetz vorgelesen hatte, und wurde verhaftet. Die Bahnbeamten versuchten es bei einem zweiten Arbeiter, und diesmal hatten sie Erfolg. Kurz darauf erklärten sich die meisten französischen Arbeiter bereit, die Arbeit wiederaufzunehmen.

Doch dem Oberstleutnant war nicht klar, dass die französischen Arbeiter zwar einen Zug im Bahnhof zusammenstellen, aber nur die afrikanischen Lokomotivführer ihn fahren konnten. Erst mithilfe zweier «Überläufer» und weil sich der Betriebsdirektor als Mechaniker betätigte, konnte endlich ein Zug via Rufisque nach Saint-Louis aufbrechen. Schon bald gab es neue Schwierigkeiten, da sich trotz «ein oder zwei Verhaftungen» kein afrikanischer Mechaniker oder Lokführer zum Streikbruch zwingen ließ. Der Zug kehrte am Abend von derselben Mannschaft gefahren wieder nach Dakar zurück.[14] Die Militärverwaltung hatte nur die französischen Arbeiter zum Nachgeben gezwungen, aber bei deren afrikanischen Kollegen, und insbesondere bei den Lokführern, auf Granit gebissen.[15]

Noch am selben Tag traf der kommandierende General auf dem Bahnhof von Dakar ein, um unter der Bedingung einer sofortigen Wiederaufnahme der Arbeit Verhandlungen zwischen dem Gouverneur und den Arbeitern einzuleiten. Die französischen Arbeiter zögerten und baten, mit ihren Genossen in Rufisque Kontakt aufnehmen zu dürfen, um die Bedingungen für die Wiederaufnahme der Arbeit abzusprechen. Schließlich einigte man sich darauf, dass eine Delegation französischer und senegalesischer Vertreter am folgenden Tag um 15 Uhr das Büro des Gouverneurs aufsuchen würde.[16]

Bei der Besprechung mit dem Gouverneur erfuhren die Arbeiter, vermutlich zu ihrer eigenen Überraschung, dass der Streik erfolgreich gewesen war. Viele ihrer Forderungen wurden erfüllt, insbesondere die der senegalesischen Arbeiter, die bewiesen hatten, wie wichtig sie für den technischen Betrieb der Bahn waren. Der Gouverneur bot einen höheren Mindestlohn, Lohnerhöhungen und eine bessere Urlaubsregelung an. Der niedrigste Tageslohn wurde verdreifacht. Am 15. April einigten sich Arbeiter und Bahnverwaltung auf einen neuen Tarifvertrag, und die Arbeiter erklärten sich bereit, die Arbeit am 16. wiederaufzunehmen.

Der Streik war nicht zuletzt deshalb ein durchschlagender Erfolg, weil die Kolonialbeamten fürchteten, dass er den «sozialen Frieden» stören könnte, wie es der Gouverneur am 15. April in einem Telegramm nach Paris formulierte.[17] Der Vorstand der Bahngesellschaft in Paris hielt die Zugeständnisse anfangs für übertrieben und schickte ein Telegramm an den Bahndirektor vor Ort, in dem er mitteilte, sie begrenzen zu wollen. Doch weil die Kolonialregierung von der Wirksamkeit der Arbeitermobilisierung überzeugt war und Schwierigkeiten gehabt hatte, Streikführer zu identifizieren, erlaubte sie den Bahnarbeitern die Gründung von *associations amicales*, also Körperschaften, die zwar keine Gewerkschaften waren, aber dennoch Anliegen der Arbeiter vertreten konnten.

Der Streik von 1919 bewies außerdem, wie abhängig die französischen Arbeiter inzwischen von der Unterstützung ihrer senegalesischen Kollegen waren. Diese wiederum hatten erkannt, dass sie über Macht verfügten, und begannen schon Ende April einen zweiten Streik, bei dem sie ihre französischen Kollegen zur Teilnahme aufforderten. Im Juni 1920 traten erneut 320 senegalesische Arbeiter in den Ausstand und setzten eine weitere 30-prozentige Lohnerhöhung durch. Dies war die Geburt einer machtvollen und militanten Arbeiterbewegung, die bis zur Unabhängigkeit des Senegal im Jahr 1960 Bestand hatte. Individuelles Verlassen des Arbeitsplatzes, das in Westafrika und anderswo die erste Reaktion auf die Proletarisierung gewesen war, machte allmählich kollektiven Aktionen der Arbeiter Platz. Schließlich bewies die Einigung nach dem Streik, dass die Kolonialverwaltung bereit war, die Rechte der afrikanischen Arbeiter weitgehend zu respektieren, und ihre ökonomische Macht anerkannte. Die bahnbrechenden Siege der senegalesischen Bahnarbeiter inspirierten weitere Bewegungen, von denen viele bei späteren antikolonialen Aufständen eine wichtige Rolle spielten.[18]

Am Ende des Ersten Weltkriegs erschütterten Wellen von miteinander zusammenhängenden Aufständen das Imperium des Kapitals. Wie in Dakar brachen auch andernorts soziale Konflikte aus – eine Entwicklung, die der Krieg beschleunigt hatte. Auf der ganzen Welt streikten Arbeiter, protestierten, organisierten sich, besetzten Fabriken, stellten paramilitärische Verbände auf und zettelten sogar Revolutionen an, um ihre soziale Lage zu verbessern und die Macht im Staat zu erobern, was ihnen manchmal tatsächlich gelang.

In Ausmaß und Wirkung unterschieden sich diese Aufstände erheblich von denen ein Jahrhundert zuvor, und die Arbeiter verfügten inzwischen über eine größere institutionelle Macht, sie hatten handlungsfähige, komplexe, stabile und sehr große Organisationen geschaffen: Gewerkschaften und politische Parteien mit Millionen von Mitgliedern. Viele Beschäftigte hingen mächtigen Ideologien an, die ihrem Handeln Sinn verliehen. Und sie verteidigten mit ihren kollektiven Aktionen nicht mehr eine präkapitalistische Welt, die sich durch Autonomie, Subsistenzproduktion und feudale Abhängigkeitsverhältnisse ausgezeichnet hatte, sondern strebten zunehmend eine Reform oder sogar Überwindung des Kapitalismus an.

Die Breite der Erhebungen war erstaunlich: Im Oktober 1919 streikten in New York etwa 150 000 Hafenarbeiter, Lastwagenfahrer, Seeleute und Lagerarbeiter für höhere Löhne und die Anerkennung ihrer Gewerkschaft. Der Streik legte den ganzen Hafen lahm. Die geballte Macht von Streikbrechern und der US Army sowie Appelle der American Federation of Labor und der International Longshoremen's Association waren nötig, damit der Hafen den Betrieb wieder aufnehmen konnte. In Rio de Janeiro wurden 1918 im Rahmen einer allgemeinen Razzia gegen aufsässige Arbeiter 17 Männer wegen des Verdachts auf anarchistische Aktivitäten verhaftet. Als auf Hokkaido bei Kriegsende sowohl der Preis für Kohle als auch der Bedarf an Arbeitskräften einbrach, reagierten japanische und koreanische Bergleute darauf, indem sie 1919 die erste Gewerkschaft der Insel gründeten: die Yubari-Föderation der gesamtjapanischen Bergarbeitergewerkschaft.

Arbeiterunruhen gab es auch in Völklingen: Als ein lokaler Führer der Kommunistischen Partei dort 1921 eine Rede hielt, kamen 800 Arbeiter – eine erstaunliche Zahl angesichts der bisherigen Schwäche der Sozialisten vor Ort.[19] In jenem Sommer streikten auch die Völklinger Arbeiter gegen Lohnkürzungen, ein Streik, der in den Jahren danach von eskalierenden Konflikten gefolgt war.

Inseln des Postkapitalismus: der Generalstreik in Turin, 1920.

Die sozialen Unruhen in diesen traditionsreichen kapitalistischen Zentren waren nur die Spitze des Eisbergs. Im Jahr 1919 wurden die Vereinigten Staaten von einer Streikwelle überrollt, an der mehr als vier Millionen Arbeiter teilnahmen und deren Höhepunkt ein Generalstreik in Seattle war. Es «herrscht eine [...] ziemliche Gewitterstimmung», schrieb ein britischer Kolonialbeamter 1920 in Indien.[20] Im Januar jenes Jahres streikten 200 000 Textilarbeiter in mehr als 80 Betrieben in Bombay; die Streikbewegung, die eine Lohnerhöhung von 50 Prozent und den Zehnstundentag forderte, dehnte sich auch auf andere Industriezweige aus. Im Februar wurden die Auseinandersetzungen in Bombay gewalttätig, und am 19. Februar töteten Soldaten sechs Streikende. In den Textilbetrieben von Ahmedabad traten im selben Monat 15 000 Weber in den Streik. Im März wurde die Kolonialverwaltung von Meldungen über «weit verbreitete wirtschaftliche Unruhen» überflutet, und im selben Monat kamen 3000 Arbeiter zur ersten Arbeiterkonferenz in Madras (heute Chennai). In Kalkutta traten die Bahnarbeiter und die Arbeiter aus der Jute-, Mehl- und Ölproduktion in den Streik. Der junge Mahatma Gandhi, der schon bald eine der mächtigsten sozialen Bewegungen des 20. Jahrhunderts inspirieren sollte, solidarisierte sich mit den Arbeitern und trat in den Hungerstreik, bis ihre Forderungen erfüllt waren. Die Kolonialverwaltung in Kalkutta berichtete über «offene Anzeichen einer zunehmend rebellischen und unzufriedenen Stimmung» bei den Arbeitern der Post.[21] Auch Straßenbahnarbeiter und die Beschäftigten der Gaswerke und Lokomotivwerkstätten rebellierten, wobei sich ihre Arbeitskämpfe häufig mit nationalistischer Organisation und Agitation überlappten.[22]

In Europa wählten in den frühen 1920er Jahren mehr als 20 Millionen

Frauen und Männer sozialistische, sozialdemokratische oder neu gegründete kommunistische Parteien – beinahe dreimal so viele wie vor dem Krieg, und alle forderten eine nachhaltige Reform des Kapitalismus oder seine Abschaffung. Auch in vielen Regionen Afrikas organisierten sich die Arbeiter und streikten in beispielloser Zahl. In Rufisque traten 1918 die Maurer in den Ausstand. In Südafrika gründeten Arbeiter unter der Führung von Clements Kadalie im Januar 1919 die Industrial and Commercial Workers' Union. In Conakry streikten 1919 die Hafenarbeiter, in Sierra Leone 1919 und 1920 die Bahnarbeiter und an der Goldküste 1919 und 1921 die Angestellten im Öffentlichen Dienst. Auch in Gambia gab es 1921 Streiks. Selbst auf globaler Ebene wurden Anstrengungen zur Organisation der Arbeiter gemacht: In der International Federation of Textile Workers' Associations schlossen sich Gewerkschaften aus 13 Ländern zusammen, die 1928 nahezu eineinhalb Millionen Mitglieder hatten.[23]

Einige Konflikte nahmen beinahe das Ausmaß militärischer Auseinandersetzungen an: Bei der Rand Rebellion in Südafrika im Jahr 1922 griffen weiße Minenarbeiter auf ihre Erfahrungen in den Schützengräben des Ersten Weltkriegs zurück und bildeten schwer bewaffnete Kommandoeinheiten; die Regierungstruppen beschossen die Barrikaden der Arbeiter mit Granaten – ein Vorgang, der vor dem Krieg undenkbar gewesen wäre. Im Ruhrgebiet bildeten sich Arbeiter- und Soldatenräte und kämpften für die Verstaatlichung des Kohlebergbaus und anderer Branchen. Im sogenannten Ruhrkampf des Jahres 1920 gingen in der wichtigsten Kohle- und Stahlregion Deutschlands bewaffnete Arbeiter auf die Straße. Anfang 1919 schlugen in Glasgow mehr

Der südafrikanische Gewerkschaftsführer Clements Kadalie.

als 10 000 Soldaten mit schweren Waffen aus dem jüngst vergangenen Weltkrieg einen Massenstreik nieder.

In Turin und den anderen Industrieregionen Norditaliens blieben die Jahre 1919 und 1920 als *biennio rosso* in Erinnerung. In diesen «zwei roten Jahren» besetzten militante Arbeiter Fabriken und begannen massive, manchmal sogar bewaffnete Aufstände, bei denen sie Verbesserungen ihrer Lage und politische Macht forderten. Im Jahr 1919 mobilisierte die Turiner Arbeiterklasse für 83 Streiks 84 000 Teilnehmer; und ein Jahr darauf beteiligten sich die 140 000 Arbeiter der Stadt an 72 Streiks mit 130 635 Teilnehmern. Insgesamt streikten in Italien sowohl 1919 als auch 1920 über eine Million Arbeiter – mehr als je zuvor.[24]

Dennoch lag das Epizentrum der globalen Aufstände nicht in den modernen Industriezentren wie dem Ruhrgebiet, Turin oder Pittsburgh, sondern in dem vom Krieg erschöpften und immer noch fast gänzlich agrarischen Russland. Dort fegte ein breiter Aufstand von Soldaten und Frauen und Männern aus der Arbeiterklasse eine jahrhundertealte Monarchie hinweg. Die Revolution begann im Februar 1917 in Petrograd (heute Sankt Petersburg), als Tausende von Textilarbeiterinnen und Hausfrauen auf die Straße gingen und gegen den Mangel an Brot protestierten. Im gesamten Imperium des Kapitals wurden Frauen zwar in der Führung der Arbeiterorganisationen oft marginalisiert, spielten aber eine zentrale Rolle, wenn es darum ging, Arbeiteraufstände zu entfachen und aufrechtzuerhalten. Danach breitete sich der Aufstand auf weitere Gruppen von Arbeitern und Soldaten aus.

Die soziale Frage explodiert: Aktivisten der Roten Ruhrarmee bauen auf einer Dortmunder Straße ein Maschinengewehr auf.

Nach der Abdankung des Zaren im März versuchte eine Koalition von Industriellen und Gutsbesitzern einerseits und dem Petrograder Sowjet andererseits kurz, das Land zu regieren. Angesichts wachsender Konflikte gelang es jedoch den Bolschewiki unter der Führung von Wladimir Iljitsch Lenin, die wichtigsten Institutionen unter ihre Kontrolle zu bringen. Am 25. Oktober 1917 erklärte Lenin in Petrograd: «In Russland müssen wir uns nunmehr daranmachen, einen proletarischen sozialistischen Staat aufzubauen.»[25] In den folgenden Jahren festigten die Bolschewiki ihre Herrschaft gewaltsam und erklärten Russland zu einer sozialistischen Gesellschaft, der ersten, die durch eine ausdrückliche Ablehnung des Kapitalismus definiert war und sich nicht mehr an einer präkapitalistischen Vergangenheit, sondern an einer unwiderruflich postkapitalistischen Zukunft orientierte.[26]

Die Revolution wandelte die russische Gesellschaft grundlegend um und lenkte die Entwicklung des globalen Kapitalismus in neue Bahnen.[27] Sie war für den Industriekapitalismus, was die Haitianische Revolution für den Kriegskapitalismus gewesen war: Seinerzeit waren die Eliten der Plantagenwirtschaft ein Jahrhundert lang von Toussaint Louverture besessen gewesen, nun wurde die Furcht vor der Russischen Revolution und allen Formen des Sozialismus für die gesamte Zeit bis zum Jahr 1991 zum politischen Fixpunkt in den kapitalistischen Gesellschaften. Zwar hatte die Expansion des Kapitalismus schon immer eine Vielfalt von Gegenbewegungen hervorgerufen, von denen einige mehr bewirkten als andere, nun jedoch bekam er es erstmals mit einem Gegner zu tun, dessen erklärtes Ziel seine Überwindung war –

Südafrika reagiert mit den militärischen Mitteln des Ersten Weltkriegs auf die Rand-Rebellion des Jahres 1922.

und dieser Gegner war nicht irgendein Staat, sondern eine der europäischen «Großmächte».

Die «soziale Frage» beflügelte in den 1910er und 1920er Jahren Hunderte, wenn nicht gar Tausende von Aufständen. Und noch gegen einen weiteren Stützpfeiler des Vorkriegskapitalismus gingen die Aktivisten erbittert vor: den Kolonialismus. Dabei ergaben sich oft Berührungspunkte mit proletarischen oder bäuerlichen Bewegungen, wie etwa als Gandhi die Textilarbeiter in Ahmedabad unterstützte. Auf Barbados gründeten Veteranen des Ersten Weltkriegs (in dem sie für Großbritannien gekämpft hatten) im Jahr 1919 den ersten Ableger von Marcus Garveys Universal Negro Improvement Association, um sich gegen die rassistische Politik der britischen Kolonialverwaltung zu wehren, insbesondere aber gegen ein Landstreichergesetz, das sich speziell gegen zurückkehrende Veteranen richtete. In Bengalen hatte eine für ihren Radikalismus berüchtigte Protestbewegung die Briten schon 1915 dazu veranlasst, den Defence of India Act zu verabschieden, der es der Kolonialregierung erlaubte, die Habeas-Corpus-Akte außer Kraft zu setzen und mutmaßliche «Separatisten» zu verhaften. Bis 1918 saßen mehr als 800 bengalische Aktivisten im Gefängnis – ein Zeugnis für die antikoloniale Grundstimmung.

Im Jahr 1916 wagten irische Nationalisten einen Aufstand gegen die britische Herrschaft. Drei Jahre darauf brach eine antikoloniale Revolution in Ägypten aus. Im Juli desselben Jahres rebellierten zurückgekehrte Schwarze Soldaten in Britisch-Honduras (heute Belize) gegen die schlechte Behandlung in ihrer Heimat – die Armee schlug den Aufstand nieder. Im April 1919 versammelten sich Tausende in der Stadt Amritsar im Punjab und verlangten die Freilassung mehrerer antikolonialer Aktivisten, doch die britische Armee eröffnete das Feuer und tötete Hunderte von ihnen. Das später als Jallianwala-Bagh-Massaker bezeichnete Blutbad wurde ein wichtiger Faktor bei der Mobilisierung gegen die britische Herrschaft. Ende 1919 brachen auf Trinidad wegen steigender Lebenshaltungskosten Massenstreiks aus, die auch mit Kritik am Kolonialismus verbunden waren. Im Sommer 1920 führten Proteste gegen das britische Mandat in Mesopotamien (dem heutigen Irak) zu einem bewaffneten Aufstand.

Überall ließen sich die antikolonialen Aktivisten genauso durch die antiimperiale Rhetorik der frisch gegründeten Sowjetunion wie durch die vagen Versprechungen vom Selbstbestimmungsrecht der Völker inspirieren, die Woodrow Wilson, der Präsident der anderen aufstrebenden Kontinentalmacht, der USA, gemacht hatte.[28]

All diese Bewegungen verbanden die Forderung nach dem Recht auf

Politik für die Arbeiterklasse und Antikolonialismus:
der VI. Kongress der Zweiten Internationale 1904 in Amsterdam,
mit Rosa Luxemburg und Dadabhai Naoroji unter den Delegierten.

Selbstbestimmung mit der Forderung nach dem Zugang zu Ressourcen.[29] Und obwohl sich ein Teil des Widerstands gegen die Einführung neuer kapitalistischer Institutionen richtete, war er auch in einem bis dahin beispiellosen Ausmaß gegen den umgestalteten Industriekapitalismus insgesamt gerichtet. Offenbar hatte dieser im Gefolge des Ersten Weltkriegs in einem bemerkenswerten Ausmaß an Legitimität verloren, und die Ungleichheiten im Inland und die Hierarchien auf globaler Ebene, die von ihm verursacht worden waren, lösten einen Massenwiderstand aus.

Der Kapitalismus als eine Form des Wirtschaftslebens zu organisieren, war seit jeher instabil und wurde schon immer infrage gestellt. Seine Instabilität lässt sich kaum hoch genug einschätzen: Sie gehörte zu seiner inhärenten Dynamik und war der Urgrund seines erstaunlichen Radikalismus. Selten jedoch wurde diese Instabilität deutlicher als in den zweieinhalb Jahrzehnten nach dem Ersten Weltkrieg. In den Jahren 1918 und 1919, nur zwei Generationen nach dem triumphalen Aufstieg des Industriekapitalismus, stieß dieser auf seine erste existenzielle Bedrohung: breite soziale Bewegungen, die von den Hoffnungen und Ängsten genau jener Massen getragen wurden, die der Kapitalismus selbst mobilisiert und an bestimmten Orten konzentriert hatte. Diese Bewegungen versuchten, mehrere Grundpfeiler des Kapitalismus ins

Wanken zu bringen, so die neuen Muster der Ungleichheit, die er geschaffen hatte, seine koloniale Verblendung und sogar das Privateigentum als solches. Auch der Kriegskapitalismus war natürlich spezifischen Bewährungsproben und systemischen Instabilitäten ausgesetzt gewesen, doch es hatte Jahrhunderte gedauert, bis er als Gesamtsystem infrage gestellt worden war. Beim Industriekapitalismus mit seiner einzigartigen Fähigkeit zur radikalen Transformation war dies anders.

Tatsächlich waren die 27 Jahre zwischen 1918 und 1945 womöglich die turbulentesten in der gesamten 500-jährigen Geschichte des Kapitalismus. Wie wir immer wieder gesehen haben, befand er sich in einem Zustand der permanenten Revolution – stabiler Kapitalismus war ein Widerspruch in sich selbst. Die wirtschaftlichen und politischen Umwälzungen jener Jahrzehnte brachten einige der größten Katastrophen der Geschichte hervor, weshalb der Historiker Arno J. Mayer diese Epoche als den «Dreißigjährigen Krieg [...] des 20. Jahrhunderts» bezeichnet hat.[30] In dieser Zeit prophezeiten Beobachter aus allen politischen Orientierungen den unmittelbar bevorstehenden Untergang des Kapitalismus, eine Voraussage, die selbst im Rückblick noch plausibel erscheint. Denn die wichtigsten Stützpfeiler des umgestalteten Kapitalismus: Proletarisierung, die Expansion der Rohstoffproduktion, Intensivierung der weltweiten Verbindungen, verschärfter Nationalismus und Kolonialherrschaft schienen inzwischen das Imperium des Kapitals selbst zu unterminieren.

Dass der Kapitalismus überlebte, ist nicht nur ein Beweis für seine enorme Flexibilität, sondern auch für die Wirkmacht zweier Neuerungen, die ebenfalls für die beiden Jahrzehnte kennzeichnend waren: zum einen der massive Ausbau und die Neuaufstellung des Staates, zum anderen der Ausbruch außerordentlicher Kreativität, durch den die Industrieproduktion an sich neu erfunden wurde. Zusammengenommen sollten beide Faktoren in den wichtigsten Industrieländern eine nachhaltige und substanzielle Verbesserung des Lebensstandards herbeiführen – was die Rebellionen der 1920er und 1930er Jahre, die die Legitimität des Kapitalismus infrage stellten, ins Mark traf.

Drei Veränderungen stechen hervor: Erstens tauchte mit den Vereinigten Staaten ein neuer Staat als Akteur in der Weltwirtschaft auf und erlangte zunehmend eine hegemoniale Stellung. Zweitens erlebten die 1930er Jahre eine gewaltige Ausweitung von Umfang und Aufgabenbereich staatlicher Tätigkeit, damit beschleunigte sich ein Trend, der schon bei der Neugestaltung des Kapitalismus seit den 1870er Jahren eine maßgebliche Rolle gespielt hatte. Drittens entwickelten kapitalkräftige Unternehmer sowie Arbeiter, Intellektuelle und Bauern im Globalen Süden ein klareres Bewusstsein für die Wichtigkeit des Staates und wollten ein Mitspracherecht bei seiner Verfassung haben. Im Zuge dieser Neuaufstellung des Staates ergab es sich, dass eine breite Vielfalt von (im Sinne des 19. Jahrhunderts) postliberalen und sogar illiberalen Regimen – vom amerikanischen New Deal bis zum deutschen Faschismus – den neuen Industriekapitalismus managte. Bis 1945 war es so weit, dass sogar Kapitaleigner staatliche Planung und die Verstaatlichung von Schlüsselindustrien unterstützten – eine erstaunliche Entwicklung, die sich nur mit der Tiefe des Abgrunds erklären lässt, in den sie geblickt hatten.

Die neuartigen Staatsgebilde führten in Verbindung mit der raschen Entwicklung vieler Wirtschaftsunternehmen und der erstaunlichen Produktivität industrieller Prozesse zu einem neuen Sozialvertrag in ausgewählten Teilen der Welt. Dort träumte man von einem neuen kapitalistischen Utopia – einer von Massenkonsum getriebenen, mit fossilen Treibstoffen am Laufen gehaltenen Zivilisation, die durch die beispiellosen Produktivitätsfortschritte möglich gemacht wurde – und verwirklichte es zum Teil. Manche Zeitgenossen in Europa und Amerika erstarrten in Ehrfurcht vor dem Versprechen der kapitalistischen Moderne, oder dem, was Robert Musil als «[d]ie Neugestaltung des Menschen aufgrund eines amerikanischen Weltarbeitsplans, durch das Medium der mechanisierten Kraft» bezeichnet hat.[31] Im Jahr 1928 stellte der deutsche Volkswirt Werner Sombart weitblickend fest, dass die Welt an der Schwelle zu einer «neuen Wirtschaftsepoche [stand,] die sich in wesentlichen Punkten von derjenigen unterschied, die wir im neunzehnten Jahrhundert durchlebt haben».[32]

Für die sozialistische Linke war das Ende des Kapitalismus nahe. Demgegenüber war die autoritäre und oft faschistische extreme Rechte überzeugt davon, dass der Kapitalismus nur auf eine radikal antiliberale Art und Weise bewahrt werden konnte. Nach 1929 stimmten in diesen anschwellenden Gesang auch viele Mitglieder der politischen Mitte ein, die daran zweifelten, dass der Kapitalismus noch eine Zukunft habe. Wie er überlebte und am Ende sogar florierte, war ein wilder Ritt, bei dem immer das Risiko bestand, dass das ganze politische, wirtschaftliche und soziale Gebäude zusammenbrach.

Eine kleine, aber wachsende Kohorte von Kapitalbesitzern nahm in den Jahren nach dem Ersten Weltkrieg ihre eigenen Pionierprojekte in Angriff und schürte utopische Fantasien, die den Kapitalismus des 20. Jahrhunderts genauso stark beeinflussen sollten wie die neuen Welten, von denen die Radikalen aus der Arbeiterklasse und die antikolonialen Kämpfer in Städten wie Sankt Petersburg, Berlin, Kalkutta, Kairo und Dakar träumten.

Giovanni Agnelli war einer dieser Pioniere. Er war der Inbegriff eines Turiner Bourgeois, hatte eine militärische Laufbahn in der immer noch aristokratischen Kavallerie Italiens absolviert und verwandelte die norditalienische Stadt in ein Innovationszentrum, dessen Fundament die Massenproduktion eines langlebigen Konsumguts war: des Automobils.[33] Der laut einer Historikerin «berüchtigte, aber wenig bekannte Mensch» galt als kalter, harter und extrem auf seine Arbeit konzentrierter Familienpatriarch, aber auch als wagemutig und einfallsreich.[34] Für Antonio Gramsci – italienischer Philosoph und Aktivist und Agnellis Nemesis – war er der «einsame Held des modernen Kapitalismus» und das Unternehmen, das er aufbaute, «ein kleiner absolutistischer Staat», der bei der Entstehung des italienischen Industriekapitalismus eine Schlüsselrolle spielen sollte.[35]

Turin war das Zentrum der italienischen Nationalbewegung, sogar die erste Hauptstadt der jungen Nation gewesen und konnte auf eine reiche Geschichte von Handel, Bankwesen und Handwerk zurückblicken. Um die Jahrhundertwende arbeiteten beinahe 15 000 Metallarbeiter in der Stadt. Im Jahr 1920 jedoch war sie weder für ihre originellen Denker oder die nationalistischen Politiker noch für ihre Handwerksbetriebe oder die modischen Cafés berühmt, sondern für die gewaltige Fabrik in Lingotto, einem Außenbezirk der Stadt. Das riesige, einen halben Kilometer lange, achtzig Meter breite und fünf Stockwerke hohe Gebäude war eine Zeitlang die größte Autofabrik Europas und erstreckte sich über ein Areal von 370 000 Quadratmetern. Das Rohmaterial und die Teile für die Produktion wurden aus Güterzügen, die direkt neben dem Gebäude hielten, in das Erdgeschoss gebracht. Die im Bau befindlichen Autos wurden auf Fließbändern durch das Erdgeschoss und in die höheren Stockwerke transportiert und dabei von Arbeitern zusammengebaut. Hatten die fertigen Autos das oberste Stockwerk erreicht, kamen sie auf eine Rennbahn, die sich auf dem Dach der Fabrik befand. Dort wurden sie getestet, bevor sie an die Händler ausgeliefert wurden. Die gigantische Fabrik konnte 50 000 Autos pro Jahr produzieren, eine beträchtliche Zahl für ein Land, auf dessen Straßen 1922 nur 100 000 Autos fuhren.[36]

Inzwischen ist Lingotto in ein von Renzo Piano designtes Kultur-, Messe- und Einkaufszentrum umgewandelt worden und symbolisiert noch ein

Europas größte Fabrik: Fiat, Turin, frühe 1920er Jahre.

weiteres Zeitalter des Kapitalismus, doch in den 1920er Jahren war die Fabrik die materielle Verkörperung der gänzlich neuen Welt der Massenproduktion. Obwohl sie nur für einen kleinen Prozentsatz der Weltproduktion stand, spielte sie eine überragende Rolle bei der Definition der Zukunft. Sie ermöglichte der menschlichen Produktivität einen Quantensprung, indem sie ein komplexes mechanisches Produkt zu einem der gebräuchlichsten Konsumgüter der Welt machte. Und zusammen mit ihren Gegenstücken anderswo in der Welt veränderte sie nicht nur den Fertigungsprozess, sondern auch die Unternehmensstrukturen, die Formen der Arbeitsüberwachung, die kollektiven Aktionen der Arbeiterklasse und die Politik. Mit ihr legten Agnelli und seine Ingenieure einige der Fundamente für den Kapitalismus des 20. Jahrhunderts.

Lingotto war das Kronjuwel der Fabbrica Italiana Automobili Torino, kurz Fiat, eines aufstrebenden Unternehmens in einer neuen Industrie. 1899 von Agnelli und anderen gegründet, stellte es in seinem ersten Jahr nur 24 Autos her, eine Zahl, die sich bis 1910 auf immer noch bescheidene 1780 erhöhte. Wie alle frühen Autofabrikanten ließ Fiat sein teures Konsumgut von hochqualifizierten Facharbeitern für einen kleinen Markt reicher Kunden zusammenbauen. In seiner ersten Fabrik in der Via Dante in Turin waren gerade einmal 150 solcher Arbeiter beschäftigt, eine Zahl, die sich bis 1914 auf

Stolze, hochqualifizierte Handwerker, Fiat, frühes 20. Jahrhundert.

4000 erhöhte. Die meisten davon waren hochqualifizierte und privilegierte Handwerker, die ein Fahrzeug nach dem anderen herstellten, jedes ein beinahe einzigartiges und kostbares Symbol für die wachsenden Fertigkeiten der praktischen Künste.[37]

Das Unternehmen baute nur relativ wenige Autos, doch es verkaufte sie auf der ganzen Welt, und ab 1910 ließ es sie in Lizenz auch in Poughkeepsie im US-Bundesstaat New York produzieren. Ein in Amerika hergestellter Fiat kostete zwischen 4500 und 5500 Dollar (143 000 bis 175 000 Dollar im Jahr 2024), war also eine echte Luxuskarosse.[38] Die Werbung des Unternehmens

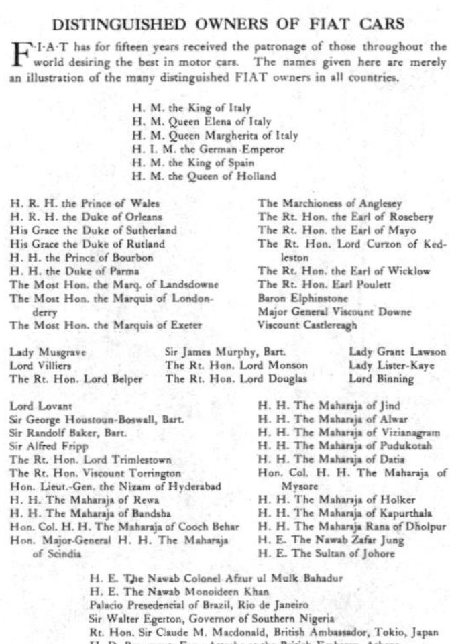

Vor der Massenproduktion:
Fiat-Werbung für amerikanische Kunden.

zeigte die reichen und mächtigen Besitzer seiner Fahrzeuge: die Königin von Holland, den Nizam von Hyderabad, den Prinzen von Wales und andere.

Durch die Belieferung dieses profitablen, aber begrenzten Marktsegments wurde Fiat ein erfolgreicher Hersteller, der andere italienische Autohersteller schnell überflügelte. Dennoch begannen Agnelli und seine Mitstreiter um 1910, alle Aspekte ihres Geschäfts neu zu durchdenken. Die wesentlichen Impulse dafür kamen aus der amerikanischen Stadt Detroit. Agnelli hatte das aufstrebende industrielle Zentrum mit seiner Handvoll Autohersteller 1906 zum ersten Mal besucht. Was er dort zu sehen bekam, begeisterte ihn so, dass er in regelmäßigen Abständen zurückkehrte, unter anderem in den Jahren 1909, 1911 und 1912, als er die gerade eröffnete Fabrik in Highland Park besuchte und erstmals mit dem amerikanischen Autogenie Henry Ford zusammentraf, dessen Arbeit ihn mehr als die von irgendjemand sonst in den Bann schlug.[39] Er entwickelte ihm gegenüber eine solche Verbundenheit, dass er ein Foto von einer ihrer späteren Begegnungen auf dem Schreibtisch stehen hatte.

Was Agnelli in Detroit sah, war tatsächlich atemberaubend. Von den Fleischverarbeitungsfabriken von Chicago und Cincinnati auf die Idee gebracht, hatte Ford mit der Fließfertigung von Automobilen begonnen oder mit der «planmäßigen Vorwärtsbewegung des Erzeugnisses durch den Betrieb», wie er es nannte.[40] Seit dem Jahr 1908 bewegte er die Erzeugnisse und nicht mehr die Arbeiter durch die Fabrikhalle. Dann, 1913, machte er den

Revolutionäre in Anzügen: Giovanni Agnelli (rechts) und Henry Ford, 1934.

revolutionären nächsten Schritt und stellte das Fahrzeug selbst auf ein Fließband. Damit das Konzept aufging, sorgte er dafür, dass alle bei der Herstellung benutzten Teile identisch und damit austauschbar waren und dass bei jedem Schritt im Produktionsprozess eigens für diesen Schritt angefertigte Maschinen zum Einsatz kamen. Damit ging Ford über Taylors wissenschaftliches Management hinaus und konzentrierte sich auf den Fabrikationsprozess und die Maschine, dadurch optimierte er die Bewegungen der Arbeiter.

Als die «Fabrik eine einzige riesige, integrierte Maschine geworden war», explodierte die Produktivität: Vor der Einführung des Fließbands hatten die Arbeiter bei Ford etwa zwölfeinhalb Stunden gebraucht, um ein Automobil zusammenzubauen, danach konnten sie dieselben Tätigkeiten in nur 93 Minuten erledigen.[41] Natürlich war die Fließfertigung zuvor schon in anderen Branchen eingeführt worden, nicht nur in der Fleischverarbeitung, sondern auch in der Zigarettenproduktion und in der Eisen- und Stahlindustrie. Fords genialer Schritt bestand jedoch darin, dass er dieses Verfahren auf eines der kompliziertesten Werke der Ingenieurskunst anwandte, die je erfunden worden waren. Und das mit spektakulärem Erfolg: Ford, der «Automobil-Pionier», den John Dos Passos als «von Maschinen jederlei Art besessen» bezeichnet hatte, warf 1914 250 000 Exemplare vom Model T auf den Markt und produzierte bis 1927 insgesamt 15 Millionen Autos – zu rapide sinkenden Preisen.[42] Es war eine welthistorische Revolution.[43]

Was Agnelli insbesondere in Highland Park gesehen hatte, brachte ihn auf Gedanken. Und so entwickelte auch er eine radikal neue Art von Fabrik und eine radikal neue Art, seine Fiats zu produzieren. Angefangen mit dem Bau des Lingotto-Projekts im Jahr 1916 konzipierte er mit seinen Ingenieuren «eine neue Fabrik amerikanischen Stils».[44] Während des Krieges war Fiat ein wichtiger Lieferant der italienischen Streitkräfte geworden und in der Folge erstaunlich schnell gewachsen: Bei Kriegsende arbeiteten etwa 14 000 Frauen und Männer für das Unternehmen. Es war klar geworden, dass eine effizientere Organisation der Fertigung enorme Möglichkeiten bieten würde.[45]

Auf der Suche nach einem neuen Weg, seine Firma auf dem italienischen und dem europäischen Markt zu positionieren, fand Agnelli in Bernardino Maraini, einem von Fiats Chefingenieuren, einen wichtigen Mitstreiter. Maraini fuhr 1918 in die Vereinigten Staaten, um die «amerikanische Herstellung» besser zu verstehen. In dem Bericht, den er nach seiner Rückkehr schrieb, betonte er die enormen Kostenvorteile, die die Amerikaner mit «ihrer großartigen Serienproduktion» erzielten.[46] Er versicherte zwar stolz, dass die Fahrzeuge von Fiat dank der «Genialität» der Konstruktion und «der großen Qualität unserer Arbeiter» «besser sind als die der Amerikaner», aber er war sich darüber im Klaren, dass die neue Art der Herstellung, die in Detroit erstmals zur Anwendung kam, die Amerikaner befähigte, ihre Autos billiger und deshalb in viel größerer Zahl zu verkaufen.[47] Er lobte die «Großartigkeit der amerikanischen Autoindustrie» und war beeindruckt von der amerikanischen Jagd nach «maximaler Effizienz», die wegen der überschaubaren Zahl von Modellen und der Standardisierung der Teile, ja sogar der Karosserie, erfolgreich war.[48] Die Amerikaner, fasste er zusammen, produzierten eine «höchst bemerkenswerte Ware»: Die US-Autoindustrie habe den «Glanz der Vollkommenheit».[49]

Folgerichtig riet Maraini seinem Chef, «große Serien» zu produzieren und eine «große Basis» zu beliefern.[50] Um auszumalen, wie radikal anders die Zukunft der Autoproduktion in Italien durch eine Imitation Fords aussehen könnte, schilderte er detailliert die amerikanischen Fertigungstechniken und betonte den großen Umfang der Produktion, die Standardisierung der Produkte, die extreme Spezialisierung der Maschinen und Fords Fähigkeit, ein immer noch billigeres Produkt auszustoßen, oder kurz gesagt, seine «kolossale Produktion».[51]

Das Geheimnis seines Erfolgs war laut Maraini «die Bewegung der Materialien» durch «das automatische Beförderungssystem». Das Material «kommt in einem kontinuierlichen Strom in der Fabrik an; bei der Montage müssen ein oder mehrere Arbeiter ihre Aufgabe in der Zeit erledigen, in der sich das Material durch ihren Bereich bewegt». Deshalb «wird es notwendig sein, für unsere neuen Werkhallen in Lingotto sowohl für den Transport als auch für die Montage geeignete Materialbeförderungssysteme zu entwickeln, zumal die neuen Gebäude [...] für diesen Zweck gut geeignet sind».[52]

Bei späteren Besuchen in Detroit staunten die Fiat-Ingenieure immer noch über die Verfügbarkeit präzise gearbeiteter und absolut gleicher Teile; sie sahen einen «strahlenden Glanz von Aktivität, der sich dadurch manifestiert, dass er in alle Länder vordringt».[53] Fiat müsse sich dieser Herausforderung stellen, schlossen die Ingenieure. «[D]ie Zeit ist knapp, der Kampf ist hart, aber das Vertrauen ist groß: Wir müssen Erfolg haben.»[54]

Sowohl inspiriert als auch alarmiert machte sich Agnelli mit seinem Team daran, die Herstellung radikal neu zu organisieren. Auf spezialisierte Maschinen, das Fließband und Serienproduktion bauend, ging Lingotto im März 1923 in Betrieb – ein Tempel der «rationalen Organisation des Arbeitsprozesses, bei der jeder unnötige Transport von Materialien vermieden wird».[55] Gleichzeitig ermöglichte eine erhebliche Verschärfung der Arbeitsüberwachung «die Kontrolle der Bearbeitungszeiten und der Gleichmäßigkeit der Endmontage, wodurch Stauungen und fehlender Nachschub bei den Bauteilen sofort sichtbar wurden».[56] Die Fabrik war zu einer komplizierten Maschine geworden, in der spezialisierte Arbeiter spezialisierte Maschinen bedienten und ein Produkt zusammenbauten, das sich in ständiger Bewegung befand.[57]

Dank dieser Innovationen produzierte Fiat sehr viel mehr Autos zu sehr viel niedrigeren Preisen als je zuvor: Zwischen 1922 und 1932 vervierfachte sich die Zahl der Automobile auf den italienischen Straßen hauptsächlich durch die Produktion von Fiat. Sein Marktanteil in Italien lag in den 1920er und 1930er Jahren bei mehr als 80 Prozent. Hatte 1907 noch einer von 5554 Italienern ein Auto besessen, war es 1925 schon einer von 335. Und dazu kam der Export: Als eine der ersten europäischen Firmen, die mit fordistischen Methoden fertigten, exportierte Fiat mehr als 70 Prozent seiner Fahrzeuge. Im Jahr 1926 führte man mit dem in Lingotto gebauten Fiat 509 ein neues Modell ein und erzielte einen rauschenden Erfolg – auch weil man den Kunden eine Ratenzahlung ermöglichte.[58]

Hinter all den technischen Wundern verbarg sich freilich eine Grundwahrheit: Das wesentliche Moment der Produktivitätssteigerung in Lingotto war die neue Arbeitsorganisation. Diese war teilweise politisch motiviert: In den «roten Jahren» nach dem Ersten Weltkrieg hatte Fiat weitgehend die Kontrolle über seine rapide wachsende Belegschaft und sogar über seine Fabriken verloren, weil die Fiat-Arbeiter zur Avantgarde der italienischen Arbeiterbewegung wurden. Als Reaktion auf Streiks feuerte Fiat Tausende von Arbeitern, vor allem Aktivisten. Außerdem übernahm Agnelli eine führende Rolle bei der Organisation der italienischen Industriellen, als er 1919 den Arbeitgeberverband AMMA (Aziende Meccaniche Meccatroniche Associate) gründete, um die politische Initiative wiederzugewinnen.[59]

Nachdem die Bedrohung durch eine Revolution gebannt war, verdoppelte Fiat seine Anstrengungen, die Arbeitskraft seiner Beschäftigten zu kontrollieren. Die hochqualifizierten Handwerker, die früher so wichtig gewesen waren, verloren stark an Bedeutung. «Spezialisierte Arbeiter» oder Maschinenbediener, die eine bestimmte Maschine bedienten oder einen bestimmten Arbeitsprozess durchführten, ersetzten die berühmten unabhängigen Facharbeiter.[60] Die neuen Beschäftigten waren meistens jung, männlich und ungebunden.[61] Laut der Tageszeitung *La Stampa* war «der Arbeiter eine Art Zelle, die einem bestimmten Platz zugeordnet ist. Oft hat er nicht mehr als ein oder zwei Quadratmeter, um sich zu bewegen. Er muss sich nicht bewegen, er darf es nicht. Jede nutzlose Bewegung wäre ein Verlust oder eine Verschwendung von Energie.»[62]

Dass eine neue Arbeitsorganisation wichtig war, gehörte zu den wesentlichen Erkenntnissen, die Fiat-Ingenieure wie Maraini aus den Vereinigten Staaten mitbrachten.[63] Bei Ford hatte der Arbeiter immer alles benötigte Material zur Hand, sodass er «all seine körperliche und geistige Energie der ihm aufgetragenen Arbeit widmen konnte».[64] Am besten für das Unternehmen war jedoch, dass die teuren «individuellen handwerklichen Fertigkeiten nur begrenzt erforderlich sind und die große Masse der Arbeiter größtenteils aus der mittleren Kategorie besteht, mit nur wenigen Facharbeitern und nur wenig körperlicher Arbeit».[65] In seinem Bericht von 1919 schilderte Maraini die «Intensität der individuellen Arbeit» in den amerikanischen Fabriken. Sie sei «heftig und geht mit einer beinahe fieberhaften Geschwindigkeit vonstatten», die Beschäftigten seien «von dem Gedanken geplagt, [die Produktion] zu steigern».[66] Solch eine Kontrolle der Arbeiter sei notwendig, schrieb er, «um unsere Produktion so zu steuern, dass sie ebenfalls kontinuierlich und konsequent wie eine Mechanik funktioniert, bei der jedermann verpflichtet ist, eine bestimmte Arbeit in einer bestimmten Zeit und auf eine bestimmte Art zu verrichten».[67] Für Maraini war das Schöne an dem System, dass «der unfähige, untaugliche Arbeiter, der träge und langsame Arbeiter, nicht dabeibleiben kann, er wird automatisch durch die Mechanik ausgeworfen».[68]

Maraini hoffte auf eine Fabrik, in der «das Produkt der so organisierten, gleichförmigen Arbeit unabhängig von den größeren oder geringeren Fähigkeiten der Arbeiter mit sich selbst identisch ist. Der Arbeiter ist zwar noch der intelligente Teil der Maschine, hat aber keine persönliche oder individuelle Wichtigkeit mehr, sondern nur noch eine kollektive. Er kann genauso leicht ersetzt werden wie ein Zahnrad in einer Maschine.»[69] Um dies zu erreichen, mussten die Arbeiter laut Maraini umerzogen werden. Tayloristische Konzepte zur Koordination, dem Zeitmanagement und der Verlagerung von Kompetenzen der Arbeiter auf das Management waren für die Arbeitsorganisation bei Fiat zwar ebenfalls unentbehrlich. Aber die im Taylorismus so unverzichtbare Akkordarbeit wurde abgeschafft; die Arbeiter wurden Anhängsel der Maschinen und verloren die Kontrolle über das Arbeitstempo.[70]

Kein Wunder, dass diese Strategien den Arbeitern bei Fiat große Sorgen machten. Sie fürchteten Arbeitslosigkeit, eine massive Verschärfung des Arbeitstempos und den Verlust der Kontrolle über ihre Arbeit. Sie wussten, dass die grundlegende Idee bei Ford darin bestand, das Arbeitstempo des Bedienungspersonals so zu beschleunigen, dass es mit den Maschinen Schritt halten konnte, und dass ihre Detroiter Kollegen deshalb unter einer «Forditis» genannten Krankheit litten. Die Arbeiter bei Ford hatten mit den Füßen abgestimmt: Bis 1913 betrug die Fluktuation in der Belegschaft extreme 370 Prozent, und Ford war gezwungen, täglich zahlreiche neue Arbeiter einzustellen. Diese waren zu 71 Prozent Immigranten, die erst kurz zuvor aus den ländlichen Gebieten Europas in die Vereinigten Staaten gekommen waren. Jeden Tag erschien ein Zehntel der Beschäftigten nicht zur Arbeit – ein riesiges Problem für das Management.

Ford reagierte darauf, indem er höhere Löhne bot (den berühmten «Five-Dollar Day») und sich stark in den Alltag der Arbeiter einzumischen begann. Er richtete in seinem Unternehmen eine «Soziologische Abteilung» ein, die sich mit der Familiendynamik und den Gewohnheiten der Arbeiter, wie dem Alkoholkonsum, befasste.[71] Antonio Gramsci war entsetzt und warnte, Fords Projekt sei nichts Geringeres als der Versuch, «eine neue Art Mensch zu erfinden, der für eine neue Art von Arbeit und Produktionsprozess geeignet ist».[72] Er betonte, dass «die neuen Arbeitsmethoden untrennbar mit einer bestimmten Art zu leben, zu denken und das Leben zu fühlen verbunden sind».[73]

Die Umgestaltung der Arbeit zog auch eine der Arbeiterklasse Turins nach sich. Wegen des stark gestiegenen Absatzes suchte Fiat neue Arbeitskräfte und profitierte dabei primär von der Landflucht. Die ländlichen Gebiete Italiens steckten in einer tiefen Krise, weil die Bauern nicht mit den Kornkammern des amerikanischen Westens oder den Viehfarmen der argentinischen Pampa konkurrieren konnten. Bauern, die früher nach Brasilien, Argentinien oder in die Vereinigten Staaten emigriert wären, gingen nun zu Fiat, wo sie angelernte Fabrikarbeiter wurden – etwa die Hälfte der Fiat-Arbeiter waren «Maschinenbediener».[74] Gramscis «neue Art Mensch» war zu einem Massenphänomen geworden und bildete eine neue Arbeiterklasse. Sie konnte auch auf neue Weise diszipliniert werden, sogar von den Maschinen selbst – was Agnelli mit seinem militärischen Hintergrund entgegenkam.[75]

Damit die Maschinen verlässlich über die Arbeiter herrschen konnten, musste der Arbeitsvorgang mit einer neuen bürokratischen Intensität gemanagt werden, die dem damaligen Wachstum der staatlichen Bürokratien entsprach. Fiat führte eine ausgeklügelte Buchführung ein, die es erlaubte, die Kosten jedes Produktionsprozesses festzustellen. Diese Bürokratisierung führte wiederum zur Entstehung einer neuen Gruppe von Bürokräften, was ebenfalls zur Umgestaltung der Arbeiterklasse beitrug und Frauen neue Berufschancen eröffnete. Im Dezember 1923 beschäftigte Fiat insgesamt 890 solche Kräfte, und zwar größtenteils Frauen. Die Verwaltung der Arbeiter wurde zu einer großen Aufgabe der Bürokratie; so versuchte man unter anderem, die Belegschaft des Unternehmens statistisch und informationstechnisch zu verstehen und die Arbeitskosten zu berechnen. Dabei wurde die Büroarbeit selbst rationalisiert, neue Maschinen und Technologien hielten

Management der Massenproduktion:
Bürokräfte in der Lingotto-Fabrik von Fiat, 1923.

Einzug: Rechenmaschinen, Diktafone, Telefone, Registrierkassen, Rohrpost und Klassifizierungssysteme für die Dokumentenablage.[76]

Doch das Management der so stark gewachsenen Arbeiterklasse wurde nicht allein der Logik der Maschinenproduktion überlassen. Fiat wollte sie auch auf anderen Wegen integrieren und stabilisieren. Ebenso wie Ford bezahlte das italienische Unternehmen seine Fabrikarbeiter ungewöhnlich gut. Außerdem institutionalisierte es in den 1920er Jahren eine Vielfalt sozialer Güter und Dienstleistungen: eine Gesundheitsversorgung für die Arbeiter, eine Schule für die Lehrlinge, Sportgruppen und vieles mehr. Fiat baute einen firmeneigenen Wohlfahrtsstaat auf, der die Beschäftigten am Ende von der Wiege bis zur Bahre begleitete und sogar einen Skiresort in den nahe gelegenen Alpen umfasste.[77] Turin wurde so zu einer Art Firmenstadt, in der Fiat alles beherrschte, auch die Zeitungen, die Geschäfte, die Fußballclubs und die Versicherungsgesellschaften.

Trotz aller Energie und Kreativität waren Agnelli und seine Ingenieure wie alle Revolutionäre des 20. Jahrhunderts entscheidend auf die Unterstützung des Staates angewiesen. Der Staat stellte einen Teil des Kapitals zur Verfügung, den die Privatbanken nicht zu geben bereit waren. Außerdem hatte er Fiat in den ersten Jahren sehr großzügige Steuererleichterungen bewilligt, Aufträge für das Militär vergeben, die die Werke am Laufen hielten, und den institutionellen Rahmen für die «Regulierung von Konflikten durch die Zentralisierung von Tarifverhandlungen» gesetzt.[78] Importrestriktionen und Zölle schränkten den Wettbewerb auf dem heimischen

Markt ein. Und schließlich stellte der Staat auch die grundlegende Infrastruktur für das Auto zur Verfügung: Straßen und Tankstellen. Im Jahr 1926 wurde das Staatsunternehmen Azienda Generale Italiana Petroli (Agip) gegründet, das die Produktion von Benzin erhöhen und dessen Vertrieb in Italien verbessern sollte.[79]

Fiat und ähnliche Unternehmen anderswo (wie der französische Autohersteller Citroën, bei dem 1919 die Fließbandproduktion begann) organisierten nicht nur den Industriekapitalismus, sondern auch die Gesellschaft neu. Das bezeugen zahlreiche Kommentare von Philosophen, Journalisten und Künstlern wie Gramsci, Piero Gobetti und den Futuristen. Für sie war Lingotto das Symbol einer neuen Rationalität, einer neuen Ordnung und neuer Maßstäbe, die aus dem Ersten Weltkrieg hervorgegangen waren, und eine Reaktion auf das Chaos der Nachkriegszeit.[80] Fiat, darin waren sie sich einig, stand für eine neue Art und Weise, die Industriegesellschaft zu organisieren – und sie wies wohl oder übel in die Zukunft.

Niemand entwickelte eine populärere Theorie über die neue Gesellschaft als Henry Ford. Seine 1922 von einem Ghostwriter geschriebenen Memoiren *Mein Leben und Werk* wurden in 16 Sprachen übersetzt und auf der ganzen Welt gelesen. In 29 kurzen Kapiteln versuchte er das Rätsel zu lösen, an dem die meisten Beobachter des Industriekapitalismus gescheitert waren: Wie versöhnt man Ungleichheit und permanente Proletarisierung mit dem umgestalteten Kapital? Im Jahr 1930 verkündete er, hohe Löhne und kürzere Arbeitszeiten seien unverzichtbar, um den Konsum zu fördern und dadurch Märkte für die Industrie zu schaffen. Er vertrat die Vision des Produzentismus, in der die Vorzüge des Produktivkapitals eine wichtige Rolle spielten und zu der eine scharfe Kritik am liberalen Kapitalismus im Allgemeinen und der Finanzindustrie im Besonderen gehörte – oft mit antisemitischer Tendenz. Auf seine Weise war der von Gramsci so genannte Fordismus eine populistische Revolte gegen den Finanzmarktkapitalismus, und tatsächlich finanzierte Ford seine Expansion nicht über die Wall Street, sondern über reinvestierte Gewinne.[81]

Nicht nur für Ford war in Branchen mit Massenproduktion die Nachfrage entscheidend. Auch andere Unternehmer fanden die Theorie einer Verbindung von Massenproduktion und Massenkonsum zunehmend überzeugend. Im Jahr 1924 vertrat der Bostoner Kaufhausbesitzer Edward Filene die Ansicht, es sei Ziel des Geschäftslebens, «sowohl wohlhabende Kunden als auch verkäufliche Güter» zu produzieren, weil eines das andere bedinge.[82] Auch NS-Ideologen machten sich Fords Vision zu eigen: Integration der Produktion, Ausschaltung des Zwischenhandels, niedrige Preise und

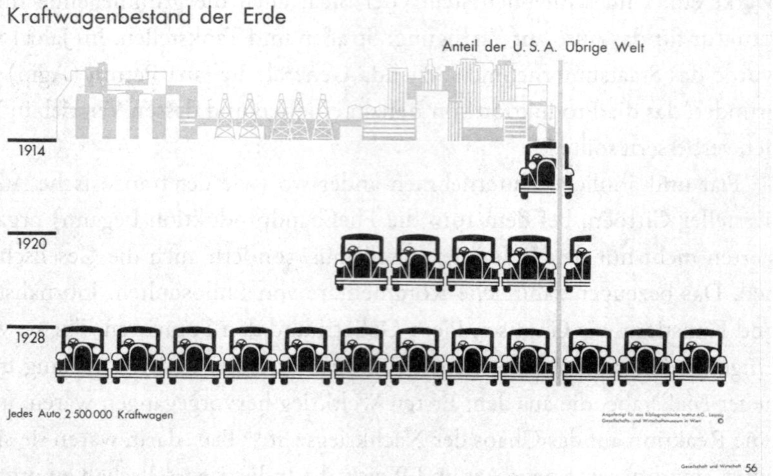

Die Autoindustrie übernimmt das Kommando: Kraftwagenbestand der Erde, 1930.

Massenkonsum. Sie erkannten, welchen Produktivitätsfortschritt ein solches System bewirken konnte, und wollten ihn nutzen.[83]

Die sowjetischen Wirtschaftsplaner waren von Ford ebenso begeistert und holten Ingenieure und Arbeiter von Ford in erheblicher Zahl ins Land. Die Linke war in Bezug auf den Fordismus generell gespalten: Ein Teil feierte das System als entscheidenden Schritt auf dem Weg zur Emanzipation des Menschen, der andere verurteilte es, weil es die Arbeiter entmenschlichte, sie zu bloßen Anhängseln ihrer Maschinen machte. Angelo Tasca, Gründungsmitglied der Partito Comunista Italiano (PCI), bewunderte wie viele Sozialisten seiner Generation die «erstaunliche technische Perfektion» von Lingotto, betonte aber gleichzeitig, dass «die Klasse der Arbeiter und Bauern» eine «energische Kontrolle» ausüben und «stabile wirtschaftliche Macht» erringen müsse, um das emanzipatorische Potenzial der neuen Produktionsform zu nutzen.[84]

Egal, ob man Lingotto und ähnliche Orte für kapitalistische Utopien oder Dystopien hielt (oder für einen Schritt auf dem Weg zum Sozialismus, wie es Josef Stalin tat, der vermutlich weltweit brutalste Verfechter der Industrialisierung), sie sprachen jedenfalls für die Vitalität des Kapitalismus, für seine Fähigkeit, das Wirtschaftswachstum anzukurbeln, und seine verblüffende technische Innovationsfähigkeit. Die Produktivität wuchs rasant. Und nicht nur Autos füllten zunehmend die Straßen. Eine Fülle von Haushaltsgeräten, elektrischen Produkten, chemischen Verbindungen und vielen anderen neumodischen Dingen überschwemmte die Haushalte in einem beträchtlichen, wenn auch noch begrenzten Teil der Welt. Fiat war ein Innovator in einem Meer traditioneller Produzenten, doch es war nicht der einzige.

Schriftsteller und Künstler sprachen von der Modernität ihres Zeitalters und porträtierten eine Maschinenzivilisation, in der sowohl wunderbare als auch destruktive neue Technologien das Leben des Durchschnittsmenschen revolutionierten. Charlie Chaplins 1936 gedrehter Film *Modern Times* zeigte Arbeiter, die auf Gnade und Ungnade ihren Maschinen ausgeliefert waren. Der mexikanische Wandmaler Diego Rivera fertigte 1932/33 eine Reihe von aufwändigen Wandgemälden für das Detroit Institute of Arts an (die größtenteils von dem Autoerben Edsel Ford bezahlt wurden), die von seiner Bewunderung sowohl für die technischen Wunderwerke seines Zeitalters als auch für den Widerstand gegen sie zeugen. Die britische Schriftstellerin Virginia Woolf machte die Zerrissenheit und das Fragmentierte der modernen Existenz sichtbar und machte deutlich, dass die Moderne trotz all ihrer Versprechungen wenig an den konventionellen Geschlechtererwartungen der Zeit geändert hatte. Der amerikanische Romancier John Dos Passos schilderte in seiner USA-Trilogie eine Welt, in der die kapitalistische Logik in fast alle Bereiche des Lebens einsickert, was bei seinen Protagonisten zu Entfremdung und Haltlosigkeit führt. Die futuristischen Dichter und Maler Italiens, wie Filippo Tommaso Marinetti, Umberto Boccioni und Giacomo

Massive soziale Ungleichheit, eine der Voraussetzungen der Weltwirtschaftskrise, blieb ein Kennzeichen der 1920er Jahre: *Zeitungsträger*, Georg Scholz, 1924.

Balla, feierten die Geschwindigkeit und Technik, aber auch die Gewalt der neuen Ordnung.[85]

Doch alle Hoffnungen auf das befreiende Potenzial der neuen Technologien, die diese Großexperimente geweckt hatten, scheiterten an den schweren sozialen, kolonialen und nationalen Spannungen, die nach dem Ersten Weltkrieg ungelöst blieben. Ein Grund dafür war die Insularität der fordistischen Revolution: Sie blieb auf ein paar wenige Regionen in den industriellen Kerngebieten der Welt konzentriert. Selbst in den Vereinigten Staaten vollzog sich ein Großteil des Wirtschaftslebens weiterhin außerhalb des fordistischen Paradigmas. Nur schätzungsweise 29 Prozent der Amerikaner konnten sich die meisten der neuen Konsumgüter leisten; Südstaatler, Afroamerikaner, indigene Amerikaner und andere blieben von dem Verbraucher-Utopia ausgeschlossen. Die Vereinigten Staaten zeichneten sich durch einen besonders schlecht integrierten Arbeitsmarkt mit starken regionalen Unterschieden aus. In einigen Teilen des Landes zahlten fordistische Fabriken gute Löhne an die Hersteller von Massenkonsumgütern, aber in anderen war die Wirtschaftsordnung von Schuldknechtschaft, Sträflingskolonnen und der Vermietung von Häftlingen geprägt. Tatsächlich unterschied sich die Mobilisierung von Arbeitskräften im amerikanischen Süden nicht allzu sehr von der im kolonialen Afrika.[86] Oder wie es der Sekretär der International Federation of Textile Workers' Associations beim 12. Internationalen Kongress der Organisation 1928 in Gent formulierte:

> Die vielleicht merkwürdigste internationale Entwicklung ist die in den Vereinigten Staaten. Dort wurden im Baumwollgürtel Fabriken gebaut, wo die Arbeiter zu langen Arbeitszeiten veranlasst werden können und die Löhne im Vergleich zu denen in den Staaten Neuenglands jämmerlich niedrig sind. Arbeitszeiten und Löhne in den beiden Teilen der Vereinigten Staaten zu vergleichen, ist fast, als vergliche man Europa mit einigen Ländern des Fernen Ostens.[87]

Diese frappierende Ungleichheit verschärfte sich in den 1920er Jahren noch und trug zur Instabilität der zunehmend konsumgetriebenen industriellen Kerngebiete bei. In den Vereinigten Staaten gingen etwa 50 Prozent aller Einkommen an die zehn Prozent Spitzenverdiener, 22 Prozent allein an das eine Prozent an der Spitze. Die Ungleichheit der Vermögen verschärfte sich zunehmend und erreichte ein noch höheres Niveau: Hatte das reichste Prozent aller Amerikaner 1923 noch 35 Prozent aller amerikanischen Vermögenswerte besessen, so gehörten ihm 1938 52 Prozent. Damit waren 84 Prozent des

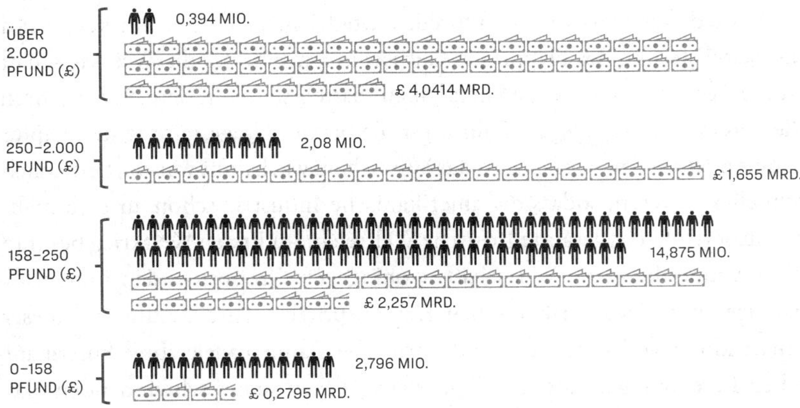

Ungleichheit in Großbritannien: Verteilung der persönlichen Einkommen, 1929.

Reichtums in den Händen der reichsten 10 Prozent aller Amerikaner konzentriert. In Großbritannien verdienten im Jahr 1929 nur zwei Prozent aller Haushalte fast die Hälfte der Einkommen.[88]

Auch andere Spannungen setzten den industriellen Kerngebieten in den Goldenen Zwanzigerjahren zu. In der Landwirtschaft, wo immer noch der weitaus größte Teil der Menschheit arbeitete, machten die hohe Verschuldung und fallende Preise für Agrarprodukte den Bauern das Leben immer schwerer. Als sich die Landwirtschaft industrialisierte und in einigen Teilen der Welt ertragreicher wurde, konnten die Bauern in den weniger entwickelten Regionen nicht mehr mithalten und flohen massenweise vom Land in die Stadt. Insbesondere viele europäische Bauern litten unter dem Wettbewerb mit den landwirtschaftlichen Erträgen in Kanada, Australien, Argentinien, Russland und den Vereinigten Staaten. Da die Produktivität der Landwirtschaft immer mehr zunahm, konnten immer weniger landwirtschaftliche Arbeitskräfte eine immer größere Zahl von Städtern mit Nahrung versorgen.

Außerdem zeigte sich schon in den frühen 1920ern die Anfälligkeit der Weltwirtschaft: Eine schwere Inflation in weiten Teilen Ost- und Mitteleuropas, vor allem in Deutschland, verursachte großen wirtschaftlichen Schaden und vernichtete fast die gesamten Ersparnisse des Mittelstands. Und obwohl sich die Preise nach 1924 stabilisierten und die Welt bis 1929 ein schnelles Wachstum verzeichnete, stand die Weltwirtschaft, weil sie von kontinuierlichen amerikanischen Kapitalspritzen abhängig war, auf tönernen Füßen.[89] Als besonders kritisch sollte sich erweisen, dass die Reparationen, die Deutschland nach dem Ersten Weltkrieg an Frankreich und Großbritannien zahlte, durch amerikanisches Kapital gedeckt waren.

Trotz dieser massiven strukturellen Ungleichgewichte nahm kein Land die Stabilisierung des klapprigen Gerüsts in Angriff, das die Weltwirtschaft zusammenhielt. Wie wir gesehen haben, hatten schon in den 1870er Jahren die Vereinigten Staaten die Führungsrolle bei der Umgestaltung des Kapitalismus übernommen, und auch das Wirtschaftswachstum war dort erheblich schneller gewesen, sodass die amerikanische Industrie schon ab 1916 mehr produzierte als das gesamte Britische Weltreich. Im Ersten Weltkrieg boomte die US-amerikanische Wirtschaft, wohingegen Großbritannien immer abhängiger von US-amerikanischen Kapitalspritzen wurde. Aufgrund dieser Entwicklung verkauften führende britische Banken viele ihrer amerikanischen Beteiligungen, oft zu Billigpreisen. Wegen seines schwindenden ökonomischen Gewichts war Großbritannien zunehmend weniger in der Lage, die Weltwirtschaft zu managen. Hatte die Bank of England einst eine zentrale Rolle bei der Regulierung des globalen Wirtschaftslebens gespielt, indem sie den Goldstandard stabilisierte und als Kreditgeber der letzten Instanz fungierte, so hatte sie diese Fähigkeit bis 1918 verloren.[90] Was folgte, war der «Große Brexit», wie es ein Historiker genannt hat: der Rückzug Großbritanniens als globale Hegemonialmacht, die willens und fähig war, die Weltwirtschaft zu steuern.[91]

Obwohl der Aufstieg der Vereinigten Staaten in der Weltwirtschaft laut einer Einschätzung von Alexander D. Noyes, Wirtschaftsredakteur der *New York Times*, im Jahr 1932 die «vielleicht dramatischste Transformation in der Wirtschaftsgeschichte war», füllte das Land die Lücke in der Führung nicht aus, die Großbritannien hinterlassen hatte.[92] Oder wie es der britische Ökonom und liberale Politiker Hubert Henderson im Sommer 1932 formulierte: «Eine wesentliche Ursache der weltweiten Schwierigkeiten besteht darin, dass London bei der Wahrnehmung jener lebensnotwendigen Funktion [die globale Zahlungsfähigkeit zu gewährleisten] gescheitert ist und kein anderes Zentrum willens und in der Lage ist, sie zu erfüllen.»[93] Ein entscheidendes Versagen der US-amerikanischen «Führung» in den 1920er Jahren bestand darin (abgesehen davon, dass sie auf der Rückzahlung von Kriegsschulden bestand), dass sie in den Jahren 1921, 1922 und, am extremsten, 1930 die Zölle erhöhte und den Kreditnehmern dadurch die Möglichkeit nahm, durch Exporte für die wohlhabenden amerikanischen Verbraucher das Geld zu verdienen, mit dem sie ihre Schulden in den Vereinigten Staaten hätten begleichen können. Der Protektionismus spielte bei der Vertiefung der Weltwirtschaftskrise eine Schlüsselrolle.

Im Herbst 1929 brach das wacklige Gebäude des globalen Kapitalismus zusammen. Fast alle Menschen, die in den späten 1920er und frühen 1930er Jahren gelebt hatten, erinnerten sich später an diese Jahre als besonderes Ereignis, das oft drastische Auswirkungen auf ihre eigene Biografie hatte – ein Beweis dafür, dass der Kapitalismus immer stärker in die globale Gesellschaft einsickerte. Die wirtschaftlichen, sozialen und politischen Folgen der Depression waren verheerend und stellen die bis heute schwerste Krise des Kapitalismus dar. Die Große Depression oder Weltwirtschaftskrise, wie das Phänomen später bezeichnet wurde, war ein wirklich globales Ereignis, das sich auf das gesamte Imperium des Kapitals erstreckte. Da sich der Herzschlag des Kapitalismus, im Guten wie im Schlechten, weltweit synchronisiert hatte, waren die Folgen des Abschwungs umso gravierender.

Das ist klar zu erkennen, wenn wir uns einige Orte erneut ansehen, die wir schon einmal besucht haben. Als auf Barbados der Preis für Zucker zusammenbrach, der immer noch das wichtigste Erzeugnis der Insel war, kam es zu einer Reihe von Aufständen. In Niederschlesien zog die Weltwirtschaftskrise in der Umgebung der Stadt Jelenia Góra eine Pleitewelle bei Handwerkern, kleinen Ladenbesitzern und Bauern nach sich – mit der Folge, dass viele von ihnen ab den frühen 1930er Jahren die Nationalsozialistische Deutsche Arbeiterpartei (NSDAP) unterstützten, die versprach, ihnen wieder auf die Beine zu helfen. Als in Bordeaux die Nachfrage nach edlem Rotwein ausblieb, mischten die Weinbauern ihre Trauben mit weniger edlen Sorten, um billigere Weine zu produzieren. Ja, sie rissen einem Teil ihrer Weingärten sogar die Languedoc-Reben aus und pflanzten weiße Trauben für die Weinherstellung, weil sie hofften, von diesem billigeren Wein mehr zu verkaufen.

In Haiti, dem ehemaligen Saint-Domingue, demonstrierten am 6. Dezember 1929 etwa 1500 Zollbeamte, Studenten und Bauern friedlich in dem Seehafen Les Cayes gegen die amerikanische Besatzung der Insel und die schlechte Wirtschaftslage, die auf die Schrumpfung des Kaffeemarkts zurückzuführen war. US-Marines eröffneten das Feuer auf die Demonstranten, töteten zwölf von ihnen und verwundeten dreiundzwanzig. In New York schliefen Tausende von Obdachlosen auf den Straßen der Stadt, und noch viel mehr aßen in den Suppenküchen. In Bengalen entließen die Besitzer der Jute-Fabriken ein Fünftel bis ein Drittel ihrer Arbeitskräfte. Im Saargebiet, wo die Kohle- und Stahlindustrie in der Krise steckte, gewann die Kommunistische Partei Deutschlands (KPD) 1932 23,2 Prozent der Stimmen und wurde zur zweitstärksten Partei der Region.

La Réunion wurde 1936/37 von einer Streikwelle überrollt, die sich auf die Bahn, die Werften, die Felder und die Zuckerraffinerien erstreckte und mit Polizeigewalt bekämpft wurde. Hokkaido führte in den ersten Jahren der Weltwirtschaftskrise staatliche Arbeitsprogramme ein, damit die wachsende Zahl von Arbeitslosen nicht auf der Straße landete. Im Senegal traf die Weltwirtschaftskrise den ländlichen Raum so hart, dass Tausende Landbewohner auf der Suche nach Arbeit in die Hauptstadt Dakar strömten und sich die Einwohnerzahl in den acht Jahren vor 1938 auf 92 600 verdoppelte.

Auf Java machten die Zuckerarbeiter Hungermärsche; in der vergeblichen Hoffnung, den Zuckerpreis hochzutreiben, setzten sie Zuckerlagerhäuser in Brand, damit dieser nicht auf dem übersättigten Weltmarkt landete. Auf derselben Insel wurden die prominenten indonesischen Nationalisten Mohammad Hatta und Sutan Sjahrir von der Kolonialregierung verhaftet, nachdem sie gegen die niederländische Besatzung und das von der Weltwirtschaftskrise verursachte Elend protestiert hatten. Sie wurden interniert und schließlich im Winter 1936 auf die ferne Insel Banda Neira deportiert. Im Jahr 1934 erschütterte eine Streikwelle im Transport- und Fernmeldewesen sowie in der Bankenbranche Rio de Janeiro. Allein die Leopoldina-Eisenbahn zwischen Rio de Janeiro und Minas Gerais wurde dabei von 22 000 Arbeitern bestreikt. In Turin wurden nur noch halb so viele Autos verkauft wie zuvor – der italienische Automarkt brach zusammen.[94]

Die Wellen, die über all diese Orte hereinbrachen, resultierten wie ein globaler Tsunami aus dem Zusammenbruch des industriellen Kerns. Zwischen 1929 und 1932 sank die Weltproduktion um 37,3 Prozent. Die Wirtschaftsleistung ging überall zweistellig und an manchen Orten sogar um ein Drittel zurück. Die Krise war global, ein Zusammenbruch der gesamten kapitalistischen Weltwirtschaft, aber es spielten auch zahlreiche nationale Krisen zusammen. In den Vereinigten Staaten verringerte sich die Industrieproduktion zwischen August 1929 und Oktober 1930 um 26 Prozent. Die Arbeitslosigkeit lag dort 1931 bei 16 Prozent, 1933 bei 25 Prozent. Ende 1930 hatte die Hälfte aller Textilarbeiter in Neuengland ihren Arbeitsplatz verloren. Bei der Ford Motor Company schrumpfte die Zahl der Beschäftigten um fast 70 Prozent. In Deutschland betrug die Arbeitslosenquote im Jahr 1931 34 Prozent, Ende 1932 womöglich sogar 44 Prozent. Als in Japan nach dem Crash die Preise für landwirtschaftliche Erzeugnisse (einschließlich der Preise für Baumwolle, Seide und Reis, die von entscheidender Bedeutung waren) um etwa 50 Prozent fielen, nahm die Erwerbslosigkeit stark zu; Schätzungen zufolge lag sie auf dem Höhepunkt der Krise zwischen 15 und 20 Prozent. In Südafrika sank der Nominalwert der Produktion zwischen 1929/30 und 1932/33 um 19 Prozent; dabei trafen die sozialen Auswirkungen die Schwarzen Arbeiter unverhältnismäßig stark. Das ägyptische Pro-Kopf-

Einkommen ging zwischen 1929 und 1937 um 9 Prozent zurück. Da die Industrieproduktion in Frankreich um 26 Prozent einbrach, sank auch das französische Bruttoinlandsprodukt (BIP) zwischen 1929 und 1932 um fast 15 Prozent. In Großbritannien fiel das BIP um 11 Prozent.[95]

Auch der internationale Handel brach zusammen. Die chilenischen Exporte sanken um mehr als 80 Prozent, die chinesischen um etwa 75, die bolivianischen und kubanischen um 70 bis 75 Prozent und die argentinischen, indischen und spanischen um 65 bis 70 Prozent. Auch die französischen und britischen Exporte brachen ein und hatten 1932 nur noch 40 Prozent des Umfangs, den sie drei Jahre zuvor gehabt hatten. Insgesamt schrumpfte der Welthandel laut dem Weltwährungsfonds bis 1932 auf 35 Prozent des Werts von 1929. Hatte er 1920 noch 10,84 Prozent des globalen BIP betragen, waren es 1935 nur noch 5,01 Prozent. Weil der Handel zusammenbrach, konnten viele Länder ihre Schulden nicht mehr bedienen und wurden zahlungsunfähig. Im Jahr 1931 war das bei allen lateinamerikanischen Ländern außer Argentinien der Fall. Im Jahr 1932 folgten Süd- und Osteuropa. Und im Jahr 1933 war auch Deutschland an der Reihe.[96]

Der massive Rückgang des Handels und der Produktion destabilisierte die nationalen Finanzsysteme. Die Aktienmärkte gerieten ins Trudeln, die Währungen erlebten wilde Kursschwankungen. Im Mai 1931 brachen die Bankensysteme nach und nach zusammen, zunächst in Osteuropa, dann in den mittleren und westlichen Teilen des Kontinents, bis die Entwicklung auch die Vereinigten Staaten, Mexiko, die Türkei und weitere Länder erfass-

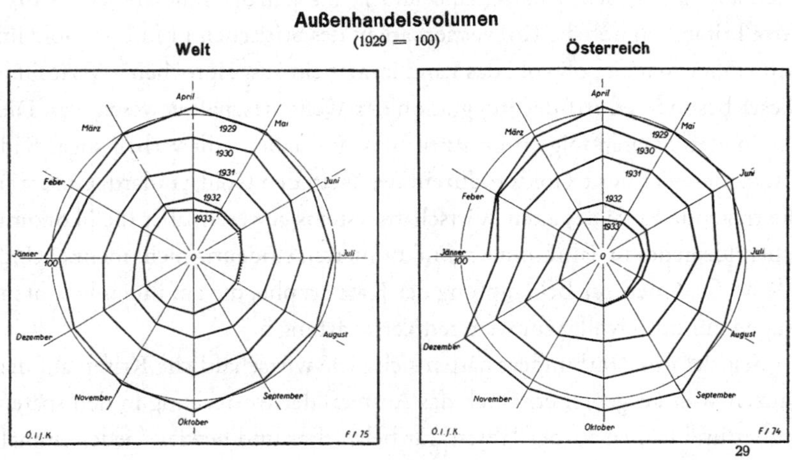

Während der Weltwirtschaftskrise stellte Oskar Morgenstern den Niedergang des Handels (hier für die Welt und Österreich) grafisch dar, was als seine «Spirale» berühmt wurde.

te. Allein in den Vereinigten Staaten gingen etwa 9000 Banken in Konkurs.[97] Als die Banken am Abgrund standen, versuchten die Kunden, ihr Geld abzuheben, was das System noch mehr destabilisierte. Im Juli 1931 schloss die deutsche Regierung die Banken für ein paar Tage. Im März 1933 machten alle US-amerikanischen Banken nach einer Verordnung Präsident Roosevelts eine Woche dicht.

Die politischen Reaktionen auf die Depression beschleunigten und verschärften deren Auswirkungen noch. Als die Krise auf Europa übergriff, versiegten die amerikanischen Kapitalzuflüsse. Da darauf die Erholung der Weltwirtschaft nach dem Ersten Weltkrieg fast ausschließlich beruht hatte, versuchten die europäischen Regierungen verzweifelt, den Kapitalabfluss zu stoppen und zu weiteren Investitionen zu ermuntern. Sie erhöhten Zinsen und Zölle, glichen den Staatshaushalt aus und ergriffen Sparmaßnahmen, um ihre Devisenreserven zu schützen – Strategien, die sie aus dem 19. Jahrhundert übernommen hatten. Selbst das traditionell für den Freihandel eintretende Großbritannien erhob Zölle und führte 1932 das Imperial Preference System ein, das den Handel mit Commonwealth-Staaten begünstigte.[98]

Dass die Regierungen ihre Währungen in Bezug auf den Goldpreis stabilisieren mussten, schränkte ihren Handlungsspielraum weiter ein. Aber trotz aller Anstrengungen war der Goldstandard nicht zu halten. Ein Land nach dem anderen geriet in eine Zahlungsbilanzkrise und war zu einer Abwertung seiner Währung gezwungen, um die Exporte günstiger und die Importe teurer zu machen, was wiederum andere Länder veranlasste, den Goldstandard ebenfalls aufzugeben. Deutschland und Japan vollzogen diesen Schritt 1931. Großbritannien hob die Konvertierbarkeit des britischen Pfunds in Gold im September 1931 auf, obwohl das Land immer ein ausgesprochener Verfechter dieser besonderen Art der Integration der Weltwirtschaft gewesen war. Die Vereinigten Staaten folgten im April 1933. Im selben Jahr verließ sogar Südafrika, der wichtigste Goldproduzent der Welt, den Goldstandard. Gold war die tragende Säule des alten Wirtschaftssystems gewesen, aber die ökonomischen Ideen des 19. Jahrhunderts funktionierten eindeutig nicht mehr.[99] Und alle Maßnahmen zur Bekämpfung der Katastrophe, die auf ihnen beruhten, trugen nur unfreiwillig zur weiteren Verschärfung bei.

Seit dem 19. Jahrhundert hatten sich viele wirtschaftliche Krisen auf der ganzen Welt ausgebreitet. Doch das Ausmaß der Ansteckung in den späten 1920er und frühen 1930er Jahren war beispiellos und bewies wieder einmal, dass der Kapitalismus ein wirklich globales Phänomen war. Der intensive Wettbewerb um Agrarprodukte auf den globalen Märkten hatte überall den ländlichen Raum destabilisiert und die Grundlage für die Krise gelegt. Die Finanzströme nach dem Ersten Weltkrieg schwächten die europäischen Volkswirtschaften, insbesondere die deutsche, wohingegen der Goldstandard die politischen Möglichkeiten aller Beteiligten stark einschränkte. In Verbindung mit der eskalierenden Ungleichheit in den industriellen Kerngebieten und dem Fehlen ausreichend großer Märkte für die immer effizientere Massenproduktion führten diese Faktoren zu einer seismischen Welle wirtschaftlicher Katastrophen auf der ganzen Welt.

Die sozialen Auswirkungen der Krise waren gravierend. Hans Fallada schilderte in *Kleiner Mann, was nun?* den schnellen Abstieg seines fiktionalen Protagonisten Johannes Pinneberg vom angesehenen Verkäufer in einem Berliner Bekleidungsgeschäft zum mittellosen Arbeitslosen, der von der Polizei herumgeschubst wird, und bezeichnete seine Figur als «eine[n] von sechs Millionen», ein «Garnichts».[100] In den Vereinigten Staaten kampierten Obdachlose in Parks, sogenannten Hoovervilles (benannt nach dem Präsidenten, der während der Katastrophe amtierte). Sie hungerten und reisten auf der Suche nach Arbeit durch das ganze Land. Im Jahr 1931 berichteten Krankenhäuser in New York von über 100 Fällen, in denen Menschen verhungert waren.[101]

Als George Orwell 1936 die Industriegebiete im englischen Norden besuchte, registrierte er «ein verheerendes Ausmaß an Arbeitslosigkeit». Er schrieb: «Einen Arbeitsplatz zu finden, kommt einem etwa genauso so schwierig vor, wie ein Flugzeug zu besitzen.» Diese Art von Elend, so stellte er fest, habe einen «abstumpfenden, lähmenden Einfluss» auf die Arbeiter. Auf seiner Reise kam er in eine Welt mit «scheußlichen» Behausungen, «unterernährten» Arbeitern, die «nicht handelten», sondern «mit denen gehandelt wurde», und einem Leben unter «erbärmlichen» Bedingungen: Betten ohne Überzug, zerlumpte Kleidung, gehemmtes körperliches Wachstum. Die Familien nahmen, wie er beobachtete, die lebensnotwendigen Kalorien zu sich, indem sie etwa vier Kilogramm Zucker pro Woche aßen (ein Beleg dafür, wie wichtig das Zwangssystem der Zuckerproduktion im globalen Süden immer noch war), mit der Folge, dass «jemand in den Industriegebieten zur Abnormalität wird, wenn er mit über dreißig noch seine eigenen Zähne hat». Mitten in der Weltwirtschaftskrise schien es sehr gut möglich, dass die Zukunft der Arbeiterklasse in «lebenslanger Arbeitslosigkeit, die durch endloses Teetrinken erträglich gemacht wird», bestehen könnte, wie Orwell es formulierte.[102]

Besonders schlimm war die Krise in den für den Markt produzierenden ländlichen Gebieten, denen es schon in den 1920er Jahren schlecht gegangen war, weil verschuldete Bauern bei fallenden Preisen weiter ihre Kredite zurückzahlen mussten. Und da sich die weltmarktorientierte Landwirtschaft nach dem Ersten Weltkrieg erheblich erweitert hatte, war ihr Zusammenbruch in den 1930er Jahren umso dramatischer. Um die Preise zu stabilisieren, verbrannten oder entsorgten brasilianische Kaffeepflanzer zwischen 1931 und 1943 77 Millionen Sack Kaffee. Da in Kolumbien immer mehr Eisenbahnen den ländlichen Raum erschlossen, was mit weiteren Enteignungen und einer forcierten Mobilisierung von Arbeitskräften einherging, war die Kaffeeanbaufläche zwischen 1910 und 1925 um beinah 60 % gewachsen. Als der Weltmarktpreis für Kaffee nach 1929 zusammenbrach, gingen viele Kaffeepflanzer und Kaffeehändler bankrott.

Auch die burmesische Reisindustrie erlebte einen dramatischen Preisverfall, als die Preise zwischen 1926 und 1934 um 50 Prozent sanken. Der Gummipreis fiel sogar noch stärker: von 22 Cent pro Pfund im Sommer 1929 auf nur noch 3 Cent Anfang 1932. Der Kupferpreis ging von 16 auf 5 Cent pro Pfund zurück, der von Baumwolle (dem meistgehandelten Agrarprodukt der Welt) von 18 auf 6 Cent, der von Kaffee von 23 auf 8 Cent pro Pfund, der von Mais von 92 auf 19 und der von Weizen von 1,50 Dollar pro Bushel auf 45 Cent.[103]

Die Depression hätte für den Kapitalismus eine tödliche Krise sein können, und oft schien das auch der Fall zu sein. Für den Historiker Frederick L. Schuman von der University of Chicago jedenfalls war sie 1938 «kein bloßer Konjunktureinbruch», sondern in ihr manifestiere sich «die generelle Krise und der Zusammenbruch des Kapitalismus».[104] Ferdinand Zimmermann, konservativer deutscher Journalist und späteres NSDAP-Mitglied, schrieb 1931 in einem Buch mit dem programmatischen Titel *Das Ende des Kapitalismus*: «Das System hat sich verrannt. Es gibt in ihm keinen Ausweg mehr.»[105] In Frankreich führten Beobachter die Weltwirtschaftskrise mit Gewissheit auf die endgültige «Reife» des Kapitalismus zurück.[106] Der amerikanische faschistische Ideologe Lawrence Dennis war in seinem 1932 erschienenen Buch *Is Capitalism Doomed?* derselben Meinung und erklärte, «dass das System des privaten Unternehmertums früher oder später durch ein System wirtschaftlicher Diktatur ersetzt werden muss, das einen unerträglichen Zustand beseitigt, den es nur im Industriekapitalismus gibt, nämlich Arbeitslosigkeit und Mangel trotz unbegrenzter Produktionskapazität.»[107] Im Jahr 1941 sagte der amerikanische Philosoph James Burnham voraus, dass der Kapitalismus bald verschwinden und durch eine «Wirtschaft der Manager» ersetzt werde.[108] Leo Trotzki vertrat unter anderen politischen Vorzeichen in seinem 1938 geschriebenen Buch *Der Todeskampf des Kapitalismus* dieselbe Ansicht: «Die objektiven Voraussetzungen der proletarischen Revolution sind nicht nur schon ‹reif›, sie haben sogar bereits begonnen zu verfaulen.»[109]

Solche Einschätzungen waren nicht auf die Ränder des politischen Diskurses beschränkt, sondern auch in der politischen Mitte zu finden. Der New-Deal-Demokrat Oliver Harlan Cross aus Texas, Mitglied des Repräsentantenhauses, meinte: «Wenn wir in dieser hilflosen Lage verharren, wird das irgendwann das Ende des Kapitalismus bedeuten.»[110] Thomas S. Hogan, ein Politiker aus Montana, vertrat eine ähnliche Ansicht: «Angesichts der nationalen Krise ist der Kapitalismus als industrielles System und als Regierungssystem erwiesenermaßen ein Fehlschlag und wurde durch die Praxis seiner Anhänger zerstört.»[111]

Im Zuge einer wesentlich anspruchsvolleren Analyse hielt auch der österreichische Wirtschaftswissenschaftler Joseph Schumpeter, der in den Vereinigten Staaten im Exil lebte, das Ende des Kapitalismus für unvermeidlich. In seinem 1942 erschienenen Buch *Kapitalismus, Sozialismus und Demokratie* prognostizierte er: «Angesichts der zunehmenden Feindseligkeit der Umgebung und angesichts der aus dieser Feindseligkeit geborenen gesetzgeberischen, administrativen und richterlichen Praxis werden die Unternehmer und Kapitalisten [...] zuletzt zu funktionieren aufhören.»[112] Und der US-amerikanische Philosoph John Katz stellte 1938 die Frage: «Werden wir nicht gerade Zeugen, wie der Kapitalismus scheitert oder sich wenigstens sein kreativer Impuls erschöpft?»[113]

Die Weltwirtschaftskrise erschütterte das Vertrauen in den Kapitalismus, die Zweifel an seiner Zukunft wuchsen rapide. Dieser Pessimismus ist ein Jahrhundert später kaum mehr nachzuvollziehen, erscheint die Dominanz des Kapitalismus über das Wirtschaftsleben vielen doch wie die natürliche Ordnung der Dinge. Aber Mitte der 1930er Jahre führte die Krise allenthalben zu einer Suche nach möglichen Auswegen und Neuaufbrüchen sowohl innerhalb des Kapitalismus als auch jenseits davon.[114] Es war ein Moment des Experimentierens, bei dem es um die Einhegung der Märkte, die Stärkung des Staates und die Begrenzung der globalen wirtschaftlichen Integration ging, außerdem darum, anders über den Zusammenhang von Politik und Wirtschaft nachzudenken. Dieser historische Moment, der auf dem rekonstruierten Kapitalismus aufbaute, wie er in den 1870er Jahren Gestalt angenommen hatte, aber diesen auch radikalisierte, war zudem entschieden postliberal und versetzte dem ohnehin schon fast leblosen Körper des Liberalismus aus der Mitte des 19. Jahrhunderts den Gnadenstoß.

Die politischen, ökonomischen, sozialen, kulturellen und ideologischen Reaktionen auf die Weltwirtschaftskrise nahmen in den verschiedenen Ländern ausgesprochen unterschiedliche Formen an, erwuchsen aber alle aus einem gemeinsamen transnationalen Meinungsaustausch: In einer Reihe zusammenhängender Experimente und Improvisationen beobachteten Amerikaner, Italiener, Deutsche, Brasilianer, Japaner und andere einander, trafen zusammen und reagierten aufeinander. In den 1940er Jahren entdeckte Karl Polanyi, der große zeitgenössische Analytiker des Kapitalismus, was er als die «Große Transformation» bezeichnete: den Moment, in dem der liberale Kapitalismus an seine «natürlichen» Grenzen stieß und seine Hauptakteure angesichts seines Zusammenbruchs beschlossen, die Märkte wieder in die Gesellschaft «einzubetten», um den Kapitalismus zu retten. Die Weltwirtschaftskrise hatte die Überzeugung brüchig werden lassen, dass die Lösung einer ökonomischen Krise allein in den Selbstheilungskräften des Marktes zu finden sei.[115] Breite soziale Bewegungen von Arbeitern und Bauern, manche hochorganisiert, manche spontan, verlangten staatliche Hilfen, die Kapitalbesitzer riefen nach Investitionen, Regulierung und Steuerung durch den Staat, die Wirtschaftswissenschaftler begannen, die Grundlagen ihrer Disziplin zu überdenken, Verwaltung und Politik versuchten, die Fundamente des Regierens zu stabilisieren. Die Weltwirtschaftskrise hatte eine allgemeine und grundlegende Infragestellung der kapitalistischen Wirtschaft bewirkt, und man griff oft implizit oder explizit auf Denker wie Alexander Hamilton und Friedrich List oder Politiker wie die im Japan der Meiji-Ära zurück, bei denen der Staat im Mittelpunkt gestanden hatte.

Unter der Oberfläche hatten die verschiedenen politischen Formen, die durch die krisenbedingte Infragestellung des Kapitalismus entstanden, gemeinsame Grundlagen, insbesondere, was die generelle Betonung des Staates als primärer Regulator des Wirtschaftslebens betrifft. Die Vergötterung des Marktes war schon immer ein ideologisches Trugbild gewesen und beruhte nicht auf einer Reflexion der tatsächlichen Funktionsweise des Kapitalismus. Dennoch verschoben sich Ende der 1930er Jahre die Bezugspunkte. Es wurde nahezu allgemein anerkannt, dass die Märkte nicht zwangsläufig die besten wirtschaftlichen, sozialen und politischen Ergebnisse hervorbrachten und andere Formen der Regulierung des Wirtschaftslebens in Betracht gezogen werden mussten. In einer Zeit existenzieller Bedrohung räumte ein breites Spektrum von Akteuren ein, dass die Fundamente des Kapitals im Staat lagen, und nahmen diese Einsicht zum Anlass, diese Mutter aller Institutionen massiv zu erweitern. In der Folge beschäftigte der Staat mehr Menschen und setzte mehr Mittel ein als je zuvor, und er eroberte neue Bereiche des Wirtschaftslebens, von der Daseinsvorsorge bis zur Industrialisierung durch Importsubstitution. Die Lehre aus der Weltwirtschaftskrise schien klar: Ohne einen viel größeren und mächtigeren Staat untergrub der Kapitalismus die Grundlagen der Gesellschaft und damit letztlich auch seine eigenen.

Die neue Einsicht und ihre besondere Dringlichkeit beruhten nicht nur auf der Schwere des Konjunktureinbruchs und seinem weltweiten Ausmaß, so wichtig diese Faktoren auch waren; sie beruhte ebenso sehr auf dem Erfolg der kapitalistischen Revolution selbst. Die Verbindung zwischen der enorm vergrößerten Arbeiterklasse und dem Land hatte sich gelockert, so wie die Einhegungen, Enteignungen und die Ausdehnung der Waren- und Rohstoffwirtschaft, durch die die (oft in Monokulturen betriebene) kommerzielle Landwirtschaft in immer größere Gebiete vorgedrungen war, die Möglichkeit zur Subsistenzproduktion enorm beschnitten hatten. Egal, wie diese Prozesse im Einzelnen vonstattengingen, das Ergebnis war, dass eine sehr viel größere Zahl von Menschen für das eigene Überleben und das ihrer Familien fast völlig vom Markt abhängig war. Infolgedessen bedeutete eine anhaltende und schwere Störung der Arbeits- und Warenmärkte wie die Weltwirtschaftskrise für sie eine plötzliche und gravierende Beeinträchtigung, sodass politische Reaktionen unvermeidlich wurden.

Diese Reaktionen fielen freilich sehr unterschiedlich aus und zeitigten entsprechend eine große Bandbreite an Ereignissen. Manche Regierungen entschieden sich für eine Art Developmentalismus.[116] Andere bauten den Sozialstaat aus. Wieder andere ließen sich von korporatistischen Ideen leiten oder setzten auf eine territoriale Neuordnung. Manche politische Akteure entschieden sich für eine demokratische Reform ihres Regierungssystems, andere hingegen beseitigten das Erbe der amerikanischen, französischen und haitianischen Revolution und der 48er Revolutionen größtenteils, dabei entstand eine neue, mächtige politische Formation: der Faschismus. In seiner extremsten Ausprägung, der deutschen, war er mit einem bösartigen Rassismus verbunden und brachte ein mörderisches Regime hervor, das durch Repression im Inneren, Krieg und letztlich Völkermord gekennzeichnet war. Aber trotz aller Unterschiede hatten die politischen Veränderungen im gesamten Imperium des Kapitals einen gemeinsamen Tenor und waren alle durch die Weltwirtschaftskrise bedingt.

Die neuen ökonomischen Konzepte und Strategien und die neuen Formen politischer Mobilisierung beruhten auf einem erheblich verschärften

Wirtschaftsnationalismus. Dieser Ideologie zufolge hatte die ökonomische Integration der Welt zu wirtschaftlichen Krisen, Arbeitslosigkeit, neuen Ungleichheiten, Zahlungsbilanzkrisen und weit verbreitetem Elend geführt. Als Reaktion darauf suchten Kapitaleigner, Intellektuelle, Politiker, Arbeiter und Bauern nach neuen Perspektiven, um ihre Volkswirtschaften umzustrukturieren und sie so weit wie möglich vom Rest der Welt abzukoppeln.

Selbst der britische Ökonom John Maynard Keynes tat sich in dieser Hinsicht hervor. In seinem 1933 in der *Yale Review* veröffentlichen Artikel «Nationale Selbstgenügsamkeit» räumte er ein, dass es schwierig sei, dem «geistigen Habitus des Vorkriegs-19. Jahrhunderts» zu entrinnen.[117] Dieser Habitus sei durchaus von guten Absichten getragen gewesen, nun aber «sympathisierte» Keynes – von dem Wunsch bewegt, Frieden und Wohlstand zu sichern – «mit denen, die die [...] die finanzielle Verknüpfung zwischen den Nationen sehr stark lockern wollen».[118] Er plädierte für eine allmähliche «Einordnung der Produzenten und Konsumenten in den gleichen nationalen Kreis wirtschaftlicher und finanzieller Organisation» und trat damit für eine neue Denkweise ein: «Wir wünschen [...] unsere eigenen Herren und so frei wie möglich von den Einmischungen der fremden Welt zu sein.»[119] Zwar war er sich der Risiken eines solchen Wirtschaftsnationalismus bewusst: Dessen Anhänger konnten zu doktrinär sein, zu sehr von Hass getrieben und zu wenig bereit, aus Kritik zu lernen. Dennoch vertrat er, was in den frühen 1930er Jahren im Wesentlichen Allgemeingut geworden war.[120]

In der praktischen Politik war der Protektionismus durch Zölle, Handelsbarrieren und Währungsabwertung das Mittel der Wahl.[121] Doch Abkoppelung war nur eine von mehreren politischen Reaktionen. Mit ihr ging der Versuch einher, immer mehr nationale, ja sogar autarke Wirtschaftsräume zu schaffen und den Warenkreislauf im eigenen Imperium noch zu verstärken. Wenn die wirtschaftliche Spezialisierung einer der Gründe für das Ausmaß der Krise gewesen war, folgerten nicht nur Politiker, bestand die logische Reaktion darin, ökonomische und politische Räume zur Deckung zu bringen.

In Italien versuchte die faschistische Regierung Benito Mussolinis, das Land von der Weltwirtschaft abzukoppeln, indem sie ein «italienisches *Swadeshi*» betrieb, wie es der indische Soziologe Benoy Kumar Sarkar in Anlehnung an die gleichnamigen indischen Bemühungen, britische durch einheimische Produkte zu ersetzen, genannt hat.[122] Mussolini war ein Jahrzehnt zuvor während einer anderen, viel kürzeren wirtschaftlichen Krise an die Macht gekommen, nun jedoch dienten seine Maßnahmen als Inspirationsquelle für andere Länder. Selbstversorgung mit Nahrungsmitteln war eines der Ziele, die er durch Projekte zur Landgewinnung und finanzielle Anreize für die Getreideproduktion zu erreichen suchte. Er erweiterte außerdem massiv die Rolle des Staates in der Schwerindustrie, indem er Stahl- und Chemiewerke und Schiffswerften baute. In der Folge kontrollierte eine staatliche Muttergesellschaft Ende der 1930er Jahre die Hälfte des nationalen Kapitals, was ihr enormen Einfluss auf viele Kernindustrien des Landes und den Bankensektor verschaffte.[123]

Auch Deutschlands faschistische Regierung setzte auf Wirtschaftsnationalismus. Hjalmar Schacht, der 1933 Hitlers Reichsbankpräsident wurde, befürwortete eine Entkopplung Deutschlands vom Weltmarkt und die wirtschaftliche Unterwerfung Osteuropas, das er zum Produzenten von Primärprodukten und Abnehmer deutscher Industrieprodukte degradieren wollte. Außerdem plädierte er für massive staatliche Arbeitsprogramme und eine Erhöhung der Staatsausgaben durch Kreditaufnahme. Unter seiner Ägide nahmen die Staatsausgaben auf 23 Prozent des BIP im Jahr 1934 zu, 1929 hatte es bei 16 Prozent gelegen. Im Bestreben nach Autarkie investierten die Nazis massiv in Rüstungsgüter, die wiederum die wirtschaftliche Integration Mittel- und Osteuropas in die deutsche Volkswirtschaft ermöglichen sollten. Außerdem gründeten sie Hunderte staatlicher Firmen. Und sie richteten 1936 eine Vierjahresplanbehörde ein mit dem ausdrücklichen Ziel der Autarkie in der Nahrungsmittelproduktion und industriellen Produktion.[124]

Japan, ein Entwicklungsstaat, der schon immer großen Wert auf Wirtschaftsplanung gelegt hatte, verfolgte ebenfalls eine Politik des Wirtschaftsnationalismus. Als die Weltwirtschaftskrise das Land erfasste, reagierte es zunächst ganz ähnlich wie die meisten anderen Länder: mit Sparmaßnahmen, Bemühungen um einen ausgeglichenen Haushalt und einem Festhalten am Goldstandard. Außerdem kritisierte die Regierung die japanische Bevölkerung wegen ihrer angeblichen «Leichtfertigkeit und Zügellosigkeit», die Ursache der Krise seien.[125] Um 1931 jedoch veränderte sich diese Haltung: Der neue Finanzminister Takahashi Korekiyo setzte den Goldstandard aus, plädierte für Deficit-Spending und drängte auf staatliche Eingriffe, um die Nachfrage zu stimulieren. Für ihn gingen Luxus und Wohlstand ebenso Hand in Hand wie Austerität und Armut. Wie in Deutschland dienten auch in Japan die kreditfinanzierten Staatsausgaben primär der militärischen Expansion und wurden außerdem für Investitionen in der Mandschurei verwandt, was wiederum die Binnennachfrage ankurbelte, zu weiteren Investitionen ermunterte und so auch die Produktion steigerte.[126]

Der Wirtschaftsnationalismus in Japan und anderen Ländern beruhte nach wie vor auf imperialer Expansion. Für Japan hatte diese, wie berichtet,

Der japanische Keynes:
Takahashi Korekiyo,
Finanzminister 1931–1936.

in den 1870er Jahren mit den Einhegungen in Hokkaido begonnen und war dann auf Korea, Taiwan und Teile Chinas ausgedehnt worden. Als Reaktion auf die Weltwirtschaftskrise wurde die Expansion enorm beschleunigt, der japanische Staat und das japanische Kapital konzentrierten ihre Energie auf die Ausdehnung des japanischen Machtbereichs in Nordostasien und insbesondere in der Mandschurei, bis sie sich schließlich dem Projekt zuwandten, den gesamten asiatischen Wirtschaftsraum umzugestalten.[127]

Japans Militärplaner hatten seit den 1880er Jahren ein Auge auf die Mandschurei geworfen und 1905 die Südmandschurische Eisenbahnzone unter ihre Kontrolle gebracht. Als die japanische Dichterin Yosano Akiko 1928 in ihrem Tagebuch von der Aussicht schwärmte, die sich ihr auf einer Zugreise durch die chinesische Landschaft geboten hatte, «stellte sie sich vor, dass der Norden der Mandschurei in Zukunft wirtschaftlich ungemein wertvoll werden dürfte».[128] Im Jahr 1932 gründete Japan in der Mandschurei mit begeisterter Unterstützung des Privatkapitals den Marionettenstaat Mandschukuo und bemühte sich intensiv um die wirtschaftliche Integration der eroberten Gebiete. Die Südmandschurische Eisenbahn hatte anfangs als Transportmittel für Soja gedient und kurbelte nun die Reorganisation der lokalen Landwirtschaft an. Aus Mandschukuo sollte jedoch mehr werden als ein bloßer Lieferant billiger landwirtschaftlicher Erzeugnisse: Es wurde nicht nur industrialisiert, sondern diente auch japanischen Siedlern als neue Heimat. Technokraten aus Japan kamen in das Land, um seine Wirtschaft und Gesellschaft umzustrukturieren; sie planten seine Entwicklung und experimentierten mit neuen Formen wirtschaftlicher Organisation, die ihrer Ansicht nach eines Tages auch für Japan relevant werden konnten. Diese Art imperialer Expansion war immer schon ein Projekt zu Stärkung des Staates gewesen – nicht zuletzt mit dem Ziel, ihm Zugang zu den Ressourcen zu verschaffen, die er in einem großen Krieg benötigen würde.[129]

Doch sie war auch ein Projekt, das japanische Unternehmen auf den Plan rief. Der 1933 gegründete Japanisch-Mandschurische Wirtschaftsrat unterstützte Unternehmen, die sich in der mandschurischen Wirtschaft engagierten. Zwischen 1932 und 1941 investierten diese Unternehmen beinahe sechs Milliarden Yen in Mandschukuo, die größte Investition außerhalb des Japanischen Reichs. Sie bauten Stahlwerke, Ölraffinerien, Chemie- und Autofabriken. Nissan verlegte sogar seine Firmenzentrale in die Mandschurei und nahm den neuen Namen Manshu Jukogyo Kaihatsu (Manchuria Heavy Industries) an. Allerdings machten die direkten Investitionen der *zaibatsu* (großen Konzerne) nur zehn Prozent der japanischen Investitionen aus; die meisten Privatinvestitionen waren Staatsanleihen mit garantierter Rendite, das Risiko blieb also beim Staat.

In den 1930er Jahren begeisterten sich viele Geschäftsleute für das Projekt: «[W]ir haben Taiwan entwickelt, wir haben Korea entwickelt und wir haben Hokkaidō entwickelt», sagte einer von ihnen. «Genauso werden wir die Welt schockieren, indem wir den Kontinent in einem Zeitraum von zehn oder zwanzig Jahren [...] mit japanischem Kapital, mit japanischem Fleiß und mit japanischer Technologie völlig verändern.»[130] Später im selben Jahrzehnt feierte die Wirtschaftszeitschrift *Ekonomisuto* «die beschleunigte Entwicklung des asiatischen Blocks».[131] Im Jahr 1940 gingen etwa 39 Prozent der japanischen Exporte in die Mandschurei, was sowohl auf den Zusammenbruch des Weltmarkts als auch auf die Verwirklichung der Autarkie zurückzuführen ist.[132]

Industrie und Regierung arbeiteten bei der Kolonialpolitik zusammen, aber es gab auch Meinungsverschiedenheiten. Einige Kapitalbesitzer sahen das Potenzial kolonialer Besitzungen für den Export; andere, insbesondere die Textilindustrie, fürchteten, den Zugang zu nichtkolonialen Märkten zu verlieren. Bei einigen Unternehmen, wie etwa die riesigen Mischkonzerne Mitsui und Mitsubishi, gab es auch intern einen Interessenkonflikt. Insgesamt jedoch waren die japanischen Konzerne von Anfang an begeistert von den Möglichkeiten, die die neuen Besitzungen des Kaiserreichs dem Export boten. Sie veröffentlichten zahlreiche Berichte über das Potential der neu eroberten Gebiete und legitimierten dadurch die Interessen einer Regierung, der es primär um Themen wie «wirtschaftliche Sicherheit», «wirtschaftliche Expansion» und soziale Stabilität im eigenen Land ging. Als die Eliten von Wirtschaft und Staat an der Integration der neuen Gebiete des Kaiserreichs in die japanische Volkswirtschaft arbeiteten, entstand eine Art «imperialer Korporatismus». Seinen Kern bildete die Schaffung eines großen, politisch geeinten wirtschaftlichen Blocks, des Yen-Blocks, der Japan autark machen und seine Stellung in der Welt sichern sollte. Rōyama Masamichi, Politikwissenschaftler der Universität Tokio, hoffte, dass Japan «die räumlichen und regionalen Begrenzungen der japanischen Wirtschaft aufheben und überwinden» werde.[133]

WER SICH erfolgreich von der Weltwirtschaft abkoppeln wollte, musste über Territorien von ausreichender Größe und Vielfalt verfügen. In Europa gingen Bestrebungen zu einer territorialen Neuordnung auf die Zeit vor der Weltwirtschaftskrise zurück. Während der gesamten 1920er Jahre hatte Afrika, teils als Reaktion auf die «amerikanische Gefahr» und teils im Zuge des globalen Trends, die Welt in «Blöcke» aufzuspalten, im Mittelpunkt der politischen Bestrebungen Europas gestanden.[134] Dabei wurden nach wie vor die nationalen Politiken gegenüber einzelnen afrikanischen Kolonien verfolgt, zugleich gewann in den Zwischenkriegsjahren jedoch eine neue Idee an Einfluss: die Integration Afrikas als paneuropäisches und nicht als kompetitives Projekt.

Einen der wichtigsten Beiträge zu der neuen Debatte steuerte der österreichische Adlige Richard N. Coudenhove-Kalergi bei, dessen 1923 erschienenes Buch *Pan-Europa* in fast alle europäischen Sprachen übersetzt wurde.[135] Aus Furcht vor der «führenden Macht» USA trat er für die Schaffung einer gigantischen europäischen Freihandelszone nach dem Vorbild der amerikanischen Union ein. «Heute sind die Vereinigten Staaten das reichste, mächtigste und fortgeschrittenste Reich der Welt», schrieb er in seinem Bestseller, «ein Land, das im Begriff ist, die Völker und Rohstoffe der Welt [...] aufzuteilen».[136] Amerikas großer Vorteil liege in seinem «ungeheueren Wirtschaftsgebiet» mit Rohstoffen im Überfluss, das dank einer «rationelleren Arbeitsteilung» eine billigere Produktion erlaubte.[137]

Coudenhove-Kalergi machte klar, was zu passieren hatte: Europa musste einen einheitlichen Markt schaffen «und diesen Markt durch eine Öffnung Afrikas vergrößern». In seinem Denken spielte «Eurafrika», eine geografische Einheit, die sich vom Nordkap bis zum Kongo erstreckte, eine zentrale Rolle.[138] «Afrika hätte Europa Rohstoffe für seine Industrie, Nahrung für seine Menschen, Land für seine überschüssige Bevölkerung, Arbeitsplätze für seine Arbeitslosen [und] Absatzmärkte zu bieten».[139] Coudenhove-Ka-

Eurafrika: der Traum von der Integration Afrikas in die europäische Wirtschaft.

lergi betrachtete Afrika als «den tropischen Garten Europas», als «Europas Plantage».[140] «Eines Tages», schrieb er, «werden unsere Nachfahren an den Ufern des Kongo leben.»[141] Paneuropa werde Afrika in «die künftige Kornkammer und Rohstoffquelle Europas [...] verwandeln».[142] Seiner Ansicht nach war Europa «der Kopf von Eurafrika und Afrika sein Körper».[143]

Coudenhove-Kalergi war nicht der Einzige, der dafür plädierte, Europa solle gemeinsam über Afrika herrschen und es ausbeuten. Die ehrgeizigsten und abenteuerlichsten Pläne in dieser Richtung entwarf der deutsche Ingenieur Herman Sörgel. Die von ihm inspirierte Atlantropa-Bewegung war ein loser Zusammenschluss von Menschen, die die Vereinigung Europas und Afrikas zu einem einzigen Wirtschaftsraum anstrebten. Ihre Pläne gingen so weit, eine teilweise Austrocknung des Mittelmeers vorzuschlagen, um, ganz buchstäblich, die Kluft zwischen Europa und Afrika zu überbrücken. Visionen von riesigen Staudämmen und transkontinentalen Bahnlinien, einschließlich einer 14 000 Kilometer langen Strecke von Berlin bis Kapstadt, spielten für dieses Luftschloss eine entscheidende Rolle. Durch die Bewässerung der Sahara wiederum sollten gewaltige neue landwirtschaftlich nutzbare Ländereien entstehen und Europa den notwendigen «Lebensraum» für die Produktion von Getreide und Baumwolle, Kartoffeln und Zucker verschaffen.[144]

In Reaktion auf die Weltwirtschaftskrise radikalisierten sich diese Projekte einer territorialen Neuordnung und nahmen eine ausgesprochen nationalistische Wendung. In Italien feierten Eurafrika-Befürworter Mussolinis aggressive Politik gegenüber dem Kontinent und insbesondere seine Kolonisierung Äthiopiens: Im Frühjahr 1938 kam ein Kongress von Afrika-Experten

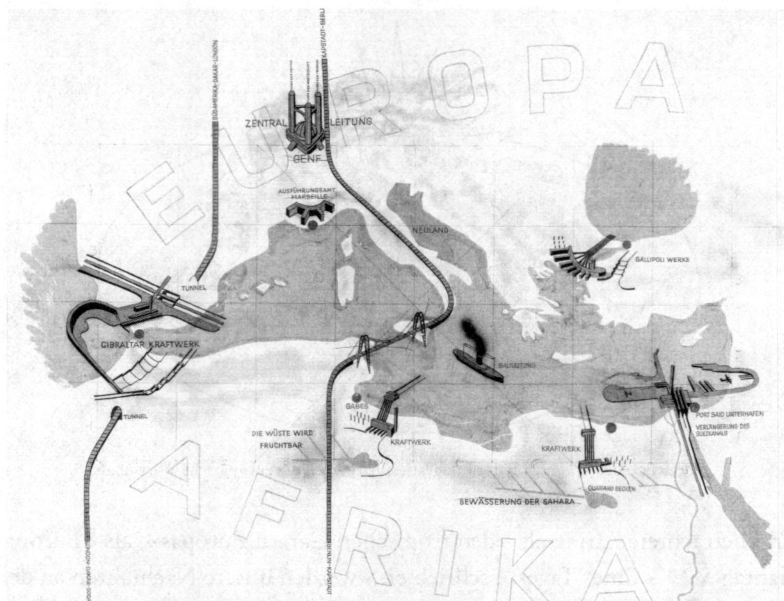

Verschmelzung von Europa und Afrika: Herman Sörgels Atlantropa-Pläne, 1932.

an der Reale Accademia d'Italia in Rom zu dem Ergebnis, dass «Afrika die Zukunft Europas ist». «Afrika», sagte Francesco Orestano, Philosoph und Präsident des Kongresses, «gehört zu Europa», denn Äthiopien ist «unser Wilder Westen».[145] In den Augen des faschistischen Ideologen J. Mazzei war das 20. Jahrhundert der historische Moment, in dem das «Problem des Wirtschaftsraums geboren wurde», und Eurafrika war die Lösung.[146] Es ging nur noch um das Tempo der Eroberung: Europa musste schnell handeln, bevor die Vereinigten Staaten so mächtig wurden, dass solche Expansionen nicht mehr möglich waren.

Als die Nazis im Januar 1933 die Macht ergriffen, bekam die Ideen eines «Wirtschaftsraums», insbesondere die Errichtung eines zusammenhängenden Territorialreichs, neue Dringlichkeit.[147] In jenem Monat versprach Hjalmar Schacht angeblich Coudenhove-Kalergi, er werde schon sehen, Hitler werde Paneuropa schaffen.»[148] Der Führer und seine Anhänger unterstützten das Projekt, hegten aber konkurrierende Träume von einem kolonialen Imperium in Osteuropa statt im Süden Europas.[149] Als der Journalist Ferdinand Zimmermann, inzwischen SS-Mitglied (der Autor von *Das Ende des Kapitalismus* hatte 1931 die antisemitische Hetzschrift *Der Aufstieg der Juden* veröffentlicht), 1941 an der Universität des (deutsch besetzten) Prag eine Vorlesung hielt, lobte er die Vereinigten Staaten, weil sie die Wichtigkeit «eines selbständigen wirtschaftlichen Großraums und auch des Großraumgedankens als einer modernen Form des nationalwirtschaftlichen Gedankens» begriffen hätten – ein nahezu perfektes Vorbild für Deutschland selbst.[150]

Hitler selbst war nicht weniger auf die USA fixiert, schon im Jahr 1928 hatte er geschrieben, dass die Erweiterung des deutschen Territoriums der einzige Weg sei, mit der amerikanischen Gefahr fertigzuwerden.[151] Für ihn waren die Vereinigten Staaten eine Bedrohung, weil sie Zugang zu jeder Menge Rohstoffen hatten, über einen großen Markt und die «Weite und Leere des Raums» verfügten.[152] Hitler verglich die deutsche Expansion mit der Eroberung des amerikanischen Westens, bezeichnete die Wolga als Deutschlands Mississippi und setzte die Russen mit den Ureinwohnern Amerikas gleich.[153] Er erklärte:

> Der Kampf um die Hegemonie in der Welt wird für Europa durch den Besitz des russischen Raumes entschieden; er macht Europa zum blockadefestesten Ort der Welt [...] Die slawischen Völker [...] sind zu einem eigenen Leben nicht bestimmt [...] Den Ukrainern liefern wir Kopftücher, Glasketten als Schmuck und was sonst Kolonialvölkern gefällt.[154]

Obwohl imperiale Expansion und autarke Abschottung scheinbar im Widerspruch zueinander standen, gingen sie Hand in Hand.

Und in Deutschland fand diese seltsame Paarung genau wie in Japan beträchtliche Unterstützung bei Unternehmern. Im Gegensatz zu einigen stärker exportorientierten Industrien, wie etwa der Lederindustrie, hängte sich die Eisen- und Stahlindustrie wenig überraschend an die Naziplåne an. An kaum jemand lässt sich das besser zeigen als an Hermann Röchling, dessen langjährige Bemühungen um die Schaffung einer vertikal integrierten, von vielen Märkten unabhängigen Firma radikale Schritte Richtung Autarkie nahelegten. Seine feste Überzeugung von deren Notwendigkeit war durch seine persönlichen Erfahrungen während der Weimarer Republik noch verstärkt worden: Nach dem Ersten Weltkrieg kam das Saargebiet unter französische Verwaltung, und französische Firmen stiegen in die dortige Wirtschaft ein, wohingegen Röchling die Kontrolle über seine Investitionen in Frankreich verlor. Dadurch ergaben sich Unsicherheiten bei der Versorgung mit Eisenerz und Kohle, die er nun «für teures Geld» kaufen musste, statt sie selbst zu produzieren.[155] Vor dem Krieg hatten die Stahlwerke im Saarland über Vorkommen an Eisenerz verfügt, von dem man annahm, dass es die nächsten

125 Jahre reichen würde, aber all das war nun verloren, da das Erz aus Frankreich importiert werden musste.[156]

Röchling wandte sich an die Politik, um das Problem zu lösen, und richtete sogar ein Lobbybüro in der Reichshauptstadt ein, um auf die Wiedereingliederung des Saargebiets in Deutschland zu drängen. In der gesamten Zwischenkriegszeit betonte er gegenüber dem politischen Berlin, wie dringend notwendig eine sichere Versorgung mit Rohstoffen für ihn sei. Aus Furcht, Frankreich könnte den Export von Eisenerz aus den wiedergewonnenen Gebieten unterbinden, strebte er eine weitere territoriale Neuordnung an. Sein hartnäckiger Kampf für die Rückgewinnung des Saargebiets brachte ihn in engen Kontakt mit Hitler. Als er diesen am 31. März 1933 erstmals traf, sprachen die beiden über das Thema. Sechs Wochen darauf stand bei einem weiteren Gespräch die Mobilisierung nationalistischer Kräfte im Saargebiet im Mittelpunkt.[157] Im Jahr 1934 veröffentlichte Röchling das Buch *Saarkampf*, in dem er den Kampf um die Wiedergewinnung des Saargebiets dokumentierte. Seine beständige Unterstützung Hitlers und der territorialen Expansion Deutschlands brachte ihn schließlich bei einem weiteren Versuch einer umfassenderen Neuordnung der europäischen Wirtschaftsräume an die vorderste Front.

Andere Länder verfolgten eine ähnliche nach Autarkie strebende und imperiale Politik. Portugal versuchte, vom Weltmarkt für Baumwolle unabhängig zu werden, indem es in seinen afrikanischen Kolonien, insbesondere in Mosambik, mit Zwangsmitteln den Anbau von Baumwolle forcierte. Der Erfolg war verblüffend: Am Ende wurden 90 Prozent des Bedarfs der portugiesischen Textilindustrie von den afrikanischen Territorien gedeckt. Selbst in den Vereinigten Staaten (die dank der Größe und Vielfalt ihres Territoriums und ihrer Bevölkerung kaum vom Weltmarkt abhängig waren) gewannen autarkische Ideen an Boden. Um die Gummiversorgung der für das Land lebenswichtigen Autoindustrie sicherzustellen, wagte es der damalige Handelsminister und spätere Präsident Herbert Hoover in den 1920er Jahren, sich für Harvey Samuel Firestones weitreichende Konzession in Liberia einzusetzen, obwohl Henry Ford bereits riesige Kautschukplantagen in Brasilien aufbaute.[158]

Der Wirtschaftsnationalismus setzte nicht nur auf Protektionismus, territoriale Neuordnung und den Aufbau imperialer Warenketten, sondern auch auf eine Intensivierung der industriellen Produktion im eigenen Land.

Heim ins Reich: Hermann Röchling geht in die Politik.

Das ehrgeizigste Ziel verfolgten dabei frühere Kornkammern und Rohstoffexportländer: Sie strebten eine neue globale Arbeitsteilung an, indem sie sich von der früheren Unterordnung unter die industriellen Kerngebiete zu befreien suchten und selbst eine Industrie aufbauen wollten.[159]

Wenn möglich, verfolgten die von der Weltwirtschaftskrise am härtesten getroffenen Exporteure von landwirtschaftlichen Produkten eine Politik der Importsubstitution durch Industrialisierung. Angesichts fallender Preise, sich verschlechternder Handelsbedingungen und einer drastisch sinkenden Nachfrage nach traditionellen Agrar- und Rohstoffexporten machten sie sich daran, einen besser geschützten Wirtschaftsraum zu schaffen. Als Unternehmer in Ägypten Kapital in die Produktion steckten, entstand dort eine beachtliche Textilindustrie, die allein in den 1930er Jahren um das Siebenfache wuchs. In Brasilien verdoppelte sich die industrielle Produktion zwischen 1920 und 1938. In Britisch-Indien wuchs die Industrie in diesem Zeitraum ebenfalls um das Doppelte. Auch China traf protektionistische Maßnahmen, um die heimische Industrie zu entwickeln. Das Wachstum war teilweise auf eine Veränderung der politischen Kräfteverhältnisse zurückzuführen: Da die Rohstoffexporteure politisch geschwächt waren, kamen neue Eliten an die Macht, die Interesse an einer inländischen Industrialisierung hatten.[160]

Die Türkei steht beispielhaft für diesen Trend. Die neue, 1923 aus der Asche des Osmanischen Reichs erstandene Nation war vom Export landwirtschaftlicher Erzeugnisse wie Tabak und dem Import von Industriegütern abhängig. Gleich nach dem Beginn der Weltwirtschaftskrise verfielen diese Handelsverbindungen rapide, ein Vorgang, der durch die türkische Abhängigkeit von ausländischen Krediten, die immer schwerer zu beschaffen waren, noch verschärft wurde. Die jungen Staatsgründer um Mustafa Kemal Atatürk reagierten mit massiven Industrialisierungsanstrengungen, die von einem Wirtschaftsnationalismus getragen waren, der eine Neuintegration der Türkei in die Weltwirtschaft anstrebte. Seine wichtigste Triebkraft war ein wesentlich stärkeres Engagement des Staates; Wirtschaftsplanung, Infrastrukturentwicklung und Verstaatlichungen ließen den sogenannten Kemalismus zwischen 1933 und 1940 in seine «klassische Phase» treten.

Im Jahr 1933 trat der erste Fünfjahresplan oder Birinci Beş Yıllık Sanayi Planı in Kraft. In ihm kam Atatürks Begeisterung für das Konzept der Autarkie zum Ausdruck; damit knüpfte er an eine jahrzehntealte Tradition des Wirtschaftsnationalismus an, die bis auf Ahmet Mithats *Ekonomi politik* von 1880 zurückgingen. In diese Tradition gehörte auch der Istanbuler Wirtschaftswissenschaftler Munis Tekinalp, der 1916 das rasante deutsche Wirtschaftswachstum analysiert und auf die Ideen Friedrich Lists zurückgeführt hatte. Nach 1929 verschärfte sich der türkische Wirtschaftsnationalismus und gewann zugleich an Bedeutung. Das lag zum einen daran, dass jene Eliten an Einfluss verloren, deren Macht auf ihren Weltmarktverbindungen beruht hatte, zum anderen daran, dass sich die Handelsbedingungen für die Türkei zwischen 1929 und 1933 drastisch verschlechterten. Der Anteil der Importe am BIP fiel von 13 Prozent im Jahr 1928/29 auf sieben Prozent im Jahr 1938/39, als die Türkei ihre heimische Industrieproduktion durch Zölle und Importbeschränkungen auf industrielle Importe ankurbelte.[161]

Mexiko ergriff ähnliche Maßnahmen und erlebte in den 1930er Jahren ebenfalls eine erhebliche Industrialisierung. Der erste Sechsjahresplan des Landes, der Plano Sexenal, wurde 1933 implementiert, nachdem das BIP seit 1926 um 30,9 Prozent gefallen war. Im Jahr 1934 wurde Lázaro Cárdenas Präsident, der sich einer wirtschaftsnationalistischen Politik verschrieben hatte, wozu auch die Verstaatlichung der wichtigen Ölindustrie des Landes gehörte.

Weiter im Süden reagierte Argentinien, bis dahin das Paradebeispiel für eine Entwicklung, die auf Agrarexporten beruhte, ähnlich auf die Krise. Hier verlor der junge Wirtschaftswissenschaftler Raúl Prebisch seinen Glauben an Freihandel und komparativen Kostenvorteil und dachte noch einmal neu über die Struktur der Weltwirtschaft nach – mit dem Ergebnis, dass er in der zweiten Hälfte der 1940er Jahre die gänzlich unterschiedlichen Möglichkeiten von «Zentrum» und «Peripherie», wie er es nannte, in Systemen ungleichen Handels deutlich machte.[162]

Auch in der industrialisierten Welt bemühten sich Kapitalbesitzer und Staat gemeinsam darum, vor allem bei den innovativen Industriebranchen besser mit den Vereinigten Staaten konkurrieren zu können. Sie fühlten sich von der neuen Produktionsordnung angezogen, die in Detroit entstanden war und eine größere Produktivität, höhere Gewinne, einen besseren Lebensstandard, größere militärische Macht und mehr soziale Stabilität versprach. Technologische Sprünge und Produktivitätssteigerungen sollten einerseits eine staatlich gesteuerte Abkopplung vom Weltmarkt ermöglichen, andererseits insbesondere durch die Produktion militärischer Hardware für einen branchenübergreifenden Wachstumsimpuls sorgen.

Es sprach für die Bedeutung der Vereinigten Staaten, dass auch in den 1930er Jahren noch scharenweise europäische Besucher nach Detroit strömten und das riesenhafte Werk River Rouge bewunderten, das Ford 1928 eröffnet hatte. In der damals größten Fabrik der Welt waren 102 811 Arbeiter beschäftigt, die Eisenerz, Kohle und Holz aus Fords eigenen Minen und Nutzwäldern in glänzende Automobile verwandelten. Deutsche, sowjetische, italienische und japanische Delegationen pilgerten über das weitläufige Werksgelände, fest entschlossen, das Ford'sche Produktivitätswunder in ihren eigenen Ländern zu wiederholen. Der deutsche Automobilmanager William Werner war 1937 so begeistert von dem, was er sah, dass er River Rouge als eine der brillantesten technischen Leistungen der Weltgeschichte feierte.[163]

Ford gab viele der zugrunde liegenden Technologien an seine Besucher weiter: Im Jahr 1932 ging das gigantische Automobilwerk Gorki in Nischni Nowgorod in Betrieb, 1938 eröffnete Toyota seine Fabrik in Koromo bei Nagoya, 1939 eröffnete Volkswagen sein Wolfsburger Werk, und im selben Jahr nahm Fiat in dem Turiner Stadtteil Mirafiori sein neues Werk (eine stark vergrößerte Version von Lingotto) in Betrieb – allesamt mit Fords Hilfe.

Jedes dieser Werke profitierte von erheblicher staatlicher Unterstützung, und alle sollten eine wichtige Rolle bei der Rüstungsproduktion während des kommenden Krieges spielen. Eine besondere Anziehungskraft übten die amerikanischen Produktionstechniken auf die autoritärsten Herrscher der Welt aus: Hitler forderte «Lebensraum und Fordismus».[164] Seine Idee von einem «Volkswagen» wurde von seinem italienischen Gesinnungsgenossen Benito Mussolini übernommen, der sich für *«fordismo»* aussprach und verlangte, dass Fiat ein Auto baute, das wirklich für die Allgemeinheit gedacht war.[165] Der Topolino (Kleine Maus) kam 1936 für einen Einzelhandelspreis von 8900 Lire (etwa 700 US-Dollar) auf den Markt.[166] Trotz aller antiamerikanischen Rhetorik folgte man dem amerikanischen Beispiel.[167]

All diese Industrialisierungsanstrengungen waren von beispiellosen staatlichen Interventionen getragen. Natürlich war der Kapitalismus schon immer vom Staat abhängig gewesen und seine Ausweitung war mit der des Staates Hand in Hand gegangen, doch die 1930er Jahre erlebten eine sprunghafte Vergrößerung von Umfang und Aufgabenbereichen des Staates. Angesichts des augenscheinlichen Erfolgs der Sowjetwirtschaft, die unter der Weltwirtschaftskrise nicht zu leiden schien, verabschiedeten Regierungen rund um den Erdball Drei-, Vier-, Fünf- oder Sechsjahrespläne. Selbst in den Vereinigten Staaten wurde Planung politisch akzeptabel. Im Jahr 1933 ging die Tennessee Valley Authority in den verarmten Südstaaten daran, Millionen Hektar Land zu entwickeln – auf regionaler Ebene die größte Planungsanstrengung, die in den USA je unternommen wurde.

Die wirtschaftliche Entwicklung war zu wichtig geworden, um sie allein dem Markt zu überlassen. Staatliche Planung wurde als den Investitionsentscheidungen privater Unternehmen überlegen angesehen. In den Vereinigten Staaten brachte die National Recovery Administration Regierungsvertreter, Unternehmer und Gewerkschaftsvertreter an einen Tisch, um den Konkurrenzkampf im Zaum zu halten und Preise festzusetzen.[168] Für ihren Direktor Hugh S. Johnson war diese New-Deal-Politik nicht weniger als ein Ersatz «für die mörderische Ideologie einer ungezügelten wölfischen Konkurrenz und eines rücksichtslosen Individualismus».[169]

In der Folge wurden die Staaten immer aktiver und größer: In den Vereinigten Staaten entstand eine riesige Bürokratie, um die Krisenmaßnahmen zu managen. Hatte es 1933 noch 604 000 zivile Bundesangestellte gegeben, so erhöhte sich ihre Zahl bis 1938 auf 867 000. Zwischen 1933 und 1939 verdoppelte die Regierung ihre Ausgaben nahezu, und dasselbe geschah auch in Frankreich und Deutschland sowie in Italien, wo die Staatsausgaben auf etwa 20 bis 25 Prozent des BIP und damit auf das Doppelte von 1913 stiegen. Der Staatsapparat war so allumfassend geworden, dass er nun auf die modernsten Technologien zurückgriff, um sein Reich zu verwalten. So wurde das neuartige Lochkartensystem von IBM sowohl eingesetzt, um die riesigen Datenmengen zu verarbeiten, die bei der Verwaltung des neu eingeführten Rentensystems in den USA anfielen, als auch bei den nationalsozialistischen Behörden, in denen die Deportation der Juden organisiert wurde.[170]

Der Wirtschaftsnationalismus, einschließlich der Autarkiebestrebungen, war die sichtbarste politische Reaktion auf die Weltwirtschaftskrise und wirkte sich massiv auf den Kapitalismus des 20. Jahrhunderts aus. Er verstärkte die Verbindung zwischen Nationalstaat und einheimischem Kapital, die seit den 1870ern ohnehin schon enger geworden war, noch zusätzlich und reagierte damit sowohl auf die Bedürfnisse bestimmter Formen des Kapitals (nämlich seiner industriellen Variante) als auch auf die neue Abhängigkeit des Staates von eben diesen.

Um 1930 war der Wirtschaftsnationalismus jedoch auch dadurch motiviert, dass man die schweren sozialen Verwerfungen der Weltwirtschaftskrise überwinden wollte, war also auch eine Form von Sozialpolitik. Handelsbeschränkungen versprachen, mehr von den dringend benötigten heimischen Arbeitsplätzen zu schaffen. Konzertierte Aktionen zum Aufbau und Ausbau der nationalen Industrien versprachen Stabilität. Und selbst eine territoriale Neuordnung, die den Ressourcentransfer in die Kerngebiete des Kapitalismus ermöglichte, konnte als eine Form von Sozialpolitik gelten und wurde tatsächlich so gesehen.[171]

Die soziale Frage war extrem wichtig geworden. Wie wir gesehen haben, waren aufgrund von Arbeitskämpfen und gewerkschaftlicher Organisation, von Rebellionen und Revolutionen – ganz zu schweigen vom schnellen Aufstieg sozialistischer Politik, angefangen bei und gefördert von der Sowjetunion – die sozialen Spannungen wieder ins Zentrum der Aufmerksamkeit gerückt. Millionen gut organisierter und mobilisierter Arbeiter erhoben Anspruch auf ihren Anteil an dem Reichtum, den die neuen effizienten Industrien produzierten, und stellten die Legitimität der Tatsache infrage, dass eine kleine Gruppe von Kapitalbesitzern solche wichtigen Ressourcen kontrollierte. Als die Weltwirtschaftskrise hereinbrach, nahm die Dringlichkeit der sozialen Frage noch einmal erheblich zu. Extreme Armut und lähmende Unsicherheit mitten im Überfluss delegitimierten die bestehende Wirtschaftsordnung.

Doch für die neue Relevanz der sozialen Frage gab es auch einen strukturellen Grund: Soziale Verwerfungen gefährdeten, wie Politik und Wirtschaftswissenschaft zunehmend verstanden, die wirtschaftliche Erholung, weil sie die Nachfrage dämpften. Dies war besonders augenfällig angesichts des Stellenwerts, den die Massenproduktion in der Konsumgüterindustrie erlangt hatte. Sie war darauf angewiesen, dass die Menschen die Güter, die aus den immer effizienteren Fabriken kamen, auch dann kaufen konnten, wenn sie nur über bescheidene Mittel verfügten.

Und noch ein weiterer Grund war strukturell: die Radikalität der kapitalistischen Revolution selbst. Zig Millionen Menschen in den Zentren der Warenproduktion waren Proletarier geworden. Da sie keinen direkten Zugang mehr zu den Erzeugnissen des Landes hatten, blieb ihnen keine andere Wahl, als ihren Lebensunterhalt in der Stadt und in der Industrie zu verdienen. Deshalb konnte die Reproduktion der Gesellschaft nicht dem Markt allein überlassen werden. Als die Baumwollspinnereien im Elsass in den 1860er Jahren eine tiefe Krise durchmachten, konnten viele Arbeiter noch auf das Land zurückkehren und dort überleben. Als jedoch in der japanischen Industrie in den 1930er Jahren Millionen Arbeiter entlassen wurden, hatten sie keine Alternative mehr.[172] Oder wie es eine junge japanische Textilarbeiterin 1930 formulierte: «Auch wenn wir zurück aufs Land gehen, haben unsere Eltern und Brüder nicht genug zu essen. Wie könnten wir in diesem Wissen je zurückkehren?»[173]

Diese Faktoren wirkten mit der weit verbreiteten Furcht zusammen, die Kapitalbesitzer, Staatsbeamte und Politiker vor Aufständen hatten. Schließlich ging die Weltwirtschaftskrise Hand in Hand mit einer weiteren Welle sozialer Unruhen. In den Vereinigten Staaten, um nur ein Beispiel zu nennen, kam es zu einer erheblichen politischen Mobilisierung von Beschäftigten und Arbeitslosen. Arme Leute nahmen sich Nahrungsmittel auf den Märkten, Zehntausende Arbeitslose versammelten sich in den Städten und Weltkriegsveteranen forderten auf einer Demonstration 1932 in Washington «Bonuszahlungen» für ihre Kriegsteilnahme, bis sie von Panzern unter dem Kommando von General Douglas MacArthur vertrieben wurden. Mieterproteste in den Städten wuchsen sich zu großen und teilweise gewalttätigen Versammlungen aus und in einem «Aufstand der Bedürftigen» wurde Sozialhilfe gefordert.[174] Auch wer Arbeit hatte, wurde immer unruhiger, und als in Schieflage geratene Unternehmen Lohnkürzungen vornahmen, gingen die Arbeiter auf die Straße. «Der Geist der Revolte ist weit verbreitet», berichtete Oliver Max Gardner, der Gouverneur von North Carolina, im Sommer 1932.[175]

Nach der Verabschiedung des National Industrial Recovery Act (NIRA) und insbesondere seines gewerkschaftsfreundlichen Teils 7(a) im Jahr 1933 nahm auch die Zahl der Streiks zu. Im Jahr 1932 hatte es in den Vereinigten Staaten nur 841 Streiks gegeben, 1933 war ihre Zahl auf 1695 angewachsen und 1934 auf 1856 – mit 1,5 Millionen beteiligten Arbeitern. Toledo, Minneapolis und San Francisco erlebten massive, oft mit Gewalt verbundene Arbeitskonflikte. Im Jahr 1935 wurde der Congress of Industrial Organizations (CIO) gegründet, eine Gewerkschaft, die die Arbeiter in den neuen Industrien mit Massenproduktion organisieren wollte. Anfang 1936 veranstalteten

Arbeiter der Gummi-Industrie in Akron, Ohio, wegen Lohnkürzungen den ersten Sitzstreik der Geschichte, eine Methode, die auch in der Automobilindustrie Schule machte, so etwa in Cleveland und später im selben Jahr auch bei Fisher Body von General Motors in Flint, Michigan. Allein 1937 streikten fast 5 Millionen Arbeiter. Bis 1945 gab es in den USA 14,8 Millionen Gewerkschaftsmitglieder, ein Drittel aller nicht in der Landwirtschaft beschäftigten Arbeiter.[176]

Ähnliche Konflikte entstanden in der gesamten industrialisierten Welt. In Deutschland mobilisierten bald nach dem Börsencrash die Seeleute und Hafenarbeiter, als in der Schiffbauindustrie sage und schreibe 63,5 Prozent der Arbeiter arbeitslos wurden. Im Jahr 1931 kam es in Stettin, Hamburg und Bremerhaven zu Streiks wegen Lohnkürzungen. In Berlin streikten 1932 die Transportarbeiter, als kommunistische Gewerkschaften gegen die rechtsradikalen Kräfte um Hitler mobilisierten. In Japan organisierten sich arbeitslose und noch beschäftigte Arbeiter. Eine Studie, die einen Metallbezirk am Stadtrand von Tokio analysierte, kam zu dem Ergebnis, dass dort zwischen 1930 und 1932 in 15 Prozent aller Fabriken und 38 Prozent der größeren Fabriken mindestens ein Arbeitskampf stattgefunden hatte.[177] Obwohl die Bedingungen für erfolgreiches kollektives Handeln denkbar schlecht waren, kämpften die Arbeitslosen hartnäckig darum, ihr Los zu verbessern. Auch in Bombay führten Arbeiter kollektive Aktionen durch, nur um auf eine repressive Regierung «und die bedrohliche Anwesenheit einer Armee verhungernder Arbeitsloser» zu treffen.[178]

Aus Angst und schierer Notwendigkeit heraus übernahm der Staat eine neue Rolle bei der sozialen Unterstützung und Absicherung seiner Bürger. Er beschäftigte, heilte, ernährte, versorgte, beherbergte und schulte Millionen Proletarier, wie es noch wenige Jahrzehnte zuvor unvorstellbar gewesen wäre. Der Historiker Edward Hallett Carr, der im Jahr 1945 mit *Nationalism and After* eine ausführliche Kritik des Nationalismus veröffentlichte, stellte fest, dass der Staat in eine neue Phase eingetreten sei, die sich durch eine «Vergesellschaftung der Nation» auszeichne. Im Zeitalter der Massenpolitik «bestand das Ziel der nationalen Politik nicht mehr nur darin, die Ordnung aufrechtzuerhalten und die eng umrissenen staatlichen Geschäfte auszuüben, sondern auch darin, sich um das Wohlergehen der Mitglieder der Nation zu kümmern und dafür zu sorgen, dass sie ihren Lebensunterhalt verdienen konnten». Dadurch traten «die wirtschaftlichen Ansprüche der Massen in den Vordergrund des Bildes».[179]

Regierungen und manchmal auch Unternehmen sorgten für einen massiven Ausbau des Sozialstaats. Teils war dieser Ausbau befristet, teils dauerhaft, aber insgesamt kündete er von einem radikal umgestalteten Staat, der überall in den Kerngebieten des Industriekapitalismus und zunehmend auch jenseits davon Gestalt annahm. In Japan bewirkte die Weltwirtschaftskrise zunächst eine mäßige Erweiterung der staatlichen Arbeitsprogramme, in denen nie mehr als vier Prozent der Arbeitslosen Beschäftigung fanden. Im Jahr 1936 jedoch verabschiedete das japanische Parlament nicht zuletzt in Reaktion auf die anhaltende Mobilisierung der japanischen Arbeiterschaft ein Pensions- und Abfindungsgesetz, das viele Arbeitgeber dazu verpflichtete, ihren Arbeitern eine Abfindung zu zahlen, wenn sie entlassen wurden oder in den Ruhestand gingen. Das neue Gesetz betraf etwa 62 Prozent der Fabrikarbeiter. Nach dem Beginn des Zweiten Japanisch-Chinesischen Krieges im Jahr 1937 wurde die Sozialpolitik noch einmal ausgeweitet, was die Kriegsjahre zu einer Blütezeit des japanischen Sozialstaates machte. Im Jahr 1938, als die politische Opposition von Seiten der Wirtschaft durch die Mobilmachung für den Krieg geschwächt war, richtete die Regierung ein Sozialministerium ein, das sofort ein neues nationales Krankenversicherungsgesetz mit beinahe universaler Deckung entwarf und in Kraft setzte. Im Jahr 1942 folgte ein Arbeiterrentenversicherungsgesetz. Auch die staatlichen Sozialleistungen wurden verbessert, und ab 1941 begann ein staatliches Wohnungsbauunternehmen mit dem Bau von Arbeiterunterkünften.[180]

In den Vereinigten Staaten wurde der Sozialstaat ebenfalls erheblich ausgebaut, und zwar sowohl in Form unmittelbarer Krisenmaßnahmen als auch mit dauerhafteren Einrichtungen. Um das Problem der massiven Arbeitslosigkeit zu lösen, wurden Hunderttausende von Jugendlichen für das Civilian Conservation Corps rekrutiert. Millionen weiterer Menschen wurden mit öffentlichen Arbeiten beschäftigt, dafür flossen staatliche Mittel, die sich 1936 auf sechs Prozent des amerikanischen BIP beliefen, in ein Bauprogramm. Achthunderttausend Kilometer Straßen, vierzigtausend Schulen und eintausend Flugplätze wurden gebaut. Auch der staatliche Wohnungsbau wurde ausgeweitet. Im Jahr 1935 brachte der Social Security Act den Amerikanern zum ersten Mal ein wenig Sicherheit im Alter. Im selben Jahr erlangten die Gewerkschaften eine neue institutionelle Legitimität durch den Wagner Act, der ihnen das Recht verlieh, Tarifverhandlungen zu führen. In der Folge stieg der Organisationsgrad der Arbeiterschaft sprunghaft an: von fünf Prozent im Jahr 1933 auf 16 im Jahr 1940 und auf 22 Prozent im Jahr 1945.[181]

Selbst außerhalb der Kerngebiete des Kapitalismus wurden neue Sozialstaaten aufgebaut, so unvollkommen diese auch sein mochten. Mitte 1933 reagierte Südafrika auf die Mobilisierung der Arbeiter mit massiven öffentlichen Arbeitsprogrammen, die acht Prozent der weißen Arbeiter einen Lebensunterhalt verschafften. Das wichtigste Ziel des Programms bestand darin, armen Weißen zu helfen und weiße Arbeiter vor der Konkurrenz Schwarzer Arbeiter zu schützen. In den 1930er Jahren wurden diese Sozialprogramme massiv ausgeweitet. Die Ausgaben für das 1928 eingerichtete südafrikanische Altersversorgungssystem wuchsen rasch, weil sich die Renten zwischen 1936 und 1939 fast verdoppelten. Auch wurde im Jahr 1937 noch eine Berufsunfähigkeitsrente eingeführt; im selben Jahr wurde außerdem ein Arbeits- und Sozialministerium gegründet und ein Sozialhilfegesetz verabschiedet. Bald darauf kam noch eine Arbeitslosenversicherung hinzu. Im Jahr 1944 wurde das Rentensystem auch auf Schwarze Männer und Frauen ausgedehnt, auch wenn diese wesentlich weniger Geld erhielten. Bis 1948 bekam jeder 17. Südafrikaner Transferleistungen vom Staat.[182]

Auch in Britisch-Indien gab es Ansätze zu einem Sozialstaat, wenn auch in sehr viel geringerem Umfang. Schon 1923 war der Workmen's Compensation Act verabschiedet worden, der Beschäftigte in bestimmten Branchen (im Wesentlichen Textilien, Stahl und Bahn) gegen Arbeitsunfälle absicherte. Das war einerseits eine Reaktion auf den hohen Mobilisierungsgrad der indischen Industriearbeiter, entsprang andererseits aber auch dem Wunsch mancher Arbeitgeber, ihre Belegschaften zu stabilisieren. Der Geltungsbereich des Gesetzes wurde in den 1930er Jahren ausgeweitet, bis 1945 galt es für sechs Millionen Arbeiter. Ende der 1930er Jahre forderte die Kongresspartei auf Drängen des Bombay Provincial Trade Union Congress ein umfassendes Sozialversicherungssystem für «die industrielle Bevölkerung» mit Vorkehrungen für Alter, Krankheit und Arbeitslosigkeit. Sie schlug außerdem vor, als befristete Maßnahme ein Krankengeld für Industriearbeiter einzuführen.[183]

Überall wurde die Rolle des Staates in der Gesellschaft erweitert, manchmal vorsichtig wie in Indien, manchmal großflächig wie in den Vereinigten Staaten. Diese Neuorientierung war so grundlegend, dass sie auch die Rechtswissenschaft erfasste, die sich nun stärker am erstrebenswerten sozialen Ergebnis orientierte. Auf der ganzen Welt wurden sich Rechtswissenschaftler und Richter, unter denen der amerikanische Verfassungsrichter Louis Brandeis besonders hervorragte, der gesellschaftlichen Krisen stärker bewusst, die durch Proletarisierung, Urbanisierung und Industrialisierung verursacht wurden. Sie suchten nach neuen gesetzgeberischen Antworten, die die soziale Frage stärker berücksichtigten, etwa durch eine Arbeitsschutzgesetzgebung, die Regulierung des Finanzsystems, soziale Sicherungssysteme und korporatistische Vereinbarungen.[184]

Während der Weltwirtschaftskrise beschleunigte sich diese Neuorientierung allerorten. Wie sich herausstellte, verlangte die Ausbreitung und Vertiefung der kapitalistischen Revolution mehr und nicht weniger Staat. Dafür zu sorgen, dass die Bürger eines Staates Familien gründeten, ihre Kinder zur Schule schickten, Zugang zur Gesundheitsversorgung hatten und auch als Arbeitslose oder alte Menschen überleben konnten – die soziale Reproduktion, wie der wissenschaftliche Ausdruck lautet –, wurde nun als Fundament der kapitalistischen Revolution anerkannt, ein Fundament, das einen erweiterten Staatsapparat erforderlich machte.

Die Neuorientierung in Bezug auf die Rolle des Staates in der kapitalistischen Gesellschaft ging Hand in Hand mit einer Neuorientierung in der Wirtschaftswissenschaft. Niemand war dabei wichtiger als der britische Ökonom John Maynard Keynes. Er hatte schon vor der Weltwirtschaftskrise eine Abneigung gegen die herrschende Lehre in seiner Disziplin – soweit sie auf der Grenznutzenschule beruhte – entwickelt, der er vorwarf, «aus der gesamten Lebensführung [...] eine Art Parodie auf den Alptraum eines Buchhalters zu machen».[185] Für ihn waren die ökonomischen Ideen des Mainstreams «Milchmädchenrechnungen», die auf «falschen Analogieschlüssen einer irrelevanten Buchhaltung» beruhen.[186] Seiner Ansicht nach war es absurd, dass «[w]ir arm bleiben müssen, weil es ‹sich nicht auszahlt›, reich zu sein. Wir müssen in Bruchbuden leben, und das nicht, weil wir keine Paläste bauen könnten, sondern weil wir sie ‹uns nicht leisten können›».[187] Im Jahr 1932, mitten in der Weltwirtschaftskrise, erklärte er: «Die Stimmen [...] die uns sagen, der Ausweg bestehe in strenger Sparsamkeit und darin, nach Möglichkeit auf eine Ausschöpfung des Produktionspotenzials der Welt zu verzichten, sind die Stimmen von Narren und Verrückten.»[188]

Indem Keynes etablierte Ökonomen als «Narren und Verrückte» bezeichnete, stellte er einen Großteil ihres Mantras infrage: die Befürwortung einer Austerität in Krisenzeiten und den offenbar unerschütterlichen Glauben an die selbstregulierenden Kräfte des Marktes. Stattdessen verlangte er ein «direktes staatliches Eingreifen, indem neue Investitionen erleichtert oder subventioniert werden».[189] Schon Mitte der 1920er Jahre hielt er in Oxford und Berlin Gastvorlesungen über «The End of Laissez-Faire» und forderte, angesichts der Russischen Revolution, der Arbeiterunruhen und der antikolonialen Bewegungen die Gesellschaft neu zu denken.[190] Er bezweifelte, dass der wirtschaftliche Eigennutz allein ausreichte, um die Gesellschaft zu regulieren oder auch nur optimale wirtschaftliche Ergebnisse zu erzielen.

Nach dem Ausbruch der Weltwirtschaftskrise gewannen seine Gedanken an Kontur. Im Jahr 1930 machte er mit der Schrift *Vom Gelde* den Versuch, ein wichtiges Problem der Wirtschaftswissenschaft zu lösen, nämlich die Frage, warum es in der Wirtschaft starke Auf- und ebensolche Abschwünge gibt. Keynes zufolge geht die klassische Volkswirtschaftslehre davon aus, dass sich die entscheidenden Einflussgrößen der Wirtschaft – Sparen und Investieren – selbst regulieren.[191] Geld auf dem Konto zu sparen, es in Aktien oder Anleihen anzulegen, sind Investitionen, die Einkommen generieren. Wenn diese Investitionen stagnieren, hört eine Volkswirtschaft auf zu wachsen, es entsteht kein Einkommen mehr und es folgt eine Rezession. Da private Investitionen manchmal ausblieben, vertrat Keynes die Ansicht, in diesem Fall müssten sie durch staatliche Maßnahmen angeregt werden – hier deutet sich früh ein Gedanke an, der später als «Keynesianischer Stimulus» bekannt wurde.[192] Ohne solch einen Eingriff konnten Sparen, Investitionen und Verbrauch, die voneinander abhängen und kapitalistische Volkswirtschaften antreiben, ins Stocken geraten. Keynes' Theorie war jedoch nicht vollständig. Denn sie konnte, so der Hinweis des Wirtschaftshistorikers Robert Heilbroner, unmöglich erklären, wie es möglich war, dass eine Volkswirtschaft in einem Zustand «fortgesetzter Rezession» verharrte.[193] Es war also eine Ergänzung notwendig. Und tatsächlich vollendete Keynes 1936 sein Opus Magnum *Allgemeine Theorie der Beschäftigung, des Zinses und des Geldes*, in dem er dieses Problem anging. Seine *Allgemeine Theorie* ist nicht nur ein theoretisches Werk, sondern auch eine Sammlung von Lösungen für die Krise. Im ersten Kapitel heißt es, das Buch werde «die Postulate der klassischen Ökonomie» verdeutlichen und erweitern.[194] Die klassischen Produktions- und Werttheorien, schrieb Keynes, gingen von einer bestimmten Menge eingesetzter Ressourcen und einer Reihe festgelegter Bedingungen aus. Er versuchte stattdessen theoretisch zu klären, wovon der Einsatz von Ressourcen abhing.

Seine Revision der klassischen Ökonomie erschütterte deren Annahme, dass eine Volkswirtschaft sich selbst repariert. Die *Allgemeine Theorie* ging davon aus, dass sich bei einer Rezession im Gegenteil die Krise verschärft, weil die Einnahmen der Unternehmer nicht mehr so groß sind, dass sie die notwendigen Investitionen tätigen, um Einkommen zu erzeugen. Laut Keynes' Beschäftigungstheorie ist das Beschäftigungsniveau von der Höhe der Investitionen und dem «Hang zum Verbrauch» in einer Nation abhängig.[195] Mit diesen zwei Variablen, die beide durch politische und wirtschaftliche Entscheidungen bestimmt werden, warf Keynes bestehende Vorstellungen über das Beschäftigungsniveau über den Haufen. War es bis dahin als etwas gesehen worden, das automatisch durch die Märkte bestimmt wird, konnte es nunmehr durch die richtige Politik zum Positiven beeinflusst werden.

Die zentrale Lösung, die Keynes vorschlug, war Deficit-Spending bei zyklischen Konjunkturflauten: staatliche Investitionen, die den Kreislauf von privatem Sparen und Investitionen wieder in Gang bringen, der für das Wachstum einer kapitalistischen Volkswirtschaft unverzichtbar ist. Keynes vertrat die Ansicht, dass der Staat intervenieren muss, um «die Schwankungen in der Privatwirtschaft einzudämmen und wieder für Vollbeschäftigung zu sorgen», und dass er «Wirtschaftskrisen am besten durch eine Erhöhung der Gesamtnachfrage nach Gütern bekämpfen» kann.[196] Antizyklisches Nachfragemanagement kann nach seiner Auffassung die Wirtschaft in der «prekären Balance zwischen Vollbeschäftigung und Inflation» halten.[197] Wenn keine privaten Investitionen erfolgen, muss die Regierung für eine gewisse Stabilität des Verbrauchs sorgen.

Indem Keynes die Ansicht vertrat, dass der Staat einer Volkswirtschaft aus einer Depression heraushelfen kann, machte er aus einem existenziellen Problem ein technisches, das sich durch die richtige Politik lösen lässt. Als jemand, der seit den 1910er Jahren an der britischen Kolonialverwaltung unmittelbar beteiligt gewesen war (sein erster Posten war 1913/14 der eines Wirtschaftsberaters der Royal Commission on Indian Currency and Finance gewesen), war er von dem Interventionismus beeinflusst, der für die Kolonialpolitik schon immer charakteristisch gewesen war.[198]

Keynes theoretische Werkzeuge fanden nach ihrer Veröffentlichung in Ländern wie Großbritannien und den Vereinigten Staaten schnell ihren Weg in die praktische Politik und spielten beim weiteren Umgang mit der Weltwirtschaftskrise eine Schlüsselrolle. Er war keineswegs ein Revolutionär, sondern schlug lediglich vor, was er für notwendig hielt, ohne die klassische Volkswirtschaftslehre oder den Kapitalismus zu verwerfen. Wie viele Historiker und Wirtschaftswissenschaftler gezeigt haben, leistete er mit seinen Theorien einer Politik Vorschub, die zu einer beispiellosen Verminderung der Ungleichheit führte und den Lebensstandard in der entwickelten Welt erhöhte. Seine Arbeit trug, neben anderen Faktoren, dazu bei, dass die entwickelte Welt von einem «Zeitalter der Katastrophe» in ihr «Goldenes Zeitalter» gelangte.[199]

Die beschriebenen Krisenreaktionen brachten erstaunlich unterschiedliche politische Verhältnisse hervor und wurden durch erstaunlich unterschiedliche politische Verhältnisse verursacht, was wieder einmal bewies, dass der Kapitalismus in einer Vielfalt von politischen Systemen gedeihen kann. Die Wissenschaft debattiert seit Jahrzehnten darüber, welches politische System am besten zum Kapitalismus passt, und die Antworten reichen von der liberalen Demokratie bis zum Faschismus. Wenn wir uns die Welt in den 1930er Jahren ansehen, wird jedoch etwas anderes erkennbar, nämlich dass der Kapitalismus eben in einer großen Bandbreite politischer Regierungsformen gedeihen kann. Genau wie er mit verschiedenen Arbeitsregimen und territorialen Regimen vereinbar ist, erweist er sich auch in Bezug auf das politische System als undogmatisch.

Dies ist in gewisser Hinsicht eine pessimistische Einschätzung, insbesondere im Vergleich zu der einst so beliebten Modernisierungstheorie, die einen mehr oder weniger direkten Zusammenhang zwischen einer kapitalistischen Organisation des Wirtschaftslebens und der Entstehung liberaler und sogar demokratischer Ordnungen postuliert.[200] Schon die Reaktionen auf die Weltwirtschaftskrise in den 1930er Jahren zeigten jedoch, dass solche liberale Meistererzählungen nicht gerechtfertigt waren, weil damals schon klar wurde, dass diverse Formen autoritärer Herrschaft, und sogar der Faschismus, mit dem Kapitalismus absolut vereinbar waren. Als der Kapitalismus in seine schwerste Krise eintrat, soziale Unruhen allgegenwärtig wurden und sich Wirtschaftsnationalismus ausbreitete, schossen postliberaler Regime wie Pilze aus dem Boden und versprachen ihren Bürgern nationale Erneuerung, territoriale Neuordnung, wirtschaftlichen Wohlstand, soziale Sicherheit und ein Ende des Aufruhrs.

Dennoch darauf zu beharren, dass der Kapitalismus ein undogmatisches Verhältnis zur Regierungsform pflege, ist eine optimistischere Sicht der Dinge als diejenige, die einige Spielarten des Marxismus vertraten (wie etwa die in den 1920er und frühen 1930er Jahren von den kommunistischen Parteien verbreitete). Sie betrachten Autoritarismus als ein beinahe notwendiges Ergebnis jeder kapitalistischen Krise und damit auch des Kapitalismus selbst. Letztlich zeigte sich jedoch in der Großen Depression, dass selbst die schwerste Wirtschaftskrise auch von demokratischen Regimen bewältigt werden kann. Durch die massive Erweiterung des Sozialstaats, die erfolgreiche Wiederankurbelung des Wirtschaftswachstums und die Entfesselung menschlicher Kreativität innerhalb des liberalen Systems wurden die Demokratien so gestärkt, dass es ihnen gelang, der kapitalistische Ordnung in einer Weise neue Legitimität zu verschaffen, wie es zeitgenössische Beobachter selbst in ihren wildesten Träumen nicht für möglich gehalten hätten, und dadurch eine zentrale Komponente des späteren Goldenen Zeitalters zu etablieren.

In Schweden zum Beispiel entschärfte die Sozialdemokratische Arbeiterpartei (SAP) durch eine breite Vielfalt sozialer Maßnahmen die Auswirkungen der Weltwirtschaftskrise und begann, den legendären schwedischen Wohlfahrtsstaat aufzubauen. Viele der Ideen, die dieser Krisenpolitik zugrunde lagen, waren schon in den 1920er Jahren entwickelt worden. Aber erst in den 1930er Jahren verwirklichten die Sozialdemokraten im Bündnis mit der Bauernpartei ein komplexes Programm sozialer und wirtschaftlicher Reformen. Da sie den Bauern Schutz vor ausländischer Konkurrenz versprachen, bekamen sie deren Unterstützung für eine arbeiterfreundliche Politik. Der sogenannte «Kuhhandel», wie das Abkommen zwischen der SAP und der Bauernpartei genannt wurde, war ein historischer Kompromiss zwischen beiden Parteien und beinhaltete Kredite für die Bauern und staatliche Infrastrukturinvestitionen, die Steuerung der Nachfrage und den Ausbau des Sozialstaats. Für die Hilfsmaßnahmen und die Erweiterung der sozialen Sicherung wurde Deficit-Spending eingesetzt. Finanziert wurden die Maßnahmen durch eine stark progressive Besteuerung, die in den 1930er und 1940er Jahren eingeführt wurde. Der sozialdemokratische Wohlfahrtsstaat schränkte die Macht des Privatkapitals stark ein, ohne die Prinzipien des Privateigentums und der Kontrolle über den eigenen Besitz anzutasten.[201]

Auch in den Vereinigten Staaten wurde der Kapitalismus unter sozialdemokratischen Vorzeichen mit der liberalen Demokratie versöhnt. Unter der Führung von Präsident Roosevelt schmiedete die Demokratische Partei eine Allianz zwischen den städtischen Arbeitern im Norden und weißen Südstaatlern. Sie setzte eine Reihe radikaler Reformen durch, die zentrale Aspekte des amerikanischen Kapitalismus grundlegend umgestalteten. Danach spielte der Staat in den USA eine sehr viel größere Rolle. Er sorgte für die dringend benötigte Sozialhilfe, regulierte die Unternehmen (insbesondere im Finanzsektor) stärker als vorher, unterstützte die Landwirtschaft, verbesserte die soziale Sicherheit vieler amerikanischer Bürger erheblich (auch wenn viele Afroamerikaner, etwa Hausbedienstete und Landarbeiter, davon ausgenommen blieben) und ergriff in der Wirtschaft korporatistische Maßnahmen (indem er beispielsweise die Warenproduktion beschränkte, um das Preisniveau zu halten). Diese Agenda wurde wie in Schweden auch von einigen Kapitalbesitzern unterstützt, die es zu schätzen wussten, dass der Staat in der Lage war, die Wirtschaft zu stabilisieren. Auch anderswo gab es liberaldemokratische Regierungen, etwa in Frankreich oder Großbritannien, die ähnliche Strategien verfolgten. Diese sozialdemokratischen Parteien begannen ihre Wirtschaftspolitik grenzübergreifend zu koordinieren und den Protektionismus abzuschwächen. Dabei zeichnete sich in Umrissen bereits die Nachkriegsordnung ab.[202]

Dennoch gerieten auch viele demokratische Systeme im Gefolge der Weltwirtschaftskrise ins Wanken. Schätzungen zufolge lebte auf dem Höhepunkt der Krise etwa die Hälfte der Weltbevölkerung unter autoritären Systemen. In Italien hatte sich schon in den frühen 1920er Jahren ein faschistisches Regime etabliert, ebenso in Spanien, Ungarn und Albanien. Mitte der Zwanzigerjahre folgten Portugal, Polen und Litauen. Im Jahr 1929 wurde Jugoslawien autoritär, Rumänien folgte 1930, Deutschland 1933, Österreich, Lettland, Estland und Bulgarien 1934 und Griechenland 1936. All diese Regime reagierten mit autoritären Maßnahmen auf die Weltwirtschaftskrise, wodurch sie sich trotz einem teils ähnlichen Vorgehen radikal von den sozialdemokratischen Ländern unterschieden.[203]

Natürlich gab es erhebliche Unterschiede zwischen diesen Regimen. Was sie jedoch alle gemeinsam hatten, war ihr Korporatismus. Der Korporatismus – ein System, in dem die organisierten Interessen von Wirtschaft, Staat und Beschäftigten miteinander kooperieren und durch formelle oder informelle Absprachen die gesamte Wirtschaft oder einen Teil von ihr steuern, wie es in Brasilien, Portugal und Argentinien der Fall war – wurde ein dominantes Merkmal autoritärer Länder. Obwohl er in nationalistischem Gewand auftrat, war die Sehnsucht nach einer stärker organisierten Ordnung ein echtes transnationales Phänomen.

Die korporatistischen Regime hatten einige Gemeinsamkeiten. Erstens standen sie dem Liberalismus, dem Individualismus und den Märkten kritisch gegenüber. Seit 1933 beschrieb der Estado Novo in Portugal sein Projekt als Überwindung «des ungerechten Wesens der sozialen Organisation, [das] mit dazu beitrug, den Gedanken von der Ungleichheit der Klassen und des Klassenkampfs zu verbreiten».[204] Mit dem «Leuchtfeuer des Nationalismus» als Orientierung trat der Estado Novo für den Gedanken einer «korporativen Regierung» ein, damit «individuelle und kollektive Interessen angemessen aufeinander abgestimmt werden» konnten.[205] Er betrachtete sich selbst als wichtigen Teil einer globalen Bewegung gegen den «Individualismus» und hatte «die absurde Tendenz aufgegeben, Individuen als abstrakte, geometrisch gleiche Wesen zu betrachten».[206]

Auch der ebenfalls autoritäre brasilianische Estado Novo suchte nach Alternativen zum Liberalismus.[207] Sein führender Ideologe, der Soziologe und Jurist Francisco José de Oliveira Viana, war der Ansicht, eine korporatistische Organisation der brasilianischen Gesellschaft könne soziale Konflikte kleinhalten und das Wirtschaftswachstum fördern. Für ihn war der Korporatismus «eine Alternative zu Liberalismus und Sozialismus, weil er die Gesellschaft in staatlich gelenkten Gruppen organisiert, die nach ihrem Beruf und ihrer sozialen Rolle unterschieden und eingestuft werden».[208] Das «Individuum und seine wirtschaftliche Freiheit», schrieb er, «wird nur durch den Staat gerettet, der als ausgleichende Kraft zwischen das Individuum und die großen Organismen tritt, die der Industriekapitalismus geschaffen hat».[209] Und dieser Staat war auch unverzichtbar bei dem Bemühen, «die chronische Rückständigkeit zu korrigieren».[210]

In allen korporatistischen Regimen spielte die Regierung in ökonomischen Angelegenheiten eine zentrale Rolle. In Brasilien regulierte sie die Löhne und Preise, schuf Arbeitsgerichte und sah in Gremien von Experten die beste Möglichkeit, politische Probleme zu lösen. Argentinien beschritt denselben Weg: Als das Militär im Juni 1943 an die Macht kam, wurde Arbeitsminister Juan Domingo Perón ein wichtiger Befürworter des Korporatismus und baute ein neues System von Arbeitsgerichten auf, die unter staatlicher Aufsicht Konflikte zwischen Unternehmern und Arbeitern schlichteten.[211]

Ideologisch zielten die Korporatisten auf die Wiederherstellung einer Gesellschaft ab, die sie als organischer empfanden und in der gesellschaftliche Gruppen fast wie Zünfte das Sagen haben sollten. Der Estado Novo Portugals sollte auf «korporativen Organisationen und Familien» beruhen und auf diese Weise «den privaten [...] Kapitalismus verbessern».[212] Ziel war eine neu organisierte Harmonie, in der der Staat «die Koordination und höhere Ordnung des sozialen Lebens» übernehmen, die Nation gegen «Unternehmungen parasitärer Natur» schützen und den Klassenkampf einschließlich Streiks verbieten sollte.[213] Branchenspezifische Arbeitnehmer- und Arbeitgeberorganisationen sollten den jeweiligen Industriezweig lenken und ihn gegenüber dem Staat vertreten.

Auch der autoritäre brasilianische Präsident Getúlio Vargas ließ sich von der Idee leiten, dass die verschiedenen Bereiche der Wirtschaft durch gemeinsame Räte von Arbeitgebern und Arbeitnehmern selbstregiert sein sollten.[214] Die argentinischen Korporatisten gaben die liberalen Prinzipien ebenfalls auf und zogen ihnen wirtschaftliche Maßnahmen vor, die der Industrialisierung im eigenen Land zugutekamen.[215] Während Perón ein «neues Argentinien» aufbauen wollte, sprach sich Vargas für ein «Neues Brasilien» aus, und der portugiesische Diktator António de Oliveira Salazar glaubte an das Heraufziehen eines «neuen Portugal».

Auch faschistische Regime griffen zu korporatistischen Maßnahmen, brachen aber entschiedener mit der Politik des 19. Jahrhunderts, die sich in Schüben parallel zum Industriekapitalismus entwickelt hatte. Ihr Radikalismus wurzelte in der vollständigen Negation liberaler Konzepte von Staatlichkeit, der extremen Feindseligkeit gegenüber jeglicher Form demokratischen Regierens, der Fixierung auf einen charismatischen Führer, der entschlossenen Zerstörung der Arbeiterbewegung, dem aggressiven Militarismus und der völligen Missachtung jeglicher Rechte, die die Revolutionen von 1776, 1789, 1791, 1848 und 1917 formuliert hatten – Werte wie Rechtsstaatlichkeit, Meinungsfreiheit und Gewaltenteilung, um nur einige zu nennen. Sie betonten – durchaus zu Recht – ihren vollkommenen Bruch mit den vorangegangenen liberalen Regimen, selbst wenn diese teilweise mit ähnlichen Maßnahmen auf die Weltwirtschaftskrise reagiert hatten. In vieler Hinsicht kam dieser Bruch überraschend, da er die angeblich universalen Werte der kapitalistischen Revolution unterminierte, die im 19. Jahrhundert und zuvor verkündet worden waren.

Allerdings brach der Faschismus trotz seiner Radikalität nie mit der grundsätzlich kapitalistischen Organisation des Wirtschaftslebens. Die wichtigsten Bausteine des Kapitalismus – Kommodifizierung von Input, Output und Arbeit, Privateigentum und Unternehmertum sowie die Akkumulation und produktive Reinvestition von Kapital – wurden alle nicht infrage gestellt. Doch der Faschismus hatte eine radikale Antwort auf die sozialen, nationalen und kolonialen Fragen, die sich nach dem Ersten Weltkrieg gestellt und während der Weltwirtschaftskrise verschärft hatten. Er unterdrückte die soziale Frage im Namen des Nationalismus. Und er gewann durch die Überschreitung zuvor geltender Grenzen sowohl einen stark mobilisierten Massenanhang als auch die Unterstützung von Teilen der Elite, einschließlich vieler Kapitalbesitzer.

Auf diese Weise bot der Faschismus das Schauspiel, dass das Bürgertum gegen die bürgerliche Gesellschaft mobil machte. Giovanni Agnelli wurde 1923 zum Senator der Nationalen Faschistischen Partei ernannt (eine weitgehend ehrenamtliche Position, die er bis 1944 behielt). Zehn Jahre später begrüßte er Mussolini in einem Schwarzhemd der Partei in Turin, und in den 1930er Jahren ließ er sich beim Bau des gewaltigen Montagewerks in Mirafiori von Mussolini unterstützen. Außerdem trat er 1932 in die Partei ein, weil er mit dem Regime wegen dessen hartem Vorgehen gegen die Arbeiterbewegung, der protektionistischen Politik (die amerikanische Autos fast gänzlich vom italienischen Markt fernhielt) und den korporatistischen Lösungen sympathisierte. Als die Turiner Tageszeitung *La Stampa* 1924 kritische Artikel über Mussolini brachte, erzwang das Regime ihren Verkauf an Fiat, weil Agnelli als zuverlässiger Verfechter der faschistischen Linie galt. Sein Sohn Edoardo war von Mussolini so begeistert, dass er sich 1934 in die faschistische Abgeordnetenkammer hätte wählen lassen, wenn ihn sein Vater nicht daran gehindert hätte, weil er wollte, dass sich sein Sohn auf das Unternehmen konzentrierte.[216]

Agnellis Enttäuschung über Liberalismus und Demokratie wurde von vielen geteilt. Die Zerstörung der liberalen Basis des Kapitalismus wurde laut dem Historiker Jürgen Kocka «durch kapitalistische Führungsgruppen und Teile der Bourgeoisie maßgeblich befördert».[217] Selbst eine grundlegende Verletzung des Eigentumsrechts stieß bei den Kapitalbesitzern kaum auf Widerstand.[218] Insbesondere in Deutschland unterstützten viele nichtjüdische Kapitaleigner die gewaltsame Enteignung der europäischen Juden und beteiligten sich an ihr – ein erneuter Beweis dafür, dass das Eigentumsrecht im real existierenden Kapitalismus kaum je wirklich unantastbar war. Tatsächlich ermöglichten nichtökonomische Hierarchien als Zwillingsschwestern der kapitalistischen Revolution extreme Ausbeutung, Enteignung und Völkermord, und das nicht nur im landwirtschaftlich geprägten Hinterland des Kapitalismus, sondern auch in seinen industriellen Kerngebieten.

Die extremste Variante des Faschismus entwickelte sich in Deutschland. Als dieses Kraftzentrum der zweiten industriellen Revolution aus der Weltwirtschaftskrise herausfand, war es fest im Griff eines aggressiven Autoritarismus. Die Hinwendung zum Faschismus war durch vielen Faktoren verursacht und fand in der Bevölkerung starke Unterstützung, aber auch die Kapitalbesitzer spielten bei der Mobilisierung gegen die Demokratie und die verfassungsmäßige Ordnung der Weimarer Republik eine bedeutende Rolle. Natürlich waren nicht alle Kapitaleigner für den Faschismus, und einige, wie etwa Oskar Schindler in Krakau, leisteten sogar unter großem persönlichem Risiko Widerstand. Für die Anhänger des Nationalsozialismus unter den Unternehmern jedoch waren insbesondere die Zerschlagung der Arbeiterbewegung, das Ziel der territorialen Neuordnung und die Ordnungsversprechen des Nationalsozialismus attraktiv.[219] Auch das Streben nach Autarkie und militärischer Stärke sowie korporatistische Strukturen fanden bei den deutschen Kapitalbesitzern Anklang.

Es war keine Überraschung, dass auch Hermann Röchling zu den Anhängern des Faschismus gehörte. Als extremer Nationalist, der er seit Jahrzehnten war, bewunderte er den Führer.[220] Er war eng mit der Nazi-Elite verbunden und hieß hochrangige Parteivertreter in seiner Fabrik willkommen, wie etwa 1935 Reichspropagandaminister Joseph Goebbels. Die Nazis revanchierten sich: Im Jahr 1938 ernannte Hermann Göring Röchling zum Wehrwirtschaftsführer, ein Ehrentitel, der Industrielle an das Regime binden sollte,[221] und Hitler lud ihn im selben Jahr persönlich zum Reichsparteitag in Nürnberg ein.[222] Ideologisch war Röchling mit den Nazis auch bei einigen

Das Bürgertum mobilisiert gegen die bürgerliche Gesellschaft:
Hermann Röchling entbietet den Hitlergruß, 1935.

ihrer extremsten Projekte auf einer Wellenlänge: Er veröffentlichte Artikel über die «verjudete britische Aristokratie», griff den «Bolschewismus» an und behauptete, Roosevelts Umfeld sei «von Juden durchsetzt».[223]

Röchling fühlte sich nicht nur wegen ihres Nationalismus und Antisemitismus zu den Nazis hingezogen. Als lebenslanger Gegner der Arbeiterbewegung teilte er auch ihre absolute Feindschaft gegen die mächtigen Gewerkschaften und linken Parteien in Deutschland.[224] Er hatte solche Angst vor Kommunismus und «Bolschewismus», dass er in der Hoffnung, die Klassensolidarität werde über den französischen Nationalismus siegen, sogar an die Unternehmer im besetzten Frankreich appellierte, mit den deutschen Invasoren gegen den gemeinsamen Feind zu kooperieren.[225] Er war überzeugt davon, dass «es keine Demokratie auf der Welt gibt», die dem «Bolschewismus» erfolgreich widerstehen konnte, und warb in der Zeitung seines Unternehmens, dem *Völklinger Hüttenmann*, für die Abschaffung aller Parlamente (Der Artikel hatte die Überschrift «FÜR DEN FÜHRER!»).[226] Weniger öffentlich schrieb er 1935 für Hitler ein Memorandum mit dem prophetischen Titel «Über die Vorbereitung des Krieges und seine Durchführung», in dem er für einen Krieg gegen die Sowjetunion eintrat und für eine Maßnahme gegen das von ihm so genannte «Weltjudentum» plädierte.[227]

Zwar beruhte seine Sympathie für die Nazis auf eigenen tiefen Überzeugungen, doch wie viele andere deutsche Industrielle profitierte er auch materiell erheblich davon, dass sie an die Macht gekommen waren. Er versprach sich von Hitlers Politik zu Recht ein Wachstum der Eisen- und Stahlmärkte. Insbesondere dank des Wiederaufrüstungsprogramms der Nazis hatte die

Stahlproduktion schon 1933 um beinahe 15 Prozent zugenommen. Eine Biographin Röchlings hat es trocken so formuliert: «[E]r stellte das Unternehmen in den Dienst der nationalsozialistischen Aufrüstungspolitik.»[228]

Wegen seiner wirtschaftlichen Interessen unterstützte er auch eine Autarkiepolitik, in der Hoffnung, dass sein lang gehegter Traum von einer Nationalisierung der Warenketten endlich in Erfüllung ginge. Im Jahr 1937 bereitete er für die Zeitschrift *Der Vierjahresplan* einen Artikel vor. Darin ging es um die Beschaffung von Eisenerz, und Röchling brachte seine Überzeugung zum Ausdruck, dass sie durch inländische Ressourcen gesichert werden sollte und dies auch möglich sei.[229] Als alter Feind der freien Marktwirtschaft betrachtete er die staatliche Koordination als eine Möglichkeit zur «Vermeidung eines schrankenlosen Wettbewerbs».[230]

Röchling war nur einer von vielen deutschen Industriellen, Bankiers und Kaufleuten, die sich begeistert dem nationalsozialistischen Lager anschlossen. Und das war keineswegs ein rein deutsches Phänomen. Auch Kapitalbesitzer in Italien, Frankreich, Norwegen und vielen anderen Ländern reagierten auf die Wirtschaftskrise, indem sie sich mit der gleichen Begeisterung dem Faschismus anschlossen. Selbst in den Vereinigten Staaten machte sich der Automogul Henry Ford faschistische Ideen zu eigen, trug stolz einen Orden zur Schau, den ihm die Nazis verliehen hatten, und verbreitete in seiner Zeitung, dem *Dearborn Independent*, antisemitische Verschwörungstheorien.[231]

Auch die extremste Reaktion auf die Krise, wie man sie am äußersten Rand des Wirtschaftsnationalismus vertrat, wurde durch den Faschismus forciert. Für einige Staaten war eine territoriale Neuordnung die Antwort auf die alten nationalen, sozialen und kolonialen Fragen, die der Industriekapitalismus seit seiner Entstehung mit wachsender Dringlichkeit aufgeworfen hatte.[232] Schon bei zunehmendem Wirtschaftsnationalismus allein war es wahrscheinlich, dass ein Krieg das Ergebnis sein würde – verband er sich auch noch mit einer autoritären, faschistischen Herrschaft, war dies fast immer der Fall.

Japanische Politiker kamen durch die koloniale Expansion in Nordasien während der 1930er Jahre auf die Idee, eine sogenannte Großostasiatische Wohlstandssphäre aufzubauen. Mit militärischer Gewalt wollten sie einen wirtschaftlichen und politischen Block formieren, der sich von Sachalin im Norden bis Niederländisch-Indien im Süden erstreckte. Militärische Expansion war ihrer Ansicht nach der einzige Weg, um den für das japanische

Volk angeblich nötigen «Lebensraum» zu schaffen. Ein streng geheimer Plan der japanischen Regierung vom 9. Juli 1940 sah die Integration eines großen Teils von Asien, Australien und Neuseeland in die japanisch dominierte Wirtschaftssphäre vor.[233]

Uns mögen diese Pläne heute absurd erscheinen, doch die japanischen Politiker sahen darin keinen Unterschied zum vergleichbaren amerikanischen, britischen oder sowjetischen Expansionismus, und immerhin hatten sie wenigstens zeitweise mit ihrem Plan größtenteils Erfolg. Im Sommer 1941 war «regionale Autarkie» das wichtigste Ziel der japanischen Politiker geworden. Sie waren überzeugt, die Ressourcen der Region für die Stabilisierung ihres industriellen Kerngebiets zu benötigen, und wollten sie mittels einer «Planwirtschaft» ausbeuten.[234] Italien verfolgte eine ähnliche Politik. Es marschierte 1935 in Äthiopien ein und besetzte 1939 Albanien und 1940 Teile von Griechenland.[235]

Auch Deutschland strebte eine territoriale Neuordnung an. Hitler und seine Anhänger träumten schon seit den 1920er Jahren von einem deutsch dominierten, kontinental integrierten Wirtschaftsraum, der sich vom Ural bis zum Atlantik und vom Nordkap bis zum Mittelmeer erstrecken sollte. Im Jahr 1939, als Deutschland bei seinen Nachbarn einmarschierte, schien der Plan in Erfüllung zu gehen. Die Struktur des kontinentalen Wirtschaftsraums war aufs Genaueste geplant: Einige der eroberten Gebiete wurden annektiert, andere sollten als Satellitenstaaten des deutschen Kernlands fungieren und diesem Rohstoffe, landwirtschaftliche Erzeugnisse und Arbeitskräfte liefern. Seit 1940 gab der ständig weiterentwickelte «Generalplan Ost» detaillierte Pläne für die ethnische Säuberung und Kolonisierung eines Großteils von

Fiat-Panzer in Äthiopien.

Mittel- und Osteuropa vor. Durch eine territoriale Integration gemäß Hitlers albtraumhafter Vision sollte Deutschland ein neues «Land der unbegrenzten Möglichkeiten», ja ein neues Amerika werden.[236]

Die territoriale Neuordnung war zwar ein Projekt des NS-Regimes und beruhte auf tief verwurzelten rassistischen Überzeugungen, wurde aber auch von einer Spielart des Wirtschaftsnationalismus getragen, die bei Teilen der wirtschaftlichen Elite Unterstützung fand. Zusammen mit vielen Gesinnungsgenossen stürzte sich Hermann Röchling mit Begeisterung in die Arbeit für ein Ziel, das er seit drei Jahrzehnten leidenschaftlich propagierte. Nach dem Krieg gegen Polen Ende 1939 wurde er Leiter eines Stahlwerks im tschechoslowakischen Katovice und einer Munitionsfabrik im besetzten Polen. Im folgenden Jahr, als auch Frankreich deutsch besetzt war, übernahm er zudem die Leitung französischer Unternehmen und stellte einige seiner heißgeliebten Vorkriegswarenketten wieder her. Im Juni 1940 ernannte ihn Hermann Göring zum Generalbevollmächtigten für die Eisen- und Stahlindustrie der Region Meurthe-et-Moselle und dann zum Generalbevollmächtigten für die Eisen- und Stahlindustrie in den besetzten Gebieten.

Beflügelt von seinen neuen Aufgaben, überschwemmte Röchling Hitler mit Plänen für die territoriale Neuordnung Europas – seine eigenen geschäftlichen Interessen in Bezug auf die Beschaffung von Rohstoffen und einer ausreichenden Zahl von Arbeitskräften hatte er dabei fest im Blick. Im Jahr 1942 wurde unter Röchlings Leitung die Reichsvereinigung Eisen, ein Lenkungsverband der deutschen Eisen- und Stahlindustrie, gegründet. Sie koordinierte die Eisen- und Stahlproduktion im ganzen Reich und rekrutierte Zwangsarbeiter für ihre Mitgliedsfirmen. Im selben Jahr kam Röchling in das höchste Verwaltungsorgan der deutschen Kriegsproduktion: den Rüstungsrat. Er war selbst Rüstungsproduzent, stellte Granaten, Artillerie- und Luftabwehrgeschütze sowie Teile für Maschinengewehre her, und war deshalb höchst qualifiziert für den Posten. Doch er passte auch ideologisch in den Verband, da er wirklich überzeugt war, dass man den Wirtschaftsraum neu denken müsse, und zwar in einer kontinentalen Größenordnung: «Über die Grenzen Deutschlands hinaus ist die einheitliche Lenkung der Wirtschaft, besonders der des Eisens, notwendig.»[237]

Seine Aktivitäten stimmte er mit den höchsten Ebenen der Regierung ab und hatte mit Hitler mehrere Unterredungen über die Kriegsproduktion. Um sich all den weit verstreuten Vorgängen in dem frisch konzipierten deutschen Wirtschaftsraum widmen zu können, legte er mit seinem Sohn im eigenen Privatflugzeug (damals eine Rarität) eine Million Kilometer zurück.[238]

Dank solcher Anstrengungen und weil keinerlei Rücksicht auf Menschenleben genommen wurde, konnte im Zweiten Weltkrieg die Sklaverei in die Kerngebiete des Industriekapitalismus zurückkehren. Auch Japans Schwerindustrie – Konzerne wie Mitsubishi Shipbuilding – griff auf Zwangsarbeiter zurück. Zusammen mit Kriegsgefangenen wurden chinesische und koreanische Zwangsarbeiter in das industrielle Kerngebiet Japans verschleppt. Schätzungen zufolge schufteten insgesamt 1,3 Millionen koreanische Zwangsarbeiter während des Krieges in Japan, insbesondere im Bergbau und in der Bauindustrie.[239]

Im nationalsozialistisch beherrschten Europa wurde die Zwangsarbeit zum Prinzip erhoben. Im Jahr 1944 waren schätzungsweise 43,4 Prozent der Arbeiter und Arbeiterinnen im Machtbereich der Nazis Zwangsarbeiter, eine schockierende Zahl, die historisch nur von den Plantagen in den karibischen Kolonien übertroffen wurde. Arbeitskräfte wurden insbesondere in Osteuropa regelrecht gejagt und nach Deutschland deportiert, wo sie in Fabriken, auf Bauernhöfen oder in privaten Haushalten arbeiten mussten. Es gab eine strenge Hierarchie unter diesen Arbeitern, bei der Menschen aus der Sowjetunion den niedrigsten Rang belegten.

Bei der Mobilisierung für die Eisen- und Stahlindustrie spielte Röchling eine solche Schlüsselrolle, dass die Deportationen von Arbeitern «Röchling-Transporte» genannt wurden.[240] Visionär, der er war, entwickelte er große Pläne für die Verschiebung ganzer Bevölkerungsgruppen in Europa. Seiner Ansicht nach konnten allein in Belgien und den Niederlanden 1,2 Millionen Menschen «erfasst und richtig sortiert werden».[241]

Fast alle Industriezweige griffen auf Zwangsarbeit zurück. Natürlich war dies auch in Röchlings Eisen- und Stahlwerken der Fall. Im Frühsommer 1940 war die erste Gruppe von Zwangsarbeitern in Völklingen angekommen. Um 1943 arbeiteten etwa 40 Prozent aller Arbeiter in der Völklinger Hütte unter Zwang, die meisten von ihnen kamen aus Frankreich und Belgien und vor allem der Sowjetunion. In Röchlings Industriekomplex waren so viele Zwangsarbeiter beschäftigt, dass das Unternehmen sie im Sommer 1942 in 28 verschiedenen Lagern unterbringen musste. Insgesamt beschäftigte Röchling 12 000 Zwangsarbeiter in den Kriegsjahren.

Er verfügte ihnen gegenüber über enorme Machtbefugnisse, einschließlich des Rechts, sie körperlich zu bestrafen und in konzerneigene Gefängnisse zu werfen. Tatjana Jarosch, geboren 1926 in Sosnowka in der Sowjetunion, wurde im Sommer 1941 nach Völklingen deportiert und sagte später in einem Interview: «Der Röchling hat mir mein Leben gestohlen.»[242] Ein besonderer Werkschutz mit mehr als 100 Mitgliedern bewachte sie und ihre Leidensgenossen. Schon kleine «Delikte», wie etwa Holzsammeln im Wald, das An-

Moderne Sklaverei im industriellen Kernland: sowjetische Zwangsarbeiterin in den Röchlingschen Eisen- und Stahlwerken zwischen 1942 und 1944.

hören und Weiterverbreiten von «Feindpropaganda» oder das Verlassen des Arbeitsplatzes, wurden bestraft.[243] Einige Arbeiter wurden in Konzentrationslager geschickt: Cermil Agrisowitch aus Jugoslawien kam wegen Arbeitsverweigerung in das KZ Natzweiler. Der Franzose Dominique Crispini wurde wegen «Bummelei» in ein nicht genanntes Konzentrationslager geschickt. Röchlings Herrschaft war so brutal, dass während des Krieges insgesamt 290 ausländische Arbeiter in Völklingen starben.[244]

Sklavenarbeit machte Arbeitskräfte verfügbar, wenn aufgrund zeitlicher und örtlicher Umstände andere Arbeitskräfte nicht zur Verfügung standen. Sie verletzte die grundlegenden Errungenschaften der kapitalistischen Revolution, wie die Vertragsfreiheit, und sie war ein Akt der Barbarei. Doch die Barbarei hatte inzwischen viele Betriebe erfasst. Kühne & Nagel, eine deutsche Logistikfirma mit Sitz in Bremen, transportierte die Möbel Pariser Juden, die man in Lager deportiert hatte, ins Reich. Der riesige Chemiekonzern IG Farben beschäftigte Auschwitz-Häftlinge in seinen Fabriken. Ab 1942 arbeiteten Gefangene aus Konzentrationslagern auch für den Autokonzern BMW, der für seine Betriebe in Allach und Dürrerhof zwei Satellitenlager betrieb. Ende 1944 bestanden mehr als 50 Prozent der Belegschaft bei BMW, insgesamt 29 000 Frauen und Männer, aus Zwangsarbeitern. «Ohne den massenhaften Einsatz von Zwangsarbeitern wäre eine Massenproduktion nicht möglich gewesen», heißt es in einem von dem Konzern in Auftrag gegebenen Bericht.[245]

Auch Mercedes-Benz war an den Verbrechen des Dritten Reichs beteiligt. Das Unternehmen hatte einen starken kulturellen Bezug zu den Nazis: Es produzierte das bevorzugte Auto des Führers. Genau wie bei BMW stellten auch bei Mercedes Zwangsarbeiter annähernd die Hälfe der Belegschaft – Ende 1944waren es fast 27 000 Arbeiter. Laut einer von dem Konzern in Auftrag gegebenen historischen Studie waren sie «in den Werkhallen mit willkürlicher Brutalität konfrontiert und ständig dem Terror der SS, intensivem Hunger, Kälte und Krankheit und vielen Stunden harter körperlicher Arbeit ausgesetzt».[246] Auch Audi, Porsche und Volkswagen beschäftigten Zwangsarbeiter.

Die IG Farben, die 1925 durch die Fusion von Bayer, BASF, Hoechst und anderen Unternehmen zum größten Chemie- und Pharmakonzern der Welt geworden war, wurde bei Kriegsende von den Vereinigten Staaten beschlagnahmt, und viele ihrer Manager wurden wegen ihrer Beteiligung an Kriegsverbrechen und Verbrechen gegen die Menschlichkeit vor Gericht gestellt. Eine Tochterfirma der IG Farben hatte das Gas Zyklon B hergestellt, mit dem Millionen europäische Juden ermordet wurden. Später wurde gegen Dutzende Firmen wegen der Beschäftigung von Zwangsarbeitern und der Beteiligung an den Gräueltaten der Nazis Anklage erhoben. Laut der Historikerin Anita Ramasastry gehörten dazu Agfa-Gevaert, Audi, BASF, Beiersdorf, BMW, Bosch, Continental, Daimler-Benz, Heidelberger Zement, Hochtief, Hoechst, Philipp Holzmann, Hugo Boss, Leica Camera, Krupp, Lufthansa, MAN, Mannesmann, Messerschmitt-Bölkow-Blohm, Miele, Pfaff, Rheinmetall, Rodenstock, Siemens, Thyssen, VARTA, Volkswagen, WMF und Zeppelin – ein *Who is Who* der deutschen Industrie.[247]

Die Sklaverei kehrt in die industriellen Kerngebiete zurück: Häftlinge aus einem Konzentrationslager arbeiten in den 1940er Jahren in einer BMW-Fabrik.

Nach Kriegsende ermittelten die Vereinigten Staaten bei vielen deutschen Unternehmen wegen Kriegsverbrechen, auch bei Giganten wie der Deutschen und der Dresdner Bank. Die Direktoren der IG Farben wurden wegen ihrer Beteiligung an der Ausbeutung der letzten Arbeitskraft der Häftlinge von Todeslagern wie Auschwitz verurteilt.[248] Primo Levi, ein jüdisch-italienischer Chemiker und Auschwitz-Überlebender, der später in der Fiat-Stadt Turin lebte und arbeitete, warnte nach der Katastrophe: «Es ist geschehen, und folglich kann es wieder geschehen: Darin liegt der Kern dessen, was wir zu sagen haben.»[249] Wie diese Barbarei beweist, war die bürgerliche Zivilisation, die sich an einigen Orten im Imperium des Kapitals entwickelt hatte, anfällig für die Barbarei, und sie ist es noch immer.

Im Jahr 1945 jedoch überlebte der liberale Kapitalismus dank der sowjetischen Widerstandskraft und den amerikanischen Produktionskapazitäten seine faschistische Variante. Als eines von vielen Symbolen für die Niederlage des Faschismus wurde Hermann Röchling von amerikanischen Truppen verhaftet und den Franzosen übergeben, die ihn zunächst in Saarbrücken und dann in Rastatt, ironischerweise einem der Zentren der (demokratischen) Revolution von 1848/49, inhaftierten. Am 25. Januar 1949 wurde er als «Kriegsverbrecher» für die «wirtschaftliche Ausplünderung» der deutsch besetzten Gebiete und für seine Rolle bei der Organisation und dem Einsatz von Zwangsarbeitern zu zehn Jahren Gefängnis verurteilt, jedoch schon am 18. August 1951 aus gesundheitlichen Gründen vorzeitig entlassen.[250]

Die Nachwirkungen der «globalen Dreißigerjahre» waren zahlreich, und das nicht nur in den industriellen Kerngebieten, sondern überall. Als die weniger entwickelten Regionen in die Kriege in Europa und Asien hineingezogen wurden, wurde ihnen schmerzhaft bewusst, dass die meisten Menschen auf der Welt, einschließlich vieler Kapitalbesitzer, nicht in Staaten lebten, die die Interessen ihrer Bewohner berücksichtigten. Viele Menschen, die unter Kolonialherrschaft lebten, erkannten, dass sie den Interessen ferner Völker dienten und zusehen mussten, wie ihre Rohstoffe und Fähigkeiten zum Wohl dieser fernen kriegführenden Völker transferiert wurden. Durch den Zweiten Weltkrieg wurde ihnen immer deutlicher bewusst, dass die Kolonisatoren mehr Rechte besaßen als die Kolonisierten.

Eine unbeabsichtigte Folge des Krieges bestand deshalb darin, dass die kolonisierten Untertanen die Vision einer neuen Weltwirtschaftsordnung entwickelten und Massenbewegungen gründeten, um sie zu verwirklichen.

Dies war tatsächlich der Anfang vom Ende der Großen Divergenz, weil es die Bedeutung wirtschaftlicher Selbstbestimmung in den Vordergrund rückte. In vielen Darstellungen der globalen Dreißigerjahre hat diese Entwicklung wenig Beachtung gefunden. Doch der Erste Weltkrieg, die Weltwirtschaftskrise und dann ein weiterer Weltkrieg schwächten die imperialen Mächte und erzeugten neue Wellen des Widerstands gegen ihre kolonialistischen Träume.

Außerdem waren die Europäer von Soldaten und Rohstoffen aus ihren Kolonien abhängig. Deshalb waren sie zu Kompromissen mit den lokalen Eliten gezwungen, die ihnen bei der Beschaffung dieser Mittel halfen. Auch zeigten die frisch zur Weltmacht gewordenen Vereinigten Staaten wenig Begeisterung, wenn es darum ging, die alte europäische koloniale Ordnung zu verteidigen. Gleichzeitig begannen die Eliten in der kolonialen Welt, Wissen, Fähigkeiten, Kapital und während des Zweiten Weltkriegs sogar Wohlstand zu akkumulieren. Dadurch fühlten sie sich ermutigt, über die Gründung eigener Nationalstaaten nachzudenken, die sie kontrollieren könnten, und die die nationale Entwicklung fördern konnten.

Diese Stimmungen und politischen Bestrebungen sollten die Weltwirtschaftsordnung des 20. Jahrhunderts womöglich stärker verändern als alle anderen Faktoren. Schon 1928 sagte der deutsche Soziologe und Volkswirt Werner Sombart: «Der neue Kapitalismus wird ein ‹farbiger› Kapitalismus sein» und «[e]r wird Asien und Afrika beherrschen».[251] Dieser «Jungkapitalismus», sagte er voraus, werde «Einfluss auf unser Wirtschaftsleben ausüben».[252] Bei all der europäischen Selbstverliebtheit und Nabelschau war dies eine vorausschauende Erkenntnis.

KAPITEL 15

Rebellen

Die postkoloniale Industrie wird entfesselt:
Indische Unternehmer malen sich eine Zukunft
nach der britischen Kolonialherrschaft aus.

Die Schreibmaschine war mehr als hundert Jahre lang aus keinem Büro der Welt wegzudenken. Mit diesem allgegenwärtigen Helfer ließen sich die endlos langen Briefe und Berichte erstellen, die typisch für die kapitalistische Zivilisation geworden waren. Die Schreibmaschine wurde für die Wirtschaft erfunden, aber auch die Staaten waren auf sie angewiesen. Als die Regierungen größer wurden und die Bürokratie komplexer, verwandelte sie sich in ein unverzichtbares Werkzeug moderner Staatlichkeit.[1]

In den 1880er Jahren kam sie in den Vereinigten Staaten erstmals in den Handel, und sie verbreitete sich rasch weltweit, von einem Zentrum der staatlichen Macht und des Kapitals zum nächsten. In Indien kamen Schreibmaschinen ab den 1890er Jahren in Kolonialbehörden und Unternehmen in Gebrauch. Wie die meisten fortschrittlichen Maschinen wurden sie zunächst aus Großbritannien importiert, ab 1910 dann aus den Vereinigten Staaten und insbesondere vom Hersteller Remington.[2]

Nach der Unabhängigkeit Indiens im Jahr 1947 schoss die Nachfrage in die Höhe, vor allem auch nach Modellen, die indische Schriftzeichen schreiben konnten, wie es in den staatlichen Behörden nun erforderlich war. Naval Godrej, Sohn einer berühmten Fabrikantenfamilie aus Bombay, die sich in der Swadeshi-Bewegung engagierte – die importierte Waren durch indische ersetzen wollte –, hatte diese Entwicklung vorausgesehen und im Jahr 1942 begonnen, eine solche Schreibmaschine zu entwickeln. Im Jahr 1948 trieb er das Vorhaben noch schneller voran, nachdem die neue Regierung versprochen hatte, solche Maschinen zu kaufen. «Die Regierung hat unser Projekt gesponsert», stand in einem Firmenbericht aus dem Jahr 1952. «Wir selbst wären nie auf die Idee gekommen, sie herzustellen, wenn die indische Regierung nicht die Initiative ergriffen und uns zu diesem Projekt ermutigt hätte.»[3] Godrej glaubte, dass Indien, wenn es vorankommen wollte, «selbst produzieren musste, was es brauchte».[4] Er recherchierte sorgfältig, wie anderswo Schreibmaschinen hergestellt wurden, und bot ab 1953 die erste in Indien produzierte Schreibmaschine mit dem passenden Namen «All Indian» an. Damit schloss Indien zu den wenigen Ländern auf, die Schreibmaschinen produzieren konnten – ein komplexes Produkt, das aus 1800 Einzelteilen bestand, einschließlich 150 verschiedenen Arten von Präzisionsschrauben.[5] «Wir mussten hier bei null anfangen», vermerkte das Unternehmen mit offensichtlichem Stolz auf das technische Know-how und ihre bestens ausgebildeten Arbeiter.[6] Bei einer Tagung der regierenden Kongresspartei in der Stadt Avaid in Madras 1955 bekam Premierminister Pandit Jawaharlal Nehru persönlich ein Gerät vorgeführt. Nehru soll die Schreibmaschine von Godrej ein «Symbol für das unabhängige und industrialisierte Indien» genannt haben.[7]

Diese sehr öffentliche Verbindung von postkolonialem Staat und postkolonialem Privatkapital intensivierte sich, als die indische Regierung ein wichtiger Kunde von Godrej wurde. Die entstehenden Bürokratien hungerten ebenso nach Schreibmaschinen wie die Gerichte und politischen Parteien. Der Staat orderte regelmäßig weitere Maschinen, und die Produktion wurde «für Bestellungen des Staates vorgemerkt». Im Jahr 1960 gingen bei dem Unternehmen Vorbestellungen der staatlichen Fluggesellschaft Indian Airlines ein; 1967 erhielt die staatliche Life Insurance Corporation of India die An-

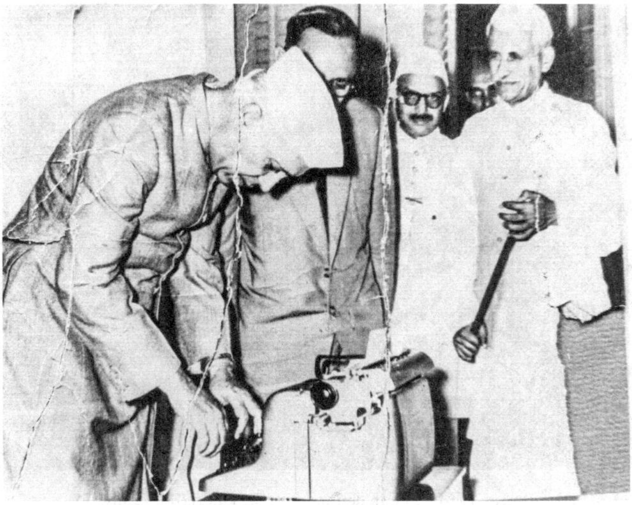

Postkoloniale Staatenbildung: Premierminister Pandit Jawaharlal Nehru an einer Godrej-Schreibmaschine bei einer Versammlung des Indischen Nationalkongresses im Jahr 1955 in Avadi, Madras (heute Chennai).

weisung, 30 Prozent der von ihr benötigten Schreibmaschinen von Godrej zu beziehen.[8]

Dank dieser Unterstützung und eines neu geknüpften Vertriebsnetzwerks konnte Godrej die Produktion ausweiten. Zwischen 1955 und 1959 verkaufte er 9000 Schreibmaschinen, und auch wenn er ständig über die mangelnde Energie seiner Verkäufer jammerte, konnte er zwischen 1959 und 1964 weitere 12 000 verbesserte Maschinen absetzen. Im Jahr 1967 ging Godrej eine Partnerschaft mit dem ostdeutschen VEB Büromaschinenwerk ein, was zu weiteren technischen Fortschritten führte. Zwischen 1965 und 1970 verkaufte er 23 984 Schreibmaschinen und zwischen 1971 und 1979 weitere 158 433 Stück.[9]

Schreibmaschinen veränderten die indische Gesellschaft, weil sie es Unternehmen und Behörden ermöglichten, Daten zusammenzustellen und zu teilen. Mit dem Typisten – der Maschinenschreibkraft – entstand ein neuer Beruf, für den es in berufsbildenden Schulen eigene Ausbildungsgänge gab. Diese Entwicklung war Folge der massiven Ausweitung der Büroarbeit und vollzog sich global: In den Vereinigten Staaten gab es im Jahr 1930 bereits 811 000 Typisten und Stenotypistinnen. Im Gegensatz zu Indien waren dies fast ausschließlich Frauen. In Indien boten Typisten ihre Dienste auch freiberuflich Bauern und Arbeitern an, die nicht lesen und schreiben konnten und deshalb Schwierigkeiten im Umgang mit Behörden hatten. Dabei saßen die

Typisten probieren in den 1960ern die Godrej-M-12 aus.

Typisten auf der Straße vor den staatlichen Ämtern. Zwar beendete Godrej im Jahr 2011 die Schreibmaschinenproduktion wegen der Konkurrenz durch Computer, dennoch kündigte Indiens Eintritt in den Markt für komplexe Maschinen eine Verlagerung des Schwerpunkts in der Geschichte des Kapitalismus an – die schließlich dazu führte, dass Indien Raketen ins All schoss, dass China zur Werkbank der Welt wurde und Brasilien zu einem führenden Flugzeughersteller aufstieg.[10]

Der Kolonialismus war seit den 1870er Jahren ein Stützpfeiler des industriellen Kapitalismus gewesen, der das industrielle Kernland auf besondere Weise mit einem immer größeren Hinterland verband, das landwirtschaftliche Erzeugnisse, Bodenschätze und Arbeitskräfte lieferte. Doch 1945 drohte dieser Stützpfeiler wegzubrechen. Zu der Zeit wurde ein Drittel der globalen Landmasse noch immer von Kolonialmächten verwaltet, und ein Drittel der Erdbevölkerung lebte unter kolonialer Herrschaft. Dreißig Jahre später hielten die überwiegend europäischen Kolonialherren nur noch weniger als ein Prozent der Landmasse in Abhängigkeit. In den riesigen ehemaligen Kolonialgebieten entstanden Dutzende neue unabhängige Staaten. Zu Beginn des Jahres 1945 hatte es nur 69 vollständig autonome Nationen auf der Erde gegeben. Bis zum Ende des Jahres 1975 hatte sich diese Zahl mehr als verdoppelt auf 151. Unter anderem wurden Syrien, der Libanon, Pakistan, Indien, Burma, Indonesien und die Philippinen in der zweiten Hälfte der 1940er Jahre unabhängig. Ghana, Laos, Marokko, Tunesien und Malaysia folgten in den 1950ern. In den frühen 1960er Jahren gab es einen wahren Boom an neuen Nationen, darunter Nigeria, Mali, Kamerun, der Kongo, Kuwait, Tansania, Jamaika, Algerien und Sambia. In den 1970ern bildeten die ehemaligen portugiesischen Kolonien Mosambik, Kap Verde, Guinea-Bissau und Angola die letzte Welle antikolonialer Rebellionen. Im Jahr 1980 gab es nirgendwo auf der Welt mehr große Kolonien.[11] Für den Vorgang, der koloniale Untertanen zu Bürgern ihrer eigenen Nation machte, wurde ein neuer Begriff geprägt: Dekolonisation.

Die Dekolonisation war der Anfang vom Ende der eurozentrischsten Phase in der Geschichte des Kapitalismus. Im kolonialen Zeitalter hatte sich die kapitalistische Entwicklung auf die Nordatlantikregion konzentriert. Im Jahr 1950 generierten Europa und seine «westlichen Ableger» etwa 70 Prozent des globalen BIP und 90 Prozent der weltweiten Produktionsleistung (verglichen mit nur 30 Prozent in der zweiten Hälfte des 18. Jahrhunderts). Bis zum Jahr 1975 sank der nordatlantische Anteil am globalen BIP auf 62,5 Prozent, bis zum Jahr 2000 schrumpfte er weiter auf 50,7 Prozent, und im Jahr 2023 lag er nur noch bei 39,1 Prozent.[12]

Keine andere Entwicklung im 20. Jahrhundert hatte weitreichenderen Einfluss auf den globalen Kapitalismus als die Dekolonisation. Jahrhundertelang hatte der Kolonialismus weltweit extreme Ungleichheit verursacht und Reichtum durch Verträge, Enteignungen und Versklavung von einem Teil der Welt auf einen anderen umverteilt. Er hatte tiefgreifenden Einfluss auf die wirtschaftlichen Beziehungen zwischen Gesellschaften und in ihnen. Doch die wahrscheinlich bedeutsamste Auswirkung des Kolonialismus war tückischer: Sie schwächte die örtlichen Quellen staatlicher Macht, zerstörte sie gar. In weiten Teilen der Welt orientierte sich die Politik, auch die Wirtschaftspolitik, vorrangig nicht an den Interessen der örtlichen Bauern, Arbeiter und Eliten (einschließlich der Kapitaleigner), sondern an den Interessen von Menschen, die in weit entfernten Metropolen lebten. Das war besonders kritisch, weil der Staat als Institution bei der Entwicklung des Kapitalismus eine entscheidende Rolle gespielt hatte, besonders für den industriellen Kapitalismus, der sich nach der Neuordnung des Kapitalismus ab 1870 verbreitet hatte. Wenn eine Regierung lokale Interessen ignorierte, war das ein Todesstoß für die heimische Wirtschaftsentwicklung: Bewohner dieser Länder wurden oft mit hohem Gewalteinsatz ihrer Arbeitskraft und Ressourcen beraubt und lokale Kapitaleigner in eine untergeordnete Position gezwungen.

Diese enormen Ungleichheiten wurden erwartungsgemäß angefochten, zum Teil von Intellektuellen, die in den imperialen Metropolen ausgebildet wurden, zum Teil von Bauern und Industriearbeitern, deren lokale Kämpfe zu scharfer Kritik am kolonialen Gebilde führten. Einzelne Aufstände von Kapitaleignern führten zu weiteren Unruhen, bis man zu dem Schluss kam, dass das alte Regime – der Kolonialismus – gestürzt werden musste, wenn das Land eine Zukunft haben sollte, so wie ihre europäischen Gegenparts hundert Jahre zuvor zögernd dazu bereit gewesen waren, das Regime der alten Ordnung zu stürzen. Diese unterschiedlichen Gruppen, zwischen denen es häufig zu Konflikten kam, stellten die koloniale Ordnung auf ganz verschiedene Weise infrage.[13] Dadurch gaben sie auch der kapitalistischen Welt eine neue Ordnung. Sie setzten das Recht aller Menschen auf nationale Selbstbestimmung und die formelle Gleichheit der Staaten durch. Und sie waren sich über Kontinente, Landes- und Klassengrenzen hinweg einig, dass wirtschaftliche Entwicklung notwendig war und dass die erschütternden globalen Ungleichheiten, die die kapitalistische Revolution verursacht hatte, rückgängig gemacht werden mussten. Besonders radikale Gruppen stellten sogar den Kapitalismus an sich infrage.

Fast alle antikolonialen Revolutionäre strebten den Aufbau einer postkolonialen Wirtschaft an, die sich deutlich von der früheren Entwicklung in den industriellen Kernländern der Welt unterscheiden sollte. Wirtschaftsnationalismus, Protektionismus und eine zentral geplante Industrialisierung waren ihre Forderungen. Diese antikoloniale Politik hatte tiefe Wurzeln in den Jahren der Depression, als eine institutionelle Kreativität aufgeblüht war, die nicht nur den Antikolonialismus antrieb, sondern auch Vorlagen für die Wirtschaftsentwicklung auf der ganzen Welt lieferte. Unabhängig von dem genauen Weg, den ein neu gegründeter Staat einschlug, waren Wirtschaftsentwicklung und Nationenbildung bei allen eng miteinander verwoben. Sie waren fast ein und dasselbe.

Zwischen dieser Neuausrichtung des postkolonialen Kapitals und den ehemaligen kolonialen Zentren gab es immer Verbindungen, dennoch gaben die vielen neuen Knotenpunkte staatlicher Macht dem Kapitalfluss einen vollkommen neuen Verlauf. Die Dekolonisation bot neue Kanäle, neue Machtknoten und neue Kapitalinseln, die neues Hinterland erschlossen, neue Industrien erschufen und neue Formen der Landwirtschaft vorantrieben. Bombay, Kalkutta, Shanghai und andere Städte waren seit dem frühen 20. Jahrhundert Zentren moderner Unternehmertätigkeit – doch nun drängten sie nach außen.[14] Der Bruch mit dem kolonialen Kapitalismus war unmissverständlich, dennoch entfaltete sich der Postkolonialismus in einer Welt, die von Kolonialismus und seinen Ungleichheiten tief geprägt war, einer Welt, in der Kapital, Technologie und Fertigkeiten noch immer in wenigen Gebieten geballt zur Verfügung standen. Großbritannien war im 18. Jahrhundert das einzige Land, das sich industrialisierte. Als Indien sich daranmachte, eine eigene Industriegesellschaft aufzubauen, traf es auf eine bereits industrialisierte Welt.

Außerdem folgte Indien, wie andere postkoloniale Länder auch, immer noch der expansiven Ausrichtung des Kapitalismus an sich – oft in radikaler Weise. In weiten Teilen der Welt expandierte die kapitalistische Logik, und neue Räume menschlichen Lebens wurden dieser Logik unterworfen. Der Antikolonialismus brachte sogar neue Formen von Binnenkolonialismus hervor: eine weitere Umgestaltung des ländlichen Raums, weitreichende Industrialisierung, ein enormer Verbrauch von fossilen Energieträgern und eine gesellschaftliche Transformation, die zur bedeutendsten Proletarisierungswelle der Weltgeschichte werden sollte.

Im Verlauf mehrerer Jahrzehnte veränderten diese neuen Formen staatlicher Macht die globalen Hierarchien im Weltreich des Kapitalismus. Die Dekolonisation verschob, von den Zeitgenossen weitgehend unbemerkt, die Ungleichheiten bei Wohlstand und Macht und kehrte manche Auswirkungen der Großen Divergenz um. Sie ermöglichte die Entstehung neuer Unternehmen und neuer Geschäftsmodelle, verschob die Macht in den Produktionsketten für Konsumgüter und veränderte die Wettbewerbssituation der Welt radikal. Die Prognose, dass die kapitalistische Revolution unter «farbigen» Vorzeichen Fahrt aufnehmen würde, die Werner Sombart ein paar Jahrzehnte zuvor formuliert hatte, schien sich in den 1950er Jahren zu bewahrheiten. Und trotz vieler Rückschläge und Tragödien stellte sie das Kernland der Industrie und die Gesellschaftsordnung auf die Probe.[15] Der Kapitalismus insbesondere des 21. Jahrhunderts würde durch die machtvollen und vielfältigen Ströme der Dekolonisation getragen und geprägt werden.

Ardeshir Godrej hatte eine Vision. Ein «passionierter Nationalist», wie ihn eine Zeitung aus Bombay 1927 beschrieb, war er wie sein Neffe Navak der Meinung, dass Indien alles, was das Land brauchte, selbst produzieren konnte. Godrej wurde zu einem der führenden Industriellen Indiens, wenngleich seine Karriere als Produzent überraschend begann: Einer wohlhabenden parsischen Familie entstammend, absolvierte er eine Ausbildung als Rechtsanwalt. Er wechselte weniger aufgrund von Erfahrungen in Wirtschaft oder Technik in die Industrie als vielmehr infolge seines politischen Engagements.

Godrej wollte der Welt beweisen, dass der Grundsatz der nationalistischen Bewegung, dem zufolge Inder die Produkte, die sie früher importiert hatten, selbst und in hoher Qualität herstellen konnten, tatsächlich stimmte. Ab dem Jahr 1897 produzierte er Schlösser, ab 1902 dann Safes und ab 1918 Seife.[16]

Godrej machte sich zunächst daran, im bescheidenen Maßstab importierte Waren durch eigene Produktion zu ersetzen. Dabei stieß er zunehmend auf negative Auswirkungen der Kolonialherrschaft und näherte sich immer mehr den antikolonialen Denkern und Aktivisten an. Er engagierte sich mit wachsendem Enthusiasmus für die Swadeshi-Bewegung, und die indische Zeitung *National Herald* schwärmte bereits: «Unser Freund ist durch und durch ein indischer Nationalist, der für [die wirtschaftliche Unabhängigkeit des Landes] brennt.»[17] Godrej hatte die frühen antikolonialen Vordenker studiert, insbesondere den Parsen Dadabhai Naoroji, und war der Meinung, die Briten hätten Indien seiner Reichtümer beraubt und die ältere, traditionelle indische Industrie zerstört.[18] Er schrieb: «Fremde Ausbeuter haben unsere Mutter Indien ausbluten lassen und uns zu Sklaven ihres Geschmacks und ihrer Waren gemacht.»[19]

Godrej war ebenso politischer Aktivist wie Geschäftsmann und leistete einen großzügigen Beitrag zum indischen Freiheitskampf. Er war mit frühen Nationalisten wie Bal Gangadhar Tilak (der bei Godrejs Beerdigung später den Sarg trug) und Gopal Krishna Gokhale, dem Gründer der Servants of India Society, befreundet, deren Forderung nach «staatlichem Schutz» für die Industrie ihn besonders ansprach. Eine Zeitung berichtete im Jahr 1927, Godrej sei auch «ein großer Unterstützer Mahatma Gandhis, er sorgte dafür,

Rebellischer Unternehmer:
Ardeshir Buriorji Srabaji Godrej
(1868–1936).

dass in Bombay in großem Maßstab gesponnen und gewebt wird, und spendete 3000 Rupien» an den Tilak Swaraj Fund, der Spenden für die antikoloniale Bewegung sammelte.[20] Wegen dieser Großzügigkeit, schrieb Gandhi, habe «die [britische Kolonial-]Regierung in einem geheimen Rundschreiben verfügt, dass keine Abteilung der britischen Verwaltung mehr einen Safe von Godrej bestellen sollte».[21] Im Jahr 1906 zeigte sich der Indische Nationalkongress für Godrejs Unterstützung erkenntlich, indem er «das Swadeshi-Gelübde auf Seife erweiterte» – sich also verpflichtete, Godrejs Seife zu kaufen. Im Jahr 1936 stattete der Freiheitskämpfer Nehru Godrejs Fabrik einen Besuch ab.[22] Als Godrej im Jahr darauf starb, beschrieb ihn der *Bombay Chronicle* als

> einen großen Freund des Swadeshi. [...] Der verstorbene Mr. Godrej war nicht nur ein höchst erfolgreicher Produzent und Industrieller, sondern vertrat auch äußerst nationalistische Ansichten. Sein oberstes Ziel war, Indien im Hinblick auf Gegenstände des täglichen Gebrauchs unabhängig zu machen. [...] Dass der verstorbene Mr. Godrej mit dem Kongress und seinen Aktivitäten bezüglich Swadeshi sympathisierte, ist so bekannt, dass man es nicht extra erwähnen muss.[23]

Ardeshir Godrej und seine Familie waren Baumeister der Nation – sie glaubten daran, dass Indien eine wirtschaftliche Entwicklung ebenso brauchte, wie private Unternehmen einen Staat brauchten, der für ihre Interessen empfänglich war. Doch die Godrejs waren auch talentierte Unternehmer, die eines der wichtigsten Industrieunternehmen Indiens aufbauten. Lange vor der Unabhängigkeit betrachtete Godrej seine wirtschaftliche Aufbauarbeit als untrennbar verbunden mit dem Aufbau der Nation.

Andere Vertreter der Familie traten in seine Fußstapfen. Ardeshirs Bruder Pirojsha sprach von der engen Verbindung zwischen Industrialisierung und Staatsgründung. Sein Neffe Sohrab (der spätere Vorsitzende der Godrej Group), der «im Denken Gandhis erzogen worden war», wurde im Jahr 1952 Schatzmeister der Swadeshi League.[24] Pirojshas Sohn Naval «war ein großer Verfechter der Idee, dass das Land seine eigene Technologie entwickeln sollte».[25] Auch Navals Schwiegermutter, Gulbai Dastoor, wurde Aktivistin der Freiheitsbewegung.[26] Der Rebellion der Kapitaleigner gegen den europäischen Imperialismus schlossen sich zwar längst nicht alle Kapitaleigner an, aber sie hatte eine lange Geschichte.

Alle Mitglieder der Godrej-Familie verbanden das politische Projekt Indiens mit ihren Geschäftsinteressen, was ihre Auflehnung befeuerte. Sie stellten

Baumeister der Nation: eine Werbeanzeige der Godrejs im *Statesman* vom 15. August 1947.

eine immer größere Vielfalt an Waren her und gründeten eine von der Familie dominierte Unternehmensgruppe, wie sie bald typisch nicht nur für die indische Wirtschaft, sondern für die Wirtschaft im gesamten Globalen Süden werden sollte. Nach 1918 produzierten sie vielerlei Waschmittel, Haushaltschemikalien und Hygieneprodukte. Im Jahr 1923 fügten sie ihrer Produktpalette Stahlschränke hinzu und 1942 Werkzeugmaschinen.[27] Schließlich machten sich die Godrejs im Glauben, «Indien werde bald frei sein, und die Freiheit werde Gelegenheiten eröffnen, von denen man bisher nicht geträumt hatte, und eine Wachstumsnachfrage erzeugen, wie man sie noch nie gesehen hatte», an den Bau neuer Fabriken außerhalb von Bombay.[28] Ab 1943 errichteten sie bei Vikhroli «eine industrielle Gartenstadt», eine fast utopische Gemeinschaft, in der sich nationaler Fortschritt und Profit verbinden sollten.[29]

Die neuen Fabriken nahmen in den frühen 1950er Jahren, also kurz nach der Unabhängigkeit Indiens, den Betrieb auf. Dank ihnen konnten die Godrejs ihre Produktpalette noch erweitern: Für die ersten Wahlen in Indien 1951/52 produzierten sie fast 1,3 Millionen stählerne Wahlurnen. Schreibmaschinen kamen, wie schon erwähnt, 1953 hinzu. Verschiedene Seifen wurden produziert, ab dem Unabhängigkeitstag 1952 auch die keimtötende Seife Cinthol. Ab 1956 hatten die Godrejs zudem Stahltüren, Fenster und andere

Haushaltswaren aus Stahl im Angebot. In Zusammenarbeit mit dem US-Unternehmen General Electric folgten 1958 Kühlschränke. Im Jahr 1961 begann die Produktion von Gabelstaplern, und sogar Backwaren wurden vertrieben. Im Jahr 1965 wurde eine Stahlgießerei eröffnet. Dann kam Krankenhausausstattung dazu. Die Expansion nahm solche Ausmaße an, dass die Fabriken der Familie Godrej im Jahr 1954 etwa ein Drittel der Stahlproduktion Indiens verbrauchten. Dabei grub sich die Marke Godrej tief in die indische Kultur ein. Eine Marketingstudie aus dem Jahr 1991 stellte fest, dass Stahlschränke von Godrej in Indien sehr beliebt waren und häufig zur Hochzeit geschenkt wurden.[30]

Mit den neuen Produktlinien professionalisierten die Godrejs auch die Verwaltung ihrer Firmen. Im Jahr 1968 stellten sie zum ersten Mal mehrere aufstrebende Manager ein, die am Indian Institute of Management in Ahmedabad ausgebildet worden waren. Sie fanden auch neue Möglichkeiten, die weitere Expansion ihres Unternehmens zu finanzieren: Als britische Banken ihnen die Finanzierung verweigerten, erhielten sie Kredite von der indischen Zentralbank. Die Godrejs bemühten sich zudem, die institutionelle Grundlage der indischen Wirtschaft zu stärken. K. R. Gokulam aus der Firmenleitung von Godrej Soaps wurde Mitglied der Bombay Management Association, des Bombay Productivity Council, der Indian Chemical Manufacturers Association sowie der Indian Soap & Toiletries Makers' Association. Aus Sorge um die Stabilität der Gesellschaft, die sie mitgestaltet hatten, entwickelten die Godrejs auch eine firmenzentrierte Form des Sozialstaats und boten vielen ihrer Arbeiter bezahlten Urlaub, Mahlzeiten, medizinische Versorgung, Unterkunft und sogar Hilfen bei der Familienplanung.[31]

In all den Jahren hielten die Godrejs eine enge Verbindung zur neuen Regierung Indiens aufrecht, wohl auch weil ihr Geschäft eng mit dem Staat verknüpft war. Indiens Mischwirtschaft kombinierte einen großen öffentlichen Sektor mit privaten Unternehmen. Die meisten Firmen, insbesondere die der Godrejs, waren auf staatlich kontrollierte Ressourcen wie Stahl, Elektrizität sowie Bank- und Transportwesen angewiesen. Sie mussten auch, wie Kapitaleigner überall, mit einer Unzahl von staatlichen Regulierungen und Kontrollen zurechtkommen.[32]

In den 1950er Jahren warb das Godrej-Unternehmen, Symbol für die Verschmelzung von politischen Projekten und Wirtschaftsinteressen, mit dem Slogan «Freedom Wears a Smile» (etwa: Freiheit trägt ein Lächeln im Gesicht) für seinen Beitrag zur indischen Wirtschaft.[33] Im Jahr 1985 beteiligte sich das Unternehmen am Weltraumprogramm Indiens. Das politische Projekt der Staatenbildung und das wirtschaftliche Projekt der Industrialisie-

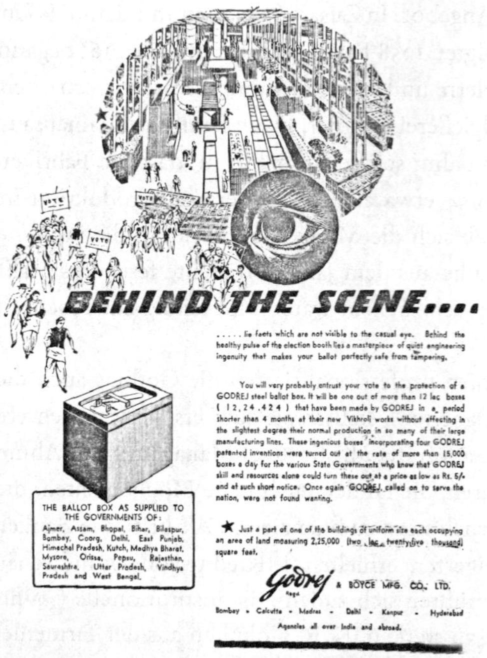

Staatenbildung und Industrialisierung: die Godrej-Wahlurnen.

rung hatten sich miteinander verbunden und, trotz erheblicher Rückschläge, einen neuen Knotenpunkt von Kapital und staatlicher Macht erschaffen. Symbolträchtig kaufte der indische Großkonzern Tata im Jahr 1977 das Teegeschäft von Kirkman Finlay. Als der indische Industrielle Anand Mahindra im Jahr 2005 die East India Company übernahm (die zu dem Zeitpunkt nur noch ein leerer Firmenmantel war), schloss sich ein Kreis. Mahindra sagte, er freue sich, «die Geschichte auf den Kopf zu stellen».[34]

Anand Mahindra, Tata, die Godrejs und viele andere bauten auf einer reichhaltigen intellektuellen und politischen Tradition des antikolonialen wirtschaftlichen Nationalismus auf, der in Asien und Afrika aufgekeimt war und sich aus früheren amerikanischen Vorläufern entwickelt hatte. Der chinesische Unternehmer und Aktivist Zhang Jian hatte sich seit der Jahrhundertwende für eine importsubstituierende Industrialisierung eingesetzt: «Allgemein heißt es, andere Länder erhielten sich durch Handel. Das ist eine oberflächliche Sichtweise. Wer das behauptet, weiß nicht, dass die wahre Grundlage für den Reichtum und die Stärke eines Landes die Industrie ist. [...] Daher müssen wir uns mit aller Kraft darauf konzentrieren [die Industrie voranzubringen].»[35] Der Marineoffizier Yan Fu untersuchte in seinem Text «On the Origin of Strength» (Über den Ursprung der Stärke) die Grundlagen der wirtschaftlichen Entwicklung in der Nordatlantikregion und stützte sich dabei auf Charles Darwin und Herbert Spencer. Der Staatsmann Sun Yat-sen führte seine Strategie für die chinesische Wirtschaft 1920 in seinem Buch *The International Development of China* (Die internationale Entwicklung Chinas) aus und schlug ein umfangreiches Infrastruktur- und Industrialisierungsprogramm vor, das vom Staat und von privaten Investoren gesteuert werden sollte. Wenige Jahre später, im Jahr 1927, verurteilte der Senegalese Lamine Senghor in *La violation d'un pays* (Die Schändung eines Landes) die negativen Auswirkungen des Kolonialismus aufs Schärfste und lieferte zugleich einen Plan für die Befreiung des Landes.[36] Noch im selben Jahr kam Senghor bei einer Rede mit dem Titel «Der Freiheitskampf der Schwarzen» in Brüssel vor der Liga gegen Imperialismus zu dem Schluss: «Die imperialistische Unterdrückung, die wir zu Hause Kolonisation nennen und Sie hier Imperialismus, ist ein und dasselbe. All das hat seine Ursache im Kapitalismus. Der Kapitalismus bringt in den Völkern der führenden Länder den Imperialismus hervor. Daher müssen jene, die unter kolonialer Unterdrückung leiden, sich die Hände reichen und mit jenen zusammenstehen, die unter dem Imperialismus der führenden Länder leiden.»[37] Der in Westafrika geborene Rechtsanwalt Kojo Tovalou Houénou war ebenfalls dieser Meinung und formulierte eine vernichtende Kritik an der Missachtung afrikanischer Eigentumsrechte durch den Kolonialismus:

> Der Einheimische besitzt nichts. Dank des räuberischen Genehmigungssystems ist es ihm ausdrücklich verboten, etwas zu besitzen. Das Land, das ihm für den Anbau von Mais, Maniok und anderen Feldfrüchten überlassen wurde, wird ihm augenblicklich genommen, sobald die Europäer anlanden. Wir wollen, dass dem Einheimischen sein Besitz garantiert wird. Er muss das Recht haben, das Land und seine Ressourcen zu nutzen. Man darf dabei nicht vergessen, dass es sein Land ist; das Blut schwarzer Männer hat ferne Besitztümer für Frankreich erobert; und der Schweiß der Negroes hat diese Ländereien gerodet, gepflügt, bepflanzt und gedüngt, so wie er auch das Land des undankbaren Amerika gedüngt hat.[38]

In Ägypten kämpfte zur selben Zeit der Wirtschaftsnationalist Tal'at Harb dagegen, dass Fremde ägyptische Firmen kontrollierten, und forderte Inves-

Antikolonialer Rebell: Lamine Senghor (Mitte) und andere Delegierte beim Internationalen Kongress gegen koloniale Unterdrückung in Brüssel, Februar 1927.

titionen von ägyptischem Kapital in solche Unternehmen. In seinem Buch *'Alāj Miṣr al Iqtiṣādī* schrieb Tal'at Harb, es sei dringend eine in ägyptischem Besitz befindliche Bank notwendig, um das Land aus der «finanziellen Sklaverei» zu befreien.[39] Der Ökonom Winifred Tete-Ansá sah dies ebenso und gründete in Nigeria die erste Bank in afrikanischem Besitz.[40]

Dem postkolonialen Kapitalismus lagen die Ideen, die Politik sowie die Unternehmen und wirtschaftlichen Strukturen der Kolonialzeit zugrunde. In Indien waren diese Verbindungen wohl am augenscheinlichsten, weil das Land bereits auf eine bedeutende Geschichte des Unternehmertums zurückblicken konnte und einst eine unübersehbare Rolle in der Produktion und im globalen Handel eingenommen hatte. Ein paar indische Unternehmer hatten auch in der Kolonialwirtschaft überlebt, andere hatten die neuen Chancen genutzt und waren reich geworden, zunächst in Finanzwesen und Handel, dann mit bescheidenen Produktionsbetrieben. Aufgrund dieser Interessen kritisierten viele von ihnen schließlich den Kolonialstaat und entwickelten die Vision einer postkolonialen Zukunft.

Jahrhundertelang waren indische Händler das Bindeglied zwischen landwirtschaftlicher Produktion (etwa von Baumwolle) im Hinterland und produzierten Handelswaren (wie Textilien) sowie asiatischen, afrikanischen und europäischen Händlern und Märkten gewesen; man denke nur an die Kaufmannsschaft von Cambay im 14. Jahrhundert. Manche Familien hatten über Jahrhunderte Kapital angesammelt, wie die Labhais, deren Geschäft in Ahmedabad zwölf Generationen zurückreichte. In den 1870er Jahren hatten

Postkoloniale Industrialisierung: der Industrielle und Banker Tal'at Harb (Zweiter von links) mit Prinz Mohammed Ali Tewfik bei Misr Press in Kairo in den frühen 1920ern.

europäische Händler die herausragende indische Position im Überseehandel weitgehend übernommen. Doch indisches Kapital war im Binnenhandel immer noch wichtig geblieben, und zum Teil auch im Interkontinentalhandel (etwa zwischen Indien und Ostafrika). Bereits im Jahr 1873 hatte der ehemalige Gouverneur von Bombay, Sir Bartle Frere, über diese Verbindung gesagt: «Entlang der gesamten Küste von Sansibar [...] gehen alle Bank- und Kreditgeschäfte durch indische Hände. Ohne Inder kommt kaum ein Kredit oder Darlehen zustande, kaum eine Rechnung wird ohne sie bezahlt. [...] Europäer oder Amerikaner, Araber oder Swahili können handeln und Gewinne erzielen, aber nur als ein gelegentliches Bindeglied in der Kette zwischen Produzent und Konsument, deren wichtigste und unverzichtbare Bindeglieder indische Händler sind.»[41] Wenige Jahrzehnte später beschwerte sich der französische Konsul in Mosambik über das «wachsende Übel», dass Inder zu Mittelsmännern zwischen landwirtschaftlichen Produzenten vor Ort und europäischen Kaufleuten würden.[42] Mehrere Banken in indischem Besitz, wie die Bank of Baroda und die Indian Overseas Bank, bauten auf diesen Netzwerken auf. Der postkoloniale Kapitalismus kann nur vor dem Hintergrund der langen Geschichte des Wirtschaftslebens verstanden werden, wie sie in diesem Buch dargestellt wird.[43]

IN INDIEN selbst fand man für das Handelskapital in Städten wie Ahmedabad, Kalkutta und Bombay zunehmend Verwendung in der Industrieproduktion, vor allem in der entstehenden Baumwollindustrie des Landes. Die Bombay Spinning and Weaving Company hatte bereits im Jahr 1854 den Betrieb aufgenommen. Im Jahr 1861 gab es zwölf Spinnereien in Indien. Im Jahr 1897 betrieben indische Kapitaleigner allein in der Bombay Presidency (einer Provinz in Britisch-Indien) 102 Spinnereien. Die Anzahl der Spindeln versechsfachte sich zwischen 1879 und 1929.

Jamsetji Nusserwanji Tata hatte im Baumwoll- und Opiumhandel mit China angefangen, doch als der schwieriger wurde, verlegte er sich auf die Baumwollverarbeitung. Im Jahr 1869 nahm er in Bombay die Alexandra Mill in Betrieb, 1874 die Empress Mill in Nagpur und im Jahr 1886 wiederum in Bombay die passend benannte Swadeshi Mill. Den Gewinn aus diesen Investitionen legte er in anderen Sektoren an: etwa in der Tate Iron and Steel Company und in der Stromgewinnung durch Wasserkraft. Als der Überseehandel für indische Händler immer beschwerlicher wurde, richteten indische Kapitaleigner ihr Augenmerk vermehrt auf den Inlandsmarkt. Die erstarkende nationalistische Bewegung und das Ideal des Swadeshi ermutigten sie zusätzlich.[44] «Die Zeit ist nun gekommen, oder eigentlich schon vorbei, in der jeder einzelne Inder aufgerufen ist, nur rein indische Waren zu kaufen und zu verwenden, keine anderen», schrieb Walchand Hirachand, Präsident der Föderation der indischen Industrie- und Handelskammern (Federation of Indian Chambers of Commerce and Industry, FICCI), im Jahr 1933.[45]

Mit diesen Investitionen kamen indische Kapitaleigner aber dem Kolonialstaat ins Gehege. Die britische Regierung gab Textilien aus Lancashire, die nach Indien importiert wurden, den Vorzug, indem sie etwa die indische Produktion mit einer Verbrauchssteuer belegte. So kam es zu endlosen Streitereien zwischen dem Kolonialstaat und indischen Textilproduzenten. Solche Reibungen befeuerten eine umfassendere wirtschaftliche Kritik am Kolonialismus, wie sie Aktivisten wie Dadabhai Naoroji bereits ab den 1860er Jahren formuliert hatten. Naoroji schrieb, die britische Herrschaft sauge den Wohlstand aus Indien ab und schwäche seine «Vitalität und Lebenskraft».[46] In diesem Denken waren wirtschaftlicher und politischer Nationalismus eng miteinander verwoben. Am Ende kamen er und andere zu dem Schluss, dass nur politische Unabhängigkeit eine starke nationale Wirtschaftsentwicklung sicherstellen konnte.[47] Bereits im Jahr 1890 erkannte der indische Ingenieur Keshav Malhar Bhat, der am MIT studiert hatte, die Notwendigkeit, Indien zu industrialisieren, doch ihm war auch klar, was dem im Weg stand: «Auf eine wesentliche Unterstützung durch England können wir kaum hoffen.»[48]

Die 1885 gegründete Indische Kongresspartei, meist nur als «Kongress» bezeichnet, gab solchen Ideen eine Stimme.

Wie die Godrejs arbeiteten auch andere indische Kapitaleigner mit der Freiheitsbewegung zusammen. Dinshaw Edulji Wacha, Gründungsmitglied des Kongresses, stand mit der Baumwollspinnerei Morarji Gokuldas in Bombay in Verbindung und war außerdem Mitglied des Spinnereibesitzerverbands. Jamnalal Bajaj, der in den 1920er Jahren die Vorläufer eines der größten Industriekonzerne Indiens gründete, stand dem Freiheitskampf so nahe, dass Gandhi ihn seinen «fünften Sohn» nannte.[49] Trotz einiger Spannungen machte sich der Kongress viele Forderungen der Privatwirtschaft zu eigen und forderte Protektionismus und fiskalische sowie monetäre Autonomie. Kapitaleigner stimmten mit der Einschätzung des hohen Regierungsvertreters Akbar Hydari überein, der 1945 betonte, dass «der Import von Waren, die zu solchen, die derzeit im Land produziert werden, in Konkurrenz stehen, in keinem Fall erlaubt werden sollte».[50] Ein paar Geschäftsleute unterstützten Gandhi finanziell, darunter die Godrejs, Jamnalal Bajaj und G. D. Birla. Der Baumwollproduzent Lala Shri Ram aus Delhi bestätigte in einer Rede beim Jahrestreffen der FICCI 1931 seine Unterstützung für Gandhi: «Die indische Handelswirtschaft steht hinter der Sache, für die Sie, Sir, sich so ernsthaft einsetzen.»[51] Natürlich sahen das nicht alle indischen Kapitaleigner so, und manche von ihnen hielten immer noch Verbindungen mit den Briten aufrecht und standen den aufkommenden nationalistischen Kräften feindlich gegenüber.[52]

Insbesondere der Erste Weltkrieg hatte jedoch dafür gesorgt, dass sich die wirtschaftliche und politische Vision der indischen Kapitaleigner ausweitete. Ihr neues Selbstbewusstsein war vor allem den Profiten aus dem Krieg zu verdanken. Die Produktion für das Militär war für Tata und andere ein wahrer Segen gewesen. Im Jahr 1918 berichtete der *Bombay Chronicle* in einem mit «Unsere erfolgreiche Baumwollindustrie» betitelten Artikel über die «kolossalen Profite», die das Gemetzel in Europa gebracht habe.[53] Dank dieser Gewinne konnten indische Kapitaleigner ihre Investitionen in die Industrie ausweiten und auch ihren Anteil am Binnen- und Exporthandel vergrößern. Gleichzeitig verringerte sich ihre Abhängigkeit von Investitionen und Kapital aus dem Ausland.[54] Aufmerksame Beobachter erkannten, dass dadurch die politische Energie ein neues Niveau erreichte. Für Gopal Krishna Gokhale, gemäßigter Nationalist und Gründer der Servants of India Society, wurde die Unterordnung des Ostens unter den Westen zunehmend angefochten:

> Die Siege Japans über Russland, die Staatsgründung der Türkei, das Erwachen Chinas, die Ausbreitung der Nationalbewegungen in Indien, Persien und Ägypten, all das deutet darauf hin, dass der Westen seine Vorstellung vom Osten überdenken sollte – und auch die Standards, nach denen er in der Vergangenheit seine Beziehungen mit dem Osten geregelt hat.[55]

Das gewachsene Selbstvertrauen zeigte sich auch organisatorisch: Im Jahr 1927 wurde die FICCI gegründet, unter anderem von den Textilindustriellen G. D. Pirla und Purshottamdas Thakurdas. Der Verband basierte auf früheren, regionalen Organisationsformen von indischem Kapital.[56] Die Industriellen erkannten, dass ihre wirtschaftlichen Interessen eine politische Mobilisierung erforderten. Birla sagte, es sei notwendig, dass «jede Maßnahme der Regierung von Nationalpolitik durchdrungen ist, kurz gefasst: ‹Indien zuerst, und zwar immer›».[57]

Die Weltwirtschaftskrise und der Zweite Weltkrieg stärkten die indischen Kapitaleigner und ihre nationalistische Ausrichtung weiter. Durch die Wirtschaftskrise waren die Tatas gezwungen, sich auf den Binnenmarkt zu konzentrieren, sodass sie sich mehr für die Wirtschaftsentwicklung Indiens in der Breite einsetzten. Mitte der 1930er Jahre näherten sich auch indische Unternehmer, die der nationalistischen Mobilisierung eher zwiespältig gegenüberstanden, der Kongresspartei an. Auf den Binnenmarkt angewiesen, erkannten sie die Vorteile eines protektionistischen Entwicklungsstaats, den die Kongresspartei versprach. Sie investierten stark in die Bildung und gründeten das Tata Institute of Social Sciences in Bombay sowie das Tata Institute of Fundamental Research. Beide Institutionen spielten eine wichtige Rolle in der Entwicklung des indischen Kapitalismus nach 1947.[58] Während des Zweiten Weltkriegs schwand die Macht der Briten, und die Nachfrage stieg rasant an. Die Unternehmer machten enorme Gewinne, die ihnen noch einmal breitere Investitionen ermöglichten.

Indische Unternehmer und andere waren sich überwiegend darin einig, dass die wirtschaftliche Entwicklung unbedingt eines starken Staates bedurfte, der die Interessen des indischen Kapitals vertrat. Die Geschichte des europäischen Kapitalismus legte diese Vermutung nahe: In den 1920er Jahren studierte der indische Soziologe (und Bewunderer Mussolinis) Benoy Kumar Sarkar die Wirtschaftsgeschichte und Institutionen verschiedener Länder, von Deutschland bis zur Türkei, und fand dabei Hinweise auf einen solchen Zusammenhang. Sarkar glaubte, «was immer in der euro-amerikanischen Wirtschaftssphäre im letzten halben Jahrhundert geschehen ist, wird sich in der nächsten Generation auch so ähnlich oder genauso in Asien und natürlich in Indien ereignen.»[59] Doch wie sollte die Wirtschaftsentwicklung aussehen? Beim Blick auf die französischen Bildungseinrichtungen, das türkische Bankensystem und die industrielle Modernisierung in Italien erkannte Sarkar die Unterschiede zwischen Europa und Indien:[60] «Während diese Pionierstaaten industrialisiert wurden, hatten sie nur wenig Konkurrenz von außerhalb in Form von machtvoll etablierten Industrien. Und der Staat war nationalistisch, frei und mächtig genug, um der kleineren oder größeren Konkurrenz, die es gab, standzuhalten und sie mit wirtschaftlichen und politischen Mitteln zu zerstören.» Im Indien jener Zeit war das nicht so.[61] Der Kolonialismus sorgte dafür, dass «ein vollständig industrialisiertes und wirtschaftlich starkes Indien nicht so schnell seinen Auftritt auf der globalen Bühne bekommt, wie die Geschichte der letzten drei Generation vermuten lassen würde».[62]

DIE MATERIELLEN Bedingungen für eine postkoloniale Gesellschaft unter Federführung des indischen Kapitals waren dennoch gut. Es gab eine wirtschaftliche Basis, auf der aufgebaut werden konnte. Als Indien unabhängig wurde, kontrollierten indische Produzenten 75 Prozent des Binnenmarkts für industrielle Produkte. Auch im Finanzsektor hatte indisches Kapital wichtige Fortschritte erzielt. Im Jahr 1947 verfügten Banken in indischem Besitz über 83 Prozent aller Einlagen. Die Kapitalisten Indiens hatten den Vorteil, dass sie über überausreichend Kapital für Investitionen verfügten. Auch die Anzahl der indischen Manager nahm zu. Und zwischen einheimischer Industrie, einheimischer Landwirtschaft und dem Binnenmarkt entstanden neue Verbindungen. Indische Kapitaleigner warben für die Entwicklung eines heimischen Wirtschaftsraums, und dank Umfang und Diversifizierung ihrer Investitionen konnten sie auch dem kolonialen Druck standhalten.[63]

Als der Kampf für Unabhängigkeit an Fahrt aufnahm, fanden sich indische Kapitaleigner jedoch auf schwierigem Terrain wieder. Einerseits passten sie sich einem relativ gemäßigten Kongress an und unterstützten seine nationalistische Agenda. Die radikaleren Methoden, mit denen Zugeständnisse erzwungen werden sollten, beunruhigten sie jedoch. Andererseits fürchteten die Kapitaleigner die weiteren Auswirkungen des sich verbreitenden antikolonialen bürgerlichen Ungehorsams und den Linksruck der Anführer der Kongresspartei. Im März 1936 protestierte die Wirtschaftselite, nachdem Nehru Indien aufgefordert hatte, sich dem Sozialismus zuzuwenden. Im August 1942 nahm die britische Regierung nach Gandhis «Quit India»-Kampagne alle führenden Kongressmitglieder in Haft. Tata-Arbeiter solidarisierten sich mit der Kampagne und bewiesen damit, welche Risiken eine solche Mobilisierung barg. Arbeiter und Bauern wurden sich zunehmend ihrer kollektiven Macht bewusst, und die Kapitaleigner waren besorgt, welche politische Richtung der Kongress einschlagen würde, falls Indien unabhängig würde.[64]

Um erfolgreich zu sein, mussten antikoloniale Rebellionen die Menschen aber klassenüberschreitend mobilisieren, und die Kapitaleigner mussten sich der politischen Realität der Zeit anpassen. Um einen Nationalstaat aufzubauen, der dem nationalen Kapital den nötigen Raum zur Entfaltung gab, mussten die Kapitaleigner eine Koalition mit politischen Kräften eingehen, die ihnen Sorge bereiteten. In einer Welt ohne solche politischen Dilemmata hätten sie im Kongress keine Planwirtschaft oder andere linkspolitische Konzepte befürwortet – aber in einer solchen Welt lebten sie nicht.[65]

In Indien war die Arbeiterschaft wichtig für den Kampf gegen den Kolonialismus, zumal das Industrieproletariat bis zum Zweiten Weltkrieg auf sieben Millionen Menschen angewachsen war. Zwischen Arbeiterklasse und antikolonialer Mobilisierung gab es immer größere Schnittmengen. Der große indische Eisenbahnstreik von 1930 setzte die nationalistische *satyagraha* – gewaltloser bürgerlicher Ungehorsam – als Taktik ein, während die streikenden Hafenarbeiter 1932 auf die logistische Unterstützung durch die Kongresspartei setzten. Auch während des Zweiten Weltkriegs gab es explizit antikoloniale Streiks. In Bombay ging es bei zwei eintägigen Streiks 1939 und 1940 um die Belastungen durch den Krieg und die Wiedereinführung administrativer Kontrolle der Regierung. Im Jahr 1942 wurde bei umfassenden Streiks in mehreren Provinzen gegen die Verhaftung Gandhis protestiert. Der Poststreik von 1946 fand große Unterstützung in der Bevölkerung und läutete eine zweijährige Phase mit großen Arbeiterprotesten ein. Gewerkschaften wurden ein wichtiger Bestandteil der Kongresspartei.[66] Im Jahr 1926 schrieb ein Gewerkschaftsvertreter aus Bombay an den Generalsekretär des All-India Trade Union Congress (AITUC), es sei notwendig, «die Vereinte Front mit dem Kongress im antiimperialistischen Kampf und im Kampf der Arbeiterklasse für ihre Rechte zu stärken».[67] Die Lal Bavta Press Kamgar Union in Bombay glaubte tatsächlich, «die Ausweitung des antiimperialistischen Kampfes ist die oberste Aufgabe der indischen Arbeiterklasse».[68]

Da die Kongresspartei gleichzeitig mit Kapitaleignern und mit Arbeitern im Bunde war, kam es zu Spannungen, insbesondere, als der Kongress nach 1937 über erhebliche politische Macht verfügte. Ein Streik von Jutearbeitern wurde zunächst von der Kongresspartei unterstützt, da die Juteproduktion von den Briten dominiert wurde, doch das änderte sich, als die Partei eine aktive Rolle in der Regierung Bengalens übernahm. In Bombay unterstützte das Ministerium der Kongresspartei anfangs Unruhen in den Textilfabriken, doch im Jahr 1938 erließ die Partei die Bombay Trade Disputes Bill, ein Gesetz, das ein obligatorisches Schlichtungsverfahren einführte und Streiks gesetzlich verbot. Als Reaktion darauf organisierten Gewerkschaften einen Generalstreik, bei dem mehr als 200 000 Arbeiter gegen dieses «Schwarze Gesetz» protestierten. Insgesamt konnte der Kongress aber mit den Spannungen umgehen.[69] So entstand in Indien und anderswo ein kennzeichnendes Merkmal des postkolonialen Kapitalismus: Der Staat, den das lokale Kapital dringend brauchte, konnte nur mithilfe von kollektiv mobilisierten Arbeitern und Bauern aufgebaut werden, die verlangten, dass auch ihre Interessen im neuen Staat berücksichtigt wurden, auch zum Nachteil der Kapitaleigner. Die Notwendigkeit, hier ein Gleichgewicht zu finden, bildete die Ausgangslage für den postkolonialen Kapitalismus überall.

AUFGRUND DER materiellen und politischen Stärke der indischen Kapitaleigner war Indien ein Sonderfall, aber auch in anderen Kolonien fanden Kapitaleigner Möglichkeiten, innerhalb des kolonialen Gerüsts Kapital anzusammeln, und manche formulierten eigene Kritik am Kolonialismus, entwarfen gar die Vision einer postkolonialen Zukunft. In Nigeria hatte eine kleine, aber mächtige Elite aus lokalen Herrschern, Kaufleuten, Geschäftsleuten und Beamten, deren Wurzeln bis ins 19. Jahrhundert zurückreichten, während des Zweiten Weltkriegs ihre Stellung in der Kolonialwirtschaft langsam verbessert und mit einer umfassenderen antikolonialen Bewegung kooperiert. Bei ihrem Kampf ging es vor allem um wirtschaftliche Ziele. Alhassan Dantata, der Besitzer der Firma Dantata in Kano, die bereits im 19. Jahrhundert mit Kolanüssen gehandelt hatte, war in den 1950er Jahren der reichste Mann in Westafrika. Auch Kakaoexporteure wie I. B. Ogun aus Ibadan gehörten zu dieser Elite. Der von Nigerianern kontrollierte Anteil am Importhandel stieg von 5 Prozent im Jahr 1949 auf 20 Prozent im Jahr 1963. Einige der bekanntesten nigerianischen Unternehmer verdienten ein Vermögen: Ayo Otaru stellte «Lion»-Brot her; die Gebrüder Odutola wechselten vom Handel in die Produktion; der Transportunternehmer und Kaufmann Sir Louis Odumegwu Ojukwu war der erste Milliardär Nigerias; Mobolaji Bank Anthony investierte in Bau- und Transportwesen sowie Medien. Chief Bisoye Tejuoso war Händlerin und Immobilienspekulantin; und Alhaji S. L. Edu belieferte den Staatssektor. Die Nigerianer T. A. Doherty, Dr. A. Maja und H. A. Subair gründeten 1933 mit der National Bank of Nigeria die erste erfolgreiche westafrikanische Bank.[70]

Aus dieser Position des zunehmenden wirtschaftlichen Einflusses heraus formulierten die nigerianischen Kapitaleigner eine Kritik an der Kolonialwirtschaft, die es britischen Firmen ermöglicht hatte, Profite und Ressourcen abzuziehen.[71] Im Jahr 1947 klagte der Unternehmer, Zeitungsherausgeber und spätere Präsident Nigerias Nnamdi Azikiwe: «In den Kolonialgebieten herrscht ein Monopolregime, das die Wirtschaft des Landes im Würgegriff hält.»[72] Ein Jahr später sagte er: «Ich hielt es für moralisch falsch, dass Europäer Banken in Nigeria gründeten und es dann für Nigerianer schwer machten, diese Banken zu beiderseitigem Vorteil zu nutzen, nachdem in anderen Bereichen Gleichheit herrschte. Dann erkannte ich, dass politische Freiheit allein nicht ausreichte; wir mussten auch wirtschaftliche Freiheit erlangen.»[73] Im Jahr 1949 verkündete er: «Wir sind der Ansicht, dass Elemente des Kapitalismus und Imperialismus das Wachstum Nigerias in der Gemeinschaft der Nationen gelähmt haben. Wir sind zuversichtlich, dass wir nur durch die Herausbildung einer Demokratie in allen Bereichen unseres nationalen Lebens und Denkens – politisch, wirtschaftlich und sozial – gleichberechtigt mit anderen progressiven Nationen der friedliebenden Welt wachsen können.»[74]

Diese lokalen Kapitaleigner, die ihren Reichtum meist durch Handel oder Landwirtschaft erworben hatten, forderten von der britischen Kolonialverwaltung die «Indigenisierung» des privaten Sektors. Kaufmänner wie T. A. Odutola aus Ijebu-Ode, S. O. Gbadamosi aus Ikorodu sowie J. O. Fadahunsi aus Ilesha waren in den 1930er Jahren aktive Mitglieder der nationalistischen Nigerianischen Jugendbewegung und widersetzten sich der monopolistischen Vermarktung von Kakao, die im «Kakaopool» von 1937/38 vertraglich festgeschrieben worden war. Im Westen Nigerias spielte der Unternehmer Gbadamosi eine entscheidende Rolle in der antikolonialen Aktionsgruppe. In den frühen 1940er Jahren forderte der Nigerianische Verband afrikanischer Importeure und Exporteure mehr Zugang zum Außenhandel, staatliche Unterstützung für inländische Unternehmen (etwa in Form von Krediten) und Schutz vor ausländischer Konkurrenz. Nigerianische Zeitungen wie der *West African Pilot* und der *Daily Service* veröffentlichten eine Flut an Artikeln zu diesen Themen.[75]

Beflügelt von neuen wirtschaftlichen Möglichkeiten, zeigten die nigerianischen Kapitaleigner nach dem Zweiten Weltkrieg immer offener, dass sie die Forderung nach Unabhängigkeit unterstützten. Sie waren bereit, gesellschaftliche Bewegungen, die ihre (nationalistischen) Interessen vertraten, zu finanzieren und politisch zu unterstützen. Für sie war die Unabhängigkeit ihres Landes der einzig gangbare Weg, um ihr Kapital lokal weiter zu vermehren. Zu diesem Zweck gingen sie Koalitionen mit Bauern, Lohnarbeitern und Kleinhändlern ein. Der reiche nigerianische Unternehmer Festus Okotie-Eboh setzte sich politisch besonders stark ein. Er war der Sohn eines niederen Itsekiri-Herrschers und erlangte große Bedeutung im Holz- und Gummihandel. In den 1950er Jahren machte er eine steile politische Karriere, die ihn erst ins Repräsentantenhaus der westlichen Region und dann ins Bundesparlament in Lagos brachte. 1955 wurde er Arbeitsminister und 1957 Finanzminister. Auch der Industrielle und Immobilientycoon Igwe Mathias Nwafor Ugochukwu war politisch aktiv. Geschäftsleute wie er und Okotie-Eboh waren nicht nur gegen ausländisches Kapital, sondern auch gegen den Kolonialstaat als solchen, was sich 1947 im Boykott von Importwaren in Ibadan zeigte. Kingsley O. Mbadiwe, Geschäftsmann und Bundesminister für Handel und Industrie, forderte das britische Parlament auf, «vielfältige Vorkehrungen zu treffen, um nigerianische Geschäftsmänner mit dem notwendigen Kapital, mit technischem Know-how und Managementfähigkeiten für ein effektives Indigenisierungsprogramm auszustatten».[76] Im Jahr 1956 gründeten Kapitaleigner aus dem Norden Nigerias die Northern Amalgamated Merchants' Union (Vereinigte Händlergewerkschaft Nord), um ihre Interessen durchzusetzen.[77]

In Nigeria verbanden sich, wie in anderen Kolonien auch, Wirtschaft und Politik, und immer mehr lokale Unternehmer sahen die Unabhängigkeit als Voraussetzung für die weitere Vermehrung ihres Kapitals. Im Jahr 1946 fasste der *Eastern Nigeria Guardian* diese Politik in einem Leitartikel in Worte: «Nigerianer sollten Unterstützung erhalten, wenn sie das Schicksal von Millionen Menschen im Land lenken, und der Zeitplan bis zur Übergabe der Regierungsgeschäfte sollte verkürzt werden.»[78] Der Druck zeigte Wirkung: Im Jahr 1946 setzten die Briten zur Unterstützung nigerianischer Geschäftsleute das Nigerian Local Development Board (etwa: Nigerianischer Entwicklungsausschuss) ein. Ende der 1950er Jahre wurde außerdem ein beratender Ausschuss eingerichtet, der nach Möglichkeiten suchen sollte, wie man einheimische Kapitalisten unterstützen konnte. In diesem Ausschuss saßen auch nigerianische Vertreter.[79]

IN DEN 1950er Jahren gab es solche lokalen Knotenpunkte des Kapitals – manche neu, manche aus vorkolonialer Zeit – in allen Kolonien, und sie verlangten nach politischer Macht. In Tanganjika setzte eine kleine einheimische Wirtschaftselite den Kolonialstaat unter Druck. Bereits in den 1930ern hatte der Unternehmer Kleist Sykes aus Daressalam Handel mit politischem Aktivismus verknüpft und im Jahr 1929 die African Association mitgegründet. Er war vermutlich das erste afrikanische Mitglied der Handelskammer Daressalam. Der Kleinunternehmer Erica Fiah war im Einzelhandel aktiv, vermittelte Immobilien und verlieh Geld. Er war Gründungsmitglied der African Commercial Association (ACA) und mobilisierte «die afrikanischen Händler durch Kooperation gegen nachteilige Gesetze und gegen die annähernde Monopolstellung von Asiaten im [...] Einzelhandel».[80] Er kritisierte, die Regierung unterstütze die unternehmerischen Aktivitäten von Afrikanern zu wenig, und das sei «unenglisch, unfair und unchristlich».[81] Später gab Fiah eine kleine Zeitung heraus und führte einen Landwirtschaftsbetrieb.[82] Er forderte nie ausdrücklich ein Ende des Kolonialismus, doch die ständig paranoide britische Regierung beschuldigte ihn, «hintergründig tatsächlich die Forderung nach Selbstverwaltung» zu vertreten.[83]

Einer der wichtigsten Knotenpunkte des einheimischen Kapitals in Afrika lag am Nordrand des Kontinents, in Ägypten.[84] Das Land war ein frühes Zentrum von Wohlstand und bedeutender kaufmännischer Macht gewesen. Fast tausend Jahre später fand sich das Land am Rand des globalen Kapitalismus, die zwei wichtigsten Beiträge waren der Export langfaseriger Baumwolle an europäische Fabriken und der Betrieb der wichtigsten Wasserstraße nach Asien – des Suezkanals. Doch ägyptische Kapitaleigner hatten ehrgeizige Vorstellungen von der Zukunft des einheimischen Kapitals. Der Erste Weltkrieg hatte ihnen neue Möglichkeiten eröffnet, insbesondere in der Produktion. Nach den antibritischen Aufständen von 1919 drängten Nationalisten – unter ihnen auch Kapitaleigner – nicht nur auf mehr staatliche Unterstützung für die Industrialisierung, sondern auch auf eine Modernisierung des ländlichen Raums und den Ausbau einer Binnenwirtschaft.[85]

Unternehmer und Politaktivist Kleist Sykes mit seinen drei Söhnen in Daressalam 1942.

Kaufleute, deren Kapital häufig aus der Landwirtschaft stammte, drängten nun in die Industrie. Drei Familien taten sich dabei besonders hervor: die Familie von Tal'at Harb, die Familie Yahya und die Familie von Muhammad Ahmad 'Abbud. Alle drei waren durch Investitionen in die Landwirtschaft zu Reichtum gelangt. Doch nun verlegten sie sich auf industrielle Produktion und das Bankwesen: Tal'at Harb gründete im Jahr 1920 mit Banque Misr eine Holdinggesellschaft und dann vor allem 1927 die riesige Misr Spinning and Weaving Company in al-Mahalla al-Kubra. Er und andere einheimische Kapitalisten strebten eine Allianz mit dem Staat an. Wie ehrgeizig die Ziele dieser Familien waren, wurde im Jahr 1922 deutlich, als sie die Egyptian Federation of Industries (Ägyptischer Industrieverband) gründeten. Das lokale ägyptische Kapital erlangte immer größere Bedeutung. Im Jahr 1900 waren nur 9 Prozent der Anteile an im Land aktiven Unternehmen in ägyptischem Besitz gewesen; bis zum Jahr 1948 war diese Zahl auf 39 Prozent gestiegen. Die Textilwirtschaft bildete immer noch den Kern der Aktivitäten der ägyptischen Wirtschaftselite. Im Jahr 1947 wurden 43 Prozent des Mehrwerts in diesem Industriesektor produziert, gefolgt von Getränken, Tabak und Lebensmittelverarbeitung.[86]

Der Aufstieg der ägyptischen Kapitaleigner hatte viel mit ihren Verbindungen zum postkolonialen Staat zu tun. Als Ägypten im Jahr 1930 Zollautonomie erlangte, wurden die jungen Industriefirmen durch Importzölle vor der ausländischen Konkurrenz geschützt. Trotz des Nationalismus und der Verbindungen zum neuen mächtigen Staat gab es jedoch immer noch Kooperationen mit ausländischem Kapital: mit Briten und Franzosen natürlich, aber zunehmend auch mit Nordamerikanern. Britische Textilmaschinenproduzenten lieferten Maschinen für die lokale Textilproduktion, nachdem die britische Textilwirtschaft Marktanteile in Ägypten verloren hatte. Bis 1952 weiteten die ägyptischen Kapitalisten ihre Aktivitäten aus, indem sie ihren Zugang zum Nationalstaat mit ihrem Zugriff auf ausländisches Kapital kombinierten. Im Gegensatz zu ihren indischen Kollegen verfügten sie nicht über die kontinentalen Ausmaße, um ernsthaft von einem autonomen ägyptischen Kapitalismus träumen zu können.[87]

In diesem vielfältigen Kampf gegen die Dominanz der Kolonialmächte gingen ein paar unabhängige Länder, die nicht zu den Industriestaaten gehörten, als Beispiel voran: die Türkei, Brasilien, Mexiko, Kolumbien und andere. Ihr Aufstieg ließ vermuten, dass eine starke Wirtschaftsentwicklung möglich war, wenn ein fähiger und tatkräftiger Staat die richtige Politik umsetzte. In diesen Ländern hatten sich Kapitaleigner und der Staat auf eine importsubstituierende Industrialisierung konzentriert, oft gegen den Widerstand von ländlichen Eliten und Bauern, die von dynamischen Exportmärkten und billigen Importen profitiert hatten. Nun inspirierten diese Staaten postkoloniale Kapitalisten und Staaten weltweit.[88]

Die importsubstituierende Neuorientierung in Südamerika, in der Türkei und anderswo hatte sich während der Weltwirtschaftskrise beschleunigt, in dem Moment also, als die Märkte für landwirtschaftliche und mineralische Rohstoffe schlagartig mehr als die Hälfte des Vorkrisenwertes verloren und sich die Handelsbedingungen dramatisch verschlechterten.[89] Die Krise entmachtete die ländlichen Eliten und eröffnete Chancen für eine neue Wirtschaftspolitik, die häufig ein großes Maß an Nationalismus oder sogar antiimperialistische Tendenzen enthielt. Ein argentinischer Autor schrieb 1946: «Das Streben nach Dominanz, das oft als spontane Folge finanzieller Macht entsteht, wird heute in superkapitalistischen Organisationen konkretisiert, die ihren Handlungsraum stetig erweitern, ein Instrument der Sklaverei für die Produzenten im Land; der politischen Unterwerfung in den Ländern, die ihre natürlichen Ressourcen wertschätzen oder Verbrauchermärkte bieten, und des Aufruhrs zwischen den Nationen, die ihre Hegemonie anfechten.»[90] Etwas musste unternommen werden, um diese Welt zu überwinden. Und es wurde etwas unternommen.

Die Türkei war eines der ersten Länder, die diesen vielversprechenden Moment nutzten. Nach der Weltwirtschaftskrise startete sie eine staatlich gelenkte Industrialisierung. Gestützt auf den erheblichen Binnenmarkt plante der türkische Staat den industriellen Umbau des Landes. In den 1960er Jahren kontrollierte er, unter Federführung des Staatlichen Planungsamts, zwischen 40 und 50 Prozent der Gesamtwirtschaft.[91]

Auch in Lateinamerika wurde eine solche staatlich gelenkte, importsubstituierende Industrialisierung bewusst vorangetrieben. Sie baute auf früheren Kernindustrien und einer politischen Allianz zwischen nationalem Kapital und Industriearbeitern auf. Die relevanten politischen Maßnahmen waren nach der Weltwirtschaftskrise ausgearbeitet und während des Zweiten Weltkriegs beschleunigt umgesetzt worden. Damals förderten Regierungen die Industrialisierung, indem sie Infrastruktur ausbauten und eine Politik betrieben, die heimische Produktionsunternehmen bevorzugte. In Brasilien betrieb der Staat schließlich Stahlwerke, Raffinerien, die Produktion schwerer Maschinen und Banken, um nur einige Beispiele zu nennen. Entsprechende Infrastrukturprojekte folgten, darunter der Bau der «Straße der Jaguare» ins brasilianische Amazonasgebiet im Jahr 1958. Die mexikanische Regierung von Lázaro Cárdenas verstaatlichte im Jahr 1937 die bedeutende Ölindustrie des Landes, und 1960 war der Staat der wichtigste Arbeitgeber in Mexiko. Im Land hatte sich eine Mischwirtschaft entwickelt, und der Staat finanzierte großzügig Infrastruktur- und öffentliche Bauvorhaben, lenkte und förderte bestimmte Industriebranchen und erweiterte die staatlichen Wohlfahrtsprogramme. Mit der Verstaatlichung vieler Wirtschaftssektoren, von der Eisenbahn bis zum Telefonnetz, folgte Mexiko dem Beispiel Deutschlands im 19. Jahrhundert und dem US-amerikanischen Developmentalismus. Die eigene Wirtschaft wurde durch Importverbote, Genehmigungsverfahren, die Vergabe von Krediten, staatliche Subventionen und Investitionen in die Infrastruktur geschützt. Zölle, die den Kern dieser Strategien bildeten, wurden drastisch erhöht: In den 1960er Jahren erhob Brasilien im Durchschnitt 260 Prozent Zölle auf kurzlebige und 328 Prozent auf langlebige Gebrauchsgüter. In Kolumbien lagen die entsprechenden Zahlen bei 247 beziehungsweise 108 Prozent und in Mexiko bei 114 beziehungsweise 147 Prozent.[92]

Dank der staatlich gelenkten Expansion wuchs die Wirtschaft rasch. Zwischen 1945 und 1973 erhöhte sich die Industrieproduktion in Mexiko um das Vierfache und in Brasilien sogar um das Achtfache. Die Wachstumsraten in der Türkei lagen in derselben Zeit im Durchschnitt bei etwa 5,5 Prozent pro Jahr – und damit höher als in den Industriestaaten. Eine deutliche Verbesserung zu den hundert Jahren vor 1950, in denen die Wachstumsrate bei weniger als einem Prozent im Jahr gelegen hatte. Das Pro-Kopf-Einkommen in der Türkei verdoppelte sich zwischen 1950 und 1980.[93]

Diese Volkswirtschaften expandierten nicht nur schnell, auch ihre Struktur veränderte sich. Der Anteil der Industrie an der Wirtschaftsleistung stieg. In den Kriegsjahren hatte sich die industrielle Produktion in Argentinien pro Jahr um 3,6 Prozent erhöht, in Brasilien um 5,3 Prozent, in Chile um 9,3 Prozent, in Kolumbien um 5,1 Prozent und in Mexiko um 9,4 Prozent. Diese Trends setzten sich auch nach Kriegsende fort. Im Jahr 1975 machte die industrielle Produktion 29 Prozent der kolumbianischen Wirtschaft aus. Exporte verloren in diesen Volkswirtschaften rasch an Bedeutung. Im Jahr 1950 machten sie nur noch 2 Prozent der argentinischen Wirtschaftsleistung aus und 4 Prozent in Brasilien. Das ist bemerkenswert wenig für Länder, die jahrhundertelang vor allem landwirtschaftliche Produkte auf den Weltmarkt exportiert hatten. Das Wirtschaftswachstum in Lateinamerika insgesamt wurde in den 1950ern auf jährlich 5,3 Prozent geschätzt und in den 1960ern auf 5,4 Prozent. Diese erstaunlichen Zahlen zeigten den ehemaligen Kolonien, dass die zugrunde liegenden Strategien wirkten.[94]

Durch den sich verbreitenden Wirtschaftsnationalismus entstanden auch neue Unternehmensformen. Handelskonzerne – oft von einzelnen Familien dominiert und mit stark diversifizierten Unternehmen – wurden zu wichtigen Akteuren. Sie hatten lange Bestand, weil sie Märkte internalisierten und vertikal integriert waren.[95]

In Kolumbien spielten Familien eine entscheidende Rolle in der Wirtschaft des Landes, und von Familien kontrollierte, vielfältig aufgestellte Handelskonzerne erlangten bald eine dominante Position. Immigranten aus Deutschland, Lettland und dem Libanon sowie jüdische Immigranten trugen entscheidend zur Gründung dieser Konzerne bei. Mit Beginn der staatlich unterstützten Industrialisierung in den 1930er Jahren reinvestierten wohlhabende Rinderzüchter, Kaffeebarone und Kaufleute ihr Kapital in neue Sektoren. Zunächst konzentrierten sie sich auf Getränke, Seife, Nahrungsmittel und Textilien, später kamen Baumaterial und einfache Chemikalien dazu. Ab den 1970ern investierten sie auch in Finanzdienstleistungen. Indem sie sich vom Weltmarkt abkoppelten, konnten sie ihr Unternehmen ausweiten und diversifizieren. Jeder Konzern kontrollierte verschiedene Unternehmen, manche in verwandten Wirtschaftszweigen, andere nicht. Ab den 1960er Jahren waren solche Konzerne verbreitet, und im Jahr 2018 stellten sie bereits 47 der 100 größten kolumbianischen Unternehmen und verbuchten 66,4 Prozent des Gesamtumsatzes. Von 25 Konzernen, die 2018 existierten, waren vier vor 1950 gegründet worden, sieben in den 1950ern, neun in den 1960ern und

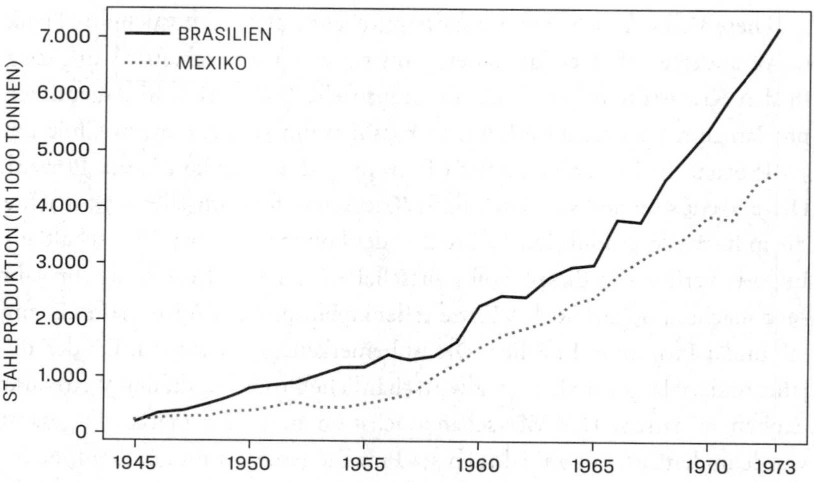

Rasche Wirtschaftsentwicklung durch importsubstituierende Industrialisierung: Stahlproduktion in Brasilien und Mexiko, 1945 bis 1975.

fünf in den 1970er Jahren. In den 1970ern kontrollierten diese 25 Konzerne insgesamt 428 Unternehmen. Familienkonzerne wie Grupo Santo Domingo, Organización Sarmiento Angulo, Organización Ardila Lülle und Empresarial Antioqueño waren gut an die importsubstituierende Industrialisierung angepasst und wurden zur Legende.[96]

Auch in Mexiko waren solche Familienkonzerne bedeutend. Kapitalintensive Sektoren wurden vom Staat und von ausländischen Unternehmen bedient (Bergbau, Eisen- und Stahlindustrie waren überwiegend in US-amerikanischer Hand), daher konzentrierten sich auch mexikanische Familienkonzerne auf Verbrauchsgüter, vor allem Lebensmittel und Getränke. Die 1960er Jahre waren für sie besonders ertragreich. Da die Familienkonzerne der Regierungspartei Partido Revolucionario Institucional nahestanden, profitierten sie von wachsenden Märkten und staatlichen Schutzmaßnahmen.[97] Wie in Kolumbien war es auch in Mexiko der Wirtschaftsnationalismus, der ihnen einen schnellen Aufstieg in der Wirtschaftswelt ermöglichte. Das spektakulärste Beispiel ist wohl der Unternehmer Carlos Slim, Sohn libanesischer Einwanderer, der die Grupo Carso aufbaute, einen diversifizierten Großkonzern, und zeitweise der reichste Mensch der Welt war.

Auch andernorts wurden Familienkonzerne zur dominanten Unternehmensform, weil sie gut an die Struktur der lokalen Märkte angepasst waren und besondere Schnittmengen mit dem Staat aufwiesen. In Brasilien war es die Gerdau Group, die unter der Leitung des deutschen Immigranten Curt Johannpeter vor allem in der Stahlproduktion aktiv war. Der Konzern integrierte zunächst vertikal und expandierte erst nach Brasilien und Lateinamerika, später auch in andere Regionen. Im zweiten Jahrzehnt des 20. Jahrhunderts war er bereits zu einem der größten multinationalen Unternehmen Brasiliens aufgestiegen. In der Türkei dominierten diversifizierte Großkonzerne, wie die Holdingunternehmen der Familien Koç und Sabançi, schließlich die Wirtschaftssektoren in privater Hand: Lebensmittelverarbeitung, Textilien, langlebige Gebrauchsartikel, Automobile und Tourismus. Wie in Lateinamerika profitierten auch die türkischen Konzerne von Schutzmaßnahmen für den heimischen Markt. In Indien gab es ebenfalls Familienkonzerne – insbesondere der Familien Tata, Mahindra, Godrej und Birla –, die entscheidend zur Volkswirtschaft beitrugen. In Pakistan kontrollierten nur 22 Familien zwei Drittel der Industrie sowie vier Fünftel der Versicherungsfonds und des Bankensektors.[98] Während diese Familien die globalen Ungleichheiten kritisierten, entwickelten sich enorme Ungleichheiten in den Ländern selbst.

Kapitaleigner des Globalen Südens stellten – gemeinsam mit Selbstständigen, Bauern, Intellektuellen und Arbeitern – die Kolonialherrschaft infrage. Diese machtvolle Koalition unterminierte nicht nur die Legitimität des Kolonialismus, sondern auch die Bereitschaft und die Möglichkeit der imperialen Mächte, ihn zu verteidigen. So brach der Kolonialismus erstaunlich schnell zusammen. Nach 1945 gewannen in nur drei Jahrzehnten fast alle Kolonien ihre Unabhängigkeit. Von einem Tag auf den anderen verlor das, was für viele Europäer die natürliche Ordnung der Dinge und unverzichtbar für die Weltwirtschaft oder gar die Zivilisation als solche war, jede Bedeutung.

Die Bedingungen, unter denen sich das Wirtschaftsleben in den neuen unabhängigen Staaten veränderte, prägten ihre Gegenwart und Zukunft entscheidend. Dass viele dieser neuen Nationen durch Volksaufstände auf breiter Front entstanden, ist in diesem Zusammenhang besonders bedeutsam. Ihr Kampf gegen die alte Ordnung unterschied sich in mancherlei Hinsicht kaum von dem Kampf des europäischen Bürgertums gegen die alte Ordnung im 19. Jahrhundert und insbesondere im Jahr 1848. Doch die Kapitaleigner im Globalen Süden beteiligten sich, im Gegensatz zu ihren europäischen Kollegen ein Jahrhundert zuvor, in Regionen an der Staatenbildung, die in der Weltökonomie eine stark untergeordnete Position einnahmen. Sie waren immer noch mit der Macht des ausländischen Kapitals konfrontiert und mussten mit den oft enormen Beschränkungen der lokalen Wirtschaft zurechtkommen, die sie dominieren wollten. Die Rebellion des rheinländischen Bürgertums gegen das alte Regime im Jahr 1848 fand in einer der wirtschaftlich am besten entwickelten Regionen der Welt statt. Diese Wirtschaft hatte auch von Kapital profitiert, das Europa durch die Expansion in den Rest der Welt zugeflossen war – eine durch den Kriegskapitalismus angetriebene Expansion. Etwa hundert Jahre später suchten die indischen, nigerianischen und tanganjikanischen Bürger in den ärmsten, am wenigsten entwickelten und machtlosesten Nationen der Welt Kapital und staatliche Macht zu erlangen.

Diese aufregenden Zeiten in der dekolonisierten Welt waren getrieben von einem Gefühl der Möglichkeiten, man sprach sogar von den «Vorteilen der Rückständigkeit».[99] Für den kenianischen Autor Ngũgĩ wa Thiong'o «schien das Unmögliche möglich».[100] Die Dekolonisierung versprach ein ganzes Panorama an Entwicklungsmöglichkeiten, und Dekolonisation wurde nahezu gleichbedeutend mit Entwicklung.[101] Am Horizont zeichnete sich ein riesiges Projekt ab: «Was in anderen Ländern dreihundert Jahre oder länger gedauert hat, muss einem unabhängigen Territorium innerhalb einer Generation gelingen, wenn es überleben will», sagte der erste Präsident von Ghana, Kwame Nkrumah.[102] Der guineische Autor und Politiker Fodéba Keïta sah das ähnlich: «Unsere Hauptaufgabe besteht darin, unsere Wirtschaft, Kultur und unser ganzes Leben zu befreien.»[103] Alle waren sich einig, dass es dazu «Entwicklung» brauchte, und das bedeutete in erster Linie eine moderne Industrie – Stahl und Traktoren, aber auch Dämme, Kliniken und Verbesserungen bei Lebenserwartung, Bildung, Gesundheit, Lebensmittelproduktion und in anderen Bereichen.[104]

Unabhängig vom jeweiligen Entwicklungsverlauf war man sich weltweit einig, dass der Staat in der neuen Volkswirtschaft eine starke Position einnehmen sollte.[105] Kwame Nkrumah sagte: «Die Wirtschaft eines Landes muss so geplant werden, dass sie den Interessen der eigenen Bürger dient. [...] Andernfalls läuft das seit kurzem unabhängige Land Gefahr, den gefährlichen Kräften des wirtschaftlichen Imperialismus zum Opfer zu fallen und am Ende festzustellen, dass es nur eine Form des Kolonialismus durch eine andere ersetzt hat.»[106] Der erste Präsident Malis, Modibo Keïta, meinte, um eine Entwicklung in Gang zu bringen, müsse man «den Staat zum Instrument der Neuorganisation unserer Wirtschaft machen und darauf hinsteuern, unsere Wirtschaft ausgeglichen zu gestalten. Sie soll nicht mehr länger Ergänzung zur französischen Wirtschaft sein, sondern eigenständig, basierend auf den Interessen unseres Landes und der arbeitenden Menschen hier.»[107]

Für den schwedischen Soziologen Gunnar Myrdal waren diese Anstrengungen ein «Großes Erwachen».[108] Er schrieb 1957, «unterentwickelte Länder» bräuchten «eine nationale Politik der Wirtschaftsentwicklung». Dabei solle man sich aber nicht nur auf Industrie, Investitionen in die Infrastruktur und Verbesserungen der landwirtschaftlichen Produktivität konzentrieren, sondern auch Gesundheit, Bildung und Ausbildung fördern.[109] Aus Sicht des «globalen New Deal» brauche es «auf der Welt insgesamt eine politische Entwicklung hin zur Sozialdemokratie».[110] Myrdal stand mit dieser Meinung nicht allein da: Ein solcher Developmentalismus war weitverbreitet und erreichte seinen Höhepunkt in den 1960er Jahren.[111]

Der postkoloniale Kapitalismus, dieser «globale New Deal», entwickelte verschiedene Ausprägungen. Bei der bekanntesten spielte der Staat eine entscheidende Rolle für die Wirtschaftsentwicklung. Dieser Trend wurde nicht nur durch die wirtschaftlichen Erfolge der Sowjetunion befeuert, die als Vorbild für die Leistungsfähigkeit der Planwirtschaft galt, sondern auch durch das Beispiel von südamerikanischen und asiatischen Staaten (wie die Türkei), die schon länger unabhängig waren, sowie durch die Volkswirtschaften von Kernländern des Kapitalismus, die sich neu orientierten und dem Staat eine stärkere Rolle zuwiesen, wie auch in den Vereinigten Staaten.[112] Die Industrialisierung und eine vage definierte «Modernisierung» waren allen antikolonialen staatenbildenden Kräften wichtig, daher suchte man nach Modellen, die eine solche Entwicklung ermöglichten – die also neue Möglichkeiten für Wachstum boten und die neu gebildeten Staaten stabilisierten.

Doch wie genau sollte ein Wirtschaftsleben mit nationaler Ausrichtung aussehen? Auch das lässt sich am Beispiel Indiens gut zeigen. Lange bevor Indien die Unabhängigkeit erlangte, einigten sich antikoloniale Kräfte darauf, dass ein starker Staat und langfristige Planungen das Wirtschaftsleben bestimmen sollten. Bereits 1934 hatte der Ingenieur und Verwaltungsbeamte M. Visvesvaraya in *Planned Economy for India* dafür plädiert, einen Zehn-Jahres-Plan einzuführen, durch den Investitionen, Produktion und Infrastrukturentwicklung aufeinander abgestimmt werden sollten. Dieser Plan sollte in protektionistische Gesetze eingebettet und durch Korporativen unter der Kontrolle von Regierungsbeamten, Ökonomen und Unternehmern koordiniert werden. Inspiriert von der Ausbreitung der Wirtschaftsplanung in vielen Teilen der Welt, bemerkte Visvesvaraya, das indische Volk sei «ohne politische Macht bisher nicht in der Lage, seine Angelegenheiten zu regeln», daher müsse die Regierungsgewalt «in indische Hände» übergehen.[113] Im selben Jahr schrieb der Versicherungsunternehmer und bengalische Politaktivist Nalini Ranjan Sarkar: «Die Lösung ist […] eine Planwirtschaft. […] Man kann die Bedeutung der Planung für Verteidigung und Entwicklung gar nicht hoch genug ansetzen.»[114] Die Föderation der indischen Industrie- und Handelskammern (Federation of Indian Chambers of Commerce and Industry, FICCI) vertrat den Standpunkt: «Die Tage des uneingeschränkten Laissez-faire sind endgültig vorbei.»[115] Im Jahr 1938 stellte der damalige Präsident der Kongresspartei, Subhas Chandra Bose, einen Nationalen Planungsausschuss unter dem Vorsitz von Jawaharlal Nehru zusammen, der Erkenntnisse zur indischen Wirtschaft und Wirtschaftspolitik liefern sollte. Bei all diesen Überlegungen war der Wirtschaftsnationalismus ein entscheidender Punkt. Im Jahr 1946, kurz vor der Unabhängigkeit Indiens, forderte die Handelskammer von Bombay, Indien müsse seine Textilindustrie rasch ausbauen und eigene Maschinen herstellen: «Die Textilindustrie ist die wichtigste Branche des Landes, und die gefährliche Abhängigkeit von externen Quellen für benötigte Maschinen und Ausrüstung sollte so früh wie möglich beendet werden.»[116] Nehru warnte: «Politisch mögen wir frei sein, aber in wirtschaftlicher Hinsicht ist es noch nicht vorbei.»[117]

Kapitaleigner, von den politischen Erfordernissen der Stunde dazu gedrängt, forderten nachdrücklich eine entsprechende Wirtschaftspolitik. Im Dezember 1942 begannen prominente indische Geschäftsleute – unter ihnen G. D. Birla, Ardeshir Dalal, Kasturbhai Lalbhai, John Matthai, J. R. D. Tata, Purshottamdas Thakurdas, Ardeshir Darabshaw Shroff und Lala Shri Ram – sich damit auseinanderzusetzen, wie eine indische Volkswirtschaft nach der Unabhängigkeit aussehen konnte. Die Gruppe traf sich in der Firmenzentrale von Tata und nannte sich «Komitee zur Nachkriegs-Wirtschaftsentwicklung». Zwei Jahre später veröffentlichte die Gruppe ein *Memorandum Outlining a Plan of Economic Development for India* (etwa: Skizze eines Plans zur Wirtschaftsentwicklung Indiens), das als Bombay-Plan bekannt wurde.[118] Es skizzierte eine postkoloniale Ordnung und «die grobe Richtung, in der die Entwicklung voranschreiten sollte, sowie die Ressourcen des Landes, die bei der Planung wahrscheinlich beansprucht werden».[119] Die Verfasser schlugen die Bildung eines Planungsausschusses vor, da «die existierende wirtschaftliche Ordnung, die auf privaten Unternehmen und Eigentum basiert, keine zufriedenstellende Verteilung des Nationaleinkommens erreicht hat».[120] Geplant werden sollten eine rasche Industrialisierung und eine Modernisierung der Landwirtschaft, die zu einer Verdopplung des Pro-Kopf-Einkommens innerhalb von 15 Jahren führen würde. Die Industrieproduktion sollte sich in dieser Zeit um das Fünffache erhöhen. Besonderes Augenmerk sollte auf der Schwerindustrie liegen, insbesondere der Stromerzeugung und der Entwicklung von Schlüsselindustrien wie der Stahlproduktion. Doch das Komitee wollte auch die Produktion von Konsumgütern fördern, Straßen bauen, die Gesundheitsversorgung verbessern und Bildungsmöglichkeiten erweitern. Die Mitglieder hatten sich erklärtermaßen von der Wirtschaftsleistung der Sowjetunion anregen lassen, wollten aber auch ihre eigene privilegierte Stellung erhalten und stellten sich daher eine Mischwirtschaft vor. «Das Prinzip des Laissez-faire», schrieben sie, «das als Hauptmerkmal des Kapitalismus gilt, wurde in den vergangenen einhundert Jahren so weit zugunsten staatlicher Eingriffe in verschiedenen Wirtschaftsbereichen abgewandelt, dass ein entscheidender Aspekt des Kapitalismus fast bis zur Unkenntlichkeit transformiert wurde.»[121] Das Komitee und andere indische Unternehmer hofften, dass ein starker Staat nicht nur die Produktionsleistung erhöhen und einen großen Binnenmarkt sichern würde, sondern auch die Arbeiter und jene in der Kongresspartei kontrollieren konnte, die radikalere Maßnahmen forderten.[122] Tatsächlich behaupteten diese Kapitaleigner: «In der Praxis hat die Unterscheidung zwischen Kapitalismus und Sozialismus deutlich an Bedeutung verloren.»[123] Bei der Londoner Zeitschrift *The Economist* war man von solch unorthodoxen Forderungen nicht überzeugt und urteilte über das Memorandum, es sei «kein sehr beeindruckendes Dokument, wenn man es im Detail betrachtet».[124] Doch bald war nicht mehr wichtig, was die ehemaligen britischen Herrscher in diesen Angelegenheiten dachten.

Auf Wunsch der Tatas veröffentlichte der Freiheitskämpfer Minoo Masani den Bombay-Plan in einem hübsch illustrierten Buch unter dem Titel *Our India*. Die Veröffentlichung zeigt eindrücklich den Optimismus und den Sinn für die sich bietenden Möglichkeiten, die damals vorherrschten. Masani beschrieb den Reichtum des indischen Subkontinents an natürlichen und menschlichen Ressourcen und entwarf das Bild von einem wohlhabenden, sich selbst versorgenden Indien, das sich unter der Führung von Bergbau, Stromproduktion, Stahl-, Chemikalien- und einer visionären Maschinenbauindustrie an die Industrialisierung machte. All das sollte auf einer rationalisierten und teilweise kollektivierten Landwirtschaft aufbauen.[125] Im Buch heißt es weiterhin: «Der Staat oder die Regierung tut [...], was Sie und ich und alle, die in einem Land leben, erledigt haben wollen. [...] Wenn wir eine eigene Regierung haben, wird sie hoffentlich damit beginnen, einen Plan umzusetzen, der dazu führt, dass [...] wir zum Wohl unserer Landsleute das Beste aus unserem Land und unseren Landsleuten herausholen.»[126] Selbstverständlich hatte auch das private Kapital seinen Platz in diesem Plan, insbesondere J. R. D. Tata selbst, der «überaus weise Inder», der unter anderem bereits das größte Stahlwerk des britischen Empire gebaut hatte.[127] Doch «große Fabriken und Betriebe sollten keine Eigentümer haben. [...] Schlüsselindustrien [...] sollten Gemeineigentum der Nation sein und zu deren Nutzen betrieben werden.»[128] Masani sprach sich zwar nicht explizit für den Sozialismus aus, doch er forderte mehr staatliche Planung: «Neben den Schlüsselindustrien und den öffentlichen Versorgungsbetrieben sollte der Staat während der Umsetzung des Plans auch wirtschaftliche Abläufe allgemeinerer Art kontrollieren. Dazu gehören die Preise, die Verteilung von Rohmaterialien und produzierten Waren, Kapitalinvestitionen sowie der Außen- und Devisenhandel.»[129] Die American Tennessee Valley Authority (TVA) – ein Projekt des New Deal mit umfangreicher regionaler Planung – diente ihm als Vorbild.[130] Der Industrielle A. D. Shroff, einer der Architekten des Plans, sah klar, wie radikal der Plan war:

> Es mag seltsam erscheinen, dass acht Unternehmer, mit einem für Kapitalisten angemessenen Interesse, einen solchen Vorschlag unterbreiten, der staatliche Regulierung und staatliche Eingriffe in ihr Lebenswerk vorsieht. Doch wir sind überzeugt, dass unter den derzeitigen

Lebensbedingungen in unserem Land eine planmäßige Wirtschaftsentwicklung nur möglich ist, wenn der Staat eine positive Rolle übernimmt und das Wirtschaftsleben des Landes regelt.[131]

Auch Tata unterstützte diese Position. In seiner Rede «Ein Fünfzehn-Jahres-Plan für die Wirtschaftsentwicklung Indiens», die er 1944 vor dem Rotary Club in Bombay hielt, bekräftigte er die Notwendigkeit wirtschaftlicher Planung: «Unser wirtschaftliches Schicksal darf nicht länger dem glücklichen Zufall und den chaotischen Wechselwirkungen unkontrollierter Kräfte überlassen werden.»[132] Japan war eines seiner Vorbilder für eine erfolgreiche Industrialisierung.[133] Er hoffte auf eine «langfristige Wirtschaftsentwicklung», zollte Nehru «große Anerkennung» und sagte, Indien müsse die Wirtschaftsstruktur des Landes nicht etwa «wiederaufbauen», sondern «von Grund auf neu errichten».[134] Indien stehe vor einer völlig anderen Situation als Länder, die 150 Jahre früher industrialisiert worden seien. Aufgrund der «politischen Unterwerfung und wirtschaftlichen Degradierung» des indischen Volkes während des Kolonialismus werde Laissez-faire das Land «in Hungersnöte, Chaos und Verzweiflung» stürzen. Daher brauche Indien einen nationalen Planungsausschuss, der das Land in Richtung Industrialisierung lenke. Dieser Ausschuss solle sich auf Schlüsselindustrien konzentrieren, auf eine Verdopplung des Lebensstandards in den kommenden 15 Jahren und auf die Modernisierung von Landwirtschaft, Bildung, Gesundheitsversorgung und Infrastruktur. Dabei solle, so Tata, «jeder Aspekt unseres Wirtschaftslebens streng vom Staat kontrolliert werden» – einem Staat, dessen Regierung keine ferne Kolonialmacht mehr war, sondern «auf dem Willen des Volkes beruhte».[135] Nicht alle Geschäftsleute sahen das so, aber am Tata Staff College lernten Studenten den Unterschied zwischen einer «vollkommen sozialistischen Wirtschaft» und einer «Mischwirtschaft», die, wie ihnen vermittelt wurde, «aus dem Denken Gandhis» entsprang.[136]

NACH DER Unabhängigkeit Indiens 1947 wurden diese Ideen in die Tat umgesetzt. Das Swadeshi-Prinzip beeinflusste – unter anderen Namen – die Wirtschaftspolitik vieler Länder, vor allem in den 1930er und 1940er Jahren, doch in Indien stand es für einen deutlichen Bruch mit zwei Jahrhunderten kolonialer Unterwerfung und führte zu einer völlig neuen Wirtschaftspolitik. Aufgabe des Staates war es laut der Grundsatzerklärung der FICCI von 1946, ausschließlich «eine nationale Wirtschaftspolitik im Interesse Indiens zu betreiben».[137]

Die neue unabhängige Regierung Indiens stand vor enormen Herausforderungen: Indien war arm und immer noch eine sehr ländlich geprägte Gesellschaft. Im Jahr 1951 lebten 82,3 Prozent der rund 340 Millionen Inder auf dem Land, und 70 Prozent arbeiteten (im Jahr 1941) in der Landwirtschaft – mehr als zu Beginn des Jahrhunderts. 65 Prozent der Menschen im ländlichen Raum lebten in tiefster Armut. Nur 3061 der 558 089 Dörfer Indiens waren an das Stromnetz angeschlossen. Zwar waren 15 Prozent der Weltbevölkerung Inder, doch das Land produzierte nur 3 Prozent des globalen BIP.[138]

Doch hatte Indien strukturelle Vorteile, vor allem eine starke einheimische kapitalistische Schicht, sogar nennenswerte Kapitaleigner. Für den ersten Premierminister des Landes, Jawaharlal Nehru, war eine schnelle wirtschaftliche Entwicklung die Voraussetzung, um die Unabhängigkeit Indiens sicherzustellen:[139]

> Ich habe […] die schrecklichen Leiden der Massen Indiens gesehen, das Flehen in ihren Augen um Erlösung von der furchtbaren Last, die sie tragen. Das ist unser Problem. Alle anderen sind zweitrangig und führen zu ihm. Um dieses Problem zu lösen, müssen wir die imperialistische Kontrolle über und die Ausbeutung von Indien beenden. Doch worum geht es bei diesem Imperialismus von heute? Es geht nicht nur darum, dass ein Land ein anderes physisch besitzt; die Wurzeln reichen tiefer. Der moderne Imperialismus ist ein Auswuchs des Kapitalismus und kann nicht von ihm getrennt werden.[140]

Nehru trat für eine «Mischwirtschaft» ein, doch setzte er seine Hoffnungen nicht nur auf eine staatlich gelenkte Planung, sondern auch auf Initiativen der indischen Kapitaleigner, die «von den britischen Herren handlungsunfähig gemacht» worden waren.[141] Nehru glaubte an eine sozialistische Zukunft für Indien, doch er sah darin eine langfristige Entwicklung, deren Ergebnis sich von dem sowjetischen oder chinesischen Vorbild deutlich unterscheiden würde, weil seine Vision sich auf eine dauerhafte Funktion von und eine Kooperation mit privatem Kapital stützte. Die drei Säulen seiner Wirtschaftspolitik waren: «schnelles Wachstum von Industrie und Landwirtschaft, eine öffentliche Hand, die strategisch Industrien ausbaut, und eine Mischwirtschaft».[142] Im März 1950 setzte Nehru einen mächtigen Nationalen Planungsausschuss ein mit dem Physiker Prasanta Chandra Mahalanobis als Vorsitzenden.[143]

Im Jahr 1951 startete die neue Regierung Nehrus den ersten Fünf-Jahres-Plan, der sich, wie der nachfolgende zweite, auf die Schwerindustrie, Importsubstitution, die Modernisierung der Landwirtschaft und Investitionen im Inland konzentrierte. Im ganzen Land wurden Stahlwerke, Wasserkraftwerke und Düngerfabriken aus dem Boden gestampft, die schließlich zum Symbol für die neue Nation wurden. Im selben Jahr wurde mit dem Development and Regulation Act ein ausgeklügeltes System für die Lizensierung von Wirtschaftszweigen in Kraft gesetzt. In den 15 Jahren, in denen Nehru das Land regierte, setzte er drei solcher Fünf-Jahres-Pläne um, mit wechselndem Erfolg. Dazu wurde eine umfangreiche Infrastruktur aufgebaut, über die Daten gesammelt und ausgewertet wurden, die in der Central Statistical Organization und der National Sample Survey verarbeitet wurden und dem Staat bemerkenswerte neue Möglichkeiten eröffneten.[144]

Kapitaleigner profitierten erheblich vom beschleunigten Wirtschaftswachstum und einer großen Industrialisierungswelle. Zwischen den Jahren 1947/48 und 1952/53 erhöhte sich die industrielle Produktion Indiens um 20 Prozent. Zwischen 1951 und 1965 wuchs die Wirtschaft um etwa 4 Prozent im Jahr – was im historischen Vergleich sehr viel ist. Die industrielle Produktion stieg in dieser Zeit jährlich durchschnittlich um 7,1 Prozent. Im selben Zeitraum nahm die landwirtschaftliche Produktion Indiens um etwa 3 Prozent im Jahr zu, ein guter Anstieg, der aber nicht ausreichte, um die schnell wachsende Bevölkerung zu ernähren. Manche Branchen, etwa der Maschinenbau, konnten die Importabhängigkeit reduzieren, von 89,8 Prozent im Jahr 1950 auf 43 Prozent im Jahr 1960 und nur 9 Prozent 1974. Im Jahr 1970 produzierte Indien fünf Millionen Tonnen Stahl und damit fünfmal mehr als zum Zeitpunkt der Unabhängigkeitserklärung. Zwar wurde in bedeutendem Umfang privat investiert, doch an der Spitze der indischen Wirtschaft standen öffentliche Unternehmen. Im Jahr 1951 hatte das öffentliche Vermögen 3,4 Prozent des Unternehmenskapitals ausgemacht. Dieser Anteil stieg bis 1961 auf 30 Prozent und lag Anfang der 1970er Jahre bei 50 Prozent. Auch in Wissenschaft, Technologie, Forschung und Hochschulbildung wurde viel investiert, was die strukturelle Grundlage war für die enorm dynamische wirtschaftliche Entwicklung Indiens nach dem Jahrtausendwechsel. Das Wirtschaftswachstum erreichte bis dato ungesehene Höhen.[145]

Der postkoloniale Staat bot Kapitaleignern auch einige Vorteile: Hohe Einfuhrzölle und andere protektionistische Maßnahmen schützten die indische Wirtschaft. Der Vorsitzende der FICCI, Shanti Prasad Jain, sagte bei einer Konferenz mit dem Minister für Industrie und Handel im Jahr 1952: «Die Regierung sollte die Einfuhr von Konkurrenzprodukten verbieten und so die Interessen der Konsumenten und der Produzenten im Land schützen.»[146] Kapitaleigner profitierten zudem von politischen Maßnahmen, die den Zufluss von ausländischem Kapital verhinderten, was auch der Familie Godrej ein wichtiges Anliegen war. In den Jahren 1949/50 waren 94 Prozent der Eisenbahnen, 85 Prozent der Juteproduktion, 56 Prozent der Stromproduzenten und 53 Prozent der Kohleförderung immer noch unter ausländischer Kontrolle.[147] Das war für indische Kapitaleigner inakzeptabel. Die FICCI schrieb in einer Stellungnahme dazu: «Die Allgemeinheit im Land ist gegen jede solche Teilhabe von privatem ausländischem Kapital eingestellt.»[148] In einem Leserbrief an *The Times of India* schrieb ein gewisser D. D. Anklesaria, Investitionen aus dem Ausland seien ein Relikt «des mächtigen Empire, finanziell wie politisch [...] errichtet auf Blut, Tränen, Mühen und Schweiß von vielen zehn Millionen unserer Landsleute».[149]

Kapitaleigner konnten auch viele Verstaatlichungen verhindern und sicherten sich die Unterstützung des Staates gegen die Arbeiterschaft. Fluglinien (auch Tata Airlines) wurden 1953 verstaatlicht. Aber das meiste Vermögen blieb in privater Hand. Bei der Zähmung, ja sogar der Unterdrückung der Arbeiterklasse spielte der Staat eine entscheidende Rolle. Die zwei Jahre dauernde Streikwelle zwischen 1946 und 1948, bei der Millionen von Arbeitern in fast 4000 Einzelstreiks höhere Löhne forderten, wurde energisch, zum Teil gewaltsam von der neuen postkolonialen Regierung beendet. Die Arbeitsverordnungen, die daraufhin erlassen wurden, räumten dem Staat große Befugnisse bei der Regelung des nur quasi korporatistischen Verhältnisses von Arbeitgebern und Arbeitnehmern ein. Im Jahr 1958 nahm ein großer und gewalttägiger Streik im Tata-Stahlwerk ein grausiges Ende, als die Polizei auf Arbeiter schoss und die Armee aus Jamshedpur herbeigerufen wurde. Solche Arbeiteraufstände brachten die Tatas und andere Kapitalisten dem Staat näher.[150]

Manche Industrielle hatten sehr enge Beziehungen zur Regierung. Der Stahlproduzent G. D. Birla etwa hatte sich vollständig der Industrialisierung des Landes, dem Binnenmarkt und dem gezielten Aufbau einer modernen Wirtschaft verschrieben.[151] Nehru und er trafen sich häufig und standen in regem schriftlichem Austausch, in ihren Gesprächen ging es meist um wirtschaftspolitische Themen.[152] Birla stellte Nehru auch großzügig Geld für Hilfsmaßnahmen zur Verfügung.[153]

Doch in der nationalistischen Wirtschaft gab es auch Konflikte. Die postkoloniale indische Regierung musste einen Drahtseilakt zwischen den Interessen verschiedener Akteure vollführen. Das wurde 1948 deutlich, als die neue Regierung in einen Arbeitskonflikt der aufstrebenden Textilindustrie, der wichtigsten Branche Indiens, hineingezogen wurde. Anfang des Jahres trafen sich Arbeitervertreter, Industrielle und Regierungsbeamte in Delhi, um unter anderem über Löhne und Sozialstandards zu verhandeln, für die Arbeiter seit dem 19. Jahrhundert kämpften. Der gemeinsame nationalistische Plan konnte die Interessenskonflikte nicht aufheben. S. C. Roy von der Bengal Millowners' Association in Kalkutta hielt für die Steigerung der Produktionsleistung eine «Rationalisierung» für geboten.[154] Die Gewerkschaftsvertreter forderten hingegen bessere Arbeitsbedingungen und drohten, sie würden ihre neue Macht nutzen und eine Verstaatlichung fordern, wenn man keine Lösung fand. Sie schlugen vor, die Ausschüttungen der Gewinne an die Eigner auf das zu begrenzen, «was eine Bank ihren Kunden auszahlen würde, da so gut wie kein Risiko für die Investitionen bestand».[155] Der Berater des All-India Trade Union Congress, P. B. Vaidya, vertrat die Ansicht, Fabriken, die ihren Arbeitern keine existenzsichernden Löhne bezahlten, hätten kein «Überlebensrecht». Er schlug vor, dass in dem Fall der Staat die Fabrik übernehmen solle.[156] Für seinen Kollegen P. Ramamurti war klar, dass «die Textilindustrie nicht von Kapitalisten, sondern von der Arbeiterklasse aufgebaut worden war».[157]

Vertreter des Staates machten sich unterdessen mehr Sorgen um die Produktivität und brachten vor, man brauche dringend mehr Textilien – wozu man die Arbeiter befrieden musste. Sie zwangen also Arbeitgeber, höhere Löhne zu zahlen, forderten aber auch, dass die Arbeiter mehr Maschinen bedienten und die «Rationalisierung» der Produktion akzeptierten, die Arbeitgeber gefordert hatten. Zudem schlugen sie die Einführung einer neuen Nachtschicht in den Textilfabriken vor und drängten auf eine Einigung, um Streiks zu vermeiden.[158] Der indische Arbeitsminister Jagjivan Ram erinnerte die Verhandlungsparteien daran, dass die «Baumwollindustrie unsere wichtigste Branche ist», und wies darauf hin, dass «die Erhöhung der Produktion äußerst wichtig» sei.[159]

Der Gewerkschaftsführer N. M. Joshi erkannte zwar an, dass die Produktion erhöht werden musste und dass «für die erhöhte Produktion ein Arbeitsfrieden notwendig» war, doch all das sollte nicht allein zu Lasten der Arbeiter gehen: Auch das Vermögen der Unternehmer sollte für die nationale Wirtschaftsentwicklung mobilisiert werden.[160]

Die nationale Allianz hatte erhebliche Risse bekommen. Nehru und Tata mochten sich nicht. Tata hielt immer eine Armlänge Abstand zur neuen Regierung. In den 1950er Jahren wurde auch die FICCI immer nervöser angesichts der sozialistischen Neigungen Nehrus, insbesondere nachdem die Regierung die Lebensversicherungen verstaatlicht hatte.[161] Der Vorsitzende der FICCI, Shantilal Mangaldas, sprach 1956 in einer Rede die Geschäftsleute im Publikum als «meine Genossen und Kollegen im kaufmännischen Geschäft» an. Wahrscheinlich ist er der einzige Geschäftsmann, der andere Geschäftsleute jemals mit der sozialistischen Anrede «Genossen» angesprochen hat. Er bat, man solle ihnen «eine vernünftige Chance und einen fairen Deal» geben.[162] Im selben Jahr beschwor der Vorsitzende der Arbeitgebervereinigung von Kalkutta, Shanti Prasad Jain, die Regierung, «Initiativen und Unternehmergeist» zu fördern, während Ramanbhai R. Amin von der Federation of Gujarat Mills & Industries Baroda forderte, dass Verstaatlichungen eine «vorübergehende Maßnahme» blieben.[163] Auf der anderen Seite des gesellschaftlichen Grabens zeigte sich auch der Gewerkschaftler Joshi enttäuscht vom nationalistischen Projekt. Er klagte, in Indien herrsche noch immer Armut, es fehle an Lebensmitteln, Wohnraum und Kleidung:

> Nach dem Krieg, als die Kongresspartei die Macht übernahm, [...] erwarteten die Menschen einen Politikwechsel und einen anderen Umgang mit den Problemen der Arbeiter. Die britischen Herrscher hatten nie geplant, die Kriegsproduktion auf Friedensproduktion umzustellen. Auch die nationale Regierung zeigte kein Interesse an dieser wichtigen Aufgabe, was dazu geführt hat, dass viele Industriearbeiter und Angestellte im öffentlichen Dienst arbeitslos wurden.[164]

Trotz dieser Spannungen einigten sich Kapitaleigner und Arbeiter auf eine staatliche Planung und teilweise Verstaatlichung der Wirtschaft sowie einen großen öffentlichen Sektor. Sie hielten an Antiimperialismus und Demokratie fest und neigten im Unterschied zu anderen Orten der postkolonialen Welt nie zum Autoritarismus. Der US-Ökonom John Kenneth Galbraith spottete einst: «Sogar der kompromissloseste indische Kapitalist wird wohl gelegentlich feststellen, dass er im Herzen ein Sozialist ist.»[165] Ihre Interessen glichen sich ungeachtet zahlreicher Auseinandersetzungen an, als das nationale Kapital immer bedeutsamer für ein unabhängiges Indien wurde und ein unabhängiger Staat immer bedeutsamer für das nationale Kapital.[166]

ÜBERALL IN den nach Unabhängigkeit strebenden Staaten entstanden solche neuen Knotenpunkte von staatlicher Macht und Kapital. Überall vermittelte der neue Staat zwischen Kapitaleignern, Bauern und Arbeitern und trieb gleichzeitig die Wirtschaftsentwicklung voran. Die Ergebnisse waren sehr unterschiedlich. Die postkoloniale Struktur Ägyptens war der Indiens wohl noch am ähnlichsten. Nach dem Zweiten Weltkrieg beendeten starke nationalistische Kräfte den ägyptischen Mittelweg zwischen Kolonialismus und Freiheit, bei dem einige mächtige einheimische Kapitaleigner trotz der formellen Unabhängigkeitserklärung im Jahr 1922 immer noch gegen erhebliche Einmischung aus dem Ausland gekämpft hatten. Im Jahr 1952 kam Gamal Abdel Nasser an die Macht, ein junger Oberstleutnant der Armee, und mit ihm entstand eine neue Vision für die Entwicklung des Landes. Er baute auf Ideen auf, die die globale Wirtschaftspolitik seit den 1930ern umgeordnet hatten, und führte Verstaatlichungen, Wirtschaftsplanung, Preiskontrollen und eine Umverteilung des Vermögens ein.[167] Zudem legte er sich mit den mächtigen Unternehmern an. Seine Politik war von einer Anti-Monopol-Haltung geprägt, und seine populistische Agenda richtete sich direkt gegen das institutionalisierte Abkommen mit den Briten von 1922.

Unter der Aufsicht linker Ökonomen wie Rashid al-Barrawi vergrößerte sich der öffentliche Sektor erheblich. Der Revolutionäre Kommandorat (Revolutionary Command Council, RCC), der Nassers Aufstieg orchestriert hatte, konzentrierte sich auf die Industrialisierung, insbesondere bei Düngemitteln, Bauwesen, Erdöl und Schwerindustrie. Die Regierung wollte die weiterhin bestehende Vorherrschaft von britischen und französischen Investitionen in der ägyptischen Wirtschaft brechen. Zu diesem Zweck engagierte sie sich in der Industrie, etwa der Stahlproduktion; die Hälfte der umfangreichen Investitionen des Jahres 1954 in die Iron and Steel Company in Helwan kamen vom Staat. Der 111 Meter hohe Assuan-Staudamm, dessen Planung in den 1950ern begann, sollte eine wichtige Starthilfe für die ägyptische Industrie und die Ausweitung der Landwirtschaft sein. Der Damm wurde 1970 fertiggestellt und war eines der größten wasserbaulichen Projekte der Welt. (Wie alle derartigen Dämme hatte auch der Assuan-Staudamm erhebliche Folgen für die Umwelt. Er entfernte den fruchtbaren Schlamm aus dem Fluss, sodass die ägyptische Landwirtschaft fortan auf riesige Mengen Kunstdünger angewiesen war.) Auch im Zuge des Konflikts um die Finanzierung des Staudamms verstaatlichte Nasser im Jahr 1956 den Suezkanal, worauf die Briten, Franzosen und Israelis mit einem Militärschlag reagierten, der fehlschlug. Im Jahr 1957 schrieb die ägyptische Regierung vor, dass alle Banken und Versicherungsunternehmen nur noch ägyptische Anteilseigner und Direktoren haben durften. Im selben Jahr wurde die al-Mu'assasa al-Iqtisadiya (Ägyptische Wirtschaftsorganisation) gegründet und übernahm die Kontrolle über Firmen, die ehemals in britischem oder französischem Besitz gewesen waren. Wie in Indien wurde auch in Ägypten eine Nationale Planungskommission eingerichtet. Im Jahr 1960 wurden die Ägyptische Nationalbank und die Banque Misr verstaatlicht. Transportwesen und Baumwollpressen kamen unter staatliche Aufsicht. Landreformen schwächten die ländliche Oberschicht. Die Bedeutung staatlicher Investitionen in die Wirtschaftsentwicklung verdreifachte sich in den 1950er Jahren. Kennzeichnend für diese Veränderung war die teilweise Verstaatlichung der mächtigen Abbud-Unternehmensgruppe in den Jahren 1955 bis 1956. Im Oktober 1961 zog der Staat das Familienvermögen der Abbuds und von 167 weiteren «reaktionären Kapitalisten» ein. Ab 1961 dominierte der ägyptische Staat die meisten Wirtschaftsbereiche. Fünf-Jahres-Pläne gaben die Richtung der Volkswirtschaft vor und wurden zum Teil durch sowjetische Entwicklungshilfe ermöglicht.[168]

Während Nasser und der RCC eine staatszentrierte Wirtschaftspolitik verfolgten, blieb ihr Verhältnis zur Arbeiterbewegung zwiespältig. Wie in Indien waren auch in Ägypten die Aktivisten und Institutionen der Arbeiterbewegung im Kampf gegen die fremden Besatzungsmächte bedeutsam gewesen. Tatsächlich hatte es seit dem Ende des Zweiten Weltkriegs eine Allianz von Nationalisten aus der Oberschicht und Arbeitern gegeben. Gewerkschaften hatten die Verstaatlichung des Suezkanals unterstützt. Als die Arbeiterschaft bei der neuen Regierung Sympathien für ihre Sache erkannte, stieg die Anzahl der Streiks sprunghaft an. Zwischen 1952 und 1958 gab es dreimal so viele Arbeitskonflikte wie in den vorangegangenen sieben Jahren. Auch in Ägypten war die größte Industrie des Landes – die Textilindustrie – das Epizentrum dieser Konflikte. Und die Arbeiter konnten einige Erfolge feiern: Die Regierung erließ ein neues Arbeitsrecht, das den Arbeitern weitergehende Rechte einräumte. Der Lebensstandard der Arbeiter verbesserte sich. Und in Reden machte die Regierung die Industriearbeiter zu Helden bei der Erschaffung eines modernen Ägypten. Gleichzeitig unterdrückte diese Regierung die Arbeiterbewegung. Bei einem Streik der Textilarbeiter in Alexandria 1952 entsandte sie umgehend Truppen und ließ 545 Arbeiter verhaften. Schließlich wurde die Arbeiterbewegung durch Gesetze beschränkt, und die Regierung erklärte Streiks für illegal.[169]

Das postkoloniale Nigeria schlug einen anderen Weg ein als Ägypten oder Indien. Nach der Unabhängigkeit entwickelte die neue Regierung einen sogenannten «nurture capitalism» (wörtlich: Nähr-Kapitalismus).[170] Unter dem Druck einheimischer Kapitaleigner, die ihre Interessen in der Politik geltend machten, unterstützte der Staat lokale Unternehmer durch die sogenannte «Indigenisierung».[171] Eine solche Politik hatte unter anderem die nigerianische Zeitung *Pilot* gefordert:

> Es heißt, Wohltätigkeit beginnt zu Hause. Die Regierung sollte jetzt rasch handeln, um unsere junge Industrie zu schützen und ihr Überleben zu sichern. Offensichtlich können sich die Seifen, Textilien oder der Zement, die in Nigeria hergestellt werden, nicht mit ähnlichen

Produkten von erfahrenen ausländischen Herstellern messen. Was sollte eine Regierung in einer solchen Situation tun? Sie sollte Gesetze zum Schutz unserer Industrie erlassen. Wo inländische Produzenten die Nachfrage befriedigen können, sollten die Zölle auf ähnliche Importprodukte hoch genug sein, um sicherzustellen, dass unserer einheimischen Industrie nicht der Untergang droht.[172]

In den 1960er Jahren geriet das ausländische Kapital weiter unter Druck. Der National Development Plan von 1962 betonte die Förderung des nationalen Kapitals mit dem Ziel, die Wirtschaft zu «nigerianisieren». Der Companies Decree von 1968 erhöhte den Druck auf ausländische Firmen, und in den frühen 1970er Jahren wurde über Verstaatlichungen diskutiert. Im Jahr 1972 beschränkte der Indigenization Decree (ehemals Nigerian Enterprises Promotion Decree) ausländisches Kapital sowie ausländische Firmen und schrieb vor, dass Letztere zumindest nigerianische Partner haben mussten.[173]

Trotz der großen Hoffnungen, die in den 1950er und 1960er Jahren zum Ausdruck kamen und die nigerianische Kapitaleigner dazu gebracht hatten, sich dem antikolonialen Lager anzuschließen, waren diese politischen Maßnahmen nur begrenzt erfolgreich: Trotz Unabhängigkeit und neuer Handelsmöglichkeiten jenseits des Einflussbereichs des britischen Empire blieb der Anteil des Nationalkapitals in der nigerianischen Wirtschaft in den 1960ern

Versprechungen der Industrialisierung Ägyptens: «Gestern waren wir allein von der Landwirtschaft abhängig. Heute bauen wir unsere glorreiche Industrie mit Eisen und Stahl auf.»

konstant bei circa 10 Prozent. Zwei Drittel des Kapitals kamen immer noch aus dem Ausland, den Rest lieferte der Staat. In fast allen Branchen war der Anteil des staatlichen Einlagekapitals höher als der Anteil privater nigerianischer Kapitalgeber. Fast 28 Prozent der Textil-, Leder- und Bekleidungsindustrie sowie 53 Prozent des Bergbaus (Öl und Kohle nicht eingerechnet) waren in staatlicher Hand.[174]

Nach wie vor dominierte ausländisches Kapital den privaten Sektor Nigerias. Das schränkte die inländische Industrialisierung ein, und als unter politischem Druck mehr in die Industrie investiert wurde, herrschten ausländische Firmen auch in diesem Sektor vor. Problematisch war, dass auch das Geschäftsbankwesen unter ausländischer Kontrolle blieb, was die Chancen einheimischer Unternehmer auf Kredite schmälerte. Nigerianische Unternehmer wehrten sich gegen dieses neokoloniale System und organisierten sich (etwa im Small Businessmen's Committee der Lagos Chamber of Commerce, aus dem später die Indigenous Businessmen's Group hervorging), erreichten aber wenig. Der Volkswirt Ola Oni von der Universität Ibadan kritisierte die Politik der Regierung als insgesamt mangelhaft und forderte einen «Frontalangriff» und «drastische Maßnahmen für eine Indigenisierung». Er schrieb, man solle statt «neokolonialer Entwicklungspolitik» eine «drastische Entwicklungspolitik» betreiben. Dazu gehöre vor allem eine «Stärkung des Staates».[175] Ende der 1970er Jahre hielten Beobachter die Indigenisierungspolitik Nigerias für gescheitert, weil sie nur einer kleinen Elite nutzte.[176]

IN DER ehemaligen französischen Kolonie Senegal blieb noch mehr als in Nigeria das einheimische Kapital schwach, der Einfluss aus dem Ausland groß und der Staat fragil. Die kapitalistische Revolution geriet durch ein gesellschaftliches Patt zwischen Machthabern auf dem Land (den Marabouts, einer Art Landadel), einer immer noch mächtigen französischen Präsenz und der untergeordneten Position lokaler Kapitaleigner gegenüber ihren französischen Pendants ins Straucheln. Die postkoloniale Regierung hatte dieses Arrangement ausgehandelt, weil sie und die Eliten selbst von ausländischem Kapital profitierten. Entsprechend entwickelte sich im Senegal eine «neokoloniale Wirtschaft».[177]

Dabei lag es nicht daran, dass man es nicht anders versucht hätte. Eine importsubstituierende Industrialisierung war ein wichtiges Element der Wirtschaftspolitik nach der Unabhängigkeit. Und sie war erfolgreich: Dank staatlicher Subventionen und politischer Maßnahmen, die den lokalen Markt vor der internationalen Konkurrenz abschotteten, entstand in den 1950er Jahren eine Textilindustrie, die in den 1960ern weiter gedieh. Im Jahr 1975 wurden ganze 46 Prozent der Textilien, die im Senegal gekauft wurden, im Land selbst produziert. Der Anteil der industriellen Produktion am BIP des Senegal verdoppelte sich in den 1960er Jahren fast auf 18 Prozent. Das war beeindruckend, doch im Gegensatz zu Indien, Ägypten oder auch Nigeria führte diese Industrialisierung nicht zum Entstehen einer Klasse von senegalesischen Industriellen. Die Fabriken gehörten meist französischen multinationalen Textilkonzernen. Die Industrialisierung des Senegal war also völlig auf ausländisches Kapital angewiesen, und die Gewinne wurden unter dem Strich ebenfalls exportiert. Profitabel war die scheinbar starke, tatsächlich aber schwach entwickelte Industrie nur für ihre französischen Eigentümer und eine kleine senegalesische Elite mit Verbindungen nach Frankreich.[178]

Nach der Unabhängigkeit war für die Wirtschaft des Senegal, wie in anderen postkolonialen Ländern auch, das Handelskapital entscheidend, nicht die Industrie. Die wirtschaftliche Entwicklung folgte einer langen Tradition, in der Händler dominierten – Kapitaleigner exportierten Erdnüsse und importierten Verbrauchswaren –, und verlief weitgehend in ihren früheren Grenzen.[179] Der Staat verstärkte diesen Verlauf weiter.

Die Elite im Senegal baute ihre Macht auf der Kontrolle über den Staat auf, nicht auf ihrem Kapitalbesitz. Ihr Hauptanliegen war es daher, den Zugriff auf staatliche Ressourcen zu erhalten. Als es zum Konflikt zwischen dem eigenen Machterhalt und dem Ausbau der Wirtschaft kam, entschieden sie sich dafür, ihr politische Position zu schützen. Sie arbeiteten mit den Marabouts zusammen, die sehr daran interessiert waren, im ländlichen Raum eine Gesellschaftsstruktur zu erhalten, die sie in der späten Kolonialzeit aufgebaut hatten, um die Bauern ausbeuten zu können. Im Gegenzug monopolisierte das Regime, unter der Führung der Marabouts, den Exporthandel mit Erdnüssen, die 70 Prozent der senegalesischen Exporte ausmachten. Mit den Einkünften wurde der Staat finanziert, der 1965 so die 35 000 Staatsbediensteten bezahlte – die eine weitere Machtquelle für die politische Elite darstellten. Die Erdnussproduktion nahm zu, und ihr Anbau wurde auf neue Flächen ausgedehnt, doch fühlten sich die Bauern enorm unter Druck, weil sich die Handelsbedingungen verschlechterten und die Regierung stabile Einkünfte verlangte. Gleichzeitig hing die Möglichkeit, privat zu Reichtum zu kommen, davon ab, wie nahe man dieser staatlichen Elite stand und den Privilegien, die sie gewähren konnte. Zwar gab es senegalesische Kapitaleigner – etwa 250 im Jahr 1968 –, doch sie waren darauf bedacht, ihre Stellung zu sichern, und ihre Aktivitäten wurden, wie bei ihren kolonialen Vorgängern, auf den Handel beschränkt.[180]

WIE DER Senegal zeigte, reichten Unabhängigkeit und der Aufbau eines Nationalstaats nicht aus, um eine nationale Wirtschaftsentwicklung in Gang zu bringen und die Auswirkungen von Jahrzehnten oder gar Jahrhunderten Kolonialherrschaft zu überwinden. Manchmal behinderte die Unabhängigkeit sogar die Entwicklung, etwa wenn Europäer ihr Kapital abzogen und es häufig in Steuerparadiese in Übersee übertrugen.[181]

Viele junge Staaten verfügten nicht über ausreichend Fachwissen, Infrastruktur und staatliche Gestaltungsmacht, um die extreme Armut und Machtlosigkeit, die sie geerbt hatten, entschieden in Angriff nehmen zu können. Eine eigene bürgerliche Schicht, die unabhängig von einer Position im neuen Staat war, gab es kaum, und oft mangelte es an der Fähigkeit, die wirtschaftliche Integration von der reinen Versorgung der industriellen Kernländer mit Rohmaterial zu lösen. Die Handelsbedingungen verschlechterten sich, und das ausländische Kapital hatte immer noch die Vorherrschaft. Manchmal profitierten lokale Eliten davon, dank ihrer Nähe zum neuen Staat und zum ausländischen Kapital, aber ihre prekäre Position machte es einfacher für sie, privat reich zu werden, als den Staat zu bereichern, den sie regierten.

Ein extremes Beispiel für die Unfähigkeit, die Unabhängigkeit als Ausgangspunkt einer beschleunigten Wirtschaftsentwicklung zu nutzen, ist Burkina Faso, das ehemalige Obervolta. Die ehemalige französische Kolonie hatte keinen Zugang zum Meer, die Grenzen hatten die Kolonialmächte willkürlich gezogen. Nach der formalen Unabhängigkeit im Jahr 1960 blieb die kleine Selbstversorger-Landwirtschaft mit Heimarbeit die wichtigste wirtschaftliche Aktivität im Land, der mehr als 90 Prozent der Einwohner nachgingen. Lohnarbeit war nahezu unbekannt. Im Jahr 1960 arbeiteten schätzungsweise nur 25 000 von fast fünf Millionen Burkinern für Lohn. Wirtschaftliche Verbindungen zur Welt besaß Burkina Faso nur wenige, die Wirtschaft war weitgehend nicht monetarisiert. Rohbaumwolle war der bedeutendste Exportartikel, doch Infrastruktur, Bildung, Kapitalbildung und industrielle Unternehmen fehlten beinahe vollständig. Industriell gefertigte Waren wurden fast ausnahmslos importiert.[182]

Der postkoloniale Staat wollte die Lage natürlich verbessern. Die Wirtschaft sollte durch einen geplanten Ausbau wachsen: Erste Pläne wurden 1962 und 1963 durchgeführt, ohne großen Erfolg. Zwischen 1967 und 1982 wurden weitere Fünf-Jahres-Pläne ausgearbeitet und umgesetzt.[183] Darüber hinaus investierte der Staat auch direkt: In den 1980er Jahren besaß der Staat Burkina Faso um die 30 Unternehmen. Die Wirtschaft wuchs, in den zehn Jahren nach der Unabhängigkeit stieg das BIP um 3 bis 3,5 Prozent pro

Jahr. Gleichzeitig stieg allerdings die Bevölkerungszahl, sodass die Burkiner pro Kopf genauso arm waren wie zuvor. Im Jahr 1985 waren im Land nur 70 Industrieunternehmen registriert, von denen 15 nicht mehr aktiv waren. Unternehmer gab es kaum: Oumarou Kanazoé eröffnete 1950 ein Restaurant in seiner Heimatstadt Yako. Später gründete er ein Bauunternehmen, das in den 1970er und 1980er Jahren zu den einflussreichsten der Branche zählte. Es baute unter anderem Straßen und Staudämme und verband private Initiative mit staatlichen Geldern.[184] Doch nicht einmal Kanazoés Aufstieg konnte davon ablenken, dass die Menschen in Burkina Faso überwiegend Subsistenzwirtschaft betrieben, dass sie nicht lesen und schreiben konnten und dass im Land selbst ausreichend Infrastruktur, medizinische Versorgung und Bildungsstätten fehlten.

Selbst nach zwanzig Jahren Unabhängigkeit hatte der Staat fast keine Handlungsmacht. Ein Beobachter stellte fest, dass «die meisten Einwohner kaum Kontakt mit Vertretern des Staates haben, noch nicht einmal mit Steuereintreibern».[185] Der Staat war immer noch abhängig von ausländischer Hilfe, seine Währung war immer noch an den französischen Franc gekoppelt. Dadurch waren die politischen Möglichkeiten der Regierung sehr eingeschränkt; die Geldpolitik wurde in Paris gemacht, nicht in Ouagadougou. Die wenigen Ressourcen, die der Staat, häufig mit internationaler Hilfe, anbieten konnte, flossen überwiegend in die Taschen der gerade amtierenden Herrscher, und die einzigen, die bedeutende Ressourcen anhäufen konnten, waren Eliten mit Verbindungen zum Staat.[186]

TROTZ ALLER Enttäuschungen, Defizite und Fehlschläge, zu denen es (vor allem nach 1970) kam, sorgte die Dekolonisation in weiten Teilen Asiens und Afrikas nach vielen Jahrzehnten ohne jedes Wirtschaftswachstum dafür, dass die Wirtschaft nun um 2 bis 3 Prozent im Jahr wuchs.[187] Vor allem die Industrie nahm einen Aufschwung, auch im Senegal, in Nigeria, Ägypten und Indien. Dadurch verbesserte sich nicht notwendigerweise das Pro-Kopf-Einkommen, da gleichzeitig die Bevölkerung nach der Jahrhundertmitte sprunghaft zunahm, doch es brach die starren Hierarchien, die im 19. Jahrhundert zwischen einem geografisch kleinen industriellen Kernland und einem riesigen Hinterland entstanden waren. Diese Verschiebung macht die Dekolonisation zu einem Erdrutsch für den globalen Kapitalismus.

In manchen Teilen der Welt löste das Ende des Kolonialismus sogar ein spektakuläres Wirtschaftswachstum aus. Taiwan und Korea waren insofern Ausnahmen, als sie von besonderen politischen und wirtschaftlichen Bedingungen profitierten, doch sie erschufen bedeutsame neue Knotenpunkte des

Kapitals auf Basis der neuen staatlichen Macht, und diese Entwicklung nahm die veränderte Situation des Kapitalismus im 21. Jahrhundert vorweg. Am Ende des Zweiten Weltkriegs waren Korea und Taiwan bitterarm gewesen, verwüstet von japanischem Kolonialismus und den Kriegsfolgen. Das taiwanesische BIP war zwischen 1937 und 1945 um 41 Prozent eingebrochen, in Korea waren es 58 Prozent.[188] Die 1940er und 1950er Jahre waren sehr schwer für beide Länder. Korea wurde durch einen Bürgerkrieg und enorme Einmischung von außen auseinandergerissen. Taiwan wurde von seinem wesentlich größeren kommunistischen Nachbarn bedroht.

Ihre schwierige politische Lage hatte aber auch Vorteile. Da die beiden Länder an vorderster Front des aufkommenden Kalten Krieges zwischen der Sowjetunion (und ab 1949 China) und den Vereinigten Staaten (mit Verbündeten) lagen, wurden sie von den USA großzügig unterstützt. Man schätzt, dass das BIP Taiwans im Jahr 1964 ohne die 1,5 Milliarden Dollar an US-Hilfen, die zwischen 1950 und 1965 an die Insel flossen, um 40 Prozent niedriger gelegen hätte. In Südkorea wurden nach den 1960er Jahren aus ehemals Zucker produzierenden Unternehmen Industriegiganten. Die südkoreanische Regierung gewährte diesen Unternehmen exklusiven Zugang zu amerikani-

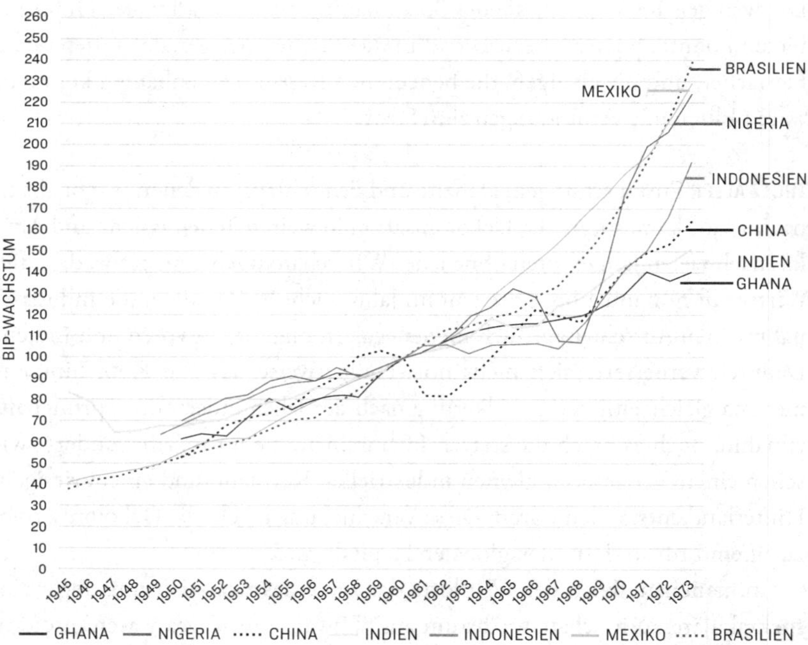

Die Hoffnung auf Entwicklung: BIP-Wachstum in sieben Ländern des globalen Südens, 1945 bis 1975 (1960 = 100).

schem Rohzucker, und die Firmen nutzten diesen unerwarteten Vorteil in einer Zeit, in der die Zuckernachfrage im Land schnell anstieg. Aus diesen Zuckerverarbeitern oder -händlern entstanden viele der heutigen Chaebols – Industriekonzerne, die häufig mit bestimmten Familien verbunden werden. Ein besonderes Beispiel ist Samsung, dessen Gründer Lee Byung-chul im Jahr 1953 die erste Zuckerraffinerie Südkoreas baute.[189]

Gleichzeitig wussten diese autoritären Regime, dass ihr Überleben, auch politisch, vom Ausbau der Wirtschaft abhing. Entsprechend legten beide staatliche Entwicklungsprojekte auf, bei denen nicht nur eine importsubstituierende, sondern auch und vor allem eine exportorientierte Industrialisierung im Mittelpunkt stand. Der politisch ausgehandelte Zugang zum riesigen US-Markt half den Kapitaleignern in Südkorea und Taiwan, eine Produktion für ausländische Märkte aufzubauen, insbesondere im Textil- und ab den 1970ern auch im Elektronikbereich.[190] Darüber hinaus investierten sie massiv in die Grund- und Sekundarbildung.

Korea und Taiwan erlebten ab den 1960er Jahren einen außergewöhnlichen Wirtschaftsaufschwung, weil sie, auch durch Investitionszulagen, Bedingungen geschaffen hatten, die die Rendite auf privates Kapital in bestimmten Wirtschaftsbereichen erhöhten und so zu weiteren Investitionen anregten. Taiwan startete 1960 das 19-Punkte-Reformprogramm, das unter anderem erhebliche Steuersenkungen für Unternehmen vorsah, vor allem für Exporteure. In Südkorea griff man zu noch drastischeren Maßnahmen. Präsident Park legte nach seiner Machtübernahme durch einen Militärputsch im Jahr 1961 Prioritäten für die Wirtschaftsentwicklung fest. Er ließ viele bekannte Unternehmer des Landes verhaften, warf ihnen «gesetzwidrige Bereicherung» vor und machte bestimmte staatlich priorisierte Investitionen zur Bedingung für ihre Freilassung. Doch es gab nicht nur die Peitsche, sondern auch Zuckerbrot: Nachdem die Banken 1961 verstaatlicht worden waren, vergaben sie, nun unter Kontrolle der Regierung, Kredite unter dem Marktzinssatz an bestimmte expandierende Industriebetriebe zum Beispiel in der Stahl- und Elektroindustrie sowie im Schiffbau. Für manche Kredite galten sogar Negativzinsen. Die Regierung bevorzugte Großkonzerne, die Chaebols, daher konzentrierte sich die wirtschaftliche Entwicklung bald in wenigen Händen. Im Jahr 1966 entstanden 58 Prozent des koreanischen Wirtschaftswachstums durch Unternehmen mit mehr als 200 Angestellten. Nur fünf Jahre später war dieser Anteil auf 72 Prozent angestiegen. Der Staat übernahm in Branchen, die er für wichtig hielt, unmittelbar die Investitionsrisiken.[191]

Taiwan und Südkorea reformierten auch die Landwirtschaft, was für einen dynamischen Binnenmarkt sorgte und Arbeitskräfte für die Industrie freisetzte. In beiden Ländern wurden Arbeitskämpfe unterdrückt und die Löhne gering gehalten. So erhöhten sich die Profitabilität des Kapitals und die Wettbewerbsfähigkeit des Landes auf dem Weltmarkt. Die Sparquote lag in Taiwan in den frühen 1970er Jahren bei erstaunlichen 30 Prozent.[192]

Die wirtschaftlichen Folgen dieser repressiven Entwicklungspolitik waren beeindruckend: Die Pro-Kopf-Wirtschaftsleistung in Taiwan stieg zwischen 1950 und 1975 um mehr als das 3,6-Fache, in Südkorea um das 4,1-Fache. Beide Länder waren lange bitterarm gewesen, doch 1975 lagen sie an 39. beziehungsweise 33. Stelle der reichsten Länder. Im 21. Jahrhundert gehören sie zu den wohlhabendsten Staaten der Erde.[193]

Die Dekolonisation war insgesamt, in all ihren Varianten, eine große Zäsur in der Weltgeschichte des Kapitalismus. Doch aus einem etwas anderen Blickwinkel sieht man auch, wie Elemente des Kolonialismus weitergeführt, ja sogar erweitert, vertieft und radikalisiert wurden. Immerhin war die Planwirtschaft – und allgemein die staatszentrierte Wirtschaftsentwicklung – tief im Kolonialismus selbst verwurzelt.[194]

Die postkolonialen Gesellschaften trieben ausnahmslos wichtige Merkmale des Kolonialismus weiter voran. Bei der Transformation des ländlichen Raums etwa übertrafen manche postkolonialen Regierungen zum Teil noch die früheren Kolonialmächte. In Taiwan blieben die großen Zuckerplantagen aus der japanischen Besatzungszeit, trotz Landreformen, auch nach der Unabhängigkeit unter staatlicher Kontrolle. Die neue staatliche Taiwan Sugar Corporation verwaltete die Ländereien, die sich die Japaner für die Zuckerproduktion angeeignet hatten. So kam es, dass 1952 mehr als zwei Drittel der taiwanesischen landwirtschaftlichen Ausfuhrerlöse immer noch mit Zucker verdient wurden. Die Zuckerproduktion stand im Zentrum der staatlichen Maßnahmen zur Kapitalbildung, die die taiwanesische Industrialisierung ab den 1960er Jahren vorantrieben. Auch in Indien achtete die Indian Merchants' Chamber in Bombay ebenso auf die Baumwollqualität, wie es die ehemaligen Herren des britischen Empire getan hatten, und sie warb für eine weitere Transformation des ländlichen Raums, in dem Baumwolle angebaut wurde. Tata forderte die Einführung von neuen Baumwollsorten, etwa der ägyptischen Baumwolle, wie es die Manchester Cotton Supply Association hundert Jahre zuvor auch getan hatte. Das Unternehmen nutzte auch Landgesetze aus der Kolonialzeit, um sich die Flächen für das neue Stahlwerk in

Jamshedpur anzueignen. Die FICCI drängte auf eine «bessere Erschließung der Bodenschätze».[195] Und die senegalesische Regierung setzte alles daran, den Baumwollanbau zu intensivieren und auszuweiten sowie neue Sorten zu entwickeln.[196] Der postkoloniale Staat hatte etwas entstehen lassen, das die Anthropologin Salma Abouelhossein als «antikoloniales Hinterland» bezeichnet hat und das sich auf die nationalen Entwicklungsprojekte auswirkte.[197]

Ein Definitionsmerkmal der kapitalistischen Revolution war die Kommodifizierung der Arbeitskraft, und die postkolonialen Staaten und Kapitaleigner trieben diese Entwicklung radikal voran, indem sie den Übergang von unzähligen afrikanischen, lateinamerikanischen und asiatischen Bauern zu Lohnarbeitern beschleunigten. Bis in die 1950er Jahre arbeiteten die meisten Menschen im Globalen Süden immer noch in der Landwirtschaft und hatten nur wenig Kontakt mit dem Weltmarkt. Erst in den 1960er Jahren änderte sich das deutlich. In Ägypten führte die Expansion von Unternehmen wie der Spinnerei und Weberei Misr in al-Mahalla al-Kubra zu einer signifikanten Proletarisierung. In weniger als einem Jahrzehnt, zwischen 1952 und 1960, stieg die Anzahl der ägyptischen Lohnarbeiter in Industriebetrieben mit mehr als 10 Mitarbeitern um 23,5 Prozent. Im selben Jahrzehnt verdoppelte sich in Indien die Zahl der Industriearbeiter von circa 9 Millionen auf 18 Millionen. In Brasilien nahm zwischen 1960 und 1970 die Anzahl der Arbeiter in der industriellen Produktion um 61,6 Prozent zu. In Indonesien stieg die Anzahl der Industriearbeiter zwischen 1961 und 1971 um 44,5 Prozent von 1,86 Millionen auf 2,68 Millionen. Vor dem Hintergrund

Postkoloniale Transformation der Landwirtschaft: ein Baumwollfeld beim senegalesischen Tambacounda, 1968.

dieser raschen Industrialisierung nahm auch die Stadtbevölkerung im Globalen Süden sprunghaft zu: Im Großraum Bombay hatten im Jahr 1951 noch 2,84 Millionen Menschen gelebt, 20 Jahre später waren es 6 Millionen. Jakarta hatte 1961 eine Einwohnerzahl von rund 3 Millionen und 10 Jahre später 4,5 Millionen. Während São Paulo 1960 2,2 Millionen Einwohner hatte, waren es im Jahr 1970 bereits 6 Millionen. Im Jahr 1900 hatten nur 16 Prozent der Weltbevölkerung in so etwas wie einer Stadt gelebt. Nach dem Zweiten Weltkrieg beschleunigte sich die Urbanisierung, und im Jahr 2020 lebten etwa 55 Prozent der Menschheit in Städten. Viele Neuankömmlinge traten eine Lohnarbeit an, aber die Mehrheit drängte in die informelle Wirtschaft, die das neueste Kapitel der kapitalistischen Revolution prägte. Im Jahr 2016 arbeiteten in Lateinamerika und der Karibik 53 Prozent der Erwachsenen im informellen Sektor.[198]

Während der Dekolonisation entstanden nicht nur Nationalstaaten, sondern auch verschiedenste neue Ideen zum Wirtschaftsleben allgemein und zum Kapitalismus im Besonderen, Wirtschaftstheorien, die Politiker, Intellektuelle und soziale Bewegungen in den Entwicklungsländern stark beeinflussten – nicht jedoch die westlichen Wirtschaftsinstitute.

Die womöglich einflussreichste Position, die Wissenschaftler wie Walter Rodney, Samir Amin oder Raúl Prebisch vertraten, betrachtete den Kapitalismus als eine zutiefst hierarchische historische und globale Wirtschaftsordnung. Ihre Anhänger betonten die langfristigen Auswirkungen von Kolonialismus und Sklaverei und sahen einen Zusammenhang zwischen dem Reichtum in einem Teil der Welt und der Armut in einem anderen. Sie behaupteten, die Struktur der globalen Wirtschaft mache Entwicklung schwierig, wenn nicht gar unmöglich. Ihr Blick auf die Volkswirtschaft ging auf eine Zeit vor der marginalistischen Neuorientierung der Wirtschaftslehre zurück. Sie wiesen der globalen Sicht und nicht-ökonomischen Hierarchien eine größere Bedeutung zu als in den Ansätzen üblich, die von Adam Smith, Karl Marx und John Maynard Keynes inspiriert sind.

Diese Gruppe von afrikanischen, asiatischen und lateinamerikanischen Denkern war der Ansicht, der Kolonialismus habe die Chancen auf eine Entwicklung systematisch verzerrt, indem er dem Globalen Süden die Ressourcen entzog und seine institutionellen Möglichkeiten untergrub. Der guyanische Historiker Walter Rodney schrieb ein bedeutendes Buch über die Entstehung der guyanischen Arbeiterklasse unter den Bedingungen von

Kolonialismus und Versklavung und formulierte eine vernichtende Kritik unter dem Titel *Wie Europa Afrika unterentwickelte.*[199] Der Sklaverei wurde in all diesen Darstellungen eine wichtige Rolle zugewiesen wegen ihrer erheblichen Auswirkungen in der Vergangenheit und wegen ihres rassistischen Erbes, das eine Entwicklung in der Gegenwart behinderte.[200] Der ägyptische Ökonom Samir Amin schrieb, die «ungleiche Entwicklung» bestehe im Postkolonialismus fort.[201] In seinem Buch *L'accumulation à l'échelle mondiale* von 1970 heißt es: «Das Gravitationszentrum der Ausbeutung der Arbeitskräfte durch das Kapital [...] wurde aus dem Zentrum des Systems an die Peripherie verschoben.»[202] Laut Amin waren periphere Räume entscheidend für die Dynamik des Kapitalismus, doch sie blieben dabei stets untergeordnet, auch wenn sich ihre genaue Integration im Lauf der Zeit veränderte. Die «lokale Herrscherklasse an der Peripherie des Kapitalismus» hatte Amin zufolge nur einen «nachgeordneten Status», was sie zu «Kompradoren» machte.[203] Der einzige Ausweg aus dieser Situation sei eine Beschränkung der Beziehungen zur Weltwirtschaft. Ohne eine solche Abkopplung sei nur eine neokoloniale Entwicklung möglich.

Inspiriert von dieser Lesart der Geschichte des Kapitalismus und als Reaktion auf die sich verschlechternden Handelsbedingungen, mit denen jüngst unabhängig gewordene Länder kämpften, traten neue Ideen in den Vordergrund. Ökonomen lieferten den theoretischen Hintergrund für Entwicklungsstrategien (häufig mit Verweisen auf die Vereinigten Staaten zur Zeit Alexander Hamiltons, die deutschen Staaten zur Zeit Friedrich Lists und das Japan der Meiji-Zeit) und erklärten, die internationale Arbeitsteilung schade jenen Ländern, die überwiegend landwirtschaftliche Produkte exportierten. Der ungleiche Austausch, der sich daraus ergebe, mache politische Maßnahmen erforderlich, die die Entwicklung der heimischen Wirtschaft beförderten. Der Ökonom und Nobelpreisträger W. Arthur Lewis aus St. Lucia schrieb, eine Wirtschaftsentwicklung erfordere nicht nur eine Dekolonisation, sondern auch die Bekämpfung des hartnäckig fortbestehenden, vielgestaltigen Rassismus.[204] Er führte die Armut in der Karibik – die er als «Erbe der westindischen Sklaverei» sah – vor allem auf die geringe Profitabilität der Hauptexportprodukte Zucker und Bananen zurück und hielt eine radikale Umverteilung von Vermögen für die einzige langfristige Lösung für die Region.[205]

Der argentinische Ökonom Raúl Prebisch, der die Wirtschaftskommission der UN für Lateinamerika und die Karibik (UNCTAD, mit Hauptsitz im chilenischen Santiago) leitete, prägte den Begriff der «Neuen internationalen Wirtschaftsordnung». Er wandte sich gegen die bestehenden Arrangements, die die «Peripherie» systematisch benachteiligten.[206] Prebisch schrieb, die Länder der Peripherie – wie sein Heimatland Argentinien – profitierten weniger von der globalen Arbeitsteilung als Länder an der Spitze der technologischen Entwicklung, und zwar aus dem einfachen Grund, dass Fabrikwaren preiselastischer seien als Rohstoffe. Damit die Vorteile des Welthandels auch der Peripherie zugutekommen, müssten unterentwickelte Länder mit aller Kraft die Industrialisierung vorantreiben.[207] Er kam zu dem Schluss, dass eine umfassende «Neue internationale Wirtschaftsordnung» (NIWO) auf globaler Ebene institutionalisiert werden müsse, damit eine solche Entwicklung im Globalen Süden möglich werde. Mexikanische Intellektuelle, Ökonomen und Politiker schlossen sich dieser Forderung an. Sie stellten sich eine Mischwirtschaft vor, im Land und auch international. Der Anstoß dazu kam von einer speziellen Auslegung des mexikanischen Eigentumsrechts, nach der die Interessen des Staates Vorrang von den Eigentumsrechten Einzelner hatten.[208] Im Jahr 1940 schrieb der mexikanische Ökonom Ramón Beteta:

> Mexiko stellt in der Agrarreform und im Arbeitsrecht – um nur zwei wichtige Reformen zu nennen – die Unantastbarkeit eines auf Profite ausgerichteten Systems infrage, das auf einem absoluten Recht auf privates Eigentum basiert. Es kann die sogenannten «Grundsätze des Völkerrechts» nicht uneingeschränkt akzeptieren, auf die häufig verwiesen wird, um das System und das absolute Recht zu schützen, das Ausländer in ihrem Heimatland nicht unbedingt haben, das sie aber in kleinen Ländern, in denen sie investiert haben, sowie in den Kolonien, die zu ihrem Heimatland gehören, beanspruchen.[209]

Wirtschaftliche Ideen hatten die gesamte Geschichte des Kapitalismus beeinflusst und beförderten nun antikoloniale Revolutionen, wobei diese auch als mögliche Wege zu einem radikalen Umbau der Weltwirtschaft betrachtet wurden. Es gab Überschneidungen zwischen diesem Denken und den Vorstellungen der ersten Generation postkolonialer Staatsmänner. Der erste Präsident von Ghana, Kwame Nkrumah, sprach von der «ungleichen Integration», die der globale Kapitalismus hervorgebracht habe, und dem räuberischen Verhalten der «neokolonialen Herren».[210] Jawaharlal Nehru war der Ansicht, der Kapitalismus neige dazu, die Kluft zwischen Arm und Reich weiter zu vergrößern, und stellte sich eine Weltwirtschaft vor, die diese verkleinerte. Der jamaikanische Politiker Michael Manley forderte einen «gerechten Anteil» an dem Reichtum, den sein Land produzierte.[211] Bei einer internationalen Konferenz im indonesischen Bandung im Jahr 1955 kam diese Weltsicht ein weiteres Mal zum Ausdruck.[212] Die Konferenz begann am Morgen des 18. April mit einer Eröffnungsrede des indonesischen Präsidenten Sukarno: «Lassen wir ein neues Asien und ein neues Afrika entstehen.»[213] «Unsere Nationen und Länder sind keine Kolonien mehr», rief Sukarno, dennoch «ist der Kolonialismus nicht tot, solange große Gebiete in Asien und Afrika unfrei sind».[214] Die Konferenz von Bandung führte 1957 zur Solidaritätskonferenz der afro-asiatischen Völker und 1961 zur Konferenz von Belgrad, dem ersten von vielen Treffen der Bewegung der Blockfreien Staaten unter der Führung von Vertretern Jugoslawiens, Ägyptens, Indiens, Ghanas und Indonesiens.[215] Nach dem Ende des Kolonialismus schien eine neue Weltwirtschaft möglich, die sich nicht von der Zweiteilung der Welt während des Kalten Krieges in eine Zwangsjacke stecken ließ. Der mexikanische Präsident Luis Echevarría erklärte: «Unseren Völkern ist bewusst, dass ihr Elend Reichtum für andere erschafft.»[216]

All diese Denker und Politiker hielten den Aufbau leistungsfähiger Staaten in den ehemaligen Kolonien für unverzichtbar, um die Möglichkeiten der Wirtschaftsentwicklung zu erschließen. Ihre Theorien zum Kapitalismus waren nationalistisch geprägt, doch nahmen sie immer auch eine grundlegend globale Perspektive ein. Ihr Fokus auf den Aufbau mächtiger Nationalstaaten bot Schnittmengen mit einer kosmopolitischen Zukunftsvision oder dem, was die Politologin Adom Getachew «Weltgestaltung» nannte.[217] Der Anspruch, eine Welt neu zu gestalten, stützte sich teilweise auf den antikolonialen Internationalismus. Bereits im Jahr 1920 hatten sich Intellektuelle aus verschiedenen Kolonien in Paris und andernorts versammelt und an einer Kritik des Kolonialismus gefeilt, unter ihnen Ho Chi Minh, Léopold Sédar Senghor, Zhou Enlai und Messali Hadj, allesamt wichtige Wortführer, die sich politisch für Unabhängigkeit und wirtschaftliche Befreiung einsetzten. Im Jahr 1921 gründete Ho Chi Minh die Intercolonial Union, die Aktivisten aus allen Kolonialgebieten zusammenführte. Daraus entstanden die League for the Defense of the Negro Race, die algerische nationalistische Bewegung Étoile Nord-Africaine und die Vietnamesische Unabhängige Partei von Nguyễn Thế Truyền.[218] Auch in London gründeten sich Solidargemeinschaften, die wichtige Zentren des Panafrikanismus, Panarabismus, Pankaribismus und der afro-asiatischen Solidargemeinschaften waren. Ihre Sicht auf die Weltwirtschaft war eine weitere Gegenbewegung innerhalb des globalen Kapitalismus und wurde von jungen neoliberalen Intellektuellen, die im Antikolonialismus eine Bedrohung für den Kapitalismus sahen, als solche anerkannt.[219]

Die postkoloniale Wirtschaftsentwicklung, so zögerlich und enttäuschend sie für ihre Protagonisten auch war, wurde zur Herausforderung für die globalen Zentren des Kapitalismus, die durch einen früheren Kriegskapitalismus entstanden waren und denen ein neu geordneter Industriekapitalismus eine neue Form gegeben hatte. Die Industrialisierung im Globalen Süden legte den Grundstein für eine radikale Neuzentrierung der Weltwirtschaft.

Und dann war da noch die radikalste Variante der postkolonialen Weltgestaltung: die völlige Abkehr von der kapitalistischen Weltordnung und die Suche danach, wie sich das Wirtschaftsleben anders organisieren ließ. Nach dem Zweiten Weltkrieg entstanden neue Inseln des Postkapitalismus, meist mit maßgeblicher Unterstützung der Sowjetunion. Diesen Weg schlugen insbesondere Vietnam (1945), China (1949), Kuba (nach 1959) und Mosambik (1975) ein. In diesen Jahren entstanden auch die Demokratische Volksrepublik Algerien, die Vereinigte Republik Tansania, die Volksrepublik Angola, die Volksrepublik Benin, die Volksrepublik Kongo, die Volksrepublik Kampuchea (1979), die Demokratische Volksrepublik Laos und die Demokratische Volksrepublik Korea. Im Jahr 1975 lebten 1,4 Milliarden Menschen in Ländern, in denen das Wirtschaftsleben postkapitalistisch organisiert war – mehr als ein Drittel der Weltbevölkerung.[220]

Doch keines dieser Länder war auf längere Sicht so einflussreich wie China, das 1949 kommunistisch wurde. Das Land setzte ein stark staatlich gelenktes Entwicklungsmodell um, das in weiten Teilen dem sowjetischen Vorbild folgte. Es verstaatlichte die meisten Unternehmen und führte eine zentrale Planwirtschaft ein. Der riesige Planungs- und Verwaltungsapparat des Landes basierte auf der «industriellen Bürokratie», die Mao während des Zweiten Chinesisch-Japanischen Krieges (1937–1945) eingeführt und dann in der zweiten Phase des Chinesischen Bürgerkriegs (1945–1949) ausgebaut hatte.[221] Nach der Revolution zogen diese Bürokraten und Technikexperten in die Ministerien und Staatsbetriebe Chinas ein und koordinierten, planten und verwalteten die Wirtschaft des Landes.[222]

Mit der allgegenwärtigen Planung erhöhten sich Output und Produktivität signifikant. Eine bemerkenswerte Leistung, wenn man bedenkt, dass China nicht auf ein Jahrhundert Industriekapitalismus aufbauen konnte, sondern bei der Infrastruktur für die Industrialisierung fast bei null anfangen musste. Das Konsumniveau der chinesischen Arbeiter stieg. Während des ersten Fünf-Jahres-Plans zwischen 1953 und 1957 wuchs das preisbereinigte Nationaleinkommen um 8,9 Prozent pro Jahr, während die industrielle Produktion um ganze 18,7 Prozent pro Jahr zunahm. Wachstum fand vor allem in der Stahlproduktion, im Maschinenbau und in der chemischen Industrie statt. Der zweite Fünf-Jahres-Plan setzte politisch noch eins drauf und verkündete einen «Großen Sprung nach vorn». Doch die Wachstumsraten sanken auf 3,2 Prozent pro Jahr, und die radikale Umstrukturierung der Landwirtschaft und die Versuche, Industrieprodukte auf dörflicher Ebene zu produzieren, führten zu erheblicher Lebensmittelknappheit und zur schrecklichsten Hungersnot des 20. Jahrhunderts.[223] Wenige Jahre später jedoch folgte die intensivste Industrialisierung, die die Welt je gesehen hatte. Diese wurde auch möglich, weil China auf ein Netzwerk von «nationalen Kapitalisten» zurückgreifen konnte, die die Mao-Jahre unterdrückt, aber relativ privilegiert in Städten wie Shanghai verbracht hatten, sowie auf chinesische Kapitaleigner, die sich dem Einfluss der Volksrepublik entzogen hatten – in Hongkong, Macau oder Taiwan.[224] Diese unternehmerische Energie und das Kapital sorgten, im Zusammenspiel mit der Neustrukturierung der chinesischen Wirtschaft und Gesellschaft in der Volksrepublik, für das schnellste Wirtschaftswachstum der Weltgeschichte.

Die Ausbreitung des Sozialismus im Globalen Süden löste Unruhe und Konflikte aus, aber es war der Prozess der Dekolonisation der den globalen Kapitalismus grundlegend umformte. Eine instabile Koalition aus Bauern, Industriearbeitern und Kapitaleignern (viele davon Leiter eines Familienkonzerns) hatte neue Knotenpunkte von Kapital und staatlicher Macht erschaffen. Dabei hatten sie den eurozentrischen Industriekapitalismus verändert, der aus den Rebellionen der Mitte des 19. Jahrhunderts entstanden war. Sie hatten die Grundlagen für eine radikale Beschleunigung der kapitalistischen Revolution gelegt. Zudem hatten sie unmerklich die wichtigsten Glaubenssätze des goldenen Zeitalters des europäischen und nordamerikanischen Kapitalismus untergraben.

In den 1950er und 1960er Jahren konnte noch niemand diese Zukunft erahnen. Das Streben der Menschen nach nationaler Unabhängigkeit brachte große Hoffnungen und große Ängste mit sich. Damals fast unbemerkt, doch mit tiefgreifenden Folgen für die Zukunft, begann zur gleichen Zeit eine zunächst kleine Gruppe von europäischen und nordamerikanischen Intellektuellen eine Kritik an der postkolonialen Ordnung zu formulieren. Sie befürchteten, die Dekolonisation könne zahlreichen besitzlosen Menschen in den sich nun selbst regierenden Ländern Macht verleihen, und sie waren überzeugt, dass es eine internationale Ordnung brauchte, um die politischen Optionen dieser neuen unabhängigen Staaten einzuschränken und so das Kapital und seine globale Mobilität zu schützen. Neoliberale waren der Auffassung, die Rechte des Kapitals hätten Vorrang vor nationaler Souveränität. Sie fürchteten demokratische Willensbildung, und die Dekolonisation bereitete ihnen mehr Sorge als der Kalte Krieg. Daher forderten sie Mechanismen, die Staaten gewisse Regeln bezüglich des Kapitals aufzwangen, Regeln, die über den Einflussbereich von nationaler und potenziell demokratischer Politik hinausgingen.[225] Auf dem Höhepunkt der antikolonialen Bewegung in den 1950er und 1960er Jahren waren diese Ideen und politischen Ansätze marginal. In den 1970er Jahren aber, als der globale Kapitalismus eine weitere Metamorphose durchlief und die sogenannte «neoliberale Ordnung» sich zu formieren begann, sollten sie eine zentrale Rolle spielen.

KAPITEL 16

Die Zähmung des Industriekapitalismus, 1945–1973

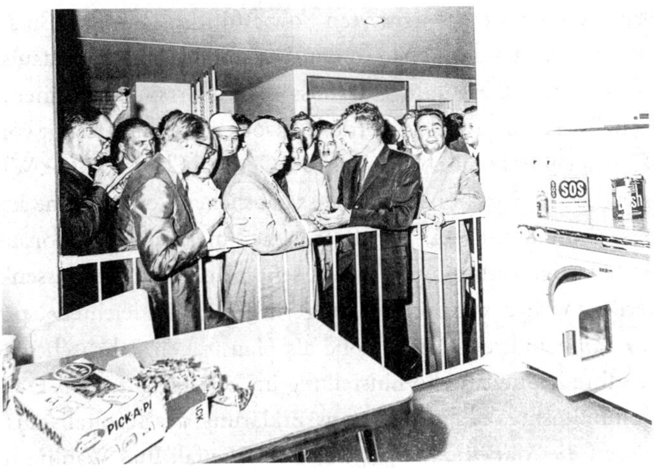

Die Stabilisierung des Industriekapitalismus, eine Waschmaschine nach der anderen: die berühmte «Küchendebatte» zwischen Richard Nixon und Nikita Chruschtschow, 1959.

In den späten 1970er Jahren machte sich der französische Wirtschaftswissenschaftler Jean Fourastié daran, die drastischen Veränderungen zu beschreiben, die er seit dem Zweiten Weltkrieg in Frankreich erlebt hatte. Es habe sich um eine außerordentliche Zeit gehandelt, schrieb er, um einen Bruch mit der jahrhundertelangen französischen Geschichte, einen historischen Moment mit rasant steigendem Lebensstandard, abnehmender Ungleichheit und explodierender Produktivität und einen Moment, in dem sich die Struktur des Lebens in Frankreich bis zur Unkenntlichkeit verändert habe. Diese «unsichtbare Revolution» sei so einschneidend, dass sie es verdiene, als klar definierter Zeitraum in der französischen Geschichte betrachtet zu werden, als *les trente glorieuses.*[1]

Strukturell und gefühlt war der Kapitalismus dieser «Glorreichen Dreißig» in allen industriellen Kerngebieten etwas Besonderes, vor allem im Rückblick. In der Bundesrepublik Deutschland nannte man den Zeitraum die «Wirtschaftswunderjahre», in den Vereinigten Staaten hießen sie *the golden years,* «die Goldenen Jahre», in Japan *kōdo keizai seichō,* die «Ära schnellen Wachstums», und in Schweden die *rekordåren,* die «Rekordjahre». Schon 1959 sang der damalige US-amerikanische Vizepräsident Richard Nixon ein Loblied auf das neue Zeitalter, und zwar an einem unwahrscheinlichen Ort: Er stand mit seiner Delegation vor einer typisch amerikanischen Küche, die auf einer Ausstellung im Moskauer Sokolniki-Park nachgebaut war, und erklärte der gesamten, leicht irritierten Sowjetführung einschließlich Nikita Chruschtschows, dass das Leben in den Vereinigten Staaten genau so aussehe: arbeitssparende Geräte im Überfluss – Geschirrspülmaschinen, Waschmaschinen, Toaster und Elektroherde, entworfen und angefertigt von einem Who's Who der amerikanischen Industrie (General Electric, RCA Whirlpool und General Mills).[2] Er hob hervor, dass häuslicher Komfort eine Errungenschaft des Kapitalismus sei, und feierte die amerikanische Konsumgesellschaft als neuartige Verbindung von Massenproduktion und Massenkonsum. «In Amerika machen wir den Frauen gern das Leben leichter», prahlte er und pries damit indirekt deren Rolle als Hausfrauen. Chruschtschow entgegnete: «Ihre kapitalistische Einstellung im Verhältnis zu den Frauen gibt es im Kommunismus nicht.»[3] Nixons Erklärung des Kapitalismus stützte sich stark auf die Marktfreiheit, er betonte «Vielfalt und Wahlfreiheit und die Tatsache, dass wir tausend Baumeister haben, die tausend verschiedene Häuser bauen». Auch davon ließ sich Chruschtschow nicht beeindrucken: «Haben Sie auch eine Maschine, die den Leuten das Essen in den Mund steckt und in den Hals schiebt? Viele von den Dingen, die Sie uns gezeigt haben, sind interessant, aber man braucht sie nicht im Leben. Sie haben keinen wirklichen Nutzen, sondern sind bloß technische Spielereien.»[4] Die führende sowjetische Tageszeitung *Iswestija* zeigte sich in ihrem Bericht über den ideologischen Zweikampf ähnlich unbeeindruckt von den amerikanischen Ausstellungsstücken: «Was ist das? Die nationale Ausstellung eines großen Landes oder eine Kaufhausfiliale?»[5]

Beobachter interpretierten die sogenannte Küchendebatte meist dahingehend, dass sie die sowjetische Führung unter erheblichen Druck setzte, ihre Bürger mit Konsumgütern zu versorgen, und das war tatsächlich auch der Fall. Weniger Beachtung findet hingegen der Umstand, dass der Führer

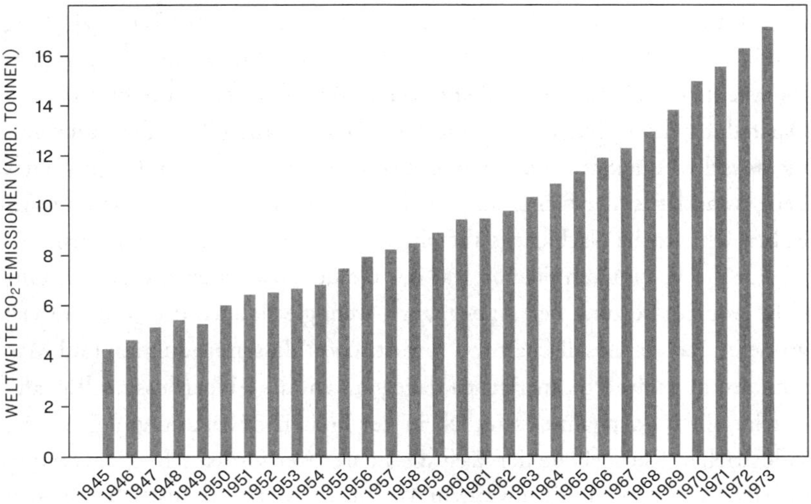

Kohlendioxidemissionen weltweit pro Jahr, 1945–1973.

der kapitalistischen Welt bei seiner Darstellung der wirtschaftlichen Macht Amerikas dessen Fähigkeit betonte, *einfache Leute* mit Konsumgütern zu versorgen. Der technische Wandel und die nach wie vor billigen Rohstoffe aus dem globalen Süden hatten dies möglich gemacht – eine starke Arbeiterbewegung, der Hunger der Massenproduktion nach Märkten und die Expansion der kommunistischen Welt hatten es unumgänglich gemacht. Nach den Verwüstungen durch die Weltwirtschaftskrise wurde dem Kapitalismus eine neue Legitimation verschafft, und die Wünsche der Verbraucher standen im Zentrum dieses weltumspannenden Projekts. Diese Neulegitimierung des Kapitalismus war ein spektakulärer Erfolg, insbesondere weil sich der Lebensstandard in seinen europäischen, nordamerikanischen und japanischen Kerngebieten in den 30 glorreichen Jahren tatsächlich stark verbesserte. Freilich waren auch Emissionen von Kohlendioxid nie zuvor so dramatisch gestiegen.

Die 30 Jahre nach dem Krieg waren ein außergewöhnliches Zeitalter in der langen Geschichte des Kapitalismus. Sie eröffneten nicht nur neue Perspektiven für die früheren Kolonien, wie wir gesehen haben, sondern schufen auch eine neue Ordnung für die kapitalistische Zivilisation in der von dem pakistanischen Bauingenieur und Politiker Muhammad Hashim Gazdar so bezeichneten «überentwickelten» Welt.[6] Schnelles Wirtschaftswachstum und weniger Ungleichheit bei staatlich gelenkter Entwicklung und liberaler Demokratie waren die typischen Merkmale jener Zeit. Im Jahr 1993 stellte der Historiker Giuliano Muzzioli in *Modena*, seiner historischen Darstellung der italienischen Stadt, fest, dass sich die «Transformation mit Lichtgeschwindigkeit beschleunigte. Die Leute kamen in den Genuss eines Lebensstandards, der früher auf eine kleine Elite beschränkt gewesen war.» Er bezeichnete die Nachkriegsjahrzehnte als «großen Sprung nach vorne».[7]

Für die Vereinigten Staaten war das Goldene Zeitalter in mancher Hinsicht eine Fortsetzung der 1920er Jahre, wenngleich auch dort nun ein viel größerer Teil der Gesellschaft von fordistischer Massenproduktion und Massenkonsum profitierte. In Europa dagegen kam die «Überflussgesellschaft» erst in den 1960er Jahren wirklich in der breiten Bevölkerung an. Als die industriellen Kerngebiete der Welt die Lehren der fordistischen Revolution verallgemeinerten und sie mit einem wesentlich interventionistischeren Staat und einem verlässlichen Strom von Rohstoffen aus der sich dekolonisierenden Welt kombinierten, wuchs ihr ökonomisches Potential rapide. Und es war stabil. Der Aufschwung nach dem Krieg führte zu einem Zustand, den der Historiker Charles S. Maier als ein «besonderes Gleichgewicht zwischen den Staaten, dem Kapital und der Sphäre des Regierens» bezeichnet hat.[8] Frühere Luxusgüter wurden Gemeingut. Die Arbeitslosigkeit war kein großes Problem mehr. Die Lebenserwartung stieg erheblich. Frühere Agrarländer wie Spanien und Finnland industrialisierten sich.[9] Selbst ein britischer Sozialist räumte 1957 ein, dass der «Kapitalismus bis zur Unkenntlichkeit reformiert ist».[10]

In Indien, Ghana oder Jamaika wie überhaupt im größten Teil der Welt schien das Goldene Zeitalter noch hoffnungslos weit entfernt. Aber dort, wo es sich entfaltete, schien es dazu bestimmt, für immer zu bleiben. Der Kapitalismus war allem Anschein nach nicht mehr den extremen Konjunkturschwankungen ausgesetzt, die so viel Elend verursacht hatten. Größtenteils verschwunden waren die «satanic mills», die Kinderarbeit und die schreckliche Armut des frühen Industriekapitalismus; stattdessen konnten weite Teile der Bevölkerung (wenn auch nicht alle) dank einer wirklich unglaublichen Masse von Konsumgütern ein bürgerlich geprägtes Leben führen. Der Keynesianismus hatte triumphiert: «Wir stehen vor den Toren eines Zeitalters des Überflusses und haben den Schlüssel in der Hand», schrieb der US-amerikanische Politologe und politische Berater Charles Edward Merriam während des Krieges und brachte damit den unbändigen Optimismus zum Ausdruck, dass gleich hinter diesen Toren eine strahlende Zukunft lag.[11]

Das «Goldene Zeitalter» war, wie viele damals glaubten, der natürliche, ja notwendige Kulminationspunkt der Geschichte des Kapitalismus. In den 1950er Jahren entwickelte der amerikanische Ökonom Simon Kuznets eine Theorie der wirtschaftlichen Entwicklung, die er mit einer heute als Kuznets-Kurve bezeichneten Glockenkurve bildlich darstellte. Sie zeigte den unterstellten Zusammenhang zwischen Einkommensungleichheit und Wirtschaftswachstum und wollte damit den historischen Wandel in den westlichen Volkswirtschaften erklären, in denen sich die Ungleichheit gegenüber früheren Stadien der Industrialisierung erheblich vermindert hatte. Zurückgeführt wurde das auf die vielen Möglichkeiten, die durch das Wirtschaftswachstum eröffnet worden waren, das seinerseits durch Bevölkerungswachstum und neue Technologien beflügelt worden war.[12] Seine Theorie sagte den Anbruch eines «Goldenes Zeitalters» voraus und ging von einer naturgegebenen Entwicklung des Kapitalismus zu mehr Gleichheit aus – ein erbaulicher Gedanke, der sich leider als zu optimistisch erwies.[13]

Das grundsätzliche Narrativ schien für die Inseln des Wohlstands, die durch die kapitalistische Revolution entstanden waren, für die Jahrzehnte nach dem Krieg zu stimmen, doch die Zukunft hielt einige Überraschungen bereit. Als nach 1973 viele Stützpfeiler des Kapitalismus der «Goldenen Jahre» wegbrachen, wurde deutlich, dass es sich bei ihnen um historische Besonderheiten gehandelt hatte. Weltwirtschaftskrise und Weltkrieg hatten den liberalen Kapitalismus so stark infrage gestellt wie nichts zuvor – und das Goldene Zeitalter war die Reaktion darauf gewesen. Aber auch eine starke

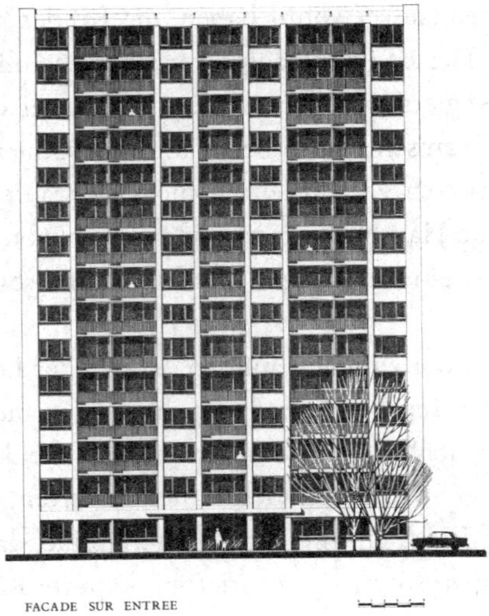

Eine strahlende Zukunft in den industriellen Kerngebieten: die Architektur der Glorreichen Dreißig, wie sie sich der Architekt Guillaume Gillet vorstellte.

Arbeiterbewegung war für die Stabilität nach dem Krieg ein wichtiger Faktor, dasselbe galt für den scheinbar endlosen Strom billiger Importe aus dem Globalen Süden. Und da etwa ein Drittel der Menschheit freiwillig oder gezwungenermaßen nicht im Machtbereich des Kapitalismus lebte, standen die kapitalistischen Gesellschaften permanent unter dem Druck, sich zu legitimieren – und Küchendebatten für sich zu entscheiden.

In den 1970er Jahren genossen die Arbeiter in den Kerngebieten des industriellen Kapitalismus ein Leben, das noch ein oder zwei Generation zuvor unvorstellbar gewesen wäre. Nehmen wir zum Beispiel eine Arbeiterfamilie aus der schwedischen Stadt Göteborg. Der alte Handelshafen und frühere Sitz der Schwedischen Ostindien-Kompanie war ein aufstrebendes Zentrum des Schiffbaus und der Schwerindustrie und die zweitgrößte Stadt eines Landes, das in vieler Hinsicht am besten das Goldene Zeitalter des Kapitalismus symbolisierte. Die fiktive Familie, von der hier die Rede sein soll, bestand aus einem Ehepaar mit zwei Kindern (sie soll ja typisch sein). Solange die Kinder noch klein waren, arbeitete die Ehefrau, nennen wir sie Ulla, Teilzeit in einem lokalen Krankenhaus. Ihr Mann, den wir Stig nennen wollen, stand in den Torslandaverken am Fließband als einer von 13 000 Arbeitern, die bei Zulieferern des Autoherstellers Volvo beschäftigt waren, der seinen Sitz in Göteborg hatte.[14]

Die Familie dürfte in einem gemieteten Reihenhaus oder einer Vierzimmerwohnung in einem Mehrfamilienhaus gewohnt haben, die Kinder hatten ein gemeinsames Schlafzimmer. Der Bau des Hauses war wahrscheinlich (in Form eines Kredits) von der Regierung subventioniert, oder aber die Familie bekam einen staatlichen Mietzuschuss. Sie besaß und konsumierte Dinge, von denen frühere Generationen von Arbeitern nicht zu träumen gewagt hätten, und verfügte über die Haushaltsgeräte, mit denen Nixon in Moskau geprahlt hatte, beispielsweise ein Radio, ein Fernsehgerät und sogar ein Auto.

Dass die Familie so leben konnte, war zum Teil auf den Anstieg der Löhne zurückzuführen. Obwohl es ihr wesentlich besser ging, als es den meisten Schweden je gegangen war, war ihr Wohlstand immer noch bescheiden. Hans Rosling, einer der führenden schwedischen Gesundheitsexperten, erinnerte sich im Rückblick auf seine Kindheit in einer Arbeiterfamilie, dass seine Eltern Dinge, die entzweigingen, sorgfältig reparierten, kaputte Kleidung selbst flickten und als Ergänzung zu den gekauften Lebensmitteln in ihrem Garten Nahrungsmittel anbauten.[15] Ulla und Stig werden sich genauso verhalten haben.

Patriarchalische Beziehungen strukturierten die Arbeitsteilung in der Familie – ein weiterer Eckpfeiler des Goldenen Zeitalters. Die Löhne der Männer waren erheblich höher als die der Frauen: Im Jahr 1960 waren 84 Prozent der schwedischen Industriearbeiter Männer, und die wenigen Frauen, die in der Industrie beschäftigt waren, bekamen nur 70 Prozent des Lohns ihrer männlichen Kollegen.[16] Außerdem konnte Stig zusätzlich zum gesetzlich vorgeschriebenen Minimum zusätzliche Schichten arbeiten. Ulla hätte vermutlich gut nachfühlen können, wie es der Frau erging, die sich daran erinnerte, dass sie zu Anfang des Jahrhunderts «die ganze Zeit ganz allein mit den Kindern war».[17] Kindertagesstätten gab es zwar schon, aber es waren nicht genug, und laut einem staatlichen Gutachten hatten «viele Mütter [...] Schuldgefühle», wenn sie ihre Kinder dort ließen.[18]

Wie fast alle Schweden aus der Arbeiterklasse hatten auch Ulla und Stig nur bis zum Alter von zwölf oder dreizehn Jahren die Schule besucht. Aber sie konnten die in den 1960er Jahren eingeführten Programme zur Erwachsenenbildung in Anspruch nehmen. Stigs Arbeit war wegen ihres hohen Tempos und weil er schwer heben musste anstrengend und körperlich belastend. Außerdem war Fabrikarbeit gefährlich, immer wieder gab es schwere Unfälle. Stigs Gesamtarbeitszeit jedoch hatte stark abgenommen: Im Jahr 1960 hatte man die Arbeitswoche auf 45 und 1970 auf 40 Stunden beschränkt. Auch die Gesundheitsversorgung war stark verbessert: Die Familie von Stig und Ulla hatte Zugang zu einer universalen Krankenversicherung bei der Riksförsäkringsverket, der nationalen Versicherungsverwaltung Schwedens, die durch eine Kombination von staatlichen Ausgaben und Arbeitgeberbeiträgen finanziert wurde.[19]

Dank des Bildungsgesetzes von 1962 besuchten die Kinder von Ulla und Stig mindestens neun Jahre eine staatliche Schule. Wenn sie die erforderliche Qualifikation erwarben (was bei Kindern aus der Arbeiterklasse in den 1960er Jahren immer häufiger vorkam), konnten sie an einer staatlich finanzierten Universität studieren und bekamen eine staatliche Ausbildungsförderung, um ihren Lebensunterhalt zu bestreiten. Seit 1964 gewährte ein schwedisches Ausbildungsförderungsamt Studienbeihilfen und -kredite. Der erwähnte Hans Rosling hatte sogar ein sechsmonatiges Urlaubssemester machen und Asien bereisen können, ohne Angst haben zu müssen, damit die staatliche Finanzierung seines Medizinstudiums zu gefährden. Dass seine Eltern darüber fassungslos waren, zeigt, wie schnell sich in dem expandierenden Wohlfahrtsstaat das Gefühl für das, was möglich war, geändert hatte.

Wie sich Rosling in seinen Memoiren erinnerte, war die Möglichkeit einer höheren Ausbildung für seine Eltern in ihrer Jugend noch «ein Traum» gewesen, und sie hatten nun, wie sie sagten, das Gefühl, ihr Sohn habe sich «durch seine Bildung von uns entfernt».[20]

Ulla und Stig wiederum konnten sich auf staatlich garantierte Renten freuen, die von der Zahl ihrer Arbeitsjahre und der Höhe ihres Einkommens abhingen. Da Ulla weniger Stunden und für einen geringeren Stundenlohn arbeitete als ihr Mann, hatte sie eine viel kleinere Rente zu erwarten. Und für den Fall, dass Stig oder Ulla ihre Jobs verloren, hatte er eine Arbeitslosenversicherung, die ihn zehn Monate lang mit 80 Prozent seines letzten Einkommens versorgte.[21]

Dank der kürzeren Arbeitswoche und dem zusätzlichen Urlaub verfügten die Menschen über mehr Freizeit, zugleich hatte sich der Raum geweitet, in dem diese Freizeit verbracht werden konnte. Ulla und Stig unternahmen mit ihrem einfachen Auto (einem Volvo natürlich) Wochenendausflüge, etwa zum Strand der kleinen Küstenstadt Varberg, 47 Kilometer südlich von Göteborg. Und sie machten im Sommer einen zwei- oder sogar dreiwöchigen Urlaub in Schweden oder womöglich auch im benachbarten Dänemark oder Norwegen.

Für die Familien der schwedischen Arbeiterklasse hatte sich die Welt grundlegend verbessert, und das so schnell, dass sich Stig und Ulla noch an das alte Leben erinnern konnten. Es ist deshalb keine Überraschung, dass sie

«Samstags gehört Vati mir»: Die Gewerkschaften versuchen, die Arbeit zu dekommodifizieren und die Arbeitszeit zu verkürzen. Deutsche Gewerkschaftskampagne, 1956.

wie fast alle schwedischen Arbeiter Gewerkschaftsmitglieder waren und bei Wahlen regelmäßig für die Sveriges Socialdemokratiska Arbetareparti (SAP) stimmten.

Ulla und Stig sind statistische Fiktionen, die veranschaulichen sollen, was für eine besonders große Verbesserung des Lebensstandards schwedische Normalbürger während des Goldenen Zeitalters erlebten. Dieser Fortschritt war zum Teil darauf zurückzuführen, dass es der schwedischen Regierung gelungen war, eine keynesianische Vollbeschäftigungsstrategie mit dem Ausbau des Sozialstaats zu verbinden. Aber beides wäre ohne das beispiellose Wirtschaftswachstum der Ära nicht möglich gewesen: Von 1945 bis 1974 wuchs die schwedische Volkswirtschaft durchschnittlich um 3,5 Prozent im Jahr, das jährliche Wachstum fiel kaum je unter drei Prozent. Infolgedessen verdreifachte sich das schwedische Pro-Kopf Einkommen bis Mitte der 1970er Jahre fast – die Schweden gehörten nun zu den reichsten Menschen der Welt.[22]

Die schwedische Volkswirtschaft wuchs nicht nur, sondern erlebte auch einen strukturellen Wandel: Wie anderswo auch gingen der Anteil der in Landwirtschaft Beschäftigten zwischen 1951 und 1975 zurück (von etwa 20 Prozent auf nur noch 7 Prozent aller Erwerbstätigen). Als mehr Frauen berufstätig wurden, insbesondere im (schlecht bezahlten) Dienstleistungssektor, ging parallel dazu die Zahl der unbezahlt in Vollzeit als Hausfrauen Arbeitenden zurück (von 32,5 Prozent auf 25,2 Prozent der arbeitsfähigen Bevölkerung). Dafür nahm die Industriearbeit sehr stark zu. Mit 47,1 Prozent im Jahr 1960 war der Anteil der Industriearbeiter an allen schwedischen Berufstätigen sogar am höchsten. Auch bei den Büroarbeitskräften war ein erheblicher Anstieg zu verzeichnen: Sie stellten 1940 18 Prozent und 1970

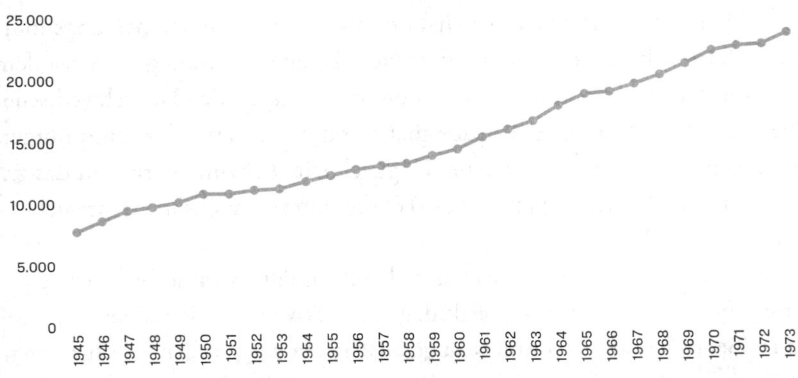

Unverwüstliches Wachstum: Das schwedische BIP von 1945 bis 1973 in Schwedischen Kronen und konstanten Preisen (Preisniveau von 1910–1912).

40 Prozent aller Arbeitskräfte. Viele waren beim Staat beschäftigt, ihre Zahl stieg von 353 001 im Jahr 1954 auf 481 691 im Jahr 1970 (bei einer Gesamtbevölkerung von etwa 8 Millionen).

Im schnell wachsenden Exportsektor traten an die Stelle der Rohstoffe nun Industrieerzeugnisse, insbesondere die Produkte der Maschinenbau- und Transportmittelindustrie, die Anfang der 1970er Jahre mehr als 40 Prozent der schwedischen Exporte ausmachten.[23] Die beiden Branchen profitierten am stärksten von dem rapiden Produktivitätszuwachs in den Fabriken der Nachkriegszeit. Zwischen 1950 und 1975 stieg die Produktivität in Schweden jedes Jahr um 5,6 Prozent. Parallel dazu wuchs der Energieverbrauch bei der Herstellung von 1954 bis 1973 jährlich um mehr als sechs Prozent pro Arbeitsstunde.[24] Die intensive Nutzung fossiler Brennstoffe und der damit verbundene Produktivitätszuwachs schlugen sich wenigstens teilweise im Verdienst der Arbeiter nieder, was zur weiteren Verstetigung der «Rekordjahre» beitrug.

Der Lebensstandard der Arbeiterklasse verbesserte sich auf zweierlei Weise: Erstens durch einen enormen Anstieg der Reallöhne. Im Jahr 1945 verdiente ein Industriearbeiter durchschnittlich 364 Kronen im Monat, 1960 waren es 1066 und 1970 2182 Kronen. Fünfundzwanzig Jahre lang stieg der zwischen Arbeitgebern und Gewerkschaften ausgehandelte Reallohn jedes Jahr um 3,4 Prozent.[25] Zweitens wurde der Sozialstaat drastisch erweitert. In den Jahren nach dem Zweiten Weltkrieg baute Schweden einen Wohlfahrtsstaat auf, der die Menschen von der Wiege bis zur Bahre begleitete. Er war entwickelter und umfassender als in irgendeinem anderen Land der industriellen Kerngebiete, entsprach aber im Großen und Ganzen dem allgemeinen Trend.

Dieser Wohlfahrtsstaat hat im kollektiven Gedächtnis vieler Schweden (und Menschen anderer Länder) nahezu mythische Proportionen angenommen. Hatte sich die Sozialpolitik nach dem Zweiten Weltkrieg zunächst den Allerärmsten gewidmet, wurde sie schon bald umfassender. Der schwedische Staat sah seine wichtigste Aufgabe mehr und mehr darin, für seine Bürger zu sorgen, vom Markt verursachte Ungleichheiten abzumildern und das zu schaffen, was Politiker damals als «Folkhemmet» (Volksheim) bezeichneten.[26]

Der Ausbau des Wohlfahrtsstaats beschleunigte sich sofort nach dem Krieg. Im Jahr 1946 wies der Riksdag (das schwedische Parlament) die lokalen Behörden an, Wohnungsbaugesellschaften zu gründen, die für einen Ausbau des Mietwohnungsbaus und eine bessere Qualität der Wohnungen sorgen sollten. Das Ziel bestand darin, allen Bürgern, insbesondere jedoch

Familien mit Kindern, den bestmöglichen Standard zu bieten. Anders formuliert: Der Wohnungsmarkt wurde verstaatlicht. Staatliche Subventionen für Mieter und Kredite für die Lokalregierungen sorgten dafür, dass die Mietpreise nie mehr als 20 Prozent eines durchschnittlichen Industrielohns betrugen. Anfang der 1960er Jahre startete die Regierung das sogenannte Miljonprogrammet, ein Wohnungsbauprogramm, das zwischen 1965 und 1975 den Bau von mehr als einer Million Wohnungen ermöglichte. Insgesamt wurden zwischen 1946 und 1985 mehr als 90 Prozent der schwedischen Wohnungen vom Staat mitfinanziert, da der Zugang zu Wohnraum zu einem staatlich garantierten Recht wurde.[27]

Schnell kamen weitere soziale Rechte hinzu. Im Jahr 1948 erhielten alle Arbeiter das Recht auf bezahlten Urlaub. Im selben Jahr wurde die Unterstützung von Familien verbessert: Das Kindergeld, das es schon seit 1937 gab, wurde auf alle Bürger mit Kindern ausgedehnt. Schon 1948 belief sich der Betrag für jedes Kind auf jährlich 260 schwedische Kronen oder sechs Prozent des damaligen Haushalteinkommens. Im Jahr 1955 wurde das Müttergeld, das seit 1938 an bedürftige Frauen gezahlt worden war, auf alle Mütter ausgedehnt. (Ab 1974 kamen auch Väter in den Genuss dieser Leistung.) Wie wir bei Ulla und Stig gesehen haben, wurde 1962 eine neunjährige Schulpflicht eingeführt. Im Jahr 1953 wurde der bezahlte Urlaub auf drei Wochen, 1963 auf vier und 1975 auf fünf Wochen ausgedehnt. Im Jahr 1955 wurde eine nationale Krankenversicherung gegründet. Und ab den 1950er Jahren erhielten alle Kinder in den Kindergärten und Schulen freie Mahlzeiten und eine Gesundheitsversorgung.[28]

Wichtig war auch, dass Schweden ab 1960 sein staatliches Altersversorgungssystem massiv erweiterte. Vor den Reformen hatte es eine bescheidene pauschale Grundrente für alle gegeben, die *folkpension*. Wer über mehr Mittel verfügte, schloss eine private Zusatzversicherung ab. Im Jahr 1959 beschloss der Riksdag die *allmän tillägspension* oder ATP, deren Zahlungen auf dem früheren Arbeitseinkommen beruhten. Diese Reformen verbesserten die wirtschaftliche Sicherheit für Senioren erheblich und banden auch Büroangestellte und die Mittelklasse stärker an den Wohlfahrtsstaat. Und das war noch nicht alles: Im Jahr 1969 wurden allgemeine Mietsubventionen für Familien gesetzlich verankert, 1970 wurde eine Reform des Krankengeldes verabschiedet, die vorsah, dass Arbeitnehmer 80 Prozent ihres Einkommens bekamen, wenn sie länger als 30 Tage krank waren. 1971 wurde die 40-Stunden-Woche Gesetz – eine weitere Dekommodifizierung des Lebens der schwedischen Arbeiter. Und im Jahr 1973 schrieb das Vorschulgesetz den schwedischen Kommunen vor, jedem Kind einen freien Vorschulplatz zur Verfügung zu stellen.[29]

So wurden die sozialen Rechte in der gesamten schwedischen Gesellschaft universell. Während der 1960er und 1970er Jahre waren sogenannte «Transferleistungen» der am schnellsten wachsende Bereich der öffentlichen Ausgaben: Sie stiegen von 25 Prozent (1963) auf 50 Prozent (1980) der gesamten Staatsausgaben. Der größte Teil floss in das blühende Sozialversicherungssystem, das Arbeitslose, Familien und Alte absicherte. Die Besteuerung stieg entsprechend.[30]

Der extensive Wohlfahrtsstaat verbesserte das Leben der Schweden grundlegend. Die Kindersterblichkeit ging drastisch zurück. Immer mehr Menschen erreichten das Rentenalter, und wenn sie im Ruhestand waren, lebten sie länger als jede andere Generation vor ihnen. Um die Jahrhundertwende hatte die Lebenserwartung in Schweden etwa 52 Jahre betragen, Mitte der 1950er Jahre war sie auf 72 gestiegen und 1973 auf 75. Auch die Durchschnittsgröße nahm zu: 1945 hatte sie bei männlichen Wehrpflichtigen 174,7 Zentimeter betragen, 1970 betrug sie 178,3 Zentimeter. Auch erhöhte der gut entwickelte Sozialstaat die intergenerationelle soziale Mobilität erheblich, sodass die Vereinigten Staaten als bisher in diesem Punkt führender Staat in den Schatten gestellt wurden.[31] Die SAP bezeichnete die Sozialpolitik schon seit den 1930er Jahren als «produktive Investition» in dem Sinne, dass eine Gesellschaft leistungsfähiger wird, wenn sich ihre Bürger auf die Vorkehrungen für ihre soziale Sicherheit verlassen können.[32] Und sie hatte Recht.

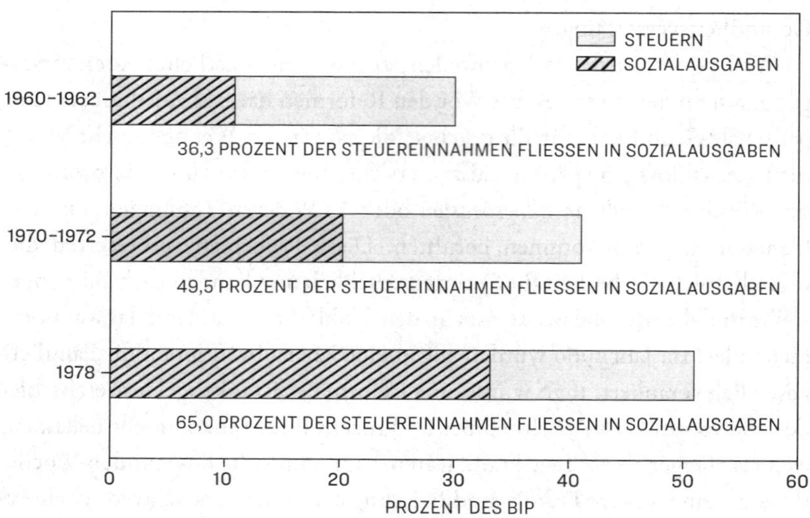

Der schwedische Wohlfahrtsstaat bei der Arbeit: Sozialausgaben und Gesamtsteueraufkommen, 1960–1978.

Die Ausweitung des Sozialstaats im Goldenen Zeitalter des Kapitalismus war in Schweden und anderswo stark vom politischen Kontext des jeweiligen Landes abhängig. Das während der «Rekordjahre» von der sozialdemokratischen SAP regierte Schweden hatte einen hohen gewerkschaftlichen Organisationsgrad, und auch der Anteil der SAP-Mitglieder an der Bevölkerung war hoch. Um nur drei Zahlen zu nennen: Im Jahr 1970 waren 81 Prozent der Industriearbeiter Gewerkschaftsmitglieder, 1974 gehörten 50,3 Prozent der Gesamtbevölkerung zwischen fünfzehn und fünfundsiebzig einer Gewerkschaft an,[33] und 1974 hatten 21 Prozent der erwachsenen Schwedinnen und Schweden eine SAP-Mitgliedskarte. Dank dieser Verteilung der Macht erbrachte die SAP außerordentliche Leistungen für die schwedischen Arbeiter.

In dem Maße, in dem die Arbeiter Erfolge erzielten, veränderte die von ihnen favorisierte Politik zunächst langsam und dann immer schneller die schwedische Klassenstruktur, indem sie den Aufstieg von Arbeitern in die nun neu bezeichnete und vage definierte Mittelklasse erleichterte.[34] Die SAP war sich durchaus bewusst, dass diese Entwicklung ihre soziale Basis untergraben konnte, und unternahm deshalb Schritte zur Verallgemeinerung der sozialen Absicherung, eine politische Taktik, die ihr klassenübergreifende Relevanz garantierte.[35] Als immer mehr Schweden vom Wohlfahrtsstaat profitierten, fand dessen kontinuierliche Erweiterung auch bei immer mehr von ihnen politische Unterstützung. In den «Rekordjahren» gewann er zusätzlich an Stärke, weil er den Rückhalt mächtiger schwedischer Kapitalunter-

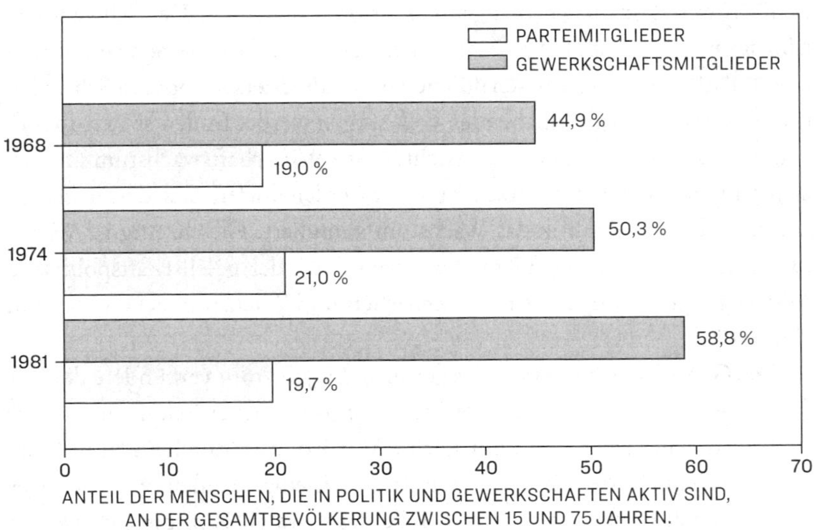

Die Arbeiterpartei übernimmt das Kommando.

nehmer genoss. Prominente schwedische Unternehmerfamilien, wie die Wallenbergs, die 1969 23 Prozent der gesamten schwedischen Industrie kontrollierten, einschließlich Asea (elektrische Generatoren), Ericsson (Telefonanlagen) und Saab (Automobile und Verteidigung einschließlich Flugzeuge), hatten enge Verbindungen zur SAP, zu den Gewerkschaften und zum Staat.[36]

Und die Verbindungen waren für die Unternehmen der Familie lebensnotwendig. Schließlich war der Staat der Hauptabnehmer für Telekommunikations- und Stromerzeugungsanlagen sowie für Rüstungsgüter (die Militärausgaben in den 1960er Jahren lagen konstant bei drei bis vier Prozent des BIP).[37] Der Patriarch des Konzerns Marcus Wallenberg wusste zu schätzen, was die Sozialdemokratie und die Gewerkschaften für die Menschen und das Land getan hatten. Als ihm Arne Geijer, der Vorsitzende des schwedischen Gewerkschaftsbunds LO, 1969 zu seinem 70. Geburtstag gratulierte, reagierte er mit folgendem Telegramm: «Darf ich auf Ihre freundlichen Worte mit einer Anerkennung Ihrer Bemühungen antworten, das Gleichgewicht zwischen dem erstrebten sozialen Fortschritt und einer effizienten und produktiven schwedischen Industrie zu halten.»[38] Die enge Beziehung zwischen den schwedischen Großunternehmen und der SAP dauerte bis in die frühen 1970er Jahre.

Die Schweden rechneten damit, dass diese Trends Bestand haben würden. Im Jahr 1964 sagte der Gesundheits- und Sozialminister Sven Aspling, das schwedische Volk (und der schwedische Staat) stünde «nicht am Ende einer Reformära, sondern eher an der Schwelle zu neuen Aufgaben, neuen Bedürfnissen und neuen dringenden Erfordernissen».[39] Der schwedische Ministerpräsident Olof Palme vertrat die Ansicht, dass die Sozialpolitik in Kombination mit dem wirtschaftlichen und industriellen Boom in Schweden für ein starkes und wohlhabendes Volk sorgen werde. In den späten 1960er Jahren verkündete er voller Zuversicht, dass «Wirtschaftswachstum und Sozialpolitik nicht als Gegensätze betrachtet werden dürfen. Stattdessen glaube ich, dass die Sozialpolitik das Wachstum stimuliert. Gleichzeitig ist Wachstum eine Voraussetzung für die Solidarität, von der gesellschaftspolitische Anstrengungen getragen werden. Sicherheit und Wachstum gehen Hand in Hand.»[40]

Die Gewerkschaften sahen das genauso. Im Jahr 1961 verkündete der LO, dass «wir das weitere schnelle Wachstum des öffentlichen Sektors in unserer Volkswirtschaft akzeptieren. Ein solches Wachstum ist durchaus zu rechtfertigen, da Bedürfnisse, die durch den Staat befriedigt werden, viel wichtiger für die Gesellschaft sind als große Teile des privaten Konsums.»[41] Da die Wirtschaft wuchs und die Produktivität stieg, konsolidierte sich die Konkurrenzfähigkeit der schwedischen Firmen auf dem Weltmarkt. Der Lebensstandard verbesserte sich rapide, die Ungleichheit nahm ab, und die Schweden blickten mit nahezu ungetrübtem Optimismus auf die Gesellschaft, die sie geschaffen hatten. Am Ende dieser Ära verkündete die auf der ganzen Welt beliebte schwedische Popgruppe ABBA in einem ihrer Lieder: «Shining like the sun. Smiling, having fun. Feeling like a number one.»[42]

Überall in den industriellen Kerngebieten des Kapitalismus in Westeuropa, den Vereinigten Staaten, Japan und manchmal auch jenseits davon wurden die Sozialstaaten ausgebaut. Wenige davon waren so ausgeprägt oder universell wie der schwedische, doch die allgemeine Tendenz war überall dieselbe. Zwischen 1960 und 1973 stieg der Anteil der Sozialausgaben am BIP in der Bundesrepublik um etwa 19 Prozent, in Frankreich um 37, in Italien um 46 und in den Vereinigten Staaten um 60 Prozent. Unter den Mitgliedsstaaten der Organisation für wirtschaftliche Zusammenarbeit und Entwicklung (OECD), der die am weitesten entwickelten kapitalistischen Volkswirtschaften der Welt angehören, gaben die Niederlande 1973 mit 20,6 Prozent den größten Anteil ihres BIP für Sozialausgaben aus und Japan mit 5,7 Prozent den kleinsten. Selbst in relativ wenig ausgebauten Sozialstaaten wie den Vereinigten Staaten (die zehn Prozent ihres BIP für Soziales ausgaben) gab es eine Alterssicherung und Gesundheitsversorgung sowie Einkommensbeihilfen für die Armen.[43]

Die enorme Expansion stützte sich auf ein schnelles Wirtschaftswachstum, das die verteilungspolitischen Konsequenzen des Wohlfahrtsstaats für alle leichter erträglich machte. Um ein paar Zahlen zu nennen: Laut einem Bericht der OECD wiesen ihre Mitgliedsstaaten in den 1950er Jahren durchschnittlich vier und in den 1960er Jahren fünf Prozent Wachstum pro Jahr auf. Dadurch verdoppelte sich in nur 16 Jahren (zwischen 1948 und 1964) der Arbeitsertrag pro Kopf. Eine erhebliche Zunahme, denn zuvor hatte die Verdopplung des Pro-Kopf-Arbeitsertrags in Westeuropa 59 Jahre (von 1870 bis 1929) gedauert.

In den Kerngebieten des Industriekapitalismus stieg der private Verbrauch zwischen 1952 und 1970 jährlich um 4,2 Prozent und die Produktion um 4,5 Prozent. Weltweit vervierfachte sich die Produktionsleistung von den frühen 1950er bis zu den frühen 1970er Jahren. Dabei produzierten die entwickelten kapitalistischen Länder etwa drei Viertel aller Güter und Dienstleistungen – ein Ausmaß an wirtschaftlicher Entwicklung und globa-

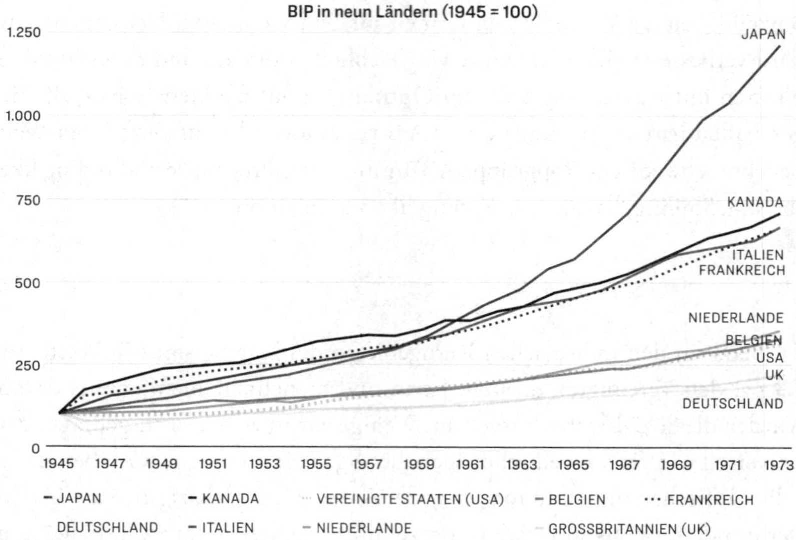

Schnelles Wirtschaftswachstum in den kapitalistischen Kerngebieten, 1945–1973 (indexiert bis 1960).

ler Ungleichheit, das es in der Geschichte des Kapitalismus noch nie gegeben hatte.[44]

Das Wirtschaftswachstum war ein generelles Phänomen, aber seine Geschwindigkeit fiel je nach Land unterschiedlich aus. Japan wuchs am schnellsten. Sein BIP nahm in den 1950er Jahren auf mehr als das Doppelte und in den 1960er Jahren noch einmal um 144 Prozent zu. Das im Zweiten Weltkrieg schwer zerstörte Land hatte 1945 etwa einen Viertel seines Reichtums verloren. Der Lebensstandard auf dem Land war im Vergleich zu vor dem Krieg um 65 Prozent und der in den Städten um 35 gesunken. Aber nach dem Krieg erholte sich das Land sehr schnell: Bis 1973 wuchs die japanische Volkswirtschaft jährlich um etwa zehn Prozent, ein Wachstum, das sich zunächst durch die vom Koreakrieg verursachte Nachfrage beschleunigte. Danach wurde das Wachstum durch Investitionen in Fabriken und ihre Ausstattung getrieben, das Anlagevermögen wuchs in den frühen 1960er Jahren um erstaunliche zwölf Prozent pro Jahr. Am meisten wurde in die Stahl-, Auto-, Öl-, Petrochemie-, Gas- und Elektroindustrie investiert. Die Investitionen steigerten die Arbeitsproduktivität und verbesserten die internationale Konkurrenzfähigkeit. Nikon und Canon wurden weltweit führende Kamerahersteller; Toyota und Nissan wurden die Besten, was die Effizienz in der Autoherstellung betraf; und Sony wurde im Bereich Unterhaltungselektronik Weltmarktführer.[45]

Die westdeutsche Volkswirtschaft rangierte dicht hinter Japan. Sie verdoppelte sich in den Fünfzigerjahren und wuchs in den 1960er Jahren um weitere 44 Prozent. Derart spektakuläre Wachstumsraten waren wie in Japan das Ergebnis von Erholungsprozessen im Gefolge der Kriegszerstörungen. Aber auch andere Volkswirtschaften wuchsen schnell: Das französische BIP nahm in den 1950er Jahren um 46 Prozent und in den 1960ern um weitere 63 Prozent zu; die niederländische Volkswirtschaft wuchs um 45 Prozent in den 1950er und um 55 Prozent in den 1960er Jahren; und die italienische Wirtschaft schnitt sogar noch besser ab: Sie wuchs in den 1950er Jahren um 71 und in den 1960ern um 72 Prozent. Um ein Beispiel dafür zu geben, wie dieses Wachstum auf Konzernebene aussah: Fiat beschäftigte 1950 61 000 Arbeiter in Italien. 20 Jahre darauf waren es 153 000.

Auch weiter im Süden beschleunigte sich das Wachstum: Griechenland erlebte ein Wirtschaftswunder – das Land verzeichnete von 1950 bis 1973 ein jährliches Wachstum von durchschnittlich 5,88 Prozent. Auch die größte Volkswirtschaft der Welt, die Vereinigten Staaten, wuchs weiter rasant: um 37 Prozent in den 1950ern und um 50 Prozent in den 1960ern. Diese dramatischen Veränderungen waren eingebettet in und teilweise verursacht durch den Wiederaufbau der internationalen Verbindungen, die durch die Weltwirtschaftskrise und den auf sie folgenden Krieg in Mitleidenschaft gezogen worden waren. Der Welthandel wuchs um das Achtfache.[46]

Doch die Goldenen Jahre waren nicht nur durch schnelles Wachstum gekennzeichnet, sondern auch dadurch, dass die Konjunkturzyklen, die im Ka-

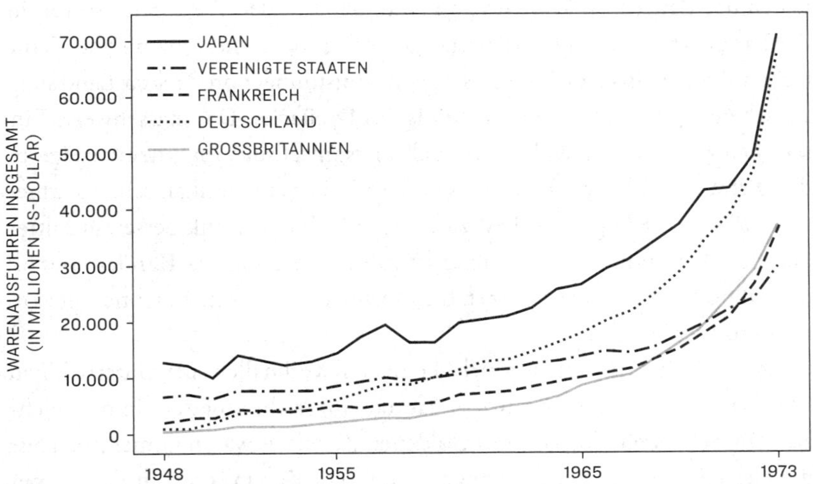

Der internationale Handel wächst.

pitalismus das Wirtschaftsleben strukturieren, flacher waren als früher. Die wirtschaftlichen Schwankungen waren weniger ausgeprägt, und ihre sozialen Auswirkungen (wie etwa die Arbeitslosigkeit) fielen sehr viel schwächer aus.[47] Der Kapitalismus wirkte zur Überraschung vieler beinahe zahm.

Wie in Schweden ging das Wachstum überall in den industriellen Kerngebieten mit großen Produktivitätsfortschritten einher. Zwischen 1950 und 1973 nahm das BIP pro Arbeitsstunde in den Vereinigten Staaten jährlich um 2,6 Prozent, in Großbritannien um 3,1, in Frankreich um 5,1, in Italien um 5,8, in der Bundesrepublik um 6 und in Japan um 8 Prozent zu. Der Produktivitätszuwachs wurde durch rasch wachsende Investitionen vorangetrieben, die durch einen absehbaren Anstieg der Nachfrage und hohe Gewinne motiviert waren. Als in den 1950er Jahren die Löhne stiegen, wurden die japanischen Arbeiter in die Lage versetzt, langlebige Konsumgüter wie die «drei heiligen Schätze», ein Fernsehgerät, einen Kühlschrank und eine Waschmaschine, zu kaufen.[48] In den 1960er Jahren wurden diese Schätze durch das Farbfernsehgerät, die Klimaanlage und das Auto ergänzt.[49] Im Jahr 1955 hatte noch kaum ein Japaner einen Kühlschrank oder eine Waschmaschine, im Jahr 1975 besaß fast jeder Haushalt beides und jeder Zweite hatte ein Auto. Ähnlich sah es in Australien aus: Nach dem Krieg stieg mit den Löhnen auch der Konsum: Im Jahr 1945 kam auf 8,7 Personen ein motorisiertes Fahrzeug, 1968 eines auf 2,8.[50]

Die Produktivität stieg, weil in eine Umstrukturierung der Produktion investiert wurde. In der Landwirtschaft senkte die Mechanisierung den Arbeitskräftebedarf, Traktoren und andere Maschinen revolutionierten das Leben der Bauern. In Westeuropa nahm die Zahl der Traktoren pro 100 in der Landwirtschaft tätiger Menschen zwischen 1950 und 1972 um das Zehnfache auf mehr als 50 zu. Der Einsatz von Kunstdünger pro Hektar Land stieg zwischen 1950 und 1972 um mehr als das Dreifache. Der massenweise Einsatz neu entwickelter Unkrautvernichtungsmittel und Insektizide steigerte den Ertrag noch mehr. Im Jahr 1964 sprühten die amerikanischen Farmer 144 Millionen Kilogramm Pestizide auf ihre Felder. Dank besserem Futter und der Verwendung von Antibiotika gab eine Kuh in der Bundesrepublik 1970 3800 Liter Milch pro Jahr statt 2500 wie 1950, und eine Henne legte 216 statt 120 Eier im Jahr.[51]

In der Industrie breiteten sich die neuen Werkhallen, die Unternehmen wie Fiat in den 1910er und 1920er Jahren eingerichtet hatten, immer mehr aus. Die Schlüsselindustrien des Goldenen Zeitalters waren immer noch fast die gleichen wie die bei der Umgestaltung des Kapitalismus in den 1870er Jahren entstandenen: Kohle, Stahl, Chemie, Maschinen und Metallwaren.

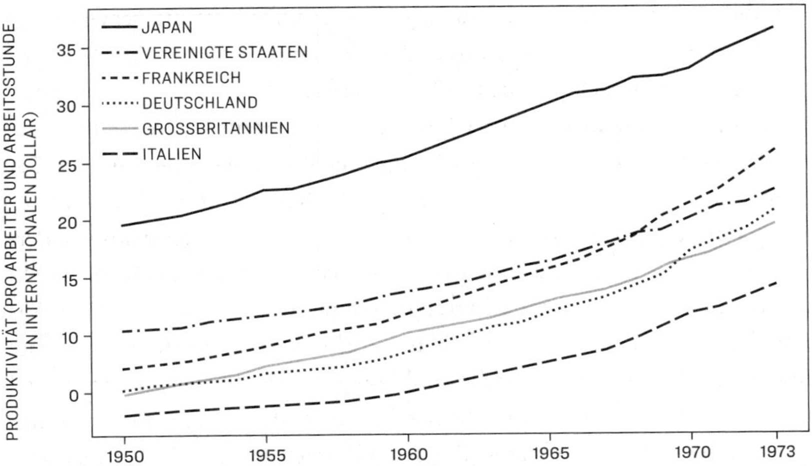

Produktivitätszuwachs in den industriellen Kerngebieten.

Alle benötigten massive Investitionen in unbewegliches Vermögen. Anders als vor dem Krieg waren sie nun jedoch generell nach fordistischen Prinzipien organisiert: mit Fließbandproduktion für Massenmärkte. Aber auch neue Waren und Industrien entstanden, insbesondere die Plastik-, Unterhaltungselektronik- und Pharmaindustrie.[52]

Aus der Vogelschau wirkt die Entwicklung der Produktionsweise im Goldenen Zeitalter wie eine Ausbreitung der Produktionstechniken, die in den Vereinigten Staaten schon seit einer Generation dominant waren. Länder und Unternehmen entsandten sogenannte Produktivitätsdelegationen in die USA, um herauszufinden, wie man die Produzenten effizienter organisieren kann. Der deutsche Volkswagenkonzern konzentrierte sich bei der Produktion des Käfers so stark auf Effizienzsteigerungen, dass manche das Unternehmen für «fordistischer als Ford» hielten.[53] Auch Peugeot und Renault, ehemals stark handwerklich geprägte Hersteller von Luxuskarossen, orientierten sich neu und produzierten nun für das untere Spektrum eines gewaltig vergrößerten Marktes. Volvo, das als Lastwagenhersteller begonnen hatte, stieg nach dem Krieg auch in den Pkw-Markt ein, um durch die Massenproduktion mehr Gewinne zu machen.

Die fordistische Organisation der Produktion war so vorherrschend, dass eine ganze Schule von Kulturkritikern, die Frankfurter Schule, daraus die Energie für ihre unerbittliche Kritik an den angeblichen Homogenisierungs- und Entpolitisierungstendenzen der neuen Ordnung schöpfte.[54] «Die Geburt der meisten Menschen geschieht in ein Zuchthaus hinein», lautete Max

Horkheimers finstere Einschätzung. «Gerade deshalb ist die gegenwärtige Gesellschaftsform, der sogenannte Individualismus, in Wahrheit eine Gesellschaft der Gleichmacherei und der Massenkultur.»[55]

In den neuen, in der Regel fordisierten Industrien wurde die wissenschaftliche Forschung und Entwicklung zunehmend wichtiger. Als die Forschungslabore immer größer wurden und die Kosten für die Forschung explodierten, gingen mehr und mehr Ingenieure und universitär ausgebildete Wissenschaftler zu Privatunternehmen. Im Jahr 1946 gab es allein bei US-amerikanischen Firmen 2300 Forschungslaboratorien, in denen 45 941 Wissenschaftler und Ingenieure arbeiteten. Zehntausende weitere Ingenieure und Manager arbeiteten in der Produktion – die Helden eines neuen Zeitalters, wie es der amerikanische Schriftsteller Kurt Vonnegut in seinem Roman *Player Piano* von 1952 schreibt. Der Roman spielt in den Nachkriegsjahren und malt die Dystopie einer von Maschinen beherrschten Zivilisation aus. «Dieses Elitedenken» heißt es dort, «diese Gewissheit, etwas Besseres zu sein, dieses Gefühl, eine Rangordnung mit Managern und Wissenschaftlern an der Spitze habe schon ihre Richtigkeit, das wurde allen Collegeabsolventen eingeimpft, und es wurde kein Geheimnis daraus gemacht.»[56]

Der Pharmakonzern Pfizer investierte nach 1945 massiv in die chemische Forschung, stellte Chemiker ein und zog führende universitäre Wissenschaftler zu Rate, um in die Entwicklung neuer Medikamente durch molekulare Manipulation einzusteigen. Auch bei Kodak spielten Forschungslabore eine immer wichtigere Rolle. Eine ähnliche Entwicklung gab es in Japan, wo die Zahl der industriellen Forscher in dem Jahrzehnt nach 1965 von 57 126 auf 143 364 stieg. Die Herstellung von Seiko-Uhren bei Hattori & Co. ist ein gutes Beispiel dafür, wie stark die wissenschaftliche Forschung die Herstellung bestimmte: Vor dem Krieg hatte die Firma nur einen Ingenieur mit Hochschulabschluss beschäftigt, da hochqualifizierte Handwerker die Produktion überwachten. Das änderte sich 1945, als die Firma zahlreiche universitär ausgebildete Ingenieure anstellte. Matsumoto Dai, der vor dem Krieg einen Abschluss an der Abteilung für Rüstungsproduktion der Universität Tokio gemacht hatte, war für diese Veränderungen verantwortlich und entwickelte Konstruktionspläne mit genau definierten Toleranznormen für austauschbare Teile. Hattori wurde dadurch zu einem der weltweit führenden Uhrenhersteller.[57]

Eine Auswirkung dieser Entwicklung war die enorme Zunahme der Hochschulbildung. Der Anteil der Amerikaner im Alter von achtzehn bis vierundzwanzig, die an einer Hochschule eingeschrieben waren, verdreifachte sich von Herbst 1946 auf Herbst 1973 beinahe und stieg von 12,5 auf

36,5 Prozent. Dieser Zuwachs war zu einem großen Teil der GI Bill zu verdanken, die jedem Kriegsteilnehmer eine Universitätsausbildung und finanzielle Unterstützung beim Studium garantierte. In der Folge verfünffachte sich die Zahl der Studenten nahezu auf mehr als 9,5 Millionen. In Europa war der Zuwachs genauso eindrucksvoll: Der Studierendenanteil an einer Alterskohorte stieg von vier oder fünf Prozent unmittelbar nach dem Krieg auf zwischen zehn und 20 Prozent 25 Jahre später. In Japan studierten 1944 84 000 Studenten an 48 Universitäten, 1971 waren es 1,5 Millionen junge Leute (ein Viertel ihrer Alterskohorte) an 389 Universitäten.[58]

Aufgrund dieser Zunahme und der für die Glorreichen Dreißig charakteristischen Verteilungspolitik nahm die Ungleichheit ab. Anfang des 20. Jahrhunderts hatten in Westeuropa die reichsten zehn Prozent der Bevölkerung über 90 Prozent des gesamten Privateigentums verfügt, in den 1980er Jahren lag dieser Anteil nur noch irgendwo zwischen 50 und 55 Prozent. In den Vereinigten Staaten verringerte sich der Abstand nicht ganz so dramatisch, aber immer noch signifikant: von 80 auf 65 Prozent. Was das Einkommen betraf, so bezogen die reichsten zehn Prozent der Westeuropäer im frühen 20. Jahrhundert die Hälfte des gesamten Einkommens, in den Jahrzehnten nach dem Krieg nur noch 30 Prozent; in den Vereinigten Staaten ging ihr Anteil von 40 bis 45 Prozent auf etwa 35 Prozent zurück.[59]

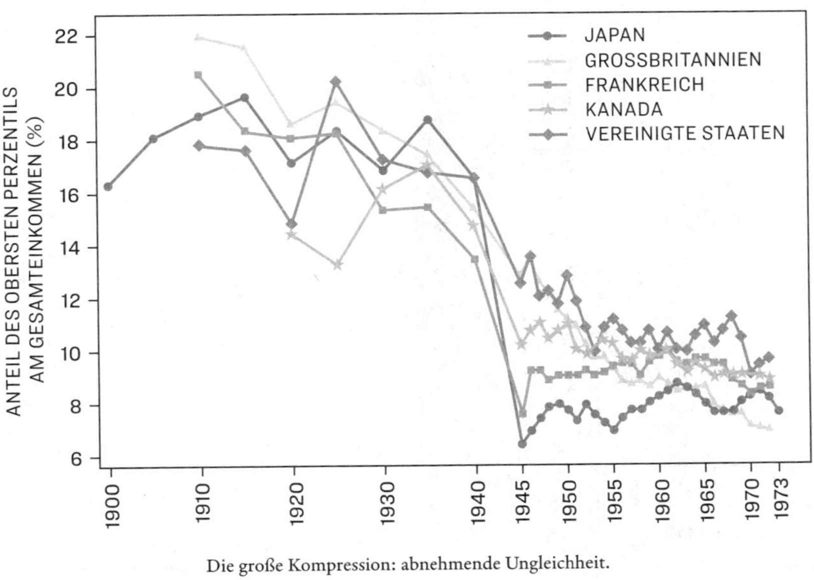

Die große Kompression: abnehmende Ungleichheit.

EINE NEGATIVE Nebenwirkung der enormen Beschleunigung des Wachstums war die Ausbeutung und Verschmutzung der natürlichen Umwelt. Wie andere Perioden in der Geschichte des Kapitalismus beruhte auch das Goldene Zeitalter auf Ausbeutung: Eisenerz, Kohle, Kupfer und Zucker sowie viele andere Rohstoffe wurden in beispiellosen Mengen verbraucht.[60] Als sich die Kommodifizierung auf immer mehr Territorien und gesellschaftliche Räume ausdehnte, beeinträchtigten industrielle Prozesse die Umwelt auf eine neue Art, indem sie die Luft, die Flüsse, die Seen, die Meere und die Böden verschmutzten. John Maynard Keynes formulierte es kurz, aber einprägsam: «Wir zerstören die Schönheit der Natur, weil ihre herrenlose Pracht keinen ökonomischen Wert hat.»[61]

Von Menschen hergestellte Chemikalien, manche davon krebserregend, reicherten sich in Pflanzen und Tieren und letztlich auch im menschlichen Körper an. Schon in den 1950er Jahren verursachte das Methylquecksilber, das in den industriellen Abwässern der japanischen Chisso Corporation enthalten war, «eine seltsame Krankheit unbekannter Ursache».[62] Eine Autobahn, die durch das Industriegebiet von Keihin führte, hieß im Volksmund «Luftverschmutzungsbeobachtungsstraße», weil die Luft dort so verpestet war, dass Autofahrer an einer Raststätte für ein paar Yen reinen Sauerstoff kaufen konnten.[63] Im amerikanischen Bundesstaat Louisiana gab es eine «Krebsallee», in New Jersey ebenfalls. In den 1960er Jahren gingen im Ruhrgebiet, dem Zentrum der deutschen Schwerindustrie, jeden Monat mehr als fünf Kilogramm Staub pro 100 Quadratmeter nieder.[64] Und in den Rhein

Sauerstoffautomat an einer japanischen Raststätte: 50 Yen für 30 Sekunden, 1968.

wurden so viele Schadstoffe eingeleitet, dass das «biologische Leben» dort Mitte der 1970er Jahre nahezu ausgerottet war.[65] Anders gesagt: Der Rhein war tot.

Schon in den 1960er Jahren schlugen Umweltschützer wegen dieser unwillkommenen, aber unvermeidlichen Auswirkung der Goldenen Jahre Alarm. Eine der ersten war Rachel Carson im Jahr 1962 mit ihrem Buch *Der stumme Frühling*. Die amerikanische Biologin beschrieb eine Welt, die geräuschlos geworden ist, weil die übermäßige Verwendung von Chemikalien in der Landwirtschaft Pflanzen und Tiere zerstört hat. Mit Blick auf die immer stärkere Verwendung von Chemikalien schilderte sie die «Verunreinigung von Luft, Erde, Flüssen und Meer mit gefährlichen, ja sogar tödlichen Stoffen» und beklagte die beispiellose Geschwindigkeit, mit der «die Flut von Chemikalien, die das Industriezeitalter hervorgebracht hat, immer höher stieg und unsere Umwelt verschlang».[66] Carson stellte das Insektizid DDT ins Zentrum ihres Buches, aber ihr eigentliches Anliegen war viel umfassender, und ihr Protest stieß bei vielen Menschen auf offene Ohren, weil ihnen klar wurde, dass die Menschheit auf arrogante und gefährliche Weise in das «Netz des Lebens» eingriff.[67]

Genau ein Jahrzehnt danach beauftragte der Club of Rome, der von der Volkswagenstiftung finanziert wurde, eine Gruppe von Wissenschaftlern unter der Führung der amerikanischen Umweltwissenschaftlerin Donella H. Meadows vom Massachusetts Institute of Technology (MIT), den Zustand der Welt zu untersuchen. Die Ergebnisse wurden in dem extrem einflussreichen Werk *Die Grenzen des Wachstums. Bericht des Club of Rome zur Lage der Menschheit* veröffentlicht.[68] Die Wissenschaftler hatten ein Computermodell entwickelt, das auf der Grundlage historischer Daten den Ressourcenverbrauch der industriellen Zivilisation extrapolierte. Sie kamen zu dem Schluss, dass es objektive und unüberwindliche «Grenzen des Wachstums» gebe, auf die der Kapitalismus im Lauf des folgenden Jahrhunderts stoßen werde.[69] Tatsächlich sollten sich die «endgültigen Grenzen» auf das Wachstum «fast aller menschlicher Aktivitäten» auswirken.[70] Ihrer Ansicht nach galt es, einen neuen globalen «ökologischen und wirtschaftlichen Gleichgewichtszustand» zu finden, der den Verbrauch nicht erneuerbarer Ressourcen und die Verschmutzung der Ökosysteme begrenzte.[71] In Japan veröffentlichte der Wirtschaftswissenschaftler Shigeto Tsuru 1968 das Buch *Gendai shihon shugi to kōgai* (Moderner Kapitalismus und Umweltverschmutzung), in dem er ähnliche Ansichten vertrat.[72]

Weniger auffällig, aber von kumulativer Wirkung war, dass ab den frühen 1970ern auch Journalisten zunehmend über Umweltkatastrophen berichteten; außerdem setzten sich Bürgerinitiativen für Umweltschutzmaßnahmen ein und staatliche Institutionen änderten ihre Politik. Am 22. April 1970 fand in den Vereinigten Staaten der erste «Earth Day» statt. Im Jahr 1972 tagte in Stockholm eine Umweltkonferenz der Vereinten Nationen – ein Zeichen, dass die Sorge um die Umwelt inzwischen globalen Charakter angenommen hatte. Mehr und mehr Staaten erließen Gesetze gegen umweltschädliche Praktiken (so wurde etwa 1970 in den Vereinigten Staaten ein stark verbesserter Clean Air Act verabschiedet).

Der exponentiell wachsende Verbrauch fossiler Brennstoffe steht exemplarisch für die massiven ökologischen Auswirkungen des Goldenen Zeitalters. Wie der Wirtschaftshistoriker Alfred D. Chandler jr. festgestellt hat, beruhten die wichtigsten Innovationen der zweiten industriellen Revolution allesamt auf einer Beschleunigung des Durchsatzes, also der Bewegung von Material durch die Fabrik, die durch die Wärmeenergie nichtmenschlicher Energiequellen ermöglicht wurde. Noch im Jahr 2018 wurden 80 Prozent dieser Energie durch fossile Brennstoffe erzeugt. Die schiere Verfügbarkeit billiger Brennstoffe, insbesondere des Öls, hatte die riesigen Produktivitätsfortschritte ermöglicht, die auch die globale Arbeiterklasse befriedet hatten. Während des Goldenen Zeitalters schien es für einen kurzen Zeitraum (nämlich 1950 bis 1973) so, als wären die Ölvorräte unerschöpflich und billig zu haben, da der Durchschnittspreis für ein Barrel saudisches Öl weniger als zwei Dollar betrug.[73] Da die Ölförderung, insbesondere im Nahen Osten, meistens unter autoritären Regimen stattfand, waren die Goldenen Jahre durch das seltene Schauspiel gekennzeichnet, dass die blühenden liberalen Ordnungen, die ihrer Bevölkerung neue Chancen eröffneten, ihren buchstäblichen Nährstoff von ihrem illiberalen Gegenteil bezogen. Diese vernetzte Verschiedenheit war in der Geschichte des Kapitalismus natürlich nichts Neues.

Der durch fossile Brennstoffe ermöglichte Produktivitätszuwachs und das dadurch generierte Wachstum revolutionierten in den industriellen Kerngebieten das tägliche Leben. Sie ermutigten eine Politik der dezentralisierten Erschließung, die sehr energieintensiv war.[74] Als es immer selbstverständlicher wurde, ein Auto zu haben, zogen Millionen Menschen von der Stadt in die Vorstadt, wo sie sich auf sehr große Gebiete verteilten und Einfamilienhäuser im Grünen bezogen. Um zur Arbeit oder zum Einkaufen, aber auch zu Erholungs- oder Bildungseinrichtungen fahren zu können, waren sie somit von fossilen Treibstoffen abhängig.

Zwar gelten die Vereinigten Staaten mit Recht als der Inbegriff einer von Vorstädten geprägten Gesellschaft (auf die in den 1950er Jahren 60 Prozent des weltweiten Ölverbrauchs entfielen), doch deren radikalste Spielart entfaltete sich in Australien, einer weiteren Siedlergesellschaft, die gewaltige Ressourcen produzierte und verbrauchte.[75] In seinem 1964 erschienen Buch *The Lucky Country* bezeichnete der bekannte australische Intellektuelle und Sozialkritiker Donald Horne seine Heimat als die «erste Vorstadtnation».[76] Für ihn wurde das Haus in der Vorstadt der Schauplatz des «Australian Way of Life», eine Wendung, die im Goldenen Zeitalter gern verwendet wurde, um einen gemeinsamen Kanon angeblich weißer nationaler Werte und moralischer Haltungen zu beschreiben (Unabhängigkeit, Freiheit, Selbstbestimmung, Demokratie), und die auch materiellem Wohlstand und eine große Wertschätzung der Kleinfamilie umfasste.[77]

In Australiens größter Stadt Sydney begann die Abwanderung in die Vorstädte gleich nach dem Krieg. Als überzeugte Keynesianer stellten die Premierminister der Labor Party John Curtin (1941–1945) und Ben Chifley (1945–1949) den Wohnungsbau ins Zentrum ihrer Nachkriegsplanungen. Schon 1943 kam die Australian Commonwealth Housing Commission zu dem Schluss, dass «ein gut gebautes Haus mit Standardausstattung nicht nur [...] dem Bedürfnis jedes australischen Bürgers entspricht, sondern er auch ein Recht darauf hat» – ein Recht, das bei Hunderttausenden von Stadtbewohnern nicht verwirklicht war.[78] Im Jahr 1945 vereinbarte die Zentralregierung deshalb mit den Regierungen der Einzelstaaten ein staatliches Wohnungsbauprogramm, das die Einzelstaaten umsetzen sollten.

Im Jahr 1951 wurden die Vorstädte von Sydney durch den Cumberland Plan erweitert und die neuen Vorstädte durch Schnellstraßen, die durch einen «Grüngürtel» von Wald und Buschland führten, mit der Stadt verbunden. In diesem Zusammenhang ermunterte der Staat die Stadtplaner, Architekten und Investoren dazu, nebenbei gleich die «Slum-Gebiete» zu räumen, wie sie es nannten.[79] Für diese radikale Neuordnung des Raums widmete die Regierung Land um, schuf Infrastruktur wie Autobahnen und subventionierte den Bau von Privathäusern. In Sydney nahm die Zahl der Hausbesitzer von 40 Prozent im Jahr 1947 auf 70 Prozent im Jahr 1966 zu, was dem nationalen Trend entsprach. In den 1960er Jahren besaß in Australien ein größerer Prozentsatz der Bevölkerung ein Haus als in den USA, Großbritannien oder Kanada.[80]

Die massive Zunahme des Eigenheimbesitzes wurde teilweise durch ein neues und kostengünstiges Baumaterial ermöglicht: Faserzement, ein Zement mit Asbestfasern. Mit Fibrolite, wie der Markenname lautete, unter dem der größte Lieferant James Hardie das Material vertrieb, konnte ein sogenanntes Fibro-Haus mit drei Schlafzimmern für 2480 Pfund (im Jahr 2024 etwa 100 000 US-Dollar) gebaut werden – etwa der halbe Preis eines

Eine auf fossilen Brennstoffen beruhende Zivilisation findet eine Lösung für ihre sozialen Konflikte: Cover einer Broschüre des Cumberland County Council mit dem Titel «You ... and the County Plan».

traditionellen Haues mit Ziegelverblendung. Der Preis war nicht zuletzt deshalb so günstig, weil der Fibro-Zement auch benutzt werden konnte, wenn man sein Haus selbst baute, was etwa 50 Prozent der neuen Hausbesitzer taten. Der Architekt Robin Boyd bezeichnete die Vorstadtsiedlungen in seinem 1960 geschriebenen Buch *The Australian Ugliness* als «Fibro-Frontier».

Die Entstehung der Vorstädte stabilisierte außerdem das traditionelle Geschlechterverhältnis. Die damaligen Geschlechterrollen lassen sich auf den Seiten der Frauenzeitschrift *Australian Women's Weekly* studieren, wo Hausfrauen und Mütter Rezepte und Fotos für Back-, Koch- und Haushaltsführungswettbewerbe einreichten. In Sydney wurde die Rolle der Hausfrau immer mehr durch den Konsum und immer weniger durch die Hausarbeit definiert.[81]

Zu ähnlich drastischen Veränderungen des täglichen Lebens kam es in allen industriellen Kerngebieten. Als Jean Fourastié zwei fiktive französische Dörfer miteinander verglich, das eine aus dem Jahr 1945, das andere von 1975, kam er zu dem Ergebnis, dass sich das Dorf von einem Zustand der «Unterentwicklung» zu einem der «Entwicklung» gewandelt hatte.[82] Die «Glorreichen Dreißig», schrieb er, «haben tragische und jahrtausendealte Probleme der Menschheit gelöst».[83] Die von Fourastié beobachteten Veränderungen waren multidimensional und betrafen fast alle Aspekte des Lebens. So kehrten etwa die Menschen scharenweise der Landwirtschaft den Rücken: Hatten 1936 noch 36 Prozent der Franzosen Ackerbau und Viehzucht betrieben, waren es 1975 nur noch 10 Prozent. Mehr als vier Millionen Frauen und Männer hatten die Arbeit in der Landwirtschaft aufgegeben. Gleichzeitig explodierte die landwirtschaftliche Produktivität: Im Jahr 1955 ernährte die Arbeit eines in der Landwirtschaft Beschäftigten 55 Personen, 1975 waren es 260.

Der industrielle Sektor wuchs zwar von sechs auf acht Millionen Beschäftigte, doch der Dienstleistungssektor verzeichnete mit einer Zunahme von 6,2 auf 10,8 Millionen Beschäftigte ein noch dramatischeres Wachstum. Auch änderte sich innerhalb des industriellen Sektors die Beschäftigungsstruktur. Die Zahl der Beschäftigten im Bergbau ging um 44,7 Prozent und die in der Textilindustrie um 17 Prozent zurück, dagegen stieg sie in der Autoproduktion um 37,3 Prozent. Da man für die Arbeitsstellen nun sehr viel besser ausgebildet sein musste, machte der Bildungssektor einen bemerkenswerten Sprung nach vorn und katapultierte die Gesellschaft in die von Fourastié so genannte «*scolarisation*».[84] Studierten im Jahr 1958 nur 17 Prozent der französischen 18-Jährigen an einer Hochschule, so hatte sich diese Zahl bis 1975/76 mit 54 Prozent mehr als verdreifacht. Die Ausgaben des französischen Staates für Bildung nahmen in jenen Jahren um fast das Zehnfache zu.[85]

Außerdem investierte Frankreich massiv in die Infrastruktur: In den sieben Jahren vor 1945 waren 450 000 neue Wohnungen gebaut worden, in den sieben Jahren vor 1975 waren es vier Millionen, in denen insbesondere Millionen Migranten aus dem ländlichen Raum in Frankreich (und Nordafrika) untergebracht werden sollten. Im Jahr 1946 hatte es in Frankreich 12,7 Millionen Wohnungen gegeben, 1975 waren es 21,1 Millionen. Die Zahl der Telefone stieg von fünf pro 100 Einwohner auf 25 pro 100, die der Kühlschränke von drei auf 91 pro 100, die der Fernsehgeräte von null auf 86 pro 100 und die der Automobile von eins auf 15,5 pro 100. Auch die Kaufkraft erlebte einen astronomischen Zuwachs, größer als je zuvor in der französischen Geschichte. Der Konsum wuchs zwischen 1959 und 1974 um das 2,23-Fache. Im Jahr 1973 war Frankreich eine Konsumgesellschaft.[86]

Die Menschen konsumierten viel mehr und arbeiteten weniger: In Frankreich ging die Jahresarbeitszeit von 2100 Stunden in den 1940er Jahren auf 1875 Stunden im Jahr 1975 zurück. Man arbeitete weniger Wochen pro Jahr, weniger Tage pro Woche und weniger Stunden pro Tag. Dank all der freien Zeit gab es in den 1970ern «Anzeichen für eine wahre Explosion der Freizeitbudgets».[87] Kinos wurden gebaut, und der Absatz von Fernsehern, Musikaufnahmegeräten und Sportausrüstungen stieg rasant. Die Pro-Kopf-Ausgaben für «Kultur und Freizeit» nahmen in Frankreich zwischen 1946 und 1975 um das Fünffache zu.[88] Viel mehr Menschen machten Urlaub: 1975 nahmen 48,8 Prozent aller französischen Arbeiter mindestens einmal im Jahr Urlaub. Jeder fünfte Bauer machte jedes Jahr Urlaub, und in der Mittelklasse taten es 90 Prozent, also praktisch jeder.

Die Lebenserwartung stieg ebenfalls (von 69,9 im Jahr 1960 auf 72,4 im Jahr 1973); auch gab es inzwischen viel mehr wirklich alte Menschen in Frankreich. Das war unter anderem auf die bessere medizinische Versorgung zurückzuführen: Die Zahl der französischen Ärzte stieg von 29 000 im Jahr 1946 auf 81 000 im Jahr 1975. Im Jahr 1946 war jeder Franzose im Durchschnitt etwa eineinhalb Stunden pro Jahr beim Arzt gewesen, 1975 dreimal so lang.[89] Frankreich «erlebte innerhalb von 30 und oft auch nur von 20 oder 15 Jahren mehr Veränderungen, als es seit dem Beginn seiner industriellen Revolution 1830 oder 1850 erlebt hatte», wie Fourastié merklich frustriert von der mangelnden Dankbarkeit seiner Landsleute bemerkte.[90]

Das Goldene Zeitalter war nicht nur eine Phase schnellen wirtschaftlichen Wachstums, großer Produktivitätszuwächse und einer entsprechend gestiegenen Abhängigkeit von fossilen Brennstoffen (und anderen Ressourcen). Es stand auch für eine neue institutionelle Ordnung, die auf einer ganz bestimmten Verteilung der politischen Macht zwischen den Staaten und innerhalb der Staaten gründete. Der Kapitalismus war natürlich immer stark in Institutionen eingebettet gewesen, von denen manche privat und manche staatlich waren, und diese Institutionen hatten sich mit der Zeit dramatisch verändert. Im Goldenen Zeitalter der Nachkriegszeit änderten sie sich erneut, und es entstand eine neue politisch-ökonomische Ordnung. In den Vereinigten Staaten wird sie wegen ihres Ursprungs in den 1930er Jahren auch als «New-Deal-Ordnung» bezeichnet. Sie war in allen industriellen Kerngebieten sehr ähnlich, auch wenn jedes Land seine Eigenheiten hatte.[91]

Die Besonderheiten der neuen Ordnung ergaben sich aus der Mobilisierung für den Zweiten Weltkrieg, die die früheren Reaktionen auf die Weltwirtschaftskrise zu Friedenszeiten abgelöst hatten. In den 1930er und den frühen 1940er Jahren waren diese Umwälzungen eng mit den Erfordernissen des historischen Augenblicks verbunden gewesen und als befristete Behelfsmaßnahmen verstanden worden. Aber im Goldenen Zeitalter verstetigten sie sich und reiften zu voller Blüte.[92]

Nach dem Zweiten Weltkrieg setzten sich in den industriellen Kerngebieten starke Kräfte für eine grundlegende Reform des Kapitalismus ein.

Die Arbeiterbewegung und ihre Organisationen standen dabei an vorderster Front. Doch die Unterstützung kam auch aus anderer Richtung: So hieß es 1947 im Ahlener Programm der christlich-konservativen CDU schlicht und einfach: «Das kapitalistische Wirtschaftssystem ist den staatlichen und sozialen Lebensinteressen des deutschen Volkes nicht gerecht geworden [...] Inhalt und Ziel dieser sozialen und wirtschaftlichen Neuordnung kann nicht mehr das kapitalistische Gewinn- und Machtstreben, sondern nur das Wohlergehen unseres Volkes sein.»[93] Und in dem unter amerikanischer Aufsicht verfassten Grundgesetz heißt es bis heute: «Eigentum verpflichtet. Sein Gebrauch soll zugleich dem Wohle der Allgemeinheit dienen.»[94]

Zur selben Zeit forderten auch die französischen Katholiken eine «Revolution» in der Wirtschaft, bei der eine «von der Macht der Wohlhabenden befreite Regierung» Regie führen sollte. Das Mouvement Républicain Populaire, das Centre Catholique des Intellectuels Français und Intellektuelle wie Emmanuel Mounier und der Dominikanerpater und Ökonom Louis-Joseph Lebret vertraten die Ansicht, dass sich die wirtschaftliche Entwicklung auf eine «breit angelegte Steigerung des Wohlergehens» und nicht auf Wirtschaftswachstum als Selbstzweck konzentrieren sollte.[95] In Großbritannien gaben John Maynard Keynes, Lionel Robbins und Clement Attlee noch während des Krieges ihre Unterstützung für William Beveridges Plan zum Ausbau des Sozialstaats bekannt – ein Plan, der in den Worten eines zeitgenössischen Beobachters

> im Wesentlichen darauf abzielt, Freiheit von Not zu gewährleisten, insofern diese Not durch Einkommensausfälle oder durch einkommensunabhängige Aufwendungen entsteht, die die gesamte Bevölkerung oder deren große Mehrheit irgendwann einmal tragen muss [...] Arbeitslosigkeit, Arbeitsunfähigkeit, Verlust des Lebensunterhalts einer Person, die nicht von einer bezahlten Beschäftigung abhängig ist, altersbedingter Ruhestand, Hochzeitsbedarf einer Frau, Begräbniskosten, Kindheit und körperliche Krankheit oder Invalidität.[96]

Der Beveridge-Plan bedeutete eine gewaltige Einschränkung der Macht des Privatkapitals, insbesondere was den riesigen britischen Gesundheitssektor betraf. Jeder britische Bürger bekam das Recht auf eine umfassende und kostenlose Gesundheitsversorgung. Am Ende unterstützte sogar der konservative Winston Churchill den Plan. In Italien verbanden sich zentristische Kräfte mit der wiedererstarkten Linken und setzten ebenfalls drastische Reformen durch.[97]

Diese Entwicklung, die durch Neukonfigurationen der sozialen und politischen Macht entstanden war, hatte zur Folge, dass alle Staaten in den industriellen Kerngebieten bestimmte institutionelle Gemeinsamkeiten aufwiesen. Da die Gewerkschaften und linken Parteien wegen ihrer wichtigen Rolle bei der Befreiung Europas erstarkt waren und viele Unternehmer wegen ihrer Kollaboration mit dem Nazi-Regime an Legitimität und Macht verloren hatten, kam es zu einem politischen Kompromiss: Die neue Wirtschaftsordnung war eine «gemischte Wirtschaft», in der das private Unternehmertum, und mit ihm der Kapitalismus, erhalten blieb, aber durch starke Regulierung, eine Erweiterung von Zuständigkeiten und Umfang der staatlichen Macht im Zaum gehalten wurde; in Europa kam noch hinzu, dass zahlreiche Unternehmen in Staatsbesitz übergingen.[98]

Überall wurden die administrativen Befugnisse des Staates erweitert. Dies geschah selbst in scheinbar obskuren Bereichen, etwa als die Bundesrepublik den Milchmarkt bis ins kleinste Detail regulierte und durch das Milch- und Fettgesetz Produktionsquoten für einzelne Bauern und die Preise festsetzte. Das Gesamtbild sah jedoch so aus: Unter den Mitgliedsstaaten der OECD stieg der vom Staat ausgegebene Prozentsatz des BIP von 28 Prozent Mitte der 1950er Jahre auf 41 Prozent zwei Jahrzehnte später. In der Folge mussten die Bürger einen immer größeren Teil ihres Einkommens als Steuer abführen: Selbst in den Vereinigten Staaten wurde der Spitzensteuersatz von 91 Prozent, der während des Krieges gegolten hatte, von dem republikanischen Präsidenten Dwight D. Eisenhower bestätigt. In Großbritannien lag der Spitzensteuersatz in den Goldenen Jahren bei durchschnittlich 89 Prozent, in Frankreich bei 60 und in der Bundesrepublik bei 58 Prozent.[99]

Der größte Teil der Steuereinnahmen floss in die Finanzierung des Sozialstaats, was zwei wichtige Konsequenzen hatte: weniger marktbedingte Ungleichheit und eine stabilere Verbrauchernachfrage, die wiederum die Massenproduktion konsolidierte. Überall erfuhr der Sozialstaat ein enormes Wachstum. Staatliche Altersversorgung, staatliche Gesundheitsversorgung und staatliche Arbeitslosenversicherung wurden allgemein üblich.[100]

All diese Maßnahmen waren von einer keynesianischen Wirtschaftspolitik getragen.[101] Der Keynesianismus war kein dogmatischer Kanon von Maßnahmen, sondern ein Werkzeugkasten, dessen Instrumente unterschiedlich kombiniert und immer wieder neu kombiniert werden konnten, weshalb keynesianisch orientierte Volkswirtschaften grob gesagt recht unterschiedlich sein konnten. Gemeinsam war der keynesianischen Politik lediglich die Überzeugung, dass das Wirtschaftsleben als *ein* Organismus betrachtet und auf nationaler Ebene reguliert werden sollte, weil es staatlicher Führung und

Planung bedurfte.[102] Oder, wie es Vittorio Valletta, der Generaldirektor von Fiat, 1951 ausdrückte: «Das Gewebe des heutigen gesellschaftlichen Lebens ist so komplex, dass staatliche Eingriffe in die Produktion in allen wirtschaftlichen Bereichen und allen Ländern unvermeidlich geworden sind.»[103]

In Australien war H. C. «Nugget» Coombs, von 1943 bis 1949 Generaldirektor des australischen Department of Post-War Reconstruction, so beeindruckt von Keynes' Hauptwerk, dass er nach der Lektüre «zu der Überzeugung gelangte, dass die Keyenes'sche Analyse der Schlüssel zum Verständnis des ökonomischen Systems ist», wie er in seinen Memoiren versicherte.[104] Für Coombs und seine Kollegen war die Publikation von *Allgemeine Theorie der Beschäftigung, des Zinses und des Geldes* «das bahnbrechendste intellektuelle Ereignis unserer Zeit».[105]

Keynes entwickelte das intellektuelle Rüstzeug für Deficit-Spending und den Ausbau des Sozialstaats. Es ging darum, die Konjunkturzyklen im Zaum zu halten, Vollbeschäftigung zu gewährleisten und für soziale Stabilität zu sorgen. Schließlich lebte man in einer Zeit, da die Gesellschaften stärker proletarisiert waren und die Arbeiterklasse, die Gewerkschaften und sozialistische Ideen mehr Macht besaßen als jemals zuvor in der Geschichte des Kapitalismus. Nach dem Zweiten Weltkrieg verstanden sogar die Kapitalbesitzer, dass der soziale Frieden davon abhing, dass es gut bezahlte und sichere Arbeitsplätze gab, die auch eine notwendige Begleiterscheinung der Massenproduktion waren.[106] Ein wichtiges Instrument der Nachkriegspolitik wurde

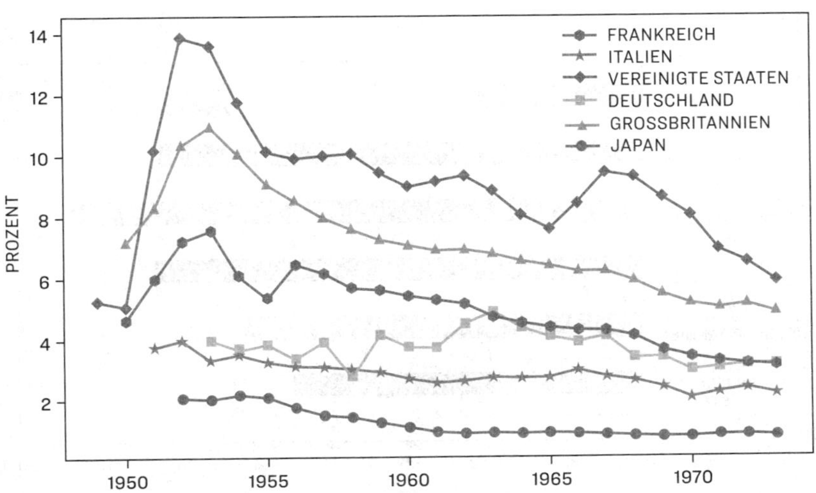

Militärausgaben in Prozent des BIP.

das Deficit-Spending, das Keynes zwar nicht ausdrücklich, aber implizit befürwortet hatte, insofern er davon ausging, dass Finanzpolitik «mit präventiven Mitteln und nicht reaktiv durch nachträgliche Eingriffe in die Volkswirtschaft» betrieben werde.[107]

Eine Form staatlicher Einmischung waren die Rüstungsausgaben, was zu einem «militärischen Keynesianismus» oder «einer permanenten Kriegswirtschaft» führte, wie es in der Wissenschaft genannt worden ist.[108] Hohe Verteidigungsausgaben waren im Kalten Krieg die Regel (wenngleich ihr Anteil am BIP in den Goldenen Jahren tendenziell abnahm), in den Jahren 1945 bis 1973 bewegten sie sich ungefähr zwischen fünf und 14 Prozent. Insbesondere in den Vereinigten Staaten waren die Verteidigungsausgaben konstitutiv für das System des New Deal, da sie politisch leichter zu vermitteln waren als Sozialausgaben. Außerdem trugen die hohen amerikanischen Verteidigungsausgaben auch zum Wachstum der japanischen Wirtschaft bei.

Dennoch waren die Sozialausgaben überall höher als die Militärausgaben: 1973 überstiegen sie die Verteidigungsausgaben in Japan um das 6,83-Fache, in Frankreich um das 4,9-Fache, in der Bundesrepublik um das 5,79-Fache, in Italien um das 7,09-Fache und in Großbritannien um das 2,61-Fache. Selbst in den Vereinigten Staaten, die weltweit am meisten für die Verteidigung ausgaben, waren die Sozialausgaben fast doppelt so hoch wie die für das Militär.[109]

Sehr wichtig für das Goldene Zeitalter war außerdem das staatliche Engagement in der Wirtschaftsplanung, eine Politik, die von unerwarteter Seite

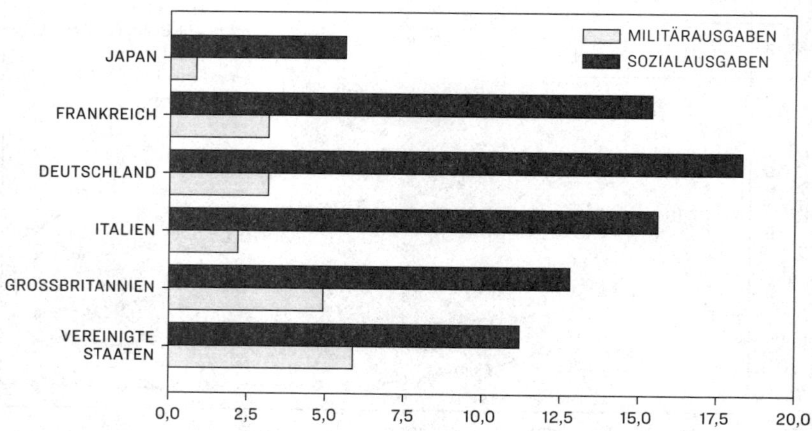

Sozial- und Militärausgaben in Prozent des BIP im Jahr 1973.

Unterstützung erfuhr: So vertrat Trumans Handelsminister, der Bankier und Industrielle W. Averell Harriman, 1946 die Ansicht, dass «die Menschen in diesem Land vor Worten wie ‹Planung› keine Angst mehr haben [...] sie haben akzeptiert, dass die Regierung planen muss».[110] Auf der anderen Seite des Atlantiks gründete Charles de Gaulle 1946 das Commissariat Général du Plan, eine Planungsbehörde. Sie brachte unter der Leitung von Jean Monnet Minister, Gewerkschaften, Arbeitgeber und Experten zusammen – mit drei Hauptzielen:

> Erstens: um die Produktion im französischen Mutterland und den Überseeterritorien und ihren Handel mit der Welt zu steigern, und das insbesondere in Gebieten, wo sie in einer günstigen Ausgangsposition sind; zweitens, um für Vollbeschäftigung zu sorgen; drittens, um den Lebensstandard der Bevölkerung zu erhöhen und die Wohnbedingungen und das Gemeinschaftsleben zu verbessern.[111]

Im Jahr 1949 rief Japan, auf früheren Bestrebungen aufbauend, das Ministerium für Internationalen Handel und Industrie (MITI) ins Leben, das Firmen «verwaltungstechnische Führung» angedeihen lassen sollte. Zu diesem Zweck sollte es «Anweisungen (*shiji*), Anfragen (*yōbō*), Warnungen (*keikoku*), Vorschläge (*kankoku*) und Ermutigungen (*kanshō*) herausgeben». Außerdem bekam es die Aufgabe übertragen, neue Industrien zu «fördern (*ikusei*)». Im Jahr 1953 entwickelte die Regierung einen Fünfjahresplan zum Aufbau einer Kunstfaserindustrie, in dessen Rahmen sie Kapital zur Verfügung stellte, die Forschung förderte und Steuererleichterungen gewährte. Der neue Industriezweig erlebte einen kometenhaften Aufstieg. Ähnliche Maßnahmen wurden vier Jahre darauf auch bei der Elektronikindustrie getroffen – auch diesmal mit überwältigendem Erfolg.[112] Wie Norman Macrae vom *Economist* es damals ausdrückte, hatte Japan «das intelligenteste dirigistische System der Welt» aufgebaut.[113]

Nach 1955 verabschiedete die japanische Regierung zwölf Wirtschaftspläne, eine Mischung aus «Prognosen und Richtlinien», von denen der Einkommensverdopplungsplan von 1960 am wichtigsten war. Er sah für das folgende Jahrzehnt ein jährliches Wachstum von durchschnittlich 7,8 Prozent vor, das geplante Ziel wurde jedoch mit einer tatsächlichen Wachstumsrate von 10 Prozent überschritten.[114]

Bei der Planung der japanischen Wirtschaft war Ikeda Hayato, der japanische Finanzminister (und spätere Ministerpräsident), eine zentrale Figur. Wegen seiner unermüdlichen Anstrengungen, japanischen Unternehmen international zum Aufstieg zu verhelfen, wurde er vom französischen Präsidenten Charles de Gaulle als «Transistorradioverkäufer» verspottet.[115] Außer auf de Gaulles Rassismus werfen Hayatos Anstrengungen noch auf eine weitere simple Wahrheit ein Licht: Der Kapitalismus war weiterhin gleichermaßen ein Projekt von Staaten wie von Kapitalbesitzern.

Die radikalste Maßnahme innerhalb der neuen Nachkriegsordnung war die Verstaatlichung der Schlüsselindustrien, was einer langjährigen Forderung der Arbeiterbewegung entsprach, die durch die dringende Notwendigkeit, die Produktion ans Laufen zu bringen und den Vorkiegswohlstand wiederherzustellen, besonderes Gewicht bekam. In Frankreich übernahm der Staat die Kontrolle über die vier größten Banken des Landes sowie über die Fluggesellschaft Air France, die Kohlebergwerke, Dutzende von Versicherungsgesellschaften, den Flugmotorenhersteller Gnome et Rhône, den Autohersteller Renault und Energieunternehmen wie Électricité de France (EDF) und Gaz de France. In der Energiebranche und im Bank- und Versicherungswesen dominierten staatliche Unternehmen – erstaunliche 35 Prozent der Industrieproduktion kamen unter staatliche Kontrolle.

In der Bundesrepublik besaß und verwaltete der Staat nicht nur den Post- und Telekommunikationssektor, sondern auch die Lufthansa, Stahlwerke wie die Salzgitter AG, Bergbauunternehmen wie die Saarbergwerke AG, Autohersteller wie Volkswagen, Mischkonzerne wie VIAG und VEBA und eine Vielzahl regionaler Banken. Großbritannien verstaatlichte außer seinem Gesundheitswesen auch die Bahn.[116] Bezeichnenderweise schrieb die durch und durch liberale britische Wochenzeitung *The Economist* angesichts der zahlreichen Verstaatlichungen in Italien (im Versicherungs- und Transportwesen und in der Schwerindustrie), dass «die wirkliche Frage nicht die ist, ob man verstaatlicht, sondern was man mit den verstaatlichten Unternehmen tut».[117]

Wie wir am Beispiel Schwedens gesehen haben, waren die Organisationen der Arbeiterbewegung in der neuen Ordnung ein wichtiger Akteur. In den Nachkriegsjahren gewannen die Gewerkschaften überall in den industriellen Kerngebieten neue Mitglieder. In Schweden, Dänemark, Norwegen, Irland, Großbritannien, Belgien, Österreich, der Bundesrepublik und den Niederlanden nahm die Zahl der gewerkschaftlich organisierten Arbeiter jeweils um etwa zehn Prozent zu. Natürlich gab es immer noch große Unterschiede zwischen den einzelnen Ländern: So waren etwa 1960 in Schweden 69 Prozent der Beschäftigten organisiert, in Frankreich nur 19 Prozent. Insgesamt jedoch wurde die Arbeiterbewegung, wie es der amerikanische Ökonom John Kenneth Galbraith ausgedrückt hat, ein «Gegengewicht» zum konzen-

	1961-1970	1971-1980
AUSTRALIEN	45,6	46,2
BELGIEN	40,6	50,8
FRANKREICH	20,1	21,0
DEUTSCHLAND	32,9	34,1
ITALIEN	28,0	46,9
JAPAN	34.1	32,5
SCHWEDEN	66,4	73,4
GROSSBRITANNIEN	40,9	47,6
VEREINIGTE STAATEN	26,9	22,9

Gewerkschaftlicher Netto-Organisationsgrad, Durchschnitt in Prozent pro Jahrzehnt.

trierten Kapital. Die Zeit war von sozialen Unruhen und politischen Kämpfen geprägt, und die starken linken und Arbeiterparteien hatten bei der Ausgestaltung der politischen Ökonomie in den industriellen Kerngebieten ein gewichtiges Wort mitzureden. In Japan zum Beispiel kam die institutionelle Ausformung der Verhältnisse zwischen Kapital und Arbeit in den Fünfzigerjahren erst nach einem langen Kampf in den Werkhallen und auf den Straßen zustande.[118]

Die Macht der Arbeiterbewegung erstreckte sich auch auf die Politik: Während des gesamten Goldenen Zeitalters kontrollierten die Arbeiterparteien in Australien, Großbritannien und Schweden etwa die Hälfte der Sitze in den jeweiligen Parlamenten; in Belgien und der Bundesrepublik kamen die sozialdemokratischen und kommunistischen Parteien auf etwas weniger als die Hälfte. In Frankreich stellten sie wiederum etwa die Hälfte der Abgeordneten (mit einem starken Anteil der Kommunistischen Partei), in Italien etwas weniger als die Hälfte, auch dort mit einem starken kommunistischen Anteil.[119]

Die Arbeiter ließen sich unter anderem deshalb in die neue Ordnung integrieren, weil sie vom schnellen Wachstum der Produktivität profitierten. Die Löhne wurden zunehmend in Tarifverhandlungen festgesetzt, und die Arbeiter erreichten, oft unter wachsamer Aufsicht des Staates, erhebliche Lohnerhöhungen und verbesserte Arbeitsbedingungen. In den Vereinigten Staaten entwickelten sich die Gewerkschaften in der dynamischen Industrie des Landes zu einem starken Machtfaktor. Im Jahr 1950 vereinbarten die United Auto Workers in einem Vertrag mit General Motors eine 20-prozentige Lohnerhöhung, eine jährliche Anpassung der Löhne an die Lebenshaltungskosten und großzügige Gesundheits- und Ruhestandsleistungen im Austausch gegen eine fünfjährige Laufzeit. Der Vertrag ging unter dem

Namen Treaty of Detroit in die Geschichte ein und wurde auch anderen Branchen zum Vorbild. Außerdem erreichten Arbeiter eine bessere institutionelle Vertretung, insbesondere in der Bundesrepublik, wo Arbeitervertreter seit den 1950er Jahren in bestimmten Industriezweigen, angefangen bei der Kohle- und Stahlindustrie, im Rahmen der «Mitbestimmung» in den Aufsichtsräten saßen.[120] Die Erfolge waren sehr viel weniger ausgeprägt, als viele Arbeiterführer und Arbeiter gehofft hatten, stellten in der Geschichte des Kapitalismus aber dennoch eine grundlegende Veränderung dar.

Bei der Gestaltung der politischen Ordnung in den Goldenen Jahren wirkte sich auch die politische Weltlage positiv auf die Macht der Arbeiterbewegung aus, weil sie die Regierungen und Wirtschaftsführer in den industriellen Kerngebieten dazu zwang, die offenen sozialen Konflikte abzuschwächen, die es bei der Entstehung und Ausbreitung des Kapitalismus immer gegeben hatte. Die Konsolidierung und Expansion des Sozialismus, dem Gegenstück des Kapitalismus, in der Sowjetunion, Osteuropa und China und zunehmend auch im Globalen Süden verschaffte den Arbeitern im Westen so viel neue Macht und neuen Einfluss, dass die größten Nutznießer des globalen Kommunismus womöglich nicht die sowjetischen, sondern die westeuropäischen und amerikanischen Arbeiter waren. Die Politik der Arbeiterbewegung mochte lokal erscheinen, aber sie spielte sich genau wie der Kapitalismus im weiteren Sinne auch auf einer globalen Bühne ab.

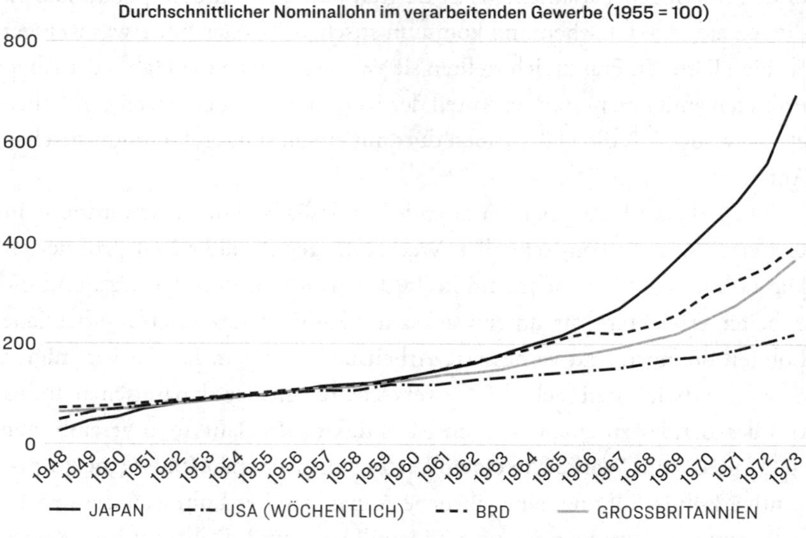

Wohlstandslöhne: durchschnittlicher Nominallohn im verarbeitenden Gewerbe, 1948–1973 (1955 = 100).

Da es nun eine Alternative zum Kapitalismus gab, unterstützten sogar manche konservative westliche Politiker aktiv eine sozialdemokratische Politik, und sei es nur, um die kommunistische Konkurrenz zu schwächen. In den Vereinigten Staaten gab die Republikanische Partei ihren strengen fiskalischen Konservatismus auf, akzeptierte das System des New Deal und erweiterte es sogar. Tatsächlich stabilisierte sich das System sogar erst unter der Präsidentschaft des Republikaners Eisenhower. Dabei waren die Beweggründe der Republikaner die geopolitischen Realitäten des Kalten Kriegs und ihre Angst vor der Sowjetunion. Es war Eisenhower, der Reuther's Treaty of Detroit unterstützte, weiterhin sehr hohe Spitzensteuersätze erhob und das staatlich finanzierte Interstate Highway System baute. Diese Reorientierung der Republikaner war in den Vereinigten Staaten die Grundlage für die beispiellose politische Ökonomie des Goldenen Zeitalters.[121]

Die Veränderungen vollzogen sich nicht nur in der Politik, sondern auch auf der ideologischen Ebene. Einige Intellektuelle in den industriellen Kerngebieten begannen die Auffassung zu vertreten, dass sie in einer Mittelstandsgesellschaft lebten, ja dass sich die gesamte Menschheitsgeschichte auf eine solche Gesellschaft zubewegt habe, so etwa John Kenneth Galbraith in *Gesellschaft im Überfluss*, Michael Biddiss in *Age of the Masses*, Salvador Giner in *Mass Society* und Gunnar Myrdal in *Jenseits des Wohlfahrtsstaates*.[122] Laut dem amerikanischen Soziologen Daniel Bell ließ der Wohlfahrtsstaat das Ende der Klassenideologien ahnen, und sein britisch-deutscher Kollege Ralf Dahrendorf war überzeugt, dass die Klassenzugehörigkeit in einer «Industriegesellschaft» nicht mehr das relevante Kriterium der gesellschaftlichen Unterschiede sei.[123] Ähnlich war auch der US-amerikanische Soziologe Harold Wilensky der Ansicht, dass eine auf Klassen gegründete Ideologie im Sozialstaat obsolet sei, und der schwedische Ökonom Gunnar Myrdal sprach von einer postklassengesellschaftlichen Weltordnung, die durch «konvergierende politische Einstellungen» in den reichen Ländern entstehe.[124]

Diese Ansichten mochten zwar ihre blinden Flecken haben, doch es trifft durchaus zu, dass ein unscharf definierter, aber starker Mittelstand entstand, der – im Zusammenspiel mit der neuen ideologischen Rahmung von Kapitalismus, Wirtschaftswachstum, Lohnerhöhungen und Kaltem Krieg – den Unternehmern und dem Kapitalismus selbst eine neue Legitimation verschaffte. Während der Weltwirtschaftskrise war die Legitimität des Kapitalismus so rapide geschwunden, dass der in Harvard lehrende Ökonom Joseph Schumpeter seinen Untergang vorausgesagt hatte. Er hatte unrecht. Auch wenn manche Arbeiter in den industriellen Kerngebieten weiterhin die Er-

Der Sozialismus wird durch die Motorisierung der Arbeiterklasse besiegt: Nachdem Arbeiter Jahrtausende zu Fuß gegangen sind, kommen sie in den Genuss des Autos. Fiat-Werbung 1957.

richtung einer postkapitalistischen Welt anstrebten, konsolidierte sich der Kapitalismus wieder – ideologisch wegen seines Versprechens individueller Freiheit und als Gegenpol zur kommunistischen Welt und materiell wegen seiner unglaublichen Fähigkeit, für eine sehr breite Bevölkerungsschicht Wohlstand zu generieren.[125]

In einigen Ländern wurden Unternehmer sogar wieder zu Helden. Allerdings handelte es sich nicht um die «Kapitäne der Industrie» des 19. (oder des frühen 21.) Jahrhunderts, sondern um geniale Techniker und Manager, die komplexe Organisationen leiteten.[126] Peter Drucker, ein US-amerikanischer Managementexperte, den der *Manchester Guardian* einmal als «Managementpropheten» bezeichnete, stellte 1975 fest, dass «bis vor siebzig Jahren Organisationen und Manager noch ziemlich unwichtig waren. In diesem Jahrhundert sind die Vereinigten Staaten, und eigentlich auch jedes andere entwickelte Land, eine Gesellschaft von Organisationen geworden, die alle eine Menge Manager und ein großes Maß an Management benötigen.»[127] Die *New York Times* zählte zur «immensen» Aufgabenfülle der Manager, «den richtigen Arbeiter für den Job zu finden, Teams zu bilden und für die Identifikation mit dem Produkt und der Fabrik zu sorgen. Die Funktionen des Managers werden universell.»[128] Solche Manager waren wie geschaffen für den neuerdings gezähmten Kapitalismus des Goldenen Zeitalters. In der Hitze des Gefechts um Herz und Verstand der Menschen, das im Kalten Krieg tobte, und auch wegen dieses Gefechts war der Kapitalismus zivilisiert worden – zumindest schien es aus der privilegierten Sicht der industriellen Kerngebiete so zu sein.

UNGEACHTET DER Errungenschaften des goldenen Zeitalters, des Wohlstands und der Verflachung der Klassenstruktur blieben viele nichtökonomische Rangordnungen bestehen oder verfestigten sich sogar. Dies traf insbesondere auf die Hierarchie der Geschlechter zu – auch in Schweden, dem Musterland des neuen Zeitalters. Die schwedische Politik nach dem Krieg war darauf angelegt, Frauen vom Arbeitsmarkt fernzuhalten, und bevorzugte Familien mit dem Mann als Alleinversorger. In den 1950er Jahren erreichte die Zahl der Frauen, die Vollzeit als Hausfrauen arbeiteten, mit 1,5 Millionen den Höchststand. Das Verbot der Nachtarbeit von Frauen blieb bis 1962 in Kraft, wodurch die Frauen von vielen Arbeitsmärkten ausgeschlossen blieben. Gleiche Bezahlung wurde erst 1965 gesetzlich vorgeschrieben.

Tatsächlich war es von Anfang an eine der wichtigsten Forderungen der Arbeiterbewegung, dass Frauen zu Hause bleiben sollten – ein Zustand, den die Soziologin Maria Mies als «Hausfrauisierung» bezeichnete. Im Zusammenspiel mit jahrhundertelangen bürgerlichen Reformbestrebungen entstand durch die Hausfrauisierung, wie Mies brillant dargelegt hat, eine «‹Kolonie› der kleinen weißen Männer»:[129] «Ich möchte darauf hinweisen», schrieb sie, «dass Hausfrauisierung gleichbedeutend ist mit Externalisierung oder Ex-Territorialisierung der Kosten, die sonst von den Kapitalisten gedeckt werden müssten.»[130] Die verbesserten Arbeitsbedingungen der schwedischen Industriearbeiter beruhten zum Teil tatsächlich darauf, dass die Frauen aus dem Arbeitsmarkt ausgeschlossen wurden, weil dies einerseits die Konkurrenz für die männlichen Arbeitskräfte verringerte und andererseits die Reproduktionsarbeit im Haushalt unentgeltlich von Frauen geleistet wurde.

Intellektuelle wie die Soziologin und sozialdemokratische Aktivistin Alva Myrdal befürworteten damals solche «Schutzmaßnahmen» für Frauen und im Allgemeinen auch eine Rangordnung, in der die Lohnarbeit der Männer höher bewertet wurde als die der Frauen. Myrdal war der Ansicht, dass Frauen, bevor sie heirateten und Mutter wurden, eine Ausbildung machen und Erfahrung im Arbeitsleben sammeln sollten. Danach jedoch sollten sie zu Hause bleiben, bis all ihre Kinder alt genug für die Schule waren. Dann konnte sie wieder zur Arbeit gehen. Myrdal und andere sahen es als eine Errungenschaft der Arbeiterbewegung an, dass Frauen sich dem Arbeitsmarkt entziehen konnten. Wenn der Mann genug Geld verdiente, um eine Familie zu ernähren, konnte die Frau ihrer «natürlichen» Berufung folgen. Diese

Auffassungen vertrat Myrdal in ihrem einflussreichen Buch *Die Doppelrolle der Frau in Familie und Beruf (Kvinnans två roller),* das sie zusammen mit der österreichischen Soziologin Viola Klein schrieb und Mitte der 1950er Jahre publizierte.[131] Viele Sozialdemokraten und Aktivisten der Arbeiterbewegung waren der gleichen Meinung: Bis weit in die 1960er Jahre hinein unterstützten die SAP und der mit ihr verbündete LO die Institution der Kernfamilie und fanden es bedenklich, wenn Frauen im gleichen Umfang wie Männer auf den Arbeitsmarkt kamen. Kindertagesstätten waren ihnen lange nicht wichtig; ihr Bestand wurde erst in den 1970er Jahren ernsthaft erweitert. Die Reform der Altersversorgung (durch die einkommensbasierte ATP) sorgte dafür, dass die Frauen auch im Alter noch von ihren Männern wirtschaftlich abhängig blieben.

Auch rassistische Hierarchien waren für das Goldene Zeitalter konstitutiv. In Japan bekamen selbst langjährige Einwohner koreanischer Herkunft nicht die japanische Staatsbürgerschaft und waren von weiten Bereichen des Arbeitsmarkts ausgeschlossen. Im Jahr 1974 klagte Pak Chŏng-sŏk gegen Hitachi, wo er sich vier Jahre zuvor unter seinem japanischen Namen für eine Stelle beworben hatte. Der Konzern hatte ihm eine Stelle angeboten, das Angebot aber zurückgezogen, als er herausfand, dass Pak koreanischer Herkunft war (in Japan geboren, aber mit koreanischen Vorfahren und koreanischer Nationalität). Paks Klage war erfolgreich, und er wurde 1974 als Software-Systementwickler eingestellt. Dennoch blieben rassistische Hierarchien wirkmächtig.

In den Vereinigten Staaten wurde vielen Afroamerikanern bis 1965 nicht nur das Wahlrecht vorenthalten, sondern sie wurden auch in die niedersten Ränge des Arbeitsmarkts gezwungen. Das mittlere Familieneinkommen eines Afroamerikaners im Jahr 1968 betrug nur wenig mehr als die Hälfte des Einkommens seiner weißen Kollegen. Als Portugal Mitte der 1960er Jahre sogenannte Gastarbeiter in die Bundesrepublik entsandte, waren Arbeiter mit «afrikanischer oder indischer Hautfarbe» ausdrücklich ausgeschlossen.[132]

Im Jahr 1965 berichtete die britische Campaign Against Racial Discrimination (CARD), in der Westlondoner Gemeinde Southall würden 85 Prozent der südasiatischen Migranten, die wegen ihrer besonderen Fähigkeiten und Qualifikationen eine Arbeitserlaubnis für Großbritannien bekommen hatten, nur als angelernte oder ungelernte Arbeitskräfte arbeiten. Und zur selben Zeit, als Sydneys wachsende weiße Mittelklasse in die Vorstädte zog, wurden indigenen Familien in Australien ohne ordentliches Gerichtsverfahren die Kinder weggenommen. Sie waren rassistischen Gesetzen unterworfen und verloren durch Enteignung riesige Mengen Land.[133]

Rassismus war überall, aber nirgends war er extremer als in Südafrika. Für die weiße Arbeiterklasse wurde dort ein blühender Sozialstaat aufgebaut, von dessen Leistungen alle Schwarzen Südafrikaner ausgeschlossen waren.[134] Dieses System der Apartheid war immerhin politischer Kritik ausgesetzt, die letztlich einen gewissen Erfolg hatte. Aber auch die Position der industriellen Kerngebiete im globalen Kapitalismus, das Goldene Zeitalter selbst, beruhte auf der spezifischen Stellung der Kerngebiete in einer Welt, die sich durch einen extrem ungleichen Austausch zwischen Süd und Nord und durch nahezu hermetisch abgeschottete Arbeitsmärkte auszeichnete, die für den größten Teil der Weltbevölkerung unzugänglich waren – einen Zustand, den man als globale Apartheid bezeichnen könnte.

Nicht nur beruhte die innere Ordnung des Goldenen Zeitalters auf rassistischen und patriarchalen Hierarchien, sie war auch mit einer Reihe spezifischer ökonomischer Institutionen verbunden. Das wichtigste Merkmal dieser Institutionen war die Dominanz der Vereinigten Staaten. Das Goldene Zeitalter war, um es mit den Worten des amerikanischen Verlegers Henry Luce auszudrücken, das «amerikanische Jahrhundert». War London während des gesamten 19. Jahrhunderts das Zentrum des globalen Kapitalismus gewesen, so wurde diese Rolle nach 1945 von New York und Washington D. C. übernommen.

Die amerikanische Volkswirtschaft war durch den Krieg erstarkt, wohingegen er fast alle anderen Großmächte geschwächt hatte. Im Jahr 1948 war das BIP der Vereinigten Staaten ungefähr doppelt so groß wie das von Frankreich, der Bundesrepublik, Italien, Belgien und den Niederlanden zusammengenommen. Die USA produzierten nach dem Krieg zwei Drittel der weltweiten Industriegüter, eine Position, die kein Land zuvor je erreicht hatte. Amerikanische Firmen waren bei Weitem die produktivsten der Welt und hatten praktisch keine Konkurrenz.[135] Oder, wie der Präsident der New Yorker First National Bank, Leon Fraser, schon 1940 einigermaßen prophetisch gesagt hatte: «Amerika geht voran, die anderen folgen.»[136]

Die Vereinigten Staaten produzierten nicht nur mehr Güter und Dienstleistungen als jedes andere Land, sie bestimmten auch die Regeln für die Weltwirtschaft und setzten sie durch. Die Weltwirtschaftskrise und der nachfolgende Krieg hatten Politiker und Ökonomen in ihrer Ansicht bestärkt, dass die Weltwirtschaft auf eine neue Grundlage gestellt werden müsse. Im Nachhinein war klar, dass der eskalierende Wirtschaftsnationalismus der

1930er Jahre und der vollkommene Mangel an internationaler Koordination die Krise verschlimmert hatten. Der amerikanische Außenminister Dean Acheson formulierte es folgendermaßen: «Wir können uns nicht noch einmal zehn Jahre wie die zehn am Ende der 20er und Anfang der 30er leisten, ohne absolut weitreichende Folgen für unser wirtschaftliches und soziales System.»[137] Die Konkurrenz zur Sowjetunion war ein zusätzliches Motiv für die Anstrengungen amerikanischer Politiker, in Europa und Japan und darüber hinaus für Wohlstand zu sorgen.[138]

In der Folge übernahmen die Vereinigten Staaten die Führung bei der Etablierung regelbasierter internationaler Beziehungen und der Gründung einer Reihe globaler Institutionen, insbesondere der Vereinten Nationen, der Weltbank und des Internationalen Währungsfonds (IWF), die sich für die Öffnung von Märkten, Mobilität des Kapitals und Demokratie einsetzen sollten. Für den US-Diplomaten George F. Kennan war die Motivation dahinter klar: «[W]ir verfügen über etwa 50 Prozent des weltweiten Reichtums, stellen aber nur 6,3 Prozent der Bevölkerung. Diese Diskrepanz ist besonders groß zwischen uns und den Völkern Asiens. In dieser Situation müssen wir zwangsläufig Neid und Missgunst erregen. Unsere eigentliche Aufgabe in der kommenden Zeit besteht darin, ein System von Beziehungen zu entwickeln, das uns erlaubt, die Diskrepanz aufrechtzuerhalten.»[139]

Wichtig war, dass zur neuen Wirtschaftsordnung auch eine neue Währungsordnung gehörte. Das 1944 unter US-amerikanischer Führung in Bretton Woods, einem Kurort in New Hampshire, entwickelte System hatte feste, aber flexible Wechselkurse, die durch internationale Kapitalverkehrskontrollen gesichert waren. Der goldgedeckte US-Dollar wurde die globale Leitwährung, alle anderen Währungen wurden im Verhältnis zum Dollar bewertet. Das System wurde vom IWF überwacht, der außerdem zur Konsolidierung der Weltwirtschaft Länder mit Krediten versorgte. Bretton Woods stabilisierte die Währungen, ließ aber auch eine gewisse Flexibilität zu, wenn sich die Umstände wandelten. Es begrenzte den internationalen Kapitalfluss, indem es kurzfristige und spekulative Investitionen erschwerte und langfristige erlaubte. Dadurch schuf es ausreichend Raum für eine keynesianische Wirtschaftspolitik.[140]

AUCH DIE Handelsordnung änderte sich. Die amerikanischen Politiker betrachteten einen freieren Handel inzwischen als vorteilhaft für die Vereinigten Staaten, was eine Abkehr von jahrzehntelangem Protektionismus darstellte. Bereits während des Krieges hatte das Land die Briten durch das Lend-Lease-Programm gezwungen, einen liberalisierten Handel zu akzeptieren. Nun verpflichtete sich die amerikanische Politik durch das 1947 unter eigener Ägide unterzeichnete Allgemeine Zoll- und Handelsabkommen (GATT) zu einer weltweiten Liberalisierung des Handels (einschließlich des Zugangs anderer Länder zu den amerikanischen Märkten). Dabei blieb die unangefochtene Stellung der USA in der Weltwirtschaft erhalten. Dennoch kämpften sie nicht nur für ihre eigenen engen Interessen, sondern auch für die Stabilität der kapitalistischen Welt insgesamt, die sie als entscheidend für ihre nationalen Ziele ansahen. Die Liberalisierung des Handels war zwar wichtig, erfolgte aber zurückhaltend und langsam, damit die soziale Stabilität anderer Länder nicht untergraben wurde.[141] Die europäische Landwirtschaft blieb, zum Beispiel, mit dem Segen der Vereinigten Staaten stark geschützt.

Gleichzeitig gründeten amerikanische und britische Politiker die Weltbank als Kreditgeber für große Infrastrukturprojekte, die für die globale Entwicklung wichtig waren. Und die Vereinigten Staaten investierten stark in den Wiederaufbau des kriegszerstörten Europas. Der 1948 gestartete Marshallplan stellte dafür 13,5 Milliarden Dollar zur Verfügung, was fünf Prozent des damaligen US-amerikanischen BIP entsprach. Als 1950 der Koreakrieg ausbrach, förderten die Amerikaner die europäische und die japanische Industrie noch zusätzlich durch massive Rüstungsaufträge. Die amerikanischen Interventionen lösten einen europäischen Exportboom aus, sodass sich die Exporte der europäischen Staaten zwischen 1946 und 1948 verdoppelten und bis 1951 mehr als verdreifachten.[142]

Insgesamt entstand in diesem neuen Rahmen eine innovative Weltwirtschaftsordnung. Dank Bretton Woods konnten zwei eigentlich unvereinbare Dinge gleichzeitig passieren. Es ermöglichte einerseits eine liberalisierte Weltwirtschaft mit einem freieren Handel, der durch die nur grob fixierten Wechselkurse erleichtert wurde. Und es ermöglichte andererseits den Ländern, ihren jeweiligen Wohlfahrtsstaat zu schützen.[143] Im Jahr 1982 bezeichnete der US-amerikanische Politologe John Ruggie die neue Ordnung als «eingebetteten Liberalismus», der durch einen Zustand ermöglich wurde, den andere als «Keynes zu Hause und Smith im Ausland» bezeichneten.[144]

Die neue, von den Vereinigten Staaten dominierte Ordnung, brachte, wie wir gesehen haben, ein spektakuläres Wachstum hervor.[145] Und sie trug auch zum Frieden bei: Dass die USA in den industriellen Kerngebieten des Kapitalismus Verantwortung für das Gesamtsystem übernahmen, was zweifellos auch durch die eskalierenden Konflikte mit dem Sowjetkommunismus motiviert war, sorgte nach Jahrzehnten der Konkurrenz und der Kriege für einen historischen Moment relativer Einheit. Die Russische Revolution führte also, grob gesagt, zu einem weitreichenden Frieden, und das nicht nur im Inneren der kapitalistischen Gesellschaften im industriellen Kernland, sondern auch in ihren internationalen Beziehungen zueinander. Sie domestizierte den Kapitalismus genau in dem Moment, als das System vor den größten Herausforderungen stand.

Die Neuordnung des globalen Kapitalismus wurde außerdem durch die langsame, aber am Ende weitreichende, wiederum mit amerikanischer Unterstützung erfolgende wirtschaftliche Vereinigung des europäischen Kontinents gefördert. Der Gedanke und bis zu einem gewissen Grad auch der politische Impetus für diese Entwicklung hatte eine lange Geschichte: Trotz aller nationalistischen Desaster im Zeitalter der Katastrophen hatten Staatsmänner und Kapitalisten seit den 1870er Jahren mit dem Gedanken gespielt, die europäische Wirtschaft zu integrieren.[146] Nach zwei Weltkriegen und dem aggressiven Versuch der Nazis, einen hierarchisch geordneten europäischen Raum zu schaffen, waren die enormen Kosten des Nationalismus deutlich geworden, und das Projekt eines territorial reorganisierten europäischen Kapitalismus wurde realisiert: durch die Gründung der Organisation für europäische wirtschaftliche Zusammenarbeit (OEEC) im Jahr 1948, den Schuman-Plan von 1950, der die französische und die deutsche Kohle- und Stahlindustrie koordinierte, die Europäische Gemeinschaft für Kohle und Stahl von 1951, den Vertrag zur Gründung der Europäischen Gemeinschaft (EG) von 1957, die Einführung des Europäischen Währungssystems (EWS) im Jahr 1979, und schließlich durch die Gründung der Europäischen Union (EU) im Jahr 1993.

Durch diese Integrationschritte ließ sich zunehmd freier und in immer größerem Rahmen Handel treiben (mit erheblichen wirtschaftlichen Konsequenzen), sie sorgten für eine koordinierte Währungs- und eine gemeinsame Agrarpolitik sowie für wichtige Initiativen zur Entwicklung der Infrastruktur und wissenschaftlicher Projekte auf dem ganzen Kontinent. Der Europa umspannende Markt und später auch die auf (fast) dem ganzen Kontinent gültige Währung waren eine radikale Abkehr von den alten europäischen Traditionen. Die wirtschaftlichen Auswirkungen waren schwindelerregend: Zwischen 1958 und 1972 verneunfachte sich der Handel innerhalb der Europäischen Wirtschaftsgemeinschaft.[147]

Das Integrationsprojekt genoss die ausdrückliche Zustimmung der Vereinigten Staaten und war gegen eine neue «Gefahr» gerichtet: die Sowjetunion. Es bedeutete eine Zeitenwende, nicht nur für Europa, sondern auch für den globalen Kapitalismus – und war meilenweit entfernt von der toxischen Politik, die Kräfte wie die Familie Röchling im Saarland in der ersten Hälfte des Jahrhunderts getrieben hatten.

Die vielen folgenreichen sozialen, wirtschaftlichen und institutionellen Aufbrüche des Goldenen Zeitalters verstärkten auch den grundlegenden Impetus der kapitalistischen Revolution, die Kommodifizierung in neuen Teilen der Welt und neuen Ecken und Winkeln der Gesellschaft voranzutreiben. Dafür gibt es zahllose Beispiele, an dreien davon lässt es sich besonders gut festmachen: die Ausbreitung der Lohnarbeit, des Tourismus und der kommerziellen Essenszubereitung.

Zunächst entstand durch die Intensivierung der Produktion in den industriellen Kerngebieten und die schnelle Erweiterung des Dienstleistungssektors ein enormer Arbeitskräftebedarf. Da aber kategorische Ungleichheiten und außerdem der für das Goldene Zeitalter charakteristische Kompromiss fortbestanden, wurde es für die Unternehmern zunehmend schwieriger, am eigenen Standort ungelernte Niedriglohnarbeiter zu rekrutieren. In der Folge organisierten Staaten und Arbeitgeber eine neue Arbeitsmigration und schleusten Millionen Arbeitskräfte in die industriellen Kerngebiete.[148]

Mehrere Hauptgebiete der Arbeitskräftemobilisierung kristallisierten sich heraus: Südeuropa, Westasien, der ländliche Raum in Japan und die innere und äußere Peripherie der Vereinigten Staaten einschließlich ihrer südlichen Regionen und Mexikos. Mehrere europäische Länder schlossen während der 1950er und 1960er Jahre mit Staaten an der südlichen Peripherie Europas (insbesondere Italien und der Türkei) Verträge zur Rekrutierung von Arbeitskräften – sogenannte «Anwerbeabkommen».[149] Weitere Migranten kamen aus Spanien, Jugoslawien, Griechenland und ehemaligen Kolonialgebieten. Viele Unternehmen unterstützen diese Politik, weil sie zu einem verlässlichen Zustrom billiger Arbeitskräfte für einfache, oft manuelle Tätigkeiten führte. Bis 1975 bestand ein Viertel der französischen, schweizerischen und belgischen Industriearbeiterschaft aus Migranten, in Großbritannien und der Bundesrepublik machten sie beinahe 15 Prozent der Arbeitskräfte aus.[150]

Da sich durch die Migration die Versorgung mit ungelernten Arbeitskräften verbesserte, wurde eine allgemeine Verkürzung der Arbeitszeit möglich – eine wichtige Strategie zur Integration der einheimischen Arbeiterklasse, die für das Goldene Zeitalter typisch war. Bezeichnenderweise behandelte die europäische Ausgabe des Nachrichtenmagazins *Time* 1973 die massive Arbeitsmigration unter dem Titel: MIGRANT WORKERS: EUROPE'S OTHER ENERGY SOURCE («Arbeitsmigranten: Europas zweite Energiequelle»).[151]

Italien schloss zwischen 1946 und 1956 mehrere Anwerbeabkommen, durch die es Rohstoffe und Energie aus Nordwesteuropa gegen italienische Arbeitskräfte tauschte. Allein in die Bundesrepublik, nach Frankreich und in die Schweiz kamen 1970 fast sechs Millionen italienische Migranten, womit sie dem Beispiel früherer massiver Auswanderungswellen ihrer Landsleute nach Südamerika und in die Vereinigten Staaten folgten. Ab 1961 schloss auch die Türkei ähnliche Abkommen, sodass zwischen 1961 und 1975 etwa eine Million Türken nach Nordwesteuropa auswanderten. Sie kamen zusammen mit zwei Millionen Griechen, zwei Millionen Spaniern und mindestens 650 000 Jugoslawen.

Männliche Migranten verrichteten oft manuelle Arbeit in der Industrie, im Bergbau und auf Baustellen, wurden aber auch in der Autoindustrie als angelernte Fließbandarbeiter beschäftigt. Die Frauen arbeiteten nicht nur in der Leichtindustrie, etwa im Textilbereich, sondern auch im Dienstleistungssektor. Die entsendenden Länder schlossen die Anwerbeabkommen zur Bekämpfung von Unterbeschäftigung oder Arbeitslosigkeit und um mit den Überweisungen der Emigranten ihre Entwicklung zu finanzieren. Tatsächlich überwiesen türkische Migranten bis 1975 jedes Jahr das Äquivalent von 1,3 Milliarden US-Dollar nach Hause, Geld, das sie oft in ein Haus oder Grundstück oder ein kleines Geschäft investierten.[152]

In den Vereinigten Staaten rekrutierten die Unternehmen zusätzlich zu den Millionen afroamerikanischer Arbeiter, die vor Armut, Rassismus und Entrechtung aus den Südstaaten in den Norden flohen, Millionen Mexikaner. Zwischen 1942 und 1964 kamen durch das sogenannte Bracero Program 4,8 Millionen von ihnen mit befristeten Arbeitsverträgen in die Vereinigten Staaten und wurden insbesondere in der Agrarindustrie beschäftigt. Millionen weitere kamen und blieben illegal. Im selben Zeitraum wanderten Hunderttausende von Nordafrikanern, insbesondere aus Algerien, nach Frankreich aus, wo sie als ungelernte Arbeiter in der Bauindustrie, als Hausangestellte und in den Automobilfabriken arbeiteten. Im Jahr 1946 lebten nur etwa 22 000 Algerier in Frankreich, 1975 war ihre Zahl auf mehr als 710 000 gestiegen. Nach Großbritannien kamen immer mehr Arbeitskräfte aus den früheren Kolonien, darunter die später so genannte Windrush-Generation aus der Karibik, deren Bezeichnung auf das Schiff *Empire Windrush* zurückging, mit dem einige von ihnen angekommen waren. Sie arbeiteten im Transportwesen, in der Gesundheitsversorgung, in der Autoindustrie und in der Gastronomie. Im Jahr 1951 hatte es in England und Wales 15 301 Immigranten aus der Karibik gegeben und 1971 waren es 304 070.[153]

Japan war eine Art Sonderfall, weil es seine Arbeitskräfte aus der eigenen ländlichen Peripherie holte. Der Exodus aus den kleinen Städten und Dörfern verlief extrem schnell: Im Zuge einer massiven Industrialisierungswelle, die die wuchernden Städte von Kitakyushu bis Tokio erfasste, gingen in nur sechs Jahren, von 1960 bis 1966, etwa vier Millionen ländliche Arbeitskräfte in die Industrie und den Dienstleistungsbereich. Hatten im Jahr 1950 noch 62,7 Prozent der Japaner in ländlichen Städten und Dörfern gelebt, waren es 1974 nur noch 24,1 Prozent. Dennoch reichten die Arbeitskräfte aus dem ländlichen Raum nicht aus, daher wurden in Japan auch eine erhebliche Zahl illegaler koreanischer Immigranten beschäftigt, die größtenteils das Proletariat der stark industrialisierten Region Kansai vergrößerten.[154]

WÄHREND DIE immensen Investitionen in Anlagevermögen den Bedarf an Arbeitskräften steigerten und deren Rekrutierung in neue Dimensionen vorantrieben, verbreitete sich die Logik des Kapitalismus auch in anderen, schnell wachsenden Kommodifizierungssektoren, und einer der wichtigsten davon, ja im späten 20. Jahrhundert *der* wichtigste, war der Tourismus.

Als neue Errungenschaft des kapitalistischen Goldenen Zeitalters breitete sich der Tourismus mit erstaunlicher Geschwindigkeit aus. Der Mensch reist seit vielen Jahrhunderten, aber Urlaubsreisen sind ein relativ neues Phänomen. Sie etablierten sich erst im 19. Jahrhundert, als das neu entstandene Bürgertum zu Kurorten, in die Berge oder ans Meer, aber auch zu den Machtzentren der früher herrschenden Klassen wie den Ruinen des alten Rom oder Athen aufbrach. Bis zur Mitte des 20. Jahrhunderts blieben solche Reisen fast gänzlich dem gehobenen Bürgertum vorbehalten. Kaum jemand aus einer anderen Schicht reiste, außer vielleicht in Großbritannien, wo 1938 40 Prozent der Erwachsenen mindestens eine Woche im Jahr ihren Wohnort verließen, auch wenn sie gewöhnlich nur ein paar Dutzend Kilometer ans Meer in proletarische Erholungsorte wie Blackpool und Morecambe fuhren. Die Propagandamaschine der Nazis hatte zwar den Massentourismus der nichtjüdischen Arbeiterklasse als große Errungenschaft des Regimes gepriesen, aber selbst auf dessen Höhepunkt im Jahr 1939 gingen nur 15 Prozent aller infrage kommenden Deutschen mehr als fünf Tage auf Reisen.[155]

Ab Mitte der 1950er Jahre jedoch wurden Touristen aus der Mittelklasse und schließlich auch aus der Arbeiterklasse ein hervorstechendes Merkmal der Goldenen Jahre. Als die Einkommen in einigen Teilen der Welt stiegen und bezahlter Urlaub häufiger wurde, begannen die Menschen in vorhersehbaren Rhythmen ihre Häuser zu verlassen und fuhren in die Berge oder ans Meer. Seit 1970 waren in ganz Europa zwei Wochen bezahlter Urlaub gesetzlich vorgeschrieben. In Norwegen, Dänemark und Frankreich hatten die Arbeiter drei Wochen frei. In Finnland waren vier Wochen das Minimum, und die staatlich festgesetzten Urlaubszeiten wurden in Tarifverhandlungen einzelner Unternehmen oder Branchen oft noch verlängert. In den 2010er Jahren hatte sich die Zahl der Urlaubstage weiter vermehrt, und fast auf der ganzen Welt war gesetzlich garantierter und bezahlter Urlaub üblich, nur noch in sechs Ländern gab es ihn nicht: Gambia, Indien, Kiribati, Pakistan, Sri Lanka – und in den USA.[156] Aber selbst in diesen Ländern gaben die meisten Arbeitgeber ihren Beschäftigten ein paar Tage im Jahr frei.

Das Reisen war zunächst bei Angestellten mit erheblichem und wachsendem verfügbaren Einkommen besonders populär. Bis 1956 machten 45 Prozent aller deutschen Angestellten mindestens fünf Tage Urlaub pro Jahr.[157] In dieser Zeit meinten bei einer in der Bundesrepublik durchgeführten Umfrage erstaunliche 83 Prozent der Befragten, dass Ferien «ein legitimes Konsumgut» seien – ein Vorbote des Urlaubsbooms, der in der Bundesrepublik und anderen Ländern schon bald auch bei der Arbeiterklasse ankommen sollte.[158] Ab den 1960er Jahren war der Urlaub nicht mehr nur ein Schritt ins Erwachsenenleben (wie für die Wirtschaftsbürger des 19. Jahrhunderts), er war ein soziales Recht geworden.

Die Zunahme von Urlaubsreisen war das Ergebnis steigender Einkommen (und technischer Innovationen wie der Eisenbahn, dem Auto und dem Flugzeug), aber der Urlaub war für die Arbeiter auch die einzige Zeit im Jahr, in der sie ihr Leben ohne die Entfremdung, die ein durchgetakteter Arbeitstag mit sich bringt, selbst strukturieren und ihren Tagesrhythmus selbst bestimmen konnten.

In der Folge erlebte die Tourismusbranche ein sprunghaftes Wachstum. Weltweit stieg die Zahl der Ankünfte (Besucher mit mindestens einer Übernachtung) von 25 Millionen im Jahr 1950 auf mehr als 200 Millionen im Jahr 1975 und auf 1,4 Milliarden im Jahr 2018 – in nicht ganz 70 Jahren ein Wachstum um das 56-Fache. Die überwältigende Mehrheit dieser Touristen machte in Europa Urlaub, weit danach folgte die Karibik. Ein Großteil des Wachstums war darauf zurückzuführen, dass das Reisen erschwinglicher wurde. Die preisbereinigten Kosten eines typischen Mittelmeerurlaubs für den britischen Durchschnittstouristen gingen zwischen 1966 und 1972 um mehr als 20 Prozent zurück und entsprachen damit etwa 76 Prozent des durchschnittlichen Monatsgehalts eines männlichen Briten.[159]

Das Wachstum der Branche war so eindrucksvoll, dass sich die Ansicht verbreitete, der Tourismus könne für Länder rund um den Erdball als «Allheilmittel» dienen. Im Jahr 1966 empfahl die Welthandels- und Entwicklungskonferenz der Vereinten Nationen (UNCTAD) ihren Mitgliedsländern, ihn zu fördern. Und schließlich erklärte die UNO das Jahr 1967 zum «Internationalen Jahr des Tourismus» (acht Jahre, bevor sie das erste «Internationale Jahr der Frau» verkündete).[160]

Wie an allen Kommodifizierungsfronten des 20. Jahrhunderts spielte die Mitwirkung des Staates auch beim Tourismus eine wichtige Rolle: Flughäfen mussten gebaut, Bauern von ihrem Land entfernt und Energiesysteme angepasst werden. Selbst der Marshall-Plan sah den Tourismus in der ländlichen Peripherie Europas als ein Werkzeug, neue Märkte zu schaffen, wo sich amerikanische Verbraucher aus der Mittelklasse mit ihren Urlaubs-Dollars am Wiederaufbau Europas beteiligen könnten.[161]

Auch Privatkapital wurde zunehmend in den Tourismus investiert. Einige der heute noch wichtigsten Reiseunternehmen traten in der Nachkriegszeit erstmals in Erscheinung, so der amerikanische Konzern Marriott International im Jahr 1957, die deutsche TUI im Jahr 1968 und eine Vorläuferin der französischen Unternehmensgruppe Accor im Jahr 1967. Sowohl TUI als auch Marriott waren in anderen Branchen tätig gewesen (Kohlebergbau im Ruhrgebiet bzw. Root Beer), bevor sich die Wachstumsaussichten im Tourismus abzeichneten. Dank ihrer Größe konnten die Konzerne die Art des Reisens radikal neu gestalten: Die Pauschalreise wurde zu einer der wichtigsten Möglichkeiten, Urlaub zu machen. Die 1951 in München gegründet Touropa ließ ihre Kunden den Bestimmungsort wählen und organisierte dann alle Aspekte der Reise. Dabei sorgte sie für die Beteiligung größerer Unternehmen an einem Geschäft, das zuvor von kleinen Unternehmen wie Hotels, Restaurants usw. beherrscht worden war. Die Beliebtheit der Pauschalreisen nahm

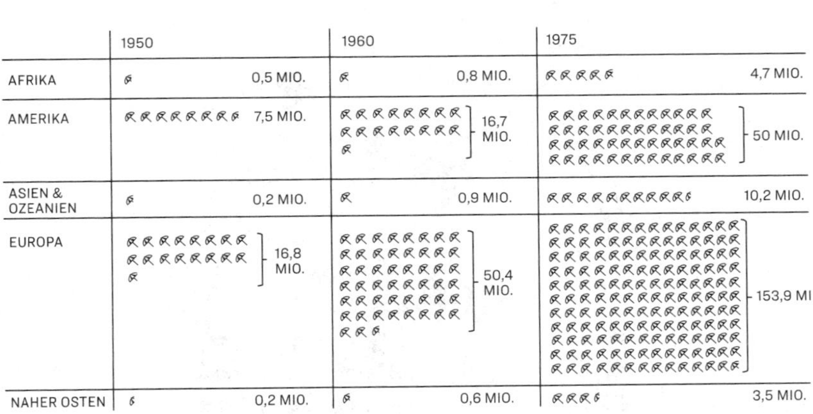

Ankünfte internationaler Touristen pro Jahr und Region.

in den 1950er und 1960er Jahren insbesondere wegen der relativ günstigen Preise beträchtlich zu. So bot die Touropa 1956 für 141 DM (damals etwa 70 Prozent eines durchschnittlichen Monatsgehalts) eine neuntägige Pauschalreise in die Bundesrepublik an.[162]

Dank dieser massiven staatlichen und privaten Investitionen glich der Tourismus zunehmend der Welt der fordistischen Produktion, der die Touristen eigentlich entrinnen wollten: riesige Hotels, «spiagge organizzate» (organisierte Strände), wie sie von den Italienern heute noch genannt werden, und große Gruppen von Reisenden, die scharenweise und hocheffizient zu den wichtigsten Sehenswürdigkeiten der (größtenteils europäischen) Zivilisation geführt wurden. Wenn Reisende im 19. Jahrhundert mit Handwerkern vergleichbar waren, glichen die Reisenden des späten 20. Jahrhunderts eher Fließbandarbeitern.

Im Gegensatz zu anderen Branchen war die Tourismusindustrie stark saisonabhängig und beschränkte sich größtenteils auf Urlaubszeiten wie die Weihnachts- und Sommerferien. Letztere wurden in vielen Ländern zu einer Institution, die fast so tief verankert war wie die religiösen Feiertage. Die Franzosen nennen das Ende ihrer Sommerferien bezeichnenderweise «*la rentrée*» (die Rückkehr). Der Tourismus konzentrierte sich auf die warmen,

Eine neue Ware: Tourismus im Frühjahr 1959.

sonnigen Küstenregionen der Urlaubsländer. Genau wie vorher die Zuckerproduktion, der Baumwollanbau oder der Kupferbergbau zehrte auch der Tourismus stark von den ökologischen Ressourcen vor Ort wie Wasser, Energie und Land. Energieverbrauch und Verkehr erreichten in der Hochsaison neue Rekorde und gingen dann für den Rest des Jahres auf ein Minimum zurück. Dennoch musste die lokale Infrastruktur den Maximalbedürfnissen entsprechen, selbst wenn dieses Niveau nur ein paar Monate im Jahr erreicht wurde. In weiten Teilen der Welt war die touristische Hochsaison nunmehr wie die Erntezeit in der Landwirtschaft: intensiv, aber kurz. Als sich Fischerdörfer in Megaresorts und Städte in Freilichtmuseen verwandelten, die für ihre ursprünglichen Einwohner fast unbewohnbar wurden, zeigte sich, dass die Tourismusfront genauso transformativ war wie ihre Vorgänger.

Spanien war eines der Länder, die von der Entwicklung am stärksten getroffen wurden. Vor dem Zweiten Weltkrieg hatte es dort fast keinen Tourismus gegeben, aber bis 1973 wurde das Land zu einem der beliebtesten Reiseziele der Welt. Dass es dort vorher kaum Tourismus gegeben hatte, erwies sich im Nachhinein als Segen: An seiner Mittelmeerküste gab es angenehmes Wetter, herrliche Strände und gute Unterhaltungsmöglichkeiten, aber keine alten mondänen Badeorte. Deshalb stand es für eine komplette Neuerfindung durch Werbefachleute zur Verfügung.[163]

Ein Beispiel sind die für ihre Strände und Erholungsorte berühmten Balearen. Während die Zahl der Touristen bis 1973 auf mehr als 4,3 Millionen anschwoll, stagnierte die Lokalbevölkerung bei etwa 550 000 Einwohnern. Beim Bau der Ferienorte zerstörte die Bauwirtschaft einen Großteil der landwirtschaftlichen Betriebe auf der Insel und ersetzte sie durch Einkaufszentren und Hotels sowie durch Flughäfen mit ihren Start- und Landebahnen. Bauern wurden Bauarbeiter und Hotelangestellte, historische Landschaften mussten den gewaltigen infrastrukturellen Anforderungen der Branche weichen, und der Tourismus forderte verheerenden Tribut von der Umwelt, weil er häufig knappe Ressourcen, wie etwa Wasser, in Anspruch nahm und Land und Luft verschmutzte.[164]

Noch drastischer war die Entwicklung in der am karibischen Meer gelegenen Halbinsel Yucatán im Südosten Mexikos. In einem Küstenabschnitt, der nur mit einem kleinen Maya-Dorf namens Cancún besiedelt war, entdeckten mexikanische Tourismusplaner in den 1970er Jahren kilometerlange Sandstrände und erkannten darin einen idealen Urlaubsort für US-amerikanische Touristen. Da anfangs keine Privatunternehmen auf der abgelegenen, dschungelbedeckten Halbinsel investieren wollten, erklärte die regierende Partido Revolucionario Institucional (PRI) das Projekt zur nationalen Priorität. Sie betrachtete den Strandtourismus als lukrative wirtschaftliche Gelegenheit, die man sich nicht entgehen lassen durfte.

Im Jahr 1965 hatte Antonio Enriquez Savignac eine große Untersuchung über den globalen Tourismus durchgeführt und Florida, die Karibik und andere Orte mit Strandtourismus besucht, die im Jahrzehnt zuvor populär geworden waren. Danach reiste er die fast 10 000 Kilometer lange Küste Mexikos entlang und erkundete das lokale Klima, die Hurrikan-Gefahr und die Gezeitenstruktur, ferner den Grad der lokalen Entwicklung und sogar mögliche Versorgungsrouten.[165] Er suchte nach dem perfekten Standort für den Bau eines Urlaubsorts. Die *New York Times* berichtete über die Reise: «Am einen Ort bedeuteten Haie ein sofortiges Negativvotum, an einem anderen schlugen kannibalische Ameisen, die von den Bergen herabkamen und alles fraßen, was ihnen in den Weg kam, die Standortsucher in die Flucht.»[166] Übrig blieb Cancún.

Es war eine echte Leistung, aus einem Stück nahezu unbewohnten Dschungels einen der weltweit attraktivsten Urlaubsorte zu machen. Der Staat bahnte den Weg. Zunächst investierte er erkleckliche 142 Millionen mexikanische Pesos aus dem Staatshaushalt von 1969, zu denen sich 192,5 Millionen aus privater Hand gesellten. Wie bei der Ausdehnung von Zucker- und Baumwollproduktion in früheren Jahrhunderten erwies sich die Mobilisierung billiger Arbeitskräfte als ein Schlüssel zum Erfolg. Die Anfangsinvestitionen lösten einen Bauboom aus, bei dem hauptsächlich Stellen für schlecht qualifizierte Arbeitskräfte entstanden. Freilich konnten vor Ort nur wenige solche Arbeiter rekrutiert werden – eine Volkszählung, die im Jahr 1969 in den Dörfern der Umgebung durchgeführt wurde, hatte nur 117 ortsansässige Maya ergeben. Deshalb warben die Bauträger Arbeitskräfte aus benachbarten Staaten an und lösten dadurch Migrationswellen ehemaliger Campesinos aus, die in den Wäldern der Umgebung und im nahe gelegenen Puerto Juárez zu leben versuchten.[167] Wieder hatte die Dynamik einer Kommodifizierungsfront Migrations- und Proletarisierungsprozesse ausgelöst.

Der Tourismus breitete sich sogar noch weiter aus: Mitglieder des europäischen Adels begannen, ihre Burgen und Schlösser für zahlende Gäste zu öffnen. Auf Barbados waren viele Freigelassene nach der Abschaffung der Sklaverei gezwungen worden, weiter auf den Plantagen zu arbeiten, weil sie sonst vertrieben wurden. Die einzig verfügbaren Grundstücke, die nicht für Plantagen kultiviert worden waren, befanden sich in den Teilen der Insel, die für die Pflanzer am wenigsten wertvoll gewesen waren: an der Küste. Fast zwei Jahrhunderte später, als sich Grund und Boden an der Küste in den einzig wirklich wertvollen Landbesitz auf der Insel verwandelten, wurden die Nachkommen der früheren Sklaven erneut von ihrem Land verdrängt. Dies geschah durch überhöhte Grundstücksteuern, die es ihnen nahezu unmöglich machten, ihr Land zu halten.

In der Dominikanischen Republik wurden Strände, die zuvor nahezu wertlos gewesen waren, schnell kommodifiziert. Auch die Körper der Nachfahren von ehemaligen Bauern aus der Region wurden zur Ware, insofern Sexarbeit für Touristen eine der lukrativsten Beschäftigungsmöglichkeiten für verarmte junge Männer und Frauen wurde. Und der Tourismus eroberte immer neue Räume: Bis zu den 1980er Jahren hatte die Dominikanische Republik ihre Volkswirtschaft völlig umgekrempelt und lebte nicht mehr von Agrarprodukten wie Zucker, Kaffee, Bananen und Tabak, sondern vom Tourismus. Billige fossile Brennstoffe und der Einkommenszuwachs des Goldenen Zeitalters ermöglichten es Europäern und Nordamerikanern, weit zu reisen und an fernen Gestaden Urlaub zu machen. Zuvor nahezu ungenutzte Küstenstreifen wurden mit Hotels, Strandclubs, Golfplätzen und Flughäfen gepflastert, die in der Regel mit internationalem Kapital gebaut wurden, und an die Stelle früherer Plantagen traten gewaltige touristische Enklaven.

In den Urlaubsgegenden stand fast alles zum Verkauf, aber da die lukrativsten Teile des Geschäfts von ausländischen Unternehmen kontrolliert wurden, blieben die Möglichkeiten für die einheimische Bevölkerung, zu Wohlstand zu gelangen, meist begrenzt. Die Resorts blieben wie Sonderwirtschaftszonen von der Gastgesellschaft getrennt. In der Dominikanischen Republik war der Tourismus wie überall mit einer massiven Abkehr von der landwirtschaftlichen Arbeit verknüpft. Waren 1960 noch 60 Prozent der Dominikaner in der Landwirtschaft tätig gewesen, waren es im Jahr 2000 nur noch 18 Prozent.[168]

IM GOLDENEN Zeitalter des Kapitalismus erfasste die Kommodifizierung noch weitere Bereiche des Lebens. Selbst etwas so Grundlegendes wie die Essenszubereitung, eine menschliche Tätigkeit seit undenklichen Zeiten, die tief in den häuslichen Strukturen und denen der Gemeinschaft verankert war, kam mehr und mehr auf den Markt. Die Essenszubereitung wurde immer öfter aus dem Haushalt in die Fabrik oder in spezielle Einrichtungen verlagert: Restaurants. Die Reichen hatten sich natürlich schon seit Jahrhunderten ihr Essen zubereiten lassen. Sie setzten dafür Sklaven und Bedienstete ein, und wer sich im Bürgertum des 19. Jahrhunderts keine Hausbediensteten leisten konnte, speiste außer Haus. Auch waren Einrichtungen, wo man außerhalb der eigenen vier Wände Essen zu sich nahm, schon lange vor dem 20. Jahrhundert gang und gäbe, und sogar «Restaurants» (die freilich in der Regel nur Suppe servierten) waren schon Ende des 18. Jahrhunderts in Frankreich aufgekommen.[169] Dennoch hatte die Zubereitung der Mahlzeiten bei nahezu allen Menschen fast überall auf der Welt zur Hausarbeit gehört, die gewöhnlich von Frauen verrichtet wurde – auch dann noch, als man dazu überging, Nahrungsmittel auf dem Markt zu kaufen, statt sie selbst anzubauen.

Nach dem Zweiten Weltkrieg begann sich das in einigen Regionen der Welt zu ändern. Die Vereinigten Staaten waren dabei bahnbrechend: Im Jahr 1949 gründeten Albert und Meyer Bernstein in Pittsburgh Frozen Dinners, Inc. und verkauften gefrorene Mahlzeiten auf Aluminiumtabletts. Sie benutzten billige, wärmeleitende Behälter aus dem Leichtmetall, das zuvor vor allem bei der Waffenherstellung Verwendung gefunden hatte, und erfanden damit etwas wirklich Neues: Fertiggerichte, die man schnell warm machen und servieren konnte. In ihrem ersten Betriebsjahr verkaufte ihr Unternehmen 400 000 Frozen Dinners, fünf Jahre später mehr als 2,5 Millionen. Ab 1953 brachte auch Swanson & Sons Fertiggerichte auf den Markt, die auch als «TV Dinners» beworben wurden. Sie konnten in gefrorenem Zustand wochenlang aufbewahrt und in wenigen Minuten zubereitet und vor dem Fernseher gegessen werden. Der Aufwand war viel geringer, als wenn man auf herkömmliche Weise ein Essen zubereitet hätte. In einer Gesellschaft, die von Bequemlichkeit und Freizeit besessen war und in der Frauen zunehmend berufstätig waren (also immer weniger Zeit zu Hause verbrachten), verkauf-

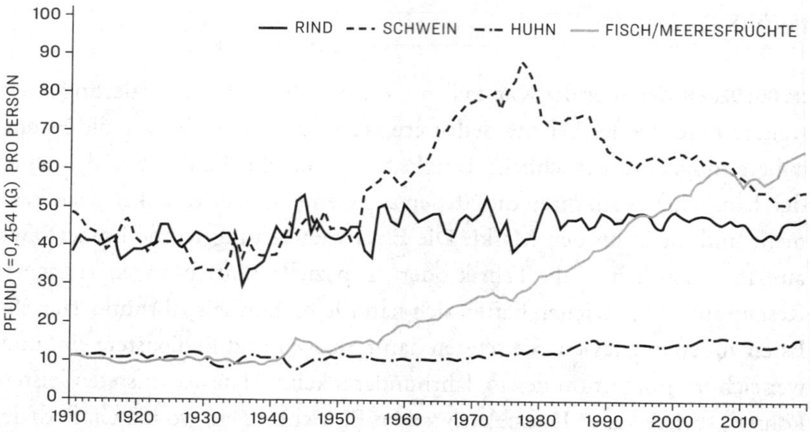

Eine Hühnerzivilisation: Fleischproduktion in den Vereinigten Staaten.

te Swanson allein im Jahr 1954 25 Millionen TV Dinners.[170] Dosennahrung und Tiefkühlkost wurden auch immer beliebter, weil sie beim Kochen Zeit sparten und günstiger waren.

Gleichzeitig speisten die Leute immer häufiger außer Haus. Dies hing teilweise mit der zunehmenden Verbreitung des Autos zusammen, da die Autofahrer etwas Vertrautes essen wollten, wenn sie weit weg von zu Hause waren. «Amerika, du Wunderschöne, lass mich dich besingen», kommentierte die *New York Times*-Autorin Ada Louise Huxtable 1971 bissig, «Burger King und Dairy Queen von einem glitzernden Meer zum anderen.»[171] Ein bestimmtes Fast-Food-Restaurant kam wegen der Erschwinglichkeit seiner Produkte bei den Verbrauchern besser an als alle anderen: McDonald's. Sein «All-American Meal» (ein Hamburger, Pommes Frites und ein Milkshake) kostete 1960 45 Cent, für die ein amerikanischer Arbeiter damals im Durchschnitt 40 Minuten arbeiten musste.

Alles begann 1948, als Dick und Maurice McDonald ihr Restaurant in einen Hamburgerstand verwandelten, auf dessen kleiner Speisekarte Standardgerichte standen und der mit einem rationalisierten Bedienungssystem arbeitete, das sie als «Speedee Service System» bezeichneten. Sie vereinfachten die Speisen, verzichteten auf Kellner und verwendeten Einweggeschirr aus Papier.[172] Unter Ray Kroc konzentrierte sich McDonald's darauf, seine Produkte effizient und mit gleichbleibender Qualität herzustellen. Oder wie Kroc es ausdrückte: «Wir brachten den Hamburger auf das Fließband.»[173] McDonald's schuf einen einflussreichen Präzedenzfall, indem es seine Restaurants konzessionierte und das Personal in einer sogenannten Hamburger University in Chicago trainierte.[174] Im Jahr 1955 gab es sieben Restaurants von McDonald's, 15 Jahre darauf waren es 1500.[175]

Ein Pionier der Kommodifizierung, Richard «Dick» McDonald isst den 50-milliardsten Hamburger von McDonald's, 1984.

Schon 1973 existierten in den USA 30 000 konzessionierte Pizza-Restaurants, 104 000 konzessionierte Restaurants, die Hot Dogs und gebratenes Fleisch (darunter auch Hamburger) verkauften, und 14 000, die mexikanisches Essen anboten.[176] Diese günstigen Kettenrestaurants bereiteten das Essen mit fordistischen Methoden zu und breiteten sich während des Goldenen Zeitalters auf der ganzen Welt aus: Dairy Queen eröffnete 1953 sein erstes Restaurant in Kanada, gefolgt von Kentucky Fried Chicken im Jahr 1959. Fünf Jahre später eröffnete Kentucky Fried Chicken sein erstes Restaurant in Großbritannien, 1968 in der Bundesrepublik und Österreich und 1970 in Japan. McDonald's gründete 1969 offiziell eine «International Division» und eröffnete 1990 sein erstes Restaurant in Moskau – der letzte Nagel im Sarg der Sowjetunion und des internationalen Kommunismus.[177]

Bis 1983 waren 40 Prozent der Restaurants in den Vereinigten Staaten Fast-Food-Restaurants, und die Amerikaner verbrauchten 40 Prozent ihres Nahrungsmittelbudgets für das Essen außer Haus, was sie durchschnittlich drei- bis viermal pro Woche taten.[178] Restaurantbesuche waren ein Symbol für die wirtschaftlichen und sozialen Möglichkeiten der Nachkriegsordnung. Für Amerikaner aus der Arbeiterklasse (die wichtigsten Kunden dieser Restaurants) bedeutete essen zu gehen das Ende von Jahrzehnten der Knappheit und Rationierung und die Möglichkeit, Wohlstand durch Fleischkonsum zu demonstrieren.

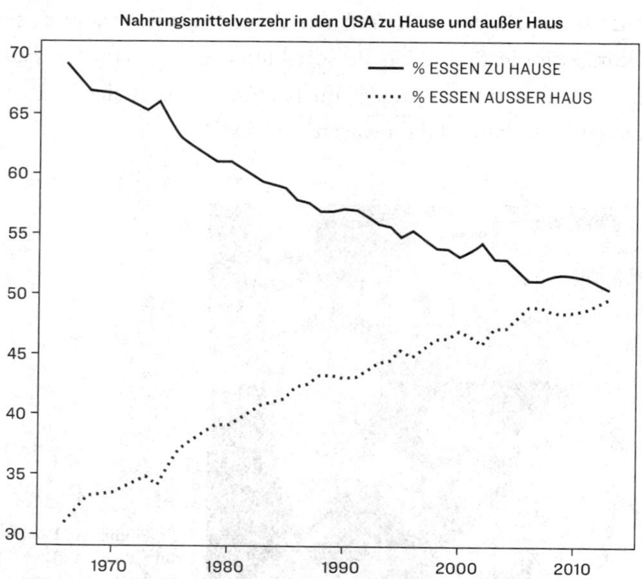

Kommodifizierung der Essenszubereitung: die Restaurant-Revolution.

Obwohl diese Veränderung womöglich auch auf die zunehmende Integration der Frauen in den Arbeitsmarkt zurückzuführen ist, richtete sich die Lebensmittelwerbung immer noch an die Frau als «Chefköchin» der Familie. So lautete etwa ein Werbespruch von Kentucky Fried Chicken: «Colonel Sanders ist der beste Freund der Frau [...] [Er] macht sieben Tage die Woche ein Sonntagsessen. Für erschöpfte Frauen. Für arbeitende Frauen. Ihr müsst es nur abholen.»[179]

Auf dem Höhepunkt der Goldenen Jahre gab es für Beobachter in Europa und Nordamerika keine Veranlassung anzunehmen, dass diese bald enden könnten. Noch 1972 hieß es in einem Bericht der Vereinten Nationen, dass «es keinen besonderen Grund gibt, daran zu zweifeln, dass sich die grundlegenden Wachstumstrends der frühen bis mittleren 1970er Jahre genau wie in den 1960er Jahren fortsetzen werden».[180]

Doch das passierte nicht. Schon Mitte der 1960er Jahre gab es untergründige Spannungen, die in den 1970er Jahren an die Oberfläche kamen. Dieses Jahrzehnt brachte den kapitalistischen Kerngebieten und der besonderen politischen Ökonomie, die sie seit 1945 kennzeichnete, eine Krise und keinen Triumph. Nicht nur die Goldenen Jahre gingen zu Ende, sondern die ganze

Kommodifizierung als Emanzipation.

Ordnung des Industriekapitalismus, die seit den 1870er Jahren entstanden war. Die Krise der 1970er Jahre war kein vorübergehendes Phänomen, sondern ein epochaler Bruch in der Geschichte des Kapitalismus.[181]

Die Anzeichen für die kommende Krise waren zunächst diffus und mehrdeutig. Zeitgenossen interpretierten sie meist als eine Art Schluckauf, die kurzfristige Störung eines grundsätzlich intakten Systems. Im Rückblick gesehen hätten die schiere Anzahl und die breite Verteilung der Störungen vermutlich Alarm auslösen sollen. Das Wirtschaftswachstum verlangsamte sich, ebenso der Produktivitätsfortschritt. Die Ertragskraft ging zurück. Grundlegende Rohstoffe verteuerten sich massiv, weil ein mutiger gewordener Globaler Süden seinen Anteil an der fabelhaften Expansion der menschlichen Produktivität einforderte – ein indirekter Beweis dafür, wie wichtig die billigen Rohstoffe aus dem Globalen Süden für die Goldenen Jahre gewesen waren. Zum ersten Mal seit den 1930er Jahren gab es wieder stärkere und hartnäckigere Konjunktureinbrüche. Die größte Volkswirtschaft der Welt, die der Vereinigten Staaten, schrumpfte 1974 um zwei und 1975 noch einmal um beinahe drei Prozent. Und nicht nur in den USA schlossen Unternehmen ihre Pforten oder verkleinerten ihre Belegschaft. Die Schlüsselindustrien des ganzen industriekapitalistischen Gebäudes: Stahl, Bergbau und Automobile, erlebten in den industriellen Kerngebieten einen dramatischen Niedergang. Die Arbeitslosigkeit stieg massiv an.

Als viele amerikanische Unternehmen ihre einst haushoch überlegene Stellung auf dem Weltmarkt verloren, gerieten auch die globalen wirtschaftlichen Hierarchien ins Wanken. Ab dem Jahr 1976 verzeichneten die Vereinigten Staaten jedes Jahr ein Handelsbilanzdefizit. Dort und anderswo schrumpften die Gewinne. Der einflussreiche deutsche Ökonom Herbert Giersch diagnostizierte «Gewinnkompression und Investitionsschwäche» als Grundursachen der Krise. Die internationale Konkurrenz schmälerte die Profite noch zusätzlich: Textilarbeiter in Hongkong arbeiteten beispielsweise für sehr viel geringere Löhne als ihre europäischen und US-amerikanischen Kollegen. Wirtschaftswissenschaftler fanden heraus, dass der Anteil der Gewinne am BIP der Vereinigten Staaten um etwa ein Drittel zurückging.[182] Trotz all dieser Anzeichen, dass die Goldenen Jahre ihren Glanz verloren hatten, glaubten viele Zeitgenossen immer noch, dass sich die Lage durch ein paar kleine Korrekturen wieder stabilisieren ließe.

Im Nachhinein ist das Ausmaß der ausgesprochen vielschichtigen Krise wesentlich leichter zu erkennen. Ein Faktor war die Schwächung des institutionellen Unterbaus der Goldenen Jahre. Das System von Bretton Woods hatte den internationalen Kapitalverkehr durch ein Phänomen begrenzt, das als «kooperative Dezentralisierung» bezeichnet wurde und das es den Ländern erlaubte, ihr Währungssystem gegen destabilisierende Zuströme oder Abflüsse von Kapital zu verteidigen. Ab 1958 wurde dieses System jedoch in Europa durch unregulierte und rapide expandierende Märkte für auf Dollar lautende Vermögenswerte, sogenannte Eurodollarmärkte, unterlaufen. Sie entstanden in London und wurden anfangs durch sowjetische Öl-Dollar und dann durch die Ölgewinne des Nahen Ostens gespeist. Als diese Märkte von 1959 bis 1973 um das beinahe 90-Fache wuchsen, kam das System unter Druck, das die Weltwirtschaft stabilisierte: die kooperative Kontrolle der Kapitalströme und die relativ festen Wechselkurse, auf die man sich 1944 in Bretton Woods geeinigt hatte.[183]

Die überlegene Position des US-Dollars wurde außerdem durch den Vietnamkrieg geschwächt, der einen enormen Inflationsdruck erzeugte, insbesondere als Präsident Johnson die massive Eskalation des Krieges in den Jahren 1965/66 durch Kredite finanzierte. Die expansive Geld- und Finanzpolitik der Vereinigten Staaten verursachte eine globale Dollarschwemme, die immer weniger durch die amerikanischen Goldreserven gedeckt war, und dies führte zu einer Schwächung des Dollars, weil sowohl Einzelpersonen als auch Staaten gegen ihn spekulierten. Gleichzeitig verschlechterte sich die amerikanische Handelsbilanz, was zu einem signifikanten Abfluss von Gold führte. Da Westeuropa und insbesondere die Bundesrepublik sowie Japan wachsende Handelsüberschüsse erwirtschafteten, war es nicht mehr sicher, dass ihre Dollarreserven zum offiziellen Kurs oder überhaupt in Gold umgetauscht werden konnten. Frankreich konvertierte einen Großteil seiner Dollarreserven in Gold, was das System weiter schwächte. Nach 1969 ließ die Bundesrepublik die Mark frei flottieren. Da die Vereinigten Staaten es versäumten, ihre Ausgaben zu begrenzen oder ihre Zinsen zu erhöhen, konnten die Bundesrepublik und Japan, die sich beide größeren geld- und finanzpolitischen Beschränkungen unterwarfen, für ihre Staatsanleihen in Mark und Yen eine bessere Rendite anbieten. Dadurch kam der Dollar noch mehr unter Druck.[184]

Im Laufe der 1960er und frühen 1970er Jahre ließ sich Bretton Woods immer weniger halten. Wirtschaftswissenschaftler und Politiker, die flexible Wechselkurse bis dahin mehrheitlich abgelehnt hatten, befürworteten sie nun. Große US-amerikanische Banken witterten ihre Chance und verlangten darüber hinaus die Liberalisierung der Kapitalmärkte. Sie gewannen stark an Einfluss, als Richard Nixon 1969 amerikanischer Präsident wurde.[185]

Angesichts der Zuspitzung der Krise verabschiedeten sich die Vereinigten Staaten von mehreren institutionellen Grundlagen des Goldenen Zeitalters. Am 15. August 1971 hob Präsident Nixon die Goldkonvertibilität des Dollars auf, ein Schritt, der einen der Grundpfeiler des Systems von Bretton Woods über den Haufen warf und ein neues globales System flexibler Wechselkurse begründete. Und da das System der festen Wechselkurse auf einer Beschränkung der internationalen Kapitalströme beruht hatte, erodierte mit dem Ende der festen Wechselkurse auch die kooperative Kontrolle der Kapitalströme. Die internationalen Finanzmärkte erlebten ein spektakuläres Wachstum, was auf den Devisenmärkten zu erhöhter Volatilität und in vielen Ländern zu neuem Druck auf die Währungsstabilität führte. Durch das Ende von Bretton Woods wurde faktisch dem heute so genannten neoliberalen Projekt einer deregulierten globalen Marktwirtschaft der Weg geebnet.[186]

Kurz darauf geriet auch das Goldene Zeitalter unter immensen Druck, weil es beim wichtigsten Rohstoff der industriellen Welt, dem Öl, eine Versorgungskrise gab. Billiges Öl war eine der Grundlagen dafür gewesen, dass dieses System nach dem Zweiten Weltkrieg Bestand gehabt hatte. Als der Ölpreis im Oktober 1973 plötzlich enorm stieg, waren die Auswirkungen auf der ganzen Welt zu spüren. Das später als Ölkrise bezeichnete Phänomen hatte zwei Stadien: Zunächst reduzierte die Organisation der Erdöl exportierenden arabischen Staaten (OAPEC) die Ölproduktion und stellte die Öllieferungen an die Vereinigten Staaten (und später auch an die Niederlande und Portugal) ein, weil westliche Mächte im Yom-Kippur-Krieg von 1973 Israel unterstützten. Dann reagierte die Organisation erdölexportierender Länder (kurz OPEC) mit gewaltigen Preiserhöhungen. Insgesamt vervierfachte sich der Ölpreis damals in weniger als drei Monaten. Das Versprechen eines unbegrenzten Wirtschaftswachstums in den industriellen Kerngebieten, das durch billige fossile Brennstoffe und die Marginalisierung der Rohstoffproduzenten ermöglicht wurde, klang plötzlich hohl.[187]

Die Ölkrise, an die man sich im Globalen Süden auch unter der Bezeichnung «Öl-Revolution» erinnert, weil sie versprach, etwas vom Reichtum der Welt neu zu verteilen, war ein Wendepunkt: Zum ersten Mal nutzte eine Gruppe von Ländern des Globalen Südens gemeinsam ihre Kontrolle über einen wichtigen Rohstoff, um die Grundstruktur der Weltwirtschaft zu verändern. Die OPEC war 1960 gegründet worden und hatte ursprünglich aus Venezuela, dem Iran, dem Irak, Saudi-Arabien und Kuwait bestanden, denen sich schon bald auch die Vereinigten Arabischen Emirate, Katar, Ecuador, Indonesien, Nigeria, Algerien und Libyen anschlossen. Indem rohstoffreiche Länder des Globalen Südens neue solidarische Bündnisse eingingen, bekamen sie nicht nur in Bezug auf ihre eigenen Angelegenheiten, sondern auch in Bezug auf die Weltwirtschaft eine machtvollere Stimme.

Zwei Jahrhunderte zuvor war der Kriegskapitalismus von Orten an seiner Peripherie wie Saint-Domingue herausgefordert worden. Und nun destabilisierte die Peripherie auch die Ordnung eines Industriekapitalismus, desseen Energieverbrauch zu seiner Achillesferse geworden war. Obwohl einige europäische Mächte, insbesondere Frankreich, sich der Kernenergie zuwandten, verstärkten die Preissprünge beim Öl den Inflationsdruck. Allein die Ölpreiserhöhung von 1973 hatte zur Folge, dass 70 Milliarden US-Dollar aus den ölverbrauchenden in die ölproduzierenden Länder flossen.[188]

Wenigstens für einige Länder des Globalen Südens schienen die nationalen Entwicklungsprojekte der 1950er und 1960er erstmals zu einer sinnvollen Neuordnung der Hierarchien in der Weltwirtschaft zu führen. Die ölexportierenden Länder machten ein Vermögen, auch wenn sie den größten Teil ihrer zusätzlichen Einnahmen in den Erwerb von Rüstungsgütern steckten.[189] Anderswo im Globalen Süden jedoch hatte die Ölkrise letztlich verheerende Auswirkungen: Die gestiegenen Energiepreise lösten bei den ölimportierenden Ländern eine Entwicklung aus, die zu noch höheren Schulden führte. Schon Mitte 1974 wies das amerikanische Außenministerium auf die künftigen «Konsequenzen der Energiekrise auf die Zahlungsbilanz der LDC [Less Developed Countries – weniger entwickelte Länder]» hin und warnte vor schweren Erschütterungen. Im Senegal «wird erwartet, dass die Ölrechnung von 23 auf 76 Millionen Dollar steigt, ein Anstieg, der einem Viertel des Staatshaushalts entspricht».[190]

Die ölexportierenden Länder wiederum suchten auf den globalen Finanzmärkten immer dringender nach Anlagemöglichkeiten für ihren immensen Reichtum. Nach dem Ende des Ölembargos floss dieser Reichtum in die Zentren der amerikanischen Finanzindustrie, ein Trend, der sich beschleunigte, als die Vereinigten Staaten zum ersten Mal große Mengen saudischen Öls importierten und die Saudis sich verpflichteten, ihre Gewinne im amerikanischen Finanzsektor zu investieren. Die mit Petrodollars gestopften New Yorker Banken gewährten den ölimportierenden Ländern des Globalen Südens daraufhin immer höhere Kredite. So bereitete die Ölkrise den Boden für die globale Schuldenkrise der 1980er Jahre, als der IMF die Schuldnerländer zu einer Sparpolitik zwang, um ihre Haushalte zu sanieren, und damit die Hoffnung auf die Neue Weltwirtschaftsordnung dämpfte, wenn nicht gänzlich zerstörte. Außerdem trugen die Petrodollars, die durch die Weltwirtschaft schwappten, zu einem Phänomen bei, das als «Finanzialisierung» bezeichnet wird: die zunehmende Bedeutung des Finanzsektors und der Vermittlung von Finanzinstrumenten für das Wirtschaftsleben.[191]

Die Kapitalbesitzer änderten ihre Geschäftsstrategien, um verschiedene

Beschränkungen des Goldenen Zeitalters zu umgehen – und trugen dadurch zu seiner weiteren Destabilisierung bei. Sie organisierten sich so, dass sie der regulatorischen Reichweite und den Besteuerungsmöglichkeiten der einzelnen Nationalstaaten entrinnen konnten. So entstanden, just als die Regierungen mächtiger und interventionistischer wurden, neue Wirtschaftsräume, die die Ordnung des Goldene Zeitalters unterliefen.

Der Kapitalismus war schon immer global gewesen, nun jedoch wurde auch die Produktion zunehmend transnational – was erhebliche Auswirkungen auf den sozialen Ausgleich in den industriellen Kerngebieten haben sollte. Schon während der gesamten Goldenen Jahre hatte eine kleine, aber wachsende Zahl von Unternehmen begonnen, ihre Bindung an die Nationalstaaten zu lösen. Die direkten Auslandsinvestitionen in die Produktion verzehnfachten sich, insbesondere die amerikanischen stiegen sprungartig an. Einige davon hatten eine lange Geschichte. Schon der Vorläufer von IBM hatte ab 1914 eine Niederlassung in Australien und ab 1928 auch eine in China gehabt. Ford hatte 1911 in Großbritannien, 1913 in Argentinien, 1925 in Deutschland und 1923 in Südafrika Werke eröffnet. Nach dem Krieg jedoch wurden solche Investitionen viel häufiger und auch größer. Im Jahr 1957 investierten 45 amerikanische Unternehmen (unter ihnen etwa IBM und Newmont Mining) jeweils mehr als 100 Millionen Dollar im Ausland, 2800 weitere tätigten bescheidenere Auslandsinvestitionen, die in der Summe aber immer noch erheblich ausfielen.[192] Als die Kolonialreiche zerfielen, zu denen entsprechende Unternehmen wie die britisch-australische Bergbaugesellschaft Rio Tinto, die britische HSBC (Hong Kong and Shanghai Banking Corporation) und die Textilfabriken im französischen Mulhouse einst gehört hatten, erfanden diese sich als multinationale Konzerne neu.

Japanische Multis gab es vergleichsweise weniger, und sie agierten in der unmittelbaren Nachkriegszeit langsamer, aber auch sie investierten global. Bis 1974 konnte man 36 der 500 größten japanischen Industrieunternehmen als multinationale Konzerne betrachten, so etwa Toray, Teijin, Toyobo, Kanebo, Hitachi, Toshiba, Sanyo, Ajinomoto, Mitsubishi, Matsushita Electric, Nippon Steel und Nissan Motor. Anfang der 1970er Jahre beschäftigten japanische Firmen, die im Kongo Kupfer abbauten, in Saudi-Arabien nach Öl bohrten, in Thailand Baumwolle spannen, in den Vereinigten Staaten Fernsehgeräte zusammenbauten, in Mexiko Autos herstellten und in Brasilien Schiffe bauten, jeweils Arbeiter vor Ort.

Firmen aus anderen Ländern verfolgten ähnliche Strategien. Einer der am globalsten aufgestellten Konzerne überhaupt, der Schuhhersteller Bata, war 1894 in der kleinen tschechischen Stadt Zlín gegründet worden. Schon in den 1920er Jahren hatte Bata Produktions- und Verkaufsstellen auf der ganzen Welt errichtet, und in den 1980er Jahren produzierte und verkaufte das inzwischen in Kanada ansässige Unternehmen Schuhe in 90 Ländern und beschäftigte die verblüffende Zahl von 88 000 Arbeitern. Ähnlich besaß auch der deutsche Volkswagenkonzern ab den 1970er Jahren Werke in Brasilien, Mexiko, Südafrika, Australien, Indonesien und Nigeria, sodass bis 1975 37 Prozent seiner Autos von solchen nichtdeutschen Fließbändern kamen.[193]

In den 1970er Jahren beschleunigte sich dieser Trend. In einer weitblickenden Analyse beschrieben die drei deutschen Sozialwissenschaftler Folker Fröbel, Jürgen Heinrichs und Otto Kreye 1977, was sie als die «neue internationale Arbeitsteilung» bezeichneten. Ihre erschöpfende Analyse der deutschen Textil- und Bekleidungsindustrie zeigte, dass im Jahrzehnt zuvor eine stetig wachsende Zahl von Firmen ihre Produktion in die Niedriglohnländer des Globalen Südens verlegt hatte. Das gewaltige Arbeitskräftepotential in den ländlichen Räumen des Globalen Südens, neue Transport- und Kommunikationstechnologien sowie die Fähigkeit, Produktionsprozesse in immer kleinere und potenziell geografisch getrennte Bestandteile zu zerlegen, hatten den Unternehmern die Möglichkeit gegeben, aus Regionen mit hohen Löhnen und starker Regulierung zu fliehen.

Der Konkurrenzdruck wuchs, zunächst lokal und dann überall. Zum ersten Mal verließen Unternehmen die industriellen Kerngebiete, ließen sich im Globalen Süden nieder und beschäftigten dort junge Frauen (90 Prozent der Arbeitskräfte waren weiblich) – eine Entwicklung, die Fröbel, Heinrichs und Kreye für so bedeutsam hielten, dass sie sie als völlig neue Phase in der Geschichte des Kapitalismus ansahen. Die Löhne waren geringer, die Arbeitstage länger, eine allem Anschein nach unendliche Zahl von Arbeitskräften war verfügbar, und sie ließen sich schnell wieder entlassen. Im Zusammenhang mit einem Versuch, internationales Kapital anzuziehen, lobte die Regierung von Malaysia das «handwerkliches Geschick» der «orientalischen Frau»; deren Durchhaltevermögen und Schnelligkeit, prahlten die Regierungsvertreter, prädestinierten sie zu einer effektiven Arbeiterin für die «Serienfertigung».[194]

Die exportorientierte Fertigung trat im Globalen Süden zunehmend an die Stelle der Rohstoffexporte und führte zu einer weltweiten Reorganisation der Produktion. In den 1970er Jahren endeten die 100-jährigen Flitterwochen zwischen Nationalstaat und nationalem Kapital mit einer (bedingten) Scheidung. Nicht, dass es auf den Staat nicht mehr angekommen wäre – das war immer noch der Fall –, aber das Kapital kam in die beneidenswerte Lage, sich «seinen» Staat aus einer kontinuierlich wachsenden Zahl von Standorten, die um seine Ansiedlung konkurrierten, aussuchen zu können. Damit gab es nicht mehr nur einen Weltmarkt für Arbeitskräfte, sondern auch einen für Produktionsstandorte.[195]

Diese Standortwechsel waren ein Problem für das Produktionsmodell, das für die Nachkriegsordnung grundlegend gewesen war: den Fordismus. Die Verknüpfung von Massenproduktion und Massenkonsum, von hohen Löhnen, stabiler Beschäftigung und großzügigen Sozialleistungen wurde von außen angegriffen und von innen geschwächt.[196] Während sich das System auflöste, versuchte die Wissenschaft, sich einen Reim darauf zu machen. Laut einer Gruppe französischer Forscher, die sich als «Regulationsschule» bezeichneten, war der Fordismus als spezifische Regulationsmethode im Kapitalismus in eine so starke Krise geraten, dass er sich nicht mehr reproduzieren konnte.[197] Andere behaupteten, ein «Kondratiev-Zyklus» (ein besonders langer ökonomischer Zyklus, der von einer bestimmten Reihe von Technologien getragen wird) sei zu Ende gegangen und werde durch ein neues Paradigma ersetzt.[198] Der bekannte US-amerikanische Soziologe Daniel Bell vertrat die Ansicht, der Kapitalismus habe seine «postindustrielle» Phase erreicht (eine spektakuläre Fehleinschätzung, da die Welt kurz vor der intensivsten Industrialisierung der Geschichte stand).[199]

Auch nach Wegen aus der Krise wurde gesucht. Dabei feierten die amerikanischen Sozialwissenschaftler Michael J. Piore und Charles Sabel, was sie als «flexible Spezialisierung» bezeichneten, ein Phänomen, das sie an kleinen, höchsten Qualitätsansprüchen genügenden Firmen mit hochqualifizierten und sehr gut bezahlten Mitarbeitern festmachten, die sich in der Toskana und anderswo ausbreiteten.[200] Andere sahen die Zukunft in einer Neuauflage von Joseph Schumpeters heroischen Unternehmern (seine Schriften kamen wieder in Mode), wieder andere hielten einen erst vage definierten «Toyotismus», eine flexiblere Form der Massenproduktion, für die Zukunft.[201] Doch egal, welche Reformen und künftige Systeme imaginiert wurden, die alte fordistische Ordnung war am Ende.

Nicht nur die Produktion, auch das Kapital selbst wechselte den Standort. Es ging da hin, wo die Produktion (wegen geringerer Steuern) billiger war, die Akkumulation schneller vonstatten ging und wo es wegen geringerer Regulierung mehr Möglichkeiten hatte. Eines der besonderen Merkmale des 20. Jahrhunderts bestand ja darin, dass der Staat das Kapital einhegte, indem er es besteuerte, seine Erscheinungsformen regulierte und seine Mobilität begrenzte. Doch die Vervielfältigung der Rechtsräume im Gefolge der Dekolonisierung eröffnete dem Kapital einen Weg, wie es diesen Kosten und Regulierungen entrinnen konnte.

Erste, als Steueroasen bezeichnete neue Rechtsräume waren (etwa in der Schweiz) schon nach dem Ersten Weltkrieg entstanden, als einige Länder eine Einkommenssteuer einführten. Wie die Historikerin Vanessa Ogle gezeigt hat, vervielfältigten sich diese Rechtsräume nach dem Zweiten Weltkrieg, es entstanden Steueroasen wie die Kaimaninseln, die Bahamas, die Britischen Jungferninseln, Hongkong, Singapur und Malta. Sie wurden häufig eingerichtet, damit Investitionen aus den dekolonisierenden Teilen der Welt leichter abgezogen werden konnten, ohne künftige Erträge der hohen Besteuerung zu unterwerfen, die sich in den industriellen Kerngebieten etabliert hatte. Die Londoner Investmentbank Kleinwort Benson gründete Treuhandgesellschaften auf den Bahamas als Instrument zur Vermeidung von Steuerzahlungen. Als diese institutionelle Struktur und die notwendigen Fertigkeiten einmal etabliert waren, erreichten Experten in den 1970er Jahren und danach eine rapide Steigerung des Offshorings.

Die gewaltigen Kapitalmengen, die sich an diesen Orten ansammelten, ermöglichten eine weitere Finanzialisierung des Wirtschaftslebens, da das zirkulierende Geld nicht an spezifisches Anlagevermögen gebunden war, sondern am jeweils vielversprechendsten Standort und in der vielversprechendsten Branche der größtmöglichen Rendite nachjagte. Im Jahr 2014 waren etwa 7,6 Billionen oder acht Prozent des gesamten Finanzvermögens rechtlich in Steueroasen beheimatet. Wieder einmal war es nicht zunehmende Homogenität, sondern zunehmende Differenz, die den globalen Kapitalismus antrieb.[202]

Die Steueroasen, die Erschöpfung des Fordismus und die neue internationale Arbeitsteilung trugen zur wirtschaftlichen Malaise in den industriellen Kerngebieten bei. Sie verminderten allesamt die Steuereinnahmen des Staates, indem sie den Steuerwettbewerb anheizten und Volkswirtschaften mit hohen Löhnen durch die Erleichterung von Billigimporten aus Niedriglohnländern schwächten. Die Wohlstandsinseln waren nämlich immer noch mit dem Meer verbunden. Und dann kam die Arbeitslosigkeit. In Frankreich stieg sie von 2,23 Prozent im Jahr 1970 auf 5,16 Prozent im Jahr 1979; in der Bundesrepublik betrug sie 1970 noch weniger als ein Prozent, stieg aber bis 1975 auf beinahe fünf Prozent. In den Vereinigten Staaten lag sie Anfang 1970 um die vier Prozent und stieg 1975 auf neun Prozent. Gleichzeitig verschärfte sich entgegen der herrschenden ökonomischen Lehre auch die Inflation. Im Jahr 1970 lag die Inflationsrate in Frankreich bei 5,6, in der Bundesrepublik bei 3,0, in den Vereinigten Staaten bei 6,2 und in Italien bei 4,3 Prozent. Fünf Jahre später war sie in Frankreich auf 14,5, in der Bundesrepublik auf sechs, in den Vereinigten Staaten auf 11,8 und in Italien auf 24,1 Prozent gestiegen.

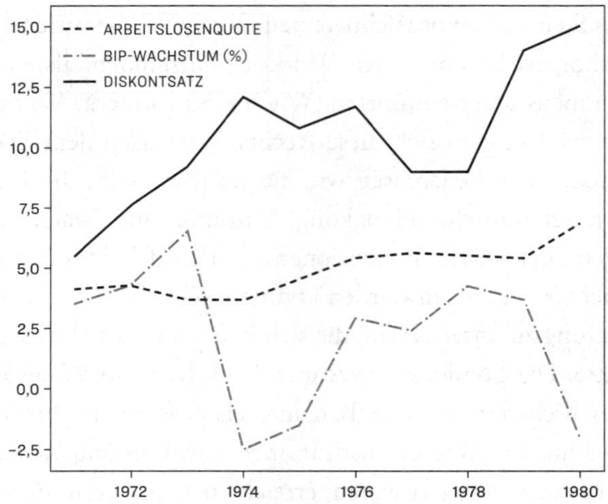

Stagflation im Vereinigten Königreich, 1971–1980.

In Japan kletterte die Inflation von 6,1 Prozent im Jahr 1971 auf 11,8 im Jahr 1975.[203]

Dass Arbeitslosigkeit und Inflation gleichzeitig stiegen, überraschte viele Ökonomen, und sie bezeichneten die unerwartete Kombination als «Stagflation». Dieses Kofferwort aus «Stagnation» und «Inflation» steht für eine Welt, in der hohe Arbeitslosigkeit mit einer hohen Inflation und einem langsamen Wirtschaftswachstum einhergeht. Es war vermutlich der britische konservative Abgeordnete Iain Macleod, der den Begriff schon im November 1965 prägte.[204] In September 1970 erschien im Nachrichtenmagazin *Time* der Artikel «Britain's struggle with stagflation», der den britischen Kampf mit der Stagflation aus amerikanischer Sicht schilderte. Der Autor des Artikels meinte, Großbritannien leide wieder einmal unter einer seiner «periodischen Wirtschaftskrisen, die das Land zum chronischen Pflegefall Europas machten». Im ersten Quartal 1970 war seine reale Produktion um ein Prozent gesunken, und die Einzelhandelspreise waren zwischen Januar und September 1970 um 7,7 Prozent gestiegen. Zudem hatten sich die Grundlohnsätze von Januar bis Juli um 9,9 Prozent erhöht.[205]

In September 1970 konnte man die Stagflation noch als rein britisches Problem betrachten. Aber im weiteren Verlauf der 1970er Jahre wurde klar, dass sie ein Problem des ganzen Westens war. Die Inflation hatte sich in den Vereinigten Staaten schon ab den späten 1960er Jahren beschleunigt, als die schuldenfinanzierten Ausgaben für den Vietnamkrieg gleichzeitig mit den Sozialausgaben stiegen. Ab den 1970er Jahren wurde der Begriff Stagflation von Wirtschaftswissenschaftlern, Politikern und Journalisten häufiger verwendet, wobei seine Nutzung in englischsprachigen Büchern in den frühen 1980er Jahren ihren Höhepunkt erreichte. Stagflation war ein Problem für das herrschende ökonomische Denken, weil die Inflation nach der von den Keynesianern für richtig gehaltenen Phillipskurve bei wachsender Arbeitslosigkeit abnehmen musste. In den 1970er Jahren war dies nicht der Fall. Als die Wirtschaftswissenschaftler versuchten zu verstehen, was es mit der Stagflation auf sich hatte, zählten sie den Ölpreisschock und geringere Produktivitätsfortschritte zu ihren potenziellen Ursachen.[206]

In den industriellen Kerngebieten hatte die Inflation verschiedene Auswirkungen auf verschiedene Bevölkerungsgruppen, und sie führte zu robusten politischen Reaktionen, nicht zuletzt, da sie Investoren mit Finanzvermögen schwer traf, insofern ihre Investitionen an Wert verloren. Die Arbeiter dagegen waren weniger stark betroffen, zumindest wenn ihre mächtigen Gewerkschaften entsprechende Lohnerhöhungen ausgehandelt hatten (was sie oft taten). Hausbesitzer aus der Arbeiter- und der Mittelklasse wiederum profitierten direkt von der Inflation, da sie einen geringeren Anteil ihres Einkommens für die Abzahlung der Hypotheken aufwenden mussten.[207] Diese unterschiedlichen Auswirkungen waren wieder einmal ein Zeichen dafür, welche Macht die Arbeiterorganisationen in den Goldenen Jahren besaßen. Der politisch konservative Investmentbanker George Gilder ging so weit, Inflation als «Krieg gegen den Wohlstand» zu bezeichnen.[208] Arthur Burns, der Vorsitzende der Federal Reserve, stimmte ihm vollen Herzens zu und forderte «schwierige Anpassungen».[209]

Die sich verschärfende Krise erreichte schon bald den Globalen Süden. Als sich die ölimportierenden Länder dort mit schnell steigenden Ölrechnungen konfrontiert sahen, nahmen sie mehr und mehr Schulden auf, um Bevölkerung und Unternehmen mit den notwendigen fossilen Brennstoffen zu versorgen. Als Erste traf es die Exporteure von Metallen, die mit hohem Energieverbrauch veredelt werden mussten. So litt etwa die Bauxitindustrie Jamaikas darunter, dass die europäische und amerikanische Aluminiumnachfrage sank, wodurch die Sozialprogramme des jamaikanischen Ministerpräsidenten Michael Manley unter Druck gerieten. Das Land bekam einen Kredit vom Internationalen Währungsfonds, der an strenge Bedingungen geknüpft war, aber es wandte sich auch an Rohstoffhändler um Hilfe. Daraufhin arrangierte der schweizerische Rohstoffhändler Marc Rich eine Notlieferung von 300 000 Barrel Rohöl, und 1985 lieh er der jamaikanischen Regierung Geld, um das notleidende Aluminiumwerk von Alcoa zu sanieren.* Als Gegenleistung bekam er das alleinige Recht, das von dem Werk produzierte Aluminium für nur 9,25 Prozent des Preises zu kaufen, den es in London brachte – ein Geschäft, das er direkt mit der jamaikanischen Regierung aushandelte. Zaire geriet in eine ähnliche Krise, als mitten in der Ölkrise die globale Nachfrage nach Kupfer einbrach. Es lieh sich Dollar beim IWF und wurde gezwungen, seine verstaatlichten Bergbauunternehmen zu reprivatisieren, Arbeiter zu entlassen und die Besteuerung der Bauern zu erhöhen.[210] Das Zeitalter der Verstaatlichungen war im Begriff, ein Ende durch Notverkäufe zu nehmen.

Dollar standen zur Verfügung, aber als die Zinsen enorm anstiegen, weil der Vorsitzende der Federal Reserve Paul Volcker zur Inflationsbekämpfung die Leitzinsen erhöhte (der sogenannte Volcker-Schock), brach das Kartenhaus der überschuldeten Volkswirtschaften zusammen. Bis 1982 waren mindestens 40 Länder mit ihrer Schuldentilgung im Rückstand, und die US-amerikanischen Banken waren immer weniger zu einer Umschuldung bereit. Costa Rica, Nicaragua, Honduras, Argentinien, Brasilien und El Salvador standen alle kurz vor der Zahlungsunfähigkeit. Durch die vom IWF verhängten Umstrukturierungsmaßnahmen fiel das BIP in Südamerika um neun Prozent pro Kopf, und die Ungleichheit nahm extrem zu.

Am schwersten war die Krise in Mexiko, das 1982 die Schuldentilgung einstellte und mit dem IWF und einem Bankenkonsortium in Verhandlungen trat. Das Ölexportland litt sowohl unter dem drastischen Verfall der Ölpreise im Gefolge des Volcker-Schocks als auch unter den neuen strengen monetären Bedingungen. Im Jahr 1986 lag sein BIP immer noch auf dem Niveau von 1982. Für einen Bail-out im Jahr 1985 wurde das Land zur Entlassung von 20 000 Staatsbediensteten gezwungen.[211] Auch wenn der Kolonialismus bis zu den 1980er Jahren größtenteils beendet war (und in Mexiko fast zwei Jahrhunderte früher geendet hatte), schwächten die Disparitäten des globalen Kapitalismus viele Staaten immer noch so sehr, dass sie fast keinen Bewegungsspielraum besaßen.

Außer den heftigen Spannungen innerhalb der Ordnung des Goldenen Zeitalters gab es auch zahlreiche Rebellionen gegen deren Grundüberzeugungen. Wie wir bei der Entstehung des Industriekapitalismus mehr als ein Jahrhundert zuvor gesehen haben, war der Gestaltwandel des globalen Kapitalismus auch immer durch das Aufbegehren der breiten Bevölkerung und der Elite bedingt gewesen und wurde davon sogar vorangetrieben. Dies war auch bei den *trente glorieuses* der Fall.

Einige der Rebellionen gingen von den Kapitalbesitzern aus. Sie waren höchst unzufrieden mit den institutionellen Beschränkungen, die der eingebettete Liberalismus geschaffen hatte: die starke Position der Gewerkschaften, die gewaltige Ausweitung von Umfang und Aufgabenbereich des Staates und die Hemmnisse durch eine internationale Ordnung, in der die dekolonisierenden Staaten zunehmend selbstbewusst auftraten und sich der kommunistische Einflussbereich ausdehnte. So kündigten sie den Gesellschaftsvertrag der Nachkriegsjahre auf.

Als sie in den frühen 1970er Jahren durch steigende Löhne, immer schärfere Konkurrenz (wegen der sie die Preise nicht erhöhen konnten), große Investitionen in schlecht funktionierende, aber ortsgebundene Vermögenswerte und durch die Inflation (die den Wert ihrer Finanzmittel reduzierte) unter wachsenden Druck gerieten, gingen sie auf die Barrikaden. Der wichtigste Faktor dabei waren vermutlich die Gewinne: Da die Löhne stärker als die Produktivität stiegen, verringerten sich die Gewinne. In der Zeit von 1969 und 1973 stiegen die Löhne in den Vereinigten Staaten doppelt so schnell wie die Produktivität, was teilweise auf die Macht der Gewerkschaften zurückzuführen war. In Europa wuchs die Produktivität um 4,2 Prozent und die Löhne stiegen um fünf Prozent, in Japan waren es 7,8 und 10,6 Prozent.[212]

Obwohl die Geschäftsleute eine Gruppe waren, deren Mentalität und deren Neigungen vom Konkurrenzkampf gegeneinander geprägt waren, legten sie in dieser Situation eine eindrucksvolle Fähigkeit zum kollektiven Handeln an den Tag. Natürlich gab es auch Unternehmer, die die institutionelle Ordnung, die nach 1945 in den industriellen Kerngebieten entstanden war, schon immer abgelehnt hatten, aber sie waren eindeutig eine Minderheit gewesen, die von mächtigen sozialen und politischen Kräften an den Rand gedrängt wurde. In den Vereinigten Staaten hatten die National Association of Manufacturers, die Foundation for Economic Education und das American Enterprise Institute die Ordnung des New Deal und die Keynesianische politische Ökonomie schon früh abgelehnt, aber ihre Stimmen waren in der allgemeinen Unterstützung für den institutionellen Rahmen der Nachkriegsjahre untergegangen.[213] In Großbritannien hatte das 1955 gegründete Institute of Economic Affairs den Anti-Keynesianismus am Leben erhalten, und in Frankreich war 1947 die vom Centre National du Patronat Français (CNPF) unterstützte Association de la Libre Enterprise (ALE) zur «Verteidigung und […] Propagierung unternehmerischer Freiheit» in Aktion getreten.[214]

Diese Gruppen von Geschäftsleuten hatte sich mit einer Gruppe gleichermaßen marginalisierter Intellektueller verbunden (und sie finanziert), die größtenteils aus Ökonomen mit dem Langzeitprojekt bestand, die institutionellen Arrangements des Goldenen Zeitalters zu untergraben. Sie hatten sich in der Mont Pèlerin Society organisiert, einer obskuren, aber globalen Gruppe, die nach dem schweizerischen Berg benannt war, in dessen Schatten sie sich 1947 auf Initiative des in Österreich geborenen utopistischen Ökonomen Friedrich Hayek gegründet hatten. Während der gesamten 1950er und 1960er Jahre agitierten sie gegen den «Weg zur Knechtschaft», den Wohlfahrtsstaat, den Ausgleich mit der Gewerkschaftsbewegung, den Wirtschaftsnationalismus der dekolonisierten Länder und die internationalen regulativen Institutionen, auf die man sich in Bretton Woods geeinigt hatte.[215]

Diese randständigen, aber gut finanzierten Stimmen waren anfangs ideologisch rein, aber politisch machtlos, lieferten dann jedoch die ideologischen Grundlagen für die Rebellion der Kapitalbesitzer, die sich in den 1970er Jahren in den industriellen Kerngebieten entfaltete. So attackierten sie die wichtigsten Grundpfeiler des Goldenen Zeitalters. Ihrer Ansicht nach sollten die Wechselkurse freigegeben, der Sozialstaat zurückgefahren und die Gewerkschaften geschwächt, die Kapitalrendite erhöht, die Löhne gekürzt und die Inflation bekämpft werden. Die vielleicht wichtigste Forderung der Gruppe jedoch lautete, die Wirtschaft vor dem zu schützen, was ihre Vertreter als politische Einmischung betrachteten, und den von den Vertretern der Neue Weltwirtschaftsordnung propagierten Wirtschaftsnationalismus zu beenden. Die Vertreter der Gruppe waren sich bewusst, dass sie ein radikales Projekt verfolgten, das politischen Gegenwind hervorrufen würde, aber sie waren bereit, sich in die Schlacht zu werfen. Für die Zeitschrift *Business Week* war die Richtung 1974 klar: «Viele Amerikaner werden eine bittere Pille zu schlucken haben, wenn sie mit weniger auskommen sollen, damit die Großunternehmen mehr haben können.»[216]

Um ihr Projekt voranzubringen, handelten Kapitalbesitzer und neoliberale Intellektuelle sowohl auf nationaler als auch auf internationaler Ebene gemeinsam. In den Vereinigten Staaten gründeten sie 1972 den Business Roundtable, der erhebliche Teile der amerikanischen Geschäftswelt zusammenbrachte, um gegen die vom New Dal geprägte Ordnung zu agitieren. Politische Aktionskomitees (PACs) waren ein weiteres Mittel, um Wirtschaftsinteressen zu mobilisieren. Kurz darauf wurden Thinktanks gegründet: die Heritage Foundation 1973, das Cato Institute 1977 und das Manhattan Institute 1978; es waren nur einige von vielen. Diese Denkfabriken konzentrierten sich zwar auf verschiedene Themen und befürworteten unterschiedliche politische Strategien, waren sich jedoch darin einig, dass die amerikanische (und die globale) politische Ökonomie neu gestaltet werden musste. Außerdem wurden sie alle von reichen Kapitaleignern finanziert. In Großbritannien kam es zu einer ähnlichen Entwicklung. Im Jahr 1974 gründeten Aktivisten mithilfe von Unternehmern das Centre for Policy Studies, im Jahr 1967 hatte sich eine Gruppe von Geschäftsleuten zur Unterstützung des «freien Unternehmertums» in der Industrial Policy Group zusammengeschlossen und gründete 1977 das Adam Smith Institute.[217]

Weniger beachtet, aber nicht weniger wichtig ist die Tatsache, dass auch im Globalen Süden die Kapitalbesitzer zunehmend gegen ihre untergeordnete Position in ihren eigenen Ländern rebellierten, die ihnen zwar genutzt hatte, als sie sich vom europäischen Kolonialismus emanzipierten, nun aber ihren Spielraum spürbar einengte. So führte, um ein sehr frühes Beispiel zu nennen, die Unzufriedenheit der indischen Kapitaleigner mit der Wirtschaftspolitik der Regierung dazu, dass der Unternehmer Ardeshir Darabshaw Shroff 1956 das Forum of Free Enterprise gründete.[218] Das Forum startete eine Kampagne, um «die Öffentlichkeit über die verfehlte Politik der herrschenden Partei zu unterrichten und das Land davon zu überzeugen, dass der Versuch, einen sozialistischen Staat zu errichten, nicht im höchsteigenen Interesse der Hunderte Millionen Menschen liegt, die dieses Land bewohnen».[219]

Einige Jahre darauf forderten einige parsische und gujaratische Geschäftsleute, unter denen die Familie Tata am bekanntesten war, die regierende Kongresspartei heraus. Sie beteiligten sich an der Gründung der Swatantra-Partei, die sich gegen den «sozialistischen» Weg wendete, den die Kongresspartei ihrer Ansicht nach seit Mitte der 1950er Jahre eingeschlagen hatte.[220] «Die Aufgabe des Staates ist nicht die Wirtschaft, sondern die Regierung», hieß es im Manifest der Partei.[221] J. R. D. Tata brachte diese Einstellung im August 1968 nachdrücklich zum Ausdruck:

> Tatsächlich liegt die einzige besorgniserregende Konzentration wirtschaftlicher Macht heute in den Händen unserer Minister, Planer und Regierungsbeamten. Es ist diese Konzentration wirtschaftlicher Macht, die die wirkliche Bedrohung für unsere Demokratie darstellt. Es ist die wirtschaftliche Macht in den Händen dieser Herren und nicht in denen der Industriellen, die die quälenden Verzögerungen, die schlecht konzipierten Maßnahmen und das Missmanagement verursacht, unter denen unsere Wirtschaft schon so lange leidet.[222]

Solche Ansichten waren zwar nicht typisch für alle Geschäftsleute, aber sie verbreiteten sich im Globalen Süden, bis schließlich eine politisch mächtige Gruppe kapitalbesitzender Aktivisten entstanden war, die nach neuen Wegen suchten, ihre Welt zu gestalten. In Chile etwa traten Teile der Geschäftswelt in Opposition zum entwicklungsorientierten Nationalstaat und wandten sich insbesondere gegen die linksgerichtete Politik der 1960er und frühen 1970er Jahre. Intellektuelle und Kapitalbesitzer wie Álvaro Saieh und Agustín Edwards bauten zur Bekämpfung des herrschenden Wirtschaftsnationalismus eine institutionelle Infrastruktur auf, die unter anderem das 1963 gegründete Center for Social and Economic Studies (CESEC) und den 1968 gegründeten Jachtclub Cofradía Náutica del Pacífico mit seinen neoliberalen Admiralen, Geschäftsleuten und Bankiers umfasste. Sie agitierten innerhalb der Geschäftswelt, und nach der Wahl Salvador Allendes zum Präsidenten gingen sie zu einem breit angelegten politischen Aktivismus über. Am Ende wurde der sogenannte Montagsclub zu einem Zentrum der chilenischen Wirtschaftseliten, die Allende stürzen wollten.[223]

Selbst im sozialistischen Tansania erhoben Unternehmer ihre Stimme gegen die alte Ordnung. Als am 8. Oktober 1977 Geschäftsleute zum ersten Mal seit 1967 wieder zu einer Konferenz in Daressalam zusammenkamen, beschwerten sie sich über die Schwierigkeit, Devisen zu beschaffen, über die politische Einmischung in unternehmerische Entscheidungen und über den «übermäßigen Schutz» der Arbeiter.[224]

Die Rebellion der Kapitalbesitzer war global geworden. Sie entfaltete sich im nationalen Rahmen, hatte aber eine internationale Stoßrichtung, durch die sie mächtige neue Verbündete gewann. Historisch gesehen hatten die Kapitalbesitzer zwischen Nationalismus und transnationaler Klassensolidarität oszilliert – die Geschichte der französischen und deutschen Eisen- und Stahlindustrie ist ein drastisches Beispiel für dieses Spannungsverhältnis. Nun appelierte die anti-keynesianische Mobilisierung eindeutig an die globale Klassensolidarität – ihr grundlegender Antrieb war die Zurückdrängung des Nationalstaats. In diesem kosmopolitischen Geist wurden die Rebellionen zunehmend in einem globalen Netzwerk von Institution vorbereitet.

So bot das jährliche Weltwirtschaftsforum in Davos (ab 1971) Gelegenheit, globale Positionen und eine globale Politik zu entwickeln. Neoliberale Thinktanks arbeiteten rund um die Welt eng zusammen. Wirtschaftswissenschaftliche Fakultäten begannen, globalen Einfluss auszuüben, und über ihre Alumni-Netzwerke schmiedeten sie weltweit Bündnisse. Gleichzeitig wurden ältere Organisationen wie die Internationale Handelskammer (ein «Parlament der Weltwirtschaft») wiederbelebt, die seit den 1920er Jahren versucht hatten, globale Klassenpositionen zu entwickeln. Ihnen ging es vor allem um den freien Handel und die Rechte internationaler Konzerne, und so agitierten sie gegen die Neue Weltwirtschaftsordnung, die viele führende Politiker des Globalen Südens anstrebten. Das so geschmiedete Bündnis zwischen Großunternehmern und Intellektuellen unternahm schließlich einen Frontalangriff auf den Kapitalismus des Goldenen Zeitalters.[225]

SO MACHTVOLL diese Angriffe der Elite auch waren, sie wären vermutlich gescheitert, wenn sie sich nicht mit anderen Rebellionen überschnitten hätten, die eine breitere soziale Basis hatten. Diese Rebellionen richteten sich gegen drei zentrale Merkmale des Goldenen Zeitalters: die geschlechtsbezogene Arbeitsteilung, nationale und globale rassistische Hierarchien und die ökologischen Auswirkungen des Industriekapitalismus. Zusammengenommen führten auch sie zu einer Schwächung der Ordnung des Goldenen Zeitalters, obwohl ihre Vorstellungen von der Zukunft keineswegs mit der der aufsässigen Wirtschaftseliten übereinstimmten, ja sogar radikal andere waren.

Sehen wir uns diese Rebellionen nacheinander an. Zuerst die genderbezogene. Wie wir am Beispiel Schwedens gesehen haben, beruhte das Goldene Zeitalter auf einer rigorosen Arbeitsteilung zwischen den Geschlechtern. Aber obwohl sich diese Ordnung zunächst festigte, erwies sie sich als brüchig. Als die Zahl der sogenannten «Hausfrauen» einen historischen Gipfelpunkt erreichte, wehrten sich schwedische Intellektuelle und Aktivistinnen immer häufiger gegen die Beschränkungen, die mit diesem Modell verbunden waren.

Im Jahr 1961 veröffentlichte die 29-jährige Eva Moberg einen Essay mit dem Titel «Kvinnans villkorliga frigivning» (Die bedingte Befreiung der Frauen). Inspiriert von Simone de Beauvoirs 1949 publiziertem und weltweit gelobtem Buch *Le deuxième sexe* (Das andere Geschlecht), vertrat Moberg die Ansicht, dass Männer und Frauen gegenüber ihren Kindern die gleiche Verantwortung trügen. Zwar könne die Nachfrage nach Arbeiterinnen als Möglichkeit zur Emanzipation gesehen werden, aber, so warnte Moberg ihre Leserinnen, diese Emanzipation zwinge den Frauen eine doppelte Verantwortung auf. Denn sie könnten nun zwar Geld verdienen, müssten aber immer noch die Kinder aufziehen und den Haushalt führen. Die aktuelle Situation müsse sich ändern, forderte Moberg, weil «das großzügigste Angebot, das die Gesellschaft den Frauen zu machen hat, darin besteht, in ihrer Familie Sklaven zu sein, während man ihnen vormacht, dass sie damit ihre natürliche Pflicht erfüllen».[226] Stattdessen, so Moberg, müssten Männer und Frauen die Vorstellung aufgeben, dass Frauen zwei Rollen haben sollten, und erkennen, dass «sowohl die Männer als auch die Frauen nur eine Rolle haben, nämlich Mensch zu sein». Weiter heißt es in ihrem Essay: «Zur *menschlichen Rolle* gehört als Notwendigkeit und moralische Pflicht, aber auch als große Bereicherung, eine beglückende Erfahrung und mehr noch, dass man gut für seine Nachkommen sorgt.»[227] Wenn man das nicht einsehe, müsse man wissen, dass man mit dafür verantwortlich sei, wenn die Frauen nie ganz emanzipiert würden, sondern ewig «auf Bewährung» seien.[228] Moberg schlug vor, die Ehe als Versorgungsinstitution abzuschaffen.[229]

Mobergs Kritik traf in Schweden einen Nerv. In Leitartikeln wurde ihr vorgeworfen, nicht das Patriarchat, sondern die Hausfrauen anzugreifen, weil sie ihnen angeblich das Recht absprach, sich für eine Leben als Hausfrau zu entscheiden. Ihre Kritiker vertraten die Ansicht, Frauen würden sich von Natur aus lieber um ihre Familie kümmern, als außer Haus zu arbeiten.[230]

Doch die Debatte war nicht mehr aus der Welt zu schaffen. Ganz im Gegenteil.[231] Sie erfasste auch die Politik. Gegen Ende der 1960er Jahre griff die SAP Mobergs Gedanken auf, dass beide Elternteile gleichermaßen für die Familie verantwortlich seien, und bot eine kollektive Lösung an: ein weiterer Ausbau des öffentlichen Sektors durch die Eröffnung zusätzlicher Kindertagesstätten, wodurch wiederum mehr Stellen für Frauen geschaffen würden.

Mobergs Schriften waren eine sehr frühe Ausprägung des sogenannten Feminismus der zweiten Welle; die erste Welle waren die Kämpfe für das Frauenwahlrecht um die Jahrhundertwende gewesen. Mit frischer Energie kritisierten die Frauen nun die traditionelle Arbeitsteilung zwischen den Geschlechtern. Laut der feministischen Wirtschaftswissenschaftlerin Giandomenica Becchio konnten sich alle Feministinnen der Zweiten Welle auf zwei Kritikpunkte am Kapitalismus des Goldenen Zeitalters einigen: die «Männerherrschaft» in der «kulturellen, ökonomischen und politischen Sphäre» und die Vorstellung, dass es die «Unterschiede zwischen den Geschlechtern waren, die zu streng getrennten sozialen Rollen sowohl im privaten als auch im öffentlichen Leben geführt hatten».[232] Sie kritisierten die Diskriminierung aufgrund des Geschlechts, wiesen darauf hin, dass Frauen im Haushalt unbezahlte Arbeit leisteten, und stellten die im Wohlfahrtsstaat übliche Familienstruktur mit dem Mann als Alleinversorger infrage. Ein Teil der Bewegung, die Radikalfeministinnen, lehnten auch die bürokratischen Strukturen des Staates ab und betonten die Wichtigkeit nicht-hierarchischer demokratischer Organe für die Bewusstseinsbildung und die Durchsetzung von Veränderungen. Einige Aktivistinnen der Zweiten Welle waren liberal, andere zogen den Sozialismus vor, weil sie geschlechtsbezogene Hierarchien als integralen Bestandteil des Kapitalismus betrachteten.[233]

Inspiriert von diesen Ideen eroberten die Feministinnen auch die politische Bühne. Die 1966 gegründete National Organization for Women (NOW) mobilisierte in den Vereinigten Staaten gegen die Barrieren, die eine volle Beteiligung der Frauen am gesellschaftlichen Leben verhinderten. Im Jahr 1970 organisierte sie einen Streik für die Gleichstellung der Frau, verlangte «freie Abtreibung auf Verlangen, Kinderbetreuung rund um die Uhr und Chancengleichheit in Beruf und Ausbildung».[234] Nicht weniger als 50 000 Personen demonstrierten in New York für diese Anliegen.

In Island verkündeten Feministinnen im Oktober 1975 einen nationalen «freien Tag», an dem 90 Prozent der Frauen teilnahmen, sodass sich das Parlament des Landes gezwungen sah, weniger als zwölf Monate darauf Gleichberechtigungsgesetze zu verabschieden. Britische Frauen gründeten 1969 in London den Women's Liberation Workshop, und ihre italienischen Gesinnungsgenossinnen riefen im selben Jahr die höchst einflussreiche Rivolta Femminile ins Leben, gefolgt von der durch Lotta Feminista geführten Kampagne für die Entlohnung von Hausfrauenarbeit im Jahr 1972. Französische Frauen gründeten 1970 das Mouvement de Libération des Femmes (MLF).

Viele Aktivistinnen brachten Publikationen heraus. So gründete ein in Florenz ansässiges Frauenkollektiv 1973 das feministische Magazin *Rosa*, die westdeutsche Aktivistin Alice Schwarzer hob 1977 die feministische Zeitschrift *Emma* aus der Taufe, und in Großbritannien wurden 1973 bzw. 1977 die feministischen Verlage Virago Press und Women's Press gegründet.[235]

Die breite politische Mobilisierung ermunterte eine Gruppe feministischer Wissenschaftlerinnen, sich mit der Wirtschaft im Allgemeinen und dem Goldenen Zeitalter des Kapitalismus im Besonderen theoretisch auseinanderzusetzen. Nicht alle von ihnen waren Wirtschaftswissenschaftlerinnen – tatsächlich hatten sich sowohl die keynesianischen als auch die neoliberalen Ökonomen in eine analytische Ecke manövriert, in der sie Schwierigkeiten hatten, die Rolle nicht marktgesteuerter Faktoren im Wirtschaftsleben noch zu sehen, weshalb sie diese und die damit zusammenhängende Forschung bei ihrer Arbeit nicht berücksichtigen. Als die Ökonomin Cecilia Conrad die umfassende wirtschaftswissenschaftliche Datenbank EconLit nach den Begriffen *gender, women, female,* und *sex,* durchsuchte, fand sie für die 1950er Jahre nur 22 Aufsätze (von insgesamt 15 970), für die 1960er nur 48 (von 26 698) und für die 1970er nur 476 (von 62 525). Selbst im letztgenannten Jahrzehnt wurde also das Geschlecht nur in weniger als 0,8 Prozent der Aufsätze in irgendeiner Form erwähnt.[236] Außerdem wurden die Stimmen feministischer Wirtschaftswissenschaftlerinnen in ihrem Fach oft marginalisiert, ähnlich wie es den Stimmen der karibischen Gelehrten in den Debatten über den frühen Kapitalismus widerfahren war. Dennoch gehörten die Beiträge dieser Frauen zum Verständnis der Wirtschaft zu den wichtigsten im ökonomischen Denken des 20. Jahrhunderts, selbst wenn dies in ihrem eigenen Fach häufig nicht erkannt wurde.

Angesichts der offensichtlichen Mängel der herrschenden Lehre und ihrer unübersehbaren Folgen für das wirkliche Leben gewann im Zuge der zweiten feministischen Welle auch eine feministische Wirtschaftswissenschaft an Boden. Sie entwickelte sich einerseits aus der Kritik am älteren Feld der Haushaltsökonomie und andererseits aus dem neuen Feld der Women Studies heraus. Feministische Wissenschaftlerinnen stellten die neoklassische Wirtschaftswissenschaft infrage, ihre Kritik setzte bei der Haushaltsökonomie und am Arbeitsmarkt an. Die Modelle der herrschenden Wirtschaftswissenschaft konnten weder die Diskriminierung bei der Entlohnung noch die Machtdynamik im Haushalt erklären. Schon bald erfasste die feministische Kritik auch die Makroökonomie, den internationalen Handel, die Entwicklungspolitik und mit der Feminisierung der Armut den Tatbestand, dass Frauen auf der ganzen Welt einem viel größeren Armutsrisiko unterliegen als Männer. Am Ende erfasste die feministische Wirtschaftswissenschaft alle traditionellen Felder der ökonomischen Analyse.[237]

Der Feminismus der Zweiten Welle ermöglichte den Aufstieg der feministischen Wirtschaftswissenschaft, indem er die Aufmerksamkeit auf den Gender-Pay-Gap lenkte und das Interesse für die wenigen Wirtschaftswissenschaftlerinnen weckte, die solche geschlechtsspezifischen Phänomene untersuchten. Wissenschaftlerinnen wie Barbara Bergmann (und ihr 1986 erschienenes Buch *The Economic Emergence of Women*), Nancy Folbre, Claudia Goldin und Paula England, um nur einige wenige US-amerikanische Vertreterinnen zu nennen, wurden zentrale Figuren auf dem Gebiet.[238]

Zu den wichtigsten Beiträgen dieser Wissenschaftlerinnen gehörte die Identifikation des Haushalts als wichtige ökonomische Sphäre, eine Erkenntnis, die direkt zum Verständnis der alten Griechen von *oikonomos* als Haushaltsführung zurückführte. Indem sie neue Fragen stellten, erschütterten sie einige Grundkonzepte, auf denen die herrschende Wirtschaftswissenschaft beruhte. Insbesondere hatten sich sämtliche seit den 1930er Jahren unternommenen Bestrebungen, die wirtschaftliche Aktivität (durch die Konstruktion des BIP) statistisch zu erfassen, ausschließlich auf die wirtschaftlichen Aktivitäten konzentriert, die auf dem Markt zutage traten. Demgegenüber zeigten feministische Wissenschaftlerinnen, dass selbst in den am weitesten entwickelten Ländern der Welt ein Großteil der wirtschaftlichen Aktivität noch immer außerhalb des Marktes stattfand, vor allem im Haushalt. Für die Soziologin Maria Mies war «die Rolle der Hausarbeit in der kapitalistischen Familie und Gesellschaft entscheidend für mein Verständnis des Kapitalismus», und so heißt eines ihrer Bücher *Frauen, die letzte Kolonie*.[239] Andere feministische Wissenschaftlerinnen bewiesen, dass noch 1981 ein Drittel der wirtschaftlichen Aktivität in Frankreich in den Haushalten stattfand, also größtenteils von Frauen außerhalb des Marktes geleistet wurde – ein erstaunlich hoher Anteil. Die unbezahlte Arbeit der Frauen war ungemein wichtig für das Wirtschaftsleben, wurde aber durch die grundlegenden statistischen Werkzeuge, die von männlichen Wirtschaftswissenschaftlern entwickelt waren, nicht erfasst und dadurch unsichtbar gemacht.[240]

Die Rebellionen erfassten noch andere gesellschaftliche Bereiche und weichten die Ordnung des Goldenen Zeitalters weiter auf. Insbesondere wuchs der Widerstand gegen die rassistischen Hierarchien. In den Vereinigten Staaten verlangte die Bürgerrechtsbewegung wirtschaftliche Gerechtigkeit und die Beteiligung der Afroamerikaner an der Ordnung des Goldenen Zeitalters.[241] Sie sorgte für ein Ende der Segregation in den Südstaaten und der Entrechtung der Schwarzen. Die Forderungen der Afroamerikaner nach wirtschaftlicher Gerechtigkeit und der wachsende Ruf nach staatlichen Maßnahmen legten tiefe Risse in der Ordnung des New Deal offen, insofern sie die Privilegien der weißen Amerikaner nicht nur im Süden, sondern auch

Fac-Similé de la 4ème couverture des Cahiers du GRIF
n° 2 1974 - Transédition Bruxelles

P R I X D ' U N E F E M M E

Femme de ménage	:	60 heures par mois à 65 FB	3.900 FB
Cuisinière	:	60 heures par mois à 100 FB	6.000 FB
Serveuse	:	40 heures par mois à 42,50 FB	1.700 FB
Bonne d'enfants	:	182 heures par mois à 48,50 FB	8.827 FB
Répétitrice	:	40 heures à 200 FB	8.000 FB
Blanchisseuse	:	26 kg de linge par mois	676 FB
Repasseuse	:	....	1.315 FB
Couturière	:	12 heures à 57 FB	684 FB
Infirmière	:	4 heures à 61 FB	244 FB

		.... et j'en passe !.... Au total	31.346 FB
Si on ajoute	:	plaisir sexuel : 1/4 d'heure par jour en moyenne, à 500 FB (prix moyen d'une prostituée)	15.000 FB

Soit au total, en gros, par mois		....	46.346 FB

Calculé par le M.L.F. (Paris)

«Warum die Frauenarbeit nicht zu unterschätzen ist.»

von Boston bis Los Angeles (und in den Reihen der Arbeiterbewegung) in Frage stellten.

Gleichzeitig bemühten sich auch die Immigranten in Europa um Inklusion. Allein in dem kleinen Land Belgien gründeten Migranten die Association des Travailleurs Marocains en Belgique (ATMB), die Fédération des Associations de Solidarité avec les Travailleurs Immigrés (FASTI) und viele weitere Organisationen, die sich alle für dieses Ziel einsetzten.

Aus der Studentenbewegung der 1960er Jahre, die ihrerseits der mutigen Mobilisierung der Bürgerrechtsaktivisten wesentliche Anstöße verdankte, entwickelte sich die sogenannte «Neue Linke», die ebenfalls radikale Kritik am Kapitalismus des Goldenen Zeitalters übte. Die radikalen Studenten, die sich 1962 in Port Huron, Michigan, versammelten, empörten sich über die ihrer Ansicht nach durch den Wohlstand verursachte Selbstzufriedenheit, über eine Gesellschaft, die dafür verantwortlich war, dass ihre «Fähigkeit zu Vernunft, Freiheit und Liebe nicht ausgeschöpft wurden».[242] Studenten der Berkeley University attackierten den riesigen bürokratischen Apparat der Universität und schworen in Anspielung auf eine damals auf Computerlochkarten gedruckte Warnung, dass «ich mich nicht knicken, aufspießen oder beschädigen lasse».[243]

Im Dezember 1964 hielt Mario Savio, eine der Schlüsselfiguren des Berkeley Free Speech Movement, die folgende denkwürdige Rede: «Es kommt eine Zeit, in der die Arbeit der Maschine so abscheulich wird, und euch so anekelt, dass ihr nicht mehr mitmachen könnt! Nicht einmal mehr passiv könnt ihr mitmachen! Dann müsst ihr euren Körper auf die Getriebe und Räder legen [...] auf die Hebel, auf den ganzen Apparat, und ihr müsst ihn zum Stehen bringen! Und ihr müsst den Menschen, die ihn betreiben, und denen, denen er gehört, klarmachen, dass ihr die Maschine so lange an der Arbeit hindern werdet, bis ihr frei seid!!»[244]

In Großbritannien gründeten Studenten der University of Essex die Socialist Society und verfassten eine Kampfschrift, die sich auf Savios Rede stützte und in der es hieß: «Wir wollen nicht dafür ausgebildet werden, neue Teile in einer alten Maschine zu sein».[245] Ihrer Ansicht nach wollten die herrschenden Politiker, die Universitätsverwaltung und die Unternehmer lediglich «einen Strom gebrauchsfertiger Technologen, Manager und Lehrer, um unser kapitalistisches System aufrechtzuerhalten».[246]

Schließlich erwuchs im Mai 1968 in Frankreich aus riesigen Studentendemonstrationen und Massenstreiks ein Aufstand, wie er in der «überentwickelten Welt» der Nachkriegszeit beispiellos war.[247] Als Studenten die Sorbonne besetzten, brachen überall im Land Streiks mit insgesamt drei bis sechs Millionen Teilnehmern aus. Dabei verband sich eine Kritik des Imperialismus mit einer Kritik an genau der Gesellschaft, die das Goldene Zeitalter hervorgebracht hatte: «Unter dem Pflaster liegt der Strand», lautete die Parole.[248] Ein Teil der von den protestierenden Studenten geäußerten Kritik und ihre Forderungen nach individueller Freiheit sollten später von Kapitalbesitzern aufgegriffen werden, die die neue Ordnung des Goldenen Zeitalters ebenfalls unter Berufung auf die menschliche Freiheit angriffen.

Die letzte, aber keineswegs unwichtigste dieser Rebellionen, bestand darin, dass die erwähnte Kritik an den Umweltfolgen des Goldenen Zeitalters zu einer immer stärkeren politischen Mobilisierung führte. In den Vereinigten Staaten engagierten sich Frauen und Männer aus der Mittelklasse gegen die (im Atomzeitalter nun auch noch radioaktive) Verschmutzung der Luft und des Wassers, gegen die Verwendung von Pestiziden und gegen die Zersiedelung der Landschaft. Bald entstand auch eine Bewegung für ökologische Gerechtigkeit, die die Aufmerksamkeit darauf lenkte, dass arme und nichtweiße Gemeinden besonders unter Umweltgiften zu leiden hatten, und strengere Umweltgesetze forderte. Außerdem setzten sich ab Mitte der 1960er Jahre Umweltgruppen in Japan und ganz Westeuropa für Maßnahmen gegen die gegen die schnell voranschreitende Zerstörung der Umwelt ein und übten dabei heftige Kritik an dem rohstoffhungrigen Goldenen Zeitalter als solchem.[249]

Im Jahr 1977 war das Gefühl deutlich zu spüren, dass die alte Welt bald zusammenbrechen werde. Selbst in Schweden stockten Wachstum und Umverteilung, weil der Inflationsdruck nicht nachließ und die Arbeiter die ständigen Berufswechsel satthatten, die ihnen das schwedische Modell abverlangte, weshalb sie begannen, wilde Streiks zu organisieren. Um die Arbeiter bei der Stange zu halten, radikalisierten sowohl die Gewerkschaft als auch die SAP ihre Programme, und der Riksdag verabschiedete eine Reihe von Gesetzen, die den Arbeitern mehr Macht über die Arbeitsbedingungen verliehen. Im Jahr 1975 übernahmen die Gewerkschaften den Vorschlag des Wirtschaftswissenschaftlers Rudolf Meidner, die kollektive Beteiligung der Arbeiter an Betrieben mittels sogenannter «Lohnempfänger-Fonds» auszuweiten – ein Vorschlag, der viele Geschäftsleute alarmierte.[250] Da die schwedische Industrie diesen Belastungen im Kontext eines immer schwieriger werdenden internationalen Umfelds ausgesetzt wurde, begannen die Unternehmer zu rebellieren.

Die Exportindustrie ging voran im Kampf gegen höhere Löhne, indem sie zunächst auf nationaler Ebene einen härteren Standpunkt vertrat und dann kleinere Gewerkschaften aus den nationalen Tarifverhandlungen herausdrängte. An diesem Punkt begann auch die schwedische Unternehmerfamilie Wallenberg, deren Mitglieder sich mit dem Goldenen Zeitalter arrangiert hatten und ihm erkleckliche Gewinne verdankten, sich von der SAP zu distanzieren, und entzog dem expandierenden Wohlfahrtstaat ihre (wenn auch vorsichtige) Unterstützung. Im Jahr 1983 schloss der Verband der schwedischen Maschinenbauindustrie (*Teknikföretagen*) einen separaten Tarifvertrag mit der Metallarbeitergewerkschaft, und bis zu den frühen 1990er Jahren hatte man die landesweiten Tarifverhandlungen in fast allen Branchen aufgegeben. Außerdem wurden soziale Maßnahmen zunehmend als zu vermeidende Kosten dargestellt.[251]

Wie Fourastié überzeugend darlegt, hat es in den ersten 30 Jahren nach dem Zweiten Weltkrieg einige der bedeutendsten wirtschaftlichen Veränderungen der Menschheitsgeschichte gegeben. In Schweden und anderswo jedoch war es Ende der 1970er Jahre klar, dass das glorreiche Goldene Zeitalter am Ende war. Allen Politikern und Intellektuellen zum Trotz, die in den 1950er und 1960er Jahren die Ansicht vertreten hatten, dass der Kapitalismus für immer eine neue Phase erreicht habe, erwiesen sich auch die Goldenen Jahre, wie alle anderen Phasen in der langen Geschichte des Kapitalismus, als vergänglich. Und als die glorreichen Dreißig zu Ende gingen, stand die institutionelle Ordnung des Kapitalismus wieder einmal zur Disposition.[252]

TEIL IV

Die Zukunft des Kapitalismus?

Larry Gonick, Covergestaltung für das Buch *Hypercapitalism* von Larry Gonick und Tim Kasser.

KAPITEL 17

Der Ritt auf dem Tiger: ein neoliberales Zeitalter, 1973 – 2008

Mit eiserner Faust wiederhergestellte Freiheit: Augusto Pinochet.

Im Herbst 1974 nahm ein Mitarbeiter der US-Botschaft in Santiago de Chile einen Bericht über die aktuelle Lage der chilenischen Wirtschaftspolitik zur Hand, der höchstwahrscheinlich von seinem Kollegen Samuel F. Hart verfasst worden war. Nur fünfzehn Monate zuvor hatte ein blutiger Militärputsch eine Junta an die Macht gebracht und eine Welle des Terrors gegen Mitglieder der vorherigen Regierung, Gewerkschafter und Intellektuelle ausgelöst. Die internationale Gemeinschaft verurteilte das neue Regime wegen der eklatant undemokratischen Machtübernahme und der damit einhergehenden schweren Menschenrechtsverletzungen. Der Bericht erwähnte zwar die von vielen Seiten geäußerte Kritik an der neoliberalen Wirtschaftspolitik des Regimes – dass sie die Reichen begünstige, die Arbeiter verarmen lasse und die chilenische Mittelschicht in eine schwierige Lage bringe –, doch der Autor wies diese Kritik zurück und beharrte darauf, die ergriffenen Maßnahmen gingen «in die richtige Richtung». Das einzige Problem sei seiner Meinung nach, dass sie früher hätten kommen müssen und dass die Regierung «die harten Sparmaßnahmen unnötigerweise aufgeben oder lockern» könnte. Doch vor allem dank der «vielen lokalen Ökonomen, die in einer pragmatischen Strömung der Wirtschaftswissenschaft ausgebildet wurden (viele davon an US-amerikanischen Universitäten)», blieb er zuversichtlich, dass der «grundsätzlich zielführende» Ansatz der Junta beibehalten werden würde.[1]

Sein anonymer Leser aus der Botschaft war davon nicht überzeugt. Die Risiken dieser neuartigen Form von politischer Ökonomie, die die Junta zu etablieren begonnen hatte, waren ihm – nicht zuletzt sensibilisiert durch die Erfahrungen des Goldenen Zeitalters – durchaus bewusst, und so fügte er dem Bericht eine Notiz hinzu: «Man fragt sich, ob ein Übermaß an strenger Medizin nicht zum Tod des Patienten führen könnte.» Er fuhr fort: «Ich halte den Bericht für eine verklausulierte Rechtfertigung der uneingeschränkten wirtschaftlichen Unterstützung der Junta durch die USA, unter Vernachlässigung der (politischen und sozialen) Folgen. In dem Wirtschaftsparadies, das Sam vorschwebt, möchte ich nicht leben.»[2] Dennoch sollten große Teile der Welt «in Sams Ökonomenparadies» leben. Der Putsch in Chile war nur ein frühes und radikales Beispiel für den Umsturz des Kapitalismus der Goldenen Jahre, eine Generalprobe für eine Rekonstruktion von gigantischem Ausmaß und atemberaubender Geschwindigkeit, in deren Verlauf sowohl die importsubstituierende Entwicklungspolitik des Globalen Südens als auch der Keynesianismus der Stabilisierung und Umverteilung im industriellen Kernland unter anhaltenden Druck gerieten. Die Veränderungen griffen schließlich auch auf das industrielle Kernland über, beschleunigt durch den raschen Niedergang der Inseln des Postkapitalismus, die im vorangegangenen halben Jahrhundert in Ländern wie Russland und in Osteuropa entstanden waren. In den 1980er Jahren wurde das einst exotische neoliberale Projekt zum Mainstream; in den 1990er Jahren dominierte es die meisten politischen Ökonomien der Welt. Chile stand an der Spitze dieser jüngsten Wandlung des globalen Kapitalismus. Dass dies unter autoritären Vorzeichen geschah, war kein Zufall: Genauso wie der kommentierende Mitarbeiter der US-Botschaft zogen es die meisten Menschen weltweit vor, nicht unter einem solchen Regime zu leben, wenn sie denn die Wahl hätten.[3]

Die Militärjunta Chiles übernahm die Macht am 11. September 1973 mit einem spektakulären Einsatz von Panzern, Bataillonen und sogar Luftangriffen auf den Präsidentenpalast. Sie stürzte den demokratisch gewählten Präsidenten Salvador Allende, einen Sozialdemokraten, der in einer Koalition mit weiter links stehenden Kräften regiert hatte. Die Jahre zuvor waren von politischen und wirtschaftlichen Unruhen geprägt gewesen. Wichtige Wirtschaftssektoren waren verstaatlicht worden, arbeitnehmerfreundliche Gesetze hatten die Bedingungen für städtische Arbeiter und die Armen verbessert, und Agrarreformen waren auf den Weg gebracht worden. Diese Errungenschaften gingen jedoch einher mit einer galoppierenden Inflation und einer Devisenkrise, die durch den «finanziellen Druck» der USA, Chile vom globalen Kreditfluss abzuschneiden, noch verschärft wurde. Das «grundlegende politische Ziel», so argumentierten US-Diplomaten, sei es, «die Konsolidierung des Allende-Regimes zu verhindern» – ein Vorhaben, das gelang.[4]

Die Regierung Allendes, die die Vereinigten Staaten so sehr beunruhigte, hatte viele Wirtschaftspolitiken der vorhergehenden Jahrzehnte radikalisiert, diese jedoch keineswegs vollständig neu konzipiert. Wie seine lateinamerikanischen Nachbarn und ein Großteil der Länder des Globalen Südens hatte sich Chile seit den 1930er Jahren dem wirtschaftlichen Nationalismus verschrieben, motiviert durch den Wunsch nach einer Industrialisierung des Landes – ein Programm, das die USA zu verschiedenen Zeiten und an verschiedenen Orten unterstützt hatten. Der wichtigste Wirtschaftszweig Chiles war damals wie heute der Kupferbergbau, der zum Großteil von US-Unternehmen betrieben wurde, insbesondere von der Anaconda Copper Mining Company aus New York. In den 1960er Jahren produzierten die Minen vier Fünftel des Werts der chilenischen Exporte und waren als eine der wichtigsten Quellen für einen entscheidenden Rohstoff der Zweiten Industriellen Revolution fest in der Weltwirtschaft verankert. Die Branche war jedoch von intensiven Arbeitskämpfen geprägt, und bereits in den 1950er Jahren wurden Forderungen nach einer Verstaatlichung der Minen laut. 1965 hatte sogar der christdemokratische Präsident Eduardo Frei mit dem Gedanken gespielt, sie zu verstaatlichen, in der Hoffnung, dadurch die Arbeiterschaft zu befrieden und Chile mehr Kontrolle über sein Kupfer zu verschaffen. Selbst Anaconda hatte sich mit dem Gedanken an eine durch Entschädigungen versüßte Verstaatlichung abgefunden. Nachdem Allende im September 1970 die Wahlen gewonnen hatte, übernahm der chilenische Staat 1971 mit begeisterter Unterstützung der 12 000 Beschäftigten des Unternehmens die Minen.[5]

Es war die Radikalisierung des bereits lange andauernden wirtschaftlichen Nationalismus während der Allende-Jahre, die zu Widerstand nicht nur im Militär, sondern auch unter Geschäftsleuten und Intellektuellen führte. Zu den Anführern der Gegenbewegung gehörte Agustín Edwards Eastman, Eigentümer der wichtigsten Oppositionszeitung Chiles, *El Mercurio*, deren unablässige Anti-Allende-Propaganda zwar aus dem Land selbst kam, jedoch von der CIA finanziert wurde. Unter Allendes Gegnern war auch Hernán Cubillos, ein ehemaliger Marineoffizier, der zum Geschäftsmann geworden war, bevor er zu einem der Organisatoren des Putsches gegen Allende wurde. Diese Mischung aus oppositionellen Kräften schmiedete Pläne für eine Neugestaltung der politischen Ökonomie, die nicht nur mit Allende brechen sollte, sondern auch mit Chiles langer Geschichte des wirtschaftlichen Nationalismus oder, wie es die US-Botschaft in Santiago nannte, «45 Jahren allumfassender staatlicher Kontrolle» unter rechtsgerichteten, christdemokratischen und sozialdemokratischen Regierungen.[6]

Die US-Botschaft in Santiago brachte erst wenige Tage vor dem Putsch die Idee einer möglichen «Nachfolgeregierung» ins Spiel, doch die Pläne für die Umgestaltung der politischen Ökonomie Chiles waren bereits bis ins Detail ausgearbeitet. In einem Botschaftsmemo, das amerikanische Führungskräfte beruhigen sollte, hieß es:

> Mehrere Gruppen nicht-marxistischer Chilenen analysieren derzeit, welche wirtschaftlichen Maßnahmen ihrer Meinung nach erforderlich wären, um die chilenische Wirtschaft wieder anzukurbeln, falls sich die politischen Verhältnisse ändern sollten. Ökonomen, die hauptsächlich von der Universität Chile und der Katholischen Universität stammen, beraten die Nationale Partei, das PDC und (wie wir aus zuverlässiger Quelle erfahren haben) bestimmte Mitglieder des chilenischen Militärs. Ihre Vorschläge folgen im Wesentlichen orthodoxen Leitlinien, die jedoch an die chilenischen Verhältnisse angepasst wurden. [...] Kurz gesagt, sie stellen sich einen orthodoxen Stabilisierungsplan vor, bei dem die Marktkräfte den Konsum senken, die Investitionen erhöhen, die Produktion und den Export beleben und die Importe eindämmen würden.[7]

Der Plan, auf den sich die US-Botschaft bezog, war aufgrund seines Umfangs unter dem Namen «El ladrillo» – «Der Ziegelstein» – bekannt; es handelte sich um einen detaillierten Entwurf einer neoliberalen Reformagenda für Chile. Das Dokument war aus jahrelangen oder sogar jahrzehntelangen Diskussionen zwischen Ökonomen und Wirtschaftsführern hervorgegangen und stellte eine fantastisch anmutende, zweifellos utopische Skizze für eine unwahrscheinliche Zukunft Chiles dar. Noch bevor dieser Plan im September 1973 in den Mittelpunkt der chilenischen Politik rückte, war sich die US-Botschaft seiner Risiken bewusst – nämlich der potenziellen sozialen Unruhen, die diese radikalen Reformen auslösen würden. «Jede Nachfolgeregierung», teilte die Botschaft ihren Vorgesetzten in Washington mit, «würde wahrscheinlich auf die eine oder andere Weise gezwungen sein, den Konsum zu reduzieren. Da die unteren Einkommensgruppen unter der UP [Allendes Unidad Popular] verglichen mit anderen am meisten profitiert haben und einen so großen Teil der Bevölkerung ausmachen, wären sie die logische Zielscheibe für einen Großteil der Sparmaßnahmen.» Aber «wie könnte das umgesetzt werden? Würde die unterste Schicht der chilenischen Einkommenspyramide derartige Maßnahmen ohne heftigen Widerstand akzeptieren? Würde man den Markt erneut die Ressourcen vergeben lassen, würde dies zu einer Umverteilung der Einkommen gemäß der in Chile üblichen Muster und weg von den Anhängern der UP führen. [...] Wie kann eine Nachfolgeregierung dies bewältigen und gleichzeitig die Reallöhne senken?» Die Antwort war ebenso deutlich wie überraschend: «Angesichts der Zwänge, denen jede künftige Regierung ausgesetzt sein wird, könnte ein orthodoxes Programm zur Stabilisierung der Wirtschaft nur von einer sehr starken Regierung umgesetzt werden.» Eine solche «starke Regierung», so die Botschaft weiter, «könnte ein Militärregime bedeuten». Infolgedessen «könnte es zu einem Zielkonflikt zwischen Demokratie und vernünftigen wirtschaftlichen Maßnahmen kommen».[8]

Die «vernünftigen wirtschaftlichen Maßnahmen» gewannen die Oberhand: Als die Junta im September 1973 die Macht übernahm, zwang sie dem Land rasch eine radikal neue politische Ökonomie auf. Jahre später sollte Chile, dieses «lange Blütenblatt aus Meer, Wein und Schnee», wie es der Dichter Pablo Neruda schwermütig nannte, als entscheidender Ausgangspunkt einer globalen neoliberalen Revolution identifiziert werden.[9] Augusto Pinochet, ein Sonnenbrille tragender Strongman, der selbst die grundlegendsten Menschenrechte wenig achtete, wurde zu ihrem unerwarteten Propheten – zum Lenin des Neoliberalismus.

DER ERSTE Schritt der neuen Militärregierung bestand darin, entschlossen und brutal gegen eine der tragenden Säulen des Goldenen Zeitalters vorzugehen – Chiles fest verwurzelte Arbeiterbewegung. Die «Todeskarawane» der Junta durchquerte das Land, um tatsächliche oder vermeintliche Feinde aus den Reihen der Linken zu verhaften, zu foltern, verschwinden zu lassen und hinzurichten. Als der Arbeitsattaché der US-Botschaft in Santiago im Mai

1974 die drei größten Kupferminen besuchte, um sich mit Managern und Arbeitern zu treffen, berichtete er von deprimierenden Zuständen: «Es gibt zahlreiche Zeugnisse», schrieb er mit Bezug auf nur eine einzige Mine, «von der Hinrichtung von siebenundzwanzig Beschäftigten (die meisten davon angeblich Arbeiter).» Streiks wurden für illegal erklärt. Selbst die kulturellen Ikonen der Arbeiterbewegung gerieten ins Fadenkreuz der Junta, die bedeutende Persönlichkeiten der chilenischen Kultur wie Neruda und den Folksänger Víctor Jara verhaftete, einschüchterte und sogar ermordete.[10]

Nachdem ihre wichtigsten Gegner zum Schweigen gebracht worden waren, vollzog sich die neoliberale Revolution in Chile in mehreren Phasen. In der ersten, «graduellen Phase», die bis 1975 dauerte, gab es noch eine Spaltung zwischen Reformern, die langsam vorgehen wollten, und einer Gruppe neoliberaler Ökonomen, die schnelle Schritte anstrebten. Die beiden Gruppen waren sich jedoch einig über die Privatisierung verstaatlichter Unternehmen, die stufenweise Abschaffung von Preiskontrollen, drastische Kürzungen der öffentlichen Ausgaben, die Verlängerung der Wochenarbeitszeit, die Liberalisierung ausländischer Investitionen und die Senkung von Zöllen. Bereits 1974 hatte sich das Realeinkommen der ungelernten Arbeiter halbiert. Die Regierung gab 150 verstaatlichte Unternehmen an ihre Eigentümer zurück, darunter 19 US-amerikanische Firmen. Mit aus den USA stammenden Eigentümern von Kupferminen wurden Entschädigungszahlungen vereinbart. Außerdem versprach die neue Regierung, ihre Schulden zu begleichen. «Überdimensionierte Belegschaften werden abgebaut», berichtete die US-Botschaft.[11] Die «zivilen Ökonomen» am Steuerruder politischer Entscheidungen – Personen wie der Wirtschaftsminister Fernando Léniz, der Finanzminister Jorge Cauas und der für wirtschaftliche Koordinierung zuständige Raúl Sáez (laut den Sitzungsprotokollen der Junta «weltbekannte Fachleute») – postulierten Sparmaßnahmen als oberstes Ziel.[12] Sie behielten jedoch einige Sicherheitsvorkehrungen bei: Die Lohnpolitik wurde weiterhin an die extrem hohe Inflation angepasst, und die Preiskontrollen aus der Allende-Ära und sogar die Subventionen blieben für eine kleine, aber wichtige Gruppe von 23 ausgesuchten Waren bestehen, da die Junta befürchtete, dass deren Abschaffung soziale Unruhen auslösen würde.[13]

Trotz der Beibehaltung dieser wenigen Maßnahmen aus der Ära Allende betrachtete die US-Botschaft die Politik der Chilenen zu Recht als «wegweisend». Sie stellte fest, dass «keine vorherige Regierung den politischen Willen oder die Macht hatte, [solche Maßnahmen] umzusetzen».[14] Die Junta hatte die Entwicklungsstrategie der Importsubstitution aus der Zeit nach der Weltwirtschaftskrise effektiv beendet. Der Handel der USA mit Chile nahm stark zu, und es flossen erneut ausländische Kredite nach Chile. Nach Angaben der US-Botschaft wurden allein in den letzten drei Monaten des Jahres 1973 157,5 Millionen US-Dollar unter anderem von der Bank of America, dem Manufacturers Hanover Trust und von Fidelity bereitgestellt.[15] Diese Mittel wurden durch Gelder des IWF, der Export-Import-Bank der USA und von USAID aufgestockt.[16] Am 5. Oktober 1973, nur wenige Wochen nach dem Putsch, sandte Botschafter Nathaniel Davis dieses zuversichtliche Memorandum nach Washington:

> Eine Gruppe orthodoxer Ökonomen, die größtenteils an der Universität von Chicago ausgebildet wurden, versucht, die Militärregierung Chiles davon zu überzeugen, ein Maßnahmenpaket zu verabschieden, das das Wirtschaftswachstum des Landes durch das Wirken freier Marktkräfte, eine rationale Geld- und Fiskalpolitik, wirtschaftliche Dezentralisierung und die Förderung in- und ausländischer Investitionen beschleunigen soll. Der Plan wurde vor dem 11. September ausgearbeitet und hat den Vorteil, dass er das einzige umfassende Maßnahmenpaket ist, das dem Militär in letzter Zeit vorgelegt wurde. Die meisten dieser jungen Technokraten bekleiden heute einflussreiche Beraterposten.[17]

Vielleicht etwas voreilig freute sich Davis darüber, dass «die zivilen Wirtschaftsberater der Junta davon ausgehen, dass ihre kurz- und mittelfristigen Vorschläge vollständig übernommen worden sind».[18]

Ökonomen hatten bereits seit den 1930er Jahren Einfluss auf die chilenische Politik – eine Folge der keynesianischen Neuausrichtung, die eine staatliche Steuerung der Wirtschaft propagierte, wobei Wirtschaftsexperten eine führende Rolle spielten. Die ersten Jahre der Junta waren ein extremes Beispiel für diese Tendenz, doch nun waren es nicht mehr die Keynesianer, sondern eine neue Schar von selbsternannten «Neoliberalen», die das Sagen hatten. In Chile nannte man sie «Chicagos» oder «Chicago Boys», weil sie in den Vereinigten Staaten unter der Schirmherrschaft des US-Außenministeriums und mit finanzieller Unterstützung der Ford- und Rockefeller-Stiftungen studiert hatten.[19] In der «Windy City» am Michigansee hatten Milton Friedman und seine Kollegen den Chilenen Privatisierung, strenge Fiskalpolitik, Deregulierung und einen schlanken Staat als Rezept verschrieben. Und obwohl die US-Politik im Jahr 1973 keineswegs von Friedman geprägt war, erinnerte sich Samuel F. Hart von der US-Botschaft, der sich aller Wahrscheinlichkeit nach hinter dem «Sam» in dem weiter oben zitierten prophetischen Memo verbarg, Jahre später daran, dass er mit dieser neuen Generation von Ökonomen völlig in Einklang stand: «Ich verbrachte endlose Tage mit diesen Menschen. Wir entwickelten eine symbiotische Beziehung.»[20] Ihr «Verlangen nach einer wirtschaftlichen Revolution» wurde nicht nur von dieser kleinen Gruppe von Ökonomen unterstützt, sondern auch von der chilenischen Wirtschaftselite und Teilen des Militärs.[21]

Es ist zwar richtig, dass die Chicago Boys stark von ausländischen Ideen beeinflusst waren, doch wäre es falsch, den chilenischen Neoliberalismus als ein gänzlich internationales Importprodukt zu betrachten. Alle wichtigen Akteure waren Chilenen, und ihre politischen Maßnahmen waren der Ausdruck jahrzehntelanger, teilweise sehr lokaler Frustrationen über die vorherrschenden lateinamerikanischen Bemühungen, in der Weltwirtschaft Fuß zu fassen. Seit den 1960er Jahren hatte sich in der Region eine neoliberale Rechte herausgebildet, die sich auf ein Netzwerk von Intellektuellen, Stiftungen und Forschungszentren stützte, unter anderem das Centro de Productividad in Uruguay, das Instituto de Pesquisas e Estudos Sociais in Brasilien, das Centro de Documentación Económico-Social in Peru und die Adolfo-Ibáñez-Stiftung in Chile. Diese einheimischen Tendenzen kreuzten sich mit internationalen Entwicklungen, durch die wichtige Verbindungen hergestellt und Zahlungen geleistet worden waren: Die deutschen Hanns-Seidel- und Ludwig-Erhard-Stiftungen unterstützten einige der chilenischen Initiativen, ebenso wie die Vereinigten Staaten, die Wissenschaftlern der Universidad Católica de Chile Zuschüsse gewährten.[22]

Mit der Stabilisierung der Junta und dem zunehmenden Druck neoliberaler Netzwerke wurde die Wirtschaftspolitik immer radikaler. Bis 1975 hatten die Gegner der «Schockpolitik», unter denen überdurchschnittlich viele Militärs waren, die Kontrolle über den größten Teil der Wirtschaftspolitik an die Chicago Boys verloren, während die Regierung durch die scheinbar unkontrollierbare Inflation, die ihr ursprüngliches Programm der schrittweisen Reformen erschwerte, zur Radikalisierung getrieben wurde. Der «angewandte Neoliberalismus» war zur Realität geworden. Im April 1975, bei einer Inflationsrate von immer noch 70 Prozent, verkündete Finanzminister Cauas den «Nationalen Sanierungsplan», der eine Kürzung der Staatsausgaben um 15 bis 25 Prozent, eine stärkere Öffnung für den internationalen Wettbewerb und die Privatisierung von weiteren rund 500 Unternehmen vorsah. Technokraten wie Cauas fürchteten die traditionellen chilenischen Konservativen, die fast ebenso stark für den Schutz der heimischen Industrien eintraten, wie sie die Linke verabscheuten, und die entschlossen waren, alle Schritte zur Wiederherstellung des Status quo vor Allende zu vereiteln.[23]

Ihre Stellung verfestigte sich Ende 1976 und Anfang 1977, als der Ökonom Sergio de Castro zum Wirtschafts- und Finanzminister ernannt wurde und Chile aus dem Andenpakt (ein 1969 unterzeichnetes Abkommen zwischen kleineren lateinamerikanischen Ländern, um den gegenseitigen Handel zu erleichtern) austrat, wodurch es seine Einfuhrzölle noch weiter senken und die Importsubstitutionspolitik der vorgehenden vier Jahrzehnte beenden konnte. Stark geschützte Industrien wie die Textilherstellung brachen nun unter dem Importdruck zusammen (Anfang der 1980er Jahre war fast die Hälfte aller Textilfabriken insolvent), während die Branchen im Exportsektor, insbesondere die Landwirtschaft, expandierten. Die Inflation ging zurück, blieb jedoch weiterhin auf einem hohen Niveau. Es folgten weitere strukturelle Veränderungen: Die Regierung privatisierte die Sozialversicherungssysteme und reformierte das Bildungswesen. Eltern erhielten Gutscheine, um ihre Kinder auf private Schulen ihrer Wahl zu schicken – eine wichtige neoliberale Initiative, die später auch in anderen Teilen der Welt Verbreitung fand. Bereits 1979 hatte die Regierung die traditionsreichen chilenischen Gewerkschaften verboten und die Arbeitgeber gestärkt. Gleichzeitig wurden die indigenen Mapuche dazu gedrängt, ihr kollektives Land zu privatisieren, in der Hoffnung, dass dies die althergebrachte gemeinschaftliche Organisation ihres Wirtschaftslebens, die mit der neuen Ordnung unvereinbar schien, zum Erliegen bringen würde.[24]

Diese neoliberale Politik hatte verheerende Auswirkungen auf weite Teile der chilenischen Gesellschaft. Durch steigende Preise und sinkende Reallöhne entstanden neue Ungleichheiten und Massenarmut – angeblich war dies der Preis, den man für die Bekämpfung der Inflation zahlen musste. Die Arbeitslosigkeit erreichte 1975 fast 20 Prozent. Viele Chilenen mussten einen drastischen Rückgang ihres Lebensstandards hinnehmen.[25] Bereits im März 1974 räumte ein vertrauliches diplomatisches Memorandum der USA ein, dass «die Armenviertel zweifellos eine Phase echter wirtschaftlicher Not durchmachen und unbestreitbar von bitterer Frustration erfüllt sind».[26] Im selben Monat prognostizierte der US-Botschafter in Chile, David H. Popper, «einen sehr schwierigen Winter»: «Einige der Konservativen, mit denen ich spreche, erkennen an, dass die Lage in den Poblaciones [den Armenvierteln] hart sein muss, aber sie zeichnen sich nicht durch besonders viel Mitgefühl aus. Es herrscht immer noch viel Groll – ‹Sie haben uns das Leben schwer gemacht, und jetzt werden wir es ihnen heimzahlen, so wahr uns Gott helfe.›»[27] Er stellte jedoch mit Erleichterung fest: «Da der wichtigste Gewerkschaftsverband abgeschafft wurde und Tarifverhandlungen sowie das Streikrecht ausgesetzt wurden, sind wirksame Mittel, mit denen Gegner dieser Einkommenspolitik protestieren könnten, ausgeschaltet worden.»[28] Zur Opposition unter der chilenischen Bevölkerung merkte die Botschaft an: «Die Möglichkeit, per Dekret zu regieren, ist in dieser Hinsicht eine große Hilfe.»[29]

Während die meisten Menschen litten, profitierten einige Einzelpersonen und Gruppen von den wachsenden Klassenunterschieden innerhalb der chilenischen Gesellschaft. José Piñera war an der Privatisierung des chilenischen Rentensystems beteiligt und erlangte als Berater in diesem Bereich großen Reichtum. Ganz allgemein erzielten die wirtschaftlich Bessergestellten in Chile sehr reale Gewinne: Wie die US-Botschaft feststellte, «wird die Rückkehr des lokalen Handels zu etablierten Mustern den oberen und mittleren Einkommensgruppen zugutekommen. [...] Ärmere Menschen können derzeit nur auf die teuren Waren im Stadtzentrum von Santiago blicken und auf bessere Zeiten hoffen – aber so ist es nun einmal bei der Austeritäts-Politik.»[30] Hart erinnerte sich daran Jahrzehnte später folgendermaßen:

> Die Mittelschicht und die Oberschicht befanden sich plötzlich in einer paradiesischen Situation. So war beispielsweise das Haus, das ich gemietet hatte und das ich während der Allende-Zeit für etwa 35 000 Dollar hätte erwerben können, über Nacht eine halbe Million Dollar wert geworden. Von einem Tag auf den anderen. Direkt nach dem Putsch. Menschen, die vor und während der Allende-Zeit Besitztümer angesammelt hatten und durch die Politik Allendes, die die Mittelschicht hart traf, verarmt waren, ging es nun plötzlich zumindest teilweise wieder besser. Sie konnten vom chilenischen Staat zu Schnäppchenpreisen Unternehmen kaufen, die von Allende übernommen worden waren. Für die Wohlhabenden boten sich wieder enorme wirtschaftliche Chancen.[31]

Diese Politik wurde im Lauf der Zeit angepasst, stellte jedoch einen frühen und grundlegenden Bruch mit der politischen Ökonomie des Goldenen Zeitalters dar.[32]

Als sich die wirtschaftliche Lage Chiles besserte und die Inflation zurückging, wurde das Land zum Paradebeispiel für die Möglichkeiten neoliberaler Reformen, obwohl die Arbeiter in der Regel nicht vom Aufschwung profitierten. So politisch isoliert das Pinochet-Regime in weiten Teilen der Welt auch war und so grauenhaft seine Menschenrechtsbilanz auch ausfiel, fand es doch Bewunderer in einem globalen Netzwerk von Neoliberalen, die in Chile die Zukunft sahen, die sie sich so inbrünstig wünschten.[33] Friedrich Hayek, der weltweit einflussreichste Neoliberale, formulierte es 1981 wie folgt: «Ich

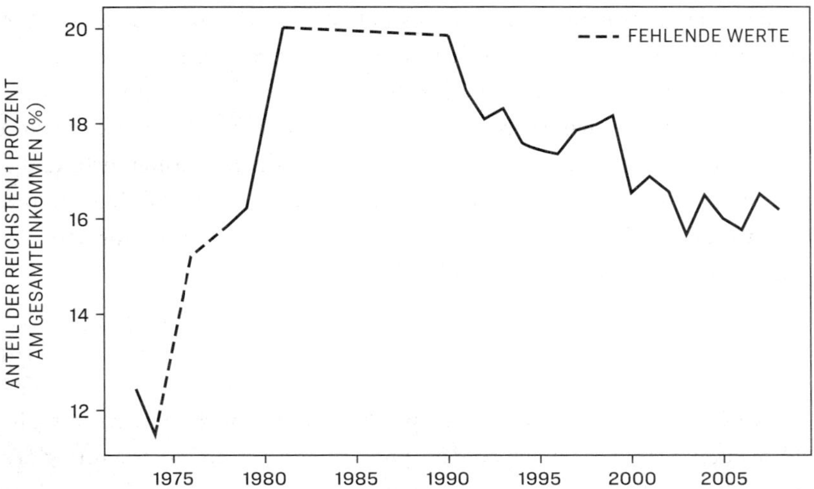

Die Umverteilung des Einkommens an die reichsten 1 Prozent:
Die Auswirkungen des Pinochet-Regimes auf die Ungleichheit in Chile, 1973–2007.

persönlich ziehe einen liberalen Diktator einer demokratischen Regierung ohne Liberalismus vor.»[34] 1983 stellte Francisco Orrego, der chilenische Botschafter in Großbritannien, fest, dass Thatcher-Anhänger und britische Neokonservative «sich in ihrer politischen Doktrin in gewissem Maße [...] mit dem chilenischen Experiment identifizieren».[35]

Ab dem Beginn des Pinochet-Regimes pilgerten neoliberale Intellektuelle nach Chile, um sich von der Junta feiern zu lassen. Milton Friedman kam zweimal: zuerst im März 1975, als er Pinochet den persönlichen Rat gab, «die Wachstumsrate der Geldmenge zu reduzieren» und die Staatsausgaben zu kürzen, dann erneut 1981 zu einem Treffen der Mont-Pèlerin-Gesellschaft, wo er bestätigte, die chilenische Regierung wisse, «wie man die Wirtschafts- und Geldpolitik nach den solidesten ökonomischen Grundsätzen gestaltet».[36] Im Jahr 1977 besuchte sein Chicagoer Kollege Arnold C. Herberger Chile, um Vorträge zu halten und die Stärke der Wirtschaftspolitik des Landes nach dem Putsch zu bestätigen. Die US-Botschaft hob in ihrem Bericht «die hohe Wertschätzung, die Herberger und seiner Universität in Chile entgegengebracht wird», hervor.[37] Hayek reiste 1981 an und traf sich kurz mit dem Diktator. Bezeichnenderweise entsprach der Name der neuen chilenischen «Verfassung der Freiheit» dem Titel von Hayeks einflussreichstem Werk *Constitution of Liberty* aus dem Jahr 1960.[38]

Auch weniger bekannte Persönlichkeiten bewunderten die neue Ordnung: Als die chilenische Regierung die US-amerikanische Werbeagentur

J. Walter Thompson mit dem Auftrag kontaktierte, das Image Chiles im Ausland zu verbessern, äußerte sich Jack Webster aus dem Firmenbüro in Buenos Aires anerkennend über die Junta: «Ihr wirtschaftliches Vorhaben – sofern sie es umsetzen können – wird besonders interessant sein, da wohl keiner von uns jemals in einem Land gelebt hat, in dem sich die Regierung nicht in die Wirtschaft eingemischt hätte. (Was auch für die USA gilt.)»[39] Er fügte hinzu: «Ich will, dass Chile Erfolg hat. Es wird ein weltweites Vorbild für den Sieg eines Systems gegen ein anderes sein.»[40]

Als Webster 1974 diese Worte aussprach, konnte er nicht ahnen, dass Chile eines Tages tatsächlich an der Spitze einer globalen Umgestaltung des politischen und wirtschaftlichen Systems stehen würde – einer Neukonfiguration, die fast unbemerkt in den 1970er Jahren begann, sich in den 1980er Jahren ausbreitete und in den 1990er Jahren ihren Höhepunkt erreichte, und einen bedeutenden Bruch in der langen Geschichte des Kapitalismus markierte. Die 1970er Jahre waren ein *Fin de Siècle.* Sie besiegelten das Ende einer hundertjährigen Ära, die mit den globalen Rekonstruktionen der 1870er Jahre begonnen hatte.[41]

Die 1970er Jahre waren jedoch zugleich ein Neuanfang: Aus den Überresten des alten Systems entstand weltweit eine neue politische Ökonomie. Einige Wissenschaftler bezeichnen sie als «neoliberale Ordnung», andere betrachten sie durch die Brille der «Globalisierung», wieder andere sehen in ihr eine «Finanzialisierung».[42] Trotz unterschiedlicher Gewichtungen sind sich alle einig, dass sich der globale Kapitalismus bis zum Beginn des 21. Jahrhunderts so stark gewandelt hat, dass er für einen Beobachter aus der Mitte des 20. Jahrhunderts nicht mehr wiederzuerkennen wäre.

Wieder einmal hatten sich die «festen eingerosteten Verhältnisse [...] aufgelöst».[43] Während das vorangegangene Jahrhundert der Geschichte des Kapitalismus von einer massiven Industrialisierung in relativ wenigen Teilen der Welt geprägt war, kam es in den Jahrzehnten nach den 1970er Jahren zu einer raschen Verlagerung der Industrie in den Globalen Süden im Allgemeinen und nach Asien im Besonderen. Während das vorangegangene Jahrhundert durch Investitionen in räumlich gebundene Vermögenswerte wie Stahlwerke und Eisenbahnen und die daraus resultierende tiefe Verflechtung von nationalem Kapital und Nationalstaaten charakterisiert war, stützte sich der neue Kapitalismus zwar weiterhin auf den Staat, aber nicht unbedingt auf einen bestimmten, da die Verbindung zwischen (ungebundenem) Kapital und

Nation schwächer wurde. Und während das vorangegangene Jahrhundert sich durch die Dominanz des Industriekapitals auszeichnete, kehrte nun das mit der Finanzwirtschaft eng verflochtene Handelskapital mit voller Wucht zurück. Nicht nur die territoriale Ordnung des Kapitalismus verschob sich, auch die vorherrschenden wirtschaftlichen Ideen wandelten sich vom «Keynesianismus» des Goldenen Zeitalters zum «Neoliberalismus» – was vielleicht am deutlichsten daran zu erkennen war, dass Menschen nun in erster Linie nicht mehr als Bürger, sondern als Konsumenten und Investoren betrachtet wurden.[44]

Dieser Wandel der Gestalt des Kapitalismus sah, wie schon zuvor, an verschiedenen Orten sehr unterschiedlich aus und wurde durch Interessen und Konflikte bedingt, die oftmals stark lokal geprägt waren. Aufstände von Kapitaleignern, Arbeitern, Bauern und eine Vielzahl sozialer Bewegungen hatten die bestehende Ordnung auf vielfältige Weise destabilisiert – auf lokaler, regionaler oder nationaler Ebene. Doch die Ergebnisse dieser Konflikte, der Horizont ihrer Möglichkeiten und die neu entstehende Form des Kapitalismus wurden auch durch die globalen Verbindungen bestimmt, in die sie eingebettet waren. Wie schon seit fünf Jahrhunderten war die Metamorphose des Kapitalismus global, wobei Entwicklungen in entlegenen Ecken der Welt Wellen schlugen und an anderen Orten drastische Veränderungen auslösten. Trotz der Veränderung der Erscheinungsformen des Kapitalismus beruhte seine Dynamik weiterhin auf seiner vernetzten Verschiedenheit. Ungeachtet zahlreicher Bücher, die die Homogenisierung aller Lebensbereiche beklagten (ein weiteres Merkmal der neoliberalen Ära), setzte das Kapital auch weiterhin differenzierende Kräfte in Bewegung.

Der weltweite Wandel der politischen Ökonomie zwischen 1973 und 2008 wurde durch radikale Veränderungen des Wirtschaftslebens überall auf dem Globus ermöglicht und weiter vorangetrieben. Aus einer langfristigen Perspektive betrachtet, könnte das nachhaltigste Vermächtnis dieser Jahrzehnte die dramatischste Industrialisierungswelle, die die Welt je gesehen hat, sein. In Gebieten, die weit entfernt von der neuen Maschinenproduktion lagen, entstanden in ehemaligen Reisfeldern plötzlich riesige Textilfabriken, Stahlwerke, Automobilmontagewerke, Elektronikfabriken und Callcenter. Millionen von ehemaligen Bauern strömten in die Fabriken: 1991 arbeiteten 60 Prozent der chinesischen Erwerbsbevölkerung in der Landwirtschaft; bis zum Jahr 2021 war dieser Anteil auf nur noch 24 Prozent gesunken – ein beispielloser Massenexodus in die Städte, die Industrie und den Dienstleistungssektor und eine riesige Welle neuer und rasch erfolgender Proletarisierung.[45]

Da immer mehr Menschen in der Produktion für den Markt tätig waren und ihre Produktivität sprunghaft anstieg, erreichte der Ausstoß der Industrie ungeahnte Höhen. Im Jahr 1973 wurden weltweit mehr als 39 Millionen Kraftfahrzeuge hergestellt, im Jahr 2010 waren es bereits über 77 Millionen. Im Jahr 1986 belief sich der weltweite Markt für Halbleiter auf etwa 26 Milliarden US-Dollar; vierundzwanzig Jahre später waren es fast 300 Milliarden. Im Jahr 1973 wurde das erste Mobiltelefon der Welt gebaut; im Jahr 2010 wurden fast 300 Millionen verkauft. Im Jahr 1970 gab es weltweit nur wenige Hundert sperrige, schwere und kostspielige Computer in den Knotenpunkten des Kapitals und der Macht. Im Jahr 2010 besaßen Milliarden von Menschen diese technischen Wunderwerke, von denen viele mittlerweile auf Taschenformat geschrumpft waren. Die medizinische Forschung machte ebenso phänomenale Fortschritte wie die Lebensmittelproduktion. Während der Lebenszeit vieler Leser dieses Buches wurden von der Menschheit wahrscheinlich mehr «Dinge» produziert als in allen vergangenen Generationen zusammen. Der exponentielle Anstieg der menschlichen Produktivität ist eines der bemerkenswertesten Kennzeichen unserer Epoche.[46]

DER KAPITALISMUS dominierte auf völlig neue Weise. Obwohl es bereits Jahrhunderte her war, dass das Kapital seine alten Inseln verlassen hatte und ins Hinterland vorgedrungen war – in die Landwirtschaft, die Industrie und den Dienstleistungssektor –, war ein bedeutender Teil der menschlichen Bevölkerung noch bis in die 1950er Jahre davon weitgehend unberührt geblieben. Es gab sogar eine wachsende Zahl vermeintlich postkapitalistischer Länder, die etwa ein Viertel der Landmasse der Welt und 33 Prozent ihrer Bevölkerung umfassten.[47] Und dann gab es noch Hunderte Millionen von Menschen, die in Subsistenzwirtschaften lebten (die ihre Nahrungsmittel selbst anbauten und einen Großteil dessen, was sie konsumierten, selbst herstellten), Menschen, die kaum in Berührung kamen mit irgendetwas, das auch nur im Entferntesten als «Kapitalismus» bezeichnet werden konnte.

Bis 2008 war diese Welt weitgehend verschwunden – ebenso wie fast alle postkapitalistischen Länder. Gleichzeitig durchdrang die Logik der endlosen Akkumulation neue Lebensbereiche mit neuer Intensität: Kinderbetreuung, Liebe, Information und sogar menschliche Organe wurden einer verschärften kapitalistischen Logik unterworfen. Die wenig an den Staat gebundenen Kräfte des Finanzkapitals rückten in die Räume vor, die das Ende des offiziellen Kolonialismus hinterlassen hatte, und kolonisierten immer mehr Sphären des menschlichen Lebens. Nach der Mitte der 1970er Jahre war die vielleicht bedeutendste Veränderung, dass der Kapitalismus zum ersten Mal in der Geschichte die internationale Wirtschaft vollständig dominierte. Nicht zufällig untergrub die kapitalistische Revolution gleichzeitig immer schneller die natürlichen Lebensgrundlagen auf der Erde.

Chiles Transformation war ihrer Zeit voraus gewesen, aber überall zeigten sich politische, ideologische, kulturelle und vor allem wirtschaftliche Risse. Das Goldene Zeitalter hatte lange auf einem Ausgleich zwischen einer bestimmten Form des Kapitals, einer bestimmten Art von Arbeiterklasse und einem bestimmten Kräfteverhältnis zwischen Kapital, Arbeit und Staat beruht. All diese Arrangements wurden in den 1970er Jahren geschwächt und waren im folgenden Jahrzehnt nicht mehr zu retten. Das sich abzeichnende neue Gesicht des globalen Kapitalismus war keineswegs nur eine Schöpfung «neoliberaler» Ideologen und Politiker, sondern eine tiefgreifende Umgestaltung des Kapitals selbst.

Zu den bemerkenswertesten Veränderungen gehörte die Bildung neuer Knotenpunkte des Kapitals: Lokale Kapitaleigner und internationale Investoren schufen neue Kapitalagglomerationen in dem, was später als Globaler Süden bezeichnet wurde. Aufbauend auf den neu entstandenen Knotenpunkten staatlicher Macht, die im Zuge der Entkolonialisierung entstanden waren, trieben diese Supercluster des Kapitals die bedeutendste Industrialisierung der Weltgeschichte voran.[48] In diesem Prozess wuchs die weltweite Arbeiterklasse rasant an.

Der Globale Süden besaß eine lange Tradition im Handel, der Industrie und der Kapitalakkumulation, wie wir im Laufe dieses Buches gesehen haben. Seine Produktionsbasis hatte sich nach der Weltwirtschaftskrise der 1930er Jahre vergrößert, dank einer Industrialisierungspolitik der Importsubstitution, die durch den wirtschaftlichen Nationalismus der neu dekolonialisierten Staaten noch verstärkt wurde. In den 1970er Jahren und darüber hinaus beschleunigten sich diese Entwicklungen in einigen Ländern mit einer geradezu atemberaubenden Geschwindigkeit und änderten ihre Richtung: weg von der Importsubstitution und hin zur Produktion für den Export. Anfangs waren die sogenannten Vier Tiger – Korea, Taiwan, Hongkong und Singapur – führend, doch andere Länder wie Indonesien, Malaysia, Thailand, Mexiko und Brasilien holten rasch auf. Kein Teil der Welt industrialisierte sich aber so schnell und so radikal wie China. Der Wert der weltweiten Industrieproduktion stieg zwischen 1973 und 2008 um fast das Fünffache, wobei der größte Teil davon aus dem Globalen Süden stammte und China im Jahr 2008 einen beeindruckenden Anteil von 31,5 Prozent beitrug. In jenem Jahr erzielte die chinesische Industrie mehr Wertschöpfung als die gesamte Welt im Jahr 1973, zu einem Zeitpunkt, als Wissenschaftler im nordatlantischen Raum noch davon überzeugt waren, Europa habe aufgrund seiner ausgeprägten Fertigungskompetenz einen dauerhaften globalen Wettbewerbsvorteil. Rückblickend erscheinen die Theorien, die diese Wissenschaftler damals zur Erklärung dieser großen Unterschiede entwickelten, wie veraltete Artefakte, die eher als Spiegelbild der westlichen Selbstwahrnehmung denn als sozialwissenschaftliche Analyse zu betrachten sind.[49]

Die Bedeutung dieser Verschiebung kann kaum überschätzt werden. Während die Jahrzehnte von 1970 bis 2008 im nordatlantischen Raum oft als Ära der «Deindustrialisierung» bezeichnet werden, fand in dieser Zeit aus globaler Sicht die schnellste Industrialisierung in der Geschichte der Menschheit statt. Nach der industriellen Revolution des 19. Jahrhunderts und der damit einhergehenden neuen Hierarchien waren die Exporte des Globalen Südens weitgehend auf Rohstoffe und Agrarprodukte beschränkt gewesen – noch in den 1970er Jahren machten Industriegüter weniger als ein Fünftel des Außenhandels des Globalen Südens aus. Im Jahr 2000 entfielen bereits erstaunliche 70 Prozent der Exporte auf diese Waren.[50] Während der Anteil der in der Industrie beschäftigten Weltbevölkerung mit etwa 14 Prozent stabil blieb, veränderten sich die geografischen Verteilungsmuster die-

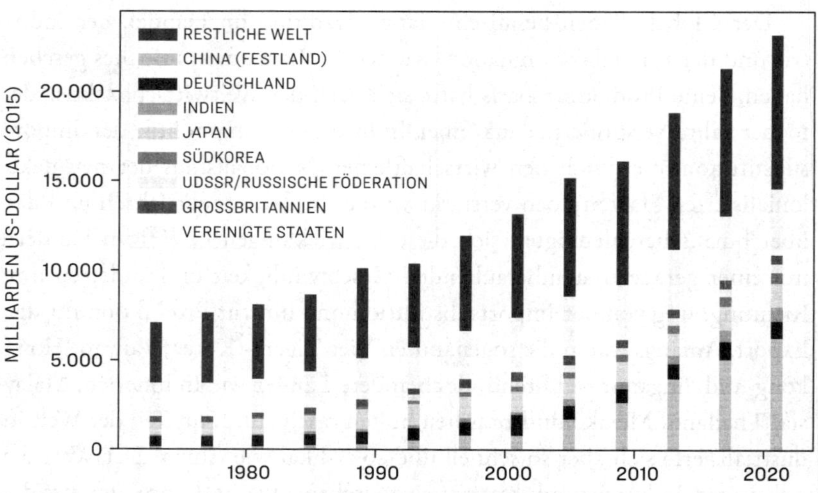

Die bedeutendste Industrialisierungswelle der Weltgeschichte: Produktionsvolumen nach Ländern (in Milliarden US-Dollar, gemäß dem Devisenkurs von 2015), 1970–2022.

ser Beschäftigten dramatisch. 1973 waren etwa 20 Prozent der weltweiten Fertigungsarbeiter in chinesischen Fabriken tätig; bis 2008 hatte sich dieser Anteil auf über 40 Prozent verdoppelt. Parallel dazu sank der gemeinsame Anteil Nordamerikas und Europas von etwa 40 auf etwa 20 Prozent.[51]

Während Städte wie Manchester und Detroit die Industrialisierung im Nordatlantikraum symbolisierten, stand die Stadt Shenzhen im Perlflussdelta für den Aufstieg Chinas. Mit 314 100 Einwohnern im Jahr 1979 grenzte Shenzhen an die britische Kolonie Hongkong, die seit den 1950er Jahren als Produktionsstandort mit niedrigen Löhnen für Textilien, Spielzeug und Kunststoffe diente. In Shenzhen schuf die chinesische Regierung 1980 die erste Sonderwirtschaftszone (SWZ) des Landes. Als die Arbeitskosten in Hongkong stiegen, bot China einen neuen institutionellen Rahmen für internationale Investitionen, und Hongkonger Kapitaleigner (von denen viele nach der Revolution aus China ausgewandert waren) fanden jenseits der Grenze die begehrten billigen Arbeitskräfte. Diese Unternehmer bauten eine exportorientierte Fertigungsindustrie auf, zunächst in der Textilbranche, dann in anderen Sektoren. In diesen Firmen, von denen letztendlich mehr als 30 000 genehmigt wurden, verband sich Hongkonger (und taiwanesisches) Kapital mit chinesischen Arbeitskräften aus ländlichen Gebieten, was eine nie dagewesene Herausforderung für die Vormachtstellung des nordatlantischen Raums in der Industrie bedeutete.[52]

Tatsächlich wurde die Region zur Werkshalle der Welt. Im Jahr 2008 hatte Shenzhen 9 542 800 Einwohner, dreißigmal so viele wie neunzehn Jahre zuvor, und war damit die am schnellsten wachsende Stadt der Weltgeschichte. (Bis 2021 hatte sich die Einwohnerzahl fast noch einmal verdoppelt.) Die wirtschaftliche Expansion der Stadt war ebenso beispiellos: Nach offiziellen chinesischen Angaben stieg das Gesamtvolumen der Importe und Exporte der Stadt zwischen 1979 und 1985 um das 78-Fache. Zwischen 1980 und 2008 betrug das durchschnittliche jährliche Wirtschaftswachstum von Shenzhen 26,9 Prozent, wobei die Produktion jährlich um 37,8 Prozent zunahm. Im Jahr 2008 belief sich der Wert der in Shenzhen hergestellten Waren und erbrachten Dienstleistungen auf 110 Milliarden US-Dollar, was in etwa dem Bruttoinlandsprodukt eines Landes wie Peru oder der Slowakei entsprach.[53]

Im Perlflussdelta, wo Shenzhen liegt, stieg die Industrieproduktion zwischen 1980 und 1990 um 21,23 Prozent pro Jahr, während der Wert der Exporte um 29,28 Prozent zunahm. Der Erfolg der arbeitsintensiven Textilindustrie veranlasste andere Branchen, sich ebenfalls dort anzusiedeln, und die Stadt entwickelte sich nun auch zu einem Zentrum der Hightech-Fertigung. Im Jahr 2003 verlegte Samsung seine PC-Produktion von Südkorea nach China und beschäftigte dort 42 000 Mitarbeiter. Der taiwanesische Elektronikhersteller Foxconn zog 1988 nach Shenzhen und errichtete dort eine Fabrik, die mehr Arbeiter beschäftigte als jede andere Fabrik zuvor:[54] Im Longhua Science and Technology Park, auch «Foxconn City» genannt, waren Hunderttausende von Beschäftigten tätig (die genaue Zahl ist nicht öffentlich bekannt). Diese außergewöhnliche Industrialisierung veränderte nicht nur das Gesicht Chinas, sondern schuf auch einen Horizont globaler Möglichkeiten für das Kapital, da sie es Unternehmern erlaubte, die sozialen Strukturen zu umgehen, die das Goldene Zeitalter in Nordamerika, Japan und Europa geprägt hatten, neue Produktionsstrategien zu entwickeln, die in globale Warenketten eingebettet waren, und dem Finanzkapital neue Macht zu verleihen. Kurz gesagt: Sie machte die Bahn frei für eine neue Form des Kapitalismus – nicht nur in China, sondern weltweit.

Während Chinas rasante Industrialisierung weltweit führend war, breitete sich die industrielle Fertigung auch in anderen Weltregionen aus – jedoch nicht mehr mit dem Ziel der Importsubstitution (wie in den Vereinigten Staaten in den 1840er Jahren und in Indien in den 1950er Jahren), sondern mit Fokus auf den Export. Vor China hatte sich bereits Indonesien im Rekordtempo zu einer führenden Industrienation entwickelt: Seine Produktion verdoppelte sich zwischen 1965 und 1996 im Durchschnitt alle sechs Jahre, da Bekleidungsmarken wie Nike begannen, Aufträge an indonesische Niedriglohnbetriebe zu vergeben, und Investitionen aus Japan, Südkorea und Hongkong in das Land flossen. Der Anteil der verarbeitenden Industrie an den indonesischen Exporten stieg von 7,4 Prozent im Jahr 1980 auf 55,1 Prozent im Jahr 2000; Textilien und Bekleidung machten im Jahr 2000 15,3 Prozent der Exporte aus, gegenüber nur 0,3 Prozent im Jahr 1980.[55]

Thailand folgte diesem Beispiel: Unter anderem durch Währungsabwertung, Deregulierung ausländischer Investitionen und Unterdrückung von gewerkschaftlichen Aktivitäten konnte das Land die arbeitsintensive Produktion ausbauen, die auf niedrigen Löhnen basierte. In der zweiten Hälfte der 1980er Jahre stiegen seine Exporte jährlich um beachtliche 24 Prozent. 1995 waren fünf Millionen Menschen in der thailändischen Industrie beschäftigt, doppelt so viele wie ein Jahrzehnt zuvor. Ab den 1990er Jahren stellte das Land auf komplexere Fertigungsprozesse um, insbesondere als Zulieferer für südkoreanische und japanische Hersteller. Es siedelten sich so viele japanische Fabriken an, dass ein Beobachter Anfang der 1990er Jahre schätzte, dass alle drei Tage eine neue Fabrik eröffnet wurde. Der weltweit führende Hersteller von Miniaturkugellagern, Minebea (heute MinebeaMitsumi), kaufte

Ende der 1960er Jahre Werke in Kalifornien und New Hampshire auf. 1972 folgte das Unternehmen seinen Konkurrenten nach Singapur, doch steigende Arbeitskosten veranlassten die Unternehmensleitung, nach Thailand umzuziehen, wo 1980 das erste Werk in der Provinz Ayutthaya eröffnet wurde. «Die beiden größten Pluspunkte», erklärte ein Manager gegenüber einem Journalisten, «waren die großzügigen Steuervergünstigungen der Investitionsbehörde und die Verfügbarkeit billiger Arbeitskräfte rund um die Uhr.» Die teuren Maschinen, die das Unternehmen einsetzte, «sollten jeden Tag 24 Stunden laufen. In anderen Ländern war das nicht möglich.»[56] 1989 war es so weit, dass 90 Prozent aller Kugellager von Minebea in Singapur und Thailand hergestellt wurden. Der Hersteller war Thailands größter Einzelarbeitgeber und beschäftigte an seinen Fließbändern 14 000 Frauen. Und während komplexere Hersteller nach Thailand zogen, verlagerte sich die weniger komplexe, aber arbeitsintensive Industrie in die Grenzregionen, wo illegale Migranten aus Myanmar und Kambodscha prekäre Arbeitsplätze in Bekleidungsfabriken fanden. Schätzungen zufolge bestanden 1997 etwa 10 Prozent der gesamten Erwerbsbevölkerung Thailands aus Migranten ohne Aufenthaltsgenehmigung.[57]

Weitere Länder taten es ihnen nach: In Mexiko kam es zu einer enormen Expansion der Maquiladoras, deren Zahl bis zum Jahr 2000 auf über 3500 Betriebe mit fast 1,3 Millionen Beschäftigten anstieg.[58] US-amerikanische Automobilhersteller und andere Firmen verlegten einen Teil ihrer Produktion in Orte südlich der Grenze. Und es entstanden auch neue Knotenpunkte des Kapitals, die auf dem lukrativ gewordenen Export von Rohstoffen, insbesondere Öl, fußten. Nach den Ölpreiserhöhungen der 1970er Jahre flossen enorme Geldmengen in den Nahen Osten, nach Nigeria und in einige andere Länder, die dadurch zu weltweit bedeutenden Zentren im Imperium des Kapitals wurden. Ihr neu erworbener Reichtum floss zurück in globale Investitionen und lokale Entwicklung – insbesondere in Städte und Infrastruktur. Diese rasante Entwicklung erforderte Arbeitskräfte im Baugewerbe und im Dienstleistungssektor sowie neue Rohstoffimporte, insbesondere Nahrungsmittel. Städte entwickelten sich zu dem, was Janet Abu-Lughod als «riesige Staubsauger» bezeichnete.[59] Die Regierungen der Golfstaaten bauten Verbindungen zu Agrarregionen in Ländern wie Ägypten und dem Sudan auf, die zum «Brotkorb der Araber» wurden.[60] Sie mobilisierten Arbeitskräfte in Pakistan und Indien und machten auch diese Regionen zu ihrem Hinterland. Die reproduktive Leistung von Frauen in den ärmeren Teilen Asiens wurde für die Versorgung dieser Volkswirtschaften mit Arbeitskräften von entscheidender Bedeutung – ein weiteres Zeichen dafür, dass sich die seit Langem bestehende Abhängigkeit der kapitalistischen Expansion von Lebensbereichen außerhalb ihres Einflussbereichs ebenfalls beschleunigte.

Als die Knotenpunkte der Kapitalkonzentration immer zahlreicher wurden, war die bemerkenswerteste Abweichung von dem vom Westen beherrschten «Goldenen Zeitalter» das Aufkommen von Unternehmen aus dem Globalen Süden als weltweite Einflusskräfte. Nach den 1970er Jahren, gestärkt durch die nationalen Entwicklungspolitiken der postkolonialen Nachkriegsjahrzehnte, wagten sie den Schritt hinaus in die Welt, da ihnen die Landesgrenzen zu eng für ihre weitere Expansion wurden. Die Gerdau-Gruppe, ein brasilianischer Stahlhersteller, mit dem wir es bereits zuvor zu tun hatten, wurde zu einem der größten multinationalen Unternehmen Brasiliens. Die Firma, die mit einer einzigen Produktionsstätte in Porto Alegre begonnen hatte, hatte sich in den 1960er Jahren innerhalb Brasiliens ausgebreitet. Sie hatte auch stark vom Nationalen Entwicklungsplan der 1970er Jahre profitiert und ihre Größe verdoppelt. In den 1980er Jahren genoss sie eine dominante Stellung auf dem brasilianischen Markt. Ihre erste internationale Investition tätigte sie 1980 in Uruguay, gefolgt von Bemühungen um den Eintritt in den nordamerikanischen Markt durch den Kauf eines kanadischen Stahlwerks im Jahr 1989. Anschließend erwarb die Firma 1992 Produktionsstätten in Chile, 1997 in Argentinien, 1999 in den Vereinigten Staaten, 2005 in Kolumbien, 2006 in Spanien und Peru, 2007 in Venezuela und der Dominikanischen Republik und schließlich 2008 in Mexiko und Indien. Im Zuge ihrer zwischen 1980 und 2014 erfolgenden Internationalisierung stieg ihre Stahlproduktion um das Vierzehnfache.[61] 2010 war sie zum zehntgrößten Stahlhersteller der Welt geworden.

In einer ganz anderen Branche übernahm 1989 ein Trio brasilianischer Geschäftsleute die hundertjährige Brauerei Brahma in Rio de Janeiro. Ein Jahrzehnt später fusionierten sie mit ihrem Hauptkonkurrenten Antarctica aus São Paolo zu Ambev. Das Unternehmen kontrollierte nicht nur Bierfabriken, sondern auch den südamerikanischen Vertrieb von PepsiCo. Im Jahr 2004, als es bereits der dominierende Getränkehersteller Lateinamerikas war, fusionierte es mit der belgischen Firma Interbrew zu InBev, dem weltweit größten Brauereikonzern, und 2008 erwarb dieser zusätzlich noch den amerikanischen Giganten Anheuser-Busch. Im Globalen Süden entstanden weitere multinationale Unternehmen: Aramco, die staatliche Ölgesellschaft Saudi-Arabiens, investierte in die SsangYong Oil Refining Company (heute bekannt als S-Oil) in Südkorea und ging 1996 ihr erstes europäisches Joint Venture ein, um die Kontrolle über die gesamte Wertschöpfungskette des Öls zu erlangen, von der Ölquelle bis zur Zapfsäule. Im Jahr 2000 erwarb Tata den traditionsreichen britischen Teekonzern Tetley und errichtete Automobilwerke in Südafrika und im Senegal. Der indische Pharmariese Dr. Reddy's Laboratories kaufte 2002 seine britischen Konkurrenten und übernahm 2004 ein US-amerikanisches Biotechnologieunternehmen. Alibaba hatte bis zum Jahr 2000 Niederlassungen in dreizehn Ländern gegründet und Joint Ventures in Japan, Südkorea und Taiwan gebildet.[62]

Es überrascht nicht, dass eine derart rasante Industrialisierung eine entsprechend starke Welle der Proletarisierung auslöste. Im Jahr 2008 umfasste die Erwerbsbevölkerung Chinas fast 800 Millionen Frauen und Männer, von denen 27 Prozent in der Industrie arbeiteten. Wie schon während der gesamten Geschichte des Kapitalismus stammten diese Arbeiterinnen und Arbeiter überwiegend aus dem ländlichen Raum – 2007 waren 64,4 Prozent der Beschäftigten in der Industrie und 33 Prozent der Beschäftigten im Dienstleistungssektor aus ländlichen Gebieten zugewandert.[63]

Diese rasche Mobilisierung ländlicher Arbeitskräfte wurde durch die Lockerung strenger Beschränkungen ermöglicht, die die Menschen zuvor gezwungen hatten, auf dem Land zu bleiben. Der chinesische Staat schuf eine zweigeteilte städtische Arbeitnehmerschaft: Diejenigen, die offiziell als Stadtbewohner registriert waren, hatten Zugang zu einer breiten Palette sozialer Dienstleistungen. Die Übrigen galten als «vorübergehende Bevölkerung» und waren von diesen Vergünstigungen ausgeschlossen. Allein im Perlflussdelta stieg ihre Zahl von 184 000 im Jahr 1982 auf fast 3 Millionen im Jahr 1990. Diese Zuwanderer aus ländlichen Gebieten stellten für die Fabriken eine Quelle billiger Arbeitskräfte dar – Ende der 1990er Jahre betrug der Stundenlohn in chinesischen Textilfabriken 30 Cent (in US-Währung), verglichen mit 2,75 Dollar in Mexiko und Südkorea, 5 Dollar in Hongkong und Taiwan und mehr als 10 Dollar in den Vereinigten Staaten.[64] Wie zuvor trieb die Reproduktionsleistung der bäuerlichen Bevölkerung und insbesondere der ländlichen Frauen die moderne Industrie ebenso an wie die massive Ansammlung von Kapital und modernen Maschinen.

So wie es die Frauen gewesen waren, die während der ersten Phase der Industrialisierung in Lancashire die Spinnmaschinen bedient hatten, bildeten auch in China die Frauen das Rückgrat der frühen Industrialisierung. Etwa 60 Prozent der Migranten waren junge, unverheiratete Frauen. Im Jahr 2004 waren in Shenzhens Leichtindustrie etwa 90 Prozent der Beschäftigten Frauen unter 25 Jahren, weswegen sie oft als «wailai mei», als «Mädchen von außerhalb», bezeichnet wurden. Die Soziologin Pun Ngai hat diese Geschlechterdynamik am Beispiel von China Wonder Garments erforscht.

Genauso wie es bereits 1840 in New England geschehen war, beaufsichtigte in dieser Firma im Jahr 1989 ein in diesem Fall aus Hongkong stammender Direktor 600 meist weibliche Arbeiter. Das Unternehmen stellte ihnen in der Nähe der Fabrik Wohnheime zur Verfügung, in denen 12 bis 16 Beschäftigte pro Zimmer untergebracht waren. Sie unterlagen strengen Vorschriften: Ein Regelwerk legte mit penibler Genauigkeit fest, welches Verhalten von ihnen erwartet wurde, und sie mussten täglich vierzehn Stunden arbeiten, bei dringenden Aufträgen sogar noch länger.[65]

Die Möglichkeit, dem engen Dorfleben zu entfliehen, konnte für Frauen befreiend sein, doch die Bedingungen in den Fabriken waren hart: Die Arbeitszeiten waren lang, die Löhne niedrig und die Arbeitsumstände oft gefährlich, während die Aufseher meist unbeschränkte Macht über die Arbeiterinnen und Arbeiter hatten. Von den 120 Millionen Wanderarbeitern aus ländlichen Gebieten, die 2004 in chinesischen Städten tätig waren, hatten nur 12,5 Prozent einen Arbeitsvertrag unterzeichnet. Der chinesische Staat versuchte, die daraus resultierenden Konflikte einzudämmen, indem er Arbeitsgesetze schuf (wie es ein Jahrhundert zuvor anderswo geschehen war), sodass 1994 das Nationale Arbeitsgesetz, 1992 und 2002 das Gewerkschaftsgesetz, 2007 das Arbeitsvertragsgesetz und 2007 das Schiedsgerichtsgesetz verabschiedet wurden. Dennoch blieb der Staat weiterhin entschlossen, den Wettbewerbsvorteil Chinas – die extrem niedrigen Arbeitskosten – nach besten Kräften auszunutzen.[66] Und die Arbeiter hatten angesichts eines schier unerschöpflichen Vorrats von willigen neuen Arbeitskräften, die in die Industrie drängten, nur wenig Möglichkeiten, sich zu wehren.

Die massiven Proletarisierungen im Globalen Süden führten jedoch zu einer ebenso massiven Zunahme von Arbeitskonflikten. Wie wir gesehen haben, wurde die chilenische Arbeiterbewegung Anfang der 1970er Jahre durch gewaltsame Repressionen zerschlagen. In Südafrika zeigten die Arbeiter wachsende Entschlossenheit gegenüber ihren Arbeitgebern und dem Apartheidregime, wurden jedoch mit harter staatlicher Unterdrückung konfrontiert. Das nationale Gesetz von 1987 zur Regelung der Arbeitsbeziehungen schränkte das Streikrecht der Arbeiter ein und machte die Gewerkschaften sogar für Streikschäden haftbar. Um dagegen zu protestieren, rief die COSATU, der größte Gewerkschaftsverband des Landes, zu einem Generalstreik auf, an dem sich 2,5 Millionen Arbeiter beteiligten. Dieser Streik stellte schnell die grundsätzliche Legitimität des Apartheidregimes infrage. Obwohl die staatlichen Vergeltungsmaßnahmen sehr heftig waren (der Minister für Recht und Ordnung, Adriaan Vlok, ließ durch die Geheimpolizei einen Bombenanschlag auf das Hauptquartier der COSATU in Johannesburg ver-

Streikende Bergarbeiter in Südafrika bei einer Versammlung, 1987.

üben) und der Protest niedergeschlagen wurde, markierte er dennoch den Beginn des Endes der Apartheid.[67]

In Südkorea stand eine stark gewachsene Arbeiterklasse ebenfalls einem repressiven Staat gegenüber, der darauf bedacht war, ausländisches Kapital anzuziehen. Es war eines der ersten Länder, die sogenannte Export Processing Zones (EPZ) einrichteten, um Bekleidungshersteller mit billigen weiblichen Arbeitskräften anzulocken. Zwischen 1963 und 1979 stieg die Zahl der Frauen in dieser Branche um das Siebenfache auf 1,2 Millionen. Der Versuch, diese wachsende industrielle Arbeiterschaft zu kontrollieren, wurde zu einer Priorität für das Regime von Park Chung-hee (1961–1979). Im Januar 1970 erließ die Regierung das Provisorische Ausnahmegesetz über Gewerkschaften und die Beilegung von Arbeitskonflikten in Unternehmen mit ausländischer Beteiligung, das die Aktivitäten von Gewerkschaften in den EPZs stark einschränkte. Im November desselben Jahres protestierte der Textilarbeiter Jeon Tae-il gegen die schlimmen Arbeitsbedingungen, indem er sich in der Innenstadt von Seoul in Brand setzte. Jeons Selbstmord löste eine Welle von Arbeiterunruhen aus. Im darauffolgenden Jahr besetzten 400 Techniker die Zentrale von Korean Air. Der Staat verschärfte die Repressionen: Im Dezember übernahm Park die «dauerhafte» Macht, rief den nationalen Notstand aus und erließ das Sondergesetz zur nationalen Sicherheit, das den Gewerkschaften noch weniger Spielraum für Tarifverhandlungen einräumte. Die

Gewerkschaften wurden dazu verpflichtet, Patriotismus und Arbeitsproduktivität zu fördern, nicht aber die Arbeiter zu schützen. Infolgedessen gehörten die Arbeitszeiten der Südkoreaner zu den längsten der Welt: Zehn- bis zwölfstündige Arbeitstage waren in der koreanischen Industrie in den 1970er und 1980er Jahren die Regel.

Wie diese Beispiele zeigen, wurden viele Bemühungen, gewerkschaftliche Arbeit zu organisieren, durch staatliche Gewalt unterbunden.[68] Dennoch machten die Gewerkschaftler weiter: «Nichts konnte mich einschüchtern», berichtete Han Myŏnghŭi, eine südkoreanische Gewerkschaftsaktivistin, über ihre Zeit als Organisatorin.[69] Ende der 1980er Jahre kam es zu vermehrten Arbeitsunruhen, die sich gegen das Regime richteten, und 1987 ist als das Jahr des «Großen Arbeiterkampfes» in Erinnerung geblieben. Von Juli bis September kam es durchschnittlich zu vierundvierzig Arbeitskonflikten pro Tag.[70] Diese Streiks förderten den Demokratisierungsprozess des Regimes und gelten daher als politischer Sieg. Mit ihren längerfristigen wirtschaftlichen Forderungen fanden die Arbeiter jedoch wenig Gehör.

Diese Niederlage zeigte sich am deutlichsten im schmerzhaften Deindustrialisierungsprozess der Schuhindustrie in Busan. In den 1980er Jahren war die Schuhherstellung nach Elektronik und Textilien der drittgrößte Exportsektor Südkoreas. Auf dem Höhepunkt ihres Erfolgs im Jahr 1988 wurden in den Betrieben von Busan jährlich 573 Millionen Paar Schuhe für westliche Unternehmen wie Nike und Reebok hergestellt. In jenem Jahr waren in dieser Branche 155 000 Menschen beschäftigt. Fünf Jahre später waren nur noch etwas mehr als 30 000 Arbeitsplätze übrig.[71] In der Zwischenzeit pressten die Unternehmen ihren Mitarbeitern jede mögliche Arbeitsstunde ab, um im internationalen Wettbewerb bestehen zu können. Ein Unternehmen namens Taebong startete eine Kampagne mit dem Titel «30 Minuten länger arbeiten» und forderte diese halbe Stunde Mehrarbeit von seinen Mitarbeitern täglich ein. Bei Taebong

> wurde ein großes Wandplakat mit dem Appell «Lasst uns gemeinsam sterben, wenn wir das Produktionsziel nicht erreichen» gut sichtbar im Betrieb aufgehängt, um die Beschäftigten psychisch unter Druck zu setzen. [Die 22-jährige Gewerkschaftsaktivistin Kwŏn Migyŏng] und mehrere andere Arbeiterinnen mussten eines Tages auf das Essen verzichten, weil ihr Vorgesetzter sie unter wüsten Beleidigungen dazu zwang, in der Fabrikhalle zu bleiben. Von Hunger geplagt, versuchten sie, während der Arbeit Brot und Mandarinen zu essen, wurden jedoch von einem Aufseher beschimpft, der sie anschrie.[72]

Aus Protest gegen diese Bedingungen beging Kwŏn auf dem Firmengelände Selbstmord. Sie hinterließ eine Nachricht an «meine geliebten Geschwister», in der sie sie auf bewegende Weise darum bat, sie nicht «in der eisigen Erde der Unterdrückung zu begraben, sondern [...] in euren Herzen». Sie «wollte wie ein Mensch leben» und forderte: «Unterdrückt uns nicht länger.»[73] Andere Aktivisten setzten den Kampf fort: Eine Aktivistin namens Pak Sunhŭi erklärte, dass «wir so oft in den Polizeistationen waren wie in unseren eigenen Häusern».[74]

Als die kostensparende Produktion unter dem Druck der Handelsliberalisierung in andere Niedriglohnländer abwanderte, wurden koreanische Frauen zunehmend in prekäre Dienstleistungsjobs gedrängt. Die ostasiatische Finanzkrise von 1997 löste eine weitere Runde von Angriffen auf die Arbeiterschaft aus – und einen weiteren wichtigen Moment des Widerstands, nicht zuletzt motiviert durch die Verabschiedung neuer Regierungsgesetze, die Arbeitgebern mehr Befugnisse zur Entlassung von Arbeitern und zur Einstellung von Aushilfen als Streikbrecher einräumte.[75] Drei Millionen Arbeiter streikten drei Wochen lang und zwangen die Regierung, die Gesetze zu ändern. Wie ihre Kollegen im Globalen Norden sahen sich auch die Unternehmer im Globalen Süden mit teilweise unüberwindbaren Hindernissen konfrontiert, wenn es darum ging, Zugriff auf die enorme Zahl von Arbeitskräften zu erhalten, die sie für eine rentable Nutzung ihres Kapitals benötigten, und diese dann zu kontrollieren.

Vom Ende der langen Geschichte des Kapitalismus her gesehen war diese neue Raumordnung des Imperiums des Kapitals, so instabil sie auch sein mochte, die bedeutendste Entwicklung des späten 20. und frühen 21. Jahrhunderts. Als diese neuen Knotenpunkte des Kapitals neue Verbindungen zu anderen Knotenpunkten in einem sehr viel größer gewordenen globalen Hinterland knüpften, begannen die Kapitaleigner im Globalen Süden, dem nordatlantischen Raum das vitale Zentrum des Kapitalismus streitig zu machen.

Dabei übten diese neuen Kapitalzentren Druck auf das ehemalige industrielle Kernland aus, was zu einer Aushöhlung des Goldenen Zeitalters von außen nach innen führte. Dies war die zweite entscheidende Veränderung in der Kapitalstruktur nach 1973. Wenn Arbeiter in Hongkong Baumwolle zu einem Bruchteil der Kosten der Arbeiter in der elsässischen Stadt Mulhouse spinnen und weben konnten, würde dann weiterhin Kapital in die elsässische Textilindustrie investiert werden? Wenn taiwanesische Arbeiter einen Fernseher zu einem geringen Prozentsatz des Lohns der Arbeiter in Celle zusammenbauen konnten, wie sollte Telefunken dann überleben? Wenn Millionen von umgesiedelten Landarbeitern in China kostengünstig Elektronikgeräte zusammenbauen konnten, würde dann noch jemand in eine Fabrik in Kalifornien investieren? Die daraus resultierenden Verwerfungen waren eine unwillkommene Erinnerung daran, dass der Kern des Kapitalismus weder ein dauerhaftes nationales Gefüge aus Unternehmen, Arbeitskräften und dem Staat noch eine bestimmte Gruppe von Unternehmen war. Es war und ist etwas völlig Austauschbares und zunehmend Mobiles: Kapital. Und der Drang seiner Eigner, es zu vermehren, ließ das Kapital fast wie ein lebendiges und intelligentes Wesen wirken.

Als Reaktion darauf begannen die Kapitaleigner im industriellen Kernland, den Gesellschaftsvertrag, der die Goldenen Jahre geprägt hatte, zu untergraben. Unzufrieden mit den hohen Fixinvestitionen, die sie an Standorte banden, an denen das Kräfteverhältnis nicht immer zu ihren Gunsten war, hielten sie Ausschau nach mehr Spielraum. «Flexible Akkumulation» und «Agilität» wurden in den Sozialwissenschaften zu Modebegriffen, um diesen Trend zu beschreiben.[76] Der Zugang zu «flexiblen» Arbeitskräften und «flexiblen» Standorten wurde entscheidend. Dank wesentlich kostengünstigerer Transport- und Telekommunikationsmöglichkeiten schufen Hersteller immer umfangreichere Produktionsnetzwerke, in denen Teile aus verschiedenen Standorten für die Endmontage an einem weiteren Standort bezogen wurden – eine Transformation, die als «Revolution der globalen Wertschöpfungskette» bezeichnet wurde.[77] Sogar einige der komplexesten Waren jener Zeit waren von dieser Umstrukturierung der Produktion betroffen: Toyota reduzierte seine Investitionen in seinem japanischen Heimatmarkt und begann mit der Koordinierung komplexer Netzwerke asiatischer Autoteilehersteller. Es entstand somit eine «Synergie» (ein weiteres Modewort jener Jahre) aus den Bemühungen japanischer und nordatlantischer Kapitaleigner, dem Goldenen Zeitalter zu entkommen, und den Strategien ihrer Pendants im Globalen Süden, neue Knotenpunkte der Akkumulation zu schaffen.[78]

Diese räumliche Reorganisation des Fertigungsprozesses hatte erhebliche Auswirkungen auf das nordatlantische Kernland. Während die Welt die größte Industrialisierungswelle ihrer Geschichte erlebte und der Ausstoß der Produktion überall – auch im Nordatlantikraum – weiter an Wert gewann, kam es in weiten Teilen des industriellen Kernlandes zu einem Niedergang vieler traditionsreicher Fertigungsindustrien und zu einem deutlichen Rückgang der industriellen Beschäftigung.[79]

In einigen Regionen führte dieser Beschäftigungsrückgang zu einer vollständigen Deindustrialisierung. Obwohl der IWF 1997 erklärte, dass «Deindustrialisierung kein negatives Phänomen, sondern eine natürliche Folge des weiteren Wachstums in fortgeschrittenen Volkswirtschaften ist», verursachten ihre sozialen und verteilungspolitischen Folgen Erschütterungen, die die materielle Grundlage des Goldenen Zeitalters im industriellen Kernland untergruben.[80] In den 23 fortgeschrittensten Volkswirtschaften sank der Anteil der Beschäftigung im verarbeitenden Gewerbe zwischen 1970 und 1994 von 28 Prozent der Erwerbsbevölkerung auf 18 Prozent. In den Vereinigten Staaten waren 1965 28 Prozent der Arbeitsplätze im verarbeitenden Gewerbe angesiedelt; dieser Anteil sank bis 2008 auf nur noch 11,8 Prozent. In Japan sank der Anteil der Arbeitsplätze im verarbeitenden Gewerbe von 27 Prozent im Jahr 1973 auf 18,4 Prozent im Jahr 1994; in der Europäischen Union (einschließlich Norwegen) von 30 Prozent im Jahr 1970 auf 18,3 Prozent im Jahr 2007. Natürlich gab es einige Unterschiede: Unter den OECD-Mitgliedsländern verzeichnete das Vereinigte Königreich den größten Einbruch der Beschäftigung im verarbeitenden Gewerbe, während der Rückgang in Deutschland recht moderat ausfiel.[81] Dennoch war die Tendenz überall dieselbe.

Die amerikanische Stadt Detroit wurde zu einem Paradebeispiel für diese Deindustrialisierung. Kein anderer Ort symbolisierte die Möglichkeiten der Massenproduktion und des Massenkonsums besser als die Stadt am Eriesee, die seit Beginn des 20. Jahrhunderts weltweit führend in der Automobilproduktion war. Ein Drittel aller Arbeitsplätze in Detroit waren 1970 in der Industrie angesiedelt, die von Ford, Chrysler und GM dominiert wurde. Dreißig Jahre später war dieser Anteil auf nur noch 18,1 Prozent gesunken, da mehr als die Hälfte aller Arbeitsplätze in der verarbeitenden Industrie verloren gegangen waren. Im Großraum Detroit verschwanden zwischen 1970 und 2000 fast 200 000 Arbeitsplätze in der Herstellung. Da die Arbeitgeber den Arbeitern mit weiteren Entlassungen drohten, wenn sie Lohnzugeständnissen nicht zustimmten, waren die verbleibenden Arbeitsplätze oftmals schlechter bezahlt.[82] Der Niedergang der Stadt verlief so rasant und extrem, dass sie zum bevorzugten Schauplatz für sogenannte «Ruin Porn»-Filme wurde, die die Verwüstungen des industriellen Verfalls darstellten, darunter *Requiem for Detroit?*, *Detroit Disassembled* und *Detroit: Ruin of a City*. Eminem, einer der einflussreichsten Musiker jener Zeit, würdigte «the city that made me» und drückte besser als jeder andere aus, wie viele Amerikaner diesen Moment der Enttäuschung, Unsicherheit und Gewalt erlebten:[83] «[Detroit] – I can't never leave this bitch, / Sick of bein' treated like me and shit.»[84]

Dort wie auch anderswo waren die sozialen Folgen des industriellen Niedergangs verheerend: Viele Häuser in Detroit standen leer oder waren auf Anordnung der Stadtverwaltung abgerissen worden. Die frühere «Motor City» sah zunehmend aus wie eine der zerbombten Städte des Zweiten Weltkriegs. 1970 hatte Detroit noch 1,5 Millionen Einwohner gezählt, 2010 waren es nur noch 713 000. Als die weißen Arbeiter die Stadt verließen, um in die Vororte oder andere Teile der Vereinigten Staaten zu ziehen, blieben die Schwarzen Arbeiter mit weniger Chancen zurück, was die sozialen Spannungen verschärfte. Die noch vorhandenen Einwohner Detroits lebten in den Überresten einer Stadt. Bereits 1980 war jeder zweite erwachsene Mann, die meisten davon Afroamerikaner, arbeitslos. Da die staatliche Unterstützung unzureichend war, hing das Überleben dieser Personen zunehmend von informeller Geschäftemacherei ab, die oftmals gegen das Gesetz verstieß, was zu häufigen Konfrontationen mit der Obrigkeit und zur Masseninhaftierung einer entproletarisierten Schwarzen Arbeiterklasse führte. Zwischen 1975 und 1997 stieg die Zahl der Gefängnisinsassen in Michigan um das Viereinhalbfache, wobei die meisten neuen Häftlinge aus Detroit stammten. Es waren mehr Schwarze Männer im Gefängnis als an der Universität. Jeder fünfte männliche Schwarze in Detroit wurde von der Justiz überwacht. Im Jahr 2013 war die Stadt bankrott und unterlag einem «Sanierungsplan», der in auffälliger Weise an die «Strukturanpassungsprogramme» erinnerte, die der IWF und die Weltbank zur gleichen Zeit vielen Ländern des Globalen Südens auferlegten.[85]

Postindustrielle Verwüstung: Detroit, Oktober 2009.

Die Herstellung änderte sich auch in der Fabrikhalle. Neue «postfordistische» Fertigungssysteme steigerten die Produktivität und reduzierten den Bedarf an Arbeitskräften, da mikroprozessorgesteuerte Roboter viele Aufgaben übernahmen. Sogar auf das Fließband – das große Symbol der kapitalistischen Moderne im 20. Jahrhundert – wurde manchmal verzichtet. Bereits 1974 hatte Volvo damit begonnen, einige seiner Fertigungsstraßen durch stationäre Montageanlagen zu ersetzen, um die Arbeitsbedingungen zu verbessern – ein offenbar notwendiger Schritt, da die Fluktuationsrate der Arbeiter in der Torslandaverken 50 Prozent pro Jahr erreicht hatte. Einige Mitarbeiter begrüßten die modifizierte Arbeitsumgebung, und durch die Aufwertung der Fahrzeugmontage zog diese Strategie neue, besser qualifizierte Arbeitskräfte an. Japanische Unternehmen folgten diesem Beispiel und entwickelten es noch weiter: So perfektionierte beispielsweise Toyota das sogenannte «Just-in-Time-System», bei dem die weiterzuverarbeitenden Teile genau dann in der Fabrik ankamen, wenn sie benötigt wurden, was die Lagerkosten reduzierte. Diese Art von Organisation der Produktion wurde durch eine weitere neue Technologie ermöglicht – den Computer, der sich rasch weltweit verbreitete und die Herstellung effizienter, jedoch auch anfälliger für Störungen machte.[86]

Mit der erneuten räumlichen Umstrukturierung des Kapitalismus traten neue Gruppen von Unternehmern in den Vordergrund. Während der industrielle Kapitalismus seit den 1870er Jahren von Industriellen geprägt worden war, die enorme Summen in räumlich unbewegliche Produktionsanlagen wie Stahlwerke oder Kohlebergwerke investierten, kam es im neoliberalen Zeitalter zu einem Wiederaufleben des Handelskapitals im Allgemeinen und des Finanzkapitals im Besonderen. Die Unternehmer kehrten zu ihrer alten Vorliebe für liquides und nicht zu stark an einen bestimmten Sachwert gebundenes Kapital zurück. Der unternehmerische Held dieser Ära war nicht mehr der Stahlbaron oder Automobilmagnat, sondern der Portfolio-Investor (verkörpert durch den Amerikaner Warren Buffett) oder der moderne Kaufmann (verkörpert zum Beispiel durch den chinesischen Alibaba-Gründer Jack Ma und die Walton-Familie von Walmart).

Dieses flüssige Kapital wanderte um den Globus, da aufstrebende Kapitaleigner nach rentablen Investitionsmöglichkeiten suchten. Im Unterschied zu beispielsweise Stahlerzeugern oder Kohlebergbaufirmen konnten sie sich mit ihren Ambitionen besser dem Einfluss der stark verschärften staatlichen Regulierung entziehen. Laut dem ehemaligen US-Finanzminister Lawrence Summers «schmieren Finanzmärkte nicht nur die Räder des Wirtschaftswachstums – sie sind selbst die Räder».[87] Natürlich hat die Finanzialisierung von Vermögenswerten eine lange Geschichte. Der französische Crédit Mobilier aus den 1850er Jahren war schon als eine Art Investmentfonds strukturiert, der aus einer «engen Verbundenheit» des Kapitals «geboren» wurde.[88] In den 1990er Jahren war das Erstarken des Finanzkapitals jedoch so weit fortgeschritten, dass Wissenschaftler die Finanzialisierung als prägendstes Merkmal dieser Zeit ausmachten. Finanzielle Anlagen erhielten einen starken Schub durch die neue restriktive Geldpolitik der späten 1970er und frühen 1980er Jahre, auch bekannt als «Volcker-Schock», die die Inflation senkte und die Vermögenswerte in die Höhe trieb. Die Personen, die diese Guthaben kontrollierten, verdienten ihr Geld nicht durch die Herstellung von oder den Handel mit physischen Gütern, sondern durch den Kauf und Verkauf von Finanzinstrumenten, die sich auf einen zugrunde liegenden Vermögenswert (Aktien, Anleihen, Hypotheken, Rohstoffe) oder auf Erwartungen über die Zukunft (Zinssätze, Aktienindizes, Getreideernten) bezogen. Technokraten, die diese Instrumente entwickelten und handelten, verbreiteten sich ebenso wie Unternehmen, die sich auf deren Herstellung und Verkauf spezialisierten. In einigen Teilen der Welt wurden Finanzdienstleistungen zu einem wichtigen Wirtschaftsfaktor: Im Vereinigten Königreich erwirtschafteten diese Dienste im Jahr 2007 11 Prozent des BIP, erzielten 20 Prozent der Gesamtgewinne (eine Vervierfachung seit den 1960er Jahren) und beschäftigten rund 1,2 Millionen Menschen. Investitionen in Finanzanlagen wurden üblich nicht nur für Länder (wie Norwegen mit seinem riesigen Staatsfonds), sondern auch für Frauen und Männer mit bescheidenen Mitteln (wie Amerikaner, die ihre Altersvorsorge in sogenannten individuellen Rentenkonten, IRAs, anlegten).[89]

Es entstanden auch völlig neue Industriezweige, von denen keiner wichtiger war als die Halbleiterindustrie. Basierend auf staatlich geförderten Erfindungen, die größtenteils mit Kriegsvorbereitungen zu tun hatten (sowohl Halbleiter als auch das Internet wurden ursprünglich für militärische Anwendungen entwickelt), wurde die Informatik für das neoliberale Zeitalter von entscheidender Bedeutung – als Quelle der Kapitalakkumulation, als Technologie, die die globale Reorganisation der Produktion ermöglichte, und als Werkzeug, das eine weitere Kommodifizierung des Lebens erlaubte. Es entstanden und wuchsen Unternehmen, die sich darauf konzentrierten, darunter IBM, Microsoft und Apple. IBM führte 1981 den Personal Computer (PC) ein, Microsoft entwickelte 1983 das Betriebssystem MS-DOS und Apple brachte 1984 den ersten Macintosh auf den Markt. Mitte der 1980er Jahre, als das 1969 geschaffene ARPANET des US-Verteidigungsministeriums für zivile Nutzer geöffnet wurde, kam das Internet, wie wir es heute kennen, in die Welt. Zunächst nur der Kommunikation dienend, wurde es nach 1990 zu einer kommerziellen Plattform, als Tim Berners-Lee vom CERN in Genf die URL, HTTP-Protokolle und HTML-Formatierung sowie das Surfen über Webbrowser einführte – die grundlegende Technologie des World Wide Web. Mitte der 1990er Jahre tauchten sogenannte Dotcom-Unternehmen wie Yahoo, Amazon und eBay auf. Der Gebrauch des Internets stieg explosionsartig an: 1990 nutzten noch weniger als 2 Prozent aller Amerikaner diese neue Technologie, 2004 waren es bereits fast zwei Drittel. Im Jahr 2008 gab es weltweit schätzungsweise 1,5 Milliarden Internetnutzer, im Jahr 2024 waren es 5,5 Milliarden.[90]

Mit der Veränderung der Kapitalzusammensetzung verschob sich erneut auch das Verhältnis zwischen Kapital, Territorium und Staat. In den Jahrzehnten nach 1870 hatte sich das Kapital fast symbiotisch an Nationalstaaten (oder Kolonialreiche) gebunden, und die Nationalstaaten hatten versucht, das Kapital so gut wie möglich innerhalb ihrer Grenzen zu halten. Ein Jahrhundert später ergriff das Kapital die Flucht.

Betrachten wir die Textilindustrie: Einst gab es in Orten wie Mulhouse, Manchester und Lowell (Massachusetts) riesige Spinnereien, Webereien und Nähereien. Nun bezogen Markenhersteller wie Nike und H&M Materialien, Arbeitskräfte und Produktionsausrüstung aus allen Teilen der Welt, um ein Endprodukt herzustellen, das ebenfalls weltweit verkauft wurde. Wenn die

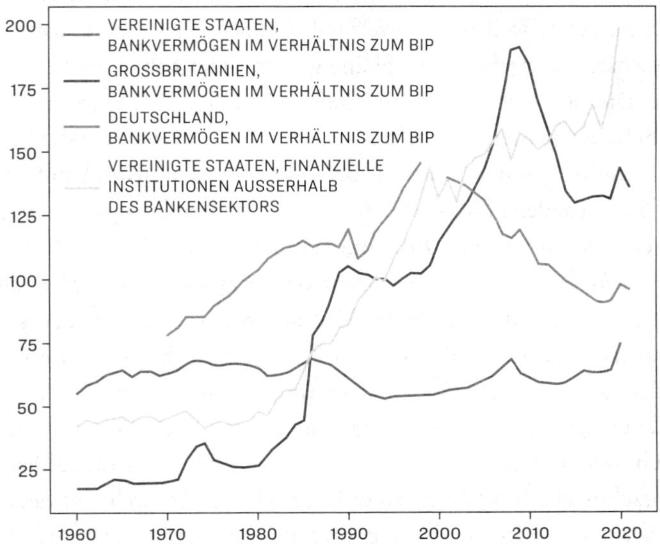

Bankvermögen in Prozent des BIP.

Kosten in China stiegen, konnte die Produktion fast von heute auf morgen beispielsweise nach Vietnam verlagert werden. Die Hersteller selbst wurden zu untergeordneten Akteuren in diesen Produktionsnetzwerken und waren multinationalen Konzernen ausgeliefert, die nur noch lose mit einem bestimmten Ort verbunden waren. Die Stahlfabrik von Hermann Röchling war ein derart sperriges Ungetüm, dass sie für immer an ihren Standort in Völklingen gebunden war. Adidas hingegen konnte seine Produktion problemlos von Vertragsherstellern in einem Teil der Welt zu Vertragsherstellern in einem anderen Teil der Welt verlagern, während ein Vertragshersteller seine Maschinen, da diese nur von bescheidenem Umfang waren, ganz einfach mit einer Karawane von Lastwagen beispielsweise von Vietnam nach Kambodscha transportieren konnte. Durch die juristische Registrierung der Urheberrechte in Niedrigsteuerländern konnten sie einen Großteil ihrer Gewinne an wiederum einem anderen Standort einstreichen. H&M war zwar ein schwedisches Unternehmen, genauso wie Nike ein amerikanisches, aber ihre Abhängigkeit von ihren «Heimatländern» war minimal – außer vielleicht als Teil ihrer Markenidentität.

Die Schweiz war in vielerlei Hinsicht Vorreiterin dieser Form des Kapitalismus und demonstrierte dessen weitreichende Möglichkeiten. In diesem kleinen Bergland mit fast keinen natürlichen Ressourcen hatten Unternehmer nie privilegierten Zugang zu nennenswerten Territorien, Rohstoffen, Arbeitskräften oder Märkten. Trotz dieser scheinbar fatalen Einschränkungen wurde die Schweiz zu einer der reichsten Enklaven im Reich des Kapitals, nicht zuletzt, weil die Schweizer Kapitaleigner kreative Wege fanden, ihre Geschäfte weitgehend unabhängig vom Staatsgebiet zu betreiben, indem sie Dienstleistungen exportierten – Handel, Finanzen und Vermittlung. Am besten verdeutlicht wurde dies durch die Aktivitäten der Schweizer Rohstoffhändler – unter anderem die Volkarts im Baumwollhandel und die Andrés im Getreidehandel –, die sich im Transithandel engagierten und entfernte Verkäufer und Käufer zusammenbrachten, ohne dass die Waren jemals Schweizer Boden berührt hätten. Zwar verschwanden viele dieser Schweizer Unternehmen nach dem Ende des Kalten Krieges, doch wurden sie durch eine neue Generation von Rohstoffhändlern ersetzt, die die Schweiz als ihren idealen Standort wählten. So wurde beispielsweise Glencore 1974 von dem Amerikaner Marc Rich in Zug gegründet. Ihre Geschäfte wuchsen rasant: Zwischen 1998 und 2010 stiegen die Einnahmen aus dem Rohstoffhandel um das Fünfzehnfache. Im Jahr 2000 war die Schweiz der weltweit bedeutendste Handelsplatz für Rohstoffe, und 2021 erwirtschaftete der Rohstoffhandel etwa 8 Prozent des BIP des Landes, mehr als der gesamte Bausektor. In den

2020er Jahren wurden etwa 40 Prozent des weltweiten Öl- und Weizenhandels, 55 Prozent des Kaffeehandels und 60 Prozent des Metallhandels über die Schweiz abgewickelt. Die beteiligten Unternehmen erzielten mehr Gewinne als alle Schweizer Banken zusammen (eine weitere Quelle des Reichtums für das Land) und wurden zum wichtigsten Dienstleistungsexporteur der Schweiz.[91]

Die Schweizer Kapitaleigner waren ein Spezialfall, doch die Abwanderung von Kapital aus dem Nationalstaat wurde allgemein üblich und nahm verschiedenste Formen an, darunter Sonderwirtschaftszonen. 2019 gab es weltweit 5400 solcher Gebiete in 147 Ländern, Produktions- und Handelsräume, die sich der territorialen Ordnung des Nationalstaates weitgehend entzogen hatten. Sechzig Millionen Menschen arbeiteten dort. Diese «Zonen» hatten natürlich eine sehr lange Geschichte, darunter viele Handelsposten im Asien und Afrika des 16. Jahrhunderts, die «Faktoreien». Ihre moderne Gestalt lässt sich bis ins Jahr 1947 nach Puerto Rico zurückverfolgen. Während ihrer Blütezeit verbreiteten sie sich weltweit und stellten eine alternative Form der Organisation von Arbeit und Produktion dar. Die Löhne in diesen Zonen waren niedrig (oftmals niedriger als die Kosten für Unterkunft, Kleidung und Nahrung), und die Arbeiter, meist Frauen, waren auf die Unterstützung ihrer Familien oder ihres Dorfes angewiesen, auf das, was ein Wissenschaftler «unfreiwillige indirekte Subventionen der lokalen Bevölkerung» nannte.[92] Aus gutem Grund haben die Arbeiter, die in diesen Zonen auf Mauritius arbeiteten, deren offiziellen Namen – *zone franche* (Freihandelszone) – in *zone souffrance* (Leidenszone) geändert.[93] Während «Größe» in weiten Teilen des 19. und 20. Jahrhunderts als Vorteil für Volkswirtschaften galt, gewannen aus ähnlichen Gründen im neoliberalen Zeitalter sehr kleine Staaten innerhalb des Imperiums des Kapitals an Bedeutung, was zuletzt im Mittelalter der Fall gewesen war. Dies betraf nicht nur die Steueroasen der Schweiz und der Karibik, sondern auch Singapur und Hongkong – Orte, die von neoliberalen Theoretikern für ihre Handelsfreiheit und ihren Wettbewerb um mobiles Kapital gefeiert wurden.[94]

Als das Kapital nicht mehr an bestimmte Territorien gebunden war und die Warenketten globalisiert wurden, stieg der internationale Handel sprunghaft an. Im Jahr 1973 waren weltweit Waren im Wert von 586 Milliarden US-Dollar über die Landesgrenzen hinweg gehandelt worden; im Jahr 2008 waren es bereits 16 010 Milliarden US-Dollar – fast dreißigmal so viel. Der Wert des Seehandels der USA explodierte von 45 Milliarden US-Dollar im Jahr 1970 auf 520 Milliarden US-Dollar im Jahr 1995.[95] Die Logistik selbst wurde zu einem bedeutenden Wirtschaftszweig, mit Unternehmen wie DHL und FedEx, die Pakete rund um den Globus befördern, und Amazon, das dank einer Armee von kümmerlich bezahlten Zustellern Waren an Haushalte fast überallhin liefert.

Dieser Handelsboom wurde durch die Einführung von Schiffscontainern entscheidend beschleunigt. Malcom McLean, Eigentümer von McLean Trucking in Hoboken, New Jersey, entwickelte 1956 den ersten Container und ersetzte damit unregelmäßig verpackte Güter, die von einer Vielzahl von Hafenarbeitern transportiert wurden. Obwohl die Arbeiter sich zunächst gegen Container wehrten, kam es Anfang der 1980er Jahre zu einem rasanten Anstieg ihrer Verwendung, und 1990 wurden bereits fast alle Frachtgüter in den Industrieländern per Container transportiert. Infolgedessen ging die Beschäftigung in den Häfen drastisch zurück. In den 1960er Jahren waren im riesigen Elizabeth Marine Terminal von Newark bei New York noch 20 000 Hafenarbeiter beschäftigt, doch bis 1998 war ihre Zahl auf nur 2000 geschrumpft.[96]

Diese Intensivierung des Handels und die neue, nicht-territoriale Organisation der Produktion wurden als «Globalisierung» bezeichnet – möglicherweise *das* Modewort des neoliberalen Zeitalters. Bücher mit Titeln wie *Globalizing Capital, Modernity at Large: Cultural Dimensions of Globalization, Globalization and Its Discontents, One World Now: The Ethics of Globalization,*

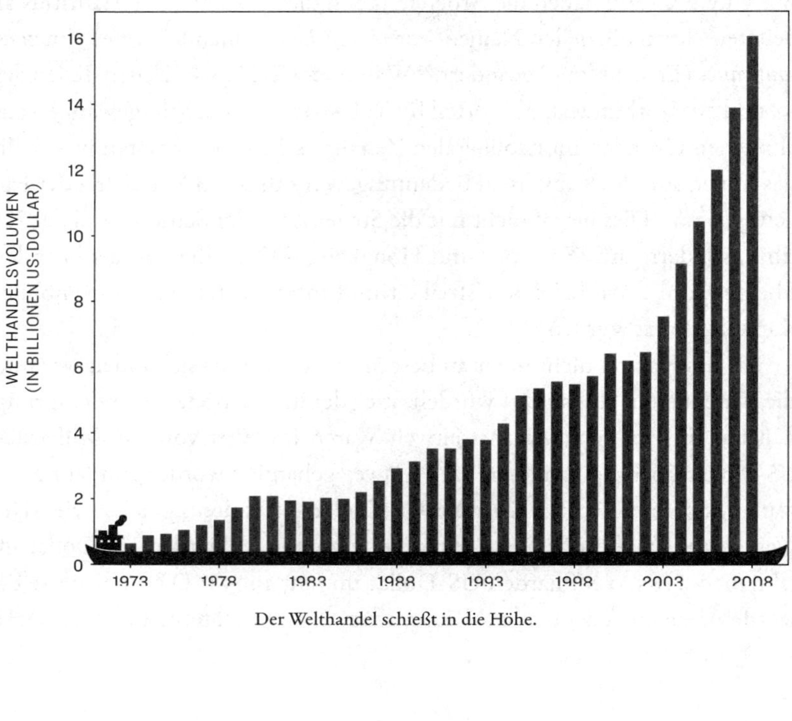

Der Welthandel schießt in die Höhe.

Why Globalization Works, *Understanding Globalization* und *The Globalization Paradox* überschwemmten den Markt.[97] Kofi Annan, der damalige Generalsekretär der Vereinten Nationen, nannte 1999 die Globalisierung «eine Tatsache des Lebens». Anne O. Krueger vom IWF behauptete kühn, dass «die Unterstützung der Globalisierung eine der besten Investitionen ist, die wir zur Verbesserung der heutigen Sicherheitslage tätigen können», während Pascal Lamy von der Welthandelsorganisation (WTO) sie als «historische Etappe» betrachtete.[98]

Wie die Leser dieses Buches wissen, war die globale Reichweite des Kapitalismus nichts Neues. Neu war jedoch die spezifische Art und Weise, wie Kapital, Staaten und Territorien miteinander in Beziehung traten und wie dies das Goldene Zeitalter der Wohlfahrtsstaaten, der starken Gewerkschaften und der Industrialisierung durch Importsubstitution im Globalen Süden beendete. Als der deutsche Ökonom Herbert Giersch eine neue Geografie des neoliberalen Wirtschaftsraums entwarf, erkannte er deutlich dessen Potenzial für eine Stärkung der Position der Kapitaleigner: Die «Medizin des importierten Wettbewerbs aus weniger entwickelten Ländern mit ihrem riesigen Angebot an Niedriglohnarbeitern, die für die Produktion derselben Waren und Erbringung derselben Dienstleistungen ausgebildet werden können, für die Produzenten in entwickelten Ländern noch immer ein Monopol zu genießen scheinen», würde nicht nur den Handel intensivieren, sondern auch den Sozialstaat schwächen, die Gewerkschaften entmachten und die Forderungen aus dem Globalen Süden nach einer neuen internationalen

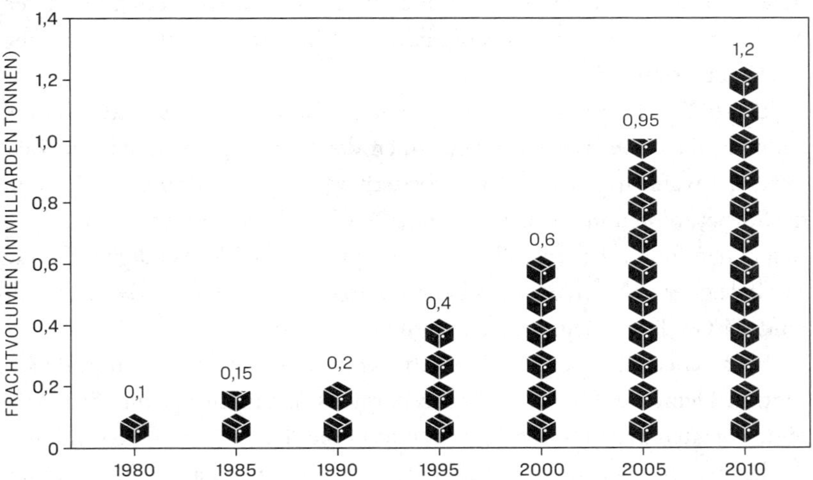

Die Container-Revolution.

Wirtschaftsordnung verringern.[99] Für Giersch waren nationale Grenzen «Verkehrshindernisse», die es zu überwinden galt; er betonte die Vorteile des Konkurrenzkampfs zwischen Nationen, den er als «Standortwettbewerb» bezeichnete.[100] Als Anhänger von Hayek lehnte Giersch «nationalistisches Denken» ab und strebte nichts Geringeres an als das Aufkommen eines (unternehmerischen) «Schumpeter-Zeitalters» nach dem vorangegangenen (etatistischen) «Keynes-Zeitalter»; er hoffte, dieses Ziel würde zu erreichen sein durch den Wettbewerb der Weltregionen um mobiles Kapital.[101] Nicht alle teilten seine Begeisterung: Der französische Soziologe Pierre Bourdieu warnte vor einer «Utopie der grenzenlosen Ausbeutung».[102] Und für den ägyptischen Ökonomen Samir Amin bedeutete der Neoliberalismus das Ende der Hoffnung auf «Erstarken» des Globalen Südens und führe zu dessen Marginalisierung, womit er meinte, dass die lokalen Eliten wieder zu bloßen Vermittlern für ausländisches Kapital würden.[103]

Diese neue Ordnung des Kapitalismus war somit nicht nur das Ergebnis sich wandelnder Kapitalstrukturen, sondern auch die Folge massiver politischer Interventionen und weitreichender, aber selektiver Maßnahmen der Staaten. Die Staaten liberalisierten den Handel, deregulierten die Finanzmärkte, privatisierten staatliche Aufgaben, förderten die «Steueroptimierung», erleichterten die Kapitalmobilität und ermöglichten eine «schlanke Verwaltung». Die Staaten schwächten die Macht der Arbeiter, privatisierten staatliche Unternehmen, kürzten Sozialleistungen und senkten Zölle. Natürlich gab es bei dieser Neuausrichtung nationale Unterschiede: Es gab «aggressive» Varianten (in Chile, den USA und Großbritannien) und «moderate Formen» (in Deutschland, Frankreich, Italien, Neuseeland und den Niederlanden). Aber überall veränderte sich die institutionelle Regulierung des Kapitalismus.[104]

Der politische Spielraum für die neuen Maßnahmen entstand zum Teil dadurch, dass zwei der zentralen Säulen der Ordnung des Goldenen Zeitalters ins Wanken gerieten: Die Arbeiterbewegung verlor an Gewicht, und die Sowjetunion und ihr Einflussbereich zerfielen. Diese Veränderungen, die sich in den 1990er Jahren vollzogen, untergruben die Notwendigkeit für die Kapitaleigner und den Staat, Arbeitern entgegenzukommen, wie sie es während des Goldenen Zeitalters hatten tun müssen.[105]

Sogar ehemalige Gegner des Neoliberalismus übernahmen nun dessen zentrale Elemente: Ähnlich wie konservative Kräfte in Europa und den Vereinigten Staaten in den 1940er, 1950er und 1960er Jahren zentrale Grundsätze des keynesianischen Goldenen Zeitalters übernommen hatten, übernahmen sozialdemokratische Kräfte nun zentrale Prinzipien des Neoliberalismus. Bemerkenswerterweise war der Höhepunkt des Neoliberalismus in den 1990er Jahren, als der den amerikanischen Demokraten angehörende Präsident Bill Clinton, der Labour-Premierminister Tony Blair und der sozialdemokratische Bundeskanzler Gerhard Schröder einige der größten Volkswirtschaften der Welt auf neoliberalen Kurs brachten. In den Vereinigten Staaten wurden während der Präsidentschaft Clintons entscheidende neoliberale Errungenschaften wie das Nordamerikanische Freihandelsabkommen (NAFTA, unterzeichnet 1992), die Deregulierung der Telekommunikation (1996), die Deregulierung der Strommärkte (1992) und die Überarbeitung des Glass-Steagall-Gesetzes (1999) erzielt.[106] Als Clinton im Januar 2000 zur amerikanischen Nation sprach, verströmte er einen fast messianischen Optimismus hinsichtlich der Welt, die er mitgestaltet hatte. Er erklärte seinem Publikum, dass «wir uns glücklich schätzen können, in diesem Moment der Geschichte zu leben», da «unsere Nation noch nie zuvor sowohl so viel Wohlstand genossen hat [...] als auch so wenigen externen Bedrohungen ausgesetzt war». Er prahlte, dass «wir eine neue Wirtschaft aufgebaut haben» und dass «der Sozialstaat, wie wir ihn kannten», Geschichte sei. Als er die Globalisierung als «die zentrale Realität unserer Zeit» bezeichnete, war dies eine fast kantische Feier einer auf Freihandel basierenden liberalen Utopie, beflügelt von der euphorischen Stimmung nach dem Ende des Kalten Krieges.[107]

Mit dem grundlegenden Wandel der Weltwirtschaft gewann das Projekt, die globale politische Ökonomie zu überdenken, an Bedeutung. Das Vorhaben, die institutionelle Struktur des Goldenen Zeitalters zu überwinden, wurde, wie wir gesehen haben, von den unmittelbaren Interessen verschiedener Akteure vorangetrieben, insbesondere von Kapitaleignern, die sich mehr Handlungsspielraum, neue Gewinnmöglichkeiten, niedrigere Steuern, niedrigere Arbeitskosten und den Erhalt des Wertes ihres Vermögens erhofften. Als sie jedoch eine weitere Neuordnung des Kapitalismus in Angriff nahmen, kreuzten sich ihre Interessen mit neuen Weltbildern, einer Reihe von Ideen, die die Schaffung einer neuen politischen Ökonomie als etwas präsentierten, das über die engen Interessen einer kleinen Gruppe von Menschen hinausging (und das deshalb politisch realisierbar war), und sie stellten die Verbindung her zu einem Gedankengebäude mit universellen Visionen und Tugenden.

Intellektuelle wie Friedrich Hayek, Milton Friedman und Ludwig von Mises traten in den Vordergrund. Trotz ihrer Unterschiede waren sie alle utopische Denker mit einem nahezu religiösen Glauben an die Märkte – sowohl an ihr befreiendes Potenzial als auch an ihre Fähigkeit, Wohlstand zu schaffen. Mit der für ihn charakteristischen Leidenschaft forderte Hayek «eine mutige Tat» zur Schaffung einer «liberalen Utopie».[108]

Die Grundlage des Neoliberalismus war die zutiefst liberale Idee der sogenannten «Artikulation des Universalismus der Partikularinteressen».[109] Private Akteure, die ihren eigenen Interessen folgten, würden eine bessere Welt für alle schaffen. Da die Entwicklung der Wirtschaft nicht vorhersehbar war, hing Effizienz vom institutionellen Schutz eines funktionierenden Preismechanismus ab, einem kollektiven Mittel zur Regulierung von Konsum, Produktion und praktisch allen wirtschaftlichen Aktivitäten.[110] In der Debatte über die «Wirtschaftsrechnung im Sozialismus», die zur Entstehung des neoliberalen Gedankengebäudes beitrug, hatte der österreichische Ökonom von Mises bereits in den 1920er Jahren argumentiert, dass die Wirtschaft nicht kalkulierbar sei und dass Planwirtschaft nach keynesianischem oder sozialistischem Muster daher logisch unmöglich sei.[111] Als Friedman 1962 sein Werk *Kapitalismus und Freiheit* veröffentlichte, erklärte er kategorisch, die «unsichtbare Hand» des Marktes sei jeder anderen Institution, die das Wirtschaftsleben regelte, überlegen.[112] Märkte seien stets der beste Mechanismus für die Verteilung von Ressourcen. Derartige Theorien hatten in ihrer radikalsten Form eine wahrhaft allumgreifende Reichweite, da sie davon ausgingen, dass alle Güter und Dienstleistungen – ja sogar alle menschlichen Interaktionen – im Wesentlichen gleichwertig seien, sich auf ihre Kosten reduzieren ließen und vom Markt reguliert werden sollten. In der Praxis hatte diese Sichtweise weitreichende Auswirkungen nicht nur auf das Wirtschaftsleben, sondern auf das Leben im Allgemeinen.

Wie Hayek, aber im Gegensatz zu den meisten Keynesianern, betrachteten Neoliberale den Kapitalismus aus einer intrinsisch globalen Perspektive. Von Mises sah «die Erde als ein riesiges Gebiet mit unterschiedlichen natürlichen Ressourcen, die durch die Mobilität von Kapital, Arbeit und Handel so gründlich wie möglich ausgebeutet werden müssen».[113] Die Weltwirtschaft war ein Ganzes und sollte als solches verwaltet werden.[114] Die Neoliberalen kritisierten die Fähigkeit von Nationalstaaten, Märkte einzuschränken (beispielsweise durch Protektionismus), und waren der Auffassung, dass «Nationen in einer internationalen institutionellen Ordnung eingebettet bleiben müssen, die das Kapital schützt und sein Recht auf weltweite Mobilität bewahrt».[115]

Ihr Gedankengebäude war intellektuell kohärent und sogar brillant. Dennoch war es ständig bedroht. Ihr fundamentalistischer Glaube an die

Überlegenheit des Preismechanismus bei der Ressourcenverteilung führte dazu, dass Neoliberale das Volk und die Demokratie fürchteten. Schließlich hatten viele der ersten Generation dieser Intellektuellen aus erster Hand beobachtet, wie die Arbeiterbewegung, der Faschismus, der Sozialismus, die Keynesianer des Goldenen Zeitalters und die antikolonialen Bewegungen – die alle Politik für die Massen machten – das Funktionieren der Märkte mit einer Vielzahl politischer Maßnahmen (Zölle, Mindestlöhne, Umweltvorschriften, bis hin zur Verstaatlichung von Unternehmen) behindert hatten. Sowohl die keynesianische Ordnung als auch der wirtschaftliche Nationalismus der postkolonialen Staaten stellten eine Bedrohung für das dar, was sie als richtiges Funktionieren der Märkte betrachteten. Weil sie verstanden, dass die Effekte des Marktes – ja sogar der Kapitalismus an sich – bei einer großen Zahl von Menschen unbeliebt waren, fürchteten Neoliberale wie Hayek die Souveränität des Volkes, die Rufe nach einer neuen internationalen Wirtschaftsordnung und den Ressourcen-Nationalismus des Globalen Südens.[116]

Um die Märkte vor politischen Bedrohungen zu schützen, mussten Strategien entwickelt werden, um das Funktionieren des Preismechanismus zu sichern – was eine staatlich organisierte und durchgesetzte Ordnung erforderte. Von Anfang an war der neoliberale Kapitalismus somit eine weitere staatszentrierte politische Ökonomie, wenngleich eine, die im grundlegenden Widerspruch zum Kapitalismus des Goldenen Zeitalters stand. Der Neoliberalismus war immer mehr als nur eine Lobeshymne auf die Überlegenheit der Märkte bei der Ressourcenverteilung; er verstand sich als eine besondere Form staatlich gewährleisteter Ordnung, in der es Aufgabe des Staates war, einen durchsetzungsfähigen institutionellen Rahmen zu schaffen, der das Funktionieren der Märkte sicherstellte und verteidigte. Die Neoliberalen strebten eine politische Ordnung an, die die Märkte von populistischen Maßnahmen fernhielt und sie innerhalb einer Festung aus Gesetzen und Institutionen schützte. So wie der Liberalismus des 19. Jahrhunderts staatliche Eingriffe genutzt hatte, um die Regeln, Gewohnheiten und Mentalitäten zu schaffen, die er als «natürlich» erachtete, verlangten die Neoliberalen vom Staat die Schaffung von Gesetzen, supranationalen Organisationen und Verträgen (wie die WTO), um eine zunehmend mündige und mobilisierte Bevölkerung und eine immer größere Zahl seit Kurzem dekolonialisierter Staaten in Schach zu halten.[117] Der Neoliberalismus setzte sich für den Schutz der Rechte des Kapitals ein (und nicht der Menschen oder Gesellschaften), obwohl seine Anhänger glaubten, dass diese Ausrichtung auch den Interessen jedes Einzelnen diente.

Weil es absoluten Vorrang hatte, das Funktionieren des Preismechanismus sicherzustellen, war der Neoliberalismus auch erstaunlich undogmatisch in Bezug auf die von ihm bevorzugten politischen Systeme. In Chile und großen Teilen Lateinamerikas gingen der frühe Neoliberalismus und der Autoritarismus Hand in Hand. Neoliberale äußerten sogar zeitweise Bewunderung für den Faschismus. So schrieb von Mises 1927: «Es kann nicht geleugnet werden, daß der Faszismus und alle ähnlichen Diktaturbestrebungen voll von den besten Absichten sind und daß ihr Eingreifen für den Augenblick die europäische Gesittung gerettet hat.» Und er fuhr fort: «Das Verdienst, das sich der Faszismus damit erworben hat, wird in der Geschichte ewig fortleben. Doch die Politik, die im Augenblick Rettung gebracht hat, ist nicht von der Art, daß das dauernde Festhalten an ihr Erfolg versprechen könnte. Der Faszismus war ein Notbehelf des Augenblicks; ihn als mehr anzusehen, wäre ein verhängnisvoller Irrtum.»[118] Formen des Neoliberalismus gediehen also sowohl im liberalen und demokratischen Großbritannien als auch im theokratischen Saudi-Arabien. Wenn «Eigentumsrechte, Vertragsfreiheit und Schutz vor staatlicher Einmischung in wirtschaftliche Angelegenheiten» gewährleistet waren, spielte es keine Rolle, wie die Mehrheit der Bevölkerung zu diesen Fragen stand. Der politische Rahmen, in dem diese Schutzmechanismen verankert waren, war von untergeordneter Bedeutung. Der Neoliberalismus verfügte auch über eine bemerkenswerte Fähigkeit, ältere Sitten, insbesondere religiöse Traditionen, zu integrieren, solange sie dem Schutz des Kapitals nicht im Wege standen.[119]

Viele der grundlegenden Ideen des Neoliberalismus entstanden bereits in den 1920er Jahren und gingen insbesondere aus einem privaten Seminar von Mises hervor, an dem Hayek in Wien teilnahm. Diese Erfahrung prägte nachhaltig den intellektuellen Charakter der Bewegung. Der Begriff «Neoliberalismus» wurde jedoch erst 1938 während einer Tagung in Paris, dem sogenannten Walter-Lippmann-Kolloquium, programmatisch verwendet. Dort wurde er definiert als

> die Nutzung des Preismechanismus als bestes Mittel zur maximalen Befriedigung menschlicher Erwartungen; die Verantwortung des Staates für die Schaffung eines Rechtsrahmens, der an die vom Markt definierte Ordnung angepasst ist; die Möglichkeit des Staates, andere Ziele als kurzfristige Notbehelfe zu verfolgen und diese durch die Erhebung von Steuern zu erreichen; die Akzeptanz staatlicher Eingriffe, sofern diese keine bestimmte Gruppe begünstigen und auf die Ursachen der wirtschaftlichen Schwierigkeiten abzielen.[120]

Nach dem Krieg wurden dieses Konzept und die damit verbundenen Ideen von der Mont-Pèlerin-Gesellschaft weiterentwickelt, deren Gründungsmoment wir bereits kennengelernt haben. Zu den ersten Mitgliedern gehörten von Mises, Friedman, der deutsche Ökonom Wilhelm Röpke, der britische Ökonom Lionel Robbins und der US-amerikanische Ökonom George Stigler. Bei der Verkündung ihrer ursprünglichen Ziele warnten sie: «Die zentralen Werte der Zivilisation sind in Gefahr.» Die Mitglieder fürchteten den «Niedergang des Glaubens an das Privateigentum und den Marktwettbewerb», da ohne «diese Institutionen eine Gesellschaft, in der die Freiheit wirklich bewahrt werden kann, kaum vorstellbar ist».[121] Diese lose Vereinigung von Intellektuellen wurde von großer Bedeutung für die Verbreitung neoliberaler Ideen; sie wurden laut einem Wissenschaftler zu den «organischen Intellektuellen des globalen Kapitalismus».[122] Für Hayek, den treibenden Geist hinter diesem Vorhaben, war die Strategie ebenso klar wie die Ziele: Geschaffen werden solle «ein liberaler Radikalismus, der weder die Empfindlichkeiten der bestehenden Interessengruppen schont noch glaubt, so ‹praktisch› sein zu müssen, dass er sich auf Dinge beschränkt, die heute politisch möglich erscheinen».[123]

Trotz ihres intellektuellen Selbstvertrauens und der Herausbildung einer Gruppe von Schulen, die sich ihren Ideen anschlossen, blieben die Neoliberalen während der Goldenen Jahre am Rande.[124] Der indische Ökonom Bellikoth Raghunath Shenoy, der Hayek nahestand und später Mitglied der Mont-Pèlerin-Gesellschaft wurde, räumte dies 1959 ein, als er zu dem Schluss kam, dass «die Befürworter der freien Marktwirtschaft selbst an den Universitäten eine unbedeutende Minderheit sind».[125] Was diese Neoliberalen jedoch von Anfang an besaßen, war Ausdauer, die Überzeugung, dass es sich lohnte, aus einer marginalen Position zu agitieren, und genügend strategisches Gespür, um zu wissen, wie zentral Organisation war.

Die Stärke ihrer Bewegung beruhte nicht nur auf der Kraft ihrer Ideen, sondern auch auf der von ihnen geschaffenen institutionellen Infrastruktur – und letztlich auf ihrer Verbindung zu mächtigen Kapitalgruppen, die erkannten, dass die politischen Empfehlungen des «neoliberalen Denkkollektivs» ihren eigenen Interessen entsprachen.[126] Sie hofften auf eine «liberale Reconquista».[127] Ihre Institutionen wuchsen weiter, und zur Jahrtausendwende gehörten zur Mont-Pèlerin-Gesellschaft etwa tausend Intellektuelle aus allen Weltregionen. Auch wenn sie sich oft mit obskuren technischen Themen befassten, hatten ihre Mitglieder stets explizite politische Ambitionen: Sie wollten die Welt verändern.[128]

Wie wir gesehen haben, spielten die Mitglieder des Mont Pèlerin auch eine wichtige Rolle bei der Schaffung einer Reihe neuer Institutionen – Thinktanks –, um ihre Ideen zu verbreiten. Die 1980er Jahre waren ein Jahrzehnt rasanten Wachstums für diese zunehmend komplexen und gut ausgestatteten Einrichtungen, nicht zuletzt, weil Kapitaleigner ihre Investitionen in diese Aktivitäten erhöhten. Der Geschäftsmann William E. Simon, Nixons Finanzminister, hatte dies in seinen 1978 erschienenen Memoiren *A Time for Truth* gefordert, in denen er zu einer «massiven und beispiellosen Mobilisierung der moralischen, geistigen und finanziellen Ressourcen» der Wirtschaft aufrief, «um den Intellektuellen und Schriftstellern, die auf meiner Seite kämpfen, zu Hilfe zu kommen».[129] Die neoliberalen Vordenker suchten überdies systematisch die Nähe und Gunst mächtiger politischer Kräfte wie der Regierungen Thatcher und Reagan und konzentrierten sich zunehmend darauf, zu fast allen politischen Themen beratend tätig zu sein. Ihre Ideen rückten immer näher an das Zentrum des politischen Lebens im Herzen des Kapitalismus.[130]

Unweigerlich entstanden solche Institutionen auch in anderen Regionen. Im Globalen Süden stieß der Neoliberalismus auf fruchtbaren Boden, nicht zuletzt aufgrund seines erfrischend globalen Bezugsrahmens, eines kosmopolitischen Geistes, den er sowohl mit dem klassischen Liberalismus als auch mit dem Marxismus teilte, der aber auch, was noch wichtiger war, den sich wandelnden Neigungen und Interessen der Kapitaleigner im Globalen Süden entgegenkam. 1981 gründete der US-Industrielle Antony Fisher mit Unterstützung von Hayek die Atlas Economic Research Foundation in Fairfax, Virginia, um den Neoliberalismus weltweit zu verbreiten. Im Jahr 2020 wies sie bereits 500 Mitgliedsinstitute auf. Wie so viele Ideologien verbreitete sich der Neoliberalismus nicht nur durch eine Reihe unterschiedlicher Adaptionen an lokale Traditionen, sondern auch durch den Druck zunehmend neoliberaler Regierungen und Institutionen in den industriellen Kerngebieten, wobei er je nach Bedarf die Szenen seines Drehbuchs umschrieb.[131]

Es war hier bereits die Rede von der frühen Blüte des Neoliberalismus in Chile. Andere Länder Lateinamerikas folgten diesem Beispiel. Im Jahr 1983 gründeten brasilianische Intellektuelle und Unternehmer, teilweise mit Unterstützung von US-Thinktanks, das Instituto Liberal und 1984 das Instituto de Estudos Empresariais, gefolgt vom Instituto Millenium im Jahr 2005 und dem Mises Institute im Jahr 2008.[132] Gleichzeitig fanden sich in Brasilien Anhänger für eine Denkrichtung namens «Ultraliberalismus», insbesondere unter jüngeren Erwachsenen, woraus eine Art gegenkulturelle Rechte entstand.[133] Ähnliche Ideen verbreiteten sich in der Türkei: Inspiriert von Thatcher und Reagan und unter dem Einfluss von Institutionen wie dem IWF und der Weltbank und deren «Strukturanpassungsprogrammen» wurde 1992 in Ankara die «Vereinigung für liberales Denken» (mit dem englischen Akronym ALT) als neoliberaler Thinktank gegründet.[134]

Durch die Globalisierung des Neoliberalismus wurden auch seine Ideenquellen global: Japanische Neoliberale wie Kiuchi Nobutane und Nishiyama Chiaki betonten die Notwendigkeit einer moralischen Ordnung für den Neoliberalismus und sahen in der nationalen Kultur die notwendige Stütze für eine nach Marktprinzipien organisierten Gesellschaft. Der indische Neoliberalismus, entstanden in den 1950er Jahren als Kritik am Entwicklungsstaat Nehrus, übernahm diese Idee letztendlich ebenfalls und verband Marktradikalismus mit hinduistischem Nationalismus. In der Türkei, wo neoliberale Ideen als Kritik am kemalistischen Projekt des wirtschaftlichen Nationalismus Fuß gefasst hatten, integrierten Intellektuelle und Politiker Fragen der Identität in ihre Ideologie, wodurch der Islam eine bis dahin nie dagewesene politische Bedeutung erlangte und die Tatsache hervorgehoben wurde, dass der Prophet Mohammed selbst Kaufmann gewesen war. Aufgrund der engen Zusammenarbeit dieser Denker mit der islamistischen Partei für Gerechtigkeit und Entwicklung prägte der Islam das neoliberale Projekt in der Türkei ebenso stark wie der Hinduismus in Indien und das Christentum in den Vereinigten Staaten.[135]

Die südafrikanischen Neoliberalen waren ihrerseits ganz vorn mit dabei, als es darum ging, den Neoliberalismus mit der Aufrechterhaltung rassistischer Hierarchien konzeptuell in Einklang zu bringen. Durch ein weniger offen rassistisches Regime und eine Mäßigung des Ordnungsstaates, zu dem Südafrika unter der Apartheid geworden war, versuchten sie, den Schwarzen Stadtbewohnern Südafrikas Freiheiten zu gewähren, die die Bildung einer Schwarzen Mittelschicht ermöglichen sollten. Diese sollte dann, so hofften sie, die Mobilisierung der Bevölkerung gegen das Apartheidregime verhindern helfen. Gleichzeitig verliehen sie extremen rassistischen Hierarchien eine neue Legitimität, indem sie die Bedeutung der «Kultur» in einem «freien Markt» betonten. Mit dem Argument, dass Menschen Bildung benötigten, um rational am Markt teilzunehmen, forderte der südafrikanische Ökonom Jan A. Lombard, dass die Menschen darauf vorbereitet werden müssten, «die Zeichen des Marktes zu lesen, die notwendigen Berechnungen anzustellen und entsprechend zu handeln».[136] Da Schwarzafrikaner nicht «marktrational» seien, müssten sie so lange ausgeschlossen bleiben, bis sie «gebildet» seien.[137] Liberaler Universalismus und rassistischer Partikularismus, wie es auch im 19. Jahrhundert der Fall gewesen war, konnten so unter Berücksichtigung der lokalen Gegebenheiten miteinander in Einklang gebracht werden.

Innerhalb der Grenzen seiner grundlegendsten Annahmen ermöglichte der Neoliberalismus somit eine Vielfalt von Ansätzen und Ideen. Er war lebendig. Seine vier wichtigsten Schulen – die Ordoliberalen von Freiburg, die Österreichische Schule der Nationalökonomie, die Virginia School of Political Economy (die sich auf die Public-Choice-Theorie konzentrierte und die Wirtschaftsanalyse in das Verständnis der Politik einbrachte) und die Chicagoer Schule – waren sich bezüglich bestimmter Kernpunkte einig, trotz ihrer Unterschiede hinsichtlich der Rolle der Mathematik in der Wirtschaft oder der Rolle ethnischer Hierarchien im Wirtschaftsleben. Diese Flexibilität bei der Anpassung an lokale Gegebenheiten und die Bereitschaft, ein gewisses Maß an Debatte zuzulassen, erklären, wie neoliberale Weltanschauungen international vorherrschend wurden und in den 1990er Jahren fast schon zu einer Art von «gesundem Menschenverstand» wurden und auch in andere Lebensbereiche vordrangen.[138]

Als derartige Ideen florierten, lieferte das «neoliberale Denkkollektiv» einen konzeptionelle Orientierung, die bestimmte wirtschaftliche, soziale und politische Entscheidungen legitimierte und einer radikalen Neugestaltung der Weltwirtschaft einen Anstrich universeller Werte verlieh – eine scheinbare Ordnungsethik, die in Wirklichkeit eine radikale Abkehr von wirklicher Ethik zugunsten der vom Menschen geschaffenen, aber externen Logik des Kapitals darstellte.

In Bergwerken, Fabriken, Büros, Parlamenten und Regierungsbehörden hatte diese Umformung des globalen Kapitalismus einen viel raueren Charakter als in den Seminarräumen finanzstarker Thinktanks und war oft mit dramatischen politischen Protesten, Straßenkämpfen und verschiedenen Formen von Zwang verbunden. Chile war bekannt für besonders gewaltsame Konflikte, aber im gesamten Imperium des Kapitals gab es Auseinandersetzungen aufgrund des Bestrebens der Neoliberalen, die politische Ökonomie der Welt neu zu definieren. Wie schon in früheren Zeiten ging der Wandel der Gestalt des Kapitalismus erneut einher mit weltumspannenden sozialen Spannungen.

Wie wir gesehen haben, hatten Anfang der 1970er Jahre in verschiedenen Teilen der Welt Unternehmen mit ihnen verbundene Organisationen und gleichgesinnte Politiker damit begonnen, sowohl im industriellen Kernland als auch in den kürzlich dekolonialisierten Ländern gegen die Ordnung des Goldenen Zeitalters zu kämpfen. Da laut Friedman «die soziale Verantwortung von Unternehmen darin besteht, ihre Gewinne zu steigern», mussten sie sich in die Politik einmischen, und als sie dies taten, schürten sie das, was als «Aufstand des Kapitals gegen die gemischte Volkswirtschaft der Nachkriegszeit» bezeichnet wurde.[139] Ein zentrales Element dieser Revolte waren die Bemühungen der Unternehmen die Macht der Arbeiter einzuschränken. Dies war kaum überraschend, wenn man bedenkt, dass die Gewerkschaften eine tragende Säule des Goldenen Zeitalters gewesen waren. Ein Bericht der Internationalen Arbeitsorganisation der Vereinten Nationen kam 2019 zu dem Schluss, dass die Gewerkschaften in den vorhergehenden Jahrzehnten durch gesetzliche Streikbeschränkungen, Deindustrialisierung und Verlagerung von Lieferketten, Automatisierung sowie das Wachstum der Beschäftigung in informellen und flexiblen Sektoren erheblich geschwächt worden waren. Während massive Streikwellen wie der Große Eisenbahnstreik von 1877 in den Vereinigten Staaten, die «zwei roten Jahre» (1919 und 1920) in Norditalien und der Generalstreik von 1926 in Großbritannien einst die Forderungen der Gewerkschaften unterstrichen und als Sprungbrett für deren neue Stellung in den Kernländern des industriellen Kapitalismus (wenngleich nicht anderswo) gedient hatten, zeugten derartige Konfrontationen im neoliberalen Zeitalter von der Reduzierung der früheren Macht der Arbeitervertretungen. Es wurde mit ungleichen Waffen gekämpft: Das Kapital agierte global, während die Arbeiter lokal gebunden waren und ihre Organisationen bestenfalls nationale Reichweite hatten. Zudem wurden diese globalen Angriffe auf die Arbeiterschaft durch tiefgreifende strukturelle Veränderungen des Kapitals erleichtert, die die Machtzentren der Gewerkschaften im industriellen Kernland geschwächt hatten. Die Kapitaleigner nutzten alte Spaltungen innerhalb der weltweiten Arbeiterklasse aus und schufen neue, wobei ihre Macht durch neoliberal geprägte Regierungen gestützt wurde.[140] Plötzlich wurde es ganz einfach, sich der Arbeiter in einem Teil der Welt zugunsten billigerer und gefügigerer Arbeiter in einem anderen Land zu entledigen.

So wie die britischen Arbeiter bei der Entstehung des industriellen Kapitalismus im frühen 19. Jahrhundert an der Spitze der Entwicklung neuer institutioneller Formen und Strategien gestanden hatten, gehörten sie nun zu den Ersten, die eine Reihe verheerender Niederlagen hinnehmen mussten. Der bedeutendste Konflikt der neoliberalen Ära Großbritanniens war der mit den Bergarbeitern des Landes – ein Streik, der im März 1984 in den Kohlebergwerken von South Yorkshire begann, nachdem der Leiter des National Coal Board, Ian MacGregor, die Schließung von zwanzig Minen angekündigt hatte. Der Konflikt griff schnell auf andere Bergwerke sowie auf Kraftwerke und Stahlwerke über und führte zu schweren Auseinandersetzungen zwischen Arbeitern und der Polizei. In der Kokerei Orgreave bahnten sich im Juni 1984 sechstausend Polizisten gewaltsam einen Weg durch fünftausend Streikposten, was weltweit für Aufsehen sorgte. Eine Gewerkschaftszeitung berichtete, dass einer der Bergbauorte, Blidworth, «nicht mehr wie ein Dorf im Herzen von Nottinghamshire aussah, sondern wie die blutüberströmten, bedrückenden und von Furcht geprägten Straßen von Belfast».[141] Allen Beteiligten war klar, dass es in diesem Konflikt um nichts weniger ging als um die Zukunft der britischen Gewerkschaftsbewegung. Margaret Valling, ein Mitglied des Women's Action Committee, das die Familien der Streikenden mit Lebensmitteln versorgte, erklärte: «Das ist keine Wohltätigkeit; Wohltätigkeit ist das, was reiche Menschen den Armen als Zeichen ihrer Großzügigkeit geben. Das hier ist etwas, das Menschen aus der Arbeiterklasse tun, um anderen Menschen aus der Arbeiterklasse zu helfen, weil ihnen klar ist, dass nach einer Niederlage der National Union of Mineworkers auch der Rest der Gewerkschaftsbewegung zur Kapitulation gezwungen sein wird, und dass dies die letzte Schlacht ist. So ist es.»[142]

Die konservative Regierung unter Margaret Thatcher sah dies genauso. Sie hatte sich umfassend auf den Konflikt vorbereitet, indem sie eine Zivilschutzbehörde einrichtete, um die Versorgung durch die Armee sicherzustellen, und indem sie nach und nach Kohlevorräte in den Kraftwerken anlegte.[143] Außerdem verabschiedete sie 1984 ein neues Gewerkschaftsgesetz, das Arbeitskampfmaßnahmen einschränkte und später dazu diente, den Streik der Bergarbeiter für «illegal» zu erklären.[144] Als der Trades Union Congress (TUC), der Dachverband der britischen Gewerkschaften, im Januar des folgenden Jahres eine internationale Konferenz zum Thema «Gewerkschaftsrechte in multinationalen Unternehmen» abhielt, verteilte das International Labour, Trade & Aid Project ein Informationsblatt zu diesem Gesetz, in dem es hieß: «Derzeit sind weltweit Arbeiter Repressionen ausgesetzt, die in diesem Ausmaß in der Nachkriegszeit beispiellos sind.»[145]

Trotz massiver Mobilisierung und weltweiter Solidarität gelang es den Bergarbeitern nicht, die britische Stromversorgung lahmzulegen. Schließlich zwangen schwindende Streikgelder und Hunger viele zur Rückkehr an ihren Arbeitsplatz. 1985 versetzte das Scheitern dieses Streiks der britischen Arbeiterbewegung einen schweren Schlag. Die Bergarbeiter, die zwei Jahrhunderte lang den industriellen Kapitalismus buchstäblich mit Energie versorgt hatten, waren nun auf einmal überflüssig und saßen fest in verfallenden Bergbaustädten. 1986 wurden bereits 48 000 der 139 000 Bergarbeiter, die zwei Jahre zuvor noch tätig gewesen waren, offiziell nicht mehr benötigt.[146]

Klassenkampf mit Spielzeugpistole im industriellen Herzen Englands, 1984: «Die Bergarbeiterfrau Gail Downes (links) gehörte zu den zahlreichen Bergarbeitern und deren Familien, die gegen die Schließung der Bergwerke im ganzen Land protestierten. Das Foto zeigt sie vor der Harworth Colliery.»

Ein solcher Klassenkampf von oben fand auch in den Vereinigten Staaten statt, wo der wichtigste Konflikt die von der Bundesregierung beschäftigten Fluglotsen betraf, die seit 1970 gewerkschaftlich organisiert waren. 13 000 (von insgesamt 17 000) Fluglotsen legten im August 1981 die Arbeit nieder und forderten bessere Rentenbezüge, höhere Löhne und eine kürzere Arbeitswoche. Am selben Tag befahl Präsident Reagan den Beschäftigten, innerhalb von zwei Tagen an ihre Arbeitsplätze zurückzukehren, wenn sie nicht entlassen werden wollten. Am 5. August 1981, nachdem nur 1650 Streikende zurückgekehrt waren, kündigte Reagan den verbleibenden 11 350 Beschäftigten und verbot, sie jemals wieder bei der Federal Aviation Administration (FAA) einzustellen. Um den Flugverkehr aufrechtzuerhalten, koordinierte die FAA eine Streikbrecher-Truppe aus 2000 nicht streikenden Mitarbeitern, 3000 leitenden Angestellten und 900 Militärlotsen. Die Regierung verhängte gegen die Professional Air Traffic Controllers Organization (PATCO) eine Geldstrafe in Höhe von 34 Millionen Dollar wegen Verstoßes gegen das Gesetz, das Bundesangestellten Streiks untersagte, und entzog der Gewerkschaft die Zulassung, was in der Geschichte der USA bis dahin noch nie vorgefallen war. James M. Pierce, Vorsitzender der National Federation of Federal Employees, bemerkte dazu: «Wenn Reagan die PATCO zerschlagen kann, kann er auch uns zerschlagen.»[147] Die Intervention hatte die gewünschte Wirkung – die Zahl der Arbeitsniederlegungen ging massiv zurück.

In den 1960er und 1970er Jahren hatten im Durchschnitt jährlich 285 Streiks im privaten Sektor stattgefunden; 2009 war diese Zahl auf nur noch 5 gefallen.[148] Und die Löhne stagnierten.

Diese Auseinandersetzungen zu Beginn des neoliberalen Zeitalters hatten fast immer einen negativen Ausgang für die Beschäftigten. Der gewerkschaftliche Organisationsgrad ging überall zurück, und die Gewerkschaften gerieten in die Defensive. 1978 waren noch 44 Prozent aller Arbeitskräfte in der Europäischen Union Mitglied einer Gewerkschaft; 2008 waren es nur noch 23 Prozent. In Neuseeland sank die Gewerkschaftsdichte zwischen 1980 und 1992 um 20 Prozent, in Großbritannien um 15 Prozent und in den Vereinigten Staaten, wo die Zahlen schon immer niedriger waren, um 10 Prozent. Im industriellen Kernland verloren die Gewerkschaften allein zwischen 2000 und 2008 insgesamt 14 Millionen Mitglieder. Die Mitgliedsgewerkschaften des Internationalen Gewerkschaftsbundes zählten 2008 168 Millionen Mitglieder – eine an sich beeindruckende Zahl, die aber nur noch zwischen 5 und 10 Prozent der weltweit Erwerbstätigen entsprach.[149] Der Arbeiterschaft war der Wind aus den Segeln genommen worden.

Die politischen Parteien, die die Interessen der Arbeiter vertraten und seit dem späten 19. Jahrhundert mit enormen Anstrengungen und Opfern aufgebaut worden waren, verloren ebenfalls an Bedeutung. Dies lag zum Teil daran, dass sie neue Koalitionen mit einer Vielzahl sozialer Kräfte außerhalb der traditionellen, nun schrumpfenden Arbeiterklasse eingehen mussten. Diese Strategie war zwar manchmal erfolgreich, beispielsweise unter Tony Blair, Gerhard Schröder und Bill Clinton, die inmitten der neoliberalen Revolution regierten, doch der Preis für den Sieg war die Aufgabe ihres traditionellen Eintretens für die Belange der Arbeiter. Dennoch verschärfte sich die politische Marginalisierung: In Deutschland sank der Stimmenanteil der SPD, der weltweit mächtigsten sozialdemokratischen Partei, von über 40 Prozent auf unter 30 Prozent und schließlich auf unter 20 Prozent. In Italien und Frankreich wurden einst mächtige kommunistische Parteien zu bloßen Hüllen ihrer selbst, was nicht zuletzt durch den Zusammenbruch des kommunistischen Blocks Ende der 1980er Jahre beschleunigt wurde. Mitte der 1970er Jahre erhielt die Kommunistische Partei Italiens, die stärkste Partei dieser Art in der kapitalistischen Welt, bei nationalen Wahlen noch mehr als 30 Prozent der Stimmen, 1991 löste sie sich auf. Langfristig vielleicht sogar noch schwerwiegender war der Zusammenbruch des gesamten Gefüges der Institutionen der Arbeiterklasse. Nach mehr als einem Jahrhundert ihrer Existenz war die traditionsreiche Zeitung der SPD, *Vorwärts*, in den 1980er Jahren nur noch ein Schatten ihrer selbst. 1990 verkaufte die Neue Heimat des Deutschen

Gewerkschaftsbundes inmitten finanzieller Schwierigkeiten und Skandale ihre 320 000 Wohnungen, die erschwinglichen Wohnraum geboten hatten.[150] Gesangsvereine, Turnvereine, Wandervereine, Jugendorganisationen und Arbeiterfußballvereine schrumpften und verschwanden oder verloren ihre frühere politische Ausrichtung.

Mit der Schwächung der Arbeiterschaft gewannen die Kapitaleigner an Stärke und erlangten neue Macht und politische Energie. Sie strebten nach neuer Bewegungsfreiheit und neuen Investitionsmöglichkeiten und mobilisierten sich gegen das Netz von Vorschriften, das die Wirtschaft des Goldenen Zeitalters strukturiert hatte. Bald darauf erfasste eine Welle von Privatisierungen die industriellen Kernländer. In Frankreich begann die erste Privatisierungsphase, als Jacques Chirac 1986 zum zweiten Mal Premierminister wurde und elf große Unternehmen privatisierte, darunter den diversifizierten Hersteller Saint-Gobain, die Banken Paribas und Société Générale sowie den Fernsehsender TF1. 1993 begann eine zweite Privatisierungsphase, von der auch alteingesessene Unternehmen der französischen Wirtschaft wie BNP, Rhône-Poulenc, Elf Aquitaine und Renault betroffen waren. In Italien begann die Privatisierungswelle nach 1992 und umfasste unter anderem Telecom Italia (1997, an die Bevölkerung verkauft), die Mautgesellschaft Autostrade (2000, an die Familie Benetton) und Aeroporti di Roma (2000, an die Familie Gemina). Im Bankensektor wurden 1993 der Credito Italiano und 1994 die Banca Commerciale Italiana privatisiert. In Großbritannien hatten die Privatisierungen bereits früher begonnen, da sie Bedingung für einen dringend benötigten IWF-Kredit in den 1970er Jahren gewesen waren, aber unter Thatcher beschleunigten sie sich. Dies betraf zunächst BP und British Aerospace, später folgten British Telecom und Jaguar (1984), British Airways (1986), Rolls-Royce (1987), British Steel (1998) und British Coal (1990).[151] Die Thatcher-Regierung verkaufte außerdem eine Million Sozialwohnungen an ihre Mieter, nicht zuletzt, weil sie davon ausging, dass die neuen Hausbesitzer das neoliberale Projekt dann politisch unterstützen würden. Die «gelenkte Volkswirtschaft» des Goldenen Zeitalters verlor an Bedeutung, und privates Kapital fand neue und profitable Absatzmärkte in riesigen Sektoren, zu denen es bis dahin keinen Zugang gehabt hatte – Telekommunikation, Postdienste, Schienenverkehr, sogar Autobahnen, Gefängnisse und Sicherheitsdienste.[152] Für derartige Privatisierungen hatte es oftmals gute Gründe gegeben – diese Unternehmen waren häufig ineffizient und auf den globalen Märkten nicht wettbewerbsfähig –, doch langfristig gesehen war entscheidend, dass die Bereiche des Wirtschaftslebens, die sich dem Zugriff des Privatkapitals entzogen, dadurch drastisch schrumpften.

Auch die staatlichen Vorschriften standen im Fokus mächtiger Kapitalinteressen. In den Vereinigten Staaten wurden die Luftfahrt-, Speditions- und Telekommunikationsbranchen dereguliert. Das Luftverkehrsgesetz von 1978, um nur ein Beispiel zu nennen, entzog der Zivilluftfahrtbehörde (die 1984 ganz abgeschafft wurde) die Aufsicht über die Fluggesellschaften und übertrug den privaten Airlines die Kontrolle über Flugpreise und Flugpläne. Dies führte zum Wegfall von Flugverbindungen auf vielen kleineren Flughäfen und verschaffte einigen Fluggesellschaften eine Quasi-Monopolstellung auf lokalen Märkten. Mexiko deregulierte seinen Finanzsektor in den 1980er Jahren und privatisierte viele staatliche Dienstleistungen. In Argentinien erfolgte die Deregulierung etwas später, als Carlos Menem 1992 die Präsidentschaft übernahm und den Finanzsektor von beschränkenden Bestimmungen befreite, um ausländische Direktinvestitionen zu fördern – Maßnahmen, die auch von Südkorea, Ägypten und Südafrika ergriffen wurden.[153]

Die neoliberalen Ideologen und ihre Verbündeten in der Wirtschaftselite kämpften ebenso leidenschaftlich gegen den Wohlfahrtsstaat, ein weiteres zentrales Merkmal des Goldenen Zeitalters. Ihres Erachtens untergruben Sozialleistungen und die damit verbundenen Umverteilungen das Funktionieren der Arbeitsmärkte und schmälerten die Arbeitsanreize. Der richtige Ansprechpartner für Unterstützung in Zeiten der Not sei die Familie, behaupteten sie. Im Vereinigten Königreich forderte das Institute of Directors (IOD), eine neoliberale Wirtschaftsorganisation, eine Halbierung der öffentlichen Ausgaben im Verhältnis zum BIP – eine offensichtlich willkürlich gewählte Zahl, um ein Zeichen zu setzen. Im Jahr 1984 verkündete das Institut, dass «das Kindergeld gekürzt werden sollte, da es die Familie schwächt, indem es die elterliche Versorgung durch staatliche Leistungen ersetzt».[154] Der britische Jurist und Ökonom Arthur Shenfield, späterer Direktor der Industrial Policy Group (IPG), deren Mitglieder große Unternehmen vertraten, erklärte, dass

> der Wohlfahrtsstaat auf einer Täuschung beruht. [...] Die Methode des Wohlfahrtsstaates besteht darin, von jedem zu verlangen, dass er für staatliche Leistungen bezahlt und diese in Anspruch nehmen kann, damit diejenigen, die sie sich nicht selbst leisten können, sie erhalten. [...] Er untergräbt sowohl die persönliche Verantwortung, die das Fundament der Freiheit bildet, als auch die familiären Verpflichtungen, auf denen das Wohlergehen der Gesellschaft beruht. Er lehrt die Wählerschaft, für Dinge zu stimmen, für die die meisten von ihnen nicht bezahlen wollen. Durch die Bereitstellung von Leistungen

für alle versäumt er es vor allem, den ernsthaft Bedürftigen wirklich wirksame Leistungen zukommen zu lassen.[155]

Mitglieder der Selsdon-Gruppe, benannt nach dem Hotel, in dem sie ihr erstes Treffen abgehalten hatten, drängten die Konservative Partei, diese Agenda zu übernehmen, und verkündeten 1973: «Wir glauben, dass individuelles Unternehmertum die Quelle allen Fortschritts in Wirtschaft, Wissenschaft und Kunst ist und dass es die Aufgabe der Politik ist, einen Rahmen zu schaffen, in dem der Einzelne sich entfalten kann. [...] Wir lehnen die Auffassung ab, dass der Staat ein Monopol auf Gesundheit, Wohnen, Bildung und Soziales haben sollte.»[156] Das Risiko des Scheiterns sollte privatisiert werden, wobei die Familie als letzte Rettung in der Not gedacht war.[157]

Durch diese Rhetorik geriet der Wohlfahrtsstaat ins Visier von Thatcher, als sie 1979 an die Macht kam. Ihre Regierung kürzte die Sozialleistungen drastisch; die Bildungsausgaben des Landes sanken von 6,5 Prozent des BIP im Jahr 1975 auf 4,25 Prozent im Jahr 1989; die Gesundheitsausgaben gingen von etwa 5 Prozent Ende der 1970er Jahre auf 4,25 Prozent im Jahr 1989 zurück. Thatcher verringerte die Arbeitslosenunterstützung, knüpfte Sozialleistungen stärker an Bedingungen und senkte die Steuern für Spitzenverdiener.[158]

Zwar waren viele dieser Rückschritte begrenzt und nur kurze Zeit gültig, doch wichtiger als die eigentlichen Kürzungen waren die Veränderungen in der Funktionsweise des Sozialstaates. Er drohte öfter mit Strafen und richtete sich stärker auf den Markt und die Bedürfnisse der Arbeitgeber aus. Die Marktorientierung wurde zu einem Schlagwort der britischen Reformen, nicht nur unter der Konservativen Partei, sondern auch unter Tony Blairs Labour Party, die ebenso die «persönliche Verantwortung» betonte.[159] Der Druck auf die Arbeitslosen stieg erheblich – sie mussten regelmäßig zu Gesprächen in den Arbeitsämtern erscheinen und konnten zu schlechter bezahlten Tätigkeiten gezwungen werden. Gleichzeitig wurden die Zuschüsse für Arbeitslose, die den Schritt in die Selbstständigkeit wagten, durch das sogenannte «Enterprise Allowance Scheme» erhöht.[160] Dahinter stand die klare Absicht, Bereiche des Wirtschaftslebens, die «entkommodifiziert» worden waren, wieder der Logik des Marktes zu unterwerfen.

Auch der für seine umfassenden Leistungen bekannte schwedische Wohlfahrtsstaat war von Kürzungen betroffen. Er hatte in den 1970er Jahren eine letzte Blütezeit erlebt, als die Sozialdemokratische Partei (SAP) bemüht war, ihr Modell auch bei langsamerem Produktivitätswachstum, einer schwächelnden Weltwirtschaft und einer radikalisierten Arbeiterklasse beizubehalten. 1991 erreichten die Sozialdemokraten allerdings zum ersten Mal seit 1928 weniger als 40 Prozent der Stimmen, was Kritik am Wohlfahrtsstaat laut werden ließ. Im Jahr 1993 ernannte eine nichtsozialistische Regierung die sogenannte Lindbeck-Kommission unter dem Vorsitz von Assar Lindbeck, Wirtschaftsprofessor und Leiter des Finanzministeriums. Die Kommission führte die ihrer Ansicht nach problematische Lage der schwedischen Wirtschaft in den 1990er Jahren, die einherging mit der Ausweitung des öffentlichen Sektors und dem Anstieg der öffentlichen Ausgaben, auf die 1970er Jahre zurück. Sie beschrieb den damaligen Arbeitsmarkt als überhitzt, mit Lohnforderungen, die nicht «realistisch» seien. Außerdem erklärte sie, dass die Rechte der Arbeitnehmer und die Arbeitsplatzsicherheit Vorrang vor der Notwendigkeit für Industrieunternehmen gehabt hätten, flexibel zu sein und sich an eine sich wandelnde Wirtschaft anzupassen. Die Kommission kritisierte auch das schwedische System der Lohnverhandlungen: Es sei in einer Zeit entwickelt worden, in der die industrielle Produktivität rasch gewachsen sei, habe sich jedoch nicht an den Rückgang des Produktivitätswachstums angepasst, sodass die Arbeitskosten nun die Wettbewerbsfähigkeit der schwedischen Industrie gefährdeten. In den 1990er Jahren akzeptierte sogar die SAP eine marktorientierte Ideologie des «dritten Weges», der sich auch der schwedische Sozialstaat unterwerfen musste, was einen radikalen Bruch mit seiner langen Geschichte bedeutete.[161]

In den Vereinigten Staaten verlief die Entwicklung ähnlich. Präsident Reagan kürzte einige Sozialprogramme, darunter 1981 die Hilfe für Familien mit minderjährigen Kindern. Zu radikalen Reformen sollte es jedoch erst unter der Präsidentschaft von Bill Clinton kommen. Durch das Gesetz zur Vereinbarung von Eigenverantwortung und Arbeitschancen von 1996 wurde die Hilfe für Familien mit minderjährigen Kindern vollständig abgeschafft. Diese politischen Maßnahmen drängten die Menschen auf den Arbeitsmarkt und hoben eine unbefristete Verpflichtung der Bundesregierung zu Mindestsozialleistungen auf. Familien waren laut dem neoliberalen Theoretiker Gary Becker ein integraler Bestandteil des Kapitalismus und das wichtigste Instrument zur Abfederung von Marktrisiken, was eine Intensivierung der Bedeutung des Nichtmarktsektors für die Entstehung vertraglicher Märkte darstellte. Derartige Konzepte ermöglichten es den Neoliberalen, Bündnisse mit traditionellen Konservativen zu schmieden, die seit jeher die Familie als wünschenswerten Baustein der Gesellschaft gepriesen hatten. Gleichzeitig zwangen Gesundheitsreformen die Menschen in Formen der verwalteten Krankenpflege, was unter anderem die Dauer von Krankenhausaufenthalten begrenzte und die Pflegearbeit auf die Familien abwälzte. Und als sich der Staat aus der Finanzierung der Hochschulausbildung zurückzog, mussten sich die Studierenden vor allem in den Vereinigten Staaten in sehr viel höherem Maße verschulden, wodurch es wieder zur Aufgabe der Familie wurde, finanzielle Ressourcen für das Studium zu mobilisieren. Die Gesamtverschuldung von Studierenden in verschiedenen Phasen ihrer Ausbildung sowie von deren Eltern stieg in den Vereinigten Staaten von etwa 7,6 Milliarden US-Dollar im Studienjahr 1970–1971 auf etwa 102,5 Milliarden US-Dollar im Studienjahr 2008–2009, jeweils berechnet in US-Dollar von 2012. Wie es die Soziologin Melinda Cooper treffend formulierte, ersetzte der Neoliberalismus «öffentliche Defizitfinanzierung durch private Defizitfinanzierung».[162]

DOCH TROTZ all dieser Angriffe auf den Wohlfahrtsstaat bewiesen seine legendären Errungenschaften eine überraschende Widerstandsfähigkeit. In einer Welt der überwältigenden Proletarisierung, deren wirtschaftlicher Wohlstand vom Massenkonsum abhing, war der Wohlfahrtsstaat so wichtig, dass er selbst die engagiertesten, ideologischsten und mächtigsten Gegenkräfte überlebte. Diese konnten zwar seine Entkommodifizierungstendenzen schwächen, ihn aber nicht beseitigen. Im Vereinigten Königreich blieben sowohl das Gesundheitswesen als auch das Bildungswesen überwiegend unter staatlicher Kontrolle. Die Geldleistungen an Erwachsene im erwerbsfähigen Alter und Kinder verdreifachten sich in den drei Jahrzehnten nach 1979 sogar. Die staatlichen Gesamtausgaben in Großbritannien erreichten Mitte der 1970er Jahre 25 Prozent des Nationaleinkommens und blieben bis Mitte der 1990er Jahre auf diesem Niveau. Der Anteil der Sozialausgaben an den gesamten öffentlichen Ausgaben (die zurückgingen) stieg von etwas über 50 Prozent in den Jahren 1978–1979 auf 60 Prozent in den Jahren 1996–1997. Zwischen 1974 und 1995 sanken die Ausgaben für Wohnraum von 4 Prozent auf 2 Prozent des BIP, während die Ausgaben für den National Health Service (NHS) von 3,8 Prozent auf 5,7 Prozent und die Ausgaben für die soziale Sicherheit (hauptsächlich staatliche Renten) von 8,2 Prozent auf 11,4 Prozent stiegen. Trotz aller radikalen Rhetorik blieb der Sozialstaat – nicht nur im Vereinigten Königreich, sondern überall – erstaunlich widerstandsfähig; er wurde umgestaltet, aber weder abgeschafft noch wesentlich eingeschränkt.[163]

Doch der soziale Zusammenhalt wurde in vielen Gesellschaften geschwächt, und viele der materiellen Grundlagen des Goldenen Zeitalters zerfielen. Infolgedessen kam es zu enormen Spannungen, und die Regierungen griffen zunehmend auf Zwangsmaßnahmen zurück, um diese Verwerfungen zu kontrollieren. Mitte der 1980er Jahre definierte das neoliberale Manhattan Institute in den USA die «soziale Frage» neu als Problematik der Kriminalität und Gewalt in den Städten und behauptete, der Staat müsse weniger Sozialleistungen und dafür wirksamere Repressionsmittel bereitstellen. Diese Überzeugungen wurden in die Tat umgesetzt, und Gelder, die zuvor für Sozialleistungen ausgegeben worden waren, flossen nun in den Bau von Gefängnissen. Mehr als jedes andere industrielle Kernland erweiterten die USA ihre Gefängnisstrukturen und entschieden sich zunehmend dafür, soziale Probleme durch die Inhaftierung von Armen, insbesondere von Angehörigen ethnischer Minderheiten, zu lösen. Im Jahr 1973 befanden sich etwa 200 000 Amerikaner in Haft. Bis zum Ende der neoliberalen Ära im Jahr 2008 war diese Zahl auf 1,55 Millionen gestiegen; mehr als 0,5 Prozent aller Amerikaner saßen im Gefängnis. Tatsächlich kam es zu einer landesweiten Offensive gegen die Schwarze Bevölkerung Amerikas, wobei eine zunehmend militarisierte Polizei darum bemüht war, die Ausgegrenzten von der liberalen Ordnung fernzuhalten, worauf die Betroffenen mit kurzlebigen Rebellionen und Aufständen reagierten. Die dem neoliberalen System zugrunde liegende Gewalt wurde oft verborgen, zog jedoch die Aufmerksamkeit sensibler Beobachter auf sich, darunter die des Science-Fiction-Autors J. G. Ballard, der in seinem dystopischen Roman *Super-Cannes* die düstere Kehrseite einer gepflegten Gated Community schilderte.[164] Gleichzeitig trug die Rassifizierung der sich verschärfenden wirtschaftlichen Hierarchien, die für Befürworter des Neoliberalismus eine notwendige und erwünschte Folge der neoliberalen Ordnung war, dazu bei, das neoliberale Projekt für viele weiße Amerikaner politisch akzeptabler zu machen, da rassifizierte wirtschaftliche Ungleichheit zu «segmentierter Arbeit und aufgeteilter Arbeiterschaft» führte (wie es zwei Soziologen in den 1980er Jahren formulierten).[165] Eine globale Arbeiterklasse, die sowohl im eigenen Land als auch weltweit in interne Auseinandersetzungen verwickelt war, war mit einem hochmobilisierten liquiden Kapital konfrontiert, das blitzschnell seine Gestalt verändern und sich von einem Ende der Welt zum anderen bewegen konnte. Die Arbeiter, die mit ihren konkreten Körpern an konkrete Orte gebunden waren, konnten dieser neuen Macht wenig entgegensetzen und waren auf radikal geschwächte kollektive Institutionen wie die Gewerkschaften und einen zunehmend unwilligen Staat angewiesen.

So wie die sozialen Abmachungen und institutionellen Rahmenbedingungen des Goldenen Zeitalters in den industriellen Kerngebieten des Kapitalismus zerfielen, stand auch die Wirtschaftsordnung des postkolonialen Globalen Südens unter enormem Druck. Wie wir gesehen haben, hatten die postkolonialen Länder in den 1960er und 1970er Jahren vielfältige Anstrengungen unternommen, um ihre Volkswirtschaften zu entwickeln. Verschiedene Formen des wirtschaftlichen Nationalismus hatten zur Enteignung von in ausländischem Besitz befindlichen Unternehmen geführt, was beispielsweise Minen in Sambia und Ölfelder im Irak betraf. Die mittels Importsubstitution vorangetriebene Industrialisierung hatte den Marktzugang für Unternehmen aus dem nordatlantischen Raum eingeschränkt, und Forderungen nach einer neuen internationalen Wirtschaftsordnung sowie der Ressourcennationalismus hatten weitere Einschränkungen der Privilegien und Rechte des amerikanischen und europäischen Kapitals in Aussicht gestellt. Es bestand die Möglichkeit, wenn auch nur eine sehr geringe, dass die postkoloniale Welt die Fähigkeit einiger weniger wohlhabender Länder, die Regeln für die Weltwirtschaft als Ganzes festzulegen, erfolgreich infrage stellen würde. Diese Gefahr abzuwenden, wurde zu einem vorrangigen Anliegen der Regierungen, Kapitaleigner und insbesondere neoliberaler Ideologen im industriellen Kernland.[166]

Eine Gelegenheit, den politischen Spielraum der Regierungen im Globalen Süden einzuschränken, ergab sich durch den Ölpreisschock und die damit einhergehende Verlangsamung des Wachstums der Weltwirtschaft. Die Begleichung ihrer Ölrechnungen und die Erhaltung der heimischen Industrie führten viele Regierungen in die Verschuldung, sodass sie in den 1980er Jahren auf die Unterstützung internationaler Kreditinstitute angewiesen waren. Die US-Bankkredite an Entwicklungsländer beliefen sich 1979 auf 150 Milliarden Dollar – mehr als viermal so viel als sechs Jahre zuvor.[167] Diese Notwendigkeit wurde noch dringlicher, als die Schulden durch den Volcker-Schock zunehmend untragbar wurden.

Diese Verschuldung war ein ideales Mittel zur Verringerung des politischen Handlungsspielraums der postkolonialen Welt. Die Weltbank und der IWF drängten auf sogenannte Strukturanpassungsprogramme (SAPs), die die Länder dazu zwangen, staatliche Vermögenswerte zu privatisieren, Sparmaßnahmen zu ergreifen und Sozialleistungen zu kürzen. Nach der mexikanischen Schuldenkrise von 1982, als der IWF zu einer Art «globaler Finanzpolizei» wurde, wurden diese Institutionen besonders interventionistisch.[168] Als der ehemalige US-Verteidigungsminister Robert McNamara Präsident der Weltbank wurde, startete er ein Programm zur «Strukturanpassungsfinanzierung», das Kredite an politische Veränderungen in den Empfängerländern knüpfte.[169] Wie er 1979 argumentierte, «müssen Entwicklungsländer, um in vollem Umfang von einem verbesserten Handelsumfeld zu profitieren, strukturelle Anpassungen zugunsten ihrer Exportsektoren vornehmen». Er «forderte die internationale Gemeinschaft nachdrücklich dazu auf, wohlwollend die Möglichkeit zusätzlicher Hilfen für Entwicklungsländer zu prüfen, die die notwendigen strukturellen Anpassungen zur Förderung des Exports entsprechend ihren langfristigen komparativen Vorteilen vornehmen».[170] Zwischen 1980 und 2000 vergab die Weltbank 537 solcher Strukturanpassungskredite im Wert von fast 100 Milliarden US-Dollar; 2012 machten derartige Kredite fast ein Viertel ihrer gesamten Darlehen aus. Diese Politik war von dem Ziel geleitet, etwas zu erreichen, was in einem anderen Kontext als «Regimewechsel» bekannt wurde. Wie der US-Finanzbeamte James Conrow in einem Bericht von 1982 argumentierte, sollte die Bank «die Etablierung freier und offener Märkte fördern, die Bevorzugung des privaten Sektors als Wachstumsmotor, eine minimale staatliche Einmischung und die Hilfe für Bedürftige, die bereit sind, sich selbst zu helfen».[171] Der von dem Ökonomen John Williamson so bezeichnete «Washington-Konsens» regte die Kreditnehmer zu einer Reihe von Maßnahmen an bzw. forderte diese sogar von ihnen ein, darunter die Deregulierung der Finanzmärkte, der Abbau von Handelsbarrieren, die Lockerung der Vorschriften für ausländische Investitionen und die Bekämpfung der Inflation. Wenn diese Maßnahmen umgesetzt wurden, konnten potenzielle Kreditnehmer die Gunst internationaler Kreditinstitute gewinnen.[172]

Andere Initiativen untergruben ebenfalls grundlegend die Fähigkeit der Länder des Globalen Südens, ihre Wirtschaftspolitik selbst zu bestimmen. Die Aushandlung internationaler Investitionsregeln war nur eine davon. Bis zu den 1990er Jahren waren 2000 solcher bilateraler Verträge unterzeichnet worden, die ausländischen Investoren weitreichende Rechte einräumten. (Einige wurden von Hermann Josef Abs, dem Chef der Deutschen Bank, vereinbart, der einst an der nazistischen Plünderung jüdischen Vermögens beteiligt gewesen war und nun Vereinbarungen abschloss, die Eigentumsrechte in fernen Ländern sichern sollten.) «Rankings» wie der weltweite Index der wirtschaftlichen Freiheit, der in den 1990er Jahren populär wurde, setzten die Länder zusätzlich unter Druck, Rahmenbedingungen zu schaffen, die die Interessen internationaler Investoren gegenüber den seit den 1930er Jahren vorherrschenden Entwicklungsstrategien bevorzugten. Gedrängt vom IWF und der Weltbank, führte die Dominikanische Republik solche Strukturanpassungsmaßnahmen durch, um ihren Haushalt auszugleichen, was zu erheblichen Kürzungen im Bereich der öffentlichen Dienste führte; betroffen waren unter anderem die Bildung und die Gesundheitsversorgung. Ghana entschloss sich zu derartigen Strukturanpassungen im Jahr 1983 unter Präsident Jerry Rawlings. Einige Jahre später begannen neoliberale Maßnahmen auch in Kolumbien ihre Spuren zu hinterlassen.[173]

Wie in Chile gingen die Angriffe auf die postkoloniale Ordnung im Globalen Süden auch von lokalen Kapitaleignern aus. Tatsächlich wurden dort in den 1970er Jahren die Kernprinzipien der antikolonialen Politik, einschließlich ihrer Strategie der Industrialisierung durch Importsubstitution, infrage gestellt, nicht nur aus dem Ausland, sondern auch aus dem Inland.[174] Nirgendwo war der Wandel so radikal wie in Indien, wo die Unternehmer zunehmend unzufrieden mit der einheimischen Wirtschaftspolitik waren. Erschüttert von einer Streikwelle, zeichnete der Unternehmer Pirojsha Godrej – ein engagierter Befürworter der postkolonialen Regierungsführung – 1969 in seiner Diwali-Rede ein düsteres Bild von der Lage Indiens. «Die öffentliche Ordnung ist in einem sehr schlechten Zustand», sagte er, und «skrupellose Politik hat die Lage noch verschlimmert». Für ihn war «der wahre Grund für die allgemeine Unzufriedenheit, dass sich das reale Pro-Kopf-Einkommen seit der Unabhängigkeit kaum verbessert hat». Die Planung sei gescheitert: «Nehmen Sie zum Beispiel die Situation der Stahlproduktion in diesem Land, die sich sehr negativ auf unsere Firma auswirkt. Die großen Stahlwerke, insbesondere im öffentlichen Sektor, arbeiten aufgrund von Arbeitskämpfen oder anderen Ursachen nicht mit voller Kapazität.» Abschließend erklärte er: «Das Land leidet unter einer falschen Wirtschaftspolitik.»[175] Auch J. R. D. Tata wurde zu einem entschiedenen Kritiker der von Nehru propagierten, von einer Planungskommission gelenkten Volkswirtschaft. Als die indische Wirtschaft Ende der 1960er Jahre durch steigende Inflation, Devisenknappheit, Wachstumsverlangsamung, Nahrungsmittelkrisen und gravierende Ineffizienzen ins Straucheln geriet, wurden die Proteste noch größer. Die Arbeitsbeziehungen verschlechterten sich, und das Unternehmen Godrej sah sich zunächst 1972 und dann wieder 1977 mit Streiks und Mobilisierungen ihrer Arbeiter konfrontiert. Ende der 1960er Jahre war die Begeisterung der Inder für die Planwirtschaft geschwunden, nicht zuletzt, weil der dritte Fünfjahresplan (1961–1966) weitgehend gescheitert war.[176]

Diese Kräfte bereiteten den Boden für den Einzug des Neoliberalismus in Indien in den 1990er Jahren. Eine Zahlungsbilanzkrise in den Jahren 1990/91 verringerte die indischen Devisenreserven, und sowohl der IWF als auch die Weltbank drängten das Land, als Voraussetzung für ihre Unterstützung politische Reformen durchzuführen. Dieser Druck von außen stieß auf positive

Resonanz der Regierung, die nun auch von einer kleinen Gruppe von Intellektuellen und Politikern beeinflusst war, die seit Langem für den Neoliberalismus eintraten, sowie auf die Zustimmung einiger Kapitaleigner, die sich gegen die postkoloniale politische Ökonomie Indiens auflehnten.[177]

Die Türkei erlebte ähnliche interne Spannungen und Veränderungen. Das staatlich gelenkte Importsubstitutionsprogramm des Kemalismus war seit den 1930er Jahren vorherrschend, doch in den 1970er Jahren wurde dieses Modell von verschiedenen einheimischen Kräften infrage gestellt. So organisierten sich beispielsweise Unternehmen, die weniger staatliche Einmischung wünschten, 1971 in der Türkischen Industrie- und Wirtschaftsvereinigung gegen die bestehende Wirtschaftsordnung. Sie waren sich zwar der Tatsache bewusst, dass der Staat eine entscheidende Rolle in der nationalen Wirtschaftsentwicklung gespielt hatte, strebten nun aber mehr Freiraum für privates Unternehmertum an. Gleichzeitig verlor der öffentliche Sektor aufgrund der turbulenten Regierungswechsel in den 1970er Jahren zunehmend seine Fähigkeit zur langfristigen strategischen Planung, was seine Stärke untergrub. Das frühere türkische Modell war von hohen Wachstumsraten abhängig gewesen, und als diese zurückgingen, wurde es politisch schwieriger, es aufrechtzuerhalten. Unterdessen gewannen neue kapitalistische Eliten aufgrund ihres zunehmenden Reichtums an politischem Einfluss und wurden schließlich zu wichtigen Akteuren bei der Neugestaltung der politischen Ökonomie der Türkei. Der Industriellenverband von Istanbul forderte sowohl Liberalisierung als auch «Respekt» von einer Gesellschaft, die seines Erachtens Unternehmer häufig für «Diebe mit Krawatte» hielt.[178] Diese innenpolitischen Probleme wurden durch Druck von außen noch verschärft, was schließlich zur Abkehr von einer staatlich gelenkten Importsubstitutionsindustrialisierung hin zu einer durch privates Kapital finanzierten Produktion für den Export und den heimischen Verbrauchermarkt führte. Nach dem Militärputsch von 1980 rückten neoliberale Politiken in den Vordergrund.[179]

Andere Länder waren mit ähnlichen inneren Unruhen und internationalem Druck konfrontiert. Als die Ölpreise in der ersten Hälfte der 1980er Jahre einbrachen, verdreifachte sich die Staatsverschuldung Nigerias nahezu. In Fortsetzung des wirtschaftlichen Nationalismus der postkolonialen Zeit führte die nigerianische Regierung zunächst eine Reihe von Schutzmaßnahmen ein, um ihre Einnahmen zu steigern, darunter hohe Zölle, Importlizenzen und -verbote. Als jedoch 1985 ein Militärputsch das Regime inmitten einer sich verschärfenden Wirtschaftskrise stürzte, rückten Pläne für strukturelle Anpassungen in den Mittelpunkt der politischen Überlegungen. Im Jahr 1986 leitete die nationale Regierung eine Umstellung von einem staatlich kontrollierten zu einem marktbestimmten Wechselkurs ein. Nach 1989 folgten Privatisierungsprogramme, in deren Rahmen Banken, Hotels, Ölvertriebsgesellschaften, Zementunternehmen, Medienkonzerne, Versicherungsfirmen, Automobilwerke und große Teile anderer Industriezweige verkauft wurden, wovon häufig eine kleine Elite profitierte, die über die Mittel zum Erwerb derartiger Vermögenswerte verfügte. Die Weltbank und der IWF trieben diese Agenda weiter voran, indem sie Kredite von solchen politischen Kurswechseln abhängig machten, und 1986 beschloss Nigeria ein von der Weltbank vorgegebenes Strukturanpassungsprogramm.[180]

Aus der Perspektive der späten 1980er Jahre war klar erkennbar, dass der Nord-Süd-Gipfel von 1981, der eine kleine Gruppe reicher und armer Länder im mexikanischen Cancún versammelt hatte, gleichzeitig den Höhepunkt und das Ende der Bemühungen des Globalen Südens um Gespräche über eine neue internationale Wirtschaftsordnung darstellte. US-Präsident Ronald Reagan hatte dies bei dieser Gelegenheit sehr deutlich gemacht: Was die Welt brauche, sagte er, sei keine neue internationale Wirtschaftsordnung, sondern Handelsliberalisierung und ein Bekenntnis zur «wirtschaftlichen Freiheit».[181]

Das neoliberale Projekt zur weltweiten Neugestaltung der politischen Ökonomie hatte Ende der 1980er Jahre an Fahrt gewonnen, erhielt jedoch seinen bedeutendsten Impuls durch den Zusammenbruch der kommunistischen Welt. Dieses wichtigste postkapitalistische Projekt – über Jahrzehnte hinweg Leitstern der Weltpolitik, sei es als Freund oder Feind – zerfiel Ende der 1980er und Anfang der 1990er Jahre mit erstaunlicher Geschwindigkeit. Über Nacht änderten sich die politischen Berechnungen der kapitalistischen Welt. Noch folgenreicher war, dass als Resultat dieses Zusammenbruchs die kapitalistische Logik des Wirtschaftens in weite Teile der Welt expandieren konnte – in die Wohnungen, Arbeitsstätten und öffentlichen Räume von Milliarden Menschen in Russland, China und Osteuropa – und so neuen Spielraum gewann.

Im Jahr 1980 lebte noch etwa ein Drittel der Weltbevölkerung unter kommunistischer Herrschaft in Volkswirtschaften, die durch verschiedene nichtkapitalistische Mechanismen geregelt waren. Einige dieser Systeme stürzten einfach zusammen und wurden zugänglich für das, was als «Schocktherapie» bekannt wurde – eine Methode, mit der (fast über Nacht) kapitalistische Gesellschaftsverhältnisse in Volkswirtschaften eingeführt wurden, die bis zu siebzig Jahre lang nach ganz anderen Logiken funktioniert hatten. Die Sowjetunion und ein Großteil Osteuropas erlebten chaotische Übergangsphasen, als Privatisierungen, Preisliberalisierungen und die Öffnung der Märkte für Waren und Investitionen gesellschaftliche Unruhe auslösten.[182]

Diese politischen Maßnahmen waren häufig von neoliberalen Ideen geprägt, und neoliberale Aktivisten spielten eine führende Rolle bei ihrer Umsetzung. Ehemalige kommunistische Eliten erwarben immense Ressourcen zu günstigen Konditionen (oder kostenlos), während Arbeiter ihre Stellen verloren, ohne dass die gewohnten sozialen Absicherungen griffen, was einen rapide sinkenden Lebensstandard zur Folge hatte. In Polen gründeten ehemalige kommunistische Funktionäre private Unternehmen, die sich aus den Vermögenswerten der staatseigenen Unternehmen bedienten, die sie zuvor geleitet hatten. Da eine kleine Elite viele – sogar die meisten – Ressourcen an sich riss, erlangten sogenannte Oligarchen die Macht und schufen ein System, das «Vetternwirtschafts-Kapitalismus» genannt wurde.[183] Es folgten hohe Inflation, Produktionsrückgänge und ein sehr langsames Wirtschaftswachstum. Nie zuvor war die Lebenserwartung, ein sehr guter Indikator für das soziale Wohlergehen, in Friedenszeiten so schnell und so drastisch gesunken wie in der ehemaligen Sowjetunion: Im letzten Jahr der UdSSR betrug die Lebenserwartung für Männer 63,7 Jahre; fünf Jahre nach ihrem Zerfall starben Männer im Durchschnitt über sechs Jahre früher. Der Anteil der Sowjetunion und ihrer Nachfolgestaaten am weltweiten BIP reduzierte sich zwischen 1990 und 2017 nahezu um die Hälfte; der Lebensstandard lag 2015 für 99 Prozent der Bevölkerung Russlands unter dem Niveau von 1991, dem Jahr vor dem Ende des Kommunismus.[184]

Dem industriellen Herzland des Kapitalismus eröffnete der Zusammenbruch der Sowjetunion und ihrer Verbündeten jedoch neue Chancen: Große neue Märkte und billigere Arbeitskräfte standen nun zur Verfügung. (So entwickelte sich beispielsweise Ungarn, wo Anfang der 2020er Jahre Audi 12 000 und Bosch 18 300 Mitarbeiter beschäftigte, zur erweiterten Werkbank der deutschen Industrie.) Währenddessen gingen die Bedrohungen durch Arbeitermobilisierung, Gewerkschaftspolitik und Antiimperialismus, die den Kapitalismus mehr als ein Jahrhundert lang so entscheidend geprägt hatten, zurück, was den Unternehmern neuen wirtschaftlichen und politischen Handlungsspielraum verschaffte. Um nur einen Fall zu nennen: Kernbereiche der polnischen Wirtschaft, wie beispielsweise der Finanzsektor, wurden nun von ausländischen Investoren kontrolliert, und der Fertigungssektor wurde einfach in westeuropäische Produktionsnetzwerke integriert. Infolgedessen wurde Polen zu einem der weltweit bedeutendsten Hersteller von Haushaltsgeräten, wobei Unternehmen wie Siemens, Merloni, Bosch, Electrolux und Whirlpool von den deutlich niedrigeren Arbeitskosten profitierten.[185]

Weiter östlich waren diese Umbrüche ebenso folgenreich, verliefen jedoch ganz anders. Die mit Abstand bedeutendste Transformation fand in China statt. Wie wir gesehen haben, hatte China eine sehr lange Tradition des lebhaften Handels, der Kaufmannsgemeinschaften und der kommerzialisierten Landwirtschaft und Industrie sowie eine lange Geschichte technischer Innovationen. Bis weit in die frühe Neuzeit hinein war es wahrscheinlich die weltweit führende Wirtschaftsmacht. Im 19. und 20. Jahrhundert verlor es jedoch drastisch an Bedeutung; zum Zeitpunkt der Revolution von 1947 gehörte es zu den ärmsten Ländern der Welt. Und obwohl das Pro-Kopf-Wirtschaftswachstum unter Mao anstieg (Schätzungen gehen von einem durchschnittlichen jährlichen Wachstum zwischen 2,33 und 2,7 Prozent während seiner gesamten Regierungszeit aus) und eine bedeutende industrielle Expansion, insbesondere in der Schwerindustrie, stattfand (vor allem durch die Verlagerung von Ressourcen aus den ländlichen Gebieten in die Städte), blieb China sehr arm.[186] Außerdem führten die maoistischen Maßnahmen zu drastischen Verwerfungen und nahezu bodenlosen wirtschaftlichen Problemen, darunter eine verheerende Hungersnot zwischen 1959 und 1961, der Millionen von Menschen zum Opfer fielen.

Nach Maos Tod im Jahr 1976 war der Aufstieg von Deng Xiaoping zum Staatspräsidenten im Jahr 1978 ein Ausdruck des Bestrebens der chinesischen Elite, sich aus dem Sumpf der maoistischen Wirtschaftspolitik zu befreien. Es eröffnete sich ein begrenzter politischer Spielraum, um die chinesische Wirtschaft, insbesondere das Verhältnis zwischen Planung und Markt, zu überdenken. Auf der Suche nach Inspiration anderswo – insbesondere in den Preisliberalisierungen der USA, Großbritanniens, Deutschlands und Japans nach dem Zweiten Weltkrieg – diskutierten Intellektuelle und politische Entscheidungsträger, wie Marktwirtschaft und Planung miteinander in Einklang gebracht werden konnten.[187] Wie Deng 1984 sagte:

> Es ist falsch zu behaupten, dass eine Marktwirtschaft nur in einer kapitalistischen Gesellschaft existiert und dass es nur eine «kapitalistische» Marktwirtschaft gibt. Warum sollten wir unter dem Sozialismus keine Marktwirtschaft entwickeln können? Die Entwicklung einer Marktwirtschaft bedeutet nicht, sich für den Kapitalismus zu entscheiden. Wir behalten die Planwirtschaft als Grundpfeiler unseres Wirtschaftssystems bei und führen gleichzeitig eine Marktwirtschaft ein. Es handelt sich jedoch um eine sozialistische Marktwirtschaft.[188]

In der Debatte darüber, wie dieses Ziel erreicht werden sollte, kristallisierten sich zwei Positionen heraus: Wie die Ökonomin Isabella Weber gezeigt hat, befürworteten einige einen «Big Bang», andere bevorzugten schrittweise Reformen. Die Befürworter eines schrittweisen Vorgehens setzten sich durch, doch es war ein erbitterter Kampf. Zweimal, 1986 und 1988, kam es beinahe zu einer «Schocktherapie», doch letztlich entschied sich China für eine «schrittweise und staatlich gelenkte Einführung der Marktwirtschaft». Dabei stand im Mittelpunkt die Beibehaltung eines dualen Preissystems, bei dem die Preise in einigen Branchen weiterhin vom Staat reguliert wurden, wodurch ein gewisses Maß an Stabilität erreicht wurde, während die Märkte langsam eine wichtigere Rolle im Wirtschaftsleben spielten.[189]

Solche Strategien waren tief im chinesischen Wirtschaftsdenken verwurzelt, das traditionell als «Lehre von der Vermehrung des Reichtums des Landes» bezeichnet wurde.[190] Schon vor dem Kommunismus hatte diese Tradition dem Staat eine herausragende Rolle zugewiesen; sowohl der Markt als auch die Preise wurden häufig von der Bürokratie kontrolliert. So hatte der Staat beispielsweise jahrhundertelang die Getreidepreise stabilisiert und als Vorbereitung auf Hungersnöte Lagerhäuser für Getreidevorräte errichtet. Deshalb gab es in China kaum Erfahrung mit der Vorstellung eines autonomen Marktes. Bereits das *Guanzi* (eine alte Sammlung wirtschaftlicher Schriften) hatte zwischen entbehrlichen «leichten» und unverzichtbaren «schweren» Gütern unterschieden – ein Wirtschaftsverständnis, das vom Staat eine entschiedene Intervention zur Sicherung der Produktion und Verfügbarkeit «schwerer» Güter erwartete. Doch ebenso wie die Rolle des Staates bei der Marktregulierung in China weit zurückreichende historische Wurzeln hatte, gab es seit Langem auch Erfahrungen mit Märkten: Sogar während der Revolution hatten chinesische Kommunisten Marktstrategien eingesetzt, um den Wirtschaftskrieg gegen die Nationalisten voranzutreiben und Ressourcen für die Revolution zu beschaffen.[191]

Als die Reformer nach Maos Tod etwas mehr Freiraum erhielten, flossen diese reichen Traditionen in die Debatten ein. Im Unterschied zu den zunehmend dogmatischen Marktkonzepten, die anderswo in Mode waren, waren die chinesischen Strategien von einem Experimentiergeist geprägt, der seinen Ausdruck in dem alten Sprichwort fand, es sei am besten, «den Weg beim Gehen zu finden».[192] Alle Reformen waren von dem Bestreben getragen, den Märkten eine größere Rolle zuzugestehen, doch auf welche Weise und in welchem Umfang dies geschehen sollte, blieb umstritten. Es herrschte die tief verwurzelte Überzeugung, dass kein theoretisches Modell allein das gesamte Projekt prägen könne. Im Unterschied zum Neoliberalismus blieb das chinesische Wirtschaftsdenken in ideologischer und theoretischer Hinsicht flexibel[193] und berücksichtigte ältere Traditionen, wie beispielsweise die Unterscheidung zwischen «gewichtigen» und «leichten» Gütern. Während «leichte» Güter «dem Markt ausgesetzt» werden konnten, war dies bei «schweren» Gütern nicht möglich.[194] Aufgrund des Beharrens auf dieser Unterscheidung lehnten die chinesischen Reformer den Rat ab, den sie beispielsweise von aus Osteuropa emigrierten Ökonomen erhalten hatten, die China zu einer vollständigen Systemänderung rieten.[195]

Langsam tasteten sich diese Reformer in eine ungewisse Zukunft vor. Die erste Welle von Reformen konzentrierte sich auf den ländlichen Raum. In den 1980er Jahren verwandelte sie einen kollektivierten und staatlich gelenkten Agrarsektor in ein Marktsystem, in dem der Staat jedoch weiterhin eine entscheidende Rolle spielte. Angeführt von einer Gruppe junger Ökonomen, die unter Mao dazu gezwungen worden waren, ein Jahrzehnt lang auf dem Land zu leben, und es daher gut kannten, schuf man das System der sogenannten Haushaltsverantwortung, das den Bauern die Kontrolle über die Produktion übertrug, während der Grundbesitz und einige Produktionsmittel weiterhin in der Hand des Staates blieben. Das Getreide musste in bestimmten Mengen und zu festen Preisen verkauft werden. Bei hohen Marktpreisen diente dies als Steuer auf die Einkommen der Bauern. Bei niedrigen Preisen stützte dieses System jedoch die Einkommen der Bauern. Es handelte sich um eine langsame Liberalisierung, nicht um einen plötzlichen Schock, und der Staat behielt die Kontrolle über die Preise der wichtigsten Rohstoffe.[196]

1984 wurde dieses Modell auf die Industrie ausgeweitet: Die Preise für «leichte» Güter wurden dereguliert.[197] Eine Gruppe von Ökonomen, darunter Lou Jiwei und Guo Shuqing, drängte auf radikalere Maßnahmen, die sie als «Paketreform» bezeichneten, und stellte sich damit gegen Ökonomen wie Li Yining, die eine langsame Vorgehensweise befürworteten.[198] Der Konflikt spitzte sich 1986 zu, und man entschied sich für den weniger radikalen Weg.[199] Während China sich auf die Entwicklung der «Produktionskräfte» konzentrierte, um die von der politischen Elite als Voraussetzung für den Kommunismus angesehenen Bedingungen zu schaffen, machten die Entscheidungsträger bestimmte Küstenenklaven zu Niedriglohnregionen für die Fertigung und orientierten sich dabei am Vorbild der Vier Tiger – Hongkong, Singapur, Südkorea und Taiwan.[200]

Das Ergebnis war spektakulär: In den ersten beiden Jahrzehnten der Reform wuchs die chinesische Wirtschaft um 10 Prozent pro Jahr – das schnellste Wirtschaftswachstum, das jemals verzeichnet wurde. Mit der

Warnungen vor dem «Big Bang», Gestaltung der schnellsten wirtschaftlichen Entwicklung in der Weltgeschichte: die Ökonomen Li Yining und (ein junger) Chen Yun.

Schaffung einer «sozialistischen Marktwirtschaft mit chinesischen Merkmalen» war der chinesische Weg erfolgreicher als die «Schocktherapie», die im postsowjetischen Russland und anderen Teilen Osteuropas durchgeführt worden war.[201] Dies führte zu einer enormen Ausweitung der Marktlogik auf neue Teile der Welt – eine erstaunliche Komprimierung der kapitalistischen Revolution, deren Verlauf in diesem Buch geschildert wurde. Und obwohl Beobachter sich uneinig waren, ob dies eine Zwischenstation auf dem Weg zum Kommunismus oder eine Form des Kapitalismus oder vielleicht beides war, war klar, dass Chinas politische Ökonomie in radikalem Widerspruch zu dem neoliberalen Experiment stand, das sich anderswo abspielte, obwohl dieses Experiment die Wandlung Chinas überhaupt erst ermöglicht hatte, indem es für die globale Neuordnung von Produktion und Konsum sorgte.

Im Jahr 1991 war die Nachkriegsordnung nicht mehr vorhanden, und das Goldene Zeitalter war zu Ende gegangen. Der Einfluss der Gewerkschaften war reduziert, die Sozialstaaten umgestaltet, viele Unternehmen privatisiert, ganze Wirtschaftszweige dereguliert, der wirtschaftliche Nationalismus der postkolonialen Welt effektiv abgebaut und die Welt des Postkapitalismus radikal verkleinert, ja sogar aufgelöst worden. Es war eine neue Welt – zwar nicht allein von Neoliberalen geschaffen, aber doch ganz nach ihrem Geschmack, ungeachtet der eklatanten Ausnahme Chinas, dessen ganz andere, stark staatsorientierte politische Ökonomie den Sieg der neoliberalen Revolution besiegelte. Als der Historiker Niall Ferguson und der Ökonom Moritz Schularick die wirtschaftliche Verschmelzung von China und Amerika als «Chimerica» bezeichneten, erfassten sie das Wesen dieser symbiotischen Beziehung exakt.[202] Die neue Diversität des Kapitalismus trieb wie schon früher seine weitere Expansion voran.

Im Zuge ihrer weltweiten Verbreitung nahmen diese Neuordnungen des globalen Kapitalismus vielfältige Formen und politische Ansätze an. Trotz ihrer Verschiedenartigkeit beeinflussten sie sich gegenseitig. Als die Niedriglohnproduktion zu einem zentralen Merkmal der Volkswirtschaften im Globalen Süden wurde, übte sie Druck auf die Beschäftigung im verarbeitenden Gewerbe in den industriellen Kernländern des Nordatlantikraums aus. Umgekehrt ermöglichte die tiefere Integration der Volkswirtschaften des Globalen Südens in die Warenketten die Verlagerung der Produktion vieler Konsumgüter an Standorte mit niedrigen Löhnen, als im industriellen Hauptgebiet der Druck auf die Gewerkschaften und den Sozialstaat zunahm. Dank billigerer Produkte konnten die Verbraucher im Globalen Norden trotz stagnierender Einkommen ihr hohes Konsumniveau aufrechterhalten.[203]

Die Auswirkungen dieser Umgestaltung sind in vielerlei Hinsicht erkennbar. Sie haben sich in die großen Strukturen des Wirtschaftslebens und in die kleinsten Winkel der Gesellschaften eingeschrieben. Fast überall war das Leben unter dem Neoliberalismus erschreckend anders. Am deutlichsten zeigte sich dies vielleicht in den veränderten Mustern der Ungleichheit. In allen Gesellschaften verschärfte sich die Kluft zwischen hohen und niedrigen Einkommen und Vermögen. Diese Verschiebungen wurden so auffällig, dass das 2013 erschienene Buch des französischen Ökonomen Thomas Piketty über ihre historischen Muster mit dem prägnanten, aber wenig attraktiven Titel *Das Kapital im 21. Jahrhundert* zu einem der größten Bestseller seiner Zeit wurde und seinen Autor zu einer Berühmtheit machte. Durch die Forschungen von Piketty und seinen Kollegen zeigte sich beispielsweise, dass in Chile, einem der frühesten Fälle neoliberaler Umstrukturierung, das oberste eine Prozent der Steuerzahler im Jahr 1974 9,8 Prozent des Einkommens der Gesamtbevölkerung erhielt; sieben Jahre später hatte sich sein Anteil mit 17 Prozent fast verdoppelt. Die weitreichendsten Veränderungen, die diese Forscher dokumentierten, fanden jedoch in den Vereinigten Staaten und im Vereinigten Königreich statt, den beiden Ländern im historischen industriellen Kernland der Welt, die den Neoliberalismus am aggressivsten umgesetzt hatten. In den USA gingen in den 1970er Jahren weniger als 35 Prozent des Gesamteinkommens an die obersten 10 Prozent der Steuerzahler; bis zum Jahr 2000 war dieser Anteil auf rund 50 Prozent gestiegen. Im Vereinigten

Königreich stieg der Anteil der obersten 10 Prozent von weniger als 30 Prozent auf über 40 Prozent. Noch bemerkenswerter war der Anteil des obersten einen Prozents der Steuerzahler, der in den Vereinigten Staaten von rund 8 Prozent des Gesamteinkommens im Jahr 1973 auf rund 18 Prozent im Jahr 2008 und im Vereinigten Königreich von 7 Prozent auf 15 Prozent stieg, also mehr als das Doppelte betrug. Solche Trends waren in den Ländern Kontinentaleuropas und in Japan zu beobachten, wenn auch weniger ausgeprägt.[204]

In Bezug auf das Vermögen war die Ungleichheit sogar noch ausgeprägter: 2010 besaßen die «One-Percenters», wie sie in den Vereinigten Staaten genannt wurden, fast 40 Prozent aller Vermögenswerte. In welches Land wir auch blicken, überall war nun im Besitz einer kleinen Minderheit von Bürgern ein dramatisch größerer Anteil des Vermögens. Im Jahr 2010 besaßen die obersten 10 Prozent der Franzosen 60 Prozent des nationalen Vermögens, während es in Großbritannien und den Vereinigten Staaten sogar 70 Prozent waren. Weltweit kontrollierte das reichste Zehntel von einem Prozent, also 0,1 Prozent, 20 Prozent aller Vermögenswerte; das reichste eine Prozent 50 Prozent; und die reichsten 10 Prozent zwischen 80 und 90 Prozent. Aus einer anderen Perspektive betrachtet, ist es bemerkenswert, dass die kapitalistischen Gesellschaften zwar enormen Reichtum schufen, aber gleichzeitig Gesellschaften blieben, in denen die meisten Menschen fast nichts besaßen.[205] Trotz der grandiosen Behauptungen vieler neoliberaler Intellektueller hat der Kapitalismus somit nie auch nur annähernd eine «Eigentümergesellschaft» hervorgebracht, sondern sich unter ihrer Führung sogar weit von diesem Ideal entfernt.

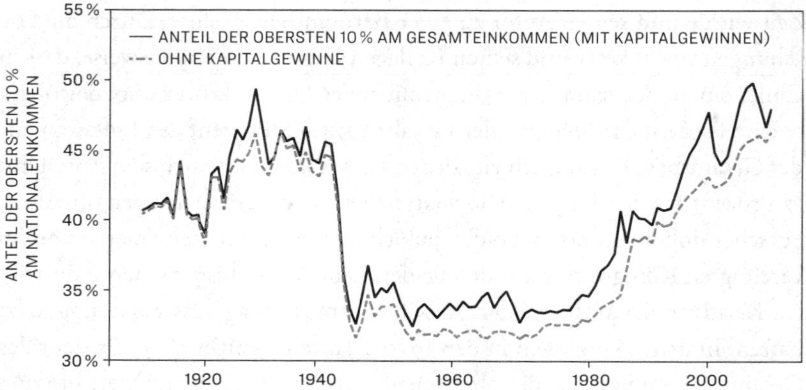

Die Ungleichheit der Einkommen in den Vereinigten Staaten, 1910–2010.

Es überrascht nicht, dass diese Umverteilungen mit der schwindenden Macht der Arbeiterschaft einhergingen. In den Vereinigten Staaten verlief der Rückgang ihres Lohnanteils am BIP nahezu parallel zum Niedergang der Gewerkschaftsbewegung.

Die Politik spielte bei dieser Umschichtung eine große Rolle. Nicht nur der Machtverlust der Arbeiter hing mit politischen Entscheidungen zusammen, auch andere politische Maßnahmen verstärkten die Ungleichheit. Die kalifornische Proposition 13, mit der die Verfassung des Bundesstaates Kalifornien geändert wurde, um die Erhöhung der Grundsteuer zu begrenzen, löste eine Flut regressiver Steuerbeschlüsse in den gesamten Vereinigten Staaten aus. Steuersenkungen auf Kapitalerträge und deutlich niedrigere Grenzsteuersätze verschärften die Ungleichheit. Auch die Erbschaftssteuer geriet unter Beschuss, als der US-amerikanische Republikaner Jim Martin sie Anfang der 1990er Jahre als «Todessteuer» bezeichnete. Unter dem Druck von Wirtschaftsverbänden wurde sie in den Vereinigten Staaten vorübergehend abgeschafft und dann zu Beginn der 2000er Jahre in abgeschwächter Form wieder eingeführt. Infolgedessen gewann vererbter Reichtum stark an Bedeutung und machte laut Piketty Anfang der 2010er Jahre zwischen 60 und 70 Prozent der weltweit größten Vermögen aus.[206] Solche eklatant ungerech-

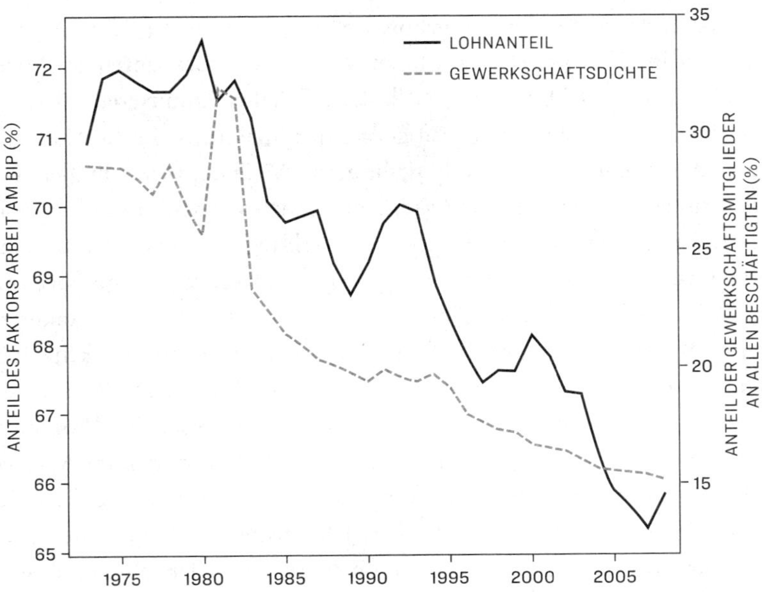

Lohnanteil und Gewerkschaftsdichte für Österreich, Belgien, Frankreich, Deutschland, Italien, Portugal, Spanien, die Niederlande und die Vereinigten Staaten.

ten Vorteile stellten die legitimierenden Mythen des Kapitalismus von der Chancengleichheit scharf und schmerzlich infrage.

Die Auswirkungen dieser Umverteilung von Vermögen und Einkommen waren auf den Straßen des industriellen Kernlandes deutlich zu sehen. Im Jahr 1980 wurde die Zahl der Obdachlosen in den Vereinigten Staaten noch auf 250 000 geschätzt; im Januar 2008 meldete das Ministerium für Wohnungsbau und Stadtentwicklung eine erschreckend höhere Zahl, nämlich 664 000. Zwischen 1984 und 1988 verdreifachte sich die Zahl der Notunterkünfte in den USA. Die Zeltstädte, die während der Weltwirtschaftskrise weit verbreitet waren, waren nach der Einführung der New-Deal-Programme fast vollständig verschwunden, doch Anfang der 1980er Jahre kehrten sie massiv in die amerikanischen Städte zurück.[207]

Diese verschärften Ungleichheiten wirkten sich sogar ganz konkret auf die körperliche Verfasstheit der Menschen aus: Die Lebenserwartung ging auseinander. Ende der 2000er Jahre lag die durchschnittliche Lebenserwartung bei der Geburt im Vereinigten Königreich bei 78,2 Jahren für Männer und 82,3 Jahren für Frauen. Am höchsten war sie in den wohlhabenden Londoner Stadtteilen Kensington und Chelsea, wo die Lebenserwartung bei der Geburt bei 85,1 Jahren für Männer und 89,8 Jahren für Frauen lag. Am niedrigsten war sie in Glasgow, wo die Lebenserwartung bei der Geburt bei Männern 71,6 Jahre und bei Frauen 78,0 Jahre betrug. Mit anderen Worten: Ein Mann, der in Kensington geboren wurde, lebte fast 14 Jahre länger als einer, der in Glasgow geboren wurde, wo in den 1990er Jahren 30 Prozent der Einwohner ihr Dasein unterhalb der offiziellen Armutsgrenze fristeten. In den Vereinigten Staaten waren gering qualifizierte weiße Arbeiter ohne Hochschulabschluss, die durch strukturelle Veränderungen in der Wirtschaft zunehmend an den Rand gedrängt wurden, ebenfalls mit einer rapide steigenden Sterblichkeit konfrontiert und erlitten das, was die Ökonomen Anne Case und Angus Deaton als «Todesfälle aus Verzweiflung» bezeichneten – durch Selbstmord, versehentliche Überdosen und Lebererkrankungen. Zwischen 1995 und 2015 verdreifachte sich die Sterbewahrscheinlichkeit bei Männern mittleren Alters (zwischen 45 und 54 Jahren) ohne Bachelor-Abschluss. Zu Beginn des 21. Jahrhunderts hatte das reichste eine Prozent der männlichen Einkommensbezieher in den Vereinigten Staaten im Alter von 40 bis 76 Jahren eine Lebenserwartung von 87,3 Jahren, während das unterste eine Prozent im Durchschnitt fast 15 Jahre früher starb und eine Lebenserwartung von nur 72,7 Jahren hatte. Auch reiche Frauen lebten im Durchschnitt 10,1 Jahre länger als ihre armen Geschlechtsgenossinnen.[208]

Während die Verschiebungen in den Ungleichheitsmustern zu radikalen

Veränderungen in einigen Makrostrukturen der Gesellschaft führten, beeinflussten die Auswirkungen des Neoliberalismus auch einige der intimsten Aspekte des Lebens, insbesondere die Geschlechterverhältnisse. Als die Löhne nicht mehr stiegen, wurde es immer schwieriger, eine Familie mit nur einem Einkommen zu ernähren. Um ihr Konsumniveau zu halten, arbeiteten Familien länger, nahmen mehrere Beschäftigungen auf und schickten mehr Haushaltsmitglieder in bezahlte Tätigkeiten, was Frauen neue Möglichkeiten eröffnete. Gleichzeitig stieg die Abhängigkeit von bezahlter Reproduktionsarbeit – Kochen, Putzen, Kindererziehung und Altenpflege, um nur einige zu nennen – und die Familie selbst wurde von neuen Marktbeziehungen durchdrungen. Eine neue «Geschlechterordnung» entstand. Der Kapitalismus hatte schon immer Arbeitsverhältnisse, politische Strukturen und territoriale Ordnungen neu erfunden, nun erfand er die Familie neu. Ironischerweise untergrub der wirtschaftliche Elan des Neoliberalismus die bestehenden Familienstrukturen wirksamer, als es soziale Bewegungen wie der Feminismus jemals geschafft hatten. In einer Demonstration erschütternder Heuchelei verliehen Neoliberale der Familie eine neue ideologische und wirtschaftliche Bedeutung und stellten sie als eine Art Wohlfahrtsstaat im Kleinformat dar, der die Unwägbarkeiten des Marktes abfedern sollte. Margaret Thatcher hatte zu Beginn dieser Umwälzungen argumentiert: «So etwas [wie die Gesellschaft] gibt es nicht. [...] Es gibt einzelne Männer und Frauen und es gibt Familien.»[209] Nicht selten arbeiteten diese Frauen und Männer nun doppelte Schichten, um ihre Kinderbetreuungskosten bezahlen zu können.

So wie die neoliberale Ordnung die größten Makrostrukturen der Gesellschaft und gleichzeitig die intimsten Aspekte des Lebens veränderte, bewirkte sie auch eine rasche Ausbreitung der Logik des Kapitals in neue Räume und Sphären. Die expansive Natur des Kapitals und seine Tendenz zu wachsen, ständig im Fluss begriffen zu sein und alle Bereiche des Lebens zu durchdringen, war seit jeher eine wesentliche, unverzichtbare Eigenschaft des Kapitalismus. Dies galt auch für seine unruhige, stets überraschend unvollendete und unbeständige Natur – immer wieder fand er neue Möglichkeiten der Kommodifizierung, berührte und veränderte neue Gebiete, neue Arbeitskräfte und neue Bereiche des menschlichen Lebens. Nach den 1970er Jahren erreichte seine Expansion jedoch eine bis dahin unbekannte Intensität, sowohl in ihrer Geschwindigkeit als auch in ihrer sozialen und geografischen Reichweite.

Die Märkte verbreiteten sich durch neue Einhegungen räumlicher und gesellschaftlicher Art, indem immer mehr Land, Nahrungsmittel, Informationen, Ideen und Naturräume abgegrenzt und in marktfähiges Privateigentum umgewandelt wurden, sei es durch altmodische Landnahme oder durch die Schaffung neuartiger Eigentumsrechte an biologischem Leben und Informationen. Sphären der Produktion und der gesellschaftlichen Existenz, die historisch gesehen außerhalb der kapitalistischen Logik gelegen hatten, wurden nun in deren Dienst gestellt, wodurch sich miteinander verbundene Möglichkeiten sowohl zur Akkumulation als auch zur Enteignung ergaben.[210] Diese Einhegungen waren in Umfang und Charakter erstaunlich vielfältig – einige so klein wie ein Fußballfeld, andere so ausgedehnt wie die Ebenen Äthiopiens oder die riesigen Wälder auf der indonesischen Insel Kalimantan. Sie waren ländlich und städtisch, materieller und immaterieller Natur.

So entstanden beispielsweise in Städten neue Absperrungen, da ehemals öffentliche Räume privatisiert wurden. Die libanesische Hauptstadt Beirut ist ein Beispiel für eine solche Privatisierung: Räume, die einst für die Öffentlichkeit zugänglich waren und von ihr genutzt wurden, wurden der Kontrolle privater Interessen unterstellt, die diese Räume entweder unzugänglich machten oder auf diejenigen beschränkten, die dafür bezahlen konnten. Der Zugang der Öffentlichkeit zur Küste von Beirut wurde durch das Vordringen privater Bauträger erschwert. Der Dalieh-Küstenstreifen, der zwar in Privatbesitz war, aber seit jeher von der Bevölkerung zum Picknicken, Baden, Yoga und für Treffen mit Freunden genutzt worden war, wurde 1995 von drei Bauträgern mit guten politischen Verbindungen erworben. Im Jahr 2004 begannen sie Verhandlungen mit den wenigen ansässigen Fischern, um sie zum Verlassen des Gebiets zu bewegen. Anschließend wurde der Bereich eingezäunt und mit dem Bau eines Luxushotels und eines Yachthafens begonnen. Die althergebrachte libanesische Tradition des Sirān – Familienausflüge in die Natur – wurde zunehmend eingeschränkt, da die Natur immer stärker abgegrenzt, abgesperrt und überwacht wurde. Von Jugendlichen organisierte informelle Fußballplätze in der Stadt wurden ebenfalls asphaltiert und zu Parkplätzen gemacht oder bebaut. Eine genaue Untersuchung ergab, dass bis 2013 85 Prozent der informellen Fußballplätze, die 2003 noch existierten, in kostenpflichtige Parkplätze umgewandelt worden waren. Noch dramatischer war vielleicht die Tatsache, dass die Bauträgerschaft von Solidere dazu führte, dass die Regierung große Teile der Innenstadt von Beirut an ein von den Golfstaaten finanziertes privates Immobilienunternehmen zur Neubebauung übergab und damit volle staatliche Unterstützung für eine radikale Neugestaltung eines der wichtigsten städtischen Räume des Libanons gewährte.

Diese Art von urbaner Umstrukturierung wurde zu einem Kennzeichen des Neoliberalismus – und trieb die Einhegung weltweit zielstrebig voran.[211]

Auch die ländlichen Gebiete der Welt erlebten eine neue Welle der Einhegungen. In Afrika war das, was als «Landraub» bezeichnet wurde, ein hervorstechendes Merkmal der neoliberalen Ära, als Investoren ihre begehrlichen Blicke auf die reichhaltigen Bergbau-, Landwirtschafts- und Wasserressourcen des Kontinents warfen oder sich Land für Immobilienspekulationen und Ölförderung unter den Nagel rissen. Die Investoren kamen aus Europa und den Vereinigten Staaten sowie aus China, Indien, Südkorea, den Golfstaaten und afrikanischen Ländern wie Kenia und Nigeria. Chinesische Unternehmen wie Sinopec, Huawei, die Chinese National Petroleum Corporation und die China Minmetals Corporation investierten in Afrika, ebenso wie die britisch-australische multinationale Firma Rio Tinto, der brasilianische Konzern Vale und der amerikanische Bergbaugigant Newmont. Mit technischer Hilfe aus Brasilien wurden Ende der 2000er Jahre zum Beispiel Sojaprojekte in Mosambik ausgeweitet, wodurch Kleinbauern von ihrem Land vertrieben und aus ihrer traditionellen ländlichen Wirtschaft verdrängt wurden. Saudische Unternehmen investierten in weite Teile des Sudan und Äthiopiens und zerstörten damit die bestehende lokale Wirtschaft. Die saudische Hadco erwarb 9000 Hektar Land im Sudan, Saudi Star kaufte 300 000 Hektar in Äthiopien. Anders als im 19. Jahrhundert spielte Kapital aus dem Globalen Süden nun eine wichtige Rolle bei diesen Einhegungen. In Nigeria nutzten politische und wirtschaftliche Eliten ihre Macht und ihren Reichtum, um große kommerzielle Farmen zu erwerben: Abdullahi Adamu, der ehemalige Gouverneur von Nasarawa, errichtete den größten Milchviehbetrieb Afrikas, in dem 37 000 Kühe gehalten werden. Ota Farms, im Besitz des ehemaligen Präsidenten Olusegun Obasanjo, beschäftigt 7000 Arbeiter. Murtala Nyako, ehemaliger Gouverneur des Bundesstaates Adamawa, betreibt eine der größten Rinderfarmen des Landes sowie Mangoplantagen. Andere Mitglieder der Elite bewirtschaften Palmöl- und Maniokplantagen.[212]

Von 1973 bis 2008 trieben die Kapitaleigner die Kommodifizierung immer weiter hinein in die ländlichen Gebiete der Welt, und dies mit einer Geschwindigkeit, die selbst für die stürmischsten Akteure an der karibischen Zuckerfront dreihundert Jahre zuvor unvorstellbar gewesen wäre. Trotz aller neoliberalen Rhetorik spielte der Staat weiterhin eine zentrale Rolle bei diesen Vorstößen – sogar durch massive, von den USA initiierte Militäroperationen im Nahen Osten, um die Versorgung mit billigen fossilen Brennstoffen sicherzustellen. Der ehemalige Vorsitzende der US-Notenbank Alan Greenspan schrieb diesbezüglich: «Ich finde es bedauerlich, dass es politisch nicht opportun ist, das anzuerkennen, was jeder weiß: Beim Irakkrieg geht es vor allem um Öl.»[213]

Bezeichnend ist auch der Aufschwung von etwas so Alltäglichem wie Palmöl, das aus der Ölpalme gewonnen und nicht nur zur Herstellung von verarbeiteten Lebensmitteln, sondern auch von Biokraftstoffen wie Ethanol verwendet wird. Ölpalmen waren bis in die 1970er Jahre eine relativ unbedeutende Kulturpflanze, doch dann nahm ihre Produktion rasant zu. 2016 wurden bereits 10 Prozent aller landwirtschaftlichen Flächen weltweit, die Speiseöle produzierten, für den Anbau von Ölpalmen genutzt – insgesamt 21 Millionen Hektar, fast so viel wie die Fläche des Vereinigten Königreichs. Ölpalmen waren zur am schnellsten wachsenden Monokultur der Welt geworden.[214]

Kein Land war für diese Branche so wichtig wie Indonesien, das in den 2010er Jahren mehr als die Hälfte der weltweiten Palmölproduktion kontrollierte. Das Wachstum seiner Plantagen war erstaunlich: Zwischen 2000 und 2010 vervierfachte sich ihr Umfang. In den 2010er Jahren wurde mehr als ein Drittel der gesamten landwirtschaftlichen Fläche des Landes für den Anbau von Ölpalmen genutzt, was ermöglicht worden war durch staatliche Landkonzessionen, Abholzung, Enteignung und Vertreibung der indigenen Bevölkerung, eine dies fördernde Weltbank und internationale Investitionen.[215]

Es war die neue postkoloniale indonesische Regierung, nicht das niederländische Kolonialreich, die den Rahmen für dieses neuerliche Vorantreiben der Ressourcenausbeutung schuf. In den 1970er Jahren profitierte Indonesien in hohem Maße von fossilen Brennstoffen, d. h. vom Ölboom. Als dieser abflaute und die Strategie der Industrialisierung durch Importsubstitution an Bedeutung verlor, suchte das Land nach neuen Einnahmequellen. Ölpalmen waren eine Möglichkeit. Als der indonesische Staat sich Mitte der 1980er Jahre für neoliberale politische Strategien entschied – Privatisierung, Deregulierung, Abbau von Handelsbarrieren, exportorientierte Industrialisierung und Agrarproduktion für den Weltmarkt –, gewährte er den Ölpalmenplantagen immer mehr Zugeständnisse. Um die benötigten Arbeitskräfte bereitzustellen, siedelte der Staat Menschen von der dicht besiedelten Insel Java auf andere Inseln um, die für die Ölpalmenproduktion vorgesehen waren, und um Platz für die Plantagen zu schaffen, vertrieb er die Menschen von ihrem Land. So wurde beispielsweise im Süden der Provinz Jambi auf Sumatra das Land der indigenen Batin Sembilan in den 1980er Jahren in Palmölplantagen umgewandelt. Als der Staat den Rahmen für Investitionen schuf, drängten große multinationale Konzerne auf den Markt und erhielten Zugang zu

Landkonzessionen. Nur 50 Konzerne brachten 75 Prozent der weltweiten Palmölproduktion unter ihre Kontrolle, während nur fünfzehn Unternehmen mehr als 75 Prozent der weltweiten Verarbeitung beherrschten. Kleine Ölpalmenbauern wurden zu Subunternehmern dieser Konzerne. Die meisten Investoren kamen aus Singapur und Malaysia, einige auch aus Indonesien selbst, darunter der große multinationale Salim-Konzern. Gleichzeitig wurde der Markt für Palmöl, das «flüssige Gold» der Pflanze, von einer kleinen Zahl mächtiger multinationaler Unternehmen dominiert, darunter Unilever, Nestlé und Procter & Gamble.[216]

Auch in den ehemals sozialistischen Ländern entstanden neue Formen der Kommodifizierung. Dort waren fast alle Unternehmen in staatlichem Besitz gewesen. Nach 1990 wurden sie privatisiert. Die ungarische Staatsvermögensagentur, die den Privatisierungsprozess in diesem Land kontrollierte, verkaufte bis Ende 1993 fast ein Drittel ihrer Vermögenswerte, wobei etwa die Hälfte an ausländische Investoren ging. Vor dem Ende des Sozialismus hatte es in Ungarn so gut wie keine ausländischen Direktinvestitionen gegeben. Bis 1995 beliefen sich diese auf 12 Milliarden US-Dollar, bis 2001 auf 23,5 Milliarden US-Dollar. Deutschland und die Niederlande waren die wichtigsten Investoren (mit mehr als der Hälfte), gefolgt von Österreich und den Vereinigten Staaten. Nach dem Erwerb großer Segmente des ungarischen Post-, Telekommunikations- und Transportsektors errichteten deutsche Investoren Produktionsstätten, in denen unter Einsatz billiger ungarischer Arbeitskräfte Teile für den boomenden deutschen Exportsektor hergestellt wurden.[217]

DIESE EXPANSION trug dazu bei, im industriellen Kernland trotz der Umverteilung des Wohlstands zugunsten der Reichen ein hohes Konsumniveau aufrechtzuerhalten. Sie ermöglichte auch einen enormen Anstieg des Konsums einer aufstrebenden Mittelschicht im Globalen Süden. Dies ging jedoch mit drastischen Folgen für die Umwelt einher. Da die ökologischen Auswirkungen der Produktion in der Regel nicht in den Preisen berücksichtigt wurden, nutzte das Kapital diese kostenlosen Ressourcen hemmungslos aus. Es verschlang sie regelrecht, rodete riesige Regenwälder, vergiftete die Atmosphäre und die Ozeane und vernichtete einen erheblichen Teil der wunderschönen Vielfalt des Lebens auf der Erde, die sich über Millionen von Jahren entwickelt hatte. Am dramatischsten und symbolträchtigsten für diese Zeit waren die sich beinahe verdoppelnden Kohlendioxidemissionen zwischen 1973 und 2008, was vor allem auf eine beispiellose Expansion der Industrie in China und Indien zurückzuführen war, wo der Ausstoß von Kohlendioxid um etwa

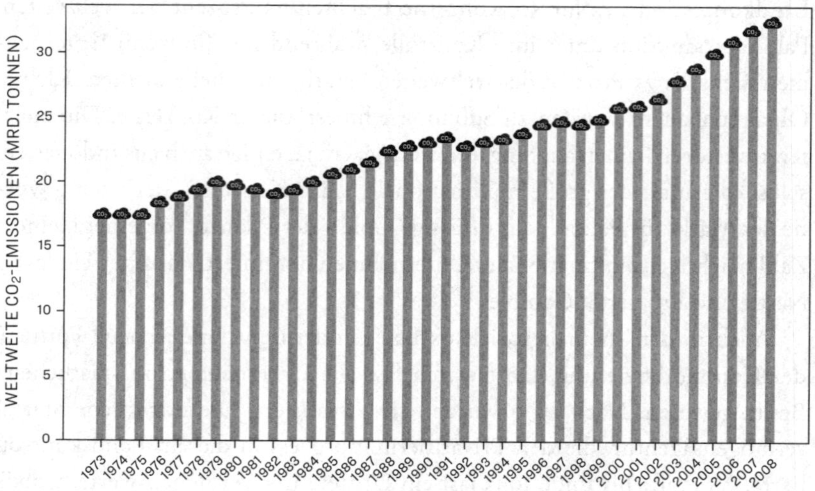

Weltweite Kohlendioxidemissionen, 1973–2008.

das Siebenfache anstieg (ausgehend von einem sehr niedrigen Niveau, da diese Länder zuvor nur einen sehr geringen Beitrag geleistet hatten). Durch die Verlagerung energieintensiver und schadstoffreicher Produktionsprozesse in den Globalen Süden trug diese Region die Umweltlasten einer sich ständig beschleunigenden Produktion, ein Phänomen, das der britische Geograph Laurie Parsons als «Kohlenstoffkolonialismus» bezeichnet hat – die Freisetzung von Kohlendioxid im Globalen Süden zur Herstellung von Produkten, die im Globalen Norden konsumiert werden.[218]

Die Eskalation der ökologischen Auswirkungen des Kapitalismus nahm ein Ausmaß an, das für die frühen Handelskapitalisten von Aden und Florenz (die aus unserer heutigen Perspektive sehr altmodisch wirken), die Plantagenbesitzer von Barbados und sogar die Webstuhleigner von Manchester unvorstellbar gewesen wäre. Kein Wunder, dass Geologen nun darüber zu diskutieren begannen, ob die Erde in ein neues geologisches Zeitalter eingetreten sei, das einige Wissenschaftler als «Kapitalozän» bezeichneten.[219]

Die Grenzen der Kommodifizierung drangen auch tiefer in die Gesellschaft ein. Die menschlichen Beziehungen wurden in Konzeption und Struktur einer Marktlogik unterworfen, was die Politikwissenschaftlerin Wendy Brown als die Erschaffung des «Homo oeconomicus» bezeichnete.[220] Ältere Wirtschaftstheorien hatten bestimmte Lebensbereiche wie Religion, Familie und Gemeinschaft noch außerhalb ökonomischer Gesetze angesiedelt. Im Neoliberalismus wurden die Individuen jedoch zur Verkörperung des sogenannten «Humankapitals».[221] Menschen wurden als «Investitionsgüter» betrachtet und sahen sich nun auch selbst so; sie bemühten sich, ihre Position auf dem Markt zu verbessern.

Sogar das Stilisieren der eigenen Person zu einer Marke wurde zu einem Trend, und Bücher wie *How to Brand Yourself* und *Find a Husband After 35: Using What I Learned at Harvard Business School* tauchten in den Regalen der Buchhandlungen auf. Im Gegensatz zu der Vorstellung aller religiösen und philosophischen Traditionen der Welt, dass Menschen einen Wert an sich haben, gab es nun radikale Ideologen, die Menschen in erster Linie aufgrund ihres Marktwertes schätzten. Selbst das Konzept der «Freiheit» verlagerte sich vom politischen ins wirtschaftliche Leben.[222] Karl Polanyi hatte bezeichnenderweise bereits in den 1940er Jahren die wahrhaft radikale Tragweite dieser Veränderung erkannt, als er feststellte, die Dominanz von Marktmechanismen bedeute «nicht weniger, als daß die Grundlagen der Zivilisation [...] letzten Endes alle von einer gemeinsamen Matrix, dem selbstregulierenden Markt, bestimmt» würden, was er als ein Projekt betrachtete, dem man sich widersetzen müsse.[223]

Auch der Staat wurde zunehmend nach der Logik der Märkte konzipiert und musste sich nach dieser ausrichten, nicht nur in Bezug auf seine militärische Stärke, sondern auch hinsichtlich seiner Fähigkeit, mobiles Kapital anzuziehen. In den 1990er Jahren wurde in Deutschland eine Debatte darüber geführt, ob das Land noch ein attraktiver «Standort» für globale Investoren sei und, falls nicht, wie es wieder zu einem solchen gemacht werden könne. Subnationale Räume – Regionen – beteiligten sich ebenfalls an derartigen Wettbewerben und vermarkteten sich gegenüber Kapitaleignern, um Investoren nach Massachusetts oder in den französischen Grand Est zu locken. Indien verfolgte eine derartige Standortpolitik mit seiner Kampagne namens «India Shining», die den neu gewonnenen Wohlstand und die neu entstandene Mittelschicht des Landes feierte, mit dem Ideal einer «Investorenbürgerschaft, die sich an der Sprache und Logik von Gewinn und Verlust orientiert»; globalen Kapitaleignern präsentierte sich das Land als attraktive Örtlichkeit für Investitionen und Rohstoffabbau.[224]

Wenn die Nation zu einer Marke gemacht und der Einzelne auf Humankapital reduziert werden konnte, entging fast nichts der Kommodifizierung. Sogar die menschliche Fortpflanzung – Eizellen, Sperma, Gebärmütter – war gegen Bezahlung erhältlich; «Babys zu kaufen» war nun möglich.[225] Auch das Dating konnte von großen Unternehmen der Warenlogik unterworfen

Die neoliberale Utopie: die «India Shining»-Kampagne der Bharatiya-Janata-Partei, 2003.

werden, indem neue Websites wie Match.com das Kennenlernen von Menschen mit kommerziellen Transaktionen verbanden. Man konnte Liebe finden, aber sie hatte ihren Preis. Selbst die lang ersehnte Möglichkeit, den Tod zu besiegen, wurde zu einem Geschäft. Da immer mehr Bereiche des Lebens zu Waren wurden, dominierte die Logik der Waren das Leben, auch in Bezug auf Liebe und Sex. Die «Formen romantischer Beziehungen» hatten tatsächlich schon immer bestimmte Momente in der Geschichte des Kapitalismus widergespiegelt, wobei die jüngste Phase von Flexibilität und Fluidität geprägt war – was als «Verkuppelungskultur» bezeichnet wurde, eine perfekte Ergänzung zum neoliberalen Zeitalter. Auch die Pflegearbeit, sowohl für Kinder als auch für ältere Menschen, und die Bildung wurden zunehmend kommodifiziert.[226]

Aus der Perspektive des Jahres 2019 konnte Branko Milanovic, ehemaliger Chefökonom der Weltbank, ein Buch mit dem provokanten und leicht übertriebenen Titel *Capitalism, Alone* veröffentlichen, in dem er behauptete, dass «die gesamte Welt heute nach denselben wirtschaftlichen Prinzipien funktioniert». Es handelte sich, wie er zu Recht feststellte, um eine Situation «ohne historischen Präzedenzfall». «Die Vorherrschaft des Kapitalismus [...] scheint absolut zu sein.»[227]

Die neu errichtete Weltordnung sah sich jedoch, wie stets in der Geschichte des Kapitalismus, mit einer Vielzahl von Aufständen konfrontiert. Den Zeitgenossen erschienen diese Widerstände oft als rein lokal begrenzt, zum Scheitern verurteilt wie der Kampf eines Don Quijote. Sie hatten etwas von David gegen Goliath, waren eher spektakulär als historisch bedeutsam. Letztendlich konnten sie aber die neoliberale Ordnung in die Knie zwingen, wenngleich noch nicht endgültig besiegen.

In vielen verschiedenen Teilen der Welt kam es zu Aufruhr, der unterschiedlichste Formen annahm. In Beirut suchten Jugendliche nach alternativen Treffpunkten, nachdem städtische Räume abgesperrt worden waren, und mobilisierten sich sogar, um die zuvor von ihnen genutzten Plätze zu schützen, indem sie Autos auf Parkplätzen attackierten, die einst ihre Fußballplätze gewesen waren. In Südafrika protestierten landlose Arbeiter gegen Einhegungen von Land, während Bewegungen gegen Privatisierungen versuchten, den Zugang zu Strom aufrechtzuerhalten. China wurde von Arbeitsunruhen erschüttert. Im Jahr 2005 wurden in offiziellen Berichten 87 000 «Massenvorfälle» verzeichnet, viele davon arbeitsbezogen. 1999 kam es zu Streiks von Bergarbeitern der Provinz Hebei und 2001 von Chemiewerkern der Stadt Nanjing. Im selben Jahr forderten Zuckerarbeiter Lohnnachzahlungen, 2002 protestierten etwa 50 000 Arbeiter auf dem Ölfeld von Daquing. Im südmexikanischen Bundesstaat Chiapas rebellierte Mitte der 1990er Jahre eine Bewegung indigener Völker, die sich Ejército Zapatista de Liberación Nacional nannte, gegen neoliberale Reformen und forderte «Land und Demokratie».[228] Afrikaner wehrten sich gegen Landraub, beispielsweise durch den Kampf gegen die Enteignung des Ejeme-Landes in der Delta-Region Nigerias. Zwischen 1987 und 1989 führten studentische Aktivisten in Nigeria städtische Unruhen gegen Strukturanpassungen und die Streichung staatlicher Subventionen an.[229] In Frankreich engagierte sich im Winter 1995 eine Streikwelle erfolgreich gegen geplante Reformen des französischen Sozialstaats. Anlässlich bedeutender Veranstaltungen der neoliberalen Revolution, wie den Treffen der Welthandelsorganisation in Seattle und Genua oder den Zusammenkünften des Weltwirtschaftsforums in Davos, gab es immer wieder Proteste. Gegner der neuen Ordnung trafen sich regelmäßig im Rahmen des sogenannten Weltsozialforums, zunächst in Porto Alegre, dann unter anderem in Mumbai und Nairobi. Im Jahr 2011 wurde die USA von sozialen Unruhen erschüttert, als eine Bewegung namens Occupy Wall Street einen Park im Finanzzentrum von New York besetzte.

Proteste gegen den Neoliberalismus: London, 2008 (o. l.), Dakar im Senegal, 2011 (o. r.), Orléans, 2009 (u. l.), und La Garrucha in Mexiko, 2007 (u. r.).

Auch von rechts kam Widerstand. In vielen Teilen der Welt entstanden ethnonationalistische und populistische Bewegungen, die eine grundlegende Kritik an der neoliberalen Ordnung äußerten. Als die polnische Landwirtschaft durch die Integration in die europäischen Märkte in Turbulenzen geriet und die Landwirte unter freiem Handel, höheren Zinsen, der Konkurrenz durch Produzenten aus anderen Ländern und mangelnder politischer Vertretung litten, gründeten sie die Samoobrona-Bewegung, die ab 1991 staatliche Unterstützung für hoch verschuldete Bauern forderte und militant gegen die politischen und wirtschaftlichen Eliten agitierte. Wie anderswo auch, floss die Energie der polnischen Bewegungen gegen den Neoliberalismus in rechtspopulistische Kräfte. Die Gegenreaktion führte in vielen Teilen der Welt zum Aufstieg neuer rechter Gruppierungen, darunter die Tea Party in den Vereinigten Staaten, der Front National in Frankreich, die Freiheitliche Partei Österreichs, die AfD in Deutschland und die Lega Nord in Italien. Diese Bewegungen wiesen viele beunruhigende Merkmale auf (wie beispielsweise die Entstehung des Front National aus ehemaligen Mitgliedern der Waffen-SS und die Hinwendung der AfD zu völkischen Ideologien, wie man sie zuletzt während des Nazi-Regimes erlebt hatte), doch eine Besonderheit war, dass ihre Kritik am Neoliberalismus sehr pointiert und sicherlich weitaus hellsichtiger war als die einer identitären Linken. Nicht alle diese politischen Kräfte brachen vollständig mit dem Neoliberalismus – einige verpackten ihn lediglich neu, indem sie die kulturell konservativen, rassistischen und ethnonationalistischen Tendenzen in den Vordergrund rückten, die schon immer Teil der neoliberalen Bewegung gewesen waren. Aber die tiefe Unzufriedenheit mit der tatsächlich bestehenden neoliberalen Ordnung, wie sie in den vorangegangenen drei Jahrzehnten aufgebaut worden war, trieb die meisten dieser neuen Bewegungen an, die sich nach einem ausgrenzenden Nationalismus sehnten.[230]

Dann kam das Jahr 2008, in dem das weltweite Finanzsystem fast kollabierte. Die schlimmste Wirtschaftskrise seit der Großen Depression begann mit dem Zusammenbruch des US-Immobilienmarktes. Jahrelang hatten Finanzinstitute in diesem boomenden Markt spekuliert; als die Preise rapide stiegen (zwischen 1996 und 2006 fast um das Doppelte), finanzierten sie Hypotheken für Millionen von Amerikanern, die nicht in der Lage waren, die Kosten zu tragen. Als die Preise in die Höhe schossen, entschieden sich Amerikaner, die nur über wenig (oder gar kein) Kapital verfügten, für Investitionen in den Immobilienmarkt. Sie nutzten die niedrigen Zinsen, darunter auch sogenannte Lockvogelzinsen, und gingen davon aus, dass der Wertanstieg der betroffenen Vermögenswerte ihnen letztendlich eine Refinanzierung ihrer Hypotheken ermöglichen würde. Allein im Jahr 2003 vergaben US-Institute Hypotheken in Höhe von insgesamt 3,8 Billionen US-Dollar. Einen Großteil dieses Kapitals stellten sie über ein neu entwickeltes Instrument zur Verfügung: hypothekarisch gesicherte Wertpapiere, mit denen sie Hypotheken verbriefen und dann in Tranchen weltweit weiterverkaufen konnten – so konnte beispielsweise ein Rentner in Deutschland Teile des sogenannten Subprime-Immobilienmarktes in den USA erwerben. Für viele der zugrunde liegenden Hypotheken gab es keine realistische Chance, dass sie jemals zurückgezahlt werden würden. Bis 2007 wurden solche Wertpapiere im Wert von 1,3 Billionen Dollar ausgegeben. Die Expansion dieses unsicheren Geschäfts war laut Adam Tooze, dem führenden Chronisten der Krise, «spektakulär, um nicht zu sagen grotesk».[231] Ein Autor von *Bloomberg* bemerkte rückblickend, es habe sich um «eine Art von Ponzi-System» gehandelt.[232] Im Jahr 2005 waren zwei Drittel der hypothekenbesicherten Wertpapiere der renommierten US-Investmentbank Lehman Brothers, solche Subprime-Hypotheken.[233]

Finanzinstitute kauften diese Wertpapiere, weil das Kapital auf der Suche nach vermeintlich sicheren Anlagemöglichkeiten war. Als jedoch 2006 die Immobilienpreise in den USA zu sinken begannen, brach das gesamte Kartenhaus zusammen. Die Banken hatten Hunderte von Milliarden Dollar an solchen hypothekenbesicherten Wertpapieren in ihren Büchern stehen.

Manchmal hatten sie den Erwerb dieser Hypotheken mit sogenannten Rückkaufvereinbarungen (Repos) finanziert, bei denen sie die Wertpapiere für einen bestimmten Zeitraum verkauften und sich verpflichteten, sie zu einem festgelegten Preis in der Zukunft zurückzukaufen. Durch den immer schnelleren Wertverlust der zugrunde liegenden Vermögenswerte – Häuser in den Vereinigten Staaten – kollabierte dieses System, und die Banken mussten enorme Verluste hinnehmen. Innerhalb kürzester Zeit brach der gesamte US-Hypothekenmarkt zusammen und mit ihm die Finanzen von Millionen von Privathaushalten. Große Bankinstitute gingen in Konkurs, ebenso wie eine Vielzahl von kreditabhängigen Unternehmen und schließlich ganze Länder. Ein Banker erinnerte sich: «Das war etwas, was keiner von uns je erlebt hatte. Es war, als hätte man sein ganzes Leben lang den Wasserhahn aufgedreht und dann kam immer Wasser heraus. Und nun kam plötzlich kein Wasser mehr.»[234] Neun Millionen Amerikaner verloren ihr Zuhause und acht Millionen ihren Arbeitsplatz.[235]

Die Auswirkungen waren schnell weltweit zu spüren und zeugten von der Dichte der Verflechtungen, die durch den finanzialisierten Kapitalismus der neoliberalen Ordnung entstanden waren. US-Immobilien machten etwa 20 Prozent der weltweiten Vermögenswerte aus, sodass die Abwärtsspirale dieses Sektors globale Folgen hatte. Als die Kreditmärkte einbrachen, gingen Unternehmen und Haushalte in Konkurs. Die deutschen Exporte sanken 2008–2009 um 18 Prozent, was diese Krise zur schwersten Wirtschaftskrise seit der Gründung der Bundesrepublik Deutschland machte. Der Präsident des japanischen Automobilherstellers Toyota erklärte: «Der Umbruch in der Weltwirtschaft ist von einer Größenordnung, wie sie nur einmal in hundert Jahren vorkommt. [...] Wir stehen vor einer beispiellosen Notlage.»[236] Chile – das Land, das solch eine wichtige Vorreiterrolle in der neoliberalen Revolution gespielt hatte – wurde von der Krise ebenso plötzlich und hart getroffen. Aufgrund der weltweiten Konjunkturabschwächung sank die Nachfrage nach Chiles wichtigstem Exportgut, Kupfer, und dessen Preis brach ein. Die Konsequenzen betrafen Chiles gesamte Wirtschaft: Die Investitionen gingen ebenso zurück wie die Exporte und Importe, und die Arbeitslosigkeit stieg rapide an. Im Jahr 2009 erhielten etwa ein Viertel der chilenischen Arbeitnehmer, 1 516 325 Frauen und Männer, ihre Kündigung. Am Ende des Jahrzehnts verdiente die Hälfte aller chilenischen Arbeitnehmer in regulären Beschäftigungsverhältnissen weniger als das Existenzminimum für Familien. Als Lilian Gallardo, Gewerkschaftsführerin bei der Kaufhauskette Almacenes París, während einer Protestkundgebung von 12 000 Arbeitnehmern in Santiago de Chile von einem Journalisten interviewt wurde, brachte sie eine weitverbreitete Stimmung zum Ausdruck: Sie habe «das schändliche Verhalten der Unternehmer satt, die sich hinter der Krise verstecken und massenhaft Entlassungen vornehmen».[237]

Weltweit unternahmen Regierungen aus Furcht vor einer Wiederholung der Weltwirtschaftskrise der 1930er Jahre enorme Anstrengungen, um mit hohen Summen aus Steuergeldern insolvente Unternehmen zu retten. Einer Schätzung zufolge gaben China, Japan, Deutschland und die USA insgesamt 1,45 Billionen Dollar zur Stützung ihrer Volkswirtschaften aus, was einmal mehr bestätigte, dass die Voraussetzung für das Überleben des Kapitalismus eine immer stärkere Einmischung des Staates war.[238] Trotz aller lautstarken Bekundungen neoliberaler Ideologen blieb der Kapitalismus eine zutiefst etatistische Wirtschaftsordnung. Und die Billionen an staatlichen Geldern konnten diese Ordnung tatsächlich wieder stabilisieren. Doch die Große Rezession, wie sie bald genannt wurde, hatte die Legitimität des Kapitalismus und insbesondere des Neoliberalismus in den Augen vieler Millionen Menschen erheblich erschüttert.

EPILOG

Die Möglichkeiten einer Insel und die Zukunft des Kapitalismus

Das Kapital setzt sich ab: die Kanalinsel Brecqhou.

Früher Morgen auf den schwach beleuchteten Straßen am Stadtrand der kambodschanischen Hauptstadt Phnom Penh. Frauen in bunten Uniformen, in den Fabriken vorgeschrieben, fahren in Motorrikschas durch die staubigen Straßen. Motorräder ziehen notdürftig zusammengeflickte Anhänger voller Menschen. Sie kommen neben Lastwagen zum Stehen, auf deren Ladeflächen jeweils Dutzende Arbeiterinnen oder Arbeiter eng zusammengepfercht sind. Zwei Frauen kaufen bei Straßenhändlern ein günstiges Mittagessen – gebratenes Gemüse, Banane und Bohnen mit Klebreis oder gegrillte Kokosküchlein –, bevor sie durch die bewachten Tore der Fabrik eilen, wo sie den ganzen Tag über Nähmaschinen gebeugt sitzen und bergeweise Kleidungsstücke zusammennähen, die den reichen Teil der Welt überschwemmen. Um Punkt 7 Uhr werden die Fabriktore geschlossen. Wer zu spät kommt, muss Strafe zahlen.[1]

Kambodscha ist ein kleines Land mit etwa 17 Millionen Einwohnern. Die geringe Zahl älterer Menschen – in den frühen 2020er Jahren waren nur 3,8 Prozent der Bevölkerung älter als 60 Jahre –, die Gedenkstätten an den Killing Fields und die Albträume vieler Kambodschaner zeugen von den Schrecken in der Geschichte des Landes. Als das Terrorregime der Roten Khmer im Jahr 1979 ein Ende fand, war ein Fünftel der Einwohner getötet worden. Obwohl noch immer eines der ärmsten Ländern der Erde, änderte sich Kambodscha mit schwindelerregendem Tempo, als die kapitalistische Revolution das Land erreichte. Eine Million Menschen, darunter jede fünfte Frau, nahmen eine Arbeit in der Textilindustrie auf, deren Ausstoß sich innerhalb von 20 Jahren verelffachte. Die größten Textilmarken profitieren von den billigen Arbeitskräften Kambodschas, darunter Adidas, Nike und H&M.[2] Dieses außergewöhnliche Wachstum wurde ermöglicht durch eine rasante Proletarisierung: Vor weniger als einer Generation lebten die Frauen, die heute Kleidung nähen, mit ihren Großfamilien auf dem Land, bauten Reis an, ernteten Mangos und hielten Hühner.

Eine von ihnen ist Srey Mau. Im Jahr 2023 war sie 38 Jahre alt und lebte in einem kleinen Dorf etwa 100 Kilometer südöstlich von Phnom Penh, nahe der Grenze zu Vietnam. Die traditionelle Tauschwirtschaft, die zu Lebzeiten ihrer Eltern noch das Leben auf dem Land bestimmt hatte, war zusammengebrochen, sodass ein Auskommen in den ländlichen Gebieten immer schwieriger wurde. Wie die meisten Dorfbewohner ging auch Srey Maus Familie neben dem Reis- und Gemüseanbau weiterer Arbeit nach, und plötzlich war ihr Leben mit weit entfernten Orten verbunden. Sreys ältere Schwester wan-

Berufsverkehr: kambodschanische Textilarbeiterinnen auf dem Weg zur Schicht, Phnom Penh, Februar 2023.

derte nach Südkorea aus, und mit 25 Jahren verließ auch Srey die Reisfelder. Eine Freundin hatte sie für eine Textilfabrik in Phnom Penh angeworben. Dort arbeitete sie nur kurz, bevor sie nach Thailand zog und dort in Supermärkten putzte. Mit einem Großteil ihres Verdienstes zahlte sie die Schulden bei der Arbeitsagentur zurück, die ihre Reise ins Ausland finanziert hatte. Von Heimweh geplagt, kehrte sie schließlich in ihr Dorf zurück. Inzwischen war dort eine Fabrik gebaut worden, ein unscheinbares Betongebäude. Mittels Plakatwänden wurden Arbeiter angeworben. Statt Arbeitskräfte in die Städte zu ziehen, war diese Fabrik zu den Arbeitskräften aufs Land gezogen. Srey verdiente in der Fabrik 175 US-Dollar im Monat für einen Achtstundentag, sechs-, manchmal siebenmal die Woche, an dem sie Kleidung für ihren chinesischen Arbeitgeber nähte. Eine brandneue, von China gebaute Straße verbindet die ehemals abgelegene Reisanbauregion mit der Hauptstadt und führt vor allem auch nach Vietnam und von dort weiter nach China. Je nach Auftragslage machte Srey manchmal Überstunden, mal wurde sie freigestellt. Manchmal bekämen sie keinen Lohn, erzählt sie. Es sei «zu einfach, wie Müll weggeworfen zu werden», so fasst Srey ein Leben zusammen, das noch vor einer Generation außergewöhnlich, ja unvorstellbar gewesen wäre und das heute für die Menschen in ihrem Dorf zur Norm geworden ist.[3]

Wie so oft in der Geschichte des Kapitalismus hatten Landbewohner in einer Krise versucht, zusätzlich Geld zu verdienen, das sie nach Hause ins Dorf schicken konnten, wo ihre Familien immer noch lebten, oder sie waren gleich für immer in die sich ausbreitenden Slums der Hauptstadt gezogen. Lohnarbeit wurde wichtig für das wirtschaftliche Auskommen von Familien, die auf dem Land blieben. Wenn sie sich entschlossen, für weit entfernte Märkte zu produzieren, brauchten sie Dünger, Pestizide, neues Saatgut und Erntemaschinen. All das kostete ebenso Geld wie die Zinsen für die Kredite, die sie aufnahmen, um all dies zu bezahlen.[4] Ohne das Geld, das andere Familienmitglieder schickten, konnten die Bauern ihr Land jederzeit verlieren.

Die Arbeit in den Fabriken ist, nicht anders als früher, oft hart, Vorgesetzte und Arbeitgeber misshandeln Arbeiter und kürzen ihre Löhne, wenn sie Fehler machen. Schwangere können entlassen werden. Und die Löhne sind konkurrenzlos niedrig: Im Jahr 2023 galt in Kambodscha ein gesetzlicher Mindestlohn von 200 US-Dollar pro Monat. Die Arbeiter geben so wenig wie möglich davon aus, teilen sich oft ein fensterloses Zimmer, in dem drei bis acht Menschen schlafen. Die Miete liegt zwischen 30 und 50 Dollar pro Person und Monat.[5] Die Kinder der Arbeiter bleiben meist auf dem Land bei den Großeltern, wo die Eltern sie nur an Feiertagen besuchen können.

Die Arbeiter haben bereits Versuche unternommen, sich zu organisieren, um ihre Lebens- und Arbeitsbedingungen zu verbessern: Eine Streikwelle im Jahr 2013 erschütterte die Industrie, erreichte aber gegen den Widerstand von Arbeitgebern und Regierung nur wenig. Die kambodschanische Regierung weiß genau, dass die billigen Arbeitskräfte für den Weltmarkt der große Wettbewerbsvorteil des Landes sind. Ein US-amerikanischer Beobachter der Arbeitssituation vor Ort schreibt, das Land praktiziere eine Form von «autoritärem Kapitalismus», in dem Oppositionsparteien verboten sind und eine freie Presse unterdrückt wird.[6]

In den Nullerjahren gehörte Kambodscha zu den neuesten Hotspots der kapitalistischen Revolution und galt als kapitalistisches Wunderland. Der Kapitalismus zog erst spät in Kambodscha ein. Bis weit ins 20. Jahrhundert hatten die Kambodschaner fast ausschließlich Tauschhandel betrieben, die kapitalistische Logik spielte im Wirtschaftsleben nur eine kleine Nebenrolle.[7] Erst im 21. Jahrhundert brandete diese Logik mit voller Wucht an die Ufer des Mekong und führte zu Transformationen, die anderswo Jahrhunderte gedauert hatten. Der Kapitalismus nahm Fahrt auf, Industriekomplexe und Städte schossen in wenigen Jahren wie Pilze aus dem Boden; eine Infrastruktur, die sonst über Jahrzehnte hinweg aufgebaut wurde, entstand fast über Nacht, und innerhalb knapp einer Generation wurde das Leben der Menschen auf den Kopf gestellt. Wie lebendig der Kapitalismus ist, zeigt sich dort, wo er heute weiter vorrückt, an seinen Fronten wie in Kambodscha.

Kampong Saom im Süden des Landes, auch als Sihanoukville bekannt, mit seinen Hochhäusern, glänzenden Einkaufszentren, Kasinos und brandneuen Prachtstraßen ist ein Musterbeispiel für diese wahnwitzige Transformation. Vor der Jahrtausendwende stand im Lonely-Planet-Reiseführer *Southeast Asia on a Shoestring* nur: «Die Strände nahe der Stadt sind fantastisch.»[8] Damals lebten vielleicht 16 000 Menschen in Holzhäusern an der von Palmen gesäumten Küste. Manche arbeiteten im Hafen. Die meisten waren Fischer. Weiter landeinwärts wurde Reis angebaut. Savmit Chea, der nach einer Odyssee als Kindersoldat in Pol Pots Armee, einem kurzen Aufenthalt in einem Waisenhaus und einem Studium im Ausland 1994 als Lehrer nach Kampong Saom gekommen war, erinnert sich, dass die Stadt «ruhig» gewesen war, mit ungepflasterten Straßen und dichtem Wald zwischen den Häusern. Die schönen Strände waren Arbeitsorte, vor allem für Fischer, und manchmal lagen ein paar Rucksacktouristen, die vor der kapitalistischen Revolution in den Kernländern der Industrie geflohen waren, dort in der Sonne.[9]

Weniger als eine Generation später leben 100 000 Kambodschaner und geschätzt 200 000 Chinesen in einer Stadt voller Rolls-Royces und Bentleys, in der klimatisierte Starbucks-Filialen in luxuriösen Apartmenthochhäusern

Kaffee verkaufen und Einkaufszentren begehrte westliche Marken feilbieten. Die Stadt ist zu einer Insel chinesischen Kapitals geworden. Über den stark erweiterten und modernisierten Containerhafen werden in Kambodscha hergestellte Waren und Rohstoffe in die weite Welt verschickt. Die Stadt ist von Sonderwirtschaftszonen umgeben. Doch das eigentliche Herz von Kampong Saom ist das Glücksspiel, die Bestlage für Kambodschas Kasinos, von denen es im ganzen Land mehr gibt als in Las Vegas und Macau zusammen.[10]

Die Stadt verwandelte sich rasend schnell. Erste Bauarbeiten begannen um das Jahr 2000, doch nach der Finanzkrise von 2008 stürzten sich internationale Investoren auf die Grundstücke. Nachdem 2015 das erste Kasino eröffnet worden war, explodierte die Bautätigkeit. Private Investoren und Anlagefonds erwarben, mit Unterstützung der autoritären Regierung Hun Sens, so viel Land, wie sie bekommen konnten. Grundstücke am Strand waren besonders begehrt und ganze Inseln wurden auf den Markt geworfen. Der russische Investor Alexander Trofimov kaufte die Insel Koh Puos, um dort eine Ferienanlage zu bauen, die bis heute nicht fertiggestellt ist. Doch das meiste Geld kam aus China. Die Grundstückspreise in Kampong Saom verzehnfachten sich zwischen 2014 und 2019 auf etwa 3000 US-Dollar pro Quadratmeter.[11]

Beim Ausbau herrschte Anarchie. Investoren übergingen Anwohner und schmierten Beamte, um Zugang zu Land und Baugenehmigungen zu erhalten. Strände wurden Privateigentum, obwohl nach kambodschanischem Gesetz alle Strände öffentlich sind. Fischer wurden in Waldgebiete im Inland zwangsumgesiedelt. Ein Dorf am Strand, in dem 229 Familien lebten, wurde im Jahr 2006 ausgelöscht. Die Polizei holte die Menschen aus ihren Häusern, die mit Bulldozern sofort niedergewalzt wurden, um Platz für ein Hotel zu schaffen.[12] Investoren ließen Mango-, Brotfrucht-, Papaya-, Jackfruit- und Kokosnussbäume systematisch roden, um die Anwohner ihrer Lebensgrundlage zu berauben. Savmit, der Augenzeuge dieser Transformation, erinnert sich, wie die «Reichen und Mächtigen den Armen das Land wegnahmen», die weder Grundbucheinträge vorweisen noch Bestechungsgelder zahlen konnten. «Immobilienentwickler zerstörten Wohngebäude und nahmen sich das Land, alles mit Unterstützung von Polizei und Armee. Die Armen gewinnen vor Gericht nie.»[13] Savmit sah, wie ganze Familien mit ihrem Hab und Gut auf dem Rücken ihr Land verließen – wieder einmal setzte sich der Prozess in Gang, der die kapitalistische Revolution vorangetrieben hat, seit in früheren Jahrhunderten die europäischen Bauern von ihren Feldern vertrieben und die indigenen Völker Amerikas enteignet wurden.

Doch der Boom endete in Kampong Saom ebenso plötzlich, wie er begon-

Die Front der Kommodifizierung erreicht die Strände: Kinder wohnen neben einer Müllkippe im kambodschanischen Kampong Saom (Sihanoukville), nachdem ihre Familien von ihrem Land am Meer vertrieben wurden, Juli 2018.

nen hatte: Im Jahr 2019 wurde das Online-Glücksspiel, eine der lukrativsten Branchen der Stadt, chinesischen Bürgern gesetzlich verboten. Während der Coronakrise blieben auch chinesische Glücksspieltouristen weg. Die Stadt wurde zu einem Zentrum des organisierten Verbrechens, des Schmuggels, der Geldwäsche und des Handels mit Menschen und Wildtieren, Online-Betrug zum neuen Wirtschaftszweig mit Tausenden schlecht (oder gar nicht) bezahlten Arbeitern. Der kambodschanische Regierungsvertreter Sok Phal sagte im Jahr 2023, dass 80 000 bis 100 000 Arbeiter zwangsweise für die Digitalindustrie schufteten, manche würden buchstäblich in Gefangenschaft gehalten. Der illegale Exporthandel mit Elfenbein und Hölzern für die chinesische Möbelindustrie sei ein weiterer neuer Geschäftsbereich. Doch trotz dieser Diversifizierung verschandeln heute tausend Bauruinen die Stadt – zumindest so lange, bis neue Unternehmen sie in Besitz nehmen.[14] Bereits im Jahr 2023 arbeitete man in Shenzhen an neuen Plänen, die Wirtschaftsentwicklung in Kampong Saom auf chinesische Investitionen in die Sonderwirtschaftszonen neu auszurichten, um «die Integration einer diversifizierten kambodschanisch-chinesischen Produktionskapazität zu erhöhen».[15]

DOCH NICHT nur Glücksspiel, Strandtourismus und Textilproduktion raubten den kambodschanischen Arbeitern die Kräfte und verschlangen ihr Land. Im Jahr 2008 beschrieben Reporter von *The Guardian* in dem Artikel «Country for Sale» («Land zu verkaufen»): «Fast die Hälfte Kambodschas wurde in den vergangenen 18 Monaten an ausländische Spekulanten verkauft.»[16] Im Jahr 2020 hatte ein Fünftel der Kambodschaner im ländlichen Raum den

Zugang zu Land verloren.[17] Die Übernahme Kambodschas durch das globale Kapital war ein wirtschaftlicher Blitzkrieg.

Die Front des Kapitals ist überall sichtbar: Auf der brandneuen Autobahn zwischen Phnom Penh und Kampong Saom kommt man über viele Kilometer an dicht bepflanzten Kautschuk-, Mango- und Ölpalmenplantagen vorbei. In der südwestlichen Provinz Koh Kong hat sich der Wirtschaftsmagnat Ly Yong Phat mit einem taiwanesischen Unternehmen zusammengetan, dem Landraub und Menschenrechtsverletzungen beim Bau von Zuckerplantagen vorgeworfen werden. In Kampot und anderswo breiten sich Pfefferplantagen aus. Die multinationale thailändische Charoen Pokphand Foods Company Limited (CPF) ergriff im Jahr 1996 die Gelegenheit für eine kambodschanische Hühner- und Schweineindustrie, verkaufte dortigen Bauern Futtermittel und betrieb Contract Farming. Im Jahr 2000 stieg das Unternehmen ins Lebensmittelgeschäft ein und 2020 in den Einzelhandel. Mit 2300 Angestellten im Jahr 2023 wuchs es in den letzten Jahren um 15 Prozent jährlich. Im Tourismus – von den Stränden im Süden bis zu den Ruinen von Angkor Wat – verläuft eine weitere aktive Front der Kommodifizierung.[18]

Andernorts zeigt der Vorstoß des Kapitals ein noch viel düstereres Gesicht, zum Beispiel durch sexuelle Ausbeutung und den Export kambodschanischer Bürger. Zehntausende kambodschanische Frauen und Kinder, manche erst neun Jahre alt, werden nach Thailand und in andere Länder verschleppt, wo sie ihre Schulden als Sexsklaven abarbeiten müssen. Arme und wehrlose Familien auf dem Land ermutigen ihre Töchter dazu, bei den Anwerbern zu unterschreiben, damit sie Geld verdienen, das gebraucht wird, um die anderen Kinder zu ernähren. Doch wenn die Töchter zurückkehren, sind sie oft traumatisiert, einsam, mit HIV infiziert und werden in der Familie wie Ausgestoßene behandelt.[19]

Andere Familien verkaufen ihre Töchter in die Ehe: Chinesen zahlen bis zu 10 000 US-Dollar für eine kambodschanische Frau, wobei ein Großteil dieses Geldes an eine Agentur fließt, die Familie der Frau bekommt oft nur 500 Dollar. Auch als Leihmütter werden kambodschanische Frauen benutzt. Zwar wurde die Leihmutterschaft im Jahr 2016 gesetzlich verboten, doch erklären sich Frauen immer noch dazu bereit, um ihre Schulden abzuzahlen.[20]

An den Frontlinien des Imperiums des Kapitals waren Frauen schon immer besonders gefährdet, aber auch kambodschanische Männer werden in die Zwangsarbeit verkauft. Vermittler organisieren illegale Transporte von Arbeitern, vor allem nach Thailand, wo sie auf dem Bau, in der Produktion, in der Fischerei, in der Sexbranche oder als Hausangestellte arbeiten. Manchmal werden sie bezahlt, manchmal nicht. Yi Lim fährt heute eine Rikscha in Kampong Saom, doch vorher war er drei Jahre lang Zwangsarbeiter in Thailand. Ein Schleuser brachte ihn zu Fuß durch den Dschungel über die Grenze. In Bangkok arbeitete er auf ständig wechselnden Baustellen, schlief mit sechs bis acht Männern in einem Raum und verdiente 200 US-Dollar im Monat. Ohne Pass oder andere Papiere lebte er in ständiger Angst vor der Polizei.[21]

Und dann ist da noch das Geldgeschäft an sich. Kambodscha ist bei der Mikrofinanzierung führend in der Welt. Die Mikrofinanzierung wurde einst als Wundermittel gegen Unterentwicklung gepriesen – einer ihrer Hauptbefürworter, der Ökonom Muhammad Yunus aus Bangladesch, erhielt sogar den Nobelpreis dafür –, und die Mikrodarlehen versprachen, die unternehmerischen Energien marginalisierter Gruppen nutzbar zu machen. Stattdessen hatten sie dazu geführt, dass in den 2020er Jahren die Kambodschaner – gemessen an ihrem Einkommen – mit mutmaßlich durchschnittlich 5000 US-Dollar pro Kopf das am höchsten verschuldete Volk der Welt waren und sie in eine immer stärkere Abhängigkeit vom Markt gezwungen wurden. Im Jahr 2022 hatte jeder zweite Kambodschaner ein solches Darlehen aufgenommen. Ein Autor, der zur kambodschanischen Ziegelherstellung recherchierte, fand heraus, dass viele Arbeiter dort zwangsweise ihre Schulden abarbeiteten. Auch Bauern waren tief verschuldet und viele verloren deswegen ihr Land.[22] Doch der Präsident der Global Real Estate Association in Phnom Penh, Vichet Lor, findet, «die private Verschuldung hat auch positive Aspekte. Sie wird die wirtschaftlichen Aktivitäten und das Wirtschaftswachstum in Kambodscha vorantreiben, weil die Kreditnehmer mehr Geld verdienen oder mehr arbeiten müssen, um mit dem zusätzlichen Einkommen ihre steigenden Schulden zu finanzieren.»[23] Dieser Satz hätte auch von einem belgischen Kolonialbeamten in Kongo um 1900 oder einem britischen Bürokraten in Indien um 1830 stammen können.

Die Muster des kambodschanischen Arbeitsmarkts spiegeln die kapitalistische Expansion der Vergangenheit ebenso wider wie der Raubbau an der Natur. Die üppigen Regenwälder, die weite Teile Kambodschas noch im Jahr 1990 bedeckten, wurden gerodet, um die globalen Märkte zu befriedigen, aber oft auch einfach nur als Feuerholz für die Industrie, wo bis heute Holz verbrannt wird, um Stromkosten zu sparen. Das Resultat: Kambodscha wird so schnell entwaldet wie kein anderer Ort auf der Welt.[24]

Die kapitalistische Revolution in Kambodscha hat selbstverständlich auch enormen Wohlstand hervorgebracht, so stark konzentriert und ungleich verteilt er auch sein mag. Im 21. Jahrhundert vervierfachte sich das Bruttonationaleinkommen auf 1550 US-Dollar pro Person im Jahr 2023.

Eine paar wenige Kambodschaner wurden überaus reich und bilden eine aufstrebende neue Oligarchie mit engen Verbindungen zur regierenden Elite.[25] Der Reichtum der Oberschicht ist in Phnom Penh zu erkennen, wo Luxuswolkenkratzer ihre Schatten über die Stadt werfen, protzige Autos die gut gewarteten Straßen entlangfahren und zahlungskräftige Kundschaft sich in schicken Cafés und Restaurants amüsiert.

Diese kambodschanische Elite entwickelte sich aus einer Gruppe, mit der nicht unbedingt zu rechnen war: Warlords, die ihre unternehmerische Ader entdeckten, als sie nach dem Ende der Roten Khmer ins Schmuggelgeschäft einstiegen. Als Nächstes knüpften sie Verbindungen zu internationalen Hilfsorganisationen, die nach dem Ende des Bürgerkriegs ins Land strömten. Manche dieser Warlords stiegen innerhalb weniger Jahre aus bitterer Armut zu prunkvollem Reichtum auf. Sie bilden eine insgesamt winzige Elite, der nur etwa 500 Familien angehören, und Gewalt spielte bei ihrem Aufstieg eine so große Rolle, dass ein Beobachter die Gesellschaft, die sie erschufen, als «Raubtierkapitalismus» bezeichnet hat.[26] Die kambodschanische Autorin Sokunthea Hang schrieb über «die Widersprüche von Phnom Penh» als eine «urbane Zeugin» und berichtete: «Wenn Freunde aus Europa zu Besuch kommen, muss ich ihr Erstaunen über die Ungleichheiten in der Stadt aushalten» – Ungleichheiten, die für sie zu einem Teil des normalen täglichen Lebens geworden sind.[27] Diese Eliten, so berichtet eine US-amerikanische Beobachterin, «leben in einer [gut bewachten] Blase».[28]

Die kambodschanische Transformation richtet sich allerdings nicht an den USA oder den einst mächtigen europäischen Zentren der kapitalistischen Revolution aus, sondern an China – einem Land, das nur 20 Jahre zuvor selbst um Investitionen in die Textilindustrie geworben hatte. Ein bemerkenswerter Wandel, der noch in den 1990er Jahren für die meisten Beobachter unvorstellbar gewesen wäre. Die enormen chinesischen Investitionen befeuerten zwei Drittel der Textilproduktion Kambodschas. Im Jahr 2017 befand sich die Hälfte aller Landkonzessionen in Kambodscha im Besitz chinesischer Unternehmen, und im Februar 2023 bekräftigten Treffen auf höchster Ebene in Beijing die «unzerstörbare eiserne Freundschaft» zwischen den beiden Ländern.[29]

Im 21. Jahrhundert war die kapitalistische Revolution nahezu überall angekommen und hatte fast alle Lebensbereiche beeinflusst. Expansiv und radikal ist sie bis heue die folgenreichste Revolution der Weltgeschichte. Und sie war auf extreme Weise global wie keine andere Revolution zuvor, nicht einmal jene, die sich Internationalismus auf die Fahnen geschrieben hatte. Arbeiter mögen «Die Internationale» gesungen haben, aber die Kapitaleigner praktizierten sie. Der Kapitalismus ist heute so erstaunlich und wortwörtlich global, dass wir endlich die Fehler in den Geschichten erkennen können, die seit 200 Jahren über ihn erzählt werden. Da er heute so global ist, kann man seine Vergangenheit unmöglich aus einer rein nationalen oder nordatlantischen Perspektive verstehen.

Doch trotz seiner überwältigenden Reichweite und seiner Allgegenwart ist der Kapitalismus weiterhin nur schwer zu erkennen. Seine Einheit – und Kapitalismus war schon immer eine Einheit – kann nicht von einem einzigen Ort aus erfahren werden, weil es den Anschein erwecken könnte, dass Akteure, Bedingungen und Ereignisse keinerlei Verbindung zu anderen Orten auf der Erde hätten. Vom Ufer des Zürcher Sees oder von den luxuriösen Residenzen in den Hamptons, in Singapur oder Mumbai scheint die Welt von Srey Mau und Yi Lim unfassbar weit entfernt zu sein. Touristen erleben in Shanghai eine geschäftige und wohlhabende Megametropole ohne eine erkennbare Verbindung zur bitteren Armut in Flint, Michigan. Die frische Luft im Schwarzwald lässt die Vorstellung, wie sich ein giftiger Dunst an einem Dezembermorgen über Delhi legt, absurd erscheinen. In den endlosen, von Gewalt durchdrungenen Favelas in Rio de Janeiro kann man sich nur schwer den Wohlstand vorstellen, den die jugendlichen Flaneure in Palo Alto ausstrahlen, oder auch die reichen Viertel Rios selbst. Sich zu fragen, wie solche Extreme auf einem einzigen Planeten existieren können, ist zur Floskel verkommen.

Aber so war es schon in der gesamten Geschichte des Kapitalismus, jeder Knoten im globalen kapitalistischen Netzwerk nährt einen anderen oder zehrt von ihm, und die diversen Verbindungen von stetig wechselnden Kombinationen aus Menschen und Orten erzeugen die enorme Dynamik der kapitalistischen Wirtschaftsentwicklung. Die Wohlhabenden (und die weniger Wohlhabenden) in wenigen Teilen der Welt profitieren von der schlecht bezahlten Arbeit anderer Menschen anderswo – und oft auch davon, dass die Orte, an denen diese Menschen geboren wurden, faktisch zerstört werden. Die europäischen, chinesischen und US-amerikanischen Leserinnen und Leser dieses Buches hängen die physischen und mentalen Kräfte von Srey Mau in ihre Kleiderschränke. Die Zerstörung des brasilianischen Regenwalds stützt den Rentenfonds jener Menschen – mich eingeschlossen –, die das Glück haben, einen zu besitzen.

Die Dynamik des Kapitalismus besteht weiter, doch es gilt, sorgfältig seine Geschichte zu erforschen, wenn man seine unterschiedlichen Erscheinungsformen verstehen will. Mehr noch: Seine Geschichte bestimmt unsere Gegenwart, indem die kapitalistische Revolution die Reichtümer, Institutionen, Kapazitäten und daraus folgende Ungleichheiten der früheren Jahrhunderte in der Gegenwart einsetzt. Er ist also nicht nur in dem Sinne historisch, dass er sich in die Vergangenheit erstreckt, sondern vor allem insofern, als er die Vergangenheit gegen die Herausforderungen in Gegenwart und Zukunft neu einsetzt. Einige wenige Europäer haben durch die auf Sklavenarbeit basierende Zuckerrevolution obszöne Reichtümer angehäuft, die Millionen Afrikaner und deren Nachkommen, die das Land bearbeiten mussten, gingen leer aus. Dieser Sachverhalt bestimmt die Ungleichheiten bis heute, drei Jahrhunderte später.[30] Ein naheliegendes Beispiel: Wie andere wohlhabende Institutionen verdankt die Universität Harvard einen Teil ihres Reichtums der Zwangsarbeit versklavter Menschen, und verwandelte den Reichtum in institutionelle Kapazitäten und Prestige, die weltumspannende Projekte wie dieses Buch ermöglichen. In weiten Teilen der Welt zeitigt die Zerstörung staatlicher Macht durch den Kolonialismus noch heute schädliche Wirkung. Für Menschen und ganze Nationen herrscht eine tiefgreifende Chancenungleichheit, die durch 500 Jahre divergente Entwicklung zwischen Ländern und Klassen entstand. Der Reichtum und die Macht, auch gewonnen aus früheren Verwüstungen und Enteignungen, haben sich in bestimmten Regionen der Welt bei bestimmten Gruppen von Menschen angesammelt. In der Gegenwart sind die Überbleibsel dieser Geschichte in Infrastrukturen und Institutionen getarnt, in modernen Gebäuden aus Marmor, Stahl und Glas.

Derartige Ungleichheiten treiben unsere Welt auch noch im Zeitalter der planetaren Vernetzung an. Manche davon sind gleich nebenan zu finden. Andere in weiter Ferne. Wo man geboren wird und wer die Eltern sind, bestimmt, wo in der Sozialstruktur des Imperiums des Kapitals man lebt. Ein Kind, das heute im US-Bundesstaat Massachusetts geboren wird, hat eine um zehn Jahre höhere Lebenserwartung als ein Neugeborenes in Mississippi. Bürgern der USA stehen ungleich bessere Möglichkeiten zur Verfügung als jemandem, der in Kambodscha geboren wird. In den vergangenen 500 Jahren hat der globale Wohlstand unglaublich zugenommen, dennoch beginnt fast jeder auf dieser Welt sein Leben, ohne irgendwelche Ressourcen von Vorfahren zu erben – und die Hälfte der Menschheit lebt am Existenzminimum.

Im Jahr 2016 brachte der Journalist Anis Shivani in der US-amerikanischen Zeitschrift *Salon* ein radikales Argument vor: Der Kapitalismus habe einen Punkt erreicht, an dem er womöglich «alle Bereiche des Daseins vollständig durchdrungen» habe. Wenn noch nicht jetzt, dann werde bald alles käuflich sein. Systemische Grenzen mögen es unmöglich machen, dass sich alles menschliche Leben einer kapitalistischen Logik unterwerfen lässt, dennoch hat Shivani recht mit seiner Einschätzung der kapitalistischen Durchdringung. Wie dieses Buch zeigt, hat kein imperialistisches oder totalitäres Unterfangen je so erfolgreich wie der Kapitalismus die kleinsten Winkel und Ecken des menschlichen Lebens erreicht. Keine Religion, keine Ideologie, keine Philosophie war je so allumfassend wie die ökonomische Logik des Kapitalismus. Der Theologieprofessor Harvey Cox traf den Nagel auf den Kopf, als er in *The Market as God* schrieb, die «Religion des Marktes» sei inzwischen allgegenwärtig.[31]

Auch im 21. Jahrhundert wird das Wirtschaftsleben weiter von dieser Energie und dessen imperialistischen Impuls angetrieben. Zum einen sind da die fast altertümlichen «Frontiers», jene Gebiete, in denen die geografische und physische Ausbreitung des Anbaus von Zucker, Soja, Tee, Kaffee und Ölpalmen vorangetrieben wird. Zum anderen werden Tiefseebergbau und der Abbau von Rohstoffen auf Himmelskörpern energisch vorangetrieben, durch die private Eigentumsrechte in die Ozeane der Welt und sogar ins All ausgedehnt werden.[32]

Die Kommodifizierung – wenn Dinge in Produkte umgewandelt werden, die auf Märkten verkauft und gekauft werden können – dringt darüber hinaus in weitere unerwartete Räume vor. Der Sport, zum Beispiel, wurde radikal kommodifiziert. Fußball ist inzwischen ein Multimilliarden-Euro-Geschäft, in dem alles käuflich ist – Spieler, Images, Vereine. Auch unsere Aufmerksamkeit ist zur Ware geworden: Soziale Medien locken uns auf ihre Seiten, um unsere Präferenzen zu verkaufen. Wissen über persönliche Daten, was wir mögen oder nicht mögen, wie wir die Welt sehen, werden ebenfalls ausgewertet und auf Märkten zum Kauf angeboten. Der Philosoph Achille Mbembe aus Kamerun sagt: «Der Kapitalismus ist die einzige Religion ohne Tabus.»[33] Sogar Aufzeichnungen unserer Gehirnwellen stehen kurz davor, zur Ware zu werden, weil Unternehmen hoffen, unsere Gedanken und Emotionen sichtbar und damit vermarktbar machen zu können.[34]

Im 17. Jahrhundert hatte William Petty bereits Land und Arbeitskraft als Kapital betrachtet – als Gewinn erzeugender Vermögenswert. Doch er hatte nicht geahnt, dass auch viele weitere Lebensbereiche derselben Logik unterworfen werden würden. Alles ist käuflich: Sie brauchen eine neue Niere? Schätzungen zufolge werden jedes Jahr 10 000 Nieren auf dem Schwarzmarkt verkauft. In Afghanistan, wo das Geschäft floriert, treiben meist Schulden die Menschen dazu, ihre Organe zu verkaufen. Der illegale Handel mit menschlichen Organen bringt geschätzt eine Milliarde US-Dollar im Jahr ein. Sie haben eine ungenutzte Kapitalanlage in Ihrer Einfahrt stehen? Fahren Sie doch für Uber. Freien Raum in Ihrem Haus? Vermieten Sie auf Airbnb. Sie sehnen sich nach menschlichem Kontakt? In Japan vermietet das Unternehmen Family Romance Partner, Kollegen, Eltern und sogar Kinder, die den Auftraggebern Gesellschaft leisten, oder hilft Auftraggebern, Freunden und Kollegen «ihre» sozialen Netzwerken zu präsentieren. Ganze Fake-Hochzeiten mit Fake-Braut, Fake-Bräutigam, Fake-Eltern und Fake-Gästen können heute arrangiert werden.[35]

Rosa Luxemburg hatte nur teilweise recht, als sie betonte, wie bedeutend die fortschreitende räumliche Expansion des Kapitalismus sei. Der Kapitalismus bezieht seine Energie nicht nur aus der räumlichen Ausdehnung, sondern dadurch, dass er sich immer tiefer in unsere Körper, Köpfe und unsere engsten sozialen Beziehungen bohrt – in unser Menschsein. Im Jahr 2015 warnte Papst Franziskus vor einer Welt, in der wir zu Avataren einer Logik werden, die wir selbst erschaffen haben, die sich aber von uns emanzipiert hat – Kapitalismus als eine Art künstliche Intelligenz, die aus dem Labor entkommen ist und uns nun beherrscht, gar unterworfen hat.[36]

Unsere ständige Interaktion auf Märkten und unser Bedürfnis, zu verkaufen und zu konsumieren, definieren uns immer stärker. Sogar unser Schlaf verkürzt sich. Schweizer schliefen im Jahr 2011 im Schnitt 40 Minuten weniger als im Jahr 1983. Sogar die Zeit selbst wird von der Logik des Marktes kolonisiert. Geschwindigkeit bestimmt Zirkulation und Akkumulation von Kapital. Mehr Bewegung gleich mehr Profit. Das marktorientierte Arbeiten kolonisiert alles Leben, Effizienz ist entscheidend. Ein «effizientes» Leben wird aufgewertet, weil es dem Markt dient. Und während sich unser Leben immer mehr beschleunigt, sehen wir uns auf neue Weise mit dem Markt konfrontiert: Laut *New York Times* waren 94 Prozent der Jobs, die in den USA zwischen 2008 und 2018 geschaffen wurden, «freiberuflich oder mit befristetem Vertrag», sodass Selbstvermarktung ausschlaggebend wurde.[37] Wer in der Gig Economy arbeitet, muss ständig für sich selbst werben, was viele «paranoid, nervös, selbstkritisch und wertend» macht.[38] Homo oeconomius drängt sich in den Vordergrund und reduziert unser Menschsein auf die Verkörperung einer ökonomischen Logik, die weder natürlich ist noch außerhalb der Geschichte steht, sondern eine revolutionäre Neuorientierung im menschlichen Dasein darstellt.[39]

Diese Neuorientierung wurde auch durch historisch einzigartige wirtschaftliche Wachstumsraten definiert, insbesondere seit dem Beginn des Industriezeitalters im frühen 19. Jahrhundert. Dieses Wachstum setzte sich bis ins neue Jahrtausend fort. Im Jahr 2023 produzierte die Welt Waren und Dienstleistungen im Wert von 166 Billionen US-Dollar. Das waren 60 Billionen US-Dollar mehr als im Jahr 2008. Die Produktionssteigerung hat einen höheren Wert als die gesamte Weltproduktion von 1990.[40] Wie immer war dieses erstaunliche Wachstum das Ergebnis mehrerer Faktoren: einer wachsenden Weltbevölkerung, höherer Entnahmen aus der Natur und eines größeren Abbaus von Gemeingut – Erde, Luft, Wasser – für den statistisch berücksichtigten Teil der Wirtschaft.

Doch entstand dieses Wachstum hauptsächlich durch höhere Produktivität. Millionen Menschen verlassen immer noch den ländlichen Raum und begeben sich in Wirtschaftssektoren, die pro Person mehr Wert produzieren. Gleichzeitig hat ein scheinbar unendlicher Strom an technischen Innovationen die menschliche Arbeitskraft immer produktiver gemacht, sodass pro Person mehr Wert pro Arbeitsstunde erzeugt wird als je zuvor. Immer komplexere Maschinen, häufig durch Mikrochips gesteuert, haben viel menschliche Arbeitskraft aus Herstellungsprozessen verdrängt. Der radikalste Schritt dieser Entwicklung sind Fabriken, die nicht beleuchtet werden müssen, weil die Roboter, die dort die Arbeit erledigen, kein Licht brauchen.[41] Für Klaus Schwab, den ehemaligen Vorsitzenden des Weltwirtschaftsforums, der die berühmten Jahrestreffen in Davos organisierte, ist dieser Technologiemix «über physikalische, digitale und biologische Bereiche hinweg [...] mit nichts zu vergleichen, das die Menschheit jemals erlebt hat».[42] Und doch gab es in der Geschichte des Kapitalismus immer technologische Veränderungen. Sie zeugen von der enormen menschlichen Kreativität und ermöglichen die Vision einer Welt, in der die Bedürfnisse der Menschen erfüllt werden, in der wir uns von Plackerei der Vergangenheit befreit haben und sich völlig neue Möglichkeiten für das menschliche Leben eröffnen.

Noch sind wir weit entfernt von diesen Möglichkeiten – bisher können die meisten von uns sie sich noch nicht einmal vorstellen. Das größte Paradox besteht darin, dass wir immer mehr mit immer weniger Arbeit produzieren können, dass die Früchte unserer Mühen und unserer Kreativität aber weiterhin erstaunlich ungleich verteilt bleiben, sodass vielen Menschen auf der Erde gar nichts bleibt. Im Jahr 2022 besaßen die 500 reichsten Menschen der Erde zusammen genauso viel wie die ärmste Hälfte der Menschheit, etwa vier

Milliarden Menschen. Die Credit Suisse hat im Jahr 2022 berechnet, dass 1,1 Prozent der Weltbevölkerung über 45,8 Prozent des Wohlstands verfügt, fast so viel wie die restlichen 98,9 Prozent der Menschen zusammen. Bei dieser «Winner-takes-all Economy» hat eine kleine Gruppe die Ressourcenströme in ihre eigenen Taschen umgeleitet und mittels ihres Reichtums die öffentliche Meinung und die Politik so beeinflusst, dass die Ströme noch verstärkt wurden. Da die Kapitalrendite das Wirtschaftswachstum übersteigt, verschärft sich die Ungleichheit.[43] Diese Entwicklung wird weiter gefördert durch das, was der Ökonom Branko Milanovic als «assortative Paarung» bezeichnet. Bei dieser Strategie, die sich in 500 Jahren Geschichte des Kapitalismus bewährt hat, heiraten die Reichen ihresgleichen und «erschaffen eine neue Aristokratie».[44] Diese Konzentration des Reichtums in einer kleinen Gesellschaftsschicht hat die Fortschritte beim Kampf gegen die Ungleichheit, die durch das Ende der Kolonialherrschaft und die «goldenen Jahre» des Kapitalismus erreicht worden waren, weitgehend zunichte gemacht. Das reichste eine Prozent in Indien verfügt 2024 über einen größeren Anteil am Nationaleinkommen, als das reichste eine Prozent (Inder und Briten) unter britischer Kolonialherrschaft je besessen hatte, nämlich 22,6 Prozent.[45]

So wie sich Reichtum in einem immer kleineren Teil der Gesellschaft konzentriert, verteilt sich auch die wirtschaftliche Macht auf immer weniger Firmen. Der Kapitalismus begünstigt die Monopolbildung, was nicht nur schlecht für Gesellschaft und Politik ist, sondern auch für die Märkte. Mit Blick auf das Europa der frühen Neuzeit definierte Fernand Braudel den Kapitalismus einst als «Antimarkt». Was intuitiv falsch wirken mag, wird am Ende dieses Buches aber sicherlich besser verständlich. Während es früher zahlreiche Einzelhändler gab – kleine Läden, die Obst, Schuhe oder Kleidung anboten –, haben heute riesige, oft globale Megaketten und Hyperonlinehändler, wie Jeff Bezos' Amazon oder Jack Mas Alibaba, den globalen virtuellen Einzelhandel kolonisiert und nahezu monopolisiert. Den globalen Getreidehandel wickeln nur fünf Firmen nahezu im Alleingang ab: ADM, Bunge, COFCO, Cargill und die Louis Dreyfus Company. Fast die Hälfte aller heute gehandelten Saaten wird von vier Firmen hergestellt: Syngenta, Bayer, BASF und Corteva. Riesige Investmentfirmen wie Vanguard, Fidelity und BlackRock bündeln erhebliche Investitionen in Unternehmen, die auf demselben Markt aktiv sind, und schaffen so Anreize, die den Wettbewerb hemmen. Derart hohe Konzentrationen sind in fast allen Branchen zu finden. Im Jahr 2020 entsprach der Börsenwert der 50 größten Konzerne der Welt 27,6 Prozent des globalen BIP. 1990 waren es nur 4,7 Prozent gewesen. Im Jahr 2023 war Apple erstmals mit mehr als drei Billionen US-Dollar bewertet worden, also mehr als das BIP aller Länder der Welt mit Ausnahme von China, Japan, Deutschland, Indien, Großbritannien und den USA.[46] Der Kapitalismus hat sich so weit von den ideellen Grundpfeilern entfernt, die Adam Smith einst formuliert hatte, dass er selbst ihn kaum mehr als solchen erkennen würde. Märkte mögen Ressourcen effizient verteilen, aber die kapitalistische Revolution hat diese Fähigkeit in schwindelerregendem Ausmaß untergraben.

Während die Oligarchen der Welt und ein paar wenige dominante Firmen sich die Ressourcen sicherten, gerieten Arbeiter, Landwirte und sogar manche Selbstständige unter enormen Druck. In den ehemals industriellen Kernländern wurde der Lebensstandard, den Arbeiter und Mittelklasse in einem Jahrhundert sozialer und politischer Bewegungen errungen hatten, immer schwieriger aufrechtzuerhalten. Die soziale Mobilität schrumpfte. «Die mittleren Löhne für US-Arbeiter stagnieren seit fast 50 Jahren», berichteten US-Ökonomen im Jahr 2019.[47] Menschen müssen immer mehr Arbeitsstunden, oft in mehreren Jobs, dafür aufwenden, ihren Lebensstandard zu erhalten.[48] Und der Wohlfahrtsstaat, der die Bürger vor den schlimmsten Verwerfungen schützte, geriet ins Visier von Kosten drückenden Magnaten, die in der geschwächten Macht der Arbeiter eine perfekte Gelegenheit sahen, das rückgängig zu machen, was die Arbeiterbewegung in den letzten 150 Jahren erkämpft hatte.

Ein Grund für die wachsende Ungleichheit war der dramatische Angriff auf die Arbeiterklasse der Welt in der neoliberalen Ära und darüber hinaus. Weltweit wurden Gewerkschaften, Kooperativen und Arbeiterparteien – die drei Säulen der Arbeiterbewegung, die sich seit der globalen Reorganisation des Kapitalismus aufgebaut hatte – geschwächt. Zwei niederländische Soziologen stellten in einer Bestandsaufnahme lapidar fest, die «Zeit der sozialen Emanzipation» sei zu Ende.[49] Hinzu kommt, dass die meisten neuen Arbeiter in der globalen Wirtschaft sich gar nicht organisieren: Im Jahr 2014 waren Schätzungen zufolge von weltweit insgesamt 2,9 Milliarden Arbeitern nur etwa 200 Millionen Mitglied einer Gewerkschaft. Der gewerkschaftliche Organisationsgrad lag also bestenfalls bei unbedeutenden 7 Prozent.[50]

Für diesen Niedergang gibt es verschiedene Gründe. Zunächst einmal stieg die Anzahl der Arbeiter weltweit, was den Wettbewerb der Arbeiter untereinander verschärfte und die Solidarität schwächte. Im Jahr 1991 gingen 44 Prozent der arbeitenden Weltbevölkerung einer Lohnarbeit nach; im Jahr 2019 waren es bereits 53 Prozent. Die größte Zunahme an Lohnarbeitern war in China zu beobachten, wo nach Schätzungen 400 Millionen Bauern allein zwischen 1992 und 2020 in die Arbeiterklasse wechselten.[51]

Hinzu kam der andauernde Druck durch die Automatisierung. «Menschen haben sich durch ihren hohen Preis selbst aus dem Markt katapultiert», schrieb ein Journalist.[52] Im Jahr 2016 schätzte die Weltbank, dass zwei Drittel aller Jobs in Ländern mit niedrigem oder mittlerem Einkommen in absehbarer Zeit verloren gehen könnten. Im Jahr 2019 prognostizierte ein Autor, dass in Kürze etwa ein Drittel aller menschlichen Arbeit von Robotern übernommen werde und auf lange Sicht etwa die Hälfte. Die Künstliche Intelligenz wird viele, die im Dienstleistungssektor arbeiten, überflüssig machen – zum Beispiel Call-Center-Mitarbeiter, Rechtsreferenten und Softwareingenieure.[53]

Durch den intensivierten Handel und die Migration wurde die weltweite Arbeiterklasse immer enger miteinander verbunden und in Konkurrenz zueinander gebracht, was ihre Möglichkeiten für einen effektiven Widerstand einschränkte. Anders als das Kapital hielt die Arbeiterbewegung an den Strukturen des späten 19. Jahrhunderts fest, die ihren Aufstieg in den ehemaligen industriellen Kernländern ermöglicht hatten, und war schlecht auf eine veränderte und sich weiter verändernde Welt vorbereitet. Durch den niedrigen Organisationsgrad und die enorme Konkurrenz hatten die Arbeiter in den industriellen Kernländern – von ein paar wenigen Inseln wie der Autoindustrie in Detroit oder der Metallindustrie in Baden-Württemberg abgese-

Ein kapitalistischer Traum wird wahr: Arbeitskräfte im Überfluss.

hen – zu kämpfen, um ihre hart erstrittenen Siege aus den goldenen Jahren zu erhalten. «Normale Arbeitsverhältnisse» – mit einer sicheren Vollzeitstelle bei einem Arbeitgeber und einem garantierten Einkommen, von dem man eine Familie ernähren kann, mit Zusatzleistungen und bestimmten Rechten – sind immer seltener üblich, auch in den wenigen Gebieten auf der Welt, wo sie einst Standard gewesen waren. Outsourcing, die Auslagerung von Arbeiten an Subunternehmer, und Selbstständigkeit ersetzten die Lohnarbeit und zwangen Arbeiter, «flexibel» zu werden. So wurden die Stabilität und die Sicherheit, die die Arbeit im goldenen Zeitalter gekennzeichnet hatten, untergraben. Sozialleistungen wurden eingeschränkt und das Leben in der Arbeiterklasse wurde unsicherer. Der Lebensstandard des privilegierteren Teils der globalen Arbeiterklasse war immer mehr auf die Überausbeutung der Arbeiter im Globalen Süden angewiesen, weil eine billige Produktion dort Arbeitern in den industriellen Kernländern trotz stagnierender Löhne weiterhin Konsum ermöglichte.[54] Wiederum wurden Schulden zum wichtigen Hebel, um den Druck auf Arbeiter zu erhöhen. Durch Studienkredite und Kredite für eine medizinische Behandlung landeten viele Angehörige der US-amerikanischen Arbeiter- und Mittelklasse in einem Teufelskreis, aus dem es kaum ein Entrinnen gibt.

Selbstverständlich erlebte die Arbeiterklasse im Globalen Süden nie etwas, das einem Arbeitsverhältnis, wie es in den industriellen Kernländern jahrzehntelang die Norm war, auch nur entfernt ähnelte. Wenn doch, dann gerieten auch sie nun in Gefahr: In Chile wurden die Bergarbeiter von der Lohnarbeit ins Subunternehmertum gezwungen. Im Jahr 2012 gab es dort mehr als 700 000 solcher ungesicherter Arbeitsverhältnisse. Im gesamten Globalen Süden war der Großteil der Arbeit unsicher, befristet und ungewiss und bildete einen riesigen informellen Sektor – und diese Arbeitsform breitete sich schließlich auch in den industriellen Kernländern aus. Eine solche Entwicklung bildete das genaue Gegenteil dessen, was die optimistischen Prognosen auf Basis der Modernisierungstheorie in den 1950er und 1960er Jahren verheißen hatten: Die Zukunft, die der «Rest der Welt» zu erwarten hätte, könne man sich beim Blick auf den «Westen» vorstellen.[55] Doch zeigt diese Entwicklung etwas, auf das ich im gesamten Buch hingewiesen habe: Die Geschichte des Kapitalismus wird oft an seinen Rändern gemacht, nicht in den Zentren.

SICH VERSCHÄRFENDE Ungleichheiten innerhalb der Gesellschaften und eine sich beschleunigende Proletarisierung kennzeichnen den Kapitalismus der Gegenwart. Während diese räumliche und soziale Expansion die Erde überrollt, saugt sie zusätzliche Energie aus umfangreichen Enteignungen. «In den Entwicklungsländern wurde in den vergangenen 10 Jahren großflächig Land aufgekauft», stellte ein Bericht des Oakland Institute von 2019 fest. «In den meisten Fällen kam es dabei zu Zwangsenteignungen, Menschenrechtsverletzungen auf breiter Front, Umweltzerstörung und erhöhter Lebensmittelunsicherheit, Existenzgrundlagen wurden vernichtet.»[56] In Ägypten wurden kleine Bauern gezwungen, den Reisanbau aufzugeben, um knappe Wasserressourcen zu schonen. Unterdessen leben die Eliten des Landes in neuen Städten mit Grünanlagen, die viel Wasser verbrauchen, und beziehen ihre Nahrungsmittel aus kapitalintensivem Anbau in der Wüste, der Wasser aus nicht erneuerbaren Grundwasserdepots nutzt. In Tansania mussten Massai-Hirten zusehen, wie ihr Land in Jagdgebiete für reiche Touristen umgewandelt wurde. Nach der Finanzkrise von 2008/09 investierten meine Arbeitgeberin, die Universität Harvard, und der Pensionsfonds TIAA, der meine Rücklagen fürs Alter verwaltet, in den brasilianischen Cerrado, um von Sojabohnen, Eukalyptus und Rindern zu profitieren, für deren Produktion großflächig Bäume gerodet und indigene Gemeinschaften von ihrem Land vertrieben wurden. Dieses neue erschaffene Hinterland wird mit Stacheldraht unterteilt, durch Kameras überwacht und von privaten Sicherheitsdiensten und Polizeikräften bewacht. Auch in den industriellen Kernländern wird enteignet: Kleine Ladenbesitzer verlieren ihre Geschäfte aufgrund des Wettbewerbs von Ketten und Online-Händlern, riesigen Anhäufungen von Kapital. Kleinbauern verlieren ihr Land. Eine besonders stark betroffene Gruppe in den USA sind die Afroamerikaner, die inzwischen geschätzte 90 Prozent des Farmlandes verloren haben, das sie im Jahr 1900 besessen hatten.[57]

Auch Strandgrundstücke geraten in den USA häufig ins Visier: Auf Sapelo Island im US-Bundesstaat Georgia machten steigende Grundsteuern, befeuert durch den Tourismus, es Schwarzen Landeignern unmöglich, ihr Land zu behalten. Und in Zukunft könnte es noch mehr Enteignungen geben. Die Weltbank schätzt, dass bis zu 65 Prozent des Landes weltweit immer noch von «Gemeinschaften nach altem Brauch» genutzt werden und damit potenziell für eine «Formalisierung von privatem Grundbesitz» zur Verfügung stehen, die sie vorantreibt, um Land zu einem Vermögenswert zu kommodifizieren, den man kaufen, verkaufen und als Sicherheit für ein Darlehen einsetzen kann.[58]

Nicht nur Land kann enteignet werden, auch geistiges Eigentum lässt sich vereinnahmen und ausschlachten. Die Agrarindustrie hat Patente auf Pflanzensamen angemeldet, die Indigene seit Jahrhunderten anbauen und ernten, und die Pharmaindustrie macht das Gleiche mit medizinischen Wirkstoffen, die schon lange in Gebrauch sind. Diese Enteignung des geistigen Eigentums indigener Völker wurde als «Biopiraterie» bezeichnet. Ein Beispiel ist der japanische Pharmariese Sankyo, der Patente auf Extrakte der Plao-noi-Pflanze angemeldet hat, die in Thailand vorkommt und mit der indigene Gemeinschaften dort seit Generationen Bauchschmerzen behandeln.[59]

Die Daten, die wir im täglichen Leben erzeugen, werden ebenfalls ohne finanziellen Ausgleich von Social-Media-Unternehmen vereinnahmt – ein Diebstahl, der weitgehend unkommentiert bleibt und selbstverständlich wurde. Auch wissenschaftliche Erkenntnisse werden vereinnahmt und ausgeschlachtet: Riesige Verlage wie Elsevier und Springer verlangen von Bibliotheken ein kleines Vermögen für ein Abo ihrer Publikationen. Im Jahr 2003 machte Elsevier, das sich selbst als «den weltgrößten Verlag akademischer Zeitschriften» bezeichnet, einen Bruttogewinn von 1,44 Milliarden US-Dollar mit einer Gewinnmarge von 37,1 Prozent, während sich die Budgets für Universitätsbibliotheken in den USA für «laufende Ausgaben für Ressourcen (einschließlich Zeitschriften)» zwischen 1986 und 2014 um 521 Prozent erhöht haben.[60]

EINHEGUNG ODER Vereinnahmung – manchmal, aber nicht immer durch den Markt herbeigeführt – definiert immer noch die Beziehung des Kapitalismus zur Natur. Entnahmen aus der natürlichen Welt beschleunigen sich weiterhin und übersteigen längst die maximale Belastungsgrenze der Erde. In den 50 Jahren nach 1970 verschlangen die Menschen im Globalen Norden 26,71 Tonnen Rohmaterial pro Kopf und Jahr und damit etwa das Vierfache der Kapazitäten unseres Planeten, wie Ökologen berechnet haben. Der Handel mit Bergbauprodukten und Baumaschinen hat sich vervierfacht. Das Gewicht der menschengemachten Dinge entspricht inzwischen dem der gesamten Biomasse auf der Erde.[61]

Diese Entnahmen und die Entsorgung von häufig giftigen menschengemachten Abfallstoffen bedrohen die Lebensgrundlage der Menschen.[62] Die Bedrohungen zeigen sich überall, sie vervielfachen sich und verstärken einander gegenseitig. «Insekten sterben rasant aus», schreiben Wissenschaftler, die nachgewiesen haben, dass die für die Pflanzenökologie wichtige Insektenmasse jährlich um 2,5 Prozent abnimmt.[63] Die sogenannten Ewigkeitschemikalien, die in Teflonpfannen, Lebensmittelverpackungen und Kleidung verarbeitet werden, überdauern so lange, dass sie in alle Teile des Ökosystems eindringen. Inzwischen findet man sie im Blut so gut wie aller US-Amerikaner. Die Kunststoffproduktion hat sich seit 1950 um das 225-Fache erhöht, mit dem Ergebnis, dass menschengemachtes Material heute unser Ökosystem überschwemmt. In den Weltmeeren wird es bald mehr Plastik als Fische geben. Die grüne Revolution hat die landwirtschaftliche Produktivität drastisch erhöht, doch der Preis dafür ist der massive Einsatz von fossilen Brennstoffen, Düngemitteln und Pestiziden. Viren finden neue Schlupflöcher, um sich in menschlichen Populationen auszubreiten: Menschen dringen immer weiter in den natürlichen Lebensraum der Tiere vor, und so entstehen neue Krankheiten, während sich alte verbreiten. COVID-19 ist wahrscheinlich eine solche Zoonose. Die Weltgesundheitsorganisation hat festgestellt, dass in den letzten 50 Jahren Fälle von Denguefieber, das von Moskitos übertragen wird, 30-mal häufiger geworden sind, weil warme Temperaturen und neue Niederschlagsmuster die idealen Brutbedingungen für Moskitos bieten. Die verletzlichsten Menschen der Erde sind am stärksten davon betroffen. «Die Erde, unser Haus, scheint sich immer mehr in eine unermessliche Mülldeponie zu verwandeln», schrieb Papst Franziskus. «Niemals haben wir unser gemeinsames Haus so schlecht behandelt und verletzt wie in den letzten beiden Jahrhunderten.»[64]

Keine Umweltkatastrophe hat im 21. Jahrhundert mehr Aufmerksamkeit erhalten als der durch CO_2 verursachte Klimawandel. Das ist nicht nur sinnvoll, weil die Erderwärmung zahlreiche Ökosysteme bedroht, sondern auch, weil diese Emissionen seit dem 19. Jahrhundert an das Wirtschaftswachstum gekoppelt waren. Seit 1800 war die kapitalistische Revolution immer mehr auf fossile Brennstoffe gestützt, doch erst seit Kurzem beschleunigt sich die Emission von CO_2 in die Atmosphäre rasant – mehr als die Hälfte wurde nach 1990 ausgestoßen. Aktuell ist China der weltgrößte Emittent von CO_2, doch das Gas verbleibt so lange Zeit in der Atmosphäre, dass der Klimawandel heute das Ergebnis aller Emissionen seit dem Beginn des Zeitalters der fossilen Brennstoffe ist. Die USA haben 25 Prozent dieser Emissionen verursacht, doppelt so viel wie China, das auf dem zweiten Platz liegt.[65]

Die hypothetischen Kosten dafür, all das Kohlendioxid wieder aus der Atmosphäre zu entfernen, was technologisch gar nicht möglich ist, wurden auf 250 Billionen US-Dollar geschätzt. Für ein Viertel davon müssten die USA geradestehen. Die Last nimmt zu und sammelt sich an: Der IWF schätzt, dass CO_2-Emissionen aus fossilen Brennstoffen Umweltschäden im Wert von 5 Billionen US-Dollar jährlich verursachen, 5 Prozent der globalen Wirtschaftsleistung, doch den Preis für die Sanierung werden nicht die Produzenten oder Verbraucher heute tragen, sondern zukünftige Generationen.[66] Der Kapitalismus verbraucht nicht nur Nährstoffe aus unserer Vergangenheit, sondern er zehrt auch von unserer Zukunft.

Heute trägt diese Kosten der Teil der Menschheit, der sie am wenigsten verursacht hat. Vorzüge und Nachteile des Raubbaus an der Natur sind äußerst ungleich verteilt. Ein paar wenige Menschen haben ihre natürliche Umgebung gezähmt und leben in relativer Sicherheit; in Momenten des Größenwahns wollen manche von ihnen sogar den Tod selbst bezwingen. Die große Mehrheit jedoch ist neuerdings Fluten, Hitzewellen und zerstörten Ernten ausgesetzt. Klimaflüchtlinge verlassen die unbewohnbaren Teile der Welt in immer größerer Zahl. Arme Länder nehmen Millionen von ihnen auf, während reiche Länder sie abweisen. Europäische Länder, Japan und die USA haben zwar ihren CO_2-Ausstoß verringert, dafür aber die Emissionen zunehmend externalisiert, indem sie Waren und Dienstleistungen aus dem Globalen Süden beziehen. In den 2020er Jahren steckten 25 Prozent der weltweiten Emissionen in Produkten, die von Süden nach Norden verkauft wurden. Die Emissionen, die durch ihre Herstellung verursacht werden, stehen somit in der Bilanz des Globalen Südens, obwohl die Produkte im Globalen Norden verbraucht werden. 2022 schätzten Sozialwissenschaftler: «Im Jahr 2015 hat sich der Norden unter dem Strich 12 Milliarden Tonnen Rohstoffäquivalente des Südens angeeignet und 822 Millionen Hektar Land in Anspruch genommen, 21 Exajoule Energie verbraucht und 188 Millionen Menschenjahre Arbeitskraft beansprucht.» Das ist «ein bedeutender Zugewinn für den Globalen Norden, der einem Viertel des nördlichen BIP entspricht».[67]

Es ist inzwischen unumstritten, dass wir mehr aus der Natur entnehmen, als nachhaltig möglich wäre. Eine Studie des Institute for Public Policy Research von 2019 warnte, inmitten der andauernden Umweltzerstörung habe ein Zusammenspiel mehrerer Entwicklungen ein «neues Risikofeld» erschaffen, das zu einem «systemischen Kollaps» führen könne.[68] Günther Tallinger, der im Vorstand des weltgrößten Versicherungsunternehmens, der Allianz, sitzt, hat gewarnt, dass ein beschleunigter Klimawandel dazu führen könne, dass «der Kapitalismus, wie wir ihn kennen, nicht mehr existenzfähig» sein könnte. Dominoeffekte sind ebenso möglich wie plötzliche «Zustandsverschiebungen» in den ökologischen Bedingungen auf der Erde, durch die mehrere Ökosysteme gleichzeitig kollabieren könnten. «Ist die Erde am *rsch?», fragte der Wissenschaftler Brad Werner bei einer Konferenz der American Geophysical Union im Jahr 2012, die sonst nicht durch hitzige Beiträge auffällt. Seine Antwort: «Das Missverhältnis zwischen Markt und Politik, die in kurzfristigen Zeiträumen denken und den Abbau und die Verwendung von Ressourcen vorantreiben, und der langfristig verlaufenden Anpassung der irdischen Systeme an diese Veränderungen» könnte zu einem

Zusammenbruch führen. Die Erde sei tatsächlich am *rsch.[69] Selbstverständlich suggeriert die enorme Kreativität, die in der kapitalistischen Revolution steckt, dass eine Entkopplung von Wirtschaftswachstum und Verbrauch von fossilen Brennstoffen möglich ist. Doch kann der Kapitalismus in seiner Abhängigkeit von steter Akkumulation und Kommodifizierung mit einer natürlichen Welt koexistieren, die immer endlich sein wird?[70] Diese Frage ist noch nicht entschieden.

Neben der steigenden Ungleichheit, dem Rütteln am Gesellschaftsvertrag und der Aneignung von materiellen und sozialen Ressourcen wird wohl vor allem der Aufstieg Asiens an die Spitze des globalen Kapitalismus zukünftigen Historikern beim Blick auf das 21. Jahrhundert am meisten ins Auge springen. Das dynamische Zentrum des Kapitalismus hat sich verschoben, die neuen Akteure weben neue Netze aus Kapital, Arbeit und staatlicher Macht. Bei allen Kennzahlen nehmen Asien allgemein und China im Besonderen eine Sonderstellung ein: Der asiatische Anteil an der globalen Produktion lag 1990 bei 25 Prozent, im Jahr 2022 waren es 51 Prozent, und steigt weiter. Im Jahr 2024 stand China kurz davor, zur größten Wirtschaftsmacht der Welt aufzusteigen. Gemessen an der Kaufkraftparität war es das bereits. Der chinesische Anteil am globalen BIP stieg 2022 auf 18,4 Prozent; im Jahr 2000 hatte er noch bei 7,3 Prozent gelegen. Das Land ist heute zur Werkbank der Welt geworden und global führend in vielen Spitzentechnologien. Wer in den ehemaligen industriellen Kernländern Europas, in Japan und den USA den zeitgenössischen Kapitalismus als stagnierend wahrnimmt, liegt damit völlig falsch und beweist nur wieder einmal, wie ungeeignet eine lokale Perspektive ist, wenn man den Kapitalismus in seiner Gesamtheit verstehen will. Tatsächlich hat erstaunlich viel Fortschritt – wirtschaftlich wie sozial – die ehemaligen Kernländer des Kapitalismus verlassen und ist in Asien wieder aufgetaucht: In China gab es bis zum Jahr 2000 keine Hochgeschwindigkeitsbahnen, heute ist ein Streckennetz von 40 474 Kilometern Länge befahrbar, mehr als zehnmal so lang wie in Japan. In den ersten 20 Jahren des neuen Jahrtausends hat sich die Zahl der Studierenden in Asien mehr als verdreifacht, in China fast verneunfacht. Im Jahr 2022 wurde fast jedes zweite Patent weltweit in China angemeldet, auch in der Spitzenforschung. In dem Jahr registrierte China 29 583 Patente mit KI-Bezug, dem gegenüber stehen 16 805 in den USA, 8870 in Japan und 7899 in Südkorea.[71] Die EU schaffte es nicht in die Top Four.

Wegen Asiens Rückkehr als welthistorische Kraft verringern sich die Ungleichheiten zwischen «dem Westen und dem Rest» weiterhin. Riesige, aber vage definierte Mittelschichten entstanden in China und Indien, und auch märchenhaft reiche Oligarchen traten hervor. Im Jahr 2000 gehörten nach statistischer Zählung magere 3,1 Prozent der chinesischen Bevölkerung zur «Mittelschicht»; im Jahr 2018 war ihr Anteil auf etwa 50 Prozent gestiegen. Zur indischen Mittelschicht gehört heute etwa ein Drittel der Bevölkerung. Ihr Aufstieg hat den Anteil der Menschen in «extremer Armut» verringert, in der 1990 noch 37,9 Prozent der Weltbevölkerung lebten – nämlich mit weniger als 2,15 US-Dollar am Tag –, im Jahr 2022 waren es nur noch 9 Prozent. Dieser Rückgang ist vor allem auf erfolgreiche Maßnahmen zur Armutsbekämpfung in China zurückzuführen. Trotz dieser Verbesserungen lebt immer noch fast die Hälfte der Weltbevölkerung – 46,4 Prozent oder 3,6 Milliarden Menschen – von 6,85 US-Dollar oder weniger am Tag.[72]

Dieses Comeback Asiens widerlegte nicht nur Generationen von rassistischen Analytikern, die eine transhistorische Überlegenheit der westlichen Zivilisation behauptet hatten, sondern auch einige neomarxistische Theorien der 1960er und 1970er Jahre, nach denen die Struktur der Weltwirtschaft verhindere, dass außerhalb der westlichen Industrieländer Wohlstand aufkommen könne. Wie sich herausstellte, war das Gegenteil der Fall. In China verlief die Entwicklung nicht nur so schnell und tiefgreifend wie noch nie zuvor, sondern sie gestaltete auch den globalen Kapitalismus um. Im Rahmen der chinesischen Belt and Road Initiative, der «Neuen Seidenstraße», wird umfangreich in die globale Infrastruktur investiert, und China hat heute erheblichen Einfluss in Asien, Afrika und Lateinamerika. Durch Investitionen in den Bau von Straßen, Bahnlinien und Häfen sowie in Bergbau, Landwirtschaft und Baugewerbe hat China große Gebiete im Globalen Süden umgestaltet. Exporte aus Lateinamerika nach China haben sich in den zehn Jahren nach 2003 fast verzehnfacht. Chilenische Metallimporte, vor allem von Kupfer, stiegen zwischen 2001 und 2011 allein um das 24-Fache.[73] Brasilianische Sojabohnen ernähren chinesische Verbraucher.

Im Jahr 1850, als Großbritannien das Zentrum der Weltwirtschaft darstellte, war eine solche Welt unvorstellbar. Unvorstellbar war sie auch noch 1960, als die USA für 40 Prozent des globalen BIP verantwortlich zeichneten. Es ist ein wahres Wunder – und eine deutliche Widerlegung vieler im Westen gepflegter Ideologien –, dass die dynamischste Entwicklung der Welt von einer Volkswirtschaft ausging, deren Weg zwar viele Chancen für privates Kapital bietet, die aber staatlicher Planung unterliegt, eine staatliche Industrie hat und, am überraschendsten, von einer Kommunistischen Partei regiert wird. Die chinesische Wirtschaft florierte, gerade weil sie nicht den Weisheiten US-amerikanischer Wirtschaftsprofessoren folgte. Zwischen 2019 und 2023 wuchs die chinesische Wirtschaft um 20 Prozent, während das Wirtschaftswachstum in den USA bei 9,4 Prozent lag, in Europa bei 4,5 Prozent.[74] Achille Mbembe brachte es wohl am besten auf den Punkt: «Der Schwerpunkt der Welt liegt nicht mehr länger in Europa. Das ist bedeutsam, die wichtigste Erfahrung unserer Zeit.»[75] In der Tat, so schwer es für einige Leserinnen und Leser auch zu erkennen sein mag, heute liegt «die westliche Phase des Kapitalismus hinter uns».[76] Der Singapurer Diplomat und Autor Kishore Mahbubani schrieb: «Alle Annahmen, alle Gewissheiten, die der Westen hat, sind vollkommen aus der Zeit gefallen.»[77]

MIT DER Geografie des Kapitals veränderte sich auch seine Zusammensetzung. Das Industriekapital stieg weiter ab. Wichtige Unternehmen zogen ihre Investitionen aus Fabriken und der Produktion ab und investierten lieber in Firmen, die an die Kapitaleigner der Frühmoderne des Kapitalismus denken lassen – Kaufleute, Finanziers und konzessionierte Unternehmen, die vor vielen Jahrhunderten die Logik des Kapitals von seinen Inseln ins ländliche Hinterland und in die Industrie getrieben hatten.[78]

Von den Bekleidungsmarken der Welt beschäftigen nur wenige selbst Arbeitskräfte, die nähen. Sie entwerfen Produkte, vergeben Aufträge an Subunternehmer wie jene in Kambodscha und verkaufen dann die Kleidung weltweit. Im Jahr 2023 hatte Nike 15 932 Angestellte in den USA, bei seinen Subunternehmern arbeiteten 632 923 Menschen, überwiegend in Vietnam, China und Indonesien. Für Volkswagen Brasilien arbeiten in der Fabrik in Resende 4500 Menschen, doch kaum einer von ihnen ist direkt bei VW beschäftigt. Stattdessen arbeiten sie für Subunternehmer, die die Produktion organisieren.[79] All die Arbeiter sind immer noch der Motor der Produktion, aber viele von ihnen arbeiten jenseits der gesetzlichen Zuständigkeit großer Firmen. Statt selbst Dinge herzustellen, konzentrieren sich Wirtschaftsriesen wie Apple auf «Rechte an geistigem Eigentum […] und verlangen von anderen Firmen und Verbrauchern monopolistische Preise», so fasst es ein Forscher treffend zusammen.[80] Apple produziert nicht selbst. Im Jahr 2005 waren 80 Prozent der Vermögenswerte der S&P-500-Firmen in den USA immateriell, verglichen mit 20 Prozent in den 1960ern.[81] Ähnlich den Kaufleuten, die von Inseln des Kapitals wie Aden aus einen Welthandel aufbauten, aber nicht in die eigentliche Produktion ihrer Handelswaren investierten, organisieren moderne Unternehmen Netzwerke und Handel. Im Gegensatz zu den Kaufleuten in Aden betreiben sie jedoch umfangreiche Forschung und kreieren das Design. Im Jahr 1800 war Landbesitz das wichtigste Eigentumsrecht und in manchen Teilen der Welt auch der Besitz von Menschen. In den 1950er Jahren waren es industrielle Maschinen. Heute sind es Ideen.

Man kann dies als Rückkehr einer modifizierten Form des Handelskapitalismus betrachten oder als das Entstehen von etwas gänzlich Neuem, eines Wissenskapitalismus, in jedem Fall ist es eine einschneidende Veränderung, und am radikalsten tritt sie mit der Finanzialisierung auf. Schnell wachsende Kapitalfonds umkreisen den Globus auf der Suche nach neuen spekulativen Anlagen. Ihr Wachstum hat mit der Entwicklung der produktiven Wirtschaft nichts mehr zu tun.[82] Auf der Jagd nach höheren Renditen – dem nächsten großen Ding, dem schwer zu fassenden Einhorn – stecken riesige Investmentfirmen Kapital in jede Branche überall auf der Welt, ohne sich an irgendeinen Industriezweig oder einen Ort zu binden. Die Investitionen werden ebenso schnell wieder abgezogen, wie sie auftauchen. Sie demonstrieren die reinste Form kapitalistischer Logik, nach der allein die weitere Anhäufung von Kapitel unternehmerische Entscheidungen bestimmt. Sogar Industrielle, diese einst dominanten Kräfte, sind den Kapitalflüssen ausgeliefert, die sie ebenso dominieren wie Industrielle einst ihre Arbeiter. Wenn man sich die Vielfalt der Firmen ins Gedächtnis ruft, die in diesem Buch beschrieben wurden – die Noells auf Barbados, die Röchlings in Völklingen, die Godrejs in Bombay –, dann sieht man, wie weit diese neueste Version des Kapitals sich davon entfernt hat.

Doch es gibt auch Kontinuität: Der Staat ist, wie in der gesamten Geschichte, immer noch entscheidend für den Erfolg dieser Firmen. Er legt die Eigentumsrechte fest, auf die sie angewiesen sind, etwa das Patentrecht, und schützt sie. Ein Großteil der Technologien hinter neuen Produkten, wie der Transistor, der Computer, der Microchip und das Internet, wird von Staaten entwickelt und gefördert. Das Silicon Valley verdankte seine Dynamik umfangreichen staatlichen Investitionen. Staaten finanzieren Forschungen, wie die Entwicklung des COVID-19-Impfstoffs, aber Unternehmen, in diesem Fall Big Pharma, streichen die Gewinne ein. Sogar Unternehmen unter der Kontrolle des Vorzeigeunternehmers der 2020er Jahre, Elon Musk, strichen Milliarden Dollar Steuergelder ein. Bis 2015 waren bereits 4,9 Milliarden US-Dollar staatliche Investitionen in die Kassen von Tesla, SolarCity und SpaceX gespült worden, darüber hinaus 200 Millionen Pfund Zuschüsse von der britischen Regierung an Tesla. Und die Gelder fließen weiter.[83] Entsprechend wenig überraschend war dann auch, dass Musk 2025 in die Politik ging. In vielerlei Hinsicht kehrte er damit zu einem der grundlegenden Mechanismen des frühmodernen Kapitalismus zurück.

Aber Nähe zum Staat bedeutet nicht, dass die Wirtschaftselite einem bestimmten Staat nahesteht. Wie die frühen Kaufleute brauchen sie zwar den Staat, aber keinen bestimmten. Erfolgreich sind sie dann, wenn sie sich einer Vielzahl von Staaten annähern, die jeweils spezifische Vorteile bereithalten. Die USA bieten einen starken gesetzlichen Schutz des geistigen Eigentums, China hat disziplinierte und günstige Arbeitskräfte, Peru erlaubt den Abbau wichtiger Minerale und Irland erhebt nur geringe Steuern auf Gewinne durch geistiges Eigentum. Andere Staaten warten nur auf ihre Chance, dieselben Vorteile anzubieten, falls einer der erstgenannten Staaten seine Gesetze ändern sollte.[84]

Gleichzeitig übernehmen manche Unternehmen staatsähnliche Funktionen, wie ihre Vorgänger es vor Jahrhunderten ebenfalls taten. Unternehmen haben immer wieder Hoheitsgewalt beansprucht, doch dieses Merkmal des Kriegskapitalismus verlor nach der Neuausrichtung des Kapitalismus im 19. Jahrhundert an Bedeutung. Nun lebt es wieder auf: Heute übernehmen Bergbaufirmen die Herrschaft über einzelne Gebiete, Investoren kontrollieren die Infrastruktur und Unternehmer bieten militärische Dienstleistungen an. Im Jahr 2017 schlug Erik Prince, der Gründer der US-amerikanischen privaten Sicherheitsfirma Blackwater, Berichten zufolge der US-Regierung vor, er wolle die Kriegsführung in Afghanistan zum Teil übernehmen, wenn er dafür die Schürfrechte für seltene Erden in dem Gebiet bekäme. Prince selbst verglich dieses Vorhaben mit «dem Ansatz der East India Company». Bergbauunternehmen beanspruchen inzwischen sogar Schürfrechte für extraterrestrische Körper – wie ihre Vorgänger es in der ersten Welle des europäischen Kolonialismus vor 500 Jahren in den Kolonien gemacht hatten.[85]

Die Staaten sind auch die wichtigsten Instanzen, um das Funktionieren des globalen Kapitalismus zu gewährleisten. Als das Finanzsystem in der Krise von 2008/09 kurz vor dem Zusammenbruch stand, griffen Staaten ein und stützten den Finanzsektor mit Billionen von Dollar. Banken wurden als «too big to fail» und als Institutionen eingestuft, die unverzichtbar für das System seien.[86] Multilaterale Organisationen wie die WHO, der IWF und die Weltbank, die aus Nationalstaaten bestehen, stärken die Funktionen von Märkten und Währungssystemen innerhalb der kapitalistischen Weltordnung. Vor Jahrhunderten griffen Kapitaleigner nach dem Staat, und in den Jahren 2008 und 2009 bewiesen sie, dass ihr Argument von damals – dass der Kapitalismus ebenso sehr ein Projekt von Staaten wie von Kapitaleignern ist – immer noch Gültigkeit hat. Staaten unterstützen den Kapitalismus in seinem Tagesgeschäft ebenso wie in schweren Krisen und haben so die kapitalistische Revolution in ihrer ganzen Geschichte vorangetrieben und geschützt.

Während der Vorherrschaft des Neoliberalismus waren die Vorzüge des Freihandels und der Globalisierung» in den Mainstream-Kreisen Nordamerikas und Europas «unanfechtbar», schrieb der Historiker Gary Gerstle.[87] Nach 2008 änderte sich das. Politiker von rechts bis links sowie soziale Bewegungen und Intellektuelle wandten sich gegen die neoliberale Ordnung. Etwas, das unwiderlegbar, wenn nicht gar natürlich erschienen war, wurde historisch und womöglich vergänglich – eine von vielen eigentümlichen wirtschaftspolitischen Ordnungen, die im Verlauf der 500-jährigen Geschichte des Kapitalismus gekommen und gegangen waren. Die neoliberale Ordnung hatte schon immer Kritiker gehabt, aber nach der Finanzkrise wurde sie von allen Seiten angegriffen.

Die Wirtschaftswissenschaft ist ein Indikator für diesen Paradigmenwechsel. Ökonomen haben unendliches Vertrauen in ihre Modelle und eine ausgeprägte Neigung, die neoliberale Ordnung zu naturalisieren. Doch die Krise von 2008/09 erschütterte sie und führte zu einer «intellektuellen Katastrophe» für die Theologie des modernen Kapitalismus. Die Krise untergrub die Vorstellung, das System sei stabil und selbst überwachend, so wie es das allgemeine Gleichgewichtsmodell prognostiziert hatte. Diese banale Erkenntnis dürfte die Leserinnen und Leser dieses Buchs nicht überraschen. Nachdem die Realität die Theorie widerlegt hatte, erfolgte die Reaktion umgehend: Im Juli 2009 zeigte die Titelseite des *Economist* ein zerfließendes Wirtschaftslehrebuch mit der Überschrift: «Where it went wrong» (Was falsch gelaufen ist).[88] Unterdessen wurde die öffentliche Kritik in Großbritannien so laut, dass eine Gruppe führender Ökonomen an die Königin schrieb, um zu erklären, warum sie Zeitpunkt und Schwere des Kollapses falsch vorhergesagt hatten, ein Widerruf von fast galileischem Ausmaß.[89]

Die Kritik griff schnell über und erreichte die Universitäten: Im November 2011 verließen Harvard-Studierende eine volkswirtschaftliche Einführungsvorlesung und protestierten damit gegen die «inhärente Verzerrung» in den Lehrveranstaltungen, die, wie sie sagten, «eine spezifische – und begrenzte – Sicht auf die wirtschaftliche Ungleichheit in unserer heutigen Gesellschaft» vermittelten.[90] Von der Political Economy Society der Boğaziçi-Universität in Istanbul über die Kritiske Politter (Kritische Studenten der Wirtschaftslehre) von Kopenhagen bis zur globalen Bewegung Rethinking Economics, überall forderten Studierende eine pluralistische Wirtschaftslehre und wollten entsprechend in wirtschaftlichem Denken unterrichtet werden.[91]

Bald griffen auch etablierte Kreise diese Kritik auf: Die Ökonomen Suresh Naidu, Dani Rodrik und Gabriel Zucman forderten Wirtschaftswissenschaftler auf, «über den Neoliberalismus hinaus» zu denken, den sie als «primitive und grob vereinfachende Perversion» bezeichneten.[92] Der Nobelpreisträger für Wirtschaft Joseph Stiglitz schloss sich dem an und sagte, das neoliberale Experiment sei «in jeder Hinsicht gescheitert».[93] Bei einem Kongress zum Thema «Ökonomie neu denken» verglich der Chefvolkswirt der Deutschen Bank seine Kollegen mit Zahnärzten, die an einem kleinen Teil des Körpers konzentriert und mit Präzision arbeiteten, aber den Organismus als Ganzes ignorierten. Wenn mathematische Modelle keine Prognose ermöglichten und nicht halfen, die Gegenwart zu verstehen, dann könne vielleicht ein Blick in die Geschichte hilfreich sein, schlugen andere Ökonomen vor. Hermann Ramsperger, ehemaliges Aufsichtsratsmitglied der Bundesbank, rief dazu auf, sich mit Wirtschaftsgeschichte und der Ideengeschichte der Wirtschaftswissenschaft zu beschäftigen. Im Jahr 2012 schrieb die *Frankfurter Allgemeine Sonntagszeitung* unter der Überschrift «Warum ist Wirtschaftsgeschichte plötzlich sexy?», das Wirtschaftsleben könne nur aus einer historischen Perspektive heraus verstanden werden. Diese Sicht vertritt auch dieses Buch.[94]

Auch über die Ökonomen hinaus wurde die neoliberale Ordnung infrage gestellt. Soziale Bewegungen auf allen Kontinenten – von Bauernprotesten in Indien bis zu Occupy Wall Street in den USA, von Chico Mendes' Kampf gegen die Umweltzerstörung in Brasilien bis zum Kampf der Frauen in Bangladesch für faire Löhne in der Textilindustrie – sie alle stellten sich gegen ein Regime, das Ungleichheit und Umweltzerstörung verschlimmert hatte. In Südafrika nach der Apartheid protestierten die Armen gegen Arbeitslosigkeit, Privatisierungen und Zwangsräumungen von Häusern und Land und gaben neoliberalen Reformen die Schuld daran. Die Welle der globalen Unzufriedenheit war so bedeutsam, dass die *Financial Times* im Jahr 2023 titelte: «Zivile Unruhen überholen Terrorismus bei den Versicherungsansprüchen».[95] Die indische Autorin Arundhati Roy sprach vielen aus der Seele, als sie die sozialen Verwerfungen beklagte, die radikale Verschärfung der Ungleichheit, die umfangreichen Enteignungen der Armen sowie die Umweltzerstörungen, die die Wende zum Neoliberalismus in Indien und in der ganzen Welt begleitet hatten.[96]

Doch die größte Herausforderung für die neoliberale Ordnung kam nicht von links, sondern von rechts, als Ethnonationalismus und rechte populistische Parteien weltweit an Macht gewannen – verkörpert etwa durch Viktor Orbán, Jair Bolsonaro, Recep Erdoğan oder Donald Trump. Sie entsprangen einer Graswurzelkritik am Neoliberalismus und einer politischen Neuorientierung von Eliten, die in der Hochphase der neoliberalen Globalisierung kalt erwischt worden waren, etwa Manager und Investoren der schwächelnden US-amerikanischen Stahlindustrie. In den USA griffen Politiker und Politikberater wie Wilbur Ross, Peter Navarro und Robert Lighthizer ein Mantra der neoliberalen Ära an: den Freihandel.[97] Die Rebellion weitete sich dann auch auf weniger direkt betroffene Branchen aus. Der US-Investor Peter Thiel unterzeichnete eine Erklärung, in der stand: «Der freie Markt darf kein Absolutum sein. Die Wirtschaftspolitik muss dem allgemeinen Wohl einer Nation dienen.»[98] Für Investor Mario Gabelli signalisierte die Wahl Trumps 2016 «eine Wiedergeburt des Kapitalismus», eine Übertreibung, auf die man in Momenten, in denen der Kapitalismus seine Form verändert, häufig trifft.[99]

In der Tat gibt es Anzeichen, dass der Kapitalismus einen neuen Wendepunkt erreicht haben könnte, an dem Zölle, nationalisierte Warenketten, beschränkte Immigration und staatliche Wirtschaftslenkung als wichtige Mittel der Politik reüssierten, während der Glaube an den allwissenden, unfehlbaren Markt angesichts massiver Proteste, des finanziellen Zusammenbruchs, des globalen Wettbewerbs und dann der Coronakrise schwand. Der Welthandel nahm deutlich langsamer zu. Für Moritz Schularick, den Präsidenten des Kiel Instituts für Weltwirtschaft, hat die geoökonomische Strategie wieder Bedeutung erlangt. Die Geoökonomie vereint die Wirtschaftswissenschaft mit der Untersuchung staatlicher Macht in der internationalen Arena, oder wie der US-amerikanische Sicherheitsstratege Edward Luttwak es nannte: «Die Logik des Krieges in der Grammatik des Handels.»[100] Neue Formen des Wirtschaftsnationalismus gingen nun mit Protesten gegen Immigration einher. Sogar Neoliberale haben versucht, auf diesen Zug aufzuspringen, indem sie ihrer Politik eine ethnonationale Note gaben und so die «Redneck-Strategie» entwickelten.[101] In globalem Maßstab waren diese Veränderungen mit einer groß angelegten Militarisierung verbunden, weil man die Warenketten für so anfällig hielt, dass man sie militärisch stärker beschützen musste. Nach der Lektüre dieses Buches weiß man, dass nationalisierte Warenketten und die Einhegung von Kapital innerhalb von Nationalstaaten ihren Höhepunkt in den ersten Jahrzehnten des 20. Jahrhunderts erreichten. Damals nahm das kein gutes Ende.

Nicht alle, aber doch viele Neoliberale gaben zumindest Lippenbekenntnisse für die liberale Demokratie ab, während sie gleichzeitig eine veritable Krise dieser Demokratie vorantrieben, unterstützt von einem aufstrebenden Rechtspopulismus. An der Spitze dieses Populismus stellten eindeutig autoritäre Stimmen die Verbindung zwischen Kapitalismus und liberaler Demokratie im Allgemeinen infrage und deuteten die Möglichkeit, gar das Versprechen einer autoritären kapitalistischen Alternative an. «Kann die Demokratie den globalen Kapitalismus überleben?», fragte der US-Ökonom Robert Kuttner im Jahr 2018. Die Antwort war unklar.[102]

Die Wirtschaftseliten in den Heimatgebieten der liberalen Demokratie zweifelten zunehmend an der Verbindung zwischen Kapitalismus und Demokratie, und manch einer sah die Demokratie als tödliche Bedrohung für den freien Markt.[103] Der Kapitalismus passt sich an verschiedene politische Umstände an, indem er seine Gestalt wandelt, so hat er es in den vergangenen 500 Jahren immer wieder getan, was vermuten lässt, dass das Vertrauen in eine zeitlose Verbindung zwischen Kapitalismus und liberaler Demokratie, das einst vorherrschte, falsch ist. Im 21. Jahrhundert sind einige der dynamischsten kapitalistischen Volkswirtschaften weder liberal noch demokratisch. Wie wir gesehen haben, ist der Kapitalismus auch in dieser Hinsicht undogmatisch.

Dieses Buch endet dort, wo alles begann: mit Inseln. Manche real, manche metaphorisch.

Metaphorisch: die eingezäunten Fabriken in den Sonderwirtschaftszonen Phnom Penhs und der Küstenstadt Kampong Saom. Ähnlich befestigte Produktionsstätten gibt es überall auf der Welt. Sie treiben die Logik des Kapitalismus, der Kommodifizierung, in die letzten Weltgegenden voran, die von der kapitalistischen Revolution noch nicht erschüttert wurden.

Real: die Inseln, die das Interesse von Kapitaleignern erregen – zum Beispiel das winzige Brecqhou. Im Jahr 1993 hatten die Briten David und Frederick Barclay, die durch Investitionen in Immobilien, Schifffahrt, Energie und Zeitungen reich geworden waren, 2,3 Millionen britische Pfund für die gut 30 Hektar große Insel nahe der Kanalinsel Sark bezahlt. Sie genießt Steuerautonomie, was zur Folge hat, dass es auf der Insel keine Einkommens-, Kapitalertrags- oder Erbschaftssteuern gibt. Das dort stehende Herrenhaus wurde durch eine Burg im normannischen Stil ersetzt. In ganz Großbritannien wurde in den letzten 200 Jahren kein so großes Wohnhaus gebaut. Wie die Kapitaleigner der Frühmoderne hofften die Barclays, nicht nur ihren Wohlstand zur Schau zu stellen, sondern auch die politische Kontrolle über das nahe Sark übernehmen zu können, zu dem Brecqhou verwaltungsrechtlich gehörte. Im Jahr 2012 besaßen die Barclays etwa ein Viertel des urbaren Landes auf der anderen Insel, zwei Drittel der Hotels und viele Geschäfte. Auch ein Viertel der Arbeiter von Sark arbeitete für die Barclays.[104]

Das eigentliche Ziel war aber nicht, die Kontrolle über ein eher karges Eiland zu übernehmen, sondern die politische Macht über das Territorium und die 575 ständigen Bewohner zu gewinnen. Sark und Brecqhou gehören zur Vogtei Guernsey (Bailiwick Guernsey) und sind Kronbesitz des Vereinigten Königreichs. Bis zu den jüngsten Reformen waren sie damit ein letztes Überbleibsel des feudalen Europa. Die Macht wurde von Landbesitzern und dem obersten Feudalherrn (Chief Seigneur) vererbt, der ein Dreizehntel von allen Landtransaktionen beanspruchen konnte. Die Barclays versuchten die bestehende Ordnung zu untergraben und setzten alle verfügbaren juristischen Mittel ein, um politische Macht zu erlangen. Als das nicht klappte, versuchten sie, den Titel des Seigneurs zu kaufen – Berichten zufolge für zwei Millionen Pfund –, aber auch das schlug fehl.[105]

Was die Barclays auf Sark versuchten, war eine Farce: eine fehlgeschlagene bourgeoise Revolution, die von den resoluten Inselbewohnern vereitelt wurde. Doch ist sie nur ein Beispiel für eine sehr viel größere Bewegung. Als die Ungleichheiten im 21. Jahrhundert schwindelerregende Ausmaße annahmen, verbreitete sich ein sezessionistischer Impuls unter den Kapitaleignern. Schon vor den Aktionen auf Brecqhou hatten die Barclays ein komplexes Netzwerk aus Offshore-Unternehmen aufgebaut, das ihre Gewinne vor der Steuer schützte. Ihren eigenen Steuerwohnsitz hatten sie nach Monaco verlegt und – wie viele Vertreter des oberen einen Prozents – ihre Vermögenswerte dorthin, wo der Staat keinen Zugriff hatte: Im Genfer Zollfreilager ist in bestens geschützten Lagerhäusern die wohl größte Kunstsammlung der Welt untergebracht: 1,2 Millionen Kunstwerke, darunter 1000 Picassos. So können die Besitzer ihre Kunstwerke verkaufen oder durch Hypotheken belasten, ohne dafür Steuern abführen zu müssen. Reichtümer offshore zu verstecken, ist inzwischen üblich, und Mitte der 2010er Jahre lagen in Steueroasen Vermögenswerte, die fast 10 Prozent des globalen BIP entsprachen. Man schätzt, dass die reichsten 0,1 Prozent der Bevölkerung mancher Länder, inklusive Großbritannien, Spanien und Frankreich, bis zu 40 Prozent ihrer liquiden Mittel in solchen Oasen aufbewahren. Im winzigen Monaco, wo jeder zweite Einwohner Millionär ist, wimmelt es so sehr von Steuerflüchtlingen, dass das Fürstentum in die einzige Richtung ausbaut, in der es sich ausdehnen kann – aufs Meer hinaus. Wohnungen dort sollen 100 000 Euro pro Quadratmeter kosten.[106]

Manchen Kapitaleignern reicht es aber nicht, ihr Vermögen vor den mächtigen Nationalstaaten zu verbergen, die entscheidend zum Aufstieg des Kapitalismus – und zu ihrem eigenen Wohlstand – beigetragen haben. Manche suchten nach stärker abgeschotteten Enklaven. Sie richteten eigene Gerichtsbarkeiten ein, mit allen Insignien der Souveränität, Staaten, die wie Unternehmen geführt wurden und in denen alle Beziehungen zwischen Bewohnern rein vertraglich waren und man auf demokratische Politik verzichten konnte. Der Historiker Quinn Slobodian bezeichnete diese kapitalistischen Bollwerke als «Zonen», von denen es in den frühen 2020er Jahren weltweit 5500 gab – darunter Steueroasen wie die Kaimaninseln, Sonderwirtschaftszonen wie das chinesische Shenzhen und «private Stadtstaaten» wie New Songdo City in Südkorea und Neom in Saudi-Arabien.[107]

Immer fantastischere Pläne wurden umgesetzt: Für Peter Thiel lag die Zukunft in «Seasteads», und er half bei der Planung einer libertären Kolonie vor der Küste von San Francisco, in der es keine Sozialversorgung, keinen Mindestlohn und nur wenige Einschränkungen des Waffenbesitzes geben würde. Thiel gründete mit Patri Friedman, Milton Friedmans Enkel, das Seasteading Institute, um dort, wie sie sagten, «neue Communitys aufzubauen, die im Meer schwimmen und in jeder Hinsicht politisch autonom sind».[108] Einige utopische Unternehmer ließen sich von Paul Romer inspirieren und planten den Bau von Próspera, einem privat geleiteten Stadtstaat auf dem Territorium, aber außerhalb der Gerichtsbarkeit von Honduras.[109] Andere träumten von noch abgelegeneren Siedlungen, etwa auf dem Mars.[110] Diese Projekte blieben größtenteils Träumereien, doch sie zeigen, dass einige Kapitaleigner sezessionistische Gedanken hegen und zu den befestigten Inseln zurückkehren möchten, die ihre Vorfahren wenige Jahrhunderte zuvor unbedingt verlassen wollten.

Diese Bewegungen lassen außerdem vermuten, dass manche Kapitaleigner den Glauben an die Stabilität der Gesellschaften und der politischen Ordnung verloren haben, bei deren Entstehung sie eine so entscheidende Rolle gespielt hatten. Wenn die Reichen sich in ehemalige Raketensilos zurückziehen und sie zu Luxusbunkern umbauen mit Luftreinigungssystem, Zugang zu Grundwasser, Swimmingpools und gut gefüllten Vorratskammern, um die jeweilige Version des Weltuntergangs zu überleben, die sie persönlich am meisten fürchten, war das entweder der Riesencoup eines Immobilienmaklers oder ein Anzeichen, dass die kapitalistische Gesellschaft ihren Glauben an eine gemeinsame Zukunft verloren hat. Thiel erwarb Land und Staatsbürgerschaft in Neuseeland. Ein Flugzeug samt Pilot steht bereit, um ihn fortzubringen, wenn das Leben in den USA ökologisch oder politisch untragbar wird.[111]

Inseln haben in der Geschichte des Kapitalismus eine entscheidende Rolle gespielt. Inseln von konzentriertem Kapital waren die Ausgangspunkte der kapitalistischen Revolution. Allerdings drängten die Kapitaleigner über lange Zeiträume in der 500-jährigen Geschichte nach außen, im Gegensatz zu heute. Im 21. Jahrhundert sind diese Inseln noch immer tief in die sich ständig wandelnden Netze von Kapital und staatlicher Macht eingebettet, doch manche Kapitaleigner haben die Zugbrücken hochgezogen und sich in ihren Festungen verschanzt. Die Kapitaleigner der 2020er Jahre sind weit von dem Optimismus und der universalistischen Einstellung entfernt, die Mitte des 19. Jahrhunderts vorherrschten, und sie scheinen zu befürchten, die Welt, die sie erschaffen haben, könne sie verschlingen. «Diese ungemein einflussreichen Menschen glauben in ihrem tiefsten Herzen nicht mehr an die Zukunft», schrieb der Philosoph Jean-Pierre Dupuy.[112]

Die Geschichte, die dieses Buch erzählt, hat kein Ende. Der Kapitalismus ist ein fortdauernder Prozess, wir leben in ihm. Wir können nicht zurückblicken und die Entwicklung einer vergangenen Wirtschaftsordnung nachverfolgen und ihre Stärken und Schwächen analysieren.[113] Und weil der Kapitalismus nicht zyklisch ist, können wir nicht unmittelbar von seiner Vergangenheit auf seine Zukunft schließen.

Mit einiger Sicherheit kann man jedoch sagen, dass die Erkenntnisse, die wir aus der Analyse der langen Geschichte des Kapitalismus gewonnen haben, uns helfen, auf andere Weise über die Gegenwart und die Zukunft zu denken. Wir können damit rechnen, dass der Kapitalismus global bleiben wird, selbst wenn er sich weiterhin verändert, womöglich radikal und überraschend. Wir können davon ausgehen, dass der Kapitalismus seine enorme Kreativität behalten wird und auch seine erstaunliche Anpassungsfähigkeit – einschließlich der bis dato unbestreitbaren Tatsache, dass er technische, ökologische, politische und soziale Lösungen für die vielen Krisen fand, die er selbst verursacht hatte. Wir haben gute Gründe, anzunehmen, dass die sozialen und politischen Mobilisierungen marginalisierter Gruppen den Kapitalismus weiterhin dazu antreiben, sich zu verändern und dass er auch in Zukunft undogmatisch sein und ständig neue Kombinationen von Kapital, Arbeit, Technologie, staatlicher Macht, territorialer Ordnung und politischer Herrschaft hervorbringen wird. Wir haben gesehen, dass der Kapitalismus sich weder kontinuierlich noch zyklisch verändert, sondern in Episoden, deren Intensität sich um Schlüsselmomente herum verstärken. Manche dieser bedeutenden Veränderungen wurden von den marginalisiertesten Menschen der Welt bewirkt. Und so wird es vermutlich weitergehen. Gerade durchleben wir eine dieser episodischen Transformationen, und wir können auf vergangene Umwälzungen zurückblicken und zu verstehen versuchen, welche Verkettungen von Kräften das wahrscheinlichste Ergebnis hervorbringen werden. Wie dieses Buch gezeigt hat, hat sich der Kapitalismus auf dem Gebiet der Geschichte entfaltet, nicht der Naturwissenschaften, und er wird das auch weiterhin tun.

Doch irgendwann wird der Kapitalismus ein Ende finden. Ganz gleich, ob wir dieses Ende fürchten oder erhoffen, wie alles in der Geschichte der Menschheit ist auch er endlich, selbst wenn man heute noch nicht sagen kann, wann oder wie er enden und was ihn ersetzen wird. An Prognosen dazu mangelt es nicht. In Buchhandlungen stehen ganze Regale voller Bücher, die den Niedergang des Kapitalismus zum Thema haben. Der ägyptische Ökonom Samir Amin sah «die Implosion des dominierenden Systems» am Horizont heraufziehen; Nancy Fraser schreibt, wir leben in einer «allgemeinen Krise der Gesellschaftsordnung», und Wolfgang Streeck findet, die Krise des Kapitalismus sei inzwischen chronisch und sein Ende stehe unmittelbar bevor.[114] Jason Moore sieht das «Ende des *Kapitalozäns*» gekommen, wenn es keine «billige Natur» und keine «billige Arbeit» mehr gibt. Für Paul Mason sind «die langfristigen Aussichten für den Kapitalismus schlecht», weil die Welt von vielfältigen wirtschaftlichen, sozialen und politischen Krisen erschüttert werde, die bald einen langsamen Übergang aus dem Kapitalismus heraus einleiten würden.[115] Oder ist der Kapitalismus eine Supernova, ein «Stern, der unmittelbar vor seinem Tod mit einem grellen Lichtblitz explodiert»?[116] Wie schwerwiegend die ökologischen und sozialen Krisen sind, ist zu Beginn des 21. Jahrhunderts deutlich sichtbar, und das legt ein bevorstehendes Ende des Kapitalismus nahe. Andererseits haben schlaue Leute in der gesamten Geschichte des Kapitalismus immer wieder sein Ende prognostiziert. Er kann sich einer Reihe von Nachrufen rühmen, die fast zweihundert Jahre zurückreichen und aus dem gesamten politischen Spektrum von Karl Marx bis Joseph Schumpeter stammen.

Wenn wir die Entwicklungsgeschichte des Kapitalismus selbst als Maßstab nehmen, ist es denkbar, dass, was immer nach dem Kapitalismus kommt, lange brauchen wird, um sich zu entwickeln, und über einen langen Zeitraum mit dem Kapitalismus verflochten sein wird, so wie der Kapitalismus über Jahrhunderte hinweg in nicht kapitalistische Gesellschaften eingebettet war. In dieser alten Ordnung trat der Kapitalismus zunächst auf Inseln auf, manche real, wie Barbados, andere metaphorisch. Mit der Zeit breiteten sich diese Inseln ins Hinterland aus, knüpften Verbindungen mit anderen Inseln und deren Hinterland und schließlich auch mit der staatlichen Macht. Doch zwischen dem Auftauchen dieser Inseln und der Ausbildung der «kapitalistischen Gesellschaft» in den 1850ern lagen Jahrhunderte. Inseln von Kapitaleignern existierten tief im Zeitalter der Tributherrschaft, von der Überbleibsel wiederum bis heute überdauert haben.

Vielleicht wird das Ende des Kapitalismus verlaufen wie seine Entstehung. Neue nicht kapitalistische Inseln werden entstehen, sich irgendwann miteinander verbinden und dann gemeinsam eine andere Art von Gesellschaft ausbilden. Solche Inseln gibt es bereits: nicht kommodifizierte Räume – von Sozialwohnungen über staatliche Schulen bis zu Büchereien – existieren schon. Der Wohlfahrtsstaat hat eine Sphäre geschaffen, die jenseits der Logik des Marktes liegt. Experimente mit einem bedingungslosen Grundeinkommen lassen darauf schließen, dass eine Lebenshaltung ohne Teilnahme am Markt möglich ist. In sehr viel kleinerem Maßstab werden überall Räume abseits des Kapitalismus aufgebaut, von Kommunen bis zu alternativen Lebensformen. Eine Bewegung in Japan arbeitet an der Entwicklung des «Satoyama-Kapitalismus». Sein bekanntester Verfechter, Kosuke Motani, hat ein Buch mit diesem Titel veröffentlicht, in dem er für neue Formen des Wirtschaftslebens wirbt, die entstehen können, wenn man große Unternehmen meidet, Landwirtschaft wieder in kleinerem Maßstab betreibt, in kleineren Netzwerken produziert und sich austauscht und mit einem deutlich reduzierten ökologischen Fußabdruck lebt. Von diesem Buch verkaufte er 400 000 Exemplare.[117] In der italienischen Kleinstadt Rima, hoch oben in den Lombardischen Alpen, wurde das Konzept des Gemeinschaftsbesitzes wiederbelebt entsprechend der historischen «Vorstellung von Besitz, der den kollektiven Bedürfnissen der Gemeinschaft zur Verfügung steht».[118] In den 2010er Jahren regten die sogenannten Blauen Zonen, die für die Langlebigkeit ihrer Bewohner bekannt sind, die Fantasie vieler Menschen an. Eine davon ist die griechische Insel Ikaria, die sich dadurch unterscheidet, dass die Menschen dort die Natur schützen, lokaler Produktion Vorrang geben und enge soziale Bindungen zwischen den Bewohnern fördern, die außergewöhnlich alt werden und die kapitalistische Logik, nach der alles kommerzialisiert und auf einem Markt angeboten werden soll, von sich fernhalten.

Soziale Bewegungen oder einzelne Menschen können Räume jenseits des Kapitalismus erschaffen, aber manchmal machen das auch Regierungen, weil solche Räume notwendig werden, damit der Kapitalismus seine Dynamik erhalten kann. Gesehen haben wir das schon während der Großen Depression in den 1930er Jahren. Der Kapitalismus selbst kann Druck ausüben, damit Räume erschaffen oder erweitert werden, die jenseits seiner

Logik liegen – so wie die Ordnung der Tributherrschaft zunehmend auf die kapitalistische Logik angewiesen war, um die eigene Reproduktionskrise hinauszuzögern. Heute könnte die ökologische Krise ganz ähnlich eine Reaktion jenseits des Kapitalismus erfordern. Um die wirtschaftliche Logik des Kapitalismus zu retten, könnte es also notwendig werden, in wesentlichen Punkten einer anderen Logik zu folgen. Der Soziologe Erik Olin Wright glaubt, der Kapitalismus werde ausgehöhlt, wenn in seiner Mitte alternative Logiken entstehen, die sich langsam und zermürbend von innen nach außen ausdehnen.[119] Geschähe das tatsächlich, würde es die Entstehungsgeschichte des Kapitalismus vor einem halben Jahrtausend direkt spiegeln. Doch anders als damals stehen solche Langzeitszenarien angesichts der ökologischen und sozialen Krisen, die sich im Hier und Jetzt entfalten, womöglich gar nicht zur Debatte. Obwohl ich im gesamten Buch darauf beharre, dass die Flexibilität des Kapitalismus die Grundlage für seine immense Dynamik ist, zeigt er sich in einer Hinsicht doch dogmatisch: Er beruht darauf, dass immer mehr Kapital angehäuft wird. Expansionismus ist nicht nur eine Option, sondern eine Notwendigkeit.

IN FERNER Zukunft, so wir sie denn erleben, werden Historiker, die jetzt noch nicht geboren sind, auf unsere Zivilisation ebenso zurückblicken, wie wir auf die Zivilisationen vor uns. Sie werden unsere Art zu denken und zu sein nur schwer verstehen. Vielleicht bewundern sie uns für unsere Errungenschaften, vielleicht geben sie uns die Schuld für die langfristigen Folgen der Welt, die wir erschaffen haben. Vielleicht verstehen sie nicht, warum wir einem von Menschen geschaffenen Gott Opfer gebracht haben, der die Existenz unserer Art bedroht. Vielleicht werden sie fragen, wie wir es zulassen konnten, dass ein winziger Anteil der Weltbevölkerung über einen so großen Anteil der Ressourcen der Welt verfügen konnte. Womöglich verstehen sie nicht, wie wir so viel Mangel inmitten des beispiellosen Überflusses zulassen konnten.

Wenn sie gute Historiker sind, werden sie jedoch versuchen, uns nach unseren eigenen Kategorien zu verstehen. Sie werden mit ihren Büchern Leser in die Tiefen einer wahrhaft verwirrenden vergangenen Zivilisation führen, die um eine Logik errichtet war, die diesen Besuchern aus einer zukünftigen Welt zweifellos seltsam erscheinen wird. Indem sie uns rätselhaft finden, werden sie uns und vielleicht auch sich selbst besser verstehen.

Danksagungen

Dieses Buch stützt sich, ganz wie der Kapitalismus, auf die Arbeit, die Ressourcen und die Kreativität von Menschen und Institutionen auf allen Kontinenten. Ohne ihre Hilfe wäre die beherzte Idee, eine Globalgeschichte des Kapitalismus zu schreiben, von den Anfängen bis heute, ein Traum geblieben.

Historische Forschung lässt an einsame Tage in staubigen Archiven denken, aber sie ist auch viel mehr: Ich wanderte stundenlang unter der fachmännischen Führung von Bianka Vidonja Balanzategui, der Tochter eines Zuckerrohrschneiders, durch die Zuckerrohrfelder bei Ingham in Australien; ich lernte eine Menge über die Geschichte von Barbados von William Ward, der mich in die abgelegensten Gegenden seiner Insel fuhr. Auch wurde Glasgows Geschichte bei einem Regenspaziergang unter der kundigen Führung von Stephen Mullen wieder lebendig. In Mumbai hatte ich das Glück, dass mich Vrunda Pathare bei meiner Arbeit in den Godrej Archives anleitete, bevor ich beim Abendessen ein fantastisches Gespräch mit der Familie Godrej hatte; in Kampong Saom profitierte ich von den adleräugigen Beobachtungen des lokalen Lehrers; und in Völklingen lief ich über das Gelände des gewaltigen Stahlwerks, das die Familie gebaut hatte, die in meiner Analyse der zweiten industriellen Revolution eine so wichtige Rolle spielen sollte.

Der Historiker Marc Bloch schrieb einmal, eine sorgfältige Beobachtung der Welt sei für ein Verständnis der Geschichte genauso wichtig wie die in Archiven und Bibliotheken verbrachte Zeit. Er hat recht. Vor Sonnenaufgang vor den Fabriktoren in der unmittelbaren Umgebung von Phnom Penh zu stehen, vermittelte ein Bild vom Ausmaß der heutigen (und historischen) Proletarisierung, wie es keine noch so ausführliche Lektüre vermocht hätte; ein Gang über die Plantage der Familie Drax auf Barbados, die immer noch von Zuckerrohrfeldern umgeben ist, brachte die Gespenster der Sklaverei zurück; der Blick auf die in die Jahre gekommenen Beaux-Arts-Gebäude im Zentrum von Rio de Janeiro war wie ein Fenster in die Welt des frankophilen Bürgertums des 19. Jahrhunderts; am Ufer des Senegal-Flusses zu sitzen, vermittelte mir eine Vorstellung von der Welt des frühen merkantilen Kolonialismus, in dem afrikanische und französische Händler die Produkte der europäischen und indischen Proto-Industrialisierung gegen Güter aus einem riesigen Hinterland austauschten; durch einen Gang über die Teststrecke auf dem Dach der Turiner Lingotto-Fabrik bekam ich ein Gefühl für die gewaltigen Ausmaße moderner Industriegebäude; und die Lagerhäuser, Herrenhäuser, Kirchen und Moscheen von Buchara, Samarkand, Florenz, Venedig, Genua, Kairo und Amsterdam vermittelten Einsichten in den Reichtum und die Macht der mittelalterlichen und frühmodernen Kaufleute, die sich selbst in den Beständen der besten Bibliotheken der Welt nicht gewinnen lassen. Erst als Klaus Weber mich mit nach Jelenia Góra nahm, konnte ich mir den täglichen Aufmarsch der verarmten Weber auf dem Marktplatz der Stadt im 18. Jahrhundert vorstellen. Und als ich in den Gassen der mexikanischen Stadt Valladolid eine in den 1830er Jahren errichtete Baumwollspinnerei entdeckte, spürte ich die enorme Macht der neuen Fabrikationstechniken und ihre schnelle Eroberung der Welt des 19. Jahrhunderts.

Ich bin glücklich, den vielen Menschen und Institutionen endlich richtig danken zu können, die dieses Buch möglich gemacht haben. Zuerst muss ich den Bibliothekaren und Archivaren danken, die die Materialien aufbewahren und zugänglich machen, auf die sich mein Buch stützt. In Indien sind das die Mitarbeiter des Nationalarchivs, der Nehru Memorial Library in Neu-Delhi, der Maharashtra State Archives und der Godrej Archives in Mumbai. In Australien hatte ich das Glück, die Materialien in den New South Wales State Archives und der State Library of New South Wales in Sydney sowie das historische Archiv an der James Cook University in Townsville benutzen zu können. Auf Barbados verbrachte ich eine fruchtbare Woche im Nationalarchiv des Inselstaats. Ich forschte im Nationalarchiv der Vereinigten Staaten und des Vereinigten Königreichs; ich studierte die Bestände des Archivs der Universität von Glasgow und des Glasgower Stadtarchivs; in Völklingen besuchte ich unter der fachmännischen Führung von Michael Röhrig das Stadtarchiv und das von Antje Fuchs geführte historische Archiv der Saarstahl AG; danach besuchte ich das Landesarchiv des Saarlands in Saarbrücken. In Berlin zog ich den Bestand des Bundesarchivs und das Archiv des Auswärtigen Amts zu Rate; in Aix-en-Provence hatte ich einen produktiven Forschungsaufenthalt im Centre des Archives d'Outre Mer; und in Turin bekam ich Zugang zum historischen Archiv von Fiat. In Newport, Rhode Island, konnte ich die Kaufmannsunterlagen im Archiv der Newport Historical Society einsehen; und in Solingen bekam ich Zugang zum Bestand des Stadtarchivs und konnte vom fachmännischen Rat seines Leiters Ralf Rogge profitieren; Janine Aures half mir, mich im Stadtarchiv von Frankfurt zurechtzufinden. In Rio de Janeiro konnte ich das brasilianische Nationalarchiv, die Biblioteca Nacional und das Instituto Histórico e Geográfico Brasileiro besuchen. Ich fand wichtige Dokumente im Archivo de Indias in Sevilla; und in Dakar hatte ich die Gelegenheit, einige außerordentliche Bestände der Archives Nationales du Senegal einzusehen. Ich stützte mich außerdem auf die digitalen Dokumente vieler Archive und Bibliotheken, einschließlich derer der Biblioteca del Congreso Nacional de Chile in Santiago und des Archivo Histórico Nacional in Madrid.

Geschichtsforschung von dem Ausmaß, wie sie für dieses Buch nötig war, ist teuer, und ich hatte das Glück, von verschiedenen Seiten gefördert zu werden. Ich danke der Harvard University für ein Stipendium aus dem Dean's Competitive Fund for Promising Scholarship, das später durch ein Forschungsstipendium des Weatherhead Center for International Affairs ergänzt wurde. Die Ford Foundation unterstützte großzügig das Projekt in seiner zweiten Hälfte, und ich danke ihrem Präsidenten Darren Walker für seine Begeisterung und Juliet Mureriwa dafür, dass sie die Förderung zu einer rundherum fantastischen Erfahrung gemacht hat. Schon früh erhielt ich von der Gerda-Henkel-Stiftung dringend benötigte Mittel für meine Reisen.

Für einen Wissenschaftler ist Zeit die wichtigste Ressource. Ich hatte das Privileg, von vielen Institutionen gefördert zu werden, was mir die Zeit zum Forschen und Schreiben verschaffte. Alles begann mit einer Fellowship von re:work an der Humboldt-Universität in Berlin, einem außerordentlich dynamischen internationalen Forschungszentrum, das sich mit der langen Geschichte der Arbeit befasst. Seine Leiter Andreas Eckert und Jürgen Kocka sorgten für eine Gemeinschaft, in der ich Zeit zum Denken hatte, während ich mit einer Gruppe von Wissenschaftlern aus aller Welt zusammenarbeitete, die sich für die Geschichte des Kapitalismus interessierten und sie mit Sorgfalt und Hingabe verstehen wollten. Später verbrachte ich ein Semester am Netherlands Institute for Advanced Study in Amsterdam, wo ich davon profitierte, die Globalgeschichte des Kapitalismus mit Ulbe Bosma, Eric Vanhaute und Mindi Schneider, einer Gruppe gleichgesinnter Kollegen und Freunde, diskutieren zu können. Danach war ich als von der EU finanzierter Marie Curie Fellow ein Semester lang am Freiburg Institute for Advanced Studies (FRIAS). Das FRIAS war auch so großzügig, mich während des größten Teils der COVID-Jahre und danach jeden Sommer zu beherbergen, und wurde so zu dem Ort, wo der größte Teil des Buchs geschrieben wurde. Seine Direktoren, zuerst Bernd Kortmann und dann Ralf von den Hoff, haben ein Setting geschaffen, das akademischer Arbeit ausgesprochen förderlich ist. Ohne das FRIAS wäre dieses Buch nicht entstanden. Schließlich konnte ich dank einem Sabbaticalstipendium des Weatherhead Center for International Affairs ein Jahr an einer weiteren exzellenten europäischen Institution verbringen, dem European University Institute in der wunderschönen Stadt Florenz. Dort hatte ich das Glück, in ein akademisches Umfeld zu kommen, wo sich Lehrende wie Studierende darum bemühten, die Globalgeschichte des Kapitalismus zu verstehen. Ihr Einfluss ist auf vielen Seiten dieses Buchs zu spüren. Ich danke Regina Grafe, Giorgio Riello, Glenda Sluga, Corinna Unger und Fabrizio Borchi herzlich für ihre Gastfreundschaft.

Ein Buch dieses Umfangs und dieser Größe kann nicht ohne die Unterstützung anderer geschrieben werden, und ich hatte das Glück, mit einer talentierten Gruppe von Forschungsassistenten zusammenzuarbeiten, von denen viele inzwischen selbst wichtige historische Arbeiten veröffentlicht haben. Besonders möchte ich vier Studierenden danken, die viele Jahre mit dem Projekt verbunden waren und außerordentlich wertvolle Arbeit geleistet haben, indem sie mir halfen, Teile der Geschichte des Kapitalismus zu verstehen. Alexandra Leonzini war von Anfang an dabei und half mir viele Jahre lang, eine ungeheure Vielfalt von Orten und Augenblicken in der Geschichte des Kapitalismus zu erforschen. Sie starb letztes Jahr eines tragischen Todes, als sie in Südkorea für ihre Dissertation recherchierte. Ihre hervorragende Arbeit ist an vielen Stellen in dieses Buch eingeflossen. Marten Dondorp, der zuerst in Amsterdam und später in Cambridge weilte, schreibt eine wichtige Dissertation über die Expansion des Kapitalismus in Asien und war ebenfalls fast von Anfang an dem Projekt beteiligt. Er half mir, als ich die ersten Schritte machte, die Geschichte der Niederlande zu entwirren, und bei vielen anderen Dingen. Angela Yan schloss sich dem Team auf halbem Wege an und leistete seitdem exzellente Arbeit, indem sie komplexe Debatten ergründete und bis ins kleinste Detail auswertete und außerdem ganz allein jede einzelne Grafik in diesem Buch entwarf. Sie wird an der University of Toronto ihren Doktor machen. Ganz zum Schluss kam in Freiburg David Fetzer an Bord; er hatte gerade für seine Doktorarbeit über eine vergleichende Geschichte verschiedener nationalistischer Bewegung recherchiert und leistete außerordentlich gute Arbeit, indem er sehr kurzfristig vermutlich Hunderte von Fragen beantwortete und die Genehmigungen für die beinahe 300 Illustrationen besorgte, die das Buch schmücken.

Viele weitere Studierende halfen mir in den vergangenen Jahren, große und kleine Probleme zu lösen. In Harvard gehörten dazu Abraham Atwood, Natalie Behrends, Aaron Bekemeyer, Anne Brandes, Chambi Chachage,

Joane Chaker, Raghav Chopra, Christine Corcoran, Mathew DeShaw, Shruti Gautam, Matteo Giardano, Jordan Howell, Allison Jones, Stephanie Leitzel, Ifeosa Anwulika Nkem-Onyekpe, Samantha Payne, Sanjay Paul, Franco Paz, Elena Shadrina, Rachel Steely, Jesus Solis und Elmo Tumbokon. Außerdem profitierte ich von der Hilfe von Breno Tommasis in Rio de Janeiro; David Avilés Espinoza in Santiago de Chile; Michael Thornton in New Haven; Jacob Pomerantz in Barbados; Marie Bergmann in Newport; Giovanni Santoro in Turin; Verena Muth in Wien; Israel Garcia Solares in Mexico City; Luisa Fernanda Rojas Monroy in Bogotá; Peter Aiken in Glasgow; Shay Prasad in London; Salma Abouelhossein in Kairo; Jibran Anand in Mumbai; Nila Krishnamurthy in Cambridge; Roland Muntschick und Paulina Malys in Freiburg; James Watson in Sydney; Rebecca Orr und Lucile Boucher in Florenz; Luke Robert und Alex de Jong in Amsterdam; Julio Decker, Felix Dietzsch, Felix Fugh, Felicitas Hentschke, Lorena López Jáuregui und Anne Zetsche in Berlin; Joanna Szczepankowska in Warschau; Francisco Amor in Sevilla; und David Sourdillon in Paris.

Viele Menschen halfen mir, die Geschichte des globalen Kapitalismus zu verstehen und dieses Buch zu schreiben. Ich hätte ohne ihre Einsichten und ihre Unterstützung nicht auskommen können. Schon vor langer Zeit brachten mich Alfred D. Chandler Jr. und Thomas K. McCraw, zwei Historiker an der Harvard Business School, erstmals auf den Gedanken, meine Arbeit als Teil eines Projekts zu betrachten, das sie als «Geschichte des Kapitalismus» bezeichneten. Dieses Buch ist das lange verschobene Ergebnis ihrer Ermutigung. Viele Jahre später redigierte Martha Schulman sorgfältig und mit großer Geduld jedes einzelne Kapitel dieses Buches und verbesserte es stark in Dingen, die so klein sind wie ein Komma und so groß wie eine Idee. Auf Barbados half mir Christen Cwik, in die Recherchen einzusteigen, und stellte mich William Ward vor, der mir mit seinem großen Wissen über die Insel sehr viel beibrachte. Er machte mich außerdem Philip Whitehead bekannt, der mit mir eine Führung durch die Zuckerplantage Drax Hall machte. Anka Steffen, heute in Wien, informierte mich großzügig über ihre wichtige Arbeit zur schlesischen Leinenindustrie und beantwortete geduldig meine allzu vielen Fragen. Tanja Seelbach führte mich in die Welt des Buchmarktes ein. Sven Hansen und Yuko Shimazaki halfen mir, mich in Kambodscha zurechtzufinden, und machten mich mit vielen Menschen bekannt, die großzügig ihre Zeit und ihre Einsichten über die Geschichte dieses Landes mit mir teilten, aber ungenannt bleiben wollen. Roxani Margaritis Forschungsarbeit war mir bei der Erkundung des mittelalterlichen Handels in der arabischen Welt unentbehrlich; sie half mir, seine Geschichte bei einem wunderbaren Mittagessen in Athen zu verstehen. Guanmian Xu ließ mich großzügig von seiner unveröffentlichten Arbeit über taiwanischen Zucker profitieren. Außerdem hatte ich das Glück, dass ich auf die Einsichten und die Unterstützung einer Gruppe von Kollegen und Freunden im Senegal bauen konnte. Insbesondere scheuten Babacar Fall, Lamine Faye, Omar Gueye und Mamoudou Sy keine Mühe, um mir Zugang zu den Quellen über die Geschichte dieses Teils der Welt zu verschaffen und mir bei ihrem Verständnis zu helfen. In Brasilien waren Rafael Marquese, Tamis Paron und Marcelo Ferraro stets bereit, mir Fragen über Lateinamerika zu beantworten und ihre brillanten Einsichten über die Geschichte des Kapitalismus mit mir zu teilen. In Indien hatte ich das große Glück, von seiner außerordentlich reichen Tradition historischer Wissenschaft zu profitieren, und ich kam in den Genuss der Gastfreundschaft und Freundschaft von Aditya und Mridula Mukherjee, Prabhu Mohapatra und Chitra Joshi. In Daressalam zeigte mir Mohamed Said ein Bild aus seiner privaten Sammlung und erlaubte mir, es in meinem Buch zu benutzen. Der Historiker Hongzhe Sun hat mich zuerst in Cambridge und dann in Beijing unterstützt. Er half mir bei der Verwendung chinesischer Quellen und war mir dann behilflich, die Rechte für die Verwendung chinesischer Bilder zu erwerben. Koen Stapelbroek machte mich mit der Geschichte und dem Archiv von Townsville in Queensland in Australien bekannt, und Bettina und Moritz von Bethmann erlaubten mir, das Archiv ihres entfernten Vorfahren Jean-Jacques Bethmann zu benutzen. Besonderer Dank geht auch an die historischen Archive von BMW und Saarstahl, deren Bereitschaft zur Veröffentlichung historischer Dokumente über die Beteiligung ihrer jeweiligen Firma an einigen der schlimmsten Verbrechen in der Geschichte sich wohltuend von der mangelnden Bereitschaft der katholischen Kirche in Cádiz unterschied, Bilder freizugeben, die ein schlechtes Licht auf ihre Geschichte werfen. Wolfgang Ludwig, Doris Wolf und Johannes Zuber sorgten dafür, dass ich bei einem herausfordernden und manchmal beschwerlichen Projekt am Ball bleiben konnte. Ein großes Dankeschön geht auch an Matthias Kilian-Jacobsohn für Hilfe in letzter Minute und seine schon sehr lange währende Freundschaft. Danken will ich auch den Herausgebern des *American Historical Review* für die Erlaubnis, Teile eines Artikels nachzudrucken, den sie ursprünglich 2017 veröffentlicht hatten. Zu guter Letzt möchte ich die Schriften von Generationen von Wissenschaftlern anerkennen, die wichtige Teile der Geschichte des Kapitalismus analysiert haben und ohne deren Arbeit ich dieses Buch nicht hätte schreiben können.

An der Harvard University hatte ich das große Privileg, von unterstützenden Kollegen und engagierten Mitarbeitern umgeben zu sein. Niemand hatte mehr Einfluss auf meine Art von «doing history» als mein Freund und langjähriger Kollege Charles Maier. Er lehrte mich, wie man über große Prozesse von globalem Ausmaß nachdenkt und dass es auf diesem Gebiet jeden Tag etwas Neues zu lernen gibt. Wir haben außerdem zusammen ein wissenschaftliches Projekt gestartet, das mir lieb und teuer ist: die Weatherhead Initiative on Global History; sie bot die Möglichkeit, viele der Fragen, die dieses Buch bewegen, mit einer Gruppe von Postdoc-Stipendiaten aller Kontinente zu diskutieren. William Kirby hat mehr als irgendjemand sonst dafür getan, dass ich eine akademische Karriere hatte, die ich nie für möglich gehalten hätte, und er hat mir großzügig geholfen, mich an der modernen Universität zurechtzufinden, über die er selbst mit so großen Einsichten schreibt. Dean Laura Fisher verdient ebenfalls eine besondere Erwähnung; ich bin ihr zutiefst dankbar für alles, was sie für mich getan hat. Dadurch, dass ich viele Jahre lang gemeinsam mit Christine Desan von der Harvard Law School lehrte, habe ich begriffen, wie wichtig der Staat bei jedem Schritt in der Geschichte des Kapitalismus gewesen ist. Cemal Kafadar hat mir geholfen, die Klippen der osmanischen Geschichte zu umschiffen; Sugata Bose ist stets bereit, jede meiner Fragen zur indischen Geschichte zu beantworten (und ich habe viele); Lorenzo Bondioli teilte seine stets erhellenden Einsichten über die großen Fragen bezüglich des Kapitalismus immer und half mir außerdem mit den kleinsten Details zur mittelalterlichen Geschichte. Alexander Keyssar war schon ganz am Anfang dabei, als wir vor allzu vielen Jahren zusammen unser erstes Seminar über den amerikanischen Kapitalismus gaben, und er blieb mir bis letzten Sommer erhalten, als er mir eine weitere Runde Feedback zum fertigen Manuskript gegeben hat. Vielen Dank euch allen! Meine Verleger sind in den letzten Jahren extrem geduldig gewesen, aber als sie endlich das Manuskript bekamen, wirkten sie ihre Magie auf Arten, wie man sie im modernen Verlagswesen selten erlebt. Ich danke Scott Moyers und Mia Council von Penguin Press in New York und Simon Winder im Londoner Büro von Penguin für ihre aufmerksame, gründliche und immer ermutigende Beschäftigung mit dem Manuskript.

Die deutsche Ausgabe, die Sie in den Händen halten, ist das Resultat eines ungeheuren Einsatzes an Zeit und Kreativität, und Clara Polley von Rowohlt hat das Schiff der Produktion und des Lektorats mit enormem Einsatz und großer Ruhe gesteuert. Danke! Ein Dankeschön außerdem an Frank Pöhlmann, Katrin Finkemeier und Simon Methner von Rowohlt. Ein großer Dank gebührt auch den Übersetzern – Helmut Dierlamm, Werner Roller, Sigrid Schmid und Thomas Stauder –, die den Text so einfühlsam ins Deutsche übertragen haben, sowie den beiden Lektoren, Karin Schneider und

Christof Blome. Und natürlich begann der gesamte Prozess mit meinem hervorragenden Agenten Don Fehr bei Trident. Ihrer aller Arbeit weiß ich sehr zu schätzen.

Schreiben ist oft ein einsames Geschäft, doch sein Ergebnis: dieses Buch, resultiert auch aus zahllosen Diskussionen und einem endlosen Strom von Kommentaren und Feedback. Niemand war dabei wichtiger als Charles Forcey, dessen historische Imagination und Fähigkeit, selbst extrem komplexe Argumente in eine verständliche Prosa zu bringen, einfach unvergleichlich ist. Wir diskutierten viele Jahre lang jedes Kapitel, jede Seite und manchmal jedes Wort des Buches, und am Schluss stand ein einwöchiges Gespräch in Florenz. Danke, Charlie, dass du immer da warst!

Danken möchte ich auch den vielen Menschen, die das ganze Manuskript oder Teile davon lasen und mir wertvolles Feedback gaben, so etwa Debjani Bhattacharyya, Elizabeth Blackmar, Ulbe Bosma, Moritz von Brescius, Franz-Josef Brüggemeier, Eli Cook, Bettina Engels, Johanna Gautier-Morin, Lea Haller, Arno Herzig, David Howe, Marcel van der Linden, Noam Maggor, Julia McClure, Dinyar Patel, Dieter Plehwe, Michael Ralph, Sophus Reinhart, Seth Rockman, Eric Vanhaute und Cyrus Veeser.

In den letzten paar Jahren hatte ich außerdem das Privileg, vom Feedback von Zuhörern aus aller Welt profitieren zu können. Wissenschaftler in Belfast, Amsterdam, Berlin, Freiburg, Beijing, Florenz, Tokio, Mumbai, Cambridge, Bloomington, Providence, Saint-Louis (Senegal), Jerusalem, Townsville und Boston halfen mir in lebhaften Gesprächen, meine Gedanken zu verfeinern. Besonders angenehme Erinnerungen habe ich an Sophus Reinerts *Holmgang*-Seminar an der Harvard Business School und an eine einwöchige Diskussion über globalen Kapitalismus mit Studierenden und Lehrenden an der University of Sydney, die von Hannah Forsyth und Sophie Loy-Wilson möglich gemacht wurde. Die intensivsten Diskussionen des Manuskripts fanden jedoch 2024 an der Harvard University mit den erstaunlich begabten Studierenden meiner Seminare über Global History und Global Capitalism statt.

In meiner Familie leisteten außer der Katze und dem Hund alle ihren Beitrag, um dieses Buch möglich zu machen. Lisa McGirr war immer da und las jedes Kapitel einmal und dann noch einmal (und dann vielleicht noch einmal); ihre scharfen Beobachtungen und treffenden Verbesserungsvorschläge haben das Buch sehr viel besser gemacht, und ihre Liebe hat es überhaupt erst ermöglicht. Unsere Kinder Noah und Pascal engagierten sich von Anfang an für das Projekt und trugen, als es sich entfaltete, kleine und große Ideen dazu bei. Sie werden wohl oder übel in der Welt leben müssen, deren Entstehung dieses Buch erzählt. Ich widme es ihnen in Liebe und Bewunderung.

Abkürzungen

AGI: Archivo General de Indias, Sevilla, Spanien
AHN: Archivo Histórico Nacional, Madrid, Spanien
AHR: American Historical Review
ANOM: Archives Nationales d'Outre-Mer, Aix en Provence, Frankreich
ANS: Archives Nationales du Sénégal, Dakar, Senegal
BA Berlin: Bundesarchiv Berlin
BNA: Barbados National Archives, St. Michael, Barbados
BNRio: Biblioteca Nacional, Rio de Janeiro, Brasilien
CSF: Centro Storico Fiat, Turin, Italien
GAM: Godrej Archives, Mumbai, Indien
GCA: Glasgow City Archives, Mitchell Library, Glasgow, Großbritannien
HER: Economic History Review
HMMCR: Hunt's Merchants' Magazine and Commercial Review
JAH: Journal of American History
JEH: Journal of Economic History
JGH: Journal of Global History
LAS: Landesarchiv Saarbrücken, Deutschland
MSA: Maharashtra State Archives, Mumbai, Indien
NAB: National Archives of Brazil, Rio de Janeiro, Brasilien
NAI: National Archives of India, New Delhi, Indien
NARA CP: National Archives of the United States, College Park, Maryland
NMML: Teen Murti, Nehru Memorial Museum and Library, New Delhi, Indien
NYHS: New York Historical Society
NYT: New York Times
SAS: Stadtarchiv Solingen, Deutschland
SAV: Stadtarchiv Völklingen, Deutschland
UGA: University of Glasgow Archives & Special Collections, Großbritannien
VH: Archiv der Saarstahl AG, Völklingen, Deutschland

Anmerkungen

Vorwort

1 Timothy Morton, *Hyperobjects: Philosophy and Ecology After the End of the World*, Minneapolis 2013. **2** Zit. nach Isabella M. Weber, *How China Escaped Shock Therapy: The Market Reform Debate*, London 2021, S. 36.

Einleitung

1 Die Zitate stammen aus James Kendall Hosmer (Hg.), *Winthrop's Journal: «History of New England», 1630–1649*, Bd. 1, New York 1908, S. 315–18. Zu diesem Fall siehe Bernard Bailyn (Hg.), «The Apologia of Robert Keayne: Last Will and Testament», in: Walter Muir Whitehill (Hg.): *Transactions of the Colonial Society of Massachusetts*, Bd. 42, Boston 1964, S. 243–341; Ders., *The New England Merchants in the Seventeenth Century*, Cambrigde (MA) 1955, S. 35–44; Ders., «The Apologia of Robert Keayne», *William and Mary Quarterly* 7 (1950) 4, S. 568–87; Stephen Innes, *Creating the Commonwealth: The Economic Culture of Puritan New England*, New York 1995, S. 163–91; Mark Valeri, *Heavenly Merchandize: How Religion Shaped Commerce in Puritan America*, Princeton 2010, S. 11–73. Zur Verurteilung siehe Nathaniel B. Shurtleff (Hg.), *Records of the Governor and Company of the Massachusetts Bay in New England*, Bd. 1, Boston 1853, S. 281; Zum Wert von 200 £ im Jahr 1639 siehe «Currency Converter: 1270–2017», National Archives, abgerufen am 15. 1. 2024, url: https://www.nationalarchives.gov.uk/currency-converter/#currency-result. Das einzige Jahr, für das diese Angaben verfügbar waren, war das Jahr 1640. **2** Das ist Winthrops Erinnerung an eine Rede von John Cotton zu diesem Fall. Siehe Hosmer, *Winthrop's Journal*, S. 317 f. **3** Bailyn, «The Apologia of Robert Keayne: Last Will and Testament», S. 294, 299, 310. **4** Branko Milanovic, *Capitalism, Alone: The Future of the System That Rules the World*, Cambridge (MA) 2019. **5** Siehe Karl Polanyi, *The Great Transformation: Politische und ökonomische Ursprünge von Wirtschaftssystemen*, Frankfurt a. M. 1978, S. 90 f. S. a. Eren Duzgun, «Capitalism, Jacobinism and International Relations: Re-Interpreting the Ottoman Path to Modernity», *Review of International Studies* 44 (2018) 2, S. 259. **6** «Die Zukunft des Kapitalismus» war eine 2009 in der *FAZ* veröffentlichte Reihe; Paul Polman, «Business, Society, and the Future of Capitalism», *McKinsey Quarterly* (2014) 3, S. 170. Zum Treffen in Davos siehe z. B. Tim Weber, «Davos 2012: Has Capitalism Got a Future?», *BBC News*, 24. 1. 2012. **7** Jennifer Schuessler, «Cheeseburgers, Oil and Minimum Wage: Building a Museum of Capitalism», *NYT*, 13. 11. 2019; Ben Dooley/Hisako Ueno, «Can Shrinking Be Good for Japan? A Marxist Best Seller Makes the Case», *NYT*, 23. 8. 2023; Sven Astheimer, «Deutsche zweifeln am Kapitalismus», *FAZ*, 21. 1. 2020. Zu ähnlichen Zahlen im Vereinigten Königreich siehe «Trust Barometer 2020: Capitalism in the Dock», *Edelman*, abgerufen am 29. 9. 2023, url: https://www.edelman.co.uk/research/trust-barometer-2020-capitalism-dock. Siehe auch Lydia Saad, «Socialism as Popular as Capitalism Among Young Adults in U. S.», *Gallup*, 25. 11. 2019, url: https://news.gallup.com/poll/268766/socialism-popular-capitalism-among-young-adults.aspx; Max Ehrenfreund, «A Majority of Millennials Now Reject Capitalism, Poll Shows», *Washington Post*, 25. 4. 2016; Paul Mason, *Postcapitalism: A Guide to Our Future*, New York 2016; Immanuel Wallerstein (Hg.), *Does Capitalism Have a Future?*, Oxford 2013; Wolfgang Streeck, «How Will Capitalism End?», *New Left Review* (2014) 87, S. 35–64; Ulrike Hermann, *Das Ende des Kapitalismus?*, Köln 2022; Fabian Scheidler, *Das Ende der Megamaschine: Geschichte einer scheiternden Zivilisation*, Wien 2020. **8** Zit. nach Will Daniel, «‹We May Be Looking at the End of Capitalism›: One of the World's Oldest and Largest Investment Banks Warns ‹Greedflation› Has Gone Too Far», *Fortune*, 5. 4. 2023.

9 Solch eine Lesart findet man bspw. bei Steven Pinker, *Aufklärung jetzt: Für Vernunft, Wissenschaft, Humanismus und Fortschritt. Eine Verteidigung*, Frankfurt a. M. 2018. Einen Überblick verschiedener Interpretationen und dazugehöriger Debatten bieten Sven Beckert/Seth Rockman (Hgg.), *Slavery's Capitalism: A New History of American Economic Development*, Philadelphia 2016. **10** Jürgen Kocka, «Durch die Brille der Kritik: Wie man Kapitalismusgeschichte auch schreiben kann», *Journal of Modern European History* 15 (2017) 4, S. 480–88; Michael Mauke, *Die Klassentheorie von Marx und Engels*, Frankfurt a. M. 1970, S. 53–55, 112; Albert O. Hirschman, *Rival Views of Market Society and Other Recent Essays*, New York 1986, S. 105–41; Jerry Z. Muller, «Justus Möser and the Conservative Critique of Early Modern Capitalism», *Central European History* 23 (1990) 2/3, S. 153–78; Isabella M. Weber, «Neoliberal Economic Thinking and the Quest for Rational Socialism in China: Ludwig von Mises and the Market Reform Debate», *Journal of the History of Ideas* 83 (2022) 2, S. 333–56; Yan Sun, *The Chinese Reassessment of Socialism, 1976–1992*, Princeton 1995, S. 95–152, 206–208. **11** Jason W. Moore (Hg.), *Anthropocene or Capitalocene?: Nature, History, and the Crisis of Capitalism*, Oakland 2016. Zur Bedeutung der neolithischen Revolution für das Verständnis der Geschichte des Kapitalismus s. a. Jim Henle, «Capitalism in the Light of the Neolithic Revolution», unveröffentlichter Beitrag 2021; Eric Vanhaute, *Peasants in World History*, London 2021, S. 12 f. **12** Pierre Bourdieu, *Über den Staat*, Berlin 2014, S. xx. **13** Fernand Braudel, *Sozialgeschichte des 15.–18. Jahrhunderts*, München 1986, Bd. 2. (*Der Handel*). Zum 20. Jh. s. a. Walter Benjamin, «Kapitalismus als Religion [Fragment]», in: Rolf Tiedemann/Hermann Schweppenhäuser (Hgg.), *Gesammelte Schriften*, Bd. 6, Frankfurt a. M. 1991, S. 100–102. **14** Thomas Piketty, *Kapital und Ideologie*, München 2020, S. 34. Im Jahr 1830 gab ein durchschnittlicher französischer Arbeiter mehr als ein Viertel seines Lohns für Brot aus; in den 1970er Jahren war dieser Anteil auf nur 3 Prozent gesunken. Siehe Jean Fourastié, *Les Trente Glorieuses, ou La révolution invisible de 1946 à 1975*, Paris 1979, S. 154. Grundlage dieser Berechnung ist die Annahme einer sechzigstündigen Arbeitswoche im Jahr 1830 und einer vierzigstündigen Arbeitswoche im Jahr 1970. **15** Jürgen Kocka, «Capitalism: The History of a Concept», in: James D. Wright (Hg.), *International Encyclopedia of the Social & Behavioral Sciences*, Amsterdam 2015, S. 108. Die Geschichte von Michail Pokrowski wird erzählt in Jairus Banaji, «Merchant Capitalism, Peasant Households and Industrial Accumulation: Integration of a Model», *Journal of Agrarian Change* 16 (2016) 3, S. 426–27. S. a. Michail Pokrowski, *History of Russia from the Earliest Times to the Rise of Commercial Capitalism*, New York 1931; Haig Bosmajian, *Burning Books*, Jefferson (NC) 2006, S. 165–68, S. 170–75, S. 179; Joseph Malherek, *Free-Market Socialists: European Émigrés Who Made Capitalist Culture in America, 1918–1968*, Budapest/Wien/New York 2022, S. 113 f.; Manuel Felipe Burgos-Gallego, «A la sombra del Plan Cóndor: Funcionamiento y aplicación del Estatuto de Seguridad Nacional en Colombia (1978–1982)», *Anuario de Historia Regional y de las Fronteras* 28 (2023) 1, S. 243–248, 259–267; Catalina Jiménez, «Aplicación e instrumentalización de la Doctrina de Seguridad Nacional en Colombia (1978–1982): Efectos sobre la temática de derechos humanos», *Reflexión Politica* 11 (2009) 22, S. 167–69; *Schauprozesse unter Stalin, 1932–1952*, Berlin 1990, vor allem S. 21. **16** Michel-Rolph Trouillot, *Global Transformations, Anthropology and the Modern World*, London 2003, S. 34. **17** Jawaharlal Nehru, «A New Perspective of History», *Jawaharlal Nehru's Speeches, 1957–1963*, Bd. 4, Delhi 1961, S. 178. **18** Caio Prado Jr., *História Econômica do Brasil*, São Paulo 1945 (hier Nachdruck 1985), S. 280. Eine ähnliche Beobachtung findet sich bei Aaron Jakes/Ahmad Shokr, «Capitalism in Egypt, Not Egyptian Capitalism», in: Joel Beinin/Bassam Haddad/Sherene Seikaly (Hgg.), *A Critical Political Economy of the Middle East and North Africa*, Stanford 2021, S. 123, 142. Rudolf Hilferding hatte bereits 1910 festgestellt, dass die «kapitalistische Entwicklung nicht unabhängig in jedem einzelnen Land erfolgte». Siehe Rudolf Hilferding, *Das Finanzkapital: Eine Studie über die jüngste Entwicklung des Kapitalismus*, Erstausgabe Wien 1910, hier Nachdruck Berlin 1955, Kapitel 22 (zit. nach https://www.marxists.org/deutsch/archiv/hilferding/1910/finkap/kap5-22.html, ohne Seitenzählung). **19** Diese Art von Eurozentrik hat eine lange Geschichte mit prominenten Vertretern. Obwohl sich Karl Marx große Mühe gab, dies zu vermeiden, sind seine Überlegungen von eurozentrischem Denken durchdrungen, etwa wenn er behauptet, die Menschen der Welt könnten ihre Zukunft anhand der europäischen Vergangenheit erkennen. Ein weiterer bekannter marxistischer Chronist des Kapitalismus, Maurice Dobb, stellt nicht einmal infrage, dass sich seine Geschichte des Kapitalismus ausschließlich auf Europa konzentriert: «Die Entwicklungen in anderen Ländern wurden nur insoweit berücksichtigt, als durch den Vergleich die jeweiligen Ausführungen näher veranschaulicht werden.» Maurice Dobb, *Entwicklung des Kapitalismus*, Köln 1972, S. 10. Eine nicht-marxistische, eurozentrische Perspektive findet man bei Appleby, *Relentless Revolution*. Wie wichtig es ist, unsere Darstellung über eurozentrische Vorstellungen hinaus zu erweitern, wurde zudem von Dilip Menon und Kaveh Yazdani betont. Siehe *Centre for Indian Studies in Africa and Johannesburg Institute for Advanced Study*, «Revisiting the History of Capitalism», Konferenz an der Universität Witwatersrand, 14/15. 6. 2016, S. 2 f.; Kaveh Yazdani/Dilip M. Menon, *Capitalisms: Towards a Global History*, Oxford 2021. Allgemein s. Henry Heller, «The Birth of Capitalism in Global Perspective», in: Yazdani/Menon, *Capitalisms*, S. 201–24. S. a. Chambi Chachage, Einleitung zu *A Capitalizing City: Dar es Salaam and the Emergence of an African Entrepreneurial Elite (c. 1862-2015)*, Diss. Harvard University 2018. Als Beispiel einer eurozentrischen Sichtweise siehe Joel Mokyr, *The Gifts of Athena: Historical Origins of the Knowledge Eco-*

nomy, Princeton 2002. Eine kurze Zusammenfassung des Ansatzes, der Erfolge und Misserfolge in den Blick nimmt, findet man bei Francesco Boldizzoni/Pat Hudson, «Global Economic History: Towards an Interpretative Turn», in dies. (Hgg.), *Routledge Handbook of Global Economic History*, London 2015, S. 3 f. Eine Kritik auch bei William J. Ashworth, «The Ghost of Rostow: Science, Culture and the British Industrial Revolution», *Historical Science* 46 (2008) 3, S. 255, 258; Jack Goody, *The Theft of History*, Cambridge 2006, S. 6. **20** Zu diesem Argument s. a. David Washbrook in: *Centre for Indian Studies in Africa and Johannesburg Institute for Advanced Study*, «Revisiting the History of Capitalism», S. 10. **21** Siehe z. B. Alexander Anievas/Kerem Nişancıoğlu, *How the West Came to Rule: The Geopolitical Origins of Capitalism*, London 2015, S. 10. **22** Zum Zitat siehe Jason W. Moore, «Nature and the Transition from Feudalism to Capitalism», *Review* 26 (2003) 2, S. 99. Zur Bedeutung des ökologischen Wandels für unsere Sicht des Kapitalismus siehe z. B. Timothy Mitchell, «Ten Propositions on Oil», in: Beinin/Haddad/Seikaly (Hg.), *A Critical Political Economy*, S. 83; Charles Fletcher (u. a.), «Earth at Risk: An Urgent Call to End the Age of Destruction and Forge a Just and Sustainable Future», *PNAS Nexus* 3 (2024) 4, S. 106; Christopher H. Trisos/Cory Merow/Alex L. Pigot, «The Projected Timing of Abrupt Ecological Disruption from Climate Change», *Nature* 580 (2020) 7804, S. 496–501; Alex L. Pigot u. a., «Abrupt Expansion of Climate Change Risks for Species Globally», *Nature Ecology & Evolution* 7 (2023) 7, S. 1060–71. Für eine detailliertere Darstellung der verbrauchten, aber nicht eingepreisten ökologischen Ressourcen und eine Erörterung der einschlägigen Literatur siehe Sven Beckert u. a., «Commodity Frontiers and the Transformation of the Global Countryside: A Research Agenda», *JGH* 16 (2021) 3, S. 435–50. **23** Pokrowski, *History of Russia*. Das Buch vertritt somit eine andere Auffassung als eine wichtige Strömung marxistischer Veröffentlichungen zum Kapitalismus, vertreten durch Dobb, *Entwicklung des Kapitalismus*; Robert Brenner, «Agrarian Class Structure and Economic Development in Pre-Industrial Europe», *Past & Present* 70 (1976) 1, S. 30–75. S. a. Ellen Meiskins-Wood, «The Agrarian Origins of Capitalism», *Monthly Review* 50 (1949) 3, S. 14–31; R. H. Tawney, «A History of Capitalism», *Economic History Review* 2 (1950) 3, S. 310 f. Einige dieser Argumente sind auch von zentraler Bedeutung für die Werke von Jairus Banaji, z. B. *A Brief History of Commercial Capitalism*, Chicago 2020. **24** Für eine überzeugende Kritik einiger Strömungen der Globalgeschichte siehe Stefanie Gänger, «Circulation: Reflections in Circularity, Entity, and Liquidity in the Language of Global History», *JGH* 12 (2017) 3, S. 303–18. Vgl. *Die Produktion des Raums*, Leipzig 2022; David Harvey, *Spaces of Global Capitalism: A Theory of Uneven Geographical Development*, New York 2006. **25** Für eine überzeugende Kritik einiger Strömungen der Globalgeschichte siehe Stefanie Gänger, «Circulation: Reflections in Circularity, Entity, and Liquidity in the Language of Global History», *JGH* 12 (2017) 3, S. 303–18. Vgl. *Die Produktion des Raums*, Leipzig 2022; David Harvey, *Spaces of Global Capitalism: A Theory of Uneven Geographical Development*, New York 2006. **26** Kenneth Lipartito, «Reassembling the Economic: New Departures in Historical Materialism», *American Historical Review* 121 (2016) 1, S. 127. **27** Braudel unterstrich auch die «Flexibilität» und den «Eklektizismus» des Kapitalismus. Siehe Braudel, *Sozialgeschichte*, Bd. 1. S. a. Ernst Langthaler/Elke Schüßler, «Commodity Studies with Polanyi: Disembedding and Re-Embedding Labour and Land in Contemporary Capitalism», *Österreichische Zeitschrift für Soziologie* 44 (2019) 2, S. 213. Die Wichtigkeit räumlicher Analyse wird auch betont von Bob Jessop/Neil Brenner/Martin Jones, «Theorizing Sociospatial Relations», *Environment and Planning D: Society and Space* 26 (2008), S. 389–401. Vgl. auch. Fernand Braudel, *Die Dynamik des Kapitalismus*, Stuttgart 2018, S. 83 f.; Rafael de Bivar Marquese, *Asymmetrical Dependencies in the Making of a Global Commodity: Coffee in the Longue Durée*, Jospeh C. Miller Memorial Lecture Series, Bd. 15, Berlin 2023, S. 50 f.; Leonardo Marques/Rafael de Bivar Marquese, «Gold, Coffee, and Slaves: Brazil and ‹the So-Called Primitive Accumulation›», in *Critical Historical Studies* 10 (2023) 2, S. 215; Karl Marx/Friedrich Engels, Gesamtausgabe (MEGA), Sektion 2, *Das Kapital und Vorarbeiten*, Bd. 3, *Zur Kritik der politischen Oekonomie*, Teil 6, Berlin 1982, S. 1, 972. Das Konzept der Kapitalismen spielt bspw. eine zentrale Rolle im hervorragenden Werk von Kaveh/Menon, *Capitalisms*. Ernst Bloch, «Nonsynchronism and the Obligation to its Dialectics», *New German Critique* 11 (1977 [1932]), S. 22–38. **28** Für den Historiker Peer Vries waren «Macht, Politik, Gewalt und Ökonomie» zu Beginn des Kapitalismus «voneinander untrennbar und fast nicht zu unterscheiden». Vgl. Peer Vries, *State, Economy and the Great Divergence: Great Britain and China, 1680s–1850s*, London 2015, S. 35. **29** Nancy Fraser, «Behind Marx's Hidden Abode», *New Left Review*, Nr. 86 (2014), S. 66; Polanyi, *Great Transformation*, S. 86 f.; Joseph A. Schumpeter, *Kapitalismus, Sozialismus und Demokratie*, Tübingen/Basel 1993 [Erstauflage 1950], S. 261. **30** Ähnlich argumentiert Prasannan Parthasarathi, *Why Europe Grew Rich and Asia Did Not: Global Economic Divergence, 1600–1850*, Cambridge 2011, S. 269. Zur Fokussierung auf Akteure s. a. Martin. J. Sklar, *The Corporate Reconstruction of American Capitalism, 1890–1916*, Cambridge 1988, S. 2; Thomas Welskopp, «Zukunft bewirtschaften», *Mittelweg 36* (2017) 1, S. 84; Braudel, *Die Dynamik des Kapitalismus*, S. 48; Fahad Ahmad Bishara, *A Sea of Debt: Law and Economic Life in the Western Indian Ocean, 1780–1950*, Cambridge 2017, S. 8 f. **31** S. a. Jürgen Kocka, «Karl Marx and the History of Capitalism», *Bulletin of the German Historical Institute* 63 (2018), S. 17. Der Historiker Bernd Weisbrod hat überzeugend argumentiert, Gewalt sei «konstitutiv» für den Kapitalismus. Siehe Bernd Weisbrod, «Kapitalismus & Gewalt», unveröffentlichter Beitrag, Kolloquium Humboldt Universität, 16. Okt. 2015, S. 2. **32** Herbert Butterfield, *The Whig Interpretation of History*,

New York 1951, S. 16. **33** Zum Kapitalismus als Prozess s. a. Jonathan Levy, *Ages of American Capitalism: A History of the United States*, New York 2021, S. xiv. **34** Adam Smith, *Der Wohlstand der Nationen: Eine Untersuchung seiner Natur und seiner Ursachen*, München 1978, 1. Buch, 2. Kap., S. 17, 19; Karl Marx, *Das Kapital: Kritik der politischen Ökonomie, Erster Band: Der Produktionsprozess des Kapitals* [1867], Berlin 1975 [= Karl Marx/Friedrich Engels, Werke, Bd. 23], Kap. 24, S. 725–61; Max Weber, *Die protestantische Ethik und der Geist des Kapitalismus*, München 2010. Larry Neal/Jeffrey G. Williamson (Hgg.), *The Cambridge History of Capitalism*, Bd. 1 u. 2, Cambridge 2014. Oder wird er, wie der Historiker Werner Plumpe vorschlägt, am besten als von der Technologie ermöglichte «kapitalintensive Warenproduktion» betrachtet? Siehe Werner Plumpe, «Der Kapitalismus als Problem der Geschichtsschreibung», *Zeitschrift für moderne europäische Geschichte* 15 (2017) 4, S. 457. Zu Weber s. a. Jürgen Kocka, History of a Concept, S. 107. **35** Ebd., S. 105 f.; Anievas/Nişancıoğlu, *How the West Came to Rule*, S. 8. **36** Marc Bloch, *Die Feudalgesellschaft*, Frankfurt a. M. 1982, S. xx. **37** Karl Marx, *Das Kapital: Kritik der politischen Oekonomie*, Bd. 1, *Der Produktionsprocess des Kapitals*, Hamburg 1883, S. 781. **38** Schumpeter, *Capitalism, Socialism and Democracy*, S. 82 f. **39** Piero Sraffa, *Production of Commodities by Means of Commodities: Prelude to a Critique of Economic Theory*, Cambridge 1960. Eine ähnliche Definition findet man in Polanyi, *The Great Transformation*, S. 106–108. S. a. Marcel van der Linden, «The Future of Labor History in a World Perspective», unveröffentlichter Beitrag, Universität Pittsburgh 2014, S. 12. **40** Zur Bedeutung der Lohnarbeit für den Kapitalismus siehe Milanovic, *Capitalism, Alone*, S. 12. S. a. Robert S. DuPlessis, *Transitions to Capitalism in Early Modern Europe*, Cambridge 2019, S. 5; Anievas/Nişancıoğlu, *How the West Came to Rule*, S. 8; van der Linden, *Workers of the World: Essays Toward a Global Labor History*, Leiden 2008. Zu den unterschiedlichen Formen der Kommodifizierung der Arbeitskraft, einschließlich der Sklaverei, siehe u. a. den wichtigen Beitrag von Marcel van der Linden, The Future of Labor History, S. 12. **41** Siehe u. a. Nancy Fraser/Rahel Jaeggi, Kapitalismus. Ein Gespräch über kritische Theorie, Berlin 2020, S. 52 f.; Melinda Cooper, *Family Values: Between Neoliberalism and the New Social Conservatism*, Princeton 2017; Maria Mies, *Patriarchy and Accumulation on a World Stage: Women in the International Division of Labour*, London 1985; Anievas/Nişancıoğlu, *How the West Came to Rule*, S. 9; Braudel, *Die Dynamik des Kapitalismus*, S. 98 f.; Fraser, «Behind Marx's Hidden Abode», S. 55–72; Giandomenica Becchio, *A History of Feminist and Gender Economics*, London 2020. Allgemein s. a. Pepijn Brandon, «Elements of Original Accumulation: Dispossession, War, and Slavery in the History of Capitalism», Vorlesung an der Vrije Universiteit Amsterdam, 26. 5. 2023, S. 23, url: https://research.vu.nl/ws/portalfiles/portal/228234131/Inaugural_lecture_Brandon_Elements_of_original_accumulation_ENG.pdf. **42** R. H. Tawney, *Religion and the Rise of Capitalism: A Historical Study*, London 1937, S. vii–viii. **43** Bloch, *Feudalgesellschaft*, S. xx. **44** Zu diesem Stichwort erschienen zahlreiche Publikationen, u. a. Seth Rockman, *Scraping By: Wage Labor, Slaver, and Survival in Early Baltimore*, Baltimore 2009; Bethany Moreton, *To Serve God and Wal-Mart*, Cambridge (MA) 2010; Julia Ott, *When Wall Street Met Main Street: The Quest for an Investors' Democracy*, Cambridge (MA) 2014; Jonathan Levy, *Ages of American Capitalism*. Ein wichtiger Ausgangspunkt dieser Entwicklung war die Harvard Business School, vor allem Alfred D. Chandler Jr. und Thomas K. McCraw, die beide darüber schrieben und lehrten, was sie «die Geschichte des Kapitalismus» nannten. Siehe dazu Richard R. John, «Prophet of Perspective: Thomas K. McCraw», *Business History Review* 89 (2015) 1, S. 129–53. Vg. auch Kenneth Lipartito, «Reassembling the Economic», S. 135; Seth Rockman, «What Makes the History of Capitalism Newsworthy?», Rezension Michael Zakim/Gary J. Kornblith, *Capitalism Takes Command: The Social Transformation of Nineteenth-Century America, Journal of the Early Republic* 34 (2014) 3, S. 450. **45** Hier beziehe ich mich speziell auf Roxani Eleni Margariti, *Aden & the Indian Ocean Trade: 150 Years in the Life of a Medieval Arabian Port*, Chapel Hill (NC) 2007; Philip Mirowski/Dieter Plehwe (Hg.), *The Road from Mont Pèlerin: The Making of the Neoliberal Thought Collective*, Cambridge (MA) 2009. Auf viele weitere Werke wird im Lauf des Buches verwiesen. **46** Hierzu existiert eine Fülle von Literatur. Einen allgemeinen Überblick bieten Jürgen Osterhammel, *Geschichtswissenschaft jenseits des Nationalstaates*, Göttingen 2001; Sven Beckert/Dominic Sachsenmaier (Hg.), *Global History, Globally*, London 2018. Eine kritische Erörterung findet man in Jeremy Adelman, «What Is Global History Now?», *Aeon*, 2. 3. 2017. Siehe auch die Entgegnung von Richard Drayton/David Motadel, «Discussion: The Futures of Global History», *JGH* 13 (2018) 1, S. 1–21; Darian-Smith/McCarty, «Beyond Interdisciplinarity», S. 13; Ulrike von Hirschhausen, «A New Imperial History? Programm, Potenzial, Perspektiven», *Geschichte und Gesellschaft* 41 (2015), S. 718–757. Ein früheres Beispiel einer vernetzten Geschichte, die marginalisierte Gruppen zu Wort kommen lässt, bietet Eric R. Wolf, *Europe and the People without History*, Berkeley 1982. **47** Chang Ha-Joon, *Kicking Away the Ladder: Development Strategy in Historical Perspective*, London 2002, S. 5 f.; Marshall Hodgson, *The Venture of Islam*, Bd. 3, Chicago 1974. S. a. Welskopp, «Zukunft bewirtschaften», S. 83, 91. Die *Cambridge History of Capitalism* von Neal/Williamson neigt dazu, den Kapitalismus durch die Verlegung seiner Anfänge in die Zeit Babylons zu naturalisieren. Dies wird einleuchtend kritisiert von Peter Temin, «The Cambridge History of ‹Capitalism›», Arbeitspapier Nr. 20638 (*National Bureau of Economic Research*, Nov. 2014). Vgl. auch Antara Haldar, «The Future of Capitalism? The Time-Space Continuum of History and Development in the Story of Capitalism», unveröffentlichter Beitrag, Workshop zur Geschichte des Kapitalismus, Harvard University, Nov.

2019, S. 3. Anders als man erwarten würde, haben einige von solchen Theorien geprägte Strömungen der Wirtschaftsgeschichte das Wirtschaftsleben enthistorisiert, indem sie versuchten, universelle Gesetze auf die Vergangenheit anzuwenden. Zu dieser Thematik siehe bspw. Francesco Boldizzoni/Pat Hudson, «Culture, Power and Contestation: Multiple Roads from the Past to the Future», in dies. (Hg.), *Routledge Handbook of Global Economic History*, London 2015; Philip Mirowski, *More Heat than Light: Economics as Social Physics, Physics as Nature's Economics* Cambridge 1991; zu Experten aus der Wirtschaft, die Geschichtswissenschaft betreiben, siehe Piketty, *Kapital und Ideologie*; Jeffery D. Sachs, *The Ages of Globalization*, Cambridge 2020; Denis Cogneau, *Un empire bon marché: Histoire et économie politique de la colonisation française, XIXe–XXIe siècle*, Paris 2023. **48** Joseph A. Schumpeter, *Geschichte der ökonomischen Analyse*, 1. Teilband, Göttingen 1965, S. 43. **49** Vor mir betonte bereits Braudel die Bedeutung des Handels und der Kaufleute für die Geschichte des Kapitalismus, die Offenheit des historischen Prozesses und die Notwendigkeit, den Kapitalismus aus einer globalen Perspektive zu betrachten. Siehe alle drei Bände von Braudels *Sozialgeschichte des 15.–18. Jahrhunderts* sowie seine Vorlesung an der Johns Hopkins University *Afterthoughts on Material Civilization and Capitalism* (auf Deutsch erschienen unter dem Titel *Die Dynamik des Kapitalismus*). Außerdem hat sich ein substanzieller Teil der Forschungsliteratur darauf konzentriert, wie der Historiker Seth Rockman es nannte, «die Black Box zu zerlegen, die die umfangreiche Arbeit verdeckt, die erforderlich ist, um Aspekte der materiellen Welt in austauschbare Einheiten umzuwandeln», ein Projekt, das auch für dieses Buch von Bedeutung ist. Siehe z. B. Brenner, «Agrarian Class Structure», S. 30–75; Meiskins-Wood, «Agrarian Origins of Capitalism», S. 14–31. Janet Abu-Lughod hat mich darin bestärkt, in der Zeit zurückzugehen. Eine ganze Reihe von Wissenschaftlern – von Douglas North bis Christine Desan, von Oscar Gelderblom bis Niall Ferguson – haben die Bedeutung der Institutionen hervorgehoben, während Charles Tilly, John Brewer und John Ashworth zu Recht die zentrale Rolle des Staates gewürdigt haben. **50** Zum Konzept der «Regime» siehe Harriet Friedmann, «From Colonialism to Green Capitalism: Social Movements and the Emergence of Food Regimes», in: Frederick H. Buttel/Philip D. McMichael (Hgg.), *New Directions in the Sociology of Global Development*, Bingley 2005, S. 227–264. **51** Italo Calvino, *Die unsichtbaren Städte*, München 1979, S. 18.

Kapitel 1: Inseln des Kapitals

1 Nancy Fraser, *Der Allesfresser: Wie der Kapitalismus seine eigenen Grundlagen verschlingt*, Berlin 2023; Branko Milanović, *Kapitalismus global: über die Zukunft des Systems, das die Welt beherrscht*, Berlin 2020. **2** Roxani Eleni Margariti, *Aden & the Indian Ocean Trade: 150 Years in the Life of a Medieval Arabian Port*, Chapel Hill 2007, S. 2. **3** Shelomo Dov Goitein/Mordechai Friedman, *India Traders of the Middle Ages: Documents from the Cairo Geniza*, Leiden 2008, S. 7; Georges Lefebvre, *The French Revolution*, trans. Elizabeth Moss Evanson, Bd. 1, London 2001, S. 25 ff.; Ibn Battuta, *The Travels of Ibn Battuta, A. D. 1325–1354*, Bd. 2, Cambridge (Hakluyt Society) 1962, S. 372. **4** Ebd. **5** Goitein/Friedman, *India Traders*, S. 7; Ibn al-Mujāwir, *A Traveller in Thirteenth-Century Arabia: Ibn al-Mujāwir's Tārīkh al-Mustabsir*, London 2022, S. 129. **6** Chau Ju-ka, Chau Ju-kua: *His Work on the Chinese and Arab Trade in the Twelfth and Thirteenth Centuries, Entitled Chu-fan-chï*, St. Petersburg 1911, S. 25. **7** Al-Muqaddasi, *The Best Divisions for Knowledge of the Regions: Ahsan al-Taqāsīm fī Ma'rifat al-Aqālīm*, Reading 1994, S. 82 f. Vgl. auch Kirti Narayan Chaudhuri, *Trade and Civilisation in the Indian Ocean: An Economic History from the Rise of Islam to 1750*, Cambridge 1985, S. 49, 93, 101–108; André Wink, *Al-Hind and the Making of the Indo-Islamic World: The Slave Kings and the Islamic Conquest, 11th–13th Centuries*, Bd. 2, Leiden 2002, S. 1. Unser Wissen über diesen Handel beruht größtenteils auf der Untersuchung von Dokumenten, die im verborgenen Depot für nicht mehr verwendbare Schriften (geniza) der Ben-Ezra-Synagoge in Fustat gefunden wurden. Sie werden als Kairo-Geniza bezeichnet und wurden von Shelomo Dov Goitein, Mordechai A. Friedman, Marina Rustow, Eve Krakowski, Jessica Goldberg und Roxani Margariti sachkundig analysiert. Ebenfalls aufbereitet sind Dokumente über den muslimischen Handel in: Li Guo, *Commerce, Culture, and Community in a Red Sea Port in the Thirteenth Century: The Arabic Documents from Quseir*, Leiden 2004. Siehe zur Kritik an diesem Projekt Mordechai A. Friedman, «Qusayr and Geniza Documents on the Indian Ocean Trade», *Journal of the American Oriental Society* 126 (2006), S. 401–409. Zu den Möglichkeiten und Grenzen dieser Vielzahl von Quellen s. Maya Shatzmiller, *A Misconstrued Link: Europe and the Economic History of Islamic Trade*, in: F. Datini (Hg.), *Relazioni economiche tra Europa e mondo islamico, secc. XIII–XVIII*, Florenz 2007, S. 387–418. **8** Zit. in Margariti, *Aden*, S. 153 f. **9** Zit. in: Goitein/Friedman, *India Traders*, S. 159; al-Mujāwir, *A Traveller*, S. 147. **10** Zu al-Mujāwir siehe Nayef Abdullah Shamrookh, *The Commerce and Trade of the Rasulids in the Yemen: 630–858 und 1231–1454*, Manchester 1993, S. 24; James Beresford, *The Sailing Season of the Indian Ocean*, in: Ders., *The Ancient Sailing Season*, Leiden 2013, S. 215 f. Die Briefe von aktiven Kaufleuten in Aden aus der Kairo-Geniza enthalten solche Alltagstätigkeiten. Siehe S. D. Goitein, *Letters of Medieval Jewish Traders*, Princeton 2015, S. 175–229; Goitein/Friedman, *India Traders*. Zu Aden als Verbindung zwischen «zwei großen Handelsgebieten» siehe Goitein, *Jewish Traders*, S. 25. Zu Aden als Umschlaghafen siehe das grundlegende Werk von Margariti (*Aden & the Indian Ocean Trade*).

Die zentrale Rolle Adens wird ebenfalls betont in: Chaudhuri, *Trade and Civilisation*, S. 101–108; Şevket Pamuk, *Wirtschaft und Institutionen im Nahen Osten seit dem Mittelalter*, in: James A. Robinson/Klaus Wiegandt (Hgg.), *Die Ursprünge der modernen Welt: Geschichte im wissenschaftlichen Vergleich*, Frankfurt am Main 2008, S. 552. **11** Margariti, *Aden*, S. 87, 102, 146, 154, 207; Zur Dau siehe George Fadlo Hourani, *Arab Seafaring in the Indian Ocean in Ancient and Early Medieval Times*, Princeton 1995, S. 89–100. **12** Al-Mujāwir, *A Traveller*, S. 155. Zur Zahl der Schiffe ebd., S. 161. **13** Zur Identität als Geschäftsmann ebd., S. 2. **14** Der Prozess des Landgangs und der Inspektion wird beschrieben ebd., S. 155. **15** Margariti, *Aden*, S. 52, 59, 64, 96, 98, 195; al-Mujāwir, A Traveller, S. 147; Mark Horton/John Middleton, *The Swahili: The Social Landscape of a Mercantile Society*, Oxford 2000, S. 76. **16** Margariti, *Aden*, S. 135 f. **17** S. D. Goitein, «From Aden to India: Specimens of the Correspondence of India Traders of the Twelfth Century», *Journal of the Economic and Social History of the Orient* 23 (1980) 1/2, S. 45; Goitein/Friedman, *India Traders*, S. 38. **18** Ranabir Chakravarti, «Nakhudas and Nauvittakas: Ship-Owning Merchants in the West Coast of India (c. AD 1000–1500)», *Journal of the Economic and Social History of the Orient* 43 (2000) 1, S. 44; Margariti, *Aden*, S. 163. **19** Ebd., S. 145–149, 152, 158, 163. 152. Zu Anzahl und Vielfalt der Kaufleute, die den Handel im Indischen Ozean bestritten und deren Namen in den Dokumenten der Kairo-Geniza erhalten sind, siehe Goitein/Friedman, *India Traders*, S. 12 ff.; S. D. Goitein, «From Aden to India», S. 57, 62 f.; Margariti, *Aden*, S. 79-81,144–148. Schiffe aus Ostafrika registrierte Ibn al-Mujāwir um 1232 im Hafen von Aden. Siehe Horton/Middleton, *Swahili*, S. 80. S. a. Chaudhuri, *Trade and Civilisation*, S. 49, 101; al-Mujāwir, *A Traveler in Thirteenth-Century Arabia*, S. 145. Zu Lebdis Reise nach Indien siehe Goitein/Friedman, *India Traders*, S. 28. Zum Handel mit Färberlack siehe ebd., S. 30, 39, 45 f.; Chakravarti, «Nakhudas and Nauvittakas», S. 44. **20** Éric Vallet, *L'horizon indien et la politique océanique des Rasūlides*, in: *L'arabie marchande: État et commerce sous les sultans rasūlides du Yémen (626–858/1229–1454)*, Paris 2010, S. 541–623; Ders., «Yemeni «Oceanic Policy» at the End of the Thirteenth Century», *Proceedings of the Seminar for Arabian Studies* 36 (2006), S. 289–296. Zur Wichtigkeit von Gold als Zahlungsmittel für Waren aus dem Osten siehe z. B. zwei Fragmente eines Briefes von Madmūn b. Hasan um 1134 an Abraham ben Yijū in Aden, zit. in: Goitein/Friedman, *India Traders*, S. 352–355; Margariti, *Aden*, S. 121; Horton/Middleton, Swahili, S. 80 f. Der portugiesische Reisende Barbosa sah solche Daus im frühen 16. Jh. Siehe Janet L. Abu-Lughod, *Before European Hegemony: The World System A. D. 1250–1350*, Oxford 1989, S. 272; Madmūn b. Hasan b. Bundār an Abraham b. Perahyā Ben Yijū, Aden, 1146/47 (genaues Datum unbekannt) wie zit. in Goitein, «From Aden to India», S. 58–63; Margariti, *Aden*, S. 151 f. Zur Herstellung von Glas siehe ebd., S. 61. Zum Schiffsbau siehe ebd., S. 159 f. Ein Einzelbeispiel findet sich in: «Deed of Partnership in the Late Abu 'l-Barakat II's Sugar Factory», Fustat, September 1239, wie übersetzt in: Goitein/Friedman, *India Traders*, S. 277; Tsugitaka Sato, «The Ups and Downs of the Sugar Merchants», in: *Sugar in the Social Life of Medieval Islam*, Leiden 2015, S. 74–90. **21** Madmun ben Hasan ben Bundar an Abraham b. Perahyā Ben Yijū, Aden, 11. Sep. 1149, zit. in Goitein, «From Aden to India», S. 52. **22** Zur Lage der Häuser siehe Margariti, *Aden*, S. 192, sowie 101 ff., 156, 159, 181; Abraham L. Udovitch, *Partnership and Profit in Medieval Islam*, Princeton 1970; Jessica L. Goldberg, *Trade and Institutions in the Medieval Mediterranean: The Geniza Merchants and Their Business World*, Cambridge 2012, S. 178; John H. Pryor, «The Origins of the Commenda Contract», in: ders., *Commerce, Shipping and Naval Warfare in the Medieval Mediterranean*, London 1987, S. 5–37; Ron Harris, «The Commenda», in: Going the Distance: Eurasian Trade and the Rise of the Business Corporation, 1400–1700, Princeton 2020, S. 130–170. **23** Siehe auch Goldberg, *Trade and Institutions*, S. 178 f.; Margariti, *Aden*, S. 6, 158, 178. **24** Goldberg, *Trade and Institutions*, S. 145. Eine reiche Auswahl solcher Korrespondenz findet sich in: Goitein, *Jewish Traders*; Goitein/Friedman, *India Traders*, S. 12; Jessica L. Goldberg, «The Courts, the Qadi, and the ‹People›: Resolving Mercantile Disputes in the Medieval Islamic Mediterranean», in: Louis Sicking/Alain Wijffels (Hgg.), *Conflict Management in the Mediterranean and the Atlantic, 1000–1800: Actors, Institutions and Strategies of Dispute Settlement*, Leiden 2020, S. 19–42; S. D. Goitein, *A Mediterranean Society: The Jewish Communities of the Arab World as Portrayed in the Documents of the Cairo Geniza*, Bd. 1, Berkeley 1999, S. 186–192; Margariti, *Aden*, S. 178; und Goldberg, Trade and Institutions, S. 65, 111–114, 138 f., 180. Insbesondere zu Madmun ben Hasan ben Bundar siehe Goitein/Friedman, India Traders, S. 37. **25** Zum Staat siehe S. D. Goitein, *A Mediterranean Society*, Bd. 2, Berkeley 2018, S. 404; Marina Rustow, «Fatimid State Documents», *Jewish History* 32 (2019), S. 221–277. Einige Güter wurden gar nicht besteuert, andere brachten 30 Prozent an Zöllen ein. Zu diesem Gefälle siehe Norman A. Stillman, «The Eleventh-Century Merchant House of Ibn 'Awkal (a Geniza Study)», *Journal of the Economic and Social History of the Orient* 16 (1973) 1, S 15; Margariti, *Aden*, S. 113 f., 133 f. **26** Abu-Lughod, *Before European Hegemony*, S. 353. **27** Margariti, *Aden*, S. 177. Zur Größe von Containerschiffen in den 2020er Jahren siehe Alexander Arnfinn Olson, «Container Ships», in: *Merchant Ship Types*, London 2023. **28** N. S. B. Gras, *Business and Capitalism: An Introduction to Business History*, New York 1939, S. 67. Ähnlich argumentiert auch Maurice Dobb, *Entwicklung des Kapitalismus. Vom Spätfeudalismus bis zur Gegenwart*, Berlin/Köln 1970, S. 66. Dies ist überraschend, da Dobb eigentlich nicht der Ansicht ist, dass Kaufleute für die Entstehung des Kapitalismus wichtig gewesen wären. **29** Fernand S. Braudel betont die Bedeutung wirtschaftlichen Wachstums für die Expansion des Handelskapitals in seinem Buch *Sozialgeschichte des 15.-18. Jahrhunderts*, Bd. 2, München 1986, S. 416. **30** Charles Tilly, *Coercion, Capital, and European States, AD 900–1900,* Cambridge 1990, S. 17; Fernand Braudel, *Die Dynamik des Kapitalismus,* Stuttgart 2018, S. 41 f., 48, 63 f. **31** Giovanni Botero, *Le relazioni universali,* Bd. 1, Turin 2015, S. 441. **32** Abu-Lughod, *Before European Hegemony,* S. 14. **33** Braudel, *Die Dynamik des Kapitalismus,* S. 77–81. In Bezug auf Indien siehe George W. Spencer, *The Politics of Expansion: The Chola Conquest of Sri Lanka and Sri Vijaya,* Madras 1983, S. 74. Zum Begriff der Archipele siehe Richard Häpke, wie zit. in: Braudel, *Sozialgeschichte des 15.–18. Jahrhunderts,* Bd. 3, S. 25. Zu dem Begriff «kapitalistischer Archipel» siehe Giovanni Arrighi, *The Long Twentieth Century: Money, Power, and the Origins of Our Time,* New York 1994, S. 23. Grundlegend zu diesem Thema siehe Douglass C. North/Barry R. Weingast, «Constitutions and Commitment: The Evolution of Institutions Governing Public Choice in Seventeenth-Century England», *JEH* 49 (1989) 4, S. 803-832; Karl Polanyi, The Great Transformation: *Politische und ökonomische Ursprünge von Gesellschaften und Wirtschaftssystemen,* Frankfurt a. M. 1978, S. 64 f. The Political and Economic Origins of Our Time, Boston 2001, S. 40. Diese Institutionen waren nicht nur Wegbereiter kapitalistischer Dynamiken, sondern auch eine Folge ihrer Entstehung; Siehe z. B. Daron Acemoglu/James A Robinson, «The Rise and Decline of General Laws of Capitalism», *Journal of Economic Perspectives* 29 (2015) 1, S. 3–28; Thomas Ferguson, *Golden Rule: The Investment Theory of Party Competition and the Logic of Money-Driven Political Systems,* Chicago 1995; Douglass C. North, *Institutionen, institutioneller Wandel und Wirtschaftsleistung,* Tübingen 1998. Wie wichtig es ist, die genaue Entstehungsgeschichte dieser Institutionen zu betrachten, wird auch festgestellt in: Stanley L. Engerman/Kenneth L. Sokoloff, «Factor Endowments, Inequality, and Paths of Development Among New World Economies», *NBER Working Paper* Nr. 9259 (2002), S. 1-5. **34** Der Begriff «Knospen des Kapitalismus» wurde in der Literatur des chinesischen Kapitalismus entwickelt. Siehe z. B. Zhengzhong Guo, «Capitalist Buds in the Production in the Salt Industry of Sichuan During the Song Dynasty», in *Social Science Research,* Nr. 11 (1981), S. 43 f; Chris Wickham, «How Did the Feudal Economy Work? The Economic Logic of Medieval Societies», in: *Past & Present* 251, Nr. 1 (2020), S. 3–40. **35** Chris Wickham, *The Donkey and the Boat: Reinterpreting the Mediterranean Economy, 950–1180,* Oxford 2023, S. 621–662; Richard Smith, «Trade and Commerce Across Afro-Eurasia», in: Benjamin Z. Kedar/Merry E. Wiesner-Hanks (Hgg.), *The Cambridge World History,* Bd. 5, Cambridge 2015, S. 233–256. Für eine Übersicht zur mittelalterlichen Revolution des Handels in Afrika und Eurasien siehe Peter Turchin, «Modeling Periodic Waves of Integration in the Afro-Eurasian World-System», in: George Modelski/Tessaleno Devezas/William R. Thompson (Hgg.), *Globalization as Evolutionary Process: Modeling Global Change,* London 2007, S. 161–189; Lorenzo Bondioli, «Towards a Longer History of Commercial Capital», *Storica: Rivista Quadrimestrale* 83/84 (2022), S. 177–194; Smith, «Trade and Commerce», S. 233–256; Colleen C. Ho, «Overland Trade in the Mongol World», in: *The Mongol World,* London 2022, S. 484–504; Philippe Beaujard, *The Worlds of the Indian Ocean: A Global History,* Bd. 1, Cambridge 2019; Kenneth R. Hall, «Eleventh-Century Commercial Developments in Angkor and Champa», in: *Maritime Trade and State Development in Early Southeast Asia,* Honolulu 1985, S. 169–193; Roberto S. Lopez, *The Commercial Revolution of the Middle Ages 950–1350,* Cambridge 1976; Chris Wickham, «How Did the Feudal Economy Work?», S. 6. **36** Angus Maddison, *Contours of the World Economy, 1–2030 AD: Essays in Macro-Economic History,* Oxford 2007; Peregrine Horden/Nicholas Purcell, *The Corrupting Sea: A Study of Mediterranean History,* Oxford 2000; Hyun Jin Kim/Samuel N. C. Lieu/Raoul McLaughlin, *Rome and China: Points of Contact,* London 2021; Sitta von Reden (Hg.), *Handbook of Ancient Afro-Eurasian Economies,* Bd. 3, Berlin/München/Boston 2023. **37** Maya Shatzmiller, «Transcontinental Trade and Economic Growth in the Early Islamic Empire: The Red Sea Corridor in the 8th-10th Centuries», in: Lucy Blue/John Cooper u. a. (Hgg.), *Connected Hinterlands: Proceedings of the Red Sea Project IV,* Oxford 2009, S. 119 f., hier S. 120 f. **38** Chau, *Chau Ju-kua,* S. 102; Chaudhuri, *Trade and Civilisation,* S. 45, 47 f., 98. **39** Zu der Stadt siehe *Ḥudūd al-ʿĀlam, «The Regions of the World»: A Persian Geography, 372 A. H.-982 A. D.,* London 1937, S. 137 f. Zu solchen Phänomenen in sehr viel früheren Zeiten siehe z. B. Maurice Sartre, *Le bateau de Palmyre: Quand les mondes anciens se rencontraient,* Paris 2021; Michael McCormick, «New Light on the ‹Dark Ages›: How the Slave Trade Fuelled the Carolingian Economy», in: *Past & Present* 177 (2002) 1, S. 40, 53. S. a. Ders., *Origins of the European Economy: Communications and Commerce AD 300–900,* Cambridge 2001; Abu-Lughod, *Before European Hegemony,* 189 f.; John Chaffee, *The Muslim Merchants of Premodern China: The History of a Maritime Asian Trade Diaspora, 750–1400,* Cambridge 2018, S. 40, 50 f.; Chaudhuri, *Trade and Civilisation,* S. 44, 50 f.; Hall, *Maritime Trade and State Development,* S. 183; Shatzmiller, «Transcontinental Trade», S. 119, 121. **40** Als Überblick siehe Bondioli, «Towards a Longer History», S. 177–194; Wickham, *Donkey and the Boat.* Zum Indischen Ozean siehe Abu-Lughod, *Before European Hegemony,* S. 268. Zu den ökologischen Veränderungen der Epoche siehe Ellen F. Arnold, «An Introduction to Medieval Environmental History», *History Compass* 6 (2008) 3, S. 898–916. Zur Expansion des Handels siehe Philippe Beaujard, «Gujarat and Long-Distance Trade in the Indian Ocean Region Before the Sixteenth Century», in: Edward A. Alpers/Chhaya Goswami (Hgg.), *Transregional Trade and Traders: Situating Gujarat in the Indian Ocean from Early Times to 1900,* Oxford 2019, S. 80. Zu Veränderungen auf dem Land siehe insbesondere Eric Vanhaute, *Peasants in World History,* New York 2021, S. 49, 53; Jason W. Moore, «Nature and the Transition from Feudalism to Capitalism», *Review* (Fernand Braudel Center) 26 (2003) 2, S 105. Die Wichtigkeit eines handelbaren Überschusses wird ebenfalls betont in: Chaudhuri, *Trade and Civilisation*, S. 184. **41** Siehe Wickham, *Donkey and the Boat*; Goldberg, *Trade and Institutions*; Lisa Blaydes/Christopher Paik, «Muslim Trade and City Growth Before the Nineteenth Century: Comparative Urbanization in Europe, the Middle East and Central Asia», *British Journal of Political Science* 51 (2021) 2, S. 848; Étienne de la Vaissière, «Trans-Asian Trade, or the Silk Road Deconstructed (Antiquity, Middle Ages)», in: Larry Neal/Jeffrey G. Williamson (Hgg.), *The Cambridge History of Capitalism*, Bd. 1, Cambridge 2014, S. 101–124. **42** Chaudhuri, *Trade and Civilisation*, S. 11, 36; Jairus Banaji, «Islam, the Mediterranean and the Rise of Capitalism», *Historical Materialism* 15 (2007) 1, S. 59; Ira M. Lapidus, *Muslim Cities in the Later Middle Ages*, Cambridge 1984; Andrew Petersen, *The Towns of Palestine Under Muslim Rule: AD 600–1600*, Oxford 2005; Julio Navarro/Pedro Jiménez, «Evolution of the Andalusi Urban Landscape: From the Dispersed to the Saturated Medina», in: Glaire D. Anderson/Mariam Rosser-Owen (Hgg.), *Revisiting al-Andalus: Perspectives on the Material Culture of Islamic Iberia and Beyond*, Leiden 2007, S. 113–142; Sa'ad al-Rashid, *Al-Rabadhah: A Portrait of Early Islamic Civilization in Saudi Arabia*, Riad 1986; Bethany J. Walker, *Jordan in the Late Middle Ages: Transformation of the Mamluk Frontier*, Chicago 2011. **43** Chaudhuri, *Trade and Civilisation*, S. 207. **44** Banaji, *Islam and the Rise of Capitalism*, S. 58. **45** Ebd., S. 60; Goitein, *Mediterranean Society*, Bd. 1, S. 59. Der Handel im Gebiet des Indischen Ozeans war eine «kapitalistische Aktivität», so festgestellt in Chaudhuri, *Trade and Civilisation*, S. 228. Siehe auch Paul Balog, *The Coinage of the Ayyūbids*, London 1980; Andrew M. Watson, «Back to Gold – and Silver», *Eew* 20 (1967) 1, S. 1–34; Robert S. Lopez, *Medieval Trade in the Late Medieval Mediterranean World: Illustrative Documents*, New York 2001, S. 201; Chaudhuri, *Trade and Civilisation*, S. 36, 213; Banaji, *Islam and the Rise of Capitalism*, S. 60; Shatzmiller, «A Misconstrued Link», S. 387–415; Udovitch, *Partnership and Profit;* Goitein, *Mediterranean Society*, Bd 1, S. 61; Margariti, *Aden*, S. 114, 134. **46** Banaji, *Islam and the Rise of Capitalism*, S. 57–62; Chaudhuri, *Trade and Civilisation*, 207 ff. Siehe auch «The Rise of Islam and the Pattern of Pre-Emporia Trade in Early Asia», in: Chaudhuri, *Trade and Civilisation*, S. 34–62. Zur Weltwirtschaft des 13. Jh. siehe Abu-Lughod, *Before European Hegemony*, S. 8–20; Valeria Fiorani Piacentini, *L'emporio ed il regno di Hormoz (VIII-fine XV sec. d. Cr.): Vicende storiche, problem ed aspetti di una civiltà costiera del Golfo Persico*, Mailand 1975, S. 49 ff.; Allen Fromherz, «Towards a World History of the Medieval Gulf: Distinctive Cosmopolitanism and Trade», *Journal of Medieval Worlds* (2020) 1/2, S. 1–10; Chaudhuri, *Trade and Civilisation*, S. 48. Chaudhuris Quellen sind auf etwa 851 datiert. Siehe auch Bertold Spuler, «Trade in the Eastern Islamic Countries in the Early Centuries», in: D. S. Richards (Hg.), *Islam and the Trade of Asia: A Colloquium*, Philadelphia 1970, S. 11–20, insb. S. 14 f.; Tapan Raychaudhuri/Irfan Habib (Hgg.), *The Cambridge Economic History of India*, Bd. 1, Cambridge 1982, S. 144; Piacentini, *L'emporio ed il regno di Hormoz;* dies., «Merchant Families in the Gulf: A Mercantile and Cosmopolitan Dimension: The Written Evidence (11–13th Centuries AD)», *ARAM Periodical* 11 (1999) 1, S. 145–159. **47** Ebd., S. 4, 163, 204, 208; Roxani Eleni Margariti, «Mercantile Networks, Port Cities, and ‹Pirate› States: Conflict and Competition in the Indian Ocean World of Trade before the Sixteenth Century», *Journal of the Economic and Social History of the Orient* 51 (2008) 4, S. 543–577; John E. G. Sutton, «Kilwa: A History of the Ancient Swahili Town with a Guide to the Monuments of Kilwa Kisiwani and Adjacent Islands», *Azania: Archaeological Research in Africa* 33 (1998) 1, S. 113–169; Henry T. Wright, «Early Islam, Oceanic Trade and Town Development on Nzwani: The Comorian Archipelago in the XIth-XVth Centuries AD», *Azania: Archaeological Research in Africa* 27 (1992) 1, S. 81–128; Abu-Lughod, *Before European Hegemony*, S. 137. **48** Mehr zur Geografie der Handelsrouten bei Zayde Antrim, *Routes and Realms: The Power of Place in the Early Islamic World*, Oxford 2012; Abu-Lughod, *Before European Hegemony*, S. 203, 205; Bruce Masters, «Aleppo: The Ottoman Empire's Caravan City», in: Edhem Eldem/Daniel Goffman/Bruce Masters (Hgg.), *The Ottoman City Between East and West: Aleppo, Izmir, and Istanbul*, Cambridge 1999, S. 1; J. Sauvaget, *Alep: Essai sur le développement d'une grande ville syrienne des origines au milieu du XIXe siècle*, Paris 1941. **49** Sven Hedin, *Die Seidenstraße*, Leipzig 1936, S. 199 f. **50** Abu-Lughod, *Before European Hegemony*, S. 141, 146, 154, 167; Alexander Anievas/Kerem Nişancioğlu, *How the West Came to Rule: The Geopolitical Origins of Capitalism*, London 2015, S. 67; Otgonsaikhan Nyamdaa, «Silk Road and Trade of the Mongol Empire», *Mongolian Diaspora: Journal of Mongolian History and Culture* 3 (2023) 1, S. 69–79; Valerie Hansen, *The Silk Road: A New History*, Oxford/New York 2012, S. 6; Iftikhar H. Malik, *The Silk Road and Beyond: Narratives of a Muslim Historian*, Karachi, Oxford 2020, S. 114. Zur islamischen Renaissance siehe ebd., S. 57, 59, 75. Zur Größe der Städte und ihrem Verhältnis zum Handel siehe auch Blaydes/Paik, «Muslim Trade and City Growth», S. 848; Marco Polo, *Beschreibung der Welt: Die Reise von Venedig nach China*, Wiesbaden 2021, S. 46. **51** Ruy González de Clavijo, *Narrative of the Embassy of Ruy González de Clavijo to the Court of Timour, at Samarcand, A. D. 1403–6*, London 1859, S. 165, 169, 175. **52** Abu-Lughod, *Before European Hegemony*, S. 157, 179; Malik, *Silk Road and Beyond*, S. 11–13, S. 26, S. 125; Clavijo, *Narrative of the Embassy*, S. 171; Hansen, *Silk Road*, S. 3. **53** Abu-Lughod, *Before European Hegemony*, S. 147, 213, 229. Zu den «Karimi» genannten Kaufleuten siehe Francisco Javier Apellániz Ruiz de Galarreta, *Pouvoir et finance en Méditerranée pré-moderne: Le deuxième État mamelouk et le commerce des épices (1382–1517)*, Barcelona 2009, S. 47–83. **54** So zit. in Banaji, *Islam and the Rise of Capitalism*, S. 61; Siehe auch Ibn Battuta, *The Travels of Ibn Battuta*, Bd. 1, Cambridge (Hakluyt

Society) 1958, S. 41. Zu Kairo siehe auch Jane Staffa, *Conquest and Fusion. The social Evolution of Cairo A. D. 642–1850*, Leiden 1977; Stillman, «Eleventh-Century Merchant house», S. 15; Abu-Lughod, *Before European Hegemony*, S. 148, 225. **55** Wie zit. in Chaudhuri, *Trade and Civilisation*, S. 58. **56** Abu-Lughod, *Before European Hegemony*, S. 212; Goitein/Friedman, *India Traders*, S. 10; Tertius Chandler/Gerald Fox, *3000 Years of Urban Growth* London 1974, S. 196 f; Goldberg, *Trade and Institutions*, S. 336; Chaudhuri, *Trade and Civilisation*, S. 59, 109, 213. Siehe auch Stillman, «Eleventh-Century Merchant House», S. 24, 58–74. Goitein/Friedman, *India Traders*, konzentriert sich stark auf die Familie Lebdi und enthält eine Korrespondenz, die in Verbindung mit dem Handel im Indischen Ozean entstand. Weitere Details finden sich in der von Goitein editierten Korrespondenz und in Claude Cahen, *Le commerce d'Amalfi dans le proche-Orient musulman avant et après la Croisade*, in *Comptes rendus des séances de l'Académie des Inscriptions et Belles Lettres* 121 (1977) 2, S. 291–301. Siehe auch S. Labib, «Egyptian Commercial Policy in the Middle Ages», in: M. A. Cook (Hg.), *Studies in the Economic History of the Middle East: From the Rise of Islam to the Present Day*, London 1970, S. 77. **57** Stillman, «Eleventh-Century Merchant House», S. 27, 30–58. **58** Ebd., S. 15–17, 19, 23 f., 28 f., 78, 83, 87; Norman Arthur Stillman, «East-West Relations in the Islamic Mediterranean in the Early Eleventh Century – A Study in the Geniza Correspondence of the House of Ibn 'Awkal», University of Pennsylvania 1970, S. 45; Goldberg, *Trade and Institutions*, S. 309 f. **59** Banaji, *Islam and the Rise of Capitalism*, S. 62; Lorenzo M. Bondioli, «Peasants, Merchants, and Caliphs: Capital and Empire in Fatimid Egypt», Diss. Princeton University 2021, S. 103–115; Shatzmiller, «Transcontinental Trade and Economic Growth», S. 123 ff.; Shatzmiller, «A Misconstrued Link», S. 392; Abu-Lughod, *Before European Hegemony*, S. 232. Siehe auch die fantastische Studie von Maya Shatzmiller, *Labour in the Medieval Islamic World*, Leiden 1994, insb. S. 200–203; Ibn Khaldûn, *The Muqaddimah: An Introduction to History*, Princeton 2015, S. 298. **60** Chaudhuri, *Trade and Civilisation*, S. 185; Abu-Lughod, *Before European Hegemony*, S. 271, 291; Kenneth R. Hall, «Ports-of-Trade, Maritime Diasporas, and Networks of Trade and Cultural Integration in the Bay of Bengal Region of the Indian Ocean: C. 1300–1500», *Journal of the Economic and Social History of the Orient* 53 (2009) 1/2, S. 109–145; Margariti, «Mercantile Networks», S. 543–577; Simon Digby, «The Maritime Trade of India», in: Raychaudhuri/Habib, *Cambridge Economic History of India*, Bd. 1, S. 139 f., 142, 144. Zu diesen Handelswaren siehe auch Beaujard, «Gujarat and Long-Distance Trade», S. 80; Sven Beckert, *King Cotton: eine Geschichte des globalen Kapitalismus*, München 2015. **61** Chaudhuri, *Trade and Civilisation*, S. 100. Dass so wenig Zeugnisse erhalten blieben, ist typisch für viele Kaufmannsgemeinden rund um den Erdball. Vgl. auch Beaujard, «Gujarat and Long-Distance Trade», S. 80; Chakravarti, «Nakhudas and Nauvittakas», S. 38, 51, 105; Niccolò Conti, «The Travels of Nicolò Conti in the East in the Early Part of the Fifteenth Century», in: Richard Henry Major (Hg.), *India in the Fifteenth Century: Being a Collection of Narratives of Voyages to India in the Century Preceding the Portuguese Discovery of the Cape of Good Hope, from Latin, Persian, Russian, and Italian Sources*, Cambridge 2010, S. 21, 51–90. Der im Original auf Lateinisch verfasste Bericht stammt aus dem Original in: Poggio Bracciolini, *De varietate fortunae*, Buch 4, Paris 1723. **62** Digby, «Maritime Trade of India», Bd. 1, S. 158. **63** So zit. in: Beaujard, «Gujarat and Long-Distance Trade», S. 85. **64** Ebd., S. 84; Chaudhuri, *Trade and Civilisation*, S. 112, 114; A. Das Gupta, «Indian Merchants and the Trade in the Indian Ocean, c. 1500–1750», in: Raychaudhuri/Habib, *Cambridge Economic History of India*, Bd 1. S. 409; Abu-Lughod, *Before European Hegemony*, S. 298–305; Digby, «Maritime Trade of India», *Cambridge Economic History*, Bd. 1, S. 143 f. **65** Ibn Battuta, *The Travels of Ibn Battuta, AD 1325–1354*, S. 797. **66** David Hardiman, «Penetration of Merchant Capital in Pre-Colonial Gujarat», in: Ghanshyam Shah (Hg.), *Capitalist Development: Critical Essays*, Bombay 1992, S. 30, 39; Chaudhuri, *Trade and Civilisation*, S. 105, 108. A. Das Gupta, «Indian Merchants and the Trade in the Indian Ocean c. 1500–1750» in: *Merchants of Maritime India*, S. 30–35. **67** Ibn Battuta, *The Travels of Ibn Battuta*, Bd. 3, Cambridge (Hakluyt Society) 1971, S. 733. **68** Chakravarti, «Nakhudas and Nauvittakas», S. 34; Beaujard, «Gujarat and Long-Distance Trade», S. 80 f.; A. Das Gupta, «Indian Merchants and the Trade in the Indian Ocean, c. 1500–1750», in: *The World of the Indian Ocean Merchant, 1500–1800: Collected Essays of Ashin Das Gupta*, Oxford/ Berlin, 2001, S. 65. **69** Beaujard, «Gujarat and Long-Distance Trade», S. 82, 91; Sebastian R. Prange, *Monsoon Islam: Trade and Faith on the Medieval Malabar Coast*, Cambridge 2018, S. 261 f; Goitein, «From Aden to India», S. 43, 45; Zu den Arbeitern siehe «Accounts of Abraham Ben Yijū's Workshop for Bronze Vessels India», S. 1132–1139, 1145–1149; ULC Or. 1080 J 95, wie nachgedruckt in: Goitein/Friedman, *India Traders*, S. 644–646; Goitein/Friedman, *India Traders of the Middle Ages*, S. 6, 43, 52, 55, 57–58. **70** Solche Keramiken wurden in Ostafrika ausgegraben. Siehe Horton/Middleton, *Swahili*, S. 78, 80, S. 82. **71** Ibn Battuta, *Travels of Ibn Battuta*, Bd. 2, S. 379. **72** Zu Mombasa siehe Chandra Richard De Silva, «Indian Ocean but Not African Sea: The Erasure of East African Commerce from History», *Journal of Black Studies* 29 (1999) 5, S. 686. Zu Mogadischu siehe Ibn Battuta, *Travels of Ibn Battuta*, Bd. 2, S. 379; Chaudhuri, *Trade and Civilisation*, S. 56. **73** Zit. nach M. N. Pearson, *The World of the Indian Ocean, 1500–1800: Studies in Economic, Social and Cultural History*, Aldershot 2005, S. 230. **74** Horton/Middleton, *Swahili*, S. 10; Tor Sellström, *Africa in the Indian Ocean: Islands in Ebb and Flow*, Leiden 2015, S. 149. Siehe auch G. S. P. Freeman-Grenville, *The East African Coast: Select Documents from the First to the Earlier Nineteenth Century*, London 1975, S. 19–31,125, 132; Horton/Middleton, *Swahili*, S. 82. **75** Ebd., S. 9, 1; Freeman-Grenville, *East African Coast,* S. 19 f. S. a. Karim Kassam Janmohamed, «A History of Mombasa, c. 1895–1939: Some Aspects of Economic and Social Life in an East African Port Town During Colonial Rule», Diss. Northwestern University 1978, S. 33; Abdul Sheriff, *Dhow Cultures of the Indian Ocean: Cosmopolitanism, Commerce and Islam,* New York 2010, S. 182. **76** Horton/Middleton, Swahili, S. 9, 12 f., 18, 22, 31, 37 f., 51, 72, 79–90; Pedro Machado, *Oceans of Trade: South Asian Merchants, Africa and the Indian Ocean, c. 1750–1850,* Cambridge 2014, S. 36, 171. **77** William Atwell, «Ming China and the Emerging World Economy, c. 1470–1650», in: Denis Twitchett/Frederick W. Mote (Hgg.), *The Cambridge History of China,* Bd. 8, Teil 2, Cambridge 1998, S. 376; Jonathan Porter, *Imperial China, 1350–1900,* Lanham 2016, S. 194; Angela Schottenhammer, «The ‹China Seas› in World History: A General Outline of the Role of Chinese and East Asian Maritime Space from its Origins to c. 1800», *Journal of Marine and Island Cultures* 1 (2012) 2, S. 76. **78** Adam Smith, Wohlstand der Nationen, München 2005, S. 62. **79** Atwell, «Ming China», S. 378; Abu-Lughod, *Before European Hegemony,* S. 316. Diese Ansicht vertreten u. a. Chaffee, *Muslim Merchants of Premodern China;* Yoshinobu Shiba, *Commerce and Society in Sung China,* Ann Arbor (MI) 1970; Joseph P. McDermott/Yoshinobu Shiba, «Economic Change in China, 960–1279», in: John W. Chaffee/Denis Twitchett (Hgg.), *The Cambridge History of China,* Bd. 5, Cambridge 2015, S. 321–436; Robert Hartwell, «Markets, Technology, and the Structure of Enterprise in the Development of the Eleventh-Century Chinese Iron and Steel Industry», *JEH* 26 (1966) 1, S. 29–58; Tim Wright, «An Economic Cycle in Imperial China?: Revisiting Robert Hartwell on Iron and Coal», *Journal of the Economic and Social History of the Orient* 50 (2007) 4, S. 398–423; Donald B. Wagner, «The Administration of the Iron Industry in Eleventh-Century China», *Journal of the Economic and Social History of the Orient* 44 (2001) 2, S. 175–197; Paul Jakov Smith, «Eurasian Transformations of the Tenth to Thirteenth Centuries: The View from Song China, 960–1279», in: Jóhann Páll Árnason (Hg.), *Eurasian Transformations, Tenth to Thirteenth Centuries,* Leiden 2004, S. 279–308; Richard von Glahn, «Imagining Pre-modern China», in: ders./Paul Jakov Smith (Hgg.), *The Song-Yuan-Ming Transition in Chinese History,* Cambridge (MA) 2003, S. 35–70; Abu-Lughod, *Before European Hegemony,* S. 317, 319 f.; Billy K. L. So, *Prosperity, Region, and Institutions in Maritime China: The South Fukien Pattern,* S. 946–1368, Cambridge (MA) 2000, S. 27 f., 30; William T. Rowe, *China's Last Empire: The Great Qing,* Cambridge (MA) 2009, S. 123; Schottenhammer, «‹China Seas› in World History», S. 76. Siehe z. B. Albert E. Dien/Keith N. Knapp (Hgg.), *The Cambridge History of China,* Bd. 2, Cambridge 2019, S. 378. **80** Wang Gungwu, *The Nanhai Trade: The Early History of Chinese Trade in the South China Sea,* Singapur 1998, S. 96; Raychaudhuri/Habib, *Cambridge Economic History of India,* Bd 1., S. 133; Shiba, *Commerce and Society;* McDermott/Shiba, «Economic Change in China», S. 321–436; Hartwell, «Markets, Technology, and the Structure of Enterprise», S. 29–58; Timothy Brook, «Communications and Commerce», in: Twitchett/Mote, *Cambridge History of China,* Bd. 8, S. 580; Porter, *Imperial China,* S. 200; Timothy Brook, «The Merchant Network in 16th Century China: A Discussion and Translation of Zhang Han's ‹On Merchants›», *Journal of the Economic and Social History of the Orient* 24 (1981) 2, S. 165–214; Schottenhammer, «‹China Seas› in World History», S. 74 ff.; Raychaudhuri/Habib, *Cambridge Economic History of India,* Bd. 1, S. 131; Derek Heng, «Shipping, Customs Procedures, and the Foreign Community: The ‹Pingzhou ketan› on Aspects of Guangzhou's Maritime Economy in the Late Eleventh Century», *Journal of Song-Yuan Studies* 38 (2008) 1, S. 15; Banaji, *Islam and the Rise of Capitalism,* S. 62. Dies war der Preis für Weizen im Syrien des 11. Jh.; natürlich stiegen und fielen die Preise und waren je nach Standort unterschiedlich. Siehe E. Ashtor, «The Development of Prices in the Medieval Near East», in: Bernard Lewis, *Wirtschaftsgeschichte des Vorderen Orients in islamischer Zeit,* Leiden 1977, S. 101; Chaudhuri, *Trade and Civilisation,* S. 59, 206; Heng, *Shipping, Customs Procedures,* S. 1–4; Laurence J. C. Ma, *Commercial Development and Urban Change in Sung China (960–1279),* Ann Arbor (MI) 1971; Angela Schottenhammer, *Early Global Interconnectivity Across the Indian Ocean World,* Bd. 1, Basel 2019; Gang Deng, *Chinese Maritime Activities and Socioeconomic Development, c. 2100 B. C.–1900 A. D.,* London 1997; So, *Prosperity, Region, and Institutions in Maritime China;* Rowe, *China's Last Empire,* S. 123; Philip C. Huang, *The Peasant Family and Rural Development in the Yangzi Delta, 1350–1988,* Stanford 1990; Brook, «Communications and Commerce», S. 583 f.; Angus Maddison, *Chinese Economic Performance in the Long Run,* Paris 1998; E. L. Jones, «The Real Question About China: Why Was the Song Economic Achievement Not Repeated?», in: Eric L. Jones, *Growth Recurring: Economic Change in World History,* Ann Arbor (MI) 2000; Mark Elvin, *The Pattern of the Chinese Past: A Social and Economic Interpretation,* Stanford 1973; Timothy Brook, *The Confusions of Pleasure: Commerce and Culture in Ming China,* Berkeley (CA) 1998, S. xix. Zu den Städten siehe Ray Huang, «The Grand Canal During the Ming Dynasty, 1368–1644», Diss. University of Michigan 1964, S. 308. **81** Ruy González de Clavijo, *Embassy to Tamerlane, 1403–1406,* New York 1928, S. 288 f. **82** Ibn Battuta, *Travels of Ibn Battuta,* Bd. 4, S. 891. **83** 莫旦《弘治吳江志·舊事》, 刊行于弘治元年, 中国史学丛书三编:第四辑. 台北:学生书局 1987 [Mo Dan, *The Local History of Wujiang: Things in the Past* (1488), nachgedruckt in: *Third Edition of Chinese History Series* 4, Taipei 1987.] **84** Abu-Lughod, *Before European Hegemony,* S. 335; Chaffee, *Muslim Merchants of Premodern China,* S. 2. **85** Ebd., S. 1, 3, 21; Raychaudhuri/Habib, *Cambridge Economic History of India,* Bd. 1, S. 126–142; Abu-Lughod, *Before European Hegemony,* S. 311–332; Heng, Shipping, Customs Procedures, S. 15; Chau, *Chau Ju-kua,* S. 37, 93–99. **86** 蕃 坊,海外, 蕃 長, wie zit. in ebd., S. 17, 35. **87** Angela Schottenhammer, «China's Gate to the Indian Ocean: Iranian and Arab Long-Distance Traders», *Harvard Journal of Asiatic Studies* 76 (2016) 1/2, S. 135, 137; Chau, *Chau Ju-kua*, S. 14, 16; Hourani, *Arab Seafaring in the Indian Ocean*; Sulaymân al-Tajir und Abû Zayd Hasan ibn Yazīd, *Voyage du marchand arabe Sulaymân en Inde et en Chine, rédigé en 851, suivi de remarques par Abû Zayd Hasan* (um 916), Paris 1922, S. 38 f.; Raychaudhuri/Habib, *Cambridge Economic History of India*, Bd. 1, S. 127 ff. S. a. Angela Schottenhammer, *Das Songzeitliche Quanzhou im Spannungsfeld Zwischen Zentralregierung und Maritimem Handel: Unerwartete Konsequenzen des Zentralstaatlichen Zugriffs auf den Reichtum einer Küstenregion*, Stuttgart 2002, S. 57; Chaffee, *Muslim Merchants of Premodern China*, Bd. 2, S. 41 f.; Gu Yanwu wie zit. in ebd., S. 101. **88** Siehe 郭正忠:《宋代包买商人的考察》,《江淮论坛》1985年第2期: S. 18–25 [Guo Zhengzhong, «Untersuchung über produzierende Kaufleute unter der Song-Dynastie», *Jianghuai Forum* (1985) 2, S. 18–25]; 郭正忠:《宋代四川盐业生产中的资本主义萌芽》,《社会科学研究》, 1981年第11期: 第43–48页 [Guo Zhengzhong, «Aufblühender Kapitalismus in der Salzindustrie von Sichuan unter der Song-Dynastie», *Social Science Research* (1981) 11, S. 43–48]; 李晓:《论宋代茶叶生产中的资本主义萌芽》,《山东大学学报(哲学社会科学版)》年第4期: 第 [Li Xiao, «Über den aufblühenden Kapitalismus in der Teeproduktion unter der Song-Dynastie», *Shandong University Journal* (1989) 4, S. 45–50]; Siehe auch 陶德臣:《宋代茶业生产经营中的包买商—兼与姚治中先生商榷》,《农业考古》年第 第 页 [Tao Dechen, «Investierende Kaufleute in Produktion und Management der Teeindustrie unter der Song-Dynastie – mit einer Diskussion von Yao Zhizhong», *Agricultural Archaeology* (2008) 5, S. 268–273]; 董立章:《略论中国资本主义萌芽于宋》,《华南师范大学学报(社会科学版)》, 年第3期:第 [Dong Lizhang, «Eine vorläufige Diskussion über das Aufblühen des chinesischen Kapitalismus unter der Song-Dynastie», *Journal of South China Normal University* (2001) 3, S. 66–74]. **89** E. L. Jones, *Das Wunder Europa: Umwelt, Wirtschaft und Geopolitik in der Geschichte Europas und Asiens*, Tübingen 2012, S. 232; Robert Hartwell, «A Cycle of Economic Change in Imperial China: Coal and Iron in Northwest China, 750–1350», *Journal of the Economic and Social History of the Orient* 10 (1967) 1, S. 102–159; Wagner, «Administration of the Iron Industry», S. 175–197. Für eine kürzlich erfolgte Neubewertung von Hartwells Schätzungen siehe Abu-Lughod, *Before European Hegemony*, S. 323; Raychaudhuri/Habib, *Cambridge Economic History of India*, Bd. 1, S. 128. Zur Größe der europäischen Schiffe siehe Arthur Davies, «The Loss of the *Santa Maria* Christmas Day, 1492», *AHR* 58 (1953) 4, S. 861; Lars Berggren/Nils Hybel/Annette Landen (Hgg.), *Cogs, Cargoes and Commerce: Maritime Bulk Trade in Northern Europe, 1150–1400*, Toronto 2002, S. 102. Dieses Thema wird behandelt in dem guten Überblick über die Schifffahrt bezüglich des Indischen Ozeans und Südchinas in: Raychaudhuri/Habib, *Cambridge Economic History of India*, Bd. 1, S. 130 ff.; Chaffee, *Muslim Merchants of Premodern China*, S. 7; Schottenhammer, «‹China Seas› in: World History», S. 76. **90** Zit. aus Richard von Glahn, «Monies of Account and Monetary Transition in China, Twelfth to Fourteenth Centuries», *Journal of the Economic and Social History of the Orient* 53 (2010) 3, S. 501. **91** Hansen, *Silk Road*, S. 15; von Glahn, «Monies of Account», S. 465; Braudel, Sozialgeschichte des 15.–18. Jahrhunderts, Bd. 2, S. 115. Siehe auch von Glahn, «Monies of Account», S. 482, 484; Richard von Glahn, «Paper Money in Song-Yuan China», in: Robertus Jan van der Spek/Bas van Leeuwen (Hgg.), *Money, Currency and Crisis: In Search of Trust, 2000 BC to AD 2000*, London 2018, S. 260. Zum Zitat siehe Ibn Battuta, *Travels of Ibn Battuta*, Bd. 4, S. 890. **92** Abu-Lughod, *Before European Hegemony*, S. 13, 15, 46 f., 67, 125; Goldberg, *Trade and Institutions*, S. 306; Goitein, *Mediterranean Society*, S. 43, 45 f.; Eliyahu Ashtor, *Levant Trade in the Middle Ages Princeton*, Princeton 2014, S. 23; Herman van der Wee, «Structural Changes in European Long-Distance Trade, and Particularly on the Re-Export Trade from South to North, 1350–1750», in: James D. Tracy (Hg.), *The Rise of Merchant Empires: Long-Distance Trade in the Early Modern World, 1350–1750*, Cambridge 1993, S. 14 f.; Sylvia L. Thrupp, *Society and History: Essays*, Ann Arbor (MI) 1977, S. 74. **93** Banaji, *Islam and the Rise of Capitalism*, S. 62; Abu-Lughod, *Before European Hegemony*, S. 47. **94** Für die neueste Darstellung dieses Prozesses siehe Wickham, *Donkey and the Boat;* Chaudhuri, *Trade and Civilisation*, S. 58; Abu-Lughod, *Before European Hegemony*, S. 107, 110; Jeffrey Miner/Stefan Stantchev, «The Genoese Economy», in: Carrie E. Beneš (Hg.), *A Companion to Medieval Genoa*, Leiden 2018, S. 401. Zu dieser historiografischen Wendung, die Rolle der Kreuzzüge bei der wirtschaftlichen Entwicklung Genuas in Betracht zu ziehen, siehe Quentin van Doosselaere, *Commercial Agreements and Social Dynamics in Medieval Genoa*, Cambridge 2009; Miner/Stantchev, «Genoese Economy», S. 401; Abu-Lughod, *Before European Hegemony*, S. 108, 110. **95** van der Wee, «Structural Changes in European Long-Distance Trade», S. 14, 16, 23; Abu-Lughod, *Before European Hegemony*, S. 68; Ashtor, *Levant Trade*, S. 6, 25, 81, 121. **96** Anonymer Autor, «Collaudatio quedam urbis Genuensis», 1430 [Bibl. Civica Berio di Genova, ms. mr. I. 3. 14, cc. IV–12r], wie transkribiert in Giovanna Petti Balbi, *Genova medievale vista dai contemporanei*, Genua 1978, S. 95 f. Die englische Übersetzung des Zitats stammt vom Autor. **97** Steven A. Epstein, *Speaking of Slavery; Color, Ethnicity, and Human Bondage in Italy*, Ithaca (NY) 2001; Thomas Allison Kirk, *Genoa and the Sea: Policy and Power in an Early Modern Maritime Republic, 1559–1684* Baltimore 2005, S. 10; Steven A. Epstein, *Genoa & the Genoese, 958–1528*, Chapel Hill 1996, S. 14. Zu der Quelle auf Arabisch siehe Benjamin Z. Kedar, «Una nuova fonte per l'incursione musulmana del 934–935 e le sue implicazioni per la storia genovese», in: *From Genoa to Jerusalem and Beyond: Studies in Medieval and World History*, Limena, Libreriauniversitaria.it, 2019, S. 19–30. Siehe auch Denise Bezzina, «Social Landscapes», in: Carrie E. Beneš, *A Companion to Medieval Genoa*, Leiden 2018, S. 167;

Epstein, *Genoa & the Genoese,* S. 29. In einer Fußnote auf Seite 332 stellt Epstein fest, dass «die Schätzungen der genuesischen Bevölkerung in diesen Jahrhunderten (mehr oder weniger) gut begründete Vermutungen sind». Vgl. auch Luisa Piccinno, «Genoa, a City with a Port or a Port City?», in: Wim Blockmans/Mikhail Krom/Justyna Wubs-Mrozewicz (Hgg.), *The Routledge Handbook of Maritime Trade Around Europe 1300–1600: Commercial Networks and Urban Autonomy,* London 2017, S. 162 f.; Miner/Stantchev, «Genoese Economy», S. 400, 402; Halil İnalcik/Donald Quataert (Hgg.), *An Economic and Social History of the Ottoman Empire,* Bd. 1, Cambridge 1994, S. 285; Ashtor, *Levant Trade,* S. 11; Robert S. Lopez, *The Commercial Revolution of the Middle Ages, 950–1350,* Cambridge 1976, S. 94; Sandra Origone, «Colonies and Colonization», in Beneš, *A Companion to Medieval Genoa,* S. 500, 504; Dino Puncuh, (Hg.), *Storia di Genova: Mediterraneo, Europa, Atlantico,* Genua 2003, S. 222; Miner/Stantchev, «Genoese Economy», S. 405; Benjamin Z. Kedar, *Segurano-Sakrān Salvaygo: Un mercante genovese al servizio dei sultani mamelucchi,* Limena 2019; Miner/Stantchev, «Genoese Economy», S. 402; Carlo Taviani, «The Genoese Casa di San Giorgio as a Micro-Economic and Territorial Nodal System», in: Blockmans/Krom/Wubs-Mrozewicz, *Routledge Handbook of Maritime Trade,* S. 182. Zu den genuesischen Kolonien am Schwarzen Meer siehe Evgeny Khvalkov, *The Colonies of Genoa in the Black Sea Region: Evolution and Transformation,* London 2018; Piccinno, «Genoa», S. 163; Eliyahu Ashtor, *Studies on the Levantine Trade in the Middle Ages,* London 1978, S. 590. **98** McCormick, «New Light on the ‹Dark Ages›», S. 17–54; *Origins of the European Economy,* S. 344, S. 356–367, 523–531, 731–777; Alice Rio, «Slave Raiding and Slave Trading», in: *Slavery After Rome,* 500–1100, Oxford 2017, S. 19–41; Willem van de Lare, *Regula transporti,* Plantin-Moretus Museum Archive, Arch. 318, wie zit. in: Donald J. Harreld, «Merchants and International Trade Networks in the Sixteenth Century», Economic History Congress Helsinki, August 2006; Lorenz Meder, *Das Meder'sche Handelsbuch und die Welser'schen Nachträge,* hg. v. Hermann Kellenbenz, Wiesbaden 1974; Lucas Rem, *Tagebuch des Lucas Rem aus den Jahren 1494–1541: Ein Beitrag zur Handelgeschichte der Stadt Augsburg,* hg. v. B. Greiff, Augsburg 1861; Maria Pia Pendani, «Venice», in: Gábor Ágoston/Bruce Alan Masters (Hgg.), *Encyclopedia of the Ottoman Empire,* New York 2009, S. 581 f.; Paola Lanaro, «At the Centre of the Old World, Reinterpreting Venetian Economic History», in: Paola Lanaro (Hg.), *At the Centre of the Old World: Trade and Manufacturing in Venice and on the Venetian Mainland, 1400–1800,* Toronto 2006, S. 19; Fredrick C. Lane, Andrea Barbarigo, *Merchant of Venice, 1418–1449,* Baltimore 1944, S. 59; Ashtor, *Levant Trade,* S. 24 f. **99** Edgcumbe Staley, *The Guilds of Florence,* London 1906; Francesca Trivellato, «Renaissance Florence and the Origins of Capitalism: A Business History Perspective», *Business History Review* 94 (2020) 1, S. 229–251; Marvin B. Becker, *Florence in Transition,* Bd. 1, Baltimore 1967, S. 89–96; Richard Lachmann, *Capitalists in Spite of Themselves: Elite Conflict and Economic Transitions in Early Modern Europe Oxford,* Oxford 2002, S. 78; Anna Maria Pult Quaglia, *Per provvedere ai popoli: Il sistema annonario nella Toscana dei Medici,* Florenz 1990, S. 120 f.; Richard A. Goldthwaite, *The Economy of Renaissance Florence,* Baltimore 2008, S. 47. **100** Ferdinand Schevill, *Medieval and Renaissance Florence,* New York 1963, S. 30. Für das Originalzitat über die geringe Größe der Stadt siehe Enrico Faini, *Firenze nell'età romanica (1000–1211): L'espansione urbana, lo sviluppo istituzionale, il rapporto con il territorio,* Florenz 2010, S. 37. S. a. Brian Jeffrey Maxson, «Introduction: The Birth of Florence, Origins to 1250», in: *A Short History of Florence and the Florentine Republic,* London 2023, S. 5. **101** Das erste Zitat stammt aus Antonio Pucci, «The Mercato Vecchio, Florence», in: Trevor Dean (Hg.), *The Towns of Italy in the Later Middle Ages,* Manchester 2013, S. 122 ff. Das Originalzitat («Mercato Vecchio nel mondo è alimento») findet sich im italienischen Originaltext bei Antonio Pucci, «Proprietà di Mercato Vecchio», in: Natalino Sapegno (Hg.), *Poeti minori del Trecento,* Mailand/Neapel 1952, S. 403–407. Das zweite Zitat stammt aus Giovanni Villani, «Description of Florence (Book XI, Chap. XCIV)», in: Robert S. Lopez/Irving W. Raymond (Hgg.), *Medieval Trade in the Mediterranean World: Illustrative Documents,* New York 2001, S. 71–74. Für das Original («molte belle case») siehe Giovanni Villani, *Cronica di Giovanni Villani,* Bd. 6, Florenz 1823, S. 183–187. **102** Jean Boutier/Yves Sintomer, «The Republic of Florence (from the Twelfth to the Sixteenth Centuries): Historical and Political Issues», *Revue Française de Science Politique* 64 (2014) 6, S. 1062; W. R. Day, «The Population of Florence Before the Black Death: Survey and Synthesis», *Journal of Medieval History* 28 (2002) 2, S. 94, 120. Samarkand hatte in den 1390er Jahren 150 000 Einwohner. Zu Pisa siehe Giuseppe Petralia, «The Late Middle Ages and the Florentine Conquest», in: Karen Rose Mathews/Silvia Orvietani Busch/Stefano Bruni (Hgg.), *A Companion to Medieval Pisa,* Leiden 2022, S. 163–183, hier S. 163. **103** Herman van der Wee, *The Growth of the Antwerp Market and the European Economy (Fourteenth to Sixteenth Centuries),* Den Haag 1963. **104** Alma Poloni, «Una società fluida: L'economia di Firenze nel tardo Medioevo», *Storica* 61–62 (2015), S. 186; Eliyahu Ashtor, «The Wool Guild in Medieval Florence», *Journal of European Economic History* 12 (1983) 1, S. 198. S. a. Hidetoshi Hoshino, *L'arte della lana in Firenze nel basso Medioevo: Il commercio della lana e il mercato dei panni fiorentini nei secoli XIII–XV,* Florenz 1980; Fabrizio Ricciardelli, *A Short History of Florence,* Florenz 2019, S. 35; Abu-Lughod, *Before European Hegemony,* S. 56, 71; Braudel, *Sozialgeschichte des 15.–18. Jahrhunderts,* Bd. 3, S. 117; Robert-Henri Bautier, «The Fairs of Champagne», in: Rondo E. Cameron (Hg.), *Essays in French Economic History,* R. D. Irwin for the American Economic Association 1970, S. 42–63; Wim Blockmans, «Transactions at the Fairs of Champagne and Flanders 1249–1291», in: Simonetta Cavaciocchi (Hg.), *Fiere e mercati nella integrazione delle economie europee secc. XIII–XVIII*, Florenz 2001, S. 993–1000; Oscar Gelderblom. «The Decline of Fairs and Merchant Guilds in the Low Countries, 1250–1650», *Jaarboek voor Middeleeuwse Geschiedenis* 7 (2004), S. 199–238; James M. Murray, *Bruges, Cradle of Capitalism, 1280–1390*, Cambridge 2005; Oscar Gelderblom, *Cities of Commerce: The Institutional Foundations of International Trade in the Low Countries, 1250–1650*, Princeton 2013; Sophus A. Reinert/Robert Fredona, «Merchants and the Origins of Capitalism», Harvard Business School Working Paper Nr. 18–021 (2017), S. 27; van der Wee, *Growth of the Antwerp Market*; Goldthwaite, *Economy of Renaissance Florence*; Poloni, «Una società fluida», S. 165–190; David Abulafia, «Southern Italy and the Florentine Economy, 1265–1370», *EHR* 34 (1981) 3, S. 377–388. **105** Poloni, «Una società fluida», S. 170; Banaji, *Islam and the Rise of Capitalism*, S. 55; Elisa Gagliardi Mangilli, «Florence and Islamic Fabrics», in: Giovanni Curatola (Hg.), *Islamic Art and Florence from the Medici to the 20th Century*, Florenz 2018, S. 112; İnalcik/Quataert, *Economic History of the Ottoman Empire*, S. 232. Dies wurde 2018 in einem fantastischen Ausstellungsstück gezeigt, wie dokumentiert in: Giovanni Curatola (Hg.), *Islamic Art and Florence from the Medici to the 20th Century*, Florenz 2018, S. 10. S. a. Hans Belting, *Florence and Baghdad: Renaissance Art and Arab Science*, Cambridge (MA) 2011. **106** George Holmes, «How the Medici Became the Pope's Bankers», in: Nicolai Rubinstein (Hg.), *Florentine Studies: Politics and Society in Renaissance Florence*, Evanston (IL) 1968, S. 357–380; Luciano Pezzolo, «Government Debts and Credit Markets in Renaissance Italy», in: Fausto Piola Caselli (Hg.), *Government Debts and Financial Markets in Europe*, London 2008, S. 17–32. **107** Goldthwaite, *Economy of Renaissance Florence*, S. 210–230; John H. Munro, «The Medieval Origins of the Financial Revolution: Usury, Rentes, and Negotiability», *International History Review* 25 (2003) 3, S. 505–562; Bernardino Barbadoro, *Le finanze della Repubblica fiorentina: Imposta diretta e debito pubblico fino all'istituzione del Monte*, Florenz 1929, S. 629–687; Anthony Molho, *Florentine Public Finance in the Early* Renaissance, 1400–1430, Cambridge (MA) 1971, S. 63–74; Lawrin D. Armstrong, «The Politics of Usury in Trecento Florence: The Questio de Monte of Francesco da Empoli», *Mediaeval Studies* 61 (1999), S. 1–44; Lawrin D. Armstrong, *Usury and Public Debt in Early Renaissance Florence: Lorenzo Ridolfi on the Monte Comune*, Toronto 2003, S. 63–65; Giovanni Ceccarelli, *Risky Markets: Marine Insurance in Renaissance Florence*, Bd. 8, Leiden 2020; John F. Padgett/Paul D. McLean, «Economic Credit in Renaissance Florence», *Journal of Modern History* 83 (2011) 1, S. 1–47; Bautier, «Fairs of Champagne», S. 42–63; M. M. Postan, *Medieval Trade and Finance*, Cambridge 1973; Cavaciocchi, *Fiere e mercati nella integrazione delle economie europee*; Abu-Lughod, *Before European Hegemony*, S. 69; Reinhold C. Mueller, The Venetian Money Market: Banks, Panics, and the Public Debt, 1200–1500 (Johns Hopkins University Press, 2019); Lopez, Commercial Revolution; David Abulafia, «The Impact of Italian Banking in the Late Middle Ages and the Renaissance, 1300–1500», in: Alice Teichova/Ginette Kurgan-Van Hentenryk/Dieter Ziegler (Hgg.), *Banking, Trade, and Industry: Europe, America, and Asia from the Thirteenth to the Twentieth Century*, Cambridge 1997, S. 17–34. S. a. Edwin S. Hunt, *The Medieval Super-Companies: A Study of the Peruzzi Company of Florence*, Cambridge 1994; William J. Magnuson, *For Profit: A History of Corporations*, New York 2022; Raymond de Roover, *The Rise and Decline of the Medici Bank, 1397–1494*, Cambridge (MA) 1963. **108** Stanley R. H. Jones, «Transaction Costs, Institutional Change, and the Emergence of a Market Economy in Later Anglo-Saxon England», *EHR* 46 (1993) 4, S. 658–678; Marianne Hem Eriksen u. a. (Hgg.), *Viking Worlds: Things, Spaces and Movement*, Oxford/Philadelphia 2015, S. 144–159; Barrie Cook/Gareth Williams (Hgg.), *Coinage and History in the North Sea World, c. AD 500–1200: Essays in Honour of Marian Archibald*, Bd. 19, Leiden 2006; Nils Hybel, «The Grain Trade in Northern Europe Before 1350», *EHR* 55 (2002) 2, S. 219–247; R. H. Britnell, *The Commercialization of English Society, 1000–1500*, Cambridge 1993; W. G. Hoskins, *The Age of Plunder: King Henry's England, 1500–1547*, London 1976, S. 14; James Anthony Froude, *History of England from the Fall of Wolsey to the Defeat of the Spanish Armada*, London 1893; James E. Thorold Rogers, *Six Centuries of Work and Wages: The History of English Labour*, London 1884, S. 151; James E. Thorold Rogers, *A History of Agriculture and Prices in England, from the Year After the Oxford Parliament (1259) to the Commencement of the Continental War* (1793), Bd. 1, Oxford 1902, S. 142–44; Henry de Beltgens Gibbins, *Industry in England: Historical Outlines*, London 1897, S. 137; Dobb, *Studies in the* Development of Captialism, S. 109. **109** Abu-Lughod, *Before European Hegemony*, S. 131, 137, 189; Goitein, *Mediterranean Society*, Bd. 1, S. 40, 45; Goldberg, *Trade and Institutions*, S. 335 f.; Chaudhuri, *Trade and Civilisation*, S. 63, 100. **110** Wie zit. in: David Robinson/Douglas Smith, *Sources of the African Past: Case Studies of Five Nineteenth-Century African Societies*, London/New York 1979, S. 313. **111** Lamine Faye, «Guerre et art de la guerre dans l'Ouest-africain au temps de grand empires: des dynamique contrastées», Diss. Université Cheikh Anta Diop, Dakar 2020; Kathleen Bickford Berzock, «Caravans of Gold, Fragments of Time: An Introduction», in: Kathleen Bickford Berzock (Hg.), *Caravans of Gold, Fragments of Time: Art, Culture, and Exchange Across Medieval Saharan Africa*, Princeton 2019, S. 28; Roman Loimeier, *Muslim Societies in Africa: A Historical Anthropology*, Bloomington 2013, S. 81, 91. Zum Elfenbein siehe Mamadi Dembélé, «Urbanization and Trade Networks in the Inland Niger Delta», in: Berzock, *Caravans of Gold*, S. 153, 156; s. a. Detlef Gronenborn, «Polities and Trade in Medieval Northern Nigeria», in: Berzock, *Caravans of Gold*, S. 169; Sarah M. Guérin, «Gold, Ivory, and Copper: Materials and Arts of Trans-Saharan Trade», in: Berzock, *Caravans of*

Gold, S. 184, 192. Zum Kupfer siehe Guérin, «Gold, Ivory, and Copper», S. 185. S. a. Loimeier, *Muslim Societies in Africa*, S. 81; Detlef Gronenborn, «State and Trade in Central Sahel», in: Peter Mitchell/Paul Lane (Hgg.), *The Oxford Handbook of African Archaeology*, Oxford 2013, S. 853; Berzock, *Caravans of Gold*, S. 28 f. **112** Sam Nixon, «Essouk-Tadmekka: A Southern Saharan Center of the Early Islamic Camel Caravan Trade», in: Berzock, *Caravans of Gold*, S. 123, 129. **113** Nixon, «Essouk-Tadmekka», 138 f. Zu Gao siehe Mamadou Cissé, «Gao, a Middle Niger City in Medieval Trade», in: Berzock, *Caravans of Gold*, S. 141. S. a. Nixon, «Essouk-Tadmekka», S. 123, 129; Gianluca Pastorelli/Marc Walton/Sam Nixon, «Gold Processing at the Early Islamic Market Town of Tadmekka, Mali: Preliminary Results from Experimental Replication», in: Berzock, *Caravans of Gold*, S. 213; Robert Launay, «Views from Afar: Reading Medieval Trans-Saharan Trade Through Arabic Accounts», in: Berzock, *Caravans of Gold*, S. 56; Dembélé, «Urbanization and Trade Networks», S. 158; A. G. Hopkins, *An Economic History of West Africa*, New York 1973, S. 19. **114** Die Zahlen stammen aus Ralph A. Austen, «The Sources of Gold: Narratives, Technology, and Visual Culture from the Mande and Akan Worlds», in: Berzock, *Caravans of Gold*, S. 68. **115** Austen, «Sources of Gold», S. 63, 68 f.; Gronenborn, «Polities and Trade», S. 169; Howard W. French, *Born in Blackness: Africa, Africans, and the Making of the Modern World, 1471 to the Second World War*, New York 2021, S. 68. **116** Barbara Krasner/Mana Musa: The Most Famous African Traveler to Mecca, New York 2016, S. 50, S. 52. **117** Wie zit. in: Launay, «Views from Afar», S. 50. **118** Wie zit. in: J. F. P. Hopkins/Nehemia Levtzion (Hgg.), *Corpus of Early Arabic Sources for West African History*, Princeton 2000, S. 43, 47. **119** Ronald A. Messier/Abdallah Fili, «Sijilmasa's Role in the Africana Gold Trade», in: Berzock, *Caravans of Gold*, S. 115; Launay, «Views from Afar», S. 52. **120** Messier/Fili, «Sijilmasa's Role», S. 115. **121** Ebd., S. 107, 115; Launay, «Views from Afar», S. 52; Guérin, «Gold, Ivory, and Copper», S. 184. **122** Ibn Battuta, *Travels of Ibn Battuta*, Bd. 4, S. 952. **123** Ebd., S. 965. S. a. Toby Green, *A Fistful of Shells: West Africa from the Rise of the Slave Trade to the Age of Revolution*, Chicago 2021. Über Wertpapiere siehe Paul E. Lovejoy, «Interregional Monetary Flows in the Precolonial Trade of Nigeria», *Journal of African History* 15 (1974) 4, S. 582. **124** French, *Born in Blackness*, S. 28–33; Jean-Louis Roy, *Mansa Musa I: Kankan Moussa, from Niani to Mecca: A Historical Narrative*, Oakville (Ontario) 2019; Michael A. Gomez, *African Dominion: A New History of Empire in Early and Medieval West Africa*, Princeton 2018, S. 106 f. **125** Hall, *Maritime Trade*, S. 173, 176. **126** Ebd. und S. 226 f.; Martine Julia van Ittersum, «Debating Natural Law in the Banda Islands: A Case Study in Anglo-Dutch Imperial Competition in the East Indies, 1609–1621», *History of European Ideas* 42 (2016) 4, S. 460; Das Gupta, «Indian Merchants and the Trade», in: Ders. (Hg.), *Merchants Maritime India*, S. 410. **127** Hall, *Maritime Trade*, S. 173, 176, 226 f.; Van Ittersum, «Debating Natural Law in the Banda Islands», S. 460; Das Gupta, «Indian Merchants and the Trade», in: Das Gupta (Hg.), *Merchants Maritime India*, S. 410; Michael Jacq-Hergoualc'h, *The Malay Peninsula: Crossroads of the Maritime Silk Road (100 BC-1300 AD)*, Leiden 2018, S. 391. **128** Michael E. Smith, *The Aztecs*, Hoboken (NJ) 2011, S. 315; Chester S. Chard, «Pre-Columbian Trade Between North and South America», *Kroeber Anthropological Society Papers* 1 (1950), S. 6; Kenneth Pomeranz/Steven Topik, *The World That Trade Created: Society, Culture, and the World Economy, 1400 to the Present*, Armonk (NY) 2006, S. 21. **129** Bernal Díaz del Castillo, *The Conquest of New Spain*, London 1963, S. 232. **130** Marcel van der Linden, «Final Thoughts», in: Ders./Jürgen Kocka (Hgg.), *Capitalism: The Reemergence of a Historical Concept*, London 2016, S. 252; Pomeranz/Topik, *The World That Trade Created*, S. 22; del Castillo, *Conquest of New Spain*, S. 232 ff. **131** Anthony Pagden (Hg.), *Hernán Cortés: Letters from Mexico*, New Haven 1986, S. 103 ff. **132** Fray Diego Durán, *Book of the Gods and Rites and the Ancient Calendar*, Norman (OK) 1971, S. 138. **133** Pomeranz/Topik, *The World That Trade Created*, S. 22. Für andere Augenzeugenberichte über den Markt von Tlatelolco siehe del Castillo, *Conquest of New Spain*, S. 232–234; Bernardino de Sahagun, *Florentine Codex*, Bd. 8, Santa Fe (NM) 1954, S. 67 ff.; Fray Juan de Torquemada, *Monarquía Indiana*, Bd. 4, Universidad Nacional Autónoma de México 1977, S. 348–352; David M. Carballo, «Trade Routes in the Americas Before Columbus», in: Philip Parker (Hg.), *The Great Trade Routes: A History of Cargo and Commerce Over Land and Sea*, London 2012, S. 169. Zur Debatte über die sozialen und wirtschaftlichen Bedingungen der mesoamerikanischen Transportsysteme siehe Robert D. Drennan, «Long-Distance Movement of Goods in the Mesoamerican Formative and Classic», *American Antiquity* 49 (1984) 1, S. 27–43; Andrew Sluyter, «Long-Distance Staple Transport in Western Mesoamerica: Insights Through Quantitative Modeling», *Ancient Mesoamerica* 4 (1993) 2, S. 193–199; Fernando Winfield Capitaine, «Otatitlán y Yacatecuhtli», in: *La palabra y el hombre* 32 (1979), S. 25; Durán, *Book of the Gods*, S. 29. **134** Zu diesem Argument siehe Braudel, *Material Civilization*, S. 50 f.

Kapitel 2: Kapitalisten ohne Kapitalismus

1 Simon Digby, «The Broach Coin-Hoard as Evidence of the Import of Valuta Across the Arabian Sea During the 13th and 14th Centuries», *Journal of the Royal Asiatic Society* 112 (1980), S. 129–138. **2** Janet L. Abu-Lughod, *Before European Hegemony: The World System A. D. 1250–1350*, Oxford 1989, S. 15 f.; George Von-der-Muhl, «Janet L. Abu-Lughod. Before European Hegemony: The World System A. D.

1250–1350», *Comparative Civilizations Review* 29 (1993), S. 6. Vgl. auch K. N. Chaudhuri, *Trade and Civilisation in the Indian Ocean: An Economic History from the Rise of Islam to 1750,* Cambridge 1985, S. 99; Patrick O'Brien, «Was the First Industrial Revolution a Conjuncture in the History of the World Economy?», *Economic History Working Paper* 259 (2017), London School of Economics and Political Science, S. 24. **3** J. M. Blaut, «Fourteen Ninety-Two», *Political Geography* 11 (1992), S. 355–385. **4** Wellington K. K. Chan, «Chinese Business Networking and the Pacific Rim: The Family Firm's Roles Past and Present», *Journal of American-East Asian Relations* 1 (1992), S. 171–190; Kwang-Ching Liu, «Chinese Merchant Guilds: An Historical Inquiry», *Pacific Historical Review* 57 (1988), S. 1–23; David Rudner, «Banker's Trust and the Culture of Banking among the Nattukottai Chettiars of Colonial South India», *Modern Asian Studies* 23 (1989), S. 417–458; Himanshu Prabha Ray, «Early Historic Gujarat and the Trading World of the Western Indian Ocean», in: Edward A. Alpers/Chhaya Goswami (Hgg.), *Transregional Trade and Traders: Situating Gujarat in the Indian Ocean from Early Times to 1900,* Oxford 2019, S. 100–122; Pedro Machado, *Ocean of Trade: South Asian Merchants, Africa and the Indian Ocean, c. 1750–1850,* Cambridge 2014, S. 45; Andreas W. Massing, «The Wangara, an Old Soninke Diaspora in West Africa?», *Cahiers d'études africaines* 40 (2000), S. 281–308; Andreas W. Massing, «Baghayogho: A Soninke Muslim Diaspora in the Mande World», *Cahiers d'études africaines* 44 (2004), S. 887–922; Paul E. Lovejoy, «The Role of the Wangara in the Economic Transformation of the Central Sudan in the Fifteenth and Sixteenth Centuries», *Journal of African History* 19 (1978), S. 173–193; Russell Ives Court, «The Brignole: Family and Relationships, Networks and the Conservation of Trust in el Siglo de los Genovéses, 1514–1640», Diss. University of California 2002, S. 2; Jessica Goldberg, *Trade and Institutions in the Medieval Mediterranean: The Geniza Merchants and Their Business World,* Cambridge 2012, S. 50, 56–92, 187–210, 295; Philippe Minard, «Colbertism Continued? The Inspectorate of Manufactures and Strategies of Exchange in Eighteenth-Century France», *French Historical Studies* 23 (2000), S. 490. **5** Francesca Trivellato, *The Familiarity of Strangers: The Sephardic Diaspora, Livorno, and Cross-Cultural Trade in the Early Modern Period,* New Haven 2009, S. 12 f., 16; Ian Forrest/Anne Haour, «Trust in Long-Distance Relationships, 1000–1600 CE», *Past & Present* 238 (2018), S. 190–213; Goldberg, *Trade and Institutions,* S. 33–36; S. D. Goitein, *A Mediterranean Society: The Jewish Communities of the Arab World as Portrayed in the Documents of the Cairo Geniza,* Bd. 2, Los Angeles 1967–1993, S. 295; Sheilagh Ogilvie/A. W. Carus, «Institutions and Economic Growth in Historical Perspective», *Handbook of Economic Growth* 2 (2014), S. 403–513; Jeremy Edwards/Sheilagh Ogilvie, «Contract Enforcement, Institutions and Social Capital: The Maghribi Traders Reappraised», *EHR* 65 (2012), S. 421–444. S. a. Avner Greif, «The Maghribi Traders: A Reappraisal?», *EHR* 65 (2012), S. 445–469; Jessica L. Goldberg, «Choosing and Enforcing Business Relationships in the Eleventh-Century Mediterranean: Reassessing the ‹Maghribi Traders›», *Past & Present* 216 (2012), S. 3–40. **6** Roberto S. Lopez, *The Commercial Revolution of the Middle Ages, 950–1350,* Englewood Cliffs 1971; Patricia Skinner, *Medieval Amalfi and Its Diaspora, 800–1250,* Oxford 2013, S. 212–233; Michele Fuiano, «Amalfi tra i secoli XI e XII», *Studi storici meridionali* 5 (1985), S. 45–67; Bruno Figliuolo, «Amalfi e il Levante nel medioevo», in: Gabriella Airaldi/B. Z. Kedar (Hgg.), *I Comuni italiani nel regno crociato di Gerusalemme: Atti del colloquio,* Genua 1986, S. 571–664; G. Sangermano, «La diaspora degli Amalfitani», in: *Genoa e genovesi a Palermo,* Genua 1982, S. 35–51; Irmgard Fees, «Ein venezianischer Kaufmann des 12. Jahrhunderts: Romano Mairano», in: Peter Schreiner (Hg.), *Il mito di Venezia: Una città tra realtà e rappresentazione,* Rom 2006, S. 25–59; Gino Luzzatto, *Studi di storia economica veneziana,* Padua 1954, S. 108–116; Gerhard Rösch, «Lo sviluppo mercantile», in: Giorgio Cracco/Gherardo Ortalli (Hgg.), *Storia di Venezia,* Bd. 2, Rom 1995, S. 146–150; Silvano Borsari, *Venezia e Bisanzio nel XII secolo: I rapporti economici,* Venedig 1988, S. 116–128; Raymond de Roover, «The Organization of Trade», in: M. M. Postan/E. E. Rich/Edward Miller (Hgg.), *The Cambridge Economic History of Europe,* Bd. 3, Cambridge 1963, S. 88; Quentin van Doosselaere, *Commercial Agreements and Social Dynamics in Medieval Genoa,* Cambridge 2009. **7** Iris Origo, *«Im Namen Gottes und des Geschäfts»: Lebensbild eines toskanischen Kaufmanns der Frührenaissance,* München 1985; Margherita Datini, *Letters to Francesco Datini,* New York/Toronto 2012; Richard K. Marshall, *The Local Merchants of Prato: Small Entrepreneurs in the Late Economy,* Baltimore 1999; Martha C. Howell, *The Marriage Exchange: Property, Social Place, and Gender in Cities of the Low Countries, 1300–1550,* Chicago 1998; Sabine von Heusinger, «Vater, Mutter, Kind: Die Zunftfamilie als Wirtschaftseinheit», in: Eva Jullien/Michael Pauly (Hgg.), *Craftsmen and Guilds in the Medieval and Early Modern Periods,* Stuttgart 2016, S. 156–173; Fernanda Sorelli, «Capacità giuridiche e disponibilità economiche delle donne a Venezia. Dai testamenti femminili medievali», in: *Margini di libertà: Testamenti femminili nel Medioevo,* Caselle di Sommacampagna 2010, S. 155–175; Silvia Carraro, *La laguna delle donne: Il monachesimo femminile a Venezia tra IX e XIV secolo,* Pisa 2015; Olivia Remie Constable, *Trade and Traders in Muslim Spain: The Commercial Realignment of the Iberian Peninsula, 900–1500,* Cambridge 1996, S. 103 ff. **8** Xabier Lamikiz, *Trade and Trust in the Eighteenth-Century Atlantic World: Spanish Merchants and Their Overseas Networks,* Woodbridge 2010, S. 145; Court, «The Brignole», S. 53; Daviken Studnicki-Gizbert, «Interdependence and the Collective Pursuit of Profits: Portuguese Commercial Networks in the Early Modern Atlantic», in: Diogo Ramada Curto/Anthony Molho (Hgg.), *Commercial Networks in the Early Modern Period,* Fiesole 2002, S. 112; Richard T. Chu, *Chinese and Chinese*

Mestizos of Manila: Family, Identity, and Culture, 1860s–1930s, Leiden 2010, S. 207. **9** Richard von Glahn, *The Economic History of China: From Antiquity to the Nineteenth Century*, Cambridge 2016. Zum Thema Abstammungslinie und ihre Institutionalisierung s. a. William Rowe, *China's Last Empire: The Great Qing*, Cambridge (MA) 2009, S. 127 ff.; Yongtao Du, *The Order of Places: Translocal Practices of the Huizhou Merchants in Late Imperial China*, Leiden 2015; Joseph P. McDermott, «Ming Markets and Huizhou Merchants», in: Ders., *The Making of a New Rural Order in South China*, Bd. 2, Cambridge 2020, S. 7–59; Jean-Laurent Rosenthal/R. Bin Wong, *Before and Beyond Divergence: The Politics of Economic Change in China and Europe*, Cambridge (MA) 2011, S. 71. **10** Jean S. K. Lee/Hong Li, *Wealth Doesn't Last 3 Generations: How Family Businesses Can Maintain Prosperity*, Singapur 2009, S. 216; Jonathan Porter, *Imperial China, 1350–1900*, Lanham 2016, S. 198; Justyna Wubs-Mrozewicz, «The Late Medieval and Early Modern Hanse as an Institution of Conflict Management», *Continuity and Change* 32 (2017), S. 60. Vgl. auch Eva Marie Distler, *Städtebünde im deutschen Spätmittelalter. Eine rechtshistorische Untersuchung zu Begriff, Verfassung und Funktion*, Frankfurt a. M. 2006; Horst Carl, *Der Schwäbische Bund, 1488–1534: Landfrieden und Genossenschaft im Übergang vom Spätmittelalter zur Reformation*, Leinfelden-Echterdingen 2000; Court, «The Brignole», S. 50–53; Wubs-Mrozewicz, «The Late Medieval and Early Modern Hanse», S. 59; Justyna Wubs-Mrozewicz, «The Hanse in Medieval and Early Modern Europe: An Introduction», in: Dies./Stuart Jenks (Hgg.), *The Hanse in Medieval and Early Modern Europe*, Leiden 2013, S. 1–35; Rolf Hammel-Kiesow, *Die Hanse*, München 2000; Stephan Selzer, *Die mittelalterliche Hanse*, Darmstadt 2010; Carsten Jahnke, *Die Hanse*, Ditzingen 2014; Ella Natalie Rothman, *Brokering Empire: Trans-Imperial Subjects Between Venice and Istanbul*, Ithaca (NY) 2012, S. 38; Paola Lanaro, *I mercati nella Repubblica veneta: Economie cittadine e stato territoriale (secoli XV–XVIII)*, Venedig 1999, S. 86; Kanakalatha Mukund, *The Trading World of the Tamil Merchant: Evolution of Capitalism in the Coromandel*, Hyderabad 1999, S. 39; Richard A. Goldthwaite, *The Economy of Renaissance Florence*, Baltimore 2008, S. 109 ff.; Halil İnalcik/Donald Quataert (Hgg.), *An Economic and Social History of the Ottoman Empire*, Bd. 2, Cambridge 1994, S. 592. Zur «Stimme» Chinas siehe Abu-Lughod, *Before European Hegemony*, S. 331. **11** Margrit Schulte Beerbühl, «Networks of the Hanseatic League», *European History Online* 13 (2012); Monique O'Connell, «Venice: City of Merchants or City for Merchandise?», in: Wim Blockmans, Mikhail Krom/Justyna Wubs-Mrozewicz (Hgg.), *The Routledge Handbook of Maritime Trade Around Europe 1300–1600*, London 2017, S. 114; Benjamin Ravid, «The Venetian Government and the Jews», in: Robert C. Davis/Benjamin Ravid (Hgg.), *The Jews of Early Modern Venice*, Baltimore 2001, S. 18 f.; Rothman, *Brokering Empire*, S. 189–210; Maria Pia Pedani, *Venezia porta d'Oriente*, Bologna 2010, S. 211–222; Ennio Concina, *Fondaci: architettura, arte, e mercatura tra Levante, Venezia, e Alemagna*, Venedig 1997, S. 219–246; Regina Grafe/Oscar Gelderblom, «The Rise and Fall of the Merchant Guilds: Re-Thinking the Comparative Study of Commercial Institutions in Pre-Modern Europe», *Journal of Interdisciplinary History* 40 (2010), S. 485; Olivia Remie Constable, *Housing the Stranger in the Mediterranean World: Lodging, Trade, and Travel in Late Antiquity and the Middle Ages*, Cambridge 2003; Deborah Howard, *Venice and the East: The Impact of the Islamic World on Venetian Architecture 1100–1500*, New Haven 2000, S. 32; David Jacoby, «Les Italiens en Égypte aux XIIe et XIIIe siècles: Du comptoir à la colonie?», in: Michel Balard/Alain Ducellier (Hgg.), *Coloniser au Moyen Âge*, Paris 1995, S. 76–107; David Jacoby, «Le consulat vénitien d'Alexandrie d'après un document inédit de 1284», in: *Chemins d'outre-mer: Études d'histoire sur la Méditerranée médiévale offertes à Michel Balard*, Paris 2015, S. 461–474; Abu-Lughod, *Before European Hegemony*, S. 221; Irfan Habib, «Merchant Communities in Precolonial India», in: James D. Tracy (Hg.), *Rise of Merchant Empires: Long-distance Trade in the Early Modern World, 1350–1750*, Cambridge 1990, S. 379; Abū al-Fazl ibn Mubārak, *Ā'īn-i Akbarī*, Bd. 2, Bibliotheca Indica, Calcutta 1873, S. 57; Nancy Um, *The Merchant Houses of Mocha: Trade and Architecture in an Indian Ocean Port*, Seattle 2011, S. 164; Douglas E. Haynes, *Rhetoric and Ritual in Colonial India: The Shaping of a Public Culture in Surat City, 1852–1928*, Berkeley 1991, S. 37; Prasannan Parthasarathi, *Why Europe Grew Rich and Asia Did Not: Global Economic Divergence, 1600–1850*, Cambridge 2011, S. 6; Machado, *Ocean of Trade*, S. 10. Über die Frage, wie man das Thema «Vertrauen» angehen soll, wird noch diskutiert. Siehe Philip D. Curtin, *Cross-Cultural Trade in World History*, Cambridge 1984; Sebouh David Aslanian, *From the Indian Ocean to the Mediterranean: The Global Trade Networks of Armenian Merchants from New Julfa*, Berkeley 2011. Außerdem Chaudhuri, *Trade and Civilisation*, S. 224 ff.; Francesca Trivellato/Leor Halevi/Cátia Antunes (Hgg.), *Religion and Trade: Cross-Cultural Exchanges in World History, 1000–1900*, Oxford 2014, S. 15 f. Zu den Händlernetzwerken siehe Avner Greif, «Reputation and Coalitions in Medieval Trade: Evidence on the Maghribi Traders», *Journal of Economic History* 49 (1989), S. 857–882; Francesca Trivellato, «Sephardic Merchants in the Early Modern Atlantic and Beyond: Toward a Comparative Historical Approach to Business Cooperation», in: Richard L. Kagan/Philip D. Morgan (Hgg.), *Atlantic Diasporas: Jews, Conversos, and Crypto-Jews in the Age of Mercantilism, 1500–1800*, Baltimore 2009, S. 99–123; Francesca Trivellato, *Familiarity of Strangers*. S. a. Michael Pearson, «Islamic Trade, Shipping, Port-States and Merchant Communities in the Indian Ocean, Seventh to Sixteenth Centuries», in: David O. Morgan/Anthony Reid (Hgg.), *The New Cambridge History of Islam*, Bd. 3, Cambridge 2010, S. 326. **12** Zit. in G. S. P. Freeman-Grenville, *The East African Coast: Select Documents from the First to the Earlier Nineteenth Century*, London 1975, S. 133 f.; Geoffrey Chaucer,

Die Canterbury-Erzählungen, München 2008, S. 17. S. a. Laura F. Hodges, *Chaucer and Clothing: Clerical and Academic Costume in the General Prologue to the Canterbury Tales*, Cambridge 2005, S. 75 ff.; Kellie Robertson, «Medieval Things: Materiality, Historicism, and the Premodern Object», *Literature Compass* 5 (2008), S. 1060–1080. **13** Jennifer Ball, *Byzantine Dress: Representations of Secular Dress*, Basingstoke 2005, S. 79–104; Catherine Kovesi Killerby, *Sumptuary Law in Italy 1200–1500*, Oxford 2002, S. 2; Joseph P. McDermott, «The ‹Way of the Merchant› in Late Imperial China», in: Cátia Antunes/Francisco Bethencourt (Hgg.), *Merchant Cultures: A Global Approach to Spaces, Representations and Worlds of Trade, 1500–1800*, Leiden 2022. **14** Herausragende Forscher von Douglass North bis James Robinson betonten immer wieder die Bedeutung von Institutionen für die Entwicklung des Kapitalismus. Leider wird in der Forschung bislang die jeweilige Geschichte dieser Institutionen noch etwas außer Acht gelassen. Es werden vielmehr bestimmten Institutionen, etwa der Rechtsstaatlichkeit, Vorrang vor anderen wie der Sklaverei eingeräumt, und der wirtschaftliche Aufstieg der westlichen Welt wird auf sogenannte «gute» Institutionen zurückgeführt, während weniger angenehmen Institutionen kaum Bedeutung zugemessen wird. Dass einer ganzen Reihe von Institutionen eine große Bedeutung für die Wirtschaft zugewiesen wird, hat eine lange und bedeutsame Geschichte. In den 1970er Jahren wurde ihr nach einer langen Ruhepause wieder Aufmerksamkeit geschenkt. Wichtige Arbeiten zu diesem Thema lieferten z. B. Douglass C. North, *Institutionen, institutioneller Wandel und Wirtschaftsleistung*, Tübingen 1992; Dan Rodrik/Arvind Subramanian/Francesco Trebbi, «Institutions Rule: The Primacy of Institutions over Geography and Integration to Economic Development», *Journal of Economic Growth* 9 (2004), S. 131–165; Daron Acemoglu/James Robinson, *Warum Nationen scheitern: die Ursprünge von Macht, Wohlstand und Armut*, Frankfurt a. M. 2013. Einen historischen Überblick bietet auch Niall Ferguson, *Der Westen und der Rest der Welt: Die Geschichte vom Wettstreit der Kulturen*, Berlin 2011. Darin werden sechs Institutionen als entscheidend identifiziert, um die Große Divergenz zwischen dem Westen und dem Rest der Welt zu erklären. Eine schlagkräftige Kritik an einigen Annahmen, die dieser Arbeit zugrunde liegen, findet man bei Peter Spiegler/William Milberg, «The Taming of Institutions in Economics: The Rise and Methodology of the ‹New Economic Institutionalism›», *Journal of Institutional Economics* 5 (2009), S. 289–313. **15** Ethan Isaac Segal, *Coins, Trade, and the State: Economic Growth in Early Medieval Japan*, Cambridge (MA) 2011, S. 169–179, insb. S. 169; David Hardiman, «Penetration of Merchant Capital in Pre-Colonial Gujarat», in: Ghanshyam Shah (Hg.), *Capitalist Development: Critical Essays*, London 1992, S. 36; Muzaffar Alam/Sanjay Subrahmanyam (Hgg.), *The Mughal State, 1526–1750*, Oxford 1998, S. 403; Rahul Chandrashekhar Oka, «Resilience and Adaptation of Trade Networks in East African and South Asian Port Polities, 1500–1800 C. E.», Diss. University of Chicago 2008. Zu Hundis s. a. Irfan Habib, «Usury in Medieval India», *Comparative Studies in Society and History* 6 (1964), S. 393–419; Ranabir Chakravarti, *Trade and Early Indian Society*, London 2021, S. 288–300; Ranabir Chakravarti, «Indic Mercantile Networks and the Indian Ocean World: A Millennial Overview (c. 500–1500 CE)», in: Angela Schottenhammer (Hg.), *Early Global Interconnectivity Across the Indian Ocean World*, Bd. 1, Cham 2019, S. 191–224; Roxani Eleni Margariti, «Mercantile Networks, Port Cities, and ‹Pirate› States: Conflict and Competition in the Indian Ocean World of Trade Before the Sixteenth Century», *Journal of the Economic and Social History of the Orient* 51 (2008), S. 543–577; Paul E. Lovejoy, «Interregional Monetary Flows in the Precolonial Trade of Nigeria», *Journal of African History* 15 (1974), S. 582; Abraham L. Udovitch, *Partnership and Profit in Medieval Islam*, Princeton 1970, S. 80; Philippe Beaujard, «Gujarat and Long-Distance Trade in the Indian Ocean Region Before the Sixteenth Century», in: Edward A. Alpers/Chhaya Goswami (Hgg.), *Transregional Trade and Traders: Situating Gujarat in the Indian Ocean from Early Times to 1900*, Oxford 2019, S. 75 f.; C. E. Bosworth/W. Heffening/Maya Shatzmiller, «Tidjara», *Encyclopedia of Islam*, Leiden; Abu-Lughod, *Before European Hegemony*, S. 223. **16** Marshall G. S. Hodgson, «The Role of Islam in World History», *International Journal of Middle East Studies* 1 (1970), S. 99–123; Fernand Braudel, *Sozialgeschichte des 15.–18. Jahrhunderts*, Bd., 2, München 1986, S. 426. Islamische Finanz- und Wirtschaftsinstitutionen erwiesen sich tatsächlich als nützlich für das Entstehen entsprechender Institutionen in Europa. S. a. Şevket Pamuk, «Wirtschaft und Institutionen im Nahen Osten seit dem Mittelalter», in: James A. Robinson/Klaus Wiegandt (Hgg.), *Die Ursprünge der modernen Welt: Geschichte im wissenschaftlichen Vergleich*, Frankfurt a. M. 2008, S. 541; Abu-Lughod, *Before European Hegemony*, S. 93. **17** R. Bin Wong, «China Before Capitalism», in: Larry Neal/Jeffrey G. Williamson (Hgg.), *The Cambridge History of Capitalism*, Bd. 1, Cambridge 2014, S. 125–164; Sebastian R. Prange, *Monsoon Islam: Trade and Faith on the Medieval Malabar Coast*, Cambridge 2018, S. 252 ff.; Vardit Rispler-Chaim, «Insurance and Semi-Insurance Transactions in Islamic History Until the 19th Century», *Journal of the Economic and Social History of the Orient* 34 (1991), S. 144 f.; Edwin Hunt/James Murray, *A History of Business in Medieval Europe. 1200–1550*, Cambridge 1999, S. 155, 159; Tirthankar Roy, «When Gujarat's Kachchhi Traders Had the World in Their Palms», *The Wire*, 4. 7. 2016; Machado, *Ocean of Trade*, S. 28, 65 ff., 101, 210, 245, 270; Irfan Habib, «Merchant Communities in Precolonial India», S. 395; Chhaya Goswami, *Globalization Before Its Time: The Gujarati Merchants from Kachchh*, Gurugram 2016, S. 44 ff.; Aryeh Shmuelevitz, *The Jews of the Ottoman Empire in the Late 15th and 16th Centuries: Administrative, Economic, Legal, and Social Relations as Reflected in the Responsa*, Leiden 1984, S. 151 ff.; Takau Yoneyama, «Japan: The Role of Insurance in the Rapid Modernization of Japan», in: Peter Borscheid/Niels Viggo Haueter (Hgg.), *World Insurance: The Evolution of a Global Risk Network*, Oxford 2012, S. 495; Patricia A. Risso, *Merchants and Faith: Muslim Commerce and Culture in the Indian Ocean*, London 2018, S. 71–75. Zu Handelskarawanen R.J. Barendse, *The Arabian Seas: The Indian Ocean World of the Seventeenth Century*, Armonk (NY) 2002, S. 160; Habib, «Merchant Communities in Precolonial India», S. 395; Goswami, *Globalization Before Its Time*, S. 44 f. **18** S. Arthur Coke Burnell (Hg.) *The Voyage of John Huyghen van Linschoten to the East Indies: From the Old English Translation of 1598*, Bd. 1, London 1885, S. 252 f. Der früheste erhaltene indische Bericht stammt aus dem späten 18. Jh. Siehe Michael E. Scorgie/Somendra Chandra Nandy, «Emerging Evidence of Early Indian Accounting», *Abacus* 28 (1992), S. 88; Moshe Gil, «The Jewish Merchants in the Light of Eleventh-Century Geniza Documents», *Journal of the Economic and Social History of the Orient* 46 (2003), S. 273–319, insb. S. 284–287; Abu-Lughod, *Before European Hegemony*, S. 224; Chaudhuri, *Trade and Civilisation*, S. 204; Ashin Das Gupta, «Trade and Politics in 18th Century India», in: Patrick Tuck (Hg.), *The East India Company: 1600–1858*, Bd. 4, London 1998, S. 47 f.; Habib, «Merchant Communities in Precolonial India», S. 383; Hardiman, «Penetration of Merchant Capital», S. 36. **19** Raymond de Roover, «The Development of Accounting Prior to Luca Pacioli According to the Account Books of Medieval Merchants», in: Julius Kirshner (Hg.), *Business, Banking, and Economic Thought in Late Medieval and Early Modern Europe: Selected Studies of Raymond De Roover*, Chicago 1974, S. 59, 125, 132, 141; Joel Kaye, *A History of Balance, 1250–1375: The Emergence of a New Model of Equilibrium and Its Impact on Medieval Thought*, Cambridge 2014, S. 26; Bruce G. Carruthers/Wendy Nelson Espeland, «Accounting for Rationality: Double-Entry Bookkeeping and the Rhetoric of Economic Rationality», *American Journal of Sociology* 97 (1991), S. 31–69; Alan Sangster, «The Genesis of Double-Entry Bookkeeping», *Accounting Review* 91 (2016), S. 299–315. Für einige Grundlagen siehe Alfred W. Crosby, *The Measure of Reality: Quantification in Western Europe, 1250–1600*, Cambridge 1997; Sophus A. Reinert/Robert Fredona, «Merchants and the Origins of Capitalism», Harvard Business School Working Papers Nr. 18–021 (2017), S. 14; Luca Pacioli, *Abhandlung über die Buchhaltung 1494*, Stuttgart 1933. Zu den Armeniern siehe Levon Khachikyan, «The Ledger of the Merchant Hovhannes Joughayetsi», *Journal of the Asiatic Society* 8 (1966), S. 153–186. Zu China siehe Maxwell Aiken/Wei Lu, «The Evolution of Bookkeeping in China: Integrating Historical Trends with Western Influences», *Abacus* 34 (1998), S. 147. **20** Udovitch, *Partnership and Profit*, S. 3, 16, 23, 40, 170 f., 260; Pamuk, «Wirtschaft und Institutionen im Nahen Osten», S. 572–587; Abu-Lughod, *Before European Hegemony*, S. 218; Jairus Banaji, «Islam, the Mediterranean and the Rise of Capitalism», *Historical Materialism: Research in Critical Marxist Theory* 15 (2007), S. 47–74, hier S. 57; Abraham L. Udovitch, «Commercial Techniques in Early Medieval Islamic Trade», in: D. S. Richards (Hg.), *Islam and the Trade of Asia: A Colloquium*, Philadelphia 2016, S. 37 ff.; Jeffrey Miner/Stefan Stantchev, «The Genoese Economy», in: Carrie E. Beneš (Hg.), *A Companion to Medieval Genoa*, Leiden 2018, S. 397–426, hier S. 403. **21** John H. Pryor, «The Origins of the Commenda Contract», *Speculum* 52 (1977), S. 5–37. S. a. van Doosselaere, *Commercial Agreements*, S. 63 ff.; Ron Harris, «The Commenda», in: *Going the Distance: Eurasian Trade and the Rise of the Business Corporation, 1400–1700*, Princeton 2020, S. 130–170; Robert S. Lopez/Irving W. Raymond (Hgg.), *Medieval Trade in the Mediterranean World: Illustrative Documents*, New York 2001, S. 176 f.; Emmanouil M. L. Economou/Nicholas C. Kyriazis, «The First Globalized Economy: Privateers, Joint-Stock Companies, Commerce and the Rise of the United Provinces», *International Journal of Social Science Research* 3 (2015), S. 92; Oscar Gelderblom, «The Golden Age of the Dutch Republic», in: David S. Landes/Joel Mokyr/William J. Baumol (Hgg.), *The Invention of Enterprise: Entrepreneurship from Ancient Mesopotamia to Modern Times*, Princeton 2012, S. 164 ff.; Abu-Lughod, *Before European Hegemony*, S. 121; van Doosselaere, *Commercial Agreements*. **22** Murat Çizakça, *A Comparative Evolution of Business Partnerships: The Islamic World and Europe, with Specific Reference to the Ottoman Archives*, Leiden 1996, S. 18 f. **23** John F. Padgett/Paul D. McLean, «Organizational Invention and Elite Transformation: The Birth of Partnership Systems in Renaissance Florence», *American Journal of Sociology* 111 (2006), S. 1463–1568; Banaji, «Islam, the Mediterranean and the Rise of Capitalism», S. 55 ff.; Braudel, *Sozialgeschichte des 15.–18. Jahrhunderts, Bd. 2*, S. 476 ff., 482; John F. Padgett/Paul D. McLean, «Organizational Invention and Elite Transformation: The Birth of Partnership Systems in Renaissance Florence», *American Journal of Sociology* 111 (2006), S. 1474; Richard A. Goldthwaite, «The Medici Bank and the World of Florentine Capitalism», *Past & Present* 114 (1987), S. 14. **24** Udovitch, *Partnership and Profit*, S. 77 f.; Angela Ning-Jy Sun Hsi, «Social and Economic Status of the Merchant Class of the Ming Dynasty, 1368–1644», Diss. University of Illinois 1972, S. 64; Porter, *Imperial China*, S. 204 f.; Zhaojin Ji, *A History of Modern Shanghai Banking: The Rise and Decline of China's Finance Capitalism*, Armonk (NY) 2003, S. 4; Braudel, Sozialgeschichte des 15.–18. Jahrhunderts, Bd. 2, S. 428 f.; Carlo Taviani, «Companies, Commerce, and Credit», in: Carrie E. Beneš (Hg.), *A Companion to Medieval Genoa*, Leiden 2018, S. 438, 441. Zur Casa di San Giorgio siehe Carlo Taviani, *The Making of the Modern Corporation: The Casa di San Giorgio and its Legacy (1446–1720)*, London 2022. **25** Yi Xu/Bas van Leeuwen/Jan Luiten van Zanden, «Urbanization in China, ca. 1100–1900», *Frontiers of Economics in China* 13 (2018), S. 322–368, hier S. 345; Şevket Pamuk, «The Black Death and the Origins of the ‹Great Divergence› Across Europe, 1300–1600», *European Review of Economic History* 11 (2007), S. 305; Remi Jedwab/

Noel D. Johnson/Mark Koyama, «Medieval Cities Through the Lens of Urban Economics», *Regional Science and Urban Economics* 94 (2022), S. 1–11; Lisa Blaydes/Christopher Paik, «Muslim Trade and City Growth Before the Nineteenth Century: Comparative Urbanization in Europe, the Middle East and Central Asia», *British Journal of Political Science* 51 (2021), S. 845–868, hier S. 854. Die Schätzungen von 6 bzw. 8 Prozent stammen aus Maarten Bosker/Eltjo Buringh/Jan Luiten van Zanden, «From Baghdad to London: Unraveling Urban Development in Europe, the Middle East, and North Africa, 800–1800», *Review of Economics and Statistics* 95 (2013), S. 1418–1437, hier S. 1424; M. M. Postan, *The Medieval Economy and Society: An Economic History of Britain in the Middle Ages*, London 1972, S. 212; André Wink, *Al-Hind the Making of the Indo-Islamic World: The Slave Kings and the Islamic Conquest, 11th–13th Centuries*, Bd. 2, Leiden 1991, S. 1. **26** Die Zitate stammen aus Marcel van der Linden, «Final Thoughts», in: Jürgen Kocka/Marcel van der Linden (Hgg.), *Capitalism: The Reemergence of a Historical Concept*, London 2017, S. 252; Fernand Braudel, Die Dynamik des Kapitalismus, Stuttgart 1986, S. 24 (Zitat dort: «Welt der Selbstversorgung») und S. 41 f. Siehe auch Karl Polanyi, *The Great Transformation: Politische und ökonomische Ursprünge von Gesellschaften und Wirtschaftssystemen*, Berlin 2015, S. 86; Abu-Lughod, *Before European Hegemony*, S. 253. **27** Aristoteles, *Politik*, Stuttgart 1989, S. 98 f. Das Zitat zum Handel als Gefahr für das Wohlergehen stammt von Jerry Z. Muller, *The Mind and the Market: Capitalism in Modern European Thought*, New York 2002, S. 5. S. auch Peregrine Horden/Nicholas Purcell, *The Corrupting Sea: A Study of Mediterranean History*, Hoboken 1999; Brent D. Shaw, «Challenging Braudel: A New Vision of the Mediterranean», *Journal of Roman Archaeology* 14 (2001), S. 419–453; Polanyi, *Great Transformation*, S. 55. **28** Das Zitat stammt aus Ahrar Ahmad, «Analysing Pre-Colonial South Asia: Mode of Production or Proto-Industrialisation?», *Journal of Contemporary Asia* 27 (1997), S. 323. S. a. Hardiman, «Penetration of Merchant Capital», S. 30 ff. **29** Die Zitate stammen aus Karl Polanyi, *The Great Transformation*, S. 86, S. 71; Marc Bloch, *French Rural Society: An Essay on its Basic Characteristics*, London, 1966, S. 71. S. a. Norbert Götz, «‹Moral Economy›: Its Conceptual History and Analytical Prospects», *Journal of Global Ethics* 11 (2015), S. 148. **30** Robert S. DuPlessis, *Transitions to Capitalism in Early Modern Europe*, Cambridge 1997, S. 28. Zu Timur siehe Iftikhar H. Malik, *The Silk Road and Beyond: Narratives of a Muslim Historian*, Oxford 2020, S. 124. **31** Witold Kula, *An Economic Theory of the Feudal System: Towards a Model of the Polish Economy, 1500–1800*, London 1976, S. 36; John S. Cohen/Martin L. Weitzman, «A Marxian Model of Enclosures», *Journal of Development Economics* 1 (1975), S. 293; Samir Amin, *L'eurocentrisme: Critique d'une idéologie*, Paris 1988, S. 13. Ähnlich argumentiert Chris Wickham, «How Did the Feudal Economy Work? The Economic Logic of Medieval Societies», *Past & Present* 251 (2021), S. 10. Zum Thema europäischer Feudalismus als Variante der Tributherrschaft s. John Haldon, *The State and the Tributary Mode of Production*, London 1993, S. 64 f. Vgl. auch Eric Hobsbawm, «Vom Feudalismus zum Kapitalismus», in: Paul Sweezy u. a. (Hgg.), *Der Übergang vom Feudalismus zum Kapitalismus*, Frankfurt a. M. 1978, S. 215. **32** Witold Kula, *Teoria ekonomiczna ustroju feudalnego*, Twarda 1983, S. 36 f.; Kula, *Economic Theory of the Feudal System*, S. 10, 15 f., 26, 46; Polanyi, *Great Transformation*, S. 72; Wickham, «How did the Feudal Economy Work?», S. 3, 9 f., 32, 37; DuPlessis, *Transitions to Capitalism*, S. 15, 23; John Merrington, «Town and Country in the Transition to Capitalism», in: Sweezy u. a., *Transition from Feudalism to Capitalism*, S. 170–195. Einen Überblick über die nennenswerten Debatten zu Natur und Existenz des europäischen Feudalismus bietet Richard Abels, «The Historiography of a Construct: ‹Feudalism› and the Medieval Historian», *History Compass* 7 (2009), S. 1008–1031. **33** DuPlessis, *Transitions to Capitalism*, S. 34 f., 78; S. R. Epstein, «Craft Guilds, Apprenticeship, and Technological Change in Preindustrial Europe», *JEH* 58 (1998), S. 684–713; Steven A. Epstein, *Wage Labor and Guilds in Medieval Europe*, Chapel Hill 1991; Sheilagh Ogilvie, «‹Whatever Is, Is Right›?: Economic Institutions in Pre-Industrial Europe», *EHR* 60 (2007), S. 649–684. **34** Ravi Palat, *The Making of an Indian Ocean World-Economy, 1250–1650: Princes, Paddy Fields, and Bazaars*, New York 2015; Judith Herrin, *Byzantium: The Surprising Life of a Medieval Empire*, London 2007, S. 150, 158 (*Byzanz. Die erstaunliche Geschichte eines mittelalterlichen Imperiums*, Stuttgart 2013); Chris Wickham, *The Donkey and the Boat: Reinterpreting the Mediterranean Economy, 950–1180*, Oxford 2023, S. 269–364. **35** Zit. in John W. Chaffee, *The Muslim Merchants of Premodern China: The History of a Maritime Asian Trade Diaspora, 750–1400*, Cambridge 2018, S. 89. S. a. Merrington, «Town and Country», S. 77; Chaudhuri, *Trade and Civilisation*, S. 16; Abu-Lughod, *Before European Hegemony*, S. 149, 213; Lorenzo M. Bondioli, *Peasants, Merchants, and Caliphs: Capital and Empire in Fatimid Egypt*, Diss. Princeton University 2021; Lorenzo M. Bondioli, «Islam, Merchants, and Capitalism: Fifty-Five Years in the Socio-Economic History of Medieval Islam», *Capitalism: A Journal of History and Economics* 4 (2023), S. 258–307; Paul Wheatley, «Geographical Notes on Some Commodities Involved in Sung Maritime Trade», *Journal of the Malayan Branch of the Royal Asiatic Society* 32 (1959), S. 24; R. Bin Wong, «Dimensions of State Expansion and Contraction in Imperial China», *Journal of the Economic and Social History of the Orient* 37 (1994), S. 54–66. Gaozongs Regierungszeit wurde im Jahr 1127 durch eine Rebellion einige Monate unterbrochen. **36** *Die Reise des Arabers Ibn Batuta durch Indien und China*, bearb. von Dr. Hans Mžik, Hamburg 1911, S. 421. **37** Bosworth/Heffening/Shatzmiller, «Tidjara;» Timothy Brook, «Communications and Commerce», in: Denis Twitchett/Frederick W. Mote (Hgg.), *The Cambridge History of China*, Bd. 8, *The Ming Dynasty, 1368–1644*, Teil 2, Cambridge 1998, S. 580; Abu-Lughod, *Before*

European Hegemony, S. 321; David Robinson, *Muslim Societies in African History*, Cambridge 2004, S. 141; Yusufu Bala Usman, *The Transformation of Katsina, 1400–1883: The Emergence and Overthrow of the Sarauta System and the Establishment of the Emirate*, Zaria 1981, S. 32; Rasheed Olaniyi, «Kano: The Development of a Trading City in Central Sudan», in: Akinwumi Ogundiran (Hg.), *Precolonial Nigeria: Essays in Honor of Toyin Falola*, Trenton 2005, S. 304 f.; Merrington, «Town and Country», S. 77 f. **38** «Table 8b. Rate of Growth of World Per Capita GDP, 20 Countries and Regional Averages, 1–2001 AD (annual average compound growth rates)», in: Angus Maddison, *The World Economy: Historical Statistics*, OECD 2003, S. 263; DuPlessis, *Transitions to Capitalism*. **39** Diese Widerstände werden auch herausgestellt bei Hobsbawm, «From Feudalism to Capitalism», S. 163. **40** James Davis, *Medieval Market Morality: Life, Law and Ethics in the English Marketplace, 1200–1500*, Cambridge 2011; James Davis, «Selling Food and Drink in the Aftermath of the Black Death», in: Mark Bailey/Stephen Rigby (Hgg.), *Town and Countryside in the Age of the Black Death: Essays in Honour of John Hatcher*, Turnhout 2012, S. 351–406; Alison Brown, «The Revolution of 1494 in Florence and Its Aftermath: A Reassessment», in: Jane E. Everson and Diego Zancani (Hgg,), *Italy in Crisis, 1494*, Oxford 2000, S. 13–40; Guidubaldo Guidi, *Lotte, pensiero e istituzioni politiche nella Repubblica fiorentina dal 1494 al 1512*, 1–3, Florenz 1992; Lawrin D. Armstrong, *Usury and Public Debt in Early Renaissance Florence: Lorenzo Ridolfi on the Monte Comune*, Toronto 2003; Dennis Romano, *Markets and Marketplaces in Medieval Italy c. 1100–1440*, New Haven 2015; Segal, *Coins, Trade, and the State*, S. 77; Kozo Yamamura, «The Growth of Commerce in Medieval Japan», in: Kozo Yamamura (Hg.), *The Cambridge History of Japan*, Bd. 3, Cambridge 1990, S. 344–395; Hugh R. Clark, *Community, Trade and Networks: Southern Fujian Province from the Third to the Thirteenth Century*, Cambridge 1991; Denis Twitchett, «The T'ang Market System», *Asia Major* 12 (1966), S. 202–248. **41** Das Beispiel Indien findet sich bei Chaudhuri, *Trade and Civilisation*, S. 201. **42** Samuel Kline Cohn Jr., *Lust for Liberty: The Politics of Social Revolt in Medieval Europe, 1200–1425: Italy, France, and Flanders*, Cambridge (MA) 2006; Rodney Hilton, *Bond Men Made Free: Medieval Peasant Movements and the English Rising of 1381*, London 1973; Rodney Hilton/T. H. Aston (Hgg.), *The English Rising of 1381*, Cambridge 1984; William H. TeBrake, *A Plague of Insurrection: Popular Politics and Peasant Revolt in Flanders, 1323–1328*, Philadelphia 1993; John Bell Henneman, *Royal Taxation in Fourteenth-Century France: The Captivity and Ransom of John II, 1356–1370*, Philadelphia 1976; John Hatcher/Mark Bailey, *Modelling the Middle Ages: The History and Theory of England's Economic Development*, Oxford 2001. **43** Z. B. Immanuel Wallerstein, *Das moderne Weltsystem*, Teil 2, Wien 1998. **44** Chaffee, *Muslim Merchants of Premodern China*, S. 163; Simon Digby, «The Maritime Trade of India», in: Tapan Raychaudhuri/Irfan Habib (Hgg.), *The Cambridge Economic History of India*, Bd. 1, Cambridge 1982, S. 138 f.; Eliyahu Ashtor, *Levant Trade in the Middle Ages*, Princeton 2014, S. 17–22; William Wayne Farris, *Japan's Medieval Population: Famine, Fertility, and Warfare in a Transformative Age*, Honolulu 2006, S. 44–47; Ethan Isaac Segal, «Virtue, Vice, and Self-Interest: Money and the Kamakura Bakufu», *Coins, Trade, and the State*, S. 108–147. **45** Abu-Lughod, *Before European Hegemony*, S. 81, 85; Fabrizio Ricciardelli, *A Short History of Florence*, Florenz 2019, S. 45; Samuel Kline Cohn Jr., *The Laboring Classes in Renaissance Florence*, New York 1980, S. 136, 153; Jason W. Moore, «Nature and the Transition from Feudalism to Capitalism», *Review* (Fernand Braudel Center) 26 (2003), S. 118. Zu diesen Rebellionen s. Steven A. Epstein, *Genoa & the Genoese*, S. 958–1528, Chapel Hill 1996, S. 90, 325 ff. **46** Karl Jordan, «Zur päpstlichen Finanzgeschichte im 11. und 12. Jahrhundert», *Quellen und Forschungen aus italienischen Archiven und Bibliotheken* 25 (1933), S. 61–104; Chris Wickham, «The City Politics, 1050–1150», *Europa e Italia: Studi in onore di Giorgio Chittolini*, Florenz 2011, S. 15, 437–453; Glen Olsen, «Italian Merchants and the Performance of Papal Banking Functions in the Early Thirteenth Century», *Explorations in Economic History* 7 (1969), S. 43–63; Volkert Pfaff, «Aufgaben und Probleme der päpstlichen Finanzverwaltung am Ende des 12. Jahrhunderts», *Institut für Österreichische Geschichtsforschung* 64 (1956), S. 1–24; Peter Partner, «The Papacy and the Papal States», in: *The Rise of the Fiscal State in Europe, c. 1200–1815*, Oxford 1999; Jean Favier, *Les Finances pontificales à l'époque du grand schisme d'Occident, 1378–1409*, Paris 1966; Ignazio Del Punta, «Tuscan Merchant-Bankers and Moneyers and Their Relations with the Roman Curia in the XIIIth and Early XIVth Centuries», *Rivista di storia della Chiesa in Italia* 64 (2010), S. 39–53; Melissa M. Bullard, «Farming Spiritual Revenues: Innocent VIII's Appalto of 1486», in: Andrew Morrogh u. a. (Hgg.), *Renaissance Studies in Honor of Craig Hugh Smyth*, Florenz 1985, S. 229–242. **47** Die Zitate stammen aus Kenneth R. Hall, *Maritime Trade and State Development in Early Southeast Asia*, Honolulu 1985, S. 187. S. a. Chaudhuri, *Trade and Civilisation*, S. 16, 214; Mary G. Hodge, «Archaeological Views of Aztec Culture», *Journal of Archaeological Research* 6, (1998), S. 220; Michael E. Smith, *At Home with the Aztecs: An Archaeologist Uncovers Their Daily Life*, London 2016, S. 114. **48** Die Zitate stammen aus Hellmut Ritter, «Ein arabisches Handbuch der Handelswissenschaft», *Der Islam* 7 (1916), S. 3 f.; Shaikh Mohammad Ghazanfar/Abdul Azim Islahi, *Economic Thought of al-Ghazali (450–505 A. H. / 1058–1111 C. E.)*, Dschidda 2011, S. 12 f., 32, 40; 'Abd-Elṣamad 'Abd-Elḥamīd Elschazlī (Hg.), *Das Kriterium des Handelns*, Darmstadt 2006, S. 212–221, Zitat S. 214. S. a. Abbas J. Ali/Abdulrahman al-Aali/Abdullah al-Owaihan, «Islamic Perspectives on Profit Maximization», *Journal of Business Ethics* 117 (2013), S. 467–475; S. M. Ghazanfar/A. Azim Islahi, «Economic Thought of an Arab Scholastic: Abu Hamid al-Ghazali (A. H. 450–505 / A. D. 1058–1111)», *History of Political Economy* 22

(1990), S. 381–403; Abraham L. Udovitch, «Bankers Without Banks», in: Center for Medieval and Renaissance Studies, UCLA (Hg.), *The Dawn of Modern Banking*, New Haven 1979, S. 256; Irfan Habib, «Usury in Medieval India», *Comparative Studies in Society and History* 6 (1964), S. 396. **49** Die Zitate stammen aus Timothy Brook, *The Confusions of Pleasure: Commerce and Culture in Ming China*, Berkeley 1998, S. 127; Porter, *Imperial China*, S. 192, 194. S. a. Timothy Brook, «The Merchant Network in 16th Century China: A Discussion and Translation of Zhang Han's ‹On Merchants›», *Journal of the Economic and Social History of the Orient* 24 (1981); Abu-Lughod, *Before European Hegemony*, S. 332; Timothy Brook, «Profit and Righteousness in Chinese Economic Culture», in: Timothy Brook/Hy V. Luong (Hgg.), *Culture and Economy: The Shaping of Capitalism in Eastern Asia*, Ann Arbor (MI) 1999, S. 28, 33, 40; Ye Sheng, *Shuidong Riji [Diary from East of the River]*, verfasst 1465–1472, in: *Siku Quanshu*, Nachdruck, Peking 1999). Zeitweise, insbesondere in den 1950er und 1960er Jahren, vermuteten Forscher im Konfuzianismus die Ursache für die wirtschaftliche Rückständigkeit Chinas, dann wieder erkannten sie darin die Quelle für Chinas Erfolg. Max Weber begründete diese Tradition in *Die Wirtschaftsethik der Weltreligionen: Konfuzianismus und Taoismus: Schriften 1915–1920*, hg. v. Helwig Schmidt-Glintzer/Petra Kolonko, Tübingen 1991. Weber behauptete, der Konfuzianismus behindere China. Laut Zurndorfer erklärt der Kulturalismus Chinas wirtschaftliche Entwicklung nicht, und er widerspricht damit den kulturalistischen Argumenten von Joel Mokyr u. a. Eine Zusammenfassung dieser Debatte findet sich bei Harriet Zurndorfer, «Confusing Capitalism with Confucianism: Culture as Impediment and/or Stimulus to Chinese Economic Development», in《中国史学》[Studies in Chinese History] 27 (2017), S. 1–20. **50** Die Bibelzitate stammen aus der Einheitsübersetzung Ezekiel 18,13 und Matthäus 19,24. S. auch Lester K. Little, *Religious Poverty and the Profit Economy in Medieval Europe*, Ithaca (NY) 1978, S. 35, 38. **51** Die Zitate stammen aus Little, *Religious Poverty*, S. 38; John T. Noonan, *The Scholastic Analysis of Usury*, Cambridge (MA) 1957, S. 42. S. a. Christoph Fleischmann, «Wem gehört die Zeit? Der Mensch im Takt des Kapitalismus», *Blätter für deutsche und internationale Politik* 59 (2014), S. 111. **52** Die Zitate stammen aus 1. Timotheus 6,10 (Einheitsübersetzung); Bernhard Groethuysen, *Die Entstehung der bürgerlichen Welt- und Lebensanschauung in Frankreich*, Bd. 2, Halle/Saale 1930, S. 157; *Das Decameron des Boccaccio*, Erster Teil, Berlin 1860. S. 24 f. S. a. Muller, *Mind and the Market*, S. 5; Little, *Religious Poverty*, S. 39. Szenen wie in Reims spielten sich auch anderswo ab. **53** Tim Parks, *Das Geld der Medici*, München 2007, S. 19. **54** Braudel, Sozialgeschichte des 15.–18. Jahrhunderts, Bd. 2, S. 437 f. **55** Wickham, «How Did the Feudal Economy Work?», S. 30, 37–40. Zur Expansion und zum Rückzug von Marktwirtschaften Bas van Bavel, *The Invisible Hand?: How Market Economies Have Emerged and Declined Since AD 500*, Oxford 2016. **56** Robert Kurz, *Weltkrise und Ignoranz: Kapitalismus im Niedergang, Ausgewählte Schriften 1992–2012*, Berlin 2013, S. 99.

TEIL I
DEN KAPITALISMUS AUFBAUEN

Kapitel 3: Die große Vernetzung, 1450–1650

1 Fernand Braudel, *Sozialgeschichte des 15.-18. Jahrhunderts*, Bd. 3, München 1986, S. 570–572. **2** Johan Albrecht von Mandelslo, *Des HochEdelgebornen Johan Albrechts von Mandelslo Morgenländische Reyse-Beschreibung: Worinnen Zugleich die Gelegenheit vnd Heutiger Zustand Etlicher Fürnehmen Indianischen Länder, Provincien, Städte vnd Insulen, Sampt Derer Einwohner Leben, Sitten, Glauben vnd Handthierung; wie Auch die Beschaffenheit der Seefahrt Über das Oceanische Meer*, Hamburg 1658, S. 45–48. **3** Edward Terry, *A Voyage to East-India: Wherein Some Things Are Taken Notice of, in Our Passage Thither, but Many More in Our Abode There, Within That Rich and Most Spacious Empire of the Great Mogul: Mixt with Some Parallel Observations and Inferences Upon the Story, to Profit as Well as Delight the Reader*, Salisbury 1777, S. 80. **4** C. G. Brouwer, «Non-Western Shipping Movements in the Red Sea and Gulf of Aden During the 2nd and 3rd Decades of the 17th Century, According to the Records of the Dutch East India Company (Part 2)», *Die Welt des Islams* 32 (1992) 1, S. 17; Ashin Das Gupta, «Gujarati Merchants and the Red Sea Trade, 1700–1725», in: Uma Das Gupta (Hg.), *The World of the Indian Ocean Merchant, 1500–1800: Collected Essays of Ashin Das Gupta*, Oxford 2004, S. 4 f, 369 f.; Surendra Gopal, *Commerce and Crafts in Gujarat: 16th and 17th Centuries*, New Delhi 1975, S. 43; Rene J. Barendse, *The Arabian Sea: The Indian Ocean World of the Seventeenth Century*, Armonk (NY) 2002, S. 5; Sanjay Subrahmanyam, «A Note on the Rise of Surat in the Sixteenth Century», *Journal of the Economic and Social History of the Orient* 43 (2000) 1, S. 31. Zu anderen zeitgenössischen Schilderungen von Surat vgl. «Voyages de Mr Thevenot, contenant la relation de l'Indostan, des nouveaux Mogols, & des autres Peuples & Pays des Indes«[1684], zit. nach: Surendranath Sen (Hg.), *Indian Travels of Thevenot and Careri*, National Archives of India 1949, S. 25. **5** Kaveh Yazdani, *India, Modernity and the Great Divergence: Mysore and Gujarat (17th to 19th C.)*, Leiden 2017, S. 408. **6** Michael N. Pearson, *The World of the Indian Ocean, 1500–1800: Studies in Economic, Social and Cultural History*,

Aldershot 2005, S. 460; Rusheed R. Wadia, «Bombay Paris Merchants in the Eighteenth and Nineteenth Centuries», in: John R. Hinnells/Alan Williams (Hgg.), *Parsis in India and the Diaspora*, London 2007, S. 122. Der europäische Handel machte noch im 18. Jh. nicht mehr als ein Achtel des Seehandels der Stadt aus. Vgl. hierzu Balkrishna Govind Gokhale, *Surat in the Seventeenth Century*, London 1979, S. 125; Ashin Das Gupta, «Indian Merchants in the Age of Partnership, c. 1500–1800», in: ders., *World of the Indian Ocean Merchant*, S. 123; Om Prakash, «English Private Trade in the Western Indian Ocean, 1720–1740», *Journal of the Economic and Social History of the Orient* 50 (2007) 2/3, S. 216. **7** Sen, *Indian Travels of Thevenot and Careri*, S. 22; Yazdani, *India, Modernity and the Great Divergence*, S. 422. **8** Pedro Machado, *Ocean of Trade: South Asian Merchants, Africa and the Indian Ocean, c. 1750–1850*, Cambridge 2014, S. 70, 87; Yazdani, *India, Modernity and the Great Divergence*, S. 378; Braudel, *Sozialgeschichte*, Bd. 3, S. 580 f.; Giancarlo Casale, *The Ottoman Age of Exploration*, Oxford 2010, S. 5, 56; Edward A. Alpers, *The Indian Ocean in World History*, Oxford 2014, S. 56. S. a. George Hourani, *Arab Seafaring in the Indian Ocean in Ancient and Early Medieval Times*, Princeton 1995; Patricia Risso, *Merchants and Faith: Muslim Commerce and Culture in the Indian Ocean*, Boulder (CO) 1995; Sagufta Parveen, «Surat: As a Major Port-Town of Gujarat and Its Trade History», *IOSR Journal of Humanities and Social Science* 19 (2014) 5, S. 70; Mohd Afzal Khan, «The Chelebi Merchants at Surat 16th-18th Centuries», *Proceedings of the Indian History Congress* 40 (1979), S. 408, 410; David Hardiman, «Penetration of Merchant Capital in Pre-Colonial Gujarat», in: Ghanshyam Shah (Hg.), *Capitalist Development: Critical Essays*, London 1992, S. 35; Ruquia Hussain, «Turkish Merchants at Surat in Mughal Times», *Studies in History* 30 (2014) 1, S. 48, 52; Ruquia Hussain, «Armenian, Iranian and Turkish Merchants in India 1550–1800», Diss., Aligarh Muslim University 2005, S. 294. **9** Die Vorstellung von «Inseln» verwendet auch Marcel van der Linden in seiner Erörterung der Niederlande im 17. Jh. Marcel van der Linden, «Marx and Engels, Dutch Marxism and the ‹Model Capitalist Nation› of the Seventeenth Century», *Science & Society* 61 (1997) 2, S. 161–183. Zur «Oberschicht» vgl. Braudel, *Sozialgeschichte des 15.-18. Jh.*, Bd. 2, München 1986, S. 411–413, 415, 441 f., 445 f., 468 f. **10** Richard Hakluyt, *Principal Navigations, Voyages, and Discoveries of the English Nation*, London 1589, S. 353; Fritz Junginger (Bearb.), *Leonhard Rauwolf, ein schwäbischer Arzt, Botaniker und Entdeckungsreisender des 16. Jahrhunderts*, Heidenheim 1969, S. 97. **11** Ebd., S. 97 f. Vgl. außerdem Pedro Teixeira, *The Travels of Pedro Texeira: With His «Kings of Harmuz» and Extracts from His «King of Persia»*, London 1902, S. 66 f. **12** Jean-Baptiste Tavernier, *Beschreibung der Sechs Reisen Welche Johan Baptista Tavernier, Ritter und Freyherr von Aubonne, In Türckey Persien und Indien innerhalb viertzig Jahren durch alle Wege die man nach diesen Länderen nehmen kann verrichtet.* 1. Teil, *Darinnen die Reisen nach Türckey und Persien beschrieben werden*, 2. Buch, Genf 1681, S. 95, url: www.digitale-sammlungen.de/de/view/bsb10868855?q=Tavernier&page=134,135. **13** Nelly Hanna, *Making Big Money in 1600: The Life and Times of Isma'il Abu Taqiyya, Egyptian Merchant*, Syracuse (NY) Press 1998, S. 82; Ronald Findlay/Kevin H. O'Rourke, *Power and Plenty: Trade, War, and the World Economy in the Second Millennium*, Princeton 2007, S. 222; Levon Khachikyan, «The Ledger of the Merchant Hovhannes Joughayetsi», *Journal of the Asiatic Society* 8 (1966), S. 153–186; Şevket Pamuk, «Wirtschaft und Institutionen im Nahen Osten seit dem Mittelalter», in: James A. Robinson/Klaus Wiegandt (Hgg.), *Die Ursprünge der modernen Welt: Geschichte im wissenschaftlichen Vergleich*, Frankfurt a. M. 2008, S. 552; Abdul-Karim Rafeq, «The Socioeconomic and Political Implications of the Introduction of Coffee into Syria, 16th-18th Centuries», in: Michel Tuchscherer (Hg.), *Le commerce du café avant l'ère des plantations coloniales*, Institut Français d'Archéologie Orientale, Kairo 2001, S. 127–42; Abdul-Karim Rafeq, «Damascus and the Pilgrim Caravan», in: Leila Tarazi Fawaz/C. A. Bayly (Hgg.), *Modernity and Culture: From the Mediterranean to the Indian Ocean*, New York 2002, S. 130 f. Zu den Karawanen vgl. Francesca Trivellato, *The Familiarity of Strangers: The Sephardic Diaspora, Livorno, and Cross-Cultural Trade in the Early Modern Period*, New Haven 2009, S. 6. Vgl. auch Bruce Masters, «Aleppo: The Ottoman Empire's Caravan City», in: Edhem Eldem/Daniel Goffman/Bruce Alan Masters (Hgg.), *The Ottoman City Between East and West: Aleppo, Izmir, and Istanbul*, Cambridge 1999, S. 2; Ders., *The Arabs of the Ottoman Empire, 1516–1918: A Social and Cultural History*, Cambridge 2013, S. 75 f., sowie den Brief von João de Meira an König D. Manuel in: Ronald Bishop Smith, *The First Age of Portuguese Embassies: Navigations and Peregrinations in Persia (1507–1524)*, Bethesda (MD) 1970, S. 60. **14** Jürgen Osterhammel, *Die Entzauberung Asiens: Europa und die asiatischen Reiche im 18. Jahrhundert*, München 1998, S. 53. **15** Prasannan Parthasarathi, *Why Europe Grew Rich and Asia Did Not: Global Economic Divergence, 1600–1850*, Cambridge 2011, S. 4 f., 21, 23, 61, 185; Hardiman, «Penetration of Merchant Capital», S. 34. S. a. Fahad Ahmad Bishara, *A Sea of Debt: Law and Economic Life in the Western Indian Ocean, 1780–1950*, Cambridge 2017; Meghnad Desai u. a. (Hgg.), *The Cambridge Economic History of India*, Bd. 1, Cambridge 1982, S. 155 f.; Michael Pearson, *The Indian Ocean*, London 2003, S. 3. **16** Hier zit. nach Richard von Glahn, *The Economic History of China: From Antiquity to the Nineteenth Century*, Cambridge 2016, S. 304. **17** R. Bin Wong, «The Role of the Chinese State in Long-Distance Commerce», Working Paper, London School of Economics 2004/05, S. 5; Jonathan Porter, *Imperial China, 1350–1900*, Lanham (MD) 2016, S. 194–96; Timothy Brook, «The Merchant Network in 16th Century China: A Discussion and Translation of Zhang Han's ‹On Merchants›», *Journal of the Economic and Social History of the Orient* 24 (1981) 2, S. 165, 168 f.; Ping-Ti Ho, «The Salt Merchants of Yang-Chou: A Study of

Commercial Capitalism in Eighteenth-Century China», *Harvard Journal of Asiatic Studies* 17 (1954) 1/2, S. 130, 141, 152, 156. Zur Silbermenge besteht Konsens, dass ein Tael ungemünztes Silber im 18. Jh. etwa 37 Gramm wog. Vgl. hierzu z. B. Robert C. Allen u. a., «Wages, Prices, and Living Standards in China, 1738–1925: In Comparison with Europe, Japan, and India», in: *EHR* 64 (2011) 1, S. 9; Robert Gardella, *Harvesting Mountains: Fujian and the China Tea Trade, 1757 to 1937*, Berkeley 1997, S. 29, 31; William Rowe, *China's Last Empire: The Great Qing*, Cambridge (MA) 2009, S. 122–28, 135–37. **18** Dennis O'Flynn/Arturo Giraldez, «Born with a ‹Silver Spoon›: The Origin of World Trade in 1571», *Journal of World History* 6 (1995) 2, S. 212 f.; Charles David Sheldon, *The Rise of the Merchant Class in Tokugawa Japan, 1600–1868: An Introductory Survey*, Locust Valley (NY) 1958, S. 4, 69; Kikuchi Hitomi, *Edo Ishō Zukan*, Tokio 2011, S. 96; John Whitney Hall/James L. McClain (Hgg.), *The Cambridge History of Japan*, Bd. 4, Cambridge 1991, S. 559, 562. **19** Jody Benjamin, «Global Textiles and the Centripetal Pull of the Western African Savannah, 1740–1780», unveröffentlichter Aufsatz für die Konferenz «Towards a Global History», Delhi, 3.–5. Dezember 2017, S. 3 **20** Hier zit. nach G. S. P. Freeman-Grenville, *The East African Coast: Select Documents from the First to the Earlier Nineteenth Century*, London 1975, S. 125 f. **21** Der angegebene zeitgenössische Preis von Silber bezieht sich auf den Stichtag 18. 11. 2023. Auch Fernand Braudel hebt die Bedeutung der Städte und Händlergemeinschaften in der Frühzeit des Kapitalismus hervor, z. B. in Braudel, *Sozialgeschichte des 15.–18. Jh.*, Bd. 2, S. 21–42, 89–123. Vgl. außerdem Findlay/O'Rourke, *Power and Plenty*, S. 204; John E. Wills jr., «Relations with Maritime Europeans, 1514–1662», in: Denis Twitchett/Frederick W. Mote (Hgg.), *The Cambridge History of China*, Bd. 8, S. 374; Wang Gungwu, «The Hokkien Sojourning Communities», in: Tracy, *The Rise of Merchant Empires*, S. 405 f.; Xing Hang, «Bridging the Bipolar: Zheng Jing's Decade on Taiwan, 1663–1673», in: Tonio Andrade/Xing Hang (Hgg.), *Sea Rovers, Silver, and Samurai: Maritime East Asia in Global History, 1550–1700*, Honolulu 2016, S. 240; Findlay/O'Rourke, *Power and Plenty*, S. 286 f.; Xing Hang, *Conflict and Commerce in Maritime East Asia: The Zheng Family and the Shaping of the Modern World, c. 1620–1720*, Cambridge 2016, S. 1; Huei-Ying Kuo, *Networks Beyond Empires: Chinese Business and Nationalism in the Hong Kong-Singapore Corridor, 1914–1941*, Leiden 2014, S. 3. **22** Findlay/O'Rourke, *Power and Plenty*, S. 18, 22, 212; Halil İnalcik, «The Ottoman State: Economy and Society, 1300–1600», in: Halil İnalcik/Donald Quataert (Hgg.), *An Economic and Social History of the Ottoman Empire*, Bd. 1, Cambridge 1997, S. 345–347; Raffaello de' Medici an Filippo da Empoli und Antonio Bartoli in Pera, 24. April 1521, MS 553, Brief XX, hier zit. nach: Gertrude R. B. Richards, *Florentine Merchants in the Age of Medici: Letters and Documents from the Selfridge Collection of Medici Manuscripts*, Cambridge (MA) 1932, S. 226; M. Rozen, «Strangers in a Strange Land: The Extraterritorial Status of Jews in Italy and the Ottoman Empire in the Sixteenth to Eighteenth Centuries», in: Aron Rodrigue (Hg.), *Ottoman and Turkish Jewry: Community and Leadership*, Bloomington 1992, S. 126–136; Chhaya Goswami/Jaithirth Rao, *Globalization Before Its Time: The Gujarati Merchants from Kachchh*, Gurgaon 2016, S. xv, 212; Pearson, *World of the Indian Ocean*, S. 92 f., 96–112, 227; Machado, *Ocean of Trade*, S. 183; Moses E. Ochonu, «The Wangara Factor in West African Business History», in: Moses E. Ochonu (Hg.), *Entrepreneurship in Africa: A Historical Approach*, Bloomington 2018, S. 53, 61; Ivor Wilks, «Wangara, Akan, and Portuguese in the Fifteenth and Sixteenth Centuries: 1. The Matter of Bitu», *Journal of African History* 23 (1982) 3, S. 333–349; Pacheco Pereira, *Esmeraldo de Situ Orbis*, übers. von G. H. Kimble, London 1937, S. 87; Rasheed Olaniyi, «Hausa-Yoruba Relations, 1500–1800: A Historical Perspective», in: A. E. Ekoko/S. O. Aghalino (Hgg.), *Inter-Group Relations in Nigeria: The Historian's Perspectives*, University of Ibadan 2006, S. 303. **23** Benjamin Arbel, *Trading Nations: Jews and Venetians in the Early Modern Eastern Mediterranean*, Leiden 1995; James Olson, *Historical Dictionary of the British Empire: K–Z*, Westport (CT) 1996, S. 769; Hugh Thomas, *The Slave Trade: The Story of the Atlantic Slave Trade: 1440–1870*, New York 2013, S. 177; P. E. H. Hair/Robin Law, «The English in Western Africa to 1700», in: Nicholas Canny/Alaine Low (Hgg.), *The Oxford History of the British Empire*, Bd. 1, Oxford 1998, S. 253; Merrick Posnansky, «Aspects of Early West African Trade», *World Archaeology* 5 (1973) 2, S. 149–162; J. D. Fage, «Ancient Ghana: A Review of the Evidence», *Transactions of the Historical Society of Ghana* 3 (1957) 2, S. 3–24; David Henige, «John Kabes of Komenda: An Early African Entrepreneur and State Builder», *Journal of African History* 18 (1977) 1, S. 1–19; Kwame Yeboa Daaku, *Trade and Politics on the Gold Coast*, Oxford 1970; Ballong-Wen-Mewuda, «A instalação de fortalezas na costa africana. Os casos de Arguim e da Mina. Comércio e contactos culturais», in: Luís de Albuquerque (Hg.), *Portugal no mundo*, Bd. 2, Lissabon 1989, S. 137–149; Filipa Ribeiro da Silva, *Dutch and Portuguese in Western Africa: Empires, Merchants and the Atlantic System, 1580–1674*, Leiden 2011, S. 195. **24** Wills jr., «Relations with Maritime Europeans», S. 374.; Machado, *Ocean of Trade*, S. 275. **25** Tiago Nasser Appel, «Why Was There No Capitalism in Early Modern China?», *Brazilian Journal of Political Economy* 37 (2017) 1, S. 171. **26** Zur Vorstellung von «Fehlstarts, Umkehrungen, Verirrungen und Rückfälle[n]» vgl. John Merrington, «Stadt und Land im Übergang zum Kapitalismus», in: Rodney Hilton (Hg.), *Der Übergang vom Feudalismus zum Kapitalismus*, Frankfurt a. M. 1978, S. 229–268 (Zitat S. 233). **27** Jason W. Moore, «Nature and the Transition from Feudalism to Capitalism», *Review* 26 (2003) 2, S. 102; Franz Mehring, *Deutsche Geschichte vom Ausgange des Mittelalters* [1910, 1911], in: ders., *Gesammelte Schriften*, Bd. 5, Berlin 1964, S. 3–216, hier: S. 20 f. **28** Diese Feststellung findet sich auch bei K. N. Chaudhuri, *Trade and Civilisation* *in the Indian Ocean: An Economic History from the Rise of Islam to 1750,* Cambridge 1985, S. 15, und bei Tonio Andrade, *How Taiwan Became Chinese: Dutch, Spanish, and Han Colonization in the Seventeenth Century,* New York 2008. **29** Moore, «Nature and the Transition from Feudalism to Capitalism», S. 42; James D. Tracy (Hg.), Einleitung zu *The Rise of Merchant Empires: Long-Distance Trade in the Early Modern World 1350–1750,* Bd. 1, Cambridge 1993, S. 2. **30** Janet L. Abu-Lughod, *Before European Hegemony: The World System A. D. 1250–1350,* Oxford 1989, S. 189; Carlo Taviani, «In the Shadow of Other Empires: Genoese Merchant Networks and Their Conflicts Across the Atlantic Ocean, ca. 1450–1530», in: Louis Sickling/Alain Wijffels (Hgg.), *Conflict Management in the Mediterranean and the Atlantic, 1000–1800,* Leiden 2020, S. 217–236. **31** Howard French, *Afrika und die Entstehung der modernen Welt: Eine Globalgeschichte,* Stuttgart 2024, S. 18 f., 46–48, 75–77, 96–101, 177, 193 f. **32** Trevor Hall, *The Role of Cape Verde Islanders in Organizing and Operating Maritime Trade Between West Africa and Iberian Territories, 1441–1616,* Baltimore 1992, S. 96, 136, 215 f., 218 f., 304 f., 472 f., 676 f. Zur Bedeutung von Sklaven als Ausfallbürgschaft vgl. den brillanten Artikel von Joseph C. Miller, «The Sixteenth Century: Specie, Sugar, and Slaves», in: ders. (Hg.), *The Princeton Companion to Atlantic History,* Princeton 2015, S. 14. S. a. Richard Lobban, *Historical Dictionary of the Republics of Guinea-Bissau and Cape Verde,* Lanham (MD) 1979, S. 6 f.; Hall, *Role of Cape Verde Islanders,* S. 195; Dale Tomich, «Original Accumulation: The Genoese Cycle of Accumulation, Atlantic Slavery, and the Formation of the World-Market», Konferenz *Towards a Global History of Private Accumulation,* Amsterdam (Mai 2019), S. 13 f., 22; French, *Afrika und die Entstehung der modernen Welt,* S. 127–129. **33** Thomas Allison Kirk, *Genoa and the Sea: Policy and Power in an Early Modern Maritime Republic, 1559–1684,* Baltimore 2013, S. 15 f., 22–28, 51–84; Steven A. Epstein, *Genoa & the Genoese, 958–1528,* Chapel Hill 1996, S. 73–107; Dale Tomich, «Original Accumulation», S. 9; Jairus Banaji, «Islam, the Mediterranean and the Rise of Capitalism», *Historical Materialism* 15 (2007) 1, S. 49; French, *Afrika und die Entstehung der modernen Welt,* S. 46 f., S. 71–79, 85 f.; Zum übersetzten Giucciardini-Zitat («La quale cosa, essendo stata delle più memorabili che da molti secoli in qua siano accadute nel mondo») vgl. Vitorino Magalhães Godinho, *L'économie de l'Empire portugais aux XVe et XVIe siècles,* Paris 1969, S. 730. **34** Zum Zitat («grande oceano» im portugiesischen Original) vgl. Manuel Nunes Dias, «O capitalismo monárquico portuguẽs, 1415–1549: Contribuição para o estudo das orgens do capitalismo moderno», Diss., Universität Coimbra 1963, S. 37, hier zit. nach Banaji, «Islam, the Mediterranean and the Rise of Capitalism», S. 49. Vgl. außerdem Alberto da Veiga-Simoes, *La Flandre, le Portugal, et les débuts du capitalisme moderne,* Brüssel 1933. **35** French, *Afrika und die Entstehung der modernen Welt,* S. 119–124, 207, 224 f.; John Tutino, *The Mexican Heartland: How Communities Shaped Capitalism, a Nation, and World History, 1500–2000,* Princeton 2017, S. 9; Leonardo Marques/Rafael Marquese, «Gold, Coffee, and Slaves: Brazil and World Accumulation», *Towards a Global History of Primitive Accumulation Conference,* Amsterdam 2019, S. 14. **36** Zur imperialen Expansion vgl. Gurminder K. Bhambra/Julia McClure, «Introduction: Imperial Inequalities», in: dies. (Hg.), *Imperial Inequalities: The Politics of Economic Governance Across European Empires,* Manchester 2022, S. 138–156. Zu Adam Smith vgl. ders.: *Der Wohlstand der Nationen: Eine Untersuchung seiner Natur und seiner Ursachen* [1776], München 1978, Erstes Buch, 11. Kap: «Die Bodenrente», S. 148–150 und 4. Buch, 5. Kap. «Prämien», S. 422 f. Zur modernen Forschung, die zu großen Teilen den Gedanken verwirft, dass der atlantische Handel die iberischen Königreiche verarmen ließ, vgl. C. Jago, «Habsburg Absolutism and the Cortes of Castile», *AHR* 86 (1981) 2, S. 307–326; J. B. Owens, *«By My Absolute Royal Authority»: Justice and the Castilian Commonwealth at the Beginning of the First Global Age,* Rochester 2005; Regina Grafe, «Economic and Social Trends», in: Hamish Scott (Hg.), *The Oxford Handbook of Early Modern European History, 1350–1750,* Bd. 1, Oxford 2015, S. 269–294; French, *Afrika und die Entstehung der modernen Welt,* S. 247; Pepijn Brandon, «Marxism and the ‹Dutch Miracle›: The Dutch Republic and the Transition Debate», *Historical Materialism* 19 (2011), S. 117–120, 123–128. Zum Manufakturwesen vgl. Marcel van der Linden, «Marx and Engels, Dutch Marxism and the ‹Model Capitalist Nation of the Seventeenth Century›», *Science & Society* 61 (1997) 2, S. 167, 171. Das Marx-Zitat im Original ist dem 24. Kap. aus Bd. 1 von *Das Kapital* entnommen: Karl Marx, *Das Kapital: Kritik der politischen Ökonomie, : Der Produktionsprozess des Kapitals* [1867], Berlin 1975 [= Karl Marx/Friedrich Engels, *Werke,* Bd. 23], Zitat S. 779. Vgl. außerdem Jan de Vries, *European Urbanization, 1500–1800,* London 1984, S. 39; William Sewell, «On the Emergence of Capitalism: Marx, Brenner and the Troublesome Case of the Dutch», *Critical Historical Studies* 11 (2024), S. 1–46, bes. S. 5, 10. **37** Vgl. Alfred C. Wood, *A History of the Levant Company,* Oxford 1935; Arthur Williamson, «An Empire to End Empire: The Dynamic of Early Modern British Expansion», *Huntington Library Quarterly* 68 (2005) 1/2, S. 227–256; Andrew D. Nicholls, *A Fleeting Empire: Early Stuart Britain and the Merchant Adventurers to Canada,* Montreal 2010; Rupali Mishra, *A Business of State: Commerce, Politics, and the Birth of the East India Company,* Cambridge (MA) 2018; Robert Brenner, *Merchants and Revolution: Commercial Change, Political Conflict, and London's Overseas Traders, 1550–1653,* Princeton 1993; Michael G. Moran, *Inventing Virginia: Sir Walter Raleigh and the Rhetoric of Colonization, 1584–1590,* New York 2006; Karen Ordahl Kupperman, *The Jamestown Project,* Cambridge (MA) 2007; Peter C. Mancall, *Hakluyt's Promise: An Elizabethan's Obsession for an English America,* New Haven 2007; Alison Games, *Migration and the Origins of the English Atlantic World,* Cambridge (MA) 1999; David Hackett Fischer/James C. Kelly, *Bound Away:*

Virginia and the Westward Movement, Charlottesville 2000. **38** Sidney W. Mintz, *Die süße Macht: Kulturgeschichte des Zuckers*, Frankfurt a.M. 1987, S. 59f.; Maria Luiza Marcilio, «The Population of Colonial Brazil», in: Leslie Bethell (Hg.), *The Cambridge History of Latin America*, Bd. 2, Cambridge 1984, S. 60; Kenneth G. Kelly, «Entrepots», in: Junius P. Rodriguez (Hg.), *The Historical Encyclopedia of World Slavery*, Bd. 1, Santa Barbara 1997, S. 57; Anthony Todman, «Goree Island», in: Rodriguez (Hg.), *Historical Encyclopedia of World Slavery*, Bd. 1, S. 308. **39** Adam Smith, *Der Wohlstand der Nationen*, 4. Buch, 7. Kap.: «Kolonien», S. 526. **40** Appel, «Why Was There No Capitalism in Early Modern China?», S. 169. **41** Alexander Anievas/Kerem Nisancioğlu, *How the West Came to Rule: The Geopolitical Origins of Capitalism*, London 2015, S. 94. **42** Ebd., S. 115, 117; Eric R. Wolf, *Die Völker ohne Geschichte: Europa und die andere Welt seit 1400*, Frankfurt a.M. 1986, S. 184 (Zitat Davenant); Luisa Piccinno, «Genoa: A City with a Port or a Port City?», in: Wim Blockmans/Mikhail Krom/Justyna Wubs-Mrozewics (Hgg.), *The Routledge Handbook of Maritime Trade Around Europe, 1300–1600*, London 2017, S. 162, 165; Kirk, *Genoa and the Sea*, S. 29; Moore, «Nature and the Transition from Feudalism to Capitalism», S. 119. **43** Die Krise des Feudalismus als Antrieb für die aristokratischen Eliten auf der iberischen Halbinsel für eine weltweite Expansion wird auch hervorgehoben von Jerzy Topolski, «Causes of Dualism in the Economic Development of Modern Europe», *Studia Historiae Oeconomicae* 3 (1968), S. 9; Maurice Dobb, *Entwicklung des Kapitalismus: Vom Spätfeudalismus bis zur Gegenwart* [1946], Köln 1970, S. 56–59, 69–71, 80f.; Anievas/Nisancioğlu, *How the West Came to Rule*, S. 77, 81. Zu den Auswirkungen der Pestepidemie auf die Bevölkerung Europas vgl. Şevket Pamuk, «The Black Death and the Origins of the ‹Great Divergence› Across Europe, 1300–1600», *European Review of Economic History* 11 (2007) 3, S. 292, 294, 312; Tomich, «Original Accumulation», S. 7f.; Dobb, *Entwicklung des Kapitalismus*, S. 80f. Zur Krise des Feudalismus vgl. außerdem Immanuel Wallerstein, *Das moderne Weltsystem*, Bd. 1, Frankfurt a.M. 1986, S. 32–58. Die Bedeutung der Städte in der Frühgeschichte des Kapitalismus betont auch Braudel, *Die Dynamik des Kapitalismus*, Stuttgart 1986, S. 85. **44** Moore, «Nature and the Transition from Feudalism to Capitalism», S. 109, 116; Jason W. Moore, «Class, Climate & the Great Frontier», unveröffentlichter Aufsatz, Commodity Frontier Network, Juni 2021, S. 9; Wallerstein, *Das moderne Weltsystem*, Bd. 1, S. 42–44; Dobb, *Entwicklung des Kapitalismus*, S. 80f. **45** Adam Smith, *Der Wohlstand der Nationen*, 1. Buch, 11. Kap., S. 147. **46** Patrick Greenfield, «Story of Cities #6: How Silver Turned Potosí into ‹The First City of Capitalism›», *The Guardian*, 21.3.2016; Lewis Hanke, *The Imperial City of Potosí: An Unwritten Chapter in the History of Spanish America*, Martinus Nijhoff 1956, S. 1. Potosí zählte im Jahr 1650 160 000 Einwohner und war damit die größte Stadt Südamerikas. Vgl. Brooke Larson, «Andean Communities, Cultures and Markets: The Changing Contours of Ethnicity, Markets and Migration in the Andes», in: Brooke Larson/Olivia Harris (Hgg.), *Ethnicity, Markets and Migration in the Andes: At the Crossroads of History and Anthropology*, Durham (NC) 1995, S. 10; Jack Weatherford, *Das Erbe der Indianer: Wie die Neue Welt Europa verändert hat*, München 1995, S. 15–18; Gwendolyn Cobb, «Supply and Transportation for the Potosí Mines, 1545–1640», *Hispanic American Historical Review* 29 (1949), S. 25; Peter John [P. J.] Bakewell, *Silver and Entrepreneurship in Seventeenth-Century Potosí: The Life and Times of Antonio López de Quiroga*, Albuquerque 1988, S. 191; Tutino, *Mexican Heartland*, S. 30–35; Eduardo Galeano, *Die offenen Adern Lateinamerikas: Die Geschichte eines Kontinents von der Entdeckung bis zur Gegenwart* [1971], Wuppertal 2003, S. 67–71 (Zitat «Schatzkammer» S. 69); Kenneth Pomeranz/Steven Topik, *The World That Trade Created: Society, Culture and the World Economy, 1400 to the Present*, Armonk (NY) 2006, S. 152; Moore, «Nature and the Transition from Feudalism to Capitalism», S. 137. Zum Theater vgl. Susana Salgado, *The Teatro Solís: 150 Years of Opera, Concert, and Ballet in Montevideo*, Middletown (CT) 2003, S. 4. Das Zitat ist dem Wahlspruch im Stadtwappen von Potosí entnommen, der Karl V. zugeschrieben wird, dem Kaiser des Heiligen Römischen Reiches. Vgl. Kris Lane, *Potosi: The Silver City That Changed the World*, Berkeley 2019, S. vi. **47** Hanke, *Imperial City of Potosí*, S. 19; Flynn/Giraldez, «Born with a ‹Silver Spoon›», S. 201–209; J. Bohorquez, «Rio de Janeiro and the Silver Mining Economy of Potosi: Trans-Imperial, Global, and Contractual Approaches to South Atlantic Markets (18th Century)», *Almanack* 24 (2020), S. 17. Der Stichtag für den Umrechnungskurs von Silber in US-Dollar ist hier der 18.11.2023. Zu diesen Zahlen vgl. Ward Barrett, «World Bullion Flows, 1450–1800», in: Tracy, *The Rise of Merchant Empires*, S. 224f. Vgl. außerdem Charles C. Mann, *Kolumbus' Erbe: Wie Menschen, Tiere, Pflanzen die Ozeane überquerten und die Welt von heute schufen*, Reinbek bei Hamburg 2013, S. 233–246. **48** Moore, «Nature and the Transition from Feudalism to Capitalism», S. 138f.; Peter Bakewell, *Miners of the Red Mountain: Indian Labor in Potosí*, Albuquerque 1984, S. 18, 59; Carlos Sempat Assadourian, «The Colonial Economy: The Transfer of the European System of Production to New Spain and Peru», *Journal of Latin American Studies* 24 (1992), S. 56, 58f. Die Mita-Arbeit wurde mit einer Form der Lohnarbeit kombiniert, die als Minga-Arbeit bezeichnet wurde. Eine ausgezeichnete Erörterung der Arbeitssysteme in den Minen von Potosí bietet Rossana Barrangán Romano, «Extractive Economy and Institutions: Technology, Labour and Land at Potosí», in: Karin Hofmeester/Pim de Zwart (Hgg.), *Colonialism, Institutional Change and Shifts in Global Labour Relations*, Amsterdam 2018, S. 207–238. Vgl. außerdem Mann, *Kolumbus' Erbe*, S. 236f.; Kris Lane, *Pillaging the Empire: Piracy in the Americas, 1500–1750*, Armonk (NY) 1998, S. 114–116; Nicholas A. Robins, *Mercury, Mining, and Empire: The Human and Ecological Cost of Colonial Silver Mining in the Andes*,

Bloomington 2011, S. 59–63; Tutino, *Mexican Heartland*, S. 25–40. Die Schätzungen zur Zahl der Todesopfer im Silberbergwerks-Komplex von Potosí variieren erheblich, einige Autoren nennen Zahlen, die in die Millionen gehen. Meine Zahlen beziehen sich auf die niedrigeren Schätzungen. **49** Maria M. Ferraz Torrão, «Traite négrière entre les Îles du Cap-vert et l'Amérique espagnole: Formation et développement d'une route commerciale atlantique au seizième siècle», *African Economic History* 39 (2011) 1, S. 7, 14–16, 21, 25; Hall, *Role of Cap Verde Islanders*, S. 115, 221 f., 238–246, 267 f., 369, 403; Rafael Pérez/Manuel Fernández, «Sevilla y la trata negrera atlántica: Envíos de esclavos desde Cabo Verde a la América española, 1569–1579», Sevilla 2009, S. 602 f.; Andrés Reséndez, *The Other Slavery: The Uncovered Story of Indian Enslavement in America*, Boston 2016, S. 78; Germano Almeida, *Cabo Verde: Viagem pela história das ilhas*, Lissabon 2004, S. 171–192; Hall, *Role of Cape Verde Islanders*, S. 235–237; Maria João Soares, «The British Presence on the Cape Verdean Archipelago (16th to 18th Centuries)», *African Economic History* 39 (2011) 1, S. 130 f., 142; Alberto Vieira, «Las islas: Navegación y economía en el Atlántico en los siglos XV y XVI», in: Adela Fábregas (Hg.), *Islas y sistemas de navegación durante las Edades Media y Moderna*, Granada 2010, S. 193. **50** Joseph C. Miller, «Captives, Collateral, Credit, and Currencies: Slaves and the Debt Financing of the Atlantic World», unveröffentlichtes Paper, McGill University 2009, S. 20. Vgl. außerdem Hall, *Role of Cape Verde Islanders*, S. 632 f. **51** Tutino, *Mexican Heartland;* Fernand Braudel/Frank Spooner, «Die Preise in Europa von 1450 bis 1750», in: Fernand Braudel, *Schriften zur Geschichte 2: Menschen und Zeitalter*, Stuttgart 1993, S. 112–114; Flynn/Giraldez, «Born with a ‹Silver Spoon›», S. 207; Braudel, *Sozialgeschichte des 15.-18. Jahrhunderts*, Bd. 2, S. 428 f.; Ulrich Ufer, *Welthandelszentrum Amsterdam: Globale Dynamik und modernes Leben im 17. Jahrhundert*, Köln 2008, S. 51; Zs. P. Pach, «The East-Central European Aspect of the Overseas Discoveries and Colonialization», *Vierteljahreshefte für Sozial-und Wirtschaftsgeschichte*, Beiheft 89 (1990), S. 184; Frank Uekötter, *Im Strudel: Eine Umweltgeschichte der modernen Welt*, Frankfurt a. M. 2020, S. 29. **52** Guillaume Thomas Raynal, *Histoire philosophique et politique des établissements et du commerce des Européens dans les deux Indes*, Amsterdam 1770, hier zit. nach: *Wilhelm Thomas Raynals philosophische und politische Geschichte der Besitzungen und Handlung der Europäer in beyden Indien*, Bd. 3, Buch 5, 33. Kap., Kempten 1785, S. 217, abrufbar unter: www.digitale-sammlungen.de/de/view/bsb10434344?q=(geschichte+beider+indien)&page=232,233. Vgl. auch: Elizabeth Helen Cross, «The French East India Company and the Politics of Commerce in the Revolutionary Era», Diss. Harvard University 2017, S. 47. **53** Findlay/O'Rourke, *Power and Plenty*, S. 214; Jan de Vries, «Connecting Europe and Asia: A Quantitative Analysis of the Cape-Route Trade, 1497–1795», in: Dennis Owen Flynn/Arturo Giraldez/Richard von Glahn (Hg.), *Global Connections and Monetary History, 1470–1800*, Aldershot 2003, S. 82; Mann, *Kolumbus' Erbe*, S. 226 f., 230–232; Dennis Owen Flynn/Arturo Giraldez, «Cycles of Silver: Global Economic Unity Through the Mid-Eighteenth Century», *Journal of World History* 13 (2002) 2, S. 399 f. **54** Findlay/O'Rourke, *Power and Plenty*, S. 216, 221, 224 f.; Machado, *Ocean of Trade*, S. 28; Flynn/Giraldez, «Born with a ‹Silver Spoon›», S. 202 f.; John Tutino, *Making a New World: Founding Capitalism in the Bajío and Spanish North America*, Durham 2011, S. 19. Es gab auch noch amerikanisches Gold, vor allem aus Brasilien. In den 1730er Jahren kamen zwei Drittel der weltweiten Goldproduktion aus Brasilien. Für die wirtschaftliche Entwicklung in England war das Gold besonders wichtig, weil es die Bank von England stabilisierte und schließlich die Grundlage für den Goldstandard bildete. Vgl. Marques/Marquese, «Gold, Coffee, and Slaves», S. 6 f., 12, 14 f.; John Jay TePaske, *A New World of Gold and Silver*, Leiden 2010, S. 49. **55** Ogier zit. nach Kurt Schottmüller, «Reiseeindrücke aus Danzig, Lübeck, Hamburg und Holland, 1636», *Zeitschrift des Westpreußischen Geschichtsvereins* 52 (1910), S. 199–273, hier: S. 259. Zur Einwohnerzahl von Amsterdam vgl. Richard Paping, «General Dutch Population Development, 1400–1850: Cities and Countryside», *European Society of Historical Demography (ESHD)*, Alghero (25.-27. Sep. 2014), S. 13. Vgl. außerdem Hubert Nusteling, «La population d'Amsterdam de la fin du XVIe siècle au début du XIXe siècle. Une méthode de reconstituton», *Population* 6 (1986), S. 961–977; A.M. van der Woude, «Population Developments in the Northern Netherlands (1500–1800) and the Validity of the ‹Urban Graveyard› Effect», *Annales de démographie historique* (1982), S 55–75. **56** Schottmüller, «Reiseeindrücke», S. 259 f. **57** Das erste Zitat siehe ebd., S. 261. Das zweite Zitat ist übersetzt aus dem Niederländischen, hier zit. nach Sven Veldhuijzen, *Spiegel van Mijn Leven, een Haags Dagboek uit 1624*, Hilversum 1993, S. 280. **58** Oscar Gelderblom, *Cities of Commerce: The Institutional Foundations of International Trade in the Low Countries, 1250–1650*, Princeton 2013, S. 15. **59** Jonathan Israel, *Dutch Primacy in World Trade, 1585–1740*, Oxford 1989, S. 6, 12; Ufer, *Welthandelszentrum Amsterdam*, S. 23; Findlay/O'Rourke, *Power and Plenty*, S. 176; Gelderblom, *Cities of Commerce*, S. 37. **60** Ufer, *Welthandelszentrum Amsterdam*, S. 68, 156, 281; Peter Burke, *Venedig und Amsterdam im 17. Jahrhundert*, Göttingen 1993, S. 63–86; Spies u. a., *Het Grachtenboek*, Den Haag 1992, S. 277; Israel, *Dutch Primacy in World Trade*, S. 60–67. **61** Gelderblom, *Cities of Commerce*, S. 200; Ufer, *Welthandelszentrum Amsterdam*, S. 111, 113, 142, 149, 232–236; Brandon, «Marxism and the ‹Dutch Miracle›», S. 107. **62** Das Zitat von Adriaan Koerbagh ist der Einleitung zu *Een Bloemhof von allerley Lieflijkheyd sonder verdriet*, Amsterdam 1668, S. 5, entnommen. **63** Max Weber, *Wirtschafts-Geschichte: Abriss der universalen Sozial- und Wirtschafts-Geschichte*, München/Leipzig 1923, S. 256. Dasselbe Argument bringen auch Anievas/Nisancioğlu in *How the West Came to Rule*, S. 169, vor. Vgl. außerdem Daron Acemoglu/Simon Johnson/James Robinson, «The Rise of Europe: Atlantic Trade, Institutional Change, and Economic Growth», *American Economic Review* 95 (2005) 3, S. 550. **64** Acemoglu/Johnson/Robinson, «Rise of Europe», S. 546, 548. Diese Ansicht vertritt auch Sachs: «Von Anfang an», so Sachs, «waren Handel, Kriegführung und Kolonialisierung unauflöslich miteinander verknüpft.» Vgl. Jeffrey D. Sachs, *The Ages of Globalization: Geography, Technology, and Institutions*, New York 2019, S. 107, 110. **65** Stanziani betont außerdem, dass Institutionen nicht einfach nur das Ergebnis rein wirtschaftlich motivierter Reaktionen seien, sondern sich auch aus «Macht und Werten» herleiten lassen. Vgl. Alessandro Stanziani, *Labor on the Fringes of Empire: Voice, Exit and the Law*, London 2018, S. 34. Vgl. auch Marie-Laure Djelic, «When Limited Liability Was (Still) an Issue: Mobilization and Politics of Signification in 19th-Century England», *Organization Studies* 34 (2013) 5/6, S. 3. **66** Braudel, *Sozialgeschichte des 15.-18. Jahrhunderts*, Bd. 2, S. 481 f., 498 f.; Ann M. Carlos/Stephen Nicholas, «Theory and History: Seventeenth-Century Joint-Stock Chartered Trading Companies», *JEH* 56 (1996) 4, S. 917; Nicholas Kyriazis/Theodore Metaxas, «Path Dependence, Change and the Emergence of the First Joint-Stock Companies», *Business History* 53 (2011) 3, S. 364; Huw Bowen, «Making Money, Making Empires: The Case of the East India Company», in: Benedikt Koehler u. a. (Hgg.), *An Introduction to the History of Capitalism, 600–1900 AD*, London 2014, S. 32. **67** Edmund Burke, «Rede zur Eröffnung des Verfahrens gegen Warren Hastings» [1788], in: Olaf Asbach/Dirk Jörke (Hgg.), *Edmund Burke: Tradition – Verfassung – Repräsentation: Kleine politische Schriften*, Berlin 2019, S. 220–252 (Zitat S. 232). Zum Handel der EIC vgl. William Dalrymple, *The Anarchy: The Relentless Rise of the East India Company*, London 2019, S. 3. **68** Thomas Cochran, «The Business Revolution», *AHR* 79 (1977) 1, S. 449 f.; Alfred D. Chandler jr., *The Visible Hand*, Cambridge (MA) 1977, S. 240–250; K. N. Chaudhuri, «The English East India Company in the 17th and 18th Centuries: A Pre-modern Multinational Organization», in: P. H. Boulle/L. Blusse/F. Gaastra (Hgg.), *Companies and Trade: Essays on Overseas Trading Companies During the Ancien Regime*, Leiden 1981, S. 29–46; Ann M. Carlos/Stephen Nicholas, «‹Giants of an Earlier Capitalism›: The Chartered Trading Companies as Modern Multinationals», *Business Historical Review* 62 (1988), S. 398–419; Kyriazis/Metaxas, «Emergence of the First Joint-Stock Companies», S. 365; Findlay/O'Rourke, *Power and Plenty*, S. 272; Chris Nierstrasz, *Rivalry for Trade in Tea and Textiles: The English and Dutch East India Companies, 1700–1800*, London 2015, S. 6, 8; Braudel, *Sozialgeschichte des 15.-18. Jahrhunderts*, Bd. 2, S. 491 f.; Peter J. Cain/Anthony Gerald Hopkins, *British Imperialism, 1688–2000*, Harlow 2002, S. 88. **69** Henk den Heijer, *The VOC and the Exchange*, Amsterdam 2002; Oscar Gelderblom/Joost Jonker, «Completing a Financial Revolution: The Finance of the Dutch East India Trade and the Rise of the Amsterdam Capital Market, 1595–1612», *JEH* 64 (2004) 3, S. 641–672; N. Steensgaard, «The Dutch East India Company as an Institutional Innovation», in: Maurice Aymard (Hg.), *Dutch Capitalism and World Capitalism*, Cambridge 1982, S. 235–257; Kyriazis/Metaxas, «Emergence of the First Joint-Stock Companies», S. 369. Diese Zahlen stehen nicht für jährliche Zahlungen, sondern für Zahlungen im Lauf der Zeit. Vgl. hierzu Lodewijk Petram, *The World's First Stock Exchange*, New York 2014, S. 49, 112. S. a. Ufer, *Welthandelszentrum Amsterdam*, S. 53, 87 f.; Findlay/O'Rourke, *Power and Plenty*, S. 182. **70** Petram, *World's First Stock Exchange*, S. 13, 31, 240; John Bruce, *Annals of the Honorable East-India Company, from Their Establishment by the Charter of Queen Elizabeth, 1600, to the Union of the London and English East-India Companies, 1707–8*, London 1810, S. 28; Oscar Gelderblom/Abe de Jong/Joost Jonker, «The Formative Years of the Modern Corporation: The Dutch East India Company VOC, 1602–1623», *JEH* 73 (2013) 4, S. 1054, 1056, Abb. 1. **71** Petram, *World's First Stock Exchange*, S. 57, 238, 241; Ranald Michie, *The London Stock Exchange: A History*, Oxford 2001, S. 2 f., 16, 18. **72** Gelderblom, *Cities of Commerce*, S. 207. **73** Zur zentralen Bedeutung der Familie vgl. z. B. Eva Illouz, *Warum Liebe endet: Eine Soziologie negativer Beziehungen*, Berlin 2018, S. 99; David Herlihy, «The Family», in: Anthony Molho (Hg.), *Women, Family, and Society in Medieval Europe: Historical Essays 1978–1991*, Providence (RI) 1995, S. 113–134; David Herlihy, *Medieval Households*, Cambridge (MA) 1985; Ralph A. Houlbrooke, *The English Family, 1450–1700*, London 1984, S. 52; Jack Goody, *The Development of the Family and Marriage in Europe*, Cambridge 1983, S. 136 f.; Charles Donahue jr., «The Canon Law on the Formation of Marriage and Social Practice in the Later Middle Ages», *Journal of Family History* 8 (1983) 2, S. 144–158; James A. Brundage, *Law, Sex, and Christian Society in Medieval Europe*, Chicago 2009, S. 606 f.; Sara McDougall, *Royal Bastards: The Birth of Illegitimacy, 800–1230*, Oxford 2017; Conor McCarthy, *Marriage in Medieval England: Law, Literature, and Practice*, Woodbridge 2004, S. 126–139; Linda E. Mitchell, *Family Life in the Middle Ages*, Westport (CT) 2007; Angeliki Laiou, «Family Structure and the Transmission of Property», in: John Haldon (Hg.), *The Social History of Byzantium*, Chichester 2009, S. 51–75. **74** Marjolein van den Boogaard, *Maria Jacoba Daemen, 1658–1733: Koopvrouw te Amsterdam*, Universiteit van Amsterdam 1979, S. 1, 5, 9. Zum Zitat vgl. Julia Adams, *The Familial State: Ruling Families and Merchant Capitalism in Early Modern Europe*, Ithaca (NY) 2005, S. 91. **75** Torquato Tasso, *Discorso della virtù feminile e donnesca*, Palermo 1997, S. 56 f. **76** Ein gutes Beispiel für institutionellen Wandel mit der Absicht, eine kleine Gruppe von Händlern zu privilegieren, ist die Republik Venedig. Vgl. hierzu Diego Puga/Daniel Trefler, «International Trade and Institutional Change: Medieval Venice's Response to Globalization», *Quarterly Journal of Economics* 129 (2014) 2, S. 753–821; Douglas North, *Institutions, Institutional Change, and Economic Performance*, Cambridge 1990, S. 73–78; Immanuel Wallerstein, *Das moder-*

ne Weltsystem, Bd. 1, S. 147–152. Zu Venedig vgl. auch Roberto Lopez, *The Commercial Revolution of the Middle Ages, 950–1350*, Cambridge 1976, S. 100–110; Frederic Lane, *Venice: A Maritime Republic*, Baltimore 1973, S. 135–145; Gino Luzzatto, *An Economic History of Italy: From the Fall of the Roman Empire to the Beginning of the Sixteenth Century*, New York 1961, S. 220–225. **77** Smith, *Der Wohlstand der Nationen*, 2. Buch, 3. Kap., S. 285. **78** Peer Vries, «Does Wealth Entirely Depend on Inclusive Institutions and Pluralist Politics?», *Tijdschrift voor sociale en economische geschiednis* 9 (2012) 2, S. 76, 91; Smith, *Der Wohlstand der Nationen*, 2. Buch, 3. Kap., S. 285; Sophus A. Reinert/Robert Fredona, «Merchants and the Origins of Capitalism», Harvard Business School Working Paper 18–021 (2017), S. 21. **79** Philipp R. Rössner trägt dieses Argument mit großem Nachdruck vor: «New Inroads into Well-Known Territory?: On the Virtues of Re-Discovering Pre-Classical Political Economy», in: Philipp R. Rössner (Hg.), *Economic Growth and the Origins of Modern Political Economy*, London 2016, S. 4; Jan de Vries/Ad van der Woude, *The First Modern Economy: Success, Failure, and Perseverance of the Dutch Economy, 1500–1815*, Cambridge 1997, S. 90–105; Wallerstein, *Das moderne Weltsystem*, Bd. 1, S. 149–153. **80** Thomas Mun, *A Discourse of Trade, from England unto the East-Indies*, 1621, hier zit. nach Sophus A. Reinert, *Translating Empire: Emulation and the Origins of Political Economy*, Cambridge (MA) 2011, S. 17. **81** Braudel, *Die Dynamik des Kapitalismus*, S. 60. Das grundsätzlich gleichlautende Argument findet sich bei Karl Polanyi, *The Great Transformation: Politische und ökonomische Ursprünge von Gesellschaften und Wirtschaftssystemen* [1944], Frankfurt a. M. 1978, S. 64, 102 f. **82** Sachs, *Ages of Globalization*, S. 115; Gelderblom, *Cities of Commerce*, S. 9, 78, 139; Petram, *World's First Stock Exchange*, S. 107; Aryeh Shmuelevitz, *The Jews of the Ottoman Empire in the Late 15th and 16th Centuries*, Leiden 1984, S. 148–155; Halil Inalcik/Donald Quataert, *An Economic and Social History of the Ottoman Empire*, Bd. 1, Cambridge 1997, S. 267; Helen Julia Paul, «Suppliers to the Royal African Company and the Royal Navy in the Early Eighteenth Century», in: Jeff Flynn-Paul (Hg,), *War, Entrepreneurs, and the State in Europe and the Mediterranean, 1300–1800*, Leiden 2014, S. 131; Braudel, *Sozialgeschichte des 15.-18. Jahrhunderts*, Bd. 2, S. 486 f.; Abraham L. Udovitch, *Partnership and Profit in Medieval Islam*, Princeton 1970, S. 86–96. **83** Zu dieser Frage gibt es eine lebhafte wissenschaftliche Diskussion. Acemoglu/Robinson sowie Niall Ferguson betonen stark die Bedeutung der Institutionen. Vgl. hierzu Daron Acemoglu/James A. Robinson, *Warum Nationen scheitern: Die Ursprünge von Macht, Wohlstand und Armut*, Frankfurt a. M. 2013, S. 504–506; Niall Ferguson, *Der Westen und der Rest der Welt: Die Geschichte vom Wettstreit der Kulturen*, Berlin 2011, S. 44–47. Verschiedene kritische Einwände kommen u. a. von Jeffrey G. Williamson, *Trade and Poverty: When the Third World Fell Behind*, Cambridge (MA) 2011, S. 191; Peer Vries, «Does Wealth Entirely Depend on Inclusive Institutions»; Patrick O'Brien, «Was the First Industrial Revolution a Conjuncture in the History of the World Economy?», Economic History Working Paper Nr. 259/2017, London School of Economics, März 2017, S. 24; David Graeber/David Wengrow, *Anfänge: Eine neue Geschichte der Menschheit*, Stuttgart 2022, S. 404–415, 511–533. **84** Ironischerweise haben mit der Geschichte Indiens befasste Historiker eine lange Abfolge von sicheren und gut definierten Eigentumsrechten auf dem Subkontinent nachgewiesen. Vgl. hierzu Parthasarathi, *Why Europe Grew Rich and Asia Did Not*, S. 5, 65; sowie Julian Hoppit, «Compulsion, Compensation and Property Rights in Britain, 1688–1833», *Past & Present* 210 (2011) 1, S. 93, 99 f., 102, 108. **85** Timothy Brook, «Communications and Commerce», in: Denis Twitchett/Frederick W. Mote (Hg.), *The Cambridge History of China*, Bd. 8, Cambridge 1998, S. 582; Ruby Maloni, «Europeans in Seventeenth Century Gujarat: Presence and Response», *Social Scientist* 36 (2008) 3/4, S. 66, 580; Prasannan Parthasarathi, «State Formation and Economic Growth in South Asia, 1600–1800», in: Rössner, *Economic Growth*, S. 189–203; Sheldon, *Rise of the Merchant Class*, S. 23 f.; Gelderblom, *Cities of Commerce*, S. 71; Stephen Quinn/William Roberds, «The Big Problem of Large Bills: The Bank of Amsterdam and the Origins of Central Banking», Federal Reserve Bank of Atlanta Working Paper 2005–16 (2005), S. 1–36. Vgl. außerdem de Vries/van der Woude, *First Modern Economy*; Charles Goodhart, *The Evolution of Central Banks*, Cambridge (MA) 1988; Larry Neal, «How it All Began: The Monetary and Financial Architecture of Europe During the First Global Capital Markets, 1648–1815», *Financial History Review* 7 (2000), S. 121. **86** Hier zit. nach Arthur Weststeijn, «The VOC as a Company-State: Debating Seventeenth-Century Dutch Colonial Expansion», *Itinerario* 38 (2014) 1, S. 15. Zum Streben nach einem Monopol s. a. Om Prakash, «Restrictive Trading Regimes: VOC and the Asian Spice Trade in the Seventeenth Century», in: Michael N. Pearson (Hg.), *Spices in the Indian Ocean World*, Aldershot 1996, S. 319. **87** Dobb, *Die Entwicklung des Kapitalismus*, S. 99; Braudel, *Sozialgeschichte des 15.-18. Jahrhunderts*, Bd. 2, S. 407; Ochonu, «Wangara Factor in West African Business History», S. 54 f.; von Glahn, *The Economic History of China*, S. 755 f.; Wong, «Role of the Chinese State», S. 6; Paulo J. A. Guinote, «Ascensão e declínio da carreira da Índia», in: *Vasco da Gama e a Índia*, Bd. 2 (Internationale Konferenz, Paris 1998), Lissabon 1999, S. 7–39; Michael D. Newitt, *A History of Portuguese Overseas Expansion, 1400–1668*, Aldershot 2005, S. 70; Israel, *Dutch Primacy in World Trade*, S. 16 f.; Eduardo Lemaitre, *A Brief History of Cartagena*, Bogotá 1994, S. 30; Rodolfo Segovia, *The Fortifications of Cartagena de Indias*, Bogotá 2009, S. 130; Susannah Ferreira, *The Crown, the Court and the Casa da Índia: Political Centralization in Portugal 1479–1521*, Leiden 2015, S. 169. Zur allgemeinen Geschichte der *Consulados* vgl. Robert Sidney Smith, *The Spanish Guild Merchant: A History of the Consulado, 1250–1700*, New York 1972, S. 95. **88** O'Brien, «Was the First

Industrial Revolution a Conjuncture in the History of the World Economy?», S. 8, 23; Findlay/O'Rourke, *Power and Plenty*, S. 247. **89** Thomas Hobbes, *Leviathan [Leviathan, or The Matter, Forme, and Power of a Common-Wealth Ecclesiasticall and Civill* (1651)], Hamburg 1996, S. 5. **90** Gaetano Filangieri, *La scienza della legislazione*, hier zit. nach Reinert, *Translating Empire*, S. 28. **91** David Hume, «Über bürgerliche Freiheit» [1741, 1758], in: ders. *Politische und ökonomische Essays*, Teilband 1, Hamburg 1988, S. 94–105 (Zitat S. 95); David Hume, «Über Handel» [1752], in: ders., *Politische und ökonomische Essays*, Teilband 2, Hamburg 1988, S. 175–190 (Zitat: S. 177). **92** Vgl. zur politischen Ökonomie den brillanten Beitrag von Reinert, *Translating Empire*, S. 4. Zum Thema Wohlstand und Nationalstaat wird dieses Argument von Rössner energisch vorgebracht: «New Inroads into Well-Known Territory?», S. 13; Außerdem hierzu Philip J. Stern/Carl Wennerlind (Hg.), Einleitung zu *Mercantilism Reimagined: Political Economy in Early Modern Britain and Its Empire*, Oxford 2014, S. 7. **93** Hall/McClain, *Cambridge History of Japan*, S. 59 f.; Sheldon, *Rise of the Merchant Class*, S. 10; Edmund Morgan, *American Slavery, American Freedom: The Ordeal of Colonial Virginia*, New York 1975, S. 189, 193; Parthasarathi, *Why Europe Grew Rich*, S. 185; Charles Tilly, *Coercion, Capital, and European States, AD 990–1990*, Cambridge (MA) 1990; Braudel, *Sozialgeschichte des 15.–18. Jahrhunderts*, 2. Band, S. 486 f. **94** Ochonu, «Wangara Factor in West African Business History», S. 59; Cornelia Giesing/Valentin Vydrine (Hg.), *Ta:rikh Mandinka de Bijini (Guinée-Bissau): La mémoire des Mandinka et des Sòoninkee du Kaabu*, Leiden 2007. **95** Sheldon, *Rise of the Merchant Class*, S. 134. **96** Ein inhaltlich verwandtes Argument vertritt Harman in «From Feudalism to Capitalism», S. 44–46. Vgl. auch Sheldon, *Rise of the Merchant Class*, S. 75; Yazdani, *India, Modernity and the Great Divergence*, S. 409, 527–535; Chhaya Goswami, *Globalization Before Its Time: The Gujarati Merchants from Kachchh*, London 2016; Sanjay Subrahmanyam/C. A. Bayly, «Portfolio Capitalists and the Political Economy of Early Modern India», in: Sanjay Subrahmanyam (Hg.), *Merchants, Markets and the State in Early Modern India*, Oxford 1990, S. 242; Machado, *Ocean of Trade*, S. 271; Pepijn Brandon, *War, Capital, and the Dutch State (1558–1795)*, Leiden 2015, S. 30 f; Parthasarathi, *Why Europe Grew Rich*, S. 55 f. Zur zentralisierten Monarchie vgl. Douglass C. North, «Institutions and Economic Growth: An Historical Introduction», *World Development* 17 (1989) 9, S. 1328. Zu aktuellen Veröffentlichungen über den spanischen Staat vgl. den großartigen Artikel von Alejandra Irigoin/Regina Grafe, «Bargaining for Absolutism: A Spanish Path to Nation-State and Empire Building», *Hispanic American Historical Review* 88 (2008) 2, S. 173–209 (Zitat S. 176). S. a. Julia McClure, «Rethinking the Historic Models of the Role of Constitutions in Shaping Patterns of Inequality», in: A. Chadwick u. a. (Hgg.), *Markets, Constitutions, and Inequality*, London 2023, S. 142–155; Julia McClure, *Empire of Poverty: The Moral-Political Economy of the Spanish Empire*, Oxford 2024; H. V. Bowen u. a., «Forum: The Contractor State, c. 1650 to 1815», *International Journal of Maritime History* 25 (2013) 1, S. 260. **97** Das Zitat aus dem Französischen stammt von Ferdinand Verbiest, «Dédicace a Louis XIV», hier zit. nach Antonella Romano, *Impressions de Chine: L'Europe et l'englobement du monde*, Paris 2016, S. 289 («Vous verrez, Sire, dans se recit que la Cour de Pequin ne cede en magnificence à aucune autre Cour de l'Europe»). **98** Wong, «Role of the Chinese State in Long-Distance Commerce», S. 14 f. **99** Chaudhuri, *Trade and Civilisation*, S. 208; Appel, «Why Was There No Capitalism in Early Modern China?», S. 167, 173; R. Bin Wong, *China Transformed: Historical Change and the Limits of European Experience*, Ithaca (NY) 1997, S. 146–47; Wong, «Role of the Chinese State in Long-Distance Commerce», S. 17; Peer Vries, *State, Economy and the Great Divergence: Great Britain and China, 1680s–1850s*, London 2015, S. 234. **100** Der Historiker Jürgen Osterhammel schreibt: «Europas wahre Überlegenheit zeigte sich in der Dynamik seiner Expansion.» Vgl. Osterhammel, *Die Entzauberung Asiens*, S. 58. Vgl. auch Peer Vries, «Economic Reasons of State in Qing China», in: Philipp R. Rössner (Hg.), *Economic Growth and the Origins of Modern Political Economy*, S. 204–219. Zum Entwicklungsstand der chinesischen Bürokratie vgl. z. B. R. Bin Wong, «Review Article», *Journal of Global History* 11 (2016), S. 145; Appel, «Why Was There No Capitalism in Early Modern China?», S. 176, 178, 183 f.; Andrade, *How Taiwan Became Chinese*, S. 105–115, 265–290. **101** «窃臣直觅利商海, 卖货浙福, 与人同利, 为国捍边, 绝无勾引党贼侵扰事情, 此天地神人所共知者。» 采久德《倭变事略·附录》, 广文书局, 1967, 第113页, zitiert nach 张丽. «从王直和德瑞克的个人命运看16世纪中英两国在对外贸易政策和官商关系上的不同». 海洋史研究 2 (2015), S. 48–66. Ein Dank geht an Dr. Yang für die Übersetzung. **102** Wang Gungwu, «Merchants Without Empire: The Hokkien Sojourning Communities», in: Tracy, *The Rise of Merchant Empires*, S. 400. **103** Sudev Sheth, *Bankrolling Empire: Family Fortunes and Political Transformation in Mughal India*, Cambridge 2024, S. 21, 25. Zur Statistik vgl. Jadunath Sarkar, *Studies in Aurangzib's Reign*, Kalkutta 1933, S. 73; Andrade, *How Taiwan Became Chinese*, S. 115–159. Zu den Staatseinnahmen in Gujarat vgl. die Diskussion bei Philippe Beaujard, «Gujarat and Long-Distance Trade in the Indian Ocean Region Before the Sixteenth Century», in: *Transregional Trade and Traders*, Oxford 2019, S. 92; Chaudhuri, *Trade and Civilisation*, S. 210. **104** Die Bedeutung dieser Beziehung hebt auch Banaji hervor: *Brief History of Commercial Capitalism*, S. 132 f.; Jessica Goldberg, *Trade and Institutions in the Medieval Mediterranean: The Geniza Merchants and Their Business World*, Cambridge 2012, S. 12 f., 85–115; Ravi Palat, *The Making of an Indian Ocean-World Economy, 1250–1650*, New York 2015, S. 9; Şevket Pamuk, «Wirtschaft und Institutionen im Nahen Osten seit dem Mittelalter», S. 560; Anievas/Nisancioğlu, *How the West Came to Rule*, S. 105. **105** Ebd., S. 94 f., 104. **106** Fürstendarlehen, W 1/9: IV, Nr. 61, S. 53 f., 55 f., 62 f., Bethmann-Archiv, Stadtarchiv Frankfurt a. M.

107 Andrea Komlosy, «Entanglements of Catching-Up: Rethinking ‹Industrial Revolution› from a Global Perspective», *Journal of Globalization Studies* 12 (2021) 1, S. 17; Banaji, *Brief History of Commercial Capitalism*, S. 120; Robert Kurz, *Weltkrise und Ignoranz: Kapitalismus im Niedergang, Ausgewählte Schriften*, Berlin 2013, S. 92, 95; Geoffrey Parker, *Die militärische Revolution: Die Kriegskunst und der Aufstieg des Westens 1500–1800*, Frankfurt/New York 1990, S. 40 f.; Thomas Piketty, *Kapital und Ideologie*, München 2020, S. 471 f.; Brandon, *War, Capital, and the Dutch State*, S. 4. **108** Piketty, *Kapital und Ideologie*, S. 463–465; John Brewer, *Sinews of Power: War, Money and the English State, 1688–1783*, Cambridge 1989, S. 40; Findlay/O'Rourke, *Power and Plenty*, S. 256; O'Brien, «Was the First Industrial Revolution a Conjuncture in the History of the World Economy?», S. 27; Jeff Fynn-Paul/Marjolein 't Hart/Griet Vermeesch, «Introduction», in: Jeff Fynn-Paul (Hg.), *War, Entrepreneurs, and the State in Europe and the Mediterranean, 1300–1800*, Leiden 2014, S. 2; Bhambra/McClure, *Imperial Inequalities*. **109** Kurz, *Weltkrise und Ignoranz*, S. 97; Brewer, *Sinews of Power*; William J. Ashworth, «The Ghost of Rostow: Science, Culture and the British Industrial Revolution», *Historical Science* 46 (2008) 3, S. 263. Zu den Niederlanden vgl. Pepijn Brandon, «Accounting for Power: Bookkeeping and the Rationalization of Dutch Naval Administration», in: Fynn-Paul, *War, Entrepreneurs, and the State*, S. 152. **110** Die Verbindung zwischen Schulden und Bindung an den Staat wird auch bei Abu-Lughod besprochen: *Before European Hegemony*, S. 114; Christine Desan, *Making Money: Coin, Currency, and the Coming of Capitalism*, Oxford 2014, S. 295–329; Toby Green, *Fistful of Shells: West Africa from the Rise of the Slave Trade to the Age of Revolution*, Chicago 2021; Christine Desan, «The Constitutional Approach to Money: Monetary Design and the Production of the Modern World», in: Nina Bandeli/ Frederick F. Wherry/Viviana A. Zelizer (Hgg.), *Money Talks: Explaining How Money Really Works*, Princeton 2017, S. 113, 116. Für einen raschen Überblick zu verschiedenen Perspektiven auf die Geschichte des Geldes vgl. Andrew David Edwards, «The American Revolution and Christine Desan's New History of Money», *Law & Social Inquiry* 42 (2017) 1, S. 252–278. Zu den karibischen Dimensionen dieser Geschichte vgl. Katherine Smoak, «The Weight of Necessity: Counterfeit Coins in the British Atlantic World, Circa 1760–1800», *The William and Mary Quarterly* 74 (2017) 3, S. 470. Vgl. auch Dobb, *Entwicklung des Kapitalismus*, S. 192–194. **111** Eliyahu Ashtor, *Levant Trade in the Middle Ages*, Princeton 2014, S. 10; Max Weber, *Wirtschaft und Gesellschaft: Grundriss der verstehenden Soziologie* [1922], 1. Halbband, 2. Teil, 2. Kap., § 5, Frankfurt a. M. 2005, S. 272 f.; Chaudhuri, *Trade and Civilisation*, S. 247–249; Reinert/Fredona, «Merchants and the Origins of Capitalism», S. 12; Brandon, *War, Capital, and the Dutch State*, S. 33. Die Schwäche des europäischen Staats der frühen Neuzeit wird auch hervorgehoben von Stern/Wennerlind, *Mercantilism Reimagined*, S. 5. Vgl. auch Acemoglu/Johnson/Robinson, «Rise of Europe», S. 46–79; Giovanni Arrighi, *The Long Twentieth Century: Money, Power, and the Origins of Our Time*, London/New York 2010, S. 11; Tilly, *Coercion, Capital, and European States*, S. 58–61; Vanhaute, «Making Sense of the Great Divergence», S. 12. **112** Acemoglu/Johnson/Robinson, «Rise of Europe», S. 550; Moore, «Nature and the Transition from Feudalism to Capitalism», S. 155; Gopal, *Commerce and Crafts in Gujarat*, S. 55; Tomich, «The Atlantic Slave-Sugar Complex», S. 22. **113** Gelderblom, *Cities of Commerce*, S. 142; Zum Zitat vgl. «Chronicle of Occurrences» in: *The Grand Magazine of Magazines, or Universal Register for the Months of January, February, March, April, May, June 1759*, Bd. 2, London 1759, S. 366. **114** Thomas Paine, *Die Rechte des Menschen [Rights of Man: Being an Answer to Mr. Burke's Attack on the French Revolution*, 1791], Frankfurt a. M. 1973, hier: Teil II, Kap. V, S. 254. **115** Montesquieu, *Vom Geist der Gesetze [De l'Esprit des Loix*, 1748], Ditzingen 2011, 20. Buch, 1. Kap., S. 326. Vgl. für einen allgemeineren Überblick: Albert Hirschman, «Rival Views of Market Society», in: Jeremy Adelman (Hg.), *The Essential Hirschman*, Princeton 2013, S. 214–247. **116** Hier zit. nach Herman Theodoor Colenbrander, *Jan Pieterszoon Coen*, Den Haag 1934, S. 64. **117** NA, VOC, S. 478, f. 1v, 2v, hier zit. nach Martine Julia van Ittersum, «Debating Natural Law in the Banda Islands: A Case Study in Anglo-Dutch Imperial Competition in the East Indies, 1609–1621», *History of European Ideas* 42 (2016) 4, S. 465. **118** Israel, *Dutch Primacy in World Trade*, S. 142; Petram, *World's First Stock Exchange*, S. 68. **119** Richard Ehrenberg, *Das Zeitalter der Fugger: Geldkapital und Creditverkehr im 16. Jahrhundert*, Bd. 1, Jena 1922; Ebd., Bd. 2, Jena 1896; Mark Häberlein, *Die Fugger: Geschichte einer Augsburger Familie (1367–1650)*, Stuttgart 2006, S. 96. Vgl. außerdem Greg Steinmetz, *Der reichste Mann der Weltgeschichte: Leben und Werk von Jacob Fugger*, München 2016. **120** Häberlein, *Die Fugger*, S. 17–20, 54–56; Hartmut Schiele, «Betriebswirtschaftliche Aufschlüsse aus den Fugger-Veröffentlichungen von Götz Freiherrn von Pölnitz», in: Ders./Manfred Ricker (Hgg.), *Betriebswirtschaftliche Aufschlüsse aus der Fuggerzeit*, Berlin 1967, S. 9–13, 16, 18 f.; Jacob Strieder (Hg.), *Die Inventur der Firma Fugger aus dem Jahre 1527*, Tübingen 1905, S. 35; Regina Dauser, «Handelsgesellschaften (15. bis 17. Jahrhundert)», *Historisches Lexikon Bayerns*, 11. 7. 2017, url: https://www.historisches-lexikon-bayerns.de/Lexikon/Handelsgesellschaften_(15._bis_17._Jahrhundert); Michael North, «Von der Atlantischen Handelsexpansion bis zu den Agrarreformen (1450–1815)», in: Ders. (Hg.), *Deutsche Wirtschaftsgeschichte. Ein Jahrtausend im Überblick*, München 2005, S. 162; Rolf Walter, «Einleitung: Oberdeutsche Kaufleute und Genuesen in Sevilla und Cádiz (1525–1560)», in: Hermann Kellenbenz/Rolf Walter (Hgg.), *Oberdeutsche Kaufleute in Sevilla und Cádiz (1525–1560): Eine Edition von Notariatsakten aus den dortigen Archiven*, Stuttgart 2001, S. 14; Ehrenberg, *Das Zeitalter der Fugger*, Bd. 1, S. 149; Peter Geffcken, «Jakob Fugger der Reiche (1459–1525): ‹Königsmacher, Stratege und Organisator›», *Damals: Das Magazin für Geschichte* 36 (2004) 7, S. 14–24; Götz von Pölnitz, *Jakob Fugger: Kaiser, Kirche und Kapital in der Oberdeutschen Renaissance*, Bd. 1, Tübingen 1949; Hermann Kellenbenz, «Jakob Fugger der Reiche (1459–1525)», in: Wolfgang Zorn (Hg.), *Lebensbilder aus dem Bayerischen Schwaben*, Bd. 10, Weißenhorn 1973, S. 35–76; Johannes Burkhardt (Hg.), *Anton Fugger 1493–1560: Das fünfhundertjährige Jubiläum. Vorträge und Dokumentation*, Weißenhorn 1994; Hermann Kellenbenz, «Anton Fugger (1493–1560)», in: Adolf Layer (Hg.), *Lebensbilder aus dem Bayerischen Schwaben*, Bd. 11, Weißenhorn 1976, S. 46–124; Götz von Pölnitz/Hermann Kellenbenz, *Anton Fugger: Persönlichkeit und Werk*, Tübingen 1958. Fuggers Reichtum entspricht einer Summe von mehr als einer halben Milliarde US-Dollar nach dem Kurs im Jahr 2023. Hermann Kellenbenz hat eine akzeptable Methode für die Umrechnung vorgeschlagen, indem er den Goldgehalt eines Rheinischen Guldens als Grundlage wählte. Dieser betrug im Jahr 1495 2,527 Gramm Gold pro Rheinischem Gulden, 1557 lag er bei 2,504 Gramm. Wenn wir von einem Näherungswert von 2,5 Gramm Gold ausgehen, hätten fünf Millionen Gulden rund 12 500 Kilogramm Gold entsprochen. Der aktuelle Goldpreis liegt (im Dez. 2024) bei rund 84 000 Dollar pro Kilogramm, was einer Summe von rund 1,05 Milliarden US-Dollar entspricht. **121** Geffcken, «Jakob Fugger der Reiche», S. 35; Häberlein, *Die Fugger*, S. 26 f., 49. **122** Reinhard Hildebrandt, *Die ‹Georg Fuggerischen Erben›: Kaufmännische Tätigkeit und sozialer Status 1555–1600*, Berlin 1966, S. 84 f.; North, «Von der Atlantischen Handelsexpansion», S. 34–45; Häberlein, *Die Fugger*, S. 46–56, 112; Hermann Kellenbenz, *Die Fugger in Spanien und Portugal bis 1560: Ein Großunternehmen des 16. Jahrhunderts*, München 1990, S. 158, 166, 394–95; Wolfgang Reinhard, *Parasit oder Partner? Europäische Wirtschaft und Neue Welt 1500–1800*, Münster 1997, 27. Eine Liste nachgewiesener moderner Produktionsstätten findet sich bei Eckart Schremmer, «Handel und Gewerbe bis zum Beginn des Merkantilismus», in: Andreas Kraus (Hg.), *Handbuch der Bayerischen Geschichte*, Bd. 2, München 2001, S. 550; Markus A. Denzel, «Eine Handelspraktik aus dem Hause Fugger. Ein Werkstattbericht», in: Markus A. Denzel/Jean-Claude Hocquet/Harald Witthöft (Hg.), *Kaufmannsbücher und Handelspraktiken vom Spätmittelalter bis zum beginnenden 20. Jahrhundert*, Stuttgart 2002, S. 132 (Karte 1). Vgl. außerdem Regina Dauser, *Informationskultur und Beziehungswissen: Das Korrespondenznetz Hans Fuggers (1531–1598)*, Tübingen 2008; Beatrix Bastl, *Das Tagebuch des Philipp Eduard Fugger (1560–1569) als Quelle zur Fuggergeschichte*, Tübingen 1987, S. 252–55; Franz Karg, «Hans Fugger wird ‹Regierer› der Fuggerschen Firma», in: Johannes Burkhardt/Franz Karg (Hgg.), *Die Welt des Hans Fugger (1531–1598)*, Augsburg 2007, S. 133. **123** Katarina Sieh-Burens, *Oligarchie, Konfession und Politik im 16. Jahrhundert. Zur sozialen Verflechtung der Augsburger Bürgermeister und Stadtpfleger 1518–1618*, München 1986, S. 94; Stephanie Haberer, *Ott Heinrich Fugger (1592–1644): Biographische Analyse typologischer Handlungsfelder in der Epoche des Dreißigjährigen Krieges*, Augsburg 2004, S. 5, 18, 104–107; Kellenbenz, *Die Fugger in Spanien und Portugal*, S. 12; Martha Schad, *Die Frauen des Hauses Fugger von der Lilie (15.–17. Jahrhundert): Augsburg-Ortenburg-Trient*, Tübingen 1989, bes. Kap. 2; Hildebrandt, *Die Georg Fuggerischen Erben*, S. 102–121; Carlos Álvarez Nogal, «Banqueros alemanes de Felipe IV: Los Fugger jóvenes y Julio César Scazuola (1618–1641)», *Studia Historica: Historia Moderna* 39 (2017) 1, S. 265–299; Häberlein, *Die Fugger*, S. 26, 48–52, 65, 89, 188; Götz von Pölnitz, *Fugger und Medici: Deutsche Kaufleute und Handwerker in Italien*, Leipzig 1942. Einen allgemeineren Zugang zu diesem Thema bieten: Peter Rauscher/Andrea Serles/Thomas Winkelbauer (Hgg.), *Das ‹Blut des Staatskörpers›: Forschungen zur Finanzgeschichte der Frühen Neuzeit*, München 2012; Edelmayer/Lanzinner/Rauscher, *Finanzen und Herrschaft*; Peter Rauscher, *Zwischen Ständen und Gläubigern: Die kaiserlichen Finanzen unter Ferdinand I. und Maximilian II. (1556–1576)*, München 2004; North, «Von der Atlantischen Handelexpansion», S. 164; Schiele, «Betriebswirtschaftliche Aufschlüsse», S. 12, 23. Vgl. außerdem Haberer, *Ott Heinrich Fugger*, S. 103; Mark Häberlein, «Handelshäuser», *Europäische Geschichte Online*, 14. Nov. 2016, url: https://www.ieg-ego.eu/de/threads/europaeische-netzwerke/wirtschaftliche-netzwerke/mark-haeberlein-handelshaeuser; Peter Rauscher, «La Casa de Austria y sus banqueros alemanes», in: Castellano/Francisco Sánchez-Montes González (Hgg.), *Carlos V: Europeismo y universalidad: Congreso internacional*, Granada 2000, Bd. 3, S. 413 f.; Mark Häberlein, *Aufbruch ins Globale Zeitalter: Die Handelswelt der Fugger und Welser*, Darmstadt 2016, S. 134. Einen allgemeinen Überblick zur Beziehung zwischen Karl V. und seinen Finanziers bietet Ramón Carande, *Carlos V y sus banqueros*, Barcelona 2004. Anton Fuggers Rolle als Einflussfaktor bei Hofe oder Finanzminister wird erörtert bei Johannes Burkhardt, «Jubiläumsvortrag Anton Fugger», in: Ders. (Hg.), *Anton Fugger 1493–1560: Das fünfhundertjährige Jubiläum. Vorträge und Dokumentation*, Weißenburg 1994, S. 137–50; Alfred Kohler, *Karl V: 1500–1558: Eine Biographie*, München 2005, S. 148; Nogal, «Banqueros alemanes de Felipe IV», S. 265–299. **124** Peter Bakewell/Jacqueline Holler, *A History of Latin America to 1825*, Chichester 2010, S. 228; Dennis O. Flynn, «Silver in a Global Context, 1400–1800», in: Jerry H. Bentley/Sanjay Subrahmanyam/Merry E. Wiesner-Hanks (Hgg.) *Cambridge World History*, Bd. 6, Cambridge 2015, S. 226; Stanley J. Stein/Barbara H. Stein, *Silver, Trade, and War: Spain and America in the Making of Early Modern Europe*, Baltimore 2000, S. 28; Götz von Pölnitz, *Anton Fugger*, Bd. 3, Tübingen 1971, S. 292, 295, 326; Häberlein, *Aufbruch ins Globale Zeitalter*, S. 137; Kellenbenz, *Die Fugger in Spanien und Portugal*, S. 387. **125** Michael Diefenbacher/Bertold Haller von Hallerstein, «Welser von Neunhof, Patrizierfamilie», in: Michael Diefenbacher/Rudolf Endres (Hgg.), *Stadtlexikon Nürnberg*, Nürnberg 2000. Die «oberdeutschen» Kaufmannsfamilien waren an der Schwelle zum 15. Jh. «die kapitalstärksten Investoren im Europa jener Zeit»: Vgl. hierzu Maximilian Kalus, *Pfeffer – Kupfer – Nachrichten: Kaufmannsnetzwerke und Handelsstrukturen im europäisch-asiatischen Handel am Ende des 16. Jahrhunderts*, Augsburg 2010, S. 10. «Das internationale Kaufmannsunternehmertum gestaltete die Pfade und Verflechtungsbeziehungen der Weltwirtschaft mit und folgte ihnen zugleich»: Vgl. hierzu Rolf Walter, «Was könnte Proto-Globalisierung bedeuten? Auf den Spuren oberdeutscher Fernhändler in der Frühen Neuzeit», in: Stefan Gerber u. a. (Hgg.), *Zwischen Stadt, Staat und Nation: Bürgertum in Deutschland*, Göttingen 2014, S. 51–72 (Zitat S. 63). Ein kollektiver Handel zwischen «Bartelme dem Waellser und Hannsen dem Prunen seinem swager» taucht in schriftlichen Quellen im Jahr 1414 auf, ein «Bartlome Wellsers und seiner gesellschafft aller unser ingesessen burger aigen guot» im Jahr 1422. Vgl. Peter Geffcken, «Die Welser und ihr Handel 1246–1496», in: Mark Häberlein/Johannes Burkhardt (Hgg.), *Die Welser: Neue Forschungen zur Geschichte und Kultur eines oberdeutschen Handelshauses*, Berlin 2002, S. 68–70. Vgl. außerdem Walter, «Was könnte Proto-Globalisierung bedeuten?», S. 65–67; Magnus Ulrich Ferber, «Welser, Familie», *Historisches Lexikon Bayerns*, 5. Sep. 2016, url: https://www.historisches-lexikon-bayerns.de/Lexikon/Welser,_Familie; Häberlein, *Aufbruch ins globale Zeitalter*, S. 109–111; Walter, «Einleitung», S. 30, 54, 59. Walter betont die Rolle der Welser gemeinsam mit den Fuggern hinsichtlich ihrer Bankgeschäfte in Sevilla. Der Wert ihrer Kredite lag bei etwa 143 000 Florin. Vgl. Eckart Schremmer, «Handel und Gewerbe bis zum Beginn des Merkantilismus», in: Andreas Kraus (Hg.), *Handbuch der bayerischen Geschichte*, Bd. 2, München 2001, S. 559, 561. Zu jener Zeit waren die Welser bereits am Safran-Handel in Zaragoza beteiligt und in dieser Eigenschaft, gemeinsam mit den Familien Tucher, Imhoff und Zollikofen aus St. Gallen, Teil eines «Einkaufs-Kartells». Vgl. Walter, «Einleitung», S. 29 f. einschl. Anm. 107; Jörg Denzer, «Die Welser in Venezuela – Das Scheitern ihrer wirtschaftlichen Ziele», in: Häberlein/Burkhardt, *Die Welser*, S. 290, S. 292; Jörg Denzer, *Die Konquista der Augsburger Welser-Gesellschaft in Südamerika (1528–1556): Historische Rekonstruktion, Historiografie und lokale Erinnerungskultur in Kolumbien und Venezuela*, München 2005, S. 49 f., 53. **126** Elizabeth Cross, *Company Politics: Commerce, Scandal, and French Visions of Indian Empire in the Revolutionary Era*, Oxford 2023, bes. S. 101–123; Kellenbenz, *Die Fugger in Spanien und Portugal*, S. 160–162, 394; Häberlein, *Die Fugger*, S. 80; Häberlein, *Aufbruch ins Globale Zeitalter*, S. 130 f.; Reinhard, *Parasit oder Partner?*, S. 27 f.; Denzer, *Die Konquista der Augsburger*, S. 55–57; Findlay/O'Rourke, *Power and Plenty*, S. 275; Paul, «Suppliers to the Royal African Company and the Royal Navy in the Early Eighteenth Century», S. 131 f., 134. Vgl. außerdem Brandon, *War, Capital, and the Dutch State*, S. 2. Zum Zitat vgl. Meeting vom 6./7. Sep. 1692, S. 239 f., in: *Council Minutes*, 1689–1696, BNA. **127** Brewer, *Sinews of Power*, S. 251. **128** James A. Williamson, *Builders of the Empire*, Oxford 1925, S. 60. **129** Brief des Königs vom 15. Dez. 1682, nach der ins Staatsratsprotokoll (*Council Minutes*) aufgenommenen Fassung, 1684–1689, S. 177, BNA. **130** Dunn, «Barbados Census of 1680», S. 6; Brief von Mr. Duchilleau und Mr. de Marbois an die Chambre d'agriculture du Cap, Port-au-Prince, 20. Jan. 1789, in: *Correspondance Envoyée au Ministre, Conseil Supérieur de Port-au-Prince*, 6 DPPC/4, ANOM. **131** T'Hart/Vermeesch, «Introduction», S. 9. Vgl. außerdem H. V. Bowen u. a., «Forum: The Contractor State, C. 1650 to 1815», *International Journal of Maritime History* 25 (2013), S. 239–274; Brandon, *War, Capital, and the Dutch State*, S. 310–313 (im gesamten Kap. wird gezeigt, wie Makler-Strukturen für den niederländischen Staat bis weit ins 18. Jh. von zentraler Bedeutung waren); Charles Ralph Boxer, *The Dutch Seaborne Empire 1600–1800*, London 1960, S. 69; Tristan Mostert, «Chain of Command: The Military System of the Dutch East India Company, 1655–1663», Magisterarbeit Universität Leiden 2007, S. 19; Stern/Wennerlind, *Mercantilism Reimagined*, S. 15; Marcus Rediker, *Villains of all Nations: Atlantic Pirates in the Golden Age*, London 2004. **132** EIC an Fort St. George [im Folgenden: FSG], 29. Februar 1683/4, IOR E/3/90 f. 154; EIC nach Surat, 7. April 1684, E/3/90 f. 165; EIC nach Bengalen, 5 März 1683/84, IOR E/3/90 f. 159; EIC nach Bengalen, 20. Juni 1683, EIC nach Saint Helena, 1. August 1683, u. EIC nach Saint Helena, 5 August 1684, IOR E/3/90 f. 83, 95, 175–177, hier zit. nach Philip J. Stern, «Politics and Ideology in the Early East India Company-State: The Case of St Helena, 1673–1709», *Journal of Imperial and Commonwealth History* 35 (2007) 1, S. 4 f.; John McAleer, «Looking East: St. Helena, the South Atlantic and Britain's Indian Ocean World», *Atlantic Studies* 13 (2016) 1, S. 78–98; Opinions of Edward Northey und John Hungerford, 2. u. 3. Dez. 1715, IOR H/23 ff., 127 f., hier zit. nach Stern, «Politics and Ideology», S. 5. Vgl. außerdem Virginia Bever Platt, «The East India Company and the Madagascar Slave Trade», *William and Mary Quarterly* 26 (1969) 4, S. 555 f.; Stephen Royle, *The Company's Island: St. Helena, Company Colonies and the Colonial Endeavor*, London 2007, S. 84–89, 177. **133** Copy of the First Commission of the Government After the Retaking of the Island from the Dutch, 19. Dezember 1673, G/32/1, S. 3, hier zit. nach Stern, «Politics and Ideology», S. 7. **134** «Laws and Ordinances of St. Helena», IOR G/32/1 f. 1, hier zit. nach Stern, «Politics and Ideology», S. 8. **135** Ebd., S. 2. **136** Michael Craton, «Property and Propriety: Land Tenure and Slave Property in the Creation of a British West Indian Plantocracy, 1612–1740», in: John Brewer/Susan Staves (Hgg.), *Early Modern Conceptions of Property*, London 1996, S. 499. Vgl. außerdem Bruce Harvey McPherson, «Revisiting the Manor of East Greenwich», *American Journal of Legal History* 42 (1998) 1, S. 35–56; sowie die ausgezeichnete Arbeit von Andrew Phillips/Jason C. Sharman, *Outsourcing Empire: How Company-States Made the Modern World*, Princeton 2022. **137** Jane

Ohlmeyer, «Eastward Enterprises: Colonial Ireland, Colonial India», *Past & Present* 240 (2018) 1, S. 87; Carl Wennerlind, *Casualties of Credit: The English Financial Revolution, 1620–1720*, Cambridge (MA) 2011; Adam Smith, *Der Wohlstand der Nationen*, 4. Buch, 7. Kap., 2. Teil, S. 473; Paul Cheney, «Aufklärung und die politische Ökonomie des Kolonialismus», in: Olaf Alsbach (Hg,), *Der moderne Staat und ‹le doux commerce›: Politik, Ökonomie und internationale Beziehungen im politischen Denken der Aufklärung*, Baden-Baden 2014, S. 207. **138** Nuno Palma/Jaime Reis, «From Convergence to Divergence: Portuguese Economic Growth, 1527–1850», *JEH* 79 (2019) 2, S. 477 f., 499; zum Ressourcenstrom aus aller Welt in Teile Europas vgl. auch Sewell, «On the Emergence of Capitalism», S. 44. **139** Francesca Trivellato, *The Promise and Peril of Credit: What a Forgotten Legend about Jews and Finance tells us About the Making of European Commercial Society*, Princeton 2021, S. 29, 49–65. **140** Jerry Z. Muller, *The Mind and the Market: Capitalism in Modern European Thought*, New York 2002, S. 7 f. **141** Juliann Vitullo/Diane Wolfthal, «Trading Values: Negotiating Masculinity in Late Medieval and Early Modern Europe», in: Vitullo/Wolfthal (Hg.), *Money, Morality and Culture in Late Medieval and Early Modern Europe*, Ashgate 2010, S. 156 f. Zur Debatte um «fruchtbaren und sterilen» Handel in Frankreich vgl. Bernhard Groethuysen, *The Bourgeois: Catholicism vs. Capitalism in Eighteenth-Century France*, London 1968, S. 205–214; Odd Langholm, *Economics in the Medieval Schools, Wealth, Exchange, Value, Money and Usury According to the Paris Theologian Tradition 1200–1350*, Leiden 1992; Giacomo Todeschini, «Franciscan Economics and Jews in the Middle Ages: From a Theological to an Economic Lexicon», in: Steven J. McMichael/Susan E. Myers (Hgg.), *Friars and Jews in the Middle Ages and Renaissance*, Leiden 2004, S. 99–117; Julia McClure, «The Globalization of Franciscan Poverty», *Journal of World History* 30 (2019) 3, S. 1–28; Mark Häberlein, *Die Fugger: Geschichte einer Augsburger Familie (1367–1650)*, Stuttgart ²2024. S. 207, 212 f. **142** Matthäus 19, 24; Brodie Waddell, *God, Duty and Community in English Economic Life, 1660–1720*, Woodbridge (Suffolk) 2012, S. 78. **143** Sheldon, *Rise of the Merchant Class*, S. 133; Donald H. Shively, «Sumptuary Regulation and Status in Early Tokugawa Japan», *Harvard Journal of Asiatic Studies* 25 (1964–1965), S. 125. **144** Abu-Lughod, *Before European Hegemony*, S. 361; Arrighi, *Long Twentieth Century*. **145** Acemoglu/Robinson, *Warum Nationen scheitern*. **146** Vgl. hierzu Bernal Díaz del Castillo, *Geschichte der Eroberung von Mexiko* [*Historia verdadera de la conquista de la Nueva España*, hg. 1632], Frankfurt a. M. 1988, Kap. «Als Freunde des Herrn der Menschen in der Hauptstadt Mexiko» (dort S. 212–215); zu den aztekischen Kaufleuten in einem allgemeineren Sinn vgl. David M. Carballo, «Amerikanische Handelswege in präkolumbischer Zeit», in: Philip Parker (Hg.), *Legendäre Handelsrouten*, Hamburg 2012, S. 169; Robert D. Drennan, «Long-Distance Movement of Goods in the Mesoamerican Formative and Classic», *American Antiquity* 49 (1994) 1, S. 27–43; Andrew Sluyter, «Long-Distance Staple Transport in Western Mesoamerica: Insights Through Quantitative Modeling», *Ancient Mesoamerica* 4 (1993), S. 193–199; Fray Diego Durán, *Book of the Gods and Rites and the Ancient Calendar* [*Libro de los ritos*, ca. 1576–1579], Norman (OK) 1971, S. 138; Pomeranz/Topik, *World That Trade Created*, S. 21. **147** Bas van Bavel, «Land, Lease and Agriculture: The Transition of the Rural Economy in the Dutch River Area from the Fourteenth to the Sixteenth Century», *Past & Present* 172 (2001), S. 3; Yazdani, *India, Modernity and the Great Divergence*, S. 335; Machado, *Ocean of Trade*, S. 11; Tracy, *Rise of Merchant Empires*, S. 9. **148** Gopal, *Commerce and Crafts in Gujarat*, S. 59, S. 61 f.; NA, VOC, 1064, f.24–25, Beschluss vom 6. März 1617, hier zit. nach Van Ittersum, «Debating Natural Law in the Banda Islands», S. 476; Hardiman, «Penetration of Merchant Capital», S. 38; Yazdani, *India, Modernity and the Great Divergence*, S. 453. **149** Freeman-Grenville, *East African*, S. 190. **150** Robert O. Collins/James M. Burns, *A History of Sub-Saharan Africa*, Cambridge 2007, S. 189; B. S. Hoyle, *Seaports and Development: The Experience of Kenya and Tanzania*, London 1983, S. 63; Mark Horton/John Middleton, *The Swahili: The Social Landscape of a Mercantile Society*, London 2000, S. 24; Machado, *Ocean of Trade*, S. 13. **151** Shaykh Zainuddin Makhdum, *Tuhfat al-Mujahidin: A Historical Epic of the Sixteenth Century*, Kuala Lumpur 2006, S. 5. **152** Ebd., S. 81. **153** Ebd. **154** Tracy, *Rise of Merchant Empires*, S. 6; Masters, *Arabs of the Ottoman Empire*, S. 74; Lisa Blaydes/Christopher Paik, «Muslim Trade and City Growth Before the Nineteenth Century: Comparative Urbanization in Europe, the Middle East and Central Asia», *British Journal of Political Science* 51 (2021) 2, S. 845–868; Abu-Lughod, *Before European Hegemony*, S. 242 f.; John L. Meloy, *Imperial Power and Maritime Trade: Mecca and Cairo in the Late Middle Ages*, Chicago 2015, S. 219. **155** Smith, *Der Wohlstand der Nationen*, 4. Buch, 7. Kap., 3. Teil, S. 527. **156** Hier zit. nach Chaudhuri, *Trade and Civilisation*, S. 113. **157** Hardiman, «Penetration of Merchant Capital», S. 35. Vgl. zu diesem Argument außerdem Banaji, *Brief History of Commercial Capitalism*, S. 41; Abu-Lughod, *Before European Hegemony*, S. 20, 243, 272, 275 f., 361; Ashin Das Gupta, *Indian Merchants and the Decline of Surat, c. 1700–1750*, Wiesbaden 1979, S. 7–9; Chaudhuri, *Trade and Civilisation*, S. 113. **158** Abu-Lughod, *Before European Hegemony*, S. 18; Barendse, *Arabian Sea*, S. 8. **159** Kevin H. O'Rourke/Jeffrey G. Williamson, «After Columbus: Explaining the Global Trade Boom, 1500–1800», *National Bureau of Economic Research (NBER)*, Working Paper Nr. 8186 (2001), S. 3, 32 f.; Braudel, *Sozialgeschichte des 15.–18. Jahrhunderts*, Bd. 2, S. 668. John Tutino führt im Wesentlichen dasselbe Argument an in *Making a New World*, S. 2. Vgl. außerdem Polanyi, *The Great Transformation: Politische und soziale Ursprünge*, S. 71; Bartolomé Yun, *Marte contra Minerva: El Precio del Imperio Español, c. 1450–1600*, Barcelona 2004, S. 150; Findlay/O'Rourke, *Power and Plenty*, S. 226. **160** Lia Markey, *Imagining the Americas in Medici Florence*,

Chicago 2016; Machado, *Ocean of Trade,* S. 61, 64; Robert Brenner, *The Economics of Global Turbulence: The Advanced Capitalist Economies from Long Boom to Long Downturn, 1945–205,* London 2006; Wallerstein, *Das moderne Weltsystem,* Bd. 1. Niederländisches Kapital spielte bei der internationalen Produktion und Industrialisierung eine bedeutende Rolle, u. a. auch auf Java, auf den Westindischen Inseln und in Großbritannien. Vgl. Häberlein, *Die Fugger,* S. 77; Douglas Catterall, «Metropolitan Locales, Global Commerce, and East Indies Capital and Credit in the Eighteenth Century», *Journal of Global History* 12 (2017) 1, S. 95, 114. **161** Felicia Gottman, «Do Merchants Have No Country?», unveröff. Paper, Harvard Business School, 21. Okt. 2019; Felicia Gottman, «Prussia all at Sea? The Emden-based East India Companies and the Challenges of Transnational Enterprise in the Eighteenth Century», *Journal of World History* 31 (2020) 2, S. 539–566; Sewell, «On the Emergence of Capitalism», S. 10. **162** Fernand Braudel, «European Expansion and Capitalism, 1450–1650», in: Contemporary Civilization Staff of Columbia College (Hg.), *Chapters in Western Civilization,* New York 1961, S. 260; Barry W. Higman, «The Sugar Revolution», *Economic History Review* 53 (2000), S. 231; Richard White, *The Middle Ground: Indians, Empires, and Republics in the Great Lakes Region, 1650–1815,* Cambridge 2010; Tutino, *Making a New World,* S. 33; Freg J. Stokes, «The Hummingbird's Atlas: Mapping Guaraní Resistance in the Atlantic Rainforest during the Emergence of Capitalism, 1500–1760», Diss. University of Melbourne 2022. **163** Braudel, *Die Dynamik des Kapitalismus,* S. 41 f. Zu einem sinnverwandten Argument vgl. Tomich, «Original Accumulation», S. 22. Die Vorstellung vom «Durchbruch» findet sich auch bei Eric Hobsbawm, «Vom Feudalismus zum Kapitalismus», in: Rodney Hilton (Hg.), *Der Übergang vom Feudalismus zum Kapitalismus,* Frankfurt a. M. 1978, S. 214–222 (hier S. 218). **164** Findlay/O'Rourke, *Power and Plenty,* S. 231; Eric Vanhaute, «Global and Regional Comparisons: The Great Divergence Debate and Europe», in: Matthias Middell (Hg.), *The Practice of Global History: European Perspectives,* London 2019, S. 195. Ein ähnliches Argument findet sich bei Kenneth R. Andrews, *Trade, Plunder, and Settlement: Maritime Enterprise and the Genesis of the British Empire, 1480–1630,* Cambridge 1984, S. 356. Peer Vries bleibt bei der These, Institutionen seien ein Problem der «globalen politischen Ökonomie». Vgl. Vries, «Does Wealth Entirely Depend on Inclusive Institutions and Pluralist Politics?», S. 14. **165** Es gibt eine lange Tradition des Arguments, das Kaufmannskapital sei von Grund auf konservativ und stehe nahezu außerhalb des Kapitalismus und seiner Geschichte. Ich stimme dieser Ansicht nicht zu, wie in den folgenden Kapiteln deutlicher werden wird. Eine anregende Erörterung dieses Themas bietet Jairus Banaji, «Merchant Capitalism, Peasant Households and Industrial Accumulation: Integration of a Model», *Journal of Agrarian Change* 16 (2016), S. 410–431, insb. S. 427.

Kapitel 4: Die Umgestaltung der Landwirtschaft, 1550–1750

1 Guillaume Thomas François Raynal, *Histoire philosophique et politique: Des établissements & du commerce des Européens dans les deux Indes,* Bd. 1, Genf 1775, S. 1 f. **2** Russell R. Menard, *Sweet Negotiations: Sugar, Slavery, and Plantation Agriculture in Early Barbados,* Charlottesville (VA) 2006, S. 54. **3** Russell R. Menard, «Law, Credit, the Supply of Labour, and the Organization of Sugar Production in the Colonial Greater Caribbean: A Comparison of Brazil and Barbados in the Seventeenth Century», in: John J. McCusker/Kenneth Morgan (Hgg.), *The Early Modern Atlantic Economy,* Cambrigde 2000, S. 156; William E. Dodd, «The Emergence of the First Social Order in the United States», *AHR* 40 (1935) 2, S. 217–31; Abigail Leslie Swingen, *Competing Visions of Empire: Labor, Slavery, and the Origins of the British Atlantic Empire,* New Haven 2015, S. 18, 20. **4** Thomas Noell, Kopierte Grundbücher, S. 195, 222, 264, 523. Üblicherweise wurde Land zusammen mit Arbeitskräften verkauft. Siehe bspw. Kopierte Grundbücher, RB 3/3, Eintrag vom 10. Juni 1657, BNA. **5** Menard, *Sweet Negotiations,* S. 54; Thomas Noell, Kopierte Grundbücher, RB 3/3, 1648–1667, S. 109–10, BNA; Menard, «Law, Credit, the Supply of Labour», S. 156. **6** Michel-Rolph Trouillot, «North Atlantic Universals: Analytical Fictions, 1492–1945», *The South Atlantic Quarterly* 101 (2002) 4, S. 842. **7** Marion Menzin, «The Sugar Revolution in New England: Barbados, Massachusetts Bay, and the Atlantic Sugar Economy, 1600–1700», Diss. Harvard University 2019. Später in seinem Leben zog Thomas Noell in die nordamerikanischen Kolonien, 1701 wurde er Bürgermeister von New York. Er starb 1702 auf seiner Farm in New Jersey, die sich in einem Gebiet befand, das später New Barbadoes genannt wurde. Siehe Graham Russell Hodges, *Slavery, Freedom & Culture Among Early American Workers,* London 2015, S. 33. **8** Zit. nach Hilary McD. Beckles, *A History of Barbados: From Amerindian Settlement to Caribbean Single Market,* Cambridge 2006, S. 9. **9** Richard Ligon, *A True and Exact History of the Island of Barbados,* hg. v. Karen Ordahl Kupperman, Indianapolis 2011 [1673], S. 85. **10** Ebd., S. 86. **11** John L. McCusker/Russell R. Menard, «The Sugar Industry in the Seventeenth Century», in: Stuart B. Schwartz (Hg.), *Tropical Babylons: Sugar and the Making of the Atlantic World, 1450–1680,* Chapel Hill (NC) 2004, S. 290 f.; Zu Literatur zur «Zuckerrevolution»: Barry W. Higman, «The Sugar Revolution», *EHR* 53 (2000) 2, S. 213–36; Carl u. Roberta Bridenbaugh, *No Peace Beyond the Line: The English in the Caribbean, 1624–1690,* Oxford 1972, S. 79; Beckles, *History of Barbados,* S. 28 f. Diese Zahlen beziehen sich auf Exporte zwischen 1650 und 1679. **12** J. H. Galloway, *The Sugar*

Cane Industry: An Historical Geography from its Origins to 1914, Cambridge 1989, S. 81; Beckles, *A History of Barbados*, S. 28 f. **13** Trevor G. Burnard/John Garrigus, *The Plantation Machine: Atlantic Capitalism in French Saint-Domingue and British Jamaica*, Philadelphia 2016, S. 1; J. R. Ward, «The Profitability of Sugar Planting in the British West Indies, 1650–1834», *EHR* 31, (1978) 2, S. 208. **14** Thomas Piketty, Kapital und Ideologie, München 2020, Kap. 6. **15** Fernand Braudel, *Sozialgeschichte des 15.–18. Jahrhunderts*, Bd. 2, München 1986, S. 294. Die enorme Bedeutung von Barbados für die Geschichte des Kapitalismus wird auch betont von Marcel van der Linden, «The Future of Labor History in a World Perspective», University of Pittsburgh 2014. Immanuel Wallerstein wies ebenfalls auf die kapitalistische Natur der Sklaverei hin. Vgl. z. B. Immanuel Wallerstein, *The Modern World-System*, Bd. 1, Berkeley 2011, S. 87 f. Zum feudalen Widerstand gegen die Umwandlung des ländlichen Raums in Europa: Dale Tomich, «The Atlantic Slave-Sugar Complex in the Genoese Cycle of Accumulation: Origins of the Capitalist World Economy», *Global History Workshop*, Harvard University (8. Okt. 2019), S. 16. Zu den Landerwerbungen, aus denen die Drax-Plantage zusammengefügt wurde: RB3.1.725–726, Übertragungsurkunde zugunsten von James Drax, Nov. 1639 und Juni 1640; RB3.2.53–57, Übertragungsurkunden, 1647, BNA. **16** Robert S. DuPlessis, *Transitions to Capitalism in Early Modern Europe*, Cambridge 1997, S. 16. Für Braudel begann der Kapitalismus im städtischen Raum und verbreitete sich von dort aus. Siehe Braudel, *Sozialgeschichte*, Bd. 3, S. 27; ebd., Bd. 2, S. 286–288. **17** Zur Bedeutung der Landwirtschaft für die Geschichte des Kapitalismus und ihrer Neubewertung durch viele Gelehrte s. a. Marcel van der Linden, «Globalization's Agricultural Roots: Some Final Considerations», in Willem van Schendel (Hg.), *Embedding Agricultural Commodities: Using Historical Evidence, 1840 s to 1940 s*, London 2017, S. 149. **18** Jairus Banaji, «Globalising the History of Capital: Ways Forward», *Historical Materialism* (2018), S. 11, 13; Franz Mehring, *Gesammelte Schriften*, Bd. 5, Berlin 1964, S. 3–216, hier S. 20–24.; Jairus Banaji, «Islam, the Mediterranean and the Rise of Capitalism», *Historical Materialism* 15 (2007), S. 47–74, hier 66; George Lefebvre, «Some Observations», in Sweezy u. a. (Hgg.), *Transition*, S. 125–6, Celso Furtado, *Accumulation and Development: The Logic of Industrial Civilization*, Oxford 1983; Robert Brenner, «The Origins of Capitalist Development: A Critique of Neo-Smithian Marxism», *New Left Review* 104 (1977). **19** John Tutino, *The Mexican Heartland: How Communities Shaped Capitalism, a Nation, and World History, 1500–2000*, Princeton 2017; Braudel, *Civilization and Capitalism*, 2, S. 281. **20** Braudel, *Sozialgeschichte*, Bd. 2, S. 268, 270, 286. **21** Montesquieu, Der Geist der Gesetze, Leipzig 1891, S. 281. **22** Braudel, *Sozialgeschichte*, Bd. 2, S. 275. **23** Samuel K. Cohn, *Creating the Florentine State: Peasants and Rebellion, 1348–1434*, Cambridge 1999, S. 103; Braudel, *Sozialgeschichte*, Bd. 2, S. 315; Rebecca Jean Emigh, *The Undevelopment of Capitalism: Sectors and Markets in Fifteenth-Century Tuscany*, Philadelphia 2009, S. 96. **24** Denis Cosgrove, «Los Angeles and the Italian ‹Citta Diffusa›: Landscapes of the Cultural Space and Economy», in: Theano S. Terkenli/Anne Marie d'Hauteserre (Hgg.), *Landscapes of a New Cultural Economy of Space*, Berlin 2006, S. 80; Braudel, *Sozialgeschichte*, Bd. 2, S. 307–310; Salvatore Ciriacono, *Building on Water: Venice, Holland and the Construction of the European Landscape in Early Modern Times*, New York/Oxford 2006, S. 66; Marian Małowist, «Commercial Capitalism and Agriculture», in: Jean Batou/Henryk Szlajfer (Hgg.), *Western Europe, Eastern Europe and World Development, 13th to 18th Centuries: Collection of Essays of Marian Małowist*, Leiden 2010, S. 67. **25** Tutino, *The Mexican Heartland*, S. 7 f., 12, 33, 44, 78. **26** Pedro Machado, *Ocean of Trade: South Asian Merchants, Africa and the Indian Ocean, c. 1750–1850*, Cambridge 2014, S. 65; Peter Langer Koffsky, «History of Takaungu, East Africa 1830–1896», Diss. University of Wisconsin-Madison 1977, S. 23; Raul Chandrashekhar Oka, «Resilience and Adaptation of Trade Networks in East African and South Asian Port Polities, 1500–1800 C. E.», Diss. University of Illinois 2008, S. 299; Abdul Sheriff, *Slaves, Spices, & Ivory in Zanzibar: Integration of an East African Commercial Empire into the World Economy, 1770–1873*, Athens (OH) 1987, S. 70; Charles David Sheldon, *The Rise of the Merchant Class in Tokugawa Japan, 1600–1868: An Introductory Survey*, Locust Valley (NY) 1958, S. 82–83; Fu Yiling, *Merchants and Commercial Capital in the Ming and Qing Dynasties* (People's Press, 1956), S. 36–37 [傅衣凌著:《明清时代商人及商业资本》(北京:人民出版社, 1956年), 第36–7页]; Fang Xing, «The Rural Usury Capital in the Early Qing Dynasty», *Qing History Research* 3 (1994), S. 11–26 [方行:《清代前期农村的高利贷资本》,《清史研究》第三辑(1994年): 第11–26页]; Richard von Glahn, *The Economic History of China: From Antiquity to the Nineteenth Century*, Cambridge 2016, S. 741; Robert Gardella, *Harvesting Mountains: Fujian and the China Tea Trade, 1757 to 1937*, Berkeley 1994, S. 32; 郭正忠:《宋代包买商人的考察》,《江淮论坛》1985年第2期, S. 18–25 (Guo Zhengzhong, «Songdai Baomai Shangren de Kaocha», *Jianghuai Luntan* (1985) 2, S. 18–25); Ji Xianlin, *A History of Sugar*, Beijing 2013, S. 80; Xu Guanmian, «A Sugar Triangle: The Expansion of Commodity Frontiers on the Early Modern China Coast, 1600 s to 1800 s», unveröffentlichter Beitrag, S. 1; William Rowe, *China's Last Empire: The Great Qing*, Cambridge (MA) 2009, S. 125 f.; Kwangmin Kim, *Borderland Capitalism: Turkestan Produce, Qing Silver, and the Birth of an Eastern Market*, Stanford 2016. **27** David Howell, «Proto-Industrial Origins of Japanese Capitalism», *The Journal of Asiatic Studies* 51 (1992) 2, S. 271; David Hardiman, «Penetration of Merchant Capital in Pre-Colonial Gujarat», in: Ghanshyam Shah (Hg.), *Capitalist Development: Critical Essays*, Bombay 1992, S. 32, 34, 36, 41. Zur grundsätzlichen Diskussion über die Bedeutung des Wegs, auf dem Handelskapital in den ländlichen Raum gelangte, siehe Małowist, «Commercial Capitalism and Agriculture», S. 17; Nelly Hanna, *Making Big*

Money in 1600: The Life and Times of Isma'il Abu Taqiyya Egyptian Merchant, Syracuse (NY) 1997, S. 82, 84–86; Bruce Masters, *The Arabs of the Ottoman Empire, 1516–1918: A Social and Cultural History*, Cambridge 2013, S. 75; Ahrar Ahmad, «Analysing Pre-colonial South Asia: Mode of Production or Proto-Industrialisation», *Journal of Contemporary India* 27 (1997) 3, S. 324; Sheldon, *Rise of the Merchant Class*, S. 81 f.; Liu Chen 刘宸, «On the Development of Cotton Development in Henan in the Ming and Qing Dynasties» [《论明清时期河南棉花的商品化发展》] (Masterarbeit, Southwest University, 2014), S. 18; David Howell, «Proto-Industrial Origins of Japanese Capitalism», *The Journal of Asiatic Studies*, 51 (1992) 2, S. 271. **28** Charles Loyseau, *Traicté du déguerpissement et délaissement par hypothèque*, Paris 1610. **29** Philip Benedict, «More than Market and Manufactory: The Cities of Early Modern France», *French Historical Studies* 20 (1997) 3, S. 514. S. a. Braudel, Sozialgeschichte, Bd. 2, S. 306 f.; Emmanuel Le Roy Ladurie, *The French Peasantry, 1450–1660*, Berkeley 1987, S. 336. **30** Hilton L. Root, *Peasants and King in Burgundy: Agrarian Foundations of French Absolutism*, Berkeley 1992, S. 40. **31** Claude Rossignol, *Le Bailliage de Dijon après la Bataille de Rocroy (1643): Procès-verbaux de la visite des feux*, Dijon 1857, S. 53–56; Pierre de Saint-Jacob, «Mutations économiques et sociales dans les campagnes bourguignonnes à la fin du XVIe siècle», *Études Rurales* 1 (1961) 1, S. 34–49; Henri Drouot, «Vin, vignes et vignerons de la côte dijonnaise pendant la Ligue», *Revue de Bourgogne* 1 (1911), S. 343–61; J. Richard, «Dijon au début des temps modernes (1515–1659)», in: Pierre Gras (Hg.), *Histoire de Dijon*, Toulouse 1980; Benedict, «More than Market and Manufactory», S. 514; Mark Potter/Jean-Laurent Rosenthal, «The Development of Intermediation in French Credit Markets: Evidence from the Estates of Burgundy», *JEH* 62 (2002) 4, S. 1024–25, S. 1032; Pierre de Saint Jacob, *Les paysans de la Bourgogne du nord au dernier siècle de l'ancien régime*, Dijon 1960, S. 377; Jeffrey Houghtby, «Les Biens Communaux: Common Lands, Property Rights, and Agrarian Modernization in Early Modern Burgundy, 1550–1789», Diss. Emory University 2006, S. 27 f. **32** Houghtby, «Les Biens Communaux», S. 22 f., 32, 314–23. Weitere Beispiele im Register vom 20. Mai 1679, S. 152, in Houghtby, «Les Biens Communaux», S. 44; sowie die Transkription vom 17. März 1666, in: Houghtby, «Les Biens Communaux», S. 313. Zum kompletten juristischen Hintergrund des Gesetzes zur Nutzung der Wälder: Guy Antonetti, «Le partage des forêts usagères ou communales entre les seigneurs et les communautés d'habitants», *Revue historique du droit français et étranger* 41 (1963) 2, S. 238–86, 418–42, 592–634; Henry Kamen, *Early Modern European Society*, London 2000, S. 101. S. a. James R. Farr, «Consumers, Commerce, and the Craftsmen of Dijon: The Changing Social and Economic Structure of Provincial Capital, 1450–1750», in: Philip Benedict (Hg.), *Cities and Social Change in Early Modern France*, London 1989, S. 138 f.; Gaston Roupnel, *La ville et la campagne au XVIIe siècle: Étude sur les populations du pays dijonnais*, Paris 1922, S. 188–228; Norman J. G. Pounds, *An Historical Geography of Europe*, Cambridge 1990, S. 275. **33** Van Bavel, «Land, Lease and Agriculture», S. 23, 26, 43; Jan de Vries, *The Dutch Rural Economy in the Golden Age, 1500–1700*, New Haven 1974, S. 192; sowie die äußerst detaillierte Studie von Han van Zwet, *Lofwaerdighe dijckagies en miserabele polders: Een financiële analyse van landaanwinningsprojecten in Hollands Noorderkwartier, 1597–1643*, Hilversum 2009. Zum Zusammenhang zwischen Veränderungen in der Landwirtschaft und städtischen Händlern: Pepijn Brandon, *War, Capital, and the Dutch State (1558–1795)*, Leiden 2015, S. 29; William Sewell, «On the Emergence of Capitalism: Marx, Brenner and the Troublesome Case of the Dutch», *Critical Historical Studies* 11 (2024), S. 26. **34** Van Bavel, «Land, Lease and Agriculture», S. 27, 31 f.; Edouard Gruter, *La Naissance d'un grand vignoble: Les seigneuries de Pizay et Tana en Beaujolais au XVIe et au XXIIe siècles*, Lyon 1977, S. 83–91; Julie Marfany, *Land, Proto-Industry and Population in Catalonia, c. 1680–1829: An Alternative Transition to Capitalism?*, Ashgate 2013, S. 25–53; de Vries, *Dutch Rural Economy*, 192; Pepijn Brandon, «Marxism and the ‹Dutch Miracle›: The Dutch Republic and the Transition Debate», *Historical Materialism* 19 (2011) 3, S. 118; Bruno Blondé/Ilja van Damme, «Early Modern Europe, 1500–1800», *Oxford Handbook of Cities in World History* (2013), S. 245. **35** de Vries, *Dutch Rural Economy*, S. 193, 200, 213; J. L. Price, *Dutch Society 1588–1713*, Harlow 2000, S. 68; Bas van Bavel, «The Transition in the Low Countries: Wage Labour as an Indicator of the Rise of Capitalism in the Countryside, 1300–1700», in: Christopher Dyer/Peter Cross/Chris Wickham (Hgg.), *Rodney Hilton's Middle Ages: An Exploration of Historical Themes, Past & Present* 195 (2007) 2, S. 165, 292; Maarten Duijvendak, «Balance Between City and Countryside in the Netherlands», *Bijdragen en mededelingen betreffende de geschiedenis der Nederlanden* 127 (2012) 3, S. 39. Um Gulden in heutige US-Dollar umzurechnen, folgte ich Anh. 6 von Léon Voet, *The Golden Compasses: The History of the House of Plantin-Moretus*, Amsterdam 1969, S. 443. Danach stellten 1590 Gulden im Jahr 1969 den Gegenwert von 500 belgischen Francs dar. Dies entsprach 1969 etwa 10 US-Dollar, 85,72 US-Dollar im Jahr 2024. Für diese letzte Umrechnung habe ich den Inflationsrechner der *Federal Reserve Bank of Minneapolis* verwendet. **36** Karl Marx konnte aufgrund seines Beharrens auf der Trennung von Handelskapital und Produktion diese Relevanz für den weltweiten ländlichen Raum nicht erkennen. Jairus Banaji, «Globalising the History of Capital: Ways Forward», *Historical Materialism* (2018), S. 9; Immanuel Wallerstein, *The Modern World-System*, Bd. 2, Berkeley 2011, S. 36–73; «Dutch Hegemony in the Seventeenth Century World Economy», in: Maurice Aymard (Hg.), *Dutch Capitalism and World Capitalism*, Cambridge 1982, S. 93–146; Robert P. Brenner, «The Low Countries in the Transition to Capitalism», *Journal of Agrarian Change* 1 (2001) 2, S. 169–241. Brenner betont natürlich zu Recht die Bedeutung des Wandels auf dem englischen Land und dessen Auswirkungen auf die Klassenstrukturen. Wir müssen jedoch berücksichtigen, dass die Veränderungen in den ländlichen Gebieten Englands nur ein Teil eines viel umfassenderen Transformationsprozesses des ländlichen Raums waren. Und die Art der Klassenkonflikte bei diesen Veränderungen war sehr unterschiedlich – in Barbados war sie bspw. grundlegend anders. Was Karl Marx' Darstellung des Handelskapitals betrifft, wird diese Frage hervorragend erörtert von Jairus Banaji, «Merchant Capitalism, Peasant Households and Industrial Accumulation: Integration of a Model», *Journal of Agrarian Change* 16 (2016) 3, S. 414, 425. Vgl. auch Karl Marx, *Das Kapital: Kritik der politischen Ökonomie*, Bd. 3, Kap. 16, Berlin 1973, S. 278–281. **37** Maurice Dobb, *Entwicklung des Kapitalismus. Vom Spätfeudalismus bis zur Gegenwart*, Köln 1940, S. 131–180, 181–222. **38** Zu diesem Prozess siehe v. a. Brenner, «The Origins of Capitalist Development»; Henry French/Richard Hoyle, *The Character of English Rural Society: Earls Colne, 1550–1750*, Manchester 2007; Bruce M. S. Campbell, «Agricultural Progress in Medieval England: Some Evidence from Norfolk», *EHR* 36 (1983) 1, S. 26–46; Robert C. Allen, *Enclosure and The Yeoman: The Agricultural Development of the South Midlands, 1450–1850*, Oxford 1992; Ellen Meiksins Wood, *The Origins of Capital: A Longer View*, New York 2017; J. M. Blaut, «Robert Brenner in the Tunnel of Time», *Antipode* 26 (1994) 4, S. 351–74; Dobb, *Entwicklung des Kapitalismus*, Kap. 4 u. 5.; Robert Brenner, «Agrarian Class Structures», S. 41–49. Braudel, *Sozialgeschichte*, Bd. 2, S. 281; Shami Ghosh, «Rural Economies and Transitions to Capitalism: Germany and England Compared (c.1200–c.1800)», *Journal of Agrarian Change* 16, (2016) 2, S. 255. Eine Kritik an Brenners Sicht der Ursprünge des Kapitalismus findet man u. a. in: Patricia Croot/David Parker, «Agrarian Class Structure and the Development of Capitalism: France and England Compared», in: T. H. Aston/C. H. E. Philpin (Hgg.), *The Brenner Debate: Agrarian Class Structure and Economic Development in Pre-Industrial Europe*, Cambridge 1985, S. 79–90; Heide Wunder, «Peasant Organization and Class Conflict in Eastern and Western Germany», in: T. H. Aston/C. H. E. Philpin (Hgg.), *The Brenner Debate: Agrarian Class Structure and Economic Development in Pre-Industrial Europe*, S. 91–100; Jaime Torras, «Class Struggle in Catalonia: A Note on Brenner», *Review* (Fernand Braudel Center) 4 (1980) 2, S. 253–65; James Simpson, «European Farmers and the British ‹Agricultural Revolution›», in: Leandro Prados de la Escosura (Hg.), *Exceptionalism and Industrialisation: Britain and Its European Rivals, 1688–1815*, Cambridge 2004, S. 69–85. Zu den sog. politischen Marxisten allgemein s. a. Alexander Anievas/Kerem Nisancioğlu, *How the West Came to Rule: The Geopolitical Origins of Capitalism*, London 2015, S. 28. **39** Paul Glennie, «Town and Country in England, 1570–1750», in: S. R. Epstein (Hg.), *Town and Country in Europe, 1300–1800*, Cambridge 2001, S. 138; Dobb, *Entwicklung des Kapitalismus*, Kap. 4 u. 5. Zur wachsenden Kapitalintensität der Landwirtschaft siehe Allen, *Enclosure and the Yeoman*, S. 4, 186; zur «Einzäunungslobby» siehe J. M. Neeson, *Commoners: Common Right, Enclosure and Social Change in England, 1700–1820*, Cambridge 1993, S. 44 f.; E. P. Thompson, *The Making of the English Working Class*, London 1963, S. 218; E. L. Jones, *Agriculture and the Industrial Revolution*, New York 1974, S. 105. Zu den Investitionen städtischen Kapitals im ländlichen Raum s. a. DuPlessis, *Transitions to Capitalism*, S. 16. **40** Dobb, *Entwicklung des Kapitalismus*, S. 185. **41** L. A. Parker, «The Agrarian Revolution in Cotesbach, 1501–1612», in W. G. Hoskins (Hg.), *Studies in Leicestershire Agrarian History*, Leicester 1949, S. 41–76; William Burton, *History of Leicestershire* (1771), S. 72, zit. nach Parker, «Agrarian Revolution in Cotesbach», S. 41; John S. Cohen/Martin L. Weitzman, «A Marxian Model of Enclosures», *Journal of Development Economics* 1 (1975), S. 296. **42** Machado, *Ocean of Trade*, S. 15, 64 f., 168; Fahad Ahmad Bishara, *A Sea of Debt: Law and Economic Life in the Western Indian Ocean, 1780–1950*, Cambridge 2017, S. 25. **43** August Meitzen, *Der Boden und die landwirtschaftlichen Verhältnisse des Preußischen Staates*, Berlin 1901, S. 167–69; Kasimir Rakowski, *Entstehung des Großgrundbesitzes im XV. und XVI. Jahrhundert in Polen*, Posen 1899, S. 23; Walter Maas, «The ‹Dutch› Villages in Poland», *Geography* 36 (1951) 4, S. 266; Norman Davies, *God's Playground: A History of Poland*, Bd. 1, Oxford 2005, S. 199; Antoni Mączak, «Zusammenhänge zwischen Fernhandel und ungleichmäßiger Entwicklung polnischer Wirtschaftsgebiete im 16. und 17. Jahrhundert», *Jahrbuch für Wirtschaftsgeschichte* (1971), S. 219–28. Zur Bedeutung der Niederlande für den Handel im Baltikum s. a. Henryk Samsonowicz, *Późne średniowiecze miast nadbałtyckich: Studia nad dziejami Hanzy nad Bałtykiem w XIV-XV w*, Warschau 1968, S. 113. Zur Bedeutung des Holzes siehe Samsonowicz, *Późne średniowiecze miast nadbałtyckich*, S. 138; Jan de Vries, «The Role of the Rural Sector in the Development of the Dutch Economy: 1500–1700», *JEH* 31 (1971) 1, S. 266–68; Dariusz Adamczyk, *Zur Stellung Polens im modernen Weltsystem der Frühen Neuzeit*, Hamburg 2001, S. 175; Samsonowicz, *Późne średniowiecze miast nadbałtyckich*, S. 121; Marian Małowist, *Wschód a Zachód Europy w XIII-XVI wieku: Konfrontacja struktur społeczno-gospodarczych*, Warschau 2006, S. 85, 97; William Sewell, «On the Emergence of Capitalism: Marx, Brenner and the Troublesome Case of the Dutch», *Critical Historical Studies* 11 (2024), S. 29 f.; Jan de Vries/A. M. van der Woude, *The First Modern Economy: Success, Failure, and Perseverance of the Dutch Economy, 1500–1815*, Cambridge 1977, S. 423; Jason W. Moore, «‹Amsterdam is Standing on Norway› Part II: The Global North Atlantic in the Ecological Revolution of the Long Seventeenth Century», *Journal of Agrarian Change* 10 (2010) 2, S. 188–227. **44** Zit. nach Kurt Schottmüller, «Reiseeindrücke aus Danzig, Lübeck, Hamburg und Holland, 1636», *Zeitschrift des Westpreußischen Geschichtsvereins* 52 (1910), S. 212. **45** Davies, *God's Playground*, 1, S. 200. Zum Zitat siehe Hans-Heinrich

Nolte, «Zur Stellung Osteuropas im internationalen System der frühen Neuzeit. Außenhandel und Sozialgeschichte bei der Bestimmung der Regionen», *Jahrbücher für Geschichte Osteuropas* 28 (1980) 2, S. 197. Zur Bedeutung Danzigs siehe Marian Małowist, *Wschód a Zachód Europy*, S. 277. **46** M. van Tielhof, *De Hollandse graanhandel, 1450–1570: Korean op de Amsterdamse molen*, Leiden 1995, S. 177–80; Maria Bogucka, «Dutch Merchants' Activities in Gdansk in the First Half of the 17th Century», in: J. Ph. S. Lemmink/J. S. A. M. van Koningsbrugge (Hgg.), *Baltic Affairs: Relations Between the Netherlands and North-Eastern Europe, 1500–1800*, Nijmegen 1990, S. 24 f.; Tonko Ufkes, «Vlielanders, Friezen en andere Nederlanders te Danzig. Zeventiende en achttiende eeuwse gegevens uit het burgerboek en de geloofsbrieven», *Jaarboek van het Centraal Bureau voor Genealogie en het Iconografisch Bureau* 45 (1991), S. 166; M. van Tielhof, *The «Mother of All Trades»: The Baltic Grain Trade in Amsterdam from the Late 16th to the Early 19th Century*, Leiden 2002, S. 38, 167. Zur zentralen Rolle der Niederländer bei diesem Handel s. a. Adamczyk, *Zur Stellung Polens im modernen Weltsystem*, S. 130; Marian Małowist, *Wschód a Zachód Europy*, S. 280. **47** Maria Bogucka, «Veranderingen in de Baltische handel in de zeventiende eeuw. Transacties tussen Hollandse kooplieden en de Poolse adel», *Jaarboek Amstelodamum* 87 (1995), S. 254–56; Małowist, *Wschód a Zachód Europy*, S. 142; Marian Małowist, «A Certain Trade Technique in the Baltic Countries in the XVth to the XVIIth Century», in: International Congress of Historical Sciences (Hg.), *Poland at the XIth International Congress of Historical Sciences*, Warschau 1960, S. 103–16; Maria Bogucka, «Danzigs Bedeutung für die Wirtschaft des Ostseeraumes in der frühen Neuzeit», *Studia Historiae Oeconomicae* 9 (1974), S. 105; Ronald Findlay/Kevin H. O'Rourke, *Power and Plenty: Trade, War, and the World Economy in the Second Millennium*, Princeton 2007, S. 104, 106, 212; Edmund Cieślak/C. Biernat, *History of Gdańsk*, Danzig 1988, S. 120; Kristof Glamann, «The Changing Patterns of Trade», in: E. E. Rich/C. H. Wilson (Hgg.), *The Cambridge Economic History of Europe*, Bd. 5, Cambridge 1977, S. 271. **48** Rudolf Häpke (Hg.), *Niederländische Akten und Urkunden zur Geschichte der Hanse und zur deutschen Seegeschichte: 1558–1669*, Bd. 1, Berlin 1913, S. 200; D. G. Kirby, *Northern Europe in the Early Modern Period: The Baltic World, 1492–1722*, Harlow 1990, S. 9. **49** Henryk Samsonowicz, *Nieznane dzieje Polski: W Europie czy na jej skraju?*, Warschau 2012, S. 127–28; Marian Małowist, «East and West Europe in the 13th–16th Centuries: Confrontation of Social and Economic Structures», in: Batou/Szlajfer, *Western Europe, Eastern Europe and World Development*, S. 227. Zum Getreidehandel siehe Z. P. Pach, «The East-Central European Aspect of the Overseas Discoveries and Colonization», *Vierteljahreshefte für Sozial- und Wirtschaftsgeschichte*, Beihefte 89 (1990), S. 181. Zu der Vorstellung einer «kolonialen Beziehung» siehe Bogucka, «Danzigs Bedeutung», S. 96. S. a. Witold Kula, *Economic Theory of the Feudal System: Towards a Model of the Polish Economy, 1500–1800*, London 1976, S. 40; Davies, *God's Playground*, 1, S. 215; Bogucka, «Danzigs Bedeutung», S. 100; Braudel, *Civilization and Capitalism*, 2, S. 271. **50** Zu diesem Argument s. a. Findlay/O'Rourke, *Power and Plenty*, S. 143. **51** Carlo Taviani/Steven Teasdale, «Genoese Merchant Networks from the Black Sea to West Africa and the Americas (15th to 16th Centuries)», ENIUGH Congress, Budapest 2017; Jalil Sued Badillo, *Cristobal Colón y la Esclavitud del Indio en las Antillas*, San Juan (Puerto Rico) 1983; Felipe Fernández-Armesto, *Amerigo: The Man Who Gave His Name to America*, London 2006, S. 52, 55, 89, 182. **52** Jason W. Moore, «Madeira, Sugar & the Conquest of Nature on the ‹First› Sixteenth Century, Part 1: From ‹Island of Timber› to Sugar Revolution, 1420–1506», *Review* (Fernand Braudel Center) 32 (2010) 4, S. 345–390; Tomich, «The Atlantic Slave-Sugar Complex», S. 23–25; Howard W. French, *Afrika und die Entstehung der modernen Welt*, Stuttgart 2023, S. 128. **53** Beckles, «‹Hub of Empire›», S. 11, 225, 235; Richard S. Dunn, «The Barbados Census of 1680: Profile of the Richest Colony in English America», *William and Mary Quarterly* 26 (1969) 1, S. 7, 235; McCusker/Menard, «Sugar Industry in the Seventeenth Century», S. 152, 295–97, 299, 303; Richard S. Dunn, *Sugar and Slaves: The Rise of the Planter Class in the English West Indies, 1624–1713*, Chapel Hill (NC) 1972, S. 66, 112 f.; Ryan Dennis McGuinness, «‹They Can Now Digest Strong Meats›: Two Decades of Expansion, Adaption, Innovation, and Maturation on Barbados, 1680–1700», Diss. University of Edinburgh 2017, S. 119; Beckles, *History of Barbados*, S. 29–31; Jason W. Moore, «Nature and the Transition from Feudalism to Capitalism», *Review* (Fernand Braudel Center) 26 (2003) 2, S. 150; Marcel van der Linden, «Re-Constructing the Origins of Modern Labor Management», *Labor History* 51 (2010) 4, S. 511. **54** Johannes Petrus van de Voort, *De Westindische plantages van 1720 tot 1796: Financiën en handel*, Eindhoven 1973, S. 101; McCusker/Menard, «Sugar Industry in the Seventeenth Century», S. 296, 301, 319, 324; William A. Green, «Supply Versus Demand in the Barbadian Sugar Revolution», *Journal of Interdisciplinary History* 18 (1988) 3, S. 415–17. Zur Rolle niederländischer Sklavenhändler bei der Beschaffung von Arbeitskräften für Barbados s. a. P. C. Emmer, *The Dutch Slave Trade, 1500–1850*, Oxford/New York 2006, S. 25–27; Moore, «Nature and the Transition from Feudalism to Capitalism», S. 149; Barbara L. Solow, «Capitalism and Slavery in the Exceedingly Long Run», *Journal of Interdisciplinary History* 17 (1987) 4, S. 727; Higman, «Sugar Revolution», S. 223; Menard, *Sweet Negotiations*, S. 49; Michael D. Bennett, «Merchant Capital and the Origins of the Barbados Sugar Boom, 1627–1672», Diss. University of Sheffield 2020, S. 4, 13–5, 119; Dale Tomich, «Rethinking the Plantation: Concepts and Histories», *Review* 34 (Fernand Braudel Center) 1–2 (2011), S. 32. **55** Die Gesamteinnahmen der englischen Regierung beliefen sich zwischen 1604 u. 1625 auf 12 544 000 Pfund. Zw. 1626 u. 1640 betrugen die Gesamteinnahmen 11 996 000

Pfund, zw. 1649 u. 1659 waren es 18 919 000 Pfund. Die durchschnittlichen jährlichen Einnahmen zw. 1649 u.1659 beliefen sich auf 1 719 910 Pfund. Zw. 1661 u. 1685 betrugen die Gesamteinnahmen der Regierung 41 066 000 Pfund. Sie setzten sich aus den Einkünften der Krone, direkten Steuern, indirekten Steuern, dem Verkauf von Vermögenswerten und den Gewinnen der Münzprägeanstalt zusammen. Siehe Michael Braddick, *The Nerves of State: Taxation and the Financing of the English State, 1558–1714*, Manchester 1996, S. 10; Beckles, «‹Hub of Empire›», S. 224–25; Dunn, «Barbados Census of 1680», S. 4. **56** David Eltis, «New Estimates of Exports from Barbados and Jamaica, 1665–1701», *William and Mary Quarterly* 52 (1995) 4, S. 638, 644. Von diesen Exporten gingen zw. 1688 u. 1691 43 % nach Amerika, v. a. Nordamerika, und 57 Prozent nach England. S. a. Nuala Zahedieh, «Trade, Plunder, and Economic Development in Early English Jamaica, 1655–1689», *EHR* 39 (1986) 2, S. 206; Solow, «Capitalism and Slavery», S. 730; Dunn, «Barbados Census of 1680», S. 4. **57** Eltis, «New Estimates of Exports», S. 646. **58** Dunn, «Barbados Census of 1680», S. 4; Ligon, *True and Exact History*, S. 96. **59** Robert William Fogel, *Without Consent or Contract: The Rise and Fall of American Slavery*, New York 1991, S. 21 f. **60** Ligon, *True and Exact History*, S. 96, S. 109. **61** Bridenbaugh, *No Peace Beyond the Line*, S. 69. **62** Dieser entscheidende Unterschied zw. Europa u. Amerika wird auch betont von Fernando A. Novais, *Aproximações: Estudos de história e historiografia*, São Paulo 2005, S. 41. **63** Fogel, *Without Consent or Contract*, S. 24; Dunn, *Sugar and Slaves*, S. 84, 91, 114; David Eltis, «The Total Product of Barbados, 1664–1701», *JEH* 55 (1995) 2, S. 334–7. Zu Dänisch-Westindien siehe Niklas Thode Jensen/Gunvor Simonsen, «The Historiography of Slavery in the Danish-Norwegian West Indies, c. 1950–2016», *Scandinavian Journal of History* 41 (2016) 4–5, S. 475–94; zur Plantagenwirtschaft als erster moderner Industrie siehe Mintz, *Sweetness and Power*, S. 51, 55. **64** Der globale Charakter der Warenkette des Zuckers wird auch betont von Pedro Antonio Vieira, «‹Brazil› in the Capitalist World Economy from 1550 to c. 1800: An Empirical Demonstration through the Sugar Commodity», *Review* (Fernand Braudel Center) 37 (2014) 1, S. 1–34; Beckles, «The ‹Hub of Empire›», S. 221. **65** Christian Schnakenbourg, «Note sur les origines de l'industrie sucrière en Guadeloupe au XVIIe siècle, 1640–1670», *Revue française d'histoire d'outre-mer* 55 (1968) 3, S. 267–315; Higman, «Sugar Revolution», S. 214; Dunn, *Sugar and Slaves*, S. 19 f.; Stewart L. Mims, *Colbert's West India Policy*, New Haven 1977, S. 33. Zur Plantagenrevolution als «Projekt» siehe das brillante Werk von Karsten Voss, *Sklaven als Ware und Kapital: Die Plantagenökonomie von Saint-Domingue als Entwicklungsprojekt, 1697–1715*, München 2016, S. 9; Extrait des recensements des différentes colonies en ce qui concerne les esclaves pour l'année 1787 etc., Martinuqe, Recensements, 1664–1799, Nr. 1–40, G/1/499, ANOM; Burnard/Garrigus, *Plantation Machine*, S. 31, 35, 37 f.; Michael D. Bennett, «Merchant Capital and the Origins of the Barbados Sugar Boom, 1627–1672», Diss. University of Sheffield 2020, S. 3, 283. **66** Adam Smith, *Der Wohlstand der Nationen: Eine Untersuchung seiner Natur und seiner Ursachen*, München 1978, 3. Buch, Kap. 2, S. 319. **67** Siehe Recensement General de'Isle St. Domingue de l'année 1715, Recensement General de la côté St. Domingue de l'année 1721, Recensement General de'Isle St. Domingue de l'année 1739, Recensement General de'Isle St. Domingue de l'année 1771 und Recensement General de'Isle St. Domingue de l'année 1786, alle in G/1/509, ANOM. Die Produktionszahlen zu den Zuckerrohrplantagen beziehen sich auf das Jahr 1740; die Anzahl der Plantagen stammt aus dem Jahr 1739. S. a. Alex Dupuy, «French Merchant Capital and Slavery in Saint-Domingue», *Latin American Perspectives* 12 (1985) 3, S. 77, 91; Burnard/Garrigus, *Plantation Machine*, S. 34, 36, 43; Karsten Voss/Klaus Weber, «War, Crisis and the Development of the Slave-Plantation Economy of Saint-Domingue (1697–1715)», unveröffentlichtes Manuskript 2017, S. 5. S. a. die detaillierte Analyse dieses Prozesses bei Voss, *Sklaven als Ware und Kapital*, S. 24, 39. **68** Burnard/Garrigu, *Plantation Machine*, S. 35, 253; Moreau de Saint-Méry, *Description topographique, physique, civile, politique et historique de la partie francaises de l'isle Saint-Domingue*, Paris 1958, S. 28, 111; Forestier, «Chaurands of Nantes», S. 54; Pomeranz/Topik, *World that Trade Created*, S. 89. Die 1780er Jahre beziehen sich hier auf die Jahre 1784 bis 1790. **69** Voss, *Sklaven als Ware und Kapital*, S. 17, 44 ; Burnard/Garrigus, *Plantation Machine*, S. 35, 253; Moreau de Saint-Méry, *Description topographique, physique, civile, politique et historique de la partie française de l'isle Saint-Domingue* (Société de l'Histoire des Colonies Françaises, 1958), S. 28, 11; Albane Forestier, «A ‹Considerable Credit› in the Late Eighteenth-Century French West India Trade: The Chaurands of Nantes», *French History* 25 (2011) 1, S. 54; Kenneth Pomeranz/Steven Topik, *The World That Trade Created: Society, Culture and the World Economy, 1400 to the Present*, Armonk (NY) 2006, S. 89. In diesem Fall beziehen sich die 1780er Jahre auf die Zeit zwischen 1784 und 1790. **70** Charles C. Perkins, «Narrative of the Insurrection in St. Domingo, and of a Voyage from Port au Prince to Boston in 1793, by Samuel G. Perkins, communicated, with notes», *Proceedings of the Massachusetts Historical Society*, Bd. 2, Boston 1886, S. 307. **71** Burnard/Garrigus, *Plantation Machine*, S. 43. **72** Forestier, «The Chaurands of Nantes», S. 49–51, 55–57, 59, 61, 63; Jean Tarrade, *Le commerce colonial de la France à la fin de l'ancien régime: L'évolution du régime de l'exclusif de 1763 à 1789*, Paris 1972; J. R. Ward, «The Profitability of Sugar Planting in the British West Indies, 1650–1834», *EHR* 31 (1978) 2, S. 197–213, zit. nach Forestier, «Chaurands of Nantes», S. 59. Bei den Chaurands stammten etwa 10 % ihres in den karibischen Handel investierten Kapitals aus Paris. **73** Ebd., S. 65; Burnard/Garrigus, *Plantation Machine*, S. 165, 224; Allan Potofsky, «Paris-on-the-Atlantic from the Old Regime to the Revolution», *French History* 25 (2011) 1, S. 99. **74** Ministère des Finances,

État détaillé des liquidations opérées à l'époque du 1er Janvier 1828, par la commission chargée de répartir l'indemnité attribuée aux anciens colons de Saint-Domingue, Paris 1828, S. vi. **75** Forestier, «Chaurands of Nantes», S. 48; Ministère des Finances, Etat détaillé des liquidations, S. vi. **76** Moore, «Nature and the Transition from Feudalism to Capitalism», S. 131; Burnard/Garrigus, *Plantation Machine*, S. 2; Higman, «Sugar Revolution», S. 232. **77** Zit. nach Burnard/Garrigus, *Plantation Machine*, S. 95. **78** Raynal, *Histoire philosophique et politique*, S. 1 f.; Smith, *Wealth of Nations*, S. 366. **79** Tamira Combrink, «Who Profited from an Eighteenth-Century Cup of Coffee? Added Value in a Slave-Based Commodity Chain», unveröffentlichter Beitrag, WEHC 2015, S. 6. **80** Jordan Goodman, *Tobacco in History: The Cultures of Dependence*, London 1993, S. 37, 131, 135; Edmund Morgan, *American Slavery, American Freedom: The Ordeal of Colonial Virginia*, London 1975, S. 72, 110, 185. **81** Jacob Price, «Glasgow in the Chesapeake Tobacco Trade, 1707–1775», in: *Tobacco in Atlantic Trade: The Chesapeake, London and Glasgow, 1675–1775*, Aldershot 1995, S. 190, 197. **82** Morgan, *American Slavery, American Freedom*, S. 107, 110, 184. **83** Burnard/Garrigus, *Plantation Machine*, S. 3. **84** Henry Drax, «Instructions for the Management of Drax-Hall, and the Irish-Hope Plantations: to Archibald Johnson», wieder abgedruckt in: William Belgrove, *A Treatise upon Husbandry or Planting*, Boston 1755, S. 56, 73. **85** Solow, «Capitalism and Slavery», S. 737; Burnard/Garrigus, *Plantation Machine*, S. 8; «Compte que tend a M. le Macquis de Paroy Avalle, chargé de l'administration de ses biens situés à St. Domingue de la recette et dépense générale des ses habitations & établissements en sucrerie la ditte cette & dépense depuis le 1er janvier au 31 décembre 1780», in: Le Gentil de Paroy, 164APOM/1, Fond Prives, Archives Privées, ANOM; Barry Supple, «The Nature of Enterprise», in: Rich/Wilson, *Cambridge Economic History of Europe*, Bd. 5, S. 430; Reed G. Geiger, *The Anzin Coal Company, 1800–1833: Big Business in the Early Stages of the French Industrial Revolution*, Newark (DL) 1974, S. 17. Zum geringen Umfang der meisten europäischen Unternehmungen siehe Michael W. Flinn, *The History of the British Coal Industry*, Bd. 2, *1700–1830: The Industrial Revolution*, Oxford 1984, S. 361–62. **86** Solow, «Capitalism and Slavery», S. 715; zu Sklaven als Sicherheitsleistung siehe die brillante Darstellung von Miller, «Captives, Collateral, Credit, and Currencies», S. 2, 5, 12, 39; s. a. Geoffrey M. Hodgson, *The Wealth of a Nation: Institutional Foundations of English Capitalism*, Princeton 2023, S. 149. **87** Ellen Meiksins Wood, *The Origins of Capitalism: A Longer View*, London/New York 2017, S. 94; Stuart B. Schwartz, «Looking for a New Brazil: Crisis and Rebirth in the Atlantic World After the Fall of Pernambuco», in: Michiel van Groesen (Hg.), *The Legacy of Dutch Brazil*, Cambridge 2014, S. 41–58. **88** Ulrich Ufer, *Welthandelszentrum Amsterdam: Globale Dynamik und modernes Leben im 17. Jahrhundert*, Köln/Wien 2008, S. 331. **89** Ellen Meiskins Wood, *The Origins of Capitalism: A Longer View*, London/New York 2017, S. 94; Stuart B. Schwartz, «Looking for a New Brazil: Crisis and Rebirth in the Atlantic World after the Fall of Pernambuco», in: Michiel van Groesen (Hg.), *The Legacy of Dutch Brazil*, Cambridge 2014, S. 41–58; Ufer, *Welthandelszentrum Amsterdam*, S. 331; S. D. Smith, «Gedney Clarke of Salem and Barbados: Transatlantic Super-Merchant», *New England Quarterly* 76 (2003), S. 314. **90** Pomeranz/Topik, *The World That Trade Created*, S. 41. S. a. Moore, «Nature and the Transition from Feudalism to Capitalism», S. 133. Zu den franz. Inseln Yvan Debbasch, «Au coeur du ‹gouvernement des esclaves›: la souveraineté domestique aux Antilles françaises (XVIIe–XVIIe siècles)», *Revue française d'histoire d'outre-mer* 72 (1985) 1, S. 31–54; s. a. Miller, «Captives, Collateral, Credit, and Currencies», S. 35; Barbara L. Solow, *The Economic Consequences of the Slave Trade*, Lanham (MD) 2014, S. 107; Burnard/Garrigus, *The Plantation Machine*, S. 3. **91** Karl Marx, *Das Kapital*, Bd. 1, Kap. 24, Berlin 1973, S. 779. Siehe bspw. die Werke von Eugene Genovese, u. a. *The Political Economy of Slavery: Studies in the Economy & Society of the Slave South*, New York 1962. **92** C. L. R. James, *Die schwarzen Jakobiner: Toussaint L'Ouverture und die San-Domingo-Revolution*, Berlin 1984; Eric Williams, *Capitalism and Slavery*, Chapel Hill (NC) 1944; John Tutino, *Making a New World: Founding Capitalism in the Bajío and Spanish North America*, Durham (NC) 2011, S. 43; Mintz, *Sweetness and Power*, S. 55. **93** M. C. Ricklefs, *A History of Modern Indonesia since c. 1300*, New York 1993, S. 25, 27; John Villiers, «Trade and Society in the Banda Islands in the Sixteenth Century», *Modern Asian Studies* 15 (1981) 4, S. 729, 749; Adam Clulow, «The Art of Claiming: Possession and Resistance in Early Modern Asia», *AHR* 121 (2016) 1, S. 30. **94** Ricklefs, *History of Modern Indonesia*, S. 24, 27; Villiers, «Trade and Society in the Banda Islands», S. 749; Amitav Ghosh, *The Nutmeg's Curse: Parables for a Planet in Crisis*, Chicago 2021, S. 9; Martine Julia van Ittersum, «Debating Natural Law in the Banda Islands: A Case Study in Anglo-Dutch Imperial Competition in the East Indies, 1609–1621», *History of European Ideas* 42 (2016) 4, S. 469; Samuel Purchas, *Hakluytus Posthumus or Purchas His Pilgrimes: Contayning a History of the World in Sea Voyages and Lande Travells by Englishmen and Others*, Bd. 2, Glasgow 1905, S. 530–53, zit. nach Van Ittersum, «Debating Natural Law in the Banda Islands», S. 459, 465–66. Zum Zitat siehe J. E. Heeres/F. W. Stapel (Hgg.), *Corpus diplomaticum Neerlando-Indicum: Verzameling van politieke contracten en verdere verdragen door de Nederlanders in het Oosten gesloten, van privilegebrieven aan hen verleend, enz*, Bd. 1, Den Haag 1907, S. 122–24, zit. nach Van Ittersum, «Debating Natural Law in the Banda Islands», S. 470. **95** J. A. van der Chijs, *De Vestiging van het Nederlandsche Gezag over da Banda-Eilandem (1599–1621)*, Batavia Albrecht & Co., 1886, S. 147; MJ Van Ittersum, «Debating Natural Law in the Banda Islands», S. 461, 463; Findlay/O'Rourke, *Power and Plenty*, S. 180; van Goor, *Jan Pieterszoon Coen 1587–1629: Koopmankoning in Aziën*, Amsterdam 2015, S. 433–466; Philip Winn, «Slavery and Cultural Creativity in the Banda Islands», *Journal of Southeast Asian Studies* 41 (2010) 3, S. 365–89; Vincent C. Loth, «Pioneers and Perkeniers: The Banda Islands in the 17th Century», *Cakalele* 6 (1995), S. 13–36. Sie alle zitieren Willard A. Hanna, *Indonesian Banda: Colonialism and Its Aftermath in the Nutmeg Islands*, Philadelphia 1978, S. 55. S. a. D. G. E. Hall, *A History of South-East Asia*, London 1968, S. 307–9; Anthony Reid, «Trade and State Power in Sixteenth and Seventeenth Century Southeast Asia», in *Proceedings of the Seventh IAHA Conference*, Bangkok 1977, S. 400 f.; B. H. M. Vlekke, *Nusantara: A History of Indonesia*, Cambridge (MA) 1943, S. 124–41; Jacob Cornelis van Leur, *Indonesian Trade and Society: Essays in Asian Social and Economic History*, Den Haag, Bandung 1955, S. 182–84; S. Arasaratnam, «Monopoly and Free Trade in Dutch-Asian Commercial Policy: Debate and Controversy within the VOC», *Journal of Southeast Asian Studies* 4 (1973) 1, S. 1–15; Vincent C. Loth, «Armed Incidents and Unpaid Bills», *Modern Asian Studies* 29 (1995) 4, S. 724–27; Jan Pietersz Coen, «Discoers aen de E. Heeren Bewinthebberen touscherende den Nederlandche Indischeinstaet, 1 Januari 1614», in: Colenbrander, *Jan Pietersz Coen, Levensbeschrijving*, S. 470–72, zit. nach Arasaratnam, «Monopoly and Free Trade», S. 3; Ralph Shlomowitz, «Slave Trade: Asia and Oceania», in: Seymour Drescher/Stanley L. Engerman (Hg.), *A Historical Guide to World Slavery*, Oxford 1998, S. 362, zit. nach Winn, «Slavery and Cultural Creativity in the Banda Islands», S. 366; W. G. Miller, «An Account of Trade Patterns in the Banda Sea in 1707, from an Unpublished Manuscript in the India Office Library», *Indonesia Circle* 8 (1980) 23, S. 42, 44. Zum Völkermord siehe Bart Luttikhuis/A. Dirk Moses, «Mass Violence and the End of the Dutch Colonial Empire in Indonesia», *Journal of Genocide Research* 14 (2012). **96** Zum karibischen Kuckuck siehe Vincent C. Loth, «Pioneers and Perkeniers: The Banda Islands in the 17th Century», *Cakalele* 6 (1995), S. 9. **97** Zur Anzahl der Sklaven siehe Matthias van Rossum, «‹Vervloekte goudzugt›, De VOC, slavenhandel en slavernij in Azië», *Tijdschrift voor sociale en economische geschiedenis* 12 (2015) 4, S. 42. Zum Unterschied zwischen der Rolle der Sklaverei in Asien und Amerika s. a. die aufschlussreichen Bemerkungen bei Pepijn Brandon, «Dutch Capitalism and Slavery in the Longer Run: A Reorientation» (Fernand Braudel Center Colloquium 2018), S. 16. Für eine allgemeine Diskussion des Sklavenhandels im Indischen Ozean (und seiner relativ geringfügigen Bedeutung für die Expansion des 16. u. 17. Jh.) siehe Machado, *Ocean of Trade*, S. 209–19. Für die wichtige Rolle, die die Niederländer bei der Verbreitung der Sklaverei in Asien spielten, siehe Matthias van Rossum, «Global Trade, Local Markets – Prices and Slave Trade in Dutch Asia, 1600–1800», unveröffentlichter Beitrag, WEHC 2015. Zu dieser Geschichte siehe das bedeutende Werk von Richard B. Allen, *European Slave Trading in the Indian Ocean, 1500–1850*, Athens (OH) 2014, v. a. S. 19, 22; Solow, «Capitalism and Slavery», S. 724. **98** Forestier, «Chaurands of Nantes», S. 48, 67. Wie Harvey unterstreicht auch Moore mit Nachdruck das Bedürfnis des Kapitalismus nach «räumlichen Lösungen» – der Integrierung neuer Naturressourcen. Siehe Moore, «Nature and the Transition from Feudalism to Capitalism», S. 100. Zur «Schaffung von neuen Grenzen» im Kapitalismus siehe Jason W. Moore, «Sugar and the Expansion of the Early Modern World-Economy: Commodity Frontiers, Ecological Transformations, and Industrialization», *Review* (Fernand Braudel Center) 23 (2000) 3, S. 409–33; Eric Vanhaute, «Making Sense of the Great Divergence. The Limits and Challenges of World History», in: Matthias Middell und Philipp Robinson Rössner, «The Great Divergence Revisited», *Comparativ* 3 (2016), S. 112. **99** Karl Marx, *Das Kapital*, Bd. 3, Abschnitt 4, Berlin 1973; ders., *Das Elend der Philosophie: Antwort auf Proudhons «Philosophie des Elends»*, Berlin 1971. **100** Dobb, *Entwicklung des Kapitalismus*, S. 129 f. **101** Brenner, «Low Countries in the Transition to Capitalism», S. 171. **102** Brandon, «Marxism and the Dutch Miracle», S. 123; Chris Harman, «From Feudalism to Capitalism», *International Socialism* 2 (1989) 45, S. 35–87. **103** Smith, *Wohlstand der Nationen*, 2. Buch, Einleitung. **104** W. G. Hoskins, *The Age of Plunder: King Henry's England, 1500–1547*, London 1976, S. xii, 121–22, 124, 132, 136. Diese Enteignung wird mit faszinierenden Details in Bezug auf das Empire auch analysiert bei Leander Heldring/James A. Robinson/Sebastian Vollmer, «Monks, Gents and Industrialists: The Long-Run Impact of the Dissolution of the English Monasteries», NBER Arbeitspapier Nr. 21 450 (2015), S. 9. **105** de Vries, *Dutch Rural Economy*, S. 210, 213; Van Bavel, «Land, Lease and Agriculture», S. 13; die Enteignungen verschärften sich wieder während der Französischen Revolution, siehe Potofsky, «Paris-on-the-Atlantic from the Old Regime to the Revolution», S. 102. **106** Karl Polanyi, *The Great Transformation: Politische und ökonomische Ursprünge von Gesellschaften und Wirtschaftssystemen*, Frankfurt a M. 1978, S. 61. **107** James Walvin, *Sugar: The World Corrupted, from Slavery to Obesity*, London 2017, S. 54. **108** Bartolomé de las Casas, *Geschichte Westindiens*, in: Werkausgabe, Bd. 2, Paderborn 1995, S. 139–324. **109** John S. Cohen/Martin L. Weitzman, «A Marxian Model of Enclosures», *Journal of Development Economics* 1 (1975) 4, S. 299; Polanyi, *Great Transformation*, S. 37; James Simpson, «European Farmers and the British ‹Agricultural Revolution›», in: Leandro Prados de la Escosura (Hg.), *Exceptionalism and Industrialisation: Britain and Its European Rivals, 1688–1815*, Cambridge 2004, S. 81; William J. Smyth, *Map-Making, Landscapes and Memory: A Geography of Colonial and Early Modern Ireland, c. 1530–1750*, Cork 2006; Kevin McKenny, «The Restoration Land Settlement in Ireland: A Statistical Interpretation», in: Coleman A. Denneby (Hg.), *Restoration Ireland: Always Selling and Never Settled*, Farnham 2008, S. 35–52. **110** Ian D. Whyte, *Scotland Before the Industrial Revolution: An Economic and Social History, c. 1050–c. 1750*, London 1995, S. 145. **111** Whyte, *Scotland Before the Industrial Revolution*,

S. 136–44; Charles Jedrej/Mark Nuttall, *White Settlers: The Impact of Rural Repopulation in Scotland*, Luxembourg 1996, S. 31; Robert Maxwell (Hg.), *Select Transactions of the Honourable the Society of Improvers in the Knowledge of Agriculture in Scotland, Directing the Husbandry of the Different Soils for the Most Profitable Purposes, and Containing Other Directions, Receipts and Descriptions: Together with an Account of the Society's Endeavors to Promote Our Manufactures*, Edinburgh 1743; Brian Bonnyman, «Agrarian Patriotism and the Landed Interest: The Scottish ‹Society of Improvers in the Knowledge of Agriculture›, 1723–1746», in: Koen Stapelbroek/Jani Marjanen (Hgg.), *The Rise of Economic Societies in the Eighteenth Century*, London 2012, S. 26. **112** O'Brien, «Was the First Industrial Revolution a Conjuncture in the History of the World Economy?», S. 10 f.; Allen, *Enclosures and the Yeoman*, S. 1, 15, 17, 19; John S. Cohen/Martin L. Weitzman, «A Marxian Model of Enclosures», *Journal of Development Economics* 1 (1975) 4, S. 304, 316, 318–319, 326; Robert C. Allen, «Tracking the Agricultural Revolution in England», *EHR* 52 (1999), S. 215. **113** Andrés Reséndez, *The Other Slavery: The Uncovered Story of Indian Enslavement in America*, Boston 2016, S. 14, s. a. 3 f., 24 f. **114** Zit. nach Reséndez, S. 28. **115** Bartolomé de las Casas, *Die Verheerung Westindiens*, Berlin 1790, S. 9. Das Buch erschien erstmals im Jahr 1552. **116** Beckles, *A History of Barbados*, S. 21–22; Menard, *Sweet Negotiations*, S. 45, 93; McCusker/Menard, «Sugar Industry in the Seventeenth Century», S. 298; John J. McCusker, *The Economy of British America, 1607–1789*, Chapel Hill (NC) 1985, S. 149. Dies wird nachdrücklich unterstrichen von Solow, *Economic Consequences of the Slave Trade*, S. 97–110. **117** Abigail Swingen, «Labor: Employment, Colonial Servitude, and Slavery in the Seventeenth-Century Atlantic», in: Philip J. Stern/Carl Wennerlind (Hgg.), *Mercantilism Reimagined: Political Economy in Early Modern Britain and Its Empire*, Oxford 2014, S. 61. **118** Barbara L. Solow, *The Economic Consequences of the Slave Trade*, Lanham 2014, S. 107. McCusker/Menard, «Sugar Industry in the Seventeenth Century», S. 292, 297; Eltis, «New Estimates of Exports», S. 648; Beckles, «‹Hub of Empire›», mit Zitat von Richard B. Sheridan, *Sugar and Slavery: An Economic History of the British West Indies, 1623–1775*, Baltimore (MD) 1974, S. 234–60; Dunn, *Sugar and Slaves*, S. 224–63; McCusker, *Economy of British America*, S. 151; Jan de Vries, *The Industrious Revolution: Consumer Behavior and the Household Economy, 1650 to the Present*, Cambridge 2008. In den 1710er Jahren kamen genau 38 076 Sklaven an. Siehe: «List of Such Vessels That Have Imported Negroes to the Island of Barbados with the Number of Negroes Transported by Which Vessel in the Naval Office off the Said Island, 1708 to 1726», in: RB 9/1/1, BNA; Menard, *Sweet Negotiations*, S. 48. Für die Kritik an der «Arbeitsamkeit» siehe Voss/Weber, «War, Crisis and the Development of the Slave-Plantation Economy», S. 52. Zum Gesamtumfang der erzwungenen Migration von Afrikanern zw. 1500 u. 1760 siehe David Eltis, *The Rise of African Slavery in the Americas*, Cambridge 2000, S. 9; sowie Pomeranz/Topik, *The World that Trade Created*, S. 41; Moore, «Nature and the Transition from Feudalism to Capitalism», S. 133; Debbasch, «Au coeur du ‹gouvernement des esclaves›», S. 31–54; Miller, «Captives, Collateral, Credit, and Currencies», S. 35. **119** Karsten Voss, *Sklaven als Ware und Kapital*, S. 122. Ich bin auf diese Gesamtzahl für die versklavte Bevölkerung gekommen, indem ich Angaben der einzelnen Regionen addiert habe. Diese habe ich verschiedenen Büchern entnommen: Zum britischen Nordamerika siehe Ira Berlin, *Many Thousands Gone: The First Two Centuries of Slavery in North America*, Cambridge (MA) 1998, S. 370. Zu Brasilien, der französischen Karibik und der britischen Karibik siehe Robin Blackburn, *The Making of New World Slavery: From the Baroque to the Modern, 1492–1800*, London 1997, S. 404, 486. Zu den dänischen u. niederländischen Westindischen Inseln siehe Orlando Patterson, *Slavery and Social Death: A Comparative Study*, Cambridge (MA) 1982, S. 471, 482. Zu den spanischen Kolonien siehe Herbert S. Klein, *African Slavery in Latin America and the Caribbean*, Oxford 1986, S. 295; Julie Jefferies, «The UK Population: Past, Present and Future», in: *Focus on People and Migration*, London 2005, S. 3; D. B. Grigg, *Population Growth and Agrarian Change: An Historical Perspective*, Cambridge 1980, S. 191. Die Bevölkerungszahl des Vereinigten Königreichs stammt von Jefferies, die von Frankreich von Grigg. Zu den Bevölkerungszahlen für 1800 siehe Blackburn, *Making of New World Slavery*, S. 581. Bei der Schätzung der Zahl der Arbeitskräfte berufe ich mich auf N. L. Tranter, «The Labour Supply, 1780–1860», in: Roderick Floud/Donald McCloskey (Hgg.), *The Economic History of Britain Since 1700*, Bd. 1, Cambridge 1981, S. 206, der 45,7 Prozent für das Jahr 1801 schätzt. **120** Trevor Hall, *The Role of Cape Verde Islanders in Organizing and Operating Maritime Trade between West Africa and Iberian Territories, 1441–1616*, Baltimore (MD) 1992, S. ii-iii, 90, 92 f., 159 f., 307; Maria M. Ferraz Torrão, «Traite négrière entre les Îles du Cap-vert et L'Amérique Espagnole: Formation et développement d'une route commerciale atlantique au seizième siècle», *African Economic History* 39 (2011) 1, S. 2–3; Inés Amorim, «Las islas de Cabo Verde en la ruta de la sal. La construcción de un complejo económico de época moderna», in: Garcia Fábregas (Hg.), *Islas y sistemas de navegación durante las Edades Media y Moderna*, Granada 2010, S. 367–369; Richard Lobban, *Historical Dictionary of The Republics of Guinea-Bissau and Cape Verde*, Metuchen (NJ) 1979, S. 69. **121** Hall, *The Role of Cape Verde Islanders*, S. 130–135, 342–348; Bentley Duncan, *Atlantic Islands: Madeira, the Azores, and the Cape Verdes in Seventeenth Century Commerce and Navigation* (1972), S. 215. **122** Beckles, *History of Barbados*, S. 37; Beckles, «‹Hub of Empire›», S. 233; McCusker/Menard, «Sugar Industry in the Seventeenth Century», S. 300; sowie Van der Linden, «Re-Constructing the Origins», S. 512. Zu den verschiedenen Erwerbungen von Land, durch die die Plantage zusammengestellt wurde, siehe RB3.1.725–726, Urkunden der Übertragung an James Drax,

Nov. 1639 u. Juni 1640 sowie RB3.2.53–57, 1647, beide in BNA. S.a. «Drax Hall» in Hughes/Queree Papers, BNA. **123** Ligon, *True and Exact History*, S. 97. **124** Beckles, «‹Hub of Empire›», S. 226; McCusker/Menard, «Sugar Industry in the Seventeenth Century», S. 293. Es gab auch einen Mangel an Importen von Schuldknechten. Siehe «Supply Versus Demand in the Barbadian Sugar Revolution», S. 404, 414; Ira Berlin/P. Morgan, *Cultivation and Culture: Labor and the Shaping of Slave Life in the Americas*, Charlottesville (VA) 1993, S. 7. **125** James E. McClellan, *Colonialism and Science: Saint Domingue in the Old Regime*, Baltimore (MD) 1992, S. 188f. **126** «Habitation Paroy, État des negres, negresses, negrillons, negrittes au 1 Mars 1783» und «Inventaire del meuble qui son sur l'habitation de Paroy», Ordner 3, «inventories de habitations», beide in Le Gentil de Paroy Papers, Ordner 1, 164APOM/1, Archives Privées, ANOM; s.a. Paroy an Donnemarie (?), Messidor, Jahr 10, D.P.P.C., 8 SUPSDOM/305, ANOM. S.a. Ministère des Finances, *État détaille des liquidations opérées à l'époque du 1er janvier 1828* (Imprimerie Royale, 1828), S. 33. Zu den Kosten der elsässischen Spinnereien siehe Colin Heywood, *The Development of the French Economy, 1750–1914*, London 1992, S. 35. **127** Marcel van der Linden, «Re-Constructing the Origins of Modern Labor Management», *Labor History* 51 (2010) 4, S. 511, 513f.; Burnard/Garrigus, *Plantation Machine*, S. 4, 17, 41. Zur frühesten Erwähnung dieser Idee siehe Godinho Magalhaes, «Industrie et commerce antillais: Sur le sucre des Antilles», *Annales: Histoire, Sciences Sociales* 3 (1948) 4, S. 541–45; Robert William Fogel, *Without Consent or Contract: The Rise and Fall of American Slavery*, New York 1989, S. 23–26. **128** Ligon, *True and Exact History*, S. 55. **129** Siehe *A List of Negroes on the Drax Hall Plantation*, 22. September 1804, Z9/11/5, BNA. **130** «Journal d'exploitation de l'habitation». **131** «Règlement pour les Nègres dans mes habitations», Unterlagen Le Gentil de Paroy, 164APOM/1, Archives Privées, ANOM. **132** Zit. nach Stuart B. Schwartz, *Early Brazil: A Documentary Collection to 1700*, Cambridge 2010, S. 245. **133** Moore, «Sugar and the Expansion of the Early Modern World-Economy», S. 409–433; Dale Tomich, «Original Accumulation: The Genoese Cycle of Accumulation, Atlantic Slavery, and the Formation of the World-Market», unveröffentlichter Beitrag, *Towards a Global History of Primitive Accumulation Conference*, Amsterdam (Mai 2019), S. 16, S. 32f. **134** Dunn, «Barbados Census of 1680», S. 26. **135** Burnard/Garrigus, *Plantation Machine*, S. 42; G. W. Roberts, «A Life Table for a West Indian Slave Population», *Population Studies* 5 (1952) 3, S. 24; Philip D. Morgan, «Slavery in the British Caribbean», in: David Eltis/Stanley L. Engerman (Hgg.), *The Cambridge World History of Slavery*, Bd. 3, Cambridge 2011, S. 382; Kenneth Morgan, «The Struggle for Survival: Slave Infant Mortality in the British Caribbean in the Late Eighteenth and Nineteenth Centuries», in: Gwyn Campbell/Suzanne Miers/Joseph C. Miller (Hgg.), *Children in Slavery Through the Ages*, Athens (OH) 2009; Beckles, «‹Hub of Empire›», S. 223, 226. **136** Dunn, «The Barbados Census of 1680», S. 26. Burnard/Garrigus, *The Plantation Machine*, S. 42; G. W. Roberts, «A Life Table for a West Indian Slave Population», *Population Studies* 5 (1952) 3, S. 24; Philip D. Morgan, «Slavery in the British Caribbean», in: David Eltis/Stanley L. Engerman (Hgg.), *The Cambridge World History of Slavery*, Bd. 3, Cambridge 2011, S. 382; Morgan, «The Struggle for Survival»; Beckles, «‹Hub of Empire›», S. 223, 226; William Fox, *Address to the People of Great Britain on the Propriety of Refraining from West India Sugar and Rum*, 10. Aufl., London/Philadelphia 1792, S. 5. **137** Instituciones colonial indios, Bd. 6, 1. Teil, 1504/315, Mexikanisches Nationalarchiv, zit. nach Julia McClure, *Empire of Poverty: The Moral-Political Economy of the Spanish Empire*, Oxford 2024, S. 150. **138** Immanuel Kant, *Beobachtungen über das Gefühl des Schönen und Erhabenen*, Königsberg 1766, 4. Abschnitt, S. 102; Voltaire, *Über den Geist und die Sitten der Nationen*, Leipzig 1867, S. 7; David Hume, «Über nationale Charaktere», in: ders., *Politische und ökonomische Essays*, Teilband 1, Hamburg 1988, S. 154–173, Zitat S. 165. **139** Einen guten Überblick der Forschungslage findet man in Adamczyk, *Zur Stellung Polens im modernen Weltsystem*. Zu den niederländischen Grundherren siehe Johannes Nichtweiss/Gwyn Seward, «The Second Serfdom and the So-Called ‹Prussian Way›: The Development of Capitalism in Eastern German Agricultural Institutions», *Review* (Fernand Braudel Center) 3 (1979) 1, S. 115, 117. Zur Kontrolle der Arbeiter durch die Grundherren siehe Nichtweiss/Seward, «Second Serfdom», S. 102, 140; Amiya Kumar Bagchi, *Perilous Passage: Mankind and the Global Ascendancy of Capital*, Lanham (MD) 2005, S. 91. Zur Verbreitung der Schuldknechtschaft siehe Immanuel Wallerstein, «The West, Capitalism, and the Modern World-System», *Review* (Fernand Braudel Center) 15 (1992) 4, S. 561–619. **140** Nichtweiss/Seward, «Second Serfdom», S. 112. **141** Braudel, *Sozialgeschichte*, Bd. 2, S. 286; Vladimir Ilyich Lenin, *The Development of Capitalism in Russia: The Process of the Formation of a Home Market for Large-Scale Industry*, Moskau 1956, S. 192. **142** Alice Velkova, «The Role of the Manor in Property Transfers of Serf Holdings in Bohemia in the period of the ‹Second Serfdom›», *Social History* 37 (2012) 4, S. 508; Braudel, *The Perspective of the World*, S. 447; Braudel, *Sozialgeschichte*, Bd. 2, S. 288, 292f.; Robert Bideleux/Ian Jeffries, *A History of Eastern Europe: Crisis and Change*, London 2007, S. 145, 186; Mikolaj Malinowski, «Serfs and the City: Market Conditions, Surplus Extraction Institutions, and Urban Growth in Early Modern Poland», *European Review of Economic History* 20 (2016) 2, S. 124. Der Übergang zur Schuldknechtschaft war ein langsamer Prozess. S.a. Marian Małowist, *Wschód a Zachód Europy*, S. 113; Sheilagh Ogilvie/A.W. Carus, «Institutions and Economic Growth in Historical Perspective», in: Philippe Aghion/Steven Durlauf (Hgg.), *Handbook of Economic Growth*, Bd. 2, Amsterdam 2014, S. 420. Siehe außerdem: Hartmut Harnisch, «Der preußische Absolutismus und die Bauern. Sozialkonservative

Gesellschaftspolitik und Vorleistung zur Modernisierung», *Jahrbuch für Wirtschaftsgeschichte* 35 (1994) 3; Markus Cerman, *Villages and Lords in Eastern Europe, 1300–1800*, London 2012; Sheilagh Ogilvie, «Serfdom and the Institutional System in Early Modern Germany», in: Simonetta Cavaciocchi (Hg.), *Schiavitù e servaggio nell'economia europea. Sec. XI–XVIII*, Florenz 2013; Alexander Klein/Sheilagh Ogilvie, «Occupational Structure in the Czech Lands Under the Second Serfdom», *EHR* 69 (2016) 2, S. 494; Adamczyk, *Zur Stellung Polens im modernen Weltsystem*, 180. Die Intensivierung dieser Form von Arbeit wird beschrieben in Andrezej Wyczánski, *Studia nad gospodarką starostwa korczyńskiego, 1500–1660*, Warschau 1964; Adamczyk, *Zur Stellung Polens im modernen Weltsystem*, S. 195–99. Zu den Grenzen der Ausbeutung siehe Witold Kula, *Teoria ekonomiczna ustroju feudalnego: próba modelu*, Warschau 1983, S. 59–60. **143** Montesquieu, *Der Geist der Gesetze*, Leipzig 1891, S. 290. **144** Davies, *God's Playground*, S. 201, 216–18, 284. **145** Eine brillante Analyse dieses Prozesses findet man in Jerzy Topolski, «Causes of Dualism in the Economic Development of Modern Europe», *Studia Historiae Oeconomicae* 3 (1968), S. 1–12; Malinowski, «Serfs and the City», S. 123–46; Mikolaj Malinowski/Jan Luiten van Zanden, «Income and Its Distribution in Preindustrial Poland», *Cliometrica* 11 (2017) 3, S. 376. **146** Gaston de Montesquieu, *Pensées et fragments inédits de Montesquieu*, Bd. 2, Bordeaux 1899, S. 292 (Pensée 777). **147** Nancy Fraser, «Behind Marx's Hidden Abode: For an Expanded Conception of Capitalism», *New Left Review* 86 (2014), S. 57. **148** Karl Marx, *Lohnarbeit und Kapital*, Berlin 1971, S. 397–423. **149** Reséndez, *Other Slavery*, S. 71, 106. **150** Tutino, *Making a New World*, S. 40, 44, 103–6; Reséndez, *Other Slavery*, S. 109–12. **151** Ebd., S. 113; Tutino, *Mexican Heartland*, S. 94–96. **152** Steven A. Epstein, *Wage Labor and Guilds in Medieval Europe*, Chapel Hill 1991, S. 258; Mark Bailey, *The Decline of Serfdom in Late Medieval England: From Bondage to Freedom*, Woodbridge 2014, S. 6; Colin Platt, *King Death: The Black Death and Its Aftermath in Late Medieval England*, London 1996; Norman F. Cantor, *In the Wake of the Plague: The Black Death and the World It Made*, New York 2001, v. a. S. 63–100; John Hatcher, *Plague, Population, and the English Economy 1348–1530*, London 1977; Leonard W. Cowie, *The Black Death and Peasants' Revolt*, London 1988; David Green, *Edward the Black Prince: Power in Medieval Europe*, Harlow u. a. 2007, S. 51–73; A. Musson, «New Labour Laws, New Remedies? Legal Reaction to the Black Death Crisis», in: Nigel Saul (Hg.), *Fourteenth Century England*, Bd. 1, Woodbridge 2000, S. 73–88; Samuel K. Cohn, «After the Black Death: Labour Legislation and Attitudes Toward Labour in Late-Medieval Western Europe», *EHR* 60 (2007) 3, S. 457–85. Im Jahr 1349 wurde die «Ordinance of Labourers» erlassen, die als Beginn der langen Geschichte des englischen Arbeitsrechts gilt. Siehe Catharina Lis/Hugo Soly, «Labor Laws in Western Europe, 13th–16th Centuries: Patterns of Political and Socio-Economic Rationality», in: Marcel van der Linden/Leo Lucassen (Hgg.), *Working on Labor: Essays in Honor to Jan Lucassen*, Leiden 2012, S. 299–322, v. a. S. 307. S. a. Gerald Liu, «Agricultural Wage Labour in Fifteenth-Century England», Diss. Durham University 2012, S. 135; Dobb, *Studies in the Development of Capitalism*, S. 20 f.; Brenner, «The Origins of Capitalist Development»; Shami Ghosh, «Rural Economies and Transitions to Capitalism: Germany and England Compared (c.1200–c.1800)», *Journal of Agrarian Change* 16 (2016) 2, S. 255; Nicholas Abercrombie/Stephen Hill/Bryan S. Turner, *Sovereign Individuals of Capitalism*, London 2015, S. 103. S. a. Robert Braid, «Behind the Ordinance of Labourers: Economic Regulation and Market Control in London Before the Black Death», *Journal of Legal History* 34 (2013) 1, S. 3–30; Christopher Dyer, *Making a Living in the Middle Ages: The People of Britain, 850–1520*, New Haven 2009, S. 279. **153** Halil İnalcik, «Rice-Cultivation and the Çeltükçi-re'âyâ System in the Ottoman Empire», *Turcica* 14 (1982), S. 69–141; Van Bavel, «Transition in the Low Countries», S. 289, 295, 298, 301; Bas van Bavel, «Rural Wage Labour in the Sixteenth-Century Low Countries: An Assessment of the Importance and Nature of Wage Labour in the Countryside of Holland, Guelders and Flanders», *Continuity and Change* 21 (2006) 1, S. 38; Brandon, «Marxism and the Dutch Miracle», S. 120. **154** Braudel, *Sozialgeschichte*, Bd. 2, S. 311 f. **155** Ebd., S. 317–19; Eric Hobsbawm, «The General Crisis of the European Economy in the 17th Century», *Past & Present* 5 (Mai 1954), S. 33–53. **156** John Donoghue, «Resisting the ‹Enslaving Design›: Conscription and Its Discontents in England's Atlantic Empire, ca. 1649–1660», unveröffentlicher Beitrag, University of Pittsburgh 2014, S. 1; Peter Way, «Strike a Terror: Military Justice the Guerilla Warfare of Class Struggle», unveröffentlichter Beitrag, University of Pittsburgh 2014. **157** Henry Heller, *The Birth of Capitalism: A Twenty-First-Century Perspective*, London 2011, S. 6; Vanhaute, «Making Sense of the Great Divergence», S. 12. **158** Hardiman, «Penetration of Merchant Capital in Pre-colonial Gujarat», S. 34, 36, 38–40; Kaveh Yazdani, *India, Modernity and the Great Divergence: Mysore and Gujarat (17th to 19th C.)*, Leiden 2017, S. 383. **159** de Vries, *Dutch Rural Economy*, S. 210. **160** Aleksandar Shopov, «Between the Pen and the Fields: Books on Farming, Changing Land Regimes, and Urban Agriculture in the Ottoman Eastern Mediterranean ca. 1500–1700», Diss. Harvard University 2016, S. 27–28, 30, 33 f., 42–45, 100, 115, 183–85, v. a. 459. S. a. ders., «Rice Agriculture, Commercial Farming and Environmental Change in the Early Modern Balkans», unveröffentlichter Beitrag 2018, S. 3; Çağlar Keyder, «Introduction: Large-Scale Commercial Agriculture in the Ottoman Empire?», in: Çağlar Keyder/Faruk Tabak (Hgg.), *Landholding and Commercial Agriculture in the Middle East*, Albany (NY) 1991, S. 2 f.; Gilles Veinstein, «On the Çiftlik Debate», in: Keyder/Tabak, *Landholding and Commercial Agriculture in the Middle East*, S. 35–56; Halíl İnalcık, «The Emergence of Big Farms, Çiftliks, State, Landlords and Tenants», in: Jean-Louis Bacqué-Grammont/

Paul Dumont (Hgg.), *Contributions à l'histoire économique et sociale de l'Empire ottoman*, Leuven 1983, S. 111–14; Bruce McGowan, «The Age of the Ayans, 1699–1812», in: Halíl İnalcik/Donald Quataert (Hgg.), *An Economic and Social History of the Ottoman Empire*, Bd. 1, Cambridge 1994, S. 637–758; Hurí İslamoğlu/Çağlar Keyder, «Agenda for the Ottoman History», in: Hurí İslamoğlu-İnan (Hg.), *The Ottoman Empire and the World Economy*, Cambridge 1987, S. 59; Daniel Goffman, «Izmir: From Village to Colonial Port City, the Ottoman City Between East and West», in: Edhem Eldem/Daniel Goffman/Bruce Masters (Hgg.), *The Ottoman City Between East and West: Aleppo, Izmir and Istanbul*, Cambridge 1999, S. 79–134; Necmi Ülker, *The Rise of İzmir 1688–1740*, Ann Arbor (MI) 1975; Yūzō Nagata, «The Role of Ayans in Regional Development During the Pre-Tanzimat Period in Turkey: A Case Study of the Karaosmanoğlu Family», *Studies on the Social and Economic History of the Ottoman Empire*, Izmir 1995, S. 125; Abdul-Karim Rafeq, «City and Countryside in a Traditional Setting: The Case of Damascus in the First Quarter of the Eighteenth Century», in: Thomas Philipp (Hg.), *The Syrian Land in the 18th and 19th Century: The Common and the Specific in the Historical Experience*, Stuttgart 1992, S. 295–329; Sofia Bistra Cvetkova, «Le rôle du capital commercial-usuraire dans les terres balkaniques à l'époque ottomane aux XVI–XVIII», in: *Türk Tarih Kongresi*, Bd. 7, Ankara 1970; Avdo Sućeska, «O nastanka čifluka u našim zemljama», *Godisnjak Drustva istoričara Bosne i Hercegovine* 16 (1965), S. 39–40. Dies wurde im Zusammenhang mit Edirne bestätigt durch Ömer Lütfi Barkan in: «Edirne ve Civarında Bazı Imaret Tesislerinin Muhasebe Bilançoları», *Belgeler* 1 (1964) 2, S. 235–377; Ömer Lütfi Barkan, «Edirne Askerî Kassam'ına Ait Tereke Defterleri (1545–1659)», *Belgeler* 3 (1966) 5–6, S. 47–58. Darüber hinaus zeigte Mustafa Akdağ, dass landwirtschaftliche Anwesen, die sich auf Viehzucht spezialisierten, ab der Mitte des 16. Jh. den Getreideanbau einschränkten. Siehe «Osmanlı İmperatorluğunun Kuruluş ve İnkişafi Devrinde Türkiye'nin İktisadi Vaziyeti», *Belleten* 13 (1949) 51, S. 390–95. **161** S. D. Smith, «Gedney Clarke of Salem and Barbados: Transatlantic Super-Merchant», in: *New England Quarterly* 76 (2003), S. 516–9. **162** Beckles, «The ‹Hub of Empire›», S. 231–232; Dunn, «The Barbados Census of 1680», S. 23; Über die Verkäufe der Royal African Company in Barbados s. a. die Treffen vom 6./7. Sep. 1692, S. 241, Minutes of Council Meetings, 1689–1696, BNA. **163** de Vries, *Dutch Rural Economy*, S. 197; Alan Mikhail, *Nature and Empire in Ottoman Egypt: An Environmental History*, Cambridge 2011; Dina Khoury, «The Ottoman Centre Versus Provincial Power-Holders: An Analysis of the Historiography», in: Suraiya N. Faroqhi (Hg.), *The Cambridge History of Turkey*, Bd. 3, Cambridge 2006, S. 133–56; Suraiya N. Faroqhi, «Rural Life», in: Faroqhi, *Cambridge History of Turkey*, 3, S. 376–90, hier 380; Shopov, «Rice Agriculture, Commercial Farming and Environmental Change», S. 5. **164** Zum Prozess: Dépot des papier publics de colonies, Affaires relatives aux concessions de terrains, 6DPPC/184, ANOM; Beckles, *History of Barbados*, S. 9 f.; Dunn, *Sugar and Slaves*, S. 51. **165** Karsten Voss, *Sklaven als Ware und Kapital : Die Plantagenökonomie von Saint Domingue als Entwicklungsprojekt, 1697–1715*, München 2016, S. 197; Burnard/Garrigus, *Plantation Machine*, S. 11; Niall Ferguson, *Civilization: The West and the Rest*, S. 38. **166** S. a. den anregenden Beitrag von Iris Dannemann, «Agricultural Capitalism in South Carolina: John Locke's Colonial Philosophy of Labour, Property and Slavery», *Re:Work Annual Conference*, Juli 2017. **167** John Locke, *Zwei Abhandlungen über die Regierung*, Frankfurt a. M. 1977, S. xxx. **168** Paul Cheney, «Aufklärung und die politische Ökonomie des Kolonialismus», in: Olaf Asbach (Hg.), *Der Moderne Staat und «le doux commerce»: Politik, Ökonomie und internationale Beziehungen im politischen Denken der Aufklärung*, Baden-Baden 2014, S. 211, 213; Regina Grafe/Alejandra Irigoin, «A Stakeholder Empire: The Political Economy of Spanish Imperial Rule in America», *EHR* 65 (2012), S. 635. **169** Morgan, *American Slavery, American Freedom*, S. 189, 193. **170** Guanmian Xu, «From the Atlantic to the Manchu: Taiwan Sugar and the Early Modern World, 1630s–1720s», *Journal of World History* 33:2 (2022), S. 268–277. Sucheta Mazumdar vermutet, dass Zucker bereits vor der Ankunft der Niederländer auf Taiwan angebaut wurde. Siehe: Sucheta Mazumdar, *Sugar and Society in China: Peasants, Technology, and the World Market*, Cambridge (MA) 1998, S. 71, 86, 206; Andrade, *How Taiwan Became Chinese*, 1, S. 56–60; Lian Heng, Taiwan tongshi, *Taiwan shiji congshu*, Bd. 26 (Yushi wenshua shiye gongsi, 1977), S. 503; Jack F. Williams, «Sugar: The Sweetener in Taiwan's Development», in: Ronald G. Knapp (Hg.), *China's Island Frontier: Studies in the Historical Geography of Taiwan*, Honolulu 1980, S. 217; Hung Chien-Chao, *A History of Taiwan*, Rimini 2000, S. 78. **171** Xu, «From the Atlantic to the Manchu», S. 277–296; Guanmian Xu, «Sweetness and Chaozhou: Construction of Tropical Commodity Chains on the Early Modern China Coast, 1560s–1860s», Chinese University of Hong Kong 2017, S. 51–59; Williams, «Sugar: The Sweetener in Taiwan's Development», S. 218 f. Die Multiplikationszahl ist eine grobe Schätzung, da wir nicht genau wissen, wie viel Zucker 1636 in Taiwan produziert wurde. Tonio Andrade, *How Taiwan Became Chinese: Dutch, Spanish and Han Civilization in the Seventeenth Century*, Cambridge 2008, S. 256–308. S. a. Mazumdar, *Sugar and Society in China*, S. 86; Deng Kongzhao, *Studies on Zheng Chenggong and the History of Taiwan during the Ming-Zheng Era*, Peking 2000, 邓孔昭著:《郑成功与明郑台湾史研究》(北京:台海出版社, 2000年), S. 76–9; Pomeranz/Topik, *The World that Trade Created*, S. 126–28. Die Zahl der Zuckermühlen in Taiwan zu Beginn des 18. Jh. wurde von der örtlichen Regierung zu niedrig angegeben. Ihre tatsächliche Größenordnung wurde erst während der Landreform in den 1720er Jahren aufgedeckt. Siehe Guanmian Xu, *Buffalo Regimes: Animal Labour on Asia's Sugar Frontiers, 1630–1800*, Cambridge University. **172** Braudel, *Sozialgeschichte*, Bd. 2,

S. 271 f. **173** Peter Linebaugh/Marcus Rediker, *Die vielköpfige Hydra: Die verborgene Geschichte des revolutionären Atlantiks*, Berlin/Hamburg 2008. **174** Braudel, *Sozialgeschichte*, Bd. 2, S. 270 f. **175** Rafeq, «City and Countryside in a Traditional Setting», S. 295–329; Shopov, «Between the Pen and the Fields», S. 43–45, 185. **176** Siehe Robert Crowley, «An Informacion and Peticion», in: J. M. Cowper (Hg.), *The Select Works of Robert Crowley*, New York 1975, S. 161–64. **177** British Library, MS Harley304, fols. 75r–78v. **178** *The Diggers of Warwickshire to All Other Diggers*, 1607, British Library MS Harley 787, Nr. 11. **179** John Martin, «The Midland Revolt of 1607», in: Andrew Charlesworth (Hg.), *An Atlas of Rural Protest in Britain 1548–1900*, London 2018, S. 33. **180** Alexander Areskine an Atholl, 20. Okt. 1707, Blair Atholl Castle, Atholl MSS, Box 43 (7), S. 189, zit. nach Christopher A. Whatley, *Scottish Society, 1707–1830: Beyond Jacobitism, Towards Industrialisation*, Manchester 2000, S. 155. **181** Whyte, *Scotland Before the Industrial Revolution*, S. 145. **182** *Caledonian Mercury*, 21. April 1724. **183** W. A. J. Prevost, «Letters Reporting the Rising of the Levellers in 1724», *Transactions of Dumfriesshire and Galloway Natural History and Antiquarian Society* 44 (1967), S. 196, mit einem Zitat von Wodrow, MSS Folio XL, Nr. 80; und «Commonty Property», zit. in: Ian L. Donnachie/Innes F. MacLeod, *Old Galloway*, Newton Abbot 1974, S. 55. **184** Prevost, «Letters Reporting the Rising of the Levellers in 1724», S. 200, 203. **185** *News from Galloway, or the Poor Man's Plea Against His Landlord in a Letter to a Friend Is Published*, June 1724. B.c.4.8/10, New College Library Special Collections Repository, Edinburgh University. **186** Beckles, «‹Hub of Empire›», S. 234. **187** Velasco an den Vizekönig, 22. März 1601, zit. nach *Don Juan de Oñate, Colonizer of New Mexico, 1595–1628*, Bd. 2, Albuquerque (NM) 1953, S. 609. **188** Beckles, *History of Barbados*, 22; Reséndez, *Other Slavery*, S. 9; Joe S. Sando, *Pueblo Nations: Eight Centuries of Pueblo Indian History*, Sante Fe (NM) 1992, S. 63; Ders., *Pueblo Profiles: Cultural Identity Through Centuries of Change*, Santa Fe (NM) 1998; Angelico Chavez, «Pohè-Yemo's Representative and the Pueblo Revolt of 1680», *New Mexico Historical Review* 42 (1967) 2, S. 85–126; Matthew Liebmann/T. J. Ferguson/Robert W. Preucel, «Pueblo Settlement, Architecture, and Social Change in the Pueblo Revolt Era, A. D. 1680 to 1696», *Journal of Field Archaeology* 30 (2005) 1, S. 45–60; Andrew L. Knaut, *The Pueblo Revolt of 1680: Conquest and Resistance in Seventeenth-Century New Mexico*, Norman (OK) 1995, S. 168–69; Ramon A. Gutierrez, *When Jesus Came, the Corn Mothers Went Away: Marriage, Sexuality, and Power in New Mexico, 1500–1846*, Stanford 1991, S. 133–35; Sergio Villalobos, «Tres Siglos y Media de Vida Fronteriza», in: *Relaciones fronterizas en la Araucanía*, Ediciones Universidad Católica de Chile, Santiago 1982, S. 43. **189** Jerome S. Handler, «Slave Revolts and Conspiracies in Seventeenth-Century Barbados», *New West Indian Guide* 56 (1982) 1–2, S. 7, 9; Ligon, *True and Exact History*, S. 29, 45–46, 70; Andrew White, «A Briefe Relation of the Voyage unto Maryland, by Father Andrew White, 1634», in: Clayton Colman Hall (Hg.), *Narratives of Early Maryland, 1633–1684*, New York 1910, S. 37; Treffen vom 16. März 1685, S. 160, in: *Minutes of Council Meetings, 1684–1689*, BNA. **190** Morgan, *American Slavery, American Freedom*, S. 230, 270, 292, 336. **191** Zum Widerstand der Sklaven in Saint-Domingue siehe Voss, *Sklaven als Ware und Kapital*, S. 198–236; Ligon, *True and Exact History*, S. 51; Vincent Brown, *Tacky's Revolt: The Story of an Atlantic Slave War*, Cambridge (MA) 2022. **192** «Dispositif de l'arrêt du Conseil des Dépêches rendu en faveur de Monsieur le Marquis de Paroi le 27 Novembre 1779 dans l'affaire du nègre Antoine, Procédure relative à l'affaire du nègre Antoine», Unterlagen von Le Gentil de Paroy, 164APOM/1, Archives Privées, ANOM. **193** Handler, «Slave Revolts and Conspiracies», S. 5–42. **194** Ligon, *True and Exact History*, S. 46. **195** Dorman Newman, *The Present State of New-England with Respect to the Indian War*, London 1675, S. 66. **196** Handler, «Slave Revolts and Conspiracies», S. 9, 17 f., 24. **197** Treffen vom 16. März 1685, S. 160–61, in Minutes of Council Meetings, 1684–1689, BNA. S. a. die Anmerkungen zum Treffen vom 16. Feb. 1685, S. 157, BNA. **198** Treffen vom 25. Okt. 1692, S. 248 u. Treffen vom 8. Dez. 1692, S. 268–69, Minutes of Council Meetings, 1689–1696, BNA. **199** Treffen vom 16. Feb. 1685, S. 158, Minutes of Council Meetings, 1684–1689, BNA. **200** *Great News from Barbados, or, A True and Faithful Account of the Grand Conspiracy of the Negroes Against the English* (1676), S. 11–2; Beckles, *History of Barbados*, S. 49. **201** Auszug aus einem Brief von Barbados, 18. Dez. 1683, CO 1/53, S. 264–66, PRO, zit. nach Handler, «Slave Revolts and Conspiracies», S. 20. **202** Beckles, *History of Barbados*, S. 46. Siehe das Treffen vom 11. Okt. 1692, S. 246–47, Minutes of Council Meetings, 1689–1696, BNA. Der Rat ordnete Zahlungen für solche Galgen an einen gewissen Latimer Richards an. Für Zahlungen an den Henker siehe das Treffen vom 21. Feb. 1692, S. 283, Minutes of Council Meetings, 1689–1696, BNA. **203** Siehe bspw. das Treffen vom 17. Juni 1685, S. 77, Minutes of Council Meetings, 1684–1689, BNA. S. a. die Treffen vom 12. Mai 1686, S. 186; 23. Nov. 1686, S. 218; 27. Jan. 1686, S. 248–49. In jenem Jahr wurde auf fast jeder Ratsversammlung von solchen Hinrichtungen berichtet, oftmals von größeren Gruppen von Sklaven. **204** Botschaft des Rates und der Versammlung an Seine Majestät William, 29. Okt. 1692, im Treffen vom 27. Okt. 1692, S. 256–58, in: Minutes of Council Meetings, 1689–1696, BNA. **205** Council Minutes, 17. April 1694, S. 375, Minutes of Council Meetings, 1689–1696, BNA. **206** Handler, «Slave Revolts and Conspiracies», S. 9. **207** Rat von Barbados, zit. nach Handler, «Slave Revolts and Conspiracies», S. 9. **208** Burnard/Garrigus, *Plantation Machine*, S. 39. **209** David Buisseret, *Jamaica in 1687: The Taylor Manuscript at the National Library of Jamaica*, Kingston 2006, S. 276, zit. nach Burnard/Garrigus, *Plantation Machine*, S. 39. **210** Manuel Barcia, *The Great African Slave Revolt of 1825*, Baton Rouge (LA) 2012, S. 43; Potofsky, «Paris-on-the-Atlantic from the Old

Regime to the Revolution», S. 104. S. a. Rapport au Directoire Exécutif, Marine Bureau des Colonies, Paris, 7 Praivial 1799; Déplacement de la Marine et des colonies, 5 Trimestre 1807; Refugies, 1798, Consulat Savannah, alle in G/1/512, ANOM ; Burnard/Garrigus, *Plantation Machine*, S. 39, 130–31. **211** Fraser, «Behind Marx's Hidden Abode», S. 57. **212** O'Brien, «Was the First Industrial Revolution a Conjuncture in the History of the World Economy?», S. 19; Bakewell, *Miners of the Red Mountain*, S. 14–15, 17; Fraser, «Behind Marx's Hidden Abode», S. 63; Moore, «Nature and the Transition from Feudalism to Capitalism», S. 132; Ders., «Sugar and the Expansion of the Early Modern World-Economy: Commodity Frontiers, Ecological Transformations, and Industrialization», *Review* 23 (2000), S. 420; Ghosh, *The Nutmeg's Curse*, S. 55. **213** Goodman, *Tobacco in History*, S. 37; Bakewell, *Miners of the Red Mountain*, S. 14–15, 17. **214** Vgl. Maria Mies, *Patriarchy and Accumulation on a World Stage: Women in the International Division of Labour*, London 1985, S. xvi; Fraser, «Behind Marx's Hidden Abode», S. 59; Tutino, *The Mexican Heartland*. **215** Fraser, «Behind Marx's Hidden Abode», S. 59, 62, 70 f. Darauf haben Generationen von Feministinnen hingewiesen, u. a. Maud Anne Bracke, «Between the Transnational and the Local: Mapping the Trajectories and Contexts of the Wages for Housework Campaign in 1970 s Italian Feminism», *Women's History Review* 22 (2013) 4, S. 628; Mariarosa Dalla Costa/Selma James, *The Power of Women and the Subversion of the Community*, Bristol 1972; Noah D. Zatz/Eileen Boris, «Seeing Work, Envisioning Citizenship», *Employee Rights and Employment, Public Policy Journal* 18 (2014) 1, S. 96, 98 f.; Nancy Fraser/Rahel Jaeggi, *Capitalism: A Conversation in Critical Theory*, Cambridge 2018, S. 24, 167. **216** Diese Belege werden zit. von John Merrington, «Town and Country in the Transition to Capitalism», in: Rodney Hilton (Hg.), *The Transition from Feudalism to Capitalism* (1976), S. 181. **217** Immanuel Maurice Wallerstein, *The Capitalist World-Economy: Essays*, Cambridge 1979, S. 214–55; G. E. Aylmer, *The State's Servants: The Civil Service of the English Republic 1649–1660*, London 1973, S. 251; Sheridan, *Sugar and Slavery*, 94–99. S. a. Fernand Braudel, *Die Dynamik des Kapitalismus*, Stuttgart 1986, S. 84. Diese Diversität sei «von großer Tragweite». **218** Abbé Raynal, *Soldiers, Sugar and Seapower: The British Expedition to the West Indies and the War with Revolutionary France*, Oxford 1987, S. 6.

Kapitel 5: Die Intensivierung der industriellen Produktion, 1600–1750

1 John Quincy Adams/Thomas Boylston Adams (1800) in: John Quincy Adams, *Letters on Silesia, Written During a Tour Through That Country in the Years 1800, 1801*, London 1804, S. 157 f. **2** Siegfried Kühn, *Der Hirschberger Leinwand- und Schleierhandel von 1648 bis 1806*, Breslau 1938, S. 9, 14; Marcel Boldorf, «Institutional Barriers to Economic Development: The Silesian Linen Proto-Industry (17th to 19th century)», Institut für Volkswirtschaftslehre und Statistik 566 (1999), S.10; Alfred Zimmermann, *Blüthe und Verfall des Leinengewerbes in Schlesien. Gewerbe- und Handelspolitik dreier Jahrhunderte*, Breslau 1885, S. 57. Bericht eines Zeitgenossen über Hirschberg: Adams, *Letters on Silesia*, S. 50–58. Zu den Bleichmanufakturen Boldorf, «Institutional Barriers», S. 3, 10. Zum Handel: Marian Małowist, Wschód a Zachód Europy w XIII–XVI wieku: Konfrontacja struktur społeczno-gospodarczych, Warschau 2006, S. 171. **3** Zimmermann, *Blüthe und Verfall des Leinengewerbes*, S. 448–451. Zur Armut siehe die Diskussion über Ernährungsstandards bei Anka Steffen/Klaus Weber, «Spinning and Weaving for the Slave Trade: Proto-Industry in Eighteenth-Century Silesia», in: Felix Brahm/Eve Rosenhaft (Hgg.), *Slavery Hinterland*, Bd. 7 (2016), S. 97; Hermann Rubin, «Die Wirtschaft», in: Ludwig Petry/Josef Joachim Menzel (Hgg.), *Geschichte Schlesiens: Die Habsburger Zeit 1526–1740*, Stuttgart 2000, S. 108 f.; Boldorf, «Institutional Barriers», S. 3; Anka Steffen, «Schlesische Leinwand als Handelsgut im atlantischen Sklavenhandel der frühen Neuzeit. Das Beispiel der Hirschberger Kaufmanns-Societät», *Themenportal Europäische Geschichte* (2017), S. 4; Marcel Boldorf, *Europäische Leinenregionen im Wandel: Institutionelle Weichenstellungen in Schlesien und Irland (1750–1850)*, Köln 2006, S. 34. Zum Flachs als vorherrschendem Rohstoff siehe Adams, *Letters on Silesia*, S. 27 f.; Arno Herzig, «Der Übergang von der Proto-Industrie zum Industriellen Zeitalter in Niederschlesien», *Schlesische Geschichtsblätter* 46 (2019), S. 77; Lujo Brentano: «Ueber den grundherrlichen Charakter des hausindustriellen Leinengewerbes in Schlesien», *Zeitschrift für Social- und Wirthschaftsgeschichte* 1 (1893) S. 2–3, 328; Rubin, «Die Wirtschaft», S. 127 f.; und Boldorf, *Europäische Leinenregionen*, S. 33 ff. **4** Ursula Lewald, «Die Entwicklung der ländlichen Textilindustrie im Rheinland und in Schlesien. Ein Vergleich», *Zeitschrift für Ostforschung* 10 (1961), S. 628. **5** Zespół 3, akta miasta Jeleniej Góry, Bestand 3, Akten der Stadt Jelenia Góra (Hirschberg), jedn. 2272, Geschäftsbriefe der Firma Ketzler 1756–1791, Archiwum Państwowe we Wrocławiu, oddział w Jeleniej Górze. Vgl. auch Peter Kriedte/Hans Medick/Jürgen Schlumbohm, *Industrialisierung vor der Industrialisierung*, Göttingen 1977, S. 86; Adams, *Letters on Silesia*, S. 133. **6** Zimmermann, *Blüthe und Verfall des Leinengewerbes*, S. 1–12; Brentano, «Ueber den grundherrlichen Charakter», S. 327; Konrad Fuchs, *Beiträge zur Wirtschafts- und Sozialgeschichte Schlesiens*, Forschungsstelle Ostmitteleuropa, Dortmund 1985, S. 21; Anka Steffen, «A Cloth That Binds: New Perspectives on the Eighteenth-Century Prussian Economy», *Slavery & Abolition* 42 (2021) S. 1, 110. **7** Rubin, «Die Wirtschaft», S. 127 f.; Konrad Fuchs, *Wirtschafts- und Sozialgeschichte Schlesiens*, S. 22 f.; Steffen, «Schlesische Leinwand als Handelsgut», 12 f.; Boldorf, «Institutional Barriers», S. 4 f.; Anka Steffen, «Silesia, Serfdom, and Slavery: A Relationship History from the Late Seventeenth to the Early Twentieth Century», *Journal of Global Slavery* 8 (2023) 2, S. 245; Kühn, *Leinwand- und Schleierhandel,* S. 48 f.; Rubin, «Die Wirtschaft», S. 127 f. Im Jahr 1750 widmeten sich insgesamt 129 Kaufleute in Hirschberg dem Leinenhandel. Anka Steffen, «Johann Friedrich Ketzler, ‹Insonders hochgeehrter Herr!› – Ein Beitrag zur Einbindung der Gewerbelandschaft Schlesien in den kolonialen Transatlantikhandel im 18. Jahrhundert am Beispiel der Geschäftskorrespondenz», Magisterarbeit Europa-Universität Viadrina, Frankfurt/Oder 2013, S. 31. Um das Äquivalent der Summe im Jahr 2018 zu berechnen, nahm ich an, dass die genannten Taler sogenannte Speciestaler waren, die neun Zehntel einer Kölner Mark entsprachen und von denen jeder 233,856 Gramm Silber enthielt. Geht man von einem Silberpreis von $0.47 pro Gramm aus, hatten die Taler einen Gesamtwert von 17 705 370 US-Dollar. Siehe Steffen, «Cloth That Binds», S. 105–129, Tab. 4. Siehe auch C. Grünhagen, «Ueber den angeblich grundherrlichen Charakter des hausindustriellen Leinengewerbes in Schlesien und die Webernöthe», *Zeitschrift für Social- und Wirthschaftsgeschichte* 2 (1894) 2, S. 253. Tatsächlich machte Leinen noch 1828 ein Viertel aller deutschen Exporte aus. Siehe Bondi Gerhard, *Deutschlands Aussenhandel 1815–1870*, Berlin 1958, S. 55. **8** Rubin, «Die Wirtschaft», S. 127 f.; Milan Myška, «Proto-Industrialisierung in Böhmen, Mähren und Schlesien», in: Markus Cerman/Sheilagh C. Ogilvie (Hgg.), *Protoindustrialisierung in Europa. Industrielle Produktion vor dem Fabrikzeitalter,* Wien 1994, S. 185. **9** Grünhagen, «Ueber den angeblich grundherrlichen Charakter», S. 246; Rubin, «Die Wirtschaft», S. 125; Steffen/Weber, «Spinning and Weaving for the Slave Trade», S. 94; Boldorf, *Europäische Leinenregionen im Wandel,* S. 34 f.; Brentano, «Ueber den grundherrlichen Charakter», S. 327; Herzig, «Der Übergang von der Proto-Industrie zum Industriellen Zeitalter in Niederschlesien», S. 78. Steffen, «Cloth That Binds», S. 105–129; Boldorf, «Institutional Barriers», S. 10. **10** Steffen/Weber, «Spinning and Weaving for the Slave Trade», S. 87–107, hier 104 f. **11** Gerhart Hauptmann, *Die Weber*, 1892, Vierter Akt. Das 1892 geschriebene Stück wurde erst 1893 von der Freien Bühne uraufgeführt, hier zit: https://www.projekt-gutenberg.org/hauptmag/weber/chap005.html **12** Hauptmann, *Die Weber,* Zweiter Akt, https://www.projekt-gutenberg.org/hauptmag/weber/chap003.html **13** Ebenda. **14** Adams, *Letters on Silesia,* S. 157. **15** Unterstützungs- und Wohltätigkeitsverein, 1844–1854, Spinner und Weber, W 1/9: III, Nr. 45, Bethmann-Archiv, Stadtarchiv Frankfurt am Main. Siehe auch «Aufruf an edle Menschenfreunde zur Unterstützung der nothleidenden Spinner und Weber in den Kreisen Landshut und Bolkenhain», *Frankfurter Journal*, 23. März 1844. **16** Fernand Braudel, *Sozialgeschichte des 15.–18. Jahrhunderts*, Bd. 2, München 1986, S. 323. **17** Ebd., S. 405. **18** Kriedte/Medick/Schlumbohm, *Industrialisierung vor der Industrialisierung*, xx. Zur Erweiterung der Produktion s. a. H. M. Scott, «Manufacturing», in: *The Oxford Handbook of Early Modern European History, 1350–1750*, Bd. 1, Oxford 2015, S. 510; Karl-Heinrich Kaufhold, «Gewerbelandschaften in der frühen Neuzeit (1650–1800)», in: Hans Pohl (Hg.), *Gewerbe- und Industrielandschaften vom Spätmittelalter bis ins 20. Jahrhundert*, Wiesbaden 1986, S. 112–202, hier 112–116; Jan de Vries, *The Industrious Revolution: Consumer Behavior and the Household Economy, 1650 to the Present*, Cambridge 2008, S. 7 ff.; Robert Allen, «Agriculture During the Industrial Revolution», in: Roderick Flood/D. N. McCloskey (Hgg.), *The Economic History of Britain since 1700*, Bd. 1, Cambridge 1994, S. 120; Braudel, *Sozialgeschichte*, Bd. 2, S. 336 f., 372 f.; Polanyi, *Great Transformation*, S. 77; Charles Verlinden, *Les origines de la civilisation atlantique: De la Renaissance a l'Age des Lumières*, Paris 1966, S. 140; Violet Barbour, *Capitalism in Amsterdam in the Seventeenth Century*, Baltimore (MD) 1950, S. 67; Jairus Banaji, «Globalising the History of Capital: Ways Forward», *Historical Materialism* 26 (2018) 3, S. 143–166. Zu diesem Prozess siehe auch Bruno Blondé/Ilja Van Damme, «Early Modern Europe: 1500–1800», in: *Oxford Handbook of Cities in World History,* Oxford 2013, S. 249; Boldorf, «Institutional Barriers», S. 4 f. **19** Sophus Reinert, «Medici Industrial Entrepreneurs and the Origins of Political Economy», unveröffentlichte Arbeit 2018, S. 6 f., 713, 724. **20** Maria Bogucka, «Danzigs Bedeutung für die Wirtschaft des Ostseeraumes in der Frühen Neuzeit», *Studia Historiae Oeconomicae* 9 (1974), S. 100; Maria Bogucka, *Gdasnkie rzemioslo tekstylne od XVI do polowy XVII wieku*, Breslau 1956, S. 294 f., 297 f., 301. **21** Suraiya Faroqhi, *The Ottoman Empire and the World Around It*, London/New York 2004, S. 70 f. Der Zusammenhang zwischen der Intensivierung des Handels und der Produktion wird ebenfalls konstatiert in: Nelly Hanna, *Artisan Entrepreneurs in Cairo and Early Modern Capitalism (1600–1800)*, Syracuse (NY) 2011, S. 2 f., 37 f., 42, 44 f., 52, 194. **22** Lucette Valensi, «Islam et capitalisme: Production et commerce des chéchias en Tunisie et en France aux XVIIIe et XIXe siècles», *Revue d'histoire moderne et contemporaine* 16 (1969), S. 376–400; Beshara Doumani, *Rediscovering Palestine: Merchants and Peasants in Jabal Nablus, 1700–1900*, Berkeley 1995, S. 187–194; Donald Quataert, «The Ottoman Empire, 1650–1922», in: Lex Heerma van Voss/Els Hiemstra-Kuperus/Elise van Nederveen Meerkerk (Hgg.), *The Ashgate Companion to the History of Textile Workers, 1650–2000*, Farnham 2010, S. 477–496; Şevket Pamuk, «Wirtschaft und Institutionen im Nahen Osten seit dem Mittelalter», in: James A. Robinson/Klaus Wiegandt (Hgg.), *Die Ursprünge der modernen Welt: Geschichte im wissenschaftlichen Vergleich*, Frankfurt a. M. 2008, S. 541–590. Eine allgemeinere und sehr nützliche Diskussion des Denkens über die Wirtschaftsgeschichte des Osmanischen Reiches findet sich bei: Cemal Kafadar, «The Question of Ottoman Decline», *Harvard Middle Eastern and Islamic Review* 4 (1997/98), S. 1–2, 30–75, insb. 47–52. **23** Timothy Brook, «The Merchant Network in 16th Century China: A Discussion and

Translation of Zhang Han's ‹On Merchants›», *Journal of the Economic and Social History of the Orient* 24 (1981), S. 2, 167; Michael Dillon, «Transport and Marketing in the Development of the Jingdezhen Porcelain Industry during the Ming and Qing Dynasties», *Journal of the Economic and Social History of the Orient* 35 (1992), S. 3, 278, 286; Susan Naquin/Evelyn Rawski, *Chinese Society in the Eighteenth Century*, New Haven (CT) 1987), S. 164; Porcelain Research Institute of Jiangxi Province Light Industry Department (Hg.) [Jiangxisheng qinggongyeting taociyanjiusuo], *History of Jingdezhen Porcelain [Jingdezhen taoci shigao]*, Sanlian Shudian 1959, S. 107–111; Stanislas Julien, *Histoire et fabrication de la porcelaine chinoise ouvrage traduit du chinois*, Paris 1856. Zur wichtigen Rolle der Kaufleute bei der Organisation dieser intensivierten Produktion siehe Xu Dixin/Wu Chengming (Hgg.), *History of Capitalism in China*, Bd. 1, S. 582. Über » Porzellan-Makler», die reich wurden, siehe Maris Boyd Gillette, *China's Porcelain Capital*, London 2016, S. 27. Zu Surat siehe T. Volker, *Porcelain and the Dutch East India Company: As Recorded in the Dagh-Registers of Batavia Castle, Those of Hirado and Deshima, and Other Contemporary Papers, 1602–1682*, Leiden 1954, S. 181. Zu Aleppo siehe John Carswell, «More About the Mongols: Chinese Porcelain from Asia to Europe», *Asian Affairs* 36 (2005), S. 11, 158–167, insb. 161 f., 164. **24** Luisa Piccinno, «Genoa: A City with a Port or a Port City?», in: Wim Blockmans/Mikhail Krom/Justyna Wubs-Mrozewicz, *The Routledge Handbook of Maritime Trade Around Europe 1300–1600*, London 2017, S. 163; J. Heers, *Genova nel quattrocento: Civiltà mediterranea, grande capitalism e capitalism populare*, Mailand 1984, S. 201 f. **25** Braudel, *Sozialgeschichte*, Bd. 2, S. 341 ff.; Hanna, *Artisan Entrepreneurs in Cairo*, S. 70; Abdul-Karim Rafeq, «Craft Organization, Work Ethics, and the Strains of Change in Ottoman Syria», *Journal of the American Oriental Society* 111 (1991), S. 3, 495, 497 f., 508 f. Zum Osmanischen Reich siehe Abdul-Karim Rafeq, «A Different Balance of Power: Europe and the Middle East in the Eighteenth and Nineteenth Centuries», in: Youssef M. Choueiri (Hg.), *A Companion to the History of the Middle East*, Malden (MA) 2005, S. 238. **26** Peter Kriedte, «Die Stadt im Prozeß der europäischen Proto-Industrialisierung», *Die Alte Stadt* 9 (1982), S. 27 f.; Kriedte/Medick/Schlumbohm, *Industrialization Before Industrialization*, S. 22; Pierre Deyon, *Amiens capitale provinciale: Étude sur la société urbaine au 17e siècle*, Paris 1967, S. 209 f. **27** Maarten Prak, *Early Modern Capitalism: Economic and Social Change in Europe, 1400–1800*, London 2001, S. 13; Kriedte, «Die Stadt im Prozeß der europäischen Proto-Industrialisierung», S. 21; «Memoire des Fabriquants des etoffes de Soie de la ville de Nimes» (1756) u. «Memoire des syndics des marchands faisant fabriquer des etoffes de soie de la ville de Nimes» (1777), zit. in: Edward A. Allen, «The Genesis of Revolution in the Gard: The Convocation of the Estates General of 1789 in the Sénéchaussée de Nimes», Diss. Tulane University 1982; Léon Dutil, *L'État économique du Languedoc à la fin de l'ancien régime (1750–1789)*, Paris 1911, S. 460 f.; Simon-Charles-Sébastien Bernard Ballainvilliers, *Mémoires sur le Languedoc; suivis du Traité sur le commerce en Languedoc de l'intendant Ballainvilliers* (1788), L'Entente bibliophile 1989, S. 359 f.; Stephen J. Miller, «The Economy of France in the Eighteenth and Nineteenth Centuries: Market Opportunity and Labour Productivity in Languedoc», *Rural History* 20 (2009), S. 13 f.; Braudel, *Sozialgeschichte*, Bd. 2, S. 344 ff.; Emmanuel Le Roy Ladurie, *The French Peasantry 1450–1660*, Berkeley 1987, S. 316. Siehe E. V. Tarle, *L'industrie dans les campagnes en France a la fin de l'ancien régime*, Paris 1910. S. a. «Unsigned letter to Redacteur, 10 août 1787», *Journal de Nismes* 33 (16. Aug. 1787), S. 261, wie zit. in: Allen, «Genesis of Revolution in the Gard», S. 220. **28** Braudel, *Sozialgeschichte*, Bd. 2, S. 347; Maurice Dobb, *Entwicklung des Kapitalismus*, Köln 1970, S. 132. Blondé/Van Damme, «Early Modern Europe», S. 249. **29** Prak, *Early Modern Capitalism*, S. 13. Eine allgemeine Darstellung findet sich in: Jairus Banaji, «Islam, the Mediterranean and the Rise of Capitalism», *Historical Materialism* 15 (2007), S. 1, 47–74; Douglas E. Haynes, *Rhetoric and Ritual in Colonial India: The Shaping of a Public Culture in Surat City, 1852–1928*, Berkeley 1991, S. 38 f.; K. N. Chaudhuri, *Asia Before Europe: Economy and Civilisation of the Indian Ocean from the Rise of Islam to 1750*, Cambridge 1990, S. 304; Sheilagh C. Ogilvie/Markus Cerman, «The Theories of Proto-Industrialization», in: Dies. (Hgg.), *European Proto-Industrialization: An Introductory Handbook*, Cambridge 1996, S. 1. **30** R. Bin Wong, *China Transformed: Historical Change and the Limits of European Experience*, Ithaca (NY) 1997, S. 37; David Howell, «Proto-Industrial Origins of Japanese Capitalism», *Journal of Asiatic Studies* 51 (1992), S. 2, 275; Sheilagh C. Ogilvie, «Proto-Industrialization in Europe», *Continuity and Change* 8 (1993), S. 2, 159. Das Konzept der Protoindustralisierung stammt aus der wichtigen Arbeit von Franklin F. Mendels, «Proto-Industrialization: The First Phase of the Industrialization Process», *JEH* 32 (1972), S. 1, 241–261. **31** Karl Marx, «The British Rule in India», *New-York Daily Tribune*, 25. Juni 1853; Jürgen Osterhammel, *Unfabling the East: The Enlightenment's Encounter with Asia*, Princeton 2018, 68 (deutsche Ausgabe: *Die Entzauberung Asiens: Europa und die asiatischen Reiche im 18. Jahrhundert*, München 2010), xx; R. J. Barendse, *The Arabian Seas: The Indian Ocean World of the Seventeenth Century*, London 2002, S. 180. **32** Chaudhuri, *Asia Before Europe*, S. 297. **33** Markus Cerman, «Rural Economy and Society», in: Peter H. Wilson, *A Companion to Eighteenth-Century Europe*, Malden (MA) 2008, S. 61. Zu den Wollwaren in England siehe John Lee, *The Medieval Clothier*, Suffolk 2018; Guillaume Daudin, *Commerce et prospérité: La France au XVIIIe siècle*, Paris 2005, S. 30; M. Jha, «Ganga Global: Implications of the Ganges River's Integration with the Global Maritime Economy During the Early Modern Period, 1600–1800», unveröffentlichte Arbeit 2018, S. 19; Braudel, *Sozialgeschichte*, Bd. 2, S. 339; Bruce E. Stanley, «Herat», in: Michael R. T. Dumper/Bruce E. Stanley (Hgg.), *Cities of the Middle East and North Africa: A Historical Encyclopedia*, Santa Barbara 2007, S. 170; Prasannan Parthasarathi, *Why Europe Grew Rich and Asia Did Not: Global Economic Divergence, 1600–1850*, Cambridge 2011, S. 46; Giorgio Riello, «The Indian Apprenticeship: The Trade of Indian Textiles and the Making of European Cottons», in: Giorgio Riello/Tirthankar Roy (Hgg.), *How India Clothed the World: The World of South Asian Textiles, 1500–1850*, Leiden 2013, S. 304–340. **34** Ruby Maloni, «Europeans in Seventeenth Century Gujarat», *Social Scientist* 36 (2008) S. 3–4, 71 f.; Ashin Das Gupta, «The Merchants of Surat, c. 1700–1750», in: *The World of the Indian Ocean Merchant 1500–1800*, Oxford 2004, S. 332; Pedro Machado, *Ocean of Trade: South Asian Merchants, Africa and the Indian Ocean, c. 1750–1850*, Cambridge 2014, S. 6. **35** Diese Geschichte und ihre Übersetzung stammen aus Mark Elvin, *The Pattern of the Chinese Past: A Social and Economic Interpretation*, Stanford 1973, S. 275. **36** Li Bozhong, Agricultural Development in Jiangnan, 1620–1850, London/New York 1998, S. 55; FU Yiling, Mingdai Jiangnan shimin jingji shitan, Shanghai 1957 [傅衣凌:《明代江南市民经济试探》(上海:上海人民出版社, 1957年)], S. 1–23; Wong, *China Transformed*, S. 37, 40 f.; Brook, «Merchant Network in 16th Century China», S. 168; Elvin, *Pattern of the Chinese Past*, S. 274; Li Bozhong, *The Early Industrialization of Jiangnan (1550–1850)*, Peking 2000, S. 38–43, 40 f.; Kenneth Pomeranz, *The Great Divergence: China, Europe, and the Making of the Modern World Economy*, Princeton 2000, S. 86. **37** Zur Datierung der protoindustriellen Expansion in Japan siehe David Howell, *Capitalism from Within: Economy, Society, and the State in a Japanese Fishery*, Berkeley 1995, S. 10 ff., 26, 44, 49, 77, 179; Janet Hunter, «Modern Business and the Rise of the Japanese Middle Classes», in: Christof Dejung/David Motadel/Jürgen Osterhammel (Hgg.), *The Global Bourgeoisie: The Rise of the Middle Classes in the Age of Empire*, Princeton 2019, S. 166; Howell, «Proto-Industrial Origins of Japanese Capitalism», S. 248 f.; Shinbo Hiroshi/Hasegawa Akira, «Shōhin Seisan Ryūtsū no Dainamikku», in: Hayami Akira/Miyamoto Mataji (Hgg.), *Keizaishakai no seiritsu, 17–18 seiki*, Tokio 1988, S. 239 f.; Kenneth Pomeranz, «Scale, Scope, and Scholarship: Regional Practices and Economic History», in: Sven Beckert/Dominic Sachsenmaier (Hgg.), *Global History, Globally: Research and Practice Around the World*, London 2018, S. 176; Kären Wigen, *The Making of a Japanese Periphery, 1750–1920*, Berkeley 1995, S. 8, 10, 80, 93, 95, 120, 127 f. **38** Suraiya Faroqhi, «Trade: Regional, Inter-Regional, and International», in: Halil İnalcik/Donald Quataert (Hgg.), *Economic and Social History of the Ottoman Empire, 1300–1914*, Cambridge 1994, S. 474–531; Quataert, «Ottoman Empire», S. 477–496; Hanna, *Artisan Entrepreneurs in Cairo*, S. 69, 71, 91; Bruce McGowan, «Merchants and Craftsmen», in: İnalcik/Quataert, *Ottoman Empire*, S. 695–709, hier 698. **39** Cerman, «Rural Economy and Society», S. 61 f. Zu den Londoner Kaufleuten siehe David Ormrod, *Rise of Commercial Empires: England and the Netherlands in the Age of Mercantilism, 1650–1770*, Cambridge 2003, S. 16; Braudel, *Sozialgeschichte*, Bd. 2, S. 339 f.; Wolfgang Mager, «Proto-Industrialization and Proto-Industry: The Uses and Drawbacks of Two Concepts», *Continuity and Change* 8 (1993), S. 2, 192; Myška, «Proto-Industrialisierung in Böhmen, Mähren und Schlesien», S. 178 f.; Reinert, «Medici Industrial Entrepreneurs», S. 7; Maurice Dobb, *Entwicklung des Kapitalismus*; Julie Marfany, *Land, Proto-Industry and Population in Catalonia, c. 1680–1829: An Alternative Transition to Capitalism?*, Aldershot 2013, S. 21, 55, 59, 68; Sven Beckert, *King Cotton: eine Geschichte des globalen Kapitalismus*, München 2014, Kap. 4. **40** Cerman, «Rural Economy and Society», S. 61 f. Zu den Londoner Kaufleuten siehe David Ormrod, *Rise of Commercial Empires: England and the Netherlands in the Age of Mercantilism, 1650–1770*, Cambridge 2003, S. 16; Braudel, *Sozialgeschichte*, Bd. 2, S. 339 f.; Wolfgang Mager, «Proto-Industrialization and Proto-Industry: The Uses and Drawbacks of Two Concepts», *Continuity and Change* 8 (1993), S. 2, 192; Myška, «Proto-Industrialisierung in Böhmen, Mähren und Schlesien», S. 178 f.; Reinert, «Medici Industrial Entrepreneurs», S. 7; Maurice Dobb, *Entwicklung des Kapitalismus*; Julie Marfany, *Land, Proto-Industry and Population in Catalonia, c. 1680–1829: An Alternative Transition to Capitalism?*, Aldershot 2013, S. 21, 55, 59, 68; Sven Beckert, *King Cotton: eine Geschichte des globalen Kapitalismus*, München 2014, Kap. 4. **41** Claude Boucard, «Relation de Bambouc, 1729», wie nachgedruckt in: *Bulletin de l'institut fondamental d'Afrique Noire* 36 (1974), S. 246–275, hier 257. **42** Toby Green, *Fistful of Shells: West Africa from the Rise of the Slave Trade to the Age of Revolution*, Chicago 2021, S. 472; Philip J. Shea, «Big Is Sometimes Best: The Sokoto Caliphate and Economic Advantages of Size in the Textile Industry», *African Economic History* 34 (2006), S. 5–21; Jody Benjamin, «Global Textiles and the Centripetal Pull of the Western African Savannah, 1740–1780», Towards a Global History Conference, Delhi (3.–5. Dez. 2017), S. 14; John Thornton, *Africa and Africans in the Making of the Atlantic World, 1400–1800*, Cambridge 1998, S. 49; Rasheed Olaniyi, «Kano: The Development of a Trading City in Central Sudan», in: Akinwumi Ogundiran (Hg.), *Precolonial Nigeria: Essays in Honor of Toyin Falola*, Trenton (NJ) 2005, S. 301 f.; Moses E. Ochonu, «The Wangara Factor in West African Business History», in: Ders. (Hg.), *Entrepreneurship in Africa: A Historical Approach*, Bloomington (IN) 2018, S. 68. **43** Wie zit. in: Basil Davidson, *The Lost Cities of Africa*, Boston 1959, S. 96 f. **44** Irfan Habib, «Potentialities of Capitalistic Development in the Economy of Mughal India», *JEH* 29 (1969), S. 2, 67 f.; Yazdani, *India, Modernity and the Great Divergence*, S. 136, 140; Chaudhuri, *Asia Before Europe*, S. 320 f., 366 f.; Pomeranz, *Great Divergence*, S. 99 f.; Machado, *Ocean of Trade*, S. 44; Prasannan Parthasarathi, *The Transition to a Colonial Economy: Weavers, Merchants and Kings in South India, 1720–1800*, Cambridge 2001; Habib, «Potentialities of Capitalistic Development», S. 77; Chaudhuri, *Asia Before Europe*, S. 303; Ahrar Ahmad,

«Analysing Pre-Colonial South Asia: Mode of Production or Proto-Industrialisation?», *Journal of Contemporary India* 27 (1997), S. 3, 315. **45** Wie zit. in: James C. Shih, *Chinese Rural Society in Transition: A Case Study of the Lake Tai Area, 1368–1800*, Berkeley 1992, S. 120 f. **46** Wong, *China Transformed*, S. 40 f.; Daudin, *Commerce et prospérité*, S. 50 ff.; Jean-Laurent Rosenthal/Roy Bin Wong, *Before and Beyond Divergence: The Politics of Economic Change in China and Europe*, Cambridge (MA) 2011, S. 71; Michael Dillon, «The Merchants of Huizhou: Commerce and Confucianism», *History Today* 39 (1989), S. 2, 28; Richard von Glahn, *The Economic History of China: From Antiquity to the Nineteenth Century*, Cambridge 2016, S. 298. S. a. Philip Huang, *The Peasant Family and Rural Development in the Yangzi Delta, 1350–1988*, Stanford 1990, S. 51 f.; Craig Dietrich: «Cotton Culture and Manufacture in Early Ch'ing China», in: W. E. Willmott, *Economic Organization in Chinese Society*, Stanford 1972, S. 128; von Glahn, *Economic History of China*, S. 298; Li, *Early Industrialization of Jiangnan*, S. 80–83. Eine Zusammenfassung dieser Sachverhalte findet sich in Glahn, *Economic History of China*, S. 298 f. **47** Charles David Sheldon, *The Rise of the Merchant Class in Tokugawa Japan, 1600–1868: An Introductory Survey*, Locust Valley (NY) 1958, S. 83, 144; Masayuki Tanimoto, «The Role of Tradition in Japan's Industrialization: Another Path to Industrialization», in: Ders. (Hg.), *The Role of Tradition in Japan's Industrialization: Another Path to Industrialization*, Oxford 2006, S. 14; Nakamura Tetsu, «Edokōki ni okeru nōsonkōgyō no hatatsu: nihon keizai kindaika no rekishitekizentei toshiteno», *Keizai Ronsō* 140 (1987), S. 3–4, 108–110. **48** Gupta, «Merchants of Surat», S. 332 f. Vgl. auch Yazdani, *India, Modernity and the Great Divergence*, S. 459; Barendse, *Arabian Seas*, S. 180; Habib, «Potentialities of Capitalistic Development», S. 37. **49** Houston/Snell: «Proto-Industrialization?», S. 473; Prak, *Early Modern Capitalism*, S. 13 f.; Ulrich Pfister, «Proto-industrielles Wachstum: Ein theoretisches Modell», *Jahrbuch für Wirtschaftsgeschichte* 39 (1998), S. 2, 24; Kriedte, «Die Stadt im Prozeß der europäischen Proto-Industrialisierung», S. 28. Z. B. Lyon, beschrieben in: Carlo Poni, «Proto-Industrialization, Rural and Urban», *Review* (Fernand Braudel Center) 9 (1985), S. 2, 313 f. **50** Chaudhuri, *Asia Before Europe*, S. 299; Braudel, *Sozialgeschichte*, Bd. 2, S. 330 ff.; Marfany, *Land, Proto-Industry and Population in Catalonia*, S. 23; Rab Houston/K. D. M. Snell, «Proto-Industrialization? Cottage Industry, Social Change, and Industrial Revolution», *Historical Journal* 27 (1984), S. 2, 473. **51** Barendse, *Arabian Seas*, S. 243 f. **52** Li, *Early Industrialization of Jiangnan*, S. 46–50, 54–57; Parthasarathi, *Why Europe Grew Rich*, S. 187, 191, 195, 201, 203, 214; Beckert, *Empire of Cotton*, S. 65. **53** Parthasarathi, *Why Europe Grew Rich*, S. 222; Ravi Palat, *The Making of an Indian Ocean World-Economy, 1250–1650*, Basingstoke u. a. 2015, S. 130, 134. Zu China: Christopher Mills, *State, Peasant, and Merchants in Qing Manchuria, 1644–1862*, Stanford 2007, S. 220; Elvin, *Pattern of the Chinese Past*, S. 276 f. **54** Siehe Jan de Vries, «Between Purchasing Power and the World of Goods: Understanding the Household Economy in Early Modern Europe», in: J. Brewer/R. Porter (Hgg.), *Consumption and the World of Goods*, London 1993, S. 85–132; de Vries, *Industrious Revolution*; Palat, *Making of an Indian Ocean World-Economy*, S. 130, 141. Ich verwende den Begriff hier eher in dem Sinn, wie ihn japanische Historiker benutzen, etwa Kaoru Sugihara: «The East Asian Path of Economic Development and the Quality of Labor and Life: An Historical Perspective (Impact of Social Policy on the Economic Development: Differences and Similarities in the East Asia)», *Journal of Social Policy and Labor Studies* 19 (2007). Ich vertrete hier nicht die Ansicht, dass die Intensivierung der Arbeit, die de Vries genau beschreibt, primär durch das Bedürfnis, mehr zu konsumieren, motiviert wäre. Zu dieser Kritik s. a. Marfany, *Land, Proto-Industry and Population in Catalonia*, S. 15. **55** Braudel, *Sozialgeschichte*, Bd. 2, S. 334–27. **56** Daudin, *Commerce et prospérité*, S. 38 f. Eine allgemeine Darstellung des Sachverhalts findet sich in den wichtigen Werken von Peer Vries, z. B. *State, Economy and the Great Divergence: Great Britain and China, 1680s–1850s*, London 2015. **57** Louis Chaumeil, «Abrégé d'histoire de Lorient de la fondation (1666) à nos jours (1939)», *Annales de Bretagne et des Pays de l'Oest* 46 (1939), S. 1, 67 f. **58** Chaumeil, «Abrégé d'histoire de Lorient de la fondation», S. 68 f., 71; Frederic C. Lane, «The Mediterranean Spice Trade: Further Evidence of Its Revival in the Sixteenth Century», in: Brian Pullan (Hg.), *Crisis and Change in the Venetian Economy in the Sixteenth and Seventeenth Centuries*, London 2006, S. 78; Sophus A. Reinert/Robert Fredona, «Merchants and the Origins of Capitalism», *Harvard Business School Working Paper* 18–021 (2017), S. 23. **59** Dies hat Li Bozhong ausgerechnet, in: Li, *Early Industrialization of Jiangnan*, S. 194–199. **60** Ebd., S. 174–184, 186 f., 204–210. **61** Daudin, *Commerce et prospérité*, S. 38. **62** Vipul Singh, *The Artisans in the 18th Century Eastern India: A History of Survival*, Neu-Delhi 2005, S. 58. Für weitere Informationen siehe Irfan Habib, «Potentialities of Capitalistic Development», S. 44., 68 f. **63** Jonathan Israel, *Dutch Primacy in World Trade, 1585–1740*, Oxford 1989, S. 415; Ogilvie, «Proto-Industrialization in Europe», S. 172; Hanna, *Artisan Entrepreneurs in Cairo*, S. 53. S. a. «Rum Still, c. 18th Century», Museum of Newport History, Newport (RI), USA. **64** Daudin, *Commerce et prospérité*, S. 38; Joseph-Antoine Roy, *Histoire de la Famille Schneider et du Creusot*, Paris 1962, S. 13; Maria Ågren, «Introduction: Swedish and Russian Iron-Making as Forms of Early Industry», in: Dies. (Hg.), *Iron-making Societies: Early Industrial Development in Sweden and Russia, 1600–1900*, Oxford 1998, S. 6 f.; Roger Portal, *L'Oural au XVIIIe siècle: Étude d'histoire économique et social*, Paris 1950, S. 101 f.; Istoriia Urala s drevneishikh vremën do 1861, Moskau 1989, S. 270, 274; John Bezís-Selfa, *Forging America: Ironworkers, Adventurers, and the Industrious Revolution*, Ithaca (NY) 2004, S. 19; Arthur Cecil Bining, *British Regulations of the Colonial Iron Industry*, Philadelphia 1933, S. 3 f., 24–31, 122, 134. Die genannte

Zahl der Arbeitskräfte bezieht sich auf das Jahr 1785. **65** Braudel, *Sozialgeschichte,* Bd. 2, S. 361. **66** Li, *Early Industrialization of Jiangnan*, S. 78 ff.; Kaufhold, «Gewerbelandschaften in der Frühen Neuzeit», S. 181; Braudel, *Sozialgeschichte*, S. 363. Die Datierung ist nicht ganz klar, und die Zahl schließt auch sehr kleine Unternehmen mit ein. **67** Wie zit. in: Reinhard Hildebrandt, *Die «Georg Fuggerischen Erben»: Kaufmännische Tätigkeit und sozialer Status 1555–1600*, Schriften zur Wirtschafts- und Sozialgeschichte 6, Berlin 1966, S. 56. **68** Braudel, *Sozialgeschichte,* Bd. 2, S. 350, 353 f.; Małowist, *Wschód a Zachód Europy*, S. 146, 163; Ochonu, «Wangara Factor in West African Business History», S. 61; Daudin, *Commerce et prospérité*, S. 38. Die Wichtigkeit der kaufmännischen Investitionen in den Bergbau wird ebenfalls betont in Jakob Strieder, *Studien zur Geschichte kapitalistischer Organisationsformen*, Berlin 1914. Siehe auch Dobb, Entwicklung des Kapitalismus, S. 192. **69** P. W. Klein, *De Trippen in de 17e Eeuw*, Assen 1965, S. 43. **70** Ebd., S. 26, 30, 161 f., 105, 220, 243. **71** Chris Evans/Göran Rydén, *Baltic Iron in the Atlantic World in the Eighteenth Century*, Leiden 2007, S. 31 f.; Klein, *De Trippen*, S. 247. **72** E. W. Dahlgren (Hg.), *Louis de Geers brev och affärshandlingar, 1614–1652*, Stockholm 1934, S. 104 ff. **73** Michiel de Jong, *«Staat van oorlog»: Wapenbedrijf en militaire hervorming in de Republiek der Verenigde Nederlanden, 1585–1621*, Hilversum 2005, S. 213–217; Klein, *De Trippen*, S. 253, 255, 276 f., 447; D. G. Nijman, «Louis de Geer (1587–1652), vader van de Zweedse industrie?», *Tijdschrift voor Geschiedenis* 104 (1991), S. 230. **74** Hanna, *Artisan Entrepreneurs in Cairo*, S. 62 ff.; John Tutino, *The Mexican Heartland: How Communities Shaped Capitalism, a Nation, and World History, 1500–2000*, Princeton 2017, S. 46 f. **75** Braudel, *Sozialgeschichte*, Bd. 2, S. 334; Myška, «Proto-Industrialisierung in Böhmen, Mähren und Schlesien», S. 182. **76** Hanna, *Artisan Entrepreneurs in Cairo*, S. 64; Tutino, *Making a New World*, S. 112; Suraiya Faroqhi, «Making a Living: Economic Crisis and Partial Recovery», in: Suraiya Faroqhi u. a. (Hgg.), *An Economic and Social History of the Ottoman Empire*, Bd. 2, Cambridge 1994, S. 433–473. **77** Yazdani, *India, Modernity and the Great Divergence*, S. 366–368; Ahmad, «Analysing Pre-Colonial South Asia», S. 325. **78** Hanna, *Artisan Entrepreneurs in Cairo*, S. 63 f.; Pepijn Brandon, «Wage Labor, Forced Labor and Industrialization: Naval Shipyards as Laboratories of Capitalism», Global History Seminar, Harvard University, 29. Jan. 2018, S. 4, 9; Pepijn Brandon, *War, Capital, and the Dutch State (1558–1795)*, Leiden 2015, insb. Kap. 3, «Production, Supply, and Labour Relations at the Naval Shipyards», S. 139–209. **79** Gustav Schmoller, «Studien über die wirthschaftliche Politik Friedrichs des Großen und Preußens überhaupt von 1680–1786», *Jahrbuch für Gesetzgebung* 8 (1884), S. 1–61, hier 42. **80** Ogilvie, «Proto-Industrialization in Europe», S. 171. **81** R. Bin Wong, «The Political Economy of Chinese Rural Industry and Commerce in Historical Perspective», *Études rurales* 161/162 (2002), S. 154; Olaniyi, «Kano», S. 301; Ogilvie, «Proto-Industrialization in Europe», S. 172. Zu Indien siehe Michael O'Sullivan/Giorgio Riello, «Where Is Asia in Global Histories of Early Modern Capitalism?», HEC Working Paper Nr. 2023/03 (European University Institute 2023), S. 14. **82** Ha-Joon Chang, *Kicking Away the Ladder: Development Strategy in Historical Perspective*, London 2002, S. 20. **83** Parthasarathi, *Why Europe Grew Rich*, S. 152, 168, 170, 173; Ha-Joon Chang, *Kicking Away the Ladder*, S. 21 f. Zum Thema Staat und Kohle siehe insb. J. U. Nef, *The Rise of the British Coal Industry*, Bd. 2, London 1932, S. 201–232, insb. 203, 219 f., 259–262. **84** Brentano, «Ueber den grundherrlichen Charakter», S. 332; Boldorf, «Institutional Barriers», S. 5 f., 8; Daudin, *Commerce et prospérité*, S. 53–57; Chang, *Kicking Away the Ladder*, S. 21 f. Zu Colbert siehe Salvatore Ciriacono, «Silk Manufacturing in France and Italy in the XVIIth Century: Two Models Compared», *Journal of European Economic History* 10 (1981) S. 1, 176 f. **85** William J. Ashworth, *The Industrial Revolution: The State, Knowledge and Global Trade*, London 2017, S. 1–14; Ashworth, «The Ghost of Rostow», S. 249–274; Chang, *Kicking Away the Ladder*, S. 9. **86** Adam Smith, *Der Wohlstand der Nationen*, München 2005, S. 601. **87** Braudel, *Sozialgeschichte*, Bd. 2, S. 369; O'Brien, «Was the First Industrial Revolution a Conjuncture in the History of the World Economy?», S. 31; Ogilvie, «Proto-Industrialization in Europe», S. 172. **88** Cerman, «Rural Economy and Society», S. 61; Kriedte/Medick/Schlumbohm, *Industrialization Before Industrialization*, S. 15; Boldorf, *Europäische Leinenregionen*, S. 16. **89** Ebd, S. 158–202. **90** Barendse, *Arabian Seas*, S. 243 f.; Habib, «Potentialities of Capitalistic Development», S. 70. **91** Pomeranz, «Scale, Scope, and Scholarship», S. 177. S. a. Wong, *China Transformed*, S. 38. Das ist der Grund, warum das Konzept der Protoindustrialisierung von chinesischen Wirtschaftshistorikern kontrovers diskutiert wird, insb. weil es ihrer Einschätzung nach nicht direkt zur Industrialisierung führte. Siehe Li, *Early Industrialization of Jiangnan*, S. 11 f. **92** Parthasarathi, *Why Europe Grew Rich*, S. 10. **93** Karl Marx, *Das Kapital: Kritik der politischen Ökonomie*, Bd. 3, Teil 1, Buch 3, Der Gesamtprozess der kapitalistischen Produktion, Kapitel I bis XXVIII, Hamburg 1894, S. 311 f.

Kapitel 6: Der perfekte Sturm

1 Das genaue Datum der Reise und ob sie tatsächlich in Amsterdam begann, ist bei Historikern umstritten, aber die späten 1740er Jahre sind der wahrscheinlichste Zeitraum und Amsterdam die wahrscheinlichste Ausgangsstadt. Siehe Allgemeines Verwaltungsarchiv Wien, Reichsadelsakten Bethmann, f. 8r, Wien, Österreich. Mehr zu dieser Diskussion ist nachzulesen in Wolfgang Henninger, *Johann Jakob von*

Bethmann, 1717–1792: Kaufmann, Reeder und Kaiserlicher Konsul in Bourdeaux, Bd. 1, Bochum 1993, S. 83–89, 91–95, 104. **2** *Mémoire pour les Sieurs Bethman et Compagnie (Liquidation des Maisons de Commerce Bethman et Fils, Bethmann et Fils et Compagnie) Contre Les Sieurs Weltner et Compagnie, et en Présence du Sieur Gramont (Liquidation de la Maison Feger, Gramont et Compagnie),* Bordeaux 1812, S. 3, W1–9, VII, 15, Bethmann-Archiv, Stadtarchiv Frankfurt a. M. **3** Henninger, *Johann Jakob von Bethmann,* S. 17, 62; Butel, *Les négociants,* S. 8; Françoise Thésée, *Négociants bordelais et colons de Saint- Domingue: Liaisons d'habita-tions: La maison Henry Romberg, Bapst et Cie, 1783–1793,* Diss. Université de Paris 1972, S. 9; Weber, «Deutsche Kaufleute im Atlantikhandel», S. 370–381, gestützt auf Daten aus Saugera, *Bordeaux port négrier,* S. 351–362. **4** *Inventaire General des Biens délaisser par feu Pierre Desclaux,* Bordeaux, 28. Dez. 1765, in: Wq-9, VII, Nr. 1, Bethmann-Archiv, Stadtarchiv Frankfurt a. M. **5** *Contrat de mariage de M. Jean Jaques Bethmann avec Mademoiselle Elizabeth Desclaux,* 13. Aug. 1745, in: W 1–9, VII, Nr. 1, Bethmann-Archiv, Stadtarchiv Frankfurt a. M.; Henninger, *Johann Jakob von Bethmann,* S. 466–474. **6** Ebd., S. 105, 112 f., 287–295, 318, 344 f. **7** Silvia Marzagalli, «The Atlantic World Between Markets and State in 18th-Century France: The Sephardim Firm Gradis in Bordeaux», Arbeitspapier Nr. 16 019, Economic History Society 2016, S. 20; Henninger, *Johann Jakob von Bethmann,* S. 346. **8** Ebd., S. 352–356. S. a. Saugera, *Bordeaux port négrier,* S. 201 f., 239, 272 ff. Man schätzt, dass fast 80 Prozent aller Schiffsreisen von Bordeaux in Saint-Domingue endeten. Siehe ebd., S. 218. S. a. Weber, *Deutsche Kaufleute im Atlantikhandel,* S. 198. **9** Henninger, *Johann Jakob von Bethmann,* S. 258, 262, 264 ff.; Mark Häberlein, «Migration and Business Ventures: German-Speaking Migrants and Commercial Networks in the Eighteenth-Century British Atlantic World», in: John R. Davis/Stefan Manz/Margrit Schulte Beerbühl (Hgg.), *Transnational Networks: German Migrants in the British Empire, 1670–1914,* Leiden 2012, S. 36. Zu dieser Beteiligung und den Konflikten, die daraus entstanden, siehe W 1–9, VII, Nr. 15–16, Bethmann-Archiv, Stadtarchiv Frankfurt a. M. Zur Firma siehe Thésée, «Négociants bordelais», S. 86, 93, 106. Die Zahl 2,2 Millionen Livres stammt aus Henninger, *Johann Jakob von Bethmann,* S. 26 f. **10** Thésée, «Négociants bordelais», S. 10, 21, 24, 27; Häberlein, «Migration and Business Ventures», S. 36; Henninger, *Johann Jakob von Bethmann,* S. 259–262. **11** Thésée, «Négociants bordelais», S. 27. **12** «Consultation délibérée par MM. Martignac Père, Moutardier, Denucé et Emérigon, avocats, pour les Sieurs Bethmann et Compagnie; contre les Sieurs Weltner et Compagnie», Bordeaux, 20. Jan. 1814, W1–9, VII, 15, Bethmann-Archiv, Stadtarchiv Frankfurt a. M. **13** Henninger, *Johann Jakob von Bethmann,* S. 260 f., 355; Weber, «Deutsche Kaufleute im Atlantikhandel», S. 369; Saugera, *Bordeaux port négrier,* S. 351–362; Thésée, «Négociants bordelais», S. 3, 25, 46, 140; Häberlein, «Migration and Business Ventures», S. 36; sowie *Mémoire pour les Sieurs Bethman et Compagnie (Liquidation des Maisons de Commerce Bethman et Fils, Bethman et Fils et Compagnie) Contre Les Sieurs Weltner et Compagnie, et en Présence du Sieur Gramont (Liquidation de la Maison Feger, Gramont et Compagnie),* Bordeaux 1812, S. 3 f., W1–9, VII, 15, Bethmann-Archiv, Stadtarchiv Frankfurt a. M. Zum Boom des Sklavenhandels in Bordeaux in diesen Jahren siehe Saugera, *Bordeaux port négrier,* S. 87–124. **14** *Bapst an Capitaine Guilleau,* Bordeaux, 2. April 1789, Archive Departementale Gironde, 7 B 2001, zit. in: Thésée, «Négociants bordelais et colons de Saint-Domingue», S. 50. **15** Brief von Cramer an P. H. von Bethmann, 16. Jan. 1792, Nachdruck in: Henninger, *Johann Jakob von Bethmann,* S. 310 f.; sowie David Garrioch/Christophe Jaquet/Daniel Roche, *La Fabrique du Paris Révolutionnaire,* Paris 2015, S. 58 f. Bezüglich der Umrechnung siehe «Historical Currency Converter», Historicalstatistics.org, abgerufen am 7. 8. 2024, url: http://www.historicalstatistics.org/Currencyconverter.html. Zu den Lohndaten siehe z. B. D. G., 5L22, District of Bazas, «Tableau du coût de la vie et des salaires dans le District de Bazas», 28 Ventôse Jahr III, zit. in: Alan Forrest, «The Condition of the Poor in Revolutionary Bordeaux», *Past & Present* 59 (1973), S. 174. **16** Friedrich Zellfelder, *Das Kundennetz des Bankhauses Gebrüder Bethmann, Frankfurt am Main, im Spiegel der Hauptbücher (1738–1816),* Stuttgart 1994, S. 140 f. **17** Die Bedeutung dieser Rückkopplungsschleife betont auch Charles Verlinden, *Les origines de la civilisation atlantique: De la Renaissance a l'Age des Lumières,* Paris 1966, S. 140. Zum Rest des Absatzes siehe Benoît de Maillet, *Description de l'Egypte: Contenant plusieurs remarques curieuses sur la géographie ancienne et moderne de ce païs, sur ces monumens anciens, sur les mœurs,* Paris 1735, S. 199; Salvatore Ciriacono, «Silk Manufacturing in France and Italy in the XVIIth Century: Two Models Compared», *Journal of European Economic History* 10 (1981), S. 174 f.; M. Jha, «Ganga Global: Implications of the Ganges River's Integration with the Global Maritime Economy During the Early Modern Period, 1600–1800», unveröffentlichter Aufsatz 2018, S. 19; 38; sowie Pedro Machado, *Ocean of Trade: South Asian Merchants, Africa and the Indian Ocean, c. 1750–1850,* Cambridge 2014, S. 7, 121, 126, 142 f. **18** Irfan Habib, «Potentialities of Capitalistic Development in the Economy of Mughal India», *Journal of Economic History* 29 (1969), S. 66; Gilbert Rozman, «East Asian Urbanization in the Nineteenth Century», in: Ad van der Woude/Jan de Vries/Akira Hayami (Hgg.), *Urbanization in History: A Process of Dynamic Interactions,* Oxford 1990, S. 63; Andre Gunder Frank, *Re-ORIENT: Global Economy in the Asian Age,* Berkeley 1998, S. 108–117, insbes. 116. Die Zahlen sind ungenau und die Schätzungen weichen voneinander ab, aber es besteht ein Konsens, dass Japan urbaner wurde. Siehe u. a. Osamu Saito/Masanori Takashima, «Population, Urbanisation, and Farm Output in Early Modern Japan, 1600–1874: A Review of Dataand Benchmark Estimates», *RCESR Discussion Paper Series DP15-3,* Hitotsubashi-Universität (Mai 2015), S. 7; Peer Vries, *Ursprünge des modernen Wirtschaftswachs-*

tums: England, China und die Welt in der Frühen Neuzeit, Göttingen 2013, S. 203; Jean-Pascal Bassino u. a., «Japan and the Great Divergence, 730–1874», *CEI Working Paper Series 2018–13,* Center for Economic Institutions, Hitotsubashi-Universität 2018, url: https://ideas.repec.org/p/hit/hitcei/2018-13.html. **19** Peter Clark, «Small Towns in England 1550–1850: National and Regional Population Trends», in: *Small Towns in Early Modern Europe,* Cambridge 1995, S. 99. S. a. die Daten und die allgemeine Diskussion in Jan de Vries, *European Urbanization, 1500–1800,* London 1984, S. 40; Christopher Chalklin, *The Rise of the English Town, 1650–1850,* Cambridge 2001, S. 8; P. M. G. Harris, *The History of Human Populations,* Bd. 2, Westport (CT) 2003, S. 273; Klaus Weber, «Mitteleuropa und der transatlantische Sklavenhandel: Eine lange Geschichte», *Werkstatt Geschichte 66/67* (2014), S. 25; Robert C. Allen, «Britain's Economic Ascendancy in a European Context», in: Leandro Prados de la Escosura (Hg.), *Exceptionalism and Industrialisation: Britain and Its European Rivals, 1688–1815,* Cambridge 2004, S. 16, 134. Allen liefert eine brillante Analyse der unterschiedlichen Entwicklungen einiger weniger frühmoderner Ökonomien, insbesondere der niederländischen und belgischen. Er wendet sich gegen die «These der landwirtschaftlichen Revolution». Was wirklich gezählt habe, seien die Veränderungen bei Proto-Industrialisierung und Handel in den Städten. **20** Kenneth Pomeranz, *The Great Divergence: China, Europe, and the Making of the Modern World Economy,* Princeton 2000, S. 3–28. **21** Ronald Findlay/Kevin H. O'Rourke, *Power and Plenty: Trade, War, and the World Economy in the Second Millennium,* Princeton 2007, S. 26; Guillaume Daudin, *Commerce et prospérité: La France au XVIIIe siècle,* Paris 2005, S. 206; Ralph Davis, «English Foreign Trade, 1600–1700», in: Walter E. Minchinton (Hg.), *The Growth of English Overseas Trade in the Seventeenth and Eighteenth Centuries,* London 1969, S. 78–120; Patrick O'Brien, «Was the First Industrial Revolution a Conjuncture in the History of the World Economy?», Economic History Working Paper Nr. 259/2017, LSE, März 2017, S. 21 f.; Barbara L. Solow, *The Economic Consequences of the Slave Trade,* Lanham (MD) 2014, S. 107; Daron Acemoglu/Simon Johnson/James Robinson, «The Rise of Europe: Atlantic Trade, Institutional Change, and Economic Growth», *American Economic Review* 95 (2005), S. 572; Weimin Zhong, «The Roles of Tea and Opium in Early Economic Globalization: A Perspective on China's Crisis in the 19th Century», *Frontiers of History in China* 5 (2010), S. 96; O'Brien, «Was the First Industrial Revolution a Conjuncture in the History of the World Economy?», S. 21; Javier Cuenca Esteban, «Comparative Patterns of Colonial Trade: Britain and its Rivals», in: Prados de la Escosura (Hg.), *Exceptionalism and Industrialisation,* S. 38, 40, 60.; Barbara L. Solow, «Capitalism and Slavery in the Exceedingly Long Run», *Journal of Interdisciplinary History* 17, (1987), S. 733, zit. darin Nicholas F. R. Crafts, «British Economic Growth», *EHR* 36 (1983), S. 177–199. Im Zusammenhang mit diesem Absatz beziehen sich die Zeitangaben 1720er Jahre und 1780er Jahre auf 1722 bis 1724 bzw. 1784 bis 1786. **22** Daudin, *Commerce et prospérité,* S. 25, 199, 201, 210, 340 f., 405 f. **23** Maxine Berg, *Luxury and Pleasure in Eighteenth-Century Britain,* Oxford 2005, S. 82. Zur Delfter Keramik als Kopie von chinesischem Porzellan siehe C. J. A. Jörg, *Interactions in Ceramics: Oriental Porcelain and Delftware,* Hong Kong 1984, S. 19; Nancy F. Koehn, «Josiah Wedgwood and the First Industrial Revolution», in: Thomas K. McGraw (Hg.), *Creating Modern Capitalism: How Entrepreneurs, Companies, and Countries Triumphed in Three Industrial Revolutions,* Cambridge (MA) 1999, S. 35. **24** Zit. in Koehn, «Josiah Wedgwood and the First Industrial Revolution», S. 40 f. **25** Saugera, *Bordeaux port négrier,* S. 54; sowie Thésée, «Négociants bordelais», S. 164. **26** «Inventaire des meubles qui sont sur l'habitation de Paroy», Mappe 3, Inventaires de Habitations, Le Gentil de Paroy, Mappe 1, 164 APOM 1, Fonds Le Gentil de Paroy, Archives Privées, ANOM. **27** Peter Kriedte/Hans Medick/Jürgen Schlumbohm, *Industrialisierung vor der Industrialisierung: Gewerbliche Warenproduktion auf dem Land in der Formationsperiode des Kapitalismus,* Göttingen 1977, S. 81. **28** Anka Steffen, «A Cloth That Binds: New Perspectives on the Eighteenth-Century Prussian Economy», *Slavery & Abolition* 42 (2021), S. 105–129; Siegfried Kühn, *Der Hirschberger Leinwand- und Schleierhandel von 1648 bis 1806,* Breslau 1938, S. 43, 99; Hermann Fechner, «Der Zustand des schlesischen Handels vor der Besitzergreifung des Landes durch Friedrich den Großen», *Jahrbücher für Nationalökonomie und Statistik* 10 (1885), S. 214; Anka Steffen, «‹Insonders hochgeehrter Herr!› – Ein Beitrag zur Einbindung der Gewerbelandschaft Schlesien in den kolonialen Transatlantikhandel im 18. Jahrhundert am Beispiel der Geschäftskorrespondenz des Johann Friedrich Ketzler», Masterarbeit Europa-Universität Viadrina Frankfurt (Oder) 2013, S. 23; Marion Johnson, *Anglo-African Trade in the Eighteenth Century: English Statistics on African Trade 1699–1808,* Leiden 1990, S. 52–60; Saugera, *Bordeaux port négrier,* S. 247; Anka Steffen, «Schlesische Leinwand als Handelsgut im atlantischen Sklavenhandel der frühen Neuzeit. Das Beispiel der Hirschberger Kaufmanns-Societät», *Themenportal Europäische Geschichte* (2017), S. 3 f. Zwischen 1748 u. 1790 wurden drei Viertel des schlesischen Leinens exportiert, und davon gingen drei Viertel in die Neue Welt. Siehe Weber, «Mitteleuropa und der transatlantische Sklavenhandel», S. 18. Zu deutschen Leinenexporten siehe Weber, «Mitteleuropa und der transatlantische Sklavenhandel», S. 26, 29. Zu Frankreich siehe Karsten Voss/Klaus Weber, «War, Crisis and the Development of the Slave-Plantation Economy of Saint-Domingue (1697–1715)», unveröffentlichter Aufsatz 2017, S. 9. **29** Findlay/O'Rourke, *Power and Plenty,* S. 260 f.; sowie Gerard van Gurp, «Proto-Industrialization and World Trade of Textiles in Dutch Brabant, 1620–1820», *Jahrbuch für Wirtschaftsgeschichte* 49 (2008), S. 308. Zu Eisenwaren siehe Göran Rydén/Chris Evans, «Stocktaking at Christiansborg: Metals and Slaves in the Danish Atlantic

Trade at the Mid-Eighteenth Century», in: Holger Weiss (Hg.), *Locating the Global: Spaces, Networks and Interactions from the Seventeenth to the Twentieth Century*, Oldenbourg 2020. Zur Kleidung siehe Robert S. DuPlessis, *The Material Atlantic: Clothing, Commerce, and Colonization in the Atlantic World*, Cambridge 2016. Zu Kupfer siehe Nuala Zahedieh, «Colonies, Copper, and the Market for Inventive Activity in England and Wales, 1680–1730», *EHR* 66 (2013), S. 805–825. **30** Robert Allen, «Agriculture During the Industrial Revolution», in: Roderick Flood/D. N. McCloskey, *The Economic History of Britain since 1700*, Bd. 1, Cambridge 1994, S. 119. **31** Weber, «Mitteleuropa und der transatlantische Sklavenhandel», S. 7; Zahedieh, «Colonies, Copper, and the Market», S. 807. **32** Bezüglich der neuen Nachfrage nach Kupfer zitiere ich Nachweise von einer Plantage in Saint Kitts aus dem Jahr 1732. Siehe Zahedieh, «Colonies, Copper, and the Market», S. 810 ff. **33** Ebd., S. 818, 821 ff. **34** Zahedieh, «Colonies, Copper, and the Market», S. 784–787, 804. Nicht nur die englischen Produzenten profitierten von diesen neuen Märkten. Der Kupferproduzent Rudolph Amsinck aus Holstein richtete im frühen 17. Jh. aus ähnlichen Gründen ein Kupferwerk am Stadtrand von Hamburg ein und produzierte dort Messingdraht, Kupferplatten für Dächer und für den Schiffbau und Kupferkessel für die Zuckerfabriken. Siehe Axel Lohr, «Kupfermühlen in Stormarn und Umgebung», *Jahrbuch für den Kreis Stormarn* 34 (2016), S. 33. **35** P. Dieudonné Rinchon, *Les armements négriers au XVIIIe siècle, d'après la correspondance et la compatibilité des armateurs et des capitaines nantais*, Brüssel 1955, S. 31. **36** Sidney W. Mintz, *Die süße Macht: Kulturgeschichte des Zuckers*, Frankfurt a. M. 1985, S. 106, 148 f., 177; James Walvin, *Zucker: Eine Geschichte über Macht und Versuchung*, München 2020, 109 f.; Robin Blackburn, *The Making of New World Slavery: From the Baroque to the Modern, 1492–1800*, London 1997, S. 403; Seymour Drescher, *Econocide*, Pittsburgh (PA) 1977, S. 78; «Sugars, Granulated», Natural Nutrient Database, United States Department of Agriculture. Sidney Mintz schätzt, dass ein Mitglied der Arbeiterklasse in England im frühen 19. Jh. insgesamt 2000 Kalorien am Tag zu sich nahm (2000 Kalorien/Tag × 365 Tage/Jahr = 730 000 Kalorien/Jahr). Seymour Drescher hat recherchiert, dass die gesamte Zuckerproduktion in der Neuen Welt im Jahr 1805 ca. 297 400 Tonnen betrug. Laut Informationen des US-Landwirtschaftsministeriums enthält eine Tonne Zucker 3 549 854 Kalorien (297 400 Tonnen × 3 549 854 Kalorien = 1 055 726 000 000 Kalorien Zucker, die im Jahr 1805 produziert wurden). Diese Gesamtkalorienzahl im produzierten Zucker habe ich durch die Kalorienzahl geteilt, die ein englischer Arbeiter pro Jahr konsumierte. So erhält man die Anzahl englischer Arbeiter, die mit der produzierten Zuckermenge versorgt werden konnten (1 055 726 000 000 Kalorien im produzierten Zucker im Jahr 1805 / 730 000 Kalorien pro Jahr = 1 446 200 Verbraucher). **37** «J. S. Fry's Chocolate Tin», Smithsonian National Museum of American History, abgerufen: 12. 8. 2024, url: https://www.si.edu/object/j-s-fry-sons-chocolate-tin%3Anmah_869968; Peter Jackson, «How Did Quakers Conquer the British Sweet Shop?», *BBC News*, 20. 1. 2010; Roman Rossfeld, *Schweizer Schokolade: Industrielle Produktion und Kulturelle Konstruktion eines Nationalen Symbols 1860–1920*, Baden 2007, S. 49. **38** Javier Cuenca Esteban, «Comparative Patterns of Colonial Trade: Britain and its Rivals», in: Prados de la Escosura (Hg.), *Exceptionalism and Industrialisation: Britain and Its European Rivals, 1688–1815*, CUP 2004, S. 54. **39** Allen, «Britain's Economic Ascendancy in a European Context», S. 20. **40** Vgl. auch Braudel, *Sozialgeschichte des 15.–18. Jahrhunderts*, Bd. 2, München 1986, S. 298–303. **41** Siehe z. B. Allan Potofsky, «Paris-on-the-Atlantic from the Old Regime to the Revolution», in: *French History* 25 (2011), S. 90; Walter Johnson, *River of Dark Dreams: Slavery and Empire in the Cotton Kingdom*, Cambridge (MA) 2013. Siehe Eric Williams, *Capitalism and Slavery*, Chapel Hill (NC) 1944, S. 210; Walter Rodney, *Wie Europa Afrika unterentwickelte*, Berlin 2023, S. 148; C. L R. James, *The Black Jacobins: Toussaint L'Ouverture and the Haitian Revolution*, Vintage Books 1989, S. 48 (Deutsche Ausgabe: *Die schwarzen Jakobiner*, übers. von Günter Löffler, Köln 1984); W. E. B Du Bois, *Black Reconstruction in America*, New York 1969, S. 5. Aimé Césaire, *Toussaint Louverture: La Révolution française et le problème colonial*, Paris 1962, S. 21; Anton de Kom, *Wij Slaven van Suriname*, Amsterdam 1934, S. 60 (Deutsche Ausgabe: *Wir Sklaven von Surinam*, übers. Von Augusta de Wit, Zürich 1936). Eine ähnliche Argumentation findet sich auch in George Beckford, *Persistent Poverty: Underdevelopment in Plantation Economies of the Third World*, Oxford 1972; Lloyd Best «The Mechanism of Plantation-type Economies: Outlines of a Pure Plantation Economy», *Social and Economic Studies* 17 (1968), S. 283–326. **42** Zu Frankreich siehe Potofsky, «Paris-on-the-Atlantic from the Old Regime to the Revolution», S. 90. **43** Zit. in: Williams, *Capitalism and Slavery*, S. 51. **44** John Cary, *An Essay on the State of England, in Relation to Its Trade, Its Poor, and Its Taxes for Carrying on the Present War Against France*, London 1695, url: https://www.gutenberg.org/cache/epub/61964/pg61964-images.html. **45** C. L. P. Hüpeden, «Vom Linnenhandel in Hessen», *Staatsanzeigen* 41 (1787): S. 3–12. **46** Ebd. **47** Laut Nachdruck in: J. G. van Dillen, «Memorie betreffende de kolonie de Suriname», *Economisch-historisch jaarboek* 24 (1950), S. 162–167. **48** Alex Dupuy, «French Merchant Capital and Slavery in Saint-Domingue», *Latin American Perspectives* 12 (1985), S. 83; Potofsky, «Paris-on-the-Atlantic from the Old Regime to the Revolution», S. 89 f., 92, 99 ff., 105; Daudin, *Commerce et prospérité*, S. 221–333; James, *Black Jacobins*, S. 50; Dieudonné Rinchon, *Pierre-Ignace-Liévin van Alstein, capitaine négrier: Gand 1733 – Nantes 1793*, Dakar 1964, S. 126 f.; Darrell Meadows, «Engineering Exile: Social Networks and the French Atlantic Community, 1789–1809», *French Historical Studies* 23 (2000), S. 67–102. Sie waren auch deswegen profitabler, weil die Kapitalintensität des Außenhandels sowie der Notwendigkeit, auf Vertrauensnetzwerke zurückgreifen zu können, die Anzahl der Teilnehmer begrenzte und so den Wettbewerb einschränkte. Siehe Daudin, *Commerce et prospérité*, S. 332; Albane Forestier, «A ‹Considerable Credit› in the Late Eighteenth-Century French West India Trade: The Chaurands of Nantes», *French History* 25 (2011), S. 63. Siehe auch Trevor Burnard/John Garrigus, *The Plantation Machine: Atlantic Capitalism in French Saint-Domingue and British Jamaica*, Philadelphia 2016, S. 21. **49** Das erste Zitat stammt aus Karwan Fatah-Black/Matthias van Rossum, «Slavery in a ‹Slave Free Enclave›?: Historical Links Between the Dutch Republic, Empire and Slavery, 1580s–1860s», *Werkstatt Geschichte* 66/67 (2014), S. 55. Zu dieser Geschichte gibt es umfangreiche Literatur, u. a. Jan de Vries/Ad van der Woude, *The First Modern Economy: Success, Failure, and Perseverance of the Dutch Economy, 1500–1815*, Cambridge 1997; P. C. Emmer, *Geschiedenis van de Nederlandse slavenhandel*, Amsterdam 2019; und aktuell Pepijn Brandon/Ulbe Bosma, «De betekenis van de Atlantische slavernij voor de Nederlandse economie in de tweede helft van de achttiende eeuw», *Low Countries Journal of Social and Economic History* 16 (2019), S. 5–46. Zur Fischerei und Landwirtschaft in Holland siehe Anhang, Tab. 3. **50** Martin Seiwert/Stefan Reccius, «So abhängig ist Deutschland von der Autoindustrie», *WirtschaftsWoche*, 27. 7. 2017; Matthew C. Klein, «The US Tech Sector Is Really Small», *Financial Times*, 8. 1. 2016. **51** Fatah-Black/van Rossum, «Slavery in a ‹Slave Free Enclave›?», S. 59 f.; Dies., «Wat is winst? De economische impact van de Nederlandse trans-Atlantische Slavenhandel», *Tijdschrift voor sociale en economische geschiedenis* 9 (2012), S. 23; Pepijn Brandon/Ulbe Bosma, «De Betekenis», S. 6; Tamira Combrink, «Rhine Trade in Slave-Based Commodities in the Eighteenth Century», *Low Countries Journal of Social and Economic History* 19 (2022), S. 112; Dies., «From French Harbors to German Rivers: European Distribution of Sugar by the Dutch in the Eighteenth Century», in: Marguerite Martin/Maud Villeret (Hgg.), *La Diffusion des Produits Ultramarins en Europe*, Rennes 2017, S. 40, 50; Matthias van Rossum/Karwan Fatah-Black, «Een marginale bijdrage?», *Tijdschrift voor sociale en economische geschiedenis* 9 (2012), S. 72. Schätzungen zufolge transportierten die Niederländer zwischen 1595 u. 1829 per Schiff 608 849 Sklaven. Siehe van Rossum/Karwan Fatah-Black, «Wat is winst?», S. 14. Zu Profiten aus der Sklaverei siehe Dies., «Slavery in a ‹Slave Free Enclave›?», S. 69. Im Jahr 1780 lag die Bruttomarge im Sklavenhandel zwischen 600 000 und 1,4 Mio. Gulden, der gesamte Überseehandel der Republik belief sich in jenem Jahr auf 300 Millionen Gulden. Siehe Dies., «Een marginale bijdrage?», S. 73. Piet Emmer widerspricht dieser Analyse, doch jüngere Forschungen haben seine Argumente weitgehend widerlegt: Piet Emmer, «Winst in de Marge?», *Tijdschrift voor sociale en economische geschiedenis* 9 (2012), S. 64–70. Siehe auch die Antwort Van Rossum/Fatah-Black, «Een marginale bijdrage?», S. 71–78; sowie Dies., «Wat is winst?», S. 9. **52** Weber, «Mitteleuropa und der transatlantische Sklavenhandel», S. 7, 13 f. **53** Ebd., S. 8, 16, 19 f. **54** Richard Drayton, «Race, Culture and Class: European Hegemony and Global Class Formation, c. 1800–1950», in: Christof Dejung/David Motadel/Jürgen Osterhammel (Hgg.), *The Global Bourgeoisie: The Rise of the Middle Classes in the Age of Empire*, Princeton 2019, S. 351. **55** Weber, «Mitteleuropa und der transatlantische Sklavenhandel», S. 22; K. J. Kuhn/B. Ziegler, «Die Schweiz und die Sklaverei: Zum Spannungsfeld zwischen Geschichtspolitik und Wissenschaft», *Traverse* 16 (2009), S. 116–130; Niklaus Stettler/Peter Haenger/Robert Labhardt, *Baumwolle, Sklaven und Kredite: Die Basler Welthandelsfirma Christoph Burckhardt & Cie. in revolutionärer Zeit (1789–1815)*, Basel 2004, S. 10; sowie «Liste der im Sklavenhandel involvierten Schweizer», Stiftung Cooperaxion 2018, abgerufen: 12. 2. 2019, url: https://cooperaxion.org/datenbank. Zur Bevölkerung siehe Anne-Lise Head-König, «Bevölkerung», *Historisches Lexikon der Schweiz*, 30. 3. 2012. Eine wichtige Studie der wirtschaftlichen Basler Elite in der transatlantischen Wirtschaft ist Susanna Burghartz, «Localizing Globality in Early Capitalist Basel», *Journal of Early Modern History* 25 (2023), S. 83–107. **56** Felipe Ribeiro da Silva, «The Profits of the Portuguese-Brazilian Transatlantic Slave Trade: Challenges and Possibilities», *Slavery & Abolition* 4 (2021), S. 96; Leonardo Marques/Rafael Marquese, «Gold, Coffee, and Slaves: Brazil and World Accumulation», Towards a Global History of Primitive Accumulation Conference, IISH, Amsterdam 2019, S. 212–232. **57** Esteban, «Comparative Patterns of Colonial Trade», S. 732, 735; Klas Rönnbäck, «The Economic Importance of the Slave Plantation Complex to the British Economy in the Eighteenth Century: A Value-Added Approach», *Journal of Global History* 13 (2018), S. 327. **58** Manesty an John Banister, Liverpool, 8. April 1747, in: John Banister Papers, Letter Book, 238, Newport Historical Society, Newport (RI), USA. **59** Solow, «Capitalism and Slavery in the Exceedingly Long Run», S. 717; J. R. Ward, «The Profitability of Sugar Planting in the British West Indies, 1650–1834», *EHR* 31 (1978), S. 209; Blackburn, *Making of New World Slavery*, S. 541; Burnard/Garrigus, *Plantation Machine*, S. 98. Zum Sklavenkomplex in Großbritannien siehe den wichtigen Aufsatz von Stephan Heblich/Stephen J. Redding/Hans-Joachim Voth, «Slavery and the British Industrial Revolution», IDEAS Working Paper Nr. 30 451, National Bureau of Economic Research 2022. Schon der eigentliche Sklavenhandel leistete einen erheblichen Beitrag zur britischen Wirtschaft. Die Autoren schätzen, dass die Gesamtsumme des «Nettoeinkommens aus dem Sklavenhandel» sich für Großbritannien zw. 1786 u. 1790 auf 344 000 Pfund pro Jahr belief. Siehe Esteban, «Comparative Patterns of Colonial Trade», S. 45. Die Zahlen zur Jahresrendite auf Kapitalinvestitionen werden genannt in Berg/Hudson, *Slavery, Capitalism and the Industrial Revolution*, S. 43. **60** Catherine Hall, «John Samuel Wanley Sawbridge Erle-Drax», Centre for the Study of the Legacies of British Slavery Database, University College London, abgerufen:

2.11.2018, url: https://www.ucl.ac.uk/lbs/person/view/2246. **61** Catherine Hall, «Barbados 3784 (Drax Hall)», Centre for the Study of the Legacies of British Slavery Database, University College London, abgerufen: 2.5.2019, url: https://www.ucl.ac.uk/lbs/claim/view/2182; Laura Kitching/Catherine Bolado, «Election 2010: Sweeping Victory for Tory Richard Drax», *Dorset Echo,* 7.5.2010; «Drax Hall», in: Hughes/Queree Papers, BNA; John L. McCusker/Russell R. Menard, «The Sugar Industry in the Seventeenth Century», in: Stuart B. Schwartz (Hg.), *Tropical Babylons,* Chapel Hill (NC) 2004, S. 300; «John Samuel Wanley Sawbridge Erle-Drax», Centre for the Study of the Legacies of British Slavery Database; sowie Piketty, *Kapital und Ideologie,* S. 381. **62** Nick Draper, «‹Possessing Slaves›: Ownership, Compensation and Metropolitan Society in Britain at the Time of Emancipation 1834–40», *History Workshop Journal* 64 (2007), S. 76 ff., 89; Heblich/ Redding/Voth, «Slavery and the British Industrial Revolution», S. 3; Kris Manjapra, «When Will Britain Face Up to Its Crimes Against Humanity?», *Guardian,* 29.3.2018. **63** Die entscheidende Bedeutung des Atlantiks betont u.a. auch Jairus Banaji, «Globalising the History of Capital: Ways Forward», *Historical Materialism* 26 (2018), S. 7; sowie Pilar Nogues-Marco, «Measuring Colonial Extraction: The East India Company's Rule and the Drain of Wealth, 1757–1858», *Capitalism: A Journal of History and Economics* 2 (2021), S. 186 f. **64** Prasannan Parthasarathi, *Why Europe Grew Rich and Asia Did Not: Global Economic Divergence, 1600–1850,* Cambridge 2011, S. 187, 191, 195, 201, 203; William T. Rowe, «Political, Social and Economic Factors Affecting the Transmission of Technical Knowledge in Early Modern China», in: Dagmar Schäfer, *Cultures of Knowledge: Technology in Chinese History,* Leiden 2012, S. 25–44; Francesca Bray, *Technology, Gender and History in Imperial China,* London 2013; R. Bin Wong, *China Transformed: Historical China and the Limits of European Experience,* Ithaca (NY) 1997; Jack A. Goldstone, «Cultural Orthodoxy, Risk, and Innovation: The Divergence of East and West in the Early Modern World», *Sociological Theory* 5 (1987), S. 119–135; Cemal Kafadar, «The Question of Ottoman Decline», *Harvard Middle Eastern and Islamic Review* 4 (1997/98), S. 30–75. **65** Esteban, «Comparative Patterns of Colonial Trade», S. 58; Sven Beckert, King Cotton. Eine Geschichte des globalen Kapitalismus, München 2014, S. 77; Niall Ferguson, *Civilization: The West and the Rest,* Allen Lane 2011, S. 305 (Deutsche Ausgabe: Der Westen und der Rest der Welt, Berlin 2011). **66** Joel Mokyr, *The Gifts of Athena: Historical Origins of the Knowledge Economy,* Princeton 2002, S. 35. **67** Ebd., S. 29. Das (überzeugende) Argument, dass viele neue industrielle Prozesse wenig mit «reiner Wissenschaft» zu tun hatten, findet sich in Steven Shapin, *The Scientific Revolution,* Chicago 1996, S. 140 f. (Deutsche Ausgabe: Die wissenschaftliche Revolution, Frankfurt a.M. 1998). **68** Parthasarathi, *Why Europe Grew Rich,* S. 13, 222; Jean-Laurent Rosenthal/Roy Bin Wong, *Before and Beyond Divergence: The Politics of Economic Change in China and Europe,* Cambridge (MA) 2011. **69** Marcel van der Linden, «Re-Constructing the Origins of Modern Labor Management», *Labor History* 51 (2010), S. 514; Richard Rottenburg, «Social and Public Experiments and New Figurations of Science and Politics in Postcolonial Africa», *Postcolonial Studies* 12 (2009), S. 434. **70** Rafael de Bivar Marquese, «Asymmetrical Dependencies in the Making of a Global Commodity: Coffee in the Longue Durée», in: Abdelkader Al Ghouz u.a. (Hgg.), Joseph C. Miller Memorial Lecture Series, Bd. 5, Berlin 2023, S. 17. Für eine allgemeinere Betrachtung siehe Ulbe Bosma, «Enlightenment in the Global Periphery: Tropical Agricultural Innovation in the Age of Transition, 1750s to 1860s», Colonial Agricultural Modernities Conference, Wissenschaftskolleg zu Berlin 2018, S. 9, 11, 14. **71** Parthasarathi, *Why Europe Grew Rich,* S. 145; Michael Kwass, *Contraband: Louis Mandrin and the Making of a Global Underground,* Cambridge (MA) 2014, S. 8, 43. **72** Banaji, «Globalising the History of Capital»; Robert Kurz, *Weltkrise und Ignoranz: Kapitalismus im Niedergang,* Berlin 2013, S. 88 f. **73** Dieser Absatz stützt sich auf Beckert, *King Cotton,* S. 44 f. Siehe auch Carl Wennerlind, *Casualties of Credit: The English Financial Revolution, 1620–1720,* Cambridge (MA) 2011; Smith, *Wohlstand der Nationen,* 1. Buch, 8. Kap., München 2013, S. 56–75. **74** Banaji, «Globalising the History of Capital», S. 11. **75** Parthasarathi, *Why Europe Grew Rich,* S. 13; Ashin Das Gupta, *Indian Merchants and the Decline of Surat, c. 1700–1750,* Wiesbaden 1967, S. 19. **76** Zit. in Alan Heimert/Andrew Delbanco (Hgg.), *The Puritans in America: A Narrative Anthology,* Cambridge (MA) 1985, S. 7. **77** McCusker/Menard, «Sugar Industry in the Seventeenth Century», S. 145. **78** Richard Vines an John Winthrop, Barbados, 19. Juli 1647, in: Stewart Mitchell/Allyn Bailey Forbes/Malcolm Freiberg (Hgg.), *The Winthrop Papers,* Bd. 5, Boston 1929–1992, S. 172. **79** Richard Ligon, *A True and Exact History of the Island of Barbados,* London 1673, S. 21, 40 f., 53, 120. Die knappen Vorräte sind ein Thema im ganzen Buch. **80** Richard S. Dunn, «The Barbados Census of 1680: Profile of the Richest Colony in English America», *William and Mary Quarterly* 26 (1969), S. 30. **81** Ligon, *True and Exact History,* S. 42. **82** Larry Dale Gragg, «An Ambiguous Response to the Market: The Early New England–Barbados Trade», *Historical Journal of Massachusetts* 17 (1989), S. 178; Wendy Warren, *New England Bound: Slavery and Colonization in Early America,* New York 2016, S. 11, 52. **83** Henry Winthrop an Emmanuel Downing, 22. Aug. 1627 u. Henry Winthrop an John Winthrop, 15. Okt. 1627, in: Papers of the Winthrop Family, Bd. 1, Massachusetts Historical Society, S. 180 f.; siehe auch George Downing an John Winthrop Jr., in: Winthrop Papers, Bd. 5, S. 43 f.; sowie Warren, *New England Bound,* S. 67. **84** Kopie eines Briefs von John Banister an Joseph Harrison vom 10. März 1745, in: John Banister Papers, Letter Book, 238, Newport Historical Society, Newport (RI) USA. **85** Richard Dunn/James Savage/Laetitia Yeandle (Hgg.), *The Journal of John Win-*

throp, Cambridge (MA) 1996, S. 692. **86** S. D. Smith, «Gedney Clarke of Salem and Barbados: Transatlantic Super-Merchant», *The New England Quarterly* 76 (2003), S. 506, 509, 512 ff. **87** «Captain Bredon's Relations of the State of Affaires in New England at his coming from thence in 1660», Massachusetts Historical Society, Karton 36, Mappe 41, Endicott Family Papers, zit. in: Warren, *New England Bound,* S. 58. **88** Mémoire de la chambre d'agricultre du Cap sur les nouvelles prohibitions contre la libérte de l'introduction des américaines du continent dans les ports de St. Domingue 1784, in Le Gentil de Paroy, 164APOM/1, Archives Privées, ANOM; sowie Findlay/O'Rourke, *Power and Plenty,* S. 248. **89** William Weeden, «Early African Slave-Trade in New England», *Proceedings from the American Antiquarian Society,* Worcester 1887, S. 116; Burnard/Garrigus, *Plantation Machine,* S. 21. **90** Weeden, «Early African Slave-Trade in New England», S. 110 ff., 120. **91** Warren, *New England Bound,* S. 10. **92** Ebd., S. 79; Sven Beckert/Katherine Stevens, *Harvard and Slavery: Seeking a Forgotten History*, Harvard University 2011, S. 10 ff.; Rachel Tamar Van, «Free Trade & Family Values: Kinship Networks and the Culture of Early American Capitalism», Diss. Columbia University 2011. **93** Solow, «Capitalism and Slavery in the Exceedingly Long Run», S. 731; Solow, *Economic Consequences of the Slave Trade,* S. 106. **94** Beckert, *Empire of Cotton,* S. 3–28; Parthasarathi, *Why Europe Grew Rich,* S. 89. **95** Julie Marfany, *Land, Proto-Industry and Population in Catalonia, c. 1680–1829: An Alternative Transition to Capitalism?*, Aldershot 2013, S. 77; Herbert Kisch, *From Domestic Manufacture to Industrial Revolution: The Case of the Rhineland Textile Districts,* Oxford 1989, S. 131 (*Die hausindustriellen Textilgewerbe am Niederrhein vor der industriellen Revolution,* Göttingen 1981). **96** Johannes Schmidt, *Geographie und Geschichte des Herzogthums Berg, der Grafschaft Mark, des Ruhrdepartements und des Herzogthums Limburg,* Krefeld 1804, S. 13. **97** Parthasarathi, *Why Europe Grew Rich,* S. 134; Esteban, «Comparative Patterns of Colonial Trade», S. 134. **98** Eine Erörterung dieses Prozesses bei Maxine Berg, «Useful Knowledge, ‹Industrial Enlightenment›, and the Place of India», *Journal of Global History* 8 (2013), S. 117–141. S. a. Parthasarathi, *Why Europe Grew Rich,* S. 10, 106; Esteban, «Comparative Patterns of Colonial Trade», S. 46. **99** Brief an Mr. Augur, Versailles, 9. Jan. 1698, Table Registre, Concernant les Isles de l'amérique, 1698, Secretariat d'état à la Marine, Correspondence au depart avec les colonies, FM/B//21, ANOM. **100** Seymour Shapiro, *Capital and the Cotton Industry in the Industrial Revolution*, Ithaca (NY) 1967, S. 8, 204. **101** Parthasarathi, *Why Europe Grew Rich,* S. 116 f., 127; «Rekest van de linnenkooplieden om op landsniveau de import van katoen door de VOC te doen staken; met ingebonden bijlage, c.1676», Mappe 3863, Stadsbestuur van Haarlem (Stadsarchief van Haarlem), Noord-Hollands Archief, Haarlem, Niederlande. (Mein Dank geht an Dineke, die mich auf dieses Dokument aufmerksam gemacht hat.) S. a. Céline Cousquer, *Nantes: Une capitale des indiennes au XVIIIe siècle,* S. 12, 23, 43; sowie Arrêt du Conseil d'État du roi, 10. Juli 1785, Paris 1785; sowie Kwass, *Contraband*, S. 9, 56 f. **102** N. F. R. Crafts, *British Economic Growth During the Industrial Revolution*, Oxford 1985, S. 62 f.

TEIL II
DER GROSSE SPRUNG

Kapitel 7: Der Aufstieg des Industriekapitalismus, 1760–1850

1 Thomas Ellison, *The Cotton Trade of Great Britain* [1886], London 1968, S. 27. **2** Fernand Braudel, *Die Dynamik des Kapitalismus*, Stuttgart 1986, S. 93. **3** Tom M. Devine (Hg.), *Recovering Scotland's Slavery Past: The Caribbean Connection,* Edinburgh 2015, S. 3, 227, 228, 230, 234. **4** Ebd.; Stephen Mullen, *The Glasgow Sugar Aristocracy 1775–1838,* London 2022. Vgl. Ministers of the Respective Parishes, Under the Superintendence of a Committee of the Society for the Benefit of the Sons and Daughters of the Clergy, *The New Statistical Account of Scotland*, Edinburgh 1845; «Transcript from Extract Registered Deposition by Robert Dunmore to the Company of Proprietors of the Forth and Clyte Navigation», 31. Okt. 1789, Dokument-Nr. 13 502, Fr/Bar, UGA; Nathaniel Jones, *Jones' Directory: Or, Useful Pocket Companies for the Year 1787 with an Introduction and Notes of Old Glasgow*, Glasgow 1787, S. 40; Seymour Shapiro, *Capital and the Cotton Industry in the Industrial Revolution,* Ithaca (NY) 1967, S. 174. Zu Dunmores Plantagenbesitz vgl. «Robert Dunmore of Ballindalloch», Centre for the Study of the Legacies of British Slavery Database, University College London, abgerufen 10.9.2021, url: https://www.ucl.ac.uk/lbs/person/view/21466 49299. **5** Anthony Cooke, *The Rise and Fall of the Scottish Cotton Industry, 1778–1914,* Manchester 2010, S. 2, 20, 30, 39, 42 f., 56, 194; Ballindalloch Mill, GB 248 UGD 091/1/5/1, 1809, Finlay Papers, UGA; Typoskript-Notizen zu den Anfängen der Deanston Works, undatiert (nach 1881), GB 248 UGD 091/1/5/3/14/1, Finlay Papers, UGA; Matthew Blair, *The Paisley Thread Industry and the Men Who Created and Developed It*, Paisley 1907, S. 44 f.; Iain G. C. Hutchison, *Industry, Reform and Empire: Scotland, 1790–1880,* Edinburgh 2020, S. 37, 53; Maxine Berg/Pat Hudson, *Slavery, Capitalism and the Industrial Revolution,* Cambridge 2023, S. 109. **6** Cooke, *Rise and Fall,* S. 51; Hutchison, *Industry, Reform and Empire,* S. 38. Zunahme von 11 784 britischen Pfund im Jahr 1789 auf 161 285 Pfund im Jahr 1800. Vgl. außerdem James Finlay & Co., Balance Book, GB 248 UGD 091/1/4/1/3/1, 1789–1800, Ledger [Hauptbuch] «C»,

Typoskript-Notizen zu den Anfängen der Deanston Works, UGA. **7** Cooke, *Rise and Fall*, S. 17, 30–32. **8** *New Statistical Account for Balfron*, Stirlingshire 1841, S. 4 f. **9** Cooke, *Rise and Fall*, S. 29, 34 f., 100–129, 178; «Contracts between George Houston of Johnstone, Robert Corse, merchant at Wallneuk, Paisley, and the trustees of James Milliken of Milliken, in connection with the cotton mill at Newmill, alias Easter Cochrane», TD263/193, GCA. Zu den Landbesitzern vgl. Cooke, *Rise and Fall*, S. 178; Devine, *Recovering Scotland's Slavery Past*, S. 236. Die schottischen Baumwollhersteller wandten sich häufig mit der Bitte um Unterstützung an den Staat. Vgl. z. B. den Report of the *Committee Appointed by the Chamber of Commerce and Manufactures of Glasgow regarding Cotton Manufacture*, 29. Feb. 1788, TD1670/4/49, GCA; *Petition of the Linen and Cotton Manufacturers of Perth to the House of Commons*, 17. Nov. 1796, TD1670/4/83. GCA; *Two Printed Resolutions of the Cotton Manufacturers of Glasgow and Environs*, GCA. Vgl. auch Committee of Management of the Board of the Cotton Trade, «Observations on the Cotton Trade of Great Britain», 2. Feb. 1803, in: Gregory Claeys (Hg.), *Selected Works of Robert Owen*, Bd. 1, London 1993. In den Jahren 1801/02 stammte knapp die Hälfte der gesamten in Glasgow ankommenden Baumwolle aus den Vereinigten Staaten, der Rest kam aus der Karibik und Brasilien. Vgl. hierzu die Liste von Baumwollimporten in verschiedenen schottischen Häfen, 1801–1802, TD1670/4/96, GCA. Vgl. auch Cooke, *Rise and Fall*, S. 23, 46; T. M. Devine, «An Eighteenth-Century Business Elite: Glasgow-West India Merchants, c. 1750–1815», *Scottish Historical Review* 57 (1978), S. 40; Devine, *Recovering Scotland's Slavery Past*, S. 231. **10** Cooke, *Rise and Fall*, S. 175. **11** Ebd., S. 184 f. **12** Ebd., S. 3, 12, 16, 175; Shapiro, *Capital and the Cotton Industry*, S. 176; Blair, *Paisley Thread Industry*, S. 34 f., 37; Devine, «Eighteenth-Century Business Elite», S. 46; Finlay Papers, UGA. **13** Mullen, *Glasgow Sugar Aristocracy*, Kap. 3; Shapiro, *Capital and the Cotton Industry*, S. 173; Cooke, *Rise and Fall*, S. 20, 176; Devine, *Slavery Past*, S. 227–229, S. 236 f.; T. M. Devine, «The Colonial Trades and Industrial Investment in Scotland, c. 1700–1815», *EHR* 29 (1976) 1, S. 3, 4, 10; Devine, «Eighteenth-Century Business Elite», S. 41–45, 49; Berg/Hudson, *Slavery, Capitalism and the Industrial Revolution*, S. 156 f.; Shapiro, *Capital and the Cotton Industry*, S. 13, 16, 147–181. Die Glasgower Kaufleute importierten nicht nur die Produkte der Sklaverei und brachten sie auf die europäischen Märkte, sie versorgten im Gegenzug auch die Plantagen mit einer großen Vielfalt von Konsumgütern, z. B. Textilien und Lebensmittel, und gewährten den Plantagenbesitzern Kredite. Vgl. hierzu Devine, *Slavery Past*, S. 229. Die Erschließung des Chesapeake-Gebiets wurde mit Krediten aus Schottland finanziert. Vgl. Ebd. **14** Dazu gehörten auch Leinenstoffe. Vgl. ebd. **15** Zit. nach Cooke, *Rise and Fall*, S. 142. **16** T. M. Devine, *The Transformation of Rural Scotland: Social Change and the Agrarian Economy. 1660–1815*, Edinburgh 1994, S. 43, 45–47; Cooke, *Rise and Fall*, S. 137 f. **17** Zit. nach Lionel Gossman, *Thomas Annan of Glasgow: Pioneer of the Documentary Photograph*, Cambridge 2015, S. 90. **18** Jelinger Symons, hier zit. nach Gossman, *Thomas Annan of Glasgow*, S. 90 f. **19** Zu einer zeitgenössischen Auseinandersetzung um diese Thematik vgl. die undatierten Baumwolle- und Leinen-Gesetze und Petition, TD 1670/4/266, GCA; Cooke, *Rise and Fall*, S. 2, 5, 67. Vgl. auch Hutchison, *Industry, Reform and Empire*, S. 38; Anthony Slaven/Sydney Checkland (Hg.), *Dictionary of Scottish Business Biography, 1860–1960*, Bd. 1, Aberdeen 1986, S. 297; Gossman, *Thomas Annan of Glasgow*, S. 89. Das Ausmaß der Ungleichheit wird detailliert beschrieben in John R. Kellett, «Property Speculators and the Building of Glasgow, 1780–1830», *Scottish Journal of Political Economy* 8 (1961) 3, S. 211, 214–217; Gossman, *Thomas Annan of Glasgow*, S. 91. **20** Zit. nach ebd., S. 92. **21** Fernand Braudel, «European Expansion and Capitalism, 1450–1650», Contemporary Civilization Staff of Columbia College (Hg.), *Chapters in Western Civilization*, Bd. 1, New York 1961, S. 260. **22** Charles Tilly, «Did the Cake of Custom Break?», in: John M. Merriman (Hg.), *Consciousness and Class Experience in Nineteenth Century Europe*, New York 1979, S. 25. Die Unterschiede zwischen den Lebensstandards im östlichen Mittelmeerraum und in Europa waren vor der Industriellen Revolution gering, erklärt Şevket Pamuk: «Wirtschaft und Institutionen im Nahen Osten seit dem Mittelalter», in: James A. Robinson/Klaus Wiegandt (Hgg.), *Die Ursprünge der modernen Welt: Geschichte im wissenschaftlichen Vergleich*, Frankfurt a. M. 2008, S. 543. Vgl. auch Kenneth Pomeranz, *The Great Divergence: China, Europe, and the Making of the Modern World Economy*, Princeton 2000. **23** Eine Übersicht zum Thema bietet Joseph E. Inikori, *Africans and the Industrial Revolution in England: A Study in International Trade and Economic Development*, Cambridge 2002, bes. S. 110, 141. **24** Historiker sind sich jedoch weiterhin grundsätzlich uneinig in der Frage, was die Industrielle Revolution war und was sie auslöste. Vgl. hierzu den wunderbaren Überblick bei Inikori, *Africans and the Industrial Revolution*, S. 91. Vgl. auch Arnold Toynbee, *Lectures on the Industrial Revolution of the Eighteenth Century in England: Popular Addresses, Notes, and other Fragments*, London 1884; Robert Allen, *The British Industrial Revolution in Global Perspective*, Cambridge 2009. Braudel stellte fest, dass die Debatten zwischen jenen, die nur eine interne, und jenen, die nur eine externe Erklärung für den Kapitalismus und die Industrielle Revolution zulassen, «müßig» seien; es bedürfe beider Erklärungen, weil sie «unauflösbar miteinander verbunden [sind]», vgl. Braudel, *Die Dynamik des Kapitalismus*, S. 97. Vgl. außerdem Eric Vanhaute, «Global and Regional Comparisons: The Great Divergence Debate and Europe», in: Matthias Middell (Hg.) *The Practice of Global History: European Perspectives*, London 2019, S. 186; Karl Polanyi, *The Great Transformation: Politische und ökonomische Ursprünge von Gesellschaften und Wirtschaftssystemen*, Frankfurt a. M. 1978, S. 67 f. **25** Zu diesem Argument s. a. Andrea Komlosy, «Entanglements of Catching Up: Rethinking ‹Industrial Revolution› from a Global Perspective», *Journal of Globalization Studies* 12 (2021) 1, S. 79 f. **26** Pepijn Brandon, «Marxism and the ‹Dutch Miracle›: The Dutch Republic and the Transition Debate», *Historical Materialism* 19 (2011) 3, S. 108; Leandro Prados de la Escosura, «Was British Industrialization Exceptional?», in: ders. (Hg.), *Exceptionalism and Industrialization: Britain and Its European Rivals, 1688–1815*, Cambridge 2004, S. 3; Marshall G. S. Hodgson, *Rethinking World History: Essays on Europe, Islam and World History*, hg. v. Edmund Burke, Cambridge 2002, S. 68. **27** William J. Ashworth, «The Ghost of Rostow: Science, Culture and the British Industrial Revolution», *Historical Science* 46 (2008) 3, S. 267; John Styles, «The Rise and Fall of the Spinning Jenny: Domestic Mechanisation in Eighteenth-Century Cotton Spinning», *Textile History* 51 (2020) 2, S. 217, 220, 222. **28** James A. Mann, *The Cotton Trade of Great Britain*, London 1860, S. 22. Zum Anteil der Baumwollindustrie an der britischen Volkswirtschaft vgl. Beckert, *King Cotton: Eine Geschichte des globalen Kapitalismus*, München 2014, S. 152–154. **29** Ellison, *Cotton Trade of Great Britain*, S. 47. Zu den Daten über britische Baumwollfabriken vgl. Beckert, *King Cotton*, S. 67–92, bes. 76 f. u. 81 f.; Ellison, *Cotton Trade of Britain*, S. 72. **30** Zu diesem Argument zu den Steigerungen von Produktionskapazitäten, die nur bei einer entsprechenden Nachfrage sinnvoll sind, s. a. Polanyi, *The Great Transformation: Politische und ökonomische Ursprünge*, S. 69. Die Bedeutung der Nachfrage wird auch von Ronald Findlay und Kevin H. Rourke betont: *Power and Plenty: Trade, War, and the World Economy in the Second Millennium*, Princeton 2007, S. 345. Vgl. auch den ausgezeichneten Beitrag von Inikori, *Africans and the Industrial Revolution in England*, S. 434 f.; Nicholas F. R. Crafts/C. Knick Harley, «Precocious British Industrialisation: A General Equilibrium Perspective», in: Prados de la Escosura, *Exceptionalism and Industrialisation*, S. 96. **31** Rede zur Unterstützung eines Antrags, «die Gründe für die Nöte der Baumwollweber zu untersuchen», undatiert, ohne Autorangabe, T-PM/117/3/49, GCA. **32** Ellison, *Cotton Trade of Great Britain*, S. V. Vgl. allgemein zu diesem Thema: Andrea Komlosy, «Entanglements of Catching-up: Rethinking ‹Industrial Revolution› from a Global Perspective», *Kondratieff Waves: Historical and Theoretical Aspects* (2021), S. 11. **33** Mann, *Cotton Trade of Great Britain*, S. 43; Stephen Mosley, *The Chimney of the World: A History of Smoke Pollution in Victorian and Edwardian Manchester*, Cambridge 2001, S. 3 f.; Ellison, *Cotton Trade of Great Britain*, S. 50, 55. **34** Mann, *Cotton Trade of Great Britain*, S. 6. **35** Vgl. hierzu z. B. Rondo Cameron, *A Concise Economic History of the World: From Paleolithic Times to the Present*, Oxford 1989, S. 163–165; Michael Fores, «The Myth of a British Industrial Revolution», *History* 66 (1981) 217, S. 181–198. **36** Hier zit. nach Cooke, *Rise and Fall*, S. 75. **37** Kirkman Finlay, Glasgow, an Alexander S. Finlay, Bombay, Glasgow, 14. Sep. 1837, im Korrespondenzbuch (Presse-Kopien) zw. Kirkman Finlay in Castle Toward und Glasgow nach London und an Alexander S. Finlay, Bombay, GB 248 UGD 091/1/3/3/1, Nov. 1835-Nov. 1837, Finlay Papers, UGA. **38** Cooke, *Rise and Fall*, S. 54, 64, 83, 91; Kirkman Finlay an Alexander S. Finlay, 15. Jan. 1836, Korrespondenzbuch, ebd. **39** Cooke, *Rise and Fall*, S. 75, 191, 204; Hutchison, *Industry, Reform and Empire*, S. 39. **40** Zit. nach Mosley, *Chimney of the World*, S. 17. Vgl. auch Cooke, *Rise and Fall*, S. 205. **41** Kirkman Finlay an Alexander S. Finlay, 19. Dez. 1835, Korrespondenzbuch, a. a. O., Nov. 1835 - Nov. 1837. **42** Ebd., 27. Jan. 1837. **43** Vgl. hierzu ebd. sowie das Private Journal Nr. 2, GB 248 UGD 091/1/4/3/1/1, 1825–1852, Finlay Papers, UGA. **44** Kirkman Finlay, Glasgow, an Alexander S. Finlay, Korrespondenzbuch, a. a. O., 11. Juli 1836. **45** Zur Debatte um die Bedeutung von Kohle vgl. Gregory Clark/David Jacks, «Coal and the European Industrial Revolution: 1700–1869», *European Review of Economic History* 11 (2007), S. 1, 39 f.; Edward A. Wrigley, *Energy and the English Industrial Revolution*, Cambridge 2010, S. 193. **46** Franz-Josef Brüggemeier, *Grubengold: Das Zeitalter der Kohle von 1750 bis heute*, München 2018, S. 15, 33. Diese Zahlen zur Kohleförderung sind grobe Werte und stammen von Wrigley, *Energy and the English Industrial Revolution*, S. 37. Zu den ökologischen Grenzen vgl. Pomeranz, *Great Divergence*, S. 61. Zur Bedeutung der städtischen Nachfrage vgl. Clark/Jacks, «Coal and the European Industrial Revolution», S. 63. Zur Bedeutung Londons vgl. Robert C. Allen, *The British Industrial Revolution in Global Perspective*, Cambridge 2014, S. 82, 84; ders., «The Transportation Revolution and the English Coal Industry, 1695–1842: A Geographical Approach», *JEH* 83 (2023) 4, S. 1175; Edward A. Wrigley, «Energy and the English Industrial Revolution», *Philosophical Transactions of the Royal Society* 371, Nr. 1986 (2013), S. 1–10; Alan Fernihough/Kevin Hjortshøj O'Rourke, «Coal and the European Industrial Revolution», National Bureau of Economic Research Working Paper Nr. 19 802 (2014), S. 13; Joel Mokyr, «An Age of Progress», in: Roderick Floud/Jane Humphries/Paul Johnson (Hg.), *The Cambridge Economic History of Modern Britain*, Bd. 1, Cambridge 2014, S. 284; Wrigley, *Energy and the English Industrial Revolution*, S. 46. Die Dampfmaschine und ihre Fähigkeit, Wasser abzupumpen, ermöglichte den Bergleuten das Graben sehr viel tieferer Schächte. **47** William Fordyce, *A History of Coal, Coke, Coal Fields, Progress of Coal Mining, the Winning and Working of Collieries, Household, Steam, Gas, Coking, and Other Coals, Duration of the Great Northern Coal Field, Mine Surveying and Government Inspection. Iron, Its Ores, and Processes of Manufacture, More Particularly with Reference to the Recently-Discovered Iron Ores of the Cleveland District and of the Blast Furnaces Erected in the North of England. Including: Estimates of the Capital Required to Embark in the Coal, Coke, or Iron Trades; the Probable Amount of Profit to Be Realized; Amount of Capital Invested in Collieries and Iron Works; Mode of Valuing Mineral Property, &c. A Brief History of the Coal and Iron Trades, Brought Down to the Present Time. Illustrated with Sketch Geological Map and Numerous Highly Finished Engravings*. London 1860, S. 5. **48** Brüggemeier, *Grubengold*, S. 37, 159; Thomas

Southcliffe Ashton/Joseph Sykes, *The Coal Industry of the Eighteenth Century,* Manchester 1929, S. 2; Franz-Josef Brüggemeier/Michael Farrenkopf/Heinrich Theodor Grütter (Hgg.), *Das Zeitalter der Kohle: Eine europäische Geschichte,* Essen 2018, S. 159 f.; Fordyce, *A History of Coal,* S. 44. **49** Leigh Shaw-Taylor/Xuesheng You, «The Development of the Railway Network in Britain 1825–1911», in: L. Shaw-Taylor/D. Bogart/M. Satchell (Hgg.), *The Online Historical Atlas of Transport, Urbanization and Economic Development in England and Wales c. 1680–1911,* abgerufen: 15. 1. 2024, S. 1, 4 f., 9–11; Shaw-Taylor/You, «Development of the Railway Network in Britain, 1825–1911», S. 11, 14, 20; Sean McCartney, «Managerial Failure in Early Victorian Britain: Network and Capital Expansion During the Railway Mania», *Business History* (2022), S. 3; Mark Casson, *The World's First Railway System: Enterprise, Competition, and Regulation on the Railway Network in Victorian Britain,* Oxford 2009, S. 285. **50** Zit. nach Charlotte Mathieson, *Mobility in the Victorian Novel: Placing the Nation,* London 2015, S. 6. **51** Ralph Davis, «English Foreign Trade, 1700–1774», *EHR* 15 (1962), S. 285–303; Inikori, *Africans and the Industrial Revolution,* S. 456; Nuala Zahedieh, «Eric Williams and William Forbes: Copper, Colonial Markets and Commercial Capitalism», *EHR* 74 (2021), S. 789; Berg/Hudson, *Slavery, Capitalism and the Industrial Revolution,* S. 139. Eine Zusammenfassung der Literatur zur Beziehung zwischen Eisenindustrie und Kapitalakkumulation findet sich bei Berg/Hudson, *Slavery, Capitalism and the Industrial Revolution,* S. 119 f. Zu den Einzelheiten vgl. Douglas J. Hamilton, *Scotland, The Caribbean, and The Atlantic World, 1750–1820,* Manchester 2005, S. 193–197; Ashworth, «Ghost of Rostow», S. 265; Hutchison, *Industry, Reform and Empire,* S. 41 f.; Chris Evans/Göran Rydén, «The Industrial Revolution in Iron: An Introduction», in: dies. (Hgg.), *The Industrial Revolution in Iron: The Impact of British Coal Technology in Nineteenth-Century Europe,* Aldershot 2005, S. 2; Ashworth, «Ghost of Rostow», S. 265. **52** Priya Satia, *Empire of Guns: The Violent Making of the Industrial Revolution,* London 2018, S. 19 f. **53** Satia, *Empire of Guns,* S. 10. **54** Ebd., S. 101. **55** Ebd., S. 6, 8, 21, 141, 148, 153, 156 f., 164; Eric Hobsbawm, *Europäische Revolutionen,* Zürich 1962, S. 86. **56** Robert B. Stuart, *A Descriptive History of the Steam Engine,* London 1824, S. v–vi. Vgl. auch David Landes, *Der entfesselte Prometheus: Technologischer Wandel und industrielle Entwicklung in Westeuropa von 1750 bis zur Gegenwart,* Köln 1973, S. 105 f. **57** Die Nebeneffekte der Kohle betonen auch Allen, *British Industrial Revolution in Global Perspective,* S. 83; Nicholas F. R. Crafts, «British Industrialization in an International Context», *Journal of Interdisciplinary History* 19 (1989) 3, S. 417. **58** Patrick Colquhoun, *A Treatise on the Wealth, Power and Resources of the British Empire,* London 1814, S. 68. **59** Ebd. **60** William Chambers/Robert Chambers, *Chambers's Information for the People,* Bd. 2, Edinburgh 1849, S. 213. **61** Patrick O'Brien, «Was the First Industrial Revolution a Conjuncture in the History of the World Economy?», Economic History Working Paper Nr. 259/2017, London School of Economics 2017, S. 7; Richard H. Tilly/Michael Kopsidis, *From Old Regime to Industrial State: A History of German Industrialization from the Eighteenth Century to World War I,* Chicago 2020, S. 49. **62** Arthur L. Dunham, «The Development of the Cotton Industry in France and the Anglo-French Treaty of Commerce of 1860», *EHR* 1 (1928) 2, S. 282; Gerhard Adelmann, *Die Baumwollgewerbe Nordwestdeutschlands und der westlichen Nachbarländer beim Übergang von der vorindustriellen zur frühindustriellen Zeit, 1750–1815,* Stuttgart 2001, S. 76; Richard Dehn, *The German Cotton Industry,* Manchester 1913, S. 3; James K. J. Thomson, *A Distinctive Industrialization: Cotton in Barcelona, 1728–1832,* Cambridge 1992, S. 248; Jan Dhondt, «The Cotton Industry at Ghent During the French Regime», in: François Crouzet/ William H. Chaloner/Walter Marcel Stern (Hgg.), *Essays in European Economic History, 1789–1914,* London 1969, S. 18; Georg Meerwein, «Die Entwicklung der Chemnitzer bezw. sächsischen Baumwollspinnerei von 1789–1879», Diss. Universität Heidelberg 1914, S. 19; Rudolf Forberger, *Die industrielle Revolution in Sachsen 1800–1861,* Bd. 1, 2. Halbband: *Die Revolution der Produktivkräfte in Sachsen 1800–1830. Übersichten zur Fabrikentwicklung,* Berlin 1982, S. 14; Albert Tanner, «The Cotton Industry of Eastern Switzerland, 1750–1914: From Proto-Industry to Factory and Cottage Industry», *Textile History* 23 (1992) 2, S. 139; Wolfgang Müller, «Die Textilindustrie des Raumes Puebla (Mexiko) im 19. Jahrhundert», Diss. Universität Bonn 1977, S. 144; Edward R. J. Owen, *Cotton and the Egyptian Economy, 1820–1914: A Study in Trade and Development,* Oxford 1969, S. 23 f.; Tilly/Kopsidis, *From Old Regime to Industrial State,* S. 36; Allen, *Industrial Revolution in Global Perspective,* S. 211; Günter Kirchhain, «Das Wachstum der deutschen Baumwollindustrie im 19. Jahrhundert: Eine historische Modellstudie zur empirischen Wachstumsforschung», Diss. Universität Münster 1973, S. 30, S. 41. Vgl. außerdem Francisco Mariano Nipho, *Estafeta de Londres,* Madrid 1770, S. 44, hier zit. nach Pierre Vilar, *La Catalogne dans l'Espagne moderne: Recherches sur le fondements économiques des structures nationales,* Bd. 2, Paris 1962, S. 10; Howard F. Cline, «Spirit of Enterprise in Yucatán», in: Lewis Hanke (Hg.), *History of Latin American Civilization: Sources and Interpretations,* Bd. 1, London 1969, S. 133; Adelmann, *Die Baumwollgewerbe Nordwestdeutschlands,* S. 153; Dunham, «Development of the Cotton Industry», S. 288; Basilio M. Biucchi, «Die Industrielle Revolution in der Schweiz 1700–1850», in: Carlo M. Cipolla (Hg.), *Europäische Wirtschaftsgeschichte,* Bd. 4, Stuttgart/New York 1977, S. 43–61, hier S. 48 f.; Robert Lévy, *Histoire économique de l'industrie cotonnière en Alsace,* Paris 1912, S. 87, 89; US Census Bureau, *Manufactures of the United States in 1860: Compiled from the Original Returns of the Eighth Census Under the Direction of the Secretary of the Interior,* Washington, DC 1865, S. xvii; Ronald Bailey, «The Slave(ry) Trade and the Development of Capitalism in the United States: The Textile Industry in New England», in: Joseph E. Inikori/Stanley L.

Engerman (Hgg.), *The Atlantic Slave Trade: Effects on Economies, Societies, and Peoples in Africa, the Americas, and Europe*, Durham (NC) 1992, S. 221. **63** Peter N. Stearns, *The Industrial Revolution in World History*, Boulder 2007, S. 56; William O. Henderson, *Britain and Industrial Europe, 1750–1870: Studies in British Influence on the Industrial Revolution in Western Europe*, Liverpool 1954, S. 4, 7, 102, 267; Kristine Bruland, *British Technology and European Industrialization: The Norwegian Textile Industry in the Mid-Nineteenth Century*, Cambridge 1989, S. 14; David J. Jeremy, *Damming the Flood: British Government Efforts to Check the Outflow of Technicians and Machinery, 1780–1843*, Cambridge (MA) 1977, S. 32 f.; Jan Dhont/Marinette Bruwier, «Die Industrielle Revolution in den Niederlanden (Belgien und Holland) 1700–1914», in: Cipolla, *Europäische Wirtschaftsgeschichte*, Bd. 4, S. 63–84, hier: 74 f.; Adelmann, *Die Baumwollgewerbe Nordwestdeutschlands*, S. 77, 127; David J. Jeremy, *Transatlantic Industrial Revolution: The Diffusion of Textile Technology between Britain and America, 1790–1830*, Cambridge (MA) 1981, S. 17; Landes, *Der entfesselte Prometheus*, S. 145; Rondo Cameron, «The Diffusion of Technology as a Problem in Economic History», *Economic Geography* 51 (1975) 3, S. 221; John Macgregor, *The Commercial and Financial Legislation of Europe and North America*, London 1841, S. 290. **64** Walter Bodmer, *Die Entwicklung der schweizerischen Textilwirtschaft im Rahmen der übrigen Industrien und Wirtschaftszweige*, Zürich 1960, S. 279, 339; Alison K. Smith, «A Microhistory of the Global Empire of Cotton: Ivanovo, the ‹Russian Manchester›», *Past & Present* 244 (2019), S. 163. **65** Zum Argument des institutionellen Rahmens vgl. auch Beckert, *King Cotton*, S. 171 f. **66** David Landes' klassische Geschichte z. B. erwähnt den Staat kaum. Landes, dem der technologische Wandel als Triebfeder der Industrialisierung galt, schrieb die Revolution stattdessen einer Kultur des unabhängigen Rationalismus zu, die für ihn ein einzigartiges Merkmal der westeuropäischen Aufklärung war. Vgl. Landes, *Der entfesselte Prometheus*, S. 28–32. Zu einer weberianischen Umformulierung von Landes vgl. Margaret C. Jacob, «French Education in Science and the Puzzle of Retardation, 1790–1840», *História e Economia* 8 (2011), S. 13–38. Vgl. Ashworth, «Ghost of Rostow», S. 259, 261; William J. Ashworth, *The Industrial Revolution: The State, Knowledge and Global Trade*, London 2017, S. 4. Vgl. auch Prasannan Parthasarathi, *Why Europe Grew Rich and Asia Did Not: Global Economic Divergence, 1600–1850*, Cambridge 2011, S. 143; Sophus A. Reinert, *Translating Empire: Emulation and the Origins of Political Economy*, Cambridge (MA) 2011, S. 275; Beckert, *King Cotton*, S. 171 f.; Inikori, *Africans and the Industrial Revolution*; Ashworth, *The Industrial Revolution*. **67** Reinert, *Translating Empire*, S. 276. **68** Zit. nach Jeff Horn, *The Path Not Taken: French Industrialization in the Age of Revolution, 1750–1830*, Cambridge (MA) 2006, S. 222. **69** Joel Mokyr, *Industrialization in the Low Countries*, New Haven 1976, S. 39; Adelmann, *Die Baumwollgewerbe Nordwestdeutschlands*, S. 89 f.; Meerwein, «Die Entwicklung der Chemnitzer Baumwollspinnerei», S. 21; Lars K. Christensen, «Denmark: The Textile Industry and the Forming of Modern Industrial Relations», in: Lex Heerma van Voss/Els Hiemstra-Kuperus/Elise van Nederveen Meerkerk (Hgg.), *The Ashgate Companion to the History of Textile Workers, 1650–2000*, Farnham 2009, S. 144; Alexander Hamilton, «Report on the Subject of Manufactures, December 5, 1791», in: ders., *Writings*, New York 2001, S. 647–734; Samuel Rezneck, «The Rise and Early Development of Industrial Consciousness in the United States, 1760–1830», *Journal of Economic and Business History* 4 (1932), S. 784–811; Horn, *The Path Not Taken*, S. 223; Joshua L. Rosenbloom, «The Economic History of North America, 1700–1870», in: Stephen Broadberry/Kyoji Fukao (Hgg.), The *Cambridge Economic History of the Modern World*, Bd. 1, Cambridge 2021; Marcel Boldorf, *Europäische Leinenregionen im Wandel: Institutionelle Weichenstellungen in Schlesien und Irland (1750–1850)*, Köln 2006, S. 160. **70** Zit. nach Jan Dhondt, «The Cotton Industry at Ghent During the French Regime», in: Crouzet/Chaloner/Stern (Hgg.), *Essays in European Economic History*, S. 24. **71** Friedrich List, *Das nationale System der politischen Ökonomie* [1841], 2. Buch, 17. Kap., hier zit. nach: Jena: Gustav Fischer 1922, S. 306. Vgl. außerdem Paul Leuilliot, «L'essor économique du XIXe siècle et les transformations de la cité», in: Georges Livet/Raymond Oberlé (Hgg.), *Histoire de Mulhouse des origines à nos jours*, Straßburg 1977, S. 190; Richard Dietsche, «Die industrielle Entwicklung des Wiesentales bis zum Jahre 1870: wirtschaftsgeschichtliche Studien», Diss. Universität Basel 1935; Schopfheim 1937, S. 56 f.; Meerwein, «Die Entwicklung der Chemnitzer bezw. sächsischen Baumwollspinnerei», S. 47, 51 f. Zur Bedeutung der Zölle s. a. Dehn, *The German Cotton Industry*, S. 4; Kirchhain, «Das Wachstum der deutschen Baumwollindustrie», S. 185; Angel Smith u. a., «Spain», in: van Voss/Hiemstra-Kuperus/van Nederveen Meerkerk (Hgg.), *Ashgate Companion to the History of Textile Workers*, S. 455. Es gab noch viele weitere Staaten, die hohe Einfuhrzölle verlangten; vgl. hierzu United States Department of State, *Report in the Commercial Relations of the United States with Foreign Nations: Comparative Tariffs; Tabular Statements of the Domestic Exports of the United States: Duties on Importation of the Staple or Principal Production of the United States into Foreign Countries*, Washington 1842, S. 534 f. **72** Friedrich List, *Das nationale System der politischen Ökonomie*, 4. Buch, 33. Kap., S. 476. **73** Vgl. zu diesem Zitat Henry Charles Carey, *Harmony of Interests, Agricultural, Manufacturing, and Commercial*, Philadelphia 1851, S. 72. **74** Beckert, *King Cotton*, S. 158 f.; Carey, *Harmony of Interests*, S. 67; Mary Jo Maynes, «Gender, Labor, and Globalization in Historical Perspective: European Spinsters in the International Textile Industry, 1750–1900», *Journal of Women's History* 15 (2004) 4, S. 48. **75** Dionysius Larder, *Railway Economy: A Treatise on the New Art of Transport, Its Management, Prospects and Relations*, London 1850, S. 55; Ian J. Kerr, *Engines of Change: The Railroads That Made India*, Westport (CT) 2007;

Colleen A. Dunlavy, *Politics and Industrialization: Early Railroads in the United States and Prussia*, Princeton 1994, S. 29; Jesús Sanz Fernández, «Los ferrocarriles iberoamericanos en perspectiva histórica», in: ders. (Hg.), *Historia de los ferrocarriles de Iberoamérica (1837–1995)*, Madrid 1998, S. 20; Tilly/Kopsidis, *From Old Regime to Industrial State*, S. 126; Kimon Apostolus Doukas, *The French Railroads and the State*, New York 1945, S. 17, 24; William G. Thomas, *The Iron Way: Railroads, the Civil War, and the Making of Modern America*, New Haven 2011; US Census Bureau, *Historical Statistics of the United States, Colonial Times to 1957*, Washington DC 1959, S. 357, 360; Brian R. Mitchell, *International Historical Statistics: Europe, 1750–1988*, New York 1992, S. 416 f. Die deutschen Staaten förderten im Jahr 1815 900 000 Tonnen Kohle (Braun- und Steinkohle). Diese Fördermenge wuchs bis 1850 auf 4,4 Millionen Tonnen an. Vgl. US Census Bureau, *Historical Statistics of the United States*, S. 366; Mitchell, *International Historical Statistics*, S. 441, 446–448. **76** Die Bedeutung der Leistungsfähigkeit des Staates für die Industrialisierung wurde in der Fachliteratur über einen langen Zeitraum hinweg hervorgehoben, und niemand hat das systematischer getan als Alexander Gerschenkron, *Economic Backwardness in Historical Perspective: A Book of Essays*, Cambridge (MA) 1962, S. 25. Die Ausnahme ist hier Landes, *Der entfesselte Prometheus*, S. 136 f. Vgl. außerdem William Robert Lee, «The Paradigm of German Industrialisation: Some Recent Issues and Debates in the Modern Historiography of German Industrial Development», in: ders. (Hg.), *German Industry and German Industrialisation: Essays in German Economic and Business History in the Nineteenth and Twentieth Centuries*, London 1991; David Blackbourn/Geoffrey Eley, *The Peculiarities of German History, Bourgeois Society and Politics in Nineteenth-Century Germany*, Oxford 1984, S. 144; Jürgen Kocka, «Entrepreneurship in a Late-Comer Country: The German Case», in: Keiichiro Nakagawa (Hg.), *Social Order and Entrepreneurship*, Tokio 1979, S. 174; Werner Sombart, *Krieg und Kapitalismus*, München 1913; André Louat/Jean-Marc Servat, *Histoire de l'industrie française jusqu'en 1945: Une industrialisation sans revolution*, Rosny 1995, S. 42 f.; Allen, *Industrial Revolution in Global Perspective*, 232 f.; Carl von Clausewitz, *Vom Kriege* [zuerst: 1832–1834], 2. Buch, 3. Kap., «Kriegskunst oder Kriegswissenschaft», Hamburg 2008, S. 136. **77** Stearns, *Industrial Revolution in World History*, S. 56. **78** Allen, *Industrial History in Global Perspective*, S. 229 f.; Stearns, *Industrial Revolution in World History*, S. 55; Paul van Vlissingen, *De Industrie van Groot-Britannië, een voorbeeld voor Nederland*, Amsterdam 1838; Jan Luiten van Zanden, *De industrialisatie in Amsterdam, 1825–1914*, Bergen 1987, S. 25; Stearns, *Industrial Revolution in World History*, S. 92; Allen, *Industrial History in Global Perspective*, S. 232 f.; Horn, *Path Not Taken*, S. 247. **79** Thomas L. Friedman «How Elon Musk and Taylor Swift Can Resolve U. S.–China Relations», *New York Times*, 17. 12. 2024. **80** Friedemann Maurer, *Treibende Kräfte: Vom Arbeiten auf dem Hohen Wald*, Ostfildern 2013, S. 188. Vgl. außerdem die Diss. in Vorbereitung von Johannes Staudt, Universität Freiburg 2024. **81** Rudolf Boch, «The Rise and Decline of ‹Flexible Production›: The German Cutlery Industry of Solingen Since the Eighteenth Century, 1760–1960», in: ders., *Arbeiter, Wirtschaftsbürger, Staat: Abhandlungen zur industriellen Welt*, hg. v. Frank-Lothar Kroll, Berlin 2017, S. 153; Heinrich Kelleter, *Geschichte der Familie J. A. Henckels*, Solingen 1924, S. vii, 58, 63, 114 ; Jochen Putsch, *Vom Handwerk zur Fabrik*, Solingen: Stadtarchiv 1985, S. 26; Wolfgang Eduard Peres, «Daniel Peres, 1776–1845», in: Ralf Stremmel/Jürgen Weise (Hgg.), *Bergisch-Märkische Unternehmer der Frühindustrialisierung*, Münster 2004, S. 281. **82** Ebd., S. 119, 121, 124; Ralf Rogge, «Der Zucker und die Solinger Kaufleute Schimmelbusch und Joest 1780–1840», *Zeitschrift des Bergischen Geschichtsvereins* 102 (2008/09), S. 33; Karl-Gerhard Weck, «Die Bedeutung der Solinger Industrie als Anstoßfaktor für die industrielle Entwicklung», Diss. Universität Köln 1937, S. 23; Rogge, «Der Zucker und die Solinger Kaufleute», S. 31. **83** Die Handelsnetzwerke sind vollständig einsehbar im Wareneingangsbuch, Wareneingang von Lieferanten und Heimarbeitern, 1832–1833, Fi20-1, J. A. Schmidt & Söhne, Stahlwarenfabrik Schlagbaum, 1820–1876, Findbuch: 172 AE, im SAS (Stadtarchiv Solingen). Vgl. zu Rau die Einträge unter «Carl Rau» in: Wareneingangsbuch, SAS; Hartmut Roher, «Die [sic] Archiv der Firma J. A. Schmidt & Söhne, Solingen», in: Ralf Rogge/Horst Sassin, *Die Heimat: Beiträge zur Geschichte Solingens und des bergischen Landes*, Solingen 2008, S. 47. Im Jahr 1852 hatte Rau geschäftlichen Verkehr mit insgesamt 126 Heimarbeitern und beschäftigte jetzt selbst zwei Arbeiter. Vgl. Roher, «Die [sic] Archiv der Firma J. A. Schmidt & Söhne, Solingen», S. 45–52. Zur Berechnung des Taler-Wertes vgl. Ronald A. Fullerton, *The Foundations of Marketing Practice: A History of Book Marketing in Germany*, London 2016, S. 5. Er stellt fest, dass «der Wert [eines] Talers 1871 mit 3 Mark angegeben wurde. Eine Mark hatte einen Wert von 25 US-Cents.» Also gilt: 1 Taler = 3 Mark; 1 Mark = 25 US-Cents (1871); 1 Taler = 75 US-Cents (1871); 75 US-Cents (1871) = 19 US-Dollars (2024); 133 000 Taler = 133 000 × 19 US-Dollars = 2 527 000 US-Dollars (2024). **84** Georg Franz von Hauer, *Statistische Darstellung des Kreises Solingen im Regierungsbezirk Düsseldorf*, Köln 1832, S. 88. **85** Rogge, «Der Zucker und die Solinger Kaufleute», S. 33; Boch, «The Rise and Decline», S. 163; Ralf Rogge, «Peter Knecht, 1798–1852», in: Stremmel/Weise, *Bergisch-Märkische Unternehmer*, S. 436. Vgl. außerdem Putsch, *Vom Handwerk zur Fabrik*, S. 46, 61, 80; «Aus dem Jahresbericht der Solinger Handelskammer für das Jahr 1847», 16. Feb. 1848, zit. nach ebd., S. 89; J. W. Spiritus, *Versuch einer medicinischen Topographie des Kreises Solingen*, 1823, S. 157, 165, 169, zit. nach: Ralf Stremmel (Hg.), *Alltag im Kreis Solingen*, 1823: Dr. J. W. Spiritus und seine Medizinische Topographie, Stadt Solingen 1991, S. 157, 162, 165, 169; von Hauer, *Statistische Darstellung des Kreises Solingen*, S. 30, 38. **86** Bericht des Bürgermeisters von

Höhscheid, zit. nach Putsch, *Vom Handwerk zur Fabrik,* S. 78; Boch, «The Rise and Decline», S. 164; Weck, «Die Bedeutung der Solinger Industrie», S. 23; von Hauer, *Statistische Darstellung des Kreises Solingen,* S. 70, 89. **87** Ebd., S. 75 f.; Rogge, «Der Zucker und die Solinger Kaufleute», S. 33. **88** von Hauer, *Statistische Darstellung des Kreises Solingen,* S. 75, 83; Horst Sassin, «August Schnitzler, 1794–1861», in: Stremmel/Weise, *Bergisch-Märkische Unternehmer,* S. 371; Rogge, «Der Zucker und die Solinger Kaufleute», S. 37, 39, 102; Carl Schimmelbusch an seine Eltern, Pernambuco, 15. Aug. 1828, KI 123, SAS; Albert Weyersberg, «Solinger Schwertschmiede-Familien», in: *Zeitschrift für historische Waffenkunde* 1 (1897–1899), S. 20 f.; Spiritus, *Versuch einer medicinischen Topographie,* S. 160, 163. **89** Rogge, «Peter Knecht», S. 432 f., 436, 438 f. Vgl. außerdem Putsch, *Vom Handwerk zur Fabrik,* S. 46, 80. Daniel Peres baute z. B. 1803 eine Fabrik, die aber bereits 1815 wieder geschlossen wurde. Vgl. Peres, «Daniel Peres», S. 295; Ralf Rogge, «Fabrikzerstörungen und Tarifverträge», in: Ottfried Dascher/Everhard Kleinertz (Hgg.), *Petitionen und Barrikaden: Rheinische Revolutionen, 1848/49,* Münster 1998, S. 185, 440. **90** Kelleter, *Geschichte der Familie,* S. 159–61, 166. **91** Die Vergleichszahlen zur Größe der industriellen Bereiche beziehen sich auf den Zeitraum von 1835 bis 1845. Vgl. Allen, *Industrial Revolution in Global Perspective,* S. 211. Zu weiteren Einzelheiten über die Annahmen, die in die Berechnungen zu stationären Dampfmaschinen eingingen, vgl. ebd., S. 179. **92** Vgl. William Gervase Clarence-Smith, «The Industrialization of the Developing World 1840 s to 1940s», in: Karin Hofmeester/Pim de Zwart (Hgg.), *Colonialism, Institutional Change and Shifts in Global Labour Relations,* Amsterdam 2019, S. 47; Ulbe Bosma/Jonathan Curry-Machado, «Two Islands, One Commodity: Cuba, Java, and the Global Sugar Trade (1790–1930)», *New West Indian Guide* 86 (2012) 3–4, S. 237–262, 241; Stearns, *Industrial Revolution in World History,* S. 98; Manuel Moreno Fraginals, *The Sugar Mill: The Socio-Economic Complex of Sugar in Cuba 1760–1860,* New York 1976, S. 83; Fernández, «Los ferrocarriles iberoamericanos», S. 20. **93** Robert L. Tignor, *Egyptian Textiles and British Capital, 1930–1956,* Kairo 1989, S. 9; Afaf Lutfi Al-Sayyid Marsot, *A History of Egypt,* Cambridge 2007, S. 166, 171; Owen, *Cotton and the Egyptian Economy,* S. 23 f., 44; Jean Batou, «Muhammad-Ali's Egypt, 1805–1848: A Command Economy in the 19th Century?», in: Jean Batou (Hg.), *Between Development and Underdevelopment: The Precocious Attempts at Industrialization of the Periphery, 1800–1870,* Genf 1991, S. 181, 185, 187, 199. Im Jahr 1838 könnten in Ägyptens Baumwollspinnereien bis zu 30 000 Menschen gearbeitet haben. Vgl. hierzu Colonel Campbell, *Bevollmächtigter Ihrer Britannischen Majestät und Generalkonsul in Ägypten, an John Bowring in Kairo,* 18. Jan. 1838, nachgedruckt in: John Bowring, *Report on Egypt and Candia,* London 1840, S. 186; *Das Ausland* (1831), S. 1016; Campbell an Bowring, nachgedruckt in Bowring, *Report on Egypt,* S. 35; *Asiatic Journal and Monthly Register for British and Foreign India, China, and Australia* 4 (März 1831), S. 133; Ebd. (April 1831), S. 179, Zitat aus einem Artikel in *The India Gazette* am 5. Okt. 1830. **94** Zum Silberkapitalismus vgl. John Tutino, *Making a New World: Founding Capitalism in the Bajío and Spanish North America,* Durham (NC) 2011. **95** Şevket Pamuk, «The Ottoman Empire, 1700–1870», in: Stephen Broadberry/Kyoki Fukao (Hgg.), *The Cambridge Economic History of the Modern World,* Bd. 1, Cambridge 2021. Zu Puebla vgl. Colin M. Lewis, «Cotton Textiles and Industry in Latin America: From ‹De-Industrialisation› to ‹Re-Industrialisation›, c. 1800–1939», GEHEN Conference 5 «Cotton Textiles», Osaka (Dez. 2004), abgerufen: 16. 2. 2024, url: https://www.lse.ac.uk/Economic-History/Research3/GEHN/GEHN-Conferences/GEHN-Conference-5, S. 28 f. Zu Valladolid vgl. Beckert, *King Cotton,* S. 139 f.; Rafael Dobado González/Aurora González Galvarriato/Jeffrey G. Williamson, «Mexican Exceptionalism: Globalization and De-Industrialization, 1750–1877», *JEH* 3 (2008), S. 772. **96** Nicholas F. R. Crafts/C. Knick Harley, «Precocious British Industrialisation», in: Prados de la Escosura, *Exceptionalism and Industrialisation,* S. 86. Nicholas Crafts/Kevin H. O'Rourke, «Twentieth Century Growth», in: Steven N. Durlauf/Philippe Aghion (Hgg.), *Handbook of Economic Growth,* Bd. 2, Amsterdam 2014, S. 266, Tab. 6. 2 (c). **97** Patrick O'Brien, «The Mechanization of English Cotton Textile Production from Kay (1733) to Roberts (1822)», unveröffentlichter Text, Nov. 2018, S. 3. Zum Beharren auf der Verwendung des Begriffs «Industrielle Revolution» vgl. Thomas S. Ashton, *The Industrial Revolution, 1760–1830,* Oxford 1969, S. 4. Vgl. außerdem O'Brien, «The Mechanization of English Cotton Textile Production», S. 3; Ders., «Was the First Industrial Revolution a Conjuncture in the History of the World Economy?», S. 5; Inikori, *Africans and the Industrial Revolution,* S. 93; Michael Andrew Žmolek, *Rethinking the Industrial Revolution: Five Centuries of Transition from Agrarian to Industrial Capitalism in England,* Leiden 2013, S. 1. **98** Vgl. Doug Hayes, «Wage Labor», in: Sven Beckert/Marcel van der Linden (Hgg.), *Oxford Handbook of Global Labor History,* Oxford (in Vorbereitung). **99** Im Jahr 1850 gab es im Vereinigten Königreich 50 000 Weber an Handwebstühlen und 331 000 Arbeiter in Textilfabriken, Zahlangaben nach John Rule, *The Labouring Classes in Early Industrial England, 1750–1850,* London 1986, S. 10. In Deutschland waren 1861 93 000 Menschen in der Baumwollverarbeitung beschäftigt, nach Dietrich Ebeling u. a., «The German Wool and Cotton Industry from the Sixteenth to the Twentieth Century», in: van Voss/Hiemstra-Kuperus/van Nederveen Meerkerk (Hgg.), *Ashgate Companion to the History of Textile Workers,* S. 208. In der belgischen Textilindustrie waren 1846 14 318 Arbeiter beschäftigt, nach der *Statistique de la Belgique: Industrie,* Brüssel 1851, S. x. In Frankreich gab es 1856 275 000 Arbeiter in der Baumwollindustrie, nach M. A. Moreau de Jonnès, *Statistique de l'industrie de la France,* Paris 1856. In Twente, einer östlichen Region der Niederlande, gab es 1850 rund 10 000 Arbeiter in der Baumwollindustrie, nach E. J. Fischer, *Fabriquers en Fabrikanten*, Utrecht 1983. Im Vereinigten Königreich gab es in den Jahren von 1841 bis 1850 178 000 Bergleute in Kohlengruben, nach Roy Church, *The History of the British Coal Industry*, Bd. 3, Oxford 1986, S. 227. In Deutschland arbeiteten 1850 im Ruhrgebiet 12 147 Bergleute in Kohlenzechen, nach Klaus Tenfelde, *Sozialgeschichte der Bergarbeiterschaft an der Ruhr im 19. Jahrhundert*, Bonn-Bad Godesberg 1977, S. 603. In Belgien waren es 1846 46 186 Kohlekumpel, nach der *Statistique de la Belgique*, S. x. **100** Arbeitsvertrag zwischen Claud Alexander & Co. und jungen Menschen unter 21 Jahren, 1791–1792, GB 248 UGD 091/1/5/3/7/1, 1825, Finlay Papers, UGA. **101** Cooke, *Rise and Fall*, S. 137. **102** Zit. ebd., S. 142. **103** Typoskript-Notizen zu den Anfängen der Deanston Works, UGA. **104** Factories Inquiry Commission, *Royal Commission on Employment of Children in Factories. First Report, Minutes of Evidence*, London 1833, S. 64–66; Paul Kaplowitz, «Pubertal Development in Girls: Secular Trends», *Current Opinion in Obstetrics and Gynecology* 18 (2006) 5, S. 487–491; Cooke, *Rise and Fall*, S. 147; «List of People Employed at Catrine Works, 1st January 1813, with a Description of the Present Employment and Residence of Those Now Alive and the Number of Who Have Died Since That Time Within the Parish», List of Workers at Catrine 1813–1833, GB 248 UGD 091/1/5/3/7/2, 1813–1920, Finlay Papers, UGA. **105** Cooke, *Rise and Fall*, S. 136 f. **106** Der vierte Herzog von Atholl, zit. nach ebd., S. 139. **107** Ebd., S. 139 f. **108** Devine, *The Transformation of Rural Scotland*, S. 161; Cooke, *Rise and Fall*, S. 139; «List of People Employed at Catrine Works», UGA; William H. Sewell jr., *Capitalism and the Emergence of Civic Equality in Eighteenth-Century France*, Chicago 2020, S. 56. **109** Zit. n. R. S. Fitton, *The Arkwrights: Spinners of Fortune*, Manchester 1989, S. 205. **110** Cooke, *Rise and Fall*, S. 138. **111** Ebd. **112** Ebd. **113** Devine, *Transformation of Rural Scotland*, S. 2–4, 8 f., 40–47. **114** Devine, *Recovering Scotland's Slavery Past*, S. 79, 238; ders., *Transformation of Rural Scotland*, S. 79. **115** Cooke, *Rise and Fall*, S. 142; Tilly, «Did the Cake of Custom Break?», S. 17–39. **116** Berg/Hudson, *Slavery, Capitalism and the Industrial Revolution*, S. 162; Jane Humphries, «The Lure of Aggregates and the Pitfalls of the Patriarchal Perspective: A Critique of the High Wage Economy Interpretation of the British Industrial Revolution», *EHR* 66 (2013), S. 693–714; Allen, *Industrial Revolution in Global Perspective;* O'Brien, «Mechanization of English Cotton Textile Production», S. 10. Vgl. außerdem Parthasarathi, *Why Europe Grew Rich*, S. 39; Ashworth, *Industrial Revolution*, S. 3. **117** Zu den Daten über Kinderarbeiter vgl. Cooke, *Rise and Fall*, S. 145; und den Bericht der Factories Inquiry Commission, ProQuest UK Parliamentary Papers, S. 69 f. Zum Brotpreis vgl. Great Britain Board of Trade, *Wholesale and retail prices. Return to an order of the Honourable House of Commons, dated 6th August, 1903 – for «Report on Wholesale and Retail Prices in the United Kingdom in 1902, with Comparative Statistical Tables for a Series of Years»*, London 1903, S. 221, 224. **118** Cooke, *Rise and Fall*, S. 150. **119** Gedruckter Untersuchungsbericht der Factories Inquiry Commission zur Beschäftigung von Kindern bei den Catrine Cotton Works, GB 248 UGD 091/1/5/2/6/2/1, c1830, Finlay Papers, UGA. **120** Gedruckter Untersuchungsbericht, UGA. **121** Ebd. **122** Sederunt Book (Protokollbuch) der Baumwollspinner, anderen Hersteller und Eigentümer von öffentlich tätigen Unternehmen, die zusammenkommen, um über einen im Parlament vorgebrachten Antrag zu beraten, nach dem die Notwendigkeit untersucht werden soll, Arbeitszeiten für junge Menschen zu beschränken und ein Bildungssystem auf Kosten der Eigentümer einzuführen, April 1816, T-MJ/100, GCA. **123** Brüggemeier, *Grubengold*, S. 74; und Sederunt Book der Baumwollspinner, GCA. **124** Arbeitsvertrag mit Claud Alexander & Co., UGA. **125** Ebd.; sowie James Barrowman, «Slavery in the Coal-Mines of Scotland», *Mining Engineer: Journal of the Institution of Mining Engineers* 14 (1898), S. 267–279; Brüggemeier, *Grubengold*, S. 34, 78. **126** Typoskript-Notizen zu den Anfängen der Deanston Works, UGA; Cooke, *Rise and Fall*, S. 36. **127** Sidney Pollard, *The Genesis of Modern Management: A Study of the Industrial Revolution in Great Britain*, London 1965, S. 207; Norman Scott Brien [N. S. B.] Gras, *Industrial Evolution*, Cambridge (MA) 1930, S. 10 f. **128** Audrey Eccles, *Vagrancy in Law and Practice Under the Old Poor Law*, London 2016, S. 5–7. **129** Paul Lawrence, «The Vagrancy Act (1824) and the Persistence of Pre-Emptive Policing in England Since 1750», *British Journal of Criminology* 57 (2017), S. 516 f. **130** Pepijn Brandon, «Wage Labor, Forced Labor and Industrialization: Naval Shipyards as Laboratories for Capitalism», unveröffentlichter Text, Harvard University (Jan. 2018), S. 2, 19; Robert J. Steinfeld, *Coercion, Contract, and Free Labor in the Nineteenth Century*, Cambridge 2001, S. 47, 74 f., 317. **131** Eine brillante Geschichte dieses Themas bietet Steinfeld, *Coercion, Contract and Free Labor*. Zu den Zahlen vgl. S. 72–74. Vgl. außerdem die «Gesetzessammlung für die Königlichen Preußischen Staaten», zit. bei Steinfeld, *Coercion*, S. 245. Zum Zitat vgl. *Die Allgemeine Gewerbe-Ordnung vom 17. Januar 1845, erläutert durch Hinweisung auf deren Ergänzungen und Abänderungen*, Berlin 1865, S. 46, URL: www.digitale-sammlungen.de/de/view/bsb10551333. **132** Daniel Peres, «Rede an die Arbeiter», zit. n. Putsch, *Vom Handwerk zur Fabrik*, S. 57. **133** Vgl. «The Humble Memorial of the Subscribers and Proprietors of Cotton Works», GCA. **134** Vgl. «Minute Book of an Association of Master Cotton Spinners of Glasgow and District, Formed to Oppose a Combination of Operatives», 12. Okt. 1810–15. Jan. 1811, T-MJ/99, GCA; Cooke, *Rise and Fall*, S. 160. **135** Bill Robbins, «Governor Macquarie's Job Descriptions and the Bureaucratic Control of the Convict Labour Process», *Labour History* 96 (2009), S. 3. Vgl. «The Humble Memorial of the Subscribers and Proprietors of Cotton Works in Glasgow and Its Vicinity, 1825», TD1670/4/115, GCA; O'Brien, «Was the First Industrial Revolution a Conjuncture in the History of the World Economy?», S. 33; Žmolek, *Rethinking the Industrial*

Revolution, S. 827. **136** Marcel van der Linden, «Re-Constructing the Origins of Modern Labor Management», *Labor History* 51 (2010) 4, S. 515 f.; Robbins, «Governor Macquarie's Job Descriptions», S. 1–18; Government Regulation and Order, 20. Okt. 1810, in: Commonwealth of Australia, *Historical Records of Australia*, Bd. 7, Sydney: Library Committee of the Commonwealth Parliament 1916, S. 413–15, State Library of New South Wales, Sydney; Macquarie an Liverpool, 18. Okt. 1811, Enclosure Nr. 9: Police Regulations, Section 6, in: Commonwealth of Australia, *Historical Records of Australia*, Bd. 7, S. 410. Für weitere Nachweise vgl. Macquarie an Bathurst, 28. Juni 1813, in: Commonwealth of Australia, *HRA*, Bd. 7, S. 715–717; Gouverneur Macquarie, Anweisungen für George Thomas Palmer, Esquire, Superintendent of Government Stock, 28. Juni 1813, in: Commonwealth of Australia, *HRA*, Bd. 7, S. 745–747. **137** Rafael Marquese, «The Global History of Labor, 1750–1850», in: Sven Beckert/Marcel van der Linden (Hgg.), *Global Labor Handbook*, Oxford University Press (in Vorbereitung). **138** Andreas Malm, *Fossil Capital: The Rise of Steam Power and the Roots of Global Warming*, London/New York 2016, S. 11. **139** Ebd., S. 16, 25, 54, 55 f. **140** Ebd., S. 56 f., 61, 121, 150 f. **141** Wrigley, *Energy and the English Industrial Revolution*, S. 39; Patrick O'Brien, «Was the British Industrial Revolution a Conjuncture in Global Economic History?», *JGH* 17 (2022) 1, S. 135. Die Berechnung der Landfläche, die für die Gewinnung der in Kohle gespeicherten Energiemenge benötigt würde, beruht auf den Daten und Argumenten von Wrigley, *Energy and the English Industrial Revolution*, S. 39, 206; Malm, *Fossil Capital*, S. 253. **142** Prasannan Parthasarathi präsentiert ein ähnliches Bild von einem zunehmenden Holzmangel und verbindet damit das Argument, dass die britische Industrielle Revolution für die garantierte Versorgung mit Brennstoffen auf staatliche Interventionen setzte. Vgl. hierzu Parthasarathi, *Why Europe Grew Rich*. Es gibt jedoch einige Stimmen, die das Ausmaß des Holzmangels bezweifeln, zu ihnen zählen Peter Warde, «Early Modern ‹Resource Crisis›: The Wood Shortage Debates in Europe», in: Alex T. Brown/Andy Burn/Rob Doherty (Hgg.), *Crises in Economic and Social History: A Comparative Perspective*, Woodbridge/Suffolk 2015, S. 137–160; William M. Cavert, *The Smoke of London: Energy and Environment in the Early Modern City*, Cambridge 2016; Brian William [B. W.] Clapp, *An Environmental History of Britain Since the Industrial Revolution*, London 2013, S. 14; Masahiko Akatsu, «The Air Pollution Problem in the British Industrial Revolution: The Enactment of the Smoke Nuisance Abatement Act of 1821», *Socio-Economic History* 69 (2003) 4; W. Walker Hanlon, «Coal Smoke, City Growth, and the Costs of the Industrial Revolution», *Economic Journal* 130 (2020), S. 462–488. **143** Crafts/Rourke, «Twentieth Century Growth», S. 263–346, hier Tab. 6.2 (a) und (b), S. 266. Vgl. außerdem Şevket Pamuk/Jan-Luiten van Zanden, «Standards of Living», in: Stephen Broadberry/Kevin H. O'Rourke (Hg.), *Cambridge Economic History of Modern Europe*, Bd. 1, *1700–1870*, Cambridge 2010, S. 220. **144** Jan de Vries, *The Industrious Revolution: Consumer Behavior and the Household Economy, 1650 to the Present*, Cambridge 2008, Kap. 1–4; Nicholas Crafts/C. K. Harley, «Output Growth and the British Industrial Revolution: A Restatement of the Crafts-Harley View», *EHR* 45 (1992) 4, S. 703–730; Pol Antràs/Hans-Joachim Voth, «Factor Prices and Productivity Growth During the British Industrial Revolution», *Explorations in Economic History* 40 (2003), S. 52–77. Escosura, «Was British Industrialisation Exceptional?», S. 3; Nicholas Crafts, «Steam as a General Purpose Technology: A Growth Accounting Perspective», *Economic Journal* 114 (2004), S. 338–351; und Allen, *Industrial Revolution in Global Perspective*, S. 194, 220. **145** Thomas Jefferson, *Betrachtungen über den Staat Virginia*, Zürich 1989, S. 343. **146** Thomas Bazley, *A Lecture upon Cotton as an Element of Industry*, London 1852, S. 57. **147** Cooke, *Rise and Fall*, S. 160. Das Motto wird zit. im «Minute Book of an Association of Master Cotton Spinners», GCA. **148** Cooke, *Rise and Fall*, S. 76, 159, 164; Devine, *Transformation of Rural Scotland*, S. 1. **149** Zu einigen der Ähnlichkeiten zwischen China und Teilen von Europa, ebenso wie zu einigen Unterschieden, vgl. Pomeranz, *Great Divergence*; R. Bin Wong, *China Transformed: Historical Change and the Limits of Human Experience*, Ithaca (NY) 2018. Einige der Grenzen werden erörtert bei Robert C. Allen, «Agricultural Productivity and Rural Incomes in England and the Yangtze Delta, c. 1620-c. 1820», *EHR* 62 (2009), S. 525–550; Stephen Broadberry/Bishnupriya Gupta, «The Early Modern Great Divergence: Wages, Prices and Economic Development in Europe and Asia, 1500–1800», *EHR* 59 (2006), S. 2–31; Parthasarathi, *Why Europe Grew Rich*, S. 1. Zu China im Besonderen vgl. die ausgezeichnete Erörterung bei Peer Vries, *State, Economy and the Great Divergence: Great Britain and China, 1680s–1850s*, London 2015, S. 243; Parthasarathi, *Why Europe Grew Rich*, S. 224–259, bes. 231, 257, 259. **150** Tilly, «Did the Cake of Custom Break?», S. 36; Cormac Ó Gráda, *The Great Irish Famine*, Cambridge 2000, S. 28, 277 f., 293; Kevin Kenny, *The American Irish: A History*, Harlow 2000, S. 30. Ó Gráda widerspricht der Einschätzung der Folgen des Act of Union von 1800 und vertritt die Ansicht, dass die meisten Betriebe des produzierenden Gewerbes erst Jahrzehnte nach der Union einen Niedergang durchmachten. Vgl. Cormac Ó Gráda, *Ireland: A New Economic History*, Oxford 1993, S. 307 f.; Kenny, *American Irish*, S. 52; Abdul-Karim Rafeq, «Craft Organization, Work Ethics, and the Strains of Change in Ottoman Syria», *Journal of the American Oriental Society* 111 (1991), S. 509 f.; Abdul-Karim Rafeq, «The Impact of Europe on a Traditional Economy: The Case of Damascus, 1840–1870», in: Jean-Louis Bacqué-Grammont/Paul Dumont (Hg.), *Économie et Sociétés dans l'Empire Ottomane*, Paris 1983, S. 420, 426 f.; Pamuk, «Ottoman Empire», S. 185. **151** Karl Polanyi, *The Great Transformation: Politische und soziale Ursprünge*, S. 68 (Zitat), 88 f. **152** Charles S. Maier, *Once Within Borders: Territories of Power, Wealth, and Belonging Since 1500*, Cambridge (MA) 2016, S. 185–232. **153** Tilly, «Did the Cake of Custom Break?», S. 28. Vgl. außerdem Žmolek, *Rethinking the Industrial Revolution,* S. 41. **154** Pierre Gervais beleuchtete eine Dimension der von der Entstehung des Industriekapitalismus bewirkten Abtrennung brillant, etwa in Pierre Gervais, «Capitalism and (or) Age of Commerce: The Peculiarities of Market Exchange in the Early Modern Era», *Revue de la Société d'études anglo-américaines des XVIIe et XVIIIe siècles* 77 (2020); Pierre Gervais/ Martin Quinn, «Costing in the Early Industrial Revolution: Gradual Change to Cost Calculations at US Cloth Mills in the 1820s», *Accounting History Review* 26 (2016) 3, S. 191–217; Pierre Gervais, «From ‹Pure Satisfaction and Curiosity› to the ‹Particular Gain or Loss upon Each Article›: Early Modern Philosophies of Accounting in English Accounting Textbooks», *Accounting History Review* 30 (2020) 3, S. 127. Vgl. außerdem Alessandro Stanziani, *Rules of Exchange: French Capitalism in Comparative Perspective, Eighteenth to Early Twentieth Century,* Cambridge 2012.

Kapitel 8: Die Eroberung des Hinterlandes, 1780–1860

1 Elizabeth Abbott, *Haiti: The Duvaliers and Their Legacy*, New York 1988, S. xiii. **2** Carolyn Fick, «Emancipation in Haiti: From Plantation Labour to Peasant Proprietorship», *Slavery & Abolition* 21 (2000) 2, S. 11 f.; Trevor Burnard/John Garrigus, *The Plantation Machine: Atlantic Capitalism in French Saint-Domingue and British Jamaica*, Philadelphia 2016, S. 40, 245, 247 f.; Peter Boomgaard/Gert J. Oostindie, «Changing Sugar Technology and the Labour Nexus: The Caribbean, 1750–1900», *Nieuwe West-Indische Gids* 63 (1989) 1–2, S. 3–22. **3** Laurent Dubois, *Haiti: The Aftershocks of History*, New York 2012, S. 25; Fick, «Emancipation in Haiti», S. 15. **4** Dubois, *Haiti*, S. 26; Laurent Dubois, *Avengers of the New World: The Story of the Haitian Revolution*, Cambridge/MA 2004, S. 92 ff. **5** Dubois, *Avengers*, ebd., S. 92. **6** Mémoire pour les Sieurs Bethman et Compagnie (Liquidation des Maisons de Commerce Bethman et Fils, Bethman et Fils et Compagnie), Contre les Sieurs Weltner et Compagnie, et en Présence du Sieur Gramont (Liquidation de la Maison Feger, Gramont et Compagnie), Bordeaux, 1812, 15, W1–9, VII, Nr. 15, Bethmann-Archiv, Stadtarchiv Frankfurt. **7** Georg-Christoph Bapst, 31. Mai 1791, 7 B 2000, Archives Départementales Gironde, Bordeaux, France, zit. n. Thésée, *Négociants bordelais et colons de Saint-Domingue*, S. 150. **8** Thésée, *Négociants bordelaise et colons de Saint-Domingue*, S. 162. **9** Bapst an Jean Ozy & Fils, 26. Nov. 1791, 7 B 1999, Archives Départementales Gironde, Bordeaux, France, zit. in Thésée, *Négociants bordelaise*, S. 158. **10** Ebd., S. 183. **11** 7 Juin 1791, 7 B 2000, Archives Départementales Gironde, Bordeaux, France, zit. in Thésée, *Négociants bordelaise*, S. 151. **12** Wolfgang Henninger, *Johann Jakob von Bethmann, 1717–1792: Kaufmann, Reeder und Kaiserlicher Konsul in Bourdeaux*, Bd. 1, Bochum 1993, S. 363. S. a. den Briefentwurf an Monsieur St. Martin in Paris, undatiert, W1–9, VII, Nr. 25 Bethmann-Archiv, Stadtarchiv Frankfurt. **13** Fick, «Emancipation in Haiti», S. 16. **14** Ebd., S. 16, 22–23; Carolyn E. Fick, *The Making of Haiti: The Saint Domingue Revolution from Below*, Knoxville (TN) 1990, S. 210–36. **15** Die Zuckerproduktion stieg nach 1800 wieder etwas an. Siehe J. H. Galloway, *The Sugar Cane Industry: An Historical Geography from Its Origins to 1914*, Cambridge 1989, S. 212; Aurora Gómez-Galvarriato, «Premodern Manufacturing», *Cambridge Economic History of Latin America*, Bd. 1, Victor Bulmer-Thomas/ John Coatsworth/Roberto Cortes-Conde (Hgg.), Cambridge 2005, S. 368; Fick, «Emancipation in Haiti», S. 27 f.; Rafael Marquese, «Asymmetrical Dependencies in the Making of a Global Commodity: Coffee in the Longue Durée», in: Abdelkader Al Ghouz/Jeannine Bischoff/Sarah Dusend (Hgg.), *Joseph C. Miller Lecture Series*, Nr. 15, Bonn 2023, S. 25. **16** Levi Marrero, «La rapida transformacion del paisaje virgen de Guantanamo por lose immigrantes franceses (1802–1809)», in: *Cuba, economía y sociedad: Azúcar, ilustración y conciencia, 1763–1868*, Bd. 11, Madrid 1983, S. 148; John Hebron Moore, *The Emergence of the Cotton Kingdom in the Old Southwest: Mississippi, 1770–1860*, Baton Rouge (LA) 1988, S. 4; Michael Edwards, *The Growth of the British Cotton Trade, 1780–1815*, Manchester 1967, S. 92; Brian Schoen, *The Fragile Fabric of Union: Cotton, Federal Politics, and the Global Origins of the Civil War*, Washington D. C. 2009, S. 12; Fick, «Emancipation in Haiti», S. 15. **17** Brief von Bethmann Desclaux an Pierre Henry Bethmann, 6. April 1793, W1–9, VII, Nr. 16, Bethmann-Archiv, Stadtarchiv Frankfurt. S. a. weitere Briefe in dieser Akte. **18** Henninger, *Johann Jakob von Bethmann*, S. 268. S. a. Thésée, *Négociants bordelaise*, S. 147–206, v. a. 195–98, S. 200; Klaus Weber, «Deutschland, der atlantische Sklavenhandel und die Plantagenwirtschaft der Neuen Welt (15. bis 19. Jahrhundert)», *Journal of Modern European History*, 7 (2009) 1, S. 37–67; Klaus Weber, «Linen, Silver, Slaves, and Coffee: A Spatial Approach to Central Europe's Entanglements with the Atlantic Economy», *Culture & History Digital Journal* 4 (2015) 2, S. 7; Michael Zeuske, *Handbuch Geschichte der Sklaverei: Eine Globalgeschichte von den Anfängen bis zur Gegenwart*, Berlin 2013, S. 512; Klaus Weber, *Deutsche Kaufleute im Atlantikhandel, 1680–1830: Unternehmen und Familien in Hamburg, Cádiz und Bordeaux*, München 2004, S. 203; Thésée, *Négociants bordelaise et colons de Saint-Domingue*, S. 197. Obwohl Johann Jakob Bethmann bereits 1792 verstorben war, versuchten seine Nachkommen, eine Entschädigung für die immensen Verluste zu erhalten, die sie während der Haitianischen Revolution erlitten hatten. S. Henninger, *Johann Jakob von Bethmann*, S. 361. Für die Berechnung des zeitgenössischen Wertes habe ich benutzt: Markus A. Denzel, *Handbook of World Exchange Rates, 1590–1914*,

Farnham 2010, S. 286; den «Inflation Calculator» der Bank of England, https://www.bankofengland.co.uk/monetarypolicy/inflation/ inflation-calculator; sowie «GBP/USD Currency» von Google Finance; abgerufen: 19. August 2024. **19** Roderick Floud et al., *The Changing Body: Health, Nutrition and Human Development in the Western World Since 1700*, Cambridge 2011, S. 160; Dale Tomich, «Commodity Frontiers, Spatial Economy, and Technological Innovation in the Caribbean Sugar Industry, 1783–1878», in: A. B. Leonard/David Pretel (Hgg.), *The Caribbean and the Atlantic World Economy: Circuits of Trade, Money and Knowledge, 1650–1914*, London 2015, S. 185. **20** Michael Kwass, *Contraband: Louis Mandrin and the Making of a Global Underground*, Cambridge MA, 2014, S. 20. Zur Baumwolle s. Sven Beckert, *King Cotton: Eine Geschichte des globalen Kapitalismus*, München 2014, S. 105; Roman Sandgruber, «Österreich 1650–1850», in: Wolfram Fischer u. a. (Hgg.), *Handbuch der europäischen Wirtschafts- und Sozialgeschichte*, Bd. 4, Stuttgart 1993, S. 670; J. K. J. Thomson, «Technological Transfer to the Catalan Cotton Industry», in: Douglas A. Farnie/David J. Jeremy (Hgg.), *The Fibre That Changed the World: The Cotton Industry in International Perspective, 1600–1990s*, Oxford 2004, S. 267; B. R. Mitchell, *European Historical Statistics, 1750–1970*, London 1975, S. 428. **21** Sven Beckert u. a., «Commodity Frontiers and the Transformation of the Global Countryside: A Research Agenda», *JGH* 16 (2021) 3, S. 435-50; Tâmis Parron, «The British Empire and the Suppression of the Slave Trade to Brazil: A Global History Analysis», *Journal of World History* 29 (2018) 1, S. 7 f. **22** Laird W. Bergad, «Slavery in Cuba and Puerto Rico, 1804 to Abolition», in: David Eltis u. a. (Hgg.), *The Cambridge World History of Slavery*, Bd. 4, Cambridge, 2017, S. 100 f.; João José Reis, «Slavery in Nineteenth Century Brazil», in: Eltis u. a, *Cambridge World History of Slavery*, Bd. 4, S. 132; US Census Bureau, *Historical Statistics of the United States*, Government Printing Office 1975, S. 885, 899; Dale Tomich, «World Slavery and Caribbean Capitalism: The Cuban Sugar Industry, 1760–1868», *Theory and Society* 20 (1991) 3, S. 304; William Gervase Clarence-Smith/Steven Topik, *The Global Coffee Economy in Africa, Asia and Latin America, 1500–1989*, Cambridge 2003, S. 31. **23** Anthony Webster, *The Richest East India Merchant: The Life and Business of John Palmer of Calcutta, 1767–1836*, Woodbridge/Suffolk 2007, S. 16; Richard B. Allen, *European Slave Trading in the Indian Ocean, 1500–1850*, Athens (OH) 2014, S. 142; Peter Way, «Militarizing the Atlantic World: Army Discipline, Coerced Labor, and Britain's Commercial Empire», *Atlantic Studies* 13 (2016) 3, S. 345–69. **24** Javier Cuenca Esteban, «Comparative Patterns of Colonial Trade: Britain and Its Rivals», in: Leandro Prados de la Escosura (Hg.), *Exceptionalism and Industrialisation: Britain and Its European Rivals, 1688–1815*, Cambridge 2004, S. 39. **25** US Census Bureau, «Hay, Cotton, Cottonseed, Shorn Wool, and Tobacco – Acreage, Production, and Price: 1790 to 1970», in: *Historical Statistics of the United States, Colonial Times to 1970*, Teil 1, Government Printing Office 1975, S. 518; Edward Baines, *History of the Cotton Manufacture in Great Britain*, S. 302; Edwards, *Growth of the British Cotton Trade*, S. 89, 95; David Ramsay, *The History of South Carolina: From Its First Settlement in 1670, to the Year 1808*, S. 121. Zur osmanischen Baumwollproduktion s. die hervorragenden Arbeiten von Kristen Alff, darunter «Landed Property, Capital Accumulation, and Polymorphous Capitalism: Egypt and the Levant», in: Joel Beinin u. a. (Hgg.), *A Critical Political Economy of the Middle East and North Africa*, Stanford 2021, S. 25–45, 35, 38. **26** Mann, *Cotton Trade of Great Britain*, S. 44. **27** Allan Kulikoff, «Uprooted Peoples: Black Migrants in the Age of the American Revolution 1790–1920», in: Ira Berlin/Ronald Hoffman (Hgg.), *Slavery and Freedom in the Age of the American Revolution*, Charlottesville (VA) 1983, S. 143–52; James McMillan, «The Final Victims: The Demography, Atlantic Origins, Merchants, and Nature of the Post-Revolutionary Foreign Slave Trade to North America, 1783–1810», Diss. Duke University 1999, S. 40–98; Walter Johnson (Hg.), «Introduction: The Future Store», in: *The Chattel Principle: Internal Slave Trades in the Americas*, New Haven 2004, S. 6; Adam Rothman, «The Expansion of Slavery in the Deep South», Diss. Columbia University 2000, S. 59, 84, 314; James Scherer, *Cotton as a World Power: A Study in the Economic Interpretation of History*, New York 1916, S. 151; Michael Tadman, *Speculators and Slaves: Masters, Traders, and Slaves in the Old South*, Madison 1989, S. 12; Beckert, *Empire of Cotton*, S. 290; John Hebron Moore, «Two Cotton Kingdoms», *Agricultural History* 60 (1986) 4, S. 1–16. Die Zahlen stammen aus Gavin Wright, *The Political Economy of the Cotton South: Households, Markets, and Wealth in the Nineteenth Century*, New York 1978, S. 27–28; Ronald Bailey, «The Other Side of Slavery: Black Labor, Cotton, and Textile Industrialization in Great Britain and the United States», *Agricultural History* 68 (1994) 2, S. 38; Thomas Craemer, «Estimating Slavery Reparations: Present Value Comparisons of Historical Multigenerational Reparations Policies», *Social Science Quarterly* 96 (2015) 2, S. 639–55. **28** Frederick Law Olmsted, *The Cotton Kingdom: A Traveler's Observations on Cotton and Slavery in the American Slave States*, Bd. 2, New York 1861, S. 202. **29** Eine Zusammenfassung der Debatte über Produktivitätssteigerungen auf amerikanischen Plantagen bieten Mark Stelzner/Enzo Cerrutti, «Workers and Technological Change in the United States», *Labor History* 59 (2018) 6, S. 161, s. a. 112–13; sowie Alan L. Olmstead/Paul W. Rhode, «Biological Innovation and Productivity Growth in the Antebellum Cotton Economy», *JEH* 68 (2008) 4, S. 1123–71. **30** Beckert, *King Cotton*, S. 121. **31** Robert Lowry/William H. McCardle, *A History of Mississippi: From the Discovery of the Great River by Hernando DeSoto, Including the Earliest Settlement Made by the French Under Iberville, to the Death of Jefferson Davis*, Jackson (MS) 1891, S. 250; Alfred John Brown, *History of Newton County, Mississippi: From 1834 to 1894*, Jackson (MS) 1894, S. 6. Zu den Vertreibungen s. die exzellente Studie von Claudio

Saunt, *Unworthy Republic: The Dispossession of Native Americans and the Road to Indian Territories*, New York 2020. **32** Daniel W. Jordan an Emily Jordan, Plymouth, 3. Aug. 1833, Daniel W. Jordan Papers, Special Collections Department, Perkins Library, Duke University, Durham NC, zit. n. Beckert, *Empire of Cotton*, S. 118. **33** James L. Watkins, *King Cotton: A Historical and Statistical Review, 1790 to 1908*, New York 1908, S. 160–87; Beckert, *Empire of Cotton*, S. 104. S. a. William Chandler Bagley Jr., *Soil Exhaustion and the Civil War*, American Council on Public Affairs 1942, S. 18–19; Stuart W. Bruchey, *Cotton and the Growth of the American Economy, 1790–1860: Sources and Readings*, San Diego 1967, S. 80 f. **34** Michael Chevalier, *Society, Manners and Politics in the United States: Being a Series of Letters on North America*, Boston 1839, S. 309–10; Frederick Marryat, *A Diary in America, with Remarks on Its Institutions*, William H. Colyer 1839; und Thomas Cather, *Voyage to America: The Journals of Thomas Cather*, hg. von Thomas Yoseloff, New York 1961. **35** Abgeordneter John C. Calhoun, «An Argument for Internal Improvements (1817)», in: Albert Bushnell Hart/John Gould Curtis, *American History Told by Contemporaries*, New York 1901, S. 439. **36** James C. Cobb, *The Most Southern Place on Earth: The Mississippi Delta and the Roots of Regional Identity*, Oxford 1992, S. 7. Näheres zur Vertreibung der Choctaw und Chickasaw in Arthur H. DeRosier Jr., *The Removal of the Choctaw Indians*, Knoxville 1970; Mary Elizabeth Young, *Redskins, Ruffleshirts, and Rednecks: Indian Allotments in Alabama and Mississippi, 1830–1860*, Norman/Oklahoma 1961; Samuel J. Wells, «Federal Indian Policy: From Accommodation to Removal», in: Carolyn Keller Reeves (Hg.), *The Choctaw Before Removal*, Jackson/Mississippi 1985, S. 181–213. **37** Arrell M. Gibson, *The Chickasaws*, Norman/Oklahoma 1971, S. 157. **38** Brief von Thomas Barker an Lewis Cass, 17. Juli 1834, zit. in Claudio Saunt, «Financing Dispossession: Stocks, Bonds, and the Deportation of Native Peoples in the Antebellum United States», *JAH* 106/2 2019, S. 318. **39** Malcolm Rohrbough, *The Land Office Business: The Settlement and Administration of American Public Lands, 1789–1837*, Oxford 1968, S. 226–32; Joshua D. Rothman, *Flush Times and Fever Dreams: A Story of Capitalism and Slavery in the Age of Jackson*, Athens (GA) 2012, S. 3; Don H. Doyle, «The Mississippi Frontier in Faulkner's Fiction and in Fact», *Southern Quarterly* 29 (1991) 4, S. 153; Dennis East, «New York and Mississippi Land Company and the Panic of 1837», *Journal of Mississippi History* 33 (1971) 4, S. 303 f. Mehr zu Joseph D. Beers in Walter Barrett, *The Old Merchants of New York City*, Bd. 3, New York 1885, S. 108 f. Zum Verfahren der Finanzierung von Landtransfers s. a. Saunt, *Unworthy Republic*, S. 19, 21, 173–201; East, «New York and Mississippi Land», S. 305–6; Saunt, «Financing Dispossession», S. 318, 324–6. **40** Saunt, *Unworthy Republic*, S. 62. **41** Cobb, *Most Southern Place on Earth*, S. 10; Saunt, «Financing Dispossession», S. 328; und Rothman, *Flush Times and Fever Dreams*, S. 4, 7; Julius Marvin Bentley Jr., «Financial Institutions and Economic Development in Mississippi, 1809 to 1860», Diss., Tulane University 1969, S. 203; und Michael Zakim, «Capitalism and Slavery in the United States», in: Jonathan Daniel Wells (Hg.), *The Routledge History of Nineteenth-Century America*, London 2017, S. 154. **42** Joseph Holt Ingraham, *The South-West, by a Yankee*, Harper & Brothers, 1835, Bd. 2, S. 91. **43** Rothman, *Flush Times and Fever Dreams*, S. 118; und Cobb, *Most Southern Place on Earth*, S. 8. **44** Calvin Schermerhorn, *The Business of Slavery and the Rise of American Capitalism, 1815–1860*, New Haven 2015, S. 97, 104, 105; Bray Hammond, *Banks and Politics in America from the Revolution to the Civil War*, Princeton 1957; Thomas Payne Govan, *Nicholas Biddle: Nationalist and Public Banker, 1786–1844*, Chicago 1959; Stanley L. Engerman, «A Note on the Economic Consequences of the Second Bank of the United States», *Journal of Political Economy* 78/4 1970, S. 725–28; George Green, *Finance and Economic Development in the Old South: Louisiana Banking, 1804–1861*, Stanford 1972, S. 112–13. Mehr zum Pflanzerverband von Louisiana (CAPL) in Schermerhorn, *The Business of Slavery*, Kapitel IV. **45** Tomich, «Commodity Frontiers, Spatial Economy, and Technological», S. 187. **46** Zur Verlagerung in die ländlichen Gebiete Kubas s. a. Ada Ferrer, *Freedom's Mirror: Cuba and Haiti in the Age of Revolution*, Cambridge 2014, S. 5; Reinaldo Funes Monzote, «Sugar Cane and Agricultural Transformations in Cuba», in: *Oxford Research Encyclopedia of Latin American History*, Oxford 2016, S. 3; Manuel Moreno Fraginals, *El ingenio: Complejo económico social cubano del azúcar*, Bd. 3, Havanna 1798, S. 3, 43–46; Reinaldo Funes Monzote, «El Azúcar, la era del vapor y los cambios ambientales en Sagua la Grande en el siglo XIX», in: Imilcy Balboa Navarro (Hg.), *La Reinvención Colonial de Cuba*, Santa Cruz de Tenerife 2013, S. 34; und Ferrer, *Freedom's Mirror*, S. 10, 17. **47** Ildefonso Vivanco, «Excursión a la Vuelta de Arriba», in: *La Siempreviva*, Bd. 1, 3. Aufl. 1838, S. 175–85, zit. nach Reinaldo Funes Monzote, «Paisajes de la nueva plantación esclavista azucarera en Cuba: La llanura de Colón, 1815–1880», in: José A. Piqueras (Hg.), *Plantación, espacios agrarios y esclavitud en la Cuba colonial* (Universitat Jaume I, Casa de las Américas, 2017), S. 91–114. **48** Tomich, «Commodity Frontiers, Spatial Economy, and Technological», S. 189; und Fraginals, *El ingenio*, S. 35–36. Zu den kubanischen Zuckermühlen s. bspw. Funes Monzote, «Paisajes de la nueva plantación esclavista azucarera en Cuba», S. 91–114; Fraginals, *El ingenio*, S. 35–37; und Tomich, «Commodity Frontiers, Spatial Economy, and Technological», S. 212. **49** David Eltis, *Economic Growth and the Ending of the Transatlantic Slave Trade*, Oxford 1987, S. 245. **50** Oscar Zanetti, «The Last Sugar Frontier in Cuba: Expansion and Consequences», Beitrag zur Global Commodities Conference, London 2015, S. 5, im Besitz des Verfassers. Dies entspricht genau 21 000 Hektar. S. Funes Monzote, «Paisajes de la nueva plantación esclavista azucarera en Cuba», S. 91–114. Eine ausführliche Erörterung dieser Fragen bietet Reinaldo Funes Monzote, «Plantaciones esclavistas azucareras y transformación ecológica en Cuba», *Revista de Historia* Nr. 59–60 2009, S. 40. Der Freihandel und die Expansion auf dem amerikanischen Markt führten in vielerlei Hinsicht zur Wiederholung früherer Auswirkungen des Zuckerrohranbaus in der Karibik. S. Jason W. Moore, «Sugar and the Expansion of the Early Modern World-Economy: Commodity Frontiers, Ecological Transformations, and Industrialization», *Review* (Fernand Braudel Center) 23/3 2000, S. 409–33. Zu den Quoten s. Ramón de La Sagra, *Historia economico-politica y estadistica de la isla de Cuba ó sea de sus progresos en la poblacion, la agricultura, el comercio y las rentas* (Imprenta de las Viudas de Arazosa y Soler, 1831), S. 84–85. **51** Funes Monzote, «Sugar Cane and Agricultural Transformations in Cuba», S. 6. **52** So argumentiert beispielsweise Reinaldo Funes Monzote, «New Landscapes of Slavery Plantation Frontiers in 19th-Century Cuba: The Colon Plains, 1820–1880», Beitrag präsentiert im Rahmen von Global Commodity Frontiers in Comparative Historical Context (Universität London, 2016), im Besitz des Verfassers; Esteban Pichardo, *Geografía de la isla de Cuba* (Establecimiento Tipografico de D. M. Soler, 1854), S. xxxii. **53** «Ingenios de fabricar azúcar, rivalidad extranjera, excelencia de nuestro fruto y otras ventajas a favor de la isla de Cuba», *MSEH* 10 (1840), S. 38, Zit. n. Funes Monzote, «Paisajes de la nueva plantación esclavista azucarera en Cuba», S. 91–114. **54** Funes Monzote, «Paisajes de la nueva plantación esclavista azucarera en Cuba», S. 91–114; José Guadeloupe Ortega, «Machines, Modernity, and Sugar: The Greater Caribbean in a Global Context, 1812–50», *JGH* 9/1 2014, S. 1–25; and Funes Monzote, «El azúcar, la era del vapor y los cambios ambientales en Sagua la Grande en el siglo XIX», S. 33–75. Einige waren bereits früher dort, zunächst ohne Erfolg im Jahr 1797. S. Funes Monzote, «New Landscapes of Slavery»; Funes Monzote, «El azúcar, la era del vapor y los cambios ambientales en Sagua la Grande en el siglo XIX», S. 33–75. **55** «La isla de Cuba actual, agricultura, Articolo 2 cultivo de la caña y fabricación del azúcar», in *MSEAP* (1848), S. 254, zit. in Funes Monzote, «Paisajes de la nueva plantación esclavista azucarera en Cuba», S. 91–114. Das ursprüngliche Zitat findet man in Justo G. Cantero, *Los ingenios: Colección de vistas de los principales ingenios de azúcar de la isla de Cuba*, Havanna 1857, zit. in Cantero, *Los ingenios*, S. 213. **56** Tomich, «Commodity Frontiers, Spatial Economy, and Technological», S. 212; und Funes Monzote, «Paisajes de la nueva plantación esclavista azucarera en Cuba», S. 91–114. **57** Cantero, *Los ingenios*, S. 147. **58** Ebd., S. 148. **59** Julian Zulueta an den Gobernador Superior Civil, «Expediente a consecuencia de haber sido detenido varios esclavos de D. Julian Zulueta por carecer de documentación», Havanna, 7. Mai 1866, Aktenbündel 968, Nr. 34 242, Fondo Gobierno Superior Civil, Archivo Nacional de Cuba, La Habana, Cuba. Die Alava-Plantage produzierte 14 000 Kisten Zucker. Wenn wir davon ausgehen, dass jede Kiste 21 Arroben enthielt und jede Arroba 25 Pfund wog, kommen wir auf diese Zahl. **60** Cantero, *Los ingenios*, S. 219, 281. **61** Ebd. **62** Ebd., S. 213. **63** Ebd., S. 244. **64** Zu Guyana s. die brillante Untersuchung von Walter Rodney, *A History of the Guyanese Working Class, 1881–1905*, Washington D. C. 1981. S. a. Tomich, «Commodity Frontiers, Spatial Economy, and Technological», S. 199, 201, 203. **65** Zur Zuckerproduktion s. Ulbe Bosma, *The World of Sugar: How the Sweet Stuff Transformed Our Politics, Health, and Environment Over 2000 Years*, Cambridge/MA 2023, S. 29. Zum Handel s. Paul Bairoch und Bouda Etemad, *Structure par produits des exportations du Tiers Monde, 1830–1937*, Genf 1985, S. 100. **66** Ulbe Bosma, «The Global Detour of Cane Sugar: From Plantation Land to Sugarlandia», in: Karin Hofmeester/Pim de Zwart (Hgg.), *Colonialism, Institutional Change, and Shifts in Global Labour Relations*, Amsterdam 2018, S. 118; und Andrew Ratledge, «From Promise to Stagnation: East India Sugar 1792–1865», Diss., Adelaide University 2004, S. 107, 344. **67** Jan Luiten van Zanden/Arthur van Riel, *Nederland, 1780–1914: Staat, instituties en economische ontwikkeling*, Amsterdam 2000, S. 122–29; und Ulbe Bosma, *The Sugar Plantation in India and Indonesia Industrial Production, 1770–2010*, Cambridge 2013, S. 94. **68** Bosma, *Sugar Plantation in India and Indonesia*, S. 91–92. **69** D. C. Steijn Parvé, *Het koloniaal monopoliestelsel getoetst aan geschiedenis en staatshuishoudkunde*, Joh. Noman en Zoon 1851, S. 274–93. **70** Parvé, *Het koloniaal monopoliestelsel getoetst aan geschiedenis en staatshuishoudkunde*, S. 312. **71** Ebd., S. 316. **72** Zum System von Van den Bosch s. Ulbe Bosma, «The Cultivation System (1830–1870) and Its Private Entrepreneurs on Colonial Java», *Journal of Southeast Asian Studies* 38/2 2007, S. 275–91; und Van Zanden/Van Riel, *Nederland, 1780–1914*, S. 139. **73** Bosma, *The Sugar Plantation in India and Indonesia*, S. 102; M. R. Fernando, «Coffee Cultivation in Java, 1830–1917», in: William Gervase Clarence-Smith und Steven Topik (Hgg.), *The Global Coffee Economy in Africa, Asia, and Latin America, 1500–1989*, Cambridge 2003, S. 160; Bosma, *The Sugar Plantation in India and Indonesia*, S. 102. **74** Bosma, a. a. O., S. 29, S. 90–91; R. E. Elson, *Village Java Under the Cultivation System, 1830–1870* (Asian Studies Association of Australia in Association with Allen and Unwin, 1994), S. 304; und Elson, *Village Java Under the Cultivation System*, S. 129. **75** Van Zanden/Van Riel, *Nederland, 1780–1914*, S. 171 f., 175–76. **76** Marquese, «Asymmetrical Dependencies», S. 11; und Steven Topik, «The Integration of the World Coffee Market», in: William Gervase Clarence-Smith/Steven Topik (Hgg.), *The Global Coffee Economy in Africa, Asia, and Latin America, 1500–1989*, Cambridge 2003, S. 36–38. Zur Warenkette des Kaffees s. a. Dorothee Wierling, «German History as Global History: The Case of Coffee», *Bulletin of the German Historical Institute* 59 2016, S. 9–26. Zu den Importzahlen s. Mario Samper/Radin Fernando, «Appendix: Historical Statistics of Coffee Production and Trade from 1700 to 1960», in: Clarence-Smith/Topik, *Global Coffee Economy*, S. 442; V. L. Baril, *L'empire du Brésil*, Ferdinand Sartorius 1862, S. 190. **77** Marquese, «Asymmetrical Dependencies», S. 11, 17; Topik, «Integration of the World Coffee Market», S. 29; Rafael

Marquese, «Capitalism, Slavery, and the Brazilian Coffee Economy in the Long Nineteenth Century», Beitrag zur Tagung New Perspectives on the Life and Work of Eric Williams, Universität Oxford, 2011, S. 7, im Besitz des Verfassers; Tamira Combrink, «Slave-Based Coffee in the Eighteenth Century and the role of the Dutch in Global Commodity Chains», *Slavery & Abolition* 42/1 2021, S. 15–42, 26–27; und Rafael Marquese, «A Tale of Two Coffee Colonies: Environment and Slavery in Suriname and Saint-Domingue, ca. 1750–1790», *Comparative Studies in Society and History* 64/3 2022, S. 722–55. **78** Res Strehle, «Fernandos Wert», in: *Das Magazin*, Mai 2018, S. 26–27; Burnard/Garrigus, *Plantation Machine*, S. 167; Marquese, «Capitalism, Slavery, and the Brazilian Coffee Economy», S. 297; Rafael Marquese, «The Origins of Brazil and Java: Compulsory Labor and the Reconfiguration of the Coffee World Economy in the Age of Revolutions, c. 1760–1840», unv. Beitrag im Besitz des Verfassers, S. 12; und Samper/Fernando, «Historical Statistics of Coffee Production», S. 436–37. **79** Rafael Marquese/Ricardo Salles, «A escravidão no Brasil oitocentista: Historia e historiografia», in: dies. (Hgg.), *Escravidão e capitalismo histórico no século XIX: Cuba, Brasil e Estados Unidos*, Rio de Janeiro 2016, S. 137; Samper/Fernando, «Historical Statistics of Coffee Production», S. 412, 432; Topik, «Integration of the World Coffee Market», S. 31; Marquese, «Origins of Brazil and Java», S. 6–7; und Marquese/Salles, «Escravidão no Brasil Oitocentista», S. 133. **80** Marquese, «Capitalism, Slavery, and the Brazilian Coffee Economy», S. 6; Marquese, «Origins of Brazil and Java», S. 11; C. F. van Delden Laërne, *Brazil and Java: Report on Coffee-Culture in America, Asia and Africa*, W. H. Allen & Co., 1885, S. 273; Topik, «Integration of the World Coffee Market», S. 31 f.; E. H. Laemmert, *The Empire of Brazil at the Paris Universal Exhibition of 1867*, 1867, S. 73; und Topik, «Integration of the World Coffee Market», S. 35. **81** Laërne, *Brazil and Java*, S. 265. **82** Rodrigo Marins Marretto, «O opulento capitalista: O Barão de Nova Friburgo e as estratégias de formação e manutenção do patrimônio familiar no oitocentos», Diss., Universidade Federal Fluminense 2019, S. 31, 43. Zur Konzentration versklavter Arbeiter auf größeren Plantagen s. die Analyse in Marretto, «Opulento Capitalista», S. 82. **83** Ricardo Salles, «Passive Revolution and the Politics of Second Slavery in Brazil», in: Dale Tomich (Hg.), *The Politics of the Second Slavery*, Albany/New York 2016, S. 154; Marquese, «Capitalism, Slavery, and the Brazilian Coffee Economy», S. 13, 18; und Marquese, «Origins of Brazil and Java», S. 9. S. a. Immanuel Wallerstein, *The Modern World-System*, Bd. 3, *The Second Era of Great Expansion of the Capitalist World-Economy, 1730–1840s*, Oakland 1974, S. 348. **84** Marquese, «Capitalism, Slavery, and the Brazilian Coffee Economy», S. 14. **85** Für eine Erörterung der Frage, wie Kapitaleigner mithilfe von «Strategien der sozialen Beziehungen» (einschließlich Zwang) die Produktivität steigern konnten, s. Stelzner/Cerrutti, «Workers and Technological Change in the United States», S. 657–75. **86** Zum Zitat s. «House of Commons», *Economist*, 5. Feb. 1848, S. 150. S. a. «Foreign and Colonial», *Economist*, 23. Okt. 1847, S. 125. **87** «Can the Slave Trade Be Suppressed?», *Economist*, 2. Sep. 1848. **88** Allgemein dazu siehe Barbara Solow, «Caribbean Slavery and British Growth: The Eric Williams Hypothesis», *Journal of Development Economics* 17 (1985) 1/2, S. 109–13; zu Manchester Martin Hewitt, *The Emergence of Stability in the Industrial City: Manchester, 1832–67*, Newcastle upon Tyne 1996, S. 42; zum Mississippi Delta Cleo Hearon, «Mississippi and the Compromise of 1850», Diss. University of Chicago 1913, S. 10; sowie *The Seventh Census of the United States*, Washington D. C. 1853, S. 448 f. Laut Breno Aparecido Moreno produzierte Mitte des 19. Jh. jeder Arbeiter im Paraíba Valley ca. 1 Tonne Kaffee. Vgl. Moreno, «Desbravando os sertões da Piedade: terra e trabalho no Vale do Paraíba cafeeiro (Bananal, c.1800–1880), Diss. Universidade de São Paulo 2022, S. 266. Legt man den durchschnittlichen Kaffeeexport Brasiliens innerhalb von 5 Jahren zugrunde, können wir annehmen, dass um 1850 etwa 150 000 versklavte Menschen in Brasilien Kaffee anbauten. Die Zuckerproduktion variierte dagegen etwas, es wird geschätzt, dass jeder versklavte Arbeiter auf einer Zuckerplantage etwa 1500 kg im Jahr produzierte. Vgl. hierzu Bert Barickman, *A Bahian Counterpoint: Sugar, Tobacco, Cassava and Slavery in the Reconcavo, 1780–1860*, Stanford 1998, S. 143. Wenn wir die Tatsache berücksichtigen, dass auch auf kleineren Plantagen Zucker produziert wurde, liegt die durchschnittliche Menge für ganz Brasilien vermutlich eher bei 1 Tonne. Für die Jahre 1851–1855 liegt das durchschnittliche Exportaufkommen bei 123 800 Tonnen, was bedeutet, dass etwa 124 000 versklavte Menschen in Brasilien Zucker anbauten. Im Jahr 1853 gab die US Treasury an, dass 30 Millionen Pfund Baumwolle in Brasilien angebaut wurden, wofür etwa 65 000 Arbeiter gebraucht worden wäre, wenn man dieselbe Produktivität pro Arbeiter zugrundelegt wie in den USA. Vgl. «Cotton and Its Prospects», *The American Cotton Planter*, Bd. 1, Montgomery (AL) 1853, S. 228. In den USA gab es 1850 laut Robert Cook (*Civil War in America: Making a Nation, 1848–1877*, S. 15) 1,8 Millionen versklavte Arbeiter im Baumwollanbau und 150 000 im Zuckerrohranbau. In Kuba arbeiteten im Jahr 1850 zwischen 170 000 und 200 000 versklavte Arbeiter auf Zuckerplantagen, was durch die Daten von Ulbe Bosma Jonathan Curry-Machado gestützt wird: «Two Islands, One Commodity: Cuba, Java, and the Global Sugar Trade (1790–1930)», *New West Indian Guide* 86 (2012) 3–4, S. 237–262; Vgl. auch Alex van Stipriaan, *Surinaams contrast: Roofbouw en overleven in een Caraïbische plantagekolonie 1750–1863*, Leiden 1993, S. 28, 138. In Surinam gab es 1854 17 884 Sklaven auf Zuckerplantagen, 4650 auf Baumwollplantagen und 6039 auf Kaffeeplantagen, so Van Stipriaan, *Surinaams contrast*, S. 438–39. In Venezuela gab es zum Zeitpunkt der Abolition 12 000 Sklaven, so Arbena, «Book Review: John V. Lombardi», S. 605. In Martinique gab es bei der Abschaffung der Sklaverei 90 000, in Guadeloupe 95 000 versklavte Arbeiter, laut Van Stipriaan,

Surinaams contrast, S. 28. **89** *Neue Münchner Zeitung* (Abendblatt), 28. Februar 1856, zit. n. Patrick Gaul, *Ideale und Interessen: Die Mitteleuropäische Wirtschaft im Amerikanischen Bürgerkrieg*, Stuttgart 2021, S. 48. **90** Herman Merivale, *Lectures on Colonization and Colonies: Delivered Before the University of Oxford in 1839, 1840 & 1841*, Oxford 1928, S. 301–2, 304. **91** Laërne, *Brazil and Java*, S. 215. **92** Ebd. **93** «Our Brazilian Trade and the Anti-Slavery Party», *Economist*, 16. Sep. 1843, S. 33. **94** Ebd., S. 34. **95** «House of Commons», *Economist*, 1. Aug. 1846, S. 10. **96** Die Frage nach dem Zusammenhang zwischen der Sklaverei und der Entwicklung der amerikanischen Wirtschaft wird seit Langem diskutiert. Eine sehr gute Zusammenfassung dieser Debatte findet man in Zakim, «Capitalism and Slavery in the United States», S. 146–68. Robin Blackburn unterscheidet auf ähnliche Weise drei Regime der Sklaverei, wobei er das letzte im 19. Jahrhundert als die «neue amerikanische Sklaverei» bezeichnet. S. von Robin Blackburn zum Beispiel das brillante Werk *The American Crucible: Slavery, Emancipation and Human Rights*, London 2011. Eine sehr sorgfältige Analyse der Sklaverei als spezifische Form von Zwangsarbeit und ihrer verschiedenen Varianten findet man in Marcel van der Linden, «Dissecting Coerced Labour», in: Marcel van der Linden/Magaly Rodríguez García (Hgg.), *On Coerced Labor: Work and Compulsion After Chattel Slavery*, Bd. 25, Leiden 2016, S. 291–332. S. a. Marquese/Salles, «Escravidão no Brasil Oitocentista», S. 133; und Felipe Gonzales/Guillermo Marshall/Suresh Naidu, «Start-Up Nation? Slave Wealth and Entrepreneurship in Civil War Maryland», *JEH* 77/2 2017, S. 401. **97** Eine noch frühere Episode aus dem 18. Jahrhundert findet man in Mary Terrall, «African Indigo in the French Atlantic: Michel Adanson's Encounter with Senegal», *Isis* 114/1 2023, S. 2–24. **98** Mamoudou Sy, *La vallée du fleuve Sénégal dans le jeu des échelles politiques: Le Dimar aux XVIIIe et XIXe siècles*, Paris 2018, S. 129–31, 133. **99** Ebd., S. 136–38. **100** Rapport de Mr. Huzard fils sur la Colonie du Senegal, 13. April 1822, in: Affaires Économiques, 1782–1919, Series Q, Q 16, Mise en Valeur du Senegal, 1822–1830, ANS. **101** «Tableau Synoptique de la culture d'indigo, 1828», in: Séries R, Agriculture, 1R/00026: Culture de l'Indigo, 1823–1951, Archives Nationales du Sénégal, Dakar; «Tableau des établissements de culture, existants au Sénégal au 1er Mai 1825», in: Affaires Économiques, 1782–1919, séries Q, Q 16, Mise en Valeur du Sénégal, 1822–1830, ANS; und «Établissement de Richard-Tol», in: Affaires Économiques, 1782–1919, séries Q, Q 16, Mise en Valeur du Sénégal, 1822–1830, ANS. **102** «Rapport général sur les divers essais de culture particulièrement des indigotiers [...] Février 1827», in: Séries R, agriculture, 1R/00026: Culture de l'Indigo, 1823–1951, ANS; «Sénégal et Dépendances, Règlement pour le service administrative des établissements de culture du Gouvernement 1824; «Rapports sur la culture de l'indigo et la situation des indigonèses adressés aux gouverneur du Sénégal a Saint Louis, 1826/29», in: Séries R, Agriculture, a. a. O.; «Notes sur la culture et la fabrication d'indigo au Bengal, 1824»; «Note sur l'indigo par M. Cheraux, capitaine de vaisseau, administration de Karaikal; Mémoire sur la culture et la fabrication de l'indigo par le Capitaine Darrac, 1824», in: Séries R, Agriculture, a. a. O.; and «Tableau Synoptique de la culture d'indigo», Archives Nationales du Sénégal. Zu den reduzierten Baumwoll- und Indigo-Ernten s. die Berichte und Zusammenstellungen in Affaires Économiques, 1782–1919, Series Q, Q 16, Mise en Valeur du Sénégal, 1822–1830, ANS. **103** S. bspw. die Kopie eines Briefes an M. Berton, 10. Okt. 1827, die Kopie eines Briefes an M. Dégoutin, 22. Okt. 1827, und die Kopie eines Briefes an M. Brunet, 20. Nov. 1827, in: Registre de Correspondance relatif aux Cultures de la Colonie, Juin 1826 à Décembre 1828, Correspondance Générale, 3B/42, ANS. S. a. die Kopie eines Briefes an M. Brunet, 9. April 1828, in: Registre de Correspondance relatif aux Cultures de la Colonie, 1828, Séries R, Agriculture, a. a. O. **104** S. die Kopie eines Briefes an M. Brunet, 9. April 1828, ANS. **105** Zur Situation im Senegal s. a. Jenna Nigro, «Colonial Logics: Agricultural, Commercial & Moral Experiments in the Making of French Senegal, 1763–1870». Diss., University of Illinois 2014, S. 134. Zu den Lohnarbeitsquoten s. die Notizen von M. Degoutin für Givernor Jubelin, 15. März 1828, zit. in Nigro, «Colonial Logics», S. 158. **106** Kopie eines Briefes von François Roger, 19. März 1820, SEN XIII 19a., ANOM. **107** S. die Kopie eines Briefes an M. Perrottet, 5. Mai 1827, in: Registre de Correspondance relatif aux Cultures de la Colonie, a. a. O. **108** Zu den Klagen der Pflanzer s. die Kopie eines Briefes an M. Richard, 5. Mai 1827, in: Registre de Correspondance relatif aux Cultures de la Colonie, Juin 1826 à Décembre 1828, Correspondance Générale, 3B/42, ANS; Kopie eines Briefes an M. Berton, 25. April 1828, und Kopie eines Briefes an M. Berton, 30. Mai 1828, beide im Registre de Correspondance relatif aux Cultures de la Colonie, Juin 1826 à Décembre 1828, Correspondance Générale, 3B/42, Archives Nationales du Sénégal, Dakar; und «Culture du coton au Sénégal, 1900/1924», S. 13, in: Séries R, Agriculture, 1R/00035: Culture du Coton, 1889–1943, ANS. **109** «Answers to th Questions before the Lieutenant Colonel Maxell, Lieutenant Governor of Senegal and Goree, by his Majesty's Commission to Investigate the Forts and Settlements in Africa», in: States of West Coast Settlements., 92–93, item 22, Co 267/29, TNA, Kew Gardens. **110** Nigro, «Colonial Logics», S. 214–15, 255–57. **111** Beckert, *Empire of Cotton*, S. 126. **112** Dieser Absatz beruht auf Beckert, *Empire of Cotton*, S. 126. Zu den diesbezüglichen Quellen s. «Cotton Cultivation Under the Superintendence of the American Cotton Planters in N. W. Provinces, Bombay and Madras», 17. Januar 1842, Nr. 13–17, Revenue Department, Home Department, NAI; John MacFarquhar an die East India Company, New Orleans, 13. Januar 1842, MSS EUR C157; zwei Briefe vom 13. Januar und 10. Juni an die Leiter der East India Company, in: Oriental and India Office Collection, British Library, London, UK; und W. W. Wood an die East India Company, New

Orleans, 10. Juni 1842, MSS EUR C157. Über die Pläne, dies zu tun, s. Home Department, Revenue Branch, August 1839, Nr. 1/4, NAI. S. a. den Beschluss vom 21. September 1841 der Revenue Branch des Government of India, Revenue Department, 21. September 1840, Nr. 1/3, NAI; Brief von [unleserlich] an T. H. Maddok, Territorial Department Revenue, Bombay, 10. Februar 1842, in: Revenue and Agriculture Department, Revenue Branch, 28. Februar 1842, Nr. 2–5, NAI; J. G. Medlicott, *Cotton Hand-Book for Bengal*, Kalkutta 1862, S. 305; und *Asiatic Journal and Monthly Register*, n.s., 36 1841, S. 343. **113** Dieser Absatz beruht auf Beckert, *King Cotton*, S. 131; Arthur W. Silver, *Manchester Man and Indian Cotton, 1847–1872*, Manchester 1966, S. 37–39; *Asiatic Journal and Monthly Register*, n. s., 35 (Mai–Aug. 1841), S. 502; Kopie eines Briefes von C. W. Martin, Leiter der Baumwollfarm in Gujerat, Broach, November 1830, an William Stubbs, Esq., Principal Collector, Surat, in: Compilations Bd. 22/350, 1831, Revenue Department, MSA; Gibbs, Broach, an Thomas Williamson, Esq., Secretary of Government, 5. Oktober 1831, in: Compilation Bd. 22/350, 1831, in: Revenue Department, MSA; *Asiatic Journal and Monthly Register*, n. s., 39 1842, S. 106; Brief von [unleserlich] an T. H. Maddok, Territorial Department Revenue, Bombay, 10. Februar 1842, a. a. O.; und *Report of the Bombay Chamber of Commerce for the Year 1846–47*, Ludhiana 1847, S. 5. **114** Dieser Absatz beruht auf Beckert, *King Cotton*, S. 132; Medlicott, *Cotton Hand-Book*, S. 320, 322, 323, 331, 340, 352, 366. **115** Dieser Absatz beruht auf Beckert, *Empire of Cotton*, S. 131; Peely, Acting Commercial Resident, Northern Factories, an Charles Norris, Esq., Civil Secretary to Government, Bombay, 21. Juli 1831, Compilations Bd. 22/350, 1831, Revenue Department, MSA; Committee of Commerce and Agriculture of the Royal Asiatic Society, *On the Cultivation of Cotton in India*, S. 13; Brief von H. A. Harrison, 1st Assistant Collector, Ootacamund, an L. R. Reid, Esq., Secretary to Government, Bombay, 14. Oktober 1832, in: Compilations Bd. 7/412, 1832, MSA; «Cotton Farms, Proceedings Respecting the Formation of in the Vicinity of Jails», Compilation No. 118, MSA; und Kopie eines Briefes von T. H. Balier (?), Collector, Dharwar, an William Chaplin, Esq., Commissioner, Poona, 19. August 1825, in: Compilations Bd. 26, 1835, «Consultation Cotton Investment», in: Commercial Department, MSA. Ausführliche Erörterungen der Sklaverei in Indien findet man in *Asiatic Journal and Monthly Register*, n. s., 15 1834, S. 81–90. S. a. Factory Records, Dacca, G 15, 21 1779, Oriental and India Office Collections, British Library, London. **116** Michael McGrath (Hg.), *Cinnlae Amhlaoibh Ui Shúileabháin: The Diary of Humphrey O'Sullivan II: From 1st September, 1828, to the end of December, 1830*, Bd. 2, London 1936, S. 25. **117** Zu den gewalttätigen Gegenreaktionen in Irland s. bspw. Terrence M. Dunne, «Letters of Blood and Fire: Primitive Accumulation, Peasant Resistance, and the Making of Agency in Early Nineteenth-Century Ireland», *Critical Historical Studies* 5/1 2018, S. 45–74; Marquese, «Asymmetrical Dependencies», S. 33; John Tutino, *The Mexican Heartland: How Communities Shaped Capitalism, a Nation, and World History, 1500–2000*. Princeton 2017, S. 239. **118** Zu dieser Geschichte s. Tutino, *Mexican Heartland*, S. 241–42. **119** Zit. nach Tutino, a. a. O., S. 242. **120** Jairus Banaji, «Merchant Capitalism, Peasant Households and Industrial Accumulation: Integration of a Model», *Journal of Agrarian Change* 16/3 2016, S. 412; und Henry Bernstein, «Notes on Capital and Peasantry», *Review of African Political Economy* 4/10 1977, S. 68. **121** Robert Gardella, *Harvesting Mountains: Fujian and the China Tea Trade, 1757 to 1937*, Oakland 1997, S. 6, 35–36. **122** Gardella, *Harvesting Mountains*, S. 6–7; Weimin Zhong, «The Roles of Tea and Opium in Early Economic Globalization: A Perspective on China's Crisis in the 19th Century», *Frontiers of History in China* 5, Nr. 1 (2010), S. 86; Andrew B. Liu, «Incense and Industry: Labour and Capital in the Tea Districts of Huizhou, China», *Past & Present* 230 Feb. 2016, S. 164; und Marc Levinson, *The Great A&P and the Struggle for Small Business in America*, New York 2012, S. 16. **123** Gardella, *Harvesting Mountains*, S. 33; Zhong, «Roles of Tea and Opium», S. 88; und Parron, «British Empire and the Suppression of the Slave Trade to Brazil», S. 7. **124** William Rowe, «Approaches to Modern Chinese History», in: Olivier Zunz (Hg.), *Reliving the Past: The Worlds of Social History*, Chapel Hill 1985, S. 274–75; und Gardella, *Harvesting Mountains*, S. 40, 42–44. **125** Gardella, ebd., S. 43, 49. Zu dieser Geschichte der ausgezeichnete Artikel von Liu, «Incense and Industry», S. 161–95, vor allem S. 169, 178, 181, 190. **126** Mitglieder des Teekomitees an W. H. Macnaghten, Esq., Secretary to the Government in the Revenue Department, 24. Dezember 1834, in: *The Measures Adopted for Introducing the Cultivation of the Tea Plant*, S. 32–33. **127** Tithi Bhattacharya, «Sacred Thirst: Producing Tea, Producing People in Colonial Bengal», unv. Beitrag, Harvard University, 2019, im Besitz des Verfassers. **128** Sugata Bose, *Peasant Labour and Colonial Capital: Rural Bengal since 1770*, Cambridge 1993, S. 44; Marcel van der Linden, «Globalization's Agricultural Roots: Some Final Considerations», in: Willem van Schendel (Hg.), *Embedding Agricultural Commodities: Using Historical Evidence, 1840s to 1940s*, London 2017, S. 151–52. **129** Willem van Schendel, «Staying Embedded: The Rocky Existence of an Indigo Maker in Bengal», in: ders., *Embedding Agricultural Commodities*, S. 12; Pierre-Paul Darrac und Willem van Schendel, *Global Blue: Indigo and Espionage in Colonial Bengal*, Farmgate 2006, S. 12; Asiaticus, «The Rise and Fall of the Indigo Industry in India», *Economic Journal* 22/86 1912, S. 239; und Van Schendel, «Staying Embedded», S. 13. **130** Sukanya Banerjee, «Drama, Ecology, and the Ground of Empire: The Play of Indigo», in: Nathan Hensley/Philip Steer (Hgg.), *Ecological Form: System and Aesthetics in the Age of Empire*, New York 2018, S. 25; und Blair B. King, *The Blue Mutiny: The Indigo Disturbances in Bengal, 1859–1862*, Philadelphia/PA 1966, S. 23, 27. **131** Auszug aus den Protokollen vom 29. November 1829, Home Department, Public

Branch, Proceedings January–February 1830, S. 360–64, NAI; Van der Linden, «Globalization's Agricultural Roots», S. 153; und W. H. Elliott, Esq., Officiating Commissioner of the Burdwan Division, an den Sekretär der Regierung von Bengalen, 22. März 1855, in: James Long, *Strike, But Hear! Evidence Explanatory of the Indigo System in Lower Bengal*, R.C. Lepage & Co. 1861, S. 15. **132** Bose, *Peasant Labour and Colonial Capital*, S. 5. S.a. Indrajit Ray, *Bengal Industries and the British Industrial Revolution (1757–1857)*, London 2011, S. 215. **133** Bose, *Peasant Labour and Colonial Capital*, S. 18; Dietmar Rothermund, «Land-Revenue and Land Records in British India», in: James de Moor/Dietmar Rothermund (Hgg.), *Our Laws, Their Lands: Land Laws and Land Use in Modern Colonial Societies*, Münster 1994, S. 125; und Subhash Chandra Sen, *The Landed Middle Class and Their Politics in Hooghly: A Study in Horizontal Mobilisation, 1859–1914*, Kalkutta 2003, S. 45. **134** Sen, *Landed Middle Class*, S. 59; Benoy Chowdhury, *Growth of Commercial Agriculture in Bengal (1757–1900)*, Bd. 1 1964, S. 82; Asiaticus, «Rise and Fall of the Indigo Industry in India», S. 239; Ray, *Bengal Industries and the British Industrial Revolution*, S. 223, 225; Hari Ranjan Ghosal, *Economic Transition in the Bengal Presidency, 1793–1833*, Firma K. L. Mukhopadhyay, 1966, S. 78–79; und Banerjee, «Drama, Ecology, and the Ground of Empire», S. 23. **135** Ray, *Bengal Industries*, S. 230; William Wilson Hunter, *Statistical Account of Bengal* , London (Trübner & Co) 1875, S. 98–103. Zur Fälschung diplomatischer Dokumente s. die afghanischen Unterlagen, den Bericht und die Petition der Newcastle Foreign Affairs Association, Effingham Wilson 1860, S. 6, zit. in: Ray, *Bengal Industries*, S. 228. **136** East India Company (1836), Brief des Vorstands an den Generalgouverneur im bengalischen Rat vom 11. April 1785, Sammlung Nr. 2, zit. in Ray, *Bengal Industries*, S. 211. **137** Willem van Schendel, «Green Plants into Blue Cakes: Working for Wages in Colonial Bengal's Indigo Industry», in: Marcel van der Linden/Leo Lucassen (Hgg.), *Working on Labor: Essays in Honor of Jan Lucassen*, Leiden 2012, S. 50, 70; Bose, *Peasant Labour and Colonial Capital*, S. 70, 75; und Van Schendel, «Green Plants into Blue Cakes», S. 49. **138** Rothermund, «Land-Revenue and Land Records in British India», S. 125. **139** John Dickinson, *Reply to the Indigo Planters' Pamphlet, Entitled «Brahmins and Pariahs»*, S. King 1861, S. 14, 21. **140** G. G. Morris, Sonderbeauftragter des Sekretärs der Regierung von Bengalen, Camp Jessore, 8. Juli 1861, in: «Report of the Results of the Proceedings of Mess.r [fehlend] [...] for Making Inquiries into the Alleged [fehlend] in the Nuddeas and Jessore Districts Against the Payment of Rent», Home Department, Judicial Branch, Consultation A, 1862, Nr. 11/16, 1862, NAI. **141** King, *Blue Mutiny*, S. 58. **142** Brief von Arthur Howell, Kabinettssekretär der indischen Regierung, an den Sekretär der Regierung von Bengalen, Fort William, 31. Dezember 1868, in: «Difficulties in connection with the cultivation of indigo in Chumparun and Tirhoot», Home Department Public Branch, 9. Januar 1869, Nr. 108/114, NAI. **143** Andrew Sartori, *Bengal in Global Concept History: Culturalism in the Age of Capital*, Chicago 2009, S. 55. **144** Zit. n. Van der Linden, «Globalization's Agricultural Roots», S. 154. **145** Van Schendel, «Staying Embedded», S. 16, S. 20. **146** Dickinson, *Reply to the Indigo Planters' Pamphlet*, S. 3, 6. S.a. Amiya Rao/B. G. Rao, *The Blue Devil: Indigo and Colonial Bengal*, Oxford 1992, S. 37–38; und Grote, Esq., Beauftragter der Nuddes-Abteilung, an den Sekretär der Regierung von Bengalen, 19. August 1856, zit. n. *Strike, But Hear! Evidence Explanatory of the Indigo System in Lower Bengal*, R. C. Lepage & Co. 1861, S. 38. **147** Zit. n. Van der Linden, «Globalization's Agricultural Roots», S. 154; und Home Department, Revenue Branch, Protokolle, 2. Dezember 1834 bis 22. April 1835, NAI. S. bspw. Fort William, 23. Januar 1835, und Fort William, 5. März 1835, in: Home Department, Revenue Branch, Protokolle, 2. Dezember 1834 bis 22. April 1835, NAI; Depesche der Finanzbehörde der indischen Regierung, Nr. 10 von 1841, an den ehrenwerten Vorstand der Ostindien-Kompanie, 12. April 1841, in: Home Department, Revenue Branch, Briefe an den Vorstand der East India Company, 1841–1844, NAI. **148** François Crouzet, «The Historiography of French Economic Growth in the Nineteenth Century», *EHR* 56/2 2003; Mark Overton, *Agricultural Revolution in England: The Transformation of the Agrarian Economy, 1500–1850*, Cambridge 1996, S. 4; und Mitchell, *European Historical Statistics*, S. 199–277. **149** Eric L. Jones, «The Environment and the Economy», in: Peter Burke (Hg.), *The New Cambridge Modern History*, Bd. 13, Cambridge 1979, S. 35; Wallerstein, *Modern World-System*, S. 3, 13–14, 73–75, 113; Overton, *Agricultural Revolution in England*, S. 4; C. Knick Harley, «Transportation, the World Wheat Trade, and the Kuznets Cycle, 1850–1913», *Explorations in Economic History* 17/3 1980, S. 218; und William H. Newell, «The Agricultural Revolution in Nineteenth-Century France», *JEH* 33/4 1973, S. 697–731. **150** Zit. n. Roger Bartlett, *Human Capital: The Settlement of Foreigners in Russia 1762–1804*, Cambridge 1976, S. 32. **151** Artur Attman, «The Russian Market in World Trade, 1500–1860», *Scandinavian Economic History Review* 29/3 1981, S. 177–202, 196, 236; Leonard Friesen, *Rural Revolutions in Southern Ukraine: Peasants, Nobles, and Colonists, 1774–1905*, Cambridge/MA 2008, S. 51; Orest Subtelny, *Ukraine: A History*, Toronto 2009, S. 187; Peter I. Lyashchenko, *History of the National Economy of Russia*, London 1949, S. 318; Scott Reynolds Nelson, *Oceans of Grain: How American Wheat Remade the World*, New York 2022, S. 49, 86; Aleksandr Kornilov, *Modern Russian History: Being an Authoritative and Detailed History from the Age of Catherine the Great to the End of the Nineteenth Century*, New York 1948, S. 247; und Ioanna Pepelasis Minoglou, «The Greek Merchant House of the Russian Black Sea: A Nineteenth-Century Example of a Traders' Coalition», *International Journal of Maritime History* 10/1 1998, S. 80. **152** Friesen, *Rural Revolutions in Southern Ukraine*, S. 29 f., 32 f., 37; Nelson, *Oceans of Grain*, S. 42–43, 86; Bartlett, *Human Capital*, S. 126; Lyashchenko, *History of* *the National Economy of Russia*, S. 313. **153** Jeremy Atack/Fred Bateman/William N. Parker, «Northern Agriculture and Westward Movement», in: *The Cambridge Economic History of the United States*, Bd. 2, *The Long Nineteenth Century*, Cambridge/MA 2008, S. 292, 296. **154** So argumentiert Emilie Connolly, «Money Trails: Indian Trust Funds and the Midwest Transportation Revolution», Beitrag zur Tagung Before the City / Beyond the City: Capitalism in the Countryside, Universität Harvard, Oktober 2017, im Besitz des Verfassers. S. a. Emilie Connolly, «Fiduciary Colonialism: Annuities and Native Dispossession in the Early United States», *AHR* 127/1 2022, S. 227 f. **155** Atack/Bateman/Parker, «Northern Agriculture and Westward Movement», S. 312, 263, 314–19. **156** Edwin Williams, *The Wheat Trade of the United States and Europe*, Office of the National Magazine, 1846, S. 12; J. D. B. De Bow, *The Industrial Resources, Statistics, etc., of the United States*, Bd. 1 (De Bow's Review, 1853), S. 388; «Tariff Bill», H. R., 27. Kongress, 2. Sitzung (Juni 1842), Anhang zu *The Congressional Globe of the Second Session of the Twenty-Seventh Congress*, 1841–1842, S. 823; Alan L. Olmstead/Paul W. Rhode, «Wheat for Grain Acreage, Production, and Price: 1839–1877», in: Susan B. Carter/Scott Sigmund Gartner/Michael R. Haines et al. (Hgg.), *Historical Statistics of the United States, Millennial Edition Online*, Cambridge 2006, S. 4–105; Douglas A. Irwin, «Exports of Selected Commodities: 1790–1989», in: Carter/Gartner/Haines/Olmstead/Sutch/Wright, *Historical Statistics of the United States*, S. 5–547; Ray Douglas Hurt, *American Agriculture: A Brief History*, West Lafayette 2002, S. 53; Jeremy Atack/Fred Bateman/William N. Parker, «The Farm, the Farmer, and the Market», in: *Cambridge Economic History of the United States*, 2, S. 250; und Nelson, *Oceans of Grain*, S. 165. **157** Hendrik Snyders, «From Peru to Ichaboe: The Dynamics of a Shifting Guano Frontier, 1840–5», *African Historical Review* 48/2 (2016), S. 4; John Bellamy Foster/Brett Clark/Richard York, *The Ecological Rift: Capitalism's War on the Earth*, New York 2011, S. 355; Edward D. Melillo, «The First Green Revolution: Debt Peonage and the Making of the Nitrogen Fertilizer Trade, 1840–1930», *AHR* 117/4 2012, S. 1038; und Snyders, «From Peru to Ichaboe», S. 5. **158** Snyders, «From Peru to Ichaboe», S. 7; W. W. Matthew, *The House of Gibbs and the Peruvian Guano Monopoly*, Royal Historical Society 1981, S. 226; und Melillo, «First Green Revolution», S. 1042. **159** Zu den peruanischen Einnahmen s. John Bellamy Foster/Brett Clark, «The Expropriation of Nature», *Monthly Review* 69/10 1949, S. 19; Foster/Clark/York, *Ecological Rift*, S. 357; Freeman Hunt, *Hunt's Merchants' Magazine and Commercial Review*, Bd. 35, 142 Fulton-Street 1856, S. 450; Cecilia G. Méndez, *Los trabajadores guaneros del Peru, 1840–1879*, San Marcos 1987, S. 50. **160** Christina Duffy Barnett, «The Edges of Empire and the Limits of Sovereignty: American Guano Islands», *American Quarterly* 57/3 2005, S. 788. **161** Snyders, «From Peru to Ichaboe», S. 8, 11; Barnett, «Edges of Empire and the Limits of Sovereignty Islands», S. 783, 787; Melillo, «First Green Revolution», S. 1045; Jimmy M. Skaggs, *The Great Guano Rush: Entrepreneurs and American Overseas Expansion*, New York 1994. **162** Méndez, *Los trabajadores guaneros del Peru*, S. 43, 53. **163** Zit. n., ebd., S. 53. **164** Méndez, *Los trabajadores guaneros del Peru*, S. 55; Méndez, S. 52; Evelyn Hu-DeHart, «Opium and Social Control: Coolies on the Plantations of Peru and Cuba», *Journal of Chinese Overseas* 1/2 2005, S. 171; und Melillo, «First Green Revolution», S. 1039. **165** Zit. n. Hu-DeHart, «Opium and Social Control», S. 173. **166** Melillo, «First Green Revolution», S. 1040. **167** Méndez, *Los trabajadores guaneros del Peru*, S. 62; Méndez, S. 56–57, 62–65; Hu-DeHart, «Opium and Social Control», S. 177; und Foster/Clark/York, *Ecological Rift*, S. 355. **168** Fahad Ahmad Bishara, *A Sea of Debt: Law and Economic Life in the Western Indian Ocean, 1780–1950*, Cambridge 2017, S. 34–35, 46, 49; Jack A. Goldstone, *Why Europe? The Rise of the West in World History, 1500–1850*, New York 2009, S. 31. Zur Reisproduktion in China s. Stephen Broadberry/Hanhui Guan/David Daokui Li, «China, Europe, and the Great Divergence: A Study in Historical National Accounting, 980–1850», *JEH* 78/4 2018, S. 955–1000. Zu Japan s. Jean-Pascal Bassino/Stephen Broadberry/Kyoji Fukao/Bishnupriya Gupta/Masanori Takashima, «Japan and the Great Divergence 730–1874», *CEI Working Paper Series* 2018–13, Hitotsubashi Universität, 2018, https://ideas.repec.org/p/hit/hitcei/2018-13.html; Christopher Mills Isset, *State, Peasant, and Merchant in Qing Manchuria, 1644–1862*, Stanford 2007, S. 231, 234; Catherine Coquery Vidrovitch, «African Slavery in the Nineteenth Century: Inseparable Partner of the Atlantic Slave Trade», in: Dale W. Tomich/Paul E. Lovejoy (Hgg.), *The Atlantic and Africa: The Second Slavery and Beyond*, übers. v. Dale W. Tomich, New York 2021, S. 7–18; Catherine Coquery-Vidrovitch, «L'esclavage africain au XIXe siècle, partenaire indissociable de la traite atlantique», im Fernand Braudel Center an der Universität Binghamton präsentierter Beitrag, März 2018, S. 1, S. 5, im Besitz des Verfassers; und Paul Lovejoy, *Transformations of Slavery: A History of Slavery in Africa*, Cambridge 1983, S. 179. **169** S. Karl Polanyi, *The Great Transformation: The Political and Economic Origins of Our Time*, Boston 2001, S. 75; dt.: *The Great Transformation: Politische und ökonomische Ursprünge von Gesellschaften und Wirtschaftssystemen*, Frankfurt 2021. S. a. Ernst Langenthaler/Elke Schüßler, «Commodity Studies with Polanyi: Disembedding and Re-Embedding Labour and Land in Contemporary Capitalism», in: *Österreichische Zeitschrift für Sozialgeschichte* 44/2 2019, S. 212. **170** Kevin Kenny, *The American Irish: A History*, London 2000, S. 45, 90. Die Übersterblichkeit betrifft die Jahre zwischen 1845 und 1851. S. Mervyn Busteed, *The Irish in Manchester, c. 1750–1921: Resistance, Adaptation and Identity*, Manchester 2016, S. 42. **171** John Belchem, *Irish, Catholic, and Scouse: The History of the Liverpool Irish, 1800–1940*, Liverpool 2007, S. 1. **172** Kenny, *American Irish*, S. 105 f. **173** Cormac Ó Gráda, *Ireland: A New Economic History, 1780–1939*, Oxford 1993, S. 75; Belchem, *Irish, Catholic,* *and Scouse*, S. 27; und E. P. Thompson, *The Making of the English Working Class*, New York 1966, S. 431. **174** Belchem, *Irish, Catholic, and Scouse*, S. 29; Belchem, S. 8, 38; Kenny, *American Irish*, S. 62, 110; und Thomas Dublin, *Women at Work: The Transformation of Work and Community in Lowell, Massachusetts, 1826–1860*, New York 1993, S. 140, 203–04. **175** Kenny, *American Irish*, S. 63. **176** Peter Way, *Common Labour: Workers and the Digging of North American Canals, 1780–1860*, Cambridge 1993, S. 100; Kenny, *American Irish*, S. 63 f.; Matthew E. Mason, «‹The Hands Here Are Disposed to Be Turbulent›: Unrest Among the Irish Trackmen of the Baltimore and Ohio Railroad, 1829–1851», *Labor History* 39/3 1998, S. 254; Kenny, *The American Irish*, S. 107. **177** Zit. n. George Cornewall Lewis, *On Local Disturbances in Ireland; and on the Irish Church Question*, B. Fellowes 1836, S. 319. **178** Gráda, *Ireland*, S. 28; Tom Yager, «Mass Eviction in the Mullet Peninsula During and After the Great Famine», *Irish Economic and Social History*, 1996, S. 27; Belchem, *Irish, Catholic, and Scouse*, S. 12; und Gráda, *Ireland*, S. 67. **179** Cormac Ó Gráda, *The Great Irish Famine*, Cambridge 2000, S. 26; Gráda, *Ireland*, S. 85, 128–30. **180** Gráda, *Great Irish Famine*, S. 30; Gráda, *Ireland*, S. 122; Yager, «Mass Eviction in the Mullet Peninsula», S. 24–27, 37. **181** McGrath, *Cinnlae Amhlaoibh Ui Shúileabháin*, S. 22–26. **182** Zur Debatte über die Rassifizierung der Iren s. Kavita Philip, «Race, Class and the Imperial Politics of Ethnography in India, Ireland and London, 1850–1910», *Irish Studies Review* 10/3 2002, S. 295. **183** Ebd. **184** Hier im dt. Originaltext von Friedrich Engels, dessen Werk *Die Lage der arbeitenden Klasse in England* enthalten ist in Karl Marx/Friedrich Engels, *Werke*, Bd. 2, Berlin 1972, S. 225–506; im Internet auf der Basis dieser Ausgabe als Volltext verfügbar unter: http://www.zeno.org/Philosophie/M/Engels,+Friedrich/Die+Lage+der+arbeitenden+Klasse+in+England **185** Marx an Pawel Wassiljewitsch Annenkow, Brüssel, 28. Dez. 1846; im Internet als Volltext verfügbar unter: https://www.projekt-gutenberg.org/marx/elendphi/chap003.html **186** Coquery-Vidrovitch, «L'esclavage africain au XIXe siècle», S. 3. Alle Zahlen zum Sklavenhandel können gefunden werden unter «Trans-Atlantic Slave Trade – Estimates», Slave Voyages, https://www.slavevoyages.org/assessment/estimates **187** Zum arabischen Handel s. Pedro Machado, *Ocean of Trade: South Asian Merchants, Africa and the Indian Ocean, c. 1750–1850*, Cambridge 2014, S. 213; «Trans-Atlantic Slave Trade – Estimates»; Éric Saugera, *Bordeaux port négrier: Chronologie, économie, idéologie, XVIIe-XIXe siècles*, Paris 1995, S. 361; José Capela, «Slave Trade Networks in Eighteenth-Century Mozambique», in: Filipa Ribeiro da Silva/David Richardson (Hgg.), *Networks and Trans-Cultural Exchange: Slave Trading in the South Atlantic, 1590–1867*, Leiden 2015, S. 184; Machado, *Ocean of Trade*, S. 217–18; und Allen, *European Slave Trading in the Indian Ocean*, S. 147. **188** Machado, *Ocean of Trade*, S. 209, 212. **189** Coquery-Vidrovitch, «L'esclavage africain au XIXe siècle», S. 1. **190** Ebd. **191** Machado, *Ocean of Trade*, S. 209–10, 228, 245; M. D. D. Newitt, *A History of Mozambique*, Bloomington 1995, S. 237; Capela, «Slave Trade Networks in Eighteenth-Century Mozambique», S. 193; Bishara, *Sea of Debt*, S. 37; und Newitt, *History of Mozambique*, S. 252. **192** Capela, «Slave Trade Networks in Eighteenth-Century Mozambique», S. 193. **193** Machado, *Ocean of Trade*, S. 233–34, 237; und Allen, *European Slave Trading in the Indian Ocean*, S. 153. **194** Einen ausgezeichneten Überblick ihrer Rolle bei der Funktionsweise ihrer Unternehmen findet man in Marina Christina Chatziioannou, *On Merchants' Agency and Capitalism in the Eastern Mediterranean, 1774–1914*, Istanbul 2017; Alff, «Landed Property, Capital Accumulation, and Polymorphous Capitalism», S. 35; Bruno Carvalho, *Porous City: A Cultural History of Rio de Janeiro*, Liverpool 2012, S. 19; Joseph E. Sweigart, *Coffee Factorage and the Emergence of a Brazilian Capital Market, 1850–1888*, New York 1987, S. 21, 24–30, 48; Beckert, *Empire of Cotton*, S. 199–241; und Topik, «Integration of the World Coffee Market», S. 34. **195** Sweigart, *Coffee Factorage*, S. 73; Eugene Ridings, *Business Interest Groups in Nineteenth-Century Brazil*, Cambridge 1994, S. 41; Thomas Jefferson, «Statement on Accounts as Minister Plenipotentiary in France, 8 March», in: Barbara B. Oberg (Hg.), *The Papers of Thomas Jefferson*, Bd. 29, 1. März 1796 bis 31. Dezember 1797, Princeton 2002, S. 22; Pepijn Brandon, «Dutch Capitalism and Slavery in the Longer Run: A Reorientation», in: Dale W. Tomich/Paul E. Lovejoy Hgg., *The Atlantic and Africa: The Second Slavery and Beyond*, New York 2021, S. 265; und Webster, *Richest East India Merchant*, S. 10 f., 14, 29, 31. **196** Webster, *Richest East India Merchant*, S. 83. **197** Prasannan Parthasarathi, *Why Europe Grew Rich and Asia Did Not: Global Economic Divergence, 1600–1850*, Cambridge 2011, S. 262. **198** Daron Acemoglu/James A. Robinson, *Why Nations Fail: The Origins of Power, Prosperity, and Poverty*, New York 2012. Wie von ihnen richtig festgestellt wurde, zeichnete sich die globale Wirtschaftslandschaft durch eine Vielfalt von Institutionen aus. Und sie bemerkten auch ganz zutreffend, dass diese institutionelle Struktur langfristig erhebliche historische Konsequenzen haben würde. Das Problem ist, dass sie bei ihrer Argumentation nationale Einheiten als Analyseelemente zugrunde legten. Wir haben es hier jedoch mit einer Weltwirtschaft zu tun, die sogar innerhalb desselben Kolonialreichs oft sehr unterschiedliche Gruppen von Institutionen umfasste.

Kapitel 9: Eine kapitalistische Zivilisation, 1830–1880

1 «The New Museum Opened», *NYT*, 31. März 1880, S. 8. Anderswo wird berichtet, dass 35 000 Einladungen verschickt worden seien. Siehe «Metropolitan Museum, the Opening of the Institution to Take

Place To-Day», *NYT*, 30. März 1880, S. 10. **2** *NYT*, 29. Sep. 1873, S. 8; «Art Museum to Open», *NYT*, 18. März 1880, S. 5; sowie «New Museum Opened», S. 8. **3** Circular, Trustees of the Metropolitan Museum of Art, New York, 14. April 1879, Nachdruck: *NYT*, 16. April 1879, S. 5. Vgl. auch *NYT*, 7. Dez. 1871, S. 6. **4** Howard Hibbard, *The Metropolitan Museum of Art*, New York 1986, S. 7 f.; *NYT*, 19. Jan. 1870, S. 2. **5** James Jackson Jarves, *The Art-Idea: Sculpture, Painting, and Architecture in America*, New York 1865, S. 174. **6** *NYT*, 17. März 1880, S. 5; Roy Rosenzweig/Elizabeth Blackmar, *The Park and the People: A History of Central Park*, Ithaca (NY) 1992, S. 357; *NYT*, 6. Mai 1873, S. 4; Hibbard, *Metropolitan Museum of Art*, S. 8; *NYT*, 18. Aug. 1874, S. 8. Zur Frühgeschichte des Museums siehe auch «The Fine Art Museum», *NYT*, 30. April 1880, S. 2; sowie «Metropolitan Museum of Art», *NYT*, 16. April 1879, S. 5. **7** *NYT*, 17. März 1880, S. 5; *NYT*, 18. März 1880, S. 5. **8** *NYT*, 30. März 1880, S. 10. **9** Joseph H. Choate, «Metropolitan Museum of Art: Address Delivered at the Opening of the Metropolitan Museum Building, New York City, March 30, 1880», in: Frederick C. Hicks (Hg.), *Arguments and Addresses of Joseph Hodges Choate*, St. Paul (MI) 1926, S. 761–768. **10** Zit. in: Rosenzweig/Blackmar, *Park and the People*, S. 341, 358, 359 f. **11** Jacob Riis, *How the Other Half Lives: Studies Among the Tenements of New York*, New York 1890. **12** Sven Beckert, *The Monied Metropolis: New York City and the Consolidation of the American Bourgeoisie, 1850–1896*, Cambridge 2001, S. 261 f.; Paul DiMaggio, «Cultural Entrepreneurship in Nineteenth-Century Boston: The Creation of an Organizational Base for High Culture in America», *Media, Culture and Society* 4 (1982), S. 35–50. **13** «Metropolitan Museum of Art», *New York Herald*, 30. März 1880; Michael Zakim, *Ready-Made Democracy: A History of Men's Dress in the American Republic, 1760–1860*, Chicago 2003. **14** Walt W. Rostow, *The World Economy: History and Prospect*, Austin 1978, S. 70. Die Berechnung basiert auf den Zahlen für die Jahre 1800 u. 1901 bis 1905. **15** Eine Wortsuche nach «natural law(s)» ergab 298 Einträge für *The Economist* zw. 1843 u. 1900. Siehe z. B. «Follow Our Principles», *Economist*, 20. Dez. 1845, S. 1267; «The Last Debate on the Navigation Law», *Economist*, 26. Mai 1849, S. 572; «The Building Strike», *Economist*, 6. April 1861, S. 689; sowie Martin Hewitt, *The Emergence of Stability in the Industrial City: Manchester, 1832–67*, Aldershot 1996, S. 80, 85. **16** Karl Marx/Friedrich Engels, *Manifest der Kommunistischen Partei*, London 1848, S. 5. **17** Karl Marx, «The Future Results of British Rule in India», in: James Ledbetter (Hg.), *Dispatches for the New York Tribune: Selected Journalism of Karl Marx*, London/New York 2007, S. 225. **18** Wilhelm Emmanuel Freiherr von Ketteler, *Die Arbeiterfrage und das Christenthum*, Mainz 1864, S. 186, 194. Zur Kleidung siehe Lothar Schneider, *Der Arbeiterhaushalt im 18. und 19. Jahrhundert: Dargestellt am Beispiel des Heim- und Fabrikarbeiters*, Berlin 1967, S. 136. Zu Lohnarbeitern siehe Henriette Davidis, *Die Hausfrau: Praktische Anleitung zur Selbstständigen und Sparsamen Führung des Haushaltes*, E. A. Seemann 1865, S. 283–292. **19** In den Vereinigten Staaten lebten 25 % der Bevölkerung in Städten, in Frankreich 28 %. Siehe Paul Bairoch/Gary Goertz, «Factors of Urbanisation in the Nineteenth Century Developed Countries: A Descriptive and Econometric Analysis», *Urban Studies* 23 (1986), S. 286, 288. Bairoch rechnet hier fast alle Länder in Nord-, Mittel- und Westeuropa ein, aber auch Russland, Bulgarien, Griechenland und Spanien. 24 % der Europäer lebten im Jahr 1880 in Städten, verglichen mit nur 11 % im Jahr 1800. Siehe B. R. Mitchell, *International Historical Statistics: Europe 1750–2005*, London 2007, S. 76 f.; B. R. Mitchell, *International Historical Statistics: The Americas 1750–2005*, London 2007, S. 46 ff.; sowie Charles Tilly, «Did the Cake of Custom Break?», in: John M. Merriman (Hg.), *Consciousness and Class Experience in Nineteenth Century Europe*, London/New York 1979, S. 26. **20** Eugene Ridings, *Business Interest Groups in Nineteenth-Century Brazil*, Cambridge 1994, S. 36, 161; Eugene Ridings, «Business Associationalism, the Legitimation of Enterprise, and the Emergence of a Business Elite in Nineteenth-Century Brazil», *Business History Review* 63 (1989), S. 778. **21** Rodrigo Marins Marretto, «O opulento capitalista: O Barão de Nova Friburgo e as estratégias de formação e manutenção do patrimônio familiar no oitocentos», Diss. Universidade Federal Fluminense 2019, S. 229; Chitra Joshi, «Time, Work, and Wages: Regulating Labour on the Road», unveröffentlichter Artikel, Vortrag Re:Work Berlin, März 2017, S. 10. **22** Peter Scholliers, «Grown-Ups, Boys and Girls in the Ghent Cotton Industry: The Voortman Mills, 1835–1914», *Social History* 20 (1995), S. 201. **23** Act to Make Further Provisions for the Regulation of Cotton Mills and Factories and for the better Preservation of the Health of Young Persons Employed Therein, 1825, 6 Geo. 4, c. 63; E. P. Thompson, *The Making of the English Working Class*, New York 1966, S. 267, 291–306; Gregory Clark, «Factory Discipline», *JEH* 54 (1994), S. 128–163. **24** «Your Uncle Sam», N. W. Ayer Advertising Agency Records, Box 28, Ordner 2, Archives Center, Smithsonian National Museum of American History, Washington, D. C., zit. in: Augustine Sedgewick, *Coffeeland: One Man's Dark Empire and the Making of our Favorite Drink*, London 2020, S. 189, 195. **25** E. P. Thompson, «Time, Work-Discipline and Industrial Capitalism», *Past & Present* 38 (1967), S. 90. Zum neuen Zeitbegriff siehe Vanessa Ogle, *The Global Transformation of Time, 1870–1950*, Princeton 2015. **26** T. S. Arthur, *Advice to Young Men*, Philadelphia 1860, S. 69, zit. in: Michael Zakim, *Accounting for Capitalism: The World the Clerk Made*, Chicago 2018, S. 47. **27** William Hazlitt, «On the Look of a Gentleman», Table-Talk, London Magazine, Jan.-Juni 1821, S. 39. **28** David Blackbourn/Geoffrey Eley, *The Peculiarities of German History, Bourgeois Society and Politics in Nineteenth-Century Germany*, Oxford 1984, S. 202 ff.; Zakim, *Accounting for Capitalism*, S. 50, 86. **29** Thomas Piketty, *Kapital und Ideologie*, München 2020. **30** Siehe auch Raymond Williams, *Keywords: A Vocabulary of Culture and Society*, London 1976, S. 61 f.

31 «Middle-Class Education», *Economist,* 13. Juni 1857, S. 641 f. **32** Leila Vilela Alegrio, *Os Clemente Pinto: Importantes cafeicultores do sertáo do leste fluminense,* Rio de Janeiro 2015, S. 2, 38, 65, 71, 144, 153. Zu seiner Rolle als Sklavenhändler s. a. auch Marretto, «Opulento capitalista», S. 14, 147, 162, 181, 186–189. **33** Jeffrey D. Needell, *A Tropical Belle Époque: Elite Culture and Society in Turn-of-the-Century Rio de Janeiro,* Cambridge 1987, S. 238 f. **34** Ebd., S. 22, 117. **35** Ida Pfeiffer, *Eine Frauenfahrt um die Welt,* Wien 1850, S. 53. **36** Christa Wetzel, «A Short Biography of Heinrich Witt», in: Ulrich Mücke (Hg.), *The Diary of Heinrich Witt,* Bd. 1, Leiden 2016, S. xv, xxi, xxxiv; Eintrag vom 5. Aug. 1862, zit. in: Mücke, *Diary of Heinrich Witt,* Bd. 6, S. 284; Eintrag vom 13. April 1864, zit. in: Mücke, *Diary of Heinrich Witt,* Bd. 6, S. 489; Eintrag vom 19. April 1864, zit. in: Mücke, *Diary of Heinrich Witt,* Bd. 6, S. 490; Eintrag vom 24. Okt. 1847, zit. in: Mücke, *Diary of Heinrich Witt,* Bd. 6, S. 128 f.; sowie der Eintrag vom 4. Sep. 1864, zit. in: Mücke, *Diary of Heinrich Witt,* Bd. 6, S. 513. **37** Eintrag vom 6. April 1848, zit. in: Mücke, *Diary of Heinrich Witt,* Bd. 4, S. 163. **38** Sabine Dabringhaus/Jürgen Osterhammel, «Chinese Middle Classes Between Empire and Revolution», in: Christof Dejung/David Motadel/Jürgen Osterhammel, *The Global Bourgeoisie: The Rise of the Middle Classes in the Age of Empire,* Princeton 2019, S. 323; Christof Dejung, «Auf dem Weg zu Einer Globalen Sozialgeschichte? Neuere Studien zur Globalgeschichte des Buergertums», *Neue Politische Literatur* 59 (2014), S. 239; Janet Hunter, «Modern Business and the Rise of the Japanese Middle Classes», in: Dejung u. a., *Global Bourgeoisie,* S. 168 f.; Simon Partner, *The Merchant's Tale: Yokohama and the Transformation of Japan,* New York 2018; Kenneth Pomeranz/Steven Topik, *The World That Trade Created: Society, Culture and the World Economy, 1400 to the Present,* Armonk (NY)/London 2006, S. 38; Prashant Kidambi, «Colonial Bombay, 1890–1940», in: A. Ricardo López/Barbara Weinstein (Hgg.), *The Making of the Middle Class: Toward a Transnational History,* Durham (NC) 2012, S. 141–160; Sanjay Joshi, *The Middle Class in Colonial India,* Oxford 2010, S. xv–lvi; Claude Markovits, «What About the Merchants? A Mercantile Perspective on the Middle Class of Colonial India», in: Joshi, *Middle Class in Colonial India,* S. 122 f.; Beckert, *King Cotton,* S. 348. **39** Dejung et al., *Global Bourgeoisie.* **40** A. Ricardo López/Barbara Weinstein, «We Shall Be All: Toward a Transnational History of the Middle Class», in: Dies., *Making of the Middle Class,* S. 5; sowie Christof Dejung/David Motadel/Jürgen Osterhammel, «Worlds of the Bourgeoisie», in: Dejung et al., *Global Bourgeoisie,* S. 3 f. **41** Needell, *Tropical Belle Époque,* S. 116, 120, 131; Beckert, *The Monied Metropolis,* S. 34, 39; Fernand Braudel, *Die Dynamik des Kapitalismus,* Stuttgart 1986, S. 64 f.; Nancy F. Cott, *The Bonds of Womanhood: «Woman's Sphere» in New England, 1780–1835,* New Haven 1977; Maria Mies, *Patriarchy and Accumulation on a World Stage: Women in the International Division of Labour,* London 1985, S. 104 (*Patriarchat und Kapital,* München 2015). **42** Needell, *Tropical Belle Époque,* S. 123. **43** Ebd., S. 120 f. **44** Needell, *Tropical Belle Époque,* S. 93. Sudipto Basu, «Spatial Imagination and Development in Colonial Calcutta, c. 1850–1900», *History and Sociology of South Asia* 10 (2016), S. 48 f.; Luiz Felipe de Alencastro, «Vida privada e ordem privada no império», in: Luiz Felipe de Alencastro (Hg.), *História da vida privada no Brasil,* Bd. 2, São Paulo 1997, S. 45; Jeffrey Needell, *The Party of Order: The Conservatives, The State, and Slavery in the Brazilian Monarchy, 1831–1871,* Stanford 2006, S. 24; Ehevertrag von Thomas Mitchell, Baumwollspinner in Glasgow, und Ellen Maria Poyser, Tochter von Samuel Poyser, The Elms, Derbyshire, 1853–1856, T-MJ/180, GCA; Hartmut Roehr, «Die (sic!) Archiv der Firma J. A. Schmidt & Soehne, Solingen», in: Rogge/Sassin, *Die Heimat,* S. 45–52. **45** Needell, *Tropical Belle Époque,* S. 103, 152 f.; Beckert, *Monied Metropolis,* S. 56 f.; und Listen der Sommereinwohner von Newport, RI, 1895, Box 5849, Newport Historical Society, Newport, RI. **46** Needell, *Tropical Belle Époque,* S. 53 f.; Ronald Story, *The Forging of an Aristocracy: Harvard and The Boston Upper Class, 1800–1870,* Middleton (CT) 1980, S. 30 ff. **47** Beckert, *Monied Metropolis,* S. 58; Jean Merley, «Naissance et développement d'une métropole industrielle (1815-vers 1900): La vie politique et culturelle», in: John Merley (Hg.), *Histoire de Saint-Étienne,* Toulouse 1990, S. 202 f.; Jürgen Osterhammel, *Die Verwandlung der Welt: Eine Geschichte des 19. Jahrhunderts,* München 2016, S. 431; Dabringhaus/Osterhammel, «Chinese Middle Classes Between Empire and Revolution», S. 326; *Comitê de Figure de [illegible] para um concerto no casino fluminense,* BNRio, 109/1874, Manuscritos; handgeschriebener Bericht, Rio, 24. Mai 1877, Banquete no General Osário, Casino Fluminense, in: Coleção Gen. Osário, 243. 22, Instituto Historio e Geográfica Brasileira, Rio de Janeiro; Decretos do Executivo – Período, Decreto No. 5615, Aprova os estatutos da Sociedade Anomia Jockey Clube, 25. April 1874, BR Janeiro 22. 0. 0. 3365, NAB. Zu anderen Clubs siehe z. B. Decretos do Executivo, Período, Fundo 22/Codes/DEL, BR Janeiro 22. 0. 0. 3394, Decreto Número 7122, Aprova os estatutos do Club de Regatas Guarabirense, NAB; verschiedene Dokumente, W1–9, III, No. 31–41, Bethmann-Archiv, Stadtarchiv Frankfurt a. M.; Ulrich Luckhardt, «Die Anfänge der Hamburgischen Kunstsammlungen und die Erste Kunsthalle», in: Uwe M. Schneede/Helmut R. Leppien, *Die Hamburger Kunsthalle: Bauten und Bilder,* Lepizig 1997, S. 20 f.; «Städtische Gemäldegalerie», Januar 1859, Verwaltung der Kunsthalle, 364–2/1 III 20, Staatsarchiv Hamburg; Birgit-Katharine Seemann, *Stadt, Bürgertum und Kultur: Kulturelle Entwicklung und Kulturpolitik in Hamburg von 1839 bis 1933 am Beispiel des Museumswesens,* Husum 1998; Sven Beckert, «Die Kultur des Kapitals: Bürgerliche Kultur in New York und Hamburg im Neunzehnten Jahrhundert», *Vorträge aus dem Warburg-Haus* 4 (2000), S. 139–173; Hewitt, *Emergence of Stability in the Industrial City, S.* 86; Blackbourn/Eley, *Peculiarities of German History,* S. 195; Rudi Batzell, «Reconstructing Global Capitalism: Class, Corporations, and the Rise of Welfare States, 1870–1930», Diss. Harvard University 2017, S. 219; Arno Mayer, *The Persistence of the Old Regime: Europe to the Great War*, Pantheon 1981, S. 20; Tagebücher des André Pinto Rebouças, 13. Juni 1886, 15. Juni 1886, 16. Juni 1886, 17. Juni 1886, 18. Juni 1886, 20. Juni 1886, in DL 464.3, LATA 464, Manuscript 3, Instituto Historio e Geográfica Brasileira, Rio de Janeiro. **48** Joaquim Maria Machado de Assis, *The Posthumous Memoirs of Brás Cubas*, Oxford 1997 (*Die nachträglichen Memoiren des Bras Cubas*, Zürich 2003). **49** Machado de Assis, *Posthumous Memoirs of Brás Cubas*, S. 25, 28, 81, 105, 106, 137, 157, 160, 169, 201. **50** Maria Alice Rezende de Carvalho, «Rio de Janeiro Crepúsculo de Ouvidor», in: Adrián Gorelik/Fernanda Áreas Peixoto (Hgg.), *Ciudades Sudamericanas como Arenas Culturales: Artes y Medios, Barrios de Élite y Villas Miseria, Intelectuales y Urbanistas: Cómo Cuidad y Cultura se Activan Mutuamente*, Buenos Aires 2016, S. 23, 31. **51** Needell, *Tropical Belle Époque*, S. 102. **52** E. de Carvalho, *Esplendor e decadência da sociedade brasileira*, Rio de Janeiro 1911, S. 238 ff., zit. in: Needell, *Tropical Belle Époque*, S. 104. **53** Ebd., S. 28; sowie Alencastro, «Vida privada e ordem privada no império», S. 43. **54** Needell, *Tropical Belle Époque*, S. 33, 139, 144. **55** Ebd., S. 147. **56** *The Empire of Brazil at the Paris Universal Exhibition of 1867*, Rio de Janeiro 1867, S. 72; *The Empire of Brazil at the Vienna Universal Exhibition of 1873*, Rio de Janeiro 1873, S. 42–57, 153–160; *The Empire of Brazil at the Universal Exhibition of 1876 in Philadelphia*, Rio de Janeiro 1876, S. v–vi. S. a. sehr ähnlich, *Das Kaiserthum Brasilien im Jahre 1873*, Rio de Janeiro 1874. **57** *Jornal das Senhoras*, 11. Jan. 1854. S. a. Needell, *Tropical Belle Époque*, S. 124 f., 129. Zur bürgerlichen Kleiderordnung im 19. Jh. in Brasilien s. a. Maria do Carmo Teixeira Rainho, *A cidade e a moda*, Brasilia 2002. **58** Siehe Francisco Lellis/André Boccato, *Os banquetes do imperador*, Senac 2013; «Aprontos Genealógica sobre a família Warneck», BRJaneiro PYO.TXT.7, NAB. S. a. BRJaneiro, PY.O.TMT.TXT.15, NAB. **59** Zur «civilidade», siehe *Elementos de Civilidade*, o. V. o. D., S. 7, 9, 23, 25, zugezogen in BNRio. Ein sehr ähnliches Reglement findet sich in Guilhermina dê Neves, *Azambuja: Entretenimentos sobre os deveres de civilidade colecionadas para uso da puerícia brasileira de ambos os sexos*, Rio de Janeiro 1875, S. 98, 103, 114. **60** Beckert, *Monied Metropolis*, S. 39; «Inventory January 10, 1850, Furniture at House St. Vincent Street», GB 248 UGD 091/1/10/1/1; Bündel rechtlicher Dokumente, 1835–1865, Artikel Nr. 20, Finlay Papers, UGA. **61** Webster, *Richest East India Merchant*, S. 65. **62** Ebd., S. 20 f., 66 f., 71, 78, 80; Anthony Webster, «An Early Global Business in a Colonial Context: The Strategies, Management, and Failure of John Palmer and Company of Calcutta, 1780–1830», *Enterprise and Society* 6 (2005), S. 98–103; «Cosmopolitan Consumption: Domesticity, Cooking, and the Middle Class in Colonial India», in: Dejung u. a., *Global Bourgeoisie*, S. 133; Tithi Bhattacharya, *The Sentinels of Culture: Class, Education, and the Colonial Intellectual in Bengal (1848–85)*, Oxford 2005; Brian A. Hatcher, «Indigent Brahmans, Industrious Pandits: Bourgeois Ideology and Sanskrit Pandits in Colonial Calcutta», *Comparative Studies of South Asia, Africa and the Middle East* 16 (1996), S. 17; Ray, «Cosmopolitan Consumption», S. 138 ff. **63** Mona Abaza, *The Cotton Plantation Remembered: An Egyptian Family Story*, Kairo 2013, S. 66, 114. **64** Mücke, *Diary of Heinrich Witt*, Bd. 4, S. xxii. **65** Zum Hintergrund von Witt siehe Ulrich Mücke, «Ein Rassist gibt Auskunft», *Die Zeit*, 14. Juli 2016, S. 17; Wetzel, «A Short Biography of Heinrich Witt», Bd. l, S. xix; Eintrag vom 30. Okt. 1847, zit. in: Mücke, *Diary of Heinrich Witt*, Bd. 4, S. 130; Wetzel, «A Short Biography of Heinrich Witt», Bd. l, S. viii; Eintrag vom 5.-11. Dez. 1847, zit. in: Mücke, *Diary of Heinrich Witt*, Bd. 4, S. 138; Eintrag vom 19. Nov. 1848, zit. in: ebd., S. 248; sowie Eintrag vom 22. Dez. 1847, zit. in: ebd., S. 143. **66** Wetzel, «A Short Biography of Heinrich Witt», Bd. 1, S. xxxv; Eintrag vom 25. Dez. 1847, zit. in: Mücke, *Diary of Heinrich Witt*, Bd. 4, S. 145; Eintrag vom 21. Nov. 1847, zit. in: ebd., S. 136; Wetzel, «A Short Biography of Heinrich Witt», Bd. 1, S. xxiv; Eintrag vom 22. Dez. 1847, zit. in: Mücke, *Diary of Heinrich Witt*, Bd. 4, S. 142. Zur Anwesenheitsliste siehe Eintrag vom 6. Oktober 1848, in: ebd., S. 230 ff. **67** Eintrag vom 9. Januar 1848, zitiert in: ebd., S. 148. **68** Eintrag vom 24.–27. Mai 1848, zit. in: ebd., S. 176. **69** Eintrag vom 18. Juni 1848, zit. in: ebd., S. 189; sowie Eintrag vom 21. Juli 1848, zit. in: ebd., S. 202. **70** Dejung, «Auf dem Weg zu einer globalen Sozialgeschichte?», S. 234; Bruce Masters, *The Arabs of the Ottoman Empire, 1516–1918: A Social and Cultural History*, Cambridge 2013, S. 198, 203; Adam Mestyan, «The Muslim Bourgeoisie and Philanthropy in the Late Ottoman Empire», in: Dejung u. a., *Global Bourgeoisie*, S. 174, 208, 212, 217–222. **71** Verschiedene Dokumente, W1–9, III, Nr. 142, Bethmann-Archiv, Stadtarchiv Frankfurt a. M. **72** Needell, *Tropical Belle Époque*, S. 77. Zu Le Cap siehe Robin Blackburn, *The Making of New World Slavery: From the Baroque to the Modern, 1492–1800*, London/New York 2010, S. 451; Alegrio, *Clemente Pinto*, S. 193 f. **73** William Foster Apthorp, *The Opera Past and Present*, New York 1910, S. 26; Sebastiano De Filippi/Daniel Varacalli Costas, *The Other Toscanini: The Life and Works of Hector Panizza*, Denton (TX) 2019, S. 10; Eduard Andorfer, *Die Baugeschichte: In 50 Jahre Grazer Opernhaus, 1899–1949*, Graz 1949, S. 21; David A. Hanser, *Architecture of France*, Westport (CT) 2006, S. 172; Andrew Ayers, *The Architecture of Paris*, Stuttgart/London 2004, S. 188; Nicole Wild, *Dictionnaire des théâtres parisiens au XIXe siècle: Les théâtres et la musique*, Paris 1989, S. 76; Frederic Spotts, *Bayreuth: Eine Geschichte der Wagner-Festspiele*, München 1994; Paul Busse, *Geschichte des Gärtnerplatztheaters in München*, Verlag A. Waldbauer 1924, S. 13 ff.; Victor F. Denaro, «Houses in Kingsway and Old Bakery Street, Valletta», *Melita Historica: Journal of the Malta Historical Society* 2 (1959), S. 202; N.C. Curtis, «New Orleans: The French Opera House 1859–1917», *Western Architect* 38 (1929), S. 5–8; sowie Drew Reed, «Manaus's Opulent Amazon Theatre – A History of Cities in 50 Buildings, Day 15», *Guardian*,

14. April 2015. **74** Siehe z. B. die Rede von John Ward, 1857, John Ward, Box 1, Ward Family Papers, NYHS. **75** *HMMCR* 35 (1856), S. 388; *HMMCR* 31 (1854), S. 263; *HMMCR* 34 (1856), S. 60; *HMMCR* 31 (1854), S. 59; *HMMCR* 41 (1859), S. 644; *HMMCR* 34 (1856), S. 59, zit. in: Beckert, *Monied Metropolis*, S. 41. **76** Eine umfassende Darstellung der unterschiedlichen Positionen bietet Martin J. Burke, *The Conundrum of Class, Public Discourse on the Social Order in America*, Chicago 1995, S. 76–132. **77** HMMCR 37 (1857): 702. **78** *Fifteenth Annual Report of the New-York Association for Improving the Conditions of the Poor*, New York 1858, S. 32. **79** Zur Bedeutung dieser Naturalisation der kapitalistischen Wirtschaft s. a. Blackbourn/Eley, *Peculiarities of German History*, S. 190. **80** Manisha Sinha, *The Slave's Cause: A History of Abolition*, New Haven 2016, S. 253. **81** George Opdyke, *Treatise on Political Economy*, New York 1851, S. 327, 330 f. **82** Für die Zitate siehe Henry W. Bellows, *Historical Sketch of the Union League Club of New York*, New York 1879, S. 132, zit. in: Beckert, *Monied Metropolis*, S. 211; «The Recent Strike in the Iron Trade in the North of England», *Economist*, 5. Jan. 1867, S. 4. **83** *Manufacturer and Builder* 8 (Jan. 1875), S. 10. **84** «The Malay Peninsula», *Economist*, 20. Nov. 1875, S. 1364. **85** Mücke, «Ein Rassist gibt Auskunft», S. 17. **86** Zum Zitat siehe Pfeiffer, *Eine Frauenfahrt um die Welt*, S. 32. **87** Webster, *Richest East India Merchant*, S. 84 f. **88** Richard Drayton, «Race, Culture and Class: European Hegemony and Global Class Formation, c. 1800–1950», in: Dejung u. a., *Global Bourgeoisie*, S. 351 f.; Louis Menand, «Morton, Agassiz, and the Origins of Scientific Racism in the United States», *Journal of Blacks in Higher Education* 34 (2001/02), S. 111. **89** Jürgen Osterhammel, *Die Entzauberung Asiens: Europa und die asiatischen Reiche im 18. Jahrhundert*, München 2010; Drayton, «Race, Culture and Class», S. 352; Dejung u. a., «Worlds of the Bourgeoisie», S. 25; Menand, «Morton, Agassiz, and the Origins of Scientific Racism in the United States», S. 111. **90** *Twenty-Fourth Annual Report of the New York Association for the Improvement of the Conditions of the Poor for the Year 1867*, New York 1867, S. 69, zit. in: Beckert, *Monied Metropolis*, S. 179. **91** *NYT*, 25. Juni 1871, S. 4, zit. in: Beckert, *Monied Metropolis*, S. 179. **92** Hewitt, *Emergence of Stability in the Industrial City*, S. 58. **93** Charles Dickens, *Oliver Twist*, Klagenfurt 1988; Charles Dickens, *Schwere Zeiten*, Stuttgart 2011; sowie Charles Dickens, *Große Erwartungen*, Köln 2022. **94** Hewitt, *Emergence of Stability in the Industrial City*, S. 87 ff. **95** Ebd., S. 90. **96** General Booth, *In Darkest England and the Way Out*, London 1890, S. 9 (*Im Dunkelsten England und der Weg heraus*, Lüdenscheid 2020). **97** Ebd., S. 14. **98** Ebd., S. 11 f. **99** Christof Dejung, «From Global Civilizing Missions to Racial Warfare: Class Conflicts and the Representation of the Colonial World in European Middle Class Thought», in: Ders. u. a., *Global Bourgeoisie*, S. 259. **100** Gustav von Bodelschwingh, *Friedrich von Bodelschwingh: Ein Lebensbild*, Bethel bei Bielefeld 1922, S. 273. **101** Hewitt, *Emergence of Stability in the Industrial City*, S. 69, 81, 295. **102** Tilly, «Did the Cake of Custom Break?», S. 25; Mitchell, *International Historical Statistics*, S. 116, 153, 168. Diese Zahlen sind unpräzise und schließen verschiedene Arbeitergruppen wahlweise ein oder aus, doch sie zeigen zweifellos die großen und plötzlichen Zunahmen bei den Arbeitsplätzen in der Produktion. **103** *Morning Chronicle*, Okt. 1849, zit. in: Angus Bethune Reach, *Manchester and the Textile Districts in 1849*, Rossendale 1972, S. 20, 29; Andrew Davies/Steven Fielding/Terry Wyke, «Einleitung», in: Andrew Davies/Steven Fielding (Hgg.), *Workers' Worlds: Cultures and Communities in Manchester and Salford, 1880–1939*, Manchester 1992, S. 1. **104** Steven Marcus, *Engels, Manchester & The Working Class*, New York 1975, S. 4; Hewitt, *Emergence of Stability in the Industrial City*, S. 31. Die Zahlen sind gerundet. S. a. ebd., S. 33. **105** Benjamin Disraeli, *The Works of Benjamin Disraeli, Earl of Beaconsfield*, London 1904, S. 203. **106** Asa Briggs, *Victorian Cities*, Harmondsworth 1963, S. 116. **107** G. J. Holyoake (Hg.), *The Reasoner*, Bd. 5, London 1848, S. 92. **108** Zit. in: Stephen Mosley, *The Chimney of the World: A History of Smoke Pollution in Victorian and Edwardian Manchester*, London 2001, S. 20. **109** Beide zit. in: Mosley, *Chimney of the World*, S. 21, s. a. S. 13, 19 f., 23. **110** Hewitt, *The Emergence of Stability in the Industrial City*, S. 21. **111** Alexis de Tocqueville, *Journeys to England and Ireland*, hg. von J. P. Mayer, New Haven 1958, S. 104. **112** Ebd., S. 108. **113** A Salford Clergyman, MC (18. Jan. 1834), zit. in: Hewitt, *Emergence of Stability in the Industrial City*, S. 26. **114** Ebd., S. 50. **115** Stuart Hylton, *A History of Manchester*, Chichester 2003, S. 169; «Work», Workhouse Life, The Workhouse: The Story of an Institution (website), zuletzt verändert 2016, abgerufen: 12. Juli 2024, url: https://www.workhouses.org.uk/life/work.shtml; sowie «Children in the Workhouse», Children & Education, The Workhouse: The Story of an Institution, zuletzt verändert 2016, abgerufen: 12. Juli 2024, https://www.workhouses.org.uk/education/. **116** Hewitt, *Emergence of Stability in the Industrial City*, S. 6, 50, 52. Zu den Reallöhnen in Europa siehe Şevket Pamuk/Jan-Luiten van Zanden, «Standards of Living», in: Stephen Broadberry/Kevin H. O'Rourke (Hgg.), *Cambridge Economic History of Modern Europe*, Bd. 1, 1700–1870, Cambridge 2010, S. 224. Einen ausgezeichneten Überblick über die «Lebensstandard-Debatte» bietet Pamuk/Van Zanden, «Standards of Living», S. 217–34; John Komlos, «Shrinking in a Growing Economy? The Mystery of Physical Stature during the Industrial Revolution», *JEH* 58 (1998), S. 779–802; M. E. Poole/C. G. Pooley, «Health, Society and Environment in Victorian Manchester», in: R. Woods/J. Woodward (Hgg.), *Urban Disease and Mortality in Nineteenth Century England*, New York 1984, S. 148–177; Gustav Schmoller, *Zur Geschichte der deutschen Kleingewerbe im 19. Jahrhundert*, Halle 1870, S. 692, sowie Simon Szreter/Graham Mooney, «Urbanization, Mortality, and the Standard of Living Debate: New Estimates of the Expectation of Life at Birth in Nineteenth-Century British Cities», *EHR* 51 (1998), S. 93; Robert C. Allen, «Tracking the Agricultural Revolution in

England», *EHR* 52 (1999), S. 217. **117** Patrick Joyce, *Visions of the People: Industrial England and the Question of Class 1848–1914*. Cambridge 1991, S. 104. **118** *Morning Chronicle*, Okt. 1849, S. 8. **119** Friedrich Engels, zit. in: Mervyn Busteed, *The Irish in Manchester, c. 1750–1921: Resistance, Adaptation, and Identity*, Manchester 2016, S. 49. **120** Friedrich Engels, *Die Lage der arbeitenden Klasse in England*, Leipzig 1845, S. 74. **121** *Morning Chronicle*, Oktober 1849, S. 9. Siehe auch Hylton, *History of Manchester*, S. 144. **122** *Morning Chronicle*, Oktober 1849, S. 18. **123** Ebd., S. 25. **124** Ebd., zit. in: Aspin, *Angus Bethune Reach*, S. 58; Melanie Tebbutt, «Women's Talk? Gossip and ‹Women's Words› in Working-Class Communities, 1880–1939», in: Davies/Fielding, *Workers' Worlds*, S. 49. **125** Busteed, *Irish in Manchester*, S. 56; Tebbutt, «Women's Talk?», S. 49 f., 53 f., 59; Hewitt, *Emergence of Stability in the Industrial City*, S. 165. Zu den Lese- und Schreibfähigkeiten in der Arbeiterklasse siehe Gregory Vargo, «Questions from Workers Who Read: Education and Self-Formation in Chartist Print Culture and Elizabeth Gaskell's Mary Barton», *Victorian Literature and Culture* 44 (2016), S. 137; John Dixon, «Reading/Literacy—For the Lower Orders?», *Changing English* 20 (2013), S. 219; Thomas W. Laqueur, «Literacy and Social Mobility in the Industrial Revolution in England», *Past & Present* 64 (1974), S. 99. **126** Hewitt, *The Emergence of Stability in the Industrial City*, S. 158, 177, 187; sowie Hylton, *History of Manchester*, S. 132. Der hohe Alkoholkonsum war typisch für Arbeitergemeinschaften weltweit. Zu Russland siehe Franz-Josef Brüggemeier, *Grubengold: Das Zeitalter der Kohle von 1750 bis heute*, München 2018, S. 169. **127** Hewitt, *Emergence of Stability in the Industrial City*, S. 174 f.; Hylton, *History of Manchester*, S. 173. **128** Colin Smethurst, *Emile Zola, Germinal*, University of Glasgow 1996; Andrew Gordon, *The Evolution of Labor Relations in Japan: Heavy Industry, 1853–1955*, Cambridge (MA) 1985, S. 28; Ashita Saga, «Urban Lower-Class Society in Modern Osaka», *City, Culture and Society* 3 (2012), S. 66; David F. Crew, *Town in the Ruhr: A Social History of Bochum, 1860–1914*, New York 1979, S. 60, 152 (*Bochum: Sozialgeschichte einer Industriestadt* 1860–1914, Frankfurt a. M. 1980); sowie Lynn Abrams, *Workers' Culture in Imperial Germany: Leisure and Recreation in the Rhineland and Westphalia*, London 1992, S. 65 ff. **129** Crew, *Town in the Ruhr*, S. 60, 152; Abrams, *Workers' Culture in Imperial Germany*, S. 65, 67; Gordon, *Evolution of Labor Relations in Japan*, S. 28; Ashita Saga, «Urban Lower-Class Society in Modern Osaka», *City, Culture and Society* 3 (2012), S. 66; Michael R. Haines, «Fertility and Marriage in a Nineteenth-Century Industrial City: Philadelphia 1850–1880», *JEH* 40 (1980), S. 152; John F. Sutherland, «Housing the Poor», in: Allen F. Davis/Mark H. Haller, *The Peoples of Philadelphia: A History of Ethnic Groups and Lower-Class Life, 1790–1940*, Philadelphia 1973, S. 179; Theodore Hershberg u. a., «The ‹Journey to Work›», in: Theodore Hershberg (Hg.), *Philadelphia: Work, Space, Family, and Group Experience in the Nineteenth Century*, Oxford 1981, S. 143; Brian E. Alnutt, «‹The Negro Excursions›: Recreational Outings Among Philadelphia African Americans, 1876–1926», *Pennsylvania Magazine of History and Biography* 129 (2005), S. 81; Mark Edward Lender/James Kirby Martin, *Drinking in America: A History*, New York 1982, S. 60; Claudia Goldin, «Family Strategies and the Family Economy in the Late Nineteenth Century: The Role of Secondary Workers», in: Hershberg, *Philadelphia: Work, Space, Family*, S. 283. **130** Hewitt, *Emergence of Stability in the Industrial City*, S. 21, 28, 30. **131** Ebd., S. 41, 44. **132** Busteed, *The Irish in Manchester*, S. 43. **133** Steven Fielding, «A Separate Culture? Irish Catholics in Working-Class Manchester and Salford, c. 1890–1939», in: Davies/Fielding, *Workers' World*, S. 25, 28, 46; Busteed, *Irish in Manchester*, S. 41 f., 45, 48. **134** Zit. in: Jacqueline Roberts, *Working Class Housing in Nineteenth Century Manchester: The Example of John Street, Irk Town, 1826–1936*, Manchester 1986, S. 13. **135** Ebd., S. 15. **136** Busteed, *Irish in Manchester*, S. 44. **137** Unsignierter Leitartikel, «English and Irish Distress», *Manchester Courier*, 3. Nov. 1847. **138** Royal Commission into the Condition of the Poorer Classes in Ireland, *Condition of the Poorer Classes in Ireland, Appendix G: State of the Irish Poor in Great Britain*, London 1835, S. 75. **139** Busteed, *Irish in Manchester*, S. 60 f., 122, 125. **140** Hewitt, *Emergence of Stability in the Industrial City*, S. 155 f., 163, 178 f.; sowie Arno Herzig, *Unterschichtenprotest in Deutschland, 1790–1870*, Göttingen 1988, S. 41. **141** Laut Hobsbawm entwickelte sich eine Arbeiterklasse und ein Arbeiterklassenbewusstsein nur in den 1880er Jahren – danach war es «überall». Siehe Eric Hobsbawm, *Worlds of Labour: Further Studies in the History of Labour*, London 1984, S. 190. Thompson schreibt, ein solches Klassenbewusstsein sei schon deutlich früher, Ende des 18. Jh., zu beobachten gewesen. Siehe Thompson, *Making of the English Working Class*, S. 725, 727. Vgl. a. Hewitt, *Emergence of Stability in the Industrial City*, S. 195, 199. **142** «its th'competishun wi separate un opposing individual interests uts sappin un undermoinin, wi its selfishness, th'morals oth foak», zit. in: Hewitt, *The Emergence of Stability in the Industrial City*, S. 214. **143** «The Address of the Delegates of South Lancashire to Their Constituents, and the Chartists Throughout the United Kingdom», unterzeichnet von James Cartledge u. Wm. Grocott im Namen der Delegierten. **144** Iorwerth Prothero, *Radical Artisans in England and France, 1830–1870*, Cambridge 1997, S. 101. **145** Ebd., S. 104. **146** Zit. in: Ronald Aminzade, *Class, Politics, and Early Industrial Capitalism: A Study of Mid-Nineteenth-Century Toulouse, France*, Albany (NY) 1981, S. 76. **147** «Darstellung der Verhandlungen vor den Assisen zu Köln über die Theilnehmer des am 30. August 1830 in Aachen stattgehabten Aufruhrs», Köln 1831, S. 14, 224. **148** Zit. in: Eric Hobsbawm, *How to Change the World: Reflections on Marx and Marxism*, New Haven 2011, S. 27; Gareth Stedman Jones, «European Socialism from the 1790s to the 1890s», in: Warren Breckman/Peter E. Gordon (Hgg.), *The Cambridge History of Modern European Thought*, Cambridge, S. 207. **149** Hobsbawm, *How to Change the*

World, S. 29; Jacques Rancière, «The Myth of the Artisan: Critical Reflections on a Category of Social History», *International Labor and Working-Class History* 24 (1983), S. 1–16. **150** Charles Fourier, *The Utopian Vision of Charles Fourier: Selected Texts on Work, Love, and Passionate Attraction*, Boston 1971, S. 1. **151** David Harvey, *Paris: Capital of Modernity*, London 2004, S. 71; Jones, «European Socialism», S. 201. **152** Robert Sutton, «Einleitung», in: Étienne Cabet, *Travels in Icaria*, New York 2003, S. xii–xv, xx. **153** Keith Taylor, *Political Ideas of the Utopian Socialists*, London 1982, S. 187. **154** Harvey, *Paris*, S. 61, 76. **155** Jones, «European Socialism from the 1790s to the 1890s», S. 214. **156** Peter Marshall, *Demanding the Impossible: A History of Anarchism*, London 2008, S. 242 ff. **157** Taylor, *Political Ideas of the Utopian Socialists*, S. 189 f. **158** Working Men's Association, *The People's Charter*, London 1838, S. 14. **159** Louis Blanc, *Organisation der Arbeit*, übers. von Robert Prager, Berlin 1899, S. 14 f., 26, 63. **160** Spencer M. Di Scala, «The Class Struggle: Socialism, Communism, and Social Democracy», *European Political Thought, 1815–1989*, London 2018. **161** Jones, «European Socialism», S. 227. **162** Eine ähnliche Beobachtung findet sich in George Orwell, *The Road to Wigan Pier*, Penguin 2001, S. 181 (*Der Weg nach Wigan Pier*, Zürich 2012). **163** Karl Marx/Friedrich Engels, *Deutsche Ideologie: Zur Kritik der Philosophie*, hg. von Gerald Hubmann/Ulrich Pagel, Berlin 2018, insbes. S. 8–36. **164** Karl Marx/Friedrich Engels, *Manifest der Kommunistischen Partei*, London 1848; sowie Gareth Stedman Jones, *Karl Marx: Greatness and Illusion*, London 2017, S. 201–204, 212–216, 219–222, 231–235 (*Karl Marx – die Biographie*, Frankfurt a. M. 2017). **165** Jones, «European Socialism», S. 218. **166** Karl Marx, *Das Kapital: Kritik der politischen Ökonomie*, Hamburg 1867; sowie Jones, «European Socialism», S. 221, 231. **167** Zu dieser Rede siehe Karl Marx, «Inaugural Address of the International Working Men's Association», zit. in: Marcello Musto (Hg.), *Workers Unite! The International 150 Years Later*, New York/London, S. 79. **168** Walt Whitman, «Jahre der Moderne», in: *Grasblätter*, München 2009, S. 596–598. **169** Kevin O'Rourke/Jeffrey Williamson, «When Did Globalization Begin?», NBER Working Paper No. 77 632 (2000), http://www.nber.org/papers/w7632. **170** *Journal des Débats*, (8. Dez. 1831), S. 1. **171** Jessica M. Lepler, *The Many Panics of 1837: People, Politics, and the Creation of a Transatlantic Financial Crisis*, Cambridge 2013, S. 42. **172** Zu einer noch früheren Krise siehe Andrew H. Browning, *The Panic of 1819: The First Great Depression*, Columbia (MO) 2019; sowie Lepler, *Many Panics*, S. 55, 100. **173** Ebd., S. 117; sowie «The Crisis Come – Great Commercial Calamity – Failure of the Messrs. Josephs», *Herald* (NY), 18. März 1837. **174** William H. Wills, «A Southern Traveler's Diary, 1840», in: Colyer Meriwether (Hg.), *Publications of the Southern History Association*, Bd. 8, Southern History Association 1904, S. 35. **175** J. R. Hutchinson, *Reminiscences, Sketches, and Addresses Selected from My Papers During a Ministry of Forty-Five Years in Mississippi, Louisiana, and Texas*, Houston 1874, S. 53. **176** *Diary of George Templeton Strong*, 21. Feb. 1840. **177** *Times* (London), 5. Juni 1837. **178** Alain le Pichon (Hg.), *China Trade and Empire: Jardine, Matheson & Co. and the Origins of British Rule in Hong Kong, 1827–1843*, Oxford 2006, S. 314. **179** Charles Kindleberger/Robert Z. Aliber, *Manias, Panics, and Crashes: A History of Financial Crises*, New York/Baingstoke 1978, S. 126 (*Manien-Paniken-Crashs*, Kulmbach 2001); Pichon, *China Trade and Empire*, S. 301–314; Angela Redish, «The Economic Crisis of 1837-l839 in Upper Canada: Case Study of a Temporary Suspension of Specie Payments», *Explorations in Economic History* 20 (1983), S. 404; Clément Juglar, *Des crises commerciales et de leur retour périodique*, Paris 1862, S. 70; Kindleberger, *Manias, Panics, and Crashes*, S. 185; C. A. Bayly, *Rulers, Townsmen and Bazaars: North Indian Society in the Age of British Expansion, 1770–1870*, Oxford 1998, S. 225, 229; sowie *Algemeen Handelsblad* (Amsterdam), 13. Nov. 1839; Lepler, *Many Panics*, S. 232. **180** Ebd., S. 190. **181** J. R. T. Hughes, «The Commercial Crisis of 1857», *Oxford Economic Papers* 8 (1956), S. 194. **182** Hans Rosenberg, *Die Weltwirtschaftskrise 1857–1859*, Göttingen 1974, S. 108–111, 114, 130; Hugh Rockoff, «Crisis of 1857», in: David Glasner (Hg.), *Business Cycles and Depressions: An Encyclopedia*, London 2013, S. 128 f.; James L. Huston, *The Panic of 1857 and the Coming of the Civil War*, Baton Rouge (LA) 1987, S. 17 f. **183** *Aktionär*, 18. Okt. 1857, zit. in: Rosenberg, *Die Weltwirtschaftskrise*, S. 136. **184** Ebd., S. 123, 126, 129, 134; Huston, *Panic of 1857*, S. 26. **185** «The Unemployed», *New-York Daily Tribune*, 12. Nov. 1857, url: https://chroniclingamerica.loc.gov/lccn/sn83030213/1857-11-12/ed-1/seq-5/. **186** [O. Gildemeister], «Die Verkehrskrisis des Jahres 1857», in: *Preußische Jahrbücher*, Bd. 1, Heft 2 (1858), S. 98. **187** Marc Bloch, *Feudal Society*, Bd. 1, Chicago 1961, S. xix. **188** Jürgen Kocka, *Geschichte des Kapitalismus*, München 2013, S. 2. **189** Instituut voor de Nederlandse Taal, «Kapitalisme», in: *Woordenboek der Nederlandsche Taal* (WNT) Online (2007); Machado de Assis, *Posthumous Memoirs of Brás Cubas*, S. 201. **190** Zit. in: *Gazette de Lausanne* 9 (31. Juli 1807), S. 72. S. a. *Gazette de Lausanne* 5 (15. Juli 1806), S. 33; sowie *Gaceta del Gobierno de México* (4. Juni 1810), S. 5. Das Originalzitat ist zu finden in Joseph-Henri Réveillé-Parise/Antonio Bachiller y Morales, *Fisiologia e higiene de los hombres dedicados a trabajos literarios, ó, Investigaciones sobre lo fisico y moral costumbres, enfermedades, y régimen de los literatos, artístas, aabios, estadistas, jurisconsultos, &c.*, Havanna 1843, S. 17; sowie *Astro da Lusitania*, 17. Juni 1822, S. 3. **191** Adam Smith, *Theorie der ethischen Gefühle*, 6. Teil, Abschnitt 2, Kap. 1, hg. von Horst D. Brandt, Hamburg 2010, S. 362. **192** Emma Rothschild, «Political Economy», in: Gareth Stedman Jones/Gregory Claeys (Hgg.), *The Cambridge History of Nineteenth-Century Political Thought*, Cambridge 2011, S. 764. Zur Verwendung des Begriffs «political economy» siehe Google Ngram Viewer, abgerufen: 21. Aug. 2019. **193** Zit. in: Rothschild, «Political Economy», S. 777. **194** Ebd. **195** Zu dieser Verwendung des Wortes Kapitalismus siehe z. B.

Henry Marie Brackenridge, *Voyage to Buenos Ayres: Performed in the years 1817 and 1818*, London 1820, S. 107; sowie *Mercurio de España* (Mai 1818), S. 89. Zu einer (womöglich) ähnlichen Verwendung des Wortes Kapitalismus siehe die brasilianische Zeitschrift *Filho da Terra* 13 (21. Jan. 1832), S. 6. **196** Marquis de Villeneuve, *L'agonie de la France*, Paris 1839, S. 139. **197** J. B. Richard, *Enrichissement de la Langue Française, Dictionnaire de Mots Nouveaux*, Paris 1842, S. 88. **198** L'Académie, *Mémoires de l'Académie Royale des Sciences, Belles-Lettres et Arts de Lyon, Section de Lettres*, Bd. 2, Lyon 1846, S. 282. **199** Zit. in: Jean Dubois, *Le vocabulaire politique et social en France de 1869 à 1872*, Paris 1962, S. 238. **200** Zit. in: Edmond Silberner, «Le mot capitalisme», *Annales d'histoire sociale* 2 (1940), S. 133 f. S. a. die Texte von Louis Blanc aus dem Jahr 1851 im *Journal de Genève*. **201** Das erste Zitat stammt aus Pierre-Joseph Proudhon, *Idée générale de la révolution au dix-neuvième siècle*, Paris 1851, S. 223. Das zweite stammt aus ders., *De la justice dans la révolution et dans l'Église*, Paris 1858, S. 351 (*Die Gerechtigkeit in der Revolution und in der Kirche*, Hamburg 1858–1860). **202** Pierre Larousse, *Grand dictionnaire universel du XIXe siècle*, Bd. 3, Paris 1867, S. 320. **203** Jürgen Kocka/Marcel van der Linden, *Capitalism*, Bloomsbury 2017, S 1 ff. **204** Rothschild, «Political Economy», S. 764; Edwin R. A. Seligman, «Social Aspects of Economic Law», *Publications of the American Economic Association* 5 (1904), S. 69; u. zit. in: Chuhei Sugiyama, «The Development of Economic Thought in Meiji Japan», *Modern Asian Studies* (1968), S. 336. **205** Jürgen Kocka nennt das Jahr 1851 als erste bekannte Nennung, während Hartwell/Engerman das Jahr 1854 anführen. Siehe Kocka/van der Linden, *Capitalism*, S. 5; R. Hartwell/S. Engerman, «Capitalism», in: J. Mokyr (Hg.), *Oxford Encyclopedia of Economic History*, Oxford 2003, S. 319. Vgl. auch Jürgen Kocka, *Geschichte des Kapitalismus*, München 2013, S. 5; Thorstein Veblen, *The Instinct of Workmanship and the State of Industrial Art*, New York 1914, S. 282, 302; Steven G. Marks, «The Word ‹Capitalism›: The Soviet Union's Gift to America», *Society* (2012), S. 156. **206** Zit. in Marks, «The Word ‹Capitalism›», S. 155. **207** F. A. Stilch, *Demokratie und Sozialismus*, Schulz und Comp 1848, S. 12, 15. **208** Kocka, *Kapitalismus*, S. 4. **209** Rothschild, «Political Economy», S. 762 f. **210** Albert Schaeffle, *Struttura del corpo sociale. Introduzione di Gerolamo Boccardo L'animale e l'uomo*, Turin 1881. **211** Achille Loria, *Le basi economiche della costituzione sociale*, Mailand 1886; Salvatore Cognetti de Martiis, *Socialismo Antico*, Mailand 1889. **212** «De Arbeiders-Beweging in Nederland», De Vrije Gedachte (1874), S. 452; Abraham Kuyper, Het sociale vraagstuk en de christelijk religie: Rede ter opening van het Sociaal Congres op 9 november 1891, Amsterdam 1891, S. 18. **213** In «Eikoku Seifu to Morugan», Asahi Shinbun, 23. Nov. 1902. Verwendet wurde die Phrase «shihonshugi no enkaku 資本主義の沿革» (Geschichte des Kapitalismus). **214** Nihon kokugo daijiten [日本国語大辞典], s. v. «しほん-しゅぎ [資本主義]», abgerufen: 18. Feb. 2025, https://japanknowledge-com.ezp-prod1.hul.harvard.edu/lib/display/?lid=200201f4ce144iI59cXH. **215** 秀助 阿部. «宗教改革時代と資本主義», in: 三田学会雑誌 3 (1910), S. 67–76. **216** 东方法学会编纂:《经济学要览》(Lehrbuch für Wirtschaft), 上海:上海泰东图书局, 1914年, 第46页 [The Eastern Law Society (Hg.), *Guidebook on Economics*, Shanghai 1914, S. 46. **217** Hagmann, «Bericht über die landwirthschaftlichen Verhältnisse der Gemeinde Neukirch, Bezirksamt Triberg», in: Erhebungen über die Lage der Landwirthschaft im Großherzogtum Baden, Bd. 3, hg. von Großherzogliches Ministerium des Innern, Karlsruhe 1883, Teil XXX, S. 65. Allgemeiner s. a. Fernand Braudel, *Afterthoughts on Material Civilization and Capitalism*, Baltimore (MY) 1977, S. 16 f. **218** Hugh B. Urban, «The Marketplace and the Temple: Economic Metaphors and Religious Meanings in the Folk Songs of Colonial Bengal», *Journal of Asian Studies* 60 (2001), S. 1086. **219** Urban, «Marketplace and the Temple», S. 1093. **220** Zit. in ebd., S. 1097.

Kapitel 10: Aufstände: die Krise des Kapitalismus alter Ordnung, 1840–1845

1 Ernest Feydeau, *Mémoires d'un coulissier*, Paris 1882, S. 186. **2** Vgl. auch William H. Sewell jr., *Capitalism and the Emergence of Civic Equality in Eighteenth-Century France*, Chicago 2020, S. 17. **3** David Montgomery, *The Fall of the House of Labor: The Workplace, the State, and American Labor Activism, 1865–1925*, Cambridge 1987, S. 9. **4** *Economist*, 13. Okt. 1866, S. 1193; Brief von Special Commissioner G. G. Morris an den Staatssekretär der bengalischen Regierung, 31. Juli 1861, in: «Report of the Results of the Proceedings of Messr (ungenannt) [...] for Making Inquiries into the Alleged (ungenannt) in the Nuddea and Jessore Districts Against the Payment of Rent», in: Home Department, Judicial Branch, Consultation A, No. 11/16, 6. Jan. 1862, NAI; Peter Hinks/John McKivigan (Hgg.), *Abolition and Antislavery: A Historical Encyclopedia of the American Mosaic*, Santa Barbara 2015, S. 155. S. a. «Levantamiento de los negros del cafetal ‹Perseverancia› en Lagunillas y su sofocacion», 1842, ULTRAMAR, 4615, Exp. 3, Spanisches Nationalarchiv, Madrid. Die Vorstellung von einer Vereinigung dieser Aufstände findet sich auch (allerdings ohne Erwähnung der Arbeiter) in: Giovanni Arrighi, *The Long Twentieth Century: Money, Power, and the Origins of Our Times*, London 1994, S. 52; Hermann Schulze-Delitzsch, *Schriften und Reden*, Bd. 2, Berlin 1910, S. 214. Zitate in: Victor Considerant, *Le socialisme devant le Vieux Monde ou le vivant devant les morts*, Lyon 1849, S. 13 f. **5** Charles S. Maier, *Leviathan 2.0: Inventing Modern Statehood*, Cambridge (MA) 2012, S. 22. Ähnliche Ansichten vertritt auch Jürgen Osterhammel, *Die Verwandlung der Welt: Eine Geschichte des 19. Jahrhunderts*, München 2009, S. 110, 777; Charles S. Maier, «Consigning the Twentieth Century to

History: Alternative Narratives for the Modern Era», *AHR* 105 (2000) 3, S. 815 f. **6** Andrea Giovene, *The Book of Giuliano Sansevero*, Harmondsworth 1972, S. 51. **7** Von Wolfgang Büttner, «Der Weberaufstand», *Die Zeit*, 3. Juni 1994; Christina von Hodenberg, *Aufstand der Weber: die Revolte von 1844 und ihr Aufstieg zum Mythos*, Bonn 1997, S. 229. **8** Zit. in: Arno Herzig, *Unterschichtenprotest in Deutschland, 1790–1870*, Göttingen 1988, S. 66. **9** Ebd., S. 83. Vgl. a. Karl Obermann, *Deutschland von 1815 bis 1849*, Berlin 1967, S. 153. **10** *Vorwärts*, 10. 7. 1844, S. 1. **11** Gerhart Hauptmann, *Die Weber*, 5. Akt, uraufgeführt von der Freien Bühne am 23. Feb. 1893. **12** Herzig, *Unterschichtenprotest in Deutschland*, S. 15 ff.; Jonathan Sperber, *Rhineland Radicals: The Democratic Movement and the Revolution of 1848–1849*, Princeton 1991, S. 55–59. **13** Rudi Batzell, «Reconstructing Global Capitalism: Class, Corporations, and the Rise of Welfare States, 1870–1930», Diss. Harvard University 2017, S. 90. **14** Herzig, *Unterschichtenprotest in Deutschland*, S. 22 f., 26 f., 55, 64, 83 ff. **15** *Pittsburgh Daily Gazette and Advertiser*, 8. Okt. 1845; Jason Martinek, «The Amazons of Allegheny: The Fire, the Riot, and the Textile Strike of 1845», in: *Western Pennsylvania History* 94 (2011), S. 38–48. **16** Peter Way, *Common Labour: Workers and the Digging of North American Canals, 1780–1860*, Cambridge 1993, S. 291–294; Franz-Josef Brüggemeier, *Grubengold: Das Zeitalter der Kohle von 1750 bis heute*, München 2018, S. 78; Paul E. Johnson/Sam Patch, *The Famous Jumper*, New York 2003, S. 71. Zu den Zahlen siehe Paul A. Gilje, «Riots in the United States», Ohio State University Criminal Justice Research Center, zuletzt geändert Okt. 2009, url: https://cjrc.osu.edu/research/interdisciplinary/hvd/united-states/riots. Die Liste ist aller Wahrscheinlichkeit nach unvollständig. Dennoch ist sie die umfangreichste Kompilation solcher Daten, die wir haben, und ein überzeugender Beweis dafür, dass Aufstände eine wichtige kollektive Aktionsform der Arbeiterklasse waren. Wie wir später sehen werden, gingen Aufstände als Protestform im 20. Jh. dramatisch zurück. **17** Herzig, *Unterschichtenprotest*, S. 63 f.; Yavuz Selim Karakışla, «The Emergence of the Ottoman Industrial Working Class, 1839–1923», in: Donald Quataert/Erik J. Zürcher (Hgg.), *Workers and the Working Class in the Ottoman Empire and the Turkish Republic 1839–1950*, London 1995, S. 20, 30. **18** *Journal des Débats*, 12. Dez. 1831, S. 1. **19** Ebd., 8. Dez. 1831, S. 1. **20** Brüggemeier, *Grubengold*, S. 81. **21** Edward Shorter/Charles Tilly, *Strikes in France, 1830–1968*, Cambridge 1974, S. 1, 11, 16, 67, 176. **22** Robert Sykes, «Early Chartism and Trade-Unionism in Southeast Lancashire», in: James Epstein/Dorothy Thompson (Hgg.), *The Chartist Experience: Studies in Working-Class Radicalism and Culture, 1830–1860*, London 1982, S. 154; *London Working Men's Association, The People's Charter: With the Address to the Radical Reformers of Great Britain and Ireland and a Brief Sketch of Its Origin*, London 1848, S. 14. **23** Brüggemeier, *Grubengold*, S. 81; Franz-Josef Brüggemeier/Michael Farrenkopf/Heinrich Theodor Grütter, *Das Zeitalter der Kohle: Eine europäische Geschichte*, Essen 2018, S. 169; Sean Wilentz, *Chants Democratic: New York City and the Rise of the American Working Class, 1788–1850*, Oxford 1984, S. 219 ff.; Theodore S. Hamerow, *The Social Foundations of German Unification, 1858–1871*, Bd. 1, Princeton 2015, S. 75; Karakışla, «Emergence of the Ottoman Industrial Working Class», S. 20 f., 30. **24** Brief des Secretary to the Government of Bengal an Secretary to the Government of India, Fort William, 20. Jan. 1856, in: Home Department, Public Branch, 4. Feb. 1856, Nr. 20, NAI. **25** Brief von [unlesbar] an Secretary to the Government of Bengal, 18. Feb. 1856, in: Home Department, Public Branch, 28. Feb. 1856, Nr. 21, NAI. **26** A. Grote, Esq., Commissioner of the Nuddea Division, an Secretary to the Government of Bengal, 19. Aug. 1856, wie zit. in: James Long, *Strike, But Hear! Evidence Explanatory of the Indigo System in Lower Bengal by the Rev. J. Long*, Kalkutta 1861, S. 22. **27** Brief von E. Grey an Officiating Secretary to the Government of Bengal, 18. März 1864, in: «Report of the Occurrence of an Affray? Attending Loss of Live at the Bagadangah Indigo Facility Nuddea District», in: Home Department, Judicial Branch, Proceedings 18. Juni 1864, Nr. 36–46, NAI. Für einen solchen Vertrag siehe Brief von H. L. Oliphant, Joint Magistrate of Nuddea, an den Magistrate of Nuddea, 15. April 1864, in: «Report of the Occurrence of an Affray?», NAI. **28** Brief von F. R. Cockerell an den Commissioner of the Nuddea Division, Fort William, 4. April 1864, in: «Report of the Occurrence of an Affray?», NAI; Blair B. King, *The Blue Mutiny: The Indigo Disturbances in Bengal, 1859–1862*, Philadelphia 1966, S. 36; und Brief von E. Grey an Officiating Secretary to the Government of Bengal, 18. März 1864, NAI. **29** King, *Blue Mutiny*, S. 92. Es gab häufig Widerstand gegen solche Überwachungsmaßnahmen. Siehe z. B. G. G. Morris, Special Commissioner, an Secretary to the Government of Bengal, Camp Jessore, 8. Juli 1861, in: «Report of the Results of the Proceedings of Messr (missing) ... for Making Inquiries into the Alleged (missing) in the Nuddea and Jessore Districts Against the Payment of Rent», NAI. Ein weiteres Beispiel findet sich in: «Petition from – of – in the District of Moorshedabad, to the Hon'ble the Lieutenant Governor of Bengal», 24. März 1860, in: Long, *Strike, But Hear!*, S. 28 f. **30** Ebd., S. 93. **31** Terence R. Blackburn, *A Miscellany of Mutinies and Massacres in India*, Neu-Delhi 2007, S. 166; King, *Blue Mutiny*, S. 102. **32** Subhas Bhattacharya, «The Indigo Revolt of Bengal», *Social Scientist* 5 (1977) 12, S. 14; King, *Blue Mutiny*, S. 67, 85, 91–94, 102. **33** King, *Blue Mutiny*, S. 66, 114, 125 f., 129, 130 f., 134, 148, 164. **34** Brief von C. F. Montresor, Esq., an W. S. Sexton-Karr, 8. Mai 1861, S. 4, 7, in: «Report of the Results of the Proceedings of Messr (missing) ... for Making Inquiries into the Alleged (missing) in the Nuddea and Jessore Districts Against the Payment of Rent», NAI. **35** Ein weiterer britischer Kolonialbeamter in Nadia registrierte «eine starke Stimmung gegen Indigo». Siehe Brief von E H. Lightington, Officiating Commissioner of the Nuddea Division, an Secretary to the Government of Bengal, 19. Feb. 1861, in: «Report of the Results of the Proceedings of Messr (missing) ... for Making Inquiries into the Alleged (missing) in the Nuddea and Jessore Districts Against the Payment of Rent», NAI; King, *Blue Mutiny*, S. 151. **36** Brief, Kalkutta, 13. Juli 1860, von Messrs. Thomas an Secretary of Government of India, «Communication from Messrs. R. Thomas and Co. Complaining That No Proper Protection Is Given to an Indigo Planter in the Pursuit of his Business», in: Home Department, Judicial Branch, «A», 1861, Nr. 13/16, 17. Juli 1861, NAI. **37** Brief von Thomas Kenny an Mr. Robinson, Esq., Sulzurmoodhere (?), 6. Juli 1860, in: Home Department, Judicial Branch, «A», 1861, Nr. 13/16, 17. Juli 1861, NAI. **38** Brief von Thomas Kenny an Mr. Robinson, Esq., Sulzurmoodhere (?), 6. Juli 1860. Das Zitat stammt aus dem Brief von H. D. Tripp an «My Dear Kenny», Bamundi, 4. Juli 1861. Beide befinden sich im NAI. Vgl. auch «Communication from Messrs Thomas and Co.». NAI. **39** G. G. Morris, Special Commissioner, an den Secretary to the Government of Bengal, Camp Jessore, 8. Juli 1861, NAI. **40** T. R. Kenny an G. G. Morris, Salgamoodia, 21. Juni 1861, in: Home Department, Judicial Branch, Consultation A, 1862, No. 11/16, 6. Januar 1862, NAI. S. a. Brief von T. R. Knox an G. G. Morris, Salgamoodia, 21. Juni 1861, in: «Report of the Results of the Proceedings of Messr (missing) ... for Making Inquiries into the Alleged (missing) in the Nuddea and Jessore Districts Against the Payment of Rent», NAI. **41** T. R. Kenny an G. G. Morris, NAI. **42** Ebd. **43** Brief von C. F. Montresor, Special Commissioner in the Nuddea District, an Secretary to the Government of Bengal, 10. Juni 1861, in: «Report of the Results of the Proceedings of Messr (missing) ... for Making Inquiries into the Alleged (missing) in the Nuddea and Jessore Districts Against the Payment of Rent», NAI; und G. G. Morris Special Commissioner, an the Secretary to the Government of Bengal, Camp Jessore, 8. Juli 1861, NAI. **44** Brief von G. G. Morris, Special Commissioner, an Secretary to the Government of Bengal, 31. Juli 1861, NAI. **45** Wie zit. in: *Blue Mutiny*, S. 169. **46** Brief von J. Beckwith, Secretary of the Landholders' and Commercial Association, an F. R. Cockerell, Officiating Secretary to the Government of Bengal, 3. Mai 1864, in: «Report of the Occurrence of an Affray?», NAI. **47** King, *Blue Mutiny*, S. 173. **48** Brief von E. Grey, Magistrate of Nuddea, an den Officiating Secretary, to the Government of Bengal, 1. März 1864, in: «Report of the Occurrence of an Affray?», NAI. **49** Brief von E. Grey, NAI. Im Jahr 1869 fanden in Bihar ähnliche Konflikte statt. Siehe z. B. Brief von Arthur Howell, Offg. Secretary to the Government of India, an Secretary to the Government of Bengal, Fort William, 31. Dez. 1868, in: «Difficulties in Connection with the Cultivation of Indigo in Chumparun and Tirhoot», in: Home Department Public Branch, 9. Jan. 1869, Nr. 108/114, NAI. **50** Brief des Capitán General von Caracas, Manuel de Guevara Vasconcelos, an den König, Caracas, 29. Jan. 1802, Nr. 41, und Kopie eines Briefs des Capitán General of Caracas, Manuel de Guevara, an den Staats- und den Kriegsminister, Caracas, 31. Jan. 1801, in: AGI, Estado, 59, Nr. 14: Capitán General Caracas sobre los sucesos de Santo Domingo, 127 fols., AGI; Robert Paquette, «Revolutionary Saint-Domingue in the Making of Territorial Louisiana», in: David B. Gaspar/David Geggus (Hgg.), *A Turbulent Time: The French Revolution and the Greater Caribbean*, Bloomington 1997, S. 204–225; Julius S. Scott III, *The Common Wind: Currents of Afro-American Communication in the Era of the Haitian Revolution*, Diss. Duke University 1986, S. 169; David Geggus, «Slave Rebellion During the Age of Revolution», in: Wim Klooster/Geert Oostindie (Hgg.), *Curaçao in the Age of Revolutions, 1795–1800*, Leiden 2011; Pedro A. Gil Rivas/Luis Dovale Prado/Lidia Lusmila Bello, *La insurrección de los negros de la sierra coriana, 10 de mayo de 1795*, Caracas 1996; Ramón Aizpurua, «La insurrección de los negros de la Serrania de Coro de 1795: Una revision necessaria», in: *Bolteín de la Academia Nacional de la Historia* (1988); Federico Brito Figueroa, *Las insurrecciones de los esclavos negros en la sociedad colonial* venezolana, Caracas 1961; Gloria García Rodríguez, *Conspiraciones y revueltas: La actividad política de los negros en Cuba (1790–1845)*, Santiago de Cuba 2003, S. 23–25; Ada Ferrer, *Freedom's Mirror: Cuba and Haiti in the Age of Revolution*, Cambridge 2014; Michael Craton, *Testing the Chains: Resistance to Slavery in the British West Indies*, Ithaca (NY) 1982; Douglas Egerton, *Gabriel's Rebellion: The Virginia Slave Conspiracies of 1800 and 1802*, Chapel Hill (NC) 1993, S. 115, 187. Auch in den 1840ern war die Erinnerung an die Haitianische Revolution noch allgegenwärtig. Siehe z. B. den Brief des Stadtrats von Santiago de Cuba an die Queen, Santiago de Cuba, 14. Mai 1841, in: AHN, Ultramar, 91, Exp. 3: Sobre reemplazar con blancos los colonos de color (1841–1862), S. AGI. **51** João José Reis/Flavio dos Santos Gomes, «Repercussions of the Haitian Revolution in Brazil, 1791–1850», in: David Geggus/Norman Fiering (Hgg.), *The World of the Haitian Revolution*, Bloomington (IN) 2009, S. 284–313; Schwartz, *Sugar Plantations in the Formation of Brazilian Society*, S. 482. Für das Zitat siehe George Reid Andrews, *Afro-Latin America, 1800–2000*, Oxford 2004, S. 68. **52** *The Report from a Select Committee of the House of Assembly Appointed to Inquire into the Origin, Causes, and Progress of the Late Insurrection*, Barbados: W. Walker, Mercury and Gazette Office 1818, S. 4; Craton, *Testing the Chains*, S. 264 ff.; Michael Craton, «The Passion to Exist: Slave Rebellions in the British West Indies», *Journal of Caribbean History* 13 (1980), S. 12 f. **53** Minuta de comunicación al Embajador, Palace, 23. April 1817, in: Estado, 17, Nr. 42, AGI. **54** Ebd. **55** David Geggus, «Slave Rebellion During the Age of Revolution», in: Klooster/Oostindie, *Curação in the Age of Revolutions*, S. 13, 24, 43; Egerton, *Gabriel's Rebellion*, S. 188; Stuart B. Schwartz, *Sugar Plantations in the Formation of Brazilian Society: Bahia, 1550–1835*, Cambridge 1985, S. 482; Adam Rothman, *Slave Country: American Expansion and the Origins of the Deep South*, Cambrigde (MA) 2005, S. 108–117; Tommy R. Young, «The United States Army and the Institution of Slavery in Louisiana, 1803–1815», *Louisiana Stu-*

dies 13 (1974) 3; Gaspar/Geggus, *Turbulent Time*, S: 19, 127–130; Figueroa, *Las insurrecciones*; Matt D. Childs, *The 1812 Aponte Rebellion in Cuba and the Struggle Against Atlantic Slavery*, Chapel Hill (NC) 2006; John Lofton, *Insurrection in South Carolina: The Turbulent World of Denmark Vesey*, Yellow Springs (OH) 1964; John O. Killens, Einleitung zu *The Trial Record of Denmark Vesey*, Boston 1970, S. 141–146, 156; Michael Johnson, «Denmark Vesey and His Co-Conspirators», *William and Mary Quarterly* 58 (2001), S. 4. **56** Zu dem Zitat («schweren Aufstand») siehe «Indes occidentales anglaises, Faits commerciaux. No. 1», aus der Serie «Documens [*sic*] sur le commerce extérieur», Ministerium für Lwi und Handel, März/April 1848, S. 17, in: «Réunion», «Réponses relatives à la liquidation de l'indemnité», Fonds ministériels, K // 5, ANOM. Zu Demerara s. a. Emília Viotti da Costa, *Crowns of Glory, Tears of Blood: The Demerara Slave Rebellion of 1823*, Oxford 1994. **57** Manuel Barcia Paz, *Seeds of Insurrection: Domination and Resistance on Western Cuban Plantations, 1808–1848*, Baton Rouge (LA) 2008, S. 67; Rodríguez, *Conspiraciones y revueltas*; Manuel Barcia Paz, *The Great African Slave Revolt of 1825: Cuba and the Fight for Freedom in Matanzas*, Baton Rouge (LA) 2012, S. 3, 5f., 12, 22, 97f., 103, 105, 107, 108, 113f., 117f., 126, 137f.; John K. Thornton, wie zit. in Barcia Paz, *Great African Slave Revolt of 1825*, S. 119; Paul Lovejoy, «Identifying Enslaved Africans in the African Diaspora», in: Paul Lovejoy (Hg.), *Identity in the Shadow of Slavery*, London/New York 2000, S. 7; Geggus, «Slave Rebellion», S. 46. **58** Barcia Paz, *Great African Slave Revolt*, S. 148. **59** Wie zit. in: ebd., S. 52. **60** Nota en la que se manifesta haber pasado al despacho de S. E. un ofico del Ministerio de Marina, 11. Juli 1833, Estado, 17, Nr. 113: Nota Sobre la Insurrección de los Negros de la Jamaica, AGI; Mary Reckord, «The Jamaica Slave Rebellion of 1831», *Past & Present* 40 (1968) 1, S. 108–125; Edward Rugemer, *The Problem of Emancipation: The Caribbean Roots of the American Civil War*, Baton Rouge (LA) 2008, S. 115; Craton, *Testing the Chains*, 291–321; ders., «The Passion to Exist», S. 14–20. **61** Brief Nr. 1161, Ministerio del España, Francisco Tacon an Manuel Gonzales Salmon, Secretario, dando cuenta de la insurrección de mulatos en Santo Domingo de negros en la Antigua y Guadalupe, 28. April 1831, Estado, 95, Nr. 38, Insurrección de negros y mulatos, AGI. **62** João José Reis, *Slave Rebellion in Brazil: The Muslim Uprising of 1835 in Bahia*, Baltimore (MY) 1993; Schwartz, *Sugar Plantations in the Formation of Brazilian Society*, S. 487f. **63** Barcia Paz, *Great African Slave Revolt*, S. 47, 64–67; Matthias Röhrig Assunção, «Elite Politics and Popular Rebellion in the Construction of Post-Colonial Order. The Case of Maranhão, Brazil (1820–41)», *Journal of Latin American Studies* 31 (1999) 1; Douglas R. Egerton, «Nat Turner in a Hemispheric Context», in: Kenneth S. Greenberg (Hg.), *Nat Turner: A Slave Rebellion in History and Memory*, Oxford 2003, S. 134–147; Stephen B. Oates, *The Fires of Jubilee: Nat Turner's Fierce Rebellion*, New York u. a. 1990, S. 134–147; Eric Foner (Hg.), *Nat Turner*, Englewood-Cliffs (NJ) 1971, S. 4f.; Brief Nr. 1161, AGI; Brief Nr. 1241, Ministerio de España, Francisco Tacón, an Manuel González Salmón, Secretario de Estado, dando cuenta de la revolución de los negros en la Isla de la Tortola, con decreto al dorso (s. f.), S. Philadelphia, 17. Oct. 1831, Estado, 95, Nr. 64, Revolución en la Isla de la Tortola, AGI; Tâmis Parron, «A política de escravidão na era da liberdade: Estados Unidos, Brasil e Cuba, 1787–1846», Diss. University of São Paulo 2015, S. 313–317; Marcus Rediker, *The Amistad Rebellion: An Atlantic Odyssey of Slavery and Freedom*, New York 2012, Kap. 2. **64** El Tribunal de Comercio de La Habana (firman Jorge de Urtelegui, Nicolás Galcerán y Alejandro Morales) an die Regencia Provisional, Havana, 30. März 1841, AHN, Ultramar, 91, Exp. 3, Sobre reemplazar con blancos los colonos de color (1841–1862), S. AGI. S. a. Robert Paquette, *Sugar Is Made with Blood: The Conspiracy of La Escalera and the Conflict Between Empires over Slavery in Cuba*, Middletown (CT) 1988; Geggus, «Slave Rebellion», S. 47. **65** «Apoyando una sublevación los esclavos incendian una hacienda», 1843, Ultramar, 5063, Exp. 40, AHN. **66** Aisha K. Finch, *Rethinking Slave Rebellion in Cuba: La Escalera and the Insurgencies of 1841–1844*, Chapel Hill (NC) 2015, S. 82f. **67** Zu diesem Aufstand siehe «Expediente reservado sobre una sublevación de negros de varias fincas de Cuba», Ultramar, 8, Exp. 14, AHN. **68** Capitán General de la Isla de la Cuba nach Madrid an [Name fehlt im Dokument], Havana, 16. Januar 1844, in: «Expediente reservado sobre una sublevación de negros de varias fincas de Cuba», Ultramar, 8, Exp. 14, AHN. Zum Zusammenhang zwischen dem Aufstand und der Ernte siehe Zivilgouverneur von Havanna an den Außenminister in Madrid, 21. Dez. 1843, in: «Expediente reservado sobre una sublevación de negros de varias fincas de Cuba», Ultramar, 8, Exp. 14, AHN. S. a. Finch, *Rethinking Slave Rebellion in Cuba*, S. 84f, 87. **69** Brief des Zivilgouverneurs von Havanna (Leopoldo O'Donnell) an den Außenminister in Madrid, Havanna, 8. Nov. 1843, in: «Expediente reservado sobre una sublevación de negros de varias fincas de Cuba», Ultramar, 8, Exp. 14, AHN; Finch, *Rethinking Slave Rebellion in Cuba*, S. 88–92, 100. **70** Ebd., S. 96f., 102, 186. **71** Ebd., S. 146. **72** Ebd., S. 1, 3, 9, 55, 79, 115, 120, 135, 145, 147, 171, 176, 180, 183. Auf die Rolle der freien Schwarzen Kubaner wird eingegangen in: «Expediente reservado sobre una sublevación de negros de varias fincas de Cuba», Ultramar, 8, Exp. 14, AHN. S. a. Brief Nr. 99, Zivilgouverneur von Havanna (Leopoldo O'Donnell) an den Außenminister in Madrid, Havanna, 5. April 1844, AHN. **73** Brief von Zivilgouverneur von Havanna (Leopoldo O'Donnell) an den Außenminister in Madrid, Havanna, 8. Nov. 1843, Archivo Histórico Nacional. Zur Anzahl der Aufständischen siehe Finch, *Rethinking Slave Rebellion in Cuba*, S. 91f., 146; Brief von Capitán General de la Isla de la Cuba nach Madrid, 16. Jan. 1844, AHN. S. a. Brief von Zivilgouverneur von Havanna (Leopoldo O'Donnell) an den Außenminister in Madrid, Havanna, 8. Nov. 1843, AHN. **74** Brief von Capitán General de la Isla de la Cuba an Madrid,

16. Jan. 1844, AHN. **75** Das Originalzitat findet sich in: Brief Nr. 99, Zivilgouverneur von Havanna (Leopoldo O'Donnell) an den Außenminister in Madrid, Havanna, 5. April 1844, AHN. **76** Brief Nr. 110, Zivilgouverneur von Havanna (Leopoldo O'Donnell) an den Außenminister in Madrid, Havanna, 30. April 1844, in: «Expediente reservado sobre una sublevación de negros de varias fincas de Cuba», Ultramar, 8, Exp. 14, AHN. **77** Finch, *Rethinking Slave Rebellion in Cuba*, S. 5, 9. **78** Brief Nr. 110, Zivilgouverneur von Havanna (Leopoldo O'Donnell) an den Außenminister in Madrid, Havanna, 30. April 1844, AHN. **79** Finch, *Rethinking Slave Rebellion in Cuba*, S. 2. **80** Brief von (unleserlich) an den Capitan General de la Isla de Cuba, Madrid, 23. Feb. 1844, in: «Expediente reservado sobre una sublevación de negros de varias fincas de Cuba», Ultramar, 8, Exp. 14, Archivo Histórico Nacional, Madrid, Spanen; und Finch, *Rethinking Slave Rebellion in Cuba*, S. 1. **81** Der Zivilgouverneur von Havanna (Leopoldo O'Donnell) an den Außenminister in Madrid, Havanna. 31. Dez. 1843, «Expediente reservado sobre una sublevación de negros de varias fincas de Cuba», Ultramar, 8, Exp. 14, AHN; Paquette, *Sugar Is Made with Blood*, S. 229. **82** W. E. B. Du Bois, *Black Reconstruction in America: An Essay Toward a History of the Part Which Black Folk Played in the Attempt to Reconstruct Democracy in America, 1860–1880*, New York 1935, S. 55–83; Stephanie McCurry, *Confederate Reckoning: Power and Politics in the Civil War*, Cambridge (MA) 2010. **83** Samantha Payne, «The Last Atlantic Revolution: Reconstruction and the Struggle for Democracy in the Americas, 1861–1912», Diss. Harvard University 2022, S. 61. **84** Stephanie McCurry, *Confederate Reckoning: Power and Politics in the Civil War*, Cambridge (MA) 2010. **85** Paul Butel, *Histoire des Antilles françaises: XVIIe-XXe siècle*, Paris 2002, S. 291–294; Neville A. T. Hall, *Slave Society in the Danish West Indies: St. Thomas, St. John, and St. Croix*, Baltimore (MY) 1992, S. 208–211; Eugène-Edouard Boyer-Peyreleau, *Les Antilles françaises, particulièrement la Guadeloupe, depuis leur découverte jusqu'au 1er Janvier, 1823*, Bd. 3, Paris 1823, S. 421; João José Reis, «The Revolution of the Ganhadores: Urban Labour, Ethnicity and the African Strike of 1857 in Bahia, Brazil», *Journal of Latin American Studies* 29 (1997) 2, S. 355–393; Isadora Mota, «On the Imminence of Emancipation: Black Geopolitical Literacy and Anglo-American Abolitionism in Nineteenth-Century Brazil», Diss. Brown University 2017; Clícea Maria Augusto de Miranda, «Repercussões da Guerra Civil americana no destino da escravidão no Brasil – 1861–1888», Diss. University of São Paulo 2017; Martha Rebelatto, «Uma saída pelo mar: Rotas marítimas de fuga escrava em Santa Catarina no século XIX», *Revista de Ciências Humanas* (2006) 40, S. 423–42; Walter F. Piazza, *A escravidão negra numa província periférica*, Florianópolis 1999; Payne, «Last Atlantic Revolution», S. 58 f., 64. Zur Zahl der Opfer siehe «Civil War Casualties. The Cost of War: Killed, Wounded, Captured, and Missing», zuletzt modifiziert: 15. Sep. 2023, https://www.battlefields.org/learn/articles/civil-war-casualties. S. a. Rugemer, *Problem of Emancipation*, S. 291 ff.; Payne, «Last Atlantic Revolution», S. 62. Massenhafte Aufstände und Fluchten in Kuba beginnen mit dem Zehnjährigen Krieg im Okt. 1868. Siehe Rebecca Scott, *Slave Emancipation in Cuba: The Transition to Free Labor, 1860–1899*, Pittsburgh (PA) 2000, S. 116–124; Rebecca Scott, *Degrees of Freedom: Louisiana and Cuba after Slavery*, Cambridge (MA) 2005, S. 106–109; Ada Ferrer, *Insurgent Cuba: Race, Nation, and Revolution, 1868–1898*, Chapel Hill (NC) 1999, S. 76–89; Ramiro Guerra Sánchez, *Guerra de los Diez Años*, Bd. 1, Buch 1, Havanna 1950, S. 34–54; Arthur Corwin, *Spain and the Abolition of Slavery in Cuba, 1817–1886*, Austin/London 1967, S. 149; Emilia Viotti da Costa, *Da senzala à colônia*, São Paulo 1982, S. 324–28; Robert Brent Toplin, *The Abolition of Slavery in Brazil*, New York 1975, S. 194–246; Robert Edgar Conrad, *The Destruction of Brazilian Slavery, 1850–1888*, Malabar (FL) 1993, S. 230–277; Sidney Chalhoub, «The Politics of Ambiguity: Conditional Manumission, Labor Contracts, and Slave Emancipation in Brazil (1850s–1888)», *International Review of Social History* 60 (2015) 2, S. 207–214; Maria Helena P. T. Machado, *Crime e escravidão: trabalho, luta e resistência nas lavouras paulistas, 1830–1888*, São Paulo 1987, S. 14, 39–40, 49; Maria Helena P. T. Machado, *O plano e o pânico: Os movimentos sociais na década da abolição*, Rio de Janeiro/São Paulo 1994; Angela Alonso, *Flores, votos e balas: O movimento abolicionista brasileiro (1868–88)*, São Paulo 2015, S. 326–329, 335. **86** Sartono Kartodirdjo, «The Peasants' Revolt of Banten in 1888: Its Conditions, Course and Sequel», Diss. University of Amsterdam 1966, S. 1 f., 33–41, 43, 45 f., 104 ff., 115, 118 f., 122, 127 f., 172–175. **87** Kartodirdjo, «Peasants' Revolt of Banten», S. 176, 198, 214–217, 221, 235, 239, 279. **88** Zu dieser Konfrontation siehe *Gazeta Krakowska*, Nr. 44–45 (Feb. 1846); *Gazeta Krakowska*, Nr. 46 (März 1846). Ein zeitgenössischer Bericht über die Ereignisse findet sich in: *Österreichischer Beobachter*, 14. Aug. 1847, S. 914 ff. Für zitierfähiges Material siehe Larry Wolff, *The Idea of Galicia: History and Fantasy in Habsburg Political Culture*, Stanford (Redwood City) 2010, S. 144; Bartosz Ogórek, «Galicia's Escape from the Malthusian Trap: A Long and Short-Term Analysis of the Demographic Response to Economic Conditions in the Population of Galicia 1819–1913», *Roczniki Dziejów Społecznych i Gospodarczych* 75 (2015), S. 96; Stanislaw Hoszowski, *Ceny we Lwowie w latach 1701–1914. Les prix a Lwów de 701 a 1914 z 19 diagramami*, Warschau 1934. Für eine fiktionale Beschreibung dieser Armut siehe Leopold Sacher-Masoch, *Graf Donski: Eine galizische Geschichte, 1846*, Schaffhausen 1864, S. 192. **89** Wolff, *Idea of Galicia*, S. 142 f.; Hans Henning Hahn, «The Polish Nation in the Revolution of 1846–49», in: Dieter Dowe u. a. (Hgg.), *Europe in 1848: Revolution and Reform*, New York 2001, S. 173; Michał Tymowski/Jan Kieniewicz/Jerzy Holzer, *Historia Polski*, Inictatywa Wydawnicza Aspekt 1986, S. 234. **90** Sacher-Masoch, *Graf Donski*, S. 367, 419. **91** Bernard Michel, *Sacher-Masoch, 1836–1895*, Paris 1989, S. 56, 63.

92 *Kemptner Zeitung*. 2. Juli 1847, S. 2. **93** Wolff, *Idea of Galicia*, S. 142, 148. **94** Der Bericht wurde in der *Gazeta Krakowska* 50 (1846), Nr. 10 übersetzt sowie zit. in Wolff, *Idea Of Galicia*, S. 150. **95** Charles Maier, *Leviathan 2.0: Inventing Modern Statehood*, Cambridge (MA) 2012, S. 35, 47; Kumari Jayawardena, *Class, Patriarchy and Ethnicity on Sri Lankan Plantations: Two Centuries of Power and Protest*, Neu-Delhi 2015, S. 58 f.; M. Şükrü Hanioğlu, *A Brief History of the Late Ottoman Empire*, Princeton 2008, S. 66; Khaled Fahmy, *All the Pasha's Men: Mehmed Ali, His Army, and the Making of Modern Egypt*, Cambridge 1997, S. 265; Dominique Chevallier, «Aspects sociaux de la Question d'Orient: Aux origines des troubles agraires libanais en 1858», *Annales: Histoire, Sciences Sociales* 14 (1959) 1, S. 35–64, insb. 52 ff.; Marwan Buheiry, «The Peasant Revolt of 1858 in Mount Lebanon: Rising Expectations, Economic Malaise and the Incentive to Arm», in: Tarif Khalidi (Hg.), *Land Tenure and Social Transformation in the Middle East*, American University of Beirut 1984, S. 291–301; Yehoshua Porath, «The Peasant Revolt of 1858–1861 in Kisrawan», *Asian and African Studies* 2 (1966), S. 77–157; Kären Wigen, *The Making of a Japanese Periphery, 1750–1920*, Berkeley 1995, S. 170. S. a. Andrew Phemister, «Natural Harmony and ‹True Civilization›: The Ideological Impact of the Irish Land League on Anglo-American Liberalism», in: Joe Regan/Cathal Smith (Hgg.), *Agrarian Reform and Resistance in an Age of Globalisation*, Routledge 2019, S. 75–89; Cecilia G. Méndez, *Los trabajadores guaneros del Peru, 1840–1879*, Lima 1987, S. 62–65; Hendrik Snyders, «From Peru to Ichaboe: The Dynamics of a Shifting Guano Frontier, 1840–5», *African Historical Review* 48 (2016) 2, S. 15. **96** Ranajit Guha, wie zit. in: Dipesh Chakrabarty, *Provincializing Europe: Postcolonial Thought and Historical Difference*, Princeton 2000, S. 14. **97** Zit. in: Dinyar Patel, *Naoroji: Pioneer of Indian Nationalism*, Cambridge (MA) 2020, S. 200. S. a. Osterhammel, *Die Verwandlung der Welt*, S. 790. **98** Rudrangshu Mukherjee, *Awadh in Revolt, 1857–1858: A Study of Popular Resistance*, London 2002, S. 62 f., 156, 158, 164 ff., 168 f. **99** «Proklamation», wie zit. in ebd., S. 148. **100** Tithi Bhattacharya, «Sacred Thirst: Producing Tea, Producing People in Colonial Bengal», Referat, gehalten am Weatherhead Center for International Affairs Global History Seminar, Harvard University 2020; James C. Scott, *Seeing Like a State: How Certain Schemes to Improve the Human Condition Have Failed*, New Haven 1998, S. 89, 93, 343, 348; John Tutino, *The Mexican Heartland: How Communities Shaped Capitalism, a Nation, and World History, 1500–2000*, Princeton 2017; Herzig, *Unterschichtenprotest in Deutschland*, S. 27 f. **101** Karl Marx: *Der achtzehnte Brumaire des Louis Bonaparte*, Suhrkamp 2016, S. 119. **102** Eugene Ridings, «Business Associationalism, the Legitimation of Enterprise, and the Emergence of a Business Elite in Nineteenth-Century Brazil», *Business History Review* 63 (1989) 4, S. 794; Hamerow, *Social Foundations of German Unification*, S. 152 f. **103** *Die Verhandlungen des Vierten Congresses Deutscher Volkswirthe zu Stuttgart, am 9., 10., 11. und 12. September 1861*, Stuttgart 1861, S. 36. **104** Hamerow, *Social Foundations of German Unification*, S. 54 f. **105** Georg Büchner/Friedrich Ludwig Weidig, *Der Hessische Landbote. Erste Botschaft*, Offenbach a. M. 1834, S. 8. **106** *Aus dem Leben Theodor von Bernhardis*, Bd. 5, Leipzig 1995, S. 7 **107** «Eingabe von Gewerken des westfälischen Oberbergamtsbezirks an das Finanzministerium vom 27. 6. 1848», wie zit. in: Clemens Wischermann, *Preußischer Staat und westfälische Unternehmer zwischen Spätmerkantilismus und Liberalismus*, Köln u. a. 1992, S. 236. **108** Carlo Cattaneo, *Civilization and Democracy: The Salvemini Anthology of Cattaneo's Writings*, hg. v. Carlo G. Lacaita/Filippo Sabetti, Toronto 2006, S. 109. **109** Hamerow, *Social Foundations of German Unification*, S. 136 f. Zur bürgerlichen Kritik an der alten Ordnung siehe auch das hervorragende Werk von Sewell, *Capitalism and the Emergence of Civic Equality*, S. 12 f.; Cattaneo, *Civilization and Democracy*, S. 103 ff., 116. **110** Sperber, *Rhineland Radicals*, S. 53, 60, 62, 254 ff., 264 f., 270 f. **111** Hamerow, *Social Foundations of German Unification*, S. 96–99. **112** Wie zit. in ebd., S. 97, 106 f. **113** «Die Forderungen der entschiedenen Verfassungsfreunde am 12. Sep. 1847», nachgedruckt in: Franz Huber, *Der 47er Ruf aus Offenburg. Die Versammlung entschiedener Verfassungsfreunde am 12. September 1847 in* Offenburg, Offenburg 1931, S. 25 ff. **114** Hamerow, *Social Foundations of German Unification*, S. 96, 98, 159, 161; Das Heppenheimer Programm der südwestdeutschen Liberalen, 10. Okt. 1847, nachgedruckt in: Ernst Rudolf Huber (Hg.), *Dokumente zur deutschen Verfassungsgeschichte: Deutsche Verfassungsdokumente 1803–1850*, Stuttgart 1978, S. 324 ff. S. a. Christof Dejung/David Motadel/Jürgen Osterhammel, «Worlds of the Bourgeoisie», in: *The Global Bourgeoisie: The Rise of the Middle Classes in the Age of Empire*, Princeton 2019, S. 20. **115** James J. Sheehan, *Der Deutsche Liberalismus: Von den Anfängen im 18. Jahrhundert bis zum Ersten Weltkrieg, 1770–1914*, München 1983, S. 21. Zur asiatischen Aufklärung siehe Sebastian Conrad, «Enlightenment in Global History: A Historiographical Critique», *AHR* 117 (2012) 4, S. 999–1027. **116** Ridings, «Business Associationalism», S. 780. **117** Wie zit. in: Samuel Hayat, «The Revolution of 1848 in the History of French Republicanism», *History of Political Thought* 36 (2015) 2, S. 349. **118** Jonathan Sperber, *The European Revolutions, 1848–1851*, Cambridge 2005, S. 72, 108, 127, 175, 196, 198, 202 ff.; Ders., *Rhineland Radicals*, 92 ff.; R. J. W. Evans, «Liberalism, Nationalism, and the Coming of the Revolution», in: Robert Evans/Hartmut Pogge von Strandmann, *The Revolutions in Europe, 1848–1849*, Oxford 2000, S. 18 f.; Wolfgang J. Mommsen, *1848, die ungewollte Revolution: Die revolutionären Bewegungen in Europa 1830–1849*, Frankfurt a. M. 1998, S. 17; Charles Tilly, *Contention and Democracy in Europe, 1650–2000*, Cambridge 2004, S. 15 f., 121, 166. **119** Die Wichtigkeit der Nationenbildung für diesen Prozess wird auch betont in: A. G. Hopkins, *American Empire: A Global History*, Princeton 2018, S. 249. S. a. Sperber, *Rhineland Radicals*, S. 469; Hamerow, *Social Foundations of German Unification*, S. 95, 144.

120 Ridings, «Business Associationalism», S. 773. **121** Cattaneo, *Civilization and Democracy*, S. 191. **122** Ebd., S. 202, 214. **123** Ridings, «Business Associationalism», S, 785 f. Für eine Zusammenfassung dieser Debatten siehe Hans-Ulrich Wehler, *Deutsche Gesellschaftsgeschichte, 1815–1848/9*, München 1987, S. 742–745. **124** Vertrauliches Rundschreiben, Union League Club, New York, 15. Jan. 1863, wie zit. in: Henry W. Bellows, *Historical Sketch of the Union League Club of New York: Its Origin, Organization, and Work, 1863–1879*, New York 1879, S. 21 f. S. a. Paul Migliore, «The Business of Union: The New York Business Community and the Civil War», Diss. Columbia University 1975, S. 176; «Entry of December 6, 1862», in: Allans Nevins/Milton Halsey Thomas (Hgg.), *The Diary of George Templeton Strong*, Bd. 3, New York 1974, S. 224, 276. **125** Zit. in: Jürgen Osterhammel, *Die Verwandlung der Welt*, S. 778. S. a. Hamerow, *Social Foundations of German Unification*, S. 65 f. **126** Zur Französischen Revolution siehe Sewell, *Capitalism and the Emergence of Civic Equality*, S. 365 f. **127** Wie zit. in: Hayat, «Revolution of 1848 in the History of French Republicanism», S. 351; Sigmund Neumann, «The Structure and Strategy of Revolution: 1848 and 1948», *Journal of Politics* 11 (1949) 3, S. 538. **128** Cattaneo, *Civilization and Democracy*, S. 214. **129** Kurt Weyland, «The Diffusion of Revolution: ‹1848› in Europe and Latin America», *International Organization* 63 (2009) 3, S. 391; Lawrence C. Jennings, *French Anti-Slavery: The Movement for the Abolition of Slavery in France, 1802–1848*, Cambridge 2000, S. 282; Eric Hobsbawm, *The Age of Capital, 1848–1875*, New York 1975, S. 10; Sperber, *European Revolutions*, S. 148 ff.; Christopher Clark, *Iron Kingdom: The Rise and Downfall of Prussia, 1600–1947*, Cambridge (MA) 2006, S. 471; «Verfassung des Deutschen Reiches», *Reichs-Gesetz-Blatt*, Nr. 16 (April 1849), url: https://www.lwl.org/westfaelische-geschichte/portal/Internet/finde/langDatensatz.php?urlID=835&url_tabelle=tab_quelle, abgerufen: 15. 3. 2025; Thomas Maissen, «The 1848 Conflicts and their Significance in Swiss Historiography», in: Michael Butler/Malcolm Pender/Joy Charnley (Hgg.), *The Making of Modern Switzerland, 1848–1998*, Basingstoke 2000, S. 13 f.; Dominik Fugler, «The Swiss Economy: Facing the Future», in: Butler u. a., *Making of Modern Switzerland*, S. 124; Felix Bühlmann u. a., «Elites in Switzerland: The Rise and Fall of a Model of Elite Coordination», *Tempo Social: Revista de Sociologia Da USP* 29 (2017) 3, S. 181; Jiři Kořalka, «Revolutionen in der Habsburgermonarchie», in: Dieter Dowe u. a., *Europa 1848. Revolution und Reform*, Bonn 1998, S. 226; Gábór Gangó, «1848–1849 in Hungary», *Hungarian Studies* (2001), S. 42. **130** Eintrag vom 2. Juli 1848, wie zit. in: Ulrich Mücke (Hg.), *The Diary of Heinrich Witt*, Bd. 4 von 10, Leiden/Boston 2016, S. 191. **131** Nur wenige der geschichtswissenschaftlichen Monografien über die Revolutionen von 1848, die in den letzten drei Jahrzehnten veröffentlicht wurden, beziehen sich ausdrücklich auf «bürgerliche Revolutionen». Viele betonen stattdessen die «Komplexität von 1848» und verweisen auf die Variationsbreite der politischen Ideologien, die Vielfalt der Mittelschicht und die Wichtigkeit nicht ökonomischer Fragen. Dies ist begleitet von einer Verlagerung weg vom Bürgertum und der Industriearbeiterschaft von Paris, Berlin oder Wien, den traditionellen Protagonisten der Geschichtsschreibung von 1848, und hin zu Handwerkern, Landarbeitern, Gastwirten und Landbesitzern. Siehe Hartmut Pogge von Strandmann, «1848–1849: A European Revolution?», in: Evans/Pogge, *Revolutions in Europe*, S. 8; Sperber, *European Revolutions*, S. 271; Weyland, «Diffusion of Revolution», S. 392; Mike Rapport, *1848: Year of Revolution*, New York 2008, S. 32; Charles Pouthas, «Die Komplexität von 1848», in: Horst Stuke/Wilfried Forstmann (Hgg.), *Die Europäischen Revolutionen von 1848*, Königstein 1979; Heinz-Gerhard Haupt/Dieter Langewiesche, «Die Revolution in Europa 1848. Reform der Herrschafts- und Gesellschaftsordnung – Nationalrevolution – Wirkungen», in: Dowe u. a., *Europa 1848*, S. 21; Neil Davidson, *How Revolutionary Were the Bourgeois Revolutions?*, Chicago 2012; Heide Gerstenberger, «‹How Bourgeois Were the Bourgeois Revolutions?› Remarks on Neil Davidson's Book», *Historical Materialism: Research in Critical Marxist Theory* 27 (2019) 3, S. 206; Gareth Stedman Jones, «Society and Politics at the Beginning of the World Economy», *Cambridge Journal of Economics* 1, (1977) 1, S. 88; Charles Post, «How Capitalist Were the ‹Bourgeois Revolutions›?», *Historical Materialism: Research in Critical Marxist Theory* 27 (2019) 3, S. 89. Eine gute Diskussion der Kritik an marxistischen Interpretationen der Französischen Revolution findet sich in: Sewell, *Capitalism and the Emergence of Civic Equality*, S. 53–70. **132** Sperber, *Rhineland Radicals*, S. 144, 151; Sheehan, *Der Deutsche Liberalismus*, S. 31, 69; Hans Fenske, *Quellen zur deutschen Revolution 1848–1849*, Darnstadt 1996, S. 8; Sewell, *Capitalism and the Emergence of Civic Equality*, S. 167. Was die Zusammensetzung der gewählten Abgeordneten betrifft, sind die genauen Zahlen 9,4 % bzw. 35 %. **133** John Sagers, «Shibusawa Eiichi, Dai Ichi Bank, and the Spirit of Japanese Capitalism, 1860–1930», *Shashi: The Journal of Japanese Business and Company History* 3 (2014) 1, S. 3 f. **134** Sagers, «Shibusawa Eiichi, Dai Ichi Bank, and the Spirit of Japanese Capitalism», S. 4. **135** Einige der Debatten über den bürgerlichen Charakter der Meiji-Restauration sind zusammengefasst in: Germaine A. Hoston, «Conceptualizing Bourgeois Revolution: The Prewar Japanese Left and the Meiji Restoration», *Comparative Studies in Society and History* 33 (1991) 3, S. 539–581. **136** Maik Hendrik Sprotte, «Zivilgesellschaft als staatliche Veranstaltung? Eine Spurensuche im Japan vor 1945», in: Gesine Foljanty-Jost/Momoyo Hüstebeck (Hgg.), *Bürger und Staat in Japan*, Halle-Wittenberg 2013, S. 89–129; Hiroshi Mitani, «Die Formierung von Öffentlichkeit in Japan: Eine Bilanz in vergleichender Perspektive», in: Foljanty-Jost/Hüstebeck, *Bürger und Staat in Japan*, S. 43; Sagers, «Shibusawa Eiichi, Dai Ichi Bank, and the Spirit of Japanese Capitalism», S. 4; Gesine Foljanty-Jost/Momoyo Hüstebeck, «Bürgerinnen und Staat in Japan: Eine Einführung», in: *Bürger und Staat in Japan*, S. 9; Mitani, «Die Formierung von Öffentlichkeit in Japan», S. 45 f. **137** Hamerow, *Social Foundations of German Unification*, S. 96; Marcello Mustè, *Rivoluzioni passive. Il mondo tra le due guerre nei Quaderni del carcere di Gramsci*, Rom 2022. **138** Hamerow, *Social Foundations of German Unification*, S. 95; Osterhammel, *Die Verwandlung der Welt*, S. 780; David Blackbourn/Geoffrey Eley, *The Peculiarities of German History, Bourgeois Society and Politics in Nineteenth-Century Germany*, Oxford 1984, S. 13. **139** Viktor Böhmert, *Rückblicke und Ausblicke eines Siebzigers*, Dresden 1900, S. 14. **140** Die beste Kritik am Konzept der «bürgerlichen Revolution» – in Deutschland und anderswo – ist Blackbourn/Eley, *Peculiarities of German History*. Siehe z. B. S. 144 für eine explizite Auseinandersetzung mit Deutschlands «erfolgreicher bürgerlicher Revolution». S. a. Hamerow, *Social Foundations of German Unification*, S. 95, 139, 309; Blackbourn/Eley, *Peculiarities of German History*, S. 164, 176, 178, 181 f., 191 f.; Duncan Kennedy, «Three Globalizations of Law and Legal Thought, 1850–2000», in: David M. Trubek/Alvaro Santos (Hgg.), *The New Law and Economic Development: A Critical Appraisal*, Cambridge 2006, S. 19, 20, 22 f., 26, 29, 35. **141** Lydia Maria Child, *Letters from New York: Second Series*, New York 1846, S. 280. **142** Siehe die faszinierende Studie von Lukas Rieppel, *Assembling the Dinosaur: Fossil Hunters, Tycoons, and the Making of a Spectacle*, Cambridge (MA) 2019, S. 73–109. **143** Patel, *Naoroji*, 69. **144** Ebd., S. 55 ff.; Dadabhai Naoroji, «The Poverty of India», in: *Papers Read Before the Bombay Branch of the East India Association*, Mumbai 1876, S. 1. **145** Patel, *Naoroji*, S. 47, 52 ff., 59–61, 66, 100, 107, 126 ff., 158. **146** Wie zit. in: Arthur Waley, *The Opium War Through Chinese Eyes*, Stanford 1968, S. 33. **147** Zit. in: James Africanus Horton, *West African Countries and Peoples British and Natives, with the Requirements Necessary for Establishing That Self-Government Recommended by the Committee of the House of Commons, 1865; and a Vindication of the African Race*, London 1868. Zu Horton siehe A. A. Boahen, «New Trends and Processes in Africa in the Nineteenth Century», in: J. F. Ade Ajayi und das UNESCO International Scientific Committee for the Drafting of a General History of Africa (Hg.), *General History of Africa*, Bd. 6, UNESCO 1989, S. 53. **148** Boahen, «New Trends and Processes in Africa», S. 54 f. **149** Robert Gildea, «1848 in European Collective Memory», in: Evans/Pogge, *Revolutions in Europe*, S. 232. **150** Jennings, *French Anti-Slavery*, S. 278. **151** Ebd., S. 282 f. David Brian Davis, *The Problem of Slavery in the Age of Revolution, 1770–1823*, Ithaca (NY) 1975. **152** Siehe *Gazette officielle de la Guadeloupe* (Feb. 1848), S. 1. **153** Karl Marx, Friedrich Engels, *Werke*, Berlin 1962, Bd. 23, S. 318. Zu den antikapitalistischen Neigungen einiger Abolitionisten s. a. Manisha Sinha, «The Problem of Abolition in the Age of Capitalism: *The Problem of Slavery in the Age of Revolution, 1770–1823*, von David Brion Davis», *AHR* 124 (2019) 1, S. 159. **154** Siehe den exzellenten Artikel von Tâmis Parron, «The British Empire and the Suppression of the Slave Trade to Brazil: A Global History Analysis», *Journal of World History* 29 (2018) 1, S. 21–26. **155** Sven Beckert, *The Monied Metropolis: New York City and the Consolidation of the American Bourgeoisie, 1850–1896*, Cambridge 2001, S. 85–97; Don Doyle, *The Cause of All Nations: An International History of the American Civil War*, New York 2015, S. 301. **156** King, *The Blue Mutiny*, S. 85 f., 91, 108; Finch, *Rethinking Slave Rebellion in Cuba*, S. 5. **157** Wie zit. in: Thomas N. Brown, *Irish-American Nationalism, 1870–1879*, Philadelphia 1966, S. 108. **158** Mervyn Busteed, *The Irish in Manchester, c. 1750–1921: Resistance, Adaptation and Identity*, Manchester 2016, S. 5, 224; Patel, *Naoroji*, S. 84, 132, 136, 161–164. **159** Walter Bagehot, «Principles of Political Economy», in: Russell Barrington, *The Works and Life of Walter Bagehot*, Bd. 8, London 1915, S. 218 f. **160** Geoffrey Ellis, «The Revolution of 1848–1849 in France», in: Evans/Pogge, *Revolutions in Europe*, S. 42; Sperber, *European Revolutions*, S. 213. **161** Eintrag 8. Juli 1848, zit. in: Mücke, *Diary of Heinrich Witt*, Bd. 4, S. 196. **162** Eintrag 1. Juni 1848, ebd., S. 177. **163** Eintrag 2. Juli 1848, ebd., S. 193. **164** Eintrag 2. Juni 1848, ebd., S. 181. **165** Eintrag 10. Sep. 1849, ebd., S. 345. **166** Eintrag 9. Okt. bis 13. Okt. 1849, ebd., S. 353. **167** Belege für diese These finden sich in: Ciarán O'Murchadha, *The Great Famine: Ireland's Agony 1845–1852* (Continuum 2011), S. 48. S. a. Brüggemeier, *Grubengold*, S. 81; Herzig, *Unterschichtenprotest in Deutschland*, S. 24; Way, *Common Labour*, S. 205; Blackbourn/Eley, *Peculiarities of German History*, S. 174. **168** Blackbourn/Eley, *Peculiarities of German History*, S. 241. **169** Martin Breaugh, *The Plebeian Experience: A Discontinuous History of Political Freedom*, New York 2013, S. 183. **170** Eintrag 29. April 1871, zit. in: Mücke, *Diary of Heinrich Witt*, Bd. 7, S. 214. **171** Eintrag 4. Juni 1871, ebd., S. 212. **172** Eintrag 16. Juni 1871, ebd., S. 214. **173** Edmond de Goncourt/Jules de Goncourt, *Journal des Goncourt*, Bd. 4, Paris 1890, S. 239. **174** Gemeente Amsterdam Stadsarchief, «Archief van de Familie Boissevain en Aanverwante Families», 394.107P, Scans 15 f. **175** «The Republic and the Commune», *Harper's Weekly*, 1. Juli, 1871, S. 594 f. **176** «To Those, and They Must Be Very Many, Who Were Bewildered with the Story of the International Association», *Times*, 18. Okt. 1871. **177** Allan Pinkerton, *Strikers, Communists, Tramps and Detectives*, New York 1878, S. 78. **178** Jeffrey Needell, *The Party of Order: The Conservatives, the State, and Slavery in the Brazilian Monarchy, 1831–1871*, Stanford 2006, S. 75. **179** Sven Beckert, «Democracy and Its Discontents: Contesting Suffrage Rights in Gilded Age New York», *Past & Present* 174 (2002) 1; Jürgen Kocka, «Kapitalismus und Demokratie», *Archiv für Sozialgeschichte* 56 (2016), S. 41. **180** Fahad Ahmad Bishara, *A Sea of Debt: Law and Economic Life in the Western Indian Ocean, 1780–1950*, Cambridge 2017, S. 116 f. **181** David Glasner, «Crisis of 1873», in: ders. (Hg.), *Business Cycles and Depressions: An Encyclopedia*, London 2013, S. 132 f. Zu der Krise s. a. Hannah C. Davies, *Transatlantic Speculations: Globalization and the Panics of 1873*, New York 2018. **182** Zit. in: Eric Hobsbawm, *Das imperiale*

Zeitalter, 1875–1914, Frankfurt a. M. 1989, S. 34. **183** Fred Moseley, «Depression of 1873–1879», in: Glasner, *Business Cycles and Depressions*, S. 148; Hobsbawm, *Age of Empire*, S. 62; Şevket Pamuk, «The Ottoman Empire in the ‹Great Depression› of 1873–1896», *JEH* 44 (1984) 1, S. 114. **184** «Canada: Québec, 26 Juin, 1875», *Journal de St-Roch*, 26. Juni, 1875, zit. in: Guillaume Durou, «Il y a des gens d'humeur vagabonde qui déménagent tous les ans: Stratégies et mobilité sociale de la classe ouvrière de Québec durant la Longue Dépression de 1873», *Histoire Sociale* 51 (2018) 104, S. 213. **185** Ricardo Falcón, *La Primera Internacional y los orígenes del movimiento obrero en Argentina (1857–1879)*, Buenos Aires 1984, S. 25; Amiya Bagchi, «The Great Depression (1873–96) and the Third World», in: G. Balachandran (Hg.), *India and the World Economy, 1850–1950*, Oxford 2003, S. 165; Moseley, «Depression of 1873–1879», S. 148 f. **186** Vgl. Kim Richardson, «Quebra-Quilos and Peasant Resistance: Peasants, Religion, and Politics in Nineteenth-Century Brazil», Diss. Texas Tech University 2008, S. 46–70; Roderick J. Barman, «The Brazilian Peasantry Reexamined: The Implications of the Quebra-Quilo Revolt, 1874–1875», *Hispanic American Historical Review* 57 (1977) 3, S. 401–424; Armando Souto Maior, *Quebra-Quilos: Lutas sociais no outono do império*, São Paulo 1978; Kim Richardson, *Quebra-Quilos and Peasant Resistance: Peasants, Religion, and Politics in Nineteenth-Century Brazil*, Lanham (MY) 2011; Herbert Bix, *Peasant Protest in Japan, 1590–1884*, New Haven 1986, S. 211–114. **187** Walt Whitman, «Jahre der Moderne», in: *Grasblätter*, München 2009, S. 596 f.

TEIL III
GLOBALE REORGANISATION

Kapitel 11: Die Neuordnung des Kapitals, 1870–1914

1 Inge Plettenberg, «Die Familie Röchling», in: Meinrad Maria Grewenig (Hg.), *Die Röchlings und die Völklinger Hütte*, Völklingen 2014, S. 22 f. **2** Ebd., S. 22; Richard Nutzinger/Hans Boehmer/Otto Johannsen (Hgg.), *50 Jahre Röchling Völklingen: Die Entwicklung eines Rheinischen Industrie-Unternehmens*, Saarbrücken/Völklingen 1931, S. 8; Gerhard Seibold, *Röchling: Kontinuität im Wandel*, Ostfildern 2001, S. 75–79. **3** Nutzinger u. a., *50 Jahre Röchling Völklingen*, S. 9; Seibold, *Röchling*, S. 69, 71, 80–81; Hendrik Kersten, «Carl Ludwig Röchling – Carl der Kühne», in: Plettenberg, «Familie Röchling», S. 36. **4** Seibold, *Röchling*, S. 69, 71–72, 83, 115–16; Nutzinger u. a., *50 Jahre Röchling Völklingen*, S. 9; Kersten, «Carl Ludwig Röchling», S. 35; Hans Horch, *Der Wandel der Gesellschafts- und Herrschaftsstrukturen in der Saarregion während der Industrialisierung (1740–1914)*, St. Ingbert 1985, S. 223. Die Röchlings wurden mit der Zeit zu Mehrheitsaktionären der Fabrik, die sie 1862 erwarben. **5** Robert Musil, *Der Mann ohne Eigenschaften*, Reinbek bei Hamburg 1952, S. 198. **6** Seibold, *Röchling*, S. 80. **7** Kersten, «Carl Ludwig Röchling», S. 39; Nutzinger u. a., *50 Jahre Röchling Völklingen*, S. 13; Seibold, *Röchling*, S. 88, 97; Ralf Banken, *Die Industrialisierung der Saarregion 1815–1914*, Bd. 2, Stuttgart 2003, S. 307; Hubert Kesternich, *Aufstieg und Wandel: 140 Jahre Völklinger Hütte*, Bd. 1, Saarbrücken 2015, S. 52, 60, 93, 134; Harald Glaser, *Auf Schicht und Daheim: Hüttenarbeit und Alltagsleben in Völklingen von der Gründerzeit der Hütte bis in die sechziger Jahre*, Initiative Völklinger Hütte e. V. 1996, S. 5 f.; RESW GmbH Personalwesen: Bewerbungen u. Verschiedenes, 1897 bis 1900, Mappe, 1 C/K/64, Alter Bestand, VH; Röchling an James W. Miller (Pittsburgh), Brief, Völklingen, 23. April 1898, VH. **8** Seibold, *Röchling*, S. 97; Glaser, *Auf Schicht und Daheim*, 5; Kesternich, *Aufstieg und Wandel*, Bd. 1, S. 94. **9** Brief von Hermann Röchling an die Geschäftsstelle der Südwestdeutschen Eisen-Berufsgenossenschaft Saarbrücken, Völklingen, 18. März 1910, RESW GmbH, Abstinenz-Bestrebung: Schriftwechsel, 1907–1910 D/K-21/95, Alter Bestand, VH; Seibold, *Röchling*, S. 89; Nutzinger u. a., *50 Jahre Röchling Völklingen*, S. 92. **10** Seibold, *Röchling*, S. 96, 101. **11** Brief von Theodor Röchling an Carl Röchling, Aug. 1881, reproduziert in Nutzinger u. a., *50 Jahre Röchling*, S. 15; ebd., S. 48, 74; Seibold, *Röchling*, S. 72–74, 119–20, 140, 145–47, 152; Bescheid des Bezirksausschusses, Trier, 29. Juli 1913, an den Bürgermeister von Völklingen, Saar, Veranlagung der Teilhaber der Röchling'schen Eisen- und Stahlwerke zur Gemeindeeinkommenssteuer, A 2206, SAV. **12** Seibold, *Röchling*, S. 84–85, 141–42; Horch, *Wandel der Gesellschafts- und Herrschaftsstrukturen*, S. 438–39; Franz-Josef Brüggemeier/Michael Farrenkopf/Heinrich Theodor Grütter (Hgg.), *Das Zeitalter der Kohle: Eine europäische Geschichte*, Essen 2018, S. 165. **13** Seibold, *Röchling*, S. 110, 113. **14** Ebd., S. 106. **15** Die Zitate stammen in dieser Reihenfolge aus Martin J. Sklar, *The Corporate Reconstruction of American Capitalism, 1890–1916*, Cambridge 1988, S. 4; Fernand Braudel, *Die Dynamik des Kapitalismus*, Stuttgart 2018; Joseph A. Schumpeter, *Kapitalismus, Sozialismus und Demokratie*, München 1980 [1950], S. 5; Sklar, *Corporate Reconstruction*, S. 13; Alessandro Stanziani, «Labor and Historical Periodization of Capitalism», *ISHA Newsletter* 7 (2018) 1, S. 2. **16** Dipesh Chakrabarty, «The Climate of History: Four Theses», *Critical Inquiry* 35 (2009) 2, S. 206; Jairus Banaji, «Islam, the Mediterranean and the Rise of Capitalism», *Historical Materialism* 15 (2007), S. 53; Alessandro Stanziani, *Capital terre: Une histoire longue du monde d'après (XIIe-XXIe siècle)*, Lausanne/Paris 2021; Jürgen Osterhammel, *Die Verwandlung der Welt: Eine Geschichte des*

19. Jahrhunderts, München 2009, S. 112; Thomas Piketty, *A Brief History of Equality*, Cambridge (MA) S. 50–64; A. G. Hopkins, *American Empire: A Global History*, Princeton 2018, S. 241–42, 247–48; Pierre Gervais, «Capitalism and (or) Age of Commerce? A Brief Theoretical Introduction», *XVII-XVIII – Revue de la Société d'études anglo-américaines des XVIIe et XVIIIe siècles* 77 (2020), S. 1–19; Arno Mayer, *The Persistence of the Old Regime: Europe to the Great War*, New York 1981, S. 20 f.; Odd Arne Westad, *The Cold War: A Global History*, New York 2017, S. 5. Zum Konzept der zweiten großen Divergenz siehe Sven Beckert, «American Danger: United States Empire, Eurafrica, and the Territorialization of Industrial Capitalism, 1870–1950», *AHR* 122 (2017) 4, S. 1137–70. Zum Ende der britischen Hegemonie s. Giovanni Arrighi, *The Long Twentieth Century: Money, Power and the Origins of Our Times*, London 1994, S. 58. **17** Die Zitate stammen in dieser Reihenfolge aus William Dean Howells, *A Hazard of New Fortunes*, New York 1889, S. 96, https://hdl.handle.net/2027/chi.42116029; Émile Zola, *Das Geld*, Band XVIII von *Die Rougon-Macquart. Geschichte einer Familie unter dem zweiten Kaiserreich*, Budapest 1893–1899 (zit. nach https://www.projekt-gutenberg.org/zola/dasgeld/titlepage.html, abgerufen am 16.6.25, S. 7 f.; Oscar Wilde, *Die Seele des Menschen unter dem Sozialismus*, in: ders., Essays, Band 3, Frankfurt a. M. 2004; Thomas Piketty, *Kapital und Ideologie*, München 2020, S. 175, 253. **18** Ivo Andrić, *Die Brücke über die Drina: Eine Wischegrader Chronik*, München 1960 [Erstausgabe 1945], S. 237. Vgl. auch Angus Maddison, *The World Economy: A Millennial Perspective* (Development Centre of the Organisation for Economic Co-Operation and Development, 2001), S. 173; Jürgen Osterhammel, *The Transformation of the World: A Global History of the Nineteenth Century*, Princeton 2014, S. 655; Charles Maier, *Leviathan 2.0: Inventing Modern Statehood*, Cambridge (MA) 2012), S. 86; Sven Beckert, *King Cotton: Eine Globalgeschichte des Kapitalismus*, München 2014, S. 261; Gema Aparicio/Vicente Pinilla, «International Trade in Wheat and Other Cereals and the Collapse of the First Wave of Globalization, 1900–38», *JGH* 14 (2019) 1, S. 45, 47, 49. In Deutschland stieg die Produktion insgesamt von 240 575 Tonnen auf 8 521 000 Tonnen. Siehe Otto Pflanze, *Bismarck and the Development of Germany*, Bd. 3, Princeton, 2014, S. 5; Mario Samper/Radin Fernando, «Appendix: Historical Statistics of Coffee Production and Trade from 1700 to 1969», in: William Gervase Clarence-Smith/Steven Topik (Hg.), *The Global Coffee Economy in Africa, Asia and Latin America, 1500–1989*, Cambridge 2003, S. 417; Ulbe Bosma, *The Sugar Plantation in India and Indonesia Industrial Production, 1770–2010*, Cambridge 2013, S. 29. Im Saarland stieg die Roheisenproduktion von 6633 Tonnen im Jahr 1850 auf 1 370 980 Tonnen. Vgl. Banken, *Die Industrialisierung der Saarregion*, S. 285; Seibold, *Röchling*, S. 143. Zur Anzahl der Baumwollspindeln im Jahr 1870 vgl. Thomas Ellison, *The Cotton Trade of Great Britain: Including a History of the Liverpool Cotton Market and of the Liverpool Cotton Brokers' Association*, London 1886, S. 104. Zur Anzahl im Jahr 1913 siehe «World's Consumption of All Kinds of Cotton, 000 s Running Bales, Data Assembled by John A. Todd», in: Papers of John A. Todd, MD 230/44, Statistics of World Consumption of Cotton, 1910–1931, Liverpool Record Office, UK. Die Zahlen sind wahrscheinlich nicht ganz vergleichbar, aber sie vermitteln einen Eindruck vom Ausmaß des Anstiegs. Die Angaben zur Steigerung der weltweiten Eisen- und Stahlproduktion stammen aus meinen eigenen Berechnungen auf der Basis von Daten in Brian Mitchell, *International Historical Statistics*, Basingstoke 2013, S. 838, 841, 846, 2676–77, 2680, 4052, 4056, 4060, 4067–68. **19** Dies entspricht 358 % des Wertes in konstanten Preisen. Siehe «Growth of Global Exports, 1870», Our World in Data, url: https://ourworldindata.org/grapher/world-trade-exports-constant-prices?time=1870.1913, abgerufen: 8. Dez. 2020; Françoise Berger, «Iron and Steel», in: Iriye Akira/Pierre-Yves Saunier (Hgg.), *The Palgrave Dictionary of Transnational History: From the Mid-19th Century to the Present Day*, Basingstoke 2009, S. 597–98; A. J. J. Latham/Larry Neal, «The International Market in Rice and Wheat, 1868–1914», *EHR* 36 (1983) 2, S. 278; Osterhammel, *Transformation of the World*, S. 719; Andrea Giuntini, «Submarine Telegraphy as a Global Emerging Technology in the Second Half of the Nineteenth Century (1851–1902)», *Storia Economica* 16 (2013) 2, S. 260, 266. **20** Hobsbawm, *Age of Empire*, S. 43. **21** Ebd., S. 35; James Livingston, *Pragmatism and the Political Economy of Cultural Revolution, 1850–1940*, Chapel Hill (NC) 1994, S. 41. **22** Karl Marx, *Das Kapital. Kritik der Politischen Oekonomie*, Bd. 1, Hamburg 1883, S. 388–89; Hobsbawm, *Age of Empire*, S. 36–37; Pflanze, *Bismarck and the Development of Germany*, S. 3, 5, 9–10. **23** Die Investitionszahlen für die Röchlings beziehen sich auf die Gesamtsummen von 1881 bis 1906. Der Multiplikator ist eine Schätzung auf der Grundlage historischer Inflationsdaten und Wechselkurse. Vgl. auch Phil Scranton, *Endless Novelty: Specialty Production and American Industrialization, 1865–1925*, Princeton 1997. **24** Chris Evans/Göran Rydén, *Baltic Iron in the Atlantic World in the Eighteenth Century*, Leiden/Boston 2007, S. 32; Alfred D. Chandler Jr., *The Visible Hand: The Managerial Revolution in American Business*, Cambridge (MA) 1977, Kap. 3–5. **25** *The Derrick's Handbook of Petroleum* (Derrick, 1898), S. 24, zit. nach: *Petroleum Investigation: Hearing Before a Subcommittee of the Committee on Interstate and Foreign Commerce, House of Representatives, Seventy-Sixth Congress, Third Session, on H. Res. 290 and H. R. 7372, to Promote the Conservation of Petroleum, to Provide for Cooperation with the States in Preventing the Waste of Petroleum, to Create an Office of Petroleum Conservation; to Amend the Act of February 22, 1935, as Amended, and for Other Purposes*, Bd. 4, United States Government Printing Office, 1940, S. 1469; Alison Fleig Frank, *Oil Empire: Visions of Prosperity in Austrian Galicia*, Cambridge (MA) 2005, S. 20, 92–93. **26** Louis C. Hunter/Lynwood Bryant, *A History of Industrial Power in the United States, 1730–1930*, Bd. 3, Cambridge (MA) 1991, S. 191; John W. Howell/Henry Schroeder, *History of the Incandescent Lamp*, Schenectady (NY) 1927, S. 66 f.; Chaim M. Rosenberg, *America at the Fair: Chicago's 1893 World's Columbian Exposition*, Charleston (SC) 2008; Robert L. Bradley Jr., *Edison to Enron: Energy Markets and Political Strategies*, Hoboken (NJ) u. a. 2011, S. 39–59; Quentin R. Skrabec, *George Westinghouse: Gentle Genius*, New York 2007, S. 97, 135; *Commercial and Financial Chronicle*, 25. Juni 1892, S. 1051; John N. Ingham, *Biographical Dictionary of American Business Leaders*, A-G, Westport (CT) 1983, S. 175. **27** *Handbuch der deutschen Aktiengesellschaften* 13 (1908/1909); Martin Fiedler, «Die 100 größten Unternehmen in Deutschland – nach der Zahl ihrer Beschäftigten – 1907, 1938, 1973 und 1995», *Zeitschrift für Unternehmensgeschichte* 44 (1999) 1, S. 44; Jürgen Kocka, *Unternehmensverwaltung und Angestelltenschaft am Beispiel Siemens 1847–1914: Zum Verhältnis von Kapitalismus und Bürokratie in der deutschen Industrialisierung*, Stuttgart 1969, S. 57–60, 119; Wilfried Feldenkirchen, *Werner von Siemens: Erfinder und internationaler Unternehmer*, Siemens AG 1992, S. 79, 88–89; Ders., *Siemens 1918–1945*, München 1995, S. 678; Anton A. Huurdeman, *The Worldwide History of Telecommunications*, Hoboken (NJ) 2003, S. 125 f. **28** «Farming with Dynamite: A Few Hints to Farmers», url: http://www.fourmilab.ch/etexts/www/dupont/FarmingWithDynamite/Limage01.html, abgerufen: 22. Aug. 2024; John A. Munroe, *History of Delaware*, Newark (DE) 2006, S. 138. **29** Imperial Chemical Industries PLC, Archives of Brunner, Mond and Company LTD and its subsidiaries, Cheshire Archives and Local Studies, Cheshire Record Office, National Archives, UK, http://discovery.nationalarchives.gov.uk/details/r/110e9ce8-710e-48a7-a46d-d8045328faa3#0. **30** Derek Lewis/Ulrike Zitzlsperger, «Bayer AG», in: *Historical Dictionary of Contemporary Germany*, Lanham (MA)/Plymouth 2016, S. 92; Harry Braverman, *Labor and Monopoly Capitalism: The Degradation of Work in the Twentieth Century*, New York 1974, S. 162; Bayer Global, «History: The Early Years, 1863–1881», url: https://www.bayer.com/en/history/1863-1881, abgerufen: 23. Aug. 2024; Charles C. Mann/Mark L. Plummer, *The Aspirin Wars: Money, Medicine, and 100 Years of Rampant Competition*, New York 1991, S. 27; Werner Abelshauser, *German Industry and Global Enterprise: BASF: The History of a Company*, Cambridge 2003, S. 165. **31** William Cronon, *Nature's Metropolis: Chicago and the Great West*, New York 1992, S. 230–35; Chandler, *The Visible Hand*, S. 299–302; James Livingston, *Pragmatism and the Political Economy of Cultural Revolution, 1850–1940*, Chapel Hill (NC) 1994, S. 25; Richard Tedlow, *New and Improved: The Story of Mass Marketing in America*, New York 1990. **32** Braverman, *Labor and Monopoly Capitalism*, S. 156–67, 163–64. Nutzinger u. a., *50 Jahre Röchling*, S. 98; «The Experimental Station», DuPont, abgerufen: 24. Juli 2024, https://www.dupont.com/locations/wilmington-delaware-the-experimental-station.html. **33** George Orwell, *The Road to Wigan Pier*, London 2020 [1937], S. 18. S. a. Paolo Malanima, «World Energy Consumption: A Database 1820–2018 (2020 revision)», url: https://histecon.fas.harvard.edu/energyhistory/DATABASE%20World%20Energy%20Consumption.pdf, abgerufen: 22. Juli 2024; Osterhammel, *Die Verwandlung der Welt*, S. 110; Vaclav Smil, *Energy Transitions: Global and National Perspectives*, Santa Barbara (CA) 2016, zit. nach Hannah Ritchie/Pablo Rosado, «Fossil Fuels», https://ourworldindata.org/fossil-fuels, aktualisiert Jan. 2024, abgerufen: 23. Aug. 2024; Spencer Weart, *The Discovery of Global Warming*, Cambridge (MA) 2003, S. 7. **34** So argumentiert Chandler, *Visible Hand*, S. 287–89, 315–39. **35** Die Zitate stammen in dieser Reihenfolge aus Sklar, *Corporate Reconstruction*, S. 17; Maschke, «German Cartels from 1873 to 1914», in: F. Crouzet/W. H. Chaloner/W. M. Stern (Hgg.), *Essays in European Economic History 1789–1914*, London 1969, S. 243. Das deutsche Originalzitat findet man in Carl Duisberg, *Abhandlungen, Vorträge und Reden aus den Jahren 1882–1921*, Berlin/Leipzig 1923, S. 344; Allan Nevins, *John D. Rockefeller*, Bd. 1, New York 1959, S. 622; Ray S. Baker/William E. Dodd (Hgg.), *The Public Papers of Woodrow Wilson*, Bd. 1, New York 1925, S. 328. Wilsons Artikel «The Making of the Nation» erschien ursprünglich im *Atlantic Monthly* 80 (Juli 1897), S. 1–14. S. a. Rudolf Hilferding, *Organisierter Kapitalismus: Referat und Diskussion; Sozialdemokratischer Parteitag 1927 in Kiel*, Kiel 1927; Braverman, *Labor and Monopoly Capitalism*; Chandler, *Visible Hand*. Hobsbawm betonte die Fluidität der Kapitalkonzentration in *Age of Empire*, S. 44. **36** Chandler, *Visible Hand*, S. 486. **37** Ballard C. Campbell, *The Paradox of Power*, Lawrence (KS) 2021, S. 100. **38** César J. Ayala, *American Sugar Kingdom: The Plantation Economy of the Spanish Caribbean, 1898–1934*, Chapel Hill (NC) 1999, S. 31–37, 57; Susan Becker, *Multinationalität hat verschiedene Gesichter: Formen internationaler Unternehmenstätigkeit der Société anonyme des mines et fonderies de zinc de la Vieille Montagne und der Metallgesellschaft vor 1914*, Stuttgart 2002, S. 178–290; Charles S. Aiken, *The Cotton Plantation South Since the Civil War*, Baltimore (MY) 2019, S. 60; Gerhard Bleifuß/Gerhard Hergenröder, *Die «Otto-Plantage Kilossa» (1907–1914): Aufbau und Ende eines kolonialen Unternehmens in Deutsch-Ostafrika*, Wendlingen am Neckar 1993, S. 43, 59; Jairus Banaji, «Merchant Capitalism, Peasant Households and Industrial Accumulation: Integration of a Model», *Journal of Agrarian Change* 16 (2016) 3, S. 423. Zur fortwährenden Bedeutung der Händler siehe Haller, *Transithandel*, S. 25–6, 59; zu den europäischen Händlern in den ländlichen Gebieten Indiens siehe Beckert, *King Cotton*, S. 295. **39** Chandler, *Visible Hand*, S. 485; Colleen Dunlavy, «Why Did Some American Businesses Get So Big?», in: Regina Blaszczyk/Philip Scranton Major (Hgg.), *Problems in American Business History*, S. 257–63; Chandler, *The Visible Hand*, S. 315–44. **40** Harold F. Williams/Arnold R. Daum, *The American Petroleum Industry: The age of illumination 1859–1899*, Evanston (IL) 959, S. 420, 426–29. **41** Die Zitate stammen in dieser Reihenfolge aus Ron Chernow, *Titan: The Life of John D. Rockefeller, Sr.*,

New York 1999, S. 160; *US Congress, Senate, Select Committee on Interstate Commerce, Forty-Ninth Congress, First Session, January 18, 1886*, Washington D.C. 1886, S. 199; Sklar, *The Corporate Reconstruction*, S. 15. **42** Brüggemeier u.a., *Das Zeitalter der Kohle*, S. 163; Ralf Stremmel, «Friedrich Alfred Krupp: Handeln und Selbstverständnis eines Unternehmers», in: Michael Epkenhans/Ralf Stremmel (Hgg.), *Friedrich Alfred Krupp: Ein Unternehmer im Kaiserreich*, München 2010, S. 29; Harold James, *Krupp: A History of the Legendary German Firm*, Princeton 2012, S. 99–101; Jürgen Kocka/Hannes Siegrist, «Die hundert größten deutschen Industrieunternehmen im späten 19. und frühen 20. Jahrhundert: Expansion, Diversifikation und Integration im internationalen Vergleich», in: Norbert Horn/Jürgen Kocka (Hgg.), *Recht und Entwicklung der Großunternehmen im 19. und frühen 20. Jahrhundert: Wirtschafts-, Sozial- und Rechtshistorische Untersuchungen zur Industrialisierung in Deutschland, Frankreich, England und den USA*, Göttingen 1979, S. 107; Fiedler, «Die 100 größten Unternehmen», S. 44; James, *Krupp*, S. 102–3. **43** David Blackbourn, *The Long Nineteenth Century: A History of Germany, 1780–1918*, Oxford 1997, S. 312; Chandler, *The Visible Hand*, S. 333. **44** Sklar, *Corporate Reconstruction*; Adam Smith, *Der Wohlstand der Nationen: Eine Untersuchung seiner Natur und seiner Ursachen*, München 2013 [1978], S. 629 (5. Buch, 1. Kap., 3. Teil). **45** William G. Roy, *Socializing Capital: The Rise of the Large Industrial Corporation in America, Princeton* 1997, S. xiii, 4–5, 10; William C. Kirby, «China Unincorporated Company Law and Business Enterprise in Twentieth-Century China», *Journal of Asian Studies* 54 (1995), S. 48; Naomi R. Lamoreaux, *The Great Merger Movement in American Business, 1895–1904*, Cambridge 1985, S. 1 f.; New Jersey, «An Act Concerning Corporations In the State of New Jersey: Revision of 1896 [...]», Jersey City (NJ) 1896. **46** Die Bedeutung dieses Zeitpunkts für die Entstehung privater Kapitalgesellschaften wird auch betont von Doreen Lustig, *Veiled Power: International Law and the Private Corporation, 1886–1981*, Oxford 2020, S. 4, 15; Marie-Laure Djelic, «When Limited Liability was (Still) an Issue: Mobilization and Politics of Signification in 19th-Century England», *Organization Studies* 34 (2013) 5/6, S. 1–27, vor allem 5, 19; David A. Moss, «The Deutsche Bank», in: Thomas K. McCraw (Hg.), *Creating Modern Capitalism: How Entrepreneurs, Companies, and Countries Triumphed in Three Industrial Revolutions*, Cambridge (MA) 2000, S. 235. **47** Kirby, «China Unincorporated: Company Law», S. 43–45, 49, 51. **48** Marta Macedo, «Standard Cocoa: Transnational Networks and Technoscientific Regimes in West African Plantations», *Technology and Culture* 57 (2016) 3, S. 564; Harold Woodman, *King Cotton and his Retainers*, Lexington (KY) 1968, S. 288 f.; Eric Panthou, «Les formes de résistance de travailleurs de plantations d'hévéas d'Indochine», in: Éric Guerassimoff/Issiaka Mandé (Hgg.), *Le travail colonial: Engagés et autres mains-d'œuvre migrantes dans les empires, 1850–1950*, Paris 2015, S. 467; Oscar Zanetti, «The Last Sugar Frontier in Cuba: Expansion and Consequences», Beitrag zum Global Commodity Frontiers in Comparative Context International Workshop, 9.-10. Dez. 2016, University College London, S. 8–10; P. Courtenay, *Plantation Agriculture*, London 1980, S. 59. **49** Noam Maggor, *Brahmin Capitalism Frontiers of Wealth and Populism in America's First Gilded Age*, Cambridge (MA) 2017, S. 7, 9, 50. **50** Luiz Felipe de Alencastro, «Vida privada e ordem privada no Império», in: Ders., (Hg.), *História da Vida Privada No Brasil*, Bd. 2, São Paulo 1997, S. 24; Sven Beckert, *The Monied Metropolis: New York City and the Consolidation of the American Bourgeoisie, 1850–1896*, Cambridge 2001, S. 239; Henry Hall (Hg.), *America's Successful Men of Affairs: An Encyclopedia of Contemporaneous Biography*, Bd. 2, New York 1895, S. 75–77; *The National Cyclopedia of American Biography*, Bd. 1., New York 1898, S. 13; Allen Churchill, *The Upper Crust: An Informal History of New York's Highest Society*, Englewood Cliffs (NJ) 1970, S. 108, 147; David C. Hammack, *Power and Society: Greater New York at the Turn of the Century*, New York 1982, S. 44, 46; Matthew Josephson, *The Robber Barons: The Great American Capitalists, 1861–1901*, New York 1934, S. 326, 328; Harvey O'Connor, *The Guggenheims: The Making of an American Dynasty*, New York 1937, S. 70; Allan Nevins, *Study in Power: John D. Rockefeller, Industrialist and Philanthropist*, Bd. 2, New York 1953, S. 80 f. **51** Joseph Hodges Choate, zit. nach Ronald Story, *The Forging of An Aristocracy: Harvard and the Boston Upper Class, 1800–1870*, Middletown (CT) 1980, S. 179; E. Digby Baltzell, *Philadelphia Gentlemen: The Making of a National Upper Class*, Glencoe (IL) 1958, S. 302, 305; Peter Dobkin Hall, *The Organization of American Culture, 1700–1900: Private Institutions, Elites, and the Origins of American Nationality*, New York 1982, S. 262, 264; Ron Chernow, *The House of Morgan: An American Banking Dynasty and the Rise of Modern Finance*, New York 1990, S. 62; Frederic Cole Jaher, *The Urban Establishment: Upper Strata in Boston, New York, Charleston, Chicago and Los Angeles*, Charleston (IL) 1982, S. 266; Edward Sanford Martin, *The Life of Joseph Hodges Choate*, Bd. 1, New York 1920, S. 359. **52** Rudi Batzell, «Reconstructing Global Capitalism: Class, Corporations and the Rise of Welfare States, 1870–1930», Diss. Harvard University 2017, S. 372; Chandler, *Visible Hand*, S. 484; Sklar, *Corporate Reconstruction*, S. 23. **53** Eli Cook, *The Pricing of Progress: Economic Indicators and the Capitalization of American Life*, Cambridge (MA) 2017, S. 15, 151. **54** Pierre Gervais/Martin Quinn, «Costing in the Early Industrial Revolution: Gradual Change to Cost Calculations at US Cloth Mills in the 1820s», *Accounting History Review* 26 (2016) 3, S. 191–217; allgemeiner Pierre Gervais, *Les origines de la Révolution Industrielle aux États-Unis: Entre économie marchande et capitalisme industriel, 1800–1850*, Paris 2004, vor allem Kap. 7. S. a. John Richard Edwards/Malcolm Anderson/Roy A. Chandler, «Claiming a Jurisdiction for the ‹Public Accountant› in England Prior to Organisational Fusion», *Accounting, Organizations and Society* 32 (2007) 1/2, S. 62; Claude Bocqueraz, «The Development of Professional Associations: The Experience of French Accountants from the 1880s to the 1940s», *Accounting, Business & Financial History* 11 (2001) 1, S. 21; Edwards u. a., «Claiming a Jurisdiction», S. 61–100; Lisa Evans, «Shifting Strategies: The Pursuit of Closure and the ‹Association of German Auditors›», *European Accounting Review* 27 (2018) 4, S. 683–712, v. a. 686; Evans, «Shifting Strategies», S. 686. **55** Werner Sombart, «Die Wandlungen des Kapitalismus», *Weltwirtschaftliches Archiv* 28 (1928), S. 249. S. a. Sklar, *Corporate Reconstruction*, S. 15–16. **56** Hobsbawm, *Age of Empire*, S. 53; Blackbourn, *Long Nineteenth Century*, S. 324. **57** Chandler, *Visible Hand*, S. 361, 492. **58** Moss, «Deutsche Bank», S. 239; Chandler, *Visible Hand*, S. 499; Otto Jeidels, *Das Verhältnis der Deutschen Großbanken zur Industrie mit besonderer Berücksichtigung der Eisenindustrie*, Berlin 1905, S. 161; Blackbourn, *Long Nineteenth Century*, S. 313; Lothar Gall, «Die Deutsche Bank von ihrer Gründung bis zum Ersten Weltkrieg, 1870–1914», in: Ders. u. a. (Hgg.), *Die Deutsche Bank 1870–1995*, München 1995, S. 32–40; Moss, «Deutsche Bank», S. 240. **59** Thorstein Veblen, *The Theory of Business Enterprise*, New York 1915, S. 27 f. **60** Brian R. Mitchell, *European Historical Statistics, 1750–1950*, London 1975, S. 394–401; Susan B. Carter u. a. (Hgg.), *Historical Statistics of the United States: Earliest Times to the Present*, Bd. 4, Teil D, Cambridge 2006, Serien Db74 u. Dd399. **61** Robert Musil, *Der Mann ohne Eigenschaften*, Reinbek bei Hamburg 1952, S. 198. Zur Bedeutung der Politik s. a. Sklar, *Corporate Reconstruction*, S. 13. **62** Seibold, *Röchling*, S. 157, 167–68. **63** Ebd., S. 159; sowie Stenographischer Bericht über die gestern Abend im Lokal «Zum Karlsberg» hierselbst stattgefundene öffentliche Hüttenarbeiter-Versammlung, einberufen von der christlichen Gewerkschaft, Völklingen, 3. Mai 1912, A 1590, Gemeinnützige Vereine, SAV. S. a. A 2397: Beobachtung von Sozialdemokraten und Anarchisten. Weitere Belege findet man in der umfangreichen Korrespondenz zwischen Hermann Röchling und der Stadtverwaltung von Völklingen im Stadtarchiv Völklingen. S. a. Kesternich, *Aufstieg*, S. 119–25. **64** Versammlung in Wehrden, Report, Völklingen, 5. Jan. 1912, S. 3, in: LRA SB 1751, RTW 1912, LAS; Abschrift eines Artikels im *Sächsischen Tageblatt* vom 15. Juni 1906, LRA SB 1750, RTW 1912, LAS; Brüggemeier et al., *Das Zeitalter der Kohle*, S. 166. **65** James Livingston, *Pragmatism and the Political Economy of Cultural Revolution, 1850–1940*, Chapel Hill (NC) 1994, S. 24–42; Beckert, *Monied Metropolis*, Kap. 4; Livingston, *Pragmatism and the Political Economy*, S. 39. **66** Nutzinger u. a., *50 Jahre Röchling Völklingen*, S. 10. **67** Mansel G. Blackford, *The Rise of Modern Business: Great Britain, the United States, Germany, Japan, and China*, Chapel Hill (NC) 2008, S. 133–35; Loren Brandt/Debin Ma/Thomas G. Rawski, «Industrialization in China», in: Kevin H. O'Rourke/Jeffrey G. Williamson (Hgg.), *The Spread of Modern Industry to the Periphery since 1871*, Oxford 2017, S. 205 f.; Aurora Gómez-Galvarriato/Graciela Márquez Colín, «Industrialization and Growth in Peru and Mexico, 1870–2000: A Long-Term Assessment», in: Brandt u. a., *Spread of Modern Industry*, S. 291 f.; Bishnupriya Gupta/Tirthankar Roy, «From Artisanal Production to Machine Tools: Industrialization in India over the Long Run», in: Brandt u. a., *Spread of Modern Industry*, S. 240; Xavier Duran/Aldo Musacchio/Gerardo della Paolera, «Industrial Growth in South America: Argentina, Brazil, Chile, and Colombia, 1890–2010», in: Brandt u. a., *Spread of Modern Industry*, S. 321 f.; Bouda Etemad/Jean Luciani, *World Energy Production, 1800–1985*, Genf 1991, S. 186; Giuntini, «Submarine Telegraphy», S. 240. Eine ausführliche Erörterung der von ihnen so genannten «großen Spezialisierung» findet man in der ausgezeichneten Darstellung von Ronald Findlay/Kevin H. O'Rourke, *Power and Plenty: Trade, War, and the World Economy in the Second Millennium*, Princeton 2007, Kap. 7. **68** Douglas E. Haynes, «Market Formation in Khandesh, 1820–1930», *Indian Economic and Social History Review* 36 (1999) 3, S. 294; *Asiatic Review* (1. Okt. 1914), S. 299–330; C. A. Bayly, *The Birth of the Modern World, 1780–1914*, Oxford 2004, S. 138; Dwijendra Tripathi, «An Echo Beyond the Horizon: The Effect of American Civil War on India», in: T. K. Ravindran (Hg.), *Journal of Indian History: Golden Jubilee Volume*, Trivandrum 1973, S. 660; Marika Vicziany, «Bombay Merchants and Structural Changes in the Export Community 1850 to 1880», in: K. N. Chaudhuri/Clive Dewey (Hgg.), *Economy and Society: Essays in Indian Economic and Social History*, Oxford 1979, S. 163–96; Marika Vicziany, «The Cotton Trade and the Commercial Development of Bombay, 1855–75», Diss. Universität London 1975, S. 170 f. **69** «Decolonizing the Mind: Response to Gurminder Bhambra, Annual Lecture for *The British Journal of Sociology*, ‹Relations of Extraction, Relations of Redistribution: Empire, Nation, and the construction of the British Welfare State›», *British Journal of Sociology* 73 (2022) 1, S. 16–22. **70** Die Zitate stammen in dieser Reihenfolge aus Fritz Stern, *Gold and Iron: Bismarck, Bleichröder, and the Building of the German Empire*, New York 1977, S. 189; Richard T. Ely, *An Introduction to Political Economy*, New York 1889, S. 22; *Revue mensuelle de la science économique et de la statistique* 55 (Juli-Sep. 1896), S. 202; Franz Xaver von Neumann-Spallart, *Übersichten der Weltwirtschaft*, Berlin 1885; Quinn Slobodian, «How to See the World Economy: Statistics, Maps, and Schumpeter's Camera in the First Age of Globalization», *JGH* 10 (2015), S. 310.

Kapitel 12: Neuordnung der Arbeit, 1870–1920

1 Firmin Lacpatia, *Les Indiens de La Reunion*, Sainte-Clotilde (La Réunion) 2009, S. 25. Alessandro Stanziani, «Travail, droits et immigration: Une comparaison entre l'île Maurice et l'île de La Réunion, années 1840–1880», *Le Mouvement Social* 241 (2012), S. 51. Zum ursprünglichen Zitat siehe Chef de Mission à La

Réunion au Ministre des Colonies, Saint-Denis, Brief vom 25. März 1907, in: Main d'œuvre: Madagascar et La Réunion, Recrutement de travailleurs dans l'Inde, dans l'Indo-Chine, dans la Chine, dans le Japon, Rapport Geismar, FM/7AFFECO/19, Travail, La Réunion, Recrutements, Extérieur, 1866–1939, Ministre des Colonies, ANOM. **2** Auguste Vinson, *De l'immigration indienne*, Typographie de Gabriel Lahuppe, Imprimeur du Gouvernement 1860, S. 10, in: Main d'œuvre: La Réunion, Recrutement de travailleurs en Indo-Chine, Java, Mozambique, FM/7AFFECO/19, Travail, La Réunion, Recrutements, Extérieur, 1866–1939, Ministre des Colonies, ANOM. S. a. Richard B. Allen, *European Slave Trading in the Indian Ocean, 1500–1850*, Athens (OH) 2014, S. 197. **3** «Mémoire des Propriétaires des Colonies sur l'Indemnité pour l'Émancipation des Esclaves», S. 4, «La Réunion», «Réponses relatives à la liquidation de l'indemnité», Fonds ministériels, K // 5, ANOM. **4** Mit Anmerkungen versehener Entwurf an die «Citoyens Représentants», in: «La Réunion», «Réponses relatives à la liquidation de l'indemnité», Fonds ministériels, K // 5, ANOM; «Rapport au Ministre», Directeur des Colonies [Name unleserlich], 6. Mai 1856, in: ebd. Zu den Diskussionen über die Höhe der Gelder, die französischen Sklavenhaltern zur Verfügung gestellt wurden, siehe Frédérique Beauvois, «Indemniser les planteurs pour abolir l'esclavage?», Diss. Université de Lausanne 2011, S. 261–67; «Rapport au Ministre, Directeur des Colonies [Name unleserlich], 6. Mai 1856, in: «La Réunion», «Réponses relatives à la liquidation de l'indemnité», Fonds ministériels, K // 5, ANOM. Vgl. auch Frédérique Beauvois, *Between Blood and Gold: The Debates over Compensation for Slavery in the Americas*, New York 2016, S. 206; «Mémoire des Propriétaires des Colonies sur l'Indemnité pour l'Émancipation des Esclaves», S. 8, 16, in: «La Réunion», «Réponses relatives à la liquidation de l'indemnité», Fonds ministériels, K // 5, ANOM; Ho Hai Quang, *Histoire économique de l'île de la Réunion (1849–1881): Engagisme, croissance et crise*, Paris 2004, S. 55. **5** «Note sur la reprise de l'immigration indienne présentée à Mr le Directeur Roume par le Syndicat des Producteurs de l'Ile de La Réunion», undatiert, Comité Central Français pour l'Outre-Mer, Réunion, 1894/1909, Fonds privés, 100APOM/, S. 529, ANOM. **6** Ebd. **7** Delabarre de Nanteuil, *Legislation de l'île de la Reunion (1861–1865)*, S. 311–12, zit. in Ho, *Histoire économique*, S. 141. **8** Ebd., S. 11, 21, 29, 61, 96, 155. Zur Anzahl der Sklavenbesitzer siehe Firmin Lacpatia, *Les Indiens de La Réunion*, Sainte-Clotilde 2009, S. 26; Virginie Chaillou-Atrous, «La reprise de l'immigration africaine à La Réunion à la fin du XIXème siècle: De la traite déguisée à l'engagement de travail libre», *French Colonial History* 16 (2016), S. 28; Ho, *Histoire économique*, S. 147 f. **9** «Rapport sur l'immigration indienne à la La Réunion, présenté à Monsieur le Ministre des Colonies par l'Union Coloniale Française [1907]», in: Main d'œuvre: La Réunion, Recrutement de travailleurs en Indo-Chine, Java, Mozambique, FM/7AFFECO/19, Travail, La Réunion, Recrutements, Extérieur, 1866–1939, Ministre des Colonies, ANOM. **10** Chef de Mission à La Reunion au Ministre des Colonies, Saint-Denis, Brief vom 25. März 1907, in: Main d'œuvre, Madagascar et La Réunion, Recrutement de travailleurs dans l'Inde, dans l'Indo-Chine, dans la Chine, dans le Japon / Rapport Geismar, FM/7AFFECO/19, Travail, La Réunion, Recrutements, Extérieur, 1866–1939, Ministre des Colonies, ANOM; Vinson, *De l'Immigration Indienne*, S. 4. Zur Untersuchung der Kolonialbeamten über die Auswirkungen der Emanzipation siehe z. B. «Indes occidentales anglaises, Faits commerciaux. No. 1», aus der Serie «Documens [sic] sur le commerce extérieur», Ministerium für Landwirtschaft und Handel, März/April 1848, «La Réunion», «Réponses relatives à la liquidation de l'indemnité», Fonds ministériels, K // 5, ANOM; Ho, *Histoire économique* S. 31, 33, 47; Stanziani, «Travail, droits et immigration», S. 54. **11** Die Plantagenbesitzer forderten neue Gesetze, die es ihnen ermöglichen würden, afrikanische Arbeiter vom Kontinent zu rekrutieren. Siehe Virginie Chaillou-Atrous, «Les engagés indiens et les engagés africains à la Réunion au XIXe siècle: Une histoire commune?», in: Eric Guerassimoff/ Issiaka Mandé (Hgg.), *Le travail colonial: Engagés et autres mains-d'œuvre migrantes dans les empires, 1850–1950*, Paris 2015, S. 197–229; Stanziani, «Travail, droits et immigration», S. 53; Ho, *Histoire économique*, S. 76–77, 83, 89, 90, 104; Chaillou-Atrous, «La reprise de l'immigration africaine», S. 29. **12** G. Imhans, Brief, London, 4. Juli 1860, abgedruckt in: Lacpatia, *Les Indiens de La Réunion*, S. 47. S. a. Chaillou-Atrous, «La reprise de l'immigration africaine», S. 29; «Règlements mis en vigueur à Bourbon, de 1826 à 1844, sur les introductions de travailleurs libres venant d'Asie», mit Anmerkungen, *Revue colonial*, 2. März 1845, in: Fonds ministériels, REU/406/3827, ANOM; «Copie de l'engagement pris à l'égard du Gouvernement de Bourbon, par 15 parias partis pour cette ile à bord de la Goëlette [?] de S. M. La Turquoise», undatiert, wahrscheinlich späte 1820er Jahre, in: ebd.; Bericht, Verfasser unleserlich, 10. Feb. 1829, Briefkopf des Ministeriums der Marine und der Kolonien, «Compte rendu de l'envoi à Bourbon de 15 engagés Parias, venant des Établissements français de l'Inde», in: ebd.; Allen, *European Slave Trading*, S. 197; A. Fitau, «Ile Bourbon», *Glaneur*, 6. April 1833, S. 1–3. **13** «Règlements mis en vigueur à Bourbon, de 1826 à 1844, sur les introductions de travailleurs libres venant d'Asie», mit Anmerkungen versehene *Revue Colonial*, 2. März 1845, S. 283, 287 in: Fonds ministériels, REU//, 406/, 3827/, ANOM; Stanziani, «Travail, droits et immigration», S. 52. **14** Note sur l'immigration malgache à la La Réunion, undatiert, unbekannter Verfasser (vermutlich 1920er Jahre), in: Main d'œuvre: Madagascar et La Réunion, Recrutement de travailleurs dans l'Inde, dans l'Indo-Chine, dans la Chine, dans le Japon / Rapport Geismar; FM/7AFFECO/19, Travail, Reuinion, Recruitments, Exterieur, 1866–1939, Ministre des Colonies, ANOM. **15** Zum ersten Zitat siehe Ho, *Histoire économique*, S. 259. Zum zweiten Zitat siehe den Bericht von M.

Saurin, Inspecteur adjoint des Colonies, über «la reprise de l'immigration indienne à La Réunion», März 1907, Main d'œuvre: Madagascar et La Réunion, Recrutement de travailleurs dans l'Inde, dans l'Indo-Chine, dans la Chine, dans le Japon / Rapport Geismar, FM/7AFFECO/19, Travail, La Réunion, Recrutements, Extérieur, 1866–1939, Ministre des Colonies, ANOM. S. a. Stanziani, «Travail, droits et immigration», S. 57. **16** Rachel Sturman, «Indian Indentured Labor and the History of International Rights Regimes», *AHR* 119 (2014) 5, S. 1458; Ho, *Histoire économique*, S. 255–57; Chaillou-Atrous, «La reprise de l'immigration africaine», S. 31. **17** Sturman, «Indian Indentured Labor», S. 1459, 1460. Eine Zusammenfassung der zahlreichen Beschwerden indischer Vertragsarbeiter an britische Konsularbehörden findet man in Sudel Fuma, *De l'Inde du sud à l'île de la Réunion: Les Réunionnais d'origine indienne d'après le Rapport Mackenzie*, Centre de Documentation et de Recherche en Histoire Régionale 1999, S. 143–48. **18** «Rapport sur la question de la main-d'œuvre et la reprise de l'immigration indienne présenté à la Chambre d'Agriculture au nom de sa commission», La Réunion, 1905, S. 5, 12; Main d'œuvre: Madagascar et La Réunion, Recrutement de travailleurs dans l'Inde, dans l'Indo-Chine, dans la Chine, dans le Japon / Rapport Geismar, FM/7AFFECO/19, Travail, La Réunion, Recrutements, Extérieur, 1866–1939, Ministre des Colonies, ANOM. A. Delahanty, «La questions des bras à l'Ile de La Réunion», April 1894, Comité Central Français pour l' Outre-Mer, Réunion, 1894/1909, Fonds privés, 100APOM/, S. 529, ANOM. Siehe auch «Rapport sur l'immigration indienne à La Réunion, présenté à Monsieur le Ministre des Colonies par l'Union Coloniale Française» (1907), in Main d'œuvre: La Réunion, Recrutement de travailleurs en Indo-Chine, Java, Mozambique, FM/7AFFECO/19, Travail, La Réunion, Recrutements, Extérieur, 1866–1939, Ministre des Colonies, ANOM. **19** Zum ersten Zitat siehe Arthur Girault, *Principes de colonisation et de législation coloniale*, Paris 1904, S. 128, zit. in: Chaillou-Atrous, «La reprise de l'immigration africaine», S. 36. Zum zweiten Zitat siehe C. Chatelain, «De l'immigration dans les colonies françaises en vue d'obtenir l'abolition graduelle de l'esclavage sur le continent», *Bulletin de la société des sciences et des arts de l'île de la Réunion* (1870), S. 24, zit. in Chaillou-Atrous, «La reprise de l'immigration africaine», S. 32, 37. S. a. «Rapport sur l'immigration indienne à La Réunion, présenté à Monsieur le Ministre des Colonies par l'Union Coloniale Française» (1907), in: Main d'œuvre: La Réunion, Recrutement de travailleurs en Indo-Chine, Java, Mozambique, FM/7AFFECO/19, Travail, La Réunion, Recrutements, Extérieur, 1866–1939, Ministre des Colonies, ANOM. **20** Zum Zitat siehe Chatelain, «De l'immigration dans les colonies françaises», S. 7, zit. in Chaillou-Atrous, «La reprise de l'immigration africaine», S. 30, 33, 38. **21** Ebd., S. 35. Zu den Verteilungen siehe Main-d'œuvre Antandroy à La Réunion –» Anzahl der malagassischen Arbeitskräfte pro Besitzer», in: Main d'œuvre: Madagascar et La Réunion, Recrutement de travailleurs dans l'Inde, dans l'Indo-Chine, dans la Chine, dans le Japon / Rapport Geismar, FM/7AFFECO/19, Travail, La Réunion, Recrutements, Extérieur, 1866–1939, Ministre des Colonies, ANOM. Siehe auch «Main d'œuvre Antandroy à La Réunion: Rapport», Administrateur en Chef Bereni à Monsieur le Gouverneur Général de Madagascar et Dépendances, 20. Dez. 1924, S. 6, in: ebd. **22** «Main d'œuvre Antandroy à La Réunion: Rapport», Administrateur en Chef Bereni à Monsieur le Gouverneur Général de Madagascar et Dépendances, 20. Dez. 1924, S. 6, in: ebd.; «Main-d'œuvre Antandroy à La Réunion: État nominatif des décès», 1922–1924, in: ebd. **23** Notes de tournées, undatiert, unbekannter Verfasser, aber vermutlich frühe 1920er Jahre, S. 3 f., 10, 14–18, in: Main d'œuvre: Madagascar et La Réunion, Recrutement de travailleurs dans l'Inde, dans l'Indo-Chine, dans la Chine, dans le Japon / Rapport Geismar, FM/7AFFECO/19, Travail, La Réunion, Recrutements, Extérieur, 1866–1939, Ministre des Colonies, ANOM. **24** Zum Zitat siehe Notes de tournées, undatiert, unbekannter Verfasser, aber frühe 1920er Jahre, S. 28, in: ebd. **25** Note sur l'immigration malgache à La Réunion, undatiert, unbekannter Verfasser, vermutlich 1920er Jahre, in: ebd. **26** *Journal de la Guadeloupe*, 7. Feb. 1849, S. 1. **27** Zu den Zahlen zum Arbeitskräftemangel siehe Allen, *European Slave Trading*, S. 195. Vgl. auch «Rapport sur la question de la main d'œuvre et la reprise de l'immigration indienne présenté à la Chambre d'Agriculture au nom de sa commission», La Réunion, 1905, S. 4; Main d'œuvre: Madagascar et La Réunion, Recrutement de travailleurs dans l'Inde, dans l'Indo-Chine, dans la Chine, dans le Japon / Rapport Geismar; FM/7AFFECO/19, Travail, La Réunion, Recrutements, Extérieur, 1866–1939, Ministre des Colonies, ANOM; «Rapport sur l'immigration indienne à La Réunion, présenté à Monsieur le Ministre des Colonies par l'Union Coloniale Française» (1907), in: ebd.; Main d'œuvre: La Réunion, Recrutement de travailleurs en Indo-Chine, Java, Mozambique, FM/7AFFECO/19, Travail, La Réunion, Recrutements, Extérieur, 1866–1939, Ministre des Colonies, Brief des Chef de Mission à La Réunion au Ministre de Colonies, Saint-Denis, 25. März 1907, in Main d'œuvre: Madagascar et La Réunion, Recrutement de travailleurs dans l'Inde, dans l'Indo-Chine, dans la Chine, dans le Japon / Rapport Geismar, FM/7AFFECO/19, Travail, La Réunion, Recrutements, Extérieur, 1866–1939, Ministre des Colonies, ANOM; Philidor Payet an Saurin, Inspecteur des Colonies, Deux Rives, Brief vom 2. Feb. 1907, in: ebd.; und Ho, *Histoire économique*, S. 7. **28** «Président du Syndicat Central Agricole à Monsieur Chailley Bert, Secrétaire Général de l'Union Coloniale Française», Brief vom 21. Jan. 1896, Comité Central Français pour l'Outre-Mer, Réunion, 1894/1909, Fonds privés, 100APOM/, S. 529, ANOM; «Rapport sur la question de la main-d'œuvre et la reprise de l'immigration indienne présenté à la Chambre d'Agriculture au nom de sa commission», La Réunion, 1905, S. 30; Main d'œuvre: Madagascar et La Réunion, Recrutement de travailleurs dans l'Inde, dans l'Indo-Chine, dans la Chine, dans le Japon / Rapport Geismar, FM/7AFFECO/19, Travail, La Réunion, Recrutements, Extérieur, 1866–1939, Ministre des Colonies, ANOM; «Rapport sur la question de la main d'œuvre et la reprise de l'immigration indienne présenté à la Chambre d'Agriculture au nom de sa commission», La Réunion, 1905, S. 32–35; Main d'œuvre: Madagascar et La Réunion, Recrutement de travailleurs dans l'Inde, dans l'Indo-Chine, dans la Chine, dans le Japon / Rapport Geismar, FM/7AFFECO/19, Travail, La Réunion, Recrutements, Extérieur, 1866–1939, Ministre des Colonies, ANOM. Zum Zitat «profonde détresse» siehe «Rapport sur l'immigration indienne à la La Réunion, présenté à Monsieur le Ministre des Colonies par l'Union Coloniale Française» (1907), in Main d'œuvre: La Réunion, Recrutement de travailleurs en Indo-Chine, Java, Mozambique, FM/7AFFECO/19, Travail, La Réunion, Recrutements, Extérieur, 1866–1939, Ministre des Colonies, ANOM; «Rapport sur l'immigration indienne à La Réunion, présenté à Monsieur le Ministre des Colonies par l'Union Coloniale Française» (1907), in Main d'œuvre: La Réunion, Recrutement de travailleurs en Indo-Chine, Java, Mozambique, FM/7AFFECO/19, Travail, La Réunion, Recrutements, Extérieur, 1866–1939, Ministre des Colonies, ANOM. S. a. «La Réunion a reçu des offres d'Indochine», *La Presse Coloniale*, 17. März 1926. Diese umfangreichen Aufzeichnungen sind zu finden in Comité Central Français pour l' Outre-Mer, Réunion, 1894/1909, Fonds privés, 100APOM/, S. 529, ANOM. Für einen Bericht über ein Schiff, das bereits 1827 Arbeiter von Java nach La Réunion transportierte, siehe Allen, *European Slave*, S. 179. «Règlements mis en vigueur à Bourbon, de 1826 à 1844, sur les introductions de travailleurs libres venant d'Asie, mit Anmerkungen versehene *Revue Colonial*, 2. März 1845, oben auf der ersten Seite, S. 291, in Fonds ministériels, REU//, 406/, 3827/, ANOM. **29** «Chef de Mission à la Réunion au Ministre des Colonies, Saint-Denis», Brief vom 25. März 1907, in Main d'œuvre: Madagascar et La Réunion, Recrutement de travailleurs dans l'Inde, dans l'Indo-Chine, dans la Chine, dans le Japon / Rapport Geismar, FM/7AFFECO/19, Travail, La Réunion, Recrutements, Extérieur, 1866–1939, Ministre des Colonies, ANOM; «Président du Syndicat Central Agricole to Monsieur Chailley Bert, Secrétaire Général de l'Union Coloniale Française», Brief vom 21. Jan. 1896, Comité Central Français pour l'Outre-Mer, Réunion, 1894/1909, Fonds privés, 100APOM/, S. 529, ANOM; Außenminister an den Kolonialminister, Brief vom 31. Juli 1921, in «Recrutement de main-d'œuvre en Égypte pour Madagascar», FM/7AFFECO/19, Travail, La Réunion, Recrutements, Extérieur, 1866–1939, Ministre des Colonies, ANOM; Lapalaud an «Colonies. Paris», Telegramm vom 31. Jan. 1924, in Main d'œuvre: Madagascar et La Réunion, Recrutement de travailleurs dans l'Inde, dans l'Indo-Chine, dans la Chine, dans le Japon / Rapport Geismar, FM/7AFFECO/19, Travail, La Réunion, Recrutements, Extérieur, 1866–1939, Ministre des Colonies, ANOM; J. Repiquet, Gouverneur von La Réunion, an den Generalgouverneur von Niederländisch-Indien, Brief vom 15. April 1926, und Gouverneur von La Réunion an den Kolonialminister, Brief vom 30. März 1926, beide in Main d'œuvre: La Réunion, Recrutement de travailleurs en Indo-Chine, Java, Mozambique, FM/7AFFECO/19, Travail, La Réunion, Recrutements, Extérieur, 1866–1939, Ministre des Colonies, ANOM; Brief des Kolonialministers an den Außenminister vom 18. Feb. 1927, in Main d'œuvre: Madagascar et La Réunion, Recrutement de travailleurs dans l'Inde, dans l'Indo-Chine, dans la Chine, dans le Japon / Rapport Geismar, FM/7AFFECO/19, Travail, La Réunion, Recrutements, Extérieur, 1866–1939, Ministre des Colonies, ANOM. **30** «La isla de Cuba», *La Tribuna*, 18. April 1883, S. 402. **31** See ANOM, Généralités, 127/1105, 15. Dez. 1873. **32** *Times* (London), 13. April 1850, S. 5. Vgl. auch «The Future of the West Indies», *Spectator*, 12. Feb. 1848, S. 152. **33** Für die Diskussion über die Rekrutierung von Arbeitskräften nach der Abschaffung der Sklaverei siehe z. B. Herman Merivale, *Lectures on Colonization and Colonies, Delivered Before the University of Oxford in 1839, 1840 & 1841*, London 1861; Nachdruck: Oxford 1928; C. F. van Delden Laërne, *Brazil and Java: Report on Coffee-Culture in America, Asia and Africa*, London/Den Haag 1885, S. 215. **34** Ebd., S. 372. **35** Thomas Holt, *The Problem of Freedom: Race, Labor, and Politics in Jamaica and Britain, 1832–1938*, Baltimore (MY) 1992, S. 49, 69, 144, 146, 156. S. a. Merivale, *Lectures on Colonization and Colonies*, S. 315. **36** Ebd., S. 310. **37** Claudia Leal, *Landscapes of Freedom: Building a Postemancipation Society in the Rainforests of Western Colombia*, Tucson (AZ) 2018, S. 62. **38** «West India Mail», *Economist*, 5. Feb. 1848. **39** Brief von M. de la Motte Saint-Pierre an den Generalgouverneur von Madagaskar Olivier, 6. März 1926, in Main d'œuvre: Madagascar et La Réunion, Recrutement de travailleurs dans l'Inde, dans l'Indo-Chine, dans la Chine, dans le Japon / Rapport Geismar, FM/7AFFECO/19, Travail, La Réunion, Recrutements, Extérieur, 1866–1939, Ministre des Colonies, ANOM. **40** «La Main-d'œuvre à la Réunion», *Le Temps*, 7. Nov. 1899. **41** Commission du Régime du Travail aux Colonies, Séance du 29 novembre 1873, Séance du 8 décembre 1873, Séance du 15 décembre 1873, Séance du 16 mars 1874, Séance du 19 mai 1874, Procès-Verbal, in: Généralités 127/1105, ANOM. **42** Zit. in Carolyn Fick, «Emancipation in Haiti: From Plantation Labour to Peasant Proprietorship», *Slavery and Abolition* 21 (2000) 2, S. 24 f. **43** Fick, «Emancipation in Haiti», S. 22, 32, 209; Michel-Rolph Trouillot, *Haiti: State Against Nation*, New York 1990, S. 72. **44** Siehe u. a. Ulbe Bosma, *The World of Sugar: How the Sweet Stuff Transformed Our Politics, Health, and Environment over 2000 Years*, Cambridge (MA) 2023; Corey Ross, *Ecology and Power in the Age of Empire: Europe and the Transformation of the Tropical World*, Oxford 2017; Tomás Bartoletti, «The Transimperial Emergence of Pest Control Research: Economic Entomology between Europe and the Tropical World, c. 1890–1930», *Comparativ:*

Zeitschrift für Globalgeschichte und vergleichende Gesellschaftsforschung 32 (2023) 6, S. 704–25; Sven Beckert, *King Cotton: Eine Geschichte des globalen Kapitalismus*, München 2014. **45** «Culture du coton au Senegal, 1900/1924», S. 12, Serie R, Agriculture, Culture du Coton, 1889–1943, 1R/00035, ANS; Kumari Jayawardena/Rachel Kurian, *Class, Patriarchy and Ethnicity on Sri Lankan Plantations: Two Centuries of Power and Protest*, Neu-Delhi 2015, S. 2; Roberto Saba, *American Mirror: The United States and Brazil in the Age of Emancipation*, Princeton 2021, S. 132. **46** Tithi Bhattacharya, «Sacred Thirst: Producing Tea, Producing People in Colonial Bengal», unveröffentlichter Beitrag, Harvard University 2019; Brian Mitchell (Hg.), *International Historical Statistics, 1750–2010*, Basingstoke 2013, S. 482, 510, 535, 538; *Statistisches Handbuch für das Deutsche Reich*, Teil 2, Berlin 1907, S. 249; *Statistisches Handbuch für das Deutsche Reich*, Bd. 32, Berlin 1911, S. 234; Mitchell, *International Historical Statistics*, S. 456; J. A. Mollett, *Capital in Hawaiian Sugar: Its Formation and Relation to Labor and Output, 1870–1957*, Honolulu 1961, S. 13; Augustine Sedgewick, *Coffeeland: One Man's Dark Empire and the Making of Our Favorite Drink*, New York 2020, S. 171. **47** Zum ursprünglichen Zitat siehe «Une politique d'immigration à Madagascar», *La Dépêche*, 3. Juni 1926. Ähnlich der Brief des Generalgouverneurs von Madagaskar an den Kolonialminister vom 13. März 1926, in: Main d'œuvre: Madagascar et La Réunion, Recrutement de travailleurs dans l'Inde, dans l'Indo-Chine, dans la Chine, dans le Japon / Rapport Geismar, FM/7AFFECO/19, Travail, La Réunion, Recrutements, Extérieur, 1866–1939, Ministre des Colonies, ANOM. **48** Brief des Gouverneurs von La Réunion an den Kolonialminister vom 12. Mai 1923, in: ebd. Brief des Gouverneurs von La Réunion an den Kolonialminister vom 29. März 1925, in Main d'œuvre: La Réunion, Recrutement de travailleurs en Indo-Chine, Java, Mozambique, FM/7AFFECO/19, Travail, La Réunion, Recrutements, Extérieur, 1866–1939, Ministre des Colonies, ANOM; M. Pasquier, Generalgouverneur von Indochina, an den Kolonialminister, Brief vom 30. April 1927, in Main d'œuvre: Madagascar et La Réunion, Recrutement de travailleurs dans l'Inde, dans l'Indo-Chine, dans la Chine, dans le Japon / Rapport Geismar, FM/7AFFECO/19, Travail, La Réunion, Recrutements, Extérieur, 1866–1939, Ministre des Colonies, ANOM; Chaillou-Atrous, «La reprise de l'immigration africaine», S. 35. **49** Eric Foner, *Reconstruction: America's Unfinished Revolution, 1863–1877*, New York 1989. Zur Abhängigkeit der Sklaverei von staatlicher Unterstützung s. a. Barbara Jeanne Fields, «The Advent of Capitalist Agriculture: The New South in a Bourgeois World», in: Thavolia Glymph u. a. (Hgg.), *Essays on the Postbellum Southern Economy*, College Station (TX) 1985, Bd. 18, S. 80. Die Bedeutung der Unterscheidung zwischen verschiedenen Formen unfreier Arbeit und Sklaverei wird auch betont von Marcel van der Linden/Magaly Rodríguez García (Hgg.) in ihrer Einleitung zu *On Coerced Labor: Work and Compulsion After Chattel Slavery*, Leiden 2016, S. 3. **50** Ebd., S. 1. Für eine Fallstudie, die diese Diversität demonstriert, siehe Pablo F. Luna, «Capitalisme et relations de travail dans les haciendas du monde andin», *Études rurales* (2020) 205, S. 116–39; Carlos Aguirre, *Breve historia de la esclavitud en el Perú: Una herida que no deja de sangrar*, Lima 2005, S. 179. Zur Mandschurei siehe Rachel Steely, «Invisible Giant: The Global Rise of Soy in the Twentieth Century», Diss. Harvard University 2022, Kap. 3. **51** Der Einfluss von lokalen Umständen auf die Diversität der Arbeitswelt wird aufgezeigt bspw. von Guerassimoff/Mandé, *Le travail colonial.* Zur kongolesischen Seite des Kiwusees siehe Sven Van Melkebeke, «Divergence in Rural Development: The Curious Case of Coffee Production in the Lake Kivu Region», *African Economic History* 46 (2018) 2, S. 117, 122–124. **52** Eric Foner, *Nothing but Freedom: Emancipation and Its Legacy*, Baton Rouge (LA) 2007; Note de l'Ambassade d'Espagne à Paris, 994/Gen 117/474, Fonds Ministérielle, ANOM; und «Le coton soudanais, production – outillage – colonisation, rapport», chap. 2, 58, in: série R, Agriculture, Culture du Coton, 1889–1943, 1R/00035, ANS. Siehe bspw. «Colonie du Niger, les irrigations du Niger et la culture cotonnière au Soudan, octobre 1921», in: ebd.; Le Consul de France à Bombay à son Exc. Monsieur le Ministre des Affaires Étrangères, Paris, 25. Jan. 1905, und die Unterlagen in Culture Cotonnière dans les Colonies Allemandes, in: «Grande Bretagne et des Colonies Affaires», Commerciales, série A, carton 14, direction des consulats, commerce, 1902–1906, in: Centre des Archives diplomatiques de La Courneuve, Paris; Marta Macedo, «Standard Cocoa: Trans-Imperial Plantations and the Making of the Global World», unveröffentlichter Beitrag, Global History of Colonialism Conference, University of Delhi 2016, S. 7. **53** Jayawardena/Kurian, *Class, Patriarchy and Ethnicity on Sri Lankan Plantations*, S. 36, 39. Zur Gewalt gegen Arbeiter auf Deutsch-Samoa siehe Holger Droessler, «Islands of Labor: Community, Conflict, and Resistance in Colonial Samoa, 1889–1919», Diss. Harvard University 2015, S. 104; Allen, *European Slave Trading*, S. 178, 180, 182; Alessandro Stanziani, «L'immigration indentured à l'île Maurice, 1840–1870: Conditions, abus et résistance», *Afriques* 6 (2015), S. 1. Eine Analyse der öffentlichen Debatte über die Vertragsarbeit bieten Jonathan Connolly, «Indentured Labour Migration and the Meaning of Emancipation: Free Trade, Race, and Labour in British Public Debate, 1838–1860», *Past & Present* 238 (2018), S. 85–119; Allen, *European Slave Trading*, S. 194; Stanziani, «L'immigration indentured à l'île Maurice», S. 3; Sturman, «Indian Indentured Labor», S. 1441; Laird Bergad, *Cuban Rural Society in the Nineteenth Century: The Social and Economic History of Monoculture in Matanzas*, Princeton 1990, S. 249; Rebecca Scott, *Slave Emancipation in Cuba: The Transition to Free Labour, 1860–1899*, Pittsburgh 1985, S. 91; Droessler, «Islands of Labor», S. 6, 84; Ritesh Kumar Jaiswal, «Ephemeral Mobility: Critical Appraisals of the Facets of Indian Migration and the Maistry Mediations in Burma (c. 1880–1940)», *Almanack* 19 (2018),

S. 43. **54** Sturman, «Indian Indentured Labor», S. 1439–465; Allen, *European Slave Trading*, S. 194; S. D. Chapman, *Merchant Enterprise in Britain: From the Industrial Revolution to World War I*, Cambridge 1992; und W. Kloosterboer, *Involuntary Labour Since the Abolition of Slavery: A Survey of Compulsory Labour Throughout the World*, Leiden 1960, S. 33. Die Zahlen für Java betreffen die Jahre 1890–1929. Siehe ebd., S. 33. **55** Rachel Kurian, «Labor, Race, and Gender on the Coffee Plantations in Ceylon (Sri Lanka), 1834–1880», in: William Gervase Clarence-Smith/Steven Topik (Hgg.), *The Global Coffee Economy in Africa, Asia, and Latin America, 1500–1989*, Cambridge 2003, S. 174; Jayawardena/Kurian, *Class, Patriarchy and Ethnicity on Sri Lankan Plantations*, S. 25. **56** Siehe den Eintrag vom 7. Feb. 1897 mit dem Protokoll der Direktorenbesprechung, GB 248 UGD 091/2/6/1, 5. Aug. 1896–29. Juli 1902, Finlay Papers, UGA; Kurian, «Labor, Race, and Gender on the Coffee Plantations», S. 177; Jayawardena/Kurian, *Class, Patriarchy and Ethnicity on Sri Lankan Plantations*, S. 8. **57** Berichte und Abrechnungen der Consolidated Tea & Lands Co. Ltd., GB 248 UGD 091/8/3/1/1, 1896–1900; Protokoll der Direktorenbesprechung, GB 248 UGD 091/2/6/1, 5. Aug. 1896–29. Juli 1902, Finlay Papers; Jayawardena/Kurian, *Class, Patriarchy and Ethnicity on Sri Lankan Plantations*, S. 27. Ausführliche Analysen des Assam-Prozesses bieten Nitin Varma, *Coolies of Capitalism: Assam Tea and the Making of Coolie Labour*, Berlin/Boston 2017; Tithi Bhattacharya, «Sacred Thirst»; Jaiswal, «Ephemeral Mobility», insb. S. 45, 49, 51, 70; Droessler, «Islands of Labor», S. 49 f. **58** Jaiswal, «Ephemeral Mobility», S. 63. Zu Assam s. a. Varma, *Coolies of Capitalism*, S. 23. **59** Zit. in Kloosterboer, *Involuntary Labour Since the Abolition of Slavery*, S. 36. S. a. Alessandro Stanziani, *Labor on the Fringes of Empire: Voice, Exit and the Law*, New York 2018, S. 219. **60** Stanziani, «Travail, droits et immigration», S. 50; Kloosterboer, *Involuntary Labour Since the Abolition of Slavery*, S. 34. Die Geschichte des indischen Vertragsarbeiters, der sich um gesetzliche Hilfe bemüht, wird erzählt in Stanziani, *Labor on the Fringes of Empire*, S. 1; Varma, *Coolies of Capitalism*, S. 52, 109; Stanziani, *Labor on the Fringes of Empire*, S. 3; ders., «L'immigration indentured à l'île Maurice», S. 18. **61** Sturman, «Indian Indentured Labor», S. 1463. **62** Mahatma Gandhi, «Petition to Natal Legislative Assembly (Durban, Before May 5, 1895)», in: *The Collected Works of Mahatma Gandhi*, Bd. 1, 2. Aufl. (Publications Division, Ministry of Information and Broadcasting, Govt. of India, 1969), S. 231. **63** Mahatma Gandhi, «Indian Opinion (18. Jan. 1913)», in: *The Collected Works of Mahatma Gandhi*, Bd. 11 (Publications Division, Ministry of Information and Broadcasting, Govt. of India, 1969), S. 438. Zu einem anderen indischen Nationalisten, der gegen Vertragsarbeit protestiert, siehe Gopal Krishna Gokhale/G. A. Natesan (Hg.), *Speeches of Gopal Krishna Gokhale*, Madras 1916, S. 511. **64** Zum größeren Zusammenhang siehe Foner, *Reconstruction*. **65** Ebd.; Steven Hahn, «Class and Society in Postemancipation Societies: Southern Planters in Comparative Perspective», *AHR* 95 (1990), S. 75–98; Rafael Marquese, «The Legacies of Slavery: The Cotton and Coffee Economies of the United States and Brazil During Reconstruction, 1865–1904», in: William A. Link (Hg.), *United States Reconstruction Across the Americas*, Gainesville (FL) 2019, S. 28; Foner, *Reconstruction*; Fields, «Advent of Capitalist Agriculture», S. 87; Bergad, *Cuban Rural Society in the Nineteenth Century*, S. 249, 254, 257; Rebecca Scott, *Slave Emancipation in Cuba: The Transition to Free Labour, 1860–1899*, Pittsburgh 1985, S. 91, 139, 191; Gillian McGillivray, *Blazing Cane: Sugar Communities, Class, and State Formation in Cuba, 1868–1959*, Durham (NC) 2009, S. 2, 31; Mark Cohen, «Reforming States, Agricultural Transformation, and Economic Development in Russia and Japan, 1853–1913», *Comparative Studies in Society and History* 60 (2018) 3, S. 25–34. Zum östlichen Mittelmeerraum siehe Kristen Alff, «The Business of Property Levantine Joint-Stock Companies and Nineteenth-Century Global Capitalism», *Enterprise & Society* 21 (2020) 4, S. 853–65. **66** Siehe Foner, *Free Soil, Free Labor, Free Men: The Ideology of the Republican Party Before the Civil War*, Oxford 1970. S. a. Sven Beckert, *The Monied Metropolis: New York City and the Consolidation of the American Bourgeoisie, 1850–1896*, Cambridge (MA) 2001. **67** Bezüglich der Philippinen wird so auch argumentiert von Justin F. Jackson, «‹A Military Necessity Which Must Be Pressed›: The US Army and Forced Road Labor in the Early American Colonial Philippines», in: Van Der Linden/García, *On Coerced Labor*, S. 137. **68** Kelly Stauter-Halsted, *The Nation in the Village: The Genesis of Peasant National Identity in Austrian Poland, 1848–1914*, Ithaca (NY) 2001, S. 21 f. **69** Zit. in Everett Wilson, «Crisis of National Integration in El Salvador, 1919–1935», Diss. Stanford University 1969, S. 122. **70** Kloosterboer, *Involuntary Labour Since the Abolition of Slavery*, S. 24, 44; Sedgewick, *Coffeeland*, S. 43–44; Bureau of the American Republics, zit. in: Sedgewick, *Coffeeland*, S. 69–71, 141, 159, 160. **71** Rafael Marquese, «Capitalism, Slavery, and the Brazilian Coffee Economy in the Long Nineteenth Century», Beitrag im Rahmen von New Perspectives on the Life and Work of Eric Williams, Oxford University 2011, S. 32. **72** Marquese, «Capitalism, Slavery, and the Brazilian Coffee Economy», S. 29. **73** Ders., «Legacies of Slavery», S. 11–46; Kevin H. O'Rourke, «The European Grain Invasion, 1870–1913», *JEH* 57 (1997), S. 775–801. Zur Kontrolle der Regierung durch die brasilianischen Kaffeebarone siehe Marquese, «Legacies of Slavery», S. 11–46; Ders., «Capitalism, Slavery, and the Brazilian Coffee Economy», S. 30; Warren Dean, *Rio Claro: A Brazilian Plantation System, 1820–1920*, Stanford UP 1976, S. 157, 158. **74** Jan Breman, *Labour Migration and Rural Transformation in Colonial Asia*, Amsterdam 1990, S. 69. **75** Drax Hall, Mietbücher, 1847–1850, Z9/4/1, BNA. **76** Ein Vertreter der indischen Regierung, 1931, zit. in: Jayawardena/Kurian, *Class, Patriarchy and Ethnicity on Sri Lankan Plantations*, S. 45. **77** Ebd., S. 43 f., 48, 60; Stanziani, «L'immigration indentured à l'île Maurice», S. 6; Kloosterboer, *Invo-*

luntary Labour Since the Abolition of Slavery, S. 37. Unter Wissenschaftlern ist umstritten, ob es sich hierbei um eine neue Form der Sklaverei oder um die Entstehung freier Vertragsarbeit handelte. Siehe Stanziani, «Travail, droits et immigration», S. 47–8; Jaiswal, «Ephemeral Mobility», S. 59. **78** Che Rawick/Jules Rawick, *The American Slave: A Composite Autobiography*, Bd. 11, Westport (CT) 1972, S. 117. **79** Foner, *Reconstruction*. **80** *Progressive Farmer*, 1904, zit. in: Aaron Carico, «Freedom as Accumulation», *History of the Present* 6 (2016) 1, S. 9. **81** Sarah Washbrook, «Agrarian Modernisation in Chiapas, Mexico: Reform, Resistance, and Revolution, 1876–1911», in: Joe Regan/Cathal Smith (Hgg.), *Agrarian Reform and Resistance in an Age of Globalisation: The Euro-American World and Beyond, 1780–1914*, London 2018, S. 52; Washbrook, «Agrarian Modernisation in Chiapas», S. 48. **82** Zu den Kakaobauern in Ghana siehe den ausgezeichneten Beitrag von Corey Ross, «The Plantation Paradigm: Colonial Agronomy, African Farmers, and the Global Cocoa Boom, 1870–1940s», *JGH* 9 (2014) 1, S. 49–71, insb. S. 59. Die Zahlen über die Erdnussfarmer stammen alle aus Tariq Omar Ali, *A Local History of Global Capital: Jute & Peasant Life in the Bengal Delta*, Princeton 2018, S. 3 f.; Beckert, *Empire of Cotton*; Basma Fahoum, «Tobacco Cultivation in Mandatory Palestine: Zionist Farmers, Palestinian Peasants and Global Capitalism», unveröffentlichter Beitrag, Capitalism in the Countryside Conference, Harvard University 2017; Ali, *Local History of Global Capital*, S. 1 f., 5 f., 9, 11, 21 f., 28, 30. **83** Das Zitat stammt aus Claude Markovits, «The Political Economy of Opium Smuggling in Early Nineteenth Century India: Leakage or Resistance?», *Modern Asian Studies* 43 (2009) 1, S. 89–111, hier 89. **84** Prägnante Zusammenfassungen zahlreicher Studien zum Einbruch der Rohstoffpreise findet man in Fields, «Advent of Capitalist Agriculture», S. 83; Ali, *Local History of Global Capital*, S. 31 f. **85** «Rapport sur le coton Haut Sénégal, Niger, 1910», S. 15, in: Série R, Agriculture, Culture du Coton, 1889–1943, 1R/00035, ANS. Siehe bspw. «Colonie du Niger, les irrigation du Niger et la culture cotonnière au Soudan, octobre 1921», «Dossier pour le coton du Niger, 1903» u. «Le coton soudanais, production – outillage – colonisation, rapport», alle in: Série R, Agriculture, Culture du Coton, 1889–1943, 1R/00035, ANS. Zu dieser Dringlichkeit s. a. «Circulaire sur la production du Coton au A. O.F, 1924» u. «Circulaire sur les essai de culture du coton, 1899/1904», beide in: ebd. S. a. «Rapport sur le coton Haut Sénégal, Niger, 1910», S. 1, in: ebd.; Sven Beckert, «From Tuskegee to Togo: The Problem of Freedom in the Empire of Cotton», *Journal of American History* 92, Nr. 2, S. 498–526; «Le coton soudanais, production – outillage – colonisation, rapport», S. 8–9, Série R, Agriculture, Culture du Coton, 1889–1943, 1R/00035, ANS; Affaires commerciales, Série A, box 14, direction des consulats, commerce, 1902–1906, im Centre des Archives Diplomatiques de La Courneuve, Paris. Konsultiert wurden u. a. die Unterlagen von Industrie du Coton, Voyage d'Étude en Algérie, Cotons, Grande Bretagne, Colonies, Culture Cotonnière dans les Colonies Allemandes. **86** «Rapport sur le coton Haut Sénégal, Niger, 1910», S. 3, 5, in: Série R, Agriculture, Culture du Coton, 1889–1943, 1R/00035, ANS; «Culture du Coton au Senegal, 1900/1924», S. 36, in: ebd. **87** «Rapport sur le coton Haut Senegal, Niger, 1910», S. 4, 8; Brief des Gouverneur General de l'Afrique Occidentale Française an Monsieur le Lieutenant-Gouverneur du Haut Senegal & Niger, Dakar, 21. Nov. 1905; Gouvernement General de Afrique Occidental Française, Haut Senegal et Niger, Service de l'Agriculture, «Rapport sur les essais cotonniers faits en 1905 dans la colonie du Haut Sénégal et Niger»; «Culture du Coton au Sénégal, 1900/1924», S. 21; «Rapport sur le coton Haut Sénégal, Niger, 1910», S. 4, 13; «Le coton soudanais, production – outillage – colonisation, rapport», S. 10; «Culture du coton au Senegal, 1900/1924», S. 22–23, alle in: Série R, Agriculture, Culture du Coton, 1889–1943, 1R/00035, ANS. **88** «Colonie du Niger, les irrigations du Niger et la culture cotonnière au Soudan, octobre 1921», in: Série R, Agriculture, Culture du Coton, 1889–1943, 1R/00035, ANS. **89** «Rapport sur le coton Haut Sénégal, Niger, 1910», S. 15, in: Série R, Agriculture, Culture du Coton, 1889–1943, 1R/00035, ANS. **90** Ebd., S. 10. **91** Ebd., S. 14. **92** «Le coton soudanais, production – outillage – colonisation, rapport», S. 11, in: Série R, Agriculture, Culture du Coton, 1889–1943, 1R/00035, ANS. **93** «Rapport sur le coton Haut Sénégal, Niger, 1910», S. 9, in: Série R, Agriculture, Culture du Coton, 1889–1943, 1R/00035, ANS; und «Le coton soudanais, production – outillage – colonisation, rapport», S. 41, in: Série R, Agriculture, Culture du Coton, 1889–1943, 1R/00035, ANS. **94** Ebd., S. 11. **95** Ebd., S. 42. **96** Ebd., S. 41. **97** Ebd., S. 20; «Colonie du Niger, les irrigations du Niger et la culture cotonnière au Soudan, octobre 1921», in: Série R, Agriculture, Culture du Coton, 1889–1943, 1R/00035, ANS; Droessler, «Islands of Labor», S. 57; Kloosterboer, *Involuntary Labour Since the Abolition of Slavery*, S. 24. **98** Zit. ebd., S. 24. **99** «Le coton soudanais, production – outillage – colonisation, rapport», S. 43, in: Série R, Agriculture, Culture du Coton, 1889–1943, 1R/00035, ANS. **100** Ebd., Kap. 2, S. 42. **101** Zu einem von vielen Beispielen für die extreme Rassifizierung von Arbeitern siehe Issiaka Mandé, «La déraison de la république impériale française en Afrique de l'ouest: Le travail forcé et les villages de colonisation Mossi en Côte d'Ivoire», in: Eric Guerassimoff/Issiaka Mandé (Hgg.), *Le travail colonial: Engagés et autres mains-d'œuvre migrantes dans les empires, 1850–1950*, Paris 2015, S. 121–40. S. a. Fernand Braudel, *Die Dynamik des Kapitalismus*, Stuttgart 1986; W. E. B. DuBois, *On Sociology and the Black Community*, Chicago 1980, S. 16; Adom Getachew, *Worldmaking After Empire: The Rise and Fall of Self-Determination*, Princeton 2020, S. 2, 20; Frederick Cooper, «States, Empire, and Political Imagination», in: Ders., *Colonialism in Question: Theory, Knowledge, History*, Berkeley 2005, S. 172; Joel Beinin, Einleitung, in: Ders./Bassam Haddad/Sherene Seikaly (Hgg.), *A Critical Political Economy of the*

Middle East and North Africa, Stanford UP 2021, S. 3; Tâmis Parron, «Capital e raça: Os segredos por trás dos nomes» [Kapital und Rasse: Die Geheimnisse hinter den Namen], *Revista Rosa* 2 (2020) 3, url: https://revistarosa.com/2/capital-e-raca. **102** Richard Adams, *Farm Management: A Text-Book for Student, Investigator, and Investor*, New York 1921, S. 519–22. **103** Ebd., S. 542. **104** Adachi Kinnosuké, *Manchuria: A Survey*, New York 1925, S. 44. **105** «Colonie du Niger, les irrigations du Niger et la culture cotonnière au Soudan, octobre 1921», in Série R, Agriculture, Culture du Coton, 1889–1943, 1R/00035, ANS. S.a. Sturman, «Indian Indentured Labor», S. 1448, 1449; Jonathan Connolly, «Indentured Labour Migration and the Meaning of Emancipation: Free Trade, Race, and Labour in British Public Debate, 1838–1860», *Past & Present* 238 (2018), S. 1021. **106** *Economist*, 13. Nov. 1847, S. 1299. **107** Zum Zitat siehe Friedrich List, *Das Nationale System der Politischen Oekonomie*, Tübingen 1841, S. 185. **108** Zu den Zahlen über die vermieteten Häftlinge siehe Talitha L. LeFlouria, *Chained in Silence: Black Women and Convict Labor in the New South*, Chapel Hill (NC) 2015, S. 11. Zur Sträflingsarbeit allgemein siehe Alexander C. Lichtenstein, *Twice the Work of Free Labor: The Political Economy of Convict Labor in the New South*, London/New York 1996; Miyamoto Takashi, «Convict Labor and Its Commemoration: The Mitsui Miike Coal Mine Experience», *Asia-Pacific Journal* 15 (2017), S. 1–15; und Marion Eggert/Jörg Plassen, *Kleine Geschichte Koreas: Von den Anfängen bis zur Gegenwart*, München 2018, S. 138. **109** Kloosterboer, *Involuntary Labour Since the Abolition of Slavery*, S. 79, 99–104; und Justin F. Jackson, «‹A Military Necessity Which Must Be Pressed›: The US Army and Forced Road Labor in the Early American Colonial Philippines», in: Van der Linden/García, *On Coerced Labor*, S. 127, 133. **110** Kloosterboer, *Involuntary Labour Since the Abolition of Slavery*, S. 107–110. S.a. «Death in the Devil's Paradise», *Survival*, https://www.survivalinternational.org/articles/3282-rubber-boom, abgerufen: 16.6.2024; Alexandre Quintanilha, Einleitung zu *Trabalhos do Centro de Investigação Científica Algodoeira*, Bd. 1, Centro de Investigação Científica Algodoeira 1948, S. 3–10; und Allen F. Isaacman, *Cotton Is the Mother of Poverty: Peasants, Work, and Rural Struggle in Colonial Mozambique, 1938–1961*, Portsmouth (NH) 1996. **111** Zur Geschichte der Zwangsarbeit im Kongo siehe Julia Seibert, *In die globale Wirtschaft gezwungen: Arbeit und kolonialer Kapitalismus im Kongo, 1885–1960*, Frankfurt a.M./New York 2016; Kloosterboer, *Involuntary Labour Since the Abolition of Slavery*, S. 119. Für eine Erörterung der Gräueltaten im Belgisch-Kongo, die als «Völkermord» einzustufen sind, siehe Georgi Verbeeck, «Un génocide s'est-il déroulé dans l'État indépendant du Congo?», in: Idesbald Goddeeris/ Amandine Lauro/Guy Vanthemsche (Hgg.), *Le Congo Coloniale: Une histoire en questions*, Brüssel 2020, S. 45–61. **112** Kloosterboer, *Involuntary Labour Since the Abolition of Slavery*, S. 120, 121, 123. **113** Ebd., S. 111, 116, 126. **114** Ebd., S. 127, 129. **115** *Spectator*, 15. Dez. 1906, S. 970. **116** Kloosterboer, *Involuntary Labour Since the Abolition of Slavery*, S. 124, 125, 130, 134. Im Jahr 1916 waren insgesamt 46 000 Arbeiter in den Minen tätig. Guy Vanthemsche, *Belgium and the Congo*, 1885–1980, Cambridge 2012, S. 24 f. **117** Kloosterboer, *Involuntary Labour Since the Abolition of Slavery*, S. 163–64, 170; Harrison Ola Akingbade, «The Liberian Problem of Forced Labor 1926–1940», *Africa: Rivista trimestrale di studi e documentazione dell'Istituto italiano per l'Africa e l'Oriente* 52 (1997) 2, S. 261–73; Doreen Lustig, *Veiled Power: International Law and the Private Corporation, 1886–1981*, Oxford 2020, S. 29; Enrique Martino, «Money, Indenture, and Neo-Slavery in the Spanish Gulf of Guinea, 1820s to 1890s», *Comparativ* 30 (2020), S. 560–80; Enrique Martino, «Dash-Peonage: The Contradictions of Debt Bondage in the Colonial Plantations of Fernando Pó», *Africa* 87 (2017) 1, S. 53–78; Jairo Munive, «A Political Economic History of the Liberian State, Forced Labour and Armed Mobilization», *Journal of Agrarian Change* 11 (2011) 3, S. 360–63. S.a. Lustig, *Veiled Power*, S. 54. **118** Marta Macedo, «Standard Cocoa», S. 9, 12 f., 15. S.a. Kloosterboer, *Involuntary Labour Since the Abolition of Slavery*, S. 68. **119** Macedo, «Standard Cocoa», S. 16 f. **120** *Daily Telegraph* (Sydney), 4. Sep. 1882; Tracey Flanaga/Meredith Wilkie/Susanna Iuliano, Australian Human Rights Commission, «Australian South Sea Islanders: A Century of Race Discrimination Under Australian Law», archiviert am 14. März 2011 unter: https://web.archive.org/web/20110314080249/http:/www.hreoc.gov.au/racial_discrimination/forum/Erace/south_sea.html. Zu den unterschiedlichen Zielorten siehe New South Wales, Report of the Royal Commission, Appointed to Inquire into Certain Alleged Cases of Kidnapping of Natives of the Loyalty Islands, & c., Sidney Thomas Richards 1869, S. 11, in: NRS-1405-1 [4/774] Correspondence, Royal Commission of Enquiry into Certain Cases of Alleged Kidnapping of Natives of the Loyalty Islands in the Years 1865–68 and into State and Probable Results of Polynesian Immigration, State Archives and Records, New South Wales, Sydney. **121** Zit. in: Edward Wybergh Docker, *The Blackbirders: A Brutal Story of the Kanaka Slave-Trade*, Sydney 1971, S. 45. Zu Levin und seinem gewaltsamen Handel siehe auch Alfred Davidson an Arthur Hodgson, Brisbane, 12. März 1869, wieder abgedruckt in: Legislative Assembly, Queensland, *Progress Report from the Select Committee of the Operations of the Polynesian Labourers Act of 1868* (James C. Beal, 1869), S. 17–9, in: State Archives and Records, New South Wales, Sydney, Australia. **122** Eintrag vom 1. Okt. 1870, Schreibmaschinen-Kopie des verlorenen Originals, W. G. Farquhar Diaries, 1870–1872, PMB 496, Pacific Manuscripts Bureau, Canberra. Eingesehen in der State Library of New South Wales, Sydney. Zu den Zahlungen siehe die Einträge vom 17. Dez. 1870 (Samstag) und 1. Jan. 1871. **123** Eintrag vom 6. Jan. 1871, Schreibmaschinen-Kopie des verlorenen Originals, W. G. Farquhar Diaries, 1870–1872, PMB 496, Pacific Manuscripts Bureau, Canberra. Eingesehen in der State Library of New South Wales, Sydney. **124** «A

Cruise in a Queensland Slaver: By a Medical Student, 1882», George Ernest Morrison Diary, Serie 1, Teil 4, Element 3: MLMSS 312/4, State Library of New South Wales, Sydney, Australia. Zum gewaltsamen Konflikt s.a. F.W. Galloway (Einwanderungsbeamter, Brisbane) an Henry Norman (Brisbane), Brief vom 14. Juli 1892, in *Queensland: Further Correspondence Relating to Polynesian Labour in the Colony of Queensland*, Majesty's Stationery Office 1892, S. 7, State Library of New South Wales, Sydney. **125** Zur Beschaffung von Arbeitern für den Baumwollanbau siehe «South Sea Islanders (Queensland), Copy of Extracts of All Correspondence Relating to the Importation of South Sea Islanders into Queensland», Colonial Office, 6. Juli 1868, NRS-1405-1 [4/774] Correspondence, Royal Commission of Enquiry into Certain Cases of Alleged Kidnapping of Natives of the Loyalty Islands in the Years 1865–68 and into State and Probable Results of Polynesian Immigration, State Archives and Records, New South Wales, Sydney, Australia; zu Robert Towns siehe «Copy of Extracts of all Correspondence Relating to the Importation of South Sea Islanders into Queensland». Viele dieser Auseinandersetzungen sind in Zeitungsausschnitten über die Neuen Hebriden dokumentiert, die archiviert sind unter Q988.6/N in der State Library of New South Wales, Sydney, Australia. Siehe *North Australian*, 28. Jan. 1865; «Report upon Muster and Inspection of South Sea Islanders per ‹King Oscar›», 19. Nov. 1867, Queensland Votes and Proceedings, 1867, II, S. 135–37; *Brisbane Courier*, 12. u. 13. Jan. 1869; «Progress Report of the Select Committee on the Operation of the Polynesian Labourers Act of 1868», in: Queensland Votes and Proceedings, 1869, II, S. 38, 44–45, 49–51; Robert Short, *Slave Trade in the Pacific: A Statement on the Introduction of Polynesian Labour into Queensland, and the Operation of the Polynesian Labourers Act, 1868*, London 1870, S. 19–27; Docker, *Blackbirders*, S. 46–47; Kay Saunders, *Workers in Bondage: The Origins and Bases of Unfree Labour in Queensland, 1824–1916*, St. Lucia (Queensland) 1982, S. 20. Zu den Mechanismen der Sicherung von Arbeitskräften – manchmal gewaltsam, manchmal in gegenseitigem Einvernehmen – siehe die Belege und Zeugenaussagen in New South Wales, Report of the Royal Commission, S. 4. Einen Überblick zum «Blackbirding» bieten Doug Munro, «The Pacific Islands Labour Trade: Approaches, Methodologies, Debates», *Slavery and Abolition* 14 (1993) 2, S. 87–108, und Clive Moore, «Revising the Revisionists: The Historiography of Immigrant Melanesians in Australia», *Pacific Studies* 15 (1992) 2, S. 61–86. **126** *Brisbane Courier*, 16. Aug. 1892, abgedruckt in: House of Commons (Queensland), Further Correspondence Relating to Foreign Labour in the Colony of Queensland (Majesty's Stationery Office, 1893), S. 16, State Library of New South Wales, Sydney. **127** New South Wales, Report of the Royal Commission, S. 4. **128** Stellungnahme der New Hebrides Mission, 7. Sep. 1867, in: «Copy of Extracts of all Correspondence relating to the Importation of South Sea Islanders into Queensland». **129** John Connell, «Blackbird Labor Trade», in: Thomas Benjamin (Hg.), *Encyclopedia of Western Colonialism Since 1450*, Bd. 1, New York 2007, S. 137. S.a. Hugh Tinker, *A New System of Slavery: The Export of Indian Labour Overseas, 1830–1920*, Oxford 1974; Richard B. Allen, «European Slave Trading, Abolitionism, and ‹New Systems of Slavery› in the Indian Ocean», *PORTAL Journal of Multidisciplinary International Studies* 9 (2012) 1, url: http://epress.lib.uts.edu.au/journals/index.php/portal/article/view/2624; «Final Report of the Committee on Immigration (Indian and British) into New South Wales», 25. Aug. 1837, Bd. 19, *British Parliamentary Papers: Emigration*, Shannon 1968, S. 433–36, zit. von Janet Doust in: «Setting Up Boundaries in Colonial Eastern Australia: Race and Empire», *Australian Historical Studies* 35 (2004) 123, S. 161. Zu den demografischen Aspekten siehe auch den Eintrag vom 7./8. Jan. 1871, Schreibmaschinen-Kopie des verlorenen Originals, W. G. Farquhar Diaries, 1870–1872, PMB 496, Pacific Manuscripts Bureau, Canberra. Eingesehen in der State Library of New South Wales, Sydney. S.a. den Bericht an «His Excellency William Stevenson, Esquire, Governor and Commander in Chief of Mauritius and Dependencies», in: NRS-906-1 [4/754]-4/754.1 Consuls – Appointment of an(all?) papers re(are?) alleged kidnapping of South Sea Islanders by Captain Joseph Wilson of the English Braque Sutton, 1858. Zur Rolle der australischen Regierung siehe bspw. viele der Dokumente, die abgedruckt sind in: House of Commons (Queensland), Further Correspondence Relating to Foreign Labour in the Colony of Queensland. Zur Beteiligung des Staates siehe auch Colonial Secretary's Office to the Secretary of the Government of New South Wales, 6. April 1858, NRS-906-1 [4/754]-4/754.1 Consuls – Appointment of an(all?) papers re(are?) alleged kidnapping of South Sea Islanders by Captain Joseph Wilson of the English Braque Sutton 1858, State Archives and Records, New South Wales, Sydney. S.a. «Act to Regulate and Control the Introduction of Polynesian Labourers (in the 31st year of Queen Victoria's Government)», in NRS-1405-1 [4/774] Correspondence, Royal Commission of Enquiry into Certain Cases of Alleged Kidnapping of Natives of the Loyalty Islands in the Years 1865–68 and into State and Probable Results of Polynesian Immigration, State Archives and Records, New South Wales, Sydney. Zu einigen der Bestimmungen, siehe die Dokumente in: «Copy of Extracts of all Correspondence relating to the Importation of South Sea Islanders into Queensland», S. 2–5. Siehe auch Queensland State Archives, «South Sea Islanders and the Kanaka Trade», Queensland State Archive, S. 7. Im Juli 2021 war der Bürgermeister der Stadt Bundaberg der erste australische Regierungsbeamte, der sich offiziell für diese Praxis entschuldigte. Siehe: https://www.sbs.com.au/nitv/article/2021/07/30/south-sea-islander-community-receive-first-formal-apology-slavery. **130** Christian Dippel/Avner Greif/Dan Trefler, «Outside Options, Coercion, and Wages: Removing the Sugar Coating», *Economic Journal* 130 (2020) 630, S. 1703. Ähnlich auch Herman Merivale, *Lectures on*

Colonization and Colonies, S. 313. **131** Kloosterboer, *Involuntary Labour Since the Abolition of Slavery*, S. 4. Für einen schlüssigen Beweis der außerökonomischen Zwangsmaßnahmen im Kontext der Plantagenwirtschaft der Karibik siehe Christian Dippel u. a., «Outside Options, Coercion, and Wages», S. 1678–714. Im Wesentlichen wurde dieselbe Argumentation jedoch schon 1960 vorgebracht von Kloosterboer, *Involuntary Labour Since the Abolition of Slavery*, S. 6. S. a. Dippel u. a., «Outside Options, Coercion, and Wages», S. 1678; Aaron Carico, «Freedom as Accumulation», *History of the Present* 6 (2016) 1, S. 2. **132** Fields, «Advent of Capitalist Agriculture», S. 77; Rosa Luxemburg, *Die Akkumulation des Kapitals*, Berlin 1913, hier zit. http://www.marxists.org/deutsch/archiv/luxemburg/1913/akkkap/kap27.htm, abgerufen: 10. 7. 25. **133** Die Zeitgenossen waren sich der Bedeutung des Staates durchaus bewusst. Siehe «La Main-d'oeuvre à la Réunion», *Le Temps*, 7. Nov. 1899; Ho, *Histoire économique*, S. 10; und die Notiz über die Einwanderung aus Madagaskar nach La Réunion, undatiert, von einem unbekannten Verfasser (vermutlich 1920er Jahre), in: Main d'œuvre: Madagascar et La Réunion, Recrutement de travailleurs dans l'Inde, dans l'Indo-Chine, dans la Chine, dans le Japon / Rapport Geismar, FM/7AFFECO/19, Travail, La Réunion, Recrutements, Extérieur, 1866–1939, Ministre des Colonies, ANOM. Siehe auch die lange Liste von Regeln und Bestimmungen in: J. W. Muir Mackenzie, «Rapport sur la condition et le traitement des immigres indiens dans la colonie française de l'isle de la La Réunion, Calcutta, 1891», zit. in: Sudel Fuma, *De l'Inde du sud à l'île de la Réunion: Les Réunionnais d'origine indienne d'après le Rapport Mackenzie*, Saint-Denis (La Réunion) 1999, S. 181–222; Chaillou-Atrous, «La reprise de l'immigration africaine», S. 31, 43. **134** Stauter-Halsted, *The Nation in the Village*, S. 31; Kloosterboer, *Involuntary Labour Since the Abolition of Slavery*, S. 10, 50, 67. Die Geschichte von Deeken and Tsung wird viel ausführlicher erzählt in Droessler, «Islands of Labor», S. 78–80, 108; Jayawardena/Kurian, *Class, Patriarchy and Ethnicity on Sri Lankan Plantations*, S. 30; Jaiswal, «Ephemeral Mobility», S. 65. **135** Lieutenant Governor of Dahomey to Governor General of French West Africa, Brief vom 2. November 1918, in: «Régime du travail: [unleserlich] […] sur l'emploi de l'œuvre indigène, 1905–1927», Esclavage et Travail, 1807–1920, Série K, K 35, 399/132, ANS. **136** Kloosterboer, *Involuntary Labour Since the Abolition of Slavery*, S. 9, 11, 26; Sedgewick, *Coffeeland*, S. 69, 162; Sturman, «Indian Indentured Labor», S. 1412, 1440, 1445, 1465. **137** Kloosterboer, *Involuntary Labour Since the Abolition of Slavery*, S. 15. **138** Ebd., S. 6, 191; «Main d'oeuvre Antandroy à la La Réunion: Rapport», «Administrateur en Chef Bereni à Monsieur le Gouverneur Général de Madagascar et Dépendances», 20. Dez. 1924, S. 40–41, in: Main d'œuvre: Madagascar et La Réunion, Recrutement de travailleurs dans l'Inde, dans l'Indo-Chine, dans la Chine, dans le Japon / Rapport Geismar, FM/7AFFECO/19, Travail, La Réunion, Recrutements, Extérieur, 1866–1939, Ministre des Colonies, ANOM; «Administrateur en Chef Bereni to Monsieur le Gouverneur Général de Madagascar et Dépendances», S. 27, 34, 42, in: ebd. **139** Generalinspektor der Kolonien Norès, «Chef de la Mission de Madagascar, au Ministre des Colonies», Brief vom 7. April 1920, S. 6, 8, in: Main d'œuvre: Madagascar et La Réunion, Recrutement de travailleurs dans l'Inde, dans l'Indo-Chine, dans la Chine, dans le Japon / Rapport Geismar, FM/7AFFECO/19, Travail, La Réunion, Recrutements, Exterieur, 1866–1939, Ministre des Colonies, ANOM. **140** Generalinspektor der Kolonien Norès, «Chef de la Mission de Madagascar, au Ministre des Colonies», 7. April 1920, S. 9, in: Main d'œuvre: Madagascar et La Réunion, Recrutement de travailleurs dans l'Inde, dans l'Indo-Chine, dans la Chine, dans le Japon / Rapport Geismar; FM/7AFFECO/19, Travail, La Réunion, Recrutements, Extérieur, 1866–1939, Ministre des Colonies, ANOM. **141** Das Argument bezüglich der unterschiedlichen Arbeitsregime wird auch vorgebracht von Stanziani, «Travail, droits et immigration», S. 49. **142** Zu den sich gegen die Rekonstruktion wehrenden Bauern siehe bspw. Guerassimoff/Mandé, *Le travail colonial*, S. 17; James Scott, *Weapons of the Weak: Everyday Forms of Peasant Resistance*, New Haven 1985. **143** Main d'œuvre Antandoy à la Reunion, «Relevé des condemnations prononceés pour infraction de droit au décret de 1887», in: Main d'œuvre: Madagascar et La Réunion, Recrutement de travailleurs dans l'Inde, dans l'Indo-Chine, dans la Chine, dans le Japon / Rapport Geismar, FM/7AFFECO/19, Travail, La Réunion, Recrutements, Extérieur, 1866–1939, Ministre des Colonies, ANOM. **144** Ebd. **145** Generalinspektor der Kolonien Norès, «Chef de la Mission de Madagascar, au Ministre des Colonies», 7. April 1920, in: Main d'œuvre: Madagascar et La Réunion, Recrutement de travailleurs dans l'Inde, dans l'Indo-Chine, dans la Chine, dans le Japon / Rapport Geismar, FM/7AFFECO/19, Travail, La Réunion, Recrutements, Extérieur, 1866–1939, Ministre des Colonies, ANOM. **146** Eric Panthou, «Les formes de résistance de travailleurs de plantations d'hévéas d'Indochine», in: Guerassimoff/Mandé, *Le travail colonial*, S. 467, 469, 471, 484; Jayawardena/Kurian, *Class, Patriarchy and Ethnicity on Sri Lankan Plantations*, S. 15; Varma, *Coolies of Capitalism*, S. 47, 141, 196–202; Macedo, «Standard Cocoa», S. 14; Stanziani, «L'immigration indentured à l'île Maurice», S. 10; Ders., *Labor on the Fringes of Empire*, S. 41–43. Zum Wegrennen als Form von Ausweg siehe die Argumentation ebd., S. 41. **147** Sedgewick, *Coffeeland*, S. 286. **148** Beckert, *King Cotton*; Irina Marin, «Rural Social Combustibility in Eastern Europe (1880–1914): A Cross Border Perspective», *Rural History* 28 (2017), S. 96; Charles Postel, *The Populist Vision*, Oxford 2007; Steven Hahn, *The Roots of Southern Populism: Yeoman Farmers and the Transformation of the Georgia Upcountry, 1850–1890*, Oxford 1985; William K. Meyers, «Seasons of Rebellion: Nature, Organisation of Cotton Production and the Dynamics of Revolution in La Laguna, Mexico, 1910–1816», *Journal of Latin American Studies* 30 (1998) 1,

S. 36; Timothy Mitchell, *Rule of Experts: Egypt, Techno-politics, Modernity*, Berkeley 2002, S. 63 f. Zu den Aufständen siehe Neil Charlesworth, «The Myth of the Deccan Riots of 1875», *Modern Asian Studies* 6 (1972) 4, S. 401–21; Deccan Riots Commission, *Papers Relating to the Indebtedness of the Agricultural Classes in Bombay and Other Parts of India*, Bombay 1876; *Report of the Committee on the Riots in Poona and Ahmednagar, 1875*, Bombay 1876; Roderick J. Barman, «The Brazilian Peasantry Reexamined: The Implications of the Quebra-Quilo Revolt, 1874–1875», *Hispanic AHR* 57 (1977) 3, S. 401–24; und Armando Souto Maior, *Quebra-Quilos: Lutas sociais no outono do império*, São Paulo 1978. Der Druck der Steuererhöhungen war auch für die ägyptischen Bauern spürbar, die dadurch den Großteil der Gewinne einbüßten, die sie während des Bürgerkriegs erzielt hatten. Siehe Owen, *Cotton and the Egyptian Economy*, S. 144; W. H. Wyllie, Agent of the Governor General in Central India, to the Revenue and Agriculture Department, 9. Sep. 1899, in: Proceedings, Teil B, Nr. 14–54, Nov. 1899, Famine Branch, Department of Revenue and Agriculture, NAI; Wady E. Medawar, *Études sur la question cotonnière et l'organisation agricole en Égypte*, Kairo 1900, S. 16, 20 f.; Meyers, «Seasons of Rebellion», S. 63; William K. Meyers, *Forge of Progress, Crucible of Revolt: Origins of the Mexican Revolution in La Comarca Lagunera, 1880–1911*, Albuquerque (NM) 1994, S. 132–34. **149** David Montgomery, *The Fall of the House of Labor*, Cambridge 1987, S. 50 f. Die Zahlen zur Beschäftigung nach Branchen sind gerundet und stammen aus Montgomery, *Fall of the House of Labor*, S. 50, 54; Mitchell, *International Historical Statistics*, S. 153 f., 159, 168; Franz-Josef Brüggemeier/Michael Farrenkopf/Heinrich Theodor Grütter (Hgg.), *Das Zeitalter der Kohle: Eine Europäische Geschichte*, Essen 2018, S. 169; Donald Sassoon, *One Hundred Years of Socialism: The Western European Left in the Twentieth Century*, London 2010, S. 10; P. Bairoch/J.-M. Limbor, «Changes in the Industrial Distribution of the World Labour Force by Region, 1880–1960», *International Labour Review* 98 (1968) 4, S. 317. **150** Peter Backes, «Die Wohlfahrtseinrichtungen der Röchling'schen Eisen-und Stahlwerke», in: Meinrad Maria Grewenig (Hg.), *Die Röchlings und die Völklinger Hütte*, Völklingen 2014, S. 48; Fabian Trinkaus, *Arbeiterexistenzen und Arbeiterbewegung in den Hüttenstädten Neunkirchen/Saar und Düdelingen/Luxemburg, 1880–1935/40*, Kommission für Saarländische Landesgeschichte 2014, S. 51, 122–27; Gerhard Seibold, *Röchling: Kontinuität im Wandel*, Ostfildern 2001, S. 156; Trinkaus, *Arbeiterexistenzen und Arbeiterbewegung*, S. 48; Ralf Banken, *Die Industrialisierung der Saarregion 1815–1914*, Bd. 2, Stuttgart 2003, S. 307; Seibold, *Röchling*, S. 157; Trinkaus, *Arbeiterexistenzen und Arbeiterbewegung*, S. 134; Banken, *Industrialisierung der Saarregion*, 2, S. 421. **151** «Arbeiterbauerntum», Fruehauf, 2005, zit. in: Trinkaus, *Arbeiterexistenzen und Arbeiterbewegung*, S. 105; Marcel van der Linden, «At the End of a Very Long Cycle: Why the Global Labor Movement Is in Crisis», unveröffentlichter Beitrag, Global History Globally Workshop, Cambridge (MA), Feb. 2021, S. 7; Trinkaus, *Arbeiterexistenzen und Arbeiterbewegung*, S. 16–22, 194. S. a. den Brief des Zentralverbands Deutscher Arbeiter- und Schrebergärten, Berlin, 10. Nov. 1909, A 1590, SAV; B/K-175: RESW GmbH (Röchling'sche Eisen und Stahlwerke GmbH), «Statistik über Viehhaltung, sowie Haus- und Grundbesitz der eigenen Belegschaft nach dem Stand vom 31. 12. 1913», Alter Bestand, VH; Paul Edward Pheffer, «Railroads and Aspects of Social Change in Senegal, 1878–1933», Diss. University of Pennsylvania 1975, S. 311. **152** Harry Braverman, *Labor and Monopoly Capitalism: The Degradation of Work in the Twentieth Century*, New York 1974, S. 63; Montgomery, *Fall of the House of Labor*, S. 11. **153** Ebd., S. 75. **154** Peter F. Drucker, *The Practice of Management*, New York 1954, S. 280; Braverman, *Labor and Monopoly Capitalism*, S. 85. **155** Frederick W. Taylor, *Principles of Scientific Management*, New York 1915, S. 36. **156** Taylor, *Principles of Scientific Management*, S. 98. **157** Braverman, *Labor and Monopoly Capitalism*, S. 87, 90, 107–9, 118, 126, 131; Montgomery, *Fall of the House of Labor*, S. 5. **158** Walter Bagehot, «Principles of Political Economy», in: Russell Barrington (Hg.), *The Works and Life of Walter Bagehot*, London 1915, Bd. 8, S. 231. **159** Braverman, *Labor and Monopoly Capitalism*, S. 92. S. a. *The Taylor and Other Systems of Shop Management: Hearings Before Special Committee of the House of Representatives to Investigate the Taylor and Other Systems of Shop Management under Authority of H. Res. 90*, Washington D. C. 1912, Bd. 3, S. 1413. **160** Montgomery, *Fall of the House of Labor*, S. 28, 29. 36, 43. **161** Zit. in Fritz Hellwig, *C. F. Stumm-Halberg, 1836–1901*, Heidelberg,1936, S. 295. **162** Donald Quataert, «Machine Breaking and the Changing Carpet Industry of Western Anatolia, 1860–1908», *Journal of Social History* 19 (1986), S. 473–89; und Mircea Raianu, *Tata: The Global Corporation That Built Indian Capitalism*, Cambridge (MA) 2021, S. 64. Zu den «Arbeits-Ordnungen» siehe Hubert Kesternich, *Aufstieg und Wandel: 140 Jahre Völklinger Hütte*, Saarbrücken 2015, S. 186; Kesternich, *Aufstieg und Wandel*, S. 42; Hans Horch, *Der Wandel der Gesellschafts- und Herrschaftsstrukturen in der Saarregion während der Industrialisierung (1740–1914)*, St. Ingbert 1985, S. 262; Banken, *Industrialisierung der Saarregion*, 2, S. 423. Der «offene Widerstand der Schweißer und Walzer» wird erwähnt in Kesternich, *Aufstieg und Wandel*, S. 115. **163** «Arbeits-Ordnung für die Eisengießerei und Maschinenfabrik von Eduard Laeis & Cie, Trier», nicht datiert, aber vor 1910, in: A/K 21/195: «Material über die Werkspensionskassen, 1908–1910 etc. etc.», Alter Bestand, VH. **164** Kesternich, *Aufstieg und Wandel*, S. 82. **165** Allgemein zu diesem Prozess: Horch, *Der Wandel der Gesellschafts- und Herrschaftsstrukturen*, S. 260; Kesternich, *Aufstieg und Wandel*, S. 82–83. Zu den jugendlichen Arbeitern der Röchlings siehe den geschilderten Gerichtsfall in: Kesternich, *Aufstieg und Wandel*, S. 64, 89–91. **166** Ebd., S. 73; Peter Turned, «Über das Fortschreiten und das Zurückweichen des Puddelprozesses», *Österreichische Zeitschrift für Berg- und Hüttenwesen* (1886), S. 495. Zu den fehlenden Arbeitsschutzstandards im Röchling-Werk siehe «Anzeige einer Verunglückung» und die Zusammenstellung in Unglücksfälle, 1853–1893, A 1531, SAV. S. a. die Listen in Bewegung unter den Arbeitern, 1889, LRA, SB, 1837, LAS; Kesternich, *Aufstieg und Wandel*, S. 61–62, 95, 138; und Trinkaus, *Arbeiterexistenzen und Arbeiterbewegung*, S. 218. **167** Gesuch des Hüttenarbeiters Johann Alles aus Völklingen, Völklingen, 27. Feb. 1923, D-K10/42: RESW GmbH, Wohnungswesen, Anträge auf Zuweisung einer Wohnung 1921, Mappe 1, Alter Bestand, VH; Note, D-K10/42: RESW GmbH, Wohnungswesen, Anträge auf Zuweisung einer Wohnung 1921, Mappe 1, Alter Bestand, VH; Antrag auf Zuweisung einer Zimmerwohnung gestellt am 14. Mai 1922, D-K10/42: RESW GmbH, Wohnungswesen, Anträge auf Zuweisung einer Wohnung 1921, Mappe 1, Alter Bestand, VH; Heuspeicher. Bürgermeister Völklingen an Röchling'sche Werke, Völklingen, April 1922, D-K10/42: RESW GmbH, Wohnungswesen, Anträge auf Zuweisung einer Wohnung 1921, Mappe 1, Alter Bestand, VH; and Trinkaus, *Arbeiterexistenzen und Arbeiterbewegung*, S. 271. **168** «Untersuchungen zu Misshandlungsfällen etc. 1847», A 119; Bürgermeisterei Völklingen, Acta Generalia, betreffend jugendliche Verbrecher, 1826–1892, A 228, SAV; «Obstdiebstahl»; «Umherschweifen im Walde». Siehe den Briefwechsel zwischen den Röchling'schen Eisen- und Stahlwerken, der Stadtverwaltung von Völklingen und weiteren Verwaltungsbehörden, 1908–1928, in: Obstdiebstahl, A 634, SAV; Brief an die Direktion des Edelstahlwerks, Völklingen, 19. Juli 1923 von Jakob Bennoit, Oberwalzer, D-K10/42: RESW GmbH, Wohnungswesen, Anträge auf Zuweisung einer Wohnung 1921, Mappe 1, Alter Bestand, VH. **169** Zum Zitat siehe Richard Nutzinger/Hans Böhmer/Otto Johannsen (Hgg.), *50 Jahre Röchling Völklingen: Die Entwicklung eines Rheinischen Industrie-Unternehmens*, Saarbrücken/Völklingen 1931, S. 17. **170** Trinkaus, *Arbeiterexistenzen und Arbeiterbewegung*, S. 320. **171** Ebd., S. 325. **172** «Vorschlag des Kreisausschusses betreffend Unterstützung von Wohnungsbauten der minderbemittelten Bevölkerung», Saarbrücken, 5. März 1902, Gemeinnützige Vereine per procurationem Gemeinnütziger Bauverein, SAV. Siehe auch Kesternich, *Aufstieg und Wandel*, S. 66. **173** Seibold, *Röchling*, S. 160–61; Nutzinger u. a., *50 Jahre Röchling*, S. 26; Gewerkschaft Karl Alexander, Wertschätzung der Colonie II, 21 Gruppen Arbeiterhäuser, 1918/01/10, A/K 8/ 99, Alter Bestand, VH; Trinkaus, *Arbeiterexistenzen und Arbeiterbewegung*, S. 374. Zu sehr ähnlichen Wohlfahrtsmaßnahmen siehe Fr. Karcher & Cie. in Beckingen a. d. Saar, in: A/K 21/ 195: Material über die Werkspensionskassen, 1908–1910 etc. etc. Alter Bestand, VH. **174** Seibold, *Röchling*, S. 160 f. S. a. Hüttenarbeiter Verein Völklingen, Schriftwechsel, 1912–1922, Mappe 1, D-K 26/115, Alter Bestand, VH; Hüttenarbeiterverein e. V. Geislautern, 1908–1912, A 1260, SAV; Kesternich, *Aufstieg und Wandel*, S. 98, 153; «Zur Morgenspeisung hungriger Schulkinder, Kreisschulinspektoren, Saarlouis, 10. Mai 1909», A 1590, SAV; Gemeinnützige Vereine per procurationem Gemeinnütziger Bauverein, A 1590, SAV. **175** Kesternich, *Aufstieg und Wandel*, S. 44, 99; Bürgermeisterei Völklingen, Acta Generalia, Mäßigkeitsvereine, 1899–1926, A 860, SAV. Vgl. auch den Brief der Völklinger Eisenhütte, Völklingen, 1. Juni 1878, Bürgermeisterei Völklingen, Acta Specialia, Bildung von Mäßigkeitsvereinen, A 1101, SAV. **176** RESW GmbH, Abstinenz-Bestrebung: Schriftwechsel, 1907–1910 D/K-21/94, Alter Bestand, VH. **177** Brief von Hermann Röchling an die Geschäftsstelle der Südwestdeutschen Eisen-Berufsgenossenschaft Saarbrücken, Völklingen, 18. März 1910, RESW GmbH, Abstinenz-Bestrebung: Schriftwechsel, 1907–1910 D/K-21/95, Alter Bestand, VH. **178** Jeffrey G. Williamson, «The Evolution of Global Labor Markets Since 1830: Background Evidence and Hypotheses», *Explorations in Economic History* 32 (1995), S. 148, 164–65. S. a. George Boyer, «The Convergence of Living Standards in the Atlantic Economy, 1870–1930», in: *The New Comparative Economic History: Essays in Honor of Jefferey G. Williamson*, Cambridge (MA) 2007, S. 317–42. Geringfügig andere Zahlen findet man in Peter Scholliers/Vera Zamagni, *Labour's Reward: Real Wages and Economic Change in 19th- and 20th-century Europe*, Aldershot 1995, S. xiii; Boyer, «Convergence of Living Standards», S. 320–21; Peter H. Lindert, *Growing Public: Social Spending and Economic Growth Since the Eighteenth Century*, Bd. 1, Cambridge 2004, S. 171; Eric Hobsbawm, *The Age of Empire*, New York 1987, S. 49. **179** Zum Thema Arbeiterklassen-Rassismus siehe Rudi Batzell, «Race, Ethnicity, and Global Labor History», in: Sven Beckert/Marcel van der Linden (Hg.), *The Oxford Handbook on Global Labor History*, Oxford, in Produktion. **180** Clements Kadalie, Generalsekretär der Gewerkschaft der Industrie- und Handelsarbeiter Afrikas, an N. M. Joshi, Bombay, Johannesburg, den 16. Januar 1928, in: All-India Trade Union Congress Papers, List 18, File No. 17, 1925–1938, Papers and Correspondence relating to Trade Union Movement in Africa, Teen Murti, Nehru Memorial Museum and Library, Neu-Delhi. **181** Die Angaben zu Löhnen und Lebensmittelkosten sind zwar nur Schätzungen (vor allem die Ausgaben), aber sie vermitteln einen Eindruck von den materiell eingeschränkten Lebensbedingungen der Stahlarbeiter in den 1880er Jahren. Siehe Kesternich, *Aufstieg und Wandel*, S. 61. **182** Hatice Yildiz, «The Politics of Time in Colonial Bombay: Labor Patterns and Protest in Cotton Mills», *Journal of Social History* 54 (2020) 1, S. 8; Raianu, *Tata*, S. 69; Patricia Tsurumi, *Factory Girls: Women in the Thread Mills of Meiji Japan*, Princeton 1990, S. 67. **183** Robert J. Steinfeld, *Coercion, Contract and Free Labor in the Nineteenth Century*, Cambridge 2001, S. 10; Steinfeld, *Coercion, Contract and Free Labor*, S. 24 f. **184** Wie der Historiker Rudi Batzell so treffend feststellte: «Als sich in dieser Zeit zentralisierte, bürokratische Gewerkschaften entwickelten, lehnten sie diese [älteren] Konfliktstrategien zunehmend ab und bemühten sich, sie verschwinden zu lassen.» Siehe Rudi Batzell, «Reconstructing Global Capitalism: Class, Corporations, and the Rise of Welfare States, 1870–1930»,

Diss. Harvard University 2017, S. 140. On Torrents's life siehe Judith Keene, «In Search of Acracia: The Antipodean Odyssey of Salvador Torrents», *Mediterranean Studies* 2 (1990), S. 87. S. a. Salvador Torrents, Diary of Salvador Torrents, «My Anarchism», 1917, S. 17, und Salvador Torrents, Diary of Salvador Torrents, «My Philosophies», 1949, S. 28, beide in den Salvador Torrents Papers, James Cook University Library Special Collections, Townsville, Australien. **185** Hobsbawm, *Age of Empire*, S. 46; Edward Shorter/Charles Tilly, *Strikes in France, 1830–1968*, Cambridge 1974, S. 22; Bernard A. Cook, *Belgium: A History* (Peter Lang, 2004), S. 87; Gita Deneckere, *Les turbulences de la Belle Époque, 1878–1905: Nouvelle histoire de Belgique*, Brüssel 2010, S. 53; Robert Magraw, *A History of the French Working Class*, Bd. 1, Somerset (NJ) 1992, S. 202, 247; Brüggemeier/Farrenkopf/Grütter, *Das Zeitalter der Kohle*, S. 169–171, 174; Shorter/Tilly, *Strikes in France*, S. 49, 361–62; Franz-Josef Brüggemeier, *Grubengold: Das Zeitalter der Kohle von 1750 bis heute*, München 2018, S. 169; Peter Flora/Franz Kraus/Winfried Pfenning, *State, Economy, and Society in Western Europe, 1815–1975*, Frankfurt a. M. 1987, Bd. 2, S. 718; Klaus Tenfelde/Heinrich Volkmann, *Streik: Zur Geschichte des Arbeitskampfes in Deutschland während der Industrialisierung*, München 1981, S. 296. Für zusätzliche Angaben siehe Friedhelm Boll, «Changing Forms of Labor Conflict: Secular Development or Strike Waves?», in: Leopold Haimson/Charles Tilly (Hgg.), *Strikes, Wars, and Revolutions in an International Perspective*, Cambridge 1989, S. 62; James E. Cronin, «Strikes and Power in Britain, 1870–1920», in: Haimson/Tilly, *Strikes, Wars and Revolutions*, S. 81; Brüggemeier, *Grubengold*, S. 170; Tilly/Shorter, *Strikes in France*, S. 165 ff. **186** Cronin, «Strikes and Power in Britain», S. 81. **187** Brüggemeier, *Grubengold*, S. 79; Cronin, «Strikes and Power in Britain», S. 81; Jason Kaufman, «Rise and Fall of a Nation of Joiners: The Knights of Labor Revisited», *Journal of Interdisciplinary History* 31 (2001) 4, S. 553–79; Howard Kimeldorf, «Worker Replacement Costs and Unionization: Origins of the U. S. Labor Movement», *American Sociological Review* 78 (2013) 6, S. 103; Leo Michielsen, *Geschiedenis van de Europese Arbeidersbeweging*, deel 1: tot 1914, Bron 1976, S. 93, 138; David Blackbourn, *The Long Nineteenth Century: A History of Germany, 1780–1918*, Oxford 1997, S. 337; Boll, «Changing Forms of Labor Conflict», S. 71; Jaak Brepoels, *Wat zoudt gij zonder 't werkvolk zijn? Anderhalve eeuw arbeidersstrijd in België*, deel 1, 1830–1966 (Kritak, 1978), S. 44; Magnus Bergli Rasmussen/Jonas Pontusson, «Working-Class Strength by Institutional Design? Unionization, Partisan Politics, and Unemployment Insurance Systems, 1870 to 2010», *Comparative Political Studies* 51, Nr. 6 (2018), S. 796; Ralf Rogge, «Fabrikzerstörungen und Tarifverträge», in: Ottfried Dascher und Everhard Kleinertz (Hg.), *Petitionen und Barrikaden: Rheinische Revolutionen, 1848/49*, Münster 1998, S. 188; Jochen Putsch, *Vom Handwerk zur Fabrik*, Stadtarchiv Solingen 1985, S. 68; Rudolf Boch, *Handwerker-Sozialisten gegen Fabrikgesellschaft: Lokale Fachvereine, Massengewerkschaft und industrielle Rationalisierung in Solingen 1870 bis 1914*, Göttingen 1985, S. 35–43. **188** Das Zitat stammt aus Arno Herzig, *Unterschichtenprotest in Deutschland, 1790–1870*, Göttingen 1988, S. 113. **189** Ebd., S. 108, 112 f.; zur Datierung des Prozesses der Einbettung der Arbeiterbewegung in die bürgerliche Moral s. a. Marcel van der Linden, *Workers of the World: Essays Toward a Global Labor History*, Leiden 2008, S. 10. **190** Siehe den brillanten Aufsatz von Yildiz, «Politics of Time in Colonial Bombay», S. 4, 12. S. a. Can Nacar, *Labor and Power in the Late Ottoman Empire: Tobacco Workers, Managers, and the State, 1872–1912*, Cham 2019, S. 6, 12. Eine detaillierte Analyse dieses Streiks bieten Ders., «The Régie Monopoly and Tobacco Workers in Late Ottoman Istanbul», *Comparative Studies of South Asia, Africa and the Middle East* 34 (2014), S. 206–18; und Yavuz Selim Karakışla, «The Emergence of the Ottoman Industrial Working Class, 1839–1923», in: Donald Quataert/Erik J. Zürcher (Hg.), *Workers and the Working Class in the Ottoman Empire and the Turkish Republic, 1839–1950*, London 1995, S. 26. **191** Royal Commission on Strikes, «Report», Nr. 25 in NRS-905-28- [5/6029] Element 91/7122 Col Sec Corro, Royal Commission on Strikes, State Archives and Records, New South Wales, Sydney. **192** Julio Godio, *Historia del movimiento obrero argentino, 1870–2000*, Buenos Aires 2000, S. 70, 85; Ricardo Falcón, *La Primera Internacional y los orígenes del movimiento obrero en Argentina (1857–1879)*, Buenos Aires 1980, S. 16; Ruth Thompson, «Argentine Syndicalism: Reformism before Revolution», in: Marcel van der Linden/Wayne Thorpe (Hg.), *Revolutionary Syndicalism: An International Perspective*, Aldershot 1990, S. 171; Thompson, «Argentine Syndicalism», S. 169, 174. **193** Ebd., S. 168; Godio, *Historia del movimiento obrero argentino*, S. 78, 138, 148, 152, 177, 170; Thompson, «Argentine Syndicalism», S. 175. **194** Joseph Melling, *Rent Strikes: Peoples' Struggle for Housing in West Scotland, 1890–1916*, Edinburgh 1983, S. 62; Godio, *Historia del movimiento obrero argentino*, S. 173. Die Details zum «Marsch der Besenstiele», Buenos Aires 1907, stammen aus Inés Yujnovsky, «Vida cotidiana y participación política: ‹La Marcha de las Escobas› en la huelga de inquilinos, Buenos Aires, 1907», *Feminismo/s* 3 (2004), S. 121, 129. **195** Die Daten zur Gründung der sozialistischen Parteien sind ungenau; oftmals gab es bereits etwas frühere Bestrebungen, Arbeiterparteien zu gründen. Siehe Sassoon, *One Hundred Years of Socialism*, 10. Zu Deutschland siehe Michielsen, *Geschiedenis van de Europese Arbeidersbeweging*, 1, S. 93. Zu Frankreich siehe Michielsen, *Geschiedenis van de Europese Arbeidersbeweging*, 1, S. 135. Siehe auch Lucien van der Walt, «Anarchism and Syndicalism in an African Port City: The Revolutionary Traditions of Cape Town's Multiracial Working Class, 1904–1931», *Labor History* 52, Nr. 2 (2011), S. 137–71; «Japan Socialist Party», in: Hilary Marsden/Bruce Lenman (Hg.), *Chambers Dictionary of World History*, Chambers, 2005, S. 451; Fritjof Tichelman, *Socialisme in Indonesië: De Indische Sociaal-Democratische Vereeniging*, deel 1, 1897–1917, Dordrecht/Cinnaminson (NJ) 1985, S. 6; Julio Godio, *Historia del movimiento obrero argentino*, S. 78. **196** Hobsbawm, *Age of Empire*, S. 117; Sassoon, *One Hundred Years of Socialism*, S. 10; Stefano Bartolini, *The Political Mobilization of the European Left, 1860–1980: The Class Cleavage*, Cambridge 2000, S. 55. **197** Brepoels, *Wat zoudt gij zonder 't werkvolk zijn?*, 1, S. 36; Sassoon, *One Hundred Years of Socialism*, S. 10, 37; Hobsbawm, *Age of Empire*, S. 117. **198** Anahide Ter Minassian, «The Role of the Armenian Community in the Foundation and Development of the Socialist Movement in the Ottoman Empire and Turkey: 1876–1923», in: Mete Tunçay/Erik J. Zürchers (Hgg.), *Socialism and Nationalism in the Ottoman Empire, 1876–1923*, London/New York 1994, S. 118; Ibrahim Yalimov, «The Bulgarian Community and the Development of the Socialist Movement in the Ottoman Empire During the Period 1876–1923», in: ebd., S. 95; Fikret Adanïr, «The National Question and the Genesis and Development of Socialism in the Ottoman Empire: The Case of Macedonia», in: ebd., S. 37; Godio, *Historia del movimiento obrero argentino*, S. 78. **199** Trinkaus, *Arbeiterexistenzen und Arbeiterbewegung*, S. 251, 312, 402. **200** Das Zitat stammt aus ebd., S. 386. S. a. Bürgermeisterei Amt Völklingen an den Vorsitzenden der königlichen Bergwerksdirektion, Herrn Geheimen Bergrath von Veten, 22. Mai 1891, in: Bewegung unter den Bergleuten, 1891–1893, LRA, SB, 1838, LAS; und Kesternich, *Aufstieg und Wandel*, S. 120. **201** Trinkaus, *Arbeiterexistenzen und Arbeiterbewegung*, S. 438. **202** Zu den Zitaten siehe den Überwachungsbericht in Bürgermeisterei Völklingen an den königlichen Landrath Herrn Bake, Völklingen, 22. Aug. 1892, in: Bewegung unter den Bergleuten, 1891–1893, LRA, SB, 1838, LAS. **203** Zu den Zitaten siehe *Saarbrücker Gewerbeblatt*, 30. März 1890, S. 50. **204** LRA, SB, 1843, LAS; Harald Glaser, *Auf Schicht: Hüttenarbeit und Alltagsleben in Völklingen von der Gründerzeit der Hütte bis in die sechziger Jahre*, Initiative Völklinger Hütte e. V., 1996, S. 36; Seibold, *Röchling*, S. 165. **205** «Stenographischer Bericht über die gestern Abend im Lokal ‹Zum Karlsberg› hierselbst stattgefundene öffentliche Hüttenarbeiter-Versammlung, einberufen von der christlichen Gewerkschaft, Völklingen, 3. Mai 1912», Gemeinnützige Vereine per procurationem Gemeinnütziger Bauverein, A 1590, SAV. **206** Zum Committee der Arbeitgeber zur Bekämpfung der Sozialdemokratie siehe Kesternich, *Aufstieg und Wandel*, S. 50. **207** Kesternich, *Aufstieg und Wandel*, S. 119. Siehe bspw. die Beobachtung von Sozialdemokraten und Anarchisten, A 2397, SAV; Regierungsbezirk Trier, Kreis Saarbrücken, Bürgermeistereien Völklingen, Acta Generalia betreffend Socialdemokratie, A 2586, SAV. Zum Zitat siehe die Berichte von 1889–1891 in: Bewegung unter den Arbeitern, 1889–1891, LRA, SB, 1837, LAS. **208** Zur Überwachung durch die Polizei siehe die vielen Berichte in: Bewegung unter den Bergleuten, 1891–1893, LRA, SB, 1838, LAS; und Montgomery, *Fall of the House of Labor*, 5. **209** «Aufrechterhaltung der Ruhe und Ordnung». Siehe den Brief des Ministers des Innern, Berlin, 4. März 1899, Acta Generali betr. Bewegung unter den Arbeitern, 1889–1920, LRA, SB, 1833, LAS. **210** Hermann Röchling an M. Kollmann, Gauleiter des Gau VII des Deutschen abstinenten Arbeiterbundes, Völklingen, 7. Juni 1907, RESW GmbH, Abstinenz Bestrebung: Schriftwechsel, 1907–1910 D/K-21/94, Alter Bestand, VH. **211** Kesternich, *Aufstieg und Wandel*, S. 181. Der Ausdruck «Hetzer» wird im Rahmen der Beobachtung der Arbeiterbewegung häufig gebraucht. Siehe beispielsweise Bürgermeisteramt Völklingen an den Königlichen Landrath Herrn Rake, Völklingen, 22. Mai 1891, in: Bewegung unter den Bergleuten, 1891–1893, LRA, SB, 1838, LAS; Brief der Burbacher Hütte, an den Landrat Boetticher, Buchbach, 4. Juni 1906, Acta pec., betr. Streik der Burbacher Eisenhütten Arbeiter, Juni 1906, LRA, SB, 1843, LAS; Brüggemeier et al., *Das Zeitalter der Kohle*, S. 164; «Stenographischer Bericht über die gestern Abend im Lokal ‹Zum Karlsberg› hierselbst stattgefundene öffentliche Hüttenarbeiter-Versammlung, einberufen von der christlichen Gewerkschaft, Völklingen, 3. Mai 1912», Gemeinnützige Vereine per procurationem Gemeinnütziger Bauverein, A 1590, SAV; und Trinkaus, *Arbeiterexistenzen und Arbeiterbewegung*, S. 498, 516. **212** Massimo De Angelis, «Separating the Doing and the Deed: Capital and the Continuous Character of Enclosures», *Historical Materialism* 12 (2004) 2, S. 73; Werner Sombart, «Die Wandlungen des Kapitalismus», *Weltwirtschaftliches Archiv* 28 (1928), S. 253; Mary Hilson/Silke Neunsinger/Greg Patmore (Hgg.), *Global History of Consumer Co-Operation Since 1850*, Leiden 2017, S. 7; G. D. H. Cole, *A History of Socialist Thought*, London 1957, Bd. 2, S. 112; Brepoels, *Wat zoudt gij zonder 't werkvolk zijn?* 1, S. 46; Peter Scholliers, «The Social-Democratic World of Consumption: The Path-Breaking Case of the Ghent Cooperative Vooruit Prior to 1914», *International Labor and Working-Class History* 55 (1999), S. 71–91, hier 74; Brepoels, *Wat zoudt gij zonder 't werkvolk zijn?*, 1, S. 46, 48. **213** Minsun Ji, «The worker Cooperative Movement in South Korea: From Radical Autonomy to State-Sanctioned Accommodation», *Labor History* 59 (2018) 4, S. 415–36; Van der Walt, «Anarchism and Syndicalism in an African Port City», S. 137–71. Siehe allgemein Mary Hilson u. a., *Global History of Consumer Co-Operation*, S. 12. **214** Hobsbawm, *Age of Empire*, S. 131; James Riordan, «The Worker Sports Movement», in: James Riordan/Arnd Kruger (Hgg.), *The International Politics of Sport in the Twentieth Century*, London 2002, S. 107; James Riordan, «Amateurism, Sport and the Left: Amateurism for All versus Amateur Elitism», *Sport in History* 26 (2006) 3, S. 474; Internationaal Instituut voor Sociale Geschiedenis, «Archief Stem des Volks (Amsterdam) 1898–1940, 1945–1998, 2002–2003, 1898–1940», https://search.iisg.amsterdam/Record/ARCH01951, abgerufen: 12. Feb. 2021; Roy Rosenzweig/Elizabeth Blackmar, *The Park and the People: A History of Central Park*, Ithaca (NY) 1992, S. 359–62.

Kapitel 13: Einhegungen

1 Charles S. Maier, *Leviathan 2.0: Die Erfindung moderner Staatlichkeit,* in: Emily S. Rosenberg (Hg.), *1870–1945: Weltmärkte und Weltkriege,* München 2012, S. 33–286. **2** Pierre Bourdieu, *Über den Staat: Vorlesungen am Collège de France 1989–1992,* Berlin 2014, S. 38. **3** Alvaro Sevilla-Buitrago, «Capitalist Formations of Enclosure: Space and the Extinction of the Commons», *Antipode* 47 (2015) 4, S. 999–1020. **4** Charles Maier nennt als Epochenrahmen für den Leviathan 2 die Zeit von ca. 1850 bis ca. 1970. Vgl. Maier, *Leviathan 2.0,* S. 99, 102 f., 111, 114 f., 117 f. **5** Giovanni Arrighi, *The Long Twentieth Century: Money, Power and the Origins of our Times,* London 1994, S. 59; Rudolf Hilferding, *Das Finanzkapital: Eine Studie über die jüngsten Entwicklungen des Kapitalismus,* Wien 1910; Werner Sombart, «Die Wandlungen des Kapitalismus», *Weltwirtschaftliches Archiv* 28 (1928), S. 250. Vgl. auch Eric Hobsbawm, *Das imperiale Zeitalter 1875–1914,* Frankfurt a. M. 1989, S. 58 f.; Charles Tilly, *Coercion, Capital, and European States, AD 990–1990,* Cambridge (MA) 1990, S. 183. **6** Maier, *Leviathan 2.0,* S. 100. **7** Pia M. Jolliffe, «Forced Labour in Imperial Japan's First Colony: Hokkaido», *Asia-Pacific Journal* 18 (2020) 20, S. 3; Katsuya Hirano, «Thanatopolitics in the Making of Japan's Hokkaido: Settler Colonialism and Primitive Accumulation», *Critical Historical Studies* 2 (2015) 2, S. 192. **8** Eine der zahlreichen Erwähnungen von Hokkaido als Japans erste Kolonie findet sich z. B. bei Michele M. Mason, *Dominant Narratives of Colonial Hokkaido and Imperial Japan: Envisioning the Periphery and the Modern Nation-State,* New York 2012, S. 13. **9** David L. Howell, *Capitalism from Within: Economy, Society, and the State in a Japanese Fishery,* Berkeley 1995, S. 2, 18, 19; Mason, *Dominant Narratives of Colonial Hokkaido,* S. 8; Fumiko Fujita, *American Pioneers and the Japanese Frontier: American Experts in Nineteenth-Century Japan,* Westport (CT) 1994, S. 1; Capron an Kuroda Chokan, Kaitakushi, Tokei, 29. Sep. 1874, hier zit. nach Horace Capron, *Reports and Official Letters to the Kaitakushi,* Massachusetts 1875, S. 264. Zu diesem Argument vgl. auch Horace Capron, «Memoirs», Bd. 2, «Expedition to Japan, 1871–1875», unveröffentlichtes Typoskript (ca. 1884), Special Collections, USDA National Agricultural Library, S. 92–94. Die Schätzungen zur Ainu-Bevölkerung divergieren stark, aber die verlässlichste Zahl scheint 15 000 zu sein. Eine sehr viel höhere Schätzung findet sich bei Hirano, «Thanatopolitics in the Making of Japan's Hokkaido», S. 204. Zur Bedeutung von Kunstdünger für die Steigerung der landwirtschaftlichen Produktivität auf Honshu vgl. Kären Wigen, *The Making of a Japanese Periphery, 1750–1920,* Berkeley 1995, S. 139, 158. **10** Hirano, «Thanatopolitics in the Making of Japan's Hokkaido», S. 198. Das Projekt spielte bei der Bildung des japanischen Nationalstaats eine wichtige Rolle, vgl. Jolliffe, «Forced Labour in Imperial Japan's First Colony», S. 2. **11** Sydney Xu Lu, *The Making of Japanese Settler Colonialism: Malthusianism and Trans-Pacific Migration, 1868–1961,* Cambridge 2019, S. 54. Zu Hokkaido als Beispiel für den Siedlerkolonialismus vgl. Mason, *Dominant Narratives of Colonial Hokkaido,* S. 16. **12** Fukuzawa Yukichi, *Sekai Kunizukushi* [1869], zit. nach Fujita, *American Pioneers and the Japanese Frontier,* S. 5 f.; Richard Siddle, *Race, Resistance, and the Ainu of Japan,* London 1996, S. 56. **13** Zit. nach Hirano, «Thanatopolitics in the Making of Japan's Hokkaido», S. 200. **14** Mori Arinori, zit. nach Fujita, *American Pioneers and the Japanese Frontier,* S. 6. **15** Mason, *Dominant Narratives of Colonial Hokkaido,* S. 25; Fujita, *American Pioneers and the Japanese Frontier,* S. 3, 5; Lu, *Making of Japanese Settler Colonialism,* S. 44; Fukuzawa, Sekai Kunizukushi [1869], zit. nach Fujita, *American Pioneers and the Japanese Frontier,* S. 6; Siddle, *Race, Resistance, and the Ainu of Japan,* S. 56; Mori Arinori, zit. nach Fujita, *American Pioneers and the Japanese Frontier,* S. 6; Hirano, «Thanatopolitics in the Making of Japan's Hokkaido», S. 200. Vgl. außerdem J. Austin Schaefer, «‹Go West, [Old] Man›: Horace Capron, Gilded Age Capitalism, and the Development of Hokkaido», *Vanderbilt Historical Review* (2016), S. 14. Vgl. hierzu z. B. K. Kuroda an Horace Capron, Shiba, 4. März 1874, zit. nach Capron, *Reports and Official Letters to the Kaitakushi,* S. 228. **16** Horace Capron, «Memoirs», Bd. 1, «Autobiography», unveröffentlichtes Typoskript (ca. 1884), Special Collections, USDA National Agricultural Library, S. 92 f.; J. Austin Schaefer, «‹Go West, [Old] Man›», S. 14. **17** Vgl. «Copy of article furnished by press by Governor Kuroda», März 1874, in: Folder 128, Box 4, Horace Capron Papers, Yale University, New Haven, CT; Capron, «Autobiography», S. 5, 19, 42, 67, 81, 130, 142 f. **18** Brief von Capron an Colonel Warren, 25. Feb. 1872, zit. nach Fujita, *American Pioneers and the Japanese Frontier,* S. 22. **19** Capron, «Expedition to Japan, 1871–1875», S. 43; Horace Caprons Eingangsbestätigung von Arinori Moris Angebot, 17. April 1871, Folder 99, Box 4, Capron Papers, Yale University; Capron an Kuroda Dikan, Sapporo, 13. Aug. 1873, zit. nach Capron, *Reports and Official Letters to the Kaitakushi,* S. 92. **20** Katsuya Hirano, «Settler Colonialism and the Making of Japan's Hokkaidō», in: Edward Cavanagh/Lorenzo Veracini (Hgg.), *The Routledge Handbook of the History of Settler Colonialism,* London 2917, S. 328; Capron an Kuroda Dikan, Sapporo, 22. Juli 1872, zit. nach Capron, *Reports and Official Letters to the Kaitakushi,* S. 59. Vgl. z. B. «Abstract of First Annual Report of Horace Capron, Commissionar and Adviser of Kaitakushi of Hokkaido, Tokio, Japan, for 1871», Tokei 1874, nachgedruckt in: Capron, *Reports and Official Letters to the Kaitakushi,* S. 41. **21** Capron, «Expedition to Japan, 1871–1875», S. 33. **22** Capron, S. 135. Vgl. hierzu z. B. Horace Capron an Kuroda Kiyotaka, Sapporo, 24. Juni 1874, zit. nach Capron, *Reports and Official Letters to the Kaitakushi,* S. 242. Zum Nutzholz vgl. Capron, «Expedition to Japan, 1871–1875», S. 103. **23** «Abstract of First Annual Report of Horace Capron», S. 43, 44. **24** Capron, «Expedition to Japan, 1871–1875», S. 22, 89, 187, 192. Vgl. z. B.

«Abstract of the Report of William P. Blake, Geologist and Mining Engineer, November 20, 1871», Tokei: Kaitakushi 1874, zit. nach Capron, *Reports and Official Letters to the Kaitakushi,* S. 9 f., 11; Capron, «Expedition to Japan, 1871–1875», S. 240; Kuroda Kiyotaka, Berater des Kaisers, an Capron, 5. Juni, 8. Jahr (Meiji), zit. nach Capron, «Expedition to Japan, 1871–1875», S. 270; Fujita, *American Pioneers and the Japanese Frontier,* S. ix. **25** «Report of A. G. Warfield, Engineer in Chief of Kaitakushi of Hokkaido, Tokei, Japan, December 29, 1871», zit. nach Capron, *Reports and Official Letters to the Kaitakushi,* S. 31. **26** «Abstract of First Annual Report of Horace Capron», zit. nach Capron, *Reports and Official Letters to the Kaitakushi,* S. 47. Vgl. z. B. die Empfangsbestätigung von Mt. Hope Nurseries, Folder 101, Box 4, Horace Capron Papers, Yale University; Capron, «Expedition to Japan, 1871–1875», S. 232; Michael Thornton, «A Capitol Orchard: Botanical Networks and the Creation of a Japanese ‹Neo-Europe›», *AHR* 127 (2022) 2, S. 575; T. Kikuchi, «The Beet Sugar Industry in Japan», *Sugar* 24 (1922), S. 610; Okara Keishi (Hg.), *Japanese Trade and Industry in the Meiji-Taisho Era,* Tokio 1957, S. 521. **27** Airnu Minzoku Teikoshi Shinya, zit. nach Hirano, «Thanatopolitics in the Making of Japan's Hokkaido», S. 191. **28** Hirano, «Thanatopolitics in the Making of Japan's Hokkaido», S. 56, 198, 202, 207; Siddle, *Race, Resistance, and the Ainu of Japan,* S. 56; Mason, *Dominant Narratives of Colonial Hokkaido and Imperial Japan,* S. 2; Howell, *Capitalism from Within,* S. 95, 97, 98, 105, 183. Die Produktion nahm von 208 000 Tonnen im Jahr 1871 bis 1897 auf 969 000 Tonnen zu. **29** «Abstract of the Report of William P. Blake», S. 2; Hirano, «Thanatopolitics in the Making of Japan's Hokkaido», S. 198–200, 209, 214; David L. Howell, «Early ‹Shizoku› Colonialization of Hokkaidō», *Journal of Asian History* 17 (1983), S. 40–67, bes. S. 41, 53, 61. **30** Siddle, *Race, Resistance, and the Ainu of Japan,* S. 59; Jolliffe, «Forced Labour in Imperial Japan's First Colony», S. 1, 6, 77; Jesús Solís, «From ‹Convict› to ‹Victim›: Commemorating Laborers on Hokkaido's Central Road», *Asia-Pacific Journal* 17 (2019) 6, S. 6 f., zit. nach Jolliffe, «Forced Labour in Imperial Japan's First Colony», S. 8. **31** Ebd., S. 9 f.; Tessa Morris-Suzuki, «Long Journey Home: A Moment of Japan-Korea Remembrance and Reconciliation», *Asia-Pacific Journal: Japan Focus* 13 (2015) 36. Vgl. außerdem Tom Arents/Norihiko Tsuneishi, «The Uneven Recruitment of Korean Miners in Japan in the 1910 s and 1920 s: Employment Strategies of the Miike and Chikuhō Coalmining Companies», *International Review of Social History* 60 (2015) 1, S. 121–143; Miyamoto Takashi, «Convict Labor and Its Commemoration: The Mitsui Miike Coal Mine Experience», *Asia-Pacific Journal: Japan Focus* 15 (2017) 1; Kobayashi Takiji, *The Crab Cannery Ship and Other Novels of Struggle,* Honolulu 2013; Michael Weiner, *Race and Migration in Imperial Japan,* London 1994; Tabata Etsuko, «Yūbari to chōsen jin», in: Yūbari hataraku mono no rekishi wo kiroko suru kai (Hg.), *Waga Yūbari, Shirarezaru yama no rekishi*, Sapporo 1982; 국민대학교 신문방송사, «북해도(北海道) 역사와 韓國人», 국민대학교, 15. Okt. 2004, abgerufen: 7. 7. 2024, url: https://press.kookmin.ac.kr/news/articleView.html?idxno=3876. **32** Siddle, *Race, Resistance, and the Ainu of Japan,* S. 63, 65 f., 74; Hirano, «Thanatopolitics in the Making of Japan's Hokkaido», S. 197, 204, 206; Hirano, «Settler Colonialism and the Making of Japan's Hokkaidō», S. 327, 332. **33** Jolliffe, «Forced Labour in Imperial Japan's First Colony», S. 4. **34** «Abstract of the Report of William P. Blake», S. 3, 4. **35** Chiri Yukie, Vorwort zu *Ainu Shin yōshū,* 1. März 1922, *Ainu Spirits Singing: The Living World of Chiri Yukie's Ainu Shin yōshū,* Honolulu 2011, S. 195. **36** Hirano, «Thanatopolitics in the Making of Japan's Hokkaido», S. 210, S. 214; «Abstract of the Report of William Blake», S. 3, 4. **37** Sevilla-Buitrago, «Capitalist Formations of Enclosure», S. 1014. **38** «Deutschlands Weltstellung und der Weiterbau am deutschen Nationalstaat», *Alldeutsche Blätter,* 7. Jan. 1894, S. 5–8. Vgl. auch, neben vielen anderen, Ragnhild Fiebig-von Hase, «The United States and Germany in the World Arena, 1900–1917», in: Hans-Jürgen Schröder (Hg.), *Confrontation and Cooperation: Germany and the United States in the Era of World War I, 1900–1924,* Oxford 1993, S. 33–68; Fritz Blaich, *Der Trustkampf 1901–1915: Ein Beitrag zum Verhalten der Ministerialbürokratie gegenüber Verbandsinteressen im Wilhelminischen Deutschland,* Berlin 1975, S. 38; Alfred Vagts, *Deutschland und die Vereinigten Staaten in der Weltpolitik,* Bd. 1, New York 1935, S. 345; Frank A. Vanderlip, *Amerikas Eindringen in das Europäische Wirtschaftsgebiet,* Berlin 1903; Hugo von Knebel-Doeberitz, *Besteht für Deutschland eine amerikanische Gefahr?,* Berlin 1904; Franz Erich Junge, *Amerikanische Wirtschaftspolitik: Ihre ökonomischen Grundlagen, ihre sozialen Wirkungen und ihre Lehren für die deutsche Volkswirtschaft*, Berlin 1910; Paul Lefébure, «Y a-t-il lieu de modifier la situation actuelle?», in: *Les états-unis d'Europe: Congrès des sciences politiques de 1900,* Paris 1901, S. 130; Hartmut Kaelble, *Europäer über Europa: Die Entstehung des europäischen Selbstverständnisses im 19. und 20. Jahrhundert,* Frankfurt a. M. 2001, S. 62, 70–72; Augustin Léger, «L'Américanisation du monde», *Le Correspondant,* 25. 4. 1902, S. 221–253, hier S. 221; Édouard Reyer, «L'américanisation de l'Europe», in: Revue bleue, 19. April 1902, S. 484–488; W. Wendlandt, «Die amerikanische Gefahr, mit besonderer Berücksichtigung des deutschen Zolltarif-Entwurfs», in: Jahresbericht des Bundes der Industriellen für das Geschäftsjahr 1900/1, Berlin 1901, S. 45–84, hier: S. 45, 46, 47 f., 52, 66 f.; Rudolf Harms, «Weltwirtschaftliche Aufgaben Deutschlands», in: *Veröffentlichungen des BdI* 1 (1912), S. 19; Alphonse de Haulleville, *Les aptitudes colonisatrices des Belges, et la question coloniale en Belgique,* Brüssel 1898, S. 393–397; Egisto Rossi, *Gli Stati Uniti e la concorrenza americana,* Florenz 1884; «La marcia degli stati», *Il Sole,* 31. 8. 1900; «Diario: Lotta di continenti», *Il Sole,* 13. 7. 1901; «Letter to the Editor», *Il Sole,* 23. 10. 1901; Jean Finot, «Français et Anglais devant l'anarchie européenne», *Revue des Revues* 24 (1903), S. 493–515; «Has Europe Abandoned Its Plan of Combining Against Us?», *Literary*

Digest 23 (1901) 6, S. 171–173; Monika Grucza, «Bedrohtes Europa: Studien zum Europa-Gedanken bei Alfons Paquet, André Suarès und Romain Rolland in der Periode zwischen 1890 und 1914», Diss. Justus-Liebig-Universität Gießen 2008, S. 46; Richard Calwer, *Die Meistbegünstigung der Vereinigten Staaten von Nordamerica,* Berlin 1902, S. 9; Der deutsche Botschafter in St. Petersburg, v. Schön, an Reichskanzler Bernhard von Bülow, St. Petersburg, 24. Feb. 1906, in: Bd. 5, R 16 379 (1906), Generalia Nr. 13, Amerika, Politisches Archiv des Auswärtigen Amts, Berlin. «For United Europe Not to Oppose Us», *New York Times,* 20. 9. 1908. **39** Louis Bosc, «Unions douanières et projets d'unions douanières: Essai historique et critique», Diss., Universität Aix-Marseille 1904, S. 237–239; 240, 243, 431. Zu ähnlichen Stellungnahmen dieser Art vgl. den Bund der Industriellen (BdI), zit. bei Ragnhild Fiebig-von Hase, «Die deutsch-amerikanischen Wirtschaftsbeziehungen, 1890–1914, im Zeichen von Protektionismus und internationaler Integration», *Amerikastudien* 33 (1988) 3, S. 329–357, hier S. 353; Federigo Flora, «Il pericolo americano», *La riforma sociale* 12 (1902), S. 444–468, hier S. 444. **40** Zitat von Gavin Wright/Jesse Czelusta, «Resource-Based Growth Past and Present», in: Daniel Lederman/William F. Maloney (Hgg.), *Natural Resources: Neither Curse nor Destiny,* Palo Alto/Washington D. C. 2007, S. 183–211, hier S. 184. Zum allgemeinen Argument s. a. A. Paul David/Gavin Wright, «Increasing Returns and the Genesis of American Resource Abundance», *Industrial and Corporate Change* 6 (1997) 2, S. 203–245; Michael Barnhart, *Japan Prepares for Total War: The Search for Economic Security, 1919–1941,* Ithaca (NY) 1991, S. 50. Zur ersten Großen Divergenz vgl. Kenneth Pomeranz, *The Great Divergence: China, Europe, and the Making of the Modern World Economy,* Princeton 2000. Zum imperialen Zeitalter vgl. Eric Hobsbawm, *Das imperiale Zeitalter 1875–1914.* **41** Walther Rathenau, «Deutsche Gefahren und neue Ziele», *Neue Freie Presse,* 25. 12. 1913, abgedruckt in: ders., *Gesammelte Schriften,* Bd. 1, Berlin 1925, S. 267–278, Zitat S. 268. **42** Donald W. Meinig, *The Shaping of America: A Geographical Perspective on 500 Years of History,* Bd. 3, New Haven 1998; Thomas G. Andrews, *Killing for Coal: America's Deadliest Labor War,* Cambridge (MA) 2008; Steven Hahn, *A Nation Without Borders; The United States and Its World in an Age of Civil Wars, 1830–1910,* New York 2016; Noam Maggor, *Brahmin Capitalism: Frontiers of Wealth and Populism in America's First Gilded Age,* Cambridge (MA) 2017; US Bureau of Census with William Mott Steuart, Special Report: Mines and Quarries, 1902, Washington D. C. 1905, S. 417, 730; William Rush Merriam, Dir., 1900 Census Reports: Agriculture, Washington 1902, einschl. Bd. 5, Teil 1, «Farms, Live Stock and Animal Products», S. clxii, u. Bd. 6, Teil 2, «Crops and Irrigation», S. 80, 92, 425, 473, 528; David T. Day, *Mineral Resources of the United States, Calendar Year 1900,* Washington D. C. 1901, S. 144, 287; Gavin Wright/Jesse Czelusta, «Why Economies Slow: The Myth of the Resource Curse», *Challenge* 47 (2004) 2, S. 6–38, hier S. 9; Edward Barbier, *Scarcity and Frontiers: How Economics Have Developed Through Natural Resource Exploitation,* Cambridge 2011, S. 399. Die dreizehn Gründer-Kolonien und das Nordwest-Territorium nahmen im Jahr 1800 eine Fläche von rund 800 000 Quadratmeilen ein; im Jahr 1850 umfassten die Vereinigten Staaten eine Fläche von fast drei Millionen Quadratmeilen. Vgl. «Expansion of Our Territory» (Tab.) in: Oscar Austin, *Steps in the Expansion of Our Territory,* New York 1903, S. 249 f. **43** Sven Beckert, *The Monied Metropolis: New York City and the Consolidation of the American Bourgeoisie, 1850–1896,* Cambridge 2001; Eli Cook, *The Pricing of Progress: Economic Indicators and the Capitalization of American Life,* Cambridge (MA) 2017. Zu Import- und Exportdaten, die Waren und Dienstleistungen umfassen, vgl. Series U1–25, «Balance of International Payments: 1790 to 1970», in: *Historical Statistics of the United States: Colonial Times to 1970,* Bd. 2, Washington, D. C. 1975, S. 864 f. Zum Bruttosozialprodukt vgl. Series F1–5, «Gross National Product, Total and Per Capita, in Current and 1958 Prices: 1869–1970», in: *Historical Statistics of the United States: Colonial Times to 1970,* Bd. 1, Washington D. C. 1975, S. 216. **44** Richard White, *«It's Your Misfortune and None of My Own»: A New History of the American West,* Norman 1991; William Cronon, *Nature's Metropolis: Chicago and the Great West,* New York 1992; Noam Maggor, *Brahmin Capitalism;* Pekka Hämäläinen, *The Comanche Empire,* New Haven 2008; Richard Franklin Bensel, *The Political Economy of American Industrialization, 1877–1900,* Cambridge 2000; Megan Black, *The Global Interior: Mineral Frontiers and American Power,* Cambridge (MA) 2018, S. 17, 20; Jürgen Osterhammel hat die Vereinigten Staaten scharfsichtig als einen ungewöhnlich frühen Fall einer administrativen und wissenschaftlichen Integration eines sehr großen und expandierenden Territoriums beschrieben. Vgl. Jürgen Osterhammel, *Die Verwandlung der Welt: Eine Geschichte des 19. Jahrhunderts,* München 2009, S. 169. Der amerikanische Staat zeigte natürlich auch erhebliche Schwächen, aber es ist unverändert bemerkenswert, wie erfolgreich sein Projekt des territorialen Wachstums und der territorialen Eingliederung im Vergleich zu anderen Teilen der Welt verlief. **45** Black, *Global Interior,* S. 7, 27. **46** Eine detailliertere Darstellung bietet Claudio Saunt, «Financing Dispossession: Stocks, Bonds, and the Deportation of Native Peoples in the Antebellum United States», *JAH* 106 (2019) 2, S. 315–337; Richard White, *Railroaded: The Transcontinentals and the Making of Modern America,* New York 2011. Vgl. Frederick Jackson Turner, «The Significance of the Frontier in American History», *Annual Report of the American Historical Association for the Year 1993,* Washington D. C. 1894, S. 197–227, wiederabgedruckt u. a. in: *Rereading Frederick Jackson Turner: The Significance of the Frontier in American History» and Other Essays,* New Haven 1998, dort S. 31–60; Frederick Jackson Turner, «Die Bedeutung der Frontier in der amerikanischen Geschichte», in: ders., *Demokratisches Selbstverständnis und der Westen: Texte über Amerika,* Ditzingen 2019, S. 7–52; Louis A. Pérez,

Cuba in the American Imagination: Metaphor and the Imperial Ethos, Charlottesville 2008, S. 11; Anna M. Agathangelou/Lily H. M. Ling, *Transforming World Politics: From Empire to Multiple Worlds,* London 2009, S. 73. **47** Julius Wolf, «Die Ersprießlichkeit des wirtschaftspolitischen Zusammenschlusses der mitteleuropäischen Staaten u. a. mit Hinblick auf Amerika», Rede in Wien, 19. Mai 1903, abgedruckt in: ders. (Hg.), *Materialien betreffend den Mitteleuropäischen Wirtschaftsverein,* Berlin [2]1904, S. 31–45, Zitat S. 31. **48** John Darwin, *The Empire Project: The Rise and Fall of the British World System, 1830–1970,* Cambridge 2011; Duncan Bell, *The Idea of Greater Britain: Empire and the Future of World Order, 1860–1900,* Princeton 2007; Andrew S. Thompson, *Imperial Britain: The Empire in British Politics, c. 1880–1932,* London 2000. Richard White mag recht haben, wenn er in *Railroaded* erklärt, der Bau riesiger transkontinentaler Eisenbahnlinien sei unter wirtschaftlichen Gesichtspunkten zwar nicht «sinnvoll» gewesen, bei einer umfassenderen Betrachtung werde jedoch deutlich, dass er für die territoriale Integration der Nation von entscheidender Bedeutung war. **49** Andreas Etges, *Wirtschaftsnationalismus: USA und Deutschland im Vergleich (1815–1914),* Frankfurt a. M. 1992, S. 275–282. Vgl. Tony Smith, *The Pattern of Imperialism: The United States, Great Britain, and the Late-Industrializing World Since 1815,* Cambridge 1981, S. 35; Alfred Thayer Mahan, *Der Einfluss der Seemacht auf die Geschichte,* Bd. 1, Berlin 1898, dort S. 39 f., 236 f., 265. Über diesen neuen Imperialismus gibt es eine äußerst umfangreiche Literatur mit zahlreichen Meinungsverschiedenheiten. Vgl. hierzu z. B.: Antony G. Hopkins, *American Empire: A Global History,* Princeton 2018, S. 267–281. Ein breites Spektrum sehr unterschiedlicher Interpretationen des «neuen Imperialismus» findet sich z. B. bei Hans-Ulrich Wehler, *Bismarck und der Imperialismus,* Köln 1969; Ders., *Der Aufstieg des amerikanischen Imperialismus: Studien zur Entwicklung des Imperium Americanum 1865–1900,* Göttingen 1974; Rosa Luxemburg, *Die Akkumulation des Kapitals: Ein Beitrag zur ökonomischen Erklärung des Imperialismus,* Berlin 1913; Wladimir Iljitsch Lenin, *Der Imperialismus als höchstes Stadium des Kapitalismus: eine gemeinverständliche Studie,* Zürich 1934 (und zahlreiche weitere deutsche Ausgaben); Wolfgang J. Mommsen, *Imperialismustheorien: Ein Überblick über die neueren Imperialismusinterpretationen,* Göttingen 1980; Niall Ferguson, *Empire: How Britain Made the Modern World,* London 2004; Edward Said, *Kultur und Imperialismus: Einbildungskraft und Politik im Zeitalter der Macht,* Frankfurt a. M. 1994; Eric Hobsbawm, *Das imperiale Zeitalter.* Unter vielen Büchern vgl. z. B. Gerhard L. Weinberg, *Germany, Hitler, and World War II: Essays in Modern German and World History,* Cambridge 1995; Hans-Ulrich Wehler, *Das Deutsche Kaiserreich, 1871–1918,* Göttingen 1973. Vgl. auch Alan S. Milward, *The European Rescue of the Nation-State,* Berkeley 1992, sowie Desmond Dinan (Hg.), *Origins and Evolution of the European Union,* Oxford 2006. **50** Peter Duus, *The Abacus and the Sword: The Japanese Penetration of Korea, 1895–1910,* Berkeley 1998, S. 2; Klas Rönnbäck/Oskar Broberg, *Capital and Colonialism: The Return on British Investments in Africa, 1869–1969,* Cham 2019, S. 22; David Killingray, «The War in Africa», in: Hew Strachan (Hg.), *The Oxford Illustrated History of the First World War,* Oxford 1998, S. 101; Alexander Morrison, *Russian Rule in Samarkand 1868–1910: A Comparison with British India,* Oxford 2008; Seymour Becker, «The ‹Great Game›: The History of an Evocative Phrase», *Asian Affairs* 43 (2012) 1, S. 61–80; Gerald Morgan, «Myth and Reality in the Great Game», *Asian Affairs* 4 (1973) 1, S. 55–65; Jeff Sahadeo, *Russian Colonial Society in Tashkent, 1865–1923,* Bloomington 2007. **51** Zum Originalzitat («pour soustraire nos Industrie au joug dangereux de l'étranger, nous tournons vers no colonies») vgl. «Colonie du Niger, les irrigation du Niger et la culture cotonnière au Soudan, octobre 1921», in: Series R, Agriculture, Culture du Coton, 1889–1943, 1R/00035, ANS. Zur großen Bedeutung der Sicherung von Rohstoffen für die nationale Industrie vgl. außerdem «Le coton soudanais: production – outillage – colonisation, rapport», S. 4, Series R, Agriculture, Culture du Coton, 1889–1943, 1R/00035, ANS, wo dieses Argument explizit vorgebracht wird. **52** Harry Denicke, «Ein kolonialpolitisches Nachwort zur Reichstagsrede des Reichskanzlers vom 10. Dez. 1891», *Deutsche Kolonialzeitung* 1 (1892) 9, S. 3. **53** «Why Not Another America?», *African World,* 11. Feb. 1905, S. 15. **54** Zum Zeitungszitat («à nos portes, une espèce Amérique») vgl. «Une politique immigration à Madagascar», *La Dépêche,* 3. 6. 1926. Zu ähnlichen Erklärungen dieser Art vgl. Karl Dove, «Der Sinn einer künftigen Kolonialpolitik», *Deutsche Kolonialzeitung* 33 (1916) 10, S. 156–158, hier S. 158; George Neville Sanderson, «The European Partition of Africa: Origins and Dynamics», in: Roland Oliver/George Neville Sanderson (Hgg.) *The Cambridge History of Africa,* Bd. 6, Cambridge 1985, S. 96–158, hier S. 126; Octave Noël, *Le péril américain,* Paris 1899, S. 144. Vgl. außerdem Herward Sieberg, *Eugène Étienne und die französische Kolonialpolitik, 1887–1904,* Köln/Opladen 1968, S. 77–90; *Journal officiel de la République française: Débats parlementaires,* Chambre des Députés 10 (Juli-Dez. 1885), S. 1665; Heiko Körner, *Kolonialpolitik und Wirtschaftsentwicklung: Das Beispiel Französisch Westafrikas,* Stuttgart 1965, S. 41. **55** «La politique coloniale est la fille de la politique industrielle», zit. nach Körner, *Kolonialpolitik und Wirtschaftsentwicklung,* S. 41 f. **56** Körner, *Kolonialpolitik und Wirtschaftsentwicklung,* S. 42; Robert Aldrich, *Greater France: A History of French Overseas Expansion,* New York 1996, S. 100. **57** Paul Leroy-Beaulieu, *De la Colonisation chez les peuples modernes,* Paris [2]1882. Vgl. außerdem David Todd, «A French Imperial Meridian, 1814–1870», *Past & Present* 210 (2011), S. 155–186, hier S. 183; Hendrik L. Wesseling, *Teile und herrsche: Die Aufteilung Afrikas, 1880–1914,* Stuttgart 1999, S. 19 f. **58** Charles Gide, «A quoi servent les colonies?», *Revue de géographie* 18 (1886), S. 36–52, 141–147. **59** Robert Aldrich, *Greater France: A History of French Overseas Expansion,* New York 1996, S. 100–102,

171; Körner, *Kolonialpolitik und Wirtschaftsentwicklung*, S. 42; Sieberg, *Eugène Étienne*, S. 91; François Caron, *Frankreich im Zeitalter des Imperialismus, 1851–1918*, Stuttgart 1991, S. 458. Eine weitere wichtige Organisation war die 1893 von mehr als 400 französischen Unternehmern gegründete *Union Coloniale Française*. Sie brachte die Zeitschrift *La quinzaine coloniale* heraus. **60** Zu dieser Parole («mise en valeur des colonies») vgl. Sieberg, *Eugène Étienne*, S. 78. **61** Zitiert nach ebd., S. 79, 92. Vgl. auch Caron, *Frankreich im Zeitalter des Imperialismus*, S. 458. **62** Körner, *Kolonialpolitik und Wirtschaftsentwicklung*, S. 35 f. Capo de Feuillide (Pseud.), *L'Algérie française*, Paris 1856, S. 281, 294; Augustin Bernard, *L'Algérie*, Paris 1930, S. 521. **63** Victor Hugo, zit. nach Charles-Robert Ageron, «L'idee d'Eurafrique et le débat colonial franco-allemand de l'entredeux guerres», *Revue d'histoire moderne et contemporaine* 22 (1975) 3, S. 446–475, hier S. 446. **64** B. Maraini, Typoskript, «FIAT – Corso per ispettori commerciali all'estero, le marche esistenti e loro caratteristiche principali», Okt. 1918, S. 41, in: L'Industria Automobili Americana, Libro Maraini, Box MSC 0100, CSF, Turin. **65** Zitat aus: Friedrich Naumann, *National-sozialer Katechismus: Erklärung der Grundlinien des National-Sozialen Vereins*, Berlin 1897, S. 6, 7 f., url: www.digitale-sammlungen.de/de/view/bsb11124407?page=,1. Vgl. auch A. Stapff, *Kommentar zur Dritten Generalversammlung des Mitteleuropäischen Wirtschaftsvereins*, München, 14. Okt. 1911, zit. nach dem *Berliner Börsen-Courier*, 9. 1. 1912. **66** «Veröffentlichungen der Gesellschaft, Bericht über die Tagung der Deutschen Kolonialgesellschaft zu Karlsruhe i. B.», Vorstandssitzung am 4. Juni, in: *Deutsche Kolonialzeitung* 20, Neue Serie 16 (1903) 24, S. 235–237. Es gab außerdem Bemühungen, Öl aus Kamerun zu beschaffen. Vgl. «Erkundung der Möglichkeiten für Ölbohrungen in Kamerun», Aktennotiz, 8. April 1907, in: Deutsche Kolonialgesellschaft, Akten zur Petroleumgewinnung in den Kolonien, 1907–1914, Reichskolonialamt, R 8023, f443, Bundesarchiv [BA] Berlin. **67** Walther Rathenau, «Deutsche Gefahren und neue Ziele» [Anm. 41], S. 269. **68** Nautilus (Pseud.), «Le coton au Soudan français», in: *Revue des cultures coloniales* 12–13 (1903), S. 302; Ed.-C. Achard, «Le Coton en Cilicie et en Syrie», in: *Documents économiques, politiques, et scientifiques, supplement, L'Asie française* 203, Nr. S3 (Juni 1922), S. 19–64 (hier 21–23); Claude Malon, *Le Havre colonial de 1880 à 1960*, Mont-Saint-Aignan 2006, S. 184; Paul Bourdarie, «La lutte pour le coton colonial», in: *Bulletin de la société de géographie commerciale du Havre*, 3.-4. Trimester 1905 (1906), S. 418–435; Peter Grupp, *Deutschland, Frankreich und die Kolonien: Der französische «Parti colonial» und Deutschland von 1890 bis 1914* , Tübingen 1980, 57–58. Das «amerikanische Joch» ist auch ein bildlicher Ausdruck in: Hugo von Knebel-Doeberitz, *Besteht für Deutschland eine amerikanische Gefahr?*, Berlin 1904, S. iv, 1. **69** Sven Beckert, «From Tuskegee to Togo: The Problem of Freedom in the Empire of Cotton», *JAH* 92 (2005) 2, S. 498–526; Karl Supf, «Zur Baumwollfrage», *Deutsche Kolonialzeitung* 17, Neue Serie 13 (1900) 20, S. 215–218 (hier S. 216–18); «Der Verbrauch der Rohbaumwolle der Vereinigten Staaten von Nordamerika», *Deutsche Kolonialzeitung* 18, Neue Serie 14 (1901) 33, S. 327–328; «Deutsch-koloniale Baumwoll-Unternehmungen 1902–1903», *Deutsche Kolonialzeitung* 20, Neue Serie 16 (1903) 31, S. 311–313 (hier: S. 311); Erich Prager, «Kolonialwirtschaft und Nationalvermögen», *Deutsche Kolonialzeitung* 20, Neue Serie 16 (1903) 23, S. 223–224; «Baumwollbau in den deutschen Kolonien», *Deutsche Kolonialzeitung* 27 (1910) 17, S. 271–272; Dr. Warnack, «Die Baumwollnot», *Deutsche Kolonialzeitung* 27 (1910) 49, S. 816–817; «Der koloniale Baumwollbau und Handel und Industrie [*sic*]», *Deutsche Kolonialzeitung* 30 (1913) 13, S. 214; Hans-Peter Ullmann, *Der Bund der Industriellen: Organisation, Einfluß und Politik klein- und mittelbetrieblicher Industrieller im Deutschen Kaiserreich, 1895–1914*, Göttingen 1976, S. 172. **70** Alphonse de Haulleville, *Les aptitudes colonisatrices des Belges et la question colonial en Belgique*, Brüssel 1898, S. 396. Vgl. auch Eugène Melchior de Vogüé, *Spectacles contemporains*, Paris 1891, S. 343. **71** Lothar Wackerbeck, «Die deutschen Kolonialgesellschaften: Ihre Entstehung, Entwicklung und Sonderstellung im Gesellschaftsrecht», Diss. Universität Münster 1977, S. 8; Erich Prager (Hg.), *Die deutsche Kolonialgesellschaft, 1882–1907*, Berlin 1908; «Der Kongreß der drei Amerikas», *Deutsche Kolonialzeitung* 6, Neue Serie 2 (1889) 35, S. 311; Sanderson, «European Partition of Africa», S. 51–54, 101, 103. **72** Sanderson, «European Partition of Africa», S. 98, 126; Vincent Viaene, «King Leopold's Imperialism and the Origins of the Belgian Colonial Party», *Journal of Modern History* 89 (2008) 4, S. 750–757. Vgl. außerdem Gustav von Schmoller, «Die wirtschaftliche Zukunft Deutschlands und die Flottenvorlage», in: Ders./Max Sering/Adolph Wagner (Hgg.), *Handels- und Machtpolitik*, Bd. 1, Stuttgart 1900, S. 1–38. **73** Friedrich Naumann, *National-Sozialer Katechismus* [Anm. 65], S. 10. **74** Lothar Wackerbeck, «Die deutschen Kolonialgesellschaften», S. 8; Erich Prager (Hg.), *Die deutsche Kolonialgesellschaft*; «Der Kongreß der drei Amerikas», S. 311; Sanderson, «European Partition of Africa», S. 51–54, 101, 103. Der Begriff «commodity frontier» und seine Definition stammen von Jason W. Moore, «Sugar and the Expansion of the Early Modern World-Economy: Commodity Frontiers, Ecological Transformation, and Industrialization», *Review (Fernand Braudel Center)* 23 (2003), S. 409–433. **75** Cyrus C. Adams, «Foundations of Economic Progress in Tropical Africa», *Journal of Race Development* 2 (1911), S. 1–17. **76** «Protokoll Nr. 1, Sitzung vom 15. Nov. 1884», in: Frank Thomas Gatter (Hg.), *Protokolle und Generalakte der Berliner Afrika-Konferenz, 1884–1885*, Bremen: Übersee-Museum 1984, S. 101. **77** Zur Geschichte des europäischen Kolonialismus, besonders zu dessen wirtschaftlichen Dimensionen, vgl. u. a. Antony G. Hopkins, *An Economic History of West Africa*, London 1973; Gareth Austin, *Labour, Land and Capital in Ghana: From Slavery to Free Labour in Asante, 1807–1956*, Rochester (NY) 2005; Herbert S. Frankel, *Capital Investment in Africa:*

Its Course and Effects, London 1938; Jane I. Guyer, *Money Matters: Instability, Values, and Social Payments in the Modern History of West African Communities,* Portsmouth (NH) 1995; Joseph C. Miller, «The Dynamics of History in Africa and the Atlantic Age of Revolutions», in: David Armitage/Sanjay Subrahmanyam (Hgg.), *The Age of Revolutions in Global Context, c. 1760–1840,* Basingstoke 2010, S. 101–124; Jane I. Guyer, *Marginal Gains: Monetary Transactions in Atlantic Africa,* Chicago 2004; George Neville Sanderson, «The European Partition of Africa: Coincidence or Conjecture?», in: Ernest F. Penrose (Hg.), *European Imperialism and the Partition of Africa,* London 1975, S. 98, 99, 100; Michael Ralph, *Forensics of Capital,* Chicago 2015, S. 63; Ralph A. Austen/Jonathan Derrick, *Middlemen of the Cameroons Rivers: The Duala and Their Hinterland, c. 1600-c. 1960,* Cambridge 1999; Klaus J. Bade, «Imperial Germany and West Africa: Colonial Movement, Business Interests and Bismarck's ‹Colonial Policies›», in: Stig Förster/Wolfgang J. Mommsen/Ronald Robinson (Hgg.), *Bismarck, Europe, and Africa: The Berlin Africa Conference, 1884–1885, and the Onset of Partition,* Oxford 1988, S. 121–147 (hier S. 131); Frank Thomas Gatter (Hg.), *Protokolle und Generalakte der Berliner Afrika-Konferenz,* S. 103; «Protokoll Nr. 1, Sitzung vom 15. Nov. 1884», in: *Protokolle und Generalakte der Berliner Afrika-Konferenz, 1884–1885* [s. o.], S. 98–117 (hier S. 101 f.); *Annuaire statistique de la France* 21 (1901), S. 265–266; Francesca Schinzinger, *Die Kolonien und das Deutsche Reich: Die wirtschaftliche Bedeutung der deutschen Besitzungen in Übersee,* Wiesbaden 1984, S. 120, 126; Godfrey Nwanoruo Uzoigwe, «The Results of the Berlin West Africa Conference: An Assessment», in: Förster u. a., *Bismarck, Europe, and Africa,* S. 541–552 (hier S. 543). Zum Thema präventive Ansprüche vgl. Jane Burbank/Frederick Cooper, *Imperien der Weltgeschichte: Das Repertoire der Macht vom alten Rom und China bis heute,* Frankfurt a. M. 2012, S. 361–413 (Kap. 10); Cyrus C. Adams, «Foundations of Economic Progress in Tropical Africa», *Journal of Race Development* 2 (1911), S. 1–17; Richard White, *The Middle Ground: Indians, Empires, and Republics in the Great Lakes Region, 1650–1815,* Cambridge 2011. Neben Sanderson betont auch William G. Clarence-Smith die zunehmende Bedeutung des Staates bei der Sicherung von Rohstoffen (in diesem Fall allerdings während des Zweiten Weltkriegs): «The Battle for Rubber in the Second World War: Cooperation and Resistance», Commodities of Empire Working Paper Nr. 14, Nov. 2009, S. 1–19 (hier S. 13). **78** Zit. nach Uzoigwe, «Results of the Berlin West Africa Conference», S. 543. **79** Vgl. Chikouna Cissé, «Grand-Bassam dans l'expansion du capitalisme européen dans la colonie de Côte d'Ivoire, 1893–1930», unveröffentlichtes Paper, Konferenz Colonial Cities in Global Perspective, Saint-Louis, Senegal, Dez. 2018. **80** Vgl. zu diesem Zitat («cette pénétration méthodique de territoires maintenant acquis à notre domination») den Brief des Staatssekretärs für die Kolonien an Binger, 18. Juli 1893, ANSOM, CI, S. 1, 10, zit. nach Cissé, «Grand-Bassam dans l'expansion du capitalisme européen». **81** Zum ersten Zitat («je me suis montré partisan de la pénétration») vgl. Louis Faidherbe, *Le Sénégal: La France dans l'Afrique occidentale,* Paris 1889, S. 2. Zum zweiten Zitat («expériences que le gouverneur Faidherbe, avec la ténacité et la généreuse ardeur qu'il apportait à faciliter, encourager et récompenser tout ce qui pouvait contribuer au développement des richesses du Sénégal, ne perdait pas de vue un seul instant») vgl. «Culture du coton au Senegal, 1900/1924», Series R, Agriculture, Culture du Coton, 1889–1943, IR/00035, ANS. **82** Jenna Nigro, «Colonial Logics: Agricultural, Commercial & Moral Experiments in the Making of French Senegal, 1763–1870», Diss. University of Illinois 2014, S. 232; Catherine Boone, *Merchant Capital and the Roots of State Power in Senegal, 1930–1985,* Cambridge 1992, S. 40 f. **83** Rodolphe Darricau, *Le Sénégal sera-t-il une colonie ou un simple comptoir?,* Paris 1850 [Neuausgabe: Paris 2013]. **84** Zit. nach Nigro, «Colonial Logics», S. 244. Das Originalzitat lautet: «Ils subissaient de la part de chefs indigènes, des humiliations, des violences, et des exactions de toute nature.» **85** Zit. nach Nigro, «Colonial Logics», S. 247. Vgl. auch Nigro, S. 250. Das französische Originalzitat lautet: «Les peuplades arrogantes qui ont osé vous provoquer au combat, sont aujourd'hui tremblantes à nos pieds. Elles sollicitent la paix et la protection de France.» **86** Nigro, «Colonial Logics», S. 235, 239, 240, 241, 256. **87** Zit. ebd., S. 258 (im Original «pour maintenir l'unité de commandement, la fusion des intérêts, l'esprit d'ordre, de suite et d'entreprises»). **88** Ebd., S. 236, 250, 252–262, 265; Kleoniki Alexopoulou/Dácil Juif, «Colonial State Formation Without Integration: Tax Capacity and Labour Regimes in Portuguese Mozambique (1890s–1970s)», *International Review of Social History* 62 (2017) 2, S. 221. Zu Beispielen für die Kartierung und Vermessung von Land und Menschen vgl. den 1890 in den Senegal geschickten Fragebogen, mit dem Daten zur Produktion erbeten werden. Vgl. «Direction de l'intérieur: Culture et production dans la colonies du Senegal, 1887–1890», Agriculture, Series R, 1 R/00240, ANS. **89** Faidherbe, zit. nach Nigro, «Colonial Logics», S. 271. Die Bedeutung des amerikanischen Vorbilds wird auch betont bei Alexis Bois, *Senegal et Soudan, travaux publics et chemins de fer,* Paris 1886, S. 39. **90** Zum Zitat («vous avez brisé les barrières que la barbarie opposait à la civilisation») vgl. *Moniteur,* 2. Mai 1865, S. 81, zit. nach Nigro, «Colonial Logics», S. 280, sowie ebd., S. 332. **91** Louise Young, *Japan's Total Empire: Manchuria and the Culture of Wartime Imperialism,* Berkeley 1999, S. 23 f. **92** Zit. nach Han-Yu Chang/Ramon H. Meyers, «Japanese Colonial Development Policy in Taiwan, 1895–1906: A Case of Bureaucratic Entrepreneurship», *Journal of Asian Studies* 22 (1963) 4, S. 436. **93** «Reimeiki no Tōa burokku», *Ekonomisuto,* 1. April 1938, S. 35, zit. nach Young, *Japan's Total Empire,* S. 229. Weitere Erklärungen dieser Art finden sich auf S. 228–231. **94** Zit. nach Duus, *Abacus and the Sword,* S. 17. **95** Ebd., S. 432. **96** Young, *Japan's Total Empire,* S. 32. **97** Duus, *Abacus and the Sword,* S. 1,

12, 19, 20, 28; Young, *Japan's Total Empire*, S. 28, 32. Zu einer zeitgenössischen Wahrnehmung von Einhegungen im kontinentalen Maßstab vgl. ebd., S. 229. **98** Jack F. Williams, «Sugar: The Sweetener in Taiwan's Development», in: Ronald G. Knapp (Hg.), *China's Island Frontier: Studies in the Historical Geography of Taiwan*, Honolulu 1980, S. 220, 221, 223; Hirai Kensuke, *Satō no teikoku: Nihon shokuminchi to Akia shijō* [Das Zucker-Reich: Externe Kräfte des Wandels in der Wirtschaft der japanischen Kolonien], Tokio 2017, S. 12, 19. **99** Williams, «Sugar», S. 224, 226; Chang/Meyers, «Japanese Colonial Development Policy in Taiwan», S. 443. **100** Inazō Nitobe, «Japan as a Colonizer», *Journal of Race Development* 2 (1912) 4, S. 348. **101** Chang/Meyers, «Japanese Colonial Development Policy in Taiwan», S. 44, 440; Williams, «Sugar», S. 226, 227, 232. **102** Zur Aufteilung von «Zuckerrohr-Lieferregionen» vgl. Hirai, *Satō no teikoku*, S. 18; Williams, «Sugar», S. 227, 229, 231, 232 f.; Hirai, *Satō no teikoku*, S. 19; Hopkins, *Economic History of West Africa*, S. 242. **103** Inazō Nitobe, «Japan as a Colonizer», *Journal of Race Development* 2 (1912) 4, S. 359. **104** Werner Sombart, *Der moderne Kapitalismus: Historisch-systematische Darstellung des gesamteuropäischen Wirtschaftslebens von seinen Anfängen bis zur Gegenwart*, Bd. 3, Erster Halbband, München/Leipzig 1927 [Nachdruck: München 1987], S. 69. **105** Doreen Lustig, *Veiled Power: International Law and the Private Corporation, 1886–1981*, Oxford 2020, S. 15–30. **106** Vgl. Thomas Pakenham, *Der kauernde Löwe: Die Kolonialisierung Afrikas, 1876–1912*, Düsseldorf/Wien 1993, S. 297–300. Vgl. auch Travers Twiss, zit. nach: United States Senate, 48th Congress, 1st Session, The Committee of Foreign Relations, Report Nr. 393, 26. März 1884, S. 24. **107** Arntz, zit. nach ebd., S. 33. **108** Ebd., S. 4, 29. **109** Lea Haller, *Transithandel: Geld- und Warenströme im globalen Kapitalismus*, Berlin 2019, S. 72; Lustig, *Veiled Power*, S. 2. **110** Vgl. hierzu z. B. den Vertrag zwischen der Hudson Bay Company und den Teechamitsa, abgedruckt in: Government of British Columbia, *Papers Connected with the Indian Land Question, 1850–1875*, Victoria BC 1875, S. 5–11. **111** Kumari Jayawardena/Rachel Kurian, *Race, Class, Patriarchy and Ethnicity on Sri Lankan Plantations: Two Centuries of Power and Protest*, New Delhi 2015, S. 2, 23; Julie Tomiak/Justin Paulson, «Original and Ongoing Dispossessions: Settler Capitalism and Indigenous Resistance on British Columbia», unveröffentlichtes Paper, präsentiert bei der «Past and Future of Primitive Accumulation Conference», International Institute for Social History, Amsterdam 2019, S. 2, 5; Ho Hai Quang, *Histoire économique de l'île de la Réunion, 1849–1881*, Paris 2004, S. 183; David Gilmartin, *Blood and Water: The Indus River Basin in Modern History*, Oakland (CA) 2015, S. 146; Paul W. Paustin, *Canal Irrigation in the Punjab: An Economic Inquiry Relating to Certain Aspects of the Development of Canal Irrigation by the British in the Punjab*, New York 1968, S. 122; R. Gerard Ward, «Land Use and Land Alienation in Fiji to 1885», *Journal of Pacific History* 4 (1969), S. 5, 6, 8; Matthias van Rossum, «Building Maritime Empire: Shipbuilding and Networks of Coercion Under the Verenigde Oost-Indische Compagnie (VOC) in South and Southeast Asia», *International Journal of Maritime History* 31 (2019) 3, S. 465–480, 468; Chris Baker/Pasuk Phongpaichit, *A History of Thailand*, Oxford 2014, S. 89; James C. Ingram, *Economic Change in Thailand Since 1850*, Stanford 1955, S. 96. Zur Geschichte der britischen Besteuerung von Bauern im Punjab vgl. Navyug Gill, «Accumulation by Attachment Revenue, Culture and the Rule of Capital in Colonial Panjab», unveröffentlichtes Papier, präsentiert am International Institute for Social History, 2019. Zu Morden der Briten vgl. die ausgezeichnete Dissertation von David Avilés Espinoza, «Spatial Political Economy, Uneven Development, and the Production of Nature in Chile», Diss. University of Sidney 2022, S. 163. **112** Gagan Preet Singh, «Property's Guardians, People's Terror: Police Avoidance in Colonial North India», *Radical History Review* 137 (2020), S. 55, 57, 59; und Singh, zit. bei David Gilmartin, «Cattle, Crime and Colonialism: Property as Negotiation in North India», *Indian Economic and Social Review* 40 (2003) 1, S. 35, 58. **113** Singh, «Property's Guardians, People's Terror», S. 64. **114** Joanne S. Liu, *Barbed Wire: The Fence that Changed the West*, Missoula (MT) 2009, S. 34 f.; Reviel Netz, *Barbed Wire: An Ecology of Modernity*, Middletown (CT) 2004, S. 24; Liu, *Barbed Wire*, S. 37, 40, 50. **115** Peter Delius, *The Land Belongs to Us: The Pedi Polity, the Boers and the British in the Nineteenth-Century Transvaal*, London 1984, S. 49–52, 151, 184; Jeremy Krikler, *Revolution from Above, Revolution from Below: The Agrarian Transvaal at the Turn of the Century*, Oxford 1993, S. 5, 76. **116** Leonard Thompson, *A History of South Africa*, New Haven 2001, S. 123; Krikler, *Revolution from Above, Revolution from Below*, S. 82, 128. **117** Ebd., S. 82 f.; Hirano, «Thanatopolitics in the Making of Japan's Hokkaido», S. 216. **118** Stacie A. Kent, *Coercive Commerce: Global Capital and Imperial Governance at the End of the Qing Empire*, Hongkong 2025, S. 13, 20, 26, 114, 149. **119** Thomas H. Stanton, «Law and Economic Development: The Cautionary Tale of Colonial Burma», *Asian Journal of Law and Society* 1 (2014) 1, S. 2, 3, 4, 5, 7, 9, 10 ,11, 14. **120** Zu British Columbia vgl. Tomiak/Paulson, «Original and Ongoing Dispossessions», S. 1. **121** Irfan Habib, «Colonialization of the Indian Economy», *Social Scientist* 3 (1975), S. 25–53; Amiya Kumar Bagchi, *The Political Economy of Underdevelopment*, Cambridge 1982; Aditya Mukherjee, «The Return of the Colonial in Indian Economic History», *Social Scientist* 36 (2008), S. 3–44. Trotz Kritik von Dharma Kumar, *The Cambridge Economic History of India, 1757–1970*, Cambridge 1983, und Tirthankar Roy, «Economic History and Modern India: Redefining the Link», *Journal of Economic Perspectives* 16 (2002) 3, S. 109–130, wurde dieser Ansatz vor Kurzem kraftvoll unterstützt von Pilar Nogues-Marco, «Measuring Colonial Extraction: The East India Company's Rule and the Drain of Wealth, 1757–1858», *Capitalism* 2 (2021), S. 154–195. Vgl. außerdem Aditya Mukherjee, «Empire: How Colonial India Made Modern Britain», *Economic and*

Political Weekly 45 (2010) 50, S. 73–82; Amiya Kumar Bagchi, *Perilous Passage: Mankind and the Global Ascendancy of Capital,* Lanham (MY) 2005, S. 241 f.; «British Raj Siphoned Out $45 Trillion from India: Utsa Patnaik», *Guardian*, 19. Nov. 2018; Thomas Piketty, *Kapital und Ideologie*, München 2020, S. 354 f., 356, 361, 364 f.; Albert Schrauwers, *Merchant Kings: Corporate Governmentality in the Dutch Colonial Empire, 1815–1870,* New York 2021, S. 20, 75, 80, 173; Kevin Narizny, «The Political Economy of Alignment: Great Britain's Commitments to Europe, 1905–1939», *International Security* 27 (2003), S. 194; Rönnbäck/Broberg, *Capital and Colonialism*, S. 109, 382. Die Debatte um den «Abfluss von Reichtum» ist ein Hauptthema des indischen Nationalismus und der indischen Geschichtsschreibung gewesen. Vgl. hierzu – neben vielen anderen – Naoroji; Narendra Krishna Sinha, *The Economic History of Bengal: From Plassey to the Permanent Settlement,* 3 Bde., Kalkutta 1956–1970. **122** Vgl. Angus Maddison, *The World Economy,* Bd. 1 sowie Bd. 2, Paris: OECD 2006, S. 173, 184, 214. **123** Patrick O'Brien, «Industrialization», in: Jerry H. Bentley (Hg.), *Oxford Handbook of World History,* Oxford 2011, S. 309. O'Brien benutzte den Begriff «third world economies». Vgl. außerdem Frantz Fanon, *Die Verdammten dieser Erde* [1961], Reinbek bei Hamburg 1969, 1. Kap. («Von der Gewalt im internationalen Kontext»), S. 80. **124** Dinyar Patel, *Naoroji, Pioneer of Indian Nationalism,* Cambridge (MA) 2020, S. 69, 227, 251, 332. **125** Eine Diskussion dieses Arguments bietet z. B. William J. Novak, «The Myth of the ‹Weak› American State», *AHR* 113 (2008), S. 752–772. **126** Jeremy Adelman, «Extra-European Origins of European Revolutions», präsentiert an der Universität Freiburg bei der Konferenz «Making Europe: The Global Origins of the Old World», 27.-29. Mai 2010. Eine andere wichtige Rückkopplungssschleife war die Produktion von epidemiologischem Wissen aus kolonialen Umfeldern, das in die Metropolen gelangte, eindrucksvoll dargestellt von Jim Downs, *Maladies of Empire: How Colonialism, Slavery, and War Transformed Medicine,* Cambridge (MA) 2021; Wigen, *The Making of a Japanese Periphery,* S. 218. Die Bedeutung des Expansionismus für die Herausbildung des Staates (und der Gesellschaft) der modernen Vereinigten Staaten betont auch Hahn, *A Nation Without Borders.* **127** Maier, *Leviathan 2.0,* S. 37 f. (Zitat S. 37), 38, 42 f. **128** Michael Mann, *Geschichte der Macht,* Bd. 3, Teil I, Frankfurt a. M. 1998, S. 206 f.; E. Sydney Crawcour, «Industrialization and Technological Change, 1885–1920», in: Kozo Yamamura (Hg.), *The Economic Emergence of Modern Japan,* Cambridge 1997, S. 52. **129** Mann, *Geschichte der Macht,* Bd. 3, S. 201, 204, 238; ebenso argumentiert Maier, *Leviathan 2.0,* S. 99. **130** James Scott, *Seeing Like a State: How Certain Schemes to Improve the Human Condition Have Failed,* New Haven 1998. Zu «sozialen Klassifikationen» vgl. Bourdieu, *Über den Staat* [Anm. 2], S. 29. **131** Vanessa Ogle, *The Global Transformation of Time: 1870–1950,* Cambridge (MA) 2015, S. 26. **132** Maier, *Leviathan 2.0,* S. 126 f. Zum Tokugawa-Staat vgl. E. Sydney Crawcour, «Economic Change in the Nineteenth Century», in: John W. Hall u. a. (Hgg.), *The Cambridge History of Japan,* Bd. 5, Cambridge 2008, S. 7–11; Mason, *Dominant Narratives of Colonial Hokkaido and Imperial Japan,* S. 13; Crawcour, «Economic Change in the Nineteenth Century», S. 42 f., 44, 52, 56, 57, 60 f., 97, 112, 113. Die weite Verbreitung und die Mechanismen dieser Bündnisse werden detailliert beschrieben in: Shunsuke Nakaoka, «A Gateway to the Business World? The Analysis of Networks in Connecting the Modern Japanese Nobility to the Business Elite», *Business History* 64 (2022) 2, S. 434–455. **133** Charles S. Maier, *Once Within Borders: Territories of Wealth, Power and Belonging Since 1500,* Cambridge (MA) 2016, S. 89, 195, 201. **134** Crawcour, «Industrialization and Technological Change». Vgl. außerdem Kenneth Pomeranz, «Scale, Scope and Scholarship: Regional Practices and Global Economic Histories», in: Sven Beckert/Dominic Sachsenmaier (Hgg.), *Global History, Globally: Research and Practice Around the World,* London 2018, S. 163–194. Zur Regulierung im Osmanischen Reich vgl. Can Nacar, «Negotiating Railroad Safety in the late Ottoman Empire: The State, Railroad Companies, Trainmen, and Trespassers», *New Perspectives on Turkey* 60 (2019), S. 61–84. **135** Massimo de Angelis, «Separating the Doing and the Deed: Capital and the Continuous Character of Enclosures», *Historical Materialism* 12 (2004), S. 57–87; John Robert Seeley, *The Expansion of England: Two Courses of Lectures,* London 1883, S. 67, hier zit. nach folgender Ausgabe: ders., *Die Ausbreitung Englands,* Berlin/Frankfurt a. M. 1954, S. 63; und Steven Hahn, *The Roots of Southern Populism: Yeoman Farmers and the Transformation of the Georgia Upcountry, 1850–1890,* Oxford 1983, S. 174, 180, 193, 239, 241, 242, 243, 246. **136** Emma Teitelman, «The Properties of Capitalism: Industrial Enclosures in the South and West after the American Civil War», *JAH* 106 (2020) 4, S. 885, 886, 889. **137** Teitelman, «Properties of Capitalism», S. 880, 885, 891, 892. Zu Dodge vgl. außerdem Sven Beckert, *The Monied Metropolis: New York City and the Consolidation of the American Bourgeoisie, 1850–1896,* Cambridge 2001, S. 17–45. **138** Achille Loria, *La terra ed il sistema sociale: Prolusione al corso di economia politica nella R. Università di Padova, 21 novembre 1891,* Verona 1892, S. 28, zit. bei (und übersetzt von) Maier, *Once Within Borders,* S. 176. **139** Alexia Yates, «The Double Life of Property: Mobilizing Land and Making Capitalism in Modern France», *Critical Historical Studies* 6 (2019), S. 247–278. Mehr zum Thema Land und Nationalstaat bietet Yates, «The Double Life of Property», S. 249. **140** Angelis, «Separating the Doing and the Deed», S. 66. **141** Maier, *Leviathan 2.0,* S. 128 f.; Stefano Musso, *Le Regole e l'elusione: Il governo del mercato del lavoro nell'industrializzazione italiana, 1888–2003,* Turin 2004, S. 9; Tilly, *Coercion, Capital, and European States,* S. 187. **142** Theda Skocpol, *Protecting Soldiers and Mothers: The Political Origins of Social Policy in the United States,* Cambridge (MA) 1992, S. 162–168. Mehr zu amerikanischen Sozialleistungen während des Bürgerkrieges bietet dieses brillante Werk von Skocpol, bes. S. 1.

Dass dieser Wohlfahrtsstaat ein ungewöhnliches System hervorbrachte, in dem politische und staatliche Strukturen sich widerspiegeln, ist das Hauptargument von Skocpol. Vgl. hierzu bes. S. 525–540. **143** Vgl. hierzu die Werke von Michel Callon. **144** Zit. nach Thomas McCraw, *Prophets of Innovation: Joseph Schumpeter and Creative Destruction,* Cambridge (MA) 2007, S. 51. Vgl. außerdem Sophus A. Reinert, *The Academy of Fisticuffs: Political Economy and Commercial Society in Enlightenment Italy,* Cambridge (MA) 2018; Quinn Slobodian, «How to See the World Economy: Statistics, Maps, and Schumpeter's Camera in the First Age of Globalization», *Journal of Global History* 10 (2015) 2, S. 323. **145** Terence W. Hutchison, *On Revolutions and Progress in Economic Knowledge,* Cambridge 1978, S. 94; Alessandro Roncaglia, *The Wealth of Ideas: A History of Economic Thought,* Cambridge 2005, S. 170; Dimitris Milonakis/Ben Fine, *From Political Economy to Economics: Method, the Social and the Historical in the Evolution of Economic Theory,* London 2009, S. 116. **146** Milonakis/Fine, *From Political Economy to Economics,* S. 116 f.; Ernesto Screpanti/Stefano Zamagni, *An Outline of the History of Economic Thought,* Oxford 2005, S. 167, 171. **147** Roncaglia, *Wealth of Ideas,* S. 278. Es besteht noch eine gewisse Uneinigkeit in der Frage, ob hier wirklich ein revolutionärer Bruch mit dem vorherigen Zustand vorliegt. **148** Eli Cook, *The Pricing of Progress* [Anm. 43], S. 37 f., 243; Roncaglia, *Wealth of Ideas,* S. 279, 289; William Stanley Jevons, *The Theory of Political Economy,* Basingstoke 2013, S. 49–111. **149** Screpanti/Zamagni, *Outline of the History of Economic Thought,* S. 167; Milonakis/Fine, *From Political Economy to Economics,* S. 110; Roncaglia, *Wealth of Ideas,* S. 279; James Livingston, *Pragmatism and the Political Economy of Cultural Revolution, 1850–1940,* Chapel Hill (NC) 1994, S. 50; Piero Sraffa, *Production of Commodities by Means of Commodities,* Cambridge 1960, S. 93, zit. bei Roncaglia, *Wealth of Ideas,* S. 279. **150** Stichwort «Political Economy», in: *Encyclopedia Britannica* 91885, Bd. 19, S. 399. **151** Roncaglia, *Wealth of Ideas,* S. 359. **152** Ebd., S. 360. **153** Gianni Vaggi/Peter Groenewegen, *A Concise History of Economic Thought: From Mercantilism to Monetarism,* London 2003, S. 227 f. **154** Cook, *The Pricing of Progress,* S. 243. **155** Ebd., S. 246. **156** Roncaglia, *Wealth of Ideas,* S. 366, 367. **157** Ebd.; Jan Sapp, *Genesis: The Evolution of Biology,* Oxford 2003, S. 75; Walther Flemming, «Zur Kenntnis der Zelle und ihrer Theilungs-Erscheinungen», *Schriften des Naturwissenschaftlichen Vereins für Schleswig-Holstein* 3 (1878), S. 23–27; James Clerk Maxwell, «Molecules», *Nature* (1873), S. 437–441; Alan J. Rocke, «It Began with a Daydream: The 150th Anniversary of the Kekulé Benzene Structure», *Angewandte Chemie International Edition* 54 (2015) 1, S. 46–50. **158** Hopkins, *Economic History of West Africa,* S. 251. **159** Ebd. und S. 253. Zum Thema «Rasse» vgl. Karen E. Fields/Barbara Fields, *Racecraft: The Soul of Inequality in American Life,* London 2012. **160** Vgl. hierzu neben vielen ähnlichen Dokumenten: «Note, Röchling'sche Eisen- und Stahlwerke, Aufträge in Kriegsmaterial», 17. Juli 1916, im B/K-276 RESW GmbH: Aufstellung über Aufträge an Kriegsmaterial von 1915/10–1918/02, Saarstahl-Archive, Völklingen, Deutschland. Vgl. außerdem: «Aufstellung über unsere derzeitigen Aufträge an Kriegsmaterial», 25. Feb. 1918, und «Aufstellung über unsere derzeitigen hauptsächlichen Aufträge an Kriegsmaterial», 17. Dez. 1917. **161** Richard Nutzinger/Hans Boehmer/Otto Johannsen (Hgg.), *50 Jahre Röchling Völklingen: Die Entwicklung eines rheinischen Industrie-Unternehmens,* Saarbrücken 1931, S. 34. **162** Hubert Kesternich, *Aufstieg und Wandel: 140 Jahre Völklinger Hütte,* Saarbrücken 2015, S. 25; Gerhard Seibold, *Röchling: Kontinuität im Wandel,* Stuttgart 2001, S. 116; Nutzinger u. a., *50 Jahre Röchling,* S. 74. **163** Ebd., S. 30; Seibold, *Röchling,* S. 169. **164** Hermann Röchling an den Staatssekretär des Innern in Berlin, Flin bei Lunéville, 31. Aug. 1914, in: Völklinger Hütte, Röchling, Alter Bestand, Saarstahl, Dillinger Hütte, VH. Vgl. außerdem Inge Plettenberg, «Hermann Röchling – der Cherusker», in: Meinrad Maria Grewenig (Hg.), *Die Röchlings und die Völklinger Hütte,* Neustadt 2014, S. 53–62 (hier S. 55). **165** Vom Abgeordneten Erzberger überreichte Denkschrift des August Thyssen, Mülheim a. d. Ruhr, an den Staatssekretär des Innern in Berlin, Abschrift, C. B. 2258, undatiert, in: Eingaben von Hermann Röchling, Freiherr von Gemmingen und August Thyssen vom Februar 1915 wegen der Erzbecken von Longwy und Briey an den Staatssekretär des Innern in Berlin, A/K54/439, Alter Bestand, VH. **166** Ebd.; Reinhard Opitz, *Europastrategien des deutschen Kapitals, 1900–1945,* Köln 1977, S. 26; Denkschrift Hermann Röchlings an den Statthalter von Elsass-Lothringen, v. Dallwitz, betreffend französischer Erzgebiete, Flin, 31. Aug. 1914, abgedruckt in: Opitz, *Europastrategien des deutschen Kapitals,* S. 211–215; Kriegzieldenkschrift Walter Rathenaus an Bethmann Hollweg, 7. Sep. 1914, abgedruckt in: Opitz, *Europastrategien des deutschen Kapitals,* S. 221–225; Denkschrift von August Thyssen, überreicht durch den Abgeordneten Erzberger, Sep. 1914, Antwortschreiben Carl Duisbergs an Gustav Stresemann betr. Belgien, 3. März 1915, abgedruckt in: Opitz, *Europastrategien des deutschen Kapitals,* S. 299–301; Gemeinsame Denkschrift von Hermann Schumacher und Hugo Stinnes, 16. Nov. 1914, zit. bei Opitz, *Europastrategien des deutschen Kapitals,* S. 282; und Wirklicher Geheimrat Szerenyi, Staatsekretär, Rede bei der Konferenz der Mitteleuropäischen Wirtschaftsvereine in Dresden, 17. und 18. Jan. 1916, Protokolle der Verhandlungen, Kopie im Auswärtigen Amt, Akten betreffend den Mitteleuropäischen Wirtschaftsverein, 1916–1918, R 901, f2502, BA Berlin. Vgl. außerdem Paul Rohrbach, *Die Bagdadbahn,* Berlin 1902; Michael Barnhart, *Japan Prepares for Total War* [Anm. 40], S. 23. **167** Zum «Eisenrat» vgl. Seibold, *Röchling,* S. 170 f.; Plettenberg, «Hermann Röchling – der Cherusker», S. 26, 55. **168** Röchling an James W. Miller, Brief, Völklingen, 23. April 1898, in: C/k/64, 1897 bis 1900, Mappe 1, VH. **169** Hermann Röchling, Aktennotiz, 19. Dez. 1913, RESW GmbH: Aktennotizen von Hermann Röchling (zum Teil streng vertraulich), 1912/11 bis 1917/07, E/K37, S. 162, Alter Bestand, VH. **170** Seibold, *Röchling*, S. 173, 174, 176f.; Nutzinger u. a., *50 Jahre Röchling*, S. 36. **171** Erich Mühsam, «Barbaren», in: ders., *Ausgewählte Werke*, Bd. 1, Berlin 1978, S. 99f.; Ders., *Gesamtausgabe*, hg. von Günther Emig, Bd. 1, Berlin 1983, S. 299f. **172** Antonio Gramsci, *Gefängnishefte*, Kritische Gesamtausgabe, Bd. 2, *Hefte 2 (XXIV)-3 (XX)*, Hamburg 1991, S. 354 (La crisi consiste appunto nel fatto che il vecchio muore e il nuovo non può nascere: in questo interregno si verificano i fenomeni morbosi più svariati).

Kapitel 14: Zeit der Monster: der Industriekapitalismus, 1918–1945

1 Gouverneur Général de l'Afrique Occidentale Française [G. Angoulvant] an Monsieur le Ministre des Colonies, 1. Mai 1919, in: Grève des Cheminots, 1919–1920, Esclavage et Travail, 1807–1920, Sériés K, K 35, ANS; Arbeiter der Bahnlinie Dakar-Saint-Louis an Gouverneur Général, Saint-Louis, Telegramm, 8. April 1919, in: ebd. **2** Brief der Cheminots [Bahnarbeiter] an Gouverneur Général, 8. April 1919, in: Grève des Cheminots, 1919–1920, Esclavage et Travail, 1807–1920, Sériés K, K 35, ANS, wie zit. in: Iba Der Thiam, *Les origines du mouvement syndical africain, 1790–1929*, Paris 1993, S. 126, 128. Ein weiterer, nicht unterschriebener Brief, handschriftlich verfasst von den Bahnarbeitern in Rufisque, traf am 9. April ein und detaillierte das Ultimatum, zit. in: ebd., S. 128. **3** Ebd., S. 128, 133; sowie Paul Edward Pheffer, «Railroads and Aspects of Social Change in Senegal, 1878–1933», Diss. University of Pennsylvania 1975, S. 318. Die Ansicht, die Kriegserfahrung sei für die politische Mobilisierung in den 1920er Jahren wichtig gewesen, wird auch vertreten in: Olivier Sagna, «Les mouvements anticolonialistes africains dans la France de l'entre-deux-guerres, 1919–1939», in: *Historiens géographes du Sénégal*, Bd. 6, Paris 1991, S. 4. **4** Thiam, *Les origines du mouvement syndical africain*, S. 127. Mit der Zeit wurden Afrikaner auch für qualifiziertere Positionen eingestellt, sogar als Lokführer. Aus dem einfachen Grund, dass man ihnen für eine Arbeit, die ein Europäer nicht lange durchhielt, weniger zahlen musste. Siehe Pheffer, «Railroads and Aspects of Social Change in Senegal», S. 310, 316. Die Information über den prozentualen Anteil der Afrikaner an den Arbeitskräften stammt aus: Birame Ndour, «Luttes laborieuses en ‹situation coloniale›: Cheminots du Dakar-Niger, 1919–1951», in: *Historiens et géographes du Sénégal*, Bd. 6, S. 45. **5** Thiam, *Les origines du mouvement syndical africain*, S. 133. **6** Ebd., S. 130. **7** Général de Division Bonnier Commandant Supérieur des Troupes du Groupe de l'Afrique Occidentale Française an Monsieur le Gouverneur Général de l'Afrique Occidentale Française, Brief, 10. April 1919, und Generalinspekteur für öffentliche Arbeiten (Französisch-Westafrika) [M. Mouneyres] an den Oberbefehlshaber der Truppen (Gruppe Französisch-Westafrika), Brief, 10. April 1919, beide in: Grève des Cheminots, 1919–1920, Esclavage et Travail, 1807–1920, Sériés K, K 35, ANS. **8** Gouverneur Général de l'Afrique Occidentale Française [G. Angoulvant] an Monsieur le Ministre des Colonies, 1. Mai 1919, ANS. **9** Telegram, Giraud an Lachèze, Directeur der Eisenbahn Dakar-Saint-Louis, 15. April 1919, in: Grève des Cheminots, 1919–1920, Esclavage et Travail, 1807–1920, Sériés K, K 35, ANS **10** Giraud, Gouvernement Général de le Afrique Occidentale Française, an Gouverneur Général, Rufisque, Telegramm, 14. April 1919, in: Grève des Cheminots, 1919–1920, Esclavage et Travail, 1807–1920, Sériés K, K 35, ANS; und Telegramm von Giraud, Rufisque, 15. April 1919, in: ebd. **11** Thiam, *Les origines du mouvement syndical africain*, S. 134; «Liste nominative du personnel journalier du service de la traction», Grève des Cheminots, 1919–1920, Esclavage et Travail, 1807–1920, Sériés K, K 35, ANS. Zitat in: Giraud an Lachèze, Directeur of the Dakar-Saint-Louis Railway, 15. April 1919, in: Grève des Cheminots, 1919–1920, Esclavage et Travail, 1807–1920, Sériés K, K 35, ANS; Handelskammer an [G. Angoulvant?], Telegramm, 15. April 1919, in: Grève des Cheminots, 1919–1920, Esclavage et Travail, 1807–1920, Sériés K, K 35, ANS; G. Angoulvant an Präsident der Handelskammer, 14. April 1919, in: Grève des Cheminots, 1919–1920, Esclavage et Travail, 1807–1920, Sériés K, K 35, ANS; und Pheffer, «Railroads and Aspects of Social Change in Senegal», S. 170. Es waren insgesamt 585 Arbeiter bei der Bahn: 101 Europäer, 449 Afrikaner und weitere 45 Arbeiter unbekannter Herkunft. Siehe Pheffer, «Railroads and Aspects of Social Change in Senegal», S. 528. **12** Iba Der Thiam, «Les origines du mouvement syndical sénégalais: La grève des cheminots du Dakar-Saint-Louis, du 13 au 15 avril 1919», in: Université de Dakar, Faculté des Lettres et Sciences Humaines (Hg.), *Annales de la Faculté des Lettres et sciences humaines*, Bd. 7, Dakar 1977, S. 229f. **13** Ebd., S. 230. **14** Ebd., S. 231. **15** Telegramm, Didelot [?] an Gouverneur Général, 13. April 1919, in: Grève des Cheminots, 1919–1920, Esclavage et Travail, 1807–1920, Sériés K, K 35, ANS; und Pheffer, «Railroads and Aspects of Social Change in Senegal», S. 330. **16** Thiam, «Les origines du mouvement syndical sénégalais», S. 232. **17** Zitat aus G. Angoulvant an Ministère de Colonie, Paris, Telegramm, 15. April, 1919 in: Grève des Cheminots, 1919–1920, Esclavage et Travail, 1807–1920, Sériés K, K 35, ANS. **18** G. Angoulvant an den Kolonialminister, 15. April 1919, in: Grève des Cheminots, 1919–1920, Esclavage et Travail, 1807–1920, Sériés K, K 35, ANS; Thiam, *Les origines du mouvement syndical africain*, S. 138f.; Pheffer, «Railroads and Aspects of Social Change in Senegal», S. 316, 330f.; und Gouverneur Général de l'Afrique Occidentale Française [G. Angoulvant] an Monsieur le Ministre des Colonies, 1. Mai 1919, Archives Nationales du Sénégal. Der Generalgouverneur vermutete sogar, dass die Löhne insgesamt mehr als 30 % stiegen. Vgl. auch Gouverneur

Général de l'Afrique Occidentale Française [G. Angoulvant] an Monsieur le Ministre des Colonies, 1. Mai 1919, Archives Nationales du Sénégal; Chamber of Commerce an den Gouverneur Général, Telegramm, 25. April 1919, in: Grève des Cheminots, 1919–1920, Esclavage et Travail, 1807–1920, Sériés K, K 35, ANS; Babacar Fall, «Le mouvement syndical en Afrique occidentale francophone, de la tutelle des centrales métropolitaines à celle des partis nationaux uniques, ou la difficile quête d'une personnalité (1900–1968)», *Matériaux pour l'histoire de notre temps* 4 (2006) 84, S. 50; Frederick Cooper, *Decolonization and African Society: The Labor Question in French and British Africa*, Cambridge 1996, S. 94; Ndour, «Luttes laborieuses en ‹situation coloniale›», S. 46. Zu den Löhnen siehe «Liste Nominative du personnel journalier du service de la traction», ANS. **19** Calvin Winslow, «Longshoremen's Strikes, 1900–1920», in: Aaron Brenner/Benjamin Day/ Immanuel Ness (Hgg.), *The Encyclopedia of Strikes in American History*, New York 2015, S. 553–556; Douglas E. Haynes, *Rhetoric and Ritual in Colonial India: The Shaping of Public Culture in Surat City, 1852–1928*, Berkeley 1991, S. 175–199; Corpo de Investigação e Segurança Pública do Distrito Federal, «Anarchists Under Arrest», in: Daryle Williams/Amy Chazkel/Paolo Knauss de Mendonça (Hgh.), *The Rio De Janeiro Reader: History, Culture, and Politics*, Durham (NC) 2016, S. 174–178; Ann B. Irish, *Hokkaido: A History of Ethnic Transition and Development on Japan's Northern Island*, Jefferson (NC)/London 2009, S. 218; und «Bericht über die durch die Kommunisten einberufene Öffentliche Versammlung in der Turnhalle am 20.10.1920 7 Uhr», in: D-K/45, S. 199f., RESW GmbH, Streik, 1921, Mappe 1–2, Saarstahl AG, Völklingen, Germany. **20** Zitat siehe «Report on Labour Strikes Received from Various Departments of the Government of India», Industries, Labour, File No. L-811 (i), Jan. 1921, Serial Nos. 1–3, NAI. **21** Auszug aus: His Excellency the Viceroy an Secretary of State, Telegramm Nr. 461, 4. Juni 1920, in: Report on Labour Strikes, National Archives of India. **22** Philip S. Foner, *History of the Labor Movement in the United States*, Bd. 8, New York 1988, S. 1; kopierter Auszug aus Viceroy (Home Department) an Secretary of State, Telegramm Nr. 17, 14. Jan. 1920, in: «Report on Labour Strikes», NAI; kopierter Auszug aus Viceroy (Home Department) an Secretary of State, Telegramm Nr. 472, 19. Feb. 1920, in: «Report on Labour Strikes», NAI; kopierter Auszug aus Viceroy (Home Department) an den Secretary of State, Telegramm Nr. 232, 12. März 1920, in: «Report on Labour Strikes», NAI; Howard Spodek, *Ahmedabad: Shock City of Twentieth-Century India*, Bloomington (IN) 2011, S. 59 ff. **23** Stefano Bartolini, *The Political Mobilization of the European Left, 1860–1980: The Class Cleavage*, Cambridge 2000, S. 55. Die Zahl ist der Durchschnitt der Jahre 1921 und 1925 und summierte die Wahlbeteiligung in 13 europäischen Ländern. Vgl. auch Antony G. Hopkins, *An Economic History of West Africa*, New York 2020, S. 312; Pheffer, «Railroads and Aspects of Social Change in Senegal», S. 353; und Secretary's Report to Congress of the International Federation of Textile Workers, Ghent, 28. Mai – 2. Juni 1928, Kopie in: N. M. Joshi Papers, 1st Installment, File No. 32, Correspondence About a National and International Textile Union, 1927–28, Teen Murti, Nehru Memorial Museum and Library, Neu-Delhi. **24** Philip Bonner, «South African Society and Culture, 1910–1948», in: Robert Ross/Anne Kelk Mager/ Bill Nasson (Hgg.), *The Cambridge History of South Africa*, Bd. 2, Cambridge 2011, S. 269; Franz-Josef Brüggemeier, *Grubengold: Das Zeitalter der Kohle von 1750 bis heute*, München 2018, S. 173; Gordon J. Barclay, «‹Duties in Aid of the Civil Power›: The Deployment of the Army to Glasgow, 31. Jan. bis 17. Feb. 1919», *Journal of Scottish Historical Studies* 38 (2018) 2, insb. S. 285 ff.; Steven Brocklehurst, «The Battle of George Square: How a Strike Led to Fears of a Workers' Revolt», *BBC News*, 30. Jan. 2019, https://www.bbc.com/news/uk-scotland-46884527; Stefano Musso, *Gli operai di Torino, 1900–1920*, Mailand 1980, S. 170, 185. **25** Wie zit. in S. A. Smith, *Die Russische Revolution*, Stuttgart 2011, S. 58. **26** Giovanni Arrighi, *The Long Twentieth Century: Money, Power and the Origins of Our Times*, London 1994, S. 64; Smith, *Die Russische Revolution*, S. 61; Sheila Fitzpatrick, *The Russian Revolution*, Oxford 1982, S. 6. **27** Siehe z. B. Thomas Piketty, *Kapital und Ideologie*, München 2020, S. 588 f. **28** Erez Manela, *The Wilsonian Moment: Self-Determination and the International Origins of Anticolonial Nationalism*, Oxford 2007; David V. C. Browne, *Race, Class, Politics and the Struggle for Empowerment in Barbados, 1914–1937*, Kingston/Miami 2012, S. 31–41, 43, 55; Durba Ghosh, *Gentlemanly Terrorists: Political Violence and the Colonial State in India, 1919–1947*, Cambridge 2017, S. 44. **29** Arrighi, *Long Twentieth Century*, S. 64. **30** Arno Mayer, *Adelsmacht und Bürgertum*, München 1984, S. 9. Für den Politologen Jeffry Frieden war «fast alles, was nach 1914 kam, für fast alle Menschen fast die ganze Zeit schlecht oder ging schlecht aus». Siehe Jeffry A. Frieden, *Global Capitalism: Its Fall and Rise in the Twentieth Century*, New York 2006, S. 128. **31** Robert Musil, *Der Mann ohne Eigenschaften* Köln 2019, S. 560. Erstveröffentlichung 1930. **32** Werner Sombart, «Die Wandlungen des Kapitalismus», *Weltwirtschaftliches Archiv* 28 (1928), S. 255. **33** Katya Gianotti: «Mito e realtà di un grande imprenditore: Giovanni Agnelli, tra storiografia e pubblicistica», in: Paride Rugafiori (Hg.), *La capitale dell'automobile: Imprenditori, cultura e società a Torino*, Venedig 1999, S. 143 ff. **34** Ebd., S. 142, 150. **35** Wie zit. ebd., S. 165. **36** Musso, *Gli operai di Torino*, S. 27; Duccio Bigazzi, «The Fiat Works at Lingotto (Turin)», unveröffentlichtes Manuskript, in: Stabilimenti FIAT di Produzione Automobilistica, 4, Lingotto, MSC 0023, 1, CSF, Turin; und Bigazzi, «Fiat Works at Lingotto», S. 9. Eine detaillierte Beschreibung dieses Prozesses findet sich in: Duccio Bigazzi, «Gli operai della catena di montaggio: la FIAT 1922–1943», in: Fondazione Giangiacomo Feltrinelli (Hg.), *Annali della Fondazione Giangiacomo Feltrinelli 1979/1980*, Mailand 1981, S. 907–914; und Bigazzi, «Fiat Works at Lingotto», S. 1. **37** Archivio

Storico Fiat, *L'industria italiana nel mercato mondiale dalla fine dell'800 alla metà del '900*, Turin 1993, S. 339; Musso, *Gli operai di Torino*, S. 18, 28–33, 57; Ivan T. Berend, *An Economic History of Twentieth-Century Europe: Economic Regimes from Laissez-Faire to Globalization*, Cambridge 2006, S. 37. **38** Für eine vollständige Liste siehe Archivio Storico Fiat, *L'industria italiana nel mercato mondiale*, S. 236–251, 339; und «Fiat in den U. S. A.», undatiertes Typoskript, in: MSC 0095, Fiat all'estero, Stati Uniti d'America, CSF, Turin. **39** Musso, *Gli operai di Torino*, S. 33; Valerio Castronovo, «I frutti della lezione americana», *Il Sole 24 Ore*, 17. Mai 2010; Claudia Bocca, *Torino capitale*, Rom 2010, keine Seitenangabe; Joshua Freeman, *Behemoth: A History of the Factory and the Making of the Modern*, New York 2018, S. 136. **40** Ebd., S. 123. **41** Ebd., S. 126. **42** Ebd., S. 118; John Dos Passos, *USA-Trilogie: Das Große Geld*, Reinbek bei Hamburg 2020, S. 1032. **43** Freeman, *Behemoth*, S. 118, 120, 123 ff.; Stephan J. Link, *Forging Global Fordism: Nazi Germany, Soviet Russia and the Contest over Industrial Order*, Princeton 2020, S. 30–33. **44** Duccio Bigazzi, *La grande fabbrica, organizzazione industriale e modello americano alla Fiat dal Lingotto a Mirafiori*, Mailand 2000, S. 21e. **45** Jennifer Clark, *Mondo Agnelli: Fiat, Chrysler, and the Power of a Dynasty*, Hoboken (NJ) 2012, S. 42; «Fiat Centro e Sezioni Automobili», in: Fondo Sepin, Operai in Forza, PER 005, CSF, Turin. **46** Ing. Maraini della Direzione Fiat, «Studio dei progressi della costruzione americana», 30. Sep. 1918, in: L'Industria Automobili Americana, Libro Maraini, Box MSC 0100, CSF, Turin. S. a. Bigazzi, *La grande fabbrica*, S. 22. **47** Maraini, «Studio dei progressi della costruzione americana», S. 2. **48** Erstes Zitat siehe Maraini-Typoskript, Einleitung, «Fiat, D, Relazione Tecnica», S. 1919, S. 3, in: L'Industria Automobili Americana, Libro Maraini, Box MSC 0100. S. a. Maraini, «Studio dei progressi della costruzione americana», S. 22. Zweites Zitat siehe ebd., S. 24. **49** Erstes Zitat siehe ebd., S. 25. Zweites Zitat siehe «Relazione Generale – Fascicolo 1», undatiert, aber nach 1922, S. 10, in: L'Industria Automobili Americana, Libro Maraini, Box MSC 0100, CSF, Turin. **50** Maraini, «Studio dei progressi della costruzione americana», S. 28. **51** B. Maraini, Typoskript, «FIAT – Corso per ispettori commerciali all'estero, le March esistenti e loro caratteristiche principali», Okt. 1918, S. 42–48, in L'Industria Automobili Americana, Libro Maraini, Box MSC 0100, CSF, Turin; und Maraini, «FIAT – Corso per ispettori commerciali all'estero», S. 44–60. Zitat siehe Maraini, «FIAT – Corso per ispettori commerciali all'estero», S. 55. **52** Maraini, «Fiat, D, Relazione Tecnica», S. 5; Bigazzi, *La grande fabbrica*, S. 28. **53** «Relazione Generale – Fascicolo 1», S. 6, 10. **54** Ebd., S. 11. **55** Giuseppe Volpato, «Produzione e mercato: Verso l'automobilismo di massa», in: Carlo Olmo (Hg.), *Mirafiori*, Turin 2007, S. 39; Bigazzi, *La grande fabbrica*, S. 22. **56** Ebd., S. 40. **57** Volpato, «Produzione e mercato», S. 124, 131; Bigazzi, *La grande fabbrica*, S. 28. S. a. Duccio Bigazzi, «Management Strategies in the Italian Car Industry 1906–1945: Fiat and Alfa Romeo», in: Steven Tolliday/Jonathan Zeitlin (Hgg.), *The Automobile Industry and Its Workers: Between Fordism and Flexibility*, Cambridge 1986, S. 81, 85; Volpato, «Produzione e mercato», S. 137. **58** Ebd., S. 126, 131 f., 136; und John Foot, *Modern Italy*, London 2003, S. 134 f.; Bigazzi, «Management Strategies in the Italian Car Industry», S. 76. **59** Vera Zamagni, *The Economic History of Italy 1860–1990*, Oxford 1993, S. 98; Fiat, Consiglio di Amministrazione, *Fiat 1915–1930 Verbali del consiglio di amministrazione*, Bd. 1, Mailand 1991, S. 487; Valerio Castronovo, *Giovanni Agnelli: La Fiat dal 1899 al 1945*, Turin 1977; Fiat, *Fiat 1915–1930 Verbali*, S. 303, 323, 503. **60** Bigazzi, «Management Strategies in the Italian Car Industry», S. 79 f. Allerdings verschwanden die hochqualifizierten Arbeiter nicht vollständig aus den Fabrikhallen. **61** Ebd., S. 80. **62** «Il re tra i soldati e gli operai», *La Stampa*, 23. Mai 1923, S. 3 **63** Maraini, «Fiat, D, Relazione Tecnica», S. 91. **64** Ebd., S. 5. **65** Ebd. **66** Ebd., S. 4. **67** Maraini, Schluss von Fiat, D, Relazione Tecnica, S. 91. **68** Ebd., S. 4. **69** Ebd., S. 9. **70** Siehe Berta, ohne Titel, in: Fiat, *Fiat 1915–1930 Verbali*, S. 141. S. a. Maraini, Schluss von «Fiat, D, Relazione Tecnica», S. 91 f. Und schließlich Bigazzi, *La grande fabbrica*, S. 27, 51. **71** Ebd., S. 55; Freeman, *Behemoth*, S. 127, 129; Link, *Forging Global Fordism*, S. 39. Die Zahl der Immigranten, die in die Fabrik strömten, betrifft 1914. **72** Freeman, *Behemoth*, S. 131. **73** Antonio Gramsci, «Americanism and Fordism», in: *Selections from the Prison Notebooks*, New York 1971, S. 286, 302. **74** Bigazzi, «Gli operai della catena di montaggio», S. 945. **75** Paolo Alatri, «La Fiat dal 1921 al 1926», *Belfagor* 29 (1974) 3, S. 298–317. Im Jahr 1925 kündigten 299 Arbeiter und 302 wurden neu eingestellt. Siehe Fondo Sepin, Situazione Personale, Anno 1925, PER 008, busta 1, n. corda 8, CSF, Turin; Clark, *Mondo Agnelli*, S. 56. **76** Bigazzi, «Management Strategies in the Italian Car Industry», S. 81. Siehe z. B. die Akten in Fondo Sepin 29, Statistiche Varie, 1930A-1940A, PER 029, Ripartizione dei Turni di Lavoro, CSF, Turin; Maraini, «Fiat, D, Relazione Tecnica», Einleitung. **77** Alejo G. Sison, *Corporate Governance and Ethics: An Aristotelian Perspective*, Cheltenham 2010, S. 103; Clark, *Mondo Agnelli*, S. 46. **78** Zitate in: Fiat, *Fiat 1915–1930 Verbali*, S. 141. **79** Gianotti, «Mito e realtà di un grande imprenditore», S. 167; Valerio Castronovo, *Fiat, 1899–1999: Un secolo di storia italiana*, Mailand 1999; Castronovo, *Giovanni Agnelli*, S. 418; und Volpato, «Produzione e mercato», S. 134. **80** Bigazzi, «Gli operai della catena di montaggio», S. 898. Zu Citroën siehe Volpato, «Produzione e mercato», S. 129 und Giuseppe Berta, «Uomini e organizzazione», in: Olmo, *Mirafiori*, S. 103. **81** Link, *Forging Global Fordism:* S. 7, 47, 53, 59–60; Henry Ford, «Why I Am Helping», Interview mit William A. McGarry, *Nation's Business*, Juni 1930, S. 20–24. **82** Wie zit. in: Freeman, *Behemoth*, S. 147. **83** Link, *Forging Global Fordism:* S. 9, 28, 48, 69. **84** Der erste Teil des Zitats findet sich in: Bigazzi, *La grande fabbrica*, S. 56, der zweite in: Angelo Tasca, *consigli di fabbrica e la rivoluzione mondiale*, Turin 1921, S. 4. **85** Frieden, *Global Capitalism*, S. 157; John Dos Passos,

USA-Trilogie, Reinbek bei Hamburg 2020; Virginia Woolf, *Mrs. Dalloway*, Köln 2013, und dies., *Zum Leuchtturm*, Frankfurt a. M. 1993. **86** Die Zahl wird genannt in: «Everyday Life 1929–1941», Encyclopedia.com, abgerufen: 7. 4. 2025, url: https://www.encyclopedia.com/education/news-and-education-magazines/everyday-life-1929-1941. S. a. Marcel van der Linden/Magaly Rodriguez Garcia (Hgg.), Einleitung zu *On Coerced Labor: Work and Compulsion After Chattel Slavery*, Leiden 2016, S. 6; David Love, «From 15 Million Acres to 1 Million Acres: How Black People Lost Their Land», *Atlantic Black Star*, Nr. 39, Juni 2017. **87** T. Shaw, «The International Position in the Textile Trade», undatiert (vermutlich 1928) und unsigniert, Kopie der Rede des Sekretärs vor dem Twelfth International Textile Workers' Congress, in Gent, 28. Mai-2. Juni 1928, in N. M. Joshi Papers, 1st Installment, File 32, Correspondence About a National and International Textile Union, 1927–28, Teen Murti, Nehru Memorial Museum and Library, Neu-Delhi. **88** Thomas Piketty, *Das Kapital im 21. Jahrhundert*, München 2014, S. 393 f. **89** Frieden, *Global Capitalism*, S. 134 f., 139, 140, 141, 166; Arrighi, *Long Twentieth Century*, S. 282. **90** Adam Tooze, *Sintflut: die Neuordnung der Welt 1916–193*, München 2015; Arrighi, *The Long Twentieth Century*, S. 279. **91** Diego Olstein, *A Brief History of Now. The Past and Present of Global Power*, Plagrave Macmillan 2021, S. 79; Arrighi, *Long Twentieth Century*, S. 58. **92** Alexander D. Noyes, *The War Period in American Finance, 1908–1925*, New York 1925, S. 436. **93** Wie zit. in: Charles Kindleberger, *World in Depression, 1929–1939*, Berkeley 1986, S. 210. Eine Ansicht, die Kindleberger auf S. 289 auch selbst vertritt. **94** Sahadeo Basdao, «The ‹Radical› Movement Towards Decolonization in the British Caribbean in the Thirties», *Canadian Journal of Latin American and Caribbean Studies* 22 (1997) 44, S. 128–137; F. K. Donnelly, «Clement Payne and the Barbados Riots of 1937», *Labour History Review* 55 (1990) 1, S. 35 ff.; Mary Chamberlain, Einleitung zu *Empire and Nation-Building in the Caribbean: Barbados, 1937–66*, Manchester 2012, S. 1–10; Sebastian Siebel-Achenbach, *Lower Silesia from Nazi Germany to Communist Poland, 1942–1947*, London 1994, S. 16 f.; Adeline Alonso Ugaglia/Alessandro Corsi/Jean-Marie Cordebat (Hgg.), *The Palgrave Handbook of Wine Industry Economics*, Springer International Publishing 2019, S. 367; Mary Renda, *Taking Haiti: Military Occupation and the Culture of U. S. Imperialism*, Chapel Hill 2001, S. 34; Clifton Hood, *In Pursuit of Privilege: A History of New York City's Upper Class and the Making of a Metropolis*, New York 2017, S. 271; Samita Sen, «Labour, Organization and Gender: The Jute Industry in India in the 1930s», in: Helmut Konrad/Wolfgang Maderthaner (Hgg.), *Routes into the Abyss: Coping with the Crisis in the 1930s*, New York 2013, S. 152–165; Gerhard Seibold, *Röchling: Kontinuität im Wandel*, Ostfildern 2001, S. 207; Daniel Vaxelaire, *Le grande livre de l'histoire de La Réunion*, Bd. 2, Sainte-Clotilde (La Réunion) 1999, S. 564; Tomohiro Okada, «The Great Depression and Rural Development in Japan: On the Public Works Program for Relief to Farmers in the 1930s», *Kyoto University Economic Review* 61 (1991) 2, S. 35–41; David Nelson, «Defining the Urban: The Construction of French-Dominated Colonial Dakar, 1857–1940», *Historical Reflections / Réflexions Historiques* 33 (2007) 2, S. 240, 255; Robert Cribb, «Convict Exile and Penal Settlement in Colonial Indonesia», *Journal of Colonialism and Colonial History* 18 (2017) 3; Boris Fausto, *A Concise History of Brazil*, Cambridge 2014, S. 206; «22,000 Railway Men Walk Out in Brazil», *NYT*, 8. April 1934; Volpato, «Produzione e mercato», S. 139; und Matt Gasnier, «Italy 1928–1950: Annual Sales Volumes», *Best Selling Cars Blog*, url: https://bestsellingcarsblog.com/1951/01/italy-1928-1950-annual-sales-volumes-now-available/, abgerufen: 8. 4. 2025. **95** Isaac Joshua, *La crise de 1929 et l'émergence américaine*, Paris 1999, S. 7; Frieden, *Global Capitalism*, S. 176, 178, 186; Robert A. Margo, «Employment and Unemployment in the 1930s», *Journal of Economic Perspectives* 7 (1993) 2, S. 43; Frances Fox Piven/Richard A. Cloward, *Poor People's Movements: Why They Succeed, How They Fail*, New York 1977, S. 46; Eric D. Weitz, *Weimar Germany: Promise and Tragedy*, Princeton 2007, S. 161; Andrew Gordon, «The Right to Work in Japan: Labor and the State in the Depression», *Social Research* 54 (1987) 2, S. 247, 250; Mark Metzler, *Lever of Empire: The International Gold Standard and the Crisis of Liberalism in Prewar Japan*, Berkeley 2006, S. 222; Bill Freund, «South Africa: The Union Years, 1910–1948 – Political and Economic Foundations», in: Robert Ross/Anne Kelk Mager/Bill Nasson (Hgg.), *The Cambridge History of South Africa*, Bd. 2, Cambridge 2011, S. 219; Nicoli Nattrass/Jeremy Seekings, «The Economy and Poverty in the Twentieth Century», in: Ross u. a., *Cambridge History of South Africa*, Bd. 2, S. 525; Charles H. Feinstein, *An Economic History of South Africa: Conquest, Discrimination, and Development*, Cambridge 2005, S. 122 f.; Aaron Jakes/Ahmad Shokr, «Capitalism in Egypt, Not Egyptian Capitalism», in: Joel Beinin/Bassam Haddad/Sherene Seikaly (Hgg.), *A Critical Political Economy of the Middle East and North Africa*, Stanford 2021, S. 133. Angaben in 1990 international Geary-Khamis-Dollar. Siehe Angus Maddison, *The World Economy: Historical Statistics*, Development Centre Studies, OECD 2003, S. 50, 51, Graphik 1b; und C. H. Feinstein/Peter Temin/Gianni Toniolo, *The World Economy Between the World Wars*, Oxford 2008, S. 95. **96** Jakob B. Madsen, «Trade Barriers and the Collapse of World Trade During the Great Depression», *Southern Economic Journal* 67 (2001) 4, S. 848; Kindleberger, *World in Depression*, S. 189; Feinstein u. a., *World Economy Between the World Wars*, S. 95; Esteban Ortiz-Ospina und Diana Beltekian, «Trade and Globalization», Our World in Data, abgerufen: 8. April 2025, url: https://ourworldindata.org/trade-and-globalization; Barry Eichengreen/Richard Portes, «The Interwar Debt Crisis and Its Aftermath», *The World Bank Research Observer* 5 (1990) 1, S. 74. **97** Frieden, *Global Capitalism*, S. 181; Elmus Wicker, *The Banking Panics of the Great Depression*, Cambridge 1996, S. 1. **98** Frieden, *Global Capitalism*, S. 172,

174, 176, 177, 184. **99** Ebd., S. 154, 184, 187; Barry Eichengreen, *Golden Fetters: The Gold Standard and the Great Depression, 1919–1939*, Oxford 1992. **100** Falladas Beschreibung seines Protagonisten findet sich in seinem Brief an seinen Verleger Ernst Rowohlt, wie zit. in: Urs Bitterli, «Hans Fallada», Journal21.ch, 12. Dez. 2014, abgerufen: 9. April 2025, url: https://www.journal21.ch/artikel/hans-fallada-kleiner-mann-was-nun-1932. **101** Piven/Cloward, *Poor People's Movements*, S. 48. **102** George Orwell, *The Road to Wigan Pier*, New York 1958 [Erstveröffentlichung 1937], S. 5, 49, 59, 79, 81, 85, 95–96, 173. **103** Melissa Teixeira, «Making a Brazilian New Deal: Oliveira Vianna and the Transnational Sources of Brazil's Corporatist Experiment», *Journal of Latin American Studies* 50 (2018) 3, S. 623; Kiran Klaus Patel, *The New Deal: A Global History*, Princeton 2016, S. 63; Jesús Antonio Bejarano, «El despegue cafetero», in: J. Ocampo, *Historia económica de Colombia*, Bogota 2007, S. 208; Marco Palacios, *El Café en Colombia, 1850–1970*, Colegio de México 2009, S. 413; Ian Brown, *A Colonial Economy in Crisis: Burma's Rice Cultivators and the World Depression of the 1930s*, London 2005, S. 37. **104** United States Congress, House of Representatives, Special Committee on Un-American Activities (1938–1944), *Investigation of Un-American Propaganda Activities in the United* States, Washington D. C. 1938, S. 3156. **105** Ferdinand Fried (pseud. für Ferdinand Zimmermann), *Das Ende des Kapitalismus*, Jena 1931, S. 184. **106** Siehe Jean Fourastié, *Les Trente Glorieuses, ou La révolution invisible de 1946 à 1975*, Paris 1979, S. 182. **107** Lawrence Dennis, *Is Capitalism Doomed?*, New York/London 1932, S. 3. **108** James Burnham, *Das Regime der Manager*, Stuttgart 1984, S. 56. **109** Leo Trotzki, *Das Übergangsprogramm*, Essen 1997, S. 84. **110** United States Congress, House of Representatives, Committee on Banking and Currency, *Hearings Before the Committee on Banking and Currency: Seventy-Fourth Congress First Session on H. R. 5357; A Bill to Provide for the Sound, Effective, and Uninterrupted Operation of the Banking System*, Washington D. C. 1935, S. 418. **111** United States Congress Senate Committee on Finance, *Investigation of Economic Problems*, vol. 2, Washington D. C., S. 891. **112** Joseph A. Schumpeter, *Kapitalismus, Sozialismus und Demokratie*, Tübingen 2005, S. 252. **113** John Katz, *The Will to Civilization: An Inquiry into the Principles of Historic Change*, London 1938, S. 334. **114** Link, *Forging Global Fordism*, 16; Karl Polanyi, *The Great Transformation: Politische und ökonomische Ursprünge von Gesellschaften und Wirtschaftssystemen*, Frankfurt a. M. 1978, S. 68 ff. **115** Link, *Forging Global Fordism*, S. 9, 16, 18. **116** Ebd., S. 17. **117** John Maynard Keynes, «Nationale Selbstgenügsamkeit», in: Harald Mattfeldt (Hg.), Keynes: Kommentierte Werkauswahl, Hamburg 1985, S. 152–161. **118** Ebd., S. 154. **119** Ebd., S. 156 f. **120** Ebd., S. 152–161. **121** Patel, *New Deal*, S. 57. **122** Benoy Kumar Sarkar, *Economic Development*, Madras (Chennai) 1926, S. 255. **123** Mark Robson, *Italy: The Rise of Fascism 1915–1945*, London 2008, S. 88; Frieden, *Global Capitalism*, S. 213. **124** Ebd., S. 195, 203 f.; Ulrich Herbert, *Geschichte Deutschlands im 20. Jahrhundert*, München 2014, S. 346 ff., 371 f. **125** Das Zitat stammt aus dem Zehn-Punkte-Programm der Regierung, zit. in: Metzler, *Lever of Empire*, S. 200. **126** Ebd., S. 210 f. Zu diesen Zusammenhängen s. a. die Grafik in: Takeda Haruhito, *Shinpan Nihon Keizai no jikenbo: Kaikoku kara baburu hōkai made*, Tokio 2009, S. 172. **127** Louise Young, *Japan's Total Empire: Manchuria and the Culture of Wartime Imperialism*, Berkeley 1999, S. 4. **128** Yosano Akiko, *Travels in Manchuria and Mongolia: A Feminist Poet from Japan Encounters Prewar China*, New York 2001, S. 103. **129** Young, *Japan's Total Empire*, S. 4, 24, 42–44, 183–240; Michael Barnhart, *Japan Prepares for Total War: The Search for Economic Security, 1919–1941*, Ithaca (NY) 1991, S. 18. **130** Fujiwara Ginjirō, Präsident der Papierfabrik Ōji Seishi, wie zit. in: Young, *Japan's Total Empire*, S. 230. **131** Wie zit. in: ebd., S. 228. **132** Ebd., S. 42, 192, 194, 198, 203, 208, 213 f., 216, 220. **133** Wie zit. in ebd.: S. 183, 186, 188, 187, 190, 203, 224. **134** Diese Überlegungen stammen fast wörtlich aus Sven Beckert, «American Danger: United States Empire, Eurafrica, and the Territorialization of Industrial Capitalism, 1870–1950», *AHR* 122 (2017) 4, S. 1137–1170. Nachgedruckt mit freundlicher Genehmigung des Herausgebers. **135** René Goepfert, «Les phosphates algériens et l'agriculture françaises: L'exploitation du gisement du Djebel-Onk», Diss. Université de Paris 1925; Richard N. Coudenhove-Kalergi, *Pan-Europa*, Wien 1923. Zu den Übersetzungen und Auflagen siehe Anita Prettenthaler-Ziegerhofer, «Richard Nikolaus Coudenhove-Kalergi, Founder of the Pan-European Union, and the Birth of a ‹New› Europe», in: Mark Hewitson/Matthew D'Auria (Hgg.), *Europe in Crisis: Intellectuals and the European Idea, 1917–1957*, New York 2012, S. 89–109. Zu Coudenhove-Kalergi s. a. Voir Antoine Fleury, «Paneurope et l'Afrique», in: Marie-Thérèse Bitsch/Gérard Bossuat (Hgg.), *L'Europe unie et l'Afrique: De l'idée d'Eurafrique à la convention de Lomé 1: Actes du colloque international de Paris, 1er et 2 avril 2004*, Brüssel 2005. **136** Coudenhove-Kalergi, *Pan-Europa*, S. 13–16. **137** Ebd., S. 68 f. **138** Richard N. Coudenhove-Kalergi, «Afrika», *Paneuropa* 5 (1929) 2, S. 4, 23. **139** Ebd., S. 3. **140** Ebd., S. 13, 19. **141** Ebd., S. 8. **142** Coudenhove-Kalergi, *Pan-Europa*, S. 156 f.; ders. «Afrika», S. 19, 29. **143** Ebd., S. 3. Dies wird auch betont in: Fleury, «Paneurope et l'Afrique», S. 40. **144** Siehe u. a. Charles-Robert Ageron, «L'idée d'Eurafrique et le débat colonial franco-allemand de l'entre-deux-guerres», *Revue d'histoire moderne et contemporaine* 22 (1975) 3, S. 457, 460; Joseph Caillaux, *D'Agadir à la grande pénitence*, wie zit. in: Ageron, «L'idée d'Eurafrique», S. 463. Andere hatten ähnliche Vorstellungen, so etwa der Publizist Henry de Jouvenel. Siehe Jouvenel, «Bloc africain et Fédération européenne», *La Revue des vivants* 1 (Jan. 1930), S. 1–7, hier 2 f.; Eugène Guernier, *L'Afrique, champ d'expansion de l'Europe; Avec 14 cartes et graphiques*, Paris 1933; und Herman Sörgel, *Die drei grossen «A»: Grossdeutschland und italienisches Imperium, die Pfeiler Atlantropas*, München 1938, S. xii, 10, 22, 41, 55, 96. Zu Sörgel s. a. Philipp Nicolas Lehmann, «Infinite Power to Change the World: Hydroelectricity and Engineered Climate Change in the Atlantropa Project», *AHR* 121 (2016) 1, S. 70–100; und Dirk van Laak, *Weiße Elefanten: Anspruch und Scheitern technischer Großprojekte im 20. Jahrhundert*, Stuttgart 1999. **145** «Discorso di Francesco Orestano, presidente del convegno», in: *Convegno di scienze morali e storiche, 4–11 ottobre 1938 – XVI: Tema: l'Africa*, Bd. 1, Rom 1939, S. 38–50. **146** Jacopo Mazzei, *Italia e Africa settentrionale nel problema economico mediterraneo*, Florenz 1942, S. 19. **147** Adam Tooze, *The Wages of Destruction: The Making and Breaking of the Nazi Economy*, New York 2007, S. xxiv, 10. **148** Wie zit. in: Ageron, «L'idée d'Eurafrique», S. 473. **149** Siehe die Essays in: Gregor Thum, (Hg.), *Traumland Osten: Deutsche Bilder vom östlichen Europa im 20. Jahrhundert*, Göttingen 2006. **150** Ferdinand Fried (pseud.), «Antrittsvorlesung Uni Prag», 19. Nov. 1941, nachgedruckt in: Reinhard Opitz, *Europastrategien des Deutschen Kapitals, 1900–1945*, Köln 1994, S. 835; und Ferdinand Fried, *Der Aufstieg der Juden*, Blut und Boden Goslar 1937. **151** Gerhard L. Weinberg, *Hitlers zweites Buch: Ein Dokument aus dem Jahr 1928*, Stuttgart 1961, S. 120, 122. **152** Adolf Hitler, «13. Juni 1943», in: Werner Jochmann (Hg.), Hitler, *Monologe im Führerhauptquartier, 1941–1944*, Hamburg 1980, S. 398. S. a. Timothy Snyder, *Black Earth. Der Holocaust und warum er sich wiederholen kann*, München 2015, S. 15–25. **153** Tooze, *Wages of Destruction*, S. 469 f. Zu den amerikanischen Ureinwohnern siehe 17. Okt. 1941, Führerhauptquartier, Gäste: Reichsminister Dr. Todt, Gauleiter Sauckel, in: Hitler, *Monologe im Führerhauptquartier*, S. 90 ff., hier 91. **154** Hitler, «17. September 1941», in: Jochmann, *Monologe im Führerhauptquartier*, S. 62 f. **155** Zit. in: Seibold, *Röchling*, S. 185. **156** Zur Lederindustrie siehe Sven Beckert, *Bis zu diesem Punkt und nicht weiter: Arbeitsalltag während des Zweiten Weltkriegs in einer Industrieregion Offenbach-Frankfurt*, Frankfurt a. M. 1990. Zum Saarland siehe Seibold, *Röchling*, S. 181 f.; «Die Erzreserven des Minettegebietes nach dem Stande von Ende 1929 nach Gebieten, Sorten, Lagern und Besitzern in Gebrauchstonnen, unterzeichnet von Hermann Röchling», A/K7/ 296, Alter Bestand, VH. **157** Seibold, *Röchling*, S. 184, 209; und «Die Erzreserven des Minettegebietes nach dem Stande von Ende 1929 nach Gebieten, Sorten, Lagern und Besitzern in Gebrauchstonnen, signed by Hermann Röchling», A/K7/ 296, Alter Bestand, VH; und «Verluste infolge Stillegung, 1924», in B/K-387: RESW GmbH (Streik 1924), VH. **158** Frieden, *Global Capitalism*, S. 206; Kleoniki Alexopoulou, «An Anatomy of Colonial States and Fiscal Regimes in Portuguese Africa: Long-term Transformations in Angola and Mozambique, 1850s–1970s», Diss. Wageningen University 2018; Alexandre Quintanilha, Einleitung, in: *Esboço do reconhecimento ecológico-agrícola de Moçambique*, Bd. 1, Imprensa Nacional de Moçambique 1955, S. 3–30; Greg Grandin, *Fordlandia: The Rise and Fall of Henry Ford's Forgotten Jungle City*, New York 2009. **159** Link, *Forging Global Fordism*, S. 15. **160** Frieden, *Global Capitalism*, S. 221–226; Jakes/Shokr, «Capitalism in Egypt, Not Egyptian Capitalism», S. 34. **161** Emine Asli Odman, «Ursprünge, Erscheinungen und Wandel des Ökonomischen Nationalismus in der Peripherie: Etatismus in der Türkei und Populismus in Mexiko im Vergleich, 1910–1940», unveröffentlichte Doktorarbeit Universität Wien 2002, S. 3–5, 22, 40, 48; *Iktisadiyyat Mecmuast* 1 (21. Feb. 1916), wie zit. in: Odman, «Ursprünge, Erscheinungen und Wandel des Ökonomischen Nationalismus», S. 23; Şevket Pamuk, *Uneven Centuries: Economic Development of Turkey Since 1820* (PUP, 2018), S. 174 f., 187. **162** Odman, «Ursprünge, Erscheinungen und Wandel des Ökonomischen Nationalismus», S. 3 f.; Stephen H. Haber, «Assessing Obstacles to Industrialization: The Mexican Economy, 1830–1940», in: *Journal of Latin American Studies* 24 (1992) 1, S. 28; und Joseph L. Love, «Raúl Prebisch and the Origins of the Doctrine of Unequal Exchange», *Latin American Research Review* 15 (1980) 3, insb. S. 54–60. S. a. League of Nations, Economic, Financial, and Transit Department, «Industrialization and Foreign Trade», in: Series of League of Nations Publications, Series II, Economic and Financial, 1945, II. A. 10, 91. **163** Zit. und übers. in: Link, *Forging Global Fordism*, S. 21 f. **164** Link, *Forging Global Fordism*, S. 89. **165** Volpato, «Produzione e mercato», S. 143. **166** Ebd., S. 141. **167** Freeman, *Behemoth*, S. 144; Link, *Forging Global Fordism*, S. 3, 12; Volpato, «Produzione e Mercato», S. 148. Die Zahl der Arbeiter bezieht sich auf das Jahr 1929. **168** Patel, *New Deal*, S. 67, 91, 94. Zum Aufstieg der Wirtschaftsplanung in den Vereinigten Staaten siehe Patrick D. Reagan, *Designing a New America: The Origins of New Deal Planning, 1890–1943*, Amherst (MA) 1999. Zu den portugiesischen Planungsanstrengungen siehe Secretariado da Propaganda Nacional, *Portugal: The New State in Theory and in Practice*, New York Fair 1939, S. 46. **169** Hugh S. Johnson, *The Blue Eagle from Egg to Earth*, Garden City (NY) 1935, S. 169. **170** Patel, *New Deal*, S. 242; Charles Maier, *Recasting Bourgeois Europe: Stabilization in France, Germany, and Italy in the Decade After World War I*, Princeton 1975, S. 581. **171** Zu Deutschland siehe Timothy Mason, *Arbeiterklasse und Volksgemeinschaft: Dokumente und Materialien zur deutschen Arbeiterpolitik 1936–1939*, Opladen 1975; und Götz Aly, *Hitlers Volksstaat: Raub, Rassenkrieg und nationaler Sozialismus*, Frankfurt a. M. 2006. **172** Gordon, «Right to Work in Japan», S. 247–272, insb. S. 250. **173** Wie zit. in: Gordon, «Right to Work in Japan», S. 251. **174** Piven/Cloward, *Poor People's Movements*, S. 48–60. **175** Wie zit. in: ebd., S. 109. **176** Ebd., S. 41, 107 ff., 121, 123 ff., 134, 137; und Freeman, *Behemoth*, S. 165 f., 168. **177** Eric D. Weitz, *Weimar Germany: Promise and Tragedy*, Princeton 2007, S. 161; Ralf Hoffrogge/Norman LaPorte, *Weimar Communism as Mass Movement 1918–1933*, Baltimore/London 2017, S. 171, 174; Gordon, «Right to Work in Japan», S. 254, 256. **178** *Seventh Annual Report of the Bombay Textile Labour Union*, 1932/33, S. 3, Kopie in: N. M. Joshi Papers, 1st Installment, File 58, Teen Murti, Nehru Memorial Museum and Library, Neu-Delhi. **179** Edward Hallett Carr, *Nationalism and After*, London

1945, S. 19. **180** Gordon, «Right to Work in Japan», S. 268 ff.; Gregory J. Kasza, «War and Welfare Policy in Japan», in: *Journal of Asian Studies* 61 (2002) 2, S. 417, 424 ff. Zu den Aktivitäten der Arbeiterklasse siehe den brillanten Artikel von Andrew Gordon, «The Right to Work in Japan», S. 255. **181** Patel, *New Deal*, S. 74, 81, 117, 194. **182** Nattrass/Seekings, «Economy and Poverty», S. 525; Jeremy Seekings, «The Broader Importance of Welfare Reform in South Africa», *Social Dynamics* 28 (2002) 2, S. 12 f.; Jeremy Seekings, «Workers and the Beginnings of Welfare State-Building in Argentina and South Africa», in: *African Studies* 66, Nr. 2–3 (2007), S. 259 f.; Jeremy Seekings, «‹Not a Single White Person Should Be Allowed to Go Under›: *Swartgevaar* and the Origins of South Africa's Welfare State, 1924–1929», *Journal of African History* 48 (2007) 3, S. 530; Jeremy Seekings, «The Carnegie Commission and the Backlash Against Welfare State-Building in South Africa, 1931–1937», in: *Journal of Southern African Studies* 34 (2008) 3, S. 528; und Jeremy Seekings, «The Social Question in Pre-*Apartheid* South Africa: Race, Religion and the State», in: Lutz Leisering (Hg.), *One Hundred Years of Social Protection: The Changing Social Question in Brazil, India, China, and South Africa*, Cham 2021, S. 204, 209, 212 f. **183** Ravi Ahuja, «A Beveridge Plan for India? Social Insurance and the Making of the Formal Sector», *International Review of Social History* 64 (2019) 2, S. 207–248; Ders., «‹Produce or Perish›: The Crisis of the Late 1940 s and the Place of Labour in Post-Colonial India», *Modern Asian Studies* 54 (2019) 4, S. 42 f.; Jibran Anand, «In Sickness and in Wealth: Social Insurance in Late Colonial Bombay, 1918–1945», Referat Seminar am Moturi Satyanarayana Centre, Krea University, Aug. 2023. **184** Duncan Kennedy, «Three Globalizations of Law and Legal Thought, 1850–2000», in: David M. Trubek/Alvaro Santos (Hgg.), *The New Law and Economic Development: A Critical Reappraisal*, Cambridge 2006, S. 19, 38 f. **185** John Maynard Keynes, «The World's Economic Outlook», *Atlantic Monthly* 149 (1932) 5, S. 521–526, Zitat S. 525. **186** Ebd., S. 755–769. **187** Ebd. **188** Ebd., S. 521–526, Zitat S. 525. **189** Ebd., S. 525. **190** C. N. Biltoft, «On a Certain Blindness in Economic Theory: Keynes's Giraffes and the Ordinary Textuality of Economic Ideas», in: Robert Fredona/Sophus Reinert (Hgg.), *New Perspectives on the History of Political Economy*, Springer International 2018, S. 320. **191** Robert L. Heilbroner, *Die Denker der Wirtschaft: Ideen und Konzepte der großen Wirtschaftsphilosophen*, München 2006, S. 253–258. **192** Ebd. **193** Ebd., S. 266. **194** John Maynard Keynes, *Allgemeine Theorie der Beschäftigung, des Zinses und des Geldes*, Berlin 1966, S. 3. **195** Ebd., S. 23 f. **196** Peter A. Hall (Hg.), Einleitung, *The Political Power of Economic Ideas: Keynesianism Across Nations*, Princeton 1989, S. 6. **197** Alan W. Booth, «New Revisionists and the Keynesian Era in British Economic Policy», *EHR* 54 (2001) 2, S. 359 f; und Bradley W. Bateman, «Keynes and Keynesians», in: Roger E. Backhouse/Bradley W. Bateman, *The Cambridge Companion to Keynes*, Cambridge 2006, S. 283. **198** Keynes, *Allgemeine Theorie*, S. S. 4–19, 23–27; Heilbroner, *Denker der Wirtschaft*, S. 254; Frieden, *Global Capitalism*, S. 237; Biltoft, «On a Certain Blindness in Economic Theory», S. 333. **199** Eric Hobsbawm, *Das Zeitalter der Extreme, Weltgeschichte des 20. Jahrhunderts*, München 1995, S. 244–249. **200** Einen Überblick bietet Jürgen Kocka, «Kapitalismus und Demokratie», *Archiv für Sozialgeschichte* 56 (2016), S. 50. **201** Piketty, *Kapital und Ideologie*, S. 588 f.; Sheri Berman, *The Social Democratic Moment: Ideas and Politics in the Making of Interwar Europe*, Cambridge (MA) 1998, S. 151; Peter Alexis Gourevitch, «Breaking with Orthodoxy: The Politics of Economic Policy Responses to the Depression of the 1930s», *International Organization* 38 (1984) 1, S. 95–129; Margaret Weir/Theda Skocpol, «State Structures and the Possibilities for ‹Keynesian› Responses to the Great Depression in Sweden, Britain, and the United States», in: Peter B. Evans/Dietrich Rueschemeyer/Theda Skocpol, *Bringing the State Back In*, Cambridge 1985, S. 108, 131. Walter Korpi, *The Working Class in Welfare Capitalism: Work, Unions, and Politics in Sweden*, International Library of Sociology, London 1978, S. 81, 320; Frieden, *Global Capitalism*, S. 233; und Carl Marklund, «The Social Laboratory, the Middle Way and the Swedish Model: Three Frames for the Image of Sweden», *Scandinavian Journal of History* 34 (2009) 3, S. 267 f. **202** Patel, *New Deal*, S. 230; Frieden, *Global Capitalism*, S. 245, 249. **203** Ebd., S. 209, 215; Stanley G. Payne, *A History of Fascism, 1914–1945*, Madison (WI) 1995, S. 132 f., 282, 324, 327; Bobi Bobev, «The Dictatorship of Ahmet Zogou in Albania», in: *Études balkaniques* (1993) 2, S. 22; Joseph Fronczak, «The Fascist Game: Transnational Political Transmission and the Genesis of the U. S. Modern Right», *JAH* 105 (2018) 3, S. 563–588. **204** Secretariado da Propaganda Nacional, *Portugal*, S. 8. **205** Ebd., S. 9. **206** Ebd., S. 12. **207** Teixeira, «Making a Brazilian New Deal», S. 613–641. S. a. John Wirth, *The Politics of Brazilian Development, 1930–1954*, Stanford 1970. **208** Teixeira, «Making a Brazilian New Deal», S. 614. **209** Wie zit. in: ebd., S. 640. **210** Ebd., S,622. **211** Ebd., S. 615, 623, 625, 632; Juan Manuel Palacio, «The Rise of Labor Courts in Argentina», in: Leon Fink/Juan Palacio (Hg.), *Labor Justice Across the Americas*, Urbana (IL) 2017, S. 191. **212** Secretariado da Propaganda Nacional, Portugal, S. 13, 14. **213** Ebd., S. 16. **214** Ebd., S. 38; Teixeira, «Making a Brazilian New Deal», S. 633. **215** Palacio, «Rise of Labor Courts in Argentina», S. 191. **216** *La Stampa*, 11. März 1923; Angelo Forgione, *Dov'è la vittoria. Le due Italie nel pallone. Aspetti sportivi della malaunità politico-economica*, Mailand 2019; Ivan Berend, *An Economic History of Twentieth-Century Europe: Economic Regimes from Laissez-Faire to Globalization*, Cambridge 2006, S. 36; Clark, *Mondo Agnelli*, S. 49; Castronovo, *Giovanni Agnelli*; Giancarlo Galli, *Gli Agnelli: Il tramonto di una dinastia*, Mailand 2003; und Marco Ferrante, *Casa Agnelli*, Mailand 2007. **217** Kocka, «Kapitalismus und Demokratie», S. 42. **218** Ebd. **219** Frieden, *Global Capitalism*, S. 210. **220** Inge Plettenberg, «Hermann Röchling – der

Cherusker», in: Meinrad Maria Grewenig, *Die Röchlings und die Völklinger Hütte*, Völklingen 2014, S. 56. S. a. Seibold, *Röchling*, S. 239. **221** Ebd., S. 244. **222** Plettenberg, «Hermann Röchling – der Cherusker», S. 56; Seibold, *Röchling*, S. 240, 245. **223** Zit. in: ebd., S. 246. **224** Ebd., S. 204. **225** Inge Plettenberg, *Zwangsarbeit in der Völklinger Hütte*, Edition Völklinger Hütte 2016, S. 385. **226** Wie zit. in: ebd., S. 388. Zum Artikel siehe Seibold, *Röchling*, 241. **227** Wie zit. in: Plettenberg, «Hermann Röchling – der Cherusker», S. 57. **228** Ebd., S. 57. **229** Ebd., S. 56, und Seibold, *Röchling*, S. 229. Siehe den Entwurf in: B/K-2 Deckung des deutschen Eisenerzbedarfs aus heimischen Vorkommen, Zur Führerrede vom 1937/02/20, Alter Bestand, VH. **230** Hermann Röchling wie zit. in: Plettenberg, *Zwangsarbeit in der Völklinger Hütte*, S. 379. **231** Christiane Eifert, «Antisemit und Autokönig: Henry Ford's Autobiographie und ihre deutsche Rezeption in den 1920er-Jahren», *Zeithistorische Forschungen* 6 (2009) 2, S. 228. **232** Zu Japan siehe Jeremy Yellen, *The Greater East Asia Co-Prosperity Sphere: When Total Empire Met Total War*, Ithaca (NY) 2019, S. 15. **233** Ebd., S. 4 f., 31, 35. **234** Ebd., S. 17, 30, 47, 71, 87, 88. Siehe z. B. Ōsawa Kichigrō, *Beikoku no yashin to teikoku no zento* [Amerikas Bestrebungen und die Zukunft des Imperialismus] (Meirin Shoin, 1924); Higushi Reiyō, *Beika kuru: Nihon kiki* [Die Ankunft der japanischen Bedrohung: Japans Krise] (Nihon Shoin, 1924). **235** Aristotle A. Kallis, *Fascist Ideology: Territory and Expansionism in Italy and Germany, 1922–1945*, New York/London 2000, S. 126; Christopher Duggan, *A Concise History of Italy*, Cambridge 2013, S. 240. **236** Ludwig Max Goldberger, *Das Land der unbegrenzten Möglichkeiten: Beobachtungen über das Wirtschaftsleben der Vereinigten Staaten von Amerika*, Berlin 1905. **237** Hermann Röchling, wie zit. in: Plettenberg, *Zwangsarbeit in der Völklinger Hütte*, S. 379. **238** Seibold, *Röchling*, S. 248 f., 255, 258, 261; Plettenberg, *Zwangsarbeit in der Völklinger Hütte*, S. 37, 365, 368–371, 373, 395 f.; Dies., «Hermann Röchling – der Cherusker», S. 248. **239** Seibold, *Röchling*, S. 247; David Palmer, «Foreign Forced Labor at Mitsubishi's Nagasaki and Hiroshima Shipyards: Big Business, Militarized Government, and the Absence of Shipbuilding Workers' Rights in World War II Japan», in: Marcel van der Linden/Magaly Rodriguez Garcia (Hgg.), *On Coerced Labor: Work and Compulsion After Chattel Slavery*, Leiden 2016, S. 159, 169, 175, 426; David Palmer, «The Straits of Dead Souls: One Man's Investigation into the Disappearance of Mitsubishi Hiroshima's Korean Forced Labourers», *Japanese Studies* 26 (2006) 3, S. 338, 351; und Thomas Havens, *Valley of Darkness: The Japanese People and World War Two*, Lanham (MY) 1986, S. 104. **240** Plettenberg, *Zwangsarbeit in der Völklinger Hütte*, S. 51. **241** Karl Heinz Roth, «Unfree Labour in the Area Under German Hegemony, 1930–1945», in: Tom Brass/Marcel van der Linden (Hgg.), *Free and Unfree Labour: The Debate Continues*, Bern 1997, S. 137; Plettenberg, *Zwangsarbeit in der Völklinger Hütte*, 24, 47, 400, Zitat ebd., S. 404. S. a. Dies., «Hermann Röchling – der Cherusker», S. 58. **242** Wie zit. in: Plettenberg, *Zwangsarbeit in der Völklinger Hütte*, S. 229. **243** Ebd., S. 263. **244** S. a. die Dokumente in: D-K10/41: RESW GmbH, Fremdarbeiter 1939–1945, Mappe 2, Alter Bestand, VH; Plettenberg, *Zwangsarbeit in der Völklinger Hütte*, S. 9, 39, 128, 141, 168, 172, 251, 258, 430 f. Grewenig, *Die Röchlings und die Völklinger Hütte*, S. 64; Seibold, *Röchling*, S. 248. **245** Siehe den Abschnitt «Fremd- und Zwangsarbeit» in: «BMW während der Zeit des Nationalsozialismus», BMW Group, letzter Zugriff 1. Mai 2025, https://www.bmwgroup.com/de/unternehmen/historie/bmw-waehrend-der-zeit-des-nationalsozialismus.html. **246** Neil Gregor, *Daimler-Benz in the Third Reich*, New Haven 1998, S. 195. **247** Henning Bleyl, «Nähe zum Massenmord», *Taz*, 12. Dez. 2015; «Fremd- und Zwangsarbeit» in: «BMW während der Zeit des Nationalsozialismus», BMW Group; «Audi's Nazi past», *Deutsche Welle*, abgerufen: 1. Mai 2025, https://www.dw.com/en/audi-comes-clean-about-its-nazi-past/a-17664050; Dietmar Hawranek, «Porsche and Volkswagen's Nazi Roots», *Spiegel International*, abgerufen: 1. Mai 2025, url: https://www.spiegel.de/international/business/designing-cars-for-hitler-porsche-and-volkswagen-s-nazi-roots-a-637368.html; und United Nations War Crimes Commission (Hg.), *Law Reports of Trials of War Criminals*, Bd. 10, His Majesty's Stationery Office 1949. Die Liste von Firmen stammt aus: Anita Ramasastry, «Corporate Complicity: From Nuremberg to Rangoon: An Examination of Forced Labor Cases and Their Impact on the Liability of Multinational Corporations», *Berkeley Journal of International Law* 20 (2002) 1, S. 124. Man beachte, dass ich die Schreibweise einiger Firmennamen leicht korrigiert und einige weggelassen habe. **248** Siehe M1923: OMGUS Finance Division Records Regarding Investigations and Interrogations, 1945–1949, National Archives, Washington, D. C.; United Nations War Crimes Commission, *Law Reports of Trials of War Criminals*, Bd. 10. **249** Primo Levi, *Die Untergegangenen und die Geretteten*, München 1990, S. 205. **250** Siehe «Oberstes Gericht der Militärregierung der französischen Besatzungszone in Deutschland», Urteil vom 25. Jan. 1949, in Sachen Hermann Röchling und Genossen, 56–57, T1 NL Drischel Nr. 41, Landesarchiv Baden-Württemberg, Staatsarchiv Freiburg. **251** Werner Sombart, «Die Wandlungen des Kapitalismus», *Weltwirtschaftliches Archiv* 28 (1928), S. 245. **252** Ebd., S. 246.

Kapitel 15: Rebellen

1 David Arnold, «The Rise of the Indian Typewriter», in: Sidharth Bhatia (Hg.), *With Great Truth & Regard: The Story of the Typewriter in India,* Neu-Delhi 2016, S. 19. 2 P. G. Hubert Jr., «The Typewriter: Its Growth and Uses», *North American Review* 146 (1888); David Arnold, *Everyday Technology: Machines and the Making of India's Modernity,* Chicago 2013, S. 48; *Annual Statement of the Sea Borne Trade and Navigation of British India with the British Empire and Foreign Countries*, Office of the Superintendent of Government Printing, Kalkutta 1900; Arnold, «Rise of the Indian Typewriter», S. 18, 28f. 3 Unsignierte Notiz, 9. Sep. 1952, S. 2ff., in GAM. 4 B. K. Karanjia, *Godrej: A Hundred Years, 1897–1997*, Bd. 1, Neu-Delhi 1997, S. 115, 119; Arnold, «Rise of the Indian Typewriter», S. 32; Bhatia, «Making the Indian Typewriter», S. 63. 5 Arnold, «The Rise of the Indian Typewriter», S. 31f.; Karanjia, *Godrej*, Bd. 1, S. 115; sowie Sidharth Bhatia, «Making the Indian Typewriter: The Godrej Story», in: ders., *With Great Truth & Regard*, S. 61. Zu den technischen Problemen bei der Produktion der ersten Schreibmaschinen siehe die unsignierte Notiz vom 9. Sep. 1952, GAM. S. a. Karanjia, *Godrej*, Bd. 1, S. 114f.; sowie Bhatia, «Making the Indian Typewriter», S. 63. 6 Unsignierte Notiz, 9. Sep. 1952, GAM. 7 Zit. in Bhatia, *With Great Truth & Regard*, 56f. Siehe auch Bhatia, «Making the Indian Typewriter», S. 65. 8 Karanjia, *Godrej: A Hundred Years*, Bd. 1, S. 119; sowie Rama Lakshmi, «The World of Steno Stereotypes», in: Bhatia, *With Great Truth & Regard*, S. 158. Zu «den Bestellungen der Regierung», siehe Godrej/Boyce, Rundschreiben an alle «Abteilungen», 20. Juni 1957, GAM. Zu diesen Bestellungen siehe auch das Rundschreiben an «alle Abteilungen», 29. Jan. 1960, in GAM; Government of India Stationery Office, Kalkutta, an Godrej und Boyce, Kalkutta, 19. Feb. 1960, GAM; sowie Rundschreiben an «alle Abteilungen», 16. Aug. 1967, GAM. 9 Karanjia, *Godrej: A Hundred Years*, S. 121. Zum Aufbau des Verkaufsnetzwerks siehe Rundschreiben an «alle Fachhändler», 14. Juli 1954, in Godrej Archives, Bombay. S. a. Bhatia, «Making the Indian Typewriter», S. 59, 69, 75. Zu Beschwerden über die mäßigen Leistungen seiner Verkäufer siehe Rundschreiben von Godrej und Boyce an «alle Abteilungen», 10. Sep. 1962, in: Godrej Archives, Bombay. S. a. Karanjia, *Godrej*, Bd. 1, S. 121. Vgl. auch Arnold, «Rise of the Indian Typewriter», S. 32. Zu den Verkaufszahlen siehe MS15-55-1-1, BD 1501686, Centenary Collection, GAM. 10 Arnold, «Rise of the Indian Typewriter», S. 7, 15f., 18, 23ff. Der präzise Anteil an Frauen bei den Typisten und Stenografen lag bei 96 Prozent. 11 Eric Hobsbawm, *Das Zeitalter der Extreme*, München 1995, S. 281; UN Geospatial Information Section, «The World in 1945», Nr. 4135, Rev. 3, Mai 2010; «List of Former Trust and Non-Self-Governing Territories», Vereinte Nationen, abgerufen: 25. 2. 2023, url: https://www.un.org/dppa/decolonization/en/history/former-trust-and-nsgts; «Growth in United Nations Membership», Vereinte Nationen, abgerufen: 25. 2. 2023, url: https://www.un.org/en/about-us/growth-in-un-membership; sowie «Land Area (Sq. Km) – World», CSV-Datei, Weltbank, abgerufen: 17. 12. 2021, url: https://data.worldbank.org/indicator/AG.LND.TOTL.K2?loca%20tions=%201W. 12 Der Autor hat diese Zahl aus den Daten für Westeuropa, Osteuropa, der UdSSR und westlichen Ablegern berechnet. Siehe Angus Maddison, *The World Economy: Historical Statistics*, Development Centre Studies, OECD 2003, S. 233. Die Zahlen für die weltweite Industrieproduktion gelten für 1950 und stammen aus Patrick Karl O'Brien, «Industrialization», in: Jerry H. Bentley (Hg.), *The Oxford Handbook of World History*, Oxford 2011, S. 309. Die Zahlen für 1975 und das Jahr 2000 sowie für die 2020er Jahre sind aus zwei verschiedenen Quellen zusammengestellt: der *Maddison Project Database* für die frühen Jahre (endet mit seinen Daten im Jahr 2001) und der *World Bank* für die späteren Jahre. Das Madison Project hat anhand der Daten über die Kaufkraftparität aus einem früheren 1990 International Comparison Project (ICP) das BIP extrapoliert und berechnet. Um Konstanz zu gewährleisten, wurde das BIP auf Basis der Kaufkraftparität (aktueller Dollarkurs) laut Weltbank für die Daten der 2020er verwendet. Zwischen den Daten des Maddison Projects und den Daten der Weltbank kann es kleine Abweichungen geben. Beispiel: Laut den Maddison-Daten erwirtschafteten Europa und die westlichen Ableger 50,7 Prozent des globalen BIP, Berechnungen auf Basis der Weltbankdaten ergeben den etwas niedrigeren Wert von 50,0 Prozent. Für die Daten des Madison Projects siehe Maddison, *World Economy*, S. 233. Für die Daten der Weltbank siehe «GDP, PPP (Current International $)», Weltbank, abgerufen: 9. 8. 2022, https://data.worldbank.org/indicator/NY.GDP.MKTP.PP.CD. Ein Weltbank-Blog, der die verschiedenen Berechnungsmethoden für das BIP und beschreibt, und wie Maddison dabei vorging, ist Branko Milanovic, «The End of a Long Era», *Let's Talk Development* (Blog), 19. Juli 2013, https://blogs.worldbank.org/en/developmenttalk/end-long-era. 13 Zu diesem Argument siehe auch Tom G. Forrest, *The Advance of African Capital: The Growth of Nigerian Private Enterprise*, Charlottesville (VA) 1994, S. 5. 14 Tirthankar Roy, «Beyond Divergence: Rethinking the Economic History of India», *Economic History of Developing Regions* 27 (2012), S. S57–65; Gareth Austin/Carlos Dávila/Geoffrey Jones, «The Alternative Business History: Business in Emerging Markets», *Business History Review* 91 (2017), S. 540. 15 Werner Sombart, «Die Wandlungen des Kapitalismus», *Weltwirtschaftliches Archiv* 28 (1928), S. 245. 16 Ardeshir Godrej, «The Man Who Makes the Godrej Safes», Interview des *Indian National Herald*, 17. April 1927; B. K. Karanjia, *Vijitatma: Founder Pioneer Ardeshir Godrej*, Neu-Delhi 2004, S. xxxiii, 1, 33; sowie Vrunda Pathare, «Business Archives: A Window into the Corporate Past», in: *NMML Occasional Paper/Perspectives in Indian Development*,

New Series 19, Nehru Memorial Museum and Library 2013, S. 6. **17** Godrej, «Man Who Makes the Godrej Safes»; Karanjia, *Vijitatma*, S. xxxv. **18** Ebd., S. xxiv, 7, 197. **19** Godrej, «Man who Makes the Godrej Safes». **20** Ardeshir Godrej, «Romantic Story of an Indian Industry», Interview des *Indian National Herald*, 27. April 1927, S. 1; sowie *Bombay Chronicle*, 7. Juli 1921, S. 5. **21** Gandhi, «My Notes», 9. Okt. 1921, *Collected Works of Mahatma Gandhi*, Bd. 21, Publications Division, Ministry of Information and Broadcasting 1966, S. 268–274. **22** Karanjia, *Vijitatma*, S. xxx, xxxi, xxxv; Karanjia, *Life's Flag is Never Furled*, S. 47, 50, 61, 73. **23** «A Staunch Nationalist», in: *Bombay Chronicle*, 13. Januar 1936, S. 5. **24** Rundschreiben, 1. Juli 1954, MS08-01-419-306, S. 111, Circular Collection, GAM. Für das Zitat über seine Jugend siehe Karanjia, *Godrej*, Bd. 1, S. 164. S. a. Godrej und Boyce, Brief an «alle Abteilungen», 1. Juli 1954, Bombay, in GAM. **25** B. K. Karanjia, *Godrej: A Hundred Years, 1897–1997*, Bd. 2, Neu-Delhi 1997, S. 5. **26** Ebd., S. 3, 102. **27** Ebd., Bd. 1, S. 7. **28** Ebd., S. 88. **29** Ebd., S. 98. **30** Ebd., S. 69 f., 72 f., 90, 132 f., 142; Godrej und Boyce «Ballot Boxes», Entwurf Rundschreiben an alle Abteilungen, 8. Feb. 1952, in GAM; Shweta Jadhav, «As EVMs Are Debated, This Is How the First Ballot Box Was Made for India's First 1952 Election», *Print*, Jan. 2019. S. a. *Bombay Chronicle*, 15. Dez. 1951; sowie Pathare, «Business Archives», S. 8 f. **31** Pathare, «Business Archives», S. 89; sowie Karanjia, *Godrej*, Bd. 1, S. 79, 85 ff. 94, 99, 156. **32** Ebd., S. 91, 163 f. **33** Siehe Godrejs Werbeanzeige, «Freedom Wears a Smile», *Times of India*, 26. Jan. 1962, S. 9. **34** Zit. in Sanya Jain, «For Anand Mahindra, Seeing the East India Company in Indian Hands Is [...]», NDTV, 9. Feb. 2022, https://www.ndtv.com/offbeat/for-anand-mahindra-seeing-the-east-india-company-in-indian-hands-is-2757926. **35** Zit. in Samuel C. Chu, *Reformer in Modern China: Chang Chien, 1853–1926*, New York 1965, S. 45 f. **36** Sun Yat-Sen, *The International Development of China*, Shanghai 1920; Babacar Fall, «Le mouvement syndical en Afrique occidentale francophone, de la tutelle des centrales métropolitaines à celle des partis nationaux uniques, ou la difficile quête d'une personnalité (1900–1968)», *Matériaux pour l'histoire de notre temps* 4 (2006), S. 50. **37** J. Ayodele Langley, *Ideologies of Liberation in Black Africa: 1856–1970: Documents on Modern African Political Thought from Colonial Times to the Present*, London 1979, S. 260; David Murphy, «No More Slaves! Lamine Senghor, Black Internationalism and the League Against Imperialism», in: Michele Louro u. a. (Hgg.), *The League Against Imperialism: Lives and Afterlives*, Leiden 2020, S. 211–236. **38** Langley, *Ideologies of Liberation in Black Africa*, S. 236. **39** Zit. in Robert L. Tignor, «Bank Mişr and Foreign Capitalism», *International Journal of Middle East Studies* 8 (1977), S. 164 f. **40** A. G. Hopkins, «Economic Aspects of Political Movements in Nigeria and the Gold Coast, 1918–1939», *Journal of African History* 7 (1966), S. 133–152. **41** National Archives of the UK, Kew, Parliamentary Papers, 1873, Bd. 61, Correspondence Respecting Sir Bartle Frere's Mission to the East Coast of Africa, 1872–73, Anlage 1, Nr. 51, S. 102, zit. in Pedro Machado, *Ocean of Trade: South Asian Merchants, Africa and the Indian Ocean, c. 1750–1850*, Cambridge 2014, S. 268. **42** Zitat aus: Französischer Konsul Lourenço Marques an den Außenminister, Brief vom 8. April 1930, Main d'oeuvre: Madagascar et Réunion, Recrutement de travailleurs dans l'Inde, dans l'Indo-Chine, dans la Chine, dans le Japon / Rapport Geismar, FM/7AFFECO/19, Travail, Réunion, Recrutements, Extérieur, 1866–1939, ANOM. **43** Sudev Sheth, *Bankrolling Empire: Family Fortunes and Political Transformation in Mughal India*, Cambridge 2024, S. 295 f.; Sven Beckert, *King Cotton*, München 2014; sowie Chinmay Tumbe, «Transnational Indian Business in the Twentieth Century», *Business History Review* 91 (2017), S. 662. Für diese Diskussion zur postkolonialen Geschichte s. a. Andre Liu, «Notes Toward a More Global History of Capitalism: Reading Marx's Capital in India and China», *Spectre*, 6. Juli 2020, url: https://spectrejournal.com/notes-toward-a-more-global-history-of-capitalism/. **44** Mircea Raianu, *Tata: The Global Corporation That Built Indian Capitalism*, Cambridge (MA) 2021, S. 13, 17, 28, 39; Beckert, *King Cotton*; *Statistical Tables Relating to Indian Cotton: Indian Spinning and Weaving Mills, Their Production and Its Distribution, with a List of the Steam Presses in the Country*, Bombay 1889, S. 95; Bhubanes Misra, «The Cotton Mill Industry of Eastern India in the Late Nineteenth Century: Constraints on Foreign Investment and Expansion», *Social Scientist* 15 (1987), S. 5; R. E. Enthoven, *The Cotton Fabrics of the Bombay Presidency*, o. V. circa 1897, 4, in NAI; Arno S. Pearse, *The Cotton Industry of India: Being the Report of the Journey to India*, Taylor, Garnett, Evans 1930, S. 22; D. R. Gadgil mit Mitarbeitern des Gokhale Institute of Politics and Economics, Poona, Indien, «Notes on the Rise of the Business Communities in India», Institute for Pacific Studies, April 1951, S. 13. Zum Wachstum der indischen Baumwollindustrie s. a. Department of Commercial Intelligence and Statistics, *Monthly Statistics of Cotton Spinning and Weaving in India Mills*, o. V. 1929. Zu den Wurzeln der Swadeshi-Bewegung s. a. Dinyar Patel, «To Revive India's Industries: The Global and Imperial Roots of Swadeshi in the Nineteenth Century», *Modern Asian Studies* (2024), S. 3–21. **45** FICCI, *Proceedings of the Sixth Annual Meeting, Delhi, 15.-16. April 1933*, S. 5. **46** Naoroji zit. in Dinyar Patel, *Naoroji: Pioneer of Indian Nationalism*, Cambridge (MA) 2020, S. 65. **47** Raianu, *Tata*, S. 24; Patel, *Naoroji*, S. 47, 83. **48** Keshav Malhar Bhat, «Address to the Twenty-Third Annual Convention of the Free Religious Association», abgedruckt in: *The New Ideal* 3 (1890), S. 334. **49** Siehe *India Today*, 16. Sep. 2017. **50** Kopie des Schriftwechsels Nr. F 146/467, Sir Akbar Hydari, 17. Jan. 1945, nachgedruckt in FICCI, *Proceedings of the 19th Annual Session*, Mai 1946, S. 123. **51** FICCI, *Proceedings of the Fourth Annual Meeting, Delhi, 7.-9. April 1933*, S. 13. **52** Dinyar Patel, «The Transnational Career of the ‹Indian Edison›: Shankar Abaji Bhisey and the Nationalist Promotion of Scientific Talent», in: Prashant

Kidambi/Manjiri Kamat/Rachel Dwyer (Hgg.), *Bombay Before Mumbai: Essays in Honor of Jim Masselos*, London 2019, S. 245; Hobsbawm, *Zeitalter der Extreme*, S. 256f; Patel, «Transnational Career of the ‹Indian Edison›», S. 246; Raianu, *Tata*, S. 110 ff., 175; Claude Markovits, *Indian Business and Nationalist Politics 1931–39*, Cambridge 2009; Aditya Mukherjee, *Political Economy of Colonial and Post Colonial India*, Neu-Delhi 2022, S 211 ff. **53** «Our Prosperous Mill Industry», *Bombay Chronicle*, 21. Mai 1918; Mukherjee, *Political Economy*, S. 173 f. **54** Raianu, *Tata*, S. 12, 34; Mukherjee, *Political Economy*, S. 172 f.; Siehe auch «Notes on the Rise of the Business Communities in India», S. 11. **55** G. K. Gokhale, «East and West in India», in: *Speeches of Gopal Krishna Gokhale*, Madras 1920, S. 1013. **56** «Notes on the Rise of the Business Communities in India», S. 32. **57** FICCI, *Proceedings of the Third Annual Meeting, 14.-16. Februar 1930*, S. 15. **58** Raianu, *Tata*, S. 18, 44 ff., 77, 79, 81, 101. **59** Benoy Kumar Sarkar, *Economic Development: Snapshots of World Movements in Commerce, Economic Legislation, Industrialism and Technical Education*, Madras 1926, S. ix. **60** Ebd., S. 1–21, 254, 263–267. **61** Ebd., S. 349. **62** Ebd. **63** Bipan Chandra, Mridula Mukherjee und Aditya Mukherjee, *India After Independence, 1947–2000*, Penguin 2002, S. 48 f., 172 f., 339. **64** Mukherjee, *Political Economy*, S. 191, 204 f.; Raianu, *Tata*, S. 108 ff.; Vivek Chibber, *Locked in Place: State Building and Late Industrialization in India*, Princeton 2003, S. 92 f., Kap. 5. **65** Hier lege ich einen anderen Schwerpunkt als Chibber, *Locked in Place*. Siehe z. B. S. 86. **66** Rajnarayan Chandavarkar, *The Origins of Industrial Capitalism in India: Business Strategies and the Working Classes in Bombay, 1900–1940*, Cambridge 1994, S. 414, 416 f. Zur Einschätzung des indischen Industrieproletariats siehe Rajani Kanta Das, *War-time Labor Conditions in India*, Bulletin No. 755 of the US Bureau of Labor Statistics, US Government Printing Office 1943, S. 4; Vasant Bhagwant Karnik, *Strikes in India*, Manaktalas 1967, S. 323 ff.; Ravi Ahuja, «‹Produce or Perish›: The Crisis of the Late 1940 s and the Place of Labour in Post-Colonial India», *Modern Asian Studies* 54 (2019), S. 36; List No. 18 in File 1, Correspondence re Cooperation with Congress etc., All- India Trade Union Congress Papers, NMML. **67** Bombay Girni Kangar Union to the General Secretary of the AITUC, Bombay, Brief, 26. Nov. 1936, in List No. 18, File 1, Correspondence re Cooperation with Congress etc, All-India Trade Union Congress Papers, NMML. **68** Letter by the Lalbavta Press Kamgar Union to the General Secretary of the AITUC, Bombay, 21. März 1936, in All-India Trade Union Congress Papers, List No. 18, File 1, Correspondence re Cooperation with Congress etc, NMML. **69** Chandavarkar, *Origins of Industrial Capitalism in India*, S. 414 ff.; Karnik, *Strikes in India*, S. 285 f.; Raianu, *Tata*, S. 174. **70** A. G. Hopkins, *An Economic History of West Africa*, London 2020, S. 326 ff.; M. M. Fadakinte, «The Political Economy of Capitalist State Formation in Nigeria: An Analysis of the Fragility of an Emergent State», *International Journal of Modern Social Sciences* 3 (2014), S. 103; Taiwo Ojoye, «Old Money: 10 Super-Rich Men of Independence Era», in: *Punch*, 1. Okt. 2017, url: https://punchng.com/old-money-10-super-rich-men-of-independence-era/; Forrest, *Advance of African Capital*, S. 16; «The Rich and the Famous: Old Money vs. New Money», *Vanguard Nigeria Newspaper*, 26. Nov. 2011, url: https://www.vanguardngr.com/2011/11/the-rich-and-the-famous-old-money-vs-new-money/; Eromo Egbejule, «The Small Town of the Super Rich», *Forbes Africa*, 2017; «Sir, Louis Odumegwu Ojukwu, First Nigerian Billionaire», *Newswire Nigeria*, 18. Juli 2022, url: https://newswirengr.com/2022/07/18/sir-louis-odumegwu-ojukwu-first-nigerian-billionaire/; Ernie Onwumere, «In Quest of Perpetuity: The Ojukwu Nigerians Didn't Know», *This Day*, 26. Okt. 2022, url: https://www.thisdaylive.com/2016/05/08/in-quest-of-perpetuity-the-ojukwu-nigerians-didnt-know/; *London Gazette*, Supplement 42051, 3. Juni 1960, S3974, url: https://www.thegazette.co.uk/London/issue/42051/supplement/3974; sowie Anthony G. Hopkins, «Economic Aspects of Political Movements in Nigeria and in the Coast 1918–1939», *Journal of African History* 7 (1966), S. 146; Irving Leonard Markovitz, *Power and Class in Africa: An Introduction to Change and Conflict in African Politics*, Englewood-Cliffs (NJ) 1977, S. 244. Zu den Kontinuitäten und Diskontinuitäten dieser nigerianischen Unternehmer siehe A. G. Hopkins, *Capitalism in the Colonies*, Princeton 2024, und James S. Coleman, *Nigeria: Background to Nationalism*, Berkeley 1958, S. 253. **71** Eine Analyse dieser Prozesse bietet D. K. Ologbenla, «The Development of Capitalism in Nigeria 1886–1980», Diss. Universität Lagos 1990, url: https://www.proquest.com/docview/2672746447?parent-SessionId=sufG61%2FqoQdsYUN-li5iYCWIoEzUkzafhw3zPLSXEcX8%3D&pq-origsite=primo&accountid=11311; und Hopkins, *Capitalism in the Colonies*. **72** Nnamdi Azikiwe, *Zik: A Selection from the Speeches of Nnamdi Azikiwe*, Cambridge 1961, S. 155. **73** Ebd., S. 212 f. **74** Ebd., S. 159. **75** Thomas J. Biersteker, *Multinationals, the State and Control of the Nigerian Economy*, Princeton 2014, S. 53; Ologbenla, «Development of Capitalism in Nigeria», S. 296; Forrest, *Advance of African Capital*, S. 16, 83; Markovitz, *Power and Class in Africa*, S. 245; Richard L. Sklar, *Nigerian Political Parties: Power in an Emergent African Nation*, Princeton 1963, S. 263; Olakunle A. Lawal, «British Commercial Interests and the Decolonization Process in Nigeria, 1950–60», *African Economic History* 22 (1994), S. 97; Biersteker, *Multinationals*, S. 53. **76** Zit. ebd., S. 53 f. **77** Coleman, *Nigeria*, S. 252; Markovitz, *Power and Class in Africa*, S. 244 ff.; Coleman, *Nigeria*, S. 252; sowie Forrest, *Advance of African Capital*, S. 24, 64, 83. Zu den wirtschaftlichen Chancen siehe A. Olukoju, «‹Buy British, Sell Foreign›: External Trade Control Policies in Nigeria During World War II and Its Aftermath, 1939–1950», *International Journal of African Historical Studies* 35 (2002), S. 381. **78** *East Nigerian Guardian*, 11. Okt. 1946. **79** Biersteker, *Multinationals*, S. 54. **80** N. J. Westcott, «An East African Radical: The Life of Erica Fiah», *Journal of African History* 22

(1981), S. 88. **81** *Kwetu*, 24. Mai 1940, zit. in Westcott, «East African Radical», S. 97. **82** Chambi Seithy Chachage, «A Capitalizing City: Dar es Salaam and the Emergence of an African Entrepreneurial Elite (c.1862–2015)», Diss. Harvard University 2018; sowie Westcott, «East African Radical», S. 86. Eine exzellente Beschreibung von Kleist Sykes' Leben findet sich in Mohamed Said, *The Life and Times of Abdulwahid Said, 1924–1968: The Untold Story of the Muslim Struggle Against British Colonialism in Tanganyika*, London 1998, insb. S. 41, 80. Zu Fiah siehe Westcott, «East African Radical», S. 85–101. **83** Protokolle von Northcote, Scupham u. MacMichael, TNA SMP 22444/1/66-9, zit. in Westcott, «East African Radical», S. 89. **84** Robert L. Tignor, *Capitalism and Nationalism at the End of Empire: State and Business in Decolonizing Egypt, Nigeria, and Kenya, 1945–1963*, Princeton 2015, S. 32. **85** Aaron Jakes/Ahmad Shokr, «Capitalism in Egypt, Not Egyptian Capitalism», in: Joel Beinin/Bassam Haddad/Sherene Seikaly (Hgg.), *A Critical Political Economy of the Middle East and North Africa*, Stanford 2021, S. 130 ff. S. a. Robert Vitalis, *When Capitalists Collide: Business Conflict and the End of Empire in Egypt*, Berkeley 1995, S. 29–62. **86** Vitalis, *When Capitalists Collide*, S. xi–xix, S. 1–62; Jakes/Shokr, «Capitalism in Egypt», S. 132; Robert L. Tignor, «Nationalism, Economic Planning, and Development Projects in Interwar Egypt», *International Journal of African Historical Studies* 10 (1977), S. 188; Tignor, *Capitalism and Nationalism at the End of Empire*, S. 33, 36. **87** Jakes/Shokr, «Capitalism in Egypt», S. 124; Vitalis, *When Capitalists Collide*, S. 1–62, 104–217; Joel Beinin, Einleitung, in: Joel Beinin/Bassam Haddad/Sherene Seikaly (Hgg.), *A Critical Political Economy of the Middle East and North Africa*, Stanford 2021, S. 18; Liat Spiro, «Drawing Capital: Depiction, Machine Tools, and the Political Economy of Industrial Knowledge, 1824b–1914», Diss. Harvard University 2019. **88** Jeffry A. Frieden, *Global Capitalism: Its Fall and Rise in the Twentieth Century*, New York 2006, S. 209, 226 f., 303–306, 309. **89** Victor Bulmer-Thomas, *La historia económica de América Latina desde la independencia*, Fondo de Cultura Económica 2017, S. 187. **90** Jorge Raúl Colva, *El oro blanco en la Argentina*, Editorial Claridad 1946, S. 142. **91** Kemal Karpat, «Statism – Devletçilik – and Economic Development», in: *Turkey's Politics: The Transition to a Multi Party System*, Princeton 1959, S. 294; Şevket Pamuk, *Uneven Centuries: Economic Development of Turkey Since 1820*, Princeton 2018, S. 222, 233; Korkut Boratav, «Import Substitution and Income Distribution Under a Populist Regime: The Case of Turkey», *Development Policy Review* 4 (1986), S. 125, 135. **92** Frieden, *Global Capitalism*, S. 302, 30 f.; Celso Furtado, *Economic Development of Latin America: Historical Background and Contemporary Problems*, Cambridge 1970, S. 117; Austin u. a., «Alternative Business History», S. 542, 562; Bulmer-Thomas, *La historia económica de América Latina*, S. 231, 260; Jeremy Adelman, «Global Inequality and the Search for Justice», unveröffentlichter Aufsatz, S. 23; sowie Javier Moreno Lázaro, «The Economic Cycle, Social Capital, Management and Growth of the Mexican Family Business: An Historical Perspective», *EmTHYMÓS, Revista de Estudios Empresariales* 1 (2020), S. 219–241, hier 221. **93** Frieden, *Global Capitalism*, S. 305; Pamuk, *Uneven Centuries*, S. 222, 231. **94** Bulmer-Thomas, *La historia económica de América Latina*, S. 229, 283; Beatriz Rodriguez Satizabal, «Only One Way to Raise Capital? Colombian Business Groups and the Dawn of Internal Markets», *Business History* 63 (2021), S. 1375; Celso Furtado, *Economic Development of Latin America*, S. 112; Frieden, *Global Capitalism*, S. 303; sowie Luis Bértola/José Antonio Ocampo, *El desarrollo económico de América Latina desde la independencia*, Fondo de Cultura Económica 2012. **95** Dies verändert zentral eine allgemein anerkannte Geschichtsschreibung der Wirtschaft. Siehe Austin u. a., «Alternative Business History», S. 538, 554; Beatriz Elena Rodriguez-Satizabal, «Pathways from Deglobalisation: Colombian Business Groups, 1950–1985», *Journal of Evolutionary Studies in Business* 5 (2020), S. 178, 187, 200. **96** Rodriguez-Satizabal, «Only One Way to Raise Capital?», S. 72, 75 f., 81, 84; Rodriguez-Satizabal, «Pathways from Deglobalisation», S. 179, 183, 188 ff., 192 f., 196, 198, 209; sowie Benedicte Bull/Fulvio Castellacci/Yuri Kasahara (Hgg.), *Business Groups and Transnational Capitalism in Central America: Economic and Political Strategies*, New York 2014, S. 1, zit. in: Rodriguez-Satizabal, «Pathways from Deglobalisation», S. 183 f. **97** Lázaro, «Economic cycle, social capital, management and growth of the Mexican Family Business», S. 220 f., 225 f. **98** José Lannes, «The Gerdau Group: The Creation of a Global Competitor», *Apuntes* 41 (2014), S. 143; Austin u. a., «Alternative Business History», S. 556; Pamuk, *Uneven Centuries*, S. 233; sowie Ian Talbot, *Pakistan: A New History*, Oxford 2015, S. 79. **99** Diesen Gedanken hat der US-Ökonom Alexander Gerschenkron bekannt gemacht. Er basiert auf der früheren Arbeit des österreichischen Ökonoms Rudolf Hilferding. Siehe Alexander Gerschenkron, *Economic Backwardness in Historical Perspective: A Book of Essays*, Cambridge (MA) 1962. Zu Gerschenkrons intellektueller Biografie siehe Marcel van der Linden, «Gerschenkron's Secret: A Research Note», *Critique* 40 (2012), S. 553–562. **100** Ngũgĩ wa Thiong'o, *Birth of a Dreamweaver: A Writer's Awakening*, New York/London 2016, S. 222 (*Geburt eines Traumwebers: Zeit des Aufbruchs*, Frankfurt a. M. 2018). **101** Alessandro Iandolo/Chris Miller, «Rethinking the State in the State of the Field: Markets and Governments in Development Historiography», unveröffentlichter Aufsatz, S. 11. **102** Kwame Nkrumah, *Ghana: The Autobiography of Kwame Nkrumah*, Edinburgh 1957, S. x. **103** Fodéba Keita, Februar 1959, zit. in Iandolo/Miller, «Re-thinking the State», S. 12. **104** Hobsbawm, *Zeitalter der Extreme*, S. 439; Iandolo/Miller, «Re-thinking the State», 13. **105** Hobsbawm, *Zeitalter der Extreme*, S. 439. **106** Kwame Nkrumah, *Africa Must Unite*, London 1965, S. 108. **107** Modibo Keita, Sep. 1962, zit. in Iandolo/Miller, «Re-thinking the State», S. 13. **108** Gunnar Myrdal, *Rich Lands and Poor: The Road to World Prosperity*, New York

1957, S. 7. **109** Ebd., S. 81. **110** Ebd., S. 95, 130. **111** Jeremy Adelman, «Global Inequality and the Search for Justice», unveröffentlichter Aufsatz, S. 11 f. 21, 25. Verbreitet wird argumentiert, es gebe eine allgemeinere Verbindung zwischen Kolonialismus und Entwicklungstheorie. Siehe u. a. Uma Kothari, «From Colonial Administration to Development Studies: A Post-Colonial Critique of the History of Development Studies», in: Uma Kothari (Hg.), *A Radical History of Development Studies: Individuals, Institutions and Ideologies*, London 2005; Andreas Eckert, «Regulating the Social: Social Security, Social Welfare and the State in Late Colonial Tanzania», *Journal of African History* 45 (2004), S. 467–489; Joseph M. Hodge, *Triumph of the Expert: Agrarian Doctrines of Development and the Legacies of British Colonialism*, Athens (OH) 2007; Joanna Lewis, *Empire State Building: War and Welfare in Kenya, 1925–52*, Oxford 2000. **112** Hobsbawm, *Zeitalter der Extreme*, S. 257 f.; Purshotamdas Thakurdas u. a., *Memorandum Outlining a Plan of Economic Development for India*, New York 1945. **113** M. Visvesvaraya, *Planned Economy for India*, Bangalore 1936 [1934], S. vi, 178–183, 193, 239. **114** FICCI, *Proceedings of the Seventh Annual Meeting, April 1934, Delhi*, S. 21 **115** Zit. in Chandra u. a., *India After Independence*, S. 341. **116** A. C. Ramalinga, Secretary of the Indian Merchants' Chamber, to the Secretary to the Government of India, Department of Industries and Supplies, New Delhi, in the Expansion of Indian Cotton Textile Industry, Report of the Postwar Planning Committee, Bombay, 30. Okt. 1946, Indian Merchants Chamber, Bombay, S. Planning of Cotton Textile Industry, 1946, Nr. 1673/ File No 85: in NMML. **117** Zit. in Aditya Mukherjee, «Jawaharlal Nehru in Our Past, Present and Future», General President's Address, India History Congress, 82nd Sess., Dez. 2023, S. 45. **118** Thakurdas u. a., *Memorandum Outlining a Plan*. **119** Ebd., S. 7. **120** Ebd., S. 8, 65. **121** Ebd., S. 92. **122** Raianu, *Tata*, S. 124. **123** Thakurdas u. a., *Memorandum Outlining a Plan*, S. 92. **124** Ebd., S. 9, 18–25, 29, 36 f., 58; Minoo Masani, *Picture of a Plan*, Oxford 1945, S. 18, 58; *Economist*, 13. Mai 1944, S. 636. **125** Masani, *Picture of a Plan*, S. 90. **126** Ebd., S. 151 f. **127** Ebd., S. 141 ff. **128** Ebd., S. 164. **129** Ebd., S. 60. **130** Ebd., S. 61. Zur Planwirtschaft siehe Medha Kudaisya, «‹A Mighty Adventure›: Institutionalising the Idea of Planning in Post-Colonial India», *Modern Asian Studies* 43 (2009), S. 939–978. **131** A. D. Shroff, «The Future of India as an Industrial Nation», Protokoll eines Treffens in Chatham House am 12. Juni 1945, S. 3, Chatham House Archives, London. **132** J. R. D. Tata, «A Fifteen-Year Plan of Economic Development for India», Rede vor dem Bombay Rotary Club am 15. Feb. 1944, in JRDT-SPEE-2, R. D. Tata Papers, Pune, Indien. **133** Raianu, *Tata*, S. 27. **134** Tata, «A Fifteen-Year Plan of Economic Development for India». Einen positiven Bericht über Nehrus Wirtschaftsstrategie bietet Mukherjee, «Jawaharlal Nehru in Our Past, Present and Future». **135** Tata, «A Fifteen-Year Plan of Economic Development for India», S. 136. **136** Raianu, *Tata*, S. 179. Zur Opposition gegen den Bombay-Plan siehe Chibber, *Locked in Place*, S. 106. **137** «Statement of Government's Industrial Policy», in: FICCI, *Proceedings of the 19th Annual Session*, Mai 1946, S. 125. **138** Chandra u. a., *India After Independence*, S. 16; «India at 70: The Good and Bad of India's Growth Story», *Hindustan Times*, 15. Aug. 2017; B. S. Minhas, «Rural Poverty, Land Redistribution and Development Strategy: Facts and Policy», *Indian Economic Review*, Bd. 5 (1970) 1, S. 102; Aprameya Rao, «Here's How India's Economy Has Fared in the Last 75 Years», NDTV Profit, 13. Aug. 2021, url: https://www.ndtvprofit.com/business/indian-economy-since-independence-heres-how-indias-economy-has-fared-in-the-last-75-years-2509759; R. A. Gopalaswami, *Census of India, 1951*, Bd. 1, Government of India Press 1953, S. 41; sowie «India at 70: The Good and Bad of India's Growth Story», *Hindustan Times*, 15. Aug. 2017. **139** Chandra u. a., *India After Independence*, S. 14, 179. **140** Jawaharlal Nehru, *Selected Works of Jawaharlal Nehru*, Bd. 7, Jawaharlal Nehru Memorial Fund 1997, S. 598–614. **141** Frieden, *Global Capitalism*, S. 313; Raianu, *Tata*, S. 120. **142** Chandra u. a., *India After Independence*, S. 179 f. **143** Ebd., S. 177; Menon, *Planning Democracy*, S. 12. **144** Chandra u. a., *India After Independence*, S. 87, 343; Menon, *Planning Democracy*, S. 18. Zur Bedeutung der Importsubstitution und des Protektionismus für die Wirtschaft siehe Chibber, *Locked in Place*, S. 129. **145** FICCI, *Proceedings of the 26th Annual Session*, Feb. 1953, S. 268; Chandra u. a., *India After Independence*, S. 344 f., 347, 349; sowie Frieden, *Global Capitalism*, S. 314 f. **146** *Proceedings of the Meeting between the representatives of the Federation and the Minister of Commerce and Industry*, 16. Mai 1952, Nachdruck in FICCI, *Pro-ceedings of the 26th Annual Session, February 1953*, S. 56. **147** «Notes on the Rise of the Business Communities in India», S. 20. **148** «Statement of Government's Industrial Policy», in: FICCI, *Proceedings of the 19th Annual Session*, Mai 1946, S. 131. **149** Leserbrief von D. D. Anklesaria, *Times of India*, undatiert, GAM. **150** Chibber, *Locked in Place*, Kap. 5; Raianu, *Tata*, S. 129 f., 138, 153; sowie Ahuja, «‹Produce or Perish›», S. 4, 8 f., 13 ff., 26, 36, 40 f., 60, 69. **151** Menon, *Planning Democracy*, S. 7. **152** Birla an den Sekretär des Premierministers, 26. Feb. 1952, Korrespondenz von G. D. Birla und Nehru, Liste Nr. 296, 31. März 1948 bis 18. Dez. 1953, NMML. **153** Siehe Korrespondenz von G. D. Birla und Nehru, Liste Nr. 296, 31. März 1948 bis 18. Dez. 1953, NMML. **154** Government of India, Ministry of Labour, Industrial Committee on Cotton Textiles, erste Sitzung in Neu-Delhi, 12.–14. Jan. 1948, Zusammenfassung, in File Nr. 207, p. 6, NMML. **155** S. R. Vasavada, in: Government of India, Ministry of Labour, Industrial Committee on Cotton Textiles, Nehru Memorial Museum and Library, Neu-Delhi. **156** Summary of the proceedings of the second meeting of the Central Advisory Board, set up under the Minimum Wages Act, 1948, Bombay 8.–9. April 1954, in S. No. 849, File 27: All-India Organisation of Industrial Employers, 1954, NMML; sowie Government of India, Ministry of Labour, Industrial Committee on Cotton Textiles, erste Sitzung in Neu-Delhi, 12.–14. Jan. 1948, Zusammenfassung, Nehru Memorial Museum and Library. **157** Government of India, Ministry of Labour, Industrial Committee on Cotton Textiles, Nehru Memorial Museum and Library. **158** Ebd. **159** Ebd. **160** N. M. Joshi, Rede über den wirtschaftlichen Zustand des Landes (undatiert, vermutlich späte 1940er Jahre), N. M. Joshi Papers, 2nd Installment, File No. 15, NMML **161** Raianu, *Tata*, S. 126, 128, 131; sowie FICCI, *Proceedings of the Twenty Ninth Annual Meeting, Held at New Delhi on the 4th and 5th of March 1956*, Neu-Delhi, 1956, S. 13. Zur Bedeutung von Unstimmigkeiten und Spaltungen siehe auch Shahid Amin, *Alternative Histories: A View from India*, Centre for Studies in Social Sciences 2002. **162** FICCI, *Proceedings of the Twenty Ninth Annual Meeting*, S. 18. **163** Ebd., S. 99, 102. **164** N. M. Joshi Papers, 2nd Installment, File No. 2, eine Rede über einige Probleme im Zusammenhang mit der indischen Gewerkschaftsbewegung bei der Madras Provincial Labour Conference, 26./27. Juli 1927, NMML. S. a. Joshi, Rede, File No. 15, N. M. Joshi Papers. **165** Zit. in: Ramachandra Guha, *India After Gandhi*, New York 2019, S. 201. **166** Zu den Spannungen siehe Chibber, *Locked in Place*, 2003. Zur Geschichte der indischen Demokratie siehe auch Ornit Shani, *How India Became Democratic*, Cambridge 2017. **167** Jakes/Shokr, «Capitalism in Egypt», S. 135. **168** Vitalis, *When Capitalists Collide*, S. 141–217; Joel Beinin, «Labor, Capital, and the State in Nasserist Egypt, 1952–1961», *International Journal of Middle Eastern Studies* 21 (1989), S. 73, 79; Tignor, *Capitalism and Nationalism at the End of Empire*, S. 136 f., 160, 163, 165, 184; Patrick O'Brien und das Royal Institute of International Affairs, *The Revolution in Egypt's Economic System: From Private Enterprise to Socialism, 1952–1965*, Oxford 1966, S. 100; Abdalla Nazem, «Egypt's Absorptive Capacity During 1960–1972», *International Journal of Middle East Studies* 16 (1984), S. 177–198; sowie Jakes/Shokr, «Capitalism in Egypt», S. 136. Eine Analyse dieser Landreform bietet Mahmoud Abdel-Fadil, *Development, Income Distribution and Social Change in Rural Egypt, 1952–1970*, Cambridge 1975. **169** Beinin, «Labor, Capital, and the State in Nasserist Egypt», S. 71 ff., 74 ff., 82, 85; Tignor, *Capitalism and Nationalism at the End of Empire*, S. 66. 171. Sayre Schatz, *Nigerian Capitalism*, University of California Press 1977, S. 3. **170** Schatz, *Nigerian Capitalism*, S. 3. **171** Biersteker, *Multinationals*, S. 54; Lawal, «British Commercial Interests and the Decolonization Process», S. 97. **172** *West African Pilot*, 5. Juni 1957, zit. in Samuel Okafor Idemili, *The West African Pilot and the Movement for Nigerian Nationalism 1937–1960*, Madison (WI) 1980, S. 341. **173** E. O. Akeredolu-Ale, «Private Foreign Investment and the Under-development of Indigenous Entrepreneurship in Nigeria», in: Gavin Williams (Hg.), *Nigeria: Economy and Society*, London 1976, S. 112, 118, 330; sowie «Corruption a Delicate Subject», *Financial Times*, 30. Sep. 1980. **174** Biersteker, *Multinationals*, S. 58; Eskor Toyo, «The Cause of the Depression in the Nigerian Economy», *Africa Development* 9 (1984), S. 34 ff.; J. O. Odufalu, «Indigenous Enterprise in Nigerian Manufacturing», *Journal of Modern African Studies* 9 (1971), S. 597. **175** Ola Oni, «Gradualist Approach Not Appropriate», *Daily News*, 15. April 1972, S. 7. **176** Akeredolu-Ale, «Underdevelopment of Indigenous Entrepreneurship in Nigeria», S. 106 ff.; J. S. Ovadia, «The Making of Oil-Backed Indigenous Capitalism in Nigeria», *New Political Economy* 18 (2012), S. 259. **177** Catherine Boone, *Merchant Capital and the Roots of State Power in Senegal, 1930–1985*, Cambridge 1992, S. 24, 41, 104; Akeredolu-Ale, «Underdevelopment of Indigenous Entrepreneurship», S. 109 f.; sowie Boone, *Merchant Capital and the Roots of State Power*, S. 104. **178** Ebd., S. xii, 1, 5, 118 f., 133, 136, 147, 163. **179** Ebd., S. xii, 10, 31, 78. **180** Ebd., S. 4, 11, 28 f., 85, 97, 104, 106, 109 f., 126, 129 f. **181** Vanessa Ogle, «‹Funk Money›: The End of Empires, the Expansion of Tax Havens, and Decolonization as an Economic and Financial Event», *Past & Present* 249 (2020), S. 214, 217; Sarah Stockwell, «Trade, Empire, and the Fiscal Context of Imperial Business During Decolonization», *EHR* 57 (2004), S. 151, 156 ff. **182** Claude Sissao, «Histoire coloniale: L'économie de la Haute-Volta à la veille de l'indépendance (1947–1960)», in: Georges Madiéga Yénouyaba und Oumarou Nao (Hgg.), *Burkina Faso: Cent ans d'histoire, 1895–1995*, Bd. 2, Paris 2003, S. 1599; Ernest Harsch, *Burkina Faso: A History of Power, Protest, and Revolution*, London 2017, S. 24; «Population, Total – Burkina Faso», Weltbank, abgerufen: 15. Dez. 2022, url: https://data.worldbank.org/indicator/SP.POP.TOTL?locations=BF; Ram Christophe Sawadogo, «La politique agricole de la Haute-Volta coloniale et post-coloniale: Appréciations contrastées et interrogations», in: Yénouyaba/Nao, *Burkina Faso*, Bd. 2, S. 1467. Siehe insbesondere Sissao, «Histoire coloniale», S. 1497. Sissao schreibt: «Les principaux produits exportés par ordre d'importance: les animaux vivants, plus de la moitié des exportations; l'arachide, les amendes de karité et leur dérivé; le coton et quelques minerais font l'exploitation industrielle était inexistante (CAOM 200mi 2055). [...] La part de la France dans ses importations était de 71,2 %, alors que pour les exportations cette part était très faible.» **183** Siehe K. S. Ouali, «L'économie burkinabè depuis 1960: Du sous-développement à la pauvreté», in: Yénouyaba und Nao, *Burkina Faso*, Bd. 2, S. 1274 f. Ouali schreibt: «[L]e poids de l'État dans l'économie en fait une économie dirigée dont le développement et les priorités sont fixées dans un plan. La planification est un indicateur. Les premières expériences sont faites en 1962 et 1963 sans succès. De 1967 à 1982, près de quatre plans quinquennaux sont élaborés et/ou mis en oeuvre.» **184** Harsch, *Burkina Faso*, S. 71, 74, 150 f.; sowie Ouali, «L'économie burkinabè depuis 1960», S. 1265–1288, hier 1271. **185** Harsch, *Burkina Faso*, S. 3. **186** Fanny Pigeaud/Sylla Ndongo, *Africa's Last Colonial Currency, The CFA Franc Story*, London 2021; Harsch, *Burkina Faso*, S. 19; Fanny Pigeaud/Ndongo Samba Sylla, *L'arme invisible de la Françafrique: Une histoire du franc CFA*, Paris 2018; Harsch, *Burkina Faso*, S. 30. **187** Frieden, *Global Capitalism*,

S. 317, 320; Hobsbawm, *Age of Extremes*, S. 345. **188** Maddison, *World Economy*, S. 182. **189** Ramon H. Myers, «The Economic Transformation of the Republic of China on Taiwan», *China Quarterly* 99 (1984), S. 513 f.; Neil H. Jacoby, *U. S. Aid to Taiwan: A Study of Foreign Aid, Self Help, and Development*, New York 1966, S. 153. Zu Korea siehe Charles Raphael Frank/ Kwang Suk Kim/Larry E. Westphal, *South Korea*, National Bureau of Economic Research 1975, S. 12; sowie Jaewoong Jeon, «Sweet Returns: Sugar Capitalism in South Korea and Taiwan», Arbeit präsentiert beim Weatherhead Initiative on Global History Seminar, Harvard University (24. Jan. 2022). **190** Robert E. Baldwin/Tain-Jy Chen/Douglas R. Nelson, *Political Economy of U. S.-Taiwan Trade*, Ann Arbor (MI) 1995, S. 6 f. **191** Dani Rodrik/Gene Grossman/ Victor Norman, «Getting Interventions Right: How South Korea and Taiwan Grew Rich», *Economic Policy* 10 (1995), S. 57, 85 ff.; Myers, «Economic Transformation», S. 500; Angel J. Ubide/Toms J. T. Balio, *The Korean Financial Crisis of 1997: A Strategy of Financial Sector Reform*, Internationaler Währungfonds 1999, S. 11. **192** Myers, «Economic Transformation», S. 513; Gary S. Fields, «Employment, Income Distribution and Economic Growth in Seven Small Open Economies», *Economic Journal 94* (1984), S. 80. **193** Maddison, *World Economy*, S. 184; IWF, World Economic Outlook Database 2022, abgerufen: 26. Aug. 2022, url: https://www.imf.org/en/Publications/SPROLLs/world-economic-outlook-databases#sort=%40imfdate%20descending. Zum BIP von Taiwan für das Jahr 1975 siehe https://country-economy.com/gdp?year=1975. **194** Gareth Austin, «The State and Business in Ghana: Pre-Colonial, Colonial, Post-Colonial, 1807–2000», unveröffentlichter Aufsatz, VI Annual Meeting of the African Economic History Network, 21.-22. Okt. 2016, S. 14. **195** FICCI, *Proceedings of the 26th Annual Session*, Feb. 1953, S. 267. **196** Jeon, «Sweet Returns». Im Jahr 1953 forderte die indische Handelskammer in Bombay z. B. die indische Regierung auf, die «Toleranzklausel», die eine gewisse Variabilität bei der betreffenden Baumwolle, aus Baumwollverträgen zu entfernen. Siehe S. No. 1141 / File No. 42: Matters Regarding Cotton, 1953, Indian Merchants' Chamber, Bombay, in NMML; Ministry of Commerce and Industry Notification, Neu-Delhi, 23. Okt. 1952, Indian Merchants' Chamber, Bombay, Matters Regarding Cotton, 1953, S. No. 1141/ File No 42, in NMML; *Sénégal d'aujourd'hui* 1 (Oktober 1968), 20 f; Catherine Boone, *Merchant Capital and the Roots of State Power in Senegal, 1930–1985*, Cambridge 1992, S. 79, 112. **197** Salma Abouelhossein, «Sugar Towns: Urban Ecology, Planning, and the Shifting Geographies of Labor in the Making of Egypt's Sugar Belt», Diss. Harvard University, im Druck. **198** *Zeitalter der Extreme*, 441 f, 444; Beinin, «Labor, Capital, and the State in Nasserist Egypt», S. 76 f.; *Census of India, 1951*, Bd. 4, *Bombay, Saurashtra and Kutch, Part II-A – Tables*, 5; *Census of India, 1971*, *Series 11: Maharashtra*, Teil 2, Supplement, S. 10; sowie Jeffrey D. Sachs, *Ages of Globalization: Geography, Technology, and Institutions*, New York 2019, S. 8. In diesem Absatz bedeutet «1950er» die Jahre 1951 bis 1961. Die Zahlen wurden berechnet anhand der Rohdaten des International Labour Office, 1990, *Year Book of Labour Statistics: Retrospective Edition on Population Census, 1945–89 = Annuaire des statistiques du travail: Édition rétrospective sur les recensements de population, 1945–89*, Geneva: International Labour Office, S. 174, 262, 264, 266. Zu Jakarta, siehe *Sensus Penduduk 1961*, S. 4 unter: https://www.bps.go.id/publication/1962/06/06/ba0319372bf4767645160a8c/sensus-penduduk-1961-republik-indonesia.html, sowie die Daten unter: https://www.macrotrends.net/cities/21454/jakarta/population. Zu São Paulo siehe *Censo Demográfico de 1960*, Brasil, VII recenseamento Geral do Brasil, Série Nacional, Bd. 1, Fundação Instituto Brasileiro de Geografia e Estatísticas de População Departamento de Estatísticas, S. 90, unter https://biblioteca.ibge.gov.br/visualizacao/periodicos/68/cd_1960_v1_br.pdf. Zur Arbeit im informellen Sektor siehe «Informal Employment as Percentage of Total Employment in Latin America and the Caribbean in 2016, by Subregion», Statista, abgerufen: 3. Dez. 2022, url: https://www.statista.com/statistics/1037179/informal-employment-share-latin-america-caribbean-subregion/. Vgl. auch Europäisches Parlament, «Briefing: Latin America's Informal Economy, Some Formalisation Strategies», Sep. 2016, url: https://www.europarl.europa.eu/thinktank/en/document/EPRS_BRI(2016)589783. **199** Adom Getachew, *Die Welt nach den Imperien: Aufstieg und Niedergang der postkolonialen Selbstbestimmung*, Berlin 2022, S. 19, 22. Walter Rodney, *A History of the Guyanese Working People, 1881–1905*, Baltimore (MY) 1981; Walter Rodney, *How Europe Underdeveloped Africa*, London 1972. **200** Getachew, *Die Welt nach den Imperien*, S. 25, 34, 40; C. L. R. James, *The Black Jacobins: Toussaint L'Ouverture and the San Domingo Revolution*, New York 1989. **201** Amin erklärt, die ungleiche Entwicklung stehe im Zentrum seines Lebenswerks. Siehe Samir Amin, *L'eurocentrisme: Critique d'une idéologie*, Paris 1988, S. 11. **202** Ders., *L'accumulation à l'échelle mondiale*, Paris 1970. **203** Ders., *The Implosion of Capitalism*, London 2014, S. 29, 44. **204** Getachew, *Die Welt nach den Imperien*, S. 266 f., 269 f.; Frieden, *Global Capitalism*, S. 312. Zu Lewis siehe Robert L. Tignor, *W. Arthur Lewis and the Birth of Development Economics*, Princeton 2005, insbes. S. 45. **205** Tignor, *W. Arthur Lewis*, S. 45. Timors Datenquelle ist ein Dokument der League of Coloured Peoples, in PRO CO 318/445/47, National Archives of the United Kingdom, Kew. **206** Getachew, *Die Welt nach den Imperien*, S. 300. **207** Raúl Prebisch, *The Economic Development of Latin America*, United Nations Department of Economic Affairs, 1950, S. 1, 16. Siehe auch J. F. J. Toye und Richard Toye, «The Origins and Interpretation of the Prebisch-Singer Thesis», *History of Political Economy* 35 (2003), S. 437–467. **208** Christy Thornton, «A Mexican International Economic Order? Tracing the Hidden Roots of the Charter of Economic Rights and Duties of States», *Humanity* 9 (2018), S. 390, 395, 401. **209** Ramón Beteta, «Mexico's

Foreign Relations», *Annals of the American Academy of Political and Social Science* 208 (1940), S. 170, zit. in Thornton, «A Mexican International Economic Order?», S. 408. **210** Zit. in Getachew, *Die Welt nach den Imperien*, S. 55. Siehe auch S. 28. **211** Ebd., S. 170. **212** Ebd., S. 25; Nehru at FICCI, *Proceedings of the Twenty Ninth Annual Meeting*, S. 27; Homer A. Jack, *Bandung: An On-the-Spot Description of the Asian African Conference*, Bandung 1955., S. 2, 27; C. Fitzgerald, *The Facts of the Bandung Conference*, hg. von D. W. Baker, S. 27 ff. **213** Jack, *Bandung*, S. 10. **214** Ebd. **215** «Revisiting the 1955 Bandung Asian-African Conference and Its Legacy», South Centre, 15. Mai 2015, https://www.southcentre.int/question/revisiting-the-1955-bandung-asian-african-conference-and-its-legacy/; sowie «Non-Aligned Movement», *Britannica*, abgerufen: 19. Feb. 2022, url: https://www.britannica.com/topic/Non-Aligned-Movement. **216** «Discurso pronunciado por el C. Presidente Constitucional de la República Mexicana, Lic. Luis Ech-everría Alvaraez», S. 126 f., zit. in Thornton, «A Mexican International Economic Order?», S. 403. **217** Getachew, *Die Welt nach den Imperien*, S. 17. **218** Michael Goebel, «‹The Capital of Men Without a Country›: Migrants and Anticolonialism in Interwar Paris», *AHR 121* (2016), S. 1445, 1461; Hue-Tam Ho Tai, *Radicalism and the Origins of the Vietnamese Revolution*, Cambridge (MA) 1996, S. 232 f.; B. H. Edwards, «The Shadow of Shadows», in: *Positions: East Asia Cultures Critique* 11 (2003), S. 23. Zu ähnlichen Entwicklungen in London siehe Jonathan Schneer *London 1900* u. Priyamvada Gopal, *Insurgent Empire*. **219** Ismay Milford u. a., «Another World? East Africa, Decolonisation, and the Global History of the Mid-Twentieth Century», *Journal of African History* 62 (2021), S. 2; Hugh Springer, «Federation in the Caribbean: An Attempt That Failed», *International Organization* 16 (1962), S. 760; Erasmus Kloman, «African Unification Movements», *International Organization* 16 (1962), S. 390; Getachew, *Die Welt nach den Imperien*, S. 24, 29. **220** Die Berechnung basiert auf Daten aus «World Population Prospects 2022», United Nations, Department of Economic and Social Affairs, Population Division, abgerufen: 12. Sep. 2023, url: https://population.un.org/wpp/. **221** Zhaojin Zeng, «Nourishing Shanxi: Indigenous Entrepreneurship, Regional Industry, and the Transformation of a Chinese Hinterland Economy, 1907–2004», Diss. University of Texas 2018. **222** Jack Werner, «Global Fordism in 1950 s Urban China», in: *Frontiers of History in China* 7 (2012), S. 415; William C. Kirby, «Continuity and Change in Modern China: Economic Planning on the Mainland and in Taiwan, 1943–1958», *Australian Journal of Chinese Affairs* 24 (1990) S. 121–141; Zeng, «Nourishing Shanxi». **223** Werner, «Global Fordism in 1950 s Urban China», S. 421, 425, 434; Nicholas R. Lardy, «Economic Recovery and the 1st Five-Year Plan», in: *The Cambridge History of China*, Cambridge 1987, S. 155 ff., 174, 395. **224** Hanchao Lu, «Bourgeois Comfort Under Proletarian Dictatorship: Home Life of Chinese Capitalists Before the Cultural Revolution», *Journal of Social History* 52 (2018), S. 74–100, hier 87. **225** Quinn Slobodian, *Globalists: The End of Empire and the Birth of Neoliberalism*, Cambridge (MA) 2018, S. 10, 12, 14, 156, 264.

Kapitel 16: Die Zähmung des Industriekapitalismus, 1945–1973

1 Jean Fourastié, *Les Trente Glorieuses, ou La révolution invisible de 1946 à 1975*, Paris 1979. **2** Kate A. Baldwin, *The Racial Imaginary of the Cold War Kitchen: From Sokol'niki Park to Chicago's South Side*, Dartmouth (NH) 2016, S. 3. **3** «The Kitchen Debate», transcript, 24 Juli 1959, Vice President Richard Nixon and Soviet Premier Nikita Khrushchev, US Embassy, Moscow, Soviet Union, abgerufen: 15. Mai 2025, url: https://www.cia.gov/readingroom/docs/1959-07-24.pdf. **4** Rick Perlstein/Richard M Nixon, *Richard Nixon: Speeches, Writings, Documents*, Princeton 2008, S. 88–96. **5** Wie zit. in: Ruth Oldenziel/Karin Zachmann (Hgg.), *Cold War Kitchen: Americanization, Technology, and European Users*, Cambridge (MA) 2009, S. 100. Zu der Debatte s. a. Sarah T. Phillips/Shane Hamilton, *The Kitchen Debate and Cold War Consumer Politics: A Brief History with Documents*, Boston 2014. **6** M. Hashim Gazdar, «The Havana Conference on International Trade and Employment», in: *Pakistan Horizon* 1 (1948), S. 26. **7** Giuliano Muzzioli, *Modena*, Rom/Bari 1993, S. 323. **8** Charles Maier, *The Project-State and Its Rivals: A New History of the Twentieth and Twenty-First Centuries*, Cambridge (MA) 2023, S. 193. **9** Eric Hobsbawm, *Das Zeitalter der Extreme*, München 1995, S. 325 f., 329, 333, 337; Andrew A. Glyn u. a., «The Rise and Fall of the Golden Age», in: Stephen A. Marglin/Juliet B. Schor (Hgg.), *The Golden Age of Capitalism: Reinterpreting the Postwar Experience*, Oxford/New York 1990, S. 46. **10** Anthony Crosland, *The Future of Socialism*, London 1956, S. 517. **11** Charles Merriam, *On the Agenda of Democracy*, Cambridge (MA) 1941, S. 124. **12** Simon Kuznets, *Shares of Upper Income Groups in Income and Savings*, National Bureau of Economic Research, New York 1953; Ders., «Economic Growth and Income Inequality», *American Economic Review* 45 (1955) 1, S. 1–28; Ders., «Quantitative Aspects of the Economic Growth of Nations: VIII. Distribution of Income by Size», *Economic Development and Cultural Change* 11 (1963) 2, S. 1–80. **13** Kuznets, «Economic Growth and Income Inequality», S. 4. **14** Anders Houltz, «Den stora skalan: Volvo Torslandaverken och massproduktion som mål och mening i 1960-talets Sverige», *Bebyggelsehistorisk tidskrift* 68 (2014), S. 73; Statens Offentliga Utredningar (SOU) 1972:26, in: *Förskolan. Del 1: Betänkande avgivet av 1968 års barnstugeutredning*, S. 17 f.; Gunilla Carlstedt/Annika Forssén, *Arbete för livet: Kvinnor berättar om svenskt 1900-tal*, Stockholm 2018, S. 74, 78. **15** Tofte Frykman, «Boendeförhållanden 1968–1981», in:

Robert Erikson/Rune Åberg (Hgg.), *Välfärd i förändring: Levnadsvillkor i Sverige 1968–1981*, Stockholm 1984, S. 227, 229; Thord Strömberg, «The Politicization of the Housing Market: The Social Democrats and the Housing Question», in: Klaus Misgeld/Karl Molin/Klas Åmark (Hgg.), *Creating Social Democracy: A Century of the Social Democratic Labor Party in Sweden*, University Park (PA) 1992, S. 237 ff.; Micael Nilsson, *Från barnrikehus till sociala hyreskontrakt. Den selektiva bostadspolitikens ursprung och förändring 1933–1994*, Lund 2021, S. 133 ff.; Hans Rosling, *Hur jag lärde mig förstå världen*, Stockholm 2017, S. 23, 35. **16** Sten Carlsson, *Yrken och samhällsgrupper. Den sociala omgrupperingen i Sverige efter 1866*, Stockholm 1968, S. 254, Schaubild 1, S. 274. **17** Carlstedt/Forssén, *Arbete för livet*, S. 73 f. Das Zitat stammt von einer Frau, die sich daran erinnerte, wie es war, Mitte der 1900er Jahre Mutter zu sein. **18** SOU 1972:26, *Förskolan*, S. 95. Zum Leben der Arbeiterklasse in Schweden s. a. Gunnar Lindstedt, *Stålår*, Stockholm 2020, S. 32. **19** Janne Jonsson, «Utbildningsresurser», in: Erikson/Åberg, *Välfärd i förändring*, S. 50, 188; Svenåke Kjellström/Olle Lundberg, «Hälsa och vårdkonsumtion», in: ebd., S. 76–79; Björn Ohlsson, «‹Det räcker nu›—om Volvoarbetares syn på arbetet i olika faser av livet», *Arbetsmarknad & arbetsliv* 16 (2010) 1, S. 62 f.; Hugh Heclo/Henrik Madsen, *Policy and Politics in Sweden: Principled Pragmatism*, Philadelphia 1987, S. 7 f.; «Socialförsäkringens historia», Försäkringskassan, abgerufen: 21. 6. 2025, url: https://www.forsakringskassan.se/privatperson/foralder/foraldraforsakringens-historia. **20** Rosling, *Hur jag lärde mig förstå världen*, S. 50. **21** Studiestödets och CSN:s historia», CSN, abgerufen: 17. 5. 2025, url: https://www.csn.se/om-csn/vart-uppdrag/studiestodets-och-csns-historia.html#h-Ar19191974; Jenny Andersson, *Between Growth and Security: Swedish Social Democracy from a Strong Society to a Third Way*, Manchester 2006, S. 30; Informationen aus Agneta Kruse/Åke Elmér, «ATP», *Nationalencyklopedin*, abgerufen: 9. 3. 2022, url: https://www-ne-se.ezproxy.its.uu.se/uppslagsverk/encyklopedi/l%C3%A5ng/atp-(allm%C3%A4n-till%C3%A4ggspension); Rune Åberg/Jan Selén/Henrik Tham, «Ekonomiska resurser», in: Erikson/Åberg, *Välfärd i förändring*, 154 f.; Mårten Martos Nilsson, «Trots höjningen – a-kassan lägre än på 90-talet», *Arbetet*, 15. Juni 2020, url: https://arbetet.se/2020/06/15/trots-hojningen-a-kassan-lagre-an-pa-90-talet/. **22** *Statens offentliga utredningar 2000:7* und *Långtidsutredningen 1999/2000*, app. 1, 19; Lennart Schön, *En modern svensk ekonomisk historia: Tillväxt och omvandling under två sekel*, Studentlitteratur 2014, S. 16 f.; und Daten gesammelt am 8. Juni 2022, in: «Historisk BNP-utveckling», Ekonomifakta, zuletzt aktualisiert: 9. Okt. 2024 von Jacob Öljemark, url: https://www.ekonomifakta.se/Fakta/Ekonomi/globala-utvecklingstrender/historisk-bnp-utveckling/. Quelle der Webseite ist die Maddison Project Database, Version 2020. S. a. Jutta Bolt u. a., «Rebasing ‹Maddison›: New Income Comparisons and the Shape of Long-Run Economic Development», Maddison Project Working Paper Nr. 10 (2018). Das schwedische BIP stieg von 8201 Dollar in internationalen Dollar im Jahr 1945 auf 21 509 im Jahr 1973. **23** Lennart Schön, *An Economic History of Modern Sweden*, London 2012, S. 243. **24** Ebd., S. 239, 245, 267; Carlsson, *Yrken och samhällsgrupper*, S. 267, Schaubild 2; Statistiska Centralbyrån, National Central Bureau of Statistics, S. *Statsanställda 1954–1981. Del 2: En historisk översikt samt uppgifter om utbildning, tjänstebenämning m. m.*, Stockholm 1986, S. 58; United Nations Population Division, Department of Economic and Social Affairs, Population Division (2022). World Population Prospects 2022, url: https://population.un.org/wpp, abgerufen: 18. 5. 2025. **25** Carlsson, *Yrken och samhällsgrupper*, S. 188; Mats Larsson, *Hundra år av ojämlikhet—löner och löneutveckling efter klass och kön*, Stockholm 2014, S. 31 f. **26** Sheri Berman, *The Primacy of Politics: Social Democracy and the Making of Europe's Twentieth Century*, Cambridge 2006, S. 198 f.; Henrik Berggren/Lars Trägårdh, *Är svensken människa? Gemenskap och oberoende i det moderna Sverige*, Stockholm 2015, S. 51–54; Gøsta Esping-Andersen, *Politics Against Markets: The Social Democratic Road to Power*, Princeton 1985, S. 227–236; Hugh Heclo/Henrik Madsen, *Policy and Politics in Sweden: Principled Pragmatism*, Philadelphia 1987, S. 7 f; Gøsta Esping-Andersen, «The Making of a Social Democratic Welfare State», in: Misgeld u. a., *Creating Social Democracy*, S. 35–66; Ann-Sofie Ohlander, «The Invisible Child? The Struggle over Social Democratic Policy», in: ebd., S. 213–236; Strömberg, «The Politicization of the Housing Market», S. 237–269; Bo Lindensjö, «From Liberal Common School to State Primary School: A Main Line in Social Democratic Educational Policy», in: ebd., S. 308–337. **27** Strömberg, «Politicization of the Housing Market», S. 237 f., 252, 254, 260 ff. **28** Åke Elmér, «barnbidrag», in: *Nationalencyklopedin*, abgerufen: 17. 3, 2022, http://www-ne-se.ezproxy.its.uu.se/uppslagsverk/encyklopedi/lång/barnbidrag; «Barnbidragets historia», Barnbidrag.info, abgerufen: 18. 5. 2025, url: https://barnbidrag.info/barnbidragets-historia/; «moderskapspenning» in *Nationalencyklopedin*, abgerufen: 17. 3. 2022, url: http://www-ne-se.ezproxy.its.uu.se/uppslagsverk/encyklopedi/lång/moderskapspenning; Riksdagens protokoll 1976/1977 u. Regeringens proposition 1976/77, 90; Riksdagens protokoll 1976/1977 u. Regeringens proposition 1976/77, 90, 24; Ohlander, «The Invisible Child?», S. 228. **29** Esping-Andersen, «Making of a Social Democratic Welfare State», S. 47 f.; Andersson, *Between Growth and Security*, S. 30; Informationen über ATP aus Agneta Kruse/Åke Elmér, «ATP», in: *Nationalencyklopedin*, abgerufen: 9. 3. 2022, url: https://www-ne-se.ezproxy.its.uu.se/uppslagsverk/encyklopedi/l%C3%A5ng/atp-(allm%C3%A4n-till%C3%A4ggspension); Per Gunnar Edebalk, «Arbetsgivarna, sjukförsäkringen och sjuklönen—en historik», *Arbetsmarknad & Arbetsliv* 16 (2010) 3, S. 30–32; Ylva Hasselberg, *Vem vill leva i kunskapssamhället? Essäer om universitetet och samtiden*, Hedemora/Möklinta 2009, S. 25 f., 134 f. **30** Definiert als die Summe der staatlichen und lokalen Grenzsteuersätze und der von den Arbeitnehmern gezahlten Sozialversicherungsbeiträge. Siehe Gunnar Du Rietz/Dan Johansson/Mikael Stenkula, «Swedish Labor Income Taxation (1862–2013)», in: Magnus Henrekson/Mikael Stenkula, *Swedish Taxation: Developments Since 1862*, New York 2015, S. 68–75. **31** Statistiska Centralbyrån (Statistisches Zentralamt), *Historisk statistik för Sverige. Del 1: Befolkning: 1720–1967*, Stockholm 1969, S. 117 f.; Schön, *En modern svensk ekonomisk historia*, 356 f.; «Medellivslängden i Sverige», Statistiska Centralbyrån, abgerufen: 15. 5. 2025, url: https://www.scb.se/hitta-statistik/sverige-i-siffror/manniskorna-i-sverige/medellivslangd-i-sverige/; Bo Werner, «Growth in Sweden: Surveillance of Growth Patterns and Epidemiological Monitoring of Secular Changes in Height and Weight Among Children and Adolescents», Diss. Karolinska Institutet, Stockholm 2007, S. 17, 23. Zur sozialen Mobilität siehe Anders Bjorklund/Markus Janth, «Intergenerational Income Mobility in Sweden Compared to the United States», *American Economic Review* 87 (1997), S. 1009 f.; Bashkar Mazumder, «Fortunate Sons: New Estimates of Intergenerational Mobility in the United States Using Social Security Earnings Data», *Review of Economics and Statistics* 87 (2005) 2, S. 235–255. **32** Andersson, *Between Growth and Security*, S. 1 f. **33** Esping-Andersen, *Politics Against Markets*, S. 64; Hugh Heclo/Henrik Madsen, *Policy and Politics in Sweden: Principled Pragmatism*, Philadelphia 1987, S. 25. **34** Andersson, *Between Growth and Security*, S. 29. **35** Esping-Andersen, *Politics Against Markets*, S. 52, 56, 108; Esping-Andersen, «Making of a Social Democratic Welfare State», S. 47–53. **36** Ulf Olsson, *Att förvalta sitt pund: Marcus Wallenberg 1899–1982*, Stockholm 2001, S. 335, 339. **37** «Sweden Military Spending/Defense Budget 1960–2024», url: https://www.macrotrends.net/global-metrics/countries/SWE/sweden/military-spending-defense-budget; Olsson, *Att förvalta sitt pund*, S. 335, 338. **38** Ebd., S. 339. Quellenangabe des Autors: Marcus Wallenberg an Arne Geijer, Telegramm, 10. Juni 1969. **39** Andersson, *Between Growth and Security*, S. 33. Jenny Andersson, *Mellan tillväxt och trygghet: Idéer om produktiv socialpolitik i socialdemokratisk socialpolitisk ideologi under efterkrigstiden*, Diss. Uppsala Universitet 2003, S. 35. Quellenangabe des Autors: Archiv von Sven Aspling, Band, «Politiska tal 1964–69». **40** Andersson, *Between Growth and Security*, S. 61. Das Original findet sich in: Andersson, *Mellan tillväxt och trygghet*, S. 189. **41** Andersson, *Between Growth and Security*, S. 39. Das Original findet sich in: *Mellan tillväxt och trygghet*, S. 35. **42** «Strahlen wie die Sonne. Lächeln, Spaß haben. Sich wie eine Nummer eins fühlen.» Benny Andersson und Björn Ulvaeus, «Super Trouper», *Super Trouper* (Polar Music, 1980). **43** Jedes Land hat seine eigene Art, die Sozialausgaben zu dokumentieren, deshalb gibt es gewisse Unterschiede zwischen den publizierten Daten. Die Zahlen hier stammen aus «Public Social Spending as a Share of GDP», Our World in Data, abgerufen: 19. 5. 2025, url: https://ourworldindata.org/grapher/social-spending-oecd-longrun?tab=table&time=1960.1973&showSelectionOnlyInTable=1. S. a. die Website der OECD, abgerufen: 19. 5. 2025, url: https://webarchive.oecd.org/2024-06-24/63248-expenditure.htm. In dem Bericht der Social Security Administration für das Steuerjahr 1974 heißt es: «Allein das Programm für die Versicherung von Alten, Überlebenden, Behinderten und Kranken (OASDHI) schüttete 1974 8,5 Milliarden mehr aus als 1973.» Für den kompletten Bericht siehe Alfred M. Skolnik/Sophie R. Dales, «Social Welfare Expenditures in Fiscal Year 1974», *Social Security Bulletin* 38 (1975) 1, S. 3–19. **44** Şevket Pamuk, *Uneven Centuries: Economic Development of Turkey since 1820*, Princeton 2018, S. 12; Jeffry A. Frieden, *Global Capitalism: Its Fall and rise in the Twentieth Century*, New York 2006, S. 278; Stephen A. Marglin, «Lessons of the Golden Age: An Overview», in: Marglin/Schor, *Golden Age of Capitalism*, S. 1; Glyn u. a., «Rise and Fall of the Golden Age», S. 49; Hobsbawm, *Zeitalter der Extreme*, S. 326 f., 328. **45** John Dower, *Embracing Defeat: Japan in the Wake of World War II*, New York 1999, S. 45; Mizutani Michikazu, *Sengo nihon keizai shi: Seisan, ryūtsū, shōhi kōzō no henka*, Tokio 1991, S. 68; Nakamura Takafusa, *The Postwar Japanese Economy: Its Development and Structure, 1937–1994*, Tokio 1995, S. 53, 55, 57, 78–81; Takeda Haruhito, *Nihon keizai shi*, Tokio 2019, S. 344; und Glyn u. a., «Rise and Fall of the Golden Age», S. 53. **46** «Fiat Centro e Sezioni Automobili», in: Fondo Sepin, Operai in Forza, PER 005, CSF. Die Zahlen sind mit den Rohdaten berechnet aus: Angus Maddison, *The World Economy: Historical Statistics*, Development Centre Studies, OECD 2003, S. 56 f. BIP Kanadas und der Vereinigten Staaten S. 85 f. BIP der sechs westeuropäischen Staaten S. 50–53. BIP Japans S. 172 u. 174. S. a. Frieden, *Global Capitalism*, S. 288; Glyn u. a., «Rise and Fall of the Golden Age», S. 42. **47** Ebd., S. 45. **48** Haruhito, *Nihon keizai shi*, S. 356–360. **49** Ebd., S. 361. **50** Glyn u. a., «Rise and Fall of the Golden Age», S. 47, 54; Takafusa, *Postwar Japanese Economy*, S. 100 f.; Lionel Frost/Tony Dingle, «Sustaining Suburbia: An Historical Perspective on Australia's Growth», in: Patrick Troy (Hg.), *Australian Cities: Issues, Strategies and Policies for Urban Australia in the 1990s*, Cambridge 1995, S. 34; Humphrey McQueen, *Social Sketches of Australia, 1888–2001*, St. Lucia (Qld) 2004, S. 218. **51** Miguel Martín-Retortillo/Vicente Pinilla, «Patterns and Causes of the Growth of European Agricultural Production, 1950 to 2005», *Agricultural History Review* 63 (2015) 1, S. 144 f.; Giovanni Federico, *Feeding the World: An Economic History of Agriculture*, Princeton 2008, S. 101; Franz-Josef Brüggemeier, «Umweltgeschichte», in: Franz Bosbach/Jens Ivo Engels/Fiona Watson (Hgg.), *Umwelt und Geschichte in Deutschland und Großbritannien*, München 2006, Kap. 8; Frank Uekötter, *Im Strudel: Eine Umweltgeschichte der modernen Welt*, Frankfurt a. M. 2020, S. 588; Ulrich Kluge, *Ökowende: Agrarpolitik zwischen Reform und Rinderwahnsinn*, München 2001, S. 38. **52** Hobsbawm, *Das Zeitalter der Extreme*, S. 335 f.; Jack Werner, «Global Fordism in 1950 s Urban China», *Frontiers of History in China* 7 (2012) 3, S. 416. S. a. Glyn u. a., «Rise and

Fall of the Golden Age», S. 55; und «Number of TV Households in America 1950–1978», American Century (Website), abgerufen: 21. 5. 2025, url: https://web.archive.org/web/20220328173633/https://americancentury.omeka.wlu.edu/items/show/136. **53** Steven Tolliday, «From ‹Beetle Monoculture› to the ‹German Model›: The Transformation of Volkswagen, 1967–1991», *Business and Economic History* 24 (1995) 2, S. 111. **54** Glyn u. a., «Rise and Fall of the Golden Age», S. 56; Patrick Fridenson, «Fordism and Quality: The French Case, 1919–93», in: Haruhito Shiomi/Kazuo Wada (Hgg.), *Fordism Transformed: The Development of Production Methods in the Automobile Industry*, Oxford 1995, S. 163; Henrik Glimstedt, «Non-Fordist Routes to Modernization: Production, Innovation, and the Political Construction of Markets in the Swedish Automobile Industry before 1960», *Business and Economic History* 24 (1995) 1, S. 249 f.; Stephan J. Link, *Forging Global Fordism: Nazi Germany, Soviet Russia and the Contest over Industrial Order*, Princeton 2020, S. 6. S. a. Douglas Kellner, «The Frankfurt School and British Cultural Studies: The Missed Articulation», in: Jeffrey T. Nealon/Caren Irr (Hgg.), *Rethinking the Frankfurt School: Alternative Legacies of Cultural Critique*, Albany (NY) 2002, S. 33. **55** Max Horkheimer, *Notizen 1950 bis 1969 und Dämmerung: Notizen in Deutschland*, Frankfurt a. M. 1974, S. 265. **56** Kurt Vonnegut, *Player Piano*, New York 2006 [1952], S. 9 (Dt. *Player Piano*, München 2025). **57** Hobsbawm, *Zeitalter der Extreme*, S. 332 f., 335 f; David C. Mowery, «The Boundaries of the U. S. Firm in R&D», in: Naomi R. Lamoreaux/Daniel M. G. Raff (Hgg.), *Coordination and Information: Historical Perspectives on the Organization of Enterprise*, Chicago 1995, S. 153; Arthur Daemmrich, «Synthesis by Microbes or Chemists? Pharmaceutical Research and Manufacturing in the Antibiotic Era», *History and Technology* 25 (2009) 3, S. 238, 248 f.; Jeffrey Sturchio, «*Festschrift*: Experimenting with Research: Kenneth Mees, Eastman Kodak and the Challenges of Diversification», *Science Museum Group Journal* (2020) 13; D. Eleanor Westney, «The Evolution of Japan's Industrial Research and Development» in: Masahiko Aoki/Ronald Dore (Hgg.), *The Japanese Firm: The Sources of Competitive Strength*, Oxford 1994, S. 157, 163; Pierre-Yves Donzé, «The Hybrid Production System and the Birth of the Japanese Specialized Industry: Watch Production at Hattori & Co. (1900–1960)», *Enterprise & Society* 12 (2011) 2, S. 377 ff.; Vonnegut, *Player Piano*, S. 9. **58** «Enrollment in institutions of higher education, by sex, attendance status, and type and control of institution: 1869–70 to fall 1991», in: Roger L. Geiger, *American Higher Education Since World War II*, Princeton 2019, S. 129; Martin A. Trow, «Reflections on the Transition from Elite to Mass to Universal Access: Forms and Phases of Higher Education in Modern Societies Since WW2», in: James J. F. Forest/Philip G. Altbach (Hgg.), *International Handbook of Higher Education*, Teil 1, Dordrecht 2006, S. 245 f.; T. J. Pempel, «The Politics of Enrollment Expansion in Japanese Universities», *Journal of Asian Studies* 33 (1973) 1, S. 67 f. **59** Thomas Piketty, *Kapital und Ideologie*, München 2020, S. 304 f., 536, 619 f.; Fourastié, *Les Trente Glorieuses*, S. 165. **60** Ann-Kristin Bergquist, «Renewing Business History in the Era of the Anthropocene», *Business History Review* 93 (2019) 1, S. 5; John R. McNeill/Peter Engelke, *The Great Acceleration: An Environmental History of the Anthropocene since 1945*, Cambridge (MA) 2014. **61** John Maynard Keynes, «Nationale Selbstgenügsamkeit», in: Harald Mattfeld (Hg.), *Keynes, Kommentierte Werkauswahl,* Hamburg 1985, S. 159. **62** Simon Avenell, «Japan's Long Environmental Sixties and the Birth of a Green Leviathan», *Japanese Studies* 32 (2012) 3, S. 427. **63** Asahi Shinbun Keizaibu (Hg.), *Kutabare GNP: Kōdo keizai seichō no uchimaku* [Zum Teufel mit dem BIP: Die Fakten über das große Wirtschaftswachstum], Tokio 1971, S. 121. **64** Brüggemeier, «Umweltgeschichte», S. 241. **65** Ebd., S. 242. **66** Rachel Carson, *Silent Spring*, Harmondsworth 1965, S. 30 ff., 247. **67** Uekötter, *Im Strudel*, S. 587. **68** Donella H. Meadows u. a., *Die Grenzen des Wachstums: Bericht des Club of Rome zur Lage der Menschheit*, Stuttgart 1972. **69** Meadows u. a., *Grenzen des Wachstums*, S. 17. **70** Ebd., S. 74, 18. **71** Ebd., S. 17, 57 f., 61. **72** Tsuru Shigeto, *Gendai shihon shugi to kōgai* [Moderner Kapitalismus und Umweltverschmutzung], Tokio 1968, S. 57. **73** Marten Boon, «A Climate of Change? The Oil Industry and Decarbonization in Historical Perspective», *Business History Review* 93 (2019) 1, S. 101–125; S. a. Alfred D. Chandler, «Industrial Revolution and Institutional Arrangements», *Bulletin of the American Academy of Arts and Sciences* 33 (1980), S. 33–50; Hobsbawm, *Zeitalter der Extreme*, S. 331; Timothy Mitchell, «Ten Propositions on Oil», in: Joel Beinin/Bassam Haddad/Sherene Seikaly (Hgg.), *A Critical Political Economy of the Middle East and North Africa*, Stanford 2021, S. 84. Ähnlich auch Alessandro Stanziani, *Capital Terre: Une histoire longue du monde d'après (XIIe–XXIe siècle)*, Paris 2021. **74** Mitchell, «Ten Propositions on Oil», S. 71. **75** Ebd., S. 72. **76** Donald Horne, *The Lucky Country: Australia in the Sixties*, Ringwood (Vic.) 1964, S. 21. **77** Richard White, «‹The Australian Way of Life›», *Australian Historical Studies* 18 (1979) 73, S. 540 ff. **78** Commonwealth Housing Commission, *First Interim Report, 21 October 1943*, Canberra 1943, S. 3. **79** «Cumberland Plan Explained», *Sydney Morning Herald*, 30. Mai 1951, S. 3; Ruth Park, *The Harp in the South*, Sydney/London 1948, S. 1; «Master Plan ‹In Operation›», *Sydney Morning Herald*, 28. Juli 1951, S. 2. **80** Frank Bongiorno, *Dreamers and Schemers: A Political History of Australia*, Melbourne 2022, S. 207 f., 212; Stuart Macintyre, *Australia's Boldest Experiment: War and Reconstruction in the 1940s*, Sydney 2015, S. 209–239; John Murphy, «The Commonwealth-State Housing Agreement of 1956 and the Politics of Home Ownership in the Cold War», Working Paper Nr. 50, ANU Urban Research Program, Dez. 1995, S. 1; Frost/Dingle, «Sustaining Suburbia», 31; Greg Whitwell, *Making the Market: The Rise of Consumer Society*, Melbourne 1989, S. 40. **81** Werbung für Hardies Asbestzement Fibrolite, *Bulletin*, 13. März 1957, S. 17; Lenore Layman, «Asbestos in the Built Environment», in: Lenore Layman/Gail Phillips (Hgg.), *Asbestos in Australia: From Boom to Dust*, Clayton (Vic) 2019, S. 49, 56; Robin Boyd, *The Australian Ugliness*, Ringwood (Vic) 1980, S. 98; «Homemakers' contest», *Australian Women's Weekly*, 27. April 1955, S. 76; «Peanut Recipe Contest», *Australian Women's Weekly*, 4. März 1959, S. 50; «Christmas Seal Contest», *Australian Women's Weekly*, 2. Juni 1951, S. 23; «Our Cookery Contest Winners», *Australian Women's Weekly*, 23. Nov. 1955, S. 15; Macintyre, *A Concise History of Australia*, Cambridge 1999, S. 216. **82** Fourastié, *Les Trente Glorieuses*, S. 11–29. **83** Zit. in: ebenda, S. 28 f. **84** Ebd., S. 98, 109. **85** Ebd., S. 36, 49, 88, 92, 109, 115. **86** Ebd., S. 27, 36, 130 f., 139, 160. **87** Zit. in: ebd., S. 118. **88** Ebd., S. 125. **89** Ebd., S. 38, 57, 64 f., 74, 121, 127. **90** Ebd., S. 97. **91** Gary Gerstle/Steve Fraser, *The Rise and Fall of the New Deal Order*, Princeton 1989. **92** Hobsbawm, *Zeitalter der Extreme*, S. 344 f. **93** Christlich Demokratische Union Deutschlands, Ahlener Programm: Zonenausschuß der CDU für die britische Zone, Ahlen, Westfalen, 3. Feb. 1947. **94** Deutsches Grundgesetz, Artikel 14, Absatz 2,1. **95** Manifeste, Mouvement Républicain Populaire (MRP), S. 24, Nov. 1944, wie zit. in: Donald Sassoon, *One Hundred Years of Socialism: The West European Left in the Twentieth Century*, New York 1996, S. 140. Lebret wird zitiert in Giuliana Chamedes, «The Catholic Origins of Economic Development after World War II», *French Politics, Culture & Society* 33 (2015) 2, S. 64. S. a. Claire Toupin-Guyot, *Les intellectuels catholiques dans la société française: Le Centre catholique des intellectuels français, 1941–1976*, Rennes 2002, S. 201–222. **96** Eveline M. Burns, «The Beveridge Report», *American Economic Review* 33 (1943) 3, S. 513. **97** Brian Abel-Smith, «The Beveridge Report: Its Origins and Outcomes», *International Social Security Review* 45 (1992) 1–2, S. 5. Das Zitat bezieht sich auf die britische Ausgabe. **98** Hobsbawm, *Zeitalter der Extreme*, S. 339 f. **99** Zum Milch- und Fettgesetz siehe Veronika Settele, «Mensch, Kuh, Maschine: Kapitalismus im westdeutschen Kuhstall, 1950–1980», *Mittelweg 36*, Nr. 1 (2017), S. 48; OECD, *Collective Bargaining and Government Policies*, OECD 1979; Gary Gerstle, *The Rise and Fall of the Neoliberal Order: America and the World in the Free Market Era*, Oxford 2022, S. 25, 43; Piketty, *Kapital und Ideologie*, S. 53 f. **100** Hobsbawm, *Zeitalter der Extreme*, 339; Malcolm Sawyer, «Income Distribution and the Welfare State», in: Andrea Boltho (Hg.), *The European Economy: Growth and Crisis*, Oxford 1982, S. 191 f. **101** Hobsbawm, *Zeitalter der Extreme*, S 346. **102** Siehe z. B. Bradley W. Bateman, «Keynes and Keynesianism», in: Roger E. Backhouse/Bradley W. Bateman (Hgg.), *The Cambridge Companion to Keynes*, Cambridge 2006, S. 271–274; Neil Brenner/Nik Theodore, «Cities and the Geographies of ‹Actually Existing Neoliberalisms›», *Antipode* 34 (2002) 3, S. 358; Hobsbawm, *Zeitalter der Extreme*, S. 343 f. S. a. Ivo Maes, «The Spread of Keynesian Economics: A Comparison of the Belgian and Italian Experiences (1945–1970)», *Journal of the History of Economic Thought* 30 (2008) 4, S. 492. **103** «Assemblea generale ordinaria e straordinaria degli azionisti 10 aprile 1951», Relazioni del Consiglio d'Amministrazione e dei Sindaci, CSF, S. 7. **104** H. C. Coombs, *Trial Balance: Issues of My Working Life*, South Melbourne 1983, S. 3. **105** Ebd. **106** Peter A. Hall (Hg.), Einleitung von *The Political Power of Economic Ideas: Keynesianism Across Nations*, Princeton 1989, S. 4; Alfred D. Chandler Jr., *The Visible Hand: The Managerial Revolution in American Business*, Cambridge (MA) 1977, S. 495. S. a. Marglin, «Lessons of the Golden Age», S. 7; Hobsbawm, *Zeitalter der Extreme*, S. 356 f.; Bradley W. Bateman, «What Has Become of Keynesian Economics?», in: *Review of Keynesian Studies* 1 (2019) 1, S. 23–34. **107** Bateman, «What Has Become of Keynesian Economics?», S. 29. **108** Zum «militärischen Keynesianismus» siehe Timothy Barker, «‹Don't Discuss Jobs Outside This Room›: Reconsidering Military Keynesianism in the 1970s», in: Jennifer Mittelstadt/Mark R. Wilson, *The Military and the Market*, Philadelphia 2022, S. 135–149. Zur «permanenten Kriegswirtschaft» siehe T. N. Vance (Pseudonym für Edward L. Sard), «The Permanent War Economy», *New International* 146 (1951), S. 29–45; zu einer kritischen Diskussion siehe Marcel van der Linden, «Edward L. Sard (1913–1999), Theorist of the Permanent War Economy», *Critique* 46 (2018) 1, S. 117–130. **109** Militärausgaben nach Ländern ab 1949 unter: https://milex.sipri.org/sipri. Zur Definition von Militärausgaben und Information über die Quellen originaler historischer Daten siehe https://www.sipri.org/databases/milex/sources-and-methods. Sozialausgaben in Prozent des BIP finden sich unter: https://www.oecd.org/social/expenditure.html, abgerufen: 25. 5. 2025. S. a. Timothy Barker, «‹Don't Discuss Jobs Outside This Room›», S. 138; und Takafusa, *Postwar Japanese Economy*, S. 46. **110** Wie zit. in: Charles Maier, *In Search of Stability*, Cambridge 1987, S. 129. **111** «Décret No. 46-2 du 3 Janvier 1946», *Journal officiel de la République française*, 4. Jan. 1946, S. 130 f., hier S. 131. Zu Monnet und der Behörde siehe Marie-Laure Djelic, «Genèse et fondements du plan Monnet: l'inspiration américaine», *Revue Française d'Études Américaines* (1996) 68, S. 77–86, hier S. 81. S. a. Philippe Mioche, «The Origins of the Monnet Plan: How a Transitory Experiment Answered to Deep-Rooted Needs», EUI Working Paper Nr. 079, Florenz, European University Institute 1984, S. 11. **112** Chalmers Johnson, *MITI and the Japanese Miracle: The Growth of Industrial Policy, 1925–1975*, Stanford 1982, S. 114, 236, 265; Takafusa, *Postwar Japanese Economy*, S. 89 f. **113** Wie zit. in: ebd., S. 90. **114** Ebd., S. 91, 94. **115** Wie zit. in: ebd., S. 88. **116** Emmanuel Chadeau, «The Rise and Decline of State-Owned Industry in Twentieth-Century France», in: Pier Angelo Toninelli, *The Rise and Fall of State-Owned Enterprise in the Western World*, Cambridge 2000, S. 185 f., 188 f.; Ulrich Wengenroth, «The Rise and Fall of State-Owned Enterprise in Germany», in: Toninelli, *Rise and Fall*, S. 119; Jesse B. Bump, «The Long Road to Universal Health Coverage: Historical Analysis of Early Decisions in Germany, the United Kingdom, and the United States», *Health Systems and Reform* 1 (2015) 1, S. 34; T. R. Gourvish/N. Blake, *British Railways, 1948–73: A Business History*, Cambridge 1986, S. 16. Die französischen Banken waren Société Générale, Crédit Lyonnais, Comptoir National d'Escompte de Paris und Banque Nationale pour le Commerce et l'Industrie. **117** «Political Deadlock in Italy», *Economist*, 30. Nov. 1946. **118** Analyse gestützt auf das Schaubild in Bernhard Ebbinghaus/Jelle Visser, «When Institutions Matter: Union Growth and Decline in Western Europe, 1950–1995», *European Sociological Review* 15 (1999) 2, S. 138, https://doi.org/10.1093/oxfordjournals.esr.a018257; Bob Hancke, «Trade Union Membership in Europe, 1960–1990: Rediscovering Local Unions», *British Journal of Industrial Relations* 31 (1993) 4, S. 594, https://doi.org/10.1111/j.1467-8543.1993.tb00415.x; John Kenneth Galbraith, *American Capitalism: The Concept of Countervailing Power*, Boston 1956, S. 146 ff.. Siehe auch das wichtige Buch von Andrew Gordon, *The Evolution of Labor Relations in Japan: Heavy Industry, 1853–1955*, Cambridge (MA) 1985. **119** Daten über die Wahlergebnisse in Australien, Frankreich, den Niederlanden, Großbritannien, Italien, Belgien, Schweden und Deutschland finden sich unter: https://dataverse.harvard.edu/file.xhtml?fileId=6191736&version=1.1, abgerufen: 1. Nov. 2022. **120** Maier, *Project-State and Its Rivals*, Kap. 5; Glyn u. a., «Rise and Fall of the Golden Age», S. 57; Werner, «Global Fordism in 1950 s Urban China», S. 416; Gerstle, *Rise and Fall of the Neoliberal Order*, S. 24 f.; Christian Testorf, *Ein heisses Eisen: Zur Entstehung des Gesetzes über die Mitbestimmung der Arbeitnehmer von 1976*, Bonn 2017. **121** Gerstle, *Rise and Fall of the Neoliberal Order*, S. 29, 38, 42 ff.; Piketty, *Kapital und Ideologie*, S. 58 f. **122** Ebd., S. 59 f.; John Kenneth Galbraith, *Gesellschaft im Überfluss*, München 1970; Daniel Bell, *The End of Ideology: On the Exhaustion of Political Ideas in the Fifties*, Glencoe (IL) 1960; Michael Denis Biddiss, *The Age of the Masses: Ideas and Society in Europe Since 1870*, Atlantic Highlands (NJ) 1977; Salvador Giner, *Mass Society*, London 1976; Gunnar Myrdal, *Jenseits des Wohlfahrtsstaates: Wirtschaftsplanung in den Wohlfahrtsstaaten und ihre internationalen Folgen*, Stuttgart 1961. **123** Daniel Bell, «The End of Ideology Revisited – Part I», *Government and Opposition* 23 (1988) 3, S. 131–150; Ralf Dahrendorf, *Soziale Klassen und Klassenkonflikt in der industriellen Gesellschaft*, Stuttgart 1957. **124** Harold L. Wilensky, *The Welfare State and Equality: Structural and Ideological Roots of Public Expenditures*, Berkeley 1974, S. 27; Myrdal, *Jenseits des Wohlfahrtsstaates*, S. 57. **125** Diese Ansicht vertritt auch Charles Maier in: *Project-State and Its Rivals*, Kap. 5. S. a. Joseph Schumpeter, *Kapitalismus, Sozialismus und Demokratie*, Tübingen 2018, S. 106. **126** David Hamilton, «The Entrepreneur as Cultural Hero», *Social Science Quarterly* 39 (1957) 3, S. 250. Zu Schumpeters Lob des Unternehmertums siehe z. B. Schumpeter, *Kapitalismus, Sozialismus und Demokratie*, S. 214 f. **127** «Managerial Prophet: Fleet Street, Monday Might», *Manchester Guardian*, Okt. 14, 1958. **128** Louis M. Hacker, «Revolution (Made in U. S. A.)», *NYT*, 14. Mai 1950. **129** Maria Mies, *Patriarchat und Kapital: Frauen in der internationalen Arbeitsteilung*, Zürich 1990, S. 126, 129. **130** Mies, *Patriarchat und Kapital*, S. 137 f. **131** Lynn Karlsson, «Perspectives on Gendered Labour Legislation in Sweden during the 20th Century», in: Annette Thörnquist (Hg.), *Work Life, Work Environment and Work Safety in Transition: Historical and Sociological Perspectives on the Development in Sweden During the 20th Century*, Stockholm 2001, S. 154, 157 f.; Sten Carlsson, *Yrken och samhällsgrupper. Den sociala omgrupperingen i Sverige efter 1866*, Stockholm 1968, S. 274; Yvonne Hirdman, «Kvinnornas Eva», in: Cecilia Zadig (Hg.), *Gränslöst knivskarp. En bok om Eva Moberg*, Stockholm 2017, S. 35 f. **132** Karen Schönwälder, «Why Germany's Guestworkers Were Largely Europeans: The Selective Principles of Post-War Labour Recruitment Policy», *Ethnic and Racial Studies* 27 (2004) 2, S. 250. **133** John Lie, «Zainichi: The Korean Diaspora in Japan», *Education About Asia* 14 (2009) 2, S. 17; David Chapman, *Zainichi Korean Identity and Ethnicity*, London/New York 2007, S. 35; Robert Manduca, «Income Inequality and the Persistence of Racial Economic Disparities», *Sociological Science* 5 (2018) 8, S. 182; Kennetta Hammond Perry, *London Is the Place for Me: Black Britons, Citizenship, and the Politics of Race*, Oxford 2015, S. 231 f. Anne Maree Payne, *Stolen Motherhood: Aboriginal Mothers and Child Removal in the Stolen Generations Era*, London 2021, S. 55 f., 59. **134** Antina von Schnitzler, «Disciplining Freedom: Apartheid, Counterinsurgency, and the Political Histories of Neoliberalism», in: Quinn Slobodian/Dieter Plehwe (Hgg.), *Market Civilizations: Neoliberals East and South*, New York 2022, S. 169 f. **135** Hobsbawm, *Zeitalter der Extreme*, S. 300, 347 f.; Maddison, *World Economy*, S. 50 f., 85. **136** Leon Fraser, «Trade Barriers and World Peace», *Proceedings of the Academy of Political Science* 19 (1940) 1, S. 56. **137** Wie zit. in: Frieden, *Global Capitalism*, 263 ff. **138** Frieden, *Global Capitalism*, S. 263; Hobsbawm, *Zeitalter der Extreme*, 341 f. **139** «Report by the Policy Planning Staff», Top Secret PPS/23, [Washington], 24. Feb. 1948, wie abgedruckt in: Neal H. Petersen u. a. (Hgg.), *Foreign Relations of the United States, 1948*, Bd. 1, Teil 2, *General; the United Nations*, (US Government Printing Office, 1976), Anhang, url: https://history.state.gov/historicaldocuments/frus1948v01p2/d4. **140** Zur Rolle der Vereinigten Staaten siehe z. B. Hilde Eliassen Restad, *U. S. Foreign Policy Traditions: Multilateralism vs. Unilateralism since 1776*, Norwegian Institute for Defense Studies 2010, S. 71–91; Matthias Schmelzer, *Freiheit für Wechselkurse und Kapital: Die Ursprünge neoliberaler Währungspolitik und die Mont Pèlerin Society*, Marburg 2010, S. 41; Frieden, *Global Capitalism*, S. 257, 275; Julian Germann, *Unwitting Architects: German Primacy and the Origins of Neoliberalism*, Stanford 2021, S. 80. **141** Frieden, *Global Capitalism*, S. 255 f.; Gerstle, *Rise and Fall of the Neoliberal Order*, S. 353. **142** Frieden, *Global Capitalism*, S. 258, 268; Hobsbawm, *Zeitalter der Extreme*, S. 349. Zum US-amerikanischen BIP siehe https://fred.stlouisfed.org/series/GNP. Zum

Marshallplan siehe Frieden, *Global Capitalism*, S. 267. **143** Jonathan Kirshner, «Keynes, Capital Mobility and the Crisis of Embedded Liberalism», *Review of International Political Economy* 6 (1999) 3, S. 314. **144** Robert G. Gilpin, *The Political Economy of International Relations*, Princeton 2016, S. 355; Jonathan Kirshner, «Keynes, Capital Mobility and the Crisis of Embedded Liberalism», *Review of International Political Economy* 6 (1999) 3, S. 314; David Harvey, *A Brief History of Neoliberalism*, Oxford 2005, S. 10; Germann, *Unwitting Architects*, S. 81; Mark Blyth, *Great Transformations: Economic Ideas and Institutional Change in the 20th Century*, Cambridge 2002, S. 127. **145** Zur US-amerikanischen Hegemonie siehe Arrighi, *Long Twentieth Century*, S. 28. Zu den wirtschaftlichen Auswirkungen der Ordnung siehe Frieden, *Global Capitalism*, S. 300. **146** Louis Bosc, *Zollalliancen und Zollunionen in ihrer Bedeutung für die Handelspolitik der Vergangenheit und Zukunft*, Berlin 1907, S. 314; Thomas Lenschau, *Die amerikanische Gefahr*, Berlin 1902, S. 47. **147** Dieser Text stammt zum Teil aus Beckert, «American Danger», S. 1169. S. a. Auswärtiges Amt, Akten betreffend den Mitteleuropäischen Wirtschaftsverein, R 901, f2501, BA Berlin; Roger Battaglia, *Ein Zoll-und Wirtschaftsbündnis zwischen Österreich-Ungarn und Deutschland (Geschichte-Konstruktion-Einwendungen)*, Wien 1917, S. 22–25. S. a. Paul von Leusse, *Der Frieden mittelst des Deutsch-französischen Zollvereins*, Straßburg 1888; Guillaume de Molinari, «Union douanière de l'Europe centrale», *Journal des Économistes* 5 (Feb. 1879), S. 309–318; Albert Schäffle, «Mitteleuropa und Weltbritannien», *Die Zukunft* 7 (Mai 1894), S. 252–263; und Frieden, *Global Capitalism*, S. 285. Inzwischen gibt es sehr viel Literatur zu diesen Themen, so etwa Ian Kershaw, *Roller-Coaster: Europe, 1950–2017*, London 2018; Richard Swedberg, «The Idea of ‹Europe› and the Origin of the European Union – A Sociological Approach», *Zeitschrift für Soziologie* 23 (1994) 5, S. 378–387; Werner Weidenfeld/Wolfgang F. Stolper/Michael Hudson, «Economic Factors in the Origins of European Integration After the Second World War: A Political Scientist's View», *Zeitschrift für die gesamte Staatswissenschaft / Journal of Institutional and Theoretical Economics* 137 (1981) 3, S. 434–449; Nicholas Crafts, «West European Economic Integration Since 1950», in: Harald Badinger/Volker Nitsch (Hgg.), *Routledge Handbook of the Economics of European Integration*, London 2015, S. 3–21; Martin J. Dedman, *The Origins and Development of the European Union, 1945–1995*, London/New York 1996; Harold James, «The History of European Economic and Monetary Union», in: Badinger/Nitsch (Hgg.), *Routledge Handbook of the Economics of European Integration*, S. 27; «Histoire du marché intérieur» unter: https://www.touteleurope.eu/histoire/histoire-du-marche-interieur/. **148** Christof Van Mol/Helga de Valk, «Migration and Immigrants in Europe: A Historical and Demographic Perspective», in: Blanca Garcés-Mascareñas/Rinus Penninx (Hgg.), *Integration Processes and Policies in Europe: Contexts, Levels and Actors*, Cham 2016, S. 32. **149** Van Mol/Valk, «Migration and Immigrants in Europe», S. 31. **150** Hobsbawm, *Zeitalter der Extreme*, S. 349; Knuth Dohse, «Foreign Workers and Workforce Management in West Germany», *Economic and Industrial Democracy* 5 (1984) 4, S. 498; William M. Spellman, *Uncertain Identity: International Migrations Since 1945*, London 2008, S. 25. **151** «Will Migrants Become the Victims Again?», *Time* (internationale Ausgabe), 3. Dez. 1973, Titel, S. 12. **152** Guido Tintori, «Italy: The Continuing History of Emigrant Relations», in: Michael Collyer (Hg.), *Emigration Nations: Policies and Ideologies of Emigrant Engagement*, London 2013, S. 128, 132, 139; Philip L. Martin, *Unfinished Story: Turkish Labour Migration to Western Europe, with Special Reference to the Federal Republic of Germany*, ILO Genf 1991, S. 3, 25, 33, 44; Rossetos Fakiolas/Russell King, «Emigration, Return, Immigration: A Review and Evaluation of Greece's Postwar Experience of International Migration», *International Journal of Population Geography* 2 (1996) 2, S. 171–190; «Migration of Spain», *Britannica*, abgerufen: 1. Juni 2025, url: https://www.britannica.com/place/Spain/Migration; Leszek A. Kosińki, «Yugoslavia and International Migration», *Canadian Slavonic Papers/Revue Canadienne Des Slavistes* 20 (1978) 3, S. 320; Nermin Abadan-Unat, *Turkish Workers in Europe 1960–1975: A Socio-Economic Reappraisal*, Leiden 1976, S. 21 f.; Marcel Heiniger, «Einwanderung», *Historisches Lexikon der Schweiz*, Version vom: 7. Juli 2006, https://hls-dhs-dss.ch/de/articles/007991/2006-12-07; Talip Küçükcan/Güngör Veyis, *Turks in Europe: Culture, Identity and Integration*, Turkevi Research Centre, Amsterdam 2009, S. 72. **153** Omar S. Valerio-Jiménez, «The United States-Mexican Border as Material and Cultural Barrier», in: Dirk Hoerder/Nora Faires (Hgg.), *Migrants and Migrations in Modern North America: Cross-Border Lives, Labor Markets, and Politics*, Durham (NC) 2011, S. 240; Filiz Garip, *On the Move: Changing Mechanisms of Mexico–U. S. Migration*, Princeton 2017, S. 23, 51–53; Jaime R. Aguila und Brian Gratton, «Mirando atrás: Mexican Immigration from 1876 to 2000», in: Hoerder/Faires, *Migrants and Migrations in Modern North America*, S. 64; Mary C. Waters/Reed Ueda/Helen B. Marrow (Hgg.), *The New Americans: A Guide to Immigration Since 1965*, Cambridge (MA) 2007, S. 510; Marie-Claude Blanc-Chaléard, «Transnationalism and Migration in the Colonial and Postcolonial Context. Emigrants from the Souf Area (Algeria) to Nanterre (France) (1950–2000)», in: Nancy L. Green/Roger Waldinger (Hgg.), *A Century of Transnationalism. Immigrants and their Homeland Connections*, Urbana (IL) 2016, S. 239; James F. Hollifield, *Immigrants, Markets, and States: The Political Economy of Postwar Europe*, Cambridge 2006, S. 61; Pierre Milza/Marianne Amar, *L'immigration en France au XXe siècle*, Paris 1990, S. 42, 272; Margaret Byron/Stéphanie Condon, *Migration in Comparative Perspective: Caribbean Communities in Britain and France*, New York 2008, S. 35, 56; Ian R. G. Spencer, *British Immigration Policy Since 1939: The Making of a Multi-Racial Britain*, London 1997, S. 18. **154** Takeda Haruhito, *Kōdo seichō*, Tokio 2010, S. 96; Mizutani Michikazu, *Sengo nihon keizai shi:*

Seisan, ryūtsū, shōhi kōzō no henka, Tokio 1991, S. 93, Schaubilder 3–20; Ryohei Kada/Junko Goto, «Present Issues of Sustainable Land Use Systems and Rural Communities in Japan», in: Luther Tweeten u. a. (Hgg.), *Japanese and American Agriculture: Tradition and Progress in Conflict*, London/New York 2019, S. 44. S. a. den wichtigen Artikel von Tessa Morris-Suzuki, «Invisible Immigrants: Undocumented Migration and Border Controls in Early Postwar Japan», *Journal of Japanese Studies* 32 (2006) 1, S. 119–153. **155** Sven Beckert, *Monied Metropolis: New York City and the Consolidation oft he American Bourgeoisie*, Cambridge/New York, S. 43; John K. Walton, *The British Seaside: Holidays and Resorts in the Twentieth Century*, Manchester 2000, S. 57 ff.; H. Spode, «Ein Seebad für zwanzigtausend Volksgenossen», in: Peter J. Brenner (Hg.), *Reisekultur in Deutschland: Von der Weimarer Republik zum Dritten Reich*, Tübingen 1997, S. 7–47. **156** International Labour Office, *Working Conditions Laws Report 2012: A Global Review*, ILO Genf 2013, S. 18, url: https://labordoc.ilo.org/permalink/41ILO_INST/ot1ie7/alma994838083402676. **157** Christopher M. Kopper, «The Breakthrough of the Package Tour in Germany After 1945», *Journal of Tourism History* 1 (2009) 1, S. 74. **158** Kopper, «Breakthrough of the Package Tour», S. 75. **159** United Nations World Tourism Organization, UN World Tourism Barometer; Luciano Segreto/ Carles Manera/ Manfred Pohl, *Europe at the Seaside*, New York 2009, S. 22; und HC Deb. (6th ser.) (10 Feb. 1983) (36) cols. 422–23W, https://api.parliament.uk/historic-hansard/written-answers/1983/feb/10/average-weekly-wage. **160** Marie Huber, «Creating Destinations for a Better Tomorrow: UN Development Aid for Cultural Tourism in the 1960s», *Journal of Contemporary History* 57 (2022) 2, S. 325, url: https://doi.org/10.1177/00220094209747 65. **161** Eric G. E. Zuelow, *A History of Modern Tourism*, London 2015, S. 149, 154. **162** Kopper, «The Breakthrough of the Package Tour in Germany», S. 71 f.; Thomas Kaiserfeld, «From Sightseeing to Sunbathing: Changing Traditions in Swedish Package Tours: From Edification by Bus to Relaxation by Airplane in the 1950s and 1960s», *Journal of Tourism History* 2 (2010) 3, S. 149–163. **163** Kopper, «Breakthrough of the Package Tour», S. 81. **164** Segreto u. a., *Europe at the Seaside*, S. 38, 45–48. **165** Huber, «Creating Destinations for a Better Tomorrow», S. 317–340; und Robert J. Dunphy, «Why the Computer Chose Cancun», *NYT*, 5. März 1972. **166** Dunphy, «Why the Computer Chose Cancun». **167** Linda M. Ambrosie, «Myths of Tourism Institutionalization and Cancún», *Annals of Tourism Research* 54 (2015), S. 65–83; María Bianet Castellanos, *A Return to Servitude: Maya Migration and the Tourist Trade in Cancún*, Minneapolis/London 2010, S. 82. **168** Hilary M. Beckles, *A History of Barbados: From Amerindian Settlement to Caribbean Single Market*, Cambridge 2006, S. 147–151, 153–158; Christine Toppin-Allahar, «‹De Beach Belong to We!› Socio-Economic Disparity and Islanders' Rights of Access to the Coast in a Tourist Paradise», *Oñati Socio-Legal Series* 5 (2015) 1, S. 308 f.; Denise Brennan, «Women Work, Men Sponge, and Everyone Gossips: Macho Men and Stigmatized/ing Women in a Sex Tourist Town», *Anthropological Quarterly* 77 (2004) 4, S. 705–733; Reinaldo Funes Monzote, «The Greater Caribbean: From Plantation to Tourism», *Rachel Carson Center Perspectives* 7 (2013), S. 17–24; Lauren N. Duffy u. a., «Tourism Development in the Dominican Republic», *Tourism and Hospitality Research* 16 (2016) 1, S. 36, 46; Carlton Pomeroy/Steve Jacob, «From Mangos to Manufacturing: Uneven Development and Its Impact on Social Well-Being in the Dominicans Republic», in: *Social Indicators Research* 65 (2004) 1, S. 78; die Informationen über die Strände von Barbados stützen sich auf ein Interview mit Christian Cwik, Bridgetown, 14. Nov. 2016. **169** Katie Rawson/Elliott Shore, *Dining Out: A Global History of Restaurants*, London 2019; Christoph Ribbat, *Im Restaurant: Eine Geschichte aus dem Bauch der Moderne*, Berlin 2016. **170** «Who ‹Invented› the TV Dinner?», Library of Congress, 19. Nov. 2019, url: https://www.loc.gov/everyday-mysteries/food-and-nutrition/item/who-invented-the-tv-dinner/; Robert G Phipps, *The Swanson Story: When the Chickens Flew Over the Coop*, Omaha (NE) 1977. **171** Ada Louise Huxtable, «Pow! It's Good-Bye History, Hello Hamburger», *NYT*, 21. März 1971. **172** Rawson und Shore, *Dining Out*, S. 191. **173** Steve Penfold, «Fast Food», in: Jeffrey M. Pilcher (Hg.), *The Oxford Handbook of Food History*, Oxford 2012, S. 287. **174** Ebd. **175** Ray Kroc, *Grinding It Out: The Making of McDonald's*, Chicago 1977, S. 123. **176** Zur Geschichte des Unternehmens siehe das herausragende Buch von Marcia Chatelain, *Franchise: The Golden Arches in Black America*, New York 2021; Penfold, «Fast Food», S. 291; Robert L. Emerson, *The New Economics of Fast Food*, New York 1990, S. 62. **177** Penfold, «Fast Food», S. 283. **178** Michelle Saksena, *America's Eating Habits: Food Away from Home*, USDA Economic Research Service 2018, S. 22. **179** «Wife Savers», KFC-Anzeige in der Zeitschrift *Better Homes & Gardens*, Nov. 1968. **180** United Nations, *Economic Survey of Europe in 1971*, Teil 1, *The European Economy from the 1950s to the 1970s*, United Nations 1972, S. 125. **181** Esping-Andersen, *Politics Against Markets*, S. 229 f.; Charles S. Maier, «Consigning the Twentieth Century to History: Alternative Narratives for the Modern Era», *AHR* 105 (2000) 3, S. 823. **182** Glyn u. a., «The Rise and Fall of the Golden Age», S. 61, 72 f., 77, 81 ff. Das Zitat von Giersch findet sich in: Herbert Giersch, «Anmerkungen zum weltwirtschaftlichen Denkansatz», *Weltwirtschaftliches Archiv* 125 (1989), S. 10. **183** Kevin Gallagher, *Ruling Capital: Emerging Markets and the Reregulation of Cross-Border Finance*, Ithaca (NY) 2015, S. 31 ff.; Maurice Obstfeld/Alan M. Taylor, «International Monetary Relations: Taking Finance Seriously», *Journal of Economic Perspectives* 31 (2017) 3, S. 10 f.; Vanessa Ogle, «Archipelago Capitalism: Tax Havens, Offshore Money, and the State, 1950s–1970 s», *AHR* 122 (2017) 5, S. 1446; Blyth, *Great Transformations*, S. 128 f. **184** Ebd., S. 129; Schmelzer, *Freiheit für Wechselkurse und Kapital*, S. 51 f., 54; Barry Eichengreen,

Exorbitant Privilege: The Rise and Fall of the Dollar and the Future of the International Monetary System, Oxford 2011, S. 49 f.; Germann, *Unwitting Architects*, S. 80 ff.; William Glenn Gray, «Floating the System: Germany, the United States, and the Breakdown of Bretton Woods, 1969–1973», *Diplomatic History* 31 (2007) 2, S. 296. **185** Blyth, *Great Transformations*, S. 127; Schmelzer, *Freiheit für Wechselkurse und Kapital*, S. 14, 56, 181, 189 f.; Barry J. Eichengreen, *Globalizing Capital: A History of the International Monetary System*, Princeton 1996, S. 49 f.; Peter Isard, *Globalization and the International Financial System: What's Wrong and What Can Be Done*, Cambridge S. 126–191; Ronald MacDonald, *Floating Exchange Rates: Theories and Evidence*, London 1988; Maurice Obstfeld/Alan Taylor, *Global Capital Markets: Integration, Crisis, and Growth*, Cambridge 2004. **186** Schmelzer, *Freiheit für Wechselkurse und Kapital*, S. 15, 191, 204, 206; Eichengreen, *Globalizing Capital*, S. 49 f.; Robert Leeson, *Ideology and the International Economy: The Decline and Fall of Bretton Woods*, New York/London 2003, S. 63–90; Obstfeld/Taylor, «International Monetary Relations», S. 11; Christoph Scherrer, *Globalisierung wider Willen: Die Durchsetzung liberaler Außenwirtschaftspolitik in den USA*, Berlin 1999, S. 323; Jörg Huffschmid, *Politische Ökonomie der Finanzmärkte*, Hamburg 2002, S. 106–132. **187** Jonas Kreienbaum, «Der verspätete Schock: Sambia und die erste Ölkrise von 1973/74», *Geschichte und Gesellschaft* 43 (2017) 4, S. 613; Fiona Venn, *The Oil Crisis*, London 2002, S. 1, 154–162; Marino Auffant, «Globalizing Oil, Unleashing Capital: An International History of the 1970 s Energy Crisis», Diss. Harvard University 2022, S. 112, 155; G. John Ikenberry, *Reason of State: Oil Politics and the Capacities of American Government*, Ithaca (NY) 1988, S. 1; Fiona Venn, «The October 1973 Energy Crisis», *H-Energy*, url: https://networks.h-net.org/october-1973-energy-crisis-fiona-venn-h-energy-1973-energy-crisis-anniversary-discussion. **188** Christopher Dietrich, *Oil Revolution: Anti-Colonial Elites, Sovereign Rights, and the Economic Culture of Decolonialization*, Cambridge 2017; Venn, «October 1973 Energy Crisis»; Dies., *Oil Crisis*, S. 1; Auffant, «Globalizing Oil, Unleashing Capital», S. 180, 237; Ikenberry, *Reason of State*, S. 7; Timothy Mitchell, *Carbon Democracy: Political Power in the Age of Oil*, New York/London 2013, S. 173–199, insb. 191 f. **189** Mitchell, «Ten Propositions on Oil», S. 80. **190** Siehe «Impact of Energy Crisis on LDC Balance of Payment», Department of State Airgram, 7. September 1974, und «The Energy Crisis and the Developing Countries: The Need for Additional Financing», Juli 1974, Bureau for Program and Police Coordination, AID, S. 49, beide in folder IND – Power (Energy Crisis), box 7, USAID Mission to Chile, Executive Office, Entry #P 189, RG 286, NARA CP. **191** C. Eduardo Altamura, «A New Dawn for European Banking: The Euromarket, the Oil Crisis and the Rise of International Banking», *Zeitschrift für Unternehmensgeschichte / Journal of Business History* 60 (2015) 1, S. 30; Willard R. Johnson/Ernest J. Willson III, «The ‹Oil Crisis› and African Economies: Oil Wave on a Tidal Flood of Industrial Price Inflation», *Daedalus* 111 (1982) 2, S. 211–241; Edith Penrose, «Africa and the Oil Revolution: An Introduction», *African Affairs* 75 (1976), S. S. 277–283; K. A. Hammeed, «The Oil Revolution and African Development», *African Affairs* 75 (1976), S. 349–358; Guiliano Garavini, «Completing Decolonization: The 1973 ‹Oil Shock› and the Struggle for Economic Rights», *International History Review* 33 (2011) 3, S. 473–478; Altamura, «New Dawn for European Banking», S. 51; Kreienbaum, «Der verspätete Schock», S. 613; Venn, *Oil Crisis*, S. 629; Auffant, «Globalizing Oil, Unleashing Capital», S. 7, 20. **192** Quinn Slobodian, «World Maps for the Debt Paradigm: Risk Ranking the Poorer Nations in the 1970 s», in: *Critical Historical Studies* 8 (2021) 1, S. 9; Frieden, *Global Capitalism*, S. 283; s. a. https://www.ford.de/ford-entdecken/highlights-und-aktuelles/unser-erbe; https://www.wheelworldreviews.co.uk/motoring-news/ford-celebrates-100-years-in-great-britain; https://www.ford.com.ar/acerca-de-ford/institucional/corporativo/; https://www.ford.co.za/proudly-sa/, abgerufen: 13. Juni 2025; Mira Wilkins, *The Maturing of Multinational Enterprise*, Cambridge (MA) 1974, S. 374. Zu IBM siehe *International Business Machines Corporation Annual Report – 1957*, IBM Corporation 1957, S. 21. Zu Newmont siehe *Newmont Mining Corporation Annual Report – 1957*, Newmont Mining Corporation 1957, S. 6. **193** Hideki Yoshihara, «The Japanese Multinational», *Long Range Planning* 10 (1977) 2, S. 41. In späteren Arbeiten korrigierte Yoshihara die Zahl der japanischen Multis im Jahr 1974 auf 37 statt der ursprünglich aufgelisteten 36. Siehe Hideki Yoshihara, «Belated Changes in International Management of Japanese Multinationals», *Rikkyo Business Review* (2008) 1, S. 4–15. S. a. Hideki Yoshihara, «Global Operations Managed by Japanese and in Japanese», in: J. H. Taggart/M. Berry/M. McDermott (Hgg.), *Multinationals in a New Era*, Basingstoke 2001, S. 153–165; Hideki Yoshihara, *Kokusai keiei ron*, Tokio 2006 [in japanischer Sprache]; M. Y. Yoshino, «The Multinational Spread of Japanese Manufacturing Investment Since World War II», *Business History Review* 48 (1974) 3, S. 361; M. Y. Yoshino, *Japan's Multinational Enterprises*, Cambridge (MA) 2014, S. 1; Milan Balaban, «From European Periphery to Imperial Calcutta: The Story of a Czech Enterprise in Late Colonial India», unveröffentlichtes Referat, Colonial Cities in Global Perspective Conference, Saint-Louis, Senegal, Dez. 2019; Tolliday, «From ‹Beetle Monoculture› to the ‹German Model›», S. 123 f. Die ursprünglich von Tolliday angegebene Quelle ist *Volkswagenwerk Aktiengesellschaft Wolfsburg: Report for the Year 1970*, S. 17. Das ganze Dokument kann heruntergeladen werden unter: https://www.volkswagenag.com/presence/konzern/images/teaser/history/chronik/annual-report/1970-Annual-Report.pdf «Volkswagenwerk Aktiengesellschaft Wolfsburg: Report for the Year 1975», S. 39, 42. **194** Wie zit. in: D. Elson und R. Pearson, «‹Nimble Fingers Make Cheap Workers›: An Analysis of Women's Employment in Third World Export Manufacturing», *Feminist Review* 7

(1981) 1, S. 93. **195** Hobsbawm, *Zeitalter der Extreme*, S. 350 f.; Folker Fröbel, Jürgen Heinrichs/Otto Kreye, *Die neue internationale Arbeitsteilung*, Reinbek bei Hamburg 1977, S. 22–28, 30, 33 f., 52, 61. **196** Brenner/Theodore, «Cities and the Geographies of ‹Actually Existing Neoliberalisms›», S. 359. **197** Michel Aglietta, *Accumulation et régulation du capitalisme en longue période: L'exemple des États-Unis, 1870–1970*, Paris 1974; Michel Aglietta, *Régulation et crises du capitalisme*, Paris 1976 (repr., 1997); Mike Davis, *Prisoners of the American Dream: Politics and Economy in the History of the US Working Class*, London 1986; David M. Gordon/Richard Edwards/Michael Reich, *Segmented Work, Divided Workers: The Historical Transformation of Labour in the United States*, Cambridge 1982; Alain Lipietz, *Mirages and Miracles: Crisis in Global Fordism*, Paris 1985; Alain Lipietz, «Towards Global Fordism?», *New Left Review* 132 (März-April 1982), S. 33–47; Alain Lipietz, «Behind the Crisis: The Exhaustion of a Regime of Accumulation: A ‹Regulation School Perspective› on Some French Empirical Works», *Review of Radical Political Economy* 18 (1986) 1–2, S. 13–32; Larry Hirschhorn, «The Post-Industrial Labor Process», in: *New Political Science* 2 (1981) 3, S. 11–32. **198** Jennifer Ferreira, «Post-Fordism», *The SAGE Encyclopedia of Economics and Society*, S. 1301, abgerufen: 14. Juni 2025: https://sk.sagepub.com/ency/edvol/the-sage-encyclopedia-of-economics-and-society/chpt/postfordism. **199** Daniel Bell, *Die nachindustrielle Gesellschaft*, Frankfurt a. M. 1989. **200** Michael Piore/Charles Sabel, *The Second Industrial Divide: Possibilities for Prosperity*, New York 1984. **201** J. Lovering, «Fordism, Post-Fordism and Flexible Specialization», in: Rob Kitchin/Nigel Thrift (Hgg.), *International Encyclopedia of Human Geography*, Amsterdam 2009, S. 232–242. S. a. Herman Kahn, *Bald werden sie die ersten sein: Japan 2000; Zukunftsmodell der neuen Herren der Welt*, Wien u. a. 1970; Satochi Kamata, *Toyota, l'usine du désespoir*, Paris 1976; Satochi Kamata, *L'envers du miracle*, Paris 1980; Michio Morishima, *Why Has Japan «Succeeded»?*, Cambridge 1982; Taiichi Ono, *The Toyota Production System: Beyond Large-Scale Production*, New York 1988. **202** Vanessa Ogle, «‹Funk Money›: The End of Empires, the Expansion of Tax Havens, and Decolonization as an Economic and Financial Event», *Past & Present* 249 (2020) 1, S. 219 f., 229, 239, 248; Ogle, «Archipelago Capitalism», S. 1433, 1435; Gabrel Zucman/Teresa Lavender Fagan/Thomas Piketty, *The Hidden Wealth of Nations: The Scourge of Tax Havens*, Chicago 2015, S. 35. Zur Wichtigkeit der Unterschiede zwischen den rechtlichen Strukturen siehe Ogle, «Archipelago Capitalism», S. 1432; Patrick Neveling, «The Global Spread of Export Processing Zones, and the 1970s as a Decade of Consolidation», in: Knud Andresen/Stefan Müller (Hgg.), *Contesting Deregulation*, New York/Oxford 2017, S. 23–40. **203** Zu Frankreich siehe «Unemployment Rate: Aged 15–74: All Persons for France», url: https://fred.stlouisfed.org/series/LRUN74TTFRA156S. Zu Deutschland siehe «Arbeitslosenquote der Bundesrepublik Deutschland in den Jahren 1950 bis 2021», url: https://de.statista.com/statistik/daten/studie/1127090/umfrage/arbeitslosenquote-der-bundesrepublik-deutschland/, abgerufen: 14. 6. 2025. S. a. die von der OECD gesammelten Daten: zur Arbeitslosigkeit: https://data.oecd.org/unemp/unemployment-rate.html , abgerufen: 23. 1. 2023. Zur Inflation siehe https://data.oecd.org/price/inflation-cpi.htm, abgerufen: 14. 6. 2025. **204** Daniel Stedman Jones, *Masters of the Universe: Hayek, Friedman, and the Birth of Neoliberal Politics*, Princeton 2012, S. 215; und HC DEB (5th ser.) (17 Nov. 1965) (720) cols. 1165–1167, https://hansard.parliament.uk/Commons/1965-11-17/debates/06338c6d-ebdd-4876-a782-59cbd531a28a/EconomicAffairs?highlight=stagflation. **205** «Britain's struggle with stagflation», *Time*, 14. Sep. 1970. **206** Ebd. **207** «Stagflation», Google Books N-Gram Viewer, url: https://books.google.com/ngrams/graph?content=stagflation&year_start=1800&year_end=2019&corpus=26&smoothing=3, abgerufen: 14. 6. 2025. Michael Szenberg u. a., «Introduction: The Significance of Paul A. Samuelson in the Twenty-First Century», in: Ders. u. a. (Hgg.), *Samuelsonian Economics and the Twenty-First Century*, Oxford 2006, S. 12; Richard G. Lipsey, «The Philips Curve and an Assumed Unique Macroeconomic Equilibrium in Historical Context», *Journal of the History of Economic Thought* 38 (2016) 4, S. 420; Aurélien Goutsmedt, «From the Stagflation to the Great Inflation: Explaining the US economy of the 1970s», *Revue d'économie politique* 131 (2021) 3, S. 559. **208** George Gilder, *Wealth and Poverty*, New York 1981, Kap. 9. **209** Arthur F. Burns, «The Anguish of Central Banking», the 1979 Per Jacobsson Lecture, Belgrad, Jugoslawien, 30. Sep. 1979; Leo Panitch/Sam Gindin, *The Making of Global Capitalism: The Political Economy of American Empire*, London 2012, S. 164–172. **210** Javier Blas/Jack Farchy, *The World for Sale: Money, Power, and the Traders Who Barter the Earth's Resources*, London 2021; Peter Koerner, «Zaire: Indebtedness and Kleptocracy», in: Elmar Altvater u. a. (Hgg.), *Die Armut der Nationen: Handbuch zur Schuldenkrise von Argentinien bis Zaire*, Berlin 1987, S. 270–275. **211** Panitch/Gindin, *Making of Global Capitalism*, S. 215 f.; Raúl Rojas, «Mexico: Five Years of Debt Crisis», in: Altvater u. a., *Armut der Nationen*, S. 204–219. **212** Marglin, «Lessons of the Golden Age», S. 2, 17, 19; Armstrong/Glyn (1986) wie zit. in: Marglin, «Lessons of the Golden Age», S. 18. **213** Thomas B. Edsall, *The New Politics of Inequality*, New York 1984, S. 128; Kim Phillips-Fein, «Business Conservatives and the Mont Pèlerin Society», in: Philip Mirowski/Dieter Plehwe (Hgg.), *The Road from Mont Pèlerin: The Making of the Neoliberal Thought Collective*, Cambridge (MA) 2009, S. 281. **214** François Denord, «French Neoliberalism and Its Divisions: From the Colloque Walter Lippmann to the Fifth Republic», in: Mirowski/Plehwe, *Road from Mont Pèlerin*, S. 53. **215** Diane Kunz, *Butter and Guns: America's Cold War Economic Diplomacy*, New York 1997; William Bundy, *A Tangled Web: The Making of Foreign Policy in the Nixon Presidency*, New York 1998; Paul Volcker/Toyoo Gyohten, *Chan-*

ging Fortunes: The World's Money and the Threat to American Leadership, New York 1992; John S. Odell, *U. S. International Monetary Policy: Markets, Power, and Ideas as Sources of Change*, Princeton 1982, S. 324; Eric Helleiner, *States and the Reemergence of Global Finance: From Bretton Woods to the 1990s*, Ithaca (NY) 1994, S. 115; Robert Leeson, *Ideology and International Economy: The Decline and Fall of Bretton Woods*, New York/London 2003; Schmelzer, *Freiheit für Wechselkurse und Kapital*, insb. S. 323. **216** John Carson-Parker, «Commentary: The Options Ahead for the Debt Economy», *Business Week*, 12. Okt. 1974, S. 120. **217** Gerstle, *The Rise and Fall of the Neoliberal Order*, S. 110; Ben Jackson, «The Think-Tank Archipelago: Thatcherism and Neo-Liberalism», in: Ben Jackson/Robert Saunders (Hgg.), *Making Thatcher's Britain*, Cambridge 2012, S. 46 f.; Neil Rollings, «Cracks in the Post-War Keynesian Settlement? The Role of Organized Business in the Rise of Neoliberalism Before Margaret Thatcher», *Twentieth Century British History* 24 (2013) 4, S. 641. **218** Mircea Raianu, *Tata: The Global Corporation That Built Indian Capitalism*, Cambridge (MA) 2021, S. 182. **219** Ebd. **220** Diego Maiorano, *Autumn of the Matriarch: Indira Gandhi's Final Term in Office*, Oxford 2015, S. 17. Zu Tatas Unterstützern siehe Sanjaya Baru, *India's Power Elite: Class, Caste and Cultural Revolution*, Penguin Books India 2021, S. 144. **221** Ebd. **222** J. R. D. Tata, «A myth», in: S. A. Sabavala / R. M. Lala, *Keynote: Excerpts from His Speeches and Chairman's Statements to Shareholders*, Bombay 1986, S. 63. **223** Karin Fischer, «The Influence of Neoliberals in Chile Before, During, and After Pinochet», in: Mirowski/Plehwe, *Road from Mont Pèlerin*, S. 311–314; Marion Fourcade-Gourinchas/Sarah L. Babb, «The Rebirth of the Liberal Creed: Paths to Neoliberalism in Four Countries», *American Journal of Sociology* 108 (2002) 3, S. 544. **224** Jeanette Hartmann, «Le capital privé en Tanzanie (1962–1982)», *Politique africaine* 26 (1987), S. 85 f. Zu ihren Forderungen siehe die Liste in: Jeanette Hartmann, «Development Policy-Making in Tanzania 1962–1982: A Critique of Sociological Interpretations», Diss. University of Hull 1983, S. 335–356. **225** Wie zit. in: Thomas David/Pierre Eichenberger, «‹A World Parliament of Business?› The International Chamber of Commerce and Its Presidents in the Twentieth Century», *Business History* 65 (2023) 2, S. 260; Quinn Slobodian, *Globalists: The End of Empire and the Birth of Neoliberalism*, Cambridge (MA) 2018, S. 21. **226** Eva Moberg, «Kvinnans villkorliga frigivning», in: Hans Hederberg (Hg.), *Unga liberaler. Nio inlägg i idédebatten*, Stockholm 1961, S. 70. **227** Moberg, «Kvinnans villkorliga frigivning», S. 72. **228** Ebd. Hier ist zu beachten, dass *villkorlig frigivning* auch der schwedische Begriff für «Bewährung» ist. **229** Hirdman, «Kvinnornas Eva», S. 37 f.; Lisbeth Larsson, «Eva Moberg», *Svenskt kvinnobiografiskt lexicon*, abgerufen: 18. 6. 2025, url: https://www.skbl.se/sv/artikel/EvaMoberg; und Moberg, «Kvinnans villkorliga frigivning» S. 76 f. **230** Hirdman, «Kvinnornas Eva», S. 39. **231** Ebd., S. 40. **232** Giandomenica Becchio, *A History of Feminist and Gender Economics*, London/New York 2020, S. 124. **233** Nancy Fraser, *Fortunes of Feminism: From State-Managed Capitalism to Neoliberal Crisis*, London 2013, S. 3 f., 215 f.; Nanette Funk, «Contra Fraser on Feminism and Neoliberalism», *Hypatia* 28 (2013) 1, S. 179. **234** Judy Klemesrud, «Women on the March», 30. Aug. 1970, *NYT*, S. 125. **235** Lucy Delap, *Feminisms: A Global History*, Chicago 2020, S. 281 f.; Klemesrud, «Women on the March», S. 125; Maud Anne Bracke, *Women and the Reinvention of the Political: Feminism in Italy, 1968–1983*, New York 2014, S. 13, 70, 79; Dorothy Kaufmann-McCall, «Politics of Difference: The Women's Movement in France from May 1968 to Mitterrand», *Signs* 9 (1983) 2, S. 283; Finn Mackay, *Radical Feminism: Feminist Activism in Movement*, New York 2015, S. 46. **236** Cecilia Conrad, «Feminist Economics: Second Wave, Tidal Wave, or Barely a Ripple?», in: Angie Maxwell/Todd Shields (Hg.), *The Legacy of Second-Wave Feminism in American Politics*, Palgrave Macmillan 2018, S. 107. **237** Camila Orozco Espinel/Rebeca Gomez Betancourt, «A History of the Institutionalization of Feminist Economics Through Its Tensions and Founders», New Historical Perspectives on Women and Economics, supplement, *History of Political Economy* 54 (2022) S1, S160; Espinel/Betancourt, «A History of the Institutionalization of Feminist Economics», S. 160. **238** Conrad, «Feminist Economics», S. 98; Becchio, *History of Feminist and Gender Economics*, S. 135 ff., 142. **239** Maria Mies, *Patriarchy and Accumulation on a World Stage: Women in the International Division of Labour*, London 2014, S. xiv. **240** Becchio, *History of Feminist and Gender Economics*, 122 f.; Ann Chadeau/Annie Fouquet, «Peut-on mesurer le travail domestique?», *Économie et Statistique* 136 (1981) 1, S. 29–42; Margaret Benston, «Political Economy of Women's Liberation», *Monthly Review* 21 (1969) 4, S. 13–27; Mariarosa Dalla Costa/Selma James, *The Power of Women and the Subversion of Community*, Bristol 1972; Tithi Bhattacharya, *Social Reproduction Theory: Remapping Class, Recentering Oppression*, London 2017. **241** Gerstle, *Rise and Fall of the Neoliberal Order*, S. 9, 54 ff. **242** Students for a Democratic Society (US), S. *Port Huron Statement* (1962), Sixties Project, abgerufen: 20. 6. 2023, url: http://www2.iath.virginia.edu/sixties/HTML_docs/Resources/Primary/Manifestos/SDS_Port_Huron.html. **243** Wie zit. in Gerstle, *Rise and Fall of the Neoliberal Order*, S. 100. **244** «Mario Savio Speech on the Steps of Sproul Hall», 2. Dez. 1964, Bay Area Television Archive, MP4-Datei, abgerufen: 20. 6. 2023, url: https://diva.sfsu.edu/collections/sfbatv/bundles/238941. **245** Caroline Hoefferle, «Great Expectations: Sloman's Essex and Student Protest in the Long Sixties», in: Miles Taylor/Jill Pellew (Hgg.), *Utopian Universities: A Global History of the New Campuses of the 1960s*, London 2020, S. 112. **246** Ebd., S. 113. **247** Kristin Ross, *May '68 And Its Afterlives*, Chicago 2002, S. 3 f. **248** Bertram Gordon, «The Eyes of the Marcher: Paris, May 1968 – Theory and Consequences», in: Gerard J. DeGroot, *Student Protest: The Sixties and After*, Routledge 2014, S. 40 f.; Ben Mercer, *Student Revolt in*

1968: France, Italy and Germany, Cambridge 2020, S. 6. **249** Adam Rome, «‹Give Earth a Chance›: The Environmental Movement and the Sixties», *JAH* 90 (2003) 2, S. 535–538; Simon Avenell, «From Fearsome Pollution to Fukushima: Environmental Activism and the Nuclear Blind Spot in Contemporary Japan», *Environmental History* 17 (2012) 2, S. 248. **250** Andersson, *Between Growth and Security*, S. 65 ff. **251** Esping-Andersen, *Politics Against Markets*, 230 ff.; Jonas Pontusson, «Behind and Beyond Social Democracy in Sweden», *New Left Review* 143 (1984) 1; Jonas Pontusson, «Radicalization and Retreat in Swedish Social Democracy», *New Left Review* 165 (1987) 1; Olsson, *Att förvalta sitt pund*, S. 356 f. Bezug des Autors: Handgeschriebene Karte von Marcus Wallenberg an L. Amundsen, Transkript [nicht datiert] Nov. 1969. S. a. Jonas Pontusson/Peter Swenson, «Labor Markets, Production Strategies, and Wage Bargaining Institutions: The Swedish Employer Offensive in Comparative Perspective», *Comparative Political Studies* 29 (1996) 3, S. 223–250; Andersson, *Between Growth and Security*, 1 f. **252** u. a. Glyn u. a., «Rise and Fall of the Golden Age», S. 40.

TEIL IV
DIE ZUKUNFT DES KAPITALISMUS?

Kapitel 17: Der Ritt auf dem Tiger: Ein neoliberales Zeitalter, 1973–2008

1 Amerikanische Botschaft in Santiago an das Außenministerium, «What's Wrong with Chile's Economic Policies», 27. Dez. 1974, im Ordner Economic Matters GEN, Auslandsvertretungen des Außenministeriums, Chile, US-Botschaft Santiago, Box 58, Classified Central Subject Files, 1964–1974, Eintrag Nr. P 161, RG 84, NARA CP, mit behördlicher Genehmigung NND 989 625 freigegeben. Der Bericht wurde von Botschafter Popper unterzeichnet, aber höchstwahrscheinlich verfasst von Samuel S. Hart, dem Wirtschaftsattaché der Botschaft. **2** Handschriftliche Notiz auf Briefpapier der «Political Section», undatiert, Ordner Economic Matters GEN, Auslandsvertretungen des Außenministeriums, Chile, US-Botschaft Santiago, Box 58, Classified Central Subject Files, 1964–1974, Eintrag Nr. P 161, RG 84, NARA CP, mit behördlicher Genehmigung NND 989 625 freigegeben. **3** Der Neoliberalismus entwickelte sich unter einer Vielzahl unterschiedlicher politischer Regime, von denen einige demokratisch waren, andere nicht. Siehe Quinn Slobodian/Dieter Plehwe (Hgg.), *Market Civilizations: Neoliberals East and South*, New York 2022, S. 18. **4** Peter Winn, «The Pinochet Era», in: Ders. (Hg.), *Victims of the Chilean Miracle: Workers and Neoliberalism in the Pinochet Era, 1973–2002*, Durham (NC) 2004, S. 17. Belege und das Zitat finden sich in: «Chile – 1972 – Debt Rescheduling», vertrauliches Memorandum, undatiert, von Mr. Kleine AA/LA an Mr. Kubisch, in Materials Taken from Mr. Fischer's Safe, Sep. 1973, Box 13, Außenministerium, Abteilung für interamerikanische Angelegenheiten, Büro für bolivianisch-chilenische Angelegenheiten, Unterlagen zu Chile, 1965–1975, Eintrag Nr. A 1–5757, Record Group 59, NARA CP; Claudia Kedar, «The International Monetary Fund and the Chilean Chicago Boys, 1973–7: Cold Ties Between Warm Ideological Partners», *Journal of Contemporary History* 54 (2019), S. 199; Charles A. Meyer u. Willis C. Armstrong an den Minister, Memorandum zum geheimen Vorgehen, in Materials Taken from Mr. Fischer's Safe, Sep. 1973, Box 13, Außenministerium, Abteilung für interamerikanische Angelegenheiten, Büro für bolivianisch-chilenische Angelegenheiten, Unterlagen zu Chile, 1965–1975, Eintrag Nr. A 1–5757, Aufzeichnungsgruppe 59, NARA CP. Es gibt zahlreiche Debatten über die genaue Art der Beteiligung der USA an der chilenischen Politik, aber es steht außer Frage und ist sehr gut dokumentiert, dass die US-Regierung eine wichtige Rolle gespielt hat. **5** Angela Vergara, *Copper Workers, International Business, and Domestic Politics in Cold War Chile*, University Park (PA) 2010, S. 1, 3, 11, 13, 18, 35, 66, 87, 90, 97, 128, 148, 153, 155–6; K. Ross Toole, «A History of the Anaconda Copper Mining Company: A Study in the Relationship Between a State and a Corporation, 1880–1950», Diss. UCLA 1954, S. 1. Zu Frei siehe Theodore H. Moran, *Multinational Corporations and the Politics of Dependence: Copper in Chile*, Princeton 1975, S. 119, 146. **6** Pablo Pryluka, «Advertising Pinochet: The Cold War Limits to a Neoliberal Crusade», *International History Review* 45 (2023) 2, S. 416 f.; Víctor Herrero, *Agustín Edwards Eastman: Una biografía desclasificada del dueño de El Mercurio*, Santiago de Chile 2014, S. 257 f., 396; Johanna Gautier Morin/Thierry Rossier, «The Interaction of Elite Networks in the Pinochet Regime's Macroeconomic Policies», *Global Networks* 21 (2021), S. 340; «What's Wrong with Chile's Economic Policies», Botschaft Santiago. **7** Außenministeriums-Nachricht, US-Botschaft Santiago, 31. Aug. 1973, Box 732, General Records of the Department of State, Subject Number Files, 1970–73, Economic, RG 59, Eintrag Nr. 1613, NARA CP. **8** Morin/Rossier, «Interaction of Elite Networks», S. 349. Zum «Ziegelstein» siehe Eduardo Silva, «Capitalist Coalitions, the State, and Neoliberal Economic Restructuring: Chile, 1973–88», *World Politics* 45 (1992) 4, S. 539 f. Zum Zitat siehe Außenministeriums-Nachricht, US-Botschaft Santiago. **9** Pablo Neruda, «Cuándo de Chile», in: Ders., *Obras Completas*, Bd. 1, Buenos Aires 1973, S. 846. **10** Vergara, *Copper Workers*, S. 180 f.; Biblioteca del Congreso Nacional de Chile, Diarios de Sesiones, Junta de Gobierno (11. Sep. 1973–16. Juni 1974), Akte Nr. 18 (9. Okt. 1973); «Labor Conditions and Relations in Chile's Big Three Copper Mines», Bericht der Botschaft in Santiago an das US-Außenministerium, 24. Mai 1974, Ordner LAB 1 – Allgemeines – 1974, Auslandsvertretungen des Außenministeriums, Chile, US-Botschaft Santiago, Box 58, Classified Central Subject Files, 1964–1974, Eintrag Nr. P 161, RG 84, NARA CP; Winn, «Pinochet Era», S. 22. **11** Nachricht des Diplomatischen Dienstes, Botschaft Santiago, 30. Okt. 1973, in Box 732, General Records of the Department of State, Subject Number Files, 1970–73, Economic, Eintrag Nr. 1613, RG 59, NARA CP. **12** Biblioteca del Congreso Nacional de Chile, Diarios de Sesiones, Junta de Gobierno (11. Sep. 1973–16. Juni 1974), Akte Nr. 13 (2. Okt. 1973); Biblioteca del Congreso Nacional de Chile, Diarios de Sesiones, Akte Nr. 18. **13** Zu dieser Teilung siehe Winn, «Pinochet Era», S. 25; Karin Fischer, «The Influence of Neoliberals in Chile Before, During, and After Pinochet», in: Philip Mirowski/Dieter Plehwe (Hgg.), *The Road from Mont Pèlerin: The Making of the Neoliberal Thought Collective*, Cambridge (MA) 2009, S. 317, 337; US-Botschaft Santiago an das Außenministerium, Memorandum, 18. Jan. 1974; Ordner E 2, General Reports and Statistics, 1974, Auslandsvertretungen des Außenministeriums, Chile, US-Botschaft Santiago, Box 58, Classified Central Subject Files, 1964–1974, Eintrag Nr. P 161, RG 84, NARA CP; Bericht über wirtschaftliche Trends in Chile, US-Botschaft Santiago, 14. Juni 1974, Ordner E 2: General Reports and Statistics, 1974, Auslandsvertretungen des Außenministeriums, Chile, US-Botschaft Santiago, Box 58, Classified Central Subject Files, 1964–1974, Eintrag Nr. P 161, RG 84, NARA CP; Bericht, US-Botschaft Santiago, «Chile's Economy One Year After Allende», 2. Okt. 1974, unterzeichnet von David H. Popper, Botschafter, Ordner E 2: General Reports and Statistics, 1974, Auslandsvertretungen des Außenministeriums, Chile, US-Botschaft Santiago, Classified Central Subject Files, 1964–1974, Eintrag Nr. P 161, RG 84, NARA CP, mit behördlicher Genehmigung MWD 989625 freigegeben, 8. Dez. 2022; und Nachricht des Diplomatischen Dienstes, Botschaft Santiago, 10. Okt. 1973. S. a. Sebastian Edwards, «Estabilización con liberalización: Diez años del experimento chileno con políticas de mercado libre 1973–1983», *Revista de Estudios Públicos* 14 (1984), S. 17; Kedar, «International Monetary Fund and the Chilean Chicago Boys», S. 186; US-Botschaft Santiago, vertraulicher Bericht, «Chile's New Economic Policies», 5. Okt. 1973, im Ordner Economic Matters, Auslandsvertretungen des Außenministeriums, Chile, US-Botschaft Santiago, Box 58, Classified Central Subject Files, 1964–1974, Eintrag Nr. P 161, RG 84, NARA CP. **14** Telegramm der US-Botschaft Santiago an das Außenministerium, Präsentation im Kongress, 1. März 1974, im Ordner Economic Matters GEN, Auslandsvertretungen des Außenministeriums, Chile, US-Botschaft Santiago, Box 58, Classified Central Subject Files, 1964–1974, Eintrag Nr. P 161, RG 84, NARA CP, mit behördlicher Genehmigung NND 989625 freigegeben. **15** Memorandum, Außenministerium, US-Botschaft Santiago, 23. Jan. 1974, «Foreign Credits to Chile in 1973 and Plans for 1974», Ordner FN 14, Foreign Debt, 1974, Auslandsvertretungen des Außenministeriums, Chile, US-Botschaft Santiago, Box 58, Classified Central Subject Files, 1964–1974, Eintrag Nr. P 161, RG 84, NARA CP. **16** Bericht über die wirtschaftlichen Trends in Chile, Botschaft Santiago, 14. Juni 1974; Außenministeriums-Telegramm, US-Botschaft Santiago, 15. Juli 2024, zum Thema: Chilenisches Gesetz über ausländische Investitionen, Ordner ECIN 1, General Policy, Plans, 1974, Auslandsvertretungen des Außenministeriums, Chile, US-Botschaft Santiago, Box 58, Classified Central Subject Files, 1964–1974, Eintrag Nr. P 161, RG 84, NARA CP; und Kedar, «International Monetary Fund and the Chilean Chicago Boys», S. 187 f. **17** US-Botschaft Santiago, «Chile's New Economic Policies», NARA. **18** Vertraulicher Bericht, «Economic Program Goes Forward», US-Botschaft Santiago, 17. Okt. 1973, Ordner Economic Matters, Auslandsvertretungen des Außenministeriums, Chile, US-Botschaft Santiago, Box 58, Classified Central Subject Files, 1964–1974, Eintrag Nr. P 161, RG 84, NARA CP. **19** Zur Anwesenheit und Bedeutung von Ökonomen in den Beratungen der Junta siehe z. B. Biblioteca del Congreso Nacional de Chile, Diarios de Sesiones, Junta de Gobierno (11. Sep. 1973–16. Juni 1974), Akte Nr. 5 (19. Sep. 1973); Biblioteca del Congreso Nacional de Chile, Diarios de Sesiones, Akte Nr. 18; Kedar, «International Monetary Fund and the Chilean Chicago Boys», S. 179–201; Samuel Hart, «Ambassador Samuel F. Hart», interview with Charles Stuart Kennedy, 12. Juni 1992, Association for Diplomatic Studies and Training Foreign Affairs Oral History Project, S. 76 f. **20** Ebd., S. 77. **21** Morin/Rossier, «Interaction of Elite Networks», S. 340. **22** Zu den einheimischen Traditionen s. a. Kedar, «International Monetary Fund and the Chilean Chicago Boys», S. 181; Bernhard Walpen, *Die offenen Feinde und ihre Gesellschaft. Eine hegemonietheoretische Studie zur Mont Pèlerin Society*, Hamburg 2004, S. 178. Speziell zu Peru siehe Cesar Castillo-Garcia, «Waves of Neoliberalism: Revisiting the Authoritarian Patterns of Capitalism in South America», Teil 1, Arbeitspapier 05/2022, Department of Economics, New School for Social Research, New York. Die These, der Neoliberalismus habe indigene Wurzeln, wird vertreten von Johanna Bockman, «Democratic Socialism in Chile and Peru: Revisiting the ‹Chicago Boys› as the Origin of Neoliberalism», *Comparative Studies in Society and History* 61 (2019) 3, S. 654–79. S. a. US-Botschaft Santiago an das Außenministerium, Washington D. C., Brief und Notiz, 31. Aug. 1971, in der Box 734, General Records of the Department of State, Subject Number Files, 1970–73, Economic, Eintrag Nr. 1613, RG 59, NARA CP. **23** Kedar, «International Monetary Fund and the Chilean Chicago Boys», S. 180, 186, 190; Winn, «Pinochet Era», S. 26 f., 188; Sebastian Edwards/Leonidas Montes, «Milton Friedman in Chile: Shock Therapy, Economic Freedom, and Exchange Rates», *Journal of the History of Economic Thought* 42 (2020) 1, S. 108; Vergara, *Copper Workers*,

S. 183; Dieter Plehwe, Einleitung zu Mirowski/Plehwe, *Road from Mont Pèlerin*, S. 2, 32; Fischer, «Influence of Neoliberals in Chile», S. 337 f., und Edwards, «Estabilización con liberalización», S. 5 f. Zu den lokalen Wurzeln des Neoliberalismus und dessen Bruch mit einer sehr langen Tradition in der chilenischen Wirtschaftspolitik siehe Peter Winn (Hg.), Einleitung zu *Victims of the Chilean Miracle: Workers and Neoliberalism in the Pinochet Era, 1973–2002*, Durham (NC) 2004, S. 4, 10; Morin/Rossier, «Interaction of Elite», S. 2. **24** Edwards, «Estabilización con liberalización», S. 12, 14–16; Winn, *Victims of the Chilean Miracle*, S. 3; Kedar, «International Monetary Fund and the Chilean Chicago Boys», S. 197; Edwards/Montes, «Milton Friedman in Chile», S. 118. Zur Textilindustrie siehe Peter Winn, «‹No Miracle for US›: The Textile Industry in the Pinochet Era, 1973–1998», in: ders., *Victims of the Chilean Miracle*, S. 125–63. S. a. Fischer, «Influence of Neoliberals in Chile», S. 321–25; Simon Collier/William F. Sater, *A History of Chile, 1808–2002*, Cambridge 2004, S. 366, 371. S. a. die früheren Diskussionen im Telegramm vom 1. März 1974 der US-Botschaft Santiago; Frank Adamson/Björn Åstrand, «Privatization or Public Investment? A Global Question», in: Dies./Linda Darling-Hammond (Hgg.), *Global Educational Reform: How Privatization and Public Investment Influence Education Outcomes*, New York 2016, S. 6; Abelardo Castro-Hidalgo/Lilian Gómez-Álvarez, «Chile: A Long-Term Neoliberal Experiment and Its Impact on the Quality and Equity of Education», in: Adamson u. a., *Global Educational Reform*, S. 36; Winn, «Pinochet Era», S. 31–38. **25** Vergara, *Copper Workers*, S. 180. S. a. die Nachricht der US-Botschaft Santiago vom 10. Okt. 1973. Laut Zusammenfassung der Botschaft wurde in dem Plan eingeräumt, dass «die Realeinkommen aller Chilenen in einer ersten Phase sinken würden». Siehe US-Botschaft Santiago, «Chile's New Economic Policies», NARA; Edwards, «Estabilización con liberalización», S. 9; US Embassy Santiago, «Chile's Economy One Year After Allende», NARA; Kedar, «International Monetary Fund and the Chilean Chicago Boys», S. 198. **26** Vertrauliches Memorandum, von Fred M. Shaver, Valparaiso, an James Halsema, 22. März 1974, in File Pol Chile – Political General 1974, Box 14, Außenministerium, Abteilung für interamerikanische Angelegenheiten, Büro für bolivianisch-chilenische Angelegenheiten, Unterlagen zu Chile, 1965–1975, Eintrag A 1–5757, Record Group 59, NARA CP. **27** Geheimer Brief, Botschafter David H. Popper an Harry W. Shlaudeman, Außenministerium, Santiago, 25. März 1974, in File Pol Chile – Political General 1974, Box 14, Außenministerium, Abteilung für interamerikanische Angelegenheiten, Büro für bolivianisch-chilenische Angelegenheiten, Unterlagen zu Chile, 1965–1975, Eintrag A 1–5757, Record Group 59, NARA CP. **28** US-Botschaft Santiago, «Chile's New Economic Policies», NARA. **29** Nachricht der US-Botschaft Santiago, 10. Okt. 1973, NARA. **30** Nachricht der US-Botschaft Santiago, 19. Dez. 1973, Box 733, General Records of the Department of State, Subject Number Files, 1970–73, Economic, Eintrag Nr. 1613, RG 59, NARA CP; Nachricht der US-Botschaft Santiago, 12. Dez. 1973, Box 733, General Records of the Department of State, Subject Number Files, 1970–73, Economic, Eintrag Nr. 1613, RG 59, NARA CP. **31** «Ambassador Samuel F. Hart», S. 74. **32** Morin/Rossier, «Interaction of Elite Networks», S. 358; Fischer, «Influence of Neoliberals in Chile», S. 338. **33** Zur Entwicklung der chilenischen Wirtschaft nach 1980 siehe Collier/Sater, *History of Chile*, S. 395; Ricardo Ffrench-Davis, *Economic Reforms in Chile: From Dictatorship to Democracy*, London 2010, S. 237–39; Winn, *Victims of the Chilean Miracle*, S. 4. **34** Zit. in Bruce Caldwell/Leonidas Montes, «Friedrich Hayek and His Visits to Chile», *Review of Austrian Economics* 28 (2015) 3, S. 298. **35** Zit. in Alessandro Santoni/Sebastián Sanchez, «Los ‹amigos de Chile›: El régimen de Pinochet y la Gran Bretaña de Thatcher (1979–1988)», *Revista de historia* 29 (Concepción) 1 (2022), S. 412. **36** Edwards/Montes, «Milton Friedman in Chile», S. 105 f., 125–27. Obwohl Friedman in privater Korrespondenz, Interviews und Schriften aus der Zeit seines zweiten Besuchs die Bedeutung der politischen Freiheit betonte: «Milton Friedman elogió la política monetaria chilena.» Siehe archiviertes Exemplar von La Nación, 20. Nov. 1981, Box 146, Sociedad Mont Pèlerin, Recortes de Prensa, Viña del Mar, Nov. 1981, Folletos y Newsletters, 1977–1980, Bibliotecas Universidad Adolfo Ibáñez, UAI Digital Repository. **37** Memorandum der US-Regierung von Wirtschaftsberater Moorhead Kennedy, 10. Juni 1977, Box 10, Ordner EOF 3 Economic Analysis FY 77, USAID Mission to Chile, Executive Office, Eintrag Nr. P 189, RG 286, NARA CP. Das Memorandum berichtet über einen Vortrag von Arnold Harberger, Direktor des Wirtschaftsinstituts der Universität Chicago. **38** Friedrich Hayek, *The Constitution of Liberty*, Chicago 1960; Walpen, *Die offenen Feinde und ihre Gesellschaft*, S. 176. **39** Pryluka, «Advertising Pinochet», S. 416–30. Siehe «Report on a Visit to Chile from the 13th to the 16th of November 1973», Box 27, Chile 3/3, JWT Collections, David M. Rubenstein Rare Books and Manuscripts Library, Duke University, zit. in Pryluka, «Advertising Pinochet», S. 418. **40** Brief von Jack Webster an Don Johnston, 23. Juli 1974, in Johnston Papers, Box 24, Chile, 1973 m 2/2, JWT Collection, zit. in Pryluka, «Advertising Pinochet», S. 420. **41** Zur Rolle Chiles als Vorreiter der neoliberalen Revolution s. a. Robert A. Packenham/William Ratliff, «What Pinochet Did for Chile: The Late Strongman Ruled Harshly but Left Behind the Most Successful Country in Latin America», *Hoover Digest*, 30. Jan. 2007. **42** Wie Charles S. Maier in einem brillanten Essay aufgezeigt hat: «Cosigning the Twentieth Century to History: Alternative Narratives for the Modern Era», *AHR* 105 (2000) 3, S. 825. S. a. bspw. Gary Gerstle, *The Rise and Fall of the Neoliberal Order: America and the World in the Free Market Era*, Oxford 2022. **43** Karl Marx/Friedrich Engels, *Werke*, Berlin 1977, Bd. 4, *Manifest der Kommunistischen Partei*, hier S. 465. **44** Per H. Hansen, «From Finance Capitalism to

Financialization: A Cultural and Narrative Perspective on 150 Years of Financial History», *Enterprise & Society* 15 (2014) 4, S. 627. **45** Zu diesen Zahlen siehe International Labour Organization, «Employment in Industry (% of Total Employment) (Modeled ILO Estimate) – China», World Bank Group, abgerufen: 8. Aug. 2023, https://data.worldbank.org/indicator/SL.IND.EMPL.ZS?locations=CN. Siehe auch International Labour Organization, «Employment in Agriculture (% of Total Employment) (Modeled ILO Estimate) – China», World Bank Group, abgerufen: 8. Aug. 2023, https://data.worldbank.org/indicator/SL.AGR.EMPL.ZS?locations=CN. **46** Michigan Employment Security Commission, *Michigan Statistical Abstract 1996*, Ann Arbor (MI) 1996, S. 461. «World Production of Motor Vehicles, by Selected Country: 1959–1994», Tabelle XIV-1, Organisation Internationale des Constructeurs d'Automobiles, url: https://www.oica.net/category/production-statistics/2010-statistics/, abgerufen: 10. 8. 2023; World Semiconductor Trade Statistics, Historical Billings Report, https://www.wsts.org/67/Historical-Billings-Report, abgerufen: 10. 8. 2023; «Number of Smartphones Sold to End Users Worldwide from 2007 to 2023», https://www.statista.com/statistics/263437/global-smartphone-sales-to-end-users-since-2007/, abgerufen: 10. 8. 2023; Hamilton Moses u. a., «Financial Anatomy of Biomedical Research», JAMA 294 (2005) 11, S. 1333–42; International Economics Division, Economic Research Service, US Department of Agriculture, World Indices of Agricultural and Food Production, 1973–82. (S. a. Statistical Bulletin Nr. 697, 1983). **47** Berechnungen des Verfassers. **48** Eric Hobsbawm, *The Age of Extremes: The Short Twentieth Century, 1914–1992*, London 1994, S. 362, 364. **49** Die Zahlen beziehen sich auf die Wertschöpfung in der Fertigung. Die Statistiken stammen von der United Nations Statistics Division, aufgerufen: 3. 6. 2023, url: https://unstats.un.org/unsd/snaama/Downloads. Zur weltgeschichtlichen Bedeutung des Aufstiegs Chinas s. a. Pablo Pryluka, «We Can't Go Back to a Golden Age of Capitalism: An Interview with Branko Milanovic», *Jacobin*, Feb. 2021. **50** James Heintz, «Low-Wage Manufacturing and Global Commodity Chains: A Model in the Unequal Exchange Tradition», *Cambridge Journal of Economics* 30 (2006) 4, S. 507–20. **51** Jesus Felipe/Aashish Mehta, «Deindustrialization? A Global Perspective», *Economics Letters* 149 (2016), S. 148–51. **52** Zur Bevölkerung jeden Jahres siehe Shenzen Statistics Office, *Shenzhen Statistical Yearbook* 4, Fig. 1–3, Zeile «Year-end Permanent Population», China Statistics Press 2020, https://web.archive.org/web/20210727043152/http://tjj.sz.gov.cn/attachment/0/736/736628/8386382.pdf, abgerufen: 15. Jan. 2023; Andrew Liu (Villanova), «Hong Kong and the Neoliberal World Economy», 2021, Beitrag Harvard Global History Seminar, S. 6, 17, 19, 24; Tao Yitao/Lu Zhiguo, *China's Economic Zones: Design, Implementation and Impact*, Reading 2015, S. 7; Paul Cheney, «István Hont, the Cosmopolitan Theory of Commercial Globalization, and Twenty-First Century Capitalism», Beitrag Global History Seminar, Harvard University, 5. April 2021, S. 9, 11. **53** Zur Bevölkerung jeden Jahres siehe *Shenzhen Statistical Yearbook*, S. 3–5. S. a. Yitao/Zhiguo, *China's Economic Zones*, S. 14, 22, 34; Pun Ngai, «Women Workers and Precarious Employment in Shenzhen Special Economic Zone, China», *Gender and Development* 12 (2004) 2, S. 29; Douglas Zhihua Zeng, *Building Engines for Growth and Competitiveness in China: Experience with Special Economic Zones and Industrial Clusters*, Washington D. C. 2010, S. 58–60. **54** Chusheng Lin, *Red Capitalism in South China: Growth and Development of the Pearl River Delta*, Vancouver 1997, S. 86; Zeng, *Building Engines for Growth and Competitiveness in China*, S. 58; David Harvey, *A Brief History of Neoliberalism*, Oxford 2005, S. 139; Joshua Freeman, *Behemoth: A History of the Factory and the Making of the Modern World*, New York 2019, S. 271. **55** Jan Luiten van Zanden/Daan Marks, *An Economic History of Indonesia, 1800–2010*, London 2012, S. 188, 190. **56** Makoto Ikedo, Direktor von Minebea Thai Ltd., zit. in Peter Janssen, «Minebea on a Roll», *Asian Business* 25 (1989) 3, S. 18. **57** Chris Baker/Pasuk Phongpaichit, *A History of Thailand*, Oxford 2014, S. 204, 209; Edith Terry, *How Asia Got Rich: Japan, China, and the Asian Miracle*, Oxfordshire/New York 2015, S. 148; Yongyuth Chalamwong, «Thailand: The Economic Concentration, the Labour Market and Migration», in *Labour Migration and the Recent Financial Crisis in Asia*, OECD Publishing 2000, Tab. 16. **58** Robert B. South, «The Flying Geese Metaphor: Export-Oriented Manufactures in Mexico», *Regional Studies* 50 (2016) 9, S. 1483–95. **59** Janet Abu-Lughod, «Urbanization in the Arab World and the International System», in: J. Gugler (Hg.), *The Urban Transformation of the Developing World*, Oxford 1996, S. 200. S. a. die anregende Diskussion in Salma Abouelhossein, «The Nile Valley, Urbanized: Extended Urbanization and Agro-Ecology in the (Re)Making of the ‹New› Middle East, 1970–1990 s», Diss. Harvard University 2022. **60** Abouelhossein, «The Nile Valley, Urbanized». **61** José Lannes, «The Gerdau Group: The Creation of a Global Competitor», *Apuntes* 41 (2014) 75, S. 141, 143 f., 148 f., 160, 163. **62** Lourdes Casanova/Julian Kassum, *The Political Economy of an Emerging Global Power: In Search of the Brazil Dream*, Houndmills/Basingstoke 2014, S. 76; «Saudi Arabian Oil Company», in: Steven Long/Derek Jacques/Paula Kepos (Hgg.), *International Directory of Company Histories*, Detroit/London 2016, S. 447–49; David Fig, «The State of Extraction: The New Scramble for Africa», in: Nick Buxton (Hg.), *The State of Power*, Amsterdam 2014, S. 2. Siehe «Our History», Saudi Aramco, abgerufen: 22. 8. 2023, url: https://www.aramco.com/en/who-we-are/overview/our-history; «Tata Group Heritage», Tata Group, abgerufen: 22. 8. 2023, url: https://www.tata.com/about-us/tata-group-our-heritage/Our-Timeline-The-Expansion-Years-1969-2017; «Journey so Far», Dr. Reddy's, abgerufen: 22. 8. 2023, url: https://www.drreddys.com/who-we-are#Journey-so-far; und Jack Ma, 《马云:活着就是为了颠覆世界》 [*To Live Is To Turn the World Upside*

Down], Hainan 2014, S. 129, 136. **63** Zu einigen Auswirkungen siehe den ausgezeichneten Artikel von Richard Freeman, «China, India and the Doubling of the Global Labor Force: Who Pays the Price of Globalization», *Asia Pacific Journal* 3 (2005); «Labour Force, Total – China», World Bank Group: World Development Indicators Database, abgerufen: 15. 8. 2023, url: https://data.worldbank.org/indicator/SL.TLF.TOTL.IN?locations=CNm; International Labour Organization, «Employment in Industry (% of Total Employment) (Modeled ILO Estimate) – China»; Eli Friedman/Ching Kwan Lee, «Remaking the World of Chinese Labour: A 30-Year Retrospective», *British Journal of Industrial Relations* 48 (2010), S. 508, 516. **64** Isabella M. Weber, *How China Escaped Shock Therapy: The Market Reform Debate*, London/New York 2021, S. 109; Lin, *Red Capitalism in South China*, S. 98; Friedman/Lee, «Remaking the World of Chinese Labour», 516; Harvey, *A Brief History of Neoliberalism*, S. 138. **65** Ngai, «Women Workers and Precarious Employment», S. 97. **66** Friedman/Lee, «Remaking the World of Chinese Labour», S. 507, 509, 510, 513, 515, 518; Cing Kwan Lee, «Rights Activism in China in Context», in: *Contexts* 7 (2008), S. 14–39. **67** Alan Emery, «Privatization, Neoliberal Development, and the Struggle for Workers' Rights in Post-Apartheid South Africa», *Social Justice* 33 (2006) 3, S. 6–19; A. Wilson u. a., «Amnesty Decision AC/99/0349», *Truth and Reconciliation Commission of South Africa Report* (1999). **68** Hwasook Nam, *Women in the Sky: Gender and Labor in the Making of Modern Korea*, Ithaca (NY) 2022, S. 3, 125, 141, 144. **69** Zit. in Hwasook Nam, *Women in the Sky*, S. 149. **70** Nam, *Women in the Sky*, S. 153. **71** Ebd., S. 157. **72** Ebd., S. 155. **73** Ebd., S. 156. **74** Ebd., S. 162. **75** Hagen Koo, *Korean Workers: The Culture and Politics of Class Formation*, Ithaca (NY) 2001, S. 1. **76** Einen Eindruck von dieser Diskussion erhält man bei David Harvey, *The Condition of Postmodernity: An Enquiry into the Origins of Cultural Change*, Cambridge (MA)/Oxford 1989. **77** Andrew Smith/Kirsten Greer, «Uniting Business History and Global Environmental History», *Business History* 59 (2017) 7, S. 987–1009. **78** Zu diesem Argument s. a. Jim Glassman, *Drums of War, Drums of Development: The Formation of a Pacific Ruling Class and Industrial Transformation in East and Southeast Asia, 1945–1980*, Leiden 2018, S. 625–26. **79** Andrew B. Bernard/Valerie Smeets/Frederic Warzynski, «Rethinking Deindustrialization», *Economic Policy* 32 (2017) 89, S. 15; Robert Rowthorn/Ramana Ramaswamy, *Deindustrialization: Its Causes and Implications, Economic Issues* 10, International Monetary Fund 1997, S. 7. **80** Ebd., S. 2, 11. **81** Ebd., S. 2; European Foundation for the Improvement of Living and Working Conditions, *ERM REPORT 2008: More and Better jobs: Patterns of Employment Expansion in Europe*, Office for Official Publications of the European Communities 2008, S. 56; Our World in Data, «Manufacturing Jobs as a Share of Total Employment, 2007», url: https://www.eurofound.europa.eu/en/publications/2009/erm-report-2009-restructuring-recession, abgerufen: 18. 8. 2024; Stephen Bazen/Tony Thirlwall, *Deindustrialization, Studies in the UK Economy*, Oxford 1992, S. 15. **82** Margaret Cowell, *Dealing with Deindustrialization: Adaptive Resilience in American Midwestern Regions*, London 2015, S. 52; Im Jahr 1980 waren im Stadtkern von Detroit 125 716 Menschen in der Fertigungsindustrie beschäftigt; zwanzig Jahre später waren es weniger als die Hälfte. Siehe «SOCDS Census Data: Output for Detroit City, MI», State of the Cities Data System, aufgerufen: 10. 8. 2023, url: https://socds.huduser.gov/CEnsus/jobind.odb?msacitylist=2160.0*2600022000*1.0&metro=msa; *Employment and Earnings, States and Areas, 1939–72*, Bulletin 1370–10, US Department of Labor Statistics 1974, S. 317; Fran Shor, «Auto De(Con)Struction: The Spatial Fixes and Racial Repercussions of Detroit's Deindustrialization», *Perspectives on Global Development and Technology* 15 (2016) 1–2, S. 86, 88. **83** Eminem, «So Far ...» (2013). **84** Eminem, «Detroit vs. Everybody» (2014). **85** «Top 100 Biggest Cities in the US | 2022 Population Data», Größte US-Städte, https://www.biggestuscities.com/, abgerufen: 31. 5. 2023; Nate Cohn, «New Republic – the Decline of Detroit in Five Maps», *Geography Bulletin* 47 (undatiert) 2, S. 22–24; Thomas J. Sugrue, *The Origins of the Urban Crisis: Race and Inequality in Postwar Detroit*, Princeton 2014, S. 261–62; Monica Davey/Mary Williams Walsh, «Plan to Exit Bankruptcy Is Approved for Detroit», *NYT*, 7. Nov. 2014. **86** Kenth Lärk, «Bilfabriken där Volvo avskaffade löpande bandet», *Industrihistoria i Väst* 13 (2017) 1, S. 9–11; Paul Bernstein, «The Learning Curve at Volvo», *Columbia Journal of World Business* 23 (1988) 4, S. 87–95; Steven Tolliday, «The Diffusion and Transformation of Fordism: Britain and Japan Compared», in: Robert Boyer (Hg.), *Between Imitation and Innovation: The Transfer and Hybridization of Productive Models in the International Automotive Industry*, Oxford 1998, S. 75. **87** Larry Summers zit. in Hansen, «From Finance Capitalism to Financialization», S. 624. **88** Crédit Mobilier, assemblées générales procès verbaux, 29. April 1854, zit. in Charlotte Robertson, «Governing Finance: Public Credit and the Interventionist State, 1852–1860», Beitrag präsentiert im Rahmen der Harvard Business School, 14. Nov. 2023. **89** Gerald A. Epstein (Hg.), Einleitung, in: *Financialization and the World Economy*, Cheltenham/Northampton (MA) 2005, S. 3. S. a. Greta Krippner, «The Financialization of the American Economy», *Socio-Economic Review* 3 (2005), S. 174; Gerald A. Epstein/Arjun Jayadev, «The Rise of Rentier Incomes in OECD Countries: Financialization, Central Bank Policy and Labor Solidarity», in: Epstein, *Financialization and the World Economy*, S. 54; Melinda Cooper, *Family Values: Between Neoliberalism and the New Social Conservativism*, New York 2017, S. 124; Jürgen Kocka, «Kapitalismus und Demokratie», *Archiv für Sozialgeschichte* 56 (2016), S. 45; Aled Davies, «The Roots of Britain's Financialised Economy», in: Florence Sutcliffe-Braithwaite/Aled Davies/Ben Jackson (Hgg.), *The Neoliberal Age? Britain since the 1970s*, London 2021, S. 300; Hobsbawm, *Age of Extre-*

mes, S. 278. **90** Gerard O'Regan, *A Brief History of Computing*, London 2008), S. 185–88, 190–212, 217, 226; Janet Abbate, *Inventing the Internet*, Cambridge (MA) 1999, S. 203; Luis Andrés u. a., «Diffusion of the Internet: A Cross-Country Analysis», Policy Research Working Paper Nr. 4420, Weltbank, Lateinamerika und Karibik, Abteilung für nachhaltige Entwicklung, Dezember 2007, S. 2 f.; «Number of Internet Users Worldwide from 2005 to 2023», *Statista*, abgerufen: 5. 2. 2025, url: https://www.statista.com/statistics/273018/number-of-internet-users-worldwide/. **91** Lea Haller, *Transithandel: Geld- und Warenströme im globalen Kapitalismus*, Berlin 2019, v. a. S. 23 f., 375–98; Dies., «Globale Geschäfte», *NZZ Geschichte* 4 (2016), S. 94. **92** Patrick Neveling, «Export Processing Zones / Special Economic Zones», in: H. Callan (Hg.), *International Encyclopedia of Anthropology*, Hoboken (NJ) 2018, S. 2180 f. **93** Patrick Neveling, «Sonderwirtschaftszonen und globale Warenketten», in: K. Fischer/C. Reiner/C. Staritz (Hgg.), *Globale Warenketten und ungleiche Entwicklung Arbeit, Kapital, Konsum, Natur*, Wien 2021, S. 51; Neveling, «Export Processing Zones / Special Economic Zones», S. 2179 f; Patrick Neveling, «The Global Spread of Export Processing Zones, and the 1970s as a Decade of Consolidation», in: Knud Andresen/Stefan Müller (Hgg.), *Contesting Deregulation: Debates, Practices and Developments in the West since the 1970s*, New York/Oxford 2017, S. 23–40; Christopher Müller, «From Foreign Concessions to Special Economic Zones: Decolonialization and Foreign Investment in Twentieth-Century Asia», in: Leslie James/Elisabeth Leake (Hgg.), *Decolonization and the Cold War: Negotiating Independence*, London 2015, S. 239–53. **94** Hobsbawm, *Age of Extremes*, S. 281; Quinn Slobodian, *Globalists: The End of Empire and the Birth of Neoliberalism*, Cambridge (MA) 2018, S. 236. **95** William Leach, *Country of Exiles: The Destruction of Place in American Life*, New York 1999, S. 36. **96** Leach, *Country of Exiles*, S. 49 f., 53. **97** Barry Eichengreen, *Globalizing Capital: A History of the International Monetary System*, Princeton 1996; Arjun Appadurai, *Modernity at Large: Cultural Dimensions of Globalization*, Minneapolis 1996; Thomas L. Friedman, *The Lexus and the Olive Tree: Understanding Globalization*, New York 1999; Joseph Stiglitz, *Globalization and Its Discontents*, New York 2003; Peter Singer, *One World: The Ethics of Globalization*, New Haven (CT) 2004; Martin Wolf, *Why Globalization Works*, New Haven (CT) 2005; Dani Rodrik, *The Globalization Paradox: Democracy and the Future of the World Economy*, New York 2011. **98** Kofi Annan (Vereinte Nationen), «Address to World Economic Forum in Davos», Rede, Davos, Schweiz, 31. Jan. 1999; Anne O. Krueger, «Supporting Globalization», Rede, Washington DC, 26. Sep. 2002; Pascal Lamy (Generaldirektor der Welthandelsorganisation), «Humanising Globalization», Rede in Santiago (Chile), 30. 1. 2006, Transkript, url: https://www.wto.org/english/news_e/sppl_e/sppl16_e.htm. **99** Herbert Giersch, «Freer Trade for Higher Employment and Price Level Stability», in: C. Fred Bergsten (Hg.), *Toward a New World Trade Policy: The Maidenhead Papers*, Lexington (MA) 1975, S. 53; Dieter Plehwe/Quinn Slobodian, «Landscapes of Unrest: Herbert Giersch and the Origins of Neoliberal Economic Geography», *Modern Intellectual History* (2017), S. 1–31. **100** Herbert Giersch, «Anmerkungen zum weltwirtschaftlichen Denkansatz», *Weltwirtschaftliches Archiv* 125 (1989), S. 2, 15. **101** Giersch, «Anmerkungen zum weltwirtschaftlichen Denkansatz», S. 1, 6. Zum Kosmopolitismus eines Großteils des neoliberalen «Denkkollektivs» s. a. Plehwe, Einleitung zu *Road from Mont Pèlerin*, S. 3; Giersch, «Freer Trade for Higher Employment and Price Level Stability», S. 49–59; Plehwe/Slobodian, «Landscapes of Unrest», S. 24. **102** Pierre Bourdieu, *Gegenfeuer*, Konstanz 2004, S. 120. **103** Samir Amin, *The Implosion of Capitalism*, London 2014, S. 51. **104** Neil Brenner/Nik Theodore, «Cities and the Geographies of ‹Actually Existing Neoliberalisms›», *Antipode* 34 (2002) 3, S. 350, 354, 364–66, 373. **105** Gerstle, *Rise and Fall of the Neoliberal Order*, S. 10. Siehe Jan Breman/Marcel van der Linden, «Informalizing the Economy: The Return of the Social Question at a Global Level», *Development and Change* 45 (2015), S. 923; Pryluka, «We Can't Go Back to a Golden Age of Capitalism». **106** Gerstle, *Rise and Fall of the Neoliberal Order*, S. 1, 11, 15. Zu Deutschland siehe Neil Brenner, «‹Building Euro-Regions›: Locational Politics and the Political Geography of Neoliberalism in Postunification Germany», *European Union and Regional Studies* 7 (2000), S. 324. **107** William J. Clinton, «Address Before a Joint Session of the Congress on the State of the Union», Rede, Washington D. C., 27. Jan. 2000, American Presidency Project. **108** Friedrich August von Hayek, «The Intellectuals and Socialism», *University of Chicago Law Review* 16 (1949) 3, S. 417–33, wieder abgedruckt in: George B. de Huszar (Hg.), *The Intellectuals: A Controversial Portrait*, Glencoe (IL) 1960, S. 384. **109** Walpen, *Die offenen Feinde und ihre Gesellschaft*, S. 277. **110** Quinn Slobodian, *Globalists*, S. 83. **111** Zu von Mises s. a. Plehwe, Einleitung zu *Road from Mont Pèlerin*; Slobodian, *Globalists*, S. 11. **112** Milton Friedman, *Capitalism and Freedom*, Chicago 2002, siehe bspw. S. 202. **113** Quinn Slobodian, *Globalists*, S. 107. **114** Ebd., S. 12, 57. **115** Ebd., S. 9. **116** Plehwe, Einleitung zu *Road from Mont Pèlerin*, S. 47, 105, 115; Quinn Slobodian/Dieter Plehwe, «Neoliberals Against Europe», in: William Callison/Zachary Manfredi (Hgg.), *Mutant Neoliberalism: Market Rule and Political Rupture*, New York 2020, S. 105; Jennifer Bair, «Taking Aim at the New International Economic Order», in: Mirowski/Plehwe, *Road from Mont Pèlerin*, S. 347–85. Zur Ambivalenz: Quinn Sloboidian, «Demos Veto and Demos Exit: The Neoliberals Who Embraced Referenda and Secession», *Journal of Australian Political Economy* 86 (2020), S. 19–36. **117** Jamie Peck, *Constructions of Neoliberal Reason*, Oxford 2010; Slobodian, *Globalists*, S. 2, 6, 92 f., 95, 100, 112, 267, 273, 284; Philip Mirowski, «The Zero Hour of History: Is Neoliberalism Some Sort of ‹Mode of Production›?», *Development and Change* 47 (2016), S. 588–9. Zur Isolation von der Politik: Gary Gerstle, *Rise and Fall of the Neoliberal Order*, S. 88. In der Literatur herrscht Uneinigkeit über die Beziehung zwischen klassischem Liberalismus und Neoliberalismus, doch gemeinsam ist ihnen, dass sie sich auf den Staat stützen, um das zu erschaffen, was ihnen «natürlich» oder «effizient» scheint. Zur Debatte siehe z. B. Gerstle, *Rise and Fall of the Neoliberal Order*, S. 6; Mirowski, «Zero Hour of History», S. 588. **118** Ludwig von Mises, *Liberalismus*, Jena 1927, S. 51. **119** Plehwe, «Looking Back to the Future of Neoliberalism Studies», in: Slobodian/Plehwe (Hgg.), *Market Civilizations: Neoliberals East and South*, New York 2022, S. 342, 344, 246. **120** François Denord, «French Neoliberalism and Its Division: From the Colloque Walter Lippmann to the Fifth Republic», in: Mirowski/Plehwe, *Road from Mont Pèlerin*, S. 49. **121** Ronald M. Hartwell, *A History of the Mont Pèlerin Society*, Indianapolis 1995, S. 41 f. **122** Walpen, *Die offenen Feinde und ihre Gesellschaft*, S. 283 f. **123** Plehwe, Einleitung zu *Road from Mont Pèlerin*, S. 11 f; Slobodian, *Globalists*, S. 3, 126 f; Walpen, *Die offenen Feinde und ihre Gesellschaft*, S. 36, 283 f; Denord, «French Neoliberalism and Its Division», S. 45. Zitat aus Friedrich von Hayek, «Die Intellektuellen und der Sozialismus», in: Schweizer Monat 1085 (2021), S. 26–36, hier S. 36 (ursprünglich erschienen in Heft 5, Bd, 29, 1949/50 derselben Zeitschrift). «Intellectuals and Socialism», S. 417–33, wieder abgedruckt in: de Huszar, *Intellectuals*, S. 384. **124** Plehwe, Einleitung zu *Road from Mont Pèlerin*, S. 16. **125** B. R. Shenoy, «Free Market Economy for India» (1959), S. 5, zit. in Aditya Balasubramanian, «From Socialism to Swatantra: Market Liberalism in India, 1943–1970», Senior Thesis Harvard University 2013, S. 65. **126** Plehwe, Einleitung zu *Road from Mont Pèlerin*, S. 4. S. a. Dieter Plehwe/Katja Walther, «In the Shadows of Hayek and Friedman: Quantitative Analysis as an Exploratory Instrument in Socio-Historic Network Research», in: Hagen Schulz-Forberg/Niklas Olsen (Hgg.), *Re-Inventing Western Civilisation: Transnational Reconstructions of Liberalism in Europe in the Twentieth Century*, Newcastle upon Tyne 2014, S. 41–68. **127** Plehwe, Einleitung zu *Road from Mont Pèlerin*, S. 5, 7; Walpen, *Die offenen Feinde und ihre Gesellschaft*, S. 22–23, 170; John Zmirak, zit. in: Mirowski/Plehwe, *Road from Mont Pèlerin*, S. 15; Edwin J. Feulner Jr., *Intellectual Pilgrims: The Fiftieth Anniversary of the Mont Pelerin Society*, Washington D. C. 1999, S. 42. **128** Plehwe, Einleitung zu *Road from Mont Pèlerin*, S. 4; Friedrich August von Hayek, «Freie Wirtschaft und Wettbewerbsordnung», in: Ders., *Individualismus und wirtschaftliche Ordnung*, Zürich, 1952, S. 141. **129** William E. Simon, *A Time for Truth*, New York 1978, S. 229–33. **130** Zur Verbreitung neoliberaler Institutionen und solcher institutioneller Arbeit im Allgemeinen siehe Plehwe, Einleitung zu *Road from Mont Pèlerin*, S. 6 f.; Walpen, *Die offenen Feinde und ihre Gesellschaft*, S. 189, 191, 212, 225; Dieter Plehwe/Matthias Schmelzer, «Marketing Marketization: The Power of Neoliberal Expert, Consulting, and Lobby Networks», *Zeithistorische Forschungen* 3 (2015), S. 488–499. **131** Plehwe, «Looking Back to the Future of Neoliberalism Studies», S. 335; und Walpen, *Die offenen Feinde und ihre Gesellschaft*, S. 220–24. Zu den Mitgliedsinstitutionen siehe die beeindruckenden Forschungsarbeiten des Think Tank Network unter thinktanknetworkresearch.net. Zur Verbreitung des Neoliberalismus siehe die Essays in Slobodian/Plehwe, *Market Civilizations*. **132** Ebd., S. 9; Jimmy Casas Klausen/Paulo Chamon, «Neoliberalism Out of Place: The Rise of Brazilian Ultraliberalism», in: Slobodian/Plehwe, *Market Civilizations*, S. 221, 223, 227, 229. **133** Klausen/Chamon, «Neoliberalism Out of Place», S. 221. **134** Esra Elif Nartok, «Constructing Turkey's ‹Magic Political Formula›: The Association for Liberal Thinking's Neoliberal Intellectual Project», in: Slobodian/Plehwe, *Market Civilizations*, S. 79, 83. **135** Reto Hofmann, «Japan and Neoliberal Culturalism», in: ebd., S. 29–52, 38, 45; Balasubramanian, «From Socialism to Swatantra», S. 3, 60, 86; Nartok, «Constructing Turkey's ‹Magic Political Formula›», S. 80 f., 83, 86, 90, 99. **136** J. A. Lombard, *Freedom, Welfare and Order: Thoughts on the Principles of Political Co-Operation in the Economy of Southern Africa*, Pretoria 1978, S. 69. **137** Antina von Schnitzler, «Disciplining Freedom: Apartheid, Counterinsurgency, and the Political Histories of Neoliberalism», in: Slobodian/Plehwe, *Market Civilizations*, S. 173, 181. **138** Plehwe, Einleitung zu *Road from Mont Pèlerin*, 2; Plehwe, «Looking Back to the Future of Neoliberalism Studies», S. xiii; Mirowski, «Zero Hour of History», S. 590; Walpen, *Die offenen Feinde und ihre Gesellschaft*, S. 145–146, 154, 240, 249; Slobodian, *Globalists*, S. 150, 269; und Adam Tooze, «Neoliberalism's World Order», *Dissent* (2019), S. 135. **139** Milton Friedman, «A Friedman Doctrine – The Social Responsibility of Business Is to Increase Its Profits», *NYT*, 13. Sep. 1970; Wolfgang Streeck, *Buying Time: The Delayed Crisis of Democratic Capitalism*, London/New York 2014, S. 3. **140** Jelle Visser, «Trade Unions in the Balance», ILO ACTRAV Arbeitspapier Nr. 722 482, Genf, Internationale Arbeitsorganisation, 2019; Shor, «Auto De(Con)Struction», S. 85. **141** «Belfast comes to Blidworth, Nottinghamshire», *Miner*, 15. Juni 1984, International Institute of Social History, United Kingdom Social and Political Developments Collection, COLL00275-23. **142** National Union of Mineworkers, «Coal Not Dole, Part 1: Not Just Tea and Sandwiches», Miners' Campaign Tape Project (1984). **143** Martin Adeney/John Lloyd, *The Miners' Strike, 1984–1985: Loss Without Limit*, London/New York 2022 [1986], S. 71 f. **144** Trade Union Act, 1984, Kap. 49, United Kingdom, url: https://www.legislation.gov.uk/ukpga/1984/49/enacted; Trades Union Congress, *Put Your Employer on the Spot*, TUC Publications, April 1982, S. 4. **145** International Labour, Trade & Aid Project, «Fact Sheet. The ‹illegal› Tebbit Laws. The M. N. C. Link and the Threat to World Labour», International Institute of Social History, Miners' International Federation Archives, ARCH00897-285. **146** Department for Energy Security and Net Zero and Department for Business Energy & Industrial Strategy, «Historical Coal Data: Coal Production,

Availability and Consumption 1853–2022», Digest of UK Energy Statistics, 22. Jan. 2013. **147** James M. Pierce zit. in Joseph A. McCartin, *Collision Course: Ronald Reagan, the Air Traffic Controllers, and the Strike That Changed America*, Oxford 2011, S. 339. **148** Paul L. Butterworth/James T. Schultz/Marian C. Schultz, «More Than a Labor Dispute: The PATCO Strike of 1981», *Essays in Economic and Business History* 23 (2005) 1, S. 125–6, 130; Ruth Milkman/Joseph A. McCartin, «The Legacy and Lessons of the PATCO Strike After 30 Years: A Dialogue», *Labor History* 54 (2013) 3, S. 136. **149** Alex Bryson/Bernhard Ebbinghaus/Jelle Visser, «Introduction: Causes, Consequences and Cures of Union Decline», *European Journal of Industrial Relations* 17 (2011) 2, S. 97–105; Michael Wallerstein/Bruce Western, «Unions in Decline? What Has Changed and Why», *Annual Review of Political Science* 3 (2000), S. 355–77; Visser, «Trade Unions in the Balance», S. 15; Marcel van der Linden, *Workers of the World: Essays Toward a Global Labor History*, Leiden 2008, S. 208. **150** Im Jahr 2023 wurde *Vorwärts* zu einer Mitgliederzeitschrift der SPD, die nur sechsmal im Jahr erscheint. Siehe Frauke Steinhäuser, *Die Neue Heimat: Eine sozialdemokratische Utopie und ihre Bauten*, Landeszentrale für Politische Bildung 2019, S. 28 f., 32 f; und «Neue Heimat – Das Desaster des Immobilienkonzerns», *Focus Online*, 9. April 2013. **151** James Vernon, *Modern Britain, 1750 to the Present*, Cambridge 2017, S. 479 f. **152** Mairi Maclean, *Economic Management and French Business: From de Gaulle to Chirac* (Routledge, 2002), S. 157, 161–62; Pier Angelo Toninelli, «Between State and Market: The Parabola of Italian Enterprise in the 20th Century», *Entreprises et Histoire* 37 (2004), S. 74; James Vernon, *Modern Britain*, S. 482; und Walpen, *Die offenen Feinde und ihre Gesellschaft*, S. 256. **153** Andrew R. Goetz/Timothy M. Vowles, «The Good, the Bad, and the Ugly: 30 Years of U.S. Airline Deregulation», *Journal of Transport Geography* 17 (2009), S. 251; Harvey, *A Brief History of Neoliberalism*, S. 99–101, 104, 106–110, 116; Timothy Mitchell, «No Factories, No Problems: The Logic of Neo-liberalism in Egypt», *Review of African Political Economy* 26 (1999) 82, S. 455–68. **154** Jonathan Bradshaw/Alan Deacon, «Social Security», in: Paul Wilding (Hg.), *In Defence of the Welfare State*, Manchester 1986, S. 94. **155** Neil Rollings, «Between Business and Academia in Postwar Britain: Three Advocates of Neoliberalism at the Heart of the British Business Community», in: Roger E. Backhouse u. a. (Hgg.), *Liberalism and the Welfare State: Economists and Arguments for the Welfare State*, Oxford 2017, S. 107. Zu Shenfield siehe Rollings, «Between Business and Academia in Postwar Britain», S. 102 f. **156** «Selsdon Declaration», verabschiedet von den Gründungsmitgliedern der Selsdon-Gruppe auf ihrer ersten offiziellen Sitzung, die im September 1973 im Selsdon Park Hotel stattfand, zit. in Richard Cockett, *Thinking the Unthinkable: Think-Tanks and the Economic Counter-Revolution, 1931–1983*, London 1995, S. 212 f. **157** Walpen, *Die offenen Feinde und ihre Gesellschaft*, S. 210; Cooper, *Family Values*, S. 62, 64; Jonathan Boswell/James Peters, *Capitalism in Contention: Business Leaders and Political Economy in Modern Britain*, Cambridge 1997, S. 164; Wendy Brown, «Der totale Homo oeconomicus», *Blätter für deutsche und internationale Politik* (Dez. 2015), S. 75. **158** Vernon, *Modern Britain*, 488; Peter Sloman, «Welfare in a Neoliberal Age: The Politics of Redistributive Market Liberalism», in: Aled Davies/Ben Jackson/Florence Sutcliffe-Braithwaite (Hgg.), *The Neoliberal Age? Britain Since the 1970s*, London 2021, S. 83. **159** Bernhard Rieger, «British Varieties of Neoliberalism: Unemployment Policy from Thatcher to Blair», in Davies u. a., *Neoliberal Age?*, S. 124–27. **160** Jim Tomlinson, «The Failures of Neoliberalism in Britain Since the 1970 s: The limits on ‹Market Forces›, in a deindustrializing economy and a ‹New Speenhamland›» in: ebd., S. 106; Rieger, «British Varieties of Neoliberalism», S. 117–20. **161** Jenny Andersson, *Between Growth and Security: Swedish Social Democracy from a Strong Society to a Third Way*, Manchester 2006, S. 96, 129 f.; Assar Lindbeck, *Nya villkor för ekonomi och politik: Ekonomikommissionens förslag*, Statens Offentliga Utredningar 1993, S. 8, 15. Zu ähnlichen Entwicklungen in einem anderen nordischen Land, Dänemark, siehe Jesper Vestermark Køber/Niklas Olsen, «Privatizing the Welfare State: Danish Libertarianism from the 1980s to the 2000s», *Journal of Political Ideologies* 28 (2023), S. 355–72. **162** Cooper, *Family Values*, S. 66, 69, 70, 102, 190, 217. S. a. Hanming Fang/Michael Keane, «Assessing the Impact of Welfare Reform on Single Mothers», *Brookings Papers on Economic Activity* 2004 Nr. 1, S. 1–95, url: https://www.brookings.edu/articles/assessing-the-impact-of-welfare-reform-on-single-mothers/; Gary S. Becker, «Altruism in the Family», in *A Treatise in the Family*, Cambridge (MA) 1993, S. 277–306; Sandy Baum, «The Evolution of Student Debt in the U.S.: An Overview», W. E. Upjohn Institute for Employment Research, Oktober 2013. Zum Zitat siehe Cooper, *Family Values*, S. 218. **163** Eine ähnliche Beobachtung zum Wohlfahrtsstaat findet man in Pryluka, «We Can't Go Back to a Golden Age of Capitalism»; s. a. Vernon, *Modern Britain*, S. 488; Sloman, «Welfare in a Neoliberal Age», S. 76; John Hills, «The Changing Architecture of the UK welfare state», *Oxford Review of Economic Policy* 27 (2011) 4, S. 591 f; Cooper, *Family Values*, S. 314. **164** Walpen, *Die offenen Feinde und ihre Gesellschaft*, S. 209; «Prison Population Over Time», Sentencing Project, abgerufen: 17. 8. 2023, url: https://www.sentencingproject.org/research/; Elizabeth Hinton, *America on Fire: The Untold History of Police Violence and Black Rebellion Since the 1960s*, New York 2021; und J. G. Ballard, *Super-Cannes*, London 2000. **165** David M. Gordon/Richard Edwards/Michael Reich, *Segmented Work, Divided Workers: The Historical Transformation of Labor in the United States*, Cambridge 1982. **166** Slobodian, *Globalists*, S. 219 f., 223, 242–45; Jeremy Walker, «Freedom to Burn: Mining Propaganda, Fossil Capital, and the Australian Neoliberals», in: Slobodian/Plehwe, S. 198; Vanessa Ogle, «State Rights Against Private Capital: The ‹New International Economic Order› and the Struggle over

Aid, Trade, and Foreign Investment, 1962–1981», *Humanity* 5 (2014), S. 217, 220 f; Mark Mazower, *Governing the World: the History of an Idea*, London 2012, S. 304. **167** Quinn Slobodian, «World Maps for the Debt Paradigm: Risk Ranking the Poorer Nations in the 1970s», *Critical Historical Studies* 8 (2021) 1, S. 9. **168** Slobodian, «World Maps for the Debt Paradigm», S. 7, 19. **169** Robert McNamara zit. in: Patrick Sharma, «Bureaucratic Imperatives and Policy Outcomes: The Origins of World Bank Structural Adjustment Lending», *Review of International Political Economy* 20 (2013) 4, S. 677. **170** Ebd. **171** James Conrow zit. in: Sarah Babb, *Behind the Development Banks: Washington Politics, World Poverty, and the Wealth of Nations*, Chicago 2009, S. 88. **172** Ogle, «State Rights Against Private Capital», S. 221, 225; Walpen, *Die offenen Feinde und ihre Gesellschaft*, S. 238; Slobodian, «World Maps for the Debt Paradigm», S. 20, Sharma, «Bureaucratic Imperatives and Policy Outcomes», S. 669, 674; Plehwe, Einleitung zu *Road from Mont Pèlerin*, S. 7; Harvey, *A Brief History of Neoliberalism*, S. 90–93. **173** Slobodian, *Globalists*, S. 131, 145; Slobodian, «World Maps for the Debt Paradigm», S. 1–22; Dieter Plehwe, «The Development of Neoliberal Measures of Competitiveness», in: Daniela Russ/James Stafford (Hgg.), *Competition in World Politics: Knowledge, Strategies, and Institutions*, Bielefeld 2021, S. 155–82; Lauren N. Duffy u. a., «Tourism Development in the Dominican Republic», *Tourism and Hospitality Research* 16 (2016), S. 38; Carlton Pomeroy/Steve Jacob, «From Mangos to Manufacturing: Uneven Development and Its Impact on Social Well-Being in the Dominicans Republic», *Social Indicators Research* 65 (2004) 1, S. 85; Beatriz Elena Rodriguez-Satizabal, «Pathways from Deglobalisation: Colombian Business Groups, 1950–1985», *Journal of Evolutionary Studies in Business* 5 (2020) 2, S. 178; Harold James, *Die Deutsche Bank und die «Arisierung»*, München 2001, S. 216–18. **174** Adom Getachew, *Worldmaking After Empire: The Rise and Fall of Self-Determination*, Princeton 2020, S. 29; Şevket Pamuk, *Uneven Centuries: Economic Development of Turkey since 1820*, Princeton 2018, S. 224. **175** Pirojsha Godrej, Diwali-Rede, 1969, MS-06-01-94, GAM. **176** Aditya Balasubramanian, «(Is) India in the History of Neoliberalism?», in: Slobodian/Plehwe, *Market Civilizations*, S. 61; Balasubramanian, «From Socialism to Swatantra», S. 3, 86. Mircea Raianu, *Tata: The Global Corporation That Built Indian Capitalism*, Cambridge (MA) 2021, S. 190; Bipan Chandra/Mridula Mukherjee/Aditya Mukherjee, *India After Independence, 1947–2000*, Neu-Delhi 2002, S. 351, 352, 358; B. K. Karanjia, *Godrej: A Hundred Years, 1897–1997*, Bd. 1, *Life's Flag Is Never Furled*, Neu-Delhi 1997, S. 104, 219; Nikhil Menon, *Planning Democracy: Modern India's Quest for Development*, Cambridge 2022, S. 198 f. **177** Ravinder Kaur, «‹I Am India Shining›: The Investor-Citizen and the Indelible Icon of Good Times», *Journal of Asian Studies* 75 (2016) 3, S. 14; Balasubramanian, «(Is) India in the History of Neoliberalism?», S. 56, 64, 66. **178** Zit. in: Kemal Karpat, «Statism – Devletçilik – and Economic Development», in *Turkey's Politics: The Transition to a Multi-Party System*, Princeton 1959, S. 298. **179** Korkut Boratav, «Import Substitution and Income Distribution Under a Populist Regime: The Case of Turkey», *Development Policy Review* 4 (1986), S. 124, 137; Pamuk, *Uneven Centuries*, S. 232, 234, 237, 238; Karpat, «Statism – Devletçilik – and Economic Development», S. 295, 296, 299, 302. **180** T. Ademola Oyejide, «Adjustment with Growth: Nigerian Experience with Structural Adjustment Policy Reform», *Journal of International Development* 3 (1991) 5, S. 487 f., 490–493. Zur Krise s. a. Afeikhena Jerome, «Privatization and Enterprise Performance in Nigeria: Case Study of Some Privatized Enterprises», *AERC Research Paper* 175, African Economic Research Consortium, Nairobi, Februar 2008, S. 5; Kenneth Nweke/Vincent Nyewusira, «The Political Economy of Privatization Policy in Nigeria», *Journal of Educational Management* 4 (2007) 4, S. 22 f., Bureau of Public Enterprises (Nigeria), abgerufen: 20. 8. 2023, url: https://www.bpe.gov.ng/about/history/#:~:text=As%20government%20could%20no%20longer,and%20political%20conditions%20but%20unfortunately%2C; Matthew Etinosa Egharevba, «Neo-Liberal Socio-Economic Policy and Human Development in the Informal Sector of Lagos State», Diss. Covenant University 2008, S. 2; Adekola Abdulazeez Alao/Raheem T. Kazeem, «Privatization of Public Enterprises in Nigeria: Challenges and Prospects», *Entrepreneurial Journal of Management Sciences* (EJMS) 5 (2016) 1. **181** Ronald Reagan, «Statement at the First Plenary Session of the International Meeting on Cooperation and Development in Cancún, Mexico», Rede, 22. Okt. 1981, Ronald Reagan Presidential Library. Zum Treffen siehe Ogle, «State Rights Against Private Capital», S. 224. **182** Mila Jonjić/Nenad Pantelić, «The Mediterranean Tiger: How Montenegro Became a Neoliberal Role Model», in: Slobodian/Dieter Plehwe, *Market Civilizations*, S. 280. **183** Tobias Rupprecht, «The Road from Snake Hill: The Genesis of Russian Neoliberalism», in: ebd., S. 128, 131. S. a. Janos Kornai, *The Road to the Free Economy*, New York 1990; Anders Åslund, *How Russia Became a Market Economy*, Washington D. C. 1995. **184** Rupprecht, «Road from Snake Hill», S. 109–38, v. a. S. 111, 121, 125; Jonjić/Pantelić, «The Mediterranean Tiger», S. 273; Andrzej Chwalba, *Kurze Geschichte der Dritten Republik Polen, 1989 bis 2005*, Wiesbaden 2010, S. 72; Weber, *How China Escaped Shock Therapy*, S. 2, 6. Zu den Angaben zur Lebenserwartung siehe «Life Expectancy at Birth», Organisation for Economic Co-Operation and Development, abgerufen: 10. 8. 2023, url: https://data.oecd.org/healthstat/life-expectancy-at-birth.htm#indicator-chart. **185** Zu Ungarn siehe Indeed Editorial Team, «10 deutsche Firmen in Ungarn: Anzahl der Mitarbeitenden, Standort, Aktivitäten»; *Indeed Karriere-Guide*, 16. Sep. 2024; Ivan T. Berend, *From the Soviet Bloc to the European Union: The Economic and Social Transformation of Central and Eastern Europe Since 1973*, Cambridge 2009, S. 3–6; Philipp Ther, *Die Neue Ordnung auf dem Alten Kontinent: Eine Geschichte des neoliberalen Europa*, Berlin

2014, S. 5; Chwalba, *Kurze Geschichte der Dritten Republik Polen*, S. 73. Einen Eindruck von der Begeisterung der Zeitgenossen über derartige Entwicklungen vermittelt Giersch, «Anmerkungen zum weltwirtschaftlichen Denkansatz», S. 13 f. **186** Weber, *How China Escaped Shock Therapy*, S. 89 f. **187** Ebd., S. 47, 104–5; Rupprecht, «Road from Snake Hill», S. 148; sowie der hervorragende Beitrag von Isabella Weber, «The Ordoliberal Roots of Shock Therapy: The German ‹Economic Miracle› in China's 1980 s Reform Debate», in: Slobodian/Dieter Plehwe, *Market Civilizations*, S. 139–61. **188** Deng Xiaoping, «Emancipate the Mind, Seek Truth from Facts, and Unite as One in Looking to the Future», 13. Dez. 1978, Rede zur Abschlusssitzung der zentralen Arbeitskonferenz zur Vorbereitung der dritten Plenarsitzung des elften Zentralkomitees der Kommunistischen Partei, in: *Selected Work of Deng Xiaoping*, Foreign Language Press 1984, S. 173, zit. in: Weber, *How China Escaped Shock Therapy*, S. 117. **189** Rupprecht, «Road from Snake Hill», S. 153; sowie Weber, *How China Escaped Shock Therapy*, S. 1, 7, 10. **190** Weber, S. 18. **191** Ebd., S. 18 f., 21–23, 27, 69–84. **192** Ebd., S. 146. **193** Ebd., S. 261. **194** Ebd., S. 120. **195** Ebd., S. 77, 145. **196** Ebd., S. 153, 154, 157, 164, 173, 368. **197** Ebd., S. 177. **198** Ebd., S. 185, 203, 209. **199** Ebd., S. 220, 229. **200** Ebd., S. 227, 238. **201** Ebd., S. 258, 268. **202** Es gibt eine langjährige, wichtige Debatte darüber, ob China selbst unter die Kategorie des Neoliberalismus fällt. Ich schließe mich hierbei Webers Auffassung an, dass Chinas wirtschaftliche Entwicklung einer «Logik der Regierungsführung folgt, die sich von der des Neoliberalismus unterscheidet». Siehe Isabella M. Weber, «China and Neoliberalism: Moving Beyond the China Is/Is Not Neoliberal Dichotomy», in: Damien Cahill u. a. (Hgg.), *The Sage Handbook of Neoliberalism*, London 2018, S. 229. Siehe z. B. Niall Ferguson, «The Trillion-Dollar Question: China or America?», *Telegraph*, 1. Juni 2009. **203** Marcel van der Linden, «How Some Workers Benefit from the Exploitation of Other Workers», *Revlatt: Revista Latinoamericana de Trabajo y Trabajadores* 1 (2020/21), S. 223–39. S. a. Ulrich Brand/Markus Wissen, *The Imperial Mode of Living: Everyday Life and the Ecological Crisis of Capitalism*, London 2021. **204** Ignacio Flores u. a., «Top Incomes in Chile: A Historical Perspective on Income Inequality, 1964–2017», *Review of Income and Wealth* 66 (2020) 4, S. 850–74. S. a. Thomas Piketty, *Das Kapital im 21. Jahrhundert*, München 2014, S. 311–624. Die Gesamtumsatzzahlen umfassen Kapitalgewinne. **205** Ders., *Kapital und Ideologie*, München 2020. Dort ist von einer «Krise der Eigentümergesellschaften» die Rede (so die Überschrift von Kap. 10); s. a. Piketty, *Das Kapital im 21. Jahrhundert*, Dritter Teil. **206** Piketty, *Das Kapital im 21. Jahrhundert*, S. 591; Lisa McGirr, *Suburban Warriors: The Origins of the New American Right*, Princeton 2001, S. 238; Cooper, *Family Values*, S. 102, 129; Michael J. Graetz/Ian Shapiro, *Death by a Thousand Cuts: The Fight over Taxing Inherited Wealth*, Princeton 2006, S. 12–14. **207** Martha M. Burt, *Over the Edge: The Growth of Homelessness in the 1980s*, Washington D. C. 1992, S. 211; U. S. Department of Housing and Urban Development, The 2008 Annual Homeless Assessment Report to Congress, Juli 2009; Dale Maharidge, «How the United States Chose to Become a Country of Homelessness», *Nation*, Jan./Feb. 2021; Don Mitchell, *Mean Streets: Homelessness, Public Space, and the Limits of Capital*, Athens (GA) 2020, S. 57–62. **208** Olugbenga Olatunde, «Life Expectancy at Birth and at Age 65 by Local Areas in the United Kingdom: 2004–06 to 2008–10», Office for National Statistics, 19. Okt. 2011. Bei weißen Frauen ohne BA-Abschluss liegt die Rate bei etwa 25 von 100 000 bis etwa 90 von 100 000. Bei weißen Männern ohne BA-Abschluss liegt die Rate bei etwa 55 von 100 000 bis über 150 von 100 000. Siehe Anne Case/Angus Deaton, *Deaths of Despair and the Future of Capitalism*, Princeton 2020; Raj Chetty u. a., «The Association Between Income and Life Expectancy in the United States, 2001–2014», *Journal of the American Medical Association* 315 (2016) 16, S. 1753–57. **209** Nancy Fraser, «After the Family Wage: Gender Equity and the Welfare State», *Political Theory* 22 (1994), S. 591; Cooper, *Family Values*, S. 9. Zum Zitat siehe Margaret Thatcher im Gespräch mit Douglas Keay, *Women's Own*, 23. Sep. 1987, S. 29 f. (There is no such thing [as society]. ... There are individual men and women and there are families.) **210** Zum Neoliberalismus als Form von Einhegung siehe Massimo De Angelis, «Separating the Doing and the Deed: Capital and the Continuous Character of Enclosures», *Historical Materialism* 12 (2004), S. 57–87; Gillian Hart, «Denaturalizing Dispossession: Critical Ethnography in the Age of Resurgent Imperialism», *Antipode* 38 (2006) 5, S. 988. **211** Abir Saksouk-Sasso, «Making Spaces for Communal Sovereignty: The Story of Beirut's Dalieh», *Arab Studies Journal* 23 (2015), S. 296–318; Mona Fawaz u. a., «Practicing the Public», Beirut Urban Lab, abgerufen: 11. Okt. 2022; Hadi Makarem, «Actually Existing Neoliberalism: The Reconstruction of Downtown Beirut in Post-Civil War Lebanon», Diss. London School of Economics and Political Science 2014; Brenner/Theodore, «Cities and the Geographies of ‹Actually Existing Neoliberalisms›», S. 351. Zum Prozess der städtischen Umstrukturierung in Deutschland siehe Oliver Brüchert, «Werbung für den strafenden Staat: Beobachtungen anlässlich der WM 2006», in: Volker Eick/Jens Sambale/Eric Töpfer (Hgg.), *Kontrollierte Urbanität*, Bielefeld 2007, S. 227–44. **212** David Fig, «The State of Extraction: The New Scramble for Africa», S. 1–8; Ernst & Young, *Africa 2013: Getting Down to Business*, London 2013, S. 34; Jimena Durán/Sérgio Chichava, «Resisting South-South Cooperation? Mozambican Civil Society and Brazilian Agricultural Technical Cooperation», in: Isaline Bergamaschi/Phoebe Moore/Arlene B. Tickner (Hgg.), *South-South Cooperation Beyond the Myths: Rising Donors, New Aid Practices?*, London 2017, S. 272, 278, 280–83, 288 f. Siehe Uche Usim, «Ex-Naval Boss Hits Gold in Farming», *Daily Sun*, 8. Juli 2024; United Nations Office for Coordination of Humanitarian Affairs, «Obasanjo Says Farming, Not Corruption, Makes Him Rich»,

New Humanitarian, 25. Nov. 2004. Zum Widerstand s. a. J. G. N. Onyekpe, «Agrarian Crises in West Niger Igbo Land, 1880–1970», Diss. University of Lagos 1997; J. G. N. Onyekpe, *Ownership and Use of Land in Twentieth-Century Nigeria: A Survey and Critique*, University of Lagos Faculty of Arts 2009. **213** Alan Greenspan, *The Age of Turbulence: Adventures in a New World*, New York 2007, S. 463. **214** Alina Brad, *Der Palmölboom in Indonesien: Zur politischen Ökonomie einer umkämpften Ressource*, Bielefeld 2019, S. 9, 101. **215** Brad, *Der Palmölboom in Indonesien*, S. 9, 10, 11, 12, 16, 18, 106–107, 110, 112, 125, 128. Die Plantagen wuchsen um genau 278 Prozent. **216** Ebd., S. 76, 78, 80, 111, 114, 118–119, 120, 123, 156–160. **217** Josef C. Brada, «Privatization Is Transition – Or Is It?», *Journal of Economic Perspectives* 10 (1996) 2, S. 71; Eva Kiss, «Foreign Direct Investment in Hungary: Industry and Its Spatial Effects», *Eastern European Economics* 45 (2007) 1, S. 9, 11 f.; und United Nations Conference on Trade and Development, «FDI Inflows by Host Region, 1985–2003 (millions of dollars)», in: Karl P. Sauvant (Hg.), *World Investment Report 2004: The Shift Towards Services*, United Nations 2004, S. 72, url: https://digitallibrary.un.org/record/545508/files/dite4volxiii_en.pdf. **218** Frank Uekötter, *Im Strudel: Eine Umweltgeschichte der Welt*, Frankfurt a. M. 2020, S. 619; und Laurie Parsons, *Carbon Colonialism: How Rich Countries Export Climate Breakdown*, Manchester 2023. **219** Jason W. Moore, *Capitalism in the Web of Life: Ecology and the Accumulation of Capital*, London/ New York 2015; Ders. (Hg.), *Anthropocene or Capitalocene? Nature, History, and the Crisis of Capitalism*, Oakland 2016; Andreas Malm, *Fossil Capital: The Rise of Steam Power and the Roots of Global Warming*, London/New York 2016. **220** Wendy Brown, «Der totale Homo oeconomicus», *Blätter für Deutsche und Internationale Politik*, Dez. 2015, S. 69. **221** Brown, «Der totale Homo oeconomicus», S. 71. **222** Ebd., S. 71, 74 f., 79; Daniela Bachelder, *How to Brand Yourself: A Guide to Branding Yourself & Using Personal Branding Strategies to Promote Yourself*, CreateSpace Independent Publishing Platform 2014; Rachel Greenwald, *Find a Husband After 35: Using What I Learned at Harvard Business School*, New York 2004. **223** Karl Polanyi, *The Great Transformation: Politische und ökonomische Ursprünge von Gesellschaften und Wirtschaftssystemen*, Frankfurt a. M. 1978, S. 54. **224** Kaur, «I Am India Shining», S. 1. **225** Debora L. Spar, *Work, Mate, Marry, Love: How Machines Shape Our Human Destiny*, New York 2020, S. 95. **226** Lisbeth N. Trallori, *Der Körper als Ware: Feministische Interventionen, Kritik & Utopie*, Wien 2015. Zum Handel mit kleinen Kindern siehe Choe Sang-Hun, «World's Largest ‹Baby Exporter› Confronts Its Painful Past», *NYT*, 17. Sep. 2023. S. a. Spar, *Work, Mate, Marry, Love*, S. 132, 237–54; Eva Illouz, *The End of Love: A Sociology of Negative Relations*, Oxford 2019, S. 5, 21; Clare Ungerson, «Commodified Care Work in European Labour Markets», *European Societies* 5 (2003) 4, S. 377–96; Rajani Naidoo/Ian Jamieson, «Knowledge in the Marketplace: The Global Commodification of Teaching and Learning in Higher Education», in: Peter Ninnes/Meeri Hellstén (Hg.), *Internationalizing Higher Education* (Springer Verlag, 2005), S. 37–51. **227** Branko Milanovic, *Capitalism, Alone: The Future of the System that Rules the World* (HUP, 2019), S. 2, 196. **228** Neil Harvey, *The Chiapas Rebellion: The Struggle for Land and Democracy* (Duke UP, 1998). **229** Fawaz et al., «Mumarasat Al-aam»; Hart, «Denaturalizing Dispossession», S. 986; Friedman und Lee, «Remaking the World of Chinese Labour», S. 519–21; und Fig, «State of Extraction», S. 7; Zu den Details dieser Proteste siehe Han Dongfang, «Police Attack Miners' Demonstration in Hebei», *China Labour Bulletin*, 15. Sep. 1999; «Large-Scale Protest Reported in Nanjing», *China Labour Bulletin*, 19. April 2001; «Not So Sweet – Sugar Workers Demand Wages», *China Labour Bulletin*, 11. Juli 2001; und «Daqing Oilfield Works Struggle», *China Labour Bulletin*, 5. März 2002. Zum Widerstand gegen Landraub in Nigeria siehe beispielsweise Onyekpe, «Agrarian Crises in West Niger Igbo Land»; Onyekpe, «Ownership and Use of Land in Twentieth-Century Nigeria»; Miles Larmer, *Mineworkers in Zambia: Labour and Political Change in Post-Colonial Africa* (Palgrave Macmillan, 2007); Peter Alexander, «Marikana Commission of Inquiry: From Narratives Towards History», *Journal of Southern African Studies* 42 (2016) 5, S. 815–39; Peter Alexander, «Marikana, Turning Point in South African history», *Review of African Political Economy* 40 (2013) 138, S. 605–19; Crispen Chinguno, «Marikana: Fragmentation, Precariousness, Strike Violence and Solidarity», *Review of African Political Economy* 40, Nr. 138 (2013), S. 639–46; Crispen Chinguno, «The Unmaking and Remaking of Industrial Relations: The Case of Impala Platinum and the 2012–2013 Platinum Strike Wave», *Review of African Political Economy* 42 (2015) 146, S. 577–90; Benjamin Rubbers, *Le paternalisme en question: Les anciens ouvriers de la Gécamines face à la libéralisation du secteur minier katangais (RD Congo)* (L'Harmattan, 2013); und T. Ademola Oyejide, «Adjustment with Growth: Nigerian Experience with Structural Adjustment Policy Reform», *Journal of International Development* 3, Nr. 5 (1991), S. 496–97. **230** Michał Wenzel, «Od Samoobrony do Agrounii. Wiejskie ruchy społeczne po 1989 roku», *Teoria Polityki* 7 (2023), S. 168; Stuart Shields, «Opposing Neoliberalism? Poland's Renewed Populism and Post-Communist Transition», *Third World Quarterly* 33, Nr. 2 (2012), S. 359–81; Kai-Olaf Lang, «Bauernrevolte zwischen Oder und Bug? Andrzej Lepper und der Bauernbund Samoobrona», *Aktuelle Analysen / Bundesinstitut für ostwissenschaftliche und internationale Studien* 46 (1999), S. 1–7; Mateusz Piskorski, «Samoobrona RP w polskim systemie partyjnym» (Diss., Uniwersytet im Adama Mickiewicza, 2010); Natalia Mamonova und Jaume Franquesa, «Populism, Neoliberalism and Agrarian Movements in Europe. Understanding Rural Support for Right-Wing Politics and Looking for Progressive Solutions», *Sociologia Ruralis* 60, Nr. 4 (2020), S. 710–31; Larissa Deppisch, «Die AfD und das ‹Dornröschenschloss› – über die (Be-)Deutung von Peripherisierung für den Rechtspopulismuszuspruch», in: Daniel Mullis und Judith Miggelbrink (Hg.), *Lokal extrem Rechts* (Transcript Verlag, 2022), S. 48, 103–21; und Daniel Mullis, «Urban Conditions for the Rise of the Far Right in the Global City of Frankfurt: From Austerity Urbanism, Post-Democracy and Gentrification to Regressive Collectivity», *Urban Studies* 58, Nr. 1 (2021), S. 131–47. **231** Adam J. Tooze, *Crashed: Wie zehn Jahre Finanzkrise die Welt verändert haben*, München 2018, S. 63. **232** Yalman Onaran, «Can We Survive the Next Financial Crisis?», *Bloomberg*, 10. Sep. 2018. **233** Adam J. Tooze, *Crashed: How a Decade of Financial Crises Changed the World* (Penguin Books, 2019), S. 57, 71, 81, 84, 185. **234** Neil Irwin, *The Alchemists: Three Central Bankers and a World on Fire* (Penguin Press, 2013), S. 2, zit. in Tooze, *Crashed*, S. 144. **235** Tooze, *Crashed*, S. 73, 76, 78; Asha Bangalore, «US Housing Market: Share of Underwater Homes Trending Down», *Market Oracle*, 13. Juli 2012; Carolin Würfel, «Der Tag an dem die Welt fast unterging», *Zeit-Magazin*, 6. September 2018, S. 49. **236** M. Fackler, «Toyota Expects Its First Loss in 70 Years», *NYT*, 22. Dez. 2008; zit. in Tooze, *Crashed*, S. 158. **237** Yolande Barnes, «Around the World in Dollars and Cents», Savills World Research, 2016; Tooze, *Crashed*, S. 63, 188; Bruno Martorano, «Pre-Crisis Conditions and Government Policy Responses: Chile and Mexico During the Great Recession», *Innocenti Working Paper* Nr. 2014–15, (Florenz, UNICEF Office of Research, 2014), S. 8; Centro Estudios Internationales, «Chile a 10 años de la crisis subprime», Arbeitspapier Nr. 10, 6. April 2018, S. 4; Claudio Lara Cortés, «The Global Crisis and the Chilean Economy», in: Juan E. Santarcángelo/Orlando Justo/Paul Cooney (Hgg.), *Latin America After the Financial Crisis: Economic Ramifications from Heterodox Perspectives* (Palgrave Macmillan, 2016), S. 120–21; Fernando Baeza u. a., «Effects of the Great Recession on Suicide Mortality in Chile and Contributing Factors», *SSM—Mental Health* 2 (2022), S. 1; Ángela Vergara, «Writing About Workers, Reflecting on Dictatorship and Neoliberalism: Chilean Labor History and the Pinochet Dictatorship», *International Labor and Working-Class History* 93 (2018), S. 52–73; und Gonzalo Durán/Karina Narbona, «Precarising Formality: Understanding Current Labour Developments in Chile», *Global Labour Journal* 12 (2021) 3, S. 206–26. Zum Zitat siehe Ariel Miranda, «UPDATE 2 – Thousands March in Chile for Job Security», Reuters, 16. April 2009. **238** Würfel, «Der Tag an dem die Welt fast unterging».

Epilog: Die Möglichkeiten einer Insel und die Zukunft des Kapitalismus

1 Dieser Absatz basiert auf den Beobachtungen des Autors in Phnom Penh im Februar 2023. Vgl. auch Laurie Parsons, *Carbon Colonialism: How Rich Countries Export Climate Breakdown*, Manchester 2023, S. 35. **2** Michael Aliprandini, «Cambodia», *Salem Press Encyclopedia* 2022; sowie Laurie Parsons, Interview mit dem Autor am 14. Feb. 2023, Phnom Penh. Zu den Mietpreisen für Zimmer s. a. Ngay Nai, «Garment Exports Expected to Ease Amid Global Pressures», *VOD English*, 25. Jan. 2023; May Kummakara, «Apex Textile Sector Lobby Rebranded as TAFTAC», *Phnom Penh Post*, 20. Nov. 2022. Leicht abweichende Zahlen stehen in «Cambodia, Garment, Footwear and Travel Goods Sector Brief», *EuroCham Cambodia*, 1. Nov. 2022, S. 12; sowie Parsons, *Carbon Colonialism*, S. 34. Der Anstieg wird beziffert mit 1,07 Milliarden US-Dollar auf 12,4 Milliarden US-Dollar zwischen 2000 und 2018, zit. in: Vichet Sam, *High but Fragile Growth: Fostering SMEs Development to Improve Cambodia's Economic Resilience*, MPRA Paper Nr. 104 935, Universitätsbibliothek München 2020, S. 6. Leicht abweichende Zahlen werden angegeben in Jie Shuyi, «Cambodia Is Adidas' Biggest Apparel Supplier as Sportswear Giant Shifts Production Out of China», *YICAI Global*, 8. Feb. 2023. **3** Svay Chrum (Pseudonym), Interview mit dem Autor, 24. Feb. 2023, Phnom Penh. **4** Textilarbeiter*in (anonym), Interview mit dem Autor, 24. Feb. 2023, im Dorf Phasar Daek, Distrikt Ponhea Lueu, Provinz Kandal; sowie Parsons, *Carbon Colonialism*, S. 37 f. **5** Dass Schwangeren gekündigt wird, berichten viele Arbeiter. Siehe z. B. Interview mit Textilarbeiter* in (anonym), 24. Feb. 2023; sowie Svay Chrum (Pseudonym), Interview mit dem Autor, 24. Feb. 2023. Zu den Löhnen siehe «Cambodia, Garment, Footwear and Travel Goods Sector Brief», S. 3; Interview mit Massimiliano Tropeano, EuroCham, 25. Feb. 2023, Kambodscha, Phnom Penh; sowie Interview mit Laurie Parsons, 14. Feb. 2023. Zu den Zimmermieten s. a. Nai, «Garment Exports Expected to Ease Amid Global Pressures». Zur Überbelegung siehe Parsons, *Carbon Colonialism*, S. 34; sowie Sokunthea Hang, Interview mit dem Autor, 14. Feb. 2023, Phnom Penh. **6** Zu diesem Streik siehe Christopher Kelly, *A Cambodian Spring*, Dartmouth Films, 2017, 121 min, 16. Feb. 2023, Phnom Penh. Zum «autoritären Kapitalismus» siehe Joel Buckey, Interview mit dem Autor, 14. Feb. 2023, Solidarity Center, Phnom Penh; sowie Brad Adams, *Cambodia's Dirty Dozen: A Long History of Rights Abuses by Hun Sen's Generals*, Human Rights Watch 2018, url: https://www.hrw.org/report/2018/06/27/cambodias-dirty-dozen/long-history-rights-abuses-hun-sens-generals. **7** Siehe Museum of the Economy, Phnom Penh, besucht im Feb. 2023. **8** Brett Atkinson u. a., *Southeast Asia on a Shoestring*, Lonely Planet 1992, S. 111. **9** Sven Hansen, «Casino-Kapitalismus in Kambodscha: Nichts geht mehr», *Taz*, 31. März 2023. Zur Anzahl der Menschen, die dort leben, siehe Atkinson u. a., *Southeast Asia on a Shoestring*, S. 111. Dieser Bericht basiert auf einem Interview des Autors mit Savmit Chea (Pseudonym) am 20. Feb. 2023 in Kampong Saom (Sihanoukville). **10** Hansen, «Casino-Kapitalismus in Kambodscha»; Yi Lim (Pseudonym), Interview mit dem Autor, 18. Februar 2023, Kampong Saom (Sihanoukville); Interview mit Savmit Chea (Pseudonym), 20. Februar 2023; Zhao Shulan, «Advantages and Disadvantages of the Phnom Penh Special Economic Zone and the Sihanoukville Special Economic Zone from a Comparative Perspective», in: Sok Touch u.a. (Hgg.), *Cambodia China Comprehensive Strategic Partnership Towards a Community with a Shared Future*, Springer 2023, S. 123–137; Vannarith Chheang, *The Political Economy of Chinese Investment in Cambodia*, Trends in Southeast Asia, Ebook Nr. 16, ISEAS-Yusof Ishak Institute 2017, S. 1–32, https://bookshop.iseas.edu.sg/publication/2277; Sophal Ear und Sigfrido Burgos, «Cambodia: Growth with a Red Flag», in: Roderick Macdonald (Hg.), *Southeast Asia and the ASEAN Economic Community*, Palgrave Macmillan 2019, S. 313–331. **11** Adrian Levy und Cathy Scott-Clark, «Country for Sale», *Guardian*, 26. April 2008; sowie Sangeetah Amarthalingam, «Purging Sihanoukville's Past with a New Masterplan», *Phnom Penh Post*, 16. September 2021. **12** Ebenda. **13** Savmit Chea, Interview mit dem Autor, 20. Februar 2023. **14** Nicholas Farrelly/Alice Dawkins/Patrick Deegan, «Sihanoukville: A Hub of Environmental Crime Convergence», Global Initiative Against Transnational Organized Crime, 2. September 2022, S. 3, 7, https://globalinitiative.net/analysis/sihanoukville-hub/. Die Zahlen zu den Arbeitern stammen aus Hansen, «Casino-Kapitalismus in Kambodscha»; und Aliprandini, «Cambodia». **15** Yann Socheata, «Preah Sihanouk Administration Welcomes Development Plans». *Phnom Penh Post*, 14. Februar 2023. **16** Adrian und Scott-Clark, «Country for Sale». Zur Landnahme siehe auch David Koh, *Chinese Investments in Cambodia: View of Chinese Soft Power from the Ground Up*, Selected CICP Publications 2016, S. 79–89. **17** Parsons, *Carbon Colonialism*, S. 43. **18** Michiel Verver, *«Old» and «New» Chinese Business in Cambodia's Capital, Trends in Southeast Asia*, Ebook Nr. 17, ISEAS-Yusof Ishak Institute 2019, S. 17, https://www.iseas.edu.sg/wp-content/uploads/pdfs/TRS17_19.pdf; May Kummakara, «Peppercorn Exports to China Get Green Light», *Phnom Penh Post*, 30. November 2022; Wittaya Kreangkriwit und Poohrich Sinwat, Interview mit dem Autor, 16. Februar 2023, Phnom Penh. Zum kambodschanischen Tourismus siehe Pierre Walter/Vicheth Sen, «A Geography of Ecotourism in Cambodia: Regions, Patterns, and Potentials», in: *Asia Pacific Journal of Tourism Research* 23 (2018), S. 297–311; Lei Tin Jackie Ong/Russell Arthur Smith, «Perception and Reality of Managing Sustainable Coastal Tourism in Emerging Destinations: The Case of Sihanoukville, Cambodia», in: *Journal of Sustainable Tourism* 22 (2014), S. 156–278. **19** Eine detaillierte und außergewöhnlich aufschlussreiche Beschreibung dieses Prozesses findet sich in Yuko Shimazaki, *Human Trafficking and the Feminization of Poverty: Structural Violence in Cambodia*, Lexington Books 2021. **20** Wie der Handel in Vietnam funktioniert, siehe Berufungsgericht, Hohes Volksgericht in Ho-Chi-Minh-Stadt, Fall gegen Le Thi Kieu T, 25. Februar 2020, im Besitz des Autors. Zur Leihmutterschaft siehe Hannah Beech, «When Surrogacy Becomes a Crime», *NYT*, 27. November 2022. **21** Sarah Hupp Williamson, «Neoliberal Colonialism and the Case of Cambodia», in: *Human Trafficking in the Era of Global Migration: Unravelling the Impact of Neoliberal Economic Policy*, Bristol UP 2022, S. 45–64; Vichita Ly, im Interview mit dem Autor Phnom Penh, 14. Februar 2023; «Cambodia's Pedophiles and the Internet», *ASEAN Post*, 3. September 2019; David Pearson, «‹I Was a slave›: Up to 100,000 Held Captive by Chinse Cybercriminals in Cambodia», *Los Angeles Times*, 1. November 2022; Helen Davidson und Chi-hui Liu, «Hundreds of Taiwanese Trafficked to Cambodia and Held Captive by Telecom Scam Gangs», *Guardian*, 23. August 2022; Rebecca Ratcliffe/Nhung Nguyen/Navaon Siradapuvadol, «Sold to Gangs, Forced to Run Online Scams: Inside Cambodia's Cyber-crime Crisis», *Guardian*, 10. Oktober 2022; Lindesy Kennedy/Nathan Paul Southern/Huang Yan «Cambodia's Modern Slavery Night-mare: The Human Trafficking Crisis Overlooked by Authorities», *Guardian*, 2. November 2022; Tessa Wong/Bui Thu/Lok Kee, «Cambodia Scams: Lured and Trapped into Slavery in South East Asia», *BBC News*, 21. September 2022; sowie Yi Lim, Interview mit dem Autor, 19. Februar 2023. **22** W. Nathan. Green, «Financial Inclusion or Subordination? The Monetary Politics of Debt in Cambodia», in: *Antipode* 55 (2023), S. 1172–1192; Scott Hipsher, «Cambodia: Background, Economic Conditions, and Tourism», in: *Poverty Reduction, the Private Sector, and Tourism in Mainland Southeast Asia*, Palgrave Macmillan 2017, S. 111–126. Maryann Bylander, «Credit as Coping: Rethinking Microcredit in the Cambodian context», in: *Oxford Development Studies* 43 (2015), S. 533–553. Siehe auch Parsons, *Carbon Colonialism*, S. 53; sowie Länderbericht des Internationalen Währungsfonds Nr. 22/371, «Cambodia: 2022 Article IV Consultation – Press Release; Staff Report; and Statement by the Executive Director for Cambodia», 18. Dezember 2022, S. 25. **23** Zitiert in Manoj Mathew, «Cambodia's Ballooning Private Debt a Risk or a Sign of Growth?», *Khmer Times*, 27. Februar 2023. **24** Laurie Parsons, Interview mit dem Autor, Phnom Penh, 14. Februar 2023. **25** Siehe «Cambodia GDP Constant Prices», Trading Economics, Zugriff am 4. April 2024; Farrelly u.a., «Sihanoukville: A Hub of Environmental Crime Convergence», S. 21. **26** Hansen, «Casino-Kapitalismus in Kambodscha». **27** Sokunthea Hang, «Urban Witness 001: Phnom Pen», *Thea Literature Blog*, 15. November 2017. **28** Sara Park (Better Factories Initiative, ILO), Interview mit dem Autor, 17. Februar 2023, Phnom Penh. **29** Massimiliano Tropeano und Sara Monti (EuroCham Cambodia), Interview mit dem Autor, 25. Februar 2023, Phnom Penh. Zu chinesischen Investitionen in Kambodscha siehe z.B. Sigfrido Burgos/Sophal Ear, «China's Strategic Interests in Cambodia: Influence and Resources», in: *Asian Survey* 50 (2010), S. 615–639. Siehe auch David Koh, *Chinese Investments in Cambodia: View of Chinese Soft Power from the Ground Up*, Selected CICP Publications 2016, S. 79–89, und

Verweis auf Chan Cheuk Yin und Holly Robertson, «Chinese Factory Owners Living in a World Apart», *Cambodian Daily,* 31. Juli 2014; Siem Pichnorak, «The High Cost of Effective Sovereignty: Chinese Resource Access in Cambodia», in: Jason Morris-Jung (Hg.), *In China's Backyard: Policies and Politics of Chinese Resource Investments in Southeast Asia,* Singapore: ISEAS-Yusof Ishak Institute 2017, S. 182–203, hier 191, und laut Berichten in Soth Koernsoeun, «China-Cambodia ‹Share Future›», *Khmer Times,* 13. Februar 2023. **30** Zu diesem Argument siehe auch Thomas Piketty, *Kapital und Ideologie*, übers. von André Hansen u. a., München 2020, S. 27. **31** Anis Shivani, «This Is Our Neoliberal Nightmare: Hillary Clinton, Donald Trump, and Why the Market and the Wealthy Win Every Time», *Salon*, 6. Juni 6, 2016; sowie Harvey Cox, *The Market as God*, HUP 2019, S. 20. Siehe auch Jean-Pierre Dupuy, *Economy and the Future: A Crisis of Faith*, Michigan State UP 2014, S. x. **32** Die Brutalität in der heutigen Zuckerindustrie wird z. B. dargestellt in Megha Rajagopalan/Qadri Imzamam, «The Brutality of Sugar Debt, Child Marriage and Hysterectomies», *NYT*, 24. März 2024. Zu den Klagen von 1500 kenianischen Teearbeitern siehe Martin Williams, «James Finlay: Why a Scots Firm Faces a Negligence Claim from Up to 1500 Kenyan Workers», *Herald*, 28. Januar 2022. Einen Bericht über die entsetzlichen Bedingungen in den Minen der Welt findet man in Johannes Dieterich, «Die Klaffenden Wunden des Kongos», *Badische Zeitung*, 21. Juli 2023, S. 3. Zu den Bemühungen vieler Mächte, Zugrif auf unterseeische Abbaugebiete zu bekommen, siehe Andreas Rinke und Christian Schwägerl, «Deutschlands 17. Bundesland», *Cicero* 8 (2012), S. 77–82. Zum Weltraum siehe Kristin Ciupa, «Expanding Extractive Frontiers: Space Mining as Response to Capi-talist Crisis», unveröffentlichter Aufsatz, Rethinking Global Capitalism Conference, Rio de Janeiro, 14. März 2024, im Besitz des Autors. **33** Achille Mbembe, Dankesrede zur Verleihung des Holberg-Preises 2024, https://holbergprize.org/news/holbergforelesningen-2024-av-achille-mbembe/. **34** Zur Kommerzialisierung des Sports siehe z. B. Colin Damms, «Different Class: The Creation of the Premier League and the Commercialization of English Foot-ball» Master-Arbeit, University of Southern Mississippi 2021. Eine exzellente Geschichte der menschlichen Aufmerksamkeit als handelbaren Rohstoff findet sich in Shoshana Zuboff, *Das Zeitalter des Überwachungskapitalismus,* übers. von Bernhard Schmid, Frankfurt/Main 2018. Zu Hirnstromwellen siehe Johnathan Moens, «Your Brain Waves Are Up for Sale: A New Law Wants to Change That», *NYT*, 17. April 2024. **35** Christina Bain/Joseph Mari, «Organ Trafficking: Unseen Form of Human Trafficking», *ACAMS Today*, 26. Juni 2018; Adam Nossiter/Najim Rahim, «In Afghanistan, a Booming Kidney Trade Preys on the Poor», *NYT*, 8. Februar 2021; Elif Batuman, «Japan's Rent-a-Family Industry», *New Yorker*, 23. April 2018. **36** Papst Franziskus, *Laudato si'* [Enzyklika über die Sorge für das gemeinsame Haus], Der Heilige Stuhl, 24. Mai 2015. **37** Ruth Whippman, «Everything Is for Sale Now. Even Us», *NYT*, 24. November 2018. **38** Ebenda. **39** Lea Haller, «Aufwachen!», *NZZ Geschichte*, 17. Juni 2015; sowie Christoph Fleischmann, «Wem gehört die Zeit? Der Mensch im Takt des Kapitalismus», *Blätter für deutsche und internationale Politik* (Januar 2014), S. 111; Hartmut Rosa, *Beschleunigung: Die Veränderung der Zeitstrukturen in der Moderne*, Frankfurt/Main: Suhrkamp 2005; Wendy Brown, «Der Totale *Homo oeconomicus*», *Blätter für Deutsche und Internationale Politik* (Dezember 2015), S. 81. **40** Die Zahlen sind in internationalen konstanten Dollars von 2021 angegeben, zu den Daten siehe https://data.worldbank.org/indicator/NY.GDP.MKTP.PP.KD. **41** Matthew Carr, «How Dark Factories Are Changing Manufacturing (and How to Profit)», Investment U, 1. Oktober 2019. **42** Martín Arboleda, *Planetary Mine: Territories of Extraction under Late Capitalism*, Verso 2020, S. 48 f. **43** Wie Thomas Piketty in Thomas Piketty, *Das Kapital im 21. Jahrhundert,* übers. von Ilse Utz und Stefan Lorenzer, München 2016, gezeigt hat und bestätigt wurde in Òscar Jordà/Katharina Knoll/Dmitry Kuvshinov/Moritz Schularick/Alan M. Taylor, «The Rate of Return on Everything, 1870–2015», *The Quarterly Journal of Economics* 134 (August 2019), S. 1225–1298. **44** Pablo Pryluka, «We Can't Go Back to a Golden Age of Capitalism: An Interview with Branko Milanovic», *Jacobin*, Februar 2021. Siehe auch Jacob S. Hacker/Paul Pierson, *Winner Take All Politics: How Washington Made the Rich Richer – and Turned Its Back on the Middle Class*, Simon & Schuster 2010, S. 11; sowie Suresh Naidu, Dan Rodrick und Gabriel Zucman, «Economics after Neoliberalism», *Boston Review*, 15. Februar 2019. **45** Lucas Chancel u. a., *World Inequality Report 2022*, World Inequality Lab 2021, S. 90. Andere Schätzungen gehen von einer noch kleineren Anzahl Menschen aus, die den halben Reichtum der Welt besitzen. Siehe Larry Elliott, «World's 26 Richest People Own as Much as Poorest 50 %, Says Oxfam», *Guardian*, 21. Januar 2019; Axel Lehmann/Anthony Shorrocks/Nannette Hechler-Fayd'herbe, «The Global Wealth Pyramid in 2022», in: *Global Wealth Report 2023*, Credit Suisse, 20. September, 2022, basierend auf Daten von James Davies, Rodrigo Lluberas und Anthony Shorrocks, *Global Wealth Databook 2023*; sowie Hindu Data Team, «Top 1 % Indians Income Share Is Higher Now than Under British Rule», *Hindu*, 23. März 2024. **46** Diese fünf Unternehmen kontrollieren zwischen 70 und 90 Prozent des Getreidehandels. Siehe Vincent Kiezebrink, *Hungry for Profits* (SOMO, 2024); sowie Hope Shand/Kathy Jo Wetter/Kavya Chowdhry, *Food Barons 2022: Crisis Profiteering, Digitalization and Shifting Power*, ETC Group 2022, S. 7. Zur Marktkonzentration siehe Axel Ochsenfels/Martin Schmalz, «Die stille Gefahr für den Wettbewerb», *Frankfurter Allgemeine Zeitung*, 29. Juli 2016, S. 18. Siehe auch Omri Wallach, «The Top 50 Companies Proportion of World GDP», *Visual Capitalist,* 19. Juli 2021; sowie Rajesh Mascarenhas, «Apple's M-Cap Bigger than Most Countries' GDP», *Economic Times*, 7. Juli 2023. **47** Naidu u. a., «Economics after Neoliberalism».

48 OECD, *Growing Unequal? Income Distribution and Poverty in OECD Countries*, OECD 2008; Joseph E. Stiglitz, «Die Wirtschaft, die wir brauchen», *Blätter für deutsche und internationale Politik* (Oktober 2019), S. 80; Wolfgang Streeck, «Wie wird der Kapitalismus enden? Teil II», *Blätter für deutsche und internationale Politik* (April 2015), S. 111. **49** Jan Breman/Marcel van der Linden, «Informalizing the Economy: The Return of the Social Question at a Global Level», in: *Development and Change* 45 (2015), S. 921. **50** «The Jobs We Need», *NYT*, 5. Juli 2020; Breman/Van der Linden, «Informalizing the Economy», S. 920–940; Marcel van der Linden, «At the End of a Very Long Cycle: Why the Global Labor Movement Is in Crisis», unveröffentlichter Aufsatz, präsentiert beim Global History Workshop, organisiert vom Consortium of Global History Centers, Zoom, 2020, S. 2, im Besitz des Autors. **51** Van der Linden, «At the End of a Very Long Cycle», S. 1; Arboleda, *Planetary Mine*, S. 55. **52** Carr, «How Dark Factories Are Changing». **53** Birgit Mahnkopf, «Produktiver, grüner, friedlicher? Die falschen Versprechen des digitalen Kapitalismus», *Blätter für deutsche und internationale Politik* (Oktober 2019), S. 89–98; Arboleda, *Planetary Mine*, S. 2. **54** Van der Linden, «At the End of a Very Long Cycle», S. 1; Marcel van der Linden, «San Precario: A New Inspiration for Labor Historians», *Labor* 11 (2014), S. 10; Breman/Van der Linden, «Informalizing the Economy», S. 924, 926, 928. **55** Arboleda, *Planetary Mine*, S. 89; Breman und Van der Linden, «Informalizing the Economy», S. 937 f. **56** Frederic Mousseau, *The Highest Bidder Takes It All: The World Bank's Scheme to Privatize the Commons*, Oakland Institute 2019, S. 3. **57** Eman Abdelhalim Lasheen, «Against the Grain: A History and Policy Analysis of Rice, Water, and the Edible Landscape in Egypt», Dissertation, MIT 2022; Stephanie McCrummen, «The Great Serengeti Land Grab», *Atlantic*, Mai 2024, S. 21–32; Michael McDonald/Tatiana Freitas, «Harvard Land Ownership in Brazil Scrutinized in Title Dispute», *Bloomberg*, 24. April 2018; Alex Chou und Aryumi Nagatomi, «Stop Harvard Land Grabs Coalition Demands Reparations for Former Harvard Farmland Purchases in Brazil», *Harvard Crimson*, 9. November 2023; Fabio Pitta u. a., *Land Grabbing and Ecocide: How Bunge, TIAA, and Harvard Fuel the Destruction of the Brazilian Cerrado*, Friends of the Earth 2023, S. 5; Arboleda, *Planetary Mine*, S. 99; sowie Lizzie Presser, «Kicked Off the Land: Why So Many Black Families Are Losing Their Property», *New Yorker*, 22. Juli 2019. **58** Presser, «Kicked Off the Land»; Hannah Allam, «Sapelo Islanders Have Survived Persecution and Slavery. Can They Survive Tourism?», *BuzzFeed News*, 9. August 2018; sowie David Love, «From 15 Million Acres to 1 Million: How Black People Lost Their Land», *Atlanta Black Star*, 30. Juni 2017. Das Zitat stammt aus Pitta u. a., «The Highest Bidder Takes It All», S. 3, 9. **59** Randy Ziegenhorn, «The Commodification of Hybrid Corn: What Farmers Know», in: Angelique Haugerud (Hg.), *Commodities and Globalization: Anthropological Perspectives*, Rowman & Littlefield Publ, 2000, S. 135–150; David Harvey, «The Art of Rent: Globalization, Monopoly and Commodification of Culture», in: *Socialist Register* 38 (2002)S. 98; sowie Daniel Robinson, *Confronting Biopiracy: Challenges, Cases and International Debates*, Earthscan 2010, S. 63 ff. **60** Zuboff, *Zeitalter des Überwachungskapitalismus*; David Harvey, «The Future of the Commons», in: *Radical History Review* 109, Winter 2011, s. 103. Die Zitate stammen aus RELX, *2023 Annual Report including Financial Statements and Corporate Responsibility Report*, RELX 2023, S. 23; Brian Resnick/Julia Belluz, «The War to Free Science», *Vox*, 10. Juli 2019. **61** Parsons, *Carbon Colonialism*, S. 26; sowie Jason Hickel/Christian Dorninger, Hanspeter Wieland/Intaan Sawandi, «Imperialist Appropriation in the World Economy: Drain from the Global South Through Unequal Exchange, 1990–2015», in: *Global Environmental Change* 73 (2022), S. 5. Bei den Maschinen stieg der von 17 Milliarden US-Dollars im Jahr 2002 auf 65 Milliarden im Jahr 2012. Siehe Arboleda, *Planetary Mine*, S. 3; Stephanie Pappas, «Human-Made Stuff Now Outweighs All Life on Earth», *Scientific American*, 5. Dezember 2020; sowie Emily Elhacham u. a., «Global Human- Made Mass Exceeds All Living Biomass», in: *Nature* (London) 588 (2020), S. 442. **62** Siehe das Interview mit Wolfgang Schütz in der *Augsburger Allgemeine* vom 5. Oktober 2018. **63** Damian Carrington, «Plummeting Insect Numbers ‹Threaten Collapse of Nature›», *Guardian*, 10. Februar 2019. **64** Isabella Grullón Paz, «PFAS: The ‹Forever Chemicals› You Couldn't Escape if You Tried», *NYT*, 12. April 2022; Kyle Bagenstose, «Drinking Water of Millions of Americans Contaminated with ‹Forever Chemicals›», *Guardian*, 17. August 2023; Hannah Ritchie/Veronika Samborska/Max Roser, «Plastic Pollution», Our World in Data, Zugriff am 22. April 2024, https://ourworldindata.org/plastic-pollution; Sarah Kaplan, «By 2050, There Will Be More Plastic than Fish in the World's Oceans, Study Says», *Washington Post*, 20. Januar 2016; Stephanie Nolen, «Climate Change Drives New Cases of Malaria, Complicating Efforts to Fight the Disease», *NYT*, 1. Dezember 2023; sowie Priya Joi, «Global Warming Means That One in Two of Us Are Now at Risk of Dengue», Gavi, the Vaccine Alliance, 2. Mai 2023. Das Zitat stammt aus Papst Fransziskus, *Laudato Si*. **65** Hannah Ritchie/Pablo Rosado, «Fossil Fuels», Our World in Data, Zugriff am 2. August 2024, https://ourworldindata.org/fossil-fuels; Thorfinn Stainforth und Bartosz Brzezinski, «More than Half of All CO_2 Emissions Since 1751 Emitted in the Last Thirty Years», Institute for European Environmental Policy, 29. April 2020; Amitav Ghosh, *The Nutmeg's Curse: Parables for a Planet in Crisis*, University of Chicago Press 2021, S. 122; sowie David Wallace-Wells, «Post-Normal», *NYT Magazine*, 24. September 2023, S. 16 f. Zu den aktuellen Emissionen siehe «Historical GHG Emissions», Climate Watch, Zugriff am 14. Mai 2024, https://www.climatewatchdata.org/ghg-emissions?end_year=2022&start_year=1990. **66** Simon Black/Ian Parry/Nate Vernon-Lin, «Fossil Fuel Subsidies Surged to Record $7 Trillion», *IMF*

Blog, 24. August 2023. **67** Bryan Walsh, «Silicon Valley Is Chasing the Fountain of Youth», *Axios*, 25. September 2012; Parsons, *Carbon Colonialism*, S. 18, 82 f.; Wallace-Wells, «Post-Normal», S. 17; Elmar Altvater, «Zerstörung und Flucht», *Blätter für deutsche und internationale Politik* (January 2016), S. 83, 93; Das Zitat stammt aus Hickel u. a., «Imperialist Appropriation in the World Economy», S. 1. **68** Jonathan Watts, «Climate and Economic Risks Threaten 2008-Style Systemic Collapse», *Guardian*, 12. Februar 2019. **69** Günther Tallinger, «Climate Risk, Insurance: The Fall of Capitalism», gepostet bei LinkedIn, 25. März 2025. Brad Werner, «Is Earth F**ked? Dynamical Futility of Global Environmental Management and Possibilities for Sustainability via Direct Action Activism», Aufsatz präsentiert bei der Konferenz der American Geophysical Union am 5. Dezember 2012. **70** Anthony D. Barnosky u. a., «Approaching a State Shift in Earth's Biosphere», in: *Nature* 486 (Juni 2012), S. 52; sowie Dipesh Chakrabarty, «The Climate of History: Four Theses», in: *Critical Inquiry* 35 (2009), S. 200. **71** Arboleda, *Planetary Mine*, S. 46. Der Anteil Asiens an der Produktion im Jahr 2022 wurde berechnet nach «Manufacturing, Value Added (Current US$)», World Bank Group, Zugriff am 18. April 2024, https://data.worldbank.org/indicator/NV.IND.MANF.CD. Siehe auch «Real GDP (Purchasing Power Parity)», World Factbook, Zugriff am 12. April 2024, https://www.cia.gov/the-world-factbook/field/real-gdp-purchasing-power-parity/country-comparison/; C. Textor, «China's Share of Global Gross Domestic Product (GDP) Adjusted for Purchasing-Power-Parity (PPP) from 1980 to 2022 with Forecasts Until 2028», Zugriff am 12. April 2024, https://www.statista.com/statistics/270439/chinas-share-of-global-gross-domestic-product-gdp/; Devesh Kapur u. a. (Hgg.), Einleitung von *The Oxford Handbook of Higher Education in the Asia Pacific Region*, OUP 2023, S. 6; Li Angran, «What Happened When China Expanded Its Higher Education System?», *Sixth Tone*, 11. Januar 2023; Wing Kit Chan und Jiayu Zhang, «Can University Qualification Promote Social Mobility? A Review of Higher Education Expansion and Graduate Employment in China», in: *International Journal of Educational Development* 84 (Juli 2021), S. 1; World Intellectual Property Organization, *World Intellectual Property Indicators Report*, World Intellectual Property Organization 2023; sowie «China Widens Lead Over US in AI Patents After Beijing Tech Drive», *Bloomberg News*, 24. Oktober 2023. **72** Amy Hawkins, «Have We Reached Peak China? How the Booming Middle Class Hit a Brick Wall», *Guardian*, 10. September 2023; «How the Middle Class Will Play the Hero in India's Rise as World Power», *Economic Times*, 9. Juli 2023; «Global and Regional Poverty Estimates, 1990–2022», in: R. Andrés Castañeda Aguilar u. a., «March 2024 Global Poverty Update from the World Bank: First Estimates of Global Poverty Until 2022 from Survey Data», *World Bank Blogs*, 26. März 2024; Pryluka, «We Can't Go Back to a Golden Age of Capitalism»; Jason Hickel, «A Letter to Steven Pinker (and Bill Gates, for That Matter) About Global Poverty», *Jason Hickel* (Blog), 4. Februar 2019; sowie Jason Hickel, «Bill Gates Says Poverty Is Decreasing. He Couldn't Be More Wrong», *Guardian*, 29. Januar 2019. **73** Für Gegenbeispiele zu den neomarxistischen Prognosen siehe Paul A. Baran, *Unterdrückung und Fortschritts: Essays*, Suhrkamp 1969, S. 99–128; Ernest Mandel, «Die Marxsche Theorie der ursprünglichen Akkumulation und die Industrialisierung der Dritten Welt», in: Ernst Theodor von Mohl (Hg.), *Folgen einer Theorie: Essays über «Das Kapital» von Karl Marx*, 5. Aufl., Suhrkamp 1972, S. 71–93; Martin Franke, «Afrika Liefert, Peking Bezahlt», *Frankfurter Allgemeine Zeitung*, 22. February 2021; United Nations, Economic Commission on Latin America and the Caribbean, *Latin America and the Caribbean and China: Towards a New Era of Coopertion*, United Nations 2015, S. 44; sowie Arboleda, *Planetary Mine*, S. 14. **74** Berechnet in konstanten internationalen Dollars von 2021, PPP. Siehe World Bank Group, *GDP, PPP (constant 2021 international $) – China, United States, European Union*, https://data.worldbank.org/indicator/NY.GDP.MKTP.PP.KD?end=2023&locations=CN-US-EU&start=2019, Zugriff am 11. Februar 2025. **75** Achille Mbembe, *Critique of Black Reason*, Duke UP 2017, S. 1. **76** Arboleda, *Planetary Mine*, S. 5. **77** Zum US-Anteil am globalen BIP siehe Govind Bhutada, «The U. S. Share of the Global Economy Over Time», *Visual Capitalist*, 14. Januar 2021. Zur Geschichte des wirtschaftlichen Denkens in China siehe Isabella Weber, *How China Escaped Shock Therapy: The Market Reform Debate*, Routledge 2021. Das Zitat stammt aus «Ihr kapiert es nicht!», Interview mit Kishore Mahbubani. *Frankfurter Allgemeine Sonntagszeitung*, 1. April 2012, S. 11. **78** Maurizio Lazzarato, «From Capital-Labor to Capital-Life», in: *Ephemera: Theory and Politics in Organization* 4 (2004), S. 187–208. **79** Van der Linden, «At the End of a Very Long Cycle», S. 12. **80** Herman Mark Schwartz, «Wealth and Secular Stagnation: The Role of Industrial Organization and Intellectual Property Rights», in: *Russell Sage Foundation Journal of the Social Sciences* 2 (Oktober 2016), S. 228. Schwartz, «No Growth and No Equality», S. 3. **81** Zu Nike siehe «Nike Manufacturing Map», Zugriff am 25. September 2024, https://manufacturingmap.nikeinc.com/; sowie *Moving Together: FY23 Nike, Inc. Impact Report*, Zugriff am 25. September 2024, https://about.nike.com/en/impact. Siehe auch Schwartz, «Wealth and Secular Stagnation», S. 237. **82** Für eine kritische Analyse dieser Trends siehe François Chesnais, *Finance Capital Today: Corporations and Banks in the Lasting Global Slump*, Brill 2016. **83** Margaret O'Mara, *The Code: Silicon Valley and the Remaking of America*, Penguin 2020; Jerry Hirsch, «Elon Musk's Growing Empire Is Fueled by $4.9 Billion in Government Subsidies», *Los Angeles Times*, 30. Mai 2015; sowie Jason Lalljee, «Elon Musk Is Speaking Out Against Government Subsidies. Here's a List of the Billions of Dollars His Businesses Have Received», *Business Insider*, 15. Dezember 2021; Julia Kollewe, «Elon Musk's Tesla Has Received Almost

£200 m in UK Grants Since 2016», *The Guardian*, 8. Januar 2025; Chris Isidore, «How Much of Musk's Wealth Comes from Tax Dollars and Government Help?», *CNN Business*, 20. November 2024; Eric Lipton u. a., «U. S. Agencies Fund, and Fight With, Elon Musk. A Trump Presidency Could Give Him Power Over Them», *NYT*, 30. Oktober 2024. **84** Herman Mark Schwartz, «American Hegemony: Intellectual Property Rights, Dollar Centrality, and Infrastructural Power», in: *Review of International Political Economy* 26 (Juni 2019), S. 492, 507. **85** Robert Fredona/Sophus A. Reinert, «Leviathan and Kraken: States, Corporations, and Political Economy», in: *History and Theory: Studies in the Philosophy of History* 59 (Juni 2020), S. 167–187; Aram Roston, «Private War: Erik Prince Has His Eye on Afghanistan's Rare Metals», *BuzzFeed News*, 7. Dezember 2017; Kristin Ciupa, «Expanding Extractive Frontiers: Space Mining as Response to Capitalist Crisis», Aufsatz präsentiert bei der Rethinking Global Capitalism Conference, Rio de Janeiro, Brasilien, 13. bis 15. März 2024. **86** Alan S. Binder, «Financial Entropy and the Optimality of Over-Regulation», Aufsatz präsentiert bei der 17th Annual International Banking Conference, November 2014, S. 4, im Besitz des Autors. **87** Gary Gerstle, *The Rise and Fall of the Neoliberal Order: America and the World in the Free Market Era*, OUP 2022, S. 260. **88** «Where It Went wrong – and How the Crisis Is Changing It», *Economist*, 18. Juli 2009. Siehe auch Paul Krugman, «How Did Economists Get It So Wrong?», *NYT*, 2. September 2009; sowie Andrew Boughton und Michael West, «Wanted: A New Economic Theory», *Sydney Morning Herald*, 6. Februar 2009. Zu Indien siehe «Meltdown Result of Faulty Economic System», *Times of India*, 7. Februar 2009. **89** Joseph Vogl, «Die Vergötzung des Marktes», *Blätter für deutsche und internationale Politik* (September 2017), S. 97, 103; sowie Heather Stewart, «This Is How We Let the Credit Crunch Happen, Ma'am ...», *Guardian*, 26. Juli 2009. **90** Harvard Political Review Editorial Board, «An Open Letter to Greg Mankiw», *Harvard Political Review*, 2. November 2011. Siehe auch «Wie die Ökonomen ihre eigene Krise beenden wollen», *Frankfurter Allgemeine Zeitung*, 7. September 2016; sowie International Student Initiative for Pluralism in Economics Editorial Board, «Open Letter – An International Student Call for Pluralism in Economics», International Student Initiative for Pluralism Economics, 5. Mai 2014. **91** International Student Initiative for Pluralism in Economics Editorial Board, «ISIPE, One year later», International Student Initiative for Pluralism in Economics, 5. Mai 2015; Rethinking Economics International, «About», Zugriff am 13. November 2023, https://www.rethinkeconomics.org/about/; Rethinking Economics International, «Governance», Zugriff am 13. November 2023, https://www.rethinkeconomics.org/about/governance/; Liliann Fisher u. a., *Rethinking Economics: An Introduction to Pluralist Economics*, Routledge 2018, S. 3; Rethinking Economics International, «UNILAG Students Encourage Profs to Expand Econ Curriculum to Real-World Issues», 5. Oktober 2023, Zugriff am 13. November 2023, https://www.rethinkeconomics.org/impact-stories/unilag-students-encourage-profs-to-expand-econ-curriculum-to-real-world-issues/; Rethinking Economics International, «RE Lugano Gets New HET Course Now 5-Years in the Running on the Back of a Powerful Regional Campaign», 4. Oktober 2023, Zugriff am 13. November 2023, https://www.rethinkeconomics.org/impact-stories/lugano-het-course/; sowie Università della Svizzera italiana, «Storia critica del pensiero economico», Zugriff am 13. November 2023, https://search.usi.ch/it/corsi/35263260/storia-critica-del-pensiero-economico. **92** Naidu u. a., «Economics After Neoliberalism». **93** Stiglitz, «Die Wirtschaft, die wir brauchen», S. 87. Siehe auch Kenneth Rogoff, «Wir waren auf dem falschen Pfad», zitiert in: *Handelsblatt*, 25. Januar 2012, S. 17. **94** Zitiert in: «Wenn das Vertrauen fehlt», *Handelsblatt*, 25. Januar 2012, S. 17. Zur Forderung, sich mit der Geschichte zu beschäftigen, siehe insbesondere Carmen Reinhart/Kenneth Rogoff, *This Time Is Different: Eight Centuries of Financial Folly*, PUP 2009. Siehe auch «Wie die Ökonomen ihre eigene Krise beenden wollen», 7. September 2016; sowie Patrick Gernau, «Warum ist Wirtschaftsgeschichte plötzlich sexy?», *Frankfurter Allgemeine Sonntagszeitung*, 23. November 2012, S. 30. Zu diesem Argument siehe auch Vogl, «Die Vergötzung des Marktes», S. 107. **95** Ian Smith, «Civil Unrest Over-takes Terrorism in Insurance Claims», *Financial Times*, 9. April 2023. **96** Neeraj Chauhan, «Protests & Riots Due to Agrarian Distress Almost Doubled in 2016», *Times of India*, 2. Dezember 2017. Zu den sozialen Bewegungen auf dem Land siehe EJAtlas, «Global Atlas of Environmental Justice», Zugriff am 1. Februar 2024, https://ejatlas.org/; Allison Goebel, «‹Our Struggle Is for the Full Loaf›: Protests, Social Welfare and Gendered Citizenship in South Africa», in: *Journal of Southern African Studies* 37 (2011), S. 369; sowie Arundhati Roy, *Capitalism: A Ghost Story*, Haymarket Books 2014. **97** Quinn Slobodian, «The Backlash Against Neoliberal Globalization from Above: Elite Origins of the Crisis of the New Constitutionalism», in: *Theory, Culture & Society* 38 (2021), S. 51–69. **98** Edmund Burke Foundation, «National Conservatism: A Statement of Principles», Zugriff am 3. November 2023. https://nationalconservatism.org/national-conservatism-a-statement-of-principles/. **99** Lauren R. Rublin, «2017 Roundtable, Part 1», *Barron's*, 16. Januar 2017, S. 54. **100** Siehe Moritz Schularick, Interview, *Frankfurter Allgemeine Zeitung*, 3. März 2023. Das Zitat stammt wahrscheinlich aus Edward N. Luttwak, «From Geopolitics to Geo-Economics: Logic of Conflict, Grammar of Commerce», in: *National Interest* 20 (Sommer 1990), S. 17–23. **101** Zur Coronakrise siehe z. B. Mike Davis, *The Monster Enters: COVID-19, Avian Flu, and the Plagues of Capitalism*, Verso 2022; sowie Quinn Slobodian/Dieter Plehwe, «Neoliberals Against Europe», in: William Callison/Zachary Manfredi (Hgg.), *Mutant Neoliberalism: Market Rule and Political Rupture*, Fordham UP 2020, S. 92, 100. **102** Siehe z. B. Nancy Fraser,

«Legitimation Crisis? On the Political Contradictions of Financialized Capitalism», in: *Critical Historical Studies* 2 (Herbst 2015), S. 158; Stiglitz, «Die Wirtschaft, die wir brauchen», S. 87; sowie Schütz, Interview. Das Zitat stammt aus Robert Kuttner, «Can Democracy Survive global Capitalism?», *Boston Globe*, 12. April 2018. Siehe auch Steven Levitsky/Daniel Ziblatt, *Wie Demokratien sterben*, übers. von Klaus-Dieter Schmidt, München 2019. **103** Quinn Slobodian, *Crack-Up Capitalism: Market Radicals and the Dream of a World Without Democracy*, Metropolitan Books 2023, S. 202 (Deutsche Ausgabe: Kapitalismus ohne Demokratie, übers. von Stephan Gebauer, Berlin 2023); Quinn Slobodian, *Globalists: The End of Empire and the Birth of Neoliberalism*, HUP 2018, S. 178 f., 236 f., 277 (Deutsche Ausgabe: Globalisten: Das Ende der Imperien und die Geburt des Neoliberalismus, übers. von Stephan Gebauer, Berlin 2019). Siehe auch Kapitel 17 in diesem Buch. **104** Lauren Collins, «Sark Spring», *New Yorker*, 22. Oktober 2012; Simon Bowers/Helen Pidd, «Brecqhou: How Windswept Eyesore Became Barclays' Getaway», *Guardian*, 27. Juni 2012; Jonathan Parry, «Life on Sark», in: *London Review of Books* 45 (Mai 2023): https://www.lrb.co.uk/the-paper/v45/n10/jonathan-parry/life-on-sark. **105** Conal Walsh, «Barclays Attack Sark as Europe's ‹Last Bastion of Feudalism›», *Guardian*, 27. März 2005; Collins, «Sark Spring»; sowie Parry, «Life on Sark». **106** Dieser Abschnitt basiert auch auf persönlichen Beobachtungen des Autors und Gesprächen mit Inselbewohnern im Sommer 2009. Siehe Pippa Bailey, «How the Barclay Brothers Built and Wrecked an Empire», *New Statesman*, 25. Oktober 2023; Collins, «Sark Spring»; Graham Rowley/Doreen Carvajal, «Masterpieces Tucked Away to Appreciate, Not to Be Appreciated», *NYT*, 26. Mai 2016; «Buried Treasure: A New Study Details the Wealth Hidden in Tax Havens», *Economist*, 7. Oktober 2017; sowie Knut Krohn, «1000 Millionäre Ziehen ins Meer», *Badische Zeitung*, 4. August 2021. **107** Slobodian, *Crack-Up Capitalism*, S. 3, 8; François Bost, «Special Economic Zones: Methodological Issues and Definition», in: *Transnational Corporations* 26 (Juni 2019), S. 143. **108** The Seasteading Institute, «Who We Are», Zugriff am 6. Mai 2024, https://www.seasteading.org/about/. **109** Slobodian, *Crack-Up Capitalism*, S. 14, 186–210. Zu aussteigenden Kapitaleignern siehe auch Raymond Craib, *Adventure Capitalism: A History of Libertarian Exit, from the Era of Decolonization to the Digital Age*, PM Press/Spectre 2022. **110** Siehe den Tweet von Elon Musk vom 7. September 2024, https://x.com/elonmusk/status/1832550322293837833. **111** Julie Turkewitz, «For Sale: A Chance to Beat Doomsday, and It Has a Water Slide», *NYT*, 14. August 2019; Anna Fifield, «New Zealand Decided It Was in the Public Interest to Make Peter Thiel a Citizen», *Washington Post*, 1. Februar 2017; sowie Molly Redden, «Which Tech Bro Is Fleeing Coronavirus On This ‹Lord of the Rings› Plane?», *Huffington Post*, 16. März 2020. **112** Jean-Pierre Dupuy, *Economy and the Future: A Crisis of Faith*, East Lensing (MI) 2014, S. xv. **113** Wie Charles Maier es so schön mit dem Ende des Kommunismus gemacht hat. Siehe Charles Maier, *Das Verschwinden der DDR und der Untergang des Kommunismus*, übers. von Klaus Binder und Bernd Leineweber, Frankfurt/Main 1999. **114** Samir Amin, *The Implosion of Capitalism*, Pluto Press 2014, S. 8; Fraser, «Legitimation Crisis», S. 159; Wolfgang Streek, «Wie wird der Kapitalismus enden? Teil 1», *Blätter für deutsche und internationale Politik* (März 2015), S. 99–111. **115** Jason Moore, «The End of Cheap Nature, or How I Learned to Stop Worrying About ‹The› Environment and Love the Crisis of Capitalism», in: Christian Suter/Christopher Chase-Dunn (Hgg.), *Structures of the World Political Economy and the Future of Global Conflict and Cooperation*, Lit 2014, S. 285–314, hier 308; sowie Paul Mason, *Postkapitalismus: Grundrisse einer kommenden Ökonomie*, übers. von Stephan Gebauer, Berlin 2016, S. 10. **116** Barbara J. Fields beschreibt mit diesem Bild die Sklaverei. Siehe Barbara Jeanne Fields, «The Advent of Capitalist Agriculture: The New South in a Bourgeois World», in: Thavolia Glymph, u. a. (Hgg.), *Essays on the Postbellum Southern Economy*, Bd. 18, Texas A&M UP 1985, S. 77. **117** Erik Olin Wright, «Untergraben wir den Kapitalismus!», *Blätter für deutsche und internationale Politik* (Oktober 2017), S. 77; sowie Kyosuke Inoue, «Satoyama Capitalism 2024», *Japan Times*, 28. Oktober 2023. Zum Satoyama-Kapitalismus siehe auch Saori Tanaka und Evonne Yiu, «From Money Capitalism to Satoyama Capitalism», *Our World*, 14. Januar 2016. **118** Corrado Mornese, *Rima – Rimmu: Ieri oggi domani*, Millenia 1995, S. 58 f. **119** Siehe Anthony B. Atkinson, *Ungleichheit: Was wir dagegen tun können*, übers, von Hainer Kober, Stuttgart 2016. Joseph Stiglitz fordert einen «progressiven Kapitalismus». Siehe Stiglitz, «Die Wirtschaft, die wir brauchen», S. 79–87; sowie Wright, «Untergraben wir den Kapitalismus!», S. 69.

Bildnachweis

S. 9: © The National Gallery, London. All rights reserved; Bought 1871. Öl auf Holz, um 1647.
S. 17: Lindenau-Museum, Altenburg, Inv. Nr. G 1973 164. Holzschnitt, 1932.
S. 43: Bibliothèque nationale de France. Aus: Abou Mohammad al-Qāsim ibn ʼAli ibn Mohammad ibn ʼAli al-Hariri al Basri: *Les Makamat de Hariri*, um 1236–1237, folio 119v.
S. 56: Bibliothèque nationale de France. Aus: Abou Mohammad al-Qāsim ibn ʼAli ibn Mohammad ibn ʼAli al-Hariri al Basri: *Les Makamat de Hariri*, um 1236–1237, folio 31r.
S. 58: Karte von Martin Jan Månsson.
S. 59: Mit freundlicher Genehmigung des Autors.
S. 65 links und rechts: Mit freundlicher Genehmigung des Ministero della Cultura, Musei del Bargello, Florenz.
S. 69: Foto Gary Lee Todd, via flickr. Sammlung des Liaoning Museum, Shenyang.
S. 75: Vermächtnis von Benjamin Altman, 1913, Metropolitan Museum of Art, New York. Hans Memling, Öl auf Holz, um 1470.
S. 77: Bibliothèque nationale de France. Abraham Cresques: *Atlas de cartes marines*, auch bekannt als *Atlas Catalan*, um 1370–1380.
S. 81: Abbildung aus den Sammlungen der Biblioteca Nacional de España, Madrid. Diego Durán: *Historia de las Indias de Nueva España e Islas de la Tierra Firme*, 1579.
S. 83: wikimedia.org [PD]/Aus: Zhang Xian, Zhang Yanghui (Hg.), *Zhang shi tong zong shi pu* [Zusammengesetzte Genealogie der Zhang-Familiengruppe], Holzschnittdruck, 1535. Chinesische Nationalbibliothek, Peking, Nr. 02590, erschienen 1522–1566.
S. 88 links: Bibliothèque nationale de France. Aus: Abou Mohammad al-Qāsim ibn ʼAli ibn Mohammad ibn ʼAli al-Hariri al Basri: *Les Makamat de Hariri*, um 1236-1237, folio 105r.
S. 88 Mitte: Vermächtnis von Benjamin Altman, 1913, Metropolitan Museum of Art, New York. Hans Memling, *Tommaso di Folco Portinari* (1428–1501), Öl auf Holz, um 1470.
S. 88 rechts: wikimedia.org [PD]/Aus: Zhang Xian, Zhang Yanghui (Hg.), *Zhang shi tong zong shi pu* [Zusammengesetzte Genealogie der Zhang-Familiengruppe], Holzschnittdruck, 1535. Chinesische Nationalbibliothek, Peking, Nr. 02590, erschienen 1522–1566.
S. 98: Afrasiyab Museum. Künstler unbekannt.
S. 109: Bildarchiv Foto Marburg/Max Hirmer. *Tuchhändlerrelief*, Sockelrelief am Gerichtsportal der Kathedrale von Reims, um 1220.
S. 110 links und rechts: Mit freundlicher Genehmigung des Autors.
S. 113: Nationalarchiv, Den Haag. Zeichnungen der Festungen St. George del Mina und Nassau entlang der Goldküste Guineas, von der Firma Van Keulen, 18. Jahrhundert [CC0].
S. 115: Mit freundlicher Genehmigung der Biblioteca Casanatense, Rom, MiC, Ms. 1889. Aus: *Album di disegni, illustranti usi e costumi dei popoli d'Asia e d'Africa con brevi dichiarazioni in lingua portoghese,* auch *Codex Casanatense*, c.49.
S. 117: Smithsonian Libraries and Archives. Aus: Philippus Baldaeus, Awnsham Churchill, *A True and Exact Description of the Most Celebrated East-India Coasts of Malabar and Coromandel*, Bd. 3 (London 1703).
S. 119: Bayerische Staatsbibliothek, München [CC0]. Aus: Jacob Peeters, *Description des principales Villes Havres et Isles du Golfe de Venise du cote' Oriental...* (Antwerpen, nach 1685).
S. 120: Mit freundlicher Genehmigung des Palace Museum, Peking. Fang Shishu (1692–1751), *Ma Yueguan, the leader of salt merchants from Anhui Province in Yangzhou.*
S. 122: Art Collection 2/Alamy Stock Foto.
S. 124: Biblioteca Geral Digital da Universidade de Coimbra. Aus: D. João de Castro, *Tavoas dos lugares da costa da India*, 16. Jahrhundert [CC0].

S. 129: Library of Congress, Rare Book and Special Collections Division. Aus: Theodor de Bry (Hg.). *Dritte Buch Americae: Darinn Brasilia durch Johann Staden auß eigener Erfahrung in Teutsch beschrieben. Item Historia der Schiffart Ioannis Lerij in Brasilien, welche er selbst publiciert hat, jetzt von Newem verteutscht, durch Teucrium Annaeum Priuatum, C. [i.e. J. A. Lonicer]* (Frankfurt 1593).
S. 130: Mit freundlicher Genehmigung des Galata Museo del Mare, Genua. Ridolfo Bigordi, genannt Ghirlandaio, Bildnis des Kolumbus (um 1451–1506), Ölgemälde, um 1520.
S. 131: Rijksmuseum, Amsterdam, Inv.-Nr. SK-A-4282. Hendrik van Schuylenburgh, *Handelsniederlassung der VOC in Hougly in Bengalen*, Öl auf Leinwand, 1665.
S. 132: Rijksmuseum, Amsterdam, Inv.-Nr. SK-A-2350. Öl auf Leinwand.
S. 137: Mit freundlicher Genehmigung des Hispanic Museum & Library, New York. Künstler unbekannt.
S. 141: Mit freundlicher Genehmigung des Autors.
S. 144: Rijksmuseum, Amsterdam, Leihgabe der Stadt Amsterdam, Inv.-Nr. SK-C-6. Rembrandt van Rijn, *Die Vorsteher der Tuchmacherzunft*, bekannt als die *Syndics*, Öl auf Leinwand, um 1662.
S. 147: Amsterdam Museum, Leihgabe der Vereniging Hendrick de Keyser, 2007. Philips (II) Vinckboons, *Innenhof der Amsterdamer Börse*, Öl auf Leinwand, 1634.
S. 149: Rijksmuseum, Amsterdam, Schenkung von J. H. Willink van Bennebroek, Oegstgeest, Inv.-Nr. SK-A-1972. Öl auf Leinwand.
S. 150: Noord-Hollands Archief, 1477, Collectie van Prenten van C. G. Voorhelm Schneevoogt te Haarlem, Inv.-Nr. 158. Dirck Volkertszoon Coornhert nach Maarten van Heemskerck, *De Deugdzame vrouw bedient haar gezin* [Die tugendhafte Frau dient ihrer Familie], aus der Reihe *Lob der tugendhaften Ehefrau* von Maarten van Heemskerck, 1555.
S. 153: Rijksmuseum, Amsterdam, Leihgabe der Broere Charitable Foundation, Inv.-Nr. SK-C-6. Willem van de Velde d. J., *Niederländische Schiffe in ruhigem Meer*, Öl auf Leinwand, um 1665.
S. 162: Fototeca Musei Civici Fiorentini/Palazzo Vecchio, Florenz. Ignazio Danti, Öl auf Holz, um 1570.
S. 169: British Library Collection, MS Add. 15217. Aus: Hieronymus Köler d. Ä., *Gouverneur Georg Hohermuth von Speyer (rechts) und Philipp von Hutten (Mitte) anläßlich der Musterung der Welser-Armada in Sanlúcar de Barrameda vor der Einschiffung nach Venezuela*, Zeichnung, 1560.
S. 171: ©The Trustees of the British Museum. Künstler unbekannt.
S. 183: Library of Congress, Prints & Photographs Division, LC-DIG-pga-10938. Aus: John Hinton, *A Representation of the Sugar-Cane and the Art of Making Sugar*, Kupferstich, 1749.
S. 198: Bereitgestellt von Harvard University. Johann Baptist Homann, *Prospect Grundris und Gegend der polnischen vesten Reichs und Handels-Stadt Dantzig und ihrem Werder*, Karte, um 1720.
S. 203: wikimedia.org/Musée des Beaux-Arts de Rouen. Joseph Vivien, Pastel auf Papier, 1699. File:Samuel Bernard (1651–1739) comte de Coubert par Joseph Vivien (05A).jpg [PD].
S. 206: William L. Clements Library, University of Michigan. Aus: Jens Michelsen Beck, *Tilforladelig kort over eylandet St. Croix udi America: Saaledes som det ved en acurat udmaaling er befunden met quarterernes nayne og enhver plantagies nummer estler hvilke de udi matriculen findes indeforte og til enhver kiöber cederet beliggende paa 17 grader 38 minuter norder brefe*, 1754.
S. 210: Amsterdam Museum, Leihgabe von Koninklijk Oudheidkundig Genootschap, Amsterdam. Künstler unbekannt, *Gevelsteen 'D. Cormandelse Catoen Baalen*, Sandstein, um 1700–1720.
S. 211: Collection Westfries Museum, Hoorn, Niederlande. Jacques Waben, *Porträt von Jan Pieterszoon Coen*, Öl auf Holztafel, 1623.
S. 212: Rijksmuseum, Amsterdam, Inv.-Nr. SK-A-4476. Johannes Vinckboons zugeschrieben, *Gezicht op Banda, zuidelijke Molukken*, Öl auf Leinwand, um 1662–1663.
S. 222 links und rechts: Beide Fotos mit freundlicher Genehmigung der Diocesi Patriarcato di Venezia. Monument to Doge Giovanni Pesaro, Basilica di Santa Maria Gloriosa dei Frari, Skulptur, um 1665–1669.
S. 223: Archives national d'Outre-mer, Aix-en-Provence, 164 APOM 1; Archives privées, Le Gentil de Paroy.
S. 247: SLUB Dresden/Technol.A.222-6. Aus: Friedrich Kohl, Franz Luckenbacher, Hermann Rentzsch, *Die mechanische Bearbeitung der Rohstoffe* (Berlin: Otto Spamer, 1867), 207.
S. 249: Sächsisches Staatsarchiv, Dresden, Nr. MA-CD 054. Aus: Bruno E. H. Gerstmann, *Beiträge zur Kulturgeschichte Schlesiens vom 14. bis 20. Jahrhundert* (Leipzig: Selbstverlag d. Verf., 1909).
S. 251: Mit freundlicher Genehmigung des Autors.
S. 255: Rijksmuseum, Amsterdam, Inv.-Nr. NG-1977-166-W. Porzellan, vor 1613.
S. 259: Erworben durch Schenkung von George Blumenthal und Indjoudjian Frères im Rahmen eines Tausches sowie durch den Fonds der Freunde der Islamischen Abteilung, 1982, Inv.-Nr. 1982.66, Metropolitan Museum of Art, New York. Bettüberwurf (Palampore), vermutlich Coromandel-Küste (Indien), Baumwolle, Leinwandbindung, mit Beize bemalt und gefärbt, batikgefärbt, 18. Jahrhundert.
S. 268: Aus: Li Zhaoxiang, *History of the Longjiang Shipyard* (Nanjing: Jiangsu Ancient Books, 1999), Original 1553.
S. 271: Stadsarchief, Amsterdam. Johannes Davidsz Vingboons, Justus Vingboons, *Kloveniersburgwal 29, Ontwerp van het Trippenhuis, Afbeelding in spiegelbeeld*, Kupferstich, 1662.

S. 272: Amsterdam Museum, Inv.-Nr. 1426. Jacob Gerritsz Cuyp zugeschrieben, *Mansportret, traditioneel geidentificeerd as Louis de Geer (1587–1652)* [Porträt eines Mannes, traditionell identifiziert als Louis de Geer (1587–1652)], 1632.
S. 273 oben und unten: Rijksmuseum, Amsterdam, Inv.-Nr. SK-A-1510. Öl auf Leinwand, komplette Ansicht und Detail.
S. 283: Yale Center for British Art, Paul Mellon Collection. *The Port of London*, Öl auf Leinwand, 1798.
S. 284: Bibliothèque nationale de France, département Estampes et photographie. Yves-Marie Le Gouaz, *Der Hafen von Bordeaux, Blick auf das Schloss Trompette an der Garonne*, Radierung nach dem Gemälde von Nicolas-Marie Ozanne, 1776.
S. 285: Bethmann-Archiv/Stadtarchiv Frankfurt a. M. Aus: Wolfgang Henninger, *Johann Jakob von Bethmann, 1717–1792: Kaufmann, Reeder und kaiserlicher Konsul in Bourdeaux*, Bd. 2 (Bochum: Universitätsverlag Dr. N. Brockmeyer, 1993), 703.
S. 288: Mit freundlicher Genehmigung der John Carter Brown Library, Providence/RI. Aus: Nicolas Ponce, M. Phelipeau, M. L. E. Moreau de Saint-Méry, *Recueil de vues des lieux principaux de la colonie françoise de Saint-Domingue* (Paris: A.P.D.R., 1791), Tafel 13, Nr. 24.
S. 290: Grafik von Angela Yan. Quelle: Marion Johnson, *Anglo-African Trade in the Eighteenth Century: English Statistics on African Trade, 1699–1808* (Centre for the History of European Expansion, 1990), 54f.
S. 316: Wellcome Collection, London. John Hinton, *Spinners and Stocking Makers: Interior View, a Spinning Wheel and a Stocking Machine*, Radierung, 1750.
S. 321: Bomann-Museum Celle, Inv.-Nr. BM00273/Fotostudio Loeper, Celle. Öl auf Leinwand.
S. 323: history_docu_photo/Alamy Stock Foto. Baumwollspinnerei bei Walter Evans and Company, Derby, England, 19. Jahrhundert.
S. 325: Balfron Heritage Group, Balfron, Schottland [PD].
S. 331: © CSG CIC Glasgow Museums and Libraries Collection: The Mitchell Library, Special Collections. David Octavius Hill, Blick auf die Garnkirk & Glasgow Railway, Foto von 1831.
S. 334: Grafik von Angela Yan. Quelle: Seymour Shapiro, *Capital and the Cotton Industry in the Industrial Revolution* (Ithaca/NY: Cornell University Press, 1967), 253.
S. 335: Grafik von Angela Yan. Quelle: Seymour Shapiro, *Capital and the Cotton Industry in the Industrial Revolution* (Ithaca/NY: Cornell University Press, 1967), 23.
S. 348: wikimedia.org. Gemälde eines unbekannten Künstlers. File:John Cockerill Industrieller.jpg [PD].
S. 361: Bibliothèque nationale de France. «Scènes dans les mines de houille, en Angleterre – Le Trapper» [Szenen aus den Kohleminen in England – der Trapper], Holzschnitt aus *Le Magasin pittoresque*, hg. von Edouard M. Charton, 11. Jg. (Paris 1843), 13.
S. 368: Grafik von Angela Yan. Quelle: Seymour Shapiro, *Capital and the Cotton Industry in the Industrial Revolution* (Ithaca/NY: Cornell University Press, 1967), 23.
S. 372: Grafik von Angela Yan. Quelle: Paul Bairoch, «International Industrialization Levels from 1750 to 1980», *Journal of European Economic History* 11, Nr. 2 (1982), 296, 304.
S. 375: Marc Ferrez/Coleção Gilberto Ferrez/Acervo Instituto Moreira Salles.
S. 378: © Mairie de Bordeaux, Musée d'Aquitaine. Künstler unbekannt, *Vorstellung der auf der Französischen Colonie St. Domingo von denen schwartzen Sclaven eingebildete französischen democratische Freiheit ...*, Kupferstich, 1797.
S. 384: Grafik von Angela Yan. Quelle: «Hay, Cotton, Cottonseed, Shorn Wool, and Tobacco – Acreage, Production, and Price: 1790 to 1970», in U.S. Department of Commerce, *Historical Statistics of the United States*, 517f.
S. 390: Grafik von Angela Yan. Quellen: Aurora Gómez-Galvarriato, «Premodern Manufacturing», in *Cambridge Economic History of Latin America*, Bd. 1, hg. von Victor Bulmer-Thomas, John Coatsworth, Roberto Cortes-Conde (Cambridge University Press, 2005), 368; Pierre de Sornay, *Isle de France, Ile Maurice*, (Port Louis/Mauritius: General Printing and Stationery, 1950), 367; Ulbe Bosma, Jonathan Curry-Machado, «Two Islands, One Commodity: Cuba, Java, and the Global Sugar Trade (1790–1930)», *New West Indian Guide* 86, 2012 (Brill, KITLV, Royal Netherlands Institute of Southeast Asian and Caribbean Studies), 238; Ulbe Bosma, *The Sugar Plantation in India and Indonesia: Industrial Production, 1770–2010* (Cambridge University Press, 2016), 19, 29; Willem G. Wolters, «Sugar Production in Java and in the Philippines During the Nineteenth Century», *Philippine Studies* 40, Nr. 4 (1992), 412; J. H. Galloway, *The Sugar Cane Industry: An Historical Geography from Its Origins to 1914* (Cambridge University Press, 1989), 212.
S. 392: Yale Center for British Art, Paul Mellon Collection. *Ten Views in the Island of Antigua, in Which Are Represented the Process of Sugar Making, and the Employment of the Negroes, in the Field, Boiling-House, and Distillery, from drawings made by William Clark* (London: Thomas Clay, 1823).
S. 394 und 395: Aus: Justo Germán Cantero, *Los ingenios: Colección de vistas de los principales ingenios de azúcar de la Isla de Cuba*, mit Illustrationen von Eduardo Laplante (Madrid: Centro de Estudios y Experimentación de Obras Públicas, 2005; Nachdruck der Originalausgabe von 1857, Havanna: L. Marquier), 94 und 37.
S. 396: Mit freundlicher Genehmigung der Fundación Antonio Núñez Jiménez, Havanna, Kuba, Fondo

de agrimensores Serafín Sánchez Govín. Juan Augusto Dulong, *Plano del reparto de las haciendas Banagüises, Jigüe y Rio de Piedras, según las operaciones realizadas en los años de 1839 y 1840*, 2. August 1842.
S. 397: Mit freundlicher Genehmigung des Autors. Aus: John Morley, *The Life of William Ewart Gladstone*, Bd. 1, 1809-1859 (London: Macmillan 1903).
S. 400: Grafik von Angela Yan. Quellen: M. R. Fernando, «Coffee Cultivation in Java, 1830–1917», in *The Global Coffee Economy in Africa, Asia, and Latin America, 1500–1989*, hg. von William Gervase Clarence-Smith und Steven Topik (Cambridge University Press, 2003); Michel-Rolph Trouillot, «Motion in the System: Coffee, Color, and Slavery in Eighteenth-Century Saint-Domingue», *Review* (Fernand Braudel Center) 5, Nr. 3 (1982), 337; Rafael Marquese, «Compulsory Labor and the Reconfiguration of the Coffee World Economy in the Age of Revolutions, c. 1760–1840», unveröffentlicht (im Besitz des Autors), 4; Mario Samper, Radin Fernando, «Appendix: Historical Statistics of Coffee Production and Trade from 1700 to 1960», in *The Global Coffee Economy in Africa, Asia, and Latin America, 1500–1989*, hg. von William Gervase Clarence-Smith und Steven Topik (Cambridge University Press, 2003); C. F. van Delden Laërne, *Brazil and Java: Report on Coffee-Culture* (London: W. H. Allen, 1885), 413–418, 428; V. L. Baril, *L'Empire du Brésil* (Paris: Ferdinand Sartorius, 1862), 189.
S. 402: Getty Research Institute, Los Angeles, 2897–629. Aus: Johann Rugendas, *Voyage pittoresque dans le Brésil* (Paris: Engelmann, 1835).
S. 414: National Army Museum, London, 1971-02-33-488-2. *The Taking of the Island of Chusan by the British, 5th July 1840*, Lithographie nach Lieutenant-Colonel Sir Harry Darell (1814–1853), 7th Dragoon Guards (London: Day and Son, 1852).
S. 415: Bild mit freundlicher Genehmigung von Martyn Gregory Gallery, London. Aquarell.
S. 417: Grafik von Angela Yan. Quellen: Romesh Chunder Dutt, *The Economic History of India Under Early British Rule* (London: K. Paul, Trench, Trübner & Co., 1908), 295; Lewis Ceil Gray, Esther Katherine Thompson, *History of Agriculture in the Southern United States* (Washington: Carnegie Institution, 1933), 1024; Robert S. Smith, «Indigo Production and Trade in Colonial Guatemala», *Hispanic American Historical Review* 39, Nr. 2 (1959), 196f.; José Germán Pacheco Troconis, *El añil: Historia de un cultivo olvidado en Venezuela 1767–1870* (Universitat Autònoma de Barcelona, 2009), 479, 487, 851; Dauril Alden, «The Growth and Decline of Indigo Production in Colonial Brazil: A Study in Comparative Economic History», *Journal of Economic History* 25, Nr. 1 (1965), 35–60; John Garrigus, «Blue and Brown: Contraband Indigo and the Rise of a Free Colored Planter Class in French Saint Domingue», *Americas* 50, Nr. 2 (1993), 239.
S. 419: Aus der British Library Collection, Sign. X 108, 76. Aus: William Simpson, John William Kaye, *India, Ancient and Modern: A Series of Illustrations of the Country and People of India and Adjacent Territories*, Bd. 2 (London: Day and Son, 1867), 76.
S. 421: Aus der British Library Collection, Sign. 10057.e.38. Aus: Colesworthey Grant, *Rural Life in Bengal: Illustrative of Anglo-Indian Suburban Life. ...* (London: W. Thacker, 1860), 116.
S. 422: Grafik von Angela Yan. Quelle: Brian R. Mitchell, *European Historical Statistics, 1750–1970* (London: Macmillan Press, 1975), 199–277.
S. 428: Fotograf unbekannt [PD], via flickr.
S. 430: Grafik von Angela Yan. Quellen: Maurice J. Bric, «Patterns of Irish Emigration to America, 1783–1800», *Éire-Ireland* 36, Nr. 1 (2001), 26; William P. Dillingham, *Reports of the Immigration Commission*, Bd. 3 (Government Printing Office, 1911), 14–27; Patrick Fitzgerald, Brian Lambkin, *Migration in Irish History, 1607–2007* (Basingstoke: Palgrave Macmillan, 2008), 175; Joel Mokyr, *Why Ireland Starved: A Quantitative and Analytical History of the Irish Economy, 1800–1850* (London: Routledge, 2013), e-book, Kap. 8.1; William Forbes Adams, *Ireland and Irish Emigration to the New World* (Yale University Press, 1932), 413–426; Jeffrey G. Williamson, «The Impact of the Irish on the British Labor Market During the Industrial Revolution», *Journal of Economic History* 46, Nr. 3 (1986), 697.
S. 433: Aus der British Library Collection, P.P.7611, 380. Aus: *Illustrated London News*, 16. Dezember 1848.
S. 441: Instituto Moreira Salles, São Paulo.
S. 444: The Metropolitan Museum of Art, New York. Zeichnung eines unbekannten Künstlers aus dem *Daily Graphic*, 30. März 1880.
S. 446: Courtesy of the Peabody Essex Museum, Salem/MA. Milton M. Miller, *Family of a Chinese Merchant*, 1860–1863, Albuminabzug.
S. 452: Upplandsmuseet, Uppsala, Schweden. Foto von August Fredrik Schagerström, 28. Juli 1915.
S. 455: Acervo Museu da República/IBRAM/Ministério da Cultura. Emil Bauch, *Baron und Baronin von Nova Friburgo*, Öl auf Leinwand, 1867.
S. 456: Mit freundlicher Genehmigung von Ulrich Mücke, aus der Privatsammlung von Clemente Palma, Lima, Peru.
S. 457: Mit freundlicher Genehmigung der Tata Central Archives, Pune, Indien.
S. 461: Mit freundlicher Genehmigung des Ministero della Cultura, Musei del Bargello, Florenz.
S. 463: Archives of the National Library Foundation, Brasilien.
S. 465: Aus: Mona Abaza, *The Cotton Plantation Remembered: An Egyptian Family Story* (Kairo: American University in Cairo Press, 2013), 108. Mit freundlicher Genehmigung von Laura Stauth.

S. 467: Bethmann-Archiv/Stadtarchiv Frankfurt a. M. 1864.
S. 468: Mit freundlicher Genehmigung von Zemaria Pinto; palavradofingidor.blogspot.com/2014/12/manaus-amor-e-memoria-clxxxix.html.
S. 472: Sammlung des Museu Paulista da Universidade de São Paulo, José Rosael/Hélio Nobre.
S. 476: Manchester Libraries, Information and Archives, ID: GB127.m53434. 1856.
S. 477: Manchester Libraries, Information and Archives, ID: GB127.m19377. W. H. Farrow, 1895.
S. 478: Aus der British Library Collection, Evan.5095. Anglo-American Drug Co./ Henry Evanion, «Mrs. Winslow's soothing syrup. Oldest and safest remedy for children teething soothes the child gives rest to the mother. Price 1s/1 1/2 per bottle ... Anglo-American Drug Co., Ltd. registered design», 1892.
S. 485: wikimedia.org/Aus: Messieurs de Balzac, Roger de Beauvoir, Raymond Brucker, *Les Belles Femmes de Paris et de la Province* (Paris: Au Bureau, 1839–1840), microfilm, History of Women, reel 154, no. 980. File:Flora Tristan.jpg [PD].
S. 488: wikimedia.org/Internationaal Instituut voor Sociale Geschiedenis, Amsterdam. John Jabez Edwin Mayall, Foto, vor dem 24. August 1875. File:Karl_Marx_001.jpg [PD].
S. 501: wikimedia.org. Kupferstich von Ernst Hébert nach einer Illustration von Auguste Raffet, *Combat et prise de la Crête-à-Pierrot* (4. bis 24. März 1802) in M. de Norvins, *Histoire de Napoleon* (Paris: Au bureau des publications illustrées, 1839), 239. File:Haitian_Revolution.jpg [PD].
S. 505: Mit freundlicher Genehmigung des Käthe Kollwitz Museum Köln, Inv.-Nr. Kn 37 II a. Käthe Kollwitz, *Sturm*, Blatt 5 aus dem Zyklus *Ein Weberaufstand*, Strichätzung und Schmirgel, 1893–1897.
S. 510: © CSG CIC Glasgow Museums Collection, Schenkung von Miss Agnes M. H. Fleming, 1938, Inv.-Nr. A. 1938.11.du.
S. 517: Library Company of Philadelphia, Am 1888 Thom 25801. Aus: O. Lewis Jesse Bridgman, *«On to Orleans»: The Negro Insurrection*, um 1888. Illustration in Maurice Thompson, *Story of Louisiana* (Boston: D. Lothrop, um 1888), 192.
S. 523: en.wikipedia.org/Aus: *Illustrirte Chronik des Jahres* 1848, Nr. 4 (Leipzig 1848), 121. File:Szela, Illustrirte Chronik, 1848.jpg [PD].
S. 525: Mit freundlicher Genehmigung der National Library of Ireland, Sign. EPH F513. 1881.
S. 536: Institut für Stadtgeschichte Frankfurt am Main (ISG FFM), S7Z Nr. 1848–97. Jean Nicolas Ventadour, *Erstürmung der Barrikade Konstablerwache am 18. September 1848*, kolorierte Kreidelithographie.
S. 537: Stadtarchiv Aachen, FOTO 48–264. Künstler unbekannt, 1848.
S. 545: Library of Congress, Prints & Photographs Division, LC-DIG-pga-01474. Radierung und Druck Chas. Hart, New York (New York: Thomas Kelly, um 1869).
S. 553: Cornell University Library, via Internet Archive. Aus: *Autobiography of Andrew Carnegie* (Boston: Houghton Mifflin, 1920), 215.
S. 555: Library of Congress, Prints & Photographs Division, LC-USZ62-96109. Aus: Theodore R. Davis, *Our Centennial – President Grant and Dom Pedro Starting the Corliss Engine*, Holzschnitt (*Harpers Weekly*, 27. Mai 1876).
S. 558: wikimedia.org/Röchling-Gruppe. Gemälde eines unbekannten Künstlers. File:Carl_Röchling_2.jpg [CC BY-SA 4.0].
S. 559: Stadtarchiv Völklingen, D-AK 301. «Röchling'sche Eisen- und Stahlwerke in Völklingen», Postkarte, um 1905.
S. 566: Grafik von Angela Yan. Quelle: Brian R. Mitchell, *European Historical Statistics: 1750–1975*, 2. überarb. Aufl. (New York: Facts on File, Inc., 1980), 420–22.
S. 567: Grafik von Angela Yan. Quelle: Giovanni Federico, Antonio Tena-Junguito, «World Trade, 1800–1938: A New Dataset», Working Paper No. 93 (European Historical Economics Society, 2016).
S. 570: Biblioteka Narodowa, Warschau. «Borysław-Tustanowice – Gruben-Ansicht», Postkarte, 1914.
S. 572: Projekt Gutenberg. Aus: DuPont (Hg.), *The Farmer's Handbook of Explosives* (Lord Baltimore Press, 1910), Umschlag.
S. 573: wikimedia.org/Mpv_51. File:Bayer_Heroin_bottle_(cropped).jpg [PD].
S. 574: BASF Unternehmensarchiv. Robert Friedrich Stieler, *Das BASF-Werk Ludwigshafen*, Ölgemälde, 1881.
S. 575: Sammlung Kröller-Müller Museum, Otterlo/Rik Klein Gotink. Kreide, Tinte und Wasserfarben auf Papier.
S. 576: Grafik von Angela Yan. Quellen: Vaclav Smil, *Energy Transitions: Global and National Perspectives*, 2. Aufl. (Westport/CT.: Praeger, 2016); Hannah Ritchie, «Fossil Fuels», Our World in Data, ourworldindata.org/fossil-fuels.
S. 587: American Association of Family and Consumer Sciences Records, #6578, Division of Rare and Manuscript Collections, Cornell University Library. *Women Typing*, um 1900.
S. 591: Grafiken von Angela Yan nach Brian R. Mitchell. Quellen: oben links: *European Historical Statistics, 1750–1970* (London: Macmillan Press, 1975) [Abk.: *EHS*], 199–277; *International Historical Statistics: The Americas, 1750–1988* (New York: Stockton Press, 1993) [Abk.: *IHS*], 164, 168; oben rechts: *EHS*, 399-401; *IHS*, 356; Mitte links: *EHS*, 581–584; *IHS*, 528, 530; Mitte rechts: *EHS*, 429–431; IHS, 368; unten links: *EHS*, 360–368; *IHS*, 306f.; unten rechts: Mitchell, *EHS*, 155–163; *IHS*, 103.

S. 597: Mit freundlicher Genehmigung von Hubert Kesternich. Wilhelm Seering, *Puddler, Hammerschmiede und Kohlenfahrer 1890 vor dem Cowper und Staubsack von HO-1* in der Völklinger Hütte.
S. 599: Bibliothèque nationale de France. *Carte de l'Ile de La Réunion* ..., erstellt und gezeichnet zwischen 1845 und 1852 aufgrund von Vermessungen von Messieurs Schneider, Clouè, Diomat. Kolorierter Kupferstich von Eugène Rembielinksi (Paris: Longuet, 1852).
S. 600: Archives Nationales d'outre-mer, Aix-en-Provence, 1848/49, FR ANOM COL K 3, «Relèves des ventes d'esclaves».
S. 609: © President and Fellows of Harvard College, Arnold Arboretum Archives. *Men Laden with Brick Tea*, 1908.
S. 614: New York Botanical Garden, LuEsther T. Mertz Library, via Internet Archive. S.A. Knapp, *Recent Foreign Explorations, as Bearing on the Agricultural Development of the Southern States* (U. S. Department of Agriculture, Bureau of Plant Industry, Bulletin Nr. 35) (Washington: Government Printing Office, 1903), 378.
S. 619: Courtesy of Dalton Lobosco at MelLivros, postais.com.br/doumet.php. Pierre Doumet, *Post-Slavery Workers' Housing*, 1910.
S. 625: Archives national d'outre-mer, Aix-en-Provence, ANOM 27Fi 208, Foto mit freundlicher Genehmigung des Autors. Centre de Recherches et de Documentation du Sénégal, 1899.
S. 626: Archives nationales du Sénégal, Dakar. Zeichner unbekannt, 1905.
S. 629: Aus: William Underwood, «Names, Bones and Unpaid Wages: Reparations for Korean Forced Labor in Japan», *Asia-Pacific Journal: Japan Focus* Bd. 4, Nr. 9 (September 2006), 15. Mit freundlicher Genehmigung.
S. 630: University of California Libraries, via Internet Archive. Aus: Walter Ernest Hardenburg, *The Putumayo, the Devil's Paradise: Travels in the Peruvian Amazon Region and an Account of the Atrocities Committed upon the Indians Therein*, hg. von Charles Reginald Enock, 2. Aufl. (London: T. Fisher Unwin, 1913).
S. 631: Schomburg Center for Research in Black Culture, Jean Blackwell Hutson Research and Reference Division, The New York Public Library, ID: 1104182. *Native Prisoners at Boma taking the air*. The NYPL Digital Collections (1905). digitalcollections.nypl.org/items/e5fce930-c6bf-012f-db89-58d385a7bc34.
S. 635: National Library of Australia, Canberra. *Recruits, New Hebrides*, um 1890.
S. 648: Saarstahl Archiv, Völklingen. Poster. RESW GmbH, Abstinenz Bestrebung: Schriftwechsel, 1907–1910 D/K-21/94.
S. 652: Salvador Torrents Archive, James Cook University Library Special Collections, Australien. Salvador Torrents, 1915, Detail von ST/6/2.
S. 653: Internet Archive. Aus: *Frank Leslie's Illustrated Newspaper* 44, Nr. 1142 (18. August 1877).
S. 655: Rezan Has Museum, Istanbul, Cibali Tobacco Factory photo album. Guillaume Berggren, *Making Cigarettes By Hand*, um 1900.
S. 657: Archivo General de la Nación, Centro Documental de Cuenca Matanza Riachuel, Buenos Aires. *Columna de inquilinos manifestándose con escobas en el barrio de La Boca por el aumento de los alquileres de las habitaciones* [Mieter demonstrieren mit Besen im Stadtteil La Boca gegen die Erhöhung von Zimmermieten], 1907.
S. 663: Coll. Perrin/Kharbine-Tapabor, © R. Perrin/La Collection. Werbung für Au Progrès.
S. 667: National Diet Library, Tokio. Aus: *Hokkaidō shindō sekkai*, 1871. dl.ndl.go.jp/pid/1306948.
S. 671: wikimedia.org/National Diet Library, Tokio. Aus: *Rekidai Shusho tou Shashin*. Kuroda Kiyotaka (1840–1900). File:Kiyotaka Kuroda formal.jpg [PD].
S. 675: Mit freundlicher Genehmigung des National Museum of Japanese History, Sakura, Japan. Unbekannter Häftling, *Shūjin rōdō emaki*, Bildrolle zur Zwangsarbeit im Sorachi Gefängnis, 1881-1889.
S. 676: Mit freundlicher Genehmigung der Missouri Historical Society, Saint Louis, ID: N20274. *Ainu Group from Japan in Department of Anthropology Exhibit at the 1904 World's Fair*.
S. 679: Grafik von Angela Yan. Quellen: William Rush Merriam, *1900 Census Reports: Agriculture* (Washington: United States Census Bureau, 1902), Bd. 5, T. 1, «Farms, Live Stock and Animal Products», clxii, 37; Bd. 6, T. 2, «Crops and Irrigation», 80, 92, 152, 425, 473, 528; William Mott Stuart, United States Bureau of the Census, *Mines and Quarries*, 1902 (Washington: United States Census Bureau, 1905), 417, 730; David T. Day, *Mineral Resources of the United States, Calendar Year 1900* (Washington: Government Printing Press, 1901), 111, 113, 144, 287.
S. 683: Mit freundlicher Genehmigung des Centro Storico Fiat, Turin.
S. 684: Foto des Autors, mit freundlicher Genehmigung. Plakat.
S. 685: wikimedia.org. *Teilnehmer der Kongokonferenz in Berlin*. Zeichnung von Adalbert Rößler aus *Über Land und Meer: Allgemeine Illustrirte Zeitung* (1884), 308. File:Kongokonferenz.jpg [PD].
S. 688: Archives National d'outre-mer, Aix-en-Provence, FR ANOM 27 Fi 1093, Foto mit freundlicher Genehmigung des Autors. Centre de Recherche et de Documentation du Sénégal.
S. 693: Fotograf unbekannt [PD].
S. 694: Library of Congress, Daniel Murray Collection, www.loc.gov/item/98650713/. *King Soap Brings Sunlight to Westafrica*. Illustration aus *The African times and Orient review: a monthly journal devoted to the interests of the coloured races of the world* (London, Februar 1913), 256.

S. 713: Grafik von Angela Yan.
S. 717: Historien-Archiv Engelmann, Wuppertal. Feldpost-Fotokarte.
S. 718: (c) 2025 Artists Rights Society, New York/VG Bild-Kunst, Bonn, und Staatsgalerie Stuttgart, Graphische Sammlung, erworben 1924, beschlagnahmt 1937, Rückkauf 1948. Radierung, Aquatinta, Kaltnadel.
S. 720: San Diego Air & Space Museum. AEG (Allgemeine Elektricitäts-Gesellschaft) G II 1915 Nowarra.
S. 721: Bibliothèque nationale de France. Agence Rol. *Patrouille während der Volksabstimmung in Oberschlesien*, Kattowitz (heute Katowice), 20. März 1921.
S. 723: Mit freundlicher Genehmigung des Centro Storico Fiat, Turin.
S. 724: wikimedia.org/Slg. Jean-Pierre Vergez-Larrouy. Fortier Photo Dakar Nr. 320, «Sénégal – Saint Louis – Route de Sor et Gare», Postkarte, um 1905. File:StLouis1.JPG [PD].
S. 729: Fotograf unbekannt [PD], via flickr. Aus: Enzo Biagi, *Storia del Fascismo*, Bd. 1 (Florenz: Sadea Della Volpe Editori, 1964), 98.
S. 730: © 1970 by Frank Cass. Clements Kadalie, *My Life and the ICU: The Autobiography of a Black Trade Unionist in South Africa*, Umschlagfoto.
S. 731: Aus: Hans Spethmann, *Die Rote Armee an Rhein und Ruhr, mit einem Charakterbild von Hans Severing*, 6. Aufl. (Berlin: R. Hobbing 1932), Tafel 4.
S. 732: Transnet Heritage Library Magazine collection – Drisa.co.za.
S. 734: Internationaal Instituut voor Sociale Geschiedenis, Amsterdam, Sign. IISG BG A45/529. Corn Leenheer, *On the stairs of the ANDB-building*, 1904.
S. 738 oben und unten: Stabilimenti FIAT di Produzione Automoblistica, 4, Lingotto, MSC 0023. Mit freundlicher Genehmigung des Centro Storico Fiat, Turin.
S. 739 oben: Mit freundlicher Genehmigung des Centro Storico Fiat, Turin.
S. 739 unten: Sales Department, Poughkeepsie/NY, in MSC 0095, «La Fiat all' estero, Stati Uniti d'America». Mit freundlicher Genehmigung des Centro Storico Fiat, Turin.
S. 740: Mit freundlicher Genehmigung des Centro Storico Fiat, Turin.
S. 746: SPS 19354–755, fotografische Sammlung. Mit freundlicher Genehmigung des Centro Storico Fiat, Turin.
S. 748: Österreichisches Gesellschafts- und Wirtschaftsmuseum, Inv. Nr. INV-00001-059. Aus: *Gesellschaft und Wirtschaft* (Leipzig: Bibliographisches Institut, 1930), 56.
S. 749: Staatliche Kunsthalle Karlsruhe [CC0]. Lithographie.
S. 751: Grafik von Angela Yan. Quelle: *Records of the Bureau of the Treasury, Records Related to Government Agencies or Functions, Correspondence and Other Records Relating to Fiscal Relationships Between the United States and Other Nations, 1918–1941*, Record group 39, Box 117, U. S. National Archives and Record Administration, Washington, DC.
S. 755: Aus: *Monatsberichte des österreichischen Instituts für Konjunkturforschung* 7, Nr. 11 (November 1933), 183.
S. 764: National Diet Library, Tokio. Aus: (japan.) *Porträts bekannter Persönlichkeiten der Neuzeit*, Bd. 1, 1935. dl.ndl.go.jp/pid/3514946/1/39.
S. 767: SLUB Dresden, Sign. 2011 8 025873. Herman Sörgel, *Atlantropa* (Zürich: Fretz & Wasmuth, 1932), Umschlagillustration.
S. 768: Deutsches Museum München, Archiv, CD_78659. Herman Sörgel, «Atlantropa-Projekt, Schaubild zur Energiegewinnung und zum Schienenverkehr», 1932.
S. 771: Bayerische Staatsbibliothek München 36.830, H.un.app. 1316 f. Hermann Röchling, *Wir halten die Saar* (Berlin: Volk und Reich Verlag, 1934), Umschlag.
S. 789: Archives Nationales, Pierrefitte-sur-Seine.
S. 791: Mit freundlicher Genehmigung des Centro Storico Fiat, Turin.
S. 794: Aus: Meinrad Maria Grewenig (Hg.), *Die Röchlings und die Völklinger Hütte* (Annweiler: Springpunkt Verlag, 2014), 64. Mit freundlicher Genehmigung des Saarstahl Archivs, Völklingen.
S. 795: BMW Group Archiv.
S. 799: Reproduziert mit Genehmigung von © Oxford University Press India, 1940. Aus: Minoo Masani, *Our India*, mit Illustrationen von C. H. G. Moorhouse (Oxford University Press, 1940).
S. 801: Photographs Collection, Godrej Archives, Mumbai, DIG2021601800,PH06-01-96-93.
S. 802: Photographs Collection, Godrej Archives, Mumbai, PH10-20-17-13 . Bei Godrej &Boyce in Vikhroli, Mumbai.
S. 806: Photographs Collection, Godrej Archives, Mumbai, DIG 201702935, PH06-01-96-1. Undatiertes Foto.
S. 808: Manuscripts Collection, Godrej Archives, Mumbai, DIG201702463_1, MS07-06-16-2. Aus: *The Statesman*, S. 5, Sp. 2, 15. August 1947.
S. 810: Manuscripts Collection, Godrej Archives, Mumbai, MS09-33-1-1, BD1700170. «Advertisement of Ballot Boxes made by Godrej & Boyce for the first election of independent India, published in *Times of India*, 24. Dezember 1951».
S. 812: wikimedia.org/Institut Fondamental d'Afrique Noire (IFAN), Dakar, Senegal. Foto Galandou Di-

ouf (Ausschnitt). Lamine Senghor participait, ici, avec J. T. Gumde de l'ANC et autres délégués, au Congrès international ... File:Laminesenghor1921-A.JPG [CC0 1.0 Universal].
S. 813: wikimedia.org. File:His Highness Prince Muhammad Ali visits the printing press of Egypt, and next to him, Talaat Pasha Harb.jpg [CC BY-SA 4.0].
S. 822: Privatarchiv Mohamed Said.
S. 826: Grafik von Angela Yan. Quelle: Brian Mitchell, *International Historical Statistics: The Americas, 1750–1988*, 2. Aufl. (Basingstoke: Palgrave Macmillan 1993), 356 f.
S. 841: Aus der Zeitung *al-Masa*, 28. Oktober 1957.
S. 846: Grafik von Angela Yan. Quelle: Angus Maddison, *The World Economy: Historical Statistics*, Development Centre Studies (OECD Development Centre, 2003), 133 f., 172, 174, 212, 213.
S. 849: Institut Fondamental d'Afrique Noire (IFAN), Dakar, Senegal.
S. 857: AP Photo.
S. 859: Grafik von Angela Yan. Quelle: Robbie M. Andrew, Glen P. Peters, «The Global Carbon Project's Fossil CO_2 Emissions Dataset», Zenodo, 2021, abgerufen unter doi.org/10.5281/zenodo.5569235.
S. 861: Fonds Gillet, SIAF/Cité de l'Architecture et du Patrimoine/Archives d'Architecture Contemporaine, Paris, 152 IFA 2483/2.
S. 864: © Deutscher Gewerkschaftsbund (DGB).
S. 865: Grafik von Angela Yan. Quelle: Lennart Schön, Olle Krantz, «Swedish Historical National Accounts, 1560-2020, GDP and GDP per Capita, Factor Prices, Current and Constant Prices, 1560–2010», abgerufen unter lu.app.box.com/s/aqnspbrbsqfegsmwn9b5l162yejpa5i5.
S. 868: Grafik von Angela Yan. Quelle: Gøsta Esping-Andersen, *Politics Against Markets: The Social Democratic Road to Power* (Princeton University Press, 1985), 168.
S. 869: Grafik von Angela Yan. Quelle: Hugh Heclo, Henrik Madsen, *Policy and Politics in Sweden: Principled Pragmatism* (Philadelphia: Temple University Press, 1987), 25.
S. 872: Grafik von Angela Yan. Quelle: Angus Maddison, *The World Economy: Historical Statistics*, Development Centre Studies (OECD Development Centre, 2003). BIP von Kanada und den USA: 50–53; BIP der sechs westeuropäischen Staaten: 85f.; BIP von Japan: 172, 174.
S. 873: Grafik von Angela Yan. Quelle: World Trade Organization, WTO Stats, stats.wto.org/.
S. 875: Grafik von Angela Yan. Quelle: Our World in Data, «Productivity: Output per Hour Worked», ourworldindata.org/grapher/labor-productivity-per-hour-pennworldtable?tab=chart, berechnet auf der Grundlage des gewichteten realen BIP.
S. 877: Grafik von Angela Yan. Quelle: Öffentliche Online-Datenbank, die ergänzendes Material bietet zu Thomas Piketty, *Le capital au XXIe siècle* (Paris: Seuil, 2013). Alle Rohdaten der Grafiken finden Sie hier: piketty.pse.ens.fr/files/capital21c/en/Piketty2014FiguresTablesSuppLinks.pdf. Der Anteil des Einkommens der obersten Einkommensgruppe am Gesamteinkommen von 1945 bis 1973 wurde den folgenden Tabellen entnommen: Für die Daten zu Frankreich siehe piketty.pse.ens.fr/files/capital21c/en/pdf/supp/TS8.1.pdf; für die USA piketty.pse.ens.fr/files/capital21c/en/pdf/supp/TS8.2.pdf; für Kanada piketty.pse.ens.fr/files/capital21c/en/pdf/supp/TS9.3.pdf; für Großbritannien und Japan piketty.pse.ens.fr/files/capital21c/en/pdf/supp/TS9.2.pdf.
S. 878: © Tokyu Corporation.
S. 882: City of Sydney Archives & History Resources, LIB-00016357.
S. 887: Grafik von Angela Yan. Quellen: Die Militärausgaben der einzelnen Länder seit 1949 können hier abgerufen werden: milex.sipri.org/sipri. Definitionen von Militärausgaben und Informationen zu den Quellen der historischen Originaldaten siehe sipri.org/databases/milex/sources-and-methods. Social expenditure as a share of GDP can be accessed at web archive.oecd.org/2024-06-24/63248-expenditure.htm. Die Sozialausgaben als Anteil am BIP können hier abgerufen werden: web-archive.oecd.org/2024-06-24/63248-expenditure.htm.
S. 888: Grafik von Angela Yan. Quellen: Die Militärausgaben der einzelnen Länder seit 1949 können hier abgerufen werden: milex.sipri.org/sipri. Definitionen von Militärausgaben und Informationen zu den Quellen der historischen Originaldaten siehe sipri.org/databases/milex/sources-and-methods. Zum Vergleich mit den Sozialausgaben wurden zwei vorläufige Grafiken zu den Sozialausgaben im Vergleich zu den Militärausgaben in den Jahren 1960 und 1973 erstellt.
S. 891: Quelle: Hagen Lesch, «Trade Union Density in International Comparison», CESifo Forum 5 (2004), 13.
S. 892: Grafik von Angela Yan. Quellen: Für Japan siehe Brian Mitchell, *International Historical Statistics: Africa, Asia & Oceania, 1750–1988*, 2. erg. Aufl. (London: Palgrave Macmillan UK, 1995), 131, abgerufen unter doi.org/10.1007/978-1-349-24069-2. Für die USA siehe Brian Mitchell, *International Historical Statistics: The Americas, 1750–1988*, 2. Aufl. (Basingstoke: Palgrave Macmillan, 1993), 126, abgerufen unter doi.org/10.1007/978-1-349-13071-9. Für Großbritannien bzw. BRD siehe Brian Mitchell, *International Historical Statistics: Europe 1750–1988*, 3. Aufl. (New York: Stockton Press, 1992), 186–87 bzw. 185, 187.
S. 894: Mit freundlicher Genehmigung des Centro Storico Fiat, Turin.
S. 905: Tabelle von Angela Yan. Quelle: United Nations World Tourism Organization (2024), bearbei-

tet von Our World in Data. «International Tourist Trips by Region of Departure» (dataset). UNWTO, «145 Key Tourism Statistics» (original data), ourworldindata. org/grapher/international-tourist-arrivals-by-region-of-origin.
S. 906: Wirtschaftswundermuseum, Rheinberg.
S. 910: U.S. Department of Agriculture.
S. 911: AP Photo/Marty Lederhandler.
S. 912: Grafik von Angela Yan. Quelle: US Department of Agriculture, «Total food spending reached $2.6 trillion in 2023», 27. Juni 2024, http://www.ers.usda.gov/data-products/chart-gallery/gallery/chart-detail/?chartId=58364.
S. 913: Mit freundlicher Genehmigung von Kentucky Fried Chicken. Aus: *Better Homes & Gardens Magazine* (November 1968), 148.
S. 922: Grafik von Angela Yan. Quelle: Office for National Statistics, «GDP Growth Rate and Unemployment Rate, seasonally adjusted, 1971 to 2018», ons.gov.uk/economy/economicoutputandproductivity/output/articles/changesintheeconomysincethe1970s/2019-09-02; Office for National Statistics, «Bank Rate and Inflation, UK, Seasonally Adjusted, 1970 to 2018», ons.gov.uk/economy/economicoutputandproductivity/output/articles/changesintheeconomysincethe1970s/2019-09-02.
S. 933: «Fac-Similé de la 4ème couverture des *Cahiers du GRIF* n⁰ 1974» – Transéditions Bruxelles.
S. 937: © Larry Gonick, 2018.
S. 939: Chas Gerretsen/Nederlands Fotomuseum.
S. 949: Grafik von Angela Yan. Quelle: World Inequality Database, wid.world/data/#countrytimeseries/sptinc_p90p100_992_j;sptinc_p0p50_992_j;sptinc_p99p100_z/CL/1820/2021/eu/k/p/yearly/s.
S. 954: Grafik von Angela Yan. Quelle: United Nations Statistics Division, «GDP and Its Breakdown at Constant 2015 Prices in U. S. dollars: All Countries for All Years – Sorted Alphabetically», unstats.un.org/unsd/amaapi/api/file/6.
S. 961: © Eric Miller, 1987.
S. 966: wikimedia.org/Albert duce. File:Abandoned Packard Automobile Factory Detroit 200.jpg [CC BY-SA 3.0 Unported].
S. 969: Grafik von Angela Yan. Quelle: World Bank, Global Financial Development Database, databank. worldbank. org/reports.aspx?source=global-financial-development#.
S. 972: Grafik von Angela Yan. Quelle: World Trade Organization, «Evolution of Trade Under the WTO: Handy Statistics», wto.org/english/res_e/statis_e/trade_evolution_e/evolution_trade_wto_e.htm.
S. 973: Grafik von Angela Yan. Quelle: Statista, «International Seaborne Trade Carried by Container Ships from 2017 to 2024», statista.com/statistics/253987/international-seaborne-trade-carried-by-con tainers/.
S. 985: PA Images/Alamy Stock Foto.
S. 1002 links: Mit freundlicher Genehmigung von Fu Shuaixiong.
S. 1002 rechts: China Image Group via Wikimedia Commons/Aus: Chen Yun Research Group of the Literature Research Office of the Central Committee of the Chinese Communist Party (Hg.), *Photos of Chen Yun* (Beijing: Xinhua, 1996 – mit freundlicher Genehmigung).
S. 1004: Grafik von Angela Yan. Die Daten zu dieser Grafik wurden heruntergeladen von piketty.pse.ens.fr/files/capital21c/en/Piketty2014FiguresTablesSuppLinks.pdf. Originalgrafik in Thomas Piketty, *Capital in the Twenty-First Century*, übers. von Arthur Goldhammer (Harvard University Press, 2018), 291.
S. 1005: Grafik von Angela Yan. Quellen: Für den Datensatz zum Anteil der Gewerkschaften siehe stats.oecd.org/Index.aspx?Data-SetCode=TUD; für das BIP-Niveau siehe stats.oecd.org/Index.aspx?QueryId=117275#; für den Lohnanteil am BIP siehe stats.oecd.org/index.aspx?queryname=345&querytype=view#.
S. 1012: Grafik von Angela Yan. Quelle: Our World in Data, «Annual CO_2 Emissions by World Region», ourworldindata. org/grapher/annual-co-emissions-by-region?time=1973..2008.
S. 1014: Prathap Suthan.
S. 1016 oben links: Ashley Cooper/robertharding.com, 2008.
S. 1016 oben rechts: Mit freundlicher Genehmigung von FIAN International.
S. 1016 unten links: wikimedia.org/Croquant. File:Manifestation 29 janvier 2009 Orléans 06.jpg [CC BY-SA 4.0 International].
S. 1016 unten rechts: Tim Russo, *Zapatista Women Arrive to Women's Gathering in La Garrucha*, etwa 2007/8.
S. 1021: wikimedia.org/Me. File:Brecqhou – Barclay Brothers Castle.jpg, 2009 [PD].
S. 1022: Mit freundlicher Genehmigung des Autors.
S. 1026: Privatsammlung.
S. 1037: © The Economist Group Limited, London. *The Economist,* 3.–9. Januar 2015: «Workers on tap». Umschlag.

Namensregister

B

C

H

M

O

P

S

T

Ortsregister

C

D

E

M

N

O